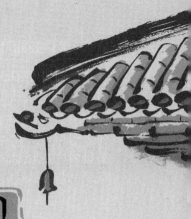

전통의례문답해설집

傳統儀禮問答解說集

草庵儀禮問解集

●問解處 成均館●

解者草庵 田桂賢

총(總)問項 2,443問答

明文堂

서 문(序文)

서명(書名) 전통의례문답집(傳統儀禮問答集) 부제(副題) 초암의례문해집(草庵疑禮問解集)은 2007년 중반기부터 2015년 초반기까지 장장 8년여 기간 동안 본인이 성균관(成均館)으로 들어오는 유학(儒學)에 관한 질문(質問)에 답(答)한 문답(問答)을 류형별로 분류 일책(一冊)하여 의문(疑問)이 있다면 해소(解消)에 도움이 되고, 어렵다고 미뤄두기 일수인 유학(儒學)을 이해하고 가까이 하는데 촉매(觸媒) 역할을 하지 않을까 하는 기대 속에서 내 놓는다.

그 동안 질문(質問)되고 답(答)하여 줌이 적어도 2.441 문항(問項)을 1.412여 쪽에 나눠 실어 펴낸다.

내용(內容)을 분별하자면 주로 관혼상제(冠婚喪祭) 예법(禮法) 중 평범하지 않은 예목(禮目)이 거의를 점하고, 다음으로 유학(儒學)의 학문 중에서 일반화 되지 않아 보편적(普遍的)으로 이해 되어 있지 않은 난문(難文)과 더러 사회상식(社會常識)이 포함되어 있다.

답변형식은 유서(儒書)의 가르침을 벗어나지 않기 위하여 질문에 합당한 유학적(儒學的) 전거(典據)를 제시 그에 의하여 답문(答問)이 대체로 쓰여지고, 부수적으로 그 답문(答問)을 더 깊이 이해하도록 관혼상제(冠婚喪祭) 예법(禮法) 중에서 소용되는 대로 도식(圖式)과 아울러 주자가례(朱子家禮) 원문(原文)에 주해문(註解文)을 더러 덧붙여 놓았다.

본인이 답변을 하면서 유학(儒學)에 관한 질문(質問)이 들어오면 반드시 그에 합당한 전거(典據)를 찾아 덧붙이는 까닭은 내 자신이 오류(誤謬)을 피하고 타인(他人)들로부터 정오(正誤)를 분별(分別) 받아 오류(誤謬)의 지적(指摘)을 받으면 재 탐색(探索) 새로운 합당한 전거(典據)로서 오류(誤謬)를 수정(修訂) 일호(一毫)의 오류(誤謬) 없는 정답(正答)을 이루기 위한 수단이었다.

특히 편집(編輯) 상 대동소이(大同小異)한 답문(答問) 역시 소이(小異)함을 중히 여겨 재 탐색(探索)의 번거로움을 피하기 위하여 거듭 됨을 마다하지 않았다.

질문자의 존명(尊名)을 밝히지 않은 것은 가명(假名; 닉네임)이라 본명(本名)과 관계가 없고 본명(本名)은 성균관(成均館) 회원명부(會員名簿)에 자못 상세(詳細)하게 기록(記錄)되어 있으나 이미 폐기처분(廢棄處分)이 되어 밝히지 못하게 되었다. 아쉬움을 금할 수가 없다.

그리고 유학(儒學)을 논(論)함에 있어서 문법(文法)이나 띄어쓰기가 문맥상(文脈上) 틀릴 수도 있다.

끝으로 세상은 많이 변하여 왔다. 변했다고 우리의 선조들이 지켜온 예법(禮法)을 잊을 수는 없을 것이다. 더욱이 살아가는 모습은 달라졌다 하더라도 사람으로서 행하여야 할 도리(道理)는 예나 지금이나 다를 바 없다.

예를 지키어 바른 자세를 유지할 때 더욱 성숙한 국민으로 세계로 나아가게 되면 예의(禮儀) 바른 일등 국민으로 대우될 것 아니겠는가.

따라서 본 전통의례문답집(傳統儀禮問答集)으로 하여금 품고 있었던 모두의 의문이 해소되어 도리(道理)를 지키는 올바른 사람이 되기를 바랄 따름이다.

歲次 乙未 正月 望 日

潭陽後人 田桂賢 謹書

目　　錄
傳統儀禮問答集
①대별 목록(大別目錄)

②세별 목록(細別目錄)

◆1. 사당(祠堂)(附不遷位)

◆7. 친속(親屬)(附寸數)

◆8. 호칭(呼稱)(附稱號)

◆12. 삭망전(朔望奠)(附上食)

◆13. 성복(成服)

◆14. 문상(問喪)

◆15. 치장(治葬)

◆20. 상중 행례(喪中行禮).

◆23. 기제(忌祭)(附外孫奉祀)

◆31. 성균관(成均館)(附鄕校)

◆32. 국의(國儀)

◆37. 기타(其他)

1 사당(祠堂)(附不遷位)

▶1◀◆問; 가옥의 향배?

집의 동서남북은 실 방위인가요.

◆答; 가옥의 향배.

모든 건물(建物)의 실(實) 방위(方位)와는 관계없이 가옥의 앞은 남(南)이라 하고 뒤를 북(北)이라 하며 좌(左)를 동(東)이라 하고 우(右)를 서(西)라 합니다. 모든 가옥(家屋)이나 대상의 방위(方位)는 이와 같습니다.

●性理大全家禮祠堂於正寢之東條凡屋之制不問何向背但以前爲南後爲北左爲東右爲東

▶2◀◆問; 가묘(假墓)에 대한 문의.

문(問); 1. 가묘를 만드는 이유와,

문(問); 2. 어떤 경우에 언제 가묘를 만드는지 궁금합니다.

◆答; 가묘(假墓).

問; 1. 답(答); 신후지(身後地)를 생전(生前)에 조성하여 놓으면 무병장수(無病長壽)한다는 속설이 있으며 큰일을 당하여 폄장(窆葬)에 분주하지 않음.

問; 2. 답(答); 꼭 어떠한 경우가 있어서가 아니라 가세(家勢)가 허락(許諾)되고 효심(孝心)이 지극하면 가친(家親)의 신후지(身後地)를 치표(寘標)할 수 있을 것입니다.

●方輿總志山川; 孝子李致鶴營其慈親身後地干峯西乙坐原形家云玉女彈琴壙有梅花紋黃色大理石建石物篴山在長城珍原兩面界與三聖山連登峯大折山鷹峯中寺山皆其餘麗
●尤庵曰麟母若窆萬儀則其上必先占吾身後地可也此外則汝須節抑自愛以副老父之心至祝至祝

▶3◀◆問; 누가 언제 사당을 맨 먼저 지었는지요.

안녕하십니까. 처음 뵙습니다. 우리가 조상(祖上)의 제사를 지내는 근본은 여기서 이제까지 논의되어온 근본은 사당(祠堂)이라 사료됩니다. 그 사당 제도는 중국에서 기원(紀元)되어 우리나라로 전래된 것으로 알고 있습니다. 그런데 그 사당을 우리나라에서 누가 언제 맨 먼저 짓고 섬겼는지가 궁금합니다. 가르침 기다리겠습니다.

◆答; 누가 언제 사당을 맨 먼저 지었나.

아래와 같이 살펴보건대 우리나라에서 종묘는 신라 남해왕(南解王) 3 년(丙寅; 서기 6)봄에 세움이 시초라 하며, 유리왕(儒理王) 2 년(乙酉; 서기 25)에 왕의 조묘(祖廟)를 세웠고 소지왕(炤知王) 7 년(乙丑; 485)에는 20 여 집에서 사당을 세우고 수호하였다. 합니다.

●疑禮百選祀典典故宗廟; 謹按始新羅南解王三年春立始祖赫居世廟以親妹阿老主廟祭四時祭之○儒理王二年春二月親祀始祖廟○炤知王七年(註乙丑西紀四百八十五)增置守廟二十家

▶4◀◆問; 廟, 祠, 齋의 차이.

여러 곳을 다니다 보니 신주나 영정을 모신 곳의 이름이 [00廟, **祠, ++齋]라고 쓰여진 곳을 보았습니다. 잘 못 본 것인지는 모르겠습니다. 어떠할 때에 묘, 사, 재를 붙이는지요? 차이는 무엇인지요? 퍽 궁금하여 여쭈어 봅니다.

◆答; 묘(廟), 사(祠), 재(齋).

묘(廟); 사(祠); 사당(祠堂).
재(齋); 재사(齋舍). 재궁(齋宮)

⊙묘우(廟宇); 사당(祠堂)이라는 의미와 신(神)을 모시는 집이라는 의미로 두루 쓰임.
●公羊傳桓公戊申納于大廟(傳)何以書譏何譏爾逐亂受略納于大廟非禮也(註)納者入辭也
周公稱大廟所以必有廟者綠生時有宮室也孝子三年喪畢思念其親故爲之立宗廟以鬼享之
廟之爲言貌也質家右宗廟上親親文家右社稷尙尊尊(疏)註解云春秋說文祭義篇末云建國
之神位文家右社稷而左宗廟所謂一隅也
●史記天瑞下宜立祠上帝以合符應於是作渭陽五帝廟同宇註韋昭曰宇謂上司下異禮所謂
復廟重屋也贊曰一營宇中立五廟○正義曰括地志云渭陽五帝廟在雍州咸陽縣東三十里宮
殿疏云五帝廟一宇五殿也按一宇內而設五帝各依其方帝別爲一殿而門各如帝色也

⊙사우(祠宇); 사당(祠堂)이라는 의미와 제사를 지내는 집이라는 의미로 두루 쓰임.
●漢書詔曰酒者鳳皇甘露降集京師嘉瑞並見修興泰一五帝后土之祠祈爲百姓蒙祉福鸞鳳
萬擧蜚覽翺翔集止于旁註師古曰萬擧猶言擧以萬數也蜚古飛字也言鸞鳳飛翔覽觀都邑也
●周禮春官大祝(災)及執事禱祠于上下神示註執事大祝及男巫女巫也求福曰禱得求曰祠
譌曰禱爾于上下神祇鄭司農云小宗伯與執事共禱祠

⊙재우(齋宇); 재궁(齋宮)이라는 의미와 재계(齋戒)하는 집이라는 의미로 두루 쓰임.
●國語司空除壇於藉命農大夫咸戒農用先時五日瞽告有協風至王旣齋宮百官御事各卽其
齋三日
●呂氏春秋先立春三日太史謁之天子曰某日立春盛德在木天子乃齋註論語曰齋必變食居
必遷坐自禋潔也

▶5◀◆問; 방위를 정확하게 일러주세요.
방위를 정하는 기본이 신위(지방) 쪽이 북이고 제주가 있는 방향이 남쪽인 것은 알
겠는데 동. 서 구분에 대한 답이 왔다 갔다 하는 것 같아요. 좌. 우를 설정할 때 기
준이 신위인지 제주인지 명확하지 않은 것 같아요.

◆答; 가옥의 방위.
가옥의 방위는 출입문 쪽이 남이 되고 뒤꼍 쪽이 북이 되고 뒤꼍 쪽 벽을 등지고
서서 왼쪽이 동이며 오른쪽이 서쪽이 됩니다.

●性理大全凡屋之制不問何向背但以前爲南後爲北左爲東右爲西
●書儀人家堂室房戶(不能一如)圖前爲南後爲北左爲東右爲西

▶6◀◆問; 배식(配食), 배향(配享), 배(配)의 차이.
수고가 많으십니다. 축문에 보니 '<배식(配食), 배향(配享), 배(配), 식(食)> 상(尙)
향(饗)' 등이 보입니다.
[문 1] <배식(配食), 배향(配享), 배(配), 식(食)>의 뜻이 같은지요? 사용하는 곳이
각각 다른지요?
[문 2] <배식(配食)>을 '배식'이라고 읽는지요? '배사'라고 읽는지요? 사용하는 곳에
따라 읽는 방법이 다른지요? <식(食)>도 어떻게 읽어야 하는지요? 죄송합니다.

◆答; 배식(配食), 배향(配享), 배(配).
[문 1] 答; 아래와 같이 살펴보건대 배식(配食), 배향(配享), 배(配), 는 같은 의미도
되고 붙여 쓰임에 따라 다른 의미도 되는 것 같습니다. 다만 축문에서 사서인은 부
식(祔食) 상향(尙饗), 석전에서는 배(配) 상향이라 합니다.

[문 2] 答; 식(食)의 음(音)을 "사"로 발음하게 되면 "신에게 음식물을 오려드린다"

란 의미가 되고 "식"으로 발음하게 되면 "제사를 지낸다"라는 의미가 되는데 부식(祔食)으로 발음되어야 "함께(곁들여) 제사 지내드린다"라 의미가 통하게 됩니다.

●公羊傳宣公三年王者必以其祖配何休注配配食也
●漢語大辭典[配食]祔祭 配享
●[古帝王祭天以先祖配祭]晉書樂志上我皇受命奄有萬方郊祀配享禮樂孔章
●[指功臣祔祀于帝王宗廟]事物紀原禮祭郊祀配饗功臣配饗之禮由商人始也
●[指孔子弟子或歷代名儒祔祀于孔廟]新唐書常袞傳其後閩人春秋配享袞於學官云
●後漢書王渙傳民思其德爲立祠安陽亭西每食輒弦歌而薦之
●檀弓始死脯醢之奠將行遣而行之旣葬而食(祠)之未有見其饗之者也
●周易豫卦殷薦之上帝以配祖考
●左傳僖公三十三年傳曰凡君薨卒哭而祔祔而作主(註)新死之神祔之於祖尸柩已遠孝子思慕故造木主立几筵焉
●學禮管釋釋祔此祔食亦謂常祭之合食

▶7◀◆問; 봉안 묘 묘사 제례에서 축문, 헌잔(獻盞) 수에 관한 문의.
1. 봉안 묘에 5 대조고비 위에서 고비 위까지 8 위를 봉안하였습니다.
2. 축문을 어떻게 쓰는 것이 바른 것인지요.
3. 헌잔은 8 잔을 하는 것이 맞는지요.

◆答; 봉안 축문식.
위 글 1. 번의 5 대조고비 위에서 고비 위까지 8 위를 봉안(奉安)하였다 함은 선후(先後)가 맞지 않습니다. 5 대조고위에서 고비 위까지 중간 1 대가 빠지지 않고서는 10 위가 됩니다. 고조고비(高祖考妣)위에서 고비(考妣)까지가 8 위가 됩니다.

봉안묘(奉安廟)에 8 위(位)를 봉안(奉安)하였다 하심은 사당(祠堂)을 새로이 세우고 고조고비지고비(高祖考妣至考妣)까지 8 위의 신주(神主)를 봉안(奉安) 후 봉안의식(奉安儀式)의 예법을 질문하신 것으로 간주 축문과 의식(儀式)을 살펴보겠습니다.

봉안 고사는 단잔으로 팔위(八位)이니 위마다 1 잔씩이 됩니다.

○有事則告
如正至朔日之儀(增解韓魏公曰古者告祀但告于稱今或時祭徧告先世)但獻茶酒再拜訖主婦先降復位主人立於香卓之南(儀節主人以下皆跪)祝(輯覽祝祭主贊辭者)執版(儀節祝版臨祭置于酒注卓上讀畢置于案上香爐之左)立於主人之左(東向)跪(主人以下皆跪)讀之畢(置版於香卓上)興主人再拜降復位餘並同(儀節焚祝文)○告授官祝版(云云)貶降(云云)○告追贈則止告所贈之龕別設香卓於龕前(增解按焚黃則此當有先命善書者以黃紙錄制書一通以盤盛置香案上正中一節)又設一卓於其東置淨水紛盞刷子(竹刀木賊帨巾○會成是蘸水洗舊字之具)硯墨筆於其上餘並同但祝版(云云)若因事特贈則別爲文以叙其意(儀節錄制書一通以盤盛置香案上)告畢(主人)再拜(儀節主人復位跪祝東面立宣制書畢俯伏興執事者奉所錄制書即香案前並祝文焚之)主人進奉主置卓上執事者洗去舊字別塗以粉俟乾命善書者(儀并見下大祥改題條)改題(備要盥手西向立改題之)所贈官封陷中不改洗水以灑祠堂之四壁主人奉主置故處乃降復位後同○主人生嫡長子則滿月(內則子生三月見○陶菴滿三月○尤庵曰滿月謂日數滿一月)而見如上儀但不用祝(沙溪曰所告之辭多則用版少則只以口語告之鄙家並用版)主人立於香卓之前(跪)告(云云)告畢立於香卓東南西向主婦抱子進立於兩階之間(儀節以子授乳母)再拜主人乃降復位(儀節主人主婦俱復位以子授乳母)後同○冠昏則見本篇(備要家有喪亦當告也)○凡言祝版者用版長一尺高五寸以紙書文黏於其上畢則揭而焚之其首尾皆如前但於故高祖考故高祖妣自稱孝元孫於故曾祖考故曾祖妣自稱孝曾孫於故祖考故祖妣自稱孝孫於故考故妣自稱孝子有官封諡則皆稱之無則以生時行第稱號加于府君之上

妣曰某氏夫人凡自稱非宗子不言孝○告辭之祝四代共爲一版自稱以其最尊者爲主止告正位不告祔位茶酒則並設之

●始建祠堂奉安告辭式(四代共一板)

維 歲次干支幾月干支朔幾日干支孝玄孫某敢所告于 顯高祖考某官府君 顯高祖妣某封某氏(曾祖考妣至考妣列書)伏以道源於天人本於祖先王禮制宗祀爲首先世積德于躬祠宇未備按禮創造伏惟 尊靈是居是寧虔告謹告

▶8◀◆問; 불천위 제사에 질문.

불천위(不遷位) 제사에 대한 질문

1. 망자(亡子)의 위패(位牌)를 사당(祠堂)에서 모시는 기제사기간에는 종중(宗中) 설립을 안 하는 것으로 알고 있는데 맞는가요. ?
2. 종중은 망자의 기제사가 끝나 위패를 매안하고 묘제가 되면서부터 종중 이 설립되는 것으로 알고 있는데 맞는가요?
3. 기제사로 모시는 기간에 불천지위의 은전을 받았습니다. 불천위(不遷位)는 봉사손(長嗣孫)을 지정하여 내렸으며 현재에 종가 사당에서 모시며 종손이 봉제사 하고 있는 데 망자의 종중이 설립될 수가 있는가요?
4. 만일에 종중이 설립되었다 가정하더라도 봉사손(奉祀孫)이 모시고 있는 불천위 제사에 종중 이 관여할 자격이 있는가요?

◆答; 불천위 제사.

1. 答; 시사용어(時事用語)나 법률용어사전(法律用語辭典) 및 判例 등 타 학문에서 종중(宗中)의 성격(性格) 등에 대한 정의가 기술되어 있으나 유학적 전거 제시가 없으니, 본인은 유학(儒學)하는 사람으로서 그를 전거 삼아 우왈좌왈(右曰左曰) 할 수는 없습니다.

2. 答; 특히 종 중 설립에 관하여는 그 예법이 명문화된 전거의 기억은 물론 다른 방법으로 확인 할 수가 없습니다. 다만 俗行의 예로 각종 종친회가 그와 유사한 모임이 아닐까 합니다.

3. 答; 불천지위(不遷之位)란 나라에 큰 공이 있어 나라님의 명으로 主人에게 친진(親盡)이 되어도 최장방(最長房)이나 신주(神主)를 묘소(墓所)로 옮겨 매안(埋安)하지 말고 그 적후손(敵後孫)들이 영원히 봉사하라고 특명을 받은 선조(先祖)입니다.

4. 答; "불천지위(不遷之位) 제사에 종 중이 관여할 자격이 있는가요"란 의미가 무엇을 뜻하는지는 알 수 없으나 그 후손이라며 물조(物助), 참제(參祭)는 물론 분정될 위치에 해당되면 아종헌관과 각 집사자가 될 자격도 있겠지요.

●宗中致祭謄錄總例大君王子君嫡王孫王孫君諸君唧諸宗正卿致祭(註)卒逝葬後
●大典奉祀條始爲功臣者代雖盡不遷別立一室
●遂庵曰立別廟以奉不遷位則第二功臣並爲奉安無妨
●沙溪曰不遷位稱先祖可也或稱幾代祖亦可
●同春曰不遷位旁題當書以孝幾代孫
●葛庵曰非百世不遷大宗之家則當以會中長幼爲主辦祭者不可越尊長爲主初獻之後使之一獻亦合人情

▶9◀◆問; 不遷之位에 대하여?

불천위(不遷位)의 제사상에 날고기를 쓰는 연유를 알고 싶습니다.

◆答; 불천지위(不遷之位).

가례(家禮)예법에 따르는 백성의 제사는 숙제(熟祭)가 되고 오례의(五禮儀) 법도에 의한 제사(廟院 포함)는 혈제(血祭; 생제)가 됩니다.

이에 따라 문묘(文廟) 예법 역시 오례의(五禮儀) 예법에 의하여 혈제(血祭)가 되는데 불천지위(不遷之位)가 되면 문묘(文廟)에 배향과 사원(祠院) 등에 주벽 혹은 배향(配享)이 되니 혈제(血祭)의 예법을 따르게 됩니다.

그러나 나라님으로부터 불천위(不遷位)의 명(命)을 받게 되면 그의 종손(宗孫)으로 이어지며 백세(百世)되도록 영원(永遠)히 봉사(奉祀)하게 되는데 가례(家禮)에는 그에 대한 예법(禮法)은 달리 없습니다. 따라서 숙제(熟祭)에는 수저가 있고 혈제(血祭)는 기(氣)를 흠향하기 때문에 수저가 없는 것입니다.

●周禮宗伯禮官之職大宗伯血祭祭社稷五祀五嶽山林川澤註陰祀自血起貴氣臭也
●通典二品以下祠四廟三品以上須兼爵四廟外有始封祖通祠五廟
●大典奉祀條始爲功臣者代雖盡不遷別立一室
●沙溪曰四龕外又特設則乃五龕也僭不可爲云然先祖曰不遷之主豈可幷數於四代之當祭乎當量宜行之
●退溪曰不遷之主當書幾代祖某官府君幾代孫某

▶10◀◆問; 불천지위(不遷之位)의 감실(龕室)은?

안녕하세요? 가묘(家廟)에서 모시는 신주(神主)의 위치에 대한 의문이 생겨서 여쭈어 봅니다. 국립문화재(國立文化財) 연구소(편), 종가의 제례와 음식 점필재 김종직 종가(서울: 김영사, 2005), p. 71 에 불천위(不遷位)인 김종직 신위를 중앙에 모시고, 현재의 종손(宗孫)이 4 대 봉사(奉祀)를 하는 조상님들의 신주를 모신 그림이 있습니다.

그 책에서는 다음과 같이 신주를 모신 그림이 제시되어 있습니다. (조고비위) (고조고비위) (불천위) (증고조비위) (고비위) 그런데 제 생각으로는 위의 그림에서 신주의 위치에 문제가 있는 것 같습니다. 혹시 위의 그림에서 신주 위치가 다음과 같이 바뀌어야 하는 것은 아닌지요? (고비위) (증고조비위) (불천위) (고조고비위) (조고비위) 고견을 기다리겠습니다.

◆答; 불천지위(不遷之位)의 감실(龕室).

대부사서인(大夫士庶人)은 가례(家禮) 묘   제도(廟制度)를 따를 뿐이며 사서인(士庶人) 선대(先代) 묘   배치(廟配置)는 묘(廟)는 四龕인데 이서위상(以西爲上)의 법도에 따라   맨 서쪽 감실(龕室)에 고조(高祖) 다음 감실(龕室)에 증조(曾祖) 다음 감실(龕室)에 祖 다음 마지막 동쪽 감실(龕室)에 부(父)로 배치됨이 바른 법도이며, 불천지위(不遷之位)의 감실(龕室)은 아래와 같이 살펴보건대   대전(大典)과 오례의(五禮儀)에서 분명히 언급된 예법과 같이 별실에 모심이 가장 바른 예입니다.

대부사서인(大夫士庶人)의 묘 제도(廟制度)는 일묘(一廟) 사감제도(四龕制度)일 뿐이고 일묘(一廟)에 오감(五龕) 소목(昭穆)배열을 하거나 오묘제도(五廟制度)는 제왕(帝王)의 제도로서 일반 백성은 감히 따라 행할 수 없습니다.

물론 예법을 무시하고 무식한척하고 행하려면 천자(天子)의 칠묘제도(七廟制度)는 택할 수 없겠습니까. 사서인 묘제도(廟制度)는 일묘 사감제도(四龕制度) 뿐입니다.

●通典二品以下祠四廟三品以上須兼爵四廟外有始封祖通祠五廟
●大典始爲功臣者代雖盡不遷別立一室

●問有不遷之位則高祖當遞遷或特設不遷位於四龕外否沙溪曰四龕外又特設則五龕也乃全用諸侯之禮僭不可爲也吾宗家五代祖乃不遷之位故四代祖雖未代盡出安別室耳

●國朝五禮儀始爲功臣而百世不遷者則代數三代外別立一龕祭之

●問備要若有親盡之祖不遷則高祖當出恐未安旅軒曰不遷之主豈可幷數於四代之當祭乎

●明齋曰國法始爲功臣者爲不遷之位非功臣則雖享於祠院不可不遷於廟也子孫以祖先之有德業而私自不祧無乃或涉於僭也

●家禮通禮爲四龕以奉先世神主條爲四龕每龕內置一卓大宗及繼高祖之小宗則高祖居西曾祖次之祖次之父次之

●愼獨齋遺稿附錄下曰重營宗廟禮判象村爺以爲此際難逢宜復古禮馳書問以昭穆制度沙溪先生使愼獨齋先生持筆作宗廟圖以太祖爲東向位群昭群穆列於左右其夾室龕室都宮之規

●宋子大全附錄崔愼記下先生曰孝廟若天假聖壽數年則更建景福宮也得遂聖志而功成治定則又當立五廟昭穆之制也

●沙溪先生全書答書申敬叔條宗廟之制天子七諸侯五而外爲都宮朱子大全可考也所謂世室在昭穆穆祖爲太廟始祖位兄若爲昭弟當爲穆如我朝云云

▶11◀◆問; 불천위 축식 쓰는 법을 가르쳐 주십시오.

축문(祝文) 쓰기 대한 궁금한 점을 질의(質疑)합니다 불천위(不遷位)의 기제사(忌祭祀)를 사당(祠堂)에서 지내면서 쓴 축문에 초헌자(初獻者)가 그 집의 ○○ 대(代) 종손(宗孫)인데 축문(祝文)에 유세차정해(維歲次丁亥)○월(月)○○삭(朔)○○일(日)○○ 효현손(孝玄孫)○○ 라 하고 현선조고운운(顯先祖考云云)하고 쓴 것을 봤습니다.

이에 대한 의견 [1] 초헌관○○대손모(代孫某) 라고 쓰고 현(顯)○○대조고 운운(代祖考云云)하고 쓰는 것이 옳다 의견(意見) [2] 그 집에서 쓴 것이 옳다 등 양 의견(兩意見)이 있는데 바르게 쓰는 방법이 궁금합니다. 하교(下敎)를 바랍니다.

◆答; 불천지위(不遷之位) 축문식(祝文式).

◆不祧位改題告辭

維 歲次干支幾月干支朔幾日干支(孝)五代孫某敢昭告于 顯五代祖考某官府君 顯五代祖妣某封某氏(列書至祖考妣不書祔位)玆以先考某官府君喪期已盡禮當遷主入廟(承重措語上改題告式) 顯五代祖考某官府君 顯五代祖妣某封某氏(承重而六代祖不祧稱六大祖妣)親盡神主當祧而伏以府君盛德大業載在國乘(配食太廟從祀文廟等節隨事改措)恭承 恩命永世不遷(承重而若六代祖不祧則此下當添今將改題妥奉顯五代祖考某官府君顯五代祖妣某封某氏親盡神主當祧云云下文今將之今改以亦字) 顯高祖考某官府君 顯高祖妣某封某氏(列書至祖考妣祔位有改題者則當添以及某親某官府君某親某封某氏)神主今將改題世次迭遷不勝感愴謹以酒果用伸虔告謹告

◆不祧告由文

恭惟府君盛德宏量邃識毅行水大山巍儒賢有評渼灘首義誓心殉國紀律嚴明旗鼓整肅忠憤所激頹綱以植 兩朝褒賞有馳有錫亦延厥世曾孫是錄今 王嗣德崇極廟祜爰及藎臣一體紀績伻官致侑曰百世祠祗奉 恩言感徹泉逵眇兹孱孫親屬已竭禮有義起敢替芬苾 聖眷彌久興議且叶按古參今宗禮以成衛 恩追遠幷切愴榮

◆不祧位合祭祝文(老洲曰旣不祧埋則恐不當用百拜告辭之文)

維 歲次干支幾月干支朔幾日干支(孝)五代孫(或六代孫)某敢昭告于 顯五代祖考某官府君 顯五代祖妣某封某氏(或六代祖考妣)某罪逆不滅歲及免喪世次迭遷昭穆繼序祀止四代雖則禮制祗遵 國典(改以恭承恩命)妥奉不祧謹以清酌庶羞祗薦歲事(班祔措語見吉祭親盡位祝)尚 饗(不祧閱世則直用吉祭合祭高祖位祝而不用祀止四代以下語)

◆別子親盡改題告辭

維 歲次干支幾月干支朔幾日干支(孝)五代孫某敢昭告于 顯五代祖考某官府君 顯五代祖妣某封某氏(列書至祖考妣不書祔位)玆以 先考某官府君喪期已盡禮當遷主入廟(承重措語上改題告式) 顯五代祖考某官府君 顯五代祖妣某封某氏(承重而六代祖不祧稱六大祖考妣神)主親雖已盡禮合世祀今將改題世次迭遷不勝感愴謹以酒果用伸虔告謹告

◆遞遷後不祧還奉宗家告辭(綱目○穎西曰先廟不祧當還奉宗家)

維 歲次干支幾月干支朔幾日干支(孝)幾代孫某敢昭告于 顯幾代祖考某官府君 顯幾代祖妣某封某氏神主親盡祧遷已有年矣今因大僚仰請恭承 成命永世不祧 恩徹泉途榮動門闌今將還奉宗家不勝感愴謹以酒果用伸虔告謹告

◆埋安後不祧奉出埋主告辭(梅山曰爲文告墓奉出舊主如不朽傷必于墓前改題)

維 歲次干支幾月干支朔幾日干支(孝)幾代孫某敢昭告于 顯幾代祖考某官府君 顯幾代祖妣某封某氏神主祧遷已埋于墓所不祧之恩爰自 先朝成命之下又在今日(隨事措語)當立新主用承寵命而舊主神魂之所憑依體魄之所隣近今方開破塋域奉出改題不勝感愴謹以酒果用伸虔告謹告(梅山曰舊主毀傷莫可改題則當仍舊還埋不容不更告○梅山此告與權埋神主改造措語全齋說同恐當通用)

◆埋主還奉後改題主祝辭

維 歲次干支幾月干支朔幾日干支(孝)幾代孫某敢昭告于 顯幾代祖考某官府君 顯幾代祖妣某封某氏今以不祧有 命還奉埋主伏惟尊靈是憑是依(梅山曰舊主已朽改造新主則還奉埋主四字改以神主重成)

◆不祧位題主後祝辭(梅山曰題主奉安仍薦殷奠○綱目只炷香斟酒歸家後行時祭似當)

維 歲次干支幾月干支朔幾日干支孝(立主後當稱孝)幾代孫某敢昭告于 顯幾代祖考某官府君 顯幾代祖妣某封某氏神主親盡祧埋已近三紀(隨時改稱)因大僚仰請不祧 成命已下 恩禮曠絶幽明俱榮今已造成神主伏惟 尊靈是憑是依(本辭此下有行將祇奉家廟謹以淸酌庶羞祇薦歲事尙饗而奉安家廟後不可無諸位合享之禮則此只用題主告辭歸家後依綱目說行時祭而參用時祭原祝恐好)

◆不祧位奉安時祠堂告辭(梅山曰嗣孫先廟恐當以酒果告由)

維 歲次干支幾月干支朔幾日干支孝玄孫某敢昭告于 顯高祖考某官府君 顯高祖妣某封某氏諸位列書伏以 先幾代祖考某官府君 先幾代祖妣某封某氏神主親盡祧埋因大僚仰請 特命不祧今旣追成祠版將祇奉家廟 顯高祖考某官府君 顯高祖妣某封某氏(諸位列書)神主以次遞降謹以酒果用伸虔告謹告

◆不祧位造主當位墓告辭(追成祠版於祧埋之後者當設幄次於墓所而題主○按造主當於日安神之所而祧埋旣久則不得不於墓前爲之)

維 歲次干支幾月干支朔幾日干支(孝)幾代孫某敢昭告于 顯幾代祖考某官府君 顯幾代祖妣某封某氏之墓神主親盡祧埋已幾年矣盛德大業爲永世所誦慕今月某日因大僚仰請 特命不祧錄用嗣孫 恩徹泉途榮動門闌今將追成神主還奉家廟宗祐旣毀而復立祀享旣絶而復續不勝感愴謹以酒果用伸虔告謹告

◆宗廟從享告辭

維 歲次干支幾月干支朔幾日干支孝子某敢昭告于 顯考某官府君 顯妣某封某氏日者 聖上采取一國公議崇奉(今按若只從享則崇奉以下至祧遷改云使府君從享某宗大王廟庭)某宗大王爲不遷之宗 顯考府君庭享之禮從以萬年不隆則私祠奉安亦將百世不敢祧遷 恩光罔極慶幸無窮謹以酒果用伸虔告謹告

●同春曰曾聞有不遷之主者屬稱書幾代祖旁題書孝玄孫不知其果有據否旁題亦書以孝幾代孫恐亦不妨

●寒岡問先代有勳勞於國爲不遷之主祝文當書幾代孫某告于幾代祖否退溪曰當如此

●同春問不遷位或書幾代祖或書始祖未知孰是沙溪曰稱先祖可也始祖之稱似有嫌於厥初生民之祖恐未安

●尤庵曰別子則當稱以始祖其以下不遷位則稱以先祖據家禮可知矣
●明齋曰國法始爲功臣者爲不遷之位非功臣則雖享於祠院不可不遷於廟也子孫以祖
先之有德業而私自不祧恐近於世室無乃或涉於僭耶

▶12◀◆問; 사당 및 제실 및 이름에 대하여 질문 드립니다.

안녕하십니까. 저는 전주 최씨 결성공파 종 중 회장 최종억 이라고 합니다. 저희 선
조들께서 제실 및 사당을 건립하시어 "묘선제(墓先齊)"라 명명하시었습니다. 저희
종 중은 현재 분당에 인접한 광주군 오포면 신현리에 위치하고 있는데, 발전에 의
하여 부득이 제실 및 사당을 전통 양식으로 새롭게 건립하게 되었습니다.

그런데, 종원 중에 기존의 "묘선제"를 "묘선사(墓先祠)"로 개칭해야 한다는 의견이
나왔습니다. 제와 사로 구분하여 사당 이름에는 "사"를 붙이는 것이 맞는 것인지,
선조(先祖)들께서 쓰시던 "묘선제"를 그대로 사용할 수 있는지 저희 종중 안에서도
의견이 분분하여 성균관(成均館) 어르신의 고견을 듣고자 합니다. 부탁 드립니다.

◆答; 사당 및 제실 및 이름.

사(祠)자는 신주를 봉안한 사당(祠堂)이란 의미로 묘호(廟號) 끝에 붙이는 글자이니
건립 목적의 주(主)가 가문(家門)을 빛낸 조상의 신주와 그 후학을 배향한 사당이고
재실(齋室)은 종이라면 사(祠)를 붙여야 되겠고, 그러나 이때도 사당과 재실이 분리
되어 있다면 사당은 사(祠)를 붙이고 재실은 재(齋)자를 붙여야 의미에 맞을 것 같
으며, 재(齋)자는 재계(齋戒)하는 집이란 의미로 가호 끝에 붙이는 글자이니 선대
묘역 근처에 재계가 주 목적이면 재(齋) 자를 붙임이 옳을 것 같습니다.

제(齊)자는 재계(齋戒)를 의미할 때는 재로 발음. 재계를 의미할 때는 재(齊)와 재
(齋) 동의입니다.

●祭義致齊(齋)於內散齊於外
●世說新語言語孫綽賦遂初築室畎川自言見止足之分齋前種一株松口自手甕治之高世遠
時亦鄰
●呂氏春秋孟春天子乃齋註論語曰齋必變食居必遷坐自禮潔也
●漢書宣帝記四年春二月詔曰云云並見修興泰一五帝后土之祠祈爲百姓蒙祉福
●國語周語上王旣齊宮(所齊之宮)百官御事各卽其齊三日王乃淳濯鄕禮

▶13◀◆問; 사당(祠堂) 에 대해 궁금합니다.

사당(祠堂)은 신주를 모셔 놓은 집으로 알고 있습니다. 궁금한 것은 한 문중(門中)의
중시조(中始祖)로 모시는 분의 신주를 2 곳에서 모실 수 있는지요? 한곳은 중시조의
묘역(墓域)에 또 다른 곳은 지방의 차 손의 선영(先塋)에 사당을 짖고 모시고 있는
데 2 곳 모두 지방문화재로 등록이 되어 있습니다.
종 중에서는 통합을 하려고 하고 있으나 지방의 차 손 댁에서는 어려움을 말하고
있습니다. 이런 경우 2 곳에 사당이 있는 것이 예(禮)에 맞는 것인지. 틀리는 것인
지 궁금합니다. 틀리면 한곳으로 합칠 수 있는 절차는?

◆答; 사당(祠堂).

타 가문(家門)의 법도를 공개적으로 그 당부를 논함은 대단히 부적절하다 생각됩니
다. 다만 예서적으로 살펴보면 중시조(中始祖)란 쇠퇴한 가문을 다시 일으킨 선조를
이름인데 그 선조가 이미 불천지위(不遷之位)의 반열이면 친진(親盡)이 되었다 하여
도 신주(神主)를 묘소에 매안(埋安)치 않고 별묘(別廟)를 세워 독실(獨室)로 세세(世
世) 종손이 봉사하게 되는 것입니다. 다만 사(祠; 社會)의 위패는 배향위(配享位) 포

함 둘 이상이 될 수도 있습니다.

●朱子曰復宗子法於廢後而宗子無力不能立祠堂則庶子立之然亦宗子主其祭而用宗子所得命數之禮

●公羊傳桓公納于大廟[傳]何以書譏何譏爾遂亂受略納于大廟非禮也註納者入辭也周公稱大廟所以必有廟者錄生時有宮室也孝子三年喪畢思念其親故爲之立宗廟以鬼享之廟之爲言貌也

●荀子强國篇負三王之廟而辟於陳蔡之間註此楚項襄王之時也父謂懷王爲秦所虜而死也至二十一年秦將白起遂拔我鄢郢燒先王墓於夷陵襄王兵散遂不復戰東北保陳成廟主也

●漢書宣帝記立皇考廟益奉明園戶爲奉明縣註師古曰奉明園卽皇考史皇孫之所葬也

●又修興泰一五帝后土之祠祈爲百姓蒙祉福

●周禮春官小宗伯禱祠于上下神示註執事大祝及男巫女巫也求福曰禱得求曰祠譴曰禱爾于上下神祇鄭司農云小宗伯與執事共禱祠

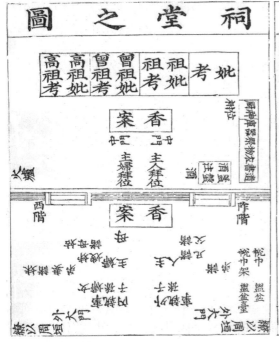

▶14◀◆問; 사당을 새로이 짓고 위패를 모시려 하는데.

사당(祠堂)과 재실(齋室)을 짓고 사당에 파조(派祖)부터 육대(六代)까지 위패 봉안(位牌奉安)을 하려 하는데. 위패봉안 의식(절차)에 대하여 알고 싶습니다.

◆答; 위패(位牌).

이래는 예문으로 제공하는 예법과 축식입니다. 이 예문을 참고하여 취지에 알맞도록 수정 보완하여 사용하시기 바랍니다.

◆位牌式

考; 某官某公諱某字某之(神)位

妣; 某封(此下或添某貫)某氏諱某字某之(神)位

●書傳康誥王若曰孟侯朕其弟小子封惟乃丕顯考文王

●爾雅父爲考母爲妣註禮記曰生曰父母妻死曰考妣嬪

●東坡神女廟云雲興靈怪聚雲散鬼神還

●周禮春官宗伯禮官之職小宗伯建國之神位右社稷左宗廟註鄭司農云立讀爲位古者立位

同字古文春秋經公卽位爲公卽位

●燕行日記癸巳二月十三日辛酉書先師廟內書萬歲師表位牌書至聖先師孔子之位前設卓子卓前左右配顏曾思孟位牌

●愧郊錄金版今郊祀天地祖宗正配位皆有金版書神位以金飾木爲之如匣之制稍高博且表以字

◆奉安告辭

維 歲次干支幾月干支朔幾日干支某孫某敢昭告于 顯某親某官府君 顯某親某封某氏(諸位列書)廟位稍整先靈永妥陟降顧右仰冀冥佑謹以酒果用伸虔告謹告(四未云別無事由則恐當云不奠舊居酒卜新寓簡吉移奉敢伸虔告)

▶15◀◆問; 사당 제례에 관하여.

지방에 있는 작은 사당을 모시는 후손으로써 현실적인 면을 고려하여 몇 가지 문의하고자 합니다.

1. 기 정하여진 제일을 변경할 수는 없는지요 예를 들어 음 3 월 15 일이면 15 일이 속하는 전 토요일로 정하여 후손(後孫)들이 참여할 수 있는 폭을 넓혀 주었으면 하는데.

2. 농촌에는 활동 인구가 적은데다 유림이라고 제사에 참여하는 분들도 품앗이 식으로 하며 여비까지 지급하는 실정이고 보니 차라리 후손들이 전적으로 주관하고 모시는 방법은 안 되는지요.

3. 현대의 사회가 다문화 다 인종 다 종교 사회로써 후손들에게 선조를 추모하고 뿌리를 알이고 친족간에 우애를 도모 하기 위하여서 모든 제물은 같이 마련하되 기독교를 믿는 후손들은 별도로 다른 곳에서 조용하게 자가들끼리 예배 드리게 하는 것은 안되나요.

◆答; 사당 제례.

問; 1. 2, 3. 答; 2. 번에 유림이란 표현이 있는 것으로 미뤄보건대 가묘(家廟)가 아닌 후학이나 어느 단체에서 건립하여 받드는 사당이 아닌가 합니다.

그리하여 사(祠)로 간주 살펴본바 문선왕묘(文宣王廟) 제일(祭日)은 국조오례의(國朝五禮儀) 석전의(釋奠儀)에 중춘 중추(仲春仲秋) 상정일(上丁日)이라 명확히 정하여져 있으나 사(祠)에 대하여 그 예법을 분명하게 아는바 없어 두루 고서(古書)를 뒤적여 보았으나 그 근거 예법을 찾지 못하였습니다. 따라서 사(祠)란 후손의 가묘(家廟)나 불천지위묘(不遷之位廟)와는 그 성격이 완전히 다른 후학 등이 뜻을 모아 건립 위패를 봉안 그 모든 예법을 주최자들의 중지를 모아 정하여 실행하고 있는 것 같습니다. 하여 그 사(祠)는 그 후손들의 가묘(家廟)가 아니고 그 사(祠)를 건립 후학(後學)들이나 또는 그 단체의 소유가 되어 축문에 초헌관을 후학 등 성모 감소고우(姓某敢昭告于)라 칭하게 되는 것입니다.

그러나 세태가 변하여 그 봉사에 어려움이 있음도 사실이라 하여도 그러나 사당을 그 후손이 인수 예를 주관하려 함에도 여러 가지 문제가 있게 되는 것입니다. 즉 초헌관(初獻官)의 관계 칭호를 후학에 비할 바 아닌 후손을 후학이라 칭(稱)할 수도 없으며 또 후손이라 칭할 수도 없을 것입니다. 왜냐하면 후손(後孫)과 후학(後學)과는 근본(根本)이 다르며 설령 후손(後孫)이라 칭(稱)한다 하여도 혹 배향위(配享位)도 있을 터인데 혹 없다 하여도 후손(後孫)으로서 축(祝)의 내용으로 고할 근거가 없으니 어찌 고할 것인가 입니다.

고로 일자(日字)는 예법적으로 정일(定日)이 없는 것 같으니 이는 구성원간(構成員間)의 협의에 의하여 혹 변경할 수 있다손 치더라도 그 후손이 적극적으로 주관할 수는 없을 것 같으며 혹 방법은 초헌관 만은 유림에서 맡고 아종헌(亞終獻)은 그 시마다 정하여 봉행(奉行)하면 되지 않을까 합니다.

또 별처에서의 의식행위는 별 의미가 없을 것 같으며 이교도(異敎徒)들이 자기의 예법대로 예를 갖춤이야 간섭하거나 제지할 까닭은 없을 것입니다.

●漢書昭帝四年春二月詔曰迺者鳳皇甘露降集京師嘉瑞並見修興泰一五帝后土之祠祈爲百姓蒙祉福

▶16◀◆問; 사당제에서는 강신례의 여부.

사우(祠宇)에 선조님을 항상 신위 위패(位牌)를 독에 모시고 있습니다. 제향 시(祭享時)에 강신례를 올려야 되는지? 올리지 않은 집안도 많으니(笏記에 없음) 어느 것이 옳은 것인지 하교(下敎) 하여 주십시오.

◆答; 사당에서도 강신례를 행함.

사당(祠堂)에서도 분향뇌주(焚香酹酒) 재배(再拜)를 합니다.

●家禮通禮正至朔望則參條正至朔望前一日灑掃齋宿厥明夙興開門軸簾每龕設新果一大盤於卓上每位茶盞托酒盞盤各一於神主櫝前(云云)主人詣香卓前降神搢笏焚香再拜(云云)

▶17◀◆問; 사당에서 제사 시 산신제.

사당에서 제사를 봉행 할 시 산신제를 해야 하는지요. 묘제 할 때만 산신제를 하는 것이 아닌지요.

◆答; 사당에서 제사 시 산신제.

주자가례(朱子家禮)나 오례의(五禮儀) 예법에 준거하여 행하는 사당의 예를 행할 때는 산신제는 물론 후토제를 지내지 않습니다. 까닭은 사당은 산에 장사한 묘(墓)와 달리 관련된 후자들이 곁에서 항상 모시고 있기 때문입니다.

●周頌淸廟序淸廟祀文王也(鄭玄箋)廟之言貌也死者精神不可得而見但以生時之居立宮室象貌爲之耳

▶18◀◆問; 사당차례.

안녕하십니까 저는 금년에 아들을 결혼시킬 계획으로 있습니다. 금년에는 윤달이 9월에 있는데 윤달에도 결혼식을 올려도 되는지요.

신혼여행을 다녀오고 난 다음, 선조님께 사당차례를 지내고 싶은데 지내는 방법에 대해 알려주셨으면 합니다. 지방과 축문 쓰는 방법 절하는 방법에 대하여도 알려주시면 고맙겠습니다. 감사합니다.

◆答; 사당차례.

아래와 같이 살펴보건대 윤월은 바른 달이 아니라 길흉대사는 모두 행하지 않는다 합니다.

조상 뵙는 예는 사당(祠堂)이 없으면 모두 기제 때와 같이 지방을 쓰시고 설위는 명절 때와 같이 고비(考妣) 일탁에 설위 각 상마다 주과포(酒果脯)로 진설하고 남자는 동편에서 서쪽과 북쪽이 상석으로 서시고, 부녀자들은 서쪽에 서되 동쪽과 북쪽이 상석으로 모두 세대 횡렬로 섭니다. 서기를 마쳤으면 주인이 향탁 앞으로 나아가 강신 분향재배를 하고 내려와 모두 참신재배 합니다.

주인이 위전에 나아가 각 위마다 술을 딸아 올리고 서쪽으로 비껴서면 신부가 향안 앞으로 나와 위를 바라보고 서면, 주인이 모지자 [누구(아버지)의아들] 모지부모 씨 [누구(아들)의 신부가] 감견 [감히 뵈옵나이다] 라 고하고 나면, 신부가 사배하고 물러나면 주인도 내려와 제자리에 서서 모두 재배하고 물러납니다.

●同春堂集國恤終制後陳賀冊禮議;臣偶考通典范審之說以爲閏月者以餘分之日閏益月耳非正月也吉凶大事皆不可用云雖未知此果不易之論而古人之言似必有所據又吉事從近日乃是禮家定論唯在

▶19◀◆問; 사당차례 지내는 방법.

저는 금년 64 세로 금년에 아들을 결혼시킬 계획으로 있습니다. 신혼여행(新婚旅行)을 다녀오고 난 다음, 아파트 생활에 사당이 없어도 선조에게 사당차례(祠堂茶禮)를 지내고 싶은데, 지내는 방법에 대해 알려주셨으면 합니다. 지방 쓰는 방법과 강신 제물 준비하는 법, 제사를 올리는 방법에 대해 알려 주셨으면 합니다. 감사합니다.

◆答; 차례 지내는 법.

명절참의(名節參議)는 단헌지례(單獻之禮)입니다. 아래의 예법은 구의(丘儀)의 명절 예법입니다. 이 예법에서는 참사신례(參辭神禮)에서 사배이나 가례(家禮)를 비롯하여 요결(要訣) 등 다수의 예서에서는 지배를 택하고 있어 이를 따르고 있습니다.

다만 찬품을 그 시절에 나는 식물(食物)로 간단히(약설) 진설하나 요즈음 사시제(四時祭), 니제(禰祭) 등의 제사를 폐하고 다만 기제사만 받들고 있어 대부분의 가문에서 기제 찬품(饌品)으로 진설하는 듯 합니다.

●正至朔參儀禮節次

(主人以下各具盛服)○序立(男列於左女列於右每一世列爲一行)○盥洗(立定主人主婦及子婦將出主者皆洗拭訖)○啓櫝○出主(主人出考主主婦出妣主其餘子婦出祔主各置正位之左皆畢)○復位(主婦以下先降復位)○降神(執事者洗手上階開瓶實酒於注一人奉注詣主人右一人執盞盤詣主人左)○主人詣香案前○跪○焚香(主人焚香畢右執事者跪進酒注左執事者跪以盞盤向主人主人受酒斟酒於盞反注於右執事者取盤盞自捧之二執事者皆起)○酹酒(主人左手執盞盡酹茅沙上畢置盞香案上)○俯伏興(少退)○鞠躬拜興拜興平身○復位○參神(主人以下凡在位者皆拜)○鞠躬拜興拜興拜興(註再拜)興平身○主人斟酒(主人升自執酒注斟酒於逐位神主前空盞中先正位次祔位次命長子斟諸祔位之卑者畢主人稍後立)○主婦點茶(主婦執瓶斟茶於各正祔或命子弟捧茶托主婦位前空盞中命長婦長女斟諸祔捧盞逐位以獻亦可位之卑者畢主婦退與主人並立拜)○鞠躬拜興拜興平身○復位(主人主婦各復其位)○辭神(衆拜)○鞠躬拜興拜興拜興拜興(註再拜)平身○奉主入櫝○禮畢

●俗節儀禮節次

(主人以下各具盛服)○序立(男列於左女列於右每一世列爲一行)○盥洗(立定主人主婦及子婦將出主者皆洗拭訖)○啓櫝○出主(主人出考主主婦出妣主其餘子婦出祔主各置正位之左皆畢)○復位(主婦以下先降復位)○降神(執事者洗手上階開瓶實酒於注一人奉注詣主人右一人執盞盤詣主人左)○主人詣香案前○跪○焚香(主人焚香畢右執事者跪進酒注左執事者跪以盞盤向主人主人受酒斟酒於盞反注於右執事者取盤盞自捧之二執事者皆起)○酹酒(主人左手執盞盡酹茅沙上畢置盞香案上)○俯伏興(少退)○鞠躬拜興拜興平身○復位○參神(主人以下凡在位者皆拜)○鞠躬拜興拜興拜興拜興(註再拜)平身○主人斟酒(主人升自執酒注斟酒於逐位神主前空盞中先正位次祔位次命長子斟諸祔位之卑者畢主人稍後立)○主婦點茶(主婦執瓶斟茶於各正祔或命子弟捧茶托主婦位前空盞中命長婦長女斟諸祔捧盞逐位以獻亦可位之卑者畢主婦退與主人並立拜或命子弟奉茶托主婦奉盞逐位以獻亦可)○鞠躬拜興拜興平身○復位(主人主婦各復其位)○辭神(衆拜)○鞠躬拜興拜興拜興拜(註再拜)興平身○奉主入櫝○禮畢

▶20◀◆問; 사대봉사.

거듭 죄송하나, 좀 더 쉽게 설명해주실 수 없으신지요?

질문:

1대: 3형제 中 첫째 사망.

2대: 3형제 中 첫째 사망.

3대의 장남이 제사를 지낸다고 가정하면 누구를 기준으로 4대의 제사를 지내야 하나요?

4대봉사라 함은 1대를 기준으로 위로 4대인가요? 3대의 장남을 기준으로 위로 4대까지인가요?)답변 말씀 중에 <미친진 손이 있으면 그 중 최장자(最長者)가 그 신주를 모셔가 봉사를 하게 되는데 그 최장자가 현손일 수도 있고 증손(曾孫)일 수도 있고 손자(孫子)일 수도 있을 것입니다. 이 말은 제사를 모시는 사람이 3대의 장남(長男)이 아니라, 1대의 둘째가 된다는 뜻인가요? 그리고 제사를 지낼 때 제주는 누가되나요? (위 상황에서 신주의 적자손이 1대의 둘째인지 3대의 장남인지 모르겠습니다. 1대의 둘째가 모시는 제사라면 1대의 둘째가 제주가 될 것이라 생각하는데 1대의 2대가 생존해있는 상황에서 3대의 장남 이 제사를 모신다면 제주는 누구인가요?

◆答; 사대봉사.

대단히 어려운 질문이십니다. 지금도 질문의 요지가 약간이라도 이해가 되었는지 의심스럽습니다. 다만 이해된 대로 아래와 같이 답하여 보겠습니다.

4대 봉사란 그가 누구이든지 제사를 주관하며 초헌을 하는 장자손(종손)을 기준으로 아버지, 할아버지, 증보할아버지, 고조할아버지까지 입니다.

제사를 지낼 때 제주는 적자손 입니다. 다만 종손인 현손으로부터 오대조는 제사의 대상 아니라. 그(현손)의 부항이나 아니면 조항, 증조항 등이 생존하여 있으면 그들로부터는 종손인 현손의 5대조는 고조부, 증조부, 조부가 되니 4대조 안에 들어 그들 중 제일 항렬이 높고 장자(손위)가 그 제사를 모셔다 지냅니다. 이와 같이 모시다 그 조상으로부터 현손 대가 끊어지면 그 자손으로부터는 모두 5대조 이상이 되니 그 후부터는 그 제사는 지내지 않습니다.

제사 대상되는 조상의 적자손이 제주가 됩니다. 다만 위와 같은 경우에는 그렇지 않고 생존자손 중에 장자(長者)가 제주가 됩니다.

●退溪曰祭四大程子謂高祖有服之親不可不祭朱子家禮因程子說而立爲祭四代之禮今人祭三代者時王之制也祭四代者程朱之制也

●沙溪曰祭三代乃時王之制然高祖當祭不但程朱有明訓我東先賢如退溪栗谷諸先生皆祭高祖

●語類問立春祭先祖則何祖曰自始祖下之第二世及己身以上第六世之祖也

●日省錄光武三年己亥庚辰(1899.6.4)宗廟祝式四世之外無世數遠近而皆稱孝玄孫皇帝曰廟號曰祖妣今亦依此

●南溪曰今若以此合於家禮四代奉祀之法則正是諸侯之制此所以有備要高祖當出之說不可以帝王家世室定論也

●國朝喪禮補編服制條士庶雖爲四代奉祀猶服三年之服況承統主鬯之胄子乎

●宦鄉要則本族前後輩稱號篇父母稱父母自稱曰子父之父母生稱祖父母自稱曰孫之父母生稱曾祖父母自稱曰曾孫曾祖之父母生稱高祖父母自稱曰元孫(玄孫)高祖之父母稱某世祖考妣自稱曰來孫或稱某世孫又上一世自稱曰晜孫又上一世自稱曰仍孫又上一世自稱曰雲孫始祖稱始祖自稱曰某世孫太始祖稱太始祖自稱曰裔孫或稱世孫

●釋名釋親屬篇父甫也始生己也祖祚也祚物先也曾祖從下推上祖位轉增益也高祖高皐也

最在上皐韜諸下也子孳也相生蕃孳也孫遜也遜在後生也曾孫義如曾祖也玄孫玄懸也上懸於高祖最在下也玄孫之子曰來孫此在無服之外其意踈遠呼之乃來也來孫之子曰昆孫昆貫也恩精轉遠以禮貫連之耳昆孫之子曰仍孫以禮仍有之耳恩意實遠也仍孫之子曰雲孫言去已遠如浮雲也皆爲早娶晩死壽考者言也

▶21◀◆問; 사대봉사를 이 대 봉사로 할까 여쭙니다.

우선 해를 보내면서 모든 이들의 새해 만복을 기원합니다. 이런 글을 올리게 되어 자손으로서의 도리에 어긋나는 줄 알면서도 죄송하오나 현자들의 고견을 듣고자 하옵니다.

필자는 부친이 계시는 동안에는 4 대봉상을 했으나 돌아가신 후에는 차츰 줄이다가 큰집의 의견에 따라 현재는 2 대봉상으로 큰 집에서 지내는 집안의 모든 제사를 가급적 주관하여 진행을 해오든 차에 2010 년부터는 또 다시 사정을 내세워(현 직장 사정에 의해 전체 기제사 참석이 불가하기 때문에 기제사 수 축소) 조부모의 기제사를 부모님의 기제 일에 함께 하자(즉, 조부는 부와 함께, 조모는 모와 함께) 아니면 조부모 함께, 부모 함께 하여 기제사 수를 축소하자는 제의에, 이를 반대하고 설득할 명확한 근거를 찾는 중에 이렇게 여쭈오니 가능성 여부 및 부디 좋은 근거를 주시어 현명한 답을 주시면 감사하겠습니다.

◆答; 사대봉사를 이 대 봉사는 예법 개정 이후나.

기제(忌祭) 대상 축소에 반대하기 위한 설득력 있는 근거를 찾으신다 하시니 이에 근거하여 그 전거를 아래와 같이 대강 나열하여 보겠습니다.

유가(儒家; 我國)의 사서인(士庶人) 예법으로는 정자설(程子說)을 채용 정립시킨 주자가례의 사대 봉사설(四代奉祀說)과 국조오례의(國朝五禮儀)의 삼대 봉사설(三代奉祀說)이 있습니다. 두 예 중 어느 예는 어그러진 예라 할 수는 없을 것입니다.

그러나 보편적으로 대다수의 가문이 사대봉사 설을 따르는 것 같습니다. 특히 근래에 나라에서 이 대 봉사를 권장하니 이 역시 유가 밖의 예법이니 당부를 논할 까닭은 없을 것입니다. 따라서 세 류형의 예를 택함에 있어 문중 협의로 결정 될 사안인 듯싶으며 다만 유가의 입장에서는 사대 봉사를 권장하고 싶을 따름입니다. 더욱이 기제(忌祭)란 조상이 작고한 날의 제사이니 조부 기일에 부(父)를 조모(祖母) 기일에 모(母)를 합향(合享)할 수는 없는 것입니다.

● 程子曰自天子至於庶人五服未嘗有異皆至高祖服旣如是祭祀亦須如是
● 朱子曰程子以爲高祖有服不可不祭祭寢亦必及於高組
● 國朝五禮儀士庶人之祭曾祖以下
● 健全家庭儀禮準則忌祭祖以下
● 祭統祭者所以追養繼孝也疏鬼神之禮追養繼孝也者養者是生時養親孝者生時事親親今旣沒設禮祭之追生時之養繼生時之孝
● 祭義註忌日親之死日也鄭玄註忌日親亡之日
● 周禮春官宗伯禮官之職若有事則詔王之忌諱註先王死日爲忌名爲諱
● 梅山曰忌者終身之喪也故夫日不樂而哭于宗室
● 程叔子曰忌日遷主祭於正寢

▶22◀◆問; 4 대 봉사와 제주의 승계 순서 등 문의.

안녕하십니까. 흔히 제사를 모실 적에 4 대 봉사를 한다고 하는 데요.
問; 1. 4 대 봉사의 기준에 대하여 궁금합니다.

問; 2. 그리고 만약 조손(祖孫)가정의 경우 4 대 봉사의 기준은 어떻게 되는지요?

問; 3. 만약 부친이 계시지만 연로하여 그 자식이 제사를 모실 경우에 4 대 봉사의 기준은 어떻게 되는지요?

또한 만약 제주가 회사의 형편으로 지방출장이나 해외출장으로 인하여 제사를 주관하지 못할 경우 해당 제사에 대한 제주의 승계 순서가 어떻게 되는 지 궁금합니다. 예를 들어 제주의 아들, 제주의 손 아래 남동생, 제주의 숙부, 제주의 아내, 제주의 딸 등이 있을 경우 그 승계 순서를 알고 싶습니다. 감사합니다.

◈答; 4 대 봉사와 제주.
問; 1. 答; 종자(宗子)입니다.
問; 2. 答; 조부(祖父)입니다.
問; 3. 答; 부친(父親)입니다.
答; 그러한 경우 제(弟)의 섭행(攝行)이 옳은 것 같습니다.

●性理大全若子孫有喪而祖父主之子孫執喪祖父拜賓○又曰父在父爲主○又曰祠堂主人謂宗子
●尤庵曰子孫神主皆以祖父爲主
●明齋曰有叔父又有一弟則其弟當攝祀
●葛庵曰長孫奉祀則父子易世使叔父攝祀未安次孫權攝

▶23◀◈問; '사손(嗣孫)'이란?

항상 친절하게 답변해 주셔서 감사합니다. 용어 한 가지 여쭈어 봅니다. 사손(嗣孫)은 누구를 가리키는 말인가요? 사전적(辭典的) 의미는 ' 한 집안의 대를 잇는 자손(子孫)'인데, 대를 잇는 자손이란 장자를 의미하는 건가요? 아니면 자손을 통칭하는 말인가요? 날씨의 변화가 심합니다. 항상 건강하시길 빕니다. 사현 올림.

◈答; 사손(嗣孫).
대(代)를 이을 자손(子孫).
●書經呂刑;王曰嗚呼嗣孫今往何監非德于民之中尙明聽之哉(孔傳)嗣孫諸侯嗣世子孫非一世
●复士龍悲二母吟;念翰峰則必念及其守節之妻顧氏念及其守節之妹李氏又念及其嗣孫無疑矣

▶24◀◈問; 사(祠)와 재(齋)에 관하여?

안녕하십니까. 저는 전주최씨 결성공파 종중 회장 최 종 억 이라고 합니다. 저희 선조들께서 제실 및 사당을 건립하시어 "묘선제(墓先齊)"라 명명하시었습니다.

저희 종중은 현재 분당에 인접한 광주군 오포면 신현리에 위치하고 있는데, 발전에 의하여 부득이 제실 및 사당을 전통 양식으로 새롭게 건립하게 되었습니다. 그런데, 종원 중에 기존의 "묘선제"를 "묘선사(墓先祠)"로 개칭해야 한다는 의견이 나왔습니다.

제와 사로 구분하여 사당 이름에는 "사"를 붙이는 것이 맞는 것인지, 선조들께서 쓰시던 "묘선제"를 그대로 사용할 수 있는지 저희 종중 안에서도 의견이 분분하여 성균관 어르신의 고견을 듣고자 합니다. 부탁 드립니다.

◈答; 사(祠)와 재(齋)에 관하여.

사(祠)자는 신주를 봉안한 사당이란 의미로 묘호 끝에 붙이는 글자이니 건립 목적의 주(主)가 가문을 빛낸 조상의 신주와 그 후학을 배향한 사당이고 재실(齋室)은 종이라면 祠를 붙여야 되겠고, 그러나 이때도 사당과 재실이 분리되어 있다면 사당은 사(祠)를 붙이고 재실은 재(齋)자를 붙여야 의미에 맞을 것 같으며, 재(齋)자는 재계하는 집이란 의미로 가호 끝에 붙이는 글자이니 선대 묘역 근처에 재계가 주목적이면 재(齋)자를 붙임이 옳을 것 같습니다. 齊자는 재계를 의미할 때는 재로 발음. 재계를 의미할 때는 齊와 齋는 동의 입니다.

●祭義致齊(齋)於內散齊於外
世說新語言語孫綽賦遂初築室畎川自言見止足之分齋前種一株松口自手壅治之高世遠時亦鄰
●呂氏春秋孟春天子乃齋註論語曰齋必變食居必遷坐自禋潔也
●漢書宣帝記四年春二月詔曰云云並見修興泰一五帝后土之祠祈爲百姓蒙祉福
●國語周語上王旣齊宮(所齊之宮)百官御事各卽其齊三日王乃淳濯鄕禮

▶25◀◆問; 祠宇에 奉安하는 神位에 대한 질문입니다.

종중사우(宗中祠宇)에 시조(始祖)부터 10세(世)까지 봉안(奉安)하는데 신위(神位)를 신주(神主)로 하자는 의견과 위판(位版)으로 하자는 의견에 있습니다. 봉안하는 선조님은 1250년~1000년 전의 먼 조상님들로 시대는 신라 말(新羅末)~고려중엽에 해당하며 불천지위 여부는 알 수 없습니다. 성균관 측의 공식답변을 구 합니다.

◆答; 祠宇에 奉安하는 神位에 대하여.

대진조(代盡祖;親盡祖)는 고조부모(高祖父母) 이하 친미진(親未盡)과 같이 신주(神主)로 봉사하지 않습니다. 유가의 예법은 봉사(奉祀) 대가 다하면 신주를 묘소(墓所)에 매안(埋安)하고 세일제(歲一祭)로 묘제를 지낼 뿐입니다. 다만 시조(始祖)와 불천지위(不遷之位)의 명(命)을 받은 신주(神主)는 대(代)를 다하여도 종가에서 별실에 그 신주를 옮겨 모시고 대대로 그 적손들이 백세(百世)토록 봉사하게 됩니다.

한 X 님의 조상이신 시조(始祖)와 함께 10 세까지 에서, 시조는 불천지위(不遷之位)이니 별실에 신주를 모셔야 하나, 이하 10 세까지는 불천지위가 아니면 신주로 모실 수가 없습니다. 혹 재사(齋舍)에 모시고 묘제를 합동으로 지내시려는 계획이시라면 신주식이 아니라 해마다 지방으로 모시면 됩니다. 까닭은 친진(親盡) 묘제는 종손이 없기 때문에 그날 그 곳에 모인 후손 중에서 최존자가 초헌관이 되어, 해마다 대수가 달라질 수 있기 때문입니다.

●楊氏復曰始祖親盡則墓所而不埋墓所必有祠堂以奉墓祭
●宋史禮志九今太祖受命開墓太宗纘承大寶則百世不祧之廟矣
●大典始爲功臣者代雖盡不遷別立一室
●國朝五禮儀始爲功臣而百世不遷者則代數三代外別立一龕祭之
●問有不遷之位則高祖當遞遷或特設不遷位於四龕外否沙溪曰四龕外又特設則五龕也乃全用諸侯之禮僭不可爲也吾宗家五代祖乃不遷之位故四代祖雖未代盡出安別室耳
●明齋曰國法始爲功臣者爲不遷之位非功臣則雖享於祠院不可不遷於廟也子孫以祖先之有德業而私自不祧無乃或涉於僭也
●問族葬列位若欲次第行祭則登降累原恐筋力疲而誠敬弛又恐祭物新餕或雜冷煖有異先詣墓所奠杯引靈而以紙牓合祭於齋宮何如退溪曰無妨設壇於淨地而合祭何如曰尤是
●尤庵曰神主祧遷則宗毀
●梅山曰五世親盡祧遷于長房則宗已毀矣無宗子之可名祧位忌墓祭長房皆主之而及長房

盡而埋主則子孫中行尊年高者當墓祀祝用其名宗孫無與焉斯爲通行之禮也

▶26◀◆問; 사자(死者)나 생자(生者) 남녀의 위치는?

1. 죽은 사람의 입장에서 보면 남자는 좌 여자는 우측에 자리하고 있습니다. 생존한 사람이 봉분을 보면서 묘제를 지낼 때 어떻게 상하로 구분하여 위치하는지 궁금합니다?

2. 남녀가 잠자리에 위치하였을 때 누워있는 입장에서 남자와 여자가 어느 쪽에 있어야 하는지 궁금합니다?

3. 설날 절을 받는 입장과 하는 입장에서 남녀의 위치가 궁금합니다? 절을 받는 사람 입장에서 절하는 사람을 바라보았을 때 남녀의 위치가 궁금합니다. 절을 하는 입장에서 절 받는 사람을 바라보았을 때 남녀의 위치가 궁금합니다. 우매한 질문이지만 제 각각의 위치라서 가르침을 받고자 합니다.

◆答; 死者나 生者 남녀의 위치.

問; 1. 答; 죽은 자는 표현(表現)이나 의사전달(意思傳達) 능력을 상실하였으니 모든 표현은 생자(生者)위주입니다.

이서위상(以西爲上)이니 남동여서(男東女西) 등의 표현(表現)은 상대(相對)가보아 대상의 실 방향(方向)을 불문하고 전위남(前爲南) 후위북(後爲北) 좌위동(左爲東) 우위서(右爲西)라는 전제하에 이르는 위치 표현이 됩니다.

까닭에 사자(死者)나 생자 불문 상대가 보아 모두 남좌여우가 됩니다. 다만 신도상우(神道尙右) 지도상우(地道尙右)는 당자의 표현으로서 이 역시 상대가 보면 결국 이서위상(以西爲上)이 되고 남좌여우가 됩니다. 따라서 합장묘(合葬墓)의 고비(考妣) 위치도 남좌여우가 되고 서있는 자 역시 남좌여우가 되는데 남자는 서쪽이 상석이 되고 부녀자는 동쪽이 상석이 됩니다.

問; 2. 答; 아래와 같이 살펴보건대 남녀(男女)의 잠자리의 위치(位置)는 남서여동(男西女東)으로 눕는 것 같습니다.

問; 3. 答; 모두 남좌여우입니다. 와석(臥席)에서 남서녀동(南西女東)이라 함은 북수(北首)를 전제한 위치입니다. 그대로는 이서위상(以西爲上) 남좌여우이 되고, 이를 그대로 돌려 일으켜 세워 북향(南首)토록 하여 보면 남동여서가 될 것이며, 또 동수(東首)로 돌려보면 남북여남(男北女南) 즉 북(北)이 상석(上席)의 법도에도 일치하지요.

●退溪曰兩親葬東西定位想中國俗葬皆男左女右故朱先生葬劉夫人得只循俗爲之其後丘文莊亦不欲異俗而云云也然朱子答陳安卿之問分明謂祭而以西爲上葬時亦當如此是則此乃晚年定論而後世之所當法也

●沙溪曰葬皆男左女右一家忽然如此行之數世之後安知子孫不誤以考爲妣乎不如且姑從朱子葬劉夫人之例也

●南溪曰世之葬法有以男左女右傳曰神道尙右地道尙右

●書儀時祭序立條主人帥衆丈夫共爲一列長幼以敍立於東階下北向西上主婦帥衆婦女立於西階下北向東上

●士昏禮主人說服于房媵受婦說服于室御受姆授巾御衽于奧媵衽良席在東皆有枕北止註衽臥席也疏衽于奧主于婦席使御布婦席使媵布夫席亦交接有漸之義同牢席夫在西婦在東今乃易處者前者示陰陽交會有漸今取陽往就陰也

●玉藻居常當戶寢常東首也

●朱子曰常時多東首亦有隨意臥時東首

▶27◀◆問; 生祠에 대하여?

안녕들 하세요. 옛날에 지방의 감사나 수령(首領)의 선정을 기리기 위하여 생전에 백성들이 그의 생전에 사당을 짓고 위패를 모시던 묘(廟)가 있었는데 그 제도가 우리나라의 특수한 제도였는지 아니면 중국의 제도를 수입한 제도였는지 시발을 알 수 있을까요?

◆答; 생사(生祠).

아래와 같이 살펴보건대 백성의 생사(生祠)는 당(唐)나라가 시초였던 것 같습니다.
●事文類聚民立生祠條唐狄仁傑爲魏州刺史民爲立生祠後云云

▶28◀◆問; 생자(生者) 남좌여우(男左女右)에 대한 재고(再考).

생자는 타인이 보아 남좌여우 자신은 남우여좌 남동여서.

◆答; 생자(生者) 남좌여우(男左女右).

생자(生者) 남좌여우(男左女右)에 대한 재고(再考).

●王制男子由右女子由左
●芝村曰初喪爲位皆以男左女右而上朝祖下男女道路之法謂男左女右
●重庵曰男左女右以地道言則右尊左卑道路屬地當男右女左盖右主動而左主靜右有力而左無爲故男女所由如此
●錦谷曰家禮及諸禮書皆以東爲上故其爲男東女西者卽左東右西之意也
●梅山曰禮曰席南鄉北鄉以西方爲上東鄉西鄉以南方爲上(註東鄉南鄉之席皆尙右西鄉北鄉之席皆尙左)此則以賓主相對而言也僉尊豈有見於此而變此執事序立之禮也耶右陰也神道尙右故位版序次以西爲上左陽也人道尙左故執事序立亦以西爲上此非神道尙右之故而執事序立亦以西爲上也亦非如禮賓主之席共以一方爲上也僉尊之所以序立東上者無乃不幾於徑情直行者之爲乎古人有言曰立而無序則亂於位又曰無禮則鬼神失其饗玆不敢遽變古儀而因循將事者此也
●喪禮備要遷于廳事之圖男子由右主人婦人由左主婦
=婦===丈=⇓
=人===夫=
右由=左由=
=主===主=
=婦===人=
●司馬氏居家雜儀丈夫處左西上婦人處右東上(註)左右謂家長之左右(云云)長兄立於門之左長姉立於門之右
====門====⇓
=右====左=
=長====長=
=姉====兄=

▶29◀◆問; 선대 제사를 왜 지내는지요.

어두운자들 깨우쳐 주기 위하여 수고 많으십니다. 다름이 아니옵고 선대 제사를 왜 지내는지요. 그 까닭이 궁금합니다. 감사합니다.

◆答; 선대 제사를 왜 지내나.

유자(儒者)는 유가(儒家)의 경전(經典)의 법도에 따라 행동하고, 불자(佛者)는 불경

(佛經)의 법도에 따라 행동하고, 성자(聖者: 기독교인)는 신구약(新舊約) 성서(聖書)의 법도(法度)에 따라 행동하는 법. 따라서 유자(儒者)는 선대(先代) 제사(祭祀)를 받듦이 유가(儒家)의 가치이며 법도이니 그 법도에 효자(孝子)는 친(親)의 사후(死後)도 생전(生前)과 같이 계속하여 효(孝)를 행함의 표시입니다.

●祭統祭者所以追養繼孝也孝者畜也順於道不逆於倫是之謂畜(註)應氏曰追其不及之養而繼其未盡之孝也畜固爲畜養之義○劉氏曰追養其親於旣遠繼續其孝而不忘畜者藏也不忘是順乎率性之道而不逆天敍之倫焉

●祭義惟聖人爲能饗帝孝子爲能饗親饗者鄕也鄕之然後能饗焉(細註)石林葉氏曰孝子具人道其仁篤於親故饗親親必有祖也推其祖以配天推其親以配上帝亦孝子之事

▶30◀◆問; 셋째 집안의 장손도 종손이 될 수 있나요?

저는 전주 이씨입니다 저의 6대조 할아버지는 넷째이시고 5대조께서는 독자십니다. 저의 증조할아버지께서는 4형제 분으로 저는 셋째 집의 장손입니다. 저희 집안 장손인 첫째 증조할아버님의 손자가 종교를 이유로 집안에 장손 포기선언 하였고 아들(종손)또한 교회를 다니며 제사를 모시지 않습니다.

순서대로 하자면 둘째 집의 장손이 이어받아야 하겠지만 당사자 및 모친이 강력히 거부하고 있고 둘째 집의 다른 자손들 모두 교회를 다니며 제사를 지내지 않고 있습니다. 위와 같은 사유로 셋째 집인 저의 조부께서 제사를 모셔와 현재 저희 부친께서 33년간 제사를 주관하고 선산을 관리해왔습니다.

선산이 조금 있기는 하지만 산골이라 금액은 미미하고 공동명의로 정리가 된 상태라 재산 다툼 등의 문제는 아님을 말씀 드리며 현재 집안에서는 저의부친을 종손으로 인정하고 따르고 있으나 유교적인 관점에서도 인정 될 수 있는 것인가 하는 것입니다. 저의 부친이 돌아가시고 제가 이어받을 경우 정통성이 필요한 것 같아 문의 드립니다.

◆答; 셋째 집안의 장손도 종손이.

사당(祠堂)의 주인은 적장자(嫡長子)가 되며 적장자가 죽게 되면 적장손(嫡長孫)이 승계 사당(祠堂) 봉사(奉祀)를 하게 되는데, 봉제사(奉祭祀)는 고조 이하 직계이나 지자불제(支子不祭)라 "유교적인 관점에서" 지자는 선대 제사에 스스로 주인이 되어 제사할 수 없으니 정통성 운운(云云)할 방도는 없습니다.

●奔喪凡喪父在父爲主(註)父在而子有妻子之喪則父主之統於尊也
●溫公曰凡主人當以長子爲之無長子則長孫承重又曰父沒兄弟同居各主其喪(註)各爲妻子之喪爲主也
●家禮喪禮大祥告遷于祠堂本註族人有親未盡者則祝版云云告畢遷于最長之房使主其祭
●曲禮支子不祭祭必告於宗子(註)不敢自專宗子有故支子當攝而祭五宗皆然疏廟在適子之家庶子不敢輒祭若濫祭亦是淫祀若宗子有疾不堪當祭則庶子代攝可也猶宜告宗子然後祭

▶31◀◆問; 昭穆에 대한 고찰.

소목에 대하여.

◆答; 소목(昭穆).

사당제도(祠堂制度)는 왕제(王制)와 아래의 제법(祭法)과 같이 이설(二說)이 있는데 "주자왈왕제제법묘제부동왕제위시(朱子曰王制祭法廟制不同王制爲是)"라 하셨으니 주부자(朱夫子)께서도 위에서 논(論)한 주제(周制)를 언급한 왕제(王制)의 사당제도

(祠堂制度)가 옳다 하신 것 같습니다.

아래는 예기 제법편(禮記祭法篇)에서 논(論)한 사당제도(祠堂制度)임.

●天下有王分地建國置都立邑設廟祧壇墠而祭之乃爲親疎多少之數註方氏曰分地建國置都立邑所以尊賢也設廟祧壇墠而祭之所以親親也親親不可以無殺故爲親疎之數焉尊賢不可以無等故爲多少之數焉有昭有穆有祖有考親疎之數也以七以五以三以二多少之數也

●是故王立七廟一壇一墠曰考廟曰王考廟曰皇考廟曰顯考廟曰祖考廟皆月祭之遠廟爲祧有二祧享嘗乃止去祧爲壇去壇爲墠壇墠有禱焉祭之無禱乃止去墠曰鬼註七廟三昭三穆與太祖爲七也一壇一墠者七廟之外又立壇墠各一起土爲壇除地曰墠也考廟父廟也王考祖也皇考曾祖也顯考高祖也祖考始祖也始祖百世不遷而高曾祖禰以親故此五廟皆每月一祭也遠廟爲祧言三昭三穆之當遞遷者其主藏於二祧也古者祧主藏於太祖廟之東西夾室至周則昭之遷主皆藏文王之廟穆之遷主皆藏武王之廟也此不在月祭之例但得四時祭之耳故云享嘗乃止去祧爲壇者言世數遠不得於祧處受祭故云去祧也祭之則爲壇其又遠者亦不得於壇受祭故云去壇也祭之則爲墠然此壇墠者必須有祈禱之事則行此祭無祈禱則止終不祭之也去墠則又遠矣雖有祈禱亦不及之故泛然名之曰鬼而○今按此章曰王立七廟而以文王不遷之廟爲二祧以足其數則其實五廟而已若商有三宗則爲四廟乎壇墠之主藏於祧而祭於壇墠猶之可也直謂有禱則祭無禱則止則大祫升毀廟之文何用乎又宗廟之制先儒講之甚詳未有擧壇墠爲言者周公三壇同墠非此義也又諸儒以周之七廟始於共王之時夫以周公制作如此其盛而宗廟之制顧乃下同列國吾知其必不然矣然則朱子然劉歆之說豈無見乎鄭註此章謂祫乃祭之蓋亦覺記者之失矣

●諸侯立五廟一壇一墠曰考廟曰王考廟曰皇考廟皆月祭之顯考廟祖考廟享嘗乃止去祖爲壇去壇爲墠壇墠有禱焉祭之無禱乃止去墠爲鬼註諸侯太祖之廟始封之君也月祭三廟下於天子也顯考祖考四時之祭而已去祖爲壇者高祖之父雖遷主寄太祖之廟而不得於此受祭若有祈禱則去太祖之廟而受祭於壇也去壇而受祭於墠則高祖之祖也

●大夫立三廟二壇曰考廟曰王考廟曰皇考廟享嘗乃止顯考祖考無廟有禱焉爲壇祭之去壇爲鬼 註大夫三廟有廟而無主其當遷者亦無可遷之廟故有禱則祭於壇而已然墠輕於壇今二壇而無墠者以太祖雖無廟猶重之也去壇爲鬼謂高祖若在遷去之數則亦不得受祭於壇祈禱亦不得及也

●適(的)士二廟一壇曰考廟曰王考廟享嘗乃止皇考無廟有禱焉爲壇祭之去壇爲鬼註適士上士也天子上中下之士及諸侯之上士皆得立二廟

●官師一廟曰考廟王考無廟而祭之去王考爲鬼註官師者諸侯之中士下士爲一官之長者得立一廟祖禰共之曾祖以上若有所禱則就廟薦之而已以其無壇也

●庶士庶人無廟死曰鬼註庶士府史之屬死曰鬼者謂雖無廟亦得薦之於寢也王制云庶人祭於寢

▶32◀◆問; 소목제도에 대하여.

소목제도에 대하여 자세하게 알고 싶습니다.

◆答; 고례(古禮)의 소목제도(昭穆制度)와 현대(現代)의 이동위상(以東爲上).

아래는 예기(禮記) 왕제편(王制篇)과 가례 부주(家禮附註) 및 장락 진씨(長樂陳氏)와 주부자(朱夫子) 말씀에 소목제도(昭穆制度)에 관하여 대단히 상세(詳細)하게 기술(記述)하고 논하심이 있어 참고(參考)로 이를 발췌 기록하여 놓습니다. 소목제도(昭穆制度)에 대한 정의(定義)를 내리심에 혹 도움이 되지 않을 까 합니다.

●禮記王制天子七廟三昭三穆與大祖之廟而七諸侯五廟二昭二穆與大祖之廟而五大夫三廟一昭一穆與大祖之廟而三士一廟庶人祭於寢註諸侯太祖始封之君也大夫太祖始爵者也

士一廟侯國中下士也上士二廟天子諸侯正寢謂之路寢卿大夫士曰適室亦謂之適寢庶人無
廟故祭先於寢也
●家禮附註問諸侯廟制太祖居北而南向昭廟二在其東南穆廟二在其西南皆南北相重不知
當時每廟一室或共一室各爲位也曰古廟制自太祖而下各是一室陸農師禮象圖可考西漢時
高祖廟文帝顧成廟各在一處但無法度不同一處至東漢明帝謙貶不敢自當立廟祔於光武廟
其後遂以爲例至唐太廟及群臣家廟悉如今制以西爲上也至禰處謂之東廟今太廟之制亦然
●長樂陳氏曰王制所謂三昭三穆昭在左左爲陽昭者陽明之義穆在右右爲陰穆者幽陰之義
●朱子曰昭之爲言明也以其南面而向明也曰其爲向明何也曰此不可以空言曉也今且假設
諸侯之廟以明之蓋周禮建國之神位左宗廟則五廟皆當在公宮之東南矣其制則孫以爲外爲
都宮大祖在北二昭二穆以次而南是也蓋大祖之廟始封之君居之昭之北廟二世之君居之穆
之北廟三世之君居之昭之南廟四世之君居之穆之南廟五世之君居之廟皆南向各有門堂室
寢而牆宇四周焉大祖之廟百世不遷自餘四廟則六世之後每一易世而一遷其遷之也新主祔
于其班之南廟南廟之主遷於北廟北廟親盡則遷其主于大廟之西夾室而謂之祧凡廟主在本
廟之室中皆東向及其祫于大廟之室中則唯大廟東向自如而爲最尊之位羣昭之入乎此者皆
列於北牖下而南向羣穆之入乎此者皆列於南牖下而北向南向者取其向明故謂之昭北向者
取其深遠故謂之穆蓋羣廟之列則左爲昭而右爲穆祫祭之位則北爲昭而南爲穆也曰六世之
後二世之主既祧則三世爲昭而四世爲穆五世爲昭而六世爲穆乎曰佛然也昭常爲昭穆常爲
爲穆禮家之說有明文矣蓋二世祧則四世遷昭之北廟六世祔昭之南廟矣三世祧則五世遷穆
之北廟七世祔穆之南廟矣昭者祔則穆者不遷穆者祔則昭者不動此所以祔必以班尸必以孫
而子孫之列亦以爲序若武王謂文王爲穆考成王稱武王之餘餘哉曰廟之始立也二世昭而三
世穆四世昭而五世穆則固當以左爲尊而右爲卑矣今乃三世穆而四世昭五世穆而六世昭是
則右反爲尊而左反爲卑也而可乎曰不然也宗廟之制但以左右爲昭穆而不以昭穆爲尊卑故
五廟同爲都宮則昭常在左穆常在右而外有以不失其序一世自爲一廟則昭不見穆穆不見昭
而內有以各全其尊必大祫而會於一室然後序其尊卑之次則凡已毀未毀之主又畢陳而無所
易唯四時之祫不陳毀廟之主則高祖有時而在穆其禮未有考焉意或如此則高之上無昭而特
設位於祖之西禰之下無穆而特設位於曾之東也曰然則毀廟云者何也曰春秋傳曰壞廟之
道擔可也改塗可也說者以爲將納新主示有所加耳非盡撤而悉去之也曰然則天子之廟其制
若何曰唐之文祖虞之神宗殷之七世三宗其詳今不可考獨周制猶有可言然則漢儒之記又已
有不同矣謂后稷始封文武受命而王故三廟不毀與親廟四而七者諸儒之說也謂三昭三穆與
太祖之廟而七文武爲宗不在數中者劉歆之說也雖其數之不同然其位置遷次宜亦與諸侯之
廟無甚異者但如諸儒之說則武王初有天下之時后稷爲太祖而組紺居昭之北廟大王居穆之
北廟王季居昭之南廟文王居穆之南廟猶爲五廟而已至成王時則組紺祧王季遷而武王祔至
康王時則大王祧文王遷而成王祔至昭王時則王季祧武王遷而康王祔自此以上亦皆且爲五
廟而祧者藏于太祖之廟至穆王時則文王親盡當祧而以有功當宗故別立一廟於西北而謂之
文世室於是成王遷昭王祔而爲六廟矣至共王時則武王親盡當祧而亦以有功當宗故別立一
廟於東北謂之武世室於是康王遷穆王祔而爲七廟矣自是以後則穆之祧者藏於文世室昭之
祧者藏於武世室而不復藏於大廟矣如劉歆之說則周自武王克殷卽增二廟於二昭二穆之上
以祀高圉如前遞遷至于懿王而始立文世室於三穆之上至孝王時始立武世室於三昭之上此
爲少不同耳曰然則諸儒與劉歆之說孰爲是曰前代說者多是劉歆愚亦意其或然也然則大夫
士之制奈何曰大夫三廟則視諸侯而殺其二然其太祖昭穆之位猶諸侯也適士二廟則視大夫
而殺其一官師一廟則視大夫而殺其二然其門堂室寢之備猶大夫也曰廟之爲數降殺以兩而
其制不降何也曰降也天子之山節藻梲復廟重檐諸侯因有所不得爲者矣諸侯之黝堊斲礱大
夫有不得爲矣大夫之倉斲稱士又不得爲矣曷爲而不降哉獨門堂室寢之合然後可名於宮則
其制有不得而殺耳蓋由命士以上父子皆異宮生也異宮而死不得異廟則有不得盡其事生事

存之心者是以不得而降也

▶33◀◆問; 소목(昭穆)에 대한 자세한 설명 듣고 싶습니다.

소목(昭穆)에 대한 자세한 설명 듣고 싶습니다. 예를 들어 4 대를 모시는 사당에서 소(昭)와 목(穆)은? 조선시대의 종묘의 정전(正殿)이나 영녕전(永寧殿)에서 소와 목은? 특히 태조 태종 세종 세조 신위를 모신 순에서 (정전) 2 대 정종이나 세종의 형인 5 대문종이나 세조의 보다 앞의 왕인 6 대 단종은 정전에 모시지 않고 왜 영녕전에 모시게 되었는지(모시는 원칙) 궁금합니다. 정전의 제 1 2 3 4 실의 배치는?

◆答; 소목제도와 영녕전(永寧殿).

○昭穆; 소목(昭穆)이란 종묘(宗廟)나 사당(祠堂)에 선대(先代) 신주(神主) 모시는 차례(次例)로 천자(天子)의 예로 시조(始祖)를 중앙(中央)에 이세(二世), 사세(四世), 육세(六世)를 시조(始祖)의 좌측에 배치하는데 이를 소(昭)라 하고, 삼세(三世), 오세(五世), 칠세(七世)를 시조(始祖) 우측에 배치 하는데 이를 목(穆)이라 합니다.

○永寧殿; 종묘(宗廟)의 안에 있는 사당(祠堂). 조선(朝鮮) 시대(時代)에, 왕(王)과 왕비(王妃)로서 종묘(宗廟)에 모실 수 없는 분의 신위를 모시던 곳으로, 태조(太祖)의 사대조(四代祖)와 그 비(妃), 대가 끊어진 임금 및 그 비(妃)를 모셨으며, 1년에 두 번 정월과 7월에 대관(代官)을 보내어 제사를 지냈다. 태묘(太廟)의 서북쪽에 있다.

●萬機要覽軍政編二兵曹各掌事例有廳色;宗廟永寧殿永禧殿社稷景慕宮文廟皇壇 宣武祠南壇雩祀壇先農壇先蠶壇纛所北郊風雲雷雨奉常寺
●周禮小宗伯辨廟祧之昭穆註自始祖之後父曰昭子曰穆
●公羊傳大祫註太祖東鄉昭南鄉穆北鄉其餘孫從王父父曰昭子曰穆昭取其鄉明穆取其北面尚敬
●藍田呂氏曰父爲昭子爲穆父親也親者邇則不可不別也祖爲昭孫爲昭祖尊也尊者遠則不嫌於無別也
●朱子曰周禮建國之神位太祖在北二昭二穆以次而南蓋太祖之廟始封之君居之昭之北廟二世之君居之穆之北廟三世之君居之昭之南廟四世之君居之穆之南廟五世之君居之廟皆南向主皆東向
●長樂陳氏曰王制所謂昭穆昭在左左爲陽昭者陽明之義穆在右右爲陰穆者幽陰之義
●春官疏若若兄死弟及俱爲君則以兄弟爲昭穆以其弟已爲臣臣子一例則如父子故別昭穆也
●春秋躋僖公左氏曰逆祀也註僖是閔兄嘗爲臣位應在下今居閔上故曰逆祀疏僖閔不得爲父子同爲穆耳今升僖先閔位次之逆非昭穆亂也若兄弟相代卽異昭穆設令兄弟四人皆立爲君則祖父之廟卽已毀理必不然
●通典漢明帝遺詔遵儉無起寢廟藏主於世祖廟更衣(註便殿寢側之別室所謂更衣也)章帝不敢違以更衣有小別上尊號曰顯宗後帝承遵皆藏主于世祖廟積多無別是後顯宗但爲陵寢之號魏祀高祖以下神主共一廟爲四室
●白湖全書附錄四行狀行狀下;永寧祖宗之祧廟

▶34◀◆問; 昭穆之序에 대하여.

소목지서에 대한 설명과 배열하는 실례를 들어주시기 바랍니다.

◆答; 소목지서(昭穆之序).

1). 소목(昭穆)이란 종묘(宗廟)나 사당(祠堂)에 선대(先代) 신주(神主) 모시는 차례로 천자(天子)의 예로 시조(始祖)를 중앙에 이세(二世), 사세(四世), 육세(六世)를 시조

(始祖)의 좌측(左側)에 배치하는데 이를 소(昭)라 하고, 삼세(三世), 오세(五世), 칠세(七世)를 시조(始祖) 우측(右側)에 배치하는데 이를 목(穆)이라 합니다.

2). 소목(昭穆)의 배치도는 아래와 같습니다.

⊙儀禮諸侯五廟圖　⊙儀禮賈䟽諸侯五廟圖　⊙儀禮大夫三廟圖　⊙儀禮賈䟽大夫三廟圖
　　太祖廟　　　　穆廟,穆廟,太祖廟,昭廟,昭廟　　　　太祖廟　　　　穆廟＝太祖廟＝昭廟
穆廟＝＝＝＝＝昭廟　　　　　　　　　　　　禰廟＝＝＝＝＝＝祖廟
穆廟＝＝＝＝＝昭廟

▶35◀◆問; 용어에 대한 질문.

1, 사우(祠宇)와 사당(祠堂)의 차이 점은?

2. 제(祭)와 奠의 구별은?

3, 삼제(三除)와 삼제(三祭)의 다른 뜻과 삼제(三祭)를 삼제 또는 삼좨로, 제주(祭酒)를 제주 또는 좨주로 발음하는데 둘 다 맞는지요.

4, 2467 에서 奠酒後祭酒(전주후좨주) 祭酒後奠酒(좨주후전주)의 해석은.

5, 기제는 수조(受胙) 즉 음복과 준(餕) 즉 음식 나눔의 예가 없다 기제는 상(喪)의 연속인 까닭이다 에서 수조와 준의 의미와 기제는 길사로 보는데 상의 연속이란 말이 이상해서요? 너무 여러 가지 여쭈어 죄송합니다만 자세한 하고 바랍니다.

◆答: 용어에 대한 질문.

1. 答; 사당(祠堂), 사우(祠宇), 사옥(祠屋)은 같은 의미입니다.

2. 答; 전(奠)과 제(祭)는 신(神)에게 제사(祭祀)한다는 의미에서는 같은 의미이나 주부자(朱夫子)께서 정의하신 대로 장전(葬前)의 예로서 진찬(進饌) 헌주(獻酒) 재배로 마치는 예라 합니다. 까닭에 제(祭)와는 구분이 됩니다.

3. 答; 삼제(三除)란 아마도 세 번 제(除)함을 의미하는 듯하나 제례에서 헌주 후 잔반을 내려 신에게 먼저 3 번 모사에 조금씩 따르는 예는 삼제(三祭)라 하며 제주(祭酒)를 좨주(祭酒)라 함은 잘못 쓰이는 말로 아마도 고대에 회동향연(會同饗宴) 때 존장자(尊長者)가 먼저 술을 땅에 부어 제사하던 적이 있었는데 그를 그대로 지금도 사용하는 듯하나 잘못된 표현입니다. 그 이후에 이미 좨주라는 호칭은 성균관정삼품 벼슬 명으로 바뀌어 사용되었지요.

4. 答; "무엇이 궁금하세요" 2467 에서 奠酒後祭酒(전주후좨주) 祭酒後奠酒(제주후전주)는 奠酒後祭酒(전주후제주) 祭酒後奠酒(좨주후전주)라 발음되어야 합니다. 제례의 헌주 등에서 좨주란 용어는 없습니다. 어느 분이 처음에 제주(祭酒)의 예법을 논하면서 좨주(祭酒)라 발음 또는 표기하였다면 예를 깊이 이해치 못하고 어느 옥편에 ①제주 ②좨주 라 풀어 놓음을 그 이하 세부 설명을 지나쳤거나 아니면 고대에 사용되던 의미를 그 이후의 변함을 바르게 인식하지 못한 연유가 아닌가 합니다. 글자 풀이대로 입니다.

5. 答 수조(受胙)=글자 풀이로는 "제육(祭肉)을 받는다"는 뜻인데 제례에서의 의미는 음복(飮福)이라　이르며 섬김을 받은 선조가 제주에게 그 보답으로 공축신(工祝神)에 명하여 제주에게 내리도록 한 많은 복을 받는다는 의미입니다.

餕;　　대궁(먹다 남긴 음식)을 먹다. 라는 의미인데 사시제 예법에서 제사를 마치고 그 음식 나눔의 예로서 예법이 상세히 기록되어 있습니다.

忌日; 기일(忌日)이란 부모나 조상의 작고한 날을 의미합니다. 까닭에 기일을 종신지상(終身之喪)의 날이라 이릅니다.

●漢書長安世傳謚曰敬侯賜塋杜東將作穿復土起冢祠堂
●詩經召南采蘋章云于以奠之宗室牖下
●論語八佾祭如在祭神如神在註程子曰祭祭先祖也祭神祭外神也祭先主於孝祭神主於敬愚謂此門人記孔子祭祀之誠意
●祭統祭者所以追養繼孝也註應氏曰追其不及之養而繼其未盡之孝也
●韓詩外傳上不知順孝則民不知返本君不知敬長則民不知貴親禘祭不敬山川失時則民無畏矣
●朱子曰未葬時奠而不祭但酌酒陳饌再拜虞始用祭禮卒哭謂之吉祭
●論語鄕黨侍食於君君祭先飯周禮王曰一擧膳夫授祭品嘗食王乃食故侍食者君祭則己不祭而先飯若爲君嘗食然不敢當客禮也
●舊唐書音樂志讀祝文及飮福受胙
●士昏禮媵餕主人之餘御餕婦餘贊酌外尊酳之
●祭義君子有終身之喪忌日之謂也疏孝子終身念親不忘忌日非謂此日不善別有禁忌謂孝子志意有所至極思念親不敢盡其私情而營求他事故不擧也

▶36◀◆問; 以西爲上에 관해서.

어동육서(魚東肉西), 동두서미(東頭西尾), 반서갱동(飯西羹東), 좌포우혜(左脯右醢) 등은 제수의 진설에 대한 설명임을 쉽게 알 수 있겠는데 '이서위상(以西爲上)'이니 어떤 제수를 어디에 놓아야 한다고 주장하는 분이 있던데요.

그런데 이 '이서위상(以西爲上)'은 제수 진설에 대한 설명이 아니라 신위(神位) 즉 신주(神主; 지방)의 모시는 자리에 대한 설명이 아닌가 하는 생각이 들어서 입니다. '이서위상(以西爲上)'에 대한 내용이 어떤 예서에 나와 있는지, 있다면 그 내용은 무엇인지 아시는 분, 답을 주시면 정말 고맙겠습니다.

◆答; 이서위상(以西爲上).

아래와 같이 살펴보건대 주자가례(朱子家禮) 통례편(通禮篇) 사당장(祠堂章) 위사감이봉선세신주조(爲四龕以奉先世神主條)에 이서위상(以西爲上)이 나오며 한(漢)의 가씨(賈氏; 景伯) 말씀에 산사람은 양(陽)에 속하여 좌측을 숭상하고 귀신은 음(陰)에 속하여 우측을 숭상한다. 라는 말씀이 계십니다. 이서위상(以西爲上)이라 함은 서쪽을 상석으로 삼는다. 는 의미가 됩니다.

●朱子家禮通禮篇祠堂章爲四龕以奉先世神主條細註司馬溫公曰所以西上者神道尙右故也〇東漢明帝謙貶不敢自當立廟祔於光武廟其後遂以爲例至唐太廟及群臣家廟悉如今制以西爲上也
●賈氏曰生人陽故尙左鬼神陰故尙右
●家禮凡屋之制不問何向背但以前爲南後爲北左爲東右爲西

▶37◀◆問; 재가한 할머니의 제사는 누가 지내야 하나.

할머니께서 첫 남편과 사이에 일 남(一男) 일 녀를 두시고, 남편과 사별하여 재혼하시어 일 남을 두었습니다. 두 남편이 사망 하신지는 35 년이 지났고, 할머니께서는 교인이시라 이제껏 제사는 지내지 않았습니다. 할머니 제사를 지내려고 합니다.

첫 남편 사이의 일 남은 사망하였고, 그의 아내는 재혼(再婚)하였고, 아들은 29 세로 미혼(未婚)인 상태이고, 재혼 하신 분의 아들이 누나와 돌아가신 형님의 아들과 함께 제사를 지내려고 합니다. 이럴 때는 어떻게 합니까?

◆答; 재가자(再嫁者)의 제사는 재가(再嫁)의 자손(子孫)이.

재개자의 아래와 같이 살펴보건대 본가의 사당(祠堂)에 입묘(入廟)되지 않으니 재가 (再嫁)의 자손(子孫)이 그 제사(祭祀)를 지내야 합니다.

●朱子曰出妻入廟決然不可爲子孫者只合歲時就其家之廟拜之若相去遠則設位望拜也
○又曰嫁母者生不可入廟死不可以祔于廟雜記主妾之喪則自祔至於練祥皆使其子主之其
殯祭不於正寢
●寒岡曰庶母無主者適子主之
●漢石渠議父卒母嫁何服蕭太傳云當服周爲父後則不服
●喪服疏衰杖朞出妻之子爲母疏子無出母之義故係父而言出妻之子
●通典種毓爲父後以出母無主迎還輒自制服庚蔚之曰爲父後不服出母爲廢祭也母出而迎
還是子之私情率情制服非禮意也
●朱子家禮三父八母服制之圖出母服謂被父離棄降服杖期子爲父後者則不服○又嫁母服
謂父亡母再嫁降服杖期子爲父後者不服

▶38◀◆問; 적서(嫡庶)의 차이(差異).

지금으로부터 90 년 전에 3 대 독자이셨던 할아버지께서는, 할머니 소생의 아들이 늦어지자 증조할아버지의 뜻에 따라 작은 할머니를 들이셨습니다. 그런데 새로 들어오신 분이 아들을 낳은 1 년 뒤에 할머니도 아들을 낳으셨습니다.

그리고 본처의 소생인 장자는 1953 년에 젊은 나이로 돌아가셨고, 그분의 어린 아들이 할아버지의 보호아래 장손으로서 지내왔습니다. 할아버지 생전에는 본처의 소생이 장자와 장손으로서 누구나 인식하고 있었고, 할아버지의 각별한 보살핌과 가르침을 받은 장손(현재 61 세)이 할아버지 사후에도 아버지를 대신하여 장손으로서 집안 대소사를 맡아서 해왔습니다.

문의드릴 일은 족보에 관한 일입니다. 족보에 관련된 일은 또한 할아버지 생전인 1960 년에 정리한 족보와 1981 년에 삼촌들에 의해 정리된 신안 주씨 대동보(新安 朱氏大同譜)에는 할아버지의 뜻에 따라 본처의 소생인 장자가 적장자의 자리에 있고, 적자보다 한살이 위인 후처의 소생은 본처소생의 막내아들 다음에 이름이 올라 있습니다. 그런데 2004 년 족보 개정을 앞두고 후처 소생의 장남(작고)의 소생들인 저의 사촌들이 이의를 제기했습니다.

사촌들의 아버지가 나이가 한살이 위인 까닭에 장남의 자리에 기록이 되어야 한다는 것이 사촌들의 주장입니다. 적서(嫡庶)의 차별을 떠나 나이가 한 살 많은 아들이 장자의 자리에 있는 것이 족보기록의 관례라는 것입니다. 이에 대하여 장손을 비롯한 집안 어른들의 뜻은 적서의 구별을 떠나서 무엇보다도 현재의 장남과 장손의 계보는 할아버지의 뜻으로 이제까지 지내온 일이고, 사촌들이 말하는 족보기록의 관례라는 것도 같은 어머니의 소생이라면 형이 동생보다 나이가 많은 것은 당연한 일이지 적장자를 인정하는 관례가 될 수 없다는 점에서 받아들일 수 없다고 하여 양자의 견해가 대립되고 있습니다.

요약하여 말씀을 드립니다. 사촌들의 주장은 지금이 조선시대도 아닌데 적서를 차별하는 것은 있을 수 없으니 기왕에 기록된 족보의 차서(次序)를 바꾸자는 것이고, 장손의 주장은 그러자면 엄연한 장남과 장손이 이제 와서 뒤바뀌는 일이니 받아들일 수 없다는 것입니다. 두 가지를 여쭙겠습니다. 저희 집안의 경우에 과연 어떻게 하는 것이 관례에 벗어나지 않으면서 집안의 화목을 지켜나가는 길인가요?

그리고 이런 문제에 관하여 권위 있는 답변을 해주는 곳이 어디인가요? 과거에만 매달릴 수도, 그렇다고 우리의 정통성을 외면할 수도 없는 것은 저희도 후손의 조상이 되기 때문이라고 생각합니다. 삼대에 걸쳐 분란이 되고 있는 이 문제를 현명하게 마무리하고, 더 이상 후손들이 부담을 갖지 않을 수 있는 길을 알고자 합니다. 훌륭한 가르침 있으시길 앙망하나이다.

◆答; 적자(嫡子)와 서얼(庶孼)의 차이.

아래와 같이 살펴보건대 유가적 예법으로는 적자가 서얼(庶孼)보다 나이가 어리다 하여도 그가 예법상 조상의 제사를 주관하여 초헌하는 주인이 되여야 옳을 것입니다. 서자(庶子)라 함은 적장자를 제외한 여러 아들들을 의미도 포함되어 있습니다.

●大傳人道親親也親親故尊祖尊祖故敬宗敬宗故收族收族故宗廟嚴
●白虎通宗者何謂也宗尊也爲先祖主也宗人之所尊也古者所以必有宗何也所以長和睦也大宗能率小宗小宗能率羣弟通其有無所以統理族人者也
●程子曰管攝天下人心收宗族厚風俗使人不忘本須是明譜系收世族立宗子法
●高氏閌曰宗子承家主祭有君之道諸子不得以抗焉故禮支子不祭祭必告於宗子若宗子居于他國則庶子望墓爲壇以祭古人重宗如此自宗子法壞而人不知所自來往往親未絶而有不相識者是豈敎人尊祖收族之道哉
●家禮本註主人謂長子無則長孫承重以奉饋奠
●退溪曰長子無子次子之子承重應指嫡子孫而言雖有妾産恐未可據代承也
●寒岡曰士大夫之主固不可委諸孼出然古有庶子爲父母後之禮則亦必以庶子而奉先祀矣

▶39◀◆問; 정간(正間)에 대해 알고 싶습니다.

안녕하세요. 저는 우리 활 국궁을 배우는 학생입니다. 활터에 보면 정간(正間)이라는 것이 있습니다. 대한궁도협회 소속의 활터 대부분엔 이 정간이 있고 모든 궁사는 입출입 시 이곳에 인사를 하게 강요되고 있습니다. 새로이 배우는 사람들은 이것이 선배들이 시키니 따라 하고 있습니다만, 이것에 대한 논란이 있어 질문 드립니다.

그 논란 가운데 정간을 옹호하는 분이 조선왕조실록에 정간에 대한 내용이 나오는데 성균관 명륜당과 지방향교에서 이것을 중하게 여겼다는 기록을 말씀 하셔서 의문이 생겨 질문 드립니다. 지금의 성균관 명륜당 안에 정간(正間) 이라고 나무판자(대략 가로세로 3~40 센티미터 전후)에 적어 놓고 중요하게 여기는지요.

혹은 지금 명맥을 잇고 있는 지방향교에 정간이라는 것이 남아있는 것이 있는지요? 유학을 공부하시는 분들 중에 이 정간에 대해 활터를 통하지 않고 정보를 접하신 분들이 있으신지요.

이 정간이라는 것이 전국의 활터에 걸린 지는 30 여 년 정도 된 것으로 여겨지고 있고 전라도 지방에서 정간을 매달은 것은 4~50 년 전이라는 말과 100 년 정도 되었다는 얘기도 있습니다만 그에 대한 확실한 연구는 없는 듯 합니다.

참고 하시라고 정간을 옹호하는 사람과 배척하는 사람의 주장을 정리해 놓은 글을 링크해 놓겠습니다. 처음 것은 짧고 두 번째 것은 좀 깁니다. 감사합니다.

◆答; 정간(正間).

정간(正間)이란 가옥의 중간 방을 의미하게 되며 좌우로 붙은 칸을 변간(邊間)이라 하며 삼간병문(三間屛門)의 중간 간(間)도 정간(正間)이라 합니다.

성균관(成均館) 성전(聖殿)의 정간(正間)에는 주벽(主壁)이신 문선왕(文宣王)의 위패(位牌)를 모셔놓고 있으니 대단히 존엄(尊嚴)한 칸이 됩니다.

그러나 활터의 정간(正間)에 대하여는 아는 바가 없습니다. (링크 주소는 여러 가지 이유로 본인은 어디서라도 가능한 한 열지를 않습니다)

●王朝實錄十八年癸亥十月二十四日己巳; 三間屏門正間,亦是御路左右間則偏曲難行正間與石橋通直若由此屏門則與鍾樓正間無異

▶40◀◆問; 종가에 대하여.
항상 감사하는 마음입니다. 난감한 질문인 것 같습니다만,
1. 후손이 득관(得貫)을 하여 시조와 득관조가 다를 경우 시조의 장손과 득관조의 장손 중에서 누가 종손이 되나요? 우문이지만 현답을 기대하겠습니다.

◆答; 종가.
본관(本貫)에 관하여만 사학자(史學者) 이홍직박사(李弘稙博士)의 본관론(本貫論)을 살펴 보겠습니다.

조상의 출신지. 우리나라에는 성의 종류가 적어 성에 의해서 동족을 구별할 수 없으므로 조상의 출신지에 성을 붙여서 사용하였다. 그 출신지를 본관이라 하며 본관과 성을 함께 붙여 동족의 표시를 나타내게 하였다. 원래 고대에는 우리나라 사람의 대부분이 성을 갖지 않았으며 삼국시대에 일부의 상층 계급이 사용하기 시작, 점점 하층에 보급되었으나 조선 말기에도 백정이나 노비는 성이 없었다.

이 같이 성이 없는 사람에게 현재에 사용하는 것과 같은 본관은 없었으나 신분을 표시하는 의미에서는 성보다 앞서 본관이 있었다. 즉 신라 이후 군현제(郡縣制)와 깊은 관계가 있는 것으로 군현 이상의 고을에 사는 주민은 양민(良民) 그 이하의 향(鄉), 부곡(部曲), 소(所), 처(處) 역(驛), 섬 등의 주민은 천민으로 규정, 거주와 신분을 결합하고 있었다.

그 거주지가 본관이 기원으로 당시에는 본관은 신분을 표시하는 것이었다. 이것이 동족의 성과 연결된 것은 원래 같은 혈통의 종족은 집단적으로 거주하고 있었으며 군, 현, 부곡 등도 역시 혈연적 집단의 거주지였기 때문이다.

당시 성이 없는 자도 본관이 있었던 기록으로 미루어 보아 본관은 혈연적 집단의 신분을 표시하는 것으로 고려 말기부터 천민이 해방됨과 동시에 성이 보급되고 성을 구별하는 의미로서 본관을 사용하게 되었다. 문헌(文獻) 조선(朝鮮)의 취락(聚落) 후편(後篇) 선생영조(先生永助); 조선(朝鮮)의 성씨(姓氏)와 동족부락(同族部落).

●漢書晉世家文五年;令軍毋入僖負羈宗家以報德
●漢書韋玄成傳;室家問賢當爲後者賢恚恨不肯言於是賢門下生博士義倩等與宗家計議共矯賢令使家丞上書言大行以大河都尉玄成爲後顔師古注宗家賢之同族也
●後漢書耿純傳;是時郡國多降邯鄲者純恐宗家懷異心迺使訴宿歸燒其盧舍

▶41◀◆問; 종가와 종손.
종가(宗家)는 '문중(門中)에서 맏이로만 이어 온 큰집'을 말하며 종손(宗孫)은 '종가(宗家)의 맏손자'라 말하는데, [팔대조(八代祖)의] 종손(宗孫)이 무후(无後)하고 입양(入養)을 하지 못하여 절손(絶孫)이 되었으면 지손인 차남(次男;七代祖)의 후손(後孫)에게 자동으로 [팔대조(八代祖)] 문중(門中)의 종가(宗家)와 종손(宗孫)이 승계(承繼)되는지? 아니면 그[팔대조(八代祖)] 문중은 절손되었으니 현재 종가와 종손(宗孫)은 없다고 말해야 하는지 궁금합니다,

◆答; 종가와 종손.

아래와 같이 살펴보건대 친진조(親盡祖)가 되면 종훼(宗毁)가 되여 그 후손 중 미친진(未親盡) 자손이 있으면 최장방(最長房)으로 옮겨 그 대에 맞게 개제(改題) 그가 봉사하다 그도 죽으면 차장방(次長房)으로 옮겨 봉사하다 그도 죽어 완전 친진(親盡)이 되면 그 때 신주를 묘소에 묻고 그 후손들이 세일제(歲一祭)로 묘제(墓祭)를 지내되 모인 후손 중 최장자(最長者)가 주인이 되어 초헌(初獻)을 하게 됩니다.

까닭에 친진(親盡; 五代祖)이 되면 시조나 불천지위(不遷之位)의 조상이 아니면 종손이라는 개념이 없어지게 되는 것 같습니다. 특히 유가의 예법으로는 종법에 절손(絶孫)이 되지 않도록 입후의 예법이 있어 대가 끊어지지 않도록 하고 있습니다.

●家禮本註始祖親盡則大宗奉其墓祭歲率宗人一祭之第二世以下親盡則諸位迭掌而歲率其子孫一祭之
●尤庵曰神主祧遷則宗毀而族人不復相宗矣
●葛庵曰若非百世不遷大宗之家則當以會中長幼爲主辦祭者不可越尊長爲主初獻之後使之一獻亦合人情
●東巖曰除大宗墓外皆當以昭穆最尊者爲主獻
●沙溪曰有親盡之主當遷而族人有親未盡者則遷于其中最長者之房以祭之也
●愼齋曰遞遷之主應奉於最長房遞遷之主且改題之
●陶庵曰最長房死則其所奉神主遷于次長不待三年之畢近世士大夫家多行之愚意亦以爲長房事体非與宗家等不必待其喪畢吉祭之後次長之當奉者告由遷奉遷後始行改題似得之
　⊙釋親考宗圖
●繼禰小宗註祖之次子○嫡子身事三宗統親兄弟有大宗則事四宗○嫡子之玄孫至此則遷
●繼祖小宗註曾祖之次子○嫡孫身事二宗統從兄弟有大宗則事三宗○嫡孫之曾孫至此則遷
●繼曾祖小宗註高祖之次子○嫡曾孫身事一宗統再從兄弟有大宗則事二宗○曾孫之孫至此則遷
●繼高祖小宗註別子之次子○嫡玄孫統三從兄弟○玄孫之子至此則遷
●大宗註統族人○六世孫主始祖廟祭○百世不遷
●士儀節要禮有大宗小宗大以率小小統於大故人紀修而骨肉親也夫立適以長適適相承禮之正也適子死而無子則立第二適子禮之變而亦得其正也無家適而但有妾子則承重繼序乃人倫之常也適庶俱無子則取族人之子立以爲嗣是先聖王後賢王之制也其有攝主者卽一時權宜之道而亦禮之所許也

▶42◀◆問; 종부(宗婦) 부고.

수고가 많으십니다. 종부(宗婦)가 돌아가시어 부고(訃告)에 받는 분이 종부(宗婦)라는 것을 아시도록 호상(護喪)이 [족질(族姪) 00 종(宗) 대부인(大夫人) 00]이라고 써도 되는지요? 또는 다른 방법이 있는지요? 배우고 싶습니다. 죄송합니다.

◆答; 종부(宗婦) 부고.

반드시 종부임을 알려야 한다면 아래 부고서식을 응용하시면 의도하신 바대로 표시하기에 어려움을 없을 것입니다.

●士儀初終訃告書式
訃書
某(主喪者之姓名)之某親(父曰大人某官某公母曰大夫人某封某貫某氏孫承重則祖曰王大人祖母曰王夫人無官則隨稱餘親各從其屬)以某病某月某日某時棄世專人訃告　某年某月某日護喪姓名上

▶43◀◆問; 종손에 대해 궁금한 점입니다.

안녕하세요? ○○○ 씨 ○○○ 파 ○○○ 종중의 종손입니다. 궁금한 점은 종중 이사회나 회의를 하다 보면 종손으로서 선대할아버지들의 공적과 행적에 대하여 30 년 가까이 교지와 승정원일기와 곳곳의 역사적 기록과 유물 등을 가지고 연구와 조사를 해왔습니다. 그런데 종손이란 말은 누구나 다 익히 아는 용어인데 종중 어른 중의 한 분이 자신이 차 종손이라고 말씀을 합니다.

현 종 중의 맨 위 선대할아버지로부터 몇 대 내려오다 형제 분으로 갈린 집안인데 그 집안의 장손 격으로 알고 있습니다. 이 경우에 차 종손이라고 호칭을 할 수 있는지요? 그리고 차 종손이란 용어가 있는지요. 답변을 부탁 드립니다. 수고하세요.

◆答; 종손에 대하여.

차종손이란 우리 나라에서만 통용되는 용어인 듯하며 그 의미는 대종에서 갈려 나온 방계(傍系)의 종손을 의미할 뿐으로 대종손(大宗孫) 다음가는 종손이라던가 또는 유고 시 그 지위의 승계, 또는 섭행자(攝行者)가 될 수 있는 종손이란 의미는 아닌 것 같습니다. 아래는 대종 소종과 주인 유고 시 승계 등에 관련된 말씀들입니다.

●皇朝經世文編禮政宗法上原姓條男子稱氏女子稱姓氏一再傳而可變姓千萬年而不變最貴者(云云)最下者庶人庶人無氏不稱氏稱名然則氏之所由興其在於卿大夫乎故曰諸侯之子爲公子公子之子爲公孫公孫之子以王父字若謚若邑若官爲氏氏焉者類族也貴貴也考之於傳二百五十五年之間有男子而稱姓者乎無有也女子則稱姓古者男女異長在室也(云云)同姓百世而昏姻不通者周道也故曰姓不變也是故氏焉者所以爲男別也姓焉者所以爲女坊也自秦以後之人以氏爲姓以姓稱男而周制亡而族類亂作原姓

●大傳; 別子爲祖繼別爲宗繼禰爲小宗(註)別子爲祖者謂公子若始來在此國者後世以爲祖也繼別爲宗者別子之世嫡也族人宗之謂之大宗是宗子也繼禰爲小宗者謂父之嫡子也兄弟宗之故謂之小宗

●曲禮; 天子建天官先六大曰大宰大宗大史大祝大士大卜典司六典(註)此六大者天官之屬也(鄭玄注)典法也此蓋殷時制也周則大宰爲天官大宗曰宗伯宗伯爲春官大史以下屬焉大士以神仕者

●內則嫡子庶子祇事宗子宗婦雖貴富不敢以貴富入宗子之家雖衆車徒舍於外以寡約入(註)疏曰適子謂父及祖之適子是小宗也庶子謂適子之弟宗子謂大宗子宗婦謂大宗子之婦

●通典漢石渠議大宗無後族無庶子己有一嫡子當絶父祀以後大宗否戴聖云大宗不可絶言嫡子不爲候者不得先庶耳族無庶子則當絶父以後大宗

●退溪曰長子無子次子之子承重應指嫡子孫而言雖有妾産恐未可遽代承也○又長子死無子雖有長婦與叔父季子當攝主云未立後不得已權以季爲攝主又曰其攝主之意當告於攝行之初祭其後則年月日下只云攝祀子某

●儀禮疏曰適子不得後他故取支子又曰小宗適子亦當立後

●喪服傳何如而可爲之后同宗則可爲之后何如而可以爲人后支子可也疏支子可也者他家適子自爲小宗小宗當收歛五服之內亦不可闕則適子不得後他故取支子○又曰爲人後者孰後後大宗也曷爲後大宗大宗者尊之統也大宗者收族者也不可以絶故族人以支子後大宗也

▶44◀◆問; 종손을 누구?

요즘 세상의 종손은 의무만 남아있고 권리는 크게 없는 것으로 생각되나 그래도 소문 중 행사 등에는 그 집안의 중심으로 유지되고 있으나 구성원간에 갈등이 발생하여 전래의 예법을 몰라 문의합니다.

1. 질문자의 백부님(종손)이 조카(질문자의 사촌)를 양자로 삼았는데 그 아들(질문

자의 5 촌 조카)도 딸만 두고 사망하여 말하자면 대가 끊어져 버렸음.

*질문자의 조부님께서는 첫째 부인이 종손 백부님을 낳으시고 일찍 돌아가 셔서 둘째 부인인 질문자의 조모님과 결혼하여 낳은 큰아들의 아들(질문자의 사촌)이 양자로 가서 종손이 됨.

2. 조부님이 2 번째 결혼한 조모님이 낳으신 삼형제 중 큰아들(질문자의 백부님)이 큰집으로 집안 대소사를 이행 하였는데, 이때 백부님은 후처를 두었는데 거기서 태어난 사촌이 본처에서 태어나 양자로 간 사촌(전쟁 중 사망)보다 나이가 많았지만 본처에서 태어난 둘째 아들(질문자의 사촌)이 종손대행을 하여 제사 등을 주관하였음 (종손인 5 촌 조카가 개인적으로 조상제사 등을 주관할 수 없는 상황이었으면 거론한 사람들은 모두 별세하였음)

3. 1) 문제는 종손대행을 한 사촌의 아들(질문자의 5 촌 조카)이 종손 역할을 하면서 묘사 등 제례 시 초헌관을 하는 것이 맞는지?
2) 종손 - 종손 - 종손으로 내려오는 가계가 끊어 졌기 때문에 질문자의 2 번째 큰어머니에서 태어난 사촌(질문자의 사촌 중 제일 연장자. 사망)의 아들(질문자의 5 촌 조카로 그들 항렬에서 최고 연장자임)이 종손 역할을 할 수는 없는지?

3) 또한, 종손을 누구로 내세워야 하는지? 묘사 시 종손 대행을 한 사촌의 아들인 젊은 조카가 나이 많은 5 촌 당숙을 제치고 초헌관을 하는 것이 아무래도 이치에 맞지 않는 것 같아 답답한 마음으로 질문하오니 집안의 갈등을 줄일 수 있는 명쾌한 답변을 부탁 드립니다.

◆答; 종손.
종손(宗孫)이라 함은 일문지가(一門之家) 또는 동족의 최 윗대 조상의 직계손(直系孫)을 이름인데 그에는 대종의 적장자손이나 소종의 적장자손을 일컫습니다.

아래와 같이 살펴보건대 적(嫡; 子)이란 본처(本妻; 正室)에게서 낳은 맏아들을 의미하고, 종자(宗子)란 종가(宗家)의 적장자(嫡長子)말합니다. 이와 같으니 종손(宗孫)은 누가 되는가는 쉽게 지목될 것입니다. 적장자손(嫡長子孫)은 효(孝; 孤哀)자손으로서 제사나 상사(喪事)에서 주인이 되어 초헌을 하게 되지요.

●左傳文公十二年六月歸生佐寡君之嫡夷杜註歸生子家名夷太子名
●詩經大雅懷德維寧宗子維城無俾城懷註大宗强族也宗子同姓也惟宗子合族以聯親則分猷共念而有夾輔之功斯維城矣
●世說新語文學林道人往就語將夕乃退有人道上見者問云公何處來答云今日與謝孝劇談一出來
●問喪孝子喪親哭泣無數○雜記祭稱孝子孝孫

▶45◀◆問; 종손의 승계 문제에 대하여.
안녕하세요? 여기 성균관(成均館)은 처음 들러 봅니다. 최근 제가 아는 분과 이야기를 나누다가 종손 가족의 승계 문제에 궁금한 사항이 있어 여쭙습니다. 현재 종가의 맏형이 무후(아들이 없어)하여 고민하는 집안이 있을 경우 어찌해야 하는지, 그리고 어찌하고 있는지에 대한 질문입니다. 종가의 맏형(생존, 약 50 세)이 아들이 없는 경우,

1) 양자(養子)를 들이는 방법 2) 차남의 장자가 승계하는 방법 3) 아들 중 연장자가 승계하는 방법이 있을 텐데 저는 1)은 차선(次善)이고 2)가 최선이며 3)은 정말 부득이한 경우에 취한 방법이라고 생각합니다. 이에 대한 문헌상의 사례와 고견을 들

고 싶습니다.

또한, 양자를 들이는 경우 1) 가족 외 아들을 입양하는 방법 2) 가족의 장남 외 차남 아들을 중 양자로 들이는 방법 3) 다른 배의 아들을 얻는 방법(?)이 있을 텐데, 이중에 2)의 방법이 종래에 가장 많이 실행하는 방법일 거라고 생각하는 데 이에 대한 문헌상의 사례와 고견을 듣고 싶습니다.

그러나, 오늘날 작은집 아들이 큰집의 양자가 되어 실제로 큰집에서 산다는 것은 정말 어려운 일입니다. 그래서 종손이 사망한 이후 족보상으로만 양자로 올린 후 종손의 역할을 한다고 하는데 이것이 적당한 것인지 사례와 고견을 듣고 싶습니다. (이때 오늘날 주민등록상으로 어찌할 것이며 양자로 간 사람의 앞날에 문중 제사 이외의 가족 봉제사 때 양자의 아버지는 누가 되는 것인지 정말 복잡해집니다. 이에 대한 의견도 듣고 싶습니다)

정리하면,
問 1. 장자가 무후할 경우 승계하는 법.
問 2. 양자를 들이는 법.
問 3. 가족의 자식 중에서 양자를 들일 때에 적절한 방법에 대한 근거 또는 고견을 듣고 싶습니다. 한꺼번에 세 가지 질문을 드려 죄송합니다. 새해 복 많이 받으시고 늘 평안하시기 바랍니다.

◆答; 종손의 승계 문제.

問 1. 答; 종법 중 입후에 관하여 대단히 다양하고 소상히 밝혀져 있으나 그의 전부를 소개할 수는 없어 요점만 간추려 알려드리겠으니 양해하여 주시기 바랍니다. 아래와 같이 살펴보건대 차자의 자(子)를 입후하여 승계함이 옳은 것 같습니다.

問 2. 答; 입후지의(立後之儀)에 대하여 향교례집(鄕校禮輯)을 살펴보면 총 1.130 여 자 정도로 설명이 되어 있어 이에서 그 예법을 모두 설명키는 어려울 듯싶으며 다만 이를 요즘의 형편에 어느 정도 접근시켜 이르자면 먼저 종회에서 입후의 대상자가 결정되면 친생가 조상에게 출후고사를 하고 떠나 입후 가인 종가의 조상에게 입후고사를 함으로서 입후의 예가 마쳐지는 것 같습니다.

問 3. 答; 양자들일 때의 적절한 방법이란 위 2 항과 답이 같지 않을까 합니다. 이상의 답문(答文)은 유가(儒家)의 종법이 대개 그렇다는 것이지 요즘 같이 1 자녀 시대에도 그와 같이 하자 함이 아님을 밝혀둡니다.

●儀禮疏曰適子不得後他故取支子又曰小宗適子亦當立後
●通典漢石渠議戴聖曰大宗無後族無庶子已有一適子當絶父祀以後大宗
●喪服傳何如而可爲之后同宗則可爲之后何如而可以爲人後支子可也疏支子可也者他家適子自爲小宗小宗當收斂五服之內亦不可闕則適子不得後他故取支子○又曰爲人後者孰後後大宗也曷爲後大宗大宗者尊之統也大宗者收族者也不可以絶故族人以支子後大宗也
●丘儀大明令凡無子許令同宗昭穆相當之姪承繼先取同父周親次及大功小功緦麻如無則方許擇遠房及同姓爲嗣不許養異姓爲嗣以亂宗族立同姓者易不得尊卑失序以亂宗族且凡爲人後者必承父之命不承父命是貪利而忘親也
●經國大典適妾俱無子者告官立同宗支子爲後
●退溪曰長子無子次子之子承重指適子孫而言雖有妾産未可遽承代也
●沙溪曰長子無後而死不立後次子死而有子又季子生存次子之子當奉祀
●許傳曰長子無後雖次子之庶子其爲血孫一也恐不當捨之而取族人子也其曰未可遽承代云者只爲愼重而然耶

▶46◀◆問; 종손이 제주를 포기할 때는.

저희 집안은 증조부님께서 두 분의 아드님을 두시어 큰 아드님 자손의 손이 지금까지 종손이 되어 집안대소사와 시제의 제주를 하고 있습니다.

저는 두 번째 아드님의 손이 구요. 그래서 지금까지 종손(宗孫)집안을 큰집 저희 집안을 작은집이라 부르며 서로 우애(友愛)하며 잘 살아왔습니다. 그러던 중 2006년에 정읍에 땅을 구입하고 저희 고조부(高祖父)님부터 모든 조상님을 한곳으로 모셔 선산(先山)을 만들고 잘 받들어 모시고 있던 차에 큰집에서 종교적인 이유를 내세워 종손으로서 시제 때 제주의 역할을 포기하고 앞으로는 시제도 참석도 안하고 하더라도 종교적으로만 하겠다며 종손의 역할을 포기하겠으니 작은집에서 알아서 하라고 합니다.

저희 집안으로서는 딱하기 그지없는데 이럴 경우 어떻게 해야 되는지요. 큰집에서 제주를 포기하면 그쪽집안에서는 이를 승계할만한 사람이 없어 저희 쪽에서 해야 되는데 이럴 경우,

1. 저희 집안에서 촌수가 가장 높은 자중 연장자가 제주가 되는 법.
2. 저희 집안의 종손이 승계하는 방법.
3. 집안에서 총의를 모아 제주를 지명하는 방법 위 세가지가 주로 논의되고 있습니다. 저희 집안이 제례 법이나 유교적 또는 제례풍속에 맞는 가정 적절한 방법은 무엇인지 성균관의 고견을 듣고 이를 따르려 합니다.

◆答; 종손이 타교로 귀의하면 폐질자.

아래와 같이 살펴보건대 장자(長子)가 폐질자(廢疾者)일 때 차자(次子)가 그 제사(祭祀)를 물려 받아 봉사(奉祀)하는 것이 아니라 다만 섭행(攝行)할 뿐이며 또 그의 후자(後子)가 있다면 그 중 장자(長子)가 승중(承重)함이 마땅한 것 같습니다.

폐질자(廢疾者)란 정신이상자(精神異常者) 신체상불치병자(身體上不治病者)를 이르니 유가적(儒家的) 시각(視覺)으로는 조상봉사(祖上奉祀)를 거부하는 교인(敎人)은 정신이상자(精神異常者)로 간주함에 무리가 없을 것입니다.

입후(立后) 역시 폐질자(廢疾者)라 하여도 종손(宗孫)의 지위 승계(承繼)가 불가함이 아니라 다만 그가 주인으로써 행사할 수 없을 뿐으로 동항의 입후는 계대(繼代)에도 맞지 않아 불가할 것 같으며 특히 그의 후자가 있으니 더욱 그러할 것 같습니다. 만약 그의 후자 또한 교인(敎人)으로 조상 봉사를 거부하면 지방과 축식의 속칭을 장자 명으로 쓰고 연월일 간지 밑에서 섭행 사유를 고하고 차자가 대행하는 섭주 예법에 따름이 옳을 것 같습니다.

●問長子病廢次子專主喪事題主何以爲之寒岡曰雖病廢不得不書長子名
●尤庵曰父有廢疾其子承重此於鄭知雖據天子諸侯而言以朱子所論觀之則此實自天子以至於庶人之達禮也
●愼獨齋曰長子雖病廢似不可傳重於次子況長子有子則豈可以次子奉祀耶
●朱子曰宗子無力不能立祠堂則庶子立之然亦宗子主其祭

▶47◀◆問; 종인 명칭사용 문의.

안녕하십니까? 다름이 아니오라 종인(宗人) 사용(호칭)에 있어서 직손(直孫)이 아니고 방손(傍孫)에게도 종인이라는 명칭이나 호칭을 써도 잘못된 것은 아닌지요? 방손은 종중 회의(총회)에 참석대상이 되지 않습니다. 방손은 그냥 일가라고만 칭하지

종인이라고는 하지 않는 다는 의견이 있어서요.

질문
1. 직손이 아닌 방손도 종인(宗人)의 범주에 해당되는지 여부?
2. 방손(傍孫)의 호칭(呼稱)은 일가(一家) 에도 해당되고 종인(宗人) 의 범주에는 해당되는지?
3. 종인은 직손 에게만 해당되는 여부? 상기 세가지 질의를 하오니 답변 주시면 고맙겠습니다 항상 유익한 답변 주시는데 대하여 감사 드립니다.

◆答; 종인 명칭사용.
질문 1. 2. 3. 答; 종인(宗人)이란 족인과 같은 의미로 동성의 겨레붙이를 이름이오, 방친(傍親)이란 직계를 제외한 선후 방계 족친의 전부를 이름입니다. 따라서 종인이라 함은 동족인(同族人; 一族)으로서 직계와 방계(傍系)를 통틀어 지칭함이 됩니다.

1번 答; 해당 됩니다.
2번 答; 해당됩니다.
3번 答; 방계도 해당됩니다.

●史記田敬仲完世家;襄子使其兄弟宗人盡爲齊都邑大夫與三晉通使且以有齊國
●世說新語任誕;諸阮皆能飮酒仲容至宗人間共集不復用常杯斟酌
●顔氏家訓風操;同昭穆者雖百世猶稱兄弟若對他人稱之皆云族人
●晉書河間平王洪傳;章武新蔡俱承一國不絶之統義不得替其本宗而先後傍親

▶48◀◆問; 종장이란 어휘에 대하여.
종장(宗長)과 종장(宗丈)의 다른 점은요?

◆答; 종장(宗長)과 종장(宗丈).
宗長; 종족의 우두머리. 또는 장자(長者)의 존칭(尊稱).
宗丈; 연장자(年長者)들 사이의 존칭(尊稱).

●太師箴;厥初冥昧不慮不營欲以物開患以事成犯機觸害智不救生宗長歸仁自然之情註尊崇長者
●隋書經籍志二;及周太祖入關諸姓子孫有功者並令爲其宗長仍撰譜錄紀其所承註宗族的首領
●初刻拍案惊奇卷二十五;院判道看亡兄分上宗丈看顧他一分則箇府判道宗丈且到敝衙一坐小可叫來問箇明白自有區處註同姓年長者之間的尊稱

▶49◀◆問; 종중과 문중의 차이점.
수고가 많으십니다. 다름이 아니오라 각 성씨 중에서 종 중과 문중에 차이점 및 바른 사용법에 대하여 궁금합니다.

◆答; 종중과 문중의 차이점.
宗中; 같은 족속(族屬) 전체 또는 지정된 파 속을 이르기도 하여 대종(大宗) 소종(小宗)으로 갈라 이르기도 하며,

門中; 종중(宗中)과 동의(同意)로 사용 되기도 하나 대가족제도(大家族制度)의 사회에서 한 문(門)안에 함께 거주하는 한 족속(族屬)이란 뜻으로 동성(同姓) 동본(同本)의 가까운 친척들이란 의미가 강한 말이 아닌가 합니다.

●日省錄正祖元年丙午四月十一日甲申禮曹啓;香火者五世從其宗中僉議以其傍孫
●南齊書王僧虔傳;于時王家門中優者則龍鳳劣者猶虎豹

▶50◀◆問; 종중 규약 관련 질문요.

종중 규약에 보면 서행과 서치(序齒)가 있는데 대충 서행은 항렬을 먼저 따진단 내용이고 서치는 나이를 먼저 따진다는 내용인데 둘 중 어느 게 먼저인지 궁금합니다. 즉 서행 서치라고 쓰는 게 맞는 건지 서치 서행이라고 쓰는 게 맞는 건지요.

◆答; 종중(宗中) 규약(規約).

아래와 같이 살펴보건대 서항서치(序行序齒)로 써야 옳을 것 같습니다.

●屛溪曰禮五世則宗毁不復相宗故遠代歲一祭行高者主祝
●葛庵曰若非百世不遷之大宗則當以會中長幼爲主辦祭者不可越尊長爲主
●鹿門曰始祖之祭宗子主之第二世以下尊者主之

▶51◀◆問; 종중 납골당의 조경에 금지될 수목은?

문중 납골당의 주변에 약간의 수목을 식목 코자 하나 금기된 수목은 무슨 종류이며 주변에 대나무를 심으면 안될까요?

◆答; 조경용으로 금지된 나무는 없음.

납골당에 관하여는 어느 예서에서도 언급 된 바가 없고 다만 예서 치장편(治葬篇) 성분(成墳)의 예법인 분고사척립소석비어기전역고사척부고척허조(墳高四尺立小石碑於其前亦高四尺趺高尺許條)가 있는데 그 에도 분수(墳樹)에 관한 말씀은 없습니다. 그러나 아래와 같이 살펴보건대 나무를 심는다는 말씀은 있으나 심지 말라는 나무의 종류는 찾을 수가 없습니다.

●王制庶人縣封葬不爲雨止不封不樹註此言庶人之禮庶人無碑不封不爲丘壟也
●白虎通大夫墳高八尺樹以棐土四尺樹以槐庶人無墳樹以楊柳
●周禮春官註漢律列侯墳高四丈關內侯以下至庶人各有差疏尊者丘高而樹多卑者封下而樹少

▶52◀◆問; 종중 명칭 자문 구합니다.

이곳에서 자상한 답변을 주시고 계셔서 많은 사람에게 도움이 될 것이라 믿습니다. 저의 5대조 후손들로 종중 등록을 하여 조그마한 부동산(건물)을 구입하고자 합니다. 그곳에서 발생하는 임대소득으로 선산관리와 묘제를 치르기 위해서지요.

족보에 의하면 5대조의 함자는 종진(종자 진자)이시며 자는 운전(운자 전자)이십니다. 호는 없으시고요. 종중 명칭을 다음과 같이 구상하는데 조언해주시면 많은 도움이 되겠습니다.

아래 사람이 위 사람의 함자를 함부로 부르지 않는다기에 고민스럽습니다.

1안. (본관성씨) 종진파(**)문중.
2안. (본관성씨) 운전파(**)문중.

더 바람직한 명칭이 있으면 조언해 주셨으면 합니다.

◆答; 종중 명칭.

후손은 선대의 휘(諱)나 자(字)를 함부로 부르지 않습니다. 따라서 자(字) 역시 문중의 표식으로 쓸 수가 없습니다. 따라서 벼슬도 없고 호(號)도 없었으면 택호(宅號)

등 대표될만한 칭호를 붙여, 공(公)에는 할아버지란 의미도 포함되어 있으니 00공파소종회(公派小宗會). 또는 00공파종회(公派宗會). 라 이르심이 가할 듯합니다.

●曲禮卒哭乃諱禮不諱嫌名二名不偏諱逮事父母則諱王父母不逮事父母則不諱王父母君所無私諱大夫之所有公諱詩書不諱臨文不諱廟中不諱夫人之諱雖質君之前臣不諱也婦諱不出門大功小功不諱入竟(境)而問禁入國而問俗入門而問諱

●檀弓卒哭而諱生事畢而鬼事始已旣卒哭宰夫執木鐸以命于宮曰舍故而諱新自寢門至于庫門二名不偏諱夫子之母名徵在言在不稱徵言徵不稱在○幼名冠字五十以伯仲死諡疏曰有生號仍爲死後之稱細註石林葉氏曰加之字而不名所以尊名也廟非特人不字父與君亦不字焉故但曰伯仲而不字所以尊字也

●孟子盡心諱名不諱姓姓所同也名所獨也

●漢書丙吉臨問吉曰君卽有不諱

●史記孔子世家孔子生鯉字伯魚註索隱曰家語孔子年十九聚一歲而生伯魚伯魚之生也魯昭公使人遺之鯉魚夫子榮君之賜因以名其子爲鯉也

●陶淵明集五柳先生傳先生不知何許人也亦不詳其姓字宅邊有五柳樹因以爲號焉

●白虎通號條帝王者何號也號者攻之表也所以表功名德號今臣下者也德合天地者稱帝仁義合者稱王別優劣也皇者何謂也亦號也

●史記留侯世家;吾(劉邦)求公(指商山四皓)數歲公辟逃我

▶53◀◆問; 종중 묘지에 대해서 질문 드립니다.

종중 공동묘지를 조성하려고 하는데 몇 가지 의문 이여서 질문 드립니다(평장) 맨 처음 설단을 조성하기 전에 길일을 택해야 하는지요.

問 1. 예를 들어 조상님이 1 대부터 5 대까지 계시는데 원칙은 계단식으로 모실 때 5 대조부터 위에서 차례대로 모셔야 되는데 운이 안 좋아서 불가분으로 예를 들어 3 대조나 4 대조부모부터 아래에서 먼저 모셔도 도리에 어긋나지 않으며 자손들 에게도 아무런 피해가 없이 잘 넘어 가겠습니까?

問 2. 그리고 아래 조상님이 위 조상님 보다 높은 벼슬이면 그 높은 벼슬을 따서 문중의 호칭으로 사용해도 예의에 어긋나지 않는 지요? 그리고 벼슬이 낮아도 반드시 위 조상님의 호칭을사용해야 되는지요 좀 상세히 알려 주십시오.

問 3. 그리고 한상부 한상부 모실 때마다 축문을 또 한산신제를 모셔야 하는지도 알려 주십시오. 너무 몰라서 그러니 잘 좀 알려 주십시오 그럼 수고 하십시오.

◆答; 종중 묘지.

問 1. 答; 무정일(無定日)의 행사는 전통예법에서도 점을 쳐 길(吉)한 날을 받는 예법이 있어 길한 날을 정하여 행사합니다. 기왕의 꺼리는 날을 피하고 길한 날을 택함이 마음의 평온을 기함일 것이나 그로 인하여 무슨 피해가 있는지는 누구도 알 수가 없을 것입니다. 다만 개장함에 있어서 조상의 순을 정함이 없으니 여의치 못하면 하위의 조상부터 이장을 한다 하여 예에 어그러진다 할 수는 없을 것입니다.

◆改葬當位祠堂告辭式

維 歲次云云不勝憂懼卜以是月某日改葬于某所云云

問 2. 答; 아래와 같이 살펴보거나 세속에서 만약 3 대가 거주하는 집에 손자가 벼슬을 하였으면 면장 네 집, 무슨 장관네 집 하듯 묘역 역시 하대(下代)가 집안의 명예를 높인 벼슬에 봉직하였다면 그 호칭을 사용한다 하여도 상대(上代) 조상들께서도 가문의 영광으로 생각하실 것입니다.

●經國大典及大典會通吏典追贈條宗親及文武官實職二品以上追贈三代註父母準己品祖父母曾祖父母各遞降一等○亡妻從夫職

問3. 答; 여러 위의 개장(改葬) 시 후토제는 최 존위(尊位) 명으로 그 묘소(墓所) 좌측(左側)에서 한번만 고합니다.

▶54◀◆問; 종중의 재실에서 신주를 모셔놓고 시제를 봉향함이 제례에 맞는 것인지?

4대 봉사가 끝나면 신주를 묘소 앞에 조매하는 것으로 알고 있는데 근자에 종중 재실을 신축하여 선조님들의 신주를 새로이 만들어 재실에서 시제를 봉향하는 것이 제례에 맞는 것인지요? 불천지위도 아닌데 가능한가요?

◆答; 종중의 재실에서 신주를 모셔놓고 시제를 봉향.

아래 말씀을 종합하면 그 후손으로는 현손(玄孫)이 다하면 친진(親盡)이라 하여 그 신주(神主)를 묘(墓)에 묻고 그 묘에서 세일제(歲一祭)를 행하게 되는데, 만약 선산(先山)에 여러 위(位)의 묘(墓)가 있어 하루에 지내지 못한다거나 우천시를 대비하여 그 선산 아래에 재사(齋舍)를 세우고 그곳에서 집에서 지내는 사시제(四時祭) 법도(法度)와 같이 합설(合設)로 지방(紙榜)을 써 세우고 지낼 수 있다는 말씀입니다.

사람이 죽는다는 것은 혼(魂)과 백(魄; 肉身)이 불리 됨을 이르는데 혼(魂)은 신주(神主)로 모시고 집에서 친진(親盡)이 될 때까지 제사를 지내다 그 신주를 땅에 묻고 신주제를 영원히 폐하고, 백(魄)은 산에 장사(葬事)하고 그 묘에서 제사 지내드리게 되는데 친진이 되어도 묘제를 폐하지 않고 백세(百世)도록 불변 영원히 묘제는 지내게 됩니다.

따라서 신주제(神主祭)를 사당이나 정침(正寢)이 아닌 곳에서 제사할 수 없고 백제(魄祭)인 묘제(墓祭)는 그 묘(墓)이거나 그 산하(山下) 재사(齋舍)가 아닌 곳에서 지낼 수가 없는 것입니다.

●性理大全遞遷條祭二世以下祖親盡及小宗之家高祖親盡則遷其主而埋之其墓田則諸位迭掌而歲率其子孫一祭之
●朱子曰古者不墓祭非有所略也盖知鬼神情狀不可以墓祭也神主在廟而墓以蔵體魄體魄之蔵而祭也
●寒岡曰世俗之行墓祀於神主者亦似未安是神主祭也非墳墓祭也
●通典神道尙幽不可逼覿宜於塋南山門之外設淨席爲位遙祭若一塋數墓每墓各設位昭穆異列以西爲上
●退溪曰同原許多墓各行祭之弊世多有此愚意不如掃墓域後以紙榜合祭於齋舍
●或問墓祭或東西埋葬丘壠峻險往來倦疲恐有怠慢之氣而日亦不繼或厥日終雨則將何以爲之預搆一屋於墓側若遇如此時依時祭儀合祭一所如何退溪曰善

▶55◀◆問; 종친과 의빈에 관하여?

친절하고 소상한 답변에 감사 드립니다.

1. 답변하신 내용 중 자헌대부는 조선초기 문무관에게, 말기에는 종친과 의빈에게 주던 정 2 품 관계라 말씀 하셨는데 여기에서 말하는 종친과 의빈은 무슨 말이며 어떤 절차에 의해서 그 벼슬을 주는 것이며 과거급제에 의해서 주어지는 벼슬과는 다른 것인지요?

2. 가선대부, 자헌대부를 비롯한 통정대부, 철산부사, 맹산현감, 주부, 동지돈영부사,

동지중추부사의직급이 현재 공무원의 직급과 비교해서 말씀해주시라는 물음에 답변해주신 내용이 제가 정확히 이해할 수 없어 다시 묻습니다. 정확하진 않더라도 대체적으로 무슨 급에 해당한다 라고 답변해주시면 더욱 감사 하겠습니다. 복잡한 질문을 드려 대단히 죄송합니다. 감사합니다.

◆答; 종친과 의빈(儀賓).

조선시대 이조(吏曹) 산하에 종친부(宗親府)와 의빈부(儀賓府)가 있었는데 종친(宗親)이라 함은 일반백성의 의미와 같이 왕의 친족을 의미하고, 의빈(儀賓)이라 함은 왕이나 왕세자의 사위를 이릅니다.

조선(朝鮮)의 최종(最終) 법전(法典)이라 할 수 있는 대전회통(大典會通)의 종친부(宗親府)와 의빈부(儀賓府)를 살펴보시게 되면 그 부의 성격에 관하여 대강이라도 이해하게 되는데 도움이 되실 것입니다.

다만 직급에 관하여는 같은 정이품이라 하여도 조(曹)에서는 그 조(曹)의 장인 판서가 되나 의정부에서는 영좌우의정(領左右議政)과 좌우찬성 다음 세 번째 직인 좌우참찬의 직이니 현재의 어느 직에 해당된다 라 할 수 없지 않을까 합니다.

지방행정조직 역시 조선시대와 지금의 체계와는 상당한 차이가 있으니 어느 직에 해당하겠다. 란 가정 역시 무의미하리라 생각됩니다.

●經國大典抄解宗親條王之子孫出於玄孫之外也同姓曰宗父黨曰親○又儀賓條漢置駙馬都尉掌駙馬也魏書尙公主幷加之天子壻曰駙馬諸侯壻曰儀

▶56◀◆問; 종친회 헌성금 기념비 표석명 문의.

유림 여러분들의 청안 하심 속에 강령하시길 기원 드립니다.
1. 대동종친회에서 대종회 발전을 위해서 헌성 하신 분들이 100 여분이 됩니다.
2. 이에 헌성하신 분들의 기념비를 묘정에 세우려고 합니다.
문 1) 와비와 입석비로 어느 것이 좋을 것인지요?
문 2) 전면을 어떻게 표기하는 것이 옳은지요? (예 헌성기념비 등)
3. 씨족문화의 창달을 위한 노고에 보답하려 합니다. 감사 드립니다. 고견을 기다립니다.

◆答; 종친회 헌성금 기념비 표석명.

먼저 와비[臥碑]의 의미가 무엇인가 부터 초학자를 위하여 정의되어야 할 것 같습니다.

와비(臥碑)란 아래와 같이 살펴보건대 명청대(明淸代)에 학궁(學宮)의 명륜당(明倫堂) 옆에 세웠던 비를 이름인데, 명 홍무(洪武)15년에 생원들이 사송(詞訟)에 간섭하고 군민(軍民)의 대사(大事)에 관하여 함부로 말하는 것 등을 금지시키는 금례십이조(禁例十二條)를 돌에 새겨 세운 비(碑)를 와비(臥碑)라 하였고, 청(淸) 때는 팔조항(八條項)을 새겨 학궁(學宮)에 세웠는데 이를 일러 신와비(新臥碑)라 하였습니다. 여기서 와(臥)자의 의미는 [중지시킨다]는 의미가 됩니다.

혹 와비(臥碑)의 와자를 [가로 놓일 와]자로 이해 옆으로 뉘어 놓는 비석이라 이해할 수도 있으나 아직 우리의 국어 사전에도 오르지 않은 단어인 듯 합니다. 따라서 지난 시대의 유가의 입비(立碑) 제도에는 가로 뉘어 놓는 법은 없으나 요즘 가로쓰기로 인하여 비석을 뉘어놓기도 하니 가부를 단정하여 논할 수는 없을 것입니다. 까닭에 주최측이 지형과 문구를 감안하시어 정할 일인 것 같습니다.

비(碑)의 명칭 역시 주최측이 더 깊이 제반사를 감안하였을 것입니다. 다만 [함흥부 각처비석기(咸興府各處碑石記)] 등을 살펴보건대 전면 각자의 글자 수가 십여자 이상의 각자도 태반임을 보건대 간단 명료한 것도 깔끔하여 좋으나 혹 의미가 거의 담겨지도록 한다 하여 미관상 흠 될 것도 아닌 상 싶습니다.

●辭源[臥碑]明洪武二年詔境內立學〇十五年禮部頒學校禁例十二條禁生員不得干涉詞訟及妄言軍民大事等刻石置於學宮明倫堂之側稱爲臥碑〇淸順治九年又另立條款八項頒刻學宮稱爲新臥碑〇參閱明兪汝楫禮部志稿七十學規頒鐫學校臥碑淸闕名松下雜鈔下

▶57◀◆問; 종통을 잇는다 함에 사후양자(死後養子)가 가능합니까?

안녕하십니까? 종통에 대해 여쭙습니다. 한 나라의 임금이 후계 없이(절손된 경우) 왕세자의 책봉도 없이 갑자기 승하하였을 경우, 국장을 치르면서 신하들이 후임자를 물색(임금의 직계후손 중에서 양자로 입후)하여 왕통을 잇게 하였을 경우입니다.

이때 신하들간에 사후 양자를 잇는 종법을 두고 옳다 그르다 하여 격론을 벌일 경우, "그르다" 편에서는 사후양자는 종법에 어긋난다. 라 하고, "옳다"라는 편에서는 당연한 처사라 하여 소위 예송논쟁을 벌인 경우가 있습니다.

혹 "그르다" 쪽의 증거로 삼을만한 종법과,
혹 "옳다" 쪽의 전거로 삼을만한 예법을 말씀해 주시면 감사하겠습니다.

◆答; 종통을 잇는다 함에 사후양자(死後養子)가 가능.

아래와 같이 대강 살펴보면 종통(宗統)을 이어가기 위하여 만약 봉사손이 무사(無嗣)로 사망하였을 때 차자가 섭사(攝祀) 봉사하다 적장(嫡長)이 입후하게 되면 종사를 다시 되돌려주는 예법이 있으나 왕통(王統)은 그 법도가 다른 것 같습니다.

종통(宗統)은 대(代)를 거슬리지 않게 입후(立后)로 대를 이어가나 왕통(王統)은 경종대왕(景宗大王)이 후사가 없자 대신들이 의논하여 저위(儲位)를 세우도록 간(諫)하자 대비전(大妃殿)으로 납시어 고(告)하자 왕제(王弟)인 연잉군(延礽君)으로 허락하자 전지(傳旨)를 대신들에게 주고 왕세제(王世弟) 책봉을 명하여 연잉군(延礽君)을 왕세제(王世弟)로 책봉(冊封) 후에 영종대왕(英宗大王)에 등극하게 한 사례 보아 만약 후사 없이 승하하였다면 즉시 위와 같은 절차를 거쳐 왕족 중에서 왕통을 이을 만한 후자를 택함에 백성의 종통을 이어가는 종법과는 달리 계대가 옳지 않게도 택함이 다른 것 같습니다.

봉사손(奉祀孫; 王)이 무사사(無嗣死)하였을 경우 후자를 정하여 계통을 이어가는 방법은 같으나 대상이 종통과 왕통의 법도를 비교 다를 수도 있다는 것으로 원하는 답이 아닐 수도 있겠으나 답이 오르니 않아 게시합니다.

●南唐曰嫡子死無后次子奉祀題主嫡長立后復歸宗祀
●渼湖曰婦人無主祀之義姑以次子攝祀題主後若生子立爲長兄之後爲宜
●屛溪曰立孫程子家用次子主喪之禮盖遵時王之制而不用古宗子法也
●國朝寶鑑景宗朝肅宗元子德性仁厚孝友尤篤(云云)乃卽位(云云)辛丑秋八月冊延礽君(註英宗大王)爲王世弟(云云)

▶58◀◆問; 종현(宗賢).

국어사전에는 나와 있지 않는데 종중의 높으신 분을 종현(宗賢)이라 높여 불러도 되는지요?

◆答; 종노(宗老), 종영(宗英), 종정(宗正).

현(賢)자를 아래와 같이 살펴보건대 높여 숭상한다거나 또는 경칭으로 쓰이는 자이 기는 하나 통상어가 아닌 듯하여 의미 전달이 뜻대로 이뤄지지 않을 것 같습니다. 가문의 어른이란 표현으로 종노(宗老), 종영(宗英), 종정(宗正) 등등 좋은 칭어(稱語) 가 있습니다.

●論語學而篇子夏曰賢賢易色事父母能竭其力事君能致其身註賢人之賢而易其好色之心 好善有誠也致猶委也委致其身謂不有其身也四者皆人倫之大者
●顔氏家訓自叔父母已下則加賢字
●史記五子之歌篇王府則有荒墜厥緒覆宗絶祀註天下之輕重而立民信者王府亦有之其爲 子孫後世慮可謂詳且遠矣奈何太康荒墜其緒覆其宗而絶其祀乎
●內則若非所獻則不敢以入於宗子之門不敢以貴富加於父兄宗族註器用衣服等物則必獻 其上等者於宗子而自服用其次者若非宗子之爵所當服用而不可獻者則已亦不敢服用之以 入宗子之門也加高也

▶59◀◆問; 종형제자매.

남편의 종형(4 촌)을 무엇이라 합니까? 남형제가 종자매(4 촌)의 남편을 무엇이라 합니까? 아내의 종형제(4 촌)를 무엇이라 합니까?

◆答; 종형제자매.

아래 질문의 본지는 속칭(俗稱)이 아니라 유학적으로의 칭호(稱呼)을 아시고자 함이 라 간주하고, 그 속칭(屬稱)으로 자세함의 기록은 척독칭호합해(尺牘稱呼合解). 환향 요칙(宦鄕要則). 석친고(釋親考). 석명(釋名). 이아(爾雅). 간식류편(簡式類編). 몽유 편(蒙喩篇). 상변요의(常變要義) 등서(等書)인데 이에서 살핀 바로는 전거(典據)가 확인(確認) 되지 않아 편람(便覽)의 속칭을 적어 놓습니다. 혹 도움이 될 수도 있을 수 있으니 자유게시판으로 옮겨 보시기 바랍니다.

答; 便覽服條 부지종부형(夫之從父兄) (가례부당형(家禮夫堂兄))
答; 便覽服條 부지종부자매(夫之從父姉妹) (가례부당자매(家禮夫堂姉妹))
答; 처의 종형제. 典據無.

▶60◀◆問; 청백리(淸白吏)와 불천위(不遷位)에 대하여.

1. 청백리에 대하여.
가. 고려(高麗)와 조선(朝鮮)시대 왕조(王朝) 별 청백리에 록선 된 분의 명단을 알 수 있는 방법?
나. 청백리(淸白吏)에 록선 된 분에 대하여 국가에서 별도의 教旨 등 문서를 발부 하였는지?
다. 청백리에 록선 분에 대하여 본인 또는 후손에게 미친 특전과 영향은 무엇인지?
2. 불천위에 대하여.
가. 불천위로 모시는 분의 자격 같은 것이 있는지?
나. 불천위 마다(국, 향, 사) 조정에서 인증서 같은(예, 교지)문서가 발부되었는지?
다. 우리나라 불천위(不遷位) 대상자와 봉사하는 종택의 현황과 List 를 알 수 있는 방법은?

◆答; 청백리(淸白吏)와 불천위(不遷位).

국조고실(國朝故實)을 살피다 보니 3책 첫 번째로 청백리편(淸白吏篇)을 두고 태조 조(太祖朝)로부터 숙종조(肅宗朝)까지 왕조별(王朝別)로 그 명단이 확인 됩니다.

問; 가. 答; 공신(功臣)은 국조공신록(國朝功臣錄). 황각록(黃閣錄) 등(等) 서(書)에 그 명단(名單)을 살필 수 있으나 청백리(淸白吏)의 명단(名單)이 있는지의 여부(與否)는 알지를 못합니다.

問; 나. 答; 공신(功臣)은 [육전조례이전록훈조(六典條例吏典錄勳條)]에 교서(敎書)찬출(撰出)이 라 함이 보이니 교서(敎書)가 내려진 것 같으나, 청백리(淸白吏)에 관한 교서(敎書)나 교지(敎旨)를 내렸는지 여부(與否)의 확실(確實)한 전거(典據)를 알지를 못합니다.

問; 다. 答; 역시 공신(功臣)은 육전조례(六典條例) 승음조(承蔭條)에 그 후손에 대한 예우가 기록되어 있으며 국조공신입사록(國朝功臣入仕錄)에 그 명단이 기록되어 있으나 청백리(淸白吏)에 대한 예우 기록은 알지를 못합니다.

※청백리에 대한 이상과 같은 의문에 대한 정답을 공부하는 계기가 되기를 바랍니다.

2. 불천위에 대하여.

問; 가. 答; 시조(始祖). 유공덕자(有功德者).

問; 나. 答; [경효대왕부묘배향공신교서(敬孝大王祔廟配享功臣敎書)] 등은 확인되나 그 외의 교서(敎書)는 알지를 못함.

問; 다. 答; 종택 현황과 List 유무에 관하여는 알지를 못합니다.

●隨錄祿制篇忠臣淸白吏嫡長子孫世祿忠臣嫡長正八品以下淸白吏嫡長正九品以下皆限曾孫凡嫡長謂承重者父在則不得受有本職亦不疊受雖無子孫有母妻則亦給

●六典條例吏典薦選條經筵書筵官抄選則議政與吏曹判書同議別單書入淸白廉謹吏薦選則本府堂上六曹京兆兩司長官各擧二三人書送本府本府請牌招東西壁吏禮曹堂上會議抄啓都堂錄會圈則議政東西壁吏曹堂上大提學同爲開坐舍檢差出則首相擬望啓目書入司錄則首相擬首望參贊擬副末望

●六典條例吏典錄勳條錄勳時命招議政與元勳會勘元勳自上書下姓名各等功臣吏曹單子啓下(勳號文衡撰定君號各其家書送)設都監時堂上一員例以元勳吏曹啓差一員自都監啓差原從功臣元勳就議議政抄啓(錄券頭辭敎書令藝文館撰出)○承蔭條功臣嫡長陞二品階經實衛則承襲封君又功臣嫡長孫初仕調用

●國王文書(功臣敎書)敎大匡輔國崇祿大夫議政府領議政兼領經筵弘文館藝文館春秋館觀象監事‧世子師贈忠勤貞亮效節協策扈聖功臣寧平府院君崔興源書(以下省略)

●高麗史節要恭孝大王二年四月條有功德於民當爲不遷之主遷之非禮也

●凝泉日錄乙亥正月條始祖之廟百世不遷爲五廟雖親盡當祧而苟有功德則宗之亦百世不遷

●疑禮輯錄祔不遷之位條親盡祖封勳不遷則高祖當遷始封勳者不遷

●國朝五禮儀通編士庶人喪大祥條若有親盡之祖始爲功臣而百世不遷者則代數外別立一龕祭之

●東文選敎書編故門下侍中魏繼廷配享睿宗敎書○故忝知政事鄭克溫配享神宗敎書○敬孝大王祔廟配享功臣敎書

▶61◀◆問; 층계를 오르내릴 때.

예기에 보면 섭급취족(涉級聚足)이라 하여 동계(東階)로 오를 시는 우족(右足)을 서계(西階)로 오를 시는 좌족(左足)을 먼저 내딛는다 하였는데, 내려올 때에는 어느 발부터 내딛는지요?

◆答; 층계 오르는 예법.

우복(愚伏) 선생(先生)께서는 주객(主客)이 서로 읍(揖) 후(後) 층계(層階)를 오를 때 주인(主人)은 동계(東階)로 먼저 우족(右足)이고 객(客)은 서계(西階)로 먼저 좌족(左足)이라야 계상(階上)에 오를 때나 올라서도 상배(相背)가 되지 않고 상향(相向)이 된다는 것입니다.

그와 같이 층계(層階)를 오르는 또 하나는 음양(陰陽)의 이치로 방위(方位)는 동(東)이 양방(陽方)이고 서(西)가 음방(陰方)이며 인체는 우측(右側)이 양(陽)이고 좌측(左側)이 음(陰)인 까닭에 동계(東階)는 먼저 우족(右足) 서계(西階)는 먼저 좌족(左足)이지 않은가도 싶습니다.

다만 문묘(文廟) 예법(禮法) 어디에서도 동서계(東西階) 승강(昇降) 예법(禮法)을 밝혀 놓는 예서(禮書)가 있는지의 여부(與否)는 알지를 못합니다.

●愚伏文集雜著金沙溪經書疑問辨論上於東階先右足上於西階先左足主人與客相對而升以近階之足先升也先左先右陳註以爲各順入門之左右此說甚無意義蓋分庭竝行相與揖讓升階時必主人先右足客先左足然後面相向而不相背涉級之際可以相觀爲節禮之敎人纖悉曲盡如此今謂以近階之足先升恐未然此時賓主俱北面未嘗相對立豈有近階之足耶

모든 층계(層階)의 승강(昇降) 법도는 아래의 곡례(曲禮)의 가르침에서 기인(基因)됨으로 모든 동서층계(東西層階)의 법도는 서인(庶人)의 당(堂)의 층계나 사당(祠堂)의 층계나 동일하며 어느 층계도 예외는 있을 수가 없어요. 따라서 문묘(文廟)의 동서층계(東西層階) 법도 역시 같아야 합니다. 만약 다르다면 바르게 잡아야 합니다.

升階時; 동계선우족(東階先右足) 서계선좌족(西階先左足).
下階時; 동계선좌족(東階先左足) 서계선우족(西階先右足).

●曲禮主人入門而右客入門而左主人就東階客就西階主人先登客從之拾級聚足連步以上上於東階則先右足上於西階則先左足註主人先而客繼之拾級涉階之級也聚足後足與前足相合也連步步相繼也先右先左各順入門之左右也
●曲禮主人入門而右客入門而左主人就東階客就西階主人先登客從之拾級聚足連步以上上於東階則先右足上於西階則先左足註主人先而客繼之拾級涉階之級也聚足後足與前足相合也連步步相繼也先右先左各順入門之左右也
●愚伏文集雜著金沙溪經書疑問辨論上於東階先右足上於西階先左足主人與客相對而升以近階之足先升也先左先右陳註以爲各順入門之左右此說甚無意義蓋分庭竝行相與揖讓升階時必主人先右足客先左足然後面相向而不相背涉級之際可以相觀爲節禮之敎人纖悉曲盡如此今謂以近階之足先升恐未然此時賓主俱北面未嘗相對立豈有近階之足耶

2 신주(神主)

▶62◀◆問; 무관자의 학생과 유인에 대하여?
선생님! 지방의 의미에 대하여 알고 싶습니다.
1. 현고학생부군에서 학생이란 칭호를 쓰는 정확한 연유를 알고 싶어요?
2. 현비유인에서 유인은 종 9 품의 부인에게 쓰는 칭호로 알고 잇는데 학생이 종 9 품의 벼슬에 해당하는지요?

◆答; 무관자의 학생과 유인에 대하여.
무관사자(無官死者)의 칭호(稱號)를 학생(學生)이라 칭(稱)함은 혹 무학(無學)이었다. 하여도 마땅한 칭호(稱號)가 없으니 (학생이란 수학 중이란 의미가 있어) 그를 예우(禮遇)하여 학생(學生), 처사(處士), 수재(秀才) 중에서 붙이는 것 같으며, 무관자(無

官者) 처(妻) 역시 최하품(最下品)관 부인(婦人)의 칭호(稱號)인 유인(孺人)을 붙이는 연유(緣由)는 관에 오르지 않은 무관(無官) 자의 처(妻)도 유인(孺人)이라 통칭 그를 대우하여 붙인다는 것 같습니다.

●沙溪曰無官而死者不稱學生則無他稱號勢不得已當書學生處士秀才各隨其意可也婦人孺人之號書亦可不書亦可丘氏謂無官婦人宜如俗稱孺人盖禮窮則從下之義也
●尤庵曰孺人是九品官之妻稱而士妻同稱之者是禮窮則同之義也
●曲禮天子之妃曰后諸侯曰夫人大夫曰孺人士曰婦人庶人曰妻

▶63◀◆問; 신주(神主) 방제식(旁題式)에 대하여.

평소 궁금했던 본론(本論)(가례집람(家禮輯覽)을 토대로)을 말씀 드립니다.

1. 제주(題主)서식(書式)<분면(粉面)>에서 "예(例)"현고모관부군신주(顯考某官府君神主)라 할 경우 그 옆 좌측에 효자모봉사(孝子某奉祀)라 쓴다 했는데 이는 예절의 방위에서 어느 방향인가요. <도설(圖說)은 우(右; 西) 측(側)으로 되어 있음>

2. 도설(圖說)대로 오른편(서(西)으로 해야 한다면 이서위상(以西爲上)에서 상석(上席)을 후손이 차지하는 경우가 되고, 생자이동위상(生者以東爲上)에도 어긋나는데 어느 것이 옳은지요.

3. 가례집람의 원전(原典)(?)이랄 수 있는 주자가례의 제주법(題主法)과 다르게 생각되는데 그 이유를 알고 싶습니다. <주자가례: 제주(題主). 분면왈(粉面曰) 고모관봉시부군신주(考某官封諡府君神主) 기하좌방왈(其下左旁曰) 효자모봉사(孝子某奉祀).

4. 묘비의 비전도도설(碑前圖圖說)<세계명자각어기좌전급후우이주언(世系名字刻於其左轉及後右而周焉)>의 기좌(其左) 및 후우(後右)는 예절의 방위에서 어느 방향인지요.

5. 만약 가례집람(家禮輯覽)과 주자가례(朱子家禮)가 상이(相異)할 경우 성균관(成均館)의 입장은 무엇인지도 알고 싶습니다.

◆答; 신주 방제식.

기하좌방(其下左旁)이란 분면식(粉面式)의 좌측 아래. 라 하였으니 선서자(善書者)의 좌측으로, 가례나 집람이나 동일합니다.

●性理大全題主旁題式條;粉面曰考某官封諡府君神主其下左旁曰孝子某奉祀

▶64◀◆問; 신주(위패) 쓰는 방법.

안녕하십니까. 일전 어떤 모임에서 신주(위패) 쓰는 방법에 대하여 의견을 교환하였으나 아래와 같이 각자의 의견이 분분하여 문의를 드립니다.

의견 1: 金紫光祿大夫 門下侍中 ○○君 ○○公 神主.
의견 2: 金紫光祿大夫 門下侍中 ○○君 ○○公 諱 ○○ 神主.
의견 3: 金紫光祿大夫 門下侍中 ○○君 ○○公 神位 어떻게 쓰는 것이 예법에 맞는 것인지요.

◆答; 신주(위패) 쓰는 방법.

신주(神主)는 함중식(陷中式; 속 신주)과 ⊙분면식(粉面式; 겉 신주) 그리고 ⊙방제식(旁題式)이 있습니다. 그 식은 아래와 같습니다.

이 식에서 신주를 봉사치 못할 경우 지방으로 대신하는데 그 식은 신주의 분면식(粉面式; 겉 신주)에서 主를 位로 고쳐 제삿날 임시로 써 붙이고 마치면 사릅니다.

⊙陷中式(속 신주)

故某官(無官則隨常時所稱如學生處士秀士別號之類粉面同)某公諱某字某(本有第幾二字而東俗不同○退溪曰今人生時無第幾之稱神主不用恐無不可)神主

⊙粉面式(겉 신주)

顯(家禮圖用顯字而備要從之後倣此)考(承重云顯祖考旁親卑幼隨屬稱卑幼改顯爲亡)某官府君(卑幼去府君二字)神主

⊙旁題式

孝子(承重稱孝孫)某奉祀(書于原行下旁寫者之左○朱子曰旁註施於所尊以下則不必書○備要旁親雖尊不書)

▶65◀◆問; 신주에 관하여.

본인은 본인의 신주를 제작하여 자식에게 물려 주고 3 대 봉사를 하도록 유언을 하려고 준비를 하고 있는데 몇 가지 애매모호한 대목에 대해서 질문을 드리니 관심 있는 제현님들의 가르침을 바랍니다.

1. 신주. 영위. 신위 의 차이점과 사용하는 대상은 어떻게 다른지요?
2. 맨 첫 자의 顯(현)은 어떤 의미이며 빼고 제작하면 예법에 어긋나는지요? (예) 조고 학생 부군 신주 (영위. 신위).
3. 신주의 봉사자를 기록하지 않고 부. 자. 손. 이 계속 사용하면 예법에 어긋나는지요?
4. 신주를 자신이 제작하여 자식에게 물려 주어도 예법에 크게 어긋나지는 않는지요?
5. 신주는 밤나무가 아닌 향나무로 제작하여도 되는 지요?

◆答; 신주(神主).

問 1. 答; ○神主; 판각하여 함중과 분면을 분리하여 함중에는 망자를 표시 분면에는 봉사자와의 관계를 표시한 목패.

○靈位; 판각하지 않고 겉면에 흰 칠을 하고 대상자를 표시한 목패.

○神位; 봉사자와의 관계를 표시하여 신이 의지하도록 만든 종이.

問 2. 答; 죽은 존속에 대한 존칭으로 쓰이는 자로서 후손의 예로서 신주, 지방, 축문 등에 존속을 표시하거나 호칭할 때는 존경의 뜻으로 붙이는 존칭어로 붙여야 옳을 것 같습니다.

問 3. 答; 아래 1255 번을 참고하시되 이 역시 유가의 법도에는 없습니다. 다만 세일제(歲一祭)에서 변례로서 일렀을 뿐이며 친미진(親未盡)에서는 주인이 정하여져 있어 그 주인과의 관계 속칭으로 분면(粉面)에 표시되어야 하니 봉사자명(奉仕者名)이 기록되어야 분명하여 짐으로 방제하여야 예에 어그러지지 않을 것 같습니다.

問 4. 答; 신주에 관하여 이하에서 여러 번 논한 적이 있습니다. 신주란 사람이 죽으면 체백은 매장되어 그 근거가 없어지니 평토와 아울러 신주를 제주하여 의지할 곳을 잃어 허공에 떠 있는 혼을 의지시켜 반혼 사당에 봉안 4 대 봉사를 함인데 생전에 생자의 신주를 만들 수는 없을 것 같습니다,

問 5. 答; 밤나무로 만드는 이유는 가벼우면서도 단단하여 택함인데 밤나무를 구할 수 없으면 단단한 나무로 하여도 예에는 어그러지지 않을 것 같습니다.

●通典晉蔡謨云今代有祠版乃始禮之奉廟主也主亦有題今版書名號亦是題主之意安昌公荀氏祠制神版大書某祖考某封夫人某氏神座

●韓魏公祭式位版以栗木爲之素版墨書題云顯某考某官顯某妣某夫人神座
●家禮本註題主條善書者盥手西向立先題陷中父則曰故某官某公諱某字某第幾神主
●穀梁傳文公篇丁丑作僖公主作爲也爲僖公主也註爲僖公廟作主也
●朱子曰伊川制士庶不用主只用牌子若是士人只用主亦無大利害又曰牌子形如木主而不判前後不爲陷中及兩竅不爲櫝以從降殺之義也
●周禮小宗伯之職掌建國之神位右社稷左宗廟註鄭司農云立讀爲位古者立位同字古文春秋經公卽位爲公卽立
●韓魏公祭式位版題云顯曾祖考某官顯曾祖妣某夫人神座祖考妣考妣亦如之周元陽祭錄云禮稱所尊皆皇今避皇之號孟詵云言顯可也
●書經康誥篇惟乃丕顯考文王克明德愼罰註左氏曰明德務崇之之謂謹罰務去之之謂明德謹罰一篇之綱領不敢侮鰥寡以下文王明德謹罰也
●屏溪曰宗子之葬其子雖在乳下當成名而題主旣以此兒題主則便是承重祖題練祥之時亦以此兒主祝以爲孝孫某年幼不得將事子某敢攝昭告云云可矣
●左傳祔而作主註新死者之神祔於祖尸柩已遠孝子思慕故造木主
●公羊傳虞主用桑(註虞用桑者取其名與其麤惡所以副孝子之心)練主用栗(註)謂期年練祭埋虞主於兩階之間易用栗也夏后氏以松殷人以栢周人以栗松猶容也想見容貌而事之栢猶迫也親而不遠栗猶戰栗謹敬貌也
●家禮本註程子曰作主用栗
●東巖曰古者虞主用桑將練而後易之以栗今於此便作栗主以從簡便或無栗止用木之堅者

◆家廟 및 神主式

▶66◀◆問; 신주에 불천위 봉사자 기록.

날씨는 무더워 짜증이 나는 때에 언제나 수고가 많으십니다. 불천위 제사의 신주를 자세히 본 사실이 없어 여쭈어 봅니다. 불천위(不遷位) 신주에도 봉사자(奉祀者)를 쓰는지요? 쓴다면 " 00효자 길동(吉童) 봉사(奉祀)"의 자리에 어떻게 쓰는지요? 대단히 죄송합니다.

◆答; 신주에 불천위 봉사자 기록.

아래와 같이 살펴보건대 방제식(旁題式)에 퇴계(退溪)께서는 기대손(幾代孫)이라 말씀하셨고, 동춘(同春)께서는 효기대손(孝幾代孫)이란 양설(兩說)이 있으니 어느 말씀이 꼭 옳다 지적할 수는 없으나, 효(孝)란 적통(嫡統)에 따라 제사(祭祀)를 이어가는 자손(子孫)이란 의미가 있어 불천위(不遷位) 역시 대대(代代)로 적후손(嫡後孫)이 그 주인이 되니 동춘설(同春說)이 설득력은 있을 듯도 싶습니다.

●退溪曰不遷之主當書幾代祖某官府君幾代孫某
●同春曰曾聞有不遷之主者屬稱書幾代祖旁題書孝玄孫不知其果有據否旁題亦書以孝幾代孫恐亦不妨

▶67◀◆問; 神主와 神位.

안녕하세요? 신주(神主) 및 신위(神位)와 관련(關聯)하여 여쭈어 봅니다. 예절(禮節) 관련(關聯) 문헌(文獻)을 보다 보면 종종 신주(神主)의 앞면에 "신주(神主)" 대신에 지방(紙榜)에서처럼 "신위(神位)"라고 표기되어 있는 경우가 있습니다. 이것은 제가 본 예절 관련 문헌에서 잘못 표기된 것인지요? 아니면 그렇게 표기해도 문제가 없는 것이지요? 고견을 기다립니다.

◆答; 신주(神主)와 신위(神位).

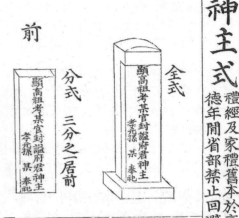

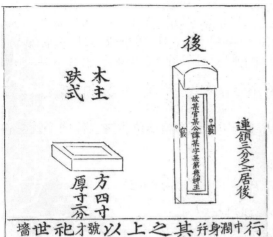

神主式

木主式

後

前

全式

分式 三分之一居前

連頷三分之二居後

方四寸

厚寸分

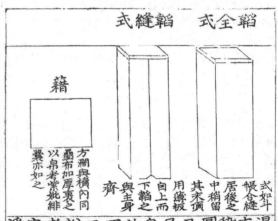

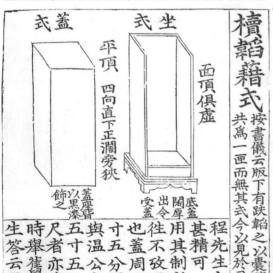

韜全式 韜縫式

籍

坐式 蓋式

韜籍式

平頂

面頂俱虛

四向直下正濶旁狹

神主; 양 판을 합친 목주로 뒤 판의 함중에는 본인(망자)을 표시하고 전판인 분면에는 봉사자와의 관계를 표시하고 좌방(左旁) 하에 봉사자명을 씁니다.

陷中; 故某官某公諱某字某神主
粉面; 顯某考某官府君神主

神位; 신령(神靈)이 강림(降臨)하여 의하도록 한 자리라는 의미인데, 신주(神主)를 모시지 않았을 때의 제사 시 신주 대용으로 임시 조상(祖上)이 의지하도록 종이로 만든 지방(紙牓). 일회용임. 이와 같이 목주(木主)인 신주와 지방에서의 신위(神位)는 의미하는 바가 다릅니다. 따라서 목주(木主)에는 신위라 표기하지 않습니다.

●家禮喪禮治葬題主條先題陷中父則曰故某官某公諱某字某第幾神主粉面曰考某官封諡府君神主其下左旁曰孝子某奉祀
●周禮春官小宗伯掌建國之神位右社稷左宗廟註鄭司農云立讀爲位古者立位同字古文春秋經公卽位爲公卽立
●皇壇增修儀大報壇紙位圖說條云云高皇帝神位
●便覽虞祭? 祭紙? 式條顯某考(屬稱隨亡者當?位下同)某官府君神位

▶68◀◆問; 신주(神主)와 위패(位牌)에 대하여?

조상 분묘를 개장(開葬)해서 이장을 하지 않고 사당(祠堂)이나 재실(齋室)을 건립해서 모시려고 합니다 몇 가지 의문점이 있어 문의합니다.

1. 位牌와 神主의 차이점.
2. 祠堂에서 모실 수 있는 것은?
3. 祭室에서 모실 수 있는 것은?

◆答; 신주(神主)와 위패(位牌).

1. 答;
○神主=陷中版(後版). 粉面版(前版). 趺. 櫝(坐 蓋).
○位牌=不判前後不爲陷中及兩竅不爲櫝.
2. 答; 신주(神主).
3. 答; 제실(祭室)이라 하심이 재실(齋室)을 의미한다면 재실에 위패(位牌)를 모신다는 전거는 살펴지지가 않습니다. 다만 위패에는 단(壇). 문묘(文廟). 원(院). 사(寺) 등에 주로 봉안이 되는데 이를 패목(牌木). 위판(位版)이라 이르기도 합니다.

●家禮考證位牌條宋以前士大夫家只用牌子
●朱子曰江都集禮晉荀勗祠制云祭板皆正側長一尺二分博四寸厚五分以八分大書某人坐
●事物紀位版條宋朝會要曰上封者言郊立天地神位版位成貯以漆匣昇床覆以黃謙帕壇上四位
●要解牌子條形如木主不判前後不爲陷中及兩竅不爲櫝也
●曲禮措之廟立之主曰帝註措置也立之主者始死則鑿木爲重以依神旣虞而埋之乃作主以依神也○呂氏曰夏殷之王皆以帝名疑殷人祔廟稱帝
●事物紀木主條壇弓曰商主綴重盖廟所以藏主亘始爲廟卽立主也

▶69◀◆問; 신주와 축의 한 줄 쓰기.

성균관(成均館)의 행사(行事) 일에 바쁘신데도 여쭈어 보아 죄송합니다. 어디인지 기억이 나지 않으나"신주를 세로로 쓸 때 글자의 수가 많아도 두 줄로 쓰지 말고 (神主까지) 한 줄로 써야 한다"는 것을 본적이 생각납니다. 그러면 축을 쓸 때도"현(顯)부터 부군(府君)"까지가 세로로 한 줄이 되어야 하는지요? (즉 두 줄은 안 된다) 배(配)를 쓸 때도 "현(顯)부터 씨(氏)"까지 신주(神主)와 축(祝)에 두 줄이 되지 않아야 하는지요? 미안합니다.

◆答; 신주와 축.

아래와 같이 살펴보건대 신주(神主)의 함중식(陷中式)에서나 분면식(粉面式)에서 직함(職銜)의 자수(字數)가 많아 한 줄에 다 쓰지 못할 경우 좌측으로 두 줄로 쓴다는 것입니다. 신주의 분면식이 지방식이니 분면식이 양행(兩行)으로 쓰니 지방식 역시 직함(職銜)이 많으면 신주식과 같이 두 줄로 써도 된다는 것입니다.

지방도 두 줄로 쓸 수 있으니 축식에 역시 직함(職銜)이 많으면 보통의 축을 쓰는 종이에서는 자연히 두 줄로 쓰여 질 것입니다.

●牛溪曰神主職銜字數多者陷中書以兩行
●問職啣字數多則所餘字書于神主左邊何如退溪曰曰職啣餘字書神主左旁憻未前聞但目見家禮及大明會典等諸圖皆書人左恐人左爲是
●問職銜字數多則陷中書以兩行牛溪已有說而前面兩行則未見有可據之文明齋曰粉面陷中何以異也
●孟子離婁下孟子曰君子之澤五世而斬小人之澤五世而斬澤猶言流風餘韻也父子相繼爲一世三十年亦爲一世斬絶也大約君子小人之澤五世而絶也楊氏曰四世而緦服之窮也五世袒免殺同姓也六世親屬竭矣疏四世而緦服盡也五世則袒免而無正服減殺同姓六世則不復袒免惟同姓而已新安陳氏曰高祖之父者爲五世已無服高祖之祖者爲六世則親盡矣引此以證五世而斬
●唐王右丞詩集李陵詠條漢家李將軍三代將門子結髮有奇策少年成壯士
●論語八佾子曰周監於二代註監視也二代夏商也言其視二代之禮
●十八史略東晉中宗元皇帝條曰亂臣賊子何代無之不意今者近出臣族帝跣而執其手曰云云

▶70◀◆問; 신주제작.

안녕하세요. 종중에서 납골 묘를 조성하였는데 조성된 납골 묘에 납골과 같이 납골함을 각각 주문하여 실전묘소에 대한 설단을 신주로 모시고자 하는데 작성내용을 어떻게 하여야 하는지 잘 몰라서 문의 드립니다.

밤나무로 제작 하여야 한다 하여 지방크기 만 하게 만들려고 합니다. 나름대로 생각한 문안 내용은 각각 아래와 같습니다. 부족한 점 하고 부탁 드립니다.

○世祖昌寧成公義朝 神主
○世義朝配杞溪兪氏 神主

◆答; 친진 선조는 신주를 재 제조할 수 없음.

신주(神主)란 혼(魂)을 의미하여 00신주(神主)라 하고 묘(墓)는 백(魄)을 의미하여 00지묘(之墓)라 하며 친진(親盡)이 되면 신주(神主)를 묘(墓)에 매안(埋安)하여 이미 친진(親盡)된 조상(祖上)의 혼(魂)은 신(神)으로서 다시 섬길 수는 없고 현상적으로 백(魄)뿐이라 신주(神主)의 재제주(再題主)는 의미가 없다 할 수 있음.

그 주된 목적은 구별일 터라 목재는 유한(有限)함이니 유골함(遺骨函)에 아래와 같이 00지함(之函)이라 표함이 예법이나 이치상 합당하지 않을까 함. 또 납골당 당해 외부에 표시할 수 있다면 화장 묘(墓)의 표식도 00之墓라 하니 그와 같이 각자하면 누대를 두고 구별에 혼돈을 피할 수 있을 것임.

○世祖昌寧成公義朝之函
○世義朝配杞溪兪氏之函

▶71◀◆問; 신주 합독 문의.

안녕하십니까? 할머니가 3 분(정실, 계실 2 분)인 경우, 할아버지와 3 분의 할머니 신주를 각각의 주독에 모시는 것이 맞는지요? 아니면 한 개의 주독에 모셔야 하는지요?

◆答; 신주 합독.

아래와 같이 살펴보건대 원비(元妃)만 고독(考櫝)에 합독하고 계비(繼妃)는 각각 별독(別櫝)이 바른 예 같습니다.

●退溪曰祠堂神主兩妣同入一龕而先妣共一櫝後妣別櫝安別床
●南溪曰退溪亦有繼室別櫝
●大山曰三合櫝古無其制只以元妃合櫝繼妃別以一櫝設椅並享退陶先生已有說後來先輩皆用此制

▶72◀◆問; 실전 20대 조비(할머니) 신주 작성방법.

안녕하십니까? 저의 집안에서 신주를 제작하여 시제 일에 사용하고자 합니다. 20대조 할아버지의 배위 되시는 할머니께서 성씨 실전 입니다. 할아버지 신주를 현 이십대 조고 안동장군 부군신위 라고 작성시 할아버지의 관직이 정4품이므로 배위는 외명부 명칭(令人) 서열에 따라 현(顯) 이십 대(二十代) 조비(祖妣) 영인(令人) 성씨실전(姓氏失傳) 신위(神位) 라고 표기하는 것이 맞는지요? 감사합니다.

◆答; 실전 20대 조비(할머니) 신주 작성.

친진조상(오대조이상)은 기 신주봉사를 하였다 하여도 이미 친진(親盡)이 되어 그 신주를 묘소에 매안한 조상인데 예법상 다시 신주를 만들 수는 없는 것입니다.

아래 추성신주고사식을 살펴보시기 바랍니다.

●家禮本註若親皆已盡則祝版云云告畢埋于兩階之間其墓田則諸位迭掌而歲率其子孫一祭之百世不改
●朱子曰今士人家祧主無可置處不得已只埋於墓所
●尤庵曰埋於本墓右邊加以莎草

⊙追成神主告辭

維 歲次干支幾月干支朔幾日干支孝子某敢昭告于 顯考某官府君 顯妣某封某氏(若並高祖考妣至考妣追造則列書)襄奉之初魂宅未立主在禮闕典夙夜靡寧不肖旣長今將追成昊天罔極或不勝永慕不勝隕絶謹以酒果用伸虔告謹告(追後立后者追成神主祝云云襄奉之初禮儀未備尙稽立主某旣奉承後事追成之禮不容復緩玆於墓所題主以歸云云○廟題則後事下細用上祝○父葬時追成母神主母葬時追成父神主告辭曰云云在昔窆窆之日魂宅未立○墓題曰頃於形歸之日未擧神返之禮今當某親襄事追成神主昊天罔極云云上同○緬禮合窆時追成神主祝陶庵製曰孝子某前喪時稚幼不能成喪全闕題主之節今因合窆始爲顯某親追成神主敢告○或今當改葬仍成神主○後喪吉祭時追成神主祝曰云云玆因某親喪畢之時今將追成神主昊天罔極餘上同○題畢仍行虞祭兼告題主奠祝翌日行吉祭時合櫝)

▶73◀◆問; 함중식 신주 쓰는 방법에 대한 문의입니다.

함중식 신주 쓰는 방법에 대한 문의입니다. 대단히 감사합니다.
1. 함중식 신주를 쓰는 방법은 함중(길이 6 촌, 넓이 1 촌, 깊이 4 분)의 나무 바닥에 바로 붓글씨로 고인의 관직(학생), 본관, 성명 등 을 쓰는 것으로 알고 있습니다.
2. 그런데 어떤 사이트에서 "함중식 신주는 백지나 흰 비단에 선조의 생몰 년 월일, 본관, 성명, 자, 호, 외모의 특징, 중요한 행적 등을 써서 그것을 접어서 함중에 넣고 분면식 신주를 끼워 붙입니다"라고 하였습니다.
3. 위와 같이 흰 종이나 흰 비단에 기록하여 함중에 넣어도 되는 지요?

◆答; 신주 쓰는 방법에 대하여.

주자가례를 비롯하여 여러 예서가 함중 바닥에 쓰는 것으로 기록되어 있을 뿐, 유가의 예법에는 종이나 비단에 써 함중 안에 넣는 예법은 없는 것 같습니다. 분면식 역시 종이에 써 붙이지 않습니다.

아래와 같이 살펴보건대 근재(近齋; 朴胤源)선생께서도 함중식에 생졸년월일시(生卒年月日時) 등을 쓰는 것은 우미상문(愚未嘗聞)이라 하셨으니 옛날에도 세속(世俗)에서 그와 같이 쓰던 가문(家門)도 있었나 봅니다.

그러나 함중식(陷中式)은 망자(亡者)를 표함이니 고모관모공휘모자모제기(故某官某公諱某字某第幾)[편람본유제기이자이동속불용(便覽本有第幾二字而東俗不用)]신주(神主)라 씀이 유가(儒家)의 예법(禮法)인 것 같습니다.

●家禮題主本註善書者盥手西向立先題陷中父則曰故某官某公諱某字某第幾(便覽本有第幾二字而東俗不用)神主
●近齋曰陷中甚窄字數多之職啣難容盡書則鎭官勢將不書○又曰生卒年月日時書於陷中愚未嘗聞也從俗謂以久遠圖之多創禮所不言之事恐甚未安

3 대세(代世)

▶74◀◆問; 급기신(及己身)과 불급기신(不及己身)?
급기신(及己身)과 불급기신(不及己身)의 뜻은.

◆答; 급기신(及己身)과 불급기신(不及己身)
세계(世系) 칭호(稱號)에 쓰인 세(世)와 대(代)는 유학(儒學)의 근본인 옥편(玉篇)에서 이미 동의라 하였으니 이론의 여지가 없으며 조손(祖孫) 역시 선조(先祖)와 후손(後孫)을 이른다 하였으니 자신이 자신의 선조(先祖)나 후손(後孫)이 될 수 없음은 이론이 있을 수가 없음은 기초인 옥편(玉篇)에서 이미 익힌 바입니다.

따라서 세(世)와 대(代)는 피차 대용하여도 하등의 의미변동이 생기지 않으며, 또 세(世; 代)를 헤아릴 때는 급기신(及己身), 조(祖)와 손(孫)을 헤아릴 때는 불급기신(不及己身)입니다.

●康熙字典一部四書[世](正韻)音勢代也○人部三書[代](正韻)音岱世也
●語類祭編曰立春祭先祖則何祖曰自始祖下之第二世及己身以上祭六世之祖
●康熙字典示部五書[祖](正韻音)組(玉篇)父之父也又先祖始祖通謂之祖
●管子牧民經言一敬宗廟恭祖舊註謂恭承先祖之舊法
●康熙字典子部七書[孫](正韻)音飱(說文)子之子也从子从系系續也言順續先祖之後也
●詩經正解魯頌閟宮條后稷之孫實維大王註后稷之孫曰大王者

▶75◀◆問; 대와 대손 표기상 의문 질의.
혼선(混線)이 없게 지방(紙牓)과 축문(祝文) 원본(原本)을 만들어 놓으려고 하는데 27 세(대) 조상(祖上)은 현(顯)27 대(한자 띄우고) 조고 00 로 쓰는 것과 현 26 대조고 00 로 쓴 것 중 어느 것이 맞는지 또는 둘 다 맞는지요? 마찬가지로 제주가 36 세 라면 축에 36 세(한자 띄우고) 손 00 또는 35 세손 00 로 쓰는 것도 마찬가지 의문입니다. 위 조상은 대조로 아래후손은 세손으로 쓰는 것으로 아는데 맞는지요.

◆答; 대와 대손 표기.
아래와 같이 살펴보건대 띄어 쓰지 않으며 후손(後孫) 칭호(稱號)는 세손으로 쓰지 않고 대손(代孫)으로 씀이 옳습니다.

●顯二十七代祖考某官府君
●云云三十六代孫某敢昭告于

⊙**遠代墓歲一薦祝(尤菴)**
維歲次云云某代孫某敢昭告于
顯某代祖考妣之墓惟歲一薦云云

⊙**親盡祖墓祭祝文式(陶菴)**
維 年號幾年歲次云云幾代孫某敢昭告于 始祖考(或先祖考或幾代祖考或始祖妣或先祖妣或幾代祖妣)某
官府君(或某封某氏合窆位則列書)之墓今以云云

▶76◀◆問; 대와 세에 대하여.
중시조로부터 21대인 나는 1.21세손? 1.20세손? 어떤 것이 맞는지요. 또한 21대손
이라 쓸 수 없는지요. 바쁘신 중 미안합니다. 늘 건강 하세요. 2014 /05/05 연정 씀.

◆答; 대와 세.
아래와 같이 살펴보건대 21 대이면 20 세손(世孫) 또는 20 대손 이라 같이 쓸 수 있
습니다. 조손(祖孫)의 위계질서는 자기 등의 기본은 제하고 헤아리게 됩니다.

●孔夫子聖蹟圖序; 嗚呼夫子一太極也(云云)孔在憲夫子七十六世孫也
●四禮便覽吉祭告遷告辭式; 維年號幾年歲次干支幾月干支朔幾日干支五代孫某敢昭告
于 顯五代祖考某官府君 顯五代祖妣某封某氏(省略)
●疑禮輯錄不遷之位; 世室之爲則固陷於僭竊之罪而只奉始祖一世第二世以下雖有功勳
遽埋其主

▶77◀◆問; 부자상계위일세(父子相繼爲一世)와 삼십년위일세(三十年爲一世).
자유게시판에서 부자상계위일세(父子相繼爲一世)와 삼십년위일세(三十年爲一世)가
자주 등장하여 갑론을박(甲論乙駁)하는 바람에 도인지 개인지 분명히 알 수가 없습
니다. 거기서는 혼란스러워 바르게 이해할 수가 없습니다. 같은 의미인지 아니면 다
른 의미인지요. 또 그 쓰임도 알려 주세요. 죄송합니다.

◆答; 부자상계위일세(父子相繼爲一世).
○부자상계위일세(父子相繼爲一世)란 부사자립왈세(父死子立曰世)라 하였으니 족속
(族屬) 계대(繼代) 승계적(承繼的) 하세(下世) 개념으로 시조(始祖)를 1세(世)로 하여
시조(始祖)의 자(子)를 2世 이하 이와 같이 대수를 매겨 선세(先世)의 수(數)를 헤아
리게 되고, 더불어 특정 대(代)를 계승하였다 할 때는 가계나 대를 이었다는 의미로
계승한다는 의미가 되며, 후사(後嗣)를 세(世)로 이를 때는 후손이란 의미가 됩니다.

○삼십년위일세(三十年爲一世)란 시간적(時間的) 개념(槪念)으로 쓰이게 되는데 30
년을 1世로 쳐 60년을 2世 이하 이와 같이 헤아려 세수(世數)를 계산하게 됩니다.
따라서 "[부자상계위일세(父子相繼爲一世)]"와 "[삼십년위일세(三十年爲一世)]"는
전연 다른 의미로 "[삼십년위일세(三十年爲一世)]"는 족보(族譜)에 쓰인 세자(世字)
나 그 외 가계를 표시하기 위하여 쓰인 세자(世字)와는 아무런 관계가 없습니다.

●周禮秋官大行人凡諸侯之邦交歲相問也殷相聘也世相朝也(鄭玄注)父死子立曰世
●書經呂刑遏絕苗民無世在下孫星衍疏無令嗣世在下土也
●漢書賈誼傳賈嘉最好學世其家(註)言繼其家業
●論語子路章子曰如有王者必世而後仁(註)孔曰三十年曰世如有受命王者必三十年仁政

청백리에 대하여.

乃成(疏)正義曰三十年曰世此章言如有受天命而王天下者必三十年仁政乃成也

▶78◀◆問; 부자상계위일세(父子相繼爲一世)와 삼십년역위일세(三十年亦爲一世)의 차이점(差異點).
자식이 아버지를 있는 것과 고정 값인 30년과 어떤 차이가 나는지요.

◆答; 부자상계위일세(父子相繼爲一世)와 삼십년역위일세(三十年亦爲一世)의 차이점(差異點).
○부자상계위일세(父子相繼爲一世)라 함은, 부자일배규일세(父子一輩叫一世), 또는 부자상승위세(父子相承爲世)와 같은 말로, 부사자립왈세(父死子立曰世)라, 아버지가 죽어 생존 기간에 관계 없이 자식이 그 뒤를 있는 것을 세(世)라 하고,
○삼십년위일세(三十年爲一世)라 함은 햇수로 30 년을 일세(一世)라 하고, 60 년이 되면 이세(二世) 이와 같이 계산하는데, 이런 계산은 서양의 100 년을 1 세기(一世紀), 200 년을 2 세기 이와 같이 100 년을 축소하여 계산하는 법과 같습니다.

●孟子離婁下君子之澤五世而斬小人之澤五世而斬(註)父子相繼爲一世
●周禮春官大行人凡諸侯之邦交歲相問也殷相聘也世相朝也(鄭玄注)父死子立曰世
●辭源[世]父子一輩叫一世
●漢語大詞典[世] ②父子相承爲世因以指一代
●論語子路子曰如有王者必世而後仁(註)三十年爲一世

▶79◀◆問; 三世에 대하여?
三世란?

◆答; 삼세(三世).
問; 1) 의부삼세(醫不三世),
答; 삼대(三代)를 내려오며 의원을 계속하지 않았음(으면).
問; 2)거국삼세(去國三世),
答; (경이나 대부가) 나라를 떠나 삼대(三代)를 외국에서 살고 있음(으며).
問; 3)삼대동당(三代同堂).
答; 한 집에 삼대(三代)가 같이 삶.
問; 4)三代獨子.
答; 독자(獨子)로 삼대(三代)를 내려옴.
問; 三의 대상자는 누구입니까?
答; 삼세(三世)란; 조지손(祖至孫).

●曲禮醫不三世(註)呂氏曰醫三世治人多用物熟矣(細註)醫之爲術苟非父祖子孫傳業則術無自而精術之不精其可服其藥乎
●曲禮去國三世(鄭註)三世自祖至孫

▶80◀◆問; 삼십년위일세(三十年爲一世).
일세(一世)를 30년을 1세라는 까닭.

◆答; 삼십년위일세(三十年爲一世).
"삼십년위일세(三十年爲一世)"라는 시간적 개념에 쓰인 一世는 30 년이란 의미이지, 보첩(譜牒)이나 세계(世系)를 이르는 "부자상계위일세(父子相繼爲一世)"의 대를 의미하는 세(世)와는 각각 포함된 의미가 다릅니다.

●五洲衍文長箋散稿人事篇論學類經世之學皇極經世數法辨證說三十年爲一世十二世爲一運三運爲一會初一萬八百年天始開又一萬八百年地始闢又一萬八百年人始生

●艮齋集雜著年月日時元會運世說條十五分爲一刻八刻爲一時十二時爲一日三十日爲一月十二月爲一年三十年爲一世十二世爲一運三十運爲一會十二會爲一元一元十二萬九千六百年蓋以支干迭相爲用推而極之皇極經世書只言元會運世而不及年月日時故此并推言之

▶81◀◆問; 상대하세(上代下世)의 설자(說者)?

위로 조상을 칭할 때는 대(代)로 내려 헤아릴 때는 세(世)로 칭한다는데요?

●孟子離婁篇孟子曰後世者不行先王之道也又曰君子之澤五世而斬小人之澤五世而斬註澤猶言流風餘韻也父子相繼爲一世三十年亦爲一世斬絶也楊氏曰四世而緦服之窮也五世祖免殺同姓也六世親屬竭矣

이상은 맹자(孟子) 이루편(離婁篇)의 말씀 중 연관된 부분입니다.

◆答; 상대하세(上代下世).

맹자께서 후세(後世)라. 함을 노석(老石) 선생이 이를 시후세내하세야(是後世乃下世也)라 주(註)하고, 또 오세이참(五世而斬)에서 오세(五世)를 시오세역하세야(是五世亦下世也)라 註하고 이를 근거로 상칙위지대이하칙위지세야(上則謂之代而下則謂之世也) 시소위상대하세야(是所謂上代下世也)라 즉 상대하세(上代下世)라 정의한 내용입니다.

아래는 거의 맹자(孟子)의 말씀이 아니고 노석(老石) 선생이 맹자(孟子)의 두 마디 말씀을 선생 해석(解釋)대로 주하여 결론(結論)을 상대하세(上代下世)라 하였을 뿐이니 맹자(孟子)에 그런 표현(表現)이 있을 수가 없습니다.

유학(儒學)을 일러 공맹학(孔孟學)이라 이릅니다. 그 주존의 한 분이신 맹자께서 世=代를 알지 못하고 상대하세(上代下世)설을 주장하였다. 함은 어불성설(語不成說)이고 주존(主尊)을 모독하는 처사가 되는 것입니다.

노석(老石) 선생 설인 상대하세(上代下世)라 함이 무엇을 의미하겠습니까.

"[孟子有曰後世無傳焉是後世乃下世也 又曰君子之澤五世而斬是五世亦下世也 上則謂之代而下則謂之世也 是所謂上代下世也]"

▶82◀◆問; 세손(世孫) 과 代孫에 대한 성균관의 명확한 입장을 구합니다.

세손과 대손에 대하여 지금까지 많은 사이트에서 의견이 분분합니다. 본 사이트에서도 지난번에 제가 글을 올렸을 때 많은 분들이 댓 글을 올렸으나 성균관 관리자의 공식적인 입장은 없었습니다.

지금까지 성균관이나 각 향교에서는 세손과 대손은 다른 것이라고 예기한 걸로 알고 있으나 성백효(민족문화추진회 부설 국역연수원 교수)님의 신문기고 내용이 댓 글에 올라온 이후로는 전혀 공식적인 입장 표명이 없습니다.

◆答; 세손(世孫) 과 代孫.

세손(世孫); 적손(嫡孫). 또는 국왕(國王) 적손(嫡孫).
대손(代孫); 몇 대의 손.

●資治通鑑晉武帝泰康三年;四月庚午充薨世子黎民早卒無嗣妻郭槐欲以充外孫韓謐爲世孫(胡三省注)世孫謂嫡孫承祖父之世者

●淸史稿高宗紀三;甲子對朝鮮國王孫李祏爲世孫
●書經微子之命;成王旣黜殷命殺武庚命微子啓代殷後(孔傳)啓知紂必亡而奔周命爲宋公
爲湯後(孔穎達疏)令爲湯後使祀湯耳不繼紂也
●周書文帝紀上;於是以寇洛爲涇州刺史李弼爲秦州刺史前略陽郡守張獻爲南岐州刺史盧
待伯拒代遣輕騎襲擒之待伯自殺
●唐王維李陵咏;漢家李將軍三代將門子
●唐故國子司業竇公墓志銘;國子司竇公諱牟字某六代祖敬遠嘗封西何公
●家語;古之王者易代改號取法五行

▶83◀◆問; 世와 代.
세와 대의 쓰임.

◆答; 대(代)와 세(世).
아래와 같이 살펴보건대 대(代)와 세(世)가 가계(家系)에서 부자(父子) 상전(相傳)으
로 이어지는 차례나 계승을 나타냄 에서는 대(代; 世也)) 세(世’代也)이나, 서경(書
經)의 가르침과 같이 世는 이어진 후손을 열거하여 이를 때에 주로 쓰이며 대(代)
는 몇 대(代)를 열거하여 이를 때에 쓰였음을 발견하게 될 것입니다.

●唐王右丞詩集李陵詠條漢家李將軍三代將門子結髮有奇策少年成壯士長驅塞上兒浹入
單于里旌旗列相向
●十八史略東晉篇亂臣賊子何代無之不意今者近出臣族
●孟子離婁下孟子曰君子之澤五世而斬小人之澤五世而斬註澤猶言流風餘韻也父子相繼
爲一世三十年亦爲一世斬絶也大約君子小人之澤五世而絶也
●詩經正解下武章下武維周世有哲王三后在天王配于京註賦也下義未詳或曰字當作文言
文王武王實造周也哲王通言太王王季也三后太王王季文王也
●書經賈誼傳賈生之孫二人至郡守賈嘉最好學世其家
●書經大禹謨篇皐陶曰帝德罔愆臨下以簡御衆以寬罰不及嗣賞延于世有過無大刑故無小
註愆過也簡者不煩之謂上煩密則下無所容御者急促則衆擾亂嗣世皆謂子孫然嗣親而世疎
也延遠及也父子罪不相及而賞則遠延于世
●昌黎(韓愈唐人)先生集順宗實錄三篇禮部尙書薦字孝擧代居深州之陸澤祖文成博學工
文詞性好詼諧七登文學科薦聰明强記歷代史傳無不貫通

▶84◀◆問; 代와 世.
대(代)와 세(世) 음양(陰陽)의 이치와 같다는 설도 있는데요.

◆答; 대(代)와 세(世).
대(代)와 세(世)는 이미 기원전(紀元前)부터 동의(同義)로 사용(使用)되었고, 이에 의
하여 상세하대(上世下代), 또는 상대하세(上代下世)로 이르던 모두 그 의미가 모두
통하니 음양(陰陽)의 이치와는 무관(無關)하지 않을까 합니다.

○家語; 공부자(孔夫子; .C. 552~B.C. 479)께서 제자(弟子) 등과 논(論)한 언행(言
行)을 위(魏)의 왕숙(王肅; 195~296)이 수록 편찬한 설화집(說話集).
○集韻; 북송(北宋)의 인조(仁祖) 칙명(勅命)으로 정도(丁度; 990-1053) 등이 편수
(編修; 1039)한 운서(韻書)로, 그 뒤 영종(英宗) 때 이를 사마광(司馬光; 1019~
1086)이 이어 엮은 운서(韻書; 53.525)임.

●康熙字典[代]: 世也[家語]古之王者易代改號
●康熙字典[世]: [集韻]始制切竝音勢代也

●論衡自紀; 世祖勇任氣卒咸不挨於人
●資治通鑑晉武帝泰康三年; 四月庚午充薨世子黎民早卒無嗣妻郭槐欲以充外孫韓謐爲
世孫胡三省注世孫謂嫡孫承祖父之世者
●天君衍義序;此吾五世祖諱泰齊之所作而序文中不知何人所作者盖自韜也
●闕里誌後序孔夫子六十三世孫文獻公
●金史禮志;皇五代祖(註)五代的祖先
●松江歌辭跋;丁卯暮春五代孫星州牧使
●便覽大祥告辭式維(云云)五代孫某敢昭告于顯五代祖考某官府君(云云)

▶85◀◆問; 世와 代.

부자상계위일세(父子相繼爲一世)가 무엇입니까? 삼십년위일세(三十年爲一世)가 무엇
입니까? 위 두지가 세와 세조, 세손에 어떻게 적용됩니까?

◆答; 代와 世.

부자상계위일세(父子相繼爲一世)와 삼십년위일세(三十年爲一世)는 맹자(孟子)(註)에
동시에 나오는 말로, 부자상계위일세(父子相繼爲一世)란 부(父; 一世)~자(子)란 뜻
이 되며, 삼십년위일세(三十年爲一世)란 1~(一世)~30年이란 뜻이 됩니다.

주(註)의 부자상계위일세(父子相繼爲一世)를 다시 설명하면 자(子; 一)~부(父; 二)~
조(祖; 三)~증(曾; 四)~고(高; 五)~오대조(五代祖; 六世)~육대조(六代祖)로 관계가
성립되는데 "부자상계위일세(父子相繼爲一世)와 삼십년위일세(三十年爲一世)가 세
(世)와 세조(世祖), 세손(世孫)에 어떻게 적용(適用)되는가"라 함에는 세계(世系)를
헤아리거나 직접 관여된 언급이 아니라 세(世)를 계산 함에는 그와 같이 헤아려 진
다는 것이며 세(世)는 쓰임에 따라 그 마다 마다에 고유 의미가 있게 되며 속칭 역
시 세조(世祖)는 고조 이하와 시조를 제외한 여러 조상에 세수와 아울러 붙여지며
세손 역시 현손까지는 제외하고 그 이하 손들에게 붙여 원근을 헤아리게 되지요.

●孟子集註離婁下篇孟子曰君子之澤五世而斬小人之澤五世而斬(註)澤猶言流風餘韻也
父子相繼爲一世三十年亦爲一世斬絶也大約君子小人之澤五世而絶也楊氏曰四世而緦服
之窮也五世而祖免殺同姓也六世親屬竭矣〇新安陳氏曰此禮記大傳全文共高祖者爲三從
兄弟相爲服緦麻服制至此窮也共高祖之父者爲五世已無服但不忍遽絶之故不襲不冠爲之
祖袒免冠以變其吉同姓之恩至此而減殺也共高祖之祖者爲六世則親盡矣窮而殺殺而竭不
變吉可也引此以證五世而斬
●辭源[世]父子一輩叫一世
●大傳四世而緦服之窮也五世祖免殺同姓也六世親屬竭矣(註)四世高祖也同高祖者服緦
麻服盡於此矣故云服之窮也五世祖免謂共承高祖之父者相爲祖免而已是減殺同姓也六税
則共承高祖之祖者幷祖免亦無矣故曰親屬竭也上指高祖以上也(細註)嚴陵方氏曰四世者
三從之親也五世者三從之外也

▶86◀◆問; 세(世)와 대(代).

세조(世祖)와 대조(代祖)를 어찌 번역하여야 하겠습니까.

◆答; 세조(世祖), 대조(代祖).

관자목민(管子牧民) 제일의 경종묘공조구주위공승선조지구법(敬宗廟恭祖舊註謂恭承
先祖之舊法)의 번역으로 전체(傳遞)를 이해됨도 중요하나 여기서 조(祖)자는 조상
(先祖)이라는 의미로 쓰였음의 전거로 게시된 것입니다. 착오 없으시기 바랍니다.

물론 세(世)는 맹자이루하(孟子離婁下)의 말씀과 같이 세(世; 代也)는 한 씨족이 전

하여 지는 대수를 뜻하기도 하나 아래와 같이 살펴보건대 세(世)는 가문의 뜻과 또 가계(家系)를 의미하는 뜻도 있음도 세대(世代) 의 동의론(同義論)과 이의론(異義論)을 견줘보는데 도움이 되지 않을까 합니다.

아래와 같이 살펴보건대 세조(世祖)의 세(世)는 세계(世系)에서 대수(代數)를 헤아리는 말이며 조(祖)는 조상(祖上)을 의미하게 됩니다. 고로 족보(族譜) 등에 단순(單純) 세계(世系)의 차서(次序)를 나타낼 때는 경칭(敬稱) 없이 기세(幾世)라 기록(記錄)되나 자신의 조상(祖上)이나 타인(他人)의 조상(祖上)을 논칭(論稱)할 때는 경칭(敬稱)으로 윗대 조상(祖上; 先祖)이란 뜻인 조(祖) 자를 붙여야 합니다.

●孟子離婁下孟子曰君子之澤五世而斬小人之澤五世而斬註澤猶言流風餘韻也父子相繼爲一世三十年亦爲一世斬絶也大約君子小人之澤五世而絶也
●管子牧民第一敬宗廟恭祖舊註謂恭承先祖之舊法
●荀子君子篇先祖當賢後子孫必顯行雖如桀紂列從必尊此以世舉賢也(註當賢謂身當賢人之號也列從謂行列相從也)以世舉賢(云云)

▶87◀◆問; 세와 대는 어떤 뜻의 차이가 있나요?
세(世)와 대(代)의 차이에 대해서 정확히 어떤 차이와 뜻이 다른지 알고 싶습니다.

◆答; 세와 대는 어떤 뜻의 차이가 나나.
세(世)와 대(代)는 하나의 뜻만 있는 것이 아니라 여러 뜻을 포함(包含)하고 있습니다. 다만 위 문맥(文脈)으로 보아 가계(家系)에서의 의미인 듯 합니다. 세(世)자는 가계(家系)에서의 사용되는 의미는 가계(家系) 또는 대(代)를 이어 계승(繼承)한다는 의미로 주로 쓰이는데 족보(族譜)에서 시조(始祖)를 일세(一世)로 하여 이어진 대(代)에 붙여 이세(二世) 삼세(三世) ~ 십세(十世) 등으로 표기합니다. 대(代)의 뜻 역시 세대(世代)를 의미 함에는 세(世)와 동의(同意)이나 그 쓰임이 주로 위 선대(先代)를 표기(標記)하거나 칭할 때 주로 쓰입니다. 오대조(五代祖) 육대조(六代祖) 칠대조(七代祖) ~ 십대조(十代祖) 등이 그 사례(事例)입니다.

●漢書賈誼傳西鄕京師梁王扞之卒破七國至武帝時淮南厲王子爲王者兩國亦反誅孝武初立舉賈生之孫二人至郡守賈嘉最好學世其家
●書傳微子註振鷺言我客戾止左氏謂宋先代之後天子有事膰焉

▶88◀◆問; 세와 대에 대한 자문요청.
안녕하십니까 늘 유익한 답변을 받고 있는 종중에 교육을 맡고 있는 사람입니다 많은 종인 들이 세와 대에 대해서 사용법을 모르고 있어서 아래와 같이 세와 대에 대하여 교육자료로 만들어 설명하고자 하는데 혹시 잘못된 부문은 없는지요? 부탁 드리겠습니다.

--아   래--
교육자료.
세(世)와 대(代) 에 대한 고찰.
1)세(世)와 대(代).
세(世)와 대(代)는 같다, 혈통의 차례이며 전수(全數) 단위(單位)다. 세손(世孫) 대손(代孫)은 후손(後孫)을 헤아리는 단위이며 관계다, 대조(代祖) 세조(世祖)는 조상(祖上)을 헤아리는 단위고 관계이다. 세손(世孫) 대손(代孫) 세조(世祖) 대조(代祖)는 관계 계촌이며, 기준 세(世)와 대(代)에 헤아리는 첫 번째 기준은 제외하고 조(祖), 손(孫), 을 붙여 세손(世孫) 대손(代孫) 세조(世祖) 대조(代祖)로 칭한다. 즉 세(世)와

대(代)에 1 빼고, 세손(世孫) 대손(代孫) 세조(世祖) 대조(代祖) 칭한다. 세(世)와 세손(世孫) 세조(世祖) 각각 구분해야 하고, 대(代)와 대손(代孫) 대조(代祖) 각각 구분해야 올바른 칭호가 성립된다.

족보(族譜)대로 하면 된다. 세(世), 대(代), 세손(世孫), 대손(代孫), 세조(世祖), 대조(代祖), 쉽게 설명 드리면 손(孫)이란, 후손(後孫)을 뜻하며, 5 세손(世孫)=5 대손(代孫)이란 후손(後孫) 명수이며 5 명은 후손(後孫)명수입니다, 조(祖)는 조상(祖上)을 뜻하며 5 세조(世祖)=5 대조(代祖)는 조상(祖上)명수이고 5 명은 조상(祖上)명수입니다. 세(世)=대(代)는 전체 총인원 명수입니다, 인원보고를 해보세요 총인원 6 명 보고자 외 5 명입니다. 즉 6 세(世)=6 대(代)이고 5 대손(代孫)=5 세손(世孫)입니다, 주기, 간격, 주년, 기간, 사이, 공간, 중간, 30 년 등의 개념은 아니며, 계보를 연결하는 용어는 세(世) 대(代)로 하며, 세손(世孫) 대손(代孫) 세조(世祖) 대조(代祖) 는 관계라 합니다. 3 세(世)=3 대(代)=3 명이며, 3 세손(世孫)=3 대손(代孫)=4 명입니다.

세(世)와 대(代)가 다른 것이 아니라, 세(世)와 세손(世孫), 대(代)와 대조(代祖)가 다른 것이다. 세(世)와 대(代)는 혈통(血統)의 차례이고 세손(世孫); =代孫)과 대조(代祖; =世祖)는 선조(先祖)와 후손간(後孫間)의 관계(關係)이고 호칭(呼稱)이고 호칭(互稱)이다. 세(世)와 대(代)는 기준이며 똑 같은 뜻이고 조손(祖孫)을 헤아리는 단위다, 세(世)와 대(代)는 나를 포함하고, 대조(代祖) 세조(世祖)는 나를 빼고 치고, 세손(世孫) 대손(代孫)은 상대조(上代祖) 기준을 제외하고 친다. 손(孫)을 붙이면 상대조(上代祖)를 제외하며 祖를 붙이면 하대손(下代孫)를 제외한다. 세손(世孫)/대손(代孫), 대조(代祖)/세조(世祖)는 관계 계촌이고, 아들 손자 부 조부 증조부는 호칭이다.

※25 세(世)인 재서(載緒)가 25 世孫이라면 시조(始祖)를 시조의 1 세손(世孫)으로 부르는 것과 같아 큰 망발(妄發)이 되는 것이다.

世와 代 기준표.
1) 세(世)=대(代)=조손(祖孫)간 손조(孫祖)간에 차례 순서 이고 조손(祖孫)을 헤아리는 단위이다.
2) 세손(世孫)=대손(代孫)=기준인 상대조(上代祖)를 제외하고 후손(後孫)만 헤아리고 조손(祖孫)간의 관계이다,
3) 대조(代祖)=세조(世祖)=기준인 하대손(下代孫)를 제외하고 선조(先祖)만 헤아리고 손조(孫祖)간의 관계이다.

참고자료
1)국역연수원 교수 성백효(成百曉)선생 글에서 대(代)와 세(世)는 똑같은 뜻으로 시조(始祖)를 1 세(世)로 하였다, 그리하여 만일 고조(高祖)로부터 자신까지 세어보면 5 세(世)가 되는데, 실제로는 고조가 4 대조(代祖)가 된다. 즉 시조로부터 자신에 이르기까지지 25 세(世)라면 시조는 당연히 24 대조(代祖)가 되고, 자신은 24 대손(代孫)이 되는 것이다. 그러나 세(世)와_대(代)가 달라서가 아니요, 세(世) 뒤에 조(祖)나 손(孫)을 붙였기 때문에 한 대(代)가 줄었음을 알아야 한다.

2)한학박사이며 大한학자인 부산대학교 명예교수 우계(于溪) 이병혁(李炳赫)박사께서도 세(世)와 대(代)는 같다고 하며, 25 세(世; 代)를 예, 24 세손(世孫; 代孫)이고 기준이 된 선조는 손(孫)에 포함하지 않는다, 24 대조(代祖)하면 자신이 기준이며 자신은 조(祖)가 아니기에 기준인 자신을 빼야 한다. 즉 세(世)와 대(代)는 같은 것이고, 세손(世孫), 대손(代孫), 대조(代祖) 이럴 때는, 조(祖)와 손(孫)이 붙으면 기준이 되는 세(世; 代)를 포함시키지 말아야 한다. 즉 세(世; 代)를 뺀 대수 세수를 쓴다.

3)한국전례연구원 김득중(金得中; 전 성균관 초대전례위원장)선생님께서도 세(世)와 대(代)는 같다, 세(世)와 세손(世孫) 다르다, 대(代)와 대손(代孫) 다르다, 10 세(世)는 9 세손(世孫)이고 9 대조된다, 10 대(代)=9 대손이고 9 대조, 된다고 교육한다.

◆答; 세와 대에 대한 자문.

세(世)와 대자(代字)가 친속(親屬) 상하 속칭으로 쓰일 때는 동의라 강희자전(康熙字典)에서 유학하려는 자 들에게 입문의 기초로 이미 가르침을 받았으니 이를 따르면 혼동이나 이견이 있을 수가 없고, 조손(祖孫)의 상하 친속(親屬) 가림에 있어서도 위로 부(父)에서 고조부(高祖父)까지는 정명(定名)이 있으니 그를 따르고, 고조지부(高祖之父)는 오 세조(五世祖)라 하고 그 이상은 시조(始祖)를 제외하고 원근에 따라 조상(祖上)을 의미하는 조(祖) 앞에 숫자로 표하여 가리고, 아래로 역시 현손(玄孫)까지는 정명(定名)으로 칭하고 그 이하는 원근에 따라 후손(後孫)을 의미하는 손자(孫字) 앞에 원근(遠近)에 따라 숫자를 붙여 이른다. 라 이해된다면 속칭관계호칭에서 부족하지 않을 것입니다. 이상의 결론에 이르게 한 전거는 아래와 같습니다.

《世와 代, 조손간(祖孫間)의 속칭(屬稱)이 그렇게 복잡하고 난해한 것이 아닙니다》代와 世는 이미 기원전(紀元前)부터 동의(同義)로 사용(使用)되었고, 이에 의하여 상세하대(上世下代), 또는 상대하세(上代下世)로 이르던 모두 그 의미가 모두 통하니 음양(陰陽)의 이치(理致)와는 무관(無關)하지 않을까 합니다.

○家語; 공부자(孔夫子; B.C. 552~B.C. 479)께서 제자(弟子) 등과 논(論)한 언행(言行)을 위(魏)의 왕숙(王肅)(195~296)이 수록 편찬(編纂)한 설화집(說話集).
○集韻; 북송(北宋)의 인조(仁祖) 칙명(勅命)으로 정도(丁度)(990-1053) 등이 편수(編修; 1039)한 운서(韻書)로, 그 뒤 영종(英宗) 때 이를 사마광(司馬光)(1019~1086)이 이어 엮은 운서(韻書)(53.525)임.

●康熙字典[世]:[集韻]始制切竝音勢代也
●康熙字典[代]:世也[家語]古之王者易代改號
●詩經大雅生民;尊祖也孔穎達疏祖之正名父之父耳但祖者始也己所從始也自父之父以上皆得稱言
●儀禮喪服:小功布衰裳(云云)孫適人者鄭玄注孫者子之子女
●詩經魯頌閟宮:后稷之孫實維大王孔穎達疏言后稷之孫實維是周之大王也
●禮記大傳:諸侯及其大祖○淸孫希旦集解;始封之君謂之大祖得姓之祖謂之始祖
●孟子離婁下篇孟子曰君子之澤五世而斬(細註)新安陳氏曰高祖之父者爲五世
●宦鄉要則本族前後稱號:高祖之父母稱某世祖考妣自稱某世孫
●丘氏曰高祖之父爲五世祖推以上之爲六世爲七世在高祖以前者爲云云
●釋名釋親屬篇父甫也始生己也祖祚也祚物先也曾祖從下推上祖位轉增益也高祖高臯也最在上臯韜諸下也子孳也相生蕃孳也孫遜也遜在後生也曾孫義如曾祖也玄孫玄懸也上懸於高祖最在下也
●康熙字典[代]: 世也[家語]古之王者易代改號
●康熙字典[世]:[集韻]始制切竝音勢代也
●論衡自紀;世祖勇任氣卒咸不揆於人
●資治通鑑晉武帝泰康三年;四月庚午充薨世子黎民早卒無嗣妻郭槐欲以充外孫韓謐爲世孫胡三省注世孫謂嫡孫承祖父之世者
●天君衍義序;此吾五世祖諱泰齊之所作而序文中不知何人所作者盖自韜也
●闕里誌後序孔夫子六十三世孫文獻公

●金史禮志;皇五代祖(註)五代的祖先
●松江歌辭跋;丁卯暮春五代孫星州牧使
●便覽大祥告辭式維(云云)五代孫某敢昭告于顯五代祖考某官府君(云云)

▶89◀◆問; 世와 世孫에 대하여?

급기신(及己身)과 불급기신(不及己身)에 대한 자세한 설명 부탁 드립니다.

◆答; 世와 世孫.

代(世)의 헤아림은 급기신(及己身)이고, 조손의 헤아림은 불급기신(不及己身)입니다. 고로 중시조의 24 世라 함은 급기신(及己身)이니 중시조가 포함 된 수(數)이고, 조손(祖孫)은 불급기신(不及己身)이라 손(孫)에서는 중시조를, 조(祖)에서는 자신이 포함되지 않으니 24 에서 1 을 제한 23 世(代)祖 또는 23 世(代)孫이 됩니다.

●語類祭編曰立春祭先祖則何祖曰自始祖下之第二世及己身以上祭六世之祖
●管子牧民篇敬宗廟恭祖舊註謂恭承先祖之舊法

▶90◀◆問; 세와 세손 세조 용례가 올바른지 궁금합니다.

[의문6]六世思道公은 匡正大夫門下省事요. 匡正大夫는 品階요 門下省事가 官職인데 고려에 이런 관직이 어디 있는가? 知門下省事의 知字가 缺落된것 아닌지? 궁금합니다, 이상 6건은 제가 의문이 생겨 배움을 주시면 고맙겠습니다. 함안에서 땅을 믿고 사는 이O형 올림

◆答; 세와 세손 세조 용례.

보첩(譜牒)에서 흔히 이르는 세계(世系)를 나타내는 용어(用語)로 세(世)와 대(代)에 관하여 그 뜻하는 바의 의미가 무엇인가에 대하여 이미 이에 쓰일 때는 世와 代는 동의(同意)임은 아래와 같이 명문화(明文化)된 전거(典據)를 어렵게 확인하기 이전에 유자라면 기본적 상식이며 대조(代祖) 대손(代孫) 역시 기본이 되는 자기는 그에 포함되지 않음도 기본 상식이다. 자기가 어찌 자기의 祖가 되며 孫이 되겠는가?

따라서 代 또는 世에는 기본(자기)을 포함하여 헤아리고 대조(代祖)와 대손(代孫)과 같이 代(世)에 祖와 손자가 붙으면 기본(자기)을 제외하고 헤아린다.

특히 보학(譜學)에서 이르는 代와 世에 관하여 학문적으로 이미 정의 되어 있는 고로 성균관에서 판가름하여 확정할 사안은 아니다. 다만 아래 맹자(孟子) 본문과 주소문(註疏文)에서 世라 단순 표기하였다 하여도 世로 이해할 것인가 세조(世祖)에서 祖를 탈루시킨 의미로 해석할 것인가는 문맥에 따라 이해되어야 할 것이다.

이 말씀의 오세(五世)를 고조(高祖)를 이른 용례라 한다면 가소(可笑)의 논리이고 고조지부(高祖之父)로 이해되기에 어렵지 않은 것이다.

○世=대세(代也) 父子 상전(相傳)되는 대수(代數)를 칭하는 말.
○代=대대(世也) 한 왕조(王朝)가 계속된 기간. 한 사람이 산 동안. 부자(父子)가 계승하는 기간.

●孟子離婁下孟子曰君子之澤五世而斬小人之澤五世而斬澤猶言流風餘韻也父子相繼爲一世三十年亦爲一世斬絶也大約君子小人之澤五世而絶也楊氏曰四世而緦服之窮也五世祖免殺同姓也六世親屬竭矣疏四世而緦服盡也五世則祖免而無正服減殺同姓六世則不復祖免惟同姓而已新安陳氏曰高祖之父者爲五世已無服高祖之祖者爲六世則親盡矣引此以證五世而斬

●唐王右丞詩集李陵詠條漢家李將軍三代將門子結髮有奇策少年成壯士
●論語八佾子曰周監於二代註監視也二代夏商也言其視二代之禮
●十八史略東晉中宗元皇帝條曰亂臣賊子何代無之不意今者近出臣族帝跣而執其手曰云云

▶91◀◆問; "세"와 "세손"이 다른가요?

세(世)와 세손(世孫)이 다른지?

◆答; "세"와 "세손."

아래와 같이 살펴보건대,

○시조로부터 가계를 이은 세계(世系)의 차례를 이를 때는 00 世라 이르고,
○지정된 어느 조상으로부터 몇째의 손인가를 나타낼 때는 00 세손이라 합니다.

●漢書賈誼傳賈嘉最好學世其家(注)言繼其家世
●資治通鑑晉武帝泰康三年四月庚午充薨世子黎民早卒無嗣妻郭槐欲以充外孫韓謐爲世孫(胡三省注)世孫謂嫡孫承祖父之世者
●弘齋全書鎭安大君墓碑銘幼學李國柱稽首頓路言臣鎭安大君十五世孫也

▶92◀◆問; 조상의 계세(計世)와 계대(計代).

조상의 계세(計世)와 계대(計代),

질문 1: 계세와 계대에서 어떤 이는 조상을 표시할 때는 대(代) 라고 써야 하고, 후손을 표시할 때에는 세(世)로 쓰는 것이 맞는다고 하는데 저는 대와 세를 같은 의미로 쓰는 것이 맞는다고 생각합니다. 이를 구분 하는 것이 실익이 없기 때문입니다. 제 생각이 맞는지요?

질문 2: 기불대수(己不代數)에서 자기를 빼는 것은 조상을 계대(計代)할 때 자기도 조상(祖上)에 들어가고, 후손을 표시할 때 할아버지도 후손에 포함되는 망발을 피하기 위한 것으로 알고 있는데 제 생각이 맞는지요?

◆答; 계세(計世)와 계대(計代).

질문1. 答; 조상이나 후세의 계대를 나타낼 때는 대(代) 세(世) 같은 의미로 사용되나 축식에서는 상하 모두 代로 칭하고 있습니다.

질문2. 答; 맞습니다.

●家禮祝式幾代孫敢昭告于顯幾代祖考某官府君

▶93◀◆問; 종(從)과 촌(寸)이란.

종과 촌이란 무엇인가?

◆答; 종(從)과 촌(寸).

종(從)은 혈족(血族) 또는 일가라는 뜻으로 조(祖) 이상에서 갈려나간 방친(傍親)을 의미하게 되는데 4촌부터 부(父)가 다르기 때문에 종(從)의 기본은 사촌이 됨.

씨족관계(氏族關係)에서 촌(寸)이란 촌수를 의미하게 되는데 이는 단순히 친척(親戚)의 원근관계(遠近關係)를 나타내는 수치(數値)에 불과한 말인데 다만 우리나라에서는 본종(本宗)과 인척(姻戚)의 숙질(叔姪)과 형제간(兄弟間)의 호칭에서 이를 테면 오촌당(五寸堂; 從)숙(叔)·오촌당(五寸堂從)질(姪)·칠촌재당(七寸再堂從)숙(叔)·칠촌재당(七寸再堂從)질(姪)·외삼촌(外三寸; 外叔父)·사촌(四寸; 從兄弟)·육촌

(六寸; 再從兄弟) · 팔촌(八寸; 三從兄弟) · 외사촌형제(外四寸兄弟; 內從四寸兄弟) · 고종   사촌형제(姑從四寸兄弟;   外從四寸兄弟) · 이종사촌형제(姨從四寸兄弟) 등등 과 같이 방계(傍系)에 국한(局限)하여 제한적으로 통용되고 있음.

종(從)의 뜻에는 그 뿐만이 아니라 [일가]라는 뜻이 있습니다. 여기서의 종(從)의 의미는 일가 즉 직계와 형제를 제외한 혈통은 같으나 가계(家系)를 달리하는 친족 을 의미하게 됩니다.

⊙당(堂)에 대하여는 아래를 살펴보시기 바랍니다.

●釋名釋親屬父之世叔父母曰從祖父母言從己親祖別而下也
●釋親考兄之子弟之子相謂爲從父昆弟註郭氏曰從父而別丘氏曰今稱從兄從弟俗稱云堂 兄堂弟

▶94◀◆問; 종반의 범위와 활용.

안녕하세요? 보통 종반간(從班間)이라 하면 4 촌 형제 사이라고 생각하고 있습니다. 그런데 종반 어른들, 종반간인데 종반계 등으로 쓰일 때는 그 의미가 모호합니다. 정확한 의미와 활용 방법을 알려주세요. 그리고 宗班이란 의미도 알려 주세요.

◆答; 종반(從班)의 범위와 활용.

씨족간(氏族間)의 호칭(呼稱)에서 종(從)은 종형제(從兄弟)로부터 삼종형제(三從兄 弟) 이내(숙질(叔姪)이상 8 촌 이내)의 친족(親族) 호칭(呼稱)에 붙여 칭(稱)하지요.

○종반(從班)이라 이름은 종(從)의 반열(班列)에 든 친족을 뜻함이나 그러나 널리 상 용되는 호칭은 아닌 상 싶습니다.
○종반(從班) 어른들이라 하면 속칭 8 촌 이내의 당숙항(堂叔行) 이상의 친족 어른 들을 의미 함이 되는 것 같고,
○종반간(從班間)인 데라 하면 당내간(堂內間)인데. 친족간 인 것 같고.
○종반계(從班系)라 하면 종반(從班)의 혈통이다. 종반간이다. 가 아닐까요
○종반(宗班)이란 종친(宗親)의 반열(班列)이란 의미로 종실(宗室)이라고도 하며 특 히 우리나라에서는 국왕(國王)의 종친(宗親) 반열(班列)에 든 사람이란 뜻이 되지요. 그 의미를 이해하게 되면 자연스럽게 활용이 될 것입니다.

●夏侯常侍誄序;天子以爲散騎常侍從班列也亦省作從班從列
●鉄國山叢談卷四;魯公在從班時以趙安定王甲第傍近宮闕便謁見因僦止焉

▶95◀◆問; 행사 제목과 世와 代에 대하여?

수고 많으십니다. 저는 안동 김씨 중시조 충렬공 김방경의 27 세손입니다. 2012 년이 충렬공 김방경이 탄생 하신지 800 주년이 되는 해입니다. 이 해를 기념하기 위하여 행사를 준비 중에 있습니다. 이에 따른 행사의 제목에 대해서 여쭈어 보겠습니다.

1 안. 충렬공 김방경 장군 탄신 800 주년 추모제전.
2 안. 충렬공 김방경 장군 탄신 800 주년 기념제전 위의 두 가지 안중에서 어느 말 이 적합한지요? 추모는 돌아가신 분을, 탄신은 기념을 뜻하는 것으로 보이는데 탄 신을 추모로 써도 괜찮은지요? 사용 상의 개념차이 인 것 같은데 적합한 용어가 어 느 것이 더욱 적합한지요.

그리고 선조로부터 [00 대손과 00 세손]의 차이가 있는지요. 같은 의미로 보아도 되는 지요. 나로부터 00 대조는 나를 빼고 윗대로 계산하는데 선조로부터 나를

계산하고자 할 때는 [세손과 대손]과 같게 쓰는지요? 조속히 답변 부탁 드립니다. 감사합니다. 김상호

◆答; 행사 제목과 世와 代.

1). 기념(紀念)(記念)이란 그리워한다는 의미도 있으나 국어적(國語的)으로는 오랫동안 사적(事蹟)을 전하여 잊지 아니함.이라 함이며,추모(追慕)란 죽은 이를 그리며 생각함. 이란 의미이니 위 시안 이외로 선택(選擇)의 여지(餘地)가 없다는 가정하에서 만약 본인 문중 사(事)라면 [000 공 탄신 800 주년 추모제전]이라 명명하겠습니다.

2). 세(世)와 대(代)는 누가 동의(同意) 또는 이의(異意)라 한다 하여 그와 같이 동의 이의가 됨이 아니라 그 글자들의 근본이 동의입니다. 따라서 세(世)는 곧 대(代)요, 대(代)는 곧 세(世)입니다.

3). 이미 世와 代는 두 글자 자체가 동의라 하였으니 분별할 까닭이 없습니다. 모든 가문의 족보를 살펴보면 거의 下世로 표기하고 있으나 예서의 축식에서는 上代 下代로 호칭되고 있습니다.

※참고로 世와 代의 헤아림은 급기신(及己身)이며 조손(祖孫)의 헤아림에 서는 불급기신(不及己身)입니다.

●康熙字典一部四書[世]音勢代也○又人部三書[代]音岱世也
●便覽祝式云云五代孫某敢昭告于顯五代祖云云

4 배법(拜法)

▶96◀◆問; 계하배(階下拜)에 대하여.

어릴 때 방학이 되면 할아버지 댁에 가서 인사를 드릴 때 할아버지께서는 손자를 항상 문밖에서 절을 하고 방으로 들게 하셨으며, 외갓집에 가게 되면 외조부모님께도 꼭 문밖에서 절을 하고 방에 들어가 뵙도록 가르치셨습니다. 방문 밖에서 절을 하는 이유와 방문 밖에서 절을 하는 대상은 어느 범위까지인지요.

◆答; 계하배(階下拜)의 고찰(考察).

생시(生時) 계하배(階下拜)는 없으나 제례(祭禮)에 있는 것은 엄(嚴)하기 때문이라 하니 평상시(平常時) 조부(祖父)나 외조부(外祖父)를 문밖에서 절을 하고 방으로 들어간다 함의 전거(典據)를 알지 못하여 확언(確言)할 수는 없습니다.

●宋子大全書與朴大叔;生時無階下拜祭時有之者祭禮主於嚴故也
●南溪集答問;子孫常時既無階下拜禮之事而必用階下位於祭時或不嫌於如事存之意耶人家堂上狹隘男女序立難以爲禮此可諉之於無財不可爲悅之道耶

▶97◀◆問; 공수법.

공수법에 대해 문의 드립니다. 평시나 길제일 때에는 남자 왼손이 위 여자 오른손이 위로 알고 있고 흉사나 상례기간 중에는 남자 오른손이 위 여자 왼손이 위로 알고 있습니다. 그 연유를 쉽게 설명 부탁 드립니다. 그리고 제가 가지고 있는 주자가례나 혹 사례편람 예기나 의례 주례 의 책에 혹시 공수법에 대한 구절이 어디에 명시 되어있는지 알 수 있겠습니까? 상식을 알고도 설명하지 못하니 저의 우둔함이 아쉽습니다. 부디 가르침을 부탁 드립니다.

◆答; 공수법(拱手法).

공수법(拱手法)은 길사(吉事)는 왼쪽을 높이고(尙左手=왼손을 위로 쥠) 흉사(凶事)에

는 오른쪽을 높이며(尙右手=오른 손을 위로) 남자는 양(陽)이고 여자는 음(陰)인 까닭에 여자는 남자의 반대(反對)가 되는 것입니다.

●檀弓註吉事尙左陽也凶事尙右陰也此蓋拱立而右手在上也
●內則註尙左尙右陰陽之別細註嚴陵方氏曰尙右手尊陰也
●賈誼容經拜以磬折之容吉事尙左凶事尙右

▶98◀◆問; 공수(拱手)를 풀고 팔자 형으로 땅을 짚고 절함이 옳은가?

남자가 왼손을 위로 공수하고 절을 할 때 엎드린 자세에서는 손을 포개지 않는 것이 예법에 맞는다고 하니까. 절을 할 때는 공수를 풀고 바닥에 손을 팔자 형 또는 두 손을 나란히 짚고 절을 하고 일어나면서 다시 공수를 해야 한다는 것인가요. 또 손을 포갠 공수상태로 바닥을 짚고 절을 하면 왜 예법에 어긋난다는 것인지요.

◆答; 공수법과 절.

아래와 같이 살펴보건대 계수(稽首) 돈수(頓首) 공수(空首) 공히 양수공지지(兩手拱至地)라 하였으니 공수(拱手)한 채로 땅을 짚고 절을 하여야 옳은 배법 입니다.

●春官大祝辨九拜一曰稽首註拜頭至地疏先以兩手拱至地又引頭至地多時也拜中最重臣拜君之拜○二曰頓首註拜頭叩地疏先以兩手拱至地又引頭至地首頓地即擧若以首叩物然此平敵相拜○三曰空首註拜頭至地所謂拜手疏先以兩手拱至地乃頭至手以其頭不至地故名空首君答臣拜

▶99◀◆問; 공수(拱手) 하는 때와 방법.

절을 할 때 공수를 하는데 어떤 때에 공수를 하고 방법은 어떤지요, 제가 알기로는 남자는 상가에서만 왼손 위에 오른손을 얹고 그 외 모든 행사에는 왼손을 오른손 위에 얹는 것으로 알고 있으며 여자는 위와 정 반대로 알고 있습니다 좋은 가리킴을 기다리겠습니다. 감사합니다. 이상은 큰절할 때의 예법을 문의 하였습니다.

◆答; 공수(拱手) 하는 때와 방법.

공수의 예는 길흉사(吉凶事)를 막론하고 공경할 자리에서 취합니다.

남자= 길사에는 왼손을 오른손 등 위로 쥐고, 흉사에는 오른손을 왼손 등 위로 쥐고 가슴 높이로 하되 가슴에 대지 않고 2, 3치 정도 띄웁니다.
여자= 남자의 반대로 쥡니다.

●論語微子篇子路拱而立註知其隱者敬之也
●檀弓孔子與門人立拱而尙右二三子亦皆尙右孔子曰二三子之嗜學也我則有姊之喪故也二三子皆尙左註吉事尙左陽也凶事尙右陰也此蓋拱立而右手在上也
●曲禮從於先生不越路而與人言遭先生於道趨而進正立拱手
●輯覽叉手圖說云凡叉手之法以左手緊把右手大拇指其左手小指則向右手腕右手四指皆直以左手大指向上如以右手掩其胷手不可大着胷須令稍去胷二三寸許方爲叉手法也

▶100◀◆問; 국궁 재배와 굴신재배.

국궁재배와 굴신재배라는 것이 있는 것입니까? 있다면 어떤 방법으로 절을 하는 것입니까?

◆答; 국궁 재배와 굴신재배.

국궁(鞠躬) 재배(再拜)의 용어는 배례(拜禮)에서 사용되나, 굴신재배(屈身再拜)라는 용어는 배례에서 사용되지 않는 용어 같습니다.

국궁(鞠躬)이란 용어는 백성의 예에서는 구의(丘儀)에서 보이나 주자가례를 비롯 다른 예서에서는 사용되지 않았고, 국례인 오례의 행례에서도 도입되지 않았으나 각 례 홀기에서 채택 한 용어로서 국궁은 독립된 단어로 존경하는 모습으로 몸을 굽힌다는 의미이나, 홀기 행례에서는 무릎을 꿇고 앉으라는 뜻으로 변의가 됩니다.

●儀禮聘禮執圭入門鞠躬焉(注)孔安國曰斂身
●漢書馮奉世傳贊宜鄉侯參鞠躬履方擇地而行注鞠躬謹敬貌
●孔武仲瓜步阻風詩昨日焚香謁聖母靑山鞠躬如負弩
●辭源[鞠躬]意爲曲身以示謹敬今稱曲身行禮爲鞠躬
●前漢演義第二十六回[英布]只得向前通名屈身行禮
●大成壇實錄笏記○鞠躬○拜○興○拜○興○拜○興○拜○興○平身

▶101◀◆問; 길배(吉拜)란?

주례 구배(酒禮九拜) 중 길배(吉拜)에 대하여.

◆答; 길배(吉拜).

길배(吉拜)란; 아래와 같이 살펴보건대 길배는 흉배에 대치되는 절인데 정배인 돈수(頓首)에 附한 절로 돈수(頓首; 이마를 땅에 댔다 즉시 떼는 절) 이후 계상(稽顙; 이마를 조아림)으로 맺는 절을 이르는 것 같습니다.

●周禮春官宗伯禮官之職大祝辨九拜條五曰吉拜(註)吉拜拜而后稽顙謂齊衰不杖以下者言吉者此殷之凶拜周以其拜與頓首相近故謂之吉拜(疏)釋曰此九拜之中四種是正拜一曰稽首二曰頓首三曰空首四曰肅拜周公曰其餘五者附此四種正者四曰振動附稽首五曰吉拜附頓首六曰凶拜亦附稽首七曰奇拜附空首八曰襃拜亦附稽首以享侑祭祀者享獻也

▶102◀◆問; 남녀배(男女拜)에 대한 고찰(考察).

남(男) 일배와 녀(女) 재배에 대한 고찰.

◆答; 남녀배(男女拜)에 대한 고찰(考察).

남녀(男女)의 절의 횟수가 음양오행(陰陽五行)의 상생상극(相生相剋) 이치(理致)에 의하여 정(定)하여 짐이 아니라 대상(對象)의 존비경중(尊卑輕重)에 따라 횟수가 정(定)하여짐을 아래에서 잘 설명(說明)되고 있다.

남자 일배(一拜)에 여자가 재배(再拜)하는 것은 남존여비(男尊女卑)의 법도(法度)에 따라 여자가 먼저 일배(一拜)를 하게 되면 남자가 답(答) 일배(一拜)를 하게 되고 이에 여자가 또 답(答) 일배(一拜) 하게 된다.

온공(溫公) 말씀에 이와 같은 연유(緣由)에서 남자가 재배하는 예에서 여자는 사배(四拜)하는 까닭이라 하셨으며, 또 외출 시(時) 이틀 이상 묵고 오게 될 곳이면 존장(尊長)에게 재배(再拜)하고 닷새 이상이면 사배(四拜)를 하고 동지(冬至)나 설날에는 육배(六拜)를 하고 삭망(朔望)에는 사배(四拜)를 하는데 절의 횟수는 존장(尊長)이 임시로 감(減)하여 주면 존장(尊長)의 명(命)을 따른다. 하였으니 여기서 남자도 재배(再拜) 사배(四拜) 육배(六拜)로 전체(全體)가 음수(陰數)이며 또 감하여 일배(一拜)하라 하면 양수(陽數)가 된다. 따라서 절의 횟수는 불변(不變)이 아니라 가변적(可變的)이라는 것이다. 따라서 사마광(司馬光; 溫公.司馬氏)께서 음양오행(陰陽五行) 상생상극(相生相剋) 이치(理致)에 의하여 남녀배(男女拜)의 횟수가 정하여졌음을 몰라 일체 그에 대한 언급함 없이 그와 같이 정의 하였다 할 수가 없다.

이제까지 살핀 바로는 음양오행(陰陽五行)의 법칙에 따라 남녀배(男女拜)의 횟수가 정하여 졌다는 전거가 살펴지지 않으니 존비경중(尊卑輕重)에 따라 절의 횟수가 정하여졌다. 이외의 설(說)은 아래를 오류로 패퇴(敗退)시킬 수 있는 비중 높은 설(說)이 아닌 이상 남녀 절의 횟수가 음양오행설(陰陽五行說)에 의하여 정해졌다. 라 한다면 아전인수(我田引水) 격(格)의 허론(虛論)에 불과 하다 할 것이다.

●溫公曰古者婦人與丈夫爲禮則俠拜鄕里舊俗男女相拜女子先一拜男子拜女一拜女子又一拜蓋由男子以再拜爲禮女子以四拜爲禮故也
●司馬氏居家雜儀不見尊長經再宿以上則再拜五宿以上則四拜賀冬至正旦六拜朔望四拜凡拜數或尊長臨時減而止之則從尊長之命○又凡節序及非時家宴上壽於家長卑幼盛服序立如朔望之儀先再拜子弟之最長者一人進立於家長之前(省略)諸卑幼皆起序立如前俱再拜
●儀節居鄕雜儀拜揖之禮條見尊長禮見則四拜燕見則揖之
●童子禮拜起條凡見尊長皆四拜平交皆兩拜
●國朝寶鑑世祖朝三壬午七年八月條上幸學謁先聖退御明倫堂宗親文武館官諸生分東西班四拜訖還御昌德宮後苑設酌閱陣
●朱子家禮四時祭餕條(前略)尊者一人先就坐衆男敍立世爲一行以東上皆再拜(中略)諸婦女獻女尊長於內如衆男之儀(下略)

▶103◀◆問; 남녀의 서는 위치, 계수배(稽首拜), 졸(卆)에 관하여?
남녀 합석 시 좌석의 위치와 계수배의 특징과 졸(卆)에 대하여.

◆答; 남녀의 서는 위치, 계수배(稽首拜), 졸(卆).
⊙남녀의 좌석은 아래와 같습니다.
1). 실방향(實方向) 북향(北向) 시 남동여서(男東女西) 남향(南向) 시 남서여동(男西女東) 동향(東向) 시 남남여북(男南女北) 서향(西向) 시 남북여남(男北女南) (실은 어느 방위 이든 상대가 정면에서 보아 남좌여우임).
2). 실 방위(實方位)와 관계없이 후북(後北) 전남(前南) 우서(右西) 좌동(左東)이라 간주할 때 어느 위치이든 상대가 보아 남좌여우(男左女右).
3). 다만 혼례(昏禮) 때 폐백   시(幣帛時) 구고(舅姑)의 위치는 구동고서상향(舅東姑西相向)(이유는 아래 우암 설을 참조하시기 바람).

⊙계수배(稽首拜).
먼저 공수(拱手)로 바닥을 짚은 다음 목을 길게 빼어 머리를 바닥에 대고 오래있는다.

⊙졸(卆)에 관하여.
졸(卒)의 와자(譌字)임.

●芝村曰初喪爲位皆以男左女右而上朝祖下男女道路之法謂男右女左何也且此旣曰靈幄前男東女西而又特著婦人幄於靈幄後可疑又此爲親賓之次而女亦與焉何也此非相値之義亦未詳
●錦谷曰廟前序立之東西果爲男女之說而今世無行男女之位於廟庭者且東西左右之義又有古今之殊家禮及諸禮書皆以東爲上故其爲男東女西者卽左東右西之意也
●四未軒曰主人以下入哭註丈夫處東西上婦人處西東上凡他祭禮皆同婦人之位得無尊乎禮疏曰男東女西陰陽之大分也
●俛宇曰主人升自阼階主婦升自西階男東女西似是陰陽之分然其尊神之地專尙陰陽之分而無西上之例否阼階西階非獨陰陽之分阼是著代之所而爲主人不可易之位則在他人之所

不敢由也升降是生人之事則何有於西上之義乎

●問冠禮時主人主婦皆南向坐而北側舅姑東西相向何義尤庵曰夫婦相對坐常禮也冠禮受子拜之時則諸父在東諸母在西若夫婦相對而坐則背東背西故不得不南面也

●大明集禮昏禮見舅姑禮舅姑並南面坐堂中今人家多如此或從俗亦可

●鏡湖曰士昏禮舅席在阼卽主位也姑在房外南面家禮則變姑席在西而舅則不變主位醮饗諸禮皆然此云並南面云者恐非禮意

●周禮春官大祝辨九拜稽首註稽首拜頭至地也疏先以兩手拱至地又引頭至地多時也

●康熙字典十部二書[주] (篇海)卒字之譌

▶104◀◆問; 남재배(男再拜) 여사배(女四拜).
남녀 절하는 법에 왜 남자는 재배를 하면 여자는 사배를 하나요.

◆答; 남재배(男再拜) 여사배(女四拜).
제사(祭祀)를 지내며 남 재배(男再拜) 여 사배(女四拜)인 연유(緣由)는 온공(溫公) 말씀에 의하면 남녀상배(男女相拜)에서 여자가 먼저 일배(一拜)를 하면 남자가 답 일배(答一拜)를 하면 또 여자가 일배(一拜)하게 되는데 이와 같아서 남자가 재배(再拜)하는 예에서 여자는 사배를 하게 된다는 것입니다.

또 생자(生者)에게는 남자는 단배(單拜)뿐이 아니라 경우에 따라서 재배(再拜), 사배(四拜) 육배(六拜)를 하게 됩니다.

●溫公曰古者婦人與丈夫爲禮則俠拜鄕里舊俗男女相拜女子先一拜男子拜女一拜女子又一拜蓋由男子以再拜爲禮女子以四拜爲禮故也

●司馬氏居家雜儀不見尊長經再宿以上則再拜五宿以上則四拜賀冬至正旦六拜朔望四拜凡拜數或尊長臨時減而止之則從尊長之命○又凡節序及非時家宴上壽於家長卑幼盛服序立如朔望之儀先再拜子弟之最長者一人進立於家長之前(省略)諸卑幼皆起序立如前俱再拜

▶105◀◆問; 돈수를 하는 경우와 계수를 하는 경우에 대한 질문.
숙배(肅拜)란 두 손을 맞잡아 내려서 지면에 붙이고, 돈수는 머리를 손위에 조아리는 것이다, 계수(稽首)는 손을 벌려서 머리를 지면에 대는 것이라고 성균관에서 설명 하셨습니다. 세배(歲拜)를 할 때 남자의 경우 왼손을 오른 손 위로 올려서 숙배를 한 후 머리를 손위에 조아리고, 제사나 차례 시에는 남자의 경우 오른손을 왼손 위에 올려서 숙배를 한 후 머리를 손위에 조아리는데 이를 돈수라고 하는 것인지요? 그렇다면 손을 벌려서 머리를 지면에 닿게 하는 절 즉 계수는 어떤 경우에 하는 것인지요?

통상 상가(喪家) 집에서 상주(喪主)와 맞절을 할 때는 손을 벌려서 머리는 땅에 닿지 않게 절을 하는데 이런 절을 뭐라고 부르며 절을 제대로 하고 있는 건지요? 설명절(名節)에 아이들에게 제대로 가르칠 수 있도록 훌륭하신 답변 기다립니다.

계수배, 돈수배, 공수배는 각각 어떤 경우에 가려서 절을 하나요?

◆答; 돈수를 하는 경우와 계수를 하는 경우.
장부(丈夫)는 계수(稽首), 돈수(頓首), 공수(空首) 등 3가지가 정배(正拜)가 되고, 숙배(肅拜)는 부녀자(婦女子)의 정배(正拜)가 됩니다. 장부(丈夫)의 정배(正拜)는 두 손을 벌리지 않고 모두 공수(拱手)일 뿐으로,

○계수배(稽首拜)는 공수(拱手)로 땅에 대고 이마를 앞으로 당겨 땅에 대고,

○돈수배(頓首拜)는 공수로 땅에 대고 이마를 앞으로 당겨 땅에 대고 조아리며,
○공수배(空首拜)는 공수(拱手)로 땅에 대고 이마를 손등에 대는 절의 이름입니다.
○공수법(拱手法)은 길사(吉事)는 상좌(尙左)로 왼손을 오른손 등에 대고. 흉사(凶事)에는 상우(尙右)로 오른 손을 왼손 등에 댑니다.

●周禮春官宗伯禮官之職大祝辨九拜

▶106◀◆問; 목례(묵념)을 한 자리에서 두 번 하는 경우가 있습니까?
학생들을 인솔하여 향교를 교육 방문하는 사람입니다. 성현들 모신 곳에서는 예를 갖추려면 4배를 하라고 하셔서 100여명의 초등학생이 한꺼번에 사배하기는 장소와 시간 상 무리라 생각되어 예를 갖출 다른 방법을 문의 하니 묵념을 두 번 하는 게 어떻겠냐 시기에 그런 예를 본 적이 없어 문의 드립니다. 사배 대신 재배도 아니고 묵념을 두 번 하는 경우도 있습니까? 현충원이나 현충탑 등에서도 그런 예를 본 적이 없어 문의 드립니다.

◆答; 목례(묵념).
문묘 배는 4 배이며, 묵념은 아마도 서양의 예법 같은데, 아래 양춘별에 의하면 서양인은 묵례를 한번만 하는 것 같습니다.

●國朝五禮儀吉禮釋奠文宣王儀; 獻官及學生皆四拜
●郭沫若陽春別; 靑年在旁邊看見他们辦難的情形便挨近去向西洋人默禮了一下

▶107◀◆問; 배례법.
중국에는 아홉 가지의 절하는 법이 있고 우리나라에는 다섯 가지의 배례법(拜禮法)이 있다는데 정확하게 아홉 가지는 무엇이고, 다섯 가지는 무엇인지 알고 싶습니다.

◆答; 절하는 법.
배 법은 아래와 같습니다.

●五洲衍文長箋散稿人事篇禮論類拜禮;九拜辨證說古者拜禮非特首至地然後爲拜也凡頭俯膝屈手動皆謂之拜田藝蘅[香宇外集]拜本作拜手至地也今作拜服也蓋兩手下地曰拜又曰拜平衡也平衡曰磬折頭與腰平[顧亭林炎武(日知錄)古人席地而坐引身而起則爲長跪首至手則爲拜手手至地則爲拜首至地則爲稽首此禮之等也田藝蘅曰[漢書]酈生不拜長揖師古曰長揖者手自上而及下也][周禮]辨九拜
一曰稽首頭下至地稽留乃起殆下衡服之甚也[(日知錄)古人以稽首爲敬之至稽首注拜中最重臣拜君之禮也君父之尊必用稽首拜而後稽首此禮之漸也必以稽首終此禮之成也陳氏(禮書)曰稽首者諸侯於天子大夫士於其君之禮也然君於臣亦有稽首(書)稱太甲稽首於伊尹田藝蘅曰太甲拜手稽首蓋頭至於地而留之久也成王稽首於周公是也大夫於非其君亦有稽首(儀禮)公勞賓賓再拜稽首勞介介再拜稽首是也蓋君子行禮於其所敬者無所不用其至則君稽首於其臣者尊德也大夫士稽首於非其君者尊主人也]
二曰頓首下手置首於地卽起也乃今之叩頭類於凶拜古之君臣相答拜或書啓稱頓首者皆尊重之意非伏地而拜也[(日知錄)春秋之時晉穆嬴抱太子頓首於趙宣子魯季平子頓首於叔孫則頓首非施於尊者之禮也(禮書)以頓首爲首頓於手而已(客中閑集)頓首拜頭叩地也今人或以頓首施于卑下不知拜頭叩地豈卑下之所安乎顧炎武曰九頓首出(春秋傳)。然申包胥元是三頓首未嘗九也(杜注)(無衣)三章章三頓首每頓首必三此亡國之餘情至迫切而變其平日之禮者也柳泠齋得恭(渤海考)高麗太祖十一年九月丁酉隱繼宗與其屬奔高麗太祖引見於天德殿繼宗等三拜人謂失禮大相含弘曰失土人三拜古之禮也詳見(高麗史)]

三曰空首下手首不至地蓋惟頭至手卽拜手也

四曰振動頭振動而戰慄也或以爲兩手相擊非也

五曰吉拜雍容而下手卽今之常拜或以爲拜而後稽顙非也

六曰凶拜拜而後稽顙也

七曰奇拜一拜也禮簡不再拜也

八曰襃拜襃音報答拜也或以襃拜爲持節拜亦非也[(客中閑集)襃拜再拜也]

九曰肅拜直身肅容而微下手或曰兩膝齊跪手至地而頭不下曰肅拜如今之婦人拜也

●客中閑集肅拜但俯下手卽今之揖也乃知禹聞善言則拜如揖之類是也豈僕僕之謂哉又有曰雅拜者先下一膝唐人謂之雅拜或曰倚拜也曰之拜者兩膝齊跪而俱下如今之道士拜及鄉村老婦猶然曰膜拜者兩手合掌以承額如今之僧拜本西域拜也周禮婦拜扱地[古樂府]申腰再拜跪是也後周天元令婦人爲男子拜是古時婦人皆肅拜也今則但微屈其膝而躬不屈其名曰起曰福竝男子之作揖皆曰相叫也

●賈誼容經拜以磬折之容吉事尙左凶事尙右

●[客中閑集]古者男女皆跪男跪尙左手女跪尙右手自唐武后尊婦人始易今拜而不屈膝此見張建章[渤海國記]按[唐藝文志]有張建章[渤海國記]三卷[宋史]太祖問趙普拜禮何以男子跪而婦人不跪普問禮官不能對王溥孫貽孫以練達稱曰自唐太后朝婦人始拜而不跪太和中幽州從事張建章著[渤海國記]備言其事普大稱之[北史]周時詔內外命婦拜宗廟及天臺皆俛伏則知前此婦人蓋已有不跪者矣韓如璜[拜說]今[會典]載臣子謝恩禮云云婦人肅拜云何考之古禮男子再拜婦人四拜謂之鞠躬婦人立屈膝男子跪伏婦人又立屈膝男子再鞠躬俯伏婦人又兩立屈膝今制太子與妃初見帝后太子四跪拜妃八立拜惟致辭同跪太子伏則妃興命婦朝賀先立四拜後再立四拜中致辭跪辭畢不伏直贊興宮人平時遇后叩首而行朝賀亦只立拜此之謂肅拜近世婦人簡書曰端肅拜非也斂衽萬福愈不經矣若婦人興伏爲拜此則起於武曌袞冕郊天伏興而成天子之禮遂致沿襲成習云然婦人喪禮亦有稽顙之文卽叩頭之及地者故非謂婦人不叩頭但伏興爲拜則不可蓋珠冠之製俯首不得惟不伏興故無墜髻落冠之失此禮之所由適其宜也王世貞[宛委餘編]李涪謂唐世郊天祭地止於再拜其禮至重不可加而以婦拜姑章必四爲非禮然則彼時不行四拜也

●[後漢書]高句驪國跪拜曳一脚行步皆走蓋記其異俗也[荀子]言平衡曰拜下衡曰稽首至地曰稽顙似未然古惟喪禮始用稽顙蓋以頭觸地其與稽首乃有容無容之別

●韓如璜[拜說][周官]有九拜惟肅拜爲婦人之拜其餘男子之拜凡八而約之則三一曰拜先跪兩膝著地次拱兩手到地乃俯其首不至於地其首縣空但與腰平[荀子]所謂平衡曰拜是也[周官]謂之空首[尙書]謂之拜手凡經傳記單言拜者皆謂此此拜之經者也一曰頓首兩膝著地兩手到地乃俯其首下至於手首下腰高此拜之加重者也一曰稽首兩膝著地兩手到地乃俯其首下至於地在手之前比之頓首其首彌下如衡之頭低尾昂[荀子]所謂下衡曰稽首是也此拜之最重者也稽顙卽稽首以其凶禮欲別於吉故曰顙拜無奇數或再或四或八或十二若奠獻跪而俯伏非拜也故贊者不列於拜數今[會典]載臣子謝恩禮五拜三叩頭禮誤也其實四拜四叩頭第五拜爲一叩再加三爲四叩[大明會典]四拜者百官見東宮親王之禮見其父母亦行四拜禮其餘官長及親戚朋友相見止行兩拜禮又[大典]曰後一拜叩頭成禮此古之遺意也田藝衡曰古者郊祀天地止於再拜是神祇雖至尊至重其禮不可加也見天子亦曰稽首再拜董偃館陶公主家庖人也見武帝亦曰昧死再拜謁今君臣之四拜大朝則五拜三叩頭子弟於父兄亦四拜甚至於朋友長幼亦四拜皆非禮也[日知錄]韓之戰秦獲晉侯晉大夫三拜稽首古但有再拜稽首無三拜也[周書·宣帝紀]詔諸應拜者皆以三拜成禮後代變而彌增則有四拜[宛委餘編]李涪云方干處士每拜必三時謂之方三拜[日知錄][戰國策]蘇秦路過洛陽嫂蛇行匍伏四拜自跪而謝此四拜之

始蓋因謝罪而加拜非禮之常也百拜字出[樂記]古人之拜如今鞠躬故通計一席之間賓
主交拜近至於百注云壹獻士飮酒之禮百拜以喩多是也若平禮止是一拜再拜卽人臣於
君亦止再拜[孟子]以君命將之再拜稽首而受是禮至末世而繁自唐以下卽有四拜今人
書狀動稱百拜上父母書用百拜亦爲無理若以古人之拜乎則古人必稽首然後爲敬而百
拜僅賓主一日之禮非所施於父母若以今人之拜乎則天子止於五拜而又安得百也此以
僞事其親也洪武三年五月上諭中書省曰今人書箚多稱頓首再拜百拜皆非實禮其定爲
儀式於是禮部定儀凡致書於尊者稱端肅奉書答則稱端肅奉復敵己者稱奉書奉復上之
與下稱書寄書答卑幼與尊長則曰家書敬復尊長與卑幼則曰書付某人[宛委餘編]宋朱
元晦孫爲淮東提刑與顯者書必云萬拜時謂之朱萬拜拜至於百拜萬拜則失其實而徒亂
禮法也何禮之有

●揖宋陸放翁游[老學庵筆記]古所謂揖但擧手而已今所謂喏乃始於江左諸王方其時
王氏子弟爲之故支道林入東見王子猷兄弟還人問諸王何如答曰見一群白項烏但聞喚
啞啞聲卽今喏也孝宗戊戌同春宋先生寅明入侍召對因論拜揖之禮上曰中國人笑我國
拜禮以爲牛跪我國之跪中國謂之危坐中國所謂長跪者兩膝著地伸腰而坐矣對曰古者
揖必唱喏自胡元後此禮遂廢故有啞揖之譏坐有四般危坐者今所謂跪也盤坐者平坐也
止坐者通危坐盤坐而言也兩膝著地伸腰伸背臀不至足曰跪坐此有朱子所論矣

●我東拜禮略倣中國士大夫之拜則尙矣勿論至於吏胥皁隷之拜但鞠躬而已[朴貞蕤齊
家(城市全圖)]吏胥之拜拜以腰市井之唾唾以齒世譏其鄙瑣猥屑乃善形容者也吏胥之
拜果以平立屈腰而已故曰拜以腰中外奴婢之拜坐而回裙旋起不可以拜稱者宜正其非
禮而存而勿論何也李瀷[僿說[帛拜者我國婦人之拜兩手不拱只雙手據地屈膝而已[膜
拜長跪拜]蓋婦人肅拜禮也頭不至地故如此雖太簡已成同風不可變矣古者婦見舅姑持
香縷以拜五色絭爲之隋牛弘議以素絹八尺中擗名帛拜以代香縷中國至今通用又不知
持縷持帛果何義也愚按褵卽香縷也三代古禮今新婦猶手持素紬小摺者名手帕卽帛拜
之遺義也歟

▶108◀◆問; 배례에 대한 질문.

왕릉이나 사당 등에서 참례자(參禮者)가 많을 시 집례자(執禮者)의 구령(口令)에 따
라 배례(拜禮)를 하면서, 첫 번째 배례 자세에서 "흥"-- 하면 일어서는데 꿇어 앉은
상태에서 상반신(上半身)만 바로 하거나 또는 기립하여 두 번째 배례를 하기도 하는
데 어느 방법이 맞는지 귀견 주시기 바랍니다.

◆答; 배흥(拜興)의 배법.

궤배(跪拜)에서 흥(興)의 창(唱)에서는 무릎은 꿇은 채로 굽혔던 허리만 펴는 자세
가 되었다 배(拜)의 창에서 다시 허리를 굽혀 계수(稽首) 또는 돈수(頓首)가 되는
것입니다.

●史記准陰侯列傳;信常過樊將軍噲噲跪拜送迎
●王建鏡听詞;嗟嗟嗦嗦下堂階獨自寵前來跪拜

▶109◀◆問; 배법.

제사를 지낼 때는 절을 두 번 하는데, 시간제나 시공제 때도 절을 두 번 하는 게
맞는지요? 어떤 이는 절을 세 번 올리는 것이 맞다 하네요.

◆答; 재배(再拜).

생자(生者)는 양(陽)이라 절을 양수(陽數)인 일배(一拜)를 하고, 사자(死者)는 음(陰)
이라 절을 음수(陰數)인 재배(再拜)로 하게 됩니다.

●溫公曰古者婦人與丈夫爲禮則俠拜鄕里舊俗男女相拜女子先一拜男子拜女一拜女子又一拜蓋由男子以再拜爲禮女子以四拜爲禮故也
●朱子家禮祠堂出入必告;凡拜男子再拜婦人四拜謂之俠拜

▶110◀◆問; 병환 중에는 절을 하지 않는지요.
어른들께 인사(절)를 올릴 때 혹은 설날의 경우 세배를 드리려 할 때 몸이 편찮으신 어른의 경우 절을 하지 마라고 하십니다. 이는 어떤 연유로 이러 하시는지 몰라서요.

◆答; 절을 드릴 분이 병중이라고 거절하면 절을 하지 않습니다.
●石潭日記上隆慶四年庚午五月;請遞臣職上不允而臺諫以鷟祥爲非劾遞之漸不自安辭疾不拜

▶111◀◆問; 부부는 상배(相拜)라 하셨는데.
부부는 상배(相拜)라 하셨는데 (이전 질의 내용: 남편이 배우자 상에 절을 하여야 하는가? 에 대한 답으로) 우암(尤庵) 선유(先儒)의 일생에 대해 기록한 것에도 출타 하셨다 돌아오시면 항상 부인에게 절을 하고 크게 존중하셨다 하신 것을 어디선가 보았습니다.

부부관계는 음(陰)과 양(陽)의 구분관계이지 상하관계가 아닌 것으로 이해를 하여도 되겠습니까? (고로 부부관계는 평등하니 서로의 상(喪)에 복을 입고 절을 하고 하는 것입니까?) 너무나 기초적인 질문이라 여쭤보기 부끄러운 마음 한 없습니다. 부부관계는 상배라는 구절은 어떠한 예서나 책에 있는지요 아니면 선유님의 말씀이라도 부탁 드립니다.

◆答; 부부는 상배(相拜) 전거.
부부는 상배(相拜) 서로 상대에게 절을 합니다.
●書儀古無婿婦交拜之儀今世俗始相見交拜拜致恭亦事理之宜不可廢也註鄕里舊俗男女相拜
●士昏禮婦見註婦人與男子爲禮則俠拜
●退溪曰今示婦再壻一復如之此一條似當行之
●同春問壻婦交拜之儀沙溪曰朱子已有定論可考而行之
●鹿門曰昏禮婿婦拜禮禮婦人與丈夫爲禮則俠拜
●溫公曰古者婦人與丈夫爲禮則俠拜鄕里舊俗男女相拜女子先一拜男子拜女一拜女子又一拜蓋由男子以再拜爲禮女子以四拜爲禮故也
●陶庵曰出入夫婦相拜

첨언; 俠(音唊)=竝也

▶112◀◆問; 북향재배를 하는 이유.
전통혼례(傳統昏禮)의 홀기(笏記) 중에 "북향재배(北向再拜)"가 있는지 여부와 있으면 어떤 이유로 하는지 알고자 합니다. 나이 드신 어른들의 말씀은 혼사당일 신랑이 벼슬이 높은 사람이 입는 관복을 입기 때문에 임금님이 계신 북쪽을 향하여 절을 한다고 들었습니다. 마는 가정의례에 관한 서적에서 기록을 찾을 수 없습니다.

◆答; 북향재배.
주자가례 혼례 중 신랑의 북향재배(北向再拜)는 발견이 되지 않으나 신부의 폐백례에서 북면배(北面拜)는 있으나 이는 시부모에게 행한 절일뿐입니다.

○婦進立於阼階下北面拜舅(儀節四拜)
○詣西階下北面拜姑

▶113◀◆問; 사배와 재배의 방법과 차이점.

유학진흥(儒學振興)의 선도적(先導的) 역할에 진력(盡力)하시는 선생님에게 깊은 감사 드립니다. 최근 지방에서 춘추(春秋)로 제향(祭享)을 모시는 사당(祠堂) 제사의식에 있어 다음 사항을 질의 하오니 하교하여 주시기 바랍니다.

o 석전제(釋奠祭)를 위시한 전(殿)에 배향된 왕급(王級)의 제례에서는 집홀사배(執笏四拜)를 하고 그 이하 사(祠)에 배향된 선생급(先生級)의 제례(祭禮) 시에는 공수재배(拱手再拜; 二拜)를 하는 것이 상례(常禮)인줄 알고 있으나 작금의 사당에서 사용되는 홀기(笏記)가 석전제에서 원용(遠用) 혹은 적의 변경인용(變更引用)하는 관계로 혼돈 각색이기에 다음사항을 확실히 알고자 하오니 잘 이해될 수 있도록 원칙적인 전거를 알려주시면 감사하겠습니다.

질문내용.

o 집홀사배(執笏四拜) 의례 시는 부복 후(俯伏後) 진홀(搢笏)한 후 앉아서 사배를 배흥(拜興) 배흥(拜興) 배흥(拜興) 배흥(拜興)후 일어서 평신(平身)함이 이해되오나.
o 헌관(獻官)이하 제손(諸孫)들이, 또는 헌관 단독 공수(拱手) 재배 시(再拜時) 에도 집홀사배 시와 같이 부복(俯伏)(앉은 상태)후 읍(揖)으로 배(拜) 흥(興) 하고 앉은 상태에서 또 배(拜) 흥(興)한 후 평신(平身; 일어서는 것)하여야 옳은지. o 재배(再拜)시는 국궁(鞠躬) 후 서서 배(拜) 흥(興; 일어서고) 배(拜) 흥(興)(일어서서 平身)하여야 옳은지가 모르겠습니다. 우매한 소인이 잘 이해되도록 하교하여 주시기 복망합니다. 경인 입하절에 소인 朴 準 夏 올립니다.

◆答; 사배와 재배.

홀창을 하는 주된 연유(緣由)는 예법의 누락을 없이 행하고 참제원이 다수일 때 제순(祭順)을 모든 제원에게 알리어 어리둥절함 없이 일체가 일사불란하게 행하기 위한 수단으로 제순을 간단명료하게 적어 창자로 하여금 제관 및 참여 제원 모두에게 큰 소리로 그때 그때 일러주는 예인데 국례에서 주로 이 예를 행하게 됩니다.

그러나 이 예는 중국 고전에 홀기라는 명칭이 있는지의 여부는 알지를 못하고 국조홀기(國朝笏記)도 없는 것 같습니다.

다만 아래와 같이 살펴보건대 구의(丘儀; 사서인 예법)의 예법에서는 홀기 형식을 취하였으니 사서인 역시 창자를 두고 예를 갖춤도 가하다 하겠으나 단출하면 굳이 창자를 둘 까닭은 없을 것 같으며 재배 역시 궤배(跪拜) 형식이 아닌 한번 절하고 서고 다시 절하는 배법(拜法)이 옳을 것 같습니다.

국궁(鞠躬)이란 아래와 같이 살펴보건대 몸을 구부려 절하다. 라 풀이가 되어야 할 것 같고, 공수(拱手)란 아래와 같이 살펴보건대 두 손을 맞잡아 경의를 표하다. 라 풀어야 옳을 것 같습니다.

구의(丘儀)의 국궁사배(鞠躬四拜)는 참사신배(參辭神拜)로서 국궁(鞠躬)후 사배(四拜)함이오. 부복흥재배(俯伏興再拜)는 초헌관(初獻官)이 독필 후(讀畢後) 부복(俯伏)하였다 일어나 재배(再拜)함입니다.

궤배(詭拜)는 무릎을 꿇고 앉아 상체만 굽혀 절함이고 공수재배(拱手再拜)는 손을 맞잡고 무릎을 꿇고 절하고 다시 정립(正立)하였다 다시 그와 같이 절함을 의미하게 됩니다.

●朱子家禮四時祭初獻條主人搢笏奉高祖考盤盞位前(中略)出笏俛伏興少退○又讀祝云云畢興主人再拜退

●丘儀四時祭參神條鞠躬拜興拜興拜興拜興平身○又讀之畢起俯伏興拜興拜興平身

●選文掇英辭亡論下執鞭鞠躬以重陸公之威

●曲禮遭先生於道趨而進正立拱手註呂氏曰先生者父兄之稱有德齒可爲人師者猶父兄也

▶114◀◆問; 사촌 동생이 사망하였을 때 형이 절을 해야 하나요?

위 제목과 관련하여 남인, 북인, 노론, 소론 집안과도 어떤 관계가 있는지요? 무슨 이야기를 하면 우리 집 안는 0인 집안이라 이렇게 하고 있다고 하니 이런 문제까지도 사색당파에 따라 달라지는 예인지 궁금합니다. 현답을 부탁 드립니다.

◆答; 형은 아우에게 절을 하지 않음.

형제간에 절할 일이 있으면 제배기형(弟拜其兄), 비유상불배(卑幼喪不拜), 형읍제묘(兄揖弟墓)라 하였으니 아우에게는 상례(上禮)로 읍(揖)할 뿐 배(拜)는 하지 않습니다. 다만 어느 학파에서 동생에게도 절을 하고 있는지의 여부는 알지를 못합니다.

●日省錄正祖二十四年庚申二月八日辛卯家有一家之格例國有一國之格例在家則子拜其父弟拜其兄

●沙溪曰卑幼喪不拜

●梅山曰兄揖弟墓

▶115◀◆問; 상가 집 예절에 대해서 궁금합니다.

상가 집에서 조문을 할 때에 절 두 번과 반절을 하는데 그 뜻을 알고 싶습니다.

◆答; 절의 마지막 예절.

배법(拜法)에는 주례(周禮)와 향교집례(鄕校輯禮)의 두 갈래가 있는데 반절이라 함은 집례 배법(拜法)에서 절의 마지막에 읍(揖)의 예로 마치는데 읍을 일러 반절이라 하는 것 같습니다.

●周禮春官大祝辨九拜;一曰稽首註拜頭至地疏先以兩手拱至地又引頭至地多時也拜中最重臣拜君之拜

●鄕校輯禮凡拜之禮;一揖少退再一揖卽俯伏以兩手齊按地先跪左足次屈右足略蟠旋左邊稽首至地卽起先起右足以雙手齊按膝上次起左足仍一揖而後拜其儀度以詳緩爲敬不可急迫

●事林廣記衹揖法;凡揖人時則稍闊其足其立則穩揖時須是曲其身以眼看自己鞋頭威儀方美觀揖時亦須直其膝不得曲了當低其頭使手至膝畔又不得入膝內喏畢則手隨時起而又於胷前揖時須全出手不得只出一指謂之鮮禮揖尊位則手過膝下喏畢亦以手隨身起又手于胷前也

▶116◀◆問; 상례 때의 배례.

상례에 참가하여 망인에게 배례할 때의 의문입니다. 망인 영전에 대한 배례는 재배를 하는 것으로 알고 있습니다. 그런데 집안의 동생이나 조카가 망인인 경우 손위인 나는 어떻게 해야 하는지요?

물론 조카라도 나이가 나보다도 많은 경우에는 생전에 서로 공대하여 대하였으므로 살아 있을 때처럼 생각하여 재배할 수도 있겠지요. 그러나 나이도 아래이고 항렬도 아랫사람인 경우에는 영전에서 어떻게 해야 하는지요?

◆答; 질(姪)의 상에 절을 하지 않습니다.

처(妻) 이상은 절을 하나, 제자질(弟子姪)에게는 절을 하지 않습니다.

●太平廣記凡死者是敵以上則拜少者則不拜
●退溪曰妻則當拜子不當拜叔父於姪亦不當拜

▶117◀◆問; 상례(喪禮)에서 문상을 갈 때 공수 법은?

공수법(손을 맞잡는 법)에 있어서 흉사 때는 일반적으로 평상시의 반대로 맞잡는다 라고 알고 있었습니다. 그리하여 상가에 문상을 할 때에도 상우(尙右)로 하였습니다만, 이것이 틀린 예법이라고 합니다. 바른 예법은 평상시와 같이 상좌(尙左)로 하는 것이랍니다.

남자의 경우 평상시는 尙左로 하다가 흉례 때는 尙右로 한다 하였습니다만, 이는 복인(服人)이 하는 공수 법이지 문상객이 하는 것이 아니라고 합니다. 전거로 예기의 곡례편(上)에 공부자와 문인들의 이야기를 들려주는데, 孔子 여문인(與門人) 립공이 상우(立拱而尙右) 이삼자(二三子) 역개상우(亦皆尙右) 공자왈(孔子曰) 이삼자기학야(二三子嗜學也) 아칙유매지상고야(我則有妹之喪故也) 이삼자개상좌(二三子皆尙左)-공자께서 문인들과 더불어 공수하고 서서 오른손을 위로 하시니, 두 세 명의 제자들 또한 모두 오른손을 위로 하였다. 공자께서 말씀하시길 너희들은 따라 하기를 좋아하는구나. 나는 누님의 상을 당해서이다 하시니 제자들 모두는 원래대로 왼손을 위로 하였다. 라며 공자께서 제자들에게 나는 복인(服人)이므로 오른손을 위로 한 것이니 너희들은 따라 하지 마라 하시며 배우기를 좋아하는 제자들을 칭찬하였다는 내용입니다.

그러므로 복인(상주 또는 복을 입은 당사자)은 평상시와 반대로 하되, 일반인이나 문상객은 평상시대로 하여야 한다는 것입니다. 위의 전거를 풀이해 보면 맞는 말인 것 같은데, 앞으로 문상 갈 때의 손의 방향을 어찌합니까?

◆答; 흉사의 공수 법.

아래와 같이 살펴보건대 喪은 흉사(凶事: 陰)이니 흉사(凶事)는 상우(尙右)로 공수(拱手)에서 오른손을 왼손 위로하고 길사(吉事; 陽)는 상좌(尙左)라 하였으니 상사(喪事)인 조문(弔問)에서의 공수(拱手)는 오른손을 왼손 위로하여야 옳습니다.

아래와 같이 살펴보건대 조 역시 평복이 아닌 상복(喪服)을 입고 상가에 가 조문을 하는 것이니 이때 상가에서 조객의 모든 예는 상(喪)의 예로 행하여야 옳습니다.

●檀弓孔子與門人立拱而尙右二三子亦皆尙右孔子曰二三子之嗜學也我則有姊之喪故也二三子皆尙左註吉事尙左陽也凶事尙右陰也此蓋拱立而右手在上也
●雜記凡弁絰其衰侈袂註侈猶大也弁絰服者吊服也袂之小者二尺二寸大者半而益之則侈袂三尺三寸疏首著弁絰身著錫衰總衰疑衰士則其衰不侈也周禮素端註變素服言素端者大夫以上侈之士不侈故稱端
●周禮司服凡吊事弁絰服註弁絰者如爵弁而素加環絰絰大如總之絰其服錫衰總衰疑衰諸侯及卿大夫以錫衰爲吊服士有朋友之總亦弁絰錫廠
●喪大記弁絰帶蔬雖吊服而有要絰異凡吊也

▶118◀◆問; 상례에서 망인에게 배례할 때의 방법.

상례에 참가하여 망인에게 배례할 때의 의문입니다. 망인 영전에 대한 배례는 재배를 하는 것으로 알고 있습니다. 그런데 집안의 동생이나 조카가 망인인 경우 손위인 나는 어떻게 해야 하는지요?

물론 조카라도 나이가 나보다도 많은 경우에는 생전에 서로 공대하여 대하였으므로 살아 있을 때처럼 생각하여 재배할 수도 있겠지요. 그러나 나이도 아래이고 항렬도 아랫사람인 경우에는 영전에서 어떻게 해야 하는지요? 그리고 출신학교(出身學校)의 동기생(同期生)이나 후배인 경우에도 어떻게 하는 것이 좋은지 알고 싶습니다.

◆答; 상례에서 망인에게 배례할 때.

아래와 같이 살펴보건대 나이 불문 제자질(弟子姪)에게는 절을 하지 않습니다.

●家禮儀節居鄕雜儀拜揖之禮見敵者條禮見則再拜
●日省錄正祖二十四年庚申二月八日辛卯召見大臣諸臣于齋室條(云云)子拜其父弟拜其兄是亦格例之所(云云)
●退溪曰妻則當拜子不當拜叔父於姪亦不當拜
●梅山曰先師過弟墓止立而一揖此似爲得中爾

▶119◀◆問; 상례(喪禮)에서 문상을 갈 때 공수법은?

공수법(손을 맞잡는 법)에 있어서 흉사 때는 일반적으로 평상시의 반대로 맞잡는다라고 알고 있었습니다. 그리하여 상가에 문상을 할 때에도 상우(尙右)로 하였습니다만, 이것이 틀린 예법이라고 합니다. 바른 예법은 평상시와 같이 상좌(尙左)로 하는 것이랍니다.

남자의 경우 평상시는 尙左로 하다가 흉례 때는 尙右로 한다 하였습니다만, 이는 복인(服人)이 하는 공수 법이지 문상객이 하는 것이 아니라고 합니다. 전거로 예기의 곡례편(上)에 공부자와 문인들의 이야기를 들려주는데, 孔子 여문인(與門人) 립공이상우(立拱而尙右) 이삼자(二三子) 역개상우(亦皆尙右) 공자왈(孔子曰) 이삼자기학야(二三子嗜學也) 아칙유매지상고야(我則有妹之喪故也) 이삼자개상좌(二三子皆尙左)공자께서 문인들과 더불어 공수하고 서서 오른손을 위로 하시니, 두 세 명의 제자들 또한 모두 오른손을 위로 하였다.

공자께서 말씀하시길 너희들은 따라 하기를 좋아하는구나. 나는 누님의 상을 당해서이다 하시니 제자들 모두는 원래대로 왼손을 위로 하였다. 라며 공자께서 제자들에게 나는 服人이므로 오른손을 위로 한 것이니 너희들은 따라 하지 마라 하시며 배우기를 좋아하는 제자들을 칭찬하였다는 내용입니다.

그러므로 복인(상주 또는 복을 입은 당사자)은 평상시와 반대로 하되, 일반인이나 문상객은 평상시대로 하여야 한다는 것입니다. 위의 전거를 풀이해 보면 맞는 말인 것 같은데, 앞으로 문상 갈 때의 손의 방향을 어찌합니까?

◆答; 길흉(吉凶) 시 공수 법(拱手法).

[공수의 방법]
1. 남자의 평상 시 공수는 왼손이 위로가게 두 손을 포개 잡아야 한다.
2. 남자의 흉사 시 공수는 오른손이 위로가게 두 손을 포개 잡아야 한다.
3. 여자의 평상 시 공수는 오른손이 위로가게 두 손을 포개 잡아야 한다.
4. 여자의 흉사 시 공수는 왼손이 위로가게 두 손을 포개 잡아야 한다.

●賈誼曰容經拜以磬折之容吉事尙左凶事尙右隨首以擧項衡以下寧速無遲項背之狀如屋之互拜容也
●內則凡男拜尙左手(鄭注)左陽也凡女拜尙右手(鄭注)右陰也(註)尙左尙右陰陽之別(疏)女拜尙右手者右陰也漢時行之也

▶120◀◆問; 생자와 사자에게 남녀 절에 대하여?

안녕하십니까? 죽은 사람에게는 절을 남자는 두 번, 여자는 네 번을 하고 수연례 때에도 남자는 절을 두 번, 여자는 네 번을 하는데 이렇게 되면 죽은 사람과 산 사람이 같아지는데 차이점을 부탁 드립니다.

◆答; 생자와 사자에게 남녀 절.

생사자 모두에게 남자는 재배 부녀자는 사배를 하게 되는데, 배 법에 무슨 차이가 있겠습니까. 다만 차이가 있다면 공수 법으로 생자의 예에는 남자는 왼손을 오른 손 위로 여자는 오른손을 왼손 위로 포개 쥐고 사자의 예에는 그 반대가 되겠지요

작금에는 생자(生者)에 대하여 대개의 가문에서 일상 문안 등의 절에서 존장의 명이 없다 하여도 관행적으로 일 배(一拜)를 하고 있는 것 같은데 사서인(士庶人)예(禮)에서 누가 언제 단배로 하자. 라 명하였는지는 명확한 전거가 찾아지지 않으나, 작금 통상 관행적(慣行的)으로 생자(生者)에게 행하는 단배는 아래와 같이 살펴보건대 궁례(宮禮)에서 단배(單拜)의 예가 있어 이를 따랐거나, 아니면 요결(要訣)에서 [출입필배사배알(出入必拜辭拜謁)]에서 단순히 배(拜)라 일렀으니 이를 단배(單拜)로 간주(看做)하고 이에 의하여 단배로 행하게 되지 않았나 생각됩니다.

●退溪曰婦先四拜壻再拜依丘氏禮爲善
●家禮四時祭初獻條主人哭再拜復位又亞獻條主婦爲之禮如初但不讀祝四拜
●檀弓孔子與門人立拱而尙右二三子亦皆尙右孔子曰二三子之嗜學也我則有姊之喪故也二三子皆尙左註吉事尙左陽也凶事尙右陰也此蓋拱立而右手在上也
●司馬氏居家雜儀冬至正旦六拜朔望四拜凡拜數或尊長臨時減而止之則從尊長之命
●程子曰今人事生以四拜爲再拜之禮者問安之事故也
●鶴峯(金誠一 朝鮮 宣祖朝 性理學者)治家有法正至朔望及家長上壽之日令子弟聚會堂上丈夫處左婦人處右序立參謁丈夫再拜婦人四拜
●要訣事親章出入必拜辭拜謁
●東典考朝參條丁亥特進官閔鎭遠啓臣於君無單拜之禮曲拜元非拜禮乃是不敢直入俯伏肅敬而已[上仝] 英宗四年戊申命常參以每月朔望定行
●各殿宮動駕儀節元子宮與諭善相見儀條僚屬入就拜位單拜而出時至跪白外備司謁引諭善陞自西階就拜位鞠躬拜興平身諭善頓首拜
●孝陵誌參奉參褒貶之規條參奉以黑團領向主壁再拜又向東壁再拜又向西壁再拜私禮則堂上平坐參奉以紅團領進前拜如前但單拜

▶121◀◆問; 서열 별로 절을 받는 위치와 절할 때 서는 위치.

정단(正旦) 세배 때나 회갑 등의 예에서 자손들이 절을 할 때 부모님의 앉으시는 위치와 자손들의 서는 위치에 대하여 말씀 좀 하여 주세요.

◆答; 절을 받는 위치와 절할 때 서는 위치.

제사 때나 회갑. 세배 때 자손(子孫) 들의 서는 순서는 북쪽을 상석(上席)로　한 항렬(行列)씩 남동여서(男東西上), 여서동상(女西東上)으로 북향하여 섭니다. 세배 때 부모님의 좌석은 북쪽 벽 아래 중간에 부서모동(父西母東)으로 남향하여 앉습니다.

●司馬氏居家雜儀賀冬至正朝朔望同居宗族聚於堂上丈夫處左西上婦人處右東上(註左右謂家長之左右)皆北向共爲一列各以長幼爲序(註婦以夫之長幼爲序不以身之長幼爲序)共拜家長
●二禮演輯附回婚回甲回甲條家長兩位(父母)盛服就位南向坐男女子孫盛服序立如圖(南

東女西)

●獻壽圖
○間中堂 (二禮演輯)　　　　陽東陰西拜位圖

```
父=========母        母=========父
位=========位        位=========位
獻=========獻        獻=========獻
壽=========壽        壽=========壽
席=========席        席=========席
-----------          -----------
諸衆長===長==衆       諸衆長===長==衆
女婦婦===男==男       女婦婦===男==男
諸==諸====諸==        諸==諸====諸==
孫==孫====孫==        孫==孫====孫==
女==婦====男==        女==婦====男==
```

▶122◀◆問; 세배는 언제쯤 하는 것인가요?

정확히 세배(歲拜)가 언제쯤 하는지 궁금해서 이렇게 올립니다. 저희 집은 보통 세배를 차례가 끝난 후 밥을 먹고 세배를 하는데 집안 가풍(家風)마다 설 아침 세수(洗手)하고 몸가짐을 단정히 한 후 세배하고 차례(茶禮)를 지내는 집안도 있고 저희 집처럼 차례를 지낸 후 식사를 마치고 세배를 하는 곳도 있더라 구요 그래서 궁금한데 정확히 세배는 언제쯤 하는 건가요?

◆答; 세배(歲拜).

세알(歲謁) 이라고도 하는데 주로 정월 초하룻날 아침에 웃어른들에게 드리는 새해 첫인사를 이릅니다. 이날이 되면 일찍 일어나 화려한 설빔으로 갈아입고 종가에 모여 먼저 조상께 참례의식을 마친 뒤 먼저 존장(尊長)에게 세배를 하고 차례대로 손위 어른들에게 세배를 마치고 같이 아침을 먹고 친척집과 이웃 어른들을 찾아다니며 세배를 하는데 이때 세배를 받는 어른들은 새해 덕담과 아울러 세뱃돈을 주기도 하며 찾아간 집에서는 술과 음식 대접도 합니다. 이는 오래된 우리의 풍속으로 멀리 사는 친척에게는 다음날이라도 찾아가 세배를 드림이 예의로 되어있습니다.

●東事日知正朝歲拜條劉侗帝京景物略正月元朝家長少畢拜姻友投箋互拜曰拜年今俗歲拜之法想本于此

▶123◀◆問; 세배의 선후에 관하여?

수고가 많으십니다. 설 명절의 경우 세배와 차례를 모시는데,
질문 1) 보모님에게 세배를 드린 후 차례를 모시는지요. 아니면, 차례를 모시고 난 후에 부모님에게 세배 드리는 것이 예의에 맞는지요?
질문 2) 세배의 경우 부부간에 먼저 세배를 행하고, 부모에게 세배를 드리는지, 아니면 부모에게 세배를 드린 후에 부부간에 세배를 하여야 맞는지요?

◆答; 세배의 선후.

예는 선중후경(先重後輕)이니 먼저 차례를 지낸 뒤 부모께 세배(歲拜)함일 옳을 것이며, 동사일지(東事日知) 정조세배조(正朝歲拜條) 외에 부부간에 세배의 예법이 있는지의 여부는 알지 못하고 만약 부부간에 세배하는 예법이 있다면 물론 부모에게

세배 후 맞절을 하여야 되겠지요.

●東事日知正朝歲拜條劉侗帝京景物略正月元朝家長少畢拜姻友投箋互拜曰拜年今俗歲拜之法想本于此

▶124◀◆問; 세배 예절.

질문(質問)입니다. 우리들 어렸을 때 집안어른이나 다른 집에 가서 세배 드릴 때 한 사람이 맨 위 어른부터 한 분씩 차례로 드렸는데 요즘은 어른들 순서 없이 세배(歲拜)할 사람들이 죽 서서 합동으로 단번에 드리는데 그것도 맞는지요. 그리고 어른도 합동으로 한번에 절하라고 합니다. 예절 교육적으로는 어떤지요? 궁금합니다.

◆答; 세배.

아래와 같이 살펴보건대 각배가 아니라 공배(共拜)이며 공수 배(共受拜)입니다.

●司馬氏居家雜儀賀冬至正朝朔望同居宗族聚於堂上丈夫處左西上婦人處右東上(註左右謂家長之左右)皆北向共爲一列各以長幼爲序(註婦以夫之長幼爲序不以身之長幼爲序)共拜家長畢長兄立於門之左長姊立於門之右皆南向諸弟妹以次拜訖各就列丈夫西上婦人東上共受卑幼拜受拜訖先退後輩立受拜於門東西如前輩之儀

▶125◀◆問; 세배 때 부모의 좌석은?

세배 때 부모 및 자손 서는 순서.

◆答; 순서.

이 예법은 이례연집(二禮演輯)의 회혼(回婚)과 회갑(回甲) 때의 예법입니다.

◆回婚回甲禮(二禮演輯)

◆回甲

禮無回甲之文而家禮有獻壽儀未知獻壽在於何時耶今從俗設宴則亦用此儀

◆笏記

家長兩位(父母)盛服就位南向坐男女子孫盛服序立如圖(男東女西)先共再拜(婦人四拜)獻者一人(子弟之最長者)以盛饌分獻于家長兩位前(各卓)獻者進立于父位前(獻壽席)奉盞○執事斟酒○獻者跪獻盞○祝曰[伏願父主備膺五福保族宜家]讀訖○家長(父)受盞飮畢○以其盞授執事○獻者次詣母位前(獻壽席)奉盞○執事斟酒○獻者跪獻盞○祝曰[伏願母主備膺五福保族宜家]讀訖○母受盞飮畢○以其盞授執事○獻者興○退復位○獻者以下皆再拜(家禮有醮于諸卑幼之禮而今俗鮮行酢禮故今刪之)家長命易服○男女諸子孫皆服便服○還復就位相向坐(男東女西)各受盃盞盡歡而徹○皆再拜而退

◆獻 壽 圖(二禮演輯) 陽東陰西

```
                堂 中 間
====父====母====    ===母====父===
====席====席====    ===席====席===
====獻====獻====    ===獻====獻===
====壽====壽====    ===壽====壽===
====席====席====    ===席====席===
==諸衆長==長衆===    =諸衆長==長衆==
==女婦婦==男男===    =女婦婦==男男==
===諸諸===諸====    ==諸諸===諸===
===孫孫===孫====    ==孫孫===孫==
===女婦===男====    ==女婦===男===
```

◆回婚

南溪曰禮無此文想古無此禮而然也今從俗行之則似當倣婚禮設同牢床對坐傳杯儀而已若拜跪諸節不必一一遵行以損安老之大致也擧樂一段旣非初婚之比何必全然廢却○尤庵曰回婚禮近出於士大夫家而無古據然人子情理是日不能昧然經過則不過設酌以賀如晬日之儀○又有服者行宴當否曰當看家禮主婚者無朞以上喪條而處之○陶庵曰都不設婚儀只子孫上壽而已

▶126◀◆問; 수하의 절에 대한 수상의 예법.

예법에 능하지를 못하여 몇 가지 문의를 들이고 수고를 기다리겠습니다.

질문 1. 저는 수일 전 생질 결혼식에 참석 하였다가 격은 바에 대하여 의문이 있어 글을 올렸습니다, 식후에 폐백행사를 하는데 시외 3 촌인 본인이 순서에 따라 맨 뒤에 입장하여 생질부를 보게 되었는데 행사에 안내하는 분이 시 외 3 촌은 답례를 하지를 말고 절을 받기만 하라는 것이었습니다, 본이 평소 알고 있는 상식으로는 고개를 약간 숙여서 답례를 하는 것이 맞는다고 생각하고 있었습니다, 저의 생각이 어떤지요?

질문 2. 명절(名節) 또는 행사 시 수하(手下)가 수상(手上)에게 절을 할 때 직계존속(直系尊屬)과 숙부모(叔父母)는 답례 없이 절을 받기만 하고, 근친이라도 위에 거론한 분 이외는 답례를 하여야 된다고 생각하고 있습니다, 그 방법을 구체적으로 가리켜주기 바랍니다.

◆答; 수하의 절에 대한 수상의 예법.

배자(拜者)의 장유(長幼)별로 혹 무릎을 꿇고 반절, 또는 정좌, 정좌 반절.

⊙丘儀居鄕雜儀拜揖之禮
○見尊長

禮見則四拜燕見則揖之若旅見則少者爲一列幼者爲一列先請納拜蒙久然後四拜如不允則再拜畢復請納拜後兩拜許則再拜之不允則止揖而退主人命之坐則致謝訖揖而坐

○見敵者

禮見則再拜燕見則揖之

○見少者

禮見賓拜則少者必力辭燕見主人先拜則賓辭而止

○答拜

尊長之于幼者則跪而扶之少者則跪扶而荅其半若尊者長者齒皆殊絶則幼者少者堅請納拜尊者許則立而受之長者許則跪而扶之

●鄕校禮輯凡下拜之禮一揖少退再一揖卽俯伏以兩手齊按地先跪左足次屈右足略蟠旋左邊稽首至地卽起先起右足以雙手齊按膝上次起左足仍一揖而後拜其儀度以詳緩爲敬不可急迫又曰凡作揖時用稍闊其足則立穩揖則須直其膝曲其身低其頭眼看自己鞋頭爲準兩手圓供而下使手只可至膝畔不得入膝內尊長前作揖手須過膝下擧手至眼而下與長者揖擧手至口而下畢則手隨起時又於胷前
●輯覽揖禮圖式上禮下官躬身擧手齊眼下致敬上官隨生隨立無答○中禮下官躬身擧手齊口下致敬○下禮上官擧手齊心答禮

▶127◀◆問; 숙배(肅拜)의 바른 방법(양손의 위치).

어린이 생활예절(김득중. 주상덕 지음)에 의하면 숙배는 양손은 어깨 높이로 올리고 이마를 손등에 대고 절한다고 되어 있습니다. 그런데 본 난 1345 번의 남편 제사에 절하는 방법 문의에 대한 답변에서 草庵 선생님께서는 양손을 땅에 짚고 절한다고 하였습니다.

어린이 집에서 김득중님의 교재대로 교수하고 학습을 하도록 하였는데 草庵 선생님의 절하는 방법과 달라 심히 혼란스럽습니다. 여자의 정배인 숙배의 바른 방법을 하교하여 주시면 전래예절에 관심을 가진 분들에게 많은 도움이 되리라고 생각합니다.

◆答; 숙배의 바른 방법.
숙배(肅拜)에 관한 배법(拜法)은 주부자(朱夫子)께서 하신 말씀으로 양슬제궤(兩膝齊跪)하고 수지지(手至地)하되 두불하(頭不下)니라. 이를 숙배(肅拜)라 하는데 수배(手拜) 역시 그렇게 한다. 두불하(頭不下)하는 까닭은 부인수식성다자난부복지상(婦人首飾盛多自難俯伏地上)이라는 것입니다. 본인은 부인의 정배(正拜)인 숙배(肅拜)에 관한 배법을 어류(語類)의 전거에 의함이고 속례(동속)인 소위 큰절이라는 배법을 소개한 예가 아닙니다.

[어린이생활예절]이라는 교재에 숙배의 배 법이 그와 같이 소개되었다면 어느 근거에 의하여 그와 같이 설명되었는지는 알 수가 없습니다.

●語類何謂肅拜曰兩膝齊跪手至地而頭不下爲肅拜手拜亦然婦人首飾盛多自難俯伏地上

▶128◀◆問; 아우의 절을 받는 예법?
동생들이 절을 하게 될 때 형은 아우에게 절을 하지 않는다고 하는데 자세를 어찌 취하여야 되겠습니까?

◆答; 아우의 절을 받는 예법.
揖의 예로 행함이 옳은 것 같습니다.

●朱子曰拜親時須合坐受叔伯母亦合坐受兄止立受嫂叔同一家不可不拜亦須對拜夫婦對拜
●全齋曰過弟墓止立而一揖

▶129◀◆問; 여자의 배법.
정확히 흉사(凶事)시나 길사 시 여자분들의 절을 어떻게 해야 맞습니까?

◆答; 길사 숙배.
아래와 같이 살펴보건대 길사(吉事)에는 소의(少儀)의 가르침으로 볼 때 숙배(肅拜)인 것 같고 흉사에는 남편과 장자(長子)에게는 계상배(稽顙拜)로 하고 그 외는 모두 수배(手拜)인 것 같습니다.

●少儀婦人吉事雖君賜肅拜註婦人以肅拜爲正凶事乃手拜爲夫與長子當稽顙也其餘亦手拜而已

▶130◀◆問; 여자가 절하는 법.
여자분들의 큰절에 대한 질문입니다. 한복과 양장을 입고 절하는 방법이 다른지? 네이버 지식에 검색을 해보니 한복을 입고 큰절을 할 경우는 정좌를 하면서 절을 하고 양장을 입고 절을 할 경우는 무릎을 꿇고 절을 한다는 글을 보았습니다.

◆答; 여자가 절.

여자의 정배(正拜)는 숙배(肅拜)로 배법(拜法)은 두 무릎을 가지런하게 꿇고 공수(拱手)한 손으로 땅을 짚고 약간 허리를 앞으로 굽히되 머리는 숙이지 않으면 남자들과 같이 손등이나 땅에 이마를 대지 않습니다. 까닭은 여자들의 머리에는 많은 장식물(裝飾物)들이 있어 절하며 빠지거나 떨어지지 않게 하기 위하여서입니다.

●語類何謂肅拜曰兩膝齊跪手至地而頭不下爲肅拜手拜亦然婦人首飾盛多自難俯伏地上
●四未軒曰婦人首飾盛多自難俯伏地上周天元令命婦爲男子拜史官書之以表其異則古者
婦人之拜首不至地可知也

▶131◀◆問; 웃어른께 세배를 드리는 순서가 궁금합니다.

1. 손자부부가 설날 세배를 드리는 순서는 어떻게 되는지 알려주시면 감사하겠습니다. 증조부(별채) 조부모(두 분의 방). 백부(큰방). 중부(거실). 부모(거실). 4촌까지의 형제자매(거실) 모두 세배를 드리고 나누려고 하는 경우입니다.

2. 우리 가문에서는 부모형제들이 모두 함께 세배를 한 다음 증조. 조부모님께 부모형제 먼저 다음 손자형제들이 함께 세배 드린 후, 모두 거실로 나와 손자형제들(4촌까지 모두)이 부모형제님들께 세배를 올리고 있습니다.

3. 이 모습(貌襲)을 본 한 어르신이 근친(近親; 부모)부터 드려야 한다고 하고 혹자(或者)는 웃어른부터 드려야 한다고 합니다. 항렬(行列)이 제일 낮은 사람(손자)는 누구부터 세배(歲拜)를 올려야 하는지요?

◆答; 세배를 드리는 순서.

세배는 최존자(催尊者)부터 내려오며 절을 하여야 하는 것 같습니다. 까닭은 친속지친(親屬之親)이라 그러하며, 혼례에서 신부는 혼인(婚姻)으로 이뤄진 이성지친(異姓之親)이라 먼저 남편에게 다음 시부모(媤父母)에게 다음 시조부모(媤祖父母)에게 다음 제존장(諸尊丈) 등으로 절을 하게 된다는 것입니다.

●續輯昏禮見尊長條昏禮與冠禮不同冠禮之子天屬之親也主乎恩雖有高祖曾祖尊者爲主
昏禮之婦二(異)姓之親也主乎義其見夫家親屬由夫而達於舅姑由舅姑而達於舅姑之父母
還拜諸尊長理勢然也

▶132◀◆問; 읍례(揖禮)에 대하여.

1997 년 성균관 발행 '우리의 생활예절' 38 쪽에 읍례(揖禮)란 절을 올려야 할 어른을 만났으나 여건상 절을 올리기 곤란한 경우에 예를 올리는 것으로, 간단한 예의 표시이지 절은 아니라고 설명하였습니다. 위와 같이 읍에 대한 정의를 볼 때 평상 시 웃어른을 만났을 때의 절과 제례절차에 명시된 읍에 대해 어떠한 의미로 해석해야 하는지 궁금합니다.
1. 절을 올리기 전에 읍(揖)의 동작이 있는지 궁금합니다.
* 우리의 생활예절 43~50 쪽 에는 공수-절-공수로 설명하고 있고, 읍에 대한 명시는 없습니다.
* 어떤 집안은 '읍례 - 공수 - 절 - 공수 - 읍례'의 절차로 하는데 이 절차가 맞는지? 만일 그렇다면 그 근거가 어느 예서에 있는지 궁금합니다.
2. 제례절차에 있어서 저가 지식이 부족하여 그런지 '사례편람'에는 읍례가 명시되어 있지 않는 것으로 알고 있으나, '우리의 생활예절 '기제절차(354~361 쪽)에는 읍하는 것으로 명시되어 있습니다.
* 이때 읍의 의미는 신위에 대한 예의의 표시인지? 만일 그렇다면 신위에 대해

'분향, 전주, 절' 등의 모든 의식행위 전후에 예를 표하기 위해 하는 관례적인 절차인지 궁금합니다?

* 읍례가 일상적인 관행으로 통용되었기 때문에 혹시 절의 동작이나 사례편람의 제례절차에 설명이 없는지도 궁금합니다?

◆答; 읍례(揖禮).

問1 答; 향교집례에 의하면 부복하기 전에 두 번 읍을 하고 무릎을 꿇고 앉습니다.

問2 答; 사례편람 등 예서 거의가 주자가례를 모체로 하여 찬집 된 예서라 읍(揖)의 예가 포함되지 않은 것으로 이해되어야 할 것입니다.

●周禮春官宗伯禮官之職辨九拜一曰稽首二曰頓首三曰空首四曰振動五曰吉拜六曰凶拜七曰奇拜八曰褒拜九曰肅拜(註)稽首拜頭至地也(疏)先以兩手拱至地又引頭至地多時也拜中最重臣拜君之拜(註)頓首拜頭叩地也(疏)先以兩手拱至地又引頭至地首頓地卽舉若以首叩物然此平敵相拜(註)空手拜頭至手所謂拜手也(疏)先以兩手拱至地乃頭至手以其頭不至地故名空首君答臣拜(註)戰栗變動之拜(註)吉拜拜而后稽顙謂齊衰不杖以下者言吉者此殷之凶拜周以其拜與頓首相近故謂之吉拜云(註)凶拜稽顙而后拜謂三年服者杜子春云振讀爲振鐸之振動讀爲哀慟之慟奇讀爲奇偶之奇謂先屈一膝今雅拜是也或云奇讀曰倚倚拜謂持節持戟拜身倚之以拜鄭大夫云動讀爲董書亦或爲董振董以兩手相擊也(疏)稽顙是頓首但觸地無容(註)奇拜謂一拜也褒讀爲報報拜再拜是也(註)鄭司農云褒拜今時持節拜是也(註)肅拜但俯下手今揖擡是也介者不拜故曰爲事故敢肅使者玄謂振動戰栗變動之拜書曰王動色變一拜答臣下拜再拜拜神與尸享獻也謂朝獻饋獻也右讀爲侑侑勸尸食而拜(疏)肅拜拜中最輕惟軍中有此拜婦人亦以肅拜爲正推手曰揖引手曰擡九拜之中稽首頓首空首正拜也肅拜婦人之正拜也其餘五者附此四種逐事生名振動凶拜褒拜附稽首吉拜附頓首奇拜附空首

●鄕校禮輯凡下拜之禮一揖少退再一揖卽俯伏以兩手齊按地先跪左足次屈右足略蟠旋左邊稽首至地卽起先起右足以雙手齊按膝上次起左足仍一揖而後拜其儀度以詳緩爲敬不可急迫又曰凡作揖時用稍闊其足則立穩揖則須直其膝曲其身低其頭眼看自己鞋頭爲準兩手圓供而下使手只可至膝畔不得入膝內尊長前作揖手須過膝下舉手至眼而下與長者揖舉手至口而下畢則手隨起時又於胷前

●賈誼容經拜以磬折之容吉事尙左凶事尙右隨首以舉項衡以下寧速無遲項背之狀如屋之互拜容也

●朱子曰兩手下爲拜註拜字從兩手下又曰杜子春說大祝九拜處解奇拜云拜時先屈一膝今之雅拜是也夫特以先屈一膝爲雅拜則他拜皆當齊屈兩膝如今之禮拜明矣

●少牢饋食禮亞獻條主婦拜獻尸尸拜受主婦拜選爵註俠拜也

●特牲饋食禮主婦亞獻尸尸拜受主婦拜選註不俠拜士妻儀簡

●少儀婦人吉事雖君賜肅拜爲尸坐則不手拜肅拜爲喪主則不手拜註肅拜拜低頭也手拜手至地也婦人以肅拜爲正凶事乃手拜爲喪主不手拜者爲夫與長子當稽顙也其餘亦手拜而已疏手拜周禮空首也肅拜是婦人之常而昏禮拜扱地以新來爲婦盡禮舅姑故也

●朱子曰兩膝齊跪手至地而頭不下爲肅拜手拜亦然婦人首飾盛多自難俯伏地上

●儀節按婦人拜蓋主立拜言也今南方婦女皆立而叉手屈膝以拜若見舅姑則扱地爲喪主則稽顙不爲喪主則手拜庶得禮意

●曲禮遭先生於道趨而進正立拱手註呂氏曰先生者父兄之稱有德齒可爲人師者猶父兄也

●公羊傳僖公篇獻公揖而進之注以手通指曰揖疏解云蓋爲揖而招之言用拱揖

●輯覽揖禮圖式上禮下官躬身舉手齊眼下致敬上官隨生隨立無答○中禮下官躬身舉手齊口下致敬○下禮上官舉手齊心答禮

▶133◀◆問; 절에 대한 질문.
절하는 법에 대하여 자세히 알고 싶습니다.

◆答; 배법(拜法).
절하는 모든 예법은 아래에 의거하여 행하게 됩니다.
○周禮春官大祝辨九拜 (101. 107 참조)
○婦人拜考證(儀節)
●周禮大祝辨九拜九曰肅拜鄭註曰肅拜但俯下手今揖擪是也推手曰揖引手曰擪
●儀禮婦拜扱地坐奠菜于几東席上還又拜如初扱地手至地也婦人扱地猶男子稽首疏曰以手至地謂之扱地今重其禮故扱地也按婦人以肅拜爲正蓋肅拜乃婦人之常而昏禮拜扱地以其新來爲婦盡禮於舅姑也
●少儀婦人吉事雖有君賜肅拜爲尸坐則不手拜肅拜爲喪主則不手拜鄭註曰肅拜拜低頭也手拜手至地也婦人以肅拜爲正凶事乃手拜耳爲喪主不手拜者爲夫與長子當稽顙也其餘亦手拜而已
●孔氏正義曰此一節論婦人拜儀婦人吉禮不手拜但肅拜肅拜如今婦人拜也吉事及君賜悉然也
●陳氏曰肅拜如今婦人拜也左傳三肅使者亦此拜手拜則手至地而頭在手上如今男子拜也婦人以肅拜爲正故雖君賜之重亦肅拜而受若爲夫與長子之喪主則稽顙故不手拜若有喪而不爲主則手拜矣
●內則凡女拜尙右手註曰右陰也按檀弓孔子與門人立拱而尙右之註尙謂右手在上也
●通鑑周天元詔內外命婦皆執笏其拜宗廟及天臺皆俯伏如男子按謂之如則前此不如此可知矣
●語錄問古者婦人以肅拜爲正何謂肅拜朱子曰兩膝齊跪手至地頭不下爲肅拜手拜亦然爲喪主則頭亦至地不肅拜樂府說婦人云伸腰再拜跪伸腰亦是頭不下也不知婦人膝不跪地而變爲今之拜始於何時程泰之以爲始於武后非也
●古人席地而坐有問於人則略起身時其膝至地故謂之跪若婦人之拜在古亦跪古樂府云伸腰拜手跪則婦人當跪而拜但首不至地耳
●古人坐也是跪其拜亦容易婦人首飾盛多自難俯伏地上周天元令命婦爲男子拜史官書之以表其異則古者婦人之拜首不至地可知也然則婦人之拜當以深拜頗合於古按本註凡拜男子再拜婦人四拜謂之俠拜蓋主立拜言也今世俗南方婦女皆立而叉手屈膝以拜北方婦女見客輒俯伏地上謂之磕頭以爲重禮禮之輕者亦立而拜但比南方略淺耳考之古禮及儒先之說蓋婦人當以肅拜爲正所謂肅拜之儀鄭氏於周禮註以爲俯下手爲肅拜於少儀疏以爲拜低頭而朱子亦云兩膝齊跪手至地頭不下爲肅拜又云當跪而拜但首不至地耳今其儀雖不可曉但以此數說推之大略似是兩膝齊跪伸腰低頭俯引其手以爲禮而頭不至地也今北俗磕頭則類扱地稽顙之禮惟可用之昏禮見舅姑及喪禮爲夫與子主之時尋常見人宜略如所擬肅拜儀可也南俗立拜已久不可驟變但須深屈其膝毋但如北俗之沽裙叉手以右爲尙每拜以四爲節如所謂俠拜者若夫見舅姑則當扱地爲喪主則稽顙不爲喪主則手拜庶幾得古禮之意云

○婦人俠拜
●少牢饋食禮亞獻條主婦拜獻尸尸拜受主婦拜選爵註俠拜也
●特牲饋食禮主婦亞獻尸尸拜受主婦拜選註不俠拜士妻儀簡
●少儀婦人吉事雖君賜肅拜爲尸坐則不手拜肅拜爲喪主則不手拜註肅拜拜低頭也手拜手至地也婦人以肅拜爲正凶事乃手拜爲喪主不手拜者爲夫與長子當稽顙也其餘亦手拜而已疏手拜周禮空首也肅拜是婦人之常而昏禮拜扱地以新來爲婦盡禮舅姑故也
●朱子曰兩膝齊跪手至地而頭不下爲肅拜手拜亦然婦人首飾盛多自難俯伏地上

●儀節按婦人拜蓋主立拜言也今南方婦女皆立而又手屈膝以拜若見舅姑則扱地爲喪主則稽顙不爲喪主則手拜庶得禮意

▶134◀◆問; 절의 횟수?

각각 상황에 따른 절의 횟수가 궁금 합니다.

◆答; 절의 횟수.

아래와 같이 살펴보건대,

1. 부모 새벽 문안; 一拜. 2. 세배; 一拜. 3. 부친의 벗 등; 一拜. 4. 대부사 제사; 再拜. 5. 왕실 제례; 四拜. 절이란 너무 길어도 안되며 너무 빨라도 예에 어긋납니다.

●司馬氏居家雜儀見尊長經宿以上則再拜五宿以上則四拜賀冬至正旦六拜朔望四拜
●南溪曰朱子嘗論朝夕哭無拜曰常侍者無拜禮子必俟父母起然後拜
●東事日知正朝歲拜條劉侗帝京景物略正月元朝家長少畢拜姻友投箋互拜曰拜年今俗歲拜之法想本于此
●栗谷曰凡拜揖之禮不可預定大抵父之執友則當拜洞內年長十五歲以上者當拜爵階堂上而長於我十年以上者當拜鄉人年長二十歲以上者當拜
●家禮四時祭參神條主人以下敍立如祠堂之儀立定再拜
●國朝五禮儀吉禮春秋及臘祭社稷儀執禮曰四拜禮儀使啓請四拜殿下四拜在位者皆四拜
●尤庵曰祭祀拜揖之禮或遲或速何者爲得耶祭時拜伏之節太遲不可也太速恐亦不可也

▶135◀◆問; 절하는 방법이 궁금합니다.

지난 추석절 전야에 텔레비죤에서 전통예절에 대한 프로그램을 진행하면서 한 가족의 성묘 모습을 보여 주었는데 남자들의 절하는 방법이 각기 달라 이상한 생각이 들어 성균관 홈페이지에서 확인을 해 봐도 확실하지 않아 문의를 합니다.

절을 할 때 손의 위치(位置)입니다. 남자들이 절을 할 때 바닥으로 내어 짚는 손의 위치는 어느 경우가 맞는지요?

1. 왼손을 위로하여 공수한 채로 내어 짚는다.
2. 왼손과 오른손의 엄지손가락을 맞닿게 나란히 하여 내어 짚는다.
3. 고두배 할 때처럼 준비 동작은 공수를 하고 바닥에 내어 짚을 때는 20cm 정도 벌인다.

◆答; 절하는 방법.

보통의 배법에서는 읍(揖) 없이 계수배(稽首拜)하는데 공수법(拱手法)에서 길사(吉事)는 尙左, 길사는 尙右로 잡고 땅을 집되 손을 벌려 짚지 않습니다.

절(拜)의 예법(禮法)에는 가례(家禮)의 예(禮)에서 행하는 배법(拜法)인 주례(周禮) 배법(拜法)이 있고, 향교집례(鄉校輯禮)에 의한 배법(拜法)이 있습니다.

○상례(上禮)의 읍(揖) 없는 배(拜)는 주례(周禮)의 배법(拜法)이고,
○상례(上禮)의 읍(揖)이 있는 배(拜)는 향교집례(鄉校輯禮)에 의한 배법(拜法)입니다.

읍례(揖禮)에는 상례(上禮), 중례(中禮), 하례(下禮)가 있는데 상례(上禮)인 경우(境遇)에는 공수(拱手)한 손을 눈(목(目))높이까지 앞으로 원을 그리며 들어올렸다 내리고 중례(中禮)인 경우에는 입(口) 높이까지 들어 올렸다 내리며 하례(下禮)인 경우에는 가슴 심장(心) 높이로 듭니다.

●輯禮又手圖說云凡又手之法以左手緊把右手大拇指其左手小指則向右手腕右手四指皆

直以左手大指向上如以右手掩其臂手不可大着臂須令稍去臂二三寸許方爲叉手法也○又
揖禮圖(上禮)下官躬身擧手齊眼下致敬上官隨生隨立無答(中禮)下官躬身擧手齊口下致敬
(下禮)上官擧手齊心答禮○又凡拜之禮一揖少退再一揖卽俯伏以兩手齊按地先跪左足次
屈右足略蟠旋左邊稽首至地卽起先起右足以雙手齊按膝上次起左足仍一揖而後拜其儀度
以詳緩爲敬不可急迫

●事林廣記祗揖法凡揖人時則稍闊其足其立則穩揖時須是曲其身以眼看自己鞋頭威儀方
美觀揖時亦須直其膝不得曲了當低其頭使手至膝畔又不得入膝內喏畢則手隨時起而又於
臂前揖時須全出手不得只出一指謂之鮮禮揖尊位則手過膝下喏畢亦以手隨身起又手于臂
前也

●輯覽圖式;

●檀弓註吉事尚左陽也凶事尚右陰也此蓋拱立而右手在上也

●曲禮從於先生不越路而與人言遭先生於道趨而進正立拱手

●輯覽叉手圖說云凡叉手之法以左手緊把右手大拇指其左手小指則向右手腕右手四指皆
直以左手大指向上如以右手掩其臂手不可大着臂須令稍去臂二三寸許方爲叉手法也○又
揖禮圖(上禮)下官躬身擧手齊眼下致敬上官隨生隨立無答(中禮)下官躬身擧手齊口下致敬
(下禮)上官擧手齊心答禮

▶136◀◆問; 절하는 방법에 대하여?

안녕하세요. 미성년자의 배례법에 대해서 궁금해 이렇게 글을 올립니다. 결혼을 하
지 않은 미성년자들이 세배를 할 때 큰절을 하는 것이 맞나요. 아님 평절을 하는
것이 맞나요.

◆答; 절하는 방법.

배법은 9 배로 분류가 되는데 절을 함에 있어서는 미성년, 성년을 가리지 않고 중배
(重拜)인가 상배(相拜)인가의 구분하여 절을 하면 됩니다. 부모나 어른들에게는 중
배인 계수배(稽首拜)로 하고 상배(相拜)일 때는 돈수배(頓首拜) 법으로 절하여야 합
니다.

○계수배(稽首拜)는 공수한 손으로 땅을 짚고 무릎을 꿇고 이마를 땅에 대고 오래
있다 일어나고,

○돈수배(頓首拜)는 공수한 손으로 땅을 짚고 무릎을 꿇고 이마를 땅에 대는 즉시
떼고 일어나는 절입니다.

●周禮春官宗伯禮官之職大祝辨九拜一曰稽首(註)稽首拜頭至地也(疏)先以兩手拱至地又
引頭至地多時也拜中最重臣拜君之拜○又二曰頓首(註)頓首拜頭叩地也(疏)先以兩手拱至
地又引頭至地首頓地卽擧若以首叩物然此平敵相拜

▶137◀◆問; 절의 예법에서 남녀가 다른 이유가 무엇인가요.

절하는 例를 보면 여자가 남자보다 더 하여야 하는 것 등등 입니다. 그 이유가 무
엇인가요. 남녀 차별은 아닐까고요.

◆答; 남녀가 절의 회수가 다른 이유.

절의 회수는 남자는 양이라 1 회인데 여자는 음이라 2 번을 하게 되며 제사 등에서
는 남자가 2 번하고 여자는 4 번하게 되는 것입니다. 이와 같이 2,4 번의 까닭은 남
자 1 배 여자 2 배 또 남자 1 배 여자 2 배 합이 남자 재배 여자 4 배가 되는 것입
니다.

●溫公曰古者婦人與丈夫爲禮則俠拜鄕里舊俗男女相拜女子先一拜男子拜女一拜女子又

一拜蓋由男子以再拜爲禮女子以四拜爲禮故也
●內則男左女右細註嚴陵方氏曰或男耦而女奇取陰陽之相須也或男左而女右取陰陽之相
類也

▶138◀◆問; 절의 횟수.

우리나라 예법이나 제례에 절을 3 번 하는 경우도 있는지요? 참고로 혼례 때 신랑
과 신부, 제례 때, 산신제 때 절을 하는 횟수를 알려주십시오?

◆答; 절의 횟수.

昏禮; 부선이배 부답일배 부우이배 부답일배(婦先二拜夫答一拜婦又二拜夫答一拜) ○
합(合) 남자 재배, 여자사배(合男子再拜女子四拜).
祭禮; 장부재배, 부인사배(丈夫再拜婦人四拜).
后土祭; 재배(再拜).

●司馬氏居家雜儀不見尊長經再宿以上則再拜五宿以上則四拜賀冬至正朝六拜朔望四拜
凡拜數或尊長臨時減而止之
●書儀昏禮交拜禮條壻立于東席婦立于西席婦拜壻答拜註古者婦人與丈夫爲禮則俠拜鄉
里舊俗男女相拜女子先一拜男子拜女一拜女子又一拜蓋由男子以再拜爲禮女子以四拜爲
禮故也
●語類昏禮篇古者婦人與男子爲禮皆俠拜每拜以二爲禮昏禮婦先二拜夫答一拜婦又二拜
夫又答一拜
●書儀時祭篇俱再拜註此參神也又虞祭亞獻條註婦人不跪旣酹四拜此其異於丈夫
●書儀后土祭篇云云告者再拜出就及執事者皆西向再拜徹饌

▶139◀◆問; 절하는 자세에 대하여.

앞선 저의 질문에 답변해 주셔서 감사합니다. 한 가지 더 질문 드립니다. 상가를 방
문한 남자가 조문 절하는 자세가 궁금합니다. 흉사이므로 평상시와 반대로 오른손을
위로 하여 공수를 한다고 들었습니다. 그렇다면 무릎을 꿇을 때에도 평상시와 반대
로 오른 무릎을 먼저 꿇으며, 일어설 때에도 평상시와 반대로 왼 무릎을 먼저 세우
는 것인지요? 아니면 공수만 평상시와 반대로 하고, 무릎을 꿇고 세우는 것은 평상
시와 같게 하는 것인지요?

◆答; 절하는 자세.

흉사에 무릎 꿇는 예법을 직접 언급함은 살핀바 없어 알지 못하나 아래와 같이 살
펴보건대 가의(賈誼)께서 수족(手足)을 불문(不問) 길사상좌(吉事尙左) 흉사상우(凶
事尙右)라 하셨으니 흉사(凶事)에는 손은 물론 우측 무릎을 먼저 꿇어야 옳을 것 같
습니다.

●凶拜註凶拜稽顙而后拜三年服者疏稽顙是頓首但觸地無容
●檀弓孔子與門人立拱而尙右二三子亦皆尙右孔子曰二三子之嗜學也我則有**姊**之喪故也
二三子皆尙左註吉事尙左陽也凶事尙右陰也此蓋拱立而右手在上
●賈誼曰容經拜以磬折之容吉事尙左凶事尙右隨首以舉項衡以下寧速無遲項背之狀如屋
之互拜容
●鄉校禮輯凡下拜之禮一揖少退再一揖卽俯伏以兩手齊按地先跪左足次屈右足略蟠旋左
邊稽首至地卽起先起右足以雙手齊按膝上次起左足仍一揖而後拜其儀度以詳緩爲敬不可
急迫

▶140◀◆問; 절할 때 여자분의 공수방법.

수고 많으십니다. 며칠 전 시어머님 장례를 치렀습니다. 3 일장을 했고 매장을 하였습니다. 스피드 시대라서 인지 발인 당일 탈상 한다고 했습니다. 삼우제는 없다고 하면서 집으로 돌아와서 제사를 저녁 6 시경에 지내더군요. 상조회사에서는 상복(개량한복 검은색 치마 저고리)을 입고 제사 지내고 나면 옷을 찾아가겠다 했는데 큰집 가까이 도착하니 부정 탄다고 상복은 벗고 집안으로 들어오라고 하더군요.

주차장에서 벗고 나니 마땅히 정장도 없고 그런대로 입고 제사를 지냈는데. 제사 이름도 알고 싶고 절 할 때 여자들은 손을 왼손을 위로하는지 오른손을 위로해야 하는지 알고 싶습니다.

◆答; 절할 때 여자분의 공수방법.
장사당일 지낸 제사는 초우제라 하며 여자의 공수는 길사는 상우(尚右)라 하여 오른손을 왼손 위로 두고 흉사(凶事)에는 왼손을 오른손 등 위로하여 절하게 됩니다.

●家禮喪禮虞祭本註葬之日日中而虞或墓遠則但不出是日可也
●檀弓孔子與門人立拱而尚右二三子亦皆尚右孔子曰二三子之嗜學也我則有姊之喪故也二三子皆尚左註吉事尚左陽也凶事尚右陰也此蓋拱立而右手在上也
●內則凡男拜尚左手(鄭注)左陽也凡女拜尚右手(鄭注)右陰也(註)尚左尚右陰陽之別(疏)女拜尚右手者右陰也漢時行之也
●輯覽叉手圖說云凡叉手之法以左手緊把右手大拇指其左手小指則向右手腕右手四指皆直以左手大指向上如以右手掩其胷手不可大着胷須令稍去胷二三寸許方爲叉手法也

▶141◀◆問; 큰절의 정확한 방법을 알려 주세요.
1. 예절 공부를 늦게 시작한 사람으로 예절에 대한 궁금증이 많은 사람입니다.
2. 여자가 큰절(숙배)을 하는 방법에서 인터넷과 책자에서 예절를 연구하시는 학자님들의 의견이 조금 다른 부분을 달라 문의합니다.

(물음 1) 어느 쪽 무릎을 먼저 꿇어야 하는지요? 학자 가. 숙배를 할 때 오른 무릎을 먼저 꿇고 다음에 왼 무릎을 가지런히 꿇는다. 학자 나. 숙배를 할 때 왼쪽 무릎을 먼저 꿇고 다음에 오른쪽 무릎을 가지런히 꿇는다.
(물음 2) 윗몸을 굽히는 각도는 어느 정도인지요? 학자 가. 1 윗몸을 반쯤 (45 도)앞으로 굽혀 잠시 멈춘다. 학자 나. 2. 윗몸을 반쯤 (60 도)앞으로 굽혀 잠시 멈춘다.
(물음 3) 양손을 위로 올리는지 아니면 바닥에 짚어야 옳은 지요? 학자 가. 양손을 어깨 높이로 올리고 고개를 숙여 이마를 손등에 댄다. 학자 나. 무릎을 꿇고 양손을 바닥에 짚는다. 제현 여러분의 의견을 기다립니다.

◆答; 큰절의 정확한 방법.
問1). 答; 여자는 음(陰)이니 오른쪽부터 꿇는다.
問1). 答; 여자는 머리 꾸미개를 많이 하고 있어 머리를 깊이 숙일 수기 없어 고개와 머리를 조름 앞으로 숙입니다.
問1). 答; 양슬제궤수지지이두불하위숙배(兩膝齊跪手至地而頭不下爲肅拜)라 하였으니 양손은 차수한 채로 땅을 짚습니다.

○婦人肅拜(127 130 141 등 참조).
●士昏禮註婦人與丈夫爲禮則夾拜
●朱子曰婦人伸腰再拜跪伸腰是頭不下也
●語類何謂肅拜曰兩膝齊跪手至地而頭不下爲肅拜手拜亦然婦人首飾盛多自難俯伏地上
●少儀婦人吉事雖君賜肅拜爲尸坐則不手拜肅拜爲喪主則不手拜(鄭註)肅拜拜低頭也手

拜手至地也婦人以肅拜爲正凶事乃手拜爲喪主不手拜者爲夫與長子當稽顙也其餘亦手拜
而已(疏)手拜周禮空首也肅拜是婦人之常而昏禮拜扱地以新來爲婦盡禮舅姑故也
●陳氏曰肅拜如今婦人拜也手拜手至地而頭在手上如今男子拜也
●語錄問古者婦人以肅拜爲正何謂肅拜朱子曰兩膝齊跪手至地頭不下爲肅拜手拜亦然爲
喪主則頭亦至地不肅拜考之告禮及儒先之說蓋婦人當以肅拜爲正
●朱子曰兩膝齊跪手至地而頭不下爲肅拜手拜亦然婦人首飾盛多自難俯伏地上

○婦人俠拜
●少牢饋食禮亞獻條主婦拜獻尸尸拜受主婦拜還爵註俠拜也
●特牲饋食禮主婦亞獻尸尸拜受主婦拜還註不俠拜士妻儀簡
●少儀婦人吉事雖君賜肅拜爲尸坐則不手拜肅拜爲喪主則不手拜註肅拜拜低頭也手拜手
至地也婦人以肅拜爲正凶事乃手拜爲喪主不手拜者爲夫與長子當稽顙也其餘亦手拜而已
疏手拜周禮空首也肅拜是婦人之常而昏禮拜扱地以新來爲婦盡禮舅姑故也
●朱子曰兩膝齊跪手至地而頭不下爲肅拜手拜亦然婦人首飾盛多自難俯伏地上
●儀節按婦人拜蓋主立拜言也今南方婦女皆立而又手屈膝以拜若見舅姑則扱地爲喪主則
稽顙不爲喪主則手拜庶得禮意

▶142◀◆問; 흉길사 시 공수 예법?

조문(弔問) 시 영좌(靈座)에 대해서는 흉사(凶事) 시의 공수(拱手)로 알고 있습니다.
그렇다면 조문객은 영좌(靈座)에 흉사시의 공수로 재배(再拜)를 하고 복인(服人)을
향하고, 조문객과 복인 간에 서로 절하는데, 이때 상주(喪主)와 조문객의 공수가 어
떻게 되는지 궁금합니다. 좋은 가르침 부탁 드립니다.

◆答; 공수 예법.

아래와 같이 살펴보건대 상(喪)의 예(禮)에서는 남자는 오른손이 왼손 위로가게 하
고 여자는 왼손이 오른손 위로 가게 하는 것 같습니다. 물론 길사(吉事)에서는 그
반대가 되겠지요.

●內則凡男拜尙左手注左陽也凡女拜尙右手注右陰也
●檀弓孔子與門人立拱而尙右二三子亦皆尙右孔子曰二三子之嗜學也我則有姉之喪故也
二三子皆尙左註吉事尙左陽也凶事尙右陰也此蓋拱立而右手在上也

5 입후(入後)

▶143◀◆問; 독자(獨子)라도 입후 승계하여야 하나?

입후(立後)치 못한 경우에 제례를 어떻게 해야 하나요? 성균관에 질의하여 많은 것
을 배우고 있습니다. 어렵게 공부 하신 것을 힘 안들이고 배우니 미안하고 송구스
런 마음이 앞섭니다.

제례나 상례절차를 제대로 행하여 예를 다한다는 것이 참으로 어렵습니다. 현실에
서 먹고 사는 것은 어떻게든 먹고 사는데 예를 차리고 산다는 건 쉬운 일이 아니며,
항자(恒者)가 항심(恒心)을 일으킨다고 먹고 살기 빡빡한 사람들은 예를 생각지 아
니하고, 먹고 살만해야 그때서야 예를 차리려 합니다.

4 대 봉사를 하는 동안 고조-증조-조부-부 이렇게 가계(家系)가 이어져 내려오는
동안도 장자(長子)에게서 손(孫)이 있어서 가계를 원만히 이어져 오는 것은 매우 어
려운 현실이라 생각됩니다. 특히 현대는 핵가족 시대라서 자녀를 많이 두지 않고
아들딸을 구별하지 않는 풍조가 만연하다 보니 장자(長子)에게 아들이 없는 안이
비일비재하다고 봅니다. 그런데 차자(次子)의 집에도 아들이 단 1 명뿐인 경우에 출

계하여 장자(長子)의 집안에 양자입후(養子立後) 한다는 것은 현실적으로 매우 그 실현 가능성이 희박하다고 봅니다.

이렇게 입후(立後)를 하지 못하였을 때, 차자의 집안에서 조상님들의 제사를 안모실 수도 없어서 입후(立後)치 아니하고 적당히 제사를 물려 받아서 제례를 행하는 경우도 또한 비일비재 하다고 봅니다. 이것은 현재도 그러하고 미래도 그러할 것이라 여깁니다.

장자(長子)가 없으면 차자(次子)가 섭행(攝行)한다는 말씀은 들어서 가히 알고 있으나, 입후(立後)의 대책이 서지 않는 가문에서 장자(長子) 사후에 차자(次子)나 3 자(者)가 어떤 형태로 4 대 봉사를 해야 하는지 문의 드립니다.

◆答; 독자라도 입후 승계.

장자무후사(長子無後死)인 경우 말씀과 같이 제사(祭祀) 승계에 대하여 유계(儒界)에서 심각히 고민한 문제임에는 틀림없습니다. 그러나 제사란 사당이 전제되어 있는 까닭에 여러 가지 고려되어야 할 과제가 많습니다.

사당(祠堂) 없이 지방(紙牓)으로 제사를 지낸다면 그때 그때 사정에 따라 써 붙일 수도 있다 하겠으나 신주(神主)란 주인이 바뀌면 개제(改題)하고 필수로 방제(旁題)의 법도에 [효모자손모봉사(孝某子孫某奉祀)]라 명기하는 법식이 있어 함부로 할 수가 없는 것입니다. 그러나 이 역시 현실(現實)이 뒷받침된다는 조건(條件)이 충족(充足)되었을 때에 한하겠지요. 따라서 요즘과 같이 대가족제도(大家族制度)가 붕괴(崩壞)된 핵가족(核家族) 현실(現實)에서는 무리(無理)일 수도 있을 것입니다.

허나 타교(他校)에도 허무맹랑(虛無孟浪)한 교리(敎理)가 있듯이 유교(儒敎)에도 현실과는 괴리(乖離)가 있는 교리(敎理)가 존재(存在)할 수도 있는 것입니다. 다만 아래와 같이 살펴보건대 그와 같은 경우 윗대 조상(祖上) 없는 손(孫)은 없으니 차자(次子)의 자(子)가 독자(獨子)라 하여도 백부(伯父)의 뒤를 이어 받아 조상봉사(祖上奉祀)를 하여야 함은 당연할 것입니다. 효(孝)의 실천(實踐)이란 사욕(私慾)이 어느 정도는 자제되어야 하겠지요.

●問解問長子無後而死不立後次子死而有子又季子生存則誰當奉祀耶答次子之子當奉祀
●問解續問長子之庶子不可代承宗祀而歸於次嫡禮法當然否答古禮則不必然而國法如是耳
●大典奉祀條長子無後則衆衆子無後則妾子奉祀
●尤庵曰兄亡弟及禮之大節目也長子旣死無後則宗移次子而次子之子爲宗子
●曾子問庶子若宗子死告於墓而祭於家稱名不言孝身沒而已註孝宗子之稱不敢與之同但言子某
●鄕校禮輯孤子不可出繼
●通典大宗無後族無庶子己有一嫡子當絶父祀以後大宗
●程子曰禮長子雖不得爲人後若無兄弟又繼祖之宗絶亦當繼祖後
●問程子曰云云獨子爲人後則其私親後事何以爲之寒岡曰程子之意蓋謂長子雖不得爲人後而若無兄弟又繼祖之宗絶則不得不後於伯父以繼先祖之宗私親後事自當酌處不可以私親之故而絶先祖之祀也私親或當別廟

▶144◀◆問; 봉사손, 적장손, 종손, 입양의 방법.

안녕하세요? 의령남씨충경공파종회 종원입니다. 위 종회 공동선조인 남재는 불천위(不遷位)로서 태조임금 종묘 배향된 개국일등공신인데, 1728 년 이인좌의 난에 종손인 남태징이 역모에 가담하여 옥사함으로써 절가되었고, 남태징의 형제인 남태홍, 남태승도 처형되었다고 합니다.

당시 조정에서 불천위(不遷位) 남재의 향사(享祀)를 이을 갈 자로 남재의 셋째 손의 장손계열인 남세관을 봉사자로 상소를 올렸고, 영조대왕은 남재의 적장 손으로 남세관을 세우게 해달라는 상소에 아뢴 대로 행하라고 어명을 내리었다고 승정원일기에 나오며, 한편 위 종회 족보에는 남세관을 불천위 남재의 봉사 손으로 기재되어 있고, 남세관에 이어 그 종손들이 283 년간 남재의 제사를 매년 4 차례 지내고 있습니다.

1. 당시 입양절차를 거치려면 일반백성(예조의 승인)과 다르게 불천위 개국공신은 예조를 경유하여 임금의 승인이 나면 홍문관에서 시행했다고 하는데 맞는지요?
2. 입양절차 없이 봉사손(奉祀孫) 지위를 왕명으로 어명을 내리면 그 봉사손(奉祀孫) 지위가 상속되는지, 아니면 남세관 1 대에 한하는지, 어떤지요?
3. 입양절차를 거쳤다는 증거는 무엇인지, 또한 입양자라면 종손역할을 그대로 할 수 있고, 여전히 종손의 지위는 남세관의 종손들로 면면히 계속되는지요?
4. 족보엔 봉사손(奉祀孫) 기재되고, 승정원일기엔 적장손(嫡長孫)이라고 기재된 남세관은 남재의 종손 역할을 할 수 있는지 어떤지요?
5. 입양절차를 거쳤다면 적장손(승정원일기)=봉사손(족보 기재)=종손 관계가 성립가능한지요?
6. 위 5 항 가능 시 입양절차를 쳤다는 증거로 승정원일기를 사용할 수 있는지요?
7. 이상 종합해보면, 남재의 제사주재자는 남세관의 장남계열로 이어진 현재의 종손이 되는지, 아니면 위 종회가 현재의 남세관의 종손을 남재의 봉사손(奉祀孫) 지위를 박탈하는 결의를 하여 족보에 임의로 기재하고 종중 회장이 남재의 제사를 주재하는 자가 될 수 있는지요?

◆答; 봉사손, 적장손, 종손, 입양의 방법.

문맥으로 보아 대종의 종원 간에 발생된 문제인 것 같습니다. 이 문제는 상대가 있어 답 달기에 선뜻 내키지 않습니다. 입후에 관한 사항은 입후에서부터 환본종(還本宗; 파양)에 이르기까지 모두 종법(宗法)에 기록되어 있습니다. 이를 살펴보시면 쉽게 결론을 얻으실 수 있을 것입니다.

서명(書名); 동래종법(東萊宗法). 황조경세문편(皇朝經世文編). 혹 예서류에 약간.

▶145◀◆問; 유자(猶子)는 양자(養子)와 같은 것인가?

유자(猶子)는 양자(養子)와 같은 것인가?
1. 고려 때에 사용되든 유자(猶子)가 이조 시대에 유행하였던 양자(養子)와 같은 뜻입니까? 아니면 다른 뜻입니까?

• 유자(猶子).
① 자식과 같다는 뜻으로, '조카'를 달리 이르는 말.
② 편지 글에서, 글 쓰는 이가 나이 많은 삼촌에게 자기를 이르는 일인칭 대명사.
양자(養子).
① 아들이 없는 집에서 대를 잇기 위하여 동성동본 중에서 데려다 기르는 조카뻘 되는 남자아이. 계자(繼子); 양아들.
②입양에 의하여 자식의 자격을 얻은 사람. ≒가자(假子).
2. 혹자가 다음과 같은 말을 하고 있어 헷갈립니다.
고려왕실에서 조차 조카인 유자(猶子)가 중부(仲父)를 계승하는 것이 법에 어긋나지 않다는 사례가 있었던 것이다. 라고 하며, 고려왕실도 아닌 동시대의 일반 사대부 집안의 조카가 중부(仲父)를 아선군자(我先君子)라고 표기한 기록이 있다 하여, 족보에도 양자의 기록이 없는 엄연한 조카를 양자로 입록된 것이 확실하다. 그러다가 형제가 모두 후손 없이 죽어서 원상 복구되었을 가능성이 있다. 라는 헛소리를 하고 있습니다.

3. 자세한 해설을 부탁 드립니다.

◆答; 유자(猶子)와 양자(養子).

猶子; 형제지자(兄弟之子). 질(姪). 아들과 같이 대함.

猶父; 백부(伯父). 아버지처럼 여김.

養子; 자녀를 양육함. 양아들. 양식(養息). 양아(養兒).

立後; 입사(立嗣). 무사자(無嗣者)가 사당(祠堂) 봉사(奉事)할 아들을 들여세움. 왕위(王位) 계승자(繼承者)를 들여세움.

●論語先進第十一子曰回也視予猶父也予不得視猶子也非我也夫二三子也
●史記評林孝文本紀古之有天下者莫不長焉用此道也(註索隱曰言古之有天下者無長於立子故云莫長焉用此道者用殷周立子之道故安治千有餘歲也)立嗣必子所從來遠矣

▶146◀◆問; 이성입후(異姓立後)에 대하여.

우리 족보(族譜) 이야기 입니다. 부끄러운 일 이나 표현(表現) 하므로 해결 되리란 생각에 올려봅니다. 저의 5 대조부께선 형제 분을 낳으셨지요. 이렇게 되어 큰집 작은 집으로 세대가 이어졌습니다. 문제는 큰 집 쪽에 있습니다. 4 대조부께서 3 형제를 두었고 이 3 대 조부 3 형제. 중 2 째 3 째 외 아들만 낳으셨습니다 이중 종손이자 큰집 아드님께서는 자손을 갖지 못하였습니다 하여 양자를 드리게 되었는데 친족도 아니고 혈족도 아닌 사람을 양자로 드렸습니다 이 자손이 4 대에 걸쳐 내려오면서 계속 문제되고 있습니다.

양자로 올 때 그 가족도 한 동네로 다같이 와 옆에 살았고 지금도 그대를 이어 살고 있습니다. 문제는 족보가 무엇인지요. 제 생각에 혈족보라 생각하구요 동물 진돗개 족보도 그 혈통 성이 기준인데 하물며 사람이 이래서야 되는 것인가 하구요 혈족이 되고 싶어 되고 안되고 싶어 안 되는 건가요 인륜인가 천륜인가요 적통 손자가 있는데 어찌 친족도 아닌 양자가.

종손이 되며 조상에 자손이 아닌 자가 제사상을 주관합니까 서출도 족보에 못 오르는 데 서출보다 못한 양자가 어찌 양자도 친족(6 촌)이내서 해야 족보에 오른다는 이야기도 있고요.

◆答; 이성입후(異姓立後)는 비례(非禮)입니다.

지난날 본친(本親) 후자(後者)로는 입후(立後)할 자가 없을 때 이성을 양자로 기른 일은 있으나 족인이 아니면 신도 흠향을 하지 않는다 하였으니 아무리 원친이라 하여도 동성 중에서 입후함이 모든 것이 옳게 되어갈 것입니다.

●通典禮二十九嘉十四異姓爲後議後漢吳商異姓爲後議曰或問以異姓爲後然當還服本親及其子當又從其父而服耶將以異姓而不服也答曰神不歆非族明非異姓所應祭也雖世人無後並取異姓以自繼然本親之服骨血之恩無絶道也
●朱子答徐居甫之問曰立異姓爲後此固今人之失今亦難以追正異姓立後非禮也而尙不得追正況殷禮之有可據者乎疑晦所在畧陳梗槩冀蒙垂察更賜鐫誨千萬至望

▶147◀◆問; 장자(주인)가 무자로 사망하게 되면 주인은 누구?

예법을 잘 모르고 무속들의 망언이 전해져 환자가 있거나 자녀(子女)의 결혼을 앞 둔 경우에 제사를 생략하는 등 무속들의 그릇된 망언이 판을 치고 있습니다. 이러한 때에 형제가 여러 명인데 長子가 자손을 두지 못하고 卒하였을 경우에 그 장자의 妻가 계속 조상님의 제사를 지내는 것이 옳은가에 대하여 질문 드립니다.

◆答; 장자(주인)가 무자로 사망하게 되면.

아래와 같이 살펴보건대 장자(長子; 主人)가 무자(無子)로 사망하게 되면 장부(長婦)와 더불어 숙부(叔父), 제(弟), 질(姪)이 있을 때 질(姪)을 입후(入后)하여 승중(承重)하고 질(姪)이 없으면 입후(入后)할 때까지 제(弟)가 섭사(攝祀)로 봉사(奉祀)하다 입후(立後)되면 그의 대에 맞게 개제(改題)하여 물려줌이 바른 예(禮) 같습니다.

●退溪曰長子無子次子之子承重應指嫡子孫而言雖有妾産恐未可遽代承也
●問解問長子無後而死不立後次子死而有子又季子生存則誰當奉祀耶答次子之子當奉祀
●南塘曰長子死無子雖有長婦與叔父季子則當攝次子主祭初獻
●明齋曰長子死無子雖有長婦與有叔父又有一弟則其弟當奉祀待他日立後改題歸宗

▶148◀◆問; 차남이 백부(伯父) 댁으로 출위(出位) 하였을 때 종손은 누가 되나요.

차남(次男)이 백부(伯父) 댁으로 출위(出位, 族譜上 특정인 밑으로 올리는 것) 하였을 때, 그 전체 가계의 종손은 누가 되는 가요?

문제는 출위자가 생가로 보면, 차남(次男)이 되는 것이기 때문이지요. 간단한 문제 같지만 실제로 많이 일어나고 있습니다. 두견화 拜上.

◆答; 차남이 백부(伯父) 댁으로 출위(出位) 하였을 때 종손은 누가되나.

지자(支子)의 차자(次子)가 이미 효자(孝子)의 후사(後嗣)가 되었다면 그가 그 집안의 종손(宗孫)으로써 종가(宗家) 사당(祠堂)의 주인(主人)이 되며 선대(先代) 봉사(奉祀) 시(時) 초헌관(初獻官)이 됩니다.

●大傳人道親親也親親故尊祖尊祖故敬宗敬宗故收族收族故宗廟嚴
●白虎通宗子何謂也宗尊也爲先祖主也宗人之所尊也古者所以必有宗何也所以長和睦也大宗能率小宗小宗能率群弟通其有無所以統理族人者也
●喪服傳何如而可爲之后同宗則可爲之后何如而可以爲人后支子可也疏支子可也者他家適子自爲小宗小宗當收斂五服之內亦不可闕則適子不得後他故取支子○又爲人後者孰後後大宗也曷爲後大宗大宗者尊之統也大宗者收族者也不可以絶故族人以支子後大宗也
●通典長子後大宗則成宗子禮諸父無后祭於宗家後以其庶子還承基父然間代繼后便同無后擇同姓昭穆相當者爲後恐當
●儀禮喪服斬縗章傳曰大宗者尊之統也大宗者收族者也不可絶故族人以支子後大宗也適子不得後大宗疏適子不得後他故取支子又曰小宗適子亦當立後
●退溪曰長子無子次子之子承重應指嫡子孫而言雖有妾産恐未可遽代承也
●問解問長子無後而死不立後次子死而有子又季子生存則誰當奉祀耶答次子之子當奉祀
●經國大典適妾俱無子者告官立同宗支子爲後
●沙溪曰長子無後則儀禮及國典皆以同宗支子爲後故自前必以支子爲後曾有一宰臣引通典說陳訴以其弟獨子爲後因成規例焉

▶149◀◆問; 호적상 양자를 들지 않아도 장손이 될 수 있는지요?

가계가 좀 복잡합니다. 먼저 제 친 할아버님은 증조부로부터 둘째 아들 이고요. 제

큰 할아버님은 아들 대에 자손이 없어 대가 끊어졌습니다. 졸지에 우리 할아버님이
문중 제사를 다 지내게 되었고요. (참고로 고조부님께서 입향조 이십니다). 그리고
아버님이 장손이다 보니 제사를 물려 받았고요. 그런데 큰 할아버님 제사와 큰 아
제 제사는 제가 주욱 모셔왔습니다. 그런데 몇 해전 어머니께서 돌아가시고 난 후
문제가 생겼습니다. 제 위에 형님이 계시는데 종교적인 문제로 제사를 지낼 수 없
어 문중이 모인 자리에서 제가 위분들 제사를 모두 모시게 되었습니다.

형님 밑에는 분명 아들이 있는데도 말입니다. (물론 미혼이라 아직 제사모실 입장이
못 되었고요) 아버님 말씀이 제가 제사를 물려받아도 아무 문제가 없다고 하시는데
장손을 두고 제가 그래도 되는지 알고 싶습니다. 끊어진 큰집의 대를 제가 이어도
아무 문제가 없는지 궁금합니다. (호적은 아버지 밑으로 되어있거든요)물론 가족들
은 다 인정하기는 했지만. 참 복잡한 집입니다. 그렇지요?

◆答; 호적상 양자를 들지 않아도 장손이 될 수 있는가.
장자가 폐질 시 조상 제사를 이어 받는 유가적(儒家的) 법도를 살펴보기로 합니다.

아래와 같이 살펴보건대 장자(長子)가 폐질 자(廢疾者)일 때 차자(次子)가 그 제사
(祭祀)를 물려 받아 봉사(奉祀)하는 것이 아니라 다만 섭행(攝行)할 뿐이며 또 그
의 후자(後子)가 있다면 그 중 장자(長子)가 승중(承重)함이 마땅한 것 같습니다.

폐질 자(廢疾者)란 정신이상자(精神異常者) 신체상불치병자(身體上不治病者)를 이르
니 유가적(儒家的) 시각(視覺)으로는 조상봉사(祖上奉祀)를 거부하는 교인(敎人)은
정신이상자(精神異常者)로 간주함에 무리가 없을 것입니다.

입후 역시 폐질자라 하여도 종손의 지위 승계가 불가함이 아니라 다만 그가 주인으
로써 행사할 수 없을 뿐으로 동항(同行)의 입후는 계대(繼代)에도 맞지 않아 불가
할 것 같으며 특히 그의 후자가 있으니 더욱 그러할 것 같습니다. 만약 그의 후
자 또한 교인(敎人)으로 조상 봉사를 거부하면 지방과 축식의 속칭을 장자 명(名)으
로 쓰고 년(年)월일(月日) 간지(干支) 밑에서 섭행(攝行) 사유(事由)를 고하고 차자
(次子)가 대행(代行)하는 섭주(攝主) 예법(禮法)에 따름이 옳을 것 같습니다.

●問長子病廢次子專主喪事題主何以爲之寒岡曰雖病廢不得不書長子名
●尤庵曰父有廢疾其子承重此於鄭知雖據天子諸侯而言以朱子所論觀之則此實自天子以
至於庶人之達禮也
●愼獨齋曰長子雖病廢似不可傳重於次子況長子有子則豈可以次子奉祀耶
●朱子曰宗子無力不能立祠堂則庶子立之然亦宗子主其祭
●禮運矜寡孤獨廢疾者皆有所養疏矜寡孤獨廢疾者皆有所養者壯不愛力故四者無告及有
疾者皆獲恤養也
●周禮司徒敎官之職族師條其族之夫家衆寡辨其貴賤老幼廢疾可任者

6 보학(譜學)(附行列)

▶150◀◆問; 기존 종중(宗中)에서 분파(分派)시 적당한 작명(作名)방법 등,
1. 기존 종중(宗中)에서 분파(分派)하여 적당한 작명(作名)을 하려고 하는데, 문의할
사항은 그 새로 분파의 기준이 되는 조상님이 통상의 관직명(官職名)이 없으실 경
우에, 그분의 호(號)나 휘(諱)를 사용하여도 망발이 아닌 지요,
2. 또 이 때 종전(從前)의 종중회(宗中會)란 명칭(名稱)에서 종친회(宗親會)로 변경
시(變更時)의 차이점(差異點)은 무엇이 있을 지요?

3. 참고로 조부 중에 향교의 직원(職員)과 장의(掌議)를 역임한 분이 계시는 데, 그 차이점과 현대적 해석은 어떠한 것인 지요? 부탁 드립니다. 감사합니다. 그리고 위 글 중 직원(職員)은 직원(直員)으로 바로잡습니다.

◆答; 기존 종중(宗中)에서 분파(分派)시 적당한 작명(作名)방법.

휘(諱)는 쓸 수가 없고 호를 붙임이 옳을 것 같으며 종중회나 종친회나 종중의 모임체를 의미하는 데는 별 차이가 없는 것 같으며 대개 대종의 모임은 모 성씨 대종회 지파의 모임은 모파 종친회 등으로 호칭되는 것 같습니다.

장의(掌議)란 성균관(成均館) 유생(儒生)들은 재(齋)에서 기숙(寄宿)하게 되는데 성균관(成均館)에는 동재(東齋)와 서재(西齋)가 있어 각 재(齋)의 기숙생(寄宿生)은 자치활동(自治活動)이 허용(許容)되어 그 재(齋)의 대표자(代表者)로 장의(掌議)를 선출 재회(齋會) 때 그 회(會)를 주재(主宰)하였으니 지금으로 치면 기숙사(寄宿舍)의 장(長) 또는 어느 면에서는 학생회장(學生會長) 정도로 이해됨이 어떠하겠는지요.

▶151◀◆問; 꼭 좀 도와주세요.

안녕하세요. 이렇게 방문을 하고 회원가입까지 하게 된 건 급하게 도움을 청하기 위해서인데요. 일단 전 브라질에 살고 있는 김민정이라고 합니다. 남편과 결혼하고 지금 임신 중인데요 이민오신지 50 년이 넘으신 아버님께서 아버님 다음대의 돌림자라고 해야 하나? 돌림자가 [정]자라는 것만 알고 계셔서 지금 손자의 돌림자를 모르는 상태입니다.

몰랐을 때는 상관이 없었지만 그런 전통이 있다고 하니 궁금하기도 하고 아기한테 그 글자를 넣어 이름을 지어주고 싶습니다.

안동권씨 종친회에 전화를 해서 물었지만 확실한 답을 받을 수 없어 이렇게 도움을 청합니다. 꼭 좀 도와주세요. 부탁 드립니다. 할아버님 성함은 권 순국 국자 돌림이고요, 아버님 성함은 권대웅 웅자 돌림입니다. 그리고 남편은 권정호 정자 돌림이고 한자는 잘 모릅니다.

그리고 사이트를 찾다 보니 31 세 이렇게 나가던데 남편은 정확히 몇 세대에 있는 지도 알 수 있으면 좋겠습니다. 답변을 꼭 해주실 것으로 믿겠습니다. 감사합니다. 좋은 하루 보내세요.

◆答; 꼭 좀 도와주세요.

안동권씨 하면 권문세가의 집안으로써 성종7년(1476)에 간행된 우리나라 보학의 기본서인 성화보(成化譜)를 소유한 가문이니 대동(大同), 파보 등이 완전할 것입니다. 가문의 내력(來歷)은 당해 가문에서 보다 더 세세히 알 사람은 없을 것입니다.

아래는 안동(安東) 권씨(權氏) 대종회(大宗會) 홈피 주소(住所)입니다. 부(父) 정자(丁字) 돌림이라면 다음 대는 무자(戊字)가 포함된 글자를 찾아 이름을 지어야 할 것 같습니다. 갑을병정무기경신임계(甲乙丙丁戊己更辛任癸).

●成化譜安東權氏家譜序(云)權本新羅宗姓金氏也(云云)權氏子孫勘之成化紀元之十二年(成宗七年; 1476)蒼龍丙申正月上日純誠明亮佐理功臣崇政大夫行議政府左叅贊兼藝文舘大提學知成均舘事同知經筵事達城君徐居正剛中敍
●成化譜跋(云云)歲成化十二年(成宗七年; 1476)丙申三月日中訓大夫行安東大都護府敎授崔鎭謹跋

●成化譜安東權氏世譜 | 始祖權幸(三韓壁上功臣三重大匡太師) | 子仁幸(郎中) | 子冊(戶長正朝) | 子均漢(右一品別將) | 子子彭(戶長正朝) | 子先蓋(戶長同正翼牙校尉) | 以下省略

▶152◀◆問; 대종손에 대한 예우, 호칭 등을 알려주십시오.

대종손은 대개 항렬이 낮고 나이도 젊은 편인데 부를 때 호칭이나 예우를 어떻게 해야 되는지 가르쳐 주시면 감사하겠습니다.

◆答; 대종손에 대한 예우.

아래와 같이 살펴보건대 종자(宗子) 종부(宗婦)는 존경(尊敬)하는 마음으로 섬겨야 한다는 것입니다.

자신이 아무리 부귀하다 하더라도 종자 종부에게는 자랑하는 태도로 종자 집에 들어가지 못하는데, 아무리 거느린 수레와 구종(驅從)의 무리가 많다 하여도 대문 밖에 남겨두고 간단한 차림으로 들어가야 한다. 는 것입니다. 다만 칭호에 대하여는 분명히 밝혀 놓은 전거는 알지를 못합니다. 물론 종족(宗族)의 존비(尊卑)에 따라 다를 터이니 밝혀 놓을 수가 없을 것입니다. 따라서 섬김이 이러하니 그 대에 맞도록 호칭 역시 이에 상응하게 불러야 함이 당연하겠지요.

●內則嫡子庶子祗事宗子宗婦雖貴富不敢以貴富入宗子之家雖衆車徒舍於外以寡約入(註)疏曰適子謂父及祖之適子是小宗也庶子謂適子之弟宗子謂大宗子宗婦謂大宗子之婦

▶153◀◆問; 문중의 파는 어떻게 결정되나요?

저는 해주오씨 행정공파입니다. 저희 집안에 시조로부터 31개의 파가 있습니다. 파는 어떻게 결정되며 누가 결정하는지 그리고 그 결정 시기는 언제 결정한 것인지가 궁금합니다. 고맙습니다.

◆答; 문중의 파는 어떻게 결정되나.

보첩(譜牒)에는 만성대동보(萬姓大同譜), 대동보(大同譜), 파보(派譜), 세보(世譜), 가승(家乘), 계보(系譜), 가보(家譜), 가첩(家牒) 등등이 있으며 기(其) 중 파보(派譜)는 아래 대구 서씨(大邱徐氏) 세보(世譜)에서 보이듯이 중시조(中始祖)를 정점으로 그 子로 각각 분파(分派)되었음을 보게 됩니다.

또 혹 가문(家門)에서는 위 선세(先世)에서 관직에 종사하였던 조상을 파조로 정하여 ○○공파(公派)로 칭하기도 하는 것 같습니다. 족보(族譜)에 관하여는 본 홈 자유(自由) 게시판(揭示板)에서 도전사 청재(道展事清齋) 선생을 비롯하여 여러분의 토론(討論)함이 전문가(專門家)인 듯 하니 아마도 파보(波譜)에 관하여 자세(仔細)한 말씀이 있지 않을까 합니다.

⊙대구 서씨 세보(大邱徐氏世譜) 을편(乙編)에서 무편(戊編)을 살펴보면 다음과 같은 파에 대한 기록이 보입니다. 14代 서(徐)성을 중시조(中始祖)로 하여 그 아들 넷을 각(各) 파조(派祖)로 하는 사파세계(四派世系)는,

○제일자(第一子) 경우(景雨) 만사공파(晩沙公派).
○제이자(第二子) 경수(景需) 전첨공파(典籤公派).
○제삼자(第三子) 경(景)빈 첨추공파(僉樞公派).
○제사자(第四子) 경주(景霌) 도위공파(都尉公派).

▶154◀◆問; 보학에서.

보학에서 世=代, 世孫=代孫, 世祖=代祖의 명제를 어떻게 생각 하시는지 매우 궁금 합니다.

◆答; 보학에서.

보학(譜學)이란 각 성씨(姓氏)의 계보(系譜)에 관한 학문으로, 족보(族譜)의 역사(歷史) 및 그 구성(構成)요소와 기록 체계(體系)를 연구하는 학문으로서 족보(族譜)의 근본(根本)이 되는 수단(修單)을 작성(作成)하여 보았으면 세(世)[혹 가문에서는 대(代)일 수도 있음; 세(世)와 대(代)는 본문 참조]일 뿐이지 족보 체계상 "[세손=대손, 세조=대조]"란 용어가 기록될 까닭이 없으니 족보학(族譜學) 운운(云云)할 용어가 아니며, 다만 조손(祖孫) 원근관계를 헤아려보는 속칭(屬稱)으로 쓰일 뿐입니다.

●西廂記郎之才望亦不辱相國之家譜也
●燃藜室記述別集族譜條我東族譜嘉靖年間文化柳譜最先(云云)
●增補文獻備考帝系考璿譜紀年條始祖諱翰新羅司空妣慶州金氏二世諱自延侍中三世諱天祥僕射四世諱光禧阿干(云云)

▶155◀◆問; 본관(本貫)에 대하여.

안녕하십니까? 다른 나라에는 성씨에 본관도 없는데 우리나라는 왜 성씨에 본관이 있고 꼭 본관을 따지는 건지요. 그것이 의문입니다. 그리고 참고 될만한 말씀도 가르쳐 주세요.

◆答; 친족(親族)을 가리는 중요한 수단인 본관(本貫).

본관(本貫)이 정하여지기는 성부(城府), 촌리(村里), 봉읍(封邑), 관직(官職) 등에서 시조(始祖)의 관(貫)과 성(姓)이 정하여 지는데 이 제도는 씨족(氏族) 관념이 강한 유교(儒敎) 국가(國家)에서 특히 중요시하며 동족을 가리고 동족간에는 혼인을 하지 않는 윤리적(倫理的)으로 유용한 역할을 하는 제도입니다.

●東事日知姓氏條我東三國之初赫居世以瓠姓朴脫解以鵲姓昔閼智以金櫝姓金朱蒙以天帝子姓高首露以金盒亦姓金此外惟王族或有姓其餘臣民皆無之麗祖之世猶有無姓者如將軍能植正朝索相等是也新羅儒理王改六部之名各賜姓《李崔孫鄭裴薛》此新羅賜姓之始也高句麗大武王賜沸流部長姓《大室氏》此高句麗賜姓之始也
●三國史記新羅本紀儒理王九年春改六部之名仍賜姓楊山部爲梁部姓李高墟部爲沙梁部姓崔大樹部爲漸梁部姓孫于珍部爲本彼部姓鄭加利部爲漢祇部姓裴明活部爲習比部姓薛
●三國史記高句麗本紀大武神王十五年春三月沸流部長(云云)賜姓曰大室氏
●經國大典(己丑; 1469)吏典外命婦; 封爵從夫職(註)庶孼及再嫁者勿封改嫁者追奪○王妃母世子女及宗親二品以上妻並用邑號○又京官職; 封君(註)王妃父及二品以上宗親功臣功臣承襲等(細註)承襲者父歿乃授○凡單言功臣原從不與焉(本註)及三品以下宗親並用邑號(註)儀賓同
●典錄通考(丁亥; 1707)吏典外命婦; ○封爵從夫職○庶孼及再嫁者勿封改嫁者追奪○王妃母世子女及宗親二品以上妻並用邑號○又京官職; ○封君及三品以下宗親並用邑號
●大典通編(癸卯; 1783)吏典外命婦; 封爵從夫職(註)庶孼及再嫁者勿封改嫁者追奪○王妃母世子女及宗親二品以上妻並用邑號○又京官職; 封君(註)王妃父及二品以上宗親功臣功臣承襲等○承襲者父沒乃授○凡單言功臣原從不與焉(本註)及三品以下宗親並用邑號(註)儀賓同
●大典會通(乙丑; 1865)吏典外命婦; 封爵從夫職(註)庶孼及再嫁者勿封改嫁者追奪○王妃母世子女及宗親二品以上妻並用邑號[補]宗親則大君王子君夫人外不用邑號○又京官職; 封君(註)王妃父及二品以上宗親功臣功臣承襲等○承襲者父沒乃授○凡單言功臣原從

不與焉(本註)及三品以下宗親並用邑號(註)儀賓同
●靑莊館全書蜻蛉國志一姓氏;其氏皆冒地名或以城府或以村里或以封邑或以官職大抵
重氏而輕姓公私文字書氏而不書姓

▶156◀◆問; 본명과 개명 중 공식 성함.

草庵 선생님 안녕하십니까. 김해 김씨 제주도 입도조이신 고려 말 삼중대광 도첨의
좌정승을 지내신 "김경홍"선조께서는 1392 년 조선 태조가 등극하여 고려 유신을
위무할 때 "충신은 두 임금을 섬길 수 없다."하여 절의를 지켰습니다. 이런 절개를
끝까지 지키자 제주도로 유배되었습니다.

선조께서는 제주에 도착한 후에 "신하의 도리를 다하지 못한 죄가 크므로 밝고 밝
은 하늘을 거울삼아 빌 뿐이다."라는 뜻에서 이름을 "김만희"로 개명했다고 합니다.
후손으로써 이런 경우에 어느 성함을 공식 이름으로 표기해야 하는지요. 말씀해 주
시면 고맙겠습니다.

◆答; 본명과 개명 중 공식 성함.

본명(本名)과 개명(改名) 중 본명이 족보(族譜)에 등재 되었다면 주(主)는 본명이며
개명으로 가끔 통명(通名)이 이뤄질 때는 개명을 사용하시고, 개명(改名)이 족보(族
譜)에 등재(登載)되었다면 개명(改名)이 주(主)이며 본명(本名)으로 가끔 통명(通名)
이 이뤄질 때는 본명(本名)으로 통(通)할 것입니다.

족보명(族譜名); 공식(公式).
비족보명(非族譜名); 비공식(非公式).

●左傳宣公四年; 王思子文之治楚國也曰子文無後何以勤善使復其所改命曰生(杜預注)易
其名也
●左傳襄公二十六年; 夫人使饋之錦與馬先之以玉曰君之妾棄使某獻左師改命曰君夫人
●李涉詩; 猥蒙方伯憐飢貧假名許得陪諸賓
●南齊書文學傳賈淵; 淵父及淵三世傳學凡十八州士族譜合百帙七百餘卷該究精悉當世
莫比

▶157◀◆問; 분파를 하려면 어떤 절차를 따라야 하는지요.

00 김씨 후손입니다. 본관을 밝히지 않은 것은 혹 누가 될까 싶어 그러하니 해량하
여 주시기 바랍니다. 궁금한 것은 저를 중심으로 자손의 파를 나눌 수 있느냐는 것
입니다. 저는 00 김씨 00 대손으로 위로 제 12 대조부께서 참봉을 하시고 그 자손이
이하 참봉공파(00 동파)로 불리고 있습니다. 참봉공 조부님 이후 벼슬하신 분은 손
자 되시는 분이 건원능 참봉을 지내셨고 그 이후는 벼슬이 없으셨습니다.

제가 비로소 직책은 담당이지만 서기관으로 '05 년에 명예퇴직을 하였습니다. 물론
현재 속해 있는 00 파와는 그저 그런 사이가 되었고 고향에 선산이 몇 십만 평(합
하여)이 있지만 종손 몇 명의 명의로 유지되고 있습니다. 물론 시제에도 잘 참석하
지 못하고 있는 실정입니다. 저는 사촌이 3 명이고 동생이 2 명이 있습니다. 이들은
물론 제가 분파할 경우 저를 따라올 것이라 생각합니다만 구체적인 이야기는 없었
습니다.

이 경우 제가 분파를 원할 경우 어떻게 처리하여야 하며(절차, 화수회가 있으나 몇
몇 사람들에 의해 유지) 사촌과 동생들은 함께 분파해야 하는지 신고해야 한다면
어디에 해야 하는지? 모두 궁금합니다. 고견 부탁 드립니다.

◆答; 분파.

분파는 본을 동본을 사용하고 있는 한 분파가 아니며 혹 가승(家乘)이란 제도가 있어 직계로 적어 내려오는 역사체가 있습니다.

●족보제도(族譜制度)의 기원(起源).

다음과 같이 살펴보건대 수당(隋唐) 때에 고관(高官)은 그의 신분(身分)과 경력(經歷)을 적은 장부(帳簿)가 있었고 집에는 족보(族譜)가 있었으며 五季(五代; 唐末宋初時 後梁, 後唐, 後晉, 後漢, 後周)이래 士까지 족보(族譜)를 갖게 된 것 같으며 육조(六朝; 吳, 東振, 宋, 齊, 梁, 陳)로 거슬러 올라가게 되나 지금의 족보형식은 대체적으로 북송(北宋)의 대문장가(大文章家)인 삼소(三蘇)[蘇洵(1009~1066. 北宋의 文人. 字 明允號老泉)과 그의 아들 소식(蘇軾; 1036~1101. 北宋의 文官. 字 子瞻 和仲, 號 東坡) 차자(次子) 蘇(1039~1112. 北宋의 文官. 字 子由, 號 潁濱]가 편찬한 족보의 형식을 표본(標本)으로 삼고 있음.

●파보(派譜)란.

후손이 번성(繁盛)하여 파계(派系)가 복잡한 씨족은 파별로 파보(派譜)를 별도로 만드는데 시조로부터 직계로 표시 선조 중에 양반의 관록(官祿)이 있었던 후손들이 그 파속(派屬)만 명휘자(名諱字)와 사적(事蹟; 傍書)을 수록 편찬한 보첩을 이름.

●通志氏族略第一氏族序條自隋唐而上官有簿狀家有譜系管之選擧必由於簿狀之婚姻必由於譜系歷代並有圖譜(云云)所以人尙譜系之學家藏譜系之書自五季以來取士不問(云云)

●西廂記郎之才望亦不辱相國之家譜也

●燃藜室記述別集族譜條我東族譜嘉靖年間文化柳譜最先(云云)

●增補文獻備考帝系考璿譜紀年條始祖諱翰新羅司空姓慶州金氏二世諱自延侍中三世諱天祥僕射四世諱光禧阿干(云云

▶158◀◆問; 성씨.

창녕 설씨가 있나요?

◆答; 창녕 설씨.

아래 만성대보를 살펴보건대 1960 년도 이전에는 경주(慶州) 설씨(薛氏)와 순창 설씨(淳昌薛氏)두 관향(貫鄕)이 있었던 것 같습니다.

●萬姓大譜(1960 년판)慶州薛氏始祖薛聰○淳昌薛氏始祖薛仁孫

▶159◀◆問; 소문중의 종파(宗派) 명칭에 대하여.

소문중의 종파 명칭에 대하여,

1. 여러 학자님께 문의 드립니다.

2. 소문중의 종파 명칭에 대한 상식을 넓히기 위하여 문의 드립니다.

⑴ 일반적으로는 선조의 관직에 따라 모모공파(某某公派)라 하기도 하고,

⑵ 선조의 호(號)에 따라 모모공파(某某公派)라 하기도 하고,

⑶ 선조께서 관직(某官)도 호(號)도 없는(전해지지 않는) 경우에는

① 자(字)를 따라 모모공파(某某公派)라 합니까?

② 아니면 휘자(諱字)에 따라 모모공파(某某公派)라 합니까?

3. 위 ⑶항의 ①과 ② 중에서 어느 명칭이 합리적입니까?

◆答; 소문중의 종파 명칭.

한 종족내의 파(派)란 선조(先祖) 중에 쇠락한 가문을 중흥시킨 조상이 있거나 사회적(社會的)으로 명성(名聲)이 높았던 조상이 있으면 그의 후손(後孫)들이 그를 파조(派祖)로 삼아 ○○공파(公派)라 이르는데 그 파명(派名)은 관직(官職)의 실명(實名) 또는 관등(官等), 시호(諡號), 호(號), 등(等)을 붙이기도 하고 왕족(王族)에서는 군명(君名), 어떤 성씨(姓氏)에서는 지역 명(地域名) 등을 붙이기도 하는 것 같습니다.

例;
○그 직이 주부(主簿)였으면 주부공파(主簿公派) 참판(參判)이었으면 참판공파(參判公派). ○官等을 써 通憲大夫公派 ○諡號를 써 文貞公派 ○號를 써 ○○公派 ○王族에서 ○○君派 ○지역 명(地域名)을 써 제주파(濟州派) 등으로 파명(波名)이 정하여져 분파(分派)되어 이르는 것 같으나 무명의 선조(先祖)를 파조(派祖)로 삼은 가문(家門)이 있는지의 여부를 알지를 못합니다.

▶160◀◆問; 외조부, 외조모 수단 쓰기.

잘 몰라서 자주 여쭈어 봅니다. 족보에 처를 배(配)로 쓰듯이 외조부와 외조모, 장인과 장모를 무엇이라고 쓰면 좋은지요? 죄송합니다.

◆答: 수단 쓰기.

족보 서식(書式)의 대강을 살펴보면 당사자(當事者)에 관한 관직(官職)과 생졸묘에 관한 사항과 배(죽은: 부인. 생존 시는 室)는 성명을 쓰지 않고 配某貫某氏父某某甲生某甲某月某日卒墓某處某坐 외조부모는 별도로 적음이 없습니다.

●士儀節要號稱妻黨條妻者齊也○爾雅嬪婦也○禮記生曰妻死曰嬪
●問解問世俗或有以外孫主祀神主當以顯外祖考妣書之耶答外孫奉祀猶爲云云
●寒岡曰不得已則當書曰顯外祖妣某封某氏神主
●退溪曰妻親之祭古亦無據今循俗既已當行則於妻父當曰外舅妻母當曰外姑

▶161◀◆問; 읍호[邑號]에 대하여.

[읍호(邑號)]에 대하여 『경국대전(經國大典)』[외명부조(外命婦條)][原-경국대전(經國大典)을 말함]에 봉작종부직(封爵從夫職註) 서얼급(庶孼及) 재가자물봉개가자추탈(再嫁者勿封改嫁者追奪) ○왕비모(王妃母), 세자여급(世子女及), 종친이품이상처(宗親二品以上妻), 병용읍호(並用邑號),

『대전회통(大典會通)』
[보(補)]종친칙(宗親則) 대군(大君), 왕자군(王子君), 부인 외, 부용읍호(不用邑號), ○공주(公主)-왕녀(王女), 적(嫡), ○옹주(翁主)-왕녀(王女), 서(庶), ○부부인(府夫人)-왕비모(王妃母), 정일품(正一品), ○봉보부인(奉保夫人)-대전유모(大殿乳母), 종일품(從一品), ○군주(君主)-왕세자여(王世子女), 적(嫡), 정이품(正二品), ○현주(縣主)-왕세자여(王世子女), 서정삼품(庶正三品),

◎『대전회통(大典會通)』은? - 고종(高宗)2 년(年)(1865 년(年)≪대전통편(大典通編)≫과≪대명회전(大明會典)≫을 모방하여 만든"6 전(典)"으로 (이전(吏典)31, 호전(戶典)29, 예전(禮典)62, 병전(兵典)53, 형전(刑典)39, 공전(工典)14, 총 228 개 조목(條目)을 담고 〈경국대전(經國大典)의 본문(本文)은[원(原)] 〈속대전(續大典)〉은-[속(續)], 〈대전통편(大典通編)〉은 -[증(增)] 〈새로 추가보록(追加補錄)〉은-[보(補)]로 음각(陰刻)하여 구별 했다,) [갑오(甲午), 중하(仲夏) 도평(度坪) 조사(調査)정리]

◆答; 읍호(邑號).

읍호(邑號)는 사서인(士庶人)의 본관(本貫)과 같은 의미입니다. 대전회통(大典會通;

乙丑; 1865)의 규정(規程) 이내(以內)이면 그날로부터는 나라님이 허가한 이후이니 읍호(邑號)를 붙임이 옳았을 것입니다.

● 經國大典(己丑; 1469)吏典外命婦; 封爵從夫職(註)庶孽及再嫁者勿封改嫁者追奪○王妃母世子女及宗親二品以上妻並用邑號○又京官職; 封君(註)王妃父及二品以上宗親功臣功臣承襲等(細註)承襲者父歿乃授○凡單言功臣原從不與焉(本註)及三品以下宗親並用邑號(註)儀賓同

● 典錄通考(丁亥; 1707)吏典外命婦; ○封爵從夫職○庶孽及再嫁者勿封改嫁者追奪○王妃母世子女及宗親二品以上妻並用邑號○又京官職; ○封君及三品以下宗親並用邑號

● 大典通編(癸卯; 1783)吏典外命婦; 封爵從夫職(註)庶孽及再嫁者勿封改嫁者追奪○王妃母世子女及宗親二品以上妻並用邑號○又京官職; 封君(註)王妃父及二品以上宗親功臣功臣承襲等○承襲者父沒乃授○凡單言功臣原從不與焉(本註)及三品以下宗親並用邑號(註)儀賓同

● 大典會通(乙丑; 1865)吏典外命婦; 封爵從夫職(註)庶孽及再嫁者勿封改嫁者追奪○王妃母世子女及宗親二品以上妻並用邑號[補]宗親則大君王子君夫人外不用邑號○又京官職; 封君(註)王妃父及二品以上宗親功臣功臣承襲等○承襲者父沒乃授○凡單言功臣原從不與焉(本註)及三品以下宗親並用邑號(註)儀賓同

▶162◀◆問; 족보관련.

저희 가문에서는 갑자보(甲子譜)를 발간하면서 미혼 딸들을 처음으로 등재하면서 여(女)로 생년월일 기준으로 등재를 하였습니다 그 후 임진보를 간행하면서 갑자보 발간 당시 미혼이던 女가 결혼을 하여 이를 등재하는데 "서(壻)"로 표현하는 안과 "夫"로 표현하자는 안이 상충 되고 있어 문의를 드립니다 알려주셨으면 합니다.

◆答; 족보.

족보에서 출가한 여식의 표시는 여부(女夫)라 하고 서 성명(壻姓名)을 쓰게 됩니다. 지난 날에는 여자가 출가를 하지 않았으면 족보에 올리지 않았으니, 족보에 여(女)라 하면 곧 출가하였음이 전제되어 부(夫)를 붙이지 않고 직서로 서명(壻名)을 쓰기도 하였습니다. 허나 요즘은 딸이 출가 여부 불문 다 족보에 올리는 추세라, 출가 전은 녀(女)로 출가 후는 녀(女; 名)부(夫; 姓名)로 기록함이 옳게 구별되겠지요.

● 성화병신보(成化丙申譜; 安東O氏譜)녀부(女夫)OOO
● 通志氏族略第一氏族序條自隋唐而上官有簿狀家有譜系管之選擧必由於簿狀家之婚姻必由於譜系歷代並有圖譜(云云)所以人尙譜系之學家藏譜系之書自五季以來取士不問(云云)
● 燃藜室記述族譜條我東族譜嘉靖年間(1522~1566)文化柳譜最先叛而纖悉詳載外裔故後來修譜家輒就考訂
● 成化譜(安東權氏世譜)跋云歲成化(明憲宗年號)十二年丙申(1476)三月日中訓大夫行安東大都護府敎授崔鎭謹跋
● 西廂記郎之才望亦不辱相國之家譜也
● 燃藜室記述別集族譜條我東族譜嘉靖年間文化柳譜最先(云云)
● 增補文獻備考帝系考璿譜紀年條始祖諱翰新羅司空妣慶州金氏二世自延侍中三世諱天祥僕射四世諱光禧阿干(云云)

▶163◀◆問; 족보나이, 주민등록증 나이.

「향당(鄕黨)에 막여치(莫如齒) 사회에서는 나이가 우선」 이라는 말이 있습니다. 주위에 보면 동창회나 향우회 등은 기수(학번)가 있으므로 아무런 문제가 없습니다만 일반적으로 서로 나이를 말할 때 주민등록증 보다 한두 살 더 올려서 이야기 하는 분들이 있습니다. 전쟁 중에 태어나서, 태어날 때 병으로 죽을지도 몰라서 늦게 호적신고를 했다는 것입니다. 족보를 주장하는 분도 있지만 족보확인 하는 경우는 보지 못했습니다.

물론 사실인 분들도 있겠지만 그런 분이 이외로 너무나 많습니다. 우리나라는 마치 나이가 계급이라도 되는 것처럼 인식을 하고 있는 것 같습니다. 술잔을 돌릴 때에도 먼저 돌린다 던지, 상석을 권한다 던지 예우(?) 때문에도 그렇고 그냥 벗처럼 터놓고 지내고 싶은 경우도 있겠지요.

어떤 경우는 주민등록상으로 1~2 년이나 늦으면서도 오히려 손위가 되기도 합니다 (생일이 빠르면). 또 모임 등에서 연령순으로 회장을 하거나 회원명부를 작성할 때 어떤 순서로 해야 할는지 곤란한 경우도 있습니다.

주민등록증의 나이, 생일 등이 잘못된 경우는 법원에 정정신청을 하여 고칠 수 있는 것으로 압니다(까다로운 절차도 있겠지만 그리 어려운 일은 아닌 것 같군요). 하여간 사회적으로 모든 행정은 주민등록증에 의해 이루어지는데 주민등록증 나이와 집의 나이로 의견 상충 시 합리적인 고견을 듣고 싶습니다.

◆答; 가문내(家門內)에서는 족보(族譜), 사회는 치순(齒順) 계급.
가문 내(家門內)에서는 족보(族譜)를 따라야 할 것이고 사회에서 역시 실 생년월일을 중시하여야 할 것이나 특수한 경우를 제외한 모임(직장이나 단체)에서는 입증이나 신뢰할 수 없으니 공적 확인서인 주민등록증상의 생년월일을 따라야 하겠지요. 따라서 사회적 치순(齒順)은 의리로 맺어지는 일부 모임을 제외한 대부분(公私團體)은 국가에서 인정한 공부상의 기록인 주민등록(住民登錄)(호적)상의 생년월일에 의하고 있지요.
●童子禮齒位之序聚會凡聚會皆鄕人則坐以齒若有親則別敍

▶164◀◆問; 족보상 부인을 어떻게 기록하나요?
무지하면 용감하다는 말이 잇듯이 무식함에 늘 부끄럽습니다. 가첩(家牒)에 보면 수대를 걸쳐오면서 할아버지가 기록되어있고 그 아내 할머니가 기록되어 있는데 부인 경주 김씨 이렇게 기록되어 있는 경우도 있고 배(配) 경주(慶州) 김씨(金氏) 이렇게 기록되어 있는 게 있습니다.

돌아가신 것이 확인되었을 때는 夫人이라 기록되고 족보정리를 하지 못하여 생가가 불명할 때 配라고 기록되는지요? 족보상 아내를 표시할 때 어느 쪽이 맞는지요?

◆答; 생시(生時)는 실(室), 졸후(卒後)는 배(配).
수단서(收單書) 취합 족보제작 당시 배우자가 생시는 실(室), 졸 후(卒後)는 배(配)라 기록하게 됩니다. 혹 부인 역시 생시의 부인을 의미함이 아닌가 합니다.

첨언; 부인(夫人)이 아닌 부(夫)라 기록함은 출가한 여자의 부군(夫君)이 생자일 때 부모관성명(夫某貫姓名; 父名)자모(子某)라 기록하게 됩니다.

▶165◀◆問; 족보상 "서자"표시에 대하여.
수고 많습니다. 족보상에 기록되어 있는 서자에 대해 문의하고자 합니다. 족보상에 초취(初娶)와 재취(再娶)가 있으나 초취에서 자손이 없고 초취 사망 후 재취를 취하여 자손을 얻었을 경우에도 "서자"를 표시하는 지요? 부인이 한 사람의 경우 적자와 서자로 표시 되었을 경우는 외부의 타생을 족보에 기록할 경우에 "서자"를 표시하는 지요? 족보상에 서자를 표시하는 경우가 어떠한 경우인지 가르침을 주십시오.

◆答; 족보상 "서자"표시.

서자(庶子)란 아래와 같이 살펴보건대 두 가지 의미를 지니고 있습니다. 서자(庶子)란 적자(適子)를 제외한 여러 아들들을 통틀어 이르며, 또 비자(婢子)나 첩자(妾子; 庶孼)를 이르기도 합니다. 이와 같이 살펴보면 족보상에 서자(庶字)가 표시된 까닭을 이해하시게 될 것입니다.

●內則嫡子庶子祇事宗子宗婦疏曰適子謂父及祖之適子是小宗也庶子謂適子之弟
●史記商君傳商君者(註正義曰秦封於商故號商君)衛之諸庶孼公子也
●左傳文公篇將行哭而過市曰天乎仲爲不道殺適立庶市人皆哭魯人謂之哀姜
●內則父母有婢子若庶子庶孫甚愛之註婢子賤者之所生也○又註庶子則妾子也

▶166◀◆問; 족보에 기록된 묘소의 소재지에 관하여.

1. 족보의 방주에서 묘소의 소재지에 관한 기록 중에 다음과 같은 것을 보게 되는데, 그 뜻을 확실히 하고자 염치불구하고 문의 드립니다.

●<묘상동해좌지원(墓上同亥坐之原)>

2. 문의

⑴ <상동(上同)>의 뜻은 족보에서 그 부(父)나 모(母)의 묘(墓) 소재지(所在地)와 같다는 뜻인가요?

⑵ 묘(墓) 소재지(所在地)에서 묘(墓)가 아래 위로 있을 때 위의 묘(墓)와 같다는 뜻으로 기록된 것으로 이해하면 아니 됩니까?

⑶ <위의 <묘상동해좌지원(墓上同亥坐之原)>에서 <원(原)>의 뜻은 무엇입니까?

⑷ 위 내용과는 달리 혈연관계나 같은 씨족 등등에서 <동원(同原)>이라는 단어를 본 듯한데, 꼭 집어 생각이 나지 않습니다만 <동원(同原)>이란 뜻을 널리 풀이하여 주시면 고맙겠습니다.

3. 문의사항에 대하여는 쉬운 말씀으로 가르침을 부탁 드립니다.

◆答; 족보에 기록된 묘소의 소재지.

아래는 족보상에서 자(子)나 배(配)의 묘(墓) 표시에 주로 쓰이는 용어로 그 의미는 대개 아래와 같습니다. 모두 아래의 용어 앞에는 고(考)나 배(配)의 표시가 전제되어 있습니다.

墓上同; 직계의 子나 배(配)의 묘(墓) 표시에서 위(父)나 옆(夫)과 장소가 같다는 뜻.
墓上同子坐; 누구(配)의 묘는 위의 묘와 같은 장소의 자좌오향(子坐午向)이라는 뜻.
墓同原; 누구(配)의 묘는 위의 묘와 같은 곳에 있다는 뜻.
墓同原子坐; 누구(配)의 묘는 위의 묘와 같은 곳의 자좌오향(子坐午向)이라는 뜻.
墓同原同坐; 앞의 묘가 있는 곳과 좌향이 모두 같다는 말.

○原; 평평한 곳이라는 뜻. 동원(同原)에서의 原의 의미는 여기서는 [높고 평평한 땅]이란 의미로 풀어야 하는데 직역을 하게 되면 [같은 높고 평평한 땅]이라 풀어지나 여기서는 [같은 높고 평평한 땅]에서 [높고 평평한]을 탈락시키고 [같은 땅]이라 번역되는데 까닭은 묘란 낭떠러지에는 장사할 수 없고 장사한다 하면 [높고 평평한 곳]이 전제되어 있기 때문에 여기서 [높고 평평한]을 탈락시키고 [같은 땅]이라 하여도 [같은 평평한 땅]이라는 의미와 통하게 되고 [같은 땅]이란 [같은 곳]

과 통하여 동원(同原)을 여기서는 [같은 곳]이라 이르게 되는 것입니다.

특히 원(原)의 의미에는 [등성이]란 뜻은 없으며, 많은 의미 중에 여기서는 [높고 평평한 땅]이란 의미 이외의 다른 뜻은 붙일 수가 없습니다.

▶167◀◈問; 족보에 선조의 관직.

안녕하십니까. 선조의 벼슬에 관한 질문이오니 상세한 설명부탁 드립니다.

公以主簿當壬亂有勳功登原從三等功臣錄行禦侮將軍訓練判官有錄券 위 한문의 상세한 풀이와 또한 어모장군훈련판관(禦侮將軍訓練判官; 11 代祖考)과 여절교위훈련판관(勵節校尉訓練判官; 10 代祖考)의 벼슬의 차이점과 묘제사에서 축문 작성시 11 대조고(代祖考)의 관직은 어떻게 어디까지 써야 하는지요 부탁 드립니다.

◈答; 족보에 선조의 관직.

본인은 조선시대 판관 제도를 살펴보겠습니다.

⊙訓鍊院判官.

조선시대의 관청. 군사의 시재(試才), 무예의 연습 및 병서(兵書)와 전진(戰陣)의 교육을 담당하던 기관으로서 태조 1(1392)년에 창설 初名은 훈련관(訓鍊觀)이라 하였다가 세조 13(1467)년에 훈련원(訓鍊院)으로 개칭하였음. 직제는 처음에는 사일원(使一員), 도정이원(都正二員), 사마이원(司馬二員), 참군사원(參軍四員), 녹사륙원(錄事六員)이었다 후일(後日)에 이를 지사(知事; 正二品兼任) 일원(一員), 도정(都正; 正三品一員兼任) 이원(二員), 정(正; 正三品) 일원(一員), 부정(副正; 從三品) 이원(二員), 첨정(僉正; 從四品) 십이원(十二員), 판관(判官; 從五品) 십팔원(十八員), 주부(主簿; 從六品) 삼십팔원(三十八員), 참군(參軍; 正七品) 이원(二員)이었음.

⊙中央職判官.

종 5 품관으로 돈녕부(敦寧府), 한성부(漢城府), 상서원(尙瑞院), 봉상사(奉常寺), 사옹원(司饔院), 내의원(內議院), 상의원(尙衣院), 사복사(司僕寺), 군기사(軍器寺), 내자사(內資寺), 내첨사(內瞻寺). 예빈사(禮賓寺), 군자감(軍資監), 제용감(濟用監), 선공감(繕工監), 관상감(觀象監), 전의감(典醫監), 사역원(司譯院) 등에 소속되어있었음.

⊙外官職判官.

중국의 제도를 본떠 고려(高麗)와 조선시대(朝鮮時代)의 지방직으로서 소재지 장(長)의 속관(屬官)으로 민정의 보좌 역할을 담당하였으며 육품(六品) 이상으로 임명하였음. 조선 초기에는 각도와 대도호부(大都護府)에 판관(判官)을 두었다 후에 이를 폐지하고 경기도에는 수운판관(水運判官), 충청전라도(忠淸全羅道)에는 해운판관(海運判官)을 두었으며 후기에 경기(京畿) 평안도(平安道)를 제외한 각도 및 수원(水原). 강화(江華), 광주(廣州), 춘천(春川) 등의 우수영(右水營)과 제주(濟州), 경성(鏡城), 청주(淸州) 등 특수지역에만 설치하였다 고종 32(1895)년에 폐지되었음.

⊙外官職判官의 業務.

관찰사(觀察使) 직속(直屬)인 때에는 감사(監司)에 좌이관(佐貳官)으로 보좌(補佐)의 임(任)에 있어 관내(管內) 농상(農桑), 호구(戶口), 학교(學校), 군정(郡政), 재정(財政), 재역(財役), 경찰(警察) 등 제반 행정(諸般行政) 및 사법사무(司法事務)를 관장(管掌)하고 대도호부사(大都護府使) 및 목사(牧使) 직속(直屬)일 때는 그 대리(代理) 또는 보좌(補佐) 역을 담당하였음.

이상을 교지(敎旨) 등의 어서(御書)나 족보 기타 문헌의 기록이 있으면 대조하여 보시면 두 조상의 직분이 가늠될 것입니다.

▶168◀◆問; 족보에 선조들의 직급에 증(贈)자가 붙어 있어요.

1. 일부 선조들 직급에 증(贈)자가 붙어있어서 이게 실제 직급인지 아니면 사후에 추서된 것인지 궁금?

2. 증통정대부승정원좌승지(贈通政大夫承政院左承旨)의 의미는?

◆答; 족보에 선조들의 직급에 증(贈)자가 붙어 있으면.

問 1. 答; ⊙증(贈)이란 실직(實職) 종이품(從二品) 이상의 벼슬아치의 부모(父母), 조부모(祖父母), 증조부모(曾祖父母)에게 나라님이 벼슬을 내리거나 또는 나라에 공로(功勞) 있는 자가 죽은 뒤에 그의 벼슬을 높여 줌.

問 2. 答; ⊙通政大夫=정삼품당상관(正三品堂上官)

⊙承政院=임금님의 명을 하부로 전달하고 하부의 보고 및 청원 등을 임금께 전하는 등 왕명의 출납업무를 관장하던 관청. ※지금의 청와대 비서실과 유사함.

⊙左承旨=승정원(承政院)에 속한 정삼품(正三品) 벼슬.

●後漢書列傳鄧禹孫驚條並卒皆遺言薄葬不受爵贈
●大典會通承政院條掌出納王命
●大典會通追贈條宗親及文武官實職二品以上追贈三代註父母準己品祖父母曾祖父母各遞降一等○亡妻從不職

▶169◀◆問; 족보(族譜)에 쓰인 세(世)와 대(代)는 다른 뜻인가요?

다름이 아니 오라 여기 게시판을 들어가 보면 족보에 관한 말씀으로 가득하거든요. 그런데 世와 代가 그렇게 어려운 글자인지는 몰라도 항상 그 말이 그 말인 듯한데 그칠 줄을 모르고 자고 나면 또 그 말이 지속되고 있는 것 같아 퍽이나 혼란스럽습니다. 족보에 쓰인 世와 代는 같은 뜻이라 배워 그렇게 알고 있습니다. 이의란 무슨 뜻이며 같은 뜻이라면 그 근거를 알 수 없을까요. 이의라 하는 것도요. 저 뿐이 아니라 여러분들이 대단히 혼란스러울 것 같습니다.

◆答; 족보(族譜)에 쓰인 세(世)와 대(代)는 다른 뜻인가?

우리나라 옥편의 근본(根本)은 강희자전(康熙字典)으로 그 내용(內容)에서 발췌(拔萃) 우리 말로 옮겨 편집(編輯)하게 되는데 만약 편집자(編輯者)가 강희자전(康熙字典)에 수록되지 않은 의미를 고전 등에서 발견되면 그 전거에 의하여 추가 첨입 수록은 하나 임의로 변경 또는 삽입할 수가 없는 것입니다.

고로 족보(族譜)에서 계대(系代) 표시로써 세(世)와 대(代)는 동의일 뿐이지 어떠한 경우에는 이의(異義)라 함이 강희자전(康熙字典)은 물론 국내 어느 옥편에도 없습니다. 특히 한자의 풀이는 옥편(玉篇; 康熙字典)의 풀이에 의할 뿐이지 누구라도 임의로 의미를 부여하지 못하는 것입니다. 따라서 세(世)=대(代). 세조(世祖)=대조(代祖). 세손(世孫)=대손(代孫)이라는 공식이 성립될 뿐입니다. 다만 극히 상식적인 문제인 대(代; 世)와 조손(祖孫)을 헤아릴 때 자기의 포함 여부인데 어렵게 끌고 나가다 보니 혼란스러운 것입니다.

대(代)는 당연히 자기가 포함되어야 계대수(系代數)가 맞고, 조손(祖孫)의 계산에서는 자기 스스로가 자기의 조(祖)나 손(孫)이 될 수 없으니 포함치 않아야 함은 논란의 여지가 없는 것입니다.

상대하세(上代下世)란 의미는 글자 그대로 계대(系代)에서 위로는 대(代)라 칭하고 내려는 세(世), 즉 이를테면 시조에서 내려 칭할 때는 일세(一世) 이세(二世) 등등으로 칭하고 위로는 오대조(五代祖) 육대조(六代祖) 등등으로 칭한다는 의미인 것 같습니다.

이를 바꿔 표현한다면 내려는 대(代)라 칭하지 않고 올려는 世라 칭하지 않는다는 의미도 포함되어 있는 것 같습니다. 아마도 이런 이론을 일러 대(代)와 세(世)는 이의(異義)라 이르는 것 같습니다. 그러나 이 이론을 주장한다면 그 이론을 학문적 전거로 입증하여 정당화시킬 수가 없을 것 같습니다.

이상은 맹자(孟子) 이루편(離婁篇)의 말씀 중 연관된 부분입니다. 맹자께서 후세(後世)라 함을 석견루(石見樓) (노석(老石)) 선생(先生)이 이를 시후세내하세야(是後世乃下世也)라 주(註)하고, 또 오세이참(五世而斬)에서 오세(五世)를 시오세역하세야(是五世亦下世也)라 주(註)하고 이를 근거(根據)로 상칙위지대이하칙위지세야(上則謂之代而下則謂之世也) 시소위상대하세야(是所謂上代下世也)라 즉(卽) 상대하세(上代下世)라 정의한 내용입니다.

아래는 거의 맹자의 말씀이 아니고 석견루(石見樓) 노석(老石) 선생이 맹자의 두 마디 말씀을 선생 해석대로 주하여 결론을 상대하세(上代下世)라 하였을 뿐이니 맹자에 그런 표현이 있을 수가 없습니다.

유학(儒學)을 일러 공맹학(孔孟學)이라 이릅니다. 그 주존의 한 분이신 맹자(孟子)께서 세(世)=대(代)를 알지 못하고 상대하세(上代下世)설(說)을 주장하였다. 함은 어불성설이고 주존을 모독하는 처사가 되는 것입니다.

석견루(石見樓) 노석(老石) 선생 설인 상대 하세라 함이 무엇을 의미하겠습니까.

"[孟子有曰後世無傳焉是後世乃下世也 又曰君子之澤五世而斬是五世亦下世也 上則謂之代而下則謂之世也 是所謂上代下世也]"

●盲者離婁篇孟子曰後世者不行先王之道也又曰君子之澤五世而斬小人之澤五世而斬註澤猶言流風餘韻也父子相繼爲一世三十年亦爲一世斬絶也楊氏曰四世而緦服之窮也五世祖免殺同姓也六世親屬竭矣

●康熙字典[代]世也(家語)古之王者易代改號○又[世]代也(詩大雅)本支百世

▶170◀◆問; 족보에서 아내에 대한 칭호.

안녕하십니까? 족보를 보면 아내의 칭호를 배위(配位), 배(配), 실(室) 등으로 쓰던데 어떤 경우에 어떤 칭호를 쓰는 것인지 알고 싶습니다. 부부의 생존 여부에 따라 다르게 쓴다는 말이 있던데 맞는 말인가 요? 생존 여부에 따라 구분해서 쓰는 것이라면 다음 경우에 어떤 칭호를 쓰나요?

1. 부부 모두 사망한 경우.
2. 남편은 사망하고 아내는 생존한 겨우.
3. 남편은 생존하고 아내는 사망한 겨우.
4. 부부 모두 생존한 경우 의 아내에 대한 칭호?

◆答; 족보에서 아내의 생사 표시.

족보 제작 당시 남자는 생사불문 명을 기록하고 여자는 생전이면 室(2, 4) 이미 사망하였으면 배(配; 1, 3)라 일반적으로 기록되는데 배위(配位)라 기록하는 가문이 있다면 부부가 모두 사망하였을 경우인 것 같습니다.

▶171◀◆問; 족보와 제적등본이 다를 경우.

안녕하세요! 저는 김해 허씨 호은공파 28 세손 허남균입니다. 이번에 족보를 공부하면서 직계 할아버님을 나열해 보았습니다. 족보 상에 보는 것에는 문제가 없다고 보아 집니다. 고령에 허씨 집성촌이 있는데 그 중에서 고령 금산재로 정착하신 할아버님입니다. 고령 구곡과 양전, 금산이 같은 동네여 자연스럽게 살아 오신 것 같은데요.

여기서부터 입니다. 제가 28 세손인데요, 형님들과(28 세손)와 아버지 형제들은(27 세손)은 정상적으로 족보에 올라와 있습니다.

그런데 저의 할아버지와 증조 할아버지의 성함이 족보와 제적등본상 확인 시 틀립니다. 고령 양전의 본적 주소로 할아버지 제적등본을 확인해 보니 족보상의 성함과 제적등본상의 성함이 틀립니다. 모두 빨리 돌아가시고 현재 남아계신 분은 막내 고모님 한 분이셔서 잘 모르십니다. 하지만 확실한 건 저의 할아버님 성함이 "허(자) 암(자) " 이신데 제적등본을 확인해 보면 아버지 형제와 형님들을 확인 할 수 있습니다.

그럼 제적등본이 맞는다는 이야기 인데, 그렇게 되면 족보상에 올라온 26 세손 할아버지와 25 세손 증조 할아버지가 족보상에 잘못 올라와 있다는 것인데 유추만 할 수 있을 뿐, 어떻게 된 건지 어떠한 게 진짜인지 모르겠네요.

할아버지께선 (허암) 집에 불이 났을 때도 족보부터 가장 먼저 챙겨서 나오셨다는 일화가 있는데. 어떻게 이런 일이 있는지. 호적등본상의 할아버지 이름으로 족보를 고쳐서 올리면 되는 건지. 집안에 어르신들이 없으셔서 어떻게 해야 할 지 모르겠습니다.

경북 고령의 양전리에 가면 허씨들이 아직 있다고 하는데 제가 손자세대로 서로 알리가 없으니 몰랐으면 모르지만 알게 되었으니 맘이 편치 않습니다. (진짜 할아버지가 족보에 올라와 있지 않으니) 과거의 역사이니 어떤 것이 진실인지 판단키 어렵고 이럴 경우 어떻게 하는 것이 현명한 것인지 좋은 방법이 있으시면 조언 부탁 드리겠습니다.

◆答; 족보와 제적등본이 다를 경우.

족보(族譜)는 대개의 가문에서 30년의 사이를 두고 수단(收單)하여 재 제작되니 만약 최초 名字가 오류였다면 그 후로도 이삼 회의 수정될 기회가 있었을 것이며 추후 이기(移記)상 오류였다면 이미 위에서와 같이 부기(附記) 등으로 수정의 표시가 되어 있거나 그렇지 않다면 이전의 족보를 확인하시면 분명하여 질 것입니다.

어느 가문이든지 족보는 아무렇게나 다루는 잡서가 아닌 까닭에 전질과 후질의 족보가 보존되어 있을 것입니다. 이를 대비하여 전 족보와 후 족보의 명자가 동일하다면 족보 명자를 본명으로 이해하기를 주저하면 아니 될 것이라 생각됩니다.

증조부라 하시면 1세(世)를 30년으로 계산하면 대략 120년 전이 됩니다. 왜정(倭政)의 시작을 1910년경으로 본다면 호적법 시행 당시 분들이라 보아야 할 것 같습니다. 이를 전제하고 생각하여 본다면 그 당시는 요즘과 달리 명자를 생명과 같이 중요시하던 세월로 본명은 함부로 하던 세월이 아니었으니 호적 명을 별명으로 등재할 가능성이 있었던 시대였습니다.

특히 호적(戶籍)이 없던 그 시대에는 족보(族譜)가 세수(世數)와 인명을 가리는 유일한 수단이었던 세월로서 족보의 명자의 오류는 거의 없다고 보아야 할 것입니다.

족보란 화액(火厄) 중에서도 먼저 챙기셨을 만큼 생명과 같이 중히 여기든 세월이었으니 만약 족보 名이 본명과 상이하다면 이미 본명으로 정정부기(訂正附記; 追記)하였거나 후손들에게 본인들의 족보 명자가 오류임을 알렸을 것입니다.

이와 같이 족보는 나의 것이니 신뢰하여야 할 것 같으며 혹 족보의 명자가 항자(行字; 돌림자)를 따랐다면 두 말할 까닭이 없게 되겠지요.

▶172◀◆問; 족보 용어 쓰임 문의.

족보를 편찬하는 책임자입니다. 족보 원고를 편집하면서 용어에 대하여 종친 사이에 의견이 엇갈려 질문합니다.

질문 1. 족보 원고에 생(生) 졸(卒) 묘(墓)를 기록하는데, 墓 다음에 地目 표시를 할 때, 다음과 같은 기록의 예문 중 어느 것이 가장 적합한 것입니까? 절대 안 되는 것은 어느 것입니까?

1) 묘 보덕리 201-7 종중 묘지.
2) 묘 보덕리 201-7 선영.
3) 묘 보덕리 201-7 선영 하, 선영 좌.
4) 묘 보덕리 201-7 선산.
5) 묘 보덕리 201-7 종중 묘원.
6) 묘 보덕리 201-7 지목 없음.

질문 2. 족보 원고에서 부부의 묘(墓)를 합장한 경우를 표기할 때, '합폄(하관할 폄)'과 '합부(합사할 부)' 중에서 어느 단어가 품격이 고상한 것입니까?

◆答; 족보 용어.

질문 1. 答; 묘소(墓所)가 종산(宗山)에 있다면 선산 하(先山下) 모 좌(某坐)라 할 수는 있으나 선영(先塋; 祖上)의 무덤 좌후우(左後右) 측으로는 후자(後者)의 묘(墓)를 쓸 수가 없으니 만약 이와 같은 무덤이 있다면 역장(逆葬)으로서 애초에 있을 수가 없어 그렇게 쓰일 까닭도 없지만, 만약 있다면 가문의 욕이 되기 때문에 기록할 수도 없을 것입니다.

선영(先塋)이라 함은 선조의 무덤을 의미하니 자기 산이나 종산이 아닌 산에 혹 선조(先祖)의 무덤 아래에 후손의 무덤이 있다면 모처 선영하 모 좌 라 하고, 선산(先山)이라 함은 선조(先祖)의 무덤 또는 그 山이란 의미이니 자기, 또는 종산에 선조(先祖)의 무덤 아래에 있다면 모처 선산 하(先山下) 모좌(某坐)라 쓰이게 됩니다.

질문; 2 答; 합부(合祔), 합폄(合窆), 합봉(合封) 모두 합장(合葬)과 동의이나 우리나라 족보(族譜) 기록 습속으로 장(葬)은 꺼리는 것 같습니다. 까닭에 잔여 3 자는 그 가문(家門)의 선호에 따라 취하여 쓰는데 아무 문제가 없습니다.

●久堂曰除開城留守過掃先山追寄出餞洪禮判大而金兵判
●齊敬皇后哀策文; 敬皇后梓宮啓自先塋將祔于興安陵
●御製忠獻公神道碑銘(崇禎紀元後四; 1631); 親撰文弔祭葬以大臣禮亦命內需司供辦四月十一日葬于驪州黃金坪夫人墓南岡將欲合祔以地勢不便更卜
●草堂筆記槐西雜志; 後有合窆於妻墓者啓壙則有男子尸在焉
●南延君祭文; 維歲次崇禎紀元後四丙申五月初四日丙戌(云云)漣川之君子山南艮坐之原合封于夫人墓(云云)鳴呼哀哉尙饗
●檀弓; 季武子成寢朴氏之葬在西階之下請合葬焉許之

▶173◀◆問; 족보의 기록에 관하여 질문 드립니다.

안녕하십니까? 족보(族譜)에 기록을 할 때, 자손이 없는 분이 양자(養子)를 세우는데요. 양자를 들인 경우는 입후(入后) 라고 하며 양자를 간 사람은 출 후라고 기록을 하는데요. 그런데 입후나 출 후라고 할 때 후字를 무슨 자를 써야 하는지요? 제가 알기로는 후자를 임금 후(后)자를 쓰는 줄 알고 있습니다만 어떤 분의 말씀에 의하면 임금후자는 왕실(王室)에서 쓰는 글자 이기 때문에 일반인들이 써서는 안 된다는데 맞는지요?

◆答; 족보의 기록.

아래와 같이 后를 살펴보건대 後자와 통용되는 자로 뒤라는 의미가 있습니다. 따라서 입후(立后)니 입후(入后)니 출 후(出后)라 할 때 后자는 임금후자가 아니고 "뒤 후"라는 의미인 까닭에 붙여 써도 예에 어그러지지 않습니다.

●聘禮君還而后退鄭玄注而后猶然後也
●大學知止而后有定

▶174◀◆問; 족보(族譜)의 단수(段數).

수고가 많으십니다. <무엇이든 물어보세요>에 보니 '함안 조씨" 족보가 5 단으로 되어있습니다. 그런데 어떤 성씨는 9 단, 또 어떤 성씨는 7 단으로 된 것을 본 기억이 납니다.

족보의 단수가 다른 것은 성씨에 따라 마음대로 하는지요? 아니면 예부터 어떤 규칙이 있었는지요? 다른 5, 6, 8 단도 있는지요? 퍽 궁금합니다. 죄송합니다.

◆答; 족보(族譜)의 단수(段數).

왕실족보(王室族譜)인 선원계보(璿源系譜)를 살펴보면 6단으로 시조(始祖)만 외곽선(外廓線) 상(上)으로 일단 높였을 뿐입니다.

특히 관향 별(貫鄕別) 제성씨(諸姓氏)의 족보(族譜)를 취합(聚合)한 잠영보(簪纓譜; 二十冊)를 살펴보면 12단 판(板)에 세수(世數) 표시는 상황에 따라 기록된 것으로 보아 일정한 규정은 없는 것 같습니다.

▶175◀◆問; 족보의 시초는?

족보는 언제 어느 성에서 제일 먼저 하였나요.

◆答; 족보의 시초는.

우리 나라 족보의 시초는 문화유보(文化柳譜)가 시초라 연려실기술족보조(燃藜室記述族譜條)에서 밝혀 놓았으나 성화보(成化譜)(안동권씨세보(安東權氏世譜)발문(跋文)을 살펴보면 그 보다 근 80 여전에 간행되었음을 알 수 있다.

●燃藜室記述族譜條我東族譜嘉靖年間(1522~1566)文化柳譜最先剙而纖悉祥載外裔故後来修譜家輒就考訂
●成化譜(安東權氏世譜)跋云歲成化(明憲宗年號)十二年丙申(1476)三月日中訓大夫行安東大都護府敎授崔鎭謹跋

▶176◀◆問; 중시조에 대하여.

중시조에 대한 정의와 중시조는 한 분만을 중시조라 해야 하는지 10세도 중시조라 하고 15세도 중시조라 하고 이렇게 여러 위를 중시조라 할 수 있는지요?

◆答; 중시조.

아래는 중시조(中始祖)에 관하여 대강 살펴본 일부입니다. 다만 중시조(中始祖)는 우리나라와 일본에서 통용되는 용어 같습니다. 이에서 중시조(中始祖)란 누구인가와 선조 여러 위를 중시조라 할 수 있는지의 여부는 특히 신라박씨소원록(新羅朴氏溯源錄)을 눈 여겨 살펴보면 이해되리라 생각됩니다.

● 國語辭典 중시조(中始祖) 명 쇠퇴한 집안을 중흥시킨 조상. 중흥조(中興祖).
● 日本辭典 中始祖 [名辭] 衰退(すいたい)した一家(いっか)を再興(さいこう)した祖先(そせん).
● 炭翁遺事炭翁十一代移貫中始祖上洛君事蹟條上洛君卽敬順王之七世孫也云云
● 駕洛三王事跡考三王後孫各派顯祖揔錄條金牧卿(奉金寧君臨海侯事蹟詳載麗史)金普(牧卿之子金寧府院君輔理功臣號竹岡諡忠簡公)金孝源(普之曾孫文科校理兵曹參判)金孝芬(孝源弟同年進士文科兵曹參判文章著世)以下省略(總一百三十九人)
● 新羅朴氏溯源錄新羅朴氏八公子兄弟分封序次條 密城大君諱彥忱 密陽 沙伐大君諱彥昌 尙州 完山大君諱彥華 全州 竹山大君諱彥立 竹山 速咸大君諱彥信 咸陽 江南大君諱彥智 順天 又云昇平大君高陽大君諱彥成高靈月城大君諱彥儀慶州〇八君分封時代辨條密陽朴氏分爲十二中祖而中祖諱陟 密陽朴氏中祖諱鉉 云云又有記曰儒理王時密陽本推火郡而郡名不改也歷三十二王至景德王金憲英時始稱密陽又歷十八王至景明王始有分封之說云云〇密陽本推火郡景德王始改密城君高麗恭讓王始升密陽府儒理王時似無密城之號矣〇尙州本沙伐郡景德王始改尙州景德王子惠恭王改沙伐州〇全州本云云〇竹山本云云〇咸陽本云云〇順天本云云〇高靈本云云〇慶州本云云

▶177◀◆問; 중시조가 24世라 할 때 23세손이 맞는가?

족보를 보면 시조 또는 중시조로부터 00 세라고 표시되어있습니다 .예를 들면 諱 00 중시조의 24 세로 표시 되어 있을 경우 중시조로부터 24 세손이라고 하여야 되는지 23 세손이라고 하여야 되는지 혼돈하기 쉬워 문의 합니다. 이 경우 중시조는 23 대조가 맞는 것 같습니다.

◆答; 중시조가 24世라 할 때 23세손.

대(代)(世)의 헤아림은 급기신(及己身)이고, 조손(祖孫)의 헤아림은 불급기신(不及己身)입니다. 고로 중시조의 24 세(世)라 함은 급기신(及己身)이니 중시조가 포함된 수(數)이고, 조손(祖孫)은 불급기신(不及己身)이라 손(孫)에서는 중시조(中始祖)를, 조(祖)에서는 자신이 포함되지 않으니 24 에서 1 을 제한 23 세(世'代)조(祖) 또는 23 세(世; 代)손(孫)이 됩니다.

고조부까지는 고유명칭이 있는 까닭에 특별한 경우가 아니고는 몇 세지조(世之祖)라 이르지 않습니다. 이미 이해하고 계시듯이 몇 세지조(世之祖)란 몇 세(世)되는 조상이란 의미로서 몇 세조(世祖)와는 그 의미가 전연 다른 세(世; 代)와 같은 의미입니다.

● 語類祭編曰立春祭先祖則何祖曰自始祖下之第二世及己身以上祭六世之祖
● 管子牧民篇敬宗廟恭祖舊註謂恭承先祖之舊法

▶178◀◆問; 중시조(中始祖) 와 중조(中祖)에 대하여.

비조(卑祖), 시조(始祖), 중시조(中始祖), 중조(中祖) 중 중시조(中始祖)와 중조는 같은지 다르다면 어떻게 구분 되는지요. 지역별로 종사를 위하여 소종중(小宗中)으로 분파 되어 가는데 그럴 때마다 중시조라고 호칭해도 되는지? 중조라고 해야 되는지? 하고 바랍니다.

방조는 직계가 아니면 방조로 생각했는데 어떤 자료에선 6 대조 이상의 형제를 방조라 한다고 되어 있어서 방조의 정의를 여쭙니다. 만약 6 대조 이상의 형제를 방조라 한다면 5 대 4 대조 형제 분의 호칭은 어떻게 되는지요?

◆答; 중시조(中始祖) 와 중조(中祖).

비조(鼻祖)의 의미에는 시조(始祖)와 원조(元祖)라는 의미가 있지요.

시조(始祖)란 수성지조(受姓之祖)를 보통 의미하며 원조(元祖)란 아래와 같이 살펴보건대 그 종(宗)의 실마리로 그 씨족의 발단(發端)이 되는 최초의 조상을 의미함으로써 만약 수성지조(受姓之祖) 위에 또 그를 탄생시킨 조상이 밝혀져 있다면 그를 그 씨족의 최초 조상으로 일러 비조(鼻祖)라 하고 수성지조(受姓之祖)는 시조(始祖) 또는 초조(初祖)라 구분하여 호칭되고 만약 수성지조(受姓之祖)를 탄생시킨 조상(祖上)이 없다면 시조(始祖)를 초조(初祖) 또는 비조(鼻祖) 등으로 호칭되지요.

⊙비조(鼻祖)와 시조(始祖): 시조(始祖)는 한 족속(族屬)의 초대조상(初代祖上)을 이르며 비조(鼻祖)는 시조(始祖) 이전의 가장 높은 조상을 일컫는 호칭인데 시조(始祖) 이전의 계(系)가 없을 때는 시조(始祖)를 정중히 표현하기 위하여 비조(鼻祖)라 이르기도 하며,

⊙중시조(中始祖): 시조(始祖) 이하에서 쇠퇴(衰頹)하였던 가문을 다시 중흥시킨 조상을 중시조(中始祖)로 추존(追尊)하는 것인데 종중(宗中)의 公論에 의하여 정하여지며 자파(自派) 단독(單獨) 주장으로 정하여지는 것이 아닙니다. 다만 중조(中祖)는 중시조(中始祖)를 약한 호칭인지 다른 의미가 있는지 여부는 알지 못합니다.

⊙방조(傍祖): 육대조(六代祖) 이상(以上) 직계(直系)가 아닌 방계(傍系)의 조상(祖上)을 칭함이나, 직계(直系)가 아닌 방계(傍系) 조상(祖上)을 두루 이릅니다.

▶179◀◆問; 지파 명칭 문의.

안녕하십니까? 성씨의 시조가 계시고 이후 분파된 중파, 소파 및 지파가 있습니다. 그런데 지파의 경우, 파 파 파로 파를 3번이나 넣어 말하는 것인지 문의 드립니다. 혹자는 후파로 해야 한다고도 하고 파 계로 한다고도 하는데 정확한 표현법을 알고 싶습니다. 감사합니다.

◆答; 지파 명칭.

지파(支派)에 속한 자가 동성(同姓) 내(內)에서의 자기 위치(位置)를 이를 때, 대개 중시조(中始祖)(상품(上品))와 또 파조(派祖) 중 중하품(中下品)의 벼슬이 있는 계조(繼祖)의 품계(品階)를 아울러 이르기를 [모모공파(某某公派), 모모공파(某某公派) 모세(某世) 모(某)]라 합니다.

예를 들어 사십세(四十世)의 지손(支孫)은 삼십칠 회(三十七回) 파조(派祖)가 계시게 되는데 동성(同姓) 내에서 자기의 위치(位置)를 나타낼 때 그 파조를 모두 일러 줘야 바를 것이나 이와 같으면 번잡(煩雜)하기 그지 없어 헤아림에 별로 어려움이 없게 두 파조(派祖)를 이르게 되는 것입니다.

혹 필요에 딸아 상품공파(上品公派) 또는 하품공파(下品公派)로 단품(單品)으로 이를 수도 있습니다. 물론 성씨마다 다양한 보법(譜法)이 있을 수 있을 것입니다.

●炭翁金公遺書; 炭翁十一代祖移貫中始祖上洛君事蹟
●紅樓夢第二回賈氏; 自東漢賈復以來支派繁盛各省皆有誰逐細考查得來
●大傳; 別子爲祖繼別爲宗繼禰爲小宗(註)別子爲祖者謂公子若始來在此國者後世以爲祖也繼別爲宗者別子之世嫡也族人宗之謂之大宗是宗子也繼禰爲小宗者謂父之嫡子也兄弟

宗之故謂之小宗

▶180◀◆問; 직계는 누구누구 인지요.

직계라 함은 나의 처, 나의 며느리도 포함 돼나요? 그리고 칠순, 팔순 잔치를 나이로 71,81 살에 하는 게 아닌가요. 그래야 만 70,80 살이 되는 것 아닌지요. 참 궁금합니다.

◆答; 직계(直系)란.

直系尊屬; 자기의 父, 祖, 曾祖, 高祖, 五代組
直系卑屬; 자기의 子, 孫, 曾孫, 玄孫, 五代孫

●內部訓令第三九號警視總監觀察使隆熙三年三月二十日內部大臣朴齊純民籍法執行心得 第三條民籍記載의順位ᄂ左와如홈 一 戶主 二戶主의直系尊屬 三 戶主의配偶者 四 戶主의直系卑屬及其配偶者 五 戶主의傍系親及其配偶者 六 戶主의親族이아닌者 妾은妻에準홈
●中國語辭典[直]○[直系]指直接血統關系或婚姻關系如祖孫父子母女及夫妻關系○[直系血親]和自己有直接血緣關系的親屬卽指生育自己和自己所生育的上下各代親屬不論父系或母系子孫或女系都是直系血親如父母祖父母外祖父母子女孫子女外孫子女封建社會只以父系或子系爲直系血親○[直系親屬]指和自己有直接血緣關系或婚姻關系的人如父母夫妻子女等有時也包括需要本人扶養的祖父母和未成年的弟妹

▶181◀◆問; 친족간에 항렬.

안녕하세요? 일상생활에서 8 촌이 넘었거나 촌수를 헤아리지 않는 분 중 할아버지 항렬과 동일한 친척은 대부님이라고 칭하고 있으나 할아버지와 6 촌간인 할아버지는 재종조님이라 해야 될 것으로 생각되는데 대부님이라고 칭하면 결례가 되는지 궁금합니다.

◆答; 친족간에 항렬.

조부(祖父)의 4촌인 재종조부(再從祖父)는 당내간(堂內間)으로 유복지친(有服之親)이 되고, 조부(祖父)의 6촌 형제(六寸兄弟)는 당외친(堂外親)인 삼종조부(三從祖父)로 무복지친(無服之親) 간의 족조(族祖)로 우리나라에서 조부와 항렬(行列)이 같은 원조(遠祖; 족조)는 대부(大父)라 이르고 있으니 결례의 호칭이 아닌 것 같습니다.

●大譜三黨稱號門親黨條大父註族祖稱

▶182◀◆問; 항렬(촌수)간 언어예절 문의.

ㅇ 아직도 농촌에서는 집성 촌을 이루고 살고 있는 곳이 많이 있는 것으로 알고 있습니다.
ㅇ 그렇게 살보다 보면 좋은 점도 있지만 항렬(촌수)에 의한 나이 차이에 의한 언어예절에 불편한 점도 있는 것이 사실인 것 같습니다.
ㅇ 따라서, 항렬은 높고 나이는 적고, 나이는 많고 항렬이 낮을 경우 서로간의 언어예절에 대하여 유교기준에서 성균관의 예절기준은 어떻게 되는지요?

- 예 1) 4 종 이내는 항렬이 높고 나이가 적더라도 나이가 많은 일가에게 말을 놓고, 4 종 이상은 서로간에 말을 높인다.
예 2) 일족간에 항렬이 높아도 5 살 이상은 서로간에 말을 높이고 5 살 이하는 말을 하대한다 등.

◆答; 항렬(촌수)간 언어예절.

족간(族間)의 경어(敬語) 사용 기준에 대하여 "유교(儒敎)기 준(基準)과 성균관의 예

절기준"이 명문화(明文化)되어 전하여 지는지의 여부를 알지 못합니다. 다만 가문마다 선조(先祖)께서 가규(家規) 가훈(家訓)이 전하여질 것입니다. 가르침인즉 주(主)는 예(禮)일 것입니다. 특히 아래 곡례(曲禮)의 가르침은 이성(異姓) 타인간의 가르침이며 동씨족간(同氏族間) 연차(年差) 사이에서도 그와 같이 행하라 함이 아니며 자기보다 1~5 살이 많게 되면 어깨를 나란히 하고 걷되 조금 뒤로 물러나 걷는다는 것이니 이 나이 차이에서도 장소(長少)의 차례(次例)를 지킨다는 것입니다.

타인간에서도 이럴 진대 족친간(族親間)의 장유지서(長幼之序)를 분명히 가려 행간(行間)과 동항(同行)에서는 연차(年差)에 따라 그에 합당한 존칭(尊稱)을 붙여야 함이 당연할 것입니다.

●曲禮年長以倍則父事之十年以長則兄事之五年以長則肩隨之(註)肩隨並行差退也此泛言長少之序非謂親者

▶183◀◆問; 항렬에 대하여.

問;　1. 일반적으로 쌍묘의 경우 재배를 할 적에 살아 있는 사람을 기준으로　왼쪽이 남자, 오른 쪽이 여자 인지요?

問;　2. 대부분 항렬이 있는 데 이 항렬은 대체적으로 언제쯤 누가 만들었는지 궁금합니다.

問;　3. 만약에 항렬의 순서가 15 개이고 내가 15 번째 항렬이라면 태어나는 자식은 맨 처음 항렬을 사용하는지요.

◆答; 항렬(行列).

問; 1. 答; 묘제에 부녀자는 참석하지 않으니 서립의(序立儀)가 없는 것 같습니다.

問; 2. 答; 항렬(行列)에 쓰이는 자순(字順)을 언제 누가 왜 만들었는지에 관한 명문으로 전하는 전거(典據)를 알지 못하여 근거(根據)가 없으니 상식론(常識論)의 범주(範疇)를 벗어날 수가 없을 것입니다.

問; 3. 答; 항렬자는 가문에 따라 오행, 간지. 십 수, 오상 등에서 택하여 그 자(字)들을 나타내는 글자로 정하여 회전하게 되는데 전회에 쓰인 글자는 다음 회에서는 배제 새로운 글자를 택하게 되는 것 같습니다.

●性理大全墓祭亞獻終獻條並以子弟親朋薦之

▶184◀◆問; 항렬(행行列)에 대하여.

이런 질문을 하여 창피합니다. 본인은 진주하씨 사직공 31 세 입니다. 31 세는 (○선, ○호, ○종, ○석)으로 4 자에 끝 자이고 32 세는 (태 ○, 홍 ○, 천 ○, 옥 ○)으로 첫 자로 엇갈리게 되어 있는 사유와 34 세부터는 (헌 ○, 성 ○, 연 ○)과 같이 3 자로 되어있는 사유 그리고 4 자 및 3 자 중 부모가 마음에 드는 것을 선택하여 이름 짓는지 궁금 하며 순서가 있다면 그 순서가 어떻게 되는지 알고 싶습니다. 추운 날씨에 건강 조심하십시오.

◆答; 항렬(行列).

항렬자(行列字)라 함은 같은 혈족 사이에 세계(世系)의 위치를 표시 분간하기 위하여 마련된 우리나라만의 독특한 문중의 음절자(音節字), 돌림자 율법(律法), 제도로서 각각의 문중마다 항렬자(行列字)를 정하여 세세(世世)로 사용하고 있습니다.

그 항렬자(行列字)에는 오행 순(五行順)을 가장 많은 가문에서 택하고 있으며 천간 순(天干順), 지지 순(地支順), 숫자 순(數字順), 또는 혼용 순(混用順)으로 가문마다 독특하게 정하고 있습니다. 그리고 돌림자를 엇걸리게 사용하는 이유는 친명(親名)에 쓰인 글자를 피하고 세계(世系)와 동항(同行)을 쉽게 구분하기 위하여서 입니다.

●雜記行其綴兆要其節奏行列得正焉進退得齊焉
●漢書宣帝紀乃者鳳凰集新蔡羣鳥四面行列皆鄉鳳皇立以萬數
●莊子山木東海有鳥焉其名曰意怠進不敢爲前退不敢爲後是故其行列不斥

▶185◀◆問; 항렬은 어제부터 시작 되었는가?

안녕하십니까? 각 성씨의 항열 사용 연대와 근대에는 대개 5 행으로 사용하고 있는 것으로 아는데 여흥 민씨의 경우 중국 전래 설을 찾아 민자건님 사당이 있는 산동. 임기 비현을 찾아간 일이 있는데 그곳 민씨는 금생수 수생목 등 변이 아닌 자로 60 년 주기로 지금 연대(年代)는 경(慶)자를 사용한다는 답을 얻은바 있습니다. 그리고 중국은 어느 민가냐고 물었더니 비현민가 라고 하여 자건님의 부친도계셨을 터인데 그분의 고향은 어디냐고 물었더니 중국도 그때부터 기록이 있어 더는 추적하지 못한다고 하였습니다. 공자님의 시절부터 기록이 있다는 것입니다. 궁금한 것이 많아 글을 올리니 하교 바랍니다.

◆答; 항렬은 어제부터 시작 되었나.

아래와 같이 [燃藜室記述別集]을 살펴보건대 우리나라에서의 최초 족보(族譜)는 [嘉靖年間 1522~1566]에 발행된 [文化柳譜]가 최초라 기록 되어 있으나 그 족보는 현존하지 않는다 하며 확인되는 최초의 족보(族譜)는 성종(成宗)7 년(1476)에 간행(刊行)된 안동권씨(安東權氏)의 족보(族譜)로 성화보(成化譜)가 최초의 족보가 아닌가 합니다.

경연사달성군(經筵事達城君) 서거정(徐居正)의 본보(本譜) 서문(序文)에 의하면 우리나라에는 종법(宗法)과 보첩(譜牒)이 없고 거가대족(巨家大族)은 있으되 가승(家乘)은 없다. 하였으니 아마도 성화보(成化譜)가 간행(刊行)되기 이전(以前)의 조선(朝鮮) 초기(初期)에는 이렇다 할 만한 족보(族譜)가 없었던 것 같습니다. 따라서 항렬(行列) 역시 문헌적(文獻的)으로 확인됨은 성화보(成化譜)가 시초가 아닐까 합니다.

●燃藜室記述別集文藝典故族譜條我東族譜嘉靖年間文化柳譜最先刱而纖悉詳載外裔故後來修譜家輒就考訂

7 친속(親屬)(附寸數)

▶186◀◆問; 계촌 질의.

고조할아버지 형제 분의 고조손자와 나는 같은 항렬인데 삼종형제라고 표기된 것을 보고 의문이 들어서 문의합니다. 삼종을 이해하기 쉽게 설명해 주십시오.

◆答; 계촌.

아래와 같이 살펴보건대 동고조인 동항(同行)은 삼종형제(三從兄弟=同高祖八寸兄弟)가 되고 동오대조(同五代祖)의 동항(同行)은 사종형제(四從兄弟)라 하나 이는 이미 친(親)에서 벗어나 무복지간으로 삼종지외친(三從之外親)의 일가일 뿐입니다.

●大傳四世而緦服之窮也五世祖免殺同姓也註四世高祖也同高祖者服緦麻服盡於此矣故云服之窮也五世祖免謂共承高祖之父者相爲祖免而已是減殺同姓也四從兄弟恩親已盡各自爲宗是戚單於下也細註嚴陵方氏曰四世者三從之親也以其疏而不足於哀也致其緦而已故服謂之緦焉五世者三從之外也
●近齋曰同五世者爲祖免之親只是服盡而已

●禮記 大傳篇 *高祖=四世 *五代祖=五世

▶187◀◆問; 고모의 아들과 나(사촌관계)와의 항렬은?

항렬이란 무엇인지요. 항렬은 돌림자라고도 하는데 제가 궁금한 것은 고모의 아들과 저(여기서 저는 중학생기준으로)의 항렬관계를 묻는 것인데요. 제가 알기로는 고모의 아들은 그쪽집안의 자식이기 때문에 저와 고종사촌의 관계이지 항렬을 따질수 없는 걸로 알고 있는데 학교선생님은 고모의 아들과 나는 항렬이 같다라고 하시는데 어디서 이 문제를 여쭤봐야 할까요. 바른 관계를 알고 싶습니다 올바른 답변을 기다리겠습니다.

◆答; 고모(姑母)의 아들과 나는 사촌관계다.

부지자매역왈고(父之姊妹亦曰姑)는 부모항동고(父母行同姑)라 하니 그의 자(子)는 나하고는 동항(同行)이라 한다 하여 욕될 것은 없습니다. 고모의 아들은 나는 고종형제라 하고 그는 나를 외종형제라 합니다.

●史記汲鄭列傳;[鄭莊]年少官薄然其游知交皆其大父行天下有名之士也
●云麓漫鈔卷五;婦謂夫之父曰舅夫之母曰姑子謂母之兄弟曰舅父之姊妹亦曰姑皆言與父母行同姑也
●池北偶談談异六老僧;[張翁]自言與雍丘孟調之曾大父游歷歷能道其平生遊獵處孟氏兄弟嚴事之如曾大父行

▶188◀◆問; 고조(高祖)는 고조(高祖)일 뿐입니다.

고조를 4 대조니 5 세니 하는데 그런 호칭도 있나요.

◆答; 고조(高祖)는 고조(高祖)일 뿐.

유복친간(有服親間)에는 고유명칭이 있습니다. 따라서 유복친(有服親)인 고조(高祖)까지는 살아 계시면 고조부(高祖父) 고조모(高祖母). 작고하게 되면 고조고(高祖考) 고조비(高祖妣)라 칭하지 사대조(四代祖)라 하지 않습니다.

까닭은 고조(高祖)에 쓰인 조(祖)는 유복친(有服親)임을 나타내는 "할아버지"란 의미가 되고, 유복지친(有服之親)을 벗어난 무복친(無服親)인 기대조(幾代祖)에 쓰인 조(祖)의 의미는 조상(祖上)이란 의미가 되어, 불경스럽게 아버지를 일대조(一代祖)니 고조를 4 대조라 하지 않는 것입니다. 물론 고조를 오대조라 함은 오류입니다.

●辭源[高祖]祖父的祖父也稱高祖王父
●爾雅釋親曾祖王父之考爲高祖王父
●丘氏曰高祖之父爲五世祖

▶189◀◆問; 高祖를 五代祖라 하지 않는 사례를 볼 수 있는데.

고조는 어느 경우에도 오대조라 하는 경우를 성균관 홈피에서 만날 수가 있는데요. 사실 그런 경우도 있는지요?

◆答; 고조(高祖)를 오대조(五代祖)라 하지 않는다.

고조(高祖)를 대조(代祖)로 칭하여 오대조(五代祖)라 함은 그가 그에 대한 전문학자(專門學者)라 하여도 어불성설(語不成說)입니다.

이런 지경에 이르게 된 원인은 세(世)와 대(代)에 관한 논의가 과(過)하게 진행된 결과로서 극히 상식적인 수준의 문제가 전문학자가 방대한 자료를 수집, 장시간 장대한 논문으로 발표되어야만 가까스로 이해될 정도로 난해한 문제가 아닙니다.

모(某)선생을 비롯하여 몇몇 학자가 정의한 대(代)와 세(世)는 동의이며, 세(世)와 대(代)의 헤아림은 자기를 포함하고, 조손(祖孫)의 헤아림에서는 자기를 포함하지 않는다. 함이 여러 전거로 입증시킴과 같이 정론입니다.

● 高麗史節要靖宗容惠大王丙子二年十二月條典云親過高祖則毀其廟由是觀之自禰祖曾高而上論親盡未盡非以旁親論也
● 退溪曰府君及祖以上神主以左右名改題旁註府君高祖則於左右爲親盡五代祖故當遞遷于最長房府君曾祖則於左右爲未親盡高祖
● 明齋曰高祖親盡五代祖吉祭後卽爲遞遷而曾祖禰三位次次陞遷
● 日知錄祖孫及高祖條漢儒以曾祖之父爲高祖高祖者遠祖之名爾
● (按)通譜譜系門氏族篇總譜事實譜籍等詳云無高祖爲五代祖

▶190◀◆問; 구족(九族)이란?

족속(族屬)에는 구족(九族)이 있다는데 누구 누구가 구족에 포함 되는지요.

◆答; 구족(九族).

구족(九族)은 아래와 같이 세 류형이 있습니다.

1) 친구족(親九族).
2) 부족사(父族四) 모족삼(母族三) 처족이(妻族二).
3) 외조부 외조모 종모자(從母子) 급처부(及妻父) 처모(妻母) 고지자(姑之子) 자매지자(姊妹之子) 녀자지자(女子之子) 병기지동족(幷己之同族).

一. 대명률(大明律)을 살펴보면 모반대역(謀叛大逆) 죄인의 형벌에도 구족(九族)을 멸(滅)하는 법률이 없으며, 사기(史記) 진본기를 살펴보면 삼족지죄(三族之罪)의 주(註)에서 역시 삼족이란 일설에는 부모 형제 처자라 하였고 또 일설에는 부족(父族) 모족(母族) 처족(妻族)이라 하였으니 구족 역시 위 어느 항의 구족인지의 전거를 알지 못합니다. 다만 삼족지죄(三族之罪)의 설(說)과 같이 위 삼항(三項) 중 1)항이나 2)중에 해당할 것 같습니다.

二. 1) 부족사(父族四); ①오복친(五服親). ②출가한 고모와 그 자녀. ③출가한 자매와 그 자녀. ④출가한 외손녀와 그 자녀.
2) 모족삼(母族三); ①외조부의 성족(姓族). ②외조모의 성족(姓族). ③출가한 이모와 그 자녀.
3) 처족이(妻族二); ①장인의 성족(姓族). ②장모의 성족(姓族).

● 書經虞書堯典以親九族註九族高祖至玄孫之親
● 今文尙書九族爲異姓親族九族者父族四母族三妻族二註父族四五屬之內爲一族父女昆弟適人者與其子爲一族己女昆弟適人者與其子爲一族己之女子子適人者與其子爲一族母族三母之父姓爲一族母之母姓爲一族母女昆弟適人者與其子爲一族妻族二妻之父姓爲一族妻之母姓爲一族
● 左傳桓公六年親其九族杜註九族謂外祖父外祖母從母子及妻父妻母姑之子姊妹之子女子之子幷己之同族皆外親有服而異族者也
● 大明律附例刑律謀反大逆條凡謀反及大逆但共謀者不分首從皆凌遲處死祖父父子孫兄弟及同居之人不分異姓及伯叔父兄弟之子不限籍之同異年十六以上不論篤疾廢疾皆斬其十五以下及母女妻妾姊妹若子之妻妾給付功臣之家爲奴財産入官若女許嫁已定歸其夫子孫過房與人及聘妻未成者俱不追坐
● 史記秦本記二十年法初有三族之罪註張晏曰父母兄弟妻子也如淳曰父族母族妻族也

▶191◀◆問; 누이동생 남편과 나와의 촌수.

누이동생 남편과 나와의 촌수.

◆答; 누이동생 남편.

촌수의 호칭은 혈친(血親)인 부계(父系)와 모계에 한하고, 직계(直系) 고조(高祖)까지와 형제간에는 촌수로 분간하여 호칭함은 예도(禮度)에 어그러져 불가함. 혹 계촌(計寸) 표시는 그 이상의 계촌 확인상의 표시일 뿐 그 표시가 호칭은 아님. 따라서 자매(姉妹)의 부군(夫君)은 친척(親戚)의 범주(範疇)에 들지 않는 인척(姻戚) 이성(異姓)으로 촌수(寸數)가 없으며, 다만 매제(妹弟)는 내 여동생의 남편으로 형제(兄弟) 자매(姉妹)는 2촌간이니 그도 촌수로 따져본다면 2촌의 서열(序列)(序列)에 든다. 라 함이지 그가 2촌일 수가 없는 인척(姻戚) 형제(兄弟)인 매제(妹弟) 매형(妹兄)일 뿐임.

●雅言覺非三寸; 寸內之親其法蓋以父子相承爲一寸(註伯叔父爲三寸者我與父一寸父與王父又一寸王父與諸子又一寸共三寸也四寸五寸皆如此例)然子弟稱其父兄曰三寸四寸大非敬禮不可踏也
●高麗史世家卷第三十二忠宣王一; 文武兩班之家不得娶同姓外家四寸亦聽求婚

▶192◀◆問; 매형을 가족이라고 할 수 있나요?

가족원과 가구원에 대하여 자세히 알고 싶습니다. 매형을 가족이라고 말 할 수 있는지요?

◆答; 매형을 가족?

가족원(家族員); 가족 구성원.
가구원(家口員); 한 가정을 구성하고 있는 식구.
아래와 같이 살펴보건대 매형은 가족에 포함되지 않는 것 같습니다.

척(戚)이라 함은 친족(親族)과 인족(姻族; 姻戚)을 이르는데 친족이라 함은 동성동본의 촌수가 가까운 일가를 이르고 인족(姻族)이라 함은 혼인(婚姻)으로 맺어진 이성인척(異姓姻戚)을 이르며 특히 가족(家族)이라 함은 한 집안에 딸린 식솔(食率)로 고조 이하 현손(玄孫)에 이르기까지의 혈연적 관계로 이뤄진 권솔(眷率)을 이름이라 매형은 인족(姻族)으로서의 인척(姻戚)일 뿐이지 가족에 포함될 수 없으며 만약 데릴사위로 처가살이를 할 때는 한 지붕 아래 식구이니 혹 가족이라 칭할 수도 있다 하겠으나 이 역시 유가적 법도로는 진정한 의미의 가족은 아닙니다.

●孟子梁惠王篇百畝之田勿奪其時數口之家以無飢矣
●書經堯典篇親九族九族旣睦註九族高祖至玄孫之親擧近而該遠五服異姓之親亦在其中也
●詩經周南麟之趾篇麟之角振振公族于嗟麟兮註公族公同高祖廟未毀有服之親
●管子小匡篇公曰愛民之道奈何管子對曰公修公族家修家族使相連以事相及以祿則民相親矣註相連以事則人狎相及以祿則恩情生故有親也
●管子小匡篇公曰愛民之道奈何管子對曰公修公族家修家族使相連以事相及以祿則民相親矣註相連以事則人狎相及以祿則恩情生故有親也
●新五代史裴皞傳世爲名族居燕者號東眷居涼者號西眷
●孟子萬章下篇齊宣王問卿孟子曰王何卿之問也王曰卿不同乎曰不同有貴戚之卿有異姓之卿
●後漢書張皓傳書御京師震竦時冀妹爲皇后內寵方盛諸梁姻族滿朝

●春秋左傳昭公篇祿勳合親杜註勳功也親九族
●書經堯典篇註九族高祖至玄孫之親

▶193◀◆問; 방조와 족조.
[방조(傍祖)란 6 대조 이상이 되는 직계가 아닌 조상을 말한다. 직계가 아닌 조상,
곧 6 대조이상 조상의 형제를 말하는 것이다. 족조(族祖)는 방계(傍系)인 무복지조
(無服之祖) 즉 상을 당했을 때 상복을 입지 않는 먼 대(代)의 할아버지를 말한다.]
라는 글이 인터넷의 여러 곳에 있습니다.

사전에도 방조(傍祖)의 뜻을 위와 같이 설명하고 있습니다. 위의 [ ]안의
설명으로서는 '방조'와 '족조'의 뜻이 같은 게 아닌지요.

6 대조(六代祖)이상 조상(祖上)의 형제를 말하는 방조(傍祖)나 방계(傍系)의 무복지
조(無服之祖)인 족조(族祖)나 내용으로 보면 같은 뜻인 것 같은데 개념을 좀 확실하
게 하여 설명을 해 주셨으면 합니다.

◆答; 방조와 족조.
족조(族祖)의 유가적 의미는 아래와 같은 것 같습니다.
방조(傍祖)=육대조 이상의 직계가 아닌 방계의 조상.
족조(族祖)=자기 종형제(從兄弟)의 조부(祖父).

●便覽族祖父謂族曾祖父之子也○又曰族曾祖父謂曾祖之兄弟也○又曰族父謂族祖父之
子也

▶194◀◆問; 방친의 조상에게도 公자를 붙여도 되나?
호칭에서 방친의 윗대 조상들에게도 公자를 붙여야 하는지요.

◆答; 방친의 조상에게도 公자를.
아래와 같이 살펴보건대 존칭(尊稱)인 공자(公字)는 장자(長者)나 평교지간(平交之
間), 조(祖), 부(父), 구(舅). 부형(夫兄) 등등은 물론, 퇴계(退溪) 선생이나 매산(梅
山) 선생 문집(文集) 등을 살펴보아도 사돈(查頓)이나 타인에게도 공자(公字)를 붙
여 호칭(呼稱)되었으니 방계(傍系)의 조상(祖上)에게 공자(公字)를 붙인다 하여 크
게 욕될 상 싶지는 않을 것입니다.

●漢書田叔傳學黃老術於樂鉅公註師古曰姓樂名鉅公者老人之稱也
●史記平原君虞卿列傳云云曰公相與歃此血於堂下公等錄錄(註說文云錄錄隨從之貌也)
所謂因人成事者也
●周書文帝下公等勿疑庚戌太祖率騎六千還長安
●列子黃帝第二舍者迎將家(註客舍家也)公執席妻執巾櫛舍者避席煬者避竈其反也
●孟子告子章下先生將何之註趙氏曰學士年長者故謂之先生
●論語爲政編有酒食先生饌曾是以爲孝乎註食飯也先生父兄也饌飲食之也曾猶嘗也
●退溪先生文集祭禮安訓導琴公文註琴公卽先生長子寯之婦翁
●梅山先生文集祭文編祭立菴朴公文○又祭性潭宋公文○又祭近齋先生文

▶195◀◆問; 부부(夫婦)는 무촌(無寸)이라는데.
부부(夫婦)는 무촌수(無寸數)란 말은 촌수(寸數)로 따질 수 없는 사이란 뜻만 있는
지. 혹 원래 남남이었기 때문이란 의미도 되는지요?

◆答; 부부(夫婦)는 무촌(無寸).

부부는 비혈족(非血族)으로 일심동체(一心同體)인 까닭에 촌수가 없습니다.

●寄齋雜記二歷朝舊聞二中宗; 吾夫婦同居無間

▶196◀◆問; 유복지친(有服之親)이란?

유복지친은 누구누구인지요?

◆答; 동고조팔촌지간(同高祖八寸之間).

○有服之親; 상(喪)을 당하여 상복제(喪服制)에 따라 상복을 입어야 하는 가까운 친척. 복친(服親) 오복친(五服親) 유복(有服) 유복친(有服親).

●與猶堂曰雖其同高祖有服之親無加服疏布之理此所以本生諸親得相報服也

▶197◀◆問; 자기와 할아버지는 원칙적으로 1촌인가요?

자기와 직계혈족(아버지, 할아버지, 증조할아버지, 고조할아버지)간의 촌수는 원칙적으로 모두 1촌이라는 입장도 있는 것으로 알고 있습니다. 이러한 입장이 타당한 것인지요? 만일 그러한 입장이 타당하다면, 그러한 입장은 어떠한 근거에 바탕을 두고 있는지를 알고 싶습니다. 또한 그러한 입장이 타당하지 않다면, 그 이유가 무엇인지도 알고 싶습니다.

◆答; 자기와 할아버지는 원칙적으로 1촌인가.

아래는 다산(茶山; 字美庸 名若鏞 號茶山 羅州人 實學派) 선생의 아언각비(雅言覺非)에서 자세히 밝힌 척간(戚間)의 원근을 나타내는 촌수에 관한 말씀입니다. 이에 의하면 "[기여부일촌부여조일촌증조일촌고조일촌(己與父一寸父與祖一寸曾祖一寸高祖一寸)]" 즉 자기와 아버지는 1촌, 아버지와 할아버지 1촌, 할아버지와 증조 1촌, 증조와 고조 1촌, 이와 같이 따져 고조는 4촌이라 하였으며, 3촌(백숙부) 역시 나와 아버지 1촌, 아버지와 할아버지 1촌 할아버지와 백숙부 1촌, 이와 같이 따져 이를 합하면 3촌이 되지요.

동부(同父)는 2촌이 되고, 동조(同祖)는 4촌, 동 증조(同曾祖)는 6촌, 동 고조(同高祖)는 8촌지간이 됨을 이 같이 따지면 쉽게 알 수 있습니다. 그러나 숙질 간 등 촌수 호칭은 중국에는 없는 호칭 같으며, 다만 우리나라에서 다산선생의 이 말씀에 의하여 이 호칭이 세간에서 쓰여지고 있는 것 같습니다.

●雅言覺非三寸以稱其叔父亦陋習之當改者東語伯叔父曰三寸伯父叔父之子曰四寸從祖祖父曰四寸大夫其子曰五寸叔父過此以往皆如此例以至於八寸兄弟九寸叔父謂之寸內之親其法蓋以父子相承爲一寸(伯叔父爲三寸者我與父一寸父與王父又一寸王父與諸子又一寸其三寸也四寸五寸皆如此例)雖族兄弟謂之八寸必自己身而上之以至高祖計得四寸(己與父一寸父與祖一寸曾祖一寸高祖一寸)又自高祖順而下之計得四寸是之謂八寸也高麗之時已自如此故李牧隱集云外舅花原君之內外孫凡於慶弔迎餞相聚曰四寸會高麗史忠宣王世家元朝詔諭有外四寸之語經國大典服制之章皆以三寸四寸別其親遠今爲不刊之文然子弟稱其父兄曰三寸四寸大非敬禮不可蹈也

添言; 다만 촌수는 원근(遠近)의 마디를 헤아려 나타내어 이해 하는 데는 적절할 지 모르나 나와 증조도 3촌이 되고 백숙부도 3촌이 되며, 고조(高祖)도 4촌이 되고 종형제도 4촌이 되는 등 양친간에 이중으로 호칭되는 모순이 있음을 간과할 수는 없지 않은가 합니다.

▶198◀◆問; 조부의 6촌 형제를 대부라 함이 옳은가?

안녕하세요? 일상생활에서 8촌이 넘었거나 촌수를 헤아리지 않는 분 중 할아버지 항렬과 동일한 친척은 대부님이라고 칭하고 있으나 할아버지와 6촌간인 할아버지는 재종조님이라 해야 될 것으로 생각되는데 대부님이라고 칭하면 결례가 되는지 궁금합니다.

◆答; 조부의 6촌 형제는 대부.

조부의 4촌인 재종조부(再從祖父)는 당내간으로 유복지친이 되고, 조부의 6촌형제는 당외친인 삼종조부로 무복지친간의 족조(族祖)로 우리나라에서 조부와 항렬이 같은 원조(족조)는 대부(大父)라 이르고 있으니 결례의 호칭이 아닌 것 같습니다.

● 大譜三黨稱號門親黨條大父註族祖稱

▶199◀◆問; 族丈과 族長.

어리석은 질문이지만 확실히 알고자 여쭙니다 장(丈)과 장(長)은 어떻게 다른가요.

◆答; 족장(族丈)과 족장(族長).

族丈; 동성(同姓)의 유복친(有服親) 이외의 위 항렬이 되는 어른들에게 붙이는 호칭.
族長; 일족(一族)의 가장 웃어른에게만 붙이는 호칭으로 한 종족이나 부족, 가족 등의 장(長).

● 杜詩批解奉贈李八丈判官詩我丈時英特宗枝神堯後註洙曰神堯唐高祖也
● 後漢書孔融傳母曰家事任長妾當其辜一門爭死郡縣疑不能決乃上讞之

▶200◀◆問; 족친간의 예절에 관하여 질문합니다.

안녕하십니까 예절에 관하여 질문 합니다. 면복지친(16촌의 숙질)간 일가간에 항렬과 나이 중 누가 우선인가요.

예(例): 나이 1살 많은 질항과 나이 1살 작은 숙항 간 일가모임자리에서 나이가 우선이다 항렬이 우선이다 서로 다투는데 과연 위와 같은 사항에서 예법상 어느 쪽이 우선일까요?

◆答; 족친 간의 예절에 관하여.

1살 차이나 10살 차이나 나이 차이가 항렬에는 영향을 끼치지 못하겠지요. 씨족간에는 유복친(有服親)이던 면복친이던 나이 순에 우선하여 항렬(行列)순입니다. 다만 모임에서 항렬이 낮다 하여 극 노인을 차가운 윗목에 앉힐 수는 없겠지요. 이는 인정일 뿐입니다.

▶201◀◆問; 존비상향(尊卑相向) 상석(上席)에 대한 고찰(考察).

상수연, 회갑연, 폐백 등의 예에 존비석의 배치는 어떻게 하여야 하나요.

◆答; 존비상향(尊卑相向) 상석(上席).

아래와 같이 존비(尊卑) 상향석(相向席) 배치도(配置圖)를 살펴보건대 [지도상우설(地道尙右說)]과 [음양설(陰陽說; ?)]로 양분되어 있음을 발견하게 된다.

상향석(相向席)에서 주부자(朱夫子)께서 예기(禮記)를 인용하여 하신 말씀은[남향지석개상우(南向之席皆尙右)] 서향(西向) [북향지석개상(北向之席皆尙) 좌(左)]라 남향자(南向者)는 상우(尙右)이고, 북향자(北向者)는 상좌(尙左)라 하신 말씀으로는 이례연집설(二禮演輯說)과 일맥상통(一脈相通)하지 않은가 하며 성재(省齋)(유중교(柳重敎))설(說)은 가례(家禮) 폐백(幣帛)의 고비(考妣)의 상향(相向)과는 향배(向背)가 다르게 존비(尊卑) 상향(相向)으로써 음양설(陰陽說)을 따른 배치도로 이해되는데, 본인은 주부자(朱夫子) 말씀인 [남향지석개상우(南向之席皆尙右)] [북향지석개상좌(北

向之席皆尙左)]라 함은 그 자리에서 따지면 모두 [상우(尙右)]라 이는 [지도상우(地道尙右)]의 법도와 일치함.

이와 같이 살펴보건대 성재(省齋)(유중교(柳重敎)설(說)인 [음양설(陰陽說)(?)]과 주부자설(朱夫子說)인 [상우설(尙右說)] 등 양설(兩說) 중주부자설(朱夫子說)에 버금 이상설(以上說)이 드러나지 않는 한 신뢰할 것임.

姑⇒卓　　　　卓⇐舅
　　　　新
　　　　婦

●朱子曰禮云席南向北向以西方爲上東向西向以南方爲上是東向南向之席皆尙右西向 北向之席皆尙左也
●內則道路男子由右女子由左(集說細註)道路之法其右以行男子其左以行女子古之道也(鄭注)地道尊右(孔穎達疏)男不至由左正義曰此經論男子女子殊別之
●王制道路男子由右婦人由左註凡男子婦人同出一塗者則男子常由婦人之右婦人常由男子之左
●王制男子由右女子由左
●儀禮有司徹疏生人陽故尙左鬼神陰故尙右
●退溪集考證別集題士敬幽居條左左(韻玉)人道尙右故非正之術曰左道謫官曰左遷不適事宜曰左計
●朱子家禮冠禮冠者見于尊長條父母堂中南面坐諸叔父兄在東序諸叔父南向諸兄西向諸婦女在西序諸叔母姑南向諸姉嫂東向冠者北向拜
●問冠禮時主人主婦皆南向坐而北側舅姑東西相向何義尤庵曰夫婦相對坐常禮也冠禮受子拜之時則諸父在東諸母在西若夫婦相對而坐則背東背西故不得不南面也
●芝村曰初喪爲位皆以男左女右而上朝祖下男女道路之法謂男左女右
●重庵曰男左女右以地道言則右尊左卑道路屬地當男右女左蓋右主動而左主靜右有力而左無爲故男女所由如此
●錦谷曰家禮及諸禮書皆以東爲上故其爲男東女西者卽左東右西之意也
●二禮演輯(禹德麟)附回婚回甲回甲條家長兩位(父母)盛服就位南向坐男女子孫盛服序立如圖(南東女西)
●朱子家禮昏禮婦見舅姑條舅姑坐於堂上東西相向各置卓子於前

▶202◀◆問; 중국의 후손에 대한 명칭은?

중국과 우리나라와는 한문을 공동으로 사용되니 후손 호칭에서는 어떠한지요.

◆答; 중국의 후손에 대한 명칭.

아래와 같이 중국에도 후손의 명칭이 음이 다를 뿐 한자 호칭에서는 우리와 별로 다른 바가 없습니다.

●爾雅親親篇宗族條註孫之子爲曾孫曾孫之子爲玄孫玄孫之子爲來孫來孫之子位晜孫晜孫之子爲仍孫仍孫之子爲雲孫

▶203◀◆問; 支子란?

지자(支子)라 하면 누구누구를 지칭하는 것입니까?

◆答; 지자(支子).

지자(支子)를 서자(庶子)라고도 하며 적장자(嫡長子)를 제외한 아들의 전부를 일괄 支子라 합니다.

●辭源支部[支]一本旁出或一源而分流曰支[支子]嫡長子及繼承先祖的兒子爲宗子其餘的兒子爲支子
●曲禮支子不祭必告于宗子[註]不敢自專謂宗子有故支子當攝而祭者也五宗皆然[疏]正義曰支子庶子也祖禰廟在適子之家而庶子賤不敢輒祭之也若宗子有疾不堪當祭則庶子代攝可也猶必告于宗子然後祭
●辭源广部八畫[庶子](一)妾所生之子(二)妻所生之子除長子得爲嫡子外其餘的也稱庶子

▶204◀◆問; 질문 드립니다.

초암 선생님 먼저 문중과 종중의 답변에 감사 드립니다. 답변 중에 의문이 생겼어 다시 여쭈어 봅니다. 문중(門中): 문문자는 넓은 의미의 문(학교 교문 등: 동문)과 좁은 의미의 문(가정집의 대문)이 있는데 어느 쪽으로 보시는지요. 종중(宗中): 종의 글자는 사당종이라고 생각이 들며 또한 성과 본관을 같이 하는 성씨는 여러 사당을 모시고 있다고 생각합니다.

그래서 사당을 모신 분을 기준으로 종손, 여러 종손 중에 시조로부터 장자로 이어 가는 자를 대종손이라고 부른다고 생각하는데요. 문중과 종중 중에 어느 것이 넓은 것을 의미하는지 선생님의 고견을 듣고 싶습니다.

◆答; 종문(宗門)과 문중(門中).

종(宗)자는 사당(祠堂)이란 뜻만 있는 것이 아니고 여러 뜻이 있습니다. 여기서 종중(宗中)이라 이를 때의 宗의 의미는 아래에서의 쓰임과 같이 종족. 일족. 동족. 순우리말로의 표현은 겨레붙이의 뜻으로 해석되어야 합니다.

문중(門中)이라 일컬었을 때의 문(門)의 뜻은 아래에서 의미 하듯이 집안. 가정. 일가. 일족. 문벌. 가문. 등의 뜻으로 이해되어야 하는바 표현되는 상황에 따라 해석되어야 할 것입니다.

본인은 어학자가 아니라 분명히 가려 정의할 수는 없겠으나 한자(漢字)가 의미하는 바로 생각한다면 종중(宗中)이나 문중(門中)은 어느 면에서는 같은 의미로 해석되나 굳이 광협을 가린다면 종중(宗中)이라는 표현이 광의라 할 수 있을 것입니다.

▶205◀◆問; 처가(妻家)의 계촌(計寸)과 사위의 사귐.

안녕하십니까? 1950 년도 생입니다. 처가에는 장인 장모가 계시고 처당숙부모님, 처외숙부모님, 처이모부모님이 계십니다.

동년배의 처숙부가 있다면 벗으로 사귀는 것이 가하다 하는 송시열 선생님의 말씀도 기억이 납니다. 그런데, 여기에 혼선이 오고 있어 다음과 같은 우문을 하고자 합니다.

1. 처당숙, 처외숙, 처이모부는 사회적 사귐으로, 나이에 따라 하대 말 또는 존대 말를 쌍방간에 할 수 있는지 여하.
2. 처당숙모, 처외숙모, 처이모들은 나이에 관계하지 않고 쌍방간에 존대 말을 주고받고 하는지 여하. 이 두 가지 질문을 예법에 어긋나지 아니하는 것으로 생각 했는데 온당한 하문을 바랍니다.

◆答; 인척(姻戚).

처당숙(妻堂叔), 처외숙(妻外叔), 처이모부(妻姨母夫), 처당숙모(妻堂叔母), 처외숙모(妻外叔母), 처이모(妻姨母) 모두 처(妻)의 숙항(叔行)인데 자신은 숙항에게 존칭(尊稱)함이 당연할 것이며 상대들은 자신이 질항(姪行)이니 친소(親疏)에 따라 대우가 달라질 것입니다.

●二十年目睹之怪現狀第二十一回;這個人不是別人却是我的一位姻伯註遠親長輩的稱呼
●爾雅釋親;婦之黨爲婚兄弟壻之黨爲姻兄弟后泛稱姻親中同輩弟兄
●李東陽麓堂詩話;近時士大夫子孫之於父祖者弗論至於姻戚鄕黨轉相徵乞動成卷帙
●國語晉語四;君定王室而殘其姻族民將焉放
●後漢書皇甫規傳;今大將軍梁冀河南尹不疑處周邵之任爲社稷之鎭加與王室世爲姻族今日立號雖尊可也

▶206◀◆問; 촌수에 대하여.

할아버지(조부)님과 형제 분이 나에게는 몇 촌이 대나요? 당숙님이 저와 5촌이라고 알고 있는데 저에게는 종조님이 몇 촌인지 궁금합니다. 네이버 검색에서는 4촌이라고 나오는데 4촌이라 함은 형제 아닙니까?

◆答; 촌수.

족간(族間)의 촌수(寸數)란 친족(親族) 상호간(相互間)의 원근(遠近) 관계(關係)를 나타내는 단위(單位)이지 호칭(呼稱)이 아닙니다. 호칭은 아니나 쉬울 손 숙부(叔父)를 3촌 종형제(從兄弟)를 4촌 당숙(堂叔)을 5촌 등으로 칭하고 있을 뿐입니다.

아래와 같이 살펴보건대 조부(祖父) 형제(兄弟)의 호칭(呼稱)은 종조조부(從祖祖父)이나 촌수(寸數)로 따지면 4촌이 되는 것입니다.

●雅言覺非伯叔父曰三寸伯父叔父之子曰四寸從祖祖父曰四寸
●釋親考伯叔諸姑篇從祖祖父從祖祖母○祖伯父祖伯母祖叔父祖叔母○伯祖父伯祖母叔祖父叔祖母○伯公伯婆叔公叔婆○從大父○(五雜組)吾祖父之兄弟卽從祖父也爾雅郭注釋親第四宗族篇父之從父晜弟爲從祖父
●便覽成服篇小功條爲從祖父謂父之從父兄弟
●釋名(劉熙漢人)釋親屬條父之世叔父母曰從祖父母
●儀禮喪服篇小功條從祖祖父母從祖父母報註祖父之昆弟之親○疏曰從祖祖父母是曾祖之子祖之兄弟從祖父母者是從祖祖父之子父之從父昆弟之親
●又從祖昆弟註父之從父昆弟之子○疏曰此是從祖父之子故鄭云父之從父昆弟之子己之再從兄弟
●又從父昆弟註世父叔父之子也○疏曰世叔父與祖爲一體又與己父爲一體緣親以致服故云從也

▶207◀◆問; 촌수에 대하여.

제가 이번 기말고사를 봤습니다. 문제가 '나와 3촌 관계에 있는 사람들을 고르시오'였습니다. 그런데 조카도 나와 3촌 관계 아닌가요? 궁금합니다. 참고로 선생님께선 5촌이라고 하시던데요.

◆答; 삼촌 관계는.

원칭은 숙질간(叔姪間)의 호칭입니다.

●雅言覺非伯叔父曰三寸伯父叔父之子曰四寸從祖祖父曰四寸

▶208◀◆問; 친척의 범주에 대한 질문입니다.

몇 촌까지가 친척인가요?
問. 1]問. 2]세법엔 특수관계인은 6촌 이내로 하는데요.
問. 3]만약 친척 범주가 6촌이라면 조상도 6촌 즉 6대조 이상은 조상에 대한 예절

행사(성묘. 벌초) 안 해도 되나요?

◆答; 친척의 범주.

問; 1]. 2]. 3]. 答; 친척(親戚)에는 인척(姻戚)도 포함 됩니다. 다만 친(親)은 상복에서는 고조 이하 팔촌 이내의 방친과 후예로 현손(玄孫)에 이르는 유복자질손(有服子姪孫)까지를 이르게 됩니다.

이를 벗어난 원족(遠族)이라 하여도 피를 나눈 혈족이니 성묘를 한다 하여 결례될 예가 아니며, 후손 없는 족속 묘라면 벌초를 하여 줄 수도 있을 터이니 성묘나 벌초를 하지 않음이 옳다. 라 할 수야 없겠지요.

●周禮春官凡殺其親者焚之殺王之親者辜之(鄭玄注)親總服以內也
●爾雅釋親宗族條高祖王母(註高者言最在上)玄孫(註玄者言親屬微昧也)
●白虎通德論宗族篇宗者何謂也宗尊也爲先祖主也族者何也族者湊也聚也謂恩愛相流湊也生相親愛死相哀痛有會聚之道故謂之族

▶209◀◆問; 큰아버지 존칭이 궁금합니다.

다름이 아니라 존칭이 궁금합니다. 삼형제 중 막내인 아버지를 둔 사람의 경우,
*아버지의 첫 번째 형님을 부를 때의 존칭은==> 큰아버지가 맞는지요.
*아버지의 두 번째 형님을 부를 때의 존칭은 어떻게 되나요?

1) 둘째 큰아버지.
2) 작은아버지 아니면 다 틀렸고 다른 호칭을 해야 하나요. 주위에서 작은 아버지도 맞는 호칭이라는데 그것은 아닌 것 같구요. 왜냐하면 아버지 동생을 작은아버지라고 불러야 맞을 테니까요. 어떻게 불러야 맞는 것인지 궁금합니다. 부탁 드립니다.

◆答; 큰아버지 존칭.

答1); 큰아버지. 한문 투로는 백부(伯父).
答2); 둘째(큰)아버지. 한문 투로는 중부(仲父).

●要義伯仲叔季條按兄弟止四人則依次稱之而多至七八則夏殷積仲伯季以外皆稱仲周積叔伯季以外皆稱叔如蔡叔霍叔是也

▶210◀◆問; 할머니의 5촌 조카.

안녕하세요. 이렇게 인사 드리게 되어 반갑습니다. 저는 6 월 24 일 방영 예정인 KBS 아침드라마 <은희>의 보조작가 유미경입니다. 저희 드라마에 등장하는 인물간의 호칭에 대해 문의 드리고자 이렇게 글 올립니다. 저희 드라마에서 주인공이 할머니의 오촌조카(할머니 친정 쪽 사촌남동생의 아들), 즉 나에게는 7 촌 아저씨와 한 집에서 살고 있습니다. 그래서 이 사람을 부르는 호칭이 필요합니다.

현대 사회에서 "아저씨"가 성인남성을 흔히 가리키는 말로 쓰이게 되어서, 그냥 "아저씨"라고 부르게 되면, 시청자의 입장에서 두 사람의 관계를 쉽게 이해할 수 없을 것 같아서요. 도움 간절히 부탁 드립니다.

제가 여러모로 조사해보면서 생각한 것은 재당숙아저씨 정도로 부르면 어떨까 하는 것인데, 전문가이신 선생님들의 조언 간절하게 부탁 드립니다. 그리고 7 촌 아저씨의 부인을 부르는 말도 "아주머니" 이 외에 다른 것은 없을지 부탁 드립니다. 이렇게 문의 할 곳이 있어서 얼마나 감사한지 모릅니다. 혹시 방문해서 상담도 가능하다면, 인물간 호칭에 대해서 찾아 뵙고 여러모로 조언 여쭙고 싶습니다.

◆答; 할머니의 5촌 조카.

조모(祖母) 친가(親家)는 부(父)의 외가(外家)가 되고 나의 진외가(陳外家)가 됩니다. 조모(祖母)의 친가(親家) 오촌질(五寸姪)이란 부(父)의 외재종형제(外再從兄弟)가 되고, 부(父)의 외재종형제(外再從兄弟)는 나의 진외재종형제(陳外再從兄弟)가 됩니다.

이와 같이 외계(外系)속칭에서 내 부친(父親)의 여형제(女兄弟)는 고모(姑母) 고모부(姑母夫)가 되고 그의 자에게는 고(姑)자를 붙여 고종형제(姑從兄弟)가 되고, 모친(母親)의 친정(親庭) 관계 호칭에서는 외(外)자를 붙이고 외조조부모(外祖祖父母), 외숙(外叔), 외종형제(外從兄弟), 조부(祖父)의 여형제(女兄弟)는 대고모(大姑母) 대고모부(大姑母夫), 대고모(大姑母)란 대(大)자에는 아버지란 뜻이 있어 아버지의 고모(姑母)란 뜻이며, 조모(祖母)의 친가(親家)는 부친(父親)의 외가(外家)로서 부친(父親)의 대용어로 진(眞) 또는 진(陳)을 붙여 아버지의 외가(外家)란 뜻으로 진외가(陳外家) 혹 진외가(眞外家)라 하고, 속칭관계는 나와의 직칭(直稱)은 없고, 조모(祖母)의 부친(父親)은 아버지의 외조부(外祖父)란 의미인 진외조부{陳(眞)外祖父}, 남형제(男兄弟)는 진외숙(陳外叔) 사촌형제(四寸兄弟)는 진외종숙(陳外從叔) 사촌형 제의 자(子) 즉 오촌질(五寸姪)은 진외재종형제(陳外再從兄弟) 등으로 호칭하게 됩니다.

●日省錄正祖十三年己酉一月七日甲子刑曹刑曹以擊錚人原情回啓條不幸遭父喪入葬於渠眞外祖父墳白虎數十步之內
●莊子齊物論若有眞宰而特不得朕
●徐弘奎所志眞眞外家朴德文(云云)朴德文眞眞外孫橫徵之
●朱子曰天地非眞父母而假父母之名故曰名虛然吾體之所以爲體者莫非天地之體吾性之所以爲性者莫非天地之性
●金一每所志風俗討索(云云)漢白晝奪牛曰此牛卽我陳外家角者也吾方貧窮賣食陳外家宅一隻牛於汝何(云云)
●朝鮮語辭典(1920. 五冊)陳部陳外家(진외가) 名 祖母の實家
●宛署雜記民風二父曰爹又曰別又曰大

▶211◀◆問; 현조(玄祖)는 몇 대조이며 자기와는 몇 촌이 되는지요?

서양문물이 물밀듯 수입되고 동방예의지국이라는 우리들의 긍지이며 자랑거리도 신세대라는 계층에는 무용지물이 되어 가고 있습니다. 그래도 전통의 윤리, 도덕과 예절을 후세들에게 이어주려고 하시는 성균관과 유림들의 수고에 감사를 드리며 아주 사소한 문제에 대하여 문의하고자 합니다.

전통예절에 대한 토론을 하는데 다른 문제는 서로 이해를 하였으나 현조(玄祖)에 대한 문제가 해결이 되지 못하였습니다.

◆答; 현조(玄祖)란 칭호(稱號)는 우리나라에만 통용(通用) 된듯합니다.

현조(玄祖)는 오대조(五代祖)의 이칭(異稱)으로 지봉(芝峯)께서는 오대조(五代祖)를 현조(玄祖)라 함은 오류(誤謬)라 하셨으며 이아(爾雅) 등에서는 고조(高祖)가 위로는 최고라 하였고 촌수로는 따지지 않으나 어느 사이인가는 오촌(五寸)의 사이입니다.

●宦鄕要則本族前後輩稱號高祖之父母稱某世祖考妣自稱曰來孫或稱某世孫又上一世自稱曰昆孫又上一世自稱曰仍孫又上一世自稱曰雲孫始祖稱始祖考妣自稱曰某世孫太始祖稱太始祖考妣自稱曰裔孫或稱世孫稱耳孫
●釋名釋親屬;親襯也言相隱襯也屬續也恩相連續也父甫也始生己也高祖高皐也最在上皐韜諸下也

●爾雅郭注釋親宗族;曾祖王父之考爲高祖王父曾祖王父之妣爲高祖王母高者言最在上
●芝峯類說文字部文義凡稱高祖者取其高大之義玄孫者取其玄遠之義故語曰有高祖而
無高孫有玄孫而無玄祖今謂玄祖高孫者誤矣
●燕山君日記,三年丁巳(1497)七月七日丙午義禁府啓李禮崇等玄祖李茂罪名不錄於文案
其所陳訴請勿受理魚世謙議善善長惡惡短罪及其身古之道也禮崇等爲李茂五代孫則法當
降殺況屢霑鴻恩豈可錮之無窮乎從之

▶212◀◆問; 玄祖＝五世祖＝六世
高祖之父를 論하시오.

◆答; 오세조(五世祖).
○고조지부(高祖之父)를 현조(玄祖)라 하고,
○조상(祖上)으로는 오세조(五世祖)이며,
○부자상전(父子相傳)으로는 육세(六世)가 된다.
○현조(玄祖)＝오세조(五世祖)＝육세(六世).

●碩齋稿金石隨錄本生曾王考都事公墓表;奉正大夫義禁府都事尹㝡字君善帶方郡人五
世祖克新玄祖
●冶谷曰借使有之世俗旣以高祖之父爲玄祖也則今又在五世之外也
●長湍;世祖元年省長湍臨江屬于臨津三年復以臨江臨津屬于長湍四年以中宮尹氏貞熹
王后曾祖高祖玄祖三塋在其地陞知郡事移治所于桃源驛
●辭源 [玄孫]曾孫之子卽本身以下第五世
●喪服小記;有五世而遷之宗其繼高祖者也鄭玄注小宗有四或繼高祖或繼曾祖或繼祖或
繼禰皆至五世則遷
●文徵明戊午元旦詩;百歲幾人登耄耋一身五世見曾玄
●凝川日錄壬申三月;今者大禮已定祭式咸新凡干未盡節目所當一一釐正而事異常規最
難得妥以高曾祖考之序言之則成廟爲五世祖於禮當遷
●寒水齋曰君子之澤五世而斬註曰記疏云冠至尊不可居肉祖之體故爲免而代之新安陳氏
曰共高祖之父者爲五世已無服但不忍遽絶之故不襲不冠爲之祖裼免冠以變其吉此則謂於
無服之親
●東槎日記國書請改始末辛卯十六日五世而斬六世而親盡是天下之通禮也
●東文選奏議請停內禪書宗親耆老大小臣僚等誠惶誠恐謹上言于主上殿下臣等竊謂宗社
大統父子相傳古今之達禮也

▶213◀◆問; 화수회에서 쓰는 화수(花樹)는 무슨 뜻인지요?
안녕 하십니까. 문득 궁금한 생각이 들어서 여쭈어 보려고 합니다. 같은 성씨를 쓰
는 사람들의 친목단체를 화수회(花樹會)라고 합니다. 왜 화수회라고 하며, 하필 꽃
나무라는 뜻의 화수회라는 말을 쓰게 되었는지요? 무슨 다른 뜻이나 그렇게 쓰게
된 연유가 있는지요.

◆答; 화수회에서 쓰는 화수(花樹)의 뜻.
화수(花樹)란 꽃나무라는 의미 보다는 꽃이 핀 나무란 뜻으로 꽃이 핀 나무란 주로
번성을 의미하고 또 아름다우니 종친들의 모임의 이름으로 적합하지 않습니까.

花樹; 꽃이 핀 나무.
花樹會; 일가끼리 친목을 도모(圖謀)하기 위하여 모이는 모임.

●弘齋全書詩鶴城君楡賜几杖日唫眎;禮宜尊齒生符甲慕切攀髯歲在辰更願年年花樹會

諸宗相與敍天倫
●齊民要術序;花木之流可以悅目徒有春花而無秋實匹諸浮僞蓋不足存

8 호칭(呼稱)(附稱號)

▶214◀◆問; 계실(繼室)이 좋지 않은 호칭인가요.

저의 조부님 비문에 관하여 여쭙니다. 정실 조모님은 아버님이 어릴 적에 돌아가시고 계실 조모님 슬하에 삼촌과 고모님이 여러분 계십니다. 삼촌은 말이 없으나 고모님 세분의 말씀인 즉, "비문(碑文)에 들어갈 내용 중에 현 조모님이 계실(繼室)이라는 내용은 말도 안 된다."라고 하면서 비문 자체를 인정하지 않으려 합니다.

계실(繼室)인 분을 계실로 표기하지 않으면 어떻게 해야 하는지 구체적인 대안도 없습니다. 한쪽(정실)에선 무시하고 강행하고자 하고 또 한쪽(계실)에선 절대 반대 입장이고 이런 상황입니다. 조부님 생전에 손수 지으신 비문인데 마냥 미룰 수도 없는 입장입니다. 어떠한 것이 상책 일런지요?

◆答; 계실(繼室)은 친모와 동등한 칭호입니다.

계모(繼母)는 친모(親母)와 동일(同一)한 호칭(呼稱)으로 분별(分別)하기 위한 칭호(稱號)입니다.

●儀禮喪服;繼母如母(賈公彦疏)謂己母早卒或被出之後繼續己母
●貞觀政要孝友;司空房玄齡事繼母能以色養恭謹過人
●元典章禮部三商禮;繼母父再娶母同親母齊衰三年

▶215◀◆問; 9촌 이상 종친의 호칭에 대하여?

궁금한 사항이 있으면 자주 문의 드렸으며, 그 동안 늘 좋은 가르침에 고맙게 생각하고 있습니다. 이번에는 종친모임 시(時) 아래에 대한 호칭을 어떻게 사용하여야 하는지 늘 궁금하여 문의 드립니다.

問 1. 9촌 이상 아버지의 항렬에 해당하는 어른에 대한 호칭은?
問 2. 9촌 이상 아들의 항렬에 해당하는 이에 대한 호칭은?
問 3. 10촌 이상 할아버지의 항렬에 해당하는 어른에 대한 호칭은?
問 4. 10촌 이상 손자의 항렬에 해당하는 이에 대한 호칭은?
問 5. 기타 참고되는 호칭 법에 대해서도 가르침을 받고자 합니다.

◆答; 9촌 이상 종친의 호칭.

問 1. 答; 족장(族丈) 혹(或) 족숙(族叔).
※동고조팔촌(同高祖八寸; 有服之親) 외의 족친(族親)들에게는 정식 호칭이 없는 것 같습니다. 그러한 까닭에 가문(家門)마다 혹 다를 수도 있습니다. 이하 같습니다.

問 2. 答; 족질(族姪).
問 3. 答; 대부(大父).
問 4. 答; 족손(族孫).
問 5. 答; 대부(大父)와 족장(族丈)의 의미는 아래와 같으며 족장(族長)의 뜻은 아래와 같습니다.

○大父=조부와 항렬이 같은 먼 무복친(無服親)의 남자.
○族丈=유복지친(有服之親) 외의 부항렬(父行列)의 같은 성씨의 남자 어른.

○族長=한 씨족(氏族)의 장(長), 또는 일족(一族)의 웃어른.

●釋名釋親屬篇高祖高皋也最在上皋韜諸下也○又曰玄孫玄懸也上懸於高祖最在下也玄孫之子曰來孫此在無服之外其意疎遠呼之乃來也來孫之子曰昆孫昆貫也恩情轉遠以禮貫連之耳昆孫之子曰仍孫以禮仍有之耳恩意實遠也仍孫之子曰雲孫言去已遠如浮雲也皆爲早娶晚死壽考者言也

●荀子全書樂論篇閨門之內父子兄弟同聽之則莫不和親鄕里族長之中長少同聽之則莫不和順故樂者審一以定和者也

▶216◀◆問; 군(君)의 호칭에 대하여.

안녕하십니까? 호칭에 대 하여 질문 드릴까 합니다. 보통 혹은 사람들은 예를 들어 성씨가 김씨이면은 김군 정씨이면은 정군 이렇게 부르는 사람이 있는데 어떤 경우에 또는 어떤 사람을 부를 때 김군 또는 정군 이렇게 부르는지요 잘 모르니 시원한 답변을 해 주시면 감사하겠습니다. 듣는 사람이 상당히 기분이 안 좋게 생각 하는 분들이 많더군요.

◆答; 호칭 군(君).

군(君)이란 사칭(私稱)으로 여러 가지의 칭호, 호칭 중에 윗사람이 아래 사람을 부르는 칭호로 대개 성(姓)을 앞에 넣어 모군(某君)이라 부르게 됩니다.

●史記列傳張丞相列傳第三十六朝廷之禮不可以不肅上曰君勿言吾私之

▶217◀◆問; 궁금한게 있어서요.

問; 1. 일가간(一家間)에는 항열(行列)과 나이에서 위차(位次)의 순서(順序)를 어떻게 치는지 또 묘제(墓祭) 행사 시 제관(祭官)의 서열 순서 중 항렬(行列)과 나이 중 누가 상위 석에 서는지요

答; 아래와 같이 살펴보건대 항렬(行列)이 가장 높으면서 최 연장자가 으뜸자리며 묘제에서는 친진 묘제에서는 묘의 최 근친으로 최 연장자가 초헌관이 되며 친미진에서는 적장자(효자효손)가 선두의 자리이나 만약 선항(先行)이 계시면 주인의 앞에서 동쪽으로 비껴 북향 서상으로 섭니다.

전번에 안프로디테의 질문에 답해주셔서 감사합니다 그런데 말씀 중 친진 묘제에서는 의 친진과 친미진에서의 친미진은 무슨 뜻인가요 쉽게 설명해주시면 감사하겠습니다.

◆答; 궁금한 것.

유가(儒家)에서는 친(親)을 유복지친(有服之親)과 무(면)복지친(無(免)服之親)으로 나눕니다.

유복지친(有服之親)이라 함은 위로는 고조부모 아래로는 현손 대 까지를 이릅니다. 따라서 친진(親盡)이라 함은 이 범위를 벗어난 족간(族間)을 의미하게 되겠지요.

여기서 친미진(親未盡=有服之親)이라 표현됨은 고조부모까지의 조상 즉 기제봉사조상(忌祭奉祀祖上)을 의미하고 친진(親盡=無服之親)이라 함은 대진(代盡)이라고도 하며 고조(高祖)의 부(父=五代祖) 즉 기제(忌祭)를 면(免)한 조상을 의미하게 됩니다.

※참고; 유가(儒家)에서는 현손(玄孫)은 고손(高孫)이라 칭하지 않습니다. 까닭은 현손(玄孫)은 하대(下代)인 까닭에 고자(高字)를 붙이지 않는 것입니다. 다만 우리나라에서 국어적으로 증조(曾祖)의 부(父)를 고조(高祖)라 칭(稱)하니 증손(曾孫)의 자

(子)를 고손(高孫)이라 칭(稱)하여 현손(玄孫)과 병칭(並稱)하고 있을 뿐입니다.

▶218◀◆問; 나이 많은 조카의 호칭은?

나이 많은 조카를 조카님 이라고 부르는데 맞나요?

◆答; 나이 많은 조카의 호칭.

유가적 조카의 호칭은 형제의 아들은 질(姪), 종형제(사촌형제)의 아들은 종질(從姪), 재종형제(6 촌 형제)의 아들은 재종질(再從姪), 삼종형제(7 촌 형제)의 아들은 삼종질(三從姪)이라 호칭됩니다.

다만 타인도 자기보다 나이가 배가되면 아버지로 섬기고 10 살이 많으면 형으로 섬기라 하였으니 당내간이라 하여도 워낙 나이차이가 크면 얘, 재, 오너라, 가거라 할 수가 없을 것이고 원친이라면 더욱 그러할 것입니다. 따라서 나이 차이가 크면 님 자를 붙여 조카님이라 부르면 거부감을 사지 않는 호칭이 되지 않을까 합니다.

●士儀節要親親篇姪條女子謂晜弟之子○伯叔父稱兄弟之子○從姪再從姪倣此
●曲禮年長以倍則父事之十年以長則兄事之五年以長則肩隨之註肩隨並行而差退也此泛言長少之序非謂親者

▶219◀◆問; 나이 '100 살'의 높임말은?

저는 고희를 넘긴 사람입니다만, 친지의 어른 되시는 분이 100 세가 되시어 생신잔치를 한다고 합니다. 이 뜻 깊은 큰 잔치에, 나이 '百歲(백살)'를 다른 말(높임말)로 '백수(百壽)'라고 일컬어도 되는지요?

한글로 '백수'라고 발음하면 그 뜻을 '白手'로 오해할 수가 있기도 하여 漢字로 표기해본 것입니다. 또 百歲가 되신 분의 생신 축하잔치를 '백수연(百壽宴)'으로 말해도 맞는지요? 아니면 달리 일컫는 또 다른 말(높임말)이 있는지 궁금합니다. 제가 알기론 나이를 일컫는 말로서 '백수'란 말은 '百壽'가 아닌 '白壽'뿐으로 99 세를 이르는 것으로 알고 있습니다만.

◆答; 나이 '100 살'의 존칭.

'백수연(百壽宴)' '백수축하(百壽祝賀)'를 한자표기(漢字標記)로 백수(百壽)라 쓴다면 그러한 단어는 존재(存在)하지도 않아 어불성설(語不成說)이며 백수(白壽)라 쓴다면 99세를 칭함이니 바른 표현이라 할 수 없을 것 같습니다.

살피건대 상수(上壽)란 일면에서는 100歲를 의미하고 또 아래와 같이 살펴보건대 장수(長壽)를 축수(祝壽) 또는 헌수(獻壽)한다는 의미도 포함(包含)되어 있으니 100세를 경축(慶祝)하는 잔치에 축의금(祝儀金) 봉투 등에 쓸 때는 [축상수연(祝上壽宴)] [상수축하(上壽祝賀)] 등으로 표시(標示)됨이 무난(無難)할 듯싶습니다.

아래와 같이 살펴보건대 백수를 다른 표현으로 기이(期頤)라 이르는 것도 같습니다.

●釋名百年曰期頤頤養也老昏不復知服味善惡孝子期於盡養道而已也
●曲禮百年曰期頤朱子曰十年曰幼爲句絕學字自爲一句下至百年曰期皆然○呂氏曰百年爲期故曰期飲食居處動作無不待於養故曰頤細註永嘉戴氏曰百年曰期頤壽至百年此亦絕無而僅有也
●莊子盜跖篇人上壽百歲中壽八十下壽六十
●史記封禪書篇天子從禪還坐明堂群臣更上壽於是制云云
●史記封禪書篇天子從禪還坐明堂群臣更上壽於是制云云

▶220◀◆問; 나이 차이가 많은 남자동서간 예절과 호칭.
남자동서간의 예절 및 호칭에 대해서 궁금합니다. 저는 손위 남자동서보다 7 살 많은 손아래 남자동서입니다. 제가 알기로는 남자동서간에는 처의 서열이 아닌 나이 순 인걸로 알고 있었습니다.

근데 처남(형님)이 제게 둘(7 살 어린 손위남자동서 와 저)의 관계가 서먹하니 호칭을 정해야 한다고 하며 저의 처가 서열이 낮으니 형님으로 불러야겠다 하며 중간에 나섰습니다. 그래서 저는 절대 그럴 수는 없다며 말하니 장모님께서 그걸 원하시는 것 같다고 합니다. 그래서 확실한 근거를 제시하고 싶어서 인터넷 검색도 해보고 해봤지만 별로 신빙성 있는 글도 없고 해서 이곳에 들르게 되었습니다. 3 살 까지는 서로 친구처럼 지낼 수 있다 했는데 그럼 7 살 차이가 나는 경우는 어떻게 해야 합니까? 여기저기 물어 보니까 전라도는 남자동서는 처의 서열을 따른다고 하는 사람도 있던데 지역마다 틀리나요? 틀리면 처의 고향 예절 법을 따라야 합니까?

◆答; 나이 차이가 많은 남자동서간 예절과 호칭.
아래와 같이 살펴보건대 처의 자매 남편의 호칭은 서로 동서라 부른다. 라 하였을 뿐 상하 구별하여 칭하는 호칭은 명문화 되어있지 않은 것 같습니다.

요즈음 속칭(俗稱)으로 손위동서를 형님이라 호칭(呼稱)되는 것 같으나 이는 정식(正式) 호칭은 아니며 다만 친근(親近)함을 표하기 위한 애칭(愛稱)쯤으로 이해(理解)됨이 옳을 것입니다. 그러나 나이 많은 아재비는 있어도 나이 적은 형은 없다. 하는데 아무리 처(妻)가 서열(序列) 상으로는 손위이나 나이가 적은 동서(同壻)에게 형님이라 부르기에는 어색하지 않을까 하며 꼭 예우(禮遇)를 갖춰야 할 필요(必要)가 있는 자리라면 큰 동서쯤으로 호칭함이 이치에 합당치 않을까 합니다.

●爾雅妻之昆弟爲甥姉妹之夫爲甥
●詩經節南山章瑣瑣姻亞則無膴仕註瑣瑣小貌壻之父曰姻兩壻相謂曰亞膴厚也
●釋名兩婿相謂曰亞言一人取姉一人取妹相亞次也

▶221◀◆問; 나이 차이에 따른 호칭.
사회에서 만난 남자들의 호칭에 대해 알고 싶습니다. 본인을 기준으로 상대방과의 연령차에 따라 호칭이 다르다고 알고 있는데 예의에 어긋나지 않는 호칭을.

◆答; 배행지등(輩行之等).
그 답의 범위가 한정됨이 아니라 광범위하여 그 호칭에 관하여 다만 본인은 아래와 같이 헤아려 보겠습니다.

○배행지등(輩行之等)(儀節)
◆존자(尊者); 謂長於己三十歲以上者父之執友及無服親在父行者及異爵者皆是(위장어기삼십세이상자부지집우급무복친재부행자급이작자개시).
◆장자(長者); 謂長於己十歲以下在兄行者(위장어기십세이하재형행자).
◆적자(敵者); 謂年上下不滿十歲者長於己爲稍長少於己爲稍少(위년상하불만십세자장어기위초장소어기위초소).
◆소자(少者); 謂少於己十歲以下者(위소어기십세이하자).
◆유자(幼者); 謂少於己二十歲以下者(위소어기이십세이하자).

▶222◀◆問; 남매간의 호칭에 대하여.
여자동생이 남자오빠에게 한자로 뭐라고 해야 합니까?

◆答; 남매간 호칭.

여자가 남자 선생자(先生者)를 형(兄)이라 하고 후생자(後生者)는 제(弟)라 합니다.

●釋親考上女子謂兄之妻爲嫂弟之婦爲婦

▶223◀◆問; 남편의 형을 큰아버지라 불러도 되나?

여기다 물어도 될까요? 호칭에 관한 질문인데요. 남편위로 형님이 두분 계시면 두분 모두 큰아버지가 맞죠? 형님/동서 사이에 동서가 나이가 더 많으면 맞 존대가 맞는지요?

자꾸 누가 아니라고 하는데 평소(平素) 그리 알고 있다가 아니라 하니 저도 또 김가(金哥) 민가(閔哥) 해지네요.

◆答; 남편의 형을 큰아버지?

1. 국어사전(國語辭典)에서의 칭호(稱號)나 방언(方言; 사투리)적인 칭호(稱號)는 피차간(彼此間) 어지간히 인식(認識)되어 있을 것입니다. 따라서 어느 지방(地方)에서는 혹 남편의 형에게 큰아버지라는 지역(地域)도 있을 수 있을 것입니다. 그러나 그 호칭은 통용되는 표준어(標準語)는 아닌 상 싶습니다.

유가적(儒家的) 남편의 형(兄)에 대한 호칭은 형공(兄公)이라 칭하며 이외에도 석명(釋名)을 살펴보면 형장(兄章) 형종(兄忪) 등의 호칭도 있습니다.

2. 여자 동서지간에 아래동서가 나이가 많아도 여자는 시가의 항렬과 년치를 따르니 수하자가 됩니다. 따라서 아우의 예로 대하여야하나 상호 이해될 수 있는 선의 존칭어를 사용함이 가족간 화목을 도모하는 지혜가 되겠지요.

●爾雅釋親婚姻條夫之兄爲公夫之弟爲叔
●士儀節要親親編夫黨條兄公(註夫之兄)○郎叔(註夫之弟曰叔一曰小叔二曰小朗)
●釋名釋親屬夫之兄曰公公君也君尊稱也俗間曰兄章章灼也章灼敬奉之也又曰兄忪
●宦鄉要則姻戚稱呼條夫之兄弟胞兄胞弟
●釋親考釋夫家舅姑兄弟之稱條夫之兄爲兄公夫之弟爲叔

▶224◀◆問; 내외종(內外從)의 호칭에 대하여?

내외종(內外從)이란 호칭에 대하여 그 까닭을 설명을 하여주세요?

◆答; 내외종(內外從)의 호칭.

유학(儒學)과 현재 우리나라의 내외종(內外從) 호칭이 의미하는 바가 상이합니다.

◎유학(儒學)에서의 내외종(內外從)의 의미는 상복편(喪服篇)의 정의와 같이 외형제(外兄弟)는 고모(姑母)가 출가(出家)하여 밖에서 낳아 외형제(外兄弟)라 하고, 내형제(內兄弟)는 외숙(外叔)은 본래 출가(出家)하지 않고 집에 있는 고로 내형제(內兄弟)라 한다는 것입니다.

◎특히 아래와 같은 의미에서도 외형제(外兄弟; 姑從)와 내형제(內兄弟; 外從)에 대하여 의미를 부여 할 수 있을 것입니다.

○外=아버지 외(父).
○內=어머니 내(母).

◎그러나 우리나라에서의 내외종(內外從)을 아래와 같이 [국립 국어원]에서 풀어 놓고 있으니 이는 순수 우리 표준어일 터라 국어적(國語的)으로는 아래의 의미가

바른 표현이 될 것입니다.

⊙외종 01(外從); 외삼촌의 자녀를 이르는 말. 예전에는 고모의 자녀를 이르는 말이었으나 현재는 주로 이와 같이 쓰이고 있다. 외종사촌・표종.

⊙내종(內從); '고종 03(姑從)'을 외종에 상대하여 이르는 말. 예전에는 외삼촌의 자녀를 이르는 말이었으나 현재는 주로 이와 같이 쓰이고 있다.

●喪服姑之子註外兄弟也疏曰云外兄弟者姑是內人以出外而生故曰外兄弟也○又舅下曰舅之子註內兄弟也疏曰云內兄弟者對姑之子云舅之子本在內不出故得內名也

▶225◀◆問; 堂內間의 호칭에 관하여?
구족(九族) 중 방친 중 원친과 근친의 호칭에 대하여?

◆答; 당내간(堂內間)의 호칭.
당내간(堂內間)의 호칭에 있어서 상복 자(相服者)를 구족(九族)이라 하는데 방친(傍親) 중 가장 먼 친족(親族)임을 나타낼 때 관사(冠詞)로 족자(族字)를 붙이는데 이는 당내간(堂內間) 족친(族親) 중에서 가장 멀다는 의미이고 그 이내는 종자(從字)를 붙이는데 가장 가까이는 사촌형제(四寸兄弟; 從兄弟)로부터 종조조부(從祖祖父; 祖父之兄弟=高祖之子) 이내의 숙질 간(叔姪間)에 붙여 호칭하게 됩니다.

●書堯典克明俊德以親九族註明明之也俊大也堯之大德上文所稱是也九族高祖至玄孫之親五服異姓之親亦在其中也
●今文尙書考證九族者父族四母族三妻族二
●儀禮喪服族曾祖父母(註族曾祖父者曾祖昆弟之親也疏曰己之曾祖親兄弟也)族祖父母(疏曰族祖父母者己之祖父從父昆弟也)族父母(疏曰族父母者己之父從祖昆弟也)族昆弟疏曰族昆弟者己之三從兄弟皆名爲族族屬也骨肉相連屬以其親盡恐相疏故以族言之耳
●親族正名親屬圖按族屬族曾祖族祖父族父族兄弟從屬從祖祖父從祖父從父兄弟從祖兄弟從姪再從姪從姪孫
●釋名釋親屬父之世叔父母曰從祖父母言從己親祖別而下也

▶226◀◆問; 당숙호칭에 대하여.
호칭에 대해 궁금한 것이 있어 질문합니다. 아버지의 4 촌 동생을 부를 때"당숙"다음에 父를 붙이는 것이 맞는지 궁금합니다. 보통 부를 때 '당숙'이라고 많이 하잖아요, 그런데 당숙 父라고는 하지 않는다는 글을 보아서 질문을 합니다. 당숙(堂叔) 또는 종숙 主 라고도 한다고요. 외삼촌도 '외숙'이라 하지, 외숙부라고 하지 않는다고 쓴 책이 있더라고요.

◆答; 당숙부(堂叔父).
아래와 같이 살펴보건대 당숙(堂叔) 당숙부(堂叔父) 두 호칭 두루 사용(使用)되는데 당숙(堂叔)이 정칭(正稱)이며, 다만 당숙모(堂叔母)와 같이 당숙(堂叔)에 모(母)가 붙어 있듯이 당숙(堂叔) 부(父)를 붙여 당숙부(堂叔父)로 호칭(呼稱)되는 것은 당숙모(堂叔母)와 동질성(同質性)을 꾀하기 위한 부(父)를 붙여 호칭하게 됩니다.

●記言丘墓文右贊成竹泉李公墓誌銘公實左議政少子翊衛彦湜之曾孫而皇考護軍澳爲後於堂叔父別提濡濡觀察使之嫡子故也
●薊山紀程附錄風俗;滿人則父母及伯叔父母同喪三年祖父母伯兄及妻父母妻祖父母皆服百日從父兄及堂叔堂兄皆服二十七日以下妻子及弟妹則俱無服
●弘齋全書審理錄十六平安道祥原郡李甲得獄;勿論下手輕重原其造謀之造謀一則龍甲

也二則龍甲也不然則堂叔母雖曰至親

▶227◀◆問; 동문수학을 하는 경우 '호'를 어떻게 부름이 타당하겠습니까?
안녕하십니까? 저는 지방에 거주를 하면서 서예를 익히는 사람입니다. 혹 궁금하여 여쭈오니 번거로우시더라도 답을 주시면 감사하겠습니다.

제가 붓글씨를 익히는 곳에서 여러 수강생들이 있으며 어느 정도의 나이차가 있습니다. 제목에서 말씀 드렸듯이 동문수학이라고는 하나 젊은 사람이 20여 년 이상의 나이차가 있는 선배들에게 그분들을 호를 어떻게 호칭을 해야 할지 궁금합니다.

예를 들어서 연장자인 갑이라는 분의 아호가 "빙계"라고 하면 저희들이 그분을 부를 때 '빙계' 선배님 또는 '빙계' 선생님이라고 부름이 타당 할런지요? 아니면 갑이라는 분의 아호인 '빙계'라고 만 부를 수는 있는지요?

날이 많이 찹니다. 담당 선생님의 건강을 기원하며 질문을 올립니다.

◆答; 동문수학을 하는 경우 '호'를 부를 부른다.
질문(質問)하신 요지(要旨)에 적중한 전거(典據)는 기억(記憶)되지 않아 아래와 같이 선생(先生)과 선배(先輩)에 한하여 살펴보기로 합니다.

선생(先生)이란 호칭에는 스승이란 의미 외에도 여러 의미 중에서 학문이 앞선 자나 연장자에게도 경칭으로 붙일 수는 있으나, 같은 수강생이라면 동문하생(同門下生)으로 같은 스승 밑에서 수학 중이니 스승 하에서 같이 호칭 하게 되면 모신 스승에 대한 결례가 될 수도 있으며, 선배란 의미에는 나이가 많거나 학문이 앞선 자에게 부쳐 호칭될 수 있으니 혹 모호선생(某號先生) 보다는 모호선배(某號先輩)님, 혹 대화 중에는 모호(某號)께서, 인용에서는 모호왈(某號曰)이 어떠할는지요. 다만 사회에서 그만한 나이 차와 학문이 높아 존경하여야 할 관계라면 선생님으로 호칭 되어야 하겠지요.

●玉藻童子云云無事則立主人之北南面見先生從人而入(孔穎達疏)先生師也
●孟子告子下宋牼將之楚孟子遇於石丘曰先生將何之趙岐注學士年長者故謂之先生
●文選三都賦序玄晏先生曰古人稱不歌而頌謂之賦李善注謐自序曰始志乎學而自號玄晏先生(云云)先生學人之通稱也
●三國志吳志澤州里先輩丹楊唐固亦修身積學稱爲儒者
●西廂記諸宮調卷一法聰頻勸道先輩休胡想一一話行藏
●梅山曰鄉人年長以倍則父事之十年以長則兄事之五年以長亦稍加敬父之執友則拜洞內年長十歲以上拜鄉人年長十五歲以上拜

▶228◀◆問; 매부는 누구의 호칭인가요.
어떤 이는 매부는 매제와 매형의 통칭이라 합니다. 사실인가요.

◆答; 매부는 매제임.
동(同) 부모(父母) 여 동생의 남편을 매부(妹夫) 또는 매제(妹弟)라 할 뿐입니다.

●三國志魏志袁紹傳;董卓遣執金吾胡母班(云云)齎詔書喩紹紹使河內太守王匡殺之裴松之注引三國吳謝承後漢書班王匡之妹夫
●忠孝記感天明目;我是稱的姐姐稱是我的妹妹難比別人
●儒林外史第五回;齊鋪鋪請妹夫妹妹轉在大邊礓下頭去以叙姊妹之禮亦指同族同輩而年紀比自己小的女子

▶229◀◆問; 매형(妹兄)과 자형(姉兄) 중 올바른 칭호는?
호칭에 관하여 누나의 남편을 "자형" 이라고 부르고 "매형" 이라 부르는데 어느 것이 맞는 호칭입니까? 자형이 맞지 않는가요?

◆答; 매형(妹兄)과 자형(姉兄).
매(妹)란 여동생이라는 의미이나 그의 남편이란 의미로 지아비라는 의미인 부(夫)를 붙여 매부라 이르거나 또는 제(弟)를 붙여 매제라 이르면 여동생의 남편이란 칭호가 되고 형을 붙여 매형이라 하면 손위누이의 남편이란 칭호가 되니 매형이나 자형 모두 손위누이의 남편 칭호가 됩니다. 다만 환향요칙(宦鄕要則; 淸代)과 사의절요(士儀節要; 朝鮮) 등 양국서(兩國書)를 살펴보면 정칭(正稱)은 姉夫인 것 같습니다.

●士儀節要宗族姊妹條男子謂女子先生爲姊後生爲妹○又姑姊妹女子子親屬條○姑夫(註父之姊妹之夫)○尊姑夫(註祖之姊妹之夫)○姊妹夫
●宦鄕要則女婿姊妹姑表各親稱呼條對姊夫直稱姊夫對妹夫稱賢妹夫或稱賢妹倩

▶230◀◆問; 매형(妹兄)이란 호칭의 정체성을 알고자 합니다.
우매한 사람들의 길잡이가 되시는 선생님들의 하교에 깊이 감사를 드립니다. 설문해자(說文解字)에 보면 남자(男子)가 먼저 난 여형(女兄)을 이르되 손위누이 자(姉)라하고, 뒤에 난 자를 손아래누이 매(妹)라고 되었는바 누님의 남편을 손아래 처남이 부를 때 자형(姉兄)이라고 부르고 누이동생 남편을 매제(妹弟) 또는 매부(妹夫)라고 부르면 이상이 없다고 보는데 항간에는 누님의 남편을 매형(妹兄)이라고 호칭함이 사회적(社會的)으로 허용(許容)되고 통용(通用)되어 있어 오히려 자형(姉兄)이라고 부르면 이상하게 보는 사람들이 많은 실정입니다. (지역에 따라 판이함) 이렇게 된 동기가 무엇이며 망발이라면 이를 어떻게 바로 잡아야 할 것인지요.

우견입니다만 혹시라도 손아래 누이 妹에 맏兄 자를 붙여 부르게 된 동기가 여동생의 남편이 오빠인 본인보다 나이가 많을 수가 허다하기에 매제 할 것을 매형이라고 부르게 된 것이 누님의 남편에게 매형이라고 와전되어 망발을 범하고 있는 것인지 알 수가 없습니다. 우리의 호칭을 바로 잡아감이 동방예의지국민의 긍지를 찾는 첩경이 아닐까 생각되는 바입니다. 현명하신 하교를 복망합니다.

◆答; 매형(妹兄)이란 호칭.
사전(辭典)이나 세속의 호칭은 이미 능히 아실 것입니다. 아래는 사의절요(士儀節要)에서 아버지 자매(姉妹)의 남편은 고부(姑夫), 할아버지 자매(姉妹)의 남편은 존고부(尊姑夫), 자매(姉妹)의 남편의 호칭(呼稱)으로 손위누이의 남편은 자부(姉夫) 여동생의 남편(男便)은 매부(妹夫)라 한다. 라 한 것 같습니다.

●士儀節要親親篇姑姊妹女子子親屬條姑夫(註父之姊妹之夫)尊姑夫(註祖之姊妹之夫)姊妹夫

▶231◀◆問; 며느리와 시아버지와의 사이 호칭은?
시어머니와 며느리 사이는 고부간 이라. 하고 시아버지와 며느리 사이는 무어라고 하나요?

◆答; 시아버지와 사이 호칭은.
시아버지와 며느리 사이는 구부간(舅婦間)이라 합니다.

●弘齋全書慶尙道草溪郡都應兪獄應兪孀婦文女有醜行與從弟應千推諉文女飮毒致死實因飮

毒○因其子啓大擊錚刑曹回啓令本道詳查本道查啓嚴覈得情;一室之內舅婦積怨同堂之中兄成讎

▶232◀◆問; 배우는 선생님에 대한 호칭 문의.

예를 들어 서예나 한문이나 규방이나 본인이 배우고 있는 선생님을 호칭할 때 선생님의 성함을 부르지 않고 선생님의 '호'를 붙여(예를 들어 호가 '추사'라 함), '추사(호) 선생님', 이라고 직접 선생님을 부를 때, 예의에 맞는지, 틀리는지 궁금합니다.

◆答; 배우는 선생님에 대한 호칭.

아래와 같이 살펴보건대 사생지간(師生之間)의 직칭(直稱)에서 유가(儒家)의 예법으로는 호(號)는 붙이지 않는 것 같습니다.

스승; 師父. 某선생님.

●宦鄕要則師友稱呼條對業師稱老夫子大人自稱受業或稱門生
●簡式類編師生條絳帳(註或設帳振鐸西席函丈師長之稱)負笈(註或立雪門人從師之稱)
●蒙喩篇師生條○先生師父 函丈 丈席 西席 降帳○弟子門人 門徒 門生 徒弟 學子

▶233◀◆問; 백숙부님의 딸들에 대한 호칭이 궁금합니다.

수고 많으십니다. 백숙부님의 형제는 나와 4촌으로 종형제라고 부르는데, 백숙부님의 딸과 그 남편 및 아이들에 대한 호칭은 나와 있는 곳이 없어 이렇게 문의 드립니다. 아시는 분의 답변을 부탁 드립니다.

◆答; 백숙부님의 딸들에 대한 호칭.

아래와 같이 살펴보건대 본종에서도 동오조지간(同五祖之間)에는 정식 호칭 없이 조부항(祖父行)이면 통칭 대부(大父)라 하듯 유복지친 밖이 되면 종씨라 하며 그 종(從)자 역시 관계 칭호 첫머리에 본종에서 만 붙여 호칭되며, 종자매(從姊妹)의 아들에 대한 호칭은 아래와 같이 살펴보건대 어디에도 언급된 바가 없는 것은 이는 아마도 혈통을 벗어난 이성으로 관계가 소원하기 때문인 것 같습니다. 다만 친자매의 자녀에 대하여는 생(甥)을 부쳐 생질(甥侄) 생질녀(甥侄女)라 하나 종자매의 자녀에도 생(甥)자를 붙이는지의 여부는 알 수가 없습니다.

특히 종(從)자는 직계를 달리하는 방계(傍系)에 붙여지며 종(從)의 기본은 사촌이 되는데 동고조(同高祖) 내(內)에서는 삼종(三從; 팔촌)이 마지막이 되며 혼척(婚戚)간에는 내외사촌을 의미하는 내외종(內外從)을 제하고는 종(從)자를 붙이지 않는 것 같습니다.

유학적(한문 투) 호칭으로는 종조고(從祖姑)라 하고 통상 호칭되기는 당고모(堂姑母)라 합니다.

●爾雅父之世父叔父爲從祖祖父兄之子弟之子相謂爲從父昆弟父之從父昆弟爲從祖父父之從祖昆弟爲族父從祖父之子相謂爲從祖昆弟族父之子相謂爲族昆弟族昆弟之子相謂爲親同姓疏五世之外比諸同姓猶親○又曰母之考爲外王父母之妣爲外王母母之從父昆弟爲從舅母之姊妹爲從母從母之男子爲從母昆弟其女子子爲從母姊妹
●朱魯叔先遊人朱子嘗稱爲吾弟疑與之同姓
●朱子曰古禮甥字用處極多如壻謂之甥姊妹之子亦謂之甥
●釋名釋親屬篇父之世叔父母曰從祖父母○姪之子曰歸孫婦人謂嫁曰歸姪子列故其所生爲孫也
●近齋曰同五世者爲祖免之親只是服盡而已雖婦人與男子不同於同五世者何可不相見乎

曾以此間於嗟丈嗟丈之意亦然且以爲此事不可一檗論惟在其門之厚薄其家之親踈云矣

●同行; 同父=兄弟姉妹　同祖=從兄弟姉妹　同曾祖=再從兄弟姉妹　同高祖=三從兄弟姉妹

●叔行; 父之兄弟姉妹=伯叔姑　父之從兄弟姉妹=從祖父姑(堂叔姑)　父之再從兄弟姉妹=族父姑(再堂叔姑)

●士儀節要從祖姑註父之從祖姉妹

▶234◀◆問; 본인의 가문을 소개할 때.

수고하십니다. 보학을 연구하고 숭조심을 실천하고 있는 사람입니다. 제 생각에 부적절한 표현이라 생각하고 질의를 합니다.

상대방이 저에게 성씨가 어떻게 되시오? 하고 묻는다면 저는 어디 이씨 또는 어디 이문이라 합니다. 간혹 가다 어느 분들은 어디 이가요 하는데 저는 동의하지 않습니다. 어디 이가요 하시는 분들은 겸손해서 그런다는데 겸손이란 자신을 낮추고 상대방을 배려하는 행동이지 가문과 조상을 낮추는 것이 겸손은 아니라고 보기 때문이지요. 가령 대한민국을 말할 때 우리나라라고 하지 저희 나라라고 하지 않는 것과 동일한 이치라고 생각합니다.

어디 이씨나 어디 이문 또는 대한민국이라 칭하는 일은 소속에 대한자부심과 긍지와도 연관이 있다고 봅니다. 할말은 많지만 이 정도만 올려도 무슨 뜻인지 아실 것입니다. 다른 사항도 보면 성균관 관련 되시는 분들도 설왕설래 하는 점도 있겠으나 통상 어떻게 하는 것이 합리적인지 고견을 듣고 싶어 올렸으니 참고하시어 의견 개진해 주시기 바랍니다.

◆答; 본인의 가문을 소개할 때.

아래와 같이 살펴보건대 내 성(姓)을 타인에게 말할 때는 가(哥)를 붙이고, 남의 성을 부를 때는 씨(氏)를 붙여 호칭함이 옳은 것 같습니다.

◆哥; 내성을 나타내거나 남의 성을 얕잡아 부를 때 씀.

◆氏; 성이나 이름 등 남의 호칭에 붙이는 경칭.

◆門; 가문(家門).

●吏文行用吏文編; 東人稱人姓必曰某哥如云朴哥李哥

●周易繫辭下五章; 子曰顏氏之子其殆庶幾乎有不善未嘗不知知之

●史記列傳孟嘗君傳; 金門下不見一覽者文聞將門必有將相門必有相

●宋書列傳第五王鎭惡傳; 此非常兒昔孟嘗君惡月生而相齊是兒亦將興吾門矣

▶235◀◆問; 婦 父母 칭호에 대하여.

처부모의 호칭이 수없이 많다고 하는데 대개 얼마나 있나요.

◆答; 처부모 칭호.

아래와 같이 살펴보건대 妻母의 호칭으로 우리나라에서 丈母와 聘母는 동의로 사용되는데 聘母란 호칭은 中國儒書에서는 찾아지지 않고 우리나라 儒書인 雅言覺非에 의하면 장모를 빙모라 함은 왜곡된 표현이라 하였으나 申瀷所志에서는 聘母라 표현됨을 보건대 우리나라에서만 丈母의 다른 호칭으로 쓰이는 것 같습니다.

◆처부칭(妻父稱)=장인(丈人). 악부(岳父). 악부(嶽父) 악장(岳丈). 악장(嶽丈). 부옹(婦翁). 외부(外父). 외구(外舅). 악공(嶽公). 악옹(嶽翁). 등.

◆처모칭(妻母稱)=외고(外姑) 장모(丈母) 악모(岳母) 외모(外母) 태수(泰水) 구모(岳

母) 빙모주(聘母主) 악모주(岳母主) 빙모(聘母) 등.
◆자칭(自稱)=생(甥) 후자서 혹 우서(愚子壻或稱愚壻) 교객(嬌客) 옥윤(玉潤) 등.
●會典妻父母卽丈人丈母
●宦鄉要則妻族稱呼條對妻之父稱岳丈大人或稱岳父自稱愚壻對妻之親母舅稱內舅大人自稱愚甥壻
●類書纂要嶽父嶽丈丈人婦翁外父嶽公嶽翁竝稱妻父也稱妻母曰岳母又曰外母又曰泰水
●爾雅釋親妻黨條妻之父爲外舅妻之母爲外姑
●士儀節要親親篇妻黨條外舅外姑註妻之父母
●釋親考妻之父爲外舅(外父丈人)妻之母爲外姑(外母丈母)
●雅言覺非聘君條聘君者徵士也朝廷以玉帛聘之故謂之聘君南史陶季直澣於榮利徵召不起號曰陶聘君聘君者徵君也(云云)今人或問其義解之者曰壻之娶也玄纁以聘之故禮曰聘則爲妻奔則爲妾旣云妻父豈非聘父斯又曲爲之說也丈人丈母亦俗稱宜從爾雅呼之曰外舅外姑
●宦鄉要則妻族稱呼條對妻之父稱岳丈大人或稱岳父自稱愚壻或稱愚子壻子之壻也女亦稱子對妻之母稱岳母自稱愚子壻或稱愚壻
●申瀷所志無后聘母之葬何處不得而如是犯法萬萬不可是遣妻葬隱藉先山猶或說也
●萬姓大譜三黨稱號門妻黨條外舅主聘父主(註己妻父稱)聘母主岳母主(註己妻母稱)嬌客(註己壻稱)玉潤(註人壻稱或新壻)
●簡式類編翁壻條聘君(或外舅岳父丈人外姑岳母己之妻父母)

▶236◀◆問; 부자(父子)를 칭할 때 뒤의 성을 빼고 논함은 결례가 아닌가.

안녕하세요? 신문기사에 자주 등장하는 호칭에 대해서 거슬리는 경우가 있어 문의를 드립니다.

예를 들면 노무현 대통령의 아들 건호 씨라고 아버지의 존함에 이어 나오는 경우 성씨를 생략해서 쓰는 경우처럼 윗사람에 대해서도 노무현 대통령의 형 건평 씨나 노무현 대통령의 부친 oo 씨 라고 사용해도 결례가 아닌지요? 결례이든 아니든 그 근거는 어디서 찾을 수 있는지요?

◆答; 결례가 아닙니다.

부자(父子) 또는 조손(祖孫)을 이를 때는 향당막여치(鄉黨莫如齒)라 하였으니 먼저 김(金)아무개 아들 아무개. 라고 후에 칭(稱)하는 자(子)에는 성을 붙이지 않습니다. 까닭은 덫 소리 이기 때문입니다.

참고로 조정막여작(朝廷莫如爵)이란 관가(官家)에서는 치순(齒順)이 아니라 작위(爵位) 순이 되어 상급자 나이가 하급자 나이보다 적다 하여도 그 직에 맞게 존대어를 쓰며 매사에 후순(後順)이 된다는 것입니다.

●孟子集註大全公孫丑下;天下有達尊三爵一齒一德一朝廷莫如爵鄉黨莫如齒輔世長民莫如德惡得有其一以慢其二釳(朱子細註)權者知之爵也齒也蓋有偶然而得之者是以其尊施於朝廷者則不及於鄉黨施於鄉黨者則不及於朝廷而人之敬之也

▶237◀◆問; 사촌간의 호칭이 궁금합니다.

제 아들과 큰집 조카가 나이는 같고 학년은 저희 애가 하나 위입니다. 일곱 살에 가서 분명 친구는 아닌데 매번 이름 부르며 친구라고 우깁니다. 손해 보는 느낌에 답변 좀 부탁 드립니다.

◆答; 사촌간의 호칭.

친족간의 동항에서는 먼저난자가 형이 되고 뒤에 남자가 아우가 됩니다.

●爾雅釋親; 男子先生爲兄後生爲弟
●詩經小雅棣; 凡今之人莫如兄弟(鄭玄箋)人之恩親無如兄弟之最厚

▶238◀◆問; 사회의 형에 대하여?

직장 동료나 어느 집단에서 김형 이형 하는 호칭은 씨족개념에서 볼 때 바람직한 호칭은 아니다 싶기도 합니다. 이때 형이란 호칭에 대한 의미는 무엇인가요.

◆答; 사회에의 형.

아래와 같이 살펴보건대 나이나 신분(身分)이 같거나 비슷한 남자들 사이에서 상호간(相互間)에 호칭되는 경칭(敬稱)입니다.

●文章大成與孟尚書書篇前書所以置不復論而辱吾兄眷厚必欲誘之盡言故不敢自閟而試一暴焉

▶239◀◆問; 3촌 등의 호칭에 관하여.

자기와 직계혈족(아버지, 할아버지, 증조할아버지, 고조할아버지)간의 촌수는 원칙적으로 모두 1촌 이라는 입장도 있는 것으로 알고 있습니다. 이러한 입장이 타당한 것인지요? 만일 그러한 입장이 타당하다면, 그러한 입장은 어떠한 근거에 바탕을 두고 있는지를 알고 싶습니다. 또한 그러한 입장이 타당하지 않다면, 그 이유가 무엇인지도 알고 싶습니다.

◆答; 3촌 등의 호칭.

아래는 다산(茶山; 字美庸 名若鏞 號茶山 羅州人 實學派) 선생의 아언각비(雅言覺非)에서 자세히 밝힌 척간(戚間)의 원근을 나타내는 촌수에 관한 말씀입니다.

이에 의하면 "[기여부일촌(己與父一寸) 부여조일촌(父與祖一寸) 증조일촌(曾祖一寸) 고조일촌(高祖一寸)]" 즉 자기와 아버지는 1촌, 아버지와 할아버지 1촌, 할아버지와 증조(曾祖) 1촌, 증조(曾祖)와 고조(高祖) 1촌, 이와 같이 따져 고조(高祖)는 4촌이라 하였으며, 3촌(백숙부) 역시 나와 아버지 1촌, 아버지와 할아버지 1촌 할아버지와 백숙부(伯叔父) 1촌, 이와 같이 따져 이를 합하면 3촌이 되지요.

동부(同父)는 2촌이 되고, 동조(同祖)는 4촌, 동증조(同曾祖)는 6촌, 동고조(同高祖)는 8촌지간이 됨을 이 같이 따지면 쉽게 알 수 있습니다. 그러나 숙질 간 등 촌수 호칭은 중국에는 없는 호칭 같으며, 다만 우리나라에서 다산선생의 이 말씀에 의하여 이 호칭이 세간에서 쓰여지고 는 것 같습니다.

●雅言覺非三寸以稱其叔父亦陋習之當改者東語伯叔父曰三寸伯父叔父之子曰四寸從祖祖父曰四寸大夫其子曰五寸叔父過此以往皆如此例以至於八寸兄弟九寸叔父謂之寸內之親其法蓋以父子相承爲一寸(伯叔父爲三寸者我與父一寸父與王父又一寸王父與諸子又一寸其三寸也四寸五寸皆如此例)雖族兄弟謂之八寸必自己身而上之以至高祖計得四寸(己與父一寸父與祖一寸曾祖一寸高祖一寸)又自高祖順而下之計得四寸是之謂八寸也高麗之時已自如此故李牧隱集云外舅花原君之內外孫凡於慶弔迎餞相聚曰四寸會高麗史忠宣王世家元朝詔諭有外四寸之語經國大典服制之章皆以三寸四寸別其親遠今爲不刊之文然子弟稱其父兄曰三寸四寸大非敬禮不可蹈也

▶240◀◆問; 서방님 호칭에 대하여.

남편이나 시동생에게 모두 서방님이라 하는데 옳은 호칭이 되는 지요.

◆答; 서방님.

서방(書房)은 지난날 지체 높은 양반집에는 남자들이 책을 읽고 공부하는 서방(書房; 지금의 書齋)이 있었고 여자는 수방(繡房)이 있었는데, 하인들이나 중인(中人)들은 아직 벼슬하지 않은 그 집 젊은 선비들을 서방(書房)님이라 불렀고, 시집온 부인(婦人)들이 자기 남편과 시동생들에게도 서방(書房)에서 공부를 한다 하여 그 방 이름을 붙여 서방(書房)님이라 하였던 것이 그를 본떠 그러하지 않다 하더라도 그 호칭이 퍼져 굳어져 호칭화되었다 이해될 수 있을 것입니다.

지금은 주로 형수들이 시동생의 호칭으로 자연스럽게 쓰이고 있지 않나 싶습니다.

●洪邁夷堅志支志乙十陳如塤……已灑掃書房延待矣
●紅樓夢第四十四這那裏像個小저(女+且)的繡房竟比那上等的書房還好呢
●唐元稹長慶集詩聞君西省重徘徊祕閣書房次第開
●元稹和樂天過祕閣書省舊廳詩;聞君西省重徘徊祕閣書房次第開

▶241◀◆問; 선대 조상님의 시호나 관직을 불러도 되나요.

선대(先代) 조상님의 호칭방법이 세간(世間)에 구구하여 질문자는 천학비지(淺學悲智)한지라 알 길이 없어 질문을 드립니다 조상님의 사시(私諡)나 관직(官職)은 불러도 예에 어긋나지는 않는가요.

◆答; 선대의 시호나 관직은 부를 수 있습니다.

아래와 같이 살펴보건대 부모의 함자는 온전히 입에 올리지 않는 법이나 후손으로서 선조의 호(시호; 관직 포함)는 부를 수 있어야 선대의 분간이 가능한 것입니다.

●檀弓卒哭而諱生事畢而鬼事始已註卒哭而諱其名蓋事生之禮已畢事鬼之事始矣○又二名不偏諱夫子之母名徵在言在不稱徵言徵不稱在註二名二字爲名也此記避諱之禮

▶242◀◆問; 선생과 공의 칭호에 관한 질의.

많은 가르침 감사합니다. 우리가 글을 쓸데 남의 선조(先祖)님에 대한 호칭(呼稱)은 선생(先生)이라 하고, 자기 직(直) 선조(先祖)에게는 공(公)으로 표기 하는 것으로 알고 있습니다. 하온데 같은 종씨(宗氏) 즉 동성동본(同姓同本)으로 직선조(直先祖)가 아닌 방선조일 때는 선생(先生)으로 표기해야 하는지 공(公)으로 표기해야 하는지 그 사유를 알려주시기 바랍니다. 대구에서 망중한 드림.

◆答; 선생과 공의 칭호.

아래와 같이 살펴보건대 존칭인 공자(公字)는 장자(長者)나 평교지간(平交之間), 조(祖), 부(父), 구(舅). 부형(夫兄) 등등은 물론, 퇴계(退溪)선생이나 매산(梅山)선생 문집 등을 살펴보아도 사돈이나 타인에게도 공자(公字)를 붙여 호칭되었으니 방계의 조상에게 공자(公字)를 붙인다 하여 크게 욕될 상 싶지는 않을 것 같습니다.

●漢書田叔傳學黃老術於樂鉅公註師古曰姓樂名鉅公者老人之稱也
●史記平原君虞卿列傳云云曰公相與**歃此血於堂下公等錄錄**(註說文云錄錄隨從之貌也)所謂因人成事者也
●周書文帝下公等勿疑庚戌太祖率騎六千還長安
●列子黃帝第二舍者迎將家(註客舍家也)公執席妻執巾櫛舍者避席煬者避竈其反也
●孟子告子章下先生將何之註趙氏曰學士年長者故謂之先生

●論語爲政編有酒食先生饌曾是以爲孝乎註食飯也先生父兄也饌飮食之也曾猶嘗也
●退溪先生文集祭禮安訓導琴公文註琴公卽先生長子寯之婦翁
●梅山先生文集祭文編祭立菴朴公文○又祭性潭宋公文○又祭近齋先生文

▶243◀◆問; 선생이란 호칭을 붙여도 되나요.

안녕하세요? 선대(先代) 조상님 중 후손(後孫)들의 가장 추앙(推仰)을 받고 계시는 예를 들면 임란 호국의병장군으로 활약 하시다가 순절(殉節)하신 선조에 대하여 후손들이 선생이란 칭호를 해도 합당한지요? 하교 바랍니다.

◆答; 선생이란.

선생이란 선조에게도 붙여 호칭할 수 있으나 선조가 훌륭하신 무장(武將)이시니 학자(學者)에게 붙이는 선생을 붙여서는 아니 될 것입니다.

●孟子故子下;宋牼將之楚孟子遇於石丘曰先生將何之趙岐注學士年長者故謂之先生
●玉藻童子無事則立主人之北南面見先生從人而入孔穎達疏先生師也
●文選皇甫謐三都賦序;玄晏先生曰古人稱不歌而頌謂之賦李善注謐自序曰始志乎學而自號玄晏先生先生學人之通稱也
●贈遼西李郡王詩;我本東丹八葉花先生賢祖相林牙

▶244◀◆問; 선조의 칭호에 공(公)을 붙이는 경우.

안녕하십니까? 저희 문중(門中)은 "죽산박씨 총제공파 인묵재공 문중"입니다. 총제는 저의 20대조의 관직(官職)인 자헌대부(資憲大夫)도총제공의 줄인 말이고, 인묵재는 11대조의 호입니다. 문중 명칭에 공(公)을 붙이는 것이 올바른 쓰임인지 궁금합니다. 또, 후손들은 총제공 할아버지, 인묵재공 할아버지라고 지칭하거나 호칭할 수 없고, 후손이 아닌 사람들이 존칭으로 사용할 수 있다는 의견이 있습니다. 올바른 칭호를 알고 싶습니다.

◆答; 선조의 칭호에 공(公)을 붙이는 경우.

공(公)에는 여러 의미가 포함되어 있는데 나라에서 하사(下賜)한 시호(諡號)나 관직명, 사시(私諡), 호(號) 등에 붙인 공(公)의 뜻은 경칭으로 예를 들어 충무공(忠武公) 이순신 장군(李舜臣將軍)을 칭할 때 충무공(忠武公)을 그 후손이라 하여 달리 이르지 않듯이 족보 역시 분파에서 모모공파(某某公派)로 가려지는데 그 후손이라 하여 달리 읽어야 할 까닭이 없고, 공(公)은 직접 친속을 이르는 경칭이기도 합니다.

●大典會通吏典贈諡條[原]宗親及文武官實職正二品以上贈諡○親功臣則雖職卑亦贈[續]大提學秩視正二品雖從二品大提學亦許賜諡○儒賢及死節人表著者雖非正二品特許賜諡
●士儀請諡條周文王周文公同諡周桓王蔡桓侯同諡
●列子黃帝篇舍者迎將家公執席妻執巾櫛(註)家公旅邸之主也執席執巾櫛奉承之也
●漢語大詞典[公]稱謂 (1)對親屬的稱謂
●辭源[公] 稱謂 1. 祖父. 2. 父親. 3. 丈夫的父親.
●英祖實錄乾隆二十九年甲申十月丁亥日條臣父忠靖公臣周鎭追臣祖未卒之志與之周旋於其間

▶245◀◆問; 손자 처부모, 손녀의 시부모를 어떻게 부릅니까?

아침에 아버님께서 전화로 손자의 처부모를 어떻게 부르는지? 물으시네요. 제가 알기로는 사질로 알고 있는데 네이버에 검색해보니 딱 떨어지는 내용이 없습니다. 제가 아버님께 알려드릴 수 있도록 빨리 도와 주시면 감사하겠습니다.

◆答; 손자 장인의 호칭?

옛말에 사가(査家)와 측간(厠間; 변소)은 멀수록 좋다는 말이 있듯이 사가(査家)와는 되도록 멀리하였으니 사가간(査家間)의 호칭이 발달되지 못한 것이 사실입니다.

특히 사(査)라는 글자의 의미에는 적어도 강희자전(康熙字典) 이전에는 중국에서는 사돈(査頓)이란 의미가 없었으니 그에 대한 사(査)를 붙인 칭호가 있을 리 만무하고 다만 우리나라에서 婚姻으로 맺어진 사이의 이성친(異姓親; 姻親)으로 그 사이에 서로 사(査)자를 붙여 이르고 있지 않은가 생각됩니다.

따라서 우리의 인친간(姻親間)의 호칭에는 사가(査家), 사장(査丈), 사형(査兄?), 사돈(査頓), 사부인(査夫人), 사제(査弟) 정도로 단순하며, 맑은소리 선생께서 [사질이라 하는 줄 알고 있다]라 하셨는데 아마도 사가(査家)로 질(姪)벌이 된다. 하여 그와 같이 이해하시는 것 같으나 사질(査姪)이란 칭호는 없으며 사질(舍姪)은 제 조카를 남에게 이를 때 일컫는 말이 됩니다.

사정이 이러하니 손자(孫子)의 장인(丈人)의 호칭이 별도(別途)로 있을 리 만무(萬無)합니다. 까닭에 부득이하게 꼭 호칭할 기회가 있다면 확인된 바는 아니나 누구의 장인, 혹은 인친간(姻親間)에 두루 쓰이는 사돈(査頓)정도가 어떠할른지요.

●星湖全書査家與厠愈遠愈好

▶246◀◆問; 시부모님의 평소 호칭에 대하여.

저는 며느리 입니다. 시아버님을 부를 때 제가 "아버님" 하고 불렀는데 아버님 말씀이 "아버님" 이 아니고 "아버지"가 맞는다고 하십니다. 아버님은 남의 아버지를 칭할 때 쓰는 말이라고 하는데 정말 답답합니다. 아버님이 한자를 조금 아시는데 책자에도 나와있고 성균관 나온 사람도 "아버지" 가 맞지 "아버님"은 틀렸다고 한답니다. 제 글을 보시고 정확한 답변 좀 가르쳐 주시고 어느 사이트에 가야 지칭을 알 수 있는지요.

제가 아버님께 따지려고 한 것은 아닌데 이 문제로 우리 집이 난리가 났습니다. 저도 답답하고요 아닌걸 자꾸 우기시고 저도 입에서 안 나옵니다. 6년은 아버님이라 칭했는데 지금 와서 아버지라 부르라니 잘 입에서 안 나오고요 답답한 마음 좀 풀어주세요 부탁 들이겠습니다.

◆答; 평소 시부모의 호칭.

구(舅); 시아버님. 또는 아버님.
고(姑); 시어머님. 또는 어머님.
●靑莊館全書盎葉記三崇明老人;其媳曰翁姑老矣若一月一輪則必歷三月後方得奉顔色太踈復擬每日一家週而復始媳又曰翁姑老矣
●華語類招親屬條;公公,싀아비. 婆婆, 싀어미.
●明齋遺稿墓碣銘淑人慶州金氏墓碣;歸于羅公事舅姑(云云)況先舅沒身痛恨於丙子之變
●國語辭典[아버-님]
「명사」
「1」'아버지「1」'의 높임말. 주로 돌아가신 아버지를 이르거나 편지 글 따위에서 쓴다.
「2」'아버지「2」'의 높임말.
「3」'아버지「4」'의 높임말.
「4」'아버지「5」'의 높임말.

「5」 시아버지를 이르거나 부르는 말.
「6」 장인을 친근하게 이르거나 부르는 말.

▶247◀◆問; 아내의 호칭(呼稱).

경북 지방의 경우에는 예를 들어 김 갑순(여자)이가 홍 길동(남자)와 결혼을 하고 난 후부터는 호칭을 김갑순이라 하지 않고 홍실이 (또는 홍시리) 라고 부르고 있습니다. 또한 김또순(여자)이가 박만술(남자)과 결혼을 하였을 경우에는 박 실이 라로 부르고 있습니다. 이러한 "실이"의 뜻과 유래에 대하여 알고 싶습니다.

◆答; 실(室)은 아내임.

김실(金室)중의 실(室)이란 아내라는 의미로서 김실(金室)이라 하면 김씨의 아내란 의미이니 방언(方言)이라 할 수가 없는 호칭으로 다른 지방에서 쓰이고 있지 않을 뿐입니다.

●曲禮人生十年曰幼學二十曰弱冠三十曰壯有室鄭玄注有室有妻也妻稱室孔穎達疏壯有妻妻居室中故呼妻爲室

▶248◀◆問; 아버지의 고모 자녀에 대한 호칭.

아버지의 고모님을 대고모(왕고모라고 불러왔습니다. 그런데 대고모의 아들과 딸에 대한 호칭과 지칭을 알고 싶습니다.

◆答; 아버지의 고모 자녀.

왕고(王姑:대고보)의 자녀는 숙항(叔行)에 해당되는데 유가(儒家)의 호칭에서는 어디 에서도 찾아지지 않습니다.

●士儀節要宗族條王姑註王父之姉妹○從祖祖姑
●又姑姉妹女子子親屬條姑之子儀禮註外兄弟○釋名姑舅之子內兄弟兩姨之子外兄祭
●又姑姉妹女子子親屬條尊姑夫註祖之姉妹夫
●釋親考王父之姉妹爲王姑註丘氏曰女子與祖同輩行者稱祖姑

▶249◀◆問; 어머니 외가를 나의 호칭은?

어머니 외가를 나는 무어라 하나요.

◆答; 외외가(外外家).

어머니 외가를 나는 외외가(外外家)라 합니다.

●昨年春義城居金養喆以其외외가(外外家)奴良産太京外外孫無端來侵而渠非太京外外孫則豈非幻弄之文記而作此非理壓良之擧乎

▶250◀◆問; 여자형제 딸의 남편에 대해 호칭은?

1. 여자형제의 아들과 딸의 배우자에 대해 저나 아내가 해야 할 올바른 호칭법은 어떻게 호칭해야 하는지 와 대화 시 통상 존대를 하는데 이것이 맞는지? 아니면 하대를 해야 하는지 궁금합니다. 처의 외숙모가 저와 나이 차이가 많은데도 불구하고 존대를 하고 있어, 듣기가 거북하여 하교를 하시도록 말씀 드려도 그렇게 하지 않고 있습니다.

2. 처의 남자형제의 아들과 딸의 배우자에 대해서도 어떻게 해야 하는지 궁금합니다.

3. 처의 여자형제의 아들과 딸의 배우자에 대해서도 어떻게 해야 하는지 궁금합니다. 근거가 있으면 근거를 제시해주시고, 혹시 근거를 모르신다면 지방별로 통용되

는 호칭법을 알고자 합니다.

◆答; 여자형제 딸의 남편에 대해 호칭.

1. 答;

(媤)생질(甥姪).

(媤)생질녀(甥姪女).

(媤)생질서(甥姪壻; 생질사위?).

자매(姉妹) 또는 부군(夫君)의 자매 여식(女息)의 남편에 대한 호칭에 관하여 직접 언급한 전거(典據)는 찾지를 못하였으나 아래의 전거로 유추(類推)하자면 "(시)생질 사위"쯤이 어떨까 하며 사위는 한 대(代) 아래이니 존대는 격에 맞지 않으며 다만 나이 차에 따라 대화에서 해라, 하게, 하시게. 등등으로 대함이 어떠할른지요.

2. 答; 妻姪(처조카.) 妻姪女(처조카 딸). 妻姪婦(처조카 며느리). 妻姪壻(처조카 사위).

3. 答; 이질부(姨姪婦). 이질서(姨姪壻)

※여기는 한국 유교(유학)의 최고 기관인 성균관(成均館)으로서 유가의 법도에 관한 질문이라면 경서에 근거하지 않은 속간(俗間)에 널리 회자(膾炙)된 지극히 평범한 설(說)을 게시하여 놓음은 본교(성균관)의 위상에 걸맞지 않아 여기서 논할 가치가 없어 배제(排除)되어야 마땅하리라 생각 됩니다. 그러나 선생의 질문에 관하여 그 명확한 전거(典據)를 찾아 보았으나 헤아려 지지가 않습니다.

그렇기는 하나 이제까지 현답이 게시되지 않아 명확한 전거 없이 이상과 같이 정리 된 본인의 소견을 덧붙여 드리니 참고하시기 바랍니다.

▶251◀◆問; 연하의 사돈을 부를 때 님자를 붙여야 하는가?

사돈집 뒷간은 멀수록 좋다는 말과 같이 사돈댁의 어린 아이에 까지 어떻게 불러야 할지 대단히 곤란적이 몇 번의 경험은 누구나 있을 터인데 어찌 하여야 예에 어그 러지지 않을 호칭이 없을까요.

◆答; 사돈지간은 어렵고 서먹한 사이.

동종간(同宗間)에 동항의 손위가 되면 나이에 관계없이 님의 존칭(尊稱)으로 족 한 것이나 인척(姻戚)인 친사돈지간은 일방이 아무리 나이가 많다 하여도 나이 적 은 상대 친사돈에게 동종간(同宗間) 아우 대하듯 하대를 할 수 없고 또 아무리 나 이가 적어도 나이 많은 상대 친사돈(親查頓)에게 한대 위인 장(丈) 대접은 할 수 없 는 것임. 고로 친사돈지간에서는 동종간에서의 나이 차이로 인한 형제지간의 예(禮) 로 대할 수 없는 것임. 또 친사돈지간도 부부(夫婦)가 나이에 관계 없이 동등함 과 같은 것이며 또 나이에 관계없이 부부와 같이 서로 맞절을 하여야 하는 것임.

그리고 장(丈)의 대우자(待遇者)에게는 절을 하여야 하는 것이니 친사돈지간(親查 頓之間)에는 아무리 나이가 많아도 앉아 절을 받아서는 아니 되는 까닭에 장(丈)의 대우를 할 수 없는 것임. 특히 서(壻)와 부지부모지간(婦之父母之間)을 아래와 같이 살펴보건대 부지부모(婦之父母)는 부모(父母) 자식간(子息間)의 예(禮)로 서(壻)를 대함이 아니고 객(客)의 예로서 대하는 것임.

●家禮昏禮親迎明日壻往婦之父母條婦父迎送揖讓如客禮拜卽跪而扶之入見婦母婦母闔 門左扇立於門內壻拜於門外

고로 나이에 관계없이 친사돈지간(親查頓之間)은 양 가문(兩家門)의 대표격으로 동 등한 지위인 것임.

▶252◀◆問; 외가 호칭.

외숙의 자식, 손자, 증손자의 호칭이 무엇입니까?

◆答; 외가 호칭.

아래와 같이 살핀 바 일건(一件)을 알려 드립니다.

○외숙의 자; 표형제(表兄弟).
○외숙의 손자; 현표질(賢表姪).
○외숙의 증손자; 현표우질(賢表又姪).

●宦鄕要則母族稱呼;對母服內之姪彼此序齒稱表兄弟○對母服內之姪孫稱賢表姪自稱愚表伯叔○對母服內之曾姪孫稱賢表又姪自稱愚表伯叔祖

▶253◀◆問; 외사촌간 호칭이 왜 이렇게?

선생님들 안녕하십니까? 오랜만에 방문했습니다.

질문 드립니다.
우리나라에서는 어느 집안이든 외사촌 간에 나이차이가 나면 형 아우 호칭을 하는데 나이차이가 별로 없거나 같으면 형 아우 호칭을 안 쓰고 친구처럼 서로 이름을 부르고 너 나로 대화하는 것이 전통처럼 된 것같이 보입니다. 이게 왜 이렇게 되었는지 궁금합니다.

◆答; 외사촌간 호칭.

형(兄)이란 나보다 먼저 난자로 어른으로 대우할 대상인데 아무리 근소한 나이 차이라 하여도 친인척간의 장유 질서를 어길 수는 없음이 천륜일 터인데, 무척지간(無戚之間)인양 상호 호명(呼名)과 아울러 너 나라는 관계로 되었다면 "왜 그와 같이 되었는지"의 원인은 나변(那邊)에서 찾기 보다는 아직 우리들의 의식수준에서는 더 논할 바도 못되고 평범한 선후질서를 어김이니 정상의 교육으로는 그와 같이 전이되지 않았을 것입니다.

따라서 그와 같은 문제가 설령 만의 하나 사회적 영향이 미쳤다손 쳐도(아니지만) 그들 가정에서 문제를 찾아야 할 것입니다.

●爾雅釋親男子先生爲兄後生爲弟
●詩經小雅凡今之人莫如兄弟鄭玄箋人之恩親無如兄弟之最厚
●說文[兄]長也
●通論口儿爲兄儿者人在下以兄敎其下也

▶254◀◆問; 외숙과 고모의 손자녀 호칭.

외삼촌 손자녀의 호칭이 무엇입니까? *고모 손자녀의 호칭이 무엇입니까?

◆答; 외숙과 고모의 손자녀 호칭.

아래와 같이 청대(淸代)의 호칭과 조선의 칭호(稱呼)를 살펴보건대 청대에 발간된 환향요칙(宦鄕要則)에서 외종형 제나 고종형제의 자녀는 현표질/(질녀)라 하였고, 조선(朝鮮) 광무(光武) 9 년(1905) 법률에서 외종질(外從姪)과 이종질(姨從姪)과 내종질(內從姪)이라 하였으니, 우리의 칭호와 더불어 청대(淸代)의 칭호 역시 기억되어야 할 것입니다. 조선 법률 이외의 여러 곳에서 그 역시 운위되어 있으니 기억되지 못하면 혼란스러울 수도 있을 것입니다.

●宦鄉要則(淸代)母族稱呼對母服內之姪彼此序齒稱表兄弟對母服內之姪孫稱賢表姪自稱愚表伯叔〇又女壻姉妹姑表各親稱呼姑夫或稱姑丈自稱愚內姪對姑母之孫稱賢表姪自稱愚表伯叔

●星湖曰姉妹亦小功則從叔姑從姪女之降無宜然也

●法律第三號 刑法 第一編 法例 第一章 第六十二條 親屬이라稱홈은本宗과異姓의有服과祖免親을 謂홈이니左開와如홈이라.

六 無服親이니本宗同五世祖祖免親과異姓의外曾祖父母와外再從兄弟姉妹와從姨母의子와外從姪과姨從姪과 內從姪과妻祖父母와妻外祖父母와妻伯叔父母와妻姑와妻兄弟와妻兄弟妻와妻姪과妻姉妹와外曾孫과姑夫 와姉妹夫로謂홈이라

▶255◀◆問; 외외손(外外孫)이 누구인가.

여식의 여식의 손이 외외손이라면 실지로는 증손에 해당하는데 어찌하여 외외손이라 하는가.

◆答: 외외손(外外孫)이 누구인가.

긍정이 아닌 가정법으로 논술한 까닭은 우리나라에서만 통용(?)되는 호칭인지의 여부도 알지를 못하며 유학적으로 주소문(註疏文)이 확인되지 않는 까닭에서 이었습니다. 이 답 역시 긍정적으로 답을 쓸 수가 없습니다. 외외조부하면 아버지의 외조부를 아들은 외외조부라 하듯 외(外) 국어사전에서 나의 외외가는 어머니의 외가라는 공식적 풀이가 있으니 이를 대입하여 그 속칭관계를 가늠하여 보겠습니다. 어머니의 외가에서 나의 호칭은 외외손(外外孫)이라 하면 억측이 아닐 듯도 싶습니다.

●兒女英雄傳第二十二回:舅太太一見公子只叫了聲哎呀外外(註)對外甥的愛稱〇又曰見過舅母舅太太一把拉住說好個外外女且女且(註)對外甥媳妇的愛稱

●日省錄純祖二十七年丁亥十月四日丙子秋曹以幸行時擊錚原情覆達; (前略)昨年春義城居金養喆以其外外家奴良産太京外外孫無端來侵而渠非太京外外孫則豈非幻弄之文記而作此非理壓良之擧乎(後略)

●國語辭典 외-외가(外外家):「명사」어머니의 외가.

▶256◀◆問; 외종숙은 누구를 지칭합니까?

안녕하세요? 시집간 여자의 자녀에게 딸의 아들을 외손자, 고모의 아들을 외종(고종사촌), 대고모의 아들을 외종숙라는 지칭이 맞는지요? 그런데, 어머니의 친정조카를 외종(외사촌), 어머니의 친정 오빠를 외숙(외삼촌), 사촌오빠를 외종숙(외오촌숙)이라고 사전에 표기되어 있습니다. 내종사촌: '고종사촌'을 외종사촌에 상대하여 이르는 말. 외종사촌: 외삼촌의 자녀를 이르는 말. 외종과 내종이 혼동됩니다. 외종숙은 어머니의 사촌오빠를 지칭하는 것인지, 대고모의 아들을 지칭하는 것인지 바르게 알고 싶습니다.

◆答: 외종숙은 누구를 지칭.

척(戚)에는 친척(親戚)과 인척(婚戚)이 있는데 인척(姻戚)에는 내척(內戚)과 외척(外戚), 그리고 이척(姨戚) 등으로 구분 지어 집니다. 외종숙은 어머니의 사촌형제의 지칭인데 위 의문은 내척(內戚)인 대고모(大姑母)의 아들은 내가 외종숙(外從叔)이라 칭함이 옳은가의 여부인 것 같습니다. 여기서 대고모(大姑母)의 후손은 내척지간(內戚之間)으로서 군이 붙여 호칭한다면 내(內)자를 붙임이 옳을 것이나 나의 내외이형제(內外姨兄弟)의 자녀(조카 벌)의 호칭이 없듯이 나의 대고모(大姑母) 자녀(숙항)의 호칭도 없는 것 같습니다.

척간의 호칭은 유복지친(有服之親)간에 붙여 서로의 근원을 나타내는 명사로서 무복지간(無服之間)의 원척(遠戚)에는 그와 같은 호칭이 없는 것 같습니다. 다만 고조(高祖) 이상의 조상에게는 오대조 이외의 호칭은 없는 것 같으나 석명(釋名)에 의하면 현손(玄孫)의 자(子)는 래손(來孫), 래손의 자는 곤손(昆孫), 곤손(昆孫)의 자는 잉손(仍孫), 잉손(仍孫)의 자는 운손(雲孫)이라 칭한다. 라 기록되어는 있습니다.

●內則庶子若富則具二牲獻其賢者於宗子夫婦皆齊而宗敬焉終事而后敢私祭
●問今或一家伐牛十家分用甚非薦俎之意若家貧則寧以鷄鴨代牲何如退溪曰殺牛以祭非士之禮然買肉以祭恐難非之
●尤庵曰支子作官者不敢奉神主以往只備送祭需於宗家以致獻賢之誠可也
●書儀時祭其饌條主婦帥衆婦女滌釜鼎具祭饌註往歲士大夫家婦女皆親造祭饌必身親之所以致其孝恭之心今縱不能親執刀匕亦須監視庖廚務令精潔未祭之物勿今人先食之及爲猫犬蟲鼠所盜汚

▶257◀◆問; 6대, 7대를 달리 사용하는 말은 없습니까?

1대(부), 2대(조), 3대(증조), 4대(고조), 5대(현조)라 하면 6대, 7대를 달리 사용하는 말은 없습니까?

◆答; 6대, 7대를 달리 사용하는 말?

고조(高祖)의 부(父)를 현조(玄祖)라 이르고 있으나 일설에는 현조(玄祖)는 고조(高祖)의 이칭라는 설(說)도 있는데 오히려 이 설이 합리적일 수도 있을 것 같습니다.

손대(孫代)에서 증손(曾孫) 현손(玄孫) 내손(來孫) 곤손(昆孫) 잉손(仍孫) 운손(雲孫)으로 호칭되고 있으니 上代에서 역시 증조(曾祖) 현조(玄祖) 내조(來祖) 곤조(昆祖) 잉조(仍祖) 운조(雲祖)라 칭할 수도 있지 않겠는가. 라 주장할 수도 있기 때문입니다. 그러나 상대(上代)는 우러러 높이고 하대(下代)는 낮춤이 유가적(儒家的) 예도(禮度)인 까닭에서 이는 망발입니다.

현손(玄孫)을 고손(高孫)이라 칭하기를 꺼리듯 멀고 희미하다는 현(玄)자를 상대(上代)의 호칭에 쓰기에는 부적합하다는 것입니다. 그러나 지난날 조야(朝野) 모두가 고조(高祖)의 부(父)를 현조(玄祖)라 칭하였음이 기록상으로 더러 존재하니 오대조는 현조(玄祖)로 통할 수는 있겠으나 아래에서 보듯 고조(高祖)의 부(父)는 모(某)(五)세조(世祖)라 칭함이 바른 칭호인 것 같습니다. 더욱 육대조 칠대조의 그와 같은 이칭(異稱)은 찾아지지가 않으니 없는 것 같습니다. 석명에는 현손(玄孫), 내손(來孫), 곤손(昆孫), 잉손(仍孫), 운손(雲孫)으로 호칭되고 있는 것 같습니다.

●釋名釋親屬篇玄孫之子曰來孫來孫之子曰昆孫昆孫之子曰仍孫仍孫之子曰雲孫
●宦鄕要則本族前後稱號條高祖之父母稱某世祖考妣自稱某世孫

▶258◀◆問; 姉妹의 의미에는 언니도 포함되는가?

자매에는 언니도 포함되어 있습니까.

◆答; 자매(姉妹)의 의미.

아래와 같이 자휘(字彙)와 전운옥편(全韻玉篇)을 대표적(代表的)으로 살펴보건대 자매(姉妹)를 순수한 우리의 호칭(呼稱)으로 풀어놓는 과정에서 현대(現代)의 거의 옥편(玉篇)에서 남자(男子) 위주(爲主)로 번역(飜譯)한 결과(結果)가 아닌가 합니다.

남자(男子)는 형제지간이라 하고 여자형제에게는 자매지간(姉妹之間)이라 하니 姉의 의미에는 언니[자(姉)]의 의미도 포함되어 있다 라 이해될 수 있을 것입니다.

●字彙女部五書[姉]音[子]女兄也○同書[妹]音[昧]女弟後生者
●字彙儿部三書兄音[胷]同胞先生者爾雅男子先生曰兄○同弓部四書[弟]爾雅男子先生爲兄後生爲弟
●全韻玉篇女部五書[姉]音[자]女兄○同書[妹]音[매]女弟
●全韻玉篇儿部三書[兄]音[형]同胞先生者○同弓部四書[弟]音[뎨]男子後生[薺]順也善事兄

添記: 옥편에서는 부수의 획수 표시로 획(劃) 자를 거의 사용하지 않지요. 여기서 획(畫)자는 화로 발음하지 않습니다. 획획으로 획이라 발음합니다.

한자(漢字)란 표의문자(表意文字)로서 항상(恒常) 새로운 글자가 생겨날 수 있습니다. 특별히 중국(中國)에서만 쓰이는 한자(漢字)는 중자(中字)라 하고 우리나라에서 만들어진 글자는 국자(國字)라 하고 일본(日本)에서 만들어진 글자는 일자(日字)라 합니다. 예를 들어 다른 나라에는 없는 국자(國字)로 임걱(꺽)정의 걱(乫)을 표시(表示)하기 위하여 만들어진 [걱(乫)] 음(音)[걱] 자와 같은 글자들로서 대개(大概)가 표의(表意)가 아닌 음(音)을 표기(表記)하기 위하여 만들어진 글자가 있고, 기존(旣存) 글자에 중국(中國)에는 없는 음(音)과 의미(意味)를 우리나라에서 특별(特別)히 부여하여 사용되는 글자가 있는데 [娚]자로 원은 말소리[남]자이나 우리나라에서 이에 더하여 처남[남]으로 사용되고 이 자가 오라비 남자로 사용되기도 하고, 택(宅)은 [택][탁][타] 음(音)이나 우리나라에서 음(音)을 [댁]이라 하고 남편의 성(姓)이나 직함(職銜) 뒤에 붙여 그의 아내 임을 나타내기도 하고 또 부인(婦人)의 친정 지명 뒤에 붙여 그 부인을 이르는 호칭으로 사용되기도 하지요. 물론 오라비를 형(兄)으로 칭하였으니 남동생(男同生)은 제(弟)라 칭하여야 하겠지요. 이에 더하여 언니를 남(娚)이라 이르기도 하며 동생을 제(娣)라 칭하기도 합니다.

●經世遺表天官修制考績之法某月某日執後宮某氏之兄發其奸惡賣權之罪杖流絶島

▶259◀◆問; 자형과 매형.
안녕하세요. 좀더 알고 싶어서 문의하오니 하교하여주시면 감사하겠습니다. 자형(姉兄)과 매형(妹兄)에 대해서 알고 싶습니다.

누나의 남편을 자형 여동생의 남편을 매형 또는 매제라고 알고 있는데 T.V. 드라마에는 누나의 남편 여동생의 남편을 구별 안하고 매형으로부터 고 하는데요? 부탁드립니다.

◆答; 자형과 매형.
어느 메스컴의 드라마에서 그와 같이 호칭하고 있는지는 알 수 없으나 자매(姉妹)의 부군(夫君)을 구별하지 않고 매형(妹兄)이라 호칭하고 있다면 적어도 한 호칭은 오류가 분명할 것입니다.

매형(妹兄)과 매부(妹夫; 弟)에 붙은 매(妹)의 의미가 서로 다릅니다. 매형(妹兄)에 붙은 매(妹)는 [여자 또는 여자의 겸칭(주역(周易)에서 쓰인 의미)]의 의미이며, 매부(妹夫)에 붙은 매(妹)는 [손아래 누이]라는 의미라 하여야 옳을 것입니다. 따라서 매형(妹兄)이라 하면 손위 누이의 남편을 이르게 되는데 혹 그 프로그램에서 매제(妹弟)도 매형(妹兄)으로 호칭하였다면 아마도 [손아래 누이매] 자이니 착각하여 오류를 범한 것이 아닌가 합니다.

유학(儒學)은 물론 국어적(國語的)으로 보거나 매형(妹兄)이 여동생(女同生)의 남편 호칭이 될 수 없음은 의심의 여지가 없을 것입니다. 다만 한문 투(漢文套)의 자매부

(姉妹夫)의 호칭은 자부(姉夫) 매부(妹夫)입니다.

●宦鄕要則(淸代)正親稱呼條對姉夫直稱姉夫對妹夫稱賢妹夫
●周易兌下震上卦歸妹征凶无攸利[本義]婦人謂嫁曰歸妹○又曰歸妹天地之大義也{傳}歸妹女歸於男也故云天地之大義也
●士儀節要親親篇姑姉妹女子子親屬條姉妹夫
●華語類招親屬條姐夫맛누의남편○妹夫아아누의남편
●海東諸國記對馬島條郡守宗盛弘資茂之子宗貞盛妹弟乙丑年遣使來朝
●蒙喩篇稱號兄弟條妹夫妹兄
●章箚彙編副司直宋眞明上疏伏以云云第念儒臣卽臣從姉兄也
●陶溪遺稿祭姉兄辛公景學文維歲次戊辰五月某朔干支幾日婦弟云云

▶260◀◆問; 자형과 매형, 매부의 호칭에 대한 답변을 부탁 드립니다.
자형과 매형, 매부 누구의 호칭이 되는가요.

◆答; 자형과 매형, 매부.
의문이신 호칭은 아래와 같이 이해하고 계시면 어그러짐은 없을 듯도 합니다.

○누이의 남편; 자부(姉夫), 저부(姐夫), 자형(姉兄), 매형(妹兄).
○누이동생의 남편; 매부(妹夫), 매제(妹弟), 매서(妹壻).

●釋名釋親屬篇云親襯也言相隱襯也屬續也恩相連續也夫妻匹敵之義也兩婿相謂曰亞言一人取姉一人取妹相亞次也又並來至女氏門姉夫在前妹夫在後亦相亞而相倚共成其禮也
●宦鄕要則姉妹表各親稱呼條對姉夫直稱姉夫對妹夫稱賢妹夫
●士儀節要宗族姉妹條男子謂女子先生爲姉後生爲妹○又姑姉妹女子子親屬條○姑夫(註父之姉妹之夫)○尊姑夫(註祖之姉妹之夫)○姉妹夫
●華語類招親屬條姐夫맛누의남편○妹夫아아누의남편
●日省錄純祖十九年己卯七月十六日丙子校理柳台佐疏其姉兄校理(云云)
●蒙喩篇稱號兄弟條妹夫妹兄
●宦鄕要則女婿姉妹姑表各親稱呼條對姉夫直稱姉夫對妹夫稱賢妹夫或稱賢妹倩
●士儀節要親親篇姑姉妹女子子親屬條姉妹夫
●屛溪曰八月奉板輿向道州與李章及妹弟同奉至牙山(云云)
●白居易長慶集詩覓得黔妻爲妹壻可能空寄蜀茶來

▶261◀◆問; 作家란?
작가(作家)란 문학(文學) 작품(作品), 사진(寫眞), 그림, 조각(彫刻) 따위의 예술품(藝術品)을 창작(創作)하는 사람이라고 설명 되어 있으며, 소설작가, 사진작가, 만화작가, 시나리오 작가, 방송작가, 서예작가 등 여러 분야의 작가가 있는 것 같습니다.

그런데 학원에 다니면서 공모전(地方?)에 한번 출품하여 입선되었는데 작가라는 명칭으로 호칭하더군요. 어느 작가이든지 작가의 호칭을 붙이자면 어떤 기준이 있을 것 같습니다. 각 작가마다 기준이 다른 것인지 아니면 어떤 기준(基準)이 있는지요? 혼자라도 집에서 서예를 하고 있으면 작가(作家)라고 붙이는지 퍽 궁금합니다.

◆答; 작가(作家)란?
어떤 분야(分野)에 전문적(專門的)인 지식(知識)을 가졌거나 또 한 분야(分野)에서 전문적(專門的)으로 활동(活動)하는 사람을 가(家)를 붙여 화가(畵家), 소설가(小說家), 서예가(書藝家), 예술가(藝術家). 도예가(陶藝家), 건축가(建築家), 혁명가(革命

家), 사회활동가(社會活動家) 등등으로 불러지는데 그 분야(分野)에 전문인이 아니고 취미로 잠깐 손을 댔다 하여 가(家)를 붙여 영원히 이를 수는 없을 것입니다.

●漢書藝文志第十;故春秋分爲五詩分爲四易有數家之傳
●且介亭雜文二集題未定草六;標点對于五言七言詩最容易不必文學家只要數學家就行又如革命家科學家社會活動家
●儒林外史第十三回;公孫心裏想道這原來是個選家何不來拜他一拜
●前漢書武帝紀;表章六經罷黜百家(康熙字典)著述家

▶262◀◆問; 장모가 사위를 부를 때.

안녕하세요. 제 남편이 28 살에 결혼해서 올해 29 이 되었는데요, 엄마는 친근하게 한다고 남편 이름을 부릅니다. xx 야~ 이렇게요. 전 사위도 아들처럼 생각하고 이름 부르는 편이 더 정감 있고 친근하게 생각되어서 별로 문제될 게 없다고 생각하거든요. 제부도 처음에 결혼했을 때 이름 부르다가 지금은 애기가 있어서 xx 아빠라고 부릅니다.

제가 알고 싶은 건, 장모(丈母)가 사위 이름을 부르면 안 되는 건지, 장모는 꼭 사위를 x 서방(書房)이라고 불러야 되나요? 또 xx 아빠라고 부르는 게 자기 남편을 부르는 거지, 장모가 사위에게 부르면 안 되는 호칭이라는 말이 있던데 이게 맞는 건지요?

◆答; 사위.

한문 투의 여서(女婿)에 대한 호칭은 있으나 현재는 사용되지 않고 있으며 그도 장인의 호칭일 뿐입니다. 친자식도 장성하면 곧바로 이름 부르기를 피하는데 사위를 부를 때 이름을 불러서야 되겠습니까.

아래 화어류초(華語類招)에서 여서(女婿)를 사위라 하였으니 사위라는 호칭과 금세에 혹 모(某)서방이란 호칭 역시 별 거부감 없이 통용되고 있는 것 같습니다. xx 아빠란 장모가 사위를 부를 때의 호칭으로는 부적절하지 않은 가요.

●高麗史節要毅宗莊孝大王壬午十六年宮人無比嬖於王光鈞爲其女壬午十六年宮人無比嬖於王光鈞爲其女壻因緣內嬖驟拜式目錄事士大夫莫不切齒有人嘲諫官曰莫說爲司諫無言是正言口吃爲諫議悠悠何所論

▶263◀◆問; 장모(丈母)와 빙모(聘母)에 관하여?

수고가 많으십니다. 또 여쭈어 봅니다. 어느 자리에서 한 분이 "요사이 장모님 건강이 나빠" 라고 말하니, 다른 분이 "장모님이 뭐야, 빙모님이지" 하고 말하자, 서로 장모와 빙모 호칭 관계로 말 다툼을 하는 모습을 보았습니다. 장모와 빙모는 사용하는 경우가 다른지요? 죄송합니다.

◆答; 장모(丈母)와 빙모(聘母).

아래와 같이 살펴보건대 처모(妻母)의 호칭으로 우리나라에서 장모(丈母)와 빙모(聘母)는 동의(同意)로 사용(使用)되는데 빙모(聘母)란 호칭은 중국유서(中國儒書)에서는 찾아지지 않고 우리나라 유서(儒書)인 아언각비(雅言覺非)에 의하면 장모를 빙모(聘母)라 함은 왜곡된 표현이라 하였으나 신웅소지(申瀜所志)에서는 빙모(聘母)라 표현됨을 보건대 우리나라에서만 장모의 다른 호칭으로 쓰이는 것 같습니다.

●宦鄉要則妻族稱呼條對妻之父稱岳丈大人或稱岳父自稱愚壻對妻之親母舅稱內舅大人自稱愚甥壻

●爾雅釋親妻黨條妻之父爲外舅妻之母爲外姑
●釋親考妻之父爲外舅(外父丈人)妻之母爲外姑(外母丈母)
●雅言覺非聘君條聘君者徵士也朝廷以玉帛聘之故謂之聘君南史陶季直澹於榮利徵召不
起號曰陶聘君聘君者徵君也(云云)今人或問其義解之者曰壻之娶也玄纁以聘之故禮曰聘
則爲妻奔則爲妾旣云妻父豈非聘父斯又曲爲之說也丈人丈母亦俗稱宜從爾雅呼之曰外舅
外姑
●申瀗所志無后聘母之葬何處不得而如是犯法萬萬不可是遣妻葬隱藉先山猶或說也
●簡式類編翁壻條聘君(或外舅岳父丈人外姑岳母己之妻父母)

▶264◀◆問; 장모의 호칭과 자칭에 대하여?

과세 후 안녕하세요? 호칭에 대하여 모르는 것이 있어 질문 드립니다. 장인과 사위
간에는 옹서(翁壻)라는 호칭이 있는 것으로 압니다마는 장모와 사위간에는 어떤 호
칭 또는 지칭이 있는지요? 우문(愚問)에 명쾌한 답변을 바랍니다. 안녕히 계세요.

◆答; 장모의 호칭과 자칭.

처모(妻母) 칭호와 자칭에 관하여 대강 살펴본 결과는 아래와 같습니다.

처모칭(妻母稱)=외고(外姑) 장모(丈母) 악모(岳母) 외모(外母) 태수(泰水) 구모(岳母)
빙모주(聘母主) 악모주(岳母主) 빙모(聘母) 등. 자칭(自稱)=생(甥) 우자서 혹 우서(愚
子壻或稱愚壻) 교객(嬌客) 옥윤(玉潤) 등.

●爾雅釋親篇妻黨條妻之父爲外舅妻之母爲外姑註謂我舅者吾謂之甥然則亦宜呼壻爲甥
●會典妻父母卽丈人丈母
●類書纂要嶽父嶽丈丈人婦翁外父嶽公嶽翁竝稱妻父也稱妻母曰岳母又曰外母又曰泰水
●宦鄕要則妻族稱呼條對妻之父稱岳丈大人或稱岳父自稱愚壻或稱愚子壻子之壻也女亦
稱子對妻之母稱岳母自稱愚子壻或稱愚壻
●士儀節要親親篇妻黨條外舅外姑註妻之父母
●萬姓大譜三黨稱號門妻黨條外舅主聘父主(註己妻父稱)聘母主岳母主(註己妻母稱)嬌客
(註己壻稱)玉潤(註人壻稱或新壻)

▶265◀◆問; 장인(丈人)에 대한 자칭은?

평소 호칭에 대해 깊이 생각하지 못하다가 장인(丈人) 어른의 호통에 관심을 갖게
되었습니다. 장인 어른이 제게 부르실 때는 *서방이나 자네라고 부르십니다.

장인 어른과 전화 통화를 할 때에 '접니다. 라고 말하지만 사위인줄 모르실 때는 누
구시냐고 되묻습니다. 그래서 *서방입니다. 라고 했더니 잘못된 호칭이라고 말씀하
십니다. 그리고는 이름을 말하라고 하시네요. 장인에 대한 사위의 자칭에 대해 궁금
합니다.

◆答; 장인과 대화 중 자신의 칭호.

아래와 같이 살펴보건대 장인에 대한 자칭은 우서(愚壻) 또는 우자(愚子)라 함이 유
가적 칭호입니다.

●宦鄕要則妻族稱呼;對妻之父稱岳丈人或稱岳父自稱愚壻或稱愚子壻子之壻也女亦稱子

▶266◀◆問; 장인이 사위에게 자신의 지칭은?

안녕하세요? 장인이 사위에게 자기를 지칭하는 말을 알고 싶습니다.

◆答; 장인이 사위에게.

장인이 사위에게 자신을 지칭하는 칭호는 칭호 등을 다룬 서책(書冊)은 여럿 있으나 그에 관함은 찾을 길이 없고 다만 찰한역지(札翰易知; 서한식과 서한 예문)의 사위의 외구주전상서(外舅主前上書)에 대한 장인의 빙군답서서(聘君答婿書)에서 부옹(婦翁)이라 함의 자칭은 보입니다.

부(父)는 자(子)에게 자기를 오(吾; 나)라 하였으나 장인(丈人)은 아마도 사위에게 오(吾)라 하지는 않는 것 같습니다.

●爾雅妻之父爲外舅妻之母爲外姑
●孟子萬章上父母干戈朕琴朕弤朕二嫂使治朕棲
●札翰易知父在他處寄家子書父答書云(前略)吾客地苦況可謂一日如年云云
●札翰易知聘君答婿書云(前略)翁依昔度了幸也云云年月日婦翁字某頓

▶267◀◆問; 존칭에 대한문의 입니다.

문의 드릴 말씀은 다름이 아니오라, 배우는 선생님에 대한 호칭입니다. 예를 들어 서예나 한문이나 규방이나 본인이 배우고 있는 선생님을 호칭할 때 선생님의 성함을 부르지 않고 선생님의 '호'를 붙어(예를 들어 호가 '추사'라 함), 추사 (호)선생님'이라고 직접 선생님을 부를 때, 예의에 맞는지, 틀리는지 궁금합니다. 명쾌한 설명 부탁 드립니다.

◆答; 존칭에 대하여.

아래와 같이 살펴보건대 사생지간(師生之間)의 직칭(直稱)에서 유가(儒家)의 예법(禮法)으로는 호(號)는 붙이지 않는 것 같습니다.

●宦鄕要則師友稱呼條對業師稱老夫子大人自稱受業或稱門生
●簡式類編師生條絳帳(註或設帳振鐸西席函丈師長之稱)負笈(註或立雪門人從師之稱)
●蒙喩篇師生條○先生師父函丈丈席西席降帳○弟子門人門徒門生徒弟學子

▶268◀◆問; 종형제 호칭에 대하여.

우리 말에 고종사촌형제, 외종사촌형제, 이종사촌형제 등의 호칭이 있습니다. 종형제하면 사촌형제와 같은 뜻이 아닌가 합니다. 그렇다면 친사촌형제도 종사촌형제로 호칭됨이 옳지 않을까 합니다. 어떻게 호칭함이 옳을까입니다.

◆答; 종형제 호칭.

종형제란 동조형제 즉 촌수로는 사촌형제라는 의미인데, 따라서 외종형제(外從兄弟)란 우리 속칭(俗稱)으로 외사촌형제(外四寸兄弟)가 되지요. 다만 국어사전에 외종사촌, 외사촌, 외종. 고종사촌, 고종. 이종사촌, 이종 등이 함께 표준어로 등재되어 있으니 국어학적으로 어찌하여 동의를 두 가지로 표현하게 되었는지에 관하여는 알지 못합니다.

다만 유학적으로는 이중으로 표현하여야 할 까닭이 없을 뿐만 아니라, 아예 중원 유학의 용어로는 친족간의 원근 호칭에서 어떠한 속칭간(屬稱間)에서도 촌수로 가리는 법을 없으나 우리의 속칭에서 촌수로 친족의 원근을 헤아리기도 하는데. 만약 우리의 표현으로 호칭한다면 외사촌형제란 외종형제를 이르기에 부족함 없는데, 종(從)자는 사촌이라는 의미인데 덧붙일 까닭이 없는 것입니다. 특히 종(從); 4촌, 재종(再從); 6촌, 삼종(三從); 8촌 형제가 됩니다.

●釋名釋親屬父之世叔父母曰從祖父母言從己親祖別而下也
●史記一百七魏其武安侯傳魏其侯竇嬰者孝文后從兄子也○又一百九李將軍傳廣從弟李

蔡亦爲郞合稱曰從兄弟
●北齊顔之推顔氏家訓風操世父叔父則稱從兄弟門中

▶269◀◆問; 陳外家.
아버지의 외가를 진외가라 한다면 아버지의 외조부의 호칭은 무어라 하는지요.

◆答; 진외가(陳外家).
아래와 같이 살펴보건대 '부(父)의 외가(外家)를 부외가(父外家)'·'조부(祖父)의 외가(外家)를 조외가(祖外家)'·'증조(曾祖)의 외가(外家)를 증외가(曾外家)'라 한다. 그렇다면, [부외가(父外家)]와 [진외가(陳外家)]는 동의(同義)로 이해되기에 이의가 있을 수 없을 것이다. 따라서, '부외조부(父外祖父)는 부(父)의 외조부(外祖父)'·'조외조부(祖外祖父)는 조부(祖父)의 외조부(外祖父)'·'증외조부(曾外祖父)는 증조부(曾祖父)의 외조부(外祖父)'다. 라 함에 어느 속칭을 오류라 하겠는가.

이상과 같다면, "부외조부(父外祖父)는 부(父)의 외조부(外祖父)"라면 [진외조부(陳外祖父)는 부(父)의 외조부(外祖父)]다. 가 된다. 다만 부조증고조모(父祖曾高祖母)의 친가(親家) 외척(外戚)의 직칭(直稱)은 진조증고외가지모모(陳祖曾高外家之某某). 진외가(陳外家)의 누구, 조외가(祖外家)의 누구, 증외가(曾外家)의 누구, 고외가(高外家)의 누구. 이는 여러 전거(典據)를 종합(綜合)한 결과로 얻은 본인의 소견이다.

●李道長問道長祖外家父外家俱無後二外祖神主道長皆奉祀矣若時祀茶禮之時同祭於正寢似甚未安未知何以則可乎寒岡曰外家神主奉祀本非禮經今者不得已奉祀則當時祀茶禮時先祭祖外祖次祭父外祖然後堂祭祖與考矣
●眉巖乃柳眉巖舊居卽公曾外家也
●茶山曰我之曾祖父爾之曾外祖骨肉有深愛
●日省錄正祖二十三年己未八月二十二日戊申刑曹以擊錚人原情啓陳外家之眞外六代祖母

▶270◀◆問; 진외가의 호칭에 대하여 궁금한 점을 문의 합니다.
촌수 표에 안 나오든 데 할머니의 오빠를 뭐라고 호칭해야 하는지 궁금합니다. 외할머니의 오빠는 진외할아버지라 부르는 것 같은데 맞는 건가도 궁금합니다.

◆答; 진외가(陳外家)는 아버지의 외가.
아래와 같이 살펴보건대 진외조부(陳外祖父)가 아버지의 외조부(外祖父)라면 할머니의 아버지라는 말이 라 할머니의 오빠는 아버지의 외숙(外叔)으로 나에게는 진외숙(陳外叔)이 됩니다.

●표준국어대사전;진-외조부(陳外祖父)[지뇌--/지눼--]「명사」아버지의 외조부.

▶271◀◆問; 처가 호칭 문제.
2 년 전에 결혼한 사람입니다. 제 처의 나이가 저보다 3 살 어리고 처의 오빠는 저보다 2 살 어립니다. 결혼하기 전에 처의 오빠에 대해 부모님께 여쭤보니 저는 처남이라고 부르고 처의 오빠는 저를 제부라고 부르고 서로 존칭 쓰면 크게 문제될 것이 없다고 하셔서 그런 줄 알았는데 처가 댁에서는 장조모님, 장인어른, 장모님 모두 말씀 하시길 손위처남이므로 형님이라고 부르라고 하고 저는 존칭을 써야 하며 손위 처남은 저를 매제 또는 O 서방이라고 부르고 하대를 하는 게 옳다고 하십니다. 처의 오빠와는 자주 만날 일이 없어서 그 동안 별 문제 없이 지냈는데. 제가 자녀를 두게 되었고, 사업상 장모님이 제 자녀를 봐주시면서 처가 댁에 거의 매일 방문

하게 되고, 특히 처의 오빠가 다음주 결혼을 하면서 처의 오빠 아내를 제가 무엇이라고 불러야 하나 하는 호칭이 다시 대두 되었습니다.

저의 부모님께서는 처남댁이라고 말하고 서로 존칭하면 된다고 하시고 처가 댁에서는 아주머님이고 호칭하고 존칭해야 한다고 하네요. 인터넷상에서도 설왕설래하며 자기가 맞았다고 우기고 옛 전통, 유학, 성리학, 근대, 표준화법, 국립연구원 질의답 등을 내세워 이렇다고 말하는데 그래도 우리나라 유교의 맥을 지켜오고 연구하신 성균관에서 말씀 하신 내용이 가장 근접하지 않을까 해서 질문 드립니다.

질문 1) 제가 상기 밑줄 친 부분에 대해 정확한 답변 부탁 드리겠습니다.
질문 2) 우리나라 족보와 호칭 등은 대체적으로 고려시대부터 시작되었다고 배웠는데 그 당시에도 아내의 오빠를 "형님"이라고 불렀는지 궁금합니다. 또한, 만약 그 당시에는 안 그랬다면 언제부터 아내의 오빠를 "형님"이라고 호칭하였는지 궁금합니다. (조선시대 초 중 후기? 근대? 현대?)

질문 3) 장조모님과 장인어른, 장모님은 우리나라 전통 원칙이 그런 것이고 모든 뼈대 있는 양반은 다 그런 것이라며, 어떻게 손위처남에서 보듯 "위"자가 들어갔으면 형님이고 항렬이 높은 것이 당연한 원칙인데 요즘 편하게 살고 전통을 모르는 사람들이 나이로만 따지려 든다고 저를 훈계하시더군요. 정말로 원칙이 처의 오빠가 저보다 어려도 "형님"이라고 말하는 게 원칙인데 현대에 와서 전통이 깨져서 그런 것인지요? 원칙이라면 어디에 근거가 있는지 궁금합니다.

◆答; 처가의 호칭.

부부(夫婦)는 10년(年)의 연차가 있으나 필적(匹敵)의 관계(關係)로서 시가(媤家)는 부군(夫君)의 년치(年齒)와 항렬(行列)을 따르고 처가(妻家)에서는 부인(婦人)의 년치와 항렬(行列)을 따르는 법(法)으로 남편의 형제(兄弟)는 형공(兄公), 숙(叔) 자매(姉妹)는 여공(女公) 여매(女妹). 처(妻)의 형제는 내형(內兄), 현내제(賢內弟). 처(妻)의 자매(姉妹)는 모두 출가한 자매(姉妹)는 이(姨)라 합니다.

●白虎通下嫁娶;男三十而娶女二十而嫁陽數奇陰數偶男長女幼者陽舒陰促男三十筋骨堅強任爲人父女二十肌膚克盛任爲人母合爲五十應大衍之數生萬物也○妻者何謂妻者齊也與夫齊體自天子下至庶人其義一也
●釋名釋親屬第十一;夫妻匹敵之義也
●宦鄕要則妻族稱呼;對妻服內之伯叔稱岳伯大人岳叔大人自稱愚姪壻○對妻服內之兄弟稱內兄賢內弟自稱妹夫姉夫○對妻服內之姪稱賢內姪自稱愚姑大
●常變要義居家雜儀夫之兄弟**姉**妹;爾雅夫之兄爲兄公夫之弟爲叔夫之**姉**爲女公夫之女弟爲女妹
●爾雅郭注釋親宗族妻黨;妻之**姉**妹同出爲姨註同出謂俱已嫁

▶272◀◆問; 처가에 대한 올바른 호칭은?

처의 아버지는 장인어른, 처의 어머니는 장모님, 처의 언니는 처형(처형의 남편은 동서), 처의 여동생은 처제(처제의 남편은 동서), 처의 남자형제는 처남(처의 남자형제 부인은 처남댁)이라 하고 있습니다. 이 때 저 보다 나이가 어리거나 비슷한 처남은 "처남" 이라 하여도 거북하지 않는데, 처의 오라비이면서 저 보다 나이가 많을 경우 어떻게 호칭해야 하는지요?

그리고 처의 여자 형제의 남편에 대해서도 저 보다 나이가 비슷하거나 어린 처제의 남편에 대해서는 동서라 불려도 거북하지 않는데, 저보다 나이가 많은 처형의 남편을 어떻게 호칭해야 하는지 궁금합니다. 좋은 가르침 부탁 드립니다.

◆答; 처가에 대한 올바른 호칭.

소위(所謂) 처남(妻男)에 관하여 이아(爾雅)에서는 내외종(內外從)과 아내의 형제(兄弟) 자매(姉妹)의 남편 모두 생(甥)이라 하였고, 실학파(實學派)이신 성호(星湖)선생께서는 부형(婦兄) 부제(婦弟)라 하였는데 현재 이와 같이 호칭되지는 않는 것 같으며 통칭(統稱) 처(妻)의 형제 모두를 아울러 처남(妻男)이라 이르는 것 같습니다. 다만 손위 처남에게는 경어를 붙여 "처남(妻男)께서 운운(云云) 세요. 또는 십시오"등등 나이 차이에 따라 존대(尊待)하고, 처(妻)의 자매(姉妹) 남편인 동서(同壻)에 대하여는 이하에서 논(論)한 적이 있으며 동서(同壻)는 서로의 호칭이라 하였으니 이역시 손위에 대하여는 경어를 붙여 대함으로서 호칭상 잘못은 없을 것 같습니다.

●爾雅姑之子爲甥舅之子爲甥妻之昆弟爲甥姉妹之夫爲甥
●星湖曰妻兄弟曰婦兄婦弟

▶273◀◆問; 처의 오빠에 대한 호칭 법.

제 아내에게 오빠가 한 분 있습니다. 나이는 저보다 어립니다. 이 때, 제가 아내의 오빠를 어떻게 호칭해야 하나요? 각 종 검색포탈 등 여러 가지 방법으로 서치를 하였으나, 어디서는 형님으로 불러야 한다고 하고, 어디서는 형님이라 부르면 안되고, 그냥 처남이라 불러야 한다고 하네요. 명쾌한 답변 부탁 합니다. 수고하세요.

◆答; 처의 오빠에 대한 호칭.

아래와 같이 살펴보건대 처는 나와 동등한 치순(齒順)으로 처(妻)의 손위는 나의 손위벌이 됩니다. 혹은 처가(妻家)는 무촌(無寸)이라 하기도 하나 부인을 위하여 나이가 연하라 하여도 마구대함은 피하여야 하겠지요. 다만 호칭은 속칭으로 부름이 무난할 것이며 사의절요(士儀節要)에서는 부형(婦兄)이라 하였으나 이는 유학적 호칭으로 참고 삼아 적어 보았습니다.

●士儀節要妻黨條云妻(註妻者齊也)○妻之昆弟(註婦兄婦弟)○妻之姉妹(註婦姉婦妹)

▶274◀◆問; 처제의 남편에 대한 호칭을 어떻게 하는지 궁금합니다.

일상적으로 처제에게는 '처제'라 호칭하고, 그 남편에 대해서는 O 서방 '이라고 부르는데 이것이 제대로 된 호칭인지 궁금합니다.

어릴 때 어른 들께서는 정확하게 호칭을 하셨는데, 요즈음 방송드라마에서 장인을 어머니라고 부르는 세상이다 보니 용어에 혼란이 오네요. 아시는 분이 계시면 좋은 가르침을 받고자 합니다.

◆答; 처제의 남편에 대한 호칭.

아래와 같이 살펴보건대 한 집 자매와 혼인한 남편들끼리의 호칭은 동문지서(同門之壻)를 약하여 동서(同壻)라 이르게 됩니다.

●釋名兩婚相謂曰亞言一人取姉一人取妹相亞次也又並來至女氏門姉夫在前妹夫在後亦相亞而相倚共成其禮也又曰友壻言相親友也
●釋親考兩壻相謂爲亞條郭氏曰詩云瑣瑣姻亞今江東人呼同門爲僚壻又丘氏曰前代謂之僚壻俗謂之連襟友書又漢嚴助傳爲友壻富人所辱師古曰友壻同門之壻

▶275◀◆問; 친구의 아내를 계수씨라 칭하는 것은?

친구의 아내를 계수씨라 칭하는 것은 옳은 호칭인지요? 친구와 막역하니 친구의 아내를 농조로 계수씨라고 하는 듯 한데 거의 관습화 된 것 같아서 정말 옳은 호칭인지 궁금합니다.

◆答; 친구의 아내를 계수씨라 하는 것은 속칭인 듯.

옛 시대는 내외(內外)가 엄격히 구별되던 시대라 지금과 같이 친구의 부인과도 스스럼없이 동석하던 시대가 아니라 그 호칭의 전거를 알지 못합니다. 백중숙계(伯仲叔季)에서 계(季)자는 아래에서의 쓰임으로 볼 때 막내란 의미입니다. 백중숙계(伯仲叔季)의 부인(婦人)에 대한 호칭은 전거로 고증할 수는 없으나 여러 형제(兄弟)일 때 아래와 같은 형제(兄弟) 호칭에 수(嫂)자를 붙여 호칭됨이 어떠하겠는지요.

添言;

부인이란 호칭은 아래와 같이 살펴보건대 천자(天子)나 제후(諸侯)의 아내를 이르던 호칭인데 이를 남의 아내 또는 결혼한 부녀를 이를 때 존칭으로 쓰이고 있으니 친구(親舊)의 부인(婦人) 역시(亦是) 부인(夫人)이라 호칭됨이 옳을 것 같습니다.

고증은 되지 않으나 여사(女史)라는 호칭 역시 결혼하였거나 사회적으로 명성이 높은 여자에 대한 경칭으로 쓰이고 있으니 이 역시 무난한 호칭이 아닐까 합니다.

●詩經陟岵章陟彼岵兮瞻望母兮母曰嗟予季行役
●釋親考下兄弟姉妹條伯兄仲兄叔弟季弟註兄曰伯氏弟曰仲氏
●曲禮天子有后有夫人有世婦有嬪有妻有妾註三夫人九嬪二十七世婦八十一御妻○又天子之妃曰后諸侯曰夫人大夫曰孺人士曰婦人庶人曰妻註鄭氏曰妃配也后之言後也夫之言扶孺之言屬婦之言服妻之言齊
●周禮考工記玉人條夫人以勞諸侯註鄭司農云夫人天子夫人夫人王后也記時諸侯僭稱王而夫人之號不別是以同王后於夫人也
●丘儀筓禮戒賓請書式註非親則夫人孺人隨所稱
●梅山曰拜非可施於卑幼者則兄祭弟拜之非禮也然則內外幷薦者當統尊於夫而行之曷可獨拜弟婦乎或謂祭弟則無拜弟婦之祭則有拜斯言如何均是合櫝而幷享則雖是弟婦之祭統尊之義則一也
●寒水齋曰喪祭禮有尊長坐哭之文以此推之則兄之祭弟也雖當奠獻而只宜立而不拜矣若弟與弟嫂合享則不可不拜未知如何若祭弟之妻則安得無拜

▶276◀◆問; 한자식 호칭이 알고 싶습니다.

한자의 호칭은 품위가 있어 보이고 유식해 보이기도 하여 사용하려고 노력을 합니다. 부모 형제의 칭호는 한글과 한자 모두 확실하여 사용에 불편이 없으나 여자의 칭호에 대해서는 의심이 가는 부분이 많아 예법에 대해 연구하시는 분들의 답을 알아 보고 싶어 글을 올립니다.

1. 누나 (姉), 여동생(妹)를 남자들이 여자들을 부를 때의 호칭은?
2. 누나 (姉), 여동생(妹)를 여자들이 여자들을 부를 때의 호칭은?
3. 오빠(兄), 남동생(弟)를 여자들이 남자들을 부를 때의 호칭은?
4. 시누이들이 손아래는 '올케' 손위는 형님이라 호칭을 하기도 하고 위, 아래 가리지 않고 '올케' 라고 하는 가정도 있는데 확실한 구분이 있는지요?

◆答; 한자식 호칭.

1.答; 자(姉), 여형(女兄). 매(妹). 여제(女弟).
2.答; 형(兄). 제(弟).
3.答; 형(兄). 제(弟).

4.答; 수(嫂). 부(婦).

●爾雅釋親宗族;男子先生爲兄後生爲弟男子謂女子先生爲姉後生爲妹○婚姻;夫之兄爲兄公夫之弟爲叔夫之姉爲女公夫之女弟爲女妹

●釋親考上男子先生爲兄後生爲弟(註)正字通兄者男女之通稱○女子謂兄之妻爲嫂弟之婦爲婦

▶277◀◆問; 현손과 고손은.

올바른 예절을 많은 이들에게 아르켜 주심에 대하여 존경의 마음이 절로 생깁니다.
문 1) 조부의 조부는 고조부이고 조부의 증조부는 현조(5 대조)가 맞는지요.
문 2) 손자의 손자는 고손. 손자의 증손자는 현손이 아닌지요.
많은 글에서 고손과 현손이 동의어로 사용되고 있어 여쭙게 되었습니다.

◆答; 현손과 고손.

문 1). 문 2). 答; 현조(玄祖)는 오대조의 별칭으로 일러 지고 있으며, 손자(孫子)의 손자는 고손(高孫)이라 더러 칭하기도 하나 고조(高祖)에 붙은 높다는 고(高)자를 후손에게는 붙이지 않고 현손(玄孫)이라 함이 옳습니다. 여기서 현조(玄祖)에 쓰인 현(玄)자는 멀다는 의미가 되고 현손(玄孫)의 현(玄)자는 현손(玄孫)이라는 의미가 됩니다. 따라서 현조(玄祖)와 현손(玄孫)에 쓰인 현(玄)자가 같은 의미가 아닙니다.

●莊子天地章故曰玄古之君天下無爲也(註)玄遠也
●韋誕皇后親蠶頌美休祚于億載豈百世之曾玄
●爾雅釋親曾孫之子爲玄孫
●法律第三號 刑法 第一編 法例 第一章 第六十二條 親屬이라稱홈은本宗과異姓의有服과袒免親을 謂홈이니左開와如홈이라二 朞親이니 衆子와女와長子妻와長孫과長曾孫과長玄孫
●冶谷曰吾家大宗之廟有百世不遷之位而主面題云顯玄祖考某官府君孝玄孫某奉祀盖玄祖之稱因俗襲謬而不知古無其稱也借使有之世俗旣以高祖之父爲玄祖也
●芝峯曰凡稱高祖者取其高大之義玄孫者取其玄遠之義故語曰有高祖而無高孫有玄孫而無玄祖今謂玄祖高孫者誤矣
●顯宗殯殿都監儀軌宗廟之禮祝萬年胡然降割而不少延神理茫茫孰問高玄祖載有期率普悲纏顧臣無似亦被陶甄畀塵法從復忝
●釋名疏證釋親屬條○親襯也言相隱襯也○屬續也恩相連續也○父甫也始生己也(註)甫有始誼○祖祚也祚物先也(註)太平御覽引無物字○曾祖從下推上祖位轉增益也○高祖高皐也最在上皐韜諸下也○玄孫玄縣也上縣於高祖最在下也

▶278◀◆問; 顯字의 뜻.

지방이나 축문에 顯字의 뜻이 무엇입니까?

◆答; 顯字의 뜻은.

아래와 같이 살펴보건대 지방이나 축문에 쓰인[顯]자는 "존속에 대한 존칭"입니다.

●書經康誥;惟乃丕顯考文王克明德愼罰
●辭源[顯]子孫尊先人之稱

▶279◀◆問; 형(兄)의 호칭.

'형'이란 호칭을 혈연관계가 없는 선후배간에 사용하는 예가 많은데 그 호칭에 대해 무리가 없는 것인지 궁금합니다.

◆答; 형(兄)의 호칭.

먼저 남에게 붙이는 경칭으로 김형(金兄). 이형 등, 또 학우적 경칭으로도 쓰임.

●書經康誥; 兄亦不念鞠子哀大不友于弟(孔傳)爲人兄亦不念稚子之可哀
●公羊傳隱公七年; 母弟稱弟母兄稱兄何休注母兄同母兄
●傳咸詩贈何召+力王濟; 吾兄旣鳳翔王子亦龍飛
●韓愈詩此日足可惜贈張籍; 下馬步堤岸上船拜吾兄○又詩奉和虢州劉給事使君咏序;劉兄自給事中出刺此州
●文苑英華九八八唐李翔祭韓吏部文; 異學魁橫兄常辯之
●南史漢叡傳; 此事大非兄不可

▶280◀◆問; 호주(戶主).

호주(戶主)란 무엇인가요.

◆答; 가장(家長)이란.

가주(家主)와 동칭(同稱)으로 그 집안의 주인(主人)으로 집안의 대소사(大小事)를 주관(主管)하여 처리(處理)하고 대외적(對外的)으로는 그 집안의 대표자(代表者)입니다.

●宋書孝義傳蔣恭;收恭及兄協付獄治罪(云云)協列協是戶主延制所由有罪之日關協而已求遣弟恭
●通典食貨志七開元二十五年戶令云;諸戶主皆以家長爲之
●金史食貨志一;戶主推其長充

▶281◀◆問; 호칭.

남편을 잃은 사람을 미망인이라 하듯 아내를 잃은 사람을 무엇이라 합니까? 또 자식을 잃은 사람을 무엇이라 합니까?

◆答; 호칭.

○환(鰥); 홀아비. ○과(寡); 과부. ○고(孤); 고아. ○독(獨); 독신 노인.

●經世遺表地官戶曹經田司條; (云云)今陳之流及流離丐乞鰥寡孤獨疲癃殘疾(云云)

▶282◀◆問; 호칭.

딸의 자식은 외손 또는 외손녀라 하는데 손녀나 증손녀의 자녀는 무엇이라 합니까?

◆答; 외손의 호칭.

아래와 같이 살펴보건대 외외손(外外孫) 이란 호칭은 있으나 누구를 의미하는지의 주소문(註疏文)이 없으니 누구의 호칭인지의 여부(與否)를 가려 확인(確認)할 수는 없으나, 만약 여식의 아이들을 외손이라 일렀다면, 이를 연상하여 혹 외외손(外外孫)이란 손녀(孫女)의 외손(外孫)을 칭하기 위하여 외(外) 겹쳐 외외손(外外孫)이라 하지 않았을까 하는 추측이 무리가 아니라면, 증손녀(曾孫女)의 외손은 외외외손(外外外孫)이다. 라 할 수 있을 것입니다.

●日省錄正祖十九年乙卯閏二月十九日辛丑;山下居權近行卽先祖之外外孫而有壓葬二冢直破腦頭唇前二冢
●日省錄純祖二十七年丁亥十月四日丙子;昨年春義城居金養喆以其外外家奴良産太京外外孫無端來侵而渠非太京外外孫則豈非幻弄之文記而作此非理壓良之擧乎設或眞箇爲太京之外外孫良妻所生則今於二百年後欲爲壓良者已極無嚴千里裹足爲母訟冤伏乞俾伸至冤云遠外事情有難的知請令本道詳査狀達後稟處

▶283◀◆問; 호칭.

問: 나이 많은 무복(無服)의 먼 일가가 나보고 대부(大父)라 하는데 나는 그를 어떻게 불러야 하나요.

◆答; 호칭.

대부(大父)란 유복친외(有服親外) 무복(無服)의 조항(祖行)이 되니, 그는 또 나의 무복의 손항(孫行)이 되어 족손(族孫)으로 칭함이 옳을 것입니다.

●詩經周南麟之趾章麟之角振振公族于嗟麟兮傳曰公族公同祖也
●辭源[族孫]同族兄弟的孫子
●茶山集祭文祭族父刑曹判書文維年月日族孫學稼謹具薄奠敢昭告于族大夫故刑曹判書(云云)

▶284◀◆問; 호칭과 배례에 대하여?

흔히 장인이 사위에게 이름을 부르는 것과 정서방하고 부르는 것 중 합당한 말을 알고 싶습니다. 형제나 손아래 사람의 장례식에 절을 해야 하는지를 알고 싶습니다. 하도 말을 함부로 하는 세상이라 곤혹스럽습니다.

◆答; 호칭과 배례.

유가식(儒家式) 사위 호칭은 아래와 같이 살펴보건대 여러 가지로 호칭됨을 알 수가 있습니다. 그러나 우리 식으로 이름이나 모 서방 중 택일하라면 이름을 부르는 것 보다 성(姓) 뒤에 서방(書房)을 붙여 모 서방(某書房)이라 부름이 국어적(國語的)으로도 합당(合當)하겠지요. 제(弟) 이하 자에게는 절을 하지 않습니다.

●簡式類編翁壻條同床(註或館生己之婿) 玉潤(註或令婿人之婿) 嬌客(註新婿)
●釋親考翁偦妐娌壻條女壻 半子子壻倩尚賓長婿贅壻贅子入贅同牀賢坦英坦玉潤好婿快婿佳婿嘉婿
●孟康曰亡女壻曰丘壻丘空也
●沙溪曰卑幼喪不拜
●梅山曰兄揖弟墓
●朱子曰夫祭妻亦當拜

▶285◀◆問; 호칭 관련 문의 드립니다.

호칭 관련하여 의견들이 분분해서 근거 있고 공신력 있는 답변을 얻고자 문의 드립니다. 바쁘시겠지만, 귀한 시간 내주시어 답변해 주시면 대단히 감사 드리겠습니다. 처남, 매부 간의 호칭과 상호간 말투에 대해서 문의 드리고자 합니다. 아내의 오빠건 동생이건, [처남]이라 호칭하고 구분을 하기 위해서 경우에 따라. 오빠는 [큰처남], 동생이나 둘째 오빠는 [작은(둘째) 처남]이라 호칭하는 것으로 알고 있습니다. 다만, 요즘 추세는 아내의 오빠의 경우는 대개 나이가 위인 경우가 많아서 [형님]으로 호칭하는 것도 보편화된 것으로 알고 있습니다.

문제는 제 아내의 오빠가 저보다 나이가 어리다는 것인데요. 저희 집안에서의 예절도 그러하고(실제 저희 집안에서 이런 경우도 있었고 사례가 있기 전부터도) 기존에 제가 알던 보편적인 예절 상식에서도, 손위처남(아내의 오빠)가 나이가 어릴 경우에는 [형님]이 될 수가 없기 때문에 그냥 [큰처남]이라고 부르고 상호 존대하는 것으로 알고 있었습니다. 그런데도 장인은 [손위 처남]한테는 무조건 [형님]이라 부르고 말투도 [하세요, 했어요 등등]으로 존대해야 하고, 손위 처남은 저에게 [O 서방]이라 부르고 말투도 [했나, 해] 식으로 하대해야 한다고 합니다. 그래서 [국립

국어원]이나 (대학교가 아닌)[성균관]에 올려진 자료나 기존 문의사항을 살펴 보니, 제가 기존에 알고 있던 사항이 맞고 오히려 전통윤리에서는 [장인, 장모]를 제외하고는 처가와의 서열은 사회적 사귐, 즉, 나이 순으로 정하지만 연배가 크지 않으면 친구처럼 지냈다 라고 하더군요. 다시 말해서 원래는 제가 위 사람으로 대우받고 말도 하대할 수 있지만, 연배가 크지 않으면 서로 친구처럼 편하게 지내는 아량을 베푸는 것으로 되어 있더군요. 그런데 처가에 이런 말을 하기에 앞서서 주변의 어른들이나 동년배들에게 얘기를 해봤는데, 의외로 저희 장인처럼 알고 그렇게 행하고 있는 분들이 많더군요.

[국립국어원], [성균관] 외에 이런 전통예절을 문의드릴 수 있는 공신력 있는 기관이나 학자 분들을 찾기 힘들다는 것을 느끼면서 찾다, 찾다 이 사이트를 방문해서 좋은 답변을 얻을 수 있을 것 같아 문의 드립니다. 저보다 나이 어린 [아내의 오빠(손위처남)]을 [형님]이라 부르는 것이 맞습니까? 또한 [아내의 오빠]는 저를 [O서방]이라고 부르는 것이 맞는 건가요? 제가 알기로 [O서방 - 장인장모만이 부르는 호칭], [매제 - 弟라는 것이 동생의 의미이므로]하는 것은 나이가 어린 사람한테 하대하듯이 부르는 것이고 나이가 위이면 [매부 - 누이동생의 지아비]라고 존대해줘야 한다고 알고 있는데요. 그리고 말투는 서로 존대하거나 (친구처럼) 친해지면 서로 말을 놓는 것이 아니라. 무조건 [아내의 오빠]가 윗사람으로써 하대하고, 저는 아래 사람으로써 존대해야 하는 것인가요? 추가로 옛 어른들이 하시던 말씀 중에[배속 할아버지는 있어도 나이 어린 형님은 없다], [처가 집 족보(서열)는 개 족 보(서열)이다.]라는 말은 속어로써 만들어진 말인가요? 바쁘시겠지만 귀한 시간 내어주셔서 답변 주시면 대단히 감사 드리겠습니다.

◆答; 호칭 관련.

여자가 출가를 하면 남편의 항렬과 나이를 따르고 남자가 장가를 들면 처족에게는 부인의 항렬과 나이를 따르게 됩니다.

예를 들어 형제의 아내들 중 아우의 아내가 아무리 나이가 형의 아내보다 많다 하여도 자기 남편이 형수라 할 터이니 자기도 형님의 대우를 함이 마땅할 것이며 남자가 장가를 들어 처가가 생기면 처족에게는 처의 항렬과 나이를 따르게 됩니다.

유서(儒書) 어디에서도 처의 오빠가 자신보다 나이가 적을 때 호칭 법을 논한 곳을 아직 접하지 못하였으며, 또 남편의 형수가 남편보다 나이가 아무리 적다 하여도 형수 이외 달리의 호칭이 없습니다. 따라서 처가의 호칭 역시 처의 오빠가 아무리 자신보다 나이가 적다 하여도 본 족과 같은 치순(齒順) 운운할 수가 없습니다.

아래 환향요칙(宦鄕要則) 처족칭호에서 처의 형의 칭호는 내형(內兄)이라 하였을 뿐입니다. 여기서 이해되어야 할 것은 시가(媤家)나 처가는 자기 본가와 같이 자기 나이가 중요한 것이 아니라 자기 나이를 무시하고 남편이나 처의 나이를 따르게 되는 것입니다. 그러나 현 세대들의 관행은 알지를 못하여 운운할 수가 없습니다.

●宦鄕要則妻族稱呼; 對妻服內之兄弟稱內兄賢內弟自稱愚妹夫愚姉夫

▶286◀◆問; 호칭에 대한 질의입니다.

제가 알기로는 김형 이형 하고 부를 수 있는 경우는 나이가 5 살 이상 많은 사람이 손아래의 사람을 존중하여 부르는 것이라고 알고 있는데 확실하게 알고 싶습니다.

◆答; 호칭에 대하여.

아래와 같이 살펴보건대 나이나 신분(身分)이 같거나 비슷한 남자들 사이에서 상호간에 호칭되는 경칭입니다.

●文章大成與孟尙書書篇前書所以置不復論而辱吾兄眷厚必欲誘之盡言故不敢自閟而試一暴焉

▶287◀◆問; 호칭에 대한 문의.

안녕하세요. 호칭에 대하여 문의 하고자 합니다. 저희 아버지께서는 5 형제 중 넷째 입니다. 즉 아버님 위로 세분의 형님들이 계시는 것이지요.

그런데 저희들은 어릴 때부터 큰아버님(백부님)만 큰아버지라 불렀고, 둘째 셋째 분들은 지금도 작은 아버지(작은엄마)라고 불러오고 있습니다. 예로) 부산 작은 아버지, 사과 밭 작은아버지 라고 부르고 있습니다. 왜냐하면 집안에서 제일 큰 어른은 큰아버님 혼자라는 것 때문이지요. (왕이 한 분만 있듯이) 그래서 큰아버지를 제외한 다른 분들은 자연히 작은 아버지라는 호칭으로 사용합니다. 어떻게 불러야 하는 것이 정확한 호칭인지 알고 싶습니다.

또한 그러다 보니 저는 삼형제 중 둘째 입니다. 형님의 아이들 즉 조카들은 저를 작은 아버지라고 부르는 것은 당연합니다. 그런데 동생의 아이들은 저를 어떻게 부르라고 교육을 시켜야 하는지요? 조카들이 헷갈려 하고 저도 헷갈리고 그렇습니다. 일부 시 중책이나 자료에는 삼형제 분을 기준으로 설명하고 있는 것 같아 어떻게 적용해야 될지 모르겠네요. (자꾸 집안의 가장은 한 사람이라는 생각이 되어, 하늘에 태양이 둘이 없듯, 나라에는 임금님이 한 분밖에 없듯이) 정확한 답변 알려 주시면 즉시 그대로 실시하도록 하겠습니다. 감사합니다.

◆答; 호칭에 대한 문의.

아래와 같이 살펴보건대 석명설(釋名說)로는 오형제일 때 둘째 자녀의 호칭으로 백중숙계(伯仲叔季)라 칭하는데 이를 우리말로 붙여보면,

◆伯父; 큰아버지,
◆仲父; 둘째아버지,
◆叔父; 작은아버지,
◆季父; 막내아버지라. 호칭돼야 옳지 않을까 합니다.

아무리 살펴보아도 부(父)의 형제 수와 자기의 서열(序列)에 따른 세분(細分)하여 명문화(明文化)된 전거(典據)는 찾아지지 않습니다. 따라서 이 호칭에서 부(父)의 형제 수와 자기의 서열(序列)에 적합하게 응용하여 호칭하면 어떨까 합니다.

●爾雅郭注釋親宗族條父之晜弟先生爲世父後生爲叔父註世有爲嫡者嗣世統故也
●釋名釋親篇父之兄曰世父言爲嫡統繼世也又曰伯父伯把也把持家政也○父之弟曰仲父仲中也位在中也○仲父之弟曰叔父叔少也○叔之弟曰季父季癸也甲乙之次癸最在下季亦然也
●郭氏曰世有爲嫡者嗣世統故也今江東人通言晜
●邢氏曰叔說說文作尗許愼曰從上小言尊行之小也
●程子曰伯叔父之兄弟伯是長叔是小今人乃呼伯父叔父爲伯叔大無義理
●黃氏曰叔伯云者猶今人謂三月爲孟仲季也呼春者必須曰孟春仲春季春未有舍春字而但言孟仲季也古人以爲父之兄弟皆吾父也而有少長之分故呼父之兄則曰伯父呼父之弟則曰叔父猶曰大父小父也今人呼叔伯而去父字則全無義理矣
●丘氏曰謂伯父爲世父蓋以爲嫡者嗣世統也宗子居長者稱世若非嫡通以伯稱

▶288◀◆問; 호칭?

사회 생활을 함에 있어서 나이 33세 되는 이가 51세 되는 연장자에게 '아제'라는 호칭을 부르는 어법이 격식에 맞는지요? 그리고 30세 되는 이가 '형님'이라고 부르는 호칭 또한 사리와 법도에 맞는지요? 상호간에 올바른 호칭 관계에 대하여 좋은 지도 편달이 되어 주십시오. 그럼 수고하시고요 행복한 나날이 되십시오.

◆答; 호칭.

아래와 같이 살펴보건대 자기보다 20세 이상이면 존자(尊者)라 이른다 하니 33세자와 51세자는 18여세 상위자로 기십세이상재형행자(己十歲以上在兄行者)라 하였으니 형(兄)의 예로 대함이 옳을 것 같습니다.

●童子禮居鄉雜儀篇尊者條謂長於己二十歲以上者父執友及無服親在父行者及異爵者皆是○長者條謂長於己十歲以上在兄行者○敵者條謂年上下不滿十歲者長於己謂稍長少於己謂稍少○少者條謂少於己十歲以下者○幼者條謂少於己二十歲以下者

▶289◀◆問; 호칭문제가 궁금합니다.

안녕하세요. 제가 궁금한 게 있어서 질문 올립니다. 아들이 4 명이 있는데 조카가 제일 큰아버지에게 큰 아버지라고 부르고, 셋째 아들의 자식이 둘째 아버지(중부) 호칭 할 때도 큰아버지라고 부르는지 아니면 택호를 불러 예를 들어 경산 큰아버지라고 하는지 아니면 작은 아버지라고 하는지 명확하지 않아서 질문합니다.

◆答; 호칭문제.

아래와 같이 살펴보건대 제 1 부는 세부(世父) 혹은 백부(伯父)라 하고 제 2 부는 중부(仲父)라 하고 제 3 부는 숙부라 하고 제 4 부는 계부(季父)라 하는 것 같습니다.

●釋名釋親屬篇父之兄曰世父言爲嫡統繼世也又曰伯父伯把也把持家政也○父之弟曰仲父仲中也位在中也○仲父之弟曰叔父叔少也○叔父之弟曰季父季癸也甲乙之次癸最在下季亦然也

▶290◀◆問; 호칭에 관하여.

동서(同婿)라는 단어가 있는데 '동시'라고도 쓰더라구요. 방언인지 아님 같은 뜻을 가진 단어인지 궁금합니다.

◆答; 호칭.

형제(兄弟)의 아내끼리나 자매(姉妹)의 남편끼리 서로 일컫는 호칭인 동서(同壻)는 아래와 같이 살펴보건대 아(亞)(婭)서(壻)라고 하는데 그 외의 "동세"라는 방언(方言)도 있으며 "동시" 역시 어느 지방에서 호칭되고 있다면 방언이 되겠지요.

●書經小雅瑣瑣姻亞則無膴仕註瑣瑣姻亞而必皆膴仕則小人進矣
●唐書李傑傳內恃玄宗婭壻與所親

▶291◀◆問; 호칭에 관한 문의.

선비님들 안녕하세요? 저는 사돈 되실 분과 나이 차이가 20 여 년 차이가 납니다. 사돈님이라고 불러야 되는지? 아니면 다른 좋은 호칭이 있는지? 궁금하오니 가르쳐 주시기 부탁 드립니다.

◆答; 친사돈지간(親査頓之間) 호칭.

동종간(同宗間)에 동항(同行)의 손위가 되면 나이에 관계없이 님의 존칭으로 족한 것이나 인척(姻戚)인 친사돈지간(親査頓之間)은 일방이 아무리 나이가 많다 하여도 나이 적은 상대 친사돈(親査頓)에게 동종간 아우 대하듯 하대를 할 수 없고 또 아무리 나이가 적어도 나이 많은 상대 친사돈(親査頓)에게 한 대 위인 장(丈) 대접(待接)은 할 수 없는 것임. 고로 친사돈지간(親査頓之間)에서는 동종간(同宗間)에서의 나이 차이(差異)로 인한 형제지간(兄弟之間)의 예(禮)로 대할 수 없는 것입니다.

또 친사돈지간(親査頓之間)도 부부(夫婦)가 나이에 관계 없이 동등(同等)함과 같은 것이며 또 나이에 관계(關係)없이 부부(夫婦)와 같이 서로 맞절을 하여야 하는 것입니다. 그리고 장(丈)의 대우자(待遇者)에게는 절을 하여야 하는 것이니 친사돈지간(親査頓之間)에는 아무리 나이가 많아도 앉아 절을 받아서는 아니 되는 까닭에 장(丈)의 대우를 할 수 없는 것입니다. 특히 서(壻)와 부지부모지간(婦之父母之間)을 아래와 같이 살펴보건대 부지부모(婦之父母)는 부모(父母) 자식간(子息間)의 예(禮)로 서(壻)를 대함이 아니고 객(客)의 예로서 대하는 것입니다.

●家禮昏禮親迎明日壻往婦之父母條婦父迎送揖讓如客禮拜卽跪而扶之入見婦母婦母闔門左扇立於門內壻拜於門外

고로 나이에 관계없이 친사돈지간(親査頓之間)은 양 가문(兩家門)의 대표(代表)격(格)으로 동등(同等)한 지위(地位)인 것입니다.

▶292◀◆問; 호칭에 대하여.

남편이 죽으면 부인은 미망인 이라 하는데. 상처(喪妻)한 남편은 뭐라고 하는지요. 그리고 상주(喪主)와 제주(祭主)는 누가되는지요? 남편 죽으면 누가 상주(喪主)와 제주(祭主)가 되는지요.

◆答; 상처한 홀아비의 유가적 호칭.

홀아비; 환(鰥)이라 합니다.

●經世遺表地官戶曹經田司條; (云云)今陳之流及流離丐乞鰥寡孤獨疲癃殘疾(云云)

▶293◀◆問; 호칭 문제에 대한 질의.

안녕하십니까? 다름이 아니라 종친간의 호칭 문제에 대하여 질의하오니 의견 주시면 고맙겠습니다. 첫째: 종친간 아래와 같은 경우 어떤 호칭이 좋을까요.

(1)항렬상 할아버지 항렬의 경우 와 그 이상의 항렬인 경우.
◆예: 할아버지의 항렬 (나이: 80 세 나는 60 세) 나는 할아버지 항렬 분에게 00 대부님 할아버지 항렬 분이 나에게는 00 씨 또는 0 0 족손.
◆예: 할아버지 항렬(나이 40 세 나는 60 세)나는 할아버지 항렬 분에게 00 대부 할아버지 항렬은 나에게 00 씨 상기 예에서 서로의 호칭은 어떤 것이 적절 혹은 정도인지 알려주시면 고맙겠습니다.

◆答; 호칭 문제.

아래와 같이 살펴보건대 유복친(有服親) 밖의 조항(祖行)의 대부(大父)(사기(史記))에서 이대부부오세(以大父父五世)의 글귀가 기억(記憶)나 확인(確認)하려 하였으나 실패(失敗)나 손항(孫行)의 족손(族孫) 칭호(稱號)에 관하여 살펴보았으나 그 전거(典據)가 확인(確認)되지 않습니다.

그러나 무복친(無服親)의 조항(祖行)은 대부(大父), 손항(孫行)은 족손(族孫)으로 통용(通用)되는 호칭(呼稱)으로서 대부(大父)는 조항(祖行)이니 연상연하(年上年下) 구별(區別) 없이 님 자를 공히 붙여 호칭하고 족손(族孫)의 호칭에서는 연상이면 님 자를 붙임이 품위를 높이는 호칭이 아닐까 합니다.

●士儀親親篇第一宗族條○五世從伯祖從叔祖(註類編五世祖之兄弟)○五世再從伯叔祖(類編五世祖之從兄弟餘皆倣此)○十世再從伯祖九世三從伯祖(註唐王方慶言十世再從伯祖義之九世三從伯祖獻之)○遠世族祖(按柳奭與柳子厚五世祖偕爲從父兄弟於子厚爲遠世族祖而韓文公爲子厚墓誌直稱伯曾祖奭)

●爾雅釋親第四宗族篇○玄孫之子爲來孫(註言有往來之親)○來孫之子爲昆孫(註昆後也汲冢竹書曰不窋之昆孫)○昆孫之子爲仍孫(註仍亦重也)○仍孫之子爲雲孫(註言輕遠如浮雲)

●士儀親親篇第一宗族條○從父兄弟之孫(註從姪孫)○兄弟之曾孫(註曾姪孫)

●大傳同姓從宗合族屬註同姓父族也從宗從大宗小宗也合聚其族之親屬則無離散陵犯之事

▶294◀◆問; 호칭 법에 대하여.

다름이 아니 오라, 형제자매가 여럿일 경우 그 자녀들이 이들에 대한 호칭에 대하여 궁금하여 문의 드립니다. 예를 들어 아버지의 형제 중 그 집안의 가장 맏아들은 그 형제들의 자녀가 호칭할 때 "백부" 막내아들은 "계부" 그리고 하고 맏아들과 막내의 중간 형제들은 "중부" 또는 "숙부"라고 호칭하는 걸로 알고 있는데, 맞는가요? 그리고, 이걸 우리말로 풀자면 그 집안의 가장 맏아들은 그 형제의 자녀들이 호칭할 때 "큰아버지", 그 밑으로는 "둘째아버지","셋째 아버지" 막내는 "작은 아버지"라고 호칭하면 된다고 알고 있는데, 이것도 어떤가요? 부모 형제에 대한 호칭에 있어 우리 전통에 맞는 호칭 방법이 무엇인지, 그 근거는 무엇인지 등에 대하여 자세히 알고 싶습니다.

◆答; 부친 형제의 호칭 법.

◆伯父; 큰아버지 ◆仲父; 둘째아버지 ◆叔父; 작은아버지 ◆季父; 막내아버지라. 호칭하게 됩니다.

●釋名釋親篇父之兄曰世父言爲嫡續繼世也又曰伯父伯把也把持家政也○父之弟曰仲父仲中也位在中也○仲父之弟曰叔父叔少也○叔之弟曰季父季癸也甲乙之次癸最在下季亦然也

▶295◀◆問; 호칭에 관한 문의 드립니다.

안녕하세요! 궁금한 것이 있어 여쭈어 봅니다. 저에게 조카(형의 아들)가 2 명이 있는데 보통 삼촌이라고 애들이 부르는데 아버님께서는 숙부라고 부르는 것이 맞는다고 합니다. 그런데 어제 장인어른에게 들은 바로는 남한테 말할 때는 숙부라고 하는 게 맞고 조카가 나에게 직접 부를 때는 작은 아버지라고 부르는 게 맞는다고 하는 데에는 것이 맞나요? 헷갈리네요. 그리고 처남댁을 부르는 호칭이 없다고 하는데 정말 없나요?

◆答; 호칭.

삼촌이란 세 마디째인 백중숙계부(伯仲叔季父)의 통칭이나 혹 숙부(叔父)를 삼촌(三寸)이라 호칭(呼稱)되는 경우(境遇)는 있으며 유가(儒家)적(的) 칭호(稱號)는 숙부(叔父)이며 순 우리말 칭호(稱號)는 작은 아버지가 됩니다. 속간(俗間)에서의 칭호(속칭)인 "처남(妻男)의 댁(宅)"은 유가적(儒家的)칭호(稱號)는 인권수(姻眷嫂)라 합니다.

●釋名釋親屬篇父之兄曰世父又曰伯父父之弟曰仲父仲父之弟曰叔父叔父之弟曰季父
●宦鄕要則妻族稱號條對妻服之內兄弟之妻稱姻眷嫂自稱姻侍生或稱夫姊丈夫妹丈此是俗稱

▶296◀◆問; 호칭에 대해 다시 한번 문의 드립니다.

종중 모임에 참석해보면 호칭이 어렵습니다. 많은 가르침 부탁 드립니다.

1. 항렬이 높으나 나이차이가 많이 나는 아래 대의 항렬에 대해 어떻게 부르는지? 00 아재 또는 00 어른이라고 하는데 옳은지?

2. 8 촌 이상의 아버지 항렬에 대해: 나이도 많고 높은 항렬에 대해서는? 나이가 적으면서 높은 항렬은?

3. 8 촌 이상의 할아버지 항렬에 대해: 나이도 많고 높은 항렬에 대해서는? 나이가 적으면서 높은 항렬은?

4. 8 촌 이상의 증조부 항렬에 대해: 나이도 많고 높은 항렬에 대해서는? 나이가 적으면서 높은 항렬은?

5. 8 촌 이상의 고조부 항렬에 대해: 나이도 많고 높은 항렬에 대해서는? 나이가 적으면서 높은 항렬은?

◆答; 호칭에 대해 다시 한번 문의 드립니다.

유복친(有服親)의 호칭은 전거(典據)로서 입증(立證)이 되나 유복친(有服親) 밖은 혹은 9촌 되는 숙항(叔行)은 삼당숙(三堂叔) 10촌(寸) 형제(兄弟)는 사종형제(四從兄弟) 등등으로 전거는 보이나 그 외는 전거로서 입증(立證)되지 않습니다. 이는 지역에 따라 가문에 따라 그에 대한 호칭이 다르다는 의미일 수도 있습니다. 까닭에 아래의 답 문 역시 그 호칭의 일부일 수도 있을 것입니다. 전거로서 분명한 답문이 오르기를 기대하였으나 게시됨이 없어 참고용으로 올려놓습니다.

問1. 答; (연상인 姪行의 호칭은?) 유복친 밖의 자항(子行)은 족질(族姪). 좌중에서 이르게 될 때 유복친은 아니나 항렬이 분명할 때는 택호에 호칭을 붙여 천안 조카님 등이 어떠할는지요,

問2. 答; 유복친 밖의 부항(父行)은 족숙(族叔).

問3. 答; 유복친 밖의 조항(祖行) 대부(大父).

問4. 答; 유복친 밖의 증항(曾行)은 증대부(曾大父).

問5. 答 유복친 밖의 고항(高行)은 고대부(高大父).

그 밖의 위 항렬(行列)은 족장(族丈).

▶297◀◆問; 호칭을 어떻게 해야 하는지요.

생존해 있는 사돈의 부모님과 숙부모님 들에 대한 호칭이 어떠해야 하는지요?

◆答; 호칭은 이렇게.

시중에 나도는 호칭 류형을 아시고자 함은 아닐 것이라 짐작 됩니다. 따라서 아래와 같은 말씀으로 미루어 보아 사가와 측간은 멀수록 좋다는 말씀과 같이 멀어야 하니 그 호칭 역시 친척과 같이 인척(査家)간에는 발달되어 있지 않은 것 같습니다. 다만 인척(姻戚) 중 사가는 우리의 호칭에 사(査)자를 붙여 친사돈(親査頓) 사이에 겸칭(謙稱)으로 자기를 일러 사제(査弟) 사돈(査頓)의 부인에게는 사부인(査夫人) 어른에게는 사장(査丈)어른 등등으로 호칭되고 있는 것 같습니다.

●百諺解查家與廁愈遠愈好

▶298◀◆問; 호칭을 제대로 알고 싶습니다.

저는 4남 1녀 집안의 막내 아들 이고 자식이 둘 있습니다 그런데 제 위에 두분 형님이 아직 결혼 전 입니다 제 아들이 형님 두 분께 어떤 호칭으로 불러야 하는

지 좀 알려 주시면 고맙겠습니다.

◆答; 백부(伯父) 중부(仲父).

형제가 4명이면 백중숙계(伯仲叔季)로 분류가 되는데 셋째의 아들이 위 두 형의 호칭은 백부(伯父) 중부(仲父)로 호칭 됩니다.

●要義伯仲叔季條按兄弟止四人則依次稱之而多至七八則夏殷積仲伯季以外皆稱仲周積叔伯季以外皆稱叔如蔡叔霍叔是也

▶299◀◆問; 호칭.

안녕하세요? 초암 선생님의 해박한 지식과 친절한 답변에 늘 감사 드립니다. 상식적인 것이라 생각했던 것들이 잘못된 지식으로 와전된 것들이 많음을 주위에서 가끔 듣고 보고 있습니다. 본인이 자기의 호를 말하면서 "00(자신의 호)입니다. 다름이 아니라."라고 전화를 걸어오는 사람이 있는데 맞는지요?

◆答; 호칭.

호(號)는 명자외(名字外) 명칭(名稱)인데, 호(號)는 자칭(自稱)은 불가(不可)하고 타칭(他稱)이란 명문(名文)은 알지를 못합니다.

지난날에는 학문이나 서신(書信) 등 교류에 이름 보다는 자(字)나 호(號)를 사용하는 것을 예(禮)를 갖추는 것으로 인식(認識)하고 있었습니다. 그 까닭은 이름이 불리어 지는 것을 꺼려하였기 때문입니다. 요즘도 그와 같이 호(號)로 통성명(通姓名)이 된다면 그와 같은 사상(思想)에 의함이 아닌가 하며, 호(號)로 통성명이 된다. 하여 예(禮)에 크게 어그러진다 할 수는 없을 것 같습니다.

●陶潛五柳先生傳;宅邊有五柳樹因以爲號焉
●周禮春官大祝;辨六號(注)號謂尊其名更爲美稱焉
●歐陽脩醉翁亭記;太守與客來飮於此飮少輒醉而年又最高故自號曰醉翁也
●家禮儀節序;成化甲午春二月甲子瓊山丘濬序
●宙衡序;崇禎三丙午後學杞溪兪彦鎬序

▶300◀◆問; 호칭.

저희 할아버지 가족은 3 남 2 녀입니다. 그 중에서 저희 아버지께서는 차남이십니다. 그리고 저희 작은 아버지께서는 막내이십니다. 그런데 작은아버지께서 아들 2 명을 낳았는데 근데 사촌동생 2 명이 저희 큰아버지께는 큰아버지라고 존칭을 올리는데 저희 아버지께는 작은아버지라는 조금 기분 나쁜 존칭을 씁니다. 저희 外가에서는 차남에게도 큰아버지라고 존칭을 올려야 한다고, 또 親가 쪽에서는 작은아버지라는 존칭이 맞는다고 합니다. 그 사이에서 저희 부모님은 호칭이 여러 번 바뀌어 이 글을 씁니다. 질문이 무엇이냐 면 저희 부모님께 사촌동생들이 뭐라고 불러야 할지 궁금합니다.

◆答; 부친 형제에 대한 호칭.

아버지 형제가 4인이면 백중숙계(伯仲叔季)로 호칭 되는데 3인 중 막내의 아들의 호칭에서 맏이 아버지는 백부(伯父)님. 중간은 중부(仲父)님으로 호칭하심이 바른 호칭 법입니다.

●要義伯仲叔季條按兄弟止四人則依次稱之而多至七八則夏殷積仲伯季以外皆稱仲周積叔伯季以外皆稱叔如蔡叔霍叔是也

▶301◀◆問; 호칭 문의 입니다.

내가 남자인데, 여자 종형제(從兄弟)의 딸은 뭐라고 부르나요? 종생질이 맞는지 궁금합니다. 아니면 그냥 종질이라고 해도 될까요? 여자 종형제의 남편인 경우에는 뭐라고 부르나요? 종자형이라고 부르면 되는지 궁금합니다. 감사 드립니다.

◆答; 호칭 문의.

유가의 호칭은 유복친은 분명하나 유복친 외는 호칭이 거의 없는 것 같습니다. 따라서 종자매의 여식은 무복(無服) 간(間)이 되어 명시된 호칭은 찾아지지 않으나 자매의 여식은 생질녀(甥姪女)라 하니 종자매(4 촌자매)의 여식은 종(從)을 따 붙여 종생질녀라 칭함이 사리에 옳을 것 같으며, 종자매의 남편 역시 속칭으로 대개 4 촌매형 4 촌매제라 칭하는 듯 하니 이 역시 친자매의 남편 호칭에 종자매(從姊妹)에서 종(從)을 따 붙임이 옳을 것 같습니다.

●丘氏曰兄之子弟之子相謂爲從父晜弟今稱從兄從弟俗云堂兄堂弟
●會典堂兄弟謂同祖伯叔兄弟其子卽堂姪其女堂姪女其孫堂姪孫
●儀禮甥者何也謂吾舅者吾謂之甥漢鄭氏曰牲姉妹之子
●郭氏曰族昆弟之子同姓之親無服屬
●丘氏曰謂從高祖而別者五世之外雖無服比諸同姓猶親

▶302◀◆問; 호칭문의입니다.

첫 번째 질문입니다. 여자고, 남동생이 두 명, 여동생이 두 명 있습니다. 저의 아이가 저의 남동생을 부를 때, 큰 외숙부, 작은 외숙부라고 하면 되나요? 저의 여동생을 부를 때, 큰이모, 작은이모라고 하면 되나요? '큰' 의 의미가 첫째라는 의미, 혹은 나보다 나이가 많다는 의미를 가지고 있어서 제 동생들이 큰이모, 큰 외숙부가 될 수 있는지 궁금합니다. 음, 이모 중에 첫째, 외숙부 중에 첫째라고 생각한다면 어떨까요?

두 번째 질문입니다. 친 조카만 조카인가요? 종질도 조카인가요? 형제자매에게는 아직 아이가 없고, 종형제에게는 아이가 있다면 나에게는 조카가 없다고 이야기할 수 있는 건가요? 감사 드립니다.

◆答; 호칭문의에 답변.

첫 번째 질문. 答; 속칭(屬稱)은 이미 잘 알고 계실 터이니 재언(再言)을 피하고 다만 유가(儒家)의 호칭으로 나의 친정(親庭) 형제를 대구(大舅) 소구(小舅)로 이르니 이를 우리말로 풀면 큰 외숙부 작은 외숙부로 해석되어도 무리는 없을 것입니다. 따라서 자매 역시 큰이모 작은이모로 호칭한다 하여도 예에 어긋나지는 않을 것 같습니다.

두 번째 질문. 答; 조카(姪)라는 호칭은 당초는 여자가 그 형제간의 자식을 일컫던 호칭인데 진대(晉代) 이후에 남자가 그 형제의 자식도 일컫게 되었다 합니다. 따라서 단순히 조카(姪)라 하면 형제의 자식을 의미하게 되고 종형제(從兄弟)나 재종형제(再從兄弟)의 자식들은 종질(從姪)재종질(再從姪)이라는 고유호칭이 있습니다.

●釋名母之兄弟曰舅姉妹曰姨
●爾雅註母之晜弟爲舅姉妹爲從母
●釋親考母之晜弟爲舅母兄曰大舅母弟曰小舅母之姉妹爲從母丘氏曰今稱姨母
●左傳僖公姪其從姑杜註姑謂我侄者我謂之姑謂子○襄公繼室以其姪杜註女子謂兄弟之子爲姪

●檀弓喪服兄弟之子猶子也疏與親子同
●釋親考兄之子弟之子同産子註前漢兩龔傳師古曰同産子卽兄弟之子也
●潘黃門集哀永逝文嫂姪兮憧惶慈姑兮垂矜聞鳴雞兮云云
●通典伯叔有父名則兄弟之子不得稱姪謂吾伯叔者吾謂之兄弟之子
●朱子曰漢人謂之從子又曰稱姪固未安稱猶子亦不典禮有從父之名則當有從子之目又曰兄弟子與己子同故曰猶子豈可爲親屬之定名乎
●性齋曰姪之稱出於大傳疏又出於呂蒙正所云有姪夷簡而胡文定公將伊川語錄凡家書說姪處皆作猶子然姪則姑所稱兄弟之子也○伯叔父與兄弟之子自晉以來始稱叔姪
●爾雅姪條女子謂昆弟之子
●釋親考從侄從兄弟之子○堂姪卽同祖伯叔兄弟之子儀節從父兄弟之子○再從姪謂再從兄弟之子卽同曾祖兄弟之子儀節從祖兄弟之子

▶303◀◆問; 호칭문제 궁금.

성균관의 발전 속에 유교생활의 실천에 노고가 매우 많으십니다. 대동종친회 및 화수회 등에서 본인의 가장 큰 고민이 호칭문제였습니다. 아래 고견의 지도 편달바랍니다.
1) 같은 파로 남자 호칭 시: 1 대(부)와 같은 경우 호칭/2 대 호칭/ 3 대 호칭/4 대 호칭/5 대 호칭/기타.
2) 같은 파로 여자 호칭 시?
3) 일가로써 남자 호칭?
4) 일가로써 여자 호칭?
문중사 보는 데 확실히 알고 싶어 문의 드리오니 고견의 답변 고대합니다. 항상 건강하시고 매일 웃음창조 하시길 발원합니다.

◆答; 원친의 호칭.

원친에 관한 명문화 된 호칭은 살펴지지가 않습니다. 이와 같아서 이제까지 분명히 두루 통용되는 호칭이 정립되어 있지 않은 원인이 아닌가 합니다.

유복친외(有服親外) 무복친은 원근 불분(不分) 아재비 벌이면 숙항(叔行) 조항(祖行)이면 대부(大父) 증조항(曾祖行)이면 황대부(皇大父) 등등으로 호칭하고 있습니다.

●海槎日記海槎日記三甲申正月十一日癸亥;澹窩第二子洪校理景海叔行其時隨行
●賈公彦儀禮疏云骨肉相連屬以其親盡恐相疏故以族言耳
●爾雅昆弟之稱至族曾祖而止而姉妹之稱及高祖高祖王姑親盡則雖不列可也
●己丑錄己丑錄上守愚堂先生崔公行狀;問之則曰思以進父母大父母讀史至麥秀歌嗚咽垂涕不成聲人知其非常兒
●海槎日記海槎日記三甲申正月;葛庵集墓誌銘近始齋金先生墓誌銘;近始先生金公旣沒九十有三年一日先生之孫國子上庠恸以其家傳來命玄逸曰皇大父德善行誼宜有志也。

▶304◀◆問; 호칭에 관하여.

내가 남자인데, 여자 종형제의 딸은 뭐라고 부르나요? 종생질이 맞는지 궁금합니다. 아니면 그냥 종질이라고 해도 될까요? 여자 종형제의 남편인 경우에는 뭐라고 부르나요? 종자형이라고 부르면 되는지 궁금합니다. 감사 드립니다.

◆答; 호칭.

유가(儒家)의 호칭은 유복친(有服親)은 분명하나 유복 친 외는 호칭이 거의 없는 것 같습니다. 따라서 종자매의 여식은 무복(無服) 간이 되어 명시된 호칭은 찾아지지 않으나 자매의 여식은 생질녀(甥姪女)라 하니 종 자매(4 촌자매)의 여식은 종(從)을 따 붙여 종 생질녀라 칭함이 사리에 옳을 것 같으며, 종자매의 남편 역시 속칭으로 대개 4 촌 매형 4 촌 매제라 칭하는 듯 하니 이 역시 친 자매의 남편 호칭에 종자매(從姉妹)에서 종(從)을 따 붙임이 옳을 것 같습니다.

●丘氏曰兄之子弟之子相謂爲從父晜弟今稱從兄從弟俗云堂兄堂弟
●會典堂兄弟謂同祖伯叔兄弟其子卽堂姪其女堂姪女其孫堂姪孫
●儀禮甥者何也謂吾舅者吾謂之甥漢鄭氏曰牲姉妹之子
●郭氏曰族昆弟之子同姓之親無服屬
●丘氏曰謂從高祖而別者五世之外雖無服比諸同姓猶親

▶305◀◆問; 호칭에 관한 건.

안녕하십니까? 호칭에 대하여 문의 드리오니 바쁘신 중 답변 주시면 감사하겠습니다. 전국적인 모임으로 몇 년간 월 1 회 정기적으로 모여 다 잘 알고 있으며 모두 宗人들 입니다. 그런대 호칭이 제 각각이어서 어느 때는 불편하고 어느 때는 불쾌하기도 하여 정답 아니면 가장 무난한 호칭을 부탁 드립니다.

1. 조카뻘 되는 종인 연세 81 세 저는 65 세/ 제가 조카님이라고 호칭해야 하는 것으로 알고 있는대 가장 적합한 것인지요?
2. 조카뻘 되시는 분은 저보고 ○○ 씨라고 호칭을 하시는 대 제 입장에선 듣기가 좀 그렇습니다. 문중이 아닌 일반적으로도 아랫사람에게 ○○ 씨라고 사용하는대 종인이 똑같은 호칭을 사용하니 뭔가 일가라는 친밀감이 느껴지지 않아서요. ○○ 님 이라고 사용할 수 있다고도 하나 무난한 것 같지도 않고요.
3. 대부되는 분이 20 대 저는 65 세 / 제가 대부님이라 호칭하는 것은 당연한대 좀 더 무난하게 호칭할 수 있는 표현은 있는지요. 그리고 공대말도 당연한대 상대가 너무 부담을 느껴서 서로 접근하기를 꺼려합니다. 제가 최상의 호칭으로 대부님을 편하게 호칭표현과 반대로 대부님이 저에게 최상의 표현방식을 부탁 드립니다. 감사합니다.

◆答; 호칭에 관한 건.

호칭에 관하여는 이아(爾雅) 석친편(釋親篇)은 물론 환향요칙(宦鄕要則) 본 족 전후배 칭호 조(本族前後輩稱號條) 및 조모족칭호(祖母族稱呼), 그 이하(以下) 사우칭호(師友稱號) 등(等)에 이르기 까지 무릇 자세히 소개되어 있으나 이에는 주로 유복친간(有服親間) 뿐이고 무복(無服)의 원친(遠親)에 관한 호칭은 없는 것 같습니다. 현재 본인은 그와 같은 원친(遠親) 호칭에 관하여는 유가(儒家)의 예법(禮法)으로 명문화(明文化) 되어 있는 예서(禮書)를 소장하였거나 수렴하지 못하였습니다.

問1 答; 조카님이 통용되는 원 족 질항에 대한 호칭입니다.
問2 答; 수수하게 아저씨 또는 아재.
問3 答; 원 족(遠族) 조항에 대부이상 더 최상의 호칭을 없습니다.

▶306◀◆問; 호칭에 관하여

초암 선생님 아래4126번의 호칭에 관한 질문자입니다. 더위에 건강도 살피시면서 답변 주시면 감사하겠습니다.

아버지의 여러 형제 중 셋째의 아들이 아버지의 형인 둘째에게 뭐라고 호칭해야 하는지요? 저희는 아버지의 형제 중 맏이에게만 큰아버지며, 비록 아버지의 형이나 아버지형제 중 둘째에게는 작은아버지로 호칭해 왔는데 근래 첫째 큰아버지 둘째 큰아버지 이런 식으로 호칭하기에 여쭈어 봅니다.

◈答; 호칭.

아래 전거(典據)를 그대로 옮겼습니다. 그런 경우 중부(仲父; 둘째 (큰)아버지)라 부르시면 될 것입니다.

●釋名釋親屬篇父之兄曰世父又曰伯父父之弟曰仲父仲父之弟曰叔父叔父之弟曰季父
●要義伯仲叔季條按兄弟止四人則依次稱之而多至七八則夏殷積仲伯季以外皆稱仲周積叔伯季以外皆稱叔如蔡叔霍叔是也
●士冠禮記疏夏殷伯季之外皆稱仲周伯仲以下皆稱叔以至最後者乃稱季
●南溪曰行第稱號以論語八士之例觀之當稱伯仲叔季而禮經只以伯叔爲言何耶且父之兄弟多至七八人及從祖以下諸父同行多至數十人則當只以第一長者稱伯父第二以下幷稱叔父而不言仲季耶抑以第二者稱仲父最後者稱季父而其間則幷稱叔父耶

▶307◀◈問; 호칭에 관한 질문입니다.

올바른 예절보급을 위해 귀한 시간 애쓰시는 선생님 감사합니다. 소생이 일전에 문의를 드린 바 있습니다. 저희 집안의 어른들이 여러 형제 분이다 보니 호칭에 관하여 혼선이 있습니다. 이에 몇 가지 여쭙겠습니다.

문) 아버지의 형이 여러분 계실 경우 전부 큰아버지, 아버지의 동생이 여러분일 경우 전부 작은아버지라 호칭해야 하는지요. 저는 경주 김가로서 경주가 고향인데 저희 집안에서는 아버지의 형이 여러분이라도 맏이(백부)에 대하여만 큰아버지이고 둘째(중부)에 대해서만 작은아버지이며, 아버지의 형 또는 동생에 관계없이 셋째부터는 숙부님입니다. 즉, 저희 집안에서는 큰아버지 작은아버지는 고유의 지칭이나 여러 지방사람들과 결혼을 하다 보니 호칭도 통일되기가 쉽지 않아서 예절에 맞는 호칭으로 통일하고자 합니다.

◈答; 호칭에 관하여.

아버지 형제의 호칭은 백중숙계(伯仲叔季)로 가려 호칭됨이 명문이나 7, 8 그 이상일 때 또 형제 순에 의한 호칭을 세세히 가려 명문화된 전거는 알지 못하고, 다만 아래와 같이 살펴보건대 아버지가 하은(夏殷)의 예로 막내 위일 때 중부(仲父)가 여럿이면 백부(伯父) 개칭 중부(皆稱仲父) 계부(季父)라 칭하고 주(周)의 예로 아버지가 백부 다음이면 백부 개칭 숙부(改稱叔父) 계부(季父)라 칭한다는 것입니다.

●釋名釋親屬篇父之兄曰世父又曰伯父父之弟曰仲父仲父之弟曰叔父叔父之弟曰季父
●要義伯仲叔季條按兄弟止四人則依次稱之而多至七八則夏殷積仲伯季以外皆稱仲周積叔伯季以外皆稱叔如蔡叔霍叔是也
●士冠禮記疏夏殷伯季之外皆稱仲周伯仲以下皆稱叔以至最後者乃稱季
●南溪曰行第稱號以論語八士之例觀之當稱伯仲叔季而禮經只以伯叔爲言何耶且父之兄弟多至七八人及從祖以下諸父同行多至數十人則當只以第一長者稱伯父第二以下幷稱叔父而不言仲季耶抑以第二者稱仲父最後者稱季父而其間則幷稱叔父耶

▶308◀◈問; 호칭에 대해.

호칭에 대해 궁금한 것이 있어 질문합니다. 아버지의 4 촌 동생을 부를 때"당숙"다음에 父를 붙이는 것이 맞는지 궁금합니다. 보통 부를 때 '당숙'이라고 많이 하잖아요, 그런데 당 숙부(父)라고도 하지 않는다는 글을 보아서 질문을 합니다. 당숙 또는 종숙주(主)라고도 한다고요. 외삼촌도 '외숙'이라 하지, 외숙부라고 하지 않는다고 쓴 책이 있더라구요.

◆答; 혼용되고 있음.

당숙(堂叔), 당 숙부(堂叔父), 외숙(外叔) 외숙부(外叔父) 혼용(混用).

●海槎錄崇禎九年丙子八月十一日壬午;李修撰亦追至金都事來待入舟敍別登柳亭堂叔許生員及許生員李果川主人柳僉正幷來會設饎夕李修撰還與堂叔同舟向東湖讀書堂

●記言外家墓文遺事贈領議政金公遺事;朴公闓著言行記母我恭靖王三世孫也公爲後於堂叔父持平引齡

●荷齋日記荷齋日記九己酉年九月五日;金敬德昨自京城下來纔經午饒旋卽歸砥平高浪里外叔宅麥種六斗送成玉持來

●省齋先生文集柯下散筆;外叔父嘗從容語夫人曰季兒止擧業於老懷能不缺然乎

▶309◀◆問; 호칭 질문?

우리 집이 큰집이라서 옛날부터 친척간에 왕래가 많았습니다. 그런데 2 가지 경우에 대해 호칭이 애매하여 문의 드립니다.

1. 할아버지의 여동생. 즉 아버지의 고모와 고모부에 대하여 제가 부를 때의 호칭?
2. 할머니의 남동생. 즉 아버지의 외삼촌과 외숙모에 대하여 제가 부를 때의 호칭은?

◆答; 호칭.

問; 1. 答; 대고모(大姑母). 대고모부(大姑母夫).
問; 2. 答; 진외숙(陳外叔). 진외숙모(陳外叔母).

●宛署雜記民風二父曰爹又曰別又曰大

●日省錄純祖二十七年丁亥十月十八日庚寅秋曹以猥濫擊錚原情勿施達條良人金光淵其大姑母以尙宮多有效勞乞保香火事也

●金正言宅奴羊玉議送 其時作卽申班之義絶大姑母夫鄭班海運而本以頑惡得名者也

●漢書濟川王劉明傳李太后親平王之大母也顏師古注大母祖母也

●史記留侯世家留侯張良者其先韓人也大父開地裹駬集解曰大父祖父

●詩經小雅北山之什楚茨章旣醉旣飽小大稽首(鄭玄箋)小大猶長幼也

●後漢書孔融傳使問其母母曰家事任長

●金一每所志風俗討索(云云)漢白晝奪牛曰此牛卽我陳外家角者也吾方貧窮賣食陳外家宅一隻牛於汝何(云云)

●朝鮮語辭典(1920.五冊)陳部陳外家(진외가) 名 祖母の實家

●日省錄正祖十三年己酉一月七日甲子刑曹刑曹以擊錚人原情回啓條(云云)丙申年渠不幸遭父喪入葬於渠眞外祖父墳白虎數十步之內(云云)

●日省錄正祖四年庚子三月一日庚辰召見尙衣提調鄭民始于誠正閣條(云云)臣之眞外五寸親矣(云云)

●日省錄正祖二年戊戌十二月五日辛酉大司諫柳義養上疏請高陽動駕亟收成命仍請承旨禮堂譴罰賜批條按五禮儀有殿下爲外祖父母擧哀及服制之文無府院君三字蓋制禮之始實有深意存焉

●日省錄正祖十二年戊申八月十八日丁未秋曹以擊錚人等原情回啓條嚴生來到許贖故外祖父備納價本妻與所生子女(云云)一日招致外祖父推納贖文而甚至結縛亂打之境(云云)已久外祖父及嚴生黃生俱歿之後(云云)

●高峯曰一日李季眞鄭季涵訪余語次偶及內艱外艱季涵以內艱爲父憂外艱爲母憂余攻其反說季眞亦以季涵之言爲然余曰何以父爲內母爲外耶答曰母是外家故謂之外也*其說不經余笑曰當俟考訂兩君旣出卽搜諸書考之則朱子行狀以母憂爲丁內艱余於是知兩君之見爲

謬也厥後偶見圃隱集卷首有年譜其中正以父憂爲內艱母憂爲外艱然後又知兩君之言有所傳習而世俗流傳之誤亦已久矣俗學口耳之傳如此說者甚多誠可歎也

▶310◀◆問; 호칭 질문입니다.

1. 국립국어사전을 찾아 보니 형제는 형제자매의 준말로 쓰이기도 합니다. 혹시 그렇다면 종형제 안에 종자매의 뜻도 포함이 될 수 있나요?
2. 조카는 질, 조카딸은 질녀라고 들었습니다. 그렇다면 종질, 고종질, 재종질, 내재종질, 외종질, 이종질, 외재종질 뒤에 '녀'자를 붙이면 모두 여자아이를 가르치는 말이겠지요? 감사 드립니다.

◆答; 호칭.

유가(儒家)의 호칭에서는 형제(兄弟)와 자매(姉妹)라는 호칭(呼稱)이 별개(別個)로 있고 종형제(從兄弟)와 종자매(從姉妹), 질(姪), 질녀(姪女)라는 호칭(呼稱)이 별개로 있습니다. 그러나 [고종질, 내재종질, 외종질, 이종질, 외재종질]은 친(親) 또는 모당(母黨), 처당(妻黨) 어디에도 그러한 호칭은 없습니다.

▶311◀◆問; 호칭 질문입니다.

작은 과 막내의 의미 차이를 알고 싶습니다. 이모가 여럿 있을 때 큰이모, 둘째 이모, 셋째 이모 작은이모 라고 할 수 있나요? 있다면 여기에서 작은 이 모는 막내 이모란 뜻인가요? 이모(姨母)가 둘 있을 때, 큰이모, 작은이모 혹은 큰이모, 막내이모 어느 쪽이 맞는 말인가요? 감사 드립니다.

◆答; 호칭.

작은 이모라 함은 큰이모가 아닌 이모를 이르는 말로 이모가 여럿일 때 큰 이모 이외의 이모를 두루 이르는 말이 될 것입니다. 막내라 하면 여러 형제 중 마지막으로 출생된 자를 이름이니, 따라서 둘째 이모 셋째 이모 막내 이모라 함이 옳겠지요. 유학적 정칭은 어머니의 자(姉)는 종모자(從母姉), 매(妹)는 종모매(從母妹) 이라 하는데 이렇게 불러지지는 않지요.

●宦郷要則母族稱呼雜稱;對母服之內**姉**妹稱姨母自稱愚姨姪
●釋親考上;母之**姉**妹爲從母○下母黨內外;○從母姨母母姨○從母姉妹從母姉從母妹

▶312◀◆問; 호칭에 관하여.

안녕하십니까? 호칭(呼稱)에 관하여 질문이요. "아내의 오빠"를 어떻게 불러야 하나요. 또 하나 "처형(妻兄)의 남편"을 어떻게 불러야 하나요. 두 분다 형님으로 불러야 하나요.

◆答; 호칭

아래와 같이 살펴보건대 "아내의 오빠"는 유가적 호칭(呼稱)으로는 부형(婦兄). 외생(外甥). 구자(舅子; **妻娚**). 내형(內兄) 등등(等等)이나 요즈음 이와 같이 호칭하는 가문을 드물 것입니다. 세간에서는 대개 "큰 처남"이라 호칭되는 것 같습니다.

"처형의 남편"에 대한 호칭도 아(亞). 이(姨). 연몌(連袂). 연금(連襟). 금형(襟兄) 료서(僚婿). 우서(友婿). 동문서(同門婿) 등등의 여러 설이 있으나 세간에서 그와 같이 호칭되고 있는지의 여부는 알지를 못하고 다만 주위에서 들어 보건대 대개 호칭되기는 "큰 동서"라 이르는 것 같습니다.

●士儀節要親親篇妻黨條妻之昆弟婦兄婦弟
●釋名釋親屬篇妻之昆弟曰外甥

●華語類招親屬條舅子(妻甥)小姨(妻弟)
●爾雅釋親篇妻黨條姑之子爲甥舅之子爲甥妻之昆弟爲甥姊妹之夫爲甥註四人體敵故更相爲甥甥猶生也今人相呼蓋依此
●宦鄕要則妻族稱呼條對妻服內之兄弟稱內兄內弟自稱愚妹夫愚姊夫
●星湖曰妻兄弟曰婦兄婦弟
●釋名釋親屬篇兩婚相謂曰亞言一人取姊一人取妹相亞次也又並來至女氏門姊夫在前妹夫在後亦相亞而相倚共成其禮也
●士儀節要親親篇妻黨姨條兩婚相謂○僚婚友婚同門婚○連袂連襟
●宦鄕要則妻族稱呼條對妻胞姊之夫稱襟兄妹夫稱襟弟自稱襟弟襟兄妻服內之姊妹夫通稱襟兄自稱愚襟弟
●爾雅釋親篇妻黨條兩婚相謂註僚壻

▶313◀◆問; 호칭에 대하여.

상대방의 호를 부를 때 예를 들면 호가 청담일 경우.
問 1, "청담"선생(님) 이라고 선생 또는 선생님이라고 부르면 안되나요? 안되면 그 이유는요?
問 2, 청담공(公)이라고 공을 붙여 부르면 어떤가요? 그 가부와 이유는요?
問 3, 가장 올바른 호칭은요? (연장일 때와 연하일 때 구분).

◆答; 호칭.

問 1, 答; 청담先生이라야 한자어(漢字語)로 바른 호칭이 됩니다. "님"자는 우리 말에만 있는 경칭어로 한어(漢語)에서는 쓰이지 않는 말입니다. 그렇더라도 혼용의 우리말로 청담선생님이라 호칭한다 하여 그릇되었다 할 수는 없을 것입니다.
問 2, 答; 공(公)은 대존장적경칭(對尊長的敬稱), 상배적경칭(上輩的敬秤), 평배지간(平輩之間), 보통일반적경칭(普通一般的敬稱) 등으로 두루 호칭하게 됩니다.
問 3, 答; 선생(先生)과 공(公)이란 경칭에서 경중(輕重)의 차이를 가릴 수가 없는 것 같습니다. 까닭에 사회적(社會的) 인간관계의 장유(長幼) 차서(次序)는 간단하지 않으나 평교(平交) 이상에게는 그때 그때 선생, 또는 공(公)의 경칭을 붙여 호칭하고, 평교(平交)이하에게는 그 나이에 맞게 호칭하여야 할 것입니다.

●孟子告子下;宋牼將之楚孟子遇於石丘曰先生將何之(趙岐注)學士年長者故謂之先生
●文選皇甫謐三都賦序;玄晏先生曰古人稱不歌而頌謂之賦(李善注)謐自序曰始志乎學而自號玄晏先生先生學人之通稱也
●史記淮陰侯列傳蒯通;以相人說韓信曰僕嘗受相人之術韓信曰先生相人如何
●辭典[先生]一般人之間的通稱
●史記平原君虞卿列前;[毛遂]曰公等錄錄所謂因人成事者也
●風俗通正失叶令祠;公忠於社稷惠恤萬民方城之外莫不欣戴
●史記陳涉世家昊廣陳勝;召令徒屬曰公等遇雨皆已失期失期當斬
●漢書沟恤志;太始二年趙中大夫白公復奏穿渠顏師古注鄭氏曰時人多相謂爲公此時無公爵也蓋相呼尊老之稱耳
●辭典一般的敬稱;如張公城北徐公亡是公
●梁貞陽侯重與裴之橫書;衛靑故人多懷彼此豈可文辭簡略禮等平交
●鷄林玉露卷七;古人蓋以稱字爲至重今世唯平交乃稱字稍尊稍貴者便不敢以字稱之與古異矣
●隨園隨筆不可亦可;伯仲叔季者雁行之序平輩之稱非可施于伯父叔父也
●史記九十六申屠嘉傳;朝廷之禮不可以不肅上曰君勿言吾私之

▶314◀◆問; 호칭에 대하여 문의 드립니다.

타인의 이름까지 "김 O자 O자"라고 호칭하는 것은 아니라고 보는데, 읍 단위의 어떤 행사 때 내빈을 소개하는데 또는 어떤 교수님이 강의 할 때 그리고 儒林에 출입한다는 분들의 대다수가 연세가 많으신 분들을 이야기 할 때"김 O자 O자께서", "김 O자 O자 분하고"라고 이야기를 합니다.

1. 돌아가신 분께서 현감 정도의 벼슬을 하신 분이나, 벼슬을 전혀 하지 않고 존경 받았던 분이나, 보통인과 같은 분일 때 구별하여 "김 O자 O자께서 생전에 "라고 호칭해야 되는지요?

2. 현재 생존하고 계시는데 면장을 했거나 벼슬을 하지 않았거나와 관련하여 연세가 많다고 "그분 함자는 김 O자 O자입니다" 또는 "그 마을에 김 O자 O자께서 계십니다" 라고 호칭을 해야 하는지요? 아니면"김OO씨께서"라고 해야 되는지요? 현답을 자세하게 부탁 드립니다.

◆答; 호칭에 대하여.

요즘은 자기의 스승을 OOO교수님, 대통령 역시 OOO대통령이라 스스럼없이 존경하는 분의 함자를 꺼림 없이 부르나, 공양전(公羊傳)의 가르침과 같이 존자(尊者), 친자(親者), 현자(賢者)의 함자 부르기를 꺼려한다 하여 흉 될 일은 아닌 상 싶습니다.

●曲禮上;卒哭乃諱禮不諱嫌名二名不偏諱逮事父母則諱王父母不逮事父母則不諱王父母君所無私諱大夫之所有公諱詩書不諱臨文不諱廟中不諱夫人之諱雖質君之前臣不諱也婦諱不出門大功小功不諱入竟(境)而問禁入國而問俗入門而問諱

●孟子盡心下;諱名不諱姓姓所同也名所獨也

▶315◀◆問; 호칭에 대한 답변 다음 질문입니다.

친절한 다변 감사 드립니다. 그런데 한가지 미해결 된 것이 있어서 다시 질문 드립니다. 제가 34세 이기 때문에 후손이 저를 부를 땐 아저씨 혹은 대부님 혹은 증조할 아버지 이렇게 부르면 되는 것으로 이해 했고요 저는 그럼 어떻게 불러야 할까요? 나이 많은 분께 35세 에게는 조카님 그리고 다음 엔 손자님? 그리고 또 다음엔 증손자님? 이렇게 불러야 합니까?

◆答; 호칭에 대한 답변.

속간에서의 호칭은 지방에 따라서도 다를 수가 있으니 이중 어느 한 사례를 모델로 삼아 운운할 수는 없습니다. 물론 이들의 사례는 거의가 상호 상식으로 이해되어 있을 보편적 일반상식 수준에 해당되어 있을 것입니다. 따라서 여기서 그를 운운할 까닭도 없고, 혹 속간의 예를 운운함은 덫 소리에 불과할 것입니다.

까닭에 여기는 유학을 논하는 곳이니 분수에 어울리게 학문적 근거로 접근하여 유가의 호칭으로 고찰하여 답함이 당연한 것입니다. 다만 학문적 전거 채택의 적중 여부에 따라 당부가 엇갈리게 되는 허도 뒤따르게 될 개연성도 배제할 수는 없을 것이나 그러나 오류는 즉시 발견되어 수정 되어 집니다.

이 논제 역시 속간의 속칭이 아니라, 유가에서 그와 같은 족간의 호칭이 어찌되는가. 라는 화제로 삼아 고찰 적중한 전거를 채택 답(答) 함으로서, 새로운 학문으로 업그레이드시키는 기회를 주고자 함이 본인이 이곳 관리자로 활동하는 이유 중 첫째가 됩니다. 따라서 강시님의 의문은 "[宦鄉要則]"의 가르침을 주 전거로 삼아 답하였던 것입니다.

그 가르침에 의하면 동성조종간(同姓祖宗間)에서 질항(姪行)의 자칭은 종우세질(宗愚世姪), 손항(孫行)은 종우세손(宗愚世孫), 그를 부를 때는 질항(姪行)은 자대(子代), 손항(孫行)은 손대라 칭하고, 일대 사이에서는 자칭으로 종우질(宗愚姪)이라하고 부항(父行)의 자칭은 그의 부친(父親) 보다 나이가 높으면 종우백(宗愚伯), 낮으면 종우숙(宗愚叔)이라 하고, 동배간(同輩間)에서는 나이가 많으면 종우형(宗愚兄), 낮으면 종우제(宗愚弟)라 하는데 상대 역시 같이 칭하게 됩니다. 물론 이 외에도 여러 설이 혹 있을 수 있을 것이나, 이 시점에서 본인이 채택의 한계가 여기까지입니다.

●宦鄕要則本族前後輩稱呼條同姓祖宗自稱宗愚世姪孫回用子孫代○同姓高一輩者自稱宗愚姪回稱宗愚伯叔(與其父序齒)○同姓平輩自稱宗愚兄弟回稱同

▶316◀◆問; 호칭에 있어서 질문합니다.

제가 촌수(寸數)가 높아서　34대손입니다. 35대 와 36대 37대 손에게 나이를 불문(不問)하고 어떻게 호칭해야 하는지? 그리고 저보다 아래인 촌수를 가진 사람들은 저를 어떻게 불러야 하는지? 궁금합니다.

◆答; 호칭에 있어서.

유복친 외(有服親外) 동성(同姓) 원족(遠族)에 대한 속칭(屬稱)은 세별로 근친(近親)과 같이 발달되어 있지 않은 것 같습니다. 다만 아래와 같이 살펴보건대 환향요칙(宦鄕要則)을 참작한다면 두루 칭하기를 34 世에서 35 世는 자대(子代)라 하고 36 世는 손대(孫代)라 하고 37 世는 증손대(曾孫代)라 한다는 것입니다. 자칭(自稱)은 35 세(世) 종우세질(宗愚世姪), 35 세(世) 종우세손(宗愚世孫), 36 세(世) 종우세증손(宗愚世曾孫). 34 세에 대한 호칭은 동성(同姓)아저씨. 동성(同姓)할아버지(大父). 동성(同姓)증조할아버지. (작금의 俗稱이나 방언(方言)과는 다를 수 있습니다).

●宦鄕要則本族前後輩稱呼條同姓祖宗自稱宗愚世姪孫回用子孫代○同姓高一輩者自稱宗愚姪回稱宗愚伯叔９與其父序齒)○同姓平輩自稱宗愚兄弟回稱同
●華語類招親屬條○伯父(同姓뭇아자비)○伯娘(同姓뭇아자비처)○叔叔(同姓아아자비)○嬸娘(同姓아아자비처)
●蒙喩篇稱號祖孫條○祖父大父大母王母○尊王爺王大夫人○重侍重慶○孫子世兒鄙孫○令仍賢仍

▶317◀◆問; 호칭 예절 문의.

옛날 큰 선생님들을 일컬을 때 호를 칭하는데 (예를 들면 퇴계선생님) 아랫사람이 윗사람을 칭할 때 호(號)를 불러도 되는지요? 또 호는 어떤 때에 부르나요.

◆答; 호칭 예절.

자(字; 副名)는 명(名) 이외의 또 다른 제 2 의 명(名)자로서 자신의 선대(先代)는 물론 타인(他人)의 부모나 그 선대(先代)의 명(名)과 자(字)를 함부로 불러서는 아니 되는 것은 내 부모 내 선대가 중(重)하면 타인의 부모나 선대도 중(重)하기 때문에 그렇습니다. 다만 호(號)는 명(名)과 자(字) 이외(以外)의 별호(別號)로 천자(天子)로부터 제왕(帝王), 성현(聖賢), 유현(儒賢), 명사(名士), 선인(先人), 등(等)을 서(書)나 대화에서 표현할 때 쓰이는 칭호로 누구나 호칭할 수 있는 칭호(稱號)입니다.

●曲禮詩書不諱臨文不諱廟中不諱
●漢書丙吉臨問吉曰君卽有不諱
●史記孔子世家孔子生鯉字伯魚註索隱曰家語孔子年十九聚一歲而生伯魚伯魚之生也魯昭公使人遺之鯉魚夫子榮君之賜因以名其子爲鯉也

●陶淵明集五柳先生傳先生不知何許人也亦不詳其姓字宅邊有五柳樹因以爲號焉
●白虎通號條帝王者何號也號者攻之表也所以表功名德號今臣下者也德合天地者稱帝仁義合者稱王別優劣也皇者何謂也亦號也

▶318◀◆問; 호칭을 어떻게 해야 하는지?

동생이 아들을 낳았습니다. 원래는 조카가 호칭을 큰아버지라고 해야 하잖아요. 근데 전 아직 미혼이고 당분간 결혼 계획이 없습니다. 조카가 결혼 아니한 아버지의 형에게 뭐라 불러야 맞는 건가요? 큰아버지와 삼촌으로 의견이 많이 갈리네요.

◆答; 호칭에 관하여.

전통(傳統)에서는 역혼(逆婚)은 인정하지 않으니 그에 대한 호칭(呼稱) 역시(亦是) 없습니다. 다만 삼촌(三寸)이란 아버지의 형제(兄弟)를 의미(意味)함이나 보통(普通) 결혼(結婚)하지 않은 아버지의 동생(同生)에게 세속적(世俗的)으로 호칭(呼稱)되며 아버지의 형(兄)은 백부(伯父) 또는 세부(世父)라 칭(稱)함이 전통(傳統)호칭입니다.

※아래는 이상의 전거문(典據文)으로서 혹 이를 학문적(學問的)으로 이해(理解)를 원하시는 분을 위하여 별도로 첨부(添附)하여 드립니다.

●士儀節要號稱宗族篇(父之黨○同姓爲宗有合族之義) ○父(父爲考○古者考妣非生死異稱而禮記云生曰父母死曰考妣○嚴君○大人○家慶○家府○家公)○世父(父之㫚○伯父) ○仲父(父之弟) ○叔父(仲父之弟) ○季父(叔父之弟)
●釋名釋親屬篇 父之兄曰世父言爲嫡統繼世也又曰伯父伯把也把持家政也 父之弟曰仲父仲中也位在中也 仲父之弟曰叔父叔少也 叔之弟曰季父季癸也甲乙之次癸最在下季亦然也
●竹菴曰稱伯叔於諸父世固通行但季父之云見於史記此非經據經惟言世父母叔父母故前輩簡書多以世父稱父之長兄

▶319◀◆問; 호칭이 궁금합니다.

안녕하세요? 몇 가지 궁금한 것이 있어서 글을 올립니다.
1. 동서(同婿)라는 단어가 있는데 '동시'라고도 쓰더라구요. 방언인지 아님 같은 뜻을 가진 단어인지 궁금합니다.
2. 자형의 남자형제(형, 동생)를 '사의간'이라고 쓰던데 정확한 호칭이 뭔지 궁금합니다. 자형의 누나, 여동생은 뭐라고 부르는지도 궁금합니다.
3. 자식이 부모보다 먼저 죽었을 경우 자식제사에 부모가 참석을 해서 절을 하는건지 궁금합니다. 두서없이 질문을 드려서 죄송합니다. 답변 부탁 드립니다.

◆答;

問1. 答; 형제의 아내끼리나 자매(姉妹)의 남편끼리 서로 일컫는 호칭인 동서(同婿)는 아래와 같이 살펴보건대 亞(婭)壻라고 하는데 그 외에 "동세"라는 방언(사투리)도 있으며 "동시" 역시 어느 지방에서 호칭되고 있다면 방언이 되겠지요.
問2. 答; 아래 1213번을 참고하시기 바랍니다.
問3. 答; 존장불배(尊長不拜) 형읍제묘(兄揖弟廟)라 하였으니 장자(長子)의 상(喪)을 당하면 부주(父主)이니 기제(忌祭) 역시 주인으로서 예(禮)는 갖추나 절은 하지 않아야 할 것 같습니다. 세(世)와 대(代)에 관하여 많은 연구를 하고 계시는 학자이시니 호칭 역시 밝으시리라고 생각됩니다. 그러나 본인의 견해는 아래와 같습니다.

같은 서자(壻字)라도 사위끼리의 호칭에 쓰인 서(壻)의 뜻은 혼의(昏義)에서 이르듯

사위라는 의미이고 같은 집의 며느리들끼리의 호칭인 동서(同壻)에 쓰인 서(壻)의 의미는 악부시(樂府詩)에서 이르듯 남편이라는 의미로 사위끼리 며느리끼리의 상호 호칭에 쓰인 서(壻)자가 같은 글자라 하여도 의미가 서로 다릅니다. 특히 동시(同媤)라는 정식 호칭은 동양 3국에서 사용하는 나라는 없고 다만 그와 같이 호칭되고 있다면 어느 지방에서 방언으로 글씨를 조합하여 통용되고 있을 뿐이라 생각됩니다.

9 관례(冠禮)

▶320◀◆問; 가례 복장.

시가례(始加禮) 때와 재가례(再加禮). 삼가례(三加禮) 복장(服裝)을 그림이나 사진(寫眞)으로 보고 싶습니다.

◆答; 가례(家禮) 복장(服裝).

복장 도식은 아래와 같습니다.

혹 이해에 도움이 되지 않을까 하여 아래와 같이 성리대전(性理大全)에서 관례 복식에 관하여 언급된 부분의 원 본주문(本註文)에 약간 주(註)를 붙여 놓습니다.

●性理大全家禮二冠禮冠

○始加禮;賓揖將冠者就席爲加冠巾冠者適房服深衣納履出(註)賓揖將冠者出房立于席右(增解按席右卽席之北席外之地)向席贊者取櫛掠置于席左(輯覽席之南端)興立於將冠者之左賓揖將冠者卽席西向跪贊者卽席如其向跪爲之櫛合紒(儀節包網巾訖贊者降)施掠賓乃降主人亦降賓冠畢主人揖升復位執事者以冠巾盤進(士冠禮執冠者升一等東面授賓)賓降一等受冠笄執之(士冠禮賓右手執項左手執前)正容徐詣將冠者前向之祝曰(云云)乃跪加之贊者以巾跪進賓受加之興復位揖(士冠禮冠者興賓揖之)冠者適房釋四褖衫服深衣加大帶納履出房正容南向立良久○若宗子自冠則賓揖之就席賓降盥畢主人不降餘並同(細註)

○再加禮;再加帽子服皂衫革帶繫鞋(註)賓揖冠者卽席跪(便覽賓乃降主人亦降賓盥畢主人揖升俱復位)執事者以帽子盤進賓降二等受之執以詣冠者前祝之曰(云云○儀節贊者徹巾冠○龜峯曰執事者受冠巾入房)乃跪加之(便覽贊者結纓)興復位(便覽冠者亦興)揖冠者適房釋深衣服皂衫革帶繫鞋出房立(細註)楊氏復曰儀禮書儀再加賓盥如初

○三加禮;三加幞頭公服革帶納靴執笏若襴衫納靴(註)禮如再加惟執事者以幞頭盤進賓降沒階(士冠禮降三等註下至地)受之(便覽執以詣冠者前)○祝辭曰(云云)贊者徹帽賓乃(跪)加幞頭(便覽贊者結纓○儀節賓復位冠者亦興揖冠者適房釋襴衫服襴衫加帶納靴出房立)執事者受帽徹櫛入于房(增解冠巾帽櫛及冠席並當徹入)餘並同

▶321◀◆問; 관례의식을.

안녕하세요. 저는 화성시 청소년 담당자 정윤미라고 합니다. 다름이 아니라 화성시에서도 매년 전통 성년식을 하고 있는데. 성균관(成均館)에서 하고 있는 성년례(成年禮)를 벤치마킹하여 올해는 좀더 전통 성년식을 업그레이드 하고 싶어서 이렇게 글을 올립니다.

제가 궁금한 것은 성균관에서 성련례를 할 때 식순, 행사 진행시간 등 계획서를 참고 할 수 있었으면 좋겠습니다. 바쁘실 텐데 이런 부탁 드려서 죄송하고요. 꼭 부탁 드려요.

◆答; 관례와 계례 의식.(323 참조)

◆관례(冠禮).

冠.

楊氏復曰有言書儀中冠禮簡易可行者先生曰不獨書儀古冠禮亦自簡易

○男子年十五至二十皆可冠○必父母無期以上喪始可行之○前期三日主人告于祠堂○告于祠堂儀禮節次

◆告辭式(若冠者之母已歿雖在祔位亦當有告下同)

維 歲次干支幾月干支朔幾日干支孝玄孫(繼曾祖以下之宗隨屬稱)某官某敢昭告于 顯高祖考某官府君 顯高祖妣某封某氏(曾祖考妣至考妣列書祔位不書○非宗子之子則只告冠者祖先之位)某之(非宗子之子則此下當添某親某之四字)子母(若宗子自冠則去之子某三字)年漸長成將以某月某日加冠於其(若宗子自冠則去其字)首謹以酒果用伸虔告謹告

○戒賓

◆賓者請書式

某郡姓某再拜奉啓(備要本朝進御文字皆稱啓字私書恐不敢用代以白字○後倣此) 某官執事某(非宗子之子則此下當添之某親某四字)有子某(若宗子自冠則去有子某三字)年及成人將以某月某日加冠於其(若宗子自冠則去其字)首求所以敎之者僉曰以德以齒咸莫吾 子宜至日不棄 寵臨以惠敎之則某之父子(若宗子自冠則去之父子三字)感荷無極矣未及躬詣門下尚祈照亮不宣 具位姓某再拜(具位上當有年月日後倣此)

◆皮封式

上狀 某官執事 具位姓某謹封

◆復書式

某郡姓某再拜奉復 某官執事某無似伏承吾 子不棄召爲冠賓深恐不克供事以病盛禮然嚴命有加敢不勉從至日謹當躬造治報弗虔餘需面旣不宣 具位姓某再拜奉復

◆皮封式

上狀 某官執事 具位姓某謹封

○前一日宿賓

◆致辭書式

某上 某官執事(稱呼隨宜)某將以來日加冠於(非宗子之子則此下當添某之某親某之六字)子某(若宗子自冠則去於子某三字)吾 子旣許以惠臨矣敢宿 某再拜上

◆復書式

某復 某官執事承命以來日行禮旣蒙見宿敢不夙興　　　某再拜上

◆皮封式皆同前式

○陳設○厥明夙興陳冠服○冠禮之具○主人以下序立○賓至主人迎入升堂○賓揖將冠者就席爲加冠巾冠者適房服深衣納履出

◆始加禮祝辭式

吉月令日始加元服棄爾幼志順爾成德壽考維祺以介景福

○再加帽子服皂衫革帶繫鞋

◆再加祝辭式

吉月令辰乃申爾服謹爾威儀淑愼爾德眉壽永年享受遐福

○三加幞頭公服革帶納靴執笏若襴衫納靴

◆三加祝辭式

以歲之正以月之令咸加爾服兄弟具在以成厥德黃耉無彊受天之慶

○乃醮

◆醮禮祝辭式

旨酒旣淸嘉薦令芳拜受祭之以定爾祥承天之休壽考不忘(曲禮註不忘古人○士冠禮註不忘長有令名)

○賓字冠者

◆字冠者祝辭式賓或別作辭命以字之之意亦可

禮儀既備令月吉日昭告爾字爰字孔嘉髦士攸宜宜之于嘏永受保之

◆冠者答辭式

某雖不敏敢不夙夜祗奉

○出就次○主人以冠者見于祠堂

◆祠堂告辭式

某之子某(儀節若某親之子某)今日冠畢敢見(儀節宗子自冠則止曰某今日冠畢敢見)

○冠者見于尊長○見于尊長儀禮節次○乃禮賓○禮賓便覽○冠者遂出見于鄕先生及父之執友

◆계(笄)

笄禮

●補註笄簪也婦人不冠以簪固髻而已

●曲禮女子許嫁笄而字

●雜記女雖未許嫁年二十而笄禮之婦人執其禮燕則鬈首疏賀瑒云十五許嫁而笄則主婦及女賓爲笄禮未許嫁而笄則婦人禮之無女賓不備儀也既未許嫁雖已笄猶以少者處之故既笄之後尋常在家燕居則復去笄而分髮爲鬌紒也

●通解按賀說得之然有未盡許嫁笄則主婦當戒外姻爲女賓使之著笄而遂禮之未許嫁而笄則不戒女賓而自以家之諸婦行笄禮也

●士昏禮記女子許嫁笄而醴之稱字祖廟未毀教于公宮三月若祖廟已毀則教于宗室註祖廟女高祖爲君者之廟也以有緦麻之親就尊者之宮教以婦德婦言婦容婦功宗室大宗之家疏許嫁者用醴禮之不許嫁者當用醴禮之此謂諸侯同族之女言緦麻者擧最疏而言親者可知與君絕服者皆於大宗之家教之

●問笄禮鮮行遂菴曰尤菴先生宅曾行此禮可以取則矣

●屏溪曰髻者華制也卽今婦人之辮髮胡俗也尤翁晚年使一門婦女行笄禮士友間今或有行之者

○女子許嫁笄○母爲主○前期三日戒賓一日宿賓

◆賓請書式

忝親(非親則云辱交或辱識下同)某氏拜啓 某親某封粧次笄禮久廢玆有女年適可笄欲擧行之伏聞吾親閑於禮度敢屈(非親則改夫人孺人隨所稱)惠臨以敎之不勝幸甚(家禮本註凡婦人稱於已之尊長則曰兒卑幼則以屬於夫黨尊長則曰新婦卑幼則曰老婦非親戚而往來者以其黨爲稱) 月 日某氏拜啓

◆復書式

忝親某氏拜復 某親某封(粧次)蒙不棄 召爲笄賓自念粗俗不足以相盛禮然既有 命敢不勉從謹此奉復 月 日某氏拜復

○陳設○厥明陳服○笄禮之具○序立○賓至主婦迎入升堂○賓爲將笄者加冠笄適房服背子

◆笄祝辭式用冠禮始加祝醮與字辭亦同冠禮但字辭改髦士爲女士

吉月令日始加元服棄爾幼志順爾成德壽考維祺以介景福

○乃醮

◆醮禮祝辭式

旨酒既淸嘉薦令芳拜受祭之以定爾祥承天之休壽考不忘

○乃字

◆授字祝辭式
禮儀既備令月吉日昭告爾字爰字孔嘉女士攸宜宜之于嘏永受保之

○主人以筓者見于祠堂(補入)
◆祠堂謁見告辭式○主人自告
某之(非宗子之女則此下當添某親某之四字)第幾女今日筓畢敢見

○筓者見于尊長(補入)○乃禮賓皆如冠儀

▶322◀◆問; 冠의 의미?
옛날에는 갓을 많이 쓰고 제례를 행사 하였습니다. 그런데 근래에 어쩌다 보면 정자관? 을 쓰고 봉제사를 하는 모습을 볼 수 있는데요, 과연 옳은 예 인지요? 그리고 관을 쓰지 않고 봉제사를 하는 일과 관을 쓰고 봉사 하는 일 중 어느 쪽이 더 옳은지요?

관의 의미와 또한 모자 (중절모) 같은 경우 쓰고 절을 올려야 하는지 벗고 절을 올려야 하는지도 궁금합니다.

◆答; 관(冠)이란.
관(冠)은 쓰개의 총칭으로 지난 날에는 옷을 입으면 의례 관을 씀이 예법이니 의관을 갖췄다 하는 것입니다. 관은 방에 들어오거나 절을 할 때 제사를 지낼 때도 벗지 않으나 모자는 방에 들어오면 벗어야 하고 인사를 할 때 역시 벗어야 합니다.

●曲禮上;爲人子父母存冠衣不純素
●急就篇第三;冠幘簪簧結髮紐顔師古注冠者冕之總名備首飾也

▶323◀◆問; 단체(150여명) 성년례 진행 홀기.
안녕하세요? 옥구 향교 총무 업무를 맞고 있습니다. 오는 5월 17일 성년식과 성년례를 진행하려고 합니다. 단체 성년을 모여놓고 진행하는 요령을 잘 몰라서 자세한 진행 홀기를 알려주셨으면 감사하겠습니다. 시간이 급해서 빠른 시간 안에 알려주셨으면 고맙겠습니다. 잘 부탁 합니다.

◆答; 성년례 진행 홀기.
아래는 육례(六禮) 홀기(笏記) 중(中) 관례편(冠禮篇) 전문(全文)입니다.
○合用之人
(賓)主人擇子弟親識習禮者爲之○(贊)賓自擇之或主人自擇○(執事者)用子弟爲之○(禮生)今人家子弟未必皆習禮況禮多曲折非有引導唱贊者不能一一中節今擬請習禮者一人爲禮生引導唱贊如官府行禮之儀先期演習然後行之庶幾無失
○合用之物
帷帳○灰○櫛○頭繩○須○椸○網巾○簪○深衣○幅巾○履○大帶○帽子○儒巾○四方平定巾○盤○領袍○直身鞋○靴○襪○條

○儀禮通解士冠禮冠禮條目
筮日○戒賓○筮賓○宿賓○爲期○陳器服○卽位○迎賓○始加○再加○三加○禮冠者○冠者見母○字冠者○賓出就次○冠者見兄弟姑姊○奠摯於君及鄉大夫鄉先生○禮賓(通解按已上正禮已具以下皆禮之變)○醮(通解按不禮而醮乃當時國俗不同有如此者)○殺(疏此論夏殷殺牲醮子之事)○孤子冠○庶子冠○母不在

◉告廟

前期三日遍設果品一盤於每龕卓上(諸品隨宜)○設盞各一于每位櫝前○設茅沙于香卓前○別
設一卓于阼階上置祝版酒瓶酒注盞盤於其上○設盥盆帨巾各二於阼階下東南(盆有臺帨有架者
在西主人所盥無臺無架者在東爲執事者所盥幷巾在盆北)○主人以下盛服就阼階下北面序立(世爲一行)○主
婦以下北面於西階下○主人盥帨升啓櫝○退詣香卓前跪上香○執事者二人盥洗升自西階
就阼階上卓前○一人開瓶實酒于注奉詣主人之右跪○一人執盞盤進跪於主人之左○主人
受注斟酒反注取盞盤奉之左執盤右執盞酹于茅上○反盞盤于執事者○俛伏興少退再拜○
執事者奠注及盞盤于故處○主人與執事者皆降復位○主人主婦以下並再拜參神○主人升
詣元位前立○執事二人升○一人取注詣主人之右○一人取元位前盞盤詣主人之左○主人
受注斟酒反反注取盞盤奉奠于故處○次詣妣位前如初○以次詣諸位前如初○執事者反注
于故處降復位○主人退詣香卓前跪○祝升自西階就阼階上取版詣主人之左跪○在位者皆
跪○祝讀告辭云云○畢置版于香卓東端興降復位○在位者皆興○主人俛伏興再拜降復位
○與在位者皆再拜辭神○主人升斂櫝降復位○執事者升徹酒果及茅沙祝版闔門○退徹酒
注盞盤卓降復位○主人以下皆退

⊙戒賓

主人深衣詣賓門左東向立○賓出迎于門外西向再拜○主人答拜○賓揖主人入至于堂坐定
○主人起戒賓云云○賓辭云云○主人固請云云○賓許云云○主人再拜○賓答再拜○主人
告退○賓送于門外再拜○主人不答

⊙宿賓

前一日主人深衣詣賓門外東面立○賓出門外西面再拜○主人答拜○乃宿賓云云○賓許云
云○主人再拜○賓答拜○主人退○賓再拜送

⊙陳設

是日夙興設盥盆水礨沃科帨巾各二於阼階下東南(有臺架者在西爲賓所盥無臺架者在東爲贊者所盥)○
設席于其南○設房中之洗于北堂直室東隅○襴衫鈴帶靴道袍組帶白鞋深衣大帶黑履各卓
陳于房中西墉下東領北上○櫛網巾及撮髮繩並實于篚置于卓南○蒲筵二在其南○卓設醴
尊于服北○設篚實勺觶匙于尊北○陳脯邊醢豆于篚北幞頭軟巾緇冠各一匴執事者三人執
以待于西階下南面東上○設賓主拜席于門外東西(若醮用酒則設尊于房戶間兩甒有禁○玄酒在其西○加
勺于尊柄○盛觶于篚設于洗西○陳籩豆于房中服北○不設房中之洗)

⊙序立

主人盛服立于阼階下少東西向○兄弟子姓俱盛服立于其後重行北上○儐者立於門內之東
北面○沃洗者一人立于洗東西向○將冠者采衣紒在房中當戶南向立

⊙迎賓

賓盛服至于門外東面立○贊者在右少退○儐者出門外西面○還入告賓至○主人出門在西
向立○儐隨出立于主人之右少退○主人再拜○賓答再拜○主人揖贊者○贊者報揖○主人
揖賓○賓答揖○主人先入門內西面立儐從○賓入門內東面立贊者從之○主人揖○賓答揖
○又分庭而行至陳相向揖○至碑相向揖○主人至阼階下西面立○賓至西階下東面立○主
人揖賓請先升(請先升)○賓答揖辭云云○主人又揖請云云○賓又揖辭云云○主人又揖請云
云○賓又揖辭云云○主人由阼階升先右足○賓由西階升先左足○並涉級聚足連步以上○
主人立于東序端西面○賓立于西序東面○贊者就洗西跪盥沃洗者沃之○贊者盥洗帨手興
由西階升入房中立于將冠者之東西面○儐由西階升立于贊者之北○執事者(執冠巾幞頭者)於
位東面○儐取筵一出陳于東序少北西向退復位(房中)○將冠者出房外戶西南面立(若支子則席于
戶西南面)

⊙始加

贊者取櫛巾篚出跪奠于席南端興立於其左○賓揖將冠者卽席西向跪○贊者卽其後如其向
跪○爲之櫛髮合紒施網巾○興立于其左○賓降自西階○主人降立阼階下○賓立西階前東

面辭云云○主人對云云○賓就洗南北面坐盥沃洗者沃之○賓盥帨畢興詣西階下○與主人
揖讓○主人先升復位○賓升就冠席前跪整網巾○興由西階降一等西面立○執緇冠者升二
等東面授賓遂退復位○賓受冠右執項左執前正容徐詣冠席前立祝云云○乃跪加之興復位
○贊者進冠席前跪卒(結纓)興退復位○冠者興○賓揖之○贊者以冠者適房釋采衣服深衣加
大帶納履○出房外正容南面立良久○贊者立于其左少北(若支子則贊者奠櫛簞于席東端○將冠者卽席
南向跪○以下幷如儀)

⊙ **再加**

賓揖冠者卽席跪○賓降○主人降○賓辭云云○主人對云云○賓就洗南北面坐盥帨手○興
詣西階下與主人揖讓○主人先升復位○賓升就冠者前跪整巾興○降西階二等西面立○執
軟巾者升一等東面授賓遂退復位○賓受巾右執項左執前正容徐詣冠者前立祝云云○贊者
進詣冠者之後跪去緇冠奠于席南端退復位○賓乃跪加軟巾興復位○贊者進冠者前跪卒紘
興退復位○冠者興○賓揖○贊者以冠者適房釋深衣大帶履服道袍加組帶著鞋○出房正容
南面立良久○餐者立于其左

⊙ **三加**

賓揖冠者卽席跪○賓降○主人降○賓辭云云○主人對云云○賓就洗南北面坐盥帨手○興
詣西階下與主人揖讓○主人先升復位○賓升就冠者前跪整巾興○賓降西階沒等西面立○
執幞頭者進賓前東面授賓遂退復位○賓受幞頭右執項左執前正容徐詣冠者前立祝云云○
贊者進詣冠者之後跪去軟巾奠于冠東退復位○賓乃跪加幞頭興復位○贊者進冠者前跪卒
紘興退復位○冠者興○賓揖○贊者以冠者適房釋道袍組帶鞋服襴衫加鈴帶納靴○出房正
容南面立良久○贊者立于其左○儐出徹筵櫛冠巾入藏于房(若支子則不徹筵)

⊙ **醮**

儐取筵一出陳于室戶西南面退復位○贊者入取觶于篚盥洗于房中○帨手奉觶詣尊所酌醴
加匙覆之面葉出立于房戶外西面○賓揖○冠者就席右南面立○賓就房戶外東面受觶加匙
面枋(柄)就席前北向立祝云云○冠者再拜受觶○賓復位東向答拜○贊者入取脯醢于房出奠
于席前(脯西醢東)退立于賓左少退東向○冠者卽席跪左執觶右取脯㩺于醢祭之豆間○以
匙祭醴于地三○興就席右端跪啐醴扱匙興○降席南向跪奠觶再拜興○賓東向答拜○冠者
略側身西向贊者再拜○贊者答拜○冠者坐取觶興奠于薦東降席立○儐出徹觶及脯醢祭具
並入藏于房(若醮用酒則贊者降西階就洗西東面坐盥○取爵于篚洗畢興○升詣尊所跪實酒○興立于冠者之左○賓揖○
冠者就席右南向立○賓受觶就冠席前立祝祝辭改云云)

⊙ **字**

賓降階直西序東向○主人降立于阼階下少東西向○冠者降立西階下少東南向○賓字之云
云○冠者再拜對云云

⊙ **賓出**

賓向主人揖請退云云○主人報揖請留云云○賓辭○主人固請○賓許○主人揖○賓報揖出
○贊者降從之○主人及儐送至門外○賓贊並出就次

⊙ **見廟**

設果品盞盤于每位前具茅沙香案酒注酒瓶盞盤卓盥盆帨巾如初(並同前告廟時)○主人以
下序立○主人盥帨升啓櫝○降神再拜○在位者皆再拜參神○主人獻酒跪○祝升取版讀告
辭云云○主人俛伏興立於香案東南西向○冠者進立于兩階間再拜○主人降復位○在位者
皆再拜辭神○主人升斂櫝○執事者徹○闔門退

⊙ **見尊長**

父母在堂中分東西坐南面○諸叔父在東序南向立○諸兄西向立○諸叔母姑在西序南向立
○諸姊娣東向立○冠者就東楹外北面再拜○父爲之起○冠者就西楹外北面再拜○母爲之
起○冠者就東序北面再拜○諸父坐而扶之○冠者又就西序北面再拜○諸叔母姑坐而扶之

○冠者又就東序東面再拜○諸兄坐而扶之○冠者又就西序西面再拜○諸姉坐而扶之諸婐答拜(若冠者祖在則先拜祖父母○次拜父母○同居有尊長則父母以冠者詣其所拜之○尊長爲之起○冠者還就東西序每列再拜○應答拜者答○受卑幼者拜)

⊙見先生
冠者乃釋襴幞易服笠子靑袍出見鄕先生及父之執友皆再拜○先生執友皆答拜○有誨言則冠者拜之(先生不答拜)

⊙禮賓
主人治具○設賓席于堂北南面○主人席于阼階上西面○贊者席于西階上東面○衆賓席于賓席之西南面○主人親屬席于主人之後西面北上○設尊于房戶之間加勺○實爵于尊南○具殽羞陳于房中(按獻儐則設席亦當與衆賓爲列○衆賓坐不盡則東面北上)○主人至次迎賓先行○賓及贊儐衆賓以序行至階○主人揖賓請升○賓揖辭○賓先升就位○賓贊以下各以序升就位○主人向賓再拜致謝云云○賓答拜○主人謝贊者再拜○贊者答拜○主人拜儐○儐答拜○主人就尊所跪取爵實酒興詣賓席前獻賓○賓拜主人少退○賓受爵○主人復位答拜○執事者進殽羞于賓席前退○賓卽席跪祭酒啐酒興就席西坐卒爵遂拜執爵興○主人答拜○賓以爵詣尊所跪實酒就主人席前酢主人○主人拜賓少退○主人進受爵○賓復位答拜○執事者進殽羞于主人席前退○主人卽席跪祭酒啐酒興就席右坐卒爵遂拜執爵興○賓答拜○主人以爵詣尊所實酒就贊者席前獻之○贊者拜主人少退○贊者受爵○主人答拜復位○執事者進殽羞于贊者席前退○贊者卽席跪祭酒啐酒興就席右坐卒爵遂拜執爵興○主人答拜○贊者以爵進授主人○主人受爵○贊者退復位○主人就尊所實酒詣儐獻之○儐拜受爵○主人答拜復位○執事者進殽羞于儐席前退○儐卽席跪祭酒啐酒興就席右坐卒爵遂拜執爵興○主人答拜○儐以爵進授主人○主人受爵○儐退復位○主人以爵實酒以次獻衆賓畢○賓主以下並升席坐○行酒無筭○執事者奉幣于盤以進○主人起受之詣進于賓席前○賓興再拜○主人復位答拜○執事者又以幣進○主人受之進于贊者席前○贊者興再拜○主人復位答拜○執事者又以幣進○主人受之進于儐席前○儐興再拜○主人復位答拜○賓及贊儐各以幣授從者○賓主以下皆降階分庭而出○至門外相向立○主人再拜○賓不答皆逡巡而退

▶324◀◆問; 자(字)에 관하여.
경주 이씨 판윤공파 비석 중에 형제간에 자(字)가 같은 경우가 있어서 문의 합니다. 호(號)는 다르고 자(字)는 같은데 집안에 물어보니 자(字)가 같은 경우가 있다 하네요. 이런 경우(자(字)가 같은 경우(형제간) 있는지요? 자(字)가 같게 쓰는 이유를 알고 싶네요.

◆答; 자(字)에 관하여.
자(字)란 관례(冠禮)를 치르면서 백(伯) 중(仲) 숙(叔) 계(季) 등으로 차례(次例)를 정(定)하여 붙임이 보편적(普遍的)이나 형(兄)과 제(弟)의 한 글자에 같은 자(字)를 붙여 한 형제임을 나타내고자 함인 것 같습니다.

●白虎通姓名篇士冠經曰賓北面字之曰伯某甫又曰冠而字之敬其名也所以五十乃稱伯仲者五十知天命思慮定也能順四時長幼之序故以伯仲號之禮檀弓曰幼名冠字五十乃稱伯仲論語曰五十而知天命稱號所以有四何法四時用事先後長幼兄弟之象也故以時長幼號曰伯仲叔季也伯者長也伯者子最長迫近父也仲者中也叔者少也季者幼也

●日知錄排行篇兄弟二名而用其一字者世謂之排行如德宗德文義符義眞之類起自晉末漢人所未有也

진말(晉末)경 부터 형제(兄弟)의 자(字)에 동자(同字)를 붙여 덕종(德宗) 덕문(德文) 의부(義符) 의진(義眞) 등과 같이 지어 형제(兄弟)임을 나타내었다는 배항(排行)의 예가 일지록(日知錄)에 기록되어 있음을 소개하였을 뿐임.

10 혼례(昏禮)

▶325◀◆問; 결혼과 혼인의 차이를 가르쳐 주세요.

결혼과 혼인의 차이를 가르쳐 주세요. 제가 알기론 혼인이 맞았다고 아는데 어떤 분이 결혼은 남자 혼례에 축하 글을 쓸 때 쓰고 화혼은 여자 집 혼례에 쓴다고 하길래 질문을 드립니다.

제가 알기론 혼인은--혼(婚)-남자가 여자 에게 장가를 든다는 뜻이고 인(姻)-여자가 매파(중매장이)를 통해서 남자에게 시집간다는 뜻으로 알고 있습니다. 또한 결혼은 여자가 남자에게 곁으로 가는 뜻으로 알고 있습니다.

궁금한 내용.
①결혼 혼인 위 두 글자의 차이.
②장가든다 할 때 든다. 의 뜻도 가르쳐 주세요?

◆答; 결혼과 혼인의 차이.

①答; 한서(漢書) 장건이광리전(張騫李廣利傳)에 결혼(結婚)과 이아(爾雅) 혼인(婚姻) 곽박(郭璞) 주소(註疏)에 혼인(婚姻)에 관하여 논함이 보이는데 결혼(結婚)과 혼인(婚姻)은 동의(同意)로 쓰이고 있으나 구태여 가른다면,

◆결혼(結婚)이란; 글자의 뜻과 같이 [남녀가 부부관계를 맺는다]라 이해됨이 옳을 것 같으며,

◆혼인(婚姻)이란; 남녀가 부부가 되는 일이라 할 수 있으니 결혼(結婚)과 혼인(婚姻)은 결국 같은 의미임.

●漢書六十一張騫李廣利傳第三十一張騫漢中人也(中略)外國由是信之其後烏孫竟與漢結婚
●爾雅婚姻郭璞註壻之父爲姻婦之父爲婚父之黨爲宗族母與妻之黨爲兄弟婦之父母壻之父母相謂爲婚姻

②答; 여기서 [든다]의 풀이는 [들어가다]라 이해될 수 있는데 옛날에는 신랑이 신부 집으로 들어가 일정기간 지내다 신랑 집으로 신부를 데리고 왔으니 그에서 유래(由來)된 말이 아닌가 하며 대체로 남자가 취처(娶妻)함을 포괄적(包括的)으로 의미함 같습니다.

▶326◀◆問; 결혼기념사진 찍을 때 신랑 신부 위치.

결혼식(結婚式)이 끝나면 기념 사진을 찍는데, 이 때 신랑은 대개 신부의 오른 쪽에 섭니다. (신랑 자신의 위치에서) 하객(賀客)이 볼 때는 왼쪽에 신랑이 보입니다. 또 회갑연에서 남편은 아내의 오른쪽(하객이 볼 때는 아내의 왼쪽)에 앉는 게 맞는지 알려 주세요. 그리고 이렇게 앉아야 하는 이유가 있다면 말씀해 주시기 바랍니다.

◆答; 결혼기념사진.

아래와 같이 살펴보건대 남자는 동편에 서고 부녀자는 서편에서 모두 북향(北向)하여 섰으니 이를 남향(南向)으로 돌려 세워 놓으면 내가 보아 남서여동(男西女東)으로 남좌여우(男左女右)가 됩니다. 남좌여우(男左女右)는 남양녀음(男陽女陰)의 법도(法度)에 의함으로 남자는 양(陽)이니 동(東)이요 여자는 음(陰)이라 서쪽이 됩니다.

●家禮祠堂篇凡屋之制不問何向背但以前爲南後爲北左爲東右爲西
●溫公書儀祭禮篇(序立)主人帥衆丈夫共爲一列長幼以敍立於東階下北向西上主婦帥衆

婦女如衆丈夫之敍立於西階下北向東上

●家禮祠堂篇正至朔望則參條主人以下盛服入門就位主人北面於阼階下主人有諸父諸兄則特位於主人之右少前重行西上諸弟在主人之右少退子孫外執事者在主人之後重行西上主婦北面於西階下

●司馬氏居家雜儀凡節序及非時家宴上壽於家長卑幼盛服序立如朔望之儀

●儀禮有司徹疏曰設神几皆在右爲主人皆左是生人陽故尙左鬼神陰故尙右

●司馬溫公曰古者同牢之禮壻在西東面婦在東西面盖古人尙右故壻在西尊之也今人旣尙左且從俗

●穀梁疏衛次中曰右主八寸左主七寸右主謂父也左主謂母也

●書儀所以西上者神道尙右故也

●朱子曰禮云席南向北向以西方爲上東向西向以南方爲上是東向南向之席皆尙右西向北向之席皆尙左也今祭禮考妣同席南向則考西妣東自合禮意大率古者以右爲尊如周禮云享右祭祀詩云旣右烈考亦右文母漢人亦言無能出其右者是皆以右爲尊也

●內則男左女右細註嚴陵方氏曰或男耦而女奇取陰陽之相須也或男左而女右取陰

▶327◀◆問; 결혼 날짜를 잡았는데 차례를 올려도 되는지요.

사촌 시동생이 결혼날짜를 잡았는데 차례를 올려도 되는지요. 빠른 대답 부탁 드립니다.

◆答; 결혼 날짜를 잡았는데.

상(喪)을 당하면 혹 제사(祭祀)를 폐하는 경우는 있으나 결혼(結昏) 날짜를 잡았다 하여 제사(祭祀)를 폐(廢)한다는 전거(典據)는 없는 것 같습니다. 오히려 경사(慶事)이니 조상(祖上)께 고하고 조상과 같이 맞아야 하겠지요.

●昏義昏禮者將合二姓之好上以事宗廟而下以繼後世也故君子重之是以昏禮納采問名納吉納徵請期皆主人筵几於廟而拜迎於門外入揖讓而升聽命於廟所以敬愼重正昏禮也

▶328◀◆問; 결혼날짜 잡혔을 때 차례는 어떻게?

제 사촌동생 아버지에게는 조카가 되는데 결혼날짜를 받았습니다 그런데 결혼날짜를 잡았을 경우에는 차례를 지내지 말라는 이야기가 있어서 이번 추석에 차례를 지내지 말아야 하는지 결혼날짜와는 상관없이 차례를 지내면 되는지 궁금해서 여쭈어 봅니다.

◆答; 결혼날짜 잡혔을 때 차례는.

상(喪)이나 기제(忌祭)나 명절(名節) 참례(參禮)는 미룰 수가 없는 고정된 예입니다. 만약 꺼려 진다면 혼례(婚禮)는 정일(定日) 예가 아니니 혼례(婚禮)를 미뤄야 되겠지요. 조상(祖上)보다 그 후손이 우선일 수는 없으니까요.

아무리 길일(吉日)이라 하여도 개장(改葬) 시(時) 주혼자(主昏者)나 혼자(昏者)가 시마복(緦麻服)에 해당되면 복중(3 개월)에 혼인은 미안할 것이라는 춘동(同春) 선생의 말씀은 그 안에는 혼인을 하지 말라는 말씀이 되겠지요.

●家禮婚禮篇身及主昏者無朞以上喪乃可成昏條大功未葬亦不可主昏

●同春曰改葬服未除之前昏娶恐未安

●尤庵曰緦小功不廢昏禮云者似通門內門外喪而言也然叔父之下殤及外祖父母雖曰小功而亦有難行者與

▶329◀◆問; 결혼문제요.

남동생의 처제와 결혼 하려 하는데요, 결혼 후 호칭 문제 등이 궁금합니다.

◆答; 결혼 후 호칭. 주야.

이상에 대한 답변이란 상식수준에 머무를 수 밖에 없겠습니다. 여자(女子)가 출가(出嫁)를 하게 되면 시가(媤家)의 항렬(行列)과 순위(順位)를 따라야 하며 남자는 자기 가문(家門)의 항렬(行列)과 순위(順位)를 따름은 불문가지(不問可知)이니 제수(弟嫂)로 호칭(呼稱)되어야 당연하겠지요.

▶330◀◆問; 결혼식 관련 문의.

결혼식 행사에서 주례가 하객을 바라보며,
1) 婚主 자리 위치(신랑측, 신부측)와,
2) 신랑과 신부 위치를 알고 싶습니다. 고견을 바랍니다.

◆答; 신랑 신부의 위치.

○혼주석(婚主席); 남혼주동방(男昏主東方), 녀혼주서방(女昏主西方).
○신랑신부(新郞新婦); 신랑동방(新郞東方), 신부서방(新婦西方).

●儀禮有司徹;(疏)生人陽故尙左鬼神陰故尙右
●王制;道路男子由右婦人由左註凡男子婦人同出一塗者則男子常由婦人之右婦人常由男子之左
●性理大全壻婦交拜;壻席於東方婦席於西方

▶331◀◆問; 결혼식에 폐백 받을 때 절 받는 사람은 누구인가요? (급해요)

[1]신부 집에서 폐백 시 절 받는 사람은 누구누구 인가요? 조카가 10.20 시집가는데요.
[1]신부 집 사람들도 절 받나요?
[2]신부 집에서 누구까지 절 받나요?
[3]절 받고 무슨 말해 주며 뭘 주나요? (돈도 주나요)

◆答; 결혼식에 폐백 받을 사람.

問; 1] 問; [2] 問; [3] 答; 신부(新婦)는 시부모(媤父母)에게 폐백(幣帛)하고 신랑(新郞)은 처가(妻家)에 가서 장인(丈人) 장모(丈母)에게 폐백(幣帛)합니다.

신부(新婦)는 아래와 같이 살펴보건대. 시부모(媤父母)와 가례(家禮)에는 언급함이 없으나 시조부모(媤祖父母)까지 폐백(幣帛)이 있고 그 외인(外人)에게는 폐백(幣帛)이 없으며 제존장(諸尊長)에게는 절을 하고 소랑(小郞: 시 형제) 소고(小姑: 시누이)는 상배(相拜)가 됩니다. 신랑은 장인 장모에게만 폐백(幣帛)이 있을 뿐입니다.

부견구고(婦見舅姑)의 예가 소위(所謂) 이르는 속칭(俗稱) 폐백(幣帛)의 예이며. 서견부지부모(壻見婦之父母)는 속칭으로 재행(再行)이 됩니다.

이상은 전통혼례(傳統昏禮)의 신랑 신부의 폐백(幣帛)에 대한 예이고 신혼의 예법은 알지를 못하고 다만 경험된 바로는 예식장 폐백실에서는 신부 집 부모(父母)를 비롯 친족(親族)은 절을 받지 않고, 신랑 집 시부모(媤父母)가 먼저 폐백과 함께 절을 받고 다음으로 존장(尊長)을 포함 친족 존비(尊卑) 순으로 무폐(無幣)로 인가 되는데 신혼(新婚) 여행(旅行)에 보태라고 금일봉씩 내 놓기도 합니다.

●朱子家禮昏禮婦見舅姑明日夙興婦見于舅姑條婦夙興盛服俟見舅姑(云云)婦進立於阼階下北面拜舅升奠幣于卓子上(云云)姑升奠幣(云云)○婦見于諸尊長條諸尊長兩序如冠

禮無幣
●南溪曰今俗新婦見祖父母亦有贄幣
●朱子家禮昏禮壻見婦之父母明日壻往見婦之父母條婦父婦母皆有幣○又次見婦黨諸親
條不用幣

▶332◀◆問; 결혼을 앞둔 예비신부입니다.

올 10월에 결혼을 앞둔 예비신부입니다. 저희 둘은 양가 부모님의 결혼 승낙을 받은 상태이고, 다음 달 양가부모님 상견례도 예정되어 있습니다. 이번 설날에 시부모님을 찾아 뵙고 세배를 드려야 하는데, 신부가 결혼 전(폐백 절 하기 전에)에는 시댁어른께 절을 안 한다고 하는 말이 있던데 그게 예절에 맞는 건가요?

혹시 제가 예절에 어긋나는 행동을 하여 큰 결례를 드릴까 봐 걱정스러워 문의 드립니다.

◆答; 결혼 전 시가 세배에 대하여.

유가(儒家)의 전통예법(傳統禮法)으로는 친영(親迎)의 도중이 아니고는 그 안에 신부 될 사람이 시가(媤家)에 인사하러 같다는 전거(典據)는 없습니다.

●曾子問曰親迎女在途而壻之父母死則如之何孔子曰女改服(更其嫁時衣)布深衣(今擬用素服)縞緫(以生白絹束髮)以趨喪如女在途而女之父母死則女反

▶333◀◆問; 결혼의례.

안녕 하세요 저는 올해 59세이고요 고향은 충남 당진입니다 여쭐 말씀은 다름 아니고 저의 큰딸이 금년 6월에 결혼합니다. 함에 관하여 여쭙니다 저는 젊었을 때 함을 팔러 다니거나 집안 누님들 동생들이 결혼 전 함을 받을 시 신부 집에 들어가면 함을 상에 올려놓고 신랑 장모님께 절을 하고 드린 것으로 기억 하는데 지금 인터넷을 검색하면 함을 받아서 예비 장인과 예비 사위가 맞절을 한다고 되여 있어 어떤 것이 맞는지 진실을 알고자 이 글을 올립니다. 답 글 부탁 드립니다.

◆答; 결혼의례.

전통혼례(傳統昏禮) 신혼식(新昏式)에서 함진애비를 여가(女家)로 보내는 예는 납폐(納幣)에 속하는데, 납폐의 예는 신랑(新郎)이 동행하는 것이 아니라 폐백(幣帛)과 서신(書信)을 사람을 시켜 신부 집으로 보낼 뿐입니다.

신랑이 신부 집으로 처음 가는 예는 친영(親迎)인데 이때 주인에게 기러기를 바칠 때 기러기를 땅에 놓고 신부 집 심부름꾼이 가져가면 신랑만 절을 하고 주인은 절을 하지 않습니다. 다만 신식 혼례의 법도는 알지를 못합니다.

●朱子家禮○納幣條幣用色繒○具書遣使如女氏女氏受書復書禮賓使者復命並同納采之儀
●家禮親迎主人出迎壻入奠鴈條主人迎壻于門外揖讓以入壻執鴈以從至于廳事主人升自阼階立西向壻升自西階北向跪置鴈於地主人侍者受之壻俛伏興再拜主人不答拜

▶334◀◆問; 결혼이바지.

딸아이 결혼(結昏) 날짜를 양력 3월 달로 받고 결혼식장(結婚式場)을 예약했습니다. 그런데 절친한 분 자제 청첩장(請牒狀)이 왔는데 다음 주 입니다. 꼭 참석해야 할 자리인데 어른들은 자식 결혼날 받아놓고 다른 사람 잔치에 가는 거 아니라고 하는데 부조만 하고 참석하지 않아야 되나요? 결혼식에 참석해도 무방하나요?

어른들의 말씀이 참석 하지 말아야 한다면 어떤 의미가 있는 것인가요? 자식에 해가 되나요? 또한 신부측에서 가는 이바지 음식은 언제 가는 것이 예의인가요? 결혼 전에 가는 것과 신행 때 보내는 것이 의미가 다른가요? 조언 부탁 드립니다.

◆答; 결혼이바지.

유가의 예법으로는 자식 혼인 날자 받아 놓고는 타인의 혼례식에 참석하지 않는다 함의 그 전거(典據)가 찾아지지 않습니다. 샤머니즘적 풍설이 아닌가 합니다.

이바지음식이란 아마도 전통혼례 때 신부 집에서 친영(親迎) 시 신부(新婦)에 딸려 음식을 보내주면 신랑 신부가 다음날 폐백(幣帛) 후 그 음식을 시부모(媤父母)에게 드리는 아래와 같은 예를 이르는 것 같습니다.

⊙若冢婦則饋于舅姑

是日食時婦家具盛饌酒壺婦從者設蔬果卓子于堂上舅姑之前(增解按士昏禮設饌如取女禮云則此設蔬果薦饌之式亦當略如同牢儀)設盥盆于阼階東南帨架在東舅姑就坐(姆引婦)婦盥升自西階洗盞斟酒置舅卓子上降俟舅飲畢又拜(增解愚按書儀婦先薦饌于舅姑前食畢婦拜舅升洗盃斟酒置舅卓子上降俟舅飲畢又拜遂獻姑如獻舅儀云則其云又拜者以前已拜姑此也此無薦饌拜而曰又者也三禮儀則刪又字)遂獻姑(儀節婦洗盞斟酒)進酒姑受飲畢婦降拜遂執饌(便覽婦執饌也)升薦于舅姑之前(儀節從者以盤盛湯至婦自捧詣舅姑前置卓子上以盤盛飯或饅頭至婦自捧詣舅姑前置卓子上)侍立姑後以俟卒食徹飯侍者徹饌分置別室婦就餕姑之餘婦從者餕舅之餘婿從者又餕婦之餘非宗子之子則於私室如儀

●士昏禮婿入門東面奠贄再拜註贄雉也疏凡執贄相見皆親授受此獨奠之象父子之道質故不親授也

▶335◀◆問; 결혼 준비 절차가 궁금합니다.

안녕하세요? 내년에 아들 장가를 보내는 혼주입니다. 그런데 상견례 후에 사주단지 라든지 예물이라든지 모든 절차를 어떻게 해야 할지 궁금합니다. 현재 양가 집안에 상견례는 했고요. 결혼 일자는 2011 년 4 월 24 일입니다. 그런데 상견례 이후로 신랑 집과 신부 집에서 어떤 절차를 거쳐야 하는지 매우 궁금합니다. 김○덕 드림.

◆答; 결혼 준비 절차.

◆납채(納采)

현대적(現代的) 예법(禮法)은 알지를 못하고 아래는 유가적(儒家的) 예법의 대강(大綱)입니다. 납채(納采)는 요즘의 사주(四柱)와 아울러 예물교환(신부의 부모 가족)쯤으로 이해됨이 옳을 듯싶습니다.

납채서식(納采書式)은 아래와 같고 납채서신(혹 사주도 함께) 봉투를 소반에 담아 향안(香案) 위에 올려 놓고 조상님께 아래와 같이 고합니다.

●家禮納其采擇之禮卽今世俗所謂言定也
●士昏禮下達納采用鴈
●儀節按士昏禮納采用鴈而家禮削去不用從簡也

⊙納采書式

某郡姓某啓 某郡某官執事伏承 尊慈不鄙寒微曲從媒議許以 令愛(姑**姉**妹姪女孫女隨所稱)貺室僕之(非宗子之子則此下當添某親某之四字)男某(若宗子自昏而族人之長主之則改男爲某親)兹有先人之禮謹專人納采伏惟 尊慈俯賜 鑑念不宣 某年某月某日某郡姓某啓

⊙皮封式

上狀 某郡某官執事

○婿告祠堂儀禮節次

陳設如常儀用盤子盛書置香案上

序立(男左女右世爲一行詳見通禮)○盥洗○啓櫝○出主○復位○降神○主人詣香案前○跪○焚香○酹酒(盡傾茅沙上)○俯伏興拜興拜興平身○復位○參神○鞠躬拜興拜興(拜興拜興)平身○主人斟酒○主婦點茶(畢二人幷拜)○鞠躬拜興拜興平身○主婦復位(主人不動)○跪(主人以下皆跪)○讀祝○俯伏興平身(主人獨拜)○鞠躬拜興拜興平身○復位○辭神(衆拜)○鞠躬拜興拜興(拜興拜興)平身○焚祝文○奉主入櫝○禮畢

⊙**祠堂告辭式**(若昏者之母已歿雖在祔位亦當有告下同○祠堂有事則告條)

維 歲次干支幾月干支朔幾日干支孝玄孫(繼曾祖以下之宗隨屬稱)某官某敢昭告于 顯高祖考某官府君 顯高祖妣某封某氏(曾祖考妣至考妣列書祔位不書○非宗子之子則只告昏者祖先之位)某之(非宗子之子則此下當添某親某之四字)子某(若宗子自昏則去之子某三字)年已長成未有伉儷(再娶則去年已以下八字)已議(再娶則此下當添再字)娶某官某郡姓名之女今日納采不勝感愴謹以酒果用伸虔告謹告

◆**납폐(納幣)**

납폐의 예는 신랑 집에서 채단과 혼서지(婚書紙)를 함에 담아 함진애비를 신부 집으로 보내는 예로 이해됨이 옳을 듯싶습니다. 함진애비가 떠나기 전에 혼서지를 소반에 담아 향안 위에 올려 놓고 아래와 같이 조상님께 고하고 신부 집으로 보내면 될 듯합니다.

●禮輯曰納幣卽古納徵禮

●士昏禮納徵玄纁束帛儷皮註束帛十端也儷皮兩鹿皮也

○**壻家告祠堂儀禮節次**

陳設如常儀用盤子盛書置香案上

序立(男左女右世爲一行詳見通禮)○盥洗○啓櫝○出主○復位○降神○主人詣香案前○跪○焚香○酹酒(盡傾茅沙上)○俯伏興拜興拜興平身○復位○參神○鞠躬拜興拜興(拜興拜興)平身○主人斟酒○主婦點茶(畢二人幷拜)○鞠躬拜興拜興平身○主婦復位(主人不動)○跪(主人以下皆跪)○讀祝○俯伏興平身(主人獨拜)○鞠躬拜興拜興平身○復位○辭神(衆拜)○鞠躬拜興拜興(拜興拜興)平身○焚祝文○奉主入櫝○禮畢

⊙**告祠堂告辭式**

維 歲次某干支幾月干支朔幾日干支孝玄孫(繼曾祖以下之宗隨屬稱)某官某敢昭告于 顯高祖考某官府君 顯高祖妣某封某氏(曾祖考妣至考妣列書○非宗子之子則只告昏者祖先之位)某之(非宗子之子則此下當添某親某之四字)子某(若宗子自昏則去之子某三字)已聘某官某郡某氏之第幾女爲婦卜之叶吉今行納幣禮且以日期爲請曰某月某日甲子吉宜成昏不勝感愴謹以酒果用伸虔告謹告(若昏期尙遠去且以日期以下至宜成昏十七字)

⊙**壻家書式**

忝親某郡姓某啓 某郡某官尊親家執事(稱呼隨時)伏承 嘉命許以 令女貺室僕之某(若某親之子某)加之卜占已叶吉兆玆有先人之禮敬遣使者行納幣禮謹涓吉日以請曰某日甲子實惟昏期可否惟命端拜以俟伏惟 尊慈特賜 鑒念不宣若昏期尙遠去謹涓以下至以俟二十二字年 月 日 忝親姓某再拜

⊙**皮封式**

上狀 某郡某官尊親執事   忝親姓某謹封

▶336◀◆問; 결혼 청첩장에 이름.

자녀의 결혼 청첩장에 고인이 된 아버지의 이름을 올려도 되는지. 올려도 된다면 어떻게 표현해야 하는지요. 보통은 올리지 않는 경우라 궁금합니다.

◆**答; 결혼 청첩장(請牒狀).**

지난날에는 자녀 혼인 등 경사가 있게 되면 멀리 사는 친족이나 친지에게 서신의 형식으로 그 사실을 적어 알려 주었을 뿐입니다.

유가(儒家)의 혼례(昏禮)에서는 혼주(昏主) 제도가 있어 그 혼주(昏主)는 생자일 수밖에 없으니 그와 같은 사례는 있을 수가 없습니다. 특히 유가에는 혼인 청첩장에 관하여 명문화된 문식이 없습니다. 다만 청첩이란 앞으로 경사가 있을 때 남을 초청하는 글로 청찰(請札) 또는 청간(請簡) 청첩장(請牒狀), 청장(請狀)이라 이르기도 하는데 청첩(請牒)은 경사를 주관하는 주인(주최자)이 남을 초청하는 글이니 초청자는 생자라야 가능하겠지요. 그러나 현대 청첩장(請牒狀) 양식이 하나로 통일 됨이 아니고 표현코자 하는 방법에 따라 여러 종이 있는 듯 한데 만약 신랑(新郞)이나 신부(新婦)가 누구의 자손인가를 밝히고자 할 때는 부모의 성명을 쓰되 망자는 고(故)를 머리에 붙여야 바른 표시가 되지 않을까 합니다.

●荷齋日記九己酉年十二月十日;晴漢城材木株式會社總會請牒來到

▶337◀◆問; 결혼과 화혼의 차이점.

혼례식에서 화환(또는 축의금 봉투)에 "축(祝) 결혼(結婚)", "축(祝) 화혼(華婚)" 이라 쓰여진 것을 자주 봅니다. 어느 날 문득 이에 대한 이야기를 하던 중,
①신랑 쪽이면 "축(祝) 결혼(結婚)", 신부 쪽이면 "축(祝) 화혼(華婚)"이라는 표현을 해야 한다는 주장을 하는 사람이 있어 50 여 년 동안 처음 듣는 저로서는 무식자가 되어버린 느낌을 받았습니다. 그리하여 몰래(?) 국어사전을 들추어 확인해 보니,
②일반적으로 "축(祝) 결혼(結婚)"이라고 하고, "축(祝) 화혼(華婚)"은 결혼의 의미를 더 미화하여 표현한 것이라고 합니다.

"결혼(結婚)"과 "화혼(華婚)"의 차이가 관례상 또는 통념상 ①과 ② 중, 어느 해석이 정확한 것인지 궁금합니다. 감사합니다.

◆答; 결혼과 화혼.

◆결혼(結婚); 남녀가 부부의 연을 맺음.

◆화혼(華婚); 이 때의 화(華)의 의미는 꽃이란 뜻으로 결혼 때 장식하는 화환(花環)으로 축화혼(祝華婚)하면 결혼(結婚)을 축하하는 화환 정도로 번역되어야 할 것이며, 또 혹 축하금(祝賀金) 봉투에 축화혼(祝華婚)이라 썼다면 결혼(結婚)을 벌과 아름다운 꽃을 연상시켜 결혼을 아름답게 이르는 말이라 이해될 수 있을 것입니다.

●詩經小雅皇皇者華章; 皇皇者華 (註)皇皇猶煌煌也華草木之華也
●三國志魏桓階傳;劉表辟爲從事祭酒欲妻以妻妹蔡氏階自陳已結婚拒而不受(註)結婚爲也稱男女結成夫婦

▶338◀◆問; 단자(單子) 쓰는 서식 좀 가르쳐 주세요.

애경사, 한문식 단자서식 좀 가르쳐 주세요.

◆答; 단자(單子) 서식(書式).

○혼인(昏姻) 단자(單子) 서식(書式).
위(爲)
모성군(某姓君)(孃)
경하혼인(慶賀婚姻)
근축행복(謹祝幸福)
* 하의금(賀儀金)원
年 月 日
모처모(某處某) 하례(賀禮)

○수연(壽宴) 생신(生辰) 서식(書式)

위(爲)

성모선생(姓某先生)님

경하수연(慶賀壽宴)

근축만수무강(謹祝萬壽無疆)

하의금(賀儀金)원 하의품칙홍삼정일상자등(賀儀品則紅蔘精一箱子等)

年 月 日

성명하례(姓名賀禮)

○상사(喪事) 부의(賻儀) 서식(書式)

위(爲)

모씨상차(某氏喪次)

근(謹)

조위(弔慰)

* 부의금(賻儀金)원

年 月 日

성명(姓名) 곡배(哭拜)

▶339◀◆問; 대례상차림.

혼례 시 대례상차림을 도표로 알기 쉽게 볼 수 있을까요?" 물론 옛날에 비추면 신분이나 지역에 따른 많은 차이가 있을 수 있으나 불변하는 원칙에 근거하여 말씀해 주시면 고맙겠습니다. 덧붙여 지나가긴 했지만, 2790 에 대한 귀견도 부탁 드립니다. 늘 고맙습니다. 항상 공부하는 자세로 임하겠습니다. 좋은 나날 연이어지시길 바랍니다.

◆答; 대례상차림.

원도(原圖)는 글자를 북향으로 향하게 있어 이를 바로 보기 위하여 책을 역으로 놓아 착오가 생겼습니다. 혹 오해의 소지가 있을 듯하여 당초 게시문(揭示文)을 삭제하고 정정(訂正) 문은 올려 드립니다.

현재 전통혼례라 하여 행하는 예법은 대개 예서적 혼례의 예법에서 여러 가지가 변형 된 세속 예법으로 예서에서 규정된 예법과는 많은 차이가 납니다. 예서적 혼례(昏禮)는 글자가 의미하듯이 신랑 댁에서 저녁에 비로소 교배례를 행하는 까닭에 혼(婚)자가 아닌 혼(昏)자를 쓰는 것입니다. 지금도 그때 길을 밝히던 청사초롱을 멀건 대낮에 앞서 들고 가지요. 까닭에 교배례(交拜禮)와 저녁식사, 첫날밤을 한 방에서 계속 진행이 됩니다. 아래는 전통예서에서 따온 교배례와 식탁(食卓) 설찬도식(設饌圖式) 입니다.

◆輯覽交拜設饌圖	◆士昏禮同牢設饌圖	◆三禮儀同牢設饌圖	◆增解同牢設饌圖
一分饌	一分饌	一分饌	一分饌
盞盤 匙筯	豆 豆 豆 豆	麵食,薧苴,盞盤,匕箸,米食	麵食,肉,炙肝,魚,米食
	大羹 醬醢 菹 醢	薙,肉湯,殽,魚湯,膾	熟菜,脯,沈菜,醢.醋菜
果蔬　　果蔬	會 敦 俎	鮓,醋菜,卵,熟菜,脯	果,果,果,果,果,果,果
	黍 豚	生果, 正果, 油蜜果	乾果, 生果
	會 敦 俎 俎		
	稷 魚 腊		

▶340◀◆問; 대가를 치르고 여자를 데려다 산 풍습이 있었는가요.

선생님 안녕하셨습니까. 저는 한문(漢文)에는 그리 밝지 못하여 큰 관심을 두지 않고 있다 달포 여에 성균관(成均館)을 알게 되어 한문(漢文)이 그와 같이 깊은 학문(學文)임을 알게 되었습니다. 서론(序論)이 너무 긴 것 같아 본론(本論)을 말씀 드립니다.

초론인데 너무 경한 의문인지 모르겠습니다. 다름이 아니라 지금도 아프리카 몇몇 나라에서는 오랜 풍습으로 짐승 등을 그 대가로 처녀 집에 주고 데려다 사는데, 혹시 우리나라에서도 그와 비슷한 1 회성이 아닌 풍습은 없었는가요. 이제껏 들은 바가 없어 혹 있었을까 하여 문의 드립니다. 가부간 일러 주셨으면 감사하겠습니다. 안녕히 계십시오.

◆答; 대가(代價)를 치르고 여자를 데려다 사는 풍습.

아래와 같이 살펴보건대 고구려의 동쪽에 있었던 동옥저(東沃沮)의 혼례 예법은 여자가 10세가 되여 신랑 집과 혼인이 허약(許約) 되면 신부를 신랑 집으로 보내어져 신랑 집 법도로 장성하게 하여, 다시 여자 본가로 보내고 여자 집에서 신랑 집에다 돈을 요구하면 신랑 집에서 요구 된 돈을 신부 집에 보내주고 신부를 다시 데려갔다 합니다.

●海東繹史禮志昏禮士庶昏禮;箕子之朝鮮敎其民嫁娶無所讎○又東沃沮其嫁娶之法女子十歲已相設約許壻家迎之長養以爲婦至成人更還女家女家責錢錢畢乃復還壻

▶341◀◆問; 동성 결혼 가능할까요?

안녕하세요. 궁금한 것이 있어서 이렇게 성균관을 찾았습니다. 제가 결혼할 나이는 아니지만요 지금 여자친구가 저와 같은 성 황씨 입니다. 저는 평해 황씨 27 대손이고요 여자친구는 장수 황씨 27 대손 입니다. 만약 이런 경우 결혼해도 아무 문제가 없을까요?

◆答; 동성 결혼 불가능.

동성동본(同姓同本) 통혼(通昏)에 관하여 대강(大綱) 아래와 같이 살펴보건대 금혼(禁昏)이며 이관(異貫) 역시 금혼(禁婚)을 주장하나 성씨에 따라 통혼(通婚) 또는 금혼인 것 같습니다. 따라서 황씨 가문(家門)의 문장(門長)께 확인하심이 옳을 것 같습니다.

●白虎通不娶同姓恥與禽獸同
●坊記取妻不取同姓以厚別也(註厚猶遠也)故買妾不知其姓則卜之
●家語孔子曰同姓爲宗有合族之義故繫之以姓而不別綴之以食(音嗣)而不殊(註君有食族人之禮雖親盡不異之殊食多少也)雖百世婚姻不得通周道然也
●國語司空季子曰異姓則異類雖近男女相及以生民也(註相及嫁娶也)同姓雖遠男女不相及畏黷敬也(註畏褻黷其類)黷則生怨怨亂毓災(註毓生也)災毓滅性是故娶妻避其同姓畏亂災也
●國朝寶鑑顯宗大王禁同姓異貫者嫁娶國法姓字雖同鄕貫若別例通昏嫁至是禁之
●西厓曰禮不娶同姓遠嫌也劉聰納劉殷女爲妃所出絶異而網目書之以爲犬羊雜糅唐宋以來尙公主者皆以異姓惟唐昭宗取李茂貞子爲駙馬此則迫於强臣不可以爲法也(按姓同者望鄕雖異其初則想皆一祖恐不可通昏但綠賜姓偶與之相同則又未知如何也)
●南溪曰俄國薦紳雖稱巨閥自麗以上靡得以詳則鄕貫雖異而安知其不如魯之庶姓自別而俱出於一源乎此附遠厚別別嫌明微之道所關非細恐不可諉於俗例而直從之也

●學禮議小柳氏曰東俗同姓異貫之昏有或行之雖有尤菴南溪之說然我國族姓之別與中國大異如全州之李靑海之李可昏也光山之金慶州之金雖百世不可通也如松京田氏全氏之類皆本於王氏豈可謂以異姓乎

●陶庵曰國俗初以姓同而貫異爲無嫌矣自尤翁釐正其弊矣旣明知其爲同姓則何可因仍襲謬而不之改乎慶州之金亦不可

●問不娶同姓也若非同貫則娶之不害於禮否澤堂曰同姓不昏自周而始我國國昏亦然而士大夫家但別同貫而娶之遡而上之安知非同出於一也昔華人見鵝溪漢陰同姓爲翁婿非之曰汝國此事尙夷風也

▶342◀◆問; 동성동본.

안녕하세요 박씨만은 동본이 다르다 해도 결혼을 금지하는 걸로 아는데 (밀양 박씨와 함양 박씨) 항간에 말로는 민법이 바뀌어 혼인신고가 승낙이 되는지 문의합니다. 덧붙여 유림에서는 지금도 반대 인지요?

◆答; 동성동본.

성균관(成均館) 보다는 법조계(法曹界)로 문의하여야 신뢰(信賴)할 수 있는 정확한 답을 얻으실 수 있으리라 생각됩니다.

追言; 혼인(昏姻)에 대한 유가(儒家)의 법도는 동성동본(同姓同本) 금혼(禁昏)이지요.

이 법도는 지금의 누가 아니다 한다 하여 아닐 수가 없는 유가(儒家)의 법(法)입니다. 까닭은 경서(經書)의 말씀이기 때문에 그렇습니다. 그와 같이 금혼(禁昏)하여야 하는 이유는 세세(細細)하게 밝힌 바는 없으나 근친교배(近親交配)의 폐해(弊害)를 미연에 방지해야 한다는 깊은 지혜(智慧)가 숨겨져 있는 법도입니다.

특히 권씨(權氏)의 동성간(同姓間) 금혼(禁昏)의 근원은 유가(儒家)의 법도에 따라 안동 권 김씨(安東權金氏)간에 이미 지난 오래 전부터 상호 금혼(禁昏)의 법도를 두 문중이 지켜 내려온 역사에서 찾아야 할 것입니다. 물론 이 시대는 유교가 지배하는 시대가 아니니 현 국가의 동성(同姓) 금혼(禁婚) 해제의 법이 시행된다면 국민은 누구나 따라야 하겠지요. 그러나 유자(儒者)는 그로 인하여 유교(儒敎)의 근본이념(根本理念)이 경(經)이니 그 경서(經書)의 가르침을 바꾸거나 부정할 수는 없습니다.

●郊特牲天地合而後萬物興焉夫昏禮萬世之始
●昏義昏禮者將合二姓之好上以事宗廟而下以繼後世也
●白虎通不娶同姓恥與禽獸
●曲禮娶妻不娶同姓故買妾不知其姓則卜之
●大典鄕貫雖異姓字若同則毋得昏娶
●尤庵曰貫異而姓同者東俗不嫌通昏得罪禮法深矣
●南唐曰安東權金之同源政如魯宋之同源同出於帝嚳然姓旣分而年代又遠則不嫌於通昏權金之通昏又何嫌乎百世昏姻不通周道也而周之禮如此則尤無可疑矣

▶343◀◆問; 동성동본끼리 결혼에 대한 문의입니다.

1]동성으로 본관이 다르면 결혼 가능한가요?
2]동성동본(同姓同本) 결혼(結婚) 금지법(禁止法)이 있나요? 거기에 밀양모씨와 다른 모씨와 결혼에 대한 금지조항도 있나요?
3]금지하는 이유는 뭔가요?

◆答; 동성동본끼리 결혼.

아래와 같이 살펴보건대 유가적 예법으로는 동성동본뿐 아니라 동성 이관이라 하여도 혼인을 하지 않는다. 라 이해됨이 옳을 것입니다.

다만 이는 유가(儒家)의 법도이고 지금 국가의 법에 규정 되었는지의 여부는 명확(明確)히 알지를 못하며, 이유는 유가에서 지금과 같이 과학적으로 입증된 우성(優性) 열성(劣性)의 근거(根據)에 의함이 아니라 동족이라는 개념(概念)에서 금하였을 뿐이나 그러나 그와도 일치하는 현명함이 숨어 있다 할 수 있을 것입니다.

●坊記子云取妻不取同姓以厚別也
●白虎通嫁娶篇不娶同姓者重人倫防淫泆恥與禽獸同也外屬小功已上亦不得娶也
●國朝寶鑑顯宗朝二篇己酉十年春正月條時烈又言娶妻不娶同姓古之禮也國俗雖同姓若異貫則不嫌於婚娶甚無謂也請自今禁斷 上可之
●問不娶同姓禮也若非同貫則娶之不害於禮否澤堂曰同姓不昏自周而始我國國昏亦然而士大夫家但別同貫而娶之遡而上之安知非同出於一也昔華人見鵝溪漢陰同姓爲翁婿非之曰汝國此事尙夷風也

▶344◀◆問; 두 번 결혼식을 하려 하는데?
1]아들과 부모가 뜻이 맞지 않아서 결혼식을 저들끼리 먼저 했고 양가 부모님들은 결혼식에 하나도 참석하지 않았습니다.
2]그 이후에 첫 아들(손자)이 나서 화회가 돼서 그 첫 돌에 결혼식을 다시 올리기로 했고 돌 날짜에 결혼날짜를 맞췄습니다.
3]그래서 결혼식 전에 상견례를 하고자 합니다. 양가 부모님들은 얼굴을 보지 못했으니까요.
문의 1]이런 서로 만남을 뭐라고 불러요? 후견례라고 하나요?
2]참석 대상은 누구 인가요? 부모에겐 한 번 밖에 없는 결혼식인데(결혼할 자식이 이 아들 밖에 없어요) 부모님 형제를 다 참석시키려고 하는데요?
3]그날 해야 할 말과 해선 안 될 말이 뭐가요? 인터넷에 보니까 상견례 장에는 결혼식 얘기. 신혼 집 얘기를 주로 하던데요. 여긴 그런게 지나가 버렸네요. 결혼식도 저희끼리 해 버렸고 신혼집도 저희가 마련해서 살고 있고요.
4]비용은 누가 부담하나요? 신부측. 신랑측 어느 쪽인가요? 어려운 걸 문의 드려서 죄송합니다. 수고스럽지만 자세하게 답변 주세요.

◆答; 두 번 결혼식을 하려 하는데.
아무리 살펴보아도 한 쌍의 남녀가 두 번 사모관대와 족두리를 쓴다는 예은 없는 것 같습니다.

아래와 같이 살펴보건대 여자는 두 번 초례를 하지 않는 것으로 되어 있습니다. 답변을 하여 드리기가 유가(儒家)의 법도로는 대단히 주저스러워 주춤거렸습니다. 다만 현대 혼인은 잘 알지를 못합니다. 혹 신식 결혼 예식장에 문의하여 보심이 어떠하실런지요.

●孔子家語本命; 女子夫死從子言無再醮之端王肅注始嫁言醮禮無再醮之端言不改事人也
●明史徐文華傳; 中人之家不取再醮之婦

▶345◀◆問; 딸을 시집에 데려다 주는데 사용하는 언어.
안녕하세요? 옛날에는 딸을 시집으로 데려다 주는 절차가 있는데 딸을 시집으로 데려다 주면 사돈집 일가 친척들이 모여서 상호 인사를 하고 주연을 베풀었는데 이때 사용하는 언어(言語)가 "상갑"이라고 하는지요?

요즈음은 결혼 전 상견례를 하고 결혼식을 올리면서 폐백을 할 때 시집 쪽 친척들이 폐백자리에 참석하여 새로 맞아들이는 신부와 인사를 하고 결혼식하고 난 후 신혼 여행 후에는 자기들끼리 서로 왔다 갔다 하는데 옛날에는 그렇지 않았거든요.

딸을 시집 쪽(즉 사돈댁)에 데려다 주고 사돈댁 일가친척들과 상견례를 하고 극진히 대접을 했는데 이때 사용하는 언어가 "상갑'인지 잘 기억이 나지 않아 여쭤봅니다.

◆答; 딸을 시집에 데려다 주는데 사용하는 언어.

아래와 같이 살펴보건대 혼례의 모체인 가례나 의절에서는 친영(親迎)에서 서부(壻婦)의 종자(從者)에 관하여 누구누구인지를 세부적으로 논함은 없으나, 속례로 서부가(壻婦家)에서 따라가는 대표를 상객(上客)이라고는 하는데 혹 상갑이라 하심이 그에 대한 착오는 아닐런지요.

●家禮昏禮親迎主人禮賓條饗從者今從俗
●儀節昏禮饗送者條凡女家送來者皆酬以幣

▶346◀◆問; 박가(朴家)끼리의 혼인에 대해 여쭙니다.

안녕하세요? 저는 올해 29 살의 청년입니다. 저에게는 고민이 한가지 있습니다. 현재 교재 중에 있는 여자친구의 성이 박가라는 것입니다. 저는 진원 박가 이고, 여자친구는 밀양 박가 입니다. 여기까지 말씀 드리면 본이 다른데 무엇이 문제냐고 묻는 분이 대부분 이시지만, 가끔 박가 끼리는 혼인하지 않는 다고 말씀하시는 분도 계십니다.

몇 천년 전의 박혁거세가 모든 박가의 시조이기 때문에 박가 끼리는 혼인하지 않는다는 것입니다. 제 아버지도 이러한 입장이신데, 이것이 정말 맞는 말인지요?

대한민국의 3 대 성씨가 김, 이, 박 인데. 몇 백만 박가 끼리는 서로 혼인 하지 말라고 하는 것이 정말입니까? 물론 법적으로야 문제는 없겠지만, 지역사회에서 부모님의 체면이 걸린 문제라 너무 고민이 됩니다.

◆答; 동성불혼(同姓不婚).

동본(同本)은 물론 동성(同姓)까지도 혼인하지 않는다는 것입니다.

●白虎通嫁娶; 其內娶也不娶同姓者重人倫防淫泆恥與禽獸同也外屬小功已上亦不得娶也
●大明律附例尊卑爲婚; 凡外姻有服尊屬卑幼共爲婚姻杖一百徒三年
●退溪曰異姓七寸非有族義古之道也族義已盡故通昏非同行則不計爲昏同行謂如六寸八寸兄弟娣妹同行然者也

▶347◀◆問; 상견례에 관한 문의입니다.

안녕하세요. 여동생의 결혼으로 집안에 분란이 생겨서 문의 드리게 됐습니다.

사위 감의 어머님이 오래 전에 이혼을 하시고 10 여 년 이전에 양아버지 되는 분과 사실혼관계를 유지하고 계십니다. 제 아버님 말씀은 어머님은 출가외인이라 따질 것도 없다고 하시고 양아버지는 친부모가 아니므로 역시 따질 것이 없다고 하십니다. 그러면서 상견례도 필요 없고 조용히 결혼식만 치르자고 하십니다.

아니 결혼식에도 사위 감의 친아버지가 꼭 나와야 한다고 주장하십니다. 하지만 오래 전에 이혼해서 이제는 연락도 안 되는 사람을 어떻게 찾고 또 결혼식에 나온다고 해도 친어머니와 얼마나 서먹하겠습니까?

어머니께서는 그쪽 양아버지를 친부모와 마찬가지로 대우하여 예식을 다른 사람들처럼 치르기를 원하십니다. 하지만 아버지는 사위 감이 고아나 마찬가지라고 말하십니다. 결국 여동생의 결혼에 관해서 제대로 된 예식절차는 아무것도 없고 결혼식 날짜만 잡아놓은 상태입니다. 전혀 어떤 말도 통하지 않는 상태인데 어떻게 해야 할까요?

어떤 것이 도리에 맞는지 어떻게 대처하고 행동해야 할지 밝은 분들의 가르침을 원합니다.

◆答; 상견례에서.

회성에서는 외숙도 없으면 아버지의 친구나 이장을 혼주로 삼아도 가하다 하였으나, 매산 선유께서는 외친도 비족속이라 불가하다 하셨으니 계부를 혼주로 삼기에는 명확한 전거가 없어 가부를 논할 수가 없습니다.

다만 가례복식에 계부라도 동거하였으면 그의 복도 입는 예법이 있으니 이 예법을 연계하고 회성의 예법을 따른다면 계부라도 혼주로 예우한다 하여 작금의 복잡한 가족제도하에서 심히 어그러졌다 지적할 수가 있을까? 입니다. 그러나 유가(儒家)의 법도(法度)를 제일의 가치로 삼는 가문(家門)이라면 논란의 대상은 되겠지요.

●家禮三父服圖同居繼父父子皆無大功以上親乃義服不杖期○不同居謂先隨母嫁繼父同居後異或雖同居而繼父有子已有大功已上親服齊衰三月○元不同居則無服
●會成主昏條註孤而無族長者母舅主之無母舅者父執里宰皆可
●梅山曰雖非宗子無父母族屬則自命之已矣外親於我非族也吉凶之禮不可使主之
●白虎通義人君及宗子無父母自定娶者卑不主尊賤不主貴也

▶348◀◆問; 상견례전 사돈댁에 대한 문상예절에 대해 여쭙니다.

아들녀석이 내년 3월에 장가를 갑니다. 내일 사돈부부와 저희 부부의 상견례를 하기로 했는데 오늘새벽에 노사부인께서 돌아 가셨습니다.

제 아들녀석은 손주사위의 자격으로 당연히 장례를 치러야 할 것 같고요. 저도 문상을 가는 것이 예의일 것 같은데요. 가기 싫은 것은 아니고요 예의범절상 어찌 처신해야 하는지 판단을 못하겠어서 여쭈어 보게 되었습니다.

1. 아들녀석은 아직 결혼전이기는 하지만 발인까지 자리를 지켜야 하는지요?
2. 저희 부부도 문상을 해야 하는 것이 맞는지요?

◆答; 상견례전 사돈댁에 대한 문상예절.

아래와 같이 살펴보건대 이미 납폐의 예를 마치고 성혼의 날이 정하여졌을 때 여자의 부모가 죽으면 사위 집에서는 사람을 보내어 조문하고, 사위의 부모가 죽었을 때 역시 여자의 집에서 사람을 보내어 조문한다. 는 것입니다.

이와 같이 성혼 전에 처부모나 시부모의 상을 당하면 사위나 그 부모들이 직접 조문 가는 것이 아니라 다른 사람을 시켜 조문의 예를 행하게 되는데, 양가 조부모에 대한 조문의 예가 명문화 되어 있지 않은 것 같습니다.

따라서 부모의 법도를 따른다 하여도 유가의 법도로는 사람을 시켜 조문하는 법이니 조부모 역시 이 범주를 벗어 나지는 않을 것입니다. 이상의 법도는 유가의 예법입니다.

●曾子問曰昏禮旣納幣有吉日女之父母死則如之何孔子曰壻使人吊如壻之父母死則女之家亦使人吊

▶349◀◈問; 상중 혼인에 대하여.

아직 택일은 하지 않았구요, 잠정적으로 10월 21일(토)로 정해놓았었는데, 저의 외할머니께서 지난 8월 8일에 90세의 나이로 돌아가셨습니다. 10월 21일이 길일이라고 하기도 하고, 저희 사정이 이 때가 딱 좋다고 생각했었는데요. 저는 미국에 있구요, 신랑 될 사람은 미국인이어서 우리나라 전통문화에 이해가 깊다고 해도 글쎄 어떻게 생각할 지 모르겠어요. 상중이라 저의 부모님과는 본격적인 대화를 나누지 못했는데요, 가능하면 우리의 전통문화풍습을 감안하는 게 좋을 것 같아서요. 자문 부탁 드립니다" 이메일"로 답변해주시면 더욱 고맙겠습니다.

◈答; 상중 혼인은.

혼주나 자신이 기이상 상중이거나 대공 9월 복의 장례(3개월)전에는 혼인을 할 수 없습니다.

귀하는 외조부모상은 3월 복인이 되고 혼주(昏主)는 장모 복으로 그 역시 3월 복인이 됩니다. 따라서 예법적으로는 혼인이 가능합니다.

●家禮昏禮議昏身及主昏者無朞以上喪乃可成昏條大功未葬亦不可主昏
●性理大全成服緦麻三月; 爲妻父母爲外祖父母

▶350◀◈問; 새 며느리가 조상께 인사를 하여야 하는데요?

궁금한 것은 지난 5월 29일 아들이 혼인을 하여 처음 맞이하게 될 선고(先考)의 추석명절 차례와 기제일(음 9월 6일)에 외동인 아들과 며느리가 할아버지 제사에 참석 헌작하는 순서와 절을 올리는 방법에 대하여 문의 드리오니 회신을 기다리겠습니다.

◈答; 새 며느리의 선조 알현.

새 며느리를 맞아 드리면 혼례 후 3일이 되면 사당을 알현하는데 사당이 없으며 지방으로 대신하여 축관이 집전 전(奠)의 예로 신부가 주과포를 진설하면 축관이 아래와 같이 고하면 신부는 사배를 하고 물러나면 철상 합니다.

告辭; 子某之婦某氏敢見

●程子曰女旣嫁父母使人安之謂之致女古者三月而廟見始成婦也
●性理大全昏禮廟見古者三月而廟見今以其太遠改用三日

▶351◀◈問; 새벽제사를 저녁 제사로 바꾸려는 데요?

생활의 편의를 쫓다 보니 아닌지 알지만 대다수 가족의 뜻에 따라 저녁 제사로 돌리려 합니다. 돌리기 전에 조상(祖上)님께 미리 고해야 한다는데 절차나 방법(方法), 돌린 후의 절차(節次)나 방법, 시간 등이 궁금합니다.

◈答; 새벽제사를 저녁 제사로.

바른 제사 시간은 궐명숙흥설소과주찬(厥明夙興設蔬果酒饌)하고 질명봉주취위(質明奉主就位) 후 참신[參神(紙榜則先降神)]하게 되는 것입니다.

요즈음 기제(忌祭)를 사일(死日) 초시(初時)인 자시(子時)에 지내는 것은 속례(俗禮)이지 유가적(儒家的) 정례(正禮)가 아닙니다. 이는 아마도 효자(孝子)가 질명(質明)까지 기다리지 못하는 효심(孝心)에서일 것입니다.

유가(儒家)의 예법은 농경집성사회(農耕集姓社會) 구조하(構造下)에서 생성되어 요즘과 같은 산업사회(産業社會)에서는 조금은 불합리한 예도 있을 것입니다. 그러나 바른 제사(祭祀) 시간은 질명(質明) 즉 먼동이 트기 시작할 때 입니다. 다만 기제 시간 변동에 대하여 특별하게 고하는 예법은 없는 것 같으며 퇴근이나 하교를 주인 집(제사를 지낸 곳)으로 하여 자고 반드시 질명(質明)이 아니라 출근이나 등교 시간에 맞추어 시간을 조정하여 지내시는 방법도 있을 것입니다.

이도 저도 여건상 어렵다면 당일을 벗어나지 않고 지낸다 하여 크게 타인이 나서서 예에 어긋났다 흉볼 입장을 못될 것이나 여기는 유가(儒家)의 본당인 성균관(成均館)이니 정례(正禮)를 벗어난 예법은 옳다 일러 줄 수는 없을 것입니다.

●家禮忌祭編○厥明夙興設蔬果酒饌○質明主人以下變服詣祠堂封神主出就正寢
●禮器質明而始行事疏質正也謂正明之時少牢禮朝明行事註朝明質明也此乃周禮也

▶352◀◆問; 신혼 예식의 신랑신부 서립.

* 요즘 모두가 예식장에서 혼례식을 예식장에서 많이 하고 있습니다. 저가 알고 있는 상식으로는 구식결혼식에는 정침위주 남좌 여우이고 현대식에는 주례위주로 남좌여우라고 알고 있습니다만 가는 곳마다 차이가 나고 있으니 혼돈이 되네요.

*신랑 신부 서립에 관하여 질문 드리겠습니다.
1. 부산지방에서는 예식장에서 주례로부터 좌측에 청초 신랑 또 좌측에 신랑측 혼주 그리고 신랑측 하객이고 우측에는 홍초 신부 또 신부측 혼주 그리고 신부측 하객입니다만.
2. 경북지방에는 이와 반대인 것을 목격 했습니다.

◆答; 신랑신부 위치.

家禮 二冊 혼례편(昏禮篇) 구판후(九板後) 서부교배조(壻婦交拜條)에 신부(新婦)의 종자(從者)는 신랑(新郎)의 자리를 동(東)쪽으로 펴고 신랑(新郎)의 종자(從者)는 신부(新婦)의 자리를 서(西)쪽으로 편다. 또 동책(同冊) 십판전(十板前) 취좌음식필서출조(就坐飮食畢壻出條)에 신랑(新郎)은 신부(新婦)에게 읍(揖)을 하고 나아가 앉는데 신랑(新郎)은 동(東)쪽이고 신부(新婦)는 서(西)쪽이다.

사마온공(司馬溫公) 거가잡의(居家雜儀)에서 하신 말씀에 나의 집은 같이 사는 가족(家族)이 대단히 많아 동지(冬至)와 삭망(朔望)에 당(堂)으로 모이는데 남자들의 자리는 좌측(左側)에서 서(西)쪽을 상석(上席)으로 삼아 있고 부녀자(婦女子)들의 자리는 우측(右側)에서 동(東)쪽을 상석(上席)으로 삼아(좌우(左右)라 함은 가장(家長)의 좌우(左右)를 이름)모두 북향하여 다같이 장유(長幼)의 차서(次序) 대로 각각 일열씩 짓는다.

사마온공(司馬溫公)이 일으기를 옛날 동뢰(同牢)의 예(禮)에서 신랑은 서(西)쪽에서 동향하고 신부는 동쪽에서 서향하게 한 것은 대개 옛 사람들이 오른쪽을 숭상하였기 때문이다. 그러한 까닭에서 신랑이 서쪽에 있게 한 것은 신랑(新郎)을 높인 것인데 지금 사람들은 이미 왼쪽을 숭상(崇尙)하니 이 세속(世俗)을 따른다.

모든 집의 제도에서 향배가 어찌되었던 불문하고 단지 앞을 남쪽이라 하고 뒤를 북쪽이라 하며 왼편을 동쪽이라 하고 오른편을 서쪽이라 한다.

○우존좌비(右尊左卑)라 하니 남우여좌(男右女左) 설좌법(設坐法)은 상석(上席)여부의 설좌법이고 서동부서(壻東婦西) 설좌법은 음양(陰陽)조화(造化)에 의한 설좌법이

라 할 수 있으며 홍동청서(紅東靑西) 역시 음양법(陰陽法)에 의함임.

※이상에서 살펴본 바와 같이 남녀(男女)의 서는 자리도 상석여부(上席與否)와 음양조화(陰陽造化) 사상에서 발로됨이니 우리의 전통혼례의 예법을 외래의 혼례예법에 그대로 적용하려 함도 무리가 있지 않을까도 생각되며 이에서 그 예법의 대강도 알지를 못하고 전통예법에 견주어 왈가왈부함이 적절 할까도 의심되기는 하나. 남동여서(男東女西)의 법도로 신랑은 동쪽에 신부는 서쪽에 섬이 법도에 맞을 것입니다.

●家禮二冊昏禮篇九板後壻婦交拜條婦從者布壻席於東方壻從者布婦席於西方又同冊十板前就坐飮食畢壻出條壻揖婦就坐壻東婦西
●司馬氏居家雜儀吾家同居宗族衆多冬至朔望聚於堂上(此假設南面之堂若宅舍異制臨時從宜)丈夫處左西上婦人處右東上(左右謂家長之左右)皆北向共爲一列各以長幼爲序(婦以夫之長幼爲序不以身之長幼爲序)
●司馬溫公曰古者同牢之禮壻在西東面婦在東西面盖古人尙右故壻在西尊之也今人旣尙左且從俗
●凡屋之制不問何向背但以前爲南後爲北左爲東右爲西
●王制男子由右女子由左
●記言左右陰陽說條天道尙左地道尙右陰陽之義也朝庭之禮以東爲上祠廟之禮以西爲上

▶353◀◆問; 아들 결혼식 날 정한 후 장례와 제사예절 문의합니다.
언제나 명쾌하고 친절하게 답변해주시는 선생님께 진심으로 감사 드립니다 궁금한 점이 있어서 문의 드립니다.
問; 1. 아들의 결혼식 날(음5월25일)을 잡았는데 처 작은아버지께서 금일(음4월9일) 돌아가셨습니다. 조문을 하지 말라는 설이 있는데 어떻게 해야 하는지요? 아니면 나와 아들 모두 조문을 하여도 괜찮은지요?
問; 2. 위 질문과 비슷한데 아들의 결혼식이(5월25일) 인데 아버지 제사 날이(음5월14일)입니다. 제사를 지내지 말라는 설이 있는데 어떻게 해야 하나요?

◆答; 아들 결혼식 날 정한 후 장례와 제사예절.
問; 1. 答; 결혼일이 5월 25일 인데 사망 일이 4월 9일이라면 근 1개월 보름 후가 됩니다. 혼인에서는 혼주(昏主)와 당사자는 백숙부모 급 형제 등 부장기복(백숙부모, 형제) 이상의 상 중에는 혼례를 치를 수가 없고 그 외 재계의 예법이 없습니다. 따라서 당사자나 혼주 모두 조문을 다녀와도 유가의 법도로는 꺼릴 것이 없습니다.

問; 2. 答; 제사 역시 10여 일의 차이가 있습니다. 혼례예법 어디에도 그와 같은 경우 제사를 폐하라는 전거는 없습니다. 따라서 제사를 지내시기 바랍니다. 혹 속설로 말미암아 기제를 폐한다면 그 조상이 경사스런 혼사를 축복하겠습니까.

●性理大全昏禮議昏; 身及主昏者無朞以上喪乃可成昏(註)大功未葬前亦不可主昏
●檀弓子張死曾子有母之喪齊衰而往哭之或曰齊衰不以吊曾子曰我吊也歟哉註於朋友哀痛甚而往哭之非若凡吊○非兄弟雖鄕不往疏無親也○有殯聞遠兄弟之喪雖緦必往非兄弟雖隣不往

▶354◀◆問; 예식장에서의 남자와 여자의 좌석 위치.
의식행사에서는 여러 가지 절차와 형식이 중요시되고 있습니다. 결혼식에서 눈에 먼저 띄는 형식은 남자와 여자의 위치인데 식장마다 다른 점이 있어 전통예절에서의 원칙이 궁금하여 여쭙니다.
물론 상석(上席)은 주례(主禮)가 위치한 방향이고, 예절의 방위(方位)에서는 동쪽이 상석이며 남좌여우(男左女右)의 원칙은 공통적이나 적용되는 현장에서 결혼식장마다 다른 경우가 있어 다음의 경우는 구혼(舊昏)의 전통 혼례식을 기준으로 한다면 신혼의 결혼식장(結婚式場)에서는 어떤 원칙이 적용되어야 하는지요?

1. 혼주(婚主) 석은 두 부부(夫婦)의 입장에서 '남좌여우(男左女右)'의(義) 원칙(原則)에 따라야 하는지, 주례(主禮) 쪽이 상석(上席)이니 남자는 주례 쪽인 앞쪽에 앉고 여자(女子)는 하객(賀客) 쪽에 앉아야 하는지 성균관의 원칙을 알고 싶습니다.

2. 주례의 앞에서 주례를 보는 위치에서 신랑과 신부가 '남좌여우' 원칙은 예절의 방위에서 '남동여서'의 원칙이 적용되지 않고, 하객(賀客)을 보고 섰을 때는 두 원칙이 모두 적용되지 않는데 어떤 위치가 바른 위치인지요?

3. 점촉 용 양초가 붉은 색은 양(陽)으로 동쪽, 파란색은 음(陰)으로 서쪽에 둔다고 하는데 예식마다 다른 경우가 많은데 성균관의 원칙은 무엇인지요?

◆答; 남녀 서는 위치.
1. 答; 신랑 신부측 혼주 석은 동향서향일 때의 상석은 남방이라 주례 단 쪽으로 부인, 하객 석 쪽으로 장부.

2. 答; 주례 쪽으로 섰을 때는 지도(地道; 生者)는 상우(尙右)라 남동여서(男東女西)의 위치로 서고, 하객에게 인사하기 위하여 돌아서게 되면 상우의 법도에 딸아 하객이 바라보아 남좌여우가 되도록 신부와 신랑을 자리를 바꿔 서야 할 것입니다.

3. 答; 푸른 초는 양(陽)으로 동(東; 左; 男), 붉은 초는 음(陰)으로 서(西; 右; 女).

●朱子曰禮云席南向北向以西方爲上東向西向以南方爲上是東向南向之席皆尙右西向北向之席皆尙左也今祭禮考妣同席南向則考西妣東自合禮意大率古者以右爲尊如周禮云享右祭祀詩云既右烈考亦右文母漢人亦言無能出其右者是皆以右爲尊也
●有司徹疏生人陽故尙左
●內則男左女右細註嚴陵方氏曰或男耦而女奇取陰陽之相須也或男左而女右取陰陽之相類也
●王制男子由右女子由左
●記言左右陰陽說條天道尙左地道尙右陰陽之義也朝庭之禮以東爲上祠廟之禮以西爲上
●芝村曰初喪爲位皆以男左女右而上朝祖下男女道路之法謂男左女右
●李氏曰玄纁若以陰陽言之則玄屬陽纁屬陰
●常通今俗多用左玄右纁之制分置棺上左右當手處以應親愛之義此不爲無據又曰左右恐當以生人分之盖生人之左卽死者之右而地道神道皆尙右故也若以尸柩分左右而左玄右纁則天色玄反居於下地色纁反居於上恐非禮意
●家禮二冊昏禮篇九板後壻婦交拜條婦從者布壻席於東方壻從者布婦席於西方又同冊十板前就坐飮食畢壻出條壻揖婦就坐壻東婦西

▶355◀◆問; 예식장에서의 신랑 신부 서는 자리에 대하여?
신혼 예식장에서 신부와 신랑이 주례 앞에서 서는 위치.

◆答; 예식장에서의 신랑 신부 서는 자리.
본인은 신혼 예식장에 대한 법도는 알지를 못합니다. 다만 유가(儒家)의 법도로 신랑 신부의 위치를 분간하여 본다면 신랑신부가 입장 할 때는 [지도상우(地道尙右)]라 [남자유우여자유좌(男子由右女子由左)]이니 신랑이 신부의 우측에 서서 입장하여야 하고 그대로 주례 앞으로 올라서면 곧 주례가 보아서 남좌여우가 되고 남동여서가 됩니다. 이는 주례의 좌측이 신랑의 위(位)로 신랑 집 혼주와 그 하객의 자리가 되고 우측이 신부의 혼주와 그 하객의 자리가 됩니다. 따라서 촛불 역시 신랑은 남자라 양(陽)에 속하니 양(陽)은 동(東)이라 신랑의 위치로 배열됨이 옳지 않을까 합니다.

간혹 신혼예식장에 참석하여 보면 신부 하객 석이 동(東)이고 신랑 하객 석이 서(西)로 배치 되어 있음을 경험하게 되는데 그에 대하여 유가의 법도로는 합리화 시킬 근거가 없는 것 같습니다.

●王制男子由右女子由左
●記言左右陰陽說條天道尙左地道尙右陰陽之義也朝庭之禮以東爲上祠廟之禮以西爲上
●芝村曰初喪爲位皆以男左女右而上朝祖下男女道路之法謂男左女右
●重庵曰男左女右以地道言則右尊左卑道路屬地當男右女左盖右主動而左主靜右有力而左無爲故男女所由如此

▶356◀◆問; 이바지 음식 세사 상에 올려도 되나요?

이바지음식을 부모님 제사장에 올려도 되는지요? 어떤 분은 일부러 보관했다가 부모님 제사상에 올린다고 하시고. 어떤 분은 절대로 조상 제사상에 올리면 안 된다고 하시는 분도 있는데. 알고 계시는 분 꼭 좀 알려주세요.

◆答; 이바지 음식 세사 상에 올립니다.

신랑 신부가 혼인을 하고 양가로 서로 보내지던 음식으로 상수(床需)라 하는데 이 풍습이 점차 사라자고 있는데 귀한 음식이니 사당에 먼저 올리고 이웃과 식솔이 나눠 먹습니다.

▶357◀◆問; 인척혼(姻戚昏).

인척(姻戚)간에 혼인을 할 수 있나.

◆答; 인척혼(姻戚昏).

⊙인척혼(姻戚昏).

인척간(姻戚間)의 혼인은 무복(無服) 사이의 동항(同行)의 혼인은 가(可)하다 함.

●白虎通嫁娶; 其內娶也不娶同姓者重人倫防淫泆耻與禽獸同也外屬小功已上亦不得娶也
●大明律附例尊卑爲婚; 凡外姻有服尊屬卑幼共爲婚姻杖一百徒三年
●南溪曰外從兄弟姉妹爲昏者自秦漢始事見事文類娶後遂俗成不但呂榮公爲然黃勉齋子輅又娶朱子女孫盖大傳言同姓百世不通昏姻而不及外姓故中國不以爲嫌也然通典袁唯謂之非禮至大明太祖定式令天下勿昏
●退溪曰異姓七寸非有族義古之道也族義已盡故通昏非同行則不計爲昏同行謂如六寸八寸兄弟娣妹同行然者也
●陶庵曰外屬無服然尊卑不通昏議云云古人謂昏姻爲兄弟以疎族重與結親而不失其序如是而後方可順理退翁之論極嚴正

▶358◀◆問; 잉첩(媵妾).

어떤 책을 읽다 잉첩을 보았습니다. 문맥상 첩실(妾室)인 듯합니다. 어떤 첩을 일러 잉첩이라 하나요. 전거가 있으면 함께 올려 주십시오.

◆答; 잉첩(媵妾).

아래와 같이 살펴보건대 고대에는 근세와 같은 첩 제도가 없이 여자가 시집을 가면 여자를 데리고 대신가 일을 시켰는데 이 제도가 후세에 와서는 계실(繼室)로 바뀌었고 뒷날에는 희첩(姬妾)으로 변하였습니다.

● 列女傳周主忠妾;周主忠妾者周大夫妻之媵妾也
● 漢書平帝紀;其出媵妾皆歸家得嫁如孝文時故事顔師古注媵妾謂從皇后俱來者亦指姬妾
● 尹文子大道下;君年長多媵妾少子孫疏强宗衰國也
● 新唐書外戚傳王仁皎;仁皎避職不事委遠名譽厚奉養積媵妾訾貨而已
● 贈書記奉詔團圓;魏輕烟旣屬賈氏招安合行同侍談塵賜爲媵妾
● 朱子曰古者以媵妾繼室故不容與嫡並配後世繼室乃是以禮聘娶自得爲正
● 儀禮士昏禮;婦徹于房中媵御餕姑酳之鄭玄注古者嫁女必姪娣從謂之媵姪兄之子娣女弟也

▶359◀◆問; 전안례 시 기럭아범이 들고 가는 기러기의 색깔은 무엇인가요.

1. 전통 혼례에 관심도 많고 영주 선비 촌에서 혼례 홀기도 맡아보고 나름대로 공부를 하고 있습니다. 그런데 저가 알기로는 전안례 시 기럭 아범이 들고 신부 집으로 올 때에 갖고 오는 나무기러기가 홍 보자기에 싸인 것을 들고 오는 것으로 알고 있는데 어떤 분은 청색 보에 싸인 기러기를 갖고 온다고 하는 데 어느 것이 정확하나요.

2. 그리고 신랑의 색깔은 홍색이고 신부의 색은 청색이 맞는지도 알려주시고

3. 또 전통혼례의 상차림은 대추, 밤, 감, 외에는 놓을 수 없는지 아니면 지역에 따라 특산물인 사과, 배등도 놓아도 되는지 빠른 시일 내 알려 주시면 감사 하겠습니다.

◆答; 전안례 시 기러기의 색깔은.

1. 答; 예서(禮書)에는 기러기 싸는 보를 아래와 같이 살펴보건대 생(生; 輯覽 生作五) 색증교결지(色繒交結之) 정도로 언급(言及)되어 있을 뿐인데 다만 세속(世俗)에서 청색(靑色)과 홍색(紅色) 비단(緋緞)을 겹으로 지어 사주(四柱)는 홍색(紅色)을 안으로 하여 싸고 기러기는 밖으로 하여 어긋나게 매어 싸는 것 같습니다. 그러나 이는 본인이 경험한 희미한 추억에 불과할 뿐 고증(考證)할 수는 없습니다.

2. 答; 남자는 양(陽)이 되고 여자는 음(陰)이 되나 남녀를 색(色)으로 구분함의 전거(典據)를 찾을 수가 없습니다.

3. 答; 아래와 같이 살펴보건대 과실(果實)의 종류를 지정함이 없는 것 같습니다.

● 家禮生色繒交結之(輯覽補註生宜作五)
● 唐音秦宮詩生色畫註以五色丹靑畫之生動色
● 曲禮飾羔鴈者以糸貴註飾覆之也畫布爲雲氣以覆之
● 五禮儀饌品不過七果庶人隨宜或五果
● 三禮儀同牢設饌圖生果正果油蜜果乾果生果

▶360◀◆問; 전통혼례 때의 기러기.

요사이 혼례도 구식과 신식이 혼합된 것을 전통 혼례식이라고 하고 있는 것을 보았습니다. 전통 혼례식의 전안례를 할 때는 신랑이 기러기를 한 마리만 가지고 오는데, 교배례 상에는 두 마리(청보자기, 홍보자기)가 보입니다. 청색 보자기에 싸인 한 마리는 신부 댁에 있는 것인가요? 알고 싶습니다. 그리고 닭 암수를 상에 올려 놓았는데 무슨 뜻이며, 기러기와 닭을 상에 놓는 위치가 정해져 있는지요?

◆答; 전통혼례 때의 기러기.

가례(家禮)를 비롯 사혼례(士昏禮)까지 전통혼례(傳統婚禮)의 교배례(交拜禮) 상(속칭 초례청 상)에는 기러기든 닭이든 어느 형태간에 올려지지 않습니다. 말씀은 속례(俗禮)인 듯 합니다. 그러한 속례의 근거(根據)가 있는지의 여부(與否)를 알지 못합니다.

○壻婦交拜

婦從者布壻席(增解按卽拜席)於東方壻從者(便覽溫公曰各以其家女僕爲之)布婦席於西方(便覽皆於室中卓之南)壻盥于南婦從者沃之進帨婦盥于北壻從者沃之進帨壻(拜男子以再拜爲禮女子以四拜爲禮古無壻婦交拜之儀今從俗大全爲婦擧蒙頭)揖婦就席婦拜壻答拜(便覽語類婦先二拜夫答一拜婦又二拜夫又答一拜)

　司馬溫公曰從者皆以其家女僕爲之從者沃壻盥於南壻從者沃女盥於北夫婦始接情有廉恥從者交導其志○女子與丈夫爲禮則俠(音夾)

●性理大全昏禮奠鴈禮主人迎壻于門外揖讓以入壻執鴈以從至于廳事主人升自阼階立西向壻升自西階北向跪置鴈於地主人侍者受之
●丘氏曰士昏禮六禮皆用鴈家禮惟用之親迎者從簡省也
●士昏禮昏禮下達納采用鴈(云云)賓執鴈請問名(云云)納吉用鴈(云云)納徵如納吉禮(云云)請期用鴈(云云)親迎條賓執鴈從至于廟門(云云)
●家禮奠鴈條凡贄用生鴈左首以生色繒交絡之無則刻木爲之

▶361◀◆問; 전통혼례에 대하여.

유교사상에 입각해서 자세히 좀 알려 주시면 감사하겠습니다.

1) 상견례 예절 및 대화.
2) 사돈호칭.
3) 상견례 옷차림.
4) 폐백 순서 및 시부모 앉은 위치, 신랑신부 위치.

◆答; 전통혼례 중.

問 1) 答; 아래는 전통혼례에서 신부가 처음으로 시부모를 비롯하여 가족들을 뵙는 (상견례)예법입니다. 다만 대화는 어느 예서에서도 공식적으로 예시하여 놓지 않은 것 같습니다.

⊙明日夙興婦見于舅姑

婦夙興盛服(士昏禮宵衣○三禮儀大衣長裙)俟見舅姑坐於堂上東西相向(便覽舅東姑西)各置卓子於前家人男女少於舅姑者立於兩序如冠禮之叙(儀節姆引婦侍女以盤盛贄幣從之)婦進立於阼階下北面拜舅(儀節四拜)升(士昏禮自西階○儀節姆婦至舅前從者以贄幣授婦)奠贄(曲禮婦人之摯脯脩棗栗)幣于卓子上舅撫之侍者以入婦降又拜畢詣西階下北面拜姑升奠贄幣(五禮儀殿脩無則用乾肉)姑擧以授侍者婦降又拜○若非宗子之子而與宗子同居則先行此禮於舅姑之私室與宗子不同居則如上儀司馬溫公曰古者拜于堂上今拜于下恭也可從衆

⊙婦見于諸尊長

婦既受(受一作行)禮降自西階同居有尊於舅姑者則舅姑以婦見於其室(增解按卽雜記所謂各就其寢)如見舅姑之禮還拜諸尊長于兩序如冠禮(儀節應受拜者少進立受之○溫公書儀長屬雖多共爲一列受拜以從簡便)無贄小郎小姑皆相拜非宗子之子而與宗子同居則既受禮詣其堂上拜之如舅姑而還見于兩序其宗子及尊長不同居則廟見而後往

問 2) 答; 사돈(查頓)지간의 호칭. 외씨(外氏)는 사돈. 내씨(內氏)는 사부인(查夫人).
問 3) 答; 폐백(幣帛) 때 신부의 옷차림은 소의(宵衣; 부인이 제사를 도울 때 입는 검은색의 옷)로 바꿔 입습니다.

●士昏禮幣帛條夙興婦沐浴纚笄宵衣以俟見疏曰纚笄宵衣特牲主婦宵衣也不著純衣纁袡者彼嫁時之盛服今已成昏故退從此服也

●特牲饋食禮主婦纚笄宵衣立于房中南面註主婦主人之妻雖姑存猶使之主祭祀纚笄首服宵綺屬也此衣染之以黑其繒本名曰宵詩有素衣朱宵記有玄宵衣凡婦人助祭者同服也疏曰此婦人宵衣亦黑可知其玄則黑類也

問 4) 答; 아래는 구의(丘儀)의 폐백 예법입니다.

⊙奠幣儀禮節次

婦夙興盛服俟見侍女以盤盛贄幣從之舅姑並坐堂中東西相向各置卓子其前家人男女少於舅姑者以次立於兩序○按集禮舅姑並南面坐堂中今人家多如此或從俗亦可舅姑坐定(家禮本註東西相向○便覽舅東姑西)○序立(壻婦並立兩階間)○鞠躬拜興拜興拜興拜興平身(壻婦俱拜拜畢壻先退○家禮無壻拜之文今從俗補之)○詣舅位前(姆引婦至舅前)○拜興拜興拜興拜興○獻贄幣(從者以贄幣授婦婦以贄幣置卓子上舅受之)○復位○拜興拜興拜興拜興婦獨拜(婦獨拜)○詣姑位前(姆引婦至姑前)○拜興拜興拜興拜興○獻贄幣(從者以贄授婦婦置幣卓子上姑受之)○復位○拜興拜興拜興拜興(姆引婦退立)

▶362◀◆問; 전통혼례식에서 신랑과 신부의 위치.

안녕하세요? 전통혼례에서 신랑과 신부의 위치에 관한 내용입니다. 고례의 전통혼례에서는 남서여동(예절방위)이었다가 주자가례가 도입된 이후에 전통혼례에서는 남동여서(예절방위)로 바뀌었다는 설이 있습니다. 그런데 그 이유를 알고 있지 못합니다. 고례(古禮)와 주자가례(朱子家禮)에서 신랑(新郞) 신부(新婦)의 위치를 다르게 설명한 이유를 알고 싶습니다. 가르침을 기다리겠습니다.

◆答; 전통혼례식에서 신랑과 신부의 위치.

예서(禮書)로는 온공(溫公) 서의(書儀; 禮書)에서 처음 도입되었는데 가례(家禮)에서 이를 채택(採擇)한 것입니다.

온공(溫公) 설(說)에 따르면 고인(古人)은 상우(尙右)에 의하여 [서재서동면(壻在西東面) 부재동서면(婦在東西面)(집의 방위)]이었으나 금인(今人)은 상좌(尙左; 男東女西)를 따른다는 것입니다.

●溫公書儀昏禮壻揖婦就坐壻東婦西條古者同牢之禮壻在西東面婦在東西面蓋古人尙右故壻在西尊之也今人旣尙左且須從俗

●南溪曰所喩回昏之禮遍考禮書終無此文想古無此禮而然也今不免從俗行之則似當略倣昏禮設同牢床東西對坐傳杯之儀而已

▶363◀◆問; 전통혼례 절차{홀기} 가르쳐주세요.

안녕하세요. 전통혼례에 무척 관심이 많으며, 영주 선비 촌에서 문화체험(文化體驗) 단(團)의 단원(團員)으로 근무하고 있습니다. 그래서 외국 관광객과 초, 중, 고등, 대학생 및 일반 방문객 들에게 우리 전통문화인 혼례(昏禮)에 직접 집례(執禮)를 맡아 보고 있는데 각 지방마다 혼례의 순서가 다소 차이가 있어 우리 전통적인 성균관 혼례 절차를 알고 싶습니다. 안동 이퇴계 선생님의 혼례 절차도 함께 알고 싶네요 전통혼례 홀기를 알려 주세요.

◆答; 전통혼례 [홀기].

◆昏禮六禮笏記

◆奠雁

主人迎壻于門外西面再拜○壻東面答拜○主人揖入○壻執鴈以從○當曲揖○當陳揖○當碑揖○至兩階下相讓○主人先升自阼階西面立○壻升自西階北向跪○置鴈於地○主人侍者受之○壻俛伏興再拜

◆交拜

壻席于東○婦席于西○姆導婦出○壻揖婦就席立○婦先再拜○壻答一拜○婦又再拜○壻答一拜

◆同牢

壻盥于南婦從者進帨○婦盥于北壻從者進帨○設饌于兩席前○俎設于中特豚合升○壻揖婦就坐○贊啓會○壻以會祭飯○取肺祭于豆間○婦祭如壻禮○壻婦三飯卒食○從者斟酒進于壻婦○壻揖婦祭酒○並飮卒爵擧殽○從者又斟酒進○壻揖婦祭酒○並飮卒爵○從者又取卺分置壻婦之前斟酒進○壻揖婦祭酒○並飮卒爵○壻起出

▶364◀ ◆問; 전통혼례 초례상에 꿩을 사용한 기록은?

삼가 여쭙지요! 전통혼례 초례상에 산 닭을 올리는 경우가 있는 줄 압니다. 그런데 이전에는 산 닭이 아니라 산 꿩을 올렸다고 합니다. 초례상에 올릴 꿩을 생채기 없이 잡기 힘들어 닭으로 대신한 것으로 아는데, 혹시 이와 관련한 기록된 자료를 발견할 수 있는지요?

예를 논(論)한 서적이든, 민속조사보고서든 어떤 것이든 모두 말입니다. 있다면 어떤 기록인지 알려주시면 참으로 고맙겠습니다.

◆答; 전통혼례 초례상에 꿩을 사용한 기록은.

유가의 혼례에 관한 책을 살펴본 바를 말씀 드린다면 초(醮)란 원래가 유가에서는 관혼례 등에서 행하는 한 예로 혼례에서는 신랑이 친영(親迎)을 떠날 때 주인(부친)이 신랑에게, 신랑에게 따라 보내는 신부의 부친이 그의 딸에게 술 한잔을 따라주며 경계의 하명을 하는 그 예를 초례라 하나, 우리나라에서는 언제부터인지 몰라도 초례를 혼인함을 이르며 서부교배(壻婦交拜)의 예를 치르는 곳을 초례청(醮禮廳)이라 이르고 있지요.

특히 후한서(後漢書)를 살펴보면 고구려 시대는 혼인(昏姻)하게 되면 신랑이 처가(妻家)로 들어가 아이가 장성하도록 처가살이를 하는 예였으니 속례(俗禮) 역시 여러 가지의 예가 전하여지고 있을 것입니다.

그러나 사서인(士庶人)의 유가(儒家) 동뢰(同牢) 예법에는 꿩을 진설하는 예는 찾아지지 않을 뿐만 아니라 꿩 대신 닭이란 속설이 있으나 닭 역시 진설함이 없습니다.

다만 궁중의 동뢰조에 봉(鳳)=天밑 鳥(鳳의 古字);(國) 꿩궉은 있으나 이는 사서인들은 딸아 행하지 못하는 지엄한 궁궐의 예이니 선생의 질문의 요지와는 상이한 예법이라 생각 듭니다.

●昏義父親醮子而命之迎男先於女也註方氏曰父必親醮非重子也重禮而已
●後漢書高句麗昏姻皆就婦家生子長大然後將還據
●四未軒曰親迎則陳器設饌當在壻家而今從俗不親迎故婦家有是設
●家禮昏禮篇厥明壻家設位于室中(俗禮醮禮廳)設倚卓子兩位東西相向蔬果盤盞匕筯如賓客之禮酒壺在東位之後又以卓子置合卺一於其南
●士昏禮設饌品特豚肺脊魚腊肫髀醢醬菹醢黍稷大羹玄酒合卺
●國婚定例王妃篇同牢條大鳳小鳳白鶴孔雀羅○王世子同牢條大鳳小鳳白鶴孔雀○大君

同牢條大鳳中鳳孔雀○王子同牢條大鳳中鳳孔雀○公主同牢條大鳳中鳳孔雀○翁主同牢條大鳳中鳳孔雀

▶365◀◆問; 주혼자는 누구?

문의사항은 형님 내외분이 돌아가시고 형님 큰아들이 장가를 갈 때 혼주는 누가되며 청첩장의 신랑과의 관계는 어떻게 써야 하는지 문의 드립니다.

◆答; 주혼자는.

전통혼례 예법에는 청첩장 제도가 없으니 그와 같은 청첩장 서식은 알지를 못합니다.　다만 아래와 같이 살펴보건대 전통혼례에서는 무부모자(無父母者)의 주혼자는 족인 중 어른이 된다 하였으니 숙부인 naxta 님이 주혼자가 되어야 할 것입니다.

이제 만약 현대화된 전통예법에서의 청첩장서식이라면 OOO 氏 O 姪 OOO 君, 또는 죽은 아버지를 선고(先考). 선공(先公). 선군(先君). 선엄(先嚴). 선친(先親). 선부(先父). 망부(亡父) 라 이르니, 혹 선공(先公) OOO 씨(氏) O 남(男) OOO 군(君) 등이라 표시할 수 있을 것입니다.

●家禮本註宗子自昏則以族人之長爲主
●士昏記宗子無父母命之親皆沒已躬命之註宗子適長子也躬猶親也
●白虎通義君及宗子無父母自定娶者族長爲主
●尤庵曰宗子未娶旣當家主祭則族人昏娶亦當爲主
●寒岡曰同姓遠族亦可主之無則不免母親主之
●旅軒曰宗子主昏禮也弟旣出繼爲宗孫則其兄之昏弟主之可也
●遂庵曰宗子有故則當昏家家長主之矣
●曾成孤而無族長者母舅主之無母舅者父執里宰皆可

▶366◀◆問; 처(妻)가 없는데 혼모(昏母)는 누가 되나.

처가 일찍 죽고 없으며 조부는 생존하여 계십니다. 이럴 때 누가 혼모(昏母)가 되어야 하나요.

◆答; 처(妻)가 없는데 혼모(昏母)는.

본인은 현대 예식장 신혼식에 관한 예법서를 소장하였거나 특별히 교육받은 바가 없어 그 예법에 대하여는 견문의 정도로서 그 역시 가지 각색이니 어느 예를 확실한 전거 없이 일방적으로 본인의 소견을 일러 줄 수가 없습니다. 다만 구혼에서 주인은 조부(선생의 부친)가 계시니 혼주는 조부님이 되시나 고혼례에는 주부의 역할이 폐백과 구고례(舅姑禮) 등에 한정되어 있을 뿐입니다.

●家禮昏禮議昏主昏者條凡主昏如冠禮主人之法○冠禮主人告于祠堂條主人謂冠者之祖父自爲繼高祖之宗子者若非宗子則必繼高祖之宗子主之有故則命其次宗子

▶367◀◆問; 청실홍실.

청실홍실. 청홍실의 역할에 대해 알고 싶습니다. 근배례(졸拜禮) 때 신랑/신부 집사들이 손목에 실을 걸고 잔을 교환한다는데 한번도 본 경험이 없어서 생소해서 여쭙니다. 신랑측이 왼손 신부측이 오른손 맞나요?

그리고, 저희 경우엔 청홍실 위아래로(신랑측이 위/신부측이 아래)집사들이 잔반을 교환하는데 그 정확한 이유를 알고 싶습니다. (제 경우엔 위아래를 하늘과 땅 즉 음양에 비유를 하는데 맞는지요? 더불어 청 홍실을 저희 경우엔 송죽화병 목 부분에 실을 걸치는데, 어떤 경우를 보면 직접 대나무 소나무에 걸치는 식도 있더라고요.

어느 방법이 맞는지도 궁금합니다. (저희는 꽈배기처럼 꼬아진 청 홍실이 함께 엮여 있는 걸 사용하고 있습니다. 따로따로 풀어서 걸쳐야 하는지도 궁금합니다.)손목에 걸치는걸 감안하면 청 홍실을 따로따로 풀어서 걸치는 게 맞을 듯싶은데 어떠한지요? 연일 폭염주의보에 휩싸이고 있습니다. 올 여름 더위 잘 물리치시길 바랍니다. 건강하세요.

◆答; 청실홍실.

아래와 같이 살펴보건대 홍채(紅綵; 紅絲)는 송(宋)의 산곡(山谷)의 시(詩)에 등장(登場)하였는데 예법(禮法)으로 전(傳)함은 없는 것 같으며 다만 세속(世俗)으로 행함 같으니 그 형태(形態)는 지방(地方)이나 가문(家門)에 따라 다를 수가 있을 것 같습니다.

● 黃山谷(名庭堅宋詩人)詩誠堪壻阿巽買紅纏酒缸註今人定昏者多以紅綵纏酒壺
● 退溪曰紅絲循俗恐亦無甚害理
● 寒岡問今俗香杯以紅絲繫之亦有所據否退溪曰紅絲於禮無之不敢爲說
● 具景瑞問合巹古用小瓠而今不用之何如紅絲之事尤無謂去之何如退溪曰瓠之用不用在所商決紅絲循俗亦無甚害理

▶368◀◆問; 청첩장에 외동딸의 표현은?

저는 슬하에 무남독녀 하나를 두고 있습니다. 앞으로 두 달 후에는 결혼식을 올리게 됩니다. 그런데 고민이 하나 있습니다. 청첩장 안내문에 표기를 어떻게 하여야 하는지 궁금합니다. 어떤 사람은 "외동딸" 이라고도 하고 또 어떤 사람은 "딸 이라고도 하는데 어떤 말이 맞는지요. 그 외 다른 명칭이 또 있는지요? 알려주시면 감사하겠습니다.

예) <이몽룡: 성춘향 의 외동딸 순희 > <이몽룡: 성춘향 의 딸 순희 > 등등.

◆答; 청첩장에 외동딸의 표현.

아래와 같이 살펴보건대 유가의 혼인에서 빈객 초청서신은 아들이나 손자의 예는 있으나 여식의 초청서신을 없습니다.

까닭은 혼례(昏禮)의 혼(昏)자가 의미하는 초저녁에 신랑이 신부 집으로 가 기러기를 바치고 신부를 데리고 집으로 와 교배례를 하게 되는 까닭인 것 같습니다.

이와 같이 유가의 예법에는 그와 같은 서식이 없는 것 같으니 그와 같은 용어 역시 헤아릴 수가 없고 다만 무남독녀나 외동딸이란 아들 없이 귀엽게 자란 외딸이라는 표현으로 대동소이하나 아래 용성지의 독녀란 표현도 그럴싸한 것 같습니다.

물론 적절한 용어는 현대 결혼예식장(結昏禮式場)이나 청첩장(請牒狀) 전문인에게 자문(諮問)을 받으심이 옳을 것입니다.

● 簡式類編婚姻類條子娶請云兒曹已逐有(云云)花燭是感又云孫娶請云孫年已長(云云)花燭之輝惟冀賁臨爲感
● 龍城誌佛宇舊誌條(云云)嶺南富家獨女也率訪其家其家方爲女(云云)

▶369◀◆問; 청첩장 작성에 대해 문의 드립니다.

안녕하세요. 올 10월에 결혼을 앞두고 있는 사람입니다. 청첩장을 준비하면서 작은 다툼이 있어서 이렇게 문의를 드립니다.

저의 장인어르신 즉. 신부의 아버님이 4년 전에 고인이 되셨습니다. 그래서 신부가 청첩장에 장인어르신의 함자를 표기하고 싶다고 하였고, 저도 그러자 하였습니다.
그런데 여기서 문구가 문제가 되었습니다.

지금 일반적으로 청첩장 제작업체에서는 故 라고 표기합니다만 저의 부모님은 故라
고 표기하는 건 경사스러운 일에 조금 분위기가 아닌 거 같다며 선친(先親)이라는
표현으로 하자고 말씀을 하십니다. 즉 先親 홍길동 의 누구 이런 식이겠죠?

과연 어느 표현이 맞는 건지 궁금합니다. 혹 다른 좋은 표현이 있다면 조언 부탁
드립니다. 감사합니다.

◆答; 청첩장 작성에 대해.
故; 죽은 이의 이름 앞에 붙이는 관형사.
죽은 아버지; 선고(先考). 선공(先公). 선군(先君). 선엄(先嚴). 선친(先親). 선부(先
父). 망부(亡父). 등등 청첩장에 죽은 아버지를 표기 할 때는 예(例)를 들어 부(父)
김갑돌에서 부(父) 대신 선군(先君) 김갑돌이라 표기함이 옳을 것입니다.

▶370◀◆問; 청첩장 표시방법.
혼인 시 양가 혼주의 이름을 적는데요. 만약 두분 중 한 분이 돌아가셨을 경우에
어떻게 표기 하는 게 예의 바른지 궁금합니다.

1. 돌아가신 분 이름 앞에 "고"자를 넣는 것인 맞나요?
2. 아니면 돌아가신 분은 빼고 생존해 계시는 분 이름만 넣는 것이 맞나요?
궁금합니다.

◆答; 청첩장 표시방법.
아래와 같이 살펴보건대 전통예법의 주혼자(主昏者)는 조부나 그의 아버지가 되는
데 만약 종자 스스로 혼인을 하게 되면 족인 중에 장자(長者)가 주혼자가 되며, 만
약 종자가 아니면 반드시 고조의 종자가 주혼자가 되며, 만약 종자가 유고 시는 차
종자를 시켜 주혼자가 되게 하는 것입니다. 신식혼례 예법이라면 청첩장에 관련된
사이트나 예식장에 문의하심이 옳을 것 같습니다.

●儀節凡主昏謂壻之祖父父及凡爲家長者宗子自昏則以族人之長爲主
●會成主昏謂壻之祖父父或兄及凡爲家長者宗子自昏則以族人之長爲主
●便覽凡主昏如冠禮主人之法○主人謂冠者之祖父自爲繼高祖之宗子者○若非宗子則必
繼高祖之宗子主之有故則命其次宗子

▶371◀◆問; 축문식.
집안에서 며느리를 보면 결혼식후 폐백을 받을 때 조상 신위를 모시고 먼저 신랑과
신부가 절을 하며 인사를 드리는 것이 우리 집의 전통이었습니다.

3 년 전 아버지가 돌아 가셨는데 이제 제가 며느리를 보게 되었는데 제가 폐백인사
를 받기 전에 조상님께 인사를 드리게 하고자 합니다. 이때 절은 몇 번 하며. 고하
는 축문은 무어라 쓰는지 알려주시면 고맙겠습니다.

◆答; 폐백의 예법.
폐백은 시부모 다음에 시조부모 이며 그 다음이 사당 조상입니다. 절은 일배(一拜)
입니다.

媤舅位前(卓子上陳設) 新婦立 (祝曰云云)新婦四拜

告辭式

某氏(婦姓)來婦敢奠嘉菜于 皇舅某子(當改某子爲某官府君○右告舅位) 某氏來婦敢告于 皇姑(此下
當添某封二字)某氏右告姑位○舅在則當移用奠嘉菜之文)

●朱子家禮昏禮婦見舅姑明日夙興婦見于舅姑條婦夙興盛服俟見舅姑(云云)婦進立於阼
階下北面拜舅升奠幣于卓子上(云云)姑升奠幣)(云云)○婦見于諸尊長條諸尊長兩序如冠
禮無幣

●南溪曰今俗新婦見祖父母亦有贄幣

▶372◀◆問; 폐백.

안녕하세요? 전북 남원에서 전통혼례를 담당하고 있는 김회철 입니다. 폐백에 대해
전반적으로 자세히 알고 싶습니다. 되도록 상세한 자료를 부탁 드립니다. 고맙습니
다.

◆答; 폐백.

본인은 신혼(新婚) 예식장의 예법은 알지 못하여 다만 전통 혼례의 폐백에 관하여
상고해 보겠습니다.

아래와 같이 살펴보건대 그 예법은 "신부는 일찍 일어나 성복(盛服)을 하고 시부모
뵙기를 기다린다. 시부모가 앉을 자리는 당(堂) 안에서 동쪽에는 시아버지의 자리이
며 그 서쪽에는 시어머니의 자리로 서로마주보게 하고 존장을 제외한 남녀 가족들
은 시부모의 양 벽 쪽으로 서되 관례 때 서는 차례대로 늘어선다. 모부(姆婦)가 신
부를 인도하고 시종이 폐백소반을 들고 따른다.

신부가 동쪽층계 아래에 나아가 서서 시아버지께 북향재배를 한 후 세수대야에서
손을 씻고 폐백 함을 들고 서쪽층계로 올라 대추와 밤이든 폐백 함을 시아버지 앞
탁자 위에 드리면 시아버지는 폐백 함을 어루만진다. 시종이 들어와서 거둬들이면
신부는 내려와서 또 절을 한다. 마쳤으면 신부는 서쪽층계 아래로 가서 시어머니
께 북향재배를 하고 올라가 시어머니 앞 탁자 위에 폐백함(幣帛函)을 드리면 시어
머니는 폐백 함을 들어 시종에게 준다. 신부(新婦)는 내려와 또 절을 한다.

○만약 종자의 아들이 아니면서 같이 살면 시부모가 거처하는 사실에서 먼저 뵙
고 종자와 같이 살지 않으면 위의 의식과 같게 한다"와 같이 행하며 폐백물(幣帛
物)로는 우암 선유 말씀에 "고례칙조율전어구단수전우고(古禮則棗栗奠於舅股脩奠于
姑)"라 하심과 같이 고례(古禮)에는 시아버지에게는 조율(棗栗)이었고 시어머니에게
는 단수(股脩)인 것 같습니다.

●婦見舅姑(幣帛)
○明日夙興婦見于舅姑

婦夙興盛服(士昏禮宵衣○三禮儀大衣長裙)俟見舅姑坐於堂上東西相向(便覽舅東姑西)各置卓子於前
家人男女少於舅姑者立於兩序如冠禮之叙(儀節姆引婦侍女以盤盛贄幣從之)婦進立於阼階下北面
拜舅(儀節四拜)升(士昏禮自西階○儀節姆婦至舅前從者以贄幣授婦)奠贄(曲禮婦人之摯脯脩棗栗)幣于卓子上舅
撫之侍者以入婦降又拜畢詣西階下北面拜姑升奠贄幣(五禮儀股脩無則用乾肉)姑擧以授侍者婦
降又拜○若非宗子之子而與宗子同居則先行此禮於舅姑之私室與宗子不同居則如上儀(司
馬溫公曰古者拜于堂上今拜于下恭也可從衆)

●問昏禮贄鴈以生色繒交絡之生色之生字補註謂五字之誤以五色繒交絡者此實文飾之義
而當於何處絡之耶明齋答曰古詩有生色之語亦恐不必五色也交絡有何處所只以繒包鴈而
束之於頸而

●問贄鴈左首何義明齋答曰曲禮禽鳥也首尊主人在左故橫捧而以首授主人

●寒岡曰鴈不得其眞借用生鵝不妨鵝卽今之家育者又無則古人令刻木用之矣

●春秋莊公二十四年秋八月丁丑夫人姜氏入戊寅大夫宗婦覿用幣左傳公使宗婦覿用幣非禮也御孫曰男贄大者玉帛小者禽鳥以章物也女贄不過榛栗棗脩以告虔也今男女同贄是無別也公羊曰宗婦者何大夫之妻也曷用棗栗云乎腶脩云乎棗栗取其早自敬謹腶脩取其斷斷自脩也註腶脩脯也

●士昏禮婦執笲棗栗自門入升自西階進拜奠于席舅坐撫之興答拜婦還又拜降階受笲腶脩升北面拜奠于席姑坐舉以興拜授人註笲竹器而衣者其形盖如今之筥蘆矣腶丁亂反

●白虎通凡肉陰也棗取其乾早起栗戰慄自正也

●曲禮婦人之贄榛栗脯脩棗栒註贄執物以相見禮也

●周禮註摯之爲言至也所執以自致也亦作贄

●會通幣絹帛也量婦家貧富或絹或帛隨宜用之不拘多少

●退溪與孫安道曰今見汝婦以余生日送獻巾襪誠意則然矣但時未來見故如此之事未安於心汝須以此意諭之至可

●禮輯家禮改用幣者近世以幣帛爲敬故擧其所貴者爲禮

●尤菴曰古禮見舅姑時只用贄家禮兼用贄幣然世俗單用之從俗恐無妨據古禮則棗栗奠於舅腶脩奠于姑

●南溪曰升奠贄幣采嘗據問解所引禮輯之說以爲贄是虛字幣卽代古棗栗腶脩者也及考家禮諺解質之尤齋皆云兩用古贄今幣然則禮輯所謂改用幣者何以看破耶

●姜碩期問世俗昏姻壻父有率其子往婦家成禮因見新婦新婦當於此時行執贄之禮邪俟他日歸壻家行之邪沙溪曰因舅之來執贄而見有違禮意俟後日行之或可也然大本旣失一切皆非

▶373◀◆問; 폐백(幣帛)에 대하여.

올 11 월 달에 새신랑이 될 행복한 사람입니다. 그런데, 저희는 아버지께서 작고하셨기 때문에 폐백음식에 대추를 쓰지 않는 걸로 알고 있는데, 신부측에서는 폐백음식 만드는 데서 그런 얘기는 금시초문이라고 한다는 군요. 그래서 어떻게 해야 할지 모르겠습니다.

◆答; 폐백(幣帛).

舅(媤父); (曲禮)포수조율(脯脩棗栗) (士昏禮)조율(棗栗)(밤 대추).

姑(媤母); (五禮儀) 단수무칙용건육(腶脩無則用乾肉) (士昏禮)단수(腶脩) [포(脯)] 시어머니의 폐백은 포(脯)입니다.

●家禮昏禮婦見舅姑(幣帛);婦夙興盛服(士昏禮宵衣○三禮儀大衣長裙)俟見舅姑坐於堂上東西相向(便覽舅東姑西)各置卓子於前家人男女少於舅姑者立於兩序如冠禮之叙(儀節姆引婦侍女以盤盛贄幣從之)婦進立於阼階下北面拜舅(儀節四拜)升(士昏禮自西階○儀節姆婦至舅前從者以贄幣授婦)奠贄(曲禮婦人之摯脯脩棗栗)幣于卓子上舅撫之侍者以入婦降又拜畢詣西階下北面拜姑升奠贄幣(五禮儀腶脩無則用乾肉)姑舉以授侍者婦降又拜

●士昏禮婦執笲棗栗自門入升自西階進拜奠于席舅坐撫之興答拜婦還又拜降階受笲腶脩升北面拜奠于席姑坐舉以興拜授人註笲竹器而衣者其形盖如今之筥蘆矣腶丁亂反

▶374◀◆問; 폐백 순서. (375 참조)

손자가 성장하여 결혼을 하게 되었는데,

1. 결혼식 후 함께 있는 폐백에서 부모님에게 먼저 절을 해야 하는지 조부모님에게 먼저 절을 해야 하는지요?

2. 부모님과 조부모님이 자리에서 세배(새해)는 누구에게 먼저 하는 것이 예의 인지요?

◈答; 폐백 순.

○幣帛 ; 시부모(媤父母)   시조부모(媤祖父母)   제존장(諸尊長).

○歲拜 ; 가장(家長 ; 조부모,) 부모(父母).

●朱子家禮昏禮婦見舅姑明日夙興婦見于舅姑條婦夙興盛服俟見舅姑(云云)婦進立於阼階下北面拜舅升奠幣于卓子上(云云)姑升奠幣)(云云)○婦見于諸尊長條諸尊長兩序如冠禮無幣

●東事日知正朝歲拜條劉侗帝京景物略正月元朝家長少畢拜姻友投箋互拜曰拜年今俗歲拜之法想本于此

▶375◀◈問; 폐백 시 신랑은 뭣하나.

폐백 시에 신부와 신랑이 사모관대를 차리고. 같이 절하고. 대추를 같이 받는 것을 보는데 어딘가 맞지 않는다는 생각이 드는데요. 선생님들께서 보시에는 어떠신지요? 아니라면 신랑은 어떻게 하여야 하는지요? 신부 옆에 서 있어야 하는지. 앉아있어야 하는지. 아니면 어디에 비켜 있어야 하는지 의문입니다. 선생님들의 고견 부탁 드립니다.

◈答; 폐백 예법.

◆폐백(幣帛).

예법상으로 폐백 때 신랑은 참석하지 않습니다.

◆婦見舅姑.

○신부는 시부모에게 폐백을 드린다.

○明日夙興婦見于舅姑

婦夙興盛服(士昏禮宵衣○三禮儀大衣長裙)俟見舅姑坐於堂上東西相向(便覽舅東姑西)各置卓子於前家人男女少於舅姑者立於兩序如冠禮之叙(儀節姆引婦侍女以盤盛贄幣從之)婦進立於阼階下北面拜舅(儀節四拜)升(士昏禮自西階○儀節姆婦至舅前從者以贄幣授婦)奠贄(曲禮婦人之摯脯脩棗栗)幣于卓子上舅撫之侍者以入婦降又拜畢詣西階下北面拜姑升奠贄幣(五禮儀腵脩無則用乾肉)姑舉以授侍者婦降又拜○若非宗子之子而與宗子同居則先行此禮於舅姑之私室與宗子不同居則如上儀

○신부는 다음날 일찍 일어나 시부모를 뵙는다.

신부는 일찍 일어나 성복(盛服)을 하고 시부모 뵙기를 기다린다. 시부모가 앉을 자리는 당(堂) 안에서 동쪽에는 시아버지의 자리이며 그 서쪽에는 시어머니의 자리로 서로 마주보게 하고 존장을 제외한 남녀 가족들은 시부모의 양 벽 쪽으로 서되 관례 때 서는 차례대로 늘어선다. 모부(姆婦)가 신부를 인도하고 시종이 폐백(幣帛)소반을 들고 따른다. 신부가 동쪽층계 아래에 나아가 서서 시아버지께 북향재배를 한 후 세수대야에서 손을 씻고 폐백 함을 들고 서쪽층계로 올라 대추와 밤이든 폐백 함을 시아버지 앞 탁자 위에 드리면 시아버지는 폐백 함을 어루만진다. 시종이 들어와서 거둬 들이면 신부는 내려와서 또 절을 한다. 마쳤으면 신부는 서쪽층계 아래로 가서 시어머니께 북향재배를 하고 올라가 시어머니 앞 탁자 위에 폐백 함을 드리면 시어머니는 폐백 함을 들어 시종에게 준다. 신부는 내려와 또 절을 한다. ○ 만약 종자의 아들이 아니면서 같이 살면 시부모가 거처하는 사실(私室)에서 먼저 뵙고 종자와 같이 살지 않으면 위의 의식과 같게 한다.

◆사당 알현(祠堂謁見).

廟見

〇三日主人以婦見于祠堂

古者三月而廟見今以其太遠改用三日如子冠而見之儀但告辭曰(云云)

〇삼일 째 되는 날 주인이 신부를 데리고 사당을 알현한다.

옛날에는 석 달이 지난 뒤에 사당을 찾아 뵈었으나 지금은 그렇게 하면 너무 길어 삼 일로 고쳐 아들 관례 때 사당알현 의식과 같게 고쳐 행하고 있다. 축사는 다음 과 같다.

　〇婦見于祠堂(古禮)

士昏禮記婦入三月然後祭行註於祭乃行謂助祭也疏此據舅在無姑不須見廟則助祭或舅沒 姑老者廟見之後亦得助祭此謂適婦也〇若舅姑旣沒則婦入三月乃奠菜註奠菜以筐祭菜也 蓋用菫疏三月一時天氣變婦道可成也此言舅姑旣沒者若舅沒姑存則當時見姑三月亦廟見 舅若舅存姑沒則婦人無廟或更有繼姑自然如常禮也用菫者取謹敬〇席于廟奧東面右几席 于北方南面疏祭統云設同几同几卽同席此別席者廟見若生時見舅姑舅姑別席異面今亦異 席別面象生不與常祭同也〇祝盥婦盥于門外婦執笲菜祝師婦以入祝告稱婦之姓曰某氏來 婦敢奠嘉菜于皇舅某子婦拜扱地坐奠菜于几東席上還又拜如初註某氏者齊女則曰姜氏魯 女則曰姬氏來婦言來爲婦皇君也扱地手至地也猶男子稽首疏某子若張子李子也婦人肅拜 爲正今重其禮故扱地也〇婦降堂取笲菜入祝曰某氏來婦敢告于皇姑某氏奠菜于席如初禮 註於姑言敢告舅奠於姑〇婦出祝闔牖戶老醴婦于房中南面如舅姑醴婦之禮註老群吏之尊 者疏廟之房中〇曾子問孔子曰三月而廟見稱來婦也擇日而祭於稱成婦之義也

〇신부 사당 알현(고대의 예법)

만약 시부모가 이미 작고하였으면 신부는 혼인한지 석 달 만에 소채(蔬菜)를 올리 고 알현한다. 만약 시아버지는 작고하시고 시어머니는 생존하여 계시면 당시에 시 어머니께 폐백을 드리며 뵙고 석 달 뒤에 시아버지 사당을 알현한다. 또 시아버지 는 생존하여 계시고 시어머니가 작고하였으면 시어머니의 사당이 없거나 혹 계(繼) 시어머니가 계시면 자연히 일반 세속의 예를 따른다. 축관과 신부는 문밖에서 손을 씻고 신부는 소채 폐백함을 든다. 축관은 신부를 인도하여 사당으로 들어가 다음과 같이 고하면 신부는 폐백 함을 집사에게 주고 앉아서 땅을 집고 절을 하고 다시 폐 백 함을 받아 시아버지 신위(神位) 전에 올리고 또 처음과 같이 절을 한다. 신부는 당에서 내려와 시어머니 폐백 함을 들고 당으로 들어간다. 축관이 다음과 같이 고 하면 폐백 함 드리기를 처음과 같이한다. 신부가 나오면 축관은 폐백 함을 철회하 고 문을 닫고 물러난다.

◆廟見告辭式

某之子某 (非宗子之子則某之上當添某親二字) 以某日昏畢新婦某氏敢見

◆宗子自昏告辭式

某今昏畢敢以新婦某氏敢見

◆舅姑廟告辭式奉主時當別有告辭

某氏 (婦姓) 來婦敢奠嘉荣于

皇舅某子 (便覽當改某子爲某官府君)

某氏來婦敢告于

皇姑 (便覽此下當添某封二字) 某氏奠荣于 (便覽舅在則當移用奠嘉荣之文)

▶376◀◆問; 폐백 순서.

결혼식후 폐백은 조부모가 계셔도 부모부터 폐백을 드리는데 그 이유를 명확히 알 고 싶으며 보통 때도 조부모와 부모가 한자리에 계실 경우 부모부터 절하는지 조부모부터 절하는지? 부모부터라면 왜 그래야 하는지요?

◆答; 폐백 순서. (375 참조)

절하는 순서는 친속(親屬)은 고(高), 증(曾), 조(祖), 부(父) 순(順)이나 이성친(異姓親)인 며느리는 가장 가까운 친(親)이 남편이고, 그 다음이 시부모이고, 그 다음이 祖父母, 또 제(諸) 존장(尊長)에게 절을 하는데 이치의 추세가 그러하다는 것입니다.

정단(正旦)의 세배는 가장(家長)에게 먼저하고 다음으로 낮은 어른에게 절을 하고 마치게 되는데 인척(姻戚)이나 벗간에는 상배(相拜)를 한다는 것입니다.

●續輯昏禮見尊長條昏禮與冠禮不同冠禮之子天屬之親也主乎恩雖有高祖曾祖尊者爲主昏禮之婦二(異)姓之親也主乎義其見夫家親屬由夫而達於舅姑由舅姑而達於舅姑之父母還拜諸尊長理勢然也
●性理大全昏禮親迎條;壻婦交拜婦見舅姑婦見于諸尊長
●東事日知正朝歲拜條劉侗帝京景物略正月元朝家長少畢拜姻友投箋互拜曰拜年今俗歲拜之法想本于此

▶377◀◆問; 폐백에 관한 문의.

안녕하십니까? 궁금한 사항이 있어 문의 드립니다. 결혼식 후 드리는 폐백의 절차에 대하여 자세히 알고 싶습니다. 구체적으로 순서와 절차, 내용을 소개해 주셨으면 감사하겠습니다. 특히 절을 올리는 횟수에 대하여 알려주시기 바랍니다. 성균관의 무궁한 발전을 기원 드립니다.

◆答; 폐백.

전통 혼례 때 폐백의 예법은 아래와 같습니다. 신부의 절은 1 배인데 구의에서는 4 배라 하였으나 대개 이 제도를 따르지는 않는 것 같습니다.

⊙明日夙興婦見于舅姑(폐백)

婦夙興盛服(士昏禮宵衣○三禮儀大衣長裙)俟見舅姑坐於堂上東西相向(便覽舅東姑西)各置卓子於前家人男女少於舅姑者立於兩序如冠禮之叙(儀節姆引婦侍女以盤盛贄幣從之)婦進立於阼階下北面拜舅(儀節四拜)升(士昏禮自西階○儀節姆婦至舅前從者以贄幣授婦)奠贄(曲禮婦人之贄脯脩棗栗)幣于卓子上舅撫之侍者以入婦降又拜畢詣西階下北面拜姑升奠贄幣(五禮儀服脩無則用乾肉)姑擧以授侍者婦降又拜○若非宗子之子而與宗子同居則先行此禮於舅姑之私室與宗子不同居則如上儀

⊙丘儀奠幣儀禮節次(폐백)

婦夙興盛服俟見侍女以盤盛贄幣從之舅姑並坐堂中東西相向各置卓子其前家人男女少於舅姑者以次立於兩序○按集禮舅姑並南面坐堂中今人家多如此或從俗亦可舅姑坐定○序立(壻婦並立兩階間)○鞠躬拜興拜興拜興拜興平身(壻婦俱拜拜畢壻先退○家禮無壻拜之文今從俗補之)○詣舅位前(姆引婦至舅前)○拜興拜興拜興拜興○獻贄幣(從者以贄幣授婦婦以贄幣置卓子上舅受之)○復位○拜興拜興拜興拜興婦獨拜(婦獨拜)○詣姑位前(姆引婦至姑前)○拜興拜興拜興拜興○獻贄幣(從者以贄授婦婦置幣于卓子上姑受之)○復位○拜興拜興拜興拜興(姆引婦退立)

▶378◀◆問; 한 해에 회갑 등 다른 예와 겹쳐 혼인을 못한다는데?

전 결혼을 앞두고 궁금한 점이 있어 질문 드립니다. 올해 4 월에 여자 쪽 오빠가 결혼을 했고요. 내년엔 남자 쪽 어머니 회갑 입니다. 그리하여 올해 와 내년에는 결혼을 못한다 고합니다.

한 해에 큰일을 두 번 치르면 안 된다. 회갑에는 새 사람을 드리면 안 된다. 우리 전통 관습에 이러한 내용 이 있는지 알고 싶습니다.

◆答; 한 해에 회갑 등 다른 예와 겹쳐 혼인.

유가(儒家)의 혼례에서 금기(禁忌)의 예로는 아래와 같이 살펴보건대 상(喪)의 예로 기(朞)이상의 상중(喪中)이 아니라는 것 뿐으로 년 중 회갑 등 어떠한 예(禮)의 중첩(重疊)으로도 혼사(婚事)에 영향을 끼치지 않습니다. 만약 그러한 관습(慣習)이 있다면 혹 샤머니즘적인 습속(習俗)이 아닌가 합니다.

●家禮昏禮身及主昏者無朞以上喪乃可成昏註大功未葬亦不可
●士昏記三族之不虞註三族謂父昆弟己昆弟子昆弟虞度也
●通典晉惠帝元康二年司徒王渾秦冒喪昏娶傷化悖禮
●尤庵曰緦小功不廢昏禮云者似通門內門外喪而言也然叔父之下殤及外祖父母雖曰小功而亦有難行者與
●問昏娶只隔兩三日而彼此遭服則奈何同春曰新郎新婦有服則當退行只主人有服則使門長主之似宜

▶379◀◆問; 함 보의 색에 관하여.

혼례에서 사주 봉투를 보낼 때 청홍 겹 보로 싸서 홍색이 밖으로 나오게,
혼례에서 택일 봉투를 보낼 때 청홍 겹 보로 싸서 청색이 밖으로 나오게,
혼례에서 함을 보낼 때 청홍 겹 보로 싸서 홍색이 밖으로 나오게,
혼례에서 납폐서 봉투를 보낼 때 청홍 겹 보로 싸서 홍색이 밖으로 나오게.

질문 1) 청과 홍에서 어느 것이 음이고 어느 것이 양인지요?
질문 2) 홍색 혹은 청색을 밖으로 나오게 싸는 이유가 따로 있는지요?

◆答; 함 보 현훈의 음양(陰陽).

○질문 1) 答; 玄纁(靑)는 음(陰)으로 신부(新婦). 纁(紅)은 양(陽)으로 신랑(新郞).
○질문 2) 答; 홍청(紅靑)의 겹 보로 어찌 싼다는 전거는 찾아지지 않습니다. 다만 신랑이 신부 댁으로 보낼 때는 양색(紅)이 밖으로, 신부 댁에서 신랑 댁으로 보낼 대는 신부색인 음(靑)색이 밖으로 싸 보내고 있는 것은 속례가 아닌가 합니다.

●士虞禮納徵玄纁束帛註用玄纁者象陰陽備也疏周禮鄭註云納幣用緇婦人陰也用緇婦人陰此玄纁俱有故云象陰陽備也

▶380◀◆問; 함이 온다는데 어떻게 받나요?

처음이라 전혀 몰라요. 함이 온다는데 어떻게 해야 되는지 모릅니다. 어떤 절차와 형식이 있는지 알려주시면 고맙겠습니다. 바가지를 깨는 풍습도 있다는데요.

◆答; 납폐(納幣)

아래는 전통 납폐의식입니다. 속례는 이웃의 도움을 받으시기 바랍니다.

○納幣

幣用色繒(士昏禮玄纁○增解爾雅玄纁天地正色○書儀幣旣染爲玄纁則不堪他用且恐貧家不能辦故但用雜色繒)貧富隨宜少不過兩多不踰十今人更用釵(增解按古詩云兩股金釵已相許則釵是兩股)釧(增解韻會樞絹切鐶也○通俗文臂環謂之釧)羊酒果實之屬(增解按儀節納采條云今國朝定制庶民昏姻許用猪羊鵝酒果麵之類又云行古禮則過於落漠云則昏用羊酒果實意是宋時俗禮至明時猶然而又幷用於納采矣)亦可

○납폐(納幣).

폐백(幣帛)은 채색비단으로 하되 빈부(貧富)에 따라 당연히 적게는 한 필(匹)을 넘지 않게 하며 많게는 다섯 필을 넘지 않게 한다. 요즘 사람들은 다시 비녀, 팔찌, 짐승, 술, 실과 같은 것도 하는데 역시 좋은 것이다.

○具書遣使如女氏女氏受書復書禮賓使者復命並同納采之儀

禮如納采但不告廟(增解儀節儀禮納徵辭曰有先人之禮夫禮之行必稱先人恐亦當告廟○愚按士昏禮女家之筵几于廟六禮皆同而此云不告廟則女家亦必然矣是家禮損益之義)使者致辭改采爲幣從者以書幣進(便覽置書幣于卓上又擧幣置兩楹間)使者以書授主人主人對曰(云云)乃授書執事者受幣主人再拜使者避之復進請命主人授以復書餘並同

○서식을 갖춘 서찰(書札)을 사자에게 주워 여자 집으로 보내면 여자 집에서는 서찰을 받고 손님의 예를 갖추고 답서를 보낸다. 사자(使者)는 복명(復命)하기를 납채 때 의식과 모두 같게 한다.

납폐 의식은 모두 납채 때와 같다. 다만 사당에는 고하지 않는다. 사자는 다음과 같이 극진히 치사(致辭)를 하고 마치면 시종이 서함과 폐백을 사자에게 받친다. 사자가 서함을 주인에게 주면 주인은 다음과 같이 답사를 하고 서함을 받아 집사에게 주고 주인은 북향재배 한다. 이때 사자는 피하였다가 다시 나와 명을 청하면 주인은 답서를 준다. 이후는 모두 납채 때 의식과 같다.

○壻家告祠堂儀禮節次

◆告祠堂告辭式

維 歲次某干支幾月干支朔幾日干支孝玄孫(繼曾祖以下之宗隨屬稱)某官某敢昭告于 顯高祖考某官府君 顯高祖妣某封某氏(曾祖考妣至考妣列書某○非宗子之子則只告昏者祖先之位)某之(非宗子之子則此下當添某親某之四字)子某(若宗子自昏則去之子某三字)已聘某官某郡某氏之第幾女爲婦卜之叶吉今行納幣禮且以日期爲請曰某月某日甲子吉宜成昏不勝感愴謹以酒果用伸虔告謹告(若昏期尚遠去且以日期以下至宜成昏十七字)

▶381◀◆問; 함제비 접견 시 예절 문의. (380 참조)

이제 몇 일 후면 딸을 출가시킬 아버지 되는 사람입니다. 일설에 의하면 함 제비가 대문을 들어오기 전에 바가지를 밟고(깨부수고) 들어 온다는 설과 바가지를 부수는 것은 불길하다는 설이 있어 문의 드립니다. 두 설이 극명하게 대립되어 갈피를 잡을 수가 없습니다. 도와 주십시오.

◆答; 납폐(納幣).

무속(巫俗) 신앙(信仰)의 예(禮)를 여기서 논(論)할 수는 없습니다. 아래가 납폐(納幣)의 바른 예법(禮法)입니다.

◆납폐(納幣)

古禮有問名納吉今不能盡用止用納采納幣以從簡便

○납폐.

옛날 예법에는 문명(問名)과 납길(納吉)의 예가 있었으나 지금은 모두 없어져서 행할 수가 없어 폐하고 납채와 납폐만 쓰도록 하여 간편하게 따르도록 하였다.

○夙興主人以書告于祠堂(補)儀節

陳設如常儀用盤子盛書及幣帛置香案上○家禮納幣不告廟按儀禮納徵辭曰有先人之禮儷安東帛夫禮之行必稱先人恐亦當告今補入

▶382◀◆問; 합한주.

혼례 시 신부가 술을 마시는 장면이 나오는데 직접 잔을 받아 마시는 것과 수모의 도움을 받아 입만 대는 것 중 어느 것이 더 자연스러운지 질문 드립니다. (손이 절수건에 가려져 있는 관계로) 그리고 합환주에 대한 간단한 설명도 곁들여 주시면 고맙겠습니다. 내내 무더운 날씨 속 건강 유의 하십시오.

◆答; 합한주.

아래와 같이 살펴보건대 신부(新婦)가 직접 들고 맛보는 것 같습니다.

●合巹禮(笏記)

壻揖婦就坐壻東婦西○從者斟酒設饌(儀節從者擧饌案于壻婦前以盞盛酒分進于壻婦前)○壻婦祭酒擧殽(郊特牲註骨有肉曰殽◇儀節壻婦各傾酒少許于地各以殽少許置卓子上空處◇考證擧謂擧而祭之)○又斟酒壻揖婦擧飮(儀節各擧飮下同◇尤菴曰初言祭酒擧殽壻婦一時行之之禮也再言壻揖婦擧飮者自飮而導婦使飮也)○不祭無殽○又取巹分置壻婦之前斟酒(儀節從者以兩巹不斟酒和合以進壻婦各執其一也◇問今俗夫婦合巹繫以紅絲相換交飮是有據否明齋曰巹是不異爵之義也分置壻婦之前斟酒各飮而已焉有換飮之理)○壻揖婦擧飮不祭無殽(尤菴曰再斟三斟不祭者以初斟已祭故也)○壻出就他室○姆與婦留室中(士昏禮疏婦人不宜出復入故因舊位而立)○徹饌置室外(士昏禮註爲媵御餕之徹尊不設有外尊也)○設席(士昏禮御衽于奧媵衽良席在東皆有枕北止註衽臥席也婦人稱夫曰良止足也疏御布婦席媵布夫席亦示交接有漸之義同牢席夫西婦東今乃易處者取陽往就陰)○壻從者餕婦之餘婦從者餕壻之餘(輯覽此條儀禮在燭出之後)

근(巹)이라 함은 표주박을 반으로 쪼개어 만든 것으로 일명 합환주(合歡酒) 잔이라고도 하며 혼례 교배례(交拜禮) 때 서부(壻婦)가 각각 그 한 짝씩을 들고 술을 마시며 그 술잔과 같이 몸은 둘이나 하나라고 맹약하는 뜻이 곁들여져 있는 것입니다.

●問今俗夫婦合巹係以紅絲相換交飮是有據歟明齋曰巹以小匏一判而兩之是不異爵之義也分置壻婦之前斟酒各飮而已焉有相換交飮之理乎

●問昏禮巹杯之義明齋曰器用陶匏尙禮然也註此太古之禮器也用太古之器重夫婦之始也昏義合巹而酳所以合體此卽用巹之義也

▶383◀◆問; 허혼서 받는 예절.

저의 큰아들이 이번에 혼인을 하게 되었습니다. 예비 신부댁에 청혼서를 보내었습니다. 며칠 후 예비 신부댁에서 허혼서를 보낼 것인데 이때에 어떤 절차로 예절로 허혼서를 받아야 하는지 궁금하여 글을 올리어 답변 바랍니다.

◆答; 허혼서 받는 예절.

아래의 예법을 준용하시면 예에 크게 어그러지지는 않을 것 같습니다. 사당이 없으시면 지방으로 명절 제사와 같이 정침에 설위하고 매위 진은 주과(酒果)입니다.

⊙復命儀禮節次(손님 접대)

(賓至門外壻氏主人出迎)○揖平身(問勞隨俗)○升堂○各就位坐訖○奉茶畢○興各起○進書(從者以書進賓以奉主人)○受書(主人受書以授從者袖)○鞠躬拜興拜興平身(主人再拜賓退避)○聽賓就次

⊙복명 의례절차.

사자(使者)가 대문밖에 도착하면 사위 집 주인은 나와 영접한다. ○읍하고 평신한다. (속례에 따라 노고를 묻는다) ○당으로 오른다. ○각각 자리로 간다. (앉았으면) ○차를 올린다. (마쳤으면) ○일어선다. (각각 일어선다) ○서찰을 바친다. (종자가 서찰을 바치면 주인에게 드린다) ○서찰을 받는다. (주인은 서찰을 받아 종자에게 준다) ○국궁 재배 평신한다. (주인이 재배할 때 사자는 물러나 피한다) ○사자(使者)를 처소로 가기를 청한다.

⊙告辭式(主人自告○以盤子盛所復書及名帖子置香案上○出儀節)

某之子某聘某官某郡姓某之第幾女今日納采禮畢敢告

●家禮昏禮篇議昏必先使媒氏往來通言俟女氏許之然後納采

여가(女家)의 허락(許諾)이 있으면 납채(納采) 절차(節次)로 들어가는데 먼저 신랑

(新郎) 댁(宅)에서 신부(新婦) 댁(宅)으로 령애(令愛)를 자식(子息) 누구의 아내로 허락(許諾)하여 고맙다는 아래와 같은 서신(書信)을 보내게 되면,

⊙書式

某郡姓某啓 某郡某官執事伏承 尊慈不鄙寒微曲從媒議許以 令愛(姑姊妹姪女孫女隨所稱)貺室僕之(非宗子之子則此下當添某親某之四字)男某(若宗子自昏而族人之長主之則改男爲某親)玆有先人之禮謹專人納采伏惟 尊慈俯賜 鑑念不宣 某年某月某日某郡姓某啓

신부댁(新婦宅)에서 그에 대한 답서(答書)를 전해 오게 되지요.

⊙復書式

某郡姓某啓 某郡某官(執事稱呼隨宜)伏承 尊慈不棄寒陋過聽媒氏之言擇僕之(改措語見壻家書式)第幾女某(若某親之幾女某)作配 令似(或作某親弟姪隨稱)弱息春愚又不能教(姑姊妹則去弱息以下八字)既辱采擇敢不拜從伏惟 尊慈特賜 鑑念不宣 年 月 日 某郡姓某啓

이 때 양가(兩家) 모두 그 서신(書信)은 반자(盤子)에 담아 향안 위에 올려 놓고 사당에 고하지요. 우리의 전통혼례(傳統昏禮)라 함도 주자가례(朱子家禮)에서 기인됨이지 독자(讀者)로 생겨난 예(禮)가 아닙니다. 아래는 반자(盤子)에 관한 전거입니다.

●儀節納采告于祠堂條以盤子盛所復書及名帖子置香案上
●輯覽納采告于祠堂條丘儀以盤子盛所復書及名帖子置香案上

▶384◀◆問; 혼례 때 선조에 대한 고사에 관하여?

성균관을 위해 고생하시는 분께 감사의 말씀을 올립니다. 아들의 혼인과 관련하여, 조상에게 아뢰어야 할 시기와 그에 따른 축문 내용에 대한 가르침을 받고자 합니다. 이 때 아뢰는 것이 유사즉고의 표현이 맞는지요?

1. 자식의 혼례를 조상에게 아뢰는 시기? (혼인날 정하였을 때, 혼인 당일 출발 전, 신혼여행 후 귀가 시 등).
2. 자식의 혼례를 종손이 아닐 경우, 고조~부모에게 다 알려야 하는지, 아니면 부모에게만 아뢰어도 되는지 궁금합니다.
3. 아뢸 때 마다 축문내용을 알고 싶습니다.
추운 날씨 감기 조심하시고 좋은 가르침 부탁 드립니다.

◆答; 혼례 때 선조에 대한 고사.

問; 1. 答; 전통 혼례 때의 자식 혼례(昏禮)에서 사당(祠堂)에 고하는 예절을   납채(納采) 때와 친영(親迎) 때와 시집 온지 3 일이 되면 사당(祠堂) 선조(先祖)께 고합니다. 예법은 유사즉고(有事則告) 예법에 의합니다.

●家禮祠堂篇有事則告條冠昏則見本篇

問 2. 答; 만약 지손(支孫)의 혼인(昏姻)이면 주인은 종자(宗子)가 되며 고조부모(高祖父母) 이하 조상 모두에게 고합니다.

●家禮昏禮篇告祠堂條如告冠儀○又冠禮篇主人告于祠堂條若非宗子則必繼高祖之宗子

問 3. 答;

⊙壻家納采祠堂告辭式(若昏者之母已歿雖在祔位亦當有告下同○祠堂有事則告條○儀節陳設如當儀用盤于盛書置香案上)

維 歲次干支幾月干支朔幾日干支孝玄孫(繼曾祖以下之宗隨屬稱)某敢昭告于 顯高祖考某官府君 顯高祖妣某封某氏(曾祖考妣至考妣列書祔位不書○非宗子之子則只告昏者祖先之位)某之(非宗子之子則此下

當添某親某之四字)子某(若宗子自昏則去之子某三字)年已長成未有伉儷(再娶則去年已以下八字)已議(再娶此下當添再字)娶某官某郡姓名之女今日納采不勝感愴謹以酒果用伸虔告謹告(南溪曰繼高繼曾宗子居遠則只當告祖禰之廟○明齋曰宗家遠在則當以某日納幣某日成昏之意告以行之不可廢也)

⊙壻家親迎祠堂告辭式(同上祠堂有事則告生子條)

維　歲次干支幾月干支朔幾日干支孝玄孫(屬稱隨改見上納采告式)某敢昭告于　顯高祖考某官府君　顯高祖妣某封某氏(列書及改措語見上納采告式)某之子某(改措語見上納采告式)將以今日親迎于某官某郡某氏不勝感愴謹以酒果用伸虔告謹告

⊙新婦廟見告辭式(主人自告○家禮三日主人以婦見于祠堂如子冠而見之儀○朱子曰昏禮廟見舅姑之亡者而不及祖盖宗子法行非宗子之家則不可別立祖廟故但有禰廟今只共廟如何只見禰而不見祖此當以義起亦見祖)

某之子某(非宗子之子則某之上當添某親二字)以某日昏畢新婦某氏敢見(云云)　顯高祖考某官府君　顯高祖妣某封某氏(四代列書)某之子某娶于某郡某貫姓名之女今已著代不勝感愴謹以來物用伸奠告尙饗

▶385◀◆問; 혼례 앞두고 친구자제혼례 참석여부 답 요청.

자식 혼사를 며칠 앞두고 친구 자제 혼례에 참석하여야 하나.

◆答; 혼례 앞두고 친구 자제 혼례 참석 여부.

아래와 같이 살펴보건대 혼주나 당사자에게 1 년복 이상의 복중과 대공 9 월 상(喪) 중 장사전이거나 혼주의 개장복(3　월) 중에는 혼인을 할 수 없을 뿐　이 외에는 꺼리는 것은 없습니다. 따라서 혼사를 앞두고는 타인의 혼사에 참석하지 않는다는 전거는 없습니다.

●家禮昏禮身及主昏者無朞以上喪乃可成昏;大功未葬亦不可主昏
●同春曰改葬服未除之前昏娶恐未安

▶386◀◆問; 혼례(전통)에 관하여.

주자가례가 들어온 이후의 혼례의 모습을 비교해오라고 하셨는데요. 주자가례 이전 고례에서 행해지던 여섯 가지 절차를 육례라고 하여 이것을 납채, 문명, 납길, 납징, 청기, 친영을 이야기 한다고 하더군요. 그런데 주자가례 책을 보니 거기에는 혼례의 절차가 의혼, 납채, 납폐, 친영의 순으로 되어 있더라구요.

그렇다면 주자가례 들어오기 이전의 육례와 들어온 이후의 혼례의 절차가 별로 차이가 없는 것 같은데 맞는지 잘 모르기에 여기에 올립니다. 꼭 답변 부탁 드립니다.

◆答; 전통혼례.

전통혼례의 육례(六禮)와 사례는 아래에서 이해될 것입니다.

◆혼례(昏禮)

昏義昏禮者將合二姓之好上以事宗廟而下以繼後世也故君子重之是以昏禮納采問名納吉納徵請期皆主人筵几於廟而拜迎於門外入揖讓而升聽命於廟所以敬愼重正昏禮也

예기(禮記) 혼의편(昏義篇)의 가르침이다. 혼인이라 하는 것은 두 성씨가 호합(好合)하여 위로는 종묘를 섬기고 아래로는 후세를 이어가는 것이니라. 그러한 고로 군자는 혼인을 중(重)히 여기느니라. 이러하기 때문에 혼례에는 납채(納采), 문명(問名), 납길(納吉), 납징(納徵), 청기(請期)에는 모두 주인이 사당에 진중히 베풀어 고하고 문밖에서 절하며 영접하여 들어와 읍하고 사양하며 층계를 올라와 사당에서 명을 듣는 것이니 공경하고 삼가며 조심해야 하는 것은 혼인의 정도(正道)인 까닭이니라.

○六禮

納采者昏禮貴男先於女媒妁之言旣達則女氏許之矣男氏猶不敢必也故納幣擇之禮以求之

采擇也問名者問女氏之名將歸而加諸卜筮也納吉者歸卜於廟得吉兆復遣使者往女氏納之
昏姻之事於是乎定也納幣一名納徵徵成也證也納幣帛以成昏禮且以爲證也親迎者親往迎
婦至家成禮亦男先於女之義也○方氏曰采擇自我而名氏在彼故首之以納采而次之以問名
此資人謀以達之也謀旣達矣則宜貴鬼謀以決之故又次之以納吉焉人謀鬼謀皆揚從矣然後
納幣以徵之請日以期之親迎以成之故其序如此

▶387◀◆問; 혼례 때 "물목기" 서식.

① 고례에는 禮緞비(현금)를 보낸 것이 아니라 禮緞을 보내면서, '물목기'를
동봉하였습니다. [현대의 시속은 (대체로 간편함을 쫓아) 현금으로 보냅니다].
② 그러므로 고례의 물목기를 원용하여 (적당한 용어로) 쓰면 될 것입니다. 참고로
성균관 홈피의 '혼례' 서식은 誤字들이 있습니다. 살펴보셔야 결례를 면할 수 있을
것입니다.

◆答; "물목기"

전통예법에는 신랑 댁에서 신부댁으로 예단을 보내는 예를 납폐라 하는데 이 예에
는 신부댁에서는 신랑댁으로 답서(答書)를 보낼 뿐입니다. 신랑 댁에서 신부댁(新婦
宅)으로 예단을 보내는 폐백의 예법에는 다만 예단을 넣은 함과 서한(書翰)을 넣은
함 두 개를 보내게 되는데 예단을 넣은 함에 품목과 수량을 적은 물목기(物目記)를
동함하는 예법은 없습니다.

다만 현대의 예라 할 수 있는 평산후인(平山後人)인 신의철(申義徹) 선생이 1989년
8월 9일 결책(結冊) 펴낸 상례요람(常禮要覽) 혼례(婚禮) 중(中) 근세혼례(近世婚禮)
납폐조(納幣條)에 물목서식(物目書式)이 등장하는데 그 양식은 아래와 같습니다.

물목서식(物目書式)(이에서는 횡서(橫書)이나 종서(縱書)임).

●物目
玄,壹段. 纁,壹段 除 年月日 人 ○○○

●皮封式
物目皮封 物目 謹封

●重皮封
謹封 謹封 謹封

●禮狀皮封 (一) 봉하지 않는다.
申生家 禮束 謹拜上狀 金生員 下執事

●禮狀皮封 (二)
前面
上狀 李碩士 尊親執事 謹封
後面
某官 後人 申○○ 拜

▶388◀◆問; 혼례 때 신랑신부의 위치.

궁금하여 묻습니다. 혼례 때 주례가 있는 쪽이 북쪽이고, 하객이 있는 쪽이 남쪽입
니다. 하객(賀客) 중심으로 신랑(新郞)은 오른쪽에, 신부(新婦)는 왼쪽에, 즉 신부는
신랑의 왼쪽에 섭니다. 그러면 혼례식이 끝나고, 신랑신부가 하객들에게 인사를 하
고 물러날 때는 서로 위치를 바꿔 신부는 신랑의 왼쪽에 서 있어야 하나요.

◆答; 혼례 때 신랑신부의 위치.

남녀의 방위(는 생인은 양(陽)인 까닭에 상좌(尙左)라 함은 남동여서(男東女西)라 함
이며 남향(한 상대가 보아 남좌여우(男左女右)라는 의미(意味)입니다. 주례(主禮)와
상대(相對)하였을 때는 남동여서(男東女西; 男左女西)이나 하객(賀客)과 상대할 때는
남서여동(男西女東)으로 바꿔 서야 하는데 이는 곧 하객(賀客)이 보아서는 남좌여우
(男左女右)가 되고 하객(賀客) 사이로 행진(行進)할 때는 지도상우(地道尙右)이니 그
대로 행진(行進)하게 되면 지도(地道)에 합당(合當)하게 신부(新婦)의 우측(右側)에
신랑(新郞)이 서서 행진(行進)하게 됩니다. [남동여서(男東女西; 男左女西)]라 함은

상대(相對) 즉 주례(主禮)가 보았을 때의 신랑(新郎)과 신부(新婦)가 서는 위치(位置)입니다. 이는 실 방위(方位) 불 상대인 주례(主禮)의 후는 북(北), 전(前)은 남(南), 좌(左)는 동(東), 우(右)는 서(西)라는 전제하(前提下)입니다.

따라서 신부(新婦)가 하객(賀客) 방향으로 돌아 서게 되면 그 상대는 하객이 되는 까닭에 하객(賀客)의 위치에서 그와 같은 방위(方位)로 서게 되면 신랑(新郎)과 신부(新婦)는 바꿔 서야 [남동여서(男東女西; 男左女西)]가 되는데 그대로 돌아 서게 되면 [남서여동(男西女東; 男右女左)]이 되겠지요.

행진(行進)할 때는 그 대로 행진(行進)하게 되면 지도상우(地道尙右) 상대가 보아 [남동여서(男東女西; 男左女右)]의 법도(法度)대로 걸어 나가게 됩니다.

신랑(新郎) 신부(新婦)는 북향하였을 때 상대가 보아 [남동여서(男東女西; 男左女右)]이고, 신주(神主)는 남향(南向)하였을 때 상대가 보아 이서위상(以西爲上)의 법도에 따라 남좌여우(男左女右)가 됩니다. 이 양 생사(生死) 법도는 그 향배가 어찌 되었든 남좌여우(男左女右)의 위치는 불변이지요.

●有司徹疏生人陽故尙左
●王制男子由右女子由左
●記言左右陰陽說條天道尙左地道尙右陰陽之義也朝庭之禮以東爲上祠廟之禮以西爲上
●芝村曰初喪爲位皆以男左女右而上朝祖下男女道路之法謂男左女右
●重庵曰男左女右以地道言則右尊左卑道路屬地當男右女左盖右主動而左主靜右有力而左無爲故男女所由如此

▶389◀◆問; 혼례 때 신부의 父가 없는데 주인은 누가.

며느리 감 여아의 아버지가 사망하셨고 친가에 다른 분이 안 계시고 어머니만 계시면 돌아가신 아버지를 혼주로 해서 혼서를 써도 됩니까. 그리고 혼례식전 선조께 고하는 의식의 지방에는 어떤 글을 써야 합니까.

◆答; 신부의 父가 없는데 주인은 누가.

신부의 아버지가 이미 죽어 없으면 족장(族長), 족장도 없으면 부집(父執; 아버지의 친구), 그도 여의치 않으면 이재(里宰; 이장)이 주인이 됩니다. 신부의 아버지가 이미 죽어 없으면 지방을 써 붙이고 절을 하는데, 지방식을 기제사 지방과 같습니다.

●家禮會成昏禮議昏主昏;主昏謂壻之祖父父或兄及凡爲家長者宗子自昏則以族人之長爲主(註)孤而無族長者母舅主之無母舅者父執里宰皆可
●南溪曰若婦之父母已沒入廟則則似不可不拜之
●丘儀昏禮婦家禮壻如常儀儀節;(云云)(補)〇廟見(婦父引壻至祠堂前婦父拜)〇鞠躬拜興拜興平身〇跪〇上香〇告辭曰某之女某(若某親之女某)壻某來見〇俯伏興平身〇新壻見(壻立兩階間)〇鞠躬拜興拜興拜興拜興平身〇(畢壻父)鞠躬拜興拜興平身〇禮畢
●明齋曰丘氏而改家禮則不可也今無預於家禮而用丘氏一節有何不可也得壻而見祠情理卽然

▶390◀◆問; 혼례 복장 색.

問 1; 혼인식장에 가보면 신랑측 어머니는 파란색 계통의 옷을 입고, 신부측 어머니는 분홍색 계통의 옷을 입고 촛불을 붙입니다. 무슨 이유에서 이렇게 입는 것인지요? 신랑과 신부측의 옷의 색이 바뀌면 안 되는지요?

問 2; 그리고 폐백 때에 신랑이 청색의 관복을 입습니다. 왜 푸른색을 입는지요? 붉은 색의 관복을 입으면 안 되는지요?

◆答; 혼례 복장 색.

問1: 答; 신혼 예식장에서의 양가의 어머니가 푸른색과 붉은색의 옷을 입는 법도는 알지를 못합니다. 다만 아래와 같이 살펴보건대 신랑은 옥색 단령을 입고 신부는 홍색 장삼을 입는 데서 그를 따라 행함이 아닌가 추측은 됩니다.

問2; 答; 여씨춘추(呂氏春秋) 주(註)에서 청양동(靑陽東)이라 하였고 율곡 선생께서 옥색 단령이라 하셨으니 청색(옥색)계통의 옷을 입는 것 같습니다.

●郊特牲玄冕齊戒鬼神陰陽也玄冕祭服也陰陽謂夫婦疏著祭服而齊戒親迎是敬此夫婦之道如事鬼神也
●栗谷曰祖以上忌則有官者烏紗帽玉色團領
●呂氏春秋仲春記天子居靑陽太廟註靑陽東
●勅令第一號大禮服黑團領紗帽品帶靴子
●寒岡曰娶也用公服從俗用黑團領反爲便宜也又曰紅團領豈是盛服古人不以爲褻服
●便覽初昏壻盛服諸具條紗帽團領品帶黑靴註並國俗用此
●便覽序立諸具條衫子俗稱唐衣又朔參諸具條大衣制如俗唐衣或稱圓衫(卽五禮儀本國長衫)
●陶庵曰古者昏用袡衣今俗用紅長衫甚無謂好禮之家當製用袡衣以爲變俗復古之漸矣
●士昏禮婦見條夙興婦沐浴纚笄宵衣以俟見註待見於舅姑寢門外疏纚笄宵衣特牲主婦宵衣也

▶391◀◆問; 혼례일을 잡았다고 모친 제사를 생략 한다는 관례나 풍습이 있나요?

많이 알지 못하니 고통이 따릅니다. 부모님이나 조상님의 기일(忌日)에 제(祭)를 올리는 것은 자손으로서 마땅한 도리인데 이 핑계 저 핑계를 둘러 대며 조상님의 제사(祭祀)를 생략한다고 하니 바로 잡아 주시기 바랍니다.

조카의 혼례 일을 8월 12일에 잡았습니다. 모친 기일이 7월 29일인데 자녀의 혼례 일을 잡았기에 모친 제사를 생략한다고 합니다. 큰일을 앞두면 제사를 생략하는 관례나 풍속도 있다면서요?

이런 풍습은 경상도 지방에서 대대로 전 하여져 왔으며, 전라도 지방에서는 이런 풍습이 없다고 하는데 사실인지 의심스럽고, 경상도지방의 향교나 유림에 문의를 해 보았으면 합니다. 어디서 주어서 들은 것인지 참으로 한심하고 답답합니다. 바로 잡아주시고요.

부친이 자식들을 생각해서 자주 모이게 될 경우 교통사고 위험도 있고 번거롭다고 생각하시어 유언으로 부친의 제사를 모친의 제사와 함께 지내고 생략하라고 하셨답니다. 아무리 유언이라고 하지만 이것을 따르면서 부친 제사를 모친 제사 시에 함께 지내고 있는데 참으로 부끄러운 일이라 생각됩니다.

할머니 제사는 할아버지 기일에 제사를 함께 올리고요. 어떤 집안에서는 이렇게도 한답니다. 그래서 이렇게 하자고 해서 할 수 없이 따르고 있지만 부친의 기일에 제사를 6년째 지내지 않고 있어 자손 된 도리로 항상 마음이 무겁습니다. 차라리 교회를 다니면서 제사 지내지 말지 그것도 아니면서 제사를 소홀히 하고 있으니 답답하기 이를 데 없군요. 바른 답을 주시어 주신 글로 성균관에서 이렇게 하라고 하시더라 하겠습니다. 바른 예법과 전통을 가르쳐 주시기 바랍니다.

◆答; 혼례에 앞서 제사가 더 중요.

기일은 부모가 작고한 날이라 나를 길러주신 어버이의 작고하시던 그날의 슬픔을 되새기며 일년에 한번 그날을 만다면 지난날 잡수시던 대로 차려드리고 식사 한 그 릇 드림이니 자손 된 도리로 이를 소홀히 할 수는 없을 것입니다.

●祭義君子有終身之喪忌日之謂也註忌日親死之日也

▶392◀◆問; 혼사날짜 결정 후 애경사 참석 여부 문의.

6월28일 자식 혼사날짜를 정해 논 아빠 되는 사람 입니다. 소문에는 혼사날짜가 정 해 지면 타인의 혼사 또는 조문에는 참석을 하지 않는다고 하는데(안 된다면 언제 까지) 직업상(공무수행자) 곤란한 일이 발생할 수 있을 것 같습니다. 현명하신 고견 을 부탁 드립니다.

◆答; 혼일을 정한 후 애경 사 참석 여부.

전통혼례 예법에는 애경사 참석 여부에 대하여 논한 전거는 없으니 스스로 꺼려지 면 불참함이 옳을 것이나 꺼려지지 않는다면 참석한다 하여 잘못 되질 않을 것입니 다.

●性理大全昏禮議昏; 身及主昏者無朞以上喪乃可成昏(註)大功未葬前亦不可主昏

▶393◀◆問; 혼서를 쓸 때 신랑 아버지께서 돌아가신 경우에는 어떻게 쓰 나요?

신랑 아버지께서 돌아가시고, 할아버지나 마땅한 다른 남자어른이 없는 경우 혼서 를 쓸 때 누구 명의로 써야 하나요? 신랑 명의로 써야 할 지, 어머니 명의로 써야 할 지, 돌아가신 아버지와 어머니 본관과 성함을 모두 써야 할 지 잘 모르겠습니다. 신랑의 본관을 내세워야 하니 어머니 명의로만 쓰기에는 어울리지 않을 것 같고, 신랑 본인이 처가 어른들께 직접 혼서를 올리려니 역시 좀 어울리지 않을 것 같은 데, 돌아가신 분과 어머니 본관과 함자를 함께 쓰는 게 격에 맞는지 궁금합니다. 그 리고 두 분을 함께 쓸 경우 어떻게 쓰는 것이 예에 맞는 것인지 좀 알려주시면 감 사하겠습니다.

◆答; 혼서를 쓸 때 신랑 아버지께서 돌아가신 경우.

혼서(昏書)의 주인은 주혼자(主昏者)로서 종자(宗子)의 경우 족인지장(族人之長)이 되고, 비종자(非宗子)인 경우는 종자(宗子)가 주혼자가 되며 유고(有故) 시(時)는 문 장(門長)이 되고, 성동자(姓同者)없이 단신일 때는 어머니가 주혼자가 되어 혼서(昏 書)의 주인이 됩니다. 특히 혼서(昏書) 서식에는 관향(貫鄕)은 쓰지 않습니다.

●性理大全宗子自昏則以族人之長爲主
●尤庵曰宗子未娶旣當家主祭則族人昏娶亦當爲主矣
●問宗子次宗子皆有故則當以宗子之長子主之否抑以門長主之否南溪曰似當用門長
●遂庵曰宗子有故則當昏家家長主之矣
●寒岡曰遠族中亦無姓同者耶世俗無姓親則不免母親主之
●便覽納采具書書式某郡姓某白某郡某官執事伏承(云云)某年某月某日某郡姓某白

▶394◀◆問; 혼서함을 보내는 의식.

안녕하세요? 전통혼례 납폐절차에 대한 의문입니다.
1. 신랑 댁에서 혼서함을 보낼 때 조상에 告하고 함을 지고 떠난다고 하는데 자세한 의식절차를 알고 싶습니다.
2. 신부 댁에서 혼서함을 받을 때의 의식절차도 알려주시면 고맙겠습니다. 고견을

듣고 싶습니다.

◆答; 혼서함을 보내는 의식.

問 1. 答; ⊙壻家告祠堂儀禮節次
(陳設如常儀用盤子盛書置香案上)
序立(男左女右爲一行詳見通禮)○盥洗○啓櫝○出主○復位○降神○主人詣香案前○跪○焚香○酹酒(盡傾茅沙上)○俯伏興拜興拜興平身○復位○參神○鞠躬拜興拜興平身○主人斟酒○主婦點茶(畢二人幷拜)○鞠躬拜興拜興平身○主婦復位(主人不動)○跪(主人以下皆跪)○讀祝○俯伏興平身(主人獨拜)○鞠躬拜興拜興平身○復位○辭神(衆拜)○鞠躬拜興拜興平身○焚祝文○奉主入櫝○禮畢

⊙告祠堂告辭式(紙榜則列書正寢行)
維 歲次某干支幾月干支朔幾日干支孝玄孫(繼曾祖以下之宗隨屬稱)某官某敢昭告于 顯高祖考某官府君 顯高祖姙某封某氏(曾祖考姙至考姙列書○非宗子之子則只告昏者祖先之位)某之(非宗子之子則此下當添某親某之四字)子某(若宗子自昏則去之子某三字)已聘某官某郡某氏之第幾女爲婦卜之叶吉今行納幣禮且以日期爲請曰某月某日甲子吉宜成昏不勝感愴謹以酒果用伸虔告謹告(若昏期尙遠去且以日期以下至宜成昏十七字)

問 2. 答; ⊙書進儀禮節次
賓至女家門外媒氏先入告主人執事者陳禮物于大門內用盤子盛書函置卓子上
賓至○請迎賓(主人出門外迎賓)○主人揖請行(主人舉手作揖遜狀請賓行凡二次主人先登東階賓登西階非宗子之女則其父位主人之右尊則少進卑則少退)○升堂(東西相向立)○揖平身(賓至相唱喏)○陳書幣(執事者舉書案于廳上禮物陳庭中納帛有幣帛則以置階前或卓子上)○賓主各就坐(主賓俱坐)○奉茶(執事者以茶進啜訖)○賓興主人亦起進書(執事者以書授賓賓以奉主人)○主人受書(受以授執事者北向拜)○鞠躬拜興拜興平身(賓避席屛立不敢○此拜乃謝書非拜)○請賓就次

⊙使者致辭
吾子有惠旣室某也壻名某壻名之某親某官有先人之禮使者某使名請納幣

⊙主人答辭
吾子順先典旣某重禮某不敢辭不承命

⊙女家告祠堂儀禮節次
陳設如常儀用盤子盛書置香案上
序立(男左女右爲一行詳見通禮)○盥洗○啓櫝○出主○復位○降神○主人詣香案前○跪○焚香○酹酒(盡傾茅沙上)○俯伏興拜興拜興平身○復位○參神○鞠躬拜興拜興平身○主人斟酒○主婦點茶(畢二人幷拜)○鞠躬拜興拜興平身○主婦復位(主人不動)○跪(主人以下皆跪)○讀祝○俯伏興平身(主人獨拜)○鞠躬拜興拜興平身○復位○辭神(衆拜)○鞠躬拜興拜興平身○焚祝文○奉主入櫝○禮畢

정침 사시제 예법과 같이 尊西卑東으로 설위하고 단헌의 예로 마칩니다.

⊙女家祠堂告辭式(紙榜則列書正寢行)
維 歲次干支幾月干支朔幾日干支孝玄孫(屬稱隨改見上告式)某官某敢昭告于 顯高祖考某官府君 顯高祖姙某封某氏(列書見上告式○非宗子之女則只告昏者祖先之位某之非宗子之女則此下當添某親某之四字)第幾女某已許某官某郡某氏之子爲昏今日報吉且行納幣因以期日爲請曰某月某日甲子吉宜成昏不勝感愴謹以酒果用伸虔告謹告(昏期尙遠去因以至宜成昏十七字)

▶395◀◆問; 혼서지 쓰는 방법.
아들 혼례(婚禮) 전에 사돈댁(査頓宅)에 보내는 혼서지(婚書紙) 쓰는 방법을 자세히 가르쳐 주시길 부탁 드립니다.

◆答; 혼서지 서식.

전통예법(傳統禮法) 혼례(昏禮)에서 采緞을 보내며(納幣. 요즘의 함) 더불어 신부(新婦) 집으로 보내는 서신(書信)의 서식(書式)은 아래와 같습니다. 현대식(現代式) 혼서지(婚書紙) 양식(樣式)은 인터넷상에서 찾아보시기 바랍니다.

(壻家書式)便覽式

忝親某郡姓某白 某郡某官尊親執事伏承 嘉命許以 令女貺室僕之子某玆有先人之禮 敬遣使者行納幣禮伏惟 尊慈特賜 鑒念不宣 某年某月某日忝親姓某再拜

皮封式

上狀 某郡某官尊親執事 忝親姓某謹封

▶396◀◆問; 혼서지 작성에 대한 문의.

안녕하십니까 혼서지 작성시 혼주와의 관계 작성에 대하여 문의 드립니다.
1. 신랑의 혼주가 부친이 계시지 않고 모친과 형이 있을 때 누구로 하여야 하는지요.
2. 신부의 혼주가 부친이 계시지 않고 모친과 오빠가 계실 때 누구로 하여야 하는지요.
3. 백부 숙부 남동생이 혼주가 될 수 있는지요.
4. 남자만 혼주로 하여야 하는지요 답변 주시면 고맙겠습니다. 감사합니다.

◆答; 혼서지 작성.

(아래는 유가의 전통예법에 의한 답으로 현실과는 다를 수 있습니다).

問; 1. 答; 형(兄)이 혼주(昏主)가 됩니다.
問; 2. 答; 오빠가 혼주(昏主)가 됩니다.
問; 3. 答; 백부(伯父)가 종자(宗子)가 되었으면 혼주(昏主)가 되고 父가 이미 몰(沒)하였고 백부(伯父) 가유고(有故) 시(時)는 숙부(叔父)가 혼주(昏主)가 되나 아우는 형의 혼주(昏主)가 될 수 없는 것 같습니다.
問; 4. 答; 혼주(昏主)는 남자가 됩니다.

●家禮昏禮本註凡主昏如冠禮主人之法○又冠禮本註主人謂冠者之祖父(輯覽祖父謂祖及父)自爲繼高祖之宗子者若非宗子則必繼高祖之宗子主之有故則命其次宗子○若宗子已孤而自冠則亦自爲主人
●士冠禮註主人將冠者之父兄也疏家事統於尊若祖在則祖爲冠主
●書儀主人謂冠者之祖父父及諸父諸兄凡男子之爲家長者皆可也

▶397◀◆問; 혼인 날짜를 받아 놓으면 애경사에 다니지 않는지?

아래와 같이 문의하오니 빠른 답변 부탁합니다.
1. 혼인 날짜를 받아 놓으면 혼주나 가족이 남의 애경사에 다니지 않는지?
2. 혼주 부친의 제사나 차례를 지내지 않는지?
3. 혼주 큰집에서 지내는 백부나 조부의 제사나 차례에 참석하지 말아야 하는지?

◆答; 혼인 날짜를 받아 놓으면 애경사에 다니지 않는지.

아래와 같이 살펴보건대 혼주(昏主)나 당사자가 기(朞; 1년)이상의 상중(喪中)에는 혼인(昏姻)을 할 수 없다 하였고, 또 주문(註文)에서 대공(大功: 9월복) 상(喪) 장전(葬前)에도 혼인을 할 수 없다는 것입니다.

이 말씀을 발전시켜보면 대공상(大功喪; 9월)에 장사(葬事)를 지낸 뒤와 소공(小功;5월)과 시마(緦麻;3월) 상 (喪)에는 장사를 지내기 전이라 하여도 혼인을 할 수 있다는 말씀입니다.

이상 외로 꺼려야 한다는 말씀이 없으니 혼인 날짜를 잡아 놓고는, 그 가족이 남의 애경사나, 집안 제사나 차례도 참석하지 않는다는 가르침은 없습니다. 이상은 유가(儒家)의 법도입니다. 혹 그러한 설이 있다면 무속적(巫俗的) 속설(俗說)이 아닌가 합니다. 무속(巫俗)을 신봉(信奉)하는 가문(家門)이라면 신념(信念)을 따른다 하여 오류(誤謬)라 지적(指摘)할 사람 없을 것입니다.

●性理大全昏禮身及主昏者無朞以上喪乃可成昏(註)大功未葬前亦不可主昏

▶398◀◆問; 혼인례 때 남/녀의 위치에 관해.
혼인례 때 남/녀의 위치에 관해 한번 여쭌 적이 있었는데 불확실한 점이 있어 재차 여쭙니다. 신랑/신부는 남동여서의 원칙에 따라 이해가 갔으나, 간혹 부모님의 자리에 대해 의견이 분분해 저 역시도 혼란이 오는지라 질문 드립니다.

부모님 석이 좌우로 두 개씩 마련이 되는데 어떻게 착석이 되어야 하는지 궁금합니다. 참고로 저는 아버님이 안쪽(북쪽방향) 어머님이 바깥쪽(남쪽)으로 앉혀드리는데 맞는지요? 그리고, 역시 사진 촬영 때도 신랑/신부를 가운데 자리하고 양쪽으로 양가부모님이 서는데 그때의 위치도 아버님이 안쪽인지 바깥 쪽인지 알 수가 없습니다.

이런 위치 가지고도 자주 질문을 받고 또 답변을 해드려야 될 때가 많아 정확히 짚고 넘어가고 싶습니다. 특히, 서양예식과 비교해 질문을 많이 받고 있어 정확한 답변을 부탁들입니다. 늘 고맙습니다, 수고하세요.

◆答; 혼인례 때 남/녀의 위치.
자신이 보아서 신랑(新郞)과 신부(新婦)의 혼주(昏主) 석(席)은 공히 남좌여우(男左女右)가 옳은 것 같습니다. 기타 역시 그렇습니다.

※참고로 지인인 모인은 신혼례(新婚禮)서 주례를 맡으면 주례사(主禮辭)를 마칠 때까지는 주례자가 보아 남좌여우(男左女右); 남동여서)로 신랑신부를 세웠다 내빈에게 인사로 돌려세울 때는(혹자는 선 자리에서 그대로 돌려 세우나) 내빈이 보아 남좌여우(남서여동)로 자리를 바꿔 세웁니다. 본인은 이 같음이 옳다 생각합니다.

아래의 가르침은 남녀의 위치(位置)에 관한 가르침으로 향한 방향(方向)이 어디냐에 따라 남녀의 실 방위(方位)가 달라지는 것입니다.

●예를 들어
○北向이라면 男東女西가 되고,
○西向이라면 男北女南이되고,
○南向이라면 男西女東이 되고,
○東向이라면 男南女北이 되는 것입니다.
이같이 향한 방위에 관계 없이 생사불문(生死不問) 정면(正面)에서 보는 자로 하여금 남좌여우(男左女右)가 되는 것입니다.

●王制道路男子由右婦人由左註凡男子婦人同出一塗者則男子常由婦人之右婦人常由男子之左
●按神主南面故男居西尙右也子孫北面故男居東亦尙右也

●王制道路男子由右婦人由左註凡男子婦人同出一塗者則男子常由婦人之右婦人常由男子之左
●按神主南面故男居西尙右也子孫北面故男居東亦尙右也

이상은 전통예법에서 가르치는 남녀의 서는 위치이고 집례님께서 의문이신 사진 등의 촬영 시 남녀 대칭(對稱)에 관하여는 현대의 예법일 것이니 유가의 예법으로 논할 문제는 아닌 상 싶습니다.

▶399◀◆問; 혼주석에 누가 앉는 것이 맞는지?

예식장에서 신랑의 부친이 돌아가셨을 경우, 신랑의 결혼한 형이 모친과 함께 혼주석에 앉는 것이 맞는지, 아니면 신랑의 숙부(작은아버지)가 계실 경우 숙부와 모친이 혼주석에 앉는 것이 맞는 지 궁금하오니 답변을 부탁 드립니다.

◆答; 혼주와 모친.

결혼 예식장(禮式場; 신식 혼례)의 예법은 예식장에 문의하심이 최선의 답을 얻을 수 있을 것입니다. 여기는 유학의 장이니 유학적 견지에서 답한다면 두 예 모두 예법과 질서(秩序)에 어그러져 옳다 할 수 없을 것 같습니다. 다만 혼주(昏主)는 신랑 댁의 숙부(叔父)가 되니 숙부(叔父)와 어머니가 앉아야 옳을 것입니다.

11 초종(初終)(附喪禮)

▶400◀◆問; 고복에 대하여.

고복(초혼)을 할 때 관직이 없는 남상(男喪)과 여상(女喪)의 고복은 어떻게 해야 하는지 알고 싶습니다. 그리고 사자(使者) 밥을 차릴 때 지내는 방법은 어떻게 합니까? (숟가락은 어느 방향으로 꽂는지 알고 싶습니다)

◆答; 초혼(招魂)과 사자밥.

○招魂; 남녀 공히 관봉을 칭하지 않음.
○사자(使者)밥; 유교(儒敎)의 의례(儀禮)는 아니니 속례(俗禮), 또는 어느 교(敎)의 예법(禮法)인지 알지를 못하여 세세히 논할 수는 없으나 속간에서 행하고 있는 대강을 살피기로 합니다.

사자(使者)는 저승 사자로 사람의 혼을 데려 가면 그는 죽게 되는데 사람이 죽게 되면 저승은 음계(陰界)라 대문 밖 오른 쪽으로 밥과 함께 신발과 노자 돈을 놓아 두었다 상여가 출행하면 거둬 정결한 곳에 묻어 둡니다.

●士喪禮曰皐復三註皐長聲也某死者之名也復反也疏復聲必三者禮成於三
●喪大記凡復男子稱名婦人稱字
●開元禮復於正寢男子皆稱字及伯仲婦人稱姓六品以下男子稱名

▶401◀◆問; 고인이 아들이 없으면 누가 상주가 되나요.

고인(故人)이 아들이 없고 결혼한 딸만 있으면 누가 상주(喪主)가 되나요.

◆答; 고인이 아들이 없으면 누가 상주가 되나.

상주(喪主)는 반드시 남자(男子)라야 합니다. 따라서 족친(族親) 중에서 장자(長者)가 되고 주부(主婦)는 사자(死者)의 처(妻)가 됩니다.

●雜記夫若無族矣則前後家東西家無有則里尹主之(鄭玄主)妻之黨自主之非也(孔穎達疏)
●喪服小記大功者主人之喪有三年者則必爲之再祭朋友虞祔而已(註)三年者謂死者之妻

與子也妻旣不可爲主之

●喪服小記男主必使同姓婦主必使異姓註喪必有男主以接男賓必有女主以接女賓今無男主而使人攝主則必使喪家同姓之男無女主而使人攝主則必使喪家異姓之女謂同宗之婦也

▶402◀◆問; 곡(哭)하는 요령과 횟수에 대하여.

전통상례에 있어서의 곡(哭)하는 요령: - 상주(喪主)의 곡 소리는 "애고(哀孤) 애고(哀孤) 애고(哀孤)"라 하는데, 이것이 와전되어 "아이고 아이고아이고"로 하기도 합니다. 조객(弔客)의 곡 소리는 "허희(歔欷) 허희(歔欷) 허희(歔欷)"라 하는데, 이것이 와전되어 "어이 어이어이"로 하기도 합니다.

※애고(哀孤)는 "슬플 애" 와 "외로울 고"의 글자이며, 허희(歔欷)는 "흐느낄 허" 와 "한숨 쉴 희"의 글자입니다. 곡은 몇 번이나 하여야 할까요?

곡을 한다는 것은 망자에 대한 슬픔을 표현하는 것으로서 너무 짧아도, 너무 길어도 안 될 것입니다. 그렇다고 안 할 수도 없고, 무한정 길게 할 수도 없을 테니 난감할 수 밖에 없을 것입니다. 몇 년 전에 우리나라의 전통적인 마지막 국장(國葬)을 행한 일을 기억하실 것입니다. 창덕궁 낙선재에서 대한제국의 마지막 황태손 이구 저하의 국장을 치르면서 2 년 동안이나 초하루 보름에 삭망 전을 올렸습니다.

이때 매 삭망 전마다 두 번씩 곡을 올렸는데, 곡하는 요령에 대해서 정확히 알고 있는 예학자 들이 많이 없었습니다. 위에서 표기 한거와 같이 상주는"애고 애고 애고(또는 아이고 아이고 아이고)"를, 참사원들은 "허희 허희 허희(또는 어이 어이 어이)"로 곡을 하였습니다. 또 곡을 하는 횟수는 천자국(天子國)에서는 세 번씩 곡을 하여 5 회 = 15 번 곡을 합니다.

제후국에서는 세 번씩 곡을 하여 3 회 = 9 번 곡을 합니다. 따라서 우리나라는 고종 황제께서 대한제국을 창업하여 천자국이 되었으니 천자국의 행례에 따라 15 번을 행하는 것입니다. 다시 말하자면, 조객은 "허희(또는 어이) 허희 허희", "허희 허희 허희", "허희 허희 허희", "허희 허희 허희", "허희 허희 허희"로 곡을 합니다. 그러나 상주의 경우에는 조객이 조문을 하고 일어날 때까지 계속하여야 하겠습니다.

이상 변변찮은 어리석음을 올렸습니다. 그런데 시생은 이제껏 이렇게 알고 있었고, 또 이렇게 행하고 있었습니다만, 이러한 자료들이 어디에서 기인된 것인지? 어느 예서에서 나왔는지를 알지 못합니다. 하여 주어들은 풍월임을 참작하시고 바른 전거의 도움을 청합니다.

◆答; 상주 곡성 애애(哀哀).

아래는 상주곡성(喪主哭聲)에 관한 가르침입니다. 다만 아정(雅亭)선생께서는 애고(哀告)라 연호(連呼)함은 동속(東俗)인데 이 역시 애애(哀哀)라 함만 못하다 하였을 뿐 신분에 따라 몇 곡(哭)씩 하고 그친다. 함은 찾아지지 않습니다.

●喪大記始卒主人啼兄弟哭婦人哭踊註啼者哀痛之甚嗚咽不能哭如嬰兒失母也兄弟情稍輕故哭有聲婦人之踊似雀之跳足不離地問喪篇云爵踊是也細註山陰陸氏曰主人啼而不哭兄弟哭而不踊婦人哭踊殺於上矣蓋踊所以動體安心下氣也
●間傳斬衰之哭若往而不反齊衰之哭若往而反大功之喪三曲而偯(於豈反)小功緦麻哀容可也此哀之發於聲音者也註若如也往而不反一擧而至氣絶似不回聲也三曲一擧聲而三折也偯餘聲之委曲也小功緦麻情輕雖哀聲之從容亦可也細註臨川吳氏曰往而不反謂氣絶而不續徃而反謂氣絶而微續三曲而偯謂聲不質直而稍文也哀容則聲彌文矣可也之意同上
●雜記下曾申問於曾子曰哭父母有常聲乎曰中路嬰兒失其母焉何常聲之有註哀痛之極無

復音絶所謂哭不偯也細註廬陵胡氏曰孔子不取弁人孺子泣而此取嬰兒哭者此泛問哭時故擧重謂始死時也彼在襲斂當哭踊有節故異

●雅亭曰哭聲勿促欲喘也勿緩欲欠也勿太文而節也勿太野而呼也勿如吼如嘶駭人聽聞以招婦妾童孺之訕笑東俗喪主哭音連呼哀告外曾祖朴孝靖公嘗曰連呼二音只出喉舌自然間歇不如哀哀一音直出心胸傷痛而無所泊也

▶403◀◆問; 관 바닥에 칠성판을 까는 이유.

칠성판을 관 바닥에 까는 까닭을 밝혀주시기 바랍니다.

◆答; 관 바닥에 칠성판을 까는 이유.

퇴계(退溪)께서 북두칠성은 죽음을 관장하는 까닭이라 말씀하셨으니 후자들이 더 논할 까닭은 없다 할 것입니다. 그러나 지난날에는 상을 당하면 3월이 되어야 장사를 하였으니 아무리 시신을 잘 관리한다 하여도 그 시대에는 냉장고가 없었으니 시신에서 즙이 흘러 내림이 다반사라 대렴을 마치고 입관할 때 관 밑에 재를 펴고 그 위에 칠성판을 놓는 것은 즙이 흘러 칠성판의 구멍을 통하여 재로 스며들게 함이 목적이라 목판에 구멍을 뚫고 서로 홈을 파 연결하여 시신에 배지 않고 재로 쉽게 흘러 들도록 하면서 그 구멍 수를 일곱 구멍을 뚫은 까닭을 어디에도 주문(註文)이 없으니 속히 단정할 수는 없을 것입니다. 다만 사기(史記)나 진서(晉書)를 살펴보건대 주부자께서 일곱 구멍을 채택한 까닭이 이에도 있었지 않았을까 하는 추측에 머물게도 됩니다.

●朱子家禮喪禮初終治棺;秫米灰鋪其底厚四寸許加七星板
●辭源七星板;上鑿七孔斜鑿梘槽一道使七孔相連名七星板
●一庵曰儀禮禮記等書未見有秫灰七星板之用而家禮有之此恐後賢爲尸汁之洩於孔濕於灰而義起者也
●史記天官書;北斗七星所謂璇璣玉衡以齊七政(索隱曰)璇爲璣以玉爲衡蓋貴天象也尚書大傳云七政謂春秋冬夏天文地理人道所以爲政也人道正而萬事順成
●晉書志第一天文上;北斗七星在太微北七政之樞機陰陽之元本也故運乎天中而臨制四方以建四時而均五行也魁四星爲璇璣杓三星爲玉衡又曰斗爲人君之象號令之主也又爲帝車取乎運動之義也又魁第一星曰天樞二曰璇三曰璣四曰權五曰玉衡六曰開陽七曰搖光一至四爲魁五至七爲杓樞爲天璇爲地璣爲人權爲時玉衡爲音開陽爲律搖光爲星石氏云第一正星主陽德天子之象也二曰法星主陰刑女主之位也三曰令星主中禍四曰伐星主天理伐無道五曰殺星主中央助四旁殺有罪六曰危星主天倉五穀七曰部星亦曰應星主兵又云一主天二主地三主火四主水五主土六主木七主金又曰一主秦二主楚三主梁四主吳五主燕六主趙七主齊
●問七星板何爲而設而穿七孔者何意答穿七孔者退溪先生云南斗司生北斗司死故也
●省齋曰北斗七星主陰象死南斗六星主陽象生退溪之意盖如此矣

▶404◀◆問; 동생의 상을 당하여 절을 하여야 하는가?

동생의 상을 당하면 위전에 절을 하여야 하나요.

◆答; 동생의 상을 당하여 절을 하나.

아래와 같이 살펴보건대 소자(少者; 항렬이 낮거나 동항에 나이가 어린 자)에게는 절을 하지 않는다는 것입니다. 물론 사회(社會)의 관계에서도 마찬가지가 되겠습니다. 물론 상(喪)의 예에서는 곡이야 해야 되겠지요.

●太平廣記凡死者是敵以上則拜少者則不拜

●退溪曰子不當拜叔父於姪亦不當拜
●寒岡曰兄之於弟生旣無可拜之理則豈有遽變於旣亡之後者乎弟之於兄雖曰同行而常談
必曰父兄子弟則尊卑之序亦不可不辨矣

▶405◀◆問; 맏아들이 사망한 경우 부모가 주인과 주부가 되는지?
큰아들이 사망한 경우 죽은 이의 아들이 있더라도 부모가 주인과 주부가 되는지
요? 큰며느리가 사망한 경우에도 죽은 이의 아들이 있더라도 부모가 주인과 주부
가 되는지요?

◆答; 부재부위주(父在父爲主).
모든 상(喪)에 부친(父親)이 생존(生存)하여 계시면 부친이 상주(喪主)가 됩니다. 까
닭에 아들이나 며느리가 자식(子息)을 두고 사망(死亡)하였다 하여도 그의 자식이
상주(喪主)가 되는 것이 아니라 그의 부친(父親)이 상주(喪主)가 됩니다. 아들의 주
부(主婦)는 그의 처(妻)가 되고 며느리의 아헌(亞獻)은 아들이 합니다.

●奔喪凡喪父在父爲主註各爲其妻子之喪爲主也疏正義曰凡喪父在父爲主者言子有妻子
喪則其父爲主
●陳氏曰父主之統於尊也父歿之後兄弟雖同居各主妻子之喪矣
●太平廣記凡死者是敵以上則拜少者則不拜
●退溪曰妻則當拜子不當拜叔父於姪亦不當拜
●渼湖曰雖父祖主賓而主婦則當以亡者之妻長孫承重則其妻雖姑在亦當爲主婦
●屛溪曰初喪亡者之妻爲主婦而主治亡者衣衾初虞以後喪人之妻爲主婦而共承祠事矣

▶406◀◆問; 맏아들과 상주(喪主).
안녕하세요? 돌아가신 분의 장자만이 상주가 되고 맏이를 제외한 중자(衆子)들은
백관이 되나요?

◆答; 맏아들과 상주(喪主).
천지삼라만상(天地森羅萬象)은 물론 인간사 매사는 일정한 질서 속에서 운행됨으로
써 안정과 평화가 유지되어 모든 현상이 지속될 수 있는 것 아니겠습니까. 만약 이
질서가 깨지면 이는 곧 혼란의 상태로 그 자체가 소멸될 수도 있겠지요.

따라서 부모가 작고하면 상주를 세우는 데 이 역시 아래와 같은 질서의 예법이 없
다면 이해득실에 따라 형제간에 분쟁이 따르게 될 것입니다. 이와 같아서 통전의
상무이고(喪無二孤) 묘무이주(廟無二主)는 순리의 질서에 의한 가르침으로 형제 모
두가 동감할 수 있는 예법일 것입니다.

만약 이 예법을 거역(拒逆)하여 막내가 상주(喪主)가 되어 상(喪)을 주관(主管)하고
제사를 받든다. 라고 한다면 혹 그 막내가 유아(幼兒)라면 예를 집행할 수 없을 터
이니 다른 형제 중에서 대행하여야 되어 번거롭게 됨은 물론 하위자가 상위자(上位
者)를 거느리고 통솔하여야 하는 거북스러운 지경도 발생하게 되겠지요.

●奔喪凡喪父在父爲主父沒親同長者主之註親同長者主之謂父母之喪長子爲主也
●問爲長子斬衰爲妻期者當官在遠或老病則其子主之乎尤庵曰凡喪父在父爲主則無論父
之在遠與老病亦當以父爲主而攝行之
●曲禮支子不祭祭必告于宗子(註)不敢自專宗子有故支子當攝而祭五宗皆然疏廟在適子
之家庶子不敢輒祭若濫祭亦是淫祀若宗子有疾不堪當祭則庶子代攝可也猶宜告宗子然後
祭

▶407◀◆問; 명정과 지방 내용.

수고가 많으십니다. 명정에는 <처사>라고 써서 상례를 마쳤었는데, 기제사 때에는 지방에 <학생>이라고 쓰는 것을 보았습니다. <명정>과 <지방>을 다르게 써도 관계없는지요?

1) 명정과 지방은 같이 써야 한다고 하는 사람. (죽은 후에는 관직이 바뀌지 않으니까, 옛날에는 바뀌었으나 현재는 바뀌지 않으니까)

2) 명정과 지방은 다르게 써도 된다는 사람(옛날에는 죽은 후에도 관직이 바뀌었으니 현재도 다르게 써도 된다)위의 두 가지 의견이 있습니다. 현재에 살고 있는 사람은 어느 것을 따라야 하는지요?

◆答; 명정과 지방.

아래와 같이 살펴보건대 명정(銘旌)에 이미 처사(處士)라 썼으면 지방(地方) 역시 명정(銘旌)과 같이 처사(處士)라 씀이 옳다 하겠습니다. 물론 사후(死後)에 추증(追贈) 되었으면 추증(追贈)된 관직(官職)으로 바뀌어야 하겠지요.

●問解無官而死者無他稱號勢不得已當書學生處士秀才各隨宜可也
●問平日不受官則遵用遺意書旌以徵士未知題主亦無變於此耶尤庵曰旌既書以徵士則於神主又何異同
●家禮本註追贈則(云云)命善書者改題所贈官封

▶408◀◆問; 명정을 관에 덮는 것에 대하여?

안녕 하십니까? 명정(銘旌)을 관(棺)에 덮는 것에 대해 질문 드립니다. 그 동안 많은 장례(葬禮)광경을 보고 또 저의 양친(兩親) 상(喪)에도 보았지만 그렇게 하는 것인가 보다 하고 별 의문(疑問)이 없었는데 요즘에 의문이 생깁니다.

호상소가 집일 경우 명정을 시신이 있는 방 밖 벽에 걸어 놓는 것은 이해가 가는데. 하관시 명정을 덮는 것이 의문입니다.

분묘(墳墓)가 완성되면 묘비(墓碑)를 세우거나 묘상(墓床)을 놓고 고인(故人)의 이름을 새기는데 묘비 고인의 이름이 새겨지고 명정(銘旌)에 같은 이름인데 명정을 왜 관에 덮는지요?

◆答; 명정(銘旌)으로 관을 덮음.

명정(銘旌)이란 柩가 누구의 柩라 써 상여 앞에서 들고 가는 기(旗)로서 구(柩)가 하관(下棺)되면 관(棺) 위에 덮어 누구의 구(柩)라 표시하는 기폭(旗幅)입니다.

●李太白詩三上留田行;昔之弟死兄不葬他人於此舉銘旌
●周禮春官司常;大祥共銘旌
●辭源[銘旌]靈柩前的旗幡稱明旌又謂之銘用絳帛粉書品官則借銜題寫曰某官某公之柩士稱顯考顯妣另紙書題者姓名粘於旌下平民之喪不用銘旌大斂後以竹杠懸之依靈右葬時去杠及題者姓名以旌加於柩上

▶409◀◆問; 명정에 대하여.

명정을 쓰는 것에 대하여 알고 싶습니다.

1. 죽은 이의 신분을 나타내기 위해 붉은 천 위에 품계·, 관직, ·성씨를 기재하고 상여 앞에서 길을 인도하고 하관(下棺) 후에는 관 위에 씌워 묻는 것으로 아는데,

2. 관직이라 함은 어디서부터 시작(始作)을 말하는 것인지 궁금 합니다. (아무래도 공직을 말 함이겠지만 9급부터인지 그 이상 그 이하 어느 직급을)

3. 무관직 부(父) 의 경우 학생(學生) 전주(全州) 이공(李公) 지극(芝極) 쓰고 관직에 있었을 경우 는 어떻게 쓰는 지요?

4. 사람들이 사무관 이상을 옛 고을 원의 수장에 비유하여 그 정도 직급 이상을 관직에 있었다 말 할 수 있다 하는데 어느 정도를 기준으로 볼 수 있는지요?

◆答; 명정(銘旌).

구시대의 관직으로 정일품(正一品)으로부터 종구품(從九品)내의 관직에 재직하다 죽었으면 최종 최고 관직을 기록합니다.

현재의 관직(官職)과 구관직(舊官職)을 대비는 무의미하고 현재는 관직명을 기록함으로써 족하다 할 것입니다.

●周禮天官大宰;以八灋治官府二曰官職以辨邦治孫詒讓正義官職謂六官之職者職者主領之言卽敍官注云各有所職而百事舉也凡三百六十職通謂之官職
●左傳襄公三十一年;臣有臣之威儀其下畏而愛之故能守其官職保族宜家

▶410◀◆問; 명정 쓰는 법.

남자분의 고인인 경우 명정(銘旌)을 쓸 때 학생(學生)과 처사(處士)를 어떻게 구분하여 쓰는지?

◆答; 명정.

아래와 같이 살펴보건대 사계(沙溪) 선유 말씀에 무관자의 칭호는 학생(學生), 처사(處士), 수재(秀才)를 그에 따라 쓴다 라 하셨으니, 학생이라 함은 벼슬 길에 나아가기 전 수학 중임을 의미하고 처사라 함은 벼슬 길에 나아갈 만한 학식은 갖췄으나 초야에 묻혀 지내는 선비를 의미하니 그에 따라 구분하여 씀이 옳을 것 같습니다.

●備要題主條無官封則以生時所稱爲號如處士秀才之類
●沙溪曰無官而死者不稱學生則無他稱號勢不得已當書學生處士秀才各隨其宜可也

▶411◀◆問; 명정 혼백 지방 등에 대한 질문입니다.

혼백과 지방, 명정(銘旌)에 쓰는 뒷글자 내용에 관한 질문입니다. 신위, 지령, 지구 등이 있는데 각각 어느 단어가 맞는지 가르쳐 주시면 감사하겠습니다.

◆答; 명정(銘旌) 혼백(魂帛) 지방(紙牓) 등에 쓰이는 글자.

○명정(銘旌); 지구(之柩).
○魂帛; 無.
○紙牓; 神位.
○之靈; 子紙牓.

●李白上留田行; 昔之弟死兄不葬他人於此擧銘旌
●家禮初終立銘旌;書曰某官某公之柩
●辭源[魂帛]古代喪禮用白絹摺爲長條交互穿貫如俗同心結式上出其首旁垂兩耳下垂其餘爲兩足肖人形左書死者生年月日時右書卒年月日時始死時設之葬後立主埋於墓側
●家禮初終置靈座設魂帛;結白絹爲魂帛置倚上
●便覽祔祭紙牓式;顯某考某官府君神位
●百源祭文告亡子文;維歲戊子八月庚申父告于亡子學生之靈

▶412◀◆問; 무남독녀 외동딸이 모선 망 후에 부상을 당하면 상주는 누가 되어야 하나요?

다름아니라 재목처럼 무남독녀가 어머니를 어릴 때 여의고 결혼해서 아버지를 모시고 살다가 돌아 가시면 남편인 사위가 상주입니까? 아니면 딸이 상주입니까? 그도 아니면 외손자가 상주가 됩니까? (외손자는 아직 어림) 이런 경우가 현재 보다가 앞으로 많이 일어날 텐데 답해 주시기를 바랍니다.

그리고 제사가 돌아오면 딸이 제주가 되는 것으로 압니다, 초상 때도 딸이 상주이면 축문작성법에 대해서 효녀 ○○○ 감소고우라 해야 하나요? 기제사 축문의 예가 있는지요?

◆答; 외손봉사(外孫奉祀).

무사외조부모(無嗣外祖父母)의 상(喪)을 당하여 친족(親族)으로 상주(喪主)할 남자가 없으면 외손자(外孫子)가 상주(喪主)가 되면 모든 상길제(喪吉祭)에 주인(主人)이 되어 초헌(初獻)을 하고 봉사(奉祀)는 손자(孫子) 대로 끝납니다.

●雜記夫若無族矣則前後家東西家無有則里尹主之(鄭玄主)妻之黨自主之非也(孔穎達疏)
●問世或有以外孫主祀者神主當書顯外祖考妣旁註亦書之邪外祖神主或傳於外孫女則亦將何以書之邪沙溪曰外孫奉祀猶爲不可況外孫女邪何必書奉祀闕之可也
●陶庵曰朱子非族之祀一句語實爲正論愚意爲外孫者設或不得已而權奉其祀已身歿後卽當埋安
●問外祖無人祭初獻則祝文當何書退溪曰當闕

▶413◀◆問; 무자인 장인의 상주는?

장인(丈人) 어른이 타계(他界)하시면 상주(喪主)는? 아들이 없이 딸만 있는 경우. <사촌동생과 그의 아들이 있음>

◆答; 무자인 장인의 상주.

아래와 같이 살펴보건대 후사(後嗣)나 친형제(親兄弟)가 없이 종제(從弟)와 당질(堂姪)만 있을 경우 종제(從弟)가 상주(喪主)가 되어야 할 것 같습니다.

●曾成禮有無後無無主同父母之兄弟死而無子孫者推兄弟中長者爲主無親兄弟則由從親兄弟推之主者與死者雖疎亦當爲之畢虞祔之祭
●金華應氏曰死生之相收恤人道之當然今其身死而又妻子惸弱適無父母兄弟之至親者則大功當任其責至于終喪使其不幸而無大功以爲之依則小功以下其可以坐視乎或又無小功以下之親也則朋友當任其責而至于逾葬又不幸而無朋友以爲之助則爲隣者又可以恝然乎是以禮朋友死無所歸于我殯之義則練祥不必大功而親黨皆不可得而辭推行有死人尙或殣近之之心則虞祔不特朋友而凡相識者皆不可得而拒特其情有孚薄則其處之有不同自其篤于義者言之則各有加爲無害也凡遇人之急難而處事之變者不可以不知

▶414◀◆問; 무후의 외가 상에 대하여.

1. 저희 이모님이 자식이 딸 2 명밖에 없습니다. 딸들은 물론 결혼은 했고요. 이모님이 돌아가시면 누가 상주(喪主)가 되는지요.
2. 그리고 지방(紙牓)은 어떻게 써야 하나요. 자식이 없는데 그냥 현비유인 000 씨 신위 이렇게 하면 되지 않나요. 아시는 분들은 답변 부탁 드립니다. 좋은 하루 되십시오.

◆答; 무후의 외가(外家) 상에 상주는 누가.

아래와 같이 살펴보건대 상(喪)은 당하면 동성 남자 중에서 최 근친자가 상주(喪主)가 되어야 하고, 각종 제사는 현 시대적 상황에서 자기 직계조상(直系祖上)도 힘겨워 하는데 본종에 부(祔)하기란 쉬운 일은 아닐 것입니다.

따라서 외손이 있다면 돈계(遯溪) 선생께서는 외손봉사에 관하여 부정적이시나 한강(寒岡) 선생 설(說)과 같이 변례(變禮)로, 현외조비모봉모씨신위(顯外祖妣某封某氏神位)라 써도 예에 크게 어그러지지는 않을 것 같습니다.

●喪服小記男主必使同姓主婦必使異姓註喪必有男主以接男賓必有女主以接女賓無男主而使人攝主則必使喪家同姓之男無女主而使人攝主則必使喪家異姓之女謂同宗之婦也
●問妻母無後而死神主粉面以外孫之名書之乎寒岡曰此乃變禮不知當如何而爲得宜也如不得已則當書曰顯外祖妣某封某氏神主旁題則姑勿書
●問世或有以外孫主祀者神主當書顯外祖考妣旁註亦書之邪外祖神主或傳於外孫女則亦將何以書之邪沙溪曰外孫奉祀猶爲不可況外孫女邪何必書奉祀闕之可也
●遯溪(金瑄)禮無外孫主祀之義盖外祖外親也無後則自當班祔於其本宗之廟不得托祀於外孫者聖人定制之義至嚴且正東俗承祀外祖者俗然也禮則未也若不得已則粉面不書屬稱直書官啣姓氏曰某官府君神主顯字不可加

▶415◀◆問; 반함(飯含) 의식을 알고 싶습니다.

2 주전에 할아버님 상을 당하면서 반함[飯含]이라는 의식을 보게 되었습니다. 과사전에는 아래와 같이 정의되어 있더라고요.

반함 [飯含] 상례(喪禮)에서 소렴(小殮)을 할 때, 상주가 버드나무숟가락으로 쌀 몇 낱알과 구슬 한 알을 망자(亡者) 입 속의 오른편·왼편·한가운데에 차례로 물리는 의식. 지금까지 수 차례 상가를 방문하였는데, 할아버님 초상에서 처음 보게 되어서 혹시라도 예의가 아닌데 행사를 진행하였는가라는 의문이 들어서 질문을 올립니다.

이에 대하여

1. 고서의 문헌에 나와있는 부분을 알고 계시다면 알려주셨으면 합니다.
2. 성균관에서의 입장은 어떠하신지? (반함의 행사가 필요하다 또는 필요 없다) 의견을 듣고 싶습니다.
3. 또는 지방마다 다른 특색으로 인해 반함의 행사를 하는 집안도 있고, 안 하는 집안도 있는지요?

나름대로 할아버님이 94 세에 돌아가시고 원리원칙을 따지시는 분인데 원래 큰일을 당하면 상주입장에서는 경황도 없고 일일이 묻고 하기도 해서 장례 지도사가 시키는 대로 그냥 지나쳐버려서 이번 기회에 반함[飯含]의식에 대해서 좀 확실히 알아두고자 함입니다. 두서 없는 질문 죄송하게 생각하며 귀관의 정성 어린 답변을 기대합니다. 감사합니다.

◆答; 반함(飯含) 의식(儀式).

예법은 아래와 같습니다.

○乃飯含

主人哭盡哀(士喪禮出南面)左袒(備要按覲禮疏禮事左袒無問吉凶禮皆袒左)自前扱於腰之右(士喪禮主人左袒扱諸面之右疏面前也謂袒左袖扱於右腋之下帶之內取便也)盥手執箱(考證卽錢箱)以入侍者一人挿匙于米盌執以從(士喪禮祝受貝今用錢奠于尸西又受米奠于貝北疏就尸東受從尸南過奠于尸西立主人之右佐飯事)置于尸西徹枕(士喪禮徹楔)以幎巾入覆面主人就尸東由足而西牀上坐東面舉巾(便覽沐浴時所覆者)以匙抄米(士喪禮左抹米)實于尸口之右(尤菴曰扱米多少隨宜)并實一錢(備腰作珠)又於左於中亦如之(士喪記祝徹餘飯)主人襲所袒衣復位

○곧 이어 밥과 구슬을 입에 물린다.

주인은 슬픔을 다하여 곡하고 나와 남쪽으로 향하여 왼쪽 소매를 벗어 앞 오른쪽 허리춤에 꽂고 손을 씻은 후 구슬 상자를 들고 들어가고 시자(侍者)는 쌀 주발에 버드나무 숟가락을 꽂아 들고 따라 들어가면 축관이 구슬 상자를 받아 시신의 서쪽에 놓고 또 쌀 주발을 받아 구슬 상자 북쪽에 놓는다.

베개를 빼고 입을 설치(楔齒)로 괴었으면 설치를 뺀다. 주인은 시신 동쪽에서 발 서쪽을 지나 시상(尸牀)의 동쪽으로 향하여 앉아 얼굴을 가린 멱건(幎巾)을 걷고 숟가락으로 쌀을 떠서 시신의 입 오른쪽을 채우고 구슬 한 개를 넣는다. 또 왼쪽 또 중간을 그와 같이 채운다. 축관은 주발과 폐(幣) 함을 치우고 주인은 소매를 벗은 채로 제자리로 물러난다.

▶416◀◆問; 부고 관련 문의 올립니다.(아래 417 참조)

안녕하십니까. 평소 궁금한 사항이 있어 문의 올립니다. 보통 부고내용 중 홍 길자 동자께서 별세라고 할 경우 길자 동자할 때 한자로 어떻게 쓰는지 궁금합니다. 글자 자를 쓰던데 맞는지요?

◆答; 부고 관련 문의.

망자의 성명이 홍길동(洪吉童)의 부고에서 홍(洪) 길자(吉字) 동자(童字)께서 별세라는 부서의 字는 글자 자입니다.

訃書式

某(主喪者之姓名)之某親(父曰大人某官某公母曰大夫人某封某貫某氏孫承重則祖曰王大人祖母曰王夫人無官則隨稱餘親各從其屬)以某病某月某日某時棄世專人訃告
某年某月某日 護喪姓名上

▶417◀◆問; 부고와 관련하여.

안녕하십니까? 잘못되긴 하였는데 근거를 알지 못하여 답답한 마음에 글 올려 봅니다. 일반적으로 지방자치단체의 경우 동료직원들이 상을 당하였을 때 요즈음은 전자결재 게시판에 부고를 올려 널리 알립니다. 그런데 그 부고의 형식이 대강 이렇습니다. 누구 씨의 누구가 사망하였기에 알려드립니다.

망일: ?월 ?일 ?시.
입재: 며칠.
발인: 며칠.

이렇게 하여 게시판에 올리고 있습니다. 과연 이것이 바로 된 것일까요? 특히 입재는 어느 나라(고장) 예법인지요? 명쾌한 답변 부탁 드립니다.

◆答; 부고와 관련하여.

예서적 부고 서식을 ①번이고 세속의 부고서식은 대개 ②번과 같습니다. 入齋라 하심이 이와 같다면 이의 의미는 제사 등의 예를 행하기 전에 재계 하는 일을 우리나라에서 이르는 용어이며, 佛家에서는 齋를 시작하다. 또는 齋를 시행하는 의식 등으로 이해되는 용어인데 인터넷이나 신식 부고서식은 알지를 못합니다.

①訃告書式

某親某人以某月某日得疾不幸於某月某日棄世專人(不專人則改人爲書)訃告
年 月 日護喪姓名上 某位座前

②訃告書式

訃告

某大人某貫某公以老患不幸於某月某日某時別世玆以專人(不專人則改人爲書)告訃

嗣子 某

次子 某

孫 某

婿 姓名

發引 某月某日某時

發引地 某郡某洞某所

葬地 某郡某洞東麓先塋下

護喪 姓名

▶418◀◆問; 부고 할 때 고인이 별세한 다음날 즉 발인 전날을 무어라 칭하는지요.

흔히 부고를 할 때 발인 전일을 입제일이라 하던데 올바른 표현인가요?

예를 들어,

별세일: 모월 모일,

입제일: 모월 모일 발인일: 모월 모일 이렇게 쓰는 것이 올바른 표현인가요? 올바른 부고 방법을 알려주십시오.

◆答; 부고(訃告).

○訃告于親戚僚友

護喪司書爲之發書若無則主人自訃親戚不訃僚友自餘書問悉停以書來弔者並須卒哭後答之

○친척과 동료, 벗에게 부고를 보내어 알린다.

호상(護喪)과 사서(司書)는 부서(訃書)를 발송(發送)한다. 만약 호상(護喪)과 사서(司書)를 두지 못하였으면 주인이 직접 부서(訃書)를 친척에게 보내고 부서(訃書)를 내지 못한 동료나 벗과 그 밖에 서신으로 조문(弔問)한 이 모두 기다렸다 서신과 직접 와서 조문(弔問)한 이 모두 졸곡(卒哭) 때까지 기다린 후 답서를 보낸다.

◆訃告書式(417 참조)
◆訃告書式(俗禮)(417 참조)

●旣夕禮記註赴走告也今文作訃疏言赴取急疾之意雜記作訃者義取以言語相通亦一塗也
●士喪禮乃赴于君主人西階東南面命赴者拜送有賓則拜之入坐于牀東註臣君之股肱耳目死當有恩疏此謂因命赴者有賓拜之若不因命赴者則不出
●檀弓疏生時與人有恩識者今死則其家宜使人赴告士喪禮孝子自命赴者註云大夫以上則父兄代命之士則自命赴可也
●雜記凡訃於其君曰君之臣某死大夫訃於同國適敵者曰某不祿訃於士亦曰某不祿士訃於同國大夫士曰某死註適者謂同國大夫士卑故其辭降於大夫
●艮齋曰訃告必令子弟發書主喪之名書之未安而闕之則族多者亡者喪者使人難知此宜議疏族或親友爲之○訃告考妣始因大夫人與貞夫人淑夫人相疊又遭令人孺人之喪亦稱大夫人皆有礙故意其當書考妣令示網目凡例先薨卒後諡之說而謂此爲未安固當從之但父之稱大人某官語順若母喪則未得穩稱不知當如何謝氏言考妣古者通稱非死而後稱南溪亦言古者或稱生母爲先妣然則所定近式亦不至害禮否但古今異俗更須與諸友商確(妻喪只稱室人)

▶419◀◆問; 부인의 상에 누가 상주가 되고 남편은 절을 하는가요.

자주하는 질문(質問)을 보니 부인(婦人)이 먼저 세상을 뜨면 아들이 있음에도 불구

(不拘)하고 남편이 상주(喪主)를 한다고 되어 있습니다.

아들이 유아가 아닌 상태에서 남편이 상주 또는 제주를 할 경우 부인에게 절을 하는 것이 옳은 것인가요? 즉, 상주/제주는 반드시 고인에게 절을 해야 하는 것인지요?

◆答; 부인의 상에는 남편이 상주가 되고 절을 합니다.

비유자(卑幼者; 手下者)에게는 절을 하지 않습니다.

●奔喪凡喪父在父爲主註各爲其妻子之喪爲主也疏正義曰凡喪父在父爲主者言子有妻子喪則其父爲主
●陳氏曰父主之統於尊也父歿之後兄弟雖同居各主妻子之喪矣
●陶庵曰出入夫婦相拜
●退溪曰妻當拜弟不當拜

▶420◀◆問; 부친이 돌아가셨는데 명정에 한자로 어떻게 쓰는가요?

부친이 돌아가셨는데 명정(銘旌)에 한자로 어떻게 쓰는지 몰라서 글을 올립니다 아는 분이 있으면 알려주세요.

◆答; 명정식.

남자의 명정식은 아래와 같습니다.

명정식(銘旌式)

某官(無官則)學生某公之柩
모관(무관칙)학생모공지구

●家禮喪禮初喪立銘旌條書曰某官(便覽無官則所稱)某公之柩

▶421◀◆問; 빈소에서 사위와 딸의 자리.

안녕하세요? 장례 시 빈소에서 상주(상제)들이 조문을 받고 있는 동쪽에 사위도 끝에 함께 서서 조문을 받고 있는 것을 흔히 봅니다.

사위는 시마복이라고 알고 있는데 상주와 동렬에 설 수 있는지요? 빈소에서 사위의 바른 자리를 알고 싶습니다. 그리고 딸의 자리는 서쪽이 맞는지요?

◆答; 빈소에서 사위와 딸의 자리는.

아래와 같이 복인(服人)들의 자리를 살펴보건대 사위는 이성(異姓)으로 본성복인(本姓服人) 뒤로 무복친(無服親) 앞이 됩니다. 상(喪) 동안 그 서는 위치는 대개 이와 같으며 조문석은 주인과 중주인(衆主人; 服三年者)의 자리로서 사위는 조문석에 나아가 서지 못하는 것입니다.

(그러나 요즘과 같이 한 자녀 아니면 남매 등이니 외로운 상주를 위하여 사위가 돕는 것을 예법에 어긋난다 하여 인정상 박절하게 탓할 수는 없을 것도 같습니다)

여식의 자리는 빈소(殯所) 서편 주부의 뒤인 것 같습니다.

●曲禮知生者吊知死者傷知生而不知死吊而不傷知死而不知生傷而不吊註各施於所知也吊傷皆謂致命辭也
●家禮喪禮篇初終主人以下爲位而哭條主人坐於牀東奠北衆男應服三年者坐其下同姓期功以下坐于其後皆西向南上主婦衆婦女坐于牀西同姓婦女坐于其後皆東向南上別設幃以障內外異姓之親丈夫坐於幃外之東北向西上婦人坐於幃外之西北向東上無服在後
●輯覽六冊圖式六十二板前吊者入靈座奠退吊主人圖條主婦衆婦女殯西同姓婦女其後皆

同向

▶422◀◆問; 사위가 상주가 될 수 있나?

처가(妻家) 집에는 남자가 없고 딸만 두고 있다 작고(作故)하셨다면 사위가 상주(喪主) 노릇을 하여야 하는가.

◆答; 사위가 상주가 될 수도 있다.

아래와 같이 살펴보건대 현재론 추정(推定)컨대 실향민(失鄕民) 탈북인(脫北人) 등과 같이 혈혈단신이라면 그 동리를 관장하는 이윤(里尹; 지금의 이장 격)이 상주가 된다 하니 이장보다야 사위가 상주가 됨이 당연하겠지요. 그러나 요즘의 장례식장에서 지방을 지방을 함에 써 붙여 세우는 것은 유가(儒家)의 예로서는 대단히 어그러진 예입니다.

사람이 죽으면 시체를 떠난 혼을 불러 시신과 합치시켰다 습(襲) 반함(飯含) 후 혼백을 접어 영좌(靈座)에 모셔 놓고 소대렴 입관하였다 치장의 예에서 평토 후 비로소 혼백의 신을 신주로 모시는 제주를 하는 법이라 그 이전에 지방을 써 붙일 수가 없는 것입니다.

다만 제주(題主) 때 동족(同族) 봉사자(奉祀者)가 없으면 부인이 봉사(奉祀)를 하고 부인도 없다면 외손봉사(外孫奉祀)를 하게 되는데 만약 외손도 없다면 장녀가 봉사를 하여야 옳을 것입니다. 따라서 그 봉사자 명으로 지방을 써야 되겠지요.

●雜記夫死而夫黨無兄弟使夫之族人無有則里尹主之註里尹蓋閭胥里宰之屬也疏王度記百戶爲里里一尹

▶423◀◆問; 사위가 상주임무를 수행할 때.

흔히 외동딸이 많아짐에 따라 상가(喪家) 집에서 사위가 상주위치(喪主位置)에서 조문객(弔問客)을 받는 경우를 흔히 볼 수 있습니다. 만약에 본인의 아들이 외동딸과 결혼(結昏)하여 상주임무(喪主任務)를 수행(修行)할 경우 상주(喪主)인 아들과 배례(拜禮)를 할 수 있습니까? 만약 법도(法度)에 어긋난다면 어떤 예절이 있습니까?

◆答; 사위가 상주임무를 수행할 때.

아래와 같이 살펴보건대 만약 무자손(無子孫)의 상(喪)에 동성(同姓)의 친척(親戚)이 있으면 그 최(最) 근친자(近親者)가 상주(喪主)가 되며 그도 없으면 외손(外孫), 외손도 없으면 이장(里長)이 상주가 된다. 라 한 것 같습니다.

그렇다면 외손도 없다면 이장 보다는 인척(姻戚) 이성(異姓)이기는 하나 사위가 상주(喪主)가 되어 집전하고 조문(弔問)을 받음이 당연할 것 같습니다.

또 조문예절(弔問禮節)에서 만약 아들이 장인(丈人)의 상(喪)에 상주(喪主)가 되어 조문을 받을 때 그의 친부(親父)에게는 아래 매산(梅山) 선생께서 하신 말씀과 같이 경우가 바뀌어도 다 같이 아들에게는 절을 하지 않음이 바른 예(禮) 같습니다.

●喪大記喪有無後無無主註無主則闕於賓禮故可無後不可無主也細註嚴陵方氏曰有後無後存乎天有主無主存乎人存乎天者不可爲也故喪有無後者存乎人者可以爲也故無無主者
●喪服小記男主必使同姓婦主必使異姓註喪必有男主以接男賓必有女主以接女賓今無男主而使人攝主則必使喪家同姓之男無女主而使人攝主則必使喪家異姓之女謂同宗之婦也
●雜記下夫若無族矣則前後家東西家無有則里尹主之註本族不可主其喪里尹蓋閭胥里宰之屬也或以爲妻黨主之而祔祭於其祖姑此非也細註朱子曰鄰家里尹決不肯祭他人之親則從宜而祀之別室其亦可

●尤庵曰東西家里尹尙且主人之喪況外孫乎然若有本家之親有所不敢焉耳

●竹菴曰尤庵言從弟之祭俱不當拜則況於從姪從孫乎雖年長於我而旣爲有服之親則恐不可以平時之答拜而拜其喪也

●問親戚之喪敵己以上則入哭有拜敵己以下則入哭無拜而如異姓從妹則旣非同宗且有男女之別則恐不可無拜本菴曰有服者不必然愚於異姓從妹之喪不拜矣

●近齋曰喪人受吊於卑幼亦拜而至於至親之卑幼者似不當拜之

●明齋曰孝子尊則拜賓時賓少退側身避當拜之位俟孝子禮畢乃始入位答拜也今之知禮者多行之

●梅山曰先儒於族弟姪之喪不拜不施於死者可施於生乎受親戚卑幼之吊者哭而已○又曰吊禮惟主人拜賓雖主人之諸父不可隨主人同拜

▶424◀◆問; 삼상(三殤)의 제사에 관하여.

어느 문헌에서 삼상의 제사에 관하여 보았습니다. 대략적으로. 예법에 따르면 성인이 아닌 동자가 사망하였을 시에도 제를 지내셨습니다.

상고하자면 하상(下殤)제사라 하여(8~11 세 미성년자가 사망) 부모가 죽을 때까지 지냈고, 중상(中殤)제사라 하여(12~15 세 미성년 자가 사망) 형제가 죽을 때까지 제사를 모십니다.

마지막으로 장상(長殤)제사라 하여(16~19 세 미성년자가 사망) 형제의 자식이 죽을 때까지 제사를 모십니다. 라 알고 있는데요. 다시금 찾아 보려고 하니 어느 문헌의 어느 부분인지 생각이 나질 않아서 그러는데 혹시 예기에 나와 있던가요. 찾아봐도 보이지 않아, 혹 다른 문헌이라면 밝혀주시겠습니까?

◆答; 삼상(三殤)의 제사.

가례에서 언급된 정자(程子)설입니다.

●家禮祠堂旁親之無後者以其班祔條程子曰無服之殤不祭下殤之祭終父母之身中殤之祭終兄弟之身長殤之祭終兄弟之子之身

▶425◀◆問; 상가 대문에 상중(喪中)이라 써 붙이는데.

상가 대문에 상가 표시로 어떻게 써 붙이는 것이 적합 하겠습니까.

◆答; 상가 대문에 상중(喪中).

상중(喪中)과 기중(忌中)은 같은 의미입니다. 다만 상중(喪中)이란 복중(服中)즉(即) 상복(喪服)을 입고 있는 동안이란 의미가 되니 상(喪)을 당한 집이란 표시(表示)로 대문(大門)에 써 붙이려면 상가(喪家)란 표시(標示)가 더 적합하다 할 것입니다.

●正祖國葬都監儀軌凶禮國葬純祖嘉慶五年庚申禮曹爲相考事今此國恤敎是時山陵各項擇日一元陵右旋左落辛兌龍亥入首亥坐巳向艮兌得水巽破丁亥丁巳分金亥坐洪運己丑火忌水年月日時正運壬辰水運泊貴人宮雖爲天官符拘忌中最輕以六白等吉星制用少無所妨破土以上四月二十四日乙丑巳時先破北方祠后土告

▶426◀◆問; 상례(喪禮)때 곡(哭) 하는 요령?

상례(喪禮)에 곡하는 예절에 대하여 알고 싶습니다. 상제(喪制)는 곡을 어떻게 하는지? 그리고 몇 번을 하는지? 또한 조객(弔客)의 곡 어떻게 하는지에 알려 주십시오.

◆答; 상례(喪禮)때 곡성(哭聲).

問. 答; 아래와 같이 살펴보건대 말씀 중에서 형암 선생께서 하신 말씀이 우리의 속

곡(俗哭)으로 잘 표현 된 말씀 같습니다. 상을 당하여 곡성은 대개가 애고 애고를 二音으로 연이어 계속함이 보편적인데 선생께서는 애애 함만 못하다 하신 것 같습니다.

조객의 곡으로는 동속(東俗)으로 부모상과 종가의 조부모상을 제외한 상의 곡으로 어이 곡이 있으니 타인 상의 조문 곡에도 이 곡이 옳지 않을까 생각됩니다. 다만 전거를 찾아보려 여러 고전을 살폈으나 남기신 말씀은 찾지 못 하였습니다.

●喪大記始卒主人啼兄弟哭婦人哭踊註啼者哀痛之甚鳴咽不能哭如嬰兒失母也兄弟情稍輕故哭有聲婦人之踊似雀之跳足不離地問喪篇云爵踊是也細註山陰陸氏曰主人啼而不哭兄弟哭而不踊婦人哭踊殺於上矣蓋踊所以動體安心下氣也
●士喪記乃卒主人啼兄弟哭疏啼是哀之甚發聲則氣竭而息之聲不委曲若往而不反
●陳氏曰啼者哀痛之甚鳴咽不能哭如嬰兒失母也兄弟情輕故哭有聲
●間傳斬衰之哭若往而不反齊衰之哭若往而反大功之喪三曲而偯小功緦麻哀容可也此哀之發於聲音者也註若如也往而不反一舉而至氣絶似不回聲也三曲一舉聲而三折也偯餘聲之委曲也小功緦麻情輕雖哀聲之從容亦可也
●炯菴曰哭聲勿促欲喘也勿緩欲欠也勿太文而節也勿太野而呼也勿如吼如嘶東俗喪主哭音連呼哀告連呼二音只出喉舌自然間歇不如哀哀一音直出心胸傷通而無所泊也

▶427◀◆問; 상례와 장례의 구분에 대하여.

어떻게 보면 무지의 질문이지만 그래도 용기를 내어 질문 드립니다. 상례와 장례의 용어가 같은 의미인지 아니면 다른 의미인지 궁금합니다. 만일 다른 의미라면, 대렴 발인 등 단계별로 어떻게 구분하는지 가르침을 받고자 합니다. 감사합니다.

◆答; 상례(喪禮).

상례(喪禮); 상중에 행하는 모든 예절. 상주가 부모나 승중상(承重喪)에 상사(喪事)에 관한 의례(儀禮).

葬禮; 죽은 사람을 장사 지내는 예식으로 땅에 묻거나 화장하는 일.

●周禮春官大宗伯;以凶禮哀邦國之憂以喪禮哀死亡
●曲禮下;居喪未葬讀喪禮旣葬讀祭禮孔穎達疏喪禮謂朝夕奠下室朔望奠殯宮及葬等禮也
●後漢書皇后紀下桓帝鄧皇后;宣卒賵贈葬禮皆依后母舊儀
●周書書夐傳;其喪制葬禮諸子等幷遵其遺戒

▶428◀◆問; 상례절차.

성주 청년유도회를 맡고 잇는 정재엽 입니다. 성주 청년유도회는 심산 김창숙선생 숭모사업을 주관하며 숭모사업에는 숭모학술대회, 숭모작헌례, 전통 유림장, 을 매년 심산선생께서 돌아가신 5 월에 거행하고 있습니다. 전통 유림장을 기획해보니 상례절차에 대해서 소상히 알고 싶습니다.

수고스럽더라도 성균관에서의 상례절차가 유림을 대표하는 절차일듯하여 문의 드립니다. 심산선생의 유림장은 1850~1900 년 조선후기의 정승 유림장으로 시행하고자 합니다. 분량이 많으면 alYY9080@naver.com 으로도 부탁 드리겠습니다.

◆答; 상례절차.

"조선후기(朝鮮後期)의 정승 유림장으로 시행하고자 합니다."라 하심의 의미가 이제까지는 가장(假葬)이었었는지 아니면 개장(改葬)인지의 여부를 밝히지 않아 알 수는 없으나 가장(假葬)이었든 개장(改葬)이든, 오례의(五禮儀) 상례(喪禮)에 의한 예법을 적용한다 하여도 조선관직제도(朝鮮官職制度)에 의한 성균관장(成均館長)은 正二品으로 판서급(判書級)인데 정승(政丞)이라 하여도, 국왕(國王)의 상법(喪法)이 아니라 "대부사서인(大夫士庶人)" 상례(喪禮)를 따라야 하는데, 그 법도가 가례(家禮) 상례(喪禮)와 크게 다르지 않습니다.

●大典會通成均館 知事一員正二品(判書品等)
●五禮儀凶禮大夫士庶人喪■初終○疾病遷居正寢○復○立喪主○易服不食○治棺○訃告于親戚僚友○沐浴○襲○奠○爲位哭○舍○靈座○銘旌○小歛○奠○大歛○奠■成服○朔望奠○奔喪○弔■治葬○擇日開塋域○刻誌石○造明器○服玩○大輿○翣○作主○啓殯○陳器○朝奠○遣奠○發引○臨壙奠○題主○返哭○掩壙奠■虞祭○卒哭○小祥○大祥○禫

▶429◀◆問; 상례 중 궁금한 점.

상례축문 답변 감사 드리며 추가질문은 49 제는 무슨 연유로 49 일을 택하며 100 일 탈상은 왜 100 일로 하는지요?

◆答; 상례 중 궁금한 점.

칠칠재(七七齋; 四十九齋)와 백일재(百日齋)는 불교식 제사 의례로 불가(佛家)의 윤회사상(輪廻思想)과 유가(儒家)의 조령숭배(祖靈崇拜) 사상(思想)이 절충(折衷)돼 생겼다는 설(說)은 있으나 유가(儒家)에서는 행하지 않는 예법입니다.

다만 아래와 같이 살펴보건대 명대(明代)의 제도(制度)를 기록한 대명회전(大明會典)에 황실(皇室)에서 행한 듯 한 기록(記錄)은 있으나 지금은 불가(佛家)의 상례예법(喪禮禮法)으로 행하여지고 있는 것 같습니다.

◆七七百日之儀;
●劉氏曰古者天子九虞以九日爲節降而諸侯七虞以七日爲節大夫五虞以五日爲節士三虞以三日爲節春秋大夫僭諸侯七虞之禮後世遂以人死之後每七日必供佛飯僧言當見地下某王其謬甚矣按大明會典皇妃親王公侯之死其七七百日皆有御祭而士夫家于每七日或用牲醴祭之夫旣不供佛飯僧又不致祭恐人子於是日心有不安古禮未葬不祭恐難太拘今擬于七七百日各隨貧富盡禮致祭若與朔日同期則廢朔奠

▶430◀◆問; 상례 축문에 대하여.

상례에서
1, 성복 제 또는 성복 전 중 어느 말이 맞으며 단헌(單獻)에 축문이 있는지 없는지요. 축문이 있다면 알려주시지요.
2, 부부 중 한 분은 묘가 있고 한 분이 나중에 작고하여 합장을 하려고 할 때 묘의 봉분을 파헤치기 전에 고하는 절차와 축문을 알려주시지요. 합봉평토축(合封平土祝)이란 어떤 것인지요.

◆答; 상례 축문.

問 1. 答; 아래와 같이 살펴보건대 세속에서 소위 성복제(成服祭) 또는 성복전(成服奠)이란 예법에는 없습니다. 까닭은 성복은 복인(服人; 생자)의 일인 까닭입니다. 물론 그에 따른 고사식도 없습니다.

◆成服設祭奠之非
●遂菴曰各服其服而朝哭後服人相哭設朝奠上食則在於食時今俗合設奠上食名曰成服祭一依禮說行之宜矣

●通攷士喪禮因朝哭成服後始徹大斂奠乃設朝奠蓋襲斂是死者之事故有奠成服生者之事故厥奠家禮因朝哭卽此意

問2, 答; 약설단헌지례(略設單獻之禮)입니다.

◆初葬雙墳告辭式
維 歲次干支幾月干支朔幾日干支孤哀子某敢昭告于 顯考某官府君(或顯妣某封某氏)之墓 先妣某封某氏(或先考某官府君)不幸於某月某日捐世禮當合祔(或合窆)而年運有拘將用雙墳之制昊天罔極謹以酒果用伸虔告謹告

◆初葬雙墳几筵告辭式
今已得地於某郡某里(祔先塋則此下當添先塋下三字)某坐之原將以某月某日襄奉仍遷 先妣某封某氏或先考某官府君之墓合窆敢告

◆合葬啓墓告辭式
維 歲次干支幾月干支朔幾日干支孤哀子某敢昭告于 顯考某官府君(或顯妣某封某氏)之墓將於某月某日合窆 先妣某封某氏(或先考某官府君)今日啓墓伏惟 尊靈不震不驚

◆附合葬畢告辭式
維 歲次干支幾月干支朔幾日干支孤哀子某敢昭告于 顯考某官府君 顯妣某封某氏之墓今以先考某官(或先妣某封某氏)祔葬謹以酒果用伸虔告謹告

◆新舊合葬告土地祝
維 歲次干支幾月干支朔幾日干支某官姓名敢昭告于 土地之神今爲某親某官葬于此以某封某氏新祔(或改新祔爲營建宅兆) 神其保佑俾無後艱謹以淸酌脯醢祗薦于神尙 饗

▶431◀◆問; 상복.
問 1. 아들이 아버지상 참최 3 년이면 시집간 딸은 아버지상에 상복이 무엇입니까?
問 2. 아들이 어머니상 자최 3 년이면 시집간 딸은 어머니상에 상복이 무엇입니까?
問 3. '부위장자(父爲長子; 아버지가 장자를 위하여)'의 '황조제에서 기년복이면 장기입니까? 부장기입니까?
問 4. '자위모(子爲母)'에서 '서자위부후자위기모시(庶子爲父後者爲其母緦)'의 '기모(其母)'는 서자의 적모입니까? 서자의 친모입니까? 그리고 서자는 서모의 아들입니까?
問 5. B 의 "본생부모(本生父母)"는 출계한 사람이 출계하기 전 친부모를 말합니까?
問 6. A 의 "소후부(所後父)"는 양자를 들인 아버지 즉 양부를 말합니까?

A. <위인후자위소후부(爲人後者爲所後父) : 후사(後嗣)로 간 자가 대를 이은 아버지를 위하여>
B. <위인후자위본생부모(爲人後者爲本生父母) : 후사(後嗣)로 간 자가 본 생부 모를 위하여>

◆答; 상복.
問; 1. 答; 자최부장기(齊衰不杖朞).
問; 2. 答; 자최부장기(齊衰不杖朞).
問; 3. 答; 황조(皇朝)란 당대(當代)의 조정(朝廷) 즉 본조(本朝), 혹은 황제(皇帝)의 조정(朝廷)의 이름인데. 어느 조정의 법도(法度)인지는 알 수 없으나 조선(朝鮮)의 법도로는 기년(期年)이라 이르면 부장기(不杖朞)란 의미가 됩니다.
問; 4. 答; 첩자(妾子)의 생모(生母)입니다.
問; 5. B 答; 생부(生父)입니다.

問; 6. A 答; 그렇습니다.

A. <위인후자위소후부(爲人後者爲所後父) : 후사(後嗣)로 간 자가 대를 이은 아버지를 위하여>

B. <위인후자위본생부모(爲人後者爲本生父母) : 후사(後嗣)로 간 자가 본생부모를 위하여>

● 家禮本宗五服之圖附註;凡女適人者爲其私親皆降一等○又成服其服之制一曰斬衰三年;父爲嫡子當爲後者也

● 國朝喪禮補編成服殿下篇齊衰三年齊衰杖朞斬衰三年齊衰朞年○又斬衰三年條爲適子斬衰三年則爲次適子齊衰朞年

● 儀禮喪禮喪服齊衰三年條庶子爲其母註大夫之妾子父在爲母大功

● 唐律疏議十二戶婚上若自生子及本生無子欲還者

● 儀禮喪服受重者必以尊服服之(中略)爲所後者之祖父母

▶432◀◆問; 상. 장례.

1. 고인인 50 대 여자분의 喪에 남편과 아들(기혼)이 있는 경우 喪主는 누가 됩니까? 만약 아들이 상주면 위패(位牌)에는 "현비유인김해김씨 신위"라고 쓰고 남편이 상주면 "고실(망실)유인김해김씨신위"라고 쓰는 것으로 알고 있는데.
2. 명정은 상주가 누가 되던 "유인김해김씨지구"라고 쓰면 되겠습니까?
3. 반대로 남편喪에 아내와 아들(기혼)이 있는 경우는 상주는 누가 됩니까?

◆答; 상. 장례.

1. 答; 아래와 같이 살펴보건대 남편이 상주(喪主)가 되어야 할 것 같습니다.
2. 答; 아래와 같이 살펴보건대 맞습니다.
3. 答; 아래와 같이 살펴보건대 그럴 때의 상주(喪主)는 장자(長子)가 되어야 할 것 같습니다.

● 奔喪凡喪父在父爲主

● 便覽喪禮立銘旌條婦人銘旌式某封某貫某氏之柩

● 備要婦人因夫子有封號則云某封夫人某貫某氏之柩無封云孺人

● 家禮喪禮初終立喪主條凡主人謂長子

● 尤菴曰婦人神主家禮無書貫之文不書爲當矣

● 按疑禮問答問家禮婦人神主只書某封某氏則書姓貫非禮而世多書之已成俗禮今不當改正歟答國俗之書婦人姓貫恐以國俗雖姓同而貫異則不嫌於通昏故書姓貫以別其非同姓也從俗書之無妨

▶433◀◆問; 喪主는 어느 분이 옳습니까?

6.25 때 함경도에서 혼자 월남한 후, 결혼하여 부인과 4 녀만을 남기고 오래 전 사망. 그 동안 4 녀 모두 출가하였으며, 1 녀와 2 녀의 배우자(남편) 또한 슬하에 각각 남매를 두고 사망하였고. 3 녀와 4 녀는 슬하에 형제가 있으며, 2 녀가 현재 친정의 90 세 병환 중인 노모를 모시고 있습니다. 양자는 없으며, 희귀 성씨로 남한에는 동성동본도 없습니다.

1. 이때 노모가 별세하게 되면 상주는 누가 되어야 예법에 어긋나지 않습니까? 전통상복 기준으로 외조부모, 즉 소공 5 월에 해당하는 1 녀의 아들 또는 현재 모시고 있는 2 녀의 아들입니까? 혹은 장인·장모상(丈母喪) 시마 3 월에 해당하여 생존해 있는 손위 사위가 옳습니까?

2. 제사는 누가 지내는 것이 예법에 옳겠습니까? 고견을 부탁 드립니다.

◆答; 喪主는 누구.

問; 1. 答; 아래와 같이 살펴보건대 상가(喪家)의 친족(親族)이 무(無)하다면 맏외손자(外孫子)가 상주(喪主)가 되어야 할 것입니다.

問; 2. 答; 위 1. 번과 같이 상주(喪主)가 된 외손(外孫)이 그 제사를 지내야 할 것입니다.

●家禮初終立喪主條凡主人謂長子無則長孫
●尤菴曰東西家里尹尙且主人之喪況外孫乎然有本家之親有所不敢焉爾
●問妻母之喪無喪主粉面以外孫名書之乎寒岡曰不知當如何如不得已則當書曰顯外祖妣某封某氏神主旁題則姑勿書
●明齋曰奉外家祀事而題主只云某官某公神主又不書旁題雖易世無改題一節祀事時只以其中最長者主之外孫奉祀只止其身亦是國俗易世奉祀未知何據
●**外祖父母忌祭祝式**
維 歲次干支幾月干支朔幾日干支外孫姓名敢昭告于 顯外祖考某官府君 顯外祖妣某封某氏歲月流易 顯外祖考(或妣)諱日復遇不勝感愴謹以淸酌庶羞敬伸奠儀尙 饗

▶434◀◆問; 상주는 누가 되는지.

장손인 부친이 먼저 돌아가셨을 경 살아 계시던 조부모님이 돌아가시면 상주는 장손이 되는지, 아니면 아들인 작은아버님이 되는지 궁금 합니다.

◆答; 장자가 상주.

조부는 생존하여 계신데 부친이 먼저 작고한 뒤 조부가 작고 허셨으며 장손이 부친 대신 승중하여 상주가 되고 상을 마치면 기제를 지내게 됩니다.

●家禮初終立喪主條凡主人謂長子無則長孫承重奉饋奠
●儀禮喪服篇此謂適子死其適孫承重

▶435◀◆問; 상주는 누가 되는지요.

장성(長成)한 자식(子息)이 있어도 처(妻)의 장례(葬禮)에는 상주(喪主)가 누가 되며 제사(祭祀) 때 제주(祭主)는 누가 되는지요?

◆答; 처상(妻喪)에 상주는 남편이 됩니다.

아래의 말씀과 같이 아내의 상에는 그의 남편이 상주가 되며 상복은 자최 장기복이며 아들은 자최 부장기복입니다.

●會成父在而子有母之喪父主饋奠而行揖禮其子隨之哭拜
●朱子曰妻之喪夫自爲主以子爲喪主未安
●輯覽杖朞條按夫爲妻喪服傳爲妻何以期也妻至親也註適子父在則爲妻不杖以父爲之主也父在子爲妻以杖卽位謂庶子疏言妻至親者妻旣移天齊體與己同奉宗廟爲萬世之主故云至親也以杖卽位者天子以下至士庶人父皆不爲庶子之妻爲喪主故夫皆爲妻杖得伸也

▶436◀◆問; 상주는 누가되나.

1. 부인과 결혼한 딸을 둔 가장이 사망 하였을 경우 主喪을 어느 분이 해야 하는지? 참고로 고인에게 형제 두 분이 계십니다.
2. 부모님은 다 돌아가시고 기혼자인 누님 한 분만 계시는 고인(미혼자)의 상중에는 어느 분을 主喪으로 세워야 하는지?

◆答; 상주는 남주(男主).

무후사 상주는 상가 동성 남자 중에서 하며. 주부는 이성의 부인이 하게 됩니다.

●喪服小記男主必使同姓主婦必使異姓註喪必有男主以接男賓必有女主以接女賓無男主而使人攝主則必使喪家同姓之男無女主而使人攝主則必使喪家異姓之女謂同宗之婦也

▶437◀◆問; 상주에 관하여.

계속 질문 드렸습니다. 지식(知識)이 부족(不足)하여 자꾸 반복하게 됩니다. 두 번째 답변(答辯)은 잘 알아 들었습니다. 만약 재가한 어머니께서 재가(再嫁) 후 자녀를 낳지 않았을 경우엔 재가(再嫁) 전 친자(親子)가 상주(喪主)가 되는 건가요?

◆答; 상주에 관해.

서모(庶母)가 무자손(無子孫)일 때의 상주(喪主)는 아래와 같이 살펴보건대 그 댁(宅) 적자(適子)가 상주(喪主)가 됩니다.

●寒岡曰庶母無主喪者適子主之

▶438◀◆問; 상주에 관해.

해석 좀 부탁 드립니다. 무슨 내용인지 잘 모르겠네요.

◆答; 상주에 관해.

서모가 아들 없이 사망하였을 때는 본 부인의 적자가 상주가 됩니다. 서모(庶母)가 무자손일 때의 상주는 아래와 같이 살펴보건대 그 댁(宅) 적자가 상주가 됩니다.

●寒岡曰庶母無主喪者適子主之

▶439◀◆問; 상주와 봉제사의 관계설정에 대한 질문.

중간에 2 대가 어려 죽는 관계로 7 대에 와서 그 신주를 매안하고. 또 4 대 봉사는 증자가 주장하였다는데?

◆答; 상주와 봉제사의 관계.

적현손이 죽어 친진(親盡)이 되면 그의 후손 중에 미진(未盡)후손이 있으며 그 중 최장방(最長房)으로 옮겨 모시다, 그도 죽어 친진 되면 차장방으로 이와 같이 옮겨 모시다 구 후손으로는 완전 친진이 되면 그 때 비로소 매안(埋安)을 하게 됩니다.

종법에 적자손이 아무리 조졸하였다 하여도 그 代가 없어지는 법이 아니라, 그 대에 맞게 입후 대를 있는 법이니 7 대조 봉사를 할 수 없게 됩니다.

증자(曾子)는 기원전(紀元前) 사람으로 본인은 그의 문집이 있는지의 여부는 알지를 못하고, 다만 후자들이 집성한 증자가어(曾子家語; 主文이 예기 증자문) 이책(二冊)뿐이라 그를 살펴 보건대 직접 4 대봉사 운운(云云)한 문귀는 살펴지지 않으며 공부자(孔夫子)께서 "칠묘오묘(七廟五廟)"운운(云云) 정도뿐이며, 기원후(紀元後) 한참 뒤의 고려(高麗)에서도 그 뒤를 이은 조선(朝鮮)에서는 서인(庶人)은 고비(考妣)일 뿐이었으니, 조정의 예법에서도 4 대 봉사를 따르지 안았으며 다만 백성의 예로 1100 여 년대 정자제의(程子祭儀)에서 4 대 봉사를 채택하게 되고 이를 주부자께서 주자가례에서 그대로 이어 4 대 봉사를 채택 지금에 이어지고 있습니다.

●問長房奉遷主後身死其子若孫若親未盡則仍爲奉祀乎若有門中諸父諸兄親未盡處則當遷奉於其家乎寒岡曰身後子孫親苟未盡連世奉祀以待親盡然後遷于親未盡之家理恐當然
●問最長者死其子雖親未盡而當遷於次長房耶沙溪曰然

●問長房死則其遷奉於次房當在何時明齋曰長房遞遷爲祭祀也今乃三年廢祭未安喪家卒祔祭後奉遷

●退溪曰禮只云代未盡最長之房不分嫡支也

●沙溪曰據程子說庶孼無不可奉祀之義但嫡兄弟盡沒然後奉祀似不妨

●問解續問親盡當遷而有庶曾孫若嫡玄孫則誰當奉祀答庶曾孫當奉祀若貧賤不可奉祀者則嫡玄孫奉祀無妨

●葛菴曰旣出繼則別爲一宗本宗遞遷之主恐不當奉祀

●高麗廟制六品以上祭三世七品以下二世庶人考妣

●大典會通禮曹奉祀條(原)文武官六品以上祭三代七品以下祭二代庶人則只祭考妣

●曾子(BC505~BC436)家語禮問條曾子問曰古者師行必以遷廟主行乎孔子曰天子巡守以遷廟主行載於齊車言必有尊也今也取七廟之主以行則失之矣當七廟五廟

●書儀(司馬光; 1019~1086)序(云云)癸卯(癸卯年;生前 1063.死後 1123)冬十月朔日○又按祭禮設位條設於曾祖考妣祖考妣考妣神座(祭三代)

●程子(1033~1107)曰高祖自有服不祭甚非其家都祭高祖○又曰自天子至庶人五服未嘗有異皆至高祖服旣如是祭祀亦須如是

●朱子曰考諸程子之言則以爲高祖有服不可不祭雖七廟五廟亦至於高祖雖三廟一廟以至祭寢亦必及於高祖

●退溪曰家禮因程子說而立爲祭四代之禮今人祭三代時王之制也

●尤庵曰祭三代國制也祭四代家禮也樊宗在京者從家禮在鄉者從國制矣

▶440◀◆問; 상주와 상제는?

안녕하십니까? 수고 많으십니다. 장례식장에 가서 보면 안내판에, 고인 아무게 喪主로 자녀들 있는 대로 다 쓰여 있는데 맞는지요? 혼인 때처럼 양부모 중에 父 하나만 혼주 이듯이. 혹시 상주도 1명만 되고 나머지는 상제 가 되는 것이 아닌가 해서 질문 드렸습니다.

◆答; 상주와 상제.

○喪主; 부모나 조부모 상에 적장자손(嫡長子孫) 맏상제.

●穆天子傳卷六; 喪主卽位周室父兄子孫倍之
●宋書孟怀玉傳; [懷玉]自陳弟仙客出繼喪主唯己

○喪制; (國) 부모나 조부모의 장준에 있는 복인.

▶441◀◆問; 상중(喪中).

요사이 많이 바쁘시겠습니다. 대단히 죄송합니다. 길거리를 지나다가 보니 같은 일을 당하였는데 한 집은 대문에 [상중(喪中)] 이라고 쓰여있고, 또 다른 한 집은 [기중(忌中)]이라고 대문에 붙여 있습니다. [상중(喪中)]과 [기중(忌中)]의 차이가 있는지요? 어느 것이 맞게 쓴 것인지요?

◆答; 상중(喪中).

상중(喪中)과 기중(忌中)은 같은 의미입니다. 다만 상중(喪中)이란 복중(服中) 즉 상복을 입고 있는 동안이란 의미가 되니 상을 당한 집이란 표시로 대문에 써 붙이려면 상가(喪家)란 표시가 더 적합하다 할 것입니다.

●正祖國葬都監儀軌凶禮國葬純祖嘉慶五年庚申禮曹爲相考事今此國恤敎是時山陵各項擇日一元陵右旋左落辛兌龍亥入首亥坐巳向艮兌得水巽破丁亥丁巳分金亥坐洪運己丑火

忌水年月日時正運壬辰水運泊貴人宮雖爲天官符拘忌中最輕以六白等吉星制用少無所妨
破土以上四月二十四日乙丑巳時先破北方祠后土告

▶442◀◆問; 상중(喪中)의 신위(神位).

요즘은 상(喪)을 당하면 장례식장(葬禮式場)에서 많이 치르며 보통 신위(神位)를
『현고학생부군신위(顯考學生府君神位)』라고 세로로 쓰던데 몇 일전 문상(問喪)하
러 모 장례식장(葬禮式場)에 가니 『고학생(故學生)본관○공(公)○○지위(之位)』라
고 쓴 신위(神位)를 보았는데,

1.현고학생부군신위(顯考學生府君神位)와 『고학생(故學生)본관○공(公)○○지 위(之
位)』두 가지 중 어느 것이 맞는지?

2. 차이가 있으면 차이점을 상세히 알려 주십시오.

◆答; 상중(喪中) 신위(神位).

問 1. 答; 요즘 장례식장(葬禮式場)에서 현고학생부군신위(顯考學生府君神位) 등 지
방(紙牓)을 써 지방틀이라는 데에 붙여 영정(影幀) 사진 앞에 세워 놓는 경우가 있
는데 이는 예법상 합당(合當)함이 못됩니다. 만약 써 붙여야 하겠다면 그 시기에는
신(神)으로 대(對)할 때가 아니니 지위(之位) 또는 상소(喪所)라 함이 옳을 것입니다.

問 2. 答; 까닭은 지방(神位)은 장사를 지내며 하관을 마치고 광중에 흙이 채워지면
신주(神主)를 쓰는데 신주를 갖추지 못하였으면 혼백(魂帛)으로 삼년상을 마치고 그
혼백을 결지에 매안(埋安) 후 기제(忌祭)나 속절을 당하면 그 때서야 비로소 지방
(紙榜; 神位)을 써 그 조상이 강림하여 의지할 곳이라는 표시로 써 붙이는 것입니다.

이상에서 살펴 본 바와 같이 그 시기에는 신(神)자를 써서는 아니 되는 때입니다.
자손으로써 삼년상 중에는 부모의 죽음을 부인 조석 상식에서 생시와 같이 봉양함
이니 지방을 써 부쳐서는 아니 되는 때이지요.

다만 치장(治葬) 제주조(題主條)의 신주 작성은 체백은 지하에 묻어 두고 그의 혼신
을 신주에 의지시켜 현손 대까지 그 조상의 상징물로 섬기게 하지요. 까닭에 신주
와 지방은 그 성격이 다른 것입니다. 그렇다 하여도 만약 지방은 신주의 대용물이
라 한다 하더라도 장사 전은 어떠한 형태라도 신위라 쓰면 아니 되는 것이지요.

명정 역시 지구(之柩)라 하였듯이 망인이 누구다. 라는 표시를 하여 조문객에게 알
려야 하겠다면 지위(之位) 또는 상소(喪所) 등(等) 지방(紙榜) 형식이 아닌 형태로
표시함이 옳을 것입니다.

아래와 같이 살펴 보건대 보통 손과의 자리나 국조(國祖)의 등의 자리를 표(말)할
때는 지위(之位)라 하고 신주가 없어 종이로 표하여 그 조상이 강림하여 앉을 자리
는 신위(神位)라 표하게 됩니다.

●高麗圖經宣和奉使高麗圖經卷第二十六燕禮門餕;　拜表宴罷乃於神鳳門張帟幕設賓主之
位王與使副酌別訖

●世祖實錄二年秋七月一日戊辰;　更定朝鮮檀君神主爲朝鮮始祖檀君之位後朝鮮始祖箕
子爲後朝鮮始祖箕子之位高句麗始祖爲高句麗始祖東明王之位

▶443◀◆問; 생전 유언에 관한 솔로몬의 지혜를 구합니다.

1. 평소 부친(父親)의 말씀대로 추후 돌아가시게 되면 화장(火葬)을 해 드려야 할까
요? 만약 화장을 하게 된다면, 유골(遺骨)을 정말 '강'에 뿌릴 수는 없고 어디 안치
를 해야 하는 데 선산이 뻔 히 있는 데 참 애매합니다.

2. 평소 부친의 말씀을 무시하고 선산에 매장을 해 드려야 합니까?
3. 대안으로 선산에 매장을 하되, 묘를 봉분으로 하지 않고 국군묘지나 외국 묘지처럼 편편하게 해 드리는 방법은 어떨지요?

◆答; 생전 유언에 관한 솔로몬의 지혜.
아래가 결초보은(結草報恩說)의 근거(根據) 입니다. 평상시 일상의 부친 선호 장법이 어떠하였는가가 중요합니다.

아래 고사(故事)에 의하면 생전 일상 매장을 선호하였는가 화장(火葬)을 장법으로 선호하였는가 입니다. 만약 생전 일상으로 매장을 선호하였으나 유언으로는 화장을 명하였다면 매장을 따르시고, 생전에 매장법을 배척하고 늘 화장을 선호하다 마지막 유언에도 내가 죽으면 화장하라 명하였다면 화장을 따르심이 솔로몬의 지혜라기 보다는, 춘추시대(春秋時代) 진(晉)나라 위과(魏顆)의 지혜가 아닐까 합니다.

●種德新編卷中; 晉大夫魏犨有嬖妾無子犨疾命其子顆曰必嫁是疾革則曰必以爲殉及卒顆嫁之曰疾病則亂吾從其治也後顆與秦戰于輔氏獲杜回秦之力人也顆見老人結草以亢杜回回躓而顚故獲之夜夢老人曰余而所嫁娘人之父也爾用先人之治命余是以報

▶444◀◆問; 壽衣(수의)를 삼베를 쓰는 연유?
壽衣는 꼭 삼베로 짓는데 옷감으로는 더 좋다고 여기는 흰색의 명주나 화려한 비단으로 한복처럼 壽衣를 지으면 안 되는 특별한 연유가 있는지를 알고 싶습니다.

◆答; 壽衣(수의)는 삼베로 지음.
지난날에는 옷감이란 오늘 날과 같이 다양하지 못하고 명주 베 무명 등 단순한 시대라, 아래와 같이 살펴보건대 형편이 나으면 비단 그렇지 못하면 베(布)로 수의를 지었을 뿐이지 특별한 이유가 있어 베(布)로 지은 것이 아닌 것으로 보입니다. 다만 작금의 화학 섬유로 수의를 짓지 않는 것은 분해가 되지 않아 사용하지 않습니다.

●國朝喪禮補編襲篇單袴白綃
●家禮陳襲衣條幎目帛握手用帛深衣一袍襖汗衫袴襪勒帛裹肚之類隨所用之多少細註劉氏璋曰古者人死不冠但以帛裹其首謂之掩士喪禮掩練帛廣終幅五尺析其末
●便覽陳襲衣條汗衫袴單袴用紬(明紬)或綿布圓衫色絹或紬爲之
●士喪禮明衣裳用布

▶445◀◆問; 수의 입히는 방법에 대한문의.
평상시 남자 같은 경우 바지를 입힐 때 바지 지퍼가 좌측에서 우측으로 덮도록 되어 있는데. 만약 돌아가신 분의 바지허리가 클 경우 평상시와 같은 방향으로 접어 드리면 되는 건가요? 여자의 치마나 속곳의 방향은 어떻게 해야 하는지요? 또 혹 남, 여 버선을 신겨 드릴 경우 좌, 우측이 따로 있는 건지 궁금합니다.

◆答; 수의 입히는 방법.
問; 1. 答; 습시 수의는 생시와 같이 우임(右袵)이며 염시(斂時)는 좌임(左袵)입니다.
問; 2. 答; 습(襲)이나 렴(斂)에서 남녀 구분함이 없는 것 같습니다.
問; 3. 答; 습의(襲衣)를 생시와 같이 여미니 버선 역시 생시와 같이 솔기가 좌우 모두 내향하도록 신겨야 되겠지요.

●問家禮襲章無右袵之文備要註曰衣皆右袵之訓南溪曰家禮至小斂始曰左袵不紐襲之右袵曰此可知故備要云
●備要襲條遷尸於其上註衣之皆右袵

▶446◀◆問; 承重.

조부는 생존하여 계시고 부친은 먼저 작고하셨습니다 숙부는 계시는데 만약 조부가 작고하시게 되면 누가 상주가 되는지요.

◆答; 승중(承重).

적장자손(嫡長子孫)이 무처(無妻) 무자(無子)로 부(父)나 조부(祖父) 앞에 먼저 죽게 되면 차자손(次子孫)이 승계(承繼) 사당(祠堂)을 받들게 됩니다.

승중이란 조부모 앞에 적자(嫡子)가 먼저 죽은 뒤 조부모가 뒤에 작고하게 되면 그의 손자(孫子)들이 아버지를 대신하여 입는 복(服)으로, 아버지가 생존하였으면 1년 복을 입으나 승중(承重) 복(服)은 조부모 모두 3년 복을 입게 됩니다. 따라서 승중(承重) 복(服)을 입은 손자들은 승중 손이라 하고 증조의 승중복은 입은 증손(曾孫)들은 승중(承重) 증손(曾孫)이라 합니다.

●問父母偕喪中喪妻無子身又歿第二弟先歿無子有婦第三弟未長成主祀以誰爲之遂菴曰兄亡弟及禮也次子婦雖存非如嫡婦之第三子當承重
●龜川曰長子雖死若有長婦則竢後立祠夫婦俱沒則次子承重
●沙溪曰長子無后而死次子承重則長子雖嘗承重當班祔無疑
●尤庵曰凡喪父在父爲主故子孫神主皆以祖父爲主
●家禮祠堂旁親之無後者以其班祔條子姪祔于父皆西向
●集說按禮記孫死而祖在則祔於高祖龕
●辭源[承重]本身及父俱係嫡長而父先死於祖父母喪亡時稱承重孫如祖父及父均先死於曾祖父母喪亡時稱承重曾孫凡承重者皆服喪三年

▶447◀◆問; 승중 상 관련 문의.

작은아버지의 자녀가 없어 작은아버지 대신 상주가 되는 경우도 승중 상에 해당 되나요?

◆答; 승중 상 관련.

승중(承重)이란 적손(嫡孫)이 먼저 부친 작고 후 조부모가 생존하다 상을 당하였을 때 부친 대신 입는 복을 승중복(承重服)이라 합니다.

따라서 강O님의 말씀과 같은 복은 승중 복이라 하지 않고 섭주라 합니다. 고로 숙부(叔父)가 무 자손으로 작고 하였을 때는 그 집 종자가 섭주(攝主)가 됩니다. 까닭에 강O님의 부친이 적장(嫡長)이시면 부친이 섭주(攝主; 상주)가 되고 이미 작고하셨으면 부친의 적자(嫡子)가 상주(섭주)가 됩니다.

●儀禮喪服嫡孫賈疏此謂適子死其適孫承重者祖爲之期
●辭源手部四畫承重本身及父俱係嫡長而父先死於祖父母喪亡時稱承重孫如祖父及父均先死於曾祖父母喪亡時稱承重曾孫凡承重者皆服喪三年
●小記男主必使同姓婦主必使異姓疏若攝男主必使喪家同姓之男若攝婦主必使喪家異姓之女異姓同宗之婦
●奔喪親同長者主之註父母歿如昆弟之喪宗子主之

▶448◀◆問; 승중상(承重喪)에 대하여.

승중 상에 대해 궁금한 점이 있어 문의 드립니다. 승중 상이란? [아버지를 여읜 맏아들이 할아버지나 할머니가 돌아가셔서 치르게 된 초상]이라고 국어사전에 나와 있습니다.

궁금한 점은 할아버지는 슬하에 장남과 차남을 두셨는데, 장남과 차남이 모두 사망했을 경우 장남의 맏아들은 승중 상이 당연합니다. 그럼 차남의 맏아들은 승중 상에 해당되는지요?

◆答; 승중상(承重喪)이란.

승중(承重) 상(喪)이란 적자(嫡子)가 먼저 사망한 뒤에 조부모(祖父母)가 작고(作故)하게 되면 적손(嫡孫)이 부모를 대신하여 입는 복을 승중 복이라 하고 조부는 참쇠삼년복(斬衰三年服)을 입고 조모는 자최삼년복(齊衰三年服)을 입음.

●儀禮喪服嫡孫賈疏此謂適子死其適孫承重者祖爲之期
●性理大全立喪主凡主人謂長子無則長孫承重以奉饋奠
●朱子曰祖在父亡祖母死亦承重

▶449◀◆問; 승중상에 축문식을 가르쳐 주세요.

늘 수고 많으십니다. 홍길동씨의 조모상 (조부는 더 먼저 돌아가셨고요)을 당했습니다. 부친도 돌아가시고 장손이니까 승중 손이지요. 그런데 홍길동씨의 모친은 살아계신답니다. 이럴 경우 초우 재우 삼우제 축문에 홍길동씨를 어떻게 표현해야 되는지요 (1)고애손 (2)애손 (3)고손 좀 알려주세요.

◆答; 승중손의 축식.

부친이 먼저 죽고 조모는 생존하여 계시고 조부가 후에 작고하였으면; 고손(孤孫). 조모가 또 작고하였으면; 고애손(孤哀孫).

●開元禮 : 父祖則孤子孤孫母及祖母哀子哀孫
●備要 : 孤子哀子俱亡稱孤哀子承重稱孤孫哀孫孤哀孫

▶450◀◆問; 承重에 대하여?

안녕하십니까. 다름이 아니라. 궁금한 것이 있어서 이렇게 글 올립니다. 올해 31 살이고.. 미혼입니다. 아버지는 일찍이 돌아가시고 조부님은 살아계십니다. 아버지가 큰아들이니까 제가 큰 손자 됩니다.

궁금한게. 할아버지가 돌아가시면 집안에 제사는 누가 모셔야 합니까? 삼촌 분들은 아직 제가 미성년자란 식으로 <웃기죠?> 결혼하지 않으면 정말 미성년자입니까? 아무튼 제 나이가 31 살인데 미혼이란 이유로 장가갈 때까지 본인들 댁에서 제사를 치러야 된다고 하시고 후에 장가를 갈 경우 제사를 물려 주겠단 말씀을 하십니다.

예법에 미뤄볼 때. 장가가지 않은 장손은 나이를 떠나 제사를 모실 수 없는 것인지 그것도 집안마다 다른 것인지 참으로 궁금합니다. 또 한가지 혹 작은 숙부님 댁에서 제사를 지낼 경우 명절제사 때 저희 아버님도 같이 작은 숙부님 댁에서 모실 수 있는지 그것 또한 궁금합니다. 수고 하십시오.

◆答; 승중(承重).

승중(承重); 장손(長孫)이 부선망(父先亡) 후 조부모(祖父母) 상(喪)을 당하여 부친(父親) 대신 상(喪)의 주인이 되어 복상(服喪)할 경우는 승중손(承重孫). 부(父)와 조부선망(祖父先亡) 후 증조부모(曾祖父母)는 승중증손(承重曾孫). 고조의 경우는 승중현손(承重玄孫)이라 합니다.

따라서 조부께서 작고하시게 되면 적자(適子) 선망(先亡)이니 예법상 적손(適孫)이 승중(承重) 주인이 되어 상(喪)을 치르고 제사를 지냅니다. 그 후 조부모(祖父母)

와 아울러 부모(父母)의 제사를 주관하고 주인이 되어 초헌을 하게 됩니다.

●家禮初終立喪主條凡主人謂長子無則長孫承重奉饋奠
●朱子曰祖在父亡祖母死亦承重
●牛溪曰初喪立喪主所以重宗統也家廟阼階惟主人當之雖諸父位於前而皆不敢當阼階然則長孫承重主喪雖諸父在後
●儀禮喪服篇此謂適子死其適孫承重

▶451◀◆問; 15일 밤 12시 45분은 16일 0시 45분과 같다.

15일 밤 12시 45분이란 자정 45분으로 유가시나 현대 시로 어느 날에 해당되나요.

◆答; 15일 밤 12시 45분은 16일 0시 45분.

아래와 같이 유가(儒家)의 법도를 살펴보건대 [주야(晝夜)]란 그날 날이 밝으면(日出後)서부터 해가 지기 전(日沒前)까지를 낮(晝)이라 이르고, 해가 진뒤(日沒後)부터 그 밤을 지나 날이 새기 시작하기 전(日出前)까지를 밤(夜)이라 합니다.

다만 일자로 구분하여 이르게 될 때 양력 일자변경시가 子正이 되고, 유가(儒家)의 시는 子初(오후 11시 후. 23시 후)시가 되어 그 시가 지났으면 다음날로 계산되는 것이다. 특히 [→14일 24시 이후 밤(새벽)과 ← 15일 낮을 지나 → 15일 일몰 후 밤중인 24시 이전까지←의 두 날의 밤을 15일 밤이라 이르지 않습니다.

15 이 밤이란 15일 일몰(日沒) 후(後) 16일 일출(日出) 전(前)까지 어둠이 계속되는 동안을 이른다. 고로 이 문제의 정답은 15일 밤 12시 45분에 운명하였으니 기일(忌日)은 16일이 됩니다.

●左傳莊公七年辛卯夜恒星不見(孔穎達疏)夜者自昏至旦之總名
●說文[晝]日之出入與夜爲介
●漢語大詞典[晝] 从日出至日落的時間
●四世同堂(老舍纂)六十一這是夜與晝的交替時間旣不像夜也不像晝一切都渺茫不定
●十五夜月(玉淡詩)十五寒宵倚石欄多看月色正團團初陞嶺首開金鏡轉上天中掛玉盤玄兎杵邊光自滿姮娥窓外影無剜誰干上帝同弦望長使淸輝遍世間
●東編唐中八月十五夜諸學士玩月備文酒宴時長天無雲月色如晝蘇曰淸光可愛何用燈燭遂使撤去
●問人屬纊在此日戌亥而招魂在翌日曉後則當以何日爲忌歟明齋曰凡喪復後始發喪其前則雖已氣絶猶有復生之望不可便以爲已死也以此意推之則似當以招魂日爲忌日矣
●問周夜半爲朔商鷄鳴爲朔陰陽家皆以子時爲明日然則鷄鳴前子時死者當從何日尤菴曰日分必終於亥而始於子初二日之子自不干於初一日也

▶452◀◆問; 아내의 상에 대하여.

問 1; 저의 처의 사망 일이 양력으로 1997년 5월 15일 입니다. 그 날이 음력으론 4월 9일이 됩니다. 5월 15일 밤 12시 45분에 병원에서 산소 호흡기를 뗀 사망 시간이 되겠습니다. 명확한 기제사 기일을 부탁 드리오며 제수를 준비하는 시기 또한 아울러 문의 하오며,

問 2; 아내의 제사에 배우자는 큰 절을 올려야 하는지요?

問 3; 기제사 기일은 양력과 음력 중에서 어느 것이 정확하며 합당 하는지 우문현답을 기대합니다.

◆答; 아내의 상.

본인 일정의 사정으로 답이 대단히 늦었습니다. 먼저 양해를 구합니다.

問 1; 答; 하루의 첫 시가 자시(子時)인데 자시는 현대 24 시로는 자초 시(子初時) 는 전일 23 시가 되고 자정 시(子正時)는 0 시가 되고 자후 시(子後時)는 당일 01 시 가 됩니다. 따라서 4 월 9 일 12 시 45 분에 산소 호흡기(呼吸器)를 떼었다면 자후시 (子後時)가 되어 익일인 4 월 10 일에 사망한 날이 됩니다. 제수 준비는 기일 전날 인 4 월 9 일 날 준비를 모두 마칩니다.

問 2; 答; 아내의 상을 당하면 남편이 주인이 되어 제사를 주관 초헌을 하고 부부 는 상배이니 재배를 합니다.

問 3; 答; 유가(儒家)의 날자는 정확하고 합당성의 여부와 관계 없이 일자 계산 시 초부터 음력으로 행하여지고 있습니다. 따라서 효자는 상을 당하여 초하루 보름과 절일(節日)을 당하면 조전(朝奠) 올릴 때 찬을 갖추어 드리고, 상을 마치면 해마다 정조(正朝; 설)와 추석의 명절을 당하면 찬을 갖추어 예를 갖추어 드리고 있습니다.

●奔喪凡喪父在父爲主註各爲其妻子之喪爲主也疏正義曰凡喪父在父爲主者言子有妻子 喪則其父爲主
●陶庵曰出入夫婦相拜
●漢書律歷志歷十二辰之數註孟康曰十二辰得是積數也五行陰陽變化之數備於此矣
●漢語詞典[太陰曆]通常說的陰歷指我國舊時通用的歷法
●朱子家禮四時祭具饌(云云)厥明夙興設蔬果酒饌(云云)質明奉神主就位(云云)參神(云 云)降神(云云)
●高氏曰朔望節序則盛饌比朝奠差衆

▶453◀◆問; 아들의 상에 누가 상주가 되나?
1. 제주는? 제주는 아버지 인지 아니면 손위 누이인지 아니면 누이의 자식들인지, 아니면 자형이 되어야 하는지 궁금합니다.
2. 지방작성 방법은?
3. 축도 읽어야 하나요?
4. 제사는 언제까지 지내줘야 하나요? 아버지 생전까지 또는 누이들 생전까지 또 는 조카들 생전까지 아니면 자형들 생전까지.
5. 기타 제사절차상 주의할 점이 있나요?

◆答; 아들의 상에 상주는.
問; 1. 答; 그의 부친이 상주(喪主)가 됩니다.
問; 2. 答; 망자모관신위(亡子某官神位).
問; 3. 答;

⊙忌祭祝文式
維 歲次干支幾月干支朔幾日干支父告于 亡子某官歲序遷易 亡日復至不勝感念(或悲念 不已)茲以淸酌庶羞伸此奠儀尙 饗

問; 4. 答; 죽을 때의 나이에 딸아 달라집니다.
8~11 세에 죽으면 하상(下殤)이라 하여 그의 제사는 부모의 대로 마치게 되 고, 12~15 세에 죽으면 중상(中殤)이라 하여 형제의 대까지 지내고 16~19 세에 죽 으면 장상(長殤)이라 하여 형제의 아들 대까지 지내게 됩니다.

問; 5. 答; 상제(殤祭)라 하여도 예법은 같으며 다만 비유자(卑幼者)만 절을 하게 됩니다.

●奔喪凡喪父在父爲主註各爲其妻子之喪爲主也疏正義曰凡喪父在父爲主者言子有妻子喪則其父爲主

●程子曰無服之殤不祭下殤之祭終父母之身中殤之祭終兄弟之身長殤之祭終兄弟之子之身

●備要殤服條凡年十九至十六爲長殤十五至十二爲中殤十一至八歲爲下殤

●家禮小殮奠條祝焚香洗盞斟酒奠之卑幼者皆再拜

▶454◀◆問; 아버지가 돌아가시고 난 후 고모상에 갔을 때 곡하는 방법.

아버지가 돌아가시고 난 후 고모상에 갔을 때 곡하는 방법을 알려 주세요. 숙부상에는 아버지가 계실 때는 "어이어이" 하고, 돌아가시고 난 후에는 "아이고아이고"로 곡을 한다고 들었는데 맞는 방법인지? 고모가 돌아가시면 어떻게 곡을 해야 하는지 궁금합니다. 알려 주십시오.

◆答; 아버지가 돌아가시고 난 후 고모상에 갔을 때.

유가(儒家)의 문헌적(文獻的)으로는 어이 곡(哭)에 관하여 전거(典據)를 찾을 수가 없으나 사전적 의미로는 부모상과 승중인 조부모상을 제외한 상(喪)에 우는 곡성이라 하였으니 고모상에 부친의 생존여부와는 관계없이 어이 곡으로 울어도 예에는 어긋나지 않을 것 같습니다.

아래 간전(間傳)의 말씀은 상의 경중에 따른 곡에 관한 상세한 가르침인데 그러한 곡은 없으며 특히 "어이"란 한자어 자체가 없는 것 같습니다.

●間傳斬衰之哭若往而不反齊衰之哭若往而反大功之哭三曲而偯小功緦麻哀容可也此哀之發於聲音者也註若如也往而不反一舉而至氣絶似不回聲也三曲一舉聲而三折也偯餘聲之委曲也小功緦麻情輕雖哀聲之從容亦可也

▶455◀◆問; 1; 아버지께서 돌아가신 후의 상주?

큰아버지 2 분이 살아계시고, 아버지께서 돌아가시면 주상은 누가 되는지요? 시집간 딸은 안 된다고 합니다.

2] 큰아버지 2 분이 먼저 돌아 가신 후에 아버지께서 돌아가시면 주상은 누가 되는지요? 종형제가 되는지요? 조카 3 분 중에 누가 되는지요?

3] 큰아버지 2 분이 먼저 돌아 가신 후에 아버지께서도 돌아가시고 어머니가 돌아가시면 주상은 누가 되는지요? 종형제가 되는지요? 조카 3 분 중에 누가 되는지요?

4] 장례 후에 기제사는 누가 모시는 것이 좋은지요?

◆答; 아버지께서 돌아가신 후의 상주.

問 1 答; 아래와 같이 살펴보건대 그의 장자가 상주가 되며 후자가 없다면 백부가주상이 되어야 하는 것 같습니다.

問 2 答; 아래와 같이 살펴 보건대 장자가 있다면 그가 상주가 되고 무자라면 장질(長姪)이 상주가 되어야 하는 것 같습니다.

問 3 答; 아래와 같이 살펴보건대 이도 장자가 있다면 그가 상주가 되고 무자라면 장질(長姪)이 상주가 되어야 하는 것 같습니다.

問 4 答; 아래와 같이 살펴보건대 장자가 있다면 그가 지내고 없으면 출가한 딸이 제사를 받들어야 하는 것 같습니다.

●遂菴曰無後之喪只有妻與兄弟則治喪兄弟爲之練祥禫妻主之

●家禮祠堂爲四龕以奉先世神主條非嫡長子則不敢祭其父若與嫡長同居則死而後其子孫

爲立祠堂於私室且隨所繼世數爲龕俟其出而異居乃備其制若生而異居則預於其地立齋以居如祠堂之制死則因以爲祠堂

●大功者主人之喪有三年者則必爲之再祭註大功者主人之喪謂從父兄弟來主此死者之喪也三年者謂死者之妻與子也妻旣不可爲主而子又幼小別無近親故從父兄弟主之必爲之主行練祥二祭

●大典外祖父母及妻父母無主祭者當於各忌日用俗儀祭之

●朱子曰宋公以外祖無後而歲時祀之然非族之祀於理未安

●艮齋曰外舅無後當使妻主祭而祝以顯考顯妣書之此無二統之嫌故也

●宗法至嚴有長子妻則待其立後承宗又婦人主喪終是非禮莫如急急立後疾速啓下凡百皆順矣

●性理大全祠堂;非嫡長子則不敢祭其父若與嫡長同居則死而後其子孫爲立祠堂於私室且隨所繼世數爲龕俟其其出而異居乃備其制若生而異居則預於其地立齋以居如祠堂之制死則因以爲祠堂

▶456◀◈問; 애경사에 누가 주(主)가 됩니까.

누가 상주가 되나요?

1). 부부 중 배우자 사망 후에 사망 했을 때.

2). 조부모가 자식 없이 사망 시 3).부친형제가 배우자 자식 없이 사망 시.

4). 그 외에 배우자도, 자식도 없는 집안 상사 시 이 외에도 상사 시에 선생님들의 고견 있으신대 종합적으로 가르쳐 주기 원합니다. 난하 동문(同問)입니다.

5). 누가 혼주가 되나? 부친이 가없는 혼례식에 부친도 형제도 없는 혼례식에.

◈答; 애경사에 주인은.

問; 1. 答; 아래와 같이 살펴보건대 장자(長子)가 상주(喪主)가 되는 것 같습니다.

問; 3. 答; 숙질간(叔姪間)은 부장기복인(不杖朞服人)이 되니 마땅히 질(姪) 중 장자(長者)가 상주(喪主)가 되여야 할 것 같습니다.

問; 4. 答; 아래와 같이 살펴보건대 동거자(同居者) 중에서 존자(尊者)로 상주(喪主)를 세우고 동거자(同居者)가 없으면 족속(族屬) 중 제일 가까운 친족(親族) 중에서 현자(賢者)로 삼고 친족(親族)이 없으면 친척(親戚) 중에서 상주(喪主)를 삼고 친척(親戚)도 없으면 집우(執友)로 상주(喪主)를 삼는 것 역시 가하다 하였고, 잡기편(雜記篇)에는 그도 저도 아무도 없으면 이윤(里尹; 里長)이 상주(喪主)가 되어 상(喪)을 치른다 하였으니, 위 말씀 중에서 해당 되는 대로 상주(喪主)가 되여야 할 것입니다.

問; 5. 答; 이에서 혼주(昏主)라 함은 전통혼례(傳統昏禮) 때의 주인을 이릅니다. 아래와 같이 살펴보건대 그 집 종자(宗子)가 주인이 되며 만약 종자(宗子)가 유고 시는 그 차종자(次宗子)가 주인(主人)이 되는데 다만 종자(宗子) 스스로 혼인(昏姻)을 하게 되면 족인(族人) 중 장자(長者)가 혼주(昏主)가 되여야 하는 것 같습니다.

●家禮立喪主條凡主人謂長子

●家禮立喪主條長子無則長孫

●輯覽丘儀用同居之尊且親者一人爲之如無同居者擇族屬之親賢者又無族屬則用親戚又無親戚則用執友亦可專主與賓客爲禮盖親者主饋奠尊者主賓客凡喪皆然

●雜記下姑姊妹其夫死而夫黨無兄弟使夫之族人主喪妻之黨雖親弗主夫若無族矣則前後家東西家無有則里尹主之

●婚禮身及主昏者無期以上上乃可成昏註凡主昏如冠禮主人之法但宗子自昏則以族人之長爲主

●冠禮前期三日主人告于祠堂註主人謂冠者之祖父(祖及父)自爲繼高祖之宗子者若非宗子則必繼高祖之宗子主之有故則命其次宗子

▶457◀◆問; 어린아이 죽음은 어찌하여야 하나.

선생님들 오랜만 에 찾아 뵙습니다. 계절은 봄인데도 한 여름 더위를 보입니다. 저의들 어릴 적에 보면 미혼(未昏)의 젊은이나 미성년자(未成年者) 어린아이 죽음에 삼일장(三日葬) 은 고사하고 하루도 안 넘기고 산에 갖다 묻고. 어른 장례(葬禮) 모시듯 하지 않았던 것 같은 데 왜 그랬으며. 지금은 어른 장례 모시듯 하는데 맞는 것인지요?

◆答; 어린아이 죽음의 장례.

아래와 같이 살펴보건대 아이라 함은 예법(禮法)에서는 팔세(八歲)가 차지 않은 아이로 정의되어 있습니다. 그 중에서도 가례(家禮)에서는 생후 석달 이후와 미만(未滿) 자로 나누고 개원례(開元禮)에서는 사세(四歲)이상 자와 삼세(三歲)이하 자로 구분하였는데 이에서는 가례(家禮)를 따름이 옳을 것입니다.

그러나 무복지상(無服之殤)자들의 장례기간에 관한 말씀은 어디서도 찾을 수가 없습니다. 이로 미루어 보아 성인(成人)의 장례기간(葬禮期間)을 따른다. 의 뜻으로도 해석할 수가 있는데 그렇다면 출산(出産)하자마자 죽은 영아(嬰兒)도 이 같이하여야 할 것인가라는 문제가 발생할 것입니다. 다만 공양전(公羊傳)에 불급시(不及時)는 갈장(渴葬)을 한다. 라는 말씀도 있으니 미치지 못하면 조장(早葬)한다 하여 예에 어그러졌다 할 수는 없을 것 같습니다.

●家禮成服篇凡爲殤服以次降一等條凡年十九至十六爲長殤十五至十二爲中殤十一至八歲爲下殤應服期者長殤降服大功九月中殤七月下殤小功五月應服大功以下次降等不滿八歲爲無服之殤哭之以日易月(便覽馬融曰以哭之日易服之月殤之期親則旬有三日哭緦麻之親則以三日爲制)生未三月則不哭也(增解通考徐乾學曰王氏馬氏謂以哭之日易服之月其說最爲合禮)男子已娶女子許嫁皆不爲殤(備要小記丈夫冠而不爲殤婦人笄而不爲殤男子受職亦不爲殤)
●通典徐整問射慈曰八歲以上爲殤者服未滿八歲爲無服問曰無服之殤以日易月哭之於何處有位答曰哭之無位禮葬下殤於園中則無服之殤亦於園也其哭之就園
●開元禮三殤之喪始死浴襲及大小斂葬送哭泣之位與成人同凡無服四歲以上略與下殤同又無靈筵唯大斂小斂奠而已三歲以下斂以瓦棺葬于園又不奠
●同春曰喪成人者其文縟喪不成人者其文不縟據此則殤喪之禮恐不必太備
●喪服傳子生三月父名之死則哭之名則不哭也疏始死亦當有哭而已
●程子曰八歲以上皆當立神主無服之殤不祭
●公羊傳不及時渴葬註渴猶急也

▶458◀◆問; 염(시신 결박)에 관한 질문입니다.

염습 시 고인의 시신을 결박하는 이유에 대해서 유가에서는 고인(故人)께서 생전의 모습을 그대로 유지하면서 육탈(肉脫)하시도록 하기 위함이다. 라고 가르친다고 들었습니다. 이 말의 출처가 어디이며, 원문이 무엇인지 알고 싶습니다.

초암 선생님! 항상 성실한 답변에 감사 드립니다. 그대는 현대 유학의 큰 기둥이 될 희망이어라!

◆答; 염(시신 결박)에 관하여.

아래 말씀과 같이 렴습 시(斂襲時) 종포(縱布) 횡포(橫布) 결교(結絞)는 시체(尸體)

의 형체가 변하지 않게 하기 위할 뿐입니다. 이 말씀 외의 전거는 찾아지지 않습니다.

●頤庵曰斂者只要掩蓋尸體爲固護之道耳今俗惟以束縛堅緊爲能事擇壯者極力結絞誤矣

▶459◀◆問; 염할 때 공수 법.·

상례 책을 몇 권지 읽어보니 돌아가신 분을 염할 때 수의의 옷깃은 산사람의 반대로 통일되어 있는 것 같은데 * 시신의 공수 법은 어떠한 책은,
1. 남자의 경우 왼손을 먼저거두고 다음오른손을 위로하고 여자는 남자의 반대라고 하고,
2. 또 다른 책에는 남자의 경우 오른손이 밑에고 왼손을 위로 올린다고 하는데,
3. 예서에도 이러게 혼돈이 되니 어떠한 것이 오른 것입니까?
4. 정확한 답과 근거를 제시바랍니다.

◆答; 공수하지 않음.

전통예서 의례(儀禮), 주례(周禮), 가례(家禮), 집람(輯覽), 비요(備要), 편람(便覽), 등 서(書)에서는 염할 대 공수하지 않습니다.

▶460◀◆問; 염할 때 12 결교(동여맴)에 대하여?

친척어르신이 돌아가셔서 장례(葬禮)를 치르고 집으로 돌아왔는데요. 궁금한 것이 있습니다. 입관(염, 습)을 할 때 고인(故人)을 12 번을 묶더라고요. 12 번 묶는 이유가 있나요. 이유가 있다면 알기 쉽게 좀 알려 주십시오. 부탁 드립니다.

◆答; 염할 때 12 결교.

유가의 렴(斂)할 때 횡포(橫布)는 9 매듭은 짓는 것은 단단히 죄어 묶기 편함에서인데 다만 9 란 천수(天數)로 양수(陽數)인 까닭은 그 전거는 찾을 수가 없으나 사자(死者)는 음(陰)에 속하니 양수(陽數)로 묶지 않는가 생각될 뿐입니다. 그러나 12 결교(동여맴)법은 유가(儒家)의 예법이 아닙니다.

아마도 간혹 렴(斂) 전문인이라는 염자가 12 매를 묶으며 고마다 고깔을 가지런하게 씌워 놓는 것을 볼 수가 있는데 다비(茶毘)나 석문가례초(釋門家禮抄) 등등 불가의 예법에도 그와 같은 결교법(結交法)은 없으며, 혹 불설지심타라니경(佛說地心陀羅尼經) 등에 12 대장(大將) 12 지신(地神) 등 민간신앙에서 받들던 각 신(神)들이 불교신앙(佛敎信仰)에서도 수호신(守護神)으로 찬양 되고 있으니 아마도 그 신(神)과 연관성이 있지 않은가 생각됩니다.

●高氏曰絞縮者三蓋取一幅布裂爲三片也每幅三析用之以爲堅之急也
●喪大記疏每幅之末析爲三片以結束爲便也
●便覽小斂諸具絞條橫者三幅每幅兩端各析爲三片合爲九片○又大斂諸具絞條橫者用二幅每幅三破爲六片去其一不用
●士喪禮疏必十九者象天地之終數也天地之初數天一地二終數天九地十人在天地之間而終故取終數

▶461◀◆問; 영좌 설치.

가정에서 입관 전에 영좌를 설치하는 법을 가르쳐 주세요 명정은 병풍의 어느 쪽에 설치해야 하는지요? (상주가 고인을 보는 관점에서) 명정은 입관 전부터 세워야 하는지요? 입관 전에는 병풍을 꺼꾸로 세웠다가 입관 후에 병풍을 바로 세워야 옳은지요?

◆答; 영좌 설치와 병풍.

두 예(禮) 모두 입관(入棺) 전의 예로서 습(襲)을 마치고 영좌(靈座)를 설치하는데 아래와 같이 살펴 보건대 시신(尸身)의 남쪽으로 홰를 걸고 휘장을 쳐 가리고 교의 (交椅)와 탁자를 놓고 교의(交椅)에는 혼백(魂帛)상을 잔과 주전자와 과실을 탁자 위에 놓고 탁자 앞에는 향로(香爐)를 놓고 그 동쪽으로 향합을 놓는다. 라 하였고 명정(銘旌)은 대나무 대에 달아 영좌 오른쪽에 기대어 놓는다. 라 한 것 같습니다.

아래와 같이 살펴보건대 휘장(揮帳) 또는 병풍(屛風)이라 함은 보이나 병풍으로 시 신을 가리는 방법에 대한 말씀은 대개의 예서에서 보이지 않습니다.

●便覽設梡於尸南(幃外)覆以帕置椅卓其前結白絹爲魂帛置椅上(源流以紙裹復衣納諸箱 中○儀節衣上置魂帛○尤菴曰蓋則未有考以帕代之或覆或開)設盞注酒果於卓上巾之(設 香案於卓前置爐盒爐西盒東○備要若日昏先設燭以照饌設巾後還滅之凡奠同)侍者朝夕設 櫛頮奉養之具皆如平生
●便覽以降帛爲銘旌以竹爲杠倚於靈座之右
●便覽初終執事者設幃及牀遷尸條幃或屛

▶462◀◆問; 영좌에 위패와 혼백을 같이 모시나.

1. 영좌를 설치를 할 때 위패와 혼백을 같이 모셔도 무방합니까? 위와 같이 모셔도 된다면 고인기준으로 볼 때 위패와 혼백을 어느 쪽에 모셔야 될런지?
2. 여자 상복에 있어서 고인 분의 따님과 며느리 중에 복조끼(등지게)는 누가 입어 야 맞는지?

◆答; 영좌에는 위패와 혼백을 모심.

문 1. 답; 혼백은 반곡 후 영좌에 신주를 모시고 그 뒤에 두고 우제를 지낸 뒤에 곧 깨끗한 곳에 묻는 것입니다.
문 2. 答; 부녀자의 상복으로 복조끼(등지게)란 없습니다.

●家禮反哭奉神主入置于靈座;執事者先設靈座於故處祝奉神主入就位櫝之並出魂帛箱置 主後
●便覽初虞祭祝埋魂帛條祝取魂帛帥執事者埋於屛處潔地

▶463◀◆問; 외숙의 상에 누가 상주가 되나.

미혼인 남자분 장례에 부모님은 안 계시고 누나 세분과 여동생 한 분 및 큰 자형과 조카가 있습니다. 그러면 상주를 누구를 세워야 옳은지, 지방은 어떻게 써야 하는지 를 가르쳐 주시면 감사하겠습니다. 만일 조카가 상주가 된다면 지방은 어떻게 써야 됩니까?

◆答; 상주는 생질이.

이와 같은 논제에서 개인간 대화에서의 오류는 상대로써 한정되어 소멸될 수 있으 나 이 곳은 예의 정상인 성균관이라는 특수한 위상이 있어 그 파급효과를 염두에 두지 않을 수가 없는 것입니다. 까닭에 오답은 곧 예법으로 오인(誤認) 될 수도 있 어 이와 같은 질문에 답을 달기에 크게 조심하지 않을 수가 없습니다.

따라서 이와 같은 外叔의 喪에 대한 예법은 여러 예서(禮書)와 선유(先儒)의 말씀에 입각하여 답을 찾고자 하였으나 이에 적중한 고증(考證) 자료(資料)로 인용(引用)할 설(說)을 이 시점까지는 찾을 수가 없어 어설프나마 아래와 같이 연상할 수 있는 자료(資料)에 입각하여 추논(推論)하여 보겠습니다.

참사랑님의 의문은 최악의 상황을 상정한 상(喪)인데 부모형제는 없다 하여도 생존한 친족(親族) 중 최근친으로 그가 미혼이니 그의 대에 맞게 입후(立后) 그가 상주(喪主)가 됨이 맥(脈)을 이어가는 가장 합당한 예법일 것입니다. 3대 독자(獨子)라 하여도 아래 대전(大典)의 가르침과 같이 동종에서 입후(立后)함도 가할 것입니다.

다만 참사랑님께서 "만일 조카가 상주가 된다면 지방은 어떻게 써야 됩니까"라는 한정된 의문이라면(참사랑님께서 그 양식을 모르실리 없다 생각 되지만) 그 답은 누구나 말할 수 있겠으나 그 조카라 함은 생질(甥姪)이니 생질(甥姪)이 아래와 같이 도암(陶庵)선생의 외조부모(外祖父母)에 대한 예법을 상상(殤喪)인 외숙(外叔)에게도 이어 적용함이 무리가 없는 것일까 함에도 의문이 발생하는 것입니다.

특히 " 회성사자지처불가위주(會成死者之妻不可爲主)○간재왈상제남주(艮齋曰喪祭男主)"라 하였으니 누나나 여동생은 여자이니 상주(喪主)가 될 수 없어 폐일언하고 "상대기왈상유무후무무주(喪大記曰喪有無後無無主)"라 하였으니 어느 상(喪)이라 하여도 상주(喪主)가 없을 수는 없음이라 잡기(雜記)의 가르침과 같이 상(喪)을 당하여 무족(無族)이면 이윤(里尹; 村長), 이장(里長))이 상주(喪主) 노릇을 한다 하였으니 우암선생 말씀과 같이 본가지친(本家之親)이 있다면 아니 되나 혈혈단신(孑孑單身)이라면 어느 모로 보나 이윤(里尹) 보다야 생질(甥姪)이 우선이겠지요.

그러나 아래 "상급무후자제(殤及無後者祭)"와 "상(殤)" 미혼으로 죽은 상(喪)의 예법을 살펴 보건대 부식(祔食)의 예가 있으나 이 역시 정식 사당(祠堂)의 예법으로 하상(下殤)은 부모(父母)의 죽음으로 끝나고 중상(中殤)은 형제(兄弟)의 죽음으로 끝나고 장상(長殤)은 형제의 아들(姪)로서 제사를 끝내는데 이 역시 직방친간(直傍親間)의 예법으로 외가의 예에서도 이 예법을 따라야 할지도 심각하게 따져볼 문제라고는 생각이 듭니다.

그렇다손 하더라도 여형제(女兄弟)가 생존(生存)하고 생질(甥姪)도 있으니 예(禮)를 갖추지 않을 수는 없을 것입니다. 그런고로 상주(喪主)는 여형제(女兄弟)만 있는 혈혈단신(孑孑單身)이면 생질(甥姪)이 당함이 옳을 것 같으며 고증(考證)할 수가 없으니 정례(正禮)가 아님을 전제하고 지방(紙榜)은 아래 도암설(陶庵說)을 따른다면 "현외숙고운운(顯外叔考云云)" 간재설(艮齋說)을 따른다면 "망제운운(亡弟云云)" 중 택일(擇一)하면 예(禮)에 크게 어그러지지는 않을 것입니다.

●雜記若無族則前後家東西家無有則里尹主之○尤菴曰東西家里尹尙且主人之喪况外孫乎然若有本家之親有所不敢焉爾○儀節補立主賓用同居之尊且親者一人爲之如無同居者擇族屬之親賢者又無族屬則用親戚又無親戚則用執友亦可專主與賓客爲禮○會成兄弟無子者之喪(按)禮有無後無無主同父母之兄弟死而無子孫者推兄弟中長者爲主無親兄弟則由從親兄弟推之主者與死者雖疎亦當爲之畢虞祔之祭○金華應氏曰死生之相收恤人道之當然今其身死而又妻子惸弱適無父母兄弟之至親者則大功當任其責至于終喪使其不幸而無大功以爲之依則小功以下其可以坐視乎或又無小功以下之親也則朋友當任其責而至于逾葬又不幸而無朋友以爲之助則爲隣者又可以恝然乎是以禮朋友死無所歸于我殯之義則練祥不必大功而親黨皆不可得而辭推行有死人尙或殣近之之心則虞祔不特朋友而凡相識者皆不可得而拒特其情有孚薄則其處之有不同自其篤于義者言之則各有加爲無害也凡遇人之急難而處事之變者不可以不知

●殤及無後者祭禮運禮也者義之實也恊諸義而恊則禮雖先王未之有可以義起也註實者定制也禮者義之定制義者禮之權度禮一定不易義隨時制宜故恊合於義而合當爲則雖先王未有此禮可酌於義而創爲之禮焉此所以三代損益不相襲也○小記庶子不祭殤與無後者殤與無後者從祖祔食註長中下殤見前篇蓋未成人而死者也無後者謂成人未昏或已娶而無子而

死者也庶子所以不得祭此二者以已是父之庶子不得立父廟故不得自祭其殤子也若已是祖之庶孫不得立祖廟故無後之兄弟已亦不得祭之也祖廟在宗子之家此殤與此無後者當祭祖之時亦與祭於祖廟也故曰從祖祔食疏不祭殤者以已是父庶不合立父廟故不得自祭其子之殤殤尙不祭成人無後不祭可知云不祭無後者已是祖庶不合立祖廟故兄弟無後者不得祭之已若是曾祖之庶亦不得祭諸父無後者是不合立曾祖廟故也

●會成(按)殤傷也男女未成人而死可哀傷也若已冠笄嫁聚者皆謂之成人不滿八世者爲無服之殤不祭八歲至十一歲爲下殤其祭終父母之身十二歲至十五歲爲中殤其祭終兄弟之身十六歲至十九歲爲長殤其祭終兄弟之子之身成人而無後者其祭終兄弟之孫之身其主制及列位並同旁親

●大典外祖父母及妻父母無主祭者當於各忌日用俗儀祭之○陶菴曰朱子非族之祀一句語實爲正論愚意爲外孫者設或不得已而權奉其祀已身歿後卽當埋安○艮齋曰外祖父母主祭妻父母妻主祭此爲正禮外孫與女婿無主祭之義○又曰外舅無後當使妻主祭而祝以顯考顯妣書之此無二統之嫌故也○又曰出嫁女於父母無后者忌日單獻節日略設○大典嫡妾俱無子者告官立同宗支子爲後兩家父同命立之父歿則母告官以同宗之長子爲後者及一邊父母俱歿者並勿聽情理可矜則或因一邊父母及門長上言本曹回啓許令立後○退溪曰今人無子而有女牽掣私情鮮能斷以大義而立後至以外孫奉祀一廟而二姓同祭夫天之生物使之一本而此則爲二本甚不可也今人或不幸其外家祖先無後而未有所處者不忍其主之無歸則權宜奉置別所而往來奠省未爲不可

▶464◀◆問; 의문이 들어서요.

의문이 들어요. 집안에 가족이 아무도 없고 친척이나 씨족 집안도 없는 집에 상이 났을 때 유림에서는 동내 이장이 상주가 되는 것으로 말씀하시는 답변을 들은 적이 있는 듯합니다. 현실적으로 그런 사례가 있었을까 하는 의문이 듭니다.

◆答; 이장(里長)이 상주(喪主)가 됨.

현대직명으로 이장(里長)이 상주(喪主)가 되는 예는 잡기(雜記)의 가르침으로, 남편이 죽었을 때 친족(親族)이 아무도 없게 되면 그 부인은 예법상 상주가 되지 못하여, 상주로 삼을 만한 이웃도 없게 되면, 그 집이 속한 동리의 이장(里長)이 상주(喪主)가 되어 그 장사(葬事)를 치른다는 것입니다.

다만 그와 같은 사례의 기록을 살핀 바가 없어 알지 못하나, 혹 개걸자(丐乞者)가 내 동리에 들어와 죽었다면 그 동리 이장이 주인이 되어 장사를 치른다. 라 이해되어야 할 것이며 그 사례는 기록이 없거나 있다 하여도 알지 못 할 뿐입니다.

●雜記夫若無族矣則前後家東西家無有則里尹主之(鄭玄主)妻之黨自主之非也(孔穎達疏)
●喪服小記大功者主人之喪有三年者則必爲之再祭朋友虞祔而已(註)三年者謂死者之妻與子也妻旣不可爲主之

▶465◀◆問; 이런 경우는 누가 상주가 되나요??

바로 질문 드릴께요. 친어머니께서 아버지와 이혼(離婚) 후 재혼(再婚)을 하셨습니다. 재가(再嫁)한 집에서는 남자 쪽으로 1 남 1 녀를 있습니다. 재가하신 어머님이 돌아가신 경우에는 누가 상주가 되는지? 재산권에서는 상속은 무조건 재혼한 남편도 아니고 친자에게 간다고 하는데 장례 관련에서 도 친자가 상주가 되는 것인지?

또한 친자가 상주가 되었다면 장례식장에서 상주 아무개 자녀 아무개 기입을 하는데 상주와 나머지 자녀들은 성이 틀린 데 자녀 기입을 하나요?

또한 추후 제사도 친자가 모셔도 되는 것인지? 추가로 처가에 아들 없이 3 녀입니다 이럴 경우엔 상주가 누가 되나요? 장녀는 미혼, 차녀와 막내는 기혼일 경우.

◆答; 이런 경우는 상주는.

아래와 같이 살펴보건대 출모(出母)나 출가모(出嫁母) 복은 장기복일 뿐이며 개가하여 얻은 자손이 상을 당하면 상주가 되고 기제의 주인이 되는 것 같습니다.

상속 등에 관한 법률문제는 법조계에 문의하심이 신뢰할 수 있는 답을 얻으실 것 같습니다.

부고 등 상인 기입에 관하여는 그와 같은 예법이나 예문이 없는 것 같고 현대 장례예식장의 법도는 그 곳에 문의 하심이 옳을 듯 하십니다.

아래와 같이 살펴 보건대 망인의 동성 중에서 최 근친 장자가 상주(喪主)가 됩니다.

●雜記主妾之喪則自祔至於練祥皆使其子主之其殯祭不於正寢
●寒岡曰庶母無主者適子主之
●漢石渠議父卒母嫁何服蕭太傅云當服周爲父後則不服
●喪服疏衰杖朞出妻之子爲母疏子無出母之義故係父而言出妻之子
●通典種毓爲父後以出母無主迎還輒自制服庾蔚之曰爲父後不服出母爲廢祭也母出而迎還是子之私情率情制服非禮意也
●朱子家禮三父八母服制之圖出母服謂被父離棄降服杖期子爲父後者則不服○又嫁母服謂父亡母再嫁降服杖期子爲父後者不服
●小記男主必使同姓婦主必使異姓疏男主以接男賓女主以接女賓無適子適婦爲正主以他人攝主若攝男主必使喪家同姓之男若攝婦主必使喪家異姓之女異姓同宗之婦
●奔喪親同長者主之(註父母歿如昆弟之喪宗子主之)不同親者主之(註從父昆弟之喪疏親近者主之)

▶466◀◆問; 1일 밤 0시 15분.

안녕하세요? 이곳에 가끔 들르는 사람입니다. 결론입니다. 이것으로 끝냅시다.

1). "1 일 새벽 0 시 15 분"에 사망한 사람의 제사날은 1 일이 맞습니다. 이 말에는 다들 동의하실 것이구요.

2). "1 일 밤 0 시 15 분"에 사망한 사람의 제사날은 논란의 소지가 있는 것이 사실입니다.

"1 일밤"을 전계현님의 주장처럼 1 일 해가 져서 어두워진 때부터 다음날 해뜨기 전까지로 이해하고 있는 사람들이 상당히 많은 것도 사실입니다. TV 등에서 0 시 이후에 하는 일기예보나 뉴스 등에서 얼마 전까지만 해도 0 시 이전의 상황을 "오늘."이라고 방송했습니다. 지금은 0 시 지나면"어제"라고 하더군요.

그리고 XX 곤님이 "밤 12 시 15 분은 없는 말이다."라고 하셨는데, "밤 12 시 15 분"이라는 말도 현실에서는 아직도 통용되고 있는 것이 사실입니다. "0 시 15 분"은 다음날(2 일)이라는 것은 다들 인정하실 것입니다.

3). 그러다 보니 "1 일 0 시 15 분에 죽은 이의 기일은 1 일", "1 일 밤 0 시 15 분에 죽은 이의 기일은 2 일"이라는 말이 나왔던 것 같은데, 예전의 인식으로는 "1 일 밤 0 시 15 분에 죽은 이의 기일은 2 일"이라는 말이 성립될 수 있었습니다. 그러나 지금은 0 시를 기준으로 하는 경향이 강하고, 한밤중인 01 시도 "새벽 1 시"라고 하기 때문에 "1 일 밤 0 시 15 분"이라는 말은 "1 일 0 시 15 분" 혹은 "1 일 새벽 0 시 15 분"으로 봐야 할 것 같습니다. 이상입니다. [20:47 일부 수정]

◆答; 1일 밤 0시 15분

1).左傳莊公七年;辛卯夜恒星不見孔穎達疏夜者自昏至旦總名
2).국립국어원 [밤]해가 져서 어두워진 때부터 다음 날 해가 떠서 밝아지기 전까지의 동안.
3).五洲衍文長箋散稿地理篇地理類石鏡石辨證說;八月十五夜子時
4).禮疑類輯喪禮初終; 夜半死者從來日
5).宋子大全書;子時爲明日
6).五洲衍文長箋散稿天地篇天文類天文總說天文總說天道自子爲運辨證說;
今夜子時遂爲明日
7).辭源[子夜]夜半子時卽夜十一時至翌晨一時
8)明齋曰凡喪復後始發喪其前則雖已氣絶猶有復生之望不可便以爲已死也以此意推之則似當以招魂日爲忌日矣

----

1).夜者自昏至旦總名[夜]밤이라 함은 어두워지면서부터 아침 해가 뜨기 전까지의 전체를 밤이라 한다.
2).국립국어원[밤]해가 져서 어두워진 때부터 다음 날 해가 떠서 밝아지기 전까지의 동안.
3).八月十五夜子時;8 월 15 일 밤 자시.
4).夜半死者從來日;밤중에 죽은 이는 내일 죽은 것이다.
5).今夜子時遂爲明日;오늘밤 자시는 (오늘은)끝나고 내일이라 한다.
6).子時爲明日;[子時]자시는 내일이라 한다.
7).夜半子時卽夜十一時至翌晨一時[子時]한밤중 자시는 바로 그날 밤 11 시에서 이튿날 밤 1 시까지다.
8).招魂日爲忌日矣[招魂日]초혼일(復日)을 기일로 한다.

==

1 일 밤 0 시 15 분은 1 일이다. 라 하는 분들 모두는 유학자라 여기를 출입 한다면 위 8 개항이 오류임을 입증하기 바랍니다.

오류라 학문적으로 입증하지 못할 때는 그분들은 유학을 害되게 하기 위하여 성균관 본 창을 출입하고 있다. 라 단정 지을 수 밖에 없습니다. 까닭은 학문적(學問的) 전거(典據)에 의하지 않은 반론(反論)은 자기 생각의 범주를 벗어나지 못한 적극적 자기생각일 뿐으로 토론이나 대론(對論)의 대상(對象)이 되지 못하고 토론(討論)의 원칙(原則)을 무시(無視)한 그분들의 단견에서 비롯된 반론이라 토론의 대상으로서 인정(認定)되지 못한다는 것입니다.

따라서 여기는 유학(儒學)을 계승발전 시키기 위한 모임체로 그 모임체 구성원(構成員)은 유학자일 뿐으로 유학자가 자기 학문(學文)을 벗어나 글을 짓거나 토론하지 않습니다.

佛者는 佛經을 聖者는 聖書를 儒者는 儒書를 논할 뿐입니다.

유학으로 논할 수가 없다면 남의 학문에 관여하여 어지럽히지 말고 자기 학문에 충실하기 바랍니다.

1 일 밤 0 시 15 분에 사망하였다면 기일은 매년 2 일입니다. 타설에 현혹되시지 않기 바랍니다.

▶467◀◆問; 1일 밤 0시 15분.

1일 0시 15분에 사망한 사람의 기일에 대하여 갑론을박하는 것 같습니다 또다시
한 말씀 남겨 주시기 바랍니다.

◆答; 1일 밤 0시 15분
초(初)1일은 당일 자시(子時)에서 시작 해시(亥時)에서 완성되고, 초(初)2일은 초
(初)1일 해시(亥時)에 이어진 자시(子時)에서 시작 해시(亥時)에서 완성되니 초(初)1
일의 해시(亥時)는 1일 밤에 속하여 있고, 그에 이어진 초(初)2일 초시인 자시(子
時) 역시 초(初)1일 밤 해시(亥時)에서 이어진 첫 시로서 초1일의 해시(亥時)와 초2
일의 子時는 초1일 밤에 모두 속하여 있음.

◆국어와 유학의 밤에 대한 전거에 의하여 밤의 시간.
(30일끝) (1일 시작)1 2 3 4 5 6(1일 아침) 7 8 9 10 11 12(1일 점심) 13 14 15 16
17 18(1일 저녁) ***(1일 밤 시작) 19 20 21 22 23 24(1일 끝. 亥) (2일 시작. 子)1
2 3 4 5 6(1일밤 끝)*** (2일 아침) (2일 낮 시작)7 8 9 10 12(2일 점심) 13 14 15
16 17 18 19(2일 저녁) 20 21 22 23 24(2일 끝)

◆1일 밤을 아래와 같음.
***(1 일 밤 시작) 19 20 21 22(亥) 23 (子)24(1 일 끝) (2 일 시작)1 2 3 4 5
6(1 일밤 끝)***
국어와 유학에서 다 같이 밤을 아래와 같이 정의하였음.

●국립국어원
밤 01「명사」해가 져서 어두워진 때부터 다음 날 해가 떠서 밝아지기 전까지의
동안.

●左傳莊公七年;辛卯夜恒星不見孔穎達疏夜者自昏至旦總名밤이라 함은 어두워지면서
부터 아침 해가 뜨기 전까지의 전체를 밤이라 한다.

●臨川吳氏曰自今以往子而亥朔而晦
●靑莊館全書嬰處文稿一陽厓記;夫一日而起子時止亥時一月而起朔日止晦日合推之以一
歲
●秋江集論鬼神論;亥盡於去夜而子生於來朝者來朝之氣也木葉脫矣靑陽來而葉生呼吸
盡矣
●浦渚集雜著持敬圖說;一日之內自子而亥一月之內自朔而晦一歲之內自春而冬一生之
內自始學至於老死無一刻之可息也

▶468◀◆問; 1일 새벽 0시15분경에 사망한 이의 기일은?
어디선가 1 일 새벽 0 시 15 분 경에 사망한 이의 기일을 두고 1 일이다 어떤 이는
2 일이다 언젠가 옥신각신하는 것을 본 기억이 있습니다.

확실히 정의하여 확실하게 어느 날인가 확정을 지어 놓아야 중한 기일을 헛되게 지
내지 않을 것입니다. 어느 날 기일 제사를 지내야 바르게 되겠습니까. 결론을 내주
시기 바랍니다.

◆答; 1일 새벽 0시 15분경에 사망한 이의 기일.
1일 새벽 0시 15분 경에 사망한 이의 기일은, 의 질문에 결정적 오류가 있습니다.
오해는 하지 마십시오. 성균관을 시험하고자 하거나, 아니면 밤중을 착오로 새벽이
라 때를 혼동 덧붙여 놓은 것 같습니다. 이와 같은 경우 시간이 바르다. 라 간주할
수 밖에 없습니다.

1 일 밤중 0 시 15 분이란 1 일 밤중 24 시 15 분과 같은 야(夜)란 혼(昏) 야반(夜半) 신(晨)으로 구분 지어지는데 昏이란 밤이 시작되는 초저녁으로 어두워지기 시작하는 때요, 야반(夜半)이라 함은 자정(子正)으로 밤중이요, 신(晨)이란 새벽으로 날이 내려 하는 때를 이릅니다.

이와 같이 하루 밤이 구분되는 고로 1 일 밤중이란 1 일 밤 자정(子正)으로 이 자정(子正) 전(前)을 자초시(子初時; 23 시~0 시)라 하고 자정(子正) 후(後)를 자후시(子後時; 0 시~ 01 시)라 합니다.

유가(儒家)의 시가 이러한 고로 1 일 0 시 15 분이라 하면 이 시각은 1 일 초시인 15 분이니 그의 기일은 1 일이 됩니다. 다만 새벽을 밤의 착오였다. 라 하면 1 일 밤 0 시 15 분이 되니 기일은 2 일이 됩니다.

●祭義君子有終身之喪忌日之謂也註忌日親之死日也
●問人屬纊在此日戌亥而招魂在翌日曉後則當以何日爲忌歟明齋曰凡喪復後始發喪其前則雖已氣絶猶有復生之望不可便以爲已死也以此意推之則似當以招魂日爲忌日矣
●問周夜半爲朔商鷄鳴爲朔陰陽家皆以子時爲明日然則鷄鳴前子時死者當從何日尤菴曰日分必終於亥而始於子初二日之子自不干於初一日也

▶469◀◆問; 1일 새벽 0시 15분.
위 질문은 아무리 생각하여도 이상합니다. 이런 때도 있나요?

◆答; 1일 새벽 0시 15분이라는 때는 없습니다.
본 란(성균관 의례문답 및 자유게시판) 이하의 질문 중 1일 새벽 0시 15분이라는 때는 없습니다. 이는 상식에 해당됩니다.

이와 유사한 질문에 1일이다. 라는 답변은 모두 오류(誤謬)입니다. 까닭은 새벽(晨)이란 해가 뜨기 전의 시간대이며, 0시 15분이란 夜半으로 밤중으로 하나의 시간대 지적의 어법에 맞지 않아 오류의 질문으로 답이 있을 수 없습니다. 다만 새벽을 밤의 오류로 가정하여 1일 밤 0시 15분이라 한다면 그 때는 2일이 됩니다.

따라서 이와 유사한 질문에 답으로 1일이다. 라 답변된 성균관 전례위원회의 답변을 비롯하여 이와 유사한 모든 답변은 이뤄질 수 없는 질문에 대한 답으로 모두 오류이니 현혹되지 않기를 바랍니다. 유사한 질문으로(사실은 있을 수도 없지만) 1일 0시 15분, 또는 1일 새벽이라는 질문의 답은 1일이 됩니다.

●詩經小雅庭燎;夜如何其夜鄉晨鄭玄箋晨明也
●康熙字典日部七畫[晨](爾雅釋詁)晨早也(釋名)晨伸也旦而日光復伸見也(玉篇)明也(周禮秋官司寤氏)禦晨行者(說文)早昧爽也辰時也
●左傳哀公十六年;醉而送之夜半而遺之
●史記孟嘗君列傳;孟嘗君得出卽馳去更封傳變名姓以出關夜半至函谷關
●白居易長恨歌;七月七日長生殿夜半無人私語時在天願作比翼鳥在地願爲連理枝
●左傳昭公五年;杜預注有夜半鷄鳴平旦日出食時隅中日中日映晡時日入黃昏人定等名目雖不立十二支之目但已分十二時

▶470◀◆問; 자식이 사망했을 때.
결혼 하지 않은 자식이(26 세) 죽었을 때 부모가 잔을 올리고 절도 하나요?

◆答; 자식이 사망했을 때.
아래와 같이 살펴보건대 아버지가 생존하였을 때의 모든 喪은 아버지가 주관하고 초헌관(初獻官)이 되는데 어머니까지는 아버지가 절을 하나 자질(子姪) 이하는 절을 하지 않습니다.

●奔喪凡喪父在父爲主(註)此言父在而子有妻子之喪則父主之統於尊也
●退溪曰妻則當拜子不當拜叔父於姪亦不當拜

▶471◀◆問; 자식이 없이 돌아가신 숙부의 장례에 상주는.

숙부(叔父)가 혼자 사시다 돌아가셨습니다. 아들도 없고 딸도 없습니다. 이럴 경우 상주(喪主)는 누가 되며 제사는 누가 지내야 하지 궁금합니다.

◆答; 자식이 없이 돌아가신 숙부의 장례에 상주.

숙부(叔父)가 나이가 어찌 되었는지는 밝히지 않아 알 수는 없으나 20 세 이상으로 가정하고 아래와 같이 살펴보건대 친족(親族) 중(中) 최장자(最長者)가(형님 없으면 장조카) 喪主가 되고 喪服은 당한 상복을 입어야 합니다. 제사는 만약 홀로 살다 죽었으면 형님이 지내야 합니다.

●通典三殤之喪成人同○又後漢馬融曰二十不爲殤
●奔喪註父在而子有妻子喪則父主之
●尤庵曰凡喪父在父爲主故子孫神主皆以祖父爲主
●問亡兄弟不行無嗣者主之乎旅軒曰家長主之
●小記丈夫冠而不爲殤爲殤後者以其服服之註殤無爲人父之道以本親之服服之

▶472◀◆問; 장례기간에 대한 질의.

안녕하세요. 현대에는 일반적으로 3 일장으로 장례를 치르는 경우가 많습니다. 그러나 옛날에는 달랐을 텐데요. 언제부터 3 일장이 일반화 되었는지요?
그리고 예전의 장례기간은 어떠했는지요?

3 개월 장이니, 국장은 9 일장이니, 밤 늦게 돌아가시거나 묘지, 석물 등 준비 관계로 4 일장을 하기도 하구요.. 위 두 가지를 질의합니다.

◆答; 장례기간.

고려 충숙왕 후 8 년(1340) 이 시대에 이미 사대부들이 3 일장들을 하여 예경에 어긋나 모두 금지하니 위반하는 자는 죄를 내린다는 어명이 내릴 정도였으니 그 이전부터 이 제도가 일반화 되어 지금에 이른다 이해될 수 있습니다.

고대로부터 천자는 7 월, 제후는 5 월, 대부사서인은 3 월장. 물론 주부자께서도 가례에서 3 월장을 택하였으나 여러 정황으로 미루어 보아 갈장(渴葬)도 있었으리라 추측하기가 어렵지 않습니다.

●高麗史志刑法編忠肅王後八年五月條古者葬先遠日所以禮葬今士大夫例用三日葬殊非禮典
●王制天子七日而殯七月而葬諸侯五日而殯五月而葬大夫士庶人三日而殯三月而葬
●家禮治葬三月而葬條司馬溫公曰古者天子七月諸侯五月大夫三月士踰月而葬敕王公以下皆三月而葬
●陶庵曰近日士大夫家往往有踰月而葬者是固出於事勢之萬不獲已而於禮義則極未安

▶473◀◆問; 장례 기간 중.

장례기간 중 망자(亡者)가 배우자(配偶者; 여)일 때 남편인 배우자가 망자를 위한 상중(喪中) 의례(儀禮)를 행할 때 절하는 것이 맞는 것입니까? (제가 알기로는 손위 사람은 망자라도 손아래라 함은 절을 하지 않는다 알고 있습니다.)흔히들 말하는 예서상의 고씨(高氏)라 함은 어떤 선유(先儒) 분입니까?

◆答; 장례기간 중.

예법에서 처(妻)의 상제례(喪祭禮) 때 무배(無拜)라 함이 없는 것 같습니다. 부부(夫婦)는 상배(相拜)라 하였으니 남편(男便)이 처(妻)의 상(喪)을 당하여 상주(喪主)가 되었다면 마땅히 절을 하여야 옳지 않을 까 합니다.

고씨(高氏)라 칭함은 아래와 같이 여러분입니다. 만약 구별 없이 단순히 고씨라 칭하였다면 그 문맥을 견주어 추측할 수 밖에는 없을 것 같습니다.

⊙高氏
1. 名參 唐 南陽人.
2. 名閌 字抑崇 宋人.
3. 名儀 字子象 仁和人.
4. 名岱 字于鱗 濟南人.

▶474◀◆問; 장례기간 중 빈소에서 위치는?

장례기간 중 빈소에서 남자 상주와 여자상주의 자리 서는 위치는?

예 1)　　　고인영정
여　　　　　　　　　　남

예 2)　　　고인영정
남　　　　　　　　　　여

일반적으로 길례(吉禮)를 행할 때에는 예 1)으로 행하는 것으로 알고 있습니다. 가례(家禮)를 보던 중 축(祝)의 위치가 흉례(凶禮)에서 길례로 바뀌는 졸곡(卒哭) 때부터 위치가 바뀌는데 당연히 길례로 바뀔 시 에는 예 1)로 행할 것이라 사료되어 상례기간 중 졸곡 전까지는 예 2)의 위치로 행하여야 하는 것 여겨집니다.

실제 장례식장(葬禮式場)에서는 예 1)의 형태로 조문(弔問)을 받고 행하고 있는데 좁은 우견으로는 예 2)가 맞는 것이라 조심스럽게 추측해봅니다. 고견을 주십시오.

◆答; 장례기간 중 빈소에서 남녀의 위치.

성복(成服) 일에 남녀 복인(服人) 각기 당한 상복(喪服)을 입고 구전(柩前)으로 들어가 곡할 때 남동 여서이고 그 이후 조석(朝夕) 곡전 상식(上食) 등(等)의 자리는 사상례(士喪禮)에서는 여자는 당(堂)의 남쪽을 상석(上席)으로 자리하고 장부(丈夫)는 문 밖 조계하(阼階下)에서 북상 서면하여 자리하는데 집람에서는 당이 협소(狹小)하지 않으면 남동여서(男東女西)로 자리한다. 라 하셨습니다.

▶475◀◆問; 장례를 치르려는데.

장례를 치르려는데 아들이 없어서 사위(壻)가 상주를 하려고 합니다. 혼백에 현고학생부군이라 하면 합당한지요. 답변 부탁 드립니다.

◆答; 장례를 치르려는데.

아래와 같이 살펴보건대 현재론 추청컨대 실향민 탈북인 등과 같이 혈혈단신이라면 그 동리를 관장하는 이윤(里尹; 지금의 이장 격)이 상주가 된다 하니 이장보다야 사위가 상주가 됨이 당연하겠지요. 그러나 요즘의 장례식장에서 지방을 지방 함에 써 붙여 세우는 것은 유가(儒家)의 예로서는 대단히 어그러진 예입니다.

사람이 죽으면 시체를 떠난 혼을 불러 시신과 합치시켰다 습(襲) 반함(飯含) 후 혼백을 접어 영좌에 모셔 놓고 소대렴 입관하였다 치장의 예에서 평토 후 비로소 혼백의 신을 신주로 모시는 제주를 하는 법이라 그 이전에 지방을 써 붙일 수가 없는 것입니다. 다만 제주 때 동족 봉사자가 없으면 부인이 봉사를 하고 부인도 없다면 외손 봉사를 하게 되는데 만약 외손도 없다면 장녀가 봉사를 하여야 옳을 것입니다. 따라서 그 봉사자 명으로 지방을 써야 되겠지요.

●雜記夫死而夫黨無兄弟使夫之族人無有則里尹主之註里尹蓋閭胥里宰之屬也疏王度記百戶爲里里一尹

▶476◀◆問; 장례문화 중 초혼장에 대하여 궁금합니다.

예부터 조상의 묘를 이장할 때 너무 오래 되어 유골이 없거나, 또는 묘소를 실전하였을 경우 돌아가신 조상의 혼을 불러 초혼장을 한 것으로 알고 있습니다. 그런데 특이한 경우가 있어 우리나라 관습상 이런 경우에는 어떻게 처리를 해야 옳을지 감히 질문을 여쭙니다.

[질문요지]

저희 파조께서는 약 750 년 전의 조상님이신데 문중의 몇 사람이 어느 날 갑자기 파조님의 묘를 찾았다고 해놓고는 찾았다는 묘를 파 묘 하여 유골을 확인해 보지도 않고 그 묘 앞에서 이장을 하는 제를 올린 뒤 그냥 무덤 주변의 흙을 몇 주먹 퍼 담은 다음 그 무덤의 혼을 모시고 와서 도선산 최상부에 파 X 님의 묘라고 묘를 만들어 놓고 제사를 모시고 있습니다.

그런데 또 한편에서는 근거도 없는 묘에서 제를 올리고 그 묘지의 혼을 불러다 도선산 상층부에 묘를 써놓고 제사를 지내는 것은 있을 수 없다 하여 관할청의 허가를 받아서 묘를 파보니 그 무덤에서 유골이 나와서 그 유골을 공신력 있는 기관에 연대측정을 의뢰하였더니 약 130 년 전의 유골이라는 통보를 받았습니다.

그렇다면 저희 파조님과는 무려 600 년 이상 차이가 나는 것이므로 우리 파조님이 아닌 것으로 밝혀졌으며, 더욱이 누구의 묘인지도 모르는 겨우 130 년 전 무덤에서 그 무덤의 혼을 모시고 와서 초혼장을 한 것은 분명히 잘못된 것이므로 파 묘를 해야 한다는 주장과, 초혼장을 했던지 어떻던지 기왕에 묘를 썼으니 그냥 그대로 두고 제사만 잘 모시자고 하는 주장이 팽팽히 대립하고 있습니다. 이런 경우에 유교의 가르침에 따른 제례, 또는 장례 법상 초혼장을 어떻게 해석하고 있으며, 저희는 어떻게 결론을 내려야 할지 지도하여 주시면 감사하겠습니다.

◆答; 장례문화 중 초혼 장에 대하여.

초혼장(招魂葬)은 유가(儒家)에서는 이미 선유(先儒)들게서 비례(非禮)라 하였으니 정례라 이를 자는 없을 것입니다. 다만 후손으로서 실전의 불효는 범하였으나 허묘라도 모아 놓고 마음이라도 의지하려 하는 경모심의 발로를 누가 막으려 하겠습니까.

⊙招魂葬 當否 考察
●通典晉元帝時袁瑰上衰請禁招魂葬云故僕射曺馥沒於寇亂適孫胤招魂殯葬聖人制禮因情作教槨周於棺棺周於身非身無棺非棺無槨胤無喪而葬招幽魂氣於德爲恣義於禮爲不物監軍王崇太傳劉洽皆招魂葬
●大全郭子從問招魂葬答曰招魂葬非禮先儒已論之矣
●宋庚蔚之曰葬以藏形廟以饗神季子所云魂氣無不之寧可得招而葬之乎

●范氏曰人之死也魂氣歸于天形魄歸于地葬所以藏體魄也若魂氣則無不之也苟無體魄則立廟以祀之而已魂氣不得以葬也而必爲之墓不亦虛乎

●金倡義千鎰殉節後問虛葬當否牛溪答曰先儒以招魂葬爲非禮而今則旣有毛髮在非虛葬之比葬事似當備禮

▶477◀◆問; 煎炙은 奠炙의 誤謬.

제사 절차 중 초헌 다음에 전적(煎炙)이라 쓰고 제주는 서집사와 협력하여 육적과 적 소금을 정한 자리에 올린다 라고 설명되었는데 여기서 전적(煎炙)은 전적(奠炙)이 아닌지요.

◆答; 전적(煎炙).

그 예법에 의하면 전적(煎炙)은 전적(奠炙)의 오류입니다. 제사 절차 중 초헌 다음에 전적(煎炙)이라 쓰고 제주는 서집사와 협력하여 육적(肉炙)과 적 소금을 정한 자리에 올린다 라고 설명되었는데 여기서 전적(煎炙)은 전적(奠炙)이 아닌지요.

●家禮時祭初獻奠炙條執事者炙肝于爐以楪盛之兄弟之長一人奉之奠于高祖考妣前匙筯之南

▶478◀◆問; 장례 시 양자간 아들의 위치는.

차남이 숙부에게 양자(養子)간 경우 생부 사망 시 빈소(殯所)에서 조문을 받을 때,
1, 장남, 양자간 차남, 3 남, 4 남, 사위 순으로 서서 조문을 받는지,
2. 차남은 숙부의 양자이므로 장남, 3 남, 4 남, 사위, 양자간 차남 순으로 서는지,
3. 양자를 갔으므로 생부는 백부에 해당되어 상주로서 조문을 받지 않는지를 문의 합니다.

◆答; 장례 시 양자간 아들의 위치.

아래와 같이 살펴보건대 만약 지자의 아들이 종자(백부)의 집으로 입후로 들어 갔으면 본생부모는 숙부가 되고 그는 질의 관계가 됩니다.

수조(受弔)예법에는 상무이주(喪無二主)의 법도에 따라 중자(衆子)들은 상주와 병립(竝立)하지 않고 상주(喪主) 뒤에 차서 대로 서서 조객과 상주가 절할 때 곡만하고 서 있을 뿐입니다. 조문 예법이 이러하니 만약 조카나 사위가 이 열에 참석한다 하여도 중자(衆子) 뒤에 질(姪; 양자간 아들) 서(壻)의 차례로 서야 하겠지요.

●南唐曰本生父喪(云云)旣絶於所後父又不能斬於所生父則是有父而無所於喪之也無所於喪之則是無父也此人倫之大端也據此則父喪三年內罷繼歸宗者改制斬衰無可疑矣若是長子則改制神主主喪又無疑矣

●沙溪曰出後者本生親無後則兩家父相議歸宗古有其例而兩家父死則子不可擅自罷繼當以本生親爲班祔

●尤庵曰本生親班祔大宗已有先正之說若所後之家非當祔之親則當祭於別廟

●伊川代彭思永論濮王稱親疏曰濮王陛下所生之父於屬爲伯陛下濮王出繼之子於屬爲姪此天地大義生人大倫

●士喪記衆主人不出註不二主

●檀弓大夫之喪庶子不受弔疏適子或有他故不在則庶子不敢受弔不可

●雲平曰禮喪無二主衆主人亦當隨出而位於主人之後北上哭而已世人多有並立而俱拜者非也

▶479◀◆問; 장례 시 완장의 착용여부.

2 년 전 형님이 갑자기 돌아 가셨습니다. 장례식 때 형수님이 주신 완장을 대수롭게 생각하지 않고 차지 않았습니다. 이번 설 때 장조카가 아버지 장례 때 완장을 차지 않았다고 서운한 감정을 나타내 언쟁을 가졌습니다. 인터넷에서 완장에 대한 의미 위치 등은 알아보았으나 형님 장례 때 동생들이 완장을 차지 않는 것은 큰 문제가 되는 것인지에 대한 내용은 알 수 없었습니다. 형님 장례식 때 완장(腕章)을 차지 않는 것은 잘못이 있는 것인지 알고 싶습니다. 자세하게 성균관(成均館)의 고견(高見)을 알려주시면 고맙겠습니다.

◆答; 장례 시 완장의 착용여부.

형제의 복(服)은 상장(喪杖)을 짚지 않는 1 년 복이 됩니다. 전통예법에는 완장이란 제도는 없으나 요즈음 상을 당하여 완장(상장)이 상복 대신이라면 당연히 찼어야 하였겠지요.

●家禮成服不杖朞條爲兄弟也

▶480◀◆問; 장례식과 결혼식 참가 예절 알려주세요!!

안녕하세요? 어제 친구 할머니 장례식이 있어 갔다 왔습니다. 그런데 내일 친구 결혼식이 있는데 이게 가야 한다 말아야 한다 말이 많아서요.. 장례식에 갔다 온 후에는 결혼식에 가지 말라는 것이 예절입니까? 미신 입니까? 어떻게 하는 게 예절인지 참 난감 하군요. 예절이라면 꼭 가야 하는 결혼식이면 어떠해야 하나요.. 만약 그런 예절이 있다면 왜 그래야 하는지 알고 싶습니다.

장례식과 결혼식에 대한 예절에 대해 자세히 좀 알려주세요. 내일이 결혼식이니 빠른 답변 부탁 드려요. 우리나라 예절이란 게 미신이랑 구분이 잘 안돼서 참.

◆答; 결혼식 참석 빈(賓)의 예는 없습니다.

혼인 양가 모두 빈객의 예를 별도로 두지 않아 그와 같은 타인의 혼사에 참석할 때 갖춰야 할 법도가 없습니다. 다만 상식에 벗어나는 행위나 언사는 삼가 하여야 하겠지요.

▶481◀◆問; 장례식 때 맏상주 노릇은 누가 해야 하나?

장남이 사망하고 차남이 있을 때 부모가 별세하였을 때 상주 노릇을 차남이 해야 되나 아니면 장남아들(미혼)이 해야 합니까?

◆答; 장례식 때 맏 상주는 장손.

미혼이라 하여도 장손이 상주가 됩니다.

●家禮初終立喪主條凡主人謂長子無則長孫承重以奉饋奠

▶482◀◆問; 장례식 마지막 산에서 명정(銘旌)처리?

장례식에서 장례행렬 앞에 가는 명정을 묘지에 가서, 매장 시에 관에 덮는지 아니면 소각하는지 등 어떻게 처리하는지 궁금합니다. 가르침 부탁 드립니다.

◆答; 명정(銘旌)처리.

명정(銘旌)은 하관(下棺) 후 관위에 펴 덮습니다.

●書儀治葬下棺條諸子轍哭視窆既窆掌事者置上服銘旌於柩上
●開元禮下柩北首覆以夷衾施銘旌

▶483◀◆問; 장례식에서 여자가 절하는 법.

어제 친정 외할머니 장례식을 다녀왔습니다. 갈 때부터 절을 몇 번해야 되냐는 것이 문제가 되었는데요. 친정언니가 여자는 4 번을 해야 한다고 하고 저는 어른들이 시키는 대로 하자고 했습니다.

친정어머니께서 장례식에 누가 4 번을 하냐고 하셔서 저와 올케는 2 번을 했는데 언니 혼자 4 번을 하더군요. 오는 길에 언니는 사람들이 몰라서 2 번을 한다고 화를 내더군요. 누구 말이 맞는 건지요? 왜 여자는 4 번을 하는 건지요?

◆答; 여자 사배(四拜).

남녀의 절에서 남자는 양(陽)이라 일배(一拜)하면 여자는 음(陰)이라 재배(再拜)를 하고 또 남자가 일 배를 하면 여자가 도 재배를 하여 합하면 남자 재배가 되고 여자는 사배(四拜)가 되는 데 이와 같이 하는 절을 협배(俠拜)라 합니다.

제사에서는 제사가 음(陰)이라 협배로 하는 것이 아니라 직접 남자는 재배를 하고 여자는 사배를 하는데 두 무릎을 꿇고 차수한 두 손으로 땅을 짚고 허리와 고개를 숙이되 땅에 닿지 않도록 공수배(空首拜)를 합니다.

여자가 공수배를 하는 까닭은 남자와 달리 여자는 머리 꾸미개로 머리를 꾸며 빠지거나 흩으러 지지 않도록 하기 위함에서 입니다.

●語類問昏禮溫公儀婦先拜夫程儀夫先拜婦或以爲妻者齊也當齊拜何者爲是朱子曰古者婦人與男子爲禮皆俠拜每拜以二爲禮昏禮婦先二拜夫答一拜婦又二拜夫答又一拜
●家禮祠堂出入必告;凡拜男子再拜婦人四拜謂之俠拜
●檀弓孔子與門人立拱而尙右二三子亦皆尙右孔子曰二三子之嗜學也我則有**姊**之喪故也二三子皆尙左註吉事尙左陽也凶事尙右陰也此蓋拱立而右手在上也
●書儀時祭篇俱再拜註此參神也又虞祭亞獻條註婦人不跪旣酳四拜此其異於丈夫
●少儀婦人吉事雖君賜肅拜爲尸坐則不手拜肅拜爲喪主則不手拜註肅拜拜低頭也手拜手至地也婦人以肅拜爲正凶事乃手拜爲喪主不手拜者爲夫與長子當稽顙也其餘亦手拜而已疏手拜周禮空首也肅拜是婦人之常而昏禮拜扱地以新來爲婦盡禮舅姑故也
●朱子曰兩膝齊跪手至地而頭不下爲肅拜手拜亦然婦人首飾盛多自難俯伏地上
●儀節按婦人拜蓋主立拜言也今南方婦女皆立而又手屈膝以拜若見舅姑則扱地爲喪主則稽顙不爲喪主則手拜庶得禮意

▶484◀◆問; 장례식장에서 상주의 위치.

장례식장에서 상주가 서는 위치가 궁금해 질문 드립니다. 위패(位牌)가 모셔진 방향을 북향이라고 하였을 때 어떤 장례식장에서는 동쪽(위패를 바라 보는 방향에서 오른쪽)에서 조문(弔問)을 받는 경우가 있고, 서쪽(왼쪽)에서 상주가 조문객을 맞이하는 걸 보게 됩니다. 남녀 상주가 함께 조문을 받는 경우라면 남자상주는 동쪽에서 북남으로 도열해 서고, 여자는 서쪽에서 북남으로 서서 조문객을 맞이한다는 말도 있습니다.

아직까지는 현실적으로 남자 상주들만 조문객을 맞이하는 게 보편적이니 남자들만을 기준으로 해 질문하겠습니다.

제 생각에 상주가 서쪽에 서서 조문을 받아야 할 것 같습니다. 그 나름대로 생각하고 있는 이유를 말씀 드리면 신위 모신 방향을 자연방위와는 상관 없이 북향으로 하고 이를 기준으로 사방이 정해지는 것 역시 음양에 따른 것으로 생각됩니다.

방위음양에서 서쪽은 음, 동쪽은 양일 뿐 아니라 서쪽 보다는 동쪽이 상석이니 조문객이 동쪽에 서야 한다는 생각입니다.

장례식장에서 남자 상주(喪主)는 동쪽에 서야 하는지 아니면 서쪽에 서야 하는지 궁금합니다. 동쪽에 서야 한다면 그 근거(이유)가 무엇인지 궁금합니다. 보편적인 전통예절의 밑바탕에는 음양이 자리하고 있다고 생각되니 가능하면 음양(陰陽)을 기준으로 하여 설명해 주시면 고맙겠습니다. 감사합니다.

◆答; 장례식장에서 상주의 위치.

아래와 같이 살펴보건대 상주는 동쪽에서 서면하고 조객은 서쪽에서 동면하여 서는 것 같습니다. 까닭은 이서위상(以西爲上)의 법도에 따라 객을 존중하는 뜻에서 그러한 것입니다.

남동여서는 음양(陰陽) 분류에 의한 남녀 서립위(序立位)이고 장부(丈夫)의 서립(序立) 위는 이서위상(以西爲上)이며 소목지서(昭穆之序)는 고대 사당제도였으며 이를 일실에 시조로부터 선조 신주 배향 시 그 제도에 따라 위차가 정하여 집니다.

●曲禮主人入門而右客入門而左主人就東階客就西階註入右所以趨東階入左所以趨西階降等者其等列卑於主人也
●雜記吊者即位于門西東面西上西於門主孤西面註此言列國遣使吊喪之禮吊者君所遣來之使也介副也門西主國大門之西也西上者介非一人其長者在西近正使也西於門不敢當門之中也主孤西面立於阼階之下也
●禮器君在阼夫人在房大明生於東月生於西此陰陽之分夫婦之位也
●沙溪曰或問今觀此圖諸丈夫既以西爲上而諸兄立於主人之東有失兄弟之序故有少前之說然衆兄弟則兄在西弟在東不失其序

▶485◀◆問; 장례식에서 친척간 여비지급이 반드시 행하여야 할 장례예절 인지요?

며칠 전에 부친상(父親喪)으로 천붕(天崩)의 슬픔을 안고 사는 사람입니다. 장례식장에서 친척 어른들의 따뜻한 위로와 격려 덕분에 조금씩 용기를 얻어 일상생활을 하고 있습니다. 다름이 아니 오라, 장례식 후 장례식장에 와 주신 친척분들께서 되돌아 가실 여비를 모든 분들께 챙겨드리지 못한 것이 크나큰 결례가 되는지요?

호의적으로 도의관념에 맞게 아주 멀리서 오신 경우(소요시간: 4 시간 이상)에는 고마음의 뜻으로 친척분께 여비를 챙겨드렸습니다만, 거리가 멀고 가깝고를 떠나 모든 친척분 모든 분들께 챙겨 드려야 함이 전통 장례 예절에 맞는 것인지요?

만약 지방마다 장례 후 친척들에게 되돌아 가실 여비를 챙겨 드리는 것이 전통 관례(慣例)가 있다면 그 관례가 대부분의 가족 구성원의 의견보다 우선시 되고 상위 규범에 속하는 것인지요? 여러 어르신들의 고귀한 의견을 듣고 싶습니다. 많이 가르쳐 주십시오.

◆答; 장례식에서 친척간 여비지급.

상의 예에 부고의 예가 있습니다. 친척이 부고를 받으면 달려오게 되는데 이를 분상(奔喪)이라 하며 타인도 조문을 오게 되면 부의(賻儀)로 전백(錢帛)을 전하여 상을 돕게 되는데 친척 역시 그에 상응하는 부의로 상주를 도와야 할 것입니다. 다만 친척들의 귀가 시 노비(勞費)를 주고 말고는 예법에는 없으나 주인의 사정에 따를 뿐으로 당부(當否)를 논할 사안은 아닌 상 싶습니다.

●性理大全喪禮吊奠賻;奠用香茶燭酒果賻用錢帛

▶486◀◆問; 장례식장 조문시의 예절이 궁금합니다.

조문시의 예절에 관하여 문의 드립니다.

1. 친구 자녀들 중 연예인이나 운동선수 등 미혼이면서도 일찍 사망하여 언론을 통해 부음을 아는 경우 장례식장에 찾아가 조문할 때 영정 앞에 가지 않고 친구만 만나고 오는 게 예의에 어긋나지 않는지요?

2. 저 보다 항렬은 낮으면서 나이는 연장인 경우, 장례식장 영정 앞에서의 예법은?

3. 저 보다 항렬이 낮으면서 나이는 연하이지만, 결혼하여 성인인 경우, 장례식장 영정 앞에서의 예법이 궁금합니다.

◆答; 장례식장 조문시의 예절.

問; 1. 答; 사자를 모르면 슬퍼하지 않는다 하니 안다 하여도 영정에 절을 하지 않고 친구에게 조문만합니다.

問; 2. 問; 3. 答; (2.3. 번 통합 답변) 절을 하지 않습니다.

조자(吊者)도 분향전주(焚香奠酒)의 예(禮)가 있으나 적(敵) 이하(以下) 자에게는 재배(再拜) 궤(跪)치 않으니 혹(或) 정이 두터우면 서서 분향(焚香)을 몰라도 전주(奠酒)는 예에 합당(合當)(모두 전거는 없음) 하지 않을 것입니다.

敵(等也); 필적하다. 대등하다. 서로 맞먹다.

●曲禮知生者吊知死者傷知生而不知死吊而不償知死而不知生傷而不吊註各施於所知也吊傷皆謂致命辭也
●梅山曰凡死者是敵以上則拜少者則不拜
●家禮成服吊奠賻入哭奠訖乃吊而退條護喪引賓入至靈座前哭盡哀再拜焚香跪酹茶酒俛伏興護喪止哭者祝跪讀祭文奠賻狀於賓之右畢興
●河西曰酹當作奠
●戰國策秦編秦人援魏以拒楚楚人援韓以据秦四國之兵敵註秦楚韓魏也韓魏雖弱以得援故與之敵

▶487◀◆問; 장례 후 차례에 관한 질문입니다.

27 일에 할아버지께서 돌아가셨습니다. 삼우제가 오늘이었는데 올해 설과 추석 때는 차례를 안지 내고 장례 후 1 년이 지나고 나서 차례를 지내는 것이라고 들어서 내년 설부터 지내는 게 맞는지 궁금합니다. 또 올해 추석에는 할아버지 말고 다른 분들 차례를 지내도 되는지 궁금합니다.

◆答; 장례 후 차례에 관한 질문.

질문 하신 분이 그 집안 제주(祭主)인지의 여부를 밝히지 않아 할 수 없이 심류님이 주인(主人; 초헌관)으로 간주하고 질문에 답합니다.

27 일 작고를 하셨는데 오를 삼우제를 지냈다 하셨는데 유가의 법도로 3 개월 되어야 장례를 하게 되는데 형편상 질장(疾葬; 3 달 안에 장사함)을 하였다 하여도 우제는 질장일에 따르나 그 외는 졸곡은 법도대로 3 월 뒤에 지내게 됩니다.

까닭에 삼년 복인은 졸곡제를 마치면 후손 중에 복이 경한 자를 시켜 사시제, 절사, 기제사, 묘제를 지내게 시키는데 감설 무축단헌의 예로 지내게 됩니다. 이 제사에는 삼년복자는 참석하지 않습니다.

●喪服小記報葬者報虞三月而後卒哭註報急疾之義謂家貧或以他故不得待三月死而卽葬者既疾葬亦疾虞祭以安神不可後也惟卒哭則必俟三月
●要訣祭儀抄喪服中行祭儀凡三年之喪古禮則廢祠堂之祭而朱子曰古人居喪衰麻之衣不釋於身哭泣之聲不絶於口其出入居處言語飲食皆與平日絶異故宗廟之祭雖廢而幽明之閒

兩無憾焉今人居喪與古人異而廢此一事恐有所未安朱子之言如此故未葬前則準禮廢祭而
卒哭後則於四時節祀及忌祭(墓祭亦同)使服輕者(朱子喪中以墨衰薦于廟今人以俗制喪服
當墨衰著而出入若無服輕者則亦恐可以俗制喪服行祀)行薦而饌品減於常時只一獻不讀祝
不受胙可也期大功則葬後當祭如平時(但不受胙)未葬前時祭可廢忌祭墓祭略行如上儀總
小功則成服前廢祭(五服未成服前雖忌祭亦不可行也)成服後則當祭如平時(但不受胙)服中
時祀當以玄冠素服黑帶行之

▶488◀◆問; 장묘 문화에 대한 문의입니다.

안녕하십니다. "의례문답"에 부합된 질문이 아닐지 모르오나 성균관의 의견을 꼭 듣
고 싶습니다.

현재 모 대학 평생교육원에서 "풍수지리" 과목을 수강하고 있습니다. 강의 내용 중
에, '화장'은 후손에 해롭지도 이롭지도 않다고 하면서도 '화장'을 좋지 않는 방식으
로 치부하면서 우리 강산에는 95%의 명당이 남아있다며 '묘지를 써야 한다는 쪽으
로 몰아가고 있습니다. 물론 직업으로 하는 풍수의 입장을 이해하지 못하는 건 아
니지만. 무엇보다 조상을 섬기는 우리 전통의 미풍양속(美風良俗)으로 자리잡고 있
기도 합니다.

하지만 인구밀도가 높은 나라에서 문제가 아닐 수 없으며 자기 후손에겐 소중한 기
물이겠지만 타인의 입장에선 혐오시설이며 산림 훼손과 농경지 축소, 머지않아 '금
수강산'이 아닌 '묘지강산'으로 탈바꿈이 될 지경이니 말입니다.

세계 장묘 문화를 보면, 일본은 화장을 해서 가족 납골당이 보편화 되어 있고 중국
은 모택동부터 등소평까지 화장을 하여 바다에 뿌리는 등 지도자가 모범을 보였으
며 신사의 나라라는 영국도 70%이상이 화장을 하고 있으며 정책적으로 확장 일로
에 있습니다.

우리의 장묘(葬墓) 문화도 변화가 필요한 시점으로 공론화를 시켜야 할 때라고 생
각하며 이제 풍수도 음택(묘지)'은 지양하고 '양택(집)'과 '생활풍수(生活風水)' 위주
로 나아가야 한다고 사료됩니다. 대안으로는 시 군(市郡)에 각각 납골당 건물을 건
립하여 공원화함으로써 시민에게 거부감이 들지 않고 친환경적으로 운영하는 방법
등이 있을 것입니다. 성균관의 입장은 어떤지 진솔한 고견 부탁합니다.

◆答; 장묘 문화.

물론 인구는 증가하고 국토는 한정이니 사람이 죽으면 화장하여 납골당에 안치하는
제도가 필요불가결 하다 할 것입니다. 그러나 여기는 성균관입니다. 본인은 유교도
로서 경문에 불교의 예법으로 행하지 마라. 라는 경고문이 있으니 공식적으로 화장,
납골당 운운할 수는 없을 것입니다.

봉분 묘 중 대통령의 묘역을 둘러보거나 사회 지도층의 묘를 찾아보면 사회 중 하
층만이 살아서도 불행하였고 죽어서도 불 구덩이의 고통을 겪어야만 하는가. 라는
생각에 미쳤을 때 형평의 문제를 떠나 한편으로는 씁쓸한 감은 듭니다.

●釋門家禮抄葬法篇天竺葬法有四焉
一水葬謂投之江河飼諸魚鼈
二火葬謂積薪焚之
三土葬謂埋岸傍逮朽之
四林葬謂露置寒林以飼鳥獸也
寒林即西域棄屍處律謂多死屍凡入其林者可謂毛寒故名寒林夜

●同葬法立塔條梵語塔婆此云高現又云墳或云浮屠此云聚相傳云作俱羅皆疊塼石爲之形如小塔上無輪盖且立塔有三義一表人勝二令他生信三爲報恩而有築級若初果一級二果二級三果三級四果四級表超三界辟支佛十一級表未超無明一級故佛塔十三級表超十二因綠故若比丘有德望者亦須立塔則無級又持律比丘法事營事有德望者皆應立塔

●茶毘文茶毘作法註茶毘亦云闍維此云焚燒卽火葬也(云云)擧火篇(云云)下火篇(云云)碎骨法(云云)起骨篇(云云)拾骨篇(云云)碎骨篇(云云)散骨(云云)

●考證修建塔廟條金剛經註塔廟者廟之爲言貌也塔中安佛形貌

●朱子家禮喪禮初終不作佛事;司馬溫公曰世俗信浮屠(云云)

●會成喪禮治葬火葬不孝;溫公曰世人沒於遠鄉子孫焚其柩收燼歸葬夫孝子愛親之肌體故歛而葬之殘毀在律猶嚴況爲子孫者乃悖謬如此(云云)

▶489◀◆問; 장묘(葬墓) 제도.

안녕하십니까? 저는 우리나라 장묘 제도에 관심이 많은 학생입니다. 금번 준비중인 논문(論文)의 주제로 정부의 매장억제 및 화장장려제도에 대해 연구 중인데 성균관이나 유림의 입장을 알고 싶습니다.

문의 절차를 몰라 게시판에 올리니 공식적인 자료(신문기사, 공청회, 토론회 등) 및 답변 부탁 드립니다. (kim7766@PP.com)

◆答; 장묘 제도.

불교(佛敎)에는 다비법(茶毘法)이 있고 유가의 상례법(喪禮法)에는 효사상(孝思想)에 입각한 시체를 훼손치 않는 시체 매장 예법이 있어 이를 경(經)으로서 취급되고 있습니다. 따라서 유가의 장묘법은 사람이 죽으면 염하여 입관 매장하는 것입니다.

국가의 시책은 그에 소속된 국민은 따라야 하겠으나 모 교에서는 총을 메지 않기 위하여 무조건적 국민의 의무인 국방의 의무도 거역하듯이 유교 역시 세월이 변하였어도 경서의 가르침은 변할 수가 없는 것입니다. 진정한 유자라면 화장법시행에 관하여 공식적으로 찬성하고 나서지 못할 것입니다. 이상은 성균관이나 전체 유림의 중지가 아니며 단지 본인의 소견임을 밝혀둡니다.

▶490◀◆問; 장사에 폐백의 의미.

성균관이라서 이런 질문을 드립니다. 항상 장사(葬事)를 지낼 때면 폐백 드리는 장면을 목격하게 되는데 그 때마다 산사람도 아닌 죽은 이게 폐백(幣帛)이라는 예를 왜 하는가 입니다. 혹 장례 때의 폐백은 혼 인 때 폐백의 의미와 다른 의미인지요. 그리고 폐백이라고 관위에 놓은 것을 보면 곽대기에 붉은 실과 푸른 실을 칭칭 감아 놓은 것이던데 그게 무슨 의미인지요.

혹시 하고 몇몇 알만한 사람들에게 물어 보아도 우물쭈물할 뿐 명쾌한 대답을 하지 못합니다. 저만이 알고 잊지 못한 것 같지는 않습니다. 좋은 가르침 기대합니다.

◆答; 장사(葬事)에 폐백의 의미.

폐백은 혼(婚) 상(喪) 붕우 등에게 주고받는 예물로 그 의미가 다르지 않으며 현훈색(玄纁色)은 천지색(天地色)이며, 장사에 현육훈사(玄六纁四)를 사용하는 것은 비단(緋緞) 일속(一束)의 단위가 되며, 증백(贈帛)의 예는 당초에는 군왕(君王)의 하사품이었으나 후에 군왕의 하사가 없다 하여도 그 법도를 따라 행하게 된 것입니다.

작금의 곽대기에 실을 감아 폐백(幣帛)으로 사용하는 것은 본 취지(趣旨)에는 어긋나나 속백(束帛)을 약(略)하여 그 대용으로 쓰여지고 있을 뿐입니다.

●家禮治葬主人贈條玄六纁四各長丈八尺家貧或不能具此數則玄纁各一可也
●尤庵曰玄纁用天地正色而世俗或用間色未知有所考否
●雜記魯人之贈也三玄二纁廣尺長終幅(註)贈以物送別死者於槨中也旣夕禮曰贈用制幣玄纁束一丈八尺爲制今魯人雖用玄與纁而短狹如此則非禮矣故記者譏之幅之度二尺二寸
●旣夕禮至于邦門公使宰夫贈用玄纁束(註)公國君也贈送也(疏)贈用玄纁束帛者卽是至壙窆訖主人贈死者用玄纁束帛也以其君物所重故用之送終也
●周禮春官大宗伯孤執皮帛(疏)束者十端每端丈八尺皆兩端合卷總爲五匹故云束帛也
●辭源[束帛]古代聘問的禮物也用作婚喪朋友相饋贈的禮品帛五匹爲束ㄱ
●墨子尙同中其祀鬼神也(云云)珪璧幣帛不敢不中度量
●唐封演封氏聞見記紙錢條按古者享祀鬼神有圭璧幣帛事畢則埋之.
●沙溪曰主人贈者重君之賜而設後世無君之賜而家禮存之疑亦是愛禮存羊之義歟

▶491◀◆問; 장인 또는 장모가 돌아가셨을 때 사위가 조위금을 내는게 예법에 맞을까요.

장인(丈人) 또는 장모가 돌아 가셨을 때 사위가 조위금을 내는 게 예법에 맞을까요. 각 집안 마다 다른 것 같은데요. 원래 예법은 어떤가요? 꼭 답변 부탁 드립니다.

◆答; 장인 또는 장모가 돌아가셨을 때 사위가 조위금이 아니라 물조금으로.

아래와 같이 살펴보건대 부모의 상(喪)을 당하여 형제자매(兄弟姉妹)는 타인의 상(喪)에 인사 치레인 십시일반적(十匙一飯的) 개념의 부의(부조)가 아니라 당사자의 일과 같이 부모 선조(先祖)를 공경한다는 뜻의 물조(物助)라야 할 것입니다.

●內則庶子若富則具二牲獻其賢者於宗子(註賢猶善也)夫婦皆齊而宗敬焉(註當助祭於宗子之家)終事而后敢私祭(註祭其祖禰)
●檀弓子柳之母死子碩請具子柳曰何以哉子碩曰請粥(育)庶弟之母子柳曰如之何其粥人之母以葬其母也不可旣葬子碩欲以賻布之餘具祭器子柳曰不可吾聞之也君子不家於喪請班諸兄弟之貧者(註子柳魯叔仲皮之子子碩之兄也

▶492◀◆問; 장인 어른이 타계하시면 상주는?

장인 어른이 타계하시면 상주는? 아들이 없이 딸만 있는 경우. <사촌동생과 그의 아들이 있음>

◆答; 장인 어른이 타계하시면 상주는?

아래와 같이 살펴보건대 후사(後嗣)나 친형제(親兄弟)가 없이 종제(從弟)와 당질(堂姪)만 있을 경우(境遇) 종제(從弟)가 상주(喪主)가 되어야 할 것 같습니다.

●會成禮有無後無無主同父母之兄弟死而無子孫者推兄弟中長者爲主無親兄弟則由從親兄弟推之主者與死者雖疎亦當爲之畢虞祔之祭
●金華應氏曰死生之相收恤人道之當然今其身死而又妻子惸弱適無父母兄弟之至親者則大功當任其責至于終喪使其不幸而無大功以爲之依則小功以下其可以坐視乎或又無小功以下之親也則朋友當任其責而至于逾葬又不幸而無朋友以爲之助則爲隣者又可以恝然乎是以禮朋友死無所歸于我殯之義則練祥不必大功而親黨皆不可得而辭推行有死人尙或殣近之之心則虞祔不特朋友而凡相識者皆不可得而拒特其情有孚薄則其處之有不同自其篤于義者言之則各有加爲無害也凡遇人之急難而處事之變者不可以不知

▶493◀◆問; 재차 문의 드립니다.

어려운 말씀으로 하셨기에 잘 알아듣지 못하겠습니다. 다시 한번 더 문의 드립니다.

1. 재가하신 어머니께서 돌아 가셨을 경우 상주는 누가되나요?
(재가하셨어도 친자는 재가 전에만 있기에 친자가 상주 아닌가요?)
2. 장인장모 상을 당할 경우 자녀가 모두 딸일 경우 상주는 누가되나요?
(제가 알기로는 결혼한 딸의 남편(사위)이 된다고 알고 있습니다.)

◆答; 재차 문의에 대하여.

1 번은 개가하여 낳은 아들이 상주가 됩니다.
2 번의 유가적인 답은 망자(죽은 이)의 동족 중에서 가장 가까운 친척이 상주가 됩니다.

아래 답문(答問)이 이해하시기에 어려웠나요. 죄송합니다. 그러나 어려운 것에서 배울 것이 있는 것 아니겠습니까.

▶494◀◆問; 조카의 상에 절을 하여야 하나요?

아랫사람인데 망자를 위한 절을 해야 하는 지요. 궁금합니다.

◆答; 절을 하지 않음.

조카의 상에게는 조문이 아니라 복인으로서 절은 하지 않습니다.

●退溪曰妻則當拜子不當拜叔父於姪亦不當拜

▶495◀◆問; 존엄사에 대하여 궁금합니다.

선친께서 재생의 기미가 없을 때 존엄사 논의에 도장을 찍어야 하나요.

◆答; 존엄사.

존엄사(尊嚴死)라고 이와 같이 쓰이는지는 모르나 아래와 같이 친사(親死)에 염을 하며 효자(孝子)는 죽음을 부인 차마 얼굴을 가려 덮지 못하고 하루라도 더 소생하시기를 기다리는데 유학에 관심을 둔 이라면 가히 할말이 없을 것입니다. 전후 사모든 입장을 참작한다 하더라도 어떻게 더 이상 효(孝)라는 대명제(大命題) 앞에서 무슨 구실로 이해하고 어떻게 그 정당성이 설명 되겠습니까.

●溫公書儀小斂條註未掩其面蓋孝子猶俟其復生欲時見其面故也

▶496◀◆問; 죽은 어린 아이에게 '고인(故人)'이라 하다니?

묻습니다. 유치원생인 어린이가 불의의 사고로 죽었습니다. 그 아이의 할아버지는 유명인사입니다. 신문에서는 그 아이의 기사에서 아무개씨의 장손 "고(故) 아무개군(君)"이라 했습니다. 유치원생의 죽음에도 '고(故)'자를 붙여야 한다면, 갓난 아기의 경우에도 '고인(故人)'이라야 할 것인지?

한기지 더, 묻습니다. 국립묘지의 묘비명(거의 다)을 보면,
1). "전(前) 벼슬이름 아무개의 묘(예/ '전 국회의원 김이박(金李朴)의 묘" 또는,
2). "전(前) 벼슬이름 고(故) 이무개의 묘"라고 거의 다가 그렇게 해 놓았습니다. 그래, 국립묘지(國立墓地)에 묻히자면, 죽었으니까 고인(故人)일 수 밖에 없고, 또 생시의 벼슬이었으니 전직(前職)일 수 밖에 없는데, 이미 죽은 이에게 왜 '전(前)'자나 '고(故)'자를 새겨두는 것입니까?

참고사항-
8 선의 전 국회부의장 김재광(金在光) 박사의 경우, "국회부의장 김재광의 묘"라 했더니, 국립묘지 담당관은 "전(前) 국회부의장 고(故) 김재광의 묘"라고 하라고 우겨

댔으나, 나는(당시 공보관) 이를 굳이 설득 시켜서 '전(前)'자와'고(故)'자를 쓰지 않고 세워 드렸습니다.

그러나 그 후, 곁자리의 곽상훈(郭尙勳) 의장의 경우엔, 또 "전(前) 민의원의장 고(故) 곽상훈의 묘"라 해서 세워 두었더군요. 이는 정부의 잘 못된 전례(前例)를 그대로 답습한 엉터리 관례라고 봅니다.

◆答; 어린 아이 죽음에 '고인(故人)'이라 하지 않음.
아래와 같이 한서(漢書) 소무전(蘇武傳)과 향산거사(香山居士)의 문집(文集) 비갈(碑碣)편을 살펴보면 고(故)자는 죽은 사람을 나타내는 관형사(冠形詞)로써 사자(死者)의 성명 앞에 붙여 생자(生者)와 사자(死者)를 구분시키는 역할을 하는 것 같습니다.

아래와 같이 중용(中庸)과 주례(周禮)를 살펴보면 전자(前字)의 쓰임은 어느 시점 이전을 의미하는 이전 또는 앞서서 또는 사전, 먼저 등등의 의미로 쓰였음을 알 수 있듯이 비석 등에 생전(生前)의 직(職)을 표시(表示)할 때는 전(前)자를 사전(死前)의 직, 즉 생전에 봉직하던 직이란 의미로 현에 유지되는 현직과 구분키 위하여 모관(某官) 머리에 붙이는 것 같습니다.

이상은 유가(儒家)의 예법(禮法)으로서 이에 따라 신주식(神主式)에서 사자(死者)를 표하는 함중식(陷中式)에 고모관모공휘모자모신주(故某官某公諱某字某神主)라 표하는데 여기서 모관(某官) 머리에 전(前)자를 붙이지 않는 까닭은 이미 고(故)자가 붙어 있기 때문인 것 같습니다.

●漢書蘇武傳前以降及物故凡隨武還者九人註師古曰物故謂死也言其同於鬼物而故也一說不欲斥言但云其所服用之物皆已故耳而說者忘欲改物爲勿非也
●白氏(白居易號香山居士唐人)文集碑碣篇故律大德上弘和尙石塔碑銘
●中庸第二十章凡事豫則立不豫則廢言前㝎則不跲事前㝎則不困行前㝎則不疚道前㝎則不窮註凡事指達道達德九經之屬豫素㝎也跲躓也疚病也此承上文言凡事皆欲先立乎誠如下文所推是也細註新安陳氏曰四前㝎字所以申明上豫字也非以豫與前㝎爲誠乃是所當豫所當前㝎者謂先立乎誠也
●周禮天官冢宰治官之職大宰條前期十日帥執事而卜日遂戒註前期前所諏之日也

▶497◀◆問; 죽음의 글자.
수고가 많으십니다. 책을 보다가 보니 죽음에 대하여 한자로 死, 卒, 歿이 보입니다. 각각 사용하는 때가 다를 것 같은데, 어떠할 때에 어떤 글자를 사용 하는지요?

위의 제가 본 글자 외에 죽음에 대한 한자가 더 있다면 추가로 사용방법에 대한 설명도 하여 주시면 고맙겠습니다. 업무에 바쁘신데 죄송합니다.

◆答; 죽음의 글자.
○붕(崩) 천자(天子). ○훙(薨) 제후(諸侯). ○졸(卒) 대부(大夫). ○불록(不祿) 사(士).
○사(死) 서인(庶人). ○강(降) 조류(鳥類). ○지(漬) 수류(獸類). ○병(兵) 사구(死寇).
○몰종(沒終) 군자(君子). ○사(死) 소인(小人).

●曲禮; 天子死曰崩諸侯曰薨大夫曰卒士曰不祿庶人曰死羽鳥曰降四足曰漬死寇曰兵
●國語晉語; 管仲沒矣註沒終也
●檀弓子張病召申祥而語之曰君子曰終小人曰死

▶498◀◆問; 妻와 子의 상을 당하여?

어제 친구들 모임에서 제사와 관련하여 갑론을박이 있었습니다. 우리 친구들은 서울, 경기를 비롯하여 전라도, 경상도, 충청도, 등 전국에 고루 분포가 되어있는 관계로 더욱 논쟁이 잦고 심합니다. 아래 질문에 대한 논쟁은 어떤 예법이 맞는지요? 아니면 다른 예법이 있는지요? 가르침을 받고자 합니다.

#1 아내의 제사때 남편의 헌주와 절.
"아내의 제사에는 자식이 있어도 남편이 제주(祭主)가 되고 남편의 제사에는 자손이 없을 때에만 아내(妻)가 제주(祭主)가 된다" 라고 알고 있습니다.
논쟁#1-1 아내(妻)의 제사에 제주(祭主)인 남편은 망자우선 원칙에 따라 남편은 당연히 헌주(獻酒)하고 절을 해야 마땅하다.
논쟁#1-2 아니다 자식들이 있으니 남편은 옆에서 지켜만 보고 자식들만 헌주(獻酒)하고 절을 해야 한다.
#2 부모 보다 자식이 먼저 죽었을 때 "뜻하지 않게 부모님 보다 장자(長子)가 먼저 죽었을 때 장자(長子)의 제사에는 손자(孫子)가 있어도 아버지가 살아 계시면 아버지가 제주(祭主)가 된다" 라고 알고 있습니다.
논쟁#2-1 자식이 먼저 죽었으나 망자우선 원칙에 따라 아버지가 제주(祭主)가 되고 당연히 헌주(獻酒)하고 절을 해야 마땅하다.
논쟁#2-2 아니다 아들이니 제주(祭主)가 될 수 없고 손자가 제주(祭主)가 되며 아버지는 옆에서 지켜만 보고 자식들만 헌주(獻酒)하고 절을 해야 한다.

◆答; 妻와 子의 상.

問; #1 #1-1 논쟁#1-2 答; 이 옳습니다. 망자 우선 원칙에서 부(父)가 상주가 되는 것이 아니라 그가 속한 거소의 최존자(最尊者)로서 사당의 주인이 되는 까닭에서 그렇습니다.

問; #2 논쟁#2-1 논쟁#2-2; 答; 아버지가 제주가 되나 절은 하지 않습니다.

●奔喪凡喪父在父爲主註各爲其妻子之喪爲主也疏正義曰凡喪父在父爲主者言子有妻子喪則其父爲主
●陳氏曰父主之統於尊也父歿之後兄弟雖同居各主妻子之喪矣
●家禮小殮奠條祝焚香洗盞斟酒奠之卑幼者皆再拜
●陶庵曰出入夫婦相拜

▶499◀◆問; 친인척의 상에 가면 어떻게 하여야 하나.

집안이나 외가 상가에 상제와 절 하는 것인지 잘 모르겠네요.

◆答; 친인척의 상에 분상(奔喪) 예법.

아래는 상주가 달리 살 때 상(喪) 소식을 듣고 집으로 가 행하는 예법입니다. 그 예법에 "예구전(詣柩前)○배흥배흥배흥배흥(拜興拜興拜興拜興)(且拜且哭) ○벽용무수(擗踊無數; 哭少間) ○배조존장(拜弔尊長)○수비유배조(受卑幼拜弔)"라 하였으니 복인이 되면 빈소로 곡하며 절을 하고 존장(尊丈)에게는 절하며 조문하고 수하자(手下者)에게 서는 절과 조문을 받고, 복인(服人)이 아닌 친인척(親姻戚)이라면 이미 성복(成服)을 하였으면 일반 조문 예법과 같이 행하게 됩니다.

●儀節奔喪儀禮節次;奔喪者將至在家者男婦各具服就次哭又待奔喪者至哭入門升自西階詣柩前○拜興拜興拜興拜興(且拜且哭)○擗踊無數(哭少間)○拜弔尊長○受卑幼拜弔
●儀節受弔儀禮節次;未成服以前來弔者弔者入門子弟出見之揖訖或門生屬吏皆可賓致辭曰竊聞(某親某官或隨所言)不淑何時訃至○答辭曰孤某遭此凶變蒙賜慰問以未成服不敢

出見不勝哀感使某拜○鞠躬拜興拜興平身(賓答拜尊長則回半禮禮畢賓退子弟送出門或少
延茶湯)○禮畢已成服以後來弔者弔者入門望位哭主人持杖哭而出○弔主人曰(某親某官)
不淑何時訃至○鞠躬拜興拜興平身(主人答拜)○主人致辭曰蒙慰問不勝哀感稽顙拜興拜
興平身(賓答拜)○禮畢(賓退子弟送之出或少延茶湯)

▶500◀◆問; 친척 동생이 사망했는데 상가에 가서 절을 해야 합니까?

친척이나 다른 상가에 나이 어린 망인에 대해 절을 해야 하는지 알고 자 합니다.

◆答; 친척 동생 사망 시 절을 하나.

비유자(卑幼者)에게는 생시(生時)나 사후(死後)나 절을 하지 않습니다.

●沙溪曰卑幼喪不拜

▶501◀◆問; 호상의 임명.

장례절차에서 호상을 임명하게 되는데요. 호상을 친척 중에 누구를 임명하는게 좋은가요?

◆答; 호상의 임명.

아래와 같이 살펴보건대 가례(家禮)에서는 자제 중에서 예에 능하여 잘 처리할 자로 정한다. 라 하였고 의절(儀節)에서는 동거 친족 또는 무 동거 친족 중 존자(尊者) 중에서 친족이 없으면 친척 중에서 친척도 없으면 친우 중에서 택한다 하였음.

●家禮護喪條以子弟知禮能幹者爲之
●儀節用同居之尊且親者一人爲之如無同居者擇族屬之親賢者又無族屬則用親戚又無親
戚則用執友亦可專主與賓客爲禮

▶502◀◆問; 혼백과 관련된 질문입니다.

問 1. 혼백은 왜 만들며, 언제 만들어야 하며, 어떻게 만들어야 하며, 언제 어떻게
없애야 하는지요? 또 혼백을 영정으로 대치 할 수는 않는지요?
問 2. 또 빈소(殯所)에서 영정(影幀)을 모시고, 영정 앞에 지방 틀을 놓고 그 안에
顯考學生府君神位(현고학생부군신위)" 라고 지방(紙牓)을 써 붙이는데 맞는 것인지
요. 소생(小生)의 생각으로는 빈소에는 영정이나 상주가 있어 아는 사람은 다 알겠
지만 망자가 누구인가를 나타내는 표식이 있어야 할 것 같은데 어떤 표식을 어떻게
해야 하는지요?

◆答; 혼백(魂帛).

問 1. 答; 혼백을 만드는 이유는 사람이 죽으면 혼이 허허 공간으로 더 나는데 이
혼을 복의를 흔들어 불러들여 그 불러드린 혼을 안정시켜 모시는 곳이 혼백이며 만
드는 때는 복(服) 후이며 만드는 법은 아래와 같으며 매안하는 때는 초우제를 지낸
뒤입니다.

問 2. 答. 병원이나 기타 장례원에서의 법도는 알지를 못하나 치장 제주 전까지는
혼백뿐으로 그 이전에 지방은 예에 크게 어그러집니다. 누구인지는 부고를 받고 왔
을 터이니 누구인지는 이미 알고 있는 것 아니겠습니까.

●性理大全初喪置靈座設魂帛;設梡於尸南覆以帕置倚卓其前結白絹爲魂帛置倚上
●備要或紵布三四尺所以爲魂帛者其制有二或束帛或同心結
●讀禮輯要魂帛條按魂帛有二制一則束帛一則同心結束帛出於溫公說亦古禮之遺意也同

心結始於丘儀乃俚俗之制也故禮家多不取同心結而用束帛
●輯覽俗制以白紙裹初終時復衣納諸小箱中
●家禮初虞祭;初虞祭主人以下入哭辭神埋魂帛

▶503◀◆問; 혼백.

혼백은 묘지의 어느 쪽에 묻어야 합니까?

◆答; 혼백 묻는 곳.

아래와 같이 살펴보건대 혼백(魂帛)은 집에서 멀리 깨끗한 땅에 묻는다. 라 하였는데 만약 신주(神主) 매안(埋安) 예법(禮法)을 따른다면 본묘(本墓)의 우측(右側)이라 하였으니 생인(生人)이 보기에 묘(墓)의 좌측에 묻는 것이 옳은 방법 같습니다.

●便覽初虞祭祝埋魂帛條祝取魂帛帥執事者埋於屛處潔地
●尤菴曰祧主埋於本墓之右邊
●家禮墓祭厥明灑掃條除地於墓左以祭后土
●輯覽六卷七十板前及墓下棺祠后土題木主之圖壙左(備要同生右)

▶504◀◆問; 혼백에서.

안녕하세요. 혼백에 대해서 또 몇 가지 질문 드리고자 이렇게 글을 올립니다. 혼백에 보통 아버지나 어머니 상일 경우 '현고학생부군신위'나, '현비유인 모관 모씨 신위' 라 일반적으로 적고 있는데요. 어떤 분이 원래 혼백에는 비단으로 그 형체만 나타낼 뿐 위와 같은 문구는 넣지 않는 것이 맞는다고 하시던데 또 주자가례를 찾아보니 혼백에 대한 그림에 역시나 위의 문구가 빠져있었습니다. 행여나 언급이 있나 찾아보았으나 혼백에 무엇을 적어야 하는지에 대한 언급 또한 없었습니다.

그럼 혼백에 위와 같은 문구를 넣는 것이 잘못된 것인지요. 또 언제부터 이것이 위와 같은 문구를 사용하게 되었는지에 대한 유래를 알고 계신다면 그 유래에 대한 설명을 부탁 드리겠습니다.. 고견을 기다리겠습니다. 감사합니다.

◆答; 혼백.

혼백(魂帛)에는 아무런 문구가 없습니다. 아래와 같이 살펴보건대 혼백은 속백(束帛)과 동심결 또는 복의(復衣)를 혼백으로 사용하는 예가 있으나 대개 편람 초종 도식 속백도(束帛圖)의 속제 혼백과 같이 흰 종이를 접어 사용하고 있으며 마지막 위 끝에 上이라고 써 놓습니다.

아래 도식이 이리로 이전이 되었으면 좋을 텐데 만약 도식이 이전이 되지 않으면 시중에 혹 혼백 접는 법이 있는 관혼상제 책자가 있을 것입니다.

●備要或紵布三四尺所以爲魂帛者其制有二或束帛或同心結
●讀禮輯要魂帛條按魂帛有二制一則束帛一則同心結束帛出於溫公說亦古禮之遺意也同心結始於丘儀乃俚俗之制也故禮家多不取同心結而用束帛
●輯覽俗制以白紙裹初終時復衣納諸小箱中

▶505◀◆問; 혼백, 영정과 위패 동시 사용에 대한 질문입니다.

궁금한 것이 있어 또 질문을 올립니다. 요즘 상가, 특히 장례식장에서 치러지는 상가에 조문을 가서 보면 대부분이 영좌에 영정(사진)과 위패를 동시에 올려 놓고 있는 것을 보게 됩니다. 고례를 따르면 염을 하기 전까지는 조문을 받지 않았다고 하니 염을 할 때 까지는 상관 없겠지만 요즘은 현실적으로 사망 첫날부터 영좌를 설치하고 조문을 받고 있습니다. 염을 하기 전까지는 검은 리본을 두르느냐 마느냐로 구분하기도 한다지만 혼백, 영정과 위패의 동시 사용에 대해서는 어떤 기준이 있는지 궁금합니다. 제 생각에는 장례를 치르기 전(반혼제)까지는 혼백만을 모셔도 되지만 조문객들이 좀 더 리얼하게 고인을 추모하게 고인의 생전 모습인 영정을 더해 혼백과 영정만을 모시는 것이 타당하지 않을까 생각됩니다. 장례도 치르기 전에 신위를 모시건 장례절차 독하게 되는 축문의 내용과도 일치하지 않는다는 생각이 들어서 입니다. 예로서, 발인제축문에서는 '영이기가'(혼령)이라고 칭하는데 이미 신위라고 하면? 혼백이나 영정, 위패 중 하나만 올리는 것과 둘 또는 모두를 올리는 것 중 어느 것이 더 타당하거나 맞는지요? 모두를 올려도 예에는 상관 없는지요? 이에 대한 질문은 상여가 나갈 때의 운구 행렬과도 상관이 있을 듯합니다. 잘 배우겠습니다.

◆答; 혼백, 영정과 위패 동시 사용?

아래는 운명 후 조문 받을 때까지의 대강의 유가적 예법입니다. 특히 그 곳의 예법은 그에 걸맞게 모든 예법이 정하여 졌을 것입니다. 그 예법을 유가의 예법에 대입 왈가왈부할 수는 없을 것 같습니다.

사찰이나 기독교식 상례예법이 유가의 예법과 다르다 하여 논평할 수 없듯이 장례예식장 예법 역시 그러하리라 생각됩니다. 다만 아래 유가의 예법과 대비하여 보시면 그 차이점을 발견하시게 될 것입니다. 유가에서는 혼백 또는 동심결 등 중 한가지만 영좌에 둡니다.

●讀禮輯要魂帛條按魂帛有二制一則束帛一則同心結束帛出於溫公說亦古禮之遺意也同心結始於丘儀乃俚俗之制也故禮家多不取同心結而用束帛

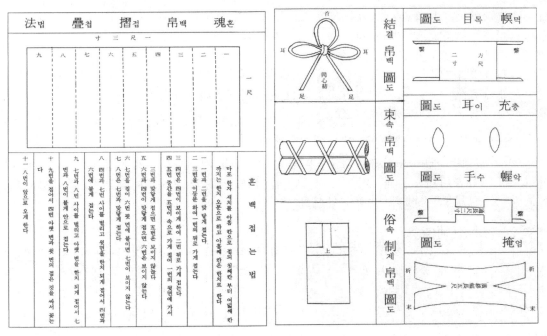

▶506◀◆問; 혼을 부를 때 세 번 외치는 이유는?

초혼(招魂)할 때 3번 복(復)~ 복(復)~복(復)~ 하는데 왜 세범을 외치는지요.

◆答; 혼은 3번 부르는 이유.

一聲; 一號於上冀魂自天而來=일성은 위로는 하늘로부터 혼(魂)이 오기를 바람이요.
二聲; 一號於下冀魂自地而來=이성은 아래로는 땅으로부터 혼이 오기를 바람이요.
三聲; 一號於中冀婚自天地四方之間而來=삼성(三聲)은 중간으로 천지지간(天地之間) 사방(四方)으로부터 혼(魂)이 오기를 바람에서입니다.

●喪大記復復者升自東榮中屋履危北面三號註三號者一號於上冀魂自天而來一號於下冀魂自地而來一號於中冀婚自天地四方之間而來

12 삭망전(朔望奠)(附上食)

▶507◀◆問; 모든 전(奠)에 밥과 국을 진설하지 않는 것인지요?

모르고, 궁금해서 올리는 질문에 매번 빠르고 세세하게 올려주시는 답변에 감사드립니다. 다시금 궁금한 것이 있어 여쭙니다.

'신주를 쓴 뒤에 올리는 전(奠)에는 밥과 국을 진설하지 않는다' 고 하는 말을 들었습니다. 그렇다면, 발인제(견전) 등 우제 전에 지내는 모든 전을 진설 할 때도 밥과 국을 진설하지 않는 것인지를 알고 싶습니다.

◆答; 모든 전(奠)에 밥과 국을 진설하지 않음.

전(奠)은 장사(葬事) 전의 예로 제(祭)가 아니라 반갱(飯羹)의 진설이 없으며 반갱은 상식 때 올리게 됩니다. 따라서 전(奠)의 진설품은 포(脯) 해(醢) 과(果) 소(蔬) 주(酒)가 됩니다. 찬품과 더불어 반갱 진설을 生의 예가 아닌 사후(死後)의 예인 우제(虞祭)부터 합설(合設)하게 됩니다.

●檀弓始死未容改異故以生時庋上所餘脯醢爲奠也
●書儀或無脯醢食物一兩種幷酒可也
●士喪禮疏奠設于尸東(便覽當肩)者以其始死未忍異於生也
●同春問三年內殷奠無參降何歟沙溪曰孝子常侍几筵故不爲參降也
●問葬前使祝奠禮也而當祝之人不在則喪人洗手而親奠乎或使兄弟中一人梳洗而奠之乎或使行者奴婢爲之是果合禮乎寒岡曰族屬鮮少之家例有此患喪主洗手親奠決不可也兄弟中一人亦難梳洗無族人執事則令行者可以代奠內喪則令婢子可以代之
●便覽小斂奠諸具饌條脯醢果蔬之類

▶508◀◆問; 삭망(朔望) 의식에 관하여.

시댁 어머님께서 돌아가셨습니다. 아버님은 생존해 계십니다. 제례법에서 삭망에 관하여 알고 싶습니다. 언제, 몇 회, 기간, 음식은 어떻게 차려야 하는지 궁금합니다. 질문한 것 외에도 자세히 알려주십시오.

◆答; 삭망전(朔望奠).

모친의 주인은 부군(夫君)이 생존하여 계시면 부친이 주인이 되어 삭망 전(朔望奠)을 비롯하여 상제(喪祭) 기제의 초헌관이 됩니다. 삭망 전은 장 후에 매월 초하루 보름날 아침 상식에 더불어 고기 생선 면식(부침개) 미식(떡) 등을 더 진설(陳設)하고 삼헌(三獻)한다는 설(說)도 있으나 단작(單酌)의 예(禮)로 마칩니다.

●問虞祭後則朔望奠亦用茅沙耶曰虞祭以後有降神禮當用茅沙
●問虞卒哭祭飯羹左設而朝夕上食還爲右設問解既有明文朔日殷奠亦依上食右設否南溪曰當右設
●問憂祔練祥降神後止哭蓋主於敬則朔奠亦是殷奠自初至徹哭泣不止未知如何曰朔奠雖

曰殷奠節目不多與上食無甚異恐無止哭之義

●問朔望葬前祭禮未備固當疎略以吉祭易喪祭之後月朔殷禮似不可疎略當如參廟之禮有酹酒辭神之節曰所謂以吉祭易喪祭云者指虞卒後大祭而言非有與於朔望殷奠也朔望之饌雖曰用肉魚麵米食而實則奠也非祭也其節目又不如祠堂之備者蓋遵初喪禮如朝奠之儀仍而不改耳沙溪曰孝子常侍几筵故不爲參降其義然也

●寒岡曰初喪之奠則祝斟酒蓋以主人自不能爲禮也卒哭後則主人恐自爲志又朔望無參降一節所以如事生見生前當侍之義

●問解續朔奠雖曰殷奠亦不離於奠豈有奠而三獻之禮

●瓢隱曰五禮儀連奠三酹蓋三獻則與盛祭無別故使之連奠邪吾門自先祇用單爵

●問退溪先生答金就礪問云依五禮儀連奠三酹恐或爲宜答鄭惟一問云朔望奠禮無三獻之文當從禮云云不知何所從違愚伏曰連奠三酹恐是因金問而有此答非禮之正只得從答鄭之語

●高麗史節要成宗文懿大王丙申十五年;定朝官遭喪給暇式忌日給三日每月朔望一日大小祥祭七日大祥後經六十日行禫祭給五日

●顏氏家訓終制朔望祥禫下白粥淸水乾棗不得有酒肉果餠之祭

▶509◀◆問; 상식에 대하여.

염을 하고 성복제를 지내고 상식을 조석으로 올리는데 상식은 아침 저녁에만 올리는 건지 궁금하네요. 조석상식이란 말을 들은 적이 있는 것 같아서요 매 끼니때마다 올리는 건지 아님 조석으로만 올리는 것인지요?

◆答; 조석 상식.

하루에 조석으로 2끼를 올립니다.

○食時上食

如朝奠儀(便覽但徹酒不徹奠設上食饌品及匕筯楪斟酒啓飯蓋扱匕正筯食頃徹羹進熟水小間徹)

○식사 때에는 음식을 올린다.

조전(朝奠) 의식과 같다.

○아침 전제상을 물리지 않고 다만 술만은 철주(徹酒)하고 상식(上食) 찬품(饌品)과 수저접을 진설하고 술을 따라 올린 뒤 메의 덮개를 열고 삽시정저(扱匙正筯)를 한 뒤 식간(食間)을 있다 국을 물리고 숙수(熟水)를 올린 뒤 잠깐 동안 있다 상식(上食) 찬품만 내린다.

○上食儀禮節次

執事者徹去朝奠陳設如前○主人以下各服其服入就位○擧哀○祝盥洗○焚香○斟酒○點茶(主人以下)○拜興拜興平身○禮畢○罩巾(一如朝奠儀但不用出魂帛)

▶510◀◆問; 상식(上食)에 대한 질문입니다.

상중에 입관하고 나서는 고인에게 상식을 올립니다. 기제사와 같이 상식도 메와 갱을 고인에게 올리는데 고인의 기준으로 볼 때 메와 갱의 위치는? 그리고 수저의 위치도 고인의 기준으로 볼 때 어느 쪽에 놓아야 하는지? (시접에 놓을 수저의 위치도 궁금합니다)

◆答; 생인양고상좌(生人陽故尙左).

상삼년내(喪三年內)는 산 사람(陽)의 법도로 상좌(尙左)라 오른 쪽에 갱을 왼쪽으로 밥은 놓으며 갱의 오른 족으로 수저를 놓습니다.

○상식(上食); 반좌갱우(飯左羹右). 포좌해우(脯左醢右).

●賈氏曰生人陽故尙左鬼神陰故尙右
●疑禮問解卒哭條問時祭陳饌飯右羹左而喪內陳饌未見明文或以爲三年內象生時飯左羹右爲是(云云)答陳饌飯右羹左未知其意參年內上食則象生時左飯右羹爲是(云云)
●備要襲奠及靈幄奠饌圖西(右)醯東(左)脯

▶511◀◆問; 상례(喪禮) 중 상식(上食)에 대하여.

상례 중 상식에 대하여 여쭙습니다.
1. 상식(上食)은 조석(朝夕)으로 올리는데 왜 중식에는 상식을 올리지 않는지요?
2. 상식은 상주와 주부 중 누가 올리는지요?

◆答; 상례(喪禮) 중 상식(上食).

問 1. 答; 아래와 같이 살펴보건대 옛날 식량(食糧)이 부족(不足)하던 시대(時代)에는 하절을 제외하고는 조석(朝夕) 이식(二食)이 상례로 그로 인한 예법이었기에 주로 조석상식(朝夕上食)으로 정하여 져 그러함이 아닌가 생각되며 하절기에는 삼식(三食)의 언급도 계시고 또 가례(家禮)에 식시상식(食時上食)이라 하였으니 요즘은 足하여 일일(一日) 삼식(三食)이 상례이니 일일(一日) 삼상식(三上食)한다 하여 예에 크게 어그러진다 할 수는 없을 것입니다.

問 2. 答; 아래와 같이 살펴보건대 집사자(執事者)와 축관(祝官)이 조석전(朝夕奠)과 상식(上食)을 올리는 것 같습니다. 그러나 만약 유고(有故)이거나 부족하면 주인이 행한다 하였으니 꼭 이 누구만이 행한다, 라 할 수는 없을 것 같습니다. 부족하면 상주(喪主)나 주부(主婦)가 행하여야 할 것입니다.

●家禮食時上食如朝奠儀
●士喪記註燕養平常所用供養也饋朝夕食也
●士喪記疏鄭註鄕黨云不時非朝夕日中時一日之中三時食今註云朝夕不言日中者或鄭略言亦有日中也或以死後略去日中直有朝夕食也
●問禮無夏日三上食之文而聽松行之云此有所據邪南溪曰禮無三上食之文獨我國文昭殿之制如此豈聽松孝思無窮姑遵此制邪
●同春問人或有夏日三上食者如何沙溪曰儀禮註疏有所論
●明齋曰夏日三上食聽松嘗行之而此出於一時至情後賢不以爲法故前在親喪心雖未能安而不敢徑行也
●家禮成服篇食時上食條如朝奠儀朝前條曰執事者設蔬果脯醯祝盥手焚香斟酒主人以下再拜哭盡哀
●本菴按上食本在未葬時則雖葬後仍行其陳設與祝之焚香斟酒自當如初
●同春曰葬前喪人不澡潔前喪饋奠不可親行惟立於位而哭使子弟奠酌似宜
●退溪答人行者執奠之問曰執奠子弟之職子弟有故寧親執可也
●寒岡曰喪主洗手親奠決不可
●尤菴曰主人自行則略自澡潔或無妨據此如不得已而親奠則面雖深墨手自澡潔恐不害爲權宜之道耶

▶512◀◆問; 상례 중 상식을 놓을 때.

안녕하십니까. 저는 현재 장례(葬禮) 지도사(指導師)로 활동하고 있는 사람입니다. 매일 여러 분들의 행사를 치르면서. 상례에 대한 정확한 의미와 방식을 알고자 열심히 나름대로 공부하며 일하고 있습니다. 제가 이렇게 글까지 옮겨가며 여쭙고자 하는 것은 현재 장례를 치르면서 성복제나 발인제를 모시는데요. 또 매끼니 조석으로 상식을 올려드립니다. (물론 성복 때 올리는 전과 발인 때 하는 견전은 제사가 아닌걸 잘 알고 있습니다. 처음에는 의미도 모르고 실행하다 주자가례를 여러 차례 보면서 이것저것 새로 알고 알아가고 있습니다)

저는 제례 때의 반좌갱우(飯左羹右). (밥이 왼쪽 국이 오른쪽. 집사자 보는 기준으로 말씀입니다.) 로 진설하며 지금까지 그리 행하고 있었습니다. 근데 근래에 주자가례 조석곡(朝夕哭) 전 이라는 부분에서 '초하루에는 조전에 음식을 차린다. 부분에서 국과 밥 주석에 (3 년 동안 상식을 올리는데 살아있을 때처럼 왼쪽에 밥 오른쪽에 국을 놓는다) 라고 보주(補註) 되어 있습니다. 살아있을 때라면 우리가 흔히 행하는 제례의 방법과 반대인데 이 때문에 현재 혼란이 오고 있습니다.

혼자서 나름대로 가례에서 고인을 부제 이후로 귀신으로 본다고 했으니 그전에는 살아계실 때처럼 진설하고 그 이후로는 현 제례방식으로 진설 해야 하는지.. 아니면 다른 의미가 있는 것이지.. 실제로 신위방향을 북으로 설정하는 것은 어디에 근거한 것인지.. 제가 알고 있는 진설 방법의 여러 가지 법들(흔히 좌포우혜 반좌갱우) 의 방향 집사자 기준으로 왼쪽과 오른쪽을 구분하는 것이 올바른 것인지 어떠한 뜻이 있다면 그것은 무엇인지 죄송합니다 경황없게 이것저것 많이 물어봤습니다.

큰 예를 행하는 사람은 아니지만 늘 유가족들에게 올바른 상례의 예를 지도하려 하는 노력을 가상히 여기시고 가르침을 주시기 바랍니다.

◆答; 상례중 상식의.
장례(葬禮) 지도사라 하시니 아래의 전거(典據)를 살펴보시면 그 뜻을 대강 이해(理解)되시리라 생각합니다.

삼년내 상식은 생전과 같이 좌반우갱(左飯右羹)으로 진설하고   제례(祭禮) 진설(陳設)에서는 우반좌갱(右飯左羹)으로 진설을 하는데 까닭은 생인은 양(陽)으로 좌측(左側)을 으뜸으로 치고 귀신(鬼神)은 음(陰)으로 우측을 으뜸으로 치는 까닭입니다.

신은 음인 까닭에 신위는 북으로 설위하고, 또 사당(祠堂)의 향배가 어찌되었던지 뒤를 북으로 설정하는 것입니다.

좌포우해(左脯右醢)는 생자(生者)가 본 위치(位置)이며 상식(上食)의 반좌갱우(飯左羹右)는 신위에서의 방향입니다.

●退溪曰上食所以象平時也死喪大變之初死者魂氣飄越不定生者被括哭擗無數此時只設奠以依神則可矣上食以象平時非所以處大變也
●沙溪曰三年內上食象生時左飯右羹爲是
●賈氏曰生人陽故尙左鬼神陰故尙右
●司馬溫公曰所以西上者神道尙右故也
●家禮祠堂章凡屋之制不問何向背但以前爲南後爲北左爲東右爲西後皆放此
●集說問柩在家南首至葬北首然人家墳地及居室未必皆南向如何曰按祠堂章註不問何向背皆以前爲南後爲北愚以爲墳地居室皆然
●禮運死者北首生者南向疏死者北首歸陰之義生者南向歸陽也

▶513◀◆問; 상례 중 상식을 놓을 때.
좋은 고견 감사 드립니다. 많은 부분을 알게 되어 지극히 밝아졌습니다. 하지만 아직도 의문이 풀리지 않아 이렇게 다시 글을 올립니다.

만약 우리가 흔히 이야기 하는 좌포우혜(左脯右醢)는 집사자(執事者) 기준(基準)이고 반좌갱우(飯左羹右)는 고인기준(故人基準)이라면 주자가례(朱子家禮)의 상식(上

食) 밥과 갱 주식" 3 년 동안 생시(生時)처럼 왼쪽에 밥 오른쪽에 국"이 것과 같은 주자가례의 우제 진설도를 보면 그림으로 집사자 기준으로 왼쪽에 밥이 있고 오른쪽에 국이 있습니다.

고인기준으로 본다면 당연히 반대이지요.. 고인기준으로 반좌갱우라는 말과 맞지가 않습니다. 저의 의문점도 어째서 진설도 그림과 본문의 내용이 다른 것인가가 그 핵심이었습니다. 이제야 이러한 사항을 말씀 드려 대단히 송구스럽습니다.

보주가 잘못된 것인지요? (또한 우제는 때는 아직 산 자로써 인식하는 때이기에 제 자신의 의견인 귀신이전에는 산자와 같이 진설하는 것이라는 것과도 맞지가 않습니다.) 가례의 진설도의 밥과 국의 위치는 격몽요결 사례편람과 같은데 죄송합니다. 다시 한번 가르침을 주십시오.

◆答; 상례 중 상식의.

주자가례(朱子家禮)의 매위설찬지도(每位設饌之圖)는 시제(時祭) 설찬도(設饌圖)로 상제(喪祭) 설찬도(設饌圖)는 별도로 두지 않아 선유(先儒)들께서도 이 설찬도(設饌圖)를 택하여 상제(喪祭)에 집람(輯覽) 비요(備要) 편람(便覽) 등 서(等書)가 모두 반우갱좌(飯右羹左)의 진설(陳設)은 택하였으며 다만 가례보의(家禮補疑)에서 우제(虞祭) 반갱(飯羹) 진설(陳設)을 반좌갱우(飯左羹右)로 진설(陳設)을 하고 있습니다.

●曲禮凡進食之禮左殽右胾食居人之左羹居人之右註胾骨剛故左肉柔故右飯左羹右分燥濕也
●沙溪曰羹居東飯居西恐是出於當時俗禮書儀從之而家禮未之改故歟然當依家禮左設不可有異議
●家禮補疑按特牲饋食禮疏明言士虞禮羹在右與生人同家禮本文亦曰設如朔奠儀
●備要虞祭進饌條奉羹飯從升至靈座前羹奠于醋楪之東飯奠于盤盞之西
●尤菴曰沙溪之說主於家禮家禮乃損益古今而爲之定制者故沙溪以爲不可有異議耳
●鏡湖曰大羹之設特牲則用神禮而在薦北是在左而爲左設矣士虞則象生人而在銏南是在右而爲右設矣此爲吉凶不同故疏說如此今當據此二禮喪祭則當右羹羹右則飯不得不左矣時祭諸禮則皆當左羹羹左則飯不得不右矣家禮虞祭陳饌雖無明文此旣曰設如朔奠則初喪朔奠尚用象生之禮其飯左羹右明矣此非右設之明文乎備要所載沙溪所論並從時祭而左設恐失儀禮及家禮之旨矣但祔祭則士虞記旣有如饋食之文則似當自此用神禮而左羹矣然家禮猶云並同虞祭是可疑也

▶514◀◆問; 상식은 언제까지.

장례 후 상식(上食)은 언제까지 올려야 하나요?

◆答; 상식(上食).

삼년상(三年喪)을 마치고 신주(神主)를 궤연(几筵)에서 사당(祠堂)으로 들여 모시기 전까지입니다.

●沙溪曰三年內上食象生時左飯右羹爲是

▶515◀◆問; 상장례 시 집례자와 복인들이 언제부터 절을 하는지.

3 일장을 기준하면 수시 후 전(주과포 등)을 올리고, 1 일차 아침이나 저녁에 국과 밥 등을 포함 전을 올리고, 2 일차 아침과 저녁에 전을 올리고(2 일차 주간에 입관), 3 일차 아침에 전을 올리고 천구하여 발인하고 운구하는 것으로 이해하고 있습니다. 또한 아침과 저녁에 올린 전은 국과 밥은 물리고 다른 찬은 그냥 두었다가, 다음

전 올릴 때 물리는 것으로 이해하고 있습니다.

1. 영연고사는 입관 이후에 조전 시에 영좌에 고하고 묘지조성을 하러 갔으나, 요즈음의 3 일장에는 일정이 맞지 않아서, 2 일차 저녁 전을 올릴 때 영연고사를 하였으면 하는데 예의에 어긋나지 않는지요. 이 때 집례자가 분향 헌주하고 고하고 재배하려고 하는데 이 또한 예의에 어긋나지 안는지요.

* 묘지조성 전에 산신제와 고선영 고선장을 해야 하는데, 묘지 준비여건상 이 또한 2 일차 주간에 가능합니다.

2. 3 일차 아침에 집례자가 조전을 올리고, 분향 헌주하고, 조전축(영천지례 영신불류 금봉구거 식준조도) 재배하고, 복인은 곡하는 것으로 하려는 데 이 또한 예의에 어긋나지 않는지요.

3. 3 일차 조전을 물리고 천구하여 영구차에 모신 뒤, 주과포 등을 올리고 주상이 분향재배하고 헌주 후에 견전고사를 하고 주상이 재배하고 복인 들은 곡하고, 조객이 문상(분향, 재배)하고, 구행(柩行) 하려고 하는데 이 또한 예의에 어긋나지 않는지요.

4. 주상 이하 복인들은 언제부터 영좌에 절을 하는지 궁금합니다. 가급적이면 예서를 현실에 맞게 적용 하려고 합니다. 많은 가르침 부탁 드립니다.

◆答; 복인들이 언제부터 절을 하는가.
問; 1. 答; 삼개월장(三個月葬)이나 삼일장(三日葬)이나 관계없이 산역(山役; 開塋域)하러 가게 되면 산신제(山神祭)를 지내고 또 같은 산(山)에 선조(先祖)가 계시면 선대(先代) 묘(墓)에 고하고 또 합장(合葬)을 하게 되면 합장(合葬)할 묘(墓)에 고(告)한 뒤 광중(壙中)을 짓기 시작하고 주인은 돌아와 영좌전(靈座前)에 곡재배(哭再拜)할 뿐입니다.
問; 2. 答; 조전(祖奠)은 발인(發引) 전날 신시(申時)(오후 7~8시경)에 지내게 됩니다. 물론 복인(服人)들은 절을 합니다.
問; 3. 答; 상전(喪奠)에는 주인이 친전(親奠)하지 않고 축관이 집전(執奠)합니다.
問; 4. 答; 아래와 같이 살펴보건대 영좌(靈座)를 설치하고 명정(銘旌)을 세우고 난 뒤 적객이 와 있으면 분향재배를 하고 이때 주인은 절을 하지 않으며 소렴(小殮)을 마치고 올리는 소렴전(小殮奠)에서 처음으로 복이 절을 하게 됩니다.

[가급적이면 예서를 현실에 맞게 적용 하려고 합니다.] 라는 생각이시라면 아래 2728번과 본 질문은 피차 공염불이 됩니다. 다만 본 난을 접근하신 불특정 다수의 유학인을 위하여 정답 게시가 불가피한 것임을 이해하여 주시기 바라며, 실 적용의 여부는 당자들의 의지에 맡겨지는 것입니다.

아래와 같이 살펴보건대 견전의 자리에는 부인은 참여하지 않으며 설찬(設饌) 등은 집사자가 하나 집전(執奠)은 축(祝)이 행하며 견전(遣奠)에도 절을 하고 부인(婦人) 중 집에 남을 이들은 출상(出喪)하면 나와 곡재배(哭再拜)하고 들어갑니다.

▶516◀◆問; 상전(喪奠)과 절사(節祀)와 제례(祭禮)의 헌작의 법도가 다른 까닭은?
상전(喪奠)과 절사(節祀)와 제례(祭禮)의 헌작의 법도가 다른 까닭이 궁금합니다.

◆答; 상전(喪奠)과 절사(節祀)와 제례(祭禮).

○상전(喪奠)에 효자가 헌주하지 않는 것은 아래와 같이 살펴보건대 비애사모지심(悲哀思慕之心)이라 황망하여 그럴 겨를이 없어 집사가 행하고,

○절사(節祀)에 주인이 직접 헌작하는 것은 애경지심(愛敬之心)에서이고,

○제례(祭禮)에 주인과 집사들이 예를 갖추어 행하는 것은 여유가 있어 그와 같이 행하게 됩니다.

●退溪曰參節文略故自斟爲盡愛敬之心祭則有許多自行節文足以盡愛敬之心雖非自斟亦可

●通典主人不奠以孝子悲哀思慕不暇執事

●檀弓註喪奠主人悲哀不暇執事故不親奠國君之喪諸臣斬衰者奠大夫則兄弟之服齊衰者奠士不以齊衰者奠避大夫也

●同春曰葬前喪人不澡潔前喪饋奠不可親行惟立於位而哭使子弟奠酌似宜

●退溪曰執奠子弟之職子弟有故寧親執可也

●寒岡曰喪主洗手親奠決不可也無族人執事則令行者可以代奠內喪則令婢子可以代之

●尤庵曰主人自行則略自澡潔或無妨據此如不得已而親奠則面雖凃墨手自澡潔恐不害爲權宜之道耶

▶517◀◆問; 상중에 상식을 성복 이후에 올리는 이유는?

상중에 상식을 성복 이후에 올리는 것으로 알고 있습니다. 헌데 성복 전까지 고인은 굶어야 하느냐며 그런 예법은 없다 하십니다. 소유한 예서(주자가례국역본)에 보아도 연유는 나와있지 않아서 가르침을 받고자 합니다. 성복 이후 상식을 올리는 이유는 무엇입니까?

◆答; 상식을 성복 이후에 올리는 이유는.

과거의 상중에는 성복을 4일째에 하였습니다.

첫째 날에 운명하면 상주 및 호상을 세우고 부고하고 습하고 등등을 하고 전(奠)을 올리고 영좌 혼백 명정 등을 만듭니다.

둘째 날에 소렴이고,

셋째 날에 대렴이고,

4일째에 성복을 합니다. 성복 후부터 주인을 비롯한 형제들은 죽을 먹기 시작합니다. 성복 때부터 비로 소 상식을 올리기 시작합니다.

분명한 것은 상식은 성복 후에 올리지만 그 이전에도 조석에 올리는 전이 존재한다는 것입니다. 상식은 식사시간에 맞춰 올리지만 전이라는 것은 음양이 교체하는 시간, 즉 새벽과 저녁에 모신다는 점이 다릅니다.

●問人有父母喪未畢而死則其成服前父母朝夕祭當廢否以生人言之父母於子無三日不食之禮廢之未安而亦有喪家三日不舉火之文如何愚伏曰君薨取廟主註象生者爲凶事而聚集也以此推之則未殯前朝夕上食不得已當廢之

●退溪曰上食所以象平時也死喪大變之初死者魂氣飄越不定生者被括哭擗無數此時只設奠以依神則可矣上食以象平時非所以處大變也當是時生者三日不食亦爲是也而今之儀註於小斂前已有上食之文恐失禮意

●沙溪曰五禮儀襲下有始設朝夕奠及上食之文而禮經及家禮則成服之日始設當從禮經

▶518◀◆問; 상중 의례 중 상식에 대하여.

상중에 상식을 올릴 때 메와 갱의 위치와 시저의 위치는 어디에 두는지? 기제사는 고인의 기준으로 볼 때 메는 오른쪽, 갱은 왼쪽으로 놓고, 시저(순가락과 젓가락)는 시접에 놓는데 고인의 기준으로 볼 때 순가락은 왼쪽, 젓가락은 오른쪽으로 알고

있습니다. 정확한 답변을 부탁 드리겠습니다.

◆答; 시저갱반(匙箸羹飯).

상삼년내(喪三年內)는 생시와 같이 우(右) 시저(匙箸) 중(中) 갱(羹) 좌(左) 반(飯).

●疑禮問解卒哭條問時祭陳饌飯右羹左而喪內陳饌未見明文或以爲三年內象生時飯左羹右爲是(云云)答陳饌飯右羹左未知其意參年內上食則象生時左飯右羹爲是(云云)

▶519◀◆問; 어디까지가 '전'인지요?

장사 기간 동안 여러 차례의 전을 올리는데 어느 제사(전)까지가 '전'이고 어느 제사부터가 반갱을 진설하는 제사로 구분되는지 궁금합니다. 전(奠)'에는 반갱(飯羹)을 진설하지 않는다면 '상식'에는 주, 과, 포 등은 진설하지 않고 생전에 진지상을 차리듯 올리면 되는 건지도 궁금합니다.

◆答; 어디까지가 '전'인가.

초상(初喪) 중 첫 시사전(始死奠)(사상례/가례; 습전)을 비롯하여 제주전(題主奠)(세속(世俗) 혹(或) 봉건제(封建制))까지가 전(奠)의 예가(禮家) 되고, 상식시(上食時)는 기 전상(奠床)에서 술잔만 비우고 생전(生前) 평시(平時)대로 반갱(飯羹)과 찬을 갖추어 올립니다.

●陶庵曰古禮有始死奠而家禮則有襲奠
●士喪記燕養饋羞湯沐之饌如他日註燕養平常所供養也饋朝夕食也羞四時之珍異湯沐
●便覽食時上食條如朝奠儀(註)但徹酒不徹奠設上食饌品及匕筯楪斟酒啓飯蓋扱匕正筯食頃徹羹進熟水小間徹

▶520◀◆問; 일포시(日晡時)란?

발인 전날 밤에 지내는 " 포시고사 " 가 있다는데 혹시 포시고사 축문 좀 알 수 없나요. 부탁 드립니다.

◆答; 일포시(日晡時).

포(晡)는 신시(申時)와 동의(同意)이나 가례(家禮)에서의 일포시(日晡時)라 함은 해질 무렵으로 이해되어야 할 것입니다. 까닭은 하지(夏至)와 동지(冬至)의 해지는 시각이 다르기 때문입니다.

●漢書天文志趺爲稷趺至晡爲黍晡至下晡爲叔下晡至日入爲麻欲終日
●康熙字典晡玉篇申時也
●南齊書垣崇祖傳至日晡時
●家禮治葬篇日晡時設祖奠
●杜詩絶島容煙霧環洲納曉晡

▶521◀◆問; 일포전(日晡奠)에 대하여?

여러 선생님들 안녕하십니까? 올해는 날씨가 추워서 그런지 고향의 친구 부모님들이 많이 돌아가셨습니다. 고향에 조문을 가면서 느낀 것인데, 제 고향(제주도)에서는 발인일 바로 전날을 "일포날"이라고 하고, 이날 오후 3 ~5 시(日曙時)사이에 조전(祖奠)을 올리는데, 음식은 조전(朝奠)과 같이 차리며, 이 때 지내는 제를 일포제(日曙祭)라고 합니다.

그리고, 일포날에 손님을 받으며, 제 고향에서는 상이 났을 때, 발인 일이 언제냐고 묻기 보다는 일포 날이 언제냐고 묻는 게 통상적이며 이날을 매우 중요시 생각합니다. 일포제 날의 일포제 축은 다음과 같습니다.

◆日哺祭祝(祖奠告辭式)
永遷之禮 靈辰不留 今奉柩車 式遵祖道

그런데 궁금한 것은, 여기 육지에서는 일반사람들의 경우 일포날이나 일포제라는 말을 하게 되면 무슨 말인지 전혀 알아듣지 못하는 경우가 대부분입니다.

육지(제가 과문하여 적어도 제 주변에서는)에서 일포제라는 말을 들어본 적이 없는데, 육지에서는 일포제라는 말을 사용하지 아니하는 것인가요?
오름 배상~

◆答; 일포전(日哺奠).
원 전명(奠名)은 조전(祖奠)입니다. 조전(祖奠)은 견전(遣奠) 전날 신시(申時)에 지내는 한 조목의 전(奠)으로 일포 시(日哺時)에 지낸다 하여 일포전(日哺奠)이라 달리 칭할 수 있는데 젊은이들에게는 생소할 수도 있을 것입니다.

●問解哺申時也
●漢書臨江王傳黃帝之子累祖好遊而死於道故後人祭以爲行神祖祭因饗飮也
●白虎通好远遊舟車所至足跡所達靡不窮覽故祀以爲祖神註祖者徂也卽行之義也
●檀弓祖者且也註且迁柩爲將行之始
●書儀祖奠條祖奠酒饌如殷奠其日哺時
●家禮治葬篇日哺時設祖奠條饌如朝奠祝斟酒訖北向跪告曰云云

▶522◀◆問; 전(奠)과 祭.
성복제(成服祭)는 성복례(成服禮)가 옳고 발인제(發靷祭)는 견전(遣奠)이 옳다는 말씀 잘 배웠습니다.

전(奠)은 우제전(虞祭前)의 의식(儀式)이라고 여기서 본(本) 것 같은데 제주제(題主祭) 반혼제(返魂祭) 성분제(成墳祭)는 어떻게 불러야 하는지요? 혹시 전(奠)이 매장(埋葬)이전의 의식(儀式)인가요?

◆答; 전(奠)과 제(祭).
상례(喪禮)에서 초종(初終)부터 치장(治葬)까지의 의식(儀式) 모두를 전(奠)이라 칭하고, 우제(虞祭)와 길례(吉禮)의 기제 포함 모든 의식을 제사라 합니다.

●檀弓下; 奠以素器以生者有哀素之心也(孔穎達疏)奠謂始死至葬之時祭名以其時無尸奠置於地故謂之奠也

▶523◀◆問; 전(奠)에 대하여.
전(奠)은 구체적으로 어떻게 하는 것이며 제사와 다른 점을 알려 주십시오.

◆答; 전(奠)에 대하여.
전(奠)은 아래와 같이 살펴보건대 상중(喪中) 반곡전(反哭前)까지의 예(禮)로서 주인(主人)이 직접(直接) 집전(執奠)하지 않고 축(祝)의 집전(執奠)으로 참강(參降)이 없으며 소기(素器)에 포해(脯醢)와 찬수품(饌數品) 진설(陳設) 분향(焚香) 짐주(斟酒) 후 재배(再拜)일 뿐입니다.

●釋名釋喪祭篇喪祭曰奠奠停也言停久也亦言樸奠合體用之也朔望祭曰殷奠所用殷衆也

既葬還祭於殯宮曰虞謂虞樂安神使還此也
●通典主人不奠以孝子悲哀思慕不暇執事
●問行者執奠退溪曰執奠子弟之職子弟有故寧親執可也
●問葬前使祝奠禮也而當祝之人不在則喪人洗手而親奠乎或使兄弟中一人梳洗而奠之乎
或使行者奴婢爲之是果合禮乎寒岡曰族屬鮮少之家例有此患喪主洗手親奠決不可也兄弟
中一人亦難梳洗無族人執事則令行者可以代奠內喪則令婢子可以代之
●同春問三年內殷奠無參降何歟沙溪曰孝子常侍几筵故不爲參降也
●南溪曰朔奠上食設於食床羹當置於匙楪之內皆象生時之義也○又曰家禮旣曰朝奠儀則
只焚香斟酒再拜哭盡哀而已
●退溪曰朔望奠在禮亦無三獻
●密庵曰家禮束茅聚沙始見虞祭章朝夕奠上食時恐不必設
●劉氏璋曰凡奠用脯醢者盖古人家常有之如無別具饌數品亦可
●檀弓奠以素器
●旣夕禮猶朝夕哭不奠疏反哭至殯宮猶朝夕哭如前不奠

▶524◀◆問; 奠에 대하여.
상(喪)의 예(禮)에는 전(奠)이 있고 제사(祭祀)가 있다고들 합니다.

問; 1. 전(奠)이란 무엇입니까.
問; 2. 전(奠)은 제사(祭祀)가 아니 라고 합니다. 맞는지요. 감사합니다.

◆答; 전(奠)이란.
問; 1 答; 전(奠)은 초종(初終) 중(中)의 예(禮)로서 시사지장지시제명(始死至葬之時
祭名) 즉(卽) 처음 죽어서 장사(葬事) 때까지 주인(主人)이 아닌 축관(祝官)이 지내
는 예입니다.

問; 2. 答; 전(奠)은 상사(喪事)에서 우제(虞祭) 전(前)까지의 예로 반갱(飯羹)이 진설
(陳設)되지 않는 주인(主人)이 아닌 축관(祝官)이 지내는 예(禮)이나, 제사(祭祀)는
반갱(飯羹)이 진설(陳設)되는 주인(主人)의 예(禮)이니 전(奠)은 제사가 아닙니다.

●檀弓下;奠以素器以生者有哀素之心也(孔穎達疏)奠謂始死至葬之時祭名以其時無尸奠
置於地故謂之奠也
●齊竟陵文宣王行狀; 遣大鴻臚監護喪事朝夕奠祭
●通典; 主人不奠以孝子悲哀思慕不暇執事
●檀弓; 始死未容改異故以生時庋上所餘脯醢爲奠也
●書儀或無脯醢食物一兩種幷酒可也
●便覽小斂奠諸具饌條; 脯醢果蔬之類
●問葬前使祝奠禮也而當祝之人不在則喪人洗手而親奠乎或使兄弟中一人梳洗而奠之乎
或使行者奴婢爲之是果合禮乎寒岡曰族屬鮮少之家例有此患喪主洗手親奠決不可也兄弟
中一人亦難梳洗無族人執事則令行者可以代奠內喪則令婢子可以代之
●祭統; 祭者所以追養繼孝也
●穀梁傳成公十七年; 祭者薦其時也薦其敬也薦其美也非享味也
●莊子盜跖; 罷兵休卒收養昆弟共祭先祖

▶525◀◆問; 전(奠)에 대하여.
앞에 문답 중 성복 후 상식이고 성복 전엔 전을 드린다는데 전은 언제 어떻게 드리
는 것인지 구체적인 예를 들어 알려주시면 합니다.

◆答; 奠에 대하여.

아래와 같이 살펴보건대 상중(喪中) 전례(奠禮)는 9 회 정도 됩니다. 국조오례의(國朝五禮儀) 전례(奠禮)에는 임광전(臨壙奠)의 예가 더 있기는 합니다.

성복전(成服前)의 전례(奠禮)로는 시사전(始死奠), 습전(襲奠; 異日襲時), 소렴전(小斂奠), 대렴전(大斂奠) 등(等)을 지내며 그에 따른 예법 등에 관하여는 관리자 선생께서 여러 가지 예를 들어 자세히 설명되었으니 생략합니다.

⊙始死奠(士喪禮)= 습전(襲奠).

●陶庵曰古禮有始死奠而家禮則有襲奠備要仍之蓋以襲在當日故也今或襲斂過期甚或至於多日其間全無使神憑依之節豈非未安之甚者乎玆依古禮移置于此如無閣餘酒脯之屬雖別具亦可且一日一奠誠不忍廢若累日未襲者每日一易爲當

●國朝喪禮補編傳曰奠當在復後五禮儀中載於襲後者進係於復條下至小斂始徹

●便覽本註執事者以卓置脯醢升自阼階祝盥手洗盞斟酒奠于尸東當肩

●曾子問註凡喪奠主人以悲哀不暇執事故不親奠

●檀弓始死之奠其餘閣也疏始死奠者鬼神依於飲食故必有祭酹但始死未容改異故以生時庋閣上所餘脯醢爲奠也又曰奠始死至葬時之祭名以其時無尸奠置於地故謂之奠

●書儀或無脯醢食物一兩種幷酒可也

⊙襲奠(行禮始死奠同)

●士喪禮疏始死奠反之於尸東因名襲奠

●陶庵曰家禮此奠卽古禮之始死奠旣從古禮則此奠不設爲宜故本註則移置於上文始死奠下而襲在經宿則依家禮設此奠無妨但旣是小斂之日則自有小斂奠此奠自當闕之

⊙小斂奠

●便覽本註祝執事者盥手擧饌升自阼階至靈座前(徹襲奠設新奠)祝焚香洗盞斟酒奠之卑幼皆再拜侍者巾之

●檀弓奠以素器以主人有哀素之心註除金銀酒器外盡用素器

⊙大斂奠

●便覽如小斂之儀

●士喪禮乃奠燭升自阼階祝執巾席從設于奧東面註自是不復奠於尸祝執巾與執席者從入爲安神位執燭南面巾委於席右疏巾委於席右以巾爲神故也○又奠席在饌北註大斂奠而有席彌神之也

⊙朝夕奠

◆朝奠

●家禮本註執事者設蔬果脯醢祝盥手焚香斟酒主人以下再拜哭盡哀

●檀弓朝奠日出夕奠逮日註陰陽之交庶幾遇之

●旣夕禮疏朝奠須日出夕奠須日未沒者欲得父母之神隨陽而來也

●問行者執奠退溪曰執奠子弟之職子弟有故寧親執可也

●問葬前使祝奠禮也而當祝之人不在則喪人洗手而親奠乎或使兄弟中一人梳洗而奠之乎

◆夕奠

●便覽如朝奠儀

●密庵曰朝奠前先朝哭乃設奠夕奠前先夕哭乃設奠

⊙吊奠

●家禮本註賓入至靈座前哭盡哀再拜焚香跪酹茶酒俛伏興護喪止哭者祝跪讀祭文奠賻狀於賓之右畢興賓主皆哭盡哀賓再拜

⊙祖奠
●家禮本註饌如朝奠祝斟酒訖北向跪告曰(云云)俛伏興餘如朝夕奠儀
●丘儀主人以下就位擧哀哀止祝盥帨詣靈座前跪焚香斟酒告辭曰云云俯伏興平身主人以下且哭且拜

⊙遣奠
●家禮本註饌如朝奠有脯惟婦人不在奠畢執事者徹脯納苞中置舁牀上
●通典賀循曰大奠者加於常一等盛葬禮也是謂遣奠今雖不能備禮宜加於常奠以盛送終也
●沙溪曰遣奠無哭拜蒙上文豈有設奠而無哭拜乎

⊙題主奠
●便覽本註祝炷香斟酒執板出於主人之右跪(主人亦跪)讀(云云)畢懷之興復位主人(以下)再拜哭盡哀止
●頤庵曰家禮題主不別設奠只於題了令炷香斟酒讀祝纔畢奉以升車其意可知也而世俗不能浚究仍設別奠以爲大禮豈非昧義理哉
●沙溪曰家禮無別設饌之文而五禮儀有題主奠今俗或用之
●國朝五禮儀祝盥手詣香案前北向跪三上香斟酒奠于案(連奠三盞)俯伏興少退跪於主人之右讀祝文曰(云云)畢懷之興復位主人再拜哭盡哀止祝捧神主陞車
●澤堂曰題主設奠本無禮文但奠一爵讀祝告以神返室堂之意是憑是依之下無謹告尙饗等語則其非祭奠明矣

▶526◀◆問; 전(奠)에 대한 질문입니다.
안녕하십니까. 초상(初喪)을 당하여 처음 올리는 전(奠)의 예법은 어떠한지요. 제사(祭祀)와 같이 차려야 하는지요.

◆答; 전(奠)에 대하여.
시전(始奠)은 아래와 같이 살펴보건대 습(襲) 후 올린다 하여 습전(襲奠)이라고도 하며, 단궁(檀弓)에서 이르듯 시사전(始死奠)이라기도 합니다.

상차림은 포해(脯醢)로 두 가지를 넘지 않으며 단잔(單盞)일 뿐으로 용기(用器)는 길기(吉器; 생시 사용하는 그릇)를 사용하고, 축관이 집전(執奠), 헌잔(獻盞) 합니다.

●家禮喪禮初終○旣絕乃哭○復○立喪主○主婦○護喪○司書司貨○乃易服不食○治棺○訃告于親戚僚友○沐浴 襲 奠 爲位 飯含○陳襲衣○乃沐浴○襲○徙尸牀置堂中間○乃設奠條執事者以卓子置脯醢升自阼階祝盥手洗盞斟酒奠于尸東當肩巾之
●檀弓始死之奠其餘閣也歟(註)脯醢爲奠也
●士喪禮奠脯醢醴酒升自阼階奠于尸東(註)鬼神無象設奠以憑依之疏小斂一豆一籩大斂兩豆兩籩此始死亦無過一豆一籩而已醴酒雖俱言用其一不並用以其小斂酒醴俱有此則未具是其差
●書儀古人常畜脯醢故始死未暇別具饌但用脯醢而已今人或無脯醢但見有食物一兩種並酒可也
●士喪記卽牀而奠當膞用吉器(註)用吉器器無變也

▶527◀◆問; 전(奠)에 대해 궁금.
전에 대한 두 분의 답 글 감사 드립니다. 염치불구하고 궁금 한 것은 깨어날지 모르니까 24 시간 전에는 염(성복)을 하지 않으며 염(성복)후부터는 조석으로 상식(식사상)을 올리는데,
1. 성복 시까지 올리는 전은 밥과 술 과일 포 등 어떤 것을 상에 차려 어데다 놓

고 절을 하는 것인지 아닌지 구체적인 행동요령을 알고 싶으며,

2. 사자 밥을 차려 놓는 것에 대하여도 설명 부탁 올립니다.

◆答; 전(奠)에 대해 궁금.

問 1. 答; 아래와 같이 살펴보건대 습전(襲奠)의 찬품(饌品)은 주포해로 시신(屍身)의 동(東)으로 어깨부분쯤에 설전(設奠)하고 소렴전(小斂奠)부터는 찬품(饌品)은 주과포해과소(酒果脯醢果蔬)로 영좌(靈座) 전(前)에 설전합니다.

問 2. 答; 사자(使者)밥의 예법(禮法)은 유가(儒家)의 예법(禮法)도 아니고 불가(佛家)의 예법(禮法)도 아닌 상 싶습니다. 다만 속례(俗禮)(혹 무속)로 행하여짐 같습니다. 유가(儒家)의 예법이 아니니 알지를 못합니다.

●檀弓始死未容改異故以生時庋上所餘脯醢爲奠也
●書儀或無脯醢食物一兩種幷酒可也
●土喪禮疏奠設于尸東(便覽當肩)者以其始死未忍異於生也
●土冠禮疏薄析曰脯乾肉也說文醢肉醬
●便覽小斂奠諸具饌條脯醢果蔬之類
●便覽小斂奠條祝帥執事者盥手擧饌升自阼階至靈座前

▶528◀◆問; 조전(祖奠)에 대하여?

안녕 하십니까. 오래간만입니다. 올해는 더위가 대단한데 건강은 잘 지키시겠지요. 다름이 아니옵고 모 예서를 보다 의심 나는 대목이 있어 또 여쭙습니다. 초상 때 견전(遣奠) 전날 해질 무렵에 조전(祖奠)을 지낸다 하는데 조상님에게 올리는 전(奠)인지요. 이미 관(棺)이 사당에는 다녀온 뒤인데 또 조상에게 전(奠)을 올린다는 것이 이해가 되지 않습니다. 어떻게 이해하여야 옳겠는지요. 바른 가르침 주시기 바랍니다. 더위에 대단히 죄송합니다.

◆答; 조전(祖奠).

조전(祖奠)의 조(祖)자는 조상이라는 의미가 아니고 길신(道神)祭를 뜻합니다. 지난날에는 길 떠날 일이 있으면 먼저 길신에게 제사를 지내고 떠나는 예가 있어 상사(喪事)에서 발인 전날 신시(申時; 15시~17시)에 길신에게 드리는 전(奠)을 말합니다.

●史記五宗世家;榮行祖於江陵北門(註)索隱曰祖者行神行而祭之故曰祖也風俗通云共工氏之子曰修好遠遊故祀爲祖神
●儀禮既夕禮;有司請祖期(鄭玄注)將行而飲酒曰祖(賈公彦疏)此死者將行亦曰祖爲始行故曰祖也
●左傳昭公七年;公將往夢襄公祖(注)祖祭道神
●性理大全喪禮治葬日晡時設祖奠;饌如朝奠祝斟酒訖北向跪告曰永遷之禮靈辰不留今奉柩車式遵祖道俛伏興餘如朝夕奠儀

13 성복(成服)

▶529◀◆問; 굴건제복(屈巾祭服)에 대하여.

1. 미혼자나 미성년자라도 상주가 되는데 나이에 따라서 상복이 다를 거라 생각됩니다. 너무 어린 나이에 굴건 제복을 하기도 곤란할 것인데 나이와 미혼자와 기혼자의 굴건제복을 하는데 구별이 있으면 설명해 주세요.

2. 장남과 차남이 다같이 성인이고 장남은 기혼이면 굴건제복을 해야 하지만 차남은 미혼인 되도 굴건제복을 하는 것이 마땅한지 아니면 구분이 있는지요 예서에는 구분이 있는 것으로 알고 있습니다만 상복과 굴건 장기 부장기 중 무엇으로 구분

합니까.

3. 차남의 미성인으로 미혼자일 경우도 설명 부탁합니다.

◆答; 미성인 복제(服制).

주인형제 모두 미혼이거나 주인은 실(室)이 있다면 성인과 같이 모두 성복을 하고 8세 미만인 미성인은 굴건과 상장을 짚지 않습니다.

●庾蔚之曰禮稱童子不一愚謂當室是八歲以上及禮之人以其當室故與成人同射慈以爲未八歲者服其近屬布深衣或合禮意
●喪服斬衰傳疏童子不杖不菲則直有總裳絰對而已
●備要禮童子八歲以上乃爲成服○按記曰童子不冠今俗或加巾絰非禮也○喪服疏童子不杖此庶童子也問喪云

▶530◀◆問; 미혼자의 상복에 대해 궁금합니다.

1. 미혼자의 상복에 대해 궁금합니다. 혹자는 굴건 제복을 입고 부장기라 하는 사람도 있고, 또는 제복을 입고 건은 쓰지 않고 포건(布巾)과 수질을 하고 장기를 한다고 하는데 정확한 전통예절에서의 미혼자의 남녀 상복에 대하여 상세히 알려주시기를 부탁합니다.

◆答; 미성년자의 상복.

○동자복(童子服).

팔세(八歲) 이상이면 성복일(成服日)에 성복을 시킨다. 동자(童子)는 굴건(屈巾)을 쓰지 않는다. 적자는 단문하고 상장을 집고 그 외는 상장(喪杖)을 짚지 않는다. 그런데 지금 세속에서는 혹간 건과 수질을 씌우는데 이는 예(禮)가 아니다.

○동자 복식(童子服式)
●備要禮童子八歲以上乃爲成服○按記曰童子不冠今俗或加巾絰非禮也
●喪服疏童子不杖此庶童子也問喪云童子當室則免而杖矣謂適子也當室童子雖穉少以衰抱之且有杖矣
●喪服小記女子子在室爲父母其主喪者不杖則子一人杖註以無男昆弟而使同姓爲攝主也
●玉藻童子無總服唯當室總童子哭不偯不踊不杖不菲不廬
●戴德曰禮不爲未成人制服者爲用心不能一也其能服者亦不禁不以制度唯其所能勝
●譙周曰童子小功以上皆服本親之衰
●庾蔚之曰禮稱童子不一愚謂當室是八歲以上及禮之人以其當室故與成人同射慈以爲未八歲者服其近屬布深衣或合禮意
●或曰凡服必相報長者於童子有三殤遞減之制則童子於長者亦當遞減其服更詳之
●喪服斬衰傳疏童子不杖不菲則直有總裳絰對而已

▶531◀◆問; 복제.

어느 상가에서 외숙모 복에 대하여 혹자는 외숙모 복은 이모부와 고모부와 같이 복이 없다 하고 혹자는 있다고 논란이 있어 상례 집을 보니 "국제시"로 되여 있는데 어느 주장이 맞는지요? - 외숙이 양자일 경우 그 외숙모의 복은? 그리고, 상례(喪禮) 집에 "삼부팔모(三父八母)복"중 "자모" "가모" "출모"는 어떻게 구분되는지요? 고견을 부탁 드립니다.

◆答; 복제.

외숙모(外叔母)의 복(服)은 나라에서 시마(總麻)로 정함이 있어 국민들도 시마 3 월

복을 입고 외숙모(外叔母) 역시 생질(甥姪)에게 3 월복을 입어 줌.

○자모(慈母); 첩이 부명(父命)으로 젖을 먹여 기워준 어머니로 살아서는 생전 봉양하고 죽으면 친모와 같이 삼년상을 입습니다.

○가모(嫁母); 아버지가 죽어 개가한 어머니.

○출모(出母); 쫓겨난 생모.

●便覽成服總麻;[國制]爲舅之妻(沙溪)曰甥爲舅妻旣有服則舅妻當爲之報

●儀禮喪服;慈母如母傳曰慈母者何也傳曰妾之無子者妾子之無母者父命妾曰女以爲子命子曰女以爲母若是則生養之終其身如母死則喪之三年如母

●後漢書淸河孝王慶傳;蓋庶子慈母尙有終身之恩豈若嫡后事正義明哉

●家禮喪禮齊衰杖期;有子爲嫁母服制

●元典章禮部三嫁母;嫁母父亡母改嫁適人者

●檀弓上;孔氏之不喪出母自子思始也

●焦氏笔乘孔氏不喪出母;子思不令其子喪出母曰爲伋也妻則爲白也母不爲伋也妻則不爲白也母

▶532◀◆問; 복제법(服制法)

대공 소공에 대해서 잘 아시는 분은 좀 알려 주십시오.

◆答; 복제법(服制法)은.

대공 소공복은 아래와 같습니다.

○大功九月

服制同上但用稍粗熟布無負版衰辟領首絰五寸餘腰絰四寸餘其正服則爲從父兄弟姊妹謂伯叔父之子也爲衆孫男女也(備要孫女已嫁被出同爲庶孫承重者適子在爲長孫支子爲適孫同)其義服則爲衆子婦也(便覽長子不當斬之妻出後子婦同○增解按繼母亦同又按禮妾爲君之黨與女君同則庶母之爲君衆子婦亦同)爲兄弟子之婦也爲夫之祖父母(備要繼祖母同)伯叔父母兄弟子之婦也夫爲人後者其妻爲本生舅姑也(備要爲同母異父之兄弟○姊妹旣嫁相爲服)

○대공(大功)은 구월 복이다.

상복 짓는 법은 위와 같다. 다만 조금 거친 숙포로 짓되 부판(負版)과 최(衰) 그리고 벽령(辟領)이 없으며 수질의 굵기는 다섯 치 남짓이며 요질은 네 치 남짓이다.

○복 입는 법.

○정복(正服)은 종형제자매를 위한 복이며 적손을 제외한 손자손녀에 대한 복이다. 손녀가 이미 출가를 하였다 되돌아왔으면 같다. 적존을 제외한 여러 손에 대한 복이며 승중(承重)한 적자(嫡子)가 살았는데 장손(長孫)을 위한 복이며 지자(支子)가 적손(適孫)을 위한 복도 같다.

○의복(義服)으로 적장자부를 제외한 여러 자부를 위한 복이며 형제들의 자부를 위한 복이다. 남편의 조부모를 위한 복이며 계조모 역시 같다. 남편의 백숙부모를 위한 복이며 남편 형제의 자부를 위한 복이다. 양자 된 자의 처가 본생 시부모를 위한 복이며 어머니는 같으나 아버지가 다른 형제자매의 복이다. 자매가 이미 출가를 하였을 때 서로 입는 복이다.

○小功五月

服制同上但用稍熟細布冠左縫(增解喪服傳疏大功以上哀重其冠三辟積鄕右從陰小功總麻哀輕三辟積鄕左從陽)首絰四寸餘腰絰三寸餘其正服則爲從祖祖父從祖祖姑謂祖之兄弟姊妹也爲兄弟之孫爲從祖父從祖姑謂從祖祖父之子父之從父兄弟姊妹也爲從父兄弟之子也爲從祖兄弟姊妹謂從

祖父之子所謂再從兄弟姉妹者也爲外祖父母謂母之父母也(便覽喪服傳出妻之子爲外祖父母無服)爲
舅謂母之兄弟也爲甥也謂姉妹之子也爲從母謂母之姉妹也(備要女爲姉妹之子外親雖適人不降)爲同
母異父之兄弟姉妹也其義服則爲從祖祖母也爲夫兄弟之孫也爲從祖母也爲夫從兄弟之子
也爲夫之姑姉妹適人者不降也女爲兄弟姪之妻已適人亦不降也爲娣姒婦謂兄弟之妻相名
長婦謂次婦曰娣婦娣婦謂長婦曰姒婦也庶子爲嫡母之父母兄弟姉妹嫡母死則不服也(便覽小
記爲母之君母母卒則不服)母出則爲繼母之父母兄弟姉妹也(便覽虞氏曰雖有十繼母當服次其母者之黨○增解服
問傳曰母出則爲繼母之黨服母死則爲其母之黨服爲其母之黨則不爲繼母之黨服)爲庶母慈已者謂庶母之乳養
已者也爲嫡孫若曾玄孫之當爲後者之婦其姑在則否也爲兄弟之妻也爲夫之兄弟也(備要補服
(婦)姑爲嫡婦不爲舅後者按儀禮從子婦大功衆子婦小功魏徵奏議升衆子婦爲大功今嫡婦不爲舅後者與衆子婦同則亦當同升
爲大功也(繼)爲所後者妻之父母○檀弓曾子曰小功不稅追爲服也則是遠兄弟終無服可乎疏降而在緦者亦稅之其餘則否)

○소공(小功)은 오월 복이다.
상복 짓는 법은 위와 같다. 다만 대공복 포(布) 보다 조금 고운 숙포(熟布)로 짓는
다. 관의 벽적(襞積)을 좌측으로 접어 꿰매고 수질은 네치 남짓이며 요질은 세치 남
짓이다.

○복 입는 법.
○정복(正服)은 조부형제를 위한 복이며 출가하지 않은 대고모(大姑母)의 복이며 출
가를 하였으면 감한다. 형제의 손을 위한 복이며 당숙부, 당고모를 위한 복이며 종
질과 종질녀를 위한 복이다. 재종형제자매를 위한 복이며 외조부모를 위한 복이다.
외숙(外叔), 이모(姨母)를 위한 복이며 여자가 출가를 하였으면 모두 감한다. 생질
(甥姪), 생질녀를 위한 복이다.

○의복(義服)은 종조모(從祖母)와 당숙모(堂叔母)를 위한 복(服)이며 남편형제의 손
(孫)과 남편종형제(從兄弟)의 자녀를 위한 복이며 여자가 출가를 하였으면 감한다.
남편의 고모(姑母), 남편의 자매(姉妹)를 위한 복이며 여자가 출가를 하였어도 감하
지 않는다. 여자가 형제의 처와 조카의 처를 위한 복으로 본인이 출가(出嫁)를 하여
도 감하지 않는다. 시동서(娌同婿)간에 서로 입는 복이며 서자(庶子)가 적모(嫡母)의
친정부모 형제자매를 위한 복으로 적모(嫡母)가 작고한 후는 복이 없다. 친모(親母)
가 쫓김을 당하였으면 계모(繼母)의 친정 부모 형제자매를 위한 복이다. 젖을 먹여
길러준 서모(庶母)의 복이며 적손부(嫡孫婦)를 위한 복이다. 적증현손부(適曾玄孫婦)
의 복이나 시어머니가 생존하였으면 복이 없다. 형제의 처를 위한 복이며 남편의
형제를 위한 복이다.

▶533◀◆問; 복제에 대하여.
안녕하세요 ? 상사 때 복제에 대하여 궁금한 것이 있어 여쭈어 봅니다 자부가 젊어
서 돌아 갔을 때 망인의 아래 대는 있어도 아직 미성인(학생) 이고 망인의 남편이
생존해 있을 때 저가 아는 상식으로는 남편이 주상이 되어야 될 줄 알고 있으나 현
재 실행은 통상적으로 미성년인 아들이 상주행세를 하고 있는 것을 보와 왔습니다.
문 1: 어느 방법이 온당 한지요.
문 2: 망인의 시아버지도 복을 입어야 하는지요? 입는다면 어떤 복을 입어야 하나요.

◆答; 복제.
문 1: 答; 장자부(長子婦)라면 시아버지가 상주(喪主)가 되고 지자부(支子婦)라면 그
의 남편이 상주(喪主)가 됩니다.
문 2: 答; 적부복(嫡婦服)은 부장기복(不杖朞服)입니다.

●奔喪凡喪父在父爲主註此言父在而子有妻子之喪則父主之統於尊也

●性理大全祠堂;非嫡長子則不敢祭其父若與嫡長同居則死而後其子孫爲立祠堂於私室且隨所繼世數爲龕俟其其出而異居乃備其制若生而異居則預於其地立齋以居如祠堂之制死則因以爲祠堂

●家禮喪服不杖碁;舅姑爲嫡婦也

▶534◀◆問; 상례법.

선비님들께 바쁘신데 상례에 대하여 궁금한 사항이 있어 여쭈어오니 가리켜 주시기 바랍니다,

1. 상례 법 중 시집온 동서간 (며느리간)복제에 대하여 몇 권의 책에서 찾아보아도 찾을 수가 없어 문의 합니다.

2. 평소 복인은 길제(기제)에 참여해서는 안 된다고 들어 왔습니다, 과거에는 3 년 상을 지나야 매혼을 했었는데 지금은 변천이 되어 간소화로 삼우에 매혼을 하고 있는데 매혼후면 제사에 참여하여도 무방한지요? 좋은 글 기다리면서, 건승을 기원합니다.

◆答; 상례법.

問 1. 答; 주자가례를 비롯하여 상복전(喪服傳) 등등 여러 예서에 의복(義服)으로 형제의 처(妻) 서로간에 입는 소공 5 월 복으로 명시되어 있습니다.

●家禮成服篇四曰小功五月條爲娣姒婦謂兄弟之妻相名長婦謂次婦曰娣婦娣婦謂長婦曰姒婦也

●喪服傳娣姒婦者弟長也何以小功也以爲相與居室中則生小功之親焉註娣姒婦者兄弟之妻相名也長婦謂稚婦爲娣婦娣婦謂長婦爲姒婦

問 2. 答; 상복 중(中) 행사(行祀)의 법도는 대개 아래 요결 상복 중 행제의를 따르고 있습니다. 이 예법에 의하면 복의 경중에 따라 다릅니다.

①은 상주에 관한 예법이고,
②는 1 년 복인과 9 월 복인에 관함이고,
③은 5 월 복인과 3 월 복인의 상중 다른 제사 지내는 법입니다.

이 예법에 의하면,
①은 졸곡(약 초상으로부터 3 개월 이상)이내는 모든 제사를 폐하고 이후는 그 후손으로 복이 경하거나 무복인이 부독축 단헌지례로 마치고,
②는 장사를 마치면 음복의 예를 략하고 평시와 같이 지내고 성복 전은 모든 제사를 폐하고 장사 전에는 사시제는 폐하고 기제와 묘제는 ①과 같이 행하고,
③은 성복 전에는 폐제(廢祭)하고 성복 후에는 음복례 없이 평시대로 제사를 지내도 된다. 는 것입니다.
①②③은 그 제사의 주인을 말함입니다.

●要訣喪服中行祭儀
①凡三年之喪古禮則廢祠堂之祭而朱子曰古人居喪衰麻之衣不釋於身哭泣之聲不絶於口其出入居處言語飮食皆與平日絶異故宗廟之祭雖廢而幽明之閒兩無憾焉今人居喪與古人異而廢此一事恐有所未安朱子之言如此故未葬前則準禮廢祭而卒哭後則於四時節祀及忌祭(墓祭亦同)使服輕者(朱子喪中以墨衰薦于廟今人以俗制喪服當墨衰著而出入若無服輕者則亦恐可以俗制喪服行祀行薦而饌品減於常時只一獻不讀祝不受胙可也
②期大功則葬後當祭如平時(但不受胙)未葬前時祭可廢忌祭墓祭略行如上儀
③緦小功則成服前廢祭(五服未成服前雖忌祭亦不可行也)成服後則當祭如平時(但不受胙)

▶535◀◆問; 상례시예복.

맏사위와 다른 사위의 완장의 차이가? 나는지 알고 싶습니다,, 있다면 상주와 맏사위의 차이까지 부탁 드립니다.

◆答; 상례 시 예복.

아래와 같이 살펴보건대 친상(親喪)을 당하여 상제(亡者의 子)는 반함(飯含) 때 좌단(左袒)이라 하여 왼쪽 소매를 벗어 오른쪽 겨드랑이 밑 허리띠에 꽂는데 이를 사상례소(士喪禮疏)에서 풀어놓기를 편함을 취함이라 하였는데 요즘 대개 상(喪)을 당하여 성복(成服) 전에 부친상이면 왼쪽 소매를 벗고 모친 상이면 오른쪽 소매를 벗어 그와 같이 하는데 아마도 남좌여우(男左女右)를 적용 그와 같이 행하는 듯하나 그와 같이 행함은 예서적 근거(根據)는 없는 듯합니다.

맏사위나 막냇사위나 장인 간에는 피차 시마(緦麻) 3 월 복입니다. 까닭에 어느 예법인지는 알 수 없으나 맏사위에게 완장을 차게 하였다면 막내 사위까지 같은 완장을 차이 없이 채워야 되겠지요.

●家禮成服五日緦麻三月義服條爲壻也
●家禮本註主人哭盡哀左袒自前扱於腰之右
●士喪禮左袒疏袒左袖扱於右腋之下帶之內取便也
●觀禮疏凡禮事左袒無問吉凶
●問袒本爲取便於事則當在小斂之前括髮在於小斂之後而袒與括髮同時何歟南溪曰袒以便事故古禮襲斂隨袒隨襲而家禮只於小斂後爲之以至成服盖出於書儀從簡之意也

▶536◀◆問; 상복(喪服)에 대해.

초상상제가 검은 양복에 삼베완장을 착용하는 것. 안상제가 검은 한복을 입는 것. 염습도 안 했는데. 삼베완장을 착용 하는 것이 옳지 않는다. 생각 드는데요.. 한복은 흰색상복을 입어야 하지 않을까요?

◆答; 흉례(凶禮)에는 소복입니다.

상을 당하여 검은 색으로 입는 것을 어느 근거(根據)에 의하여 인지는 알 수가 없고 상복(喪服) 속의 바지 저고리는 흰색을 입습니다.

●曲禮下大夫士去國踰竟爲壇位鄕國而哭素衣素裳素冠(鄭玄注)言以喪禮自處也(孔穎達疏)素衣素裳素冠者今旣離君故其衣裳冠皆素爲凶飾也
●郊特牲皮弁素服而祭素服以送終也(鄭玄注)素服衣裳皆素(漢典註)居喪或遭遇凶事時所穿

▶537◀◆問; 상복의 옷고름 귀의 방향이 있는가?

안녕하세요? 여자들이 저고리 옷고름을 매는 방법에 대하여 여쭈어 보려고 합니다. 여자들이 저고리 옷고름을 맬 경우에 평상시와 애사 시에 매는 방법이 다른 것인지요?

저는 여자들이 저고리 옷고름을 맬 경우에 일반적으로 리본이 옷고름을 매는 당사자의 왼쪽에 가도록 매야 한다고 알고 있습니다. 그런데 며칠 전 상가(喪家)에 갔더니 여자 상제들이 모두 저고리 옷고름을 리본이 오른 쪽에 가도록 매고 있었습니다. 이것이 올바른 것인지요?

◆答; 상복의 옷고름 귀의 방향.

아래와 같이 살펴보건대 유가적(儒家的) 예법으로는 상복(喪服)의 옷고름 맨 귀의 좌우 방향에 관한 언급은 없고 단순히 맨다고만 한 것 같습니다.

●備要喪服衣繫條卽小帶(儀節)四條綴於內外衿使相掩
●便覽喪服衣繫條四卽小帶二各綴於內外衿旁一綴於衣外右腋下一綴於衣內左腋下使相掩結

▶538◀◆問; 상복 입는 예.

그래서 질문을 드리는데 1 남 2 녀를 둔 가장이 돌아가신 장례에 자녀들이 미성년자인 경우 상복은 어떻게 입혀야 합니까? (아들은 11 세, 딸은 15,17 세입니다)

◆答; 상복 입는 예.

아래와 같이 살펴보건대 11 세인 아들이 상주(喪主)가 되는데 참최복(斬衰服)에 관(冠) 건(巾) 수질(首絰)은 씌우지 않으며 문(免)에 상장(喪杖)을 짚으며 여식(女息)들은 출가(出嫁)를 하지 않았으니 참최복(斬衰服)을 입어야 하는 것 같습니다.

●備要成服之具童子服制云禮童子八歲以上乃爲成服○按記曰童子不冠今俗或加巾絰非禮也○喪服疏童子不杖此庶童子也問喪云童子當室則免而杖矣
●便覽成服諸具童子服制同長者服但無冠巾首絰○按古禮雖云童子不杖惟當室者杖而家禮不言當依家禮雖庶子服三年者亦皆杖
●喪服小記女子子在室爲父母其主喪者不杖則子一人杖註女當杖之禮女子在室而爲父母杖者以無男昆弟而使同姓爲攝主也

▶539◀◆問; 상례 시 상복의 미 기혼 구분.

상주가 굴건제복을 입을 때 기혼이냐 미혼이냐에 따라 복장이 달라지는 것으로 알고 있는데요. 이는 관례여부나 나이와 상관 없이 결혼 유무가 가장 중요한 기준이 되는 것인가요? 동생이 먼저 결혼을 한 상태이고 형이 미혼인 상태라면 복식을 어떻게 해야 할지 궁금합니다.

◆答; 상례 시 상복의 미(未) 기혼(旣婚) 구분.

아래와 같이 살펴보건대 8세 이상의 동자는 건을 쓰지 않는다 하며 만약 관례를 하였거나 비록 동자라 하여도 아내가 있다면 성인과 복제가 같다는 것입니다.

다만 도암(陶庵) 설(說)에 의하면 나이 십팔(十八) 구세(九歲) 자에게 까지 동자라 하여 상복을 꼭 감해야 하랴. 비요 설을 따르기는 어렵다. 란 말씀도 계시니 반드시 어느 설이 옳다 라 할 수는 없겠으나 비요 설이 세속으로 굳어진 것 같습니다.

비요 설을 따른다면 기혼자는 굴건(屈巾) 제복을 하고 미혼자(未昏者)는 불관(不冠)이 옳다 할 것입니다.

●備要成服之具童子服條禮童子八歲以上乃爲成服○(按)記曰童子不冠今俗或加巾絰非禮也○喪服疏童子不杖此庶童子也(問喪)云童子當室則免而杖矣謂適子也當室童子雖稱少以衰抱之且有杖矣
●庚蔚之曰禮稱童子不一愚謂當室是八歲以上及禮之人以其當室故與成人同
●譙周曰童子小功親以上皆服不免不麻當室者免麻十四以下不堪麻則否
●遂菴曰童子年已十二則衰裳腰絰不可省也
●陶庵曰禮之不爲未成人制服以其用心不能一也其能勝者不禁今童子八歲以上者哀戚親黨之喪如成人者有之又況年十八九者於五服之喪豈可以已爲童子而遞減其服乎備要說恐難遽從

▶540◀◆問; 상례에 관하여.

여러 가지 많은 배움을 주시는 분들께 존경(尊敬)과 감사를 드리며 몇 가지 여쭙고자 합니다.

1. 미혼의 독자인 상주가 나이 30 을 넘었는데 모친상에 굴건제복을 하는 것이 꼭 문제가 되는지요? 제 소견으로는 관례를 치른 나이라면 문제가 없을 것 같기도 합니다만,

2. 아내가 죽으면 남편이 상주가 된다고 알고 있는데 자식의 복식과 남편의 복식은 어떠해야 하는지요? 그리고 이 경우 상주는 남편이지만 자식이 상례를 행해도 되는지요?

3. 부모상을 당했는데 장남이 병중이라 나이 30 이 넘은 차남이 상주를 해야만 하는 경우 굴건이 가능한지요? 그리고 절차상 다른 점이 있는지요?

◆答; 상례에 관하여.

問 1. 答; 아래와 같이 살펴보건대 동자 8 세 이상 자로 장가를 들었다면 어른과 같고 아내가 없으면 동자복인 것 같습니다.

問 2. 答; 처(妻)=자최장기복(齊衰杖期服). 부재위모복(父在爲母服)=부장기복(不杖朞服).

問 3. 答; 위부복(爲父服)은 참최복(斬衰服)으로 적자(嫡子) 서자(庶子=支子) 동관(同冠=俗稱屈巾)입니다.

●喪服傳童子何以不杖不能病也疏此庶童○不當室則無緦服
●雜記童子哭不偯不踊不杖不菲不廬註未成人者不能備禮也父後者則杖
●玉藻童子無緦服聽事不麻鄭註皆以童子不當室則無免而此註云猶免者謂未成服也問喪云不免者據成服之後也知有免深衣者以經但云無緦服是但不著緦服耳猶同初著深衣也知免者以問喪云免者不冠者之服故知未成服童子雖不當室初著免也
●陳氏曰但往聽主人使令之事免而深衣不加絰也
●通典蜀譙周曰童子小功親以上皆服本親之衰不免不麻
●喪服記童子惟當室緦註當室者爲父後承家事者爲家主與族人爲禮於有親者雖思不至不可以無服也
●問喪免者不冠者之所服也童子當室則免而杖矣
●通典蜀譙周曰童子當室者免麻十四以下不堪麻則否
●宋庚蔚之曰堂室與族人爲禮者是八歲以上及禮之人以其當室故令與成人同

▶541◀◆問; 상복.

問 1. 아들이 아버지상 참최 3 년이면 시집간 딸은 아버지상에 상복이 무엇입니까?

問 2. 아들이 어머니상 자최 3 년이면 시집간 딸은 어머니상에 상복이 무엇입니까?

問 3. '부위장자(父爲長子; 아버지가 장자를 위하여)'의 '황조제에서 기년복이면 장기입니까? 부장기입니까?

問 4. '자위모(子爲母)'에서 '서자위부후자위기모시(庶子爲父後者爲其母緦)'의 '기모(其母)'는 서자의 적모입니까? 서자의 친모입니까? 그리고 서자는 서모의 아들입니까?

問 5. B 의 "본생부모(本生父母)"는 출계한 사람이 출계하기 전 친부모를 말합니까?

問 6. A 의 "소후부(所後父)"는 양자를 들인 아버지 즉 양부를 말합니까?

A. <위인후자위소후부(爲人後者爲所後父) : 후사(後嗣)로 간 자가 대를 이은 아버지를 위하여>

B. <위인후자위본생부모(爲人後者爲本生父母) : 후사로 간 자가 본생부모를 위하여>

◆答; 상복.

問; 1. 答; 자최부장기(齊衰不杖朞).

問; 2. 答; 자최부장기(齊衰不杖朞).

問; 3. 答; 황조(皇朝)란 당대(當代)의 조정(朝廷) 즉 본조(本朝), 혹은 황제(皇帝)의 조정(朝廷)의 이름인데. 어느 조정의 법도인지는 알 수 없으나 조선(朝鮮)의 법도로는 기년(期年)이라 이르면 부장기(不杖朞)란 의미가 됩니다.

問; 4. 答; 첩자(妾子)의 생모(生母)입니다.

問; 5. B 答; 생부(生父)입니다.

問; 6. A 答; 그렇습니다.

A. 위인후자위소후부(爲人後者爲所後父) : 후사(後嗣)로 간 자가 대를 이은 아버지를 위하여.

B. 위인후자위본생부모(爲人後者爲本生父母) : 후사로 간 자가 본생부모를 위하여.

●家禮本宗五服之圖附註;凡女適人者爲其私親皆降一等○又成服其服之制一曰斬衰三年;父爲嫡子當爲後者也

●國朝喪禮補編成服殿下篇齊衰三年齊衰杖朞斬衰三年齊衰朞年○又斬衰三年條爲適子斬衰三年則爲次適子齊衰朞年

●儀禮喪禮喪服齊衰三年條庶子爲其母註大夫之妾子父在爲母大功

●唐律疏議十二戶婚上若自生子及本生無子欲還者

●儀禮喪服受重者必以尊服服之(中略)爲所後者之祖父母

▶542◀◆問; 상복의 용어와 의미.

1. 전통상복에 굴관의 의미와 접핀의 의미 줄의 늘어트림의 의미.
2. 수질의 의미와 삼배 줄과 칡줄 의미.
3, 요질 의의.
4. 남자상복의 가령 의의.
5, 남자상복의 최 의 의미.
6. 남자상복 적의 의미.
7. 부판의 의미.
8. 대하의 의미.
9. 남자상복의 치마 앞판과 뒤 판의 의미.
10. 두건의 의미.
11. 임 연미의 의미.
전반적의 의미를 상세히 설명해주세요 굴건제복을 하면서도 상복에 달려있는 것들의 의미를 모르는 사람들이 너무 많습니다 우리의 전통 굴건 제복에 대해 정확히 알고 싶습니다.

◆答; 상복의 용어와 의미.
상복(喪服)에 대한 의미(意味)는?

問; 1. 答; 관의 우측으로 접는 까닭은 흉관이라 그러하며 관 끈의 늘어트림의 특별한 의미는 없는 것 같습니다.

問; 2. 答; 효자의 충실한 마음은 명시하는 것이며 참최 (斬衰)에는 마(麻)끈이며 제최(齊衰)이하는 布인데 이는 상복의 승수를 따름 이외의 의미는 없는 것 같습니다.

問; 3, 答; 요질이란 신대(紳帶) 대용 띠로서 사모하는 마음을 나타낸다는 것입니다.

問; 4. 答; 벽령(辟領)에 덧붙인 고로 가령(加領)이라 하는데 이 역시 옷깃으로 동정에 해당하지 않는가 합니다.

問; 5, 答; 최(衰)란 효자(孝子)의 애최지의(哀摧之意)를 나타내는 것인데 혹은 최를 가리켜 눈물을 닦는다는 의미라 이르기도 한다는 것입니다.

問; 6. 答; 적(適)이란 벽령(辟領)인데 글자의 의미와 같이 옷깃이라는 말이며 최(衰)와 벽령(辟領)은 효자의 애최지심이 있지 않은 바가 없다는 의미라는 것입니다.

問; 7. 答; 애통함은 등에 지고 있다는 의미라는 것 같습니다.

問; 8. 答; 대하척(帶下尺)에 대한 의미에 대한 전거는 찾을 수가 없습니다.

問; 9. 答; 음양(陰陽)의 이치에의 하여 전삼후사폭(前三後四幅)으로 짓는 것입니다. 같습니다.

問; 10. 答; 두건(頭巾)은 효건(孝巾)이라고도 하며 맨머리에 쓰는 두건이라는 의미 외에 다른 뜻은 없는 것 같습니다.

問; 11. 答; 연미(燕尾)에 대한 의미는 그 전거(典據)를 찾을 수가 없으며 다만 치마 옆 사이를 가린다는 의미 외에는 알지를 못합니다.

●喪服疏唐虞之日吉凶同服惟有白布衣白布冠而已後世聖人易之因以爲喪服則三王之世用唐虞白布冠白布衣爲喪服矣

●周禮小宗伯懸衰冠之式太僕懸喪首服之法肆師禁衰不中法者

●檀弓衰與其不當物也寧無衰註謂精粗廣狹不應法制

●雜記端衰無等註喪者衣裳貴賤同

●朱子曰今因喪尙存古制後世有願治君臣或可因此擧而行之

●二禮俗名屈冠

●雜記註吉冠攝縫向左左爲陽吉也凶冠攝縫向右右爲陰凶也

●檀弓喪冠不緌註頤下結纓垂其餘於前者謂之緌不緌盖去飾也

●喪服首絰象緇布冠之缺項腰絰象大帶

●檀弓曰絰也者實也註絰之言實明孝子忠實之心也

●喪服註服以象貌貌以象形是孝子有忠實之心若服苴(註惡貌)而貌美心不苴惡者中外不相稱無忠實之心者也

●喪服斬衰冠繩纓疏以六升布爲冠又屈一條繩爲武垂下爲纓又齊衰冠布纓疏此布纓亦如上繩纓以一條爲武垂下爲纓也

●四未軒曰纓武布齊衰以下各於其服用稍細者

●白虎通腰絰者以代紳帶也所以結者何明思慕膓

●朱子曰腰絰象大帶

●圖式註加辟領故曰加領

●五服衰者明孝子哀摧之意也今或指衰謂拭淚之義

●儀禮疏曰衰之言摧孝子有哀摧之志

●喪服記註適辟領也疏適者哀戚之情指適緣於父母不兼念餘事

●儀禮註前有衰後有辟領孝子哀摧之心無所不在

●五服負販者負其悲哀之意也今或負版謂負土之義

●儀禮疏曰負在背上者負荷其悲哀在背

●演輯縫摺爲三分其二分爲帶下尺一分爲裳帶也

●丘儀喪服考證帶下尺條謂衣腰也此謂帶衣之帶非大帶革帶比也

●士喪記疏云凡裳前三後四幅者前爲陽後爲陰故前三而後四各象陰陽也

●備要成服之具孝巾條五服及侍者所着(按)禮禿者纚巾加絰而國俗例於喪冠不施此孝巾雖非禮意儀節亦有之從俗無妨

●便覽成服諸具孝巾條如方冠俗稱頭巾

●朱子曰衣兩旁垂之向下狀如燕尾以**搯**裳旁際也

▶543◀◆問; 상복 용어의문.
상복 입는 기준에서 대공 소공 시마 등이 어떤 뜻이며 다른지요?

◆答; 상복 용어.
복(服) 입는 기준은 친인척 간 상호 복으로서 그 범위가 넓어 대표적인 복친(服親)으로 한정하겠습니다.

최(衰) 대공(大功) 소공(小功) 시마(緦麻) 등은 베의 생포(生布)와 숙포(熟布)의 엉글고 고운 정도로 주로 상복포(喪服布)의 명칭(名稱)을 정함인데 친소원근(親疏遠近)의 관계에 따라 엉글고 고운베로 상복(喪服)을 짓게 됩니다.

복 제도는 다음과 같습니다.

●斬衰服
위부(爲父) 위장자(爲長子) 위부(爲夫) ○상포(喪布)=가례(家禮); 극추생포(極麤生布).
상복기쇠(喪服記衰); 三升三升有半其冠六升註衰斬也.

●齊衰服
위모(爲母) 위고(爲姑) ○상포(喪布)=가례(家禮); 차등추생포(次等麤生布) 상복기(喪服記); 四升其冠七升註此謂爲母也齊衰正服五升其冠八升義服六升其冠九升.

●大功服
위종형제(爲從兄弟) 위부조부모(爲夫祖父母) 위부백숙부모(爲夫伯叔父母) ○상포(喪布)=가례(家禮); 초조숙포(稍粗熟布) 상복기(喪服記); 八升若九升註降大功衰七升正服八升義服九升.

●小功服
위재종형제(爲再從兄弟) 위부형제자매(爲夫兄弟姉妹) ○상포(喪布)=가례(家禮); 用稍熟細布 喪服記; 十升若十一升註降小功十升正服十一升義服十二升.

●緦麻服
위삼종형제(爲三從兄弟) 위부증조부모(爲夫曾祖父母) ○상포(喪布)=가례(家禮); 用極細熟布 儀禮通解; 十五升.

▶544◀◆問; 상복 입는 기준.
상중(喪中)의 상복 중 친가 쪽은 고인의 8 촌 이내 존비(尊卑) 속(屬) 형제자매 및 그 배우자가 복을 입는데요. 외가 쪽의 범위는 어디까지 입나요?

◆答; 외가의 상복 기준.
○소공오월복(小功五月服)==외조부모(外祖父母) 모지형제(母之兄弟=外叔) 모지자매(母之姉妹=姨母).
○시마삼월복(緦麻三月服)==외형제자매(外兄弟姉妹=外四寸) 이형제자매(姨兄弟姉妹=姨從四寸).

●출처(出處); 사례편람(四禮便覽) 외당처당복지도(外堂妻黨服之圖).

▶545◀◆問; 상복 입는 법.
입관이 끝나고 성복을 할 때 상주들은 굴건제복을 입던데요. 장례식장에 가보면 상조회사별로 굴건제복 입는 방법이 다르더라구요. 정확한 굴건제복 입는 순서 아시는 분은 답변 부탁 드립니다. 나이가 젊어서 한문은 잘 모릅니다. 한글로 풀이해서 부탁 드립니다.

◆答; 상복 입는 법.

용재총화(慵齋叢話)에서 의관을 갖출 때의 표현을 착의관(着衣冠)이라 하였고, 귀록집(歸鹿集)을 살펴보면 의관을 벗는 표현을 탈관의(脫冠衣)라 하였으니, 옷을 입을 때는 먼저 밑에서 위로 올라가며 입고 冠을 쓰고 나가며 지팡이를 집고 옷을 벗을 때는 들어오며 먼저 지팡이를 놓고 관부터 벗음이 착탈의관(着脫衣冠)의 순서가 아닌가 합니다. 그러나 상복을 입을 때의 순서를 정하여 놓은 예서나 선유의 말씀은 알지를 못합니다.

▶546◀◆問; 상복제도.

얼마 전 친구의 처가 세상을 떠나 문상을 갔더니 상주와 고인의 여동생 그리고 고인의 시숙 딸 모두 검정색 옷을 입고 있어서 진짜 상주가 누구인지 구분이 가질 않았습니다. 선생님께 문의 합니다 위의 경우처럼 상복을 입어도 괜찮은 것인지 궁금합니다.

◆答; 상복제도.

그와 같은 복식은 유가의 복식이 아니니 그 가부를 논할 수는 없으며 다만 아래의 복식이 전통예법에서 복인(服人)들의 親疏에 따른 복식(服式)입니다.

○喪主(夫爲妻)==齊衰杖朞服(次次等生布).
○姉妹========齊衰大功九月服(稍粗熟布).
○夫兄弟之女===齊衰不杖朞一年服(次次等生布).

▶547◀◆問; 喪杖.

지팡이에 대하여 아래 4 가지에 대하여 설명을 부탁 드립니다.

問; 1. 상례 시 지팡이를 짚는 대상은 누구입니까?
問; 2. 상주가 짚는 지팡이는 무엇이 있습니까? (까닭)
問; 3. 남자와 여자가 지팡이가 다릅니까?
問; 4. 지팡이는 어떤 종류가 있습니까?

◆答; 상장(喪杖).

問; 1. 答; 참제삼년복자(斬齊三年服者)와 장기년복자(杖朞年服者).
問; 2. 答; 상을 당하여 슬픔에 기가 쇠하여 몸을 지탱하기 위하여 짚습니다. (그 외에도 여러 까닭이 있음; 상복 주(註) 참조).
問; 3. 答; 남자만 짚고 여자는 짚지 않습니다.
問; 4.   答; 참쇠삼년상(斬衰三年喪)에는 대나무, 자최삼년(齊衰三年)과 장기상(杖朞喪)에는 버드나무.

●家禮成服一曰斬衰三年苴杖用竹二曰齊衰三年杖以桐(便覽無桐用柳)爲之上圓下方杖期服制同上○又細註愚按家禮用書儀服制婦人皆不杖
●儀禮喪服斬衰苴杖杖者何補病也(註)爲父杖竹者父者子之天竹圓亦象天又外內有節象子爲父亦有外內之痛又貫四時不變子爲父哀痛亦經寒溫不改也爲母杖桐者桐之言同內心同之於父外無節象家無二尊屈於父削之使方取母象於地故也杖各齊其心者杖所以扶病病從心起故杖之高下以心爲斷也

▶548◀◆問; 상장과 하얀 핀의 올바른 착용 법.

궁금하여 글 올립니다. 요즘 장례식장에 가면 상중에 상장과 머리핀을 착용하는 집을 많이 볼 수 있답니다. 장례식후에 착용하여 탈상 때까지가 아닌지요. 아님 당일 탈상이라 바로 해도 되는 건지 정확한 답변 부탁 드립니다.

또한 제례법에서 참신 때 가족모두 재배하는 걸로 알고 있는데 강신 후 참신을 생략하고 초헌 잔에 함께 절해도 되는 건지 궁금하여 글 올리니 답변 부탁 드립니다. 한글로 답하여 주심 감사요.

◆答; 상장과 하얀 핀.
①사람은 금수와 달리 충효의 개념을 깨닫고 삶의 과정 중에서 행하고 있다는 데서 만물의 영장이라 이르는 하나의 원일일 수도 있을 것입니다. 따라서 부모가 운명하면 그의 자식 된 도리로서 허름한 상복을 지어 입고 부모의 시신(屍身) 앞에서 부모의 은공을 생각 석 달 내내 때 없이 슬피 울고 삼 년을 봉상(奉嘗)하며 조석 상묘(上墓) 애곡(哀哭)하는 것 아니겠습니까.

현대(現代)는 장사(葬事)만 마치면 그 묘(墓) 앞에서 상복(喪服)은 고사하고 선생이 지적하신 상인이라는 표시인 듯한 상장(?)이나 머리핀(?)을 떼어 태우고 홀가분하게 내려오는 것 같은데 옛날 같이 나라님이 볼기 치는 법도 없으니 나무랄 자는 없겠으나 번듯한 가문의 시각으로는 아직도 눈살을 찌푸릴 불효의 극치(極致)이지요.

②제례(祭禮) 예법 중(中) 강신(降神), 참신(參神), 초헌(初獻) 등의 각 예는 그 하나 하나의 예에 따른 별개의 의미가 있습니다. 고로 참신(參神)을 생략(省略)하였다 초헌(初獻)의 예에 덧붙여 행하여서는 예에 어그러집니다.

물론(勿論) 예법 운운함을 법도(法度)를 가려보자는 의미일 것입니다. 그러나 법도(法度) 운운은 거추장스러운 번거로움이라 이해(理解)된다면 제사(祭祀)치 않은들 누가 타의 가문(家門)의 법도(法度)를 이리쿵저리쿵 하겠습니까.

▶549◀◆問; 상장을 짚는 이유.
초상 제가 지팡이를 짚는 유래와 이유는요?

◆答; 상장을 짚는 이유.
친상을 당하여 식음을 전폐하여 기가 극도로 쇠하여 지팡이에 의지하여 몸을 지탱하기 위하여 상장을 짚는 것임.

●儀禮喪服斬衰苴杖杖者何補病也(註)爲父杖竹者父者子之天竹圓亦象天又外內有節象子爲父亦有外內之痛又貫四時不變子爲父哀痛亦經寒溫不改也爲母杖桐者桐之言同內心同之於父外無節象家無二尊屈於父削之使方取母象於地故也杖各齊其心者杖所以扶病病從心起故杖之高下以心爲斷也

▶550◀◆問; 상중에.
안녕하세요 제가 궁금한 것이 있어 이렇게 올립니다. 상중에 부모먼저 자식이 상을 당했다고 하면 과연 부모님도 상복을 입어야 할까요? 가끔 장례식장에서 보면 어머니 되시는 분도 상복(검정 치마저고리)을 입고 계시던데. 좋은 말씀 부탁 드립니다.

◆答; 상중에.
부(父); 장자복(長子服) 참최삼년(斬衰三年). 중자복(衆子服) 부장기복(不杖朞服).
모(母); 장자복(長子服) 자최삼년(齊衰三年). 중자복(衆子服) 부장기복(不杖朞服). 부모가 자식들이 앞서 상을 당하게 되면 부모는 자식들을 위하여 위와 같이 복을 입습니다.

●朱子家禮喪禮成服斬衰三年條其正服則父爲嫡子也○齊衰三年條其加服則母爲嫡子也○不杖朞條爲衆子男女也

▶551◀◈問; 상중에 성복하는 것에 대하여 궁금합니다.

상을 당하여 상중에 성복을 하는데 딸이나 며느리 같은 경우 치마저고리를 입을 때 트인 부분이 어느 쪽으로 입어야 하는지요?

평상시 한복을 입을 때는 왼쪽으로 트인 부분을 입는데 상중에는 반대로 해야 한다는 말씀도 있고 궁금합니다.

◈答; 상중에 성복하는 방법.

편람(便覽) 2 책(二冊) 권지 4 도식(卷之四圖式) 7 판전(七板前) 최의신제전도(衰衣新制前圖)를 살펴보면 생자(生者)의 평상시(平常時) 복법(服法)과 같이 측(右側) 오지랂을 먼저 좌측(左側)으로 여미고 그 위에 左側 오지랂을 右側으로 덮어 여밈. 물론 여자는 남자의 반대가 되겠지요. 다만 아래와 같이 펴보건대 사자(死者)는 생자(生者)의 반대로 여밈.

●喪大記小斂大斂皆左衽結絞不紐註衽衣襟也生向右左手解抽帶便也死則襟向左示不復解結絞不紐者生時帶並爲屈紐使易抽解死時無復解義故絞束畢結之不爲紐也
●士喪禮乃襲三稱註遷尸於襲上而衣之凡衣死者左衽不紐

▶552◀◈問; 오복제도(五服制度).

상례(喪禮)의 오복제도(五服制度)에 대하여 상세히 알려주면 합니다.
각 복제 중,
1. 복을 입는 기간.
2. 복을 입는 범위.

◈答; 오복제도(五服制度).
1. 복을 입는 기간.
2. 복을 입는 범위.

●상복제도의 첫째가 참최(斬衰) 삼 년 복이다.
●복 입는 법.
○정복(正服)으로 자식이 부친을 위한 복이다. 여식이 출가를 하였다 되돌아온 이도 같다.
○가복(加服)(덧입는 복) 즉 승중(承重)복으로 적손(適孫)으로 부친이 먼저 작고하고 조부(祖父) 또는 증조부(曾祖父)나 고조부(高祖父)가 생존해 계시다 작고하였으면 이때 이를 승중(承重)복이라 하여 조부 증조부 고조부를 위한 복이다. 아버지가 적자(適子)를 위한 복이다. 양자 된 자 역시 같다.
○의복(義服)(혈연관계 없이 입는 복)으로 며느리가 시아버지를 위한 복이며 남편이 승중으로 입는 복을 따라 입는 복이다. 양자(養子) 된 자가 양부모를 위한 복이며 승중 시도 같다. 남편이 양자 되었으면 그의 처도 같이 따라 입는 복이다. 부인이 남편을 위한 복이며 첩들이 남편을 위한 복이다. 첩이 남편의 부친을 위한 복이며 승중 시도 따라 입는다.

●둘째는 자최(齊衰) 삼 년 복이다.
●복(服) 입는 법.
○정복(正服)으로 자식이 어머니를 위한 복이다. 부친이 생존하여 계시면 감한다. 개가를 하였거나 쫓김을 당하였으면 감한다. 여식이 출가를 하였으면 감하고 되돌아왔으면 감하지 않는다. 서자(庶子)가 그의 어머니를 위한 복이며 부친이 생존해 계시면 감한다.

○가복(加服)으로 적손(嫡孫)으로 그의 부친이 작고한 후 조모(祖母), 증조모, 고조모의 승중(承重)복이다. 쫓김을 당하였으면 복이 없다. 조모에게는 조부, 증조모에게는 증조부, 고조모에게는 고조부가 생존해 계시면 감한다. 어머니가 적자(適子)를 위한 복이다.

○의복(義服)으로 며느리가 시어머니를 위한 복이다. 시아버지가 생존하여 계시면 감한다. 남편의 승중(承重)복을 따라 입는다. 계모(繼母)를 위한 복이며 부친이 생존하여 계시면 감하고 쫓김을 당하였으면 복이 없다. 며느리가 계모(繼母)를 위한 복이며 첩의 아들이 적모(嫡母)를 위한 복이며 첩의 자식 처가 적모를 위한 복이다. 자모(慈母)를 위한 복이며 서자가 어머니를 잃어 부친의 명으로 길러준 다른 소실이 자식이 없을 때의 복이나 부친이 생존하여 계시면 감한다. 계모가 적장자(適長子)를 위한 복이며 소실이 본처의 적장자를 위한 복이다. 소실들이 남편의 부모를 위한 복이며 양부모를 위한 복이다.

●상장(喪杖)을 짚는 자최 일년 복이다.
●복 입는 법.
○정복(正服)으로 적손이 부친이 작고한 후 조부는 생존하였을 때 조모를 위한 복이다. 승중 시 증조모, 고조모 역시 같다.
○강복(降服)으로 부친 생존 시 모친을 위한 복이며 계모, 적모(嫡母), 자모(慈母) 역시 같다. 모친이 개가(改嫁)를 하였거나 쫓김을 당하였을 때의 복이다.
○의복(義服)으로 며느리가 시아버지가 생존(生存)해 계실 때 시어머니를 위한 복이며 남편이 승중(承重)에 입는 복을 따라 입는다. 부친이 작고한 후 계모(繼母)가 개가(改嫁)를 할 때 따라 간 전실(前室) 소생(所生)이 그 계모(繼母)를 위한 복이며 따라 가지 않았으면 복이 없다. 남편이 아내를 위한 복이다.
○양자간 자가 양가의 어머니가 개가를 하였거나 쫓김을 당하였으면 복이 없다.

●상장을 짚지 않는 자최(齊衰) 일년 복이다.
●복 입는 법.
○정복(正服)으로 조부모를 위한 복이다. 여자가 출가를 하였어도 감하지 않는다. 서자의 아들이 부친의 어머니를 위한 복이다. 첩인 할머니의 복은 없다. 백숙부를 위한 복이며 형제를 위한 복이다. 적장자를 제외한 여러 아들딸들을 위한 복이며 형제의 자식을 위한 복이다. 고모, 자매 여식이 출가를 하지 않았거나 출가를 하였더라도 남편과 자식이 없거나 되돌아왔을 때 입는 복이다. 남편과 자식이 없는 부인이 그 형제자매와 형제의 자식을 위한 복이며 첩이 그의 자식을 위한 복이다.
○가복(加服)으로 적손(嫡孫)과 뒤를 이을 적증현손을 위한 복이며 출가한 여자가 친가 부친의 뒤를 이을 형제를 위한 복이다.
○강복(降服)으로 개가한 어머니나 쫓김을 당한 어머니가 그의 아들을 위한 복으로 비록 적장자라도 복은 같다. 첩이 그의 친가 부모를 위한 복이다.
○의복(義服)으로 계모가 개가할 때 따라온 전남편의 아들을 위한 복이며 백 숙모를 위한 복이다. 남편 형제를 위한 복이며 동거중인 계부가 그의 부친이나 자식이 없고 대공복을 입을 친족이 모두 없을 때의 복이며 첩이 본처를 위한 복이다. 첩이 남편의 적장자를 제외한 뭇 자식들을 위한 복이며 시부모가 맏며느리를 위한 복이다. 부모가 생존하여 계실 때 양부모를 위한 복이며 부모가 비록 작고하였다 하여도 장자(長子)는 일년 후에 복을 벗는다. 부모가 생존 시 처(妻)를 위한 복이다.

●자최 오월 복이다.
●복 입는 법.

○정복(正服)으로 증조부모를 위한 복이다. 여자가 출가를 하여도 감하지 않는다.
○의복(義服)으로 계(繼)증조모 역시 같다.

●자최 삼월 복이다.
●복 입는 법.
○정복(正服)으로 고조부모를 위한 복이다. 여자가 출가를 하였더라도 감하지 않는다. 고조이상은 자최 삼월 복이다.
○의복(義服)으로 계고조모를 위한 복이며 계부(繼父)가 같이 살지 않아도 처음에는 같이 살다가 지금은 달리 산다거나 혹은 비록 같이 산다 하여도 계부가 자식이 있다거나 이미 대공(大功)이상 복을 입을만한 유복지친(有服之親)이 있을 때의 복이다. 계부(繼父)가 처음부터 같이 살지 않았으면 복이 없다. 집안의 남자와 부인들이 종자(宗子)와 종부(宗婦)를 위한 복이며 종자(宗子)의 어머니가 생존하였으면 종부(宗婦)의 복은 없다.

●세 번째가 대공(大功) 구월 복이다.
●복 입는 법.
○정복(正服)은 종형제자매를 위한 복이며 적손을 제외한 손자손녀에 대한 복이다. 손녀가 이미 출가를 하였다 되돌아왔으면 같다. 적존을 제외한 여러 손에 대한 복이며 승중한 적자가 살았는데 장손을 위한 복이며 지자(支子)가 적손(適孫)을 위한 복도 같다.
○의복(義服)으로 적장자부를 제외한 여러 자부를 위한 복이며 형제들의 자부를 위한 복이다. 남편의 조부모를 위한 복이며 계조모 역시 같다. 남편의 백숙부모를 위한 복이며 남편 형제의 자부를 위한 복이다. 양자 된 자의 처가 본생 시부모를 위한 복이며 어머니는 같으나 아버지가 다른 형제자매의 복이다. 자매가 이미 출가를 하였을 때 서로 입는 복이다.

●넷째가 소공(小功) 오월 복이다.
●복 입는 법.
○정복(正服)은 조부형제를 위한 복이며 출가하지 않은 대고모(大姑母)의 복이며 출가를 하였으면 감한다. 형제의 손을 위한 복이며 당숙부, 당고모를 위한 복이며 종질과 종질녀를 위한 복이다. 재종형제자매를 위한 복이며 외조부모를 위한 복이다. 외숙(外叔), 이모(姨母)를 위한 복이며 여자가 출가를 하였으면 모두 감한다. 생질(甥姪), 생질녀를 위한 복이다.
○의복(義服)은 종조모와 당숙모를 위한 복이며 남편형제의 손과 남편종형제의 자녀를 위한 복이며 여자가 출가를 하였으면 감한다. 남편의 고모(姑母), 남편의 자매를 위한 복이며 여자가 출가를 하였어도 감하지 않는다. 여자가 형제의 처와 조카의 처를 위한 복으로 본인이 출가를 하여도 감하지 않는다. 시동서간에 서로 입는 복이며 서자가 적모(嫡母)의 친정부모 형제자매를 위한 복으로 적모가 작고한 후는 복이 없다. 친모가 쫓김을 당하였으면 계모의 친정 부모 형제자매를 위한 복이다. 젖을 먹여 길러준 서모(庶母)의 복이며 적손부를 위한 복이다. 적증현손부(適曾玄孫婦)의 복이나 시어머니가 생존하였으면 복이 없다. 형제의 처를 위한 복이며 남편의 형제를 위한 복이다.

●다섯째가 시마(緦麻) 삼월 복이다.
●상복 입는 법.
○정복(正服)으로 증조의 형제자매를 위한 복으로 여자가 출가를 하였으면 감한다. 형제의 증손을 위한 복이며 조부의 종형제자매를 위한 복이며 여자가 출가를 하였

으면 감한다. 재종손을 위한 복이며 아버지의 종형제자매(재당숙고)를 위한 복이며 여자가 출가를 하였으면 감한다. 재종질을 위한 복이며 삼종형제자매(팔촌)를 위한 복이며 여자가 출가를 하였으면 감한다. 적증현손을 제외한 여러 증현손을 위한 복이며 외손을 위한 복이다. 쫓김을 당한 처의 자식은 그의 외조부모에 대한 복은 없으며 그도 같다. 이종형제자매, 고종형제자매, 외종형제자매를 위한 복이며 출가를 하였어도 감하지 않는다.

○강복(降服)으로 서자로서 아버지의 적자로 입적 되였으면 그의 친모를 위한 복이며 친모 생가 부모 형제자매의 복은 없다.

○의복(義服)으로 족증조(증조의 형제)모를 위한 복이며 남편 형제의 증손을 위한 복이다. 족조(조부의 종형제)모를 위한 복이며 남편의 종형제(사촌)의 손을 위한 복이다. 재당숙모를 위한 복이며 남편의 증조부모, 고조부모를 위한 복이며 남편의 조부의 형제자매를 위한 복이다. 형제의 손부를 위한 복이며 남편의 당숙부모, 당고모를 위한 복이며 남편의 종형제자매를 위한 복이다. 종형제의 처도 같다. 남편의 종형제자부를 위한 복이며 남편의 출가한 종형제의 여식에 대한 복이다. 남편의 재종형제의 자녀에 대한 복이며 여자가 출가를 하였으면 감한다. 남편의 손부에 대한 복이며 적증현손을 제외한 여러 증현손에 대한 복이다. 적손부를 제외한 여러 손부에 대한 복이며 남편 형제의 출가한 손녀의 복이며 남편의 종형제 손녀에 대한 복이다. 여자가 출가를 하였으면 감한다. 남편 형제의 증손녀에 대한 복이며 출가를 하였으면 감한다. 서(庶)손부의 복이며 시어머니 생존시의 적손부의 복이며 지자의 적손부의 복이며 양자간 손부의 복이다. 서모의 복이며 소실 자식들이 다른 소실을 위한 복이다. 유모를 위한 복이며 사위를 위한 복이며 처부모를 위한 복이다. 부인이 사망 후 별취 하였어도 같다. 개가를 하였거나 쫓김을 당하였으면 처부모 복은 없다. 적모나 계모가 개가나 쫓김을 당하지 않았으면 친모와 같다. 종형제의 자부의 복이며 종형제의 처복이다. 남편의 외조부모를 위한 복이며 남편의 이모와 외숙을 위한 복이다. 외손부의 복이며 여자가 자매의 자부에 대한 복이다. 생질부에 대한 복이며 외숙모를 위한 복이며 외숙모가 생질에 대한 복이다. 소실간의 복이며 동거 무복인 간의 복이며 벗의 복이며 개장 시 주인의 복이다.

●대체로 어린아이 복은 차서 대로 한 등급씩 감한다.

장상(長殤) (中殤) (下殤).

○심상 삼 년.

▶553◀◆問; 자식들의 상복에 대하여.

부모먼저 자식이 상을 당했다고 하면 과연 부모님도 상복을 입어야 할까요?

◆答; 자식들의 상복.

부(父); 장자복(長子服) 참최삼년(斬衰三年). 중자복(衆子服) 부장기복(不杖碁服).
모(母); 장자복(長子服) 자최삼년(齊衰三年). 중자복(衆子服) 부장기복(不杖碁服).

부모가 자식들이 앞서 상을 당하게 되면 부모는 자식들을 위하여 위와 같이 복을 입습니다.

●朱子家禮喪禮成服斬衰三年條其正服則父爲嫡子也○齊衰三年條其加服則母爲嫡子也○不杖碁條爲衆子男女也

▶554◀◆問; 斬衰 首絰에 관하여.

가례(家禮) 참쇠조(斬衰條)를 보면 수질(首絰)의 제법(製法)과 쓰는 법이 아래와 같이 설명(說明)되어 있습니다. 제법(祭法)에 굵기가 九寸인 이유와 왜 그렇게 써야 하는가를 알고 싶습니다.

○首経以有子麻爲之其圍九寸麻本在左從額前向右圍之從頂過後以其末加於本上

◆答; 참최(斬衰) 수질(首経)의 이치.

有子麻; 씨가 있는 마(麻).

九寸; 인수(人首)는 양(陽)으로 九는 양(陽)의 마지막 수를 취함이고.

本在左從額前(云云); 치포관(緇布冠)의 제도(制度)를 따름.

●喪服首経象緇布冠之缺項腰経象大帶
●檀弓曰経也者實也註経之言實明孝子忠實之心也
●喪服註服以象貌貌以象形是孝子有忠實之心若服苴(註惡貌)而貌美心不苴惡者中外不相稱無忠實之心者也
●喪服斬衰冠繩纓疏以六升布爲冠又屈一條繩爲武垂下爲纓又齊衰冠布纓疏此布纓亦如上繩纓以一條爲武垂下爲纓也
●四未軒曰纓武布齊衰以下各於其服用稍細者
●喪服斬衰苴経苴経者麻之有蕡(麻子)者
●喪服疏曰九寸者首是陽故取陽數極於九自齊衰以下自取降殺之義無所法象
●士喪禮註下本在左重服統於內而本陽也以其父是陽左亦陽言下是內故云重服統於內言痛從心內發故也

▶555◀◆問; 팔모에 대하여.

팔모(八母)란 여덟 가지 어머니란 뜻인지요.

◆答; 팔모(八母).

복제지도(服制之圖)에 팔모(八母)의 풀이입니다.

●家禮
1) 嫡母=첩생자위부정실왈적모(妾生子謂父正室曰嫡母; 謂妾生子稱父之正妻也).
2) 繼母=위부재취지모(謂父再娶之母; 謂父從妻).
3) 庶母=위부첩(謂父妾).
4) 慈母=위서자무모이부명타첩지무자자자이야(謂庶子無母而父命他妾之無子者慈已也).
5) 乳母=위소유포왈유모(謂小乳哺曰乳母).
6) 養母=위양동종급삼세이하유기지자자(謂養同宗及三歲以下遺棄之子者).
7) 出母=위피부리기(謂被父離棄; 謂親母被父離棄者).
8) 嫁母=위부망모재가(謂父亡母再嫁; 謂親母因父死再嫁他人者也).

▶556◀◆問; 형수나 제수상.

항상 좋은 가르침을 주시는 모든 분들께 머리 숙여 감사를 드리며, 여쭙습니다. 형수나 제수, 동서, 친정 올케, 처수 상사 시 복(복시, 기간 등)에 관하여 가르침을 주시면 감사하겠습니다.

◆答; 형수나 제수상에는.

⊙兄嫂弟嫂(형수나 제수)= 소공(小功) 의服 오월복(五月服).
●家禮成服四曰小功五月條爲兄弟之妻也
⊙娚同壻(동서)= 소공 의복 오월복.

●家禮成服四曰小功五月條爲娣姒婦

⊙出嫁女爲本宗兄弟之妻(올케)= 소공 의복 오월복.
●輯覽六冊圖說出嫁女爲本宗降服圖條兄弟之妻小功
⊙妻嫂=妻; 朞年 兄嫂; 小功.
●史記蘇秦傳蘇秦之昆弟妻嫂側目不敢仰視俯伏侍取食

14 문상(問喪)

▶557◀◆問; 고인이 아래 사람일 때의 제례와 문상에서 절의 방법.
問 1. 아내나 아들의 제사에서 제주(祭主)는 남편이나 아버지라고 합니다. 이 우 초
헌관(初獻官)으로서 분향(焚香). 강신(降神). 초헌(初獻) 첨작(添酌) 등의 절차(節次)
에서 재배를 하는지요? 살아서는 자식에게 절을 하는 경우가 보이지를 않습니다.
問 2. 동생이나 조카들이 나보다 먼저 세상을 떠났을 때 조문을 할 때 고인에 절
을 해야 하는지요? 어떤 친구는 저승에서는 비록 동생. 조카일 지라도 먼저 간 혼
령이니 절을 해야 한다는 의견을 내고 어떤 친구는 그런 예는 상민의 집안에서
나 있을 일이라고도 합니다.
問 3. 친구의 부인 (나이가 어림)의 상에 참여하여 조문 시 고인에게 절을 해야 하
는지요? 고인에게는 무조건 절을 해야 하는 것이 예법이라는 친구의 의견이고, 한
친구는 고인과 불륜이 있었다는 표현이니 당연히 하지 않아야 한다고 합니다. 어찌
함이 바른 예인지요.

◆答; 고인이 아래 사람일 때의 제례와 문상에서.
問 1. 答; 아래와 같이 살펴보건대 아내에게는 절을 하여야 하나 아들에게는
절을 하지 않습니다.
問2. 答; 아래와 같이 살펴보건대 동생과 조카의 상(喪)에는 절을 하지 않습니다.
問 3. 答; 친척 부인의 상이 아닌 타인의 부인상에는 평시 인사하고 지내던 사이가
아니면 들어가 곡도 하지 않는다. 라 하신 것 같습니다. 그러나 만약 승당(升堂) 하
고 지내었었다면 들어가 곡(哭)을 한다. 라는 분명한 전거는 찾아지지 않습니다.

●書儀古無婿婦交拜之儀今世俗始相見交拜拜致恭亦事理之宜不可廢也
●太平廣記凡死者是敵以上則拜少者則不拜
●退溪曰於子不當拜又曰叔父於姪亦不當拜
●竹菴曰尤庵言從弟之祭俱不當拜則況於從姪從孫乎雖年長於我而旣爲有服之親則恐不
可以平時之答拜而拜其喪也
●梅山曰先儒於族弟姪之喪不拜不施於死者可施於生乎受親戚卑幼之吊者哭而已矣
●家禮喪禮小斂乃奠條祝焚香洗盞斟酒奠之卑幼者皆再拜
●寒岡曰兄之於弟生旣無可拜之理則豈有遽變於旣亡之後者乎弟之於兄雖曰同行而常談
必曰父兄子弟則尊卑之序亦不可不辨矣
●竹菴曰尤庵言從弟之祭俱不當拜則況於從姪從孫乎雖年長於我而旣爲有服之親則恐不
可以平時之答拜而拜其喪也
●梅山曰先儒於族弟姪之喪不拜不施於死者可施於生乎受親戚卑幼之吊者哭而已矣
●書儀婦人非親戚及與其子爲執友嘗升堂拜母者不入酹
●退溪曰禮嘗升堂拜母之外不許入今人皆入哭未安
●沙溪曰婦人之喪未及升堂者不哭可也鄉人多有哭之者非是
●問婦人喪未升堂者同姓親非同五世祖者異姓親七八寸入哭與否尤庵曰同姓則無問親疏

異姓當視情分之如何耳

▶558◀◆問; 곡에 대한 궁금증.

제가 알기로는 입관(入棺) 전에는 상주(喪主)가 조문(弔文)을 받지 아니하는 것으로 알고 있습니다. 그러나 지금은 거의 다 3 일장으로 장례(葬禮)를 치르고 있는 실정입니다. 그러면 입관(入棺) 전에 조문을 받게 되는 경우가 있습니다. 그때 상주는 곡을 하면 안 되는지 알고 싶습니다. 그리고 곡을 할 때 상주는 애고(아이고)를 하는데 나머지 복인들은 "애고" 라 하는지 아니면 "허의" 라 하는지 알고 싶습니다.

◆答; 입관 전 곡성(哭聲)과 조문.

습(襲)을 마치면 주인(主人) 이하 곡을 하고 혼백(魂帛)을 접어 영좌(靈座)를 설치하고 명정(銘旌)을 세우면 조문(弔問) 온이 들은 영좌(靈座)로 들어가 상향(上香) 곡(哭) 재배(再拜) 조주인(弔主人)하되 주인은 곡만할 뿐 말은 하지 않습니다.

동속(東俗)으로 상주(喪主)의 곡성(哭聲)은 애고(哀告) 애고(哀告) 이음(二音)으로 연호(連呼)하고 있습니다.

◆입관전(入棺前) 곡(哭) 조문(弔問) 예절(禮節).

● 性理大全喪禮初終 沐浴 襲 奠 爲位 飯含
● 性理大全喪禮初終 靈座 魂魄 銘旌

○執友親厚之人至是入哭可也

主人未成服而來哭者當服深衣(儀節淡色衣)臨尸哭盡哀出拜靈座(補註出是出帷)上香再拜(尤庵曰當看情義之輕重)遂弔主人相向哭盡哀主人以哭對無辭(高氏曰古人謂弔喪不及尸非禮也今多待成服而弔則非矣)

○선친(先親)의 벗이나 친분이 두터운 분들이 조문 온 이가 있으면 이때부터 들어가 곡함도 가하다.

주인이 아직 성복하지 않았을 때 조문 와 곡하는 이는 마땅히 심의를 입고 시신 앞으로 들어가 슬픔을 다하여 곡하고 영좌(靈座) 전으로 나와 분향 후 재배한다. 마쳤으면 주인에게 조문한다. 서로 마주보고 슬픔을 다하여 곡을 한다. 주인은 곡으로 대할 뿐 답의 말을 하지 않는다.

○이상과 같이 살펴 볼 때 주인에게 조문은 한층 더 망설여지나 의절(儀節)에도 보이며 비요(備要)에도 자못 상세하다. 그러나 이에 초상의 첫날에 효자(孝子)는 몹시 황황하고 망극한 중이라 이런 것을 의논함이 옳지 않으며 조문객을 맞이 하는 예나 마지 하지 않는 예나 모두 실행하기에 아마도 어려울 것이니 친분이 두터운 이는 들어가 곡을 하고 영좌(靈座) 전에 절을 한 후 휘장 안으로 다시 들어가 주인을 향하여 조문객은 곡을 한다. 주인은 마주하여 말 없이 곡만 할 뿐이다. 친분이 두텁지 않은 조문객들은 천천히 기다리다 성복한 후에 조문을 하고 위로를 하여도 늦지 않은 것이다.

○喪大記未成服來哭儀禮節次

擧哀(弔者臨尸哭)○詣靈座前上香○鞠躬拜興拜興平身○哀止○弔主人(弔者向主人致辭曰某人)○如何不淑○主人稽顙拜興拜興(主人徒跣扱袵拊心立西階下向賓立且拜且哭無辭賓答拜)○相向哭(弔者與主人相向哭盡哀)○禮畢(弔者哭出主人哭入護喪送弔者出門○以上主人未成服有來弔者用此蓋本家禮本註及喪大記也)

○書儀厚終禮來哭儀禮節次

擧哀(弔者入門望尸哭)○哀止(護喪者見)○弔者致辭曰竊聞某如何不淑○拜興拜興平身(弔者拜護喪答拜)○護喪答辭曰孤某遭此凶禍蒙慰問以未成服不敢出見不勝哀感使某○拜興拜興平身(弔者答拜)○禮畢(弔者退護喪送出門外以上主人未成服者有來弔者用此儀蓋本書儀及厚終禮也若成服以後有來弔者其

儀見本條下)
○親厚之人入哭
尤菴曰魂帛銘旌之具一時皆備則待其設而哭拜可也或曠日未設則親厚之人何可等待不入哭乎哭尸而當拜與否未有明文不敢質言○問入哭盡哀則出拜時不哭耶尤菴曰當看情義之輕重也○便覽按遂弔主人一段儀節之見於備要者頗詳然此在始死日孝子哀遑罔極之中未可語此出見禮不出見禮恐皆難行親厚之入哭者拜靈座後還入幃內向主人而哭主人哭對無辭如是而已未親厚者徐待成服而弔慰未晚也
●士喪記乃卒主人啼兄弟哭疏啼是哀之甚發聲則氣竭而息之聲不委曲若往而不反
●炯菴曰哭聲勿促欲喘也勿緩欲欠也勿太文而節也勿太野而呼也勿如吼如嘶東俗喪主哭音連呼哀告連呼二音只出喉舌自然間歇不如哀哀一音直出心胸傷通而無所泊也

▶559◀◆問; 근조(謹吊) 의 조(吊)자에 대하여.

吊자는 弔자의 속자로만 알았는데 컴퓨터 한자에는 "조상할 적"으로 적 자로만 나오고 조 자로는 나오지도 않는데요?

◆答; 근조(謹吊) 의 조(吊).

조자(吊字)는 조(弔)의 속자입니다. 조(吊)자는 자판에서 적으로 불러야 나옵니다.

●康熙字典巾部三畫吊[字彙]俗弔字

▶560◀◆問; 동생이 죽거나 제수씨의 사망, 또는 친구나 친구부인상의 조문 방법을 여쭙습니다.

問 1. 동생이나 제수씨가 사망하면 분향 재배합니까? 전통예법은 어떻게 해야 하는지요? 곡은 어떻게 하는지요?
問 2. 친구나 친구부인이 사망하면 분향 재배합니까? 조문시의 전통예법이 궁금합니다. 곡은 어떻게 하는지요?

◆答; 동생이 죽거나 제수씨의 사망.

問 1. 答; 아래와 같이 살펴보건대 아우에게는 절을 하지 않는 것 같으니 물론 제수씨에게도 절을 하지 않겠지요. 곡을 할 때에는 유가의 곡성은 아닌 것 같으나 어이어이라 하는 어이 곡으로 하여야 할 것 같습니다.

問 2. 答; 친구는 예(禮)로서 대할 때는 재배라 하였으니 분향 재배함이 옳을 것 같으나 부인은 비(非) 친척(親戚)이면 친구의 어머니라 하여도 당에 올라 절을 하고 지내던 관계가 아니면 들어가 곡함은 옳지 않다고 한 것 같습니다. 그러하니 혹 친밀하게 지내던 관계라 하여도 친구 부인의 상에 곡 재배는 깊이 생각하여볼 문제인 것 같습니다.

⊙國語辭典
○애고애고==부모상을 당한 상주나 조부상을 당한 종손의 곡하는 소리. 또는 그 모양.
○어이곡==상중(喪中)에 곡하는 방식의 하나. 부모상과 종손(宗孫)의 조부상 이외에 하는 곡으로 어이 어이하고 욺.

●司馬氏居家雜儀長兄立於門之左長姊立立於門之右皆南向諸弟妹以次拜訖各就列丈夫西上婦人東上共受卑幼拜受拜訖先退後輩立受拜於門東西如前輩之儀
●雅亭曰東俗喪主哭音連呼哀告
●童子禮拜揖之禮見敵者條禮見則再拜燕見則揖之
●書儀婦人非親戚與其子爲執友嘗升堂拜母者則不入酹

●退溪曰禮嘗升堂拜母之外不許入今人皆入吊未安
●問解婦人之喪未升堂者不哭可也鄕人多有哭之者非是
●明齋曰與喪人情好親密則雖未升堂不可不以哭相慰若素所疏遠則豈可矯情以自悅哉

▶561◀◆問; 문상과 친척 간의 호칭에 대하여?

수고하십니다. 두어 가지 궁금한 점이 있어 여쭈어 봅니다.

1. 문상에 관하여: 제가 알기로 예전에는 성복 후에 문상을 하는 것이 예의라고 들었습니다. 그런데 요즈음은 부고를 접하자마자 빈소를 찾아 문상을 하는 경우가 많습니다. 괜찮은 건지요?

또한 성복 전에 문상을 해야 할 경우 절은 하지 않는다고도 들었습니다. 그런데 요즘은 성복에 관계 없이 절을 하고 문상을 하는 것이 일반적입니다. 어떻게 하는 것이 맞는지요? 그리고 요즘은 상주들이 빈소를 차리자마자 상복을 입고 있어서 성복 여부를 알기도 힘들고요.

2. 친척 간의 호칭: 나이는 많고 항렬이 낮은 친척에게는 어떤 호칭을 써야 하나요? 예를 들어, 나이 적은 삼촌이 나이 많은 조카를 부를 때 '조카님'이라고 한다는데 일반적으로 잘 사용하지 않는 것 같아서요. 다른 호칭이 있을까요? 일교차 심한 날씨에 건강 조심하십시오.

◆答; 문상과 친척 간의 호칭.

問 1. 答; 아래와 같이 살펴보건대 조문(弔問)은 습(襲)을 마치고 영좌(靈座)가 갖춰지면 조문은 시작 되는데 습(襲)은 죽은 당일(當日)에 행함이라 영좌(靈座)가 설치(設置)됨은 곧 습(襲)을 마쳤다는 의미이기도 합니다.

그러나 요즈음 장례식장의 예법은 유가의 예법을 따르는지의 여부는 알 수가 없으나 만약 유가의 예법을 준용한다면 당일 습(襲)을 마친 연후에 영좌(靈座)를 설치하여야 옳음인데 소문으로는 다음날 습(襲)과 동시에 소렴(小殮)을 하고 곧이어 대렴(大殮=入棺)을 한다. 하는데 이는 유가의 예법으로 보면 대단히 어그러진 예라 할 수 있습니다.

정식 조문예는 성복 이후가 되는 것입니다.

⊙시조객(始吊客)(執友親厚之人)입곡시기(入哭時期).
초종(初終)⇒목욕(沐浴)⇒습(襲)⇒반함(飯含)⇒령좌(靈座).   혼백(魂帛)⇒립명정(立銘旌)⇒집우친후지인입곡(執友親厚之人入哭)⇒소렴(小殮;   厥明=謂死之明日)⇒대렴(大殮; 厥明=小殮之明日死之第三日)⇒성복(成服)⇒조(吊).

問 2. 答; 석명(釋名) 등 서(書)를 살펴 보아도 그와 같은 경우에 부르는 호칭은 찾아지지 않습니다. 선생이 아시는 대로 평상(平常) 호칭으로는 조카님이 무난하지 않을까요.

●尤庵曰靈座魂帛銘旌之具一時皆備則待其設而哭拜可也
●喪大記始死遷尸于牀幠用斂衾去死衣
●小斂本註謂死之明日
●雲坪曰世人或有衣服未備至死一日之後始爲襲者乃以同日小殮大殮非禮也
●大殮本註小殮之明日死之第三日也

▶562◀◆問; 問喪 시 헌화의 꽃 송이 방향은?

요즈음 장례식장에 문상(問喪)을 가보면 헌화(獻花)국화꽃송이를 신위 전에 올리도록 준비해 놓고 먼저 온 조문객이 신위에 올린 것을 보면 꽃송이가 신위 쪽으로 또는 문상객 방향으로 놓인 것이 있어 어느 방향이 옳은 것인지 헛갈릴 때가 있습니다. 신위에 올리는 것이기 때문 꽃송이가 신위방향으로 놓고 싶어도 먼저 분들이 문상객 방향으로 놓았기 때문 그렇게 놓고 나오면서 찜찜한 마음으로 올 때가 있습니다 어느 방향이 옳은 것인지? 종교적 차이가 있는지? 상여 발인(發靷)할 때 일반적으로 두상(頭上)을 앞으로 나가는데 천주교에서는 반대로 (발로 걷기 때문) 발부터 나감. 이런 차이점이 있는지 궁금하여 묻습니다.

◆答; 문상(問喪) 시 헌화의 꽃 송이 방향.

헌화 시 꽃송이의 방향에 대하여는 유가의 예법이 아니니 전거가 있지 않은 모양입니다. 까닭에 송이의 소향에 대하여 책임 있게 답변 될 수가 없습니다. 다만 이치와 상식에 의존할 수 밖에는 없어 그에 의하여 살피기로 합니다.

헌화란 생자는 손에 쥐어 준다는 전제로 생각할 수가 있으나 사자는 운동이 멈춰있으니 불가능하여 앞에 놓아둘 수 밖에는 없는 실정일 뿐입니다. 그렇다면 꽃을 바칠 때는 생자, 사자 불문 꽃송이가 눈에 잘 뜨이도록 주어야 예에 맞을 것입니다. 그렇다면 생자는 꽃송이가 눈 족으로 향하도록 받아 들 것이고 사자(死者)는 어차피 스스로 움직일 수가 없으니 헌자(獻者)가 위전으로 꽃송이가 향하도록 놓아야 할 것입니다.

◎집람(사계)의 말씀입니다. 원이남향수재전(轅以南向首在前).

●輯覽柩行條或問柩行尸首所向愚曰按開元禮宿止條靈車到帷門外廻南向柩車到入凶帷停於西廂南轅到墓亦然入墓始北首以此觀之是時尸當南首而轅以南向首在前可知

●開元禮宿止條靈車到帷門外迴南向進腰輿於靈車後羽儀從者如常少頃輿入詣靈座前少頃降出遂進常食於靈座若食頃徹之柩車到入凶帷停於西廂南轅祝設几席於柩車東

●禮運體魄則降知氣在上故死者北首生者南鄕皆從其初註天望地藏謂始死望天而招魂體魄則葬藏于地也所以然者以體魄則降而下知氣則升而上也死者之頭向北生者之居向南及以上送死諸事非後世創爲之皆是從古初所有之禮也

●檀弓下葬於北方北首三代之達禮也之幽之故也註北方國之北也殯猶南首未忍以鬼神待其親也葬則終死事矣故葬而北首三代通用此禮也南方昭明北方幽暗之幽釋所以北首之義細註嚴陵方氏曰南方以陽而明北方以陰而幽人之生也則自幽而出乎明故生者南鄕及其死也則自明而反乎幽故死者北首凡以順陰陽之理而已

◎구거시수소향(柩車尸首所向)에 관한 고찰(考察).

아래와 같이 살펴보건대 상여(喪轝)의 운구(運柩)는 上(首)이 앞으로 향하게 하여야 합니다. 까닭은 상여(수레)에서의 방위(方位)는 그 상여가 실 방위와 관계없이 어찌 놓여 있던 앞이 남(南)이며 뒤가 북(北)인 관계로 上(首)이 앞으로 놓여야 바로 그것이 상여(喪輿) 방위로 보아 남수(南首)가 됩니다.

●既夕禮朝祖條乃奠如初升降自西階註爲遷祖奠也奠升不由阼階柩北首辟其足疏曰辟足者以其來往不可由首又飮食之事不可褻之由足

●備要喪禮治葬篇奉柩朝于祖條至祠堂前執事者先布席役者致柩於其上北首而出○同遂遷于廳事條祝奉魂帛導柩右旋主人以下男女哭從

●輯覽按既夕禮御者執策立于馬後哭成踊右旋出疏右者亦取便故也今家禮導柩右旋倣此意也

●國朝五禮儀遣奠儀進魂帛車及大轝於外門外當中南向註轝在北車在南○發引儀左議政帥昇梓宮官等捧梓宮陞大轝南首

●集說問柩在家南首至葬北首然人家墳地及居屋未必皆南向如何曰按祠堂章註不問何向背以前爲南後爲北愚以爲墳地居屋皆然

●(再)輯覽柩行條或問柩行尸首所向愚曰按開元禮宿止條靈車到帷門外廻南向柩車到入凶帷停於西廂南轅到墓亦然入墓始北首以此觀之是時尸當南首而轅以南向首在前可知

●(再)開元禮宿止條靈車到帷門外迴南向進腰輿於靈車後羽儀從者如常少頃輿入詣靈座前少頃降出遂進常食於靈座若食頃徹之柩車到入凶帷停於西廂南轅祝設几席於柩車東

●흥문(凶門)이란 장례 때 흰 비단이나 베로 만들어 놓은 북향의 문.

●淮南子兵略訓鑿凶門而出註凶門北出門也將軍之出以喪禮處之以其必死也

●帷門이란 상가를 표시하기 위하여 흰 비단이나 베로 가려 친 문으로 해석됨.

◎[轅]은 아래와 같이 살펴보건대 수레(柩車)로 해석됨.

●春秋左傳宣公十有二年軍行右轅左追蓐杜註在車之右者挾轅爲戰備在左者追求草蓐爲宿備傳曰令尹南轅又曰改乘轅楚陳以轅爲主

◎車轝南首의 考察

아래와 같이 살펴보건대 생자는 동수(東首) 사자는 광중 앞 탈구(脫柩) 전(前)까지는 남수(南首) 입광(入壙) 시는 북수(北首)라 함은 이치에 합당함이 있음.

생시(生時) 동수(東首)는 생기(生氣)를 받음이요 사후(死後) 남수(南首)는 불인이귀신대기친(不忍以鬼神待其親)으로 귀양(歸陽)이며 흉문(凶門)을 지나 입광(入壙)시 북수(北首)는 완전 죽음으로 귀음(歸陰)임.

집람육책도설편(輯覽六冊圖說篇) [봉구조조수천우청사도(奉柩朝祖遂遷于廳事圖)]를 살펴보면 조조천구(朝祖遷柩)는 역자(役者)들이 시구(尸柩)를 직접 부축하여 옮김이니 선족(先足)이고 거여운구 시(車轝運柩時)는 시구를 직접 운구(運柩)가 아니고 거여(車轝)라는 시설물(施設物)에 실려 천구(遷柩)인 까닭에 입광 전 남수(入壙前南首)의 예법에 따라 거여향배불문(車轝向背不問) 전(前; 南)수(首)가 되는 것입니다.

●士喪禮記士處適寢寢東首于北墉下註將有疾乃寢於適室疏曰東首者鄕生氣之所

●沙溪曰病時東首以受生氣也死後則自襲皆南首

●檀弓註南首以南方昭明也人之生也自幽而出乎明故自沐浴至殯猶南首者不忍以鬼神待其親也

●禮運死者北首生者南向疏死者北首歸陰之義生者南向歸陽也

●按輯覽奉柩朝祖遂遷于廳事圖柩行先足

●與猶堂(丁茶山異號)全書始死二遷尸條徒於牖下之牀也此時尸南首○葬四載柩條鏞案後儒或執禮運檀弓北首之說遂謂柩車在路亦當足鄕前而首在後余始疑之細考經文知其不然也飯含之時商祝北面徹枕則始死尸南首矣載柩之時降奠當前束而祖乃還車則在路首先行矣說者曰禽獸顱橫故首先行吾人頂戴故足先動此又偏滯之論也人之生世也首先出矣死而入世也顧不當首先行乎降載之柩北首旣祖之柩南首抑又明甚矣

▶563◀◆問; 문상에 대하여.

친구가 부모님 상을 당하여 문상을 가서 곡을 하는지요? 실제 문상 가서 보면 곡을 하는 경우를 거의 보질 못했습니다. 여기 올라온 글을 읽어보니 상주의 경우는 "아이고 아이고"라 곡을 하고 문상을 간 사람은 "어이 어이"라고 곡을 한다고 씌어져 있었던 것 같아요.

질문 1) 상주는 "아이고 아이고" 문상을 간 사람은 "어이 어이"라고 곡을 하는 것은 맞는 지요? 또한 그렇게 다르게 곡을 하는 이유가 따로 있는지요?

질문 2) 문상을 가서는 곡을 하는 것이 예에 맞는 것인지요?

◆答; 문상예절(問喪禮節).

죽은 이를 모를 때는 슬퍼하지 않으며 죽은 이를 알면 슬퍼(곡)합니다. 아이고는 애고(哀告)의 변음이며, 조문할 때 죽은 이를 알면 어이 곡을 합니다. 참고로 죽은 이가 적(敵) 이상이면 절을 하고 적(敵) 이하이면 절을 하지 않습니다.

●曲禮;知生者弔知死者傷知生而不知死弔而不傷知死而不知生傷而不弔註方氏曰不知生而弔則其弔也近於諂不知死而傷則其傷也近於僞○應氏曰弔者禮之恤乎外傷者情之痛於中

●梅山曰凡死者是敵以上則拜少者則不拜

●士小節言語;喪主哭音連呼哀告

●國語大辭典; 어이-어이「감탄사」상제(喪制)를 제외한 복인(服人)이나 조객이 곡할 때 내는 소리.

▶564◀◆問; 문상에 관해서.

문상에 있어서 고인이 문상객보다 나이가 적을 때에나 또 집안 조카 뻘이 되거나 집안 손자 행렬이 될 때에 손위 사람[나이도 많음]은 고인에게 절을 해야 하나요? 알고 싶습니다.

◆答; 문상 예절.

나보다 나이가 적거나 제자질(弟子姪) 이하에는 절을 하지 않습니다.

●太平廣記凡死者是敵以上則拜少者則不拜

●退溪曰妻則當拜子不當拜叔父於姪亦不當拜

▶565◀◆問; 문상예절 문의.

항상 명쾌한 답변을 주신 선생님께 감사 드립니다. 아직도 예절에 어두워 선생님께 여쭙니다. 현재 형님께서 암 투병 중입니다.

조카들은 성년(成年)은 되었으나 아직 미혼(未婚)입니다. 만약 상을 당하면 상주인 조카들만 문상객을 받아야 합니까? 동생인 저도 상주와 같이 문상객을 받을 수 있습니까(같이 절을 받고, 할 수 있나요)?

◆答; 문상예절 문의.

아래와 같이 살펴보건대 형상(兄喪)에 제(弟)가 상주(喪主)와 동석하여 조문(吊問)을 받는다는 전거는 찾아지지 않습니다.

조문(弔問)은 상주(喪主)의 일로 만약 중 주인이 조문석(弔問席)에 참석한다면 상주(喪主) 뒤에 서서 곡만할 뿐 절하며 조문(弔問)을 받을 수 없는 것 같으며 만약 주인의 유고(有故) 시는 장중주인이 대신 조문을 받을 수 있는 것 같습니다. 다만 만약 상주(喪主)가 어려 조문(弔問)을 감당(堪當)할 수 없을 때 섭주(攝主)로 대행(代行)할 수는 있을 것 같습니다.

●曲禮知生者吊知死者傷知生而不知死吊而不傷知死而不知生傷而不吊註各施於所知也吊傷皆謂致命辭也

●檀弓大夫之喪庶子不受吊註適子爲主拜賓或以他故不在則庶子不敢受吊不敢以卑賤爲有爵者之喪主也

●書儀秦穆公弔公子重耳重耳稽顙不拜以未爲後故也今人衆子皆拜非禮也然恐難頓改
●語類先生喪長子諸客拜奠次子代亡人答拜盖兄死子幼禮然也
●問人之弔問也兄弟有知有不知則知者獨可受弔耶抑不知者并可出受耶南溪曰來客無請弔知者之意則主家恐難以不知之故先自引入
●問拜賓之禮主人行之衆主人似不當並拜而若長孫承重同居有親且尊者則奈何葛庵曰主喪者一人拜賓雖有同居尊長亦無所礙
●霽山曰以喪大記人以衰抱之而拜之文觀之童子若能堪服衰拜跪則似當拜賓不能則攝主代之拜賓似可
●沙溪曰於死生者皆所不知之人非爲喪事亦不爲弔慰而來則不必哭也
●廣記喪者二人以上只弔其識者
●東巖曰先師云主人有故不在而賓客之委弔不可以無謝則次主人代之以謝恐無大害故鄙家亦用此禮
●雲坪曰禮喪不二主衆主人亦當隨出而位於主人之後北上哭而已
●鏡湖曰拜賓是主人事衆主人不得與也檀弓疏大夫庶子不受弔則士之庶子得秀弔也據此疏說主人有故則諸子亦可代受弔也
●九思堂曰禮所謂庶子不受弔盖指大夫之喪主人有故不受弔則衆主人居長者恐不得不代拜

▶566◀◆問; 미혼의 조카상의 문상은?
서른이 넘은 당질이 갑자기 세상을 떴습니다. 그런데 당질은 장가를 가지 않았습니다. 당숙인 제가 문상을 가서 절을 해야 되는지요?

◆答; 미혼의 조카상의 문상 시 불배.
부부(夫婦)는 동배(同拜)이나 자질(子姪)에게는 혼인 여부와 관계 없이 불배입니다.

●太平廣記凡死者是敵以上則拜少者則不拜
●退溪曰妻則當拜子不當拜叔父於姪亦不當拜
●陶庵曰出入夫婦相拜

▶667◀◆問; 부모 상 며칠 후부터 다른 상가 조문이 가능한 가요?
전혀 개의치 않는 사람들도 있지만 나름대로 보편적인 기준을 있을 것 같아 질문 드립니다.

[질문 내용] 부모상을 당(치르고)하고 며칠 후부터 다른 상가의 조문이 가능한지를 알고 싶습니다.

◆答; 부모 상 며칠 후부터 다른 상가 조문이 가능한 가.
아래와 같이 살펴보건대 친상(親喪)을 당(當)한 상중(喪中)에는 타인(他人)의 상(喪)에 조문(弔問)치 않습니다.

●曾子問曰三年之喪弔乎孔子曰三年之喪練不群立不旅行君子禮以飾情三年之喪而弔哭不亦虛乎註爲被哀則不專於親爲親哀則是妄弔疏虛者弔與哭並虛也
●檀弓子張死曾子有母之喪齊衰而往哭之或曰齊衰不以弔曾子曰我弔也歟哉註於
朋友哀痛甚而往哭之非若凡弔○非兄弟雖鄕不往疏無親也○有殯聞遠兄弟之喪雖緦必往非兄弟雖隣不往
●雜記三年之喪雖功衰不弔(註功衰旣練之服疏重喪小祥後衰與大功同故曰功衰)練則弔(註父在爲母功衰可以弔人也然則凡齊衰十一月皆可以出矣)
●先師曰雖隣不往固是禮意然亦視情之厚薄曾子有喪而弔子張之死朱子曰弔送之禮却似

不可廢觀此數說則恐不可膠守古禮也

●問禮居喪不吊鄉俗不特往吊送葬凡有吉凶皆有所遺不知處此當如何朱子曰吉禮固不可預然吊送之禮却似不可廢所謂禮從宜者此也

●問解異姓之恩雖不可不殺而其服亦有重於同姓之總者恐不可以是斷定而不爲之往也

▶668◀◆問; 부의(賻儀)에 대하여?

안녕하십니까? 아래는 어느 문중 분의 글 입니다. 이 글에 의 한다면 장례식장에 조의금 함에 부의함(賻儀函) 이라고 쓴 것이나, 조의금봉투에 부의(賻儀)라고 쓰면 잘 못 된 것이 아닌지요? 자세한 설명 부탁 드립니다.

부(賻)란 예전에 가난한 선비가 상주가 되어서, 상문 가는 사람이 삼베 몇 필, 파 몇 단 팥죽 몇 동이를 값을 메기지 아니하고 적어두는 기록을 뜻합니다, 지금은 그렇게 부(賻)字를 쓸 만큼 가난한 선비는 없는 것 같습니다 금세 우리는 상가를 방문하여 봉투에 부의라고 적고는 자기이름을 쓰고 돈을 얼마 넣어서 호상 소에 전합니다.

요즈음은 아예 절간에 불전을 넣듯이 함을 빈소에 차려 놓은 경우도 보았습니다. 부의록은 상가(초상이 난 집)에서 작성하는 것입니다 상문 온 사람에게 감사의 표시로 기록해 두어야 나중에 그 갚음을 할 수 있기 때문입니다 그런데 어찌하여 상문(喪問) 간 사람사람이 거꾸로 부의(賻儀)라는 말을 쓸 자격이 있겠습니까?

어떻게 상문 간 사람이 고마움을 표현한다는 말입니까 상주된 슬픈 이를 위로하러 간 사람인데 그 고마움은 상주가 나중에 표하는 것입니다 앞서도 얘기 했듯이 부의록은 상가에서 사화를 맡은 사람이 적습니다 사회는 면복이 된 사람이 맡아야 모양세가 보기 좋습니다.

두건(頭巾)을 쓰고 사화를 맡지 않아야 된다는 말입니다 각설(却說). 그럼 예전에는 어떻게 했는가 하면 향촉대<香燭代)라고 써서 전했습니다. 망인(亡人)을 위해 그저 향(香)이나 피우고 촛불을 밝히라는 의미 입니다.

◆答; 부의(賻儀).

부(賦)란 아래와 같이 살펴보건대 옛날에는 농경사회로 생활 기준이 일차상품 수준에 머물러 있던 시절이라 그 수준에서 적당한 부조가 물품이었던 까닭에 포백이나 초 등 현물이었었고 지금은 화폐가 그 기능을 훌륭히 대신하게 되었으니 화폐로 상가의 필요에 의한 용처에 자유롭게 활용케 함이니 봉투에 부의(賻儀)라 쓴다 하여 어그러졌다 할 수는 없을 것 같습니다.

●春秋隱公三年秋武氏子來求賦註武氏子天子大夫之嗣也附註林曰賦助喪之物此來求之始

●唐柳河東集天子使中謁者臨問其家賦以布帛嗚呼夫人之在女氏也

▶569◀◆問; 사위가 먼저 사망하면.

사위가 먼저 사망하면 장인이 조문하고 곡을 하나요.

◆答; 사위가 먼저 사망하면.

장인의 사위 복은 시마 3 월 복인으로 사위가 사망하였다는 부음을 받게 되면 분상 (상가로 가는 예)을 하게 되는데 시마 복인은 위로 들어가 곡만 할 뿐입니다.

●家禮成服五日緦麻三月義服條爲壻也

●奔喪緦麻即位而哭

●儀節喪禮成服相吊如儀條諸子孫就祖父前父諸父前跪哭皆盡哀
●每山曰先儒於族弟姪之喪不拜不施於死者可施於生乎受親戚卑幼之吊者哭而已
●少儀尊長於喪俟事不特吊(疏)俟事謂待朝夕哭時不特吊謂不非時而獨吊

▶570◀◆問; 상주가 있는데 중자나 손자가 조문을 받을 수 있나?
상주와 같이 중자나 손주가 같이 서서 조문을 같이 받으려 하는데 어른 말씀에 상주만 조문 받는다고 하십니다. 진실인가요.

◆答; 상주가 있는데 중자나 손자가 조문을 받을 수 없다.
아래와 같이 살펴보건대 조문(弔問)을 받는 이는 주인(喪主=適者)으로서 중자(衆子)는 주인의 뒤에서 곡만할 뿐 절을 하지 않음이 바른 예 같으며, 다만 주인이 다른 연고로 자리를 비웠을 때 주인은 대신(代身)하여 조문을 받을 수 있는 것 같습니다.

따라서 조위석(弔慰席)에는 주인과 중자(衆子)가 자리하나, 만약 손자와 면식(面識)이 있는 래조객(來弔客)이 있다면 그가 배사(拜謝)의 예를 갖춰야 할 것입니다.

●書儀秦穆公吊公子重耳重耳稽顙不拜以未爲後是故不成拜今人衆子皆拜非禮也
●雲坪曰禮喪不二主衆主人亦當隨出而位於主人之後北上哭而已
●鏡湖曰士喪記衆主人不出註不二主又奔喪曰奔喪者非主人則主人爲之拜賓云則拜賓是主人事衆主人不得與也然但雜記云凡喪服未畢有弔者則爲位而哭拜踊疏言凡者五服悉然據此而言諸子或可隨主人共拜耶且廣記曰凡喪者二人以上止吊其識者云則識者當拜謝豈必皆適子耶又案檀弓大夫之喪庶子不受弔疏適子或有他故不在則庶子不敢受弔不可以賤者爲有爵者喪主大夫庶子不受弔則士之庶子得受弔也據此疏說主人有故則諸子亦可代受弔也
●東巖曰近世禮家有諸子從拜之說而士喪禮衆主人復位婦人東復位疏曰衆主人與婦人於賓無事又喪大記凡非適子者於隱者爲盧喪服疏曰適子盧於其北顯處以其當應接吊賓故不於隱者又通典喪無二孤廟無二主受吊之禮惟喪主拜稽顙餘人哭踊而已據此數說衆子之不拜賓明矣

▶571◀◆問; 상주가 조문 받는 위치.
상주(喪主)가 문상객(問喪客)을 맞이함에 있어서 신위(神位)를 기준(基準)으로 해서 어떤 위치에 서서 예우를 갖추어야 하나요?

◆答; 상주와 조객의 위치.
그와 같은 기준을 없고 상주는 동쪽에서 서쪽으로 향하여 서고 조객은 서쪽에 동쪽으로 향하여 섭니다.

○入哭奠訖乃弔而退
既通名喪家炷火燃燭布席(儀節主人以下各就位○靈座東南)皆哭以俟護喪出迎賓賓入至聽事進揖曰竊聞某人傾背不勝驚怛敢請入酹(便覽河西曰酹當作奠○備要不奠則改酹爲哭)幷伸慰禮護喪引賓入至靈座前哭盡哀(儀節立擧哀)再拜(增解廣記凡死者是敵以上則拜是少者則不拜)焚香跪(儀節若衆賓則尊者獨詣)酹茶酒(備要執事者跪奉盞與賓賓受之還授執事者置靈座前)俛伏興護喪止哭者祝(便覽西向)跪讀祭文奠賻狀於賓之右畢興賓主皆哭盡哀賓再拜(儀節焚祭文)主人哭出(輯覽阼階下)西向稽顙再拜賓亦哭東向答拜進曰不意凶變某親某官奄忽傾背伏惟哀慕何以堪處主人對曰某罪逆深重禍延某親伏蒙奠酹幷賜臨慰(備要不奠則無奠酹幷賜四字)不勝哀感又再拜賓答拜(便覽胡儀孝子尊弔人卑則側身避位候孝子伏次卑者卽跪還須詳叙去就無令跪伏與孝子齊)又相向哭盡哀賓先止寬譬主人曰脩短有數痛毒奈何願抑孝思俯從禮制乃揖而出主人哭而入護喪送至聽事茶湯而退主人以下止哭(出就次)○若亡者官尊卽云薨逝稍尊卽云捐館生者官尊則云奄棄榮養存亡俱無官卽云色養若尊長拜

賓禮亦同此惟其辭各如啓狀之式見卷末

○弔哭拜之節

曲禮知生而不知死弔而不傷知死而不知生傷而不弔○檀弓死而不弔者三畏壓溺行弔之日不飲酒食肉不樂○有殯(註三年之喪)聞遠兄弟之喪雖緦必往非兄弟○(異姓)雖鄰不往○雜記三年之喪不弔有服而將往哭之則服其服而往○少儀尊長於已踰等喪俟事不特弔疏待朝夕哭時不非時而獨弔○司馬溫公曰婦人非親戚及與其子爲執友嘗升堂拜母者則不入酹○廣記凡死者是敵以上則拜少者則不拜○喪者二人以上只弔其識者○過期年則不哭情重者哭

▶572◀◆問; 손아래 사람 빈소에서의 예절.

친동생이 아닌 이종, 고종, 매제, 처남 등 (일가가 아닌) 손아래 사람의 빈소를 찾았을 때 윗사람도 절을 해서 죽은 자에게 예를 표해야 합니까 아니면 묵념만 해도 되는 것입니까? 그리고 상주와는 맞절을 하는 것이 예법에 맞는지요? 하교해 주시면 고맙겠습니다.

◆答; 손아래 사람 빈소에서의 예절.

아래와 같이 살펴보건대 적(敵) 이하이거나 제질(弟姪)의 상(喪)에는 망자(亡者)에게 절을 하지 않는다 하였으며 상주(喪主) 역시 항렬(行列)이 낮은 비자(卑者)이니 절을 하여서는 아니 될 것 같습니다.

●司馬氏居家雜儀長兄立於門之左長姊立立於門之右皆南向諸弟妹以次拜訖各就列丈夫西上婦人東上共受卑幼拜受拜訖先退後輩立受拜於門東西如前輩之儀
●太平廣記凡死者是敵以上則拜少者則不拜
●退溪曰於子不當拜又曰叔父於姪亦不當拜
●梅山曰先儒於族弟侄之喪不拜不施於死者可施於生乎受親戚卑幼之弔者哭而已矣
●寒岡曰兄之於弟生旣無可拜之理則豈有遽變於旣亡之後者乎弟之於兄雖曰同行而常談必曰父兄子弟則尊卑之序亦不可不辨矣
●竹菴曰尤庵言從弟之祭俱不當拜則況於從侄從孫乎雖年長於我而旣爲有服之親則恐不可以平時之答拜而拜其喪也

▶573◀◆問; 손 아랫사람 장례에 대하여.

안녕하세요.
장례에 관하여 모르는 것이 너무 많아 여러분의 고견을 듣고자 실례를 무릅쓰고 이렇게 문의 드립니다.

(막내 동생의 장례 때 위 사람인 형들이 어떻게 해야 하는가에 대한 문의입니다.)
1) 동생(막내) 장례에 장형이 상주 노릇을 해도 되는지요. (이유는 동생 자식이 아들 둘 있는데 12살, 8살입니다.)
2) 동생(막내) 장례에 위 사람들인 형제(형, 누나)와 형수, 매부들이 상복을 입어야 하는지요.
3) 동생(막내) 장례에 형들이 절을 해야 하는지요.
4) 동생(막내) 장례에 조문 오신 항렬이 위 분들이 절을 해야 하는지요.
5) 동생(막내) 장례에 조문 오신 분들 중 항렬이 높은 분들을 상주는 어떻게 대해야 하는지요. (예: 맞절 같은 행동)
6) 그밖에 참고 될 것은 무엇인지요. 이상 어려운 부탁 드립니다.

◆答; 손 아랫사람 장례에서.

○問 1) 答; 아래와 같이 살펴보건대 동거형제라 하여도 그 자손이 있으면 그가 상주가 되며 만약 그 손이　없으면 장형이 상주가 되어야 하나 그의 후사(後嗣)가 있으니 비록 나이가 12세라 하여도 그가 상주가 되어야 할 것입니다.

○問 2) 答; 아래와 같이 살펴보건대 형제자매의 복은 부장기이며 자매가 출가를 하였으면 한 등급　감하여 대공복(大功服)이 되고 형수는 남편의 형제자매의 복은 소공복인(小功服人) 것 같으며 처남매부간에는 무복지간(無服之間)이 됩니다.

○問 3) 答;　아래와 같이 살펴보건대 비유자상(卑幼者喪)에는 불배(不拜)라 하였고 묘(墓)에서는 일읍(一揖)이라 한 것 같습니다.

○問 4) 答; 위 3)번 참조.

○問 5) 答;　아래와 같이 살펴보건대 주인은 존비귀천(尊卑貴賤)을 막론하고　절을 하나 존장(尊長)은 주인에게 절을 하지 않는 것 같습니다.

○問 6) 答; 그 외 조문시(弔問時) 참고 할 예들은 수없이 많습니다 어떤 의례해답집(疑禮解答輯)은 십여판(十餘板;　20　여 페이지)이상을 이를 논(論)하고 있습니다. 그러하니 몇 마디의 말로서 이를 수가 없습니다.

●奔喪父歿兄弟同居各主其喪親同長者主之不同親者主之

●家禮本宗五服之圖條兄弟不杖朞姉妹不杖朞嫁大功又妻爲夫黨服之圖條夫兄弟姉妹小功

●問解問主人亦拜耶不言尊長何也答曰言卑幼則孝子似在其中歟尊長於卑幼喪不拜

●三淵據語類兄答弟拜之文而拜於弟之祠墓恐似泥古蓋朱先生因言儀禮子冠母先拜幷及古人無受拜禮而曰雖兄亦答拜而已未必使其拜弟也語類揚錄却云拜親時須合坐受兄止立受此是言今人所當行之儀也曾見先師過弟墓止立而一揖此似爲得中爾

●退溪曰主妻子之喪者妻則當拜子不當拜

●曲禮主人見賓不以尊卑貴賤莫不拜之明所以謝之且自別於常主也賓見主人無有答其拜者明所以助之且自別於常賓也

●儀節弔儀弔者至向靈座前立擧哀哀止詣靈座前上香再拜畢主人持杖哭出西向立但尊長來弔不拜主人

●問解問今人弔喪或立或伏哭何者爲是曰當立哭然從俗伏哭亦無妨

●楊氏復曰按弔禮主人拜賓賓不答拜何義也書儀家禮從俗有賓答拜之文亦是主人拜賓賓不敢當乃答拜今俗弔賓哭拜几筵主人亦拜謂代亡者答拜非禮也旣賓弔主人又相與交拜亦非禮也

●胡氏書儀若孝子尊弔人卑則側身避位俟孝子伏次卑者即跪還須詳緩去就毋令跪伏與孝子齊

▶574◀◆問; 수하(手下)에게 절을 어찌하여야 하나.

친구의 아들이 변고를 당하여 문상하려 하는데 하는 의식은? 고인에 대한 의례는 손아래 사람이니 분향, 추모 정도로 정중히 하고 절은 하지 않습니다.

문 1) 이렇게 되어 있는데 그러면 가령 손아래 조카 혹은 이종사촌 동생 등도 이에 해당하는지요?

문 2) 제사를 지낼 때도 손아래인 경우 위의 예를 따르면 되는지요?

◆答; 자질부당배(子姪不當拜).

동등(同等)한 부처(夫妻)간에는 상배(相拜)를 하나 동생에게는 읍(揖)을 하고 자질이하에게는 불배(不拜)입니다.

●退溪曰妻則當拜子不當拜叔父於姪亦不當拜

●太平廣記凡死者是敵以上則拜少者則不拜
●艮齋曰兄揖弟墓

▶575◀◆問; 아랫사람의 상을 문상하는 법?

예법에 자신보다 아랫사람이 죽었을 때 (문상 시) 곡은 하되 절은 하지 않는다고 들었습니다. 그렇다면 지난 천안함 침몰과 관련하여 죽은 장병들의 영결식에서 00 박 대통령이 거수경례를 하는 것을 보았는데 예법에 어긋나는 것이 아닌가요? 어떻게 이해해야 할까요? 설명 부탁 드립니다.

◆答; 아랫사람의 상을 문상하는 법.

거수경례(擧手敬禮)에 대한 예법은 알지를 못하고 다만 유자(儒者)는 군왕(君王)의 말씀과 행함에 대한 평을 함부로 행하지 않으며 충으로서 대할 뿐입니다. 만약 군왕(君王)이 오류가 있다면 소(疏)로서 간할 뿐입니다.

이와 같음이 현대의 제도에도 적용 될 지의 여부는 차치(且置)하고 그러함이 서로 지켜야 할 도리가 아닐까 생각합니다.

유가의 예법에는 거수경례란 예는 없고 다만 군경의 인사예법을 살펴보면 하관이 먼저 경례를 하면 상관이 이를 받아 거수 답례를 하고 손을 내리면 하관이 내리지요. 옛날 군에서 배운 거수경례 예법 이 이상은 아는 바가 없습니다.

▶576◀◆問; 여자의 문상.

회사 상사의 장인어른께서 돌아가셨습니다. 직원들끼리 문상을 가기로 했는데요. 아버지께서 여자는 문상 가는 게 아니라고 하시면서 못 가게 하시네요. 그게 법도라고 하시는데, 저는 이해하고 받아드리기가 힘들어서 문의 드립니다.

◆答; 여자의 문상.

아래와 같이 살펴보건대 유가(儒家)의 예법에 여자도 조문(弔問)을 하는 것 같습니다. 다만 여자는 상주(喪主)에게 절하지 않고 주부에게 절하는 것 같습니다. 이와 같이 결례가 아니니 상사거나 생전에 인사가 있었던 존경하던 분의 상에 조문함이 예에 합당한 것 같습니다.

●喪大記其無女主則男主拜女賓于寢門內其無男主則女主拜男賓于阼階下疏正義曰若有君夫人弔則主婦下堂至庭稽顙而不哭也〇有主則男主拜男賓女主拜女賓

▶577◀◆問; 재종형 상에 가 조문 시 조카에게 절을 하나?

고인은 재종형님이고 조카와 나이가 비슷합니다(큰조카가 2 살 작음) 곡은 당연히 해야겠지만 분향과 헌주는 하지 않는 것이 맞는지요?

◆答; 조문 시 조카에게 절을 하나.

재종형제(再從兄弟)는 촌수(寸數)로 육촌형제지간(六寸兄弟之間)으로 피차(彼此) 소공오월복인(小功五月服人)이 되며 상주(喪主)는 재당숙질간(再堂叔姪間)으로 피차 시마삼월복인(緦麻三月服人)이 됩니다.

임종을 같이하였으면 복인 상조의의 예법을 따르면 되고 만약 같이 못하였으면 문상과 분상의 예법에 따라 상가로 달려가 소공복인이니 문에 이르면 곡하며 구전으로 들어가 곡 재배하고 성복하고 위전으로 나아가 복인끼리 서로 상조의 예법에 따라 안 팍 어른 앞으로 나아가 절은 하지 않고 무릎을 꿇고 슬피 곡하고 수하 자들로부터는 그와 같이 받는 예로 의식을 마칩니다. 물론 형에게는 절을 하고 부부는 상배(相拜)이며 자질(子姪)은 불배(不拜)이니 조카 벌에게는 연령과 관계 없이 절을 하여서는 아니 되겠지요.

●家禮奔喪若奔喪則至家成服條云云齊衰望鄕而哭大功望門而哭小功以下至門而哭入門詣柩前哭再拜成服就位哭弔如儀

●丘儀相弔儀條云云各以服爲序擧哀相弔諸子孫就祖父及諸父前跪哭盡哀又就祖母及諸母前亦如之云云

▶578◀◆問; 제문식에 대하여.

축문식은 그런대로 알 것 같은데 제문이라는 축식이 있다는데 형식이 축문과 비슷한가요? 예문 좀 몇 가지 올려 주실 수 있겠습니까?

◆答; 제문식.

제문식은 정형식인 축문 형식과 구성이 다릅니다. 물론 기제 초헌 시 제문으로 고하는 예법은 없습니다. 다만 제문식이 그와 같이 운운의 부분에 정리나 生前의 履歷을 나열할 수 있다는 것입니다.

⊙祭文式

維 歲次干支幾月干支朔幾日干支忝親(隨所稱)姓某謹以淸酌庶羞之奠致祭于 某親某官某公之柩云云(別爲文字以敍情意)尙 饗(廣記所知之喪未能往哭則遣使致奠賻之物就外次衣弔服再拜哭送之○溫公曰奠貴哀誠酒食不必豊腆○頤菴曰今俗致奠爭相侈靡以爲不若是不足以行禮或未易辦則遂不行之惑矣)

아래는 참고용으로 게시한 제문식입니다.

⊙祖考妣祭文

維 歲次干支幾月干支朔幾日干支孝孫某謹以酒果致奠于 顯祖考妣之靈嗚呼我祖考妣撫我孫支謨貽裕垂克開厥後俾熾俾昌杖屨出入追隨扶持朝夕侍側瞬息靡離北斗祈耉南山不騫(詩傳云如南山之壽不不騫不崩)胡爲一疾館舍奄損(漢馬皇后曰吾當飴弄孫)不復點頭(唐郭汾陽子孫數千人每問安點頭而已)無緣瞻望糜逮哀號昊天爰陳菲奠哭告靈筵伏惟尊靈是歆是享嗚呼尙 饗

⊙考妣祭文

維 歲次干支幾月干支朔幾日干支孤子(母亡則哀子俱亡則孤哀子)某謹以淸酌脯果奠獻于 顯考妣之靈嗚呼我先考妣生我育我敎誨慈良惟憂其疾恒戒遊方誠詩誠禮(孔子謂伯魚曰汝學詩學禮乎)燕翼(詩傳云以燕翼子)熾昌(詩傳云俾爾熾以昌)惟祝遐壽萬億無疆胡爲羽駕遽遊雲鄕(史記云乘彼白雲之于帝鄕)音容永閟穹壤茫茫天荒地老痛深恨長敬具哀奠拜哭于堂伏惟 尊靈鑒此格享嗚呼哀哉尙 饗

⊙伯叔父祭文

云云嗚呼我伯叔父撫我猶子顧腹惟憂十起常慮(漢第五倫兄子有病一夜十起)七賢與遊(晉阮籍與兄子咸爲竹林七賢)窃祈遐壽海屋添籌(老人曰海水桑田輒下一籌今滿海屋)天胡不吊(吊恤也)遽爾仙遊撫膺呼號永隔幽冥淸酒菲奠哭告先靈伏祈 尊靈來格來享嗚呼哀哉尙 饗

⊙兄弟祭文

云云惟我兄弟同氣吹塤和箎(詩傳云伯氏吹塤仲氏吹箎)枕桌與共(楊春兄弟食則同桌寢則連枕)門戶追隨窃擬天佑壽域共躋理胡靡諶痛割(如割牛體之痛)悲悽棣園(常棣也)春寂荊砌風凄(紫荊也)瞻望靡及音容杳兮單身隻影何處依棲飮泣告訣雨愁雲迷登堂拜哭敬具脯果靈其不昧鑑此是享嗚呼哀哉尙 饗

⊙妻祭文

云云嗚呼惟靈綺閣淑媛(淑女也)蘭閨妙齡幼嫺姆訓(女師訓也)早習禮經擧案奚止(漢梁鴻妻孟光擧案齋眉)挽鹿能令(漢鮑宣妻桓少君共挽鹿車歸鄕里)不幸一疾永隔幽冥舍親何忍棄見胡寧酸苦斷腸悲悼

涕零短誄(誄哀辭也)菲奠薦此苾馨 靈其不昧庶幾鑑聽哀哉尙 饗

⊙外祖父母祭文

云云惟我外祖父(或母)令儀令德克寬克仁愛我育我含飴撫循敎我誨我貽謨維新用祈萬壽榠
櫨爲春(楚之南有榠櫨樹八百歲爲春八百歲爲秋)不幸一疾遽爾辭塵拊心摧痛見面無因淸酌薄奠登堂
跪陳伏惟 尊靈來格來享哀哉尙 饗

⊙岳父祭文(妻父也)

云云惟翁淸德澄如寒氷确詞水倒(古詩云詞源倒出三峽水)健筆雲凌(司馬相如凌雲之健筆)詩禮家訓淸
白世承予忝半子弱植持扶誰期旡忘遽隔黃壚載瞻九壤(九泉也)摧裂寸腸敬具奠酌拜哭于堂
哀哉尙 饗

⊙先生祭文

云云嗚呼人生塵世如葉飄風彭脩(彭祖長命七百歲)顏短(顏子短命三十一而早死)同歸一空緬惟先生德
備厥躬文成錦繡騷壇元戎(大將也)及門瞻仰泰岱華崇(四岳名也)何期一疾遽爾遭凶嗟予小子悲
切慘怛惑莫予觧塞莫予通而今已矣何虜牖蒙(謂解蒙也)處具薄奠鑑我微衷哀哉尙 饗

⊙弟子祭文

云云嗚呼孰使吾而伊唔(謂讀書聲)萬緗帙飄零孰使子而摳趨(謂摳衣趨堂也)萬音容杳冥無乃作賦
於天上萬玉樓乍成(李長吉死登天上作玉樓上標文)無乃修文於地下萬郎署是榮(蘇韶死而復生其弟問地下
事曰顏淵卜商今爲地下修文郞)不然椿萱(謂父母也)在堂萬何忍乘雲鶺鴒在原萬(詩傳云鶺鴒在原兄弟急難)
奚肯離羣佳人哀怨萬寂寞胡寧孤兒號泣#拊育誰令山哀浦思萬暮魂凄凉雲愁風泣萬靈旌飄
揚弔靈陳奠萬哭不成聲援筆作誄萬魂鑑我誠哀哉尙 饗

⊙朋友祭文

云云嗚呼臭味之應如蘭斯馨同事筆硯連業橫經雲衢萬里相圖鵬程(莊子曰鵬之徙於南溟也搏扶搖而
上者九萬里)何期一夕文星忽傾騎鯨有恨哭鸞無聲胡然上帝促召玉京滴淚和墨難悉友情泣撰
數語涕淚沾盈魂歸來鑑我微誠哀哉尙 饗

▶579◀◆問; 조문객이 곡.

조문객이 곡하는 것은 성균관 법인가요 아니면 풍습인가요 곡하는 게 맞는지? 맞는
다면 어떤 경우에 해야 할지 무척 궁금해서 질문합니다.

◆答; 조문은 예절의 한 조목.

조문(弔問)은 관혼상제(冠婚喪祭) 전통예절(傳統禮節) 상례(喪禮) 성복편(成服篇) 조
(弔)전(奠)부(賻)의 한 조목(條目)인 예법(禮法)입니다.

아래와 같이 예기(禮記) 곡례편(曲禮篇)을 살펴보건대 조상(弔喪)은 산 이를 면 조
문을 하고 죽은 이를 알면 위전에서 슬퍼(곡)하며 산 이만 알고 죽은 이를 모르
면 조문만하고 위전(位前)에서 슬퍼하지 않으며 죽은 이만 알고 산 이를 모를 때
는 위전에서 슬퍼만 하고 조문은하지 않는다 하였으니 전에서의 슬퍼함은 죽은 이
를 알 때에만 행하는 것이 정례(正禮)인 것 같습니다.

●禮記曲禮知生者弔知死者傷知生而不知死弔而不傷知死而不知生傷而不弔註方氏曰不
知生而弔則其弔也近於諂不知死而傷則其傷也近於僞○應氏曰弔者禮之恤乎外傷者情之
痛於中

▶580◀◆問; 조문 시 향을 올리는 경우와 술을 올리는 경우.

조문 시 향을 올리는 경우와 술을 올리는 경우가 있는데요. 원래 무엇이 예법에 맞
는 것인가요.

◆答; 조문 시 향(香)을 올리는 경우와 술을 올리는 경우.
아래와 같이 살펴보건대 분향도 하고 술도 따라 올리는 것이 예법에 맞습니다.

●備要吊條護喪引賓入至靈座前哭盡哀再拜焚香跪(儀節若衆賓則尊者一人獨詣)酹茶(執事者跪奉盞與賓賓受之還授執事置靈座前)俛伏興護喪止哭者祝跪讀祭文奠賻狀於賓之右畢興云云

▶581◀◆問; 조문 예절.
조문 시 내관상이면 상주에게만 인사한다는데, 궁금 합니다,

◆答; 타의의 부인 상에 조문하는 법.
아래와 같이 살펴보건대 타인의 부인상에 상주에게 위문할 뿐인데 요즘은 지난날과 달리 친구 부인들과도 친밀하게 지내는 관계였다 하여도 예법상 청에는 들어가지 않음이 바른 예이나, 혹 부득불 상청에 들어갔다 하여도 곡 없이 잠깐 서있다 재배(再拜)하지 않고 나와 상주에게 위문으로 그침이 옳을 것 같습니다.

●開元禮吊賓至門外主人出立阼階下西向哭待賓入庭南北向西上立其長者一人進入于主人前東向致辭訖主人哭稽顙再拜賓不答拜還于北向位俱哭十餘聲哭訖出
●退溪曰禮嘗升堂拜母之外不許入今人皆入吊未安
●明齋曰與喪人情好親密則雖未升堂不可不以哭相慰
●書儀婦人非親戚及與其子爲執友嘗升堂拜母者不入酹
●沙溪曰婦人之喪未及升堂者不哭可也鄕人多有哭之者非是
●問婦人喪未升堂者同姓親非同五世祖者異姓親七八寸入哭與否尤庵曰同姓則無問親疏異姓當視情分之如何耳

▶582◀◆問; 조상할 때 주부에 대한 예의 표시방법.
초상집에 조상을 할 경우 통상 분향 후 잔을 올리고 배례 후 주상에게만 예를 표하고(일반적으로 상호 맞절) 별도의 안내에 따라 다과를 접대 받는데 얼마 전 어떤 분이 하시는 말씀이 고인에 대한 분향 재배 후 주상에게 예를 올린 후 주부에게도 동일하게 예를 올린 후에 주상에게 위로의 말들을 하는 것이 기본예절 이라는 조언이 있었는데 어떻게 하는 것이 우리의 전통 예절인지요. *.통상 위패를 중심으로 주상은 오른쪽에 주부는 왼쪽에 위치하더군요.

◆答; 남자 조문객은 주부에게는 조문하지 않는다.
아래와 같이 살펴보건대 남자 조객이 조문할 때 주부는 방에 있으니 주인과 같이 서서 조문을 받지 않을뿐더러 조객을 안다 하여도 남녀칠세부동석이니 같은 자리에 있을 수도 없고 안면이 없다면 더욱 한자리에 있을 수가 없습니다.

●司馬氏居家雜儀七歲男女不同席不共食○又男治外事女治內事婦人有故出中門必擁蔽其面
●曲禮知生者弔知死者傷知生而不知死弔而不傷知死而不知生傷而不弔註弔傷皆謂致命辭也
●問鄭註云非親戚來弔則帷中之哭不可云云南溪曰禮無內外皆哭之文鄭設似是也惟設奠時必用女僕則或可從哭以助主人之哀也
●問女適人者遭父母喪而與舅姑同居則受弔非便南溪曰雖與舅姑同居必有私室行弔恐無甚妨矣
●問婦人受弔無考只隔門行拜爲宜耶巍巖曰來示恐得

●大記婦人迎客送客不下堂下堂不哭男子出寢門外見人不哭註非其處而哭猶野哭也陳註堂以內至房婦人之事堂以外至門男子之事非其所而哭非禮也婦人於敵者固不下堂若君夫人來弔則主婦下堂至庭稽顙而不哭男子於敵者之弔亦不出門若有君命而出迎亦不哭

▶583◀◆問; 조문 다녀온 뒤 기제사 참석?

경인년 새해 성균관 포탈사이트의 발전을 기원 드립니다. 다름이 아니옵고 오늘 오후에 집안 11촌 아주머니(향년 75세)께서 숙환으로 별세 하시여 장례식장에 조문을 다녀 왔습니다. 그런데 공교롭게도 오늘 저녁 저의 빙모님 입제 일입니다. 사위인 제가 기제사에 참석하여도 되는지요? 안되면 방법이 없는지요? 감사합니다.

◆答; 조문 다녀온 뒤 기제사 참석.

아래와 같이 살펴보건대 유복친(有服親)의 부음(訃音)을 받았으면 제사를 폐하고 상가(喪家)로 가 곡을 하고 무복 간이면 제사를 마치고 위를 차려놓고 한다. (부음을 받으면 허위를 차려놓고 곡으로 대하는 것임)

재계란 부정한 일을 멀리하여 몸과 마음을 깨끗이 다스린 연후에 제사에 임하게 함이 그 참뜻일 진대 모 선유께서 하셨다는 지내라, 지내지 마라. 의 씀은 효를 강조하기 위하여 하신 말씀으로 이해되어야 할 것입니다.

만약 재계 기간 중에 재계의 법도에 어그러졌다 하더라도 마음이 중요하다 면 제례에서 재계의 조목을 두지 않았을 것입니다. 까닭에 석산선생께서는 미 당일 저녁에 장인 제일을 알았다면 조문을 기일 뒤로 미뤘어야 옳았을 입니다.

●問大忌正齊聞訃則奈何寒岡曰切親有服則廢祭而往哭無服而情切則祭畢爲位而哭情不甚厚而聞訃累日則亦不必追哭

예(禮)에 관하여 儒家(유교)의 법도는 차치하고 국어사전의 禮에 관한 해석을 살펴보니 아래와 같이 풀어 놓았음.

⊙禮=①인간이 마땅히 지켜야 하는 도리. ②예식(禮式) ③경례(敬禮) ④예법(禮法)
②禮式=①예절의 법식 ②예법에 의하여 행하는 식.
④禮法=禮로 지켜야 할 규범.
○規範=판단과 평가, 행위 등의 기준이 되는 진, 선, 미를 얻기 위한 행위와 원리.
○眞善美=認識上의 참(眞)과 윤리상(倫理上)의 착(善)함과 심미상(審美上)의 아름다움(美)을 병칭.
⊙齋戒의사전적 의미=제(祭)를 행하는 사람이 육식 등의 음식을 삼가고 마음과 몸가짐을 깨끗이 하여 부정(不淨)을 타지 않도록 함.
⊙不淨의사전적 의미=무슨 일을 꺼려서 피하려 할 때에 아이를 낳거나 사람이 죽는 일 등이 생김 이상에서 살펴보았듯이 예란 이래도 좋고 저래도 좋고가 아닌 일정한 법식의 테두리 내에서 행하도록 규정되어 있습니다. 그러기에 예법이라 합니다.

재계(齋戒)란 국어사전(國語辭典)에서도 부정을 타지 않도록 한다. 하였으니 부정에는 상사(喪事)의 일도 포함되어 있으며 기제(忌祭)의 재계는 대개 삼례의(三禮儀)와 같이 전일일(前一日)이라 하였으니 기제(忌祭) 하루 전날에는 상가(喪家)에 조문(弔.問)을 가서는 재계(齋戒) 법도(法度)에 어그러짐이 분명한 것 같습니다.

유학이란 예에서 시작 예로 끝나는 학문입니다. 고로 유학 밖의 예로서 논할 수는 없는 것입니다. 유가의 법도를 무시한다면 속례나 타 교의 예를 논할 수밖에 없을 것이니 그 사례라 함은 천차만별이라 일일이 헤아려 열거할 수도 없을 것입니다.

●按五禮儀祭祀稱吉禮喪禮稱凶禮
●呂氏春秋孟春篇天子乃齋註論語曰齋必變食居必遷坐自禋潔也
●孟子離婁篇雖有惡人齋戒沐浴則可以祀上帝註惡人醜貌者也尹氏曰此章戒人之喪善而勉人以自新也細註南軒張氏曰春秋書曰自汚而喪其美一自新而洗其惡勸戒彰矣慶源輔氏曰蒙以不潔則自喪其美而反致人之惡言此所以戒人喪其本有之善惡人之質本醜而能齋戒沐浴至誠自潔則可以事上帝
●開元禮小祀散齋二日致齋一日
●退溪曰親忌二日齋戒又云忌祭禮之小者只當一日齋
●三禮儀忌祭篇前一日齋戒

▶584◀◆問; 조문 시 향로에 선향을 꽂을 때.

조문할 때 향로에 선향을 꽂을 때 1 개 아니면 3 개를 꽂으라고 하는데 왜 홀수로 꽂아야 하는지 특별한 이유가 있나요?

◆答; 향로에 선향을 꽂을 때.

아래와 같이 살펴보건대 유가(儒家)에서 이르는 향은 소(蕭)(쑥) 란(蘭)(난초) 지(芷)(백지지약란지지지류근(白芷芷蘭芷若蘭芷之類根)) 발(茇; 藁茇) 등 이며 또 향목(香木)을 잘게 깎아내어 그 대용으로 쓰기도 합니다.

선향(線香)이란 백단(白檀) 안식향(安息香) 침향(沈香) 정향(丁香) 등(等)을 곱게 가루로 만들어 송진 등에 개어 가늘고 긴 선상(線狀)으로 만들어 굳힌 향(香)으로 대개 불가(佛家) 등에서 사용하는 향(香)인데 근래에 유가(儒家)의 의식에서도 를 대개 사용하고 있으나 1 개나 3 개를 꽂는다 함은 불가(佛家) 등의 예법인지는 알 수 없으며 유가식(儒家式)은 아니듯 합니다.

다만 국조오례의(國朝五禮儀)에서 삼상향(三上香)의 의식이 있으나 이는 3 번 향을 떠 향로에 넣는 예인데 혹 음양(陰陽)의 이치를 따름인지는 알 수 없으며 그에 대한 전거는 찾을 수가 없습니다.

●司馬氏書儀焚香當蓺蕭
●丘氏曰焚蘭芷蕭茇之類
●國朝五禮儀三上香

▶585◀◆問; 조문객의 곡.

조문객이 곡하는 것은 성균관 법인가요 아니면 풍습인가요 곡하는 게 맞는지? 맞는다면 어떤 경우에 해야 할지 무척 궁금해서 질문합니다.

◆答: 조문객의 곡.

조문(弔問)은 관혼상제(冠婚喪祭) 전통예절(傳統禮節) 상례(喪禮) 성복편(成服篇) 조(弔) 전(奠) 부(賻)의 한 조목(條目)인 예법(禮法)입니다.

아래와 같이 예기(禮記) 곡례편(曲禮篇)을 살펴보건대 조상(弔喪)은 산 이를 알면 조문을 하고 죽은 이를 알면 위전에서 슬퍼(곡)하며 산 이만 알고 죽은 이를 모르면 조문만하고 위전에서 슬퍼하지 않으며 죽은 이만 알고 산 이를 모를 때는 위전에서 슬퍼만 하고 조문은하지 않는다 하였으니 위전에서의 슬퍼함은 죽은 이를 알 때에만 행하는 것이 정례(正禮)인 것 같습니다.

●禮記曲禮知生者弔知死者傷知生而不知死弔而不傷知死而不知生傷而不弔註方氏曰不知生而弔則其弔也近於諂不知死而傷則其傷也近於僞○應氏曰弔者禮之恤乎外傷者情之

痛於中

▶586◀◆問; 조문(弔問) 시 상주는 어느 쪽에 서나?
상주는 빈소의 왼쪽? 오른쪽?

◆答; 상주의 위치.
영좌(靈座)의 동(東)쪽에서 남(南)쪽으로 나와 서(西)쪽으로 향하여 서게 됩니다.

●儀節主人以下各就位(陶菴)靈座東南

▶587◀◆問; 조문 시 상주와 관계로 맞절에 관한 예.
초등학생 외 조카가 막내 할아버지 조문을 할 수 있는지도 궁금하구요. 초등학생하고 외삼촌하고 조문 온 초등학생 조카와 맞절을 하는지도 궁금하구요.

상주와 조문객의 관계에 의한 조문 맞절에 관해서 되게 궁금합니다. 친지관계의 조문 시와 모르는 분의 조문인데 조문객이 맞절을 안 하는 경우도 있는지요. 아님 상주가 맞절을 안 하는 경우도 있는지요.

◆答; 조문 시 상주와 관계로 맞절에 관하여.
몇 살 이하는 조문을 하지 않는다는 전거는 찾을 수가 없으니 8　세상이면 성복(成服)을 하는데 부음(訃音)을 들었으면 조문함이 마땅하겠지요.

아래와 같이 살펴보건대 항렬이 얕은 조객에게는 절을 하지 않는 것 같습니다. 아래와 같이 살펴보건대 죽은 이만 알면 영좌(靈座) 전에서 곡 재배만 하고 상주에게는 조상치 않는다 한 것 같습니다.

●胡氏書儀若孝子尊弔人卑則側身避位俟孝子伏次卑者即跪還須詳緩去就母令跪伏與孝子齊
●曲禮知生者弔知死者傷知生而不知死弔而不傷知死而不知生傷而不弔註方氏曰不知生而弔之則其弔也近於諂不知死而傷之則其傷也近於僞
●曲禮鄭玄註人恩各施於所知也弔傷皆謂致命辭也疏正義曰此一節論弔傷之法若存之與亡並識則遣設弔辭傷辭兼行若但識生而不識亡則喩遣設弔辭而無傷辭知死而不知生傷而不弔者若但識亡唯施傷辭而無弔辭也然生弔死傷其文可悉但記者丁寧言之故其文詳也

▶588◀◆問; 조문할 때 헌화하는 방법에 대하여.
본 난에 조문 시 올바른 헌화방법에 대한 질의응답이 있었습니다. 또 행정자치부의 답변(명륜골 선비님의 질의에 대한)도 들었습니다.

그러나 행자부의 (빈소에서 헌화를 잡는 방향은 꽃송이가 왼쪽으로 향하도록 두 손으로 잡고 제단 앞으로 걸어 간 후 꽃송이가 제단을 향하도록 공손히 놓고 뒷걸음으로 걸어 나와 목례 후 상주에게 문상하도록 되어 있으나, 이는 통상적인 예로 보셔야 할 것입니다)라는 답변은 검증되지 않은 국가의전으로 확정되지 않은 사항이므로 이를 수용하기에는 무리가 있습니다. 참고로 제가 행자부에 질의한 내용과 답변을 전재하여 이해를 돕고자 합니다.

최규화 전대통령의 국민장시 헌화방법에 대한 문의를 드립니다. 본 난에 이미 성균관에서 질의가 있었고, 답변이 완료된 사항입니다.

헌화 시 꽃의 방향에 대한 질문 중 귀부의 답변이 (빈소에서 헌화를 잡는 방향은 꽃송이가 왼쪽으로 향하도록 두 손으로 잡고 제단 앞으로 걸어 간 후 꽃송이가 제단을 향하도록 공손히 놓고 뒷걸음으로 걸어 나와 목례 후 상주에게 문상하도록 되어 있으나, 이는 통상적인 예로 보셔야 할 것입니다)에서 "꽃송이가 제단을 향하도록 공손히 놓고", "이것은 통상적인 예로 보아야 한다"고 하였습니다.

그러나 우리의 예절은 어른(상대)에게 무엇을 드릴 때 상대가 편리하도록 배려하는 것이 예의가 아닐런지요. 예를 들어 꽃다발을 드릴 때는 잡기가 편리하도록 줄기 쪽을 드리고, 칼이나 자루가 있는 물건은 자루 쪽을 드리는 것이 예의가 아닌지요.

만약 귀부의 답변대로 헌화 시 꽃 봉우리가 영좌를 향하게 한다 면 어른에게 칼을 드리면서 칼날 쪽을 드리는 것과 같은 논리인데 과연 우리의 정서와 맞는 것인지 의문이 갑니다.

참고로 최근 성균관 홈피에 제기된 질문과, 제가 쓴 답변의 일부를 소개하고자 합니다. (며칠 전 최규하 전 대통령께서 작고 하신 후 많은 분들이 조문을 실시하고 있습니다. TV 화면을 통해 살펴 보면 영정 앞 제단에 헌화하는 모양이 어떤 분은 꽃 머리 부분을 영정으로, 어떤 분은 뿌리부분을 영정으로 하는 등 유명하신 지식인들이 오락가락하고 있으니 정말 헷갈립니다. 고견을 알려 주십시오. (愚見; 한마디로 꽃 봉우리가 영정을 향하는 것이 거꾸로 이고, 꽃 봉우리가 앞쪽(南)을 향하는 것이 바른 예절입니다. 국가 의전이던 종교식 장례이던 공통적(세계적)인 예법이 꽃 봉우리가 앞을 향합니다. 또한 가톨릭이나 프로테스탄트에서 고인 앞에 성경을 놓을 경우, 성경책도 고인 앞에 바로(읽을 수 있도록)놓습니다. 이 경우도 꽃 봉우리가 앞을 향하는 원리와 같습니다.

혹자들은 꽃(대개 국화)을 고인(영정)을 향하도록 해야 한다고 하나 이것은 잘못된 견해입니다. 그러면 영정 옆의 꽃 장식과 조화(弔花)도 모두 영정을 향해 거꾸로 놓아야지요. 모든 행사(의식)에서 화환이나 헌화의 경우는 앞을 향해야 합니다. 설명이 더 필요할 수도 있으나 상식이므로 생략합니다) 이상입니다.

귀부의 견해를 존중하면서, 앞으로 이 문제에 관한 새로운 정립이 필요하다는 생각을 가지고 있습니다. 과거 외무부가 펴낸 국가의전편람(?)이 있었던 것으로 기억되는데 외교통상부 등과 협조하여 글로벌 시대에 걸 맞는 세계공통의 의전(헌화)예절을 제정해야 한다는 소망을 가져 봅니다. 귀부의 발전을 비오며, 고견을 기대합니다. (행정자치부 답변); 안녕 하십니까? 먼저, 선생님의 좋은 의견에 감사를 드립니다.

말씀 드린 바와 같이, 헌화 시 꽃봉오리의 위치가 문제가 있다는 부분에 대해서는 우리 부에서 관련 학계나 종교계 등의 의견을 수렴하여 적합한 기준을 마련토록 하겠습니다. 다만, 의전편람(99 년도 행정자치부 간행)에도 '알아 봅시다' 라는 박스처리로 표기한 것은 우리 부에서 정했다기 보다는 당시의 어떠한 예를 그대로 발췌하여 기록한 것으로 판단됩니다. 정부기관에서 이를 확인. 검증 없이 넣었다고 말씀하시면 더욱 죄송스럽기 그지 없습니다만, 위에서 말씀 드린 대로 이번 기회를 거울 삼아 어느 것이 옳은지 대안을 찾아 내도록 하겠습니다.

좋은 의견에 다시 한 번 깊은 감사를 드리며, 앞으로도 우리 부의 업무에 많은 관심을 부탁 드립니다. 귀하의 가정에 행복과 웃음이 늘 가득하시길 기원합니다. 안녕히 계십시오. (종료 일 : 06.11.01). 참고로 저는 조문 시 헌화는 꽃송이가 영좌가 아닌 앞(南)을 향하도록 드려야 한다는 믿음을 가지고 있습니다. 물론 이견도 있으나, 여러 곳에서 확인하고 얻은 결론입니다. 그래도 미심쩍어 네이버 및 다음 등 검색 싸이트에도 올려 놓고 여러 의견들을 수렴하고 있습니다.

◆答; 장례 예식장에서 헌화할 때 꽃송이의 방향에 대하여.

유학에서는 백국을 시제(詩題)로 삼아 읊을 정도로 흠모와 칭송의 대상으로 여기는 꽃인데 현대 장례예식장 등 조문을 하는 곳이면 으레 백국을 들고 위전으로 들어가 망인 사진(영정) 앞에 놓는데 그 예법이 어느 나라 상풍(喪風)인지는 모르겠으나 조문객은 상 소식을 듣고 슬픔에 겨워 영좌 앞으로 나아가 슬픔을 다하고 상주에게는 위문하여 슬픔을 나누려 함이라면 백국을 영좌 앞에 드리는 이유는 모르겠으나 그 꽃이 애도(슬픔)를 상징하는 꽃이라면 백국 줄기에 그 의미가 있는 것이 아니라 꽃 송이에 있을 진대 꽃송이를 영좌 쪽으로 올려 놓아야 조객의 슬픔을 표하게 되는 것이지 줄기 끝을 영좌 쪽으로 향하게 놓는 것은 이치에 합당함이 없다.

혹 줄기를 영좌 쪽으로 놓는 것은 망자의 손에 그 줄기를 쥐어준다는 의미라면 착각에서 발생한 발상일 수밖에 없다. 이미 망자는 숨이 멎는 순간 모든 신체활동이 정지된 상태이고 또 신(神) 운운한다면 신이 조객(弔客)이 슬픔을 위로하기 위하여 애도의 표시로 놓은 백국을 감사하게 여겨 꽃을 보기 위하여는 줄기는 멀고 꽃송이가 눈에 가깝게 들어야 잘 보일 터이니 위전로 놓아 줘야 이와 같은 이치에도 합당하지 않겠는가.

더러 조문 풍습을 살펴보면 조객은 상가에서 나눠 주는 백국을 받아 들고 위전으로 올라가 영좌 앞에 올려 놓는데 이와 같은 행위는 상가의 권위나 부를 상징하기 위한 참으로 사람도 속이고 귀신도 속이는 행위이지 않은가.

위전에 백국(白菊)을 드리는 예를 갖추고 싶다면 영전으로 통하는 길목에 백국 판매소를 열고 조객(弔客)의 의사에 맡길 뿐으로 강제하여서는 욕이 된다. 혹자는 부의금이 있지 않은가 라 반문할지도 무르겠으나 이와 같은 발상은 조문객을 무시한 처사이다.

백국 판매소를 영전으로 통하는 길목 상가에서 연다면 부모의 죽음을 축재(蓄財)의 대상으로 여기는 몰염치 한으로 치부되지 않겠는가 라는 비난을 면치 못할 것이나 만약 상가에서 꽃가게가 멀다면 집사나 축관이 전화 한 통화이면 모두 정도에 맞도록 쉽게 해결된 문제이다.

●退溪詩晨自溫溪踰聲峴至陶山;曉霧侵衣濕羸鞭越峴艱短長松竝立黃白菊相斑闃寂柴門迥蕭疎竹院寒晚來風日好凝坐望秋山
●艮齋詩與朴居中會巴寺;尋芳匹馬碧松亭白菊招提雲外懸逢著故人何所問烟沉溪上事茫然
●梅月堂詩花草白菊(二首);自憐貞白歲寒芳栽培瓦盆置小床丹桂素梅兄與弟不同穠棣妬年光〇蕭疎枯葉附寒英輕帶寒霜四五莖終日對君無俗態香魂終不讓瓊瓊
●佔畢齋詩十月白菊和子眞鳴琴閣外竹籬邊剗地霜風笑粲然縞素疑栽廣寒殿喧妍別占小春天依違金麗酬幽賞排比瓊英伴醉眠誰遣白衣供白墮一園液雨正鮮鮮
●秋齋詩乞白菊;白菊白如頭相看不害羞月中惟見影霜下暗生愁一色村醪泛餘香凍蜜收何嘗書乞米此句也風流
●硏經齋詩望霞城城;望望霞城里秋懷轉可傷風流已寥落閭巷自荒凉谷口丹楓葉村墟白菊香兩家諸子侄情好莫相忘
●醒齋詩;李弟振叔盆種白菊一枝忽放黃花賦長律一首記異要余和之以一絶寄示
●陶菴詩(一)漫吟;白菊天然好靑松獨也貞相看無一語耿耿歲寒情〇詩(二)送李生(以漸)歸龍崗;白菊天寒猶自花一杯相屬曉燈斜也知爲學無他術千里行人自討家
●南塘詩感菊;草堂右種菊數十本六月以後淫雨惡風不止根腐葉枯萎絶殆盡只有白菊三本黃菊二本紅菊一本得全重陽後始開至十月盡開感而賦之;可憐墻上菊風雨幾莖損

衆卉又欺凌孤芳纔數本猶自凌霜開寂寞香聞遠草木皆黃落英華獨煌煌世人不解愛衡門空自邇酌酒對爾飮期與保歲晩

▶589◀◆問; 조문을 다녀왔는데 차례를 지낼 수 있나요.

저희 아버지가 장남이고, 추석날 차례(茶禮)를 모시는 제주이신데. 추석을 1 주일 앞둔 이 시점에서, 깜박하고 친구부친장례식에 다녀오셨습니다. 옛날 어른들 말씀에서 자기조상을 모시기 전에 다른 조상을 모시고 오면 안 된다고 이야기를 들은 적 있습니다.

그래서 지금 걱정이 큰데요 어떤 방법 없을까요?? 참고로 남동생 3 명이 있는데 그쪽에서는 차례를 모실 형편이 전혀 안되고, 저희 집에서 밖에 가능치가 않습니다. 현명하신 조원 부탁 드립니다.

◆答; 절사의 재계는 前一日 입니다.

아래와 같이 살펴보건대 속절(俗節)은 전일일 재숙(齋宿)일 뿐이니 1주일 앞둔 조문은 추석 세는 데 부정함은 문제가 되지 않습니다.

●家禮本註俗節前一日灑掃齋宿忌日前一日齋戒

▶590◀◆問; 조문 답례에 대하여 알고 싶습니다.

조문 오신 분들께 사정상 직접 찾아 뵙지 못하고 글로서 인사 올려야 할 경우 적절하고도 간략하게 인사 올릴 수 있는 답례 글이 있는지요? 서식화 되어 있는지요? 어느 곳에서 참고 할 수 있는지요? 좋은 답례 글을 부탁 드립니다.

◆答; 조문객에 대한 답서.

◆父母亡答人慰疏式(適孫承重者同)

某稽顙再拜言 [(降等云叩首去言字)劉氏曰按稽顙而後拜以頭觸地曰稽顙三年之禮也雖於平交降等者亦如此但去言字何則古禮受弔必拜之不問幼賤故也]某罪逆深重不自死滅禍延先考(母云先妣承重則祖父云先祖考祖母云先祖妣)攀號擗踊五內分崩叩地叫天無所逮及日月不居奄踰旬朔(卒哭小祥大祥禪隨時)酷罰罪苦(父在母亡卽云偏罰罪深父先亡則母與父同)無望生全卽日蒙恩(平交以下去此四字)祗奉几筵苟存視息伏蒙尊玆(平交云仰承仁恩)俯賜(平交改賜爲垂降等去伏蒙以下六字但云特承)慰問哀感之至無任下誠(平交云仰承仁恩俯垂慰問其爲哀感但切下懷降等云特承慰問哀感良深○司馬溫公曰凡遭父母喪知舊不以書來弔問是無相恤之心於禮不當先發書不得已須至先發卽刪此四句)未由號訴不勝隕絶謹奉疏(降等云狀)荒迷不次謹疏(降等云狀)年號幾年某月某日孤子 [(母喪稱哀子俱亡卽稱孤哀子承重者稱孤孫哀孫孤哀孫)備按翰墨全書居心喪云中心制或曰心喪居禪服云居禪祖父母喪云縗服妻喪云期服而具書姓名於其下]姓名疏上某位座前謹空(平交以下去此二字)

◆皮封式

疏(隨改同前)上

某位座前　　　　　　　孤子(隨改同前)姓名謹封

▶591◀◆問; 조문 시 복장에 관하여.

상의는 흰색 T 그리고 하의는 검은 색 바지 입니다. 이 대로 조문을 가도 무방 할까요?

◆答; 조복(弔服).

이미 흰 반소매 차림의 조문이 조문객으로서 결례가 될 것 같다라는 전제하에 그 확인을 하기 위한 질문인 듯합니다.

아래는 가례(家禮)와 구의(丘儀)의 조객(弔客) 복식에 관한 말씀입니다. 이 예에서가 작성되던 시기와 현세의 복색(服色)이 판이하니 이를 주장할 수는 없으며 다만 그 예법에서 교훈을 얻어 현세의 복식과 견주어 차림이 가당할 것입니다.

소위 T 라 함은 옛날 등걸 잠방이와 비견 되는데 반소매 반바지 차림의 조문(弔問)은 삼감이 옳을 것입니다. 만약 피치 못하여 갖출 수가 없다면 영좌(靈座) 전에 오르기 전에 동료나 아는 분의 긴 소매 상의라도 잠깐 빌려 입고 오르는 것이 자신은 물론 상대를 대하는 바른 예가 아닐까 합니다.

●家禮成服篇弔奠賻節凡弔皆素服條幞頭衫帶皆以白生絹爲之(便覽退溪曰素冠雖不可爲白衣白帶甚可)補註問今弔人用橫烏此禮如何朱子曰此是玄冠以弔正與孔子所謂羔裘玄冠不以弔者相反

●丘儀各隨其人所當服之衣而用縞素者按本註幞頭衫帶皆以白生絹爲之今制惟一國恤用布裹紗帽其餘則不許有官者衣可變而冠不可變若無官者用素巾可也

▶592◀◆問; 조문 시 절하는 법을 알고 싶습니다.
여자들의 조문 시 절하는 법에 관하여.

◆答; 부인의 조문할 때 배법.
남자들의 조문(弔問) 예법(禮法)은 각 예서(禮書)에 자못 상세하게 기술되어 있으나 일반 부인들이 타인의 상(喪)에 조문예법(弔問禮法)은 찾아지지 않으며 다만 아래와 같이 상대기(喪大記)에 군부인래조(君夫人來弔)라 즉 제후부인(諸侯夫人)이 조문(弔問)을 오면 이라 언급되어 있으니 이를 확대해석(擴大解釋)하여 부인들이 조문(弔問)을 다닐 수 있다. 라고 한다 하여도 그 조문 예법은 찾을 수가 없습니다.

따라서 조문(弔問)할 때 절의 예법(禮法) 역시 찾아지지 않습니다. 다만 아래 소의(少儀)를 살펴보면 여자의 절 예법은 숙배(肅拜)와 수배(手拜)가 있는데 부인이숙배위정(婦人以肅拜爲正) 숙배(肅拜)는 여자들의 정배(正拜)이고 흉사내수배위상주불수배자위부여장자당계상야기여역수배이이(凶事乃手拜爲喪主不手拜者爲夫與長子當稽顙也其餘亦手拜而已) 흉사(凶事)에 남편(男便)과 장자(長子)에게는 수배(手拜)가 아닌 계상배(稽顙拜)로 하고 그 외는 수배(手拜)뿐이다 하였으며 수배주례공수야(手拜周禮空首也) 수배(手拜)는 주례춘관대축변구배(周禮春官大祝辨九拜) 중 세 번째인 공수배(空首拜)라 하였으니 공수배(空首拜)란 선이양수공지지내두지수이기두불지지(先以兩手拱至地乃頭至手以其頭不至地) 먼저 두 손을 맞잡아 땅에 이르게 하는 절인데 곧 공수(拱手)한 손등에 머리가 미치게 하되 머리가 땅에 닿지 않게 한다. 라 정의 되었으니 이를 따름이 어떠할까는 생각됩니다.

●喪大記婦人迎客送客不下堂下堂不哭男子出寢門外見人不哭註堂以內至房婦人之事堂以外至門男子之事非其所而哭非禮也此言小斂後男主女主迎送弔賓之禮婦人於敵者固不下堂若君夫人來弔則主婦下堂至庭稽顙而不哭也男子於敵者之弔亦不出門若有君命而出迎亦不哭也

●少儀婦人吉事雖君賜肅拜爲尸坐則不手拜肅拜爲喪主則不手拜註肅拜拜低頭也手拜手至地也婦人以肅拜爲正凶事乃手拜爲喪主不手拜者爲夫與長子當稽顙也其餘亦手拜而已疏手拜周禮空首也

●周禮春官大祝辨九拜三曰空首註拜頭至地所謂拜手疏先以兩手拱至地乃頭至手以其頭不至地故名空首君答臣拜

●鄕校禮輯凡下拜之禮一揖少退再一揖卽俯伏以兩手齊按地先跪左足次屈右足略蟠旋左邊稽首至地卽起先起右足以雙手齊按膝上次起左足仍一揖而後拜其儀度以詳緩爲敬不可

急迫

▶593◀◆問; 吊問에 관하여?

주변에서 경 조사 참석은 조심해서 처신하라는 말을 자주 듣는데 올바른 예절과 근거를 알고 싶습니다.

첫째, 매우 친한 친구의 어머니가 돌아 가셨다는 연락을 방금 받았는데 모래가 발인이라 합니다 비보를 받자마자 그 친구의 슬픔을 함께하기 위하여 참석하려는데 집 사람이 말리더군요. 5일 후 조부님의 기일인데 제가 모시고 있는바 부정 탄다는 이유로 말입니다. 친구 어머니의 상에 조문을 다녀와도 괜찮은지요?

둘째, 사회생활을 하다 보면 결혼식 참석과 조문을 한 날에 할 때가 꽤 있습니다. 조문하는 날 결혼식장에 가야 할 때도 있고 친척의 제사에 참석해야 할 때도 있습니다. 그런데 경. 조사 참석에도 예의가 있어야 한다는 말을 자주 듣습니다. 그냥 흘려 보내고 모두 참석하면 그만이지 하지만 마음 한 구석에는 찜찜한 것도 사실입니다. 이럴 때는 어떠해야 올바른 행동인지요? 행동에 조심해야 될 근거가 있나요?

◆答; 조문(吊問).

問; 첫째. 答; 금일이 23 일이니 발인이 모래라 함은 25 일로 조부님 기제가 5 일 후라면 금월 28 일경이 되는 것 같습니다.

그러하면 아래와 같이 살펴보건대 기일은 전일일(前一日)부터 재계에 들어갑니다. 재계기간에는 조문을 할 수가 없겠지요. 따라서 재계(齋戒)일은 기일(忌日) 하루 전 날로 27 일이 되는데 금일부터 발인 날 중 편리한 날에 조문을 다녀와도 재계의 법도에 어그러지지 않습니다.

問; 둘째, 答; 전통혼례(傳統婚禮) 예법에 하객(賀客)에 대한 예법은 없습니다. 그러나 기왕(旣往)이면 먼저 혼사(婚事) 축하(祝賀) 후에 조문(弔問)을 하고, 제사(祭祀)는 재계(齋戒)의 예법이 있으니 1 일전 재계는 지켜야 할 것입니다.

●家禮忌祭前期一日齋戒
●備要忌祭前期一日齋戒
●退溪曰家禮忌日言前期一日齋戒而已
●曲禮齋者不樂不吊
●莊子曰不飮酒不茹葷是祭祀之齋也
●唐制散齋之日理事如故惟不得吊喪問疾不判署刑殺文書不決罰罪人不作樂不親穢惡之事致齋惟祀事得行其餘悉禁

▶594◀◆問; 조문여부?

친구의 미성년자인 자식 또는 손자의 불의의 사고로 사망 시 조문을 하여야 하는지? 만약에 조문할 시는 조문의 방법은? 궁금하오니 시원한 답변 부탁합니다.

◆答; 조문 여부.

이미 영좌(靈座)를 설치하고 조문은 받는다면 아래와 같이 살펴보건대 친구의 아들이나 손(孫)을 이미 알았으면 곡은 할 수 있겠으나 절은 하지 않으며 만약 생시에 알지 못하였다면 다만 친구에게 조문만 할 뿐인 것 같습니다.

다만 팔세 미만은 삼상(三殤)에 포함되지 않으니 영좌(靈座)가 없어 망자(亡者)를 위하여 곡은 할 수 없겠으나 혹 친구를 찾아가 위안은 할 수 있을 것입니다.

●開元禮三殤之喪始死浴襲及大小殮與成人同靈筵祭奠進食葬送哭泣之位與成人同虞而除靈座其虞祝辭云維年月朔日子父告于子某云云
●家禮不滿八歲爲無服之喪生未三月則不哭
●曲禮知生者弔知死者傷知生而不知死弔而不傷知死而不知生傷而不弔
●竹菴曰尤菴言從弟之祭俱不當拜則**況**於從侄從孫乎雖年長於我而旣爲有服之親則恐不可以平時之答拜而拜其喪也
●問親戚之喪敵己以上則入哭有拜敵己以下則入哭無拜而如異姓從妹則旣非同宗且有男女之別則恐不可無拜本菴曰有服者不必然愚於異姓從妹之喪不拜矣
●梅山曰先儒於族弟侄之喪不拜親戚卑幼之弔者哭而已矣

添言;
○삼상(三殤)이란.
16 세~19 세에 죽으면 장상(長殤)이라 하고 12 세~15 세에 죽으면 중상(中殤)이라 하고 8 세~11 세에 죽으면 하상(下殤)이라 합니다. 다만 이 나이라 하더라도 남자는 이미 관례를 행하였거나 장가를 들었고 여자는 계례를 행하였거나 혼인을 허락하였으면 상(殤)이라 하지 않고 복법(服法)이 다를 뿐 대개 어른의 죽음과 같은 예법이 적용됩니다.
●家禮凡年十九至十六爲長殤十五至十二爲中殤十一至八歲爲下殤男子已娶女子許嫁皆不爲殤
●小記丈夫冠而不爲殤婦人笄而不爲殤

▶595◀◆問; 조문할 때 공수법은.
상중 조문할 때 공수법은 어떻게 해야 하는지 궁금 합니다?

◆答; 조문할 때 공수법.
아래와 같이 살펴보건대 상(喪)은 흉사(凶事)(음(陰))이니 흉사(凶事)는 상우(尙右)로 공수(拱手)에서 오른손을 왼손 위로하고 길사(吉事; 양(陽)는 상좌(尙左)라 하였으니 상사(喪事)인 조문(弔問)에서의 공수(拱手)는 오른손을 왼손 위로하여야 옳은 것 같습니다.

아래와 같이 살펴보건대 조객(弔客) 역시 평복(平服)이 아닌 상복(喪服)을 입고 상가(喪家)에 가 조문(弔問)을 하는 것이니 이때 상가(喪家)에서 조객(弔客)의 모든 예는 상(喪)의 예(禮)로 행하여야 옳을 것 같습니다.

●檀弓孔子與門人立拱而尙右二三子亦皆尙右孔子曰二三子之嗜學也我則有**姊**之喪故也二三子皆尙左註吉事尙左陽也凶事尙右陰也此蓋拱立而右手在上也
●雜記凡弁絰其衰侈袂註侈猶大也弁絰服者弔服也袂之小者二尺二寸大者半而益之則侈袂三尺三寸疏首著弁絰身著錫衰緦衰疑衰士則其衰不侈也周禮素端註變素服言素端者大夫以上侈之士不侈故稱端
●周禮司服凡弔事弁絰服註弁絰者如爵弁而素加環絰絰大如緦之絰其服錫衰緦衰疑衰諸侯及卿大夫以錫衰爲弔服士有朋友之緦亦弁絰錫麻
●喪大記弁絰帶疏雖吊服而有要絰異凡吊也

▶596◀◆問; 조문 후 차례에 대하여 질문 드립니다.
안녕하십니까? 전통문화와 예절의 보급에 노고가 많으십니다.
추석 차례를 앞두고 있지만 불가피한 사정이 있어 어머니와 함께 조문을 다녀 왔습니다. 저는 장남이자 외아들로 아버지께서 작년에 운명하셔서 제가 차례를 지내야 하는데, 주변에서 조문을 다녀오면 차례를 주관하지도 참가하지도 말라고 합니다. 어머니와 함께 조문을 다녀온 터라 어머니 역시 제사에 참가하지 못한다고 하네요.

그래서 이번 차례는 만삭인 제 안사람 혼자서 제수상을 차리고 차례를 지내야 한다고 합니다. 저는 제례 전 3 일간 근신으로 알고 있는데 차례 지내기 6 일전에 조문을 다녀온 것 때문에, 차례를 지낼 수 없는 것이 맞나요?

◆答; 조문 후 차례.

요결에서 친족 5월 복이나 3월 복의 상을 당하여도 성복 전은 폐제하고 성복 후는 평시와 같이 제사를 지낸다. 라 하였습니다. 더욱이 명절의 재계는 전일일 재숙(齋宿)입니다. 추석은 아직 4, 5일 후라 꺼릴 것은 없을 상 싶습니다.

●要訣凡三年之喪古禮則廢祠堂之祭而朱子曰古人居喪衰麻之衣不釋於身哭泣之聲不絶於口其出入居處言語飲食皆與平日絶異故宗廟之祭雖廢而幽明之間兩無憾焉今人居喪與古人異而廢此一事恐有所未安朱子之言如此故未葬前則準禮廢祭而卒哭後則於四時節祀及忌祭(墓祭亦同)使服輕者行薦而饌品減於常時只一獻不讀祝不受胙可也期大功則葬後當祭如平時(但不受胙)未葬前時祭可廢忌祭墓祭略行如上儀緦小功則成服前廢祭(五服未成服前雖忌祭亦不可行也)成服後則當祭如平時(但不受胙)
●家禮本註俗節前一日灑掃齋宿忌日前一日齋戒
●曲禮齊者不樂不吊(註)呂氏曰古之有敬事者必齊齊者致精明之德也樂則散哀則動皆有害於齊也不樂不吊者全其齊之志也

▶597◀◆問; 조상, 조문, 문상 구분 지어 설명 부탁 드려요.

* 조상, 조문, 문상 구분 지어서 설명 해주세요.
* 손아래아우 부인의 문상을 갈 때 절을 해야 하나요?

◆答; 조상, 조문, 문상 구분 설명.

조상(吊喪), 조문(吊問), 문상(問喪)이란 아래와 같이 살펴보건대 조상(吊喪)이라 언급(言及)함은 이외에도 다수 고찰(考察)되나 조문(吊問), 문상(問喪)은 그 사용 전거(典據)가 찾아지지 않는 것으로 보아 고대(古代)에는 흔히 쓰이던 용어가 아닌 상 싶습니다.

吊喪; 사람의 죽음을 애도하다.
吊問; 죽은 이에 대하여 애도를 표하고 복인들을 위문하다.
問喪; 죽은 이에 대하여 애도를 표하고 상주를 위로하다.

이상과 같이 그 용어마다 풍기는 뉘앙스는 약간 차이가 나는 듯하나 모두 상가(喪家)에 가 죽음을 슬퍼하고 상주를 비롯하여 그 가족을 위로한다는 의미에서는 같지 않나 합니다.

부부(夫婦)는 상배(相拜)이고 제질(弟姪)을 불배(不拜)라 하였으니 제수(弟嫂) 역시 절을 하지 않음이 옳을 것 같습니다.

●禮運諸侯非問疾吊喪而入諸臣之家是謂君臣爲謔註諸侯於其臣有問疾吊喪之禮非此而往是戲謔也敗禮之禍恒必由之
●曲禮吊喪弗能賻不問其所費註以貨財喪事曰賻正義曰生弔死傷
●雜記註弔喪之禮弔者如何不淑慰問之辭言何爲而罹此凶禍也

▶598◀◆問; 조의금 형제간 배분.

일반적으로 결혼식에 들어 온 축의금은 '혼주'가 대부분 그 금액을 전부 차지하고 있는 것으로 알고 있습니다. 그런데 부모상을 당했을 때 들어오는 부의금의 경우에 는 만약 그 자녀들이 많은 경우, 상주뿐만 아니라 다른 자녀들의 영향도 크다고 봅 니다. 이럴 경우에는 보통 들어 온 부의금에서 장례비용을 제외한 금액이 많이 남 는다면, 일반적으로 어떻게 처리 또는 배분을 하는지요? 아직까지 알고 있는 사례 가 없어서 어떻게 처리를 하는 것인지 매우 궁금합니다.

◆答; 조위금 상주가 관리한다.

조객이 전물을 영연(靈筵)에 바치고 조문(弔問)하였으니 철상(撤床)하면 철상 후 졸 곡(卒哭)이 지나면 조빈(弔賓)에게 보내는 위소서(慰疏書)에 고자(孤子) 명으로 발송 하니 전물(奠物; 지금은 현금)의 고하를 막론하고 상가에서 사용 처분권(處分權)이 있으니 현대라 하여도 그 권리가 소멸될 하등의 사유(事由)가 없습니다.

●性理大全弔奠用香茶燭酒果奠狀式具位姓某某物若干右謹專送上某人某公靈筵聊備奠 儀
●便覽虞祭答人慰疏式(嫡孫承重者同);某稽顙再拜言(云云)年號幾年某月某日孤子(母喪 稱哀子俱亡稱孤哀子承重稱考孫哀孫孤哀孫)姓名疏上

▶599◀◆問; 조의금에 대해서.

저희는 3 남 5 녀의 형제, 자매를 두고 있습니다. 부친은 30 년 전에 돌아가셨고, 수 년 전에 모친이 돌아가셨는데, 저희들은 부모님이 돌아가셨으니 당연히 조의금을 낸다는 생각을 하지 않았으나, 가장 맏이인 장남의 형님은 남동생과 여동생 또는 여동생의 남편도 조의금을 내는 게 법도에 맞는다고 합니다.

참고로 장남의 입장에서 볼 때, 남동생이나 여동생 또는 매제의 지인들이 상당한 금액의 조의금을 내었고, 전체 조의금에서 장례비를 치르고 남은 돈은 일괄적으로 균등하게 1/8 씩 나눈 돈에서 동생 7 명이 일정 금액을 갹출하여 모친을 모 신다고 고생하신 장남께 더 얹어서 드렸습니다.

이런 경우 남동생이나 특히 여동생 또는 사위들도 조의금을 내는 게 우리의 전통 법도인지? 아니면 어떻게 하는 게 우리 법도에서 가장 바람직한 권장사항으로 권장 하는 지 알고 싶습니다. 감사합니다.

◆答; 조의금(弔意金).

옛날의 가족제도는 대가족제도라 당내간(동 고조 8촌 이내의 친족)이라 함은 [한 울타리 내 사이]란 의미로서 하나의 경제하에 속한 까닭에 가례(家禮)에서 특별히 상조금(喪助金)에 관한 언급(言及)이 없다. 라 이해됩니다.

그러나 요즘은 형제가 거의 각각 달리 살고 있으니 조의(弔意; 儀)금(金)이나 부조 (賻助)가 아니라 상(喪)의 비용(費用)을 공동 부담이라는 차원으로 이해됨이 옳지 않을까 합니다. 따라서 유가의 법도에는 타인의 상에도 부(賻; 以財助喪)라는 제도 를 두어 재물로서 상을 돕는데 하물며 형제자매간은 이 제도에서 예외라 할 수는 없을 것입니다.

●春秋隱公三年四月辛卯君氏卒秋武氏子來求賻
●後漢書王丹傳其友人喪親遼爲護喪事賻助甚豐丹乃懷縑一匹陳之於主人前曰如丹此縑 出自機杼
●春秋隱公三年秋武氏子來求賻註武氏子天子大夫之嗣也附註林曰賻助喪之物此來求之 始
●唐柳河東集天子使中謁者臨問其家賻以布帛嗚呼夫人之在女氏也

●性理大全喪禮弔奠賻;奠用香茶燭酒果賻用錢帛

▶600◀◆問; 조의 시 상례표현 질의.

장례 시 표현되는 근조에 대해 문의 하고자 합니다. 용어 중 한자로 근조(謹弔)와 근조(謹吊; 口와 巾자의 합자)의 차이점이 있는지 궁금하여 문의 합니다.

◆答; 조의 시 상례표현 질의에 대하여.

조(弔)는 정자이고 조(吊)자는 조(弔)의 속자(俗字)로서 같은 의미 입니다.

●康熙字典口部三畫; [吊](字彙)俗弔

▶601◀◆問; 조화(弔花).

인척간 근조화 보내기가 예절에 어긋나는지 여부가 궁금합니다.

부모님 상에 자식이 빈소 제단 앞에 근조화를 놓아도 되는지요?
자식상에 부모가 근조화를 놓아도 되는지요?
삼촌상에 조카가 근조화를 놓아도 되는지요?
형제상에 형제가 근조화를 놓아도 되는지요?

상기 4 가지에 대한 답변을 해주시면 감사하겠습니다.

◆答; 친족간에 조화를 보내는 것은 비례이다.

조화(弔花)의 조(弔)의미는 다른 사람의 죽음에 조의를 표한다는 뜻으로 조의를 표하는 꽃이란 의미로 부자형제 숙질 간에는 조화로서 슬픔을 표할 사이가 아닌 것입니다.

●漢賈誼弔屈原文;造託湘流兮敬弔先生
●禮運;諸侯非問疾弔喪

▶602◀◆問; 처남의 장인 조문.

처남의 장인이 돌아가셨다는 이야기를 들었습니다. 그래서 조문을 가고 싶은데, 영실에 가면 고인도 평소(平素)에 한번도 뵈옵지 않았으며, 상제(喪制)분들도 한번도 뵙지 않아 얼굴조차 모릅니다. 다만 안면이 있는 사람은 처남댁과 처남뿐입니다.

1) 영실의 고인을 보아야(배례) 하는지요?
2) 상제들에게 조문(배례)하여야 하는지요?
3) 처남의 장모가 돌아가셨을 경우는 위의 1)과 2)를 어떻게 하면 되는지요?
4) 동서간에도 동서의 부모님께서 돌아가셨을 때(전연 안면이 없었을 때) 위의 1 과 2)를 어떻게 하면 되는지요?

◆答; 처남의 장인 조문에 대하여.

부서(訃書)를 보내왔다면 부서를 보내준 사람의 체면(體面)을 생각하여서라도 가서 처남(妻男)의 부항(父行)이니 곡(哭) 재배(再拜) 하고 상주(喪主)에게 역시 평상(平常)의 예(禮)와 같이 할 것이나 부고(訃告) 없이 소문(所聞)으로 알게 되었다면 곡례(曲禮)를 살펴보건대 조문(弔問)하지 않아도 예(禮)에 어그러지지 않습니다.

●曲禮知生者弔知死者傷知生而不知死弔而不傷知死而不知生傷而不弔

▶603◀◆問; 친구 부인상에 조문은?

1. 전통예절에는 타인이 아니더라도 내외해야 하는(남녀 사이에 서로 얼굴을 마주 대하지 않고 피해야 하는) 관계가 있었다. 추측 하건대, 가장 타인에 가까운 이로,

남자는 처남의 부인(지금도 명확한 호칭이나 지칭이 없이 지방에 따라 OO 엄마나 처남댁 처수(妻嫂)댁 처수씨 등으로 불리고 있다), 여자는 시누의 남편(아주버님이란 표현이 있지만)이 아닌가 싶다. 이 외에도 더 있을 수 있지만 더 있다면 알고 싶습니다.

2. 본론(本論)입니다. 고향친구와 부부간 계모임을 함께 하고, 상호 가정 방문을 하는 등 친밀한 관계이지만, 불행하게도 친구 배우자가 지병 등으로 졸(卒)하였을 때, 문상(問喪)하는 예절이 당황스러워집니다. 분향 헌작 재배하자니 내외해야 하는 사이일 것 같고, 나이도 나 보다 적을 테고 영전을 외면하고 친구를 따로 불러 부의금만 전달하고 소주만 벌컥거리기도 난감하고 오해 받지 않을 예절은 어떻게 처신하는 것인가요?

◆答; 친구 부인상의 조문.

아래와 같이 살펴보건대 타인(他人)의 부인상(婦人喪)에 상주(喪主)에게 위문(慰問)할 뿐인데 요즘은 지난날과 달리 친구(親舊) 부인(婦人)들과도 친밀(親密)하게 지내는 관계였다 하여도 예법(禮法)상 상청(喪廳)에는 들어가지 않음이 바른 예이나, 혹 부득불 상청(喪廳)에 들어갔다 하여도 곡 없이 잠깐 서있다 재배(再拜)하지 않고 나와 상주(喪主)에게 위문(慰問)으로 그침이 옳을 것 같습니다.

●開元禮吊賓至門外主人出立阼階下西向哭待賓入庭南北向西上立其長者一人進入于主人前東向致辭訖主人哭稽顙再拜賓不答拜還于北向位俱哭十餘聲哭訖出
●退溪曰禮嘗升堂拜母之外不許入今人皆入吊未安
●沙溪曰婦人之喪未及升堂者不哭可也鄕人多有哭之者非是
●明齋曰與喪人情好親密則雖未升堂不可不以哭相慰

▶604◀◆問; 헌화에 대한 예절.

물론 서양문화겠지만 영전에 헌화 하는 것이 일반화 되었습니다. 그런데 지금껏 영화나 다른 매체를 통해봐도 꽃대를 잡고 꽃송이를 영정 쪽으로 헌화하는 게 익숙했었는데 근자에 매스컴을 보면 꽃송이가 자신 앞으로 향하게 헌화하고 있습니다. 심지어 공익광고에까지 어떤 방법이 적절한 방법인지 알려주시면 감사 하겠습니다.

◆答; 헌화에 대한 예절.

유가(儒家)의 상례(喪禮)에서는 헌화(獻花)의 예법(禮法)은 없습니다. 따라서 작금(昨今)의 영전(靈前)에 헌화(獻花)하는 예법(禮法)은 외래(外來) 문화(文化)이거나 또는 우연(偶然)히 발생(發生)된 예법(禮法)인 것 같습니다.

조문(弔問) 시(時) 영전(靈前)에 바치는 꽃송이의 방향(方向)에 관하여는 "무엇이 궁금하세요" 2769번 등에서 아래와 같이 열띠게 논의(論議)된 적이 있습니다.

아래와 같이 살펴보건대 생자(生者)에게는 헌화(獻花)의 예(例)가 고전(古典)에서 찾아지나 사자(死者)에 대한 헌화(獻花)의 예(例)는 찾지를 못하였습니다. 그러나 기왕(旣往)에 조문(弔問)의 예로 자의(自意)든 타의(他意)든 영좌전(靈座前)에 흔히 헌화(獻花)의 예가 있어 기(旣) 토론(討論) 된 바와 같이 본인은 꽃송이(꽃 봉우리)가 신위(神位=影幀) 쪽으로 향하게 놓아야 옳다고 생각합니다. 까닭은 모든 헌(獻)은 가장 중요한 부분(上體)이 수자(受者)의 목전(目前)으로 향하게 주어 그 헌품(獻品)을 쉽게 확인 감상케 하여 헌자(獻者)가 의도한 바를 상대에게 전함이 제일 중요한 목적이라 그렇습니다.

고로 생자(生者)의 헌화(獻花)는 꽃송이가 위로 향하게 줌이 수수자(授受者) 모두에게 거스름을 받지 않고 자연스러움과 같이 사자(死者) 역시 꽃(白菊)송이가 위전으로 향하게 받침이 옳은 것입니다.

가끔 영연(靈筵)의 헌화에 꽃의 줄기를 위전으로 향하게 바치는데 이는 아마도 사자(死者)가 받아 듦을 연상하여 그와 같이 행함 같으나 이는 착각의 모순으로 결례가 되는 것입니다. 이는 충(衝)을 느끼게 되는 까닭입니다.

만약 사자가 받아 듦을 의미함에서 라면 꽃줄기가 위전(位前)으로 향하게 바칠 것이 아니라 영전에 세워 놓아야 옳을 것입니다. 이미 사자(死者)는 육체적 활동이 정지되어 있어 받아 들 수가 없어 영전(靈前)의 탁자 위에 올려 놓을 수 밖에 없으니 꽃대가 영좌(靈座) 쪽으로 향하게 충(衝)의 형태로 놓을 것이 아니라 꽃(白菊)봉우리가 위전(位前)으로 향하게 놓음이 옳은 것입니다. 이는 사자(死者)가 생자(生者)에게 헌화(獻花)함이 아니기 때문입니다.

●三國遺事水路夫人篇聖德王代純貞公赴江陵太守(今冥州)行次海汀晝饍傍有石嶂如屏臨海高千丈上有躑躅花盛開公之夫人水路見之謂左右曰折花獻者其誰從者曰非人跡所到皆辭不能傍有老翁牽牸牛而過者聞夫人言折其花亦作歌詞獻之其翁不知何許人也(中略)老人獻花歌曰紫布岩乎过希執音乎手母牛放敎遣吾肹不喩慚肹伊賜等花肹折叱可獻乎理音如

▶605◀◆問; 헌화의 꽃송이 방향과. 상여 발인 시 시신의 머리방향은?

1, 꽃송이방향: 신위전向. 또는 조문객 向 어느 쪽인가? 요즈음은 조문객(弔問客) 쪽으로 조화(造花)의 방향을 예시했는데 분향소(焚香所)의 꽃 치장 방향은 조문객의 방향으로 그리고 꽃바구니 또는 애도(哀悼)의 표시로 조화의 방향은 앞을 향해 보는 이의 방향으로 놓여 있음을 탓하는 분은 아무도 없을 것입니다. 그러나 조문하는 분이 신위 전에 바치는 한 송이 꽃인데 生者 같으면 받으시라고 드리면 손으로 받겠지만 그래도 꽃송이가 받는 분 방향인데 死者한테 받치는 꽃송이 방향이 주는 사람(조문객)방향은 어색하네요.

2. 상여로 묘지까지 시신을 운구 시 시신의 머리 방향은?
천주교의 운구방향 발이 먼저다, 그 근거는? 우리동내 지금까지의 상여 나가는 앞이 시신의 머리 쪽 즉 상여 꾸밀 때 시신 덮개 치장하여 앞 옥피리 부는 쪽을 上으로 하여 시신 頭上을 向해 놓고 요령 쟁이 외로 새끼 꼬아 줄 늘여 잡고 어하 딸랑 방울소리 상여소리 울리면 열두 상두군 발 맞춰 묘지까지 북망 산천 가는 것을 아쉬워하며 노자 돈 달라며 운구했는데 이것이 예서(문헌)놓고 결말 없이 따질 문제인가? 옛 어른들 시신머리방향 모르시고 상여 운구했나 전통 답습했나 조문객 노제(路祭) 지내고 상주들 노자돈봉투 내놓고 상여 앞에서 재배하고 그렇게 운구했는데 참으로 궁금하네요?

◆答; 헌화 시 꽃송이 방향과 발인 시 시신의 머리방향은.
問1, 答; 유학(儒學; 儒敎)의 상례(喪禮) 예법(禮法)에서는 헌화(獻花)에 관한 전거(典據)를 찾을 수가 없으니 단언(斷言)하여 이를 수는 없을 것 같습니다. 다만 조객(弔客)이 영전(靈前)에 바치는 백국(白菊)은 죽음이란 꽃말이 있으니 죽음이란 슬픔을 의미(意味)하여 애도(哀悼)의 표시(標示)로 바침이지 생자(生者)에게 축하(祝賀)나 사랑 등(等)의 의미(意味)로 주는 것이 아니라는 것입니다.

꽃을 생자(生者)끼리 주고 받음에도 꽃의 줄기를 앞으로 내밂이 아니라 꽃송이 쪽을 위(上)로 하여 쥐어줌이 예일 것입니다.

혹(或) 조객(弔客)이 증정(贈呈)한 화환(花環)이나 영정(影幀) 주위(周圍)에 꾸민 꽃의 방향(方向)과 일치(一致)하게 놓음이 옳지 않을까라고도 생각할 수 있겠으나 영전(靈前)의 헌화(獻花)는 그와는 의미(意味)가 전연(全然) 다른 것입니다.

영전(靈前)에 백국(白菊)을 바치는 것은 애도(哀悼)의 표시로 바침이지 사자(死者)가 받아 들고 즐기라거나 모여든 조문객(弔問客)들에게 보여주라 함이 아닌 것입니다.

까닭에 재언(再言)컨대 이는 생자(生者)가 사자(死者)의 죽음을 지극히 슬퍼하여 애도의 표시로 백국(白菊)을 영전(靈前)에 바치(놓음)는 것이니 그 근본(根本)인 꽃송이가 혼백(魂帛)이나 영정 앞으로 향하게 바침(놓음)이 옳은 것이라 생각합니다.

問2. 答; 시구(尸柩)의 천구(遷柩)는 선족(先足)임을 집람(輯覽)에서 밝혀 놓았고 거여(車轝) 운구 시(運柩時) 전수(前首)는 정다산(丁茶山) 선생으로부터 국조오례의(國朝五禮儀)는 약 350여 년 전에 대여남수(大轝南首)라 명시함이고 집람(輯覽)은 약 200여 년 전에 수재전(首在前)이라 명시 거여(車轝) 전수(前首; 上前) 운구(運柩)는 기정사실로 행하여짐을 예의문답 형식(形式)으로 다산(茶山)선생이 시구(尸柩)와 거여운구(車轝運柩)를 동일시 그 질문(質問)에 답하였을 뿐이라 생각합니다.

사계(沙溪)선생(先生)의 시구(尸柩)의 천구(遷柩)는 선족(先足)이고 거여운구(車轝運柩) 수재전(首在前)의 논리(論理)가 이치(理致)상(上) 하자(瑕疵)가 없다 생각합니다.

●按輯覽奉柩朝祖遂遷于廳事圖柩行先足
●輯覽柩行條或問柩行尸首所向愚曰按開元禮宿止條靈車到帷門外廻南向柩車到入凶帷停於西廂南轅到墓亦然入墓始北首以此觀之是時尸當南首而轅以南向首在前可知
●國朝五禮儀遣奠儀進魂帛車及大轝於外門外當中南向註轝在北車在南○發引儀左議政帥昇梓宮官等捧梓宮陞大轝南首
●與猶堂全書禮疑問答(附巽菴禮疑)古人生必南面尸若南首則是北面也至於興尸而南首尤是乖舛凡人行道必向前去今尸首在前豈非倒行乎
●輯覽柩行條 或問柩行尸首所向 愚曰按開元禮宿止條 靈車到帷門外廻南向 柩車到入凶帷 停於西廂 南轅 到墓亦然 入墓始北首 以此觀之 是時尸當南首而轅以南向首在前可知

15 치장(治葬)

▶606◀◆問; 평토제.
장례식에서 하관 후 평토제(平土祭) 축문에 당일 탈상을 하였을 경우 축문내용 부탁 합니다. 신주기성이나 신주미성을 안 쓰고 다른 글을 올려야 할 것 같은데요. 부탁 드립니다.

◆答; 평토제.
유가의 예법으로는 치장 제주조에서 신주 쓰기를 마치면 행하는 예인데 국조오례의에서는 이를 제주전이라고 합니다. 평토제란 세속에서 제주 전을 그와 같이 칭하고 있을 뿐입니다.

아무리 삼 년 봉상을 하지 못할 연유가 있어 조기 탈상을 한다 하여도 유가의 예법으로는 장사 당일 탈상을 겸한 예는 없는 것 같으며 따라서 그와 같은 축문식도 있을 수가 없습니다.

●問題主奠今俗之大祭也今兼行於平土祭既不殷奠又去祝詞不知如何答日中而虞古今之通禮也虞在目前

▶607◀◆問; 평토축.

이번에 어머니가 돌아가셔서 산소에 모시는데요. 22 년 전에 돌아가신 아버지 묘를
이장하여 어머니 묘 옆으로 같이 모시려고 합니다. 이때 아버지와 어머니 묘를 평
토 후 평토제를 모시는데 두 분에 대한 평토축에 대해서 알려 주십시오.

◆答; 평토축식.

합폄인지 쌍분인지의 분명함이 없어 쌍분과 합폄의 축문식으로 구분하여 게시하겠
습니다. 쌍분이면 모친은 신상(新喪)의 예법과 같으며 부친은 쌍분이거나 합폄 공히
개장의 예법을 따릅니다.

●啓墓告辭式(합폄일 경우 파묘축)

維 歲次干支幾月干支朔幾日干支某親某官某敢昭告于 顯某親某官府君葬于玆地歲月滋
久 體魄不寧今將改葬(合窆則改葬于以下十六字爲將以某月某日合封于某親某官府君或某封某氏之墓今方啓墓)
伏惟 尊靈(妻弟以下但云惟靈)不震不驚

●墓奠告辭式(쌍분일 경우)

維 歲次干支幾月干支朔幾日干支某親某官某敢昭告于告 顯某親某官府君之墓新改幽宅
事畢封塋伏惟 尊靈永安體魄

●遭新喪遷舊葬合窆先亡位祝文式(합폄일 경우)

維 歲次干支幾月干支朔幾日干支孝子(承重稱孝孫旁親卑幼隨屬稱)某敢昭告于 顯考(母先亡云顯妣承
重云顯祖妣或顯祖妣旁親卑幼隨屬稱卑幼改顯爲亡)某官府君(或某封某氏卑幼去府君二字)之墓新改幽宅合祔以
先妣(承重云先祖妣)某封某氏(母先亡改以合祔于先考某官府君承重及旁親卑幼亦推此)事畢封塋伏惟
尊靈(弟以下但云惟靈)永安體魄

▶608◀◆問; 폐백과 삽(翣)의 용도에 대하여.

자주 여쭈어 보아 죄송합니다. 상례 때에 상주가 청, 홍색과 구름 운(雲)자와 버금
아(亞)는 아닌 듯한 것을 들고 가는데,

1. 청, 홍색(비단으로 만든 듯)은 棺의 어디에 묻으려는 지요?
2. 버금아는 아닌듯한 글자(비슷함)는 무슨 글자인지요?
3. 雲자와 亞 글자와 비슷한 글자는 어디에 쓰는지요? 가르침을 받고자 합니다.

◆答; 폐백과 각 삽의 글자는.

1. 答. 기언(記言)에서는 관 위에 양현재우(陽玄在右) 훈재좌(纁在左) 통고(通攷)에서
는 속례(俗禮) 좌현우훈(左玄右纁)이라 하였으나 기언의 예가 합당한 것입니다.
2. 答. 아삽(亞翣)의 아자(亞字)입니다.
3. 答. 의전용(儀典用) 부채로, 임금의 출행에 양 옆에 들고 따르는 부채와 같은 의
미입니다.

●雜記魯人之贈也三玄二纁廣尺長終幅(註)贈以物送別死者於槨中也既夕禮曰贈用制幣
玄纁束一丈八尺爲制今魯人雖用玄與纁而短狹如此則非禮矣故記者譏之幅之度二尺二寸
●既夕禮至于邦門公使宰夫贈用玄纁束(註)公國君也贈送也(疏)贈用玄纁束帛者卽是至壙
窆訖主人贈死者用玄纁束帛也以其君物所重故用之送終也
●詩經正解豳風七月章八月載績載玄載黃我朱孔陽爲公子裳註玄黑而有赤之色朱赤色陽
明也
●通攷今俗多用左玄右纁之制分置棺上左玄右纁則天色玄地色纁
●記言天道尙左地道尙右陰陽之義也玄爲陰纁爲陽玄在右纁在左
●南溪曰翣當黼在前雲在下

●陶庵曰黻前雲後
●同春曰翣扇似
●問翣制云云沙溪曰如扇
●世說新語輕詆編王在治城坐大風揚塵王以扇拂塵曰元規塵汙人

▶609◀◆問; 합부와 합폄의 차이점.

안녕 하십니까? 부부의 무덤을 족보 등에 표기할 때 봉분을 하나로 합장하면 보통 "합부" 또는 "합폄" 이라 쓰던데 이 두 말의 차이점이 무엇인지 궁금합니다. 그리고 "합봉" 이라는 용어도 국어사전에는 나오지 않던데 "합봉" 이라는 용어를 써도 맞는지요?

◆答; 합부와 합폄의 차이점.

본인은 다만 부(祔)에 관(關)하여 고찰(考察)키로 합니다. 부(祔)자를 아래와 같이 살펴보건대 장사(葬事)에서 합(合)에 부(祔)자가 붙으면 합장(合葬)의 의미(意味)와 같이 이해(理解)하여도 무리(無理)는 없을 것 같습니다.

●檀弓子曰周公合祔註此記者言合葬之事

▶610◀◆問; 합장과 비석에 대하여 여쭙니다.

지난 글들을 아무리 검색해 보아도 뚜렷하게 알 수가 없어 다시 한번 문의 드립니다. 네 분의 합장에 대해 여쭙고 싶습니다. 저의 고조부님께는 정실과 계실, 첩 모두 세분의 고조모님이 계시는데요, 이 네 분의 산소가 모두 흩어져 있습니다. 정실과 계실의 자손들은 고조부님과 합장하기로 합의가 되었는데, 첩의 자손들도 이번 합장에 함께 해달라고 합니다.

대부분의 자손들은 족보에도 없는 분(첩)을 어떻게 합장하냐며 반대했지만, 결국 모두가 한 자손인지라 성균관의 고견에 따르기로 결정했습니다.

問 1. 첩도 합장할 수 있는지 법도를 알고 싶습니다.
問 2. 만일 네 분 합장 시 모시는 위치(순서)를 알고 싶습니다. (산소를 바라보는 자손들의 위치에서만 말씀해 주세요).
問 3. 비석의 정면에는 누구부터 새겨야 할지 순서를 알고 싶습니다. (비석을 정면으로 바라보는 자손들의 위치에서 말씀해 주세요).
問 4. 첩을 족보에 올려도 되는 건지 법도를 알고 싶습니다.
(올려도 된다면 표현을 어떻게 해야 하는지도 알려 주십시오. 참고로 저의 문중에는 아직 올려진 예가 없다 하여 법도를 여쭙습니다).
問 5. 검색하다가 알게 된 것인데 비석(비문)과 지방은 남과 여의 위치가 반대라는 것이 사실인지 다시 한번 확인해 주시면 감사하겠습니다.

◆答; 합장과 비석.

問 1. 答; 합장(合葬)을 적처(嫡妻) 한 분만 합장(合葬)이 되고 계비(繼妃)는 물론(勿論) 첩(妾)은 합장(合葬)하지 않습니다.

問 2. 答; 합장(合葬)을 할 수가 없으니 위치 운운(云云)할 수가 없습니다.

問 3. 答; 적처(嫡妻) 한 분만 합장(合葬)이 되는데 표석(表石)은 남서여동(男西女東)으로 새기게 됩니다.

問 4. 答; 지난 날 엄격(嚴格)하였던 시대(時代)는 그렇지 못하였으나 지금을 후자(後者)가 있으면 기록(記錄)이 됩니다.

問 5. 答; 표석식(表石式)이나 지방(紙牓)은 각각(各各) 쓰니 세우기를 고서비동(考西妣東) 같습니다.

●程子曰合葬須以元妃配享須以宗子之嫡母此不易之道
●張子曰祔葬只合祔一人須以首娶繼室別爲一所可也
●南溪曰妾則主宗之家不使葬於先塋乃正論也其子亦別葬
●南溪曰兩位表石右書府君左書夫人
●旅軒曰若雙墳一碣則正面當中題曰某國某官某公之墓其左傍低其題曰某夫人某氏祔爲左封其又如何也

▶611◀◆問; 합장(合葬)과 합폄(合窆).
합장(合葬)과 합폄(合窆)에 대하여 양설(兩說)이 있어 질문(質問)하오니 귀견(貴見) 부탁 드립니다. 갑설(甲說): 합장(合葬)과 합폄(合窆)은 같은 의미의 말이다. 을설(乙說): "합장(合葬)과 합폄(合窆)은 다른 말이다" 에 대한 설명 부탁 드립니다.

◆答; 합장(合葬)과 합폄(合窆).
합골(合骨), 합장(合葬), 합폄(合窆) 등은 같은 의미입니다.

●晏子春秋諫下二十于何之母死兆在路寢之臺牖下願請命合骨吳則虞集釋引孫星衍曰請與其父合葬也
●春秋繁露三代改制質文別眇夫婦同坐而食喪禮合葬祭禮先享婦從夫爲昭穆
●閱微草堂筆記槐西雜志二後有合窆於妻墓者啓壙則有男子尸在焉

▶612◀◆問; 합장에 관하여.
후처이신 어머님의 사후 합장 관련하여 문의를 드립니다. 아버지와 큰어머니는 이미 사망하시어 합장을 한 상태인데, 후처인 어머님이 돌아가신 후에 합장 관련하여 큰어머님의 자손들이 세분의 합장을 원치 않을 경우 현 봉분 옆에 별도로 모시어 봉분을 만드는 것을 생각해 보았는데, 장례 법 상 문제가 있는지요? 또한 상기 방법이 가능할 경우에 상 돌의 위치는 어떻게 해야 하는지요?

◆答; 합장은 원비는 가능하나 계비 또는 서모는 합장 또는 삼 합장이 불가능합니다.
아래와 같이 살펴보건대 전 후비(前後妣)의 장법(葬法)으로 혹 品자 형으로 쓴다는 설도 있으나, 도암(陶庵) 선유 말씀에 비례라 하시고 원 비(元妣)는 고(考)와 합장을 하고, 후비(後妣)는 별장(別葬)을 함이 옳은 장법입니다.

●程子曰合葬須以元妣
●張子曰譬之人情一室中豈容二妻以義斷之須祔以首娶繼室別爲一所可也
●朱子曰今人夫婦未必皆合葬繼室別營兆域宜亦可耳
●黃勉齋曰今按喪服小記云婦祔於祖姑祖姑有三人則祔於親者再娶之妻自可祔廟程子張子考之不詳朱先生所辨正合禮經也
●尤庵曰今世若前夫人無子而後夫人有子則不但以後夫人合葬至有不知前夫人葬在何處者極可寒心前後皆祔之制猶愈於舍前取後之僞(按與顚同)尙不如別葬其後之正也又朱子別葬其父母於百里之遠如不得已則前後夫人皆可別葬也
●又曰歲或以考與前後妣之墓象品字之形盖考位居上前妣居前右後妣居前左其曰前曰左右者皆據考位而言也
●南溪曰前後葬法已有文公定論難容異議矣姑以所示品字之制言之恐最後者爲勝

●陶庵曰今俗品字之制非禮之正也元配祔繼配葬於別崗有先賢定論而鮮有行之者可嘆

▶613◀◆問; 합장을 하려 하는데?

외가에 손이 무(無) 하였습니다. 두 분을 합장을 하려 합니다. 화장을 하면 깨끗하게 하여 화장하여 합장할까 합니다. 합장 축식도 부탁 드립니다.

◆答; 합장.

화장(火葬)은 유가(儒家)의 예법(禮法)이 아니라 납골당(納骨堂) 예법은 알지를 못합니다. 장모(丈母) 遺骨(유골) 火葬(화장)은 안되며 묘 개분(開墳)시 유골(遺骨)이 노출(露出)되지 않도록 조심하시고 유골함(遺骨函)의 합장법(合葬法)은 알지를 못하나 남좌여우(男左女右)로 중간쯤에 모심이 옳을 듯도 싶습니다.

아래는 외손(外孫)이 주인(主人)이 된 합장축식(合葬祝式)입니다. 예법(禮法)은 우제(虞祭)만 삼헌지례(三獻之禮)이고 모두 단헌지례(單獻之禮)입니다.

⊙合葬時祀土地祝文

維 歲次干支幾月干支朔幾日干支某官姓名敢昭告于 土地之神今爲某官某公合葬于某封某氏之墓 神其保佑俾無後艱謹以淸酌脯醢祇薦于 神尙 饗

⊙合葬時告先葬祝辭

維 歲次干支幾月干支朔幾日干支外孫姓某敢昭告于 顯外祖妣某封某氏今爲 外祖考考某官府君行合窆之禮敢啓封域伏惟 尊靈勿驚勿震

⊙葬畢土地祝文

維 歲次干支幾月干支朔幾日干支某官姓名敢昭告于 土地之神今爲某官某公改窆宅兆 神其保佑永無後艱謹以淸酌脯醢祇薦于神尙 饗

⊙合葬畢告辭

維 歲次干支幾月干支朔幾日干支外孫姓某從告者屬稱敢昭告于 顯外祖考某官府君 顯外祖妣某封某氏之墓今以 外祖考某官府君合窆先塋謹以酒果用伸虔告謹告

⊙虞祭祝文

維 歲次干支幾月干支朔幾日干支外孫姓某敢昭告于 顯外祖考某官府君合窆先塋禮畢終虞夙夜靡寧啼號罔極謹以淸酌庶羞祇薦虞事尙 饗

▶614◀◆問; 허장(虛葬; 衣冠葬 招魂葬 等)에 대하여?

증조 할머니 묘지를 면례 하는데 증조할아버지 묘를 실묘 하여서 증조할머니와 같이 지석으로 합장하려 합니다 지석의 글자를 학생 모관 모공지구라 하는지 아니면 학생 모관 모공지묘라 하는지 아니면 신위라 하는지 시신이 있을 경우 지석과 시신이었을 경우 지석의 표현 방법을 부탁 드립니다.

◆答; 허장(虛葬; 衣冠葬 招魂葬 等).

아래와 같이 살펴보건대 허장(虛葬; 의관장(衣冠葬, 招魂葬) 등은 비례라 하였으니 여기서 공식적(公式的)으로 허장(虛葬)이 정례인양 운운할 수가 없을 것 같습니다. 그러나 지난날에도 논제(論題)에 오른 것으로 보아 속간(俗間)에서는 망실시구(亡失尸柩)인 경우(境遇) 허장(虛葬)이 행하여 졌음을 알 수 있을 것입니다. 요즘도 세속(世俗)에서 허장(虛葬)의 예로 [모관모공휘모지구(某官某公諱某之柩)] 등이라 길쭉한 직사각(直四角)의 돌에 각자(刻字)하여 상(上)을 가지런하게 하여 합장(合葬)하는 예를 가끔 경험(經驗)하기가 어렵지 않을 것입니다.

●朱子曰招魂葬非禮先儒已論之矣

●問招魂葬栗谷曰死於軍或沒於水不得其尸則以服招魂而葬其服然非禮矣
●綱目范氏曰人之死也魂氣歸于天形魄歸于地葬所以藏體魄也魂氣不得而葬也而必爲之
墓不亦虛乎
●問人有其父從軍而死其母藏其遺衣及落髮而遺令並入其棺中矣其子不忍同藏一棺欲別
具一小棺用合葬之禮而追服斬衰未知如何尤庵曰此是無於禮之禮也不敢有所論說然其不
以父之遺衣及落髮同入母棺則得矣
●牛溪問隣有溺死不得其屍其子欲招魂爲墓於義理如何龜峯曰墓只是葬體魄旣不得其屍
則不墓似合惟魂無所間爲主以祭爲得義理之當
●宋庚蔚之曰葬以藏形廟以享神季子所云魂氣無不之寧可得招而葬之乎
●南溪曰招魂葬旣有朱子所論斥之以非禮

▶615◀◆問; 허토 란?

현충원 안장식에서 흙을 한줌 넣는 것을 허토 라고 하는바 한문자(漢文字)로 어느
글자를 쓰며 같은 뜻으로 쓰는 다른 용어는 없는지요.

◆答; 허토.

유가(儒家)의 장법(葬法)에는 국장(國葬)과 사서인장법(士庶人葬法)이 있습니다. 국
장(國葬; 王家의 喪)은 국조상례보편(國朝喪禮補編)과 국장도감의궤(國葬都監儀軌)
에 자세히 기록되어 있으며 사서인장(士庶人葬)은 모법(母法)인 주자가례(朱子家禮)
상례(喪禮)의 예법에 의할 뿐으로 그 예법의 시토(始土)는 아래와 같습니다.

●國朝喪禮補編治葬下官條右議政(註小喪則贊成)覆土(註卽三物拌均者)九揷山陵都監帥
作工(先用油灰塡補左右墻灰)
●朱子家禮治葬下棺實以灰條三物拌均者居下炭末居上各倍於底及四旁之厚以酒灑而躋
實之

위와 같이 살펴보건대 "허토" 란 의식은 보이지 않으니 유가(儒家)의 예법(禮法)
은 아닌 상 싶습니다. 다만 속장(俗葬)에서 술가(術家)의 지시(指示)에 의하여 하관
(下棺) 후(後) "취토(取土)"라 하며 길방(吉方)의 흙을 상주(喪主) 등이 먼저 관(棺)
위 네 귀에 넣게 하는 예(禮)가 있는 듯한데 그 예의 출처는 알지를 못합니다.

▶616◀◆問; 玄纁은?

玄纁에 대하여 자세하게 설명 부탁 드립니다.

◆答; 현색(玄色)은 양(陽) 훈색(纁色)은 음(陰)에 속함.

현(玄)은 단순히 검을 현으로, 훈(纁)은 분홍색 훈으로 보통 이해되고 있으나, 玄色
이란 짙은 검붉은색이며 훈색(纁色)이란 엷은 붉은색이란 의미로 현(玄)은 같은 적
색(赤色)이나 더 진하여 양(陽)으로 보고 훈(纁)은 엷어 음(陰)으로 보는 것입니다.
그러나 기언(記言)의 필자(筆者)이신 미수(眉叟) 선유께서는 [좌우음양설조(左右陰
陽說條)]에서 현(玄)은 검은색으로 보아 음(陰)이라 하였고 훈(纁)은 붉은색으로 보
아 양(陽)으로 본 것이 아닌가 합니다.

●通攷今俗多用左玄右纁之制分置棺上左玄右纁則天色玄地色纁
●詩經正解豳風七月章八月載績載玄載黃我朱孔陽爲公子裳註玄黑而有赤之色朱赤色陽
明也
●周禮冬官考工記鍾氏條三入爲纁五入爲緅七入爲緇註爾雅曰一染謂之縓再染謂之赬(穴
밑正변見;천홍색정)三染謂之纁詩云纁衣之宜兮玄謂此同色耳凡玄色者在緅緇之間其六
入者與

●記言天道尙左地道尙右陰陽之義也玄爲陰纁爲陽玄在右纁在左

현(玄)은 원래 흑(黑)이라는 의미(意味)가 전무(全無)한데 다만 우리말로 천자문(千字文)에서 하늘과 땅 색을 단순하게 [하날 천 따지 검을 현 누를 황]으로 달았을 뿐으로 초학(初學)이 아닌 이상 흑(黑)과는 동의가 아니며 현(玄)의 주 의미는 하늘색을 뜻하는 글자로 이해되어야 할 것입니다. 따라서 현훈(玄纁)이란 하늘 색과 땅 색이니 천지(天地)를 의미(意味)하게 되며, 폐백(幣帛)의 색(色)에서 현훈(玄纁)의 음양(陰陽) 분류로는 흑(黑)은 음속(陰屬)이나 현(玄)은 양속(陽屬)에 속하고 훈(纁)은 음속(陰屬)에 속게 되는 것입니다.

이외(以外)의 색(色) 분류에서 현(玄)이나 훈(纁)이 경우에 따라 양속(陽屬) 또는 음속(陰屬)으로 뒤바뀌게도 되겠지요. 따라서 폐백용(幣帛用) 색(色)인 현훈(玄纁) 음양분류(陰陽分類)와 전체(全體) 색(色)의 음양분류(陰陽分類)에서 속한 음양(陰陽)과는 달라지게 되는 것입니다.

같은 청색(靑色)이라도 음양(陰陽)으로 분류한다면 진한청색이 양(陽)이 되고 연한 청색(靑色)이 음(陰)에 속(屬)하게 됨과 같은 맥락(脈絡)이지요. 따라서 폐백용(幣帛用) 색(色)에서 현(玄)을 양(陽)으로 훈(纁)을 음(陰)으로 본 케이스는 현훈(玄纁)을 단순(單純) 양자(兩者) 비교(比較)의 분류이고 그 반대로 현(玄)을 음(陰)으로 훈(纁)을 양(陽)으로 본 케이스는 전체 색(色) 분류 음양(陰陽)의 주장(主張)이니 각각(各各)이 시각(視覺) 차이(差異)일 뿐입니다. 다만 후자의 음양(陰陽) 분류가 오류라 함이 아니라 폐백(幣帛)용(用) 색(色) 음양분류(陰陽分類)로는 오류라 하는 것입니다.

●康熙字典玄部玄[廣韻][集韻][韻會][正韻]音懸[易坤卦]天玄而地黃[疏]玄天色[揚雄甘泉賦]將郊上玄定泰時[註]上玄天也
●康熙字典黑部黑[集韻][韻會][正韻]音潶[說文]火所熏之色也韓康伯曰北方陰色[釋名]黑晦也如晦冥時色也[易說卦]坤其于地也爲黑
●康熙字典糸部十四書纁[廣韻][集韻][韻會][正韻]音熏[說文]淺絳也[爾雅釋器]三染謂之纁

▶617◀◆問; 현훈(玄纁)에 대하여?

성균관 관계자 분께 감사를 드리면서 아래사항에 대해 질문을 드립니다. 사례편람(보경문화사 2008년 초판 4쇄, 권지 5 상 24쪽) 상장례 매장에서 하관 후에 있는 다음내용 해석을 부탁 드립니다.

主人贈(開元禮)奉玄纁授主人,執事者授也主人受以授祝,祝奉以入奠於柩東에서 玄纁이 무엇을 의미하는지 궁금합니다? 가급적이면 상세한 설명을 부탁 드립니다. 감사합니다.

◆答; 현훈(玄纁).

현훈(玄纁)이란 예물로 쓰이는 검은색과 붉은색의 비단으로 현(玄)은 양속(陽屬)으로 검은 비단이며 훈(纁)은 음속(陰屬)으로 붉은 비단(緋緞) 입니다.

현훈(玄纁)의 예(禮)를 갖추는 것은 옛날에는 군주가 융숭하게 내리신 하사품(下賜品)을 드리던 예인데 후세에 없어 졌으나 가례(家禮)에서 구례(舊禮)나 허례(虛禮)라도 버리지 않고 그대로 존치(存置) 시키는 것과 같은 의미라는 것입니다. 단궁을 살펴보면 주인이 광중에서 죽은 자를 보내며 드리는 폐백(幣帛)이라는 것 같습니다.

작금의 하관 시(下棺時) 증폐용(贈幣用)으로 청색실과 홍색 실을 사용하는데 이는 현훈(玄纁; 견직물)의 대용으로 쓰이고 있는 것입니다. 비요(備要) 치장(治葬) 폄장지구조(窆葬之具條)에 현훈(玄纁)이 처음으로 기록되어 있음을 볼 때 그 이전에 준비 되어야 할 것이며 묘지까지의 운반 수단에 관하여는 언급됨이 없는 것 같습니다.

●旣夕禮註贈送也疏贈用玄纁束帛者卽是至壙窆訖主人贈死者用玄纁束帛也以君物所重故用之送終也

●李氏曰玄纁若以陰陽言之則玄屬陽纁屬陰
●沙溪曰主人贈者重君之賜也後世雖無君贈之禮而家禮存之疑亦是愛禮存羊之義歟
●記言天道尙左地道尙右陰陽之義也玄爲陰纁爲陽玄在右纁在左
●檀弓旣封主人贈註贈以幣送死者於壙也

▶618◀◆問; 현훈위치.

일전에 입관 시 현훈의 위치에 대하여 말씀해 주신바 있으나 의문점이 생겨 다시 한번 여쭤보고자 합니다.

송시열 선생께서 우현 좌훈 이라 말씀하셨다 하셨는데 그 기준이 고인이 누워있을 때에 오른손 쪽 방향에 현(검은색 비단)을 놓고 왼쪽 손 방향에 훈(붉은색 비단)을 놓는 것이 맞는지요? 위 아래는 분명한데 이것에 대한 의견이 분분해 또 가르침을 청하고자 합니다. 고견 부탁 드립니다.

◆答; 현훈위치.

아래와 같이 살펴보건대 현(玄)은 천색(天色)이며 훈(纁)은 지색(地色)으로 지도(地道) 신도(神道)는 상우(尙右)이니 시구(尸柩)의 위치인 것 같습니다. 생자(生者)가 보아서는 좌현(左玄) 우훈(右纁)이 되겠지요.

●尤菴曰玄纁用天地之正色
●常通今俗多用左玄右纁之制分置棺上左右當手處以應親愛之義此不爲無據又曰左右恐當以生人分之盖生人之左卽死者之右而地道神道皆尙右故也若以尸柩分左右而左玄右纁則天色玄反居於下地色纁反居於上恐非禮意
●鏡湖曰玄纁若以陰陽言之則玄屬陽當居左纁屬陰當居右以上下言之則當玄上纁下矣然則尤翁所謂玄右勳左只主於上下之義而言也盖地道尊右故也

▶619◀◆問; 호충에 대하여?

호충이란 하관 등을 할 때 잠시 피해야 하는 것을 말하는데 순충은 천간과 지지가 모두 충 하는 것을 말하고 정충은 천간은 같고 지지가 충 하는 것을 말하는데요.

문의)
1."충(沖)의 뜻.
2. 천간과 지지가 충하는 사람은 어떤 사람들인지 쉽게 설명 좀 해주세요. 감사합니다.

◆答; 호충(呼沖).

1. 答; 沖=至也 이르다 닿다.

●呂氏春秋重言;是鳥雖無飛飛將沖天

술가(術家)(風水地理家)들의 용어(用語) 같습니다. 유학(儒學)에서는 그와 같은 용어(用語)나 술법(術法)이나 예법(禮法)이 없습니다.

지리술서(地理術書) 조종격(祖宗格)인 청오경(靑烏經)이나 금낭경(錦囊經) 등(等) 서(書)에는 오행(五行)에 관하여 자세하게 기술(記述)함은 없으나 호순신(胡舜申; 地理

新法) 오행론(五行論)에 아래와 같이 살펴보건대 지리가용(地理家用)이라 한 것 같습니다.

●胡舜申子寅甲辰巽申辛戌水乙丙午壬火艮卯巳木丁酉乾亥金未坤庚癸丑土此名大五行蓋五行之變體也唯地理家用之其分屬之理殊不可考八五經釋其義雖或得之亦多牽鑿未盡其理然古今爲地理者用是五行則吉凶有驗稍違忤之則吉凶不驗陰陽之**砂**有不可致詰如此者殆如醫家之用五運皆與泛常所定五行不同也今當遵用之

까닭에 그의 의미를 소상히 아시려면 송정(松亭; 金赫濟) 역법연구소제(曆法研究所製)인 대한민력(大韓民曆)이나 음양택술서(陰陽宅術書) 또는 음양오행론(陰陽五行論)에 관한 서적(書籍)에서 찾으심이 올바른 해답을 구할 듯싶습니다.

▶620◀◈問; 홀수 짝수 등에 대하여.

안녕하십니까?

問 1. 일반인의 장례기간은 3,5,7,9일 등 홀수인데 왜 그러는지요? 사후 세계는 음이므로 짝수로 하는 것이 맞는 것 아닐까?

問 2. 왕의 장례기간은 100일이 넘고, 홀 짝수에 관계없다고 하는데 사실인지요? 사례를 찾아 볼 수 있는지요?

問 3. 제례나 흉사 시 남자는 재배이고 여자는 사배인데 왜 그러는지요? 감사합니다.

◈答; 홀수 짝수.

問 1. 答; 대부사서인(大夫士庶人)의 장례기간(葬禮期間)은 3월이 지나 장례(葬禮)를 치름이 바른 법도로서 그 기간 내에 장사(葬事)함을 갈장(渴葬)이라 합니다. 3, 5, 7, 9일장(葬)은 속례(俗禮)이니 여기서 공식적으로 논(論)함은 부적절(不適切)합니다.

問 2. 答; 조선시대(朝鮮時代) 국장(國葬)의 법도(法度)는 5월이 지나 장례(葬禮)를 하였으니 홀 짝수일 장례(葬禮)에 관하여는 알지 못합니다.

問 3. 答; 남녀(男女)가 예(禮)를 갖출 때 선부재배(先婦再拜) 답부일배(答夫一拜), 또 선부재배(先婦再拜) 답부일배(答夫一拜)를 하게 되는데 이는 부사배(婦四拜), 부이배(夫二拜)가 되고, 사당(祠堂)에 절할 때 남자는 재배(再拜) 부인은 사배(四拜)하게 되는데 이 배법을 일러 협배(俠拜)라 합니다.

이를 음양법(陰陽法)으로 논(論)하게 되면 남자는 양(陽)이라 일배(一拜), 여자는 음(陰)이라 이배(二拜), 혼사(昏事)는 생자(生者)의 일로 양(陽)이라 여자재배(女子再拜) 남자일배(男子一拜)로 두 번으로 나누어 절을 하게 되는데 이를 합하면 여자사배(女子四拜) 남자재배(男子再拜)가 되고, 상례(喪禮)나 제례는 사자(死者)에 대한 일로 음(陰)이라 남자는 1회로 재배, 여자는 사배(四拜)를 하게 된다는 것입니다.

●朱子家禮喪禮治葬; 三月而葬(本註)司馬溫公曰古者天子七月諸侯五月大夫三月士踰月而葬今五服年月敕王公以下皆三月而葬
●國朝喪禮補編喪禮治葬儀註山陵; 五月而葬
●語類問昏禮溫公儀婦先拜夫程儀夫先拜婦或以爲妻者齊也當齊拜何者爲是朱子曰古者婦人與男子爲禮皆俠拜每拜以二爲禮昏禮婦先二拜夫答一拜婦又二拜夫答又一拜
●朱子家禮祠堂出入必告;凡拜男子再拜婦人四拜謂之俠拜
●同春問壻婦交拜之儀沙溪曰朱子已有正論可考而行之

▶621◀◈問; 后人에 관하여 질문 드립니다.

안녕하세요^^ 궁금해서 질문 드립니다 일반 묘비가 아닌 조상들 모시는 묘비에 자신의 이름과 함께 옆에다가 본처가 아닌 여성을 예: 后人 한00이라고 표시하는 것이 유교적으로 바람직한 경우가 될 수도 있나요? 아니라면 배우자일 경우 표시 가능한가요?

◆答; 후인(后人).
[후(后)]의 뜻에는 여러 의미 중에 군주(君主), 제왕(帝王), 황후(皇后; 君王之正妻)와 함께 후(後)와 통용(通用)되어 어느 성씨의 후손 누구라는 의미로 고흥후인(高興后人)000 등과 같이 쓰이나, 묘비(墓碑)에 합폄(合窆)을 의미하는 배(配)를 후인(后人)이라 표기(標記)하는지의 여부(與否)는 알지를 못합니다. 특히 정실(正室)과 함께 계실(繼室)까지 삼합폄(三合窆)은 하지 않습니다.

●書經湯誓我后不恤孫星衍疏后者釋詁云君也
●白虎通嫁娶天子之妃謂之后何后君也天下尊之故謂之后
●儀禮聘禮授如爭承下如送君還而后退(鄭玄注)而后猶然後也
●省齋集柯下散筆鳳西沈公墓誌銘崇禎紀元五己卯八月下澣高興后人柳重教述

▶622◀◆問; 휘(諱)에 대하여.
가승 기록을 하려 하는데 시조 휘(始祖諱)와 중조 휘(中祖諱) 설명 부탁 드립니다.

◆答; 휘(諱)는 죽은 선대(先代)의 함자(銜字).
始祖諱; 시조(始祖)의 명자(名字).
中祖諱; 중시조(中始祖)의 명자(名字).
諱; 죽은 선대(先代)의 생전(生前) 이름.

●後漢書光武帝紀世祖光武皇帝;諱秀字文叔南陽蔡陽人高祖九世之孫也

▶623◀◆問; 諱 와 號 의 차이점.
저는 궁금 한 것이 비문이나 족보상에 이름 위에 諱는 또 號는 이라는 단어를 자주 접하게 되는데 구분이 안돼서 이해 할 수 가 없습니다 차이점 에 대해서 알고 싶습니다.

◆答; 휘(諱) 와 호(號).
아래와 같이 살펴보건대 휘(諱)는 죽은 이의 이름이며 호(號)는 본명(本名)이나 자(字) 이외 이름으로 두세 가지의 호(號)를 가지기도 합니다.

●疑禮問解(黃宗海)問神主陷中諱某之諱字無乃不稱於卑幼耶沙溪曰死曰諱無尊卑矣
●五柳先生傳先生不知何許人也亦不詳其姓字(一無其字)宅邊有五柳樹因以爲號焉

▶624◀◆問; 휘(諱)와 자(字)의 차이점.
유교문화의 바탕에서 조상님들의 신상 표현 시 활용되는 諱(휘)와 字(자)의 차이점을 자세히 알고 싶습니다.

◆答; 휘(諱)와 자(字).
휘(諱); 죽은 사람의 명(名) 자(字); 관례 때 빈(賓)이 지어주는 본명 외 다른 이름.

●周禮春官小史;若有事則詔王之忌諱鄭玄注引鄭司農曰先王死日爲忌名爲諱
●史記孔子世家;孔子生鯉字伯魚

▶625◀◆問; 휘(諱)의 의미.

돌아 가신 조상님의 함자(銜字) 앞에 휘(諱)자를 쓰는 데 어떠한 의미가 있는지요?

◆答; 휘자(諱字)의 의미.

죽은 이나 손위 분들의 함자(銜字) 부르기를 피하다.

●檀弓卒哭而諱生事畢而鬼事始已註卒哭而諱其名蓋事生之禮已畢事鬼之事始矣

▶626◀◆問; 諱 다음에?

수고가 많으십니다. 휘(諱) 다음에 돌아 가신 분의 성(姓)과 名을 꼭 쓰는지요? 아니면 名만 써도 되는지요? 또한 名이 한 글자인 경우는 어떻게 써야 하는지요? 대단히 죄송합니다.

◆答; 휘(諱) 다음에는.

대개 사자(死者)의 표시(標示)는 신주(神主)의 함중식(陷中式)을 따라 표하는 듯합니다. 그 式은 아래와 같이 살펴보건대 모(某; 姓)공(公) 휘모(諱某; 名)와 같이 먼저 성씨(姓氏)를 나타내고 이름자를 쓰는 것 같으며 명자(名字)라 함은 두자 외자를 분별하여 적는 식(式)은 없는 것 같습니다.

●便覽治葬題主條陷中式故某官某公諱某字某神主○又婦人陷中式故某封某氏諱某神主
●愚伏曰婦人陷中書姓太泛不足以依神依禮書諱甚得今知禮之家多書之
●國朝喪禮補編治葬題主條陷中云朝鮮國某號世子諱某神主
●前漢書高帝記篇高祖(註荀悅曰諱邦字季)姓劉氏(註師古曰本出劉累而范氏在秦者又爲劉因以爲姓

16 비석(碑石)

▶627◀◆問; 고비쌍봉(考妣雙封)시 비석 표문(表文) 표기방법을 알고자 합니다.

무식의 소치로 우문을 올려 죄송합니다. 내용인즉 고비쌍봉(考妣雙封) 서고동비(西考東妣)시 하나의 묘비 표석(表石)을 입석(立石)할 경우에 표기(標記)의 위치를 정확히 알고자 합니다.

◆실지 묘소	◆甲說碑石(쌍분)	◆乙說碑石 (쌍분)
考위지묘	전주이공○지묘	配김해김씨지묘
妣위지묘	配김해김씨지묘	전주이공○지묘

부언드리면 甲說은 考先妣後의 右左縱書원칙에 따라 써야 한다는 설과 乙說은 비의 표석문은 文章이 아니고 門牌처럼 表文임으로 낭독(朗讀)은 고선비후로 하되, 金石文 표기 위치는 考妣神位 즉 紙榜모시는 것과 같이 男左女右로 표기하여야 한다는 설이 있으며, 先賢들의 古碑를 나름대로 찾아보아도 혼용되어있어 그 기준을 알 수 없기에 질의하오니 상세한 하교를 하여주시기 바랍니다.

◆答; 고비쌍봉(考妣雙封)시 비석 표문(表文) 표기방법.

아래와 같이 살펴보건대 일혈(一穴) 쌍분(雙墳) 각설(各設) 표석(表石)일 때는 고비(考妣) 각각(各各) 지묘(之墓)라 붙이고 일표석(一表石)이면 표석(表石) 중앙(中央)에 모관모공지묘(某官某公之墓)라 쓰고 그 좌측으로 첫 자(字)의 높이를 낮춰 모부인모씨부(某夫人某氏祔)라함이 옳을 듯싶습니다.

●旅軒曰夫婦若雙封各碣則兩碣須當並書之墓又若雙封一碣則正面當中題曰某國某官某公之墓其左旁低其題曰某夫人某氏祔

●問表石左字俗皆從祔左位地夫人封號必書左行今以文理連看而書之如何明齋曰鄙家祖
考表石從寫者之左右而書之如示矣退溪先生所論神主旁題之事分明可據

●問祖考妣一穴異封今欲兩間竪一石表面刻右考左妣此俗所行也俗或單題考前而妣前則
否此又如何兩封共一表則其世系名字行實之刻當首考次妣可乎合而述之可乎退溪曰一穴
異封表面分刻俗例如此恐程子所謂事之無害於義者從俗者此類之謂也其單題考前恐未安
兩封共表銘文之刻例未有考今世或有分刻者有合述者愚意分刻固善然以同牢一體共穴合
祭之義言之合述亦似爲得

●問合葬之墓碣面當兩書墓字否退溪曰府君書墓而夫人只書祔字似得宜也

●尤菴曰夫與元妃合葬于上繼妃祔于下則表石當主于夫而書曰前妃某氏祔左繼妃某氏祔
下

●南溪曰兩位表石右書府君左書夫人夫人位只書祔

▶628◀◆問; 궁금하기에 감히 여쭙니다.

안녕하십니까. 선조님이 계시는 묘소에 묘비(와비)를 세우려고 합니다. 가로쓰기를
해야 하는지, 아니면 세로쓰기를 해야 하는지요? 그리고 가로쓰기를 할 때는 좌측
에서 우측으로 쓰고 세로쓰기를 할 때는 우측에서 좌측으로 써야 하는지요?

또 하나 世와 代에 관하여 여쭈어봅니다. 가령 저로부터 아버지는 1 대조이시고 조
부님은 2 대조이시며 증조부님은 3 대조 고조부님은 4 대조 이렇게 세어간다면 고조
님께는 제가 4 세손이 맞는지요? 선배 제현님들의 고견 부탁 드립니다. 꾸벅.

◆答; 궁금하여.

1).말씀으로 미뤄보아 묘소(墓所) 앞에 누구의 묘소(墓所)임을 표(表)하기 위하여 표
석(表石)을 세우시려 하는 것 같습니다.

한서(漢書)는 횡서(橫書)든 종서(縱書)든 모두 좌행서(左行書)입니다. 따라서 고(考)
를 내가 비석을 보아 우측(右側)이고 비(妣)는 한 글자 낮게 좌측(左側)으로 각자(刻
字)를 하는데 끝에 부좌(祔左)라 각자합니다.

2). 친내(親內)인 고조(高祖)까지는 대조(代祖)니 세조(世祖)로 호칭(呼稱)하지 않습
니다. 다만 헤아림에서 붙여 계산(計算)할 뿐이고, 친진(親盡)이상의 조상(祖上; 高
祖之父)부터 대조(代祖) 또는 세조(世祖)로 칭합니다. 따라서 생전은 고조부(高祖
父), 작고를 하셨으면 고조고(高祖考)라 하고 나는 고조(高祖)의 생사(生死) 막론하
고 현손(玄孫)이라 합니다.

●嘉梧藁略書家正派說; 上古無書契結繩而治庖犧氏之王也受河圖而畫八卦八卦畫意也
是以畫先出於書而書盖取諸夬黃帝時有蒼家三人長曰梵其書右行爲佛祖之書次曰佉盧其
書左行爲仙家之書少曰頡用下行法開後代右文之治厥功大矣
●問表石左字俗皆從祔左位地夫人封號必書左行今以文理連看而書之如何明齋曰鄙家祖
考表石從寫者之左右而書之如示矣退溪先生所論神主旁題之事分明可據
●性理大全時祭祝條; 孝玄孫某(云云)顯高祖考(云云)顯高祖妣(云云)

▶629◀◆問; 紀蹟碑 관련 문의합니다.

안녕하세요. 새해 복 많이 받으세요. 선조(고조부) 기적비를 세우려 준비하고 있는
데 기적비 전면의 표기 내용을, (1)품계+관직 기적비 (2) 품계. (3)관직. 현재(1)항
으로 추진하는바 옳은지? 아니면 다른 방법을 알려주셨으면 하오며, 또한 입석 시
에 축문을 알려 주시면 감사하겠습니다. 고견부탁 드립니다.

◆答; 기적비(紀蹟碑).

기적비(記蹟碑)는 송덕비(頌德碑)나 신도비(神道碑) 등(等)과 같이 치적(治績)을 기록(紀錄)하여 세우는 비(碑)인 것 같습니다.

대개 비문(碑文)은 존경하는 선생으로부터 비명(碑銘)을 받아 각자(刻字)하는데 그 비문을 받는 분에게서 축문과 함께 지도를 받으면 될 것입니다.

립비축문(立碑祝文)은 일정한 격식(格式)이 있는 축문(祝文)이 아니라 그 비석(碑石)을 세우는 목적(目的)과 비문 내용(內容)에 따라 달라집니다. 참고용(參考用)으로 비건 시(碑建時) 축문(祝文)을 한 사례 알려드리겠습니다.

⊙頌德碑開基告辭文

維 歲次干支幾月干支朔幾日干支某官姓名敢昭告于 土地之神今爲仁山鳳鳴某(名)攸宅涉險經艱倉廩有積獎迪群英巨金乃擲澤被氓庶名馳鄕國鼎江淳瀋紫皐崶芳一坊寅慕載竪一石揀其良辰厥基乃拓神其保佑增玆百祿謹以酒果敬伸虔告謹告

⊙頌德碑建畢告由文

猗歟某(名)天賦孔篤誠深先塋散金伐石餘恩所曁坊里涵沐育英特志銘在胃臆衆口成碑聲播鄕國赫赫紀德天山不泐垂範來世過者必式酒果虔告警勵頹俗

▶630◀◆問; 記績碑와 記蹟碑.

수고가 많으십니다. [記績碑]와 [記蹟碑]가 같은 뜻인지요? 아니면 어떻게 구별하는지 퍽 궁금합니다. 죄송합니다.

◆答; 기적비(記績碑)와 기적비(記蹟碑).

적(績); 공적(功績).

적(蹟); 발자취 또는 흔적.

따라서 기적비(記績碑)는 공적비(功績碑), 기적비(記蹟碑)는 그의 발자취(흔적)을 적어 세운 비(碑)를 의미하게 됩니다.

●書經集傳堯典四時成歲允釐百工庶績咸熙註允信釐治工官庶衆績功咸皆熙廣也四時不差而歲功得成以此信治百官而衆功皆廣也
●康熙字典足部十一書蹟正韻音積與迹同
●呂氏春秋遇合條我必不生不若相與追而殺之以滅其迹註迹蹤也

▶631◀◆問; 묘비에 후손을 적을 때.

자손(子孫) 중에 부모보다 먼저 죽은 자식의 이름을 넣을 때는 고(故) 아무개 라고 적는 것이 맞는 것입니까? 공원묘원(公園墓園) 측에서 묘비(墓碑)에 후손(後孫)을 이렇게 적어야 한다고 하는데 과연 근거에 있는 것인지 의심스럽습니다. 부모보다 먼저 죽은 자식은 불효(不孝)라 이름을 적지 않는다고 알고 있는데 부모비석에 죽은 자식이름까지 모자라서 고(故)를 붙여야 하는 것인지 근거에 있는 것입니까?

◆答; 묘비에 후손을 적을 때.

묘비(墓碑)라 하심이 신도비(神道碑) 또는 표석(表石) 등 어느 비(碑)인지는 알 수없으나 아래와 같이 살펴보거나 한문비지초(韓文碑誌抄; 韓愈)나 우암비지(尤庵碑誌) 등을 살펴보아도 종손(宗孫)이나 설립자 등은 후미(後尾)에 기록하기는 하나 자손 들을 열기(列記)하는 법식을 없는 것 같습니다.

요즘 표석(表石)은 드무나 혹 상석(床石) 측면(側面)에 자녀(壻)의 名(壻姓名)을 기록(記錄)하여 놓는 사례(事例)는 더러 볼 수 있습니다. 그러나 그 전거(典據)는 알 수는 없으나 이와 같은 사례는 혹 俗禮로 행함이 아닌가 합니다.

이하(以下)는 사견(私見)입니다. 수(壽)는 재천(在天)이니 장수(長壽)하다 보면 자식(子息)들을 모두 앞세우는 경우도 있을 터인데 그 손(孫)들이 조부(祖父)의 비석(碑石)을 세우고 후손(後孫)을 열기할 때 자식(子息)들을 부모 앞서 모두 죽었으니 대(代)를 건너뛰어 손(孫)들만 각자(刻字)해야 한다면 이도 깊이 생각하여볼 문제일 것입니다. 더욱이 비석(碑石)이란 수백 년간(數百年間) 유지되는데 오늘은 살아 있다 하여도 어느 날인가는 모두 죽어 없을 터인데 당시에 이미 죽어 없다 하여 고(故)자를 특별히 표시(標示)할 이유가 있을까 하는 의구심도 듭니다.

●便覽小石碑條刻大字於其面乃略述其世系名字行實而刻於左轉及後右而周焉○又同條墓表式同誌蓋式○合葬則別行書某封某氏祔左

●詩話碣者揭示而立之墓隨也表石題云某人之墓無文詞也

●鏡湖曰今俗貧不能具設碑及石物者或有設石床而稍高其制橫刻碑額之文於其前面者矣

▶632◀◆問; 묘비명과 족보 내용이 달라도 되는지요?

묘비명 수정과 관련하여 여쭙습니다. 먼저 만들어진 족보에 근거하여 시조묘소의 여러 묘비명을 제작하였습니다. 그런데 뒤에 족보가 제작되면서 4대가 늘어나는 바람에 묘비명의 일부 내용과 연대가 틀려지게 되었습니다.

1) 족보와 묘비명은 일치되어야 하며, 새로 제작하거나 틀린 내용을 바로잡아야 한다는 주장. (오랜 세월이 흘러 후손들이 족보와 묘비명을 비교할 때 서로 다르면 혼돈이 올 것이라는)

2) 묘비명과 족보는 달라도 상관이 없으며, 족보를 만들 때 틀린 부분이 있으면 족보만 수정하면 된다는 주장. (장차 후손들이 묘비명에 큰 관심을 가지지 않을 것이며 족보만 맞으면 된다는)

위의 1), 2)항의 주장에 대해 어떻게 처리하는 것이 옳을지 가르침을 받고자 합니다.

◆答; 묘비명과 족보.

아래와 같이 살펴보건대 신주 함중식(陷中式)의 오자(誤字) 수정 여부에 관하여는 논난(論難)이 있으나 비석의 오류에 관하여는 그 수정의 전거가 찾아지지 않습니다. 다만 아래의 축식을 살펴보건대 비석(碑石)에서는 개각(改刻)을 하거나 개립(改立)을 할 수 있으니 오류의 수정여부는 이에 준하여 행하심이 옳을 것도 같습니다.

●退溪曰陷中誤書第幾爲世數其誤甚明然改之亦重難姑仍之如何朱門人有神主違尺度問欲追改答以不當改故云恐難改

●問雖有陷中不改之說若姓名封謚字有漏誤則改書未爲不可耶大山曰姓諱封謚有誤未安誠甚恐當如示

⊙墓表改刻告由文

維 歲次干支幾月干支朔幾日干支幾代孫某等敢昭告于 顯某親某官府君(或某封某氏合窆位則列書)之墓伏以當初所竪表碣歲久磨㴱往在某甲營俊他石略敍世系樹之墓左今將重刻舊表用衛墓道不勝惶懼謹以淸酌先事以告

⊙改刻新碣告辭(二品以上碣)

維 歲次干支幾月干支朔幾日干支幾代孫某敢昭告于 顯幾代祖考某官府君(或某封某氏合窆位則列書)之墓玆以舊碣剝落字畫刓減將加磨治爰圖新刻今將改立敢告

⊙追刻墓表時告由辭

府君卓節懿德具載於墓表而追配忠院之後事宜記實以揚聖朝褒忠之盛意且碑字年久苔蝕漫漶難辯今將改鐫敢以酒果用伸䖍告

⊙墓碑改立時告由文

維 歲次干支幾月干支朔幾日干支幾代孫某敢昭告于 顯幾代祖考某官府君(或某封某氏合窆位則列書)之墓伏以墓前巽方(隨屬方)伊昔立碑今涓吉日移立坤方(隨屬方)不勝感愴謹以酒果敬伸䖍告謹告

⊙碑石改立時告由文

維 歲次干支幾月干支朔幾日干支某官姓名敢昭告于 土地之神今以墓前巽方(隨屬方)伊昔立碑今涓吉日移立坤方(隨屬方)神其保佑俾無後艱謹以酒果敬伸䖍告謹告

⊙墓碣改竪時祝文

恭惟先生百世師宗山河鍾靈奎璧降精公嶽倡義忠膽奮激倻山斥邪正脉扶植溪岡的傳旅樂遊從倡起斯文啓迪後生禮葬之日士林竪碣歲久剝落字刓畫缺雲仍殫力改立佳城龜頭復新牲酒薦馨英靈陟降左右洋洋於千萬年高山景行

⊙墓道改碣告由文

恭惟府君資挺粹美德符溫仁夙承庭訓周旋詩禮就正有道惟齋鑪韛遍遊陶山溯求遺風發於吟賞眞趣洋洋世値島訌王事孔棘送弟火城忠膽憤激早謝名途求我素志精思力究弗得弗措天不假年此事便休離明之原有嚴宰如往歲赤已創立牲石物弊有時風雨剝渺薆予屛孫憂心惕惕肆與僉宗亟謀改竪敢曰微誠神祇所佑山阿復輝松檟增蒼萬有千斯不虧不崩霜露凄凄感愴深至謹將牲醴厥由敢告

▶633◀◆問; 묘비문 쓰기에 대하여.

형님의 묘입비 비문을 동생인 제가 찬해 올려도 무방 할는지, 내용문구에 조심스럽고 또 과거선례가 있으며, 예법에 어긋남이 아닌지 문의 드립니다.

◆答; 묘비문.

아래의 같이 친속(親屬)의 비명(碑銘)을 직접 지은 예가 많습니다.

●沙溪集墓誌銘外舅僉知中樞府事曹公(大乾)墓誌銘
●葛庵集碣陰記高祖考通政大夫蔚珍縣令府君碣陰記○又伯父成均進士府君墓碣銘

▶634◀◆問; 묘비 세울 때의 법도를 가르쳐 주세요.

기존 산소에 비석과 상석 등을 새로 설치하려는데 절차와 방법을 몰라서 문의 드립니다. 자세히 알려주시면 감사하겠습니다.

1. 축문예시(산신제 포함)

2. 제를 먼저 지내는지 설치작업을 먼저 하는지 아니면 제를 설치작업 전후로 두 번 지내는지요?

3. 산신제가 먼저인지 나중인지요?

◆答; 묘소에 석물을 갖출 때의 예법.

1. 答; 축문은 아래에서 소용대로 취하여 사용하십시오.

2. 答; 같은 산에 선대 묘가 계시면 선영고사를 지내고 본 묘에 고한 뒤 일을 시작하고 마치면 위안고사를 지냅니다.

3, 答; 산신제는 일을 마치고 지냅니다.

◆立石時告先塋告辭(行局內最尊位)

維 歲次干支幾月干支朔幾日干支某孫某敢昭告于 顯某親某官府君(或某封某氏合窆位則

列書)子某官某(或孫某官某婦某封某氏)墓前石物未具僅成某物今將排設謹以事由敢此虔告

◆立石時告墓告辭式

維 歲次干支幾月干支朔幾日干支孝子(隨屬稱)某敢昭告于 顯某親某官府君(或某封某氏合窆位則列書)封塋之初石物未俱將以今日排置碑(床石望柱隨改)謹以酒果用伸虔告謹告(贈職追刻則曰今將追刻恩贈餘上同○莎改立石兼告曰歲月滋久墓址崩頹玆以吉辰改莎土仍整石物以表靈域謹以上同節祀兼告石物則祝尙饗下曰家貧力薄未俱石物僅成某物今將排設謹將事並此虔告)

◆立表石告辭式

維 歲次干支幾月干支朔幾日干支某親某官某敢昭告于 顯某親某官府君(或某封某氏合窆位則列書)之墓久闕豎表夙夜惕念(或累世經念)今始請文于某人以某人書入鑴敬擇吉辰奉豎墓前(或墓左右)用表幽堂伏惟尊靈維時歆鑑謹以酒果用伸虔告謹告

◆立神道碑祝辭式

維 歲次干支幾月干支朔幾日干支某親某官某敢昭告于 顯某親某官府君(或某封某氏合窆位則列書)之墓神道無刻未章休烈今始請銘于某人以某人書某人篆入鑴顯豎墓道光垂後則伏惟歆佑俾永無替謹以淸酌庶羞恭伸奠告尙 饗

◆立石畢慰安告辭式

維 歲次干支幾月干支朔幾日干支某親某官某敢昭告于 顯某親某官府君(或某封某氏合窆位則列書)之墓碑石旣具用表墓道伏惟 尊靈百世是安謹以酒果用伸虔告謹告

◆具石物祭后土祝文式

維 歲次干支幾月干支朔幾日干支某官姓名敢昭告于 土地之神今爲某親某官(或某封某氏合窆位則列書多墓則最尊位稱)之墓今具石物用衛墓道 神其保佑俾無後艱謹以酒果祗薦于 神尙 饗

▶635◀◆問; 묘비명에 대하여 알고 싶습니다.

묘비명중 유인(孺人)과 숙부인(淑夫人)의 차이점을 알고 싶습니다. 이조 시대 때 어느 관직의 사람의 부인에게 썼으며 현대에는 어떻게 적용되는지 문의 드립니다.

◆答; 묘비명.

아래와 같이 살펴보건대 숙부인(淑夫人)은 정삼품당상관(正三品堂上官)의 부인이 되고 또 유인(孺人)은 정종구품(正從九品)의 부인이 됩니다. 다만 관직(官職)에 나가지 않은 이의 부인이 죽으면 그도 대우하여 유인(孺人)이라 합니다.

●經國大典外命婦文武官妻條淑婦人(正三品堂上官)又孺人(正從九品)

▶636◀◆問; 묘비에 새어머니의 이름을 같이 넣을 수 있나?

생모의 이름이 묘비에 적혀있는데 돌아가신 아버지의 후처인 사람(새 어머니/망자와 13세 차이)의 이름을 생모 옆에 넣을 수 있나요?

◆答; 묘비에 새어머니의 이름을 같이 넣을 수도 있음.

묘비(墓碑)라 하심이 어느 형태를 의미하는지는 모르겠으나 만약 표석이라면 아래와 같이 살펴보건대 이비(二妃)일 때 원비는 합장이 되나 계비는 합장이 불가하니 만약 부묘(夫墓) 하(下)에 장사하였다면 표석에 전비모씨부좌(前妃某氏祔左) 계비모씨부하(繼妃某氏祔下)라 각자한다 하였으니 부인은 명(名)은 쓰지 않고 성씨만 씀이 옳습니다.

●尤庵曰夫與元妃合葬于上繼妃祔于下則表石當立于夫墓而書曰前妃某氏祔左繼妃某氏祔下

▶637◀◆問; 묘소의 봉분 정면에 위치 하는 비석의 명칭 및 비문에 대하여.

이번 한식(寒食)을 맞아 선조님의 묘소(墓所)를 정리하고 봉분 정면에 양위 합폄(合窆) 비석(碑石)을 세우려고 합니다. 비석의 앞면에 모모(某某) 본관(本貫) 공 휘 모모 지묘 - 배 유인 모모 본과 모씨 부로 기록하고 후면에 자손 명을 기록 하면 되는지요? 그리고 명칭은 묘갈 이라고 하는지요? 묘 표지석 이라 하는지요? 의례문답을 살펴보면 비갈과 비석의 설명에 비갈은 자연석에 비문을 기록한 것으로 비석은 자연석을 다듬어서 그 위에 비문을 기록한 것으로 구분 한다는 내용을 보았는데 맞는 답인지요? 상세한 설명을 부탁 드립니다.

◆答; 묘소의 봉분 정면에 위치 하는 비석의 명칭.

비석(碑石)에 대하여 그 류형과 용도는 아래와 같습니다.

○표석식(表石式).
○考; 某官某公之墓.
○妣; 某夫人某氏祔左.
○세계명자각어기좌(世系名字刻於其左).
○전급후우이주언(轉及後右而周焉).
○비(碑)=이수구부(螭首龜趺)에 높이는 9척(尺). (神道碑) (墓 或 神道東南).
○갈(碣)=규수방부(圭首方趺)에 높이는 4척(尺). (神道碑) (墓 或 神道東南).
○표석(表石)=규수방부(圭首方趺)에 높이는 4척(尺) 무문사(無文詞). (墓前 或左).
○와비(臥碑)=규격 전거 알지 못함. (頒學規와 頒禁例를 새겨 明倫堂 좌측에 세웠다 함)

●詩話表石題云某人之廟無文詞也
●輯覽圖式表石式某官某公之墓世系各字刻於其左轉及後右而周焉
●南溪曰大凡官四品以上螭首龜趺而其高九尺立於墓之東南者爲神道碑五品以下圭首方趺而其高四尺立於墓左者爲墓碣
●或問合葬墓碣面兩書墓字如何退溪曰府君書墓而夫人只書祔左似得宜
●旅軒曰若雙墳一碣則正面當中題曰某國某官某公之墓其左傍低其題曰某夫人某氏祔爲左封其又如何也
●明史選擧志;洪武十五年頒學規於國子監又頒禁例十二條於天下鐫立臥碑置明倫堂之左其不遵者以違制論

▶638◀◆問; 묘정비(廟庭碑)와 묘정비(墓庭碑)에 대하여?

안녕하세요? 가끔 묘정비(廟庭碑)나 신도비(神道碑)를 보게 되는데 그 묘정비나 신도비는 어떤 경우에 어떤 사람을 대상으로 하는 것이며 그 비는 자손(子孫)이 하는 것이 원칙이겠지만 자손이 아닌 제 삼자가 할 수도 있는 것인지요? 그리고 그 신도비와 묘정비를 세우는 위치는 어디에 세우는 것이 정석인지 소상한 설명을 부탁 드립니다. 감사합니다.

◆答; 묘정비(廟庭碑)와 묘정비(墓庭碑).

묘정비(廟庭碑)와 묘정비(墓庭碑)에 대하여 아래와 같이 살펴보건대 그 전거는 있으나 설치방법(위치)에 대한 전거는 알지 못하며 다만 묘정비는 일반 비와 달리 사원묘(祠院廟) 등의 뜰에 세워지는 비로 그 위치는 일정하지 않은 것 같으며 묘정비는 그 설치 장소에 관하여는 알지를 못하나 신도비(神道碑)와 표석(表石)의 설치 장소가 아니라 묘의 근처에 세워지는 비(碑)의 이름이 아닌가 합니다.

신도비(神道碑)는 묘(墓)의 좌측이나 묘의 근처로 묘로 통하는 길 동쪽에서 남향하여 세우며, 건립은 묘정비(廟庭碑)는 사원묘(祠院廟)에 참여하는 후학 등이, 신도비(神道碑)는 자손(子孫)이 세우게 되는 것 같습니다.

아마도 문묘(文廟)의 모델은 곡부(曲阜)의 궐리(공부자의 사당)일 것입니다. 그 궐리지(闕里誌) 역시 비(碑)의 위치(位置)를 정한 기록(記錄)을 보이지 않으며, 지(誌)의 도(圖)를 살펴보면 비정(碑亭)은 사당(祠堂) 앞 우측(右側; 내가보아 좌측)에 비정(碑亭)이 있으며 둘일 때는 동서(東西)에 위치함을 확인(確認)하게 됩니다. 특히 사원(祠院)의 비(碑)는 사원(祠院)에 따라 위치가 제 각각인 것 같습니다.

●東典考祀典諸祠編三聖祠條仁祖癸亥遣使致祭丁丑廟庭碑成
●文孝世子禮葬儀軌雲章新刻墓庭碑
●南溪曰立於墓之東南者爲神道碑又立於墓左者爲墓碣墓表與碑碣不同者以其立於神道及墓左稍遠處者曰神道碑墓碣立於墳前近地者曰墓表
●丘儀墓之東南曰神道碑立於其地故因以爲名
●讀禮通考有碑額之題有碑文之題盖碑額題云某官某人神道碑銘碑文則有敍有銘矣
●闕里誌廟宇編碑條舊碑亭三座碑亭四座石碑三統闕里碑坊
●闕里誌按圖一碑則廟前右二碑則廟前左右下馬碑廟前中

▶639◀◆問; 묘지 표식판 설치.

조상의 묘지에 윗대산소에 상석(좌판)을 설치하지 않으면 아래 대에 설치할 수 없다는 설이 있어 질문합니다. 윗대에 설치하여 오다가 중조부모님 산소부터 설치하지 못하였는데 조부모. 부모묘지에 상석이 아닌 표식판(공원묘지 수준) 설치는 가능한지 알고자 합니다.

◆答; 묘지 표식판.

아래와 같이 살펴보건대 시장 시(始葬時) 예법상 석물(石物; 誌石, 表石 包含)을 갖추어야 하나 여건이 되지 않아 구비(具備)치 못하였다면 그 후손(後孫)이라도 재력(財力)과 여건이 미치면 추후에라도 입석을 하는 것입니다.

선생의 말씀은 문맥으로 보아 표석에 해당되리라 짐작되는데 지석과 표석은 먼 후대까지 실전치 않기 위하여 묘소에 지석을 묻고 표석을 세워 두는 것 아니겠습니까. 특히 적손이라면 증조부 역시 동시에 입석함이 옳을 것 같습니다.

●荀子曰葬埋敬蔵其形也祭祀敬事其神也銘誄係世敬傳其名也
●朱子跋大父承事府君行狀曰府君始葬於此不可使後孫不知敬立石表刻下方立于墓左先世墳廬在婺源者及祖妣孺人以下別葬所在亦具刻于碑陰使來者有攷焉

⊙追後立石物時告辭式
云云封塋之初石物未具將以今日排置床石望柱石碑石云云又云云伏以財力不逮儀物多闕今具碑石床石望柱石用衛墓道云云

▶640◀◆問; 묘표석에 써야 할 함자.

얼마 전 조부님의 묘를 이장하고 표석을 세우려 합니다. 그런데 제적부상 함자와 족보상 함자가 다릅니다. 이럴 경우 어느 함자를 써야 하는지 망막하여 올립니다. 가급적 빠른 시일 답변해 주셨으면 합니다. 죄송합니다.

◆答; 묘표석에 써야 할 함자.

표석(表石)의 함자(銜字)는 귀 가문(家門)의 협의(協議) 결정(決定) 될 사안(事案)이
나 족보(族譜)는 귀 씨족(氏族)이 존속(尊屬)하는 한 그 기록(記錄)이 전하여 질 터
이니 중요도(重要度)나 먼 후세(後世)에 후손(後孫)들로부터 쉽게 확인(確認)이 가능
(可能)하고 또 신빙성(信憑性)과 명확성(明確性)이 보증(保證)될 터이니 족보(族譜)
를 중히 여김이 옳지 않을 까 합니다.

●南齊書文學賈淵傳淵父及淵三世傳學凡十八州士族譜合百帙七百餘卷該究精悉當世莫
比
●淸俞樾春在堂隋筆卷三吾家德淸東門外之南埭數百年矣莫知所自始相傳元提擧希賢公
實始居於此注云見明沈御史松[族譜序]中

▶641◀◆問; 문중 묘역 조성 중에 의문사항입니다.

선생님 수고가 많으십니다. 저의 문중에서 문중 묘역을 조성 진행하는 중 비석을
세우고자 하는데 기존 선조 묘소에는 "절충장군행상주진절제사""만전부림홍공휘수
구지묘" 라고 되어있습니다. 선조묘소 다른 곳에 문중 묘역에 설치하고자 하는 비
석 전면은 아래와 같습니다. "절충장군행상주진절제사""부림홍공휘수구후손묘역"으
로 표시하고자 하였으나 휘 수구을 만전으로 변경하고자 하는 의견이 있어서요.

문)1. 휘 수구를 호만전으로 표시하여도 되는지요?
문)2. 묘비에 첫째 줄과 둘째 줄의 글자수가 차이가 나도 무방한지요?
문)3. 후손 말고 다른 글자를 사용해도 된다면 어떤 글자를 써야 하는 지요.
문)4. 또한 2 번째 줄(문장)에 대하여 좋은 의견이 있으시면 가르쳐 주세요.

◆答; 문중 묘역 조성에.

문)1. 答; 살펴보건대 후손은 선조의 휘(諱)를 부를 수 없으니 "절충장군행상주진절
제사후손묘역"으로 하심이 어떠할 런지요.

문)2. 答; 뜻의 연결과 관계가 있으며 같은 뜻이라면 자수를 맞춤이 옳으나 만약 다
른 뜻이면 자수에 관계없이 쌍행 함이 옳을 것입니다.

문)3. 答; 아래는 모두 후손을 의미하므로 취향에 맞는 대로 택하여 쓰실 수 있을
것 같습니다.

후손(後孫)=세사(世嗣). 후속(後屬). 후윤(後胤). 후곤(後昆). 후잉(後仍). 성손(姓孫).
자성(子姓). 주손(胄孫). 주예(胄裔).

문)4. 答; 첫째 문항과 같은 말씀을 드리고 싶습니다.

▶642◀◆問; 배우자 합장 시 비문에 대하여.

배우자를 천장하여 합장을 하려 합니다. 치석을 세우려 하는데 어떻게 부부의 방위
는 어떻게 서야 하는지요.

◆答; 배우자 합장 시 비문.

아래와 같이 살펴보건대 고비(考妣) 표석(表石)에는 내가 보아 우방(右方)이 고(考)
좌방(左方)이 비(妣)입니다.

●南溪禮說答問曰表石立於墓前禮也不然則當立於左旁盖右是神道之尊位也兩位表石右
書府君左書夫人當如神主之制而世人或多用順書之法未知孰是夫人位之墓二字不必書只
書祔以別正位似可
●或問合葬碣面何以書之旅軒曰若雙封一碣則正面當中題曰某國某官某公之墓其左旁低
其題曰某夫人某氏祔

▶643◀◆問; 병서(竝序)가 무슨 의미인가요.

신도비(神道碑) 서문(序文)에 보면 관직과 성명이 나오고 맨 끝에 병서라고 되어 있는데 병서의 뜻 좀 알려 주시면 감사하겠습니다.

◆答; 병서(竝序)란.

○전액(篆額)에 "환조정릉신도비(桓祖定陵神道碑)"라 쓰고, 또,

○비면제일행(碑面第一行)에 "명조선국환조연무성환대왕신도비명병서(明朝鮮國桓祖淵武聖桓大王神道碑銘竝序)"라 쓴다.

上과 같이 비문을 최대 간단하게 요약하여 비의 명칭으로 표시한 비액(碑額) 전액(篆額)이라 하고, 비문을 요약한 서문을 첫 줄에 표시하여 놓을 것을 병서라 하는데 이는 끝에 반드시 竝序를 붙여 놓아야 본문으로의 착각을 미연에 방지하게 됨.

●王朝實錄光海君四年(壬子;1612 年)九月二日癸巳禮曹啓曰以定陵碑文改書事兵曹正郎吳翊今將下去碑面第一行當書有明朝鮮國桓祖淵武聖桓大王神道碑銘竝序而篆額則當云桓祖定陵神道碑但桓王妃懿惠王后與定陵同塋而別名曰和陵今於兩陵之下立碑而只稱定陵碑似爲未安而旣難稱以定和陵又念王后之陵本無神道碑今此和陵之名雖別而與定陵同塋只稱定陵碑亦似無妨然事係重大議大臣定奪何如傳曰允

▶644◀◆問; 부모님의 비문은 어떻게 작성해야 맞는지요.

부모님의 비문은 어떻게 작성해야 맞는지요 5자 갓 비석에 전면에 어떻게 써야 맞는지요,

長興吳公梅軒00
　　　　　　　之墓와,
配孺人光山金氏00

長興吳公梅軒 00
　　　　　　　之墓 어느 것이 맞는지요.
配光山金氏 00

고견을 부탁 드립니다.

◆答; 부모님의 비문은.

考=某官某公之墓
妣=某封某氏祔左

●家禮立小石碑條立面如誌蓋之刻云又刻誌石條某官某公之墓
●輯覽墳圖表石某官某公之墓
●陶庵曰合葬則別行書某封某氏祔左
●南溪禮說答問曰表石立於墓前禮也不然則當立於左旁盖右是神道之尊位也兩位表石右書府君左書夫人當如神主之制而世人或多用順書之法未知孰是夫人位之墓二字不必書只書祔以別正位似可
●或問合葬碣面何以書之旅軒曰若雙封一碣則正面當中題曰某國某官某公之墓其左旁低其題曰某夫人某氏祔

▶645◀◆問; 비(표비)를 세울 때 쓰는 축문.

비(표비)를 세울 때 제사방법 그리고 축문 쓰는 방법을 부탁합니다.

◆答; 비(표비)를 세울 때.

아래에서 입석(立石)에 따라 택하여 고하시되 예법은 모두 略設(주과포해등)단헌지

례(單獻之禮)이며 신도비(神道碑) 등을 묘(墓)와 관계 없는 곳이면 묘(墓)에는 고하지 않습니다.

◆立石時告先塋告辭(行局內最尊位) (634 참조)

◆立石時告墓告辭式

維　歲次干支幾月干支朔幾日干支孝子(隨屬稱)某敢昭告于　顯某親某官府君(或某封某氏合窆位則列書)封塋之初石物未俱將以今日排置碑(床石望柱隨改)謹以酒果用伸虔告謹告(贈職追刻則曰今將追刻恩贈餘上同○莎改立石兼告曰歲月滋久墓址崩頹妓以吉辰改莎土仍整石物以表靈域謹以上同節祀兼告石物則祝尙饗下曰家貧力薄葬未俱石物僅成某物今將排設謹將事並此虔告)

◆莎草兼立石告辭式

維　歲次干支幾月干支朔幾日干支某親某官某敢昭告于　顯某親某官府君(或某封某氏合窆位則列書)之墓日月愈久墓址崩頹妓以吉辰改封莎土仍立石物以表塋域伏惟　尊靈是憑是安

◆立表石告辭式(634 참조)

◆因節祀立表石告辭式

維　歲次干支幾月干支朔幾日干支某親某官某敢昭告于　顯某親某官府君(或某封某氏合窆位則列書)某來承祀事年于玆而家貧力薄墓前石物無　卽成今始拮据僅成石人石床奉已排設而惟是表石垂成罅缺不可苟用勢須遲待來秋謹將事由幷此虔告謹告

◆立神道碑祝辭式(634 참조)
◆立石畢慰安告辭式(634 참조)
◆具石物祭后土祝文式(634 참조)
◆立石畢慰安告辭式(634 참조)

▶646◀◆問; 비석이 옆을 보게 세운 이유는?

수고가 많으십니다. 산소의 앞에 세워진 비석은 대체로 산소(山所)의 좌우(左右) 중에서 앞(南向)을 보도록 세우는데, 어떤 곳에는 옆(西向)을 보게 세워진 것을 보았습니다.

어떤 사람이 그 이유<옆(西向)을 보게 세워진>는 실전(失傳) 하였던 조상의 산소를 찾아서 비석을 세우면 앞을 보게 세우지 않고 옆을 보게 세워야 한다고 하는데 맞는 말인지요? 혹은 다른 사유가 있어서인가요? 죄송합니다.

◆答; 비석이 옆을 보게 세운 이유.

비면(碑面)을 옆으로 세운다는 전거는 아직 살피지를 못하였고 다만 신도비는 동쪽에서 남향하여 세우고 표석 역시 묘의 좌편에 세우는 것 같으며 물론 묘향(墓向)에서 남면(南面)이 되겠지요.

●丘儀晉宋間有神道碑蓋地理家以東南爲神道碑立其地墓表則有官無官皆可用表立墓左

▶647◀◆問; 비문.

13대 할아버지 묘에 비석을 세우려고 합니다. 할아버지 후손 중 지난 지방선거에서 군수에 당선된 분이 있습니다. 비문을 작성할 때 후반부에 그 내용, 예를 들어 '11세손인 길동이는 2014년 대한군수 선거에 출마하여 무난히 당선되어 등을 넣어도 되는 것인지 궁금합니다. 아니면 후손에게 제아무리 좋은 일이 있다고 하여도 조상님 비문에는 기록해서는 안 되는 것인지를 알고 싶습니다.

◆答; 비문.

신도비(神道碑)에는 비액을 간단히 적고 비문은 상세하게 쓰되 생전 공헌한바 없음에도 꾸며 쓰거나 있는 공헌도 전함이 없어 알지 못해 적지 못한다거나 알면서도 제대로 전하지 못하여 비석에 새겨 넣지 못하였다면 이는 치욕스러움이라 함이고, 신도비가 아니고 단순히 표석(表石)이라 하면 묘전(墓前)이나 묘의 동편에 세우되 그 식은 다음과 같습니다.

某官某公之墓

●讀禮通考王行曰神道碑有有碑額有碑文碑額之題簡碑文之題詳程大昌曰築神道碑神道神行之道也
●祭統銘者稱揚其先祖之美而明著之後世者也銘之義稱美而不稱惡孝子孝孫之心也論撰其先祖之有德善功烈勳勞慶賞聲名列於天下而酌之祭器以祀其先祖者也其先祖無美而稱之是誣也有善而不知不明也知而不傳不仁也此三者君子之所恥也
●朱子家禮治葬刻誌石蓋刻云某官某公之墓○小石碑刻其面如誌之蓋乃略述其世系名字行實而刻於其左轉及後右而周焉
●南溪曰表石只是大書其官職姓名以表其墓

▶648◀◆問; 비문(碑文).

신도비문(神道碑文)이 글자 수가 많은 한문(漢文)으로 되어 있으며 400 여 년이 지나 알아보기 어려워서"신도비문(神道碑文) 약기(略記)" 비(碑)를 한글로 세우려고 합니다.

약기문(略記文) 끝에 약기문을 지은 사람을 표기할 때 OOO 짓고, OOO 종중에서 세우다. 신도비문을 지은 분은 우암 선생님인데 약기문을 쓴 사람도 '지은이'로 쓸 수 있는지 아니면 다른 표현(예, 엮고)으로 써야 하는지 약기문을 지은 사람에게 가장 적합한 표현이 궁금하여 여쭤봅니다.

◆答; 비문(碑文).

이상의 말씀으로는 실체를 가늠하기가 난해하니 아래를 살피시고 결정하시기 바랍니다.

孔子題碑歲久湮沒宋守朱彦明取孔子所書刻碑表識

공부자(孔夫子)께서 비(碑)에 쓴 것이 세월이 오래되어 마멸된 것을 송(宋)나라 태수(太守) 주언명(朱彦明)이 공부자께서 쓴 것을 취해 비석(碑石)에 새기고 표시(表示)하였다.

●東巖曰一統志在常州江陰縣西三十里申浦孔子題碑歲久湮沒宋守朱彦明取孔子所書刻碑表識

▶649◀◆問; 비문개정 자문의견 요청.

수고가 많으십니다. 저희 문중(門中) 시조(始祖)님 묘소(墓所)가 배위 합장(合葬)이 아니고 시조 한 분만 모셔져 있는 상태입니다. 배위(配位) 할머니 묘소는 실전(失傳)되고 배위 성씨와 돌아가신 날짜도 모른 상태입니다.

상기와 같은 상황에서 매년 춘추(春秋) 시제(時祭)를 모실 때 합장(合葬)은 안 했지만 할머니 없는 자손은 없음으로 시조(始祖)님과 함께 제향(祭享)을 모셔오고 있습니다. 따라서 현재의 표석(表石)을 아래와 같이 변경하여 다시 표석을 세울 계획입니다. 옳게 변경이 되었는지 고견(高見)을 요청하오니 부탁 드립니다.

아   래

始祖(시조)의 행적과 表石(표석)에 대하여 우리 족보의 시조 면주(面註)에는 최근까

지 속수된 경진보(2000 년) 까지도 "표덕 생졸 행적 및 배위 성씨 생졸 병실전"으로 되어 있는데 다만 신사보(2001 년)에는 "추정연대로 고려 충렬왕 시 1279 년에서 1309 년 사이에 문림랑위위시승으로 계셨고 후에 청기군으로 봉군 받았음"이라 표기된다.

그래서 문헌을 찾아본 바 한국족보대전(韓國族譜大典–한국민족연구회 刊) "권지을(卷之乙)편에 청송심씨 시조, 본관, 유래(靑松沈氏 始祖, 本貫, 由來)"란에 다음과 같이 기록된다.

"청송심씨는 고려(高麗) 충렬왕(忠烈王; 25 대 1275~1308 년)때 문림랑(文林郎)으로 위위시승을 지낸 심홍부(沈洪孚)를 시조로 받들고 있다."로 표기되었고 또 1929 년 己巳에 심일택(沈日澤)공이 청송세고<靑松世考>를 편찬했는데 그 책의 시조(始祖) 사실편에도 "고려 충렬왕시 문림랑위위시승 재임"으로 기록된 것으로 보아 사실이 증명된다.

그리고 표석에는 현재 고려국 문림랑 위위시승 청기군 심홍부지묘(高麗國文林郎衛尉寺丞靑己君 沈洪孚之墓)라 되어있다. 그런데 배위가 빠져있기 때문에 현 표석(表石)은 그대로 두고 묘전(墓前)에 다시 다음과 같이 표기(標記)하여 세울 것을 제안하는 바다. 시조할아버지의 행적(行蹟)은 전기(前記)한 바와 같이 여조(麗朝)에서는 문림랑 위위시승을 지내셨고 조선조에 들어와서 이손귀(以孫貴)로 추영삼대(追榮三代) 청기군(靑己君)으로 봉군되셨다.

따라서 묘전 표석에는 다음과 같이 표기하자. 麗朝文林郎衛尉寺丞封靑己君<여조문림랑위위시승봉청기군>靑松沈氏始祖諱洪孚之墓<청송심씨시조휘홍부지묘> 配始祖妣貞敬夫人 氏合窆<배시조비정경부인 씨합폄> 위와 같이 표기해야 시조묘소에는 할아버지 할머니의 양 위 분의 묘임을 후손이 알게 될 것이다.

◆答; 비문개정.

망실시구자(亡失屍柩者)의 초혼장(招魂葬)이나 의관장(衣冠葬)은 옛날부터 세속으로 행하여 온 허장(虛葬)이었던 것 같습니다. 다만 허장(虛葬)은 사계(沙溪), 주부자(朱夫子)께서 일찍이 비례라 하셨으니 권장할 예는 아니나, 혹 후손된 효심으로 합폄이나 쌍분의 예라도 갖추지 않았다면 표석(表石)의 "배시조비정경부인(配始祖妣貞敬夫人) 씨(氏)[합폄(合窆)]"중 [합폄(合窆)]이란 정식으로 합폄 되었다 하여도 부좌(祔左)라 하며, 합폄(合窆)아니니 사실과 다른 사오(詐誤)를 범하게 될 듯싶습니다.

정례(正禮)는 아니나 허장(虛葬)을 하시지 않았다면 단(壇)의 예에 따라 고(考)의 좌측(左側)으로 단(壇)을 모으고 "배시조비정경부인(配始祖妣貞敬夫人) 씨부좌단(氏祔左壇)"이라 하심이 어떠할는지요.

●朱子曰招魂葬非禮先儒已論之矣
●沙溪曰今人有死而失其尸者或葬以衣冠殊非禮意
●通典亡失屍柩服議劉智云訖葬而變者喪之大事畢也若無屍柩則不宜有葬變寒暑一周正服之終也亡失親之屍柩孝子之情所欲崇也
●鏡湖曰世或有失先墓者雖略知其墓在某山某岡而猶未能的知某墳爲先墓則不得已設壇於其傍而望祭者有之南塘所謂始祖設壇之祭果指此等而言耶若然則望墓爲
壇之祭或可以孔子之訓爲據耶
●尤庵曰夫與元妃合葬于上繼妃祔于下則表石當立于夫墓而書曰前妃某氏祔左繼妃某氏祔下

▶650◀◆問; 비문에 쓰는 사위 서자는?

안녕하십니까? 항상 좋은 말씀 많이 참고하고 있습니다. 다름이 아니옵고 비문(碑文)에 사위 서(壻)字를 쓸 때 서(壻)자를 써야 되는지요 아니면 서(婿)자를 써야 되는 지요? 의미는 어떻게 다른지요?

오래된 윗대의 비문(碑文)을 보고 서(婿)자를 썼는데 비문에 서(壻)자를 써야 된다고 해서 제대로 알고자 문의 드리오니 자세한 설명을 부탁 드립니다. 감사합니다.

◆答; 주(主)는 서(壻) 자(字)입니다.

서(婿), 서(聟)는 서(壻)와 동자(同字)라 하였으니 사위를 한자(漢字)로 이르는데 문제(問題)가 있을 수는 없습니다. 다만 그 중에서 주(主)는 서(壻)자입니다.

●昏儀壻執鴈入揖讓升堂再拜奠鴈蓋親受之於父母也陸德明釋文壻或又作聟悉計反女之夫也
●康熙字典[婿](集韻)同壻
●康熙字典[聟](五音類聚)俗壻字

▶651◀◆問; 비문에 쓰는 직함에 대해 문의 드립니다.

할아버지 묘에 비석을 세우려고 하는데, '통정대부' '학생' '처사' 등등 생전 직함을 쓰는 곳에 어찌 써야 할지요. 저희 할아버지께서는 생전에 약사로 일하셨습니다. 감사 드립니다.

◆答; 비문에 쓰는 직함.

아래는 조선시대(朝鮮時代) 관직(官職)에 종사하던 의원(醫員)의 품계표(品階表)입니다. 만약 조부(祖父)께서 내의원(內醫院)에 봉직(奉職)하였다면 아래에서 해당되는 직급의 관품명(官品名)을 쓸 수 있으며 사회직(社會職)(個人職)이었다면 약사(藥師)는 국가(國家)가 법률(法律)에 의하여 승인되기는 하였으나 국가적(國家的)으로나 사회적(社會的)으로 합의된 바가 없어 그 可否를 단정지어 이를 수가 없을 것 같습니다. 다만 세속(世俗)과 관행(慣行)을 따름이 옳지 않을까 합니다.

조선시대(朝鮮時代) 내의원(內醫院) 관직표(官職表)

正一品; 一名---------輔國崇祿大夫　外命婦----貞敬夫人
從一 正二 從二; 一名---崇祿大夫　　外命婦----貞敬夫人
正三堂上官; 一名------通政大夫　　外命婦----淑夫人
正三堂下官; 一名------通訓大夫　　外命婦----淑人
從四品; 一名---------朝散大夫　　外命婦----令人
從五品; 一名---------奉訓郎　　　外命婦----恭人
從六品; 一名---------宣務郎　　　外命婦----宜人
從七品; 一名-------- 啓功郎　　　外命婦----安人
從八品; 一名-------- 承仕郎　　　外命婦----端人
正九品; 一名-------- 從仕郎　　　外命婦----孺人
從九品; 一名-------- 將仕郎　　　外命婦----孺人

▶652◀◆問; 비문에 아내에 관한 한자쓰기.

수고 많이 하십니다. 선조가 쓰신 비문에 부인을 쓸 때 아내 부(婦)를 쓰지 않고 지아비 부(夫)를 썼는데 특별한 이유가 있는 지요? 그리고 고려나 조선조의 품계에 의하면 내명부의 부인들의 품계에 부인(貞敬夫人)을 전부 지아비 부로 썼는데 역시 특별한 이유가 있는지요? 비문에 아내 부나 비(妃)로 쓰면 안 되는지요. 알고 싶습니다.

◆答; 夫人에 관하여.

1). 부(夫)일 때의 대표적인 의미는 지아비를 의미하나 여자가 벼슬자리에 올랐다는 의미도 있어 이에 인(人)이 붙어 부인(夫人)이 되면 아래와 같이 제후(諸侯)의 처(妻), 고급관리(高級官吏) 처의 봉호(封號) 등으로 쓰입니다.

2). 곡례(曲禮)를 살펴보면 천자(天子)의 비(妃)는 후(后)라 하고, 제후(諸侯)는 부인(夫人)이라 하고, 대부(大夫)는 유인(孺人)이라 하고, 사(士)는 부인(婦人)이라 하고, 서인은 처(妻)라 이르는 차등이 있는데, 정경부인(貞敬夫人) 등에 붙인 부인(夫人)은 정일품(正一品)에서 정삼품(正三品) 당상관(堂上官)의 처(妻)봉호(封號)에 왕후(王后) 다음 단계 칭호인 부인(夫人)의 호칭(呼稱)을 붙여 정경부인(貞敬夫人) 정부인(貞夫人) 숙부인(淑夫人)등과 같이 호칭되지 않는가 합니다.

3). 비석(碑石)의 종(種)에 따라 표현(表現) 방법이 다르겠으나 표석식(表石式)에서는 아래 여헌(旅軒) 선생 말씀으로 미루어 보건대 부인(夫人)의 표기가 옳지 않을까 합니다.

●曲禮天子之妃曰后諸侯曰夫人大夫曰孺人士曰婦人庶人曰妻註鄭氏曰妃配也后之言後也夫之言扶孺之言屬婦之言服妻之言齊
●周禮考工記諸侯以享夫人註君之夫人也
●經國大典輯注夫人夫扶也言扶持之於王者也
●旅軒曰夫婦若同封一碣則正面當中題曰某國某官某公之墓其左旁低其題曰某夫人某氏祔

▶653◀◆問; 비문의 전면, 어떻게 써야 하는지요.

비문의 전면, 어떻게 써야 하는지요. 장흥오공(長興吳公) 매헌휘(梅軒諱)00지묘(之墓)와 매헌장흥오공(梅軒長興吳公) 휘(諱)00지묘(之墓) 중 어느 것이 맞나요. 고견 부탁 드립니다.

◆答; 비문의 전면.

표석(表石)은 상중에 준비하는 소석비로 호상이 상주와 상의하여 세우기로 결론이 났으면 돌집으로 주문하나 특별히 글자의 체를 택하고자 하면 가문이나 지인 중에서 택하여 써서 돌집으로 보내 각자할 수도 있을 것입니다.

주자가례 표석식; 모관모공지묘(某官某公之墓)

●朱子家禮治葬立小石碑;立小碑刻其面如誌之蓋○治葬刻誌石;蓋刻云某官某公之墓

▶654◀◆問; 비문작성 중 5대조고 부터 혹은 고조고 부터 써야 하는지요.

비문 작성 중 5대조고 부터 혹은 고조고 부터 써야 하는지요. 고견을 부탁 드립니다.

◆答; 선존후비(先尊後卑).

어찌하여 오대조(五代祖)와 고조부(高祖父)를 한 비석(碑石)에 각자(刻字)하는지는 알 수 없으나 와비(臥碑)든 입비(立碑)든 어느 쪽으로 써가든 간에 선존후비(先尊後卑)입니다.

●疑禮輯錄幷有喪幷有喪諸節葬後欲共一几筵而祭之而以祭則先重後輕之文觀之則古人各一几筵者無疑而且練祥之時節次非便矣

綸綍彙抄敦諭分類右相丁卯八月初二日義天地之常經父子之親人倫之至重也然以父而比君君加大焉於家而在國國莫重焉以加大莫重之義較移孝爲忠之事先大後小先重後輕此所謂忘家而慮國義重於恩也

●國朝五禮儀考異雩祀儀; 南軒架於壇下俱北向典祀官帥其屬設句芒祝融后土蓐收玄冥后稷神座於壇上北方南向西上席

●嘉梧藁略書家正派說; 上古無書契結繩而治庖犧氏之王也受河圖而畫八卦八卦畫意也是以畫先出於書而書盖取諸夬黃帝時有蒼家三人長曰梵其書右行爲佛祖之書次曰佉盧其書左行爲仙家之書少曰頡用下行法開後代右文之治厥功大矣

●朱子家禮通禮篇祠堂章爲四龕以奉先世神主條細註司馬溫公曰所以西上者神道尙右故也○東漢明帝謙貶不敢自當立廟祔於光武廟其後遂以爲例至唐太廟及群臣家廟悉如今制以西爲上也

●開元禮孔子許向墓遙爲壇以時祭即今之上墓義設於塋南山門之外設淨席爲位遙祭以時饌若一塋數墓每墓各設位昭穆異列以西爲上

●省齋曰若是父與祖父或父與曾祖父則何以分輕重耶鏡湖謂只論天倫之尊卑而先尊後卑

▶655◀◆問; 비석(碑石).

부모님 묘 비석 비문작성은 누가 해야 하나요. 직계자손이 부모님 비문을 쓰면 않되나요, 꼭 망인의 지인이 써야 하나요, 고견을 부탁합니다.

◆答; 비석(碑石).

신도비(神道碑)는 그 가문(家門)의 형세(形勢)를 나타내는 바로미터가 되는 까닭에 비문(碑文)과 글씨는 가능(可能)한 한 벼슬이 높고 사회적(社會的)으로 명이 난 인사(人士)를 택하여 글을 받아 각서(覺書)를 하게 됩니다.

●晦齋先生李公神道碑銘 通政大夫前成均館大司成知製敎奇大升撰成均館進士孫曄書
●新羅太大角干純忠壯烈興武王神道碑文 駕洛紀元一八九二年癸酉二月日鄭寅善謹撰
●有明朝鮮國顯祿大夫南延君諡忠正公神道碑銘 大匡輔國崇祿大夫議政府左議政兼領經筵監春秋館事金炳學謹撰
●有明朝鮮國大匡輔國崇祿大夫議政府領議政兼領經筵弘文館藝文館春秋館觀象監事世子師贈諡康定權公神道碑銘 嘉善大夫吏曹參判兼同知經筵義禁府春秋館成均館事弘文館提學藝文館提學世子右賓客五衛都摠府副摠管李敏求撰
●晚全先生寧原君洪公神道碑銘 正憲大夫知中樞副使趙絅謹譔
●有明朝鮮國資憲大夫吏曹判書兼知經筵義禁府春秋館事同知成均館事藝文館提學五衛都摠府都摠管世子左副賓客贈諡文敏徐公神道碑 銘輸忠竭誠揚武功臣大匡輔國崇祿大夫議政府領議政兼領徑筵弘文館藝文館春秋館觀象監世子師豐原府院君趙顯命撰
●有明朝鮮國大匡輔國崇祿大夫議政府領議政兼領經筵弘文館藝文館春秋館觀象監事世子師諡文忠梧川李公神道碑 大匡輔國崇祿大夫議政府左議政兼領經筵事監春秋館事實錄摠裁官原任奎章閣直提學李裕元撰
●有明朝鮮國贈崇政大夫議政府左贊成兼判義禁府事世子貳師五衛都摠府都摠管行通訓大夫工曹正郎沙川先生金公神道碑 大匡輔國崇祿大夫議政府左議政兼領經筵事監春秋館事世子傅朴世采撰
●有朝鮮國贈大匡輔國崇祿大夫議政府領議政兼領經筵弘文館藝文館春秋館觀象監事諡貞翼公行資憲大夫漢城府判尹德水李公神道碑銘 大匡輔國崇祿大夫議政府領議政兼領經筵弘文館藝文館春秋館觀象監事世子師崔錫鼎撰

▶656◀◆問; 비석 글자 위치에 대한 질의.

분묘의 남녀 위치는 이서위상(以西爲上)의 원칙에 따라 남자가 서쪽이고 여자는 동쪽이다. 위패나 지방의 경우도 같으며 따라서 비석의 글자 위치 또한 같다는 설이 있고 반면에 비석의 글자는 신위가 아니므로 남동여서(男東女西)로 써야 한다는 양론이 있으니 귀견 부탁합니다.

참고로 다산 정약용 선생의 묘지 봉분 옆에 세워진 2 개의 비석글자 모두 남서여동(男西女東)으로 되어 있으니 참고하시기 바랍니다.

◆答; 비석 글자 위치.

합폄(合窆) 표석식(表石式)에 관하여는 전에 논의 된 적이 있는 것 같습니다. 다시 이에서 재론컨대 일갈(一喝) 양서(兩書)(合述) 시(時) 표석(表石)의 중앙(中央)에 부군지묘(府君之墓)라 쓰고 그 서쪽으로 한단 낮춰 모씨부좌(某氏祔左)라 씀이 예 맞지 않을까 합니다.

●旅軒曰夫婦若同封一碣則正面當中題曰某國某官某公之墓其左旁低其題曰某夫人某氏祔
●尤庵曰夫與元妃合葬于上繼妃祔于下則表石當立于夫墓而書曰前妃某氏祔左繼妃某氏祔下
●南溪曰表石右書府君左書婦人婦人位之書祔
●或問合葬墓碣面兩書墓字如何退溪曰府君書墓而夫人只書祔左似得宜
●退溪曰一穴異封票面分刻滉所聞俗例亦如此其單題考前恐未安兩封共表銘文之刻例未有考今世或有分刻者有合述者愚意分刻固善然以同牢一體共穴合祭之義言之合而述之亦似爲得

▶657◀◆問; 비석 바로 세우기.

궁금증 있어 질문 하고자 합니다. 집안에 어른 묘를 한곳 에 모셔 놓고 비석을 세우는 일 을 하려고 합니다. 그에 맞는 비석 세우는 법을 정확 히 알고 싶습니다.

```
   1    2    3    4
   5    6    7    8
        상석
```

그러면 대표 비석 와비는 어느 쪽에 세워야 하는지요. 상석을 기준으로 하여 왼쪽인지 오른쪽인지요? 어느 쪽에 세워야 하는지 궁금 합니다.

◆答; 비석 바르게 세우기.

묘비(墓碑)는 상석(床石)을 기준함이 아니라, 묘(墓)를 기준하여 그 동남(東南)쪽으로 세우게 됩니다.

●明齋曰表石立於墓前固是常規而以地道尙右之義推之則立於左旁似是
●儀節墓表則有官無官皆可用表立墓左
●南溪曰大凡官四品以上螭首龜趺而其高九尺立於墓之東南立於左旁盖右是神道之尊也

▶658◀◆問; 비석에 남자와 여자의 기록위치에 대하여.

수고 많습니다. 비석전면에 대개 남자가 오른쪽(생자)에 쓰고 여자가 왼쪽(생자)에 쓴 경우가 대부분인데 지방과 묘에는 남자를 왼쪽, 여자를 오른쪽에 모시거나 쓰도록 되어 있는데 비석에도 망자를 기준하여 남자를 왼쪽에, 여자를 오른쪽에 기록해야 되는 것 아닌가요?

이번에 우리선대조의 신도비를 새로이 건립하고자 준비 중인데 이문제가 핵심 사항이 되었습니다. 좋은 의견 주시기 바랍니다.

◆答; 비석에 남자와 여자의 기록위치.

비석(碑石)의 고비(考妣) 각자(刻字)는 중앙(中央)에 모관모공지묘(某官某公之墓) 그 좌측(左側)으로 조금 낮춰 모부인모씨부좌(某夫人某氏祔左)라 쓰는 것 같습니다. 합장(合葬)에서 남좌여우(男左女右)와는 관계없이 한서(漢書)는 좌행서(左行書)라 남동여서(男東女西)로 쓰는 것 같습니다.

●旅軒曰夫婦若同封一碣則正面當中題曰某國某官某公之墓其左旁低其題曰某夫人某氏祔
●尤庵曰夫與元妃合葬于上繼妃祔于下則表石當立于夫墓而書曰前妃某氏祔左繼妃某氏祔下
●南溪曰表石右書府君左書婦人婦人位之書祔
●或問合葬墓碣面兩書墓字如何退溪曰府君書墓而夫人只書祔左似得宜
●退溪曰一穴異封票面分刻滉所聞俗例亦如此其單題考前恐未安兩封共表銘文之刻例未有考今世或有分刻者有合述者愚意分刻固善然以同牢一體共穴合祭之義言之合而述之亦似爲得

▶659◀◆問; 비석 옮길 때의 축식.

이번에 도로변에 위치한 저의 고조부의 유공비가 도로확장 계획에 의하여 바로 인근 공원으로 이전하게 되어 있어 간단한 고유제를 갖고자 하는데 이건 할 시와 이건 한 후의 축문을 부탁 드리오니 다망하신 중에도 하교하여 주시면 많은 도움이 되겠습니다.

◆答; 비석 옮기는 축식.

기 축식 중에서 아래와 같이 전하여 드리니 사정에 맞도록 수정하여 사용하시기 바랍니다.

◆墓碑改立時告由文
維 歲次干支幾月干支朔幾日干支幾代孫某敢昭告于 顯幾代祖考某官府君(或某封某氏合窆位則列書)之墓伏以墓前巽方(隨屬方)伊昔立碑今涓吉日移立坤方隨屬方不勝感愴謹以酒果敬伸虔告謹告

◆碑石改立時告由文
維 歲次干支幾月干支朔幾日干支某官姓名敢昭告于 土地之神今以墓前巽方(隨屬方)伊昔立碑今涓吉日移立坤方(隨屬方) 神其保佑俾無後艱謹以酒果敬伸虔告謹告

◆墓碣改竪時祝文
恭惟先生百世師宗山河鍾靈奎壁降精公嶽倡義忠膽奮激郇山斥邪正脉扶植溪岡的傳旅樂遊從倡起斯文啓迪後生禮葬之日士林竪碣歲久剝落字刓書缺雲仍殫力改立佳城龜頭復新牲酒薦馨英靈陟降左右洋洋於千萬年高山景行

◆墓道改碣告由文
恭惟府君資挺粹美德符溫仁夙承庭訓周旋詩禮就正有道惟齋鑪韛遍遊陶山溯求遺風發於吟賞眞趣洋洋世値島訌王事孔棘送弟火城忠膽憤激早謝名途求我素志精思力究弗得弗措天不假年此事便休離明之原有嚴宰如往歲赤已創立牲石物弊有時風雨剝泐兾予孱孫憂心惕惕肆與僉宗亟謀改竪敢曰微誠神祇所佑山阿復輝松檟增蒼萬有千斯不虧不崩霜露凄凄感愴深至謹將牲醴厥由敢告

◆墓道移碣告由文

貞珉之役匪止表道昭刻懿蹟詔示來世左右拘忌無地可行下山瞻望莫非丘隴嵐氣明麗在玆
陟降筮兆協從地靈盤陀壇香庇陰齋廬在左復擧螭龜正表麒麟山風谷雨不頹不磷祥祿叢集
永貽孫子敬薦酒果敢告厥由

◆改石物後慰安祝文

維　歲次干支幾月干支朔幾日干支孝子某敢昭告于　顯考某官府君之墓恭惟　府君脈襲家庭
不違寸尺晚踵高門多掖後覺鄉侯禮待延恩纔沐七十行義孰不感激嗚呼觀化四旬五曆罪深
力淺未遑賁琢今晚掇幽君子顯刻敢曰表誠靈或鑑格玆涓吉日敬薦泂酌尙　饗

◆墓碑改立時告由文

維　歲次干支幾月干支朔幾日干支幾代孫某敢昭告于　顯幾代祖考某官府君(或某封某氏合窆位
則列書)之墓伏以墓前巽方(隨屬方)伊昔立碑今涓吉日移立坤方(隨屬方)不勝感愴謹以酒果敬伸
虔告謹告

◆碑石改立時告由文

維　歲次干支幾月干支朔幾日干支某官姓名敢昭告于　土地之神今以墓前巽方(隨屬方)伊昔
立碑今涓吉日移立坤方(隨屬方)　神其保佑俾無後艱謹以酒果敬伸虔告謹告

◆墓碣改竪時祝文

恭惟先生百世師宗山河鍾靈奎壁降精公嶽倡義忠膽奮激偭山斥邪正脉扶植溪岡的傳旅樂
遊從倡起斯文啓迪後生禮葬之日士林竪碣歲久剝落字刓畫缺雲仍殫力改立佳城龜頭復新
牲酒薦馨英靈陟降左右洋洋於千萬年高山景行

◆墓道改碣告由文

恭惟府君資挺粹美德符溫仁夙承庭訓周旋詩禮就正有道惟齋鱸輔遍遊陶山溯求遺風發於
吟賞眞趣洋洋世値島訌王事孔棘送弟火城忠膽憤激早謝名途求我素志精思力究弗得弗措
天不假年此事便休離明之原有嚴宰如往歲赤巳創立牲石物弊有時風雨剝泐藐予孱孫憂心
惕惕肆與僉宗亟謀改竪敢曰微誠神祇所佑山阿復輝松檟增蒼萬有千斯不虧不崩霜露淒淒
感愴深至謹將牲醴厥由敢告

▶660◀◆問; 비석의 위치는?

묘지를 조성할 때 비석을 세우는 위치에 대한 질문입니다. 이율곡, 퇴계 이황, 이순
신 장군, 박정희 대통령, 최규하 대통령, 역대 정승들의 묘소에는 비석이 산소 앞쪽
에서 봤을 때 오른쪽(동쪽)에 세워져 있고, 우암 송시열과 몇 명의 경우는 비석이
왼쪽에 세워져 있었습니다. 가끔은 정면(중앙)에 있는 분들도 있었지만 보편적으로
오른쪽에 있는 곳이 많았습니다.

화장을 하긴 했지만 노무현대통령님의 경우에는 위쪽입니다. 비석의 위치는 어느
곳이 옳은지, 왜 그 곳(방향)이 맞는 궁금합니다. 세세한 가르침 기다리겠습니다.

◆答; 비석의 위치.

아래와 같이 살펴보건대 표석(表石)은 묘(墓) 앞에 세우고 비석(碑石)은 묘의 좌방
(左方)에 세움이 정도인 것입니다. 까닭은 묘(墓)의 우방은 존위(尊位)로서 상우방
(尙右方)이기 때문인 것입니다.

●家禮墳高四尺立小石碑於其前
●南溪曰表石立於墓前禮也不然則當立於左旁盖右是神道之尊位也
●退溪曰碑當立於墓道東南隨地形便宜今人立於墓左者亦恐取東南之義也
●明齋曰表石立於墓前固是常規而以地道尙右之義推之則立於左旁似是

▶661◀◆問; 비석의 위치, 구 비석의 보존여부 질의 드립니다.

비석을 세우는 문제로 여러분들께 질의하고 문의한 결과가 서로 상의하여 성균관에 질문 드립니다. 20 년 전 할아버지께서 돌아가셔서 상석 및 비석을 세웠습니다. 그런데, 2 년 전 할머니께서 돌아가셔서 합장을 모셨고, 이제 비석을 세워드리려고 하고 있습니다.

1. 합장비석을 세워야 하는지, 아니면 할머니 비석만 별도로 세워야 할지요?
※ 기존 비석은 중앙에 각자를 하여 추가각자는 할 수 없는 상황입니다.
2. 합장비석 또는 별도비석의 위치는 어디가 맞는지요?
※ 기존 비석은 제전보다 약 5M 앞쪽 오른편(봉분의 왼쪽)에 신도비나 공덕비처럼 세워져 있습니다. (이유는 모르겠습니다)
3. 기존 비석은 그대로 두고 싶은데 괜찮은지요?
기존 비석이 6척 갓비석으로 비문도 유명한 분께서 써주시고, 글씨도 현재 최고라고 하실 수 있는 서예가의 글씨입니다. 또한 공덕비처럼 고인의 약력과 생전의 공덕에 대하여 글이 되어 있어 오히려 공덕비에 가깝다는 생각도 듭니다. 아울러 혹시 찾아 뵙고 문의를 드릴 수 있는지도 궁금합니다. 감사합니다.

◆答; 비석의 위치, 구(舊) 비석의 보존여부.
問; 1. 答; 비석(碑石)이라 이르심이 표석(表石)인 듯 합니다. 표석은 합장(合葬)이나 쌍분이나 일건에 양위 합서(合書)하되 우측에 부군(府君) 그 좌측으로 일자 아래에 부인을 쓰되 지묘(之墓)는 부군에 쓰고 다만 부좌(附左)라 합니다.

問; 2. 答; 합장(合葬)이든 독분(獨墳)이든 묘전(墓前)이 되는데 그렇게 하지 않는다면 묘(墓) 좌측(左側)이 됩니다.

問; 3. 答; 공덕(功德)에 가깝다면 표석(表石)과는 별개입니다. 따라서 위치도 좌방(左方)이라면 건드릴 까닭이 없습니다.

●家禮治葬別立小碑條圭首而刻其面如誌之蓋乃略述其世系名字行實而刻於其左轉及後右而周焉婦人則俟夫葬乃立面如夫亡誌蓋之刻云
●退溪曰雙墓表石用一件恐不違於禮
●南溪曰兩位表石右書府君左書夫人當如神主之制夫人位之墓二字不必書只書附○表石立於墓前禮也不然則當立於左旁蓋右是神道之尊位
●尤庵曰夫與元姚合葬于上繼姚附于下則表石當主于夫而書曰前姚某氏附左繼姚某氏附下云

▶662◀◆問; 비석의 위치에 대한 궁금 중 입니다.
예절문화에 늘 부족함이 궁금증을 유발(誘發)할 때가 많으나 여기를 들어오면 아주 많은 지식을 얻을 수 있어 늘 감사한 마음입니다. 질문 중 3828번의 "비석의 위치와 구비석의 보존여부 질의" 박도양 2012/09/25 의 답변 내용 중 비석을 세우는 위치를 좌측으로 말씀 하셨는데. 저희들이 서있는 자리에서 봉분을 바라보면서 인지요. 아니며 "좌청룡(左靑龍) 우백호(右白虎)"와 같이 조상님의 묘에서 우리를 바라보는 관점에서의 방향인지가 혼돈이 돼서 말입니다. 그전 항목(비석의 위치를 동남)으로 봐서는 조상님의 묘에서 우리를 바라보는 관점으로 보이는데요. 바쁘신데 송구스럽군요.

◆答; 비석의 위치.
표석(表石)은 묘(墓) 앞에 세워야 하나 그렇지 않고 묘 옆으로 세우게 될 때는 우리가 보는 관점(觀點)이 아니라 묘의 좌측에 세워야 한다는 것입니다. 까닭은 신도(神道)는 상우(尙右)이기 때문이라는 것입니다.

●南溪曰表石立於墓前禮也不然則當立於左旁盖右是神道之尊也
●明齋曰表石立於墓前固是常規而以地道尚右之義推之則立於左旁似是

▶663◀◆問; 비석의 크기.

증조부(曾祖父)부터 아버지의 비석(碑石)을 한꺼번에 세우려 합니다(묘는 한곳에 모여있음) 저희 집안은 큰 벼슬하신 분도 없고 2대에 걸쳐 독자 집안입니다 .또한 윗대에부터 단명(短命)하여 형제가 많지 않아 비석을 작은 것으로 세워야 좋다고 합니다. 일리가 있는 말인지요 또한 비석의 크기가 작은 것은 얼마부터 있는지 가르침을 바랍니다.

◆答; 표석의 크기.

表石; 길이3척, 활1척 이상, 두께 활의 3/2 만약 활이 1척2촌이면 두께는 8촌 규수(圭首). 趺; 높이 1척 정도.

●便覽成墳諸具[小石碑]用美石長三尺許闊尺以上其厚居三之二若闊爲尺二寸則厚爲八寸以此推之其制倣圭首[趺]高尺許植碑其上俗稱籠臺

▶664◀◆問; 비석 및 제사 축문에 직함표기 문의.

저희 집안은 유교 풍습에 맞추어 부모님 제사를 모시려고 합니다. 아버님께서는 33년간 초등학교 교사로 봉직하시다가 건강상 이유로 명예 퇴직 후 1996 년 돌아 가셨습니다.

그리고 생전(生前)에 후학(後學) 교육에 대한 공로(功勞)로 국민훈장(國民勳章) 목련장을 받으셨습니다. 어머님께서는 2003 년에 불의의 교통사고로 돌아 가셨습니다.

저희 자식들은 어머님 돌아가신 후 부모님 묘비를 만들고 묘비에 " 학생 밀양성 박공 위 00 지묘, 배 유인김녕김씨 쌍분 " 이라고 적었습니다. 그리고 축문은 " 현고 학생부군 신위, 현비 유인 김녕김씨 라고 합니다.

아래와 같은 내용이 궁금하여 문의 드립니다.
1. 학생 이란 직함 대신에 처사, 선생 등 직함을 사용할 수 있는지요?
2. 10 년 전 에 입관 시에 기록된 직함을 바꾸어도 되는지?
3. 묘비에 쓰여진 학생대신 어떤 직함을 사용하는 것이 좋을는지 그리고 같은 표지석에 유인 이라는 어머님 의 직함도 어떻게 바꿀 수 있는지?
4. 제사 시 사용하는 축문은 어떻게 하면 좋은지?
5. 이러한 변경이 어떤 신고식을 해야 하는지 궁금합니다.

◆答; 축문 표기.

1. 答; 아래 4건 중에서 생전 망자에게 적합한 1건을 골라 모관에 쓰고.

2, 答; 10 년 전에 상을 당하여 족속이 모여 장사를 하였다면 최종 관직을 몰라 달리 기록되었으리라고 믿기 어려울 것입니다. 혹 그렇게 되었다면 사실대로 고쳐야 하겠으나 그런 경우의 예는 알지를 못합니다.

3. 答; 묘비에 이미 쓰여진 학생(學生)이 오류라 수재(秀才) 처사(處士) 거사(居士) 셋 중에서 적합한 존칭으로 교체한다. 하여도 그 부인은 유인에서 바뀌어진 봉함이 없습니다.

4. 答; 그러한 경우가 대단히 희박한 예이니 그에 대한 예법이 명문화되어 전하여지지 않습니다.

○學生; 배우는 중인 자.
○秀才; 농자로 학교에서 배우지는 않았으나 학문을 이룬 자.
○處士; 배웠으나 과거시험에 응시하지 않은 자.
○居士; 집에서 수도한 거가도사.

학문이 풍부하였다면 모관(某官)에 처사(處士)로 써 드려도 욕되지 않을 것입니다.

●問解無官而死者無他稱號勢不得已當書學生處士秀才各隨宜可也
●後漢書靈帝紀光和元年; 始置鴻都門學生注鴻都門名也
●辭源[學生]; 在校學習的人
●管子小匡; 農之者常爲農樸野不慝其秀才之能爲士者則足賴也(尹知章注)農人之子有秀異之材可爲士者則所謂生而知之不習而成者也
●朱子曰處士所爲未應擧者
●玉藻; 居士錦帶(鄭玄注)居士道藝處士也
●慧遠義記在家修道居家道士名爲居士(註)居士梵語 grhapati 意譯

◆考妣祝文
維 歲次干支幾月干支朔幾日干支 孝子某敢昭告于 顯考教師 府君 顯妣夫人金氏歲序遷易 顯考諱日復臨追遠感時昊天罔極謹以淸酌庶羞恭伸奠獻尙 饗.

▶665◀◆問; 비석의 이름에도 '家'자를 붙일 수 있는지.

問; 1. 이름에도 '가(家)'자를 붙일 수 있는지.
問; 2. 또 이름에 붙여 "준희가(俊熙家)" 하면 준희 할아버지를 포함한 아랫사람들도 다 포함되는 용어인지 알고 싶습니다. 또 하나는 '가(家)'자를 넣는 것이 옳지 않다면.
問; 3. '가족 묘원'으로 하려 하는데 적당한 용어인지요?
問; 4. 묘원의 한자가 '묘원(墓園)'과 '묘원(墓苑)' 중 어느 것이 맞는 한자인지 알고 싶습니다.

◆答; 비석의 이름에도 '家'자를 붙일 수 있는지.

問; 1. 答; 가(家)의 의미는 대강 아래와 같습니다. 이름에 가(家)자를 붙이는지의 여부는 기존에서 살펴진 바가 없어 가부를 논할 수 없습니다. 다만 이하에서 본인의 소견이 들어날 것입니다.

問; 2. 答; 비석에 혹 그의 가문을 논할 까닭이 있으면 넣어야 되겠지요.

問; 3. 問; 4. 答; 아래와 같이 살펴보건대 묘원(墓園)으로 이름 짓는데 하자는 없을 것 같습니다.

●晉書郗超(字景興一字嘉賓)傳欲共獎王室修復墓園
●日省錄正祖一年丁酉(1777)十一月 10 日壬申(云云)諸陵寢各墓園中懿昭墓之香炭最多前所除減者爲幾結乎

▶666◀◆問; 비석 표기 및 생모 합장 관련 문의 드립니다.

관계자님! 수고가 많으시네요. 저희 집안에 의견(意見)이 분분(紛紛)하여 성균관(成均館)에 조언(助言)을 구합니다.

1. 비석 표기 관련.
가. 선대부터 비석에 장손을 먼저 쓰고 그 밑에 자손을 나이 순으로 쓰는 방식으로 되어 있어서 우리 세대도 이를 따라야 한다는 주장.

<표기방법>

할아버지(장손) 밑에 자손 나이 순 작은 할아버지(차남) 밑에 자손 나이 순 나. 선대 비석과 관계없이 나이 순으로만 써도 무방하다는 주장.

<표기방법>

할아버지(장손)과 작은 할아버지(차남) 나이 순으로 쓰고 그 밑에 할아버지와 작은 할아버지 자손(子孫)을 섞어서 나이 순으로 배열 이 주장을 하는 사람은 작은 할아버지의 장손(長孫)으로, 할아버지의 장손보다 나이가 3 살 정도 많음.

<질문> 상기 가와 나 방식 중에서 어느 것으로 표기해야 하는지요?

2. 아버지와 어머니 합장 관련.

아버지가 위독하여 합장을 고민하고 있습니다. 생모인 어머니는 50 여 년 전 사망하였고, 외가에 문의해보니 행려자로 사망하여 묘지를 찾을 수가 없다고 합니다.

<질문>아들인 저는 아버지와 생모를 합장하고 싶은데 생모인 어머니에 대한 것이 아무 것도 없는데 어찌해야 하는지요? 수고스러우시겠습니다만, 조속한 답변 부탁드립니다.

◆答; 비석 표기 및 생모 합장.

質問; 1. 答; 비석이라 하심은 표석(表石)으로 이해하고 표석(表石)의 각식(刻式)에 관하여 두루 살폈으나 표석식 어디에도 그 후손들을 기록한다. 함을 살펴지지 않고, 더욱이 시화(詩話)에서는 [표석제운모인지묘무문사야(表石題云某人之墓無文詞也)]라까지 하였으니 법도로는 기록하지 않음이 옳은 것 같은데, 만약 후손을 기록한다면 조(祖)나 부(父)의 장시(葬時)라면 별 문제는 없겠으나 상대(上代)라면 건립 당시 생자(生者)라 하여도 그 후손이 대(代)에 따라 다수(多數)일 것이며 생사자(生死者) 모두라면 더욱 헤아리기 힘들 지경의 경우도 있을 것입니다.

그런데 근세(近世)에 이르러 더러 상석(床石) 측면(側面)에 그 자손들을 기록함은 보이나 정례는 아닌 상 싶습니다. 그러나 만약 표석이나 상석에 자손을 표시한다면 존비순(尊卑順)을 따라야 하겠지요.

質問; 2. 答; 지난날에도 무시자(無屍者)의 초혼장(招魂葬) 의관장(衣冠葬) 등 허장(虛葬)의 예가 속간(俗間)에서는 행하여졌던 것으로 보입니다. 그러나 선유(先儒)들께서는 긍정적이지 않았습니다.

다만 법도로는 비례이기는 하나 그 자손들이 효심(孝心)의 지극(至極)에서 허장(虛葬)의 묘(墓)라도 섬기려 한다는데 타 가문사(他家門事)에 뉘가 막아서겠습니까.

●詩話碣者揭示操行而立之墓遂夜表石題云某人之墓無文詞也

●輯覽圖式表石式某官某公之墓世系各字刻於其左轉及後右而周焉

●通典晉元帝時袁瑰上衰請禁招魂葬云故僕射曹馥沒於寇亂適孫胤招魂殯葬聖人制禮因情作敎槨周於棺棺周於身非身無棺非棺無槨胤無喪而葬招幽魂氣於德爲愆義於禮爲不物監軍王崇太傳劉洽皆招魂葬請下禁斷博士阮放傳純張亮等議如瓆表賀循啓辭宜如瓆所上苟組非招魂葬議亦如前或引漢之新野公主魏之郭循皆招魂葬答曰末代所行豈禮也或引喬山有黃帝之塚是葬神也答曰時人思帝葬其衣冠非葬神也于寶駁招魂葬以爲失形於彼穿塚於此亡者不可以假存無者獨可以僞有哉未若於遭禍之地備迎神之禮宗廟以安之哀敬以盡之孔衍禁招魂葬議云招魂而葬委巷之禮殯葬之意本以葬形旣葬之日迎神而返不忍一日離也況乃招魂而葬反於人情以亂聖典宜可禁也李瑋難曰伯姬火死而叔弓如宋葬恭姬宋王先賢光武明主伏恭范逡並通義理公主亦招魂葬豈皆委巷乎衍曰恭姬之焚以明窮而彌正不必

灰燼也就復灰燼骨肉雖灰灰則其實何綠舍理灰之實而反當葬魂乎此末代失禮之擧非合聖
人之奮也北海公沙歆招魂論云卽生推亡依情處禮則招魂之理通矣招魂者何必葬乎盖孝子
竭心盡哀耳陳舒武陵王招魂葬議云禮無招魂葬之文宜以禮裁不應聽逐張憑招魂葬議云禮
典無招靈之文若葬虛棺以奉終則非原形之實埋靈爽於九原則失事神之道博士江淵議葬之
言藏所以閉藏尸柩非爲魂也無屍而殯無殯而窆任情長虛非禮所許
●大全郭子從問招魂葬答曰招魂葬非禮先儒已論之矣
●宋庚蔚之曰葬以藏形廟以饗神季子所云魂氣無不之寧可得招而葬之乎
●范氏曰人之死也魂氣歸于天形魄歸于地葬所以藏體魄也若魂氣則無不之也苟無體魄則
立廟以祀之而已魂氣不得以葬也而必爲之墓不亦虛乎
●朱子曰招魂葬非禮先儒已論之矣
●金佸義千鎰殉節後問虛葬當否牛溪答曰先儒以招魂葬爲非禮而今則旣有毛髮在非虛葬
之比葬事似當非禮
●問招魂葬栗谷曰死於軍或沒於水不得其尸則以服招魂而葬其服非禮矣
●問人有其父從軍而死其母藏其遺衣及落髮而遺令並入其棺中矣其子不忍同藏一棺欲別
具一小棺用合葬之禮而追服斬衰未知如何尤菴曰此是無於禮之禮也不敢有所論說然其不
以父之遺衣及落髮同入母棺則得矣
●牛溪問隣有溺死不得其屍其子欲招魂爲墓於義理如何龜峯曰墓只是葬躰魄旣不得其屍
則不墓似合惟魂無所間爲主以祭爲得義理之當
●問人死不得其屍體者聖賢立言何無處此之道耶或招魂葬或遺衣葬在禮何所據耶
沙溪曰虛葬之非先儒已言之何謂無處此之道乎
●南溪曰招魂葬旣有朱子所論斥之以非禮何敢容議至於題主節次設魂帛於正寢而行之似
宜
●虛葬題主祝云云顯考某官府君體魄失所葬以遺衣神主旣成奉還室堂伏惟云云

▶667◀◆問; 비석 해석.

안녕하세요? 비석에   조산대부행홍산현감청량자(朝散大夫行鴻山縣監淸涼子)00지묘
(之墓)라고 쓰여 있는데,
1) 무슨 뜻인지요?
2) 조산대부는 종4품이고 현감은 종6품이 될 수 있나요?
3) 行이란?
4) 子는 무엇을 뜻하는지요?
5) 부인이 두 분이라 3분이 합봉 하였다는데 부인은 안 써도 되는지요? 현답을 부
탁 드립니다.

◆答; 비석 해석.

1. 答; 위 비석은 묘 앞에 세우는 표석(表石)인 듯한데, 표석식은 "모관모공지묘(某
官某公之墓)"라 함이 바른 표기로 법식을 벗어난 것 같습니다.

삼자(三者)가 글자 쓰인바 대로 억지로 푼다면 조산대부(朝散大夫)로서 행직(行職)
으로 홍산현감(鴻山縣監)을 지낸 청량자(淸涼子; 別號?) 모(某)의 묘(墓).

2. 答; 朝散大夫=高麗; 從五品. 朝鮮; 從四品. 縣監=從六品.

3. 答; 행(行)이란 품계는 높으면서 낮은 직에 있음을 의미하는데 이런 직을 행직
(行職)이라 이르고, 여기서 청량자(淸涼子)는 별호(別號)이상으로 번역시킬 수가 없
을 것 같으며, 계실(繼室)은 원배(元配)와 같이 부군(夫君)과 함께 삼합장(三合葬)을
하지 않습니다.

4, 答; 淸涼子는 별호로 이해함이 옳을 것입니다.

5. 答; 원비(元妃)와 합폄일뿐 계비(繼妃)는 합폄(合窆)하지 않고 별소(別所)에 홀로 장사(葬事)하게 되어 3합폄은 장례법에 없습니다.

●性理大全石碑(表石)條別立小碑刻其面如誌之蓋○刻誌石條用石二片其一爲蓋刻云某官某公之墓
●大典會通吏典東班官階條從四品朝散大夫○縣監從六品
●歐陽脩文忠集二十五瀧岡阡票觀文殿學士特進行兵部尙書(註)觀文殿學士爲從二品兵部尙書爲正三品官高職低故稱行
●磻溪曰階過者爲行職階卑者爲守職
●程子曰合葬用元妣
●朱子曰今人夫婦未必皆合葬繼室則別營兆域亦可

▶668◀◆問; 사적비에 대한 한자쓰기.

여러 가지 가르침에 감사 드립니다. 사적비에 관한 한문이 다음과 같이 3가지 경우가 있는데 선조에 대한 사적비를 건립하고자 할 경우 어느 것이 맞는지 알고 싶습니다.
예(例).
1. 사적비(事續碑).
2. 사적비(事跡碑).
3. 사적비(事蹟碑).
위의 세가지중 제 생각으로는 3번의 경우가 맞을 것 같은데 쓰이는 경우가 각각 다른지 알고 싶습니다. 김○호.

◆答; 사적비.

1. 사적비(事續碑); 주로 나라나 지역에 공로가 있어 세워주는 비.
2. 사적비(事跡碑; 事蹟碑同).
3. 사적비(事蹟碑; 事跡碑同); 주로 이뤄 놓은 업적이나 공적이 있는 지역에 세워주는 비 그러한 비는 주로 事蹟碑라 쓰는 것 같습니다.

●澗松先生文集書與柳修巖; 幷載外人發揮鄕人事跡碑銘墓誌行狀或傳或贊或記或序等文字也

▶669◀◆問; 世葬碑에 관하여?

세장비를 건립하고자 하는데 도로 양쪽에서 잘 보이도록 비석 앞뒤로 안내 글을 새겨도 되는지 혹자는 앞뒤로 새기지 못한다는데 사실인지요.

◆答; 세장비(世葬碑).

세장비(世葬碑)란 종산(宗山)으로 선대(先代)의 묘소(墓所)가 있는 선산(先山; 族葬地)임을 표하기 위하여 초입에 세우는 비석(碑石)으로, 비각문(碑刻文)은 모관모씨세천비(某貫某氏世阡碑), 혹은 모관모씨세장지산(某貫某氏世葬之山), 혹은 모관모씨세장비(某貫某氏世葬碑) 등이라 각자한 대개 전면비(前面碑)입니다. 그러나 아래와 같이 대강 살펴보아도 필요에 따라 사면에 각자할 수가 있는 것 같습니다.

添言; 위의 [그러나 아래와 같이 대강 살펴보아도 필요에 따라 사면에 각자할 수가 있는 것 같습니다.]라 함은 세장지(世葬地)란 표시인 [某貫某氏世阡碑, 혹은 某貫某氏世葬之山, 혹은 某貫某氏世葬碑]란 각자(刻字)를 사면(四面)에 각자(刻字)할 수 있다. 함이 아니고 안내문 등 기타 각문(刻文)은 사방에 각자(刻字)할 수 있다 함이니 오해 없기 바랍니다.

세장지(世葬地)의 표식은 전면각(前面刻; 前面碑)인 까닭은 그 비(碑)의 뒤가 세장지(世葬地)이기 때문입니다. 만약 세장지(世葬地)의 표각을 비(碑) 사면(四面)에 각자(刻字)하면 그 비(碑)의 사방 모두가 세장지(世葬地)라는 표시가 되기 때문입니다.

● 家禮碑條刻於其左轉及後右而周焉
● 南溪曰書大字於陽面刻文其背
● 各陵修改謄錄禮曹編辛未七月二十四日條前面碑文則吉昌君權近撰後面則禮曹左參議卞季良爲陰記前後碑文皆政丞成石璘七十二歲

▶670◀◆問; 세장비(世葬碑) 표기.

안녕하십니까? 다름이 아니오옵고 금번 저희 종중에서 입향조 등 윗대 선산에 세장비를 세울까 궁리 중입니다. 그런데 세장비 표기가 집안마다 다른 것 같아서 문의 드립니다.

예를 들면,
'김해김씨 세장비'
'김해김씨 세장산'
'김해김씨 세장阡'
'김해김씨 阡' (이렇게 하는 경우도 있는지 정확히는 모르겠습니다.) 등이 있는데, 각기 다른 의미가 있는지요? 혹은 어느 경우에는 어떻게 써야 한다는 전통이 있는지요? 또, 위 문구 외에 다른 문구로 표시하는 경우도 있는지요?

인근의 타성씨 문중 도선산에는 예전부터 세장비가 있는데, 'ㅇㅇㅇ씨 세장阡'으로 새겨져 있는 모양입니다. 그런데 올해 8 순 되신 저희 집안 어르신의 기억에, 예전에 당신이 젊었을 때 집안의 한 어르신이'阡으로 표기하는 것은 나라(조정?)의 허락이 있어야 한다'는 식의 말씀을 하신 것 같다 합니다. 그래서 혹시 특별한 상황이 있을 때에만 阡으로 하는지 궁금합니다.

◆答; 세장비(世葬碑) 표기.

아래와 같이 살펴보건대 나라에서 허락(許諾) 여부(與否)는 알지 못하나, 몇 가문(家門)의 세장천비명(世葬阡碑銘)을 살펴 보건대 어느 왕의 하사란 기록은 없습니다. 다만 두보(杜甫)선생이 시(詩)에서 언급하심의 의미는 선산(先山) 하에 00 씨세장천(氏世葬阡)이란 비(碑)를 세우게 되면 선산(先山)의 묘역임을 의미하게 되고, 선산으로 통하는 길 입구에 세우게 되면 00 씨의 선산으로 통하는 길이라는 의미가 됩니다. 비명은 귀 가문에서 정할 문제이나 세장천(世葬阡) 역시 어느 지점(地點)에 세운다 하여도 의미가 다 통하게 됩니다.

● 杜甫詩共誰論昔事幾處有新阡
● 歐陽脩瀧岡阡表惟我皇考崇公卜吉于瀧崗之六十年其子修始克表於其阡

▶671◀◆問; 세천비문 문의.

本貫某氏 始祖 ◎◎君 二十一世嘉義大夫某公系世阡

위와 같이 세천비 문구를 쓸 경우,

問; ① 앞에 작은 글씨로 본관모씨(本貫某氏) 라고 썼는데도 붉은 글자 某(성씨)를 써야 되는지요, 쓰지 않는 게 나을까요?

問; ② 붉은 글자 系자도 그대로 써도 되는지요, 아니면 孫자로 고쳐야 하겠습니까?

問; ③ 누구 系와 누구 蓀은 해석이 어떻게 다른지요?

◆答; 세천비문.

問; ①. 答; 某(姓)는 반드시 써 넣어야 합니다.

問; ②. 答; 모두 쓸 까닭이 없습니다.

問; ③ 答;

系=世系. 譜系.

蓀=香草.

●杜甫贈比部蕭郎中十兄詩; 有美生人傑由來積德門漢朝丞相系梁日帝王孫
●楚辭九章抽思; 數惟蓀之多怒兮傷余心之慢慢(王逸注)蓀香草也

▶672◀◆問; 송덕비에 대하여.

어른들의 말씀을 듣고 궁금하여 여쭈어 봅니다.

1. 송덕비는 본인이 세워도 되는지요? 어떤 분들이 세워야 올바른가요?

2. 송덕비는 자선을 하신 분이 살아 계실 때 세워드려도 되는지요? 돌아가신 후에 세우는지요?

3. 송덕비를 자선을 하신 분이 현재의 직위(가— 면장에)에 계시는데 그 장소(가-면 사무소)에 세울 수 있는지요? 다른 면으로 이동 후에 세우는지요?

4. 송덕비는 비의 각 면(전후, 측면)에 무엇을 쓰는지요?

◆答; 송덕비(頌德碑).

1. 答; 송덕비는 사전(死前)이나 사후(死後)에 타인이 은공에 보답하여 세워 주는 비이 비(碑)입니다.

2. 答; 생전(生前)이나 사후(死後)나 가능합니다.

3. 答; 송덕비는 베풀어진 장소에다 세우게 됩니다.

●後漢書竇章傳;貴人早卒帝追思之無已詔史官樹碑頌德
●封氏聞見記頌德;在官有異政考秩已終史人立碑頌德者皆須審詳事實州司以狀聞奏恩勅聽許然後得建之故謂之頌德碑亦曰遺愛碑

▶673◀◆問; 신도비 건립(建立)과 원비(原碑) 복구.

수고가 많으십니다. 저의 知人이 아래와 같이 성균관과 여러 유림님께 여쭈어 보라는 말씀을 듣고, 이렇게 올려서 여쭈어 봅니다.

--------------------------아   래--------------------------

선생(先生)님께 자문(諮問)을 求합니다.

1. 대광보국숭록대부(大匡輔國崇祿大夫) 영의정(領議政) 파성부원군(坡城府院君)의 묘전비(墓前碑) 겸(兼) 신도비(神道碑)를 매죽헌(梅竹軒) 성삼문(成三問) 찬(撰)으로 전면(前面)에 묘전비명(墓前碑銘), 후면(後面)에 신도비명(神道碑銘)으로 두전(頭篆)하여 건립(建立)한지 오백여재(五百餘載)의 여류(如流)한 세월(歲月) 속에서 우세풍마(雨洗風磨)하여 비문(碑文)을 흔적(痕迹)조차 식별(識別)할 수 없어 1985년(을축(乙丑)에 공지년보(公之年譜)와 성삼문(成三問) 문집(文集) 참조(參照)하여 공묘비명(公墓碑銘)으로 묘전비(墓前碑)를 현형(現型)으로 재건(再建)하였습니다.

2. 작금양년(昨今兩年) 묘제(墓祭)시 총회(總會)에서 신도비(神道碑)를 재건(再建)하기로 합의(合議)하였고, 원비(原碑)는 현 위치에 그대로 유지보전(維持保全)하기로 결정하였습니다. 금번에도 신도비명(神道碑銘)으로 신도비(神道碑)를 묘전비(墓前碑)와 같이 현형(現型)으로 재건(再建)하는 것이 적당함인지 문의합니다.

3. 원상복구(原狀復舊)하는 차원(次元)으로 원형(原型)대로 모방조각(模倣彫刻)하여 전면(前面)에 묘전 비명(墓前碑銘), 후면(後面)에 신도비명(神道碑銘)으로 두전(頭篆)하여 재건(再建)하는 것이 적당한지 분간을 못하여 상신문의(上信問議)하오며 원형대로 재건하게 되면 묘전 비(墓前碑)가 중복(重複)됨을 가장 큰 의문으로 생각되오니 현명하신 지도와 감정(鑑定)을 복원(伏願)합니다.

질문 내용을 요약하면 옛 비(碑)의 내용(전면에는 묘(墓) 전(前) 비명(碑銘), 후면에는 신도비명이 기록되어 있었음)이 알 수 없게 되어, 묘전 비명은 옛 자료를 통하여 새로 세웠습니다.

(질문 1) 옛 비(碑)는 보이지 않으니 그대로 두고, 옛 자료를 통하여 신도비를 새로 세우는 것이 적당한가? (묘전 비명은 이미 세웠으니까).

(질문 2) 옛 비(碑; 전면에는 묘전 비명을 후면에는 신도비명)를 옛 자료(탁본은 없고, 글만 있음, 성삼문撰, 강희안書幷篆)를 통하여 조각하여 새로 세우는 것이 적당한가? (묘전 비명은 이미 세워있는데).

◆答; 신도비 건립(建立)과 원비(原碑) 복구.

아래와 같이 살펴보건대 신도비(神道碑) 개립(改立)에 대하여 직접적으로 설(說)하였거나 예문은 찾아지지 않으나 추개(追改), 추각(追刻) 고사식(告辭式)은 남겨 주심이 있으니 신도비(神道碑) 개립(改立)은 어그러진 예는 아닌 상 싶습니다.

● 讀禮通攷王行曰神道碑有碑額碑文碑額之題簡碑文之題詳程大昌曰霍光塋起三山闕築神道神道神行之道也
● 南溪曰立於墓左者爲墓碣墓表與碑碣不同者以其立於神道及墓左稍遠處者曰神道碑墓碣立於墳前近地者曰墓表
● 梅山曰國制二品以上得爲神道碑以下則爲碣
● 問神道碑立於東南者何義明齋答曰文章辨體云地理家以東南爲神道云信否
● 或問碑石表石何以有異今人立碑於墓左何義卜退溪曰碑石表石但以大小詳略而異其名別其用碑當立於墓道東南隨地形便宜今人立於墓左者亦恐取東南之義也

◆碑石追改告辭式

維 歲次干支幾月干支朔幾日干支幾代孫某敢昭告于 顯幾代祖考(隨屬稱)某官府君(或某封某氏合窆位則列書)伏以石物傾頹將加修治(或改刻則玆以舊碣剝落字劃刓滅將加磨治爰圖新刻○舊碣刓刻而新之今將改立○改立曰舊碣或床石短薄爰圖新備今將改立)謹以酒果用伸虔告謹告

◆追刻墓表時告由辭式

云云府君卓節懿德具載於墓表而追配忠院之後事宜記實以揚聖朝褒忠之盛意且碑字年久苔蝕漫漶難辯今將改鐫敢以酒果用伸虔告

▶674◀◆問; 신도비는 품계가 몇 품 이상 세울 수 있는지.

신도비의 유래가 중국에서 와서 고려조를 거쳐 조선조에 이르러 정 2 품, 종 2 품, 아니면 정삼품 통정대부 이상이면 세울 수 있다. 여러 가지 이야기가 있는데 정확한 대답을 원합니다.

◆答; 신도비(神道碑).

아래와 같이 살펴보건대 우리나라에서는 신도비(神道碑)는 사품(四品) 이상이고 오품(五品) 이하는 비를 세우기는 세우되 신도비라 하지 않고 묘갈(墓碣)이라 하는 것 같습니다.

●讀禮通攷王行曰神道碑有碑額碑文碑額之題簡碑文之題詳程大昌曰霍光塋起三山闕築神道神道神行之道也

●祭統銘者稱揚其先祖之美而明著之後世者也爲先祖者莫不有善莫不有惡銘之義稱美而不稱惡此孝子慈孫之心也其先祖無美而稱之是誣也有善而不知不明也知而不傳不仁也此三者君子所恥也

●唐葬令五品以上螭首龜趺降五品爲碣方趺圓首其高四尺

●國朝定制石碑一品螭首二品麒麟三品天祿辟邪皆用龜趺四品至七品皆圓首方趺

●南溪曰大凡官四品以上螭首龜趺而其高九尺立於墓之東南者爲神道碑(註地理家以東南爲神道)五品以下圭首方趺而其高四尺立於墓左者爲墓碣

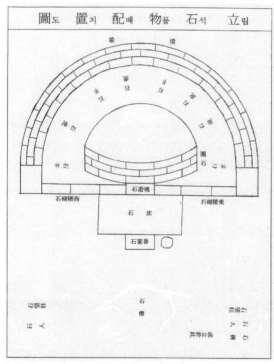

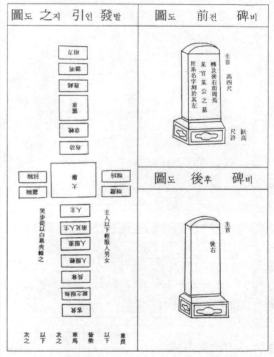

▶675◀◆問; 신도비 수립에 대하여.

1. 아래사항 문의 올립니다.

2. 묘비 중 신도비는 관등이 몇 품 이상인 자에 한하여 수립할 수 있습니까?

3. 묘를 실전하여 설단을 한 후에 묘비를 수립 하려 할 때 신도비는 설립할 수 없습니까?

4. 고견을 부탁 드립니다.

◆答; 신도비 수립.

問; 2 答; 아래와 같이 살펴보건대 사품(四品) 이상은 이수구부(螭首龜趺)의 신도비를 세우고 오품(五品) 이하는 규수방부(圭首方趺)로 세우는데 이 비는 묘갈(墓碣)이라 합니다.

問; 3 答; 단(壇)인 경우 묘비의 수립(竪立) 여부에 관한 말씀은 알지를 못합니다.

다만 위의 법도에 의한다 하여 욕될 것을 없으리라 생각됩니다.

●纂要石碑始於秦漢誌名起於南朝今擧世用之無分貴賤
●廣記封王螭首龜趺碑高九尺一品螭首龜趺碑高八尺五寸二品麟鳳盖龜趺碑高八尺三品
天祿辟邪盖龜趺碑高七尺五寸四品圓首方趺高七尺五品高六尺五寸六品高六尺七品高五
尺五寸以上並圓首方趺
●讀禮通攷王行曰神道碑有碑額碑文碑額之題簡碑文之題詳程大昌曰霍光塋起三山闕築
神道神道神行之道也
●南溪曰大凡官四品以上螭首龜趺而其高九尺立於墓之東南者爲神道碑五品以下圭首方
趺而其高四尺立於墓左者爲墓碣
●詩話碣者揭示立之墓隧也表石題云某人之墓無文詞也
●丘儀墓表則有官無官皆可用表立墓左

▶676◀◆問; 쌍분 표석식.

쌍묘인데 표석을 세우려 합니다. 고비(考妣)를 어떻게 써야 하는지요.

◆答; 쌍분표석식.

考=某官某公之墓
妣=某封某氏祔左

●家禮立小石碑條立面如誌盖之刻云又刻誌石條某官某公之墓
●輯覽墳圖表石某官某公之墓
●陶庵曰合葬則別行書某封某氏祔左
●南溪禮說答問曰表石立於墓前禮也不然則當立於左旁盖右是神道之尊位也兩位表石右
書府君左書夫人當如神主之制而世人或多用順書之法未知孰是夫人位之墓二字不必書只
書祔以別正位似可
●或問合葬碣面何以書之旅軒曰若雙封一碣則正面當中題曰某國某官某公之墓其左旁低
其題曰某夫人某氏祔

▶677◀◆問; 와비에 새길 자손의 범위.

안녕하세요. 고조부부터 부모님까지 8기의 산소를 화장 후 내외분 마다 표지석(와
비, 너비60cm)을 해 평장을 하려고 합니다.
문의 1. 부모님 와비에는 아들 딸, 자부, 서, 친손까지 이름을 넣었는데, 외손은 안
넣어도 될까요?
문의 2. 와비가 한곳에 모여 있어서 (간격 1m 정도) 고조, 증조, 조부모님 와비에는
바로 아랫대, 즉 아들, 딸, 자부, 사위까지만 넣으려 합니다. 타당할까요? (고조, 증조
부님은 딸, 며느리 이름을 모름)

참고로 상석에는 아무것도 안 쓰고, 앞에 큰 와비를 세우는데 와비 뒷면에 고조부
를 중심으로 직계존속과 아랫대를 모두 세계도로 그려 넣으려 합니다. 답변 주시면
고맙겠습니다.

◆答; 와비에 새길 자손의 범위.

문의 1. 문의 2. 答; 지난날의 와비(臥碑)는 신도비(神道碑)나 표석(標石)의 의미가
아닌 공고성(公告性) 내용의 석비(石碑)로, 갓이나 규수(圭首)가 아닌 각형(角形)의
석비(石碑)의 이름인 듯합니다.

본 예의 와비(臥碑)란 지난날의 표석(表石)과 그 용도 및 격식이 대동소이한 것 같

습니다. 다만 지난날의 표석식(表石式)은 단지 모관모공지묘(某官某公之墓)와 그 좌방으로 세계명자(世系名字) 정도를 각서(刻書)할 뿐이었습니다. 그러나 현세에 상석(床石)을 더러 살펴보면 망자의 자서(子壻)를 차례대로 서쪽 측면에 각자한 예를 흔히 찾아 볼 수가 있습니다.

말씀으로 미루어 보건대 좋은 착안 같습니다. 그러나 선례로 삼을만한 전례가 없으니 분명히 일러 드릴 수가 없습니다. 다만 요즘은 후자가 많아야 아들 딸 뿐이니 외손을 제외한다면 여식이 서운하다 하지 않을까요.

●明史選擧志;洪武十五年頒學規於國子監又頒禁例十二條於天下鐫立臥碑置明倫堂之左其不遵者以違制論

▶678◀◆問; 용어 해석에 대하여.

안녕하세요. 조상의 입비를 하고자 비문을 받았는데 글을 찬 한자는 고인이 되셨고 문장 중 일부 단어의 해석이 분분하여 해석을 앙망하옵니다 전략-형가(兄家)의 외사(外事)와 농무(農務)를 모두 **간당(幹當)** 하여-생력 위 간당(幹當) 의 단어에 대하여 전후를 연결하는 해석을 앙탁합니다. 국어사전에는 없습니다.

◆答; 용어 해석.

[幹]의 뜻에는 일을 감당하여 처리하다. 또는 주관하여 해내다. 등의 뜻이 포함되어 있으니 형가(兄家)의 외사(外事)와 농무(農務)를 모두 담당(擔當)하여 내일 같이 했다. 등으로도 풀어 볼 수도 있을 것 같습니다.

●易經巽下艮上初六幹父之蠱[傳]初六雖居最下成卦由之有主之義居內在下而爲主子幹父蠱也子幹父蠱之道能堪其事
●後漢書列傳(何敞)伏見大將軍竇憲始遭大憂公卿比奏欲令典幹國事註幹主也

▶679◀◆問; 위령비의 갓을 씌워도 되는지요.

6.25양민 희생자(犧牲者) 위령비(慰靈碑)를 건립(建立)하고자 합니다. 그런데 위령비(慰靈碑) 머리에 화합(和合)을 상징(象徵)하는 화강석(花崗石) 조형물(造形物; 갓)을 씌워도 예의(禮儀)에 맞는지요. 답변 부탁 드립니다.

◆答; 위령비의 갓을 씌워도 되는지.

問; 일반백성 위령비에 갓을 씌워도 되는가?
答; 아래와 같이 살펴보건대 유가적(儒家的) 비석식(碑石式)에는 갓은 고관직(高官職)에 봉임하지 않았으면 올릴 수 없는 것 같고 사서인(士庶人)은 남계(南溪)선생론(論)을 따른다 하여도 갓 없이 규수(圭首; 上圓下方) 방부(方趺; 四角)로 높이는 사척(四尺)을 넘지 못하는 것 같습니다.

●唐葬令曰碑者悲也古者懸而窆用木後人書之以表其功德因留而不忍去碑之名由是而得自秦漢以降生而有功德歿事者亦碑之而又易之以石
●纂要石碑始於秦漢誌名起於南朝今擧世用之無分貴賤
●後漢書註方者謂之碑圓者謂之碣李斯所造
●開元禮五品以上螭首龜趺上高不得過九尺七品以上立碣圭首方趺上高四尺
●廣記封王爐首龜趺碑高九尺一品螭首龜趺碑高八尺五寸二品麟鳳蓋龜趺碑高八尺三品天祿辟邪蓋龜趺碑高七尺五寸四品圓首方趺高七尺五品高六尺五寸六品高六尺七品高五尺五寸註以上幷圓首方趺
●書儀五品以上立碑螭首龜趺趺上高不得過九尺七品以上立碣圭首方趺趺上高四尺

●南溪曰大凡官四品以上螭首龜趺而其高九尺立於墓之東南者爲神道碑五品以下圭首方趺而其高四尺立於墓左者爲墓碣
●國朝定制石碑一品螭首二品麒麟三品天祿辟邪皆用龜趺四品至七品皆圓首方趺

▶680◀◆問; 이수(螭首)에 대하여.

사원이나 옛 무덤이나 신도비에는 이수(용)조각되어 있습니다. 기원은 중국에서 왔다고 하나 어떤 의미로 있는지요? 다시 말해서 이수를 왜 하는지 단순히 조각의 의미밖에 없는지.

◆答; 이수(螭首).

이수(螭首)란 머리에 용관(龍冠)을 쓴 형상인데 봉한 왕과 일품에게만 용관이니 관중에 제일로서 용상(龍床) 용상(龍象) 용관(龍冠)은 치자(治者) 중 제일(第一)의 의미가 있어 비수(碑首)에서는 첫째가 됩니다.

●光記封王螭首龜趺一品螭首龜趺二品麟鳳龜趺三品盖用天祿辟邪龜訃四品圓首方趺五品圓首方趺六品圓首方趺七品圓首方趺
●封氏聞見記碑碣;隨氏制五品以上立碑螭首龜趺趺上不得過四尺載在[喪葬令]
●寄右史李定言詩;纔歸龍尾含雞舌更立螭頭運兔毫
●楚辭九歌河伯;乘水車兮荷蓋駕兩龍兮驂螭王逸注驂駕螭龍

▶681◀◆問; 재실비석을 옮길 때 축문은 어떻게 합니까?

문중 재실 비석을 옮기려고 하는데 축문은 어떻게 써야 합니까?

◆答; 축문식.

아래와 같이 고하면 어떨까 합니다.

⊙碑石移立時祝文式

維 歲次干支幾月干支朔幾日干支某官姓名敢昭告于 土地之神今以齋室之前巽方(隨屬方)伊昔立碑今涓吉日移立坤方(隨屬方) 神其保佑俾無後艱謹以酒果祗薦于 神尙 饗

▶682◀◆問; 초암 선생님 한번만 더요!

선생님의 말씀을 이해 하겠습니다. 하지만 이러한 상황을 겪는 사람이 수십만 명에 이르고 저 또한 아이들과 함께 갔을 때 무척 당황스러웠습니다. 하여 선생님께 한 번만 더 말씀을 올립니다. 먼저 선생님께서 납골당을 보시지 않으신 것 같아서 납골당에 대하여 조금 말씀 올리겠습니다.

현재 시립납골당의 구조를 말씀 드리면(부산시립 영락원의 예입니다) 3 층 구조의 건물로 각 층에는 큰방이 몇 개씩 있고 각 방에는 700~1000 개의 유골 함이(빌딩의 우편함처럼)보관되어 있으며 함 앞면에 신위 (일종의 명패)가 붙어 있고 참배는 밖에서만(제단이 마련되었음) 가능합니다. 쉽게 말하면 방은 거대 한 공동묘지라 할 수 있고 신위는 비석과 같은 의미라고 보면 됩니다.

통상 후손이 성묘(省墓)를 가면 산소 앞에 음식을 놓고 참배(參拜)를 하면 되는데 납골당(納骨堂)의 유골(遺骨) 함 앞에서는 겨우 목례 정도 밖만 가능할 뿐 다른 것은 할 수 없습니다. 참배객(參拜客)은 반드시 바깥의 제단(祭壇)을 이용해야 합니다. 다시 말씀 드리면 장인의 묘는 공동묘지(共同墓地) 꼭대기에 있는데 산은 출입금지가 되어있는 상황과 같습니다. 이럴 때 그냥 산 입구에서 자리 깔고 음식만 차리고 절만 하는 건 아무래도 좀 이상해요. 선생님 말씀처럼 유학엔 이런 상황이 있을 수 없지만 작금에는 수십만 명의 문제이니만큼 훌륭하신 선생님의 고견을 듣고 싶습니다. 죄송합니다. 양해하여 주십시오.

◆答; 표석식.

유교집단(儒敎集團)의 예법(禮法)이 아닌 타(他) 집단(集團)의 예법(禮法)에 대한 간섭은 피차 취할 예가 아니라 생각됩니다. 그러나 기왕에 선생이 제안한 논의(論議)이니 유교적(儒敎的) 입장(立場)에서 그 답을 찾고자 합니다.

납골당(納骨堂)은 사방(四方)의 봉분(封墳)이 발 디딜 틈새 없이 밀집(密集)한 공동(公同) 묘지(墓地)의 형세(形勢)라 그 앞에 공동 석상(席床)이 마련되어 있다면 각각(各各)의 묘제(墓祭) 또는 친인척(親姻戚) 성묘(省墓) 시 무 표시로 예를 올린다 함도 납골당(納骨堂) 형태상(形態上) 모든 묘(墓)에 행하는 예가 될 것입니다.

따라서 유가(儒家)의 장묘(葬墓) 예법(禮法)에 표석(表石)을 세우는 예법(禮法)이 있으니 표석(表石) 식(式)으로 아래와 같이 표시(標示)하여 뒤에 세우고 예(禮)를 갖춤이 여러 가지 대안(代案) 중 가장 옳을 듯도 싶습니다.

某官某公諱某之墓

▶683◀◆問; 추모비 제작에 따른 비명 및 내용.

소생의 선산이 국가에 수용되어 소생의 고조부모, 증조부모, 종조부모, 그리고 부모와 숙부모 및 당숙부모의 분묘를 소생의 9대조 이하 조부모가 모셔져 있는 다른 선산으로 이장코자 하였으나 장소가 협소하여 많은 분을 모실 수 없어 의논 끝에 화장 후 그 산에 산골 하였으나 섭섭하여 9대조 이하 2대조가 계신 곳에 추모비를 건립하여 후손들이 매년 한 곳에서 참배할 수 있도록 하고 싶은데 추모비1기로 할수 있는지 한다면 비명은 무엇이라 쓰고 내용은 어떻게 쓰는지를 알고 싶습니다.

◆答; 추모비제작.

산자가 죽는다는 것은 혼백이 분리됨을 의미하게 되는데 혼신은 공중으로 화하고 체백은 지중으로 화하게 되는데 혼신은 가 있는 곳을 몰라 신주를 만들어 사당에 모시고 제사하며 체백의 실체는 지중에 묻고 봉분을 세워 표하고 그 앞에서 묘제를 지내게 되는데 이와 같이 제사함은 이미 혼백이 분리되어 있는 까닭에 혼백 양 제를 지내게 되는 것입니다.

다만 후자들은 양 제 중에서 혼신제(기제)를 더 중히 여기는 듯하나 신제는 오대조가 넘어서 친진이 되면 폐하나 묘제는 후손이 존속하는 한 영원하니 실은 백을 더 중히 여기게 되는 것입니다.

따라서 기왕에 산골 하였다니 다시 수습할 방도는 없을 터이니 추모비를 세우는 것보다 후세를 염려 하여서라도 그 자리에 묘 대신으로 제단을 세워 묘제를 지낼 근거를 마련하심이 어떠하실 것인지요.

▶684◀◆問; 추모제 행사에 관하여 문의 드립니다.

問; 1) 추모제시 추모 글의 내용?
問; 2) 조상님(12 대조~3 대조까지 15 위)의 추모제를 1 번으로 올려야 하는지 아니면 차례로(15 번) 올려야 하는지요?

◆答; 추모제 행사.

問; 1). 答; 그와 같은 예는 없으니 추모의 글이 있을 수가 없어 일러 드릴 수가 없습니다.

問; 2). 答; 다만 묘제를 재사나 제단에서 행하게 될 때 여러 위이면 위마다 각설하고 사시제 예법과 같이 행하심이 바른 예법입니다.

●開元禮孔子許向墓遙爲壇以時祭卽今之上墓義或有憑然神道尙幽不可逼黷宜於塋南山門之外設淨席爲位遙祭若一塋數墓每墓各設位以西爲上
●退溪曰掃墓域後以紙牓合祭於齋舍無舍卽設壇以行之可

▶685◀◆問; 표석 가로쓰기.

여러 선생님들 건강하신지요? 지난 주에 시향을 지내러 갔다 예쁜(?) 비석(표석)을 봤습니다. 동그란 자연석에 한자를 가로 쓰기로 하여 아래와 같이 되어 있었습니다.

善山林氏諱鐘榮(베드로)1922~1998
合墳 (둘 간격이 벌어진 상태가 아님)
配南陽洪氏(XXX)1921-2001

1. 대개의 비(표)석은 한자 세로 쓰기로 서고동비로 되어 있는데, 이 경우처럼 한자를 가로쓰기로 할 경우 좌측에서 우측으로 써도 되는 건지요?
2. 위 표석의 표기(내용)가 맞는 것인지? 틀린 것인지? 쓸 수도 있는 것인지? 써서는 안 되는 것인지?
3. 위와 같이 자연석에 한자로 가로 쓰기를 한다면 어떤 형식이 맞는 것인지? 꼭 세로 쓰기만을 해야 하는지?
4. '지묘'라는 말 대신 '합분'이라는 말을 써도 되는 것인지?
5. 위와 같은 경우 가장 적당한 표기법이나 내용(문구)는 어떻게 되는지가 궁금합니다. 여러 선생님들의 세세한 가르침 기다리겠습니다.

◆答; 표석 가로쓰기.

問 1. 答; 안될 것이야 없겠지요. 그러나 유가(儒家)의 표석(表石) 각자(刻字) 법식(法式)이 종서(縱書) 좌행(左行)입니다.
問 2. 答; 위의 표석은 가톨릭(기독교) 신자인 듯 하니 그 교(敎)의 법도를 왈가왈부할 수는 없을 것 같으며 다만 문맥은 유가식이 혼재되어 있군요.
問 3. 答; 유가식이라면 종서(縱書)로 각자함이 옳을 것입니다. 여기는 유가의 법도를 논하는 곳이니 유자(儒者)라면 유가의 법도 범주 내에서 답변이 되어야 되겠지요.
問 4. 答; 지묘(之墓)란(蘭) 누구의 묘란 의미로 전체 묘역을 상징하고 합분(合墳)이란 합장한 봉분이란 의미가 강하니 지묘(之墓)라 함이 더 어울리지 않을까요.
問 5. 答; 종서(縱書) 고동비서(考東姚西)로.

某官善山林公諱鐘榮之墓
　　配(妃)某封南陽洪氏祔左

●家禮立小石碑條立面如誌蓋之刻云又刻誌石條某官某公之墓
●南溪曰表石立於墓前禮也不然則當立於左旁蓋右是神道之尊也兩位表石右書府君左書夫人當如神主之制
●便覽題主條陷中式故某官某公諱某字某神主
●旅軒曰我國古人之墓亦有直書姓名者而涉於未安故今人不書姓名只書公字
●輯覽墳圖表石某官某公之墓
●詩話碣者揭示操行而立之墓邃也表石題云某人之墓無文詞也

●輯覽圖式表石式某官某公之墓世系各字刻於其左轉及後右而周焉

●通典晉元帝時袁瓌上衰請禁招魂葬云故僕射曹馥沒於寇亂適孫胤招魂殯葬聖人制禮因情作教槨周於棺棺周於身非身無棺非棺無槨胤無喪而葬招幽魂氣於德爲愆義於禮爲不物監軍王崇太傅劉洽皆招魂葬請下禁斷博士阮放傳純張亮等議如瓌表賀循啓辭宜如瓌所上荀組非招魂葬議亦如前或引漢之新野公主魏之郭循皆招魂葬答曰末代所行豈禮也或引喬山有黃帝之塚是葬神也答曰時人思帝葬其衣冠非葬神也于寶駁招魂葬以爲失形於彼穿塚於此亡者不可以假存無者獨可以僞有哉未若於遭禍之地備迎神之禮宗廟以安之哀敬以盡之孔衍禁招魂葬議云招魂而葬委巷之禮殯葬之意本以葬形旣葬之日迎神而返不忍一日離也况乃招魂而葬反於人情以亂聖典冝可禁也李瑋難曰伯姬火死而叔弓如宋葬恭姬宋王先賢光武明主伏恭范逡並通義理公主亦招魂葬豈皆委巷乎衍曰恭姬之焚以明窮而彌正不必灰燼也就復灰燼骨肉雖灰灰則其實何綠舍理灰之實而反當葬魂乎此末代失禮之舉非合聖人之奮也北海公沙歆招魂論云卽生推亡依情處禮則招魂之理通矣招魂者何必葬乎盖孝子竭心盡哀耳陳舒武陵王招魂葬議云禮無招魂葬之文冝以禮裁不應聽遂張憑招魂葬議云禮典無招靈之文若葬虛棺以奉終則非原形之實埋靈爽於九原則失事神之道博士江淵議葬之言藏所以閉藏尸柩非爲魂也無屍而殯無殯而窆任情長虛非禮所許

●大全郭子從問招魂葬答曰招魂葬非禮先儒已論之矣

●宋庚蔚之曰葬以藏形廟以饗神季子所云魂氣無不之寧可得招而葬之乎

●范氏曰人之死也魂氣歸于天形魄歸于地葬所以藏體魄也若魂氣則無不之也苟無體魄則立廟以祀之而已魂氣不得以葬也而必爲之墓不亦虛乎

●朱子曰招魂葬非禮先儒已論之矣

●金倡義千鎰殉節後問虛葬當否牛溪答曰先儒以招魂葬爲非禮而今則旣有毛髮在非虛葬之比葬事似當備禮

●問招魂葬栗谷曰死於軍或沒於水不得其尸則以服招魂而葬其服非禮矣

●問人有其父從軍而死其母藏其遺衣及落髮而遺令並入其棺中矣其子不忍同藏一棺欲別具一小棺用合葬之禮而追服斬衰未知如何尤菴曰此是無於禮之禮也不敢有所論說然其不以父之遺衣及落髮同入母棺則得矣

　●牛溪問隣有溺死不得其屍其子欲招魂爲墓於義理如何龜峯曰墓只是葬躰魄旣不得其屍則不墓似合惟魂無所間爲主以祭爲得義理之當

●問人死不得其屍體者聖賢立言何無處此之道耶或招魂葬或遺衣葬在禮何所據耶沙溪曰虛葬之非先儒已言之何謂無處此之道乎

●南溪曰招魂葬旣有朱子所論斥之以非禮何敢容議至於題主節次設魂帛於正寢而行之似宜

●虛葬題主祝云云顯考某官府君體魄失所葬以遺衣神主旣成奉還室堂伏惟云云

▶686◀◆問; 표석과 비석.

표석(墓表)과 비석에 새겨지는 고(남)와 비(여) 의 위치는 표석은 지방과 같이 고서비동 이고 비석은 글이므로 고동비서로 인식하고 있는데 일반적으로 고동비서를 쓰기도 하나 사자이서위상(死者以西爲上) 원리에 따라 고서비동이 합리적이라는 말씀이 있어 혼동이 됩니다.

질문 1: 표석(묘표와 같은 말로 보고)에는 지방과 같이 고서비동이고 비석에는 고동비서가 맞는지요.

질문 2: 표석과 비석의 차이점과 구별하는 기준은 무엇인가요.

◆答; 표석과 비석.

아래와 같이 살펴보건대 표석도 고동비서(考東妣西)입니다.

위 답문 1)의 전거와 아래의 비(碑)를 견줘 보시면 그 차이점이 발견될 것입니다.

표석(表石)은 단순히 매장인이 누구임을 표하고 碑는 주인공의 이력 공덕 업적 등등이 세상에서 살았던 차취를 칭송하여 나타내어 세운 모든 비석을 통칭하는 것입니다.

●南溪曰兩位表石右書府君左書夫人
●朱子曰墓銘之額更着宋字亦佳大抵石長卽以十字爲兩行石短則以九字爲三行隨宜可也
●或問合葬墓碣面兩書墓字如何退溪曰府君書墓而夫人只書袝左似得宜
●市南曰碑者悲也古者懸以窆用木後人書之以表功德因留而不忍去碑之名由是以得自秦漢以降生而有功德政事者亦碑之而又易之以石
●丘氏曰豊碑用以下棺非刻字也秦漢以來稍用石爲之刻字其上亦謂之碑晉宋間死者皆有神道碑盖地理家以東南爲神道碑立其地故因以名墓碣近世五品以下所用文與碑同墓表則有官無官皆可用表立墓左誌埋地中
●司馬溫公曰古人有勳德刻銘鐘鼎止以自知其賢愚耳非出於禮經南宋元嘉中顔延之爲王珠作墓誌以其素族無銘誄故以記行自此遂相祖習大抵碑表敍學行履歷勳業誌銘述世系爵里生卒雖其義稱美不稱惡然前人有言無其美而稱者謂之誣有其美而不稱者謂之蔽誣與蔽君子不由也

▶687◀◆問; 표석글자 쓰기에 대하여 여쭈어봅니다.

할머니 산소(山所)에 표석(表石)을 세우려고 합니다. 표석 글을 아래와 같이 써도 되는지요.

孺人坡平尹氏之墓

저희 할머니 함자가 그냥 윤씨이십니다 옛날에는 여자 이름이 없이 그냥 파평 윤씨 그렇게 호적에 올렸나 봐요, 합장이 아니고 혼자 계십니다 바쁘신데 죄송합니다 조언해주시면 큰 도움이 되겠습니다. 제가 사는 데는 대전광역시 입니다 부탁 드립니다. 저희 할머니 함자가 그냥 윤씨이십니다 옛날에는 여자 이름이 없이 그냥 파평 윤씨 그렇게 호적에 올렸나 봐요, 합장이 아니고 혼자 계십니다 바쁘신데 죄송합니다. 조언해주시면 큰 도움이 되겠습니다.

◆答; 표석글자 쓰기.

아래 편람(便覽)의 표석식(表石式)입니다.

某官某公諱某配(無官則妻)某封某氏之墓

●家禮治葬石碑條刻其面如誌之蓋
●便覽婦人誌蓋式條某官姓名(夫亡則云某官某公此下當添諱某二字)某封(某封上當添配字夫無官則但云妻)某氏之墓

▶688◀◆問; 표석 쓰기에 대하여.

지난번 질문에 답변 주시어 감사합니다. 표제의 건을 추가 질문합니다. 비석 전면글씨에,[모관모공 휘지묘]로 표기할 때 여러 비석을 살펴본 결과 모관모공에,
1. [관직, 시호, 호, 모공휘지묘]로 쓴 경우,
2. [관직, 시호, 모공휘지묘]로 쓴 경우,
3. [관직, 호, 모공휘지묘]로 쓴 경우 등으로 다양한데 어느 것이 가장 적합한지요. 김상호

◆答; 표석 쓰기.

휘는 도암설로 신주식의 함중식을 원용한 식으로 이는 시작(始作)의 예이며 시호란 사후에 군주가 내리는 호로써 표석은 성분과 동시에 세움이라 실은 시호를 각자할 수가 없는 것입니다. 다만 추후에 표석을 세우는 경우 본인은 물론 가문의 영광이니 보통 각자를 합니다.

표석이란 후세에 실전을 방지하고 그 곳에 장사된 망인을 당대는 물론 후세에 알리는 표시로서 예법은 [모관모공지묘]이나 더 상세히 알린다 하여 욕됨은 아닐 것입니다.

●朱子家禮治葬刻誌石蓋刻云某官某公之墓○小石碑刻其面如誌之蓋乃略述其世系名字行實而刻於其左轉及後右而周焉
●南溪曰表石只是大書其官職姓名以表其墓

▶689◀◆問; 표석에 남녀의 방위를.

비문의 답장으로 해석이 분분하여 비문 예문을 보냅니다. 비석을 정면으로 보았을 때. (비석 하나에 나란히 새기려고 합니다)
서(남 여)동---1.
서(여 남)동---2.
어느 것이 옳은가요?

◆答; 표석에 남녀의 방위.

묘 앞에서 보았을 때 봉분은의 위치는 남, 여(남-동, 여-서)입니다.

합폄묘(合窆墓)의 표석식(表石式). 남동여서(男東女西)으로 새기되 여자는 남자의 맨 위 글자보다 2자 하에서 시작하고 끝에는 祔左라 새깁니다.

●陶庵曰合葬則別行書某封某氏祔左
●南溪禮說答問曰表石立於墓前禮也不然則當立於左旁盖右是神道之尊位也兩位表石右書府君左書夫人當如神主之制而世人或多用順書之法未知孰是夫人位之墓二字不必書只書祔以別正位似可
●或問合葬碣面何以書之旅軒曰若雙封一碣則正面當中題曰某國某官某公之墓其左旁低其題曰某夫人某氏祔

▶690◀◆問; 표석에 某公諱某라 씀이 맞는가?

수고 많습니다. 묘 비문쓰기에 있어 諱 자를 넣는 경우가 있고 휘자를 넣지 않는 경우가 있는데 어느 경우가 정확한 것인지요. 예를 들어,
安東金公 諱 弘度 之墓
安東金公 弘度 之墓   (김상호)

◆答; 표석식(表石式).

아래와 같이 살펴보건대 표석 등에 망자의 표시에는 [某官某公諱某(字某)之墓]라 각자함이 옳은 것 같습니다.

●家禮小石碑條刻其面如誌○又刻誌石條刻云某官某公諱某字某

▶691◀◆問; 표석(表石)을 세우려 합니다.

선친의 묘소에 표석을 세우려고 합니다. 풍수지리적으로 묘비나 상석을 만들어 놓을 수는 없기 때문에 부득이 표석을 만들려고 하는데 여기에 새겨질 내용과 양식을

잘 몰라서 문의하오니 알려주셨으면 대단히 고맙겠습니다.

보통 비석이나 상석에는 매장된 조상의 관직, 호(號), 명(名), 사망 일은 물론 자손들(자녀부부와 손자녀 등)의 이름을 열거해 놓은 것을 볼 수 있는데 표석에도 특별한 내용과 양식이 있는지 궁금합니다. 가까운 시일 내에 회신이 있으시기를 고대합니다.

◆答; 표석식(表石式).

某官某公諱某之墓

●輯覽圖式表石式某官某公之墓世系各字刻於其左轉及後右而周焉
●便覽婦人誌蓋式條某官姓名(夫亡則云某官某公(此下當添諱某二字)某封(某封上當添配字夫無官則但云妻)某氏之墓

▶692◀◆問; 표지석 위치는 어디가 좋습니까?

제주도 사람입니다. 친척들이 모여 6 대조부모부터 3 대 조부모(증조부모)까지 흩어져 있던 묘소(墓所)를 한 곳으로 이장(移葬)하여 묘역(墓域)을 만들고자 토지(土地) 60 평을 구매(購買)하고 날짜까지 받고 석물(石物)들을 준비 중입니다.

그런데 친척(親戚)들과 청부 받은 장의사께서 묘역을 표시해주는 <00 정씨 제주입도중시조 보공장군 휘 00 공지 십 0 세 유향별감 휘 00 공 이하 3 대조묘역>이라는 표지석을 합동 제단석 바로 위에 세우려고 합니다.

나는 위에 있는 표지석은 숭배(崇拜)의 대상이거나 절을 받을 대상이 아니므로 묘역(墓域) 들어가는 입구 왼쪽에 세우는 것이 좋다고 생각되는데 다른 친척들이 제단(祭壇) 위에 세워 배례의 대상으로 삼으려고 하는데 선생님의 생각은 어떤지 고견 부탁 드립니다.

◆答; 표지석 위치.

글의 내용으로 보건대 말씀과 같이 표석(表石)과 아울러 안내비(案內碑)라 함이 옳을 것입니다. 그 표지석이 샤머니즘적 사고가 아니고서는 숭배의 대상이 될 수가 없습니다.

따라서 법도로는 분묘(墳墓)에 따른 표석(表石)을 포함 모든 비(碑)의 세우는 곳은 분전(墳前)과 분동남방(墳東南旁), 신도(神道)의 동편에서 남쪽으로 향하여 세우게 됩니다.

●瓊山曰豊碑以木爲之非刻字其上也秦漢以來用石爲之刻字其上亦謂之碑晉宋間有神道碑蓋地理家以東南爲神道碑立其地故因以名墓碣近世五品以下所用文與碑同墓表則有官無官皆可用表立墓左誌銘埋地中
●南溪曰立於墓之東南者爲神道碑立於墓左者爲墓碣惟墓表云者莫知其法竊嘗推之墓表與碑碣不同者以其立於神道及墓左稍遠處者曰神道碑墓碣立於墳前近地者曰墓表
●明齋曰表石立於墓前固是常規而以地道尙右之義推之則立於左旁似是
●全齋曰神道神行之道也故神道碑立於神道東南

▶693◀◆問; 풍비(豊碑)란.

엔제든가 비에 대한 문답 중에 풍비라는 말이 있어서 대략 그 뜻을 짐작하지만 정확한 뜻을 알고자 합니다.

◆答; 풍비(豊碑).

풍비(豐碑)는 천자(天子)만이 세울 수 있는 비(碑)인 것 같으며 의미는 그의 공덕(功德)을 기리기 위하여 세우는 대비(大碑)입니다.

●隋煬帝爲楊素立碑詔條夫銘功彝器紀德**豐**碑
●檀弓公室視**豐**碑註**豐**婢天子之制鄭註言視者時僭天子也

▶694◀◆問; 한반도에서 묘지석은 언제부터 시작되었습니까?

묘지석은 고려초기 채인범 등 송에서 귀화한 사람들이 전래하였다고 하는데 문중 족보에는 그 이전 인물의 묘지석 발견운운을 접할 수 있습니다. 학계의 정설을 알려 주십시오.

◆答; 한반도에서 묘지석은 언제부터.

지석(誌石) 제도(制度)에 관하여 타 학계(學界)에서 그 시초 및 유래(由來) 등(等)을 역사적(歷史的)으로 고증(考證) 정립된 정설(定說)이 있는지 여부는 알지 못하며 다만 아래와 같이 살펴보건대 발상지(發祥地) 격인 중국(中國)에서도 예경(禮經)으로 전함은 없고 송제(宋齊) 이래(以來)로 묘지(墓誌)가 생겨 났다 하니 우리 나라 역시 그 시대 쯤으로 봄이 옳지 않을까 합니다.

●翰墨全書云石誌不出禮經劉宋顔延之作王珠墓誌埋之墓下然則宋齊以來有墓誌也近代貴賤通用之
●續事始齊太子穆妃將葬儀立石誌王儉曰石誌不出禮經起顔延之爲王彌作墓誌(以下略)

▶695◀◆問; 할머니 비석의 妣(비)자와 配(배)자의 차이점.

할머니의 비석에 妣(비)자와 配(배)자가 모두 할머니를 의미 하는지요.

◆答; 할머니 비석의 妣(비)자와 配(배)자.

1) 비(妣)는 할미비(祖母也)의 의미로서 지방이나 축문(祝文)에서의 현비(顯妣)는 죽은 어머니를 이르나 현조비(顯祖妣)의 비(妣)의 의미(意味)는 작고한 할머니이며 만약 비문(碑文)에 증조비(曾祖妣)라 표기(標記)되었다면 작고하신 증조(曾祖)할머니라는 의미가 됩니다.

2) 배(配) 역시 많은 의미를 포함하고 있으나 그 중에서 비석의 배(配)에 대한 의미는 누구의 부인(婦人)이라는 의미로서 배필(配匹)이라는 뜻이라 하겠습니다. 따라서 비(妣)와 배(配)의 차이점은 비(妣)는 작고하신 어머니나 윗대 할머니들을 이르게 되고 배(配)는 생사 불문 모두에게 배필(配匹; 배우자)이라는 의미로 쓰여 지고 있습니다.

⊙妣;
① 조모 이상의 조상 할머니의 존칭.
●周易小過六二條過其祖遇其**妣**[細註]雲峯胡氏曰過三四之陽而遇六五是過其祖遇其**妣**也

② 죽은 어머니의 존칭.
●曲禮生曰父曰母死曰考曰**妣**疏曰死曰考曰**妣**有法度之名也宗廟之祭加其尊稱也
●謝氏曰易曰有子考无咎書言事厥考之類蓋考**妣**古者通稱皆非死而後稱也
●說文解字女部[**妣**]歿母也

⊙配; 배우자. 배필.
●說文解字酉部[配]妃者匹也
●辭源酉部三畫[配]夫婦稱配偶故謂妻曰配

●詩經正解皇矣章天立厥配受命旣固註配賢妃也

▶696◀◆問; 효열비 사당의 서원 승격 및 서원의 사당 격하 절차.

안녕하십니까?

1. 효자 열녀를 기리고 숭상하고 이를 본받기 위하여 건립하는 효열비의 건립절차를 알고 싶고 이의 건립에 성균관에서 관여하는 부분은 무엇인지 자세히 알고 싶습니다.

2. 또 효열비를 직계 자손의 이름으로 건립하는 것은 어떠한지요?

3. 사당을 서원으로 승격하는 절차는 어떠하며 이에 대하여 성균관에서는 어떻게 관여하는지요? 또 서원이 사당으로 격하하는 경우와 절차 등 이에 관한 사항을 자세히 알고 싶습니다. 자세한 하교를 바랍니다. 안녕히 계십시오,

◆答; 효열비 사당의 서원 승격.

아래와 같이 살펴보건대 본받고 기릴만한 효자(孝子) 순손(順孫) 의부(義夫) 절부(節婦) 등이 있으면 고을 선비들이 탄상하고 정승(政丞)이 임금께 상주(上奏)하여 포상 정표문려(褒賞旌表門閭)의 상(賞)을 내리게 한 것 같습니다.

물론 이 과정(過程)은 지난날의 성균관(成均館)의 관장업무 이외이니 간여(干與)한 기록(記錄)은 없는 것 같습니다.

●太祖實錄己亥辛丑日條東北面都巡問使報咸州民女今珍年二十三喪夫守節年至七十二定州人申必年九十九永興府民金夫介祖母年三十二喪夫寡居夫介孝養不怠年至七十九歲上賜米各十石復其家

●太祖實錄乙亥丁未日條上命左右政丞曰今各道所報孝子順孫義夫節婦各有實跡宜加褒賞旌表門閭云云

●七旌閭誌孝門記嗚呼一家一鄕薰染之不足一道多士賞歎而呈文一國卿宰奏啓而褒奬之與弟與姪烏頭綽楔幷列鼎峙於縣治通衢弊則改爲百世如新

17 개장(改葬)

▶697◀◆問; 개장 시 구묘 비석 처리 문제.

안녕하십니까? 다름이 아니오라 외조부님께서 애국지사로 추서되어 산소를 현충원으로 이장하게 될 경우 산소 옆에 있던 비석은 어떻게 처리하는 게 맞을런지요? 봉분이 있던 위치로 비석을 옮겨야 하는지 비석은 없애야 하는지 올바른 방법이 무엇인지 알려주시면 감사하겠습니다.

◆答; 개장 시 구묘 비석 처리.

개장(改葬)에 대하여 개장비요(改葬備要)에서 본주(本註)마다 부주(附註)로 여러 설(說)을 덧붙여놓았으나 구묘(舊墓)의 비석(碑石) 등 석물(石物)의 처리 방법 제시(提示)는 없고 다만 "역시 소석비(小石碑)"를 세운다 하였을 뿐이고, 그 외 비요(備要)를 비롯 여러 예서(禮書) 상례(喪禮) 말미에서 간단하게 언급되었을 따름입니다.

이와 같이 처리된 의미는 지난날에는 운반(運搬) 수단이 열악(劣惡)하여 예법으로 운반 여부를 규정지어 놓은 수가 없었으리라 이해함이 옳을 것 같습니다. 따라서 구묘(舊墓) 비석(碑石) 처리에 대한 분명한 전거(典據)가 없으니, 그 결정은 스스로 내리심이 옳지 않을까 합니다.

●改葬備要乃窆條墳高四尺立小石碑於其前亦高四尺趺高尺許

▶698◀◆問; 개장 시 봉분 위치가 궁금합니다.

산재되어 있는 선조님의 산소를 한 장소에 이장하려고 하는데, 봉분을 어떻게 모셔야 되는지요. 幽宅은 횡으로 5 대조~10 대조까지 합장으로 모시려고 합니다. 기제사 지방 모시는 순서로 하는 게 옳은지요.

◆答; 합장불가.

합장(合葬)은 부부(夫婦) 이외(以外)는 합장(合葬)이 불가(不可)합니다. 역장(逆葬)이 되지 않도록 조심하시고 지형에 따라 소목(昭穆)之序 또는 이서위상(以西爲上)의 법도로 장사하여 위계질서의 어그러지지 않도록 조심하여야 할 것입니다.

● 春秋繁露三代改制質文別眇夫婦同坐而食喪禮合葬祭禮先享婦從夫爲昭穆

▶699◀◆問; 개장시에.

선친의 묘를 개장하여 납골당에 모시려고 합니다. 이때 고인의 혼백을 만들어야 하는지. 마땅히 집에 사당이 있다면 신주가 가택에 있고 선친의 혼을 모실 자리가 있기에 그리하지 않겠지만. 사당이 없으니 임시신주(혼백)이라도 만들어야 할듯하고 어디선가 개장 또한 장례의 예로 한다는 것을 알고 있습니다. 고견을 주십시오.

◆答; 개장시.

개장(改葬)의 예법은 초장(初葬)과 거의 같게 행합니다. 그런데 혼백(魂帛)은 신주(神主) 조성 시에는 반곡(反哭) 후 우제(虞祭)를 마치면 매안(埋安)하고 만약 신주(神主)를 조성치 아니하였으면 정례로 전함은 없으나 변례(變禮)로 아래와 같이 살펴보건대 삼년상을 마치면 묻고 해마다 기일(忌日)을 당하면 지방을 다시 써 세우고 지내는 것입니다.

까닭에 신주(神主)가 없다 하여 개장(改葬) 시에 혼백(魂帛)은 접어 모시지 않습니다. 다만 집에서의 예(禮)에서는 지방(紙牓)을 써 모시고 행합니다.

◆三月後焚紙牓祝

維 歲次干支幾月干支朔幾日干支孝子某敢昭告于 顯考某官府君伏以日月流邁遽終三年魂帛禮當焚埋昊天罔極謹以淸酌脯醢用伸虔告謹告(紙牓則曰今當焚撤紙牓後當臨祭時更書紙牓用之意敢告○逮齋曰不立主入廟告辭今日大祥已屆禮當祔於顯曾祖考不立神主莫行此禮神理人情兩相虧缺孫祔於祖有理昭著伏惟尊靈庶幾隮祔)

▶700◀◆問; 개장 절차 문의.

묘지를 다른 곳으로 이장(移葬) 할 때 산신에게 고(告) 하는 축문(祝文) 같은 것이 있는지요? 이장 할 때 모든 절차를 알고 싶습니다.

◆答; 개장 절차.
◆개장(改葬)

儀節家禮無改葬今采集禮補入○備要按古者改葬爲墳墓以他故崩壞將亡失尸柩也世俗惑於風水之說有無故而遷葬者甚非也

가례에는 없으나 다른 예서에서 모아 보충한 예이다. ○옛날에는 묘가 붕괴되어 시구(尸柩)를 잃을 다른 연고가 있을 때에 개장을 하였는데 세속에서는 풍수지리설에 혹하여 연고도 없는데 천장(遷葬)하고 있는 자는 크게 예를 벗어난 짓이니라.

○개장(改葬)을 하려면 먼저 장사(葬事) 할만한 좋은 땅을 택한다.○관(棺)을 짠다.○상복제도(喪服制度)○염상(斂牀)에 베 매듭과 이불 수의를 갖춘다.○장사 치를 기구를

준비한다.○택일을 하여 묘역을 열 곳에 산신제(山神祭)를 지내고 광중(壙中)을 지어
회벽 만들기를 모두 처음 장례 할 때 의식과 같게 한다.

◆祠土地祝文式(若合窆或繼葬則告先葬及告先塋祝文與治葬本條祝式參看)

維 歲次干支幾月干支朔幾日干支某官姓名敢昭告于 土地之神今爲(此下當添某官姓名之五字主
人自告則當添某之二字)某親某官(主人自告則此下當添府君二字卑幼則否○或某封某氏)宅兆不利將改葬于此
(合窆則改宅兆以下九字爲改兆合窆于某官某公或某封某氏之墓) 神其保佑俾無後艱謹以淸酌脯醢祇薦于
神尙 饗

○하루 전에 사당(祠堂)에 고한다.
◆當位告辭式

維 歲次某干支幾月干支朔幾日干支某親某官(弟以下不名)敢昭告于(妻去敢字弟以下但云告于) 顯
某親某官府君(或某封某氏同遷合葬則列書妻弟以下改顯爲亡卑幼去府君二字)體魄托非其地恐有意外之患
驚動 先靈(旁親改先爲尊妻弟以下去驚動先靈四字)不勝憂懼將卜以是月某日改葬于某所(合窆則改體魄
以下三十二字爲將以某月某日改兆合窆于某親某官府君或某封某氏之墓)謹以(妻弟以下云玆以)酒果用伸虔告謹告
(妻弟以下改用伸以下六字爲用告厥由)

○집사자(執事者)는 구묘(舊墓)에 흰 장막을 친다.○남녀를 위한 처소.○그 다음날 내
외 모든 친족들은 각각 구묘 처소로 간다. 주인은 시마(緦麻) 복을 입고 그 외는 모
두 소복을 한다.○자리에서 슬픔을 다하여 곡한다.○축관은 산신제를 지낸다.

◆舊山祠土地祝文式

維 歲次干支幾月干支朔幾日干支某官姓名敢昭告于 土地之神玆有(添措語見上祠土地祝式)某
親某官(添措語見上祠土地祝式)卜宅玆地恐有他患(若爲合窆而改葬則改恐有他患四字爲今爲合祔)將啓窆遷
于他所謹以淸酌脯醢祇薦于 神神其佑之尙 饗

◆舊岡告先塋告辭式(尤菴曰啓葬之時祖先墓同處一岡則如此重事何可不告耶此雖無明文然以祔葬時告于先墓推之
則遷改時當告無疑矣○又曰兩墓同岡而一遷一否則兩告之)

維 歲次干支幾月干支朔幾日干支某親某官某敢昭告于 顯某親某官府君(或某封某氏合窆位則列
書)之墓曾以某親某官府君(或某封某氏同遷合葬則列書卑幼去府君二字)祔葬于此恐有他患將啓窆遷于
他所(若在局內則云某方○若爲合窆而改葬則改恐有以下十一字爲將以某月某日改兆合封于某親某官府君或某封某氏之
墓)謹以酒果用伸虔告謹告

◆兩墓同岡一遷一否告不遷之墓告辭式

維 歲次干支幾月干支朔幾日干支某親某官(弟以下不名)敢昭告于(告弟以下見上當位告式) 顯某親
某官府君(或某封某氏卑幼去顯爲亡去府君二字下同)之墓曾以 顯某親某封某氏(或某官府君)同葬于一岡
恐有他患今將啓窆遷于他所(此下叙下能同遷之由)追感彌新(考妣此下當添昊天罔極四字弟以下改追感彌新以
他語)謹以(弟以下云玆以)酒果用伸虔告謹告(弟以下改用伸以下六字爲用告厥由)

○묘를 연다.
◆啓墓告辭式

維 歲次干支幾月干支朔幾日干支某親某官某敢昭告于(告妻及弟以下見上當位告式) 顯某親某官
府君(屬稱隨改見上當位告式)葬于玆地歲月滋久 體魄不寧今將改葬(合窆則改葬于以下十六字爲將以某月
某日合封于某親某官府君或某封某氏之墓今方啓墓)伏惟 尊靈(妻弟以下但云惟靈)不震不驚

○산역자(山役者)들은 묘를 연다.○산역자들이 관을 들어 내어 장막 안 자리 위로 옮
겨 놓는다.○축관은 공포(功布)로 관을 닦고 이불로 덮는다.○축관은 시구(尸柩) 앞에
전상을 차린다.○일하는 이는 장막(帳幕) 문밖 새 관을 마주 들고 장막 염(斂)할 곳에
남쪽으로 향하게 놓고 면(綿) 이불을 관 안에 넣어 이불 네 귀가 관 밖으로 나와 늘
어지게 하여 놓는다. 집사자는 렴상(斂牀)을 새 관 서쪽으로 놓고 염상 위에 요를 펴

고 요 위에 횡포(橫布) 매듭 다섯 가닥과 종포(從布) 매듭 한 폭을 펴고 매듭 위에 홑이불을 펴고 홑이불 위에 옷을 더 놓는다. 만약 관을 바꾸지 않으면 염상은 설치하지 않는다. 집사자는 관을 열고 시신을 들어 염상(斂牀) 위에 놓고 염을 하되 대렴 의식과 같게 한다.○관을 상여로 옮긴다.

◆遷柩告辭式
今日遷柩就轝敢告

○곧 이어 전제 찬품을 진설한다.

○전 올리는 의례절차.
제자리로 간다. ○모두 곡한다. ○축관은 손을 씻는다. ○분향을 한다. ○술을 따라 올린다. ○무릎을 꿇고 앉는다. ○다음과 같이 고한다. ○부복하였다 일어나 평신한다. ○국궁 재배 평신한다.

◆設奠告辭式
靈輀載駕往卽新宅

◆發引還家者因朝奠告辭式
今日將遷 柩就轝還歸室堂敢告

◆至家復葬者前一日祖奠告辭式
永遷之禮靈辰不留今奉 柩車式遵祖道

○발인하여 남녀가 곡하며 따르기를 초상 발인 의식과 같다.○상여가 도착하기 전에 집사자는 시구를 안치할 장막을 치고 영좌를 차린다.○남자와 여자가 머물 처소○시구가 도착한다.○주인과 남녀는 각각 자리로 나아가 곡을 한다.○곧 이어 하관을 한다. ○산신제를 묘 좌측에서 지낸다.

◆祠土地祝文式
維 歲次干支幾月干支朔幾日干支某官姓名敢昭告于 土地之神今爲(此下當添某官姓名之某親七字主人自告則當添某之某親四字)某官(添措語見上祠土地祝式)建玆宅兆(合窆則改建玆宅兆爲今已葬畢) 神其保佑俾無後艱謹以淸酌脯醢祗薦于 神尙 饗

○장사를 마쳤으면 막소의 영좌 앞으로 가서 우제를 지낸다.

◆虞祭祝文式
維 歲次干支幾月干支朔幾日干支孝子(屬稱隨)某敢昭告于 顯某親某官府君(或某封某氏)新改幽宅禮畢終虞夙夜靡寧啼號罔極(妻子以下改以他語)謹以淸酌庶羞薦虞事尙 饗

◆墓奠告辭式(便覽廢虞祭告式)
維 歲次干支幾月干支朔幾日干支某親某官某敢昭告于(告妻及弟以下見上當位告式) 顯某親某官府君(屬稱隨改見上當位告式)之墓新改幽宅事畢封塋伏惟 尊靈(改措語見上啓墓告式)永安體魄

◆遭新喪遷舊葬合窆先亡位祝文式
維 歲次干支幾月干支朔幾日干支孝子(承重稱孝孫旁親卑幼隨屬稱)某敢昭告于(告弟以下見上當位告式) 顯考(母先亡云顯妣承重云顯祖考或顯祖妣旁親卑幼隨屬稱卑幼改顯爲亡)某官府君(或某封某氏卑幼去府君二字)之墓新改幽宅合祔以 先妣(承重云王祖妣)某封某氏(母先亡改以合祔于先考某官府君承重及旁親卑幼亦推此)事畢封塋伏惟 尊靈弟以下但云惟靈永安體魄

○우제를 마쳤으면 영좌를 철거하고 주인 이하 다른 곳으로 가서 시마 복을 벗고 소복을 입고 돌아간다.○사당에 고한다.

◆祠堂告辭式

維 歲次干支幾月干支朔幾日干支孝子(前同)某今以 顯某親某官府君(或某親某封某氏)體魄托非
其地已於今月某日改葬于某所事畢謹以酒果用伸虔告謹告

○석 달이 지나면 복을 벗는다.

▶701◀◆問; 개장에 관하여.

부모님 산소가 습하고 주변 나무가 계속 자라서 햇볕이 들지 않아 이장을 생각하고
있습니다. 가족회의에서 이장은 윤년 또는 윤달에 해야만 아무런 해가 없다고 하는
데 그 의견을 반듯이 따라야 하는지 궁금합니다. 물론 그런 의견을 따를 수도 있습
니다 마는 그것에 맞춘다는 것도 그리 간단하지 않습니다. 좋은 말씀을 기대하겠습
니다.

◆答; 개장에 관하여.

법도로는 묘지가 붕괴되어 시구를 잃을 연고가 생기지 않으면 옮기지 않는다는 것
입니다. 개장 역시 다른 여러 가지 일과 같이 무속적 속설로 길흉의 가림이 있어
거의 우리 민족의 정신을 지배하고 있어 미신이라 하고 무시하자니 무거운 짐을 진
듯한 중압감을 이길 수가 없을 듯하여 무시하기도 어려울 것입니다. 그렇다면 가족
의 중론을 따르십시오.

●喪服記改葬註謂墳墓以他故崩壞將亡失尸柩者也○呂氏春秋王季歷葬于過山之尾欒水
嚙其墓見棺之前和文王曰先王必欲一見羣臣百姓也夫故欒水見之於是出而爲張朝百姓皆
見之三日而後更葬之高綉曰棺題曰和
●韓文公改葬服議曰改葬者爲山崩水湧毀其墓及葬而禮不備者若文王之葬王季以水嚙其
墓魯隱公之葬惠公以有宋師太子少葬故有闕之類是也
●朱子曰改葬之儀旣非人謀所及假卜筮以決之亦古人所不廢
●遷葬重事似不宜容易擧動凡百更切審細爲佳若得已不如且已也
●備要按古者改葬爲墳墓以他故崩壞將亡失尸柩也世俗惑於風水之說有無故而遷葬者甚
非也
●南溪曰古者卜葬之法以有伏石涌泉後世又多地風蟲蛇之變其不屑地理者雖先墓罹患而
不知救其惑者妄聽時師之言往往輕遷而或反遭害此人子所當致愼者

▶702◀◆問; 구산제와 산신제에 대하여.

구산제와 산신제에 대하여 알려주십시오.

問 1. 어느 제를 먼저 지내는지요?
問 2. 지내는 위치에 대하여도 알려주십시오.

◆答; 구산제와 산신제.

問 1. 答; 의절(儀節)이나 회성(會成)의 개장편(改葬篇)의 예순(禮順)에 신산(新山)
산신제(山神祭)가 먼저입니다.

問 2. 答; 집람(輯覽)의 고후토지도(告后土氏之圖)를 살펴보면 광중(墉)의 좌측(동
쪽)에서 남향(南向)으로 설위(設位)합니다.

●備要改葬;將改葬先擇地云云擇日開塋域祠土地遂穿壙作灰隔皆如始葬之儀
●備要祝祠土地;將啓墓祝先以酒果祠土地如前儀
●便覽擇日開塋域祠后土;祝帥執事者設位於中標之左南向設盞注酒果脯醢於其前

▶703◀◆問; 구산제 축문.

축문 중에 구산제 축문 좀 알려주십시오.

1. 남편산소 옆에 아내를 모실 때의 구산축문.
2. 아내산소 옆에 남편을 모실 때의 구산축문.

◆答; 구산제 축문.

[어머니께서 돌아가셔서 아버지 옆으로 모시려는데 아버지께 고하는 구산제축문]이
라 함은 초상을 당하여 합폄(合窆)을 할 시 구묘(舊墓)에 고함인지 그러할 때 신산
축인지 가늠이 되지 않아 두 축을 게시하니 의도한 축문식을 택하시기 바랍니다.

●合窆告先葬告辭式(備要合葬則又告先葬之位○便覽親喪合祔使人于舊墓似或有未愜於心者告辭用孤
哀名而奠酌則使人爲之可也○始至及告畢主人兄弟當有哭拜之節)
維 歲次干支幾月干支朔幾日干支孤哀子(承重稱孤哀孫旁親卑幼隨屬稱)某(弟以下不名)敢昭告于(弟以
下但云告于) 顯考(母先葬云顯妣承重云顯祖考或顯祖妣旁親卑幼隨屬稱卑幼改顯爲亡)某官府君(或某封某氏卑幼去
府君二字)之墓 某罪逆凶釁(旁親卑幼喪去某罪以下五字) 先妣(母先葬云先考承重云先祖考或先祖妣旁親卑幼隨
屬稱)見背(卑幼改見背爲喪逝)日月不居葬期已屆將以某月某日祔(母先葬改祔爲合封旁親卑幼喪皆推此)于
墓左(母先葬改左爲右旁親卑幼喪皆推此)昊天罔極(旁親卑幼喪改昊天罔極四字以他語)謹以(弟以下云玆以)酒果
用伸虔告謹告(弟以下改用伸以下六字爲用伸厥由)

●祠后土祝文式
維 歲次干支幾月干支朔幾日干支某官姓名敢昭告于 土地之神今爲某官姓名(書儀主人也○便
覽按若以主人名則文勢欠詳土喪禮哀子某爲其父某甫云云以此下當添爲其父某官某公或爲其母某封某氏)營建宅
兆(合葬則改營建宅兆爲合窆于某封某氏或某官某公之墓) 神其保佑俾無後艱謹以淸酌脯醢祇薦于 神尙
饗

▶704◀◆問; 구산축(舊山祝)과 동강선영축(同岡先塋祝).

구산축(舊山祝)과 동강선영축(同岡先塋祝)에 대한 축문 좀 알려 주십시요.

◆答; 구산축식(舊山祝式)과 동강선영축식(同岡先塋祝式).

●舊山祠土地祝文式
維 歲次干支幾月干支朔幾日干支某官姓名敢昭告于 土地之神玆有(此下當添某官姓名之五字主
人自告則當添某之二字)某親某官(主人自告則此下當添府君二字卑幼則否○或某封某氏)卜宅玆地恐有他患(若爲
合窆而改葬則改恐有他患四字爲今爲合祔)將啓窆遷于他所謹以淸酌脯醢祇薦于神神其佑之尙 饗

●舊岡告先塋告辭式(尤菴曰啓墓之時祖先墓同處一岡則如此重事何可不告耶此雖無明文然以祔葬時告于先墓推之
則遷改時當告無疑矣○又曰兩墓同岡而一遷一否則兩告之)
維 歲次干支幾月干支朔幾日干支某親某官某敢昭告于 顯某親某官府君(或某封某氏合窆位則列
書之墓曾以某親某官府君(或某封某氏同遷合葬則列書卑幼去府君二字)祔葬于此恐有他患將啓窆遷于
他所(若在局內則云某方○若爲合窆而改葬則改恐有以下十一字爲將以某月某日改兆合封于某親某官府君或某封某氏之
墓)謹以酒果用伸虔告謹告

▶705◀◆問; 당위告辭란?

개장할 때 당위告辭도 하여야 한다고 하는데 이때 "당위"는 무슨 뜻이며 한자로는
어떻게 쓰는지요?

◆答; 당위(當位)고사.

해당(該當; 무엇에 관계되는 바로 그것) 위(位) 고사(告辭).

●奈何天鬧封論起理來自然該當讓你
●紅樓夢第百十回便掌這項銀子都花在老太太身上也是該當的
●山洪三十他們彼此探問着对方打算加人那个組織自己該當納多少捐

▶706◀◆問; 부모 산소 이장 시 조부모산소에 절을 해도 되는지요?

올바른 유교문화 발전을 위하여 수고하시는 여러분에게 깊은 사의를 표합니다. 다름이 아니오라 4 월 26 일 저희 부모님을 조부모님 산소 아래에 이장과 기히 모셔진 백부님의 묘테를 새로이 하려고 하는데요 부모님 이장 후와 백부님 묘(墓)테 설치 후 제물을 차려 놓고 예를 올리려고 합니다. 이 경우 조부모님 산소에도 제물을 차려놓고 예를 올리는 것이 옳은지 그른지를 판단할 수가 없습니다. 고견을 부탁 드립니다. 만약 옳다면 부모님 이장과 백부님 묘테 설치에 따른 고명축문을 알고 싶습니다.

◆答; 부모 산소 이장 시 조부모산소에 절을 해도 되나.

신산(新山) 선영묘(先塋墓)에는 초장(初葬)에도 고(告)함이 있으니 개장(改葬) 역시 선영하(先塋下)라면 고(告)함이 있어야 할 것입니다. 그 고함은 일을 마친 후에 고함이 아니라 사전(事前)에 고하여야 할 것입니다.

●事前先塋告辭式(一獻之禮)

維 歲次干支幾月干支朔幾日干支某親某敢昭告于 顯某親某官府君(最尊位或某封某氏合窆位則列書)之墓今爲孫(隨屬稱)某官(合窆則某孫婦某封某氏)遷葬宅兆于某所謹以酒果用伸虔告謹告

●父母改葬後墓奠告辭式(一獻之禮)

維 歲次干支幾月干支朔幾日干支孝子某敢昭告于告 顯考某官府君 顯妣某封某氏之墓新改幽宅事畢封塋伏惟 尊靈永安體魄

●虞祭祝文式(當日家宅正寢三獻之禮)

維 歲次干支幾月干支朔幾日干支孝子某敢昭告于 顯考某官府君 顯妣某封某氏新改幽宅禮畢終虞夙夜靡寧啼號罔極謹以淸酌庶羞祗薦虞事尙 饗

●墳牆(묘 담장)을 改修後 慰安 告辭式(一獻之禮)

維 歲次干支幾月干支朔幾日干支孝子(隨屬稱)某敢昭告于 顯考某官府君(隨屬稱合窆位則列書)之墓旣改墳牆莎修葺事畢伏惟 尊靈永世是寧

▶707◀◆問; 신, 구묘 산신축문 등.

안녕하세요. 축문에 대하여 문의 드립니다. 다름 아니고 정부의 수용으로 인하여 종중의 임야 내에 있는 선조묘소를 이장하라고 합니다. 부득이 납골 묘를 조성하여 1 개의 묘에 납골로 4 대를 모실 수 있도록 조성 하였습니다. 선조 20 위를 납골로 5 개 봉분으로 나누어 모시려고 합니다. 하오나 현 묘지의 산신에 대한 축문과, 새로 납골로 모시는 산에 대한 산신축문 등 모르는 것이 많아 문의 드립니다. 아울러 묘지 조성 후 성분축문 등 문헌을 보아도 잘 이해가 되질 않아서 문의 드립니다. 1 개 봉분에 4 대(8 위)를 모시는데 축문을 어떻게 작성하여야 하는지요. 선생님의 하교를 부탁 드립니다. 환절기 더욱 건강하시고 즐거운 시간 되시길 기원 드립니다. 2009.3.14 성모용 드림.

◆答; 신, 구묘 산신축문.

●舊山 山神祭 祝文

維 歲次云幼學○○○敢昭告于 土地之神今爲[學生漢陽李公]宅兆不利將改葬于他所 神其保佑俾無後艱謹以淸酌脯醢祗薦于神尙 饗

●啓墓告辭

維 歲次云○○孫○○敢昭告于 顯○代祖考○○府君(顯○代祖妣○○○氏)葬于玆地(國家收用)今爲不得改葬 伏惟尊靈勿震勿驚

●改葬 後 告辭

維 歲次云○代孫○○敢昭告于 顯○代祖考○○府君(顯○代祖妣○○○氏)之墓新改幽宅事畢
封塋伏惟尊靈永安體魄謹以酒果用伸虔告謹告[納骨墓의 경우, 다른 用語(例; 世俗隨行 廟堂奉安 등)
으로 變通하실 수 있습니다.]

●改葬 後 山神祝文

維 歲次云幼學○○○敢昭告于 土地之神今爲[學生 漢陽李公]建玆宅兆 神其保佑俾無後艱
謹以淸酌脯醢祗薦于 神尙 饗

▶708◀◆問; 이장 시 축문.

이장할 때 고하는 축문을 가르쳐 주세요.

◆答; 이장 시 축문.

신산(新山) 선영묘(先塋墓)에는 초장(初葬)에도 고(告)함이 있으니 개장(改葬) 역시
선영하(先塋下)라면 고(告)함이 있어야 할 것입니다. 그 고함은 일을 마친 후에 고
함이 아니라 사전(事前)에 고하여야 할 것입니다.

●告辭式(一獻之禮)(709 참조)
●祝文式(當日家宅正寢三獻之禮) (709 참조)

▶709◀◆問; 이장에 관해서.

안녕하십니까? 아는 것이 없어서 또 여쭙게 되었습니다. 항상 감사하게 생각하고
있습니다. 현재 묘지에 있는 조상님을 파묘(破墓)하여 화장 후 대전국립묘지에 안장
(安葬)하게 되었는데 파묘할 때와 안장할 때 축문을 어떻게 써야 하는지 알려주시
면 고맙겠습니다.

◆答; 이장(개장).

아래에서 적합한 축식을 택하여 사용하시기 바랍니다.

⊙祠土地祝文式(若合窆或繼葬則告先葬及告先塋祝文與治葬本條祝式參看)
維 歲次干支幾月干支朔幾日干支某官姓名敢昭告于 土地之神今爲(此下當添某官姓名之五字主
人自告則當添某之二字)某親某官(主人自告則此下當添府君二字卑幼則否○或某封某氏)宅兆不利將改葬于此
(合窆則改宅兆以下九字爲改兆合窆于某官某公或某封某氏之墓) 神其保佑俾無後艱謹以淸酌脯醢祗薦于
神尙 饗

⊙當位告辭式
維 歲次某干支幾月干支朔幾日干支某親某官(弟以下不名)敢昭告于(妻去敢字弟以下但云告于) 顯某
親某官府君(或某封某氏同遷合葬則列書妻弟以下改顯爲亡卑幼去府君二字)體魄托非其地恐有意外之患驚
動 先靈(旁親改先爲尊妻弟以下去驚動先靈四字)不勝憂懼將卜以是月某日改葬于某所(合窆則改體魄以下
三十二字爲將以某月某日改兆合窆于某親某官府君或某封某氏之墓)謹以(妻弟以下云玆以)酒果用伸虔告謹告(妻
弟以下改用伸以下六字爲以告厥由)

⊙舊山祠土地祝文式
維 歲次干支幾月干支朔幾日干支某官姓名敢昭告于 土地之神玆有(添措語見上祠土地祝式)某
親某官(添措語見上祠土地祝式)卜宅玆地恐有他患(若爲合窆而改葬則改恐有他患四字爲今爲合祔)將啓窆遷
于他所謹以淸酌脯醢祗薦于 神神其佑之尙 饗

⊙舊岡告先塋告辭式(尤菴曰啓墓之時祖先墓同處一岡則如此重事何可不告耶此雖無明文然以祔葬時告于先墓推之
則遷改時當告無疑矣○又曰兩墓同岡而一遷一否則兩告之)
維 歲次干支幾月干支朔幾日干支某親某官某敢昭告于 顯某親某官府君(或某封某氏合窆位則列
書)之墓曾以某親某官府君(或某封某氏同遷合葬則列書卑幼去府君二字)祔葬于此恐有他患將啓窆遷于

他所(若在局內則云某方○若爲合窆而改葬則改恐有以下十一字爲將以某月某日改兆合封于某親某官府君或某封某氏之墓)謹以酒果用伸虔告謹告

⊙兩墓同岡一遷一否告不遷之墓告辭式

維　歲次干支幾月干支朔幾日干支某親某官(弟以下不名)敢昭告于告(弟以下見上當位告式)　顯某親某官府君(或某封某氏卑幼改顯爲亡去府君二字下同)之墓曾以　顯某親某封某氏(或某官府君)同葬于一岡恐有他患今將啓窆遷于他所(此下敍下能同遷之由)追感彌新(考妣此下當添昊天罔極四字弟以下改追感彌新以他語)謹以(弟以下云玆以)酒果用伸虔告謹告(弟以下改用伸以下六字爲用告厥由)

⊙啓墓告辭式

維　歲次干支幾月干支朔幾日干支某親某官某敢昭告于(告妻及弟以下見上當位告式)　顯某親某官府君(屬稱隨改見上當位告式)葬于玆地歲月滋久　體魄不寧今將改葬(合窆則改葬于以下十六字爲將以某月某日合封于某親某官府君或某封某氏之墓今方啓墓)伏惟　尊靈(妻弟以下但云惟靈)不震不驚

⊙祠土地祝文式

維　歲次干支幾月干支朔幾日干支某官姓名敢昭告于　土地之神今爲(此下當添某官姓名之某親七字主人自告則當添某之某親四字)某官(添措語見上祠土地祝式)建玆宅兆(合窆則改建玆宅爲今已葬畢)　神其保佑俾無後艱謹以淸酌脯醢祗薦于　神尙　饗

⊙虞祭祝文式

維　歲次干支幾月干支朔幾日干支孝子(屬稱隨)某敢昭告于　顯某親某官府君(或某封某氏)新改幽宅禮畢終虞夙夜靡寧啼號罔極(妻子以下改以他語)謹以淸酌庶羞祗薦虞事尙　饗

⊙墓奠告辭式

維　歲次干支幾月干支朔幾日干支某親某官某敢昭告于告(妻及弟以下見上當位告式)　顯某親某官府君(屬稱隨改見上當位告式)之墓新改幽宅事畢封塋伏惟　尊靈改措語見上啓墓告式永安體魄

▶710◀◆問; 이장을 하려고 합니다.

어디에 물어야 할지 고민하다 여기에 글을 올리게 되었습니다. 장모님은 35 년 전에 돌아가셔서 현재 공원묘지에 모시고 있습니다. 그리고 몇 년 전 장인께서 돌아 가셨는데 사정으로 인해 합장해 드리지 못하고 화장하여 납골묘에 모시고 있습니다. 장인께서 돌아가실 때의 사정으로 어쩔 수 없는 방법이긴 하였지만 몇 년이 지난 지금 두 분을 따로 모시는 것이 도리가 아니라 생각되어 합장을 하기로 식구들과 상의 하여 결정을 하였습니다.

공원묘지 관리자에게 합장에 관한 문의를 해보니 아버님을 화장하였으면 어머님의 유골도 수습하여 화장 후 합장을 하여야 한다고 합니다. 몇 십년(十年) 전에 사별하신 분을 합장하면서 잘 쉬고 계신 분의 유골을 화장한다는 것이 못내 맘이 찜찜해서 그럽니다.

꼭 장모님의 유골도 화장을 하여 합장을 하여야 하는지요? 제 짧은 생각에는 유골을 훼손하지 않은 상태에서 아버님의 유골 함을 옆에 모시는 것이 어떨까 하는 생각을 하는데 이렇게 하는 것이 바른 것 인지 모르겠습니다.

저희와 같은 경우 합장을 하는 법도가 어떻게 되는지요? 나이를 먹어감에도 우리 풍습에 대해 제대로 알지 못하여 부득이 성균관 게시판을 이용하여 질문을 드립니다. 모쪼록 현인의 조언을 부탁 드립니다.

◆答; 이장을 하려고 합니다.

화장(火葬)은 유가(儒家)의 예법(禮法)이 아니라 납골당 예법은 알지를 못합니다. 장모(丈母) 유골 화장은 안되며 묘 개분(開墳)시 유골이 노출되지 않도록 조심하시고 유골함의 합장법은 알지를 못하나 남좌여우로 중간쯤에 모심이 옳을 듯도 싶습니다.

아래는 외손이 주인이 된 합장 축식입니다. 예법은 우제만 삼헌지례이고 모두 단헌지례입니다.

⊙合葬時祀土地祝文

維　歲次干支幾月干支朔幾日干支某官姓名敢昭告于　土地之神今爲某官某公合葬于某封某氏之墓　神其保佑俾無後艱謹以淸酌脯醢祇薦于　神尙　饗

⊙合葬時告先葬祝辭

維　歲次干支幾月干支朔幾日干支外孫姓某敢昭告于　顯外祖妣某封某氏今爲　外祖考考某官府君行合窆之禮敢啓封域伏惟　尊靈勿驚勿震

⊙葬畢土地祝文

維　歲次干支幾月干支朔幾日干支某官姓名敢昭告于　土地之神今爲某官某公改窆宅兆　神其保佑永無後艱謹以淸酌脯醢祇薦于神尙　饗

⊙合葬畢告辭

維　歲次干支幾月干支朔幾日干支外孫姓某從告者屬稱敢昭告于　顯外祖考某官府君　顯外祖妣某封某氏之墓今以　外祖考某官府君合窆先塋謹以酒果用伸虔告謹告

⊙虞祭祝文

維　歲次干支幾月干支朔幾日干支外孫姓某敢昭告于　顯外祖考某官府君合窆先塋禮畢終虞夙夜靡寧啼號罔極謹以淸酌庶羞祇薦虞事尙　饗

18 납골(納骨)(附火葬及齋)

▶711◀◆問; 가족 납골묘 성묘 관련.

안녕하세요. 처음 이 사이트를 왔는데 아주 유익한 것 같습니다. 저희 부모님이 궁금해하셔서요. 가족 납골 묘를 모셨는데 아버지, 어머니, 할아버지, 할머니, 총 4 분입니다. 술잔을 몇 번을 올려야 하는지 궁금합니다.

할아버지, 할머니께 두잔 붓고 절하고 아버지, 어머니께 두잔 붓고 절을 해왔는데 맞는지 궁금하시답니다. 아니면 다른 방법이 옳은지요 답변 부탁 드립니다. 감사합니다.

◆答; 가족 납골묘 성묘.

지난날에는 백성의 장사(葬事)를 아래와 같이 엄하게 다스렸으니 화장납골(火葬納骨)이 성(盛)할 수가 없어 그 예법(禮法)이 없습니다.

그러나 금세(今世)에는 화장납골(火葬納骨)이 보편화(普遍化)되었으니 그와 같을 시(時)의 예법은 기존(旣存) 성묘(省墓)나 묘제(墓祭) 예법을 준용(準用)할 수밖에 없을 것입니다.

성묘(省墓)에서 개원례(開元禮) 예법에 의하면 묘역(墓域; 족장지의 예법)의 남쪽(山의 초입)에 자리를 마련 합동 재배(再拜)를 하고 묘역(墓域)으로 가 묘 주위를 서너 바퀴 돌며 청소를 하고 되 돌아와 재배하고 물러난다 하였으니, 만약 납골당(納骨堂) 내의 환경(環境)이 비좁고 여의치 않으면 초입(初入)에 자리를 펴고 주부자(朱夫子) 성묘(省墓) 예법(禮法)에는 주효(酒肴)의 예가 있으니 안주를 진설 헌주(四盃) 후 재배(再拜)하고 당으로 들어가 살핀 후 제자리로 나와 재배하고 물러난다 하여도 예(禮)에 어그러지지는 않을 것 같으며, 당내의 환경이 행사하기에 족하면 묘제

(墓祭)의 예법에 따라 합폄(合窆)이나 쌍분이면 고비(考妣) 합설(合設)에 각잔(各盞) 헌주(獻酒) 후 재배(再拜)하게 되니 조부모께 그와 같이 행하고 다음으로 부모께 그와 같이 행하게 되면 이 또한 예에 크게 어그러지지는 않을 것입니다.

●大明律禮律喪葬條凡有喪之家必須依禮安葬若惑於風水及托故停柩在家經年暴露不葬者杖八十〇其從尊長遺言將屍燒化及棄置水中者杖一百卑幼並減二等若亡歿遠方子孫不能歸葬而燒化者聽從其便〇其居喪之家修齋設醮若男女溷雜飲酒食肉者家長杖八十僧道同罪還俗

●開元禮省墓條王公以下拜掃先期卜日如常前一日設次於塋南百步道東西向北上設主人以下位塋門外之東西面以北爲上其日主人到次改服公服無者常服主人以下俱再拜奉行墳塋(註精靈感慕有泣無哭)至於封樹內外環繞哀省三周其荊棘慮與荒草連接者皆隨卽芟剪不令火由得及掃除訖主人以下復門外位皆再拜遂還若遠行辭墓哭而後行

●朱子省新安墓文(云云)酒肴之奠(云云)

●尤庵曰初到再拜復再拜而退則禮意尤爲懇惻而周詳矣

●問解考妣兩墓相去不遠雖坐向稍異祭祀及拜禮似當兼行

●四未軒曰考妣墓合祭時主祭者當於妣墓焚香酹酒以迎神來于考墓而行拜禮而合祭之爲禮家所通行也

▶712◀◆問; 가족 납골 묘, 한국 전통 유교 원칙에 따라 봉안할 수 있는 순서.

안녕하세요. 한국 전통 유교 원칙에 따라 가족 납골 묘 봉안할 수 있는 순서에 대해 문의 드립니다. 저는 60 세 남자 가장입니다. 저는 4 남매(3 남 1 녀) 중 장남이고, 누님 한 분(매형)이 있고, 남동생 2 명이 있습니다. 저는 자녀가 1 남 2 녀(딸/딸/아들 순서)입니다. 누님(매형)은 자녀가 1 남 1 녀(딸/아들 순서)입니다. 남동생 1 명은 결혼하였으나 자녀가 없습니다. 막내 남동생 1 명은 자녀가 1 남 1 녀(딸/아들 순서)입니다.

저는 1986 년경 부모님이 돌아가시기 전에 순수하게 저의 비용으로 공원 묘원(墓園)에서 묘소를 1 개 분양 받았습니다. 그 후 2009 년에 부모님께서 돌아가셔서 부모님 모두 공원 묘원에 분양 받은 묘소에 가족 납골 묘(6 기 가능)로 봉안하였습니다. 공원 묘원의 가족 납골 묘는 6 기로 조성되어 있으며, 부모님 2 분을 모셨으므로 이제 4 기를 더 봉안할 수 있습니다.

1. 향후에 저희 가족 납골 묘에 봉안할 수 있는 순서를 한국 전통 유교 원칙에 따라 알려주시면 감사하겠습니다.
2. 혹시 장자 원칙에 따라 ① 장남인 저와 저의 처. ② 저의 아들 부부 순서로 봉안할 수 있는지요?
3. 또는 저의 3 형제 중 ① 저와 저의 처. ② 저의 형제 중 2 남과 2 남의 처 순서로 봉안해야 하는지요?
4. 이러한 원칙이 정리되어 있는 자료를 인터넷을 이용하여 열람하고, 인쇄할 수 있는지요? 감사합니다. 2013 년 7 월 19 일 올림.

◆答; 가족 납골 묘.

아래와 같이 불가(佛家)의 장법을 살펴보건대 요즘 납골(納骨) 장법은 불가의 입탑(入塔) 장법이 세속화 된 것이 아닌가 합니다. 따라서 그와 같은 예법에 관하여는 불가나 분양 받은 해당 공원 묘원(墓園)을 통하여 확인하심이 옳을 것 같습니다.

전통유교(傳統儒敎) 장법에는 화장법과 아울러 입탑 장법이 없어서 일러드릴 수가 없습니다. 다만 사당(祠堂) 입감(入龕) 예법은 장자승계원칙(長子承繼原則)에 따라

지자(支子) 손은 입감(入龕)이 되지 않고 적자(嫡子) 손(孫)이니 본인 부부와 장자(長子) 부부(夫婦), 장손부부(長孫夫婦) 이와 같은 순(順)으로 입감(入龕)이 됩니다.

●釋門家禮抄葬法天竺葬法有四焉一水葬二火葬三土葬四林葬(云云)舍利(云云)立塔(云云)

●茶毘文茶毘作法註茶毘亦云闍維此云焚燒卽火葬也(云云)擧火篇(云云)下火篇(云云)碎骨法(云云)起骨篇(云云)拾骨篇(云云)碎骨篇(云云)散骨(云云)

▶713◀◆問; 납골당(納骨堂) 제사일자.

저희 조상님은 12 대부터 26 대까지 종중(宗中) 납골당(納骨堂)에 모셨는데 납골당에서 시제(時祭)를 모시고 있습니다. 시제(時祭)로 모시지 않는 분들도 함께 모셔져 있습니다.

시제(時祭) 때 축문은 어떻게 작성해야 될런지요? 축문(祝文)을 12 대부터 26 대까지 따로 글을 넣어야 하는지요?

◆答; 납골당 제사일자.

단(壇), 재사(齋舍), 납골당(納骨堂) 등에서 누대(累代)를 합제(合祭) 할 때 축문은 대(代)마다 써 초헌(初獻) 때에 각각 고하여야 예법상 옳습니다.

더러 듣기로는 여러 대를 한 장에 합서(合書)하여 한 번에 독축(讀祝)한다 하나, 이는 예법과는 동떨어진 편의적인 발상 일뿐이라 할 수 있습니다.

○親盡 納骨堂 歲一祭 祝文式

維 歲次干支十月朔日干支幾代孫某敢昭告于 顯幾代祖考某官府君 顯幾代祖妣某封某氏之納骨函今以草木歸根之時追惟報本禮不敢忘瞻掃納骨室不勝感慕謹以淸酌庶羞祇薦歲事尙 饗

●問墓祭或墓非一二多至八九東西埋葬邱壠峻險南往北來神倦身疲恐有怠慢之氣(云云)或厥日有終朝之雨則亦將何以爲之欲預搆一屋於墓側而若遇如此之時依時祭之儀合祭一所如何退溪曰豈不善哉

▶714◀◆問; 납골당축문에 관하여.

안녕하세요 저의가족은 수년 전에 상의(相議)하여 납골당(納骨堂)을 지어서 부모님부터 8 대조부모님까지 모셨는데 묘사(墓祀) 때 축문(祝文)을 어떻게 써야 할지 궁금합니다. 상세히 알려주세요.

◆答; 납골당 축문.

유가(儒家)의 장법(葬法)에는 화장예법(火葬禮法)이 없으니 납골당(納骨堂)에 관한 예법(禮法)이 있을 리 만무(萬無)합니다. 까닭에 화장(火葬)은 대체로 불가(佛家)의 예법 같아 다비문(茶毘文), 불공제식(佛供祭式), 석문의범(釋門儀範), 석문의식(釋門儀式), 등등 많은 불가(佛家) 예법이 있으나 그에서도 납골당(納骨堂) 예법이 보이지 않습니다. 따라서 기존 유가(儒家)의 묘제(墓祭) 축문식(祝文式)을 응용(應用)할 수 밖에 없을 것입니다.

기존 묘제(墓祭) 축문식(祝文式)에서 고쳐야 할 곳은 아마도 운운지묘(云云之墓)와 첨소봉영(瞻掃封塋)의 봉영(封塋)이 될 것 같습니다. 이 두 곳을 납골당(納骨堂)으로 표현(表現)시키는 방법으로 예를 들어 운운지납골(云云之納骨)0 실(室) 첨소납실(瞻掃納室)과 같이 각각의 실정에 맞게 고쳐 고하는 방법밖에 없을 것입니다.

합제(合祭)일 때 독축(讀祝) 예법은 조고(祖考) 이상과 고비(考妣)의 축문이 다를 뿐만 아니라 합제(合祭)일 때 대각이판(代各異板)이라 하였으니 세대마다 돌아가며 초헌(初獻)과 아울러 독축(讀祝)함이 예법에 옳을 것입니다.

●家禮四時祭讀祝條詣諸位獻祝如初每位逐位讀祝
●便覽四時祭祝文式代各異板

▶715◀◆問; 납골당 묘제에 관하여?

선생님의 답 글 감사히 읽었습니다. 궁금증이 좀 더 남아서요. 부산 영락원 납골당은 한방에 약 1200 여기의 유골이 모셔져 있습니다. 묘지로 치면 공동 묘지라고 보면 됩니다. 방안에는 공간이 없고 바깥에 별도로 참배 제단이(제상)마련되어 있습니다. 제상엔 주과포를 놓을 제기오 지방함 등이 마련되었습니다. 하여 많은 사람들이 지방을 써서 붙이고(주로 부모) 참배를 합니다.

수천기 앞에서 참배를 해야 하니 지방이 없으면 누구에게 하는지 구분이 안되잖아요? 특히 저는 아버님과 장인이 한방에 모셔지게 되어서 정말 난감해요. 선생님의 고견을 듣고 싶습니다. 옛날엔 이런 일이 상상도 안되지만 지금은 실제현상이 이러니 여기에 대한 예절 정의도 마련되어야 될 것 같습니다.

◆答; 납골당 묘제.

선생의 말씀에 동조(同調)하려면 유가(儒家)의 매장법(埋葬法)을 분시(焚尸) 납골장법(納骨葬法)으로 바뀌거나 인정하여야 합니다. 화장(火葬)은 불효(不孝)라 하였으니 유자(儒者)로서 현재론 누구도 선뜻 나서지 못할 것입니다.

나라에서 행하는 장법(葬法) 역시 유가(儒家)의 매장법(埋葬法)과 아울러 분시(焚尸)하여 잔골(殘骨)을 쇄골(碎骨) 매장(埋葬)하고 있습니다. 까닭에 납골당(納骨堂) 장법(葬法)은 특수한 예이니 그에 대한 예법을 섣불리 운운할 수가 없는 것입니다. 그렇기는 하나 현실에 직면(直面)한 과제이니 어물쩍 넘길 수는 없겠지요.

다만 일러줄 수 있는 예는 유가(儒家)의 예법에 후손들이 묘에서의 행하는 예로는 묘제와 성묘(省墓)의 예법이 있으니 묘제(墓祭)란 특정일에 행함이라 무시로 행할 수는 없을 것 같고 성묘(省墓)의 예를 준용(準用)하여 행함이 옳을 것 같습니다. 성묘(省墓)의 예란 상묘(上墓)하여 주과포(酒果脯)가 준비되었으면 묘전(墓前)에 진설하고 무축단헌(無祝單獻)의 예로 마치고 만약 준비되지 않았다면 상묘(上墓) 재배(再拜) 하직(下直) 재배(再拜)하고 하산(下山)합니다.

납골당(納骨堂) 역시 통로(通路)는 있을 것입니다. 주과포(酒果脯)가 준비되었으면 납골함(納骨函)을 모신 방의 앞에다 깨끗한 자리를 펴고 진설(陳設)하고 무축단헌(無祝單獻)의 예로 행함이 옳지 않을까 합니다.

물론 매장(埋葬) 분묘(墳墓) 묘제(墓祭) 역시 재사(齋舍)나 제단(祭壇)에서 행하는 예도 있으니 주인이 참석되는 납골당(納骨堂) 묘제(墓祭)도 외부에 마련된 제단(祭壇)에서 지방을 세우고 예를 갖춘다 하여 예에 어그러졌다 할 수는 없을 것입니다.

●尤庵曰省墓時初度再拜復再拜而退則禮意尤爲懇惻而周詳矣

▶716◀◆問; 납골묘(納骨墓) 표지문에 대하여.

저는 문중(門中)의 납골(納骨) 묘(墓) 조성(造成)을 책임지고 있는 사람입니다. 선조(先祖)의 묘(墓)를 파묘(破墓)하여 화장(火葬) 후 유골(遺骨) 함에 봉안(奉安)하여 조성된 납골 묘의 땅에 묻고 위에 표제석비를 안치 하려고 합니다.

유골(遺骨) 함(函) 및 표지 석에 새길 글귀에 대하여 조언을 부탁 드립니다. 제 생각에 유골 함에는 OOO 공휘(公諱)OO 지함(之函)라고 쓰고, 표지 석에는 OOO 공휘(公諱)OO 지묘(之墓)라고 쓸려고 합니다. 이것이 맞는지요? 틀린다면 어떻게 써야 하는지 고견을 듣고자 합니다.

◆答; 표지판석 및 납골함 서식.

납골함(納骨函).

고(考); 지개식(誌蓋式); 모관모공지유골함(某官某公之遺骨函).

비(妣); 부모관성명모관모공휘모처(婦某官姓名某官某公諱某妻)(有官則配)모씨지유골함(某氏之遺骨函).

표지석

고(考)의 경우 모관성씨모세(某貫姓氏某世) 고모관모공휘모자모지유골함매지(故某官某公諱某字某之遺骨函埋地).

비(妣)의 경우 모관성씨모세휘모지비고모봉모씨휘모자모지유골함매지(某貫姓氏某世諱某之妃故某封某氏諱某字某之遺骨函埋地)

●家禮誌蓋式;某官某公之墓
●家禮婦人誌蓋式某官姓名某官某公諱某妻(有官則配)某氏之墓
●考證修建塔廟條金剛經註塔廟者廟之爲言貌也塔中安佛形貌

▶717◀◆問; 문중 납골당 건립 시 궁금한 점.

문중 납골당 건립 시 건립 전에 납골당 밑에 문장을 넣으려고 하는데 보통 어떤 식으로 문장을 만들어 넣는지 알고 싶습니다.

◆答; 납골당 건립 시 궁금증.

다비(茶毗)란 범어(梵語)인 jhāpita 의 음역자로 불가(佛家)에서 행하는 화장(火葬)을 의미하며 그에 속한 납골당 예법은 유가에서는 불작불사(不作佛事)이니 납골당에 관한 예법이 있지 않습니다. 까닭에 그에 관한 예법은 불가나 납골당을 제작하는 석상(石商)에 문의하심이 여러 가지 정확한 정보취득에 유리하실 것 같습니다.

●考證修建塔廟條金剛經註塔廟者廟之爲言貌也塔中安佛形貌

▶718◀◆問; 산소를 이장 할 경우 비석은.

쉽게 답을 구하기 힘든 궁금한 사항들을 여러 어르신들의 세세한 답변으로 하나하나 배워가고 있음에 진심으로 감사 드립니다. -꾸벅- 궁금한 것이 있어 다시 질문을 드립니다. 산소를 이장 할 경우 비석은 어떻게 하는 게 타당한 것인지가 궁금합니다.

1. 혹은 이장 전에 있던 비석까지 옮겨와 이장한 산소 좌측(동쪽)에 세우고, 다시 제작한 비석을 우측(서쪽)에 세워도 되는지요?
2. 옮겨 온 비석과 새 비석을 세워야 한다면 어떻게 하는 게 타당한지요.
3. 이장을 하였으니 전 비석은 폐기해야 하는지요?
4. 이장은 할지라도 비석은 새로 만들어서는 안 되는지요?
이와 관련한 문헌 등이 있으면 다시 한 번 세세히 알려 주시기 바랍니다.

◆答; 산소를 이장 할 경우 비석은.

○問 1. 答; 이장(移葬) 시 기존 비석이 마모나 부식(腐蝕)이 심하여 비로서의 생명

을 다한 비이거나 아직 성한 비석 처리에 관한 예서적 전거는 찾을 수가 없습니다.

다만 비석(碑石)으로서 생명이 다하였다 하여도 그 조상(祖上)에 대하여 기념적 표식 물이며 소중한 역사적(歷史的) 자료(資料)로 충분한 가치가 있을 것입니다.

특히 단 몇 자라도 성하다면 마멸된 글자만 改刻하여 세우거나 다시 다듬어 옛과 같이 각자(刻字)하여 묘 동쪽으로 세우거나 만약 신비의 비문의 내용이 상이 하다면 구비를 묘 동쪽에서 서편으로 세우고 신비를 그 동으로 세움이 이치상 합당할 것 같습니다. 비를 동쪽으로 세워야 하는 까닭은 2868 과 같은 전거에 의함에서 입니다.

○問 2.3.4. 答; 1 번 참조.

●梅山石物追改告辭曰云云或改刻則玆以舊碣剝落字劃刻滅將加磨治爰圖新刻○舊碣刑刻而新之今將改立○或舊碣或床石短薄爰圖新備今將改立謹以云云

▶719◀◆問; 선장(仙葬)에 대하여.

족보를 보다가 묘에 대한 표기에 " 선장(仙葬)" 이라고 써 있는 것을 보았는데 어떠한 장묘인지 궁금해서 글을 올렸습니다. 알고 계신 분의 지도를 부탁합니다.

◆答; 선장(仙葬).

1說; 선계(仙界)에 건강과 행복이 충만 하시기를 두 손 모아 축원합니다.
2說; 족보 기록에서는 화장(火葬)했다는 의미가 됩니다.
3說; 시어(詩語)로 신선을 산속에 묻었다네.

●月沙集拾遺錄; 聞道詩仙葬薜蘿

▶720◀◆問; 선장(仙葬) 의 뜻.

족보(族譜)에 돌아가신 분에 대한 기록(記錄)으로 대개는 사망(死亡) 연월일과 묘소(墓所)의 소재(所在), 좌향(坐向) 등을 기록하던데 사망 연월일은 기록되었는데 묘소(墓所)의 소재(所在)를 기록하지 않고 "선장(仙葬)"이라고만 되어 있는 것을 보았습니다. 그런데 이 말[선장(仙葬)]의 뜻을 몰라서 문의 말씀 드립니다.

◆答; 선장(仙葬).

선장(仙葬)이라 함은 고대 중국 남부지방 산악지대(티벨)의 한 장법(葬法)으로 사람이 죽으면 조류(鳥類)가 파먹게 내다 놓는 조장(鳥葬)과 같은 뜻으로 조류가 파먹고 하늘로 날아오른다 하여 신선(神仙)이 되어 하늘나라로 올라간다는 의미로 선장(仙葬)이라고도 한 것 같은데 우리의 전통예법인 유학(儒學)의 장법에는 화장(火葬)의 제도가 없으며 불가(佛家)에서 다비(화장)장법이 있을 뿐입니다.

아마도 유학의 예법으로 보아 족보에 화장이라 기록하기가 어감이 좋지 않아 대용어로 선장(仙葬)을 차용하지 않았나 생각 들며 아직 화장의 동의어로 대중화 된 것 같지는 않습니다.

▶721◀◆問; 수목장 하였다 납골당(納骨堂)으로 이장하는 데?

저희 부친의 산소가 도로공사로 인하여 부득이 이장을 하게 되어 산소 부근에서 좀 떨어진 곳의 토지를 매입하여 금년 7월에 그곳에 수목 장(화장한 후)으로 모시었습니다. 허나 그곳이 사람왕래가 빈번한 곳이라 휀스를 치고자 하였으나, 그린벨트이기 때문에 그런 시설을 하지 못한다고 합니다.

그래서 가족회의를 한 결과, 수목 장한 그곳에서 모시었던 분골을 다시 옮겨 다른 납골당으로 모시고자 합니다. 이리 하여도 조상님께 괜찮은 것인지 방법이 틀린 건 아닌지. 저희의 소견에 문제가 있는지 짚어 주시면 대단히 고맙겠습니다. 안녕히 계십시오.

◆答; 수목장 하였다 납골당으로 이장.

화장(火葬)하여 수목장(樹木葬)하였다 납골당으로 이장에 관한 직접적인 예법은 없습니다. 그러나 이 역시 유가의 개장에 해당되지 않을까 합니다.

아래와 같이 살펴보건대 풍수설(風水說)에 의한 개장(改葬)이 아닌 타고(他故)에 의한 이장이라 개장의 예법을 준용하면 예에 어그러지지는 않을 것입니다.

●呂氏春秋惠公說魏太子曰昔王季歷葬于過山之尾欒水齧其墓見棺之前和(註棺題曰和)文王曰譆先君必欲見羣臣百姓也夫故使欒水見之於是出而爲張朝百姓皆見之三日而後更葬之

●左傳隱公元年十月改葬惠公惠公之薨也有宋師太子少葬故有闕是以改葬

●程子曰英宗欲改葬西陵當是時潞公對以禍福遂止其語雖若詭對要之却濟事

●朱子葬父韋齋先生凡三遷初葬西塔山時幼未更事卜地不詳乾道六年又遷靈梵鵝峯山下又恐地勢卑濕非久遠計乃遷武夷山上梅里寂歷山中峯魯舍之北與祝夫人各葬

●楊氏復曰改葬謂墳墓以他故崩壞將亡失屍柩也言改葬者明棺物毀敗改設之如葬時也

●沙溪曰古者改葬謂墳墓以他故崩壞將亡失屍柩也世俗惑於風水之說有無故而遷葬者甚非也

▶722◀◆問; 어머니 49재에 아버지를 합설할 수 있나?

안녕하세요 저의아버지께서 약 일년 육 개월 전에 돌아 가시고 금년 오월에 어머니 마저 돌아 가셨습니다. 칠월 팔일이 사십구재입니다 다름이 아니오라 아버지나 어머니제사상 차릴 때 두분 모두 사진 을 상에 올리고 밥이며 국 같이 차려드리고 싶은데 그리 해도 되는지요. 사십구재(四十九齋) 때에 두 그리 차려도 되는지요 알려 주십시오. 부탁 드립니다.

◆答; 어머니 49재에 아버지를 합설할 수 없음.

1). 모친은 아직 상중이니 졸곡제(사후 약 100 일)에는 모든 제사는 폐하게 되니 부친은 합제를 할 수가 없으며,

2). 신위(神位)는 상제(喪祭)는 신주(神主)가 없으면 혼백(魂魄)이고, 길제(吉祭는 신주(혹 상중(喪中)의 길제(吉祭)에는 신주(神主)가 없으면 혼백), 신주(神主)가 없으면 지방(紙榜)일 뿐이며, 影幀(영정; 지금의 사진)은 혹영당(影堂)이라 하여 영정(影幀)을 모시는 사당은 있으나 신주(지방) 대신 영정으로는 제사를 지내지 않으며,

3). 사십구일재(四十九日齋)는 불가(佛家)의 예법(禮法)으로 옛날 제후(諸侯)는 우제(虞祭)가 칠우(七虞)였는데 이가 불가(佛家)에서 사후(死後) 7 일 마나 7 번(49 일) 부처에 경을 읽고 극진히 불공(佛供)을 드려 죽은 이로 하여금 다음 세상에서는 좋은 곳에 태어나기를 기원(祈願)하는 齋로서 유가(儒家)의 예법은 아닙니다.

●要訣喪服中行祭儀條未葬前則準禮廢祭而卒哭後則於四時節祀及忌祭使服輕者行薦

●程子曰今人以影祭一髭髮不相似則所祭已是別人大不便

●劉氏垓孫曰文公先生以伊川謂祭時不可用影故改影堂曰祠堂

●朱子曰古禮廟無二主今有祠版又有影是有二主矣必欲適古今之宜宗子所在奉二主盖不失萃聚祖考精神之義

●曾成親亡以後每七日必供佛飯僧以爲是日當於地府見某王吁古人七虞之設乃如是哉

●海東野言新羅高麗崇釋敎專以供佛飯僧爲常我太宗雖革寺社奴婢其風猶在公卿儒士之

家例於殯堂聚僧說經名佛席又於山寺設七七齋富家爭務豪侈貧者亦因例措辦耗費財穀甚
鉅親戚朋僚皆持布物往施名曰食齋

●集說諸侯七虞之禮後世遂以人死之後每七日供佛飯僧言當見地府某王吁古人七虞之說
乃如此哉後世妄誕不足信也

▶723◀◆問; 예절문의.

요즈음은 대규모 납골당(예: 부산 영락원)에 유골을 봉안하고 있는데 직계가 아닌 삼촌. 고모. 이모. 또는 장인, 처남 등의 참배를 갈 때도 있습니다. 유골을 모신 방 바깥에 제상이 있고 지방함도 있는데 주, 과, 포는 진설 하면 되는데 지방은 어떻게 써 붙여야 하는지 궁금합니다. 나름대로 책을 보았지만 나와 있는 곳이 없습니다.

◆答; 예절.

사람이 죽으면 혼(魂)과 백(魄)이 분리됨을 의미합니다. 혼은 무형무체이고 백은 유형유체로서 가묘(家廟)에는 신주(神主=魂神)를 모시고 묘(墓)에는 체백(體魄)이 매장되어 있어 가제(家祭)에서는 신주(지방)를 모시고 제사(祭祀)하고 묘제(墓祭)에서는 실체(육체)인 백(魄)에 제사함입니다.

현재 납골당의 형태가 어떠한지는 알지 못하나 납골당 그 자체가 묘(墓)와 동일시 되어야 하리라 생각됩니다. 특히 신주(지방)는 사자(死者)의 적자손 속칭으로 이미 정하여져 있어 상황에 따라 타인의 속칭으로 또 지방을 쓸 수가 없는 것입니다.

▶724◀◆問; 초암 선생님께.

초암 선생님의 언제나 명쾌한 답변에 거듭 감사 드립니다. 그리고 많은걸 배울 수 있어 감사 드립니다. 다름이 아니옵고 일전에 한번 문의한 납골당 예절에 관해 저의 소견을 잠시 말씀 드려볼까 합니다. 친척이나, 인척 등의 납골당에 가서 (대규모 합동 납골당) 참배할 때 이렇게 하면 안될까요?

먼저 화장도 유교에 반하는 것이고 또한 직계 존, 비속을 제외한 지방은 없다고 하고 납골당(納骨堂)은 묘지와 같은 성격을 띄고 있어 지방이 필요 없다고 하시나. 천여기가 함께 모셔진 곳에 그냥 절만 하기도 애매하니 (공동묘지 입구에서 주과포를 놓고 절만 하는 것과 같으니).

유골함의 앞에 "故 홍길동 神位" 이렇게 신위가 붙어 있으니 고모든, 장인이든 신위와 똑같이 써서 (신위의 방밖 반출은 유실 등의 이유로 반출이 안됩니다) 바깥 제단에서 모셔두고 주과포를 진설 후 참배하면 안될 까요?

방안에 신주(神主)가 있는데 밖에 또 써서 모시는 게 이중적인 것 같기는 하나 현실적(現實的)으로 의미를 둘 수 있지 않을까요? (실제 직계 존, 비속을 참배 오는 사람들은 모두 방안 신주는 그냥 두고 바깥 제단에 "현고부군 신위"등으로 지방을 써두고 참배를 하고 있습니다.

◆答; 납골당 제사.

납골당 제도에 관하여는 아는 바가 전연 없습니다. 다만 유가의 법도에 비견하여 추론할 뿐입니다.

답골당이란 유골(골분)을 안치한 당(堂)이니 유가의 사당제도와는 별개인 일반적인 묘지와 같. 고 이해되는 것이 옳지 않을까 합니다. 다만 그 곳에 납골함과 같이 위패를 같이 모셨다 하여도 그는 단지 납골함(納骨函)을 구분키 위한 수단이지 예법상 사당(祠堂)과 묘를 동시 상징키 위한 방법일 수가 없다 할 것입니다.

만약 사당의 역할까지 겸한다 하여도 사당의 신주는 제사 등 특별한 경우가 아니고는 내모시지 않으며 직비속(直卑屬)은 물론 이성친(異姓親) 역시 사당에 배알할 뿐 신주를 외부로 출취위(出就位)하여 인사치 않습니다. 신주를 사당에서 내모시는 경우는 주인이나 섭주가 아니면 외부로 내올 수가 없으며 다만 섭주자가 주인의 유고로 내모시게 되면 출취위축과 본축에 그 사유를 반드시 고해야 합니다.

신주에는 속신주가 있어 그에 사자의 표시가 되어 있으나 신주 대용인 지방에는 그러한 지정된 표시가 없으니 만약 사유를 축으로 고하지 않으면 지방에 표시된 칭호대로 당사자(섭행자)의 부모 또는 조부모 등의 신위가 되는 것입니다.

▶725◀◆問; 칠칠재(七七齋)에 대하여.

칠칠재(七七齋)가 우제(虞祭)의 대용(代用)으로 세간(世間)에서는 운위(云謂)되고 있습니다. 49재를 어떻게 지내야 옳은가요. 그 예법을 아무리 찾아보려 하여도 예서 어느 책에서도 찾을 수가 없습니다.

혹 선생님께서는 아시리라 믿고 찾아왔습니다. 자세하게 일러 주셨으면 감사하겠습니다. 안녕히 계십시오.

◆答; 49재는 불교의 예법.

49재는 불교(佛敎)에서 사람이 죽으면 7일마다 재(齋)를 7회를 올려 그 영혼(靈魂)이 극락세계(極樂世界)로 들어가게 한다는 재(齋)로서, 유가(儒家)의 예법이 아니라 여기서 그 예법이라든지 축식을 일러 드릴 수가 없습니다.

●實錄太宗十二年壬辰十月八日庚申司諫院上疏疏曰: 然爲死者供佛齋僧之事因循未革而人死則皆欲薦拔而爲七七之齋間設法席之會至於殯處掛佛邀僧稱爲道場無間晝夜男女混處妄費天物曾不顧惜或有無識之徒專尚浮華極備供辦誇示人目其於存亡有何益哉假使佛氏有靈而受人之饋救人之罪則是賣官鬻獄汚吏之事也安有此理哉且生死有命禍福在天縱有祈禱之切佛氏安能施惠於其間哉且於佛經未有齋晨七七之說此必後世僧徒誑人斂財之術也伏望殿下特命攸司喪祭之儀一依

●釋門儀式擧揚;據娑婆世界南贍部洲東洋大韓民國某處某寺淸淨水月道場今此至極至精誠四十九日齋薦魂齋者某處居住行孝者000伏爲所薦先嚴父000靈駕諸當四十九日之晨爲亦上世先亡廣劫以來父母一切親屬等各列位列名靈駕

●東文選疏薦沖鏡王師疏字宙空虛而安住哀哀躃地有同失乳之兒憫憫迷途何異喪家之狗念以平生之履踐想應本地之優游玆不廢於修齋盖未免乎順俗七七齋之方屆三三寶之是供燈燈變作光明臺遍周法界粒粒化生妙香饌充滿性空區區此心了了他鑒伏願云云徑登覺路與諸達者以同遊重入祖門無一衆生而不度

●藍溪先生年譜憲宗皇帝成化二年丙戌(世祖大王十二年)春立碣于敎授公墓先生撰識○是歲母夫人安氏卒(時麗俗未遠喪制壞缺七七之設浮屠之法盛行於世而先生一從古經朝夕哭於几筵哀毁終制鄕隣多感化焉)

●退溪曰七七齋聞出於竺敎而不知其何謂然古人論此等事非一

19 우제(虞祭)(附生辰祭)

▶726◀◆問; 단상(短喪)이란.

단상이란 무엇인가요.

◆答; 단상(短喪).

단상(短喪)이란 소정잡록(嘯亭雜錄)에 의하면 한문제(漢文帝)가 단상법(短喪法)을 처음 시행하였는데. 단상(短喪)은 3 년 상(喪)을 이일역월(以日易月)에 의하여 36 일에 복(服)을 벗는다 함인데, 주례(周禮)의 3 년 상(喪)은 실은 재기(再期) 후 담제(禫祭)까지 27 개월로서 이일역월(以日易月)에 의하여 27 일에 복을 벗는다는 것입니다.

국조상례보편(國朝喪禮補編)설은 주례설을 따라 삼년복(三年服)은 27 일, 기복(朞服) 13 일, 대공(大功)은 9 일, 소공(小功)은 5 일, 시마(緦麻)는 3 일을 입는다는 것입니다. 이와 같은 설(說)을 국조보감(國朝寶鑑)에서 단상지법미면만세지죄(短喪之法未免萬世之罪)라 하였으니 단상설(短喪說)은 고대(古代)에 일부가 행하였던 예(禮)로서 지금의 예로서는 일고(一考)의 가치도 없다 할 것입니다.

●嘯亭雜錄三年喪; 自漢文帝短喪後歷代帝王皆蹈其陋惟晉武帝魏孝文唐德宗宋孝宋四君決意行之
●漢書文帝紀七年六月; 服大紅十五日小紅十四日纖七日(註)服虔曰皆當言大功小功布也纖細布衣也應召力曰凡三十六日而釋服矣此以日易月也師古曰紅與功同服晉二說是也周禮也何爲以日易月乎三年之喪其實二十七月豈有三十六月之文應氏既失之於前而近代學者因循謬說未之思也
●史記孝文帝本紀; 遺詔曰(云云)喪事服臨者皆無踐(云云)服大紅十五日小紅十四日纖七日釋服 (註)索隱曰劉德云紅功也三十六日以日易月也
●晉書志第十禮中泰始二年八月; 詔曰漢文不使天下盡哀亦帝王至謙之志當見山陵何心而無服其以衰経行孚等重奏曰臣聞上古喪期無數後世乃有年月之漸漢文帝隨時之義制爲短喪傳之于後
●南冥曰漢文帝爲易月之喪然只爲吏民設景帝遂短喪自行
●高麗史節要仁宗恭孝大王二年八月; 朕自叨上嗣濫位震宮不能以孝行奉於君親仁德聞於士庶不天遘禍(以日)月易終喪
●國朝喪禮補編戒令; 沐浴飯含襲殮成殯成服治椑治葬停祭 (註)公除以日易月之制也三年二十七日杖朞十五日朞十三日大功九日小功五日緦三日皆自成服日計
●經書類招喪事部短喪; 宰我問三年之短喪期已久矣○齊宣王欲短喪短喪公孫丑曰爲期之喪猶愈於已乎
●新家禮[龜菴. 宋基夏;昭和九年(1934)甲戌七月上旬序]; 發引五日以內喪服期間父母一年心喪三年 祖父母夫妻六個月長子八個月
●國朝寶鑑中宗二十一月; 敎曰自古有爲之君先興孝理以正風敎滕文公行三年之喪顏色之戚哭泣之哀(云云)漢文景雖稱令主而立短喪之法未免萬世之罪(云云)

▶727◀◈問; 돌아가신 분의 생신.

어머니가 돌아가시고 지금 상중입니다. 예전보다 간소화 되 49제에 탈상을 합니다. 제가 궁금한 건 탈상 후 돌아오는 첫 생신에 어찌 해야 하는지요. 어떤 사람은 산소에 가라고 하고, 집에서 생신제사를 지내라는 이도 있습니다.

◈答; 돌아가신 분의 생신.

생신제는 논란이 분분한 예입니다. 그 중에서 탈상(3 년 상)전(前)은 생시의 예로서 살아 계시면 생신 날에 특별한 예가 있으니 그날에는 은전(殷奠; 큰제사; 기제와 같이)의 예로 아침에 지내 드린다는 것입니다. 다만 조기 탈상을 하였더라도 삼년 내는 지내 드림이 자손 된 도리가 아닐까 합니다.

●湯氏鐸曰按家禮親生辰牙祭鄭氏曰祭死不祭生伏覩國朝頒降胡秉中祀先圖凡例有生日之祭當以此爲據竊惟親在生辰既有慶禮歿遇此日能不感慕如死忌之祭可也
●問三年內遇亡人生辰不忍虛過上食後別設饌行之如何尤菴曰恐當如此象平日饌品稍備而行之耳

●直齋曰上食後別設恐近瀆於上食兼設殷奠似爲允當
●南溪曰生辰祭雖曰非禮三年內則人不可不行其儀倣俗節別設
●問生辰祭三年內設行可從否遂菴曰三年內象生時設行無妨
●問練祥若有故退行則祝式如何尤菴曰祝文當用常時所用而末段略告退行之由似宜
●問家禮集說有所謂生忌於先考妣生日設酒食以祭象平生也其祭文曰生旣有慶歿寧敢忘云退溪曰恐孟子所謂非禮之禮此類之謂也
●尤菴曰生辰之祭退溪非禮之答似不可易矣若知其非禮而以先世所行爲難停廢則是非禮之禮無時可改也世人喜說喪祭從先祖之文此殊未安然先世所行之禮昧然遽廢亦似未安須告以廢之之意恐爲婉轉
●會成惟親在生辰旣有慶禮歿遇此日能不感慕如死忌之祭可也

▶728◀◆問; 매안 시(埋安時) 신주(神主)를 모시는 관의 이름이 무엇인지요.

안녕하셔요 또 질문을 드립니다. 길사(吉祀)를 지내고 5 대조 신주를 묻을 때 한지나 삼베로 싸서 묻는 경우도 있으나 별도의 상자(屍身의 경우 棺과 같이)를 준비하여 매안(埋安)하는 경우도 있는데 이런 신주를 입관하는 상자의 이름이 무엇이라고 하는 지요?

◆答; 매안시(埋安時) 신주(神主)를 모시는 관의 이름.

목갑(木匣)이라 합니다.

●便覽吉祭奉遷主埋于墓側諸具條木匣卽櫃屬用以盛主臥安者

▶729◀◆問; 매안의 절차 및 방법.

기제사는 보통 4 대 봉사 라고 하는데요. 4 대가지나 5 대로 넘어가면 마지막 제사를 모신 후에 신위를 산소에 가서 묻는 것으로 제사의 절차가 끝나는 것으로 알고 있는데 그 제사의 절차 및 방법에 대하여 가르쳐 주시면 감사하겠습니다. 제사의 날짜는. 4 대조의 내외를 함께하는지 각각 하는지 축문의 양작 등 제반 절차에 대하여 문의 합니다.

◆答; 매안(埋安) 예법.

종손(宗孫)으로서는 친진(親盡) 신주(神主)는 그의 현손(玄孫) 대(代) 이내의 후손(後孫)이 있으면 그 집으로 옮겨 제사(祭祀)하다 현손 대가 끊기면 그때 그 신주를 묘소에 매안(埋安)하게 됩니다. 매안(埋安) 예법과 축식을 아래와 같습니다.

◆遷主最長之房告辭式

維 歲次干支幾月干支朔幾日干支五代孫某敢昭告于 顯五代祖考某官府君 顯五代祖妣某封某氏玆以先考某官府君喪期已盡禮當遷主入廟先王制禮祀止四代心雖無窮分則有限 神主當祧遷于某親某之房(不遷之位則去某親某之房爲別室)尙 饗

◆遷主最長房改題告辭式(上同儀節告遷于祠堂儀)

維　歲次干支幾月干支朔幾日干支玄孫(曾孫或孫隨屬稱)某官某敢昭告于　顯高祖考某官府君 顯高祖妣某封某氏(曾祖考妣或祖考妣隨屬稱下同)今以孝玄孫某喪制已畢其子親盡　顯高祖考　顯高祖妣神主已祧某當以次長奉祀 神主今將改題謹以酒果用伸虔告謹告

◆送主告辭式

維 歲次干支幾月干支朔幾日干支五代孫某敢昭告于 顯五代祖考某官府君 顯五代祖妣某封某氏古人制禮祀止四代心雖無窮分則有限神主當祧不勝感愴謹以酒果百拜告辭(本龕有祔位則此下云某親某官府君某親某封某氏神主亦當並埋)尙 饗

◆埋主告辭式(承重則六代祖考妣位告辭式○同治葬先塋條)

維　歲次干支幾月干支朔幾日干支五代孫(承重稱六代孫)某官某敢昭告于　顯五代祖考某官府
君　顯五代祖妣某封某氏之墓世次迭遷　神主已祧情雖無窮分則有限式遵典禮埋于　墓側不
勝感愴謹以酒果用伸虔告謹告

●唐元陸儀注祔廟之後禮官帥腰輿詣廟門南幄下大祝捧桑木主幷匱置于輿遂自廟門南西
偏門昇入詣廟殿北簾下兩階間將作先具鍬钁穿坎方深令可容木主匱遂埋而退
●朱子曰古人埋桑主於兩階間今則只得埋於墓所
●芝村曰先生初以埋于兩階間爲註下文又曰埋于墓側豈失於照管未及修正處耶
●公羊傳虞主用桑練主用栗註
練祭埋虞主於兩階之間易用栗
●尤菴曰祧主埋於兩階間漢唐禮也
●備要親盡之主埋於墓所

▶730◀◆問; 매조.

안녕 하십니까. 항상 모르는 부분과 궁금한 부분을 알기 쉽게 가르쳐 주시고
더욱이 홈페이지에 들러가면 여러 가지로 많이 배우고 몰랐든 사실을 알게 되면
항상 성균관의 여러 어른들께(典校?) 항상 존경해 마지 않습니다.

여쭈어볼 말씀은 우리가 4 대 봉제사를 마치면 위폐를 매조(埋詔)를 하는 것으로 알
고 있습니다 그런 연후에는 제사를 안 지내는 것으로 알고 있습니다 여기에 대하여
성균관에서 어떻게 하여야 하며 그 것이 옳은지 아니면 잘못 알고 있는지 가르쳐
주셨으면 합니다 따라서 제가 아는 것이 옳다면 고유제를 지내는 방법과 시기 그리
고 축문을 쓰는 방법을 알려주시면 감사 하겠습니다. 항상 건강에 유의 하시고 계
속 좋은 말씀을 해주시기 바라 마지 않습니다. 여불비상서.

◆答; 매조.

하단과 같이 살펴보건대 지방 봉사였을 때의 매안(埋安)에 관하여는 명문화(明文化)
된 예법은 없는 것 같아(실학의 대가이신 성호선생께서도 논함이 없는 것 같음) 참
고로 신주(神主) 예법을 아래와 같이 게시하여 드립니다.

○奉遷主埋于墓側儀禮節次
(補祥祭後設器具饌如朔日之儀用卓子陳廳事上質明主人奉安親盡之主于卓子上)
序立(如常儀)○參神○鞠躬拜興拜興拜興拜興平身○降神○盥洗○詣香案前○跪○上香○
酹酒○俯伏興拜興拜興平身○主人斟酒○主婦點茶(畢並立)○鞠躬拜興拜興拜興平身○主婦復
位○跪○讀祝○俯伏興拜興拜興平身○復位○辭神○鞠躬拜興拜興拜興拜興平身○焚祝
文○送主(執事者用盤盛主捧之主人自送至墓側)○埋主(祝埋畢始回)

⊙送主告辭式
維　歲次干支幾月干支朔幾日干支五代孫某敢昭告于　顯五代祖考某官府君　顯五代祖妣某
封某氏古人制禮祀止四代心雖無窮分則有限神主當祧不勝感愴謹以酒果百拜告辭(本龕有祔
位則此下云某親某官府君某親某封某氏神主亦當並埋)尙　饗

⊙埋主告辭式(承重則六代祖考妣位告辭式○同治葬先塋條)
維　歲次干支幾月干支朔幾日干支五代孫(承重稱六代孫)某官某敢昭告于　顯五代祖考某官府
君　顯五代祖妣某封某氏之墓世次迭遷　神主已祧情雖無窮分則有限式遵典禮埋于　墓側不
勝感愴謹以酒果用伸虔告謹告

●家禮祠堂篇易世則改題主而遞遷之條其第二世以下祖親盡及小宗之家高祖親盡則遷其
主而埋之其墓田則諸位迭掌而歲率其子孫一祭之亦百世不改也

●愼齋曰奉親盡之主埋於墓所若族人有親未盡者遷于最長房之房使主其祭
●星湖(實學派)禮說埋主說條以紙充實櫝內外用白木櫃如槨亦北首深藏於墓傍潔處堅築
之可矣墓前恐當有告以酒果行事告云云某罪逆不滅先考喪期已卒禮制有限神主親盡當祧
今奉埋于塋傍不勝感愴敢伸虔告臨埋哭盡哀旣埋哭再拜退
●性齋(實學派)曰親已盡則埋族人有親未盡者則遷于最長之房使主其祭

▶731◀◆問; 명언의 방법.

안녕하세요 보통 전례에 따르면 고조부까지 기제사를 모시는 걸로 알고 있는데
4 대봉상을 할 때 첫 번째 봉사자가 돌아가시면 두 번째 봉사자가 제주가 되면
5 대조 할아버지제사는 명언을 하는 것으로 알고 있는데 이때 특별한 의식 있나요.

풀어서 문의하면 4 대봉사시 그 주체인 봉사자가 돌아가시면 상위할아버지 제사를
못 모시게 되는데 이때 특별한 의식이 있는지를 알고 싶습니다. 고맙습니다.

◆答; 명언의 방법.

효현손(孝玄孫)이 죽어 그의 적자(嫡子)로는 친진(親盡)인 오대조(五代祖)가 되어 그
조상(祖上)의 후손(後孫)으로 현손대(玄孫代) 이내의 후손이 없으면 신주(神主)를 묘
소(墓所)에 매안(埋安) 세일제(歲一祭)로 봉사(奉祀)하고 친미진(親未盡) 후손(後孫)
이 생존(生存)하고 있으면 그 중 최장방(最長房)으로 옮겨 봉사하게 됩니다.

옮기는 예법(禮法)은 지방봉사(紙牓奉祀)일 때 효현손(孝玄孫) 대상(大祥; 혹 길제)
때 설위(設位)하고 아래와 같이 고하고, 또 최장방(最長房) 집에서 설위(設位)하고
아래와 같이 고하고 그 집에서 제사(祭祀)합니다. 예법은 단헌지례(單獻之禮)입니다.

○親盡祖考妣位祝文式(承重則六代祖考妣位祝同但改屬稱祝亦異板)
維 歲次干支幾月干支朔幾日干支五代孫某敢昭告于 顯五代祖考某官府君 顯五代祖妣某
封某氏玆以先考(屬稱隨者改見上改題告式)某官府君喪期已盡禮當遷主入廟(承重則改措語見上改題告式)
先王制禮祀止四代心雖無窮分則有限 神主(紙牓奉祀則神主削)當祧遷于某親某之房不勝感愴
謹以淸酌庶羞百拜告辭尙 饗

○最長房告辭式
維 歲次干支幾月干支朔幾日干支玄孫(曾孫或孫隨屬稱)某敢昭告于 顯高祖考某官府君 顯高
祖妣某封某氏(曾祖考妣或祖考妣隨屬稱下同)今以孝玄孫某喪制已畢其子親盡 顯高祖考 顯高祖
妣神主(紙牓奉祀則神主削)已祧某當以次長奉祀 神主今將改題(紙牓奉祀則神主今將改題削)謹以酒果
用伸虔告謹告

▶732◀◆問; 방안제사와 사종시제의 기준은?

안녕하세요. 저는 종손으로서 5 대조(상고조)할아버지의 제사를 지금 방안제사로 모
시고 있습니다. 지방이나 축문에 사용할 관계의 명칭이 없어서 편의상 할아버지의
명칭을 상고조고(上高祖考), 그리고 제주(祭主)인 저의 명칭을 오세손(五世孫) 이렇
게 사용하고 있습니다.

그런데 祭主를 기준으로 4 대조 즉 高祖考 까지만 방안제사로 모시고 5 대조부터는
사종 시제로 올려야 할 것으로 아는데 저의 집안 어른들은 5 대조 할아버지의 증손
들이 모두 사망한 이후에나 사종 시제로 올릴 수 있다고 주장하는데 이에 대한 해
답을 듣고 싶습니다.

◆答; 기제사와 시제.

고조부모(高祖父母)가 효현손(孝玄孫)이 죽어 친진(親盡)이 되면 그 후손 중 현손(玄

孫) 이내의 항렬(行列)이 가장 높은 장자(長者)에게로 제사가 옮겨 집니다. 그 제사를 최장방(最長房)으로 옮기는 예법을 체천(遞遷)이라 합니다.

만약 최장방(最長房)도 죽었으면 그 다음의 차장방(次長房)으로 옮깁니다. 물론 그 후에도 이와 같이 장방으로 옮겨 모시다 그 후손으로서는 친진(親盡)이 되면 비로소 세일제(歲一祭)인 묘제로 그 후손이 모여 지내게 되는 것입니다.

선생께서는 예법에도 없는 기제(忌祭)를 모시고 계십니다. 위와 같이 최장방(最長房)으로 체천(遞遷)하심이 바른 예법이고 만약 그 후손으로서 현손(玄孫)에 해당하는 족인(族人)이 무(無)하면, 신주로 봉사하셨으면 신주(神主)를 묘소(墓所)에 매(埋安)하시고 신주가 없었으면 묘에서 세일제인 묘제(墓祭)로 지내심이 옳을 것 같습니다. 아래 축식은 신주의 체천축식입니다.

⊙變最長房遷奉先廟告辭
今以宗孫家親盡于遠廟而不肖爲最長支孫將奉高曾祖兩代神主移安于私廟列位之右敢告

⊙最長房遷奉舊廟告辭
今以宗少孫親盡屬遠將奉高曾祖兩代神位移安于支長孫私廟敢告

⊙最長房遷廟奉安告辭
先王制禮遠廟爲祧傳支續祀義起情文吾宗一孤親過四世不肖餘孫序屬支長奉我高曾右于祖禰精神感會貫澈宗支同堂配食昭穆載序洋洋列祖永安追享

⊙遷主最長之房祝文式
維 歲次干支幾月干支朔幾日干支五代孫某敢昭告于 顯五代祖考某官府君 顯五代祖妣某封某氏玆以 先考某官府君喪期已盡禮當遷主入廟先王制禮祀止四代心雖無窮分則有限神主當祧遷于某親某之房(不遷之位則去某親某之房爲別室)尙 饗

⊙最長房告家廟告辭
維 歲次干支幾月干支朔幾日干支孝子隨屬稱某敢昭告于 顯考某官府君 顯妣某封某氏(曾祖或祖隨屬所奉位列書)某以長房今將祇奉 顯高祖考某官府君 顯高祖妣某封某氏(曾祖或祖隨屬稱)神主 顯考 顯妣(曾祖或祖隨屬所奉位列書)神主禮當以次遞降謹以酒果用伸虔告謹告

⊙遷主最長房改題告辭式(上同儀節告遷于祠堂儀○黎湖曰世次相承之祭必先改題方行祧遷不改題而徑移於長房非禮家所知○陶菴曰改題時一二字拭去甚爲苟難莫若盡洗而改書)
維 歲次干支幾月干支朔幾日干支玄孫(曾孫或孫隨屬稱)某敢昭告于 顯高祖考某官府君 顯高祖妣某封某氏(曾祖考妣或祖考妣隨屬稱下同)今以孝玄孫某喪制已畢其子親盡顯高祖考 顯高祖妣神主已祧某當以次長奉祀 神主今將改題謹以酒果用伸虔告謹告

체천(遞遷)이란 뜻은 아래와 같음.

⊙國語辭典的 의미는 (명) 하(타) 봉사손(奉祀孫)의 대(代)가 다한 신주를 최장방(最長房)이 그 제사를 받들게 하려고 그 집으로 옮김.

⊙玉篇的 의미는 (國)=(우리나라에서만 쓰인다는 의미) 사대봉사(四代奉祀)가 끝난 신주를 최장방(最長房)이 그 제사를 받들려고 그 집으로 옮김.

종손으로부터 친진이 되어 신주가 최장방으로 체천 되면 주제자(主祭者) 소칭(所稱)으로 대에 맞게 분면식을 개제하고 방제식에서 효를 빼고 증손(曾孫; 隨屬稱) 모봉사(某奉祀). 라 개제합니다.

●家禮族人有親未盡者遷于最長之房使主其祭
●備要祔位之主本位遞遷則埋于墓所

●沙溪曰最長房之義朱子以爲古人屢世同居一門之內子孫各有私房若有親之主而族人有親未震者則遷于其中最長者之房以祭之

●按最長房之子雖未親盡門中又有諸父諸兄則當遷奉於其房耶沙溪曰然

●按最長房有庶曾孫嫡玄孫則庶曾孫當奉祀若貧賤不可以奉祀嫡玄孫奉祀無妨

●按最長房不能祧主則宗子姑安於別室以最長房之名改題旁註宗子攝行

●按最長房死不待三年遞遷以三年廢祭有所未安故也

●按父歿母在亦祧退溪曰父喪畢藏主別處以待他日與妣同入廟始行祧遷未爲得禮之正尤菴曰親盡祧遷當以奉祀孫世代計之雖祖曾祖母生存亦不可不遷

●按非大宗高曾二祖親雖未盡當遷於長房

●陶菴曰庶孼房題只稱玄孫而祝辭自稱爲庶恐得之矣

●按正位遞遷後祔主當埋安同春曰祔位於最長房亦是至親則幷奉以祭亦似爲安南溪曰班祔之位終兄弟之孫

●尤菴曰祧主改題自是遷奉者之事非舊主人之所當與也旣遷之後當有酒果告由之禮其時改題似宜矣

●按宗孫死則祧位吉祭時當遞遷最長房死則葬後遷奉于次長房

●東岩曰大戴禮遷廟事畢擇日而祭註所以安神當依此擇日盛祭

●備要神主當以主祭者所稱改題而旁題不稱孝

●問解問祧主旣遷於最長之旁則神主當以主祀者所稱改題乎若然則其節次當在於遷奉之日而旁題不稱孝只稱曾玄孫乎曰然

▶733◀◆問; 부모를 현충원으로 합장한 경우 제사는 어떻게 지내는지.

4년 전 돌아가신 장모(丈母)님을 인천 납골당(納骨堂)에 모셔오다. 2009. 10. 28. 에 돌아가신 장인(丈人)을 대전 현충원으로 모실 때 합장(合葬)을 하였습니다. 이러한 상태에서 아래 두 가지에 대하여 좋은 의견 주시면 고맙겠습니다.

1. 2009. 11. 1. 장인 삼우제 때 두 분을 함께 모시는 제사로 하는 것이 옳은 것으로 생각되는데 확신이 없어 문의 드립니다.
2. 또한 11월 중에 장모님 기일 제사 예정인데 장인 상중이므로 장모님 제사는 아니 지내는 것이라는 의견이 있는 데 선뜻 공감이 가지는 아니하여 제사를 지내려 하는데 잘못하는 것은 아닌지요.

◆答; 부모를 현충원으로 합장한 경우의 제사.

신구합장(新舊合葬)시 초장(初葬)은 삼우(三虞)이고 개장(改葬)은 일우(一虞) 입니다. 우제(虞祭) 선후는 선중후경(先重後輕) 입니다.

○초장; 우제(虞祭)는 당일 가택(家宅)에서 초우제 다음 유일에 재우제 다음 강일에 삼우제.

○개장; 우제는 당일 막소(幕所)나 가택에서 초장 초우제 의식과 같이 일우로서 마칩니다. 까닭에 초장 삼우제 때에는 개장자의 우제는 지내지 않습니다.

요결 상중 행제 예법에 복삼년자는 졸곡전(약 90여일)에는 모든 제사는 폐한다 하였습니다. 이 전거는 "무엇이 궁금하세요" 등 여러 난에 제시되어 있습니다.

아래 공부자(孔夫子) 말씀을 살펴보건대 제사는 그 시기(始期)가 지나면 다시 제사(祭祀)하지 않는 다는 말씀 같습니다. 물론 잊고(또는 모르고) 지나쳐 그 제사를 어느 날을 정하여 자손 된 도리로 지낸다 함이야 타인이 탓할 바는 아니나 예법에는 일단 이미 정하여진 일시의 제사는 지나쳤거나 미루어 제사할 수 없다는 것입니다.

●曾子問曰父母之喪弗除可乎孔子曰先王制禮過時弗舉禮也非弗能勿除也患其過於制也
故君子過時不祭禮也註孔子言先王制禮各有時節過時不復追舉禮也

▶734◀◆問; 부제(祔祭)란?

안녕하십니까? 부제는 망자의 신주를 사당에 모실 때 지내는 제사인데, 삼년상을
마친 뒤에 지내는지요? 아니면, 졸곡 다음날 지내는지요?

◆答; 부제(祔祭).

아래와 같이 살펴보건대 졸곡제(卒哭祭)는 국례(國禮)나 사대부서인 예나 모두 졸곡
뒤에 부제(祔祭)를 지내게 되어 있는데, 혹 연제(練祭) 이후에 부제(祔祭)를 지내는
가문이 있다면 주자가례가 아닌 은례(殷禮)를 따르는 가문이 아닌가 합니다.

●左傳僖公三十三年;凡君薨卒哭而祔(杜預註)旣葬反虞則免喪故曰卒哭哭止也以新死之
神祔之於祖
●北史列傳裵駿傳;其家有死于戎役者皆使招魂復魄祔祭先靈
●儀禮旣夕禮卒哭明日以其班祔(鄭玄注)班次也祔卒哭之明日祭名祔猶屬也;
●續通典禮三十五;品官祔祭之禮卒哭明日而祔
●檀弓下;殷練而祔周卒哭而祔孔子善殷
●國朝喪禮補編卒哭祭儀;註見原書[魂宮]五虞後遇剛日而行餘倣魂殿例
●朱子家禮祔;檀弓曰殷旣練而祔周卒哭而祔孔子善殷註曰期而神之人情然殷禮旣亡其本
末不可考今三虞卒哭皆用周禮次第則此不得獨從殷禮○又卒哭明日而祔

▶735◀◆問; 삼년거상(三年居喪) 의 유래.

우리가 지금까지 행하여 오고 있는 3 년 거상(年居喪) 의 유래와 근거를 논어 공부
자(孔夫子)와 재아(宰我)와의 대화 내용으로<자생삼년연후(子生三年然後) 면어부모
지회(免於父母之懷) 부삼년지상(夫三年之喪) 천하지통상야(天下之通喪也)> 근거를
삼은듯한데 이미 서경(書經)에도 삼년거상(三年居喪)의 기록이 보입니다.

혹 제가 부민(不敏)하여 유래(由來)와 근거(根據)를 알 수 없으니 제현(諸賢)님들의
가르침을 받고자 합니다.

<서경(書經) 순전(舜典)>
二十八有載 帝乃殂落 百姓如喪考妣 三載 四海遏密八音. <순 임금을 등용하여 이십
년간 시험하고 섭위 한지 팔 년 만에 요 임금이 조락하였다. 백성들이 마치 부모의
喪과 같이하였고 3 년 동안 온 나라에 음악이 조용하였다>

<書經 說命편>
王宅憂 亮陰三祀 旣免喪 其維弗言. <高宗이 居喪(宅憂)을 움막에서 3 년하고 이미
喪을 마치고 말을 하지 않았다>

◆答; 삼 년 거상(三年居喪)이란.

아들을 낳으면 3 년이 되어야 부모의 품을 면한다 함이라 친상을 당하면 날 때 삼
년의 은공을 가실 때 삼 년간 보답함입니다.

예기삼년문편(禮記三年問篇)과 순자예론편(荀子禮論篇)을 아래와 같이 살펴보건대
예기삼년문(禮記三年問)미유지기소유래자야(未有知其所由來者也)라 하였고 순자왈
(荀子曰)유미족야직무유진지이(猶未足也直無由進之耳) 주(註)에서 직저야(直低也)라
하였으니 아마도 진정한 그 유래(由來)는 알 수 없는 것 같습니다.

●禮記三年問篇故三年之喪人道之至文者也夫是之謂至隆是百王之所同古今之所壹也未

有知其所由來者也
●荀子禮論篇三年之喪何也曰云云以三年事之猶未足也直無由進之耳(註)直但也
●孔子曰子生三年然後免於父母之懷夫三年之喪天下之達喪也

▶736◀◆問; 3년 봉상을 하고 탈상에 대하여.

주자가례를 기준으로 예를 갖출 때 상을 당하고 1 년이 되면(작고한 날) 소상이 되고, 2 년이 되면 대상을 지내고 탈상을 하게 되고, 3 년의 작고한 날을 당하면 기제사를 지내게 됩니다.

問; 옛날에는 3 년 봉상을 하고 탈상을 했다고 하는데 그 이유에 대해 알고 싶습니다.

◆答; 3년 봉상.

삼 년 봉상(三年奉嘗; 奉嘗=제사를 지냄)을 삼 년 봉상(三年奉喪)이라 이해 되었는지는 모르겠으나 이는 오류이며 대상(大喪)을 삼년상이라 합니다.

대상(大祥)은 2 년 되는 날이나 이를 삼년상이라 하는 것은 생여래일 사여왕일(生與來日死與往日)이라는 법칙에 따라 죽은 사람의 일자 계산을 죽은 날부터 하루라 계산하기 때문에 만으로는 2 년이나 죽은 이는 지난날도 하루라 계산되어 지난날 하루라도 년으로는 1 년이 되어 대상을 일러 삼년상이라 합니다. 따라서 삼년상(대상)을 지내면 탈상 즉 탈복을 하는 것입니다.

●曲禮生與來日死與往日(集說註)與猶數也成服杖生者之事也數死之明日爲三日斂殯死者之事也從死日數之爲三日是三日成服者乃死之第四日也(細註)永嘉戴氏曰死者日遠生者日忘聖人念之故三日而殯死者事也以往日數三日而食生者事也以來日數其情哀矣聖人察於人情之故而致意於一日二日之間以此敎民而猶有朝祥暮歌者悲夫

▶737◀◆問; 3년 상에 대해.

안녕하세요, 3 년 상을 준비 중인데요, 방법에 대해 상세히 알려주심 감사하겠습니다. 상식, 삭망, 아침 문안 등 모든 부분에 대해 상세한 절차 및 방법을 알려주시기 바랍니다.

◆答; 3년 상.

초상을 당하여 삼년상은 마칠 때까지의 상례는 작은 책 한 권의 내용입니다. 본 난에서 삼년상을 마칠 때까지의 모든 예법의 절차와 방법을 상세히 알려드리기에는 지면이 좁습니다. 따라서 朝夕哭 奠 上食과 大祥예법입니다.

조석곡(朝夕哭) 전(奠) 상식(上食).
朝奠○食時上食○夕奠○哭無時○朔日則於朝奠設饌○有新物則薦之

대상(大祥).
再期而大祥○前期一日沐浴陳器具饌○設次陳禫服○告遷于祠堂○改題告辭式○母先亡父喪畢改題妣位告辭式○承重祖父喪畢改題考位告辭式○厥明行事皆如小祥之儀○大祥祝文式○畢祝奉神主入于祠堂○入祠堂告辭式○大祥之具○徹靈座斷杖棄之屛處○送主告辭式○埋主告辭式○遷主最長之房告辭式○遷主最長房改題告辭式

▶738◀◆問; 3년 상중 지방 쓰기.

3년 상을 지내는 동안 조상님의 제사 시 지방은 망자의 아들 입장에서 써야 합니까? 아니면 망자의 입장에서 써야 합니까?

◆答; 상중 지방식.

대상 때 상주의 대에 맞도록 개제를 하게 됩니다. 따라서 신주가 아니고 지방이라 하면 제주의 속칭으로 지방을 써야 합니다.

▶739◀◆問; 상제(喪祭)에 참신(參神)이 없는 이유?

상제 전부에서는 참신례가 없습니다. 참신례가 없는 까닭이 무엇 때문인가요.

◆答; 상제(喪祭)에 참신(參神)이 없다.

상제(喪祭)에 참신(參神)이 없는 이유는 효자는 생시와 같이 궤연을 곁에 모시고 있는 까닭에 궤연으로 가 곡함이 참신과 같은 연유에서 참신의 예가 없게 됩니다. 여기서 상제(喪祭)라 함은 우제(虞祭)로부터 대상(大祥)을 지나　담제(禫祭)까지로 그 중 부제(祔祭)에서는 참신(參神)이 있습니다.

●退溪曰虞祭無參神非闕漏也是時如事生如事存之兩際故去參神以見常侍之意行降神以見求神恍惚之間此甚精微曲盡處瓊山率意添入恐有不知而作之病也當從朱子
●備要虞祭降神條(安)家禮虞卒哭大小祥禫並無參神之文只於祔祭有之而其下註特言衆祖考妣則其於新主無參神之禮明矣意者三年之內孝子常居其側故無可衆之義只入哭盡哀而已
●尤庵曰祝出主後主人以下入哭恐是參神之義

▶740◀◆問; 喪中 축문에 대하여.

안녕하세요. 우제 축문 중에,

1. 초우: 애천협사(哀薦祫事).
2. 재우: 애천우사(哀薦虞事).
3. 삼우: 애천성사(哀薦成事) 라고 하는데 각각의 뜻을 알려주십시오. 감사합니다.

◆答; 상중(喪中) 우제 축문 중 해석.

問1. 答; 슬피 선조 곁에 모셔 편안케 하여 드리는 제사를 드리오니.

問2. 答; 슬피 혼신을 빈궁에 편안토록 모시는 제사를 드리오니.

問3. 答; 슬피 우제를 마치는 제사를 드리오니.

●士虞記哀薦祫事註與先祖合爲安疏卒哭後乃有祔祭始合先祖今始虞而言祫者以與先祖合爲安故預言祫之意也
●士虞禮疏曰按公羊傳大祫者何合祭也合先君之主於大廟故此鄭亦以祫爲合但三虞卒哭後乃有祔祭始合先祖今始虞而言祫者鄭云以與先祖合爲安故下文云適爾皇祖某甫是始虞預言祫之意也
●家禮本註祫合也欲其合於先祖也
●尤庵曰人死則其魂氣與祖考合故雖非當祔於祖廟虞祭祝不分宗子支子皆曰哀薦祫事
●士虞禮註虞安也
●檀弓疏虞者安神之祭也
●鄭目錄虞安也迎精而祭於殯宮以安之
●檀弓註成事成祭事也
●禮輯三虞曰成事者虞祭告終成其祭祀之謂也
●士虞禮祝文條三虞卒哭他用剛日亦如初曰哀薦成事註當祔於祖廟爲神安於此後憂改用剛日剛日陽也陽取其動也三虞壬日卒哭其祝辭異者亦一言耳

▶741◀◆問; 생일에 대한 문의.

올 3월에 돌아가신 아버님 생일이 이번 주 일요일입니다. 더구나 안 돌아가셨으면 고희이신데 맘이; 안타까워 고희상을 차리려고 하는데 돌아가신 분 생신을 챙겨드려도 되나요. 해도 된다면 삼우제 사십구 재처럼 의식을 차려야 하는지요.

◆答; 상중 생신제.

상중 생신 일을 당하면 아침 상식 후 풍성하게 진설하고 상식의 예로 마칩니다.

●問三年內遇亡人生辰不忍虛過上食後別設饌行之如何尤菴曰恐當如此象平日饌品稍備而行之耳

●直齋曰上食後別設恐近瀆於上食兼設股奠似爲允當

●南溪曰生辰祭雖曰非禮三年內則人不可不行其儀倣俗節別設

▶742◀◆問; 선고 생신제 축문식.

선고 생신제 의례 및 축식을 알려 주십시오.

◆答; 선고 생신제 축문.

선고(先考) 생신제(生辰祭) 행(行) 가부(可否)에 대하여 아래와 같이 살펴보건대 상삼 년(喪三年) 내(內)는 전(奠) 예법으로 행하고 3년 후에는 가부의 논리가 모두 합당합니다. 따라서 어느 논(論)을 따른다 하여도 욕될 까닭은 없을 것 같습니다.

○生辰祭儀節次

儀節並同祭禰

序立(主人主婦及弟婦子姪凡禰所出者皆在)○參神○鞠躬拜興拜興平身○降神○盥洗○詣香案前○跪○上香○酹酒(以下旁注皆與時祭同)○俯伏興拜興拜興平身○進饌○初獻禮○詣考妣神位前○跪○祭酒○奠酒○祭酒○奠酒○俯伏興平身○詣讀祝位○跪○主人以下皆跪○讀祝○俯伏興○鞠躬拜興拜興平身○復位○奉饌○亞獻禮○盥洗○詣考妣神位前○跪○祭酒○奠酒○祭酒○奠酒○俯伏興拜興拜興平身○復位○奉饌○終獻禮○盥洗○詣考妣神位前○跪○祭酒○奠酒○祭酒○奠酒○俯伏興拜興拜興平身○復位○奉饌○侑食○鞠躬拜興拜興平身○復位○闔門○祝噫歆○啓門○主人以下復位○獻茶○飮福受胙○詣飮福位○跪○嘏辭曰(云云四時祭同但去祖字)○飮福酒○受胙○鞠躬拜興拜興平身(主人起立于東階上西向)○告利成(祝立于西階上東向曰)○利成○復位○鞠躬拜興拜興平身○辭神○鞠躬拜興拜興平身○焚祝文○送主○徹饌○禮畢

○祝文式

云云歲序遷易生辰復遇存旣有慶歿寧敢忘追遠感時昊天罔極謹以淸酌庶羞恭伸追慕尙饗

●寒岡問先考生日設飮食以祭象平生也其祭文曰存旣有慶歿寧敢忘云云此意如何退溪曰恐孟子所謂非禮之禮此類之謂也

●沙溪曰生忌之祭馮善創開退溪非之是矣

●龜峯曰家禮祭有其數無先親生辰祭祭不可

●陶庵曰生日之祭非禮也當從古不當從俗.

●問家禮集說有所謂生忌於先考妣生日設酒食以祭象平生也其祭文曰生旣有慶歿寧敢忘云退溪曰恐孟子所謂非禮之禮此類之謂也

●尤菴曰生辰之祭退溪非禮之答似不可易矣若知其非禮而以先世所行爲難停廢則是非禮之禮無時可改也世人喜說喪祭從先祖之文此殊未安然先世所行之禮昧然遽廢亦似未安須告以廢之之意恐爲婉轉

●士喪記上食條燕養饋羞湯沐之饌註燕養平生所供養也饋朝夕食也羞四時之珍異

●同春問先考生日三年內設享亦難免非禮之議否沙溪曰凡筵異於祠堂以酒果餅麵如朔奠

禮設之如何此非祭禮恐無不可

●問三年內遇亡人生辰上食後別設數饌行之何如尤庵曰恐當如此象平日饌品稍備而行之耳

●南溪曰生辰祭雖曰非禮之禮三年內又不可不行其儀倣俗節別設

●陶庵曰生辰祭實非禮之禮三年之內則有象生之義於朝上食後別設數品饌而儀如朝夕奠恐亦不妨否

●星湖曰吾平日禁生日宴飮况生忌非禮古有定說然不肯居喪之內則設饌如殷奠無祝而行事先賢有委曲處之未曾顯言其非故惟喪內行之

●湯氏鐸曰按家禮親生辰牙祭鄭氏曰祭死不祭生伏覩國朝頒降胡秉中祀先圖凡例有生日之祭當以此爲據竊惟親在生辰旣有慶禮殁遇此日能不感慕如死忌之祭可也

●愚伏答宋敬甫曰先大人生日適在季秋則雖三年之後以其日行禰祭甚得情理與所謂非禮之禮自不同

●鄭氏曰國朝頒降胡秉中祀先圖凡例有生日之祭當以此爲據竊惟親在生辰旣有慶禮殁遇此日能不感慕如死忌之祭可也

●家禮會成儀節並同祭禰但告辭云今以某親某官府君降生之辰敢請神主出就正寢恭伸追慕餘並同

●家禮集說親在生辰旣有慶禮殁遇此日能不感慕如死忌之祭可也祝文云云歲序遷易生辰復遇存旣有慶殁寧敢忘追遠感時昊天罔極謹以淸酌庶羞恭伸追慕尙饗

▶743◀◆問; 소상(小祥) 과 대상(大祥) 관련 문의.

성균관에서 수고하시는 분들께 감사 드립니다. 의례문답을 보면서 많은 것들을 배우고 있습니다.

1. 소. 대상(小. 大祥)에서 喪이 아닌 祥을 쓰는 이유는 뭔가요?

2. 애천 상사(常事). 상사(祥事). 담사(禫事)의 뜻과 전거(典據)를 말씀해 주시면 감사하겠습니다.

◆答; 소상 과 대상.

問; 1. 答; 소대상(小大祥)에 쓰인 상(祥)자는 한돌 또는 두 돌 만에 지내는 상제(喪祭)라는 의미입니다.

問; 2. 答;

○常事; 상제명(喪祭名)으로 상을 당하여 한 돌 만에 지내는 제사.

○祥事; 상제명(喪祭名)으로 상을 당하여 두 돌 만에 지내는 제사.

○禫事; 상제명(喪祭名)으로 상을 당하여 대상을 지내고 한달 뒤 곧 초상 후 27 월에 지내는 제사.

●禮記檀弓魯人有朝祥而莫歌者子路笑之父母死後十三個月而後祭曰小祥二十五個月而後祭曰大祥

●國語楚語屈到曰祭我必以芰及祥宗老將薦芰屈健命去之書昭注祥祭也

●士虞禮注言常者期而祭禮也疏虞祔之祭非常一期天氣變易孝子思之而祭是其常事

●士虞禮朞而小祥曰薦此常事又朞而大祥曰薦此祥事鄭玄注祝亂之異者言常者朞而祭禮也古文常爲祥賈公彦疏此謂二十五月大祥祭故云復朞也變言祥事亦是常事也

●士虞禮中月而禫鄭玄注中猶間也禫祭名也與大祥間一月自喪至此凡二十七月

▶744◀◆問; 소상(小祥) 지내는 법.

제가 제주인데요. 돌아오는 토요일 제사를 지내야 하는데 소상제사의 절차에 대해서 정확히 알고 싶어서 이렇게 글을 씁니다. 그냥, 알기로는 소상 때, 제사를 지내고 그날, 산소에 가서 제를 지낸다고 알고 있는데.

1. 소상제사 절차는 기제사와 같은 절차로 하면 되는지?
2. 제사를 서울에서 지내고 산소가 경북이라, 당일이 어려울 것 같은 데, 다음날 산소에 가도 괜찮은지요?
3. 소상제사 절차에서 제가 더 알고 있어야 할 정보가 있음 부탁을 드립니다. 제가 아직 어리지만, 정확한 절차로 제를 지내고 싶은 마음은 있지만, 많이 부족해서 이렇게 부탁 드립니다.

◆答; 소상(小祥) 지내는 법.

○한돌이 소상(小祥)이다.○기일 하루 전에 주인 이하 목욕을 하고 제사기구를 진열하여 놓고 제찬을 갖춘다.○처소(處所)를 정하여 놓고 소상 후 입을 련복(練服)을 진열한다.○다음날 일찍 일어나 소채와 과실과 안주를 진설한다.○날이 밝으면 축관이 신주를 내모시면 주인 이하 들어가 곡한다.○곧 이어 연복(練服)을 진열한 처소로 가서 옷을 바꿔 입고 다시 들어와 곡한다.○강신례○진찬(보)○초헌 아헌 종헌.

◆小祥祝文式

維 歲次干支幾月干支朔幾日干支孝子(屬稱隨改見上虞祭祝式)某敢昭告于(告妻及弟以下見上虞祭祝式) 顯考某官府君(屬稱隨改見上虞祭祝式)日月不居奄及小祥夙興夜處哀慕不寧(妻子兄弟改措語見上虞祭祝式)謹以(妻弟以下云玆以)淸酌庶羞哀薦(旁親及妻弟以下改措語見上虞祭祝式)常事尙 饗(便覽按祝式中雖載小心畏忌不惰其身八字而士大夫家不用者居多鄙人曾亦不敢用矣)

○권하고 문을 닫고 나오고 문을 열고 들어가서 사신재배하고 철상한다.○조석으로 하던 곡을 그친다.○비로소 소채와 과실을 먹는다.○주인이 친상 부음을 사는 곳에서 들은 것이 한 달이 지난 뒤라면 망일 하루 전에 고한다.

◆主人聞喪在後月其亡日前一日告辭式

某罪逆凶釁不克敬孝昨年聞訃在於某月某日將以是日退行小祥而明日 諱辰且行一奠之禮彌增罔極謹告

▶745◀◆問; 수질과 요질의 매듭이 어느 방향으로 해야 하는지요?

상복을 입을 때 수질과 요질의 매듭이 어느 방향으로 해야 하는지요? 앞인지 아니면 옆으로(오른쪽, 왼쪽)해야 하는지 궁금 합니다.

◆答; 수질과 요질의 매듭의 방향.

수질 맺는 법은 참최 수질은 마의 뿌리 쪽을 왼쪽 귀 위에서 뒤로 향하게 두고 앞이마를 지나 뒤로 돌려 뿌리 쪽 위에 끝을 앞으로 향하게 올려놓고 매며 자최 이하의 수질은 오른쪽 귀 위에서 뿌리 쪽을 뒤로 향하게 놓고 앞이마를 지나 뒤로 돌려 뿌리 밑으로 끝을 앞으로 향하게 놓고 맺는다.

요질의 중간을 쥐고 허리에 둘러 서로 엇걸린 곳 좌우에 각각 짧은 끈을 달아 단단히 묶는데 참최는 마(麻) 끈으로 묶고 자최 이하에는 베 끈으로 묶는다. 요질의 서로 만나서 묶는 아래 좌우 양끝을 석자씩 풀어내려 졸곡(卒哭) 때까지 있다.

졸곡이 지나면 다시 꽈 끝을 묶는데 나이가 오십이 넘었거나 소공 이하 복인과 부인들은 처음부터 풀지 않으며 석자 풀었던 것을 맬 때 역시 양끝을 마 끈으로 묶어 풀어지지 않도록 한다.

●儀節斬衰麻本在左從額前向右圍之以其末加於本上而繫之齊衰以下麻本在右從額前向左圍之以其末繫於本下斬衰以麻繩爲纓而垂之結於頤下齊衰以下用布小功以下無纓中殤

七月亦無纓
●儀節用有子麻爲繩一條圓圍二三寸許初起長二尺就當中屈轉分爲兩股各長一尺結合爲
一彄子然後合兩股爲一條(此是經較小些)圍腰從左邊後至前乃以末稍串從彄子口邊反揷
於右邊交經之下(如今人繫公服之革帶相似)○儀節按文公語錄首経大一搤腰経較小絞帶
又小於腰経今家禮本註絞帶下謂其大如腰経今擬較小爲是
●朱子曰絞帶正象革帶但無佩耳革帶是正帶以束衣者不專爲佩而設大帶乃申束之耳申重
也故謂之紳

▶746◀◆問; 어머님 소상축문을 써야 하는데 가르쳐 주세요.

어머님 소상이 다가오는데 축문을 쓰려고 하는데 소상 축은 일반 기제사와 다를 것
같은데 제가 몰라서 그러니 가르쳐 주시면 감사하겠습니다.

◆答; 어머님 소상축문.

모친 소상 축은 아래와 같습니다.

◆小祥祝文式

維 歲次干支幾月干支朔幾日干支孝子某敢昭告于 顯妣某封某氏日月不居奄及小祥夙興
夜處哀慕不寧謹以淸酌庶羞哀薦常事尙 饗

▶747◀◆問; 엄반대상(奄反大祥)?

'엄반대상(奄反大祥)'을 '엄반탈상(奄反脫喪)'으로 바꾸면 됩니다. 라는 말이
나오는데 <엄급대상>을 <엄반대상>이라고도 하는 지요?

◆答; 엄급대상(奄及大祥)임.

엄급대상(奄及大祥)을 엄반대상(奄反大祥)이라 하지 않습니다. 혹 급(及)을
반(反)으로 착각한 것 같습니다.

◆大祥祝

維歲次年月朔日干支孤子某敢昭告于 顯考某官府君[母云顯妣某封某氏]日月不居奄及大祥夙
興夜處哀慕不寧謹以淸酌庶羞哀薦祥事尙 饗

▶748◀◆問; 5 대조 제사에 대하여.

안녕하세요.
저는 집안의 4 대종손으로 부친이 돌아가신 후부터 고조부까지 제사를 제가 모시고
있습니다. 그런데 제게는 숙부님이 두분 계신데 부친 사망 후부터, 제게는 5 대조되
시는 분 (숙부님에게는 4 대조)의 제사를 큰 숙부님께서 지내고 계시며 명절 차례도
별도로 숙부님께서 지내고 있습니다. 또한 큰 숙부님이 돌아 가시면 작은 숙부님
이 계속해서 5 대조 제사를 모실 예정으로 있습니다.

의문사항을 질문 드립니다. 제 생각에는 기제사는 종손 중심으로 4 대조 제사를 모
시다가 종손이 사망하여 종손이 승계되면 5 대조 제사는 시향(時享)으로 돌리
고 종손이 아닌 손이 5 대조 제사를 모시는 것은 바른 예법이 아닌 것 같은데 어느
것이 올바른 것인지요. 그리고 숙부가 5 대조 기제사나 차례를 지내는 것이 올바르
다면 종손인 제가 참석을 해야 하는 것인지도 궁금합니다.

◆答; 5 대조 제사.

최장방(最長房)이라 함은 오대조(五代祖)와 제일 가까운 후손을 의미합니다. 까닭
에 선생의 숙부는 현손이나 그보다 더 높은 항렬이 생존하였으면 그 집으로 옮겨

제사합니다. 예를 들어 오대조의 손자항렬이 생존하였으면 그 집으로 옮겨 제사한다는 것입니다.

이와 같이 봉사하다 그 후손으로 현손의 대가 대진 되었으면 마지막 봉사자가의 손이 그 신주를 매안하고 세일제로 묘에서 제사하게 되는데 최장방으로 옮겨진 때부터 묘제를 지낼 때 축식에는 종손이라는 칭호가 살아져 효(孝)자를 붙이지 않는 것입니다. 물론 후손은 시조제나 선조제 불천지위 제사에 참여함이 마땅함이라 참석하여야 되겠지요.

●問長房奉遷主後身死其子若孫若親未盡則仍爲奉祀乎若有門中諸父諸兄親未盡處則當遷奉於其家乎寒岡曰身後子孫親苟未盡連世奉祀以待親盡然後遷于親未盡之家理恐當然
●問最長者死其子雖親未盡而當遷於次長房耶沙溪曰然
●問長房死則其遷奉於次房當在何時明齋曰長房遞遷爲祭祀也今乃三年廢祭未安喪家卒祔祭後奉遷
●退溪曰禮只云代未盡最長之房不分嫡支也
●沙溪曰據程子說庶孽無不可奉祀之義但嫡兄弟盡沒然後奉祀似不妨
●問解續問親盡當遷而有庶曾孫若嫡玄孫則誰當奉祀答庶曾孫當奉祀若貧賤不可奉祀者則嫡玄孫奉祀無妨
●葛菴曰旣出繼則別爲一宗本宗遞遷之主恐不當奉祀

▶749◀◆問; 5 대조 친진(親盡)제사는?

수고가 많으십니다. 요사이 기제사는 지방(紙榜)을 붙이고 제사를 지냅니다. 그런데 아버지께서 돌아가시면 5 대조 기제사는 모시지 않게 되는데,
1. 언제 친진제(親盡祭)를 지내는지요?
2. 친진제축(親盡祭祝)은 어떻게 쓰는지요? 예문(例文) 현대는 2 대조까지만 기제사를 모시려고 합니다. 그런데 3, 4 대조 친진제를 지낸다면,
3. 언제 친진제(親盡祭)를 지내는지요?
4. 친진제축(親盡祭祝)은 어떻게 쓰는지요? 예문 가르침을 받고자 합니다.

◆答; 5 대조 친진(親盡)제사.

問; 1. 2. 答; 그의 후손(後孫)으로써 마지막 현손(玄孫)의 대상(大祥; 備要 吉祭)에 다음과 같이 축으로 고하고 신주(神主)를 묘소에 매안(埋安)합니다.

이 예법은 신주(神主) 봉사시(奉祀時)의 예법입니다. 지방봉사시의 예법에 관하여는 알지를 못합니다. 다만 지방봉사 시 매주(埋主)에 관한 예는 행 할 수가 없으니 제하고 친진 신위에 고할 때의 축식은 [친진조고비위축문식(親盡祖考妣位祝文式)]을 준용하되 지방봉사에 옳도록 약간을 개조하여 사용할 수도 있을 것입니다.

⊙親盡祖考妣位祝文式(承重則六代祖考妣位祝同但改屬稱祖祝亦異板○朱子曰橫渠說三年後祫祭於太廟因其告祭畢還主之時遂奉祧主歸于夾室遷主新主歸于其廟似爲得禮)

維 歲次干支幾月干支朔幾日干支五代孫某敢昭告于 顯五代祖考某官府君 顯五代祖妣某封某氏玆以先考(屬稱隨改見上改題告式)某官府君喪期已盡禮當遷主入廟 先王制禮祀止四代心雖無窮分則有限 神主當祧埋于墓所(不遷之位則改埋爲遷族人有親未盡者將徙于其房則改埋于墓所爲遷于某親某之房)不勝感愴謹以淸酌庶羞百拜告辭(本龕有祔位則此下云某親某官府君某親某封某氏神主亦當並埋若正位祧遷于長房而不埋則去亦當並埋四字某氏神主下云埋于本墓) 尙 饗

⊙奉遷主埋于墓側儀節
(補祥祭後陳器具饌如朔日之儀用卓子陳廳事上質明主人奉安親盡之主于卓子上)
序立(如常儀)○參神○鞠躬拜興拜興平身○降神○盥洗○詣香案前○跪○上香○酹酒○俯

伏興拜興拜興平身○主人斟酒○主婦點茶(畢並立)○鞠躬拜興拜興平身○主婦復位○跪○讀祝○俯伏興拜興拜興平身○復位○辭神○鞠躬拜興拜興平身○焚祝文○送主(執事者用盤盛主捧之主人自送至墓側)○埋主(祝埋畢始回)

⊙**送主祝文式**

維 歲次干支幾月干支朔幾日干支五代孫某敢昭告于 顯五代祖考某官府君 顯五代祖妣某封某氏古人制禮祀止四代心雖無窮分則有限神主當祧不勝感愴謹以酒果百拜告辭(本龕有祔位則此下云某親某官府君某親某封某氏神主亦當並埋)尙 饗

⊙**埋主將遷告辭**(同春曰凡埋主旣納主櫃中將加蓋諸子孫皆拜拜以辭可也○屛溪曰埋主兩階間宋時已不行矣吾東先儒皆埋壟尾右臨埋設殷奠於墓前告以感愴之意得矣)

維 歲次干支幾月干支朔幾日干支五代孫某敢昭告于 顯五代祖考某官府君 顯五代祖妣某封某氏先王制禮追遠有限今將永遷不勝感愴謹以酒果用伸虔告謹告(若從南溪說則將遷時不設酒果只告曰今奉主就舉敢告若不用舉則曰今奉主往于墓所敢告)

⊙**將埋時告墓祝辭**(存齋曰奉祧主至墓所不開櫝置墓右設殷奠墓前告)

維 歲次干支幾月干支朔幾日干支五代孫(承重稱六代孫)某敢昭告于 顯五代祖考某官府君 顯五代祖妣某封某氏之墓神主永祧恭奉埋安于兆右不勝感愴謹以淸酌脯醢百拜告由(告畢奉櫝臥置櫃中別用木片松或栗高一寸四分周尺爲枕支之使主面平仰加盖覆土)

◆**親盡主埋主時告山神祝文**

維 歲次干支幾月干支朔幾日干支某官姓名敢昭告于 土地之神今以五代祖考親盡神主埋安依仰神休永言無斁謹以淸酌脯果祇薦于神尙 饗

問; 3. 4. 答; 유가(儒家)의 대부사서인의 예법에는 사대봉사일 뿐 이 대 봉사(二代奉祀) 예법은 없으며 다만 국례(國禮) 대부사서인(大夫士庶人)의 봉사제도는 삼대이나 그 예법에도 그와 같은 예나 축문식이 없습니다. 따라서 이대봉사(二代奉祀)에 관하여 여기서 운운함 자체가 부적절할 것 같습니다.

▶750◀◆**問; 우제나 탈상할 때의 국의 위치를 알고 싶습니다.**

선생님! 안녕하십니까? 항상 빠른 답변에 감사 드립니다. 우제시나 탈상 시에 밥과 국의 위치에 대하여 질문 드립니다. 보통 제례 시에 죽은 자는 살아있는 자와 반대로 밥과 국의 위치를 다르게 하는 것으로 알고 있습니다.

그런데 우제나 소상, 탈상(대상)을 하기 전에는 죽은 자도 살아있는 사람으로 생각하여 밥과 국을 신위를 기준으로 오른쪽에 밥, 왼쪽에 국을 놓게 되는데 우제나 탈상(즉, 대상)을 할 때 밥과 국의 위치를 정확히 어느 쪽에 진설을 하여야 하는지 알고 싶습니다. 즉, 죽은 자의 표현을 정확히 어느 시점에서 하는 것인지요?

◆**答; 우제나 탈상할 때의 국의 위치.**

탈상(脫喪) 전(前)의 반갱(飯羹)의 동서(東西; 左右) 위치(位置)는 제례(祭禮; 虞祭~脫喪前)에서는 제례(祭禮) 진찬(進饌)의 예를 따라 우반좌갱(右飯左羹; 西飯東羹)이 되고, 조석(朝夕) 상식(上食)은 생인(生人)의 예로 우갱좌반(右羹左飯; 西羹東飯)으로 진설(陳設) 됩니다. 생인(生人)의 예(禮)는 탈상(脫喪)전(前)까지 입니다.

●曲禮凡進食之禮右飯左羹右分燥濕也
●退溪答人曰祭饌尙左之說恐未然盖食以飯爲主故飯之所在卽謂所尙如平時左飯右羹是謂尙左而祭則右飯左羹是乃尙右所謂神道尙右者然也
●沙溪曰虞祭有飯羹無疑故姑依家禮時祭進饌之序其設之如此更詳之
●沙溪曰自虞以後之祭則左設三年朝夕上食則象生時右設
●牛溪曰祭禮設飯於西非獨丘儀如此家禮時祭進饌之儀已如此然初喪象生故凡設奠皆如

平時至於虞以後用祭禮然則自虞而西飯恐不無悖乎禮也

●鹿門曰虞以後生事畢鬼事始故其設饌用祭禮飯右羹左上食則當常生從曲禮飯左羹右之設

▶751◀◆問; 우제는 각각 몇 시에 지내나요?

초우는 출상당일, 재우는 초우 다음 첫 유일, 삼우는 재우 다음날 지낸다고 알고 있습니다. 그럼 각각의 우제는 몇 시에 지내나요? 장소는 집에서 지내면 되나요? 고견 주시면 감사하겠습니다.

◆答; 우제는 각각 몇 시에 지내나.

○초우(初虞); 때는 집에 도착한 때. 혹 묘가 멀어 여관 등에서 자게 되면 그날 그곳에서 지내고,

○재우(再虞); 때는 집에서 질명(質明; 먼동 틀 무렵)에 지내는데, 만약 묘가 멀어 도중에서 유일(柔日)을 만나면 그 곳에서 지내고,

○삼우(三虞); 때는 집에서 질명(質明)에 지내되 묘가 멀어 도중에서 강일(剛日)을 만난다 하여도 넘기고 집에 돌아오는 대로 지내게 됩니다.

○柔日; 乙 丁 己 辛 癸.
○剛日; 甲 丙 戊 庚 壬.

●家禮虞祭章葬之日日中而虞或墓遠則但不出是日可也若去家經宿以上則初虞於所館行之○再虞條厥明夙興設蔬果酒饌質明行事若墓遠途中遇柔日則亦於所館行之○三虞條其禮如再虞若墓遠亦途中遇剛日且闕之須至家乃可行此祭

◆우제(虞祭)

○虞祭(士虞禮註虞安也士旣葬父母迎精而反日中而祭之於殯宮以安之虞於五禮屬凶)葬之日日中(士虞記註朝葬日中而虞君子擧事必用辰正再虞三虞皆質明疏辰正者謂朝夕日中也)而虞或墓遠則但不出是日可也(增解問若一日同葬而日短事多未及虞祭雖行之於夜亦不至大失耶寒岡曰何至大失)若去家經宿以上則初虞於所館行之(所舘行禮恐寓他人宅舍未必皆寬敞及哭位於他宅俗人所忌若經宿以上豫先用蓬蓽構屋度寬可行禮似爲簡便)鄭氏曰骨肉歸于土魂氣則無所不之孝子爲其彷徨三祭以安之

▶752◀◆問; 우제(虞祭) 때 三祭를 먼저 하는 이유?

시제나 기제에서는 三祭를 술잔을 위전으로 올렸다 내렸다 하나 우제에서는 술잔은 위전으로 올리기 전에 합니다 왜인지요.

◆答; 우제(虞祭) 때 三祭를.

아래와 같이 살펴보건대 한강선유(寒岡先儒)께서는 우제에는 그 예가 슬픔에 황급하여 간편하게 하는 것이고 시제는 엄경(嚴敬)하여 예법대로 행 하는 것이라 하였는데, 본인은 우제(虞祭; 초우~담제)는 생시(生時)의 예로 먼저 삼제 후 잔을 올리고 길제(吉祭)로부터는 신의 예로 먼저 위전으로 잔을 올렸다 신을 대신하여 헌자(獻者)가 잔을 내려 삼제(三祭) 후 위전으로 다시 올려드리는 것이 아닌가도 생각하게 됩니다.

●問虞祭祭而獻時祭獻而祭不同何也寒岡曰豈不以虞祭哀遽其禮當簡時祭嚴敬其禮不得不備也

▶753◀◆問; 이제(禰祭) 축문.

돌아가신 어머님의 생신에 제사를 올리려 하는데 이 제사에 쓰는 축문의 양식을 알

고 계신 분 올려주시면 고맙겠습니다.

◆答; 이제(禰祭) 축문.
선고(先考) 생신제(生辰祭) 행(行) 가부(可否)에 대하여 아래와 같이 살펴보건대 상삼년(喪三年) 내(內)는 전(奠) 예법으로 행하고 3년 후에는 가부의 논리가 모두 합당합니다. 따라서 어느 논(論)을 따른다 하여도 욕될 까닭은 없을 것 같습니다.

○生辰祭儀節次
儀節並同祭禰
序立(主人主婦及弟婦子姪凡禰所出者皆在)○參神○鞠躬拜興拜興平身○降神○盥洗○詣香案前○跪○上香○酹酒(以下旁注皆與時祭同)○俯伏興拜興拜興平身○進饌○初獻禮○詣考妣神位前○跪○祭酒○奠酒○祭酒○奠酒○俯伏興平身○詣讀祝位○跪○主人以下皆跪○讀祝○俯伏興○鞠躬拜興拜興平身○復位○奉饌○亞獻禮○盥洗○詣考妣神位前○跪○祭酒○奠酒○祭酒○奠酒○俯伏興拜興拜興平身○復位○奉饌○終獻禮○盥洗○詣考妣神位前○跪○祭酒○奠酒○祭酒○奠酒○俯伏興拜興拜興平身○復位○奉饌○侑食○鞠躬拜興拜興平身○復位○闔門○祝噫歆○啓門○主人以下復位○獻茶○飮福受胙○詣飮福位○跪○嘏辭曰(云云四時祭同但去祖字)○飮福酒○受胙○鞠躬拜興拜興平身(主人起立于東階上西向)○告利成(祝立于西階上東向曰)○利成○復位○鞠躬拜興拜興平身○辭神○鞠躬拜興拜興平身○焚祝文○送主○徹饌○禮畢

○ 祝文式;
祝文云云歲序遷易生辰復遇存旣有慶歿寧敢忘追遠感時昊天罔極謹以淸酌庶羞恭伸追慕尙饗

●寒岡問先考生日設飮食以祭象平生也其祭文曰存旣有慶歿寧敢忘云云此意如何退溪曰恐孟子所謂非禮之禮此類之謂也
●沙溪曰生忌之祭馮善創開退溪非之是矣
●龜峯曰家禮祭有其數無先親生辰祭祭不可
●陶庵曰生日之祭非禮也當從古不當從俗.
●問家禮集說有所謂生忌於先考妣生日設酒食以祭象平生也其祭文曰生旣有慶歿寧敢忘云退溪曰恐孟子所謂非禮之禮此類之謂也
●尤菴曰生辰之祭退溪非禮之答似不可易矣若知其非禮而以先世所行爲難停廢則是非禮之禮無時可改也世人喜說喪祭從先祖之文此殊未安然先世所行之禮昧然遽廢亦似未安須告以廢之之意恐爲婉轉
●士喪記上食條燕養饋羞湯沐之饌註燕養平生所供養也饋朝夕食也羞四時之珍異
●同春問先考生日三年內設享亦難免非禮之議否沙溪曰凡筵異於祠堂以酒果餠麵如朔奠禮設之如何此非祭禮恐無不可
●問三年內遇亡人生辰上食後別設數饌行之何如尤庵曰恐當如此象平日饌品稍備而行之耳
●南溪曰生辰祭雖曰非禮之禮三年內又不可不行其儀倣俗節別設
●陶庵曰生辰祭實非禮之禮三年之內則有象生之義於朝上食後別設數品饌而儀如朝夕奠恐亦不妨否
●星湖曰吾平日禁生日宴飮況生忌非禮古有定說然不肖居喪之內則設饌如殷奠無祝而行事先賢有委曲處之未曾顯言其非故惟喪內行之
●湯氏鐸曰按家禮親生辰牙祭鄭氏曰祭死不祭生伏覩國朝頒降胡秉中祀先圖凡例有生日之祭當以此爲據竊惟親在生辰旣有慶禮歿遇此日能不感慕如死忌之祭可也

●愚伏答宋敬甫曰先大人生日適在季秋則雖三年之後以其日行禰祭甚得情理與所謂非禮之禮自不同
●鄭氏曰國朝頒降胡秉中祀先圖凡例有生日之祭當以此爲據竊惟親在生辰旣有慶禮歿遇此日能不感慕如死忌之祭可也
●家禮會成儀節並同祭禰但告辭云今以某親某官府君降生之辰敢請神主出就正寢恭伸追慕餘並同
●家禮集說親在生辰旣有慶禮歿遇此日能不感慕如死忌之祭可也祝文云云歲序遷易生辰復遇存旣有慶歿寧敢忘追遠感時昊天罔極謹以淸酌庶羞恭伸追慕尙饗

▶754◀◆問; 재기(再期)와 상.

수고가 많으십니다. 제사의 축에 보니 '일월부거(日月不居) 엄급재기(奄及再朞)'라는 글이 있습니다.

1) 여기에 '재기(再朞)'라는 것은 2006 년 3 월 1 일에 돌아가셨으면 2007 년 3 월 1 일인지요? 아니면 2008 년 3 월 1 일인지요? 저의 생각은 기년(朞年)은 위의 예로 보면 2007 년 3 월 1 일인 것 같은 생각이 들고, 재기(再朞)는 2008 년 3 월 1 일인 듯 한데 어른들께서는 2007 년 3 월 1 일이라고 하시어 여쭈어 봅니다.

2) 또한 상(喪)과 상(祥)은 어떤 때 쓰는지요? 차이를 알고 싶습니다. 탈상(脫喪)이라 쓰고, 소. 대상(小. 大祥)이라 쓰는데 상字가 다릅니다. 대상(大祥)과 탈상(脫喪)은 같은 것인데 다른 상字를 쓰니 이상한 생각이 들어서 알고 싶습니다.

◆答; 재기(再期), 상(喪)과, 상(祥).

○再期; 대상(大祥)을 이릅니다.
○喪; 복(服) 또는 복(服)을 입다.
○祥; 상제(喪祭) 명(名).

●檀弓上;子夏喪其子而喪其明
●左傳隱公十一年;不書葬不成喪也
●論語陽貨;三年之喪期已久矣
●士虞禮; 朞而小祥(云云)又朞而大祥
●雜記下;期之喪十一月而練十三月而祥十五月而禫
●國語楚語上;屈到曰祭我必以芰及祥宗老將薦芰屈健(屈到子)命去之勒昭注祥祭也

▶755◀◆問; 丁. 亥일에 지내는 이유는?

고례의 상중 제의를 보면 제사를 정(丁)· 해(亥)가 드는 날을 잡아 지낸다고 했는데 특별한 이유가 있었나요?

◆答; 정(丁). 해(亥)일.

글 중 상중제의(喪中祭儀)는 상중행제(喪中行祭)와 동일의 뜻으로 혼동(混同)되기 쉬우나 문맥상(文脈上)으로 볼 때 상(喪)을 당하여 치르고 있는 그 상제(喪祭)를 의미(意味)함인 것 같습니다.

제사(祭祀)에서 점(占)을 쳐 날을 받아 지내는 제사(祭祀)에는 상례(喪禮)에서는 담제(禫祭)와 길제(吉祭) 등이 있고 제례(祭禮)에서는 사시제(四時祭)와 니제(禰祭) 등이 있습니다. 고례(古禮)가 아니라 현세(現世)에도 위의 제사(祭祀)를 지낼 때는 그와 같이 점을 쳐 날을 받아 지내는 것입니다.

점치는 방법(方法)은 그 날 한 달 전 하순(下旬)에 택일(擇日)을 하는데 그 날을 택함에는 아래 곡례(曲禮)의 가르침과 같이 상사(喪事)는 선원일(先遠日)이니 하순(下旬)부터 받아 들어오는 것입니다. 그 날을 천간(天干)의 "정(丁)"이나 지지(地支)의 "해(亥)"가 드는 날을 택하여 고사(告辭) 후(後) 배교반(环珓盤)에 배교(环珓)를 던져 하나는 엎어지고 하나는 뒤쳐지면 길(吉)한 것으로 그날을 택하고 만약(萬若) 서의(書儀)의 가르침과 같이 불길(不吉)하면 중순(中旬)의 날로 그와 같이 날을 받되 또 불길(不吉)하면 상순(上旬)의 날을 또 점(占)을 치지 않고 직용(直用)하여 제삿날을 정하는 것입니다.

●曲禮凡卜筮日喪事先遠日吉事先近日○輯覽用竹根長二尺判爲二爲之○家禮珓擲于盤以一俯一仰爲吉○書儀皆仰爲平俯爲凶

그런데 박준서님께서는 왜 "丁"字나 "亥"字가 무슨 의미(意味)가 있어 그날을 굳이 택하여 점을 쳐 날을 받아 제사를 지내는가? 인데 박준서님뿐만 아니라 예(禮)에 어지간히 밝다 하여도 이에 관심을 두지 않으면 그 의미를 간과(看過)하기 쉬운 법입니다.

그에 관하여 다음과 같이 살펴보건대 "정(丁)"은 주부자(朱夫子) 말씀과 같이 정녕(丁寧)이라는 의미(意味)가 있음으로 해서 정일(丁日)을 택하게 되고 "해(亥)"는 소뢰궤식례소(少牢饋食禮疏)의 살핌과 같이 음양식법(陰陽式法)으로 천창(天倉)을 위하는 제사(祭祀)로 농사(農事)가 잘되게 복(福)을 구(求)하는 까닭이 있어 해일(亥日)을 취하여 제사(祭祀)를 지내려 하는 것입니다.

위와 같이 점을 쳐 날을 정기(定期)도 하나 아래와 같이 살펴보건대 혹(或) 사시제(四時祭)에서는 분지(分至; 春分. 夏至. 秋分. 冬至)를 취하여 지내기도 합니다.

●朱子曰丁有丁寧意○少牢饋食禮疏按陰陽式法亥爲天倉祭祀所以求福宜稼于田故取亥
●程氏儀註擇日行之或用分至爲便○儀節若止用分至宜先於前一月主人詣祠堂告

▶756◀◆問; 조기탈상에 대하여.
전통적으로 3년 상을 100일탈상 49제 삼우 탈상으로 기간이 짧아지는데 여기에 유림에서는 어떻게 보시는지요?

혹 짧아지는 것이 좋은 현상으로 아니라고 보신다면 왜 그런가요? 왜 이 질문을 드리냐 하면요. 저의모친상을 맞았을 때 외숙이 어머니 백일탈상이 어떻겠냐고 물으시기에 100 탈상은 너무 빠르지 않습니까? 모든 것이 1년 주기가 있는데요. 사람이요. 부모님 상을 1년도 안 돼서 탈상은 너무 빠릅니다. 하고 이후로 1년 상으로 기제사를 지내고 탈상을 했습니다.

양친 10여 년 전에 돌아가시고. 어제 저의 형 장례를 또 치렀습니다. 삼우제로 탈상 하려는 것 같길래, 근래는 전통이 퇴색되고 세태에 따라가는 풍이 편만해서 별 생각 없이 그렇게 휩쓸려 가는 것 같은 생각이 들길래 저의 조카들에게 전화로 제가 겪었던 얘기를 했습니다.

대답은 듣기 시원한 대답은 아니었습니다. 탈상이라는 게 뭐냐고 묻길래. 탈상(脫喪)이라는 단어를 네이버 사전에 보니 별 답이 없고 탈상 굿 이라고만 돼 있어서 의미는 말은 못하고 부모님 돌아가신 마음을 벗어 버리는 의미가 된다 라는 정도만 말 했지요 그래서 제가 탈상(脫喪)이란 어떤 의미로 보아야 하는지요. 삼년상(三年喪) 중 끝 제사 후 삼년상 맞힌 다는 뜻만 있는지 궁금했습니다. 고견(高見) 주시면 감사 하겠습니다.

◆答; 조기 탈상.

●喪服四制凡禮之大體體天地法四時則陰陽順人情故謂之禮訾之者是不知禮之所由生也夫禮吉凶異道不得相干取之陰陽也喪有四制變而從宜取之四時也有恩有理有節有權取之人情也恩者仁也理者義也節者禮也權者知也仁義禮知仁道具矣註體天地以定尊卑法四時以爲徃來則陰陽以殊吉凶順人情以爲隆殺先王制禮皆本於此不獨 喪禮爲然也故曰凡禮之大體吉凶異道以下始專以喪禮言之喪有四制謂以恩制以義制以節制以權制也細註馬氏曰天地者禮之本也陰陽者禮之端也四時者禮之柄也人情者禮之道也恩義所以厚其死節權所以存其生厚其死者故爲父斬衰三年爲君亦斬衰三年存其生者故曰毀不滅性不以死傷生也

상복(喪服)에 관하여는 예기(禮記) 상복사제(喪服四制)에서 자세하게 기술하여 놓았습니다. 이에 집설(集說)의 첫 대목을 살펴 보기로 하고 그 외는 독자가 살펴보시기 바랍니다. 대개 이런 뜻 같습니다.

무릇 예(禮)의 대체(大體)는 천지(天地)를 체(體)로 하여 사시(四時)의 법과 음양(陰陽)을 법칙으로 하여 인정(人情)에 따름이라. 그런고로 예(禮)라 이르는 것이다. 이를 헐어 말하는 자는 이 제도가 예(禮)로 말미암아 생긴 바를 알지 못함에서 이다.

대저 예(禮)라 하는 것은 길(吉)과 흉(凶)의 도(道)가 달라 서로 간섭(干涉)함을 얻지 못하여 음양(陰陽)에서 취한 것이다. 상(喪)에는 네 가지 제도가 있는데 변화시켜 옳도록 따르는 것은 사시(四時)에서 취함이고 은(恩)이 있고 리(理)가 있고 절(節)이 있고 권(權)이 있는 것은 인정(人情)에서 취함에서 이다. 은(恩)이라 하는 것은 인(仁)이며 리(理)라 하는 것은 의(義)이며 절(節)이라 하는 것은 예(禮)이며 권(權)이라 하는 것은 지(知)라 하나니 인의예지(仁義禮智)에는 사람의 도리가 갖추어져 있는 것이다.

●程子曰服有正有義有從有報

정자(程子) 가로되 복(服)에는 정(正)이 있고 의(義)가 있고 종(從)이 있고 보(報)가 있는 것이다] 상(喪)을 당하면 친소(親疏)에 따라 일상복에서 그에 합당한 상복(喪服)을 지어 입고 당한 기간 애곡(哀哭)하다가,

●又三日而食三月而沐期而練毀不滅性不以死傷生也喪不過三年祥之日鼓素琴告民有終也以節制者也註祥日大祥之日也素琴無淡飾也細註嚴陵方氏曰過制則傷生矣鼓琴固所以散哀止以素而不加飾以示有漸也凡此皆以禮飾之而不使過哀焉

또 삼일 만에 음식을 먹고 석달 만에 몸을 씻으며 일년이 되면 소상을 지내는데 너무 슬퍼 몸이 수척해져 죽음에 이르러서는 아니 되는 것은 죽음(죽은 자)으로써 생자(生者)를 해쳐서는 아니 되는 것이다. 상(喪)은 삼 년을 넘지 않으며 대상(大喪)의 날에 소금(素琴)을 타는 것은 뭇사람들에게 상의 마침이 있음을 알림이다. 절(節)로서 만든 것이다.

이와 같이 그 상으로 인하여 산사람의 건강을 해쳐 죽음에 이르게 까지 하여서는 아니 되는 까닭에 그 상을 면(복을 벗게)하게 하는 제도입니다.

▶757◀◆問; 조매 제사(매안 제사) 축문 쓰는 방법을 부탁 드립니다.

안녕하십니까? 조매 제사(일부 지방에서는 매안 제사라고도 한답니다)시에 축문을 쓰는 방법에 대해 조언해 주시면 감사하겠습니다.

◆答; 조매 제사(매안 제사) 축문 쓰는 방법.

현손(玄孫)　대(代)가 모두 몰(歿)하여 친진(親盡)되면 묘소(墓所)에 신주를 매안(埋安)하는데 선유에 따라 여건에 따라 약간씩 다릅니다. 이외에도 여러　수가 있습니다. 이 식(式)에서 해당되는 대로 채택하시면 예에는 어그러짐을 없을 것 같습니다.

⊙奉遷主埋于墓側儀節
_(補祥祭後陳器具饌如朔日之儀用卓子陳廳事上質明主人奉安親盡之主于卓子上)

序立_(如常儀)○參神○鞠躬拜興拜興平身○降神○盥洗○詣香案前○跪○上香○酹酒○俯伏興拜興拜興平身○主人斟酒○主婦點茶_(畢並立)○鞠躬拜興拜興平身○主婦復位○跪○讀祝○俯伏興拜興拜興平身○復位○辭神○鞠躬拜興拜興平身○焚祝文○送主_(執者用盤盛主捧之主人自送至墓側)○埋主_(祝埋畢始回)

⊙送主祝文式

維　歲次干支幾月干支朔幾日干支五代孫某敢昭告于　顯五代祖考某官府君　顯五代祖妣某封某氏古人制禮祀止四代心雖無窮分則有限神主當祧不勝感愴謹以酒果百拜告辭_(本龕有祔位則此下云某親某官府君某親某封某氏神主亦當並埋)尙　饗

⊙埋主將遷告辭_(栗谷○同春曰凡埋主旣納主櫝中將加盖諸子孫皆拜拜以辭可也○屛溪曰埋主兩階間宋時已不行矣吾東先儒皆埋壠尾右臨埋設殷奠於墓前告以感愴之意得矣)

維　歲次干支幾月干支朔幾日干支五代孫某敢昭告于　顯五代祖考某官府君　顯五代祖妣某封某氏先王制禮追遠有限今將永遷不勝感愴謹　以酒果用伸虔告謹告_(若從南溪說則將遷時不設酒果只告日今奉主就轝敢告若不用轝則曰今奉主往于墓所敢告)

⊙將埋時告墓祝辭_(存齋曰奉祧主至墓所不開櫝置墓右設奠墓前告)

維　歲次干支幾月干支朔幾日干支五代孫_(承重稱六代孫)某敢昭告于　顯五代祖考某官府君　顯五代祖妣某封某氏之墓神主永祧恭奉埋安于兆右不勝感愴謹以淸酌脯醢百拜告由_(告畢奉櫝臥置櫝中別用木片松或栗高一寸四分周尺爲枕支之使主面平仰加盖覆土)

⊙墓遠者埋于潔地告辭_(祧主將埋而墓所絶遠者奉就所居近處高山潔地設榻于坎南奉櫝置榻上設酒果不焚香只奠酒告)

維　歲次干支幾月干支朔幾日干支五代孫某敢昭告于　顯五代祖考某官府君　顯五代祖妣某封某氏埋主墓所禮取便宜非關玄道墓所越遠不可奉就理終歸土無間彼此望通楸山神氣是游百拜酹酒敬饌幽坎_(栗谷曰今就潔地奉安先主永訣終天不勝悲感以淸酌用伸虔告謹告)

⊙奉行墓所時告辭_(梅山曰將埋臨發說酒果告由)

今將埋安奉　主就轝敢告

⊙至墓所告永訣神主告辭_(奉安幄次○近齋曰奉祠板於墓側以酒果告由)

維　歲次干支幾月干支朔幾日干支五代孫某敢昭告于　顯五代祖考某官府君　顯五代祖妣某封某氏今就墓右_(或潔地)奉安　神主永訣終天不勝感愴謹以淸酌庶羞用伸虔告謹告_(尤菴曰栗谷所製臨埋告辭永訣終天似不欲改以開破封域爲辭○近齋云年月日五代孫某敢昭告于顯五代祖考妣今以祧遷親盡埋安神主于墓側破開塋域不勝云云若從尤菴說則當用此辭○南溪曰以告墓次而合葬祧主祝已告埋安當無再告之文○便覽掘坎時當位墓告辭云云世次迭遷神主已祧情雖無窮分則有限式遵典禮埋安于墓側不勝感愴謹以酒果云云)

⊙埋主告辭式_(承重則六代祖考妣位告辭式○同治葬先塋條)

維　歲次干支幾月干支朔幾日干支五代孫_(承重稱六代孫)某敢昭告于　顯五代祖考某官府君　顯五代祖妣某封某氏之墓世次迭遷　神主已祧情雖無窮分則有限式遵典禮埋于　墓側不勝感愴謹以酒果用伸虔告謹告

⊙埋於潔地臨埋時告辭

維　歲次干支幾月干支朔幾日干支五代孫某敢昭告于　顯五代祖考某官府君　顯五代祖妣某封某氏今就潔地奉安　神主_(增解若墓右而告墓則恐當改潔地曰墓右又奉安之安恐當作埋)永訣終天不勝悲感敢以淸酌用伸虔告謹告

⊙長房祫祭後祧主埋安告辭

維　歲次干支幾月干支朔幾日干支五代孫某敢昭告于　顯五代祖考某官府君　顯五代祖妣某

封某氏 先考某官府君曾奉祧祀今已喪訖禮當遞遷長房親盡 神主將埋 墓側不勝感愴謹以
淸酌庶羞百拜告由敢告

⊙祧主連世共廟一位先埋則合祭諸祧主祝文
維 歲次干支幾月干支朔幾日干支某親某敢昭告于 顯某親某官府君 顯某親某封某氏某幾
世祧主同安一室長房主祀歲薦芬芬禮制有限 顯幾代祖考親盡當祧東堂享嘗只有今日玆擧
合祀感懷靡窮謹以淸酌庶羞祇薦歲事尙 饗(東巖曰累世祧主共安一廟代各異主禮意苟簡而今人家往往拘於
事勢遂成一例旣共享多年則埋主之際又不可無合祭告由之節但不可如常祭之各以最長爲主則只以埋主長房之子通告○宗子
親盡有不得已之事遷已埋主其後爲長房者欲奉祀以酒果搆由告墓辭)

⊙追後埋主告辭(梅山曰吉祭旣有百拜告辭之文若卽埋安則奉往墓所時恐不必告而旣安別廟廣延時月則恐不宜昧然當
更告)
維 歲次干支幾月干支朔幾日干支五代孫(承重稱六代孫)某敢昭告于顯五代祖考某官府君 顯
五代祖妣某封某氏(或六代祖考妣)祧埋 神主當在祫祀之後而形格勢拘罔卽行禮今將奉往墓所
不勝感愴謹以酒果用伸虔告謹告

⊙神主埋安時祠土地祝文
維 歲次干支幾月干支朔幾日干支某官姓名敢昭告于 土地之神今爲某代祖考某官府君某
代祖妣某封某氏神主親盡將埋于墓所神其保佑俾無後艱謹以淸酌脯果祇薦于神尙 饗

⊙未造主者埋魂箱祝辭式
維 歲次干支幾月干支朔幾日干支孝子某敢昭告于 顯考某官府君(或妣某封某氏)之墓年來禍
疊家事沒緖曩於襄奉未造神主今當掇几妥靈無所謹奉魂箱埋于體魄之宅留待日後追造木
主私情痛毒不勝罔極伏惟 尊靈姑此憑依

▶758◀◆問; 졸곡(卒哭)까지 흉제(凶祭); 고애자(孤哀子). 부제(祔祭)~길제
(吉祭); (孝子).
축문식에서 고애자(孤哀子)와 효자(孝子)는 어느 때 쓰이는 속칭인지요.

◆答; 졸곡(卒哭)까지 흉제(凶祭); 고애자(孤哀子). 부제(祔祭)~길제(吉祭); 효
자(孝子).
상제(喪祭) 축식(祝式)에서 졸곡(卒哭)까지는 흉제(凶祭)라 고애자(孤哀子)라하고, 졸
곡(卒哭) 후 부제(祔祭)서부터 길제(吉祭)라 효자(孝子)라 이름.

●雜記上祭稱孝子孝孫喪稱哀子哀孫(註)祭吉祭也卒哭以後爲吉祭故祝辭稱孝子或孝孫
自虞以前爲凶祭故稱哀端正也
●士虞禮虞祭; 始虞用柔日曰哀子某哀顯相(云云)○卒哭;卒辭曰哀子某來日某隮祔爾于
爾皇祖某甫尙饗○祔祭;曰孝子某孝顯相夙興夜處(云云)
●朱子家禮喪禮治葬題主; 題畢祝執版主人之右跪讀之曰子同前但云孤子某敢昭告于○
初虞;祝執版出於主人之右西向跪讀之前同○卒哭; 跪讀爲異詞並同虞祭但改三虞爲卒哭
○祔祭前同卒哭祝版但云孝子某謹以潔牲(云云)
●四禮便覽喪禮虞祭卒哭; 祝文式(云云)孤子某敢昭告于○祔祭祝式(云云)孝子某謹以淸
酌(云云)

▶759◀◆問; 졸곡(卒哭)의 뜻에 대한 문의입니다.
졸곡(卒哭)이라는 단어(單語)의 뜻을 알고자 합니다. 졸곡제(卒哭祭) 축(祝)에서는
애자(哀子)가 옳다, 또는 고자(孤子)가 옳다 가 아닌 졸곡(卒哭)은 무엇을 뜻하는가
입니다.
국어사전(國語辭典)에 있는 뜻 그 외 것의 문의 입니다. 만일 설명의 글이 올려 있
는 곳이 있다면 게시판 또는 물어보세요 등에 번호 몇 번이라고, 알려주시면 잘 보

겠습니다.

◆答; 졸곡(卒哭)의 뜻.

졸곡(卒哭)이란 무시곡(無時哭)에서 유시(有時) 조석(朝夕) 이곡(二哭)으로 바뀜을
의미합니다.

●檀弓疏卒哭卒無時哭之哭惟有朝夕二哭漸就於吉
●周禮春官疏卒去無時哭哀殺故爲吉祭
●曲禮疏孝子親始死哭晝夜無時葬後卒其無時之哭惟朝夕各一哭故謂其祭爲卒哭
●小記報葬者報虞三月而後卒哭註報急疾也疏虞是安神故宜急卒哭是奪於哀痛故待哀殺

▶760◀◆問; 졸곡제를 지내는 날부터 평상시로 전환되는 근거는 어디에 있는지요?

안녕하세요? 잘 모르는 것이 있어서 여쭈어 봅니다. 저는, 사람이 죽고 나서 졸곡제
를 지내기 직전까지만 애사라고 하고, 졸곡제를 지내는 날부터는 평상시로 전환
된다고 알고 있습니다.

그렇지만 왜 그런지 그 이유를 알고 있지는 못합니다. 이에 대한 근거가 어디에 있
는 것인지요? 아시는 분들의 고견을 기다리겠습니다.

◆答; 졸곡제 이후 길제인 까닭.

졸곡제를 지낸 이후부터는 아무 때나 슬픔이 일면 곡을 하지 않고 조석으로만 곡을
하여 길제라 하는 것입니다.

●雜記上祭稱孝子孝孫喪稱哀子哀孫(註)祭吉祭也卒哭以後爲吉祭故祝辭稱孝子或孝孫
自虞以前爲凶祭故稱哀端正也
●性理大全卒哭;自是朝夕之間哀至不哭猶朝夕哭

▶761◀◆問; 졸곡제에 강신이 있는지요.

초상 후 탈상까지의 기간 동안에 지내는 삭망제와 졸곡제에 대하여 여쭙고자 합니다.
1. 강신례와 사신례의 절차를 행하는지 여부.
2. 졸곡제를 지내는 시기(돌아가신 후 몇 일 아니면 삼우제 후 몇 일)와 시간은 기
제사와 같이 子時에 지내면 되는지요?

◆答; 상제 강신에 대하여.

1. 答; 상제(喪祭)에서는 참신례가 없으며 삭망은 제(祭)가 아니라 전(奠)입니다.
2. 答; 삼우(三虞) 후 강일(剛日)날 아침에 지냅니다.

졸곡과 삭망전의 예법은 아래와 같습니다.

●尤菴曰竊意祝出主後主人以下入哭者恐是參神之義也
●沙溪曰家禮虞卒哭大小祥禫並無參神之文只於祔祭有之而其下註特言參祖考妣則其於
新主無參神之禮明矣意者三年之內孝子常居其側故無可參之義只入哭盡哀而已丘氏補入
恐非家禮本意

▶762◀◆問; 卒哭祭 祝에서는 哀子로 告하나요.

상례(喪禮)의 제사에는 흉제(凶祭)와 길제(吉祭)가 있어 흉제(凶祭)에서는 애자(哀
子)로 고하고 길제(吉祭)에서는 효자(孝子)로 고한다고 합니다. 상제에는 우제(虞祭)

부터 소대상 담제(禫祭)에 이르는 것 같은데 그 중에서 어느 제사까지가 흉제가 되는지요. 어떤 이는 삼우제다 또 어떤 이는 졸곡제(卒哭祭)다 등등으로 확실하게 가름을 하지를 못하는데요.

◆答; 졸곡제는 흉제라 애자(哀子).

졸곡축식(卒哭祝式)에 관하여 논(論)하는 연유(緣由)는 추후 졸곡제(卒哭祭) 축식(祝式)에서 애자(哀子)   또는 효자(孝子) 중 어찌 고해야 하는 가라는 의문이 있을 때 효자(孝子)로 고해야 옳다라는 용례(用例)로 채택 왜곡(歪曲)   우려(憂慮)가 있어 바르게 정의코자 한다.

물론 현실적으로 모든 가문(家門)에서 졸곡제(卒哭祭)를 지내는지의 여부는 의문이나 학문적(學問的)으로 왜곡(歪曲) 전달됨을 방지하여 오류(誤謬) 없이 이해되기를 바람에서 이다.

모든 경서(經書)나 주석문(註釋文) 역시 신(神)이 주신 바가 아니고 그 선유(先儒;聖人) 역시 사람이었기에 혹 오류(誤謬)의 가능성은 존재할 수 있다는 것이다. 까닭에 말씀이 혹 오류이었을 때는 후세인(後世人)에 의하여 바르게 수정되고 다듬어져 오늘날에 이르게 된 것이다. 따라서 졸곡축식(卒哭祝式)에서 애자(哀子) 또는 효자(孝子) 역시 그러한 과정을 거쳐 애자(哀子)로 정립되어 현재에 이르게 된 것이다. 초학(初學)이신 분께서는 이점을 유념(留念)하시고 졸곡제(卒哭祭) 고축(告祝)에서 애자(哀子)라 고(告)함이 바른 축식이니 효자(孝子)라 고한다. 라고 이해되지 않기를 바랍니다.

●雜記祭稱孝子孝孫喪稱哀子哀孫疏祭吉祭謂自卒哭以後之祭也
●勉齋黃氏曰按卒哭之祭是吉祭易喪祭則合稱孝子孝孫今尙稱哀者豈孝子不忍忘其哀至祔而神之乃稱孝歟
●書儀卒哭篇主人旣初獻祝出主人之左東向跪讀祝詞改虞祭祝詞云奄及卒哭又云哀薦成事云云
●輯覽圖式(六冊)七十一板後卒哭祝式維年號幾年歲次干支幾月干支朔幾日干支孤子某敢昭告于云云
●便覽三冊九板前卒哭祝文式維年號幾年歲次干支幾月干支朔幾日干支孤子某敢昭告于云云
●性理大全八冊虞祭篇卒哭初獻條並同虞祭惟祝執版出於主人之左東向跪讀爲異詞並同虞祭但改三虞爲卒哭哀薦成事下云來日隮祔于祖考某官府君尙饗
●儀禮經傳通解續三十八冊卷第七喪禮五卒哭條二板後卒辭曰哀子某來日某隮祔爾于爾皇祖某甫尙饗○又同四板後饗辭曰哀子某圭爲而哀薦之饗(註)按卒哭之祭是以吉祭易喪祭則合稱孝子孝孫今尙稱哀者豈孝子不忍忘其哀至祔而神之乃稱孝歟
●國朝五禮儀大夫士庶人喪卒哭初獻條並同虞祭唯祝跪於主人之左東向讀祝改三虞爲卒哭
●讀禮通考卒哭篇云云註疏錯解經云云敖氏亦未嘗明言卒哭與三虞爲一事也恐當仍註疏爲正
●陳澔(禮記集說大全註解)曰吉祭卒哭之祭也喪祭虞祭也卒哭在虞之後故云以吉祭易喪祭也
●開元禮三品以上喪卒哭祭告祝條祝持版入立于靈座之南北面內外止哭祝跪讀祝文曰維年月朔日哀子某敢昭告于考某官封諡妣云妣某夫人氏日月不居奄及卒哭追慕永往攀號無逮謹以潔牲柔毛剛鬣明粢薌合薌萁嘉蔬嘉薦醴齊哀薦成事于考某官封諡尙饗

●近齋曰雜記卒哭稱孝子恐是註說之誤當以儀禮家禮爲正
●明齋曰卒哭後稱孝稱哀俱有據故行禮者互用之備要則以古禮著於題主祝式下矣然士虞記卒哭饗辭亦稱哀子家禮只於祔稱孝而他無變文處恐稱哀爲合於喪祭

▶763◀◈問; 졸곡제(卒哭祭) 에서는 "효자(孝子)로 고하지 않습니다.
졸곡제(卒哭祭)에서 효자(孝子)로 고함에 현대예법에서 옳다고 주장하는 사람이 있는데요.

◈答; 졸곡제는 흉제라 효자(孝子)하 하지 않는다.
졸곡제(卒哭祭)는 우제(虞祭)에 비하면 길제(吉祭)이고 부제(祔祭)에 비하면 상제(喪祭)로서 졸곡제(卒哭祭)부터 점차(漸次)로 길예(吉禮)의 예법(禮法)이 적용(適用)된다는 것입니다.

독축(讀祝)의 예(禮)에서 우제(虞祭)에서는 축관(祝官)이 주인(主人)의 우측(右側)에서 서향(西向)하여 독축(讀祝)하나 졸곡제(卒哭祭)에서는 주인(主人)의 좌측(左側)에서 동쪽을 향하여 독축(讀祝)을 하게 됩니다.

이와 같이 졸곡제(卒哭祭)에서 일시에 모든 예가 길제(吉祭)의 예법으로 바뀌는 것이 아니라 점차(漸次)로 바뀌게 되는 데 축식은 삼우제 축과 같으나 다른 것은 三虞를 卒哭으로 바뀌고 哀薦成事 아래에 來日隮祔于祖考某官府君尙饗이라 고한다 하였으니, 졸곡(卒哭) 축식(祝式)에서는 "효자(孝子)로 고함이 아니라" "고자(孤子) 애자(哀子) 고애자(孤哀子)로 고하게 됩니다"

●朱子家禮卒哭初獻條;祝執版出於主人之左東向跪讀爲異詞並同虞祭但改三虞爲卒哭(云云)
●喪禮備要卒哭初獻條;並同虞祭惟祝執版出於主人之左東向跪讀爲異祝文見初虞
●四禮便覽卒哭初獻條;祝文式年號幾年歲次干支幾月干支朔幾日干支孤子某敢昭告于(云云)
●儀禮經典通解續士虞禮疏卒哭對虞爲吉祭比祔爲喪祭
●性理大全卒哭;檀弓曰卒哭曰成事是日也以吉祭易喪祭故此祭漸用吉禮

▶764◀◈問; 遞遷에 대하여.
아버지의 상기(喪期)를 다하여 길제를 지내면서 5 대조의 신주를 체천(遞遷)한다면,
1. 길제 시 축문의 내용은?
2. 최장방에게 父母 또는 祖父母의 신주를 모시는 사당 또는 벽감이 있다면 어디에 모셔야 하는지요?
3. 체천위의 신주에 봉사자를 최장방으로 개제(改題; 顯몇代祖考, 孝몇代孫奉祀 등)를 하여야 하는지요?
4. 체천위를 최장방의 집으로 모시고 고유 시(告由時) 고유문(告由文)과 고유(告由)의 절차(節次)는?
5. 체천위의 기제사시 축문에 주사자의 기록은?

◈答; 체천(遞遷). (757 참조).
아버지의 상기(喪期)를 다하여 길제(吉祭)를 지내면서 5 대조의 신주(神主)를 체천(遞遷)한다면,
問; 1. 答; 친진시(親盡時)와 친미진 시(親未盡時)의 축문(祝文)식이 다릅니다.

⊙親盡祖考妣位祝文式(承重則六代祖考妣位祝同但改屬稱祝亦異板)

維 歲次干支幾月干支朔幾日干支五代孫某敢昭告于 顯五代祖考某官府君 顯五代祖妣某封某氏玆以先考(屬稱隨改見上改題告式)某官府君喪期已盡禮當遷主入廟(承重則改措語見上改題告式)先王制禮祀止四代心雖無窮分則有限 神主當祧埋于墓所(不遷之位則改埋爲遷族人有親未盡者將徙于其房則改埋于墓所爲遷于某親某之房)不勝感愴謹以淸酌庶羞百拜告辭(本龕有祔位則此下云某親某官府君某親某封某氏神主亦當並埋若正位祧遷于長房而不埋則去亦當並埋四字某氏神主下云埋于本墓)尙 饗

⊙送主告辭式(757 참조).
⊙埋主告辭式(757 참조).

⊙遷主最長之房告辭式

維 歲次干支幾月干支朔幾日干支五代孫某敢昭告于 顯五代祖考某官府君 顯五代祖妣某封某氏玆以先考某官府君喪期已盡禮當遷主入廟先王制禮祀止四代心雖無窮分則有限 神主當祧遷于某親某之房不遷之位則去某親某之房爲別室尙 饗

⊙遷主最長房改題告辭式(上同儀節告遷于祠堂儀)

維 歲次干支幾月干支朔幾日干支玄孫(曾孫或孫隨屬稱)某官某敢昭告于 顯高祖考某官府君 顯高祖妣某封某氏(曾祖考妣或祖考妣隨稱下同)今以孝玄孫某喪制已畢其子親盡 顯高祖考 顯高祖妣神主已祧某當以次長奉祀 神主今將改題謹以酒果用伸虔告謹告

問; 2. 答; 최장방(最長房)의 조손(祖孫) 관계(關係)에 따라 감실(龕室)이 다릅니다. 만약 최장방(最長房)이 조손간(祖孫間) 이면 조감(祖龕)에 고손간(高孫間)이면 서쪽 마지막 감실(龕室)인 고감(高龕)에 모십니다.

問; 3. 答; 신주(神主) 함중식(陷中式)은 개제(改題)하지 않고 분면식(粉面式)의 봉사자(奉仕者)와의 관계(關係)와 방제식(旁題式)을 개제(改題)하는데 조손(祖孫) 간이면 분면(粉面)식은 현조고(顯祖考) 방제(旁題)식은 손모(孫某) 고손(高孫) 간이면 분면(粉面)식은 현고조고(顯高祖考) 방제(旁題)식은 현손모(玄孫某)로 고쳐 씁니다.

問 4. 答; 고유절차(告由節次)는 사당(祠堂) 유사칙고조(有事則告條) 절차(節次)와 같이 단헌지례(單獻之禮)입니다.

⊙最長房告家廟告辭

維 歲次干支幾月干支朔幾日干支孝子隨屬稱某敢昭告于 顯考某官府君 顯妣某封某氏曾祖或祖隨所奉位列書某以長房今將祗奉 顯高祖考某官府君 顯高祖妣某封某氏曾祖或祖隨屬稱神主 顯考 顯妣曾祖或祖隨所奉位列書神主禮當以次遞降謹以酒果用伸虔告謹告

問; 5. 答; 지자불칭효(支子不稱孝)이니 관계에 따라 증손모(曾孫某) 혹 현손모(玄孫某)라 이릅니다.

●家禮族人有親未盡者遷于最長之房使主其祭
●備要祔位之主本位遞遷則埋于墓所
●沙溪曰最長房之義朱子以爲古人屢世同居一門之內子孫各有私房若有親之主而族人有親未震者則遷于其中最長者之房以祭之○最長房之子雖未親盡門中又有諸父諸兄則當遷奉於其房耶沙溪曰然○最長房有庶曾孫嫡玄孫則庶曾孫當奉祀若貧賤不可以奉祀嫡玄孫奉祀無妨○最長房不能祧主則宗子姑安於別室以最長房之名改題旁註宗子攝行○最長房死不待三年遞遷以三年廢祭有所未安故也○父歿母在亦祧退溪曰父喪畢藏主別處以待他日與妣同入廟始行祧遷未爲得禮之正尤菴曰親盡祧遷當以奉祀孫世代計之雖祖曾祖母生存亦不可不遷○非大宗高曾二祖親雖未盡當遷於長房
●愼獨齋曰長房改題神主當以主祭者所稱改題而旁題不稱孝
●問解問祧主旣遷於最長之房則神主當以主祀者所稱改題乎若然則其節次當在於遷奉之日而旁題不稱孝只稱曾玄孫乎曰然

●陶菴曰庶孽房題只稱玄孫而祝辭自稱爲庶恐得之矣○正位遞遷後祔主當埋安同春曰祔位於最長房亦是至親則幷奉以祭亦似爲安南溪曰班祔之位終兄弟之孫
●尤菴曰祧主改題自是遷奉者之事非舊主人之所當與也旣遷之後當有酒果告由之禮其時改題似宜矣○宗孫死則祧位吉祭時當遞遷最長房死則葬後遷奉于次長房
●東岩曰大戴禮遷廟事畢擇日而祭註所以安神當依此擇日盛祭
●寒岡曰考妣前以曾祖考妣奉來之意略敍以告○又曰奉父母之祭者又奉曾祖之祠則曾祖當安於西之第二龕考妣當安於東之最下龕西之祭一龕與中一龕則當虛之
●問奉來祧主共安祠堂後似有合祭之儀若祭則備羹飯耶曰共安祠堂適在仲月時祀之時則具羹飯盛祭爲當不然則用酒果以告然其三獻盛祭亦無妨
●龍岡曰前一日詣祠堂焚香告辭曰孝孫(只繼禰則云孝子)某今以顯高祖考某官府君顯高祖妣某封某氏親盡宗家神主當祧某以年長次當奉祠將以來日奉遷于祠堂敢告明日奉遷主入廟更無祭告再拜而退(案大戴禮遷廟篇遷廟事畢擇日而祭註所以安神恐當依此擇日盛祭今謂無祭告未然)

▶765◀◆問; 체천축문식을?

안녕하세요. 제번하옵고 조매 제사의 축문은 어떻게 쓰는지 궁금하여 염치를 무릅쓰고 질의를 하게 되었습니다. (참고로 조매 제사는 저의 지방의 사투리인지는 알 수 없으나 예를 들면 4 대 봉사인 경우 중부(아버님)께서 돌아가셔서 봉제사를 하는 제일 윗대는 5 대가 되므로 기제사를 마치게 되는데 이를 조매 제사라고 합니다) 별도의 축문이 있다고 하여 질의 드렸습니다.

◆答; 체천축식.

체천축식(遞遷祝式)을 아래와 같습니다.

◆親盡祖考妣位祝文式承重則六代祖考妣位祝同但改屬稱祝亦異板
維 歲次干支幾月干支朔幾日干支五代孫某敢昭告于 顯五代祖考某官府君 顯五代祖妣某封某氏玆以先考(屬稱隨改見上改題告式)某官府君喪期已盡禮當遷主入廟(承重則改措語見上改題告式)先王制禮祀止四代心雖無窮分則有限 神主當祧埋于墓所(不遷之位則改埋爲遷族人有親未盡者將徙于其房則改埋于墓所爲遷于某親某之房)不勝感愴謹以淸酌庶羞百拜告辭(本龕有祔位則此下云某親某官府君某親某封某氏神主亦當並埋若正位祧遷于長房而不埋則去亦當並埋四字某氏神主下云埋于本墓)尙 饗

▶766◀◆問; 초기축(初忌祝)과 연사축(練祀祝).

기억에는 없으나 메모장에 아래와 같은 내용이 적혀있어 무슨 뜻인지 몰라 여쭈어 봅니다.
1) <父在母喪初忌祝=妻喪初忌祝>과 <父在母喪 練祀祝>이란 언제 독축 할 때의 축인지 잘 모르겠습니다. 현재 어떤 때의 축인지 쉬운 말로 자세히 가르침을 받고자 합니다.
2) 忌와 祀는 어떤 때 사용하는지 구별하여 알고 싶습니다.

◆答; 초기축식(初忌祝式)과 연사축식(練祀祝式).

○1). 答; 부재모상초기축(父在母喪初忌祝)=처상초기축(妻喪初忌祝)=부재모상연사축(父在母喪練祀祝)은 모두 처상(妻喪)을 당하여 십일월(十一月)에 지내는 연상축(練祥祝)이란 말입니다.

◆妻練(小)祥祝文式

維 歲次干支幾月干支朔幾日干支夫某昭告于 亡室某封某氏日月不居奄及小祥悲悼酸苦

不自勝塓兹以淸酌庶羞陳此常事尙　饗

●雜記下;期之喪十一月而練十三月而祥十五月而禫

○2). 答; 忌=기일(忌日). 祀=제(祭)

●周禮春官小史;若有事則詔王之忌諱鄭玄注引鄭司衣曰先王死日爲忌名爲諱
●國語魯語上;夫祀國之大節也
●書經洪範;八政一曰食二曰貨三曰祀孔傳敬鬼神以成敎

▶767◀◆問; 친진(親盡)과 친미진(親未盡)에 대하여?

(질문 1) 질문자 한 테는 백부님이 되는데, 그 백부님의 기제사를 5촌 조카(백부님의 손자)가 지내다 묘사에 올렸는데, 그 조카의 삼촌(질문자의 사촌형님)은 아직도 살아있습니다. 이런 경우 묘사에 올린 것은 예법에 어긋난 것으로 생각하는데 답변 부탁 드립니다.

(질문 2) 고조부 및 5대조를 구분 할 때 기준점을 누구로 하여 계산하는지 궁금합니다. 예를 들면 제주를 기준으로 한다. 아니면 망인과 가까운 사람을 기준으로 하여 계산한다. 제주인 조카를 기준으로 하면 5대조가 되지만 질문자를 기준으로 하면 고조부가 됩니다. 기준점을 어디로 두고 계산 하느냐에 따라 달라질 수 있어 질문 드립니다.

*편리(便利)한 것도 좋지만 좋은 전통(傳統)을 계승(繼承)하는 것도 후손(後孫)의 덕목(德目)이라 생각되어 염치불구하고 여쭈어 바로 잡으려 합니다.

◆答; 친진(親盡)과 친미진(親未盡).

(질문 1) 答; 아래와 같이 살펴보건대 그 손(孫) 중(中)에 현손(玄孫)이 생존`(生存)하여 있으면 그 집으로 제사(祭祀)를 옮겨 봉사(奉祀)하다 그의 후손(後孫) 중(中) 현손(玄孫) 대가 끊기면 그 때 신주(神主)를 묘소(墓所)에 매안(埋安)하고 세일제(歲一祭)로 묘제(墓祭)를 지내게 됩니다.

(질문 2) 答; 세수(世數)를 계산(計算)함에 서야 본인(本人)을 기준(基準)하나 봉제사(奉祭祀)에서는 그 망인(亡人)의 후손(後孫) 중(中) 최근친(最近親) 자를 기준(基準)으로 하여 친진(親盡) 또는 친미진(親未盡)을 가립니다.

예를 들어 그의 후손(後孫) 중(中) 현손(玄孫)이 생존(生存)하여 있으면 그로는 고조부모(高祖父母)가 되니 친미진(親未盡)으로 기제사(忌祭祀)를 그가 지내야 하고 그의 후손(後孫) 중(中) 현손(玄孫) 代가 끊기면 그의 자(자)로는 五代祖가 되어 이를 친진(親盡) 되었다 하고 신주(神主)를 묘소(墓所)에 매안(埋安) 세일제(世一祭)로 묘제(墓祭)를 지내게 됩니다.

고조부모(高祖父母)를 봉사(奉祀)하던 종손(宗孫)이 죽어 그 자(子)로는 친진(親盡=五代祖)이 되면 그의 자손(子孫) 중 친미진(親未盡) 자손 중 최장방(最長房)으로 체천(遞遷)되어 봉사하다 대진(代盡)이 되면 세일제(歲一祭)인 묘제(墓祭)로 봉사(奉祀)함은 유가(儒家)의 예법(禮法)으로는 봉제사(奉祭祀) 예법(禮法)의 기본입니다.

●章箚彙編領議政洪鳳漢彙子三月初三日條伏以臣昨日(云云)一家諸人相議上言使必壽奉祀一如他家親盡後最長房移奉之例云云
●大傳註親屬絶盡則不爲之服此所謂五世則遷者也

●問長房奉遷主後身死其子若孫若親未盡則仍爲奉祀乎若有門中諸父諸兄親未盡處則當遷奉於其家乎寒岡曰身後子孫親苟未盡連世奉祀以待親盡然後遷于親未盡之家埋恐當然
●問最長者死其子雖親未盡而當遷於次長房耶沙溪曰然
●問長房死則其遷奉於次長房當在何時明齋曰長房遞遷爲祭祀也今乃三年廢祭未安喪家卒祔祭後奉遷
●退溪曰禮只云代未盡最長之房不分嫡支也
●沙溪曰庶孽不可無奉祀之義但嫡兄弟盡沒然後奉祀不妨
●問解續問親盡當遷而有庶曾孫若嫡玄孫則誰當奉祀答庶曾孫當奉祀若貧賤不可奉祀者則嫡玄孫奉祀無妨

▶768◀◆問; 친진된 5대조의 제사는.
효현손의 죽음으로 그의 적자로는 오대조가 되어 친진조의 신주 체천에 대하여.

◆答; 친진된 5대조의 제사.
효현손(孝玄孫)이 죽어 그의 적자(嫡子)로는 친진(親盡)인 오대조(五代祖)가 되어 그 조상(祖上)의 후손(後孫)으로 현손(玄孫)대(代) 이내(以內)의 후손(後孫)이 없으면 신주(神主)를 묘소(墓所)에 매안(埋安) 세(歲一祭로 봉사(奉祀)하고 친미진(親未盡) 후손(後孫)이 생존(生存)하고 있으면 그 중 최장방(最長房)으로 옮겨 봉사(奉祀)하게 됩니다.

옮기는 예법(禮法)은 지방(紙榜) 봉사(奉祀)일 때 효현손(孝玄孫) 대상(大祥; 혹 길제) 때 설위(設位)하고 아래와 같이 고하고, 또 최장방(最長房) 집에서 설위(設位)하고 아래와 같이 고하고 그 집에서 제사합니다. 예법은 단헌지례(單獻之禮)입니다.

○親盡祖考妣位祝文式(承重則六代祖考妣位祝同但改屬稱祝亦異板)
維 歲次干支幾月干支朔幾日干支五代孫某敢昭告于 顯五代祖考某官府君 顯五代祖妣某封某氏玆以先考(屬稱隨改見上改題告式)某官府君喪期已盡禮當遷主入廟(承重則改措語見上改題告式)先王制禮祀止四代心雖無窮分則有限 神主(紙榜奉祀則神主削)當祧遷于某親某之房不勝感愴謹以淸酌庶羞百拜告辭尙 饗

○最長房告辭式
維 歲次干支幾月干支朔幾日干支玄孫(曾孫或孫隨屬稱)某敢昭告于 顯高祖考某官府君 顯高祖妣某封某氏(曾祖考妣或祖考妣隨屬稱下同)今以孝玄孫某喪制已畢其子親盡 顯高祖考 顯高祖妣神主(紙榜奉祀則神主削)已祧某當以次長奉祀 神主今將改題(紙榜奉祀則神主今將改題削)謹以酒果用伸虔告謹告

▶769◀◆問; 탈상 시 궁금한 점.
요즘 아버지나 어머니가 별세하시면 묘소에서 삼우제를 지내고 탈상을 하기 위해 집에 와서 저녁에 마루에서 탈상제를 지낸 후 방에서 담제를 지내는 집이 있는데 둘 중 하나만 지내면 안 되나요? 하나만 지낸다면 탈상제와 담제 중 어느 것을 지내야 하나요?

그리고 삼우제 탈상축은 묘소에서 삼우제 지낼 때 읽나요? 아니면 집에서 탈상제를 지낼 때만 읽나요? 또 묘소에서 삼우제 지낼 때 읽고 집에서 탈상제 지낼 때도 읽는가요?

위의 질문에 대한 답변과 아울러 삼우제 지내고 탈상하는 바른 제례에 대한 답변을 부탁 드립니다.

◆答; 탈상 예법.

탈복(脫服)의 바른 예법은 다음과 같습니다.

葬日初虞祭(家)⇒ 遇柔日再虞祭⇒ 遇剛日三虞祭⇒ 三虞後遇剛日卒哭祭⇒ 卒哭明日
而祔祭⇒ 朞而小祥祭⇒ 再朞而大祥祭⇒ 大祥後中月而禫祭⇒ 禫後來月中擇日吉祭(士
虞記)⇒小祥時初喪服改練服⇒ 大祥時改祥服⇒ 禫祭時改禫服⇒ 吉祭時改吉服

▶770◀◆問; 탈상제(脫喪祭)의 의미.

안녕하세요? 졸곡제와 탈상제에 관하여 여쭈어 봅니다. 제가 알고 있기로는 졸곡제
는 조상이 돌아 가시고 나서 3개월 만에(100일째 되는 날) 날을 정하여 지내는 제
사로 알고 있습니다. 그것이 고려 말 이전에는 오늘날의 탈상제와 같은 개념으로
사용된 것 같은데 맞는 것인지요?

만약 졸곡제가 오늘날의 탈상제와 다르다면 어떠한 점에서 다른 것인지요? 아시는
분들의 고견을 기다리겠습니다.

◆答; 상례에서 탈상제란 없습니다.

졸곡제(卒哭祭)는 글자 그대로 종일(終日) 곡(哭)을 마치는 제사(祭祀)입니다. 이 제
(祭)를 지내고 나면 조석(朝夕)으로 곡(哭)하고 그 사이 슬픔이 일어도 곡(哭)을 하
지 않습니다.

탈상제(脫喪祭)란 이와 같이 쓰는지는 알 수가 없으나 이와 같다면 상(喪)을 벗는다
는 제사(祭祀)란 의미인데 졸곡제(卒哭祭)와는 그 의미가 다릅니다.

▶771◀◆問; 탈상제에 복 벗는 순서가 있는지요.

탈상제를 지내고 나서 상제 분들이 상복을 벗을 때 벗는 순서가 있는지? 즉 상주
분부터 벗는지 아니면 백관들부터 벗는지 아니면 순서가 없이 그냥 벗는지? 그리고
상복을 벗고 재단에 절을 올려야 하는지 궁금합니다.

◆答; 탈상제에 복 벗는 순서.

상복(喪服) 벗는 순서(順序)는 소상(小祥)을 지내고 수질(首絰)을 벗고 부판(負版),
벽령(辟領), 최(衰)를 뗀 상복(喪服)을 입고 대상(大祥)을 지내고 담복(禫服)을 입는
데 상복(喪服)을 벗는 순서(順序)는 크게 없고 다만 소상(小祥) 수질(首絰)을 벗고
부판(負版), 벽령(辟領), 최(衰)를 뗀 이후 대상(大祥) 때 상복(喪服)을 벗어 묘직이
나 가난한 자에게 준다는 것입니다.

○徹靈座斷杖棄之屛處
理窟喪服必於除日毁以散諸貧者或守墓者可也喪大記食鹽醬

▶772◀◆問; 할아버지 첫 생신제에 관해서.

돌아가신 할아버지생신이 음력으로 1월 31일 입니다. 그래서 생일제사를 지내려고
하는데 제사음식을 평소에 하던 제사음식으로 해야 하는지 생전에 할아버지께서 좋
아하시던 음식으로 제사를 지내야 하는지 궁금하고요 또 제사를 지낼 때 돌아가신
날에 지내야 하는지 생전에 살아 계셨던 날(예를 들어 1월 2일에 돌아가셨으면 1
월 1일에 제사를 지내는 것)에 지내야 하는지 알고 싶습니다.

◆答; 할아버지 첫 생신제.

아래와 같이 살펴보건대 퇴계선생께서는 비례라 하신 것 같으나 탕씨와 회성에서
생신제에 관한 예법과 말씀이 있으니 혹 지낸다 하여도 예에 어그러졌다 할 수는

없겠으며 생신제는 고비(考妣; 부모)일 뿐으로 조고비(祖考妣)는 승중이 아니면　지낼 수가 없는 것입니다. 제일(祭日)은 평생 시와 같이 생신일인 음력 1 월 31 일이 됩니다.

●或問中原人作家禮集說其中有所謂生忌蓋於先考妣生日設飮食以祭象平生也其祭文曰存旣有慶沒寧敢忘云此意何如退溪曰恐孟子所謂非禮之禮此類之謂也
●盧亨運問生辰當出主而行之乎寒岡曰曾將此意禀于李先生先生曰非禮之禮
●沙溪答姜碩期曰生忌之祭馮善創開退溪非之是矣
●湯氏鐸曰按家禮親生辰无祭鄭氏曰祭死不祭生伏覩國朝頒降胡秉中祀先圖凡例有生日之祭當以此爲據竊惟親在生辰旣有慶禮歿遇此日能不感慕如死忌之祭可也

●**會成生辰儀**
儀節並同祭禰

序立(主人主婦及弟婦子姪凡禰所出者皆在)○參神○鞠躬拜興拜興拜興拜興平身○降神○盥洗○詣香案前○跪○上香○酹酒(以下旁注皆與時祭同)○俯伏興拜興拜興平身○進饌○初獻禮○詣考妣神位前○跪○祭酒○奠酒○祭酒○奠酒○俯伏興平身○詣讀祝位○跪○主人以下皆跪○讀祝○俯伏興○鞠躬拜興拜興平身○復位○奉饌○亞獻禮○盥洗○詣考妣神位前○跪○祭酒○奠酒○祭酒○奠酒○俯伏興拜興拜興平身○復位○奉饌○終獻禮○盥洗○詣考妣神位前○跪○祭酒○奠酒○祭酒○奠酒○俯伏興拜興拜興平身○復位○奉饌○侑食○鞠躬拜興拜興平身○復位○闔門○祝噫歆○啓門○主人以下復位○獻茶○飮福受胙○詣飮福位○跪○嘏辭曰(云云四時祭同但去祖字)○飮福酒○受胙○鞠躬拜興拜興平身(主人起立于東階上西向)○告利成(祝立于西階上東向曰)○利成○復位○鞠躬拜興拜興平身○辭神○鞠躬拜興拜興拜興拜興平身○焚祝文○送主○徹饌○禮畢

▶773◀◆問; 현손이 죽어 친진이 되었는데?
1 대: 3 형제 中 첫째 사망,
2 대: 3 형제 中 첫째 사망,
3 대의 장남이 제사를 지낸다고 가정하면 누구를 기준으로 4 대의 제사를 지내야 하나요? (제사는 위로 4 대를 지낸다고 알고 있습니다.

1 대를 기준으로 위로 4 대인가요? 3 대의 장남을 기준으로 위로 4 대까지인가요?) 그리고 제사를 지낼 때 제주는 누가되나요? 1 대의 둘째가 제주(祭主)인지 3 대의 장남(長男)이 제주인지 답변 부탁 드립니다. 감사합니다.

◆答; 현손이 죽어 친진이 되었으면.
4 대 봉사를 하던 현손(玄孫)이 죽어 대상을 마치게 되면 승계된 현손의 적자로부터 친진(오대조)이 된 신주(神主)는 미친진(未親盡) 후손이 없으면 묘에 신주를 매안하고 1 년에 일회 그 후손이 모여 묘제를 지내나 후손 중 미친진 손이 있으면 그 중 최장자(最長者)가 그 신주를 모셔가 봉사를 하게 되는데 그 최장자가 현손 일 수도 있고 증손(曾孫)일 수도 있고 손자(孫子)일 수도 있을 것입니다.

이후 이와 같은 예법으로 봉사하다 그 신주의 후손 중 현손 대가 모두 죽어 친진(親盡)이 되었으면 그 후손으로서는 5 대조이상이 되어 신주를 묘에 묻고 세일제로 묘제를 지내게 됩니다. 따라서 생존한 후손 중 최장자는 4 대 봉사를 하게 될 수도 있습니다. 제사의 주인은 그 신주의 서자손이 됩니다.

●沙溪曰以朱子說觀之古人累世同居者於一門內子孫各有私房亦若儀禮所謂南宮北宮者祠堂若有親盡之主當遷而族人有親未盡者則遷于其中最長者之房以祭之也

▶774◀◆問; 흉례(凶禮) 길례(吉禮) 흉제(凶祭) 길제(吉祭) 다 다른가요.
흉례와 흉제, 길례와 길제가 어떤 것인지 가르쳐 주세요.

◆答; 흉례(凶禮) 길례(吉禮) 흉제(凶祭) 길제(吉祭).
흉길제(凶吉祭) 흉길례(凶吉禮)의 질문에 아래와 같이 정리하였습니다.

凶禮; 大者= 상(喪) 황(荒) 조(弔) 회(襘) 휼(恤). 초상(初喪)으로부터 장례(葬禮)까지
제(諸) 전례(奠禮)와 우제(虞祭).

●周禮春官大宗伯;以凶禮哀邦國之憂鄭玄注凶禮之別有五(云云)喪荒弔襘恤
●冷廬雜識從吉;三年之喪乃凶禮之大者世俗居喪而通名以慶賀必書從吉失禮甚矣
●曲禮下居喪未葬讀喪禮疏喪禮謂朝夕奠下室朔望奠殯宮及葬等禮也
●退溪曰右陰也左陽也虞祭凶禮故讀祝於主人之右至卒哭漸用吉禮故自此以後皆於主人
之左

吉禮; 지신제(地神祭). 석전(釋奠). 제사(祭祀)인 길(吉), 흉(凶), 빈(賓), 군(軍), 가례
(嘉禮).

●周禮春官大宗伯;以吉禮事邦國之鬼神示
●小滄浪筆談曲阜;乾隆五十九年予按試至曲阜適逢孟冬上丁時衍聖公憲培初薨予以吉禮
主祭
●續玄怪录寶玉妻;今夕甚佳又有牢饌親戚中配屬何必廣招賓客吉禮旣具便取今夕
●辭源[吉禮]祭祀之禮吉凶賓軍嘉古稱五禮

凶祭; 궤연제의(几筵諸儀).

●春明退朝錄卷中;大抵以士人家用臺卓享祀類几筵乃是凶祭
●五總志唐孟銑家祭儀士人家四仲祭當用平面氈條屏風而已其用桌椅卽是几筵乃凶祭也

吉祭; 상제인 우제 이후 길제.

●檀弓下是月也以虞易奠卒哭曰成事是日也以吉祭易喪祭
●淸史稿禮志五其因時祫祭者古禮天子三年喪畢合先祖神饗之謂之吉祭
●辭源[吉祭]古代喪禮在安葬以前叫做奠在這個時期內哭泣無時旣葬而祭叫虞行卒哭禮
叫吉祭

20 상중 행례(喪中行禮)

▶775◀◆問; 궁금합니다.
제는 6 대 되는 장손입니다. 2011 년 3 월 19 일에 어머님이 돌아가셔서 21 일 장례
를 모셨구요. 아직 49 제도 안 지났구요. 저의 집안에서는 해마다 한식 날 조상님들
께 한식제사를 모셔왔습니다. 작은 아버님들은 한식 제사를 모시자 종용합니다. 이
런 경우 한식제사를 모셔도 되는지요. 명쾌하고 빠른 답변 부탁 드립니다.

◆答; 궁금한 것.
선생의 모친께서 금년 3 월 19 일 작고하셨다면 본 일자가 음력인지 양력인지는 밝
히시지 않았으나 어느 역(曆)으로도 졸곡(약 100 일)이 지나지 않았습니다.

따라서 삼 년 상자(三年喪者)인 선생의 고조(高祖) 이하의 묘제(墓祭)는 폐(廢)함이
옳고 오대조(五代祖) 이상의 묘제는 이미 종손(宗孫)의 사당(祠堂)에서 떠난 조상(祖
上)이라 그 묘제에 참여한 후손 중 최존자(最尊者)가 주인으로서 초헌관(初獻官)이

됩니다.

따라서 그 최존자(最尊者)가 기복인(朞服人; 1 년 복인)이라 하여도 장후(葬後)에는 평시(平時)와 같이 제사(祭祀)한다는 것입니다.

▶776◀◆問; 동생장례 후 2일째 증조 제사 지내야 하는지.

급히 글을 올리게 되었습니다. 5 월 1 일 동생이 사망하여 5 월 3 일 장례를 마쳤습니다. 그리고 5 월 5 일 오늘 증조제사 입니다. 간단한 제수를 준비하고 절은 하지 않는다는 내용들이 검색됩니다만 집사람도 같이 장례에 참여하였으므로 제수준비도 할 수 없는 것이 아닌지 어떻게 하는 것이 좋을지 가르침을 구합니다.

◆答; 동생장례 후 2일째 증조 제사.

아래와 같이 살펴보건대 형제상(兄弟喪)을 당하면 1년 복인(服人)으로, 1년 복인(服人)은 성복(成服) 후 장전(葬前)(3개월)에 기제(忌祭)를 당하면 주인(主人)은 그 제사(祭祀)에 참여(參與)하지 않고, 친속(親屬) 중 가장 복이 경한이를 시켜 약설(略設)하고 무축단헌(無祝單獻)으로 제사(祭祀)를 지내심이 옳은 예법(禮法) 같습니다.

●家禮喪禮成服不杖期條爲兄弟也
●要訣喪服中行祭儀期大功則葬後當祭如平時未葬前忌祭墓祭略行如上儀(上儀;使服輕者行薦而饌品減於常時只一獻不讀祝可也)(五服未成服前雖忌祭亦不可行也)
●王制大夫士庶人三月而葬

▶777◀◆問; 모친 상중에 부친의 제사는.

9월경에 어머님(68세)이 돌아가셨습니다. 그리고 석 달 후인 12월말에 할아버지 제사가 있습니다. 제가 어디선가 듣기로 집안에 누가 돌아가시면 어느 기간 동안은 다른 웃어른 제사는 안모셔도 된다고 들었는데 그것이 사실인가요? 그 말이 맞다면 명절차례도 그런가요? 아버님께서는 살아계셔서 할아버지 할머니제사를 지내시길 원하시는데 저의 형제들은 안 해도 된다고들 얘기합니다. 누구 말을 따라야 하나요? 알려주세요. 혹 유교식과 불교식의 해석이 다를 수 있는가요?

◆答; 상중 제사.

아래와 같이 살펴보건대 졸곡(100일)제 전이면 모든 제사를 폐하고 지났으면 다른 사람(복이 경한 복인)을 시켜 약설(略設) 무축단헌(無祝單獻)으로 지내게 합니다.

●擊蒙要訣喪服中行祭儀篇凡三年之喪古禮則廢祠堂之祭而朱子曰古人居喪衰麻之衣不釋於身哭泣之聲不絶於口其出入居處言語飲食皆與平日絶異故宗廟之祭雖廢而幽明之間兩無憾焉今人居喪與古人異而廢此一事恐有所未安朱子之言如此故未葬前則準禮廢祭而卒哭後則於四時節祀及忌祭(註墓祭亦同)使服輕者(註朱子喪中以墨衰薦于廟今人以俗制喪服當墨衰著而出入若無服輕者則亦恐可以俗制喪服行祀)行薦而饌品減於常時只一獻不讀祝不受胙可也

▶778◀◆問; 모친 상중에 조모 기제사는 어떻게 하는지요.

저의 어머님이 3 월 24 일(음 2 월 1 일)오후 4 시경 작고하여 3 월 26 일 선영에 모셨고, 이후 절에서 49 재 중 초재를 3 월 3 일 치렀습니다. 그런데 할머님의 기제사가 4 월 6 일(음 2 월 22 일)이라 어떻게 해야 할지 몰라 조언을 구합니다. 이해하기 쉽게 설명을 부탁 드립니다. 참고로 조부 기제사는 5 월 13 일(음 3 월 30 일)에 있습니다.

◆答; 모친 상중에 조모 기제사.

아래와 같이 살펴보건대 졸곡이 지나 당하는 제사는 복이 경한 복인을 시켜 약설하고 무독축 일헌지례로 행한다 하였으니 상주님의 조부모님 기제가 모두 졸곡(卒哭)(약 100 일)이전인 까닭에 이 해의 기제는 모두 폐하여야 옳을 것 같습니다.

●王制喪三年不祭註喪凶事祭吉禮吉凶異道不得相干故二年不祭疏禮卒哭而祔練而禫於廟此等爲新死者而爲之則非常祭也其常祭法必待三年喪畢也

●通典晉賀循云禮在喪者不祭祭吉事故也其義不但施於生人亦祖禰之情同其哀戚故云於死者無服則祭也今人有服祭祀如故吉凶相干非禮意也

●張子曰喪不貳事則祭雖至重亦有所不可行蓋祭而誠至則哀忘祭而誠不至則不如不祭

●要訣未葬前則準禮廢祭而卒哭後則於四時節祀及忌祭(墓祭亦同)使服輕者行薦而饌品減於常時只一獻不讀祝不受胙可也

▶779◀◆問; 복중(忌中?) 제사 범위에 대해서.

수고 많으십니다. 어머님이 연말(12/24)에 돌아가셨습니다. 투병(鬪病) 중이 실 때 우환을 이유로, 제사를 지내지 않았습니다만, 앞으로 제사를 재개해야 하겠지요. 그 범위와 규정에 대해서 알고 싶어서 문의를 드립니다.

1. 조상님에 대한 제사는 언제부터 드려야 하나요? 그리고 그 기준은 햇수 3 년 상(만 2 년)을 기준으로 합니까? 아니면 49 제를 기준으로 해야 하나요? 참고로 2 월 10 일이 49 제입니다.

2. 혹, 증조부(모), 조부(모), 부모(아버님을 살아계십니다만) 중에서, 제사를 올려야 하는 범위가 정해져 있나 모르겠습니다. 이를테면 증조부(모)는 언제부터 되고, 조부(모)는 언제부터 되고 하는 규정이 있는지 모르겠습니다. 부탁 드립니다.

◆答; 복중(忌中?) 제사 범위.

問 1. 答; 49 재(齋)는 불가(佛家)에서 죽은 자가 다시 좋은 곳에 환생(還生)토록 7 일마다 불공(佛供)을 드린다는 7 번째 마지막 제(齊)로 유가에서 말하는 탈상(脫喪)의 제(祭)가 아닙니다.

다만 이를 탈상(脫喪)의 제로 인식하고 계시다 하여도 불가(佛家)의 법도는 알 수가 없으나 유가(儒家)의 예법은 불가의 예법과 관계 없이 상중 행제(傷中行祭) 예법은 대개 율곡(栗谷)선생께서 요결에 밝혀놓으신 바와 같이 행하고 있는 것 같습니다.

그 말씀을 아래와 같이 살펴보건대 나서기 선생의 모친께서 작고하신 날로부터 석 달 이후가 졸곡(卒哭)이라 하였으니 졸곡(卒哭)이 지나면 복인(服人) 중 경복자(輕服者)로 하여금 부독축(不讀祝) 일헌지례(一獻之禮)로 예를 갖추고 삼년상(三年喪)을 마치고 선생이 제주(祭主)가 되어 비로소 초헌(初獻)을 할 수 있는 것 같습니다.

問 2. 答; 아래와 같이 살펴보건대 유가(儒家)의 봉사범위는 4 대(고조부모)까지 이며, 오례의(五禮儀) 에서는 3 대 봉사(증조부모)까지 이며, 가정의례준칙에서는 2 대(조부모)까지 이니 이는 각 가문(家門)이 선택(選擇)할 사안(事案)이고 다만 이곳은 예를 중히 여기는 성균관(成均館)이니 4 대 봉사(奉祀)를 권하고 싶을 따름입니다.

●擊蒙要訣喪服中行祭儀篇凡三年之喪古禮則廢祠堂之祭而朱子曰古人居喪衰麻之衣不釋於身哭泣之聲不絶於口其出入居處言語飮食皆與平日絶異故宗廟之祭雖廢而幽明之間兩無憾焉今人居喪與古人異而廢此一事恐有所未安朱子之言如此故未葬前則準禮廢祭而卒哭後則於四時節祀及忌祭(註墓祭亦同)使服輕者(註朱子喪中以墨衰薦于廟今人以俗制喪服當墨衰著而出入若無服輕者則亦恐可以俗制喪服行祀)行薦而饌品減於常時只一獻不

讀祝不受胙可也期大功則葬後當祭如平時(註但不受胙)未葬前時祭可廢忌祭墓祭略行如上儀緦小功則成服前廢祭(註五服未成服前雖忌祭亦不可行也)成服後則當祭如平時(註但不受胙)服中時祀當以玄冠素服墨帶行之

●雜記士三月而葬○士虞記三月而葬○書儀喪儀三卜宅兆葬日條王公已下皆三月而葬

●小記報葬者報虞三月而後卒哭註報讀爲赴急疾之義謂家貧或以他故不得待三月死而卽葬者旣疾葬亦疾虞虞以安神不可後也惟卒哭則必俟三月耳

●朱子曰百日卒哭

●家禮四代奉祀○國朝五禮儀大夫士庶人三代奉祀○健全家庭儀禮準則二代奉祀

▶780◀◆問; 부모와 망제의 추석차례를 합설해도 되나요?

지난달 동생이 불행히도 세상을 떠났습니다. 조카가 있으나 어려서 추석차례를 선친과 함께 모시려 하는데 합설을 해도 되는지 조카가 있다지 만 제가 제주인 경우 지방을 어찌 써야 되는지 제반 절차를 알려 주시면 고맙겠습니다. 감사합니다.

◆答; 부모와 망제의 추석차례.

아래와 같이 살펴보건대 아우의 제사는 조카가 있으니 그가 주인이 되어 제사하는데, 만약 너무 어려 제사에 헌작할 수 없다면 다만 그를 대신하여 섭주(攝主)의 예를 따라 대행은 할 수 있으나 직접 동생의 제사를 주인이 되어 지낼 수는 없습니다.

또 아우가 사망한지 1개월 정도가 지났다면 상주(조카)는 졸곡 전(前; 약3월)은 법도상 모든 제사는 폐하니 추석 차례를 지낼 수가 없습니다. 다만 김길석님은 동생 복(服)은 1년 복인이 되어 졸곡 전(卒哭前)이라 하여도 선친 차사는 지낼 수가 있습니다.

●書儀喪禮立喪主條凡主人當以長子爲之無長子則長孫承重(家禮長孫承重以奉饋奠)

●要訣喪服中行祭儀凡三年之喪古禮則廢祠堂之祭(云云)未葬前則準禮廢祭而卒哭後則於四時節祀及忌祭(墓祭亦同)使服輕者行薦而饌品減於常時只一獻不讀祝不受胙可也期大功則葬後當祭如平時(但不受胙)未葬前時祭可廢忌祭墓祭略行如上儀

●小記報葬者報虞三月而後卒哭註報讀爲赴急疾之義謂家貧或以他故不得待三月死而卽葬者旣疾葬亦疾虞虞以安神不可後也惟卒哭則必俟三月耳

●家禮成服不杖朞條爲兄弟也

▶781◀◆問; 부친 사망 90일 지났는데 설 차례는 몇 대조까지 모셔야 하는지요?

2008 년 10 월 20 일 작고하신 선친을 모시고 있는 장남입니다. 설 차례의 경우 몇 대조까지 모셔야 하는지 궁금해서 여쭤봅니다.

주위에서 부친(父親) 생전에도 저의 아이가 태어났으니 저를 기준으로 2 대조(代祖)까지 모시면 된다고들 하는데 무엇이 바르게 하는 것인지 알 수 없는 상황입니다. 방법을 알려주시면 고개 숙여 감사 드리겠습니다.

◆答; 상중에 명절을 당하면.

상 삼 년 이내는 경복자(輕服者)를 시켜 약설 무축단헌(無祝單獻)의 예인데 왕제편(王制篇)의 상삼년(喪三年) 불제(不祭)라 함은 복중임을 뜻함인데 2008 년에 작고(作故)하였다면 금년이 2014 년이니 6 년이 지났습니다. 부친상은 이미 탈상이 되었으니 모시던 대수대로 지내면 됩니다.

●王制喪三年不祭註喪凶事祭吉禮吉凶異道不得相干故二年不祭

●栗谷曰未葬前準禮廢祭而卒哭後於四時節祀及忌祭墓祭使服輕者行薦而饌品減於常時

只一獻不讀祝不受胙可也

●問練祥若有故退行則祝式如何尤菴曰祝文當用常時所用而末段略告退行之由似宜

▶782◀◆問; 부친상 직후 시모 고희연이 열리는데 며느리가 참석해야 하나요?

며느리 친정의 부친이 돌아가신 후 9 일(삼우제 후 6 일)만에 시어머니의 고희연이 열립니다. 통상 상을 당한 경우는 다른 사람의 혼인이나 잔치에 참석하지 않는다고 들었습니다. 시가의 길사에도 마찬가지로 적용되는 것인지요.

일응, 친정이 상중인 경우에 며느리가 시모의 고희연에 참석하지 않는 것도 무언가 도리에 어긋난다고 보이기도 합니다.

한편으로, 며느리가 고희연에 참석하여 눈물을 흘리거나 기쁜 표정을 짓지 않는다면 그것도 도리에 어긋난다고 생각됩니다.

며느리가 참석하는 것이 예법에 반하는지, 참석하지 않는 것이 시부모님에 대한 도리를 다하지 못하는 것인지 궁금합니다. 혹시 참석하는 것도, 참석하지 않는 것도 모두 예법에 반하지 않아서 관련된 당사자 사이의 합의로 적절히 대처하면 되는지도 궁금합니다(예를 들어 시가에 가서 생일상을 차리지만 고희연 자리에만 참석하지 않는 방법 등도 가능한지요).

혹시 이 경우에도 며느리가 시모(媤母)의 고희연(古稀宴)에 참석해야 한다면, 방문하신 분들께 그 사실을 공식적으로 알려야 하는지요. 금주 토요일에 고희연이 있어서 급히 질문 드립니다. 조속(早速)한 답변을 부탁 드립니다.

◆答; 부친상 직후 시모 고희연.

아래와 같이 살펴보건대 출가(出嫁)한 여식(女息)의 부모(父母) 복(服)은 부장기(不杖朞) 일년(一年) 복인(服人)이 됩니다.

예법(禮法)에 상(喪)을 당하면 3개월 뒤에 장사(葬事)함이 정례(正禮)이나 요즘은 3일장이라 하여 사정상 3일만에 장사(葬事)함이 주를 이루게 되는데 이와 같이 장사함을 일러 보장(報葬), 질장(疾葬), 갈장(渴葬)이라 합니다.

사정상 3월 뒤에 장사하지 않고 일찍 장사하였다 하여도 행례(行禮) 법도는 3월 뒤에 장사함을 따릅니다. 따라서 장사 전이라 하면 복인들은 상청(喪廳)에 있게 되니 그 간에 드는 제사를 폐(廢)하게 됩니다. 예법이 이러하니 그 간에는 다른 애경사(哀慶事) 역시 폐하게 됨은 당연한 것입니다.

법도가 이러함을 가족이나 주위 분들이 이해하고 있다면 불참을 당연한 예법이라 이해하여 줄 것이나, 그러하지 못하다면 비난을 면치 못할 것입니다. 시의(時宜) 적절(適切)하게 대처하시기 바랍니다.

●備要圖式出嫁女爲本宗降服圖父母不杖期
●要訣喪服中行祭儀朞大功則葬後當祭如平時
●性理大全喪禮治葬章三月而葬條溫公曰古者天子七月諸侯五月大夫三月士踰月而葬今五服年月勅王公以下皆三月而葬
●小記報葬者報虞三月而後卒哭註報讀爲赴急疾之義謂家貧或以他故不得待三月死而卽葬者旣疾葬亦疾虞虞以安神不可後也惟卒哭則必俟三月耳

▶783◀◆問; 부친께서 올 음력 4월에 별세 하셨는데 이번 추석에 명절 제

사를 드려야 하는지요.

부친께서 올 4월에 작고하셨습니다. 금년 추석이 얼마 남지 않았는데 명절 제사를 지내드려야 하는지 잘 몰라 문의 드립니다.

◆答; 부친께서 올 음력 4월에 별세 하셨으면.

4월에 작고하셨다면 이번 추석은 졸곡(卒哭) 후일이 됩니다. 아래와 같이 살펴보건 대 궤연의 유무와 탈상(脫喪) 여부를 밝히지 않아 알 수는 없으나 탈상을 하였다. 하여도 유가(儒家)의 예법으로는 상주를 비롯 삼년지상자(三年之喪者)와 복인들 은 부친의 지방(紙牓)을 모시고 차사(茶祀)를 지내고, 그 외 선대가 계시면 후손 중 에서 가장 복이 가벼운 이를 시켜 차사를 지내게 하심이 바른 예법입니다.

●問三年內俗節上食後別設酒果數饌否沙溪曰俗節因朝奠兼上食行之似過盛朝上食後別 設無妨

●明齋曰因上食並設似宜

●要訣喪服中行祭儀凡三年之喪古禮則廢祠堂之祭未葬前則準禮廢祭而卒哭後則於四時 節祀及忌祭(墓祭亦同)使服輕者行薦而饌品減於常時只一獻不讀祝不受胙可也

●小記報葬者報虞三月而後卒哭註報讀爲赴急疾之義謂家貧或以他故不得待三月死而卽 葬者既疾葬亦疾虞虞以安神不可後也惟卒哭則必俟三月耳

▶784◀◆問; 49제 이전의 차례.

안녕하세요? 지난 연말에 모친상을 당하여 황망히 상을 치렀습니다. 모친께서 생전 에 불심에 열심이셨기 때문에 다니시던 절에 부탁 들여 49제를 드리고 있습니다. 이제 초제가 막 끝났습니다. 그런데, 49제가 끝나기 전에 설날이 다가오므로 설날 차례를 지내야 할 지 상당히 혼란스럽습니다.

게시판에 검색하여 보니 탈상하기 전에는 차례를 지내지 않는 것이 원칙이라고 이 해됩니다만 주변에서는 차례를 지내는 것이 옳다는 분도 계시네요. 그래서 이렇게 여쭈어 봅니다.

49제가 불교식 의례라는 사실을 잘 알고 있습니다만, 그래도 설날인데 그냥 넋 놓 고 있으려니 웬지 더욱 불효하는 것 같아 마음이 어렵네요. 답변을 기다리겠습니다. 미리 감사 드립니다.

◆答; 49제 이전의 차례

불가의 예법은 알지 못합니다. 다만 유학의 예법으로 아래와 같이 살펴보건대 연말 이라 함이 어느 날이지 알 수는 없으나 만약 양력 12월 31일이 사일(死日)이라 면 음력 설날(1월 26일)은 졸곡(卒哭; 석 달에 장사, 삼우 후 강일이 졸곡)전이 라 졸곡제 안에는 모든 제사와 절사를 폐한다 하였으니 예법상 이번 설의 참사(參 祀)는 지낼 수가 없는 것 같습니다.

●或問不及期而葬者虞卒哭亦依常例行之則其無未安之意歟沙溪曰喪服小記報葬者報虞 三月而後卒哭

●喪服小記報葬者報虞三月而後卒哭註報急疾之義謂家貧或以他故不得待三月死而卽葬 者既疾葬亦疾虞祭以安神不可後也惟卒哭則必俟三月

●問或以爲三年之喪卒哭未畢之前不宜行節祀云此說如何新喪墓祭似無嫌遂菴曰卒哭前 雖是新喪墓祭不可行或者之疑恐是

●要訣未葬前則準禮廢祭而卒哭後則於四時節祀及忌祭使服輕者行薦而饌品減於常時只

一獻不讀祝不受胙可也

▶785◀◆問; 상례기간 중에 기제나 차례 등을 모셔야 하나요?

고견을 부탁 드립니다. 문헌이나 전거를 부탁 드립니다. 감사합니다.

◆答; 상례 기간 중에 기제나 차례를.

아래와 같이 살펴보건대,

1. 장사 전(약 3개월)은 모든 제사를 폐하고,

2. 졸곡이 지나면 사시제, 절사, 기제, 묘제 등은 복이 경한 자로 하여금 감찬(減饌)하여 무축에 음복례 없이 무독일헌지례(無讀一獻之禮)로 마치고,

3, 기 대공복인은 장사(葬事)를 마치면 평시와 같이 지내되 음복(飮福)하지 않으며 장사(葬事) 전은 사시 제(四時祭)는 폐하고 기제 와 묘제(墓祭)는 위 2 번과 같이 지내고 오복인 모두 성복(成服) 전에는 기제(忌祭)라 하여도 폐하게 됨.

4, 시 소공복인은 성복 전은 모든 제사를 폐하고 성복 후에는 평시와 같이 지내되 음복의 예는 행하지 않음.

●通典晉賀循云禮在喪者不祭祭吉事故也其義不但施於生人亦祖禰之情同其哀戚故云於死者無服則祭也今人有服祭祀如故吉凶相干非禮意也

●張子曰喪不貳事則祭雖至重亦有所不可行蓋祭而誠至則哀忘祭而誠不至則不如不祭

●小記喪者不祭

●王制喪三年不祭疏禮卒哭而祔練而禘於廟此等爲新死者而爲之則非常祭也其常祭法必待三年喪畢也其春秋之時未至三年而爲吉祭者皆非禮也

●寒岡曰據禮則大功重服尙未成適値先祖諱辰雖至廢祭似不甚妨然而在常情旣未安則令主祭一人執事一兩人權宜齊祭於別所其餘則全聚護喪恐不得不爾

●問忌祀在成服前則雖緦服之輕廢祭臨喪否顧齋曰喪餘之祭異於吉祭容有可祭之理然一家鮮少則亦不可執一論

●明齋曰三年喪中家廟正祭朱子說有二款而鄙家則從不行之說矣

●老洲曰五服未成服前廢祭旣有栗谷明訓不可易也旣廢之則大中小祀俱在當廢之科不可區別

●愚伏曰未葬廢祭禮有明文但忌日旣非吉祭且是喪餘之日似難處過令姪子攝行似得

●要訣凡三年之喪古禮則廢祠堂之祭而朱子曰古人居喪衰麻之衣不釋於身哭泣之聲不絶於口其出入居處言語飮食皆與平日絶異故宗廟之祭雖廢而幽明之間兩無憾焉今人居喪與古人異而廢此一事恐有所未安朱子之言如此故未葬前則準禮廢祭而卒哭後則於四時節祀及忌祭(墓祭亦同)使服輕者行薦而饌品減於常時只一獻不讀祝不受胙可也期大功則葬後當祭如平時(但不受胙)未葬前時祭可廢忌祭墓祭略行如上儀緦小功則成服前廢祭(五服未成服前雖忌祭亦不可行也)成服後則當祭如平時(但不受胙)

▶786◀◆問; 상중 기제사에 대한 질문.

초암 선생님의 고귀한 답변 감사 드립니다, 이해가 부족하여 다시 여쭙겠습니다. 아버님 삼우가 지나고 졸곡이 지나지 않은 기간에, 할아버님 기제사를 지내야 하는지를 문의 드립니다,

◆答; 상중 기제사에 대한 질문.

보장자(報葬者; 석 달에 장사하지 않고 그 안에 일찍 장사함)의 졸곡제는 사후 석 달이 지난 뒤에 지내게 되는데, 졸곡제 안에는 모든 제사를 폐하게 되니 형편상 일찍 장사를 지냈더라도 상을 당한 날로부터 석 달 안에는 법도상 모든 제사를 폐하게 됩니다.

●要訣喪服中行祭儀凡三年之喪未葬前則準禮廢祭而卒哭後則於節祀忌祭(墓祭亦同)使服輕者行薦而饌品減於常時只一獻不讀祝可也
●小記報葬者三月而卒哭

▶787◀◆問; 상중 묘제에 대하여?

복중인데 상복을 입고는 묘제를 지내지 않는다고 합니다 사실인가요.

◆答; 상중 묘제.

삼년상자(三年喪者)인 고조(高祖) 이하의 묘제(墓祭)는 폐함이 옳고 오대조(五代祖) 이상의 묘제는 이미 종손(宗孫)의 사당(祠堂)에서 떠난 조상(祖上)이라 그 묘제 참여한 후손 중 최존자(最尊者)가 주인(主人)으로서 초헌관(初獻官)이 됩니다. 따라서 그 최존자가 기복인(朞服人; 1 년복인)이라 하여도 장 후(葬後)에는 평시와 같이 제사한다는 것입니다.

●要訣喪服中行祭儀凡三年之喪未葬前則準禮廢祭而卒哭後則於四時節祀及忌祭(墓祭亦同)使服輕者行薦而饌品減於常時只一獻不讀祝不受胙可也期大功則葬後當祭如平時(但不受胙)
●朱子曰五世則遷者玄孫之子高祖廟毀不復相宗
●穀梁傳註親過高祖則毀其廟
●問最長房遷奉之後祭時祝文何以爲之攝祀二字亦可用之否寒岡曰恐難稱攝祀當曰曾孫某官又曰惟宗于稱孝則祭遷主之人恐不得輒書孝字

▶788◀◆問; 상중에 기제사를 지내도 되는지요?

아버님이 돌아가시고 아직 탈상 전에 있습니다, 탈상 전까지 할아버지, 할머니 두 분의 기제사가 있는대 기제사를 지내야 하는 것인지? 아니면 상중에는 기제사를 안 지내야 한다는 설도 있어서 문의 드립니다, 또한 지내야 한다면 평상시와 같이 지내면 되는 것인지? 고귀한 답변 부탁합니다.

◆答; 상중 기제사.

친상을 당하시어 얼마나 망극하십니까? 먼저 애도를 표합니다. 부모상 중의 행제(行祭) 예법은 아래와 같이 살펴보건대 졸곡(卒哭)을 지나(약 3개월) 탈복(脫服) 전까지 당하는 제사는 친속 중 가장 복이 경한이를 시켜 무축단헌(無祝單獻)으로 지내게 됩니다.

●要訣喪服中行祭儀凡三年之喪未葬前則準禮廢祭而卒哭後則於節祀忌祭(墓祭亦同)使服輕者行薦而饌品減於常時只一獻不讀祝可也

▶789◀◆問; 상중에 상가와 혼례식장을 가도 되는지요?

상중에는 조상과 혼인 예식장 청첩에 어찌하여야 하나요.

◆答; 상중에 상가와 혼례식장.

상중(喪中)에는 타인은 아무리 가까운 이웃이 상을 당하였다 하여도 조문하지 않는 법이니, 경사야 더 따져 논할 까닭이 없겠습니다.

●曾子問曰三年之喪吊乎孔子曰三年之喪練不群立不旅行君子禮以飾情三年之喪而吊哭不亦虛乎註爲被哀則不專於親爲親哀則是妄吊疏虛者吊與哭並虛也
●檀弓子張死曾子有母之喪齊衰而往哭之或曰齊衰不以吊曾子曰我吊也歟哉註於朋友哀痛甚而往哭之非若凡吊○非兄弟雖鄕不往疏無親也○有殯聞遠兄弟之喪雖緦必往非兄弟

雖隣不往
●朱子曰古人居喪衰麻之衣不釋於身哭泣之聲不絶於口

▶790◀◆問; 상중(喪中)에 성묘(省墓)를 하려는데.

본인이 장남으로 아버님 상중인데 돌아오는 설 명절에 할아버지 와 증조 할머니 성묘을 하는 것이 상례에 어긋나는 것이 아닌지 알고 싶습니다.

◆答; 상중제의(喪中祭儀).

예법상 상주는 상 삼 년간은 기제(忌祭) 묘제(墓祭) 절사(節祀) 등이 폐제되니 상중에는 성묘도 할 수 없습니다.

●要訣喪服中行祭儀凡三年之喪古禮則廢祠堂之祭而朱子曰古人居喪衰麻之衣不釋於身哭泣之聲不絶於口其出入居處言語飮食皆與平日絶異故宗廟之祭雖廢而幽明之間兩無憾焉今人居喪與古人異而廢此一事恐有所未安朱子之言如此故未葬前則準禮廢祭而卒哭後則於四時節祀及忌祭(墓祭亦同)使服輕者(朱子喪中以墨衰薦于廟今人以俗制喪服當墨衰著而出入若無服輕者則(則下一本無亦字有喪人二字)亦恐可以俗制喪服行祀)行薦而饌品減於常時只一獻不讀祝不受胙可也

▶791◀◆問; 당숙모가 상을 당하셨는데 할아버지 제사를 어떻게 해야 하는지요?

당숙모(堂叔母)님께서 음력 1 월 2 일 날 돌아가셨습니다. 그런데 할아버지제사가 같은 달인 음력 1 월 23 일 입니다. 이럴 경우 할아버지제사를 어떻게 지내야 하는지요 그리고 몇 촌까지 복(服)을 입는지 알려주세요.

◆答; 당숙모 상중 조부 기제사 지내는 법.

당숙모상이 1 월 2 일에 당하시고 기일은 1 월 23 일이라면 20 여일 후이라 당숙모의 복은 시마로 시마 복인들은 성복(4 일)후에는 평시와 같이 제사한다. 하였습니다.

●性理大全圖式本宗五服之圖;從伯叔父母小功
●要訣喪服中行祭儀;緦小功則成服前廢祭(五服未成服前雖忌祭亦不可行也)成服後則當祭如平時(但不受胙)
●家禮成服厥明;大殮之明日死之第四日也

▶792◀◆問; 상중 제사에 관하여.

할머니 돌아 가신지 일 주일 반 만에 고조 할아버지(할머니의 시아버지)의 제사가 있습니다. 삼우제 탈상을 한 상태 이고요, 같은 달이어서 제사를 지내야 하는 것인지요?

또 다른 질문 하나 더 있습니다. 보통 제사를 지내고 난 다음날엔 장거리 이동을 피하라는 말이 있는데 제사 다음 날은 장거리를 삼가 해야 하는 것인지요? 그렇다면 장거리 이동이 가능한 것은 제사로부터 2 일 후 인지요? 여기에서 장거리 이동을 해야 하는 사람은 음식을 만든 어머니 이십니다.

◆答; 상중제의(喪中祭儀).

상주(喪主)는 喪 삼 년 동안은 모든 제사를 폐하되 다만 졸곡(卒哭)이 지난 후에 닫는 제사(祭祀)는 복이 가벼운 자를 시켜 약설하고 무축단헌(無祝單獻)으로 제사를 지내게 합니다. 물론 이 제사에는 상주는 참여하지 않습니다.

기일 날은 술과 고기를 먹지 않고 가무를 보지도 듣지 않으며 소복차림으로 저녁에는 정침에 들지 않고 외채에서 밤을 보낸다는 것임.

속한서(續漢書)에 의하면 부모의 기일(忌日)에는 사모(思慕)하는 마음으로 10 여 년 간 술과 고기는 물론 3 일간을 음식을 먹지 않았다 하니 기일 날 장거리 여행(旅行) 뿐 아니라 울 밖 출입(出入)을 삼가야 할 것입니다.

●要訣祭儀抄喪服中行祭儀凡三年之喪古禮則廢祠堂之祭而朱子曰古人居喪衰麻之衣不釋於身哭泣之聲不絶於口其出入居處言語飲食皆與平日絶異故宗廟之祭雖廢而幽明之閒兩無憾焉今人居喪與古人異而廢此一事恐有所未安朱子之言如此故未葬前則準禮廢祭而卒哭後則於四時節祀及忌祭(墓祭亦同)使服輕者(朱子喪中以墨衰薦于廟今人以俗制喪服當墨衰著而出入若無服輕者則亦恐可以俗制喪服行祀)行薦而饌品減於常時只一獻不讀祝不受胙可也
●家禮忌祭是日不飲酒不食肉不聽樂黲巾素服素帶以居夕寢于外
●續漢書申屠蟠父母卒思慕不飲酒食肉十餘年忌日哀戚輒三日不食

▶793◀◆問; 상중일 때 조문은?

상중인데 친구나 친척분들이 상을 당했을 때 조문 예법은? 상중 조문이나 기타 회갑 돐 백일 등 여러 애경사 때 어떻게 해야 하는지도. 상중일 때는 조문 가서 맞절을 하지 않는다 하는데 맞는지요.

◆答; 상중에는 타인의 상이 이웃이라 하여도 조문하지 않습니다.

상중(喪中)에는 남의 상(喪)에 조문(弔問)은 가지 않으나 친족(親族)이 아무리 시마복(緦麻服)지간이라 하여도 가야 하는데 남의 경사에야 가서는 아니 됩니다.

●檀弓子張死曾子有母之喪齊衰而往哭之或曰齊衰不以弔曾子曰我弔也歟哉註於朋友哀痛甚而往哭之非若凡弔○非兄弟雖鄕不往疏無親也○有殯聞遠兄弟之喪雖緦必往非兄弟雖隣不往
●朱子曰古人居喪衰麻之衣不釋於身哭泣之聲不絶於口

▶794◀◆問; 상중 제사 지내는 법에 관하여?

이번 추석(음 8.14)연휴 때 숙부께서 돌아가셨습니다. 저희 부친 제사가 음 9.5 일입니다. 그리고 저희 조부님 제사가 양력으로 10 월 20 일입니다. 이런 경우 제사를 지내면 안 된다고 하던데 맞는 말인지요? 집안에 상이 있을 경우에 제사를 지내는 것이 맞지 않다면 지내지 않는 기간은 몇 년 인지요?

◆答; 상중 제사 지내는 법.

아래와 같이 살펴보건대 백숙부모의 복(服)은 부장기복(不杖碁服; 상장을 짚지 않는 1 년 복)으로 성복(成服) 전은 모든 제사(祭祀)를 폐(廢)하고 성복(成服) 후에는 기제(忌祭)와 묘제(墓祭)는 약행(略行; 無祝單獻)하고 장사(葬事)를 마쳤으면 평시와 같이 지내되 사시제(四時祭)에서는 수조(受胙; 음복)치 않는다는 것입니다.

유가(儒家)에서는 장사(葬事)라 이르면 사후 3 개월 이후를 의미합니다. 따라서 사일(死日)이 음 8 월 14 일(양 9 월 21 일)이니, 음 9 월 5 일(양 10 월 12 일)과 양 10 월 20 일은 성복(成服) 후와 3 개월 이내가 되니 요결(要訣)에 의하면 제사(祭祀)를 지내되 모두 약행(略行)으로 마쳐야 할 것 같습니다.

●要訣喪服中行祭儀期大功則葬後當祭如平時(但不受胙)未葬前時祭可廢忌祭墓祭略行如上儀(五服未成服前雖忌祭亦不可行也)
●攷事撮要成服齊衰不杖碁條爲伯叔父母

▶795◀◆問; 상을 치른 후 결혼식 등에 참가를 금기하는 기간은?

매번 올리는 질문에 신속하고 친절한 답변에 감사 드립니다. 작은아버지가 돌아가셔서 상을 치렀을 경우, 결혼식 등에 참석하지 말라는 말을 들었습니다. 이럴 경우 결혼식에 참석해서는 안 될 기간은 며칠이나 되며, 이를 금하고 있는 근거 등이 있는지 알고 싶습니다. 수고하십시오.

◆答; 상을 치른 후 결혼식 등에 참가를 금기하는 기간.

혼사(昏事)에 금하거나 꺼림은 혼례(昏禮) 예법(禮法)에 주혼자(혼주)나 당사자(當事者; 신랑, 신부)가 1년 복 이상의 복이 없어야 하고 대공상(大功喪; 9월복)에서 장사 전(葬事前)에는 혼인(昏姻)을 할 수 없다는 것입니다.

부장기 복은 백숙부모 복이 됩니다. 따라서 자기가 주혼자가 되거나 자신의 혼사가 아닌 이상 유가의 예법으로는 피하거나 꺼려야 할 근거가 없습니다.

설령 세간에 그런 풍문이 나돈다면 무속적인 속설일 뿐입니다. 다만 본인이 심히 꺼려진다면 본인의 의사에 따라 처신함이 자신에게 옳을 수도 있을 것입니다.

●家禮昏禮議昏身及主昏者無朞以上喪乃可成昏條大功未葬亦不可主昏○又成服不杖期條正服勅爲伯叔父也義服則爲伯叔母也

▶796◀◆問; 숙모상에 아버님 기일에 관하여.

안녕하세요. 초암 선생님. 숙모의 상(喪)을 당하여 삼일장(三日葬)을 치르고 삼우제(三虞祭)가 오늘이고 내일 아버지 기일일 때.

1. 장사(葬事)를 치렀으니 아버지 제사를 지낼 수 있다. 이럴 경우 삼우제 때 참석을 안하고 재계하면 되는지요.

2. 옛 장사일과 현 장사 일은 다르기에 제사를 지낼 수 없다. 다른 의견이 있어 질문 드립니다. 바쁘시더라도 답변 부탁 드립니다. 감사합니다

◆答; 숙모상에 아버님 기일.

아래와 같이 살펴보건대 숙모의 복은 부장기(不杖朞)복으로 기복인(朞服人; 1년복)은 성복 전(죽은 날 포함4일)은 모든 제사를 폐하고 성복 후 장사 전 까지는 기제와 묘제는 약행하고 장사를 마치면 평시의 의례대로 지냅니다.

갈장(渴葬; 사정상 3개월을 기다리지 않고 장사함)을 하였다 하여도 복인들이 다른 제사 지내는 예법은 정식으로 3개월 후에 장사의 예법을 좇아 행하게 됩니다.

따라서 9워 10일이 사망 일이라며 아버님 기일인 9월 15일은 5일 이후가 되어 정식 성복일(사후 4일)이 지난 날짜로서 독축(讀祝) 삼헌(三獻)이 아닌 약행(略行)으로 지내고 사후 3개월 이후에 닿는 제사부터는 평시와 같이 지내게 됩니다.

●家禮成服厥明條大斂之明日死之第四日也○又不杖朞條其義服則爲伯叔母也
●要訣喪服中行祭儀期大功服條期大功則葬後當祭如平時(但不受胙)未葬前時祭可廢忌祭墓祭略行如上儀(五服未成服前雖忌祭亦不可行也)
●小記報葬者報虞三月而後卒哭註報讀爲赴急疾之義謂家貧或以他故不得待三月死而卽葬者旣疾葬亦疾虞虞以安神不可後也惟卒哭則必俟三月耳

▶797◀◆問; 아버님 돌아가시고 10일 남짓 되어 어머님 칠순 맞이.

아버님 상 치르고 열흘 남짓 되어 어머님 칠순을 맞게 되어 이런 경우 옛 어른들은

어떻게 했을지 문의 드려요. 식구들은 고깃집에 가서 식구들이랑 밥 한끼 먹자고 합니다. 밥 먹다 보면 술 먹고. 등등. 이렇게 되겠지요. 어떻게 하는 게 좋을지.

◆答; 아버님 돌아가시고 10일 남짓 되어 어머님 칠순 맞이.

1). 상을 당하면 복인들은 3일을 먹지 않으며,

2). 3일이 지나면 주인과 그 형제들은 비로소 죽을 먹고 처첩과 9월 복인은 거친 밥에 물을 마시나 채소와 과일은 먹지 않으며 5월과 3월 복인들은 술과 고기는 먹으나 연회에는 참가하지 않으며 이 때부터는 까닭 없이 출입하지 아니하는데 만약 상사의 일로 만부득이 하게 출입하게 되면 말에는 베 안장을 얹고 흰 가마에 베 주렴을 치고 출입하게 되며,

3). 소상을 지내면 처음으로 채소와 과일을 먹으며,

4). 대상을 마치고서야 처음으로 술과 고기를 먹고 내침에 든다.

법도가 이러하니 상을 치르고 10여일 정도가 되었다면 3일장이라면 13일 5일장이라면 15일 정도 지난 때가 되는데 장사란 원래 3개월 후에 행하나 사정이 여의치 못하여 갈장(3월 이내에 장사함)을 하였다 하여도 법도는 3월장을 기준하여 행하게 됩니다.

법도대로 장사를 지냈다면 15일이 지났다 하여도 장사 전이 됩니다. 따라서 장사 전에는 조상 제사도 폐하는데 칠순연(?)을 열어서야 되겠습니까.

●家禮初終乃易服不食○成服之日主人及兄弟始食粥條諸子食粥妻妾及期九月疏食水飲不食菜果五月三月者飮酒食肉不與宴樂自是無告不出若以喪事及不得已而出入則乘樸馬布鞍素轎布簾○小祥始食菜果○大祥徹靈座斷杖棄之屛處始飮酒食肉而復寢

●間傳斬衰三日不食齊衰二日不食大功三不食小功緦麻再不食士與斂焉則一不食

●雜記功衰食菜果飮水漿無鹽酪不能食食鹽酪可也註功衰衰齊斬之末也

▶798◀◆問; 어머님 상례 후 첫 제사 문의.

지난 2013년 6월 14일 (음 5월 6일) 오전 5시에 저희 어머님께서 돌아가셨습니다. 이후 장례를 모시고 삼우제를 마친 후 저의 어머님 영가를 고향 (예산) 작은 사찰에 모시고 이번 목요일에 제 4재를 맞는 불효자 입니다.

어머님은 제 7재 음 6월 25일 (양 8월 1일)에 탈상하시게 되는데 그 전에 저의 아버님 기일이 들어있습니다. 즉 음 6월 15일 (양 7월 22일) 이 아버님 기일입니다. 어머님 탈상 전 아버님 기일 제사를 어떻게 모셔야 바른 방법인지 궁금하고 제례에 어긋남이 없는지 궁금하옵니다.

탈상 전 아버님 기일에 어머님을 함께 모셔 기일 제사를 모시는 것이 옳은 것인지 아니면 아버님 기일 제사만 그냥 지내는 것이 옳은지 저는 모르겠습니다, 제사를 어떻게 모셔야 올바른지 상세히 알려주시면 감사하겠습니다 좋은 말씀하교 기다리겠습니다 .제사를 어떻게 모셔야 올바른지 상세히 알려 주시면 감사하겠습니다 좋은 말씀하교 기다리겠습니다.

◆答; 어머님 상례 후 첫 제사.

상을 당하시어 얼마나 망극하십니까? 먼저 조의를 표합니다. 모친께서 음 5월 6일에 작고 하시고, 음 6월 15일이 부친 기일이시라면 모친 상을 당하시고 1달 10여일 내이십니다.

상중 제사 지내는 예법에 상주는 장사 전 즉 졸곡 전에는 모든 제사를 폐하게 됩니

다. 졸곡 전이란 3개월(장사)+ 4또는 5일(졸곡)이 됩니다. 따라서 상중에 제사 지내는 예법에 따라 부친 기제는 폐하심이 바른 예법이 됩니다.

●家禮喪禮治葬三月而葬條司馬溫公曰勅王公以下皆三月而葬
●要訣喪服中行祭儀凡三年之喪未葬前則準禮廢祭而卒哭後則於四時節祀及忌祭(墓祭亦同)使服輕者行薦而饌品減於常時只一獻不讀祝不受胙可也

▶799◀◆問; 음력 8월 5일 조모 상을 치렀습니다.

족보상 저의 아버지께서는 큰집(종가)에 아들이 없는 관계로 양자로 가 큰집의 제사와 명절을 모시고 있습니다. 그래서 저의 친할아버지(족보상 작은 할아버지) 제사는 작은아버지께서 모시고, 명절도 작은 집에서 따로 모십니다.

이번 상(喪)도 친모(親母)이지만 족보상(族譜上)으로 보자면 작은어머니 상(喪) 입니다. 문제는 저희 집은 음력 8 월에 고조부(高祖父) 제사가 있고 명절도 있습니다. 작은집 입장에서는 이번 명절을 어떻게 해야 할지 난감해 하고 있습니다. 어르신들마다 의견이 분분해서 이번 명절과 제사를 어떻게 보내야 하는지 문의 드립니다.

요약하자면. 상을 당한 집은 그 달의 제사와 명절을 지내야 하는지 말아야 하는지? 어떤 분들은 49 일 동안의 제사와 명절 등을 지내지 말아야 한다고 하는데, 한 달이 아니라 49 일인지 아닌지 문의 드립니다. (조부의 제사가 9 월 10 일이기에)

◆答; 음력 8월 5일 조모 상을 치렀는데.

아래와 같이 살펴보건대 큰댁으로 입후하였다면 본생부모는 숙부모가 됩니다.

숙부모(叔父母)의 복(服)은 부장기복(不杖朞服; 상장을 짚지 않는 1년복)으로 부장기복인은 성복전(成服前)에는 모든 자기 제사를 폐하고 장사(葬事) 전은 기제(忌祭) 묘제(墓祭)는 약행(무축단헌)하고 장사를 마쳤으면 평시와 같이 지낸다는 것입니다.

다만 8월 5일 조모상을 치렀다 하심이 양력인지 음력인지를 밝히지 않아 알 수는 없으나 음력으로 가정한다 하여도 음력 8월 8일과 추석은 성복일(사후 4일째 되는 날)은 지났습니다.

따라서 기제는 무축단헌(無祝單獻)의 예로 지내시면 예에 어그러지지 않으며 요결(要訣)의 말씀에 절사에 대한 언급은 없으나 상주가 졸곡이 지나면 사시제 절사 급 기제 사복경자 행천(四時祭節祀及忌祭使服輕者行薦)이라 하셨으니 절사 역시 지낸다 하여 예에 벗어났다 할 수는 없을 것입니다.

●尤庵曰杖期以上皆正統及妻也爲人後者謂所生父母爲伯叔父母故不爲杖期而只得爲不杖期也
●喪服疏衰不杖爲人後者爲其父母傳何以朞也不貳斬也持重於大宗者降其小宗也
●性理大全不杖朞條註凡男爲人後者爲其私親皆降一等
●書儀成服齊衰不杖期條爲伯叔父母
●要訣喪服中行祭儀期大功服條期大功則葬後當祭如平時(但不受胙)未葬前時祭可廢忌祭墓祭略行如上儀(五服未成服前雖忌祭亦不可行也)
●小記報葬者報虞三月而後卒哭註報讀爲赴急疾之義謂家貧或以他故不得待三月死而卽葬者旣疾葬亦疾虞虞以安神不可後也惟卒哭則必俟三月耳

▶800◀◆問; 이런 경우, 제사를 드려야 하는지 궁금합니다.

이번 추석(음 8.14)연휴 때 숙부께서 돌아가셨습니다. 저희 부친 제사가 음 9.5 일입니다. 그리고 저희 조부님 제사가 양력으로 10 월 20 일입니다. 이런 경우 제사를 지내면 안 된다고 하던데 맞는 말인지요? 집안에 상이 있을 경우에 제사를 지내는 것이 맞지 않다면 지내지 않는 기간은 몇 년 인지요?

◆答; 이런 경우, 제사를 드려야 하는지.

아래와 같이 살펴보건대 백숙부모의 복(服)은 부장기복(不杖朞服; 상장을 짚지 않는 1 년 복)으로 성복(成服) 전은 모든 제사(祭祀)를 폐(廢)하고 성복(成服) 후에는 기제(忌祭)와 묘제(墓祭)는 약행(略行; 無祝單獻)하고 장사(葬事)를 마쳤으면 평시와 같이 지내되 사시제(四時祭)에서는 수조(受胙; 음복)치 않는 다는 것입니다.

유가(儒家)에서는 장사(葬事)라 이르면 사후(死後) 3 개월 이후를 의미합니다. 따라서 사일(死日)이 음 8 월 14 일(양 9 월 21 일)이니, 음(陰) 9 월 5 일(양 10 월 12 일)과 양 10 월 20 일은 성복(成服) 후와 3 개월 이내가 되니 요결(要訣)에 의하면 제사(祭祀)를 지내되 모두 약행(略行)으로 마쳐야 할 것 같습니다.

●要訣喪服中行祭儀期大功則葬後當祭如平時(但不受胙)未葬前時祭可廢忌祭墓祭略行如上儀(五服未成服前雖忌祭亦不可行也)
●攷事撮要成服齊衰不杖朞條爲伯叔父母

▶801◀◆問; 제사를 주관하는 장남이 사망하였을 경우 당해 년도에는 제사를 지내지 않는다고 하는데 사실인가요?

안녕하십니까 저희 집안의 제를 주관하시던 큰아버지가 얼마 전 돌아가셨는데, 제를 주관하던 장남이 사망하였을 경우, 그 당해 년에는 제사를 지내지 않는다는 의견이 있어서 이것이 맞는 것인지 궁금해서 질문 드립니다. 도움 부탁 드립니다.

◆答; 졸곡 전(前)은 폐제.

아래와 같이 살펴보건대 친상 중(親喪中)의 행제(行祭) 예법은 졸곡(卒哭前) 이전에는 모든 제사(祭祀)를 폐(廢)하고 졸곡(卒哭) 후에는 복이 제일 가벼운 이가 약설(略設) 후 무축(無祝) 단헌지례(單獻之禮)로 마쳐야 한다 하였으니 당해 년이 아니라 졸곡(약3개월 4, 5일) 이전만 모든 제사를 폐하여야 하는 것입니다.

●要訣喪服中行祭儀凡三年之喪古禮則廢祠堂之祭而朱子曰古人居喪衰麻之衣不釋於身哭泣之聲不絶於口其出入居處言語飮食皆與平日絶異故宗廟之祭雖廢而幽明之間兩無憾焉今人居喪與古人異而廢此一事恐有所未安朱子之言如此故未葬前則準禮廢祭而卒哭後則於四時節祀及忌祭(墓祭亦同)使服輕者(朱子喪中以墨衰薦于廟今人以俗制喪服當墨衰著而出入若無服輕者則(則下一本無亦字有喪人二字)亦恐可以俗制喪服行祀)行薦而饌品減於常時只一獻不讀祝不受胙可也
●顧齋曰妻喪當練之月有故不得行事不害其退行次月
●問練祥若有故退行則祝式如何尤菴曰祝文當用常時所用而末段略告退行之由似宜

아래와 같이 살펴보건대 석 달이 되면 장사(葬事)를 지낸다 하였고 우제(虞祭)는 장일(葬日)을 넘기지 않는다 하였으니, (剛日; 甲丙戊庚壬. 柔日; 乙丁己辛癸).

○만약 장일(葬日)이 금년(今年) 음력(陰曆) 4 월(月) 15 일(日) 갑인(甲寅; 剛日 陽曆 5.9)이 라면 그날이 초우제(初虞祭)가 되고,
○재우(再虞)는 다음 유일(柔日)이라 하였으니 다음날인 음(陰) 4.16 을묘(乙卯; 陽 5.10)일이 되고,
○삼우(三虞)는 다음 강일(剛日)이라 하였으니 음(陰) 4. 17 일(日) 병진(丙辰; 陽 5. 11)이 되고,

○졸곡(卒哭)은 다음 강일(剛日)이라 하였으니 음(陰) 4. 19 일(日) 무오(戊午; 陽 5. 13)일이 되니 이를 날자로 계산(計算)하면 석 달 4 일이 되고,

○만약(萬若) 장일(葬日)이 금년(今年) 음력(陰曆) 4 월(月) 16 일(日) 을묘(乙卯; 柔日)(양력(陽曆) 5.10)이라면 그날이 초우제(初虞祭)가 되고,

○재우(再虞)는 다음 유일(柔日)이라 하였으니 그 그 다음날인 음(陰) 4.18 정사(丁巳)(양(陽) 5.12)일이 되고,

○삼우(三虞)는 다음 강일(剛日)이라 하였으니 음(陰) 4. 19 일(日) 무오(戊午)(양(陽) 5. 13)이 되고,

○졸곡은 다음 강일(剛日)이라 하였으니 음(陰) 4. 21 일(日) 경신(庚申; 陽 5.15)일이 되니, 이를 날짜로 계산(計算)하면 석 달 5 일이 정도가 되는 것입니다. 까닭에 졸곡일(卒哭日)은 약 3 월 4. 5 일이 되니 그 전거(典據)는 분명(分明)한 것인데 다만 이와 같이 따르고 있지 않아 알고 있지 못할 뿐입니다.

아래와 같이 살펴보건대 보장(報葬; 疾葬)자(者)는 그에 따라 보우(報虞)나 졸곡제(卒哭祭)는 3 월이 지난 후에 지냄이 마땅한 것임.

혹자(或者)는 장일(葬日) 복(服)을 벗어 그 자리에서 태우고 내려 오는 자(者)도 있으니 우제(虞祭)니 졸곡(卒哭)이니 함을 차려 지낼지도 의심스러우며 이 같이 그런 막된 예(禮)를 열거(列擧)하라면 한이 없을 것임. 설령 그렇다 하여도 예를 논(論)함에는 그런 막된 례(禮)를 들추어 일러줄 것이 아니라 정례(正禮)를 찾아 일러줌이 옳을 것임. 그와 같음은 이미 대부분은 이해하고 있을 것임.

●小記報(赴)葬者報虞三月而後卒哭註報讀爲赴急疾之義謂家貧或以他故不得待三月死而卽葬者旣疾葬亦疾虞虞以安神不可後也惟卒哭則必俟三月耳(鄭註)報讀爲赴疾之赴謂不及期而葬也旣葬卽虞虞安神也卒哭之祭待哀殺也(孔穎達疏)報葬至卒哭○正義曰此一節論不得依常葬之禮也赴猶急疾也急葬謂貧者或因事故死而卽葬不得待三月也急虞謂亦葬竟而急設虞謂是安神故宜急也○三月而后卒哭者雖急卽虞而不卽卒哭卒哭猶待三月所以然者卒哭是奪於哀痛故不忍急而待齊衰殺也

▶802◀◆問; 초상 후 100일 되는 날 제사를 모셔야 하나요?

지난 12 월 5 일에 아버님께서 돌아가셨습니다. 삼우제를 지내고 탈상을 했습니다. 그런데 백부님께서 돌아가신 후 100 일 되는 날 다시 제를 올려야 한다고 하시는데. 탈상 후 기제사가 아닌 다른 제를 올리는 것이 맞는지요.

◆答; 초상 후 100일 되는 날 제사.

사후(死後) 백일(百日) 되는 날 제사(祭祀)를 지낸다 함은 아래와 같이 살펴보건대 졸곡제(卒哭祭)를 뜻하는 것 같습니다. 졸곡제(卒哭祭)는 초상(初喪)의 상복(喪服)을 입고 지내고 소상(小祥)에 이르러 수질(首經)을 벗고 쇠(衰)와 벽령(辟領), 부판(負版)을 비로소 뗀 연복(練服)으로 바꿔 입는 것인데 이미 탈복(脫服)하고 길복(吉服)으로 갈아 입었으니 졸곡제(卒哭祭)를 지낼 수 없을 것 같습니다. 특히 탈상(脫喪)을 하였다 함은 대상(大祥)을 지냈음을 의미(意味)함으로 이미 지나간 예입니다. 예법(禮法)상 지나간 제사(祭祀)는 다시 지내지 않습니다.

●家禮補疑卒哭易服古今異宜註問禮記去麻服葛註葬後男子去腰之麻絰而著葛絰婦人去首之麻絰而著葛絰今無行之者先祖曰古禮則葬後有易服之制而及練始改者是從俗之爲也今禮家皆依用家禮則用古禮於此時豈非駁俗哉
●朱子曰百日卒哭乃開元禮以今人葬或不能如期故爲此權制王公以下皆以百日爲斷不經之甚今從周制葬後三虞而後卒哭得之矣

●家禮源流報葬者報虞三月而後卒哭註報急疾之義謂家貧或以他故不得待三月死而卽葬者旣疾葬亦疾虞祭以安神不可後也惟卒哭則必俟三月
●家禮集考小祥設次陳練服條男子以練服爲冠去首絰負版辟領衰婦人截長裙不令曳地註男子除乎首婦人除乎帶

21 사시제(四時祭)(附初祖 先祖 禰祭)

▶803◀◆問; 가내에 우환 있을 시 제사 여부.

모친이 중병으로 투병 중인데 차례나 기제를 지내야 하는지.

◆答; 가내(家內)에 우환 있을 시.

아래와 같이 살펴보건대 집안에 우환(憂患)이 있다고 제사(祭祀)를 폐(廢)할 수는 없습니다. 다만 제수(祭需) 장만을 대행(代行)할 부녀자(婦女子)가 없으면 그가 기(氣)를 회복(回復)하기 전은 제사(祭祀)를 폐(廢)할 수 밖에는 다른 선택의 여지가 없을 것입니다.

●頤菴曰父母憂患則必聚族而謀之此愚智之所同知也然則兄有病患當先告祠堂以求先祖之陰佑而徒事乎非鬼何耶嗚乎報本追遠人道之大者也災厄之來未必非廢祭之因而顧不知悔罪致誠修祀惟憑巫覡回天命災愈集而惑愈甚終至於身殞而家敗尤可哀也
●陶庵曰俗忌廢祭固爲無識而家內痘疫或解娩恐不精潔治祭具於他舍而行之爲得否
●南溪曰只一婦有産他無代行者則其勢只得姑廢而已

▶804◀◆問; 간지삭(干支朔)에 대하여.

다음과 같은 "○○○○년세차간지(年歲次干支) ○월간지삭(月干支朔) ○일간지(日干支)" 축문(祝文) 서식(書式) 중에서, 예를 들면 2005 년 3 월 21 일 즉, 음력 2 월 12 일의 경우 "~을유이월계사삭십이일갑진(乙酉二月癸巳朔十二日甲辰)"이 됩니다만, 저의 생각으로는 "~을유이월기묘십이일갑진(乙酉二月己卯十二日甲辰)~" 이와 같이 월간지를 사용하면 안 될까요? 2 월 초하루 간지가 아닌 2 월 월간지를 말합니다. 왜 초하루 간지를 사용해야 할까요? 가르쳐주세요. 부탁 올립니다.

◆答; 초하루 일진을 쓰는 이유.

퇴계(退溪) 선유(先儒)께서 하신 말씀이 옛날 사람들은 초하루 일진(日辰)을 중히 여긴 것은 초하루 일진(日辰)이 틀리면 다음날 일진(日辰)이 모두 어그러지는 까닭에 반드시 써야 한다 라 말씀하셨을 뿐만 아니라 간지삭(干支朔)을 기입(記入)하는 것은 축문(祝文)의 법식(法式)인 까닭에 필(必)히 써야 격식(格式)에 합당(合當)한 것입니다.

●書·武成維十月壬辰旁死魄越翌日癸巳註先記壬辰旁死魄然後言癸巳猶後世言某日必先言某朔
●退溪曰古人重朔朔差則日皆差故必表出而書之耳

▶805◀◆問; 감(敢)의 뜻은요.

큰 집에 제사를 지내러 가면 제사 도중에 축을 읽는데 전부도 이해가 가지 않지만 누구 감소고우(敢昭告于)에서 감(敢)자가 쉬울 것 같으면서도 썩 무슨 말인지 제대로 이해가 가지 않아서 질문 같지 않은 질문 드립니다. 무슨 뜻 입니까?

◆答; 감(敢)의 뜻.

아래와 같이 살펴보건대 감소고우(敢昭告于)에 쓰인 감(敢)자의 뜻은 모매(冒昧)인데, 모매(冒昧)의 의미는 경솔(輕率). 아는 것도 없으면서 외람되게 행동한다.' 라는 것입니다. 흔히 자기에 대한 겸사(謙辭)로 쓰입니다. 주로 번역에서 "감히 밝혀 고하나이다" 라 풀어 놓습니다.

●家禮輯解有事則告條; [某官某敢]鄭氏曰敢者冒昧之辭〇賈氏曰凡言敢者皆是以卑觸尊不自明之意故云冒昧之辭
●後漢書李云傳; 告敢觸龍鱗冒昧以請
●晉書滕修傳; 不勝愚情冒昧聞訴
●明史楊恂傳使大臣淸節素孚彼安敢冒昧如此
●辭源[冒昧]輕率魯莽

▶806◀◆問; '감소고우' 뜻.

매번 세세한 답변에 감사 드립니다. 인터넷 등에서 축문 중 '감소고우(敢昭告于)'의 뜻을 검색해 보면 감히 밝게(혀) 고합니다' 라는 뜻으로 설명하고 있습니다. 그런데 왠지 어색합니다. 감히 밝게 고한다'는 뜻이 무슨 말인지 언뜻 이해가 되지 않습니다.

옥편(인터넷)을 뒤적이다 보니 '昭'자가 '신주치레'라는 뜻도 있었습니다. 그렇다면 감소고우를 감히 신주를 차려 놓고 고합니다' 라고 해석해도 되는 것 아닌가 생각이 들었습니다.

짧은 생각이지만 '감히 밝게 고한다'는 말 보다는 훨씬 그럴싸한 설명이라 생각됩니다. '소(昭)'자를 '신주차례'로 해석해도 되는지가 궁금해 여쭙니다. 국어사전에 '신주치레'는 '높은 벼슬 이름이 쓰인 신주를 특별히 융숭하게 모시는 일'로 나와 있습니다.

◆答; '감소고우' 뜻.

소(昭)자에는 사당차례(祠堂次例)라는 의미가 있는데 그 뜻은 좌소우목(左昭右穆)의 사당질서(祠堂秩序)를 말함인 것 같습니다.

축문의 감소고우(敢昭告于)의 소(昭)의 의미는 [밝히다(明也)]. 분명히 하다. 드러내 보이다. 덕음(德音) 등의 의미(意味)인 [밝히다]로 번역(飜譯)되고 있습니다.

●周禮春官宗伯禮官之職小宗伯;辨廟祧之昭穆(註)祧遷主所藏之廟自始祖之後父曰昭子曰穆
●資治通鑑唐順宗永貞元年;高宗在三昭三穆之外請遷主于西夾室
●春秋左傳定公四年;以昭周公之明德(杜注)昭顯也
●詩經正解魯頌泮水章;其馬蹻蹻其音昭昭(註)其崇儒重道之德音則昭昭而明矣

▶807◀◆問; 감소고우의 음(音)에 대하여.

감소고우(敢昭告于)를 어느 가문(家門)에서는 감조고우, 혹은 감소곡우라 독축 하는데 어떻게 읽어야 바른 것입니까?

◆答; 감소고우(敢昭告于)의 바른 독음(讀音).

昭; [운회(韻會)음초(音招) 박아(博雅)명야(明也)]; 명야(明也). 밝히다(거짓 없고 순수하게).
告; [정운正韻)음고(音誥)(광운廣韻)보야고상왈고발하왈고(報也告上曰告發下曰誥)]; 상보(上報). 아뢰다.

●書經集傳商書湯誥;不敢赦敢用玄牡敢昭告于上天神后

●輯覽通禮祠堂有事則告;敢昭告註(士虞禮註)敢昧冒之辭昭(韻會)明也
●史記孟嘗君列傳;使人至境候秦使秦使車適入齊境使還馳告之
●丁晉公談錄;今大禮已畢輒有二事上告陛下
●論語憲問;以吾從大夫之後不敢不告也(辭源)上報

▶808◀◆問; 감소고우(敢昭告于) 읽기.

또 여쭈어 봅니다. 축을 읽을 때 두 가지 의견이 있어 여쭈어 봅니다.

1. 敢昭告于를 [감소고우]로 읽는다.
2. 敢昭告于는 조상께 고하는 것이니 [감소곡우]로 읽어야 한다. [출필곡 반필면]에도 [곡]으로 읽기 때문이다.

[문의] 敢昭告于를 [감소고우]로 읽어야 하는지, [감소곡우]로 읽어야 하는지 알고 싶습니다. 죄송합니다.

◆答; 감소고우(敢昭告于).

출필곡(出必告; 音梏; 뵙고 아룀)에는 음(音)을 곡(梏)으로 예시되어 있으나, 축식(祝式)에는 고축(古祝)은 물론 근대(近代) 축식 어디에서도 음곡곡(音梏谷) 등으로 표시됨이 없으니 곡으로 발음할 까닭이 없습니다.

다만 소고우(昭告于)의 고(告)를 "집운음고(集韻音誥)" 집운(集韻)의 가르침 대로 발음(發音)한다 하여도 "상보(上報); 아뢰다" 라는 의미가 되니 경(輕)하다 할 수는 없을 것입니다.

특히 [광운(廣韻)]에서 "고상왈고발하왈고(告上曰告發下曰誥)"라 하였으니 축식(祝式)에서 소고우(昭告于)로 발음하여도 법도에 어그러짐이 아닙니다.

●祭竹林神文;京兆尹秉御史大夫韓愈謹以酒脯之奠再拜稽首告于竹林之神
●漢書金縢;爲壇於南方北面周公立焉植璧秉珪乃告大王王季文王孔傳告謂祝辭
●史記孟嘗君列傳;齊王使人至境候秦使秦使車適入齊境使還馳告之
●丁晉公談錄;今大禮已畢輒有二事上告陛下
●康熙字典丑集上口部[告] [集韻]音誥 [廣韻]報也告上曰告發下曰誥〇按梏谷二字音切各異各韻書告字俱音梏
●五禮儀序例祝版敢昭告于細註名山大川城隍七祀則稱致告于
●便覽忌祭祝式敢昭告于細註妻去敢字弟以下但云告于
●曲禮夫爲人子者出必告(禮記集說大全; 梏)反必面
●書經集傳金縢傳爲壇於南方北面周公立焉植璧秉珪乃告大王王季文王(註)必禱於宗廟用之禮如此(孔傳)告謂祝辭(漢詞)音gao

▶809◀◆問; '감소고우' 다시 한 번.

'유세차계사칠월을사삭칠일신해(維歲次癸巳七月乙巳朔七日辛亥) 효자(孝子)00 감소고우(敢昭告于)'를 한글로 번역하면 '2013(계사)년 7월 7일 효자 00 는(가) 감히 밝게(밝혀)고합니다' 가 될 것입니다. 뭘 밝힌다는 것인지 이해가 되지 않습니다. 뜬금 없다는 생각이 들게 합니다.

앞 선 질문에서 말씀 드린 바와 같이 '昭'자를 '신주치레'로 해석한다면 '2013(계사)년 7월 7일 효자 00 는(가) 감히 신주를 모시고 고합니다' 라 해석할 수 있을 것입니다.

이미 말씀 드린 바와 같이 '소(昭)'자는 '신주치레(神主--)'라는 뜻도 있으며, (신주

치례: [명사] 높은 벼슬 이름이 쓰인 **신주**를 특별히 모심.) '목(穆)'자는 사당치레(祠堂)라는 뜻도 있다고 합니다. (사당치레: [명사] 1. 사당을 보기 좋게 꾸미는 일)

제가 반복해 질문을 드리는 건, '감소고우'를 '감히 밝게 고합니다' 라고 하는 설명(해석)이 매끄럽지 못하고 어색하다는 생각이 끊이지 않았습니다.

자꾸 생각하다 보니 어렸을 때 제사를 지내려면 신주를 모셔다 놓고 지내던 모습이 떠올랐습니다. 이에 있는 사실(신주를 모시고 고하는 일)을 있는 대로 번역(설명) 해보니 보다 사실적인 상황이 부드럽게 설명된다고 생각되기 때문입니다. 제 짧은 생각을 길게 설명 드렸습니다.

◆答; '감소고우'

강희자전(康熙字典) 소(昭)의 의미에 신주(神主)치레라는 뜻이 포함(包含)되어 있지 않습니다. 옥편(玉篇)에 신주(神主)치레 라는 의미가 있다면 그에 대한 전거(典據)가 붙어 있을 것입니다. 확인(確認)하시기 바랍니다.

소고(昭告; 明白地告知)를 명백(明白)하게 알리다. 분명하게 알리다. 정도로 번역(飜譯)이 되는데, 축식에서 소고(昭告)는 밝혀 아뢰다. 라 번역하는 것은 집람(輯覽)에서 "소명야(昭明也)" 라 하여 그를 따라 번역가들이 이 대목에서는 거의 밝다(밝혀). 로 번역하고 있습니다. 따라서 밝혀로 번역하여도 명백(明白)과 의미가 상통합니다.

●左傳成公十三年夏四月昭告昊天上帝秦三公楚三王
●書經集傳湯誥;小子將天命明威不敢赦敢用玄牡敢昭告于上天神后
●因話錄卷一郭子儀謹遣上都進奏院官傳濤敢昭告於貞懿皇后行宮
●輯覽祠堂有事則告註祝版;敢昭告(士虞禮註)[敢]昧冒之辭[昭](韻會)明也

▶810◀◆問; 강신 삼제우모상(三祭于茅上)에 대하여.

일반적으로 분향(焚香) 다음 강신(降神) 잔은 신위 두분 병설(倂設) 시(時)도 한잔만 따라서 삼제우지(三祭于地) 하는데 어느 집안에서는 신위(神位) 수가(考 한 분 妣 두분) 세분이면 3 잔의 강신 잔을 따라서 모사에 지우는 것을 보았는데 신위가 세분이라도 강신 잔은 한번만 하는 것이 맞지 않는지요.

◆答; 강신은 1 회임.

합제(合祭)에서 여러 위(位)라 하여도 강신(降神)은 1 회뿐입니다.

●家禮四時祭陳器條本註設酒架於東階上別置卓子於其東設酒注一酹酒盞一盤一(云云)於其上
●便覽四時祭降神條本註云云主人左手執盤右手執盞灌(朱子曰盡傾)于茅上以盞盤授執事者(陶庵註執事者反注及盞盤於故處先降復位)俛伏興再拜降復位

▶811◀◆問; 강신례 때 사용하는 잔은?

강신례에 헷갈리는 부분이 있어 여쭙니다. 강신례 때 어떤 잔을 사용하는지가 헷갈립니다.
1. 제상에 놓여있는 잔들을 사용한다. 즉, 할아버지 잔, 할머니 잔 모두로 땅(모사기)에 술을 따른다. 이렇게 하면 술을 따르는 회수가 2 번 되는데 이게 맞는지?
2. 강신례 용 잔을 별도로 준비해 놓았다 그 잔으로 사용한다. 이런 경우라면 신위를 여럿 모셨을지라도 땅에 술을 따르는 걸 한번만 하면 되는 건지? 이게 궁금합니다. 감사합니다. 잘 배우겠습니다.

◆答; 강신례 때 사용하는 잔은.

향안상(香案牀) 동쪽으로 탁자를 놓고 그 위에 강신　잔반을 두었다 강신예　때 질문 2번과 같이 여러 위라 하여도 1 회롤 마칩니다.

●性理大全四時祭前一日設位陳器條香案於堂中置香爐香合於其上束茅聚沙於香案前別置卓子於其東設酒注一酹酒盞一盤一受胙盤一匕一巾一茶合茶筅茶盞托鹽楪醋瓶於其上○同降神條進盤盞主人受之執注者亦跪斟酒于盞主人左手執盤右手執盞灌于茅上以盤盞授執事者出笏俛伏興再拜降復位

▶812◀◆問; 강신례에서 조상신은 누구를?

기제사(忌祭祀)시 강신례(降神禮)란 하늘과 땅에 계실지 모르는 조상신(祖上神)의 혼백(魂魄)을 청함이라 하는데 여기에서 조상신은 기제(忌祭) 당일(當日)에 해당되시는 조상님 한 분만을 말함이신지 (합설인 경우 두분) 아니면, 다른 조상님 모두를 포함인지, 아니면 천신(天神)이나 지신(地神)을 말함인지 저로서는 궁금합니다, 고견을 바랍니다.

◆答; 강신례에서 조상신은 누구.

예를 들어 기제(忌祭)를 지낼 때 강신(분향 뇌주)하는 이유는 교특생(郊特牲)의 말씀과 같이 그 조상의 혼기는 하늘로 올라가고 체백(體魄)은 땅으로 돌아간 까닭에 음(地)과 양(天)에서 모시는데 서의(書儀)의 가르침과 같이 울창(鬱蒼)의 향기(香氣)를 땅에 부어 그 기(氣)가 연천(淵泉)에 도달케 하고, 분향하여 그 향연(香煙)이 혼기(魂氣)가 장옥지간(공중)으로 퍼지게 하여 널리 그 신을 모시는 예로서 제사(祭祀)의 대상이 되는 조상(祖上)입니다.

단설(單設)이면 한 분이 되고 병설(竝設)이면 고비(考妣) 두 분뿐으로 그 외 다른 조상(祖上)이나 천지신(天地神)은 해당되지 않습니다.

●郊特牲魂氣歸于天形魄歸于地故祭求諸陰陽之義也
●書儀古之祭者不知神之所在故灌用鬱鬯臭陰達于淵泉蕭合黍稷臭陽達于牆屋(郊特牲註牆屋之間)所以廣求其神也今此禮既難行於士民之家故但焚香酹酒以代之

▶813◀◆問; 강신(降神) 잔반은 어느 것으로 하고 어디에 두나.

강신(降神) 때 잔반(盞盤)은 위전의 잔반으로 하는지 아니면 강신용 잔반이 따로 있는지요.

◆答; 강신(降神) 잔반.

강신(降神) 때 뇌주(酹酒) 잔반(盞盤)은 위전(位前)의 잔으로 하는 것이 아니라, 진기(陳器) 때 향안(香案) 동쪽으로 탁자를 놓고 그 위에 주전자와 뇌주(酹酒) 잔반 하나를 놓아 두었던 그 잔반으로 행하게 되고, 뇌주 후 빈잔은 그 자리에 다시 놓아 둡니다.

●性理大全時祭陳器條設香案於堂中別置卓子於其東設酒注一酹酒盞一盤一受胙盤一匕一巾一(云云)○又降神條執事者一人開酒取巾拭瓶口實酒于注一人取卓子上盤盞(云云)灌于茅上以盤盞授執事者(便覽執事者反盞盤於卓子上復位)

▶814◀◆問; 강신할 때 사용하는 잔은?

저희 집의 경우 제상에 신위 별로 잔반을 올려놨다 강신 차례가 되면 그 잔을 내려 강신을 하고 있습니다. 따라서 고비 합설이니 모사기에 술을 기울이는 뇌주(강신)도 차례로 두 번(잔)합니다. 그런데 책을 보다 분명하게 이해되지 않는 게 있어서 여쭙니다.

'강신'을 할 때 사용하는 잔반은 고비 위에 헌작할 때 사용하는 잔과 같은 것인지, 아니면 별도의 잔을 사용하는 것인지가 궁금합니다. 만약 별도의 잔반을 사용하는 것이라고 하면 고비 합설일 경우 뇌주는 한 잔(한 번) 인지 아니면 두 잔인지도 궁금합니다. 어떤 질문도 거르지 않고 해주시는 답에 감사 드립니다.

◆答; 강신용 잔반.

제사(祭祀) 예법은 가례(家禮) 사시제(四時祭) 예법이 근본이 됩니다. 사시제(四時祭)는 정침(正寢)에 고비(考妣)로부터 고조고비(高祖考妣)까지 사대(四代) 팔위(八位)를 설위하고 시절(時節)마다 지내는 제사(祭祀)로서 그 때 강신(降神)은 한번을 하게 되는데 강신(降神) 잔반(盞盤)은 위전(位前)의 잔을 내려 하는 것이 아니라 강신 잔반을 별도(別途)로 다른 탁자(卓子) 위에 두고 그로 하게 됩니다.

●家禮四時祭陳器條本註設酒架於東階上別置卓子於其東設酒注一酹酒盞一盤一(云云)於其上

●便覽四時祭降神條本註云云主人左手執盤右手執盞灌(朱子曰盡傾)于茅上以盞盤授執事者(陶庵註執事者反注及盞盤於故處先降復位)俛伏興再拜降復位

▶815◀◆問; 강신축과 수조축.

수고가 많으십니다. 사당에서 제사를 모실 때,

[문 1] 강신축을 알고 싶습니다. (다른 성씨가 할 경우와 같은 성씨가 할 경우 2 가지).

[문 2] 수조축(음복축)을 알고 싶습니다. (다른 성씨가 할 경우와 같은 성씨가 할 경우 2 가지).

[문 3] 초헌 등을 할 때, 헌관이 서서 잔을 받드는지, 앉아서 받드는지 궁금합니다. 집사자도 같이 서서 하는지, 앉아서 하는지요?

[문 4] 상석(床石) 앞면에 "처사(處士)○○ ○공지묘(公之墓)"이라고 쓰여진 것을 많이 보았습니다. 그런데 처사(處士) 자리에 호(號)를 써도 되는지요? 대단히 죄송합니다.

◆答; 강신축과 수조축.

[문 1]. [답]; 강신 축은 초조제(初祖祭)와 선조제(先祖祭)에서 채택되었을 뿐 어느 제(祭; 四時祭, 節祀, 忌祭, 墓祭, 喪祭 등)에서도 채택되지 않았으며, 특히 강신은 주인의 예로 특수한 경우 섭행(攝行)이 아니고는 타인이 행(行)할 수 없습니다.

시조 강신축; 孝孫某今以冬至有事于始祖考始祖妣敢請尊靈降居神位恭伸奠獻

●家禮祭禮初祖降神參神條主人盥升奉脂盤詣堂中爐前跪告曰孝孫某今以冬至有事于始祖考始祖妣敢請尊靈降居神位恭伸奠獻

[문 2]. [답]; 수조(受胙)는 기제(忌祭) 묘제(墓祭) 상제(喪祭) 절사(節祀) 등에는 없는 예로 사시제(四時祭)를 비롯 시(始), 선(先), 니제(禰祭)에서 계문(啓門) 다음에 행하며 주인(主人)이 이르게 됩니다.

嘏辭式; 　祖考命工祝承致多福于汝孝孫來汝孝孫使汝受祿于天宜稼于田眉壽永年勿替引之

●家禮四時祭受胙條主人曰祖考命工祝承致多福于汝孝孫來汝孝孫使汝受祿于天宜稼于田眉壽永年勿替引之

[문 3]. [답]; 가례(家禮)의 초헌례(初獻禮) 때 주인과 집사(執事)들은 모두 서서 잔

을 올리나 본인은 의절(儀節) 초헌(初獻) 예법을 딸아(본인 찬집 家禮抄解 祝辭大全 同) 주인 집사 모두 무릎을 꿇고 짐주(斟酒) 헌주(獻酒) 제주(祭酒) 헌주(獻酒)의 예를 행하고 있습니다.

●家禮四時祭初獻條主人奉高祖考盤盞位前東向立執事者西向斟酒于盞○忌祭初獻條如祭禰之儀
●家禮儀節時祭初獻條主人升執事者注酒于盞每位各一人捧盞從之○禰祭初獻條詣考妣神位前跪祭酒奠酒祭酒奠酒俯伏興平身○忌祭儀節並如祭禰

[문 4]. [답]; 상석(床石) 전면의 각서(刻書)는 표석식(表石式)을 따라 각서(刻書)합니다. 따라서 그 식은 "모관모공지묘(某官某公之墓)" 처사(處士)란 벼슬할 능력(能力)은 있으면서 벼슬자리로 나아가지 않고 집에 있는 선비라는 의미로 무관자(無官者)라 함의 칭호인데 모관(某官)의 자리에 호(號)를 쓸 수는 없는 것입니다.

▶816◀◆問; 계반개(啓飯蓋)는 언제?

시중에 나도는 예법에 관한 책을 살펴보면 어떤 책에서는 계반개를 초헌 때 하고 어떤 책에서는 유식 때 계반개와 삽시정저를 같이 한다 합니다. 언제 하는 것이 맞는 예법인지요. 가르침 주시기 바랍니다. 추위가 대단합니다. 건강 조심하십시오.

◆答; 계반개(啓飯蓋).

아래와 같이 살펴 보건대 초헌 때 축관이 헌주(獻酒) 후 계반개(啓飯蓋)를 합니다.

●少牢饋食禮迎尸之前先爲陰厭; 祝酌奠遂命佐食啓會佐食啓會盖二以重設于敦南
●特牲饋食禮主人主婦及祝佐食陳設陰厭; 祝洗酌奠奠于鉶南遂命佐食啓會佐食啓會郤于敦南出立于西南面
●士喪禮上朔月奠薦新; 敦啓會郤諸其南(註)會蓋也

▶817◀◆問; 啓飯蓋는 언제 해야 하는지요?

기제(忌祭)의 절목(節目) 중 계반개(啓飯蓋)는 언제 해야 하는지요? 언급이 없으니 유식(侑食)에 하는 것으로 이해해도 되는지요? [저는 초헌(初獻) 후 독축(讀祝) 전에 하는 것으로 알고 있습니다]

◆答; 계반개(啓飯蓋)는 초헌에서 합니다.

초헌(初獻)을 마치고 곧 계반개 후 독축을 하게 됩니다.

●備要按四時祭初獻條乃啓飯盖置其南各位同祝取版立於主人之左跪讀

▶818◀◆問; 계반삽시는 언제?

안녕하십니까. 제사의 기본순서에 대해 문의 드립니다. 계반삽시를 초헌에 하는지 종헌 후에 하는지 궁금합니다. 의견들이 분분해서 문의합니다. 가문에 따라 다르다고 합니다만 정확히 알고 싶습니다.

◆答; 계반삽시는 언제.

○계반개(啓飯盖)는 초헌(初獻) 때 행하고,
○삽시(扱匙)는 유식(侑食)때 행하게 됩니다.

●朱子家禮初獻; (云云)兄弟之長一人奉之奠于高祖考妣前匕筯之南祝取版(云云)○侑食; 主婦升扱匙飯中西柄正筯
●喪禮備要初獻; (云云)兄弟之長一人奉之奠于高祖考妣前匕筯之南(乃啓飯盖置其南各

位同)祝取版(云云)
●家禮治葬刻誌石條蓋刻云某官某公之墓○立小石碑條立小碑刻其面如誌之蓋
●漢書異姓諸侯王表一秦旣稱帝患周之敗以爲起於處士橫議注處士謂不官於朝而居家者也

▶819◀◆問; 개고기를 제사에 쓴다는 예서가 있는지?

안녕하세요? 제사음식과 관련된 내용입니다. 제사음식 중에서 개고기를 우리는 대체로 제상(祭床)에 올리지 않는 것으로 알고 있습니다. 그런데 혹시라도 이와는 달리 제상에 개고기를 올려도 된다는 내용이 제시된 예서(禮書)가 있는지요? 말씀을 기다립니다.

◆答; 개고기를 제사에 쓴다.

問; 答; 아래와 같이 살펴보건대 예기(禮記)를 비롯하여 주례(周禮)나 국어(國語)에도 언급(言及)이 되어 있습니다. 다만 동속(東俗; 우리나라의 習俗)으로 개고기를 제사(祭祀)에 사용하고 있지 않는다는 것입니다.

●曲禮凡祭宗廟之禮犬曰羹獻
●禮運合亨(烹)體其犬豕牛羊實其簠簋籩豆鉶羹
●周禮秋官小祭祀奉犬牲註奉猶進也
●國語國君有牛享大夫有羊饋士有豚犬之奠庶人有魚炙之薦
●尤庵曰禮記周禮古人祭祀用犬不但來書所引而已然東俗則不用未知其故從古用之可也從俗不用亦可也
●遂庵曰古禮旣用犬則只當遵用習俗之難變非所可論

追言: 편람(便覽)에서 백성의 제사(祭祀)에 개고기를 올리지 않는 것에 대하여 결론(結論)하기를 예서(禮書)에 사(士)의 생(牲)은 돈견(豚犬)이며 서인(庶人)은 무생(無牲)이라 백성(百姓)의 제사에는 생(牲) 없이 서수(庶羞)뿐인 까닭에 축사(祝辭)에 역시 생(牲)이라 하지 않고 서수(庶羞)라 이른다는 것입니다.

●便覽四時祭具饌諸具條按大夫以羊豕士以豚犬庶人無常牲見於禮書者有卵魚豚鴈鷄鵝鴨今士夫之祭無牲只庶羞而已故祝辭亦皆不稱牲而稱庶羞

▶820◀◆問; 진다(進茶)에 대하여.

안녕하세요. 먼저 올린 질문의 답은 감사히 잘 보았습니다. 고맙습니다. 궁금한 게 또 있어 질문을 올립니다. 獻茶식에 숭늉을 올리고 밥을 마는 것이 예에 맞는 것인지요? 물을 올리고 밥을 말아 숭늉을 만든다고 나와 있는 곳도 있고 이것이 맞다면 숭늉을 올리게 되면 밥은 말지 않아도 되는 것인지 궁금합니다. 그리고 헌다식은 누가 행해야 하는지 궁금 합니다. 한가지 더 여쭌다면, 차를 올리는 건 어떤지 궁금합니다. 날씨가 추워졌네요 항상 건강 조심 하시구요.

◆答; 진다(進茶)에 대하여.

①초반(抄飯)의 가부(可否); 예법에 없는 동속(東俗)으로 진수(進水) 후 삼초반(三抄飯)을 비례(非禮)입니다.
②헌다(獻茶)는 누가; 주인은 고위(考位), 주부는 비위(妣位)로 각행(各行)합니다.
③차(茶)를 올림에 대하여; 예법에는 헌다(獻茶)로서 진수(進水)는 동속(東俗)일 뿐으로 차(茶)를 올림이 정례(正禮)입니다.

●朱子家禮四時祭啓門條主人主婦奉茶分進于考妣之前

●家禮儀節四時祭儀節啓門主人以下復位獻茶
●喪禮備要四時祭啓門條主人主婦奉茶(國俗以水)分進于考妣之前
●祭儀鈔四時祭(前略)主人主婦奉茶(或代以熟水)分進于考妣之前
●四禮便覽四時祭啓門條主人主婦(升徹羹)奉茶(代以水)分進于考妣之前
●咸興本宮儀式笏記闔門俯伏興平身執事三噫啓門進茶除匙闔蓋
●尤庵曰今人徹羹然後進熟水○又曰進茶後抄飯一節東俗也家禮則無之恐當以家禮爲正
●南溪曰抄飯三年內象生時則可時忌祭則不家

▶821◀◆問; 啓飯蓋는 언제 하나요?

제사를 지내면서 계반개(啓飯蓋)는 언제 해야 하는가요? 예서에 분명한 지적이 없습니다. 강신(降神) 전에 또는 유식(侑食)에 하는 하거나 어느 분의 말씀은 초헌(初獻)을 마치고 독축(讀祝)하기 전에 하다고 합니다. 언제 하여야 하나요?

◆答; 계반개는 초헌 때.

초헌을 마치고 계반개(啓飯盖) 후 독축을 합니다.

●備要按四時祭初獻條乃啓飯盖置其南各位同祝取版立於主人之左跪讀
●問飯器啓盖亘在何時曰按饋食祝洗爵奠于鉶南遂命佐食啓會佐食啓會郤于敢南出立于西南面主人再拜稽首祝在左卒祝主人再拜稽首迎尸于門外以此觀之當在初獻之後未讀祝之前

▶822◀◆問; 계반삽시는 언제?

안녕하십니까. 제사의 기본순서에 대해 문의 드립니다. 계반삽시를 초헌에 하는지 종헌 후에 하는지 궁금합니다. 의견들이 분분해서 문의합니다. 가문에 따라 다르다고 합니다만 정확히 알고 싶습니다.

◆答; 계반삽시는 언제.

○계반개(啓飯盖)는 초헌(初獻) 때 행하고,
○삽시(扱匙)는 유식(侑食)때 행하게 됩니다.

●朱子家禮初獻; (云云)兄弟之長一人奉之奠于高祖考妣前匙筯之南祝取版(云云)○侑食主婦升扱匙飯中西柄正筯
●喪禮備要初獻; (云云)兄弟之長一人奉之奠于高祖考妣前匙筯之南(乃啓飯盖置其南各位同)祝取版(云云

▶823◀◆問; 告利成과 受胙'와 '餕에 대하여?

問; 1. 어릴 때 제사 지낼 때 두 사람이 하는 것을 보았습니다만 기제사에 고리성이 없다면 어느 제사 어느 단계에 있습니까?
問; 2. 시제라면 어느 제사를 말합니까? 그럼 기제에서는 '음복(飮福)'을 철기구 한 다음에 합니까?
問; 3. '수조(受胙)'와 '준(餕)'은 다르다면 어떻게 다른지요.

◆答; 고리성(告利成)과 수조(受胙)'와 '준(餕).

問; 1) 答; 고리성(告利成)의 예는 우제(虞祭)로부터 상제(喪祭) 전부(全部)와 길사(吉事)인 사시제(四時祭)를 비롯하여 기제(忌祭)에 이르기까지이며 묘제(墓祭)는 없습니다. 사신(辭神) 전(前)의 예입니다.

●家禮初虞祭啓門辭神條祝立于主人之右西向告利成○又四時祭受胙條主人執笏府伏興立於東階上西向祝立於西階上東向告利成○又禰祭受胙辭神條並如時祭之儀○又忌祭啓門條並如禰祭之儀

問; 2-1) 答; 시제(時祭)라 이르면 사시제(四時祭)를 이름인데 우리나라에서는 음력 10 월 1 일 친진묘제(親盡墓祭; 세일제)를 시제(時祭) 또는 시향(時享), 시사(時祀) 등으로 일러지고 있지요.

問; 2-2) 答; 기제(忌祭)에서는 음복(受胙)의 예(禮)가 없습니다. 까닭은 기제(忌祭) 란 상(喪)의 연속(連屬)이기 때문입니다.

●家禮啓門條禰祭之儀但不受胙

問; 3) 答; 수조(受胙)는 음복(飮福)의 예이고, 준은 제사음식을 나눠 식음(食飮)하는 예입니다.

▶824◀◆問; 고애자와 효자.

축문(祝文)에 졸곡(卒哭)이전에는 고자(孤子), 애자(哀子), 고애자(孤哀子)로 쓰는데 그러면 졸곡 이후부터 효자(孝子)로 쓰나요? 확인 부탁 드립니다.

◆答; 고애자와 효자.

아래와 같이 살펴보건대 졸곡제(卒哭祭)까지의 축식에는 고자(孤子), 애자(哀子), 고애자(孤哀子)를 쓰고, 부제(祔祭)부터 효자(孝子)로 바뀝니다.

아래와 같이 살펴보건대 혹자(或者)의 졸곡제(卒哭祭)부터 효자(孝子)라 고한다 함은 예(禮)의 기초(基礎)도 모르는 망발(妄發)로서 졸곡제(卒哭祭) 까지는 고애자(孤哀子)라 고합니다. 착오(錯誤) 없으시기 바랍니다.

●雜記祭稱孝子孝孫喪稱哀子哀孫疏祭吉祭謂自卒哭以後之祭也
●勉齋黃氏曰按卒哭之祭是吉祭易喪祭則合稱孝子孝孫今尙稱哀者豈孝子不忍忘其哀至祔而神之乃稱孝歟
●書儀卒哭篇主人旣初獻祝出主人之左東向跪讀祝詞改虞祭祝詞云奄及卒哭又云哀薦成事云云
●輯覽圖式(六冊)七十一板後卒哭祝式維年號幾年歲次干支幾月干支朔幾日干支孤子某敢昭告于云云
●便覽三冊九板前卒哭祝文式維年號幾年歲次干支幾月干支朔幾日干支孤子某敢昭告于云云
●性理大全八冊虞祭篇卒哭初獻條並同虞祭惟祝執版出於主人之左東向跪讀爲異詞並同虞祭但改三虞爲卒哭哀薦成事下云來日隮祔于祖考某官府君尙饗
●儀禮經傳通解續三十八冊卷第七喪禮五卒哭條二板後卒辭曰哀子某來日某齊祔爾于爾皇祖某甫尙饗〇又同四板後饗辭曰哀子某圭爲而哀薦之饗(註)按卒哭之祭是以吉祭易喪祭則合稱孝子孝孫今尙稱哀者豈孝子不忍忘其哀至祔而神之乃稱孝歟
●國朝五禮儀大夫士庶人喪卒哭初獻條並同虞祭唯祝跪於主人之左東向讀祝改三虞爲卒
●讀禮通考卒哭篇云云註疏錯解經云云敖氏亦未嘗明言卒哭與三虞爲一事也恐當仍註疏爲正
●陳澔(禮記集說大全註解)曰吉祭卒哭之祭也喪祭虞祭也卒哭在虞之後故云以吉祭易喪祭也
●開元禮三品以上喪卒哭祭告祝條祝持版入立于靈座之南北面內外止哭祝跪讀祝文曰維年月朔日哀子某敢昭告于考某官封諡妣云妣某夫人氏日月不居奄及卒哭追慕永往攀號無逮謹以潔牲柔毛剛鬣明粢薌合薌其嘉蔬嘉薦醴齊哀薦成事于考某官封諡尙饗
●近齋曰雜記卒哭稱孝子恐是註說之誤當以儀禮家禮爲正
●明齋曰卒哭後稱孝稱哀俱有據故行禮者互用之備要則以古禮著於題主祝式下矣然士虞記卒哭饗辭亦稱哀子家禮只於祔稱孝而他無變文處恐稱哀爲合於喪祭

●雜記祭稱孝子孝孫喪稱哀子哀孫疏祭吉祭謂自卒哭以後之祭也

위 잡기(雜記) 본문(本文)에 대한 註(禮記集說大全)文은 이미 오류(誤謬)로 인정되어 제(除)하고 소(疏)만 인용하였는데 혹시 그 주(註)에 [잡기주제길제야졸곡이후위길제고축사칭효자혹효손자우이전위흉제고칭애(雜記註祭吉祭也卒哭以後爲吉祭故祝辭稱孝子或孝孫自虞以前爲凶祭故稱哀)]이라 명시되어 있는 것도 알고 있지 못한 것 아닌가. 라고 착각할 수 있으나, 잡기주(雜記註;禮記集說大全)文은 이미 오류(誤謬)로 인정되어 굳이 혼돈스럽게 게시할 까닭이 없어 인용치 않았음.

▶825◀◆問; 과실의 진설 법도는?

問; 1. 배 사과 등 을 홀수로 한다는 것이 옳은지 홀짝 무관한지 또 그 이유는 무엇인지요?

問; 2. 과실의 꼭지부위를 아래로 또는 위로 한다는 원칙이 있는지 또 그 이유는요?

問; 3. 과실껍질은 깎아야 하는지 아래 위를 조금씩 도리기만 하는지 안 깎아도 좋은지요?

◆答; 과실의 진설 법도.

問; 1. 答; 아래와 같이 살펴 보건대 예기(禮記) 교특생(郊特牲)편에 과실은 우수(偶數)라 함은 그 가지 수(數)를 우수(偶數)라 함이지 한 접시에 놓는 개수(個數)를 의미 함이 아닌 것으로 배나 감 등은 커서 개수를 쉽게 셀 수가 있으나 은행(銀杏)이나 잣 등은 작아 개수를 헤아려 놓을 수가 없는 것입니다. 까닭에 한 접시의 개수를 기수(奇數)나 우수(偶數)로 정하여 기술(記述)한 예서(禮書)는 없습니다. 과실이 우수(偶數)인 까닭은 지산(地産)으로 음(陰)인 까닭에서입니다.

問; 2. 答; 큰 과실(果實)의 위아래를 평평(平平)하게 다듬는 까닭은 괴이기 쉽게 하기 위함인 듯하며 그 전거(典據)는 없습니다. 물론 상하가 구별(區別) 되는 큰 과실을 생자(生者)나 사자(死者)나 꺼꾸로 놓을 까닭은 없겠지요.

問; 3. 答; 과실(果實)의 위아래를 평평하게 다듬는 까닭은 괴이기 쉽게 하기 위함인 듯하며 그 전거(典據)는 없습니다. 물론 상하가 구별되는 큰 과실을 생자나 사자나 꺼꾸로 놓을 까닭은 없겠지요. 아래와 같이 살펴보건대 맛을 더럽히지 않는다. 라 하였으니 껍데기를 벗기지 않고 깨끗이 씻어 놓음이 옳은 것 같습니다.

●郊特牲鼎俎奇而邊豆偶陰陽之義也邊豆之實水土之品也註邊豆偶者據周禮細註長樂陳氏曰鼎俎之實天産陽故其數奇邊豆之實地産陰故其數偶
●郊特牲不敢用褻味而貴多品細註嚴陵方氏曰水土之品非人常所食故曰不敢用褻味或水或土所取不一故曰而貴多品

▶826◀◆問; 과실(果實)을 진설 할 때.

제사상 차릴 때 과일은 깎을 때 아래위 깎아서 놓습니다. 그런데 이 과일을 제기에 놓을 때, 과일의 꼭지가 있는 부분이 위로 향하는지 아니면 과일을 뒤집어서 과일의 꼭지가 보이지 않게 제기에 올린 후 상에 올리는지에 대해서 가족들의 의견이 갈라지고 있습니다. 정확한 답변을 부탁 드립니다.

◆答; 과실 진설법.

가례에서는 과실을 단지 6 가지라 품 수만 지정하였을 뿐이나, 사우례에서 조율(棗栗)을 언급하면서 그 중에 대추가 제일이라 서쪽이다. 라 하였고 다음이 밤이라 한지라. 성재께서 이에 배와 감을 더하여 조율이시라 하셨습니다.

여기서 대추와 밤은 모두 상하를 구별(區別)하여 진설(陳設)하기란 특수(特秀)한 방법(方法)을 쓰지 않고는 어려워 어느 예서(禮書)에서도 과실(果實)의 상하(上下) 구별(區別) 진설(陳設) 대한 언급(言及)이 없지 않나 합니다.

●家禮四時祭省牲滌器具饌條具祭饌每位果六品
●沙溪曰今人六品之果若難備四品或兩品庶合禮意
●陶庵曰凡木實之可食者無不用
●士虞禮棗栗棗在西註尙棗棗美據此棗當設果行之首而栗次之
●性齋曰我東則百果無不産焉如棗栗梨柿李杏之類

▶827◀◆問; 과일 진설에 있어 홀수인가 양수인가.

상례(喪禮)에 있어서 과일 진설에 대해 여쭙니다. 탕(湯)은 홀수로 과일은 양수(陽數)로 진설 한다고 합니다. 다시 말해 탕은 세 그릇, 다섯 그릇 과일은 두 개 네 개를 제기에 담아 진설 한다고 하는데 그 말이 맞는지 궁금합니다.

◆答; 탕 홀수, 과실 짝수.

아래와 같이 살펴보건대 탕(湯)은 양수(陽數; 奇數)인 삼기(三器)가 되고 과실(果實)은 음수(陰數; 偶數)인 육(六) 사(四) 이기(二器)로 진설 됩니다.

●擊蒙要訣時祭儀具祭饌條每位湯五色註或魚或肉或菜隨所備若貧不能辦則只三色亦可
●家禮祭禮四時祭具饌條果六品
●沙溪曰今人六品之果若難備四品或兩品庶合禮意
●象村集附錄行狀;嗚呼陽數一而陰數二故從古以來治日常少亂日常多此聖人
之所憂而於消長之節未嘗不致謹者也

▶828◀◆問; 교의에 신주나 신위를 모실 때 하나의 교의에.

안녕하세요 제사를 모실 때에 병풍과 교의와 젯상과 향탁 축판 등의 제구로 모시게 됩니다. 기제나 명절의 차사(茶祀)에도 제구를 사용하는바, 궁금한 점이 있어서 여쭙니다.

교의 하나에 양위나 삼위를 합설해서 모시면 유가의 법도에 맞는지 궁금합니다 지방을 쓸 적에는 하나에 두 분이나 세분을 함께 쓰지 않는 것이 원칙이듯이 한 교의에 고위의 신위와 초취하여 합설과 혹시 재취가 계신 경우 삼위를 함께 모시면 안 되는지 궁금합니다.

저의 소견은 하나의 교의에 지방은 각각 써서 한 교의에 붙이고 지내면 도리에 어긋난다고 보지 않습니다만, 유가의 옛 법은 어떤지 여쭙니다. 각설하면 문제가 아니되나 곧 다가올 설에는 차사를 지내는데 합설은 당연하나 방법이 궁금합니다.

◆答; 교의에 신주나 신위를 모신다.

사당봉사(祠堂奉祀)이면 속절례(俗節禮)는 사당례(祠堂禮)이니 당연 각의(各椅) 각탁(各卓)이 되고 지방봉사(紙牓奉祀)에서는 사시제(四時祭)와 같이 당(堂)에 설위(設位)하게 됩니다. 아래 비요(備要)의 말씀과 같이 각의(各倚)라야 옳습니다.

선조고(先祖考)와 선조비(先祖妣)의 지방(紙牓)은 각각 써야 함은 물론 교의(交椅) 역시 각각이어야 예법에 옳은 것입니다.

●備要四時祭設位條考妣位於堂西北壁下南向考西妣東各用一倚一卓而合之位世各爲位不屬

▶829◀◆問; 궁금.

초암 선생님 감사합니다 그런데 어육류는 홀수 과채류는 짝수라는 말씀인데 내용은 이해가 안 갑니다.

◆答; 궁금.

제사(祭祀)에서 기수(奇數)와 우수(偶數)로 진설(陳設)한다는 제수품(祭需品)이 있는데 그 진설에서 동물류(動物類; 魚肉類)는 양(陽; 天産)에 속하여 기수로 진설하고 식물류(植物類; 果實 蔬菜類)는 음(陰; 地産)에 속하여 우수(偶數)로 진설 합니다.

●郊特牲鼎俎奇而籩豆偶陰陽之義也籩豆之實水土之品也細註長樂陳氏曰鼎俎之實以天産爲主而天産陽屬故其數奇籩豆之實以地産爲主而地産陰屬故其數偶疏鼎俎奇者以其盛牲體牲體動物動物屬陽故其數奇籩豆偶者其實兼有植物植物屬陰故其數偶故云陰陽之氣也

▶830◀◆問; 궁금한 게 있어서 이렇게 문의 드립니다.

안녕하십니까. 올해 나이는 30 남자 이고요. 아직 미혼입니다. 집안에서는 장손이 됩니다. 장남인 아버지는 돌아가시진 몇 년 되셨고 아직 할아버지가 살아계셔서 제사 때마다 제사는 연세가 85 이신 할아버지 주관으로 <재주>가 되셔서 제사를 진행합니다.

참 우스운 얘기인진 몰라도 저희 집안에서는 할아버지 다음으로 돌아가신 조상님들께 술을 권하는 순서로 아직도 옥신각신 합니다. 장남인 아버지가 돌아가시고 아버지 동생 즉 작은아버지께서 할아버지 담은 자기가 술을 따라야 된다며 장손인 제가 아직 미혼이라 상투를 틀기 전에는 그 다음 순서가 될 수가 없다고 하시고 다른 친척분들은 아무리 그래도 집안에 장손이 나이가 찼는데 말도 안 된다며 다투는 모습. 아휴 제발 어느 순서가 맞는지 말씀 좀 해주십시오.

2, 두 번째 궁금한 내용입니다. 얼마 전 할머니가 돌아가셨습니다. 위에 내용이랑 똑같습니다. 아버지가 안 계시니 집안어른들은 제가 할머니상주가 되어서 장례를 주관해야 한다고 하시고 삼촌들은 본인들이 아들이니 본인들께서 주관해야 한다고 하시고 결국 삼촌들 뜻대로 하긴 했지만 옛 관례상 어느 게 옳고 그른지 답 좀 주십시오. 답 집안 사람들끼리 옥신각신 하는 것 보니 참으로 우습습니다.

본인 된 입장에서 답답하기도 하고 좋은 말씀 부탁 드립니다. 제가 한자를 잘 몰라서 그러니 좋은 말씀 알기 쉽게 말씀 좀 해주십시오.

◆答; 궁금한 것 풀이.

1). 아래와 같이 살펴보건대 아헌관은 주부이나 유고이니 다음 차순자는 숙부라 숙부가 아헌관이 되어야 옳을 것 같습니다. 적손은 종헌관이 될 수는 있습니다.

2). 아래와 같이 살펴보건대 처 상을 당하면 그의 남편이 생존하였으면 그가 상주가 되어 상을 주관하여야 합니다.

●朱子曰祭禮主人作初獻未有主婦則弟得爲亞獻〇又曰祭只是三獻主人初獻嫡子亞獻(或主婦)庶子弟終獻(或嫡孫)
●要訣亞獻條曰若主婦有故則諸父若兄弟中最尊者爲之
●奔喪凡喪父在父爲主註此言父在而子有妻子之喪則父主之統於尊也
●喪大記若子孫有喪而祖父主之
●四未軒曰奔喪註云各爲妻子之喪爲主也則是凡妻之喪夫自爲主也

▶831◀◆問; 대종손에 대한 예우, 호칭 등을 알려주십시오.

대종손은 대개 항렬이 낮고 나이도 젊은 편인데 부를 때 호칭이나 예우를 어떻게 해야 되는지 가르쳐 주시면 감사하겠습니다.

◆答; 대종손에 대한 예우.

아래와 같이 살펴보건대 종자(宗子) 종부(宗婦)는 존경(尊敬)하는 마음으로 섬겨야 한다는 것입니다.

자신이 아무리 부귀하다 하더라도 종자 종부에게는 자랑하는 태도로 종자 집에 들어가지 못하는데, 아무리 거느린 수레와 구종의 무리가 많다 하여도 대문 밖에 남겨두고 간단한 차림으로 들어가야 한다. 는 것입니다.

다만 칭호에 대하여는 분명히 밝혀 놓은 전거는 알지를 못합니다. 물론 종족(宗族)의 존비(尊卑)에 따라 다를 터이니 밝혀 놓을 수가 없을 것입니다. 따라서 섬김이 이러하니 그 대(代)에 맞도록 호칭 역시 이에 상응하게 불러야 함이 당연하겠지요.

●內則嫡子庶子祗事宗子宗婦雖貴富不敢以貴富入宗子之家雖衆車徒舍於外以寡約入(註)疏曰適子謂父及祖之適子是小宗也庶子謂適子之弟宗子謂大宗子宗婦謂大宗子之婦

▶832◀◆問; 독축 방법에 대하여.

축을 읽을 때 상례와 제사 지낼 때 의치가 다르다고 하는데요.

◆答; 독축 방법.

독축(讀祝)의 자리는 길례(吉禮)와 흉례(凶禮)가 다릅니다. 흉례 시에는 헌관(獻官)의 오른쪽에서 서향 하여 궤(跪)하고 축(祝)을 읽습니다. 길사(吉事) 시에는 헌관(獻官)의 좌측에서 동향(東向)하여 궤(跪)하고 축을 읽습니다.

●朱子曰虞始用祭禮卒哭謂之吉祭高氏說已詳矣但古禮於今旣無所施而其所制儀又無吉凶之辨惟溫公以虞祭讀祝於主人之右卒哭讀祝於主人之左爲別蓋得禮意
●檀弓註吉事尙左陽也凶事尙右陰也
●退溪曰右陰也左陽也虞祭凶禮故讀祝于右至卒哭漸用吉禮故自此以後皆於主人之左]
●問虞祭則在右西向卒哭則在左東向何義寒岡曰西向者尙用凶禮也東向者漸以之吉也

▶833◀◆問; 독축에 관하여.

제주(祭主)가 독축(讀祝)을 할 수도 있습니까?

◆答; 축관이 없으면 주인 스스로 독축한다.

아래의 말씀과 같이 헌관(獻官)이 부족하면 주인 스스로 삼헌을 하고 축관(祝官)이 없으면 그 역시 주인이 독축 합니다.

●韓魏公祭式亞終獻皆不足則主祭者自行三獻○又無祝則主人自讀

▶834◀◆問; 독축에 관한 문의 드립니다.

안녕하세요. 제사 지낼 때 축문을 낭독함에 있어서 한자어로 된 축문을 독축하고 다시 한글로 풀이해서 낭독을 해도 예의에 어긋남이 없는지요. 감사합니다.

◆答; 독축(讀祝).

축문은 고자(告者)가 신(神)에게 고(告)하는 글로서 생자가 아닌 신에게 아룀으로서 그 역할을 다하는 것입니다. 따라서 축문은 쓰여지는 바대로 유가(儒家)의 법식으로 지어져 있어 그대로 고하게 되는 것입니다.

불가(佛家)에서 천수경(千手經)에 "修利修利摩訶修利修修利娑婆訶(슈리슈리 마하슈리 슈슈리 사바하)"로 시작 되는데 독송하면서 또 우리 의미로 번역하여 이르지 않듯이 유가에서 역시 참석한 생자를 위하여 번역하여 일러 주지 않습니다. 까닭은 생자(生者)에게 고하는 글발이 아니기 때문입니다. 다만 생자(生者) 중에 축(祝)의 의미를 이해하지 못하는 이를 위하여 제사(祭祀)를 마친 뒤 교육(敎育)의 의미로 축문을 해석(解釋)하여 일러 줄 수는 있을 것입니다.

●文章學史序以人告神則爲祝文
●文心雕龍祝盟陳辭乎方明之下祝告於神明者也
●寒岡問讀祝當高聲讀抑低聲讀退溪曰太高旣不可太低亦不可要使在位者得聞其聲可也

▶835◀◆問; 독축 위치에 대하여.

축문을 읽은 때 서는 위치를 알고 싶어요. "낭독자는 제주의 후 좌측에 끓어 앉아서 읽는다" 라고 되어 있는데 여기서 후 좌측이라 함은 신위를 기준으로 하는 말인지, 제주를 기준으로 하는 말인지요?

◆答; 길흉사(吉凶事)에 따라 위치가 다름.

흉사(凶事) 시에는 헌관(獻官)의 오른쪽에서 서향하여 궤(跪)하고 독축(讀祝).
길사(吉事) 시에는 헌관의 좌측에서 동향하여 궤하고 독축(讀祝).

●朱子曰虞始用祭禮卒哭謂之吉祭高氏說已詳矣但古禮於今旣無所施而其所制儀又無吉凶之辨惟溫公以虞祭讀祝於主人之右卒哭讀祝於主人之左爲別蓋得禮意
●檀弓註吉事尚左陽也凶事尚右陰也
●退溪曰右陰也左陽也虞祭凶禮故讀祝于右至卒哭漸用吉禮故自此以後皆於主人之左
●問虞祭則在右西向卒哭則在左東向何義寒岡曰西向者尚用凶禮也東向者漸以之吉也

▶836◀◆問; 뇌주란?

강신례 에 제주가 집사자가 따라주는 술(半盞)을 모사에 서너 번 나누어 붓습니다. 이런 행위를 저희 집안에는' 니주' '내주' 인지는 모르지만, 구전으로 이렇게 전하면서 사용했습니다. 정확한 용어를 알고 싶고, 가능하면 한자로도 알고 싶습니다. 강호제현의 가르침 기다리겠습니다.

◆答; 뇌주(酹酒)

가례적(家禮的) 용어(用語)는 뇌지모상(酹之茅上)으로 뇌(酹)는 땅에 술을 부어 신(神)에 제사하다. 이나 통상 그를 일러 뇌주(酹酒)라 하는 것 같습니다. 다만 세 번으로 나누어 붓는 것이 아니라 한번에 모두 붓는 것입니다.

●家禮降神條左手取盤右手執盞酹之茅上

▶837◀◆問; 리성(利成)에 대하여?

사례편람의 시제편에 수조례에 대해 저 나름 대로 아래와 같이 이해하였습니다만, 한자이해능력이 미숙하여 제대로 이해하였는지 궁금하여 문의 드립니다.
○ 초헌관은 신위 앞에 나가 북향하고, 축관은 고조 앞에 나아가 잔을 들어 주인의 오른쪽으로 가면, 초헌관과 축관은 꿇는다.
○ 주인은 잔을 받아 술을 약간 따르고 마신다. 축관은 시저와 소반으로 각 신위의 밥을 조금씩 덜어서 초헌관의 왼편으로가 밥을 건네면서 복의 고사를 하고①(초헌관?) 에게 재배한다.
○ 축관은 꿇어 앉아 ②초헌관으로부터 밥(?)을 받아 맛보고 ③초헌관에게 건넨 술

(?)을 취해 다 마시고, 집사자는 축관으로 부터 잔을 받아 주전자 곁에 놓고 이어서 밥을 받아 주전자 곁에 놓는다.
○ 초헌관은 부복(俯伏) 후 일어나서 동쪽계단 위에서 서향하고, 축관은 서쪽계단 위에서 동향하여 ④초헌관(?)에게 고리성(告利成)을 하고 내려와 제자리로 간다.
○⑤참례자(축관, 집례자?)는 ⑥초헌관(?)에게 재배하고, 초헌관은 절하지 않고 제자리로 간다.

질문 1: 상기의 ① ~ ⑥ 항이 제대로 되었는지 궁금합니다.
질문 2: 전체 해석의 오류가 있으면 같이 가르침을 주시길 부탁 드립니다. 감사합니다.

◆答; 리성(利成).
아래는 원문(原文)과 번역문(飜譯文)들입니다. 대조하여 보시기 바랍니다.

⊙受胙
執事者設席于香案前主人就席北面(儀節詣飮福位)祝詣高祖考前擧酒盤盞詣主人之右主人跪祝亦跪主人搢笏受盤盞祭酒(便覽于席前○要訣少傾於地)啐酒(增解啐七內反○儀節略嘗少許)祝取匙幷盤(增解按即東階卓上所設受胙盤與匙)抄取諸位之飯各少許奉以詣主人之左嘏于主人(郊特牲嘏長也大也○特牲禮註嘏古雅反受福曰嘏嘏長也大也尸授之以長大之福也)曰(云云)主人置酒于席前出笏俛伏興再拜搢笏跪受飯嘗之實于左袂掛袂于季指(少牢禮註實於左袂便右手也季猶少也)取酒卒飮執事者(便覽跪)受盞自右置注旁受飯自左(少牢禮宰夫以籩受嗇黍註收斂曰嗇明豊年乃有黍稷)亦如之主人執笏俛伏興立於東階上西向祝立於西階上東向告利成(特牲禮註利猶養也供養之禮成不言禮畢於尸間之嫌疏不言禮畢於尸間之嫌者禮畢尸間暇無事有發遣尸之嫌故直言利成而已)降復位與在位者皆再拜(書儀此受胙拜)主人不拜降復位(栗谷曰執事者升詣諸位合飯蓋降復位○合飯蓋時先下匕筯于楪中)

⊙수조(受胙) 즉 음복.
집사자는 향안 앞에 음복할 자리를 편다. 주인은 음복할 자리로 가서 북쪽으로 향하여 서면 축관은 고조고 전으로 가서 잔반의 술을 들고 주인의 오른쪽으로 간다. 주인이 무릎을 꿇고 앉으면 축관 역시 무릎을 꿇고 앉는다. 주인은 홀을 띠에 꽂고 잔반을 받아 제주를 하고 술을 마신다. 축관은 숟가락과 같이 수조반을 들고 모든 신위전의 메를 조금씩 떠 담아 받들고 주인의 왼쪽에서 다음과 같이 복 내림 고사를 한다.

주인은 술잔을 좌석 앞에 놓고 홀을 빼 들고 부복하였다 일어나 재배를 하고 홀을 띠에 꽂고 무릎을 꿇고 앉아 밥을 받아 맛을 볼 때 왼쪽소매를 새끼손가락에 걸어 바로 잡는다. 술을 다 마셨으면 집사자는 오른쪽으로 와서 무릎을 꿇고 앉아 잔을 받아 주전자 곁에 놓고 왼쪽으로 와서 밥을 받아 그와 같이한다. 주인은 홀을 빼 들고 부복하였다 일어나 동쪽층계 위에서 서쪽으로 향하여 서고 축관은 서쪽층계 위에서 동쪽으로 향하여 서서 이성(利成) 즉 공양(供養)의 예가 모두 잘 이뤄졌습니다. 라고 하고 내려와 제자리에 서면 재위자 모두 재배를 한다. 이때 주인은 절을 하지 않고 내려와 제자리에 선다. 집사자가 올라가 위전의 모든 메에 개를 덮고 내려와 제자리에 선다. 개(蓋)를 덮을 때 먼저 수저를 내려 수저대접에 쥐는 곳이 서쪽으로 향하게 하여 놓는다.

질문 1: 答; 옛날에는 제사에 尸童을 位의 자리에 앉히고 제사를 지냈는데 축관이 그 시동에게 고하는 예였습니다. 그러나 지금은 시동의제도가 폐하여 없으니 위전에 고하는 것으로 보아야 옳을 것입니다.

질문 2: 答; 수조와 고리성(告利成)은 하나의 예이라 주인은 이미 재배(再拜)한 후라 주인을 제외한 중주인 이하 모두 재배합니다.

고리성(告利成)에 관하여 사계(沙溪)선생(先生)께서 가례집람(家禮輯覽)에서 논함도 알고 있으며 위의 전거와 아래와 같이 살펴보건대 사계선생의 아래 말씀이 이성이라 고함의 대상(大祥)은 시동(尸童)이라 하심이 여러 정황을 감안하건대 옳겠다. 라 판단 지금은 시동이 없으니 위전에 고하는 것으로 봐야 옳겠다는 것입니다.

●集說古者祭祀有尸主人事尸禮畢祝告利成遂導尸以出今以無尸廢此禮
●沙溪曰利成之義禮經詳之後世旣不用尸則恐不須行然家禮旣有之行之恐當
●櫟泉曰告利成集說曰今旣無尸當廢云而備要不廢此節故好禮之家皆行之
●饋食禮疏祝告尸以利成不言禮畢若言禮畢故直言利成而已盖古者祭有尸事尸禮畢則告利成雖告主人而其實欲令尸聞而起也
●剛齋曰利養也成終也祭畢之義利成之告於辭神時者欲使尸聽之而起也
●愼獨齋曰受胙告利成皆一時之事主人已再拜而未復位告利成者祝與在位者之事故主人則不拜似無他意
●問告利成再拜爲尸耶爲主人耶尤庵曰利養終成也謂祭畢也嫌於請尸起去故但告祭畢則尸自起去矣告利成後衆主人再拜爲尸也
●士虞禮祝告利成條祝出戶西面告利成主人哭註西面告告主人也利猶養也成畢也言養禮畢也不言養禮畢於尸間嫌疏曰云西南面告告主人也者以其處主人東面故祝西面對而告之云不言養禮畢
●曾子問無玄酒不告利成注此其無尸及所降也利成禮之施於尸者細註此其至尸者正義曰以經云不擧肺無胏俎不告利成此三事本主於尸今以無尸故不爲故云此其無尸也
●沙溪先生全書答閔衡叔書曰告利成者利養也成畢也古者祭有尸告利成爲告於尸祭畢而起也今雖不告利成亦無害家禮集說去此條矣

▶838◀◆問; 메 그릇 뚜껑은 왜 '초헌' 때 여는지요?

궁금한 것이 있어 여쭙니다. 의식에서 순서나 행위가 정해지는 것은 나름대로 의미가 부여되기 때문일 것입니다.

제사를 지낼 때 '초헌(初獻)' 때 메 그릇 뚜껑을 열어 남쪽에 놓는다고 합니다. 메 그릇 뚜껑을 '유식'이 아니고 '초헌'때 여는 이유나 의미가 무엇인지 궁금합니다.

◆答; 메 그릇 뚜껑은 왜 '초헌' 때 여는지.

가례(家禮) 상제례(喪祭禮) 의식 어디에도 계반개(啓飯蓋) 의식이 없습니다. 다만 아래와 같이 살펴보건대 맨 처음 비요(備要)에서 초헌(初獻) 때에 그 예를 특생궤식례(特牲饋食禮)를 인용 삽입하였는데 사우례(士虞禮)나 특생궤식례(特牲饋食禮) 모두 진설(陳設)시 개(蓋)를 열어 돈(敦; 黍稷을 담는 제기) 남쪽으로 놓는다. 라 하였을 뿐입니다.

따라서 두 예가 공히 진찬(進饌)의 예가 없음을 감안 한다면 가례(家禮)를 따르는 예(禮)에서는 진찬시(進饌時) 계반개(啓飯蓋)의 예를 두어야 합당하였으리라 생각됩니다. 그러나 비요(備要)에서 그와 같이 채택(採擇)하게 된 까닭은 아마도 초헌(初獻) 때부터 식사(食事)와 아울러 반주(飯酒)의 예로 간주 진설(陳設)의 예를 진찬(進饌) 때 행하지 않고 초헌(初獻)으로 옮겨 놓으시지 않았나 합니다. 다만 계반개(啓飯蓋)의 예를 이때 채택(採擇)한 이유(理由)나 의미를 별도로 주석(註釋)함이 없으시

니 식순(食順)으로서의 의미(意味) 이외 다른 까닭은 없다. 라 이해(理解) 되는 것이
옳지 않을까 생각됩니다.

●士虞禮設饌條祝酌醴命佐食啓會佐食許諾啓會郤于敦南復位(註)會合也謂敦蓋也啓爲
開
●特牲饋食禮陳設條祝洗酌奠奠于鉶南遂命佐食啓會佐食啓會郤于敦南出立于西南面
●備要虞祭初獻條主人受盞三祭於茅束上(云云)執事者受盞奉詣靈座前奠於故處(乃啓飯
蓋置其南特牲饋食禮洗爵奠于鉶南遂啓會郤于敦南(註郤 仰也)○主人俯伏興稍退跪以下
皆跪)祝執版出於主人之右(云云)

▶839◀◆問; 메에 숟가락 놓기?

수고가 많으십니다. 집집마다 제사 때 밥그릇에 숟가락을 똑바로 세워지게 꽂는
집도 있고, 숟가락을 밥그릇에 비스듬히 눕혀 놓는 집도 있습니다. 어느 것이 옳은
방법인지요? 궁금합니다.

어른들의 말씀이 불천지위(不遷之位)에는 생쌀을 씀으로 세워서 꽂아야 하지만, 조
상인 제사에는 쌀이 아닌 밥을 드리기 때문에 꽂으면 안되고 밥그릇에 눕혀야 된다
고 합니다.

◆答; 삽시정저(揷匙正著).

"급시반중서병(扱匙飯中西柄)"의 서병(西柄)은 숟가락 오목한 바닥이 동쪽으로 향하
게 꽂게 하기 위한 지시로 서병(西柄)이라 하였을 뿐이며 메 가운데에 곧게 꽂아
세웁니다.

●備要祭禮侑食條主婦升扱匙飯中西柄正筯

▶840◀◆問; 면육적어병에서 어육의 조리는?

격몽요결(擊蒙要訣) 설찬도(設饌圖)에 2 열에 ---면(麵), 육(肉), 적(炙)(육적, 어적,
계적) 어(魚), 병(餠)---으로 되였는데 적 앞의 肉 과 뒤의 魚 는 적의 육적 어적과
어떻게 다른가요. (예를 들면 육은 육회이고 어는 생선회를 말함인가요)

◆答; 면육적어병.

아래와 같이 살펴보건대 편람의 말씀을 빌리면 어육(魚肉)을 어떻게 조리(調理)하느
냐에 따라서 효(殽), 회(膾), 헌(軒), 초(炒)로 요리되어 진설 되는 것 같습니다.

●溫公書儀四時祭具饌條膾(註今紅生)炙(註今炙肉)羹(今炒肉)殽(註今骨頭)軒(註今白
肉)
●便覽四時祭具饌條肉(註家畜及山澤之族可食者無不用)○魚(註凡水族之可食者無不用
○黃氏曰鯉魚不用於祭祀云○栗谷曰魚肉當用新鮮生物○按魚肉或殽或膾或軒或炒凡羞
之以魚肉爲之者俱無不可肉帶骨曰殽腥細切爲會大切爲軒

▶841◀◆問; 무관자의 학생과 유인에 대하여?

선생님! 지방의 의미에 대하여 알고 싶습니다.
1. 현고학생부군에서 학생이란 칭호를 쓰는 정확한 연유를 알고 싶어요?
2. 현비유인에서 유인은 종 9 품의 부인에게 쓰는 칭호로 알고 잇는데 학생이 종 9
품의 벼슬에 해당하는지요?

◆答; 무관자의 학생과 유인에 대하여.

무관사자(無官死者)의 칭호(稱號)를 학생(學生)이라 칭(稱)함은 혹 무학(無學)이었다

하여도 마땅한 칭호(稱號)가 없으니 (학생이란 수학 중이란 의미가 있어) 그를 예우(禮遇)하여 학생(學生), 처사(處士), 수재(秀才) 중에서 붙이는 것 같으며, 무관자(無官者) 처(妻) 역시 최하품(最下品)관 부인(婦人)의 칭호(稱號)인 유인(孺人)을 붙이는 연유(緣由)는 관에 오르지 않은 무관(無官) 자의 처(妻)도 유인(孺人)이라 통칭 그를 대우하여 붙인다는 것 같습니다.

●沙溪曰無官而死者不稱學生則無他稱號勢不得已當書學生處士秀才各隨其意可也婦人孺人之號書亦可不書亦可丘氏謂無官婦人宜如俗稱孺人盖禮窮則從下之義也
●尤庵曰孺人是九品官之妻稱而士妻同稱之者是禮窮則同之義也
●曲禮天子之妃曰后諸侯曰夫人大夫曰孺人士曰婦人庶人曰妻

▶842◀◆問; 미혼으로 죽은 성인의 제사는?
성인이지만 미혼인 상태로 사망했을 때 제사는 어떻게 해야 되나요.

◆答; 성인(成人)이 미혼으로 죽은 이의 제사.
성인(成人)이지만 미혼(未婚)으로 죽은 이의 제사(祭祀)는 그의 형제(兄弟)의 손(孫)대(代)까지 지냅니다.

●備要小記丈夫冠而不爲殤婦人筓而不爲殤男子受職亦不爲殤
●程子曰成人而無後者其祭終兄弟之孫之身

▶843◀◆問; 飯羹 진설에 관하여?
제사상 진설 시 반과 갱의 위치.
질문 1: 제사상 진설 시 반과 갱의 위치가 담제를 지낸 후 돌아오는 기제사부터 산 사람의 경우와 반대로 되는 것으로 알고 있는데 그것이 맞는지요?
질문 2: 맞는다면 그 근거는 무엇인지요?

◆答; 반갱(飯羹) 진설.
질문 1: 答; 담제(禫祭)까지는 생시와 같이 동반서갱(東飯西羹)이며 길제(吉祭)를 지내면 그 때부터 신(神)의 예로 동갱서반(東羹西飯)으로 진설 됩니다.

질문 2: 答; 생시는 좌측을 숭상(崇尙)하고 神은 우측을 높여보기 때문입니다.

●備要吉祭進饌條如時祭儀
●按曲禮生人尙左之食也特牲神道尙右之設也
●士虞禮生人尙左而羹在薦右神道尙右而羹在薦左
●退溪曰左爲陽而右爲陰祭物右陳神道屬陰故也
●曲禮凡進食之禮食居人之左羹居人之右

▶844◀◆問; 봉제(향사에 화환을 보낼 때).
조상을 모시는 향사에 보면 화환을 보내온 것을 보면 봉제(奉祭 O 라고 새서 보냅니다. 봉제 보다는 봉향(奉享)이 맞지 않는지 요? 어디까지나 제 생각이지만 향은 조상에게 드리는 것인데 제(祭)는 주제가 없는 느낌이라서요.

◆答; 봉제.
奉祭라 함이 옳은 예입니다.
奉享; 받들어 배향함. 받들어 제사함.

●芝山集附錄 年譜;仁祖大王十三年乙亥四月初八日關西士林奉享于鶴翎書院
●沒有花的春天第二章;我们村子里的世世代代子孫都會每年春秋兩次奉祭你的呢(祭祀)

▶845◀◆問; 봉주취위(奉主就位)에 축문이나 고사가 있나요?

가묘(家廟)에서 신주를 모실 때와 사신(辭神) 후 납주할 때 고사나 축문이　있는지요? 있다면 전거에 의거 하교 있으시기 바랍니다.

◆答; 봉주취위(奉主就位).

박준서님의 "가묘(家廟)에서 신주를 모실 때"라는 의미를 문맥상으로 보아 신주(神主)를 정침(正寢)으로 내모시는 출주(出主)를 의미함으로 인식 아래와 같이 주자가례(朱子家禮)에 입각한 사례편람 식(四禮便覽式)을 그 답으로 달아 보겠습니다. 다만 납주고사(納主告辭)는 하지 않고 신주(神主)를 수렴 내오던 의식과 같이 사당으로 돌아가 먼저자리에 안치함.

정침제(正寢祭)는 사시제(四時祭) 니제(禰祭) 기제(忌祭).

●四時祭出主告辭式

孝孫(屬稱隨改見上卜日告式)某今以仲春(仲夏秋冬隨時)之月有事于　顯高祖考某官府君　顯高祖妣某封某氏(曾祖考妣至考妣列書繼曾祖以下之宗亦以最尊位爲主而隨屬稱)以某親某官府君(卑幼去府君二字)某親某封某氏祔食敢請　神主出就正寢(或廳事)恭伸奠獻

●禰祭出主告辭式

孝子某今以季秋成物之始有事于　顯考某官府君　顯妣某封某氏儀節此下云敢請神主出就正寢恭伸奠獻

●忌祭出主告辭式

今以　顯某親某官府君(或某封某氏並祭則妣列書妻云亡室卑幼改顯爲亡去府君二字)遠諱之辰(備要妻弟以下云亡日)敢(備要妻弟以下不用敢字)請　神主出就正寢(備要或廳事)恭伸追慕(備要妻弟以下云追伸禮)

▶846◀◆問; 분향. 강신례에 대하여.

분향은 공중에 계신 혼을, 강신은 지하에 계신 넋을 모시는 절차로서 분향재배, 강신재배를 분리해서 하기도하고 분향강신을 동시에 하고 재배하는 경우도 있는데 소생의 의견은 모두 혼백을 모시는 절차이니 분향강신을 동시에　하고 재배하는　것도 예에 어긋나지 않으리라고 생각하는데 어떠한지요.

◆答; 분향. 강신.

아래와 같이 살펴보건대 가례(家禮)에서 우제(虞祭) 강신(降神)을 양 재배(兩再拜)이나 시제(時祭) 강신(降神)은 일 재배라 사계 선유(沙溪先儒)께서 분향재배(焚香再拜)는 양(陽)의 신(神)을 구함이요 관주재배(灌酒再拜)는 음(陰)의 신(神)을 구하는 예(禮)다 하시고 가례(家禮)의 시제(時祭) 일 재배는 궐오(闕誤)라 지적하심이 있고 서의(書儀)를 비롯하여 비요(備要) 요결(要訣) 등 서(書) 모두 양 재배(兩再拜)입니다.

●家禮喪禮篇虞祭降神條主人降自西階盥手帨手詣靈座前焚香再拜(中略)左手取盤右手執盞酹之茅上以盤盞授執事者俛伏興少退再拜腹位
●又祭禮篇四時祭降神條主人升搢笏焚香出笏少退立(中略)主人左手執盤右手執盞灌于茅上以盤盞授執事者出笏俛伏興再拜降復位
●書儀焚香再拜
●備要時祭降神條主人升搢笏焚香再拜(中略)灌于茅上以盤盞授執事者出笏俛伏興再拜降復位
●要訣時祭降神條主人升焚香再拜少退立(中略)灌于茅上以盞授執事者俛伏興再拜降復位
●沙溪曰焚香再拜求神於陽也灌酒再拜求神於陰也家禮時祭一再拜恐闕誤

▶847◀◆問; 분향례 때.

분향례에 대한 다른 질문.

향교 서원의 분향은, '제(祭)가 아닌 례(禮)라 술이 없는 것입니다.' 라고 하였습니다. 그러면 종묘나 문묘의 대제 말고, '사직대제'에는 강신분향은 없고 뇌주만 있다고 들었습니다. 이것도 예인데 술이 있는 이유가 궁금합니다.

◆答; 분향례.

위 질문에서['사직대제']의 "제"자를 사직제[社稷"(祭)"]라 한자(漢字)로 쓰지 않고 다른 글자를 쓰는지요.

원 제명(祭名)은 사직의(社稷儀)인데 의(儀)란 곧 제사(祭祀)를 뜻하니 사직의(社稷儀)를 사직제(社稷祭)라 이르게 됩니다. 사직제의 제자를 "祭"라 쓰니 술이 있게 되지요. 사직제에도 강신 분향례가 있으니, 없다고 일러준 그 분에게 바르게 일러주기 바랍니다.

●五禮儀春秋及臘祭社稷儀焚香條;近侍一人捧香合一人捧香爐跪進禮儀使啓請三上香近侍奠爐于神位前(云云)
●左傳昭公五年;是儀也不可謂禮
●周禮地官保氏;敎國子以六儀一祭祀二賓客三朝廷四喪紀五軍旅六車馬之容

▶848◀◆問; 분향례 때 복식은?

궁금한 사항은 사당(祠堂)의 삭망(朔望) 분향례 참사 시에 복장이 통일되지 아니하여 참사자(參祀者)는 물론 보는 사람도 존엄성이 없어 보이고, 불경스러운 것 같아서 어디(문헌 등)에의 기록 등이 없는가 하여 질의합니다.

혹시, 참사자가 양복의 정장을 하였으나 백 구두를 신은 경우는 어떻게 생각하시는지요? 상식적으로도 맞지 않는 것 같은데 일부 참사자 중에서는 그러지 말라는 규정이나 근거가 어디에 있느냐? 며 고집하는데요! 좋은 말씀 당부 드립니다.

◆答; 분향례 복식.

巾服; 조선 시대 성균관 유생이나 선비들의 의관(衣冠).

●太學志王世子酌獻入學焚香禮;前期一日廟司受香安于享官廳當日質明詣生具巾服出東三門外序立

▶849◀◆問; 분향을 세 번 하는 이유?

각종 추모행사 시 헌화 분향을 함에 있어 분향을 세 번 하는 이유가 궁금합니다.

◆答; 분향을 세 번 하는 이유.

성어삼(成於三)이요 삼사지여일(三事之如一)이라 세 번으로서 완전히 이뤄짐이요 세 번은 하나와 같으니 삼상향(三上香)이라야 완전한 상향이요 삼상향이라야 한번과 같으니 인간사에서 삼을 하나로 마침이 하나 둘이 아닙니다.

●史記律書;數始於一終於十成於三
●晉語;民生於三事之如一

▶850◀◆問; 분향에 대하여.

늘 고마운 답변에 감사 드립니다. 상(喪)중에 개토제, 산신제, 구산제를 지낼 때에도 분향을 하나요?

◆答; 분향.

분향(焚香)에 대하여 아래와 같이 살펴보건대 단헌지례(單獻之禮)인 흉례(凶禮)의 후토제(后土祭)에는 서의(書儀)를 비롯하여 가례(家禮), 개원례(開元禮) 등에서는 택(擇)하고 있지 않으나 의절(儀節)에서 분향을 택함이 있어 이를 비요(備要)에서 동조(同條)에 삽입 택하고 있습니다.

남계(南溪) 선생께서 가례위정(家禮爲正)이라 하셨으니 상례(喪禮)의 단헌지례(單獻之禮)인 후토제(后土祭)에서는 분향(焚香)치 않음이 옳을 것입니다.

●溫公書儀初葬祠后土條序立於神位東南重行西向北上立定俱再拜告者盥手洗盞斟酒進跪酹于神座前俛伏興少退北向立搢笏執詞進於神座之右東面跪念之曰維年月朔日子某官姓名敢昭告于云云

●家禮治葬祠后土條告者吉服入立於神位之前北向執事者在其後東上皆再拜告者與執事者皆盥帨執事者一人取酒注西向跪一人取盞東向跪告者斟酒反注取盞酹于神位前俛伏興少退立祝執版立於告者之左東向跪讀之曰云云

●開元禮祭后土條掌饌者出相者引告者詣罍洗盥手洗爵相者引告者詣酒罇所執罇者舉冪告者酌酒進跪奠神座前俛伏興少退北向立祝持版進於神座之右東面跪讀祝文曰云云

●儀節治葬祠后土條告者立北向執事者二人在其後告者與執事者皆再拜告者與執事者俱洗詣香案前跪上香斟酒酹酒云云

●國朝五禮儀治葬篇祠后土條獻官詣盥洗位北向立贊搢笏獻官盥手帨手訖贊執笏引詣尊所西向立執尊者舉冪酌酒執事者以爵受酒謁者引獻官詣神位前北向立贊跪三上香執事者以爵授獻官獻官執爵獻爵以爵授執事者奠于神位前贊執笏俯伏興少退北向跪祝就神位之右東向跪讀祝文云云

●敬甫問家禮后土祠無焚香一節其意必非偶然盖焚香求神於陽也灌地求神於陰也后土地神故只求之於陰而不求之於陽義似如此而備要祠后土具有香爐香盒何歟沙溪答曰考家禮不言上香只酹酒無乃有意邪儀節及家禮正衡皆有上香之禮故備要因之未知是否

●或問家禮開塋域祠后土註無降神之文今據此而不降神乎至於墓祭之祠后土時乃有降神之節祠后土一也而降神之行不行何也若降神則一如正祭之降神者乎寒岡曰家禮祠后土之下不許降神則大賢祭禮精微之意何敢仰測乃輒引墓祭后土之祠而爲之添入耶

●補疑上香求神於陽也酹酒求神於陰也后土地神故只求諸陰

●南禮問祠土地祭設香爐香合詣香案前跪上香傾酒于地復斟酒置于神位前等節家禮無備要有彼此詳略之義可得聞歟曰備要從儀節及五禮儀而爲之節文者然愚意此等處當以家禮爲正

▶851◀◆問; 분향이 언제부터 하였는가요.

제사(祭祀)를 지내려면 먼저 분향(焚香)을 하게 됩니다. 물론 신(神)을 모시는 행위에 속할 것이리라 믿습니다. 발원지(發源地)가 중국이라 주자가례(朱子家禮)에 그 예법이 있으니 그 이전에 발생(發生)하였을 것입니다. 질문의 요지(要旨)를 간단히 정리하자면 어느 나라 때 처음 분향(焚香)하는 예법이 생겼는지요. 입니다. 여러 가지로 고맙습니다.

◆答; 분향은 양(梁)나라 때부터.

아래와 같이 살펴보건대 분향의 예는 양(梁)나라 때에 시작된 것으로 보입니다.

●隋書禮志禮儀一; 梁天監四年何佟之議云南郊明堂用沉香北郊用上和香

●文獻通考宋詔聖元年; 曾旼言周人以氣臭事神近世易之以香宋時朝享景靈宮儀始稱三

上香而
●元史祭祀志; 宗廟祭享儀有傳香祝及三上香文盖用香之禮始見於梁而自宋用於別廟自元用於宗廟也

▶852◀◆問; 분향(焚香)의 의미?

안녕하셔요. 분향은 왜 합니까? 성균관(成均館), 향교(鄕校), 서원(書院), 사우(祠宇)는 물론 가묘(家廟)의 제례, 사찰(寺刹)의 의식, 성현들이 수도하는 방(예 退계선생) 등등 많은 곳에서 향(香)을 피우고 있습니다. 향을 피우는 의미는 무엇인지요. 그리고 요즘은 개량 향이라는 국수 가락 같은 걸 많이 쓰는데 나무 향과 어떤 차이가 있습니까? 특히 사찰에는 나무 향을 쓰는 걸 보지 못했습니다.

◆答; 분향(焚香)의 의미.

분향하는 까닭은 공중으로 떠나신 신을 연기의 줄을 이어 머나먼 허공에서 신을 모셔 연한 길을 따라 지방이나 신주로 내려 모시고 관주로 백을 모셔 일체화 시키는 예입니다.

●郊特牲註周人尙氣臭而祭必先求諸陰故牲之未殺先酌鬯酒灌地以求神以鬯之有芳氣也故曰灌用鬯臭又擣鬱金香草之汁和合鬯酒使香氣滋甚故云鬱合鬯也以臭而求諸陰其臭下達於淵泉矣蕭香蒿也取此蒿及牲之脂膋合黍稷而燒之使其氣旁達於墻屋之間是以臭而求諸陽也此是天子諸侯之禮非大夫士禮也王氏曰鬯灌之地此臭之陰者也蕭焫上逺此臭之陽者也
●溫公曰古之祭者不知神之所在故灌用鬱鬯臭陰達於淵泉蕭合黍稷臭陽達於墻屋所以廣求神也今此禮旣難行于士民之家故但焚香酹酒以代之

▶853◀◆問; 분향 자세에 대하여.

상가를 방문하여 분향을 할 때의 바른 자세가 궁금합니다. 무릎을 꿇고 분향을 해야 한다고 듣긴 했지만 보다 구체적으로 알고 싶습니다. 두 무릎을 모두 꿇어야 하는 것인지요?

한 무릎만 꿇어야 하는 것인지요? 한 무릎만 꿇어야 한다면 어느 쪽 무릎을 꿇어야 하는 것인지요? 그 밖에도 분향할 때 유의할 점을 알려주시기 바랍니다.

◆答; 분향 자세.

가례(家禮)의 조이퇴조(吊而退條)에서 영좌(靈座) 앞에서 슬픔을 다하여 곡하며 재배하고 분향하고 무릎을 꿇고 앉자 酹酒하고 엎드렸다 일어난다 라 하였을 뿐이고, 구의(丘儀)에서 조자(弔者)가 영좌(靈座) 앞으로 가 서서 곡하고 분향 재배한다 하였으니 분향은 무릎을 꿇고 하지 않고 서서 한다고 이해되어야 할 것입니다. 궁례 에서는 무릎을 꿇고 분향합니다.

●家禮成服吊奠賻入哭奠訖乃吊而退條(云云)靈座前哭盡哀再拜焚香跪酹茶酒俛伏興(云云)
●儀節成服弔奠賻凡弔皆素服(儀節)弔者至護喪先入白主人以下各服其服就位哭以待弔者至向靈座前立擧哀哀止靈座前上香再拜
●國朝喪禮補編成服議政府率百官進香儀殯宮條文武百官入就位俯伏哭止哭興再拜興班首盥手陞自東偏階詣靈座前北向跪贊儀唱百官跪執事者一人捧香合一人奉香爐班首三上香

▶854◀◆問; 분향재배에 관하여.

불천위 신주와 함께 4 대까지의 신주를 함께 사당에 모시고 있는 문중의 종가에서 기제사를 올릴 때 먼저 사당에서 분향재배 후 고축하고 신주를 대청으로 모시고 와서 제례의식을 시작하는데. 이때 대청에서 분향제배를 또 해야 하는지요? 아니면 사당에서 이미 분향재배를 하였기 때문에 강신재배부터 하면 되는지요. 매년 제사 때마다 참석하는 제관들의 의견이 분분하여 여쭈어 봅니다.

사당에서 이미 분향재배 하였기 때문이 강신재배부터 하자는 분과 조상제사에 절 좀 더하면 어떠냐 하시면서 분향재배부터 다시 하자는 분과의 절차상 차이가 있어 이를 명확히 할 필요가 있어 여쭈어 봅니다. 참고로 현재까지는 다시 분향재배부터 제례를 모시고 있습니다.

◆答; 출주(出主) 시 사당(祠堂)에서 분향을 하고, 또 정침에서 재차 분향재배 합니다.

신주제(神主祭)에서 출주(出主)할 때는 분향(焚香)뿐으로 정침에 취위(就位)하고 참신재배(參神再拜)한 뒤 분향재배(焚香再拜) 뢰주재배(酹酒再拜)를 하게 됩니다.

●家禮四時祭質明奉主就位條主人升自阼階搢笏焚香出笏告曰(云云)
●退溪曰祭則降神後薦獻等禮所以先祭而後降
●陶庵曰朔參則無遷動之節故先降後參時祭之先參後降其義可推而知也
●尤庵曰若時祭行于祠堂則無奉主就位節次只就祠堂各位前陳器設饌先降神而後參神

▶855◀◆問; 분향 후 목례 등 인사를 하는 지에 대한 질문 드립니다.

안녕하세요? 가을 날씨가 청명합니다. 고인(故人)의 추모식(追慕式)이나, 참배시설(參拜施設)을 방문하여 참배(參拜)를 드릴 때 분향(焚香)을 올립니다. 분향 후 인사법 등이 있는 지 궁금하여 여러 번 전화를 드렸으니 부재 중이셔서 문답 난을 통하여 질문 드립니다.

1. 분향 후 목례 또는 반배(半拜) 등 인사를 드리고 뒤로 물러나오는 것인지, 분향을 하였으면 목례 등 인사 없이 뒤로 물러나오는 것인지요.
2. 인사를 드리고 물러서는 것이라면 제복을 입은 경찰, 군인 등은 거수경례를 하는지요? 아님 제복 착용과 관계없이 목례 등으로 인사를 하는 것인지요?
3. 답변에 대한 역사자료나 근거 등도 공부할 수 있게 함께 지도해 주시기 부탁 드리옵니다.

◆答; 분향 후 목례?

유가(儒家)의 예법(禮法)에는 거수경례(擧手敬禮)의 예법이 없으니 논할 수가 없습니다. 다만 가장 가벼운 예로 첨례(瞻禮)가 있으며, 다음으로 분향례(焚香禮)가 있는데 그 예법 역시 분향(焚香) 궤배(跪拜)가 됩니다. 재배 후 마지막에 다소곳이 읍의 예를 갖춥니다.

●性理大全祠堂出入必告主人主婦近出則入大門瞻禮而行歸亦如之○經宿而歸則焚向再拜
●大唐西域記羯若鞠闍國然而瞻禮之徒實繁其侶金錢之稅悅以心競
●辭源[瞻禮]瞻仰禮拜
●沙溪曰瞻禮猶言揖
●語類先生每日早起子弟倒影堂前啓門先生陞堂率子弟以次列拜炷香又拜而退
●春官通考文宣王廟朔望焚香;大司成率諸生入文廟焚香四拜
●周禮春官大祝辨九拜一曰稽首二曰頓首三曰空首四曰振動五曰吉拜六曰凶拜七曰奇拜

八日褒拜九日肅拜

●郊特牲註蕭香蒿也取此蒿及牲之脂膋合黍稷而燒之使其氣旁達於墻屋之間是以臭而求諸陽也

●溫公曰古之祭者不知神之所在故灌用鬱鬯臭陰達于淵泉蕭合黍稷臭陽達于墻屋所以廣求神也

●沙溪曰焚香再拜求神於陽也灌酒再拜求神於陰也家禮時祭一再拜恐闕誤

●丘氏曰灌鬯爇蕭雖是諸侯之禮後世焚香祭神實取此義又曰古無香漢以前只是焚蘭芷蕭艾之類後百越入中國始有之雖非古禮然通用已久鬼神亦安之矣

▶856◀◆問; 四時祭의 대상과 제사 날짜는 언제입니까?

사시제에는 누구를 제사하면 지내는 낭자는 언제가 되나요.

◆答; 사시제의 대상과 제사 날짜.

아래와 같이 살펴보건대 사시제(四時祭) 대상(對象)은 고비(考妣), 조고비(祖考妣), 증조고비(曾祖考妣), 고조고비(高祖考妣)로 4 대 봉사(代奉祀)를 하게 되고. 사시제(四時祭) 날자는 춘하추동(春夏秋冬) 사계절(四季節)의 매 계절 중간 달에 상순(上旬)의 정일(丁日)이나 해일(亥日)의 날로 점을 처 길하면 택하고 불길하면 중순의 날 또 불길하면 또 점을 치지 않고 하순의 정일이나 해일로 직용하여 시제(時祭)를 지내게 됩니다.

●性理大全四時祭設位條設高祖考妣位於堂西北壁下南向考西妣東各用一倚一卓而合之曾祖考妣祖考妣考妣以次而東皆如高祖之位世各爲位不屬

●孔子閒居:天有四時春秋冬夏細註藍田呂氏曰天有四時春夏秋冬

●性理大全四時祭時祭用仲月前旬卜日條上旬之日或丁或亥主人曰(云云)珓擲于盤以一俯一仰爲吉不吉更卜中旬之日又不吉則不復卜而直用下旬之日

▶857◀◆問; 사시제는 합동제사 인가요?

4 대 봉사를 하는 경우 사시제(四時祭)는 8 분을 4 계절마다 도합 32 번 제사를 지내는 것인가요? 고비는 합동으로 하여 16 번 제사를 지내는 것인가요? 차례처럼 8 분을 합동으로 4 번 제사를 지내는 것인가요?

◆答; 사시제는 합제.

사시제(四時祭)는 매 계절(季節) 중간 달에 지내는 가장 큰 제사(祭祀)로 사당(祠堂)에 모시고 있는 조상(祖上) 신주(新主)를 정침(正寢)으로 내어 모시고 지내는데 지금은 거의 가문에서 지내고 있지 않습니다. 예법은 기제사와 거의 같으나 수조와 준이라는 예가 더 있습니다.

◆出主告辭式

孝孫(屬稱隨改見上卜日告式)某今以仲春(仲夏秋冬隨時)之月有事于 顯高祖考某官府君 顯高祖妣某封某氏(曾祖考妣至考妣列書繼曾祖以下之宗亦以最尊位爲主而隨屬稱)以某親某官府君(卑幼去府君二字)某親某封某氏祔食敢請 神主出就正寢(或廳事)恭伸奠獻

◆時祭祝文式代各異板○凡告祝以家禮爲主而如年月干支改皇爲顯淸酌庶羞等句語多從備要書之○按今不用去年號幾年)

維 歲次干支幾月干支朔幾日干支孝玄孫(孝曾孫孝孫孝子隨屬稱)某官某敢昭告于 顯高祖考某官府君 顯高祖妣某封某氏(曾祖云顯曾祖考某官府君顯曾祖妣某封某氏祖考妣及考妣皆倣此)氣序流易時維仲春隨時追感歲時不勝永慕(家禮本註考改不勝永慕爲昊天罔極)敢以淸酌庶羞祇薦歲事以某親某官府君(卑幼去府君二字)某親某封某氏祔食(家禮本註如本位無卽不言凡祔倣此)尙　饗

▶858◀◆問; 양력의 사용에 대해.

問; 1. 현재 제사는 전날 지내는데, 사람들의 출퇴근이라던가 이런 문제로 늦어도 밤 9 시~10 시면 끝이 납니다. 옛날에는 하루의 시작이 자시(밤 11 시)부터엿기 때문에 그때 지냈던 것이라고 알고 있습니다. (자시~축시). 그런데 현재의 시간 개념과..또 저녁에 끝내버리는 이런 상황은 기일이 아닌 그 전날 제사를 지내버리는 꼴이 되어버려서 오히려 맞지 않는다고 생각됩니다. 이런 이유로 전날 저녁보다는 당일 저녁에 지내는 게 오히려 기일 제사가 되는 것이 아닐까 생각되는데 어떻게 생각하시는지요?

答; 기일 제사는 작고한날 질명(質明; 해뜨기 전)에 지냄이 바른 예법입니다. 다만 당일 자시(子時)에 지내는 것은 그 까닭을 분명히 밝힌 선유들의 말씀은 아직 알지를 못하나 장자(張子)의 오경(五更)에 제사를 지내는 것은 예가 아니라 하였으니 그 날의 첫 시인 삼경(三更)에 지내게 된 것이 혹 하나의 원인이 된 것이 아닌가 하는 유추도 하게 되나 자시 행제(子時行祭)가 대세를 이룬 원인은 전거로 입증할 수가 없습니다.

기제의 시간인 질명(質明)은 이른 조반의 시간으로 1 년에 한번 작고하신 날의 슬픔을 상기하면서 아침 조반과 함께 반주로 술 석잔을 올려 드리는 예로서 우암께서 제사는 너무 늦어도 너무 빠르게 지내도 아니 된다 하셨으니 당일 저녁은 너무 늦은 때라 유학을 논하는 자로서 동의하기에는 주저하지 않을 수 없습니다.

問; 2. 음력은 2~3 년에 윤달이 한번씩 들어가야 날짜를 맞출 수 있을 만큼 오차가 심합니다. 반면, 양력은 4 년에 하루 차이밖에 나지 않습니다.

솔직한 저의 생각은 그저 예전에 음력을 썼었기 때문이지 그게 더 정확한 것은 아니라고 생각합니다만, 여러 유림, 향교의 답변은 양력달력이 변하기 때문이라고 합니다. 그러나 사실은 음력이 변화가 되는 것이지 양력은 거의 변화가 없는 것인데요. 그런 면에서 볼 때, 음력을 고수하는 것이 전통이기는 하겠으나 돌아가신 날 지낸다는 기제사의 본연의 의미로 볼 때는 양력이 오히려 합리적인 것이 아닐까 생각하는데 조언 좀 부탁 드리겠습니다.

(어떤 분은 양력이 왜놈의 달력이라서 안 된다는 정말 이해할 수 없는 답변도 있어서 신뢰가 가지 않습니다)

答; 양력의 사용에 대해.

유학인의 역서는 음력으로서 양력이 음력보다 정교하다 하여도 유학생활에는 내 것인 음력을 따르게 되는 것입니다.

●祭義君子有終身之喪忌日之謂也註忌日親死之日也

●周禮春官宗伯禮官之職小史條掌邦國之志奠繫世辨昭穆若有事則詔王之忌諱註鄭司農云先王死日爲忌名謂諱

●家禮忌祭編○厥明夙興設蔬果酒饌○質明主人以下變服詣祠堂封神主出就正寢

●禮器質明而始行事疏質正也謂正明之時少牢禮朝明行事註朝明質明也此乃周禮也

●士冠禮擯者請期宰告曰質明行事註擯者有司佐禮者在主人曰擯在客曰介質正也宰告曰旦日正明行冠事

●國朝五禮儀大夫士庶人忌日俗節告祭儀厥明夙興設饌具如式見序例主人以下盛服盥手帨手訖俱就位主人升自東階啓櫝捧出神主各設於座降復位主人以下再拜

●陳氏曰子路祭於季氏質明而始行事寧早則雖未明之時祭之可也

●尤庵曰行祭早晚太早不可太晚亦不可惟當以質明爲正

●南溪曰質明卽大昕指日未出時也

●弘齋全書訓語氣猝發大臣閣臣求對承候敎曰逢是年是日予懷無以自抑子時行祭非不知無於禮而不得已爲此天明以後將行祝慶之禮予氣予亦自知故欲稍早時刻庶少鎭安而專意於慶今之節也仍嗚咽良久

●張子曰五更而祭非禮也

●書經堯典帝曰三百有六旬有六日以閏月定四時成歲註天體至圓周圍三百六十五度四分度之一繞地左旋常一日一周(云云)歲有十二月月有三十三百六十者一歲之常數也(云云)朔虛而閏生焉故一歲閏率則十日九百四十分日之八百二十七三歲一閏則三十二日九百四十分日之六百單十五歲再閏則五十四日

●性理大全理氣一天度曆法附條潛室陳氏曰左傳正義曰周天三百六十五度四分度之一日一日行一度月日日行十三度十九分度之七計二十七日有餘月已行天一周至二十九日過半(卽月法二十九日四百九十九分也)又逐及日而與之會是爲一月十二月而成一歲

●皇朝曆書大明崇禎十年歲次丁丑大統曆正月大辛丑十一日辛亥丑初初刻立春正月節二十六日丙寅卯正一刻雨水正月中(以下省略

●天文類抄日月條日爲大陽之精主生養恩德人君之象也(云云)月爲大陰之精以之配日女主之象以朝廷諸侯大臣之類註凡月之行歷二十有九日五十三分而與日相會是謂合朔當朔日之交月行黃道而日爲月所掩則日食是爲陰勝陽其變重自古聖人畏之若日月同度于朔月行不入黃道則雖會而不食月之行在望與日(云云)

●漢書故書曰迺命義和欽若昊天曆象日月星辰敬授民時歲三百有六旬有六日以閏月定四時成歲允釐百官衆功皆美註師古曰此皆虞書堯典之辭也欽敬若順也昊川言天氣廣大也星四方之中星也辰日月所會也義氏和氏重黎之後以其繼掌天地故堯命之使敬順昊天曆象星辰之分節敬記天時以授下人也匝四時凡三百六十六日而定一歲十二月月三十日正三百六十日則餘六日矣又除小月六日是爲歲有餘十二日未盈三歲便得一月則置閏焉以定四時之氣節成一歲之曆象則能信理百官衆功皆美也〇夫律陰陽九六爻象所從出也故黃鍾記元氣之謂律律法也莫不取法焉與鄧平所治同於是皆觀新星度日月行更以算推如閏平法法一月之日二十九日八十一分日之四十三先藉半日名曰陽歷不藉名曰陰歷所謂陽歷者先朔月生陰歷者朔而後月迺生平曰陽歷朔皆先旦月生

▶859◀◆問; 삭일(朔日) 축문 쓰는 법?

초하루 축식 예시문을 적어 주세요.

◆答; 삭일(朔日) 축문.

維歲次干支幾月朔日干支云云

●便覽墓祭親盡祖墓祭祝文式維年號幾年歲次干支十月朔日干支幾代孫某官某敢昭告于

▶860◀◆問; 三飱(澆飯)에 대하여.

철갱진숙수(徹羹進熟水) 후 메에서 밥을 세 번 떠 숙수(熟水)에 마는 예법이 정례(正禮)인지요.

◆答; 三飱(澆飯)은 정례가 아님.

아래와 같이 살펴보건대 삼초반(三抄飯; 三飱)의 예(禮)는 옥조(玉藻)의 말씀으로 미루어 보아 상생시(象生時)의 예(禮)로서 남계(南溪)선생 말씀과 같이 상(喪) 삼년(三年) 내(內)는 가하나 기제(忌祭)에서는 行하지 말아야 할 예(禮) 같습니다.

따라서 사시제(四時祭)를 비롯하여 모든 제례(祭禮)에서의 삼요반(三澆飯)(三飱)은 전거로서 입증될 수가 없고 다만 혹 가문(家門)에서 행하고 있다면 옥조(玉藻)의 가르침을 잘못 해석 기제(忌祭)에서도 행하고 있는 듯 합니다. 고(故)로 기제(忌祭)에서의 삼초반(三抄飯)은 오류로 보아야 옳을 것입니다.

●張子曰用茶非古也用生人意事之
●退溪曰今人進湯水是古進茶之意
●尤菴曰澆飯於熟水似是象生時也然中朝之人則常時飯畢飲茶少許云則澆飯亦東俗耶
●明齋曰抄飯一節禮所不言只移是於茶器爲宜○補疑云然三年內象生之義澆飯恐似無妨三年後正祭乎
●玉藻君旣食又飯殽飯殽者三飯也註殽以飮澆飯也食竟更作三殽以助飽君畢食則臣更飯殽也
●輯要今俗徹羹進茶又以匕取飯少許澆於湯水盖徹羹進水是生時常例
●南溪曰抄飯三年內象生時則可時忌祭則不可

▶861◀◆問; 삼실과(三實果)란.

시골에 어른 분이 지나가는 말씀으로 삼 실과라 함은 껍질이 3 겹으로 된 과일을 지칭하기에 호두, 밤, 은행이라는 말은 들었습니다. 그런데 다른 게시판을 읽다가 보니 삼 실과라 함은 밤, 대추, 감 이라는 사실을 알았습니다.

요약하면 밤은 인간의 근본을, 대추는 자손의 번창, 감은 인간의 됨됨이를 의미한다고 되어있습니다. 어느 것이 옳은지 알려주시면 감사하겠습니다.

◆答; 삼과(三果).

○三實果; 조(대추), 율(밤), 시(감; 棗栗柿).

○의미(意味).

조(棗); 꽃을 피우면 반드시 열매를 맺은.
율(栗); 하나의 씨앗이 움을 터 아름드리가 되어도 단단 할 뿐 썩지를 않음.
시(柿); 감의 씨가 움을 틀 때는 고욤나무로서 다시 감나무 가지로 접을 붙여야만 감이 열림.

●國朝五禮儀考異嘉禮王子婚禮納采; 交拜如常日賓客之禮乃以酒饌(註饌品不過三果)禮使者使者復命
●磻溪隨錄田制分田定稅節目;果木之類勿稅之果則棗栗柿梨栢子等

▶862◀◆問; 삼적(三炙)에 관하여.

제례(祭禮)에서 초아종헌(初亞終獻) 시(時) 진적(進炙)의 예(禮)에서 삼적(三炙)이라 하여 육적(肉炙) 어적(魚炙) 계적(鷄炙)을 올리는 집안도 있는 것 같습니다. 그런데 주자가례(朱子家禮)의 적(炙)에는 간적(肝炙)과 육적(肉炙)뿐인데 혹 오류(誤謬)가 아닐까요. 근거됨은 있는지요.

◆答; 삼적(三炙)에 관하여.

아래 여헌(旅軒) 선생의 기제의(忌祭儀)에 삼적(三炙)이 보입니다. 원은 치적(雉炙)이나 꿩이 없으면 닭으로 대신한다. 라 말씀 하신 것 같습니다. 그러나 사서인의 전통예법에서는 그 전거를 찾을 수가 없고 이도 여헌(旅軒) 선생의 가문의 예법이지 주자가례를 제쳐놓고 이를 권장하거나 정례 라고 이를 수는 없을 것 같습니다.

●旅軒忌祭儀篇主人初獻啓盤盖進肉炙云云亞獻進魚炙終獻進稚炙(註無雉則以鷄代之)云云

▶863◀◆問; 삼제(三祭)를 좨주(祭酒)라 하지 않는다.

어느 예서에는 三祭를 삼좨라 하였습니다 맞는 것입니까.

◆答; 삼제(三祭)를 좨주(祭酒)라 하지 않음.

제례에서 초아종헌(初亞終獻) 시 헌주(獻酒) 후 잔반을 내려 모사에 따르는 예를 일러 삼제(三祭. 或 祭之)라 하지 좨주(祭酒)라 하지 않으며 혹 이를 일러 제주(祭酒)라 하지 좨주(祭酒)라 하지는 않는다.

제례(祭禮)에서 삼제(三祭)의 예를 좨주(祭酒)라 이른다 함은 유학(儒學)의 어느 예서에도 사용되지 않는 음(音)이다.

우리나라 한자(漢字) 음(音)으로 [좨]라는 글자는 제(祭)자 뿐으로서 이는 특별(特別)이 우리나라에서만 붙여 이르는 음(音)으로 제례(祭禮)와 관직명(官職名)을 구분키 위한 수단으로 고려시대(高麗時代)의 국자감(國子監) 종삼품(從三品) 벼슬과, 조선조(朝鮮朝)에서는 성균관(成均館) 정삼품(正三品) 벼슬의 겸임 직으로 그 직책은 주로 석전(釋奠) 때 제향(祭享)의 일을 맡아 보던 직명을 분별하기 위함에 서가 아닌가 생각된다.

어느 시대 누구에 의하여 제례(祭禮)에서의 삼제(三祭)를 좨주(祭酒)라 이르게 되었는지는 알 수 없으나 이는 아마도 모 옥편에 일음(一音) 제. 이음(二音)으로 좨. 삼음(三音)으로 채. 등으로 분류(分類) 됨을 오해하여 제음과 좨음을 동의로 착각(錯覺), 또는 유학(儒學)의 실상(實像)을 알지 못하고 유식(有識)한 체 하기 위하여 특별 나게 보이기 위한 자기 도취(陶醉)에서 빚어진 엉뚱한 발상의 결과가 아닌가 생각한다. 제(祭)에 좨음이 붙게 된 근거를 밝히기 위하여 여러 서(書)를 살펴 보았으나 지금까지는 찾지를 못하였다.

다만 세종대왕께서 한글을 반포하기 이전에는 한자(漢字)에는 좨자가 원초부터 없었으니 일자(一字) 이음(異音) 이의(異意)일 때 표시를 할 수 없었으니 그 음의 전거는 없었을 것이고 "[예 권(卷)자를 곤룡포를 뜻할 때는 곤(卷; 音困)]" 그 이후에는 제주(祭酒)를 좨주(祭酒)라 이의음(異意音)이라는 의미를 한글 표기 이외는 의사 전달 방법이 없다는 것이다. 그렇다면 좨주란 구전(口傳)을 사전(辭典)편자(編者)가 하나의 단어로 삽입함이 아닌가 한다.

그 이유는 고종 2 년(1865)에 발간(發刊)된 대전회통(大典會通) 성균관(成均館) 정삼품(正三品) 제주(祭酒) 벼슬을 기록(記錄)하면서 좨음이라는 표시(表示)가 없음도 구전이라는 이를 수 있는 전거(典據)가 될 수 있다는 것이다.

사계전서 권지 41 의례문해 25 판 전(前)의 祭酒條 역시 단순히 祭主라 하였지 음(音)을 좨주로 읽을만한 근거가 없다. 특히 각 국어사전에 좨주란 아래와 같은 의미로 정의되었다는 사실이다.

⊙백과사전(국어 사전류).
좨주 [祭酒]
고려시대(高麗時代)는 국자감(國子監)·성균감(成均監)·성균관(成均館)의 종 3 품 벼슬이다. 조선시대(朝鮮時代)는 성균관에서 교회(敎晦)하는 일을 맡아보던 종 3 품관으로, 특히 학덕(學德)이 높은 사람을 임명하였는데, 1401 년(태종 1) 사성(司成)으로 고쳤다.

●大典會通吏典成均館條祭酒一員正三品[續]增置○祭酒司業以學行有士望者擬差或單付[增]一二品亦兼
●史記荀卿傳荀卿最爲老師齊尙脩列大夫之缺而荀卿三爲祭酒焉註索隱曰禮食必祭先飮

酒亦然必以席中之尊者一人當祭耳後因以爲官名故吳王濞爲劉氏祭酒是也而卿三爲祭酒者謂荀卿出入前後三度處列大夫康莊之位而皆爲其所尊故云三爲祭酒

▶864◀◆問; 삼제(三祭)에 대하여.

아래와 같이 이해되는 글이 있었습니다.

○ 강신 뇌주 때는 삼제(三除)라 하여 술을 잔에 따른 후 세 번에 나누어 모사기에 붓는 의식으로 이는 지백(地魄)을 모시는 의미이다. 이는 술잔에 술을 채운 후 바로 3번에 나누어 모사기에 붓고 빈잔을 신위 전에 올리는 것으로 이해가 됩니다.

○ 삼제(三祭)는 초헌(初獻) 때만 하는 의식으로 '초헌관(初獻官)이 술을 올린 후 다시 그 잔을 받아 세 번에 나누어 모사기에 붓는 것을 말한다.' 라고 설명하고선 '술을 받은 조상(祖上)이 술을 드시기 전 곡신(穀神)에게 예를 올리는 것을 상징(象徵)하며 그 조상을 대신(代身)하여 초헌관이 예를 행하는 것입니다.'라고 하셨습니다. – 위의 글을 그대로 이해하자면 초헌관이 술잔에 술을 채워 신위 전에 올린 후 다시 그 잔을 받아 3번에 걸쳐 모사기에 붓는 것을 삼제(三祭)라고 하였습니다. 그러니까 삼제(三祭)는 초헌관이 술잔에 술을 채워 신위 전에 올리고 그 술을 내려 모사기에 3번에 걸쳐 지운다(제한다)는 말씀으로 생각 됩니다. 초헌관(初獻官)이 술잔을 신위(神位) 전에 올린 것은 조상(祖上)이 술을 드신 것이 아니고 곡신(穀神)에게 예를 올리기 전에 일단 신위 전에 술을 올렸다가 다시 내려서 삼제(三祭)하는 것이 맞는지요?

강신 때의 삼제(三除)는 술잔에 술을 채운 후 그 술을 신위 전에 올리지 않고 바로 3번에 나누어 모사기에 붓는다고 했는데 초헌관의 삼제(三祭)는 술잔에 술을 채워 신위 전에 올린 후 다시 그 잔을 받아 3번에 걸쳐 모사기에 붓는 것으로 설명하고 있어 의식에 차이가 나는 것 같아서 문의합니다. 그리고 '삼제(三祭)'와 '삼쵀(三祭)'는 뜻이 다른지요?

◆答; 三祭.

초아종헌관(初亞終獻官)이 전작(奠爵)하면 신(神)이 직접 제주(祭酒)할 수 없으니 헌관(獻官)들이 신(神) 대신 제주(祭酒)를 대신 행(行)하는 예로서 삼헌(三獻) 모두 제주(祭酒)를 합니다.

강신 때는 삼제(三除)라는 예(禮)는 없고 다만 모사(茅沙)에 한번에 천천히 모두 따릅니다.

제례(祭禮)에서는 제(祭)를 쵀(祭)라 발음하지 않고 제(祭)라 발음함이 옳습니다. 쵀(祭)라 발음되면 제주(祭酒)를 의미하게 되는데 제주(祭酒)는 경국대전(經國大典)에 등장하는 용어로 조선조(朝鮮朝)에서 정삼품(正三品) 이상의 학덕(學德)이 높은 관리로 성균관(成均館)에서 교회(敎誨)하는 일을 담당하게 하였는데 주로 이조판서(吏曹判書)가 석전례(釋奠禮)를 행할 때만 겸임(兼任)하여 일을 보게 하였던 그 직명(職名)이었습니다.

●楊氏曰案亞獻如初儀潮州所刊家禮云少牢饋食禮主人初獻尸尸祭酒而後啐酒卒爵主婦亞獻尸尸祭之而後卒爵賓長三獻尸尸祭酒而後卒爵士虞特牲禮亦然以此觀之三獻皆當祭主于茅

●問祭酒以家禮亞獻條但不讀祝云者觀之則三獻似皆祭之以擊蒙要訣亞獻條但不祭酒云者觀則亞終獻不祭無疑當何適從南溪曰楊氏附註三獻皆祭酒當從此說

●尤庵曰降神時傾酒于茅沙者求諸陰之義也三獻時少傾于茅沙者代神祭之義也

●家禮四時祭降神條本註云云主人左手執盤右手執盞灌于茅上云云
●國朝五禮儀大夫士庶人四仲月時享儀篇降神條主人升香案前跪三上香云云主人執盞灌
于茅上云云

▶865◀◆問; 삼제에 대한 질문.
제례에서 헌작 시 헌관이 집사로부터 받은 술잔을 조금씩 모상에 3 번 지우는데 그
의미가 무엇인지요? 조금씩이라도 3 번 지우면 반 잔도 될 수 있는데 결례가 될 것
같아서 견해를 구합니다.

집사이인각위(執事二人各位)　우헌관지좌우(于獻官之左右)　취잔반짐주(取盞盤斟酒)
수헌관(授獻官) 헌관수작(獻官受爵) 삼제우모상헌작(三除于茅上獻爵).

◆答; 삼제.
삼제우모상(三祭于茅上)의 예는 종헌(終獻)뿐만 아니라 삼헌(三獻)의 예 모두에서
行하는 예로, 三祭의 의미는 혹은 조상(祖上), 성현(聖賢), 천지(天地)의 신(神)에게
제사함, 또는 천지인(天地人)의 신에 제사함이다. 라 이해할 수도 있겠으나 그와 같
은 전거는 있지 않은 것 같으며, 향사례(鄕射禮) 가공언소(賈公彦疏)에 우여좌중(右
與左中)이라 하였고, 이하시(李賀詩), 사기(史記), 한서(漢書)에서는 제주(祭酒)의 예
는 노신(路神)에 제사함이라 하였습니다.

덧붙여 민간신앙에서의 고수레와 그 의미가 통한다. 라 이해한다 하여도 큰 무리
는 없을 것 같습니다. 약간씩 세 번 지우는데 약간 줄뿐입니다.

●問祭酒以家禮亞獻條但不讀祝云者觀之則三獻似皆祭之以擊蒙要訣亞獻條但不祭酒云
者觀則亞終獻不祭無疑當何適從南溪曰楊氏附註三獻皆祭酒當從此說
●尤庵曰降神時傾酒于茅沙者求諸陰之義也三獻時少傾于茅沙者代神祭之義也
●儀禮鄕射禮俎與荐皆三祭鄭玄注皆三祭竝其將祭侯也祭侯三處也賈公彦疏三處者下文
右與左中是也
●李賀(出城別張又新酬李漢)詩今將下東道祭酒而別秦王琦匯解祭酒謂祖道祭也古者出
行必有祖道之祭
●史記滑稽列傳故所以同官待詔者等比祖道於都門外
●漢書劉屈氂傳貳師將軍李廣利將出兵擊匈奴丞相爲祖道送至渭橋顏師古注祖者送行之
祭因設宴飮焉

▶866◀◆問; '삼제우모상' 한자표기에 대하여.
제사 홀기에 보면 '삼제우모상'이라고 있습니다. 이걸 한자로 '삼제우모상(三祭于茅
上)'이라고 쓰는 것으로 알고 있습니다. 이 뜻은 잔디 또는 모사그릇에 술을 세 번
지우는 것, 즉 조금씩 세 번 덜어내는 것이니 '제(祭)'가 아니고 '제(除)'라고 써야
맞을 것 같습니다. 즉 삼제우모상(三除于茅上)이라야 맞지 않을까 생각합니다만 고
견을 청합니다.

◆答; 삼제우모상(三祭于茅上).
아래와 같이 살펴보건대 삼제우모상이 맞습니다.

○삼제(三祭); 세 번 제사한다.
○어디에다; 모상(茅上)에.

●宋子大全書答曹可運(壬子七月二十四日);問三祭于茅上者何義歟答書古人取酒用茅
故祭時灌必用茅齊桓公責楚之不貢于王者以此也必三祭者禮成于三之義也

▶867◀◆問; 삼제우지에 관하여.

삼제우지(三除于地; 三祭于地)에 관하여 검색 난에서 삼제를 치고 검색을 하면 그 내용이 나오는데요. 제가 추가로 궁금한 점은 묘지기준 우서(右西)에서 좌동(左東)으로 삼제를 한다고 하신 점입니다. 여기서 묘지기준이란, 묘지는 항상 북향으로 본다는 의미를 전제하시는 말씀인지요?

예를 들어 산소가 山의 남향에 모셔져 있든, 동향에 모셔져 있든 산소는 항상 북향으로 기준을 삼는다는 말씀이신지요? 그렇다면 제사를 모시는 상주는 삼제를 할 시 항상 자기의 왼쪽에서 오른쪽으로 삼제를 하면 되겠군요. 묘지기준 동에서 서로 삼제를 한다니 묘지가 동산에 모셔져 있을 수도 있고 남산에 모셔져 있을 수도 있으니 말씀입니다. 山을 피라미드로 비유한다면 4 각뿔인 피라미드형 山의 어느 쪽에 산소가 계시더라도 상주의 왼쪽에서 오른쪽으로 삼제를 하면 되는 것인지요?

◆答; 삼제우지(三祭于地).

실 방위와는 관계 없이 묘의 뒤를 북이라 하고 앞은 남이라 하며 우측을 서(西)라 하고 좌측을 동(東)이라 합니다.

묘제에서 삼제우지(三祭于地)는 향안석 앞 땅 위에다 조금씩 세 번 기우려 제사함을 의미합니다.

●性理大全凡屋之制不問何向背但以前爲南後爲北左爲東右爲西

▶868◀◆問; 선조제 설위 예법에 관하여.

의문이 있어 다시 여쭙니다. 草庵 선생님 말씀 중에 선조제(先祖祭; 입춘일)에선 선조고 선조비로 쓰는 예를 들어주셨는데 우리나라에도 선조제를 지내는 실 예가 있으면 그 사례(事例)를 알고 싶으며 지방에 선조고(先祖考) 신위, 선조비(先祖妣) 신위로 써서 모든 선조를 통틀어 표현하는 것인지 아니면 매 위마다 몇 대조 대신 선조고학생부군 선조고해주목사부군 등 몇 대조 또는 몇 세조를 따지는 대신 공통적으로 선조고 000 로 하는 것인지 의문이 들어서 입니다.

◆答; 선조제 설위.

선조제(先祖祭)는 정자설(程子說)로 가례(家禮)가 이를 택하였는데 우리나라 대표적인 예서(禮書)인 요결(要訣), 상례비요(喪禮備要), 사례편람(四禮便覽) 등 서에서는 택하지 않았으며 다만 집람(輯覽)에서 택하여 설명되어 있습니다.

요즘 선조제(先祖祭) 지내는 가문이 있는지의 여부는 알지를 못하며 다만 학문적으로 이해되고 있지 않나 생각됩니다.

선조제(先祖祭)는 조고위(祖考位)나 조비위(祖妣位)가 여러 대라 하여도 단지 선조고신위(先祖考神位) 선조비신위(先祖妣神位)라 통칭할 뿐인 것 같습니다. 어류에 만약 영당에 패자(牌子)가 각각 있다면 그와 같이 설위하지 않고 매위 설위 하여야 한다는 것 같습니다.

구의(丘儀)에서는 매위 각설한다 하였으나 가례(家禮)의 예법과 상이하기 때문에 가례(家禮) 설을 따릅니다. 물론 구의의 참사신 사배 역시 따르지 않고 가례 재배 설(說)을 따르듯이 어느 예든 가례와 상위하면 선유 들께서도 가례설이 정론(定論)이다. 라 하고 가례를 따랐습니다.

●家禮初祖祭初獻條云云敢昭告于初祖考初祖妣今以云云○又先祖祭初獻條云云祝祠改初爲先云云

●語類問立春祭先祖則何祖曰自始祖下之第二世及己身以上第六世之祖曰何以只設二位曰此只是以意享之而已○又問祭先祖用一分如何曰只是一氣若影堂中各有牌子則不可

●輯覽祭先祖之圖先祖祭之圖先祖考位先祖妣位

●丘儀先祖祭設位條凡同居合族之人有服及親未盡者是日皆合祭分爲兩列左昭右穆相向以北爲上每考妣前設一卓

●沙溪按朱子曰某當初也祭後来覺得僭今不敢祭也此似是朱子定論丘說可疑

▶869◀◆問; 선조제에 관하여.

이전 문의한 부조묘에 대한 답변은 아주 유익하게 잘 읽었습니다. 감사합니다. 몇 가지 더 문의 드리고자 합니다.

질의 1; 先祖祭를 사당에서 지내고 先祖考神位 先祖妣神位라 신위를 썼다면 이에 해당되는 선조님은,

1. 모든 선조님을 뜻합니까?
2. 사당 가까이 있는 묘소가 있는 선조님을 뜻합니까?
3. 묘소가 있는 모든 선조님을 뜻합니까?
4. ooo 선조님부터 그 아래 선조님께 제사를 드리고자 한다면 다르게 해야 합니까?

질의 2; 불천위를 모시는 사당에서 선조제를 지내려고 하는데 무슨 방법이 없습니까?

◆答; 선조제.

질의 1-1.2.3.4. 答; 선조제(先祖祭)는 [시조하제이세급기신이상제육세지조(始祖下第二世及己身以上第六世之祖)]내의 모든 조상(祖上)입니다.

질의 2. 答; 선조제(先祖祭)는 불천위(不遷位) 사당(祠堂)이 아니라 [당중지서조비신위우당중지동(堂中之西祖妣神位于堂中之東)]으로 설위(設位)합니다.

●疑禮問解問先祖之祭分設考妣兩位者何意耶答先祖之祭不止一位故分設考妣兩位以兼享之

●語類問立春祭先祖則何祖曰自始祖下第二世及己身以上第六世之祖○又問祭先祖何以只設二位(考妣二位)曰只是以意享之而已○又問用一分(考妣各一分)曰只是一氣若影堂中各有牌則不可

●家禮先祖祭設位條祖考神位于堂中之西祖妣神位于堂中之東

●家禮先祖祭祝文曰維年歲月朔日子孝孫姓名敢昭告于先祖考先祖妣今以立春生物之始追惟報本禮不敢忘謹以潔牲柔毛粢盛醴齊祇薦歲事尚饗

▶870◀◆問; 선조제에 대하여.

초암 선생님 선조제 지내는 법과 축식에서 제주의 속칭인 자효손(子孝孫) 중 子는 무슨 뜻인지요.

◆答; 선조제.

이하는 선조제(先祖祭)의 예법입니다. 그 곳의 子는 자손 또는 후손이란 의미입니다.

繼始祖高祖之宗得祭繼始祖之宗則自初祖以(一作而)下繼高祖之宗則自先祖而下

시조(始祖)를 이어가는 종가와 고조(高祖)를 이어가는 종가의 제사로 시조를 이어가는 종가면 자신의 초조 이하의 조상이며 고조를 이어가는 종가면 자신의 제일 위조상 이하이다.

立春祭先祖

○前三日齊戒○前一日設位陳器○具饌○厥明夙興設蔬果酒饌○質明盛服就位降神參神

◆焚香告辭式

孝孫某今以立春有事于 先祖考 先祖妣敢請 尊靈降居神位恭伸奠獻

○進饌○初獻

◆先祖祭祝文式

維 歲次干支幾月干支朔幾日干支子孝孫姓名敢昭告于 先祖考 先祖妣今以立春生物之始
追惟報本禮不敢忘謹以潔牲柔毛粢盛醴齊祗薦歲事尙 饗

○亞獻終獻○侑食闔門啓門受胙辭神徹餕

▶871◀◆問; 先參後降에 대하여?

강신례와 관련하여 문의를 드립니다. 조상제사 봉사 시에 사당이 없어서 신주를 봉
안하지 않는 경우에는 일반적으로 강신례를 먼저하고 다음에 참신례를 행하는 것으
로 알고 있습니다. 그런데 사당에 신주를 모시고 있는 경우에는 참신례를 먼저하고
다음에 강신례를 행한다고 합니다. 이것은 신주에 조상신이 깃들어 있는 것으로 간
주하여 참신례를 먼저 행하는 것으로 생각됩니다. 하지만 참신례를 행한 다음에 강
신례를 행하는 것은 어떻게 설명될 수 있는 것인지요? 혹시라도 이러한 경우에 강
신례를 행하는 또 다른 이유라도 있는 것인지요?

◆答; 선참후강(先參後降).

사당제시(祠堂祭時)는 선강후참(先降後參)이나 정침제(正寢祭)일 때는 이미 출주
시 분향(焚香) 후 정침(正寢; 祭所)으로 이동하였기 때문에 선참후강(先參後降)이 되
며 재강하는 까닭은 출주 시 분향뿐이어서 뢰주(酹酒)의 예를 행하며 완전(完全)
한 혼신을 모시기 위한 예로 분향뢰주(焚香酹酒)케 되는 것입니다.

신주(神主) 역시 사당에 계실 때는 紙牓과 같이 선강후참(先降後參)이 되고 정침(正
寢)으로 모실 때는 사당에서 분향을 하고 오셨기 때문에 먼저 인사를 드리는 것입
니다. 이러한 예를 일러 선참후강(先參侯降)이라 합니다. 묘제 역시 선참후강(先參
後降)인데 까닭은 묘에는 체백(體魄)이 계시기 때문에 그렇습니다.

●家禮四時祭質明奉主就位條主人升自阼階搢笏焚香出笏告曰(云云)
●退溪曰祭則降神後薦獻等禮所以先祭而後降
●陶庵曰朔參則無遷動之節故先降後參時祭之先參後降其義可推而知也
●尤庵曰若時祭行于祠堂則無奉主就位節次只就祠堂各位前陳器設饌先降神而後參神
●書儀古之祭者不知神之所在故灌用鬱鬯臭陰達于淵泉蕭合黍稷臭陽達于牆屋所以廣求
其神也今此禮旣難行於士民之家故但焚香酹酒以代之

▶872◀◆問; 수조(受胙)란 용어(用語) 문의.

초암 선생님 답변 말씀 중에 나오는 "수조(受胙)"가 무슨 뜻인지 설명 부탁 드립니
다.

◆答; 수조(受胙)란 용어(用語).

수조(受胙)란 제사를 지내고 복으로 받는 제육(祭肉) 또는 주육(酒肉)이란 뜻으로,
제목(祭目)에서 수조를 통상 풀기는 대개 음복으로 풀어 놓습니다.

●舊唐書音樂志一皇帝祭享酌酒讀祝文及飲福受胙奏壽和
●左傳僖公四年太子祭于曲沃歸胙于公杜預注祭之酒肉

●史記周本紀顯王九年致文武胙於秦孝公襄駰集解胙膰肉也

▶873◀◆問; 숙제(熟祭)와 생제(生祭)에 관한 질문.
안녕하십니까? 숙제(熟祭)와 생제(牲祭)는 우리나라의 전통(傳統)인지 아니면 중국
에서의 제례(祭禮)를 우리가 도입(導入)한 것인지 궁금합니다. 항상 수고 하심에 깊
은 감사의 말씀 드립니다.

◆答; 숙제와 생제.
유학의 발상지는 중국으로, 우리나라에서는 그 법도를 받아 들였으니, 아래와 같이
살펴보건대 숙제(熟祭)나 생제(生祭) 역시 모두 중국에서 도입된 예입니다.

●郊特牲有虞氏之祭也尚用氣血腥爓祭用氣也註尚用氣以用氣爲尚也初以血詔神於室次
薦腥肉於堂爓次腥亦薦於堂皆未熟故云用氣細註嚴陵方氏曰血腥爓三者皆氣而已〇血祭
盛氣也祭肺肝心貴氣也祭黍稷加肺祭齊加明水報陰也取膟脊燔燎升首報陽也〇鼎俎奇而
籩豆偶陰陽之義也籩豆之實水土之品也不敢用褻味
●周禮宗伯禮官之職大宗伯血祭祭社稷五祀五嶽山林川澤註陰祀自血起貴氣臭也
●開元禮皇帝仲春仲秋上戊祭大社編進熟條(云云)祝史各進徹毛血之豆降自西陛(云云)
●特牲饋食禮註祭祀自熟始曰饋食饋食者食道也疏食道者生人飮食之道士大夫祭禮自熟
始也天子諸侯饋熟已前仍有灌鬯朝踐饋獻之事
●家禮四時祭省牲滌器具饌條潔釜鼎具祭饌〇初獻條執事者炙肝于爐以楪盛之

▶874◀◆問; 승중(承重).
조부는 생존하여 계시고 부친은 먼저 작고하셨습니다 숙부는 계시는데 만약 조부가
작고하시게 되면 누가 상주가 되는지요.

◆答; 승중(承重).
적장자손(嫡長子孫)이 무처(無妻) 무자(無子)로 부(父)나 조부(祖父) 앞에 먼저 죽게
되면 차자손(次子孫)이 승계(承繼) 사당(祠堂)을 받들게 됩니다.

승중이란 조부모 앞에 적자(嫡子)가 먼저 죽은 뒤 조부모가 뒤에 작고하게 되면 그
의 손자(孫子)들이 아버지를 대신하여 입는 복(服)으로, 아버지가 생존하였으면 1년
복(服)을 입으나 승중(承重) 복(服)은 조부모(祖父母) 모두 3년 복을 입게 됩니다.
따라서 승중(承重) 복(服)을 입은 손자들은 승중 손이라 하고 증조의 승중복(承重
服)은 입은 증손(曾孫)들은 승중(承重) 증손(曾孫)이라 합니다.

●問父母偕喪中喪妻無子身又歿第二弟先歿無子有婦第三弟未長成主祀以誰爲之遂菴曰
兄亡弟及禮也次子婦雖存非如嫡婦之第三子當承重
●龜川曰長子雖死若有長婦則竢後立祠夫婦俱沒則次子承重
●沙溪曰長子無后而死次子承重則長子雖嘗承重當班祔無疑
●尤庵曰凡喪父在父爲主故子孫神主皆以祖父爲主
●家禮祠堂旁親之無後者以其班祔條子姪祔於父皆西向
●集說按禮記孫死而祖在則祔於高祖龕
●辭源[承重]本身及父俱係嫡長而父先死於祖父母喪亡時稱承重孫如祖父及父均先死於
曾祖父母喪亡時稱承重曾孫凡承重者皆服喪三年

▶875◀◆問; 승중 상 관련 문의.
작은아버지의 자녀가 없어 작은아버지 대신 상주가 되는 경우도 승중 상에 해당
되나요?

◆答; 승중 상 관련.

승중(承重)이란 적손(嫡孫)이 먼저 부친 작고 후 조부모가 생존하다 상을 당하였을 때 부친 대신 입는 복을 승중복(承重服)이라 합니다. 따라서 강O님의 말씀과 같은 복은 승중 복이라 하지 않고 섭주라 합니다. 고로 숙부(叔父)가 무 자손으로 작고 하였을 때는 그 집 종자가 섭주(攝主)가 됩니다. 까닭에 강O님의 부친이 적장(嫡長)이시면 부친이 섭주(攝主; 상주)가 되고 이미 작고하셨으면 부친의 적자(嫡子)가 상주(섭주)가 됩니다.

●儀禮喪服嫡孫賈疏此謂適子死其適孫承重者祖爲之期
●辭源手部四畫承重本身及父俱係嫡長而父先死於祖父母喪亡時稱承重孫如祖父及父均先死於曾祖父母喪亡時稱承重曾孫凡承重者皆服喪三年
●小記男主必使同姓婦主必使異姓疏若攝男主必使喪家同姓之男若攝婦主必使喪家異姓之女異姓同宗之婦
●奔喪親同長者主之註父母歿如昆弟之喪宗子主之

▶876◀◆問; 승중상(承重喪)에 대하여.

승중 상에 대해 궁금한 점이 있어 문의 드립니다. 승중 상이란? [아버지를 여읜 맏아들이 할아버지나 할머니가 돌아가셔서 치르게 된 초상]이라고 국어사전에 나와있습니다.

궁금한 점은 할아버지는 슬하에 장남과 차남을 두셨는데, 장남과 차남이 모두 사망했을 경우 장남의 맏아들은 승중 상이 당연합니다. 그럼 차남의 맏아들은 승중 상에 해당되는지요?

◆答; 승중상(承重喪)이란.

승중(承重) 상(喪)이란 적자(嫡子)가 먼저 사망한 뒤에 조부모(祖父母)가 작고하게 되면 적손(嫡孫)이 부모를 대신하여 입는 복을 승중 복이라 하고 조부는 참쇠삼년복(斬衰三年服)을 입고 조모는 자최삼년복(齊衰三年服)을 입음.

●儀禮喪服嫡孫賈疏此謂適子死其適孫承重者祖爲之期
●性理大全立喪主凡主人謂長子無則長孫承重以奉饋奠
●朱子曰祖在父亡祖母死亦承重

▶877◀◆問; 승중상에 축문식을 가르쳐 주세요.

늘 수고 많으십니다. 홍길동씨의 조모상 (조부는 더 먼저 돌아가셨고요)을 당했습니다 부친도 돌아가시고 장손이니까 승중 손이지요 그런데 홍길동씨의 모친은 살아계신답니다. 이럴 경우 초우 재우 삼우제 축문에 홍길동씨를 어떻게 표현해야 되는지요 (1)고애손 (2)애손 (3)고손 좀 알려주세요.

◆答; 승중손의 축식.

부친이 먼저 죽고 조모는 생존하여 계시고 조부가 후에 작고하였으면; 고손(孤孫). 조모가 또 작고하였으면; 고애손(孤哀孫).

●開元禮：父祖則孤子孤孫母及祖母哀子哀孫
●備要：孤子哀子俱亡稱孤哀子承重稱孤孫哀孫孤哀孫

▶878◀◆問; 承重에 대하여?

안녕하십니까. 다름이 아니라. 궁금한 것이 있어서 이렇게 글 올립니다. 올해 31 살이고. 미혼입니다. 아버지는 일찍이 돌아가시고 조부님은 살아계십니다. 아버지가 큰아들이니까 제가 큰 손자 됩니다.

궁금한게. 할아버지가 돌아가시면 집안에 제사는 누가 모셔야 합니까? 삼촌 분들은 아직 제가 미성년자란 식으로 <웃기죠?> 결혼하지 않으면 정말 미성년자입니까? 아무튼 제 나이가 31 살인데 미혼이란 이유로 장가갈 때까지 본인들 댁에서 제사를 치러야 된다고 하시고 후에 장가를 갈 경우 제사를 물려 주겠단 말씀을 하십니다.

예법에 미뤄볼 때. 장가가지 않은 장손은 나이를 떠나 제사를 모실 수 없는 것인지 그것도 집안마다 다른 것인지 참으로 궁금합니다. 또 한가지 혹 작은 숙부님 댁에서 제사를 지낼 경우 명절제사 때 저희 아버님도 같이 작은 숙부님 댁에서 모실 수 있는지 그것 또한 궁금합니다. 수고 하십시오.

◆答; 승중(承重).
승중(承重); 장손(長孫)이 부선망(父先亡) 후(後) 조부모(祖父母) 상(喪)을 당하여 부친(父親) 대신(代身) 상(喪)의 주인(主人)이 되어 복상(服喪)할 경우(境遇)는 승중손(承重孫). 부(父)와 조부선망(祖父先亡) 후(後) 증조부모(曾祖父母)는 승중증손(承重曾孫). 고조(高祖)의 경우(境遇)는 승중현손(承重玄孫)이라 합니다.

따라서 조부께서 작고하시게 되면 적자(適子) 선망(先亡)이니 예법상 적손(適孫)이 승중(承重) 주인이 되어 상(喪)을 치르고 제사를 지냅니다. 그 후 조부모(祖父母)와 아울러 부모(父母)의 제사를 주관하고 주인이 되어 초헌을 하게 됩니다.

●家禮初終立喪主條凡主人謂長子無則長孫承重奉饋奠
●朱子曰祖在父亡祖母死亦承重
●牛溪曰初喪立喪主所以重宗統也家廟阼階惟主人當之雖諸父位於前而皆不敢當阼階然則長孫承重主喪雖諸父在後
●儀禮喪服篇此謂適子死其適孫承重

▶879◀◆問; '예제'(醴齊)란?
향교 석전 홀기 중 "예제"란 구체적으로 설명해 주었으면 합니다.

◆答; 예제(醴齊).
醴齊= 첨주(甛酒) 감주(甘酒) 단술.

●周禮天官酒正;辨五齊之名一曰泛齊二曰醴齊三曰盎齊四曰緹齊五曰沈齊鄭玄注醴猶體也成而汁滓相將如今恬酒卽甛酒

▶880◀◆問; 왜 육서어동(肉西魚東)으로 진설 하는지요.
제사상 진설에서 둘째 줄에 고기가 서쪽에 생선이 동쪽으로 진설 됩니다. 왜 그렇게 놓습니까.

◆答; 육서어동(肉西魚東).
진설 제2행의 면육적어병(麵肉炙魚餅) 행중(行中) 육어(肉魚)를 놓는 법도는 지산(地産)의 면병(麵餅)을 좌우로 배치하고 그 안에 천산(天産)의 육적어(肉炙魚)가 진설 되는데 적(炙)을 중간에 놓고 그 동서로 육(肉)은 육지산(陸地産: 西北産)인 까닭에 서쪽에 진설 되고 어(魚)는 해산물(海産物; 東南海産)인 까닭에 동쪽에 진설 됩니다. (東西는 중국의 방위임)
●漢書東方朔傳生肉爲膾乾肉爲脯

●尤庵曰脯則西北陸故設脯於右東南海故設魚於左
●少牢禮註疏米麵之居魚肉之外纂義曰內天産是也
●周禮春官大宗伯以天産作陰德以中禮防之以地産作陽德以和藥防之鄭玄注玄謂天産者動物謂六牲之屬地産者植物謂九穀之屬

▶881◀◆問; 왜 재배를 하는가요?

제사를 지낼 때 재배를 하는데, 그 재배에 특별한 뜻이 있는지요? 제사를 지낼 때마다 왜라는 의문이 있었거든요. 까닭 좀 알려주세요.

◆答; 재배하는 까닭.

제사(祭祀)를 지내며 왜 재배를 하게 되었는지에 대하여 아래와 같이 살펴보건대 사원(辭源)에서 정의한 공경적 예절(恭敬的禮節)이상의 의미를 살필 수가 없습니다.

예기(禮記) 옥조(玉藻)의 재배(再拜) 예법이 정씨 제례(程氏祭禮)를 비롯 서의(書儀), 가례(家禮), 개원례(開元禮), 대명집례(大明集禮) 등 여러 제례의(祭禮儀)에서 채택된 것으로 이해됩니다.

●辭源[再拜]一拜又一拜表示恭敬的禮節
●玉藻士親皆再拜稽首送之(鄭玄注)敬也
●論語鄕黨問人於他邦再拜而送之註拜送使者如親見之敬也
●史記孟嘗君傳坐者皆起再拜
●李長盛過史公墓詩途過丞相墓再拜想儀型
●二程全書四時祭初獻條免伏興再拜
●溫公書儀祭參神條位定俱再拜
●家禮四時祭參神條立定再拜
●開元禮皇帝仲春中秋上戊祭大社奠玉帛參神條條在位者皆再拜
●大明集禮太廟時享儀參神條皇太子以下皆鞠躬拜興拜興平身

▶882◀◆問; 유세차에 대하여.

축문 머리에 유세차에 대서입니다 제가 어느 글 에선가 어느 분 예기에선가 기억은 확실 나지 않는데요' 원래 축문에 유세차가 없었는데. 일제 때 우리나라 연호를 못 쓰게 해서 못쓸 때. 그렇다고 조상제사에 일본연호를 쓸 수 없어서. 적당히 쓰느라고 유세차(維歲次)라고 썼다고 하던데요?

◆答; 유세차.

세차(歲次) 앞의 연호(年號)는 당시 제왕(帝王)의 집권 기간을 기록하는 곳이지 기원(紀元)을 기록하는 곳이 아님.

연호(年號)가 없는 이 시대에서는 유세차(維歲次) 간지(干支)로도 그 해를 표시하는 데 부족함이 없습니다. 단기는 과거에는 우리의 국기(國紀)로 사용되었으나 지금은 어느 교파에서 사용하고 있으며 국가에서는 서기를 사용하고 있으니 혹 서기를 써야 옳다 할 수 있으나 서기(西紀) 역시 그리스도 연기(年紀)이니 사용할 수 없음은 자명합니다.

○紀元; 歷史上紀年的起算年代
○年號; 封建帝王爲紀在位之年而立的名號

●辭源[紀元]; 歷史上紀年的起算年代○又[年號];封建帝王爲紀在位之年而立的名號在漢武帝以前紀年用甲子帝王均無年號自武帝卽位稱建元元年始有年號

●漢書武帝紀; 建元元年(唐顔師古注)自古帝王未有年號始起于此
●弘齋全書祭文; 維歲次辛卯六月亡弟禛之柩還自耽羅謫中將以某月干支葬于(云云)

▶883◀◆問; 유세차의 표기 위치.
축문에서 유세차라는 말이 나타난 것은 인조가 청에 항복한 이후라고 합니다. 그전에는 어떻게 썼습니까?

"유 만력 5년 3월 기묘삭" 이런 식으로 썼을까요 그리고 단군기원을 사용함에 있어 유세차의 표기 방법이 글 뜻으로 보아"유세차 단기4333년계사 9월 갑자삭"으로 써야 하는 것이 옳을 듯한데 "유단기4333년 세차계사 9월 갑자삭" 의 형식으로 쓰는 것이 대부부분일 뿐 아니라 성균관에서도 아래 형식을 택하고 있는 듯하니 그 이유를 알고 싶습니다.

◆答; 유세차의 표기.
세차(歲次)가 인조(仁祖) 이후에 사용되었다 라는 속설(俗說)은 아래를 살펴보면 허설(虛說)임이 이해되시리라 믿습니다.

다만 축문식에서 해당일을 고하는 식의 법도는 "유(維) 연호(年號) 세차간지(歲次干支) 모월간지삭(某月干支朔) 모일간지(某日干支)"인데 연호(年號)에는 고일(告日) 당일에 제왕의 재위 년 수를 먼저 기록하고, 다음으로 육갑(六甲)의 세차(歲次)를 기록하게 되는데 지금은 연호가 없어졌으니 연호는 기록하지 않고 세차만 써도 그 해의 표시에 문제될 것이 없는데. 혹 단기(檀紀)를 쓰기도 하나 단기는 유가의 연호가 아닐뿐더러 특정단체에 국한하여 쓰여지고 있을 뿐 나라 전체가 사용하지 않고 있어 노년세대는 물론 젊은 세대에서 단기보다 서기의 년도에 밝으니 오히려 서기를 써야 할 듯하나 이는 기독교 기원이니 불가한 것입니다.

따라서 "維 歲次干支 幾月干支朔 幾日干支"라 써도 년도를 표시하는 데에 큰 문제가 있는 것도 아닙니다.

○歲次; 60갑자를 따라 정하여지는 해의 차례.
●尙書大傳尙書伊訓章惟元祀十有二月乙丑伊尹嗣于先王奉嗣(以下省略)○又迎日之辭維某年某月上日(以下省略)
●朱子大全祭文漳州謁先聖文維詔興元年歲次庚戌四月甲申朔二十七日庚戌具位朱熹(以下省略)
●擊蒙要訣四時祭祝文式維某年歲次某甲某月某朔某日某甲孝曾孫某(以下省略)

(신주치레: [명사] 높은 벼슬 이름이 쓰인 신주를 특별히 모심) '목(穆)'자는 사당치레(祠堂)라는 뜻도 있다고 합니다. (사당치레: [명사] 1. 사당을 보기 좋게 꾸미는 일).

제가 반복해 질문을 드리는 건, '감소고우'를 '감히 밝게 고합니다' 라고 하는 설명(해석)이 매끄럽지 못하고 어색하다는 생각이 끊이지 않았습니다.

자꾸 생각하다 보니 어렸을 때 제사를 지내려면 신주를 모셔다 놓고 지내던 모습이 떠올랐습니다. 이에 있는 사실(신주를 모시고 고하는 일)을 있는 대로 번역(설명)해보니 보다 사실적인 상황이 부드럽게 설명된다고 생각되기 때문입니다. 제 짧은 생각을 길게 설명 드렸습니다.

◆答; '감소고우'
강희자전(康熙字典) 소(昭)의 의미에 신주(神主)치례라는 뜻이 포함(包含)되어 있지 않습니다. 옥편(玉篇)에 신주(神主)치레 라는 의미가 있다면 그에 대한 전거(典據)가 붙어 있을 것입니다. 확인(確認)하시기 바랍니다.

소고(昭告; 明白地告知)를 명백(明白)하게 알리다. 분명하게 알리다. 정도로 번역(飜譯)이 되는데, 축식에서 소고(昭告)는 밝혀 아뢰다. 라 번역하는 것은 집람(輯覽)에서 "소명야(昭明也)" 라 하여 그를 따라 번역가들이 이 대목에서는 거의 밝다(밝혀). 라 번역하고 있습니다. 따라서 밝혀로 번역하여도 명백(明白)과 의미가 상통합니다.

●左傳成公十三年夏四月昭告昊天上帝秦三公楚三王
●書經集傳湯誥;小子將天命明威不敢赦敢用玄牡敢昭告于上天神后
●因話錄卷一郭子儀謹遣上都進奏院官傳壽敢昭告於貞懿皇后行宮
●輯覽祠堂有事則告註祝版;敢昭告(士虞禮註)[敢]昧冒之辭[昭](韻會)明也

▶884◀◆問; 강신 삼제우모상(三祭于茅上)에 대하여.

일반적으로 분향(焚香) 다음 강신(降神) 잔은 신위 두분 병설(倂設) 시(時)도 한잔만 따라서 삼제우지(三祭于地) 하는데 어느 집안에서는 신위(神位) 수가(考 한 분 妣 두분) 세분이면 3 잔의 강신 잔을 따라서 모사에 지우는 것을 보았는데 신위가 세분이라도 강신 잔은 한번만 하는 것이 맞지 않는지요.

◆答; 강신은 1 회임.

합제(合祭)에서 여러 위(位)라 하여도 강신(降神)은 1 회뿐입니다.

●家禮四時祭陳器條本註設酒架於東階上別置卓子於其東設酒注一酹酒盞一盤一(云云)於其上
●便覽四時祭降神條本註云云主人左手執盤右手執盞灌(朱子曰盡傾)于茅上以盞盤授執事者(陶庵註執事者反注及盞盤於故處先降復位)俛伏興再拜降復位

▶885◀◆問; 강신례 때 사용하는 잔은?

강신례에 헷갈리는 부분이 있어 여쭙니다. 강신례 때 어떤 잔을 사용하는지가 헷갈립니다.
1. 제상에 놓여있는 잔들을 사용한다.   즉, 할아버지 잔, 할머니 잔 모두로 땅(모사기)에 술을 따른다. 이렇게 하면 술을 따르는 회수가 2 번 되는데 이게 맞는지?
2. 강신례 용 잔을 별도로 준비해 놓았다 그 잔으로 사용한다. 이런 경우라면 신위를 여럿 모셨을지라도 땅에 술을 따르는 걸 한번만 하면 되는 건지?
이게 궁금합니다. 감사합니다. 잘 배우겠습니다.

◆答; 강신례 때 사용하는 잔은.

향안 상(香案牀) 동쪽으로 탁자를 놓고 그 위에 강신 잔반을 두었다 강신예 때 질문 2 번과 같이 여러 위라 하여도 1 회로 마칩니다.

●性理大全四時祭前一日設位陳器條香案於堂中置香爐香合於其上束茅聚沙於香案前別置卓子於其東設酒注一酹酒盞一盤一受胙盤一匕一巾一茶合茶筅茶盞托鹽楪醋瓶於其上〇同降神條進盤盞主人受之執注者亦跪斟酒于盞主人左手執盤右手執盞灌于茅上以盤盞授執事者出笏俛伏興再拜降復位

▶886◀◆問; 강신례에서 조상신은 누구를?

기제사시 강신례란 하늘과 땅에 계실지 모르는 조상신의 혼백을 청함이라 하는데 여기에서 조상신은 기제당일에 해당되시는 조상님 한 분만을 말함이신지 (합설인 경우 두분) 아니면, 다른 조상님 모두를 포함인지, 아니면 천신이나 지신을 말함인지 저로서는 궁금합니다, 고견을 바랍니다.

◆答; 강신례에서 조상신은 누구.

예를 들어 기제(忌祭)를 지낼 때 강신(분향 뇌주)하는 이유는 교특생(郊特牲)의 말씀과 같이 그 조상의 혼기는 하늘로 올라가고 체백(體魄)은 땅으로 돌아간 까닭에 음(地)과 양(天)에서 모시는데 서의(書儀)의 가르침과 같이 울창(鬱鬯)의 향기(香氣)를 땅에 부어 그 기(氣)가 연천(淵泉)에 도달케 하고, 분향하여 그 향연(香煙)이 혼기(魂氣)가 장옥지간(공중)으로 퍼지게 하여 널리 그 신을 모시는 예로서 제사(祭祀)의 대상이 되는 조상(祖上)입니다.

단설(單設)이면 한 분이 되고 병설(竝設)이면 고비(考妣) 두 분뿐으로 그 외 다른 조상(祖上)이나 천지신(天地神)은 해당되지 않습니다.

●郊特牲魂氣歸于天形魄歸于地故祭求諸陰陽之義也
●書儀古之祭者不知神之所在故灌用鬱鬯臭陰達于淵泉蕭合黍稷臭陽達于牆屋(郊特牲註牆屋之間)所以廣求其神也今此禮既難行於士民之家故但焚香酹酒以代之

▶887◀◆問; 강신(降神) 잔반은 어느 것으로 하고 어디에 두나.

강신(降神) 때 잔반(盞盤)은 위전의 잔반으로 하는지 아니면 강신용 잔반이 따로 있는지요.

◆答; 강신(降神) 잔반.

강신(降神) 때 뇌주(酹酒) 잔반(盞盤)은 위전(位前)의 잔으로 하는 것이 아니라, 진기(陳器) 때 향안(香案) 동쪽으로 탁자를 놓고 그 위에 주전자와 뇌주(酹酒) 잔반 하나를 놓아 두었던 그 잔반으로 행하게 되고, 뇌주 후 빈잔은 그 자리에 다시 놓아 둡니다.

●性理大全時祭陳器條設香案於堂中別置卓子於其東設酒注一酹酒盞一盤一受胙盤一匕一巾一(云云)〇又降神條執事者一人開酒取巾拭瓶口實酒于注一人取卓子上盤盞(云云)灌于茅上以盤盞授執事者(便覽執事者反盞盤於卓子上復位)

▶888◀◆問; 강신할 때 사용하는 잔은?

저희 집의 경우 제상에 신위 별로 잔반을 올려놨다 강신 차례가 되면 그 잔을 내려 강신을 하고 있습니다. 따라서 고비 합설이니 모사기에 술을 기울이는 뇌주(강신)도 차례로 두 번(잔)합니다. 그런데 책을 보다 분명하게 이해되지 않는 게 있어서 여쭙니다.

'강신(降神)'을 할 때 사용하는 잔반은 고비(考妣) 위에 헌작(獻酌)할 때 사용하는 잔과 같은 것인지, 아니면 별도의 잔을 사용하는 것인지가 궁금합니다. 만약 별도의 잔반을 사용하는 것이라고 하면 고비 합설일 경우 뇌주(酹酒)는 한 잔(한 번) 인지 아니면 두 잔인지도 궁금합니다. 어떤 질문도 거르지 않고 해주시는 답에 감사 드립니다.

◆答; 강신용 잔반.

제사(祭祀) 예법은 가례(家禮) 사시제(四時祭) 예법이 근본이 됩니다. 사시제(四時祭)는 정침(正寢)에 고비(考妣)로부터 고조고비(高祖考妣)까지 사대(四代) 팔위(八位)를 설위하고 시절(時節)마다 지내는 제사(祭祀)로서 그 때 강신(降神)은 한번을 하게 되는데 강신(降神) 잔반(盞盤)은 위전(位前)의 잔을 내려 하는 것이 아니라 강신 잔반을 별도(別途)로 다른 탁자(卓子) 위에 두고 그로 하게 됩니다.

●家禮四時祭陳器條本註設酒架於東階上別置卓子於其東設酒注一酹酒盞一盤一(云云)於其上

●便覽四時祭降神條本註云云主人左手執盤右手執盞灌(朱子曰盡傾)于茅上以盞盤授執事者(陶庵註執事者反注及盞盤於故處先降復位)俛伏興再拜降復位

▶889◀◆問; 강신축과 수조축.

수고가 많으십니다. 사당에서 제사를 모실 때,

[문 1] 강신축(降神祝)을 알고 싶습니다. (다른 성씨가 할 경우와 같은 성씨가 할 경우 2 가지)

[문 2] 수조축(음복축)을 알고 싶습니다. (다른 성씨가 할 경우와 같은 성씨가 할 경우 2 가지)

[문 3] 초헌 등을 할 때, 헌관이 서서 잔을 받드는지, 앉아서 받드는지 궁금합니다. 집사자도 같이 서서 하는지, 앉아서 하는지요?

[문 4] 상석(床石) 앞면에 "처사(處士)○○ ○공지묘(公之墓)"라고 쓰여진 것을 많이 보았습니다. 그런데 처사(處士) 자리에 호(號)를 써도 되는지요? 대단히 죄송합니다.

◆答; 강신축과 수조축.

[문 1]. [답]; 강신 축은 초조제(初祖祭)와 선조제(先祖祭)에서 채택되었을 뿐 어느 제(祭; 四時祭, 節祀, 忌祭, 墓祭, 喪祭 등)에서도 채택되지 않았으며, 특히 강신(降神)은 주인의 예로 특수한 경우 섭행(攝行)이 아니고는 타인이 행할 수 없습니다.

시조 강신축; 孝孫某今以冬至有事于始祖考始祖妣敢請尊靈降居神位恭伸奠獻

[문 2]. [답]; 수조(受胙)는 기제(忌祭) 묘제(墓祭) 상제(喪祭) 절사(節祀) 등에는 없는 예로 사시제(四時祭)를 비롯 시(始), 선(先), 니제(禰祭)에서 계문(啓門) 다음에 행하며 주인이 이르게 됩니다.

嘏辭式; 祖考命工祝承致多福于汝孝孫來汝孝孫使汝受祿于天宜稼于田眉壽永年勿替引之

[문 3]. [답]; 가례(家禮)의 초헌례(初獻禮) 때 주인과 집사(執事)들은 모두 서서 잔을 올리나 본인은 의절(儀節) 초헌(初獻) 예법을 딸아(본인 찬집 家禮抄解 祝辭大全 同) 주인 집사 모두 무릎을 꿇고 짐주(斟酒) 헌주(獻酒) 제주(祭酒) 헌주(獻酒)의 예를 행하고 있습니다.

[문 4]. [답]; 상석(床石) 전면(前面)의 각서(刻書)는 표석식(表石式)을 따라 각서(刻書)합니다. 따라서 그 식(式)은 "모관모공지묘(某官某公之墓)" 처사(處士)란 벼슬할 능력(能力)은 있으면서 벼슬자리로 나아가지 않고 집에 있는 선비라는 의미로 무관자(無官者)라 함의 칭호(稱號)인데 모관(某官)의 자리에 호(號)를 쓸 수는 없는 것입니다.

●家禮祭禮初祖降神參神條主人盥升奉脂盤詣堂中爐前跪告曰孝孫某今以冬至有事于始祖考始祖妣敢請尊靈降居神位恭伸奠獻

●家禮四時祭受胙條主人曰祖考命工祝承致多福于汝孝孫來汝孝孫使汝受祿于天宜稼于田眉壽永年勿替引之

●家禮四時祭初獻條主人奉高祖考盤盞位前東向立執事者西向斟酒于盞○忌祭初獻條如祭禰之儀

●家禮儀節時祭初獻條主人升執事者注酒于盞每位各一人捧盞從之○禰祭初獻條詣考妣
神位前跪祭酒奠酒祭酒奠酒俯伏興平身○忌祭儀節並如祭禰

▶890◀◆問; 계반개(啓飯蓋)는 언제?

시중에 나도는 예법에 관한 책을 살펴보면 어떤 책에서는 계반개를 초헌 때 하고
어떤 책에서는 유식 때 계반개와 삽시정저를 같이 한다 합니다. 언제 하는 것이 맞
는 예법인지요. 가르침 주시기 바랍니다. 추위가 대단합니다. 건강 조심하십시오.

◆答; 계반개(啓飯蓋).

아래와 같이 살펴 보건대 초헌(初獻) 때 축관(祝官)이 헌주(獻酒) 후 계반개(啓飯蓋)
를 합니다.

●少牢饋食禮迎尸之前先爲陰厭; 祝酌奠遂命佐食啓會佐食啓會盖二以重設于敦南
●特牲饋食禮主人主婦及祝佐食陳設陰厭; 祝洗酌奠奠于鉶南遂命佐食啓會佐食啓會郤
于敦南出立于西南面
●士喪禮上朔月奠薦新; 敦啓會郤諸其南(註)會蓋也

▶891◀◆問; 啓飯蓋는 언제 해야 하는지요?

기제(忌祭)의 절목(節目) 중 계반개(啓飯蓋)는 언제 해야 하는지요? 언급이 없으니
유식(侑食)에 하는 것으로 이해해도 되는지요? [저는 초헌(初獻) 후 독축(讀祝) 전에
하는 것으로 알고 있습니다].

◆答; 계반개(啓飯蓋)는 초헌에서 합니다.

초헌을 후 계반개(啓飯盖) 독축을 하게 됩니다.

●備要按四時祭初獻條乃啓飯盖置其南各位同祝取版立於主人之左跪讀

▶892◀◆問; 계반삽시는 언제?

안녕하십니까. 제사의 기본순서에 대해 문의 드립니다. 계반삽시를 초헌에 하는지
종헌 후에 하는지 궁금합니다. 의견들이 분분해서 문의합니다. 가문에 따라 다르다
고 합니다만 정확히 알고 싶습니다.

◆答; 계반삽시는 언제.

○계반개(啓飯盖)는 초헌(初獻) 때 행하고,
○삽시(扱匙)는 유식(侑食)때 행하게 됩니다.

●朱子家禮初獻; (云云)兄弟之長一人奉之奠于高祖考妣前匙筯之南祝取版(云云)○侑食;
主婦升扱匙飯中西柄正筯
●喪禮備要初獻; (云云)兄弟之長一人奉之奠于高祖考妣前匙筯之南(乃啓飯盖置其南各
位同)祝取版(云云)
●家禮治葬刻誌石條蓋刻云某官某公之墓○立小石碑條立小碑刻其面如誌之蓋
●漢書異姓諸侯王表一秦旣稱帝患周之敗以爲起於處士橫議注處士謂不官於朝而居家者
也

▶893◀◆問; 개고기를 제사에 쓴다는 예서가 있는지?

안녕하세요? 제사음식과 관련된 내용입니다. 제사음식 중에서 개고기를 우리는 대
체로 제상에 올리지 않는 것으로 알고 있습니다. 그런데 혹시라도 이와는 달리 제
상에 개고기를 올려도 된다는 내용이 제시된 예서가 있는지요? 말씀을 기다립니다.

◆答; 개고기를 제사에 쓴다.

問; 答; 아래와 같이 살펴보건대 예기(禮記)를 비롯하여 주례(周禮)나 국어(國語)에도 언급(言及)이 되어 있습니다. 다만 동속(東俗; 우리나라의 習俗)으로 개고기를 제사(祭祀)에 사용하고 있지 않는다는 것입니다.

●曲禮凡祭宗廟之禮犬曰羹獻
●禮運合亨(烹)體其犬豕牛羊實其簠簋籩豆鉶羹
●周禮秋官小祭祀奉犬牲註奉猶進也
●國語國君有牛享大夫有羊饋士有豚犬之奠庶人有魚炙之薦
●尤庵曰禮記周禮古人祭祀用犬不但來書所引而已然東俗則不用未知其故從古用之可也從俗不用亦可也
●逐庵曰古禮旣用犬則只當遵用習俗之難變非所可論

追言: 편람(便覽)에서 백성의 제사(祭祀)에 개고기를 올리지 않는 것에 대하여 결론(結論)하기를 예서(禮書)에 사(士)의 생(牲)은 돈견(豚犬)이며 서인(庶人)은 무생(無牲)이라 백성(百姓)의 제사(祭祀)에는 생(牲) 없이 서수(庶羞)뿐인 까닭에 축사(祝辭)에 역시 생(牲)이라 하지 않고 서수(庶羞)라 이른다는 것입니다.

●便覽四時祭具饌諸具條按大夫以羊豕士以豚犬庶人無常牲見於禮書者有卵魚豚鴈雞鵝鴨今士夫之祭無牲只庶羞而已故祝辭亦皆不稱牲而稱庶羞

▶894◀◆問; 계반개(啓飯蓋)는 언제?

시중에 나도는 예법에 관한 책을 살펴보면 어떤 책에서는 계반개(啓飯蓋)를 초헌(初獻) 때 하고 어떤 책에서는 유식 때 계반개와 삽시정저를 같이 한다 합니다. 언제 하는 것이 맞는 예법인지요. 가르침 주시기 바랍니다. 추위가 대단합니다. 건강 조심하십시오.

◆答; 계반개(啓飯蓋).

아래와 같이 살펴 보건대 초헌(初獻) 때 축관(祝官)이 헌주(獻酒) 후 계반개(啓飯蓋)를 합니다.

●少牢饋食禮迎尸之前先爲陰厭; 祝酌奠逐命佐食啓會佐食啓會盖二以重設于敦南
●特牲饋食禮主人主婦及祝佐食陳設陰厭; 祝洗酌奠奠于鉶南逐命佐食啓會佐食啓會却于敦南出立于西南面
●士喪禮上朔月奠薦新; 敦啓會却諸其南(註)會蓋也

▶895◀◆問; 啓飯蓋는 언제 하나요?

제사를 지내면서 계반개(啓飯蓋)는 언제 해야 하는가요? 예서에 분명한 지적이 없습니다. 강신(降神) 전에 또는 유식(侑食)에 하는 하거나 어느 분의 말씀은 초헌(初獻)을 마치고 독축(讀祝)하기 전에 하다고 합니다. 언제 하여야 하나요?

◆答; 계반개는 초헌 때. (890. 894. 895 참조)
●備要按四時祭初獻條乃啓飯盖置其南各位同祝取版立於主人之左跪讀
●問飯器啓盖宜在何時曰按饋食祝洗爵奠于鉶南逐命佐食啓會佐食啓會却于敢南出立于西南面主人再拜稽首祝在左卒祝主人再拜稽首祝迎尸于門外以此觀之當在初獻之後未讀祝之前

▶896◀◆問; 계반삽시와 헌다(獻茶)에 대하여

안녕하세요. 궁금한 게 또 있어 질문을 올립니다. 계반삽시와 獻茶에 숭늉을 올리고 밥을 마는 것이 예에 맞는 것인지요? 물을 올리고 밥을 말아 숭늉을 만든다고 나와 있는 곳도 있고 이것이 맞다면 숭늉을 올리게 되면 밥은 말지 않아도 되는 것인지 궁금합니다.

그리고 헌다식은 누가 행해야 하는지 궁금합니다. 한가지 더 여쭌다면, 차를 올리는 건 어떤지 궁금합니다. 날씨가 추워졌네요 항상 건강 조심 하시구요.

◆答; 계반삽시와 초반 헌다에 대하여.
답은 아래와 같습니다.

①위 890. 894. 895 참조.
②초반(抄飯)의 가부(可否); 예법에 없는 동속(東俗)으로 진수(進水) 후 삼초반(三抄飯)을 비례(非禮)입니다.
③헌다(獻茶)는 누가; 주인(主人)은 고위(考位), 주부(主婦)는 비위(妣位)로 각행(各行)합니다.
④차(茶)를 올림에 대하여; 예법에는 헌다(獻茶)로서 진수(進水)는 동속(東俗)일 뿐으로 차(茶)를 올림이 정례(正禮)입니다.

●朱子家禮四時祭啓門條主人主婦奉茶分進于考妣之前
●家禮儀節四時祭儀節啓門主人以下復位獻茶
●喪禮備要四時祭啓門條主人主婦奉茶(國俗以水)分進于考妣之前
●祭儀鈔四時祭(前略)主人主婦奉茶(或代以熟水)分進于考妣之前
●四禮便覽四時祭啓門條主人主婦(升徹羹)奉茶(代以水)分進于考妣之前
●咸興本宮儀式笏記闔門俯伏興平身執事三噫啓門進茶除匙闔蓋
●尤庵曰今人徹羹然後進熟水○又曰進茶後抄飯一節東俗也家禮則無之恐當以家禮爲正
●南溪曰抄飯三年內象生時則可時忌祭則不可

▶897◀◆問; 告利成과 受胙’와 ‘餕에 대하여?
問; 1. 어릴 때 제사 지낼 때 두 사람이 하는 것을 보았습니다만 기제사에 고리성이 없다면 어느 제사 어느 단계에 있습니까?
問; 2. 시제라면 어느 제사를 말합니까? 그럼 기제에서는 '음복(飮福)'을 철기구 한 다음에 합니까?
問; 3. '수조(受胙)’와 ‘준(餕)’은 다르다면 어떻게 다른지요.

◆答; 고리성(告利成)과 수조(受胙)’와 ‘준(餕).
問; 1) 答; 고리성(告利成)의 예는 우제(虞祭)로부터 상제(喪祭) 전부(全部)와 길사(吉事)인 사시제(四時祭)를 비롯하여 기제(忌祭)에 이르기까지이며 묘제(墓祭)는 없습니다. 사신(辭神) 전(前)의 예입니다.

問; 2-1) 答; 시제(時祭)라 이르면 사시제(四時祭)를 이름인데 우리나라에서는 음력 10 월 1 일 친진묘제(親盡墓祭; 세일제)를 시제(時祭) 또는 시향(時享), 시사(時祀) 등으로 일러지고 있지요.

問; 2-2) 答; 기제(忌祭)에서는 음복(受胙)의 예(禮)가 없습니다. 까닭은 기제(忌祭)란 상(喪)의 연속(連屬)이기 때문입니다.

問; 3) 答; 수조는 음복의 예이고, 준(餕)은 제사음식을 나눠 食飮하는 예입니다.

●家禮初虞祭啓門辭神條祝立于主人之右西向告利成○又四時祭受胙條主人執笏俯伏興立於東階上西向祝立於西階上東向告利成○又禰祭受胙辭神條並如時祭之儀○又忌祭啓

門條並如祔祭之儀
●家禮啓門條祔祭之儀但不受胙

▶898◀◆問; 고애자와 효자.

축문(祝文)에 졸곡(卒哭)이전에는 고자(孤子), 애자(哀子), 고애자(孤哀子)로 쓰는데 그러면 졸곡 이후부터 효자(孝子)로 쓰나요? 확인 부탁 드립니다.

◆答; 고애자와 효자.

아래와 같이 살펴보건대 졸곡제(卒哭祭)까지의 축식에는 고자(孤子), 애자(哀子), 고애자(孤哀子)를 쓰고, 부제(祔祭)부터 효자(孝子)로 바뀝니다.

다음과 같이 살펴보건대 혹자(或者)의 졸곡제(卒哭祭)부터 효자(孝子)라 고한다 함은 예(禮)의 기초(基礎)도 모르는 망발(妄發)로서 졸곡제(卒哭祭) 까지는 고애자(孤哀子)라 고합니다. 착오(錯誤) 없으시기 바랍니다.

아래 잡기(雜記) 본문(本文)에 대한 註(禮記集說大全)文은 이미 오류(誤謬)로 인정되어 제(除)하고 소(疏)만 인용하였는데 혹시 그 주(註)에 [잡기주제길제야졸곡이후위길제고축사칭효자혹효손자우이전위흉제고칭애(雜記註祭吉祭也卒哭以後爲吉祭故祝辭稱孝子或孝孫自虞以前爲凶祭故稱哀)]이라 명시되어 있는 것도 알고 있지 못한 것 아닌가. 라고 착각할 수 있으나, 잡기주(雜記註; 禮記集說大全)文은 이미 오류(誤謬)로 인정되어 군이 혼돈스럽게 게시할 까닭이 없어 인용치 않았음.

●雜記祭稱孝子孝孫喪稱哀子哀孫疏祭吉祭謂自卒哭以後之祭也
●勉齋黃氏曰按卒哭之祭是吉祭易喪祭則合稱孝子孝孫今尙稱哀者豈孝子不忍忘其哀至祔而神之乃稱孝歟
●書儀卒哭篇主人既初獻祝出主人之左東向跪讀祝詞改虞祭祝詞云奄及卒哭又云哀薦成事云云
●輯覽圖式(六冊)七十一板後卒哭祝式維年號幾年歲次干支幾月干支朔幾日干支孤子某敢昭告于云云
●便覽三冊九板前卒哭祝文式維年號幾年歲次干支幾月干支朔幾日干支孤子某敢昭告于云云
●性理大全八冊虞祭篇卒哭初獻條並同虞祭惟祝執版出於主人之左東向跪讀爲異詞並同虞祭但改三虞爲卒哭哀薦成事下云來日隮祔于祖考某官府君尙饗
●儀禮經傳通解續三十八冊卷第七喪禮五卒哭條二板後卒辭曰哀子某來日某齊祔爾于爾皇祖某甫尙饗○又同四板後饗辭曰哀子某圭爲而哀薦之饗(註)按卒哭之祭是以吉祭易喪祭則合稱孝子孝孫今尙稱哀者豈孝子不忍忘其哀至祔而神之乃稱孝歟
●國朝五禮儀大夫士庶人喪卒哭初獻條並同虞祭唯祝跪於主人之左東向讀祝改三虞爲卒哭
●讀禮通考卒哭篇云云註疏錯解經云云敖氏亦未嘗明言卒哭與三虞爲一事也恐當仍註疏爲正
●陳澔(禮記集說大全註解)曰吉祭卒哭之祭也喪祭虞祭也卒哭在虞之後故云以吉祭易喪祭也
●開元禮三品以上喪卒哭祭告祝條祝持版入立于靈座之南北面內外止哭祝跪讀祝文曰維年月朔日哀子某敢昭告于考某官封諡妣云妣某夫人氏日月不居奄及卒哭追慕永往攀號無逮謹以潔牲柔毛剛鬣明粢薌合薌萁嘉蔬嘉薦醴齊哀薦成事于考某官封諡尙饗
●近齋曰雜記卒哭稱孝子恐是註說之誤當以儀禮家禮爲正
●明齋曰卒哭後稱孝稱哀俱有據故行禮者互用之備要則以古禮著於題主祝式下矣然士虞

記卒哭饗辭亦稱哀子家禮只於祔稱孝而他無變文處恐稱哀爲合於喪祭
●雜記祭稱孝子孝孫喪稱哀子哀孫疏祭吉祭謂自卒哭以後之祭也

▶899◀◆問; 과실의 진설 법도는?

問; 1. 배 사과 등 을 홀수로 한다는 것이 옳은지 홀짝 무관한지 또 그 이유는 무엇인지요?

問;　2. 과실의 꼭지부위를 아래로 또는 위로 한다는 원칙이 있는지 또 그　이유는요?

問; 3. 과실껍질은 깎아야 하는지 아래 위를 조금씩 도리기만 하는지 안 깎아도 좋은지요?

◆答; 과실의 진설 법도.

問; 1. 答; 아래와 같이 살펴 보건대 예기(禮記) 교특생(郊特牲)편에 과실은 우수(偶數)라 함은 그 가지 수(數)를 우수(偶數)라 함이지 한 접시에 놓는 개수(個數)를 의미 함이 아닌 것으로 배나 감 등은 커서 개수를 쉽게 셀 수가 있으나 은행(銀杏)이나 잣 등은 작아 개수를 헤아려 놓을 수가 없는 것입니다. 까닭에 한 접시의 개수를 기수(奇數)나 우수(偶數)로 정하여 기술(記述)한 예서(禮書)는 없습니다. 과실이 우수(偶數)인 까닭은 지산(地産)으로 음(陰)인 까닭에서입니다.

問; 2. 答; 큰 과실(果實)의 위아래를 평평(平平)하게 다듬는 까닭은 괴이기 쉽게 하기 위함인 듯하며 그 전거(典據)는 없습니다. 물론 상하가 구별(區別) 되는 큰 과실을 생자(生者)나 사자(死者)나 꺼꾸로 놓을 까닭은 없겠지요.

問; 3. 答; 과실(果實)의 위아래를 평평하게 다듬는 까닭은 괴이기 쉽게 하기 위함인 듯하며 그 전거(典據)는 없습니다. 물론 상하가 구별되는 큰 과실을 생자나 사자나 꺼꾸로 놓을 까닭은 없겠지요. 아래와 같이 살펴보건대 맛을 더럽히지 않는다 라 하였으니 껍데기를 벗기지 않고 깨끗이 씻어 놓음이 옳은 것 같습니다.

●郊特牲鼎俎奇而籩豆偶陰陽之義也籩豆之實水土之品也註籩豆偶者據周禮細註長樂陳氏曰鼎俎之實天産陽故其數奇籩豆之實地産陰故其數偶
●郊特牲不敢用褻味而貴多品細註嚴陵方氏曰水土之品非人常所食故曰不敢用褻味或水或土所取不一故曰而貴多品

▶900◀◆問; 과실(果實)을 진설 할 때.

제사상 차릴 때 과일은 깎을 때 아래위 깎아서 놓습니다. 그런데 이 과일을 제기에 놓을 때, 과일의 꼭지가 있는 부분이 위로 향하는지 아니면 과일을 뒤집어서 과일의 꼭지가 보이지 않게 제기에 올린 후 상에 올리는지에 대해서 가족들의 의견이 갈라지고 있습니다. 정확한 답변을 부탁 드립니다.

◆答; 과실 진설법.

가례에서는 과실을 단지 6 가지라 품 수만 지정하였을 뿐이나, 사우례에서 조율(棗栗)을 언급하면서 그 중에 대추가 제일이라 서쪽이다. 라 하였고 다음이 밤이라 한지라. 성재께서 이에 배와 감을 더하여 조율이시라 하셨습니다.

여기서 대추와 밤은 모두 상하를 구별(區別)하여 진설(陳設)하기란 특수(特秀)한 방법(方法)을 쓰지 않고는 어려워 어느 예서(禮書)에서도 과실(果實)의 상하(上下) 구별(區別) 진설(陳設)에 대한 언급(言及)이 없지 않나 합니다.

●家禮四時祭省牲滌器具饌條具祭饌每位果六品

●沙溪曰今人六品之果若難備四品或兩品庶合禮意
●陶庵曰凡木實之可食者無不用
●士虞禮棗栗棗在西註尙棗棗美據此棗當設果行之首而栗次之
●性齋曰我東則百果無不産焉如棗栗梨柿李杏之類

▶901◀◆問; 과일 진설에 있어 홀수인가 양수인가.

상례(喪禮)에 있어서 과일 진설에 대해 여쭙니다. 탕(湯)은 홀수로 과일은 양수(陽數)로 진설 한다고 합니다. 다시 말해 탕은 세 그릇, 다섯 그릇 과일은 두 개 네 개를 제기에 담아 진설 한다고 하는데 그 말이 맞는지 궁금합니다.

◆答; 탕 홀수, 과실 짝수.

아래와 같이 살펴보건대 탕(湯)은 양수(陽數; 奇數)인 삼기(三器)가 되고 과실(果實)은 음수(陰數; 偶數)인 육(六) 사(四) 이기(二器)로 진설 됩니다.

●擊蒙要訣時祭儀具祭饌條每位湯五色註或魚或肉或菜隨所備若貧不能辦則只三色亦可
●家禮祭禮四時祭具饌條果六品
●沙溪曰今人六品之果若難備四品或兩品庶合禮意
●象村集附錄行狀;嗚呼陽數一而陰數二故從古以來治日常少亂日常多此聖人
之所憂而於消長之節未嘗不致謹者也

▶902◀◆問; 교의에 신주나 신위를 모실 때 하나의 교의에.

안녕하세요 제사를 모실 때에 병풍과 교의와 젯상과 향탁 축판 등의 제구로 모시게 됩니다. 기제나 명절의 차사(茶祀)에도 제구를 사용하는바, 궁금한 점이 있어서 여쭙니다.

교의 하나에 양위나 삼위를 합설해서 모시면 유가의 법도에 맞는지 궁금합니다 지방을 쓸 적에는 하나에 두 분이나 세분을 함께 쓰지 않는 것이 원칙이듯이 한 교의에 고위의 신위와 초취하여 합설과 혹시 재취가 계신 경우 삼위를 함께 모시면 안되는지 궁금합니다.

저의 소견은 하나의 교의에 지방은 각각 써서 한 교의에 붙이고 지내면 도리에 어긋난다고 보지 않습니다만, 유가의 옛 법은 어떤지 여쭙니다. 각설하면 문제가 아니되나 곧 다가올 설에는 차사를 지내는데 합설은 당연하나 방법이 궁금합니다.

◆答; 교의에 신주나 신위를 모신다.

사당봉사(祠堂奉祀)이면 속절례(俗節禮)는 사당례(祠堂禮)이니 당연 각의(各椅) 각탁(各卓)이 되고 지방봉사(紙牓奉祀)에서는 사시제(四時祭)와 같이 당(堂)에 설위(設位)하게 됩니다. 아래 비요(備要)의 말씀과 같이 각의(各倚)라야 옳습니다.

선조고(先祖考)와 선조비(先祖妣)의 지방(紙牓)은 각각 써야 함은 물론 교의(交椅) 역시 각각이어야 예법에 옳은 것입니다.

●備要四時祭設位條考妣位於堂西北壁下南向考西妣東各用一倚一卓而合之位世各爲位不屬

▶903◀◆問; 궁금.

초암 선생님 감사합니다 그런데 어육류는 홀수 과채류는 짝수라는 말씀인데 내용은 이해가 안 갑니다.

◆答; 궁금.

제사(祭祀)에서 기수(奇數)와 우수(偶數)로 진설(陳設)한다는 제수품(祭需品)이 있는데 그 진설에서 동물류(動物類;魚肉類)는 양(陽;天産)에 속하여 기수(奇數; 홀수)로 진설 하고 식물류(植物類;果實 蔬菜類)는 음(陰; 地産)에 속하여 우수(偶數; 짝수)로 진설 한다는 것입니다.

●郊特牲鼎俎奇而籩豆偶陰陽之義也籩豆之實水土之品也細註長樂陳氏曰鼎俎之實以天産爲主而天産陽屬故其數奇籩豆之實以地産爲主而地産陰屬故其數偶疏鼎俎奇者以其盛牲體牲體動物動物屬陽故其數奇籩豆偶者其實兼有植物植物屬陰故其數偶故云陰陽之氣也

▶904◀◆問; 궁금한 게 있어서 이렇게 문의 드립니다.

안녕하십니까. 올해 나이는 30 남자 이고요. 아직 미혼입니다. 집안에서는 장손이 됩니다. 장남인 아버지는 돌아가시진 몇 년 되셨고 아직 할아버지가 살아계셔서 제사 때마다 제사는 연세가 85 이신 할아버지 주관으로 <재주>가 되셔서 제사를 진행합니다.

참 우스운 얘기인진 몰라도 저희 집안에서는 할아버지 다음으로 돌아가신 조상님들께 술을 권하는 순서로 아직도 옥신각신 합니다. 장남인 아버지가 돌아가시고 아버지 동생 즉 작은아버지께서 할아버지 담은 자기가 술을 따라야 된다며 장손인 제가 아직 미혼이라 상투를 틀기 전에는 그 다음 순서가 될 수가 없다고 하시고 다른 친척분들은 아무리 그래도 집안에 장손이 나이가 찼는데 말도 안 된다며 다투는 모습. 아휴 제발 어느 순서가 맞는지 말씀 좀 해주십시오.

2, 두 번째 궁금한 내용입니다. 얼마 전 할머니가 돌아가셨습니다. 위에 내용이랑 똑같습니다. 아버지가 안 계시니 집안어른들은 제가 할머니상주가 되어서 장례를 주관해야 한다고 하시고 삼촌들은 본인들이 아들이니 본인들께서 주관해야 한다고 하시고 결국 삼촌들 뜻대로 하긴 했지만 옛 관례상 어느 게 옳고 그른지 답 좀 주십시오. 답 집안 사람들끼리 옥신각신 하는 것 보니 참으로 우습습니다.

본인 된 입장에서 답답하기도 하고 좋은 말씀 부탁 드립니다. 제가 한자를 잘 몰라서 그러니 좋은 말씀 알기 쉽게 말씀 좀 해주십시오.

◆答; 궁금한 것 풀이.

1). 아래와 같이 살펴보건대 아헌관은 주부(主婦)이나 유고(有故)이니 다음 차순자는 숙부(叔父)라 숙부가 아헌관이 되어야 옳을 것 같습니다. 적손은 종헌관이 될 수는 있습니다.

●朱子曰祭禮主人作初獻未有主婦則弟得爲亞獻○又曰祭只是三獻主人初獻嫡子亞獻(或主婦)庶子弟終獻(或嫡孫)
●要訣亞獻條曰若主婦有故則諸父若兄弟中最尊者爲之

2). 아래와 같이 살펴보건대 처상을 당하면 그의 남편이 생존하였으면 그가 상주가 되어 상을 주관하여야 합니다.

●奔喪凡喪父在父爲主註此言父在而子有妻子之喪則父主之統於尊也
●喪大記若子孫有喪而祖父主之
●四未軒曰奔喪註云各爲妻子之喪爲主也則是凡妻之喪夫自爲主也

▶905◀◆問; 歆饗에 대하여.

歆饗의 뜻에 대하여.

◆答; 歆饗의 뜻.

歆饗; 歆享과 같은 말로, 제사에서 신령이 제물을 받음.

大夫士庶人의 제사에서 그 제물은 받는 死者는 음식의 氣를 歆饗하는 것이 아니라 生者와 같이 먹는 것입니다.

그 확실한 증거는 수저가 준비 되어 놓여져 있다는 것입니다. 다만 천자 제후가 薨하면 神化되어 제물을 백성의 신과 같이 생전과 같이 먹는 것이 아니라 그 기를 흠향한다는 것입니다. 까닭에 그 祭에는 수저가 준비되어 있지 않습니다.

●士虞禮卒辭曰哀子某來日某隮祔爾于爾皇祖某甫尙饗鄭玄注尙庶幾也
●孟子公孫丑下王庶幾改之予日望之
●漢書文帝紀朕旣不德上帝神明未歆饗也天下人民未有愍志
●論衡祀義祭祀之意主人自盡恩勲而已鬼神未必歆享之也

▶906◀◆問; 독축 방법에 대하여.

축을 읽을 때 상례와 제사 지낼 때 의치가 다르다고 하는데요.

◆答; 독축 방법.

독축(讀祝)의 자리는 길례(吉禮)와 흉례(凶禮)가 다릅니다. 흉례 시에는 헌관(獻官)의 오른쪽에서 서향하여 궤(跪)하고 축(祝)을 읽습니다. 길사(吉事) 시에는 헌관(獻官)의 좌측(左側)에서 동향(東向)하여 궤(跪)하고 축을 읽습니다.

●朱子曰虞始用祭禮卒哭謂之吉祭高氏說已詳矣但古禮於今旣無所施而其所制儀又無吉凶之辨惟溫公以虞祭讀祝於主人之右卒哭讀祝於主人之左爲別蓋得禮意
●檀弓註吉事尙左陽也凶事尙右陰也
●退溪曰右陰也左陽也虞祭凶禮故讀祝于右至卒哭漸用吉禮故自此以後皆於主人之左
●問虞祭則在右西向卒哭則在左東向何義寒岡曰西向者尙用凶禮也東向者漸以之吉也

▶907◀◆問; 독축에 관하여.

제주(祭主)가 독축(讀祝)을 할 수도 있습니까?

◆答; 축관이 없으면 주인 스스로 독축한다.

아래의 말씀과 같이 헌관(獻官)이 부족하면 주인(主人) 스스로 삼헌(三獻)을 하고 축관(祝官)이 없으면 그 역시 주인이 독축(讀祝)합니다.

●韓魏公祭式亞終獻皆不足則主祭者自行三獻○又無祝則主人自讀

▶908◀◆問; 독축에 관한 문의 드립니다.

안녕하세요. 제사(祭祀) 지낼 때 축문(祝文)을 낭독함에 있어서 한자어(漢字語)로 된 축문을 독축하고 다시 한글로 풀이해서 낭독을 해도 예의에 어긋남이 없는지요. 감사합니다.

◆答; 독축(讀祝).

축문은 고자(告者)가 신(神)에게 고(告)하는 글로서 생자가 아닌 신에게 아룀으로서 그 역할을 다하는 것입니다. 따라서 축문은 쓰여지는 바대로 유가(儒家)의 법식으로 지어져 있어 그대로 고하게 되는 것입니다.

불가(佛家)에서 천수경(千手經)에 "修利修利摩訶修利修修利娑婆訶(슈리슈리 마하슈리 슈슈리 사바하)"로 시작 되는데 독송하면서 또 우리 의미로 번역하여 일러 주지 않듯이 유가에서 역시 참석한 생자를 위하여 번역하여 일러 주지 않습니다. 까닭은 생자(生者)에게 고하는 글발이 아니기 때문입니다. 다만 생자(生者) 중에 축(祝)의 의미를 이해하지 못하는 이를 위하여 제사(祭祀)를 마친 뒤 교육(教育)의 의미로 축문을 해석(解釋)하여 일러 줄 수는 있을 것입니다.

●文章學史序以人告神則爲祝文
●文心雕龍祝盟陳辭乎方明之下祝告於神明者也
●寒岡問讀祝當高聲讀抑低聲讀退溪曰太高旣不可太低亦不可要使在位者得聞其聲可也

▶909◀◆問; 독축 위치에 대하여.

축문을 읽은 때 서는 위치를 알고 싶어요. "낭독자는 제주의 후 좌측에 끓어 앉아서 읽는다" 라고 되어 있는데 여기서 후 좌측이라 함은 신위를 기준으로 하는 말인지, 제주를 기준으로 하는 말인지요?

◆答; 길흉사(吉凶事)에 따라 위치가 다름.

흉사(凶事) 시에는 헌관(獻官)의 오른쪽에서 서향하여 궤(跪)하고 독축(讀祝).
길사(吉事) 시에는 헌관의 좌측에서 동향하여 궤하고 독축(讀祝).

●朱子曰虞始用祭禮卒哭謂之吉祭高氏說已詳矣但古禮於今旣無所施而其所制儀又無吉凶之辨惟溫公以虞祭讀祝於主人之右卒哭讀祝於主人之左爲別蓋得禮意
●檀弓註吉事尙左陽也凶事尙右陰也
●退溪曰右陰也左陽也虞祭凶禮故讀祝于右至卒哭漸用吉禮故自此以後皆於主人之左
●問虞祭則在右西向卒哭則在左東向何義寒岡曰西向者尙用凶禮也東向者漸以之吉也

▶910◀◆問; 뇌주란?

강신례 에 제주가 집사자가 따라주는 술(半盞)을 모사에 서너 번 나누어 붓습니다. 이런 행위를 저희 집안에는' 니주' '내주' 인지는 모르지만, 구전으로 이렇게 전하면서 사용했습니다. 정확한 용어를 알고 싶고, 가능하면 한자로도 알고 싶습니다. 강호제현의 가르침 기다리겠습니다.

◆答; 뢰주(酹酒).

가례적(家禮的) 용어(用語)는 뇌지모상(酹之茅上)으로 뇌(酹)는 땅에 술을 부어 신(神)에 제사하다. 이나 통상 그를 일러 뇌주(酹酒)라 하는 것 같습니다. 다만 세 번으로 나누어 붓는 것이 아니라 한번에 모두 붓는 것입니다.

●家禮降神條左手取盤右手執盞酹之茅上

▶911◀◆問; 리성(利成)에 대하여?

사례편람의 시제편에 수조례에 대해 저 나름대로 아래와 같이 이해하였습니다만, 한자이해능력이 미숙하여 제대로 이해하였는지 궁금하여 문의 드립니다.
○ 초헌관은 신위 앞에 나가 북향하고, 축관은 고조 앞에 나아가 잔을 들어 주인의 오른쪽으로 가면, 초헌관과 축관은 끓는다.
○ 주인은 잔을 받아 술을 약간 따르고 마신다. 축관은 시저와 소반으로 각 신발의 밥을 조금씩 덜어서 초헌관의 왼편으로가 밥을 건네면서 복의 고사를 하고 ①(초헌관?) 에게 재배한다.
○ 축관은 끓어 앉아 ②초헌관으로부터 밥(?)을 받아 맛보고 ③초헌관에게 건넨 술(?)을 취해 다 마시고, 집사자는 축관으로부터 잔을 받아 주전자 곁에 놓고 이어서 밥을 받아 주전자 곁에 놓는다.

○ 초헌관은 부복(俯伏) 후 일어나서 동쪽계단 위에서 서향하고, 축관은 서쪽계단 위에서 동향하여 ④초헌관(?)에게 고리성(告利成)을 하고 내려와 제자리로 간다. ○⑤참례자(축관, 집례자?)는 ⑥초헌관(?)에게 재배하고, 초헌관은 절하지 않고 제자리로 간다.

질문 1: 상기의 ① ~ ⑥ 항이 제대로 되었는지 궁금합니다.

질문 2: 전체 해석의 오류가 있으면 같이 가르침을 주시길 부탁 드립니다. 감사합니다.

◆答; 리성(利成).

아래는 원문(原文)과 번역문(飜譯文)입니다. 대조하여 보시기 바랍니다.

⊙受胙

執事者設席于香案前主人就席北面(儀節詣飮福位)祝詣高祖考前擧酒盤盞詣主人之右主人跪祝亦跪主人搢笏受盤盞祭酒(便覽于席前○要訣少傾於地)啐酒(增解啐七內反○儀節略嘗少許)祝取匙幷盤(增解按即東階卓上所設受胙盤與匙)抄取諸位之飯各少許奉以詣主人之左嘏于主人(郊特牲嘏長也大也○特牲禮註嘏古雅反受福曰嘏嘏長也大也尸授之以長大之福也)曰(云云)主人置酒于席前出笏俛伏興再拜搢笏跪受飯嘗之實于左袂掛袂于季指(少牢禮註實於左袂便右手也季猶少也)取酒卒飮執事者(便覽跪)受盞自右置注旁受飯自左(少牢禮宰夫以籩受嗇黍註收斂曰嗇明豊年乃有黍稷)亦如之主人執笏俛伏興立於東階上西向祝立於西階上東向告利成(特牲禮註利猶養也供養之禮成不言禮畢於尸間之嫌疏不言禮畢於尸間之嫌者禮畢尸間暇無事有發遣尸之嫌故直言利成而已)降復位與在位者皆再拜(書儀此受胙拜)主人不拜降復位(栗谷曰執事者升詣諸位合飯蓋降復位○合飯蓋時先下匕筯于楪中)

⊙수조(受胙) 즉 음복.

집사자는 향안 앞에 음복할 자리를 편다. 주인은 음복할 자리로 가서 북쪽으로 향하여 서면 축관은 고조고 전으로 가서 잔반의 술을 들고 주인의 오른쪽으로 간다. 주인이 무릎을 꿇고 앉으면 축관 역시 무릎을 꿇고 앉는다. 주인은 홀을 띠에 꽂고 잔반을 받아 제주를 하고 술을 마신다. 축관은 숟가락과 같이 수조반을 들고 모든 신위전의 메를 조금씩 떠 담아 받들고 주인의 왼쪽에서 다음과 같이 복 내림 고사를 한다.

주인은 술잔을 좌석 앞에 놓고 홀을 빼 들고 부복하였다 일어나 재배를 하고 홀을 띠에 꽂고 무릎을 꿇고 앉아 밥을 받아 맛을 볼 때 왼쪽소매를 새끼손가락에 걸어 바로 잡는다. 술을 다 마셨으면 집사자는 오른쪽으로 와서 무릎을 꿇고 앉아 잔을 받아 주전자 곁에 놓고 왼쪽으로 와서 밥을 받아 그와 같이한다. 주인은 홀을 빼 들고 부복하였다 일어나 동쪽층계 위에서 서쪽으로 향하여 서고 축관은 서쪽층계 위에서 동쪽으로 향하여 서서 이성(利成) 즉 공양(供養)의 예가 모두 잘 이뤄졌습니다. 라고 하고 내려와 제자리에 서면 재위자 모두 재배를 한다. 이때 주인은 절을 하지 않고 내려와 제자리에 선다. 집사자가 올라가 위전의 모든 메에 개를 덮고 내려와 제자리에 선다. 개(蓋)를 덮을 때 먼저 수저를 내려 수저대접에 쥐는 곳이 서쪽으로 향하게 하여 놓는다.

질문 1: 答; 옛날에는 제사에 尸童을 位의 자리에 앉히고 제사를 지냈는데 축관이 그 시동에게 고하는 예였습니다. 그러나 지금은 시동의제도가 폐하여 없으니 위에 고하는 것으로 보아야 옳을 것입니다.

●集說古者祭祀有尸主人事尸禮畢祝告利成遂導尸以出今以無尸廢此禮

●沙溪曰利成之義禮經詳之後世旣不用尸則恐不須行然家禮旣有之行之恐當
●櫟泉曰告利成集說曰今旣無尸當廢云而備要不廢此節故好禮之家皆行之
●饋食禮疏祝告尸以利成不言禮畢若言禮畢故直言利成而已盖古者祭有尸事尸禮畢則告利成雖告主人而其實欲令尸聞而起也
●剛齋曰利養也成終也祭畢之義利成之告於辭神時者欲使尸聽之而起也

질문 2: 答; 수조와 고리성(告利成)은 하나의 예이라 주인은 이미 재배(再拜)한 후라 주인(主人)을 제외한 중주인 이하 모두 재배합니다.

●愼獨齋曰受胙告利成皆一時之事主人已再拜而未復位告利成者祝與在位者之事故主人則不拜似無他意
●問告利成再拜爲尸耶爲主人耶尤庵曰利養終成也謂祭畢也嫌於請尸起去故但告祭畢則尸自起去矣告利成後衆主人再拜爲尸也

고리성(告利成)에 관하여 사계(沙溪)선생(先生)께서 가례집람(家禮輯覽)에서 논함도 알고 있으며 위의 전거와 아래와 같이 살펴보건대 사계선생의 아래 말씀이 이성이라 고함의 대상(大祥)은 시동(尸童)이라 하심이 여러 정황을 감안하건대 옳겠다. 라 판단 지금은 시동이 없으니 위전(位前)에 고하는 것으로 봐야 옳겠다는 것입니다.

●士虞禮祝告利成條祝出戶西面告利成主人哭註西面告告主人也利猶養也成畢也言養禮畢也不言養禮畢於尸間嫌疏曰云西南面告告主人也者以其處主人東面故祝西面對而告之云不言養禮畢
●曾子問無玄酒不告利成注此其無尸及所降也利成禮之施於尸者細註此其至尸者正義曰以經云不擧肺無胏俎不告利成此三事本主於尸今以無尸故不爲故云此其無尸也
●沙溪先生全書答閔衡叔書曰告利成者利養也成畢也古者祭有尸告利成爲告於尸祭畢而起也今雖不告利成亦無害家禮集說去此條矣

▶912◀◆問; 메 그릇 뚜껑은 왜 '초헌' 때 여는지요?

궁금한 것이 있어 여쭙니다. 의식에서 순서나 행위가 정해지는 것은 나름대로 의미가 부여되기 때문일 것입니다.

제사를 지낼 때 '초헌(初獻)' 때 메 그릇 뚜껑을 열어 남쪽에 놓는다고 합니다. 메 그릇 뚜껑을 '유식'이 아니고 '초헌 '때 여는 이유나 의미가 무엇인지 궁금합니다.

◆答; 메 그릇 뚜껑은 왜 '초헌' 때 여는지.

가례 상제례(喪祭禮) 의식 어디에도 계반개(啓飯蓋) 의식이 없습니다. 다만 아래와 같이 살펴보건대 맨 처음 비요(備要)에서 초헌 때에 그 예를 특생궤식례(特牲饋食禮)를 인용 삽입하였는데 사우례(士虞禮)나 특생궤식례(特牲饋食禮) 모두 진설(陳設)시 개(蓋)를 열어 돈(敦; 黍稷을 담는 제기) 남쪽으로 놓는다. 라 하였을 뿐입니다.

따라서 두 예가 공히 진찬(進饌)의 예가 없음을 감안 한다면 가례(家禮)를 따르는 예(禮)에서는 진찬시(進饌時) 계반개(啓飯蓋)의 예를 두어야 합당하였으리라 생각됩니다. 그러나 비요(備要)에서 그와 같이 채택하게 된 까닭은 아마도 초헌(初獻) 때부터 식사(食事)와 아울러 반주(飯酒)의 예로 간주 진설(陳設)의 예를 진찬(進饌) 때 행하지 않고 초헌으로 옮겨 놓으시지 않았나 합니다. 다만 계반개(啓飯蓋)의 예를 이때 채택(採擇)한 이유(理由)나 의미를 별도로 주석(註釋)함이 없으시니 식순(食順)으로서의 의미 이외 다른 까닭은 없다. 라 이해 되는 것이 옳지 않을까 생각됩니다.

●士虞禮設饌條祝酌醴命佐食啓會佐食許諾啓會卻于敦南復位(註)會合也謂敦蓋也啓爲開
●特牲饋食禮陳設條祝洗酌奠奠于鉶南遂命佐食啓會佐食啓會卻于敦南出立于西南面

●備要虞祭初獻條主人受盞三祭於茅束上(云云)執事者受盞奉詣靈座前奠於故處(乃啓飯蓋置其南特牲饋食禮洗爵奠于鉶南遂啓會䬓于敦南(註䬓仰也)○主人俯伏興稍退跪以下皆跪)祝執版出於主人之右(云云)

▶913◀◆問; 메에 숟가락 놓기?

수고가 많으십니다. 집집마다 제사 때 밥그릇에 숟가락을 똑바로 세워지게 꽂는 집도 있고, 숟가락을 밥그릇에 비스듬히 눕혀 놓는 집도 있습니다. 어느 것이 옳은 방법인지요? 궁금합니다.

어른들의 말씀이 불천지위에는 생쌀을 씀으로 세워서 꽂아야 하지만, 조상인 제사에는 쌀이 아닌 밥을 드리기 때문에 꽂으면 안되고 밥그릇에 눕혀야 된다고 합니다.

◆答; 삽시정저(揷匙正著).

"급시반중서병(扱匙飯中西柄)"의 서병(西柄)은 숟가락 오목한 바닥이 동쪽으로 향하게 꽂게 하기 위한 지시로 서병이라 하였을 뿐이며 메 가운데에 곧게 꽂아 세웁니다.

●備要祭禮侑食條主婦升扱匙飯中西柄正筯

▶914◀◆問; 면육적어병에서 어육의 조리는?

격몽요결(擊蒙要訣) 설찬도(設饌圖)에 2 열에 ---면(麵), 육(肉), 적(炙)(육적, 어적, 계적) 어(魚), 병(餅)---으로 되였는데 적 앞의 肉 과 뒤의 魚 는 적의 육적 어적 과 어떻게 다른가요. (예를 들면 육은 육회이고 어는 생선회를 말함인가요)

◆答; 면육적어병.

아래와 같이 살펴보건대 편람의 말씀을 빌리면 어육(魚肉)을 어떻게 조리(調理)하느냐에 따라서 효(殽), 회(膾), 헌(軒), 초(炒)로 요리되어 진설 되는 것 같습니다.

●溫公書儀四時祭具饌條膾(註今紅生)炙(註今炙肉)羹(今炒肉)殽(註今骨頭)軒(註今白肉)
●便覽四時祭具饌條肉(註家畜及山澤之族可食者無不用)○魚(註凡水族之可食者無不用○黃氏曰鯉魚不用於祭祀云○栗谷曰魚肉當用新鮮生物○按魚肉或殽或膾或軒或炒凡羞之以魚肉爲之者俱無不可肉帶骨曰殽腥細切爲會大切爲軒

▶915◀◆問; 무관자의 학생과 유인에 대하여?

선생님! 지방의 의미에 대하여 알고 싶습니다.
1. 현고학생부군에서 핵생이란 칭호를 쓰는 정확한 연유를 알고 싶어요?
2. 현비유인에서 유인은 종 9 품의 부인에게 쓰는 칭호로 알고 잇는데 학생이 종 9 품의 벼슬에 해당하는지요?

◆答; 무관자의 학생과 유인에 대하여.

무관사자(無官死者)의 칭호(稱號)를 학생(學生)이라 칭(稱)함은 혹 무학(無學)이었다 하여도 마땅한 칭호(稱號)가 없으니 (학생이란 수학 중이란 의미가 있어) 그를 예우(禮遇)하여 학생(學生), 처사(處士), 수재(秀才) 중에서 붙이는 것 같으며, 무관자(無官者) 처(妻) 역시 최하품(最下品)관 부인(婦人)의 칭호(稱號)인 유인(孺人)을 붙이는 연유(緣由)는 관에 오르지 않은 무관(無官)자의 처(妻)도 유인(孺人)이라 통칭 그를 대우하여 붙인다는 것 같습니다.

●沙溪曰無官而死者不稱學生則無他稱號勢不得已當書學生處士秀才各隨其意可也婦人孺人之號書亦可不書亦可丘氏謂無官婦人宜如俗稱孺人盖禮窮則從下之義也

●尤庵曰孺人是九品官之妻稱而士妻同稱之者是禮窮則同之義也
●曲禮天子之妃曰后諸侯曰夫人大夫曰孺人士曰婦人庶人曰妻

▶916◀◆問; 미혼으로 죽은 성인의 제사는?

성인이지만 미혼인 상태로 사망했을 때 제사는 어떻게 해야 되나요.

◆答; 성인(成人)이 미혼으로 죽은 이의 제사.

성인(成人)이지만 미혼(未婚)으로 죽은 이의 제사(祭祀)는 그의 형제(兄弟)의 손(孫)
대(代)까지 지냅니다.

●備要小記丈夫冠而不爲殤婦人笄而不爲殤男子受職亦不爲殤
●程子曰成人而無後者其祭終兄弟之孫之身

▶917◀◆問; 飯羹 진설에 관하여?

제사상 진설 시 반과 갱의 위치.
질문 1 : 제사상 진설 시 반과 갱의 위치가 담제를 지낸 후 돌아오는 기제사부터
산 사람의 경우와 반대로 되는 것으로 알고 있는데 그것이 맞는지요?
질문 2 : 맞는다면 그 근거는 무엇인지요?

◆答; 반갱(飯羹) 진설.

질문 1: 答; 담제(禫祭)까지는 생시와 같이 동반서갱(東飯西羹)이며 길제(吉祭)를 지
내면 그 때부터 신(神)의 예로 동갱서반(東羹西飯)으로 진설 됩니다.

●備要吉祭進饌條如時祭儀

질문 2: 答; 생시(生時)는 좌측을 숭상(崇尙)하고 神은 우측을 높여보기 때문입니다.

●按曲禮生人尙左之食也特牲神道尙右之設也
●士虞禮生人尙左而羹在薦右神道尙右而羹在薦左
●退溪曰左爲陽而右爲陰祭物右陳神道屬陰故也
●曲禮凡進食之禮食居人之左羹居人之右

▶918◀◆問; 봉제. (향사에 화환을 보낼 때)

조상을 모시는 항사에 보면 화환을 보내온 것을 보면 봉제(奉祭 0 라고 새서 보냅니
다. 봉제 보다는 봉향(奉享)이 맞지 않는지 요? 어디까지나 제 생각이지만 향은 조
상에게 드리는 것인데 제(祭)는 주제가 없는 느낌이라서요.

◆答; 봉제.

奉祭라 함이 옳은 예입니다.

奉享; 받들어 배향함. 받들어 제사함.

●芝山集附錄 年譜;仁祖大王十三年乙亥四月初八日關西士林奉享于鶴翎書院
●沒有花的春天第二章;我们村子里的世世代代子孫都會每年春秋兩次奉祭你的呢(祭祀)

▶919◀◆問; 봉주취위(奉主就位)에 축문이나 고사가 있나요?

가묘(家廟)에서 신주를 모실 때와 사신(辭神) 후 납주할 때 고사나 축문이 있는지
요? 있다면 전거에 의거 하고 있으시기 바랍니다.

◆答; 봉주취위(奉主就位).

박준서님의 "가묘(家廟)에서 신주를 모실 때"라는 의미를 문맥상으로 보아 신주(神
主)를 정침(正寢)으로 내모시는 출주(出主)를 의미함으로 인식 아래와 같이 주자가
례(朱子家禮)에 입각한 사례편람 식(四禮便覽式)을 그 답으로 달아 보겠습니다. 다

만 납주고사(納主告辭)는 하지 않고 신주(神主)를 수렴 내오던 의식과 같이 사당으로 돌아가 먼저자리에 안치함.

정침제(正寢祭)는 사시제(四時祭) 니제(禰祭) 기제(忌祭).

●四時祭出主告辭式

孝孫(屬稱隨改見上卜日告式)某今以仲春(仲夏秋冬隨時)之月有事于 顯高祖考某官府君 顯高祖妣某封某氏(曾祖考妣至考妣列書繼曾祖以下之宗亦以最尊位爲主而隨屬稱)以某親某官府君(卑幼去府君二字)某親某封某氏祔食敢請 神主出就正寢(或廳事)恭伸奠獻

●禰祭出主告辭式

孝子某今以季秋成物之始有事于 顯考某官府君 顯妣某封某氏儀節此下云敢請神主出就正寢恭伸奠獻

●忌祭出主告辭式

今以 顯某親某官府君(或某封某氏並祭則妣列書妻云亡室卑幼改顯爲亡去府君二字)遠諱之辰(備要妻弟以下云亡日)敢(備要妻弟以下不用敢字)請 神主出就正寢(備要或廳事)恭伸追慕(備要妻弟以下云追伸禮)

▶920◀◆問; 분향. 강신례에 대하여.

분향은 공중에 계신 혼을, 강신은 지하에 계신 넋을 모시는 절차로서 분향재배, 강신재배를 분리해서 하기도하고 분향강신을 동시에 하고 재배하는 경우도 있는데 소생의 의견은 모두 혼백을 모시는 절차이니 분향강신을 동시에 하고 재배하는 것도 예에 어긋나지 않으리라고 생각하는데 어떠한지요.

◆答; 분향. 강신.

아래와 같이 살펴보건대 가례(家禮)에서 우제(虞祭) 강신(降神)을 양재배(兩再拜)이나 시제(時祭) 강신(降神)은 일재배(一再拜)라 사계선유(沙溪先儒)께서 분향재배(焚香再拜)는 양(陽)의 신(神)을 구함이오, 관주재배(灌酒再拜)는 음(陰)의 신(神)을 구하는 예다 하시고 가례의 시제(時祭) 일재배(一再拜)는 궐오(闕誤)라 지적하심이 있고 서의(書儀)를 비롯하여 비요(備要) 요결(要訣) 등 서 모두 양재배(兩再拜)입니다.

●家禮喪禮篇虞祭降神條主人降自西階盥手帨手詣靈座前焚香再拜(中略)左手取盤右手執盞酹之茅上以盤盞授執事者俛伏興少退再拜腹位
●又祭禮篇四時祭降神條主人升搢笏焚香出笏少退立(中略)主人左手執盤右手執盞灌于茅上以盤盞授執事者出笏俛伏興再拜降復位
●書儀焚香再拜
●備要時祭降神條主人升搢笏焚香再拜(中略)灌于茅上以盤盞授執事者出笏俛伏興再拜降復位
●要訣時祭降神條主人升焚香再拜少退立(中略)灌于茅上以盞授執事者俛伏興再拜降復位
●沙溪曰焚香再拜求神於陽也灌酒再拜求神於陰也家禮時祭一再拜恐闕誤

▶921◀◆問; 분향례 때.

분향례에 대한 다른 질문.

향교 서원의 분향은, '제(祭)가 아닌 례(禮)라 술이 없는 것입니다.'라고 하였습니다. 그러면 종묘나 문묘의 대제 말고, '사직대제'에는 강신분향은 없고 뇌주만 있다고 들었습니다. 이것도 예인데 술이 있는 이유가 궁금합니다.

◆答; 분향례.

위 질문에서['사직대제']의 "제"자를 사직제[社稷"(祭)"]라 한자(漢字)로 쓰지 않고 다른 글자를 쓰는지요.

원(原) 제명(祭名)은 사직의(社稷儀)인데 의(儀)란 곧 제사(祭祀)를 뜻하니 사직의(社稷儀)를 사직제(社稷祭)라 이르게 됩니다. 사직제의 제자를 "祭"라 쓰니 술이 있게 되지요. 사직제에도 강신분향례가 있으니, 없다고 일러준 그 분에게 바르게 일러주기 바랍니다.

●五禮儀春秋及臘祭社稷儀焚香條;近侍一人捧香合一人捧香爐跪進禮儀使啓請三上香近侍奠爐于神位前(云云)

●左傳昭公五年;是儀也不可謂禮

●周禮地官保氏;敎國子以六儀一祭祀二賓客三朝廷四喪紀五軍旅六車馬之容

▶922◀◆問; 분향례 때 복식은?

궁금한 사항은 사당(祠堂)의 삭망(朔望) 분향례 참사 시에 복장이 통일되지 아니하여 참사자(參祀者)는 물론 보는 사람도 존엄성이 없어 보이고, 불경스러운 것 같아서 어디(문헌 등)에의 기록 등이 없는가 하여 질의합니다.

혹시, 참사자가 양복의 정장을 하였으나 백구두를 신은 경우는 어떻게 생각하시는지요? 상식적으로도 맞지 않는 것 같은데 일부 참사자 중에서는 그러지 말라는 규정이나 근거가 어디 에 있느냐? 며 고집하는데요! 좋은 말씀 당부 드립니다.

◆答; 분향례 복식.

巾服; 조선 시대 성균관 유생이나 선비들의 의관(衣冠).

●太學志王世子酌獻入學焚香禮;前期一日廟司受香安于享官廳當日質明詣生具巾服出東三門外序立

▶923◀◆問; 분향을 세 번 하는 이유?

각종 추모행사 시 헌화 분향을 함에 있어 분향을 세 번 하는 이유가 궁금합니다.

◆答; 분향을 세 번 하는 이유.

성어삼(成於三)이요 삼사지여일(三事之如一)이라 세 번으로서 완전히 이뤄짐이요 세 번은 하나와 같으니 삼상향(三上香)이라야 완전한 상향이요 삼상향이라야 한번과 같으니 인간사에서 삼을 하나로 마침이 하나 둘이 아닙니다.

●史記律書;數始於一終於十成於三

●晉語;民生於三事之如一

▶924◀◆問; 분향에 대하여.

늘 고마운 답변에 감사 드립니다.

상(喪)중에 개토제, 산신제, 구산제를 지낼 때에도 분향을 하나요?

◆答; 분향.

분향(焚香)에 대하여 아래와 같이 살펴보건대 단헌지례(單獻之禮)인 흉례(凶禮)의 후토제(后土祭)에는 서의(書儀)를 비롯하여 가례(家禮), 개원례(開元禮) 등에서는 택(擇)하고 있지 않으나 의절(儀節)에서 분향(焚香)을 택함이 있어 이를 비요(備要)에서 동조(同條)에 삽입 택하고 있습니다.

남계(南溪) 선생께서 가례위정(家禮爲正)이라 하셨으니 상례(喪禮)의 단헌지례(單獻之禮)인 후토제(后土祭)에서는 분향(焚香)치 않음이 옳을 것입니다.

●溫公書儀初葬祠后土條序立於神位東南重行西向北上立定俱再拜告者盥手洗盞斟酒進跪酹于神座前俛伏興少退北向立搢笏執詞進於神座之右東面跪念之曰維年月朔日子某官姓名敢昭告于云云

●家禮治葬祠后土條告者吉服入立於神位之前北向執事者在其後東上皆再拜告者與執事者皆盥帨執事者一人取酒注西向跪一人取盞東向跪告者斟酒反注取盞酹于神位前俛伏興少退立祝執版立於告者之左東向跪讀之曰云云

●開元禮祭后土條掌饌者出相者引告者詣罍洗盥手洗爵相者引告者詣酒罇所執罇者舉冪告者酌酒進跪奠神座前俛伏興少退北向立祝持版進於神座之右東面跪讀祝文曰云云

●儀節治葬祠后土條告者立北向執事者二人在其後告者與執事者皆再拜告者與執事者俱洗詣香案前跪上香斟酒酹酒云云

●國朝五禮儀治葬篇祠后土條獻官詣盥洗位北向立贊搢笏獻官盥手帨手訖贊執笏引詣尊所西向立執尊者舉冪酌酒執事者以爵受酒謁者引獻官詣神位前北向立贊跪三上香執事者以爵授獻官獻官執爵獻爵以爵授執事者奠于神位前贊執笏俯伏興少退北向跪祝就神位之右東向跪讀祝文云云

●敬甫問家禮后土祠無焚香一節其意必非偶然盖焚香求神於陽也灌地求神於陰也后土地神故只求之於陰而不求之於陽義似如此而備要祠后土具有香爐香盒何歟沙溪答曰考家禮不言上香只酹酒無乃有意邪儀節及家禮正衡皆有上香之禮故備要因之未知是否

●或問家禮開塋域祠后土註無降神之文今據此而不降神乎至於墓祭之祠后土時乃有降神之節祠后土一也而降神之行不行何也若降神則一如正祭之降神者乎寒岡曰家禮祠后土之下不許降神則大賢祭禮精微之意何敢仰測乃輒引墓祭后土之祠而爲之添入耶

●補疑上香求神於陽也酹酒求神於陰也后土地神故只求諸陰

●南禮問祠土地祭設香爐香合詣香案前跪上香傾酒于地復斟酒置于神位前等節家禮無備要有彼此詳略之義可得聞歟曰備要從儀節及五禮儀而爲之節文者然愚意此等處當以家禮爲正

▶925◀◆問; 분향이 언제부터 하였는가요.

제사를 지내려면 먼저 분향을 하게 됩니다. 물론 신을 모시는 행위에 속할 것이리라 믿습니다. 발원지가 중국이라 주자가례에 그 예법이 있으니 그 이전에 발생하였을 것입니다. 질문의 요지를 간단히 정리하자면 어느 나라 때 처음 분향하는 예법이 생겼는지요. 입니다. 여러 가지로 고맙습니다.

◆答; 분향은 양(梁)나라 때부터.

아래와 같이 살펴보건대 분향의 예는 양(梁)나라 때에 시작된 것으로 보입니다.

●隋書禮志禮儀一; 梁天監四年何侈之議云南郊明堂用沉香北郊用上和香

●文獻通考宋詔聖元年; 曾旼言周人以氣臭事神近世易之以香宋時朝享景靈宮儀始稱三上香而

●元史祭祀志; 宗廟祭享儀有傳香祝及三上香文盖用香之禮始見於梁而自宋用於別廟自元用於宗廟也

▶926◀◆問; 분향(焚香)의 의미?

안녕하셔요. 분향은 왜 합니까? 성균관(成均館), 향교(鄉校), 서원(書院), 사우(祠宇)는 물론 가묘(家廟)의 제례, 사찰(寺刹)의 의식, 성현들이 수도하는 방(예 퇴계선생) 등등 많은 곳에서 향(香)을 피우고 있습니다. 향을 피우는 의미는 무엇인지요,

그리고 요즘은 개량 향이라는 국수 가락 같은 걸 많이 쓰는데 나무 향과 어떤 차이가 있습니까? 특히 사찰에는 나무 향을 쓰는 걸 보지 못했습니다.

◆答; 분향(焚香)의 의미.

분향하는 까닭은 공중으로 떠나신 신을 연기의 줄을 이어 머나먼 허공에서 신을 모셔 연한 길을 따라 지방이나 신주로 내려 모시고 관주로 백을 모셔 일체화 시키

는 예입니다.

●郊特牲註周人尙氣臭而祭必先求諸陰故牲之未殺先酌鬯酒灌地以求神以鬯之有芳氣也故曰灌用鬯臭又擣鬱金香草之汁和合鬯酒使香氣滋甚故云鬱合鬯也以臭而求諸陰其臭下達於淵泉矣蕭香蒿也取此蒿及牲之脂膋合黍稷而燒之使其氣旁達於墻屋之間是以臭而求諸陽也此是天子諸侯之禮非大夫士禮也王氏曰鬯灌之地此臭之陰者也蕭焫上遠此臭之陽者也

●溫公曰古之祭者不知神之所在故灌用鬱鬯臭陰達於淵泉蕭合黍稷臭陽達於墻屋所以廣求神也今此禮旣難行于士民之家故但焚香酹酒以代之

▶927◀◆問; 분향 자세에 대하여.

상가를 방문하여 분향을 할 때의 바른 자세가 궁금합니다. 무릎을 꿇고 분향을 해야 한다고 듣긴 했지만 보다 구체적으로 알고 싶습니다. 두 무릎을 모두 꿇어야 하는 것인지요?

한 무릎만 꿇어야 하는 것인지요? 한 무릎만 꿇어야 한다면 어느 쪽 무릎을 꿇어야 하는 것인지요? 그 밖에도 분향할 때 유의할 점을 알려주시기 바랍니다.

◆答; 분향 자세.

가례의 조이퇴조(吊而退條)에서 영좌(靈座) 앞에서 슬픔을 다하여 곡하며 재배하고 분향하고 무릎을 꿇고 앉자 酹酒하고 엎드렸다 일어난다 라 하였을 뿐이고, 구의(丘儀)에서 조자(弔者)가 영좌(靈座) 앞으로 가 서서 곡하고 분향 재배한다 하였으니 분향은 무릎을 꿇고 하지 않고 서서 한다고 이해되어야 할 것입니다. 궁례에서는 무릎을 꿇고 분향합니다.

●家禮成服吊奠賻入哭奠訖乃吊而退條(云云)靈座前哭盡哀再拜焚香跪酹茶酒俛伏興(云云)

●儀節成服弔奠賻凡弔皆素服(儀節)弔者至護喪先入白主人以下各服其服就位哭以待弔者至向靈座前立擧哀哀止靈座前上香再拜

●國朝喪禮補編成服議政府率百官進香儀殯宮條文武百官入就位俯伏哭止哭興再拜興班首盥手陞自東偏階詣靈座前北向跪贊儀唱百官跪執事者一人捧香合一人奉香爐班首三上香

▶928◀◆問; 분향재배에 관하여.

불천위 신주와 함께 4 대까지의 신주를 함께 사당에 모시고 있는 문중의 종가에서 기제사를 올릴 때 먼저 사당에서 분향재배 후 고축하고 신주를 대청으로 모시고 와서 제례의식을 시작하는데. 이때 대청에서 분향제배를 또 해야 하는지요? 아니면 사당에서 이미 분향재배를 하였기 때문에 강신재배부터 하면 되는지요. 매년 제사 때마다 참석하는 제관들의 의견이 분분하여 여쭈어 봅니다.

사당에서 이미 분향재배 하였기 때문이 강신재배부터 하자는 분과 조상제사에 절 좀 더하면 어떠냐 하시면서 분향재배부터 다시 하자는 분과의 절차상 차이가 있어 이를 명확히 할 필요가 있어 여쭈어 봅니다. 참고로 현재까지는 다시 분향재배부터 제례를 모시고 있습니다.

◆答; 출주(出主) 시 사당(祠堂)에서 분향(焚香)을 하고, 또 정침에서 재차 분향재배 합니다.

신주제(神主祭)에서 출주(出主)할 때는 분향(焚香)뿐으로 정침에 취위(就位)하고 참신재배(參神再拜)한 뒤 분향재배(焚香再拜) 뢰주재배(酹酒再拜)를 하게 됩니다.

●家禮四時祭質明奉主就位條主人升自阼階搢笏焚香出笏告曰(云云)

●退溪曰祭則降神後薦獻等禮所以先祭而後降
●陶庵曰朔參則無遷動之節故先降後參時祭之先參後降其義可推而知也
●尤庵曰若時祭行于祠堂則無奉主就位節次只就祠堂各位前陳器設饌先降神而後參神

▶929◀◆問; 분향 후 목례 등 인사를 하는 지에 대한 질문 드립니다.

안녕하세요? 가을 날씨가 청명합니다. 고인(故人)의 추모식(追慕式)이나, 참배시설(參拜施設)을 방문하여 참배(參拜)를 드릴 때 분향(焚香)을 올립니다. 분향 후 인사법 등이 있는 지 궁금하여 여러 번 전화를 드렸으니 부재 중이시어서 문답 난을 통하여 질문 드립니다.

1. 분향 후 목례 또는 반배 등 인사를 드리고 뒤로 물러나오는 것인지, 분향을 하였으면 목례 등 인사 없이 뒤로 물러나오는 것인지요,
2. 인사를 드리고 물러서는 것이라면 제복을 입은 경찰, 군인 등은 거수경례를 하는지요? 아님 제복 착용과 관계없이 목례 등으로 인사를 하는 것인지요?
3. 답변에 대한 역사자료나 근거 등도 공부할 수 있게 함께 지도해 주시기 부탁 드리옵니다.

◆答; 분향 후 목례?

유가(儒家)의 예법(禮法)에는 거수경례의 예법이 없으니 논할 수가 없습니다.

다만 가장 가벼운 예로 첨례(瞻禮)가 있으며, 다음으로 분향례가 있는데 그 예법 역시 분향 궤배(跪拜)가 됩니다. 재배 후 마지막에 다소곳이 읍의 예를 갖춥니다.

●性理大全祠堂出入必告主人主婦近出則入大門瞻禮而行歸亦如之○經宿而歸則焚向再拜
●大唐西域記羯若鞠闍國然而瞻禮之徒實繁其侶金錢之稅悅以心競
●辭源[瞻禮]瞻仰禮拜
●沙溪曰瞻禮猶言揖
●語類先生每日早起子弟倒影堂前啓門先生陞堂率子弟以次列拜炷香又拜而退
●春官通考文宣王廟朔望焚香;大司成率諸生入文廟焚香四拜
●周禮春官大祝辨九拜一曰稽首二曰頓首三曰空首四曰振動五曰吉拜六曰凶拜七曰奇拜八曰襃拜九曰肅拜
●郊特牲註蕭香蒿也取此蒿及牲之脂膋合黍稷而燒之使其氣旁達於墻屋之間是以臭而求諸陽也
●溫公曰古之祭者不知神之所在故灌用鬱鬯臭陰達于淵泉蕭合黍稷臭陽達於墻屋所以廣求神也
●沙溪曰焚香再拜求神於陽也灌酒再拜求神於陰也家禮時祭一再拜恐闕誤
●丘氏曰灌鬯爇蕭雖是諸侯之禮後世焚香祭神實取此義又曰古無香漢以前只是焚蘭芷蕭艾之類後百越入中國始有之雖非古禮然通用已久鬼神亦安之矣

▶930◀◆問; 四時祭의 대상과 제사 날짜는 언제입니까?

사시제에는 누구를 제사하면 지내는 낭자는 언제가 되나요.

◆答; 사시제의 대상과 제사 날짜.

아래와 같이 살펴보건대 사시제(四時祭) 대상(對象)은 고비(考妣), 조고비(祖考妣), 증조고비(曾祖考妣), 고조고비(高祖考妣)로 4 대봉사(代奉祀)를 하게 되고. 사시제(四時祭) 날자는 춘하추동 사계절(四季節)의 매 계절 중간 달에 상순의 정일(丁日)이나 해일(亥日)의 날로 점을 처 길하면 택하고 불길하면 중순의 날 또 불길하면 또점을 치지 않고 하순의 정일이나 해일로 직용하여 시제(時祭)를 지내게 됩니다.

●性理大全四時祭設位條設高祖考妣位於堂西北壁下南向考西妣東各用一倚一卓而合之
曾祖考妣祖考妣考妣以次而東皆如高祖之位世各爲位不屬
●孔子閒居:天有四時春秋冬夏細註藍田呂氏曰天有四時春夏秋冬
●性理大全四時祭時祭用仲月前旬卜日條上旬之日或丁或亥主人曰(云云)玟擲于盤以一
俯一仰爲吉不吉更卜中旬之日又不吉則不復卜而直用下旬之日

▶931◀◆問; 사시제는 합동제사 인가요?

4 대봉사를 하는 경우 사시제(四時祭)는 8 분을 4 계절마다 도합 32 번 제사를 지내
는 것인가요? 고비는 합동으로 하여 16 번 제사를 지내는 것인가요? 차례처럼 8
분을 합동으로 4 번 제사를 지내는 것인가요?

◆答; 사시제는 합제.

사시제(四時祭)는 매 계절(季節) 중간 달에 지내는 가장 큰 제사(祭祀)로 사당(祠堂)
에 모시고 있는 조상(祖上) 신주(新主)를 정침(正寢)으로 내어 모시고 지내는데 초
헌(初獻) 독축(讀祝)과 아헌(亞獻), 종헌(終獻)만 매위(每位)이며 그 외는 위(位)에
관계없이 참신(參神)을 비롯하여 사신(辭神)까지 일회(합동)로 마칩니다.

아래 예법은 구의(丘儀) 사시제(四時祭) 예법(禮法)으로 참신(參神)과 사신(辭神)
및 준(餕) 예법에서 사배(四拜)를 택하고 있으나 가례는 재배라 괄호 처리하였음.

▶932◀◆問; 사시제 축식.

시제 축식을 올려 주세요.

◆答; 사시제 축식.

이하 사시제 참조.

●사시제(四時祭)○時祭用仲月前旬卜日
◆命辭式用分至則去
某將以來月某日諏此歲事適其祖考(繼禰之宗但云考)尙饗
◆擇日告辭式
孝孫(繼禰之宗稱孝子)某將以來月某日祇薦歲事于
祖考卜旣得吉(用下旬日或分至則不言卜旣得吉)敢告
◆祝命執事辭式
孝孫某將以來月某日祇薦歲事于 祖考有司具脩
○合用之器儀節○合備之物儀節○合用之人儀節○前期三日齊戒○前一日設位陳器○設位
陳器之具 (설위진기지구)○省牲滌器具饌○具饌之具 (구찬지구)○厥明夙興設蔬果酒饌○質明奉
主就位○奉主就位儀禮節次
◆出主告辭式
孝孫(屬稱隨改見上卜日告式)某今以仲春(仲夏秋冬隨時)之月有事于 顯高祖考某官府君 顯高祖妣
某封某氏(曾祖考妣至考妣列書繼曾祖以下之宗亦以最尊位爲主而隨屬稱)以某親某官府君(卑幼去府君二字)某
親某封某氏祔食敢請 神主出就正寢(或廳事)恭伸奠獻
○參神○降神○進饌○初獻
◆時祭祝文式代各異板○凡告祝以家禮爲主而如年月干支改皇爲顯淸酌庶羞等句語多從備要書之○按今不用去年號幾
年
維　歲次干支幾月干支朔幾日干支孝玄孫(孝曾孫孝孫孝子隨屬稱)某官某敢昭告于　顯高祖考某
官府君　顯高祖妣某封某氏(曾祖云顯曾祖考某官府君顯曾祖妣某封某氏祖考妣及考妣皆倣此)氣序流易時維
仲春隨時追感歲時不勝永慕(家禮本註改不勝永慕爲昊天罔極)敢以淸酌庶羞祇薦歲事以某親某官
府君(卑幼去府君二字)某親某封某氏祔食(家禮本註如本位無卽不言凡祔倣此)尙　饗

○亞獻○終獻○侑食○闔門○啓門○受胙

◆嘏辭式

祖考(屬稱隨改見上命辭式)命工祝承致多福于汝孝孫(屬稱隨改見上卜日告式下同)來(音釐)汝孝孫使汝受祿于天宜稼于田眉壽永年勿替引之

○辭神○納主○徹○竣

◆歸胙所尊書式

某惶恐(平交以下去惶恐二字)白今月某日有事于　祖考謹(降等改謹爲今)遣歸(降等改歸爲致)胙于　執事(平交以下去于執事三字)伏惟　尊慈俯賜(平交去尊慈俯賜四字)　容納(平交改容納爲留納降等去伏惟以下八字)某惶恐再拜(平交去惶恐二字降等改惶恐再拜爲白)　某人執事(平交改執事爲左右)

◆所尊復書式

某白(降等云惶恐白○降等平交云云皆指復書者而言下同)吾　子(平交以下云伏承某人)孝享　祖考不專有其福(降等云欲廣其福)　施(降等改施爲辱)及老夫(平交云賤交降等云賤子)感慰良深(平交云不勝感戢降等云過蒙恩私不勝感戴之至)某白　某人(平交云某再拜某人左右降等云某惶恐再拜某人執事)

◆皮封式(同前式)

◆獻者祝辭式

祀事旣成　祖考嘉饗伏願　某親備應五福保族宜家

◆尊長酢長少祝辭式

祀事旣成五福之慶與汝曹共之

○凡祭主於盡愛敬之誠而已貧則稱家之有無疾則量筋力而行之財力可及者自當如儀(韻會筋擧炘切肉之力也)

▶933◀◆問; 삭일(朔日) 축문 쓰는 법?

초하루 축식 예시문을 적어 주세요.

◆答; 삭일(朔日) 축문.

維歲次干支幾月朔日干支云云

●便覽墓祭親盡祖墓祭祝文式維年號幾年歲次干支十月朔日干支幾代孫某官某敢昭告于

▶934◀◆問; 三飱(澆飯)에 대하여.

철갱진숙수 후 메에서 밥을 세 번 떠 숙수에 마는 예법이 정례인지요.

◆答; 三飱(澆飯)은 정례가 아님.

아래와 같이 살펴보건대 삼초반(三抄飯; 三飱)의 예(禮)는 옥조(玉藻)의 말씀으로 미루어 보아 상생시(象生時)의 예(禮)로서 남계(南溪)선생 말씀과 같이 상(喪) 삼년(三年) 내(內)는 가하나 기제(忌祭)에서는 行하지 말아야 할 예(禮) 같습니다.

따라서 사시제(四時祭)를 비롯하여 모든 제례(祭禮)에서의 삼요반(三澆飯; 三飱)은 전거로서 입증될 수가 없고 다만 혹 가문(家門)에서 행하고 있다면 옥조(玉藻)의 가르침을 잘못 해석 기제(忌祭)에서도 행하고 있는 듯 합니다.

고(故)로 기제(忌祭)에서의 삼초반(三抄飯)은 오류(誤謬)로 보아야 옳을 것입니다.

●張子曰用茶非古也用生人意事之

●退溪曰今人進湯水是古進茶之意

●尤菴曰澆飯於熟水似是象生時也然中朝之人則常時飯畢飲茶少許云則澆飯亦東俗耶

●明齋曰抄飯一節禮所不言只移是於茶器爲宜○補疑云然三年內象生之義澆飯恐似無妨三年後正祭乎

●玉藻君旣食又飯飱飯飱者三飯也註飱以飲澆飯也食竟更作三飱以助飽君畢食則臣更飯飱也

●輯要今俗徹羹進茶又以匙取飯少許澆於湯水盖徹羹進水是生時常例
●南溪曰抄飯三年內象生時則可時忌祭則不可

▶935◀◆問; 삼실과(三實果)란.

시골에 어른 분이 지나가는 말씀으로 삼 실과라 함은 껍질이 3 겹으로 된 과일을 지칭하기에 호두, 밤, 은행이라는 말은 들었습니다. 그런데 다른 게시판을 읽다가 보니 삼 실과라 함은 밤, 대추, 감 이라는 사실을 알았습니다.

요약하면 밤은 인간의 근본을, 대추는 자손의 번창, 감은 인간의 됨됨이를 의미한다고 되어있습니다. 어느 것이 옳은지 알려주시면 감사하겠습니다.

◆答; 삼과(三果).

○三實果; 조(대추), 율(밤), 시(감; 棗栗柿).

○의미(意味).

조(棗); 꽃을 피우면 반드시 열매를 맺은.

율(栗); 하나의 씨앗이 움을 터 아름드리가 되어도 단단 할 뿐 썩지를 않음.

시(柿); 감의 씨가 움을 틀 때는 고욤나무로서 다시 감나무 가지로 접을 붙여야만 감이 열림.

●國朝五禮儀考異嘉禮王子婚禮納采; 交拜如常日賓客之禮乃以酒饌(註饌品不過三果)禮使者使者復命
●磻溪隨錄田制分田定稅節目;果木之類勿稅之果則棗栗柿梨栢子等

▶936◀◆問; 삼적(三炙)에 관하여.

제례에서 초아종헌(初亞終獻) 시 진적(進炙)의 예에서 삼적(三炙)이라 하여 육적(肉炙) 어적(魚炙) 계적(鷄炙)을 올리는 집안도 있는 것 같습니다. 그런데 주자가례의 적(炙)에는 간적(肝炙)과 육적(肉炙)뿐인데 혹 오류가 아닐까요. 근거됨은 있는지요.

◆答; 삼적(三炙)에 관하여.

아래 여헌(旅軒) 선생의 기제의에 삼적(三炙)이 보입니다. 원은 치적(雉炙)이나 꿩이 없으면 닭으로 대신한다. 라 말씀 하신 것 같습니다. 그러나 사서인(士庶人)의 전통예법에서는 그 전거를 찾을 수가 없고 이도 여헌(旅軒) 선생의 가문의 예법이지 주자가례를 제쳐놓고 이를 권장하거나 정례라고 이를 수는 없을 것 같습니다.

●旅軒忌祭儀篇主人初獻啓盤盖進肉炙云云亞獻進魚炙終獻進稚炙(註無雉則以鷄代之)云云

▶937◀◆問; 삼제(三祭)를 좨주(祭酒)라 하지 않는다.

어느 예서에는 三祭를 삼좨라 하였습니다 맞는 것입니까.

◆答; 삼제(三祭)를 좨주(祭酒)라 하지 않음.

제례에서 초아종헌(初亞終獻) 시 헌주(獻酒) 후 잔반을 내려 모사에 따르는 예를 일러 삼제(三祭. 或 祭之)라 하지 좨주(祭酒)라 하지 않으며 혹 이를 일러 제주(祭酒)라 하지 좨주(祭酒)라 하지는 않는다.

제례(祭禮)에서 삼제(三祭)의 예를 좨주(祭酒)라 이른다 함은 유학(儒學)의 어느 예서에도 사용되지 않는 음(音)이다.

우리나라 한자(漢字) 음(音)으로 [좨]라는 글자는 제(祭)자 뿐으로서 이는 특별(特別)이 우리나라에서만 붙여 이르는 음(音)으로 제례(祭禮)와 관직명(官職名)을 구분키 위한 수단으로 고려시대의 국자감(國子監) 종삼품(從三品) 벼슬과, 조선조에서는 성균관(成均館) 정삼품(正三品) 벼슬의 겸임 직으로 그 직책은 주로 석전(釋奠) 때 제향(祭享)의 일을 맡아 보던 직명을 분별하기 위함에 서가 아닌가 생각된다. 어느 시대 누구에 의하여 제례(祭禮)에서의 삼제(三祭)를 좨주(祭酒)라 이르게 되었는지는 알 수 없으나 이는 아마도 모 옥편에 일음(一音) 제. 이음(二音)으로 좨. 삼음(三音)으로 채. 등으로 분류(分類) 됨을 오해하여 제음과 좨음을 동의로 착각(錯覺), 또는 유학(儒學)의 실상(實像)을 알지 못하고 유식(有識)한 체 하기 위하여 특별 나게 보이기 위한 자기 도취(陶醉)에서 빚어진 엉뚱한 발상의 결과가 아닌가 생각한다. 제(祭)에 좨음이 붙게 된 근거를 밝히기 위하여 여러 서(書)를 살펴 보았으나 지금까지는 찾지를 못하였다.

다만 세종대왕께서 한글을 반포하기 이전에는 한자(漢字)에는 좨자가 원초부터 없었으니 일자(一字) 이음(異音) 이의(異意)일 때 표시를 할 수 없었으니 그 음의 전거는 없었을 것이고 [예 권(卷)자를 곤룡포를 뜻할 때는 곤(卷; 音困)] 그 이후에는 제주(祭酒)를 좨주(祭酒)라 이의음(異意音)이라는 의미를 한글 표기 이외는 의사(意思) 전달(傳達) 방법이 없다는 것이다. 그렇다면 좨주란 구전(口傳)을 사전(辭典) 편자(編者)가 하나의 단어로 삽입함이 아닌가 한다.

그 이유는 고종 2 년(1865)에 발간(發刊)된 대전회통(大典會通) 성균관(成均館) 정삼품(正三品) 제주(祭酒) 벼슬을 기록(記錄)하면서 좨음이라는 표시(表示)가 없음도 구전이라는 이를 수 있는 전거(典據)가 될 수 있다는 것이다.

사계전서 권지 41 의례문해 25 판 전(前)의 祭酒條 역시 단순히 祭主라 하였지 음(音)을 좨주로 읽을만한 근거가 없다. 특히 각 국어사전에 좨주란 아래와 같은 의미로 정의되었다는 사실이다.

⊙백과사전(국어 사전류)
좨주 [祭酒]; 고려시대는 국자감(國子監) ·성균감(成均監) ·성균관의 종 3 품 벼슬이다. 조선시대는 성균관에서 교회(敎晦)하는 일을 맡아보던 종 3 품관으로, 특히 학덕이 높은 사람을 임명하였는데, 1401 년(태종 1) 사성(司成)으로 고쳤다.

●大典會通吏典成均館條祭酒一員正三品[續]增置○祭酒司業以學行有士望者擬差或單付[增]一二品亦兼
●史記荀卿傳荀卿最爲老師齊尙脩列大夫之缺而荀卿三爲祭酒焉註索隱曰禮食必祭先飮酒亦然必以席中之尊者一人當祭耳後因以爲官名故吳王濞爲劉氏祭酒是也而卿三爲祭酒者謂荀卿出入前後三度處列大夫康莊之位而皆爲其所尊故云三爲祭酒

▶938◀◆問; 삼제(三祭)에 대하여.
아래와 같이 이해되는 글이 있었습니다.
○ 강신 뇌주 때는 삼제(三除)라 하여 술을 잔에 따른 후 세 번에 나누어 모사기에 붓는 의식으로 이는 지백(地魄)을 모시는 의미이다. 이는 술잔에 술을 채운 후 바로 3 번에 나누어 모사기에 붓고 빈잔을 신위 전에 올리는 것으로 이해가 됩니다.
○ 삼제(三祭)는 초헌(初獻) 때만 하는 의식으로 '초헌관(初獻官)이 술을 올린 후 다시 그 잔을 받아 세 번에 나누어 모사기에 붓는 것을 말한다.' 라고 설명하고선 '술을 받은 조상(祖上)이 술을 드시기 전 곡신(穀神)에게 예를 올리는 것을 상징(象徵)하며 그 조상을 대신(代身)하여 초헌관이 예를 행하는 것입니다.'라고 하셨습니다.

- 위의 글을 그대로 이해하자면 초헌관이 술잔에 술을 채워 신위 전에 올린 후 다시 그 잔을 받아 3 번에 걸쳐 모사기에 붓는 것을 삼제(三祭)라고 하였습니다. 그러

니까 삼제는 초헌관이 술잔에 술을 채워 신위 전에 올리고 그 술을 내려 모사기에 3 번에 걸쳐 지운다(제한다)는 말씀으로 생각됩니다.

초헌관(初獻官)이 술잔을 신위(神位) 전에 올린 것은 조상(祖上)이 술을 드신 것이 아니고 곡신(穀神)에게 예를 올리기 전에 일단 신위 전에 술을 올렸다가 다시 내려서 삼제(三祭)하는 것이 맞는지요?

강신 때의 삼제(三除)는 술잔에 술을 채운 후 그 술을 신위 전에 올리지 않고 바로 3 번에 나누어 모사기에 붓는다고 했는데 초헌관의 삼제(三祭)는 술잔에 술을 채워 신위 전에 올린 후 다시 그 잔을 받아 3 번에 걸쳐 모사기에 붓는 것으로 설명하고 있어 의식에 차이가 나는 것 같아서 문의합니다. 그리고 '삼제(三祭)'와 '삼쇄(三祭)'는 뜻이 다른지요?

◆答; 三祭.
초아종헌관(初亞終獻官)이 전작(奠爵)하면 신이 직접 제주(祭酒)할 수 없으니 헌관들이 신 대신 제주(祭酒)를 대신 행하는 예로서 삼헌(三獻) 모두 제주를 합니다.

강신 때는 삼제(三除)라는 예(禮)는 없고 다만 모사(茅沙)에 한번에 천천히 모두 따릅니다.

제례(祭禮)에서는 제(祭)를 쇄(祭)라 발음하지 않고 제(祭)라 발음함이 옳습니다. 쇄(祭)라 발음되면 제주(祭酒)를 의미하게 되는데 제주(祭酒)는 경국대전(經國大典)에 등장하는 용어로 조선조(朝鮮朝)에서 정삼품(正三品) 이상의 학덕이 높은 관리로 성균관에서 교회(敎誨)하는 일을 담당하게 하였는데 주로 이조판서(吏曹判書)가 석전례(釋奠禮)를 행할 때만 겸임하여 일을 보게 하였던 그 직명(職名)이었습니다.

●楊氏曰案亞獻如初儀潮州所刊家禮云少牢饋食禮主人初獻尸尸祭酒而後啐酒卒爵主婦亞獻尸尸祭之而後卒爵賓長三獻尸尸祭酒而後卒爵士虞特牲禮亦然以此觀之三獻皆當祭主于茅
●問祭酒以家禮亞獻條但不讀祝云者觀之則三獻似皆祭之以擊蒙要訣亞獻條但不祭酒云者觀則亞終獻不祭無疑當何適從南溪曰楊氏附註三獻皆祭酒當從此說
●尤庵曰降神時傾酒于茅沙者求諸陰之義也三獻時少傾于茅沙者代神祭之義也
●家禮四時祭降神條本註云云主人左手執盤右手執盞灌于茅上云云
●國朝五禮儀大夫士庶人四仲月時享儀篇降神條主人升香案前跪三上香云云主人執盞灌于茅上云云

▶939◀◆問; 삼제에 대한 질문.
제례에서 헌작 시 헌관이 집사로부터 받은 술잔을 조금씩 모상에 3 번 지우는데 그 의미가 무엇인지요? 조금씩이라도 3 번 지우면 반 잔도 될 수 있는데 결례가 될 것 같아서 견해를 구합니다.

집사이인각위(執事二人各位) 우헌관지좌우(于獻官之左右) 취잔반짐주(取盞盤斟酒) 수헌관(授獻官) 헌관수작(獻官受爵) 삼제우모상헌작(三除于茅上獻爵).

◆答; 삼제.
삼제우모상(三祭于茅上)의 예는 종헌(終獻)뿐만 아니라 삼헌(三獻)의 예 모두서 行하는 예로, 三祭의 의미는 혹은 조상(祖上), 성현(聖賢), 천지(天地)의 신(神)에게 제사함, 또는 천지인(天地人)의 신에 제사함이다. 라 이해할 수도 있겠으나 그와 같은 전거는 있지 않은 것 같으며, 향사례(鄕射禮) 가공언소(賈公彦疏)에 우여좌중(右與

左中)이라 하였고, 이하시(李賀詩), 사기(史記), 한서(漢書)에서는 제주(祭酒)의 예는 노신(路神)에 제사함이라 하였습니다.

덧붙여 민간신앙에서의 고수레와 그 의미가 통한다. 라 이해한다 하여도 큰 무리는 없을 것 같습니다. 약간씩 세 번 지우는데 약간 줄뿐입니다.

●問祭酒以家禮亞獻條但不讀祝云者觀之則三獻似皆祭之以擊蒙要訣亞獻條但不祭酒云者觀則亞終獻不祭無疑當何適從南溪曰楊氏附註三獻皆祭酒當從此說
●尤庵曰降神時傾酒于茅沙者求諸陰之義也三獻時少傾于茅沙者代神祭之義也
●儀禮鄉射禮俎與荐皆三祭鄭玄注皆三祭竝其將祭侯也祭侯三處也賈公彥疏三處者下文右與左中是也
●李賀(出城別張又新酬李漢)詩今將下東道祭酒而別秦王琦匯解祭酒謂祖道祭也古者出行必有祖道之祭
●史記滑稽列傳故所以同官待詔者等比祖道於都門外
●漢書劉屈氂傳貳師將軍李廣利將出兵擊匈奴丞相爲祖道送至渭橋顏師古注祖者送行之祭因設宴飮焉

▶940◀◆問; '삼제우모상' 한자표기에 대하여.

제사 홀기에 보면 '삼제우모상'이라고 있습니다. 이걸 한자로 '삼제우모상(三祭于茅上)'이라고 쓰는 것으로 알고 있습니다. 이 뜻은 잔디 또는 모사그릇에 술을 세 번 지우는 것, 즉 조금씩 세 번 덜어내는 것이니 '제(祭)'가 아니고 '제(除)'라고 써야 맞을 것 같습니다. 즉 삼제우모상(三除于茅上)이라야 맞지 않을까 생각합니다만 고견을 청합니다.

◆答; 삼제우모상(三祭于茅上).

아래와 같이 살펴보건대 삼제우모상이 맞습니다.

○삼제(三祭); 세 번 제사한다.
○어디에다; 모상(茅上)에.

●宋子大全書答曹可運(壬子七月二十四日);問三祭于茅上者何義歟答書古人取酒用茅故祭時灌必用茅齊桓公責楚之不貢于王者以此也必三祭者禮成于三之義也

▶941◀◆問; 삼제우지에 관하여.

삼제우지(三除于地; 三祭于地)에 관하여 검색 난에서 삼제를 치고 검색을 하면 그 내용이 나오는데요. 제가 추가로 궁금한 점은 묘지기준 우서(右西)에서 좌동(左東)으로 삼제를 한다고 하신 점입니다. 여기서 묘지기준이란, 묘지는 항상 북향으로 본다는 의미를 전제하시는 말씀인지요?

예를 들어 산소(山所)가 山의 남향에 모셔져 있든, 동향에 모셔져 있든 산소는 항상 북향으로 기준을 삼는다는 말씀이신지요? 그렇다면 제사(祭祀)를 모시는 상주는 삼제(三祭)를 할 시 항상 자기의 왼쪽에서 오른쪽으로 삼제를 하면 되겠군요. 묘지기준 동에서 서로 삼제를 한다니 묘지가 동산에 모셔져 있을 수도 있고 남산에 모셔져 있을 수도 있으니 말씀입니다. 山을 피라미드로 비유한다면 4 각뿔인 피라미드형 山의 어느 쪽에 산소가 계시더라도 상주의 왼쪽에서 오른쪽으로 삼제를 하면 되는 것인지요?

◆答; 삼제우지(三祭于地).

실 방위와는 관계 없이 묘의 뒤를 북이라 하고 앞은 남이라 하며 우측을 서(西)라 하고 좌측을 동(東)이라 합니다.

묘제에서 삼제우지(三祭于地)는 향안석 앞 땅 위에다 조금씩 세 번 기우려 제사함을 의미합니다.

●性理大全凡屋之制不問何向背但以前爲南後爲北左爲東右爲西

▶942◀◆問; 선조제 설위 예법에 관하여.

의문이 있어 다시 여쭙니다. 草庵 선생님 말씀 중에 선조제(입춘일)에선 선조고 선조비로 쓰는 예를 들어주셨는데 우리나라에도 선조제를 지내는 실 예가 있으면 그 사례(事例)를 알고 싶으며 지방에 선조고 신위, 선조비 신위로 써서 모든 선조를 통틀어 표현하는 것인지 아니면 매 위마다 몇 대조 대신 선조고학생부군 선조고해주목사부군 등 몇 대조 또는 몇 세조를 따지는 대신 공통적으로 선조고 000 로 하는 것인지 의문이 들어서 입니다.

◆答; 선조제 설위.

선조제(先祖祭)는 정자설(程子說)로 가례(家禮)가 이를 택(擇)하였는데 우리나라 대표적(代表的)인 예서(禮書)인 요결(要訣), 상례비요(喪禮備要), 사례편람(四禮便覽) 등(等) 서(書)에서는 택(擇)하지 않았으며 다만 집람(輯覽)에서 택(擇)하여 설명(說明)되어 있습니다.

요즘 선조제(先祖祭) 지내는 가문(家門)이 있는지의 여부(與否)는 알지를 못하며 다만 학문적(學問的)으로 이해(理解)되고 있지 않나 생각됩니다.

선조제(先祖祭)는 조고위(祖考位)나 조비위(祖妣位)가 여러 대(代)라 하여도 단지(但只) 선조고신위(先祖考神位) 선조비신위(先祖妣神位)라 통칭(統稱)할 뿐인 것 같습니다. 어류(語類)에 만약영당(影堂)에 패자(牌子)가 각각 있다면 그와 같이 설위(設位)하지 않고 매위 설위 하여야 한다는 것 같습니다.

구의(丘儀)에서는 매위(每位) 각설(各設)한다 하였으나 가례(家禮)의 예법(禮法)과 상이(相異)하기 때문에 가례(家禮) 설(說)을 따릅니다. 물론 구의(丘儀)의 참사신(參辭神) 사배(四拜) 역시(亦是) 따르지 않고 가례(家禮) 재배(再拜) 설(說)을 따르듯이 어느 예(禮)든 가례(家禮)와 상위(相違)하면 선유(先儒)들께서도 가례설(家禮說)이 정론(定論)이다. 라 하고 가례(家禮)를 따랐습니다.

●家禮初祖祭初獻條云云敢昭告于初祖考初祖妣今以云云○又先祖祭初獻條云云祝祠改初爲先云云
●語類問立春祭先祖則何祖曰自始祖下之第二世及己身以上第六世之祖曰何以只設二位曰此只是以
意享之而已○又問祭先祖用一分如何曰只是一氣若影堂中各有牌子則不可
●輯覽祭先祖之圖先祖祭之圖先祖考位先祖妣位
●丘儀先祖祭設位條凡同居合族之人有服及親未盡者是日皆合祭分爲兩列左昭右穆相向以北爲上每考妣前設一卓
●沙溪按朱子曰某當初也祭後來覺得僭今不敢祭也此似是朱子定論丘說可疑

▶943◀◆問; 선조제에 관하여.

이전 문의한 부조묘에 대한 답변은 아주 유익하게 잘 읽었습니다. 감사합니다. 몇 가지 더 문의 드리고자 합니다.

질의 1; 先祖祭를 사당에서 지내고 先祖考神位 先祖妣神位라 신위를 썼다면 이에

해당되는 선조님은,

1. 모든 선조님을 뜻합니까?
2. 사당 가까이 있는 묘소가 있는 선조님을 뜻합니까?
3. 묘소가 있는 모든 선조님을 뜻합니까?
4. ㅇㅇㅇ 선조님부터 그 아래 선조님께 제사를 드리고자 한다면 다르게 해야 합니까?

질의 2;불천위를 모시는 사당에서 선조제를 지내려고 하는데 무슨 방법이 없습니까?

◆答; 선조제.

질의 1-1.2.3.4. 答; 선조제(先祖祭)는 [시조하제이세급기신이상제육세지조(始祖下第二世及己身以上第六世之祖)]내의 모든 조상(祖上)입니다.

질의 2. 答; 선조제(先祖祭)는 불천위(不遷位) 사당(祠堂)이 아니라 [당중지서조비신위우당중지동(堂中之西祖妣神位于堂中之東)]으로 설위(設位)합니다.

●疑禮問解問先祖之祭分設考妣兩位者何意耶答先祖之祭不止一位故分設考妣兩位以兼享之
●語類問立春祭先祖則何祖曰自始祖下第二世及己身以上第六世之祖○又問祭先祖何以只設二位(考妣二位)曰只是以意享之而已○又問用一分(考妣各一分)曰只是一氣若影堂中各有牌則不可
●家禮先祖祭設位條祖考神位于堂中之西祖妣神位于堂中之東
●家禮先祖祭祝文曰維年歲月朔日子孝孫姓名敢昭告于先祖考先祖妣今以立春生物之始追惟報本禮不敢忘謹以潔牲柔毛粢盛醴齊祇薦歲事尚饗

▶944◀◆問; 선조제에 대하여.

초암 선생님 답 글 감사 드립니다. 그런데 선조제란 언제 왜 지내는 제사인지와 제주의 속칭 자효손은 子 또는 孝孫인가요.

◆答; 선조제.

선조제(先祖祭)

繼始祖高祖之宗得祭繼始祖之宗則自初祖以(一作而)下繼高祖之宗則自先祖而下

시조(始祖)를 이어가는 종가와 고조(高祖)를 이어가는 종가의 제사로 시조를 이어가는 종가면 자신의 초조 이하의 조상이며 고조를 이어가는 종가면 자신의 제일 위조상 이하이다. 축식의 子孝孫에서 자(子)는 후손, 또는 자손이란 의미입니다.

○立春祭先祖○前三日齊戒○前一日設位陳器○具饌○厥明夙興設蔬果酒饌○質明盛服就位降神參神

◆焚香告辭式

孝孫某今以立春有事于 先祖考 先祖妣敢請 尊靈降居神位恭伸奠獻

○進饌○初獻

◆先祖祭祝文式

維 歲次干支幾月干支朔幾日干支子孝孫姓名敢昭告于 先祖考 先祖妣今以立春生物之始追惟報本禮不敢忘謹以潔牲柔毛粢盛醴齊祇薦歲事尙 饗

○亞獻終獻○侑食 闔門 啓門 受胙 辭神 徹 餕

▶945◀◆問; 先參後降에 대하여?

강신례와 관련하여 문의를 드립니다. 조상제사 봉사 시에 사당이 없어서 신주를 봉안하지 않는 경우에는 일반적으로 강신례를 먼저하고 다음에 참신례를 행하는 것으로 알고 있습니다. 그런데 사당에 신주를 모시고 있는 경우에는 참신례를 먼저하고 다음에 강신례를 행한다고 합니다. 이것은 신주에 조상신이 깃들어 있는 것으로 간주하여 참신례를 먼저 행하는 것으로 생각됩니다. 하지만 참신례를 행한 다음에 강신례를 행하는 것은 어떻게 설명될 수 있는 것인지요? 혹시라도 이러한 경우에 강신례를 행하는 또 다른 이유라도 있는 것인지요?

◆答; 선참후강(先參後降).

사당제시(祠堂祭時)는 선강후참(先降後參)이나 정침제(正寢祭)일 때는 이미 출주 시(出主時) 분향(焚香) 후(後) 정침(正寢)(제소(祭所))으로 이동(移動)하였기 때문에 선참후강(先參後降)이 되며 재강(再降)하는 까닭은 출주 시(出主時) 분향(焚香)뿐이어서 뢰주(酹酒)의 예(禮)를 행하며 완전(完全)한 혼신(魂神)을 모시기 위한 예로 분향뢰주(焚香酹酒)케 되는 것입니다.

신주(神主) 역시 사당(祠堂)에 계실 때는 紙牓과 같이 선강후참(先降後參)이 되고 정침(正寢)으로 모실 때는 사당(祠堂)에서 분향(焚香)을 하고 오셨기 때문에 먼저 인사를 드리는 것입니다. 이러한 예를 일러 선참후강(先參侯降)이라 합니다. 묘제(墓祭) 역시 선참후강(先參後降)인데 까닭은 묘(墓)에는 체백(體魄)이 계시기 때문에 그렇습니다.

●家禮四時祭質明奉主就位條主人升自阼階搢笏焚香出笏告曰(云云)
●退溪曰祭則降神後薦獻等禮所以先祭而後降
●陶庵曰朔參則無遷動之節故先降後參時祭之先參後降其義可推而知也
●尤庵曰若時祭行于祠堂則無奉主就位節次只就祠堂各位前陳器設饌先降神而後參神
●書儀古之祭者不知神之所在故灌用鬱鬯臭陰達于淵泉蕭合黍稷臭陽達于牆屋所以廣求其神也今此禮既難行於士民之家故但焚香酹酒以代之

▶946◀◆問; 수조(受胙)란 용어(用語) 문의.

초암 선생님 답변 말씀 중에 나오는 "수조(受胙)"가 무슨 뜻인지 설명 부탁 드립니다.

◆答; 수조(受胙)란 용어(用語).

수조(受胙)란 제사를 지내고 복(福)으로 받는 제육(祭肉) 또는 주육(酒肉)이란 뜻으로, 제목(祭目)에서 수조(受胙)를 통상 풀기는 대개 음복(飲福)으로 풀어 놓습니다.

●舊唐書音樂志一皇帝祭享酌酒讀祝文及飲福受胙奏壽和
●左傳僖公四年太子祭于曲沃歸胙于公杜預注祭之酒肉
●史記周本紀顯王九年致文武胙於秦孝公裵駰集解胙膰肉也

▶947◀◆問; 숙제(熟祭)와 생제(生祭)에 관한 질문.

안녕하십니까? 숙제(熟祭)와 생제(牲祭)는 우리나라의 전통(傳統)인지 아니면 중국에서의 제례(祭禮)를 우리가 도입한 것인지 궁금합니다. 항상 수고 하심에 깊은 감사의 말씀 드립니다.

◆答; 숙제와 생제.

유학의 발상지는 중국으로, 우리나라에서는 그 법도를 받아 들였으니, 아래와 같이 살펴보건대 숙제(熟祭)나 생제(生祭) 역시 모두 중국에서 도입된 예입니다.

●郊特牲有虞氏之祭也尙用氣血腥爓祭用氣也註尙用氣以用氣爲尙也初以血詔神於室次

薦腥肉於堂燜次腥亦薦於堂皆未熟故云用氣細註嚴陵方氏曰血腥燜三者皆氣而已○血祭盛氣也祭肺肝心貴氣也祭黍稷加肺祭齊加明水報陰也取膟脊燔燎升首報陽也○鼎俎奇而籩豆偶陰陽之義也籩豆之實水土之品也不敢用褻味

●周禮宗伯禮官之職大宗伯血祭祭社稷五祀五嶽山林川澤註陰祀自血起貴氣臭也

●開元禮皇帝仲春仲秋上戊祭大社編進熟條(云云)祝史各進徹毛血之豆降自西陛(云云)

●特牲饋食禮註祭祀自熟始曰饋食饋食者食道也疏食道者生人飲食之道士大夫祭禮自熟始也天子諸侯饋熟已前仍有灌鬯朝踐饋獻之事

●家禮四時祭省牲滌器具饌條潔釜鼎具祭饌○初獻條執事者炙肝于爐以楪盛之

▶948◀◆問; 承重.

조부는 생존하여 계시고 부친은 먼저 작고하셨습니다 숙부는 계시는데 만약 조부가 작고하시게 되면 누가 상주가 되는지요.

◆答; 승중(承重).

적장자손(嫡長子孫)이 무처(無妻) 무자(無子)로 부(父)나 조부(祖父) 앞에 먼저 죽게 되면 차자손(次子孫)이 승계(承繼) 사당(祠堂)을 받들게 됩니다.

승중이란 조부모 앞에 적자(嫡子)가 먼저 죽은 뒤 조부모가 뒤에 작고하게 되면 그의 손자(孫子)들이 아버지를 대신하여 입는 복(服)으로, 아버지가 생존하였으면 1 년 복(服)을 입으나 승중(承重) 복(服)은 조부모(祖父母) 모두 3 년 복을 입게 됩니다. 따라서 승중(承重) 복(服)을 입은 손자들은 승중 손이라 하고 증조의 승중복(承重服)은 입은 증손(曾孫)들은 승중(承重) 증손(曾孫)이라 합니다.

●問父母偕喪中喪妻無子身又歿第二弟先歿無子有婦第三弟未長成主祀以誰爲之遂菴曰兄亡弟及禮也次子婦雖存非如嫡婦之第三子當承重

●龜川曰長子雖死若有長婦則竢後立祠夫婦俱沒則次子承重

●沙溪曰長子無后而死次子承重則長子雖嘗承重當班祔無疑

●尤庵曰凡喪父在父爲主故子孫神主皆以祖父爲主

●家禮祠堂旁親之無後者以其班祔條子姪祔于父皆西向

●集說按禮記孫死而祖在則祔於高祖龕

●辭源[承重]本身及父俱係嫡長而父先死於祖父母喪亡時稱承重孫如祖父及父均先死於曾祖父母喪亡時稱承重曾孫凡承重者皆服喪三年

▶949◀◆問; 승중 상 관련 문의.

작은아버지의 자녀가 없어 작은아버지 대신 상주가 되는 경우도 승중 상에 해당 되나요?

◆答; 승중 상 관련.

승중(承重)이란 적손(嫡孫)이 먼저 부친 작고 후 조부모가 생존하다 상을 당하였을 때 부친 대신 입는 복을 승중복(承重服)이라 합니다. 따라서 강O님의 말씀과 같은 복은 승중 복이라 하지 않고 섭주라 합니다. 고로 숙부(叔父)가 무 자손으로 작고 하였을 때는 그 집 종자가 섭주(攝主)가 됩니다. 까닭에 강O님의 부친이 적장(嫡長) 이시면 부친이 섭주(攝主; 상주)가 되고 이미 작고하셨으면 부친의 적자(嫡子)가 상주(섭주)가 됩니다.

●儀禮喪服嫡孫賈疏此謂適子死其適孫承重者祖爲之

●辭源手部四畫承重本身及父俱係嫡長而父先死於祖父母喪亡時稱承重孫如祖父及父均先死於曾祖父母喪亡時稱承重曾孫凡承重者皆服喪三年

●小記男主必使同姓婦主必使異姓疏若攝男主必使喪家同姓之男若攝婦主必使喪家異姓
之女異姓同宗之婦
●奔喪親同長者主之註父母歿如昆弟之喪宗子主之

▶950◀◆問; 승중상(承重喪)에 대하여.

승중 상에 대해 궁금한 점이 있어 문의 드립니다. 승중 상이란? [아버지를 여읜 맏
아들이 할아버지나 할머니가 돌아가셔서 치르게 된 초상]이라고 국어사전에 나와있
습니다.

궁금한 점은 할아버지는 슬하에 장남과 차남을 두셨는데, 장남과 차남이 모두 사망
했을 경우 장남의 맏아들은 승중 상이 당연합니다. 그럼 차남의 맏아들은 승중 상
에 해당되는지요?

◆答; 승중상(承重喪)이란.

승중(承重) 상(喪)이란 적자(嫡子)가 먼저 사망한 뒤에 조부모(祖父母)가 작고(作故)
하게 되면 적손(嫡孫)이 부모를 대신하여 입는 복을 승중 복이라 하고 조부는 참쇠
삼년복(斬衰三年服)을 입고 조모는 자최삼년복(齊衰三年服)을 입음.

●儀禮喪服嫡孫賈疏此謂適子死其適孫承重者祖爲之期
●性理大全立喪主凡主人謂長子無則長孫承重以奉饋奠
●朱子曰祖在父亡祖母死亦承重

▶951◀◆問; 승중상에 축문식을 가르쳐 주세요.

늘 수고 많으십니다. 홍길동씨의 조모상 (조부는 더 먼저 돌아가셨고요)을 당했습니
다 부친도 돌아가시고 장손이니까 승중 손이지요 그런데 홍길동씨의 모친은 살아계
신답니다. 이럴 경우 초우 재우 삼우제 축문에 홍길동씨를 어떻게 표현해야 되는지
요 (1)고애손 (2)애손 (3)고손 좀 알려주세요.

◆答; 승중손의 축식.

부친이 먼저 죽고 조모는 생존하여 계시고 조부가 후에 작고하였으면; 고손(孤孫).
조모가 또 작고하였으면; 고애손(孤哀孫).

●開元禮 : 父祖則孤子孤孫母及祖母哀子哀孫
●備要 : 孤子哀子俱亡稱孤哀子承重稱孤孫哀孫孤哀孫

▶952◀◆問; 承重에 대하여?

안녕하십니까. 다름이 아니라. 궁금한 것이 있어서 이렇게 글 올립니다. 올해 31 살
이고 미혼입니다. 아버지는 일찍이 돌아가시고 조부님은 살아계십니다. 아버지가 큰
아들이니까 제가 큰 손자 됩니다.

궁금한게. 할아버지가 돌아가시면 집안에 제사는 누가 모셔야 합니까? 삼촌 분들은
아직 제가 미성년자란 식으로 <웃기죠?> 결혼하지 않으면 정말 미성년자입니까?
아무튼 제 나이가 31 살인데 미혼이란 이유로 장가갈 때까지 본인들 댁에서 제사를
치러야 된다고 하시고 후에 장가를 갈 경우 제사를 물려 주겠단 말씀을 하십니다.

예법에 미뤄볼 때. 장가가지 않은 장손은 나이를 떠나 제사를 모실 수 없는 것인지
그것도 집안마다 다른 것인지 참으로 궁금합니다. 또 한가지 혹 작은 숙부님 댁에
서 제사를 지낼 경우 명절제사 때 저희 아버님도 같이 작은 숙부님 댁에서 모실 수
있는지 그것 또한 궁금합니다. 수고 하십시오.

◆答; 승중(承重).

승중(承重); 장손(長孫)이 부선망(父先亡) 후(後) 조부모(祖父母) 상(喪)을 당하여 부친(父親) 대신(代身) 상(喪)의 주인(主人)이 되어 복상(服喪)할 경우(境遇)는 승중손(承重孫). 부(父)와 조부선망(祖父先亡) 후(後) 증조부모(曾祖父母)는 승중증손(承重曾孫). 고조(高祖)의 경우(境遇)는 승중현손(承重玄孫)이라 합니다.

따라서 조부께서 작고하시게 되면 적자(適子) 선망(先亡)이니 예법상 적손(適孫)이 승중(承重)주인이 되어 상(喪)을 치르고 제사를 지냅니다. 그 후 조부모(祖父母)와 아울러 부모(父母)의 제사를 주관하고 주인이 되어 초헌을 하게 됩니다.

●家禮初終立喪主條凡主人謂長子無則長孫承重奉饋奠
●朱子曰祖在父亡祖母死亦承重
●牛溪曰初喪立喪主所以重宗統也家廟阼階惟主人當之雖諸父位於前而皆不敢當阼階然則長孫承重主喪雖諸父在後
●儀禮喪服篇此謂適子死其適孫承重

▶953◀◆問; '예제'(醴齊)란?

향교 석전 홀기 중 "예제"란 구체적으로 설명해 주었으면 합니다.

◆答; 예제(醴齊).

醴齊= 첨주(恬酒) 감주(甘酒) 담술.

●周禮天官酒正;辨五齊之名一曰泛齊二曰醴齊三曰盎齊四曰緹齊五曰沈齊鄭玄注醴猶體也成而汁滓相將如今恬酒卽恬酒

▶954◀◆問; 왜 육서어동(肉西魚東)으로 진설 하는지요.

제사상 진설에서 둘째 줄에 고기가 서쪽에 생선이 동쪽으로 진설 됩니다. 왜 그렇게 놓습니까.

◆答; 육서어동(肉西魚東).

진설 제2행의 면육적어병(麵肉炙魚餠) 행중(行中) 육어(肉魚)를 놓는 법도는 지산(地産)의 면병(麵餠)을 좌우(左右)로 배치하고 그 안에 천산(天産)의 육적어(肉炙魚)가 진설 되는데 적(炙)을 중간에 놓고 그 동서(東西)로 육(肉)은 육지산(陸地産:西北産)인 까닭에 서쪽에 진설 되고 어(魚)는 해산물(海産物; 東南海産)인 까닭에 동쪽에 진설 됩니다. (東西는 중국의 방위임)

●漢書東方朔傳生肉爲膾乾肉爲脯
●尤庵曰脯則西北陸故設脯於右東南海故設魚於左
●少牢禮註疏米麵之居魚肉之外纂義曰內天産是也
●周禮春官大宗伯以天産作陰德以中禮防之以地産作陽德以和藥防之鄭玄注玄謂天産者動物謂六牲之屬地産者植物謂九穀之屬

▶955◀◆問; 왜 재배를 하는가요?

제사를 지낼 때 재배를 하는데, 그 재배에 특별한 뜻이 있는지요? 제사를 지낼 때마다 왜라는 의문이 있었거든요. 까닭 좀 알려주세요.

◆答; 재배하는 까닭.

제사(祭祀)를 지내며 왜 재배(再拜)를 하게 되었는지에 대하여 아래와 같이 살펴보건대 사원(辭源)에서 정의한 공경적 예절(恭敬的禮節)이상의 의미를 살필 수가 없습니다.

예기(禮記) 옥조(玉藻)의 재배(再拜) 예법이 정씨 제례(程氏祭禮)를 비롯 서의(書儀), 가례(家禮), 개원례(開元禮), 대명집례(大明集禮) 등 여러 제례의에서 채택된 것으로 이해됩니다.

●辭源[再拜]一拜又一拜表示恭敬的禮節
●玉藻士親皆再拜稽首送之(鄭玄注)敬也
●論語鄕黨問人於他邦再拜而送之註拜送使者如親見之敬也
●史記孟嘗君傳坐者皆起再拜
●李長盛過史公墓詩途過丞相墓再拜想儀型
●二程全書四時祭初獻條免伏興再拜
●溫公書儀祭參神條位定俱再拜
●家禮四時祭參神條立定再拜
●開元禮皇帝仲春中秋上戊祭大社奠玉帛參神條條在位者皆再拜
●大明集禮太廟時享儀參神條皇太子以下皆鞠躬拜興拜興平身

▶956◀◆問; 유세차에 대하여.

축문 머리에 유세차에 대서입니다 제가 어느 글 에선가 어느 분 예기에선가 기억은 확실 나지 않는데요' 원래 축문에 유세차가 없었는데. 일제 때 우리나라 연호를 못 쓰게 해서 못쓸 때. 그렇다고 조상제사에 일본연호를 쓸 수 없어서. 적당히 쓰느라 고 유세차(維歲次)라고 썼다고 하던데요?

◆答; 유세차.

세차(歲次) 앞의 연호(年號)는 당시 제왕(帝王)의 집권 기간을 기록하는 곳이지 기원(紀元)을 기록하는 곳이 아님.

연호(年號)가 없는 이 시대에서는 유세차(維歲次) 간지(干支)로도 그 해를 표시하는데 부족함이 없습니다. 단기는 과거에는 우리의 국기(國紀)로 사용되었으나 지금은 어느 교파에서 사용하고 있으며 국가에서는 서기를 사용하고 있으니 혹 서기를 써야 옳다 할 수 있으나 서기(西紀) 역시 그리스도 연기(年紀)이니 사용할 수 없음은 자명합니다.

○紀元; 歷史上紀年的起算年代
○年號; 封建帝王爲紀在位之年而立的名號

●辭源[紀元];歷史上紀年的起算年代○又[年號];封建帝王爲紀在位之年而立的名號在 漢武帝以前紀年用甲子帝王均無年號自武帝卽位稱建元元年始有年號
●漢書武帝紀;建元元年(唐顏師古注)自古帝王未有年號始起于此
●弘齋全書祭文;維歲次辛卯六月亡弟禟之柩還自耽羅謫中將以某月干支葬于(云云)

▶957◀◆問; 유세차의 표기 위치.

축문에서 유세차라는 말이 나타난 것은 인조가 청에 항복한 이후라고 합니다. 그전에는 어떻게 썼습니까?

"유 만력 5년 3월 기묘삭" 이런 식으로 썼을까요 그리고 단군기원을 사용함에 있어 유세차의 표기 방법이 글 뜻으로 보아"유세차단기4333년계사 9월 갑자삭"으로 써야 하는 것이 옳을 듯한데 "유단기4333년세차계사 9월 갑자삭" 의 형식으로 쓰는 것이 대부분일 뿐 아니라 성균관에서도 아래 형식을 택하고 있는 듯하니 그 이유를 알고 싶습니다.

◆答; 유세차의 표기.

세차(歲次)가 인조(仁祖) 이후에 사용되었다 라는 속설(俗說)은 아래를 살펴보면 허설(虛說)임이 이해되시리라 믿습니다.

다만 축문식에서 해당일을 고하는 식의 법도는 "유(維) 연호(年號) 세차간지(歲次干支) 모월간지삭(某月干支朔) 모일간지(某日干支)"인데 연호(年號)에는 고일(告日) 당일에 제왕의 재위 년 수를 먼저 기록하고, 다음으로 육갑(六甲)의 세차(歲次)를 기록하게 되는데 지금은 연호가 없어졌으니 연호는 기록하지 않고 세차만 써도 그 해의 표시에 문제될 것이 없는데. 혹 단기(檀紀)를 쓰기도 하나 단기는 유가의 연호가 아닐뿐더러 특정단체에 국한하여 쓰여지고 있을 뿐 나라 전체가 사용하지 않고 있어 노년세대는 물론 젊은 세대에서 단기보다 서기의 년도에 밝으니 오히려 서기를 써야 할 듯하나 이는 기독교 기원이니 불가한 것입니다.

따라서 "維 歲次干支 幾月干支朔 幾日干支"라 써도 년도를 표시하는 데에 큰 문제가 있는 것도 아닙니다.

○歲次; 60갑자를 따라 정하여지는 해의 차례.

●尙書大傳尙書伊訓章惟元祀十有二月乙丑伊尹嗣于先王奉嗣(以下省略)○又迎日之辭維某年某月上日(以下省略)
●朱子大全祭文漳州謁先聖文維詔興元年歲次庚戌四月甲申朔二十七日庚戌具位朱熹(以下省略)
●擊蒙要訣四時祭祝文式維某年歲次某甲某月某朔某日某甲孝曾孫某(以下省略)
●朱子生沒年(1130~1200)
●栗谷生沒年(1536~1584)
●仁祖卽位年癸亥(1623)

▶958◀◆問; 유식의 예에 대하여.

문의 1: 묘지에서 지내므로 합문, 계문을 안하는 것은 이해되나, 첨작을 안하고 초헌 시 계반개와 동시에 삽시정저를 하는 것은 이해가 되지 않습니다. 알기 쉬운 풀이는 없는지요?

◆答; 진찬(進饌) 유식(侑食) 양 절목(節目)을 약(略)하는 까닭.

묘제는 들의 제사라 가묘(家廟)의 예에서 줄여 행하게 됩니다.

●問解問墓祭無進饌侑食兩節何也答豈原野之禮殺於家廟故耶

▶959◀◆問; 음복에 대하여.

제례에서 음복이 있는 경우와 없는 경우가 어떤 제사들이며 그 이유가 무엇인지요. 음복을 수조라고도 한 것 같은데요?

◆答; 기제에는 음복이 없음.

상중(喪中)의 자손자(子孫者)는 불음주(不飮酒) 불식육(不食肉)의 예법에 따라 상제(喪祭)와 기제(忌祭)는 종신지상(終身之喪)의 법도(法度)에 따라 수조(受胙; 음복)의 예가 없는 것입니다.

●或問禮君子有終身之喪忌日之謂也爲子孫者固皆不飮酒食肉矣

●奉先雜儀是日(忌日)思慕如居喪此所以不受胙

▶960◀◆問; 음복 예에 대하여.

언젠가 여기서 읽어본 기억이나 그 때 의혹을 품고 있다 이제 다시 직접 여쭙게 되었습니다. 다름이 아니옵고 부모님 기일에는 음복의 예가 없다 하신 것으로 기억됩니다. 그런데 가례 책을 보면 유식(侑食)이 음복이라 하는데 보통 제사(祭祀)를 마치고 철상(撤床) 후(後) 가솔(家率)들이 모여 앉아 어른들은 술 몇 잔을 하고 아이들은 젯밥도 먹고 헤어지는 것을 음복이라고 합니다. 왜 이와 같이 예서 예법 따로 실제 제사를 지내는 예가 다른지를 알고 싶습니다.

◆答; 음복(飮福).

희빈님의 질문 중에 유식(侑食)이란, 문맥으로 보아 수조(受胙)의 착각으로 하신 말씀인 듯하여 수조(受胙)의 오류라 치고 말씀 드립니다.

음복(飮福)의 예가 제례에서 하나의 예법으로 정착하게 된 동기는 송조(宋朝) 건덕(乾德) 원년(元年; 癸亥, 963) 십이월(十二月) 남교례(南郊禮)를 마치고 광덕전(廣德殿)에서 크게 연회를 베푼 후 대례를 마치면 모두 연회(宴會)를 베풀었었는데 이와 같은 예를 일러 음복연(飮福宴)이라 하였고 음복(飮福)의 예는 모두 이로부터 시작되었다 합니다.

이와 같은 수조(受胙) 예법이 사서인(士庶人) 예에 적용되기는 온공저술(溫恭著述)인 서의(書儀)에서 채택되었는데, 주부자(朱夫子)께서 서의(書儀)를 중심 하여 주자가례(朱子家禮)를 편찬 이 예의 일체를 따르셨으며, 忌墓祭에서는 제사의 특수성에 비추어 수조(受胙; 飮福)와 준(餕: 제사 음식 나눔)의 예를 두지 않고 대제(大祭)인 사시제(四時祭)에서 계문(啓門)과 사신(辭神)의 사이에 수조(受胙)의 예를 두고, 철상(徹床) 뒤에 준(餕)의 제도를 두어 이로 말미아마서 수조(受胙)와 준(餕)의 예법이 와전되어 마지막 예인 준(餕)의 예가 음복(飮福)이라는 예로 변하지 않았나도 여겨집니다.

이상과 같은 제도(制度)를 초조제(初祖祭; 始祖), 선조제(先祖祭), 니제(禰祭)에 공히 두고 있으나, 혹 기제(忌祭)나 묘제(墓祭)에서 음복(飮福)이라는 절차(節次)를 행한다 함은 비공식(非公式)이다. 로 이해하심이 옳을 것입니다.

●事物紀原集類禮祭郊祀部飮福; 宋朝會要曰乾德元年十二月以南郊禮畢大宴于廣德殿自後凡大禮畢皆設宴如此例曰飮福宴蓋自此其始也
●書儀司馬氏書儀喪禮六祭;凡祭用仲月主人及弟子孫皆盛服親臨筮日於影堂外(云云)啓門執事者席於玄酒之北主人入就席西向立祝升自西階就曾祖位前搢笏擧酒徐行詣主人之右南向授主人搢笏跪受祭酒酹酒執事者授祝以器祝受器取匕抄諸位之黍各少許置器中祝執黍行詣主人之左北向嘏于主人曰祖考命工祝承致多福于汝孝孫來汝孝孫使汝受祿于天宜稼于田眉壽永年勿替引之主人置酒于席前執笏俛伏興再拜搢笏跪(云云)○執事者設餕席男女異座(云云)

▶961◀◆問; 음양으로 따져 진설하는 것은 반과 갱. 시저 놓는 위치뿐인지요?

아래 [　]안의 글은 '무엇이 궁금하세요.'의 858 번 항으로 문의와 답변 내용입니다. [제사 지낼 때 순가락을 밥에 꽂을 때 오목한 쪽이 동서남북 중 왜 동쪽으로 꽂는지] 라는 문의에 △ [어떤 방향으로 하라고 되어 있는 예서는 없고 단 상식 선에서 생각해 볼 때 오른손으로 수저를 들 것이고 그렇다면 동쪽을 향할 수밖에 없을 것입니다.] 라고 답변을 주셨습니다.

'숟가락을 밥에 꽂을 때 오목한 쪽이 동서남북 중 왜 동쪽으로 꽂는지.' 라는 의문에서 참사자들이 신위를 볼 때 메에 꽂은 숟가락의 오목한 부분이 동쪽으로 가게 꽂은 것이라고 이해가 됩니다.

명륜골 선비님의 답변도 사람들이 오른손으로 숟가락을 잡을 때 숟가락의 오목한 부분이 서쪽 방향이고 볼록한 부분이 동쪽방향으로 위의 제상에 조상 혼백이 와서 숟가락을 집으실 때 메에 꽂는 숟가락의 오목부분의 위치와 같습니다. 그런데 죽은 자와 산자는 달라 각각 음양의 이치에 따라 반과 갱을 산자와 반대로 진설하고 시저도 반과 갱 중간에 놓았습니다.

그렇다면 죽은 자의 메에 꽂아 놓는 숟가락은 음양의 이치에 따라 반대(볼록한 쪽이 동쪽)로 놓아야 하는데 그렇게 놓지 않고 산 사람이 밥상을 대하는 것과 같이 놓았습니다. 어떤 것(반갱. 수저 놓는 위치. 과일 놓는 위치 등)은 음양의 이치를 따져서 산자와 반대로 놓고 어떤 것은 음양을 따지지 않는 것 같아서(숟가락의 오목. 볼록) 의문을 갖습니다. 왜 그런지요?

◆答; 음양으로 따져 진설하는 것.

혹 응답자를 지정한듯하나 먼저 본인의 소견을 덧붙여 놓습니다.

진설(陳設)에서 음양(陰陽)이란 가례적(家禮的) 표현은 아닌 상 싶습니다. 다만 아래와 같이 살펴보건대 급시(扱匙) 때 서병(西柄)이라 하였으니 서병(西柄)이라 함은 오른 손으로 수저를 잡음을 의미하는데 밥을 뜨려면 숟가락의 오목한 부분이 의당 동으로 향하고 볼록한 부분이 서쪽으로 하여 메에 꽂아야 되겠지요.

▶962◀◆問; 음작(飮酌)이 무슨 뜻입니까?

수고가 많으십니다. 다름이 아니라 음작(飮酌)이 무슨 뜻인지 몰라 찾아 왔습니다. 어떻게 해석하는 것이 옳게 되겠습니까. 옥편이나 국어사전에도 없습니다.

한글 세대라 모르는 것이 많습니다. 모름이 있어 배우려 하는 것 흉 됨은 아닐 것입니다. 수고하십시오.

◆答; 음작(飮酌).

모르는 것을 배우려 한다는 것은 매우 신선하여 더 가르쳐 주고 싶을 뿐입니다. 모르면서도 아는 척하면 타인의 학문 망치기 십상입니다. 배우는데 상하가 없습니다.

음작(飮酌)의 의미는 "짐주이음(斟酒而飮)"이라. 술을 딸아 마신다. 라 이해하고 있으면 어느 경우든 난처함은 면할 것입니다.

●弘齋全書洪奉朝賀鳳漢致祭文; 不穀公子公孫予愍予恤緘辭寓懷由眞匪飾期不負公公其歆酌
●梁蕭統陶淵明傳; [陶淵明] 既至欣然便共歆酌 (註)斟酒而飲爲歆酌
●白居易早春同刘朗中寄宣武令狐相公詩; 梁園不到一年强遙想清吟對綠觴更有何人能飲酌新添幾卷好篇章

▶963◀◆問; 이럴 때 기제사의 초아종헌은 어떤 순서대로 해야 하나요?

안녕하세요? 백부가 결혼도 못하고 15 세 때 돌아가셨기 때문에 삼형제 중 맏아들이 백부에게로 양자를 했으나 둘째 아들이 결혼하기 전까지는 삼형제가 한집에서 살았습니다. 그 후 부모님께서 모두 돌아가시기 전까지는 맏아들 집에서 아버지 제사를 모셨는데 부모님께서 모두 돌아가시자 둘째 아들 집에서 부모님 제사를 모시게 되었습니다.

둘째 아들이 부모님의 제사를 차리는데, 둘째 아들이 병중에 있습니다.
둘째 아들은 결혼한 자식이 둘이 있습니다. 그러나 의좋은 삼형제는 모두 제사에 참석을 합니다. 둘째 아들이 병중에 있을 때 부모님 제사의 초헌, 아헌, 종헌은 누가 되어야 하는지요?

◆答; 이럴 때 기제사의 초 아 종헌은.
아래 말씀을 살피건대 그와 같은 사례에서는 초아종헌관(初亞終獻官)은 아래와 같음이 옳을 것 같습니다.

○初獻; 섭친제(攝親弟).
○亞獻; 섭주처(攝主妻).
○終獻; 입후(入後)간 형(兄; 親賓).

●曾子問孔子曰若宗子有罪居於他國庶子爲大夫其祭也祝曰孝子某使介子某執其常事
●朱子曰主祭合以甲之長孫爲之若其不能則以目今尊長攝行可也如又疾病則以次攝
●退溪曰父不與祭而使子弟攝行則當依宗子在他國而命介子代祭之例曰孝子某使子某
●尤庵曰家禮附註引古禮使介子云云所謂介子既主祭者之弟也
●退溪答寒岡弟爲攝主嫂叔行禮極礙若避嫌於主婦則出繼仲兄爲亞獻賤婦爲終獻何如之問曰恐當如此
●家禮終獻條兄弟之長或長男或親賓爲之

▶964◀◆問; 이성(利成)과 예필(禮畢).
날씨가 퍽 추워졌습니다. 안녕하신지요?
問; 제사를 지낼 때에 이성(利成)과 예필(禮畢)을 합니다. 어떠할 때에 이성을 하고 예필을 초헌관에게 아뢰는지요? 길사나 흉사 어느 때나 하여도 되는지요? 하나의 제사를 진행 중에 이성과 예필을 함께 하는지요? 죄송합니다.

◆答; 이성(利成)과 예필(禮畢).
問; 答; 이성(利成)의 예는 수조(受胙)의 예를 행하는 사시제(四時祭), 시조제(始祖祭), 선조제(先祖祭). 이제(禰祭) 등 길제(吉祭)에서 행하고 수조(受胙)의 예가 없는 길제(吉祭)와 흉제(凶祭)에서는 행하지 않습니다. 예필(禮畢)은 홀기(笏記) 의식(儀式)에서 철찬(撤饌) 후 모두에게 예(禮)를 마쳤음을 알리는 말입니다.

●特牲饋食禮祝東面告利成註利猶養也供養之禮成不言禮畢於尸間之嫌養養羊亮反下同供九用反疏曰少牢云主人出立于阼階上南面祝出立于西階上東面祝告曰利成此戶外告利成彼階上告利成以尊者稍遠於尸若天子諸侯禮畢於堂下告利成故詩楚茨云禮儀既備鍾鼓既戒孝孫徂位工祝致告鄭注云鍾鼓既戒戒諸在廟中者以祭禮畢孝孫往位堂下西面位也祝於是致孝孫之意告尸以利成也云不言禮畢於尸間之嫌者禮畢於尸間暇無事有發遣尸之嫌故直言利成而已也
●士虞禮祝出戶西面告利成主人哭註西面告告主人也利猶養也成畢也言養禮畢也不言養禮畢於尸間嫌疏曰卽於尸中間有嫌諷去之
●丘儀四時祭○受胙[主人卒飲(通)告利成(祝曰)利成在位者皆再拜]○辭神○焚祝文○送主○徹饌○禮畢
●隋書音樂志下禮畢者本出自晉太尉庾亮家亮卒其伎追思亮因假爲其面執翳以舞象其容取其謚以號之謂之爲文康樂每奏九部樂終則陳之故以禮畢爲名

●國語齊語相語以事相示以巧相陳以功註陳亦示也功成功也功善則有賞

▶965◀◆問; 이제(禰祭) 축문.

돌아가신 어머님의 생신에 제사를 올리려 하는데 이 제사에 쓰는 축문의 양식을 알고 계신 분 올려주시면 고맙겠습니다.

◆答; 이제(禰祭) 축문.

선고(先考) 생신제(生辰祭) 행(行) 가부(可否)에 대하여 아래와 같이 살펴보건대 상삼년(喪三年) 내(內)는 전(奠) 예법으로 행하고 3년 후에는 가부의 논리가 모두 합당합니다. 따라서 어느 논(論)을 따른다 하여도 욕될 까닭은 없을 것 같습니다.

○생신제축문식(生辰祭祝文式);
祝文云云歲序遷易生辰復遇存旣有慶歿寧敢忘追遠感時昊天罔極謹以淸酌庶羞恭伸追慕尙 饗

●寒岡問先考生日設飮食以祭象平生也其祭文曰存旣有慶歿寧敢忘云云此意如何退溪曰恐孟子所謂非禮之禮此類之謂也
●沙溪曰生忌之祭馮善創開退溪非之是矣
●龜峯曰家禮祭有其數無先親生辰祭祭不可
●陶庵曰生日之祭非禮也當從古不當從俗.
●問家禮集說有所謂生忌於先考妣生日設酒食以祭象平生也其祭文曰生旣有慶歿寧敢忘云退溪曰恐孟子所謂非禮之禮此類之謂也
●尤菴曰生辰之祭退溪非禮之答似不可易矣若知其非禮而以先世所行爲難停廢則是非禮之禮無時可改也世人喜說喪祭從先祖之文此殊未安然先世所行之禮昧然遽廢亦似未安須告以廢之之意恐爲婉轉
●士喪記上食條燕養饋羞湯沐之饌註燕養平生所供養也饋朝夕食也羞四時之珍異
●同春問先考生日三年內設享亦難免非禮之議否沙溪曰凡筵異於祠堂以酒果餠麵如朔奠禮設之如何此非祭禮恐無不可
●問三年內遇亡人生辰上食後別設數饌行之何如尤庵曰恐當如此象平日饌品稍備而行之耳
●南溪曰生辰祭雖曰非禮之禮三年內又不可不行其儀倣俗節別設
●陶庵曰生辰祭實非禮之禮三年之內則有象生之義於朝上食後別設數品饌而儀如朝夕奠恐亦不妨否
●星湖曰吾平日禁生日宴飮況生忌非禮古有定說然不肯居喪之內則設饌如殷奠無祝而行事先賢有委曲處之未曾顯言其非故惟喪內行之
●湯氏鐸曰按家禮親生辰牙祭鄭氏曰祭死不祭生伏覩國朝頒降胡秉中祀先圖凡例有生日之祭當以此爲據竊惟親在生辰旣有慶禮歿遇此日能不感慕如死忌之祭可也
●愚伏答宋敬甫曰先大人生日適在季秋則雖三年之後以其日行禰祭甚得情理與所謂非禮之禮自不同
●鄭氏曰國朝頒降胡秉中祀先圖凡例有生日之祭當以此爲據竊惟親在生辰旣有慶禮歿遇此日能不感慕如死忌之祭可也
●家禮會成儀節並同祭禰但告辭云今以某親某官府君降生之辰敢請神主出就正寢恭伸追慕餘並同
●家禮集說親在生辰旣有慶禮歿遇此日能不感慕如死忌之祭可也祝文云云歲序遷易生辰復遇存旣有慶歿寧敢忘追遠感時昊天罔極謹以淸酌庶羞恭伸追慕尙饗

○이제(禰祭)

◆命辭式

某將以來月某日(卽上旬或丁或亥不吉則復命以中旬又不吉則直用下旬日)諏此歲事適其考妣(母在之云考下同)尙饗

◆告辭式

孝子某將以某月某日祗薦歲事于 考妣卜旣得吉(用下旬日則去卜旣得吉四字)敢告

◆祝命執事辭式

孝子某將以來月某日祗薦歲事于 考妣有司具脩

◆出主告辭式

孝子某今以季秋成物之始有事于 顯考某官府君 顯妣某封某氏(儀節此下云敢請神主出就正寢恭伸奠獻)

◆祝文式

維 歲次干支幾月干支朔幾日干支孝子某官某敢昭告于 顯考某官府君 顯妣某封某氏今以季秋成物之始感時追慕昊天罔極敢以淸酌庶羞祗薦歲事尙 饗

▶966◀◆問; 一食九飯之頃 근거와 의미는?

기제사 시에 합문을 한 후에 계문을 하기까지 기다려야 하는 시간은 대략 조상님께서 밥을 아홉 숟가락 드시는 시간이라고 예서에 제시되어 있는 것으로 알고 있습니다. 그런데 이러한 시간은 어떠한 근거나 맥락에서 제시된 것인지를 알고 싶습니다.

◆答; 일식구반지경(一食九飯之頃).

곡례(曲禮)를 비롯 사우기(士虞記) 특생궤식례(特牲饋食禮)에 근거한 예로서 사(士; 일반백성)는 합문후(闔門後) 계문(啓門)까지의 시간을 일식구반지경(一食九飯之頃)이라는 것인데 일식구반지경(一食九飯之頃)이란 일반백성의 1 회 식사 시간을 의미하게 됩니다.

●曲禮三飯疏三飯謂三飯而告飽勸乃更食故三飯竟主人乃道客食畢也此乃賓主之禮○天子十五飯諸侯十三飯九飯士禮也三飯又三飯又三飯
●士虞記如食間註一食九飯之頃
●特牲饋食禮註三飯禮一成也又三飯又三飯禮三成也

▶967◀◆問; 재계(齋戒)에 대한 질의.

율곡 이이(李珥)는 격몽요결(擊蒙要訣)의 제례장에서 기제(忌祭)에는 산재(散齋)2 일간 치재(致齋)1 일간으로 하며 "참례(參禮)에는 재계(齋戒)하기를 1 일간 한다"라. 고 되어 있다는데 이에 대하여 의문사항이 있어 다음과 같이 질의하오니 하교하여 주시기 바랍니다.

문. 1. 참례(參禮)에는 재계(齋戒)하기를 1 일간 한다. 에 대한 설명?
문. 2. 산재(散齋)2 일 및 치재(致齋)1 일에 기제일(忌祭日)이 포함 되는지?

◆答; 재계(齋戒).

문. 1. 答; 아래와 같이 살펴보건대 참례는 소사(小祀)로 전일일쇄소재숙(前一日灑掃齋宿)이라 하루 전에 사당을 깨끗이 물 뿌려 닦고 청소를 하고 재계하며 자는 것입니다.

문. 2. 答; 기제(忌祭)의 재계는 비요 등 대부분의 예서에서는 전일일(前一日)이나 요결에서 산재(散齋)2 일 및 치재(致齋)1 일이라 하였으며 기제(忌祭)일(日)은 재계(齋戒)일(日)에 포함되지 않으나 그날에는 술을 마셔서는 아니 되고 고기도 먹어서는 아니 되며 노래를 들어서도 아니 되며 저녁에 잘 때는 바깥채에서 자야 하는 것입니다.

아래와 같이 살펴보건대 제주뿐만 아니라 남녀를 불문하고 제원은 모두 다같이 같은 기간 재계(齊戒)를 합입니다.

● 疑禮流說或問時祭忌祭俱是祭先而齊戒時有三日一日之異者何也沙溪曰開元禮齊戒條註云凡大祀散齋四日中祀三日小祀二日致齊大祀三日中祀二日小祀一日以此觀之祭有大小而齋戒之日亦隨而有異也
● 要結時祭則散齋四日致齋三日忌祭及墓祭則散齋二日致齋一日參禮則齋宿一日
● 備要時祭則前期三日齋戒忌祭及墓祭則前一日齋戒參禮則前一日齋宿
● 備要是日不飲酒不食肉不聽樂以居夕寢于外
● 書儀時祭齊戒條前期三日主人帥諸丈夫致齊於外主婦帥諸婦女致齊於內

▶968◀◆問; 재계(齋戒)에 대하여 여쭙습니다.

제관(祭官)에 임(臨)하게 되면 산재(散齋) 2 일 치재(致齋) 1 일 재계(齋戒)하여야 한다고 하는데,
(1)제관이란 헌관 축관만을 말하는지요? 집례 집사 일반 + 참례자도 재계하여야 하지 않은가 하는 생각에 여쭙습니다.
(2)산재는 기일 전일과 전전일에 하는 것인가요? 3 일전과 2 일전은 산재, 1 일전은 치재인가? 하는 생각에 여쭙습니다.

◆答; 재계(齋戒)란.

(1). 答; 재계(齋戒)는 제원(祭員) 모두가 해당됩니다.

(2). 答; 散齊; 치재(致齋)하기에 앞서 며칠 동안 몸이나 행동(行動)을 삼가던 일. 대개 집 밖에 나가서 평일(平日)처럼 일을 보되, 술을 먹지 않고, 파·부추·마늘 따위를 먹지 않고, 조상(弔喪)이나 문병(問病)을 하지 않고, 음악(音樂)을 듣지 않고, 형벌(刑罰)을 행(行)하지 않고 형살문서(刑殺文書)에 서명(署名)하지 않고 더럽거나 악(惡)한 일에는 참예하지 아니함.

(2). 答; 致齊; 제관(祭官)이 제사(祭祀)를 시작하는 날부터 제사를 마친 다음 날까지 사흘 동안 몸을 깨끗이 하고 삼감.

● 性理大全齋戒;主人帥衆丈夫致齊于外主婦帥衆婦女致齊于內
● 祭義致齊於內散齊於外鄭玄注散齊七日不御不樂不弔耳
● 祭統;致齊三日以齊之定之之謂齊齊者精明之至也然後可以交于神明也

▶969◀◆問; 齊戒/齋戒의 차이점.

어떤 책에서는 제계(齊戒) 어떤 데서는 재계(齋戒)라 쓰고 있습니다. 같은 의미가 되는지요.

◆答; 재계(齊戒)/재계(齋戒).

제(齊)가 재계(齋戒)한다는 의미로 쓰일 때는 제(齊)의 음(音)이 "재"로 변음(變音)되어 재계한다는 재(齋)와 동의로 변하여 재계(齋戒) 또는 재계(齊戒) 어느 글자를 택하여도 같은 의미가 됩니다.

● 廣韻[齋(zhāi)]一本作齊
● 祭統齋之爲言齊也
● 繫辭傳聖人以此齋戒(註)洗心曰齋

●集韻[齊(zhǎi)]通作齋
●康熙字典[齊]與齋同
●祭統齊之爲言齊也齊不齊以致其齊也

▶970◀◆問; 煎과 肝納 肝炙에 대하여?

전(煎), 간납(肝納), 간적(肝炙), 이 어떻게 다른지요. 어데선가 전과 간납(肝納)은 같은 것이라고 본 듯도 합니다.

◆答; 전(煎)과 간납(肝納) 간적(肝炙).

◇전(煎); 번철(燔鐵)에 기름을 두르고 지질 재료(材料)를 얇게 썰어 밀가루나 그 반죽을 묻혀 눈도록 지져낸 부침개.

◇간납(肝納); 우리 표현(表現)으로는 저냐라 하며 어류(魚類)나 육류(肉類)의 살점은 저미거나 다져 밀가루를 묻혀 그 위에 계란(鷄卵)을 씌워 번철(燔鐵)에서 기름을 두르고 지져낸 음식(飮食)으로 이도 전(煎)이라 이름.

◇간적(肝炙); 소의 간(肝)은 넓고 길쭉하게 썰어 불에 구운 적(炙).

●旣夕禮遣奠條凡糗不煎註以膏煎之則褻非敬
●南溪集酌定祭饌圖說或曰以古則鮓醋菜佐飯淸醬雜炙似違於禮饌以今則湯色之不五炙串之只一切肉肝納餠蜜餠菜之美切而不用深歎於人情吾恐其參差矛盾徒爲半上落下之歸也曰不然所謂禮制之不可變者正指果六品蔬菜脯醢各三品肉魚饅頭糕各一盤之類是也
●詩經正解小雅楚茨章執爨踖踖爲俎孔碩或燔或炙註爨竈也踖踖敬也俎所以載牲體也碩大也燔燒肉也炙炙肝也皆所以從獻也燔者火燒之名炙者遠火之名難熟者近火易熟者遠之故肝炙而肉燔也

▶971◀◆問; 煎炙은 奠炙의 誤謬.

제사 절차 중 초헌 다음에 전적(煎炙)이라 쓰고 제주는 서집사와 협력하여 육적과 적 소금을 정한 자리에 올린다 라고 설명되었는데 여기서 전적(煎炙)은 전적(奠炙)이 아닌지요.

◆答; 전적(煎炙).

그 예법(禮法)에 의하면 전적(煎炙)은 전적(奠炙)의 오류(誤謬)입니다. 제사(祭祀) 절차(節次) 중 초헌(初獻) 다음에 전적(煎炙)이라 쓰고 제주(祭主)는 서집사(西執事)와 협력(協力)하여 육적(肉炙)과 적 소금을 정한 자리에 올린다 라고 설명(說明)되었는데 여기서 전적(煎炙)은 전적(奠炙)이 아닌지요.

●家禮時祭初獻奠炙條執事者炙肝于爐以楪盛之兄弟之長一人奉之奠于高祖考妣前匙筯之南

▶972◀◆問; 丁. 亥일에 지내는 이유는?

고례의 상중 제의를 보면 제사를 정(丁)·해(亥)가 드는 날을 잡아 지낸다고 했는데 특별한 이유가 있었나요?

◆答; 정(丁). 해(亥)일.

글 중 상중제의(喪中祭儀)는 상중행제(喪中行祭)와 동일의 뜻으로 혼동(混同)되기 쉬우나 문맥상(文脈上)으로 볼 때 상(喪)중에 지내는 제사의 법도란 의미(意味)로서,

제사(祭祀)에서 점(占)을 쳐 날을 받아 지내는 제사(祭祀)에는 상례(喪禮)에서는 담제(禫祭)와 길제(吉祭) 등이 있고 제례(祭禮)에서는 사시제(四時祭)와 니제(禰祭) 등

이 있습니다. 고례(古禮)가 아니라 현세(現世)에도 위의 제사(祭祀)를 지낼 때는 그와 같이 점을 쳐 날을 받아 지내는 것입니다.

점치는 방법(方法)은 그 날 한 달 전 하순(下旬)에 택일(擇日)을 하는데 그 날을 택함에는 아래 곡례(曲禮)의 가르침과 같이 상사(喪事)는 선원일(先遠日)이니 하순(下旬)부터 받아 들어오는 것입니다. 그 날을 천간(天干)의 "정(丁)"이나 지지(地支)의 "해(亥)"가 드는 날을 택하여 고사(告辭) 후(後) 배교반(环珓盤)에 배교(环珓)를 던져 하나는 엎어지고 하나는 뒤쳐지면 길(吉)한 것으로 그날을 택하고 만약(萬若) 서의(書儀)의 가르침과 같이 불길(不吉)하면 중순(中旬)의 날로 그와 같이 날을 받되 또 불길(不吉)하면 상순(上旬)의 날을 또 점(占)을 치지 않고 직용(直用)하여 제삿날을 정하는 것입니다.

그런데 박준서님께서는 왜 "丁"字나 "亥"字가 무슨 의미(意味)가 있어 그날을 굳이 택하여 점을 쳐 날을 받아 제사를 지내는가? 인데 박준서님뿐만 아니라 예(禮)에 어지간히 밝다 하여도 이에 관심을 두지 않으면 그 의미를 간과(看過)하기 쉬운 법입니다.

그에 관하여 다음과 같이 살펴보건대 "정(丁)"은 주부자(朱夫子) 말씀과 같이 정녕(丁寧)이라는 의미(意味)가 있음으로 해서 정일(丁日)을 택하게 되고 "해(亥)"는 소뢰궤식례소(少牢饋食禮疏)의 살핌과 같이 음양식법(陰陽式法)으로 천창(天倉)을 위하는 제사(祭祀)로 농사(農事)가 잘되게 복(福)을 구(求)하는 까닭이 있어 해일(亥日)을 취하여 제사(祭祀)를 지내려 하는 것입니다.

위와 같이 점을 쳐 날을 정기도 하나 아래와 같이 살펴보건대 혹(或) 사시제(四時祭)에서는 분지(分至; 春分 夏至 秋分 冬至)를 취하여 지내기도 합니다.

●曲禮凡卜筮日喪事先遠日吉事先近日○輯覽用竹根長二尺判爲二爲之○家禮珓擲于盤以一俯一仰爲吉○書儀皆仰爲平俯爲凶
●朱子曰丁有丁寧意○少牢饋食禮疏按陰陽式法亥爲天倉祭祀所以求福宜稼于田故取亥
●程氏儀註擇日行之或用分至爲便○儀節若止用分至宜先於前一月主人詣祠堂告

▶973◀◆問; 제물의 어육 조리법?

어육을 여러 가지로 조리하여 제수로 올려도 무방한지요.

◆答; 제물로 어육.

아래와 같이 살펴보건대 편람(便覽)의 말씀을 빌리면 어육(魚肉)을 어떻게 조리하느냐에 따라서 효(殽), 회(膾), 헌(軒), 초(炒)로 요리되어 진설 되는 것 같습니다.

●溫公書儀四時祭具饌條膾(註今紅生)炙(註今炙肉)羹(今炒肉)殽(註今骨頭)軒(註今白肉)
●便覽四時祭具饌條肉(註家畜及山澤之族可食者無不用)○魚(註凡水族之可食者無不用○黃氏曰鯉魚不用於祭祀云○栗谷曰魚肉當用新鮮生物○按魚肉或殽或膾或軒或炒凡羞之以魚肉爲之者俱無不可肉帶骨曰殽腥細切爲會大切爲軒)

▶974◀◆問; 제물진설 중 소의 처녑(비석-脾析)에 대하여?

여러 선생님들께 인사 올립니다. 석전 예찬 중 오성위 진설도의 우12두 제3행 첫째 줄에 소의 처녑(비석-脾析)을 놓습니다.

<<유교와 석전-권오흥著>>의 진설도에는 비석(脾析-소의 처녑)이라 역문(譯文) 되

어 있으므로, 이제껏 그렇게 알고 공부하여 실무에 사용하고 있습니다만, <<성호사설>>의 경사문 제물편에는 아래의 예문과 같이 비탁(脾柝-소의 처녑)으로 풀이를 하고 있습니다.

비탁(脾柝)이란 것은 주에 '우백엽(牛百葉)이다.' 하였으니 지금 소위 소의 처녑[千葉]이란 것인데 그 살결에 따라 고기가 터지는 까닭에 이름을 비탁이라 하였다.

비석(脾析)과 비탁(脾柝)은 같은 의미의 뜻인지? 아니면 오역(誤譯)인지? 혹은 같은 의미로 사용하여도 되는지를 여쭙고 싶습니다.

◆答; 析와 柝에 관하여.
아래와 같이 살펴보건대 비석(脾析)에서 析는 음(音)을 사로 발음함이 옳습니다.

⊙析=처녑 사.
아래와 같이 살펴보건대 비사(脾析)와 비탁(脾柝)은 다 같이 소의 처녑으로 이해됨이 옳을 것 같습니다.

아래와 같이 강희자전(康熙字典)을 살펴보건대 柝은 "탁"음 뿐인데, [한국고전종합DB] 이체자 정보검색 창에서 [柝]을 이형자에서 [析]의 이형자라 하였다면 어떤 근거에 의하여 "석"음이 부여되었는지는 알 수 없으나 만약 柝이 析의 이형자로서 처녑을 의미한다면 음을 "사"로 표기 되었어야 마땅할 것입니다.

까닭은 析을 [석]이라 발음한다면 [석음]에는 처녑이라는 의미가 없고 [사]로 발음 되어야 상호간 의미전달에서 처녑으로 이해되기 때문입니다.

특히 성호사설 경사문 제물조(星湖僿說經史門祭物條)의 柝은 주문(註文)에서의 설명된 이상도 이하도 아닙니다. 따라서 여기서의 柝을 "사"로 발음 할만한 까닭도 없습니다.

또 柝을 "처녑 사"로 의미를 부여하고 발음할만한 전거(典據)가 없다는 것입니다. 따라서 柝은 ○딱따기 탁. ○열 탁(열리다). ○쪼갤 탁(가르다. 갈라지다. 벌어지다. 터지다) 등 [탁]음 이외의 음은 없습니다.

한자(漢字)는 우리 글자가 아니라 중국(中國)의 글자로서 우리가 글자가 없었을 때 수 백년 차용(借用)하여 사용(使用)되던 글자로서 그 근원(根源)은 강희자전(康熙字典)으로 그에 기초(基礎)하여 음(音)과 뜻을 익혀 문자생활을 하다 1909 년 자전석요(字典釋要)가 간행(刊行) 되면서부터 근대(近代) 옥편(玉篇)의 틀이 잡히기 시작 현재에 이르게 되었습니다.

따라서 우리가 쉽게 익히도록 구성된 현대(現代) 옥편(玉篇)은 강희자전(康熙字典) 중에서 필요(必要)에 따라 발췌(拔萃) 수록 소형에서부터 대형 자전(字典)이 등장(登場)하게 된 것입니다.

까닭에 아국(我國) 옥편(玉篇)은 강희자전(康熙字典)의 범주(帆柱)를 벗어 날수가 없는 것이며 혹 강희자전(康熙字典)에는 수록되지 않았다 하더라도 서경(書經) 등(等) 고서(古書)에 새로운 의미(意味)가 발견(發見)되면 그를 전거(典據)로 삼아 새로운 의미를 부여 추록(追錄)할 수는 있으나 음(音)은 하인을 막론하고 임의로 변경 또는 추가 할 수가 없는 것입니다.

혹 네이버 한자(漢字) 사전(辭典)에 柝에 탁. 서. 사음을 붙임이 어느 전거에 의하여 서인지는 알 수 없으나 강희자전(康熙字典) 또는 중국어사전에도 없는 음(音)이니 유학적 입장에서는 전거(典據) 제시(提示)가없는 한 인정할　수 없는 음(音)이라 할 수 있습니다.

고로 柝의 音은 탁일 뿐입니다.

●旣夕禮東方之饌四豆脾析蜱醢葵菹蠃醢

●康熙字典木部四書析音斯[周禮天冠醢人]饋食之豆脾析

●星湖僿說經史門祭物條脾柝註云牛百葉今謂之千葉從其理而柝開故曰脾柝也

●康熙字典木部五書柝音託[說文]作𣎴(柝의　本字)𣏼(柝과　同字)判也[易下繫]重門擊柝以待暴客[左傳哀七年]魯擊柝聞于邾[徐鉉日]謂判兩木夾于門爲機相擊以警夜也今荒城多叩皷以持更蓋其遺制

⊙柝에 대한 玉篇의 考察

●康熙字典木部五書柝[唐韻][正韻]他各切[集韻][韻會]音託[說文]作𣎴(柝의本字)𣏼(柝과　同字)判也夜行所擊者[易下繫]重門擊柝以待暴客[左傳哀七年]魯擊柝聞于邾[徐鉉日]謂判兩木夾于門爲機相擊以警夜也今荒城多叩皷以持更蓋其遺制

●字典釋要(1909)木部五書[柝]탁　判也　쪼갤　탁　𣏼見

●校訂全韻玉篇(1913)木部五書[柝]탁　判也警夜ㅋ斗　𣏼同

●新字典(1915)木部五書[柝]탁　判也쪼길○夜警ㅋ斗죠두○목탁[易繫辭]重門擊一以待暴客[藥]木+櫜同

●全韻玉篇(1917)木部五書[柝]탁　判也警夜ㅋ斗　𣏼同

●中國語辭典柝　1.[명사][문어] (야경(夜警)을 돌 때 치는) 딱따기. 击柝 (야경을 알리는) 딱따기를 치다.

⊙析에 대한 玉篇의 考察

●康熙字典木部四書[正韻]音錫[說文]破木也[詩齊風]析薪如之何非斧不克一曰析也　又分也[書堯典]厥民析[孔安國傳]丁壯就功老弱分析也　又國名[書禹貢]析支渠搜西戎　又地名析城屬冀州　又邑名[左傳僖二十五年]秦取析矣　又[尸子]虹蜺爲析翳　析音斯[周禮天冠醢人]饋食之豆脾析　又[類篇]音斯[周禮天冠醢人]饋食之豆脾析　又草名張揖曰析似燕麥　又平聲[唐韻]息黎切[史記五帝紀]析支渠㢟[索隱]作鮮支渠搜鮮析音相近古讀鮮爲斯　又息例切音近賜[後漢西羌傳]濱于賜支[註]賜支者禹貢所謂析支者也

●字典釋要(1909)木部四書[析]　셕分也　나눌석　○破木　나무쪼갤석

●校訂全韻玉篇(1913)木部四書[析]　셕破木分也剖一星次一木虹蜺

●新字典(1915)木部四書[析]　셕　剖一破木쪼길○뻐길○펄[詩]一薪如之何非斧不克○分也나눌[書]厥民一○星次寅曰一木(錫)

●全韻玉篇(1917)木部四書[析]　셕　破木分也　剖一星次一木虹蜺

▶975◀◆問; 제법에 대하여?

1. 일식구반을 한자로 일식구반(一食九飯) 입니까?
2. 숙수 올리고 숟가락을 숙수그릇에 담그기만 하고 메(밥)를 숙수에 말지 않는지요.
3. 진 숙수하고 읍을 하고 기다리는 것이 국궁(묵념)인지요.
4. 진 숙수 시 갱 그릇을 철적(초헌, 아헌)처럼 안 내려도 되는 지요.

◆答; 제법(祭法).

問; 1. 答; 맞습니다.

問; 2. 答; 상 3 년 내는 생년의 예로 밥을 조금 떠 물에 마나 그 이후는 물에 밥을 말지 않습니다.

問; 3. 答; 아래와 같이 살펴보건대 부복(俯伏)은 근거(根據)가 없으니 서서 잠깐 기다린다 라 하였으니 서있는 자세는 손을 맞잡고 다소곳이 허리를 굽혀 서 있어야 되겠지요.

問; 3. 答; 아래와 같이 살펴보건대 요결에서는 철갱(徹羹)이라 하였으나 가례를 살펴보면 철갱 이란 예는 없으며 특히 비요를 살펴보면 메의 개(盖)도 내리지 않고 메의 남쪽에 두고 후재 선유의 말씀으로는 진다(進茶)와 진갱(進羹)은 별개의 예라 하셨으니 갱을 빈 곳으로 밀치고 수저그릇 좌측으로 놓고 율곡 선유의 예를 따르는 가문이라면 철갱(徹羹)이라 하였으니 국그릇을 내려야 하겠지요.

●楊氏曰士虞禮無尸者祝闔牖戶如食頃註如尸一食九飯之頃也
●輯要今俗徹羹進茶又以匙取飯少許澆於湯水盖徹羹進水是生時常例象生時固當玉藻飯飱註飱以飲澆飯也食竟更作三飱以助飽此亦生時常例
●尤庵曰進茶後抄飯一節東俗也家禮則無之恐當以家禮爲正
●明齋曰抄飯一節禮所不言只移匙於茶器似宏云然三年內象生之義澆飯恐似無妨
●問進茶後旋卽辭神太遽或立或伏如何沙溪曰立而少遲可也伏則無據
●備要四時祭進炙條云云乃啓飯盖置其南各位同
●家禮四時祭啓門條主人主婦奉茶分進于考妣之前
●厚齋曰進茶進羹是兩項事不相關則茶非徹羹而進之物也
●書儀按時祭茶盞居匕筯之左
●要訣四時祭啓門條徹羹而退

▶976◀◆問; 초조제(初祖祭)(先祖祭)란.

죄송하오나 초조제(선조제)란 무슨 뜻인지요 시조(始祖)를 말함인가요 그리고 "상(牀)가(口)가 이촌(二寸)"에서 괄호 속[口] 자는 무슨 자인지요.

◆答; 초조제(初祖祭).

초조제란 시조제와 동의어가 됩니다. 선조제(先祖祭)는 초조(初祖)아래 2세(世)부터. 고조(高祖)위로 6세(世)까지의 조상(祖上)에 대한 제사(祭祀)]란 표현(表現)은 오류(誤謬)로, [초조이하고조이상지조(初祖以下高祖以上之祖)]의 제사(祭祀), 또는 [시조(始祖)이하 이세(二世)에서 륙세지조(六世之祖)(五代祖)]까지의 조상(祖上)에 대한 제사(祭祀). 라 하여야 바른 표현이 됩니다.

"상(牀)의 가(口)가 이촌(二寸)"내의 (口)의 표시는 상의 가 변두리 둑의 표시입니다.

●程子曰初祖以下高祖以上之祖也
●語類問立春祭先祖則何祖曰自始祖下之第二世及己身以上第六世之祖
●左傳成公舊不必良以犯天忌我必克之楚子登巢車以望晉杜註巢車車上爲櫓○巢說文作轈云兵車高如巢以望敵也

22 절사(節祀)

▶977◀◆問; 구정 때 해외출장으로 인하여 차례를 미리 지낼 수는 없는지요?

주인이 외국에 있을 때 명절 참례 지내는 법은?

◆答; 구정 때 해외출장을 가는데.

아래와 같이 살펴보건대 주인이 외국에 있으면 형제가 제사를 대행하는 예법이 있으니 명절참례 역시 동생이 선O님의 정침에서 지내면 될 것입니다.

●曾子問曰宗子居於他國庶子爲其祭也祝曰孝子某使介子某執其常事攝主

▶978◀◆問; 납(臘)일 이란?

일전에 사명일(四名日) 오명일(五名日) 설명에서 섣달 납일(臘日)이 나왔었는데 무슨 날인지요.

◆答; 납일(臘日).

아래와 같이 살펴보건대 동지(冬至) 후 셋째 술일(戌日)에 선조나 신에게 지내는 제사인데 조선시대(朝鮮時代)에는 동지(冬至) 후 셋째 미일(未日)에 지냈다 함.

●韓非子外儲說右一曰秦(脫昭字)襄王病百姓爲之禱病愈殺牛塞禱郎中閻遏公孫衍出而見之曰非社臘之時也註焦竑曰臘日祭社以報成物之功古禮也

▶979◀◆問; 동생을 하늘나라 먼저 보내고 첫 명절입니다.

동생이 남기고 간 어린 조카 둘(중 3, 초등 6)이 있습니다. 제수씨는 동생보다 먼저 세상을 버렸습니다. 고아가 된 두 녀석을 큰아버지인 제가 키우고 있고 곧 추석을 맞게 되었습니다. 차례를 지낼 때 동생은 어찌해야 할지 고민입니다. 제가 맏이고 어른들이 아무도 안 계시기 때문에 제가 차례를 지냅니다.

물론 관습이고 전통이고 다 떠나서 더 간절한 마음으로 동생을 위한 차례를 지내고 싶은 게 저의 마음입니다. 하지만 모셔야 될 조상님도 있고 하니 제 마음으로만 되는 건 아니라 생각이 됩니다. 조상님들께 먼저 상을 올리고 모두 차례를 지낸 후 동생 차례상은 따로 차려서 조카들만 따로 지내야 할까요? 아니면 조상님들 상에 동생 것도 같이 올려서 그냥 한번에 지내고 될까요?

조카들이 있으니 앞으로 제사도 지내야 할 텐데 그때는 제주를 내가 봐야 하나요? 아니면 큰조카를 제주로 해야 하나요?

◆答; 동생을 하늘나라 먼저 보내고.

아무리 동거(同居) 중이라 하여도 지자(支子)가 죽으면 그 자손(子孫)이 그의 사실(私室)에 사당(祠堂)을 만들어 신주를 모시고 있다 이가(移家)를 하면 그곳에 제도(制度)와 같이 사당을 세우고 신주(神主)를 모십니다. 까닭에 종가와 지자의 제사는 주인이 다릅니다. 따라서 종가의 제사를 마치고 그의 사실에서 다시 새 제물을 진설하고 질(姪)이 제주가 되어 제사하여야 합니다. 물론 사실이 없이 함께 기거한다면 정침이 되겠지요.

●家禮祠堂爲四龕以奉先世神主條非嫡長子則不敢祭其父若與嫡長同居則死而後其子孫爲立祠堂於私室且隨所繼世數爲龕俟其出而異居乃備其制若生而異居則預於其地立齋以居如祠堂之制死則因以爲祠堂

▶980◀◆問; 동생 사망 명절날 제사 지내는 순서 문의.

수고가 많으십니다. 2012년4월에 동생이 지병(持病)으로 사망함에 따라 추석과 설 명절날 제사를 어떤 순으로 지내야 하는지 문의하오니 알려주시면 감사 하겠습니다.

저는 장남으로서 2012년 설 명절까지는 제집에서 조부모님과 아버지, 어머니 제사를 모셔왔습니다. 2012년 4월 둘째 동생이 사망함에 따라 이번 추석 때부터 제사를 어떻게 지내야 하는지 생각 중에 있습니다. 조카는 대학생과 고등학생입니다.

문의 1: 예전처럼 조카들과 제수씨가 제집(장님 집)에 와서 어머니, 아버지, 조부모님 제사를 모신 후 동생 집에 가서 조카가 주관하여 동생제사(조카들로서는 아버지 제사)를 지내야 하는지?

문의 2: 조카들이 먼저 아버지 제사(동생)를 지낸 후 큰 집에 와서 같이 제사를 지내야 하는지?

문의 3: 이번 추석(秋夕)은 동생(同生) 사망(死亡) 후 첫 명절제사(名節祭祀)임으로 동생 집에 모두 가서 조카 주관(主管) 하에 제사(祭祀)를 지낸 후 장남(長男) 집으로 와서 조부모(祖父母)님과 부모(父母)님 제사를 지내야 하는지? 위 문의사항에 대해 알려주시면 대단히 감사하겠습니다. 대구에서 김장근 드림.

◆答; 동생 사망 명절날 제사 지내는 순서.

예기(禮記) 내칙(內則) 가르침에 지자(支子)는 먼저 종가(宗家) 제사(祭事)를 마친 연후(然後)에 제 집으로 돌아가 자기 제사(祭祀)를 지내야 한다는 말씀입니다. 따라서 문의(問議) 1: 과 같이 제사함이 옳은 예법이 됩니다.

●內則(庶子)若富則具二牲獻其賢者於宗子(鄭注賢猶善也)夫婦皆齊而宗敬焉(鄭注當助祭於宗子之家)終事而后敢私祭(鄭注)祭其祖禰(孔穎達疏)終事而后敢私祭者謂大宗終竟祭事而后敢以私祭祖禰也此文雖主事大宗子其大宗之外事小宗子者亦然

▶981◀◆問; 명절과 성묘에 대하여?

이곳 홈페이지에서 많은 도움을 받고 있습니다. 감사합니다. 그런데 여쭤 볼 것이 있습니다. 제 아버님께서는 10 여 년 전 추석당일(음 8 월 15 일)날 그만 돌아 가셨습니다.

불효자인 제가 아버님을 제대로 모시지 못한, 그래서 현재 저희 집은 음력 추석 전날 밤 11 시 55 분부터 기제사를 지내기 시작하여 추석날(음 8 월 15 일) 새벽 12 시 20 분쯤 기제사를 마칩니다. 그리고 그때서야 음복 겸 저녁을 합니다. 제사가 끝내기 전에 저녁을 먹지 않는 관계로, 그리고 잠시 눈을 좀 붙였다가 아침 8 시 반에서 9 시쯤에 또 차례를 지냅니다. 차례 때는 증조부모님, 조부모님, 아버님 이렇게 5 분을 합설해서 차례를 지내고 있습니다.

1) 문, 날자 상으로는 기제사를 추석 전날 시작하여 추석날 기제사를 마치는데 추석 차례는 시간상으로 몇 시간 뒤에 지내는 것이 맞게 지내고 있는 것인지요?

2) 문, 추석 성묘는 추석 전(음력 8 월 1 일~8 월 13 일) 에 다녀와도 예의에 어긋나는 것이 아닌지요?

3) 문, 성묘(省墓) 때 술, 과일, 포(脯) 만 가지고 가도 되는지요? 아니면 다른 음식(飮食)도 가져가야 하는지요?

◆答; 명절과 성묘.

1) 문, 答; 추석(秋夕) 전날 11 시 55 분 경이라 함은 추석날 자초 시(子初時)로 이미 그 시간은 추석(秋夕) 날이 됩니다. 기제(忌祭)가 명절(名節)과 겹쳐들 때의 예법은 이하(1348)에서 논하였으니 참조(參照)하시기 바랍니다. 다만 요즘 기제는 첫 시인 자시(子時)에 행함이 관행화(慣行化) 되어 있으니 기제(忌祭)와 명절(名節)이 함께 든다 하여도 명절(名節)은 궐명제(厥明祭)이니 이른 조반 시간에 추석 참례(參禮)를 행하면 될 것입니다.

2) 문, 答; 명절(名節) 성묘(省墓)는 그 명절(名節)을 쇠고 상묘(上墓)함이 옳을 것 같습니다.

3) 문, 答; 주과포는 약설 묘제 찬이 됩니다. 그 외 찬은 이미 집에서 참례 때 진설

되었으니 약(略)하여도 흠은 되지 않은 상 싶습니다.

●問此行歸省先墓當在端午後當別具酒果設薦然則當有祝文耶若値端午依禮參拜似不當自主同春曰別具酒果告辭云云
●問傍親同在一山則雖不參祭時或虛拜可乎栗谷曰雖四時不必皆拜一年一度不可廢也
●尤庵曰初到再拜復再拜而退

▶982◀◆問; 명절에 숙모도 같이 지내는데?

저희 시댁은 종가 집입니다. 당연히 조상님 기제사와 차례를 지내야 하는데요, 지금 약간의 문제가 있습니다. 제가 시집오기 전부터 명절 차례를 지낼 때에 시 할아버님 차례가 끝나면, 그 차례상에 작은어머님 사진을 올려놓고 시 작은어머님 차례를 지내고 있습니다.

작은집 아들이 결혼을 하였는데도 불구하고 큰집 차례에 계속 작은 어머니 차례를 올리는 것이 맞습니까? 작은집 식구들은 명절 차례니까 모두 한 조상이라며 같이 지내자고 하는데, 아니면 옆방에 상을 하나 더 차리자고 합니다. 어떻게 하는 것이 옳습니까?

◆答; 지자 집의 제사는 종가에서 지낼 수 없습니다.

아래와 같이 살펴보건대 종가(宗家)와 지자가(支子家)의 제사(祭祀)가 같은 날에 있을 때는 생(牲)을 두 마리를 잘 길러 그 중에서 좋은 것을 골라 종가(宗家)로 가 제사(祭祀)를 마치고 제 집으로 돌아와 자기 제사를 지낸다는 것입니다.

●內則庶子若富則具二牲獻其賢者於宗子(註賢猶善也)夫婦皆齊而宗敬焉(註當助祭於宗子之家)終事而后敢私祭

▶983◀◆問; 명절제사를 지내야 하는지?

안녕하세요. 집에 우환이 있으면 차례나 제사를 안 지낸다고 하는 것 같던데 명절 차례를 지내야 하는지 궁금해서 여쭤봅니다. 오빠가 다리를 다쳐서 병원에 있고, 친정엄마는 요즘 눈(녹내장)수술을 하셨고, 수술한 눈이 회복이 되시면 다음달 초에 한쪽 눈을 또 수술하시게 됩니다. 어떤 분은 안 지낸다고 하시고, 어떤 분은 지내야 한다고 하시는데, 지내야 하는 건지, 아니면 안 지내야 하는 건지 궁금해서 여쭤봅니다. 감사합니다.

◆答; 명절제사를 지내야.

아래와 같이 살펴보건대 퇴계(退溪)선생 말씀이 종자(宗子)가 만약 병이 있으면 자제(子弟)에 명(命)하여 제사를 지내게 한다. 하셨으니 집안에 우환(憂患)이 있다 하여 제사(祭祀)를 폐하여 서는 아니 되는 것 같습니다.

●退溪曰廟祭若主人暫出或病而命子弟行於其家廟則爲子弟者亦或以物助辦而行於廟可矣

▶984◀◆問; 명절 제사에는 축이 없나요.

예서에 보면 추석 때 원칙적으로는 축문을 쓰는 것이 옳지만 안 해도 된다고 했는데 굳이 안 해도 된다면서 원칙적으로는 해야 된다고 한 이유가 궁금하네요?

◆答; 절사(節祀)에는 축(祝)이 없습니다.

명절(名節) 절사(節祀)에는 축이 없습니다.

●栗谷曰正朝端午二節則略備饌物只一獻無祝

▶985◀◆問; 명절(名節) 제사(祭祀).

저는 작년 11 월에 부친을 잃었습니다. 큰댁에서 여지 것 명절 차례를 지내왔습니다. 지금 큰아버지는 생존하시지만 몸이 불편하셔서 사촌이 차례를 주관하고 있습니다. 큰아버지가 생존하여 계신 동안은, 저는 아버님 차례를 모시지 못하고 큰댁에서 조상님 차례만 모셔야 한다고 들었습니다.

저는 따로 아버님 차례를 모시지 못하는지요. 집에서 아버님 차례를 모시지 못한다면, 큰댁에서 차례 지낼 때 저의 아버님 차례를 모시는 방법은 없는지요. 자세한 답변 부탁 드립니다.

◆答; 서자(庶子)의 명절(名節) 제사(祭祀).

지자손(支子孫)은 사시제(四時祭)나 절사(節祀) 등과 같이 같은 날에 제사하게 될 때는 먼저 종가(宗家: 큰댁)으로 가 제사를 마치고 돌아와 자기 제사를 지냄이 옳은 법도입니다. 다만 길이 멀어 당일(當日)에 돌아오지 못한다면 법도(法度)가 그러하다 하여 내 제사(祭祀)를 폐(廢)하여서는 아니 되겠지요. 또 말씀으로 미루어 보건대 부친은 생존하여 계신 것으로 보입니다.

●內則庶子若富則具二牲獻其賢者於宗子(註賢猶善也)夫婦皆齊而宗敬焉(註當助祭於宗子之家)終事而后敢私祭

▶986◀◆問; 명절제사는 둘째 아들이나 셋째 아들 집에서 지내도 되는지요.

기제사(忌祭祀)는 큰집에서 지내고 명절제사는 둘째 아들네서 지냅니다. 법도(法度)에 어긋나는 건 아닌지요. 둘째 내서 지내는 이유는 큰집이 설에는 주택(住宅)이라 아파트보다 난방 등 환경이 좋지 않아서이며 추석에는 큰집이 농사를 지어 바쁘다는 이유로 큰아들내외가 둘째 아들네로 와서 지내길 바래서입니다. 물론 큰아들의 아들들은 29 살 24 살로 둘 다 성인(成人)이고요. 둘째 아들은 이제 막 결혼을 해서 아직 자식이 없습니다. 어머니도 둘째 아들이 모시고 있고요. 충청도(忠淸道)는 원래 이렇게 지낸다고 하던데 지역별로 전부 다른가요? 처음 듣는 얘기라 그냥 그대로 지내도 되는 건지 아니면 잘못 알고 있는 건지 답변바랍니다.

◆答; 명절참례는 지자가(支子家)에서 지낼 수가 없습니다.

전통예법(傳統禮法)에서의 추석(秋夕)이나 설 명절(名節) 참례(參禮)는 본래(本來) 정침(正寢祭)에서 지내는 예(禮)가 아니고 사당(祠堂)에서 올리는 예(禮)이니 추석(秋夕) 차례(茶禮)는 주인(主人) 집을 떠나 다른 집에서 올릴 수가 없는 예입니다.

●便覽俗節條(正至朔日之儀)前一日灑掃齋宿厥明夙興開門軸簾每龕設(云云)卓上每位茶盞托酒盞盤各一於神主櫝前
●或問有人於節日祭於墳墓又設茶禮於神主無乃瀆耶寒岡曰何瀆是家禮所謂俗節之參也墓祭據禮只有三月上旬十月朔日之儀
●或問今之俗節是何日栗谷曰俗節謂正月十五日三月三日五月五日六月十五日七月七日八月十五日九月九日及臘日
●疑禮問答俗節問(沈天祺)韓魏公獨於中元用浮屠者何歟答(明齋)中元禪家節日也註先生祭禮遺書節日正朝上元正月朔望也不必論寒食國俗四名日不必論三月三日端午與寒食同流頭七月七日中元秋夕與端午同九月九日冬至臘
●家禮補疑俗節則獻以時食細註節如淸明寒食重午中元重陽之類

▶987◀◆問; 명절 제사의식에 대하여.

추석명절　때 어떻게 해야 하는　것인지 궁금해서요. 아침에 상식을 올리고 차례를 지낼 때 어머니도 같이 지내야 하는 것인지 궁금합니다. 아침 상식도 차례를 지내듯 올려야 하는 것인지요?

◆答; 명절 제사의식.

49 재(齋)는 불가(佛家)의 의식(儀式)이니 그 의식에 관하여는 아는 바가 없으며 명절(名節) 역시 불가(不可)의 예법이 있을 것이나 우선 유가(儒家)에서 상중(喪中) 예법으로 아래와 같이 살펴보건대 다른 조상(祖上) 추석(秋夕) 의식(儀式)은 복(服)이 경(輕)한 자(者)가 헌주(獻酒) 추석(秋夕) 참례(參禮)를 마쳐야 하는 것 같으며 궤연(几筵)에는 조전(朝奠)겸 상식(上食)후 별설(別設)하여도 무방하다 하신 말씀이 계십니다.

진설(陳設)을 생전(生前)의 상(床)차림과 같이 좌반우갱(左飯右羹)으로 진설(陳設)하고 장사 전(葬事前)은 전(奠)의 예법(禮法)이나 장 후(葬後)이니 추석(秋夕) 참례(參禮) 예법(禮法)을 따르는 것이 맞는 예법 같습니다.

좌반(左飯) 우갱(右羹)의 말씀은 아래와 같이 사계선생님의 말씀입니다.

●朱子曰薦新告朔未葬可廢旣葬則使輕服或已除服者入廟行禮可也
●南溪曰喪中祭先若有服輕可使者代行而喪人參後別行拜禮
●沙溪曰俗節因朝奠兼上食行之似過盛上食後別設無妨又曰三年內上食象生時左飯右羹爲是
●尤庵曰進茶後抄飯東俗也家禮無之恐當以家禮爲正
●遂菴曰上食時啓飯揷匙正筯進茶之文家禮及備要無之似是偶然未備
●士喪禮葬前奠只哭踊
●沙溪曰俗節因朝奠兼上食行之似過盛上食後別設無妨又曰三年內上食象生時左飯右羹爲是
●喪禮成服篇朝夕奠上食朔日則於朝奠設饌條關聯俗節儀
●尤菴曰俗節重於朔望審矣問解所荅恐別是一義也且以兼設於上食爲過盛而欲別設焉若以常情言之則別設爲重而合設爲經今反以合設爲盛恨不得稟質於摳衣之日也
●沙溪曰俗節因朝奠兼上食行之似過盛上食後別設無妨

▶988◀◆問; 명절 차례 대하여서.

명절차례(名節茶禮)를 큰집과 작은집에서 한 번씩 나누어서 모시면 안 되는지요. 큰집에서 조상(祖上)님들을 모시고 있는데 저희 어머님이 돌아가셔서 따로 모시고 싶은데 큰 집과 함께 자손(子孫)들이다 함께 모셔야 한다고 아버님이 말씀하시고 해서 여쭈어봅니다. 설 명절(名節)은 큰집에서 추석 명절은 저희 집에서.

◆答; 명절 차례.

유가(儒家)의 예법(禮法)으로는 집을 지을 때는 먼저 안채가 들어설 자리의 동쪽으로 사당(祠堂)을 세운 뒤에 본채를 세움이니, 지자(支子)가 살림을 나면 그와 같이 사당(祠堂)이 이미 세워져 있어 후(後)에 지가(支家)가 상(喪)을 당하면 그 신주(神主)를 그 사당(祠堂)에 모시고 봉사(奉祀)를 하게 됩니다. 따라서 종가에서는 그 선대의 신주가 모셔져 계시니 아래 예기(禮記) 내칙(內則)의 가르침과 같이 지자가 힘에 가당하면 생(牲)을 두 마리 잘 길러서 그 중에서 제일 좋은 생을 골라 가지고 가 큰집 제사를 지내고 돌아와 제집 제사를 지내라는 것입니다. 따라서 형편상 사당을 세우지는 못하였다 하여도 철이님은 지손 댁으로 먼저 큰댁으로 모두 가 제사를 마치고 돌아와 내 제사를 지냄이 바른 예법이 됩니다.

지금까지 철이님의 어머님을 큰 댁에서 합설하여 지내셨다면 잘못되었으니 돌아오는 명절부터라도 바르게 잡아 위와 같이 따로따로 모셔야 예법상 옳습니다.

●性理大全家禮二通禮祠堂篇君子將營宮室先立祠堂於正寢之東
●內則若富則具二牲獻其賢者於宗子夫婦皆齊而宗敬焉終事而后敢私祭註賢猶善也齊而宗敬謂齊戒而往助祭事以致宗廟之敬也私祭祖禰則用二牲之下者

▶989◀◆問; 명절 차례에 대해서 문의 드립니다.

안녕하세요? 명절 차례에 대해 궁금한 점이 있어 이렇게 글을 올립니다. 원래는 증조할아버지와 증조할머니께만 차례를 지냈는데, 작년에 할아버지께서 돌아가셔서 명절날 차례를 지낼 때 따로 상을 차려야 하는지, 아니면 신위를 같이 모시고 상 하나에 차려서 지내도 되는지 궁금합니다.

제가 전에 듣기로는 동쪽에서 서쪽방향으로 증조부와 증조모 신위를 모시고, 다음에 할아버지 신위를 같이 모셔도 된다고 알고 있는데 맞는지 궁금합니다. 그리고, 저의 아버지께서 6 형제 중 장남이십니다. 저는 아버지의 무남독녀 입니다. 명절날 차례를 지낼 때 아버지와 삼촌들 다음으로 제가 서야 하는 위치가 궁금합니다.

작은 아버지 댁에 사촌동생이 남잔데 남자와 여자가 서는 위치가 또 다른지도 궁금합니다. 아버지 서열에 따라서 서는 것인지, 나이 순이나 또는 남자 여자와의 차이가 있는지에 대해서 답변 부탁 드립니다. 수고하세요.

◆答; 명절 차례에 대해서.

설위(設位); 서쪽으로부터 고조고비(高祖考妣) 증조고비(曾祖考妣) 조고비(祖考妣) 고비(考妣).

서립(序立); 아래 "○정월 초하루, 동지(冬至) 그리고 매월 초하루 보름이면 참배(參拜)한다"에 남자는 동쪽에 서되 북향하여 북과 서쪽이 상석이고 부녀자들은 서쪽에 서되 북과 동쪽이 상석으로 각각 서게 됩니다.

○家禮四時祭設位條高祖考妣於堂西北壁下南向考西妣東各用一倚一卓而合之曾祖考妣祖考妣考妣以次而東皆如高祖之位

○便覽正至朔望則參
主人北面於阼階下主婦北面於西階下主人有母則特位於主婦之前(栗谷曰奉祀妾子之母固不當立於主婦之前矣亦豈可立於主婦之後乎當立於主婦之西稍前)主人有諸父諸兄則特位於主人之右少前重行(增解輯覽按重行者主人前伯叔父爲一行主人兄弟爲次行主人子姪又爲次下主人之孫又爲次下是爲重行○沙溪曰諸父異行兄弟則有少前少退之異非重行也)西上有諸母姑嫂姊則特位主婦之左少前重行東上諸弟在主人之右少退子孫外執事者在主人之後重行西上主人弟之妻及諸妹在主婦之左少退子孫婦女內執事者在主婦之後重行東上

▶990◀◆問; 명절 제사 문의 드립니다.

제사를 두 군데서 지내도 되는지요.

◆答; 지자 집에서는 제사를 지내지 못함.

아래와 같이 예기 상복소기편(喪服小記篇)을 살펴보건대 서자(庶子; 衆子)의 집에서는 제사를 지내서는 아니 된다 하였으니 두 군데서는 지낼 수가 없는 것 같습니다.

●喪服小記庶子不祭禰者明其宗也註庶子不得立禰廟故不得祭禰所以然者明主祭在宗子廟必在宗子之家也
●曲禮支子不祭祭必告于宗子(註)不敢自專宗子有故支子當攝而祭五宗皆然疏廟在適子之家庶子不敢輒祭若濫祭亦是淫祀若宗子有疾不堪當祭則庶子代攝可也猶宜告宗子然後祭

▶991◀◆問; 명절 차례.

2 남 1 녀 중 막내입니다. 아버님은 한국에 계시고 형님은 몇 년 전 미국으로 이민을 갔습니다. 형님이 이민을 가면서 제사를 미국에서 지내시는데 기제사만 지내고 명절 차례는 안 지낸다고 합니다. 명절 차례만 제가 지내도 되는지요? 궁금해서 글 올립니다.

◆答; 명절 참례.

전통예법(傳統禮法)에서의 추석(秋夕) 차례(茶禮)는 정침(正寢祭)에서 지내는예(禮)가 아니고 사당(祠堂)에서 올리는 예(禮)이니 추석(秋夕) 차례(茶禮)는 주인(主人) 집을 떠나 다른 집에서 올릴 수가 없는 예입니다.

●便覽俗節條(正至朔日之儀)前一日灑掃齋宿厥明夙興開門軸簾每龕設(云云)卓上每位茶盞托酒盞盤各一於神主櫝前
●或問有人於節日祭於墳墓又設茶禮於神主無乃瀆耶寒岡曰何瀆是家禮所謂俗節之參也墓祭據禮只有三月上旬十月朔日之儀
●或問今之俗節是何日栗谷曰俗節謂正月十五日三月三日五月五日六月十五日七月七日八月十五日九月九日及臘日
●疑禮問答俗節問(沈天祺)韓魏公獨於中元用浮屠者何歟答(明齋)中元禪家節日也註先生祭禮遺書節日正朝上元正月朔望也不必論寒食國俗四名日不必論三月三日端午與寒食同流頭七月七日中元秋夕與端午同九月九日冬至臘
●家禮補疑俗節則獻以時食細註節如清明寒食重午中元重陽之類

▶992◀◆問; 명절 차례를 부모님 댁에서 지내면 안 되는지요.

저는 아내가 사망했습니다. 그래서 매년 기제사와 설, 추석에 차례를 지내고 있습니다. 아직 8 순의 부모님이 생존해 계시며 저는 차남입니다. 명절 때가 되면 부모님을 찾아 뵙고 싶은데 차례를 지내느라 찾아 뵙지를 못합니다. 그 이유는 저는 서울에 거주하고 부모님은 전라도 바닷가 가까운 먼 곳에 계시기 때문입니다. 명절 때 차례를 서울에서 지낸 다음에 교통 형편상 도저히 그곳에 다녀올 수가 없습니다. 그래서 아내의 차례를 고향 부모님 집에서 지내도 되는지 궁금합니다. 그렇게 되면 부모님도 뵐 수 있고 차례도 지낼 수 있어 좋을 것 같아서요. 감사합니다

◆答; 지자의 제사를 부모님 댁에서 지내지 못합니다.

지자(支子)가 적자(嫡子)와 함께 살다 죽으면 그 자손들이 그의 사실(私室)에서 제사를 지냄이 바른 예법입니다. 따라서 부인은 예법상 부친 댁으로 가 제사를 지낼 수가 없습니다.

●內則若富則具二牲獻其賢者於宗子夫婦皆齊而宗敬焉終事而后敢私祭註賢猶善也齊而宗敬謂齊戒而往助祭事以致宗廟之敬也私祭祖禰則用二牲之下者
●家禮祠堂爲四龕以奉先世神主條非嫡長子則不敢祭其父若與嫡長同居則死而後其子孫爲立祠堂於私室且隨所繼世數爲龕俟其出而異居乃備其制若生而異居則預於其地立齋以居如祠堂之制死則因以爲祠堂

▶993◀◆問; 명절 차례는 차남이 별도로 지낼 수 있는지요?

저의 아버지는 차남이시고 저는 장남입니다. 부모님은 팔순을 넘기셨습니다. 백부님, 조부님, 증조부님 제사는 4 촌 큰 형님 댁에서 지내고 있으며 저도 제사 때 참례를 합니다. 그런데, 형님 댁은 서울에 있고 저희 집은 지방에 있어서 명절 때는 신주나 지방이 없이 차례상만 차려놓고서 저의 형제들과 조카들이 참여해서 차례를 지내고 있는데요 이렇게 해도 괜찮은 건지요? 고견 부탁 드립니다.

사실은 오래 전 우리가 어렸을 때부터 명절 때 주인 없는 영혼을 위해 제사를 지나 주면 좋다는 얘기 때문에 어머니께서는 간단히 상만 차려 놓으시고 혼자서(아버지 는 큰댁에 가심) 절을 해오시던 것을 15 여 년 전부터는 우리가 어머니께서 하시던 것을 대신 하고 있는 실정입니다.

◆答; 명절 차례는 차남이 별도로 지낼 수 없음.

참례(參禮)는 정침제(正寢祭)가 아니고 사당(祠堂) 예(禮)입니다. 사당이란 종가(宗家)에 있으니 종가 댁으로 가 참례함이 마땅할 것입니다. 다만 지목 없이 음식상을 벌려 놓고 예를 갖추고 있다. 라 하시나 지목이 없으니 무의미하지 않을까 도 생각됩니다.

●曲禮支子不祭祭必告于宗子疏支子庶子也祖禰廟在適子之家庶子賤不敢輒祭若宗子有疾不堪當祭則庶子代攝可也猶必告于宗子然後祭
●尤庵曰端秋二祭移行於祠堂
●鏡湖曰薦新俗節朔望時祭大宗雖有故不行從而並廢似未安依禮力行而使大宗效之尤善其說恐是
●曾子問宗子居在他國庶子無爵而居者可以祭乎孔子曰祭哉(註有子孫存不可以乏先祖之祀)問其祭如之何孔子曰望墓而爲壇以時祭(註不祭于廟無爵者賤遠辟正主疏宗子謂有爵者若其無爵本自無廟何須云不祭廟也去他國謂有罪者若無罪則以廟從

▶994◀◆問; 명절 차례 지내는 시간.

명절 때 차례 지내는 시간 말인데요. 언제쯤 해야 적당한가요?

◆答; 아침 일찍 지냅니다.

정(正); 정조(正朝; 설날 아침). 지(至); 동지(冬至)날 아침. 삭조(朔朝); 매월(每月) 초일일(初一日) 아침. 망조(望朝); 매월(每月) 보름날 아침.

●家禮考證正至卽正朝冬至朔望卽朔朝望朝
●白虎通四時編朔之言蘇也明消更生故言朔
●說文[朔]月一日始蘇故月初一日爲朔
●性理大全正至朔參條;厥明夙興開門軸簾每龕設新果一大盤於卓上

▶995◀◆問; 명절차례상.

저는 부산에 살며, 11 대 종손으로 3 대 봉사를 하고 있습니다. 선조 때부터 명절 차례상은 똑같은 제물로 3 상을 진설하고 각 차례상에 증조부모, 조부모, 부모의 지방을 모시고 한꺼번에 차례를 지냅니다. 그런데, 주위의 다른 집안에서는 차례상을 1 개만 차리고 순차대로 증조부모, 조부모, 부모의 차례를 지내는 경우를 많이 보았습니다. 어느 경우가 옳은지요? 만약 다른 집안의 경우처럼 차례상을 1 개만 차리고 차례를 지낸다면 순서는 어떻게 되는지요? 고견을 부탁 드립니다.

◆答; 명절차례상.

명절 참례는 신주 봉사 시는 정침제가 아닌 사당 예로서 사당 제도는 세대마다 일탁씩이니 삼대봉사라면 3탁이 되겠지요.

지방 봉사라면 정침에 사당제도와 같이 각 세대마다 이의일탁(二倚一卓) 합설로 3위를 세대간에는 붙이지 않고 설위하게 되니 자연히 제찬은 3상이여야 됩니다.

●家禮正至朔望則參條每龕設新果一大盤於卓上每位茶盞托酒盞盤各一於神主櫝前

▶996◀◆問; 명절 차례상에 두 분을 모실 수 있는지 문의.

설날 또는 추석에 아버님과 배우자(처)의 차례를 번갈아 지내도 되나요? 한마디로 아버님 차례 지내고 곧바로 떡국 또는 밥을 내리고 같은 상에 배우자 차례를 지내도 되는지 알고 싶습니다.

절에선 떡국 또는 밥만 바꿔서 지내도 된다고 하는데 긴가민가해서 여쭤 봅니다. 만약 안 된다면 아버님 차례 지내고 배우자 차례를 새로운 음식으로 다시 지내야 하는지 와 장소도 같은 장소에서 지내도 되는지 즉 아버님은 형님 댁에서 지내고 배우자는 원래 살던 집에서 지내야 하는지 알고 싶습니다. 빠른 답변 부탁 드립니다.

◆答; 명절 차례상에 두 분을 모실 수 있음.

명절 참례는 사당의 예이나, 신주와 사당을 세우지 못하였으면 할 수 없이 지방으로 정침에서 지낼 수 밖에 없습니다. 설위(設位)는 고비(考妣) 일 탁(一卓)에 떡국 수저 등은 각설(却說)하고 과실(果實) 소채(蔬菜) 등은 동설(同說)하게 됩니다.

제사(祭祀)는 이리저리 옮겨가며 지내는 것이 아니라 장자손(長子孫; 주인) 집에서 계속(繼續) 지내는 것입니다.

●家禮祠堂爲四龕以奉先世神主;　爲四龕每龕內置一卓大宗及繼高祖之小宗則高祖居西曾祖次之祖次之父次之考西姒東○又正至朔望則參;　正至朔望前一日灑掃齋宿厥明夙興開門軸簾每龕設新果一大盤於卓上每位茶盞托酒盞盤各一於神主櫝前

▶997◀◆問; 명절과 제례상 진설에 대하여.

기제 진설과 명절 진설의 차이가 있나요.

◆答; 명절차례상.

아래와 같이 살펴보건대 명절 때 진설(陳設)은 신과(新果) 일대반(一大盤과 찻잔 술잔을 각위(各位) 신주독(神主櫝) 앞에 진설한다. 라 되어 있습니다. 일반 제례 진설과는 다릅니다. 그러나 요즈음 대개의 가문에서는 제례의 진설과 유사하게 명절에도 진설 되는 것 같습니다.

●家禮正至朔望則參條每龕設新果一大盤於卓上每位茶盞托酒盞盤各一於神主櫝前
●尤庵曰朔望之儀家禮所定者極其簡省其曰每龕新果一大盤云者其龕內并考妣及正祔而言也
●栗谷曰胞果隨宜或設餠亦可若正朝冬至則別設饌品冬至則加以豆粥

▶998◀◆問; 명절(설)날 제사가 드는데 명절차례와 저녁 제사를 지내야 하나요?

어머니 돌아가신 날이 음력 1월 2일이면 명절 당일 저녁이 제삿날인데 명절 차례를 지내고 저녁에 제사를 지내야 하는지 아니면 안 지내도 되는지 또는 아침 명절

차례와 같이 지내도 되는지 가장 좋은 방안은 무엇인지 알려주시면 감사하겠습니다.

◆答; 명절차례와 저녁 제사.

만약 기제와 참례가 겹쳐 들 때는 아래와 같이 살펴보건대 양설이 있으나 우암설(尤庵說)을 따름이 옳을 것 같습니다.

우암설(尤庵說)은 먼저 기제(忌祭)를 지낸 뒤 참례(參禮)를 지내야 한다는 것입니다. 까닭은 기제는 사일(死日) 날이 밝은 무렵에 지냄이 정례(正禮)인데 속례(俗禮)로 그날 첫 시(時)인 자시(子時)에 지내고 있을 뿐이니 날짜가 틀립니다. 따라서 설 참례를 지내고 그날 저녁 2일 첫 시인 자시(子時)에 기제(忌祭)를 지내는데 문제가 있을 것이 없습니다.

●龜峯曰若値高祖忌則忌祭畢仍行參禮曾祖已下忌則參禮畢行忌祭乃先祭始祖之義也
●沙溪曰宋龜峯云云未知如何也
●尤庵曰忌祭重而參禮輕無論尊卑似當先忌後參耳
●問尤庵大小祀兩存之義旣有朱子之訓則不可一日重疊而有所廢也陶庵曰此指參禮與忌祭而言若時祭則參禮恐不必疊行也

▶999◀◆問; 명절(추석. 설)때 차례.

저희 집안은 조부모님께서 돌아가시고 자손으로 7남1녀를 두셨습니다. 그 중에 위로 네 분의 백부님들께서 돌아가셨습니다. 현재 장손은 서울에 있고, 나머지는 시골에서 생활하고 있습니다. 추석과 설 때는 장손 집에서 차례를 지낼 수 없는 상황이고, 또한 장손이 시골로 내려올 수도 없는 상황입니다.

그래서 집안에서는 서울에서 조상님께 차례를 올리고, 시골에서는 조부모님께 차례를 올리기로 했습니다. 그런데 문제는 시골에 거주하시던 백부님들 세분께서 돌아가셨습니다.

그래서 결론이 나기를 조부모차례를 올리고, 다음에 다른 백부님들께 차례를 올리는 것으로 결론을 내렸습니다. 이 결론이 올은 것인지 아니면 다른 방법이 있는지 알고 싶고요, 저에 짧은 소견으로는 차례라는 것은 전체조상님들께 제를 올리는 것이기 때문에 군이 따로 떼어서 제를 올릴 것이 아니라 한자리에서 함께 올리는 것이 어떨까 합니다. 이에 우리유교적 전통은 어떤지 알고 싶습니다.

◆答; 종손과 지손의 명절 지내는 법.

아래 말씀으로는 종가(宗家)로 가서 제사를 지내고 제 집으로 돌아와 제사를 지낸다는 것입니다. 법도(法度)는 이러하나 일행(日行)의 거리로 돌아 올 수 없는 사이라면 갈 수가 없으니 종가(宗家)에는 제사를 주관(主管)하여 지낼 종자(宗子)가 있어 궐사(闕祀)의 염려는 없는 고로 종가(宗家)로 가지 않고 내 제사를 지냄이 모든 종지가(宗支家)의 제사가 궐사(闕祀) 되지 않는 방도를 취하였으니 예에 어그러진다. 할 수 없을 것입니다.

●內則庶子若富則具二牲獻其賢者於宗子(註賢猶善也)夫婦皆齊而宗敬焉(註當助祭於宗子之家)終事而后敢私祭

▶1000◀◆問; 명절 때는 축문을?

안녕하십니까. 궁금한 것이 있어 고매하신 분들께 고견을 듣자고 이렇게 질문을 올립니다. 설날, 한식, 추석 성묘 배례 때는 무축단잔(배)라 하여 축문을 읽지 않습니까?

◆答; 명절 때는 축문.

가례(家禮)에는 정조(正朝)와 추석(秋夕) 등 참례(參禮)의 예법에는 별달리 고하는 고사식(告辭式)은 없으나 아래와 같이 고(告)하기도 합니다.

⊙朔參告辭;(補解神主當出何可昧然無告耶告曰云云此乃告朔之義○家禮宿齊具酒果及饌主人以下盛服與主婦率諸婦女執事者入門就位立定執事者盥洗升每龕卓上設新果一大盤次陳每位盞盤各一於卓北端設茅沙於香案前陳設訖主人盥洗升啓櫝奉諸考神主置于櫝前主婦盥洗升奉諸妣神主置于考東主婦以下先降復位主人焚香再拜灌茅再拜降復位與在位者皆再拜參神主人盥洗升執注斟酒先正位次祔位香卓前再拜立少頃降復位與在位者皆再拜辭神主人主婦升斂主櫝之執事者升徹○凡拜男子再拜則婦人四拜謂之俠拜後倣此)今以某月朔日干支薦以酒果敢告

⊙節日告辭(家禮節如淸明寒食重午重陽之類凡其節之所尙者薦以大盤間以蔬果禮如正至朔日之儀○要訣正月十五日三月三日六月十五日七月七日八月十五日臘日○又曰藥飯艾餠水團之類無則當具果饌數品)今以某歲正朝(他節隨改)薦以時食敢告

▶1001◀◆問; 명절 때 사위가 장인제사를 모셔도 되나요?

안녕하세요? 수고 많으십니다. 본론부터 먼저 말씀 드리자면, 제 동생이 있는데, 처가가 딸 둘인 집안의 맏사위입니다. 처남이 없는 집안인데 최근 장인어른이 돌아가셔서 맏사위인 제 동생이 제사를 지내야 한다고 합니다. 처가 큰댁도 아들이 없어서 제사를 모실 곳이 없다고 하네요.

제 동생은 혼자되신 장모님과 결혼 안 한 처제 둘이서 제사를 모시는 게 안타까워서 맏사위인 제 동생이 제사를 모셔야 하는 게 아니냐고 합니다. 그래서 기제사는 물론이고 명절 때도 우리 본가에 오지 않고 맏사위인 제 동생이 제사를 모셔야 할 것 같다고 합니다.

본가는 장남인 제가 있으니까 명절 때 본가차례에는 참석 하지 않고 처가에서 차례를 지낸다고 합니다. 저 또한 형 된 입장에서 참으로 안타깝고 난감한 일입니다만, 제가 생각하기로 기제사는 맏사위가 지낸다 하더라도(당연히 제주는 제수씨여야 하고), 명절 때는 당연히 본가 제사에 참석 하는 게 도리가 아닌가 생각합니다.

절에 다니시는데 상황이 여의치 않으므로 차례 지내지 말고 절에 맡기는 게 맞지 않나 생각도 해봤고요, 더군다나 명절 때 저희 아버지 제사도 모시는데, 아버지 제사는 모시지 않고 다른 성씨 집안(?)인 처가에서 차례를 지내는 게 제례에 맞는 건지 여쭙고 싶습니다. 인간적으로는 딱하고 안타까워서 그러라고 하고 싶지만, 우리 전통관습이나 조상님에 대한 도리에 맞지 않는 것 같아서 이렇게 질문 드립니다. 이런 문제로 사랑하는 동생이나 제수씨와 다투는 것도 원치 않습니다. 그래서 집안의 화목을 도모하면서 해결할 수 있는 좋은 방안이 없을지 알려주시면 감사하겠습니다.

◆答; 명절 때 사위가 장인제사를 모셔도 되나.

아래와 같이 살펴보건대 사위가 처가에 장모가 생존한 장인제사를 지낼 수는 없는 것 같습니다.

외손봉사(外孫奉祀) 역시 법도(法度)에는 합당하지 않으나 외가(外家)에 외조부(外祖父)의 친척(親戚)이 아무도 없어 할 수 없을 때에 한하여 봉사를 하게 됩니다. 물론 사위는 처부모(妻父母)의 제사(祭祀)에 초헌관이 되어 주관할 수가 없다. 라 이해하심이 옳을 것입니다.

●周元陽祭錄婦祭舅姑祝辭云顯舅顯姑妻祭夫曰顯辟

●退溪曰妻存無子而夫亡未詳當何書都下有一家書曰顯辟蓋依禮記夫曰皇辟之語也未知

是否
●同春曰顯辟之稱出於千萬不得已有兄有弟則自可主之而祔於祖龕得禮之正
●問夫亡無子神主稱顯辟耶旁註何以書之沙溪曰妻祭夫稱辟出於禮記周元陽祭錄亦曰主
婦某氏祭顯辟稱顯辟似有據旁題禮無明文
●芝村曰婦人主祭以無可主之男不獲已而有之
●南溪曰曲禮祭夫曰皇辟之言無乃家無諸親如周元陽所謂祭無男主故不得已而爲此者耶
○又曰必無男主然後用女主
●遂庵曰無後之喪只有妻與兄弟則治喪兄弟爲之練祥禫妻主之
●大全外祖父母及妻父母無主祭者當於正朝端午中秋及各忌日用俗儀祭之
●退溪曰外孫奉祀一廟而二姓同祭夫天之生物使之一本而此則爲二本甚不可也今人或不
幸其外家祖先無後而未有所處者不忍其主之無歸則權宜奉置別所而往來奠省未爲不可
●尤庵曰外孫奉祀朱子旣斥以非族之祀
●陶庵曰朱子非族之祀一句語實爲正論愚意爲外孫者設或不得已而權奉其祀已身歿後卽
當埋安

▶1002◀◆問; 명절을 앞두고 조문을 다녀왔습니다.
안녕하십니까. 명절을 앞두고 조문을 다녀왔습니다. 그런데 어떤 분들께서 설이나
추석 차례에 참석해야 하니 조문을 가지 말라고 하시는 분들도 계시고 가더라도 절
은 하지 말라는 분들도 있었습니다. 하지만, 조문을 간 입장에서 절을 하지 않을 수
없어 절을 했습니다.

그렇다면, 명절을 앞두고 상가(喪家)에 가지 말아야 하는 것인지, 가서 절은 하지
말아야 하는 것인지, 절을 했다면 차례(茶禮)에 참석하지 말아야 하는 것인지 어떤
것이 의례에 맞는 것인지 조언 부탁 드리겠습니다. 환절기 감기 조심 하십시오.

◆答; 명절을 앞두고 조문을.
아래와 같이 살펴보건대 재계법도(齋戒法度)는 속절(俗節)은 하루 전날 사당(祠堂)
을 물 뿌려 청소(淸掃)를 깨끗이 한 뒤 재숙(齋宿)하고, 기제(忌祭)는 전일일(前一
日) 재계(齋戒)라 하였으니 재계(齋戒)하는 자(者)는 불락불조(不樂不吊)라 재계 동
안만 조문(弔問)하지 않는다. 라 이해(理解)됨이 옳을 것입니다. 혹 세속(世俗)에서
부정 7일이니 하는 설(說)을 무속적(巫俗的) 설에 불과(不過)할 뿐, 유가(儒家)의 법
도는 아닙니다.

●家禮本註俗節前一日灑掃齋宿忌日前一日齋戒
●曲禮齊者不樂不吊(註)呂氏曰古之有敬事者必齊齊者致精明之德也樂則散哀則動皆有
害於齊也不樂不吊者全其齊之志也

▶1003◀◆問; 명절제사.
지난 8월22일 저의 동생이 지병으로 사망하였는데 풍설에 의하면 장례 치른지 얼
마 되지 않을 때는 집안 명절제사를 생략한다는 설에 대하여 올바른 가르침을 주시
기 바랍니다.

◆答; 명절제사.
먼저 000님의 아우의 상(喪)을 당하심에 깊은 애도를 표합니다. 000님의 의문을 아
래와 같이 살펴보건대 아우의 복(服)은 부장기복(不杖朞服)으로 기복인(朞服人)은
성복 전에는 모든 제사를 폐하고 성복(成服) 후는 기묘제(忌墓祭)는 약행(畧行)이라
하였으니 사망 일이 8월 22일리면 추석은 9월 30일로 사후 40여 일이 지난 뒤가

됩니다.

따라서 아우의 집 제사는 폐하나 최수인님 댁의 제사에서 성복한 뒤의 기제, 묘제는 약행(무축단헌)이라 하였으니 이 말씀에서 절사(節祀)에 관하여는 언급이 없으나 기묘제를 약행한다 하셨으니 절사(節祀) 역시 지낸다. 라 이해되어야 할 것입니다.

●雜記士三月而葬○士虞記三月而葬○書儀喪儀三卜宅兆葬日條王公已下皆三月而葬
●小記報葬者報虞三月而後卒哭註報讀爲赴急疾之義謂家貧或以他故不得待三月死而卽葬者旣疾葬亦疾虞虞以安神不可後也惟卒哭則必俟三月耳
●要訣喪服中行祭儀篇期大功則葬後當祭如平時(但不受胙)未葬前時祭可廢忌祭墓祭略行如上儀(五服未成服前雖忌祭亦不可行也)
●家禮喪禮成服厥明條大斂之明日死之第四日也○又成服不杖期條爲兄弟也

▶1004◀◆問; 명절 축문식 좀.

명절차례에 무축단헌이라고 하지만 어떤 집안에는 축을 각 조상마다 읽는다고 합니다. 그러면 고조부모부터 부모까지 축을 어떻게 쓰는지 그 양식을 소개하여 주시면 고맙겠습니다. 설차례 축과 추석차례 축을 구분하시어 주시면 더욱 고맙겠습니다.

◆答; 명절 고사식.

○節日告辭式 今以某歲正朝 (他節隨改) 薦以時食敢告

○節祀祝文式

維 歲次某甲某月某朔某日某甲從子國王諱謹遣臣具官某敢昭告于 皇叔父思悼莊獻世子伏以居諸易流令辰載屆拊時增慕庸伸祀禮謹以淸酌庶羞式陳明薦尙 饗

▶1005◀◆問; 무자인 여동생의 차사를 지내고 싶은데.

남편도 일찍 보내고 자식도 없이 살다 죽은 죽는 여동생의 차사를 지낼 수가 없나요.

◆答; 무자인 여동생의 차사(茶祀).

아래와 같이 살펴보건대 출가(出嫁)한 여식(女息)이 무부무자(無夫無子)로 죽었을 때 친정(親庭)의 친속(親屬)이 있다 하여도 그 상(喪)의 주인(主人)이 될 수가 없으니, 제사(祭祀) 역시 지낼 수가 없는 것 같습니다.

특히 여식이 있으니 더욱 그러하며 여식이 출가를 하여 외손이 태어나면 외조부모 제사를 그의 대가 끝나도록 지낼 수가 있습니다. 그렇지 않으면 시가(媤家)의 족속(族屬) 내에서 입후(立后) 등으로 승계(承繼)를 시켜 그 제사를 지내도록 하심이 옳을 것입니다.

●曲禮姑姉妹其夫死而夫黨無兄弟使夫之族人主喪妻之黨雖親主主(註)此謂姑姉妹無子寡而死夫黨無緦之親也其主喪不使妻之親而使夫之族人婦人外成必得夫之姓類
●大典外祖父母及妻父母無主祭者當於正朝端午中秋及各忌日用俗儀祭之
●陶菴曰朱子非族之祀一句語實爲正論愚意爲外孫者設或不得已而權奉其祀已身歿後卽當埋安

▶1006◀◆問; 문중 큰댁에서의 차례와 저희 집안 차례, 이 양자(兩者)를 추석당일에 어떻게 하는지요?

먼저, 이렇게 전통제례에 관한 의문에 답변해주시는 성균관 측의 노고에 감사부터 올립니다. 그리고 우리의 전통도 제대로 몰라서 이렇게 제례에 관한 문의를 드리게 된 것에 대해 부끄러움을 느끼며 삼가 문의 드립니다.

저는 올해 상반기에 어머님을 여의었습니다. 그리고 이번 추석이 첫 명절입니다. 그런데, 저희 집은 종손 댁이 아니라서, 지금까지는(=어머니 생존 시엔), 명절에, 지방에 있는 문중 큰댁에 다른 작은집들까지 모여 차례를 해왔었는데, 이제 어머님이 돌아가셨으니 이제부터는 명절에 어머님 차례를 올려야 하지요? 그렇다면 문제는, 문중 큰댁에서 하는 기존의 차례는 어떻게 합니까? 양쪽 다 추석 당일 날 이뤄져야 할 텐데, 어느 한 쪽을 포기하는 겁니까? 양쪽을 어떻게 만족시키는지요? (혹시 이런 것도 지역마다 관습적 차이가 있습니까?) 참고로, 어머님의 亡月은 올해 3월 중순입니다.

부모님 제례도 제대로 몰라서 이러한 질문을 올리게 되니 부끄럽습니다만, 저로서는 고인이 되신 어머님일지라도 그 예절에 한치의 소홀함이 없도록 하고픈 마음이 간절하니, 부디 가르침을 주시면 더없이 감사 하겠습니다.

◆答; 문중 큰댁에서의 차례와 저희 집안 차례.

지자손(支子孫)은 사시제(四時祭)나 절사(節祀) 등과 같이 같은 날에 제사하게 될 때는 먼저 종가(宗家: 큰댁)로 가 제사(祭祀)를 마치고 돌아와 자기 제사를 지냄이 옳은 법도입니다. 다만 길이 멀어 당일(當日)에 돌아오지 못한다면 법도(法度)가 그러하다 하여 내 제사(祭祀)를 폐(廢)하여서는 아니 되겠지요.

또 말씀으로 미루어 보건대 부친은 생존하여 계신 것으로 보입니다. 따라서 처상(妻喪)은 기복(朞服; 일년복)이라 장 후(葬後; 3 개월 후)는 모든 제사를 평시와 같이 행한다는 것입니다. 아직 상중(喪中)이신데 만약 탈상(脫喪)을 하였다 하여도 이번 추석(秋夕)은 상중(喪中)의 예(哭)로 행하여야 옳을 것입니다.

●內則庶子若富則具二牲獻其賢者於宗子(註賢猶善也)夫婦皆齊而宗敬焉(註當助祭於宗子之家)終事而后敢私祭
●要訣喪服中行祭儀期大功則葬後當祭如平時

▶1007◀◆問; 부모님 차례 문의.

추석에 아버님 첫 제사를 지내게 되었는데 결혼했던 여동생 제사도 같이 지내고 싶어서 지내는 방법을 문의 드립니다. 참고로 여동생은 미국에 중학생 딸이 있고 이혼한 후 사망한지 4년이 되었습니다. 그래서 오빠인 제가 아버님과 여동생을 같이 지내고 싶은데 같이 지내도 되는지 그럴 경우 지방 쓰는 것과 상차림 등 어떠한 방법으로 지내는지 알려주시면 감사하겠습니다.

◆答; 부모님 차례.

아래와 같이 살펴보건대 출가(出嫁)한 여식(女息)이 무부무자(無夫無子)로 죽었을 때 친정(親庭)의 친속(親屬)이 있다 하여도 그 상(喪)의 주인이 될 수가 없으니, 제사 역시 지낼 수가 없는 것 같습니다. 특히 여식이 있으니 더욱 그러하며 여식이 출가를 하여 외손(外孫)이 태여 나면 외조부모 제사를 그의 대가 끝나도록 지낼 수가 있습니다. 그렇지 않으면 시가(媤家)의 족속(族屬) 내에서 입후 등으로 승계(承繼)를 시켜 그 제사를 지내도록 하심이 옳을 것입니다.

●曲禮姑姉妹其夫死而夫黨無兄弟使夫之族人主喪妻之黨雖親主主(註)此謂姑姉妹無子寡而死夫黨無謂之親也其主喪不使妻之親而使夫之族人婦人外成必得夫之姓類
●大典外祖父母及妻父母無主祭者當於正朝端午中秋及各忌日用俗儀祭之
●陶菴曰朱子非族之祀一句語實爲正論愚意爲外孫者設或不得已而權奉其祀已身歿後即當埋安

▶1008◀◆問; 부위(祔位)에 대하여.

명절차례 지내는 법 에서 "부위의 자리는 모두 동쪽 벽 밑으로 북쪽이 상석으로 하여 서쪽으로 향하게 차린다" 여기서 부위란 무엇이며 이 문장을 쉽게 설명 좀 부탁드립니다.

◆答; 부위(祔位)

부위(祔位)란 배향(配享)의 의미(意味)로서 소목지서(昭穆之序)에 따라 속(屬)한대로 무후자(無後子)인 방계(傍系) 백숙조부모(伯叔祖父母)는 고조(高祖) 감실(龕室)에 백숙부모(伯叔父母)는 증조(曾祖), 처(妻)나 형제(兄弟)의 처(妻)는 조(祖), 자질(子姪)은 부감실(父龕室) 동쪽에서 서향(西向)으로 부(祔)한다는 것입니다.

사시제(四時祭)는 정침제(正寢祭)이니 부위(祔位)의 설위(設位)는 사당제도(祠堂制度)와 같이 설위(設位)하지 않고 동쪽 벽 밑에서 북(北)을 상석(上席)으로 서향(西向)하여 설위(設位)하게 되는데 명절(名節) 참례(參禮)는 사당례(祠堂禮)이나 사당(祠堂)을 건사(建事)치 못하였으면 정침(正寢)에 사시제(四時祭) 설위(設位) 예법을 준용 그와 같이 설위(設位) 한다는 것입니다,

●家禮四時祭設位條云云祔位皆於東序西向北上或兩序相向其尊者居西妻以下則於階下云云○祠堂篇旁親之無後者以其班祔條伯叔祖父母祔于高祖伯叔父母祔于曾祖妻若兄弟之妻祔于祖子姪祔于父皆西向云云
●士虞禮註班次也祔猶屬也疏次者謂昭穆之次第祔猶屬者孫與祖昭穆同故以孫連屬於祖而祭之也
●春秋左傳喜公篇凡君薨卒哭而祔祔而作主特祀於主註既葬反虞則免喪故曰卒哭哭止也以新死之神祔之於祖

▶1009◀◆問; 사명일(四名日)과 오명일(五名日)은?

율곡(栗谷)선생이 격몽요결(擊蒙要訣) 제의초(祭儀抄) 묘제의(墓祭儀)에서 말씀하신 사명일(四名日)과 조선왕조실록(朝鮮王朝實錄)의 곳곳에 언급된 오명일(五名日)은 각각 무엇을 가리키는지 궁금합니다. 가능하면 전거(典據)를 밝혀 가르쳐주시면 감사하겠습니다.

◆答; 사명일(四名日)과 오명일(五名日).

아래와 같이 살펴보건대,
⊙사명일(四名日).
○요결(要訣); 정조(正朝) 한식(寒食) 단오(端午) 추석(秋夕).
○삼례의(三禮儀); 정조(正朝) 한식(寒食) 중원(中元) 동지(冬至).
⊙오명일(五名日).
○육전조례(六典條例); 정조(正朝) 한식(寒食) 단오(端午) 추석(秋夕) 동지(冬至).
⊙육명일(六名日).
○오례의(五禮儀); 정조(正朝) 한식(寒食) 단오(端午) 추석(秋夕) 동지(冬至) 랍(臘).

●要訣正朝寒食端午秋夕
●三禮儀正朝寒食中元冬至
●六典條例祭祀條註俗節正朝寒食端午秋夕冬至
●五禮儀序例時日條俗節註正朝寒食端午秋夕冬至臘

▶1010◀◆問; 산소에서 지내는 차례.

보통 산소에서는 주과포(酒果脯)로 간소하게 예를 표하는 것이 상례라고 들었습니다. 추석이나 기제 일에 아버지 산소에 제수를 마련하여 제를 올리려고 합니다. 가급적 우리말로 풀어서 좀 상세하게 알려주시면 고맙겠습니다. 그리고 산소에서는 헌작 시 단잔(單盞)이라고 하는데 참례자(參禮者)가 잔을 더 올려도 되는지 궁금합니다.

◈答; 산소(山所)에서는.

산소의 예로는 평상에서는 묘제와 성묘의 예로 대별할 수 있습니다.

기제는 정침제로 산소에서는 지내지 않으며 부모 묘제는 음력 3월 상순에 길일을 택하여 지내고 5대조부터의 묘제는 음력 10월 1일입니다.

명절 참사는 사당제로써 요즘 추석참례를 정침에서 지내는 것은 사당이 없기 때문이며 묘에서는 다만 성묘뿐이지 예법상 명절 참례를 대신할 수는 없는 것입니다.

우암 선유의 성묘에 관한 예법 말씀에는 상묘하면서 재배하고 내려 올 때 다시 재배하고 물러난다. 라 하셨을 뿐 주효(酒肴)에 관한 말씀은 없으나 자손의 예로서 과포 진설에 헌주 재배의 예로 마침이 옳을 것입니다.

상묘 시: 진설⇒헌주⇒재배⇒철⇒성소(省掃).
하산 시: 재배⇒퇴(退).

만약 사절일 묘제를 지낸다면 가묘(집)에서는 추석 참례를 지내고 그 날 묘소에서 추석 묘제를 지내는 예법이 있으니 독축 삼헌의 예를 갖춰 지낼 수가 있습니다.

⊙秋夕墓祭祝文式
維 歲次干支幾月干支朔幾日干支某親(考妣云孝子祖考妣云孝孫曾祖考妣云孝曾孫高祖考妣云孝玄孫親盡祖考妣云幾代孫妻云夫旁親卑幼則隨屬稱)某(弟以下不名)敢昭告于(妻去敢字弟以下但云告于) 顯某親某官府君(或顯某親某封某氏合窆位則列書妻云亡室卑幼改顯爲亡去府君二字)之墓氣序流易白露旣降瞻掃 封塋不勝感慕(考妣改不勝感慕爲昊天罔極旁親爲不勝感愴妻弟以下云不勝哀戚)謹以(妻弟以下玆以)淸酌庶羞祗薦(旁親云薦此妻弟以下云陳此)歲事尙 饗

●問四節日墓祭時家廟亦行參禮否沙溪曰墓祭與家廟處所旣異雖兩行恐不妨

▶1011◀◈問; 산소에서 추석 차례를 올리는 순서를 알고 싶습니다.
추석 명절에 산소에서 차례를 올리는 순서가 알고 싶습니다.

◈答; 산소에서 추석 차례를 올리는 예법은 없음.
추석명절에 묘소에서 차례 지내는 예법은 없습니다. 묘소까지 제수나 제구를 운반하는 것 보다 댁에서 차례를 지내고 성묘 가심이 옳지 않을 까요?

▶1012◀◈問; 3대봉사의 속절 진설을 한 상에 차리려 하는데?
삼대를 모시는데 올 추석에 한 상에 차리면은 안 되나요.

◈答; 3대봉사의 속절 진설.
유가의 속절은 사당예라 진설 법도는 매(每) 고비 일탁(考妣一卓)에 합설이라, 사당이 없어 정침에다 설위 할 때 역시 매 고비 일탁에 합설이 바른 진설 법도입니다. 따라서 3 대 봉사이시면 같은 것이 3 접시가 됩니다.

●性理大全俗節陳設條每龕設凡鄕俗所尙者食如角黍凡其節之所尙者薦以大盤間以蔬果

▶1013◀◆問; 선산에서 차례를.

안녕 하세요. 어지럽고 변덕이 심한 일기에 수고 많으시지요 한 가지 문의 드릴 것이 있어서 글을 올립니다.

현재 명절(구정, 추석) 차례를 장손인 큰집에서 지내고 있는데 사정이 있어서 명절날 조상님들을 모셔놓은 선산에서 지내려 하는데 꼭 집에서 안 지내고 선산에서 지내도 예법에 어긋나는 것이 아닌지요. 또한, 만일 그리 지내도 된다면 차례음식은 집에서 하던 것과 동일하게 진설 하면 되는 것인지요. 소중한 답변 부탁 드립니다. 정국진 배상.

◆答; 선산에서 차례를.

아래와 같이 살펴보건대 속절의 예는 생자가 속절을 당하면 안주와 여러 가지 음식을 차려놓고 연회를 즐기는데 자기 조상을 생각하지 않을 수가 없어 그와 같은 음식을 사당에 차려 놓고 제사를 지내는 예라 하니 속절에는 집에서 지냄이 옳은 예입니다.

속례로 정조(正朝) 한식(寒食) 단오(端午) 추석(秋夕) 사명절(四明節)에는 묘에서 제사하게 되는데, 아침 일찍 사당에서 드리는 예를 폐하여서는 아니 되고 먼저 사당 예를 마친 뒤 묘소로 가서 묘제를 지내야 한다는 것입니다.

●朱子曰今人旣以此爲重至於是日必具殽羞相宴樂而其節物亦各有宜故世俗之情至於是日不能不思其祖考而復以其物享之(云云)其所尙之時所用之物奉以大盤陳於廟中而以告朔之禮奠焉則庶幾合乎
●晦齋曰按世俗正朝寒食端午秋夕皆詣墓拜掃今不可偏廢是日晨詣祠堂薦食仍詣墓所奠拜若墓遠則前二三日詣墓所齋宿奠拜亦可○又曰今世俗正朝寒食端午秋夕皆詣墓拜掃今且從俗行之可也
●問俗節三年內則先設享於几筵後行祭於墓所家廟則先行參禮後行墓祭無妨否沙溪曰所示皆無妨
●家禮俗節則獻以時食條薦以大盤禮如正至朔日之儀○正至朔望則參條前一日灑掃齋宿厥明夙興開門軸簾每龕設新果一大盤於卓上每位茶盞托酒盞盤各一於神主櫝前
●陶庵曰按墓祭非告也家禮爲正而三月一祭也祭莫重於時祭今人不知其爲重或全然不行而又廢三節日墓祭則尤爲未安此亦不可不知也世之只行墓祭不行時祭者須移祭墓者行之於廟而於墓則一祭之爲宜

▶1014◀◆問; 속절례에 채와 갱을 올려도 되나?

많은 질문에 항상 좋은 답변 주셔서 감사 드립니다. 설 명절을 지내고 나니 떡국과 송편 차례상에 나물과 갱을 올리는지 궁금합니다.

◆答; 속절례에 채와 갱.

아래와 같이 살펴보건대 나물도 진설되며 갱(茶=熟水)에 관하여는 요결에서는 생략되었으나 가례에 점다(點茶)의 예가 분명하니 갱(羹)을 올리거나 또는 요결(要訣)을 따른다면 생략되어도 예에 크게 어그러졌다 할 수는 없을 것 같습니다.

●朱子曰俗節小祭只就家廟止二味朔旦俗節酒止一上斟一杯
●家禮祠堂俗節條凡鄕俗所尙者食如角黍凡其節之所尙者薦以大盤間以蔬果○又正至參禮條主婦升執茶筅執事者執湯瓶隨之點茶
●三禮儀時食正朝餠羹

●按要訣主婦無點茶一節

▶1015◀◆問; 속절(俗節) 진설(陳設)에 대하여?
속절 진설도는 없나요.

◆答; 속절 진설.
명절례(名節禮)에서 남계 선유(南溪先儒) 말씀과 같이 어느 예서(禮書)에도 속절(俗節) 진설도(陳設圖)를 찾을 수 없으니 분명히 어느 진설법(陳設法)이 옳다 그르다 할 수는 없습니다. 다만 속절(俗節)은 소제(小祭)라 사미(四味) 중에서 二味 진설(陳設)이 되니 二味 두 대반(大盤) 사이에 소과진설(蔬果陳設)이 주부자(朱夫子)의 본의(本意)같습니다.

따라서 속절(俗節) 진설법(陳設法)은 이상 이외로 더 설명될 수는 없을 것이며, 또 적(炙)은 삼헌례(三獻禮)에서 쓰이고 단헌(單獻)에서는 올리지 않는다는 것이며, 시저(匙箸) 역시 어디서도 언급이 없을 뿐만 아니라 제례병설(祭禮竝設)에서도 도암 선유(陶庵先儒)께서 율곡 선유 설(栗谷先儒設)인 시반잔갱초시반잔갱초(匙飯盞羹醋匙飯盞羹醋)가 아니라 가례(家禮)의 반잔시초갱반잔시초갱(飯盞匙醋羹飯盞匙醋羹)으로 놓아져야 법도에 옳다는 것입니다. 혹 후발 예서(禮書) 양위(兩位) 합설(合設)에서 시저(匙箸)를 모아 중간에 놓는 진설(陳設)도가 보이나 이는 근거(根據) 없는 법도 (法度)로 생사자(生死者) 모두의 법도(法度)에 옳지 못합니다.

또 왕제(王制)에서의 가르침은 풍년이라 하여 호사스럽게 차리지 말고 흉년이라 하여 부족하게 차리지 말고 법도대로 항상 진설하는 대로 갖추기를 힘쓰라 하였으나 기왕에 기제찬(忌祭饌)으로 갖춰졌다면 무분별하게 올리는 것 보다는 법도에 맞게 진설 되는 것이 옳다 할 것입니다.

●朱子曰大祭時每位用四味請出木主俗節小祭只就家廟止二味朔旦俗節酒止一上斟一盃
●南溪曰四味魚肉米麵食二味四味中取二者也俗節饌禮無見處酒果蔬菜餠湯之屬當隨所有而酌處之至如炙則乃大祭三獻所用恐不必設
●家禮俗節則獻以時食條凡鄕俗所尙者食如角黍凡其節之所尙者薦以大盤間以蔬果
●王制祭用數之仂祭豐年不奢凶年不儉註常用數之仂
●問家禮及備要設饌圖匙楪當中要訣則居西可耶陶菴曰不同處從家禮
●便覽時祭陳器條盥盆帨巾於阼階下之東其西者有臺架

▶1016◀◆問; 시어머니와 며느리 상.
안녕하세요. 저희 할머니와 어머니모두 안 계신데요, 차례나 제사를 지낼 때 시어머니와 며느리 상을 한 상에 차리면 안 되는 것인가요? 그리고 두상을 차린다면 그 며느리 상에는 그 며느리 자식들 빼곤 아무도 절 안 하는 건가요?

◆答; 시어머니와 며느리.
명절(名節) 참례(參禮) 때는 조고비(祖考妣)와 비(妣; 시어머니)를 한 방에 각각 설위(設位) 하는데 각각 설위가 되었으니 상도 각각이 당연할 것입니다.

명절에 사대(四代; 고조로부터 부모까지)를 설위하였다 하여도 매위(每位) 각각 별제(別祭) 하는 것이 아니라 강신(降神) 참신(參神; 일동)재배 헌주(獻酒; 주인)재배 사신(辭神; 일동)재배 일회로 모두 끝납니다. 이러하니 누구에게는 절을 하고 누구에게는 절을 하지 않는다 할 수가 없게 되겠지요.

▶1017◀◆問; 장인의 명절 제사는 어떻게 하여야 하나요?

전에는 아내의 사촌 남동생이 제 장인의 제사를 모셔 오다가 얼마 전에 그 사촌 처남이 교통 사고로 사망하였습니다. 그 사촌 처남에게도 마땅한 자손이 없구요. 그래서 장인의 제사를 저의 집에서 모시게 되었습니다.

그런데 기제사는 모시는데 별 문제가 없습니다만, 명절 제사 때는 어떻게 하여야 하는지 궁금하여 문의 드립니다.

◆答; 장인의 명절 제사.

외조부모가 무후(無後)라 할 수 없이 외손(外孫)이 봉사(奉祀)하게 되었을 때 절사(節祀)를 당하면 선세제(先世祭)후 외조제(外祖祭)로 행하여야 합니다.

●大典外祖父母及妻父母無主祭者當於正朝仲秋及各忌日用俗儀祭之
●退溪曰外祖先無後不忍其主之無歸則權宜奉置別所往來展省
●寒岡曰外家神主奉祀本非禮經今者不得已奉祀則當時祀茶禮時先祭祖外祖次祭

▶1018◀◆問; 재 질문입니다. 이해를 이렇게 했는데 맞는지요?

답변을 주신 것에 대한 이해는,

問; 1. 제례(차례, 제사)시 절의 순서를 문의합니다. 장자(제주)가 절을 올리고, 그 다음 순서에 차자(둘째 아들)가 올리는 것이 맞는지 아니면, 장손이 올리고, 장자의 차손이 절을 올린 다음 차자(둘째 아들)가 올리는 것이 맞는지 알고 싶습니다. 장손이 차자 보다 먼저 올린 절 때문에 차자가 상당히 기분을 나쁘게 생각합니다. 법도에 맞는 순서를 알려 주시기 바랍니다.

答; ⊙속절 참례(차례)는 무축단헌(無祝單獻)이라 하여 헌배(獻拜)의 예법은 아래와 같이 분향재배, 참신재배 헌주재배, 사신재배로 마칩니다.

주인은 주전자를 들고 위전으로 올라가 먼저 정위 다음 부위의 잔에 술을 따르되 먼저 고위(考位) 잔에 다음 비위(妣位) 잔에 가득 따르고 낮은 부위는 장자가 손을 씻고 올라가 그와 같게 하고 매 위 개반(開飯)을 하고 삽시정저(扱匙正筯) 후 먼저 물러나 제자리에 선다. 주부와 장자부가 손을 씻고 숙수(熟水)를 올리고 장자 부(婦)는 먼저 제자리로 물러나 서고 주인은 향안(香案) 앞 동쪽에서고 주부(主婦)는 그 서쪽에 서서 재배를 하고 제자리에 선다. 즉 고인의 차남은 나설 수 없고, 주인(고인의 장남)과 장자(장손), 주부(장남의 처)만 할 수 있다.

⊙기제에는 삼헌(三獻)의 예로 순위는 아래와 같습니다.
◇초헌; 주인(제주).
◇아헌; 주부(主婦; 제주의 처) 유고(有故)이면 주인의 형제 중 맞이 또는 장손(長孫) 주인(제주)의 처(妻)가 망(亡) 시(時)에는 주인(제주)의 동생 즉 차남 또는 장손이 한다.
◇재질문: 차남과 장손의 우선 순위 순서는 어떻게 되는지요?
◇종헌; 차순자로서 주인형제 중 맞이나 주인의 장남 또는 빈객(賓客) 중에서 장자(長者).
◇재질문: 차남과 장손의 우선 순위 순서는 어떻게 되는지요?
◇答; 장손이 상위입니다.
◇질문: 답변을 보면 제례에 있어서 차남의 우선 순위는 장자의 장손보다 아래인지 동등한 것인지 구분이 모호합니다. 명쾌하게 알고 싶습니다. 개인적인 생각으로는 고인의 차남은 결혼을 하면 호적에서 제외 됨으로, 나아가서 새로운 일가를 이루므로 일반적인 서열은 장손보다 높지만, 제례에 있어서는 아래로 보여지기 때문입니

다.

◇答; 장손이 차자 보다 상위 순입니다.

◈答; 이해(理解)를 이렇게 했는데의 답.

1. 참례(설 추석 등)에는 일헌(一獻)으로 주인(제주)은 술을 따르고 부부는 숙수(熟水)를 올린 후 같이 절할 뿐입니다.

2. 초헌; 주인, 아헌; 주부 유고일 때는 주인의 동생 동생이 없으면 주인의 장자, 종헌; 아헌을 주부가 행하였을 때 주인의 동생 없으면 장자 또는 빈객. 아헌 시(亞獻時) 헌관(獻官)의 우선 순위는 아래와 같이 살펴보건대 주부가 유고 시(時)는 주인의 장자가 되어야 하는 것 같습니다.

따라서 헌관의 순위는 호적과는 무관한 것 같으며 순위는 아헌 시나 종헌 시 공히 우선순위는 동생 다음이 주인의 장자가 것 같습니다. .

●家禮時祭亞獻條細註朱子曰祭禮主人作初獻未有主婦則弟得爲亞獻弟婦爲終獻
●儀節時祭亞獻條主婦亞獻則諸婦之長者逐位進炙肉若主人或其兄弟之長者行則次長者進之
●要結時祭亞獻條主婦有故則諸父若兄弟中最尊者爲之衆子弟執事
●朱子曰祭只是三獻主人初獻適子或主婦亞獻庶子弟或適孫終獻
●退溪曰若有諸父則諸父當爲終獻

▶1019◀◈問; 절사(節祀) 진행순서(進行順序)(설 및 추석)를 알고 싶습니다.

설 및 추석 제사 시에(집에서 지낼 때),
1. 무축단잔 한다는 뜻은 알겠는데 진행순서를 알고 싶습니다.
2. 어떤 분은 합문, 계문, 헌다는 하지 않는다고 하시는데 사실인지요?
3. 밤은 깎아(밤 친다)놓고, 사과 배등은 씻어만 놓는지? 아니면 위아래 꼭지 부위 쪽만 깎아서 진설하는지요? 고견을 기다리겠습니다.

◈答; 절사(節祀) 진행순서(進行順序).

問; 1. 2. 答; 아래 진행 예법을 살펴보면 합문(闔門) 계문(啓門) 헌다(獻茶)의 예가 없습니다.

問; 3. 答; 과실(果實)을 깨끗이 닦아 놓고 밤과 같이 껍질을 벗겨야 먹을 수 있는 것은 생긴 대로 벗겨 놓고 배나 사과 같은 과실의 위아래를 자르는 것은 예경(禮經)에는 없으나 많이 괴일 때 쉽게 하기 위하여서 입니다.

아래와 같이 살펴보건대 요결(要訣)에서는 사당(祠堂)에서 예(禮)를 행할 때는 무봉주취위(無奉主就位)라 선강후참(先降後參)의 예로 행하게 되는 것이고 비요(備要)에서는 신주(神主) 정침제(正寢祭)는 선참후강(先參後降)이나 지방(紙榜)은 선강후참(先降後參)이라 하였으니, 속절(俗節)의 예(禮)는 사당(祠堂)의 예로서 선강후참(先降後參)이 되고 지방(紙榜)은 정침(正寢)의 예로 선강후참(先降後參)이 되는 것입니다. 선참후강(先參後降)과 선강후참(先降後參)에 관하여는 지난번에 논(論)한 적이 있습니다.

●儀節俗節儀禮節次

(主人以下各具盛服)〇序立(男列於左女列於右每一世列爲一行)〇盥洗(立定主人主婦及子婦將出主者皆洗拭訖)〇啓櫝〇出主(主人出考主主婦出妣主其餘子婦出祔主各置正位之左皆畢)〇復位(主婦以下先降復位)〇降神(執事者洗手上階開瓶實酒於注一人奉注詣主人右一人執盞盤詣主人左)〇主人詣香案前〇跪〇焚香(主人焚香畢右執事

者跪進酒注左執事者跪以盞盤向主人主人受酒斟酒於盞反注於右執事者取盤盞自捧之二執事者皆起)○酹酒(主人左手執盞盡酹茅沙上畢置盞香案上)○俯伏興(少退)○鞠躬拜興拜興平身○復位○參神(主人以下凡在位者皆拜)○鞠躬拜興拜興拜興拜興平身○主人斟酒(主人升自執酒注斟酒於逐位神主前空盞中先正位次祔位次命長子斟諸祔位之卑者畢主人稍後立)○主婦點茶(主婦執瓶斟茶於各正祔或命子弟捧茶托主婦位前空盞中命長婦長女斟諸祔捧盞逐位以獻亦可位之卑者畢主婦退與主人並立拜或命子弟奉茶托主婦奉盞逐位以獻亦可)○鞠躬拜興拜興平身○復位(主人主婦各復其位)○辭神(衆拜)○鞠躬拜興拜興拜興拜興平身○奉主入櫝○禮畢

●紙榜參禮禮法

前一日灑掃齋宿○厥明夙興設位陳器○陳設○成服○序立○立紙榜○降神(焚香再拜酹酒再拜)○參神(在位者皆再拜)○獻酒再拜(主人升執酒注斟于各位前盞○若設飯羹則啓飯蓋挿匙正筯進熟水徹匙覆飯)○辭神(在位者皆再拜)○焚紙○撤床

●要訣參神條若時祭行于祠堂則無奉主就位節次只就祠堂各位前陳器設饌如上儀先降神而後參神

●備要忌祭參神條紙榜則先降神後參神

●特牲饋食禮註祭祀自熟始曰饋食饋食者食道也疏食道者生人飲食之道士大夫祭禮自熟始也

●郊特牲不敢用褻味而貴多品細註嚴陵方氏曰水土之品非人常所食故曰不敢用褻味或水或土所取不一故曰而貴多品

첨언; 속절(俗節)의 예법에 있어서 혹 국조오례의(國朝五禮儀)를 존중하는 가문(家門)의 예법은 위의 예법과 다릅니다.

▶1020◀◆問; 절일 축문식.

추석차례(秋夕茶禮)를 제가 모시게 되였는데 한글축문도 있지만 그래도 한자(漢字)로 축문(祝文)을 써서 읽으려고 합니다.

◆答; 절사축식(節祀祝式).

절일 정축은 가례에 없습니다. 아래 예문으로 소용대로 응용하시기 바랍니다.

◆節祀祝文式(五享凡先告事由移還安謹以下同大提學李徽之撰進)

維崇禎某年歲次某甲某月某甲朔某日某甲 從子國王諱謹遣(臣)具官某 敢昭告于 皇叔父思悼莊獻世子伏以居諸易流令辰載屆祔時增慕庸伸祀禮謹以清酌庶羞式陳明薦尙 饗

◆節祭告辭

玆當某節日祇薦節事

◆節日告辭(補解○家禮節如淸明寒食重午重陽之類凡其節之所尙者薦以大盤間以蔬果禮如正至朔日之儀○要訣正月十五日三月三日六月十五日七月七日八月十五日臘日○又曰藥飯艾瓶水團之類無則當具果饌數品)今以某歲正朝(他節隨改)薦以時食敢告

▶1021◀◆問; [전통차례상 질문 드립니다] 선생님~ 꼭 도와주세요!!

안녕하세요. 저는 우드피아 이채림이라고 합니다. 전화를 드리려 했는데 직접 이미지를 보시는 게 정확할듯하여 메일로 먼저 인사 드립니다. 이 점 이해해주세요~

우드피아는 유치원부터 초등학생용 학습교구를 기획/제작하고 있는 기업으로 이번에 전통차례상을 퍼즐로 제작하려 하는데 모르는 부분이 많아 몇 가지 여쭙니다.

우리나라 전통문화를 오랫동안 지키고 싶은 바램에서 기획한 교구상품입니다. 많은 분들이 차례상에 대한 올바른 이해를 가질 수 있도록 아낌없는 조언 부탁 드리겠습니다.

첨부한 PDF 파일을 열어보시면 차례상에 필요하다고 생각한 필수음식들을 나열해 보았습니다.

질문입니다.

1) 갈색으로 색칠된 음식들만(신위포함) 상차림이 되어도 되는지요? 흰색바탕의 음식들은 생략하려고 합니다. 그래도 되는 것인지.

2) 밥/국은 제사상 음식으로 알고 있습니다. 저희는 차례상을 기획하고 있기 때문에 떡국으로 대처하려 합니다. 밥과 국 위치에 떡국을 올리려 하는데(밥과 국을 대체하여 떡국 2 그릇을 올리려 합니다.) 그렇다면 수저세트도 2 세트로 올려야 하는지요? 그리고 술잔도 2 개를 올려야 하는지요?

3) 차례상은 반드시 5 열로 이루어져야 한다고 알고 있습니다. 각 열에 음식들은 반드시 홀수로 올려져야 하는지요? 1 개 3 개 5 개?

4) 네이버 등에서 차례상을 검색해보니 좌우에 촛대가 있던데요. 촛대를 생략해도 문제가 없는지요?

이미지로 보이는 음식이나 향로/향합 외에 꼭 보여져야 하는 필수음식물이나 요소들이 있는지 확인 부탁 드립니다.

저는 이채림이며 전화번호는 031-797-3399(내선 105) 입니다. 회신 주시면 정말 소중한 자료로 활용토록 하겠습니다. 꼬옥~!! 도와주세요!! 회신해주시는 내용은 두고두고 소중한 자료로 쓰겠습니다. 감사합니다.

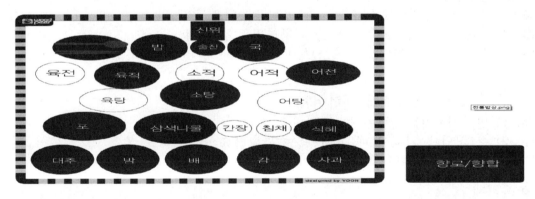

◆答; 전통차례상.

아래와 같이 살펴보건대 정조(正朝)나 속절(俗節)의 진설 법도가 분명하게 명문화되어 전함이 없습니다.

다만 가례에서는 매감(每龕) 신과(新果) 일 대반(一大盤)이라 하였고, 속절(俗節)에서는 대반(大盤; 新果) 사이에 소과(蔬果)라 하였을 뿐이고, 경호(鏡湖)께서는 소과포해(蔬果脯醢)를 진설한다 하셨고, 율곡(栗谷)께서 요결(要訣) 참례의(參禮儀)에서 포과병(脯果餠)과 동지에는 두죽(豆粥; 팥죽)을 올린다. 하셨으니, 俗節의 진설품을 종합하여 보면 포(脯) 소(蔬) 과(果) 해(醢) 병(餠), 설(正旦)에는 떡국 추석에는 송편 등으로 이해될 수 있습니다.

이와 같은 진설품을 무질서하게 주섬주섬 올리는 것 보다 대제(大祭)의 진설 법도를 따른다면,

제 1 행 떡국(설) 또는 송편(추석) 잔반盞盤 저(箸: 젓가락)(要訣 匙楪 飯前).
제 2 행 병(餠).
제 3 행 포(脯) 소(蔬) 장(醬) 침채(沈菜) 해(醢) 식해(食醢)=(便覽式).
제 4 행 과 6(果六) 혹 4(或四) 혹 2(或二) 조율이시(棗栗李柿) 기타(其他) 혹은 홍동백서(紅東白西). 상 앞 중간에 소탁(향안)을 놓고 그 위에 향로와 향합을 두되 향로의 동으로 향합을 놓고. 향안(香案) 앞 바닥에 모사를 놓고 그 동족으로 별탁을 놓고 그 위에 주전자와 강신 잔반을 두고 향안(香案) 서쪽으로 탁자를 놓고 그 위에 관분(盥盆; 세수대야)과 세건(帨巾: 수건)을 놓아 둡니다.

혹 송편이나 떡국이 마련되지 않았을 때는 할 수 없이 반갱 진설이 불가피할 것입니다. 그와 같을 경우에는 기제 진설도를 따름이 옳지 않을까 합니다.

●性理大全家禮二通禮祠堂正至朔望則參: 正至朔望前一日灑掃齋宿厥明夙興開門軸簾每龕設新果一大盤於卓上每位茶盞托酒盞盤各一於神主櫝前設束茅聚沙於香卓前別設一卓於阼階上置酒注盞盤一於其上酒一瓶於其西盥盆帨巾各二於阼階下東南有臺架者在西爲主人親屬所盥無者在東爲執事者所盥巾皆在北○又俗節則獻以時食:節如淸明寒食重午中元重陽之類凡鄕俗所尙者食如角黍凡其節之所尙者薦以大盤間以蔬果禮如正至朔日之儀
●儀節正至朔望則參:殽菜之類隨宜
●鏡湖曰蔬果脯醢魚肉米麪食羹飯是家禮之祭饌而其小祭祀則只用蔬果脯醢或只用蔬果大祭祀則並用魚肉以下是家禮之常法而吉凶皆然此只用蔬果恐是小祭祀故也
●南溪曰俗節饌禮無見處酒果蔬菜湯餠之屬當隨所有而酌處之至如炙則乃大祭三獻所用俗節則恐不必設
●栗谷曰脯果隨宜或設餠亦可若正朝冬至則別設饌數品冬至則加以豆粥
●問家禮朔望參不言設箸南溪曰只設酒果無用箸之處故也
●五禮儀設饌圖宗廟四時及臘(大祭)左十二籩右十二豆○又宗廟俗節朔望(俗節)左二籩右二豆

▶1022◀◆問; 제주에 대하여?

問; 1) 명절제사 때 제주는 누가 되나요.
問; 2) 큰 처남댁 기제사 때 제주는 누가 되나요.
問 3) 초헌 아헌 종헌은 명절 때와 기제사 때 각각 누가 되나요.

◆答; 제주.

問 1) .2). 答; 처(妻)의 상(喪)을 당하거나 기제(忌祭)나 절사(節祀)의 주인(主人)은 남편이 됩니다.

問 3) 答; 절사(節祀)는 단헌지례(單獻之禮)이니 아종헌(亞終獻)의 예(禮)가 없으며 다만 기제사(忌祭祀) 때의 예는 주부자(朱夫子)말씀을 따른다 면 초헌(初獻) 남편, 아헌(亞獻) 장자(長子), 종헌(終獻) 차자(次子)나 아우 중에서 입니다.

●奔喪凡喪父在父爲主注各爲其妻子之喪爲主也祔則宗子主之
●朱子曰祭只是三獻主人初獻適子或主婦亞獻庶子弟或適孫終獻

▶1023◀◆問; 지손의 명절 제사에 대하여?

아버님은 5 남중 막내입니다. 3 년 전 작고 하셨고요. 이전에는 장손의 집에서 조상의 제사와 차례를 같이 지냈으나, 이제는 아버님 차례와 제사를 집에서 모시고 있습니다.

둘째 큰아버님께서 일년에 두 번 얼굴은 보자면서 설 차례와 추석차례는 같이 지내고 제사만 따로 저희 집에서 지내라고 하시는데 장소를 바꾸어 가면서 차례와 제사를 지내도 되는 것인지요. 말씀하신 의도는 좋다고 생각하지만 법도를 정확히 몰라서 여쭈어 봅니다.

◆答; 지손의 명절 제사.

지손(支孫)이 종자(宗子)와 한 울안에 동거(同居)하다 지자손이 죽으면 그의 후예가 자기가 거처하는 거소에 사당을 두고 세수(世數)대로 감실에 봉안 봉사하다 살림을 나게 되면 새 거소에 사당을 세우고 제도와 같이 봉사하게 됩니다.

까닭에 예법상 종자(宗子) 사당(祠堂)과 서자(庶子) 사당(祠堂)이 각기 각각이니 어느 제사(祭祀)든 합쳐 지낼 수가 없으며 내칙 가르침으로는 먼저 종가(宗家) 사당(祠堂) 봉사(奉祀) 후 서자(지손) 사당으로 와 제사함이 유가(儒家)의 예법으로는 옳은 것 같습니다.

●家禮祠堂奉先世神主條非嫡長子則不敢祭其父若與嫡長同居則死而後其子孫爲立祠堂於私室且隨所繼世數爲龕俟其出而異居乃備其制若生而異居則預於其地立齋以居如祠堂之制死則因以爲祠堂
●內則庶子若富則具二牲獻其賢者於宗子(註賢猶善也)夫婦皆齊而宗敬焉(註當助祭於宗子之家)終事而后敢私祭(註祭其祖禰)

▶1024◀◆問; 지자가 차례를.

안녕 하세요. 차례 관련하여 문의 드릴 것이 있어서 글 올립니다. 저희는 할아버지 4 형제 분이 계셨었는데 저희 집은 첫째 할아버지의 장손 집안으로서 대대로 3 대 봉사를 해오고 있습니다. 그 방법은 둘째, 셋째, 넷째 할아버지의 자손들도 모두 저희 큰 형님 집에서 한꺼번에 4 형제 분의 차례를 지내면서 4 촌 6 촌 친지들이 참여를 하였습니다. 그리고 현재 집안의 제일 큰 어르신은 5 촌 당숙(둘째 할아버지의 장손)이 생존해 계십니다. 하여 지금껏 저희 집안의 큰 형님께서 증조 할아버지까지 차례를 모셔 왔습니다. 헌데 이번 추석부터 당숙 어르신의 건강이 안 좋으신 관계로 당숙 어르신이 장손 집인 저희 형님 집으로 기동이 어렵다 하시어 당신 집에서 차례를 지내시겠다고 하시면서 당신의 아버지 어머니, 할아버지 할머니(우리로서는 증조부모) 의 제사를 모시겠다고 하십니다.

이 경우 5 촌 당숙 어르신의 부모님은 어르신의 집에서 차례를 지내도 좋을 듯 한데 증조부모의 차례는 저희 집안의 장손인 큰 형님께서 모시는 것이 마땅하지 않은가. 사료 됩니다만 어떤 게 법도에 맞는 건지 문의 드립니다. 귀 관의 신속하고 친절한 회신 기대 합니다. 수고 하세요.

◆答; 지자가 차례를.

서자(庶子: 支子)는 부모(父母) 제사(祭祀)를 제 집에서 지내지 못합니다. 까닭은 사당이 종가에 있어 제사를 지낼 수가 없는 것입니다. 서자(庶子)가 부귀(富貴)하여 제물(祭物)을 받친다 하여도 그 예의 주관은 종자(宗子)가 하게 됩니다.

아래 상복소기 가르침을 이해하게 되신다면 종가에서 위로 3대 제사를 지내고, 서자손(庶子孫)은 부모와 조부모의 제사를 제집에서 지내지 못하니, 서자(庶子) 된 자는 자기 부모를 제사하지 못하고. 서손(庶孫) 된 자는 조부모 제사를 지내지 못하고 다만 자기 부모 제사만 지내게 됩니다.

●喪服小記庶子不祭禰者明其宗也(註)庶子不得立禰廟故不得祭禰所以然者明主祭在宗子廟必在宗子之家也庶子雖貴止得供具牲物而宗子主其禮也

●喪服小記庶子不祭祖者明其宗也(註)此據適士立二廟祭禰及祖今兄弟二人一適一庶而俱爲適士其適子之爲適士者固祭祖及禰矣其庶子雖適士止得立禰廟不得立祖廟而祭祖者明其宗有所在也

▶1025◀◆問; 지자(支子)의 차례(茶禮).

지난 여름에 장인어른 상을 치르고 추석 차례를 올릴 때 처남들은 삼남이신 선고(장인)의 차례를 올리고 큰댁으로 가서 백부와 조부모의 차례를 올렸다고 합니다. 그런데 이번 설에는 큰댁으로 먼저 가서 차례를 올리고 다시 집으로 돌아와 선고의 차례를 올린다고 합니다. 과문인지 모르겠으나 제 기억으로는 먼저 부모의 차례를 올리고 종가에 모여 백부나 조부모의 차례를 올렸던 것 같은데 그것이 제례에 어긋나는지요? 아니면 이것도 가가례(家家禮)라 각 가문에 따라 다른지요?

만약 큰집 차례를 먼저 올리는 것이라면 숙부를 모시는 차례에 종가의 자손들의 참가 여부는 강제성(예의로 보는)이 있는지요.

◆答; 지자(支子)는 종가(宗家)의 차사(茶祀) 먼저.

차례는 먼저 종가로 가 차례(茶禮)를 마치고 다 같이 지자가(支子家)로 돌아와 차례(茶禮)를 지내야 합니다.

●內則庶子若富則具二牲獻其賢者於宗子(註賢猶善也)夫婦皆齊而宗敬焉(註當助祭於宗子之家)終事而后敢私祭(註祭其祖禰)

▶1026◀◆問; 차례.

이렇게 유용한 사이트가 있는 줄 이제야. 조부모님과 아버님의 추석 차례 시 같이 모실 수 있는지요? 그렇다면 순서는요. 감사 드립니다.

◆答; 차례(茶禮).

차례(茶禮)의 설위(設位)는 조고비(祖考妣) 신주(神主)를 북쪽아래에서 서쪽으로 고서(考西) 비동(妣東)으로 설위(設位)하고, 고위(考位)는 그 동쪽으로 조고비위(祖考妣位)와 상(牀)을 붙여 놓지 않고 설위(設位)합니다.

본 창 뒤 4199 번 "제목 외람(猥濫)되지만 상담(相談)을 부탁 드립니다." 내용 중에 [지방(紙榜) 설 참사예법(節祀同)]에 설위(設位)하는 예법(禮法)이 있습니다.

●性理大全四時祭設位條設高祖考妣位於堂西北壁下南向考西妣東各用一倚一卓而合之曾祖考妣祖考妣考妣以次而東皆如高祖之位世各爲位不屬

▶1027◀◆問; 차례나 제사를 형제 집에 돌아가면서 치러도 되나요?

아버님이 돌아가신 후에 어머님이 원하시어 막내와 같이 살고 계시므로 아버님 차례나 제사를 매번 막내의 집에서 올리어 왔습니다.

그런데 막내 며느리가 몸이 너무 아파서 상차림을 하기가 어려워 어머님께서 차례를 지내지 말라고 하십니다. 이럴 때는 다른 형제의 집에서 지내도 되는 건지요? 만약에 된다면 앞으로 형제들 집으로 돌아가면서 지내도 괜찮은 건지요? 가르침을 주시면 대단히 감사하겠습니다.

◆答; 차례나 제사를 형제 집에 돌아가면서 지낼 수가 없음.

아래와 같이 살펴보건대 선생께서 만약 장자(長子)라면 모친이 어느 자손(子孫과 동거(同居)한다 하여도 선생 댁이 임시거처가 아니라면 선생 댁에서 당초(當初)부터 모셨어야 옳지 않았나 합니다.

지금이라도 예법(禮法)에 맞게 선생 댁으로 모셔오시면 이와 같은 걱정은 없을 것 같습니다. 참고로 기제는 형제간(兄弟間)에 돌려가며 지냄은 바른 예가 아닙니다.

●問忌祭定行於主人之家支子女子則只以物助之何如退溪曰朱子書有支子所得自主之祭之說恐是忌祭節祀之類也今若一切皆歸宗子而支子不祭則因循偸惰之間助祭不如式以致衆子孫全忌享先之禮甚爲未安又或宗子貧寠不能獨當而並廢不祭則反不如循俗行之之爲愈也
●要訣墓祭忌祭世俗輪行非禮也墓祭則雖輪行皆祭於墓上猶之可也忌祭不祭於神主而仍祭于紙牓此甚未安雖不免輪行行于家廟庶乎可矣
●尤庵曰諸子輪祭雖在國典非禮也若以祭物備送於宗家而行祭則此古禮所謂獻賢無所妨〇又曰祖先忌祭宗家貧不能獨當則雖不免隨俗輪行當辦備而祭於宗家若有萬不得已之事故則亦不免以紙榜行於支孫之家而祝文則以宗子爲主可也宗子有疾病不得參祭則祝辭改曰孝孫某有疾病介子某代行薦禮敢昭告云云則似得變禮中權宜
●南溪曰雖支子家具饌祝辭必以宗子名
●家禮凡主人謂長子無則長孫承重以奉饋奠

▶1028◀◆問; 차례상 차림과 오훈채(五葷菜)?
초암 선생님 수고가 많으십니다. 집에서 모시는 제사가 11 위입니다 차례상(설. 추석) 차리는데 문의(問議) 합니다. 위패 18 ㎝×11 위=198 ㎝ 매. 갱 26 ㎝×11 위=286 ㎝. 로 5 자상(150 ㎝) 두 상(牀)으로 합설(合設)하여 모시고 있습니다.

상 길이도 때문에 기억 자로 모시기도 하고 손님이 많을 때는 두 번에 걸쳐 모시기도 합니다. 타 문중에서는 차례상이니 매. 갱 3 위만 진설하고 위패는 전 조상 신위라고 쓰고 모신다고 우리도 그렇게 하자고 아녀자들과 동생들의 불만이 이만 저만이 아닙니다. 저는 들어보지도 못한 예라서 초암 선생님께 문의합니다. 그런 예가 있는지요.

두 번째는 제가 재사 음식에 오신채를 사용하지 말라고 하니 이것은 어머님 불만입니다. 음복 때 음식 맛이 나지 않는다고 불만입니다 타 가정에서는 다 사용 하는데 왜 자꾸 힘들게 한다고 불만입니다. 부끄러운 질문이라는 것을 알면서도 답답한 마음으로 조언 부탁 드립니다.

◆答; 차례상 차림과 오훈채(五葷菜).
11 위라 하신 것으로 보아 1 대 3 위 이상이 몇 대 계신 것으로 보이나, 속절(俗節)은 사당례(祠堂禮)입니다. 다만 사당(祠堂)을 건사하지 않으면 정침(正寢)에 고조고비(高祖考妣), 증조고비(曾祖考妣), 조고비(祖考妣), 고비(考妣) 4 대를 1 대 1 탁자(卓子)이니 탁자가 4 으로 잔반(盞盤) 등 제 1 행은 각설(各設)하고 그 외는 1 대 합설(合設)하게 됩니다.

지방(紙牓)은 각위(各位) 각서(各書) 각의(各椅)입니다.

오훈채(五葷菜) 즉 마늘과 같이 냄새 나는 양념 등은 제사(祭祀)뿐만 아니라 재계(齋戒) 중에도 먹지도 않습니다.

●陶菴曰用厚白紙長廣隨宜以眞楷細書於紙中央臨祭貼於椅上隨位各書又曰祖妣二人以上別具紙各書

●性理大全俗節儀陳設條;每龕凡其節之所尙者薦以大盤間以疏果每位盞盤各一於神主櫝前

●本草綱目五葷蔥有胡蔥紫蔥甘蔥山蔥野蔥之別芄蒡蒜有大蒜小蒜胡蒜葫小蒜野蒜卵蒜宅蒜山蒜薤巖蒢竝今呼韭菜薤葉似韭而闊多白實辛不葷道家亦餌一作籤薑或訓胡荽一作芄荽訓芸薹一名油菜譯語同文兩類解韭菜訓薤菜訓道釋則常不茹葷儒家則祭祀齋戒雖有不茹葷之文其實不忘也

▶1029◀◆問; 차례상 차림에서요.

이 곳에 질문을 하는 게 맞는 지 모르겠는데 질문 좀 드릴게요. 차례상을 차릴 때요. 상을 북쪽으로 향해서 한다고 가정할 경우 5 열 조율이시: 왼쪽부터 대추, 밤, 배, 곶감, 사과 순으로 상차림을 하는데요. 상을 남쪽으로 향해서 180 도 돌린다고 보면 좌우 대칭을 바꿔서 차려야 하는지요.

그러니까 남쪽으로 신위를 돌려서 상차림을 하면 5 열 조율이시 기준이 사과 곶감 배 밤 대추 이렇게 좌우 대칭으로 차려야 하는 건가요? 아니면 남쪽이나 북쪽 상관없이 그 상의 신위를 기준으로 서쪽부터 대추, 밤, 배, 곶감, 사과 순으로 놓는 게 맞는 건지요.

◆答; 차례상 차림.

제사를 지낼 때 집의 실 방위가 어찌 되었던지 집의 앞이 남쪽, 뒤가 북쪽이라 이르고 오른쪽이 서쪽, 왼쪽이 동쪽이라 이릅니다.

제사를 설위(設位) 할 때는 북이 음(陰)의 방위라 반드시 북쪽으로 차리게 됩니다. 따라서 남쪽에다는 상을 차릴 수가 없으니 그와 같은 가정은 할 수가 없습니다. 또 조율이시(棗栗利柿)의 과순(果順)에 대하여는 단지 사우례(士虞禮)의 예법에서 대추 밤의 순만이 거론(擧論)되었을 뿐으로 과실에서는 대추가 제일이라 앞에 놓고 다음에 밤이라 하였습니다.

자세하게는 성재(省齋)선생께서 과실은 서(西)로부터 조(棗) 율(栗) 리(梨) 시(柿) 이(李) 행(杏)의 순(順)으로 말씀 하시기도 하셨습니다.

●家禮本註凡屋之制不問何向背但以前爲南後爲北左爲東右爲西
●檀弓葬於北方北首疏北首者鬼神尙幽暗往詣幽冥故也
●禮運死者北首生者南向疏死者北首歸陰之義生者南向歸陽也
●性理大全時祭設位考妣位於堂西北壁下南向考西妣東各用一倚一卓而合之
●士虞禮棗栗棗在西註尙棗棗美據此棗當設果行之首而栗次之
●性齋曰我東則百果無不産焉如棗栗梨柿李杏之類

▶1030◀◆問; 차례 지내는 시간.

안녕하세요 곧 추석 명절이 다가오는데 차례에 대해 여쭤보려고 합니다. 원래 차례는 이른 아침에 지내는 것인 줄 알지만, 결혼한 딸들이 많은지라, 각자의 시댁에서 차례를 모시고, 자식들이 모두 모일 수 있는 오후에 차례를 지내려고 하는데 오후에 차례를 모시는 것이 의례에 많이 어긋나는 것인지요.

◆答; 차례 지내는 시간.

아래와 같이 살펴보건대 절사(節祀)는 새벽(날이 밝을 무렵) 일찍 일어나 진설(陳設)한다. 하였으니 바르게는 아침 일찍 지내게 되는데, 내칙(內則)의 말씀은 서자(庶子; 支子)는 종가(宗家)로 가 그 제사를 먼저 지내고 제집으로 돌아와 자기 제사(祭

祀)를 지내야 한다. 는 가르침이 있습니다. 이로 미루어 보건대 게으름이 아니라 불가피하면 반드시 새벽이 아니라 하여도 예에 크게 어그러졌다 할 수는 없을 것 같습니다.

●性理大全正至朔望則參前一日灑掃齋宿厥明夙興開門軸簾每龕設新果一大盤於卓上每位
●昏義夙興婦沐浴以俟見孫希旦集解夙早也謂昏明日之早晨也興起也
●內則庶子若富則具二牲獻其賢者於宗子(註賢猶善也)夫婦皆齊而宗敬焉(註當助祭於宗子之家)終事而后敢私祭

▶1031◀◆問; 차례 날 조상님들의 지방을 한 장에 써도 되나.

예법이 무척 어렵고, 또한 예전부터 내려 오고 있는 것이 바르게 하고 있었던 것인지가 궁금하여 문의 드립니다.

기제사의 경우에는 돌아가신 분 기일에 조비위의 지방을 써서 제사를 지내왔습니다. 그런데 설이나 추석 명절는 제사가 아니고 다례인데 4 대 봉사를 한다고 고조부, 비위를 그 다음엔 증조부, 조부, 부모 이런 순으로 지방을 바꾸어 붙여가면서 예를 지내왔는데, 어느 집안에서는 지방 1 장에 전 조상님 신위 이렇게 1 장만 써 올리고 차례를 지낸다고 합니다. 어떻게 하는 것이 바른 것인지요? 무식이 참으로 부끄럽게 합니다.

◆答; 차례 날 조상님들의 지방을 한 장에 쓰지 못함.

다례나 차례는 매월 삭망(朔望)일 참례(參禮) 때 보름날의 예에서는 술을 올리지 않고 차만 올렸으므로 붙여진 이름인데, 설이나 추석 등은 속절에 해당하여 차만 올리는 예가 아니라 차례나 다례가 아니나 국어원에서 조차, 차례(茶禮)는 음력 매달 초하룻날과 보름날, 명절날, 조상 생일 등의 낮에 지내는 제사인 차사(茶祀). 라 하였으니 유가적 법도로는 거의 오류이나 이미 세속으로 굳어져 차례나 다례라 이르면 설과 추석의 예를 이르는 명사로 누구나 쉽게 이해 되어지게 된 것입니다.

지방은 위마다 따로 따로 씀이 바른 예법입니다. 위가 8 분이시면 지방도 8 장이 되겠지요.

●性理大全望日不設酒不出主主人點茶長子佐之先降主人立於香卓之南再拜乃降(云云)○又設高祖考妣位於堂西北壁下南向考西妣東各用一倚一卓而合之曾祖考妣祖考妣考妣以次而東皆如高祖之位世各爲位不屬

▶1032◀◆問; 차례를 지내야 하는데.

다름이 아니라 전 한 집에 장남으로서 궁금한 점이 있어서 문의 드립니다. 이번에 저의 작은 아버님이 별세(別世)를 하셨답니다.

3 일장을 치르고 내일이 설이라 차례를 지내야 하는데 다른 분들이 차례를 지낼 수가 없다고 합니다.

왜 그러는지 처음 당하는 일이라서 잘 몰라서 이렇게 문의 드리니 신속한 답변을 부탁 드립니다. 참고로 전 할아버님 할머님 아버님 어머님 제사를 지내고 있답니다.

◆答; 상중 제사 지내는 법.

숙부복(叔父服)은 기상(期喪; 1 년복)으로 기상(期喪)이 있을 때는 성복(成服) 전(奠)은 폐제(廢祭)하고 성복(成服) 후는 복경자가 약설(略設) 약행 무축단헌(無祝單獻)으로 지내고 장후(葬後)는 평시(平時)와 같이 지냅니다.

●要訣祭儀抄喪服中行祭儀期大功則葬後當祭如平時(但不受胙)未葬前時祭可廢忌祭墓祭略行如上儀總小功則成服前廢祭(五服未成服前雖忌祭亦不可行也)成服後則當祭如平時(但不受胙)服中時祀當以玄冠素服黑帶行之

▶1033◀◆問; 차례는 어디서 어떻게 지내는 것이 좋겠는지요.

예전에 형제, 친척들이 가까운 지역에 모여 살던 시절에는 명절날 아침에 형제, 친지들이 큰집에 다 모여서 큰집차례(윗대조상차례, 백부모 차례 등) 먼저 지낸 후 작은집으로 이동해 가면서 작은집차례(숙부모 차례 등)를 지냈는데. 할아버지 집(큰아버지 집)과 내 집이 멀어서 양쪽 차례에 다 참석하는 것이 불가능 할 때 윗대조상 차례와 아버지 차례는 어디서 어떻게 지내는 것이 좋겠는지요?

◆答; 원거리라 하루에 두 집 차례를 지내지 못하겠으면.

작은 댁 제사를 큰 댁에서 지내지 못합니다. 따라서 그러한 때는 종가와 지가(支家)가 개별로 지내야 합니다.

●內則庶子若富則具二牲獻其賢者於宗子(註賢猶善也)夫婦皆齊而宗敬焉(註當助祭於宗子之家)終事而后敢私祭(註祭其祖禰)
●性理大全祠堂;非嫡長子則不敢祭其父若與嫡長同居則死而後其子孫爲立祠堂於私室且隨所繼世數爲龕俟其其出而異居乃備其制若生而異居則預於其地立齋以居如祠堂之制死則因以爲祠堂

▶1034◀◆問; 차례를 지내야 하는지요.

수고가 많으십니다. 궁금한 내용인 있어 여쭈어 봅니다. 저는 두 아이의 아버지(큰아들, 작은딸) 입니다. 아이들은 아직 미혼 이고요. 5 년 전에 아이의 엄마가 지병으로 세상을 떠났습니다 그간 매년 집에서 아이엄마의 기일 날 제사를 지내고 있습니다 물론 추석 차례도 집에서 차례상을 차렸고요.

물어볼 내용은 돌아가신 아이 엄마가 있으니까 추석 차례를 집에서 지내야 하는지? 아니면 차례를 저의 형님 집에서 같이 지내야 되는지요?

저는 추석이 "후손들이 조상님들한테 올리는 예"라고 알고 있거든요. 참고로 저의 집안은 2 남 4 녀로 어머니가 계시고, 제 위로는 형님이 계십니다. 좋은 답변 기다리겠습니다.

◆答; 차례를 지내야.

추석의 예는 차례라 하지 않습니다. 차례란 옛날 사당(四唐)의 예(禮)로서 매월 보름날 신주도 내모시지 않고 술도 없이 차(茶)만 올리는 간단한 예로서 그 날은 차만 올려서 차례 또는 다례라 하였으며 지금은 행하는 가문도 거의 없을 것입니다. 속절(俗節)의 예는 절사(節祀)라 하고 혹은 참례라 이르기도 합니다. 다만 별 뜻을 두지 않고 차례, 다례라고 하나 이는 잘못된 명칭입니다.

절사(節祀)는 사당제(祠堂祭)입니다. 지금 거대의 가문(家門)에서 사당을 건사(健祀)치 않아 지방으로 정침(正寢)에서 지내고 있을 뿐입니다. 까닭에 절사(節祀)는 내 집에서 지내야 되겠지요. 근거리이면 종가(宗家)에서 절사(節祀)를 마치고 차손(次孫) 또 차손 이와 같이 내려가며 행하나 원거리이면 먼저 종가를 가지 않아도 모두가 이해 되는 것입니다.

이에 대한 전거(典據)가 필요하시다면 밝혀 드리겠습니다.

▶1035◀◆問; 차례(茶禮) 문의.

안녕하십니까. 전통적인 의례에 대하여 많이 배우고 실천코자 노력 중입니다. 많은 질문에 한결같은 답변주신 선생님들께 감사 드립니다. 고향에서 조부님의 제사를 모시던 부친께서 작고하신 후 모친생전에는 고향에서 계속 모시기를 원하셔서 계속 모시던 중 고향을 지키던 동생이 저 세상으로 갔습니다. 이후로 모친과 제수씨는 고향에서 계속 제사를 모시기를 원합니다.

질문입니다.
1. 저의 집에서는 차례에 조부모 부친을 함께 모셨습니다. 이제 동생까지 모셔야 하는데 이렇게 삼대를 한 상에서 함께 모실 수 있는지요?
2. 동생의 기제사를 어린 자손이 모셔야 하는지(여아는 12 세, 남아는 3 세) 아님 동생의 부인인 제수씨 가 모셔야 하는지 아니면 형인 본인이 모셔도 되는지? 위의 각 경우에 지방은 어찌 써야 하는지?
3. 다른 질문입니다. 세분의 차례를 모실 경우 시저를 놓을 때 3 벌의 숟가락을 놓는 것으로 알고 있는데 젓가락은 몇 벌을 놓아야 하는지요? 좋은 시간 되십시오.

◆答; 차례(茶禮)를 지내면서.

問; 1. 答; 아래와 같이 살펴보건대 선생의 조부모와 부친은 각 대마다 한 상 씩 적장자인 선생이 봉사를 하고 마치면 동생을 별 상을 차리고 지내되 조카가 어려 제사를 지낼 수 없으니 선생이 그를 대신하여 섭주의 예로 지내되 형은 동생에게 절을 하지 않으니 읍으로 대신하고 그 외 제수를 비롯 수하자들은 절을 하게 됩니다.

問; 2. 答; 조카가 3 세라 하여도 지방은 그(조카)의 속칭으로 [현고모관부군신위(顯考某官府君神位)]라 쓰고 백부인 선생이 섭행(攝行)으로 위와 같은 예로 기제를 지냅니다.

問; 3. 答; 부부는 합설(合設)을 하되 시저(匙筯; 숟가락과 젓가락)는 각설(各設)을 하게 됩니다. 까닭에 숟가락이 셋이면 젓가락도 세벌이 되겠지요.

●奔喪凡喪父在父爲主父歿兄弟同居各主其喪註各爲其妻子之喪爲主也
●陳氏曰父主之統於尊也父歿之後兄弟雖同居各主妻子之喪矣
●朱子曰拜親時須合坐受叔伯母亦合坐受兄止立受嫂叔同一家不可不拜亦須對拜夫婦對拜
●退溪曰繼後子雖在襁褓亦書其名而季也爲攝主以奠獻
●寒岡曰有三室而不得四位各卓則寧四位共一卓而盞盤飯羹炙肝之類各設恐無妨匙筯亦當各設

▶1036◀◆問; 차례 문제.

아버지 사촌 여동생이 돌아가셨습니다. 오늘 문상을 가셨는데 설에 차례 지내도 되는 건가요? 기제사와 차례는 다른지 알려주세요.

◆答; 차례(茶禮).

아래와 같이 살펴보건대 설에는 하루 전에 사당(祠堂)을 깨끗이 청소(淸掃)하고 재계(齋戒)하고 자고서 그날(설날)일찍 일어나 제사(祭祀) 준비를 하고 제사(祭祀)를 지내는 것입니다. 따라서 하루 전날인 그믐날만 조문(弔問) 가지 않으면 재계(齋戒)에 문제(問題)가 없습니다.

●家禮祠堂正至朔望則參;正至朔望前一日灑掃齋宿厥明夙興開門軸簾每龕設新果一大盤
於卓上每位(云云)

▶1037◀◆問; 차례 및 기제사 제주변경.

이제까지 큰 형님이 차례(茶禮) 및 기제사(忌祭祀)의 제주(祭主)로 치렀는데 작년에
작고 하시었습니다. 큰형님의 자손은 남자 1 명인데 정신박약아(精神薄弱兒) 입니다.
나이는 36 세이고요. 그렇다면 작은 형님이 제주가 되어 아버님의 차례 및 기제사
를 치러야 하는 건지요? 또한 집안에 우환(憂患)이 있을 경우에는 안 지낸다는 말
이 있는데 그 내용이 무엇을 뜻하는 건지요. 그냥 지내도 되는지요? 가르침 주시면
대단히 감사 하겠습니다.

◆答; 차례 밑 기제사.

아래와 같이 살펴보건대 장자손(長子孫)이 폐질자(廢疾者)라 하여도 그의 명으로 신
주(神主)를 쓴다 하였으니 선생의 작고하신 부친(父親)은 이미 그의 칭호(稱號)
로 현조고(顯祖考)로 올라가셨습니다. 다만 폐질자이니 행례(行禮)를 못할 뿐입니
다. 따라서 지방(紙牓)은 그의 칭호로 쓰고 섭행(攝行)의 예(禮)로 지내야 옳을 것
같습니다.

그리고 집안에 우환(憂患)이 있다고 제사(祭祀)를 폐하여서는 아니 되고 다만 그 병
자(病者)가 안방에 누워 있으면 다른 방(或 他舍)에서 지내면 될 것 같습니다.

●問解續長子雖病廢似不可傳重於次子況長子有子則其可以次子奉祀耶
●問長子病廢次子專主喪事題主何以爲之寒岡曰雖病廢不得不書長子名
●尤庵曰癘疫在近而廢祭於古未聞
●陶庵曰俗忌廢祭固爲無識而家內痘疫或解娩恐不精潔治祭具於他舍而行之爲得否

▶1058◀◆問; 차례상 - 설날, 제삿날, 추석.

상기(上記) 관련(關聯)하여 차례(茶禮) 상차림은 똑같이 하여야 하는지 조금씩 다른
지 알려 지시면 고맙겠습니다. 물론 지방(地方), 가문(家門)에 따라서 다르겠지만요.
고견 부탁 드립니다.

◆答; 차례상.

아래와 같이 살펴보건대 명절 때 진설(陳設)은 신과(新果) 일대반(一大盤)과 찻잔
술잔을 각위(各位) 신주독(神主櫝) 앞에 진설한다. 라 되어 있습니다.

일반 제례 진설과는 다릅니다. 그러나 요즈음 대개의 가문(家門)에서는 제례의 진설
과 유사(類似)하게 명절(名節)에도 진설 되는 것 같습니다.

●性理大全家禮二通禮祠堂正至朔望則參:正至朔望前一日灑掃齋宿厥明夙興開門軸簾每
龕設新果一大盤於卓上每位茶盞托酒盞盤各一於神主櫝前設束茅聚沙於香卓前別設一卓
於阼階上置酒注盞盤一於其上酒一瓶於其西盥盆帨巾各二於阼階下東南有臺架者在西爲
主人親屬所盥無者在東爲執事者所盥巾皆在北○又俗節則獻以時食:節如清明寒食重午中
元重陽之類凡鄉俗所尚者食如角黍凡其節之所尚者薦以大盤間以蔬果禮如正至朔日之儀

▶1039◀◆問; 차례상 차리기.

저는 조부모님과 부모님 모두 작고 하셨습니다. 조부모님과 부모님의 차례상을 차
림에 있어 제사상을 한 상으로 하고 지방도 같은 상에 함께 모시고 해도 되는지 아
니면 각 상을 차려야 하는지요? 각상을 차린다면 조부모님 제사 먼저 드리고 부모

님을 나중에 드려야 하는 지요?

◆答; 여러 대(代) 차례상 차리기.

절사(節祀)에는 이서위상(以西爲上)으로 대마다 고비(考妣) 일탁(一卓)에 교의(交椅)는 각각 차리고 한번으로 지내게 됩니다.

●性理大全望日不設酒不出主主人點茶長子佐之先降主人立於香卓之南再拜乃降(云云)
○又設高祖考妣位於堂西北壁下南向考西妣東各用一倚一卓而合之曾祖考妣祖考妣考妣以次而東皆如高祖之位世各爲位不屬

▶1040◀◆問; 차례상 질문입니다.

차례상(茶禮床; 추석, 설날)은 차리는 음식이 송편, 떡국 말고 다른가요??? 놓는 배치도 다른가요??? 그리고 일반 제사(祭祀) 지낼 때도 다른 지 궁금합니다.

또, 제사를 지낼 때 창문(窓門)이 남쪽에 있어서 남쪽을 보고 제사를 지내는데, 그렇게 되면 동쪽이 왼쪽으로 가게 됩니다. 홍동백서(紅東白西)의 경우 홍(紅)이 왼쪽으로 가야 하는지요?

마지막으로 조율이시에서 배치가 사진마다 틀리게 되어있습니다. 왼쪽부터 대추, 밤, 곶감, 배. 라 되어있는 경우가 있고, 대추가 맨 오른쪽으로 가 있는 경우도 있고, 대추, 밤, 배, 감 순으로 되어 있는 것도 있었습니다. 어떤 것이 맞는 것인가요?

◆答; 차례상 질문.

속절(俗節)의 진설(陳設)은 아래 가례와 같으나 이를 진설(陳設)함에 질서(秩序)나 두서없이 늘어 놓는 것 보다 제례(祭禮)의 진설법을 따름이 옳을 것 같으며, 제사 때 과실에 대한 바른 진설(陳設)은 아래 사우례(士虞禮)의 가르침과 같이 대추는 서쪽에 놓고 밤을 그 다음으로 놓는다 라 하였을 뿐으로 조율(棗栗) 이하의 과실의 순은 정하여진 전거가 없으니 그 순차는 말할 수가 없고, 다만 조율이시(棗栗梨柿) 혹은 시이 또는 홍동백서(紅東白西)는 각 가문의 법도이니 이의 옳고 그름을 가릴 수는 없을 뿐만 아니라 특히 이를 통용 예법으로 거론 될 수 있는 예법은 아님.

●家禮凡其節之所尙者薦以大盤間以蔬果
●士虞禮棗栗棗在西註尙棗棗美據此棗當設果行之首而栗次之

▶1041◀◆問; 차례순서에 대해 궁금 합니다.

명절제사나 기제사 때 어떤 순서로 해야 하는지 궁금합니다.

◆答; 차례순서.

⊙지방(紙榜) 설 참사예법(節祀同)
○元旦
○하루 전날부터 재계(齋戒)를 하고 잔다.○진설(陳設)○주인 이하 성복(成服)○서립(序立)○지방(紙榜)을 교의(交倚)에 세운다.○강신례(降神禮)○참신례(參神禮)○헌주례(獻酒禮).○사신례(辭神禮)○지방을 거둔다. (지방을 불 사른다)○철상(徹床)

⊙지방 기제(紙牓忌祭)
○하루 전에 재계한다.○제수품을 갖춘다.○전날 어두워지면 신위의 자리를 갖춘다.○망일(亡日) 자시(子時)가 가까우면 소채와 과실과 수저 잔반을 진설한다.○주인 이하 성복을 하되 회거나 푸른 제복으로 고쳐 입는다.○차서 대로 늘어선다.○자시가 되면 지방을 교의에 세운다.○강신○참신○진찬○초헌례

◆忌祭祝文式

維 歲次干支幾月干支朔幾日干支孝子(조고비에게는 孝孫 증조고비에게는 孝曾孫 고조고비에게는 孝玄孫 ○방친과 형제와 처와 자식에게는 그가 부르던 칭호대로 쓴다) 某 (동생 이하 자에게는 이름을 쓰지 않는다) 敢昭告于 (처에게는 敢字를 쓰지 않고 동생 이하에게는 告于만 쓴다) 顯考某官 (관직이 없었으면 學生이라 쓴다.) 府君 (어머니 기제에는 顯妣某封某氏라 쓰고 고조고는 顯高祖考某官府君 고조비는 顯高祖妣某封某氏 증조고는 顯曾祖考某官府君 증조비는 顯曾祖妣某封某氏 조고는 顯祖考某官府君 조비는 顯祖妣某封某氏라 쓰고 처는 亡室某封某氏 장자는 亡子某官이라 쓰고 항렬이 낮거나 수하자에게는 顯字를 고쳐 亡字로 하고 府君 두 자를 빼며 방친은 속한대로 쓴다. ○고비 병제를 할 때는 顯妣某封某氏를 열서한다) 歲序遷易 諱日復臨 (병제(並祭)에는 諱日復臨 앞에 아버지 기일에는 顯考 어머니 기일(忌日)에는 顯妣라 쓰고 조고비(祖考妣) 이상 기일 역시 이와 같다. ○처나 동생의 기일이면 諱日復臨을 亡日復至로 고친다) 追遠感時昊天罔極 (고조 증조 조고비 기일이면 昊天罔極을 不勝永慕라 고쳐 쓰고 방친(傍親)의 기일이면 追遠 이하 여덟 자를 고쳐 不勝感愴이라 쓰고 처나 동생 이하의 기일이면 感愴을 다른 말로 고친다). 謹以 (처나 동생 이하의 기일이면 謹以를 玆以로 고쳐 쓴다) 淸酌庶羞恭伸奠獻 (처나 동생 이하에게는 恭伸奠獻을 伸此奠儀라 고쳐 쓴다) 尙 饗

○아헌례○종헌례○유식○합문○계문○사신○분지방 축문○철상

▶1042◀◆問; 차례시 모시는 대상 / 참석대상에 관하여.

안녕하십니까. 태산 같으신 아버님 그늘에서 우리 전통의 맥인 제사/차례에 대해 무관심 하다 창졸간(倉卒間)에 아버님을 여의고 이제 혼자서 하려다 보니 옆에서 자꾸 말들이 많아서 여쭤 봅니다.

다름 아니오라 요번 추석 때 3 대를 모시고(증조부모, 조부모, 부)차례를 지내는데 막내 작은 아버지가 자기는 우리 아버지하고 같은 항렬인데 같이 차례를 지내면 되냐, 증조부모, 조부모를 지내고 우리 아버지는 따로 지내라고 트집을 잡는데 어떤 것이 맞는지요.

같은 형제지간이고 또한 우리 아버지가 자기보다 형인데 같이 지내는 게 잘못인가요. 그리고 조상님을 꼭 따로 모시고 제사를 드려야 되는지요. 예를 들면 조부모님은 두 분을 한날(남자의 기일에 따라)에 모시면 안 되는지요.

제사를 모실 때면 지방은 두 분다 모시는 걸로 하면서 날짜는 각각 기일에 따라 두 번을 지내야 한다고 주장을 하니 제사 지내는 것도 힘듭니다.

왜냐하면 제 아내가 암(갑상선 암 3 기)수술을 받아, 현재는 수술이 잘 끝나서 활동은 하지만 쉬 피곤해 하고 힘들어 해서 제사를 통합해서 하려고 하는데 제사는 법도 데로 해야 한다고 삼촌, 고모들이 떼들을 쓰니, 가족이 향후 5 년간은 상태를 지켜보고 계속 방사선 치료도 받아야 하고 하는데 타당하게 반박 할 수 있는 답을 알려주세요. 제가 오죽 답답하면 이렇게 문의를 드리겠습니까.

◆答; 차례 시 모시는 대상.

속절(俗節)의 제사는 사당(祠堂)제사로 사당에는 그 집의 죽은 선대와 부위의 신주가 모셔진 곳인데 지금은 거의 가문에서 사당을 건사치 않고 제사 때 마다 정침(正寢)에서 지방으로 제사하고 있을 뿐입니다.

까닭에 속절에 지방으로 정침에서 지낸다 하여도 사당의 질서와 같이 정위는 서쪽을 상석으로 하여 설위하고 부위는 동서 벽 밑에 북쪽을 상석으로 차리고 단헌지례로 한번에 모두 지냅니다.

고로 귀댁의 명절 제사는 증조부모 조부모 부친은 정위(正位)로서 서쪽에 증조부모 가운데에 조부모 동쪽으로 부친을 설위하고 지내면 예에 어그러지지 않습니다.

고비(考妣)가 작고한날이 다르면 한날 제사할 수 없습니다. 까닭은 기제란 작고한날

에 지내는 제사를 의미하기 때문입니다.

●家禮本註俗節則前一日灑掃齋宿厥明夙興開門軸簾每龕設凡鄕俗所尙者云云

▶1043◀◆問; 차례 시에도 첨작 여부.

일상생활에서 궁금한 것이 있으면 불쑥 들려서 여쭙고 있습니다. 빠르고 친절한 답변에 항상 감사 드립니다.

질문)

기제사에서는 종헌 후 '첨작'을 하는데, 단헌으로 지내는 차례(설, 추석)에서도 첨작을 하는지 여부가 궁금합니다. 첨작을 하지 않는다면 왜 하지 않는지, 한다면 왜 하는지도 함께 설명 들을 수 있었으면 좋겠습니다. 배우는 마음으로 답변 기다리겠습니다.

◆答; 차례 시에는 첨작의 예가 없음.

명절의 예는 참(參)이라 하는데 참례(參禮)는 직접 신제(神祭)가 아니고 명절의 인사(人事)라 삼헌례(三獻禮)의 예법을 거의 략(略)하고 강참헌주사신(降參獻酒辭神)으로 마치게 됩니다.

●寒岡曰問凡獻禮參則主人手自斟酒祭則執事斟之退溪曰恐無他意只是參無代神祭節文似略故自斟爲盡愛敬之心祭則有代神祭等許多自行節文足以盡愛敬之心雖非自斟亦可耳

▶1044◀◆問; 차례 시 절을 해야 하나요.

장형님이 서울에 계셔서 매년 서울에서 설과 추석 차례를 올렸는데 이제 자식들이 장성하여 익산에서 차례를 지내게 되었는데 차례 시 상은 차려도 절은 하지 말라는 말이 있어서 문의 올립니다 절은 큰집 장형님 차례상 에서만 해야 하는지요.

◆答; 차례 시 절을 해야 하나.

속절례 이든 기제든 종자(장형) 집에서 지내는 것이 바른 법도 입니다. 까닭은 신주를 모심이 옳으나 형편상 신주를 모시지 않고 편의상 간단하게 지방으로 대행하고 있을 뿐입니다.

신주로 봉사하게 되면 사당이 있어야 하는데 사당은 종가에 세우니 종가의 주인은 장자라 장자의 자식들이 아무리 장성을 하였다 하여도 신주는 울을 넘지 않는 법이라, 종자가 살아 있는 한 종자의 집에서 지낼 수 밖에 없는 것입니다.

종자가 나이가 7,80 세가 되어 봉사가 어려워 자식에게 전중(傳重; 생전에 자식에게 제사를 물려 줌)하였다 하여도 종자의 집에서 섭행(攝行)의 예법으로 대행할 뿐입니다. 그와 같은 예법이 없으니 절을 아니하는지의 여부도 알지를 못합니다.

●曲禮七十曰老而傳家事任子孫是謂宗子之父○士昏記註子代其父爲宗子
●問老而傳適子適孫主祭則廟中神主都用改換作適子適孫名奉祀然父母猶存於心安乎朱子曰然此等也難行且得躬親耳
●明齋曰朱子傳重告廟之文只言傳重而已又於與趙尙書書言不可遞遷之義甚嚴則已雖不與祭其祝告依曾子問孝子某使介子某執其常事之例恐得

▶1045◀◆問; 차례(다례)에 관하여.

술을 단배(單拜; 한잔)만 올리는가요 제사와 같이 제례에 준하여 모든 행사를 하는가요?

◆答; 차례(다례).

다례(茶禮=茶禮)란 사당(祠堂) 정지삭참의(正至朔望則參儀)의 예법 중 망일(望日=보름)의 예법(禮法)으로 망일불설주 불출주 주인점다(望日不設酒不出主主人點茶)의 예법인 까닭에 다례(茶禮)라 하는 것입니다.

명절참의(名節參議)는 단헌지례(單獻之禮)입니다. 아래의 예법은 구의(丘儀)의 명절예법입니다. 이 예법에서는 참사신례(參辭神禮)에서 사배(四拜)이나 가례(家禮)를 비롯하여 요결(要訣) 등 다수의 예서(禮書)에서는 지배(再拜)를 택하고 있어 이를 따르고 있습니다.

다만 찬품을 그 시절에 나는 식물(食物)로 간단히(약설) 진설하나 요즈음 사시제(四時祭), 니제(禰祭) 등의 제사(祭祀)를 폐하고 다만 기제사(忌祭祀)만 받들고 있어 대부분의 가문(家門)에서 기제 찬품(饌品)으로 진설하는 것 같습니다.

본인 역시 조그마하게 펴낸 명절제사(名節祭祀) 지내는 법 진설조(陳設條)에 기제사(忌祭祀)와 같다. 라 하였으며 그 전거(典據)로는 율곡(栗谷)선생께서도 별설찬(別設饌) 수품(數品)이라 하심으로 기제사와 같이 진설한다 하여도 예에 크게 어그러지는 않을 것입니다.

●要訣告事儀有事則故如朔參之儀獻酒再拜訖主人立於香卓之南祝執版立於主人之左跪讀之畢興主人再拜降復位辭神○又參禮儀每位設饌脯果隨宜或設餅亦可若正朝冬至則別設饌數品冬至則加以豆粥

●正至朔參儀禮節次

(主人以下各具盛服)○序立(男列於左女列於右每一世列爲一行)○盥洗(立定主人主婦及子婦將出主者皆洗拭訖)○啓櫝○出主(主人出考主主婦出妣主其餘子婦出祔主各置正位之左皆畢)○復位(主婦以下先降復位)○降神(執事者洗手上階開瓶實酒於注一人奉注詣主人右一人執盞盤詣主人左)○主人詣香案前○跪○焚香(主人焚香畢右執事者跪進酒注左執事者跪以盞盤向主人主人受酒斟酒於盞反注於右執事者取盤盞自捧之二執事者皆起)○酹酒(主人左手執盞盡酹茅沙上畢置盞香案上)○俯伏興(少退)○鞠躬拜興拜興平身○復位○參神(主人以下凡在位者皆拜)○鞠躬拜興拜興拜興拜(註再拜)興平身○主人斟酒(主人升自執酒注斟酒於逐位神主前空盞中先正位次祔位次命長子斟諸祔位之卑者畢主人稍後立)○主婦點茶(主婦執瓶斟茶於各正祔或命子弟捧茶托主婦位前空盞中命長婦長女斟諸祔捧盞逐位以獻亦可位之卑者畢主婦退與主人並立拜)○鞠躬拜興拜興平身○復位(主人主婦各復其位)○辭神(衆拜)○鞠躬拜興拜興拜興拜興(註再拜)平身○奉主入櫝○禮畢

●望日儀禮節次

序立○盥洗○啓櫝○主人詣香案前○跪○焚香○俯伏興拜興拜興平身○主人點茶(長子助之)○復位○參神(衆拜)○鞠躬拜興拜興拜興拜(註再拜)興平身○禮畢

●俗節儀禮節次

(主人以下各具盛服)○序立(男列於左女列於右每一世列爲一行)○盥洗(立定主人主婦及子婦將出主者皆洗拭訖)○啓櫝○出主(主人出考主主婦出妣主其餘子婦出祔主各置正位之左皆畢)○復位(主婦以下先降復位)○降神(執事者洗手上階開瓶實酒於注一人奉注詣主人右一人執盞盤詣主人左)○主人詣香案前○跪○焚香(主人焚香畢右執事者跪進酒注左執事者跪以盞盤向主人主人受酒斟酒於盞反注於右執事者取盤盞自捧之二執事者皆起)○酹酒(主人左手執盞盡酹茅沙上畢置盞香案上)○俯伏興(少退)○鞠躬拜興拜興平身○復位○參神(主人以下凡在位者皆拜)○鞠躬拜興拜興拜興拜興(註再拜)平身○主人斟酒(主人升自執酒注斟酒於逐位神主前空盞中先正位次祔位次命長子斟諸祔位之卑者畢主人稍後立)○主婦點茶(主婦執瓶斟茶於各正祔或命子弟捧茶托主婦位前空盞中命長婦長女斟諸祔捧盞逐位以獻亦可位之卑者畢主婦退與主人並立拜或命子弟奉茶托主婦奉盞逐位以獻亦可)○鞠躬拜興拜興平身○復位(主人主婦各復其位)○辭神(衆拜)○鞠躬拜興拜興拜興拜(註再拜)興平身○奉主入櫝○禮畢

▶1046◀◆問; 차례에 대해 문의 드립니다.

먼저 옛 어른들의 가르침을 배울 수 있는 좋은 공간을 열어주신 것은 물론, 일반인들이 애매하여 잘 알지 못하는 부분들에 대해 직접 질의응답까지 해주시는 노고에 깊이 감사 드립니다.

질문 드리고자 하는 내용은 다음과 같습니다.
할아버님께서는 삼형제를 두셨는데, 제 아버님은 그 중 장남이셨습니다. 그런데 아버님께서 다른 동생분들에 비해 후사를 늦게 보신 탓에, 제가 사촌형제들에 비해 많이 어립니다. 그로 인해, 할아버님과 삼형제 분들께서 모두 돌아가신 후에도, 할아버님 제사와 차례를 둘째 작은 아버님의 장남 댁(사촌형님)에서 지내왔습니다. 저의 아버님 제사는 노제로 지내 왔구요. 그런데 이번에 제가 장가를 가서 가정을 꾸리게 되면서, 이제부터 아버님 제사는 저희 집에서 지내기로 하였습니다.

문제는 차례인데요, 그 동안 차례를 모셔온 사촌형님께서는 서울에 거주하고 있는 저를 제외한 대부분의 사촌들이 모두 고향에 거주하고, 성묘를 가려면 어차피 고향으로 내려와야 하니, 기존에 하던 것처럼 할아버님 차례를 고향의 둘째 작은 아버님의 장남 댁에서 모시자고 하셨습니다. 저 역시 명절에 사촌형제들끼리 다같이 얼굴도 보고, 할아버님 아버님 성묘도 해야 하기에 이에 동의합니다. 그런데, 아래의 글들을 찾아보니, 할아버님에 대한 차례를 먼저 지내고, 그 다음에 아버님 차례를 지내는 것이 예법에 맞는다고 나와있더군요. 이 경우, 할아버님 차례와 성묘, 그리고 아버님 차례 간의 순서를 어떻게 해야 하겠는지요?

고향으로 내려가서 추석날 할아버님 차례를 지내고, 같은 날 할아버님과 아버님을 비롯한 조상(祖上) 묘(墓)에 성묘(省墓)를 하고, 서울로 올라와서 아버님 차례를 지내야 하는 것인지요? 바쁘신 가운데, 잠시 시간을 내시어 답변해주시길 부탁 드립니다. 감사합니다.

◆答; 차례에 대하여.

아래와 같이 살펴보건대 지자(支子)들은 그의 부모제사는 물론 조상(祖上) 제사(祭祀)를 지내지 못합니다. 주인(主人)은 장자(長子)가 되며 장자(長子)가 이미 죽어 없을 때는 그의 적자인 적손(嫡孫)이 승중(承重)하여 주인이 되어 제사를 주관하고 초헌관이 됩니다. 만약 주인(主人)이 강보(襁褓)에 싸인 어린아이라 하여도 그가 주인(主人)이 되는데 헌작(獻酌)을 할 수 없으니 그의 집에서 근친자(近親者)가 섭주(攝主)가 되어 제사를 대행하여줄 뿐입니다. 이전에 지자 댁(支子宅)에서 행함이란 되돌릴 수 없으나 이제라도 장남님 댁에서 부모는 물론 조부모제사를 지내는데 마땅히 숙부님들과 사촌형제들도 서울 장남님 댁으로 와 참제(參祭)하여야 합니다.

●家禮本註凡主人謂長子無則長孫承重以奉饋奠
●祭統夫祭也者必夫婦親之所以備外內之官也備則具備(註)具備謂供具衆物
●退溪曰父旣死則子當主祭子旣主祭子之妻爲主婦行奠獻
●曲禮支子不祭祭必告于宗子(註)不敢自專宗子有故支子當攝而祭五宗皆然
●小記庶子不祭祖○庶子不祭禰(疏)宗子庶子俱爲下士禰適得立禰廟故祭禰禰庶不得立禰廟故不得祭其禰是宗子自祭之庶子不得祭也
●內則庶子若富則其二牲獻其賢者於宗子夫婦皆齊而宗敬焉終事而后敢私祭

▶1047◀◆問; 차례예법에 관하여.

안녕하십니까? 저는 장남으로 부모님 제사를 비롯하여 설날, 추석차례를 제가 지내고 있습니다. 얼마 전 남동생이 상처를 하였는데, 제수의 제사는 당연히 동생이 지내지만, 설날과 추석차례는 저의 집에서 차례 지낼 때 밥 한 그릇 더 올려놓고 같이 지냈으면 좋겠다고 동생이 이야기 합니다. 남동생은 1 남(중 3) 1 녀(고 3)를 두고 있으며, 차례준비하기가 힘들다고 합니다. 이런 상황에서 몇 가지 문의할 사항이 있습니다.

1. 부모님과 제수의 차례를 같이 지내도 되는지요?
2. 부모님 제사와 명절 차례 때는 제가 초헌관인데, 제수의 차례까지 부모님 차례와 함께 지낸다면 초헌관은 누가 되는지요?
3. 부모님 차례와 제수의 차례를 함께 지낸다면 음식준비는 부모님 과 제수 각 각 해야 하는지요?
3. 위패는 초헌관인 저의 입장에서 써야 되는지요? 제례예법을 잘 몰라 문의 드리니 도움 주시기 바랍니다.

◆答; 차례예법.
아래와 같이 살펴보건대 지자(支子)는 먼저 종가(宗家)의 제사(祭祀)를 마친   이후 제 집으로 돌아가 사제(私祭=자기 제사)를 지냄이 바른 예입니다.   따라서 명절(名節) 참례(參禮) 등에 제수를 합설할 수가 없습니다. 까닭에 2, 3, 3 번 역시 행할 수가 없습니다.

●退溪曰今人以外孫奉祀一廟而異姓同祭夫天地生物使之一本而此則爲二本焉甚不可也今或不幸外家祖先無後不忍其主之無歸則權宜奉置別所往來展省未爲不可
●內則若富則具二牲獻其賢者於宗子夫婦皆齊而宗敬焉終事而后敢私祭註賢猶善也齊而宗敬謂齊戒而往助祭事以致宗廟之敬也私祭祖禰則用二牲之下者

▶1048◀◆問; 차례에 궁금 점에 대한 문의 사항.
기제사는 장자(長子)가 부득이한 사유(事由)(원행, 입원)로 제주(祭主)가 될 수 없을 시 대행(代行)으로 기제사(忌祭祀)를 모시며 지방(紙牓)과 축문(祝文; 대행축문)도 장자(長子)를 기준(基準)으로 모시는 것으로 알고 있습니다.
<<궁금 점>> ○ 차례(설날, 추석)는 "단잔 무축"으로 長子가 제주가 되지 못할 때
1. 차례 주관자는 장손 또는 숙부(장자의 동생)가 되는지 여부,
2. 紙傍은 누구를 기준으로 모시는지(장자 또는 대행자),
3. 기제사는 축문으로 대행 사유를 告하는데 "무축"인 차례는 대행 사유를 별도로 告하는 예법이 있는지 여부.

◆答; 차례의 섭주 법식.
1. 答; 節祀及忌祭(墓祭亦同)使服輕者行薦而饌品減於常時只一獻不讀祝不受胙可也라 하였으니 절사(節祀) 섭주(攝主)로 자제(子弟)가 섭행(攝行)합니다.
2. 答; 주인(主人) 기준(基準)을 바꾸지 않습니다.
3. 答; 차례(茶禮)에서는 그 사유(事由)를 고하지 않습니다.

●要訣凡三年之喪古禮則廢祠堂之祭而朱子曰古人居喪衰麻之衣不釋於身哭泣之聲不絶於口其出入居處言語飲食皆與平日絶異故宗廟之祭雖廢而幽明之間兩無憾焉今人居喪與古人異而廢此一事恐有所未安朱子之言如此故未葬前則準禮廢祭而卒哭後則於四時節祀及忌祭(墓祭亦同)使服輕者行薦而饌品減於常時只一獻不讀祝不受胙可也
●遂菴曰孝子某有疾介子某代行薦禮敢昭告于○先祖之稱用宗子之屬○有故措辭曰孝子某病不能將事○孝子某適在遠地不能將事○孝子某幼未將事○孝子某身犯惡疾使字嘱某親某

▶1049◀◆問; 차례에 대하여.

설과 추석에 차례를 지내는데 술 대신 차로 지내면은 안 되는지요? 그리고 아내와 부모님 조부님 차례를 지내야 하는데 세 번을 따로따로 지내야 하는지 그렇지 않으면 합동으로 지내도 되는지요 장가 안간 아들 둘과 제가(남자 3 명) 지내야 하는데 무척 난감해서 질문 드립니다.

◆答; 차례(茶禮).

다례란 원래가 사당 봉사에서 매월 보름날의 예인데 우리나라에서는 언제부터인지는 알 수 없으나 속절(俗節)의 예를 다(차)례라 칭함이 별 거부감 없이 통용(通用)되고 있을 뿐입니다. 그러나 속절(俗節)의 예와 매월(每月) 보름의 예는 별개(別個)의 예입니다.

율곡 선현께서는 매월 보름의 예에서도 국속에 차는 불용이니 다만 분향만   이다. 라 하셨는데 어찌 속절에 차만 올리겠습니까.

원래 속절(俗節)의 예는 사당(祠堂) 예입니다. 요즘은 사당봉사(祠堂奉祀)가 거의 없으니 지방(紙牓) 정침(正寢)의 예로 행하고 있을 뿐입니다. 따라서 고조고비(高祖考妣) 이하 조상(祖上)을 사시제(四時祭)와 같이 합설(合設) 일회(一回)로 마칩니다.

○명절 때 처의 설위 위치.

설위 예법은 사당 예이니 사당에 처의 자리는 부위로서 조부모 감실 탁자 앞 동쪽에서 서향하여 위치하고 있습니다. 그러나 요즘은 사당(祠堂) 없이 정침(正寢)에서 명절(名節) 제사(祭祀)를 지내고 있으니 사시제(四時祭)와 같이 설위(設位)하고 제사(祭祀)합니다.

사시제(四時祭) 때 처의 자리는 정위(正位)와 동열이 아니라 가례(家禮)에는 층계(層階) 아래라 하였으나 요즘의 우리 가택(家宅) 구조(構造)가 그와는 달라 정위(正位) 행 앞 동쪽 벽(壁)에서 서향(西向)하여 설위(設位)하고 같이 제사(祭祀)함이 바른 예법(禮法)입니다.

●家禮正至朔望則參條本註望日不設酒不出主主人點茶長子佐之先降主人立於香卓之南再拜乃降餘如上儀
●栗谷曰國俗不用茶之文當於望日不出主只啓櫝不酹酒只焚香使有差等
●南溪曰朔亝行粢望亝焚香所以有差等若家甚貧一盞酒一器果亦不能備者只得拜行焚香
●家禮班祔條妻祔于祖西向○又四時祭設位條祔位皆於東序西向北上或兩序相向妻以下則於階下

▶1050◀◆問; 차례와 제사에 대해.

재작년(再昨年)에 어머님께서 돌아가셨는데 추석날 저녁에 쓰러지셔서 다음날(음 8.16 일) 새벽에 운명(殞命)하셨습니다. 그래서 저희는 추석날 아침에 아버님 어머님 차례(茶禮)를 지내고 밤에는 어머니 제사(祭祀)를 지냅니다. 그런데 기제사 일정이 그렇다 보니 명절에 어디 움직이질 못합니다.

그래서 차례와 기제사를 현대에 맞게 효율적으로 지낼 수 있는 방법이 없을까 하고 문의 드립니다. 혹 효과적인 방법이 있다면 조언 부탁 드립니다.

◆答; 차례와 기제사.

모친 기일은 16 일이 되니 추석날 아침에 지낼 수가 없습니다. 기제(忌祭)는 작고한 날 질명(質明; 먼동 틀 무렵)에 지냄이 바른 예법이니 추석날 아침에 절사(節祀)를 지내고 16 일 날 기제(忌祭)를 지내 추석날 시간적(時間的) 여유(餘裕)를 확보(確保)하심이 어떠하시겠습니까.

●祭義君子有終身之喪忌日之謂也註忌日親之死日也
●周禮春官宗伯禮官之職小史條掌邦國之志奠繫世辨昭穆若有事則詔王之忌諱註鄭司農云先王死日爲忌名謂諱
●禮器質明而始行事疏質正也謂正明之時少牢禮朝明行事註朝明質明也此乃周禮也
●士冠禮擯者請期宰告曰質明行事
●孝經庶人章用天之道(註春生夏長秋斂冬藏擧事順時此用天道也)分地利(註分別五土視其高下各盡所宜此分地利也)謹身節用以養父母(註身恭謹則遠恥辱用節省則免饑寒公賦既充則私養不闕)此庶人之孝也(註庶人爲孝唯此而已)故自天子至於庶人孝無終始而患不及者未之有也(註始自天子終於庶人尊卑雖殊孝道同致而患不能及者未之有也言無此理故曰未有)
●祭義文王之祭也事死者如事生思死者如不欲生忌日必哀稱諱如見親

▶1051◀◆問; 차례와 시제에 대하여 문의 올립니다.

안녕하십니까? 첫째는 한간에서 차례(茶禮)를 모시는데 여러 가지 설이 구구해서 상서합니다 차례는 제사가 안이기 때문에 음식을 차려놓고 전 후손들이 같이 단배(單拜)로 마친다는 말 있고 축(祝)만 없지 모시는 방법은 제사와 같다는 회답을 바랍니다.

둘째 요즈음 시제를 모시는데 메(밤)대신 면제를 올리는데 면을 조상님 수대로 올리는지요? 셋째 메(밥)를 오리고 제사를 모시는데 삽시를 하지 않고 시첩에다 수저와 저분을 올리고 내리고 하는데 대하여 알려주시기 바랍니다.

◆答; 차례와 시제.

問 1. 答; 아래는 구의(丘儀)의 속절(俗節) 예법(禮法)입니다. 이 예에서는 참신(參神)과 사신(辭神)에서 사배(四拜)를 채택(採擇)하고 있으나 우리의 보통 예법(禮法)은 재배(再拜)임을 감안(勘案)하시기 바랍니다.

▶1052◀◆問; 차례와 제사를 3 째 아들에게 옮겨도 되나요.

차남(次男)이신 둘째 시아주버님이 차례(茶禮)와 제사를 지내오셨는데, 몇 년 전에 불치병(不治病)으로 자리에 누워 계십니다. 회복(回復)이 불가능한지라 형수(兄嫂)님이 계속 차례를 지내는 것이 너무 힘들어 하십니다. 하여, 3 째 아들이 차례를 모시고자하나. 둘째 시아주버님의 큰아들이 종손(宗孫)인지라 함부로 제사를 옮겨도 되는 것인지 알고 싶습니다.

이후, 둘째 시아주버님 사후에 제사와 차례는 어찌 하여야 하는지요. 차례와 제사를 옮기는 것이 안 좋다고 하는데, 저희는 이미 큰 시아주버님이 지내시던 제사를 둘째 형님 댁으로 옮긴지라 더욱 어찌하여야 하는지 조언을 부탁 드립니다. 곧 추석과, 아버님 기제사를 앞두고 있어서 빠른 조언 부탁 드립니다.

◆答; 차례와 제사를 3 째 아들에게 옮기지 못함.

차자(次子)의 장자(長子)가 당연 승계(承繼) 선조(先祖) 봉사(奉祀)를 함이 당연(當然)할 것입니다. 만약(萬若) 아직 어려 제사(祭祀)를 주관(主管)하지 못할 나이라면 계자(季子; 셋째)가 섭주(攝主) 예법(禮法)에 따라 대행(代行)하여야 하지 그 제사(祭祀)를 계자(季子) 집으로 옮겨 모실 수는 없는 것 같습니다.

●問解問長子無後而死不立後次子死而有子又季子生存則誰當奉祀耶答次子之子當奉祀
●尤庵曰兄亡弟及禮之大節目也長子旣死無後則宗移次子而次子之子爲宗子矣正程子所
謂旁枝達爲直榦者也禮家所謂傳重非正體者也季子何敢自謂於序爲體而折其已直之榦奪
其已傳之重乎千不是萬不是

▶1053◀◆問; 차례 절차가 궁금합니다.

차례(茶禮)의 절차(節次)와 제례(祭禮)의 절차(節次)가 다릅니까? 제가 찾은 자료에
서는 먼저, 차례절차(茶禮節次)를 보면,

1. 분향재배 / 2. 강신재배 / 3. 참신 / 4. 초헌 / 5. 계반삽시 / 6. 독축 / 7. 아헌 /
8. 종헌 / 9. 유식 / 10. 합문 / 11. 계문 / 12. 헌다 / 13. 철시복반 / 14. 사신 / 15.
철상 / 16. 음복 순서로 나와 있습니다.

그냥 제례 절차는,
1. 제수진설 / 2. 신위봉안 / 3. 참신 / 4. 강신 / 5. 헌작 / 6. 독축 / 7. 삽시 / 8. 합
문 / 9. 계문 / 10. 헌다 / 11. 철시복반 / 12. 사신 / 13. 신위봉환 / 14. 음복 순서
입니다.

여기서 보면 차례절차는 삽시(揷匙 후 독축(讀祝)인데 그냥 제례절차는 독축 후 삽
시라고 되어 있습니다. 어떤 것이 맞는 순서인가요? 정확한 절차를 알려주시면 감
사하겠습니다.

◆答; 절사(節祀) 지내는 법.

절사(節祀) 지내는 법(法)은 아래와 같습니다.

◆지방(紙榜) 설 참사예법(節祀同).

○하루 전날부터 재계(齋戒)를 하고 잔다.○이날 아침 일찍 일어나 제청(祭廳)을 청소
한 뒤 신위의 자리를 설위(設位)하고 제사 기구를 진열한다.○진설(陳設)○주인 이하
성복(成服)○서립(序立)○지방(紙榜)을 교의(交倚)에 세운다.○강신례(降神禮)○참신례
(參神禮)○헌주례(獻酒禮)○사신례(辭神禮)○지방을 거둔다. (지방을 불 사른다)○철상
(徹床)

▶1054◀◆問; 차례 합설에 대한 문의.

안녕하세요. 차례(茶禮) 합설에 대한 문의 드립니다. 차례 시에 증조, 조부, 아버지
를 모시는데 합설을 할 때, 함께 할 수 없는 메, 갱은 따로 하고 나머지는 전부 (어,
육, 과일 등등) 함께 해도 되는지요?

◆答; 차례는 합설.

속절례(俗節禮)는 사당(祠堂) 행례(行禮)가 됩니다. 요즘은 거의 문중(門中)에서 사
당(祠堂)이 없어 명절(名節) 때 마다 정침(正寢)에 설위(設位)하고 신주(神主) 대용
으로 지방(紙榜)을 써 세우고 지내고 있는 실정이라 진설에서 혼동을 일으킬 수도
있을 것입니다.

명절 제사는 사당(祠堂)에서 행하는 예로서 매감 일탁(一卓) 고비 합설(合設)이니
아래와 같이 가례(家禮)에서는 매감 신과(新果) 일대반(一大盤)과 잔반(盞盤)은 각설
이다. 하였고,

율곡 말씀에 포과병(脯果餅)과 찬 수품이라 하셨으니 기제 진설 법도를 따른다 하
여 어그러졌다 할 수는 없을 것입니다. 따라서 참례(參禮) 진설(陳設)에서는 대마다
고비(考妣) 합설(合設)하되 적어도 잔반시초갱(盞飯匙醋羹)만은 별설(別設) 되어야

할 것입니다.

●家禮參章設饌條厥明夙興開門軸簾每龕設新果一大盤於卓上每位盞盤各一於神主櫝前
●栗谷曰參禮饌品脯果隨宜或設餠亦可若正朝冬至則別設饌數品

23 기제(忌祭)(附外孫奉祀)

▶1055◀◈問; 가내에 우환 있을 시 제사 여부.

모친이 중병으로 투병 중인데 차례나 기제를 지내야 하는지.

◈答; 가내(家內)에 우환 있을 시.

아래와 같이 살펴보건대 집안에 우환(憂患)이 있다고 제사(祭祀)를 폐(廢)할 수는 없습니다. 다만 제수(祭需) 장만을 대행(代行)할 부녀자(婦女子)가 없으면 그가 기(氣)를 회복(回復)하기 전은 제사(祭祀)를 폐(廢)할 수 밖에는 다른 선택의 여지가 없을 것입니다.

●頤菴曰父母憂患則必聚族而謀之此愚智之所同知也然則兄有病患當先告祠堂以求先祖之陰佑而徒事乎非鬼何耶嗚乎報本追遠人道之大者也災厄之來未必非廢祭之因而顧不知悔罪致誠修祀惟憑巫覡回天命災愈集而惑愈甚終至於身殞而家敗尤可哀也
●陶庵曰俗忌廢祭固爲無識而家內痘疫或解娩恐不精潔治祭具於他舍而行之爲得否
●南溪曰只一婦有産他無代行者則其勢只得姑廢而已

▶1056◀◈問; 가모(嫁母) 출모 제사 지내야 하는가.

아버지가 죽어 개가(改嫁)를 하였거니 쫓겨난 어머니의 제사(祭祀)를 어떻게 하여야 하나요.

◈答; 가모(嫁母) 출모(出母) 제사.

가모(嫁母; 父死後改嫁者)나 출모(出母; 父生前出妻者)의 상(喪)을 당하면 자최삼년(齊衰三年)에서 장기(杖期)로 감하여 입게 되고, 가모(嫁母)나 출처(出妻)는 내 사당(祠堂)에 그 신주(神主)가 들어 올 수 없으니 제사(祭祀)를 지내지는 않으나 본가(本家)의 그의 자손들은 그 집 사당(祠堂)으로 가 절을 하고, 만약 거리가 멀면 설위(設位)하고 망배(望拜)할 수 있다는 것입니다.

법도(法度)가 이러하니 설령 부친(父親) 사후(死後) 모친(母親)이 바람이 나 쫓겨나거나 개가(改嫁)를 하였다는 이유(理由)만으로 모자(母子)의 연(緣)까지 끊어진다 할 수는 없을 것입니다.

●家禮喪禮成服杖期條其降服則爲嫁母出母也
●朱子曰出妻入廟決然不可爲子孫者只合歲時就其家之廟拜之若相去遠則設位望拜可也

▶1057◀◈問; 간지삭(干支朔)에 대하여.

다음과 같은

"○○○○년세차간지(年歲次干支) ○월간지삭(月干支朔) ○일간지(日干支)" 축문(祝文) 서식(書式) 중에서, 예를 들면 2005 년 3 월 21 일 즉, 음력 2 월 12 일의 경우 "~을유이월계사삭십이일갑진(乙酉二月癸巳朔十二日甲辰)"이 됩니다만, 저의 생각으로는 "~을유이월기묘십이일갑진(乙酉二月己卯十二日甲辰)~" 이와 같이 월간지를 사용하면 안 될까요? 2 월 초하루 간지가 아닌 2 월 월간지를 말합니다. 왜 초하루 간지를 사용해야 할까요? 가르쳐주세요. 부탁 올립니다.

◈答; 초하루 일진을 쓰는 이유.

퇴계(退溪) 선유(先儒)께서 하신 말씀이 옛날 사람들은 초하루 일진(日辰)을 중히 여긴 것은 초하루 일진(日辰)이 틀리면 다음날 일진(日辰)이 모두 어그러지는 까닭에 반드시 써야 한다 라 말씀하셨을 뿐만 아니라 간지삭(干支朔)을 기입(記入)하는 것은 축문(祝文)의 법식인 까닭에 필히 써야 격식(格式)에 합당(合當)한 것입니다.

●書·武成維十月壬辰旁死魄越翌日癸巳註先記壬辰旁死魄然後言癸巳猶後世言某日必先言某朔
●退溪曰古人重朔朔差則日皆差故必表出而書之耳

▶1058◀◆問; 간지 일을 가지고 일자를 알 수가 없을까요.

복잡한 질문(質問)을 드려 정말 죄송스럽습니다. 1228 년[무자년]11 월 신묘(辛卯) 일이면 날자는 알 수 없는지 궁금합니다.

◆答; 간지 일을 가지고 일자를 알 수 있다.

역(曆)이란 나라에 따라 시대에 따라 연호(年號)는 다를지언정 일자(日字)와 절후(節候)가 다를 수 없습니다. 따라서 고려사(高麗史)로 헤아려 본 것이나 한국연력대전(韓國年曆大典; 서기 1~2000. 영남대학교출판부(嶺南大學校出版部). 한보식(韓甫植) 편저(編著). 연도별(年度別) 월별 음양일(陰陽日) 요일(曜日) 간지(干支) 단순기록(單純記錄)에서 발췌(拔萃)한 것이나 다를 수가 없는 것입니다. 더욱 [무자(戊子)(1228)년 음(陰)11 월 21 은 신묘일(辛卯日)]은 여러 만세력(萬歲曆)으로 확인하여도 오류(誤謬)가 아님이 확인이 됩니다. 만약 상이(相異)하다면 어느 하나의 역서(曆書)는 오류(誤謬)입니다.

아래와 같이 살펴보아 일자(日字)를 계산할 수도 있습니다. 천세력(千歲曆)이나 만세력(萬歲曆)은 일자 계산 과정에서 오류(誤謬)가 있을 개연성(蓋然性)이 있습니다. 따라서 아래와 같이 살펴보아 일자를 계산할 수도 있습니다. 1228 년 11 월 신묘일(辛卯日)은 21 일이 됩니다.

아래와 같이 살펴보건대 인터넷상의 [진짜 萬歲曆]이 980 년 윤 4 월이 小月(29)이었고 [연력대전(年歷大典)]은 大月(30)로 [진짜 萬歲曆]이 1 일이 늦어 22 일이 신묘(辛卯)일로 계속 늦어지다,

1252 년 正月이 [진짜 萬歲曆] 대월(30)이 되고 [年歷大典] 소월(29)이 되어 이때부터 다시 정상으로 환원 동일하여 집니다. 이와 같이 살펴보건대 [1228 년 11 월 辛卯日]은 21 일이 옳을 것 같습니다. [한국연력대전(韓國年歷大典)] 역시 오류(誤謬)가 있습니다.

●高麗景宗五年庚辰(980)閏四月[진짜萬歲曆小] [年歷大典大]
●高麗高宗三十九年壬子(1252)正月[진짜萬歲曆大] [年歷大典小]
●高麗史高宗篇戊子十五年(1228)十一月(辛未朔)地震

▶1059◀◆問; '감소고우' 뜻.

매번 세세한 답변에 감사 드립니다. 인터넷 등에서 축문 중 '감소고우(敢昭告于)'의 뜻을 검색해 보면 감히 밝게(혀) 고합니다' 라는 뜻으로 설명하고 있습니다. 그런데 왠지 어색합니다. 감히 밝게 고한다'는 뜻이 무슨 말인지 언뜻 이해가 되지 않습니다.

옥편(인터넷)을 뒤적이다 보니 '昭'자가 '신주치레'라는 뜻도 있었습니다. 그렇다면 감소고우를 감히 신주를 차려 놓고 고합니다' 라고 해석해도 되는 것 아닌가 생각

이 들었습니다.

짧은 생각이지만 '감히 밝게 고한다'는 말 보다는 훨씬 그럴싸한 설명이라 생각됩니다. '소(昭)'자를 '신주치레'로 해석해도 되는지가 궁금해 여쭙니다. 국어사전에 '신주치레'는 '높은 벼슬 이름이 쓰인 신주를 특별히 융숭하게 모시는 일'로 나와 있습니다.

◆答; '감소고우' 뜻.

소(昭)자에는 사당차례(祠堂次例)라는 의미가 있는데 그 뜻은 좌소우목(左昭右穆)의 사당질서(祠堂秩序)를 말함인 것 같습니다.

축문(祝文)의 감소고우(敢昭告于)의 소(昭)의 의미는 [밝히다(明也)]. 분명히 하다. 드러내 보이다. 덕음(德音) 등의 의미인 [밝히다]로 번역(飜譯)되고 있습니다.

●周禮春官宗伯禮官之職小宗伯;辨廟祧之昭穆(註)祧遷主所藏之廟自始祖之後父曰昭子曰穆
●資治通鑑唐順宗永貞元年;高宗在三昭三穆之外請遷主于西夾室
●春秋左傳定公四年;以昭周公之明德(杜注)昭顯也
●詩經正解魯頌泮水章;其馬蹻蹻其音昭昭(註)其崇儒重道之德音則昭昭而明矣

▶1060◀◆問; 감소고우.

"효자 아무개가 질병(또는 원행 등)으로 제사를 모실 수 없음으로 아무개를 시켜 감히 밝히어 고합니다"감소고우시 이 내용을 한자로 어떻게 표현하는지, 답변 부탁드립니다.

◆答; 섭주고식(攝主告式).

운운 효손모 유질병 개자모 대행천례 감소고우 운운(云云孝孫某有疾病介子某代行薦禮敢昭告于云云).

病時: 孝子某因病不能將事使某親某(或有疾病介子某代行)敢昭告于(云云)
幼時: 孝子某幼不將事屬某親某敢(或孝子某未幼奉事弟某攝事)昭告于(云云)
遠在時: 孝子某身在遠地不能將事使某親某敢昭告于(云云)
越境時: 孝子某身在他國不能將事使某親某敢昭告于(云云)
老衰時: 孝子某衰耗不堪事使子某敢昭告于(云云)

●逐菴曰宗子有疾病不得參祭則祝辭改曰孝孫某有疾病介子某代行薦禮敢昭告于云云

▶1061◀◆問; 감소고우의 음(音)에 대하여.

감소고우(敢昭告于)를 어느 가문(家門)에서는 감조고우, 혹은 감소곡우라 독축 하는데 어떻게 읽어야 바른 것입니까?

◆答; 감소고우(敢昭告于)의 바른 독음(讀音).

昭[운회(韻會) 음초(音招) 박아(博雅) 명야(明也)]; 명야(明也). 밝히다(거짓 없고 순수하게)告[정운正韻]음고(音誥)(광운廣韻)보야고상왈고발하왈고(報也告上曰告發下曰誥)]; 상보(上報). 아뢰다.

●書經集傳商書湯誥;不敢赦敢用玄牡敢昭告于上天神后
●輯覽通禮祠堂有事則告;敢昭告註(士虞禮註)敢昧冒之辭昭(韻會)明也
●史記孟嘗君列傳;使人至境候秦使秦使車適入齊境使還馳告之
●丁晉公談錄;今大禮已畢輒有二事上告陛下
●論語憲問;以吾從大夫之後不敢不告也(辭源)上報

▶1062◀◆問; 감소고우(敢昭告于) 읽기.

또 여쭈어 봅니다. 축을 읽을 때 두 가지 의견이 있어 여쭈어 봅니다.

1. 敢昭告于를 [감소고우]로 읽는다.

2. 敢昭告于는 조상께 고하는 것이니 [감소곡우]로 읽어야 한다. [출필곡 반필면]에 도 [곡]으로 읽기 때문이다.

[문의] 敢昭告于를 [감소고우]로 읽어야 하는지, [감소곡우]로 읽어야 하는지 알고 싶습니다. 죄송합니다.

◆答; 감소고우(敢昭告于).

출필곡(出必告; 音梏; 뵙고 아룀)에는 음(音)을 곡(梏)으로 예시되어 있으나, 축식(祝 式)에는 고축(古祝)은 물론 근대(近代) 축식 어디에서도 음곡곡(音梏谷) 등으로 표시 됨이 없으니 곡으로 발음할 까닭이 없습니다.

다만 소고우(昭告于)의 고(告)를 "집운음고(集韻音誥)" 집운(集韻)의 가르침 대로 발 음(發音)한다 하여도 "상보(上報); 아뢰다" 라는 의미가 되니 경(輕)하다 할 수는 없 을 것입니다.

특히 [광운(廣韻)]에서 "고상왈고발하왈고(告上曰告發下曰誥)"라 하였으니 축식(祝 式)에서 소고우(昭告于)로 발음하여도 법도에 어그러짐이 아닙니다.

●祭竹林神文;京兆尹秉御史大夫韓愈謹以酒脯之奠再拜稽首告于竹林之神
●漢書金縢;爲壇於南方北面周公立焉植璧秉珪乃告大王王季文王孔傳告謂祝辭
●史記孟嘗君列傳;齊王使人至境候秦使秦使車適入齊境使還馳告之
●丁晉公談錄;今大禮已畢輒有二事上告陛下
●康熙字典丑集上口部[告] [集韻]音誥 [廣韻]報也告上曰告發下曰誥○按梏谷二字音 切各異各韻書告字俱音梏
●五禮儀序例祝版敢昭告于細註名山大川城隍七祀則稱致告于
●便覽忌祭祝式敢昭告于細註妻去敢字弟以下但云告于
●曲禮夫爲人子者出必告(禮記集說大全; 梏)反必面
●書經集傳金縢傳爲壇於南方北面周公立焉植璧秉珪乃告大王王季文王(註)必禱於宗廟 用之禮如此(孔傳)告謂祝辭(漢詞)音gao

▶1063◀◆問; '감소고우' 다시 한 번.

'유세차계사칠월을사삭칠일신해(維歲次癸巳七月乙巳朔七日辛亥) 효자(孝子)00 감소 고우(敢昭告于)'를 한글로 번역하면 '2013(계사)년 7 월 7 일 효자 00 는(가) 감히 밝게(밝혀)고합니다' 가 될 것입니다. 뭘 밝힌다는 것인지 이해가 되지 않습니다. 뜬 금 없다는 생각이 들게 합니다.

앞 선 질문에서 말씀 드린 바와 같이 '昭'자를 '신주치레'로 해석한다면 '2013(계사) 년 7 월 7 일 효자 00 는(가) 감히 신주를 모시고 고합니다'로 해석할 수 있을 것입 니다.

이미 말씀 드린 바와 같이 '소(昭)'자는 '신주치레(神主--)'라는 뜻도 있으며, (신주 치레: [명사] 높은 벼슬 이름이 쓰인 신주를 특별히 모심.) '목(穆)'자는 사당치레(祠 堂)라는 뜻도 있다고 합니다. (사당치레: [명사] 1. 사당을 보기 좋게 꾸미는 일) 제가 반복해 질문을 드리는 건, '감소고우'를 '감히 밝게 고합니다' 라고 하는 설명 (해석)이 매끄럽지 못하고 어색하다는 생각이 끊이지 않았습니다.

자꾸 생각하다 보니 어렸을 때 제사를 지내려면 신주를 모셔다 놓고 지내던 모습이 떠올랐습니다. 이에 있는 사실(신주를 모시고 고하는 일)을 있는 대로 번역(설명) 해보니 보다 사실적인 상황이 부드럽게 설명된다고 생각되기 때문입니다. 제 짧은 생각을 길게 설명 드렸습니다.

◆答; '감소고우'

강희자전(康熙字典) 소(昭)의 의미에 신주(神主)치레라는 뜻이 포함(包含)되어 있지 않습니다. 옥편(玉篇)에 신주(神主)치레 라는 의미가 있다면 그에 대한 전거(典據)가 붙어 있을 것입니다. 확인(確認)하시기 바랍니다.

소고(昭告; 明白地告知)를 명백(明白)하게 알리다. 분명하게 알리다. 정도로 번역(飜譯)이 되는데, 축식에서 소고(昭告)는 밝혀 아뢰다. 로 번역하는 것은 집람(輯覽)에서 "소명야(昭明也)" 라 하여 그를 따라 번역가들이 이 대목에서는 거의 밝다(밝혀). 로 번역하고 있습니다. 따라서 밝혀로 번역하여도 명백(明白)과 의미가 상통합니다.

●左傳成公十三年夏四月昭告昊天上帝秦三公楚三王
●書經集傳湯誥;小子將天命明威不敢赦敢用玄牡敢昭告于上天神后
●因話錄卷一郭子儀謹遣上都進奏院官傳濤敢昭告於貞懿皇后行宮
●輯覽祠堂有事則告註祝版;敢昭告(士虞禮註)[敢]昧冒之辭[昭](韻會)明也

▶1064◀◆問; 감(敢)의 뜻은요.

큰 집에 제사를 지내러 가면 제사 도중에 축을 읽는데 전부도 이해가 가지 않지만 누구 감소고우(敢昭告于)에서 감(敢)자가 쉬울 것 같으면서도 썩 무슨 말인지 제대로 이해가 가지 않아서 질문 같지 않은 질문 드립니다. 무슨 뜻 입니까?

◆答; 감(敢)의 뜻.

아래와 같이 살펴보건대 감소고우(敢昭告于)에 쓰인 감(敢)자의 뜻은 모매(冒昧)인데, 모매(冒昧)의 의미는 경솔(輕率). 아는 것도 없으면서 외람되게 행동한다. 라는 것입니다. 흔히 자기에 대한 겸사(謙辭)로 쓰입니다. 주로 번역에서 "감히 밝혀 고하나이다"로 풀어 놓습니다.

●家禮輯解有事則告條; [某官某敢]鄭氏曰敢者冒昧之辭○賈氏曰凡言敢者皆是以卑觸尊不自明之意故云冒昧之辭
●後漢書李云傳; 告敢觸龍鱗冒昧以請
●晉書滕修傳; 不勝愚情冒昧聞訴
●明史楊恂傳使大臣淸節素孚彼安敢冒昧如此
●辭源[冒昧]輕率魯莽

▶1065◀◆問; 강신 삼제우모상(三祭于茅上)에 대하여.

일반적으로 분향(焚香) 다음 강신(降神) 잔은 신위 두분 병설(倂設) 시(時)도 한잔만 따라서 삼제우지(三祭于地) 하는데 어느 집안에서는 신위(神位) 수가(考 한 분 妣 두분) 세분이면 3 잔의 강신 잔을 따라서 모사에 지우는 것을 보았는데 신위가 세분이라도 강신 잔은 한번만 하는 것이 맞지 않는지요.

◆答; 강신은 1 회임.

합제(合祭)에서 여러 위(位)라 하여도 강신(降神)은 1 회뿐입니다.

●家禮四時祭陳器條本註設酒架於東階上別置卓子於其東設酒注一酹酒盞一盤一(云云)於其上

●便覽四時祭降神條本註云云主人左手執盤右手執盞灌(朱子曰盡傾)于茅上以盞盤授執
事者(陶庵註執事者反注及盞盤於故處先降復位)俛伏興再拜降復位

▶1066◀◆問; 강신례에서 조상신은 누구를?

기제사시 강신례란 하늘과 땅에 계실지 모르는 조상신의 혼백을 청함이라 하는데
여기에서 조상신은 기제당일에 해당되시는 조상님 한 분만을 말함이신지 (합설인
경우 두분) 아니면, 다른 조상님 모두를 포함인지, 아니면 천신이나 지신을 말함인
지 저로서는 궁금합니다, 고견을 바랍니다.

◆答; 강신례에서 조상신은 누구.

예를 들어 기제(忌祭)를 지낼 때 강신(분향 뇌주)하는 이유는 교특생(郊特牲)의 말
씀과 같이 그 조상의 혼기는 하늘로 올라가고 체백(體魄)은 땅으로 돌아간 까닭에
음(地)과 양(天)에서 모시는데 서의(書儀)의 가르침과 같이 울창(鬱蒼)의 향기(香氣)
를 땅에 부어 그 기(氣)가 연천(淵泉)에 도달케 하고, 분향하여 그 향연(香煙)이 혼
기(魂氣)가 장옥지간(공중)으로 퍼지게 하여 널리 그 신을 모시는 예로서 제사(祭
祀)의 대상이 되는 조상(祖上)입니다.

단설(單設)이면 한 분이 되고 병설(竝設)이면 고비(考妣) 두 분뿐으로 그 외 다른
조상(祖上)이나 천지신(天地神)은 해당되지 않습니다.

●郊特牲魂氣歸于天形魄歸于地故祭求諸陰陽之義也
●書儀古之祭者不知神之所在故灌用鬱鬯臭陰達于淵泉蕭合黍稷臭陽達于牆屋(郊特牲註
牆屋之間)所以廣求其神也今此禮旣難行於士民之家故但焚香酹酒以代之

▶1067◀◆問; 강신(降神) 잔반은 어느 것으로 하고 어디에 두나.

강신 때 잔반은 위전의 잔반으로 하는지 아니면 강신용 잔반이 따로 있는지요.

◆答; 강신(降神) 잔반.

강신 때 뇌주(酹酒) 잔반(盞盤)은 위전의 잔으로 하는 것이 아니라, 진기(器) 때 향
안(香案) 동쪽으로 탁자를 놓고 그 위에 주전자와 뇌주(酹酒) 잔반 하나를 놓아 두
었던 그 잔반으로 행하게 되고, 뇌주 후 빈잔은 그 자리에 다시 놓아 둡니다.

●性理大全時祭陳器條設香案於堂中別置卓子於其東設酒注一酹酒盞一盤一受胙盤一匕
一巾一(云云)○又降神條執事者一人開酒取巾拭瓶口實酒于注一人取卓子上盤盞(云云)灌
于茅上以盤盞授執事者(便覽執事者反盞盤於卓子上復位)

▶1068◀◆問; 강신할 때 사용하는 잔은?

저희 집의 경우 제상에 신위 별로 잔반을 올려놨다 강신 차례가 되면 그 잔을 내려
강신을 하고 있습니다. 따라서 고비 합설이니 모사기에 술을 기울이는 뇌주(강신)도
차례로 두 번(잔)합니다. 그런데 책을 보다 분명하게 이해되지 않는 게 있어서 여쭙
니다.

'강신'을 할 때 사용하는 잔반은 고비 위에 헌작할 때 사용하는 잔과 같은 것인지,
아니면 별도의 잔을 사용하는 것인지가 궁금합니다. 만약 별도의 잔반을 사용하는
것이라고 하면 고비 합설일 경우 뇌주는 한 잔(한 번)인지 아니면 두 잔인지도 궁
금합니다. 어떤 질문도 거르지 않고 해주시는 답에 감사 드립니다.

◆答; 강신용 잔반.

제사(祭祀) 예법은 가례(家禮) 사시제(四時祭) 예법이 근본이 됩니다. 사시제(四時祭)는 정침(正寢)에 고비(考妣)로부터 고조고비(高祖考妣)까지 사대(四代) 팔위(八位)를 설위하고 시절(時節)마다 지내는 제사(祭祀)로서 그 때 강신(降神)은 한번을 하게 되는데 강신(降神) 잔반(盞盤)은 위전(位前)의 잔을 내려 하는 것이 아니라 강신 잔반을 별도(別途)로 다른 탁자(卓子) 위에 두고 그로 하게 됩니다.

●家禮四時祭陳器條本註設酒架於東階上別置卓子於其東設酒注一酌酒盞一盤一(云云)於其上

●便覽四時祭降神條本註云云主人左手執盤右手執盞灌(朱子曰盡傾)于茅上以盞盤授執事者(陶庵註執事者反注及盞盤於故處先降復位)俛伏興再拜降復位

▶1069◀◆問; 강신축과 수조축.

수고가 많으십니다. 사당에서 제사를 모실 때,

[문 1] 강신축을 알고 싶습니다. (다른 성씨가 할 경우와 같은 성씨가 할 경우 2 가지).

[문 2] 수조축(음복축)을 알고 싶습니다. (다른 성씨가 할 경우와 같은 성씨가 할 경우 2 가지).

[문 3] 초헌 등을 할 때, 헌관이 서서 잔을 받드는지, 앉아서 받드는지 궁금합니다. 집사자도 같이 서서 하는지, 앉아서 하는지요?

[문 4] 상석 앞면에 "처사(處士)○○ ○공지묘(公之墓)"이라고 쓰여진 것을 많이 보았습니다. 그런데 처사(處士) 자리에 호(號)를 써도 되는지요? 대단히 죄송합니다.

◆答; 강신축과 수조축.

[문 1]. [답]; 강신 축은 초조제(初祖祭)와 선조제(先祖祭)에서 채택되었을 뿐 어느 제(祭; 四時祭, 節祀, 忌祭, 墓祭, 喪祭 등)에서도 채택(採擇)되지 않았으며, 특히 강신(降神)은 주인(主人)의 예로 특수한 경우 섭행(攝行)이 아니고는 타인(他人)이 행(行)할 수 없습니다.

시조 강신축; 孝孫某今以冬至有事于始祖考始祖妣敢請尊靈降居神位恭伸奠獻

[문 2]. [답]; 수조(受胙)는 기제(忌祭) 묘제(墓祭) 상제(喪祭) 절사(節祀) 등에는 없는 예로 사시제(四時祭)를 비롯 시(始), 선(先), 니제(禰祭)에서 계문(啓門) 다음에 행하며 주인(主人)이 이르게 됩니다.

[문 3]. [답]; 가례(家禮)의 초헌례(初獻禮) 때 주인과 집사(執事)들은 모두 서서 잔을 올리나 본인은 의절(儀節) 초헌(初獻) 예법을 딸아(본인 찬집 家禮抄解 祝辭大全 同) 주인 집사 모두 무릎을 꿇고 짐주(斟酒) 헌주(獻酒) 제주(祭酒) 헌주(獻酒)의 예를 행하고 있습니다.

[문 4]. [답]; 상석(床石) 전면의 각서(刻書)는 표석식(表石式)을 따라 각서(刻書)합니다. 따라서 그 식은 "모관모공지묘(某官某公之墓)" 처사(處士)란 벼슬할 능력(能力)은 있으면서 벼슬자리로 나아가지 않고 집에 있는 선비라는 의미로 무관자(無官者)라 함의 칭호인데 모관(某官)의 자리에 호(號)를 쓸 수는 없는 것입니다.

嘏辭式;   祖考命工祝承致多福于汝孝孫來汝孝孫使汝受祿于天宜稼于田眉壽永年勿替引之

●家禮祭禮初祖降神參神條主人盥升奉脂盤詣堂中爐前跪告曰孝孫某今以冬至有事于始祖考始祖妣敢請尊靈降居神位恭伸奠獻

●家禮四時祭受胙條主人曰祖考命工祝承致多福于汝孝孫來汝孝孫使汝受祿于天宜稼于

田眉壽永年勿替引之
●家禮四時祭初獻條主人奉高祖考盤盞位前東向立執事者西向斟酒于盞○忌祭初獻條如祭禰之儀
●家禮儀節時祭初獻條主人升執事者注酒于盞每位各一人捧盞從之○禰祭初獻條詣考妣神位前跪祭酒奠酒祭酒奠酒俯伏興平身○忌祭儀節並如祭禰
●家禮治葬刻誌石條蓋刻云某官某公之墓○立小石碑條立小碑刻其面如誌之蓋
●漢書異姓諸侯王表一秦旣稱帝患周之敗以爲起於處士橫議注處士謂不官於朝而居家者也

▶1070◀◈問; 같은 울타리 안에 기제사를 모시는 조상님과 기제사로 모시지 않는 조상님 있는 경우 묘제 질의 드립니다.
안녕하십니까? 선산에 증조, 고조, 5 대조 이상이 같이 모셔져 있습니다. 저희는 옛날부터 증조부까지만 기제사를 모셔왔습니다. 그 동안 저희가 사정이 여의치 않아 기제사를 지내지 않는 선조님들께 묘제를 따로 하지 못하였습니다. 만약 기제사를 지내지 않는 조상님(고조부모 이상)에게 묘제(墓祭)를 지내고자 한다면,

問 1. 처음 지내는 묘제인데 어떻게 축문을 아뢰어야 하는지? (4 대, 5 대, 6 대, 7 대조까지 있는데, 선산 아래 쪽 제단에서 축문을 한 장으로 하여도 되는지요? 한다면 어떻게? 아니면 각각의 묘소 앞에서 각각 하여야 하는지요? 각각 한다면 어떻게?)

問 2. 묘제 시 같은 울타리 안에 현재 기제사를 지내는 증조부모님 까지는 어떻게 예를 갖추어야 되는지요? 축문은 하지 않더라도 음식 등은 하여야 하는지 아니면, 별도의 음식 없이 묘소 앞에서 절만 하면 되는지 등.

◈答; 같은 울타리 안에 기제사를 모시는 조상님과 기제사 모시지 않는 조상님 있는 경우 묘제.
問 1 答; 묘제(墓祭)에는 친진묘제(親盡墓祭)와 친미진묘제(親未盡墓祭)가 있습니다. 주로 친진(오대조 이상)묘제(墓祭)는 음력 10 월 1 일이 되고 친미진묘제는 음력 3 월 상순(上旬)에 날을 택(擇)하여 지냅니다.

제단(祭壇)에서의 행함은 선대(先代)를 실전(失傳)하였거나 행할 선대 묘(墓)가 많아 하루에 행하기 어려울 때 정례(正禮)는 아니나 불가피하게 행하는 것입니다. 4 위에 불과하니 윗대부터 지내 내려옴이 옳을 것 같습니다. 혹 재사나 단제로 행할 때는 대(代) 마다 각설하고 축 역시 각식으로 사시제 예법이 의하여 행하게 됩니다.

●問墓祭或墓非一二多至八九東西埋葬邱壠峻險南往北來神倦身疲恐有怠慢之氣(云云)或厥日有終朝之雨則亦將何以爲之欲預搆一屋於墓側而若遇如此之時依時祭之儀合祭一所如何退溪曰豈不善哉

묘제 예법은 대체로 아래와 같습니다.

○삼월 상순의 날로 택일을 하고 하루 전에 재계(齋戒)한다.
○제수품을 갖춘다.○그 다음날 날이 밝으면 깨끗이 청소를 한다.○자리를 펴고 제수를 진설한다.○참신 강신 초헌례

○墓祭祝文式
維 歲次干支幾月干支朔幾日干支某親(考妣云孝子祖考妣云孝孫曾祖考妣云孝曾孫高祖考妣云孝玄孫親盡祖考妣云幾代孫妻云夫旁親卑幼則隨屬稱某官某弟以下不名)敢昭告于
(妻去敢字弟以下但云)告于 顯某親某官府君(或顯某親某封某氏合窆位則列書妻云亡室卑幼改顯爲亡去府君二字)

之墓氣序流易雨露旣濡(寒食云云歲時改此句爲歲律旣更端午云時物暢茂秋夕云白露旣降十月朔云霜露旣降)瞻掃 封塋不勝感慕(考妣改不勝感慕爲昊天罔極旁親爲不勝感愴妻弟以下云不勝哀戚)謹以(妻弟以下玆以)淸酌庶羞祗薦(旁親云薦此妻弟以下云陳此)歲事尙 饗

○아헌례 종헌례○사신 후 곧 철상 한다.

제후토(祭后土)
○마쳤으면 자리를 펴고 찬(饌)을 진설 하고 산신제를 지낸다.○강신 참신 초헌례 아헌례 삼헌례

○祭后土祝文式
維 歲次干支幾月干支朔幾日干支某官姓名敢昭告于 土地之神(家禮后土氏之神)某恭(妻弟以下去恭字)修歲事于某親某官府君(或某親某封某氏卑幼去府君二字同岡最尊者云)之墓維時保佑實賴 神休敢以酒饌敬伸奠獻尙 饗

○사신 재배 후 곧 철상하고 물러난다.

問 2. 答; 친진조(親盡祖)는 세일제(歲一祭)로 일년에 한번 묘(墓)에서 음력 10 월 1 일에 묘제(墓祭)를 지내고 친미진(親未盡) 조상(祖上)은 가제(家祭)로 모시는 조상(祖上)이라 기일을 비롯하여 명절(名節)에도 차려 올리며 묘(墓)에서는 음력 3 월 상순이니 만약 동강(同崗)에 친진묘(親盡墓)와 친미진(親未盡) 묘(墓)가 있을 때 해당 묘제(墓祭)는 정식으로 지내고 그 외의 묘(墓)는 무축 약설(略設) 일헌지례(一獻之禮)로 예를 갖추면 예에 어그러지지 않을 것입니다.

▶1071◀◆問; 개가(改嫁)한 할머니의 제사는 누가 지내야 하나요.
할아버님이 일찍 아버님을 여의셨는데요. 할아버님의 어머님이 다른 집으로 개가를 하셨다고 합니다. 이런 경우 할아버님의 어머님의 제사를 저희가 모셔야 하나요?

◆答; 출처(出處) 및 개가(改嫁)한 어머니는 제사하지 않습니다.
혹 그 집의 사당(祠堂)으로 가 절을 하거나 길이 멀면 위(位)를 차려 놓고 망배(望拜)를 하게 됩니다.

●朱子曰出妻入廟決然不可爲子孫者只合歲時就其家之廟拜之若相去遠則設位望拜可也○又曰嫁母者生不可入廟死不可以祔于廟
●喪服疏衰杖朞出妻之子爲母疏子無出母之義故係父而言出妻之子
●通典種毓爲父後以出母無主迎還輒自制服庾蔚之曰爲父後不服出母爲廢祭也母出而迎還是子之私情率情制服非禮意也

▶1072◀◆問; 개고기를 제사에 쓴다는 예서가 있는지?
안녕하세요? 제사음식과 관련된 내용입니다. 제사음식 중에서 개고기를 우리는 대체로 제상에 올리지 않는 것으로 알고 있습니다. 그런데 혹시라도 이와는 달리 제상에 개고기를 올려도 된다는 내용이 제시된 예서가 있는지요? 말씀을 기다립니다.

◆答; 개고기를 제사에 쓴다.
問; 答; 아래와 같이 살펴보건대 예기(禮記)를 비롯하여 주례(周禮)나 국어(國語)에도 언급(言及)이 되어 있습니다. 다만 동속(東俗; 우리나라의 習俗)으로 개고기를 제사(祭祀)에 사용하고 있지 않는다는 것입니다.

●曲禮凡祭宗廟之禮犬曰羹獻
●禮運合亨(烹)體其犬豕牛羊實其簠簋籩豆鉶羹

●周禮秋官小祭祀奉犬牲註奉猶進也
●國語國君有牛享大夫有羊饋士有豚犬之奠庶人有魚炙之薦
●尤庵曰禮記周禮古人祭祀用犬不但來書所引而已然東俗則不用未知其故從古用之可也
從俗不用亦可也
●遂庵曰古禮旣用犬則只當遵用習俗之難變非所可論

追言: 편람(便覽)에서 백성의 제사(祭祀)에 개고기를 올리지 않는 것에 대하여 결론
하기를 예서(禮書)에 사(士)의 생(牲)은 돈견(豚犬)이며 서인(庶人)은 무생(無牲)이
라 백성(百姓)의 제사에는 생(牲) 없이 서수(庶羞)뿐인 까닭에 축사(祝辭)에 역시 생
(牲)이라 하지 않고 서수(庶羞)라 이른다는 것입니다.

●便覽四時祭具饌諸具條按大夫以羊豕士以豚犬庶人無常牲見於禮書者有卵魚豚鴈鷄鵝
鴨今士夫之祭無牲只庶羞而已故祝辭亦皆不稱牲而稱庶羞

▶1073◀◆問; 거사 또는 처사에 대해 말씀해 주십시오.
가끔 묘비를 보면 거사 또는 처사 김해 김공 길동지묘 라고 되어 있는 것을 보고
거사 또는 처사가 무슨 말일까 하고 의문을 가졌지만 확실한 답을 듣지 못했으니
이에 대하여 소상히 하교해주시기바랍니다. 감사합니다.

◆答; 거사(居士)와 처사(處士)에 관하여.
아래와 같이 살펴보건대 처사(處士)에 관하여 주부자(朱夫子)께서는 과거(科擧)에 응
시(應試)하지 않은 자라 하셨고 집람(輯覽)에서는 보통신분의 무관자(無官者)라 하
였고 옥조(玉藻)를 살펴보면 거사(居士)는 처사(處士)와 같다 라 한 것 같습니다.

●朱子曰處士所爲未應擧者
●輯覽宋賜號林逋謂之處士蓋以別於常人之無官者
●問解無官而死者無他稱號勢不得已當書學生處士秀才各隨宜可也
●玉藻居士錦帶弟子縞帶註鄭氏曰居士道藝處士也

▶1074◀◆問; 거사(居士), 處士, 先生의 格.
안녕하십니까? 제번(除煩)하옵고 명정(銘旌)이나 비석(碑石)에 쓰인 칭호 중에서 거
사(居士), 처사(處士), 선생(先生) 간의 구분이랄까, 격(格)이랄까. 그런 것에 대하여
궁금합니다. 특히 제 주변에는 절에 다니는 사람도 많은데, 불교에서는 거사 처
사 별다른 고민 없이 부르는 것 같고, 근교 산에 다니다 보면 아주 남루하게 허물
어진 처사 묘소도 많이 눈에 뜨입니다.

제가 잘못 알고 있는지 모르겠으나, 제가 알기로는 생전의 행적(덕행)이 뛰어나고
그 지역사회에서 돋보였을 때 거사 칭호를 붙이고, 거사보다 위 단계가 처사이
며, 더 위 단계는 선생이라고 알고 있습니다. 즉 선생칭호는 함부로 붙일 수 없는
것이지요.

◆答; 거사(居士), 처사(處士), 선생(先生)의 격(格).
아래서와 같이 거사(居士)는 유교(儒敎) 불교(佛敎) 도교(道敎) 등에서 같이 사용하
고 있는 용어로서 처사(處士)는 거사(居士)와 동의(同意)이니 불교에서도 거사(居士)
와 같이 사용하고 있는 양자(兩者; 居士, 處士) 공히 재덕(才德)은 겸비(兼備)하고
있으나 벼슬을 하지 않고 은거(隱居)중인 선비를 이름이라 한다면, 학생은 생전(生
前)에 벼슬을 하지 못하고 죽은 사람이라 이를진대, 어감이나 느낌에서 거사(居士)
나 처사(處士)는 학생(學生) 보다는 상위개념(上位概念)으로 느끼게 됩니다.

居士; 처사(處士)와 동(同). (佛) 출가하지 않고 불도(佛道)를 닦는 사람. (道) 도교인 (道敎人)을 이름.

處士; 벼슬길에 나아가지 않고 은거(隱居) 중인 선비. 또는 아직 벼슬을 하지 않은 선비.

學生; (우리나라에서 지방(紙牓)이나 축문(祝文) 등에 쓰일 때의 의미)생전에 벼슬을 하지 못하고 죽은 사람.

●玉藻居士錦帶弟子縞帶註鄭氏曰居士道藝處士也
●孟子滕文公下;聖王不作諸侯放恣處士橫議楊朱墨翟之言盈天下
●後漢書方術傳論;李固朱穆等以爲處士純盜虛名無益於用故其所以然也
●儒林外史第二十回;老和尙說道;居士爾但放心說凶得吉爾若果有些山高水低這事都在我老僧身上
●花月痕第五回;老尼便向癡珠合掌道居士何來
●鐵圍山丛談卷四;政和以後道家者流始盛羽士因援江南故事林靈素等多賜號金門羽客道士居士者必錫以塗金銀牌上有天篆咸使佩之

▶1075◀◆問; 결혼 못한 동생의 제사는?

혼인을 못하고 죽어 정위로 오르지 못한 부위의 제사는?

◆答; 결혼 못한 동생의 제사.

성인(成人; 혼인)이 못된 아우는 부위(祔位)의 지위(地位)로 제사(祭祀)하게 되는데, 명절(名節)에는 조부(祖父)의 동쪽 벽 아래에서 서쪽을 향하여 설위(設位)하고, 수하 (手下)이니 직접 잔(盞)을 올리지 않고 마지막에 장자(長子)를 시켜 술을 딸아 올리게 하고, 수하자 기제 예법이 명문화되어 전하여 짐은 없으며 다만 편람 기제(忌祭) 축문식에도 아우 기제에 옳도록 고치라는 주문(註文)은 있을 뿐 그 외의 예법에 관하여서는 언급하심이 없으니 예법(禮法)은 일반 제사(祭祀)와 같게 하되 수하(手下)에게는 절을 하지 않습니다.

●便覽忌祭出主告辭式條顯某親某官府君(註)妻云亡室卑幼改顯爲亡去府君二字○祝文式條敢昭告于(註)妻去敢字弟以下但云告于○又諱日復臨(註)妻弟以下云亡日復至○又不勝感愴(註)妻弟以下當改感愴以佗語○又謹以(註)妻弟以下云玆以○又恭伸奠獻妻弟以下云伸此奠儀
●退溪曰妻當拜弟不當拜
●性理大全家禮二旁親之無後者以其班祔條若兄弟祔于祖
●備要四時祭設位條祔位皆於東序西向北上
●家禮通禮正至朔望則參斟酒條斟酒先正位次祔位次命長子斟諸祔位之卑者

▶1076◀◆問; 계모에 대한 예법은?

부친께서 이북에서 약관나이로 월남하시어 모친과 결혼하여 1 남 1 녀를 두었으나 상처를 하여서 재혼을 하여 1 남을 두셨습니다. 사정상, 모친제사는 제가 결혼하여 분가한 후부터 지내고 있으며, 부친께서 따로 이북에 계신 분들에 대한 제사는 지내지 않았었습니다.

얼마 전 새어머니께서 돌아가셨는데 산소(山所)를 생모 옆 (가운데는 부친자리로 비워두고)에 모셨는데 법도에 맞는 것인지, 앞으로의 제사(祭祀)는 어떻게 지내야 되는지 예법을 잘 모르는 저로서는 궁금하기만 합니다.

1: 저의 생모뿐 아니라 새어머니 제사도 장남인 제가 지내야 되는지, 아니면 남동

생이 지내야 되는지요.

2: 만약 따로 모시면 각각의 제사에 부친을 비롯한 식구들이 모두 참석하여야 되는
지요, 또 명절제사는 제 가 모두 다 지내는 것이 맞는지요.

3: 지금부터라도 명절제사에는 북에 계신 조상님에 대해서도 지내려고 하는데 가능
한지요.

4: 추후 부친 작고 시에는 세분의 합사는 가능한지.. 제사도 그때부터는 제가 모셔
야 되는지요.

◆答; 계모 제사 지내는 법.

1. 答; 장남(長男)이 계모(繼母)까지 상(喪)을 당하면 상주(喪主)가 되고 제사(祭祀)
에는 주인(主人)이 되어 초헌(初獻)을 합니다.

2. 答; 계모의 생자가 자기의 생모 제사를 지내지 않고 장자가 지내게 되니 그와
같은 문제가 발생하지 않습니다.

3. 答; 지금까지 지내지 않았다 하여도 북한(北韓)에 그 제사(祭祀)를 지낼 후손(後
孫)이 없다면 지내야 합니다.

4. 答; 만약 병제(竝祭)의 가문(家門)이면 부친 기일(忌日)에 원비(元妃)와 계비(繼
妃) 합설(合設)하여 축의 휘일부림(諱日復臨) 앞에 고기(考忌)이면 현고(顯考), 원비
(元妃) 기일(忌日)이면 현비모봉모씨(顯妣某封某氏) 계비(繼妃) 기일(忌日)이며 현비
모봉모씨(顯妣某封某氏)라 붙여 고(告)하면 기일(忌日) 구분(區分)이 됩니다.

●寒岡曰雖前室之子繼母若在則當只稱孤子而不可稱孤哀云蓋繼母在則是母在也若遽稱
孤哀則是不母繼母也於禮爲未安故也
●南溪曰繼室之於元妃與夫一體奉祀恐甚得禮所謂非族之祀豈指此類而言耶祝文稱謂禮
無明文不敢爲說
●問解續問父若有前後室則前後母神主同出耶只出考與所祭之主耶答並祭爲當前母忌日
同祭後母後母忌日同祭前母
●梅山曰前後妣死在同日當先元妣後繼妣若並祭則一擧合設兩祭出主告當曰今以顯妣某
封某氏顯妣某封某氏遠諱之辰敢請顯考某官府君顯妣某氏顯妣某氏神主云云忌祭祝遷易
下云顯妣某封某氏顯妣某封某氏諱日幷臨云云
●砥山曰考妣合祭而有前繼妣祝文則列書下曰歲序遷易下又當云前後妣共顯某親某封某
氏諱日復臨云云

▶1077◀◆問; 계반개(啓飯蓋)는 언제?

시중에 나도는 예법에 관한 책을 살펴보면 어떤 책에서는 계반개를 초헌 때 하고
어떤 책에서는 유식 때 계반개와 삽시정저를 같이 한다 합니다. 언제 하는 것이 맞
는 예법인지요. 가르침 주시기 바랍니다. 추위가 대단합니다. 건강 조심하십시오.

◆答; 계반개(啓飯蓋).

아래와 같이 살펴 보건대 초헌(初獻) 때 축관(祝官)이 헌주(獻酒) 후 계반개(啓飯蓋)
만 합니다.

●少牢饋食禮迎尸之前先爲陰厭; 祝酌奠遂命佐食啓會佐食啓會盖二以重設于敦南
●特牲饋食禮主人主婦及祝佐食陳設陰厭; 祝洗酌奠奠于鉶南遂命佐食啓會佐食啓會卻
于敦南出立于西南面
●士喪禮上朔月奠薦新; 敦啓會卻諸其南(註)會蓋也

▶1078◀◆問; 啓飯蓋는 언제 해야 하는지요?

기제(忌祭)의 절목(節目) 중 계반개(啓飯蓋)는 언제 해야 하는지요? 언급이 없으니 유식(侑食)에 하는 것으로 이해해도 되는지요? [저는 초헌(初獻) 후 독축(讀祝) 전에 하는 것으로 알고 있습니다]

◆答; 계반개(啓飯蓋)는.

초헌에서 합니다.

●備要按四時祭初獻條乃啓飯盖置其南各位同

▶1079◀◆問; 계반삽시는 언제?

안녕하십니까. 제사의 기본순서에 대해 문의 드립니다. 계반삽시를 초헌에 하는지 종헌 후에 하는지 궁금합니다. 의견들이 분분해서 문의합니다. 가문에 따라 다르다고 합니다만 정확히 알고 싶습니다.

◆答; 계반삽시는 언제.

○계반개(啓飯盖)는 초헌(初獻) 때 행하고,
○삽시(扱匙)는 유식(侑食)때 행하게 됩니다.

●朱子家禮初獻; (云云)兄弟之長一人奉之奠于高祖考妣前匙筯之南祝取版(云云)○侑食; 主婦升扱匙飯中西柄正筯
●喪禮備要初獻; (云云)兄弟之長一人奉之奠于高祖考妣前匙筯之南(乃啓飯盖置其南各位同)祝取版(云云

▶1080◀◆問; 告利成과 受胙'와 '餕에 대하여?

問; 1. 어릴 때 제사 지낼 때 두 사람이 하는 것을 보았습니다만 기제사에 고리성이 없다면 어느 제사 어느 단계에 있습니까?
問; 2. 시제라면 어느 제사를 말합니까? 그럼 기제에서는 '음복(飮福)'을 철기구 한 다음에 합니까?
問; 3. '수조(受胙)'와 '준(餕)'은 다르다면 어떻게 다른지요.

◆答; 고리성(告利成)과 수조(受胙)'와 '준(餕).

問; 1) 答; 고리성(告利成)의 예는 우제(虞祭)로부터 상제(喪祭) 전부(全部)와 길사(吉事)인 사시제(四時祭)를 비롯하여 기제(忌祭)에 이르기까지이며 묘제(墓祭)는 없습니다. 사신(辭神) 전(前)의 예입니다.

●家禮初虞祭啓門辭神條祝立于主人之右西向告利成○又四時祭受胙條主人執笏府伏興立於東階上西向祝立於西階上東向告利成○又禰祭受胙辭神條並如時祭之儀○又忌祭啓門條並如禰祭之儀

問; 2-1)　答; 시제(時祭)라 이르면 사시제(四時祭)를 이름인데 우리나라에서는 음력 10 월 1 일 친진묘제(親盡墓祭; 세일제)를 시제(時祭) 또는 시향(時享), 시사(時祀) 등으로 일러지고 있지요.

問;　2-2) 答; 기제(忌祭)에서는 음복(受胙)의 예(禮)가 없습니다. 까닭은 기제(忌祭)란 상(喪)의 연속(連屬)이기 때문입니다.

●家禮啓門條禰祭之儀但不受胙

問; 3) 答; 수조는 음복의 예이고, 준은 제사음식을 나눠 食飮하는 예입니다.

▶1081◀◆問; 고비 같은 날 작고하셨는데 축식을 어떻게 쓰나.

작년에 사고로 부모님이 함께 돌아가신 후 1 주기가 돌아옵니다. 이 경우 홈페이지 제례 축문의 주(12) 부분인 누구의 기제사인지 밝히는 부분에서 애매합니다. 두분 다 (현고, 현비) 같이 쓰는 게 맞는지요? 부탁 드립니다.

◆答; 고비기제 동일 축식.

부모의 기일이 같은 경우에는 아래와 같이 축으로 고하게 됩니다.

유세차간지(維歲次干支)(云云)
현고모관부군(顯考某官府君)
현비모봉모씨(顯妣某封某氏) 歲序遷易
현고(顯考) 현비(顯妣) 휘일부림(諱日復臨) (云云)

▶1082◀◆問; 고비(考妣)의 기제를 하루에 모아 지내면 안되나?

어머니 기제와 아버지 기제가 4 일 간격입니다. 흠향하러 오시기도 바쁘시겠고 후자들도 1 주일 동안은 바쁩니다. 며칠 차이도 없으니 아버지 기일에 어머니를 합설하여 지내 드리면 안될까 하여 찾아왔습니다.

◆答; 고비(考妣)의 기제를 하루에 모아?

기일(忌日)이란 제의(祭義) 주(註)에 풀기를 어버이의 작고하신 날이라 하였으니 그 날 이외의 날에 기제(忌祭)를 대용하는 제사(祭祀)는 무의미한 것입니다. 기제(忌祭)란 어버이가 작고하신 날의 슬픔을 종신(終身)토록 잊지 않고 그 날을 당하면 일년에 단 한끼의 조반과 술잔을 올리고 축(祝)으로 생전 어버이 은혜를 추억하며 슬픔을 다하여 곡하며 자식 된 도리를 표하는 날입니다.

특히 기제(忌祭)는 단설(單設)이 원칙이나 병설(竝設)은 인정(人情)으로 고제(考祭)에 비(妣)를 비제(妣祭)에 고(考)를 겸설하여 제사(祭祀)하되 축(祝)으로 휘일부림(諱日復臨) 앞에 그 날의 제사(祭祀)는 양친 중 누구의 제사임을 현고(顯考) 또는 현비(顯妣)를 붙여 고하게 되는데 그와 같이 모아 지내는 제사의 축문(祝文)을 어찌 쓰겠습니까?

만약 기제(忌祭)가 동일(同日)에 든다 하여도 아래 우암(尤庵), 도암(陶庵), 명재(明齋) 선유(先儒)의 말씀을 빌리면 선존후비(先尊後卑)로 각축(各祝)이라 하셨으니 모아 지낼 때 당겨 행하게 되는 위(位)는 축(祝)으로 고(告)할 방법이 없습니다.

더욱이 부모(父母) 기제(忌祭)를 아래 제의(祭義)의 가르침을 애초 알지 못한다 하여도 상식적(常識的)으로도 불가(不可)한 것입니다. 그와 같은 예(禮)는 유가적(儒家的) 법도(法度)로는 있을 수가 없다 할 것입니다.

●祭義君子有終身之喪忌日之謂也註忌日親之死日也疏孝子終身念親不忘忌日
●尤庵曰祖曾忌祭同日則當先後行之盖偕喪三年中有異殯各祭之文忌日喪之餘也
●陶庵曰兩忌日不可並設只當先尊後卑而各行之
●明齋曰祖孫同忌則一時同行恐無妨主人一也一時行之而各祝以告

▶1083◀◆問; 고비 기제사 축문에 관하여.

안녕 하십니까. 여러 책을 찾아보아도 답이 없어 문의 드립니다. 저의 집안에서 의논 결과 조상님의 내외분(증조부, 증조모님 /조부, 모님)을 한날에 모시기로 하였습니다. 즉 증조부님 기일에 내외분을 한날에 합제를 하려고 합니다 그럴 때 기제사 축문은 어떻게 써야 하는지요?

◆答; 고비 기제사 축문.

고비의 기제를 한날에 지낸다 하심의 의미가 무엇인지는 알 수 없으나 병제라면 아래 축문식을 살펴보시면 능히 가늠하실 것입니다. 다만 고비(考妣) 병제(併祭)가 아니고 두 번 지내는 기제(忌祭)를 1년에 한번 지낸다는 말씀이시라면 기제의 뜻이 작고(作故)한 날의 제사(祭祀)란 의미이니, 고비가 같은 날에 작고하지 않았는데 하루에 지내고 만다면 한 분의 기제는 궐사(闕祀)한 것이 됩니다. 만약 그와 같은 예법을 문의(問議)하셨다면 유학(儒學)을 논하는 자로서 드릴 말씀이 없습니다.

○忌祭祝文式

維 歲次干支幾月干支朔幾日干支 孝曾孫 某 敢昭告于 顯曾祖考某官府君 顯曾祖妣某封某氏歲序遷易顯曾祖考諱日復臨(曾祖妣忌日則顯曾祖妣)追遠感時謹以淸酌庶羞恭伸奠獻尙饗

●祭義君子有終身之喪忌日之謂也註忌日親死之日也
●奉先雜儀文公家禮忌日止設一位程氏祭禮忌日配考妣二家之禮不同蓋止設一位禮之正也配祭考妣禮之本於人情者也
●退溪曰忌日合祭古無此禮但吾家自前合祭之今不敢輕議
●沙溪曰忌日幷祭考妣雖非朱子意我朝先賢嘗行之栗谷亦曰祭兩位於心爲安云援尊之嫌恐不必避
●要訣忌祭儀初獻條歲序遷易諱日復臨(若幷祭考妣考忌日則曰某考諱日復臨妣忌則曰某妣諱日復臨云云)
●問並祭考妣則告辭與祝辭似當添一兩語沙溪答曰固然告辭遠諱之辰敢請下當添顯考顯妣(祖以上幷同)神主出就云云祝辭歲序遷易下當添某親(考妣隨所稱祖以上幷同)諱日復臨云云

▶1084◀◆問; 과실의 진설 법도는?

問; 1. 배 사과 등을 홀수로 한다는 것이 옳은지 홀짝 무관한지 또 그 이유는 무엇인지요?
問; 2. 과실의 꼭지부위를 아래로 또는 위로 한다는 원칙이 있는지 또 그 이유는요?
問; 3. 과실껍질은 깎아야 하는지 아래 위를 조금씩 도리기만 하는지 안 깎아도 좋은지요?

◆答; 과실의 진설 법도.

問; 1. 答; 아래와 같이 살펴 보건대 예기(禮記) 교특생(郊特牲)편에 과실은 우수(偶數)라 함은 그 가지 수(數)를 우수(偶數)라 함이지 한 접시에 놓는 개수(個數)를 의미 함이 아닌 것으로 배나 감 등은 커서 개수를 쉽게 셀 수가 있으나 은행(銀杏)이나 잣 등은 작아 개수를 헤아려 놓을 수가 없는 것입니다. 까닭에 한 접시의 개수를 기수(奇數)나 우수(偶數)로 정하여 기술한 예서는 없습니다. 과실이 우수(偶數)인 까닭은 지산(地産)으로 음(陰)인 까닭에서입니다.

問; 2. 答; 큰 과실(果實)의 위아래를 평평(平平)하게 다듬는 까닭은 괴이기 쉽게 하기 위함인 듯하며 그 전거(典據)는 없습니다. 물론 상하가 구별(區別)되는 큰 과실을 생자(生者)나 사자(死者)나 꺼꾸로 놓을 까닭은 없겠지요.

問; 3. 答; 과실(果實)의 위아래를 평평하게 다듬는 까닭은 괴이기 쉽게 하기 위함인 듯하며 그 전거(典據)는 없습니다. 물론 상하가 구별되는 큰 과실을 생자나 사자나 꺼꾸로 놓을 까닭은 없겠지요. 아래와 같이 살펴보건대 맛을 더럽히지 않는다. 라 하였으니 껍데기를 벗기지 않고 깨끗이 씻어 놓음이 옳은 것 같습니다.

●郊特牲鼎俎奇而籩豆偶陰陽之義也籩豆之實水土之品也註籩豆偶者據周禮細註長樂陳氏曰鼎俎之實天産陽故其數奇籩豆之實地産陰故其數偶
●郊特牲不敢用褻味而貴多品細註嚴陵方氏曰水土之品非人常所食故曰不敢用褻味或水或土所取不一故曰而貴多品

▶1085◀◆問; 과실(果實)을 진설 할 때.
제사상 차릴 때 과일은 깎을 때 아래위 깎아서 놓습니다. 그런데 이 과일을 제기에 놓을 때, 과일의 꼭지가 있는 부분이 위로 향하는지 아니면 과일을 뒤집어서 과일의 꼭지가 보이지 않게 제기에 올린 후상에 올리는지에 대해서 가족들의 의견이 갈라지고 있습니다. 정확한 답변을 부탁 드립니다.

◆答; 과실 진설법.
가례에서는 과실을 단지 6 가지라 품 수만 지정하였을 뿐이나, 사우례에서 조율(棗栗)을 언급하면서 그 중에 대추가 제일이라 서쪽이다. 라 하였고 다음이 밤이라 한지라. 성재께서 이에 배와 감을 더하여 조율이시라 하셨습니다.

여기서 대추와 밤은 모두 상하를 구별(區別)하여 진설(陳設)하기란 특수(特秀)한 방법(方法)을 쓰지 않고는 어려워 어느 예서(禮書)에서도 과실(果實)의 상하(上下) 구별(區別) 진설(陳設)에 대한 언급(言及)이 없지 않나 합니다.

●家禮四時祭省牲滌器具饌條具祭饌每位果六品
●沙溪曰今人六品之果若難備四品或兩品庶合禮意
●陶庵曰凡木實之可食者無不用
●士虞禮棗栗棗在西註尙棗棗美據此棗當設果行之首而栗次之
●性齋曰我東則百果無不産焉如棗栗梨柿李杏之類

▶1086◀◆問; 과일 진설에 있어 홀수인가 양수인가.
상례(喪禮)에 있어서 과일 진설에 대해 여쭙니다. 탕(湯)은 홀수로 과일은 양수(陽數)로 진설 한다고 합니다. 다시 말해 탕은 세 그릇, 다섯 그릇 과일은 두 개 네 개를 제기에 담아 진설 한다고 하는데 그 말이 맞는지 궁금합니다.

◆答; 탕 홀수, 과실 짝수.
아래와 같이 살펴보건대 탕(湯)은 양수(陽數; 奇數)인 삼기(三器)가 되고 과실(果實)은 음수(陰數; 偶數)인 육(六) 사(四) 이기(二器)로 진설 됩니다.

●擊蒙要訣時祭儀具祭饌條每位湯五色註或魚或肉或菜隨所備若貧不能辦則只三色亦可
●家禮祭禮四時祭具饌條果六品
●沙溪曰今人六品之果若難備四品或兩品庶合禮意
●象村集附錄行狀;嗚呼陽數一而陰數二故從古以來治日常少亂日常多此聖人之所憂而於消長之節未嘗不致謹者也

▶1087◀◆問; 교의에 신주나 신위를 모실 때 하나의 교의에.
안녕하세요 제사를 모실 때에 병풍과 교의와 젯상과 향탁 축판 등의 제구로 모시게 됩니다. 기제나 명절의 차사에도 제구를 사용하는바, 궁금한 점이 있어서 여쭙니다.

교의 하나에 양위나 삼위를 합설해서 모시면 유가의 법도에 맞는지 궁금합니다. 지방을 쓸 적에는 하나에 두 분이나 세분을 함께 쓰지 않는 것이 원칙이듯이 한 교의에 고위의 신위와 초취하여 합설과 혹시 재취가 계신 경우 삼위를 함께 모시면 안되는지 궁금합니다.

저의 소견은 하나의 교의에 지방은 각각 써서 한 교의에 붙이고 지내면 도리에 어긋난다고 보지 않습니다만, 유가의 옛 법은 어떤지 여쭙니다. 각설하면 문제가 아니되나 곧 다가올 설에는 차사를 지내는데 합설은 당연하나 방법이 궁금합니다.

◆答; 교의에 신주나 신위를 모신다.
사당봉사(祠堂奉祀)이면 속절례(俗節禮)는 사당례(祠堂禮)이니 당연 각의(各椅) 각탁(各卓)이 되고 지방봉사(紙牓奉祀)에서는 사시제(四時祭)와 같이 당(堂)에 설위(設位)하게 됩니다. 아래 비요(備要)의 말씀과 같이 각의(各倚)라야 옳습니다.

선조고(先祖考)와 선조비(先祖妣)의 지방(紙牓)은 각각 써야 함은 물론 교의(交椅) 역시 각각이어야 예법에 옳은 것입니다.

●備要四時祭設位條考妣位於堂西北壁下南向考西妣東各用一倚一卓而合之位世各爲位不屬

▶1088◀◆問; 궁금.
초암 선생님 감사합니다 그런데 어육류는 홀수 과채류는 짝수라는 말씀인데 내용은 이해가 안 갑니다.

◆答; 궁금.
제사(祭祀)에서 기수(奇數)와 우수(偶數)로 진설(陳設)한다는 제수품(祭需品)이 있는데 그 진설에서 동물류(動物類;魚肉類)는 양(陽;天産)에 속하여 기수(奇數; 홀수)로 진설 하고 식물류(植物類;果實 蔬菜類)는 음(陰; 地産)에 속하여 우수(偶數; 짝수)로 진설 한다는 것입니다.

●郊特牲鼎俎奇而籩豆偶陰陽之義也籩豆之實水土之品也細註長樂陳氏曰鼎俎之實以天産爲主而天産陽屬故其數奇籩豆之實以地産爲主而地産陰屬故其數偶疏鼎俎奇者以其盛牲體牲體動物動物屬陽故其數奇籩豆偶者其實兼有植物植物屬陰故其數偶故云陰陽之氣也

▶1089◀◆問; 질문이 있어서 문의를 드립니다.
지난달 22일 장모님이 돌아가셔서 상을 치루워서 49재가 지나지 않은 을 상황에서 구정을 맞이하게 되었습니다.

제가 아버님이 돌아가셔서 차례를 지내고 있었는데 이번 차례를 지내야 하는지 아닌지 잘 모르겠어서 문의 드립니다. 어떻게 해야 하나요?

◆答; 질문이 있어서 문의를 드립니다.
처부모 복은 시마삼월(緦麻三月)복으로 시마복인은 성복(成服) 전에는 모든 제사를 폐하나 성복(成服) 후(사일(死日)과 함께 4 일이 지나면)는 평시와 같이 모든 제사를 지냅니다.

●要訣祭儀抄喪服中行祭儀緦小功則成服前廢祭(五服未成服前雖忌祭亦不可行也)成服後則當祭如平時(但不受胙)服中時祀當以玄冠素服黑帶行之
●性理大全喪禮緦麻三月妻之父母

▶1090◀◆問; 궁금한 게 있어서 이렇게 문의 드립니다.

안녕하십니까. 올해 나이는 30 남자 이고요. 아직 미혼입니다. 집안에서는 장손이 됩니다. 장남인 아버지는 돌아가시진 몇 년 되셨고 아직 할아버지가 살아계셔서 제사 때마다 제사는 연세가 85 이신 할아버지 주관으로 <재주>가 되셔서 제사를 진행합니다.

참 우스운 얘기인진 몰라도 저희 집안에서는 할아버지 다음으로 돌아가신 조상님들께 술을 권하는 순서로 아직도 옥신각신 합니다. 장남인 아버지가 돌아가시고 아버지 동생 즉 작은아버지께서 할아버지 담은 자기가 술을 따라야 된다며 장손인 제가 아직 미혼이라 상투를 틀기 전에는 그 다음 순서가 될 수가 없다고 하시고 다른 친척분들은 아무리 그래도 집안에 장손이 나이가 찼는데 말도 안 된다며 다투는 모습. 아휴 제발 어느 순서가 맞는지 말씀 좀 해주십시오.

2, 두 번째 궁금한 내용입니다. 얼마 전 할머니가 돌아가셨습니다. 위에 내용이랑 똑같습니다. 아버지가 안 계시니 집안어른들은 제가 할머니상주가 되어서 장례를 주관해야 한다고 하시고 삼촌들은 본인들이 아들이니 본인들께서 주관해야 한다고 하시고 결국 삼촌들 뜻대로 하긴 했지만 옛 관례상 어느 게 옳고 그른지 답 좀 주십시오. 답 집안 사람들끼리 옥신각신 하는 것 보니 참으로 우습습니다.

본인 된 입장에서 답답하기도 하고 좋은 말씀 부탁 드립니다. 제가 한자를 잘 몰라서 그러니 좋은 말씀 알기 쉽게 말씀 좀 해주십시오.

◆答; 궁금한 것 풀이.
1). 아래와 같이 살펴보건대 아헌관은 주부이나 유고이니 다음 차순자는 숙부라 숙부가 아헌관이 되어야 옳을 것 같습니다. 적손은 종헌관이 될 수는 있습니다.

2). 아래와 같이 살펴보건대 처상을 당하면 그의 남편이 생존하였으면 그가 상주가 되어 상을 주관하여야 합니다.

●朱子曰祭禮主人作初獻未有主婦則弟得爲亞獻○又曰祭只是三獻主人初獻嫡子亞獻(或主婦)庶子弟終獻(或嫡孫)
●要訣亞獻條曰若主婦有故則諸父若兄弟中最尊者爲之
●奔喪凡喪父在父爲主註此言父在而子有妻子之喪則父主之統於尊也
●喪大記若子孫有喪而祖父主之
●四未軒曰奔喪註云各爲妻子之喪爲主也則是凡妻之喪夫自爲主也

▶1091◀◆問; 궁금합니다.
궁금해 여쭙니다. 예기 제의편을 보다 보니 '군자유종신지상(君子有終身之喪) 기일지위야(忌日之謂也)' 라는 말이 있었습니다.

잘은 모르지만 '기일'이 종신 '상'이라고 하면 '상'을 치를 때 돌아가신 분만을 모시듯이 기제사를 지낼 때도 돌아가신 분 한 분만 제사 지내야 하는 것 아닌가 하는 생각이 듭니다. 기제사를 지낼 때 부부를 함께 제사(진설) 지내는 근거 등이 궁금합니다.

◆答; 병제(並祭)의 근거.
아래와 같이 살펴보건대 정씨(程氏) 설(說)이 그 근거가 되나 가례(家禮) 일위설(一位說)이 정례(正禮)라는 것입니다.

●程氏祀先凡例祖考忌日則只祭祖考及祖妣祖妣忌日則只祭祖妣及祖考

●奉先雜儀按文公家禮忌日止設一位程氏祭禮忌日配祭考妣二家之禮不同盖止設一位禮
之正也配祭考妣禮之本於情者也
●問忌日欲祭一位何如退溪曰愚意亦然但中古亦有祭兩位之說似無甚礙故家間從先例兩
祭
●沙溪曰忌日幷祭考妣雖非朱子意我朝先賢嘗行之栗谷亦曰祭兩位於心爲安云授尊之嫌
恐不必避也

▶1092◀◆問; 궐명(厥明) 질명(質明)은 춘분 기점으로 몇 시인지요?

궐명(厥明) 질명(質明)은 춘분 기점으로 몇 시인지요?

기제(忌祭) 지내는 시간을 돌아가신 날의 궐명(厥明)에 시작하여 질명(質明)에 끝낸
다는 글을 본적이 있습니다. 춘분(春分)을 기점으로 하면 대략 몇 시가 되는지 알고
자 합니다.

◆答; 궐명(厥明)과 질명(質明).

厥明; 다음날 날이 밝으면, 다음날 아침.
質明; 날이 샐 무렵. (춘하추동(春夏秋冬) 질명(質明)의 시간이 일정하지 않아 시간
으로 정하지 않고 질명으로 정한 이유임.

●儀禮士冠禮擯者請期宰告曰質明行事鄭玄注質正也宰告曰旦日正明行冠思
●同春堂集別集書;問日晡時設祖奠晡卽申時當在夕上食後耶至厥明遷柩就轝時有徹祖
奠之文則當兼夕奠行之耶答晡申時也夕上食後設祖奠而兼行夕奠爲是以厥明徹祖奠
之文觀之可見

▶1093◀◆問; 그믐날 제사에 대하여.

확실히 알고 싶은 것은 소월 29 일이 제사 날인데 대월 30 일을 만났을 때.

1. 29 일이 제사 날이다. (사계선생 답변)
2. 같은 그믐날인 30 일이 제사 날이다. ○1 과 2 중 어느 것이 옳은지요.

◆答; 소월(小月; 29 일) 사자(死者)의 기일(忌日).

소월(小月; 29 일) 사자(死者)의 기일(忌日)이 다음 해에 대월(大月; 30 일)을 만나면
29 일이 기일(忌日)이며 30 일(그믐)으로 미뤄 제사하지 않는다는 것입니다. 따라서
1. 번이 맞겠지요.

●問解小月晦日死者後値大月當仍以二十九日爲忌不可延待三十日也

▶1094◀◆問; 기고(忌故).

생략하옵고,

1. 기고(忌故)란 무엇을 말하는 것이며 기고에 대한 어원이나 유래 기타 참고 사항.
2. 사망(死亡)시 기일(제사 날)은 어느 날로 정해지는가요? 그 이유는 무엇이며 어
느 시간에 제사를 지내야 하는지요?

◆答; 기고(忌故).

問 1. 答; 기고(忌故)란 유가적(儒家的) 의미(意味)는 기제. 또는 기일. 또는 꺼려 피
하는 일.

●蔡邕上封事陳政要七事屢生忌故

국어적(國語的) 의미(意味)는 아래와 같은데 이는 당초 국어사전 편찬 시 일본어사

전을 거의 참조하여 그 의미가 거의 같음.

●國語辭典 (명) 기제사를 지내는 일 또는 그 제사.
●日語辭典 忌日きじつの祭祀さいしを行おこなうこと.

問 2. 答; 기일(忌日)은 작고(作故)한 날이 됩니다. 이유(理由)는 효자(孝子)는 종신(終身)토록 친(親)(어버이)을 생각하고 작고하신 그 날의 슬픔을 잊지 않으려고 매년 그날이 돌아오면 제사(祭祀)를 지내는 것입니다.

제사(祭祀) 지내는 시간은 사일(死日) 동(東)이 틀 무렵(質明)에 지냄이 바른 예법(禮法)입니다. 요즘 당일(當日) 자시(子時)에 지냄은 속례(俗禮)로서 대부분(大部分)의 가문(家門)에서 이와 같이 행(行)하고 있지요.

●祭義君子有終身之喪忌日之謂也註忌日親死之日也疏孝子終身念親不忘忌日非謂此日不善別有禁忌謂孝子志意有所至極思念親不敢盡其私情而營求他事故不擧也
●儀節忌祭厥明夙興設蔬果酒饌質明主人以下變服詣祠堂奉神主出就正寢參神降神(以下省略)
●士冠禮厥明夕爲期于廟門之外註厥其也宿服朝服疏曰厥明夕謂宿賓贊之明日向莫時也又質明行事註旦日正明行冠事
●穀梁傳宣公繹者祭之旦日之享賓也萬入去籥以其爲之變譏之也

▶1095◀◆問; 기신제의 유식례 때 철갱진숙수(撤羹進熟水)에 대하여.
기신제의 유식례 때 철갱진숙수(撤羹進熟水-갱을 물리고 숙수를 올립니다)를 합니다. 그 후 삼초반을 합니다만, 여기에서 숙수(熟水)라 함은 글자 그대로 직역한다면 익힌 물, 즉 숭늉을 뜻합니다. 그러나 이 물이 숙수(熟水-숭늉)이 아니라 숫수(水-처음 뜬 새물)라는 용어의 차이가 궁금합니다.

즉, 숫수라 함은 처음 또는 최초의 순수하고 때묻지 아니한 것을 숫이라 하는데, 그 처음의 물을 의미합니다. 다시 말해 제사상에 올리기 위하여 하루가 시작되는 자시(子時)의 자정(子正)에 뜨는 첫 물을 숫수라 일컬으니 세상이 잠들어 고요하며, 차소리, 개 짖는 소리, 새소리 등의 온갖 잡음이 끊기고 조용할 때 뜨는 첫물이 가장 맑고 깨끗하다 여겨 선조들은 이 물을 조상의 제사에 올렸지 않았느냐 하는 설을 말합니다.

따라서 숙수가 아닌 숫수라 하며, 숫냉(자정에 처음 뜬 차가운 물)이라 합니다. 혹 문자를 잘못 이해하고 숫수를 숙수로, 숫냉을 숭늉으로 잘못 이해되어 불려져 온건 아닌지? 이에 학자님들의 견해를 듣고 싶습니다.

◆答; 철갱진숙수(撤羹進熟水).
사계선생 말씀에 진다 후 잠시 서 있는다. 라 하신 것 같습니다. 숫냉이란 금시초문이며 속명은 숙수(熟水) 숭늉이라 하고 백성제에서는 현주라 하고 왕가에서는 명수라 하는데 고대에 술이 없던 때 올려 드리던 맑은 물로 지금은 사용하지 않으나 새벽 일찍 준비는 하여 놓습니다.

●疑禮問解問凡祭進茶後旋卽辭神似爲太據或立或伏少遲如何沙溪答曰立而少遲可也伏則無據
●尤庵曰澆飯於熟水似是象生時也然中朝之人則常時飯畢飮茶少許云然則澆飯亦東俗耶○又曰抄飯一節家禮無之恐當以家禮爲正○陶庵曰徹羹進熟水而已
●南溪曰抄飯三年內象生時則可時忌祭則不可

●家禮四時祭厥明夙興設蔬果酒饌條設玄酒及酒各一甁於架上玄酒其日取井花水充在酒之西

●郊特牲齊加明水報陰也注明水司烜所取於月之水也齊五齊也五齊加明水則三酒加玄酒也

●鄕飮酒儀尊有玄酒敎民不忘本也註古之世無酒以水行酒故後世因謂水謂玄酒不忘本者思禮之所由起也

●禮運故玄酒在室註太古無酒用水行禮後王重古故尊之名爲玄酒祭則設於室內而近北也每祭必設玄酒其實不用之以酌

●士昏禮疏神農時未有酒醴以水爲玄酒而已記云後聖有作以爲酒醴據黃帝以後而言也

●尤庵曰玄酒恐不須不用若以爲文具而去之則如茅沛焚香等亦可去也

▶1096◀◆問; 기일과 가족 생일이 겹치는 경우에.

다음과 같이 궁금한 것이 있어서 질문을 하오니 답변 부탁 드립니다.

1. 조상님들의 기일과 가족 구성원의 생일이 겹치는 경우에 현대인의 일반적인 예법에 대하여 알려주시기 바랍니다.
2. 위의 경우(境遇)에 생일(生日) 의식(儀式; 케익에 불을 켜놓고 생일 축가(祝歌) 부르고 샴페인과 폭죽(爆竹)을 터트리는 행위)을 해도 되는지 아니면 절대로 하면 안 되는지에 대하여 알려주시기 바랍니다.

◆答; 기일과 가족 생일이 겹칠 때.

아래와 같이 살펴보건대 그 날이 생일(生日)이 있게 되면 자시(子時)에 제사(祭祀)를 지내는 가문(家門)이면 아침에 흰 쌀밥은 고봉으로 담아주고 고기를 넣지 않은 떡국을 끓여 주는 것으로 다하면 될 것입니다. 왜냐하면 그 날은 술과 고기를 먹지 않고 풍악을 울리거나 하여서는 아니 되기 때문입니다.

●性理大全忌日;是日不飮酒不食肉不聽樂黲巾素服素帶以居夕寢于外

▶1097◀◆問; 기일과 명절이 겹칠 경우.

기일과 명절(설, 추석)이 같을 경우 제사나 명절제사를 지내는 방법?

◆答; 기일과 명절이 겹칠 경우.

기제(忌祭)와 참례(參禮)가 겹칠 때는 만약 4 대 봉사(奉祀) 가문(家門)이면 고조(高祖) 기일이 참례와 겹치면 먼저 고조 기제를 지낸 뒤 참례를 지내고 증조(曾祖) 이하 기제이면 참례를 먼저 지내고 기제를 지내게 됩니다.

만약 부모(父母)뿐이면 하루에 두 번 제사(祭祀)하지 않는 법도(法度)에 따라 기제만 지내고 참례(參禮)를 폐하게 됩니다.

●明齋曰一日之內旣行祭又行參實是煩瀆旣祭之位則不復設諸位皆設而獨不設雖似未安纔祭矣似無嫌

●龜峯曰若値高祖忌則祭畢仍行參禮曾祖以下忌則參禮畢行忌祭

▶1098◀◆問; 기일(忌日)과 제사상 진설 궁금 의문입니다.

초암(草庵) 선생님께 번거로운 질문을 드리게 되어 거듭 송구합니다. 질의 내용인즉 고인(故人)이 양력 5 월 15 일 음력으론 4 월 9 일 밤 12 시 45 분에 최종적으로 도착한 병원(病院)에서 산소 호흡기를 뗀 시각이 되겠고요.

그 이전 도중에 들렀던 병원에서 의식이 있다가 잠시 전화를 하고 있는 순간에 저를 찾는다는 병원 관계자의 말을 듣고 환자에게 갔을 때는 눈을 감고 있는 상태에서 다시 응급차로 후송되어 이동 하던 중에서 말을 건네고 흔들어도 아무런 반응이 없었으며 그 후 먼저 말씀 드린 최종적인 병원에서 심전도 그래프상으로 심장이 의식이 있는 것으로 나타났으나 심폐소생술도 무의미하게 되고 곧 후에 심전도 그래프상 희미해져서 산소 호흡기를 떼고 난 후의 사망 시각으로 봤을 때 밤 12 시 45 분이 되었습니다.

이러한 경우에는 사망일과 기일을 어느 날짜로 해야 옳은지에 대해 선생님께 여쭙고요, 또한 아울러 제사상은 반드시 사각형의 상을 사용해야 되는지요. 과일 진설은 꼭지 부분을 떼야 하는지요. 과일 전체를 오려내야 하는지요. 질문 내용이 너무 길어서 불편함을 드리게 되어 거듭 송구하오며 죄송합니다.

◆答; 기일(忌日)과 제사상 진설.
아래와 같이 살펴보건대 초혼한 날이 기일이라 하니 초혼을 하였는지의 여부는 모르겠으나 사망을 완전히 인정한 시간이 산소 호흡기를 뗀 시각이 될 것입니다.

제사상(祭祀床)을 원래(原來) 요즈음 흔한 다리가 짧은 상(床)이 아닌 다리가 긴 직사각형(直四角形)의 상(床)이 되고, 과실(果實)은 상하(上下)를 도려낸다는 전거(典據)가 없으니 여부(與否)를 가름할 수는 없으나 제물(祭物)은 생인(生人)이 먹는 대로라 하였으니 밤과 같은 먹지 못하는 껍데기는 벗겨내야 하겠지요.

●明齋曰凡喪復後始發喪其前則雖已氣絕猶有復生之望不可便以爲已死也以此意推之則似當以招魂日爲忌日矣
●五禮儀祭器圖說[卓]饌卓俗祭用之(按四長足直角形)
●特牲饋食禮(註)祭祀自熟始曰饋食饋食者食道也(疏)食道者生人飮食之道士大夫祭禮自熟始也

▶1099◀◆問; 기일과 친구의 장례가 내일인데 조문을 다녀와도 되나?
모레가 부친 기일입니다. 그런데 친구의 부친 장례가 내일입니다. 조문은 가야 할 터인데 다녀와도 되겠습니까.

◆答; 기일과 친구의 장례가 내일인데 조문을 다녀와도 되나.
아래와 같이 살펴보건대 기제(忌祭)는 하루 전날부터 재계(齋戒)라 하였으며 재계(齋戒)하는 날에는 노래 소리를 듣지 말고 조문(弔問)을 가지 마라 하였으니 친구(親舊)분 장례(葬禮) 날이 재계(齋戒) 일에 해당(該當)합니다.

기일(忌日)이 내일이라 하나 실 기일은 모레의 자시(子時)라면 오늘 조문(弔問)을 다녀와도 재계의 법도를 어김이 아니 것 같으니 오늘 조문을 다녀와서 내일 밤 23 시(모레 첫 시) 이후에 제사(祭祀)를 지내면 문제가 없을 것 같습니다.

●退溪曰家禮忌日言前期一日齋戒而已
●曲禮齋戒不樂不吊

▶1100◀◆問; 기일 관련 질문요.
예를 들어서 작년 8 월 2 일 날 돌아가셨으면 이번 년도 8 월 1 일 11 시정도에 지내잖아요. 근데 요즘은 9 시정도에 지내고 하는데 확실히 기일을 언제로 하는 건지요. 그러니까 돌아가신 날 전 날로 하는 건지 돌아가신 날로 하는 건지요.

◆答; 기일은.

기일(忌日)은 사망한 날이 됩니다.

●祭義君子有終身之喪忌日之謂也註忌日親死之日也

▶1101◀◆問; 기일 날짜가 궁금합니다.

안녕하십니까. 친정어머니가 음력 7 월초 하루에 작고하셨습니다. 음력 7 월 초하룻날에 제사를 지내니 주위 이웃 분들이 초하루에 누가 제사 지내나 하시면서 머라야단하시더군요. 그래서 그 해에는 초하루에 지내고 그 다음해부터는 6 월 말일에 지내고 있었습니다.

항상 껄끄럽게 생각하면서 지내오다가 올해 새 달력에다 어머니 제사 날을 체크하면서 너무 궁금하여 이곳을 찾아오게 되었습니다. 이웃 분들 말씀이 옳은 것인지 아니면 음력 초하루 상관없이 돌아 가신 날 맞춰서 지내야 옳은지 도움 주시면 감사하겠습니다.

◆答; 기일 날짜.

기제(忌祭)란 작고(作故)한 날의 제사(祭祀)이니 당연(當然)히 초하룻날이라 하여도 그날이 제삿날이 되겠지요. 그 전거는 아래와 같습니다.

●祭義君子有終身之喪忌日之謂也註忌日親之死日也
●周禮春官宗伯禮官之職小史條掌邦國之志奠繫世辨昭穆若有事則詔王之忌諱註鄭司農云先王死日爲忌名謂諱
●禮器質明而始行事疏質正也謂正明之時少牢禮朝明行事註朝明質明也此乃周禮也
●士冠禮擯者請期宰告曰質明行事
●南溪曰質明卽大昕指日未出時也

▶1102◀◆問; 기일이 궁금합니다.

아버님이 작년 양력 9 월 19 일 토요일 (음력 8 월 1 일) 새벽 0 시 59 분에 별세하셨습니다. 여러 가지 말씀들이 있어 여쭤봅니다.

1) 어떤 이들은 자시 (23 시-01 시)에 돌아 가셨으니 음력 8 월 1 일이 아니라 음력 7 월 30 일 금요일에 돌아 가신 것이다.
2) 아니다 자시면 새 날이므로 음력 8 월 1 일 토요일이 맞다. 어떤 것이 맞는 것일까요?

◆答; 기일이 궁금.

"양력(陽曆) 9 월 19 일 토요일 (음력 8 월 1 일) 새벽 0 시 59 분"이라 하심은 보편적으로 이해되기는 19 일 토요일 그 날 밤 0 시(子時)를 넘겨 이어져 다음날 날이 밝아지기 까지를 이릅니다. 만약 이와 같다면 기일은 다음날인 음력 8 월 2 일이 됩니다.

유가(儒家)의 사일(死日)은 초혼(招魂) 이후를 기일(忌日)이라 하는 것 같고 야간(夜間; 밤)이라 함은 일몰(日沒) 후(後) 다음날 일출(日出) 전(前) 까지를 이릅니다.

●問人屬纊在此日戌亥而招魂在翌日曉後則當以何日爲忌歟明齋曰凡喪復後始發喪其前則雖已氣絶猶有復生之望不可便以爲已死也以此意推之則似當以招魂日爲忌日矣
●問周夜半爲朔商鷄鳴爲朔陰陽家皆以子時爲明日然則鷄鳴前子時死者當從何日尤菴曰日分必終於亥而始於子初二日之子自不干於初一日也
●春秋左傳莊公篇夏四月辛卯夜恒星不見註恒常也謂常見之星辛卯四月五日月光尙微蓋

時無雲日光不以昏沒

▶1103◀◆問; 기일에 대하여 문의 드립니다.

조부께서 졸하신 날이 음력 11 월 30 일입니다.

아직 까지 기일(忌日)을 11 월이 큰달이면 (30 일까지 있으면) 29 일에 작은달이면 (29 일까지 있으면) 28 일에 지냈었습니다. 제 짧은 소견(所見)은 11 월이 큰달이건 작은달이건 상관없이 11 월 29 일을 기일(忌日)로 삼는 것이 옳은 듯 하여 문의 드립니다.

지금까지와 같이 기일을 큰달과 작은 달을 나누어 29 일 28 일 이렇게 지내는 것이 맞는 것인지, 아니라면 제가 위에 여쭌 것과 같이 30 일에 졸하셨으니 무조건 29 일에 지내는 것이 맞는 것인지 알려 주시면 많은 도움이 되겠습니다.

◆答; 사망 일이 기일.

아래 사계(沙溪) 선유(先儒)의 말씀과 같이 큰달 30 일에 죽은 자의 기일(忌日)이 다음해 작은 달을 만나면 29 일 날 지내고 큰 달이면 당연히 30 일 날 지내며 작은달 그믐 날 죽은 자의 다음해 기일(忌日)이 큰 달을 만나면 29 일 날 지내야지 그믐날을 기다려 30 일 날 지내서는 아니 된다 하셨으니, 김명건님의 조부(祖父) 기일이 30 일이면 작은달의 해에는 29 일이 기일(忌日)이 되어 날짜로는 28 일 밤 자정(子時) 쯤이 되고 큰 달을 만나면 당연히 30 일이 기일이 되여 날짜로는 29 일 밤 앞과 같은 시간이 되겠습니다.

●疑禮問解(沙溪著)宋浚吉問答曰通典諸說可考也(中略)大月三十日死者後值小月固當以二十九日爲忌值大月則自當以三十日爲忌小月晦日死者後值大月當仍以二十九日爲忌不可延待三十日也

▶1104◀◆問; 기일 제사를 설날(구정)제사로 대체.

안녕하십니까? 작년(昨年)에 아버님이 돌아가셨는데(음력 1/4) 올 첫 번째 기일(忌日)이 설날 둘째 날이 됩니다. 앞으로 계속해서 구정(舊正) 다음날에 아버님 제사(祭祀)를 올려야 되는데 이런 경우 설날 차례(次例)로 제사(祭祀)를 대신(代身)하면 제례(祭禮)에 어긋나고 불효자(不孝子)가 되는지요?

◆答; 기일 제사를 설날(구정)제사로 대체할 수 없음.

기제란 작고한날 지내는 제사라 함인데 명절은 참례일 뿐입니다.

효자(孝子)가 기제(忌祭)에 술잔을 올리고 축으로 아뢰기를 [세서천역(歲序遷易) 휘일부임(諱日復臨)] 해가 바뀌어 작고하신 날을 다시 맞고(운운)이라 눈물을 줄줄 흘리며 고하게 되니 다른 날에 기제라고 이름 붙여 지낼 수는 없는 것 아니겠습니까.

●祭義君子有終身之喪忌日之謂也註忌日親之死日也
●周禮春官宗伯禮官之職小史條掌邦國之志奠繫世辨昭穆若有事則詔王之忌諱註鄭司農云先王死日爲忌名謂諱
●忌祭祝曰(云云)孝子某敢昭告于顯考某官府君歲序遷易諱日復臨(云云)
●南溪曰質明卽大昕指日未出時也
●尤庵曰行祭早晚太早不可太晚亦不可惟當以質明爲正
●日省錄正祖十九年乙卯四月二十二日壬寅條(云云)獻官之命十七日進詣本宮十八日子時行祭天氣淸和享事利成獻官以下(云云)

▶1105◀◆問; 기일에 대해.

예; 1). 음력 7 월 1 일 밤, 21 시 22 시 1 일 일자변경 시, 2 일 23 시 ㅇ시(子時) 01 시 02 시 03 시(丑時. 사망) 새벽.

예; 2). 음력 7 월 2 일 밤, 21 시 22 시 2 일 일자변경 시, 3 일 23 시 ㅇ시 (子時) 01 시 02 시 03 시(丑時. 사망) 새벽. 위 두 예문의 기일은 언제가 됩니까?

◆答; 기일.

음력 7 일 1 일 밤 새벽 3 시란 위 1). 의 예로 말씀을 하셨으면 작고하신 날이 2 일 이 맞고, 2)의 예로 말씀하셨으면 작고하신 날이 3 일이 됩니다.

제사 시간은 작고한 날 질명(質明; 먼동 틀 무렵)이 바른 시간이 됩니다. 다만 대부분의 가문에서 그 날 첫 시인 자시에 당겨 지내고 있을 뿐입니다.

●祭義君子有終身之喪忌日之謂也註忌日親之死日也
●尤庵曰行祭早晚太早不可太晚亦不可惟當以質明爲正然孔子曰與其晏也寧早聖人之微意可知也
●南溪曰質明卽大昕指日未出時也

▶1106◀◆問; 기일(忌日) 혼동하지 마시기 바랍니다.

1 일 밤 0 시 15 분에 사망(死亡)하였다면 어느 날이 기일(忌日)이 되는가?

◆答; 기일(忌日).

오늘밤이라 함은 "(孔穎達疏)야자자혼지단지총명(夜者自昏至旦之總名)"이라 하였으니 그날 어두지기 시작하면서부터 그 밤이 새기 까지를 이르며, 날이 갈리는 때는 "초륙일해시시우초칠일자시지(初六日亥時始雨初七日子時至)"라 그 날 밤중 해시 말 (亥時末) 자초시(子初時)에 다음날로 바뀐다.

1 일 밤(중. 새벽) 0 시 15 분에 운명한 이의 기일(忌日)이 1 일이 된다. 라고 여러 곳에 게시되어 있으나, 유학(儒學)의 일자로는 매년 2 일이 기일(忌日)이 됩니다.

혹 본 성균관 홈을 다른 문제로라도 들렸으면 1 일 밤 자시에 작고한 이의 기일(忌日)이 같은 날인 1 일이다. 운운을 목격하였다 하여도 유교 식(儒敎式) 제사이면 그와 같은 경우 초이튿날이 기일(忌日)이 됩니다. 착오 없으시기 바랍니다.

첨언; 하루의 계산은 자정(子正)→정오(正午)→자정(子正)=1 日이라 하나,

1 일의 밤이란, 그날 오전 0 시부터 날이 새기까지 와 그날 오후 어두워지기 시작한 뒤부터 자정(子正) 전까지가 아니라, 1 일 저녁때부터 현대(現代) 시(時)로는 자정(子正)을 지나 2 일 날이 새기 전 까지를 이릅니다. 착오 없으시기 바랍니다.

●宮廷錄事彙報官廳事項; 雜 事今一月二十六日自亥時至二十七日寅時灑雨下雨測雨器水深一分
●日省錄正祖元年丙午有防以初六日亥時始雨初七日子時至測雨器水深四分
●太宗實錄太宗二年秋七月九日庚寅; 今日亥時始雨明日大雨至亥時果雨翼日又雨
●左傳莊公七年辛卯; 夜恒星不見夜中星隕如雨(杜注)夜中夜半也(孔穎達疏)夜者自昏至旦之總名
●詩經小雅庭燎; 夜如何其夜鄕晨(鄭玄箋)晨明也是朝之時也
●錦溪日記五月二十五日; 欲聞我國禮義風俗自初昏至子夜懸燈筆話答之以自泮宮以至州縣學校釋奠祭儀崇儒重道之敎及冠婚喪祭之禮則滿堂皆嘆服也

●詩經正解陳風東門之楊章; 昏以爲期明星煌煌(註)何所期者昏也今啓明之星已出
●詩傳大全小雅北山之什; 朝夕從事(註)食者皆强壯之人而朝夕從事者也
●呂溫奉和張舍人閣中直夜; 涼生子夜後月照禁垣深
●辭源[子夜]夜半子時卽夜十一時至翌晨一時

▶1107◀◆問; 기제를 시제로.

대진(代盡)되어 기제(忌祭)에서 묘제(墓祭)로 옮기는 방법?

◆答; 기제를 시제로.

효현손(孝玄孫)의 죽음으로서 대진(代盡)된 신주(神主)는 친미진(親未盡)이면 그 중 최장방(最長房)으로 옮겨 그의 대(代)에 맞게 개제(改題)하되 방제식(旁題式)에는 효(孝)를 붙이지 않으며, 만약 손(孫) 중에 친미진자(親未盡者)가 없어 대진(代盡)된 신주(神主)는 단헌지례(單獻之禮)로 송주례(送主禮)를 마치고 묘(墓)로 옮겨 봉분(封墳)의 서쪽으로 매안(埋安)하고 또 묘(墓)에서 단헌지례(單獻之禮)로 예를 마치게 되는데 만약 사당(祠堂; 神主) 없이 지방(紙榜)이었다면 그 예법(禮法)은 어느 예에도 언급됨이 없는 것 같습니다.

●家禮族人有親未盡者遷于最長之房使主其祭
●備要祔位之主本位遞遷則埋于墓所
●沙溪曰最長房之義朱子以爲古人屢世同居一門之內子孫各有私房若有親之主而族人有親未震者則遷于其中最長者之房以祭之○又曰最長房之子雖未親盡門中又有諸父諸兄則當遷奉於其房耶沙溪曰然○又曰最長房有庶曾孫嫡玄孫則庶曾孫當奉祀若貧賤不可以奉祀嫡玄孫奉祀無妨○又曰最長房不能祧主則宗子姑安於別室以最長房之名改題旁註宗子攝行○又曰最長房死不待三年遞遷以三年廢祭有所未安故也○又曰父歿母在亦祧退溪曰父喪畢藏主別處以待他日與妣同入廟始行祧遷未爲得禮之正尤菴曰親盡祧遷當以奉祀孫世代計之雖祖曾祖母生存亦不可不遷○又曰非大宗高曾二祖親雖未盡當遷於長房

▶1108◀◆問; 기제사나 명절 제사에 조상의 혼이나 귀신이 운감하시나요?

기제사나 명절 제사에 조상의 혼이나 귀신이 운감하시나요?

1]기제사에는 운감하는 날짜와 시간이 있나요?
2]명절 제사에는 운감하는 시간이 있나요?
3]제사 지내는 날짜가 다르면 운감하실 수 있나요?
4]제사 지내는 장소가 다르면 운감하실 수 있나요?
5]제사 지내는 시간이 다르면 운감하실 수 있나요?
6]여러 번의 기제사를 일자를 정해서 한꺼번에 지내면 운감하실 수 있나요?
7]기제사를 명절제사와 같이 지내도 되나요?

◆운감[殞(죽을운) 感(느낄감)]제사 때에 차려 놓은 음식을 귀신이 맛봄.

◆答; 기제사나 명절 제사에 조상의 혼이나 귀신이 운감하시나.

기제(忌祭)는 운명(殞命)한 날 "질명(質明)"이요, 절사(節祀)는 "궐명숙흥(厥明夙興)"이라 역시 질명(質明)이라 하였으니 기제(忌祭)나 절사(節祀) 모두 그날 날 샐 무렵부터 시작됩니다. 다만 기제(忌祭)는 속례(俗禮)로 자시(子時)에 대개의 가문(家門)에서 행하고 있을 뿐입니다.

따라서 그 날이 아니면 그 제사(祭祀)가 되지 않으니 지낼 아무런 까닭과 명분(名分)이 없어 지낼 이유(理由)가 없게 되겠지요. 그러하니 그 날 전이라면 조상(祖上)

께서 몰라 강신(降神)하지 않았을 것이고, 그 날 후라면 조상(祖上)께서 화가나 종아리를 치고 싶은 심정(心情)이시겠지요. 그리고 축(祝)에서 고하기를 상향(尙饗)이라 하였으니 운감(殞感)이라기 보다는 흠향(歆饗)이라 함이 옳을 것입니다.

●祭義君子有終身之喪忌日之謂也註忌日親死之日也
●周禮春官宗伯禮官之職小史條掌邦國之志奠繫世辨昭穆若有事則詔王之忌諱註鄭司農云先王死日爲忌名謂諱
●家禮忌祭編○厥明夙興設蔬果酒饌○質明主人以下變服詣祠堂封神主出就正寢○參神降神進饌初獻
●禮器質明而始行事疏質正也謂正明之時少牢禮朝明行事註朝明質明也此乃周禮也
●士冠禮擯者請期宰告曰質明行事註擯者有司佐禮者在主人曰擯在客曰介質正也宰告曰旦日正明行冠事
●尤庵曰行祭早晩太早不可太晩亦不可惟當以質明爲正
●南溪曰質明卽大昕指日未出時也
●性理大全通禮俗節條禮如正至朔日之儀○正至朔望則參條正至朔望前一日灑掃齋宿厥明宿興開門軸簾每龕設新果一大盤於卓上
●國朝五禮儀大夫士庶人忌日俗節告祭儀厥明夙興設饌具如式見序例主人以下盛服盥手帨手訖俱就位主人升自東階啓櫝捧出神主各設於座降復位主人以下再拜
●漢書文帝紀朕旣不德上帝神明未歆饗也天下人民未有慊志

▶1109◀◈問; 기제 등 윤행 당부(忌祭等輪行當否).
기제사를 형제간에 공평하게 돌려가며 지낼 수가 있을까요?

◈答; 기제 등 윤행 당부(忌祭等輪行當否).
제사(祭祀)는 적장자손(嫡長子孫)으로 이어가며 제사(祭祀)함을 일러 장자(長子) 승계원칙(承繼原則)이라 합니다.
기제 등 윤행 당부(忌祭等輪行當否)에 관하여 고찰하여 보겠음.

⊙忌祭支子輪行當否
●語類曰古無忌祭近日諸先生方考及次
●張子曰古人於忌不爲薦奠之禮特致哀示變而已
●大全李輝問今人若兄弟異居相去遼遠欲各祭其父祖不可以主乎朱子曰兄弟異居廟初不異只合兄祭而弟與執事或以助之爲宜而相去遠者則兄家設主弟不立主只於祭時旋設位以紙榜標記逐位祭畢焚之如此似亦得禮之變也○又曰支子私祭上及高曾非所以嚴太宗之正也○又曰支子之祭先儒雖有是言然竟未安向見范丈兄弟所定支子當祭旋設紙榜於位祭訖而焚之不得已此或可采用然禮文品物亦當小損於長子或但一獻無祝可也
●鄭道可問忌祭欲行於主人之家支子女子則只以物助之而已如何曰此意甚好然亦有一說朱子與劉平父書有支子所得自主之祭之說想支子所主之祭恐是忌日節祀之類也今若皆歸於宗子而支子不得祭則因循偸墮之間助物不如式以致衆子孫全忘享先之禮而宗子獨當追遠之誠甚爲未安或宗子貧窶不能獨當而並廢不祭則反不如循俗行之之爲愈也
●李堯卿某問與先兄異居不考禮經輒從世俗立家先龕子依溫公書儀立牌子只行俗節之祭而時祭及禰祭皆行於先兄之家自先兄亡後舍姪承祭祧高祖而禰先兄某家中旣有家先牌子上闕高祖之祭下無禰祭心實未安欲於時祭畢祭高祖於某家某主之遇當祭之月亦欲私擧禰祭何如朱子曰此事只合謹守禮文未可遽以義起也
●栗谷曰墓祭忌祭世俗輪行非禮也墓祭則雖輪行皆祭于墓上猶之可也忌祭則不祭于神主而乃祭于紙榜此甚未安雖不免輪行須具祭饌行于家廟庶乎可矣

●頤菴曰國俗忌祭不論男女輪遞設行國典云祭享之費與祭宗族輪番偕辦又言主祭子孫別居遠處衆子孫就其家行祭謂送助其費于宗家耳非使之設行於各家也

●退溪曰四時正祭之外若忌日俗節等祭支子亦可祭之

●龜峯曰祭聖必於學祭先必於宗而今世族不免題紙榜行祭於諸子之家甚不可也

●問忌祭定行於主人之家支子女子則只以物助之何如退溪曰朱子書有支子所得自主之祭之說恐是忌祭節祀之類也今若一切皆歸宗子而支子不祭則因循偸惰之間助祭不如式以致衆子孫全忌享先之禮甚爲未安又或宗子貧窶不能獨當而並廢不祭則反不如循俗行之之爲愈

●黃宗海問朱子云支子所得自主之除則當留以奉祀所謂自主之祭指何祭耶今人支子爲守令者奉神主以行何如沙溪曰此乃班祔神主也支子之妻若子若孫曾已班祔於宗家而今宗子奉先祖神主遠去則其夫若父若祖在家自當主之不當隨宗子而遠去也支子爲守宰者奉神主以行非禮之正亦亂後權宜之道耳

●南溪曰雖支子家具饌祝辭必用宗子名朱子雖言兄家設主弟不立主只於祭時旋設位以紙榜標記祭畢焚之然於其末以更詳之爲結後來亦無以此通行者惟父母忌日是終天之通與宗家異居者有難每年只行望哭而已若非往參宗家之時則雖以紙榜設行不至大悖

▶1110◀◆問; 기제사.

저의 조부께서는 1877년생으로서 일찌감치 고성이씨와 결혼해서 3명의 딸만 두셨습니다. 대를 잇지 못하고, 젊으신 나이에 고성이씨가 먼저 돌아가심에 따라 큰딸보다 나이가 어린 순흥 안씨와 재혼을 하고 그사이에 3명의 아들을 두게 되어 대를 이었는데 그 중에 큰아들이 저의 부친이십니다.

저의 부친이 살아계셨을 때까지만 해도 조부 기제사 지방에 조부, 고성이씨, 순흥 안씨 3분 모두를 모셨고 조모 기제사에도 똑같이 3분을 모셨는데 아버님 작고 후에 저의 처를 비롯하여 주위에 분들이 그렇게 하면 안되고 조부 기제사에는 조부, 고성이씨 2분을 모셔야 하고, 조모 기제사에는 순흥 안씨 한 분만을 모셔야 한다고 주장하여 지금 몹시 혼란스럽습니다.

저의 생각은 저의 부친이 설령 잘못 저에게 가르쳐 주었더라도 부친이 가르쳐주신 그대로가 가장 현명한 방법으로 알고 살아왔는데 주위에 주장이 너무 강하여 이렇게 전문 어르신께 여쭈게 되었습니다. 하교하여 주십시오.

◆答; 기제사.

아래와 같이 살펴보건대 귀(貴) 가문(家門)이 병제(倂祭)로 기제(忌祭)를 봉사(奉祀)한다면 조부(祖父) 기일(忌日)을 당(當)하면 조부(祖父)와 원비(元妃), 계비(繼妃) 삼위(三位)를 설위(設位)하고 원비(元妃)나 계비(繼妃) 기일(忌日)을 당(當)하면 마찬가지로 삼위(三位)를 설위(設位)하고 지내되 사계(沙溪) 선생(先生) 말씀에 축(祝)으로 모친 휘일부림(某親諱日復臨)이라 고(告)하여야 한다. 라 말씀 하셨습니다.

●晦齋曰按文公家禮忌日只設一位程氏祭禮忌日配考妣二家之禮不同盖只設一位禮之正也配祭考妣禮之本於人情者也若以事死如事生鋪筵設同几之意推之禮之本於情者亦有所不能已也

●退溪曰忌日合祭古無此禮但吾家自前合祭之今不敢輕議

●沙溪曰忌日并祭考妣雖非朱子意我朝先賢嘗行之栗谷亦曰祭兩位於心爲安云援尊之嫌恐不必避

●同春問並祭考妣則告辭與祝辭似當添一兩語沙溪曰告辭遠諱之辰敢請下當添顯考顯妣神主出就云云祝辭歲序遷易下當添某親諱日復臨云云

●問解續問父若有前後室則前後母神主同出耶只出考與所祭之主耶答並祭爲當前母忌日同祭後母後母忌日同祭前母

▶1111◀◆問; 기제사 기일?

안녕하세요. 기제사 기일이 의문이 들어서 질문을 드리오니 상세하신 답변을 해 주시면 감사 하겠습니다. 내용인즉,

問 1 저의 처의 사망 일이 양력으로 1997 년 5 월 15 일 입니다. 그 날이 음력으론 4 월 9 일이 됩니다. 5 월 15 일 밤 12 시 45 분에 병원에서 산소 호흡기를 뗀 사망 시간이 되겠습니다. 명확한 기제사 기일을 부탁 드리오며 제수를 준비하는 시기 또한 아울러 문의 하오며,

問 2. 아내의 제사에 배우자는 큰 절을 올려야 하는지요?

問 3. 기제사 기일은 양력과 음력 중에서 어느 것이 정확하며 합당 하는지 우문현답을 기대합니다. 그럼 항상 행복하신 일상이 되시길 기원합니다.

◆答; 기제사 기일.

問 1; 答; 하루의 첫 시가 자시(子時)인데 자시는 현대 24 시로는 자초시(子初時)는 전일 23 시가 되고 자정시(子正時)는 0 시가 되고 자후시(子後時)는 당일 01 시가 됩니다.

따라서 4 월 9 일 12 시 45 분에 산소 호흡기를 떼었다면 자후시(子後時)가 되어 익일인 4 월 10 일에 사망한 날이 됩니다. 제수 준비는 기일 전날인 4 월 9 일 날 준비를 모두 마칩니다.

問 2; 答; 아내의 상을 당하면 남편이 주인이 되어 제사를 주관 초헌(初獻)을 하고 부부는 상배이니 재배를 합니다.

●奔喪凡喪父在父爲主註各爲其妻子之喪爲主也疏正義曰凡喪父在父爲主者言子有妻子喪則其父爲主
●陶庵曰出入夫婦相拜

問 3; 答; 유가(儒家)의 날자는 정확하고 합당성의 여부와 관계 없이 일자 계산 시 초부터 음력으로 행하여지고 있습니다.

따라서 효자(孝子)는 상(喪)을 당하여 초하루 보름과 절일(節日)을 당하면 조전(朝奠) 올릴 때 찬(饌)을 갖추어 드리고, 상(喪)을 마치면 해마다 정조(正朝; 설)와 추석(秋夕)의 명절을 당하면 찬을 갖추어 예를 갖추어 드리고 있습니다.

●漢書律歷志歷十二辰之數註孟康曰十二辰得是積數也五行陰陽變化之數備於此矣
●漢語詞典[太陰曆]通常說的陰歷指我國舊時通用的歷法
●朱子家禮四時祭具饌(云云)厥明夙興設蔬果酒饌(云云)質明奉神主就位(云云)參神(云云)降神(云云)
●高氏曰朔望節序則盛饌比朝奠差衆

▶1112◀◆問; 기제사를 묘에서 지내려 합니다.

가끔 시간 날 때 들어와서 많은 것을 배우고 있습니다. 고맙습니다.

질문: 그간 집에서 제사를 모셨습니다. 올해는 산소에 직접 가서 산소(山所)도 돌보고 제사를 모시려 하는데 그리해도 무방(無妨)한지 그리고 그 절차를 몰라서 여쭙습니다. 배움이 짧아 가능하시다면 알아듣기 쉽게 설명 주시면 고맙겠습니다. 안녕

히 계세요.

◆答; 기제사를 묘에서.

기제(忌祭)와 묘제(墓祭)는 지내는 성격이 다릅니다.

기제(忌祭)는 신주제(神主祭)로서 작고하신 날을 당하면 사당(祠堂)에서 신주(神主)를 정침(正寢)으로 내 묘시고 지내는 제사이고, 묘제(墓祭)는 체백제(體魄祭)로서 육신(肉身)이 모셔진 묘(墓)에서 지내는 제사를 이릅니다. 따라서 정침제(正寢祭)가 묘제(墓祭)가 될 수 없듯이 묘(墓)에서 지내는 묘제(墓祭) 역시 기제(忌祭)가 될 수 없습니다.

●祭義君子有終身之喪忌日之謂也註忌日親之死日也
●後漢書明帝紀永平元年春正月帝率公卿而下朝於原陵(李賢注)古不墓祭秦始皇起寢於墓側漢因而不改
●云麓漫鈔卷六自漢世祖令諸將出征拜墓以榮其鄉至唐開元詔許寒食上墓同拜掃禮沿襲至今遂有墓祭

▶1113◀◆問; 기제사를 지낼 때 진설 방법에 대하여 문의 드립니다.

이곳에서 많은 것을 배우고 익히고 있습니다. 항상 감사 드립니다. 기제사를 지낼 때 진설 방법에 대하여 문의 드립니다.

제사상을 진설할 경우 조기와 김을 어느 열에 진설 하여야 맞는지요? 여러 곳에서 문의 드렸지만 어느 분은 채 열에 놓는다는 분이 있고 어느 분은 적 열에 진설 한다고 하는데 정확히 알고 싶어서 문의 드립니다.

◆答; 기제사를 지낼 때 진설 방법.

1). 조기란 사전(辭典)에서 "석수어(石首魚). 석어(石魚). 종어(鯼魚)"라 하였으니 어류(魚類)로 분류되어 면(麵), 육(肉), 적(炙), 어(魚), 병(餠), 행에 진설(陳設)되어야 할 것이며,

2). 김은 해의(海衣)로서 홍조류 보라털과의 조류로 식물에 속하나 제물로 제사상에 올리지 않습니다.

●旅軒曰所謂佐飯者何等物耶若用俗設常品雜物則恐非事神之儀也
●日省錄正祖元年丙午五月十一日癸丑朝夕上食條海衣佐飯一器
●國語大辭典(한국어사전편찬회편)조기; 민어과에 속하는 참조기, 보구치, 수조기 등의 총칭. 모양은 붕어와 비슷하나 조금 크며 빛은 잿빛에 은빛의 광택이 남. 길이는 약 40cm. 살은 연하고 맛이 좋음. 석수어(石首魚). 석어(石魚). 종어(鯼魚).

●표준국어대사전[김]「명사」『식물』홍조류 보라털과의 조류. 몸의 길이는 30cm 정도이며, 가장자리는 밋밋하나 주름이 져 있다. 검은 자주색 또는 붉은 자주색을 띠고 바닷속 바위에 이끼처럼 붙어 자라는데 식용한다. 우리나라의 서남 연안에서 많이 나며 널리 양식한다. 동의로 감태(甘苔)·청태(靑苔)·해의(海衣).

▶1114◀◆問; 기제사 문의.

기제사는 돌아 가신 날의 질명(質明)에 지내는 것이 정례이고 구 시간으로 자시에 지내면 변례(變禮)라고 본 의례문답에서 읽었습니다.

질문 1) 돌아 가신 날은 살아 계셨던 날의 마지막 날 일뿐만 아니라 돌아 가신 후의 날(때)이기도 합니다. 변례(變禮)와 정례를 따르면 대부분 마지막으로 살아 계셨던 날(때)에 제사를 지내게 되는데 어떤 이유로 기제사 시간이 위의 질명(質明)과 자시

(子時)인 돌아 가신 날의 시작시간과 이른 새벽으로 정해진 것인지 궁금합니다.

질문 2) 돌아 가신 날의 저녁 시간은 대부분 위 질문(質問) 1 에 있는 돌아 가신 후의 날(때)에 해당 하므로 돌아 가신 날의 저녁에 지내는 기제사는 같은 날이라도 대부분 위 질문(質問) 1 과 달리 돌아 가신 후의 시간에 지내는 것으로 되는데, 돌아 가신 날의 저녁에 지내고 있는 기제사(忌祭祀)에 대한 의견을 듣고 싶습니다.

◆答; 기제사(忌祭祀).

본인의 문장 이해 부족인지 질문의 요지를 바르게 이해하기에 조금은 혼란스러워 단지 사일(死日)과 자시행제(子時行祭), 질명(質明)에 한하여 논(論)키로 합니다.

사시(死時)란 당일(當日) 자시 초(子時初)일수도 있고 해시 말(亥時末)일 수도 있으니 어느 시(時)에 죽었느냐를 따져 기일이 정하여지는 것이 아니고 죽은 날이 기일(忌日)이 됩니다.

자시 행제(子時行祭)의 제도는 궁실 예(宮室禮)로 보이는데 백성이 이를 그날 첫 시(時)인 까닭에 효심(孝心)에서 이를 따라 행하여 지고 있지 않았나 생각 되나, 사서인(士庶人)의 질명행제(質明行祭)는 주(周)나라의 례(禮)로, 자손(子孫)으로서 영조(寧朝; 새벽 문안)의 시간대(時間帶)인 까닭에 많은 선유설(先儒說)에 그 때에 제사(祭祀)함이 정례(正禮)라 하셨을 뿐입니다.

●問周夜半爲朔商鷄鳴爲朔陰陽家皆以子時爲明日然則鷄鳴前子時死者當從何日尤菴曰日分必終於亥而始於子初二日之子自不干於初一日也
●明齋曰凡喪復後始發喪其前則雖已氣絶猶有複生之望不可便以爲已死也以此意推之則似當以招魂日爲忌日矣
●日省錄正祖十九年乙卯四月二十二日壬寅條(云云)獻官之命十七日進詣本宮十八日子時行祭天氣淸和享事利成獻官以下(云云)
●弘齋全書訓語氣猝發大臣閣臣求對承候敎曰逢是年是日予懷無以自抑子時行祭非不知無於禮而不得已爲此天明以後將行祝慶之禮予氣予亦自知故欲稍早時刻庶少鎭安而專意於慶今之節也仍嗚咽良久
●祭義君子有終身之喪忌日之謂也註忌日親之死日也
●周禮春官宗伯禮官之職小史條掌邦國之志奠繫世辨昭穆若有事則詔王之忌諱註鄭司農云先王死日爲忌名謂諱
●檀弓夏后氏尙黑大事用昏殷人尙白大事用日中周人尙赤大事用日出
●陳氏曰少牢大夫之祭宗人請期曰早明行事子路祭於季氏質明而始行事晏朝而退孔子取之此周禮也然禮與其失於晏也寧早則雖未明之時祭之可也
●語類云先生凡時祭侵晨已行事竊意古人宮廟有別官使敏習後世則不能然所以從早也
●張子曰五更而祭非禮也
●南溪曰質明卽大昕指日未出時也
●尤庵曰行祭早晚太早不可太晚亦不可惟當以質明爲正

▶1115◀◆問; 기제사시 술 올리는 사람 순서.

안녕하십니까. 조상에 대한 기제사(아버지 어머니 포함)시 아헌과 종헌을 어느 순으로 해야 할지 궁금하여 글을 올립니다. 제사에 장자, 차자(次子)의 아들, 차차자(次次子; 셋째 아들), 딸, 사위 등이 참석했습니다.

問; 1. 첫 잔은 당연히 제주인 장자(큰아들)이 잔을 올리나 아헌의 경우 누가 올려야 되는지. "차자의 아들"이 먼저 잔을 올려야 하는지요. 아니면 제주의 동생인 셋째 아들이 항렬과 나이가 많으니 먼저 올려야 하는지요(둘째 아들은 불참). 셋째 아들이 먼저 올려야 한다는 의견과 제주가 될 서열(장자, 장자의 아들, 차자, 차자의 아들, 차차자, 차차자의 아들)대로 해야 한다는 의견이 있습니다.

問; 2. 제주가 될 순서와 제사 때 술을 올리는 순서는 별개 아닌가요? 답변 주시면 감사하겠습니다.

◆答; 기제사시 헌관 분정.

問; 1. 答;

1. 초헌관. 주인(적適),
2. 아헌관. 주부(主婦; 嫡子之妻) 또는 적자(適者; 주인의 장자).
3. 종헌. 서자제(庶子弟) 혹 적손(嫡孫; 주인의 적손).

問; 2. 答; 제주가 되는 순서; 장자(長子). 장손(長孫) 장증손(長曾孫) 등 적장자손(嫡長子孫)으로 이어나갑니다.

●朱子曰祭只是三獻主人初獻適子或主婦亞獻庶子弟或適孫終獻
●成渾曰鄭述論祭禮云三獻俱是主人主婦長男爲之雖伯叔父不可爲也其義在於主人爲初獻諸父尊行不可爲其次以亂尊卑之序也
●家禮時祭亞獻條主婦爲之註朱子曰祭禮主人作初獻未有主婦則弟得爲亞獻弟婦爲終獻
●性理大全喪禮立喪主條;凡主人謂長子無則長孫承重以奉饋奠
●奔喪凡喪父在父爲主註此言父在而子有妻子之喪則父主之統於尊也

▶1116◀◆問; 기제사시 종헌 후에 또다시 잔을 올릴 수 있는지에 대한 문의.

기제사시 종헌 후에 또다시 잔을 올릴 수 있는지에 대하여 문의합니다. 현실적으로 여러 가지 이야기가 많습니다. 여러 예학자님의 고견을 부탁 드립니다.

[일반 가정에서 아버지 기제사를 모실 때 초헌은 장남(제주)이 하고 아헌은 장남의 처(주부)가 하는 것이 정례이나 주부가 하기 어려우면 차남 등이 하고, 종헌은 삼남이 하거나 아니면 친척 중에서 하며 종헌 후에는 유식(첨잔), 합문, 계문, 사신 순으로 하여 기제사를 마칩니다]

문 1 위와 같이 잔 올림은 삼헌(초, 아, 종)이 원칙이나 사위, 딸들이 많이 참석하여 장인(친정아버지)께 잔을 올리기를 원할 때 종헌 후에 네 번째, 다섯 번째, 여섯 번째 잔을 계속 올릴 수 있는지요? 현실적으로 참사 원이 많을 때 인정상 헌작(삼헌으로 한정) 문제로 곤란 할 경우가 입니다.

문 2 만약 계속 잔 올림이 가능 하다면 종헌 후 어느 때 해야 하는지요. (유식 후 합문 전, 계문 후 사신 전, 사신 후 등) 혹시 예문에 근거가 있는지요?

문 3 만약 종헌 후에는 어떠한 경우에도 네 번째, 다섯 번째 잔 올림이 불가 하다면 종헌을 사위, 딸들이 함께 하도록 하는 방법은 어떠한지요?

예) 사위, 딸들이 함께 향안석 앞에 들어가서 대표로 한 사람만 헌작하고 사위, 딸들이 함께 재배(사배)하는 것은 어떠한지요?

◆答; 사헌(四獻)은 하지 않습니다.

아래와 같이 살펴보건대 생인(生人)이나 제례(祭禮)에서의 헌작(獻爵)은 삼헌(三獻)이 바른 예법 같습니다. 이는 아마도 술이 과하면 법도를 잃는다는 의미에서인 것 같습니다.

만약 법도를 무시 억지로라도 잔을 들이겠다 떼를 쓴다면 종헌 후라야 할 것입니다. 까닭은 종헌까지가 음주 시간이고 그 뒤는 식사 시간이 됩니다.

●特牲禮註三獻禮成也疏曰生人飮酒禮卿大夫三獻士一獻祭禮士與大夫同者
●朱子曰祭只是三獻主人初獻適子或主婦亞獻庶子弟或適孫終獻

▶1117◀◆問; 기제사와 명절차례 지내는 장소?

아버지는 돌아가시고 어머니는 시골에 살고 계십니다. 큰형님이 서울에 살고 있어 기제사는 서울형님 집에서 지냅니다. 제가 궁금한 건,

1. 기제사를 서울에서 지내도 상관이 없나요(아님 시골에서 지내야 하나요).
2. 추석과 설 차례도 서울에서 지내야 하나요(지금은 설을 서울에서 추석은 시골에서 이렇게 지내고 있습니다).
3. 추석차례는 비가오면 시골집에서 지내고 비가 안 오면 산소에 가서 지냅니다(이것도 괜찮은 가요) 수고 하십시오.

◆答; 기제사와 명절차례 지내는 장소.

선대(先代) 봉사(奉祀)는 사당(祠堂)이 근본(根本)이 됩니다. 사당(祠堂)은 종자손(宗子孫) 가(家)에 세우고 그가 주인(主人)이 되어 봉제사(奉祭祀)하게 되는데, 설령 장자(長子)의 집에 사당(祠堂)이 없다 하여도 형편상 세우지 않았을 뿐입니다. 따라서 기왕에 기제를 장자의 집에서 지낸다면 특히 속절의 제사는 사당 예(禮)이기 때문에 장자의 집에서 지냄이 옳은 것입니다.

다만 속절(俗節) 의식(儀式)에서 정례(正禮)는 아니나 회재(晦齋)선생 말씀과 같이 가묘(家廟)에서 예를 마치고 세속(世俗)인 산소(山所)로 올라가 전배(奠拜)의 예를 갖춤도 사계(沙溪)선생 역시 불방(不妨)이라 하셨으니 서울에서 속절(俗節) 참례(參禮)를 마치고 산소(山所)로 가심이 옳을 듯싶습니다.

●曲禮君子將營宮室宗廟爲先註君子有位者也
●家禮本註凡主人謂長子無則長孫承重以奉饋奠
●晦齋曰世俗正朝寒食端午秋夕皆詣墓拜掃今不可偏廢是日晨詣祠堂薦食仍詣墓奠拜
●沙溪曰墓祭與家廟處所旣異雖兩行恐不妨

▶1118◀◆問; 기제와 묘제가 한 날 들 때의 예법에 대해서 궁금.

기제(忌祭)와 묘제(墓祭)가 한 날 들 때의 예법(禮法)에 관하여?

◆答; 기제와 묘제가 한 날 들 때.

기제(忌祭)와 묘제(墓祭)가 같은 날에 들 때는 아침에 기제(忌祭)를 지내고 오후(午後)에 묘제(墓祭)를 지낸다는 것입니다.

만약 변례로 기제를 자시에 지내는 가문(家門)이면 당일(當日) 자시(子時)에 기제(忌祭)를 지내고 날이 밝으면 상묘(上墓)하여 묘제(墓祭)를 지내면 될 것이며 궐명(厥明) 가문(家門)이면 아침 일찍 기제를 지내고 상묘하여 묘제를 지내면 될 것입니다.

●寒岡曰若從俗墓祀行於名日而先諱偶然相値則世人墓祭不必行於正日或有先於數日者此亦依彼而稍先期行墓事似不妨若曉行忌祀晚行墓事不惟事涉窘束亦頗未安
●問先忌適當寒食秋夕則俱當三獻耶陶菴曰廟與墓各異俱當三獻不必拘於一日不再祭之文矣
●朽淺曰嘗見退陶先生之論則四名日或與忌日相値則必異日而祭之盖爲兩祭並行一日有

所不便故

▶1119◀◈問; 기제사 일을 앞당겨 할 수 있는지.

선친의 기제 일이 수요일인데 직장과 관련된 일로 그날 인천에 머물러야만 합니다. 그것을 미룰 수 있다면 고민도 없는데 만약 일요일로 3 일 정도 앞 당겨서 제사를 지낼 수 있는지가 궁금합니다.

저는 2 대 독자로 저 외에는 제사를 지낼 수가 없고 만약 앞당길 수가 없다면 아내가 지낼 수 밖에 없습니다. 저 없이 제사를 지내기는 싫고요. 고민입니다.

◈答; 설을 당겨 쉴 수 없다.

아래와 같이 예기(禮記) 제의편(祭儀篇)을 살펴보건대 "군자(君子)는 종신(終身)토록 상(喪)이 있다 함은 기일(忌日)을 두고 하는 말이다. 기일(忌日)에는 다른 일을 하지 않는데 그것은 상서롭지 않은 날이라 꺼려서가 아니라 기일(忌日) 날에는 섬기는 마음을 극진(極盡)히 하여 감히 그 사사로운 일을 하지 못함을 말한다.

주왈(註曰) 기일(忌日)이란 친(親)이 작고한 날이다" 라 하였으니 기제(忌祭)는 다른 날로 앞당기거나 미룰 수가 없는 것입니다. 미루거나 당겨 지낸들 무슨 의미가 있겠습니까?

●祭義君子有終身之喪忌日之謂也忌日不用非不祥也言夫日志有所至而不敢盡其私也註 忌日親之死日也不用不以此日爲他事也非不祥言非以死爲不祥而避之也夫日猶此日也志 有所至者此心極於念親也不敢盡其私此私字如不有私財之私言不敢盡心於已之私事也

▶1120◀◈問; 기제사 모시는 시간이 궁금합니다.

저희 모친 제사 일이 며칠 남지 않았는데 이때까지는 돌아가신 날인 음력 9 월 16 일(양력 10 월 26 일) 의 하루 전날인 음력 9 월 15 일 23:00 경에 모셨는데 주위 분들 말씀을 들어보면 제사는 돌아가신 날에 지내는 것이라는 분과 전날 23 시라면 음력으로 자시에 해당되므로 괜찮다는 말도 있는데 어느 쪽이 맞는 지와, 만약에 기제사를 돌아가시기 전날 밤 11 시경에 모시지 않고 돌아가신 날 저녁 9 시, 10 시 쯤에 모셔도 되는지 그럴 경우에는 특별히 하는 것 없이 (예를 들면 모친영전에 제사 날을 내년부터는 하루 뒤인 음력 9 월 16 일에 모시겠다고 고하는 절차) 제사 날을 바꿔도 상관 없는지 어떻게 하는 것이 최선의 선택인지 현명하신 여러분의 고견을 기다리겠습니다. (동생이 직장관계로 멀리 있어 다음날 출근 때문에 저녁 이른 시간에 제사를 모시자고 함)

◈答; 기제사 모시는 시간.

9 월 16 일이 기일이라면 9 월 15 일 23 시 이후는 9 월 16 일로 첫 시인 자초시가 됩니다. 바른 기제 시간은 당일 질명(먼동 틀 무렵)입니다. 질명(質明)보다 너무 일러도 너무 늦어도 불가(不可)라 하였으니 당일 저녁 9~10 시경은 너무 늦은 시간이나 그 외 시간 대에서는 지내드리기가 생활여건상 어렵다면 고려하여볼 시간이다라 여겨 지기도 합니다.

●祭義君子有終身之喪忌日之謂也註忌日親之死日也
●家禮忌祭編○厥明夙興設蔬果酒饌○質明主人以下變服詣祠堂封神主出就正寢
●尤庵曰行祭早晩太早不可太晩亦不可惟當以質明爲正
●辭源[子夜]夜半子時卽夜十一時至翌晨一時

▶1121◀◈問; 기제사(방안 제사) 때의 음복 순서.

[문의 1] 음복을 납주(納主) 전(前)에 하여도 되며, 문헌(文獻)에도 있는지요? 아니면 철상(撤床) 후에 음복(飮福)을 하여야 하는지요?

[문의 2] 납주(納主) 전에 하는 음복을 다른 용어는 무엇이라고 하는지요?

◆答; 기제사(방안 제사) 때의 음복 순서가 없음.

사시제(四時祭)를 비롯하여 초조제(初祖祭) 선조제(先祖祭) 니제(禰祭)에는 수조(受胙)와 준(餕)의 예법이 있으나 기제는 아래의 말씀과 같이 종신(終身)토록 상(喪)을 당한 날과 같음이니 불음주불식육(不飮酒不食肉)이라 예법 자체에 수조(受胙; 飮福)와 준(餕; 제사 음식 나눔)의 예를 두지 않는 것입니다.

※혹인(或人)은 기제(忌祭)에 수조(受胙; 음복. 실은 餕에 해당함)의 예를 두나 이는 기제의 참 의미를 깨닫지 모함에서 발생하는 어그러진 예입니다.

●祭義君子有終身之喪忌日之謂也忌日不用非不祥也言夫日志有所至而不敢盡其私也註忌日親之死日也不用不以此日爲他事也非不祥言非以死爲不祥而避之也夫日猶此日也志有所至者此心極於念親也不敢盡其私此私字如不有私財之私言不敢盡心於己之私事也
●輯覽或問禮君子有終身之喪忌日之謂也爲子孫者固皆不飮酒食肉矣一家之人亦皆素食乎愚答曰語類先生家凡値遠諱一家固自蔬食其祭祀食物則以待賓客○補註此所以不餕也

▶1122◀◆問; 기제사를 간소화 할 수 있나요.

년간 8 번의 기제사를 삼십 년 이상 모시고 있습니다. 기제사를 간소화 하여 9 월 9 일(음) 한번에 모실 수 있다는 견해가 있다 하여 여쭈어 보고 싶어 글을 씁니다. 좋은 제안이 있으신지요?

◆答; 기제사란 죽은 날 지내는 제사란 뜻임.

현대(現代) 생활(生活) 여건하(與件下)에서 4 대 봉사(奉祀)를 하고 계신다니 먼저 그 효성(孝誠)에 경의(敬意)를 표합니다. 다만 본 난에서는 시내님이 확인(確認)하고자 하는 "기제사(忌祭祀)를 간소화(簡素化) 하여 9 월 9 일(음) 한번에 모실 수 있다"라는 데 동의(同義)할 답변자는 없을 것 같으며 또 기존 예법(禮法) 외 아래와 같은 말씀이 있으니 다른 좋은 제안(提案)도 말씀드릴 수가 없을 것 같습니다.

●祭義君子有終身之喪忌日之謂也忌日不用非不祥也言夫日志有所至而不敢盡其私也註忌日親之死日也不用不以此日爲他事也非不祥言非以死爲不祥而避之也夫日猶此日也志有所至者此心極於念親也

▶1123◀◆問; 기제사를 묘소에서 지내고자 하는데요?

저의 부모님 기일이 금년도에는 휴일에 닿아 산소에 직접 가서 제를 올리려고 합니다. 부모님 산소는 멀리 있어 그리 자주 찾아 뵙지 못합니다. 그래서 기제사를 당일 오전에 부모님 묘소에 가서 형제들이 모여 지내려고 하는데 예의에 벗어나지 않는지요?

◆答; 기제사는 정침(안방) 제.

아래의 주부자(朱夫子) 말씀을 살펴보더라도 기일제(忌日祭)는 사당(祠堂)에 있는 주(神主)에 대한 제사(祭祀)이고 묘제(墓祭)는 체백(體魄)이 묻혀있는 묘(墓)에서 내는 제사로 기제(忌祭)와는 그 의미가 전연 다릅니다. 까닭에 정침제인 기제(忌祭)를 묘소에서 지낸다 함을 예에 벗어나지 않는다고 말할 수는 없을 것 같습니다.

●朱子曰神主在廟而墓以藏體魄體魄之藏而祭也墓祭不敢輕廢
●祭義註忌日親死之日也

●尤菴曰墓祭親盡未盡只於三月一日祭之而已
●會通展墓用十月朔

▶1124◀◆問; 기제사 봉사 대수.
서인은 이대(二代) 봉사(奉祀)를 한다는 풍설(風說)이 있습니다. 2 대 봉사를 하면
안되나요.

◆答; 서인도 법도는 4 대 봉사.
"사대부는 4 대 봉사, 누구는 2 대 봉사 등" 과 유사한 말씀을 찾아 보았으나 아래
와 같이 기록되어 있는 말씀 외는 찾지를 못하였습니다.

●王制天子七廟三昭三穆與大祖之廟而七諸侯五廟二昭二穆與大祖之廟而五大夫三廟一
昭一穆與大祖之廟而三士一廟庶人祭於寢
●大典文武官六品以上祭三代七品以下祭二代庶人則只祭考妣
●沙溪曰要訣亦從國制只祭三代然家禮旣以祭四代定爲中制故好禮之家多從家禮

▶1125◀◆問; 기제사시 계반 및 삽시정저 관련.
안녕하세요! 김해허씨 호은공파 28 세손 허남균입니다. 우연히 기제사 관련해서 궁금
한 것이 생겼습니다.

저희는 제사를 지낼 때 계반삽시를 초헌 후에 하는데 어느 곳은 종헌 후에 하고 어
느 곳은 첨작 후에 한다는 내용을 인터넷에서 보았습니다. 어느 것이 올바른 것인지
궁금합니다. 참고로 저희 문중 지역은 경북 고령입니다. 감사합니다.

◆答; 기제사시 계반 및 삽시정저.
○가례(家禮)에서는 계반개(啓飯蓋)의 예를 별도(別途)로 두지 않고 삼헌(三獻) 후
유식(侑食) 때 삽시(扱匙)를 하려면 자연히 계반개(啓飯蓋)가 선행(先行)되어야 하니
이때 계반개와 동시에 삽시정저(揷匙正箸)를 하게 되고,
○비요(備要)에서는 초헌(初獻)을 하고 독축(讀祝) 전에 계반개(啓飯蓋)를 하고 삼헌
을 마친 뒤 유식 때 삽시정저를 하게 됩니다.

따라서 가례(家禮)를 따르는 가문(家門)에서는 유식(侑食) 때 계반개(啓飯蓋)와 아울
러 삽시정저를 하게 되고, 비요(備要)의 예법을 따르는 가문에서는 초헌(初獻) 때
계반개(啓飯蓋)를 하고 유식(侑食) 때 삽시정저를 하게 됩니다.

●朱子家禮四時祭侑食條主婦升扱匙飯中西柄正箸
●喪禮備要四時祭初獻條炙肝于爐以楪盛之兄弟之長一人奉之奠于高祖考妣前匙箸之南
[(揷入)乃啓飯盖置其南各位同]祝取版立於主人之左(云云)○又侑食條主婦升扱匙飯中西
柄正箸

▶1126◀◆問; 기제사에 관하여 문의 드립니다.
저희 큰집에서는 4 대봉제사를 모시고 있는데 5 세손인 종손이 중풍으로 인하여 초
헌관으로 참석할 수가 없어 6 세손인 종손의 아들이 대행을 하고 있어 다음과 같은
점을 문의합니다.

다   음
1. 6 세손이 아버지를 대신해서 초헌관이 될 수 있는지?
2. 모실 수 있다면 축문에 玄孫 ○ ○ 로 써야 하는지요? (5 세손: 형술 6 세손: 태)
3. 모실 수 없다면 작은집에서 기제사를 지내야 하는지?

◆答; 기제사에 관하여.

問; 1. 答; 주인(主人)이 불치(不治)의 병폐자(病廢者)라면 전중(傳重)의 예로 그의 적자(嫡子)가 섭주(攝主)가 되어 초헌관(初獻官)이 됩니다.

問; 2. 答; (云云)효현손(孝玄孫) 형술 신범악질사자(身犯惡疾使子) 태호 대행천례감소고우(代行薦禮敢昭告于)(云云).

問; 3. 答; 지자불제(支子不祭)라 하였으니 종가(宗家)가 아니고 작은집에서는 선대(先代) 제사를 지내지 않습니다.

지자(支子)는 스스로 主人이 되어 조니(祖禰)의 제사를 지낼 수 없으며 만약 宗子가 질병 등으로 제사를 감당할 수 없을 때에 사당(祠堂)은 종가(宗家)에 있으니 거기서 종자를 대신하여 섭행(攝行)은 할 수 있다는 의미입니다.

●曲禮支子不祭祭必告于宗子(注)不敢自專謂宗子有故支子當攝而祭者也五宗皆然(疏)正義曰支子庶子也祖禰廟在適子之家而庶子賤不敢輒祭之也若濫祭亦是淫祀○祭必告于宗子者支子難不得祭若宗子有疾不堪當祭則庶子代攝可也猶宣告宗子然後祭故鄭云不敢自專

▶1127◀◆問; 기제사에 관하여 문의 드립니다.

부모님 제사를 모시던 중 궁금하여 감히 문의 드리오니 좋은 답을 주시면 고맙겠습니다.

저는 부모님 기제사를 모실 때에 부모님께서 가르쳐 주신대로 부모님 또는 조부모님 제사에 두 분을 함께 모셔 제사를 모셨습니다. 즉, 지방도 두분 메도 두분 몫으로 함께 모셨습니다. 그런데, 그게 아니라 기제사에는 당사자 한 분만을 모시는 것이 원칙이라는 이야기가 있어 자료를 찾아보았지만 답은 얻지 못하였습니다.

안동지방의 풍습에서는 그렇게 당사자 1 분만을 모시고 제사를 모신다고 하였습니다. 어느 것이 바른 방법인지 알려 주시면 고맙겠습니다.

◆答; 주자왈기일지제일위(朱子曰忌日只祭一位).

기제는 그날 기일이 닿은 분 한 분만 제사(祭祀)함이 바른 예법입니다. 고비(考妣) 병제(竝祭)는 인정에서 비롯된 예입니다. 정씨께서 병제 운운하시기는 하였으나 많은 선유들께서 비례라 하셨으니 한 분만 모심이 바른 방법이십니다.

●祭義君子有終身之喪忌日之謂也註忌日親之死日也疏孝子終身念親不忘忌日
●尤庵曰祖曾忌祭同日則當先後行之盖偕喪三年中有異殯各祭之文忌日喪之餘也
●朱子曰忌日只祭一位
●程氏祀先凡例祖考忌日則只祭祖考及祖妣祖妣忌日則只祭祖妣及祖考
●晦齋曰按文公家禮忌日止設一位程氏家禮忌日配祭考妣二家之禮不同盖止設一位禮之正也配祭考妣禮之本於人情者也
●退溪曰忌日幷祭考妣甚非禮也

▶1128◀◆問; 기제사에 대한 문의입니다.

기제사에 대해 문의 드릴 것이 있어서 글 올립니다.

1. 초헌은 제주가 하고, 아헌은 종부가 하는 것으로 알고 있습니다. 그리고 종헌은 아헌 다음가는 근친자가 한다고 하는데, 그럼 제주의 동생이 종헌을 할 수 도 있습니까?

2. 그리고, 초헌과 아헌까지만 하고 종헌자가 없어서 못 할 경우 축문을 읽지 않는다는 얘기를 들었는데 사실인지요?

3. 또한, 제사상 위의 양쪽에 촛불을 켜는데, 할아버지는 돌아가시고 할머니가 살아계실 때는 하나만 켜는지도 궁금합니다. 좋은 말씀 부탁 드립니다.

◆答; 헌관이 부족할 때.

1. 答; 초헌(初獻) 제주(祭主). 아헌(亞獻) 종부(宗婦). 종헌(終獻) 제(弟).

2. 答; 주인 혼자 제사를 지내게 되면 주인 스스로 독축(讀祝)하고 아헌(亞獻) 종헌(終獻)을 합니다.

3. 答; 백성을 제사 시간은 질명(質明) 등 조(朝)의 시간대라 초와 촛대가 상에 오르지 않습니다. 그렇다 하여도 초를 켠다면 어느 경우라 하여도 양쪽에 켜게 됩니다.

●韓魏公祭式亞終獻皆不足則主祭者自行三獻○又無祝則主人自讀

▶1129◀◆問; 기제사 종헌 시(終獻時)의 '삼제우모상(三祭于茅上)'의 의미?

안녕하셔요. 종헌 시의 삼제우모상은 어떤 의미 인지요,

◆答; 기제사에 종헌(終獻) 시(時)의 '삼제우모상(三祭于茅上)'의 의미.

삼제우모상(三祭于茅上)의 예(禮)는 종헌(終獻)뿐만 아니라 삼헌(三獻)의 예(禮) 모두에서 행(行)하는 예로, 삼제(三祭)의 의미는 향사례(鄕射禮) 정현(鄭玄) 주(注)에서 삼제(三祭)란 제후삼처(祭侯三處)라 하였고, 가공언소(賈公彦疏)에 우여좌중(右與左中)이라 하였고, 이하시(李賀詩), 사기(史記), 한서(漢書)에서는 제주(祭酒)의 예는 노신(路神)에 제사(祭祀)함이라 하였으니 좌우와 그 중앙의 신에게 먼저 제사함이다. 라 이해됨이 전거적이다. 라 하겠습니다.

이에 덧붙여 민간신앙(民間信仰)에서의 고수레와 그 의미(意味)가 통한다. 라 이해(理解)한다 하여도 큰 무리는 없을 것 같습니다.

●朱子曰祭酒盖古者飮食必祭以鬼神自不能祭故代之祭也
●家禮考證喪禮篇三祭於茅束上郊特牲縮酌用茅明酌也註縮泲也云云
●楊氏曰案亞獻如初儀潮州所刊家禮云少牢饋食禮主人初獻尸尸祭酒而後啐酒卒爵主婦亞獻尸尸祭之而後卒爵賓長三獻尸尸祭酒而後卒爵士虞特牲禮亦然以此觀之三獻皆當祭主于茅
●問祭酒以家禮亞獻條但不讀祝云者觀之則三獻似皆祭之以擊蒙要訣亞獻條但不祭酒云者觀則亞終獻不祭無疑當何適從南溪曰楊氏附註三獻皆祭酒當從此說
●尤庵曰降神時傾酒于茅沙者求諸陰之義也三獻時少傾于茅沙者代神祭之義也
●書經顧命王三宿三祭三咤孔傳王三進爵三祭酒三奠爵蔡沈集傳禮成於三故三宿三祭三咤
●儀禮鄕射禮俎與荐皆三祭鄭玄注皆三祭竝其将祭侯也祭侯三處也賈公彦疏三處者下文右與左中是也
●李賀(出城別張又新酬李漢)詩今將下東道祭酒而別秦王琦匯解祭酒謂祖道祭也古者出行必有祖道之祭
●史記滑稽列傳故所以同官待詔者等比祖道於都門外
●漢書劉屈氂傳貳師將軍李廣利將出兵擊匈奴丞相爲祖道送至渭橋顏師古注祖者送行之祭因設宴飮焉

▶1130◀◆問; 기제사 절차 질문입니다.

제가 기제사(忌祭祀) 절차(節次)나 예법에 대해 인터넷에 떠도는 자료(資料)를 모아서 상충(相沖)되거나 궁금한 점을 모아봤습니다. 시간이 괜찮으시면 답변 좀 부탁 드립니다. 무관심하다가 살펴보니 너무나 궁금한 점이 많네요. 너무 많이 여쭤봐서 죄송합니다. 모두 한자로 올리시면 요지(要旨)만이라도 해석 좀 부탁 드립니다.

질문,

1. 신주(神主)의 경우 참신(參神)을 먼저하고 지방(紙牓)인 경우에는 강신(降神)을 먼저 한다는 말을 들었습니다. 예법에 맞는 것인지 알고 싶고, 영정(影幀)인 경우에는 무엇을 먼저 하는 것이 예법에 맞는 것인지 알고 싶습니다. 또한 명절(名節)일 경우 분향강신(焚香降神)보다 참신(參神)을 먼저 한다는데 예법에 맞는 것인지요?
2. 잔반을 향 앞에서 시계방향으로 세 번 돌리는데 예법에 맞는 것인지요?
3. 계반개를 할 때 뚜껑을 남쪽에다 놓는다는 말을 들었습니다. "계반개가 덮어있는 밥을 연다"라는 뜻이 맞는지요? 계반개가 정확인 무슨 뜻이나요?

그리고 '삽시정저'의 뜻을 설명(說明)할 때 "젓가락은 시접(匙楪) 위에 걸친다" 혹은 "고른다"라는 표현이 있습니다. 여기서 '걸친다', '고른다'라는 말이 젓가락으로 시접에다가 소리가 나게" 탁탁탁" 세 번 치라는 뜻인가요?

한마디로 정저의 뜻이 무엇인지 알고 싶습니다. 예법에 맞는지와 '삽시정저와 개반개는 어떤 절차에서 어느 때 하는 거나요? (무엇을 하고 한다는 식으로 말씀해 주시면 고맙겠습니다.)

4. 첨작(添酌)을 할 때 제주(祭主; 주인)나 집사(執事)가 한다는 말을 들었습니다. 그리고 첨작을 하는 방법도 여러 가지가 있다고 들었습니다. 첨작은 누가, 첨작하는 방법은 어떻게 하는 것이 예법에 맞는 것인지요?
a. 주전자로 직접 술을 채운다.
b. 따로 술잔을 준비해서 주전자로 술을 따른 다음 그 술잔으로 채운다.
c. 메 뚜껑이나 시접으로 채운다.
5. 흔히들 어느 때 하는지 모르지만 젓가락을 조상님 생전에 좋아하셨던 음식에 올려놓는데 예법에 맞는 것인지요?
6. 숭늉이나 냉수를 올릴 때 밥을 세 번 떠서 냉수에 놓는데 세 번이나 한 번 중 몇 번을 해야 예법에 맞는 것인지요? 그리고 이때도 정저 한다는 분들도 있는데 맞는지요?
7. 기제사 중 "읍"을 한다는 말을 언뜻 들은 것 같은데 언제 어떻게 하는 것인지요? 고개와 허리를 숙였다 피는 게 읍인가요?
8. 진찬이라는 절차에서 "따뜻한 음식"을 올린다고 들었는데 구체적으로 무엇을 일컫는 것인지요? 갱을 일컫는 게 맞는지요?
9. 그리고 절을 할 때 여자는 네 번, 남자는 두 번이라고 들었습니다. 그런데 혹자(어느 블로그)는 모두 두 번씩 하는 게 사리에 맞는다고 합니다. 또한 우리집안은 모두 두 번씩 하더군요. 남녀불문 두 번씩 해도 예법에 어긋나지 않는지요? 그리고 답변해 주시는 분들 중 여성 제관들은 몇 번 하는지 알려주셨으면 합니다.
10. 모사그릇이나 퇴주그릇에 강신뇌주 때 제외하고 초헌, 아헌, 종헌 중 어떤 때에인지는 모르지만 술을 세 번 지우는데 예법에 맞는 것인지요?

◆答; 기제사 절차.

問; 1. 答; 사당(祠堂)을 건사 신주(神主) 봉사(奉祀)에서 신주(神主)를 외부(外部)로 천동(遷動; 정침제로 사시제 기제 등)시는 선참후강(先參後降)이 되고 불출주(不出主; 속절 등 참례)시는 선강후참(先降後參)의 예이며 사당(祠堂; 신주) 봉사(奉祀)

가 아닌 지방(紙牓)봉사(奉祀) 시는 선강후참(先降後參)의 예로 행(行)하게 됩니다.

따라서 영정(影幀)의 예는 사서인의 예법 어디에도 언급됨이 없으니 그 예법은 누구도 단언하여 이를 수가 없을 것입니다. 다만 영정을 신(神主) 또는 허위(지방)으로 볼 것인가에 따라서 그 예법이 달라질 것입니다.

다만 영정(影幀)은 온공(溫恭) 말씀을 빌린다면 세속으로 혼백 뒤에 놓는데 남자는 생시에 모습대로 그릴 수 있으나 여자는 그러하지 못하니 비례라 하였으나 요즘은 제 모습대로인 사진이니 혼백 뒤에 세워 놓는다 하여도 위례(違禮)는 아닌 상 싶으나 그러나 그 영정이 혼백을 대신하지 않고 혼백 뒤에 놓아 생전의 모습을 회상하게 하기 위하여 놓아 두는 부수 효과였을 뿐이라 할 수 있으니 사진을 신주나 지방 대용으로 모시기에는 예서적으로 설득력이 약하다 할 것입니다.

●問解凡神主不出仍在故處則先降後參如朔望參禮之類是也設位而無主則亦先降後參如祭始祖先祖及紙牓之類是也若神主遷動出外則必拜而肅之如時祭忌祭之類是也
●備要紙牓則先降神後參神
●溫公曰世俗皆畫影置於魂帛之後男子生時有畫像用之猶無所謂至於婦人生時深居閨門出則乘輜軿擁蔽其面旣死豈可使畫工直入深室揭掩面之帛執筆眥相畫其容貌此殊爲非禮

問; 2. 答; 유가의 예법 어디에도 그러한 예법은 없습니다.

問; 3. 答;

⊙계(啓)=열 계. 반(飯)=밥 반. 개(盖)=덮개 개.
⊙정(正)=바를 정. 저(筯)=젓가락 저.

아마도 시저접(匙箸楪)에 젓가락을 탁탁탁 세 번 치는 것은 가지런히 고른다는 의미 같으며 계반개(啓飯盖)와 삽시정저(揷匙正著)는 종헌(終獻)을 마치고 유식(侑食)의 예에서 주부(主婦)가 위(位)로 올라가 행하게 됩니다.

●備要初獻條啓飯盖置其南○又侑食條扱匙飯中西柄正筯
●南溪曰正置楪上首西尾東
●輯覽正筯正之於匙楪中也
●便覽侑食條主婦升扱匕飯中西柄正筯

問; 4. a. b. c. 答; 주인이 주전자로 직접 삼제로 약간 빈 잔에 가득 따릅니다.

●便覽侑食條主人升執注就斟諸位之酒皆滿

問; 5. 答; 시저(匙箸) 그릇 에 놓습니다.

●南溪曰正置楪上首西尾東
●輯覽正筯正之於匙楪中也

問; 6. 答; 아래와 같이 살펴보건대 삼 년 내는 상생지의(常生之儀)이니 삼초반(三招飯)한다 하여 예에 어그러짐은 아니나 삼 년 이후는 명재(明齋) 선유(先儒)말씀과 같이 갱기(羹器)에 놓음이 옳을 것 같습니다.

●輯要今俗徹羹進茶又以匙取飯少許澆於湯水盖徹羹進水是生時常例象生時固當
●玉藻飯飱註飱以飲澆飯也食竟更作三飱以助飽此亦生時常例
●明齋曰招飯一節禮所不言只移匙於茶器爲宜
●四未軒曰三年內象生之義澆飯恐似無妨

問 7. 答; 가례(家禮)에는 읍례(揖禮)가 명문화(明文化) 되어 있지 않습니다. 구의(丘儀)의 배흥평신(拜興平身)이 있는데 원사(元史)를 살펴보면 무릎을 꿇고 절한 뒤에 몸을 일으켜 바르게 선다는 의미뿐입니다.

그러나 집례를 살펴보면 범배의 법도에 읍의 예가 있습니다. 따라서 배흥(拜興)과 더불어 읍예(揖禮)를 갖추고 평신함이 옳을 것 같습니다. 읍(揖)은 차수(叉手)가 가 슴에 붙지 않도록 하고 다소곳이 허리를 굽혔다 평신(平身)함이 옳은 것 같습니다.

●元史禮樂誌元正受朝儀條贊曰拜曰興曰拜曰興曰平身
●鄕校禮輯凡下拜之禮一揖少退再一揖即俯伏以兩手齊按地先跪左足(云云)雙手齊按膝 上次起左足仍一揖而後拜其儀
●事林廣記凡作揖時用稍闊其足則立穩揖則須直其膝曲其身低其頭眼看自己鞋頭爲準兩 手圓拱而下使手只可至膝下擧手至眼而下與長者揖擧手至口而下畢則手隨起時又於胷前

問; 8. 答; 갱(羹)뿐만 아니라 열을 가한 음식 모두입니다.

問; 9. 答; 주부의 사배는 유가의 법도입니다. 일배한다 한들 누가 죄(罪) 주는 바 가 아니니 재배한다 하여 죄 받을 행위라 할 수는 없겠으나 기일을 당하면 유교 의 법도를 따라 온 친족이 모여 신위를 모시고 진설 후 법도에 따라 예를 갖추 는 것 아니겠습니까. 그 법도에 부인은 4 배이니 4 배 함이 옳겠지요. 본인은 4 배 를 시킵니다.

●朱子曰古者婦人與男子爲禮皆俠拜每拜以二爲禮昏禮婦先二拜夫答一拜婦又二拜夫又 答一拜此則禮家所通行
●書儀時祭參神條立於香卓西南北向主人再拜主婦四拜

問; 10. 答; 삼헌(三獻) 모두 모사(茅沙)에 삼제를 합니다.

●便覽時祭初獻條取盞祭(註三祭)之茅上○又亞獻條主婦爲之如初獻儀○又終獻條兄弟 之長或長男或親賓爲之如亞獻儀

▶1131◀◆問; 기제사에 대하여?
입제일이니 파제일 삼 상향 등 생소한 용어를 쓰는 사람이 있는데 어디 옙버용어이 며 바른 제사 지내는 대는 언제인가요.

◆答; 기제사에 대하여.
사서인(士庶人)은 주자가례의 예법에 의하고 궁중의식(宮中儀式)은 주자가례가 아 닌 국조오례의(國朝五禮儀), 국조상례보편(國朝喪禮補編) 국혼정례(國婚定例) 등등 을 나라에서 별개로 예법을 규정하여 놓았지요. 따라서 삼상향(三上香) 등등 국조예 법의 용어는 사서인들이 채용하여 이를 수가 없는 것입니다. 특히 입제일(入祭日)이 나 파제일(罷祭日)이니 하는 용어는 유가 예법의 정식 용어는 아닌 상 싶습니다.

본 논의 기제(忌祭)의 바른 시간은 질명(質明; 날샐 무렵)입니다. 자시(子時)에 행 (行)함은 예서(禮書)에 규정(規程)됨이 아니고 다만 거대(巨大)의 가문(家門)에서 변 례(變禮)로 관행화(慣行化) 되어 있을 뿐입니다. 따라서 아래와 같이 우암(尤庵) 선 유(先儒)께서도 질명위정(質明爲正)이라 하셨을 뿐으로 자시(子時) 행사(行事)를 누 구도 바른 예법(禮法)이라 공식적으로 표현할 수 없는 것입니다. 따라서 기제(忌 祭) 자시(子時) 행사(行事) 가문(家門)이면 현대(現代)의 시간으로는 전날 밤 11 시 (23 시)부터 본일(本日)01 시 사이이니 자정(子正) 이후(以後)가 아니라 기제(忌祭) 의 시작은 전날 밤 11 시 이후에 지낸다. 라 표현되어야 옳겠지요.

●禮器質明而始行事疏質正也謂正明之時少牢禮朝明行事註朝明質明也此乃周禮也
●士冠禮擯者請期宰告曰質明行事註擯者有司佐禮者在主人曰擯在客曰介質正也宰告曰

旦日正明行冠事
●陳氏曰子路祭於季氏質明而始行事寧早則雖未明之時祭之可也
●張子曰五更而祭非禮也
●尤庵曰行祭早晚太早不可太晚亦不可惟當以質明爲正
●南溪曰質明卽大昕指日未出時也

▶1132◀◆問; 기제사 지내는 곳은.

한가지 문제에 대해 고견을 듣고자 합니다. 부모님 첫 제사를 지낼 때 집에서 지내는 방법과 산소에 가서 지내는 방법 중 어느 것이 더 바람직할까요? 자식들 심정에 조금이라도 더 가까이 가고 싶은 마음인데 좋은 말씀 기다리겠습니다.

◆答; 기제 지내는 곳.

작고하신 날 묘소에서 지내면 묘제가 되고, 집의 정침에서 지내는 제사가 기제가 됩니다.

●家禮忌祭編○厥明夙興設蔬果酒饌○質明主人以下變服詣祠堂封神主出就正寢○參神降神進饌初獻

▶1133◀◆問; 기제사 절차.

다름이 아니옵고 선조님들의 전통적 기제사의 절차를 알고 싶으며 −일부 집안에서의 기제사 절차 중, 분향 재배와 강신재배를 각각 나누는 집안, 분향재배와 강신재배를 동시에 하는 집안, 분향재배와 강신재배를 생략하는 집안도 있습니다만 어느 재배 방법이 예법이 될 수 있는지요?

일부 집안에서는 강신재배 시에 모사기에 3 회 술을 붓고 난 후 빈 잔을 신위 앞에 올리는 제례 법이 있고, 어떤 집안에서는 강신재배를 행하고 초헌 때도 강신재배와 같이 행하되 술잔에 술이 3 부쯤 남기고 그 술잔을 신위 앞에 올리는 경우가 있으며 또한 어떠한 집안에서는 제주의 술잔과 강신 시 술잔을 동시 2 개를 준비하여 사용하는데 어느 것이 선조들의 기제사 절차에 합당한지요?

◆答; 기제(忌祭) 순서 관시(串柿).
◆기제(忌祭) 예법

◆出主告辭式
今以　顯某親某官府君(或某封某氏並祭則姓列書妻云亡室卑幼改顯爲亡去府君二字)遠諱之辰(備要妻弟以下云亡日)敢(備要妻弟以下不用敢字)請　神主出就正寢(備要或廳事)恭伸追慕(備要妻弟以下云追伸禮)

◆忌祭祝文式
維　歲次干支幾月干支朔幾日干支孝子(祖考妣云孝孫曾祖考妣云孝曾孫高祖考妣云孝玄孫旁親兄弟妻子當云隨屬稱)某官某(弟以下不名)敢昭告于(妻去敢字弟以下但云告于)　顯考某官府君(或母云顯妣某封某氏或高曾祖考妣倣此妻云亡室某封某氏卑幼改顯爲亡去府君二字○備要若考妣並祭則列書)歲序遷易　諱日復臨(備要若考妣並祭則曰某親諱日復臨○妻弟以下云亡日復至)追遠感時昊天罔極(高曾祖考妣改昊天罔極爲不勝永慕旁親去追遠以下八字云不勝感愴妻弟以下當改感愴以他語)謹以(妻弟以下云玆以)清酌庶羞恭伸奠獻(備要妻弟以下云伸此奠儀)尙　饗

○忌祭儀禮節次
序立(主人主婦及弟婦子姪凡當所出者皆在)○參神○鞠躬拜興拜興拜興拜興平身○降神○盥洗○詣香案前○跪○上香○酹酒(以下旁注皆與時祭同)○俯伏興拜興拜興平身○進饌○初獻禮○詣考妣神位前○跪○祭酒○奠酒○祭酒○奠酒○俯伏興平身○詣讀祝位○跪(主人以下皆跪)○讀

祝(若考妣及祖考妣近死則讀祝後加)○擧哀○哀止(非考妣及祖考妣遠死則否)○俯伏興○鞠躬拜興拜興平身○復位○奉饌○亞獻禮○盥洗○詣考妣神位前○跪祭酒○奠酒○祭酒○奠酒○俯伏興平身○復位○奉饌○終獻禮○盥洗○詣考妣神位前○跪○祭酒○奠酒○祭酒○奠酒○俯伏興平身○奉饌○侑食○鞠躬拜興拜興平身○復位○闔門○祝噫歆○啓門○主人以下復位○獻茶(主人立于東階上西向)○告利成(祝立于西階上東向)○曰利成○復位○鞠躬拜興拜興平身○辭神○鞠躬拜興拜興拜興拜興平身○焚祝文○送主○徹饌○禮畢

●紙牓式

顯某考(屬稱隨亡者當祔位下同)某官府君神位

顯某妣某封某氏神位(祖妣二人以上別具紙各書內喪則不設祖考位)

○便覽紙榜式

陶菴曰用厚白紙長廣隨宜以眞楷細書於紙中央臨祭貼於椅上隨位各書又曰祖妣二人以上別具紙各書.

○편람 지방(紙牓) 쓰는 법.

도암(陶庵)선생께서 이르시기를 두꺼운 흰 종이로 길이와 폭은 쓰기 알맞게 하여 해서체(楷書體)로 종이의 중앙(中央)에 가늘게 써서 제사(祭祀)에 임하여 교의(交椅) 위에 붙이되 위 마다 각각 써야 한다. 또 이르시기를 할머니가 두분 이상이면 지방 지를 별도로 갖춰 각각 써야 한다.

▶1134◀◆問; 기제사 상차림.

●진설도(陳設圖)

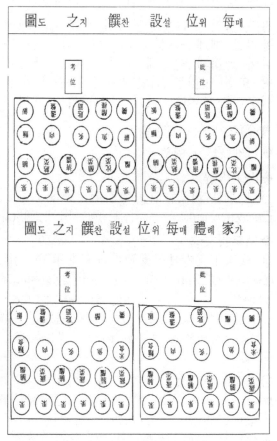

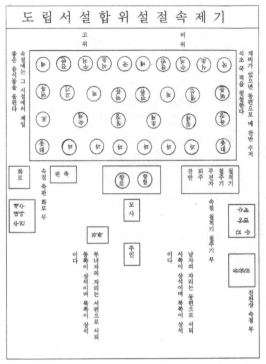

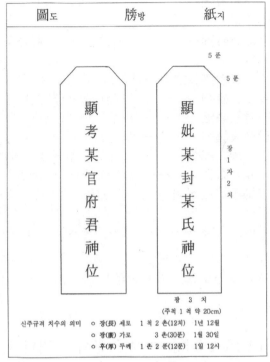

1. 차례에는 식혜를 쓰고 기제사에는 해(젓갈)를 올린다는데 식혜가 요즘 흔히 먹는 식혜를 말함인지? 또, 해가 생선젓이고 흔히 소금에 절인 조기를 쓴다고 하는데 요즘 식생활에서는 소금에 절인 생선은 잘 먹지 않고 시중에서는 소금에 절인 조기를 구할 수가 없는데 그러면 어떤 생선젓을, 또 실제로 장만은 어떻게 하면 되는지?

2. 제수(祭需) 중 적(炙) 3가지와 전(煎) 2가지를 2열에 올린다는데 육적(肉炙), 어적(魚炙), 계적(鷄炙)과 같이 꿩이나 닭을 꼭 써야 하는지?

3. 모사기를 쓸 때 요즘 도시에서는 띠나 짚이나 솔가지를 구하기가 어려운데 대신 어떤 것을 대신 쓸 수 있는지?

◆答; 기제사 제수품과 모속에 대하여.

1答; 식혜(食醢)는 소위 단술이 아니란 젓갈류이며, 해(醢)는 육장을 이릅니다.

2答; 사서인의 제사에서 적은 간적(肝炙)과 육적(肉炙)뿐입니다.

3答; 모속(茅束)은 한줌의 띠를 8치 길이로 잘라 중간을 붉을 끈으로 묶습니다. 대용으로 쓰이는 것이 무엇인지는 알지를 못합니다.

●雅言覺非醢者酢漿也又醢之多汁者謂之醢醢者瀋也(註吾東方言云젓국)蒙學不辨醢醯故脯醢讀之如脯醯

●詩經大雅生民之什行葦章口醓註周曰爵口醢之多汁者也

●辭源酉部十畫[醓]作醯及담口法先以肉曝乾然後斬碎雜以粱麴及鹽漬以美酒塗置瓶中百日則成

○添言; 위 해거 중(醢據中) 시경(詩經)과 사원(辭源)의 口의 표시는 확장 한자 판에도 없는 酉변에 尤밑 皿인 육즙[담]자임.

●溫公書儀----------시소(時蔬) 포(脯; 今乾脯) 해(醢; 今肉醬).

●家禮設饌圖-------포해(脯醢) 소채(蔬菜) 포해(脯醢) 소채(蔬菜) 포해(脯醢) 소채(蔬菜).

●儀節設饌圖-------포해(脯醢) 소채(蔬菜) 포해(脯醢) 소채(蔬菜) 포해(脯醢) 소채(蔬菜).

●國朝五禮儀設饌圖--채(菜) 해(醢) 채(菜) 포(脯) 채(菜).

●要訣設饌圖-------포(脯) 숙채(熟菜) 청장(淸醬) 해(醢) 침채(沉菜).

●輯覽設饌圖-------포(脯) 숙채(熟菜) 청장(淸醬) 해(醢) 침채(沉菜).

●備要設饌圖-------포(脯) 숙채(熟菜) 청장(淸醬) 해(醢) 침채(沉菜).

●三禮儀設饌圖-----포(脯) 숙채(熟菜) 해(醢) 초채(醋菜) 초(酢) 침채(沈菜).

●便覽設饌圖-------포(脯) 소(蔬) 장(醬) 침채(沈菜) 해(醢) 식해(食醢).

●家禮源流設饌圖---포해(脯醢) 혜채(醯菜) 포해(脯醢) 혜채(醯菜) 포해(脯醢) 혜채(醯菜).

●增解設饌圖------ 포(脯) 숙채(熟菜) 해(醢) 초채(醋菜) 자(鮓) 침채(沈菜).

●性理大全時祭初獻條炙肝亞獻條炙肉終獻條炙肉

●旅軒忌祭儀篇主人初獻啓盤盖進肉炙云云亞獻進魚炙終獻進稚炙(註無雉則以鷄代之)云云

●韓魏公祭式茅盤用蕢扁子廣一尺餘或黑漆小盤截茅八寸作束束以紅立于盤內

▶1135◀◆問; 기제사 문의 드립니다.

1. 기제사(忌祭祀)에 지방(紙牓)을 영정(影幀)과 같이 모시는 게 좋은 것인지 안 좋은 것인지 문의(問議) 드립니다.
2. 지방 대신에 영정을 모시는 것은 되는지 안 되는지 문의 드립니다.

◆答; 기제사에 지방으로 지냅니다.

영정(影幀)을 모신 영당(影堂)이 있어 그에 대한 예법이 자세히 나와 있으나 기제사(忌祭祀)에 영정으로 지낸다는 예법은 없습니다.

●劉氏垓孫曰文公先生以伊川謂祭時不可用影故改影堂曰祠堂

●司馬光涑水記聞卷十六:安國哭於影堂曰吾家滅門矣

●書儀影堂雜儀;(云云)男女俱再拜次酹祖妣以下皆徧納祠版出徹月望不設食不出祠版餘如朔儀影堂門無事常閉(云云)

●高麗史節要忠烈王四壬寅二十八年(元大德六年)冬十月作安平公主影堂于妙蓮寺

●影堂新幀告由文;遺像在堂蔚爲矜式民懷其仁士飽以德永世精禋崇報無疆歲月寢久蠹魚致傷神理未妥多士曰咨玆涓吉日新幀奉來有儼揭虔廟貌增新尙翼降監啓我後人

●影堂舊幀告由文;揭虔歲久蠹患生綃今奉新幀敢告事由

▶1136◀◆問; 기제사와 명절차례가 겹칠 때 어떻게 하나요?

아버지께서 음력 8월 15일, 추석에 돌아 가셨습니다. 그래서 지금까지는 추석 전날 밤에 기제사를 지내고 또 몇 시간 후 아침에 추석 차례를 지내 왔습니다. 그런데 이렇게 지내는 것이 예법에 맞지 않다고 지적하신 분이 계셔서 질문 드립니다. 이럴 때는 어떻게 해야 하나요? 말씀하시는 분에 따라 의견이 다르더군요.

1. 명절 차례만 지내라.
2. 추석 차례를 지내고, 돌아가신 날 밤, 즉 추석 밤에 지내라. (하루에 두 번)
3. 하루에 두 번 지내는 것은 곤란하므로 지금과 같이 추석 전날과 추석 차례를 지내면 된다.

4. 기제사(忌祭祀)는 현대 생활에 맞게 양력(陽曆)으로 지내라. 어떤 것이 현명하고 예절에 맞는 것인지 답변 부탁 드립니다.

◆答; 명절에 기제가 들 경우 지내는 법.

선기후참(先忌後參)으로 명절 차례 날 자시(子時)에 먼저 기제(忌祭)를 지내고 아침에 명절참례(名節參禮)를 행하면 옳을 것입니다.

●尤菴曰忌祭重而參禮輕無論尊卑似當先忌後參耳然老先生旣從龜峯之說則何敢有異議也

▶1137◀◆問; 기제사 일 문의 드립니다.

제사 날짜에 관해서 기존에 많은 질문과 답변이 올려져 있는데 중복된 질문을 다시 한번 드립니다. 선친께서는 음력 4월 6일 저녁에 돌아가셨습니다.

현재의 관습으로 하면 4월 5일 음식을 준비하여 4월 6일 00시경에 지내는 것이 가장 보편적인 것 같습니다. 하지만 4월 5일은 저희 누나 시댁의 제사일 이여서, 4월 5일을 제사일로 할 경우 누나는 아버지 제사 참석이 힘이 듭니다.

누나는 아버지 제사를 저희와 같이 모시고 싶어하여 4월 6일 저녁시간을 제사일로 하자고 하였습니다. 저와 나머지 가족 또한 누나가 아버지를 기리는 마음을 헤아려 4월 6일 저녁시간을 아버님의 제사일로하기로 결정 하였습니다.

그렇지만 주위 분들 중에 제사(祭祀) 일은 돌아가시기 전날 제사일로 하여야 한다며 저희가 잘못된 것이라 합니다. (즉 4월 6일 자시: 5일 밤에 음식 준비하여 자시경에 제사야 된다고 함) 저도 가장 보편적(普遍的)인 제사 일이 언제인지는 알지만 누나의 아버지에 대한 지극한 마음을 생각하면 4월 6일 저녁에 제사 지내는 것도 옳다고 생각합니다.

제사를 4월 6일 저녁(돌아 가신 날 저녁)에 올려도 좋은지 여쭈어 봅니다. 만약 제 생각이 맞는다면 친척(親戚) 어르신들을 설득(說得)시킬 수 있는 관련 자료도 부탁 드립니다.

◆答; 기제사 일.

아래와 같이 살펴보건대 작고한날 지내야 됩니다. 그 외의 날은 기제(忌祭)로서의 의미로 제사(祭祀)를 지낼 까닭이 없는 것 같습니다. 선친(先親)께서 4월 6일 날 작고(作故)하셨으니 예법상 6일 질명(質明)에 지내야 하나 세속의 예로 그날 자시(子時)에 대개의 가문(家門)에서 행하고 있으니 전날인 5일 밤 자정(子正)이 되지요.

예법이나 세속(世俗)이 이러하니 신정동님의 생각과 같이 작고하신 날 저녁 11시내는 그날이 되기는 하나 그에 대하여 설득(說得)시킬만한 전거(典據)는 어디에도 없는 것 같습니다.

●祭義君子有終身之喪忌日之謂也註忌日親之死日也

▶1138◀◆問; 기제사 지내는 날.

기제사(忌祭祀) 일에 대하여 문의 드립니다. 돌아가신 날이 양력으로 2005.7. 15일 저녁 11시 일 경우 제사 일이 금년 어느 날이 되는지요. 어느 분은 돌아가신 날 전날 저녁이라고, 하고 어느 분은 돌아가신 날 저녁이라고 하시는데.

◆答; 야반(夜半)에 사망자의 기일(忌日).

15일 저녁 11시는 16일 자초 시(子初時)로 기일(忌日)은 16일이 됩니다.

●問人屬纊在此日戌亥而招魂在翌日曉後則當以何日爲忌歟明齋曰凡喪復後始發喪其前
則雖已氣絶猶有復生之望不可便以爲已死也以此意推之則似當以招魂日爲忌日矣
●問周夜半爲朔商鷄鳴爲朔陰陽家皆以子時爲明日然則鷄鳴前子時死者當從何日尤菴曰
日分必終於亥而始於子初二日之子自不干於初一日也

▶1139◀◆問; 기제사 지내는 날에 대하여.

다름아니라 저희는 7월 그믐 기제사(忌祭祀)가 있는데 입제(入祭)는 그믐이고 파제
(罷祭)는 팔월 초하루입니다 이번처럼 윤월(閏月)이 있을 경우 본월(本月) 그믐으로
지내야 하나요, 윤월(閏月) 그믐으로 지내야 합니까. 친정(親庭) 아버님께선 파제(罷
祭)를 기준(基準) 하시고, 시댁(媤宅) 백부(伯父)님께선 윤월(閏月)을 무시하시고 본
달을 기준으로 하시라 하거든요. 어떻게 하는 것이 옳은지 궁금합니다.

◆答; 기제사는 사망일.

그러한 경우(境遇)는 작고(作故)한 날이 8월1일이니 전달이 윤달 여부(與否)에 관계
(關係)없이 전달 그믐날 밤 자시(子時)는 다음날인 초하루 첫 시가 되어 그 시에 제
사(祭祀)를 지내면 8월 1일에 제사를 지낸 것입니다.

●祭義君子有終身之喪忌日之謂也註忌日親之死日也
●問人屬纊在此日戌亥而招魂在翌日曉後則當以何日爲忌歟明齋曰凡喪復後始發喪其前
則雖已氣絶猶有復生之望不可便以爲已死也以此意推之則似當以招魂日爲忌日矣

▶1140◀◆問; 기제사 일에 관한 문의.

안녕하세요. 아버지 기제사 일에 대한 문의를 드립니다.
2004년 12월 1일(음력) 00시 03분에 돌아가셨습니다. (의사 사망확인 시간) 그
래서 그 시간에 맞춰 장례를 모셨습니다. 그런데 제가 아버지께서 돌아가셨다 는
전화를 받은 시간은 11월 29일 23시 40분입니다. 병원이동 시간 등이 차이가 납
니다.

저희는 기제사를 돌아가신 날 전 23시에 모시는데 제가 정한 기준은 12월 1일의
전날 준비를 해서 모시자고 하였습니다. 그런데 가만히 생각해 보니 실제 돌아가신
날은 2004년 기준 음력 11월 29일입니다. 올해 같은 경우, 음력 30일이 있기 때
문에 생각에 따라서는 2일이 차이가 납니다. 어떤 기준을 정하는 것이 옳을까요?

내일이 기일인데 친지 분들과 상의해서 혹 틀리다 고 하면 옮길 생각입니다.

◆答; 기제 일은.

기일은 작고한 날 지내드리니 매년12월 1일이 됩니다. 만약 12일 1일 밤 0시 3분
이라 하셨으면 기일은 12월 2일이 됩니다.

●祭義君子有終身之喪忌日之謂也註忌日親之死日也

▶1141◀◆問; 기제사를 지낼 때?

問; 1. 계반(啓飯)은 어느 때(제사순서) 하는지요?
問; 2. 독축(讀祝)을 하고 난 후 제주만 재배하나요, 참사자 모두가 함께 하나요?
問; 3. 초헌(初獻), 아헌(亞獻), 종헌(終獻) 때마다 정저(正箸)를 하는지요?
問; 4. 정저(正箸)란 어떻게 하는 것을 의미하는지요?

◆答; 기제를 지내면서.

問; 1. 答; 아래와 같이 살펴보건대 초헌(初獻) 때 구운 적간(炙肝)을 올리고 메의

개(蓋)를 열어 그 남쪽에 놓습니다.

問; 2. 答; 아래와 같이 살펴보건대 제주만 재배합니다.

問; 3. 答; 유식(侑食) 때만 합니다.

問; 4. 答; 수저 대접 위에 가지런히 골라 젓가락 끝이 동쪽으로 향하게 올려놓습니다.

사마씨 서의(書儀)에서는 첨작을 집사자가 하나 요결(要訣) 등 대개의 예서에서는 주인(초헌자)이 직접 주전자를 들고 위전의 잔에 술을 가득 따라 채웁니다.

●備要祭禮初獻條執事者炙肝于爐以楪盛之兄弟之長一人奉之奠于高祖考妣前匙筯之南乃啓飯盖置其南祝取版云云
●備要祭禮初獻條祝取版立於主人之左跪讀曰云云畢興主人再拜退
●備要祭禮侑食條主婦升扱匙飯中西柄正筯
●南溪曰正置於楪上首西尾東
●書儀侑食條執事者別斟酒滿瀝去茶淸以湯斟之
●要訣侑食條主人升執注就斟諸位之酒皆滿

▶1142◀◆問; 기제 및 시향 절차를 우리말 풀이식 견본을 만들어 게시 바랍니다.

저는 우리 문중 책임자로 문중(門中) 운영과 선례(先例)에 따른 각종행사를 주관해야 하며 그 중 제일 큰 행사로 선조(先祖)님의 시(時) 사(祀; 時享)를 현재까지 종중 재실에서 지내고 있습니다. 만 고축이나 시향 절차가 전부 전부 유교식 전통대로 한자어로 표기하고 고축문을 낭독하다 보니 숭조 사상의 전통을 이어갈 신 세대들은 무슨 말인지 헤아리지 못하다 보니 참여를 기피하게 되니 이 모든 절차를 성균관에서 우리말 풀이 식으로 우리의 현실에 맞게 우리민족의 가례서식 및 절차를 새로 정립하여 후세에 이어갈 수 있도록 함이 어떠할런지요?

또한 현재 한자어로 행하고 있는 기제(忌祭) 와 시향(時享) 절차를 한글 풀이 식으로 적정한 견본을 만들어 주신다면 우리 가문의 제례서식 지표로 삼고 행하도록 하겠습니다 고견을 부탁 드립니다.

◆答; 기제 및 시향 절차.

아래는 후발 종교인 불교에서의 염불식인 불공제식 첫 페이지의 주문입니다.

OOO님의 의견도 한편으로는 일리가 있는 제안이십니다. 그러나 고축사문도 유교의 경문 중 일부입니다. 그 경문을 성균관에서 앞장서서 우리 말로 뜯어 고친다 함은 자기 정체를 부인하는 행위가 아닐까 생각됩니다.

제례(祭禮)에서 그 순서는 홀기가 아닌 이상 현장에서 나타나지 않으며 고축사문(告祝辭文)은 고자(告者; 初獻官)가 신령(神靈)에게 자기의 의사(意思)를 전달하는 경문(經文)이지 주위 생자들과의 의사소통 문(文)이 아닙니다. 따라서 혹 생자들과의 의사소통에 문제가 있다 라는 그 문제를 해소시키기 위하여 많은 학자들에 의하여 주자가례(朱子家禮)를 비롯 많은 번역서(飜譯書)가 나와 있습니다. 그와 같은 문제는 공부라는 차원(次元)에서 성의만 있다면 손쉽게 해결되리라 생각됩니다.

●佛供祭式(불공제식; 一冊 p.235.)

◎誦呪篇
◎송주편

朝誦呪
조송주

◎淨口業眞言
◎정구업진언

修里修里 摩詞修里 修修里 娑婆詞(세번)
수리수리 마하수리 수수리 사바하

◎五方內外安慰諸神眞言
◎오방내외안위제신진언

南無 三滿多 沒馱喃 唵 度魯度魯 地尾 娑婆詞(세번)
나무 사만다 못다남 옴 도로도로 지미 사바하

▶1143◀◆問; 기제사 날짜 문의 드립니다.

안녕하십니까? 여기 글을 올려도 되는지 모르겠지만 아버님 제사날짜 관련하여 조언을 구하고자 문의 드립니다.

저희 아버지는 2004년 7월 17일(음력 6월 1일) 오후 4시경 작고하셨습니다. 올해는 음력 6월 1일이 양력으로 7월 22일입니다. 저는 기제사(忌祭祀)는 돌아가신 날에 모시는 걸로 알고 있기에, 기일(忌日)인 7월 22일 하루 전날에 음식(飮食)을 준비하여 밤 12시(음력 6월 1일 0시)가 지나면 제사(祭祀)를 모시려고 합니다. 하지만 주위에서, 제사는 돌아가신 날 전날에 지내는 것이고 그 이유는 고인(故人)의 혼이 살아계신 마지막 날에 오시기 때문이라고 합니다. 그래서 저희 아버지의 제사는 음력 6월 1일 하루 전날인 음력 5월 그믐날이며 올해는 음력 6월 1일 전날이 음력으로 윤5월 29일(양력으로 7월 21일)이니깐 윤달에는 제사를 모시지 않는다 하여 윤달이 아닌 평달 음력으로 5월 그믐인 양력 6월 22일 밤 12시경에 지내는 게 맞는다고 합니다. 즉, 음력 6월 1일 돌아가신 아버지의 올해 제사를,

1. 양력 6월 22일 음식을 준비하여 밤 12시(6월 23일 0시)에 지내는 게 맞다.

2. 양력 7월 21일 날 음식을 준비하여 밤 12시(7월 22일 0시)에 지내는 게 맞다.

라는 의견으로 분분합니다.

극히 개인적인 질문(質問)이지만 유교(儒敎)에서는 어떤 게 맞는 제사(祭祀)일 인지 알고 싶습니다. 바쁘시겠지만 고견바랍니다.

◆答; 기제사 날짜.

기일은 아래와 같이 살펴보건대 작고한 날이라 하였으니 방만석님의 부친 기일은 음력 6월 1일(음력 5월 그믐 날 밤 자정부터)이 기일이 됩니다.

●祭義註忌日親死之日也疏孝子終身念親不忘忌日非謂此日不善別有禁忌謂孝子志意有所至極思念親不敢盡其私情而營求他事故不擧也

●明齋曰凡喪復後始發喪其前則雖已氣絶猶有復生之望不可便以爲已死也以此意推之則似當以招魂日爲忌日矣

▶1144◀◆問; 기제사 대행축문.

늘 좋은 가르침을 주시는 여러분들께 허리 숙여 감사 드리며 한가지 여쭙고자 합니다. 기제사시 장남이나 장손이 병(病)이나 기타 사유(事由)로 제주(祭主)를 맡지 못할 때 축문을 어떻게 써야 하는지 가르침을 부탁 드립니다.

◆答; 기제사 대행축문.

⊙主人有故使人代行措辭

病時: 孝子某因病不能將事使某親某(或有疾病介子某代行)敢昭告于(云云)

幼時: 孝子某幼不將事屬某親某敢(或孝子某未幼奉事弟某攝事)昭告于(云云)

遠在時: 孝子某身在遠地不能將事使某親某敢昭告于

越境時: 孝子某使介子某執其常事敢昭告于(云云)

老衰時: 孝子某衰耗不堪事使子某敢昭告于(云云)

○예문

⊙子幼攝主虞祭祝文

維 歲次干支幾月干支朔幾日干支孤子某幼未將事屬某親某敢昭告于 顯考某官府君日月不居奄及初虞(虞卒祥禫隨時)謹以淸酌庶羞哀薦祫事再虞云虞事三虞云成事尙 饗(南溪曰孤哀孫某幼未能卽禮孤哀子某攝事敢昭告云云則子幼攝主恐當依此用之)

⊙幼兒未執喪使人攝主措辭(南溪曰孤哀孫某幼未能卽禮孤哀子某祀敢昭告于云云○沙溪曰夙興夜處哀慕不寧等語非嬰兒所稱當去之○近齋曰承重孫年幼生父攝行則孤孫囑以父名似涉未安壓尊故無妨當稱孤孫某囑叔父某○只稱孤孫幼未能卽禮孤子某攝事云則無嫌ा○孤孫幼在襁褓則抱衰而告之寒岡曰旁題以兒名書之)

孤子某(自祔祭稱孝)年幼未能將事屬某親某敢昭告于云云(沙溪曰夙興夜處哀慕不寧非嬰兒所稱當他語○南溪曰改他語猝難去八字直繼以謹以淸酌曰亦可也八歲以上堂室童子與成人同哀慕不寧等字不必改之)

⊙忌祭攝行出主告辭

某親某今以 顯某親某官府君(或某親某封某氏)遠諱之辰疾病在身(出他未反奉命出疆身在謫中出守藩屛改)罔克躬將使(攝者行導改使爲屬)某親某官某攝行敢請(合祭則此下顯考顯妣姝列書) 神主出就正寢(或廳事)恭伸追慕(原祝干支下某官某有某事罔克躬將使某親某官某敢昭告云云其餘直用原祝屬稱當從主事者豈可從代行者代行者雖尊壓於事神亦當稱名)

●朱子曰主祭合以甲之長孫爲之若其不能則以目今尊長攝行可也如又疾病則以次攝異時甲之長孫長成却改正

●退溪曰宗子死繼后子雖在襁褓亦當書其名而季也攝主可也○又曰宗子粤在他國而命介子代祭之例曰孝子某使子某敢昭告于云云

●葛菴曰長孫奉祀則父子易世今推而上之使叔父攝祀未安安且令次孫權攝以待長孫立後

●問攝主祝文攝之之意當書何處退溪曰當告於攝行之初祭其後則年月日下只當云攝祀事子某敢昭告于云云

●曾子問孔子曰宗子居於他國庶子爲大夫其祭也祝曰孝子某使介子某執其常事

●遂菴曰宗子有疾病不得參祭則祝辭改曰孝孫某有疾病介子某代行薦禮敢昭告于云云

●問宗子旣老傳重於其子則與有故而不與祭者有間若以受重而遽稱孝則於心決有所不能安同春曰只當曰孝子某衰耗不堪當事使子某云云可也

●尤庵曰所祭於攝主爲子姪則當用祭子弟之祝而不拜矣

▶1145◀◆問; 기제사를 밤 11에 지내도 법도에 어긋나지 않는 건가요?

자시에 제사를 지낸다는 말 때문에 11 시에 제사를 지낸 거 같은데요. 제 생각은 모로 가든 제사는 제삿날에 지내야 되는 게 맞는다고 생각하는데요. 어른들이 11 시에 제사를 지내서서요. 제가 어른들께 가볍게 드릴 말씀이 아니라서요. 법도에 맞는지 좀 알려주셨으면 합니다.

할아버님 기일이 양력 1 월 16 일/ 12.13 일(음력) 딱 오늘이죠. 그런데 어제 밤 1 월 15 일(음력 12.12) 11 시에 지냈습니다.

가가례 예라는 말도 있고 다른 집안도 제사 전날에 자시나 밤부터 지내는 집안도 있겠지만요.

과연 이게 법도 에 맞는 건지 의문이네요. 어떤 책이나 어떤 유학자가 주장한 건가요? 한자(漢字) 빡빡하게 쓰시는 것보다 그냥 온돌에 앉아서 손자한테 알려준다고 생각하시고 쉽게 좀 알려주셨으면 합니다.

그리고 우리 조상들은 실제로 몇 시에 기제사를 지냈나요? 가깝게는 조선부터 멀게는 삼국시대부터요. 조선이전에도 제사를 지냈는지는 잘 모르겠지만요.

◆答; 기제사를 밤 11에 지내도 법도에 어긋나지 않음.

그와 같은 생활의식이라면 여러 이웃이 모여드는 사랑방에서 엿들으면 될 일입니다. 여기는 어떤 한 개인의 의문을 풀어주기 위하여. 라기 보다는 같은 의문의 소유자인 전체 유생들에게 유학적인 측면에서 조회한 바른 답을 일러줘 생활 후학 인이거나 전문 유학자에게 한 치의 어그러짐 없이 의문을 완전해소 시키는데 적중하도록 인식 시키기 위하여는 그 교수 방법이 정도이니 혹 미치지 못하는 자 있다 하여도 그 수준에 맞출 수는 없습니다.

유가(儒家)의 관혼상제(冠婚喪祭) 예법(禮法)이란 야사(野史)가 아닙니다. 유가(儒家) 이념(理念)의 근본(根本)이 되는 예법(禮法)으로써 현대(現代) 모든 법과 같이 하나 하나의 행위(行爲)마다 모두 규정(規定)되어 있습니다. 다만 그 규정(規定)을 모르고 있을 뿐입니다. 따라서 현대 민형법(民刑法)을 모르고는 그를 운운(云云)할 수가 없듯이 유가(儒家)의 예법 규정(規程)을 모르고는 예를 논할 수 없는 것입니다.

고로 유가(儒家)의 제론(諸論)을 논할 때는 전거(典據)에 의하지 않고는 논할 수 없으며 전거에 의하지 않고 논한다 함은 누구나 다 알고 있을 세속(世俗)이거나 자기 주관적(主觀的) 견해(見解)일 수 밖에 없게 되겠지요. 따라서 선생께서 의문이신 자시와 삼국시대에도 제사를 지내고 있었는가의 여부도 모두 기록으로 남겨져 있습니다. 그 기록을 전거로 삼아 답이 도출 되었음을 입증하기 위하여 원문을 하단에 기록하여 놓는 것입니다. 물론 오답이 아님을 입증하고 초학자들에게는 하나의 정보를 제공하는 효과도 있겠지요.

자시(子時)라 이름은 자전(子前)으로부터 자후(子後)까지의 동안을 이릅니다. 자정(子正)이라 함은 0시의 시점(時點)을 이를 뿐으로 0시 1초 전까지는 자전(子前)이라 하고 0시 1초 이후부터는 자후(子後)가 되겠지요. 까닭에 자전 자정 자후(子後) 시를 막론하고 모두 자시(子時)이며 국조오례의(國朝五禮儀) 역시 전시(前時)에 제사(祭祀)를 시작 하고 있습니다.

사서인(士庶人)은 주자가례(朱子家禮)의 예법(禮法)에 의하고 궁중의식(宮中儀式)은 주자가례(朱子家禮)가 아닌 국조오례의(國朝五禮儀), 국조상례보편(國朝喪禮補編) 국혼정례(國婚定例) 등등을 나라에서 별개로 예법(禮法)을 규정하여 놓았지요. 따라서 삼상향(三上香) 등등 국조예법(國朝禮法)의 용어는 사서인(士庶人)들이 채용하여 이를 수가 없는 것입니다. 특히 입제일(入祭日)이나 파제일(罷祭日)이니 하는 용어는 유가(儒家) 예법(禮法)의 정식 용어는 아닌 상 싶습니다.

본 논의 기제(忌祭)의 바른 시간은 질명(質明; 날샐 무렵)입니다. 자시(子時)에 행함은 예서(禮書)에 규정됨이 아니고 다만 거대의 가문에서 변례(變禮)로 관행화(慣行化) 되어 있을 뿐입니다. 예법에는 사서인(士庶人)의 예법과 천자 제후(諸侯; 궁궐)의 예법으로 대분 됩니다. 사서인은 누구라도 궁궐의 예법을 따라 행하지 않습니다.

유가(儒家)의 시(時)법은 한 시(時)를 초정후(初正後)로 구분(區分)하여 이릅니다. 예를 들자면 자초(子初=현대 시로 전날 밤 11시)와 자정(子正=24시 즉 0시), 자후(子後=01시)로 구분하여 이릅니다. 즉 유가(儒家)의 자시(子時)라 함은 전날 23시(전날 밤 11시)부터 당일 01시까지를 의미(意味)하게 됩니다. 따라서 아래와 같이 우암(尤庵) 선유(先儒)께서도 질명위정(質明爲正)이라 하셨을 뿐으로 자시(子時) 행사(行祀)를 누구도 바른 예법이라 공식적(公式的)으로 표현(表現)할 수 없는 것입니다. 따라서 기제(忌祭) 자시(子時) 행사(行祀) 가문(家門)이면 현대(現代)의 시간으로는 전날 밤 11시(23시)부터 본일 01시 사이이니 자정(子正) 이후가 아니라 기제(忌祭)의 시작은 전날 밤 11시 이후에 지낸다. 라 표현되어야 옳겠지요.

자시(子時)라 이름은 자전(子前)으로부터 자후(子後)까지의 동안을 이릅니다. 자정(子正)이라 함은 0시의 시점을 이를 뿐으로 0시 1초 전까지는 자전(子前)이라 하고 0시 1초 이후부터는 자후(子後)가 되겠지요. 까닭에 자전(子前) 자정(子正) 자후(子後) 시(時)를 막론(莫論)하고 모두 자시(子時)이며 국조오례의(國朝五禮儀) 역시(亦是) 전시(前時)에 제사(祭祀)를 시작 하고 있습니다.

●國朝五禮儀吉禮春秋及臘祭社稷儀祭日丑前五刻典祀官壇司入實饌具畢退就次服其服升設國社后土氏國稷后稷氏神位版於座

▶1146◀◆問; 기제사 무축 단헌.

안녕하십니까? 오늘 비가 많이 오는 관계로 여러 사람이 한자리에 모일 기회가 많았습니다. 그런데 그 자리에서 무축 단헌에 대하여 다음과 같은 이야기가 오고 갔습니다.
<1> 무축 단헌은 명절 때만 한다는 이야기.
<2> 기제사일 때도 축을 쓰지 않고 읽지 않으면 단헌으로 한다.

위의 두 가지 중에서 <2>에 대하여 기제사일 때 축을 읽으면 3 헌을 하지만, 무축이면 단헌으로 하여야 한다는 것과, 기제사일 때는 무축이어도 3 헌을 하여야 한다는 이야기가 오고 가면서 결론을 내리지 못하였습니다. 어떻게 하는 것이 옳은 일인가요? 죄송합니다.

◆答; 기제에 무축이면 단헌인가?

유서(儒書)에서 기제(忌祭)에 무축(無祝)이면 단헌(單獻)이다. 라 분명(分明)하게 적시(摘示)하여 이른 곳은 없는 것 같습니다. 다만 아래와 같이 대강의 말씀은 추론(推論)컨대 기제(忌祭)에서 독축(讀祝)이란 갖춰야 할 하나의 조목(條目)인데 이가 결하면 소사(小祀)의 법도(法度)이니 소사(小祀)는 독축(讀祝) 없이 단헌(單獻)의 예로 마침이라 기제(忌祭)에 무축이면 단헌(單獻)이라 이르게 된 것이 아닌가 합니다.

●性潭曰宗家不得行祀而支孫私自設祭有涉未安若紙牓設位而行之於他所則亦當以宗子爲主矣紙牓行祀單獻無祝是近世人家通行之例而實無所據矣寒水所論的確如此恐當遵而行之也
●近齋曰旣已單獻則無祝爲宜單獻與無祝自是一串底事若單獻而有祝則恐涉於半上落下此時決不敢備禮祝文當闕而至於出主告辭用之何妨
●老洲曰喪中行祭古無是禮無祝單獻乃後世義起之禮也然義起之禮必有準依始成禮貌忌祭之單獻是殺以小祀則儀節一倣參禮祭品則不必一一與同始可謂有依據

▶1147◀◆問; 기제사 문제로 불효를 하는 것 같아서 마음이 아픕니다.

합제에 대하여 말씀을 안 하여 주셔서 다시 답을 구합니다.
조상님들에 기일이 다른데 먼저 다가온 기일에 같이 모셔도 되는지요. 그리고 증조보모님과 조부모님을 한날에 같이 모셔도 되는지 상식적으로나 유교적으로는 도저히 안 되는 일로 아는데 어떤 방법이 있는지 좋은 방안을 부탁 드립니다.

◆答; 기제사 문제로 불효.

설이나 추석(秋夕) 명절(名節) 참례(參禮)를 그 날 바쁘다거나 무슨 일이 있다 하여 당기거나 다음날로 미루어 지내지 않듯이, 기일(忌日)에 지내는 기제사(忌祭祀) 역시 부모(父母)나 조부모(祖父母)가 작고(作故)하신 날 그 날의 슬픔을 잊지 못하여 그 날을 다시 당하면 효자(孝子)가 주식(酒食)을 올려 드리고 눈물을 줄줄 흘리며 휘일부림(諱日復臨) 호천망극(昊天罔極)이라 축(祝)으로 고(告)하는 것 아니십니까. 기제(忌祭)란 이와 같으니 어찌 다른 날 합쳐 지낼 수가 있겠습니까.

●祭義君子有終身之喪忌日之謂也註忌日親之死日也
●周禮春官宗伯禮官之職小史條掌邦國之志奠繫世辨昭穆若有事則詔王之忌諱註鄭司農云先王死日爲忌名謂諱

▶1148◀◆問; 기제사에 관한 질문입니다.

안녕 하십니까? 기제사에서 서로 주장이 달라 논란을 빚고 있기에 글을 올립니다, 아래 2 가지에 대한 답을 듣고 싶습니다.

질문 1: 기제사에서 3 잔을 올려야 하는데, 제관이 한 사람일 경우 혼자서 3 잔을 모두 올립니까? 아니면 아헌과 종헌을 할 사람이 없으니 단잔 만 올려야 합니까?

질문 2: 제수를 차릴 때 과일은 한 접시에 홀수를 놓아야 하고, 어물은 짝수로 놓아야 한다는 주장도 있습니다, (예를 들면 밤은 9 개, 어물인 포는 1 마리 등) 이러한 주장이 근거나 이유가 있는 주장인지 아니면 낭설인지 궁금합니다. 수고하십시오.

◆答; 기제사에 관하여.

질문 1: 答; 아래 한위공(韓魏公) 선유(先儒)의 말씀에 아종헌(亞終獻)할 사람이 없으면 주인(主人) 스스로 삼헌(三獻)을 한다. 라 하신 말씀이 있으니 주인 혼자라 하여도 스스로 삼헌(三獻)의 예로 행하여야 합니다.

질문 2: 答; 아래와 같이 살펴보건대 기수(奇數)니 우수(偶數)니 하는 것은 그 낱낱의 개수(個數)를 이름이 아니라 담아 놓는 접시 수를 말함입니다. 까닭에 지산(地産)인 과실은 4 접시 또는 6 접시 등 과(果)행은 우수(偶數)로 진설이 되는 것입니다.

●韓魏公祭式亞終獻皆不足則主祭者自行三獻
●郊特牲鼎俎奇而籩豆偶陰陽之義也細註長樂陳氏曰鼎俎之實以天産爲主而天産陽屬故其數奇籩豆之實以地産爲主而地産陰屬故其數偶○嚴陵方氏曰籩之實若菱
●韓魏公祭式亞終獻皆不足則主祭者自行三獻芡之類豆之實若芹蒲之類所謂水之品也籩之實若棗栗之類豆之實若菁韭之類所謂土之品也

▶1149◀◆問; 기제사에 대하여?

옛날에는 00 시와~01 시 사이에 제사를 올렸는데 요즘은 보통가정에서는 저녁 20 시~21 시에 보통 제를 올리는 것으로 생각됩니다, 이런 경우는 운명하신 날을 제사 날로 해야 하는지 아니면 운명 전날로 해야 하는지 궁금합니다, 자세한 답변 부탁 드립니다.

◆答; 기제사.

기일(忌日)은 작고(作故)한 날이 됩니다. 이유(理由)는 효자(孝子)는 종신(終身)토록 친(親; 어버이)을 생각하고 작고(作故)하신 그 날의 슬픔을 잊지 않으려고 매년(每年) 그날이 돌아오면 제사(祭祀)를 지내는 것입니다. 제사(祭祀) 지내는 시간은 사일(死日) 동이 틀 무렵(質明)에 지냄이 바른 예법(禮法)입니다. 요즘 당일 자시(子時)에 지냄은 속례(俗禮)로서 대부분의 가문(家門)에서 이와 같이 행하고 있지요.

●祭義君子有終身之喪忌日之謂也註忌日親死之日也疏孝子終身念親不忘忌日非謂此日不善別有禁忌謂孝子志意有所至極思念親不敢盡其私情而營求他事故不擧也
●儀節忌祭厥明夙興設蔬果酒饌質明主人以下變服詣祠堂奉神主出就正寢參神降神(以下省略)
●士冠禮厥明夕爲期于廟門之外註厥其也宿服朝服疏曰厥明夕謂宿賓贊之明日向莫時也又質明行事註旦日正明行冠事
●穀梁傳宣公繹者祭之旦日之享賓也萬入去籥以其爲之變譏之也

▶1150◀◆問; 기제사에 대한 고언을 듣고 싶습니다.
수고 많습니다. 선생님에 고언을 듣고자 글을 올립니다. 저는 차남으로서 시골집에 어머님 홀로 계시다. 9년 여 전에 작고하셨습니다.

위로 형님이 서울에 한 분계셔서 차례와 기제사를 지금껏 고향집에서 모시고 있습니다. 형님은 매주 고향집에 들러서 관리도 하시고 하면서 고향집을 잘 보존하고 계십니다. 또한, 형수는 공무원인 관계로 기제사 일정에 다소 번거로움이 있습니다.

저희는 집성촌(集姓村)을 이루고 있어서 형님 집으로 제례를 옮겨 가는 것에 대하여 형제들이 당대에는 고향집에서 제례를 모시기로 하고 지금껏 행하여 오고 있습니다. 2년 전부터 형수의 직장문제로 기제사의 시간을 오후 9시로 변경하여 모시고 있습니다. 썩 내키지는 않았지만 주관을 형님이 하시므로 따라 가기로 하고 행하고 있는데 또 기제사를 부모님을 제외한 조부모님과 증조부모님에 제사를 기일 주말에 한번에 같이 모시자고 합니다.

차남으로서 어찌해야 할지, 형님 뜻에 따라 제사를 모시고 기일 날 제가 집에서 다시 모시고 싶은데 어찌해야 할지 마음이 아픕니다.
1) 기제사를 모실 때 날짜와 상관없이 합제로 모셔도 되는지.
2) 합제로 모셔놓고 제일 날에 차남인 제가 행하여도 되는지.
3) 아님 제례를 형님에게서 모셔와도 되는지. 선생님에 고견을 부탁 드립니다.

◆答; 기제사에 대한 고언.
지자(支子)는 법도상(法度上) 부모(父母)나 그 조상(祖上)의 제사(祭祀)를 주인(主人)이 되어 지내지 못합니다. 모든 제사(祭祀)는 적장자손(嫡長子孫)이 주인(主人)으로서 제사(祭祀)를 주관(主管)하고 초헌(初獻)을 하게 됩니다. 제사(祭祀) 시간(時間)은 작고(作故)하신 날 질명(質明) 즉 먼동 틀 무렵에 시작(始作)하여 지냄이 정례(正禮)입니다. 이 때 보다 너무 일러도 너무 늦어도 아니 된다는 것입니다. 요즘 당일(當日) 자시(子時) 행제(行祭)는 대단히 일찍 지내는 것입니다. 다만 정도(正度)를 따르려면 궐사(闕祀)의 불효(不孝)를 범할 수 있다면 조금 이르거나 늦는다 하여도 용인(容認)될 수 있는 범위(範圍) 내가 아닐까 합니다.

●家禮喪禮立喪主條凡主人謂長子無則長孫承重以奉饋奠
●小記庶子不祭祖不祭禰者明其宗也註庶子雖貴止得供具牲物而宗子主其禮
●退溪曰父不與祭而使子弟攝行則當依宗子在他國而命介子代祭之例曰孝子某使子某
●尤庵曰凡祭事主人有故則使人攝行例也所攝之中如有尊行則子弟似不敢爲攝主矣所祭於攝主爲子姪則當用祭子姪之祝而不拜矣○又曰行祭早晚太早不可太晚亦不可惟當以質明爲正

●祭義君子有終身之喪忌日之謂也註忌日親之死日也
●周禮春官宗伯禮官之職小史條掌邦國之志奠繫世辨昭穆若有事則詔王之忌諱註鄭司農云先王死日爲忌名謂諱
●南溪曰質明卽大昕指日未出時也
●日省錄正祖十九年乙卯四月二十二日壬寅條(云云)獻官之命十七日進詣本宮十八日子時行祭天氣淸和享事利成獻官以下(云云)
●士冠禮擯者請期宰告曰質明行事

▶1151◀◆問; 기제사와 명절 차례 시 문의사항입니다.

저는 서울에 거주하고 있으며, 돌아가신 어머님 기제사는 부산에 계시는 형님 댁에서 모시고 있습니다. 만약 어머님 기제사를 서울로 가져 오게 되면 명절 차례는 서울에서 지내는 게 맞는지 기제사가 서울로 가더라도 관계 없이 차례는 종전처럼 부산 형님 댁에서 지내도 되는 지 궁금해서 연락 드립니다. 감사합니다.

◆答; 기제사와 명절 차례.

아무리 살펴보아도 지자(支子)가 도맡아 봉사(奉祀)하는 예법이나 그에 관하여 가당(可當)하다 하신 선유(先儒)의 말씀은 없는 것 같습니다.

기제(忌祭)를 장자(長子) 독행(獨行)이 어렵거나 그를 돕고자 형제간(兄弟間)의 윤행(輪行)에 관하여도 가부(可否) 논의(論議)가 분분(紛紛)하였습니다. 다만 아래 주부자(朱夫子) 말씀은 교통(交通)이 불편(不便)하였던 중국(中國)과 같이 국토(國土)가 드넓어 먼 곳에 거주(居住)하는 지자(支子)가 기일(忌日)을 당하여 참여(參與)를 못하면 략설(略設) 지방(紙榜)으로 무축(無祝) 단헌지례(單獻之禮)로 마친다. 라 하신 것 같습니다.

특히 명절(名節) 참례(參禮)는 사당(祠堂)에서 행(行)하는 예(禮)로서 장자(長子)의 댁(宅)에서 지내야 할 것입니다.

●退溪曰朱子亦有支子所得自主之祭之言支子所得祭之祭卽今忌日墓祭之類此等祭輪行恐亦無大害義也
●要訣墓祭忌祭世俗輪行非禮也墓祭則雖輪行皆祭於墓止猶之可也忌祭不祭於神主而仍祭于紙榜此甚未安雖不免輪行行于家廟庶乎可矣
●朱子答李晦叔曰向見說前輩兄弟異居相去遠甚則弟於祭時旋設位紙榜標記祭畢焚之如此似亦得禮之變矣○又曰支子之祭先儒雖有是言然竟未安向見范丈兄弟所定支子當祭旋設紙榜於位祭訖而焚之不得已此或可采用然禮文品物亦當小損於長子或但一獻無祝可也
●南溪曰朱子雖言兄家設主弟不立主祭時旋設位以紙榜標記逐位然於其末以更詳之爲結後來更無通行者恐不得行也惟父母忌日是終天之痛有難每年只行望哭而已若非往參宗家之時則雖以紙榜行不至大悖曾見士大夫家多行之又曰雖支子家具饌祝辭必以宗子名
●問忌祭定行於主人之家支子女子則只以物助之何如退溪曰朱子書有支子所得自主之祭之說恐是忌祭節祀之類也今若一切皆歸宗子而支子不祭則因循偸惰之間助祭不如式以致衆子孫全忌享先之禮甚爲未安又或宗子貧窶不能獨當而並廢不祭則反不如循俗行之之爲愈

▶1152◀◆問; 기제사일.

저의 아버님은 재작년 음력 5 월 30 일에 돌아가셨습니다. 올해는 음력 5 월이 29 일까지여서 29 일을 돌아가신 날로 보고 28 일 밤 11 시(29 일 자시)에 기제사를 모셨습니다만 올해만이 아니고 앞으로 몇 년간 계속 음력 5 월 30 일 이 없는 관계로 기제사 일을 확실하게 해둘 필요가 있어서 여쭈어 봅니다.

1. 30일이 없는 해에는 돌아가신 날짜를 29일로 보고 29일 자시가 정확한 기제사 일로 28일 23시경에 기제사를 지낸다.

2. 30일은 없지만 30일 자시는 곧 29일 23~24시이니 29일 23시에 기제사를 지낸다. 1번 2번 어느 것이 올바른 설명과 기제사 일이 되는지 답변을 부탁 드립니다.

◆答; 음력(陰曆) 대월(大月) 死者 기일은.

아래와 같이 살펴보건대 음력(陰曆) 대월(大月)인 삼십일(三十日; 그믐) 사자(死者)가 다음해의 그 달이 小月이면 이십구일(二十九日; 그믐)이 기일(忌日)이 되고 다음 대월(大月)의 해에는 삼십일(三十日; 그믐)이 당연히 기일(忌日)이 된다는 것입니다. 따라서 1. 번과 같이 28일 자시는 곧 29일(그믐)이 되니 선생께서는 법도에 맞게 기제를 지내신 것입니다.

유가(儒家)에서의 1시간이라 함은 현대(現代) 시간으로는 2시간에 해당(該當)됩니다. 따라서 하루의 초시(初時)인 자시(子時)는 현대(現代) 시간(時間)으로는 전일(前日) 23시부터 본일(本日) 01시까지가 되는데 전일 23시를 자초(子初)라 하고 0시를 자정(子正)이라 하고 본일(本日) 01시까지를 자후(子後)라 합니다.

●問鷄鳴前子時死者當從何日尤菴曰日分必終於亥而始於子初二日之子自不干於初一日也

●問解大月三十日死者後值小月固當以二十九日爲忌值大月則自當以三十日爲忌小月晦日死者後值大月當仍以二十九日爲忌不可延待三十日也

▶1153◀◆問; 기제사 일에 대해 여쭙습니다.

안녕하십니까. 저의 아버님 기일에 대해서 여쭙습니다. 아버님은 2009년 8월 9일 (음력: 6월 19일)날 돌아가셨습니다. 그래서 올해 2010년 7월 30일(음력: 6월 19일) 제사를 지내려고 합니다. 헌데 7월 30일 자시(子時)인 7월 29일 23시~7월 30일 1시 사이에 지내기가 어려운 상황이라 초저녁에 제를 지내려고 합니다.

만약 자시(子時)에 지내기가 어렵다면(즉, 초저녁에 제를 지낸다면) 7월 29일 저녁에 지내는 것이 맞는지요? 아니면 7월 30일 저녁에 지내는 것이 맞는지요? 그럼 안녕히 계세요.

◆答; 기제사 일에 대하여.

선생의 말씀과 같이 "7월30일 자시(子時)인 7월29일 23시~7월30일 1시 사이"란 7월 30일(음 6월 19일) 첫 시(時)인 자시(子時)가 되어 기일(忌日)이 되나 7월 29(음 6월18일)일 초저녁이라 함은 기일이 아닙니다.

●祭義註忌日親死之日也
●家禮質明奉主就位

▶1154◀◆問; 기제사일 확인 받고 싶음.

안녕하십니까. 우리 것에 대하여 가르침을 주시고 방향을 제시해 주시니 항상 고맙게 생각하고 있습니다. 여기에 온 기제사 일에 관하여 읽어보았으나 정확히 확인 받고 싶어서 글을 쓰게 되었습니다.

저희 아버님 사망일(死亡日)자는 음력(陰曆) 1984년 6월 5일입니다. 처음 몇 년까지는 음력 6월 4일에 준비(準備)하여 자정(子正)에 제사(祭祀)를 지냈습니다만 몇 년 후부터는 직장관계(職場關係) 때문에 음력 6 월 4 일 저녁에 기제사(忌祭祀)를 지내게 되었습니다. 여태껏 그냥 맞다 라고 생각했는데 제사(祭祀)를 음력 6 월 4 일 준비하여 자정에 지낼 수가 없다면 지금부터라도 음력 6 월 5 일 저녁 해가 진후에 지내는 것이 맞는 것인지 아니면 지금껏 해온 것처럼 음력 6 월 4 일 저녁에 지내는 것이 맞는 것인지 알고 싶습니다.

부득이 저녁에 지내야 한다면 정확한 날짜와 시간을 가르쳐 주시면 고맙겠습니다. 그럼 수고 하십시오.

◆答; 기제사일 확인.

아래와 같이 살펴보건대 바른 제사 시간은 작고한 날 질명(質明)입니다. 우암 선유께서는 너무 일러도 너무 늦어도 아니 된다고 하셨습니다.

그러나 요즘과 같은 산업사회(産業社會)에서 여러 가지 고려(考慮)되어야 할 사안(事案)이 처한 사정(事情)에 따라 다를 것입니다. 당일 자시(子時) 행사 역시 인정(人情)에 의한 변례(變禮)로 태조(太早)에 해당(該當)될 것이고 당일 신시(申時) 이후의 행사 역시 태만(太晩)에 해당 될 것입니다. 부득이 그 시간대가 아니고는 공경할 시간이 없다면 그를 뉘가 막겠습니까.

●禮器質明而始行事疏質正也謂正明之時少牢禮朝明行事註朝明質明也此乃周禮也
●張子曰五更而祭非禮也
●尤庵曰行祭早晩太早不可太晩亦不可惟當以質明爲正
●南溪曰質明卽大昕指日未出時也

▶1155◀◆問; 기제사전 추석차례 지내도 되는지 궁금 합니다.

아버님 기제사전에 추석차례 지내도 되는지 궁금합니다. 어떤 분이 기제사후 명절제사 지내는 것이 옳다고 하는데 정확한 법도를 알고 싶습니다.

작년 10 월 아버님이 돌아가셨고 설날에 이미 제사를 지냈습니다. 이번 추석 때 제사를 지내도 되는지요?

◆答; 기제사전 추석 차례 지내도 되는지.

설날에 이미 제사(祭祀)를 지냈다. 하시는 것을 볼 때 아마도 조기(早期) 탈상(脫喪)을 하신 것 같습니다. 탈상을 하였다면 궤연(几筵)이 없을 것입니다. 그렇다면 평상(平常)의 예를 따르면 꺼릴 것은 없을 듯싶습니다.

아래는 최복인(衰服人)이 3년 탈상 내의 상복 중 행제의 입니다.

●要訣喪服中行祭儀未葬前則準禮廢祭而卒哭後則於四時節祀及忌祭(墓祭同)使服輕者行薦而饌品減於常時只一獻不讀祝不受胙可也

▶1156◀◆問; 기제사 절차 문의.

1, 독축 시 축관이 제주의 좌측으로 나가서 동향하고 독축 하는가요 북향하고 독축하는가요
2, 유식 때 첨작은 주전자로 첨작하나요 술잔을 가지고 첨작하는가요.

◆答; 기제사 절차 문의.

問 1, 答; 아래와 같이 살펴보건대 주인지좌동향(主人之左東向)이 됩니다. 다만 상례(喪禮) 우제(虞祭)는 주인지우서향(主人之右西向)이 됩니다.
問 2, 答; 아래와 같이 살펴보건대 주인이 직접 주전자를 들고 三祭로 조금 비인 위

전(位前)의 잔에 가득 따라 채웁니다.

●書儀時祭初獻條主人出笏俛伏興少退立祝懷辭出主人之左東向搢笏出辭跪讀之曰云云
●便覽時祭初獻條祝取版立於主人之左(東向)跪(儀節主人以下皆跪)讀曰(云云)畢興(便覽置板於卓上降復位)
●便覽虞祭初獻條祝執板出於主人之右西向跪讀云云
●書儀時祭侑食條主人升東階脫笏執注子徧就斟酒盞皆滿執笏退立於香卓東南北向
●便覽時祭侑食條主人升執注就斟諸位之酒(祔位不斟)皆滿(反注故處)立於香案之東南(中略)北向

▶1157◀◆問; 기제사 지내는 방법을 문의 드립니다.

동방예의지국민의 긍지를 지키고 심어주시기에 얼마나 수고가 많으십니까? 우연한 모임에서 알게 된 실제 있는 내용이 있어 우문을 드리오니 하교하여 주시면 감사하겠습니다.

문의 내용.
조모님의 기일과 어머님의 기일이 공교롭게도 同日 날자 (초2일)가 되었을 경우 어떻게 제사를 모셔야 되는지요?

1. 모시는 순서를 구고례의 경우 부모가 조부모에 우선하는 경우를 감안하여 어머님 제사를 먼저 모신 다음에 조모님 제사를 모시어야 하는지?
2. 1항을 시행 시 조모님에 죄송스러움을 느껴 조모님을 우선할 경우 예법상 결례 여부?
3. 예법에 어긋나지만 間壁을 두고 別床으로 진설하고 별도로 동시에 제사를 모시는 방법은 어떠한지요? 이 경우에도 우선순위에 대하여 고민입니다 실제 당하고 있는 후손으로서 조모와 모친에게 결례가 되지 않고 최선의 예의를 지킬 수 있는 방법을 하교하여 주시면 감사하겠습니다.

◆答; 기제사 지내는 방법.

하루에 조(祖)와 부(父) 양(兩) 기제(忌祭)가 드는 경우 병제(並祭)가 아닌 선존후비(先尊後卑)의 예(禮)로서 먼저 조부(祖父)를 지내고 나서 다음으로 다시 아버지를 설위(設位)하고 지냄이 바른 예법 같습니다.

●尤庵曰祖曾忌祭同日則當先後行之盖偕喪三年中有異殯各祭之文忌日喪之餘也
●遂庵曰或有三位之祭同一日則決難先後行之觀其事勢而行可也
●陶庵曰忌祭與四時祭名義自別兩忌雖同日決不可並設只當先尊後卑而各行之雖至達朝亦無傷也

▶1158◀◆問; 기제사 지내는 시간.

돌아가신 전날 밤 11시에 기제사를 지내왔으나 타지에서 오는 후손과 직장 출근 등의 사정으로 저녁 8시쯤 지내자는 건의가 있네요. 그래서 여쭤보는데 돌아가신 날 저녁8시에 드려도 예법에 어긋나진 않을런지요?

◆答; 기제사 지내는 시간.

아래와 같이 살펴보건대 기제(忌祭)의 때는 작고(作故)한 날 질명(質明; 날샐 무렵)에 시작하게 되는데 그 날 오후 8시는 태만(太晩)이 되고 전날 밤 오후11시는 태조(太早)인데 우암(尤庵)께서 태조태만(太早太晩) 모두 불가(不可)하다 하셨습니다. 그러하니 기제(忌祭)를 속례(俗禮)로 전날 저녁 11시에 지내는 것 이는 태조(太早)이니 예에 어그러지게 지내는 것이며. 당일(當日) 오후 8시 역시 태만(太晩)이니 이 역시 예법(禮法)과 합당(合當)하지 않음은 당일(當日) 초시(初時)인 자시(子時) 행제(行祭)와 다를 바가 없습니다.

●朱子家禮忌日編○厥明夙興設蔬果酒饌○質明主人以下變服○詣祠堂奉神主出就正寢○參神降神進饌初獻

●尤菴曰行祭太早不可太晩亦不可惟當以質明

▶1159◀◆問; 기제 제주에 관한 질문.

1. 망인(亡人)의 기제(忌祭)를 맏집 장증손(長曾孫)이 제주(祭主)가 되어 봉행하고 있습니다(부, 조부 先亡).
2. 전항 망인(亡人)의 차남(장증손의 從祖父)이 생존하고 있을 경우 제주(祭主)가 될 수 있는지?
3. 망인(亡人)의 친자(親子; 3 남)가 있음에도 증손(曾孫)을 제주(祭主)로 함이 바른 예법인지 귀견 하교하여 주시기 바랍니다.

◆答; 제주(祭主).

問; 2. 問; 3. 答; 위 2.3 번의 예는 모두 망자(亡者)의 서자(庶子)들입니다 유가(儒家)의 법도에 서자불제(庶子不祭)라 하였습니다. 그와 같이 불제(不祭)라 이른 까닭은 대대로 장자 승계(承繼) 원칙이 성립되어 있어 그렇습니다. 선대봉사(先代奉事)는 장자 집에 사당(祠堂)을 세우고 사대 신주를 봉안(奉安) 적장자손(嫡長子孫)이 대를 이어 주인이 되어 모든 예(禮)를 주관(主管)하고 제사를 지냄에는 초헌관(初獻官)이 됩니다. 까닭에 지자손은 주인이 되어 초헌(初獻)을 하지 못하는 것입니다. 다만 주인의 유고일 때는 섭주(攝主)가 되어 주인 대신 초헌을 하게 됩니다.

●曲禮支子不祭祭必告于宗子(註)不敢自專宗子有故支子當攝而祭五宗皆然疏廟在適子之家庶子不敢輒祭若濫祭亦是淫祀若宗子有疾不堪當祭則庶子代攝可也猶宜告宗子然後祭

●公羊傳何休曰適子有孫而死質家親親先立弟文家尊尊先立孫

●溫公曰凡主人當以長子爲之無長子則長孫承重

●喪服小記庶子不祭禰者明其宗也(註)庶子不得立禰廟故不得祭禰所以然者明主祭在宗子廟必在宗子之家也

●家禮初終立喪主條凡主人謂長子無則長孫承重奉饋奠

●內則庶子若富則具二牲獻其賢者於宗子夫婦皆齊而宗敬焉終事而后敢私祭

●喪服小記庶子不祭禰者明其宗也(註)庶子不得立禰廟故不得祭禰所以然者明主祭在宗子廟必在宗子之家也庶子雖貴止得供具牲物而宗子主其禮也

●尤庵曰祭主人有故則所攝之中如有尊行則子弟以不敢爲攝主矣然代者是尊行則使字未安故俗禮改云孝子某有故代叔父或兄

●家禮按祠堂篇主人謂宗子主此堂之祭者晨謁深衣焚香再拜又主人主婦近出則入大門瞻禮而行歸亦如之經宿而歸則焚香再拜遠出經旬以上則再拜焚香告云云又再拜而行歸亦如之經月而歸則開中門立於階下再拜升自阼階焚香告畢再拜降復位再拜餘人亦然但不開中門

▶1160◀◆問; 기제 지내는 시간에 관하여 여쭙습니다.

안녕하십니까? 기제 시간에 대하여 궁금한 점이 있어 글을 올립니다. 기제는 고조까지 조상에 대하여 돌아가신 날에 지내는 제사라고 합니다. 보통의 경우 돌아가신 날 자시 (전날 23:00 부터 당일 01:00) 에 지내는데요. 만약 전날 23 시 이전에 제사를 지내게 되면 잘못된 것인가요? 만약 잘못이라면 돌아가신 날 아침에 제사를 지내는 것이 타당한지요?

돌아가신 날 지내는 것이 맞는다면 현대는 시계가 발달 되어 있음으로 돌아가신 당일인 24:00 시 이후에 지내는 것이 맞는 것 아닌가요?

주위에 아침에 제사를 지낸다는 말은 들어보지 못했습니다. 제사 지내는 시간에 따라 날짜가 바뀌게 되니, 중요한 문제인 것 같아 두서없이 글을 올립니다. 고귀한 답변을 기다리겠습니다. 감사 합니다.

기제(忌祭) 고조까지의 조상에 대하여 돌아가신 날에 지내는 제사이다. 그날 돌아가신 조상과 그 배우자를 함께 지낸다.

◆答; 기제 지내는 시간.

기제(忌祭)를 사일(死日) 첫 시(時)인 자시(子時) 행사(行祀)는 정례(正禮)가 아닌 변례(變禮)입니다. 정례는 사망(死亡) 당일(當日) 질명(質明)입니다. 기제를 정례로 모시게 되면 그와 같은 문제는 물론 수면(睡眠) 문제도 어느 정도 해결될 것입니다.

●祭義君子有終身之喪忌日之謂也註忌日親死之日也
●周禮春官宗伯禮官之職小史條掌邦國之志奠繫世辨昭穆若有事則詔王之忌諱註鄭司農云先王死日爲忌名謂諱
●家禮忌祭編○厥明夙興設蔬果酒饌○質明主人以下變服詣祠堂封神主出就正寢○參神降神進饌初獻
●禮器質明而始行事疏質正也謂正明之時少牢禮朝明行事註朝明質明也此乃周禮也
●士冠禮擯者請期宰告曰質明行事註擯者有司佐禮者在主人曰擯在客曰介質正也宰告曰旦日正明行冠事
●國朝五禮儀大夫士庶人忌日俗節告祭儀厥明夙興設饌具如式見序例主人以下盛服盥手帨手訖俱就位主人升自東階啓櫝捧出神主各設於座降復位主人以下再拜
●陳氏曰子路祭於季氏質明而始行事寧早則雖未明之時祭之可也
●張子曰五更而祭非禮也
●祭義君子有終身之喪忌日之謂也註忌日親死之日也
●尤庵曰行祭早晚太早不可太晚亦不可惟當以質明爲正
●南溪曰質明卽大昕指日未出時也

▶1161◀◆問; 기제사 등 차례를 지내는 장소 문의.

안녕하세요. 기제사 및 차례를 지내는 장소가 달라도 가능한지 문의를 드리고자 합니다.

1. 아버지가 장남이셔서 할아버지, 할머니 제사를 지냈습니다. 살아생전에는 부모님 두 분이 할아버지, 할머니 제사를 지내셨습니다. 그런데, 아버지가 돌아가신 후, 7년 정도 어머니와 누님이 할아버지, 할머니 제사를 모시고 있었는데, 연세가 연로하셔서, 더 이상 제사를 지내기 힘들다고 판단을 하셔서 삼촌들에게 제사를 모시라고 해서, 삼촌들이 집안제사는 지내지 않고, 선산에 가셔서 제사랄 올리신다고 합니다.

아버지 기제사는 현재 제가 모시고 있습니다. 이 경우, 차례를 지낼 때 할아버지, 할머니를 같이 올려놓고 지내도 문제가 없는지 문의를 드립니다.

2. 어머니, 누님(남자 형제는 없음)은 현재 부산에 살고 계십니다. 현재 저는 대천에 살고 있습니다. 거리가 멀어서 자주 왕래를 하지는 못하고 있습니다. 어머니는 제가 멀리 사니까 왔다 갔다 불편하니, 어머니 혼자 올라오시면 제가 편하겠다고

하여, 3년 전부터 올라오셔서 제사를 지내고 있습니다.

그러다 보니, 1년에 한번도 형제들간에 볼 기회도 거의 없고, 자식들간의 유대관계가 없어서, 다시 부산 어머니 집에서 제사를 지내는 게 어떤가 해서 문의를 드립니다. 아니면, 아버지 기제사는 제가 지내고, 차례만 어머니 집에서 지내도 무방한지 문의를 드립니다. 제사는 왔다 갔다 하는 것이 아니라고도 하여서 문의를 드립니다.

◆答; 기제사 등 차례를 지내는 장소.

아래는 군자가 장차 집을 지으려면 먼저 사당을 집의 동쪽으로 지어 놓고 궁실(宮室; 안채)을 지어야 한다는 말씀입니다. 법도(法度)가 이러하니 적장자손(嫡長子孫)의 거처(居處)가 임시 거소가 아니라면 그 집에 사당은 사정상 세우지는 못하였다 하여도 건사되었다 간주한다면 제사는 어디서 지내야 하는지는 자연히 알게 됩니다.

명절(名節)에는 사당(祠堂)에서 지내고 기제(忌祭)는 사당(祠堂)의 신주(神主)를 정침(正寢)으로 모셔내어 지내게 되니, 어떤 제사(祭祀)라 하여도 적장자손(嫡長子孫)의 집을 떠나 지내거나 분리하여 지낼 수가 없게 되는 것입니다. 지방(紙榜)이란 사당을 세우고 신주(神主)를 모시지 못하였을 때 그 대용으로 흰 종이에 조상께서 강림(降臨)하시어 이 자리에 좌정하십시오. 란 문구에 불과한 것이나, 그러나 예는 신주(神主)의 예법을 그대로 따라야 하는 것입니다.

●曲禮君子將營宮室宗廟爲先註君子有位者也
●祭義右社稷而左宗廟註右陰也故右社稷左陽也故左宗廟

▶1162◀◆問; 기제사 문의.

안녕하십니까.

問; 기제사를 모실 적에 헌다(獻茶)와 철시복반 사이에 제주가 재배를 하여야 하는지 궁금합니다. 감사합니다.

◆答; 기제사.

問; 答; 사시제(四時祭)나 니제(禰祭)에는 합문(闔門), 계문(啓門)에 이어 헌다(獻茶)와 철시복반 사이에 수조(受胙)의 예가 있어 주인이 음복(飮福) 때 재배를 하나 기제나 묘제에서는 수조(受胙)의 예가 없어 주인이 재배하는 예가 없습니다.

●家禮四時祭啓聞條主人主婦奉茶分進于考妣之前祔位使諸子弟婦女進之○受胙條主人置酒于席前出笏俛伏興再拜(云云)與在位者皆再拜主人不拜降復位(栗谷)曰執事者升詣諸位合飯蓋降復位○(陶庵)曰合飯蓋時先下匕筯于楪中○忌祭篇啓門條並如祭禰之儀但不受胙

▶1163◀◆問; 기제사 문의.

기제사 축문을 쓸 때 할아버님이 음력으로 10월 13일 별세하셨는데 기제사는 하루 전날 10월 12일 지냅니다.

축문은 하루 전날 =계사(癸巳)년 계해(癸亥)월 갑신(甲申)일 별세하신 날=계사(癸巳)년 계해(癸亥)월 을유(乙酉)일 어느 것이 맞는지요?

그리고 요즘 기제사를 지내려고 전국 각처에서 형제들이 내려오는데 직장문제로 그 날 올라가야 하는 불편함 때문에 저녁 7시가 되면 제사를 지내는 경향이 있습니다. 그럴 때 제사 날을 하루 전날 12일이 맞는지요? 아니면 별세하는 날 13일이 맞는지요? 만약에 제사를 일요일에 앞으로 당기거나 뒤로 밀쳐서 지낼 때 축문은 어떻게 쓰는지요? 부탁합니다.

◆答; 기제사.

기제(忌祭)를 지내는 날은 작고(作故)한 날이 됩니다. 따라서 설이나 추석(秋夕)을 다른 이유(理由)가 있다 하여 미루거나 당겨 지낼 수 없듯이 기제(忌祭) 역시 별세(別世)한 날 외에 지내서는 기제(忌祭)가 아닙니다.

작고(作故)한날 첫 시(時)인 자시(子時)에 지내면 전날 밤 12시 전후(前後) 즉 10월 13일에 별세(別世) 하였으면 12일 밤 11시부터 13일 01시에 지내게 되는 이런 경우 10월 13일에 지낸 것이 됩니다. 어떠한 경우도 10월 13일(12일 밤 11시~13일 밤 11전)에 지내야 기제(忌祭)가 됩니다.

●祭義君子有終身之喪忌日之謂也註忌日親之死日也

▶1164◀◆問; 기제사에 대한 문의 등.

안녕하십니까. 외람된 질문이지만 자세한 가르침을 부탁 드립니다.
問; 1. 기제사 (맞는 표현인지는 모르지만 명절 제사 이외의 제사 – 혹시 기제사의 표현이 틀렸다면 정확한 명칭도 지도 부탁 드립니다)의 경우에는 일반적으로 결혼한 사람만 지내고 있습니다. 이것은 어떤 사유이며 결혼을 하지 않은 사람도 지낼수 있는지요?
問; 2. 제사 시 고(告)하는 방법 만약 합제를 하게 될 경우에 (조상님 부부 제사) 그전의 제사에서 고   (告)를 해야 한다고 하는 데 어떤 규칙이나 방법이 있는지요? 일반적으로 어떻게 고(告)해야 하는지요?
問; 3. 옛날의 가부장 제도에 저의 집안에서는 남자의 생일이 부친보다 앞서면 결혼 전에는 생일을 못하게 하였습니다. 예를 들면 증조모님의 기일이 증조부님의 기일보다 앞서 있습니다.

그래서 집안에서는 증조부모님의 제사를 합제할 경우에 증조모님의 기일에 증조부님의 제사를 같이 하는 것에 대하여 조금 개운치 않게 생각을 합니다. 그리고 모순적인 면은 증조부님의 기일에 증조모님의 제사를 같이 합제를 하면 생일을 뒤늦게 하지 않듯이 제사를 뒤로 미룰 수가 없다는 입장입니다.

현재의 집안 사태로 봐서는 증조부님 및 증조모님의 제사를 각각 따로 모실 수 없는 입장임을 백 번 헤아려 주셔서 어떻게 하는 것이 최소한의 도리인 지 상담을 부탁 드립니다. 감사합니다.

◆答; 기제사에 대한 문의.

問; 1. 答; 아래와 같이 살펴보건대 자식이 어려 상주 노릇을 할 수 없을 때는 형제 중에서 상주가 되어 상을 마치는데 어린 아들은 최복으로 싸 안고 있는 사람이 대신 절을 하고, 또 제사에 자손과 여동생들이 참석을 하는데 결혼하지 않았으면 참석을 못한다는 단서가 없습니다.
問; 2. 答; 병제(並祭)에서 제사 전에 달리 병제를 하겠다고 고하는 고사식이 있느냐? 라는 질문이시라면 그런 고사식은 없습니다.
問; 3. 答; 생일(生日)에 관하여 여러 설(說)이 있으나 그와 같은 설은 명문화(明文化)된 설(說)은 없는 것 같습니다.

다만 기제(忌祭)는 작고(作故)한 날 지내는 제사(祭祀)로 병제(並祭) 당부(當否)에 관하여 각설(却說)이 타당성(妥當性)이 있습니다. 현재 거의 문중(門中)에서 병제(倂祭)를 택(擇)하고 있는 것 같습니다. 병제(倂祭)는 고(考) 기일(忌日)에 비(妣)를 비(妣) 기일(忌日)에 고(考)를 합제(合祭)하게 됩니다.

●會成立喪主兄弟子幼者之喪:死者之子幼不能主喪妻又不可爲主則兄弟主之至於終喪其子則以衰抱之人爲之拜
●性理大全俗節序立條:諸弟在主人之右少退子孫在主人之後重行西上諸妹在主婦之左少退子孫婦女主婦之後重行東上
●問尤翁以子孫生日薦酌於亡親爲可未知如何陶庵曰尤庵說亦恐非正當之論不必苟行
●祭義君子有終身之喪忌日之謂也註忌日親之死日也
●周禮春官宗伯禮官之職小史條掌邦國之志奠繫世辨昭穆若有事則詔王之忌諱註鄭司農云先王死日爲忌名謂諱
●忌祭祝曰(云云)孝子某敢昭告于顯考某官府君歲序遷易諱日復臨(云云)
●朱子曰忌日只祭一位
●程氏祀先凡例祖考忌日則只祭祖考及祖妣祖妣忌日則只祭祖妣及祖考
●晦齋曰按文公家禮忌日止設一位程氏家禮忌日配祭考妣二家之禮不同盖止設一位禮之正也配祭考妣禮之本於人情者也
●退溪曰忌日并祭考妣甚非禮也
●沙溪曰忌日并祭考妣雖非朱子意我朝先賢嘗行之栗谷亦曰祭兩位於心爲安云
●愼獨齋曰并祭爲當
●備要考妣並祭則列書考妣而遷易下又云某親諱日復臨云云

▶1165◀◆問; 기제사에 대한 질문입니다.

임박해서 질문 드려 죄송합니다. 기일이 5일 후라 빠른 답을 주시면 감사하겠습니다. 며칠 뒤 어머님의 첫 기일이 다가 왔습니다. 기일 때 두 분의 지방을 함께 써야 하는데 아버님은 현고, 어머니는 현비 라고 쓰는 것으로 알고 있습니다. 이럴 경우 아버님 과 어머님의 기일에 쓰는 지방의 문구가 같은데 어떻게 어머님의 기일 을 구분하는지요?

또 어머님 생존 시에는 아버님 혼자라 축문을 쓰는데 문제가 없었으나, 이번처럼 양위를 모시게 될 경우 어머님에 대한 축문내용이 어떻게 달라지는지 궁금합니다. 수고 하십시오.

◆答; 기제사

부모(父母) 지방(紙牓)은 각각 써서 아버지 지방은 내가 보아 좌측 어머니는 우측(右側). 아버지와 어머니 기일의 구분은 축식의 휘일부림(諱日復臨) 앞에 아버지 기일(忌日)에는 현고(顯考), 어머니 기일(忌日)에는 현비(顯妣)라 써 구별합니다.

●부모 지방식.
○아버지: 顯考某官府君神位
○어머니: 顯妣某封某氏神位

●忌祭祝文式

維 歲次干支幾月干支朔幾日干支孝子某(이름)敢昭告于 顯考某官 (관직이 없었으면 學生이라 쓴다) 府君 顯妣某封某氏 歲序遷易 諱日復臨 (병제(並祭)에는 諱日復臨 앞에 아버지 기일에는 顯考 어머니 기일(忌日)에는 顯妣라 쓴다) 追遠感時昊天罔極謹以淸酌庶羞恭伸奠獻 尙 饗

▶1166◀◆問; 기제사 지방서식과 처사 호칭에 관한 문의.

부모 조부님 모두 별세한 경우입니다.
問; 1, 선친 기제사의 지방에 선비도 써야 하는지? 어머님 기제사 일 때에도 마찬가지입니다(선친, 선비를 함께 지방에 서야 하는지?) 그리고, 그 이유와 내력은?
問; 2, 처사(處士)는 어떤 경우에, 언제부터 쓰기 시작했는지. 특별한 벼슬은 없으나 학식과 신망이 높은 분에 대하여 '학생'대신'처사'로 지방 등에 쓰는데 유교용어에 처사라는 호칭이 있었는지도 궁금합니다. 학문적 근거와 함께 상세한 하교를 주시면 고맙겠습니다. 범곡.

問; 3, 지방은 한 장에 왼쪽에 선친(현고 처사부군), 오른쪽에(현비유인OO이씨 신위) 라고 세로로 써서 櫝에 넣어서 제사 상에 모십니다.

◆答; 기제사 지방서식.

問; 1, 答; 기제는 주부자설(朱夫子說)인 1위(位)가 정례(正禮)이나 고비(考妣) 병제(幷祭)는 인정(人情)에 따름으로 최초 설자(說者)는 정자(程子)이십니다.

問; 2, 答; 처사(處士)란 단어는 이미 맹자(孟子)에 나오니, 그 이전부터 쓰여진 용어임을 짐작하기에 어려움이 없으며, 그 단어가 의미하는 바는 한서 주(漢書注)에서 풀어 놨듯이 벼슬하여 조정(朝廷)에 나아가지 않고 집에 기거하는 자란 의미로서 능력은 갖춰져 있으나 벼슬을 하지 않고 은거중인 사람을 뜻하게 됩니다.

問; 3, 答; 지방(紙榜)은 종서(縱書)로 고비(考妣)를 각각(各各) 써 교의(交椅) 하나에 한 위(位)씩 등받이 또는 세속(世俗)의 신조(新造)인 지방(紙榜) 틀에 붙여 올려 놓아 고서비동(考西妣東)으로 설위(設位)합니다.

●朱子(1130~1200. 南宋人. 儒學者 性理學者)曰忌日只祭一位
●程氏(1133~1107. 北宋人. 性理學者)祀先凡例祖考忌日則只祭祖考及祖妣祖妣忌日則只祭祖妣及祖考
●晦齋曰按文公家禮忌日止設一位程氏家禮忌日配祭考妣二家之禮不同盖止設一位禮之正也配祭考妣禮之本於人情者也
●孟子(B.C.372?~ B.C.289?)滕文公下聖王不作諸侯放恣處士橫議楊朱墨翟之言盈天下
●漢書異姓諸侯王表一秦既稱帝患周之敗以爲起於處士橫議(注)處士謂不官於朝而居家者也
●陶菴曰用厚白紙長廣隨宜以眞楷細書於紙中央臨祭貼於椅上隨位各書又曰祖妣二人以上別具紙各書

▶1167◀◆問; 기제사 진설 시에 닭을 쪄서 사용하는지요.

안녕하세요? 저희 시댁에서는 예전부터 기제사와 차례에 닭을 쪄서 진설(陳設)을 해왔다고 친척들이 말씀을 하시는데요, 저의 친정에서는 닭을 사용하지 않았습니다. 그래서 어느 것이 맞는지 궁금합니다. 그리고, 만약에 진설을 한다면 4 열 중의 어느 부분에 놓아야 되는지요. 꼭 부탁 드립니다. 수고하십시오.

◆答; 기제사 진설.

닭을 화로에서 구어 계적(鷄炙)으로 올리는 가문(家門)도 있겠으나 아래와 같이 살펴보건대 대개의 가문(家門)에서는 적(炙)으로는 간적(肝炙)과 육적(肉炙)을 화로에서 직접구어 초헌(初獻)에 간적(肝炙) 아종헌(亞終獻)에는 육적(肉炙)을 올리는데 닭은 육(肉)으로 보아 생(牲)은 우양시(牛羊豕)라 하니 면육적어병(麵肉炙魚餠) 行에 우양시(牛羊豕) 다음으로 진설함이 계적(鷄炙)의 예를 행하지 않는 가문이라면 옳을 것 같습니다.

아래와 같이 살펴보건대 적(炙)이란 불에 구운 고기를 이름이며 고기를 약간 도톰하고 조금 길게 잘라 꼬치에 꿰어 숯불 등 위에 석쇠를 올려 놓고 그 위에서 구운 고기를 적이라 하는데 통닭이 아니라 그 살코기를 그와 같이 구워 올릴 수도 있겠으나 이 질문에서는 찐 통닭이라.

하였으니 이는 적(炙)이 아니고 계육(鷄肉)으로 보아야 할 것입니다.

●國朝五禮儀大夫士庶人時享忌日用素饌俗節(正朝端午秋夕)獻以時食饌品隨宜供辦條考妣兩位共一卓五行南上

⊙二品以上則第一行果五器第二行菜蔬三器脯醢各一器第三行麵餠魚肉炙肝各一器第四行飯羹匙筯各二器第五行盞六

⊙六品以上則第一行果二器脯醢菜蔬各一器第二行麵餠魚肉炙肝各一器第三行飯羹匙筯各二器第四行盞六

⊙九品以上則第一行果菜蔬各一器脯醢中一器第二行魚肉炙肝各一器餘如六品

⊙庶人則第一行果菜蔬各一器脯醢中一器第二行炙肝一器餘如九品飯羹麵餠魚肉炙肝進饌時設之○設酒尊於戶外之左幷置盞盤

●四禮便覽時祭具饌諸具條

⊙[肉] 家禮本註肉魚各一盤○家畜及山澤之族可食者無不用

⊙[魚] 凡水族之可食者無不用○黃氏曰鯉魚不用於祭祀云○栗谷曰魚肉當用新鮮生物○按魚肉或殽或膾或軒或乾或炒凡羞之以魚肉爲之者俱無不可肉帶骨曰殽腥細切爲膾大切爲軒

⊙[炙] 家禮本註肝一弗肉二弗○肝進於初獻肉分進於亞終獻各盛于盤○要訣又有魚雉等物○少牢禮魚右首○尤菴曰三獻各用一物多少隨宜

●詩經小雅楚茨章執爨(音竄)踖踖(音積)爲俎孔碩或燔(音煩)或炙(音隻)註賦也爨竈也踖踖敬也俎所以載牲體也碩大也燔燒肉也炙炙肝也此所以從獻也特牲主人獻尸賓長以肝從主婦獻尸兄弟以燔從之也

▶1168◀◆問; 기제사 축문의 일자.

안녕하십니까? 기제사 축문을 쓸 때 적용하는 날짜에 대한 확고한 신념이 없어서 문의 드립니다.

예를 들어 음력 4월6일에 선친께서 별세 하셨다면 음력 4월5일이 입제 일 이고 4월5일 자정에 제사를 지내고 있습니다. 이때 축문에는 4월6일을 표기해야 하는지? 아니면 살아계신 4월5일을 표기해야 하는지 몰라서 문의 드립니다. 답변 주시면 감사하겠습니다.

◆答; 기제사 축문의 일자.

"[음력 4월6일에 선친께서 별세 하셨다면]" 그 날이 기일이 됩니다. 그 날이란 그 날 첫 시인 자시(子時)로부터 해시(亥時)까지 이니 4월 5일 밤중 자시(子時)는 다음 날인 4월 6일 첫 시(時)가 되어 축문에 四月 六日로 표시(標示)함에 아무런 문제(問題)가 없습니다. 다만 기제(忌祭) 지내는 시간대(時間帶)는 그날 질명(質明: 먼동 틀무렵)에 지냄이 정례(正禮)가 됩니다.

●祭義君子有終身之喪忌日之謂也註忌日親死之日也
●周禮春官宗伯禮官之職小史條掌邦國之志奠繫世辨昭穆若有事則詔王之忌諱註鄭司農云先王死日爲忌名謂諱
●家禮忌祭編○厥明夙興設蔬果酒饌○質明主人以下變服詣祠堂封神主出就正寢
●禮器質明而始行事疏質正也謂正明之時少牢禮朝明行事註朝明質明也此乃周禮也
●尤庵曰行祭早晩太早不可太晩亦不可惟當以質明爲正
●南溪曰質明卽大昕指日未出時也

▶1169◀◆問; 기제사 출산.

일주일 있으면 어머니 기일입니다. 근데 어제 형수가 아들을 출산했는데 제사를 모시라는 사람들과 제사 지내면 안 된다는 말이 있는데 어찌 해야 하는지 모르겠습니다. 이럴 때는 어찌해야 하나요?

집안에 여자라고는 출가한 여동생과 형수뿐인데. 제사상에 올릴 음식은 제가도 할 수 있기는 한데. 그거보다도 집안에 아이를 출산하면 경사임이 분명한데 3.7 일~, 금줄, 뭐 이런 말들을 주위 분들이 하셔서 도통 어찌 해야 할지 모르겠습니다.

◆答; 기제사
아래와 같이 살펴보건대 우복 선유께서는 집안에 산고(産苦)가 있으면 불결(不潔)하니 제사(祭祀)를 폐(廢)하여야 한다. 라 하시고, 수암 선유께서는 3 일이 지나면 꺼릴 것이 없다. 라 하셨으며 남계(南溪) 선유(先儒)께서는 산기(産氣)가 있으면 옆방에 있다 출산(出産)을 하고 주인(主人)은 산실(産室)에는 들어가지 말고 다만 집안에 산모(産母)를 대행(代行)하여 제수(祭需)를 갖출 수 없다면 산모(産母)가 기(氣)를 회복(回復)하기 전에는 제사(祭祀)를 폐한다. 라 하신 것 같으니 정침(正寢)이 아닌 다른 방이거나 병원(病院)의 출산(出産) 같으면 집안에 제수(祭需)를 갖출 여자가 있다면 제사(祭祀)를 지냄이 어떠할까 합니다.

●疑禮問解問將祭而家內有産婦則奈何愚伏答曰有産婦則不潔不可祭也
●問今人有産或廢祭於七日內抑無過禮否遂菴曰過三日則似無拘忌
●南溪曰將生子居側室至于子生夫齊則不入側室之門是當祭者不入産室而已只一婦有産他無代行者則其勢只得姑廢而已

▶1170◀◆問; 기제사 축문.
사육신 유응부 선생의 후손입니다. 6 월 8 일은 선생의 제일인데 문중에서 건립한 사당에서 오시에 매년 제향을 모시고 있습니다. 이때 기제사 축을 지어 독축을 해 왔는데 근자에 모지인이 참례하여 선생의 제향에서는 일상의 기제사 축문을 독축 해서는 안되고 선생의 훌륭하신 행장과 절의정신을 선양하는 내용의 축문을 지어야 한다는 말씀이 있어 과연 그렇게 하여도 되는 것인지를 알고 싶습니다.

창절사 축문에서는 신위(神位) 다음에 위무불굴(威武不屈) 식왈장부(寔曰丈夫) 정충의열(精忠毅熱) 늠늠천추(凜凜千秋) 라는 문구를 넣어 독축을 하고 있기도 합니다.

◆答; 기제사 축문.
제일(祭日)이라 하심이 기제일(忌祭日)을 의미(意味)한다면 사서인(士庶人)의 관혼상제(冠婚喪祭) 제축사식(諸祝辭式)은 내용(內容), 형식(形式), 자구(字句) 등이 고정(固定)되어 있는 정형식(定型式)입니다. 따라서 관혼상제례(冠婚喪祭禮)에서 고(告)하는 제축사식(諸祝辭式)은 존비귀천(尊卑貴賤)을 막론하고 하나 같습니다. 까닭은 초아종헌(初亞終獻) 등을 예순(禮順)에 따라 행(行)하듯 법식 이여서 그렇습니다.

혹시 제문(祭文)과 축문(祝文)을 혼동(混同)하여 이른 말이 아닌가 합니다. 제문식(祭文式)은 정형식(定形式)인 축문(祝文) 형식과 구성이 다릅니다. 물론 기제(忌祭) 초헌시(初獻時) 제문(祭文)으로 고하는 예법은 없습니다. 다만 제문식(祭文式)이 그와 같이 云云의 부분에 정리나 생전의 이력(履歷)을 나열할 수 있다는 것입니다.

⊙祭文式
維 歲次干支幾月干支朔幾日干支忝親(隨所稱)姓某謹以淸酌庶羞之奠致祭于 某親某官某公之柩云云(別爲文字以敍情意)尙 饗(廣記所知之喪未能往哭則遣使致奠賻之物就外次衣弔服再拜哭送之○溫公曰奠貴哀誠酒食不必豊腆○頤菴曰今俗致奠爭相侈靡以爲不若是不足以行禮或未易辦則遂不行之惑矣)

●備要祝式

維 年號幾年歲次干支幾月干支朔幾日干支孝子某敢昭告于 顯考某官府君歲序遷易 諱日
復臨(若考妣並祭則曰某親諱日)追遠感時昊天罔極謹以淸酌庶羞恭伸奠獻尙 饗

●祝輯(考妣幷祭祝式)

維 年號幾年歲次干支幾月干支朔幾日干支孝子某敢昭告于 顯考某官府君 顯妣某封某氏
歲序遷易 顯某親諱日復臨追遠感時昊天罔極謹以淸酌庶羞恭伸奠獻尙 饗

●禮祝輯(考妣幷祭)

維歲次干支幾月干支朔幾日干支孝子某敢昭告于 顯考某官府君 顯妣某封某氏 歲序遷易
顯某位諱日復臨追遠感時昊天罔極謹以淸酌庶羞恭伸奠獻尙 饗

▶1171◀◆問; 기제사 폐제 축문 문의.

4대봉사후 기제사를 폐제하는 절차와 축문에 대해 알고 싶습니다. 신주는 없습니다.

◆答; 체천(遞遷) 축식.

질문의 요지는 아마도 길제를 마치고 친친조(오대조) 신주 매안 절차와 축식과 같
은 신주 없이 지방으로 모시던 오대조에 대한 그와 같은 절차와 축식을 아시고 싶
다는 의사로 이해가 됩니다. 그러나 지방으로 봉사하던 고조가 봉사자가 죽어 오대
조가 되었을 때 그와 같은 예법은 선유들께서 어디에도 운위(云謂)하신 말씀이 없
는 것 같습니다.

다만 신의철(申義徹) 선생의 국한(國漢) 병용 상예요람(常禮要覽) 길제편(吉祭篇) 오
대조(五代祖) 신주(神主) 매안(埋安) 축식(祝式) 해설(解說)에 이어 "[그러나 현세(現
世)에 신주(神主)가 없으므로 모두 략(畧)하고 부재 시(父在時) 고조(高祖)가 현오대
조(現五代祖)가 되어 신주(神主)가 있으면 매안(埋安)되고 묘사(墓祀)에 옮기게 됨
에 따라 가사(家祀)는 중지(中止)되므로 이의 축(祝)만 올린다"라 기록(記錄)되어 있
을 뿐인 듯합니다.

▶1172◀◆問; 기제사 함께 모셔도 되나요.

자식들이 셋인데 모두 서울, 부산 대구에 떨어져 있고 제사 기일이 하루 차이인지
라 내년부터는 함께 한번만 제사를 모셔도 돌아가신 분께 결례가 되지 않을 런지요.

◆答; 예법상 기제사는 함께 모식 수가 없음.

예기(禮記) 제의편(祭義篇) 주(註)에 기일(忌日)이란 어버이가 작고(作故)한 날이다.
라 하였고 수암(遂菴) 선생(先生)의 말씀은 여행(旅行) 중 여관(旅館)에서 어버이 기
일(忌日)을 만나면 전례(典禮)대로 제사(祭祀)를 지내며 슬픔을 다하여 곡(哭)한다.
하셨으니 결례(缺禮)가 아니라 말 할 수는 없을 것 같습니다.

●祭義君子有終身之喪忌日之謂也忌日不用非不祥也言夫日志有所至而不敢盡其私也註
忌日親之死日也
●遂菴曰旅次遇親忌擧哀例也然或官舍或人家則不得不停

▶1173◀◆問; 기제사 홀기 가운데 告利成의 뜻과 의미를 묻습니다.

안녕하셔요, 자주 질문을 드려서 송구스럽습니다. 기제사 홀기에 '축관(祝官) 헌관지
좌(獻官之左) 고리성(告利成)'라는 절차가 있습니다. 여기의 고리성(告利成)의 의미
(意味)와 그 뜻을 알고자 합니다. 예서의 여러 번역물에 우리말 번역을 보지 못했습
니다. 음으로만 옮겨 놓았더군요.

고리성(告利成)의 의미(意味)와 그 뜻은?

◆答; 고리성(告利成)이란.

아래와 같이 살펴보건대 사우례(士虞禮) 주(註)에 고(告)=주인야(主人也)라 하였고 리(利)=유양야(猶養也)라 하였으며 성(成)=필야(畢也)라 풀어 놓았습니다.

◇고리성(告利成); 신께서 흠향하심이 모두 잘 이뤄졌습니다.

●士虞禮祝出戶西面告利成主人哭註西面告告主人也利猶養也成畢也言養禮畢也不言養禮畢於尸間嫌疏曰即於尸中間有嫌諷去之

▶1174◀◆問; 기제 시간을 오후로 변경할 경우.

저희는 기제를 자정(새벽)에 지내고 있습니다. 최근에 형제들과 친족들이 원거리에 거주하다 보니 기제사를 마치고 귀가 하는데 여러 어려움이 있어 돌아오는 설이 후부터는 기제사를 오후에 지내려 합니다. 이때에 시간이 변경 되는데 축문을 고해야 되는지요.

축문을 고한다면 설 차례에 축문을 올리고 이후 기제사를 맞이해도 예의에 어긋나지 않는지 고견 부탁 드립니다. 아울러 가능하다면 축문의 예제도 함께 올려 주시면 큰 도움이 되겠습니다.

◆答; 오후로 변경할 경우 모두 같습니다.

기제(忌祭)는 작고(作故)한날 아침 먼동 틀 때 지냄이 예서적입니다. 자시에 지내는 것 대단히 이르게 지내드리는 것입니다. 그 날 시간은 변동하신다 하여 달리 고하여 드릴 법도는 없습니다. 축식(祝式) 역시 동일 합니다.

●性理大全忌日厥明夙興設蔬果酒饌質明主人以下變服
●祭義君子有終身之喪忌日之謂也註忌日親之死日也
●尤庵曰行祭早晩太早不可太晩亦不可惟當以質明爲正

▶1175◀◆問; 기제사에 대하여.

봉사자인 父가 사망하고 2 주 만에 조부의 기제사가 있을 경우 장손은 졸곡까지 기제사를 생략하여도 되는지요?

◆答; 기제사에 대하여.

아래와 같이 살펴보건대 졸곡(卒哭) 전(前)은 모든 제사(祭祀)를 폐(廢)한다. 라 하였으니 고례(古禮)에서 졸곡(卒哭)이라 하면 대략 95여일 정도가 됩니다. 따라서 작고(作故) 후 2주라 하면 14일 정도 지났으니 모든 제사는 폐하심이 법도에 옳을 것입니다.

●要訣喪服中行祭儀未葬前則準禮廢祭而卒哭後則於四時節祀及忌祭(墓祭亦同)使服輕者行薦而饌品減於常時只一獻不讀祝不受胙可也

▶1176◀◆問; 기제 시각.

저희는 기일이 20일 이면 19일 자정 이후에 제사를 모시는데 어느 분의 말씀이 자시에 제사를 모시면 되니 19일 23:00 이후에 제사를 모시면 된다고 하시는데 이럴 경우 기일이 틀리게 되는데 어느 것이 맞는가요?

◆答; 기제 시각.

구시(舊時; 12時)에서는 일시(一時)를 전(前) 정(正) 후(後)로 나누어 이르게 되는데 예를 들어 자시(子時)라 하면 자전(子前) 자정(子正) 자후(子後)라 합니다.

자전시(子前時)는 신시(新時; 24時)의 전일 23시부터 24시 이전(以前)을 이르고 24

시(0시)를 자정(子正)이라 이르고 0시 이후 당일 1시 이전(以前)을 자후(子後)라 합니다. 까닭에 지금의 시각으로 23시(밤 11시) 이후는 구시(舊時)로는 다음날인 자시(子時)가 됩니다. 따라서 제사는 당일 질명(質明; 새벽)에 지냄이 정례이나 변례로 당일 첫 시인 자시에 지내게 되는데 지금의 시로 전날 밤 11시(23시)이후에 지내게 되면 당일에 제사함이 됩니다.

●祭義君子有終身之喪忌日之謂也註忌日親之死日也

●周禮春官宗伯禮官之職小史條掌邦國之志奠繫世辨昭穆若有事則詔王之忌諱註鄭司農云先王死日爲忌名謂諱

●尤庵曰行祭早晚太早不可太晚亦不可惟當以質明爲正

●南溪曰質明卽大昕指日未出時也

●尤庵曰行祭早晚太早不可太晚亦不可惟當以質明爲正

●日省錄正祖十九年乙卯四月二十二日壬寅條(云云)獻官之命十七日進詣本宮十八日子時行祭天氣淸和享事利成獻官以下(云云)

●辭源子部[子]爲十二時辰之一夜十一時至次晨一時爲子時

●國朝五禮儀吉禮春秋及臘祭社稷儀奠幣祭日條丑前五刻

●問周夜半爲朔商鷄鳴爲朔陰陽家皆以子時爲明日然則鷄鳴前子時死者當從何日尤庵曰日分必終於亥而始於子初二日之子自不干於初一日也

▶1177◀◆問; 기제(忌祭)의 절목(節目) 중 계반개(啓飯蓋)는 언제 해야 하는지요?

<1>. 위 기제(忌祭)의 절목(節目) 중 계반개(啓飯蓋)는 언제 해야 하는지요? 언급이 없으니 侑食에 하는 것으로 이해해도 되는지요? [저는 초헌(初獻) 후 독축(讀祝 전에 하는 것으로 알고 있습니다]

◆答; 계반개(啓飯蓋)는 초헌(初獻) 때.

맞습니다. 계반개(啓飯蓋)는 초헌에서 합니다.

●備要按四時祭初獻條乃啓飯盖置其南各位同

▶1178◀◆問; 기제에서 합설 당부.

초암님의 지론(持論)은 지방식(紙榜式)의 고비각서설(考妣各書說)로 알고 있습니다. 그러나 위의 "고비(考妣) 지방은 절대로 합서(合書)는 아니 된다. 고비 합서는 예에 크게 어긋난 짓으로 (두 분을 한 의자에 앉히는 꼴이니) 조상을 바르게 모시는 예가 아니다."라고 하셨습니다.

합서부가(合書不可)는 그렇더라도, "두 분을 한 의자에 앉히는 꼴이니 조상을 바르게 모시는 예가 아니다."라는 말씀은 만약 장소가 협소해서 부득이 일의양위(一椅兩位)<각서(各書)>의 경우도 바른 예가 아니라는 의미도 포함하신 말씀인지요?

부연(敷衍)의 말씀은, 귀견(貴見)과 집람(輯覽)의 [설위(設位); <집설(集說)>지관칙각용일의일탁이병합지(地寬則各用一椅一卓而幷合之) 지협칙용일등일탁이고비이위공지(地狹則用一橙一卓而考妣二位共之) <어류(語類)>문생시남녀이석제사역합이석(問生時男女異席祭祀亦合異席) 今夫婦同席如何 曰夫婦同牢而食]의 관계를 여쭙는 것입니다.

◆答; 고비 설위는.

고비설위(考妣設位)에 관하여 집람론(輯覽論)도 잘 알고 있습니다. 그러나 아래와 같이 고서비동각용일의일탁이합지(考西妣東各用一倚一卓而合之) 이 부분을 살펴보건대 생자사자(生者死者) 불문(不問)하고 이치(理致)에 합당 함이 있어 본인은 본론(本

論)을 주장하는 것입니다.

●朱子家禮按四時祭設位條主人帥衆丈夫深衣及執事洒掃正寢洗拭倚卓務令蠲潔設高祖
考妣位於堂西北壁下南向考西妣東各用一倚一卓而合之曾祖考妣祖考妣考妣以次而東皆
如高祖之位世各爲位不屬祔位皆於東序西向北上或兩序相向其尊者居西妻以下則於階下
設香案於堂中置香爐香合於其上(便覽設燭臺於每位卓上)束茅聚沙於香案前及逐位(便覽
卓)前(便覽祔位)不設地上設酒架於東階上別置卓子於其東設酒注一酹酒盞一盤一(便覽下
有以他器徹酒之文此時亦當設空器)受胙盤一匙一巾一茶合茶筅茶盞托塩楪醋瓶於其上火
爐湯瓶香匙火筯於西階上別置卓子於其西設祝版於其上設盥盆(盆一作盤)帨巾各二於阼
階下之東其西者有臺架又設陳饌大牀于其東
●儀節按四時祭設位條主人帥衆丈夫及執事者灑掃正寢洗拭倚卓設高祖考妣位一於堂之
西考西妣東次曾祖考妣次祖考妣次考妣以次而東世各爲位不相連屬每位用二倚一卓而合
之卓下置茅沙祔位兩序相向尊者居西
●會成按四時祭設位條每位用二倚一卓而合之
●備要按四時祭設位條考妣位於堂西北壁下南向考西妣東各用一倚一卓而合之
●便覽按四時祭設位條考妣位於堂西北壁下南向考西妣東各用一倚一卓而合之
●又便覽同條細註問考妃各卓禮也而有再娶或三娶則正寢雖廣亦難容十餘卓如何尤庵曰
考妣各卓禮有明文何可違也不若小其牀卓使可容排也

▶1179◀◈問; 기제와 묘제 시 한복 제례복에 대하여.

제례에 참석하는 분들의 한복 복장을 보면 옷 모양이나 옷의 색이 다양하여 어느
것이 맞는지 궁금합니다.

질문 1. 제례 시 입는 한복과 장식 류는 어떤 것이 있는지 궁금합니다.
질문 2. 각 복장이나 장식 류의 색은 무엇인지 궁금합니다. 선생님 좋은 가르침 부
탁 드립니다.

◈答; 기제와 묘제 시 한복 제례복.

質問 1. 答; 아래와 같이 살펴보건대 지난날의 복식과 오늘날의 복식이 상이하여 그
와 같이 갖춰 입기란 어려울 것입니다. 다만 지난날의 복색의 언급은 있으나 장식
류에 관함은 없으며 특히 주부는 특계거식(特髻去飾)하고 거화성지복(去華盛之服)이
니 장식물은 있을 수가 없고, 복색은 원근(遠近) 관계(關係)에 따라 아래와 같이 달
라집니다.

요결(要訣) 무관자(無官者) 복색(服色)입니다.

◆부모(父母).
주인(主人); 호색립(縞色笠) 혹(或) 참색립(黲色笠) 옥색단령(玉色團領) 백대(白帶)
백화(白靴).
부인(婦人); 호색피(縞色帔) 백의(白衣) 백상(白裳).

◆조이상(祖以上).
主人; 흑립(黑笠) 옥색단령(玉色團領) 백대(白帶).
婦人; 현피(玄帔) 백의(白衣) 옥색상(玉色裳).

◆방친(旁親).
主人; 흑립(黑笠) 옥색단령(玉色團領) 흑대(黑帶).
婦人; 지거화성지복(只去華盛之服).

다만 복색(服色)은 대강 아래와 같으나 현실적(現實的)으로 가장 가까운 말씀은 매

산 선유의 말씀으로 복색(服色)을 고금(古今)이 다르니 흑립(黑笠), 백포포대(白布袍帶)라 하셨으니, 오늘날의 검은 유건(儒巾). 폭건(幅巾) 백(白; 玉色)도포(道袍) 백(白; 玉色)심의(深衣) 흰 두루마기 등으로 이해(理解)됨이 옳을 듯도 합니다.

質問 2. 答; 아래의 말씀들을 종합하면 제복(祭服)의 복색(服色)은 [黑·白·玉色]임을 알 수 있습니다.

●家禮忌日變服條禰則主人兄弟黲紗幞頭黲布衫布裹角帶祖以上則黲紗衫旁親則皁紗衫主婦特髻去飾白大衣淡黃帔餘人皆去華盛之服

●要訣忌日變服條父母忌則有官者服縞色帽垂脚或黲布帽垂脚玉色團領白布裹角帶無官者服縞色笠或黲色笠玉色團領白帶通著白靴婦人則縞色帔白衣白裳祖以上忌則有官者烏紗帽玉色團領白布裹角帶無官者黑笠玉色團領白帶婦人則玄帔白衣玉色裳旁親之忌則有官者烏紗帽玉色團領烏角帶無官者黑笠玉色團領黑帶婦人只去華盛之服○縞白黑雜色也黲淺青黑色卽今之玉色也

●備要忌日變服條禰則主人兄弟黲紗幞頭黲布衫布裹角帶祖以上則黲紗衫旁親則皁紗衫主婦特髻去飾白大衣淡黃帔餘人皆去華盛之服

●便覽忌日變服諸具條[黲布笠][布深衣][白布帶][皁靴]或白靴○以上見上喪禮陳禫服條父母忌所著[黑笠][素帶][皁靴]黑笠以下祖以上及旁親忌所著○黲紗幞頭黲布衫布裹角帶黲紗衫皁紗衫今俗不用故幷代以此[淡黃帔][白大衣]父母忌婦人所服[玄帔][玉色裳]玄帔以下祖以上忌婦人所服[帶]凡忌皆當用白○旁親忌婦人只去華盛之服

●尤庵曰朱子於禫時及忌日皆用黲色吾東則無用黲之制禫時旣用白則忌日亦用白恐無不可

●問忌日是君子終身之喪其服宜用禫服過禫之後欲留此一襲每遇忌日服而行哭奠之禮不知可否退溪曰忌雖終身之喪與禫不同留禫服以爲終身之用必非先王制禮之意

●梅山曰忌祭服色諸賢所論固宜遵述而古今異宜故用黑笠白布袍帶祖曾已上則用白絲帶矣

▶1180◀◆問; 기제일 결정.

부친(父親) 기제일(忌祭日)을 양력으로 하려 하는데 지난해 부친께서 저승으로 가셨습니다. 국가유공자(國家有功者)이셔서 국립묘지(國立墓地)에 안장(安葬)을 하였는데 여기서는 기제일을 사망진단서(死亡診斷書)(양력)에 의해서 결정하고 봉안시설(奉安施設)을 공개(公開)를 년 4 회(현충일, 설날, 추석, 기제일) 행사(行事)를 실시합니다.

기제사를 양력으로 하는 것이 돌아가신 날도 정확한 것 같은데(올해는 양력과 음력이 한달 차이 남)조부님 기제는 부친께서 음력으로 지내오셨기에 그리 행하고 있습니다.

◆答; 기제일 결정.

아래는 한서(漢書)의 일부로 이편에 력(歷)에 관한 법칙(法則) 등(等)이 자세(仔細)하게 설명(說明)되어 있습니다.

예법(禮法)이 당초 음력(陰曆)의 율력하(律歷下)에서 형성되어 그에 따라 시간(時間)생일(生日), 삭망(朔望), 속절(俗節), 상기(喪期), 등등이 정하여진 것입니다. 따라서 지금까지 특히 상제(喪祭)예법에서 음력(陰曆)이 고집되어온 것입니다.

현재 이외 사회적 모든 시일(時日) 계산은 양력(陽曆)으로 되어 있는 고로 상제(喪祭)에서의 음력(陰曆)으로 행함이 상당한 불편이 수반되나 위에서 지적한 시간(時間), 생일(生日), 삭망(朔望), 속절(俗節), 상기(喪期), 등등이 따르는 한 모든 예(禮)의 양력(陽曆)으로의 전환은 이뤄지기 어려울 것입니다. 따라서 현재로서는 가문의 형편과 법도에 따라 행할 수 밖에 없을 사안으로서 그에 대한 가부(可否)를 정하여 이를 수는 없을 것입니다.

●漢書故書曰迺命羲和欽若昊天歷象日月星辰敬授民時歲三百有六旬有六日以閏月定四時成歲允釐百官衆功皆美註師古曰此皆虞書堯典之辭也欽敬若順也昊川言天氣廣大也星四方之中星也辰日月所會也羲氏和氏重黎之後以其繼掌天地故堯命之使敬順昊天歷象星辰之分節敬記天時以授下人也匝四時凡三百六十六日而定一歲十二月月三十日正三百六十日則餘六日矣又除小月六日是爲歲有餘十二日未盈三歲便得一月則置閏焉以定四時之氣節成一歲之歷象則能信理百官衆功皆美也○夫律陰陽九六爻象所從出也故黃鍾記元氣之謂律律法也莫不取法焉與鄧平所治同於是皆觀新星度日月行更以算推如閎平法法一月之日二十九日八十一分日之四十三先藉半日名曰陽歷不藉名曰陰歷所謂陽歷者先朔月生陰歷者朔而後月迺生平曰陽歷朔皆先旦月生

▶1181◀◆問; 기제일시(忌祭日時).
제사(祭祀)지내는 날자는 돌아가신 날이 되는지 아니면 돌아가신 전날이 되는지요?

◆答; 기제일시(忌祭日時).
기제(忌祭)는 반드시 작고한 날 지내야 합니다.

아래와 같이 살펴 보건대 기제(忌祭)의 시작은 궐명숙흥(厥明夙興) 즉 그 이튿날 일찍 일어나 상을 차려 진설 등을 하여 놓고 질명(質明) 즉 날이 밝아지기 시작하면 제복(祭服)으로 고쳐 입고 사당으로 가 신주를 모시러 간다. 라 하였고, 구봉(龜峯)께서 하신 말씀은 속절(俗節) 날에 기제(忌祭)가 들 때 고조(高祖)이면 참례(參禮)보다 먼저 기제(忌祭)를 지내고 증조(曾祖) 이하는 참례(參禮)를 먼저 지내고 기제(忌祭)를 지낸다 하였으니 속절(俗節) 참례(參禮)란 그 날 아침 일찍 지내는 예이니 작고한 날 아침 일찍 지내는 것이 바른 예입니다.

다만 밤중의 예법으로 국조오례의(國朝五禮儀) 왕실(王室) 예법(禮法)인 향문선왕시학의(享文宣王視學儀) 등을 살펴보면 축전오각(丑前五刻)(卽三更三點行事用丑時一刻) 찬구필(饌具畢) 전삼각(前三刻) 제향관(諸享官) 및 배향관(陪享官) 학생(學生) 각 복기복(各服其服) 문외위(俱就門外位)라 하였으나 이는 궁중예법이라 백성의 예법은 아닙니다.

특히 자시(子時)(전일 11시~익일 1시)에 기제(忌祭)를 지내게 된 동기(動機)는 그 전거(典據)를 찾을 수가 없으니 유추(類推)하여 짐작 할 수 밖에 없을 듯 싶습니다. 그 전거(典據)를 제시(提示)하시는 학자(學者)가 계시면 다행이겠으나 이마도 그 날 제일 빠른 시간이라는 점이 가장 유력(有力)한 동기가 아닌가 싶습니다. 그렇다 하더라도 그 시간은 한 밤중의 시간으로 밤참으로도 늦은 시간이며 식사(食事)란 때가 있는 법이라 질명(質明) 즉 날이 샐 무렵 이른 아침 시간에 지냄이 바른 예법(禮法)일 것입니다. 그러나 기제(忌祭)를 자시(子時)에 지냄이 속례(俗禮)로 관행(慣行)화 되어 본인 역시 그 시간에 지내고 있습니다.

●國朝五禮儀大夫士庶人忌日俗節告祭儀厥明夙興設饌具如式見序例主人以下盛服盥手帨手訖俱就位主人升自東階啓櫝捧出神主各設於座降復位主人以下再拜
●沙溪曰祖先忌日若在正至朔望則祭禮與參禮相碍宋龜峯云若值高祖忌則忌祭畢仍行參禮曾祖以下忌則參禮畢行忌祭云未知其如何也按忌日若值正至朔望則如此行之可也而其他俗節則行薦禮於翌日恐當
●備要忌日○厥明夙興設蔬果酒饌○質明主人以下變服○詣祠堂奉神主出就正寢○參神

○降神○進饌○初獻(以下略)

▶1182◀◆問; 기제사 일에 대한 문의. <축문과 관련하여>

또 다시 우문(愚問)을 드립니다. 오늘 밤이 부친(父親)의 기일(忌日)입니다. 돌아가신 날은 음력 9월 초 칠일입니다. 고로 今日 저녁 자시(子時)에 해당하는 음력 초 육일 늦은 밤 23時 시작합니다.

이것이 축문(祝文)의 휘일부림(諱日復臨)에 맞는다고 생각하였습니다. 다만 이렇게 하다 보니 축문에 간지(干支)를 돌아가신 날에 해당(該當)하는 초칠일(初七日)의 간지(干支) 정유(丁酉)가 맞지 않을까요? 물음에 확신(確信)이 없어 확인(確認) 받고자 하는 마음에 현답(賢答)을 바라며 우문(愚問)을 드립니다. 우(又)치(痴) 김(金) 종열(鍾烈).

◆答; 기제 축문.

하루를 시(時)로 구분 지을 때 현대(現代) 시(時)로는 24시(時)이나 옛날 시(時)는 12시로 시, 시(時)의 명칭은 지지(地支)인 자(子), 축(丑), 인(寅), 묘(卯), 진(辰), 사(巳), 오(午), 미(未), 신(申), 유(酉), 술(戌), 해(亥)로 구분되며 자시(子時)를 또 자초(子初; 현대 시로는 전날 23시) 자정(子正; 0시) 자후(子後; 본일 1시), 이하 모두 이와 같이 구분됩니다. 따라서 기일(忌日) 전날 저녁 23시는 자초(子初) 시(時)로 기일(忌日) 날인 초(初) 칠일(七日)이 됩니다. 축문에 일자의 간지는 물론 7일 간지(干支)인 정유(丁酉)로 써야 되겠지요.

●祭義君子有終身之喪忌日之謂也註忌日親死之日也
●日省錄正祖十九年乙卯四月二十二日壬寅條(云云)獻官之命十七日進詣本宮十八日子時行祭天氣淸和享事利成獻官以下(云云)

▶1183◀◆問; 기제(忌祭)에도 수조(受胙)의 예(禮)가 있는가?

기제에는 수조의 예가 없다고 하던데 사실인가요.

◆答; 기제(忌祭)에는 수조(受胙)의 예(禮)가 없음.

기일(忌日)은 종신(終身)의 상(喪)이라 그 자손(子孫)들은 불음주식육(不飮酒食肉)인 까닭에 受胙의 예(禮)가 없는 것입니다.

●家禮忌祭辭神納主徹條云云但不受胙
●或問禮君子有終身之喪忌日之謂也爲子孫者固皆不飮酒食肉矣

▶1184◀◆問; 기제축문을 쓸 때?

기제축문(아버님 기제일)을 쓸 때 세서천역(歲序遷易) 다음 <u>현고처사부군(顯考處士府君)</u> 또는 <u>현고(顯考)</u>만 쓰는지요?

1. 안; 維歲次 干支 月干支朔 日干支 孝子 敢昭告于 顯考處士府君 顯妣儒人鵝洲申氏 歲序遷易 顯考處士府君 諱日復臨 追遠感時 昊天罔極 謹以 淸酌庶羞 恭伸奠獻 尚饗

2. 안; 維歲次 干支 月干支朔 日干支 孝子 敢昭告于 顯考處士府君 顯妣儒人鵝洲申氏 歲序遷易 顯考 諱日復臨 追遠感時 昊天罔極 謹以 淸酌庶羞 恭伸奠獻 尚饗

◆答; 기제축문.

고비(考妣) 병제(並祭) 축식에서 아래와 같은 선유의 말씀이 계십니다.

본 난을 방문하시는 여러분을 위하여 기제(忌祭)에 있어 병제(並祭)에서 축문의 휘일부림(諱日復臨) 앞에 그날 기일인 고비(考妣)의 표시에 관하여 여러 견해가 있을 수 있을 것입니다. 이에 본인의 견해를 밝혀 둡니다.

원래 기제(忌祭)는 단설(單設)이었으나 병설(並設)의 예법은 문헌상(文獻上)으로 율곡(栗谷)선생과 사계(沙溪)선생의 예서(禮書)에 의하여 병제(並祭)가 널리 보급 되었다고 볼 수 있습니다.

율곡(栗谷) 선생께서는 고(考)의 기일(忌日)에는 모고(某考) 휘일부림(諱日復臨) 비(妣)의 기일(忌日)에는 모비(某妣) 휘일부림(諱日復臨)이라 하셨고, 사계(沙溪)선생께서는 모친(某親) 휘일부림(諱日復臨)이라 하셨으니, 여기서 모고(某考) 또는 모비(某妣), 모친(某親)이라 함은 고(考) 또는 비(妣) 혹은 조고(祖考) 또는 조비(祖妣) 등 존칭을 붙이지 않은 통상 칭호로 친근감이 느껴지는 呼稱이나 죽은 조상에 대한 존칭인 현(顯)자를 붙임은 사계(沙溪)선생께서 병제(並祭) 신주출취고사식(神主出就告辭式) 말미에 현고(顯考) 현비(顯妣)를 붙여야 한다 하셨으니 이를 본떠 현고휘일부림(顯考諱日復臨) 현비휘일부림(顯妣諱日復臨)이라 함이 옳을 것입니다.

顯考某親某官府君
顯妣某妣某封某氏 歲序遷易
顯考(或顯妣) 諱日復臨 云云
顯考(或顯妣) 諱日復臨 云云에 관한 본인의 소견.

아래 서경(書經) 강고편(康誥篇)의 현고문왕(顯考文王)에서 현(顯)은 죽은 조상(祖上) 속칭(屬稱) 앞에 붙어 있으니 조상(祖上)에 대한 존칭(尊稱)의 뜻일 뿐으로 공경(恭敬) 또는 존경(尊敬) 등으로 풀이가 되지요. 까닭에 현고(顯考; 或顯妣) 휘일부림(諱日復臨) 운운(云云)으로도 존칭(尊稱)을 포함하여 의미 전달함에 부족함이 없다 생각합니다.

●要訣忌祭儀初獻條歲序遷易諱日復臨(若幷祭考妣考忌日則曰某考諱日復臨妣忌則曰某妣諱日復臨云云)
●問(宋浚吉)並祭考妣則告辭與祝辭似當添一兩語沙溪答曰固然告辭遠諱之辰敢請下當添顯考顯妣(祖以上幷同)神主出就云云祝辭歲序遷易下當添某親(考妣隨所稱祖以上幷同)諱日復臨云云
●書經康誥篇惟乃丕顯考文王克明德愼罰註左氏曰明德謹罰文王所以造周也

▶1185◀◆問; 남인 북인 노론 소론의 제사상 진설에 대하여.

예에 대하여 이야기 하다 보면 남인, 북인, 노론, 소론 집안이라 우리는 이렇게 한다는 식으로 주장하고 넘어가는데 제사상 진설에 대한 내용이라도 예를 들어 알려 주시면 고맙겠습니다. 제사상 진설과 남인, 북인, 노론, 소론과의 관계에 대하여 무엇이 다른지 알려주세요.

◆答; 제사상 진설에 대하여.

조선(朝鮮) 사색당파(四色黨派)[대략근거서적(大略根據書籍): 당의통략(黨議通略)] 조직(組織)의 대강(大綱). [이하 존칭 생략(以下尊稱省略)]

○동인(東人); 선조 초기 김효원(金孝元)과 심의겸(沈義謙)의 대립으로 당쟁이 시작 1575(선조 8)사림에서 신구의 선비가 각각 도당을 만들어 이에 가입을 하게 되었는데 동인(東人)이란 당명은 김효원(金孝元)의 집이 도성 동편에 살았던 것에서 유래 되었음.

동인은 주로 선진학자들로 형성되었는데 퇴계(退溪)의 영남학파(嶺南學派)와도 관계를 맺었고 중심 인물은 유성룡(柳成龍), 이산해(李山海), 이발(李潑), 우성전(禹性傳), 최영경(崔永慶) 등이며 1591 년(선조 24) 서인 정철(鄭澈)이 세자책봉 문제로 파면 당하자 다시 집권 이 때 정철의 죄를 둘러싸고 과격파와 온건파로 대립 과격파는 북인으로, 온건파는 남인으로 분열되었음.

○서인(西人); 1575 년(선조 8)의 동서분당으로 생긴 당파의 하나로 초기 박순(朴淳), 정철(鄭澈), 김계휘(金繼輝), 윤두수(尹斗壽) 등으로 이이(李珥) 생존 시에는 대체로 동인 보다 우세하였으나 그가 몰(歿)한 뒤 동인에게 눌렸다가 1589 년(선조 22) 정 여립(鄭汝立)의 모반사건으로 세력을 만회 세자책봉 문제로 정철이 파직되면서 동 인에게 정권을 빼앗겼음.

효종즉위 직전에 송시열(宋時烈), 송준길(宋浚吉) 등이 서인을 다시 통일 동인의 일 파인 남인을 제압, 제 2 차 복상문제로 남인에게 정권을 빼앗겼다 1680(숙종 6) 경 신대출척(庚申大黜陟)으로 세력을 만회 서인의 영수 송시열을 중심으로 한 노장파 들과 조지겸(趙持謙), 한태동(韓泰東) 등 소장파 사이의 불화로 노소 양파로 분열 1694 년(숙종 20)남인은 완전 정치권외로 제거됨.

○남인(南人); 1591 년(선조 24) 우성전(禹性傳), 유성룡(柳成龍), 이덕형(李德馨) 등 을 중심으로 형성되었는데 우성전(禹性傳) 선생의 집이 남산 밑에 있었으므로 남인 이란 명칭으로 불리게 되었으며 후에 허목(許穆), 허적(許積) 등이 영도하다 숙종 때 복상 문제로 서인을 실각 이문제로 청남(淸南) 탁남(濁南)으로 분열되었음.

○북인(北人); 東人 중에 서인에 대한 강경파와 온건파로 갈리어 남인과 북인의 대 립이 생기게 되었는데 이 남북인의 대립도 학파로 보면 이황(李滉)의 문인과 조식 (曹植)계열 문인간의 대립이었다. 임진왜란 후 세력이 강하여진 북인은 다시 대북 (大北)과 소북(小北)으로 나뉘어 광해군 일대는 대북이 정권을 장악하였으나 곧 서 인에게 패하였음.

○노론(老論); 1683 년(숙종 9)에 서인(西人)이 노소(老少) 양당(兩黨)으로 분열(分裂) 되면서 형성되었는데 초기(初期) 영도자(領導者)는 송시열(宋時烈), 김익훈(金益勳) 등으로 조선(朝鮮) 말기까지 소론(少論)과 대립하였음.

○소론(少論); 1683 년(숙종 9)에 서인이 노소 양당으로 분열 되면서 형성되었는데 초기 영도자는 조지겸(趙持謙), 윤증(尹拯) 등으로 조선 말기까지 노론과 대립하였 음.

이상의 동서남북인과 노소론 집안에서 각각 어떤 예법을 추종하는지의 여부를 명확 하게 살펴진 바가 없어 개별로 세분하여 일러 드릴 수는 없습니다.

다만 본인은 전통 예법으로 주자가례를 본보기로 하고 또 그를 바탕으로 삼은 제 예서를 익혔고 그 외는 율곡 선생의 격몽요결(擊蒙要訣)과 궁중의(宮中儀)로 국조의 (國朝儀)를 참고하였을 뿐으로 이 범주 외는 정독으로 살핀 바가 없습니다. 따라서 위 당인(黨人)들의 면면을 살펴 그의 예설 등을 취하여 참고하여 헤아리시기 바랍 니다.

▶1186◀◆問; 남편 지방 쓰는 법.

저희 숙부님 제사에 궁금한 것이 있어서 올립니다. 돌아가신 분이 저희 숙부님인데 자식이 딸이 셋이 있는 데요. 첫째는 시집가서 아이도 낳고. 둘째와 셋째는 나이가 20 대 입니다. 이럴 경우에는 지방을 쓸 때. 숙모님이 제주가 되나요? 아니면 첫째 딸이 제주가 되나요 아니면 결혼 전 둘째 딸이 제주가 되나요? 또 하나 남편의 제사 지방 쓰는 법이 두 가지가 있더라고요? 하나는 壁(담벽) 또 하나는 담벽글자에서 선비사가 흙토가 이게 빠지던데 어느 것이 맞나요?

◈答; 남편 지방.

부군(夫君) 지방식(紙牓式); 현벽모관부군신위(顯辟某官府君神位)

●問夫亡而無子則其神主當何書耶沙溪曰妻祭夫稱辟出於禮記周元陽祭錄亦曰無男主而妻祭夫曰顯辟某官封謚稱顯辟似有據旁題禮無明文
●周元陽祭錄妻祭夫曰婦某氏祭顯辟某官封謚

▶1187◀◈問; 남편한테 절할 때.

추석에 먼저 떠난 남편상을 차리고 절을 하려고 합니다. 아이는 없습니다. 보통 하는 절을 하면 될까요 아니면 큰절을 해야 하나요. 신랑 기일에도 명절과 같이 절을 하나요? 가르쳐 주셨으면 합니다.

◈答; 남편한테 절할 때.

아래와 같이 살펴보건대 여자는 숙배(肅拜)가 정배(正拜)라 하였으니 남편의 기일(忌日)이나 명절(名節) 참배(參拜) 시(時) 부인(婦人)의 절은 숙배(肅拜)로 양 무릎을 가지런히 꿇고 앉아 양손은 땅을 집고 허리를 굽혀 절하되 머리는 땅에 닿지 않게 숙입니다. 다만 요즈음 여자들의 절하는 모습을 보면 대체로 남자의 절과 비슷하게 하고 있음을 볼 수 있는데 이는 유가적(儒家的) 바른 절의 모습은 아닙니다.

●少儀婦人吉事雖有君賜肅拜爲尸坐則不手拜肅拜爲喪主則不手拜註手拜手至地而頭在手上也婦人以肅拜爲正故雖君賜之重亦肅拜而受爲尸虞祭爲祖姑之尸也爲喪主夫與長子之喪也爲喪主則稽顙故不手拜不手拜則亦肅拜也
●士昏禮註婦人與丈夫爲禮則夾拜
●朱子曰婦人伸腰再拜跪伸腰是頭不下也
●語類何謂肅拜曰兩膝齊跪手至地而頭不下爲肅拜手拜亦然婦人首飾盛多自難俯伏地上
●四未軒曰婦人首飾盛多自難俯伏地上周天元令命婦爲男子拜史官書之以表其異則古者婦人之拜首不至地可知也

▶1188◀◈問; 다시 시작하는 제례에 관해.

안녕하십니까? 신묘년부터 가족을 한 자리에 모이게 하여 가정의 제례를 다시 시작하려 하는데 장애사항이 발생하여 몇 가지 궁금사항이 있어 문의 드리오니 지금 답변 주시면 고맙겠습니다. 경인년 동짓달에 부친께서 별세 하셨습니다 부친의 장례는 화장으로 수목 장으로 종중 산의 조부님 묘소 10 여 m 떨어진 곳에 모셨습니다.

모친께서는 40 여 년 전에 가출하서 소식 없으십니다. 그 동안 조부님과 조모님의 기제사와 차례를 모셔오다가 부친의 생전에 조부님의 기제사를 생략하고 추석 절에만 종중 산에 모셔져 있는 조부님 묘소를 가족이 참석하여 성묘만 해 왔었습니다.

(조모님은 저의 조부님과 재혼으로 오셨다가 별세하신 후 초혼 때 태어난 자손들이 따로 모셨던 관계로 묘소가 저희 종중 산에 없습니다.) 계속 성묘만 해 오다가 부친께서 치매로 중병을 앓고 계신 후로는 가내에 중환자가 있을 시 에는 제사를 생략한다는 집 안의 룰에 따라 생략해 왔습니다.

問; 1. 오래 전에 가출하여 소식 없는 모친 제사도 지내야 합니까?
問; 2. 부친과 조부님 기제사(忌祭祀) 날이 같은 음력 날로 겹쳤는데 상을 2 번 차려 2 번 각각 올립니까? (차례 때도?) 아니면 지방(紙牓)을 한 장에 조부모님, 부모님을 함께 쓰고 한 번에 지내도 됩니까? (역시 차례 때도?)

問; 3. 묘소(墓所) 성묘(省墓)를 지낼 때 수목장(樹木葬)으로 모셔서 분봉(墳封)이 없고 상석(床石)도 없는 얼마 전 별세하신 부친의 성묘방법은 어떻게 합니까? (봉분이 있는 조부모님만 지내도 됩니까? 아니면 묘소 성묘를 전부 생략할까요?)

問; 4. 동네 어른들이 "중단했던 조상 제사는 지내지 않는 것" 이라고 말리는데 어찌해야 합니까?

問; 5. 기타 저의 조건에서 제례 시 참고 사항을 지도하여 주시면 고맙겠습니다.

◆答; 다시 시작하는 제례.

問; 1. 答; 아래와 같이 살펴보건대 가출(家出)한 어머니는 제사(祭祀)하지 않습니다.

問; 2. 答; 양기(兩忌)가 동일(同日)인 경우(境遇) 선존후비(先尊後卑)로 각행(各行)한다. 또는 주인(主人)은 같으니 병설(竝設)하고 축(祝)만 각각 고한다. 라는 양론(兩論)이 있습니다. 양론이 모두 각각(各各) 일리는 있으나 전자(前者)는 예를 강조(强調)함이고 후자(後者)는 간소(簡素)함을 강조한 예인 것 같습니다. 따라서 두 예(禮) 중 한 예를 따른다 하여도 과히 어그러졌다 할 수는 없을 것 같습니다.

問; 3. 答; 기제사 등은 혼신(魂神)에 대한 예이고, 묘제(墓祭)나 성묘(省墓) 등은 체백(體魄)에 대한 예입니다. 유가(儒家)의 예법에는 없으나 수목장(樹木葬)이라 함은 한 나무를 정하여 그 주위에 분골(粉骨)을 산분(散粉)한다는 의미일 것입니다. 그렇다면 그 나무가 묘(墓)의 역할을 대신 하여야 되겠지요. 그렇다면 모두에게 성묘(省墓)를 할 수 있을 것이며 혹 그렇지 못하다 하여도 조부(祖父)에게 만이라도 성묘(省墓)를 하여야 되겠지요.

問; 4. 答; 난리(亂離)가 일어나면 신주(神主)를 사당(祠堂) 옆에 묻고 피난(避難)을 떠났다 진정되면 다시 돌아와 신주(神主)를 발굴(發掘) 사당(祠堂)에 다시 모시게 됩니다. 그러할 경우 시제(時祭)는 물론 기제(忌祭)도 지낼 수 없는 경우(境遇)가 발생(發生)할 수도 있겠지요. 그러나 혹 불가피(不可避)하게 궐사(闕祀)를 하였다 하여도 그 후 제사(祭祀)를 폐(廢)한다는 예법(禮法)은 없습니다. 따라서 혹 불가피(不可避)하게 궐사(闕祀)를 하였다 이제라도 제사(祭祀)를 지내 드린다 하면 조상(祖上)께서도 기뻐하실 터이며 후손(後孫)에게는 효(孝)의 본보기가 될 것이고 주위로부터는 칭송(稱頌)을 받을 일이 될 것입니다.

●朱子曰出妻入廟決然不可爲子孫者只合歲時就其家之廟拜之若相去遠則設位望拜可也
●尤庵曰禮有嫁母子爲父後之文何嘗以母嫁而奪宗於他人乎
●尤庵曰祖曾忌祭同日則當先後行之
●陶庵曰兩忌日不可並設只當先尊後卑而各行之
●明齋曰祖孫同忌則一時同行恐無妨主人一也一時行之而各祝以告
●顧齋曰忌日妻子之祭與親忌共設無妨
●大山曰祖禰同忌恐不必逐位各行也
●南軒答朱子書曰神主在廟而墓以藏體魄體魄之藏而祭也
●讀禮通攷徐乾學曰人死魂依於主魄藏於壙故聖人祭魂於廟不祭魄於墓非察於魂神之情狀者熟能與於此然祭墓之禮經有明文

▶1189◀◆問; 단기를 연호로 써도 되나.

축문(祝文)을 쓸 때 단군기원(檀君紀元) 년 월 일로 쓰면 맞는지 단군기원 년 (세차 간지) 월(간지삭)일(간지)로 써야 맞는지 혼란(混亂)합니다 그리고 월 (간지삭)에 대한 정확(正確)한 의미(意味)와 해석(解釋)을 부탁 드립니다.

◆答; 단기는 연호가 아닙니다.

작금(昨今)은 연호(年號)가 없어 유세차간지(維歲次干支)로 쓰는데 이와 같이 써도 년도(年度)를 나타내는데 문제가 없습니다. 단기(檀紀)는 유가(儒家)의 축문 연호(年號)의 대용으로 사용하기에 대단히 부적절합니다.

○기원(紀元); 역사상기년적기산년대(歷史上紀年的起算年代).
○년호(年號); 봉건제왕위기재위지년이립적명호(封建帝王爲紀在位之年而立的名號).

●辭源[紀元];歷史上紀年的起算年代○又[年號];封建帝王爲紀在位之年而立的名號在漢武帝以前紀年用甲子帝王均無年號自武帝卽位稱建元元年始有年號
●漢書武帝紀;建元元年(唐顏師古注)自古帝王未有年號始起于此

▶1190◀◆問; 단군기원 연호사용에 대하여.

연호(年號)에 관하여 살펴보니, 조선시대에는 제후국(諸侯國)이었으므로 우리의 연호는 없었습니다. 천자국(天子國)인 중국(中國)의 연호(年號)를 써 오다가 고종(高宗)31 년(1894 년)에 일어난 갑오경장(甲午更張)으로 인하여 우리나라의 연호를 쓰게 되었습니다. 그 쓰임새의 명칭(名稱)을 다음과 같이 열거합니다.

1894(고종 31): [갑오경장] 開國紀元 503 年.
1895(고종 32): [을미사변] 建元.
1896(고종 33): [태양력사용] 建陽.
1897(고종 34): [대한제국] 光武 10 年.
1905(순종 원): [대한제국] 隆熙 4 年.
1910: [일제강점기] 明治 43 年.
1912: [일제강점기] 大正 25 年.
1926: [일제강점기] 昭化 20 年.
1945: [미군정기] 西歷紀元 1945 年.
1948: [대한민국] 檀君紀元 4281 年. <연호에 관한 법률(법률 제 4 호)>
1961: [대한민국] 西歷紀元 1961 年. <연호에 관한 법률(법률 제 775 호)>

●연호에 관한 법률[법률 제 4 호]
[제정 1948 년 9 월 25 일]
대한민국의 공용연호는 단군 기원으로 한다.
[부칙]
1. 본 법은 공포일로부터 시행한다.
●연호에 관한 법률[법률 제 775 호]
[폐지제정 1961 년 12 월 2 일]
대한민국의 공용연호는 서력 기원으로 한다.

[부칙]
1. 본법은 단기 4295 년 1 월 1 일부터 시행한다.
2. 법률 제 4 호 연호에 관한 법률은 이를 폐지한다.
3. 본법 시행 당시의 공문서 중 단기로 표시된 연대는 당해 단기연대에서 2333 연을 감하여 이를 서력연대로 간주한다.
4. 연대 정정에 있어서는 공문서정정에 관한 타 법령의 규정에 불구하고 당해 공문서의 서식에 적합하도록 연대 정정인을 사용하여 정정할 수 있다.

현행법률이 西紀를 쓰도록 정하여져 있으니, 檀君紀元이니, 佛紀니, 孔紀니 하고 쓴다면 모두가 다 법률을 어기는 범법자가 되는 셈인데, 이거 심각하게 고려해 보아야 할 사안인 것 같습니다. 우리 성균관의 축식에는 단군기원을 쓰도록 규정하고 있는데, 만약 법률이 위와 같다면 성균관에서부터 먼저 법률을 어기는 범법자가 되는 것 아니겠습니까? 또 향교(鄕校) 등에서는 공기(孔紀)를 쓰는 것으로 아는데 이 역시 마찬가지 현상이 아니겠습니까? 단군기원을 계속 써야 한다면, 유림(儒林;성균관)이 나서서라도 법률안을 개정하여야 된다고 보는데 유림(성균관)의 견해는 어떠합니까?

◆答; 단군기원 연호사용 불가.

발췌문(拔萃文)으로도 유교(儒敎)의 본질(本質)을 세속화(世俗化)로 개혁(改革)하자는 취지(趣旨)의 담화문(談話文)이 아님을 이해(理解)될 수 있는데 마치 유교(儒敎)의 근본(根本) 정신(精神)을 세속화(世俗化)로의 변혁(變革)으로의 주장(主張)인양 해석 않기를 바랍니다.

"셋째. 변하는 것 중에서도 변하지 않는 것이 있습니다. 그것을 지키기 위해 유교는 변(變)합니다. 유교의 기본철학이 변화라지만 무턱대고 다 변하는 것이 아닙니다. 대경대법(大經大法)은 절대로 변할 수 없습니다. 오륜(五倫)이 그렇고 성경현전(聖經賢傳)의 대도(大道)가 그것입니다. 절대로 변할 수 없는 대경대법이 있기에 유교는 인간을 인간의 길(道)로 인도해 갈 수 있었습니다.

더욱이 본질(本質)을 왜곡(歪曲)되게 해석(解釋)하여 질의(質疑) 응답(應答) 난에 결부(結付)시키지 않기를 바랍니다.

이 난은 질의(質疑)에 답하는 난입니다. 유교(儒敎)를 개혁시켜 세속화하자는 난이 아닙니다. 착오 없기 바랍니다. 이 난의 존재 이유 및 운영 목적은 질문된 의문을 풀어주자 함이지, 이 난을 이용하여 개혁하자? 상식 선에서도 이해될 수 없는 발상이지요.

한국사(韓國史) 고대사편(古代史篇)에서 고려장(高麗葬)에 관하여 대강 발췌(拔萃)하여보면 사람이 늙어 노쇠(老衰)하여지면 산채로 지게로 져다 묘실(墓室)에 가둬두었다 후일(後日) 확인하여 죽었으면 봉토(封土)한다. 라 기술되어 있는데, 이 같음이 민담에 의하면 제 부모가 늙어 기가 쇠하여지면 지게로 져다 산골 깊은 곳에 내려놓고 돌아서는데, 이때 애비가 지게를 버리고 돌아서니 같이 동행하였던 자식이 애비에게 다음 아버지가 늙으면 또 저다 버려야 할 터인데 지게를 버리지 말고 지고 가자 하니 그 애비가 깨닫고 다시 노친(老親)을 짊어지고 돌아왔다는 풍자적인 속설이 전하여 지고 있지요. 이 속설이 시사하는 바가 무엇을 의미 하겠습니까.

요즘의 예법이 퇴색하여 부모가 죽어 장사(葬事)를 마치면 곧장 돈 몇 푼 시주(施主)하고 절에 맡겨놓고 49 재(齋)란 원래가 좋은 곳에 환생(還生)을 축원(祝願)하는 재(齋)인데 이를 탈상(脫喪)으로 받아들이고 있지요.

이곳 성균관(成均館)의 "무엇이든 물어보세요" 난은 제도교육기관인 학교 교육 시스템과는 그 개념자체가 다릅니다. 이 곳은 하나의 질문이 올라오면 그 질문에 대한 답변으로서 종료되는 곳입니다. 그 답은 질문의 요지에 적중한 답을 일러 줄뿐입니다.

예를 들어 상복제도(喪服制度)에 관하여 질문이 올라왔다면 이 오복제도(五服制度)를 자신이 행하고의 여부는 떠나 오복제도를 간단명료하게 상대가 이해되도록 설명함으로써 답 글로서의 하자(瑕疵)가 없는 것입니다.

이 답에 어찌 소위 유가(유교)의 본당인 성균관에서 현재는 검은 양복에 베 완장을 두르고 있으니 그를 따르면 된다. 라 답하겠습니까?

세상이 변하는 것은 이곳(성균관)에서 굳이 서둘러 나서지 않아도 세월 따라 적응되어 가는 것입니다. 또 그 변한 사실을 내가 알고 있으면 그도 알고 있을 터이니 구태여 일러주려 할 까닭이 없을 것입니다.

성직자(聖職者)는 성직자의 입장에서 불자(佛者)는 불자의 입장에서 유자(儒者)는 유자의 입장에서 같은 문제의 답이라도 각자 처한 입장과 이해된 지식 정도에 따라 달라짐은 당연지사일 것입니다.

불가(佛家)에는 본찰(本刹)이 있을 것이고 카톨릭에는 교황청(敎皇廳)이 있으며 우리나라 유교(儒敎)는 성균관(成均館)이 본거지입니다. 사찰(寺刹)에는 불상(佛像)을 모시고 카톨릭에는 예수가 못박힌 십자가(十字架)일 것이고 유교(儒敎)의 본당인 성균관(成均館)에는 공부자(孔夫子)의 위패(位牌)가 모셔져 있을 것입니다.

그 곳에 모인 교인들은 그 교주(敎主)의 언행을 따르기로 각자가 굳은 약속 하에 모여들었을 것입니다. 그렇다면 각개는 그 집단을 통솔 지휘할 장이 필요할 터이니 그 소속 원 내에서 학식과 덕망이 가장 높은 장이 선출되어 관련된 대소사를 다스려 나가는 것입니다.

까닭에 이곳 "[무엇이든 물어보세요]"난의 운영(運營) 역시 성균관(成均館)에 소속(所屬)되어 있으니 관장님의 소관사항입니다. 다만 업무(業務)의 과중(過重)으로 본 홈 관리자를 정하여 그 업무(業務)를 위임하였고 관리자(管理者)께서는 정답(正答)을 찾기 위한 수단(手段)으로 객에게 답 글 붙임을 허용하였을 뿐이라는 것입니다. 고로 유교(儒敎)의 본당(本堂)인 이 곳 성균관에서 감히 객의 답변자로 나섰다면 관장(館長)의 입장에서 답한다 가정(假定)하고 임한다면 그 수준(水準)에 맞게 답하려 노력하여야 함은 누구도 부인치 못할 것입니다.

그러할진대 모두가 알법한 속설(俗說)이나 자신의 판단(判斷)에 의한 답은 내 놓을 수가 없게 되겠지요. 그렇다면 그 답 글을 어찌 작성(作成)하여야 한다는 하나는 법체계(法體系)가 명백(明白)히 드러나게 되는 것입니다.

이상과 같이 전제(前提) 이해(理解)하고, 이와 같은 조건 하에서 본인은 이를 바탕에 깔고 이에서 답 글을 작성하고 있을 뿐입니다.

본인의 답 글이 이러한 바탕 하에서 작성되니 혹 구미에 맞지 않는다 하여도 다양한 의견 수렴으로 이해하여 주시기 바랍니다.

연호(年號)와 연대(年代)는 그 의미(意味)가 전연(全然) 다릅니다. 연호(年號)란 제왕(帝王)이 자기의 치세연차(治世年次)에 붙이는 명호(名號)로서 원호(元號) 또는 대년호(大年號)라 하며 공기(孔記). 단기(檀紀), 서기(西紀), 불기(佛紀) 등은 기원(紀元)으로부터의 지나온 연대(年代)를 기록하는 수단이지 연호(年號)가 아닙니다.

축문식(祝文式)에서 연호(年號)를 쓰는 까닭은 신민사상(臣民思想)에서 기초된 군신(君臣)의 예(禮)로서 절대자(絶對者)인 제왕(帝王)의 치세년도(治世年度)를 머리에 붙여 아울러 충(忠)을 표하고 세차(歲次)로 간지(干支)를 써 그 해를 표시하는 것입니다. 따라서 연호(年號)가 사라진 지금 서기(西紀)를 유가(儒家)(儒敎)의 축문에 붙인다는 것은 아무리 국가의 법이라 하여도 어불성설이며 단기(檀紀) 역시 연호(年號)와는 그 의미가 전연 다르니 축문에 붙여 이중으로 년도를 표시할 까닭이 없습니다.

만약 연호(年號)를 붙이는 취지를 무시하고 연대(年代)를 붙인다면 차라리 孔紀를 붙임이 유가(儒家; 儒敎)의 정체성에도 부합할 것입니다.

국가 법인 "연호에 관한 법률"에서 연호(年號)란 표시는 유학(儒敎)적 입장에서는 그 의미가 상위(相違)하니 연대(年代)라 칭하여 "연대표기에 관한 법률"이라 붙였음이 합당하지 않았을까 합니다. 따라서 축식(祝式) 년도(年度) 표시에 연호(年號)가 사라진 현재 이를 제하고 "[유세차간지(維歲次干支)]"라 써도 그 해를 나타내는 데는 아무런 문제가 없어요.

연호란 웬만한 국어사전에는 나타나지도 않으며 대형사전에 해설되어 있는데 그와 옥편 등의 풀이를 옮겨보면 아래와 같습니다.

⊙국어사전(國語辭典)적 의미.
●연호(年號)=다(대) 연호(大年號) 연충류(蠕蟲類)
●다(대) 연호(大年號)=(명) (고제) 군주제도 아래에서 임금이 자리에 오르는 해에 붙이던 연대적인 칭호. 원호(元號).
●연호(年號)=제왕(帝王)의 재위(在位) 연수(年數)를 기록하기 위해 정하는 명호(名號).

⊙남운(南雲) 이홍직(李弘稙) 박사(博士)의 연호(年號)에 대한 변(辯)=군주국가(君主國家)에서 국가의 원수가 자기의 치세연차(治世年次)에 붙이는 칭호.

이와 같이 살펴보건대 공기(孔記), 단기(檀紀), 서기(西紀), 불기(佛紀) 등은 연호(年號)로 볼 수 없습니다.

▶1191◀◆問; 달마그림에 글씨가 있는 병풍을 명절 때나 제사용으로 사용 가능한지.
달마그림에 글씨가 있는 병풍을 명절 때나 제사용으로 사용 가능한지 알려 주세요.

◆答; 달마병풍.
제사 때 병풍(屏風)은 설위(設位)하면서 뒤에 둘러친다 라 되었을 뿐 서화(書畵) 등의 언급은 발견치 못하였으나 그림보다는 표구(表具) 면(面)이 글씨가 전면(前面)으로 되게 침이 예의 성격으로 미루어 적합할 것입니다.

달마그림이라 함은 중국 선종(禪宗)의 시조 그림이 아닌지요. 불교(佛敎)에 관한 그림인데 더구나 아래와 같이 살펴보건대 "불교의식으로는 행사하지 말라" 라 되어있을 뿐만 아니라 타교의 교주(기독교의 예수나 마리아 그림 등등)의 화상을 뒤에 둘러치고 선대 제사를 지낸다 함은 예(禮) 운운(云云)하기 이전에 상식에 비추어도 옳지는 않을 것 같습니다.

●朱子家禮二冊卷第四初終篇十板後不作佛事

▶1192◀◆問; 당일 저녁에 기제를 지내도 되나?
기일 날 저녁에 제사를 지내려고 하는데 너무 늦은 것 아니겠습니까.

◆答; 당일 저녁에 기제를 지내도 되나.
아래와 같이 대강 살펴보건대 제사는 너무 일러도 안되고 너무 늦어도 안되며 질명(먼동 틀 무렵)이 제사 지내는 바른 때라 하였습니다. 그러나 요즘 당일 첫 시인 자시(子時) 행사 역시 극조시(極早時)이니 예법상 바르지 않으나 다만 인정상 변례로 이르게 지내고 있을 뿐입니다.

당일 저녁 역시 태만(太晚)에 해당 되니 예법에 어그러집니다. 그렇기는 하나 그 시간대가 아니고는 제사를 지낼 수가 없다면 궐사(闕祀)에 비할 바가 못 되겠지요.
●語類先生遇四仲時祭膈日滌倚卓嚴辦次日侵晨已行事畢
●張子曰五更而祭非禮也
●陳氏曰少牢大夫之祭宗人請期曰早明行事子路祭於季氏質明而始行事晏朝而退孔子取之此周禮也然禮與其失於晏也寧早則雖未明之時祭之可也
●尤庵曰行祭早晚太早不可太晚亦不可惟當以質明爲正
●南溪曰質明卽大昕指日未出時也朱子亦未免侵晨已行事畢則此亦古今不同處勢不得用大昕耳

▶1193◀◆問; 대월(大月) 사자(死者)의 소월(小月) 기제일(忌祭日)은?
제 할머니가 1991 년 4 월 14 일 11 시경에 돌아 가셨습니다. 음력은 1991 년 2 월 30 일 이고요. 달력에 매년 음력 2 월 30 일이 있는 게 아니어서 그럴 땐 어떻게 해야 하는지 28 일이나 29 일에 제사를 지내도 괜찮은 건지 궁금합니다.

◆答; 대월(大月) 사자(死者)의 소월(小月) 기제일(忌祭日).
아래와 같이 살펴보건대 음력(陰曆) 대월(大月)인 삼십일(三十日; 그믐) 사자(死者)가 다음해의 그 달이 小月이면 이십구일(二十九日; 그믐)이 기일(忌日)이 되고 다음 대월(大月)의 해에는 삼십일(三十日; 그믐) 이 당연히 기일(忌日)이 된다는 것입니다.

●問解大月三十日死者後値小月固當以二十九日爲忌値大月則自當以三十日爲忌小月晦日死者後値大月當仍以二十九日爲忌不可延待三十日也
●沙溪曰大月三十日死者後値小月固當以二十九日爲忌値大月則自當以三十日爲忌小月晦日死者後値大月當仍以二十九日爲忌不可延待三十日也據此則大月晦日死者間値小月其祝辭或書三十日或書二十九日似不無妨礙無論大月小月俱以晦日書之或不甚妨耶

▶1194◀◆問; 독축 방법에 대하여.
축을 읽을 때 상례와 제사 지낼 때 의치가 다르다고 하는데요.

◆答; 독축 방법.
독축(讀祝)의 자리는 길례(吉禮)와 흉례(凶禮)가 다릅니다. 흉례 시에는 헌관(獻官)의 오른쪽에서 서향하여 궤(跪)하고 축(祝)을 읽습니다. 길사(吉事) 시에는 헌관(獻官)의 좌측(左側)에서 동향(東向)하여 궤(跪)하고 축을 읽습니다.

●朱子曰虞始用祭禮卒哭謂之吉祭高氏說已詳矣但古禮於今旣無所施而其所制儀又無吉凶之辨惟溫公以虞祭讀祝於主人之右卒哭讀祝於主人之左爲別蓋得禮意
●檀弓註吉事尙左陽也凶事尙右陰也
●退溪曰右陰也左陽也虞祭凶禮故讀祝于右至卒哭漸用吉禮故自此以後皆於主人之左
●問虞祭則在右西向卒哭則在左東向何義寒岡曰西向者尙用凶禮也東向者漸以之吉也

▶1195◀◆問; 독축에 관하여.
제주(祭主)가 독축(讀祝)을 할 수도 있습니까?

◆答; 축관이 없으면 주인 스스로 독축한다.
아래의 말씀과 같이 헌관(獻官)이 부족하면 주인(主人) 스스로 삼헌(三獻)을 하고 축관(祝官)이 없으면 그 역시 주인이 독축(讀祝)합니다.

●韓魏公祭式亞終獻皆不足則主祭者自行三獻○又無祝則主人自讀

▶1196◀◆問; 독축에 관한 문의 드립니다.

안녕하세요. 제사 지낼 때 축문을 낭독함에 있어서 한자어로 된 축문을 독축하고 다시 한글로 풀이해서 낭독을 해도 예의에 어긋남이 없는지요. 감사합니다.

◆答; 독축(讀祝).

축문은 고자(告者)가 신(神)에게 고(告)하는 글로서 생자가 아닌 신에게 아룀으로서 그 역할을 다하는 것입니다. 따라서 축문은 쓰여지는 바대로 유가(儒家)의 법식으로 지어져 있어 그대로 고하게 되는 것입니다.

불가(佛家)에서 천수경(千手經)에 "修利修利摩訶修利修修利娑婆訶(슈리슈리 마하슈리 슈슈리 사바하)"로 시작 되는데 독송하면서 또 우리 의미로 번역하여 일으지 않듯이 유가에서 역시 참석한 생자를 위하여 번역하여 일러 주지 않습니다. 까닭은 생자(生者)에게 고하는 글발이 아니기 때문입니다. 다만 생자(生者) 중에 축(祝)의 의미를 이해하지 못하는 이를 위하여 제사(祭祀)를 마친 뒤 교육(敎育)의 의미로 축문을 해석(解釋)하여 일러 줄 수는 있을 것입니다.

●文章學史序以人告神則爲祝文
●文心雕龍祝盟陳辭乎方明之下祝告於神明者也
●寒岡問讀祝當高聲讀抑低聲讀退溪曰太高旣不可太低亦不可要使在位者得聞其聲可也

▶1197◀◆問; 독축 위치에 대하여.

축문을 읽은 때 서는 위치를 알고 싶어요. "낭독자는 제주의 후 좌측에 끓어 앉아서 읽는다" 라고 되어 있는데 여기서 후 좌측이라 함은 신위를 기준으로 하는 말인지, 제주를 기준으로 하는 말인지요?

◆答; 길흉사(吉凶事)에 따라 위치가 다름.

◇흉사(凶事); 시에는 헌관(獻官)의 오른쪽에서 서향하여 궤(跪)하고 독축(讀祝).
◇길사(吉事); 시에는 헌관의 좌측에서 동향하여 궤하고 독축(讀祝).

●朱子曰虞始用祭禮卒哭謂之吉祭高氏說已詳矣但古禮於今旣無所施而其所制儀又無吉凶之辨惟溫公以虞祭讀祝於主人之右卒哭讀祝於主人之左爲別蓋得禮意
●檀弓註吉事尙左陽也凶事尙右陰也
●退溪曰右陰也左陽也虞祭凶禮故讀祝于右至卒哭漸用吉禮故自此以後皆於主人之左
●問虞祭則在右西向卒哭則在左東向何義寒岡曰西向者尙用凶禮也東向者漸以之吉也

▶1198◀◆問; 동생 부부 제사가 임박한 데.

동생 부부가 다 죽었습니다. 얼마 안 있으면 기제사가 돌아옵니다. 형인 저는 동생 제사에 참석하여 서있어야 하는지 앉아 있어야 하는지요. 동생부부 제사에는 절은 하지 않는다고 알고 있는데요 맞는지요.

◆答; 동생 부부 제사.

아우의 제사에 참례(參禮)하여서는 절을 하지 않고 앉아 있으며, 제수의 제사에는 절을 하여야 하나 아우와 제수(弟嫂)를 합제(合祭)를 할 때는 동생에 대한 예와 제수에 대한 예를 따로따로 할 수가 없으니 동생에 대한 예로 을 하지 않습니다.

●問祭子女弟侄立也坐耶尤庵曰喪禮旣曰尊長坐哭祭禮亦豈異同耶
●冶谷曰則父兄不拜於子弟盖已明矣
●梅山曰拜非可施於卑幼者則兄祭弟拜之非禮也然則內外幷薦者當統尊於夫而行之曷可獨拜弟婦乎或謂祭弟則無拜弟婦之祭則有拜斯言如何均是合櫝而幷享則雖是弟婦之祭統尊之義則一也

●寒水齋曰喪祭禮有尊長坐哭之文以此推之則兄之祭弟也雖當奠獻而只宜立而不拜矣若弟與弟嫂合享則不可不拜未知如何若祭弟之妻則安得無拜

▶1199◀◆問; 동생의 제사 관련 문의.

얼마 전 22살인 제 동생이 산사태로 세상을 떠났습니다. 유난히 각별한 자매 사이였고 언니로서 우리동생 제사를 꼭 지내주고 싶어서요. 근데 결혼도 안 해 자식도 없고 부모보다 먼저간 죄인 된 입장의 아이라서 그런지 이 사람 저 사람 말이 다르고 어찌 해야 될지 모르겠네요. 먼저간 제 동생은 둘 째구요. 제가 맏딸이고 셋째가 또 여동생입니다. 세 자매 이고요. 부모님은 다 계십니다.

1. 이런 경우 누가 제주가 되나요? 제주는 반드시 남자여야하나요?
2. 후에 저나 막내의 자손들이 둘째 동생의 제사를 내도 되나요?
3. 제사의 종류도 많던데 어떤 제사들을 지내줄 수 있을까요?
4. 나중에 저나 제동생의 남편이 제주가 될 수 있나요?
5. 그리고 어디서 들은 건데 어릴 때 죽은 사람은 수목장(樹木葬) 하면 안 좋다던데. 수목장 하면 안되나요? 제가 아직 어려서 모르는 게 많네요. 자세한 답변 부탁 드려요.

◆答; 동생의 제사.

問; 1. 答; 부모가 생존하여 계시니 부(父; 아버지)가 제주가 됩니다.

問; 2. 答; 출가한 뒤에는 친가 형제의 제사를 시가에서 지내는 예법은 없는 것 같습니다.

問; 3. 答; 요즘은 기제(忌祭)와 명절 제사뿐입니다.

問; 4. 答; 출가한 뒤에는 친가 형제의 제사를 시가에서 지내는 예법은 없으니 처제(妻弟)나 이모(姨母)의 제사를 지내는 예법은 없는 것 같습니다.

問; 5. 答; 수목장이란 유가(유교)의 예법이 아니니 그 당부는 알지를 못합니다.

●程子曰無服之殤不祭下殤之祭終父母之身中殤之祭終兄弟之身長殤之祭終兄弟之子之身
●備要殤服條凡年十九至十六爲長殤十五至十二爲中殤十一至八歲爲下殤
●小記丈夫冠而不爲殤婦人笄而不爲殤
●國制男子受職亦不爲殤
●通典子女有廢疾年過二十而死者禮不降殺不得同殤例也

▶1200◀◆問; 동생의 혼백이나 기제사에 형이 절을 하나?

여쭤볼 내용은 아우가 먼저 돌아가실 경우 말씀 드립니다. (4촌.6촌.8촌 포함)

1. 아우 혼백 앞에 형도 절을 해야 됩니까?
2. 아우의 기제사도 형이 아우인데 절을 해야 되나요.

◆答; 동생에게는 절을 하지 않습니다.

아우에게는 생전이나 사후나 형이 절을 하지 않고 읍만 할 뿐입니다.

●沙溪曰卑幼喪不拜
●艮齋曰兄揖弟墓

▶1201◀◆問; 동생제사.

형(兄)이 동생(弟)제사를 지낼 때 축문은 "효자" 대신 어떻게 써야 하나요. 그리고 감소고우가 만나요.

◆答; 동생제사 축문.
⊙弟忌祝文
維 歲次干支幾月干支朔幾日干支兄某昭告于　亡弟某官歲序遷易亡日復至不勝感愴茲以
淸酌庶羞伸此奠儀尙　饗

▶1202◀◆問; 동생 지방에 亡자 故자 중 어떤 자.
처(妻) 이하의 신주(神主) 분면식(粉面式)과 함중식(陷中式)에 망(亡)와 고(故)자 중
에서 어떻게 쓰는지요.

◆答; 동생 지방에 망(亡)자.
동생이나 아들의 지방(분면식)에 누구도 "고(故)"자는 쓰지 않고 "망(亡)"자를 씁니
다. 고(故)자는 죽은 이의 속 신주(神主) 머리에 죽었다는 관형사로 붙이고 겉 신주
(지방 포함)에는 존장(尊丈)이면 공경(恭敬)한다는 의미인 현(顯)자를 붙이고 비유자
(卑幼者) 누구에게도 죽었다는 의미와 함께 잃었다는 망(亡)자를 일 뿐입니다.

●神主陷中式; 故某官某公諱某字某神主
●粉面式; 顯考(卑幼改顯爲亡)某官府君(卑幼去府君二字)神主
●漢書蘇武傳單于召會武官屬前以降及物故顔師古注物故謂死也
●香山居士(白居易)碑碣曰故律大德上弘和尙石塔碑銘
●莊子外篇駢拇條臧與穀二人相與牧羊而俱亡其羊

▶1203◀◆問; 동생 제사에 대해 여쭙니다.
안녕하세요. 저는 맏며느리로 막내시동생 제사 때문에 여쭙니다. 저희 시동생 분이
칠 년 전 병으로 돌아가셨습니다.

시동생(媤同生)은 결혼(結婚)하여 슬하(膝下)에 아들을 두었으며 돌아가실 당시에는
이혼(離婚)한 상태였습니다. 현재 아들은 엄마와 살고 있으며 18살이며 동서(同壻)
는 이혼(離婚)을 했어도 일년에 서너 번씩 왕래를 하고 있습니다. 돌아가신 뒤로 어
머님과 함께 해마다 제사(祭祀)를 모시고 있는데 주변에서 형이 동생 제사(祭祀)를
지내는 게 아니라고 아들이 엄연히 있는데 아들이 지내야 한다고 말씀을 하시네요.

어머님께서는 내가 지내겠다고 하시고 계십니다. 현재는 저희가 어머님 댁으로 가
서 제사를 지내고 있습니다만 내년부터는 저희 집에서 집안 제사(祭祀)를 모시기로
해서 옮겨오려고 합니다. 제사예법에서 형이 동생 제사를 지내는 건 안 좋은 건지
요. 어머님은 당신이 살아 계신 동안에는 제가 지내라고 하시고 조카가 결혼하면
그때 넘겨주라고 하시거든요. 어떻게 하는 게 예법에 맞는 것인지 알고 싶어 문의
드립니다.

◆答; 동생 제사.
안 좋은 것 보다 유가(儒家)의 예법에는 망자(亡者)의 후자(後者; 아들)가 있는 이상
어떠한 경우에도 그 외의 족친(族親)이 주인이 될 수 없으며 오로지 그의 후자(장
자)만이 주인이 되어 제사를 주관하고 초헌을 하게 됩니다. 다만 주인의 유고(有故)
시는 그의 집에서 친족(근친)이 그를 대신하여 섭행(攝行)은 할 수는 있습니다.

●家禮本註凡主人(喪主及祭主)謂長子
●退溪曰父旣死則子當主祭
●公羊傳召公十五年二月癸酉條大夫聞君之喪攝主而往註若宗人攝行主事而往不廢祭者
古禮也

●辭源手部十八畫攝主代爲主祭之人

▶1204◀◆問; 동생제사를 어떻게 해야 할지 여쭤봅니다.

동생이 작년에 병으로 사망하였고, 하나뿐인 딸(질녀, 미혼)마저 금년에 사망(死亡)하였습니다. 동생의 처(제수)는 10년 전에 가출(家出)하여 행방불명(行方不明)이며 생사자체(生死自體)가 확인되지 않습니다(주민등록 말소된 상태) 곧 동생의 기일(忌日)이 도래(到來)하는데, 동생의 제사(祭祀)에 대하여 몇 가지 여쭤봅니다.

1) 죽은 동생의 형은 현재 3명이 생존(生存)해 있으며 큰형님도 오래 전에 돌아가셨습니다. 돌아가신 큰형님의 아들(조카)1명(미혼)이 있고, 생존한 형님에게 2명의 아들(조카)이 있습니다 (둘 다 미혼) 그 다음이 바로 저인데 저도 미혼인 아들2명이 있습니다. 제 바로 밑의 동생은 자식이 없습니다.

2) 이럴 경우에 죽은 동생의 제사는 누가 지내는 게 맞는지요? 괜찮다면 제가 지내고 싶습니다. 제가 제상(祭床)을 차린다 하더라도 제가 동생에게는 절을 할 수 없는 게 맞는지요? 그렇다면 제 아들2명에게 초헌(初獻), 아헌(亞獻)을 하게 하면 되는지 또한 된다면 종헌(終獻)은 누가 해야 하는지요? (참고로 형님의 아들들은 전부 외지에 있습니다)

3) 그리고 장래에 조카가 결혼(結婚)을 하게 되면 조카가 동생(조카에게는 작은아버지)제사(祭祀)를 지내야 하는지요? 제가 여쭤보지 못한 기타 사항에 대해서도 상세히 가르쳐 주시면 대단히 감사하겠습니다. 잘 모르고 어떻게 해야 할지 몰라 너무 답답합니다. (참 제 부모님은 모두 돌아가셨습니다)

◆答; 동생제사를.

죽은 동생이 후자가 없으면 장형이 제사하고, 후자가 있다면 아무리 나이가 어리다 하여도 그가 제사하게 됩니다.

●性理大全旁親之無後者以其班祔;伯叔祖父母祔于高祖伯叔父母祔于曾祖妻若兄弟若兄弟之妻祔于組子姪祔又父
●會成死者之子幼不能主喪妻又不可爲主則兄弟主之至於終喪其子則以衰抱之人爲之拜

▶1205◀◆問; 동일 양기제가 들 때?

증조부 기일에 부친께서 작고 하셨습니다. 삼년상을 나고 기제를 지낼 대 어떻게 제사를 지내야 할지 걱정이 되어 말씀 드립니다.

◆答; 양 기제 지내는 법.

합동 제례 시라 함이 어떤 의미 인지는 알 수 없으나 만약 서로 다른 기일(忌日)을 어느 날 날을 잡아 함께 기제로 지낸다는 뜻이라면 그러한 예법은 없으며, 만약 기일이 같은 날일 때는 그 예법이 아래와 같이 명재(明齋) 선생께서는 같이 행하되 각축이라 하셨고 우암(尤)菴)과 도암(陶菴) 선생께서는 같은 날이라 하여도 선존 후비라 하셨으니 두 예 중에서 가문이 택한 법도를 따름이 옳을 듯합니다.

●問子孫忌日與先忌同則一時同行無悖於禮意否明齋答曰祖孫同忌則一時同行恐無妨盖主人一也一時行之而各祝以告鄙一家亦如此行之矣
●尤菴曰祖曾忌祭同日則當先後行之盖偕喪三年中有異殯各祭之文忌日喪之餘也
●陶庵曰兩忌日不可並設只當先尊後卑而各行之

▶1206◀◆問; 돼지고기를 제사상에 올려도 되나?

안녕하십니까? 좀 당혹한 질문입니다만, 제사 때 쇠고기 대신 돼지고기를 써도 되는지요?

◆答; 제사에 육으로 돈육도 올린다.

아래와 같이 살펴보건대 제사(祭祀)에 돈육(豚肉)도 올릴 수 있는 것 같습니다.

●曲禮凡祭宗廟之禮牛曰一元大武(註元頭也武足迹也牛肥則迹大)豕曰剛鬣(註豕肥則鬣剛)豚曰腯肥(註腯者充滿之貌)羊曰柔毛(註羊肥則毛細而柔弱)
●儀禮饋食禮三鼎之數有豕無犬

▶1207◀◆問; 두동미서(頭東尾西), 어동육서(魚東肉西) 에서.

동위좌양서위우음, 즉 동쪽은 왼쪽이므로 양에 속하고, 오른쪽은 서편이기 때문에 음에 속한다. 생자종음이거우, 숙자종양이거좌, 즉 날것은 음에 속하므로 오른쪽에 두고 익힌 것은 양에 속하므로 왼쪽에 둔다. 고 책에 나와 있는데 동. 서, 좌. 우, 음. 양이 동(東)과 좌(左)와 양(陽)이 같고 서(西)와 우(右)와 음(陰)이 한 방향인 것 같은데 신위(神位) 기준인지요?

신위(神位) 기준(基準)이라면 어동육서(魚東肉西), 두동미서(頭東尾西)에서 생선(生鮮)이 왼쪽으로 가야 하는데 제찬도를 보면 전부 오른쪽에 있네요. 머리가 동쪽 꼬리가 서쪽이라 했는데 이것도 제찬도와 상반됩니다.

홍동백서(紅東白西)에서도 단순히 붉은 것은 동쪽에 놓는다 했는데 이것 역시 신위 기준이라면 제주에 입장에서 보면 좌측 아닌가요? 궁금합니다.

◆答; 어동육서(魚東肉西), 두서미동(頭西尾東)으로.

방향으로 이를 때는 신위나 생자나 다 같습니다. 신위를 기준하여 어동육서(魚東肉西)를 좌우로 이를 때는 어좌육우(魚左肉右), 두서미동(頭西尾東)은 두우미좌(頭右尾左)가 됩니다.

●特牲饋食禮疏曰下文牲在西北首東足此實獸棜上東首不與牲相統東足者尙右也周人尙右將祭故也
●旅軒曰禮有魚東肉西之文蓋東南多水魚所宅也西北多山禽獸所居故耶此所謂東西皆以神位分也

▶1208◀◆問; 두동미서.

선생님 말씀이 어류는 두동미서로 진설한다는 근거는 소뢰궤사례의 말씀이고 만약 율곡 설이나 퇴계 설이 이설에서 어긋난다면 소뢰예설이 정론입니다. 라고 하셨는데 말씀 중 두동미서는 두서미동의 오타인 것 같은데 확실히 하고자 여쭙니다.

◆答; 두서미동.

아래[조축재우수진유소범재어생인사인개우수지도존우고야(俎縮載右首進腴疏凡載魚生人死人皆右首地道尊右故也)]에서 [우수진(右首進)]이 생인(進者) 위주면 두동미서(頭東尾西)가 되고 신위(神位) 위주(爲主)면 두서미동(頭西尾東)이 됩니다. 본인은 생인(進者) 위주로 보아 두동미서(頭東尾西)라 하였던 것입니다.

●少牢饋食禮魚腊膚魚用鮒十有五而俎縮載右首進腴疏凡載魚生人死人皆右首地道尊右故也鬼神進臾者是氣之所聚故祭祀進腴也

▶1209◀◆問; 두동미서와 이서위상?

제사(祭祀) 지낼 때 이서위상(以西爲上)의 이치(理致)를 관철(貫徹)한다면 두동미서

(頭東尾西)가 아니라 두서미동(頭西尾東)으로 진설 해야 하지 않을까 하는 의문이 듭니다. 아무래도 머리가 좋은 부분이니까요. 아니면 종래 전통적인 두동미서(頭東尾西) 방식에 다른 뜻이 있나요?

◆答; 두서미동(頭西尾東)으로 진설 됩니다.

동족자상우야주인상우장제고야(東足者尚右也周人尚右將祭故也)라는 말씀과 같아 상우(尚右)의 법도에 따라 머리를 서쪽으로 두어 두서미동(頭西尾東)으로 진설(陳設) 됩니다.

●特牲饋食禮陳鼎拜賓視牲告期條梞在其南順實獸于其上東首牲在其西北首東足 (鄭玄注)梞之制如今大木轝矣上有四周下無足 (朱子註)無足獸腊也東足者常右也 ○疏曰下文牲在西北首東足此實獸梞上東首不與牲相統東足者尚右也周人尚右將祭故也
●少牢禮魚右首進腴疏凡載魚生人死人皆右首地道尊右故也鬼神進腴(腹也)是氣之所聚故也生人進鰭者鰭是脊生人尚味故也
●退溪曰祭饌尚左之說恐未然盖食以飯爲主故飯之所在即爲所尚如平時陳食左飯右羹是爲尚左而祭則右飯左羹是乃尚右所謂神道尚右者然也而今云尚左非也

▶1210◀◆問; 두동미서(頭東尾西)와 두서미동(頭西尾東)에 대하여?

어류의 머리를 동쪽으로 진설한다 아니다 서쪽으로 둔다 등등 여러 안이 대두되고 있는데 어느 쪽이 바른 진설 위치입니까?

◆答; 두동미서(頭東尾西)와 두서미동(頭西尾東).

두동미서(頭東尾西)는 음양(陰陽)의 이치(理致)에 의한 진설법(陳設法)이고, 두서미동(頭西尾東)은 지도상우(地道尚右)에 의한 진설법(陳設法)입니다. 따라서 어느 진설법(陳設法)을 택하였다 하여도 예(禮)에 크게 어그러졌다 논할 수는 없을 것입니다.

다만 예서적(禮書的)으로 명확하게 나타난 것은 소뢰례(少牢禮)의 지도상우(地道尚右)에 의한 우수좌미(右首左尾; 頭西尾東) 진설법(陳設法)이 아닌가 합니다.

●少牢禮魚右首進腴疏凡載魚生人死人皆右首地道尊右故也鬼神進腴(腹也)是氣之所聚故也生人進鰭者鰭是脊生人尚味故也

두서미동(頭西尾東)을 확인하는데 어렵게 소뢰궤식례(少牢饋食禮) 까지 이르지 않는다 하여도 아래 퇴계(退溪) 선유(先儒)의 말씀으로 어두(魚頭)의 소향(所向)을 확인할 수가 있습니다.

신도(神道)는 상우(尚右)라 상(上)이 우측(右側)으로 하(下)가 좌측(左側), 즉 두서미동(頭西尾東)으로의 진설(陳設)은 정례(正禮)로써 의심(疑心)의 여지(餘地)가 없습니다. 지금의 예법(禮法)은 강제법(强制法)이 아닌 선언적(宣言的) 의미(意味)뿐이니 음양(陰陽)의 이치(理致)에 따라 두동미서(頭東尾西)로 진설(陳設)한다 하여 불이익(不利益)이 돌아오는 바도 아니니 누가 타인(他人)의 제사(祭祀)에 감 놓아라 대추 놓아라 하겠습니까. 다만 정례(正禮)가 무엇이냐를 따지자 하니 두서미동(頭西尾東)이 전거상(典據上)의 이치로 보아 옳다 할 뿐이지요.

●退溪曰祭饌尚左之說恐未然盖食以飯爲主故飯之所在即爲所尚如平時陳食左飯右羹是爲尚左而祭則右飯左羹是乃尚右所謂神道尚右者然也而今云尚左非也

▶1211◀◆問; 두동미서와 좌포우해에 대하여.

두동미서(頭東尾西)와 좌포우해(左脯右醢)의 방위는 신위(神位) 또는 생자(生者)의 방위입니까.

◆答; 두동미서와 좌포우해.

아래와 같이 살펴보건대 동서(東西)의 방위(方位)는 神位나 생자(生者)나 를 바 없으며 다만 좌우(左右)에 대하여는 우암(尤庵) 선유(先儒)께서는 신위(神位)의 좌우(左右)로 말씀하셨고. 남계(南溪) 선유(先儒)께서는 생자(生者)의 위치에서 말씀되고 계십니다.

포해(脯醢)의 동서(東西) 위치(位置)를 이르면서 좌(左; 西)포우(脯右; 東)해(醢)라 함은 생자(生者)편에서 이르는 좌우(左右)로 이는 고전(古典)으로는 입증(立證)되지 않으니 남계(南溪) 선유(先儒) 말씀 등이 후자(後者)들에 포해(脯醢) 진설(陳設) 위치(位置)를 쉽게 기억(記憶)하도록 세속(世俗)으로 회자(膾炙)되어 통용(通用)되고 있지 않은가 생각됩니다. 따라서 생자(生者) 좌(左; 西) 포우(脯右; 東)해(醢)와, 신위(神位) 우(右; 西)포좌(脯左; 東) 해(醢)양론(兩論)을 분명히 이해(理解)되어야 착오(錯誤)가 없을 것입니다.

●士虞禮兩邊棗栗棗在西(註)尙棗棗美
●特牲饋食禮牲在其西北首東足(註)其西枕西也東足者尙右也
●尤庵曰脯則西北陸故設脯於右東南海故設魚於左
●南溪曰備要襲奠圖則左(西)醢右(東)脯
●溫公曰古者除於室中故神坐東向自後漢以來公私廟皆同堂異室南向西上所以西上者神道尙右故也

▶1212◀◆問; 두 번째 어머니 제사를 모셔야 하는지요?

아버님이 저(장남)의 어머니랑 헤어지시고(현재생존: 따로 혼자 계심) 새어머니랑 결혼하셨는데 오래 전에 이혼을 하셨습니다. 새어머니는 아버님이랑 결혼 하시기 전에 전남편 사이에 자식이 3 명 있었는데 현재는 딸 1 명만 생존해 있습니다. 새어머니 사이에 남동생이 있습니다. 현재 남동생은 집안 제사. 명절 같이 하고 있습니다. 얼마 전에 새어머니가 돌아가셨는데 제가 제사를 모셔야 하는지요? 그리고 아버님 제사 때 새어머니 밥도 올려야 하는지요? 또 명절에 새어머니도 모셔야 하는지 궁금합니다. 답변 부탁 드립니다.

◆答; 서모 제사.

서모(庶母) 제사(祭祀)는 적자(嫡子)가 지내지 않고, 그의 자(子)가 그의 사실(私室)에서 제사합니다.

●程子曰庶母不可入廟子當祀於私室
●大典妾子承重者祭其母於私室止其身

▶1213◀◆問; 두 이질적인 체제에서 홀기(笏記)를 공용하고 있는데요?

안녕하십니까. 지난날 관리가 손에 들고 다니던 홀(笏)에 임금님에게 고할 일이 있으면 홀(笏)에 적는 것을 홀기(笏記)한다 하는 것일 것입니다. 그런데 제례 의식 때 진행 순서를 적은 글을 홀기(笏記)라고 합니다. 이 두 홀기(笏記)의 체제가 같지 않습니다. 왜인지요.

◆答; 두 이질적인 체제에서 홀기(笏記).

의식 진행 순서를 적은 홀기(笏記)는 아마도 중원에서는 없는 용어로서 우리나라에서만 쓰여지는 용어입니다.

지난날 관직(官職)에 있는 자가 관복을 하였을 때 손에 가지는 수판(手板)으로 우리나라에서는 유교가 수입된 조선 초기부터 홀(笏)을 잡는 제도가 시작된 것 같으며, 홀(笏)을 손에 잡는 제도(制度)는 임금님의 명(命)이나 임금에게 건의(建議)할 문건(文件)을 간단명료(簡單明瞭)하게 홀(笏)에 적어 빠짐없이 실행하거나 건의하였던 종이 대신의 역할을 하였던 제도인데, 그 제도와 비슷하게 제의(祭儀)를 빠짐 없이 간단하게 적어 홀창자(笏唱者)를 별도로 둬 창하게 하고 있는 것입니다. 중국의 예서(禮書)인 구의(丘儀)에서 의절(儀節)의 절목(節目)아래 이와 비슷하게 제의(祭儀)를 간단하게 약하여 놓은 예서가 있습니다.

●周禮天官序官司書; 唐賈公彦疏若在君前以笏記事後代用簿簿今手版
●林下筆記春明逸史笏記; 告者牙笏大可二三尺預錄所奏之事見而達之卽所謂書思對命是已史曰象簡又曰霜簡今之笏記也
●退溪(1501; 燕山君~1507; 宣祖)曰廟享笏記考訂書上幸與院中諸君議之
●弘齋全書雜著五遷園事實[二]象設第三; 行夕奠遣奠行結裹摠護使都監堂郎以諸具整待時至吏曹參判金憙讀笏記
●大典會通禮典儀章笏; 一品至四品朝服牙祭服公服同○五品至九品朝服木祭服公服同○鄉吏公服木
●家禮儀節祭禮四時祭儀節; 序立(主人主婦及弟婦子姪凡稱所出者皆在)參神 鞠躬拜興拜興拜興拜興 降神

▶1214◀◇問; 둘째인 모친의 제사는 내가 지내고 싶은데.
이번에 저희 모친께서 별세하셨습니다. 다름이 아니라 가족사가 좀 있는 관계로 제사를 어떻게 모셔야 할지 궁금해서 몇 가지 여쭤 보려고 합니다.

먼저 간단히 가족사를 말씀 드려야 할 것 같네요. 별세하신 아버님이 계시고, 큰어머님이 계십니다. 여기에서 제 위의 모든 형제 분들이 태어나셨고요, 이번에 돌아가신 제 어머님은 큰 어머님이 돌아가신 후 이 집에 들어 오셨습니다. 그리고 제가 태어났고요. 이번에 저희 어머님도 돌아가신 상황이라 기 제사는 제가 지내는 것으로 했습니다. 그때 아버님 밥은 떠 놓아야 하겠습니다만,

(질문 1)큰 어머님 밥도 저희 어머님 기제사에 떠 놓아야 하는지 궁금합니다.
(질문 2) 명절차례의 경우 저희 어머님 차례부분을 따로 분리해서 제가 따로 지내려 합니다. 상관 없겠는지요? 그리고 이때에도 큰어머님 밥을 떠 놓아야 하는지 궁금합니다.

저는 저희 어머님에 대한 모든 제사(祭祀) 부분을 제가 지내고 싶은데요. 중요한 건 감정적(感情的)으로 일을 해결할 것이 아닌 예법상 큰 문제가 되는지, 되지 않는지 궁금합니다. 예법상 크게 문제되지 않는다면, 어머님에 대한 모든 제사를 제가 지내고 싶습니다.

◇答; 둘째인 모친의 제사는 내가 지내고 싶은데.
부친의 두 부인이 전실과 후실인지 아니면 선생의 모친이 정식 혼인에 의한 후실이 아닌지의 여부에 따라 제사예법이 달라집니다.

정식 혼인 절차에 의한 후실이라면 적자(정실의 맏이)가 전후 실의 주인이 되어 기제 때 삼위(考 前後妣)설위 초헌을 하고, 정식 혼인 절차에 의하지 않았다면 선생의 모친(母親)은 전실(前室)의 적자(嫡子)가 주인이 되지 않고 선생이 주인이 되어 기제나 명절(名節)에 전비(前妣) 설위(設位) 없이 예를 갖춰야 하는 것 같습니다. 그럴 경우 고비(考妣) 병제(倂祭)는 그 예법(禮法)이 언급(言及)되어(漁) 있지 않은 것

같습니다.

지자가 지방으로 신주를 옮기는 예법의 예입니다. 지자(支子) 상(喪) 부제에 사당신주를 지손 집으로 옮길 수 없으니 지방(紙榜)으로 대신 하는데 그 역시 먼저 사당에 그 연유를 고한 후에 지방(紙榜)으로 옮겨야 하는 것입니다.

●沙溪曰程子之幷祭人情所近恐未害於禮也
●雜記主妾之喪則自祔至於練祥皆使其子主之其殯祭不於正寢
●問解續(著愼齋)問父若有前後室則前後母神主同出耶只出考與所祭之主耶答並祭爲當前母忌日同祭後母後母忌日同祭前母

▶1215◀◆問; 딸이 불가피하여 제사를 지내고 있는데.

문의 드립니다. 저는 2 년 전 돌아가신 친정아버지의 제사를 큰딸인 제가 드리는 것이 당연 하다 생각하고 모셔왔습니다. (짐작하시다시피 아들이 없습니다) 친정어머니께서 딸이 제사모시는 것이 아니다며 말씀 하시고 계셔서 어머니가 병원에 계시기에 그냥 정성 드린 밥상을 차려서 절만 올린다고 말씀 드려왔는데 사실 정확히 어떤 예절을 지켜야 할지 난감하여 여쭙니다.

◆答; 딸이 친정 제사를 지내고 있는데.

친정 어머니가 생존해 계시면 부친 제사를 어느 경우에도 여식(외손)이 모실 수 없습니다.

바른 예법은 친정 모친께서 우환 중이면 혹 친 자녀 또 근친족(당내간)이 무하다면 딸이 친정에서 섭사(攝祀)로 대신 제사를 지내야 합니다. 모친이 작고(作故)한 후라도 근 친족(親族)이 있어 입후가 가능하면 입후하여 대를 이어 봉사(奉祀)케 하면 사대(四代) 봉사가 되고 입후가 가능치 않을 때는 외손(外孫)이 봉사(奉祀)할 수는 있으나 그 때는 그의 대(代)로 봉사는 마치게 됩니다.

제사 지내는 법은 [기제사]에 자세하게 적혀 있습니다.

▶1216◀◆問; 딸이 4명인데 친정 부모제사는 어찌하나?

2010 년 어머니가 돌아가셨어요 저흰 딸 4 자매구요. 모두 출가해서 지난 추석엔 시댁에서 차례를 지내고 부랴부랴 와서 준비해 저녁에 지냈어요. 이번 설 차례는 음식준비하고 다음날 아침 차례를 지내고 성묘하고 왔습니다.

아직도 너무 슬프고 어찌해야 하나 걱정입니다. 이렇게 해야 하나 저리 해야 하나 잘 모르겠습니다. 알고 싶습니다. 새해 복 많이 받으세요.

◆答; 딸이 4명인데 친정 부모제사.

아래와 같이 살펴보건대 정례는 아니나 입후가 불가능하다면 퇴계(退溪) 선유(先儒) 말씀은 별소(別所)에 외조부(外祖父) 신주(神主)를 모셔 놓고 거기서 예를 갖춰야 하나 작금은 신주(神主) 봉사가 아니라 지방(紙榜) 봉사이니 기제는 별 문제는 없겠으나 명절에는 먼저 본 조상께 예를 갖춘 다음 이어 외조부모께 제사함이 옳을 것 같습니다. 물론 맏이 댁에서 감당하여야 옳겠지요.

●尤庵曰外孫不敢奉祀自有朱子明訓寧有節文之可言者然喪家未立後之前其出家女權奉饋奠則亦有俗例而非禮之正也
●退溪曰外祖先無後不忍其主之無歸則權宜奉置別所往來展省
●大典外祖父母及妻父母無主祭者當於正朝仲秋及各忌日用俗儀祭之
●寒岡曰外家神主奉祀本非禮經今者不得已奉祀則當時祀茶禮時先祭祖外祖次祭

▶1217◀◆問; 뇌주란?

강신례 에 제주가 집사자가 따라주는 술(半盞)을 모사에 서너 번 나누어 붓습니다. 이런 행위를 저희 집안에는' 니주' '내주' 인지는 모르지만, 구전으로 이렇게 전하면서 사용했습니다. 정확한 용어를 알고 싶고, 가능하면 한자로도 알고 싶습니다. 강호제현의 가르침 기다리겠습니다.

◆答; 뇌주(酹酒).

가례적(家禮的) 용어(用語)는 뇌지모상(酹之茅上)으로 뇌(酹)는 땅에 술을 부어 신(神)에 제사하다. 이나 통상 그를 일러 뇌주(酹酒)라 하는 것 같습니다. 다만 세 번으로 나누어 붓는 것이 아니라 한번에 모두 붓는 것입니다.

●家禮降神條左手取盤右手執盞酹之茅上

▶1218◀◆問; 마루에서 제를 올릴 때 어느 방향으로 상을 차리는지요.

지금까지는 안방에서   어른들이 하는 대로 그냥 제를 올렸는데 이젠 마루에서 제를 올리려고 해요. 그런데 어느 방향으로 놓고 상을 놓고 제를 올려야 되는지요.

◆答; 마루에서 제를 올릴 때 어느 방향.

아래와 같이 살펴보건대 제사(祭祀)는 가례(家禮)의 법도(法度)를 따라 선친(先親)이 병(病)이 중(重)하면 정침(正寢; 안방)으로 모시어 간병(看病)하다 운명(殞命)하시게 되면, 장사(葬事) 후 다음 제삿날을 당하면 운명(殞命)하신 정침(正寢)의 북벽(北壁) 아래에 설위(設位)하고 제사(祭祀)를 지내게 됩니다.

●二程全書祭禮四時祭設位條凡祭灑掃廳事設几案(云云)
●書儀祭章設位條前期一日主人帥衆丈夫及執事者灑掃祭所(註)影堂迫隘則擇廳堂寬潔之處以爲祭所
●家禮喪禮初終疾病遷居正寢條凡疾病遷居正寢內外安靜以俟氣絶○又祭禮四時祭前一日設位陳器條主人帥衆丈夫深衣及執事洒掃正寢洗拭倚卓務令蠲潔設高祖考妣位於堂西北壁下南向考西妣東
●雪溪夜宴詩屈大夫歌是知貪名徇祿而隨世磨滅者雖正寢之死乎無得與吾儕
●紅樓夢第一百十回擇了吉時成殮停靈正寢

▶1219◀◆問; 매년 추석과 아버님의 기제사가 같은 날입니다.

제목(題目)처럼 추석(秋夕)날짜와 아버님의 기제사가 같은 날입니다. 예전엔 추석차례(茶禮)는 당일 저녁 7~8 시에 지냈고, 아버님 기제사(忌祭祀)는 당일 0 시 (밤 12)에 지내왔습니다. 그러니깐 다시 말해 추석 당일 0시(밤 12 시)에 아버님 기제사를 드리고 추석당일 저녁 7~8 시에 추석 차례를 드립니다.

그런데 아이들도 크고 다들 바쁘게 살게 되다 보니 되도록이면 추석 차례 때 동시 혹은 같은 시각에 아버님 기제사도 같이 드릴 수 있는 방법이 없을까? 궁금해졌습니다. 예의범절에 어긋나지 않으면서 저희 식구가 편히 차례와 기제사를 드릴 수 있는 방법은 없을까요?

◆答; 매년 추석과 아버님의 기제사가 같은 날이면.

다음과 같이 살펴보건대 우암(尤庵) 선유(先儒)의 말씀과 같이 선기후참(先忌後參)이 옳을 것입니다.

●尤庵曰忌祭重而參禮輕無論尊卑似當先忌後參
●明齋曰忌祭與參禮自是兩項事而行事之早晚亦異先祭後參恐或無妨然雖先行忌祭如節

日時食則不當先薦於祭俟祭後設參而薦方無未安如何
●葛菴曰忌祭是喪之餘當是日爲子孫者感慕罔極惟當專意致享恐不可以朔望茶薦參互其間也

▶1220◀◆問; 메 그릇 뚜껑은 왜 '초헌' 때 여는지요?

궁금한 것이 있어 여쭙니다. 의식에서 순서나 행위가 정해지는 것은 나름대로 의미가 부여되기 때문일 것입니다.

제사를 지낼 때 '초헌(初獻)' 때 메 그릇 뚜껑을 열어 남쪽에 놓는다고 합니다. 메 그릇 뚜껑을 '유식'이 아니고 '초헌'때 여는 이유나 의미가 무엇인지 궁금합니다.

◆答; 메 그릇 뚜껑은 왜 '초헌' 때 여는지.

가례(家禮) 상제례(喪祭禮) 의식 어디에도 계반개(啓飯蓋) 의식이 없습니다. 다만 아래와 같이 살펴보건대 맨 처음 비요(備要)에서 초헌(初獻) 때에 그 예를 특생궤식례(特牲饋食禮)를 인용 삽입하였는데 사우례(士虞禮)나 특생궤식례(特牲饋食禮) 모두 진설(陳設)시 개(蓋)를 열어 돈(敦; 黍稷을 담는 제기) 남쪽으로 놓는다. 라 하였을 뿐입니다. 따라서 두 예가 공히 진찬(進饌)의 예가 없음을 감안 한다면 가례(家禮)를 따르는 예(禮)에서는 진찬시(進饌時) 계반개(啓飯蓋)의 예를 두어야 합당하였으리라 생각됩니다.

그러나 비요(備要)에서 그와 같이 채택(採擇)하게 된 까닭은 아마도 초헌(初獻) 때부터 식사(食事)와 아울러 반주(飯酒)의 예로 간주 진설(陳設)의 예를 진찬(進饌) 때 행하지 않고 초헌(初獻)으로 옮겨 놓으시지 않았나 합니다. 다만 계반개(啓飯蓋)의 예를 이때 채택(採擇)한 이유(理由)나 의미를 별도로 주석(註釋)함이 없으시니 식순(食順)으로서의 의미(意味) 이외 다른 까닭은 없다. 라 이해(理解) 되는 것이 옳지 않을까 생각됩니다.

●士虞禮設饌條祝酌醴命佐食啓會佐食許諾啓會郤于敦南復位(註)會合也謂敦蓋也啓爲開
●特牲饋食禮陳設條祝洗酌奠奠于鉶南遂命佐食啓會佐食啓會郤于敦南出立于西南面
●備要虞祭初獻條主人受盞三祭於茅束上(云云)執事者受盞奉詣靈座前奠於故處(乃啓飯蓋置其南特牲饋食禮洗爵奠于鉶南遂啓會郤于敦南(註郤仰也)○主人俯伏興稍退跪以下皆跪)祝執版出於主人之右(云云)

▶1221◀◆問; 메에 숟가락 놓기?

수고가 많으십니다. 집집마다 제사 때 밥그릇에 숟가락을 똑바로 세워지게 꽂는 집도 있고, 숟가락을 밥그릇에 비스듬히 눕혀 놓는 집도 있습니다. 어느 것이 옳은 방법인지요? 궁금합니다.

어른들의 말씀이 불천지위에는 생쌀을 씀으로 세워서 꽂아야 하지만, 조상인 제사에는 쌀이 아닌 밥을 드리기 때문에 꽂으면 안되고 밥그릇에 눕혀야 된다고 합니다.

◆答; 삽시정저(挿匙正著).

"급시반중서병(扱匙飯中西柄)"의 서병(西柄)은 숟가락 오목한 바닥이 동쪽으로 향하게 꽂게 하기 위한 지시로 서병(西柄)이라 하였을 뿐이며 메 가운데에 곧게 꽂아 세웁니다.

●備要祭禮侑食條主婦升扱匙飯中西柄正筯

▶1222◀◆問; 며느리가 입원 중에라도 기제사를 지내야 하나요.

저는 2남 6녀 장남으로 위로 누나 4 저. 아래로 여동생과 남동생이 있습니다 다음 주에 아버지 기일인데 제 아내가 암 수술 후 입원 치료 중인데 누나들이 기제사는 꼭 지내야 하고 장소도 옮길 수 없다고 아내도 없는 저의 집에서 준비한다고 하는데 제 아내는 예민하여 도리를 못하는 마음에 치료에 도움이 안 되는 것 같습니다 의례는 어떠해야 하는 것인지 알려 주시면 감사하겠습니다 의견 충돌을 잠재우기 위해서 속히 알았으면 합니다.

◆答; 며느리가 입원 중에라도 기제사는 지낸다.

주인(제주)이 병으로 제사를 지내지 못하게 되면 그의 동생이나 아들 등 다른 사람이 그를 대신하여 그 집에서 제사(祭祀)를 지내야 합니다. 따라서 주부(主婦)의 병중(病中)이라 하여도 평시와 같이 제사를 지냄이 옳습니다.

●尤庵曰凡祭事主人有故則使人攝行例也所攝之中如有尊行則子弟似不敢爲攝主矣
●遂菴曰孝子某有疾介子某代行薦禮敢昭告于
●梅山曰主人有疾病則攝行告曰孝子某因病不能將事使某親某(或有疾病介子某代行)敢昭告于云云

▶1223◀◆問; 면육적어병에서 어육의 조리는?

격몽요결(擊蒙要訣) 설찬도(設饌圖)에 2열에 ---면(麵), 육(肉), 적(炙)(육적, 어적, 계적)어(魚), 병(餠)---으로 되였는데 적 앞의 肉 과 뒤의 魚 는 적의 육적 어적과 어떻게 다른가요. (예를 들면 육은 육회이고 어는 생선회를 말함인가요)

◆答; 면육적어병.

아래와 같이 살펴보건대 편람의 말씀을 빌리면 어육(魚肉)을 어떻게 조리(調理)하느냐에 따라서 효(殽), 회(膾), 헌(軒), 초(炒)로 요리되어 진설 되는 것 같습니다.

●溫公書儀四時祭具饌條膾(註今紅生)炙(註今炙肉)羹(今炒肉)殽(註今骨頭)軒(註今白肉)
●便覽四時祭具饌條肉(註家畜及山澤之族可食者無不用)〇魚(註凡水族之可食者無不用〇黃氏曰鯉魚不用於祭祀云〇栗谷曰魚肉當用新鮮生物〇按魚肉或殽或膾或軒或炒凡羞之以魚肉爲之者俱無不可肉帶骨曰殽腥細切爲會大切爲軒

▶1224◀◆問; 모사기(茅沙器).

제사 때 모사기에 솔잎 뭉치를 모아 가지런히 잘라 실로 묶어 거기에다 술을 붓지 않습니까? 왜 모사기에 솔잎을 꽂는지? 용도가 뭔지? 도시라 솔잎 구하기가 쉽지 않은데 솔잎대체용은 뭐가 있을까요? 솔잎의 기원과 상징하는 것이 무엇인가요?

◆答; 모속(茅束).

솔잎이 아니라 띠풀 한 줌을 붉은 끈으로 줄간을 묶어 모사 가운데 꽂아 세워 향안(香案) 앞에 놓고 뇌주(酹酒) 때와 초아종헌(初亞終獻) 때 삼제(三祭)를 모속에 하는데 모반은 대지를 의미하고 모속은 풀을 의미하게 됩니다.

●韓魏公祭式茅盤用甆扁子廣一尺餘或黑漆小盤截茅八寸作束束以紅立于盤內
●本庵曰按茅沙時祭設於香案前及逐位前而此所祭止一位則當如虞祭只設一於香案前通用灌祭此爲異於時祭者忌祭倣此
●尤庵曰降神時傾酒于茅沙者求諸陰之義也三獻時少傾于茅沙者代神祭之義也

▶1225◀◆問; 모친 기제사 자식이 환자일 경우 기제사 시행 여부.

음력 3 월 23 일(양 4 월 3 일) 모친 기제사 입니다. 어르신들은 몸이 아프시면 새해에 세배도 안 받으시고 가족 중에 환자가 있으면 기제사도 생략하는 것 같은데 저는 4 남 1 녀 중 3 남인데 2006 에 혈액 암(림프종)을 진단받고 그 동안 항암치료와 방사선치료를 받았습니다.

완치가 안 되어서 현재까지 병원 치료를 지속적으로 받고 있는데 생활에는 큰 지장이 없어서 현재까지 가정의 기제사에는 모두 참석하였습니다. 그런데 공교롭게도 4 월 3 일(양력) 모친 기제사 일에 폐 암 수술 날짜가 잡혔습니다. 이런 경우 저는 모친 기제사에 참석하지 못하는데 궁금한 것은 모친 기제사를 형제들이 모시는 것은 상관이 없는지요. 답변을 주시면 감사하겠습니다.

◆答; 모친 기제사 자식이 환자일 경우 섭행으로.

우선 병마에 고생하시는 임진강님의 속한 쾌유를 빌겠습니다. 의문이신 모친 기제는 예법에 주인(장자)이 병이 있어 제사를 주관 할 수 없을 때는 다른 사람을 시켜 그 제사를 지내게 하는 섭행 예법이 있습니다. 따라서 모친 기제는 장형께서 무병 하시니 주관하여 지내실 것입니다.

임진강님은 4형제 중 셋째로 병중(病中)이시니 참례(參禮)를 하지 못한다 하여도 예에 어그러지지 않습니다. 임진강님은 환우(患憂)를 잘 다스려 건강(健康)을 되찾기에 일념 하심이 부모에 대한 효(孝)가 될 것입니다.

●尤庵曰凡祭事主人有故則使人攝行例也所攝之中如有尊行則子弟似不敢爲攝主矣
●遂菴曰孝子某有疾介子某代行薦禮敢昭告于
●梅山曰主人有疾病則攝行告曰孝子某因病不能將事使某親某(或有疾病介子某代行)敢昭告于云云

▶1226◀◆問; 문의 드립니다.

상속 문제로 큰오빠와 다른 형제들이 서로 틀어져 지냅니다. 부모님 기일 날 큰 오빠는 자기 가족들끼리 집에서 제사 지내고 있다고 합니다.

우리는 우리끼리 부모님 산소(山所)에 가서 기제사를 지내려고 하는데 괜찮을까요? 어른들 말씀이 두 군데서 제사를 지내면 집안이 안 된다고 하셔서요. 아니면 다른 방법은 없는지요? 명쾌한 답변 부탁 드립니다.

◆答; 기제(忌祭)를 형제간에 돌려가며 지내지 않습니다.

아래와 같이 살펴보건대 율곡(栗谷) 선생께서는 기제(忌祭)를 형제간(兄弟間)에 돌려가며 지내는 것도 예(禮)가 아니다. 라 하셨으니 기제(忌祭)를 형제간(兄弟間)에 각각 자기집에서 지내서는 더욱 예(禮)가 아니겠지요. 방법은 형제간(兄弟間)에 화합(和合)하여 장자 집으로 모여 부모님 제사를 화목(和睦)하게 지내는 것이 상책일 것입니다.

●栗谷曰忌祭世俗輪行非禮也忌祭不祭於神主而仍祭于紙牓此甚未安雖不免輪行行于家廟庶乎可矣

▶1227◀◆問; 미국에서 아우제사를 지내는데 여기서도 지내려 하는데?

미국으로 이민간 시동생이 사망한 지 일년 돼갑니다. 미국에 있는 동서가 제사를 지내는데 한국에서 남편과 시동생이 또 제사를 지내도 돼나요? 된다면 절차가 어떻게 되나요?

◆答; 두 곳에서 제사를 지낼 수 없음.

아래와 같이 살펴보건대 부모의 제사도 지자(支子)는 지내지 않는다 하였으며, 율곡 선유께서는 묘제나 기제를 돌려가며 지내는 것도 예가 아니다. 라 하셨으니, 이미 미국 본가에서 지내고 있는데 다른 형제가(兄弟家)에서 또 같이 지내서는 예에 합당하지 않을 것 같습니다.

●曲禮支子不祭祭必告于宗子註曰支子庶子也
●栗谷曰墓祭忌祭世俗輪行非禮也
●南溪曰雖支子家具饌祝辭必以宗子名

▶1228◀◆問; 미혼으로 죽은 성인의 제사는?

성인이지만 미혼인 상태로 사망했을 때 제사는 어떻게 해야 되나요.

◆答; 성인(成人)이 미혼으로 죽은 이의 제사.

성인(成人)이지만 미혼(未婚)으로 죽은 이의 제사(祭祀)는 그의 형제(兄弟)의 손(孫)대(代)까지 지냅니다.

●備要小記丈夫冠而不爲殤婦人筓而不爲殤男子受職亦不爲殤
●程子曰成人而無後者其祭終兄弟之孫之身

▶1229◀◆問; 바른 제사.

제사에 쓰이는 음식의 종류와 상에 놓는 위치 그리고 음식의 의미를 알고 싶습니다.

◆答; 바른 제사.

제수(祭需)는 예서(禮書)마다 약간(若干)씩 차이(差異)가 있습니다. 아래는 서의(書儀)의 설찬도(設饌圖) 입니다.

◇家禮 1 位 陳設圖

飯	盞	匙	醋	羹	
麵	肉	炙	魚	餠	
脯	熟菜	醢	醋菜	鮓	沈菜
果	果	果	果	果	果

제수(祭需) 음식에 따라 개별로 부여된 의미가 있다는 전거는 찾아지지 않습니다. 혹 과행(果行)의 조율(棗栗) 등의 진설 순을 일왕(一王) 삼정승(三政丞) 육판서(六判書) 운운(云云)하나 이는 순을 정하게 된 동기를 이르는 말일뿐 예서적은 아니며, 다만 효공지심(孝恭之心)으로 정결히 지어 올릴 뿐이 아닌가 합니다.

●書儀主婦帥衆婦女具祭饌註必身親之所以致其孝恭之心今縱不能親執刀匕亦須監視庖廚務令精潔

▶1230◀◆問; 飯羹 진설에 관하여?

제사상 진설 시 반과 갱의 위치.
질문 1: 제사상 진설 시 반과 갱의 위치가 담제를 지낸 후 돌아오는 기제사부터 산 사람의 경우와 반대로 되는 것으로 알고 있는데 그것이 맞는지요?
질문 2: 맞는다면 그 근거는 무엇인지요?

◆答; 반갱(飯羹) 진설.

질문 1: 答; 담제(禫祭)까지는 생시와 같이 동반서갱(東飯西羹)이며 길제(吉祭)를 지내면 그 때부터 신(神)의 예로 동갱서반(東羹西飯)으로 진설 됩니다.
질문 2: 答; 생시는 좌측을 숭상하고 神은 우측을 높여보기 때문입니다.

●備要吉祭進饌條如時祭儀
●按曲禮生人尙左之食也特牲神道尙右之設也
●士虞禮生人尙左而羮在薦右神道尙右而羮在薦左
●退溪曰左爲陽而右爲陰祭物右陳神道屬陰故也
●曲禮凡進食之禮食居人之左羮居人之右

▶1231◀◆問; 밤중에 죽은 사람의 죽은 날은 언제가 되나요.

밤중에 죽은 사람의 죽은 날은 언제가 되나요.

◆答; 밤중에 죽은 사람의 죽은 날은.

밤중에 죽은 사람은 내일을 따른다. 하였으니 1 일 밤중에 사망(死亡)하였다 면 2 일 사망하였다 합니다.

●禮疑類輯喪禮初終夜半死者從來日
●問周夜半爲朔商雞鳴爲朔陰陽家皆以子時爲明日然則雞鳴前子時死者當從何日尤庵曰 日分必終於亥而始於子初二日之子自不干於初一日也

▶1232◀◆問; 밤중 제사.

안녕하십니까? 기 제사에 대하여 궁금한 점이 있어 문의 드립니다. 보통 기제사는 돌아가신 전날 밤 11 시경에 지냄. 밤늦게 지내다 보니 다음날 출근에 장애가 있어 초저녁 일찍 지낼 경우에 언제 지내야 하는 지요?

◆答; 초저녁 제사.

기제 일시에 관하여도 여러 번 논의된 사안입니다. 기제는 작고한 당일 질명(質明= 날이 새기 시작할 즈음)에 지내는 것이 예법상(禮法上) 바른 것입니다. 물론 당일 (當日) 자시(子時) 행제(行祭) 역시 변례(變禮)입니다. 다음날 저녁 식사(食事) 무렵 이면 한가한 때가 되겠지요.

●禮器質明而始行事疏質正也謂正明之時少牢禮朝明行事註朝明質明也此乃周禮也
●張子曰五更而祭非禮也
●尤庵曰行祭早晚太早不可太晚亦不可惟當以質明爲正
●南溪曰質明卽大昕指日未出時也

▶1233◀◆問; 배위 지방에 관향(貫鄕)을 쓰게 된 시기를 알고자 합니다.

안녕하십니까? 기제사시 배위(配位) 지방을 모실 때 예서에는 모봉(某封) 모씨(某 氏) (정경부인 송씨)로 되어있으나 현행 대부분은 모봉(某封) 모관(某貫) 모씨(某氏) (정경부인 은진 송씨)를 쓰고 있는바 언제부터 모관(某貫)(은진)을 덧붙여 쓰게 되 었는지 문헌(文獻)에 나타난 근거와 그 이유가 무엇인지 알고자 합니다 상세한 하 교를 앙망하는 바입니다.

◆答; 배위 지방에 관향(貫鄕)은 쓰지 않음.

아래와 같이 살펴보건대 정례는 불서관(不書貫)이나 향관(鄕貫)은 붙이기 시작한 시 기는 명확히 밝혀줄 근거(전거)는 찾아지지 않습니다. 까닭은 서향관(書鄕貫)은 동 속(東俗=國俗)으로서 자연스럽게 속례화(俗禮化)된 까닭인 듯 합니다. 다만 향관(鄕 貫)을 붙이게 된 동기는 재취 삼취(三娶) 등 계실(繼室)이 동성일 때 분별키 위함에 서 인 듯하며 초취(初娶) 뿐이면 향관(鄕貫)을 쓸 까닭이 없는 것 같습니다.

●國朝五禮儀大夫士庶人喪篇題主條母則粉面曰顯妣某封某氏神主又大夫士庶人四仲月 時享儀讀祝條云云曾祖妣某封某氏伏以云云

●擊蒙要訣時祭儀篇讀祝條云云顯曾祖妣某封某氏氣序流易云云
●家禮輯覽虞卒哭及小祥大祥禫祭祝文式條云云顯妣某封某氏日月不居云云
●問婦人只書姓氏不書姓鄉而擧世皆書抑有據歟南溪曰家禮本無書姓鄉之文不可從俗
●尤庵曰妣位只書某氏而不書鄉貫自銘旌神主誌石石碑而皆然本朝則李姓娶李氏金姓娶金姓故不得已書鄉貫別之矣又曰家禮第幾之規我國不能行旣不書第幾則書貫或不至甚悖乎
●渼湖曰婦人題主不書貫尤翁有定論遵而行之有何不可
●明齋曰書婦人姓貫恐以國俗雖姓同而貫異則不嫌於通昏故書姓貫以別其非同姓也從俗書之無妨
●梅山曰古者不娶同姓故婦人不書姓貫東俗娶異貫之同姓故書貫以別之旣是異姓則當不書貫用遵古禮且置妾不知其姓則卜之豈有知其爲同姓而爲妾者推此義也妾喪尤不宜書貫雖無封爵只書姓氏恐是

▶1234◀◆問; 백부님 제사에 축문.

답답해서 몇 자 적습니다, 백부님께서 자손 없이 돌아가셨는데 제사 때 축문을 쓰려고 하는데 현백부학생부군이 맞나요? 그렇다면 효자 00 감소고우에서 효질이라고 씁니까?

◆答; 백숙부 축문식.

◆伯叔父母忌祭祝文式

維 歲次干支幾月干支朔幾日干支從子某敢昭告于 顯伯父(或叔父)某官(無官則學生)府君 顯伯母(或叔母)某封(無封則孺人)某氏歲序遷易 顯伯父諱日復臨(叔母忌日則顯叔母諱日復臨)不勝感愴謹以淸酌庶羞恭伸奠獻尙 饗

●備要題主祝顯考某官封諡府君(註)伯叔父母則云從子某敢昭告于顯伯父某官府君顯伯母某封某氏叔父母同

▶1235◀◆問; 백숙부모의 축문형식.

백숙부모의 축문형식이 무엇입니까?

◆答; 백숙부모의 축문. (1234 참조)

●旅軒曰雖旁親若尊位則皆用顯字府君字
●備要題主祝顯考某官封諡府君(註)伯叔父母則云從子某敢昭告于顯伯父某官府君顯伯母某封某氏叔父母同

▶1236◀◆問; 병제(並祭)의 근거는?

<자유게시판>에 올렸으나 답을 해 주시는 분이 없어 <의례문답> 코너에 다시 올립니다. 궁금해 여쭙니다. 예기(禮記) 제의편(祭儀篇)을 보다 보니 '군자유종신지상(君子有終身之喪) 기일지위야(忌日之謂也)' 라는 말이 있었습니다.

잘은 모르지만 '기일'이 종신 '상'이라고 하면 '상'을 치를 때 돌아가신 분만을 모시듯이 기제사를 지낼 때도 돌아가신 분 한 분만 제사 지내야 하는 것 아닌가 하는 생각이 듭니다. 기제사를 지낼 때 부부를 함께 제사(진설) 지내는 근거 등이 궁금합니다.

◆答; 병제(並祭)의 근거.

아래와 같이 살펴보건대 정씨(程氏) 설(說)이 병제설(並祭說)의 근거(根據)가 되나 가례(家禮) 일위설(一位說)이 정례(正禮)라는 것입니다.

●程氏祀先凡例祖考忌日則只祭祖考及祖妣祖妣忌日則只祭祖妣及祖考
●奉先雜儀按文公家禮忌日止設一位程氏祭禮忌日配祭考妣二家之禮不同盖止設一位禮
之正也配祭考妣禮之本於情者也
●問忌日欲祭一位何如退溪曰愚意亦然但中古亦有祭兩位之說似無甚礙故家間從先例兩
祭
●沙溪曰忌日幷祭考妣雖非朱子意我朝先賢嘗行之栗谷亦曰祭兩位於心爲安云授尊之嫌
恐不必避也

▶1237◀◆問; 병제(幷祭) 축식?

고비 합제에 축식이 단제 축식과 다른 점이 어디인가요?

◆答; 병제(幷祭) 축식.

고제일(考祭日)에는 비(妣)를 비제일(妣祭日)에는 고(考)를 합설하는데 기제 단설(單
設)　축식에서 고칠 곳은 휘일부림(諱日復臨) 앞에 단지　고기(考忌)에는 현고(顯
考) 비기(妣忌)이면 현비(顯妣)를 붙여 누구의 기일(忌日)이라 함을 고하게 됩니다.

●備要忌祭祝文式條若考妣幷祭則曰某親諱日

상례비요(喪禮備要)는 신의경(申義慶; 1557~1648) 초작(初作)이며 그 문인(門人)인
사계(沙溪; 1548~1631) 선생을 거쳐 선생의 아들이 신독재(愼獨齋; 1557~1648)
선생이 마지막 가다듬어 펴낸 상제례서(喪祭禮書)로 우리나라 예학서(禮學書)로서
후대(後代)의 예학자(禮學者)에게 크게 영향을 끼친 귀중서(貴重書입니다. 특히 기
병제(忌並祭) 축식(祝式)이 더욱 그러하여 후학들은 그 축식을 따랐지요.

그러나 성호(1681~1763)선생은 반계(실학파: 1622~1673)의 문인(門人)으로 그의
영향을 받아 독실한 실학파(實學派)로서 또 그의 영향을 받은 다산에게로 이어
진 실학(實學)의 대가로서 학풍이 다릅니다. 물론 상례비요 찬자(撰者) 보다 120 여
년 후인으로서 학풍이 다르니 상례비요 설을 외면할 수도 있을 것이라 이해됩니다.

다만 상고(詳考)컨대 현고(顯考) 현비(顯妣)로서 단순(單純) 부모(父母)를 표현(表現)
하는데 존경(尊敬;　　공경)하는 아버지, 어머니로 족할 뿐으로 이가 불경(不敬)하다
할 수 없으며 그에 더하여 부군(夫君)은 덧 소리에 불과할 뿐입니다.　그러나 이비
(二妣) 이상(以上)일 때는 성씨(姓氏)를 넣어 분별하여 고할 수도 있겠지요.

●備要忌祭祝文式條若考妣幷祭則曰某親諱日
●近齋曰考妣忌同日而其家本不竝祭者當先祭考後祭妣何可一時竝祭乎若並祭而合設者
則祝文當於歲序遷易之下書以顯考顯妣諱日復臨何用別般措語
●梅山曰前後妣之死在同日喪餘之薦當先元妣後繼妣而並祭則當如之何一日再祭非禮也
不答不一擧合設兩忌莫無害否歲序遷易下當云顯妣顯妣諱日復臨云云如何復字改並字則
何如
●江湖曰幾月朔某甲(按鄕校禮輯祝辭朔字在干支之上)云云顯考某官府君神主(丘氏儀禮
有神主字)顯妣某封某郡某氏神主伏以(五禮儀祝多用伏以二字於此)歲序遷易顯考諱日復
臨追感曰增昊天罔極(祖以上云追感歲時不勝永慕)謹以菲儀式陳明薦(卑幼云玆以菲羞伸
此奠儀)
●宣丈諱始啓嘗問曰忌祭祝考妣並祭則某親諱日云云只兩合櫝則固當如此至於先後妣則
只稱顯妣諱日其於丁寧告神之辭無乃有混雜之嫌乎且夫繼母之稱出於前母之子前母之稱
出於繼母之子主祭者若前母之子則於所生母只稱顯妣於後妣稱顯繼妣固何如而(主祭者繼
母之子則亦如此例)有異於神主粉面果無識者之誚乎若或三四室則又如之何愚答曰只祭當
位禮之正也並祭考妣禮之本乎情者也正者固無諸弊然禮之本乎情者亦不可廢焉則不論主

祀者之出於前後妣與否皆當書其姓而別之若前後妣姓同則不得已當書以顯前妣某氏顯系妣某氏若至三四室而姓皆不同則亦當書其姓而別之若有姓同者則亦當書以第一妣某氏第二妣某氏至於所生妣稱以前系第幾雖似泛忽只稱顯妣亦甚不的且旣別其先後次序而言之則義無所害亦未知崇意如何若其祝辭之有異於粉面事出罔已雖有或者之誚不當復論矣

▶1238◀◆問; 병중 제사를 지내야 하나?

제사에 대하여 의견이 분분하여 이렇게 글로 나마 여쭤보는 점 많은 아량으로 이해해 주시기 바랍니다. 지방마다 제사의 방식과 특징이 있는 것으로 압니다. (참고로 저희는 경상남도 쪽입니다)

하지만 집안에 우환(憂患)이 있다면 조상(祖上)에 대한 제사(祭祀)를 지내지 않는 것으로 전 알고 있습니다. 예를 들어 현재 할머니께서 지금 중환자실(重患者室)에 계셔서 언제 돌아가실지 모를 상황에서 돌아가신 할아버지 제사(祭祀)를 지내야 하는 지요?

제사를 지낸다면 우환 중에 있으신 분이 빨리 돌아가시게 되어서 제사를 안 지낸다는 애기가 맞는 지요? 명쾌한 답변 부탁 드립니다.

◆答; 집안에 우환이 있다 하여도 제사를 폐하지 않습니다.

다만 주인이 병중이라 제사를 지낼 수 없다면 그 사유를 축으로 고합니다.

(云云)孝子某有疾介子某代行薦禮敢昭告于

●遂菴曰孝子某有疾介子某代行薦禮敢昭告于
●葛菴曰父不與祭而使子弟攝行則曰孝子某使子某敢昭告云病中則云病不能將事或身在遠地不能將事
●病時: 孝子某因病不能將事使某親某(或有疾病介子某代行)敢昭告于(云云)

▶1239◀◆問; 병풍을 치는 위치에 대해 문의 드립니다.

차례나 기제 지낼 때 거실의 어느 쪽에 병풍을 쳐야 하는지 잘 모르겠습니다. 인터넷 여러 곳을 찾아 봤지만 답을 구할 수가 없어 이렇게 글을 올립니다. 부탁 드립니다.

◆答; 제사 때 병풍 치는 위치.

북쪽 벽(壁) 아래에 병풍(屛風)을 둘러 치고 그 앞에 의자(倚子)를 놓고 그 앞에 제상(祭床)을 놓고 진설(陳設)을 합니다.

●家禮初祖設位條神位於堂中間北壁下設屛風於其後食牀於其前
●便覽四時祭設位諸具條[屛]用以設於椅後者
●朱子家禮祠堂章凡屋之制不問何向背但以前爲南後爲北左爲東右爲西後皆放此

▶1240◀◆問; 복숭아를 왜 제물로 쓰지 않나?

우리 민족은 금기시하는 제수(祭羞)가 있습니다. 속설(俗說)에 "복숭아는 귀신을 쫓는다." 하여 올리지 않습니다. 중국도 복숭아를 쓰지 않는데 그 이유는 "과일 중 가장 낮은 것"이기 때문이라고 합니다.

[공자가어(孔子家語); 과속유륙이도위하제사불용(果屬有六而桃爲下祭祀不用)] 복숭아는 왜 과일 중 제일 낮은 것으로 여기는지요?

◆答; 복숭아를 왜 제물로 쓰지 않나.

아래의 말씀은 유가(儒家)에서 복숭아(桃)를 제물(祭物)로 쓰지 않는 근거(根據)가

된 말씀(가어)의 전부(全部)입니다. 복숭아가 과속(果屬)의 하품인 까닭은 설(雪; 拭)과 과(果) 즉 씻어야 먹는 과일이라서 인 것 같습니다.

●家語子路初見篇孔子侍坐於哀公賜之桃與黍焉哀公曰請食孔子先食黍而後食桃左右皆掩口而笑公曰黍者所以雪桃(註雪拭之也)非爲食之也孔子對曰丘知之矣然黍者五穀之長郊宗廟以爲上盛(註在器曰盛)果屬有六而桃爲下祭祀不用不登郊廟丘聞之君子以賤雪貴未聞以貴雪賤今以五穀之長雪果之下者是從上雪下臣以爲妨於敎害於義故不敢公曰善哉

▶1241◀◆問; 본실과 합설 여부.

안녕하십니까 ○○이씨 대종회입니다. 종원 중 다음과 같은 내용을 대종회에 문의를 해서 학식이 높은 신 여러분들의 고견을 듣고자 합니다. 요점만 간략히 적었습니다. 현재 아버지가 계시고 아버지의 연세가 80 세 중반이고 현재 병환 중이라 움직임이 상당히 힘들다고 하십니다.

(가)어머니는 돌아가시고 지신은 딸만 두 분 계신다 합니다.(50 대 말, 40 대 말) 문제는 (나)둘째어머니(사망)가 계셨고 그 분들의 자식이 아들 두 분이 계시는 모양입니다. 문의 하신 분은 그 분들을 서자(庶子)라 표현하십니다. 정식을 혼인 신고가 되어 있는지는 말을 하지 않아 잘 모릅니다. 그 아들 두 분께서 조만간 (가)어머니 기일이니 (나)어머니의 영정도 같이 모시고 자기들이 제주가 되어 같이 제사를 하겠다고 합니다.

(나)둘째어머니는 아버지랑 살다가 새로 타인과 혼인을 해서 자식을 두었고 돌아갔다고 합니다. 문의 하신 분들은 서자(?)인 아들이 문의하신 자기의 (가)어머니의 제사를 할 수가 없고 더욱이나 (나)둘째어머니도 같이 모시는 것이 불가 하다고 합니다. 물론 집안일이라 타인이 간섭할 일은 아닌 줄 아지만 아버지는 생존해 계시고 결정을 해야 하지만 결정을 할 수 상황이 아닌 것 같습니다. 이럴 땐 어떻게 정리를 해야 하는지요.

◆答; 첩실은 본실과 합설 불가.

아래와 같이 살펴보건대 다만 본실(本室)과 첩실(妾室)의 병설제(倂設祭)는 예법(禮法)에 어긋나는 것 같습니다.

●問父在母喪三年後若妾忌祭墓祭亦當父爲主耶南溪曰夫在則以夫名使子攝告而行爲當
●問解續問父若有前後室則前後母神主同出耶只出考與所祭之主耶答並祭爲當前母忌日同祭後母後母忌日同祭前母
●小記慈母與妾母不世祭也註不世祭者謂子祭之而孫不祭也妾祔於妾祖姑者
●雜記主妾之喪則自祔至於練祥皆使其子主之其殯祭不於正室
●尤庵曰大典立後條適妾俱無子然後方許立后據此則有妾子者當以爲承重矣又大典奉祀條適長子無后則衆子衆子無后則妾子奉祀
●退溪曰庶人只祭考妣只謂雜常人耳若士大夫無後者之妾子承重者不應只祭考妣如
●明齋曰人家或有以妾子奉祀者或有舍妾子而立後者或有以妾子只奉已祀爲一支而祖已上祀則移奉於次子者然有妾子則不立後以妾子奉祀者禮之正也
●寒岡曰士大夫之主固不可委諸孼出然古有庶子爲父母後之禮則亦必以庶子而奉先祀矣

▶1242◀◆問; 부모님 기일에 대하여.

안녕하십니까? 향상감사 드립니다. 다름이 아니 오라 저의 아버님 기일은 음 2 월 21 일이고 어머님 기일은 2 월 22 일 입니다. 오늘이고 내일인데 아버님 기일에 함께 제사를 모시면 안될까요.

◆答; 부모님 기일.

제의주(祭義註)에 기일친지사일야(忌日親之死日也)라 하였고 병설(併設)일 때의 기축(忌祝)에 모친휘일부림(某親諱日復臨)이라 고하는데 어찌 서로 다른 날의 기제(忌祭)를 하루에 합쳐 지낼 수 있다. 라 하겠습니까. 유가(儒家)의 법도로는 아무리 살펴보아도 합당하다 일러줄 수가 없는 것 같습니다. 아래는 고비병설의 당부와 동일 양 기제 지내는 법에 관한 말씀들입니다.

●退溪曰忌日幷祭考妣甚非禮也
●晦齋曰按文公家禮忌日止設一位程氏家禮忌日配祭考妣二家之禮不同盖止設一位禮之正也配祭考妣禮之本於人情者也若以事死如事生鋪筵設同几之意推之禮之本於情者亦有所不能已也
●尤庵曰祖曾忌祭同日則當先後行之盖偕喪三年中有異殯各祭之文忌日喪之餘也
●明齋曰祖孫同忌則一時同行恐無妨主人一也一時行之而各祝以告
●顧齋曰忌日異於練祥妻子之祭與親忌共設無妨
●沙溪曰程子之幷祭人情所近恐未害於禮也栗谷少時從先世幷祭考妣而年長後只設一位後來又改之幷設兩位吾嘗禀之答曰只設一位未安故幷設云

▶1243◀◆問; 부모님 기제(제사)는 양력, 음력 어느 날을 기준으로 하나요?

집안마다 다르고 세상도 관련 문화도 많이 바뀌었는데 유교에서의 기준은 음력일 기준 인가요? 부탁 드립니다.

◆答; 부모님 기제(제사)는 양력, 음력 어느 날을 기준.

대강 아래와 같이 살펴보건대 유가(儒家)의 예법은 음력(陰曆)을 바탕으로 하였음을 알 수 있을 것입니다. 따라서 어느 교(敎)에서는 주일(週日)을 중시하듯 유가에서의 일자 계산(計算)은 전통으로 음력을 사용하게 됩니다.

●開元禮閏月亡者祥及忌日皆以閏所附之月爲正
●退溪曰閏非正月人之行祭常以正月而獨於是歲依亡歲之月而祭似未穩祭則依常月行之於閏月亡日則齊素而不祭似當也
●問解大月三十日死者後值小月固當以二十九日爲忌值大月則自當以三十日爲忌小月晦日死者後值大月當仍以二十九日爲忌不可延待三十日也

▶1244◀◆問; 부모님 기제사 문의합니다.

부모님 기제사 문의합니다. 부모님이 일찍 돌아 가셔서 기제사를 큰집에서 지내고 있는 데요 그와 같이 지낸 온지 약 12 년 정도 됩니다. 아직 결혼은 하지 않았지만 이제 저와 동생이 부모님 제사를 지내려 하는 데요 문의사항이 있습니다.

1. 저와 남동생 둘 다 아직 결혼전입니다, 결혼 전에는 부모님 제사를 큰집에서 모셔야 하나요 집안 어른들이 결혼 후 지내는 게 좋겠다는 의견 이십니다.
2. 부모님 제사를 제가 모셔와서 지내도 된다면, 이때 절차가 따로 있나요 있으면 자세히 설명 부탁 드립니다. 집안 어른들 말로는 다니시는 절에 가서 알아오셨다는 데 따로 절차가 있더라고요 그래서 문의 드립니다.

◆答; 부모님 기제사

조상(祖上)의 공경(恭敬)은 부부(夫婦)가 섬겨야 하나 아래 말씀을 살펴보건대 주부(主婦)가 없다면 큰댁의 부인(婦人)들이 결혼 전까지 댁으로 와 제수(祭需)를 장만

하여 진설하고 스스로 지냄이 옳은 것 같습니다. 장자가 모셔와서 지내야 합니다.

●祭統夫祭也者必夫婦親之所以備外內之官也
●問人在旅中遇私忌於所舍設卓炷香可否朱子曰這般微細處古人也不曾說若是無大礙於義理行之亦無害
●問世人託身於人而遇父母之忌請主人之物行祭如何退溪曰借物行忌事家自行祭者固不當行也若其人家業零替餬口於人而一身之外無行祭者則其間亦須有隨宜處變之道恐不可因遂忘親也

▶1245◀◆問; 부모님 병중 제사?

부모님이 병중으로 병원에 입원하여 계십니다. 명절(추석, 설) 제사와 기제사를 지내지 않더라도 예의에 어긋나지 않다는 말을 들었습니다. 이런 사정이 있는 경우 예법이 어찌 되는지 궁금합니다.

◆答; 부모님 병중 제사.

아래와 같이 살펴보건대 집안에 전염병을 앓거나 해산(解産)이 있어도 제사를 지낸다 하였으니 제사를 폐할 수는 없습니다. 부친도 입원 중이면 부친의 아우(弟) 없으면 장자(長子)가 대신하여 제사를 지냅니다. 이와 같이 지내는 제사를 섭행제(攝行祭)라 합니다.

●南溪曰解産廢祭禮無其文惟通解內則妻將生子居側室至于子生夫齊則不入側室之門是當祭者不入産室而已祭則自如可知況牛馬耶
●陶庵曰家內痘疫或解娩恐不精潔治祭具於他舍而行之
●尤庵曰凡祭事主人有故則使人攝行例也所攝之中如有尊行則子弟似不敢爲攝主矣
●遂菴曰孝子某有疾介子某代行薦禮敢昭告于
●明齋曰有叔父又有弟則其弟當奉祀待立后改題

▶1246◀◆問; 부모님의 기제를 합하여 지내려 하는데?

삶은 지나고 보면 지금 알고 느꼈던 것을 그때 알았더라면 하는 아쉬움이 많습니다. 먼저 예절(禮節), 예법에 대한 성실한 가르침에 머리 숙여 감사 드립니다.

시골에서 장남이 부모님 제사를 지내다 여러 가지 사정상 장남의 아들(큰조카) 집으로 제사를 옮겨서 지냅니다. 어머님 기일은 6 월 달이며, 아버님 기일은 12 월로 설 명절 며칠 전이면 어머님이 아버님보다 3 년 먼저 작고하셨습니다.

(질문 1) 큰조카 집으로 제사를 옮기면서 어머님 기제 일에 아버님 제사까지 합하여 한번에 부모님 제사를 지내고 있는데 이때 제주는 장남이 하는지 아니면 제물을 준비하는 장손이 하는지 궁금합니다. (여러 가지 사정상 이렇게 하지만 예법에 어긋난다는 생각을 지울 수가 없습니다. 혹 이런 사례가 있는지요?)

(질문 2) 제사를 합하더라도 아버님 기일에 어머님 제사를 지내야 한다는 말들이 많고 또한 변경을 해야 하는 나름대로의 사정이 있어 지금이라도 제삿날을 아버님 기일로 변경을 한다면 그 절차를 어떻게 고하고 변경해야 하는지 궁금합니다. (이외로 시중(市中)에는 제사를 합하여 지내는 경우가 많이 발생하고 있습니다)

◆答; 부모님의 기제를 합하여 지내려 하는데.

유가적(儒家的) 예법으로는 각기 다른 부모의 기제(忌祭)를 어느 한날로 합쳐 제사(祭祀)하고 마는 예법은 없습니다.

기제란 부모님께서 작고한 그 날을 다시 당하면 그날의 슬픔을 되새기며 자식 된 도리로서 해가 바뀌고 바뀌어도 지난 생전 부모님의 은혜를 다시 생각하며 효자는 곡하며 술 한잔을 올리고 머리를 조아리며 재배하는 것이지요. 기제의 의미가 이러할 진대 어찌 하루에 합하여 제사한다 함에 유자(儒者)가 동조(同調)를 하겠습니까.

●祭義註忌日親死之日也
●忌祭祝曰云云孝子某敢昭告于顯考某官府君歲序遷易諱日復臨昊天罔極云云

▶1247◀◆問; 부모님 제사 때 잔 올리는 순서에 대해서 질문 드릴게요.

저는 3 남매의 차남입니다. 제일 큰 형님이 부모님 제사의 제주이십니다. 제사를 지내는 동안 잔을 올릴 시 순서에 대하여 알고 싶습니다. 저희 형님의 자식이 장손이기 때문에 아들 보다 손자가 먼저 잔을 올린다고 하십니다. 이게 맞는 건가요? 또 저희 누나와 매형도 제사에 참석하십니다. 이럴 시 누나와 제가 같이 제사에 참석하게 될 경우 잔은 누가 먼저 올려야 맞는 것인가요?

◆答; 부모님 제사 때 잔 올리는 순서.

아래와 같이 살펴보건대 삼헌(三獻) 시(時) 헌자(獻者)는,

① 初獻; 주인(主人). 아헌(亞獻); 주부(主婦; 主人之妻). 종헌(終獻; 主人長弟). 만약 (萬若) 주부(主婦)가 제사(祭祀)에 참석 않았으면,

②初獻; 주인(主人). 아헌(亞獻); 장제(長弟). 종헌(終獻); 장제지처(長弟之妻;   만약 長弟之妻도 참석치 않았으면 次弟, 차제가 없으면 長子). 이와 같은 순위로 헌자가 정하여 지는 것 같습니다.

●家禮時祭亞獻條主婦爲之註朱子曰祭禮主人作初獻未有主婦則弟得爲亞獻弟婦爲終獻
○又終獻條兄弟之長或長男或親賓爲之
●愼獨齋曰婦人與祭則嫂尊故爲終獻
●謙齋曰若主人兄弟三人已上可以三獻而必以弟婦爲終獻否
●問解主人之妻爲主婦祭祀之禮必夫婦親之故也

▶1248◀◆問; 부모님 제사에 잔을 올리는 순서(글3303)을 재차 질문 드립니다.

글 3303번의 내용을 읽다가 조금 이해가 부족한 부분이 있어서 다시 문의 드립니다. 초헌과 아헌은 이해가 가겠는데 종헌 시 차남이 잔을 올리게 되고 그 이하 삼남, 누나와 매형, 장조카 순으로 계속하여 잔을 올리게 되는지요?

問1. 제 상식으로는 제사에 참석한 모든 이는 고인에 잔을 드릴 수 있다고 생각되는 제주(초헌관)의 차남동생, 제수, 삼남동생, 제수, 누나, 매형, 여동생, 매제, 삼촌 (아버지의 동생과 제수),

사촌(아버지의 형님 또는 동생의 아들 딸), 아들(아버지의 손자, 손녀), 당질(아버지의 형님 또는 동생의 아들, 딸) 등 친인척이 위와 같이 참석하였다고 가정할 경우 절을 올리는 순서는 어떻게 되는지요?

問 2. 또한 아버지가 장손이 아닐 경우 아버님이나 어머님 제사 때 장조카(장손: 큰집의 사촌 형님아들)는 언제 절을 올리게 되는지요? 그냥 일반 당질과 같은 격이 되는지요?

問 3. 아니면 그 집에서 알아서 정하는 것인지요?

◆答; 부모님 제사에 잔을 올리는 순서.

問; 1. 2. 3. 答; 제례(祭禮) 때 헌작(獻爵)은 식사 앞의 예로 초아종헌(初亞終獻)의

삼헌(三獻)은 정제(正祭) 때의 예로서 정하여진 법도입니다. 따라서 초헌 적자(嫡子), 아헌 주부(主婦), 종헌 서자제(庶子弟) 혹 적손(嫡孫)으로 분정 되는데, 혹 주부가 유고(有故)이면 아우가 아헌(亞獻)을 하고 제부(弟婦)가 종헌을 하게 됩니다.

혹 백숙부(伯叔父)가 있다손 쳐도 삼헌(三獻)은 법도대로 하게 되는데 주인이 초헌 (初獻)을 하게 되어 아종헌관(亞終獻官)으로 분정 되지 않는 까닭은 존비 차서가 어 그러져 헌관으로 참여하지 않으니 삼헌을 마친 뒤 역시 잔을 올리지 않게 되고 혹 비유자(卑幼者)가 참석 되었다 하여도 존항에 앞서 잔을 올리지 못하는 것입니다.

이상은 유가(儒家)의 정제(正祭) 헌주(獻酒) 법도입니다. 법도는 이렇다 하여도 법도 를 아랑곳하지 않고 나도 술 한잔 올리겠다. 나선다면 정리상 말릴 수는 없을 것입 니다. 말씀과 같은 예(例)는 법도에 없으니 일러드릴 수가 없습니다.

●朱子曰祭只是三獻主人初獻適子或主婦亞獻庶子弟或適孫終獻
●家禮時祭亞獻條主婦爲之註朱子曰祭禮主人作初獻未有主婦則弟得爲亞獻弟婦爲終獻
●成渾曰鄭述論祭禮云三獻俱是主人主婦長男爲之雖伯叔父不可爲也其義在於主人爲初 獻諸父尊行不可爲其次以亂尊卑之序也

▶1249◀◆問; 부모 제사 날에 자식이 죽었는데 제사 지내는 방법을 알고 싶습니다.

새벽에 어머니 제사를 지내고 아침에 자식이 갑자기 돌아 가셨습니다. 그러니까 제 사 날이 같은 것이지요. 제사 지내는 방법을 알고 싶습니다.

어떤 사람은 자식의 지방을 약간 내려서 붙이고 메(밥)도 약간 상 앞쪽으로 진설 하며 절은 네 번 한다고 하는데.

◆答; 선중후경(先重後輕)으로 각제(各祭).

모자(母子)의 제사가 같은 날에 들면 먼저 모(母)를 지낸 뒤 자(子)를 선존후비(先尊 後卑)로 지냅니다.

●尤庵曰祖曾忌祭同日則當先後行之盖偕喪三年中有異殯各祭之文忌日喪之餘也
●陶庵曰兩忌日不可並設只當先尊後卑而各行之

▶1250◀◆問; 부모의 기제사 때의 헌주의 순서는?

부모 기제사 헌주 때의 순서는?

초헌(初獻)은 주인이며 아헌(亞獻)은 주부(主婦)이며 종헌(終獻)은 우리의 생활예절 책(성균관발행)에는 참례자 중 다른 어른이나 특별한 사유가 있는 사람이 종헌자가 되어 세 번째 술을 올리는 일이다 라 되어 있는데 만약에 종헌 때 차남과 종손 (宗孫) 중에 종헌을 올리면 두 사람 중에 누가 우선인지요?

◆答;　헌관(獻官).

○初獻 ; 주인.
○亞獻 ; 주부(主婦).
○終獻 ; 제(弟) 적손(適孫).

●朱子曰祭只是三獻主人初獻適子或主婦亞獻庶子弟或適孫終獻
●成渾曰鄭述論祭禮云三獻俱是主人主婦長男爲之雖伯叔父不可爲也其義在於主人爲初 獻諸父尊行不可爲其次以亂尊卑之序也

▶1251◀◆問; 부인의 지방의 관향에 대하여.

안녕하십니까? 가을 시제 때 일기 불순하여 산소에 가지 못하고 망제(望祭)를 지낼 때 축문을 어떻게 쓰는지 예시(例示) 해주시면 고맙겠습니다. 감사합니다.

◆答; 부인의 지방의 관향.

아래 말씀을 살피건대 묘사(墓事)를 신주(神主; 紙牓)로 지내는 것은 신주제(神主祭)이지 분묘제(墳墓祭)가 아니라 하셨을 뿐만 아니라, 더 살피건대 지난날에도 사절일(四節日)이나 정조단오(正朝端午) 때에 상묘(上墓) 분제(墳祭)를 사당(祠堂)에서 정침제(正寢祭)와 같이 많은 사람들이 행한 듯하나 우암(尤庵) 선유 말씀이 상묘치 않았다면 참례(參禮) 예법(禮法)인 단헌(單獻)이 옳다 하셨으니 참례예법(參禮禮法)은 강참헌주사(降參獻酒辭)일 뿐입니다.

다만 같은 산 내(內)에 묘(墓)가 허다(許多)하거나 우천시(雨天時)는 묘역(墓域)을 볼아 본 후 하산(下山) 재사(齋舍)나 산하(山下) 정처(淨處)에 자리를 펴고 사시제(四時祭) 예법(禮法)으로 행하게 되니 祝이 있게 됩니다.

●寒岡曰世俗之行墓事於神主者似未安是神主祭也非墳墓祭也
●問四節日正朝端午人多行之廟中三獻侑食闔門一如時祭如何尤菴曰旣不上墓則依參禮單獻可矣
●問節日當上墓而或有故不得上墓則設行於家廟其祝辭何以爲之遂菴曰家廟本有節日茶禮墓祀何必更設於家廟祝不須言
●通典古者宗子去他國庶子無廟孔子許向墓遙爲壇以時祭卽今之上墓儀或有憑然神道尚幽不可逼瀆塋域宜設於塋南山門之外設淨席爲位遙祭以時饌若一塋數墓每墓各設位昭穆異列以西爲上奠爵三獻而止
●退溪曰同原許多墓各行祭之弊世多有此愚意不如掃視墓域後以紙榜合祭於齋舍無舍則設壇以行之可免瀆弊而神庶享也
●問退溪墓祭祭紙榜之言如何尤菴曰退溪之意欲於墓下齋室以紙榜行之云爾非謂還家而行之如此也
●葛庵曰墓祭有雨水之礙則就齋舍設紙牓行事亦何害若就祠堂行祭則恐無意也
●陶庵曰歲一祭或遇雨則差退日字待晴上墓爲當至於紙榜行事恐違灑掃之意

▶1252◀◆問; 부친께서 돌아가시고 (양력 9월 3일) 난 후 돌아오는 첫 생일(9월14일)과 추석상차림에 대해 문의 드립니다.

부친께서 돌아가시고 (양력 9월 3일) 난 후 돌아오는 첫 생일(음력9월14일)과 추석상차림에 대해 문의 드립니다. 돌아가신 후 돌아오는 첫 생일(제사를 모시는지 등)과 추석 때에는 일반 제사처럼 차려놓고 지내면 되는지 절차와 방법에 대하여 문의 드립니다.

◆答; 부친께서 돌아가시고 첫 생신과 추석.

1) 생신제(生辰祭).

9월 3일 작고하고 9월 14일이라면 법도를 따른다면 성복 후가 되어 상식과 아울러 조석전을 올리게 됩니다.

아래와 같이 살보건대 남계선생 말씀에는 그 예법은 속절을 당하면 조석상식 후 속절례와 같이 별설한다 하셨는데 이 말씀은 궤연을 모셨을 때의 말씀이신데, 궤연을 모셨는지의 여부를 밝히시지 않아 유무를 알 수 없으나 요즘 궤연 모시기가 수월치 않아 거의가 상을 치르면 수일 내에 복도 벗는 시절이니 만약 궤연을 모시지 않으셨거나 탈복을 하셨다면 도암선생 말씀과 가례집설의 축문을 참용 하시어 아침 일찍 풍성히 차리시고 전(奠) 의식(儀式: 단헌)으로 생신제를 지내심이 예에 합당하지 않을 까 합니다.

●沙溪曰几筵異於祠堂以酒果餅麵如朔奠禮設之如何此非祭禮恐無不可

●問三年內遇亡人生辰上食後別設數饌行之何如尤庵曰恐當如此鄙家喪中象平日饌品稍備而行之耳

●南溪曰生辰祭雖曰非禮之禮三年內則又不可不行其儀倣俗節別設

●陶庵曰生朝之祭一日再祭恐近於瀆兼設於殷奠似爲允當

●家禮集說親在生辰既有慶禮歿遇此日能不感慕如死忌之祭可也祝文云云歲序遷易生辰復遇存既有慶歿寧敢忘追遠感時昊天罔極謹以淸酌庶羞恭伸追慕尙饗

2)추석의 예법.

아래와 같이 살펴보건대 속절의 진설은 소제(小祭)라 사미(四味) 중에서 이미(二味) 진설(陳設)이 되니 이미(二味) 두 대반(大盤) 사이에 소과(蔬果) 진설(陳設)인데 만약 제수(祭需)를 기제품(忌祭品)으로 마련이 되었다면 무질서(無秩序)하게 올리는 것 보다 진설(陳設) 법도를 따름이 옳을 것이며 예법은 단헌(單獻)의 예입니다.

●沙溪曰俗節因朝奠兼上食行之似過盛朝上食後別設無妨

●同春曰上食後別設恐當

●尤庵曰俗節重於朔望審矣問解所答恐別是一義也以兼設於上食爲過盛而欲別設焉若以常情言之則別設爲重合設爲輕今反以合設爲盛恨不得稟質也

●問問解答同春俗節之問云上食後別設酒果數品俗節但言流頭七夕重九等節歟抑並言正朝秋夕寒食端陽四節歟

●尤菴曰當如老先生說矣然兼行於上食恐亦無妨也既云俗節則似是普同言之耳

●南溪曰沙溪以爲過盛者恐其同設與朔奠無別也依其說別行於上食後恐當

●遂庵曰俗節因朝奠兼上食是今世通行之例上食後設未嘗聞也

●朱子曰大祭時每位用四味請出木主俗節小祭只就家廟止二味朔旦俗節酒止一上斟一盃

●家禮俗節則獻以時食條凡鄕俗所尙者食如角黍凡其節之所尙者薦以大盤間以蔬果

●南溪曰四味魚肉米麵食二味四味中取二者也俗節饌禮無見處酒果蔬菜餅湯之屬當隨所有而酌處之至如炙則乃大祭三獻所用恐不必設

▶1253◀◆問; 분축과 신위.

수고가 너무나 많으십니다.

[문1]기제사 때에 홀기에 보면 <焚祝>이 있는데, 축문만 불사르는지, 지방과 축문을 동시에 불사르는지요?

[문2]분축한 재를 어떻게 처리하면 되는지요?

[문3]또한 어떤 가정에서는 지방을 불사르지 않고 그대로 보관하고 있는데, 이때는 사당이 없이 지방을 붙인 대로 보관(나무로 조립하여 집 같이 만든 것)하기 때문에 [神位]가 아니고 [神主]라고 써야 하는지요? 죄송합니다.

◆答; 분축과 신위.

[문1] 答; 분지방(焚紙榜)과 분축문(焚祝文)을 달리 행하라는 전거는 찾아지지 않으니 먼저 지방 다음 축문의 순으로 행함이 옳지 않을까 합니다.

[문2] 答; 그 재를 어떻게 처리한라는 전거는 없는 것 같습니다. 다만 신위전이라 하였으니 신위 전의 모사기로 재가 덜어지도록 유도하고 흩어진 재는 쓸어내야 하겠지요.

[문3] 答; 함중식(陷中式)과 분면식(粉面式)을 갖춘 것을 신주(神主)라 합니다. 지방

을 편의상 현재 나도는 지방틀(?)에 붙여 제사할 따름이지 그 자체가 신주에 비견
될 수 없으니 신주(神主)라 써야 할 근거가 되지 못하며, 지방은 허위(虛位)로서 제
사를 마칠 동안 신이 강림하여 계실 자리라는 표시일 뿐 그 자체가 경모의 대상이
아닙니다. 따라서 제사를 마치면 불사름이 옳은 것입니다.

●程子曰近世祝文或焚或埋必是古人未有焚埋之禮
●家禮祠堂有事則告條凡言祝版者(云云)畢則揭而焚之
●備要祝揭祝文而焚之
●華城城役儀軌開基告由祭儀篇大祝詣神位前焚祝徹卓
●五禮儀吉禮四時及臘享宗廟儀望瘞條大祝取祝版置於坎執禮曰可瘞置土半坎
●備要祔祭篇若喪主非宗子而與繼祖之宗異居則宗子爲告于祖而設虛位(用紙榜)以祭祭
訖除之
●儀節祔祭篇異居則宗子爲告于祖爲牌位而祭畢則焚之

▶1254◀◆問; 분향. 강신례에 대하여.

분향은 공중에 계신 혼을, 강신은 지하에 계신 넋을 모시는 절차로서 분향재배, 강
신재배를 분리해서 하기도하고 분향강신을 동시에 하고 재배하는 경우도 있는데 소
생의 의견은 모두 혼백을 모시는 절차이니 분향강신을 동시에 　하고 재배하는 　것
도 예에 어긋나지 않으리라고 생각하는데 어떠한지요.

◆答; 분향. 강신.

아래와 같이 살펴보건대 가례(家禮)에서 우제(虞祭) 강신(降神)을 양재배(兩再拜)이
나 시제(時祭) 강신은 일재배(一再拜)라 사계선유(沙溪先儒)께서 분향재배(焚香再拜)
는 양(陽)의 신(神)을 구함이요 관주재배(灌酒再拜)는 음(陰)의 신(神)을 구하는 예
다 하시고 가례(家禮)의 시제(時祭) 일재배는 궐오(闕誤)라 지적하심이 있고 서의(書
儀)를 비롯하여 비요(備要) 요결(要訣) 등 서(書) 모두 양재배(兩再拜)입니다.

●家禮喪禮篇虞祭降神條主人降自西階盥手帨手詣靈座前焚香再拜(中略)左手取盤右手
執盞酹之茅上以盤盞授執事者俛伏興少退再拜腹位
●又祭禮篇四時祭降神條主人升搢笏焚香出笏少退立(中略)主人左手執盤右手執盞灌于
茅上以盤盞授執事者出笏俛伏興再拜降復位
●書儀焚香再拜
●備要時祭降神條主人升搢笏焚香再拜(中略)灌于茅上以盤盞授執事者出笏俛伏興再拜
降復位
●要訣時祭降神條主人升焚香再拜少退立(中略)灌于茅上以盞授執事者俛伏興再拜降復
位
●沙溪曰焚香再拜求神於陽也灌酒再拜求神於陰也家禮時祭一再拜恐闕誤

▶1255◀◆問; 분향과 강신의 의의.

제례절차(祭禮節次) 중 분향(焚香) 재배와 강신(降神) 재배의 의의에 대하여 질문자
(質問者)의 평소 알고 있는 뜻과 다른 이론이 있기에 선비님의 고견(高見)을 듣고자
하오니 하량하시어 좋은 대답 있기를 기다리겠습니다.

질문자의생각내용 분향(焚香) 재배는 다일 행사(行祀)에 모시는 분의 영혼을 불러
모시는 절차이고 강신 재배는 당일 모시는 분의 육신형태는 세월이 흘러 비록 변형
이 되었지만 육신(肉身)을 모시는 절차로 알고 있었습니다.

그러나 다른 일설에는 분향 재배의 뜻은 제사를 시행하기 전에 잡신을 물리치고 정
결한 분위기를 만드는 뜻이라 하며 강신 재배의 뜻은 우주 만물을 창조한 유일신에

게 "지금부터 제사를 드리는 행사를 실시하겠습니다" 라고 고하는 뜻이라는 주
장 입니다.

◆答; 분향 강신의 의의.

아래와 같이 살펴보건대 분향뢰주(焚香酹酒)의 참뜻은 공중(空中)으로 날아가 간 곳
을 모르는 혼기(魂氣)와 땅에 스며든 체백(體魄)의 기(氣)를 불러 모시어 일체화 시
키는 예(禮)이니 님이 알고 계신 바가 옳을 것 같습니다.

●祭義宰我曰吾聞鬼神之名不知其所謂子曰氣也者神之盛也魄也者鬼之盛也合鬼與神教
之至也註程子曰鬼神天地之功用而造化之迹也○張子曰鬼神者二氣之良能也○朱子曰以
二氣言則鬼者陰之靈也神者陽之靈也以一氣言則至而伸者爲神反而歸者爲鬼其實一物而
已○方氏曰魂氣歸于天形魄歸于地故必合鬼與神然後足以爲敎之至中庸曰使天下之人齊
明盛服以承祭祀此皆敎之至也

●又衆生必死死必歸土此之謂鬼骨肉斃于下陰爲野土其氣發揚于上爲昭明焄蒿悽愴此百
物之精也神之著也細註慶源輔氏曰神以伸爲義則氣也者神之盛也鬼以歸爲義則魄也者鬼
之盛也合而言之則鬼與神一也故聖人合之以制祭祀之禮而事之其爲敎也至矣魂生於氣魄
生於體氣無不之故曰遊魂體則斃於下而已故曰體魄則降人亦一物也昭明焄蒿悽愴言氣之
發楊如此

●延平周氏曰氣者所以歸乎天魄者所以降于地爲神者蓋有魄也然魄非神之盛也爲鬼者蓋
有氣也然氣非鬼之盛也神譬則天道而鬼譬則人道而已合鬼與神敎之至也鬼神之爲德能使
人齊明盛服而洋洋乎如在其上與其左右則人之所以有愧於屋漏而焉之愼獨者也故曰明則
有禮樂幽則有鬼神是鬼神之爲敎同於禮樂而禮樂之敎有所不至則鬼神又有以助之也精魄
爲物故骨肉斃于下陰爲野土者此百物之精也神魂爲變故其氣發揚于上爲昭明焄蒿悽愴者
此神之著也昭明言其　燭於物者焄蒿言其遠於上者悽愴言其感於情者言百物之精也神之著
也而獨言因物之精制爲之極者莫非物也雖神之著亦可謂之物鬼者盡人道者也神者盡天道
者也

●郊特牲註周人尙氣臭而祭必先求諸陰故牲之未殺先酌鬯酒灌地以求神以鬯之有芳氣也
故曰灌用鬯臭又擣鬱金香草之汁和合鬯酒使香氣滋甚故云鬱合鬯也以臭而求諸陰其臭下
達於淵泉矣蕭香蒿也取此蒿及牲之脂膋合黍稷而燒之使其氣旁達於墙屋之間是以臭而求
諸陽也此是天子諸侯之禮非大夫士禮也王氏曰鬯灌之地此臭之陰者也蕭焫上遶此臭之陽
者也

●溫公曰古之祭者不知神之所在故灌用鬱鬯臭陰達於淵泉蕭合黍稷臭陽達於墙屋所以廣
求神也今此禮旣難行于士民之家故但焚香酹酒以代之

▶1256◀◆問; 분향에 대하여.

늘 고마운 답변에 감사 드립니다. 상(喪)중에 개토제, 산신제, 구산제를 지낼 때에도
분향을 하나요?

◆答; 분향.

분향(焚香)에 대하여 아래와 같이 살펴보건대 단헌지례(單獻之禮)인 흉례(凶禮)의
후토제(后土祭)에는 서의(書儀)를 비롯하여 가례(家禮), 개원례(開元禮) 등에서는 택
(擇)하고 있지 않으나 의절(儀節)에서 분향을 택함이 있어 이를 비요(備要)에서 동
조(同條)에 삽입 택하고 있습니다.

남계(南溪) 선생께서 가례위정(家禮爲正)이라 하셨으니 상례(喪禮)의 단헌지례(單獻
之禮)인 후토제(后土祭)에서는 분향(焚香)치 않음이 옳을 것입니다.

●溫公書儀初葬祠后土條序立於神位東南重行西向北上立定俱再拜告者盥手洗盞斟酒進

跪酹于神座前俛伏興少退北向立搢笏執詞進於神座之右東面跪念之曰維年月朔日子某官姓名敢昭告于云云

●家禮治葬祠后土條告者吉服入立於神位之前北向執事者在其後東上皆再拜告者與執事者皆盥帨執事者一人取酒注西向跪一人取盞東向跪告者斟酒反注取盞酹于神位前俛伏興少退立祝執版立於告者之左東向跪讀之曰云云

●開元禮祭后土條掌饌者出相者引告者詣罍洗盥手洗爵相者引告者詣酒罇所執罇者舉羃告者酌酒進跪奠神座前俛伏興少退北向立祝持版進於神座之右東面跪讀祝文曰云云

●儀節治葬祠后土條告者立北向執事者二人在其後告者與執事者皆再拜告者與執事者俱洗詣香案前跪上香斟酒酹酒云云

●國朝五禮儀治葬篇祠后土條獻官詣盥洗位北向立贊搢笏獻官盥手帨手訖贊執笏引詣尊所西向立執尊者舉羃酌酒執事者以爵受酒謁者引獻官詣神位前北向立贊跪三上香執事者以爵授獻官獻官執爵獻爵以爵授執事者奠于神位前贊執笏俯伏興少退北向跪祝就神位之右東向跪讀祝文云云

●敬甫問家禮后土祠無焚香一節其意必非偶然盖焚香求神於陽也灌地求神於陰也后土地神故只求之於陰而不求之於陽義似如此而備要祠后土具有香爐香盒何歟沙溪答曰考家禮不言上香只酹酒無乃有意邪儀節及家禮正衡皆有上香之禮故備要因之未知是否

●或問家禮開塋域祠后土註無降神之文今據此而不降神乎至於墓祭之祠后土時乃有降神之節祠后土一也而降神之行不行何也若降神則一如正祭之降神者乎寒岡曰家禮祠后土之下不許降神則大賢祭禮精微之意何敢仰測乃輒引墓祭后土之祠而爲之添入耶

●補疑上香求神於陽也酹酒求神於陰也后土地神故只求諸陰

●南禮問祠土地祭設香爐香合詣香案前跪上香傾酒于地復斟酒置于神位前等節家禮無備要有彼此詳略之義可得聞歟曰備要從儀節及五禮儀而爲之節文者然愚意此等處當以家禮爲正

▶1257◀◆問; 분향이 언제부터 하였는가요.

제사를 지내려면 먼저 분향을 하게 됩니다. 물론 신을 모시는 행위에 속할 것이리라 믿습니다. 발원지가 중국이라 주자가례에 그 예법이 있으니 그 이전에 발생하였을 것입니다. 질문의 요지를 간단히 정리하자면 어느 나라 때 처음 분향하는 예법이 생겼는지요. 입니다. 여러 가지로 고맙습니다.

◆答; 분향은 양(梁)나라 때부터.

아래와 같이 살펴보건대 분향의 예는 양(梁)나라 때에 시작된 것으로 보입니다.

●隋書禮志禮儀一; 梁天監四年何佟之議云南郊明堂用沉香北郊用上和香
●文獻通考宋詔聖元年; 曾旼言周人以氣臭事神近世易之以香宋時朝享景靈宮儀始稱三上香而
●元史祭祀志; 宗廟祭享儀有傳香祝及三上香文盖用香之禮始見於梁而自宋用於別廟自元用於宗廟也

▶1258◀◆問; 분향(焚香)의 의미?

안녕하셔요. 분향은 왜 합니까? 성균관(成均館), 향교(鄕校), 서원(書院), 사우(祠宇)는 물론 가묘(家廟)의 제례, 사찰(寺刹)의 의식, 성현들이 수도하는 방(예 퇴계선생) 등등 많은 곳에서 향(香)을 피우고 있습니다. 향을 피우는 의미는 무엇인지요.

그리고 요즘은 개량 향이라는 국수 가락 같은 걸 많이 쓰는데 나무 향과 어떤 차이가 있습니까? 특히 사찰에는 나무 향을 쓰는 걸 보지 못했습니다.

◆答; 분향(焚香)의 의미.

분향하는 까닭은 공중으로 떠나신 신을 연기의 줄을 이어 머나먼 허공에서 신을 모셔 연한 길을 따라 지방이나 신주로 내려 모시고 관주로 백을 모셔 일체화 시키는 예입니다.

●郊特牲註周人尙氣臭而祭必先求諸陰故牲之未殺先酌鬯酒灌地以求神以鬯之有芳氣也故曰灌用鬯臭又擣鬱金香草之汁和合鬯酒使香氣滋甚故云鬱合鬯也以臭而求諸陰其臭下達於淵泉矣蕭香蒿也取此蒿及牲之脂膋合黍稷而燒之使其氣旁達於墻屋之間是以臭而求諸陽也此是天子諸侯之禮非大夫士禮也王氏曰鬯灌之地此臭之陰者也蕭焫上遶此臭之陽者也

●溫公曰古之祭者不知神之所在故灌用鬱鬯臭陰達於淵泉蕭合黍稷臭陽達於墻屋所以廣求神也今此禮旣難行于士民之家故但焚香酹酒以代之

▶1259◀◆問; 분향 자세에 대하여.

상가를 방문하여 분향을 할 때의 바른 자세가 궁금합니다. 무릎을 꿇고 분향을 해야 한다고 듣긴 했지만 보다 구체적으로 알고 싶습니다. 두 무릎을 모두 꿇어야 하는 것인지요?

한 무릎만 꿇어야 하는 것인지요? 한 무릎만 꿇어야 한다면 어느 쪽 무릎을 꿇어야 하는 것인지요? 그 밖에도 분향할 때 유의할 점을 알려주시기 바랍니다.

◆答; 분향 자세.

가례(家禮)의 조이퇴조(吊而退條)에서 영좌(靈座) 앞에서 슬픔을 다하여 곡하며 재배하고 분향하고 무릎을 꿇고 앉자 酹酒하고 엎드렸다 일어난다 라 하였을 뿐이고, 구의(丘儀)에서 조자(弔者)가 영좌(靈座) 앞으로 가 서서 곡하고 분향 재배한다 하였으니 분향은 무릎을 꿇고 하지 않고 서서 한다고 이해되어야 할 것입니다. 궁례에서는 무릎을 꿇고 분향합니다.

●家禮成服吊奠賻入哭奠訖乃吊而退條(云云)靈座前哭盡哀再拜焚香跪酹茶酒俛伏興(云云)

●儀節成服弔奠賻凡弔皆素服(儀節)弔者至護喪先入白主人以下各服其服就位哭以待弔者至向靈座前立擧哀哀止靈座前上香再拜

●國朝喪禮補編成服議政府率百官進香儀殯宮條文武百官入就位俯伏哭止哭興再拜興班首盥手陞自東偏階詣靈座前北向跪贊儀唱百官跪執事者一人捧香合一人奉香爐班首三上香

▶1260◀◆問; 분향재배에 관하여.

불천위 신주와 함께 4 대까지의 신주를 함께 사당에 모시고 있는 문중의 종가에서 기제사를 올릴 때 먼저 사당에서 분향재배 후 고축하고 신주를 대청으로 모시고 와서 제례의식을 시작하는데. 이때 대 청에서 분향제배를 또 해야 하는지요? 아니면 사당에서 이미 분향재배를 하였기 때문에 강신재배부터 하면 되는지요. 매년 제사 때마다 참석하는 제관들의 의견이 분분하여 여쭈어 봅니다.

사당에서 이미 분향재배 하였기 때문이 강신재배부터 하자는 분과 조상제사에 절 좀 더하면 어떠냐 하시면서 분향재배부터 다시 하자는 분과의 절차상 차이가 있어 이를 명확히 할 필요가 있어 여쭈어 봅니다. 참고로 현재까지는 다시 분향재배부터 제례를 모시고 있습니다.

◆答; 출주(出主) 시 사당(祠堂)에서 분향(焚香)을 하고, 또 정침에서 재차 분향재배 합니다.

신주제(神主祭)에서 출주(出主)할 때는 분향(焚香)뿐으로 정침에 취위(就位)하고 참신재배(參神再拜)한 뒤 분향재배(焚香再拜) 뢰주재배(酹酒再拜)를 하게 됩니다.

●家禮四時祭質明奉主就位條主人升自阼階搢笏焚香出笏告日(云云)
●退溪曰祭則降神後薦獻等禮所以先祭而後降
●陶庵曰朔參則無遷動之節故先降後參時祭之先參後降其義可推而知也
●尤庵曰若時祭行于祠堂則無奉主就位節次只就祠堂各位前陳器設饌先降神而後參神

▶1261◀◆問; 분향 후 목례 등 인사를 하는 지에 대한 질문 드립니다.
안녕하세요? 가을 날씨가 청명합니다. 고인(故人)의 추모식(追慕式)이나, 참배시설(參拜施設)을 방문하여 참배(參拜)를 드릴 때 분향(焚香)을 올립니다. 분향 후 인사법 등이 있는 지 궁금하여 여러 번 전화를 드렸으니 부재 중이셔서 문답 난을 통하여 질문 드립니다.

1. 분향 후 목례 또는 반배 등 인사를 드리고 뒤로 물러나오는 것인지, 분향을 하였으면 목례 등 인사 없이 뒤로 물러나오는 것인지요.
2. 인사를 드리고 물러서는 것이라면 제복을 입은 경찰, 군인 등은 거수경례를 하는지요? 아님 제복 착용과 관계없이 목례 등으로 인사를 하는 것인지요?
3. 답변에 대한 역사자료나 근거 등도 공부할 수 있게 함께 지도해 주시기 부탁 드리옵니다.

◆答; 분향 후 목례?
유가(儒家)의 예법(禮法)에는 거수경례(擧手敬禮)의 예법이 없으니 논할 수가 없습니다. 다만 가장 가벼운 예로 첨례(瞻禮)가 있으며, 다음으로 분향례(焚香禮)가 있는데 그 예법 역시 분향(焚香) 궤배(跪拜)가 됩니다. 재배 후 마지막에 다소곳이 읍의 예를 갖춥니다.

●性理大全祠堂出入必告主人主婦近出則入大門瞻禮而行歸亦如之○經宿而歸則焚向再拜
●大唐西域記羯若鞠闍國然而瞻禮之徒實繁其侶金錢之税悅以心競
●辭源[瞻禮]瞻仰禮拜
●沙溪曰瞻禮猶言揖
●語類先生每日早起子弟倒影堂前啓門先生陞堂率子弟以次列拜炷香又拜而退
●春官通考文宣王廟朔望焚香;大司成率諸生入文廟焚香四拜
●周禮春官大祝辨九拜一曰稽首二曰頓首三曰空首四曰振動五曰吉拜六曰凶拜七曰奇拜八曰褒拜九曰肅拜
●郊特牲註蕭香蒿也取此蒿及牲之脂膋合黍稷而燒之使其氣旁達於墻屋之間是以臭而求諸陽也
●溫公曰古之祭者不知神之所在故灌用鬱鬯臭陰達于淵泉蕭合黍稷臭陽達于墻屋所以廣求神也
●沙溪曰焚香再拜求神於陽也灌酒再拜求神於陰也家禮時祭一再拜恐闕誤
●丘氏曰灌鬯爇蕭雖是諸侯之禮後世焚香祭神實取此義又曰古無香漢以前只是焚蘭芷蕭艾之類後百越入中國始有之雖非古禮然通用已久鬼神亦安之矣

▶1262◀◆問; 불승(不勝)을 부승이라 발음하여도 되나?
주위 어떤 이는 不勝을 부승이라 읽어야 한다고 합니다. 사실인가요.

◆答; 불승(不勝)을 부승이라 발음?

아래와 같이 살펴보건대 불승(不勝)을 [다하지 못함] 또는 [감당하지 못함]혹은 [이기지 못함] 등으로 번역할 때 모두 불승(不勝)으로 발음됨이 옳을 것 같습니다.

●史記項羽傳秦王有虎狼之心殺人如不能擧刑人如恐不勝天下
●管子正世編人君不廉而變則暴人不勝邪亂不止暴人不勝邪亂不止則君人者

▶1263◀◆問; 사돈간 제사에 대해서.

1. 問; 사돈간 제사에 있어 궁금한 점이 있어 질문을 드립니다. 사돈어른의 첫 제사가 곧 다가오는데, 첫 제사에 있어 사돈 간 대해야 할 예의가 어떤 것인지 알고 싶습니다.

2. 問; 보다 자세하게 설명을 드리자면, 장가를 간 아들의 장인어른 즉, 사돈어른의 첫 제사에서 장가를 간 아들 의 친부모가 제사에 참석을 해야 하는지, 아니면 조그마한 성의표시를 하는 게 좋다면 어떻게 해야 하는지. 고민고민을 하다가 이렇게 질문을 드립니다.

◆答; 사돈간 제사에 대해서.

問 1. 答; 사돈지간(查頓之間)을 떠나 일상 막역(莫逆)한 관계였다면 사돈(붕우)기제에 참석함이 예에 어그러짐은 아니겠으나 아래와 같이 살펴보건대 사돈 기제에 참여함이 마땅하다 답하기에는 조금 망설여집니다.

옛말에 사돈집 윗목 같다라는 표현(表現)이 있듯이 사가는 서먹한 관계이며 특히 아들의 장인장모(丈人丈母)가 모두 죽었다면 병제(倂祭)일 터인데 안사돈의 제사 참여에 관하여 병계선유의 말씀도 계시니 더욱 그렇습니다.

問 2. 答; 상용화된 예는 아니나 부조한다 하여 예에 크게 어그러질 일은 아니겠으나 뜻이 있다면 직접 보다는 장인장모 제사에 사위가 부담하여 제물을 갖추거나 부조는 할 수 있을 것이니 아들을 통함이 어떠하실런지요.

●士虞禮虞祭條終獻親賓一人或男或女爲之禮如亞獻
●虞祭終獻條親賓一人或男或女爲之
●四時祭終獻條兄弟之長或長男或親賓爲之
●士虞禮賓執事者註賓客來執事者
●特牲饋食禮宿賓疏曰獻次兄弟賓是士之屬吏命於其君者其與於獻也
●或問所謂親賓親戚中爲賓者歟昔同春喪虞祭李執義翔爲終獻此旣非親戚則凡祭非親戚而亦可爲終獻矣尤菴曰親賓謂所親之賓客也賓而祭者或以賢或以爵皆所以重其事也非裔屬非尊行似不當論
●屛溪曰姻親或平日升堂之賓則亦可獻於妣位矣
●南溪曰祭禮用親賓古禮也非姑姊妹夫一家之親則似難泛行

▶1264◀◆問; 사돈집 기제에 참석하여도 되는가?

내일 저의 시아버님 첫 기제사(忌祭祀)입니다. 그런데 친정부모님도 기제사에 참석을 해야 되는 것이 예의에 속하는가요. 사돈(查頓)도 첫 기제사에 참석해야 맞는 건지 모르겠어요 내일이니 빠른 답변 부탁합니다.

◆答; 사돈집 기제에 참석 여부.

아래 후천(朽淺) 선생의 말씀에 재계 일에는 객이 와도 나가 만나지 않는다.

주부자께서도 종조부 기일에 또한 객을 만나지 않았으며, 한강선생께서는 재계 날

패를 만들어 문밖에 걸어놓는데 객이 패를 보고는 되돌아가게 하였다. 란 말씀입니다. 이를 보건대 사돈집 기제 날에는 찾아가거나 참여를 목적으로 가서는 실례가 되는 것 같습니다.

●朽淺曰齊戒日客至不出見朱子於從祖之忌亦不見客寒岡先生於齊戒日作牌懸於門外客見牌而去

▶1265◀◈問; 사망 시간이 11 시 20 분.
시시로 여쭙는 질문에 기꺼이 답해 주심에 감사 드립니다. 두 가지가 궁금해 여쭙니다.

問; 1. 사망 시간이 11 월 3 일 저녁 11 시 20 분인 경우, 추후 기제사 일은 11 월 3 일과 4 일 중 어느 날일지가 궁금합니다. 자정을 기준으로 하는 건지 아니면 무조건 자시로 해 4 일이 되는 건지요.

問; 2. 다른 분 질문에 포(脯)를 진설 할 때 '서두동미(西頭東尾)'를 말씀하셨습니다.

국립국어원 <표준국어대사전>에보면 '서두동미'와 '두동미서' 모두가 설명되고 있습니다. 두동미서(頭東尾西)는 틀린 건지요? 선생님께서 달아 좋으신 전거 만에서는 서두동미라는 말을 찾지 못해 여쭙니다.

◈答; 사망 시간
問; 1. 答; 유가(儒家) 하루의 시간(時間)은 십이시(十二時)로, 초시(初時)는 현대(現代) 시(時)로 오후 13 시~익일 01 까지로 이 시의 이름을 자시(子時)라 합니다.

따라서 현대 일시(日時)로 11 월 3 일 저녁(오후)11 시 20 분은 유가(儒家)의 시(時; 舊時) 일시(日時)로는 1 1 월 4 일 자초시(子初時)가 됩니다. 이와 같아서 다음 기제 일은 1 1 월 4 일이 됩니다.

問; 2 答; 생선을 두동미서(頭東尾西)로 진설한다 함은 아마도 음양가(陰陽家)의 동양서음(東陽西陰) 두양미음(頭陽尾陰)의 음양법(陰陽法)에 따라 그와 같이 진설한다. 하는 것 같으나, 두동미서(頭東尾西)는 유가(儒家)의 진설법이 아닙니다.

유가(儒家)의 진설(陳設) 법도(法度)는 지도존우(地道尊右;地道尙右)의 법도(法度)에 따라, 생인(生人)이나 사인(死人) 모두 우수(右首)로 진설 되는데 이는 우수좌미(右首左尾) 두서미동(頭西尾東)과 같은 말이 됩니다.

●祭義君子有終身之喪忌日之謂也註忌日親之死日也
●少牢饋食禮魚腊膚魚用鮒十有五而俎縮載右首進腴疏凡載魚生人死人皆右首地道尊右故也鬼神進柔者是氣之所聚故祭祀進腴也
●與猶堂曰案少牢右首進腴(註鄭云右首變於生)公食禮右首進鰭此兩文皆在杝載之時不在陳設之時則載與設無二法也左右者神位之左右也
●性理大全凡屋之制不問何向背但以前爲南後爲北左爲東右爲西後皆放此

▶1266◀◈問; 사별하고 재혼하신 할아버지 제사.
할아버지께서 결혼(結婚)한지 얼마 안되어서 사별(死別)하시고 재혼(再婚)을 하셨었습니다. 사별한 할머니와의 사이엔 자식이 없고 재혼(再婚)하신 분이 지금의 제 할머니 입니다. (저희끼리는 사별한 분은 큰할머니라 부릅니다)
할머니께서 큰할머니 제사를 챙기라고 하셔서 지금껏 지내왔는데 이젠 할머니도 돌아가셔서 같이 지내게 되었습니다. 예전 인터넷기사에서 할아버지와 본처만 상을 차린다는 이야기를 읽었던 것 같아서 의문이 생겼습니다. 할아버지와 할머니, 큰할머니 이렇게 세분의 상을 한번에 차려도 되는 건지 궁금합니다.

◆答; 사별하고 재혼하신 할아버지 제사.

계비(繼妣)가 계시면 조고(祖考) 기일을 만나면 원비(元妣)와 계비 삼위(三位)을 설위하고, 원비나 계비의 기일을 만나면 그와 같이 세분을 모시고 제사를 지내드립니다.

●家禮補疑問解續問父若有前後室則前後母神主同出耶只出考與所祭之主耶答並祭爲當前母忌日同祭後母後母忌日同祭前母

▶1267◀◆問; 사위가 장인 제사에 초헌관이 될 수 있나?

처가에 처남을 없고요 장모님은 살아계십니다. 이런 경우 장인이 작고하게 되면 누가 장주가 되고 제사를 지내며 초헌을 하여야 하나요,

◆答; 사위가 장인 제사에 초헌관이 될 수 없다.

아래와 같이 살펴보건대 사위가 처가에 장모가 생존한 장인제사를 지낼 수는 없는 것 같습니다. 외손봉사 역시 법도에는 합당하지 않으나 외가에 외조부의 친척이 아무도 없어 할 수 없을 때에 한하여 봉사를 하게 됩니다.

물론 사위는 처부모의 제사에 초헌관이 되어 주관할 수가 없다. 로 이해하심이 옳을 것입니다.

●周元陽祭錄婦祭舅姑祝辭云顯舅顯姑妻祭夫曰顯辟
●退溪曰妻存無子而夫亡未詳當何書都下有一家書曰顯辟蓋依禮記夫曰皇辟之語也未知是否
●同春曰顯辟之稱出於千萬不得已有兄有弟則自可主之而祔於祖龕得禮之正
●問夫亡無子神主稱顯辟耶旁註何以書之沙溪曰妻祭夫稱辟出於禮記周元陽祭錄亦曰主婦某氏祭顯辟稱顯辟似有據旁題禮無明文
●芝村曰婦人主祭以無可主之男不獲已而有之
●南溪曰曲禮祭夫曰皇辟之言無乃家無諸親如周元陽所謂祭無男主故不得已而爲此者耶○又曰必無男主然後用女主
●遂庵曰無後之喪只有妻與兄弟則治喪兄弟爲之練祥禫妻主之
●大全外祖父母及妻父母無主祭者當於正朝端午中秋及各忌日用俗儀祭之
●退溪曰外孫奉祀一廟而二姓同祭夫天之生物使之一本而此則爲二本甚不可也今人或不幸其外家祖先無後而未有所處者不忍其主之無歸則權宜奉置別所而往來奠省未爲不可
●尤庵曰外孫奉祀朱子旣斥以非族之祀
●陶庵曰朱子非族之祀一句語實爲正論愚意爲外孫者設或不得已而權奉其祀己身歿後卽當埋安

▶1268◀◆問; 사위가 처가의 기제사에 참석.

問 1: 사위가 처가의 기제사에 참석하여 제사를 모실 때 처남들과 같이 모시면 되는지? 아니면 참석하지 않는 것인지?
問 2. 기제사를 우리 집에서는 자정에 모시는데 도시에서는 시대에 따라 지낸다며 밤 10시께 지내는 사람들도 흔하다고 하는데 이렇게 모셔도 되는지?
問 3. 여러분들의 기제사를 형편 때문에 한날을 정하여 한꺼번에 모신다는 가정도 있든 데 그렇게 모셔도 되는지?
問 4. 기제사(忌祭祀) 때에 양위(兩位) 진설(陳設)이 보편화 되었다면 새엄마가 들어와 그분도 돌아가셨을 때 상에 세분의 수저와 메. 갱을 놓아도 되는지? 예법에 어

굿나는지?

◆答; 사위도 장인 제사에 참석한다.

問 1. 答; 처부모 제사에 사위도 참석합니다.

問 2. 答; 제사 지내는 때는 당일 질명(質明; 날이 새려 할 때)인데 이보다 조금 일러도 늦는다 하여 크게 잘못을 아닙니다. 다만 대단히 늦거나 이르면 안 된다는 것입니다.

問 3. 答; 퇴옹(退翁)께서는 부친 기일에 모친을 합설하는 것도 비례(非禮)라 하셨으니 더 이를 말이 있겠습니까.

問 4. 答; 단설을 주장하는 가문이 아니면 정식 혼인에 의하지 않은 첩을 제외하고 계실은 전실 기일에 후실을 후실 기일에는 전실을 물론 考의 기일에는 전후실 삼합설(三合設)을 하게 됩니다.

●大典外祖父母及妻父母無主祭者當於正朝仲秋及各忌日用俗儀祭之
●家禮忌祭編○厥明夙興設蔬果酒饌○質明主人以下變服詣祠堂封神主出就正寢
●禮器質明而始行事疏質正也謂正明之時少牢禮朝明行事註朝明質明也此乃周禮也
●尤庵曰行祭早晩太早不可太晩亦不可惟當以質明爲正
●南溪曰質明卽大昕指日未出時也
●朱子曰忌日只祭一位
●退溪曰忌日幷祭考妣甚非禮也
●南溪曰繼室之於元妃與夫一體奉祀恐甚得禮所謂非族之祀豈指此類而言耶祝文稱謂禮無明文不敢爲說
●問解續問父若有前後室則前後母神主同出耶只出考與所祭之主耶答並祭爲當前母忌日同祭後母後母忌日同祭前母

▶1269◀◆問; 삭일(朔日) 축문 쓰는 법?

초하루 축식 예시문을 적어 주세요.

◆答; 삭일(朔日) 축문.

維歲次干支幾月朔日干支云云

●便覽墓祭親盡祖墓祭祝文式維年號幾年歲次干支十月朔日干支幾代孫某官某敢昭告于

▶1270◀◆問; 산후 보름이 지났는데 제사를 지내도 되나?

보름 전에 손녀를 보았습니다. 내일이 조부 기일인데 어떻게 전과 같이 하나요. 알지 못하여 문의 드립니다.

◆答; 산후 보름이 지났는데 제사를.

아래와 같이 살펴보건대 주인은 재계 동안 산실에 들어가지 않으며 제자(祭者)들 역시 산실에 들어가지 않을 뿐이라 하였으니 이미 산후 보름이나 지났다 하셨으니 조부님 제사를 전과 같이 지내시는데 꺼릴 것은 없을 것 같습니다.

●南溪曰解産廢祭禮無其文惟通解內則妻將生子居側室至于子生夫齊則不入側室之門是當祭者不入産室而已祭則自如可知況牛馬耶

▶1271◀◆問; 三飱(澆飯)에 대하여.

철갱진숙수 후 메에서 밥을 세 번 떠 숙수에 마는 예법이 정례인지요.

◆答; 三飱(澆飯)은 정례가 아님.

아래와 같이 살펴보건대 삼초반(三抄飯; 三飱)의 예(禮)는 옥조(玉藻)의 말씀으로 미루어 보아 상생시(象生時)의 예(禮)로서 남계(南溪)선생 말씀과 같이 상(喪) 삼년(三年) 내(內)는 가하나 기제(忌祭)에서는 行하지 말아야 할 예(禮) 같습니다.

따라서 사시제(四時祭)를 비롯하여 모든 제례(祭禮)에서의 삼요반(三澆飯)(三飱)은 전거로서 입증될 수가 없고 다만 혹 가문(家門)에서 행하고 있다면 옥조(玉藻)의 가르침을 잘못 해석 기제(忌祭)에서도 행하고 있는 듯 합니다. 고(故)로 기제(忌祭)에서의 삼초반(三抄飯)은 오류로 보아야 옳을 것입니다.

●張子曰用茶非古也用生人意事之
●退溪曰今人進湯水是古進茶之意
●尤菴曰澆飯於熟水似是象生時也然中朝之人則常時飯畢飲茶少許云則澆飯亦東俗耶
●明齋曰抄飯一節禮所不言只移是於茶器爲宜○補疑云然三年內象生之義澆飯恐似無妨三年後正祭乎
●玉藻君旣食又飯飱飯飱者三飯也註飱以飲澆飯也食竟更作三飱以助飽君畢食則臣更飯飱也
●輯要今俗徹羹進茶又以匙取飯少許澆於湯水盖徹羹進水是生時常例
●南溪曰抄飯三年內象生時則可時忌祭則不可

▶1272◀◆問; 삼실과(三實果)란.

시골에 어른 분이 지나가는 말씀으로 삼 실과라 함은 껍질이 3 겹으로 된 과일을 지칭하기에 호두, 밤, 은행이라는 말은 들었습니다. 그런데 다른 게시판을 읽다가 보니 삼 실과라 함은 밤, 대추, 감 이라는 사실을 알았습니다.

요약하면 밤은 인간의 근본을, 대추는 자손의 번창, 감은 인간의 됨됨이를 의미한다고 되어있습니다. 어느 것이 옳은지 알려주시면 감사하겠습니다.

◆答; 삼과(三果).

○三實果; 조(대추), 율(밤), 시(감; 棗栗柿).

○의미(意味).

조(棗); 꽃을 피우면 반드시 열매를 맺은.
율(栗); 하나의 씨앗이 움을 터 아름드리가 되어도 단단 할 뿐 썩지를 않음.
시(柿); 감의 씨가 움을 틀 때는 고욤나무로서 다시 감나무 가지로 접을 붙여야만 감이 열림.

●國朝五禮儀考異嘉禮王子婚禮納采; 交拜如常日賓客之禮乃以酒饌(註饌品不過三果)禮使者使者復命
●礪溪隨錄田制分田定稅節目;果木之類勿稅之果則棗栗柿梨栢子等

▶1273◀◆問; 삼적(三炙)에 관하여.

제례(祭禮)에서 초아종헌(初亞終獻) 시(時) 진적(進炙)의 예(禮)에서 삼적(三炙)이라 하여 육적(肉炙) 어적(魚炙) 계적(鷄炙)을 올리는 집안도 있는 것 같습니다. 그런데 주자가례(朱子家禮)의 적(炙)에는 간적(肝炙)과 육적(肉炙)뿐인데 혹 오류(誤謬)가 아닐까요. 근거됨은 있는지요.

◆答; 삼적(三炙)에 관하여.

아래 여헌(旅軒) 선생의 기제의(忌祭儀)에 삼적(三炙)이 보입니다. 원은 치적(雉炙)이나 꿩이 없으면 닭으로 대신한다. 라 말씀 하신 것 같습니다. 그러나 사서인(士庶

人)의 전통예법(傳統禮法)에서는 그 전거를 찾을 수가 없고 이도 여헌(旅軒) 선생의 가문(家門)의 예법이지 주자가례(朱子家禮)를 제쳐놓고 이를 권장하거나 정례(正禮)라고 이를 수는 없을 것 같습니다.

●旅軒忌祭儀篇主人初獻啓盤盖進肉炙云云亞獻進魚炙終獻進雉炙(註無雉則以鷄代之)云云

▶1274◀◆問; 삼제(三祭)를 좨주(祭酒)라 하지 않는다.

어느 예서에는 三祭를 삼좨라 하였습니다 맞는 것입니까.

◆答; 삼제(三祭)를 좨주(祭酒)라 하지 않음.

제례에서 초아종헌(初亞終獻) 시 헌주(獻酒) 후 잔반을 내려 모사에 따르는 예를 일러 삼제(三祭. 或 祭之)라 하지 좨주(祭酒)라 하지 않으며 혹 이를 일러 제주(祭酒)라 하지 좨주(祭酒)라 하지는 않는다.

제례(祭禮)에서 삼제(三祭)의 예를 좨주(祭酒)라 이른다 함은 유학(儒學)의 어느 예서에도 사용되지 않는 음(音)이다.

우리나라 한자(漢字) 음(音)으로 [좨]라는 글자는 제(祭)자 뿐으로서 이는 특별(特別)이 우리나라에서만 붙여 이르는 음(音)으로 제례(祭禮)와 관직명(官職名)을 구분키 위한 수단으로 고려시대(高麗時代)의 국자감(國子監) 종삼품(從三品) 벼슬과, 조선조(朝鮮朝)에서는 성균관(成均館) 정삼품(正三品) 벼슬의 겸임 직으로 그 직책은 주로 석전(釋奠) 때 제향(祭享)의 일을 맡아 보던 직명을 분별하기 위함에 서가 아닌가 생각된다.

어느 시대 누구에 의하여 제례(祭禮)에서의 삼제(三祭)를 좨주(祭酒)라 이르게 되었는지는 알 수 없으나 이는 아마도 모 옥편에 일음(一音) 제. 이음(二音)으로 좨. 삼음(三音)으로 채. 등으로 분류(分類) 됨을 오해하여 제음과 좨음을 동의로 착각(錯覺), 또는 유학(儒學)의 실상을 알지 못하고 유식한 체 하기 위하여 특별 나게 보이기 위한 자기 도취(陶醉)에서 빚어진 엉뚱한 발상의 결과가 아닌가 생각한다.

제(祭)에 좨음이 붙게 된 근거를 밝히기 위하여 여러 서(書)를 살펴 보았으나 지금까지는 찾지를 못하였다.

다만 세종대왕께서 한글을 반포하기 이전에는 한자(漢字)에는 좨자가 원초부터 없었으니 일자(一字) 이음(異音) 이의(異意)일 때 표시를 할 수 없었으니 그 음의 전거는 없었을 것이고 "[예 권(卷)자를 곤룡포를 뜻할 때는 곤(卷; 音困)]" 그 이후에는 제주(祭酒)를 좨주(祭酒)라 이의음(異意音)이라는 의미(意味)를 한글표기 이외는 의사(意思) 전달(傳達) 방법이 없다는 것이다. 그렇다면 좨주란 구전(口傳)을 사전 편자가 하나의 단어로 삽입함이 아닌가 한다.

그 이유는 고종 2 년(1865)에 발간(發刊)된 대전회통(大典會通) 성균관(成均館) 정삼품(正三品) 제주(祭酒) 벼슬을 기록(記錄)하면서 좨음이라는 표시(表示)가 없음도 구전이라는 이를 수 있는 전거(典據)가 될 수 있다는 것이다.

사계전서 권지 41 의례문해 25 판 전(前)의 祭酒條 역시 단순히 祭主라 하였지 음을 좨주로 읽을만한 근거가 없다. 특히 각 국어사전에 좨주란 아래와 같은 의미로 정의되었다는 사실이다.

⊙백과사전(국어 사전류)

좨주 [祭酒]

고려시대는 국자감(國子監)·성균감(成均監)·성균관의 종 3 품 벼슬이다. 조선시대는 성균관에서 교회(敎晦)하는 일을 맡아보던 종3품관으로, 특히 학덕이 높은 사람을 임명하였는데, 1401 년(태종 1) 사성(司成)으로 고쳤다.

●大典會通吏典成均館條祭酒一員正三品[續]增置○祭酒司業以學行有士望者擬差或單付[增]一二品亦兼

●史記荀卿傳荀卿最爲老師齊尙脩列大夫之缺而荀卿三爲祭酒焉註索隱曰禮食必祭先飮酒亦然必以席中之尊者一人當祭耳後因以爲官名故吳王濞爲劉氏祭酒是也而卿三爲祭酒者謂荀卿出入前後三度處列大夫康莊之位而皆爲其所尊故云三爲祭酒

▶1275◀◆問; 삼제(三祭)에 대하여.

아래와 같이 이해되는 글이 있었습니다.

○ 강신 뇌주 때는 삼제(三除)라 하여 술을 잔에 따른 후 세 번에 나누어 모사기에 붓는 의식으로 이는 지백(地魄)을 모시는 의미이다.

이는 술잔에 술을 채운 후 바로 3 번에 나누어 모사기에 붓고 빈잔을 신위 전에 올리는 것으로 이해가 됩니다.

○ 삼제(三祭)는 초헌(初獻) 때만 하는 의식으로 '초헌관(初獻官)이 술을 올린 후 다시 그 잔을 받아 세 번에 나누어 모사기에 붓는 것을 말한다.' 라고 설명하고선 '술을 받은 조상(祖上)이 술을 드시기 전 곡신(穀神)에게 예를 올리는 것을 상징(象徵)하며 그 조상을 대신(代身)하여 초헌관이 례를 행하는 것입니다.'라고 하셨습니다.

- 위의 글을 그대로 이해하자면 초헌관이 술잔에 술을 채워 신위 전에 올린 후 다시 그 잔을 받아 3 번에 걸쳐 모사기에 붓는 것을 삼제(三祭)라고 하였습니다. 그러니까 삼제(三祭)는 초헌관이 술잔에 술을 채워 신위 전에 올리고 그 술을 내려 모사기에 3 번에 걸쳐 지운다(제한다)는 말씀으로 생각됩니다.

초헌관(初獻官)이 술잔을 신위(神位) 전에 올린 것은 조상(祖上)이 술을 드신 것이 아니고 곡신(穀神)에게 예를 올리기 전에 일단 신위 전에 술을 올렸다가 다시 내려서 삼제(三祭)하는 것이 맞는지요?

강신 때의 삼제(三除)는 술잔에 술을 채운 후 그 술을 신위 전에 올리지 않고 바로 3 번에 나누어 모사기에 붓는다고 했는데 초헌관의 삼제(三祭)는 술잔에 술을 채워 신위 전에 올린 후 다시 그 잔을 받아 3 번에 걸쳐 모사기에 붓는 것으로 설명하고 있어 의식에 차이가 나는 것 같아서 문의합니다. 그리고 '삼제(三祭)'와 '삼좨(三祭)'는 뜻이 다른지요?

◆答; 三祭.

초아종헌관(初亞終獻官)이 전작(奠爵)하면 신(神)이 직접 제주(祭酒)할 수 없으니 헌관(獻官)들이 신(神) 대신 제주(祭酒)를 대신 행(行)하는 예로서 삼헌(三獻) 모두 제주(祭酒)를 합니다.

강신 때는 삼제(三除)라는 예(禮)는 없고 다만 모사(茅沙)에 한번에 천천히 모두 따릅니다.

제례(祭禮)에서는 제(祭)를 좨(祭)라 발음하지 않고 제(祭)라 발음함이 옳습니다. 좨(祭)라 발음되면 제주(祭酒)를 의미하게 되는데 제주(祭酒)는 경국대전(經國大典)에 등장하는 용어로 조선조(朝鮮朝)에서 정삼품(正三品) 이상의 학덕(學德)이 높은 관리로 성균관(成均館)에서 교회(敎誨)하는 일을 담당하게 하였는데 주로 이조판서(吏

曹判書)가 석전례(釋奠禮)를 행할 때만 겸임(兼任)하여 일을 보게 하였던 그 직명(職名)이었습니다.

●楊氏曰案亞獻如初儀潮州所刊家禮云少牢饋食禮主人初獻尸尸祭酒而後啐酒卒爵主婦亞獻尸尸祭之而後卒爵賓長三獻尸尸祭酒而後卒爵士虞特牲禮亦然以此觀之三獻皆當祭主于茅

●問祭酒以家禮亞獻條但不讀祝云者觀之則三獻似皆祭之以擊蒙要訣亞獻條但不祭酒云者觀則亞終獻不祭無疑當何適從南溪曰楊氏附註三獻皆祭酒當從此說

●尤庵曰降神時傾酒于茅沙者求諸陰之義也三獻時少傾于茅沙者代神祭之義也

●家禮四時祭降神條本註云云主人左手執盤右手執盞灌于茅上云云

●國朝五禮儀大夫士庶人四仲月時享儀篇降神條主人升香案前跪三上香云云主人執盞灌于茅上云云

▶1276◀◆問; 삼제에 대한 질문.

제례에서 헌작 시 헌관이 집사로부터 받은 술잔을 조금씩 모상에 3 번 지우는데 그 의미가 무엇인지요? 조금씩이라도 3 번 지우면 반 잔도 될 수 있는데 결례가 될 것 같아서 견해를 구합니다.

집사이인각위(執事二人各位)　우헌관지좌우(于獻官之左右)　취잔반짐주(取盞盤斟酒) 수헌관(授獻官)　헌관수작(獻官受爵)　삼제우모상헌작(三除于茅上獻爵)

◆答; 삼제.

삼제우모상(三祭于茅上)의 예는 종헌(終獻)뿐만 아니라 삼헌(三獻)의 예 모두에서 行하는 예로, 三祭의 의미는 혹은 조상(祖上), 성현(聖賢), 천지(天地)의 신(神)에게 제사함, 또는 천지인(天地人)의 신에 제사함이다. 라 이해할 수도 있겠으나 그와 같은 전거는 있지 않은 것 같으며, 향사례(鄕射禮) 가공언소(賈公彦疏)에 우여좌중(右與左中)이라 하였고, 이하시(李賀詩), 사기(史記), 한서(漢書)에서는 제주(祭酒)의 예는 노신(路神)에 제사함이라 하였습니다.

덧붙여 민간신앙(民間信仰)에서의 고수레와 그 의미가 통한다. 라 이해한다 하여도 큰 무리는 없을 것 같습니다. 약간씩 세 번 지우는데 약간 줄뿐입니다.

●問祭酒以家禮亞獻條但不讀祝云者觀之則三獻似皆祭之以擊蒙要訣亞獻條但不祭酒云者觀則亞終獻不祭無疑當何適從南溪曰楊氏附註三獻皆祭酒當從此說

●尤庵曰降神時傾酒于茅沙者求諸陰之義也三獻時少傾于茅沙者代神祭之義也

●儀禮鄕射禮俎與荐皆三祭鄭玄注皆三祭竝其將祭侯也祭侯三處也賈公彦疏三處者下文右與左中是也

●李賀(出城別張又新酬李漢)詩今將下東道祭酒而別秦王琦匯解祭酒謂祖道祭也古者出行必有祖道之祭

●史記滑稽列傳故所以同官待詔者等比祖道於都門外

●漢書劉屈氂傳貳師將軍李廣利將出兵擊匈奴丞相爲祖道送至渭橋顏師古注祖者送行之祭因設宴飮

▶1277◀◆問; '삼제우모상' 한자표기에 대하여.

제사 홀기에 보면 '삼제우모상'이라고 있습니다. 이걸 한자로 '삼제우모상(三祭于茅上)'이라고 쓰는 것으로 알고 있습니다.

이 뜻은 잔디 또는 모사그릇에 술을 세 번 지우는 것, 즉 조금씩 세 번 덜어내는 것이니 '제(祭)'가 아니고 '제(除)'라고 써야 맞을 것 같습니다. 즉 삼제우모상(三除

于茅上)이라야 맞지 않을까 생각합니다만 고견을 청합니다.

◆答; 삼제우모상(三祭于茅上).

아래와 같이 살펴보건대 삼제우모상이 맞습니다.

○삼제(三祭); 세 번 제사한다.
○어디에다; 모상(茅上)에.

●宋子大全書答曹可運(壬子七月二十四日);問三祭于茅上者何義歟答書古人取酒用茅故祭時灌必用茅齊桓公責楚之不貢于王者以此也必三祭者禮成于三之義也

▶1278◀◆問; 삼제우지에 관하여.

삼제우지(三除于地; 三祭于地)에 관하여 검색란에서 삼제를 치고 검색을 하면 그 내용이 나오는데요. 제가 추가로 궁금한 점은 묘지기준 우서(右西)에서 좌동(左東)으로 삼제를 한다고 하신 점입니다. 여기서 묘지기준이란, 묘지는 항상 북향으로 본다는 의미를 전제하시는 말씀인지요?

예를 들어 산소가 山의 남향에 모셔져 있든, 동향에 모셔져 있든 산소는 항상 북향으로 기준을 삼는다는 말씀이신지요? 그렇다면 제사를 모시는 상주는 삼제를 할 시 항상 자기의 왼쪽에서 오른쪽으로 삼제를 하면 되겠군요. 묘지기준 동에서 서로 삼제를 한다니 묘지가 동산에 모셔져 있을 수도 있고 남산에 모셔져 있을 수도 있으니 말씀입니다. 山을 피라미드로 비유한다면 4 각뿔인 피라미드형 山의 어느 쪽에 산소가 계시더라도 상주의 왼쪽에서 오른쪽으로 삼제를 하면 되는 것인지요?

◆答; 삼제우지(三祭于地).

실 방위와는 관계 없이 묘의 뒤를 북이라 하고 앞은 남이라 하며 우측을 서(西)라 하고 좌측을 동(東)이라 합니다.

묘제에서 삼제우지(三祭于地)는 향안석 앞 땅 위에다 조금씩 세 번 기우려 제사함을 의미합니다.

●性理大全凡屋之制不問何向背但以前爲南後爲北左爲東右爲西

▶1279◀◆問; 상차림, 제사 순서.

음식과 술은(정종) 다른 종류나 더 좋은 것으로 하면 안되나요? 술도 소주로 하려니 어머님과 마찰이 생겨 전통 아니라고. 또 정종은 일본 술 아닌가요? 올리지 말아야 할 술 아닌가요? 답변 중에 곡차라 말씀하셨는데 술은 다 곡물로 만든 것 아닌가요?

전통대로하자면 제사도 새벽 1 시에 지내야 하구, 어려서 새벽에 지낸 기억이 납니다만 요즘은 현 생활에 맞게 저녁에 지냅니다. 그러 하다면 음식과 과일, 술 등도 새로운 더 맛있는 음식과 과일도 올리지 말아야 하는 것 아닌가요?

제사음식도 옛날 살기 어렵고 종류도 많지 않았던 시대의 또, 지방마다 다른 곡식과 과일 그리고 계절 따라 다른데, 옛날 음식과 과일을 꼭 놓아야 전통인가요?

원래 제사도 지금처럼 정립된 것은 중국 송나라 때 다민족을 다스리기 위한 일종의 정책이라던데? 삼년상과 묘지기를 하여 국가, 가족과 개인에게 막대한 폐해가. 전쟁하다가도 삼년상을. 국가일 화급하면 기간 단축도 하여주는 사람도 있고. 시대가 바뀌었어도 형식만은 지키면 되지 않을까요? (형식을 갖추어야만 예의이고 사람이 동물과 다른 것은 예절이 있기 때문입니다)

음식 등 더 좋은 먹거리는 올려도 좋지 않을까요? 못살 때 음식만 고집 하는 것은? 좀 그렇지요? 조상님들도 새로운 맛있는 음식 잡수시고 싶어 하실 텐데? 이해가 안 갑니다. 결국 산사람이 먹어야 하니 산사람 입에도 맞아야 하구.

제사상도 지방마다, 집집마다 다르고, 같은 씨족인데도 다르고, 책마다 다르고. 또 때마다 다르고? 잊어서 그런 줄 알지만- 저도 그렇고 아버님 생전 할아버님 제사상 차림 사진 찍은 것 보고하여도 어머님말씀 다르고. 제사상차림도 기본이 있지 않나요? 기본이 있고 나서 그 시대의 그 지역에 재배되는 곡물과 과일로 차리다 보니 약간씩 다를 수 있겠지요? 상하는 것들이 있으니 말리고 소금에 절이고? 그리고 명절 제사는 제사가 아니지 않나요. 기제사는 꼭 지내야 되지만. 추석(추수)와 설(새해인사)이니 꼭 하여야 하나요?

사정 따라 형제들도 모이기 힘드니? 그때 상황참조로. 제사는 장남이 꼭 지내야 되는 것도 이치에 맞지 않는 것 같고, 장남(長男) 죽으면 다음 아들들이 생존(生存)해 있는 데도 장 손자 지내는 것은 도리에 어긋나지 않나요?

큰손자가 지내는 것은 때에 따라선 뵙지도 못한 분들인데. 그러다 보니 건성건성 지내는 것 같고요. 그러니 여자분들 종가 집과 장남한테 시집 안 오려 하지요? 요즘 거의 외아들이나 둘이니 어쩔 수 없겠지마는? 제 생각과 어느 나라인가는 형제들 살아 있는 순으로 지내다 다 돌아가시면 다음 손자로 돌아간다는데. 이것이 맞는 것 같아요.

예전엔 장남에게 제사 지내라 재산 물려 주었지 만은 요즘 있음 똑같이 받고, 재산 없거나 있어도 장남만 힘들지요? 특히 큰 며느리는, 먼저 태어난 이유만으로? 도와 주는 형제들도 있는가 하면 오지도 않고 빈손으로 오거나, 나 몰라라 하여 형제간 불화가, 주위에 보면. 우린 모아온 회비가 있고 계속 모으니 큰 일치를 때(어머님 상). 여유 있는 형제들이 더 내고. 또 돌아가면서 제사 지내야 조카들 이 집 저 집 가보고, 기제사는 큰집에서 명절제사는 형제들 돌아가면서 지내면? 전통에 어긋나 나요? 요즘 그런 집들 있고요. 얼마나 화목합니까? 주위 보면 형제들 집 가보기가 힘 든다 네요. 다들 바쁜 생활에 메이다 보니. 시간 맞추기도 어렵고, 그러니 명절 때가 딱 좋지요. 특히 조카들은 결혼 등 하다 보면은 평생 못 가볼 때도 있습니다. 그래도 제사 때 형제들 모이는 것이 얼마나 좋습니까? 전 장인 장모님 제사 때도 서울서 서산까지 다닙니다.

전 종묘서 올리는 제사상차림과 순서가 기본이 아닌가 생각 되고요? 제사상 상차림 순서는? 요약하자 면 기본개념은 이렇게 생각됩니다.

다섯째 줄	밥 국
넷째 줄	탕: 국 개념
셋째 줄	전과 고기, 생선
둘째 줄	반찬: 채소
첫째 줄	과일: 디저트개념 맞는지요?

◆答; 상차림, 제사 순서.
●예기(禮記) 예기편(禮器篇)에서 가르치기를 선왕(先王)이 예(禮)를 세움에 있어서 근본(根本)이 있고 법도(法道)가 있었다. 정성을 다하고 신의를 지키는 것은 예(禮)의 근본이고 의리(義理)는 예(禮)의 법도다. 근본 없이는 예(禮)가 바르게 서지 못하고 법도(法度) 없이는 행함이 불가능하다. 하였으니 예를 행함에 있어서 근본 되는

법도(法度)가 있어야 예도(禮度)에 맞게 행할 수 있는 것입니다.

●禮器先王之立禮也有本有文忠信禮之本也義理禮之文也無本不立無文不行註先王制禮廣大精微惟忠信者能學之然而纖悉委曲之間皆有義焉皆有理焉無忠信則禮不可立昧於義理則禮不可行必內外兼備而本末具擧則文因於本而飾之也不爲過本因於文而用之也中其節矣

보화님의 의문을 제목과 같이,

1)제사음식.

2)상차림.

3)제사 순서 등으로 구분하여 논하여 보겠습니다.

問; 1) 答; 아래와 같이 살펴보건대 하늘이 낳지 않고 땅이 기르지 않은 산물은 귀신이 흠향하지 않는다 하였고 선조가 평일 즐기고 좋아하던 음식을 올려드리고 만약 생전에 술을 드시지 않았으면 醴酒를 올려도 무방하다 하였으니 복숭아, 잉어, 돼지의 내장 등을 제외하면 올림에 꺼려야 할 음식은 별로 없는 듯 합니다.

●禮器禮也者合於天時設於地財順於鬼神合於人心理萬物者也故天不生地不養君子不以爲禮鬼神不饗也註合於天時天時有生也謂四時各有所生之物取之當合其時設於地財地理有宜也謂設施行禮之物皆地之所産財利也然土地各有所宜之産不可强其地之所無如此自然順鬼神合人心而萬物各得其理也天不生謂非時之物地不養如山之魚鼈澤之鹿家之類○郊特牲鼎俎奇而籩豆偶陰陽之義也籩豆之實水土之品也不敢用褻味而貴多品所以交於旦(神)明之義也長樂陳氏曰鼎俎之實以天産爲主而天産陽屬故其數奇籩豆之實以地産爲主而地産陰屬故其數偶方氏曰籩之實若菱芡之類豆之實若芹蒲之類所謂水之品也籩之實若棗栗之類豆之實若菁韭之類所謂土之品也水土之品非人常食故曰不敢用褻味或水或土所取不一故曰貴多品○尤菴曰俗尙及祖先平日之所嗜好不可全然擺脫要在酌中而處之○遂菴曰生前不飮酒則以醴代酒無妨○家語孔子曰果屬有六而桃爲下祭祀不用不登郊廟○黃氏曰抄鯉魚不用於祭祀云○旣夕禮豚解無腸胃註無腸胃者君子不食溷腴疏君子不食溷腴者少儀文彼註謂犬豕之屬食米穀腴有似於人穢

◆問; 2) 答;

○備要設饌圖						○要訣設饌圖					
제1행	飯	盞	匙	醋	羹	제1행	匙	飯	盞	醋	菜
제2행	麵	肉	炙	魚	餠	제2행	麵	肉	炙	魚	餠
제3행	脯	熟菜	淸醬	醢	沈菜	제3행	湯	湯	湯	湯	湯
제4행	果	果	果	果	果 果	제4행	脯	熟菜	淸醬	醢	沈菜
						제5행	果	果	果	果	果

◆問; 3) 答; 지방 기제(紙牓忌祭) 순서

○하루 전에 재계한다.○제수품을 갖춘다.○만약 고비 병제를 하면 간적 육적 떡 국수를 한 위분 더 갖춘다.○전날 어두워지면 신위의 자리를 갖춘다.○망일(亡日) 자시(子時)가 가까우면 소채와 과실과 수저 잔반을 진설 한다.○주인 이하 성복을 한다.○차서 대로 늘어선다.○자시가 되면 지방을 교의에 세운다.○강신○참신○진찬○초헌례○아헌례○종헌례○유식○합문○계문○사신○분지축문지방○철상

▶1280◀◆問; 생사여부를 모를 때 제사는?

할머님 기일이라 아버님과 상의 드린바 결정을 하지 못하여 문의 드립니다. 이북에 할아버님이 계시는데 올해로 연세가 100세가 되십니다. 생사여부를 알지 못하여 지금껏 할머님제사만 모셨는데 100세를 기점으로 제사를 모시려 하는데 할머님 기일에 함께 뫼셔야 하는지 아님 할아버지 생신 날 따로 제를 올려야 하는지 일반적

인 관례를 알고 싶습니다.

◆答; 헤어진 부모가 작고하신 날을 모를 때 예법.

아래와 같이 살펴보건대 부모가 출가(出家) 또는 헤어진 뒤 작고한 날이 미상일 때는 100세가 되는 달 날을 정일(丁日) 또는 해일(亥日) 중 점을 쳐 날을 받아 상복을 지어 입고 신주를 사당에 모시고 그 날을 기일로 하여 기제를 지내게 됩니다.

●通典魏劉德問田瓊曰失君父終身不得者其臣子當得婚否答曰昔許叔重已設此疑鄭玄駁云若終身不除是絶嗣也除而成婚違禮適權也
●晉徐宣瑜云鄭玄云君父亡令臣子心喪終身深所甚惑心喪是也終身非也荀組云至父年及壽限(註中壽百歲)行喪制服立宗廟於事爲長禮無終身之制
●尤庵曰比有失其父不得者愚嘗據通典使計其父年百歲而發喪制服矣
●梅山曰不知亡日則是月也當用或丁或亥日行忌祭

▶1281◀◆問; 생선방향.

생선 등을 진설 할 때 두부의 향방을 동쪽 또는 서쪽으로 향하게 한다는 법도가 있을 것입니다. 어느 족으로 향하게 놓으며 배와 등은 또 어떻게 하여야 하나요.

◆答; 생선방향.

생선은 우수(右首)의 법도에 따라 배 부분이 위(位)쪽으로 향하게 하여 서수동미(西首東尾)로 진설이 됩니다.

●少牢饋食禮魚腊膚魚用鮒十有五而俎縮載右首進腴疏凡載魚生人死人皆右首地道尊右故也鬼神進腴者是氣之所聚故祭祀進腴也
●與猶堂曰案少牢右首進腴(註鄭云右首變於生)公食禮右首進鰭此兩文皆在杜載之時不在陳設之時則載與設無二法也左右者神位之左右也
●退溪曰祭饌尚左之說恐未然盖食以飯爲主故飯之所在即爲所尙如平時陳食左飯右羹是爲尙左而祭則右飯左羹是乃尙右所謂神道尙右者然也而今云尙左非也

▶1282◀◆問; 생신일에도 뭔가 제례 같은 걸 올리는지.

3 월 중순에 어머니를 여의었고 이번 추석 때 첫 차례를 올렸는데, 또 며칠 후면 어머님 돌아가신 뒤 처음 맞이하는 생신일 입니다.

기제사(忌祭祀)나 차례(茶禮) 말고, 생신일(生辰日)에도 뭔가를 하는 건지요? 만약, 확립(確立)된 규범(規範)에서는 없다 하더라도 혹시 민간의 관습(慣習; 습속)상으로는 뭔가 하는 게 있다면 소홀히 하고 싶지 않습니다.

(만약, 생신 일에도 뭔가 하는 게 있다면, 그 형식은 또 어떻게 되는지요? = 제사상의 형식입니까, 아니면 생일 잔치 상 형식 즉, 미역국, 국수 등이 필수적인 입니까?)

◆答; 생신 일에도 뭔가 제례 같은 걸 올리는지.

아래와 같이 살펴보건대 퇴계(退溪)말씀과 같이 사후 생신제는 비례(非禮)라 하셨으니 상삼년(喪三年) 이후는 폐하고 상삼년내(喪三年內)에는 상생(常生)의 예로 대함이니 생신일(生辰日)을 맞으면 우암(尤庵) 말씀과 같이 궤연에 생전의 예와 같이 차려 드림이 옳을 것 같습니다.

혹 더한다면 집설이나 탕씨 말씀이 계시니 기제와 같이 차려 드린다 하여도 예에 크게 어그러진다 할 수는 없을 듯도 싶습니다. 효란 지나침이 없으니 말입니다.

●同春問先考生日三年內設享亦難免非禮之議否沙溪曰凡筵異於祠堂以酒果餠麵如朔奠禮設之如何此非祭禮恐無不可

●問三年內遇亡人生辰上食後別設數饌行之何如尤庵曰恐當如此象平日饌品稍備而行之耳

●南溪曰生辰祭雖曰非禮之禮三年內又不可不行其儀倣俗節別設

●陶庵曰生辰祭實非禮之禮三年之內則有象生之義於朝上食後別設數品饌而儀如朝夕奠恐亦不妨否

●星湖曰吾平日禁生日宴飮況生忌非禮古有定說然不肖居喪之內則設饌如殷奠無祝而行事先賢有委曲處之未曾顯言其非故惟喪內行之

●集說[生辰祭]親在生辰旣有慶禮歿遇此日能不感慕如死忌之祭可也祝文云云歲序遷易生辰復遇存旣有慶歿寧敢忘追遠感時昊天罔極謹以淸酌庶羞恭伸追慕尙饗

●湯氏鐸曰按家禮親生辰牙祭鄭氏曰祭死不祭生伏覩國朝頒降胡秉中祀先圖凡例有生日之祭當以此爲據竊惟親在生辰旣有慶禮歿遇此日能不感慕如死忌之祭可也

●退溪曰恐孟子所謂非禮之禮此類之謂

▶1283◀◆問; 생신제 관련.

수고가 많으십니다. 선친께서 작년 6 월에 돌아가셨습니다. 이번 달에 선친 생신이 있고 두 달 후에는 첫 제사가 돌아오는 셈입니다.

생신제에 관해 요즈음은 3 일 탈상을 하니 생신제를 굳이 지내지 않아도 된다는 이도 있고 첫 제사를 모시기 전에는 생신제를 지내야 한다는 의견도 있습니다. 물론 선친을 기리는 마음이 중요하겠지요. 두 달 후에 제사를 모셔야 되는 상황인데 생신제를 어떻게 하는 것이 좋을런지요. 의견이 분분하여 질의 드립니다. 감사합니다.

◆答; 생신제 관련.

사후 생신제(生辰祭)에 대하여 아래와 같이 살펴보건대 논의가 분분한 예입니다.

다만 결론(結論)되는 것은 상삼년내(喪三年內)는 생시(生時)의 예(禮)로서 봉양(奉養)함이라 아침 상식(上食) 후 별설(別設)하여 예(禮)를 갖추고 삼 년 후는 퇴계설(退溪說)을 따라 폐함이 옳지 않을까 합니다.

다만 그림자 선생의 예(例)는 조기(早期) 탈상(脫喪)이 되었으니 이 경우에도 삼년(三年) 간(間)은 생(生)의 예(禮)로 봉양(奉養)할 수 있는가 일 것입니다.

탈상(脫喪)이란 모든 상(喪)의 례(禮)를 마친다는 뜻으로 해석(解釋) 될 수 있을 것입니다. 그렇다면 조기(早期) 탈상(脫喪) 역시 삼년(三年) 탈상(脫喪)과 같이 모든 상(喪)의 예(禮)를 마쳤다고 보아야 옳을 것입니다.

이 경우 이미 상(喪)의 예(禮)가 끝났으니 퇴계설(退溪說)을 따름이 옳지 않을까 합니다.

●士喪記上食條燕養饋羞湯沐之饌註燕養平生所供養也饋朝夕食也羞四時之珍異

●鏡湖曰喪朔奠尙用象生之禮其飯左羹右明矣

●同春問先考生日三年內設享亦難免非禮之議否沙溪曰凡筵異於祠堂以酒果餠麵如朔奠禮設之如何此非祭禮恐無不可

●問三年內遇亡人生辰上食後別設數饌行之何如尤庵曰恐當如此象平日饌品稍備而行之耳

●南溪曰生辰祭雖曰非禮之禮三年內又不可不行其儀倣俗節別設

●陶庵曰生辰祭實非禮之禮三年之內則有象生之義於朝上食後別設數品饌而儀如朝夕奠

恐亦不妨否

●星湖曰吾平日禁生日宴飮況生忌非禮古有定說然不肯居喪之內則設饌如殷奠無祝而行事先賢有委曲處之未曾顯言其非故惟喪內行之

●寒岡問先考生日設飮食以祭象平生也其祭文曰存旣有慶歿寧敢忘云云此意如何退溪曰恐孟子所謂非禮之禮此類之謂也

●沙溪曰生忌之祭馮善創開退溪非之是矣

●南溪曰人之生世也爲子孫者喜慶其生日而養以酒食固禮也及其下世也爲子孫者悲哀其亡日而奠以饋食亦禮也若於死後猶以酒食追養其生辰恐於理有悖

●愚伏答宋敬甫曰先大人生日適在季秋則雖三年之後以其日行禰祭甚得情理與所謂非禮之禮自不同

●家禮集說親在生辰旣有慶禮歿遇此日能不感慕如死忌之祭可也祝文云云歲序遷易生辰復遇存旣有慶歿寧敢忘追遠感時昊天罔極謹以淸酌庶羞恭伸追慕尙饗

▶1284◀◆問; 생신제에 관하여?

아버님 이 돌아가시고 처음 맞는 생신 상을 차려 드리고 싶은데 차려도 되는지요 그리고 시간은 아침으로 차려야 하나요 저녁으로 해야 하나요 고견 부탁 드립니다. 저희 형편으론 형제들이 다들 객지 생활을 해서 저녁 이면 다 모일 수가 있습니다.

◆答; 생신제.

당부의 이론은 있으나 기제의 예법과 같이 당일 질명(먼동 틀 무렵)에 행사함이 옳은 것 같습니다. 다만 요즘은 혹 휴일을 택하여 그 자손이 모여 생신을 축하하기도 하는 것 같습니다.

●集說親在生辰旣有慶禮遇此日能不感慕如死忌之祭祝文云云

●退溪曰恐孟子所謂非禮之禮此類之謂

●陶庵曰生日之祭非禮也當從古不當從俗

●沙溪曰生忌之祭馮善創開退溪非之是矣

▶1285◀◆問; 생신제에 대하여.

저의 아버님이 작년 7 월 17 일 (음력) 돌아 가셨습니다. 그리고 금년 2 월 8 일 (양력: 음력으로는 1/2 일)이 돌아가신 후 첫 생신을 맞게 되십니다.

1. 첫 생신은 살아 계실 때와 똑같이 생신상을 차려야 한다는 것으로 제사의 형식을 갖추는 것인지.

2. 설날 다음날이므로 산소에 가서 생신상을 차려도 되는 것인지.(아니면 집에서 하는 것인지)

3. 생전(生前)에 생선회를 좋아하셨는데 날음식을 올려도 되는 것인지. (제사 때도 가능한지)

상기와 같은 궁금함을 문의하오니 바쁘시더라도 좋은 말씀 부탁 드립니다.

◆答; 첫 생신제.

아래가 생신제(生辰祭) 예법입니다.

◆생신제(生辰祭)

○生日辰

湯氏鐸曰按家禮親生辰无祭鄭氏曰祭死不祭生伏覩國朝頒降胡秉中祀先圖凡例有生日之祭當以此爲據竊惟親在生辰旣有慶禮歿遇此日能不感慕如死忌之祭可也

○出就正寢儀禮節次

儀節並同祭禰○主人詣祠堂考妣櫝前○跪○焚香○告辭曰孝子某今以某親某官府君降生
之辰敢請神主出就正寢恭伸追慕○俯伏興(執事者以盤盛主主人前導衆親從之至正寢主人奉考主主婦奉妣主
于座)

◆告辭式

孝子某今以 顯考某官府君 顯妣某封某氏今以 顯考降生之辰敢請神主出就正寢恭伸追慕

○生日辰儀禮節次

序立(主人主婦及弟婦子姪凡禰所出者皆在)○參神○鞠躬拜興拜興拜興拜興平身○降神○盥洗○詣
香案前○跪○上香○酹酒(以下旁注皆與時祭同)○俯伏興拜興拜興平身○進饌○初獻禮○詣考
妣神位前○跪○祭酒○奠酒○祭酒○奠酒○俯伏興平身○詣讀祝位○跪○主人以下皆跪
○讀祝○俯伏興○鞠躬拜興拜興平身○復位○奉饌○亞獻禮○盥洗○詣考妣神位前○跪
○祭酒○奠酒○祭酒○奠酒○俯伏興拜興拜興平身○復位○奉饌○終獻禮○盥洗○詣考
妣神位前○跪○祭酒○奠酒○祭酒○奠酒○俯伏興拜興拜興平身○復位○奉饌○侑食○
鞠躬拜興拜興平身○復位○闔門○祝噫歆○啓門○主人以下復位○獻茶○飲福受胙○詣
飲福位○跪○嘏辭曰(云云四時祭同但去祖字)○飲福酒○受胙○鞠躬拜興拜興平身(主人起立于東階
上西向)○告利成(祝立于西階上東向曰)○利成○復位○鞠躬拜興拜興平身○辭神○鞠躬拜興拜興
拜興拜興平身○焚祝文○送主○徹饌○禮畢

◆生辰祭祝文式

維   歲次干支幾月干支朔幾日干支孝(卒哭前孤妣哀俱沒則孤哀承重則孝孫卒哭前孤孫哀孫孤哀孫)子(隨屬
稱)某敢昭告于 顯考某官府君 顯妣某封某氏歲序遷易 顯考生辰復臨存既有慶歿寧敢忘追
遠感時昊天罔極(承重則改昊天罔極爲不勝永慕)謹以淸酌庶羞恭伸奠獻尙 饗

▶1286◀◆問; 생(牲)이나 수석(獸腊), 어석(魚腊) 등 두미(頭尾)가 구별되면
두서미동(頭西尾東).

두미(頭尾)가 구별되면 모두 두서미동(頭西尾東)으로 진설 되어야 하나요.

◆答; 생(牲)이나 수석(獸腊), 어석(魚腊) 등 두서미동(頭西尾東).

생(牲)이나 수석(獸腊), 어석(魚腊) 등 두미(頭尾)가 구별되면 모두 상우(尙右)의 법
도에 따라 두서미동(頭西尾東)으로 진설함이 바른 법도가 됩니다.

●儀禮經傳通解續祭禮特牲饋食禮陳鼎拜賓視牲告期條棜在其南順實獸于其上東首牲在
其西北首東足 (鄭玄注)棜之制如今大木轝矣上有四周下無足 (朱子註)無足獸腊也東足者
常右也 ○疏曰下文牲在西北首東足此實獸棜上東首不與牲相統東足者尙右也周人尙右將
祭故也

●退溪曰祭饌尙左之說恐未然盖食以飯爲主故飯之所在即爲所尙如平時陳食左飯右羹是
爲尙左而祭則右飯左羹是乃尙右所謂神道尙右者然也而今云尙左非也

▶1287◀◆問; 생일과 제사 날은 같다.

저의 생각을 적어봅니다. 자식이 9 월 9 일 저녁 10 시에 태여 났습니다. 언제 생일
합니까? 아시겠지만 9 월 9 일 아침에 생일을 합니다. 태어나기 전이지만 같은 날입
니다. 그러면 9 월 9 일 새벽 1 시에 태어났습니다. 언제 생일 합니까? 물론 9 월 9
일 아침에 합니다. 태어난 후이지만 같은 날입니다. 여러 가지 일로 바쁘면 9 월 9
일 저녁에 친구들을 모시고 생일을 합니다.

즉 시간적으로 언제 태어났든지 9 월 9 일입니다. 그러니 생일을 그날(9 월 9 일) 의
어느 시간이나 합니다. 같은 날이기 때문입니다.

아버지께서 9 월 9 일 저녁 10 시에 돌아가셨습니다. 언제 제사 날입니까? 9 월 9 일

첫 시(0 시 넘어서)에 제사를 지냅니다. 조상을 숭배하고 다른 일을 하기 위해서 입니다. 효가 먼저 입니다.

돌아가시기 전이지만 같은 날입니다. 그러면 9 월 9 일 새벽 1 시에 돌아가셨습니다. 언제 제사 날입니까? 물론 9 월 9 일 첫 시(0 시 넘어서)에 제사를 지냅니다. 직장관계 등 여러 가지로 바쁘면 9 월 9 일 저녁에 제사를 지냅니다. 돌아가신 날은 같은 날이기 때문입니다. 즉 시간적으로 언제 돌아가셨든지 9 월 9 일입니다. 그러니 제사 일을 그날(9 월 9 일) 의 어느 시간이나 합니다. 모두 같은 날이기 때 문입니다.

생일(生日)은 태어난 날이고, 제사는 돌아 가신 날(저승으로 보면 저승에 태어난 날)입니다. 그러니 살아있는 사람은 태어난 날이 생일이고, 돌아가신 분은 저승에 태어난 날입니다. 산 사람이나 죽은 사람이나 이치는 똑 같이 태어난 날입니다. 그러나 생일은 밝을 때 하는 것이 좋고, 제사는 어두울 때 지내는 것이 좋습니다.

◆答; 생일과 제사 날
생일이나 기일은 이미 사건 발생 이후의 일(事)이라는 것입니다. 따라서 탄생 시(誕生時)와 사망 시와는 무관합니다. 까닭은 그 날을 다시 맞았으니 생일상과 제사상을 차려 놓고 축하하거나 슬퍼하는 것입니다. 그 시간을 언제가 가장 명분이 있느냐에 따라 관례적 법도적으로 정하여진 것입니다.

생일은 그날 아침상에 제사상 역시 그날에 지내되 아침 문안드릴 시(時)에 지내야 한다는 것입니다. 온 천하 만물만사에는 그에 합당한 질서가 있어 순조롭게 이어져 나가는 법으로 국가에는 국법이 있고 사가에는 가도가훈이 있어 그 질서에 따라 생활이 계속되어 지지요.

소왈 성균관이라 하면서 시정잡배들이나 뇌까릴 법한 그런 답은 아예 할 까닭이 없지요, 너도 알고 나도 아는 것 무엇 때문에 여기를 찾아 오셨겠습니까. 유가의 진실한 법도를 알고자 함이 아니겠습니까. 그러하지 않다면 훼방꾼이란 혹평을 당하여도 반박할 여지가 없겠지요.

●書經周書洪範傳一曰歲二曰月三曰日疏從夜半以至明日夜半周十二辰爲一日
●厚齋曰(云云)行祭之遲速仍來問始聞之矣

▶1288◀◆問; 서모에 관련한 예법.
父는 돌아가셨고 母와 서모(庶母)는 생존하고 계십니다. 형제로는 嫡子와 庶子 형제가 있습니다 적서형제간의 관계는 큰 무리가 없습니다. 허나 나이 들면서 예를 갖추는 것이 녹녹하지 않아 몇 가지를 문의 드립니다.

1) 족보 정리 시: 적서의 관계와 서모(庶母)의 기록여부.
2) 돌아가신 후 묘지 관련: 선산에 같이 모실 수 있는지? : 배열 관계는?
3) 제례관련: 기제사에서의 서모에 대한 제관은 누가 하는지? : 부에 대한 명절차례는 형제가 같이 지내고 있으나 향후 서모에 대해서는 어떻게 해야 하는지?

◆答; 서모(庶母).
1). 答; 서모의 신주(神主)는 사당에도 들이지 않으니 족보에도 정식으로 오르지 못합니다.
2). 沓; 선산에 모실 수는 있으나 소목질서(昭穆秩序) 외로 장사하게 됩니다.
3). 答; 기제사(忌祭祀)는 정침(正寢)에서가 아니라 서제(庶弟)의 사실(私室)에서 지내게 됩니다.

●雜記主妾之喪則自祔至於練祥皆使其子主之其殯祭不於正室
●程子曰庶母不可入廟子當祀於私室

▶1289◀◆問; 서모 제사는 서자가.

오래 전에 돌아가신 장인이 근력이 좋은 분이었든지 활량 이셨든지 집사람의 초등학교 시절 돌아가신 장모 외에 많은 여자가 있었다고 합니다. 그 중에 장모가 병중에 있을 때 와서 수발 하시든 집사람의 새엄마는 우리가 결혼한 이후에도 십여 년을 사시다 돌아 가셨습니다. 처를 키워주신 새엄마니 만큼 당연히 장모님으로 모셨습니다.

자식도 남동생을 한 명 낳아서 결혼을 하였는데 결혼 후 그 장모님 제사를 그 막내처남이 모십니다. 옛날엔 큰 처남 집에서 명절제사를 모셨는데 제사를 가져 간 후로는 막내처남도 명절제사를 모시기 때문에 시골로 내려오지도 못하기에 명절제사 때만큼은 같이 모시면 안 되는지요?

◆答; 적자는 서모 제사는 지내지 않음.

서모(庶母)는 그의 자(子)가 그의 사실(私室)에서 제사합니다.

●程子曰庶母不可入廟子當祀於私室
●大典妾子承重者祭其母於私室止其身

▶1290◀◆問; 서모(庶母) 제주식(題主式).

서모의 제주식과 언제까지 제사를 지내나요.

◆答; 서모(庶母) 제주식(題主式).

아래와 같이 살펴보건대 제주시(題主時) 혹 첩모(妾母) 등의 성휘(姓諱)를 모를 때는 친족 모두 백치 등 최악의 경우가 아닌 이상 본가(本家)로부터 알아낼 수가 있으니 그에 대한 신주식(神主式)에 관한 전거는 발견되지 않으며,

⊙題主式은
○妾; 亡妾某氏神主
○妾母; 亡母某氏神主
○妾所生子; 亡母某氏神主

첩모(妾母)의 봉제사(奉祭祀)는 불세제(不世祭)로 그 대(代)를 넘기지 않음. 다만 정이 깊으면 손증(孫曾) 이하까지 신주는 매안(埋安) 하였으니 지방(紙榜)으로 일년에 한번 제사한다 하여 예에 어그러지지는 않는 것 같음.

●問前母題主時未記諱字陷中容二字空之其後問於本家而識之今當改題追塡否陶庵曰改題時塡書恐
無所妨矣
●經國大典吏典外命婦條封爵從夫職庶孼及再嫁者勿封改嫁者追奪
●梅山曰亡妾題主亡妾某氏可也
●大全問子之所生母死不知題主當何稱朱子曰若避嫡母則只稱亡母而不稱姓以別之可也
●雜記主妾之喪則自祔至於練祥皆使其子主之其殯祭不於正室
●寒岡曰庶母無主喪者嫡子主之
●南溪曰垂示妾母題主備要只引朱子稱五峯語曰當稱亡母
●尤庵曰妾母題主固宜以大全所答亡母爲定
●省齋曰妾無封銘旌闕某封只書某氏爲可誌盖則云於某官某公小室某氏之墓妾母題主書

亡母是元例而近世嫌其同於卑幼之稱變稱故母而先賢已許之從之無害旁題只稱子不稱孝
祭限則妾母不世祭禮有明文朱子雖致疑而未嘗有定論今只得終其子而埋主孫曾以下情有
所不忍則每歲因亡日用紙榜一祭以伸情至服絶而止可也

▶1291◀◆問; 서수(庶羞)와 포해(脯醢). 의 쓰임에 대하여.

수고가 많으십니다. 친진묘제에서 祝에 밥과 국을 차렸을 때는 [淸酌庶羞]이라 쓰
고, 밥과 국을 차리지 않았을 때는 [淸酌脯醢]로 써야지 [淸酌庶羞]쓰면 안 된다고
합니다. 어떤 경우에 각각 쓰는지요? 어떤 경우에 각각 쓰는지요?

◆答; 서수(庶羞)와 포해(脯醢).

백성의 고축문에서 근이(謹以)이하 지천(祗薦)이상은 진설품(陳設品)의 고(告)함으로
서 진설에 따라 고축식에서는 청작서수(淸酌庶羞) 또는 주찬(酒饌) 또는 청작포해
(淸酌脯醢) 등으로 고한다. 라 되어 있는데, 여기서 청작서수(淸酌庶羞)와 주찬(酒
饌)은 제례(祭禮)의식의 진설 품(陳設品)이 되고 청작포해(淸酌脯醢)는 전의식(奠儀
式)에서의 진설 품이 됩니다.

전(奠)에서는 반갱(飯羹)과 찬(饌)과 시저(匙箸)의 진설이 없고 다만 축식(祝式)에서
는 주포해(酒脯醢)라 하였으나 지금 해(醢)를 갖추어 진설 하기란 꽤 어려운 안주인
데 진설하지 않으면서 고할 수는 없으니 만약 과일이 진설 된다면 근이포과(謹以脯
果)로 고함이 옳을 것입니다. 따라서 구분 짓는다면 제례(祭禮; 三獻)에서는 서수(庶
羞)라 고하고 전(奠)의 예(禮) 단헌(單獻)에서는 포과(脯果)로 고한다. 라 이해됨이
옳을 것입니다.

●問開塋域及葬時后土祠只用告事禮設酒果脯醢而已乎南溪曰葬時祠土地奠也墓祭祠土
地祭也
●檀弓註脯醢爲奠
●士喪禮奠脯醢醴酒

▶1292◀◆問; 서조모(庶祖母)의 제사를 지내도 되나?

작은 할머니의 제사는 누가 지내야 하나요 서삼촌이 계신데 아버님이 장성하여 장
가를 들면 따로 살림을 내고 삼촌이 지내도록 하신다며 지금 아버님이 지내고 계신
데 예법에 맞는지요.

◆答; 서조모(庶祖母)의 제사 그의 후손이.

아래와 같이 살펴보건대 서조모(庶祖母=妾祖母)는 적손(嫡孫)이 제사치 않습니다.
설령 그의 친자(親子)가 있다 하여도 그의 대(代)에 한하여 제사하고 그의 친손(親
孫)이 있다 하여도 제사(祭祀)치 않음이 유가(儒家)의 바른 예법입니다.

●程子曰庶母不可入廟子當祀於別室
●小記士妾有子而爲之緦無子則已註喪服云大夫爲貴妾緦士卑故妾之有子者爲之緦無子
則不服也○又慈母與妾母不世祭也註不世祭者謂子祭之而孫不祭也
●典錄通考凡妾子承重者祭其母於私室止其身
●退溪曰班祔註妾祔于祖姑所喩者是而有子之妾則旣祔而主還几筵及喪畢別置他室或子
室可也

▶1293◀◆問; 소주를 제주로 올려도 됩니까.

세종실록 오례의'에는 제사에 쓰는 8 가지 술 오제삼주(五齊三酒)에 대해서 언급되
어 있는데 모두가 탁주와 청주다. 와 같이 소주. 즉 증류한 독한 술은 독한 후손을

나오게 하기에 올리면 안 된다는 이야기가 있습니다.

개인적인 생각으로는 어차피 조상님이 좋은 술을 맛보시게 하려는 의미라면 향토주 중에 이름있는 소주와 같은 것도 올려도 괜찮지 않을까 하고 생각을 합니다만 과연 이런 생각이 제사상에서 허용될 수 있는 것인지가 궁금합니다. 그렇다고 시판되는 소주를 말씀 드리는 것은 아니고 향온주라고 무형문화재 9 호로 지정된 소주를 염두에 두고 있습니다. 그런데 이 술이 알콜 도수가 높아서 위에 말씀 드린 청주나 탁주가 아니기에 이것을 과연 올려도 되나 고민 중입니다. (절대로 제가 마시고 싶어서 하는 망상이 아닙니다)

◆答; 제주로 소주도.

하월(夏月)에는 청주(淸酒)는 맛이 변하여 소주(燒酒)를 제주로 올려도 심히 좋다는 것입니다.

●沙溪曰燒酒出於元時祭夏月則用燒酒栗谷亦謂喪中朝夕祭夏月淸酒味變用燒酒甚好云

▶1294◀◆問; 수박, 참외 등도 진설 할 수 있나?

안녕하십니까. 젯상 방향에 대한 신속한 답변에 감사 드립니다. 제수 진설과 관련하여 제1열에 조율시이 사과, 조과(강정, 유과, 약과, 과자류)를 진설 하는데, 요즘 시대에 흔히 준비할 수 있는 예로 수박, 참외, 멜론, 귤, 딸기, 토마토 등을 올리는 경우가 있는데, 여기에서 두 가지 論이 있습니다. 예전대로 줄기과일이나 씨 없는 과일은 올리지 않아야 한다는 의견과, 옛날에는 이러한 과일이 없어서 안올렸을 것이니 조상님께 드시라고 올리는 것도 무방하지 않겠느냐는 의견이 있습니다. 예전대로, 올려도, 둘 다 무방한지 고견을 듣고 싶습니다.

-기제사에 출가한 딸, 사위, 외손자, 이모, 외삼촌 등 인척이 참례하여 참배를 할 경우 참배의 예를 어떻게 하는 것이 옳은지요?

종헌(終獻)에서 잔을 올리고 절하면 되는지요, 절의 순서는 어떻게 하는지요? 등을 알고 싶습니다. 제가 알기로는 喪에는 자, 서, 제, 질의 순서로 잔을 올린다고 알고 있습니다. 성균관의 고견을 받고 싶으며, 참고로 저는 조선시대로 보면 경상우도 사람입니다. 감사합니다.

◆答; 수박, 참외 등도 진설.

1. 아래와 같이 설문해자(說文解字)를 살펴보면 옛날에도 수박 참회 등 줄기과실이 있었으나 수박 참외 등은 계절생산물로 년 중 食物이 못되어 제물로 오르지 못하였을 뿐입니다. 다만 복숭아와 잉어는 제물로 올리지 않는다는 말씀이 계시니 이를 제외하고 생인(生人)이 식용하면 제물로 올리지 못할 식물(食物) 있겠습니까. 그러나 왕제(王制)의 가르침에 제풍년불사흉년불검(祭豐年不奢凶年不儉)이라 하였으니 상용수로 진설 됨이 바른 예가 아닐까 합니다.

2. 모든 제사의 초헌(初獻)과 아헌(亞獻)의 헌관(獻官)은 지정되어 있으며 다만 종헌(終獻)의 헌관은 친빈(親賓) 중에서 택하여 올릴 수가 있으니 그 중에서 근친(近親) 중 장자(長者)가 종헌의 헌관이 될 수는 있을 것입니다.

[절의 순서는 어떻게 하는지요?]의 의미가 헌관의 순서라면 초헌 주인, 아헌 주부, 종헌 형제지장(兄弟之長) 혹장남(或長男) 혹친빈(或親賓)의 순서가 됩니다.

●說文解字木部[果]木實也從木象果形在木之上○又瓜部[瓜]蓏也(註艸部曰在木曰果在地曰蓏瓜者縢生布於地者也)象形(註徐鍇曰外象其蔓中象其實)凡瓜之屬皆从瓜

●漢書食貨志瓜瓠果蓏註應氏曰太實曰果草實曰蓏張晏曰有核曰果無核曰蓏臣瓚曰按木上曰果地上曰蓏也

●王制祭豊年不奢凶年不儉註常用數之仂

●問解要訣果用五品蓋本司馬公及程氏儀恐非是今人六品之果若難備則四品或兩品庶合禮意

●家語孔子曰果有六而桃爲下祭祀不用不登郊廟

●黃氏曰鯉魚不用於祭祀云

●家禮虞祭初獻主人亞獻主婦終獻親賓一人或男或女爲之○又四時祭初獻主人亞獻主婦終獻兄弟之長或長男或親賓爲之

▶1295◀◆問; 수저의 위치?

問 1. 숟가락을 메(밥)에 꽂을 때 비스듬히 아니면 직각으로 꽂아야 하는지?

問 2. 한 분을 모시고 제를 지낼 때 시접의 위치와 수저의 방향을 알고 싶습니다. 고인의 기준으로 봤을 때. (예를 들면 고인의 우측방향에 숟가락은 좌측, 젓가락은 우측 숟가락과 젓가락의 손잡이 부분은 북쪽 아니면 서쪽방향)

◆答; 수저의 위치.

問 1. 答; 아래와 같이 살펴보건대 비스듬히 또는 곧게의 언급은 없으나 반중(飯中)이라 하였으니 비듬하게 꽂기보다는 바르게 꽂음이 옳을 것 같습니다.

問 2. 答; 수저의 위치는 요결(要訣)은 서쪽 오례의(五禮儀) 서인(庶人) 설찬도(設饌圖)는 동쪽으로 진설 되었으나 가례(家禮)를 비롯하여 의절(儀節), 집람(輯覽), 비요(備要), 편람(便覽) 등의 설찬도는 상(床)의 중간으로 진설 되었고 진설 시 수저의 방향을 예시한 예서는 없는 것 같고 다만 삽시정저 시 젓가락의 위치는 수서미동(首西尾東)으로 놓음이 옳은 것 같으며 시저접의 숟가락과 젓가락의 위치는 삽시정저 때에 바르게 위치가 정하여 지는데 진설 시의 시저접에서의 위치를 명확하게 밝혀 놓은 예서는 없는 것 같습니다.

●書儀主婦升自西階執匕扱黍中西柄正筯

●家禮主婦扱匙(韻會扱揷通)飯中西柄正筯

●四時祭厥明夙興設蔬果酒饌條設盞盤醋楪于北端盞西楪東匙筯居中

●家禮設饌圖式盞飯匙醋羹

●要訣設饌圖式匙飯盞羹醋

●五禮儀庶人兩位設饌圖式飯羹匙飯羹匙

●南溪曰正置於楪上首西尾東

●問(宋命賢)正筯云者正於何處耶答(明齋)退溪先生說可考今禮家則皆正之於楪上矣退溪先生曰匙則特言扱之之所而筯則不言正之之所禮事亡如事生從吾東俗而正之於卓上可也

▶1286◀◆問; 숟가락과 젓가락에 대하여.

[이 게시물은 시스템상의 오류로 인하여 뒤섞여진 자료를 예사랑님의 카페에서 복사하여 새로이 올렸는데, 이 질문은 시생이 아니라 빛그림님께서 올려주신 자료임을 밝힙니다.] 제사를 지내는 절차(순서)에서 궁금한 것이 있어 질문 드립니다.

1. 메 그릇 뚜껑은 언제 열어 놓는 것인지가 궁금합니다. '계반삽시'라는 말대로라면 메 그릇 뚜껑을 열고 수저를 꽂으라는 것 같은데, 여기저기에 나와 있는 제사 지내는 순서에 보면 메 그릇 뚜껑은 초헌 때 여는 것으로 되어 있습니다. 그렇다면 초헌 때 뚜껑을 열면서 숟가락까지 꽂는 것인지? 첨작 후에 '삽시정저'라는 말도 나

오던데, 그렇다면 뚜껑은 초헌 때 열고 숟가락을 꽂는 것은 첨작 후에 하는 것인지?

2. 젓가락에 대한 궁금증입니다. 첨작 후에 젓가락을 시접 위에 올려놓는다고 하는데 어디에 있던 젓가락을 시접 위에 올려놓는다는 것인지 궁금합니다. 수저를 담아 놓는 그릇이 따로 있고, 술잔 옆 등등에 젓가락을 올려놓는 시접을 따로 놓은 것인지에 대한 궁금증입니다. 어떤 집에서는 초헌을 올리며 메 그릇 뚜껑을 열어 놓고, 적이나 포에 젓가락을 올려놓기도 하던데 이런 경우라면 삽시정저에서 말하는 시접은 없는 경우가 될 것입니다. 숫자 개념이 없는 아동들에게 더하기나 빼기를 가르칠 때 '사탕 열 개 중 세 개를 먹으면 몇 개 남지?' 하며 깨우쳐 주듯 아주 平易한 가르침을 기대하겠습니다.

◆答; 숟가락과 젓가락.

問1; 答; 아래와 같이 살펴보건대 초헌(初獻) 시 형제 중 장자(長者)가 진적(進炙) 후 개(蓋)를 열어 그 남쪽으로 두고 내려오면 축관이 축판을 들고 주인의 좌측에서 무릎을 꿇고 앉아 독축합니다. 이때 삽시정저는 하지 않습니다.

問2; 答; 아래와 같이 살펴보건대 유식 때 주부가 시저접에 있던 수저를 메에 꽂고 젓가락은 그 시저접 위에 가지런히 쥐는 곳이 서쪽으로 향하게 올려 놓습니다.

●備要時祭初獻條云云執事者炙肝于爐以楪盛之兄弟之長一人奉之奠于高祖考妣前匙筯之南(乃啓飯盖置其南)祝取版立於主人之左跪讀曰云云
●備要陳設圖 飯=盞盤=匙筯(楪)=醋楪=羹
●備要時祭侑食條主人升搢笏執注就斟諸位之酒皆滿立於香案之東南主婦升扱匙飯中西柄正筯立于香案之西南皆北向再拜降復位

▶1297◀◆問; 술잔에 술을 따르고 향 위에서 둥글게 3번 정도를 돌리는 이유?

안녕하세요, 날씨가 많이 쌀쌀합니다. 건강에 유의하시고, 궁금한 점이 있어 이렇게 글을 씁니다. 제사를 지낼 때, 술잔에 술을 따르고 향 위에서 둥글게 3번 정도를 돌리는데요, 이게 무슨 의미를 지니는지 궁금합니다. 또 방향은, 시계방향으로 돌려야 하는지, 반 시계 방향으로 돌려야 하는지, 답변 감사히 기다리겠습니다. 안녕히 계세요.

◆答; 향 위에서 둥글게 3번 정도를 돌리는 이유.

관례(官禮)나 사대부례(士大夫禮)나 초아종헌(初亞終獻) 때의 헌주례(獻酒禮)에 반잔(盤盞)을 향로(香爐) 위에서 세 번 빙빙 돌리는 예는 없습니다. 그와 같은 예가 있다면 속례(俗禮)이거나 어느 가문의 독특한 례(禮)가 아닌가 합니다.

●性理大全獻酒條; 主人奉盤盞位前東向立執事者西向斟酒于盞主人奉之奠于故處
●國朝五禮儀獻酒條; 執尊者擧羃酌醴齊執事者以爵受酒謁者引初獻官詣神位前北向立贊跪搢笏執事者以爵授初獻官初獻官執爵獻爵以爵授執事者奠于神位前

▶1298◀◆問; 시아버님 첫 기제사.

내일 저의 시아버님 첫 기제사입니다. 그런데 친정부모님도 기제사에 참석을 해야 되는 것이 예의에 속한가요. 사돈도 첫 기제사에 참석해야 맞는 건지 모르겠어요 내일이니 빠른 답변 부탁합니다.

◆答; 시아버님 첫 기제사.

아래 후천(朽淺) 선생의 말씀에 재계 일에는 객이 와도 나가 만나지 않는다. 주부자 께서도 종조부 기일에 또한 객을 만나지 않았으며, 한강 선생께서는 재계 날 패를 만들어 문밖에 걸어놓는데 객이 패를 보고는 되돌아가게 하였다. 란 말씀입니다. 이를 보건대 사돈집 기제 날에는 찾아가거나 참여를 목적으로 가서는 실례가 되는 것 같습니다.

●朽淺曰齊戒日客至不出見朱子於從祖之忌亦不見客寒岡先生於齊戒日作牌懸於門外客見牌而去

▶1299◀◆問; 시어머니의 제사에 관해.

얼마 전 시어머니가 돌아가셨습니다. 칠 삼제를 마치고 있는 상태인데, 추석이 돌아 옵니다. 시아버님은 오래 전에 돌아가셨고 시어머니는 큰어머니가 돌아가신 곳에 재가해 오셔서 아들 둘을 두었습니다. 저희 남편은 두 아들 중 맏이 이고요.

그 동안은 큰어머니의 후손 장남인 아주버님이 추석이며, 설, 다른 기제사를 해 왔는데, 시어머니 제사는 저희 남편보고 지내라 하고 추석은 앞으로도 지내지 않겠다고 하면서 이번 일요일에 조카들과 손자손녀를 데리고 성묘를 마쳤습니다. 추석은 지내지 않고 미리 성묘만 하는 것도 이해가 안되며, 설은 지내겠다고 하는데 이를 어떡해 받아들여야 할지요? 추석 이틀 후가 큰어머니제사인데 그 제사는 지낼 것 같고요.

남편은 증조할머니나 할머니 두 분도 제사를 모시면서 저희 시어머니를 안 모시겠다는 것은 이해가 안 간다고 합니다. 저희가 제사 지낼 형편이 안 되는 것은 아닙니다. 아주버님이 다른 형제를 가족으로 생각한다면 어머니 제사를 모시는 게 마땅하다고 생각하는데, 따로 지내도 상관이 없는지요? 이런 상황에서 설에는 큰집으로 가야 하는 지요. 아님 따로 저희끼리 제사를 모셔야 하는지요?

◆答; 시어머니의 제사에 관해.

재가란 한 번 혼인에 실패 다시 재혼함을 의미하는데 남자는 재혼 삼 혼을 하여도 사모관대 차림에 정식 혼례를 행할 수 있으나 여자는 두 번 족두리를 쓰지 않는 것입니다.

서모(庶母)라 칭한 것은 [재가해 오셔서]란 표현을 재혼으로 간주한 것입니다. 만약 정식 처녀 혼인이었다면 계모로서 적자가 제사를 주관하여야 합니다.

적자가 친모와 함께 계모가 2, 3 실이다 하여도 그가 주인이 되어 제사를 모두 주관하고 초헌을 하게 되지만 서모는 적자가 제사하지 않고 그의 소생자가 자기 방에서 제사를 지냅니다. 명절참사는 먼저 위대 조상과 부친을 모시는 큰댁으로 가 제사를 마치고 돌아와 어머니 제사를 지내야 예에 합당할 것입니다. 조금은 서운한 감도 있을 수 있겠으나 그와 같음이 예법상 순리에 맞는 법도이니 가문의 지체가 허술하지 않다. 라 생각하시면 오히려 긍지를 느낄 수도 있을 것입니다.

●程子曰庶母不可入廟子當祀於私室
●大典妾子承重者祭其母於私室止其身
●小記慈母與妾母不世祭也細註陳氏曰不世祭者謂子祭之而孫不祭也

▶1300◀◆問; 시숙이나 형수의 제사에 절을 하여야 하나?

기제사 또는 명절차례 때 형수. 제수되는 이가 시동생. 시아주버님의 제사에 절을 하는 것이 맞는지 생전에는 설 명절에는 맞절을 하는 것으로 알고 있으며. 시동생이 조카가 어린 경우는 형수의 제사를 모시는 경우도 있는 것 같은데 어떻게 하는 것이 맞는지 가르쳐 주세요.

◆答; 시숙이나 형수의 제사에 절을 하나.

제부가 시숙의 제사에 시제가 형수의 제사에 참석하였다면 신위보다 비자이니 절을 여야 되겠지요. 조카가 어려 제사를 주관할 수 없을 때는 그 숙부가 섭주(攝主)의 법에 따라 집전(執奠)할 수 있는 것 같습니다.

●家禮本註祝焚香洗盞斟酒奠之卑幼者皆再拜
●太平廣記凡死者是敵以上則拜少者則不拜
●退溪曰於子不當拜叔父於姪亦不當拜○又曰禮同居者各主其妻子之喪註妻則當拜
●寒岡曰兄之於弟生旣無可拜之理則豈有遽變於旣亡之後者乎弟之於兄雖曰同行而常談必曰父兄子弟則尊卑之序亦不可不辨矣
●會成子幼不能主則兄弟攝主

▶1301◀◆問; 식초를 제물로 올리는 까닭.

기제사 차림 제물 중 식초가 잔 옆에 놓이게 되는데 식초를 놓은 이유는 무엇인지요.

◆答; 제물(祭物)로 올리는 식초(食醋).

지난날에는 식초가 조미료로 진설 되기를 제일열(第一列)에 잔반시초갱(盞飯匙醋羹)으로 진설 되는 기호(嗜好)식품이었습니다.

●齊民要術八作酢法;酢今醋也○又黃衣黃蒸及糱;六月中取小麥淨淘訖於甕中以水浸之令醋
●辭源[醋]用酒或酒槽發酵製成的一種酸味之調料

▶1302◀◆問; 식혜에 관한 질문.

제사에 식혜나 수정과 대신 오미자차를 올려도 되는지요?

◆答; 식혜.

속왈(俗曰) 좌포우해(左脯右醢)에서 해(醢)는 육장(肉醬)을 의미하게 됩니다. 또 식해(食醢)는 젓을 의미하게 되는데 혹왈 식혜(食醯)운운하나 식혜(食醯)는 우리는 단술로 이해되나 본의는 멸몽(蠛蠓: 눈에노리)이라는 곤충입니다.

제서(題書)를 살피건대 제사 상에 식혜(단술)는 제수품으로 올리지 않습니다. 옛날 옛적 술이 나오기 이전은 단술로 헌작하였으나 술이 나온 뒤부터는 헌작은 물론 진설도 되지 않습니다.

아래와 같이 살펴보건대 수암 선생께서는 생전에 술은 못하셨으면 단술을 올려도 방하다 하셨으나 남계 선생 말씀에는 상 3 년 동안은 무방하나 상을 마치고 사당으로 모시면 신도는 산사람과 달라진다는 말씀이십니다. 다만 법도를 이렇다 하여도 기왕에 장만되었다면 진설행은 제 1 행의 반(飯) 잔(盞) 시(匙) 초(醋) 갱(羹) 혜(醯: 단술)로 진설 됨이 옳을 것이며, 만약 단술 준비가 되지 않았다면 대용품 운운하지 않아도 법도에 어그러지지 않습니다.

●遂菴曰生前不飮酒則以醴代酒無妨
●南溪曰祭以平生所嗜人情之所必然若在三年之內則固無妨矣入廟以後則神道異於生人也
●莊子外篇至樂傳斯彌爲食醯(註)食醯蠛蠓也

●辭源[食醯]昆蟲名. 蟻蠓
●漢語大詞典食部[食醯]昆蟲名。指酒瓮里的蟻蠓

▶1303◀◈問; 食醯에 대하여.
식혜(食醯)를 어느 행에 진설 되어야 하나요.

◈答; 食醯 진설은.
다음과 같이 살펴보건대 일찍이 아언각비(雅言覺非)에서 정다산(丁茶山) 선생께서 (蒙學)이 혜(醯)와 해(醢)를 분별 못하고 포해를 포혜(脯醯)로 잘못 읽었다는 말씀이 계시니 혜(醯)는 단술이 아닙니다.

또 선생께서 주(註)에서의 말씀에 혜(醯)는 젓국(醯=肉醬)이다. 라 하셨으니 감주(甘酒; 단술)와는 전혀 다른 의미입니다. 따라서 좌포우혜(左脯右醯)는 좌포우해(左脯右醢)와 동의로 이해되어야 할 것입니다. 그러나 유가(儒家)의 진설도(陳設圖)에는 없다 하여도 식혜(食醯; 甘酒) 역시 음식(飮食; 飮料)이니 제사상에 못 올릴 까닭은 없겠으나 만약 진설 한다면 그 자리는 포행(脯行)이 아니라 반갱행(飯羹行)에 올림이 음식의 류(類)로 보아 타당하지 않을까 합니다.

●便覽虞祭具饌條醯(註食醯魚醯)
●書儀肉脯今乾脯醢今肉醬
●雅言覺非醯者酢漿也又醢之多汁者謂之醯醯者潘也(註吾東方言云젓국)蒙學不辨醯醢故脯醢讀之如脯醯

▶1394◀◈問; 신위 모시는 방법을 알려주세요.
저희 집에서 매년 음력 9월3일에 제사를 모시는데 예법에 맞는지 모르겠습니다. 틀렸다면 어떻게 틀렸는지 많은 가르침을 부탁 드리겠습니다. 현재 오른쪽(부친) 현고학생부군신위(顯考學生府君神位) 왼쪽에(모친) 현비유인밀양박씨신위(顯妣孺人密陽朴氏神位) 신위를 모시고 제사를 올립니다, 또한 자녀가 시, 군 단위 기관장으로 근무하고 있기에 부친 신위를 현고처사부군신위(顯考處士府君神位) 모시려고 합니다.

◈答; 신위 모시는 방법.
지방식
顯考某官府君神位
顯妣某封某氏神位

지방은 부부라 하여도 한 장에 같이 쓰지 않고 각각의 장에 써 각각의 교의에 생자가 보아 남좌여우(男左女右)로 설위합니다.

모관(某官)은 후손의 벼슬 여부에 관계 없이 당사자의 생전 마지막(추증 포함)벼슬의 관품(官品) 명(名)을 쓰게 됩니다.

처사(處士)란 재덕은 겸비하고도 벼슬길에는 나가지 않고 은거중인 선비. 또는 아직 벼슬에 오르지 않은 선비란 의미이니 부친께서 관(官)에 나갈 재덕은 갖췄으나 벼슬치 않았다면 처사(處士)의 호칭을 붙임이 당연할 것입니다.

●陶庵曰紙牓用厚白紙長廣隨宜以眞楷細書於紙中央臨祭貼於椅上隨位各書
●問解無官而死者無他稱號勢不得已當書學生處士秀才各隨宜可也
●孟子滕文公下聖王不作諸侯放恣處士橫議楊朱墨翟之言

▶1305◀◈問; 신위(神位) 방위.
제주도(濟州道) 삼성혈(三姓穴) 제사(祭祀)를 보면 신위(神位)를 모신 방향이 서쪽에 있습니다 삼헌(초헌, 아헌, 종헌)을 신위 앞으로 모실 때 서향입(홀기)이라 하는데 맞습니까? (자연의 방위) 신위(神位)를 모신 곳은 어느 방위에 있던지 무조건 북향(신의 방위)이라 홀기에 북향입이라 해야 하는 것이 아닌지요? 알고 싶습니다.

◆答; 신위(神位) 방위.

위(位)나 분묘(墳墓)의 방위(方位)는 실방위(實方位)와 관계없이 뒤가 북(北), 앞이 남(南), 좌가 동(東)이며, 우가 서(西)쪽이라 합니다. 따라서 실 방위로 창하지 않고 위(位)나 분묘(墳墓)의 방위(方位)로 창(唱) 하여야 합니다.

●性理大全凡屋之制不問何向背但以前爲南後爲北左爲東右爲西

▶1306◀◆問; 신위(神位) 방향?

제사를 모실 때에 신위 방향을 반드시 북쪽을 향하게 하고 병풍 또한 정북향에 놓이게 해야 하는지요. 북쪽이라 함은 실제 현실 속에서의 방위상 정북쪽을 의미하는 것인지 아니면 어느 방향이든 병풍을 치고서 신위를 모시게 되는 방향이 정북쪽이 되는지요. 그리고 병풍을 치는 연유는 무엇인지요. 우문현답을 기대합니다.

◆答; 신위(神位) 방향.

실방위와 무관하게 집의 방위는 뒤를 북이라 하고 앞을 남이라 합니다.

병풍(屛風)을 치는 까닭은 지난날 지체 있는 가문(家門)에서는 등 뒤에 병풍(屛風)을 치고 앉아 식사(食事)를 하고 독서(讀書) 등을 함이 일상(日常)의 방안 생활(生活)이었으니 설령 생전(生前)에 그와 같은 생활을 못하였다 하여도 후손(後孫)된 도리(道理)로 제사 날을 당하면 그와 같은 분위기(雰圍氣)를 만들어 드리는 것입니다.

●朱子家禮祠堂章凡屋之制不問何向背但以前爲南後爲北左爲東右爲西後皆放此

▶1307◀◆問; 신위 방향.

기제사(忌祭祀)를 모실 때 신위(神位)는 동서남북의 북(北)이 아니라 신위(神位) 있는 곳을 북쪽으로 정해서 동 서 남이 결정(決定)된다고 하는데 그러면 집안 어느 쪽에 신위(神位)를 놓아도 상관(相關) 없는 건가요? 그리고 제사(祭祀)는 돌아가신 당일 낮에 지내도 괜찮은 건가요? 꼭 어두워진 저녁이나 새벽에 지내야 되나요?

◆答; 제사 설위의 방향.

가옥은 실 방위와는 관계 없이 뒤를 북(北)이라 하고 앞을 남(南)이라 하며 우측을 서(西)라 하고 좌측을 동(東)이라 합니다. 따라서 제사 지낼 방의 주 출입문의 반대편(가옥의 북) 벽 아래에 설위하면 북쪽에 설위의 법도에 맞고 자시(子時)는 태조(太早)입니다. 바른 제사 시간은 당일 질명(날이 새려 할 때)에 지내심이 옳습니다.

●性理大全家禮祠堂於正寢之東條凡屋之制不問何向背但以前爲南後爲北左爲東右爲東
●書儀時祭設位條設倚卓考妣並位皆南向西上(註古者祭於室中故神坐東向自後漢以來公私廟皆同堂異室南向西上所以西上者神道尙右故也)
●程子曰忌日必遷主出祭於正寢
●尤菴曰行祭太早不可太晚亦不可惟當以質明

▶1308◀◆問; 신위 모신 위치를 북쪽으로 하는 이유를 알고 싶습니다.

안녕하세요. 그전에 얼핏 들어진 거 같은데 확실(確實)하지를 않아 질문(質問)을 올립니다. 방향(方向)에 관계없이 신위 모신 곳을 북쪽으로 하는지요. 그 이유와 어디서 근거를 두고 있는지 가르쳐 주시면 감사 하겠습니다.

◆答; 시위의 위치는 북방.

북이 음방(陰方)이라 신위(神位)의 자리가 되고 남은 양방(陽方)이라 제원(祭員)이 서는 자리가 됩니다.

●禮運死者北首生者南向疏死者北首歸陰之義生者南向歸陽也
●書儀人家堂室房戶(不能一如)圖前爲南後爲北左爲東右爲西

▶1309◀◆問; 실(室) 현고(顯考).

사위가 장인이나 장모에게 제를 지낼 때 축에서 장인과 장모를 지칭할 때 실(室) 현고(顯考)로 쓰거나 실(室) 현(顯) 비(妣)로 쓰는 것을 보았습니다. 여기서 실(室)을 쓰는 어떤 의미가 있습니까? 어떤 의미로 실(室)을 쓰는 것인지요?

◆答; 실(室) 현고(顯考).

말씀에 실(室) 현고(顯考)라 하신 것으로 보아 처가 살아 있는데 사위가 장인의 제사에 읽을 축문인 것 같습니다.

아래와 같이 살펴보건대 처가 살아있으면 처로 하여금 제주가 되어야 옳은 것 같습니다. 다만 용례이니 그 분이 아마도 처의 작고하신 아버지란 말을 한자화 하다 보니 그와 같이 표현 된 것 같습니다.

그 제사 자체가 잘못이었으니 그 표현 자체도 옳다 할 수는 없겠으나 출가한 여식이 무사인 친정 부모는 顯考 顯妣라 지방이나 축문에 표시하고 있습니다.

●全齋曰妻父母妻主祭此爲正禮外舅無後當使妻主祭而祝以顯考顯妣書之此無二統之嫌故也

▶1310◀◆問; 아기를 낳은 달의 제사에 대하여.

월요일(5/12)에 손주를 낳았는데 일요일(5/18) 이 아버님의 기일입니다. 그런데 아기가 태어난 달에는 제사를 모시지 않는다는 얘기가 있다고 하는데 맞는 말인지요?

◆答; 아기를 낳은 달의 제사.

아래와 같이 살펴보아도 옛날에도 출산과 제사의 관계에 대하여 여러 말씀이 계십니다.

말씀들이 출산(出産) 후 6 일 후가 기일(忌日)이라 3 일이 지나면 꺼릴 것은 없으나 정침(正寢)에서 출산을 하였다면 기일 2 일 전에 측실(側室)로 산모(産母)와 아기를 옮겨 몸조리 시키고, 주인(主人)은 그 기간 측실(側室)을 방문하지 않다가 기제(忌祭)를 마치시고 산모(産母)와 아기를 정침(正寢)으로 옮기심이 좋을 듯 싶습니다.

●疑禮問解問將祭而家內有産婦則奈何愚伏答曰有産婦則不潔不可祭也
●問今人有産或廢祭於七日內抑無過禮否遂菴曰過三日則似無拘忌
●問將祭而有産婦則奈何愚伏曰當有産婦則不潔不可祭也
●內則妻將生子居側室至于子生夫齊則不入側室之門是當祭者不入産室而已祭則自如可知況牛馬耶
●性理大全忌祭前一日齋戒; 主人帥衆丈夫致齋于外主婦帥衆婦女致齋于內沐浴更衣飮酒不得至亂食肉不得茹葷不弔喪不聽樂凡凶穢之事皆不得預

▶1311◀◆問; 아내 제사에 제주는?

'아내가 죽었을 때는 남편이 주상이 된다'는 말을 본 적이 있습니다. 성장한 아들과는 관계 없이 후에 돌아 오는 아내의 제사를 지낼 때도 남편이 죽기 전까지는 꼭 남편이 제주가 되는 건지가 궁금합니다. 잘 배우겠습니다.

◆答; 아내 제사에 제주는.

아래와 같이 살펴보건대 어머니 상에 아버지가 계시면 아버지가 상주가 되어 상을 마치고 그 후 모든 제사는 아버지가 주인이 되어 초헌(初獻)을 합니다.

●奔喪凡喪父在父爲主註此言父在而子有妻子之喪則父主之統於尊也
●會成父在而子有母之喪父主饋奠而行揖禮其子隨之哭拜
●朱子曰妻之喪夫自爲主以子爲喪主未安
●輯覽杖朞條按夫爲妻喪服傳爲妻何以期也妻至親也註適子父在則爲妻不杖以父爲之主也父在子爲妻以杖卽位謂庶子疏言妻至親者妻旣移天齊體與己同奉宗廟爲萬世之主故云至親也以杖卽位者天子以下至士庶人父皆不爲庶子之妻爲喪主故夫皆爲妻杖得伸也

▶1312◀◆問; 아들이 없는 경우의 제사와 차례.

처가에 아들이 없어 장인의 기제사와 차례를 지냄에 있어 망인의 조카가 입양절차 없이 처가에 와서 (장모님은 계십니다) 기제사와 차례를 모셔 왔으나 사업이 어려워져 피신을 하는 바람에 엉겁결에 맏딸인 집사람이 제주로 제사를 모셨습니다 앞으로도 계속될 이런 환경에서 집사람이 계속 제주가 되는 것이 합당한지 아니면 외손인 제 아들이 제주가 되어야 하는지 궁금합니다 아울러 외손이 모셔야 한다면 외손이 군에 있는 동안은 누가 모셔야 하는지도 답변 부탁 드립니다.

[의례문해] 질문. 지아비가 죽었는데 자식이 없으면 그 신주에 현벽이라고 쓰는 것이 과연 온당한지 여부를 잘 모르겠습니다. 방주를 어떻게 쓰는 것이 마땅할까요? 의문. 주부가 제사를 받듦에 그 신주의 방제에 '효자모지부모씨(孝子某之婦某氏)'라고 쓰는 것 입니까?

◆答; 아들이 없는 경우의 제사와 차례.

아래와 같이 살펴보건대 처가(妻家)에는 장모(丈母)님이 계시니 무자(無子)에 무친(無親)이면 처가(妻家)에서 장모님 명으로 제사(祭祀)하여나 하나 이제까지 봉사하던 그 조카가 있었다 하니 그가 장손인지 지손 인지는 알 수 없으나 지방 및 축문의 칭호를 현고(顯考)운운(云云)으로 호칭되었다면 정식으로 입양절차는 없었다 하나 이미 입양된 관계로 봄이 타당하지 않을까 하며 혹 현백(顯伯; 或 叔父) 운운(云云)으로 칭하였다 하여도 절차의 미흡함은 있으나 이미 부위(祔位)로 그 집 사당(祠堂)으로 입묘(入廟)되었다고 봄이 옳지 않을까 합니다.

그렇다면 그 조카가 여의치 못하여 초헌을 할 수 없다면 지방은 지금까지 행하여오던 대로 쓰고 다만 그가 참제(參祭)할 때까지 섭행(攝行)의 예(禮)로 행하여야 옳지 않을까 합니다.

[대전]에 외조부 및 장인장모의 제사를 주재할 자가 없으면 각 기일에 풍속의 의식을 사용하여 제사함이 당연하다.

퇴계께서 말씀하시기를 부인이 부가에서 친정부모의 기제를 행하는 것은 예의 마땅함은 아니지만 세상의 풍속이 이미 습관이 되어서 갑자기 금지하기가 어렵다. 만약 정침을 피하여 다른 곳에서 제사를 모신다면 혹 가능할지는 모르겠으나 시부모가 계시면 더욱 편안하지 못할 것이다.

또 말하기를 처는 살아있으나 자식이 없는 상태에서 지아비가 죽었다면 무엇이라고 써야 할지 자세하지 않다. 어떤 집에서 현벽(顯辟) 이라고 썼는데 아마도 [예기]에서 지아비를 황벽(皇辟)이라고 한데서 기인한 말이다 옳은지의 여부는 잘 모르겠다.

[의례문해] 질문. 답. 부인이 제사함에 지아비를 벽(辟)이라 칭하는 것은 예기에 출전한다. [주원양제록]에도 (그렇게)말했다. 현벽이라 칭함은 근거는 있으나 방제에 관해서는 예서에 명문이 없다.

의문. 답. 부인은 제사를 받들 의리가 없다. [주원양제록]에 며느리가 시부모를 제사하는 축사에 말하기를 현구모관봉시(顯舅某官封諡) 운운했는데 만약 부득이하여 혹이 제주에 근거하는 것이다.

[문해속] 부인으로 제주하는 것은 고례가 아니므로 (양자를 들여)후사를 세우지 못했다면 마땅히 반부하고 그리고 종자로 제주하는 것이 마땅하다.

남계(南溪) 왈, 예기에 비록 황벽으로 하는 설이 있지만 고금의 제유들이 황벽이라고 지칭하는 사람이 없다. [주원양]으로부터 비로소 그러한 것이 있지만 그러나 그설에 이르기를 남자 제주가 없으면 부인이 시부모를 제사한다고 운운했다. 아마도 남자 제주가 있으면 이렇게 칭할 수 없음을 나타낸 것이다. 그러므로 [비요]에 앞에 종자감소고우현백부(從子敢昭告于顯伯父)의 제조목을 쓰고 그 끝에 별도로 현벽한 조목을 기록하였으니 그 뜻을 가히 볼 수 있을 것이다. [문해]에 비록 유사한 근거의 설이 있으므로 따랐지만 십분 부득이함에 처해서 말한 것이니 어찌 근친으로 주상에 해당하는 자가 자체에 있으면 서 편법으로 부인을 세우는 도리가 있겠는가?

● 大典外祖父母及妻父母無主祭者當於各忌日用俗儀祭之

● 退溪曰婦人在夫家行私親忌祭禮所不當但世俗成習難以卒禁若避正寢則猶或可也舅姑在則尤未便○又曰妻存無子而夫亡未詳當何書都下有一家書曰顯辟蓋依禮記夫曰皇辟之語也未知是否

● 問解問夫亡無子則其神主以顯辟書之未知果穩當否旁註當何以書之答妻祭夫稱辟出於禮記周元陽祭錄亦曰云云稱顯辟依有據旁題禮無明文

● 問主婦奉祀則其神主旁題以孝子某之婦某氏書之耶答婦人無奉祀之義周元陽祭錄婦祭舅姑者祝辭云顯舅某官封諡云云若不得已或依此題主耶

● 問解續以婦人題主非古禮不能立後則當班祔而以宗子題主爲當

● 南溪曰禮記雖有皇辟之說古今諸儒無以此爲稱者自周元陽始有之然其說曰無男主而婦祭舅姑云云蓋示以有男主則不可以此稱也故備要先書從子敢昭告于顯伯父諸條而其末別錄顯辟一條其意可見問解雖有似有據之說而從十分不得已處言之安有近親當主喪者自在而徑用婦人之理乎

▶1313◀◆問; 아들 제사가 돌아오는데.

미혼인 둘째가 19 살이었는데 작년 8 월에 교통사고로 잃었습니다. 기일은 돌아 오는데 제사를 어떻게 지내야 하는지요. 애비인 제가 지내야 하는지 아니면 형제가 지내야 하는지요. 대단히 죄송합니다.

◆答; 아들 제사.

아래와 같이 살펴보건대 미혼(未昏)으로 죽은 서자(庶子; 장자를 제외한 여러 아들)는 기제(忌祭)를 지내지 않는 것 같습니다. 다만 신주(神主)는 조부(祖父)에 부위(祔位)로 들어가서 부식(祔食)의 예가 있을 뿐인 것 같습니다.

● 祭法王下祭殤五適子適孫適曾孫適玄孫適來孫諸矦下祭三大夫下祭二適士及庶人祭子而止(鄭玄註)祭適殤者重適也凡庶殤不祭

● 小記庶子不祭殤(鄭玄註)殤者父之庶也不祭無後者祖之庶也此二者當從祖祔食而已凡所祭殤者惟適子耳

▶1314◀◆問; 아들 제사 문의.

죽은 아들의 제사에 대하여 문의합니다. 아들은 미혼이었고 위에 누님이 세분 있답니다. 이럴 경우 제주는 누가되고 제사 지내는 절차와 방법에 대하여 알고 싶습니다.

질문:

1. 제주는? 제주는 아버지 인지 아니면 손위 누이인지 아니면 누이의 자식들인지, 아니면 자형이 되어야 하는지 궁금합니다.

2. 지방작성 방법은?

3. 축도 읽어야 하나요?

4. 제사는 언제까지 지내줘야 하나요?

아버지 생전까지 또는 누이들 생전까지 또는 조카들 생전까지 아니면 자형들 생전까지.

5. 기타 제사절차상 주의할 점이 있나요? 질문이 많아서 죄송합니다.

◆答; 아들 제사.

問; 1. 答; 그의 부친이 상주가 됩니다.

問; 2 答; 망자모관신위(亡子某官神位)

問; 3. 答; ⊙忌祭祝文式

維　歲次干支幾月干支朔幾日干支父告于　亡子某官歲序遷易　亡日復至不勝感念(或悲念不已)玆以淸酌庶羞伸此奠儀尙　饗

問; 4. 答; 죽을 때의 나이에 딸아 달라집니다.

8~11세에 죽으면 그의 제사는 부모의 대로 마치게 되고 12~15세에 죽으면 형제의 대까지 지내고 16~19세에 죽으면 형제의 아들 대까지 지내게 됩니다.

問; 5. 答; 제(祭)라 하여도 예법은 같으며 다만 비유자만 절을 하게 됩니다.

●奔喪凡喪父在父爲主註各爲其妻子之喪爲主也疏正義曰凡喪父在父爲主者言子有妻子喪則其父爲主

●程子曰無服之?不祭下?之祭終父母之身中?之祭終兄弟之身長?之祭終兄弟之子之身

●備要?服條凡年十九至十六爲長?十五至十二爲中?十一至八歲爲下?

●家禮小殮奠條祝焚香洗盞斟酒奠之卑幼者皆再拜

▶1315◀◆問; 아래의 경우 제주와 지방작성에 대한 문의입니다.

아래의 경우 제주와 지방작성에 대한 문의입니다.

㉮ 질문자의 아버지는 살아 계신데(90 여세) 어머니는 돌아가셨습니다.

㉯ 질문자의 장형과 형수는 돌아가셨습니다.

㉰ 질문자의 장조카는 외국에서 살고 있습니다.

질문:

1. 어머니의 제주와 지방작성은 어떻게 해야 합니까?

2. 장형과 형수의 제주와 지방작성은 어떻게 해야 합니까?

3. 제사 대행 시 축문에서 바뀌어야 할 부분이 있습니까? 있다면 어느 부분입니까?

◆答; 아래의 경우 제주와 지방작성.

분상(奔喪)에서 부재부위주(父在父爲主)라 하였으니 어머니 및 장현 형수 모두 부친 속칭으로 축을 아래와 같이 씁니다. 지방은 축식 칭호 끝에 신위(神位)라 붙이면 될 것 같습니다. 섭제축식은 年月日 아래, 아래와 같이 그 연유를 씁니다.

⊙妻忌出主告辭

今以 故室某封某氏忌日請 神主出就正寢追伸情禮

⊙妻忌祝文

維 歲次干支幾月干支朔幾日干支夫某昭告于 亡室某封某氏歲序遷易亡日復至追舊感今
不勝悲悼(愼齋曰妻忌祝無古據亡日復至下只著不勝感愴而已)玆以淸酌庶羞伸此奠儀尙 饗

⊙子姪忌出主告辭(淵齋曰子弟忌祭祝辭禮無所據則亡日復至下移用旁親祝辭似可)

今以 亡子(或姪)某官亡日請 神主出就正寢追伸情禮

⊙祭子姪忌祝文

維 歲次干支幾月干支朔幾日干支父(姪則叔父告于)告于 亡子某官(姪云從姪子婦云亡子婦) 歲序遷
易亡日復至悲痛無已(子及婦改爲悲念不已姪云悲愴不已)玆以淸酌庶羞伸此奠儀尙 饗(家禮備要云卑幼
亦尙饗無疑魂其歆之似可用於殤喪云○常通子忌云歲序遷易亡日復至感時追念不勝悲燬云云)

⊙子婦忌出主告辭

今以 亡子婦某封某氏亡日請 神主出就正寢追伸情禮

⊙舅告子婦祝文(梅山曰舅主子婦喪祭則自題主祝至練祥禫忌墓祭當用舅告亡子婦之文而悲念酸苦不自堪勝八字恐當
用忌墓祭不勝感愴云云○祖舅告孫婦虞祭祝辭旣與告子婦祝辭同則孫婦忌墓祭不勝感愴等語恐當與子婦忌墓祝辭同)

維 歲次干支幾月干支朔幾日干支舅告于 亡子婦某封某氏歲序遷易亡日復至悲念不已玆
以淸酌庶羞伸此奠儀尙 饗

●奔喪凡喪父在父爲主
●問其父主喪神主何以書之寒岡曰當曰子秀才神主
●退溪曰宗子死繼后子雖在襁褓亦當書其名而季也攝主可也○又曰宗子粵在他國而命介
子代祭之例曰孝子某使子某敢昭告于云云
●問宗子旣老傳重於其子則與有故而不與祭者有間若以受重而遽稱孝則於心決有所不能
安同春曰只當曰孝子某衰耗不堪當事使子某云云可也

▶1316◀◆問; 아버님께서 돌아가신 경우 지방 쓰는 법과 제례(제사와 차
례) 지내는 법에 대해 궁금합니다.

지난 3월 갑자기 아버님을 여의었습니다. 제가 장남이라 할아버지, 할머니 제사를
제가 모셔야 합니다.

1) 헌데 이번 추석 차례 시 지방을 쓸 때 할아버지, 할머니, 아버지 모두 써야 하는
지 쓴다면 어떤 양식으로 써야 하는지.
2) 혹은 쓰지 않는다면 차례에는 아버님을 모시지 않는 것인지? 안 모시게 된다면
다른 방법으로 하는 것이 있는지?
3) 할아버지나 할머니 제사인 경우 그때마다 두분 모두를 지방에 썼었는데 할아버
지나 할머니 제사 때는 지방에 아버지를 쓰지 않는 것이 맞는지?
4) 그리고 기본적인 제사의 순서와 제사(혹은 차례) 음식 진설 방법에 대하여 홈페
이지 메뉴에 있었으면 좋겠다는 생각이 듭니다 감사합니다.

◆答; 지방 쓰는 법과 제례(제사와 차례) 지내는 법.

問 1) 2). 答; 명절 참배례는 합제입니다. 까닭에 일상 기제사로 모시는 조상은 모두
지방을 써 모셔야 합니다. 지방식은 아래와 같습니다.

조부; ===顯祖考某官府君神位
무관시; =顯祖考學生府君神位
조모; ===顯祖妣某封某氏神位
무봉시; =顯祖妣孺人某氏神位

아버지; =顯考某官府君神位
무관시; =顯考學生府君神位

※모관(某官)에는 생시 관직이 없었으면 학생(學生)이라 고쳐 쓰고, 조모의 모봉(某封)에는 조부께서 벼슬이 없었으면 유인(孺人)이라 고쳐 쓰면 됩니다.

지방은 내외분(考妣)한 장에 쓰면 절대 안됩니다. 내외분은 한 장에 쓰는 것은 불효(不孝)를 저지르는 행위입니다. 아무리 귀신이라 하여도 어찌 한 좌석에 겹쳐 앉게 할 수 있겠습니까? 아래는 도암(陶庵) 선생께서 당부하신 말씀입니다.

○便覽紙榜式
陶菴曰用厚白紙長廣隨宜以眞楷細書於紙中央臨祭貼於椅上隨位各書又曰祖妣二人以上別具紙各書

○편람 지방(紙牓) 쓰는 법.
도암(陶庵)선생께서 이르시기를 두꺼운 흰 종이로 길이와 폭은 쓰기 알맞게 하여 해서체로 종이의 중앙에 가늘게 써서 제사에 임하여 교의 위에 붙이되 위 마다 각각 써야 한다. 또 이르시기를 할머니가 두분 이상이면 지방지를 별도로 갖춰 각각 써야 한다.

問 3) 答; 기제 때 병제(고비 합제)가 가문의 법도이면 고비(내외분)지방을 각각 써 세울 뿐 다른 분은 그 날 같이 제사하지 않습니다.

問 4) 答; ⊙지방 명절 참례 예법.
○강신례(降神禮) ○참신례(參神禮) ○헌주례(獻酒禮) ○사신례(辭神禮) ○지방을 거둔다. (지방을 불 사른다) ○철상(徹床)

⊙지방 기제사 예법.
○강신○참신○진찬○초헌례忌祭祝文式○아헌례○종헌례○유식○합문○계문○사신○분지방 축문○철상

⊙명절 참례의 진설에 관하여는 도식으로 특별히 규정되어 있지 않습니다. 다만 대개의 가문에서 기제사 진설도를 참용하여 진설하고 있는 것 같습니다.

▶1317◀◆問; 아버지 기제사 축문.
오늘도 업무에 바쁘신데 여쭈어 봅니다. 아버지 기제사 축문이 1) 유세차(維歲次)○○ 현고(顯考)학생부군 현비 현고 휘일부림 공신전헌 상 향 2) 維歲次○○ 顯考학생부군 현고휘일부림 공신전헌 현비 배식(配食) 상향(尙饗) 1)은 현고 다음에 현비가, 2)는 축문의 끝에 현비 배식(配食; 또는 配) 상 향으로 되어 있습니다. 어느 것이 바른 것인지요? 두 개 모두 써도 되는지요? 죄송합니다.

◆答; 아버지 기제사 축문.
병제(幷祭)에서 고비(考妣)는 열서(列書)이며 고(考)와 비(妣)의 기일(忌日)을 가리기 위하여 諱日復臨 앞에 고(考) 기일(忌日)이면 현고(顯考). 비(妣) 기일이면 현비(顯妣)라 덧붙여 고할 뿐입니다.

고비(考妣) 신주(神主)는 동감(同龕) 동위(同位)인데, 병제(幷祭) 축식(祝式)에서 某親配食尙饗이라 이르면, 이 축식은 부위(祔位) 합제(合祭) 축식(祝式)으로 큰 오류(誤謬)를 범하게 됩니다.

○幷祭祝式
維歲次(云云) 顯考某官府君 顯妣某封某氏歲序遷易 某親(考則顯考妣則顯妣)諱日復臨

(云云)謹以淸酌庶羞恭伸奠獻尙 饗

●公羊傳宣公三年王者必以其祖配何休注配配食也.
●辭源[配食]祔祭配享
●晦齋曰按文公家禮忌日只設一位程氏祭禮忌日配考妣二家之禮不同盖只設一位禮之正也配祭考妣禮之本於人情者也若以事死如事生鋪筵設同几之意推之禮之本於情者亦有所不能已也
●同春問並祭考妣則告辭與祝辭似當添一兩語沙溪曰告辭遠諱之辰敢請下當添顯考顯妣神主出就云云祝辭歲序遷易下當添某親諱日復臨云云
●備要考妣並祭則列書考妣而遷易下又云某親諱日復臨云云
●便覽四時祭祝式(云云)敢以淸酌庶羞祗薦歲事以某親某官府君某親某封某氏祔食尙 饗

▶1318◀◆問; 아버님 20주기 추모 관련입니다.

오는 7 월 14 일이면 선친(先親)께서 영면(永眠) 하신지 20 주기가 됩니다. 그전에 산소에 가서 20 주기를 추모하는 불초자(不肖子)의 마음을 전하고자 합니다. 어떻게 해야 하는지 방법을 알 길이 없어 간곡히 문의하오니 꼭 알려주셔서 염원하는 마음을 풀어주시기 바랍니다. 2011 년 6 월 27 일. 강○익 드림.

◆答; 부모의 산소에 가서 추모의 정을 고하고 하는 예법.

부모(父母)가 작고하시면 효자(孝子)는 묘(墓) 곁에 여막(廬幕)을 짓고 삼년 시묘(侍墓)하고 삼년상(三年喪)을 마치면 매년(每年) 계추(季秋)에 날을 받아 니제(禰祭; 부모)를 지내고, 기일(忌日)을 당하면 기제(忌祭)를 지내고 삼월 상순 중에 택일(擇日)하여 묘제를 지내며 각 명절 마다 참례(參禮)를 올림으로서 예를 다하는 것입니다.

묘제(墓祭)는 아래와 같이 살펴보건대 년 중 1 회이나 율곡 선유의 설을 따른다면 사명일(四名日)에 명일 마다 속례를 따라 지내도 무방하다 하셨고 정례가 아닌 그 묘제(墓祭)의 예법은 삼례의나 요결에 일헌무축(一獻無祝)이라 하셨으니 축문이 없는 것 같습니다.

예법이 이와 같으나 자식이 부모의 묘소(墓所)로 찾아가 추모의 정을 고하고자 하는 효자(孝子)의 뜻을 누가 막겠습니까.

삼례의에 일헌지찬당용주과어육미면식적각일기(一獻之饌當用酒果魚肉米麵食炙各一器)라 하였으니 주찬은 이와 같이 준비하여 묘 앞에 진설하고 헌주 후 구구절절한 사모의 정을 축문식 없이 자신이 고하고 재배하시면 어떻겠습니까.

●家禮三月上旬擇日前一日齋戒具饌墓上每分如時祭儀
●栗谷曰按家禮墓祭只於三月擇日行之一年一祭之而已今俗於四名日皆行墓祭從俗從厚亦無妨
●三禮儀惟栗谷所定寒食秋夕具盛饌其餘二節只一獻之儀似可垜一獻之饌當用酒果魚肉米麵食炙各一器只去饋食一邊
●要訣當於寒食秋夕具盛饌讀祝祭土神正朝端午畧備饌物只一獻無祝不祭土神

▶1319◀◆問; 아버지의 첫 번째 부인제사.

제례 및 예절에 대한 자세한 안내 잘 보았습니다. 저의 부친과 첫 번째로 결혼한 분은 자식 없이 돌아가셨습니다. 현재 본인이 기제사를 모시고 있는데,

1. 돌아가신 분과 본인(저)과는 어떤 관계로 봐야 하는지요.
2. 만약 현재의 부모님이 돌아가신 다면 차례상에 함께 모셔도 되는지,

3. 제 자식(子息)에게는 첫 번째 부인(婦人)을 어떻게 소개해야 할는지 가르침 부탁합니다.

◆答; 아버지의 첫 번째 부인제사.

問 1. 答; 거 0 제미님의 생모(生母)가 계실(繼室)이라면 아래와 같이 살펴보건대 전모(前母) 또는 전비(前妣), 원비(元妣) 등으로 칭하고 효자(孝子)의 관계가 되며 만약 서자(庶子)라면 적모(嫡母)라 칭하고 적자(嫡子)로 명(命) 받았다면 그도 효자(孝子)의 관계가 될 것입니다.

問 2. 答; 거 0 제미님의 모친(母親)이 계실(繼室)이라면 아래와 같이 살펴보건대 차례상(茶禮床)을 물론 기제사(忌祭祀)에서 병설(竝設)하여도 예(禮)에 어긋나지 않으며, 만약 계실(繼室)이 아니라면 생모(生母)는 병설(竝設)할 수가 없는 것 같습니다.

問 3. 答; 그러한 호칭(呼稱)의 예는 찾을 수가 없습니다. 다만 본인의 소견으로는 귀하의 호칭에 조(祖)자를 덧붙이면 호칭으로서 가능하지 않을까 합니다.

●家禮補疑問解續問父若有前後室則前後母神主同出耶只出考與所祭之主耶答並祭爲當前母忌日同祭後母後母忌日同祭前母

●寒岡答崔季昇曰考與先室爲一櫝共一卓則或可矣二三室合一櫝而共一卓則似甚未安不得四位各卓則寧四位一卓而盞盤飯羹炙肝之類各設恐無妨於不得已之權宜也

●疑禮問答或云先儒曰前妣之祭不可及後妣後妣之祭不可及前妣

●南溪曰繼室之於元妣與夫一體奉祀恐甚得禮所謂非族之祀豈指此類而言耶

●家禮八母云妾生子謂父正室曰嫡母

▶1320◀◆問; 아파트에서 제사상 방향이 궁금합니다.

아파트에서 제사를 지냅니다. 제사 상을 어느 방향으로 놓고 지내야 하는지 궁금합니다.

◆答; 아파트의 남쪽은 동의 출입구 쪽입니다.

아파트는 전 층 외부의 출입문 쪽이 남이 되고 왼쪽이 동이며 바른쪽이 서쪽이 됩니다.

●性理大全凡屋之制不問何向背但以前爲南後爲北左爲東右爲西

▶1321◀◆問; 아헌(亞獻).

안녕하세요? 아헌과 관련하여 여쭈어 봅니다. 옛날에 제청에서 제사를 모실 때 아헌(亞獻) 시에 "종부를 앙장 해서 올렸다."는 글을 본 적이 있습니다. 그것의 의미를 알고 싶습니다. 고견을 기다리겠습니다.

◆答; 아헌(亞獻).

[아헌(亞獻) 시에 "종부(宗婦)를 앙장해서 올렸다."]의 앙상을 앙장(仰帳)이라 표기되었다면 아래와 같이 살펴보건대 휘장을 의미하는데 종부(宗婦)를 휘장을 둘러치고 아헌을 하였다. 라 이해할 수 있겠습니다.

●周漢雜事考[?]後漢書皇后紀莫不定策??周禮鄭玄注曰?幄中坐上承塵今制所稱仰帳

▶1322◀◆問; 아헌관은?

남편의 제사에 아들이 제주가 되어 초헌을 하면. 아헌은 모친이 하여야 하는지. 아니면 동생이 하고 종헌을 어머니가 하면 되는지, 제사를 모시면서 제관이 두 사람일 경우 축이 있을 시는 삼헌을 드리는 것으로 알고 있습니다만 제관이 두 사람이

기 때문에 초헌, 아헌과 종헌을 할 수 없으니, 초헌과 아헌만 해도 되는 건지 몰라 문의합니다.

◆答; 아헌관.

아래와 같이 살펴보건대 母子가 함께 봉사(奉事)하지 않는다 하니 모친은 헌관이 될 수 없는 것 같으며 헌관(獻官)이 부족하면 주인이 삼헌(三獻)을 한다 하였으니 초헌(初獻) 주인, 아헌(亞獻) 동생, 종헌(終獻)은 주인이 하여야 옳을 것 같습니다.

아래와 같이 살펴보건대 주인이 헌관이 부족하면 주인 혼자 삼헌을 하고 축 역시 주인이 자독(自讀)합니다.

●韓魏公祭式亞終獻皆不足則主祭者自行三獻○又無祝則主人自讀
●沙溪曰無祝則自讀不妨
●南溪曰姪爲喪主初獻則叔父亦可爲亞獻無疑
●葛庵曰張子旣有母子不可共事之論沙溪於此說得好
●東巖曰先師云母子不可共事橫渠固有是說然此特泛論祭祀之禮

▶1323◀◆問; 아헌관은 누구?

안녕하십니까. 올해 나이는 30 남자 이고요. 아직 미혼입니다. 집안에서는 장손이 됩니다. 장남인 아버지는 돌아가시진 몇 년 되셨고 아직 할아버지가 살아계셔서서 제사 때마다 제사는 연세가 85 이신 할아버지 주관으로 <재주>가 되셔서 제사를 진행합니다.

참 우스운 얘기인진 몰라도 저희 집안에서는 할아버지 다음으로 돌아가신 조상님들께 술을 권하는 순서로 아직도 옥신각신 합니다. 장남인 아버지가 돌아가시고 아버지 동생 즉 작은아버지께서 할아버지 담은 자기가 술을 따라야 된다며 장손인 제가 아직 미혼이라 상투를 틀기 전에는 그 다음 순서가 될 수가 없다고 하시고 다른 친척분들은 아무리 그래도 집안에 장손이 나이가 찼는데 말도 안 된다며 다투는 모습. 아휴 제발 어느 순서가 맞는지 말씀 좀 해 주십시오.

두 번째 궁금한 내용입니다. 얼마 전 할머니가 돌아가셨습니다. 위에 내용이랑 똑같습니다. 아버지가 안 계시니 집안어른들은 제가 할머니상주가 되어서 장례를 주관해야 한다고 하시고 삼촌들은 본인들이 아들이니 본인들께서 주관해야 한다고 하시고 결국 삼촌들 뜻대로 하긴 했지만 옛 관례상 어느 게 옳고 그른지 답 좀 주십시오. 답 집안 사람들끼리 옥신각신 하는 것 보니 참으로 우습습니다. 본인 된 입장에서 답답하기도 하고 좋은 말씀 부탁 드립니다. 제가 한자를 잘 몰라서 그러니 좋은 말씀 알기 쉽게 말씀 좀 해 주십시오.

◆答; 아헌관은.

1). 아래와 같이 살펴보건대 아헌관은 주부이나 유고이니 다음 차순자는 숙부라 숙부가 아헌관이 되어야 옳을 것 같습니다. 적손은 종헌관이 될 수는 있습니다.

●朱子曰祭禮主人作初獻未有主婦則弟得爲亞獻○又曰祭只是三獻主人初獻嫡子亞獻(或主婦)庶子弟終獻(或嫡孫)
●要訣亞獻條曰若主婦有故則諸父若兄弟中最尊者爲之

2). 아래와 같이 살펴보건대 처상을 당하면 그의 남편이 생존하였으면 그가 상주가 되어 상(喪)을 주관하여야 합니다.

●奔喪凡喪父在父爲主註此言父在而子有妻子之喪則父主之統於尊也

●喪大記若子孫有喪而祖父主之
●四末軒曰奔喪註云各爲妻子之喪爲主也則是凡妻之喪夫自爲主也

▶1324◀◆問; 아헌에 대한 문의.

장남으로 직접 제사를 모시고 있는 사람입니다. 지금까지 제사에 제 아내가 주부로
아헌(亞獻)을 해왔습니다만, 얼마 전 아내가 병(病)으로 세상을 떠났습니다. (제 자
식이 1 남 1 녀가 있으나 아직 미혼입니다) 앞으로 기제사(忌祭祀) 때 헌관(獻官)에
대해 의문이 있어 여쭙니다. 조상 기제사시 아헌을 제 남동생이 하는 게 옳을 런지
요?- 제 자식이 성혼을 하게 되면 며느리로 바꾸는 게 맞는 것인지요? 앞으로 아내
기일에 아헌과 종헌은 누가 하는 게 맞을런지요? (제주는 남편인 제가 하고 있습니
다) 처음에는 미혼이라도 아들을 아헌, 딸에게 종헌을 시켰습니다.

◆答; 아헌.

아래와 같이 재고하여 살펴보건대 처의 주인은 남편이 되어 초헌을 하게 되고 아헌
은 장자, 종헌은 차자 또는 여식이 헌작하거나 또는 장자에게 섭행(攝行) 시켜 초헌
하게 하여도 예에 어그러지지 않을 것입니다. 또 만약 헌관이 부족할 때는 주인이
스스로 삼헌을 하게 됩니다.

●祭統夫祭也者必夫婦親之所以備外內之官也
●退溪曰父旣死則子當主祭子旣主祭子之妻爲主婦行奠獻母則傳重而不奠獻○又曰攝主
妻似不得代冢婦而行亞獻
●問父在母喪三年後若忌祭墓祭亦當父爲主耶南溪曰夫在則以夫名使子攝告而行爲當
●新齋曰父在母喪則子不得主喪子之婦亦不得爲主婦矣不肖遭內艱時家親初獻不肖兄弟
次獻酌耳子弟以次獻酌耳
●朱子家禮虞祭終獻條親賓一人或南或女爲之禮如亞獻
●韓魏公祭式亞終獻皆不足則主祭者自行三獻

▶1325◀◆問; 아헌을 드리는 자는.

아버님 제사에 제가 결혼을 하였기에 초헌은 제가 드렸으며. 아헌은 어머니가 살아
계셔도 삼우를 지나면 주부가 저의 처이기 때문에 아헌을 드리는 것이 맞는다고 생
각을 하고 있습니다. 아헌을 어머니와 저의 처 중에 누가 드려야 예법에 맞는지 가
르쳐 주십시오.

◆答; 아헌을 드리는 자는.

아래와 같이 살펴보건대 우부제(虞祔祭) 이후(以後)의 제사(祭祀)는 주인(主人)의 처
(妻)가 주부(主婦)가 되어 아헌(亞獻)을 하게 됩니다.

●家禮時祭亞獻本註主婦爲之諸婦女奉炙肉及分獻如初獻儀
●沙溪曰初喪則亡者之妻當爲主婦時未傳家於冢婦故也虞祔以後則主喪者之妻當爲主婦
祭祀之禮必夫婦親之故也
●問嫡孫承重則嫡孫之妻爲主婦乎嫡孫之母爲主婦乎明齋曰初喪則嫡孫之母爲主婦虞祔
以後則嫡孫之妻爲主婦

▶1326◀◆問; 아헌은 누가.

아버지의 기제사에 경우 초헌은 당연히 아들이 되고 아헌은 주부이므로 주제의 배
우자가 맞을 것 같으며, 종헌은 친근자중 잔을 드리면 될 것 같은데, 어머니는 잔을
드리지도 못하게 되는데 대부분의 미망인은 잔 드리기를 원합니다. 이때는 어떻게

하여야 되는지요.

◆答; 아헌은 누가.

왕실이나 사가(私家)를 막론하고 모든 제례(祭禮)의 삼헌관(三獻官)은 예법으로 지정되어 있습니다. 삼헌(三獻)이 정례(正禮)이니 그 외의 헌작(4 헌, 또는 망자(亡者)의 처(妻)의 헌작)에 관하여는 논할 근거(根據)가 없습니다.

●問解初喪則亡者之妻當爲主婦時未傳家於冢婦故也虞祭以後則主喪者之妻爲主婦祭祀之禮必夫婦親之故也
●退溪曰亞終獻不使諸父
●漢魏公祭式亞終獻皆不足則主祭者自行三獻
●素王事紀祭用三獻條唐太宗貞觀二十一年許敬宗等請國學釋奠令祭酒初獻司業亞獻博士終獻詞稱皇帝謹遣某官行禮以爲永制玄宗開元中勅三獻以三公行禮
●朱子曰祭只是三獻主人初獻適子或主婦亞獻庶子弟或適孫終獻
●家禮初獻主人亞獻主婦終獻兄弟之長或長男或親賓
●退溪曰亞終獻不使諸父應有其意不可考然以情理言之廟中以有事爲榮況諸父之於祖考非衆子弟之比終祭無一事豈非欠決耶若諸兄則其所云兄弟之長卽諸兄也非不使爲獻也來諭申告而强止恐不近情也

▶1327◀◆問; 안경을 쓰면 안되나요.

어른들께서 제사 지낼 때는 안경을 벗으라고 합니다. 왜 그러한지요.

◆答; 안경은 신체의 일부분인데.

눈이 나빠 안경을 쓰는 것은 틀니와 같이 신체의 부족한 기능을 보충한 기구인데 제사를 지낼 때 벗으라 하는 것은 어른들이 돋보기로 착각 하였거나, 아니면 단지 건방지다는 선입견에서의 요구일 것입니다. 그 어른의 착오로 인한 요구라 하여도 안경이 아니면 단 한 발자국도 뗄 수 없음이 아니라면 어른의 청을 거역함도 후자로서의 예도 아닐 것입니다.

●林下筆記春明逸史鶴膝眼鏡; 眼鏡始出於西域滿刺加國眼之掛鏡取明也陳眉公曰形如大錢古者只有玻璃鏡音牟尼明史出於英吉利一名英圭黎後有水晶鏡純祖庚午年間譯官購來鶴膝鏡玆後遍滿于世
●日東記游物産二十六則; 鏡舊有烏匣鏡者今不可見坐鏡懸鏡皆從西法惟銅鏡尙有舊制眼鏡亦舊有髹漆木爲圍屈其虹腰兩圓相當上圭下圓髹匣而藏之形如胡蘆者今則無之只有輪小纔可遮眠而無郭或銀或銅爲郭而加鶴膝鶴膝兩端屈而下之掛之耳後牢着不脫郭與膝俱細如絲此亦西法歟
●星湖僿說萬物門靉靆; 靉靆者俗所謂眼鏡也字書謂出於西洋然西洋利瑪竇萬曆九年辛巳始至余考張寧遼邸記聞云向在京時嘗於胡龍寓所見其父宗伯公所得宣廟賜物如錢大者二形色絶似雲母以金相爲輪郭而行之

▶1328◀◆問; 어동육서(魚東肉西) 진설법에 대하여?

안녕하세요? 제수진설 원칙에 대하여 여쭈어 보려고 합니다. "어동육서"는 중국지형에 토대를 두고 있는 제수진설 원칙이라는 설이 있는 것으로 알고 있습니다. 그런데 이 진설 원칙을 이와는 다른 관점에서 설명하는 입장도 있는지요? 만일 그러한 입장이 있다고 한다면, 그것은 어디에 근거를 두고 있는 것인지를 알고 싶습니다. 고견을 기다리겠습니다.

◆答; 어동육서(魚東肉西).

어동육서(魚東肉西) 진설법은 가례의 법도로서 다른 이론이 있을 수가 없습니다. 그와 같이 진설 되는 까닭은 동남쪽에는 어류(魚類)가 사는 곳이고 서북쪽은 금수(禽獸)가 사는 고로 이를 신위의 동서로 나누게 된 것입니다.

●家禮四時祭進饌條主人搢笏奉肉奠于盤盞之南主人奉魚奠于醋楪之南
●旅軒曰禮有魚東肉西之文蓋東南多水魚所宅也西北多山禽獸所居故耶此所謂東西皆以神位分也

국조오례의(國朝五禮儀)의 대부사서인(大夫士庶人)의 설찬도는 주자가례의 법도에 어그러져 진설도로서 역할을 하고 있지 않습니다.

그 법도에는 서인(庶人)은 아예 어육의 진설을 제한하고 있어 작금까지 통용되어 온 법도가 아니며, 다만 관원(官員)의 진설에서 어서육동(魚西肉東)으로 진설되는 까닭을 밝혀주는 주석문이나 해설문을 살핀 바가 없어 알지를 못하나 추측컨대 우리나라는 서해에서 어물(魚物)이 생산되고 동쪽에서 금수(禽獸)가 생산된다는 연유로 그와 같이 발상되지 않았나 합니다.

●國朝五禮儀素饌圖按正一品至從九品時享忌日魚西肉東庶人無

지정 요청하신 O 형이정 선생이 이 시각까지 답이 없어 참고하시도록 아래와 같이 그에 관련된 전문을 게시하여 드립니다. 살펴보건대 어서육동(魚西肉東)으로 진설되는 이유는 밝혀 놓지 않았습니다.

아래가 국조오례의(國朝五禮儀) 관원(官員) 각(各) 품별(品別) 및 서인(庶人) 설찬도(設饌圖)와 해설(解說) 전문(全文)입니다.

●國朝五禮儀序例饌實尊罍圖說大夫士庶人時享註忌日用素饌俗節(細註正朝端午秋夕)獻以時食饌品隨宜供辦

⊙二品以上	⊙육품(六品)이상(以上)	⊙九品以上	⊙庶人
神位	神位	神位	神位
考妣	考妣	考妣	考妣
盞盞盞盞盞盞	盞盞盞盞盞盞	盞盞盞盞盞盞	盞盞盞盞盞盞
飯羹匙飯羹匙	飯羹匙飯羹匙	飯羹匙飯羹匙	飯羹匙飯羹匙
筯　筯	筯　筯	筯　筯	筯　筯
麵魚炙肉 餅	麵魚 炙肉 餅	魚　炙　肉	炙
肝	肝	肝	肝
菜醢菜脯菜	果果果果果	菜　果　脯	果　脯
果果果果果		醢	醢

考妣兩位共一卓五行南上註二品以上則第一行果五器第二行菜蔬三器脯醢各一器除三行麵餅魚肉炙肝各一器第四行飯羹匙筯各二器第五行盞六六品以上則第一行果二器脯醢菜蔬各一器第二行麵餅魚肉炙肝各一器第三行飯羹匙筯各二器第四行盞六九品以上則第一行果菜蔬各一器脯醢中一器第二行魚肉炙肝各一器餘如六品庶人則第一行果菜蔬各一器脯醢中一器第二行炙肝一器餘如九品飯羹麵餅魚肉炙肝進饌時設之〇設酒尊於戶外之左并置盞盤

▶1329◀◆問; 魚類의 陳設에 대하여?

어류의 진설에 있어서 혹은 두동미서로 혹은 두서미동이라는 설이 있어 상히 헷갈립니다. 바른 진설법은 어느 것입니까?

◆答; 어류(魚類)의 진설(陳設).

어류(魚類)의 진설(陳設)에 있어서 음양(陰陽)의 원리(原理)에 의하여 두동미서(頭東尾西)로 진설(陳設)한다는 설(說)도 있으나, 여기는 유학(儒學; 儒教)을 논(論) 하는 성균관(成均館)이니 두서미동(頭西尾東)으로 진설(陳設)함이 옳습니다.

●少牢禮魚右首進腴疏凡載魚生人死人皆右首地道尊右故也鬼神進腴(腹也)是氣之所聚故也生人進鰭者鰭是脊生人尚味故也

●與猶堂曰案少牢右首進腴(註鄭云右首變於生)公食禮右首進鰭此兩文皆在朼載之時不在陳設之時則載與設無二法也左右者神位之左右也

▶1330◀◆問; 어머니의 성씨를 모르는데 지방을 어떻게 써야 하나?

고아로 자라다 보니 부모님의 성(姓)이 무엇인지 이름이 무엇인지 모릅니다. 그리고 돌아가신 날짜도 모릅니다. 어느 분이 음력 9 월 9 일에는 돌아가신 날짜를 모르는 분들의 제사(祭祀)를 지내는 날이라 하더군요. 그래서 저도 처음으로 제사를 지내려고 하는데 지방을 어떻게 써야 하는지요?

아버지는 현고학생부군신위라 쓰면 성명을 모른다 해도 무관하나 어머니는 성도이름도 모르니 어떻게 해야 하는 가요. 현비유인어머니신위라고 쓰면 될까요? 선생님들께서 가르쳐 주십시오.

◆答; 어머니의 성씨를 모르는데 지방 쓰는 법.

부모에 대한 효(孝)는 형식이나 조건 없이 극진히 섬길 뿐입니다. 아래 온공서의(溫公書儀) 제주전(題主奠) 축식이나 비요(備要) 기제(忌祭) 출주고사(出主告辭)에서 어머니를 호칭하면서 비(妣)의 성씨(姓氏)를 쓰지 않은 경우도 있습니다.

신주나 지방에서 제주(祭主)와의 관계표시는 아버지의 경우는 현고(顯考)의 고(考; 죽은 아버지)이고 어머니의 경우는 현비(顯妣)의 비(妣; 죽은 어머니)입니다.

모친의 성씨를 알지 못하면 지방(紙牓)에 성씨를 쓰지 말고 [顯妣孺人神位]라 쓴다 하여도 지방식(紙牓式)의 법식(法式)에는 결함(缺陷)은 있으나 제주(祭主)의 모친(母親) 신위(神位) 표시에는 크게 어그러지지 않습니다.

●書儀題主奠祝辭云云敢昭告于先考某官(妣曰先妣某封)形歸窀穸云云
●備要忌祭出主告辭考妣幷祭則云顯考顯妣神主出就正寢恭伸追慕

▶1331◀◆問; 어머님 기일 때문에 문의 드립니다.

제 어머님께서 미국 LA(현지시간 2008 년 6 월 8 일 22 시 30 분)에서 돌아가셨고 그 곳에다 모셨습니다.

그 당시 이곳 한국 시간으로는 6 월 9 일 오후 2 시 30 분쯤 됩니다. 제사는 서울에서 드려야 합니다 한국시간을 기준으로 올려야겠지요?

◆答; 어머님 기일은.

미국과 우리나라와는 경도의 차이로 일시가 다를 뿐 때는 같은 것입니다. 따라서 운명한 날자는 미국에서는 6 월 8일이 되나 우리나라에서는 6 월 9일이 됩니다. 따라서 미국에서의 기제 일은 6 월 8일이 되고 우리나라에서의 기일은 6 월 9일이 됩니다.

●祭儀註忌日親之死日也

▶1332◀◆問; 어머니 생존 시 아버지 지방 쓸 때.

며칠 전 올린 질문에 신속하고도 세세한 답변을 주셨기에 이에 용기를 내 다시 질문 합니다. 어머니가 생존해 계신 상태에서 아버지께서 돌아가셨을 경우입니다.

제삿날이 되어 지방을 쓸 때, 어머니가 제주가 되어 '현벽학생부군신위'라고 해야 하는지 아니면 자식(아들)이 제주가 되어 '현고학생부군신위'라고 해야 하는지가 궁금합니다. 잘 배우겠습니다.

◆答; 어머니 생존 시 아버지 지방은 장자.

아래는 온공(溫公) 저(著)인 서의(書儀)의 가르침입니다. 상(喪)이나 제사(祭祀)의 모든 주인(主人)은 장자(長子)가 되며 장자(長子)가 죽고 그 손(孫)이 있으면 차자(次子)를 제하고 그(장손)가 제주(祭主)가 되는 것입니다. 이를 장자 승계 원칙(長子承繼原則)이라고도 합니다.

●溫公書儀初終立喪主條凡主人當以長子爲之無長子則長孫承重

▶1333◀◆問; 어머니 제사 때 아버님(85 세)이 상주가 되어 주관할 때 절 방법에 대하여 묻고 싶습니다.

어머니가 5 년 전에 돌아 가셨는데 아들(58 세)대신 아버지가 상주가 되어 제사 때 아버님이 먼저 두 번 절을 하시는데 아버님이 상주일 때 자기부인(어머니)제사에 절은 어떻게 하는지요.

◆答; 어머니 상에는 아버지가 상주가 되고 제사에는 초헌관이 됩니다.

아래의 말씀과 같이 아내의 상에는 그의 남편이 상주(喪主)가 되며 상복은 자최(齊衰) 장기복이며 아들은 자최 부장기복인입니다.

●會成父在而子有母之喪父主饋奠而行揖禮其子隨之哭拜
●朱子曰妻之喪夫自爲主以子爲喪主未安
●輯覽杖朞條按夫爲妻喪服傳爲妻何以期也妻至親也註適子父在則爲妻不杖以父爲之主也父在子爲妻以杖卽位謂庶子疏言妻至親者妻旣移天齊體與己同奉宗廟爲萬世之主故云至親也以杖卽位者天子以下至士庶人父皆不爲庶子之妻爲喪主故夫皆爲妻杖得伸也

▶1334◀◆問; 어머니 제사 때 반과 갱을 아버지 것과 같이 놓은 데 지방은?

어머니 제사 때 반과 갱을 아버지 것과 같이 놓은 데 지방은 어머님 것만 쓰는지 아니면 아버님 것이랑 같이 쓰는지 궁금합니다.

◆答; 고비(考妣)지방을 달리 각각 써야 합니다.

아래 도암(陶庵)선유의 말씀을 살펴보건대 고비(考妣)지방을 달리 각각 써야 합니다. 특히 병제(並祭)에는 요결의 가르침과 같이 누구의 기일인가를 반드시 고하여야 합니다.

●陶菴曰用厚白紙長廣隨宜以眞楷細書於紙中央臨祭貼於椅上隨位各書又曰祖妣二人以上別具紙各書
●要訣若幷祭考妣考忌則曰某考諱日復臨妣忌則曰某妣諱日復臨云云

▶1335◀◆問; 어머니 제사를 따로 제가 모시고자 합니다. 상관없는지요?

이번에 저희 모친께서 별세하셨습니다. 다름이 아니라 가족사가 좀 있는 관계로 제사를 어떻게 모셔야 할지 궁금해서 몇 가지 여쭤 보려고 합니다. 먼저 간단히 가족사를 말씀 드려야 할 것 같네요.

별세하신 아버님이 계시고, 큰어머님이 계십니다. 여기에서 제 위의 모든 형제 분들이 태여 나셨고요, 이번에 돌아가신 제 어머님은 큰 어머님이 돌아가신 후 이 집에 들어 오셨습니다. 그리고 제가 태여 났고요. 이번에 저희 어머님도 돌아가신 상황이라 기 제사는 제가 지내는 것으로 했습니다. 그때 아버님 밥은 떠 놓아야 하겠습니다만,

(질문 1)큰 어머님 밥도 저희 어머님 기제사에 떠 놓아야 하는지 궁금합니다.
(질문 2) 명절차례의 경우 저희 어머님 차례부분을 따로 분리해서 제가 따로 지내려 합니다. 상관 없겠는지요? 그리고 이때에도 큰어머님 밥을 떠 놓아야 하는지 궁금합니다.

저는 저희 어머님에 대한 모든 제사부분을 제가 지내고 싶은데요. 중요한 건 감정적(感情的)으로 일을 해결할 것이 아닌 예법상 큰 문제가 되는지, 되지 않는지 궁금합니다. 예법상 크게 문제 되지 않는다면, 어머님에 대한 모든 제사를 제가 지내고 싶습니다.

◆答; 어머니 제사를 따로 제가.
부친의 두 부인이 전실과 후실인지 아니면 선생의 모친이 정식 혼인에 의한 후실이 아닌지의 여부에 따라 제사예법이 달라집니다.

정식 혼인 절차에 의한 후실이라면 적자(정실의 맏이)가 전후실(前後室)의 주인이 되어 기제 때 삼위(考 前後妣) 설위 초헌을 하고, 정식 혼인 절차에 의하지 않았다면 선생의 모친은 전실의 적자가 주인이 되지 않고 선생이 주인이 되어 기제나 명절에 전비(前妣) 설위 없이 예를 갖춰야 하는 것 같습니다. 그럴 경우 고비 병제는 그 예법이 언급되어 있지 않은 것 같습니다.

지자가 지방으로 신주를 옮기는 예법의 예입니다. 지자 상(喪) 부제(祔祭)에 사당신주를 지손 집으로 옮길 수 없으니 지방(紙榜)으로 대신 하는데 그 역시 먼저 사당에 그 연유를 고한 후에 지방(紙榜)으로 옮겨야 하는 것입니다.

●沙溪曰程子之幷祭人情所近恐未害於禮也
●雜記主妾之喪則自祔至於練祥皆使其子主之其殯祭不於正寢
●問解續(著愼齋)問父若有前後室則前後母神主同出耶只出考與所祭之主耶答並祭爲當前母忌日同祭後母後母忌日同祭前母

▶1336◀◆問; 어머님 제사를 아버님 제사에 합사(合祀) 하고자 합니다.
어머님 제사를 아버님 제사에 합사(合祀) 하고자 합니다. 어머님 기일 날 마지막으로 제를 올리며 다음부터는 아버님 기일 날에 모시겠다는 축문이나 방법 좀 알려주세요?

◆答; 어머님 제사를 아버님 제사에 합사는.
유가(儒家)의 법도(法度)에는 그와 같은 예법이 없으니 알려 드릴 수가 없습니다. 그와 같은 문제는 유학적으로 답변될 수가 없습니다. 따라서 스스로 문제를 해결하심이 옳을 것입니다.

●祭義君子有終身之喪忌日之謂也註忌日親之死日也

▶1337◀◆問; 어머님 제사 축문에 관한 여쭘.
1. 성균관의 무궁한 발전을 기원합니다.
2. 어머님의 일주기(一周忌)축문에 대해 문의 드립니다. 돌아가신 날자는 양력으로

2011 년 10 월 17 일입니다. 아래의 축문이 제대로 작성되었는지 지도해 주시면 감사하겠습니다!

維 歲次辛卯十月乙酉朔十七日乙巳 孝子英均敢昭告于 顯妣孺人金海金氏 歲序遷易 諱日復臨 追遠感時 昊天罔極謹以 淸酌庶羞 恭伸奠獻 尙 饗

◆答; 어머님 제사 축문.

작년(辛卯年) 양력 10 월 17 일에 작고하셨으면 금년(壬辰年)도는 초기(初忌)로 소상인데 탈상 여부는 밝히지 않았으나 작성 축문이 탈상(脫喪) 이후 기제 축식을 예문으로 제시한 것으로 보아 탈상하신 것으로 간주하고, 유가(儒家)의 금년도 기제(忌祭) 전통 축식으로 변환시켜보겠습니다.

●備要忌祭祝文式

維　年號幾年歲次干支幾月干支朔幾日干支孝子(祖考妣云孝孫曾祖考妣云孝曾孫高祖考妣云孝玄孫○旁親兄弟妻子當與題主虞祭等祝參考)某官某敢昭告于　顯考某官府君(母云妣某封某氏祖曾高祖考妣皆倣此若考妣幷祭則列書)歲序遷易　諱日復臨(若考妣幷祭則曰某親諱日○妻弟以下云亡日復至)追遠感時昊天罔極(祖考妣改昊天罔極爲不勝永慕旁親云去此八字只云不勝感愴)謹以淸酌庶羞恭伸奠獻(妻弟以下云伸此奠儀)尙　饗

▶1338◀◆問; 여러 해 궐사 후 다시 지내려 하는데 예법은?

안녕하세요. 기제사 축문에 관해 여쭈어봅니다. 한 20 여 년 제사를 안 지내오다가 다시금 지내게 되었습니다. 축문에 이 사실을 고하고 싶은데요 가능한 것인지요. 가능하다면 축문 어디쯤에 그리고 어떤 문구를 써야 할지 답변 주시면 감사하겠습니다. 참고로 조부모와 아버님 기제사입니다.

◆答; 여러 해 궐사(闕祀) 후 다시 지내려 하는데.

상제(喪祭)에서 유고로 퇴행하게 되었을 때에는 퇴행고사 및 본제일 축식은 자못 상세히 사유마다 선유들께서 고하신 고축식이 있습니다. 그러나 난리가 일어나면 피난 등으로 집을 비울 때 신주를 보호하기 위하여 매주(埋主)하게 되는데 이 때의 고축식은 있으나 그 간 폐제(廢祭)되었다 다음에 맞는 제일(祭日)에 궐사(闕祀)한 사연(事緣)을 고하는 축식은 없습니다.

또 제일(祭日)을 유고로 지나치게 되면 다시 그 제사를 지내지 않는다는 전거는 있으나 다음 제사 때 그 사유를 고한다는 전거나 축식 역시 없습니다. 다만 상제에서 퇴행을 하게 되면 퇴행제 전날 궤연에 고하는 고사식은 있습니다. 이로 미루어 보건대 연유가 있어 제삿날을 지나쳤더라도 다음 제삿날에 그 사연을 고함 없이 축식은 원축으로 고하는 것 같습니다.

●曾子問過時不祭禮也註四時之祭當春祭時或以事故阻廢至夏則惟行夏時之祭不復追補春祭矣
●退溪曰過時不祭禮經之文也

▶1339◀◆問; 여식이 지방쓰기.

딸만 하나 있는 아버지가 사망 하였을 때 제사를 지낼 때 지방은 어떻게 써야 하는지요. 동생도 사망하고 조카들만 있습니다. 자세히 가르쳐 주셔요.

◆答; 여식이 지방쓰기.

만약 무자 무처로 외동 딸뿐일 때 대종가라면 더 말할 나위가 없고 지손의 소종가라 하더라도 근친족에서 대에 맞게 입후하여 대를 이어야 하고 차자손이면 종자 명의로 지방을 쓰고 만약 혈혈단신이라면 출가한 여식이 친정 부모 제사를 받드는 법이니 여식 명의로 지방을 써야 할 것입니다.

상제에서는 연상까지는 시마 이성 혼척(婚戚) 이라도 있으면 그가 섭주가 되고 담제부터는 여식 스스로 제주가 되어 초헌을 하여야 할 것입니다.

顯考某官府君神位

위에서 조카들만 있다는 그 조카들이 손자들이라면 그 손자 속칭으로 지방을 쓰고 그 중 장손이 초헌을 하게 됩니다.

顯祖考某官府君神位

▶1340◀◈問; 영남학파와 기호학파의 기제사시 차이점은?

우리나라 성리학의 양대 산맥인 영남학파와 기호학파의 기제사 진설 및 절차의 차이점을 알고 싶습니다.

1. 기제사 진설의 차이점.
2. 기제사 절차의 차이점.

◈答; 영남학파(嶺南學派)와 기호학파(畿湖學派)의 기제사시 차이점.

그에 대하여는 전거로서 인용할 예서적 또는 선유의 설을 찾지 못하여 답문으로서는 어림도 없어 망설였으나 관리자님의 말씀에 동의하면서 기왕에 작성되었으니 참고용으로 게시합니다.

우리나라에서 학파가 형성된 과정을 살펴보면 고려(高麗) 말엽에 주자학(朱子學)이 수입되면서 학파(學派)가 생겨났다고 볼 수 있는데 16 세기 말엽에 이르러 퇴계(退溪)선생과 고봉선생간에 이기론(理氣論)에 대한 8 년 논변(論辨)에서 시작되었다 할 수 있고 그 후 다시 이이(李珥)선생과 성혼선생과 재연된 논쟁에서 더욱 심화 되었다고 볼 수 있습니다.

이 논쟁의 핵심은 주부자의 성리학 이기설을 인심(人心) 도심(道心)을 해명하는 과정에서 주기파(理氣互發說)와 주리파(氣發一途說)로 양분 서로의 차가 분명히 갈려 서로의 설을 보완 강화 상대의 설에 대항하여 논쟁이 심화 갈등의 지경까지 이르렀으나 이는 우리나라의 성리학의 발전에 기여함도 컸습니다.

그러나 예학에서는 특히 주자가례(관혼상제)에서는 별 이론(異論)이 없었으며 다만 진설에서 약간 차이는 있다 하여도 그 역시 가가례란 말이 상징하듯 각 학파 내에서도 학맥간 다르다는 증거일 듯도 싶습니다.

위의 (질문자 자명; 관리자)님 말씀과 같이 두 학파간에 유학의 대종에서는 분명히 선을 그어 이렇고 저렇다 양분하여 지적할 수는 없을 것 같습니다.

▶1341◀◈問; 예법에 관하여.

안녕하세요. 답변 감사 드리며 예법에 대하여 한번 더 문의합니다. 흔히 관행적으로 많이 이루어지는 다음과 같은 행위가 바른 것인지 답변 부탁 드립니다.

問; 1. 祭酒(제주)를 세 번으로 나누어 따르는 행위.
問; 2. 신위에 올리기 전에 잔을 향불위로 세 번 돌리는 행위.
問; 3. 箸(저)를 상 위로 세 번 두들기는 행위.
問; 4. 箸(저)를 음식 위에 놓는 행위.
問; 5. 復飯(복반)전에 음식 여러 개에 저를 두들기는 행위.
이상과 같은 행위가 오례인지 예법인지 답변 부탁 드립니다~ 감사합니다.

◆答; 예법에 관하여.

問; 1. 答; 삼제(三祭)는 가공언소(賈公彦疏)에 의하면 세 곳에 제사함인데 3 곳이란 좌우중(左右中)이라는 것입니다.

●書經顧命; 王三宿三祭三咤(孔傳)王三進爵三祭酒三奠爵(蔡沈集傳)禮成於三故三宿三祭三咤
●儀禮鄕射禮; 俎與薦皆三祭(鄭玄注)皆三祭爲其將祭侯也祭侯三處也(賈公彦疏)三處者下文右與左中是也

問; 2. 答; 유가(儒家)의 예법에는 그와 같은 예는 없는 것 같습니다.

問; 3. 答; 유가(儒家)의 예법에는 그와 같은 예는 없는 것 같습니다.

問; 4. 答; 젓가락은 음식 위에 올려 놓는 것이 아니라, 수저 그릇에 사계 설을 가지런히 가운데에 놓고, 남계(南溪) 설은 수저 그릇 위 쥐는 곳이 서쪽 끝이 동쪽으로 놓는다는 것입니다.

●便覽正筯; 主婦升扱匕飯中西柄正筯(沙溪曰正之於楪中)立于香案之西
●南溪曰正置於楪上首西尾東

問; 5. 答; 유가(儒家)의 예법에는 그와 같은 예는 없는 것 같습니다.

▶1342◀◆問; 예절문의.

무남독녀(無男獨女)를 둔 부모가 돌아가시면 양자(養子)가 없으면 딸이 제사(祭祀)를 올리고 그 제사는 외손자(外孫子)가 이어 받는다고 하신걸 읽었습니다. 그러면 외손자가 제사를 모시면 지방은 어떻게 써야 하나요.

◆答; 외조부모의 지방식.

외조부모의 지방식은 아래와 같이 씀이 옳을 것 같습니다.

顯外祖考某官府君神位
顯外祖妣某封某氏神位

●金士憲問妻母無後而死神主粉面以外孫之名書之乎寒岡曰此乃變禮不知當如何而爲得宜也如不得已則當書曰顯外祖妣某封某氏神主
●問外孫奉題主當以顯外祖考妣書之而其旁題亦以外孫某奉祀書之耶南溪曰終無立後之人則如所示稱謂其亦可否至於旁題問解有當闕之說似當準此

▶1343◀◆問; 왜 육서어동(肉西魚東)으로 진설 하는지요.

제사상 진설에서 둘째 줄에 고기가 서쪽에 생선이 동쪽으로 진설 됩니다. 왜 그렇게 놓습니까.

◆答; 육서어동(肉西魚東).

진설 제2행의 면육적어병(麵肉炙魚餠) 행중(行中) 육어(肉魚)를 놓는 법도는 지산(地産)의 면병(麵餠)을 좌우(左右)로 배치하고 그 안에 천산(天産)의 육적어(肉炙魚)가 진설 되는데 적(炙)을 중간에 놓고 그 동서(東西)로 육(肉)은 육지산(陸地産:西北産)인 까닭에 서쪽에 진설 되고 어(魚)는 해산물(海産物; 東南海産)인 까닭에 동쪽에 진설 됩니다. (東西는 중국의 방위임)

●漢書東方朔傳生肉爲膾乾肉爲脯
●尤庵曰脯則西北陸故設脯於右東南海故設魚於左
●少牢禮註疏米麵之居魚肉之外纂義曰內天産是也

●周禮春官大宗伯以天産作陰德以中禮防之以地産作陽德以和藥防之鄭玄注玄謂天産者
動物謂六牲之屬地産者植物謂九穀之屬

▶1344◀◆問; 왜 재배를 하는가요?

제사를 지낼 때 재배를 하는데, 그 재배에 특별한 뜻이 있는지요? 제사를 지낼 때
마다 왜라는 의문이 있었거든요. 까닭 좀 알려주세요.

◆答; 재배하는 까닭.

제사(祭祀)를 지내며 왜 재배(再拜)를 하게 되었는지에 대하여 아래와 같이 살펴보
건대 사원(辭源)에서 정의한 공경적 예절(恭敬的禮節)이상의 의미를 살필 수가 없습
니다.

예기(禮記) 옥조(玉藻)의 재배 예법이 정씨 제례(程氏祭禮)를 비롯 서의(書儀), 가례
(家禮), 개원례(開元禮), 대명집례(大明集禮) 등 여러 제례의(祭禮儀)에서 채택된 것
으로 이해됩니다.

●辭源[再拜]一拜又一拜表示恭敬的禮節
●玉藻士親皆再拜稽首送之(鄭玄注)敬也
●論語鄕黨問人於他邦再拜而送之註拜送使者如親見之敬也
●史記孟嘗君傳坐者皆起再拜
●李長盛過史公墓詩途過丞相墓再拜想儀型
●二程全書四時祭初獻條免伏興再拜
●溫公書儀祭參神條位定俱再拜
●家禮四時祭參神條立定再拜
●開元禮皇帝仲春中秋上戊祭大社奠玉帛參神條條在位者皆再拜
●大明集禮太廟時享儀參神條皇太子以下皆鞠躬拜興拜興平身

▶1345◀◆問; 외손 봉사 시 지방과 축식은?

외손(外孫)이 외조고(外祖考) 제사를 지낼 때의 축은,

維歲次 干支 某月 干支朔 某日干支
(孝)外孫 某 敢昭告于 인지, 孝孫 某 敢昭告于 라 써야 하는지요.

◆答; 외손 봉사시 지방과 축식.

○紙牓式; 顯外祖考某官府君神位. 顯外祖母某封某氏神位
○祝式; 외손봉사(外孫奉祀)는 무축단헌(無祝單獻)으로 외손대로 마치게 됩니다.

●朱子曰上谷郡君謂伊川曰今日爲我祀父母明年不復祀矣是亦祭其外家也然無禮經
●大典外祖父母及妻父母無主祭者當於正朝端午中秋及各忌日用俗儀祭之
●陶菴曰朱子非族之祀一句語實爲正論愚意爲外孫者設或不得已而權奉其祀已身歿後卽
當埋安
●問外祖無人祭初獻則祝文當何書退溪曰當闕
●問世俗或有以外孫主祀者神主當以顯外祖考妣書之旁註亦書之耶外祖神主或傳於外孫
女則亦將何以書之也沙溪曰外孫奉祀猶爲不可况外孫女耶何必書奉祀闕之可也
●梅山曰禮只許出嫁者於其父母無后者忌日則單獻無祝紙榜則亦書顯考妣是爲可從而至
於四時節日則亦當略設伸情矣

▶1346◀◆問; 외손봉사 시 본종과의 선후는?

몇 해전 남편과 사별하고, 고등학생인 아들을 두고 있는 엄마입니다. 친정부모님

두분 모두 돌아가셔서, 큰 오빠 집에서 부모님 제사를 모시고 있었습니다. 그런데, 큰오빠가 제사를 모시지 못할 사정이 생겨서, 저라도 부모님 제사를 모셔야 할 것 같아서 문의 드립니다.

부모님 기일에는 평소 제사 지내듯이 지내면 큰문제가 없을 것 같은데, 명절차례 때는 어떻게 해야 하는지요? 남편차례상과 친정 부모님 차례상을 두 번 차려야 하는 건가요?

그렇다면 부모님 상을 먼저 차리는 것이 옳은지요? 한번 올렸던 음식은 다시 올리면 안 되는 건가요? 차례 지내야 하는 순서와 방법에 대한 답변 부탁 드려요.

◆答; 외손봉사 시 본종과의 선후.

아래와 같이 살펴보건대 여건상 불기피하게 외손봉사를 하게 되었으면 명절 참사 때 제사 지내는 순서는 같은 조부항렬에서는 내 조부모 제사를 마치고 외조부모를 뒤에 지내며 만약 내 부모는 외조부모제사를 지낸 뒤 내 부모를 뒤에 지냄이 옳은 것 같습니다. 명절 제사 지내는 방법은 아래 1600 번을 참조하세요.

외손 봉사거나 친정부모 봉사할 때 외손으로써 부모와 외조부모, 부인으로써 친정부모와 부군(남편)의 명절 때거나 또는 같은 산에 두 묘가 있은 때 묘제나 성묘는 친정부모 또는 외조부모에게 먼저 행하고 부군 또는 친부모는 그 뒤에 행함이 존비 선후의 예에 합당한 것입니다.

출가한 여식이 아들을 두었으면 그 외손으로 하여금 외조부모의 주인으로써 그의 속칭으로 지방을 써 세우고 축을 써 초헌을 하며 고함이 바른 예법입니다.

아래 한강 선생 말씀을 빌리면 사시제나 다례 시 먼저 친조(親祖) 후 외조(外祖) 그 뒤에 부(父)라 이르신 것 같으니 외조부모 뒤에 내 부모를 섬김이 예에 어그러짐은 아닙니다.

질문 초문에서 그와 같이 질문하셨다면 답은 달라졌을 것입니다. 만약 그러한 사정 이라면 외손(外孫)은 제소와 제물을 부조할 뿐으로 주인이 각각이니 본가(本家) 제사는 정침(正寢)에 외가(外家) 제사는 별소(別所)에 위를 차려 별제(別祭)로 각각 지내야 할 것입니다. 만약 별소가 없다면 선친가 후 외가의 순으로 지내야 되겠지요.

●大典外祖父母及妻父母無主祭者當於正朝端午仲秋及各忌日用俗儀祭之
●退溪曰天地生物使之一本而此則爲二本焉甚不可也今或不幸外家祖先無後不忍其主之無歸則權宜奉置別所往來展省未爲不可
●寒岡曰外家神主奉祀本非禮經今者不得已奉祀則當時祀茶禮時先祭祖外祖次祭父外祖然後當祭祖與考矣

외손(外孫) 봉사(奉祀)거나 친정부모 봉사할 때 외손으로써 부모와 외조부모(外祖父母), 부인으로써 친정부모와 부군(夫君=남편)의 명절 때거나 또는 같은 산에 두 묘가 있은 때 묘제(墓祭)나 성묘(省墓)는 친정부모 또는 외조부모에게 먼저 행하고 부군 또는 친부모는 그 뒤에 행함이 존비(尊卑) 선후의 예에 합당한 것입니다.

●問父母墳與外祖同託一山則祭之當何先退溪曰先外祖

▶1347◀◆問; 외손 봉사 시 지방과 축식은.

수고가 많으십니다. 아래와 같은 경우가 드물어서 자문을 얻고자 합니다.
------------- 일어난 일-------------
외조부(예천 임씨)모께서 어머니를 낳으셨습니다. 그런데 외조모께서 어머니(진주

강씨)를 기르시다가(외조부와 외조모가 함께 사시지 않았던 이유는 모릅니다) 외조모마저 돌아가시어 어머니께서 외조모의 차례를 모시다가 어머니께서 돌아가셨습니다. 그리하여 외손자인 저(진산 김씨)가 외손봉사로 외조모의 기제사(외조부의 산소도 성함도 모르지만 본관은 알고 있습니다. 돌아 가신 것은 확실합니다)는 모시지 않고, 10월에 선조의 묘사 때에 외조모의 산소에서 묘사를 함께 지내고 있습니다.

--------------질의---------------

질의 1, 2는 외조부의 자손이 없는 경우이며, 질의 3은 외조부의 자손이 있는 경우입니다.

[질의 1] 묘사 날에 우천시 가정에서 망향제를 모실 때 외조모의 지방은 외조부와 같이 써야 하는지요? (외조모 홀로 지방 쓰기가 미안하여서)

[질의 2] 묘사 때에 외조모의 축은 어떻게 써야 하는지요? (산소는 모르지만 외조부와 함께 쓰는 경우의 예를 알고 싶습니다)

[질의 3] 묘사 때에 외조모의 축은 어떻게 써야 하는지요? (예를 알고 싶습니다)

◆答; 외손봉사(外孫奉祀) 여부(與否)와 그 예법(禮法).

아래와 같이 살펴보건대 외손봉사(外孫奉祀)에 관하여 주부자(朱夫子)께서는 배척(排斥)을 하셨으나 도암(陶庵) 선유(先儒)의 말씀이 계시니 예(禮)에 크게 어그러지다 할 수는 없을 것 같으며 대전(大典)에서 예법(禮法)은 용속의(用俗儀)라 하였으니 무축단헌(無祝單獻)의 예(禮)로 마쳐야 한다는 것입니다.

○紙牓式;
顯外祖考某官府君神位
顯外祖妣某封某氏神位

●朱子曰上谷郡君謂伊川曰今日爲我祀父母明年不復祀矣是亦祭其外家也然無禮經
●大典外祖父母及妻父母無主祭者當於正朝端午中秋及各忌日用俗儀祭之
●陶菴曰朱子非族之祀一句語實爲正論愚意爲外孫者設或不得已而權奉其祀已身歿後卽當埋安
●問外祖無人祭初獻則祝文當何書退溪曰當闕
●通典他國庶子無廟向墓遙爲壇以時祭卽今之上墓儀
●退溪曰外孫奉祀一廟而二姓同祭夫天之生物使之一本而此則爲二本甚不可也其主之無歸則權宜奉置別所而往來奠省未爲不可
●問世俗或有以外孫主祀者神主當以顯外祖考妣書之
●梅山曰禮只許出嫁者於其父母無后者忌日則單獻無祝紙榜則亦書顯考妣是爲可從而至於四時節日則亦當略設伸情矣

▶1348◀◆問; 외손봉사 축문.

묘사(당일에 눈이 와서 넓은 마을회관에서 망제로 모심)에 외손봉사(6대 외할머니)를 하는데 축의 내용을 아래와 같이 하고 있습니다. 마지막에 외할아버지 배사(配事)로 하여도 되는지요?

혹은 배(配)만 써야 하는지요? 축의 마지막에 顯 00000 配事(配?)를 쓸 경우는 어떤 때인지요? 내용 등 다른 참고 자료가 있거나 도움이 될만한 말씀을 듣고 싶습니다.
<참고> 현재 하고 있는 축문입니다.

◆答; 외손봉사(外孫奉祀).

외가(外家) 봉사(奉祀)는 외조부모(外祖父母)로서 무축단헌(無祝單獻)의 예이니 외육대조의 망제를 지내야 하는지의 여부를 차치하고 만약 정리로서 지낸다 하여도 무축단헌(無祝單獻)이니 축이 있을 수 없습니다.

●陶菴曰朱子非族之祀一句語實爲正論愚意爲外孫者設或不得已而權奉其祀已身歿後卽當埋安

●性禪曰外孫奉祀實出於不得已則至若外高曾初不湏論也旣無可奉祀之人則事當埋主矣旣埋主則於其墓恐不可諉以非族之祀而全然無事歲修一祭似爲得伸情禮耳

●問外祖無人祭初獻則祝文當何書退溪曰當闕

●梅山曰禮只許出嫁者於其父母無后者忌日則單獻無祝紙榜則亦書顯考妣是爲可從而至於四時節日則亦當略設伸情矣

▶1349◀◆問; 외손 혼인이 20여일 후인데 기제사를 어떻게.

외손의 결혼식이 20일 후인데 기제사를 지내야 하는지 폐해야 하는지를 몰라 성균관을 찾아 왔습니다. 어떻게 하여야 하나요.

◆答: 외손 혼인이 20여일 후인데 기제사를.

상(喪)을 당한 시소공복인(外孫小功 3 月)은 성복(死之第四日)을 하게 되면 혼인을 하게 됩니다. 이를 역으로 가례(嘉禮)인 혼례를 흉례(凶禮)로 가정한다 하여도 4일이 되면 제사를 지낸다. 라는 등식이 성립될 것입니다.

혼례(昏禮)는 가례(嘉禮)라 신랑(新郎)이나 주혼자(主昏者)가 1년 이상의 복중(服中)에는 혼례를 행할 수 없을 뿐, 그 혼례로 인하여 제사를 지냄에서 꺼려야 할 어떤 전거도 없습니다.

●性理大全昏禮議昏;   身及主昏者無朞以上喪乃可成昏○又喪禮成服小功五月條爲外祖父母又緦麻三月條爲外孫也

●要訣喪服中行祭儀;緦小功則成服前廢祭成服後則當祭如平時

▶1350◀◆問; 요반(澆飯)에 대하여.

요즘 시중에 나돌고 있는 예법이라는 간혹 책을 보면 제례 시 계문(啓門) 후 진다(進茶)의 예에서 숙수(熟水)로 대신 올리고 삼초반(三抄飯)이라 하여 메에서 밥을 세 숟가락을 떠 숙수에 마는 예가 있습니다. 정통예서에는 없는 예인데 근거됨이 있는지 편입되어도 되는지 알고 싶습니다.

◆答: 요반(澆飯).

아래와 같이 살펴보건대 우암(尤庵)선생 말씀이 물에 밥을 마는 것은 동속(同俗)인데 초반일절(抄飯一節)은 가례(家禮)에 없는 예이니 가례대로 행하는 것이 맞다 하셨고 도암(陶庵)선생께서도 철갱(徹羹)후 숙수(熟水)만 올릴 뿐이다 하셨으며 더욱 삼초반(三抄飯)에 대한 예(禮)의 근거를 찾을 수가 없으니 행하지 않음이 맞는 예법입니다.

●尤庵曰澆飯於熟水似是象生時也然中朝之人則常時飯畢飮茶少許云然則澆飯亦東俗耶○又曰抄飯一節家禮無之恐當以家禮爲正○陶庵曰徹羹進熟水而已

▶1351◀◆問; 우리나라에서는 언제부터 제사를 지내기 시작하였는가?

궁금한게 있는데요. 우리나라 조상들에게 드리는 제사문화 역사가 언제부터입니까? 하늘에 오린 제사는 오래됐다고 알고 있는데 조상에게 드리는 제사는 언제부턴지요 너무 궁금합니다. 답변 부탁 드립니다.

◆答; 우리나라에서 제사를 지내기 시작한 때는.

아래와 같이 살펴보건대 중국(中國)에서는 삼황오제(三皇五帝) 시에도 오례운운(五禮云云)의 기록이 있으며 하은탕주(夏殷湯周) 시대에 이미 묘(廟) 제도가 있었고 우리나라에서는 고구려(高句麗) 예법은 알지를 못하고 부여(夫餘)와 삼국시대(三國時代)에 고려(高麗) 제도에서는 분명히 제사예법이 있었음이 기록되어 있음이 확인됩니다.

●史記五帝本紀修五禮註馬融曰吉凶賓軍嘉也○正義曰周禮以吉禮事邦國之鬼神祇以凶禮哀邦國之憂以賓禮親邦國以軍禮同邦國以嘉禮親萬民也尙書堯典云類于上帝吉禮也如喪考妣凶禮也羣后四朝賓禮也大禹謨云汝徂征軍禮也堯典云女于時嘉禮也

●王制註周制七者太祖及文王武王之祧與親廟四大祖后稷殷則六廟契及湯與二昭二穆夏則五廟無大祖禹與二昭二穆而已

●高麗史禮志國恤篇文武官遭喪第十三月初忌日小祥祭

●後周書百濟父母及夫死者三年治服餘親則葬訖除之

●隋書新羅人死有棺斂葬起墳陵王及父母妻子喪持服一年

●後漢書夫餘國人死有槨無棺殺人殉葬多者以百數其王葬用玉匣漢朝常豫以玉匣付玄菟郡王死則迎取以葬焉

●晉書夫餘死者以生人殉葬有槨無棺其居喪男女皆衣純白婦人著布面衣去玉珮

▶1352◀◆問; 우환과 제사.

어머니께서 돌아 가신지 1 년이 되지 않아 집에 또 우환(장남 사망)이 발생했습니다 이번 3 월 11 일이 어머니 첫 제사인데, 세간의 말로는 제사를 지내지 않는 것이 좋다고 들었습니다. 그래서 여러분의 도움을 받고자 이렇게 글을 올립니다.

◆答; 우환과 제사.

주인이 병중에 제사를 당하면 그를 대신하여 다른 제원이 대행하는 예법을 섭주(攝主) 행제(行祭)로서 아래와 같이 축으로 고하고 예를 진행하게 됩니다.

云云孝孫某有疾病介子某代行薦禮敢昭告于云云

●遂菴曰宗子有疾病不得參祭則祝辭改曰孝孫某有疾病介子某代行薦禮敢昭告于云云

▶1353◀◆問; 우환이 있다 하여 제사나 차례를 생략해야 하나요?

안녕하십니까? 부족하고 우매한 위인이라 예법을 잘 모르고 세간에 떠도는 속설 때문에 다툼이 많습니다. 그 다툼 중에 하나가 집안에 우환이 있으면 조상님들의 기제사나 차례를 생략해야 한다는 것입니다.

2 일 뒤가 설날인데 차례를 지내야 하는 장손이 병원에 입원하였습니다. 이와 같이 집안에 우환이 있는 경우 장손의 동생이 5 명이나 되는데도 이러한 이유로 작년 추석 차례도 생략하였고 또 금년 설도 생략하여야 한다고 합니다. 답답하기 이를 데 없는 무식함이 문제입니다.

장남이 없으면 그 아래 동생이 제주가 되어 차례를 지내면 되는 게 아닌가요? 이 핑계 저 핑계대도 조상님 제사를 생략하는 것은 옳지 않다고 생각되는데 집안에 우환이 있으면 차례고 제사고 생략하여야 한다는 유래는 어디에서 내려온 것이며, 생략하여야 맞는 것인지, 아니면 두째가 제주가 되어 차례나 제사를 지내는 것이 맞는지 알려 주시면 답답한 마음 정리를 할 수 있겠습니다.

◆答; 우환이 있다 하여 제사나 차례를 생략하지 않는다.

아래와 같이 살펴보건대 주인(효자손)이 병을 앓고 있다 하여도 제사를 폐하지 않고 다른 사람이 그(주인)를 대신하여 제사를 지내는데 이를 섭행(攝行)이라 합니다.

●朱子曰疾病則以次攝異時甲之長孫
●問解續長子雖病廢似不可傳重於次子况長子有子則豈可以次子奉祀耶
●遂庵曰宗子有疾病不得參祭則祝辭改曰孝孫某有疾病介子某代行薦禮敢昭告于云云

▶1354◀◆問; 위패를 모시는 기간도 있는지요?

다음주면 모친이 돌아가신 49 재가 돌아옵니다. 저는 딸 형제 중에서도 세째이고요. 오빠 언니들도 많이 있습니다만 저가 다니고 있는 조그만 절에 친분으로 쌓인 스님이 연등과 위패를 모시라고 하는데 위패는 어떤 경우에 모셔야 하는지 궁금합니다. 물론 장손이 제사를 모시는 것은 사실인데 굳이 또 위패를 모셔야 하는지? 그리고 위패를 모신다면 기간이 있는지 연등처럼 1 년이면 끝나는 것은 이해가 되는데 영구위패를 모시라는 것에 고민을 하고 있습니다. 다른 형제들도 있는데 굳이 짧은 기간이면 몰라도 영구적으로 모시라는 것은 생각을 해보아야 하겠기에 말입니다. 감사합니다.

◆答; 위패를 모시는 기간.

위패라 하심이 지방 틀에 지방을 붙여놓은 것을 의미한다면 지방은 제사를 마치면 지방을 제어 불사르고 다음 제사 때 다시 써 붙이면 되는 것이며,

위패와 신주는 완전히 다른 의미 인데 혹 목판에 지방과 같이 썼다면 제사를 지내고 깨끗하고 조용한 곳에 보관하였다 다음 제사 때 재 사용하면 되는데 그 위패는 당시 주인의 대에 한하고 다음대로 이어지면 그 때 지방을 쓰다 다시 위패를 만든다는 형편에 따라 행하면 됩니다.

▶1355◀◆問; 위패(位牌)에 관하여.

우연히 성균관 홈을 방문하여 제례에 관한 것을 검색하다 보니 위패 만드는 법을 보았습니다. 위패의 재질은 밤나무로 만들어야 한다는 자료를 보고 몇 자 적습니다.

사당에서 5대조이상 선조님께 시제를 올리고 있습니다. 현재 사용하는 위패는 한지에다 모시고 있는데 종이는 영구본존하기가 어려워서 밤나무로 만들까 합니다. 프린터로 출력하여보니 잘나오지 아니하여 이렇게 자료 좀 부탁 드리오니 어려우시겠지만 부탁 올립니다.

◆答; 위패 만드는 법.

밤나무로 만드는데 주신의 높이 1척 8분 널이30푼 두께 12푼 위는 둥근 원수(圓首). 받침 사반 4치 두께 1치 두 푼에 신주를 꽂도록 홈을 파 주신을 꽂은 끼가 1자 두 치 되게 함.

顯某考某官府君神位

●愧郊錄金版; 今郊祀天地祖宗定配位皆有金版書神位以金飾木爲之如匣之制稍高博且表以字珂按典故政和六年六月甲戌宣和殿學士禮制局詳議官蔡攸言臣昨受睿言討論位版之制退攷太史局所掌見用位版皆無所稽據
●伊川先生云作主用栗取法於時日月辰趺方四寸象歲之四時高尺有二寸象十二月身博三十分象月之日厚十二分象日之辰(身趺皆厚一寸二分)剡上五分爲圓首植於趺(身出趺上一尺八分幷趺高一尺二寸)

▶1356◀◆問; 위패모시는 절차가 있는지 궁금합니다.

기제사를 사당에 신주로서 모시고자 하는데 어떤 절차가 있는지요.

◆答; 신주기제사 지내는 법.

신주를 법식대로 모시지 못하였다 추후 제주(題主)하여 기제사를 지내신다는 말씀으로 이해하겠습니다. 먼저 지방으로 고유제를 지내고 제주 후 위안제를 지냅니다.

◆追成神主

先設虛位椅子於廳事或正寢用紙榜以酒果焚香告由先降神後參神○主人焚香再拜酹茅俛伏興少退再拜○主人以下皆再拜參神○主人斟酒告云云畢再拜祝進奉主臥置卓上使善書者盥西向先題陷中次題粉面題畢奉置椅上

◆追成時先設紙榜告辭

孝子某今以追造神主有事于 顯考某官府君(或顯妣某封某氏隨屬稱)伏惟尊靈降居神位

◆追成後慰安告辭讀畢主人再拜徹饌時主人以下皆再拜辭神

維　歲次干支幾月干支朔幾日干支孝子某敢昭告于　顯考某官府君葬不立主禮固未遑奄已積歲深增痛恨今依先儒之論追成神主伏惟　尊靈是憑是依謹以酒果用伸虔告謹告

◆年久造主告辭

某家勢窮約未遑定居代重之儀遷延到此情理所在寧不欿然玆因某位遠諱之辰造成二位神主伏惟尊靈是臨是依敢將合祔行事不勝感愴謹以酒果用伸慰儀虔告謹告

◆追成神主告辭

維　歲次干支幾月干支朔幾日干支孝子某敢昭告于　顯考某官府君　顯妣某封某氏(若並曾祖考妣至考妣追造則列書)襄奉之初魂宅未立主在禮闕典夙夜靡寧不肖旣長今將追成昊天罔極(或不勝永慕)不勝隕絕謹以酒果用伸虔告謹告(追後立后者追成神主祝云云襄奉之初禮儀未備尙稽立主某旣奉承後事追成之禮不容復緩玆於墓所題主以歸云云○廟題則後事下繼用上祝○父葬時追成母神主母葬時追成父神主告辭曰云云在昔窀穸之日魂宅未立○墓題日頃於形歸之日未擧窆返之禮今當某親襄事追成神主昊天罔極云云上同○緬禮合窆時追成神主祝陶庵製曰孝子某前喪時稚幼不能成喪全闕題主之節今因合窆始爲顯某親追成神主敢告○或今當改葬仍成神主○後喪吉祭時追成神主祝曰云云玆因某親喪畢之時今將追成神主昊天罔極餘上同○題畢仍行虞祭兼告題主奠祝翌日行吉祭時合櫝)

◆追成題主奠祝辭墓題則歸家行虞故當有此奠若廟題則依近齋說闕此奠而虞祝兼告

維 歲次干支幾月干支朔幾日干支孝子某敢昭告于　顯考某官府君(或顯妣某封某氏)魄旣在玆魂復何歸卽今有主庶幾依憑奉返室堂百年安享

◆追成題主虞祭祝

維 歲次干支幾月干支朔幾日干支孝子某敢昭告于　顯考某官府君(或顯妣某封某氏)神主旣成禮當有虞夙夜靡寧啼呼罔極謹以淸酌庶羞祇薦祫事事畢入于祠堂(或加將配以先妣○告妣曰事畢入祔于先考某官府君)尙　饗(若墓題後仍闕題主奠則此祝兼告曰云云神主旣成尊靈是依禮當有虞夙夜靡寧上同)

◆追造神主告辭

維 歲次干支幾月干支朔幾日干支孝子某敢昭告于　顯考某官府君　顯妣某封某氏葬未造主權奉紙榜追擧典禮今將新題謹以酒果用伸虔告謹告

◆追造神主奉安祝文

維 歲次干支幾月干支朔幾日干支孝子某敢昭告于　顯考某官府君　顯妣某封某氏神主未成典禮有闕諏吉追造聿冀憑依遵禮追遠昊天罔極謹以酒果脯醢祇薦歲事尙　饗

◆追後造主祝辭

維　歲次干支幾月干支朔幾日干支孝子某敢昭告于　顯考某官府君隨屬稱小子懜學未遑修禮靈龕無主神無所依諱日復臨祀事何從今玆作主永爲神宗伏惟　尊靈是憑是依

●祭義君子有終身之喪忌日之謂也忌日不用非不祥也言夫日志有所至而不敢盡其私也註忌日親之死日也不用不以此日爲他事也非不祥言非以死爲不祥而避之也夫日猶此日也志有所至者此心極於念親也

●張子曰古人於忌日不爲薦奠之禮特致哀示變而已

●語類古無忌祭近日諸先生方考及此
●先生爲無後叔祖忌祭未祭之前不見客
●問人在旅中遇有私忌於所舍設卓炷香可否曰這般微細處古人也不曾說若是無大礙於義理行之亦無害
●頤菴曰國俗忌祭不論男女輪遆設行國典云祭享之費與祭宗族輪番措辦又言主祭子孫別居遠處衆子孫就其家行祭謂送助其費于宗家耳非使之設行於各家也
●通典王方慶曰按禮經但有忌日而無忌月若有忌月即有忌時忌歲益無理據
●張子曰古人於忌日不爲薦奠之禮特致哀示變而已
●朱子曰古無忌祭近日諸先生方考及此
●沙溪曰忌者含恤而不及他事之謂非祭名也宋儒始以義起

▶1357◀◆問; 유세차에 대하여.

축문(祝文) 머리에 유세차(維歲次)에 대서(大書)입니다 제가 어느 글 에선가 어느 분 예기(禮記)에선가 기억은 확실 나지 않는데요' 원래 축문에 유세차(維歲次)가 없었는데. 일제 때 우리나라 연호(年號)를 못쓰게 해서 못쓸 때. 그렇다고 조상(祖上) 제사(祭祀)에 일본연호를 쓸 수 없어서. 적당히 쓰느라고 유세차(維歲次)라고 썼다고 하던데요?

◆答; 유세차.

세차(歲次) 앞의 연호(年號)는 당시 제왕(帝王)의 집권 기간을 기록하는 곳이지 기원(紀元)을 기록하는 곳이 아님. 연호(年號)가 없는 이 시대에서는 유세차(維歲次) 간지(干支)로도 그 해를 표시하는 데 부족함이 없습니다. 단기는 과거에는 우리의 국기(國紀)로 사용되었으나 지금은 어느 교파에서 사용하고 있으며 국가에서는 서기를 사용하고 있으니 혹 서기를 써야 옳다 할 수 있으나 서기(西紀) 역시 그리스도 연기(年紀)이니 사용할 수 없음은 자명합니다.

○紀元; 歷史上紀年的起算年代
○年號; 封建帝王爲紀在位之年而立的名號

●辭源[紀元];歷史上紀年的起算年代○又[年號];封建帝王爲紀在位之年而立的名號在漢武帝以前紀年用甲子帝王均無年號自武帝卽位稱建元元年始有年號
●漢書武帝紀;建元元年(唐顏師古注)自古帝王未有年號始起于此
●弘齋全書祭文;維歲次辛卯六月亡弟禩之柩還自耽羅謫中將以某月干支葬于(云云)

▶1358◀◆問; 유세차의 표기 위치.

축문에서 유세차라는 말이 나타난 것은 인조가 청에 항복한 이후라고 합니다. 그전에는 어떻게 썼습니까?

"유 만력 5년 3월 기묘삭" 이런 식으로 썼을까요 그리고 단군기원을 사용함에 있어 유세차의 표기 방법이 글 뜻으로 보아"유세차단기4333년계사 9월 갑자삭"으로 써야 하는 것이 옳을 듯한데 "유단기4333년세차계사 9월 갑자삭" 의 형식으로 쓰는 것이 대부부분일 뿐 아니라 성균관에서도 아래 형식을 택하고 있는 듯하니 그 이유를 알고 싶습니다.

◆答; 유세차의 표기.

세차(歲次)가 인조(仁祖) 이후에 사용되었다 라는 속설(俗說)은 아래를 살펴보면 허설(虛說)임이 이해되시리라 믿습니다.

다만 축문식에서 해당일을 고하는 식의 법도는 "유(維) 연호(年號) 세차간지(歲次干

支) 모월간지삭(某月干支朔) 모일간지(某日干支)"인데 연호(年號)에는 고일(告日) 당
일에 제왕의 재위 년 수를 먼저 기록하고, 다음으로 육갑(六甲)의 세차(歲次)를 기
록하게 되는데 지금은 연호가 없어졌으니 연호는 기록하지 않고 세차만 써도 그 해
의 표시에 문제될 것이 없는데. 혹 단기(檀紀)를 쓰기도 하나 단기는 유가의 연호가
아닐뿐더러 특정단체에 국한하여 쓰여지고 있을 뿐 나라 전체가 사용하지 않고 있
어 노년세대는 물론 젊은 세대에서 단기보다 서기의 년도에 밝으니 오히려 서기를
써야 할 듯하나 이는 기독교 기원이니 불가한 것입니다.

따라서 "維 歲次干支 幾月干支朔 幾日干支"라 써도 연도를 표시하는 데에 큰 문제
가 있는 것도 아닙니다.

○歲次; 60갑자를 따라 정하여지는 해의 차례.

●尙書大傳尙書伊訓章惟元祀十有二月乙丑伊尹嗣于先王奉嗣(以下省略)○又迎日之辭
維某年某月上日(以下省略)
●朱子大全祭文漳州謁先聖文維詔興元年歲次庚戌四月甲申朔二十七日庚戌具位朱熹(以
下省略)
●擊蒙要訣四時祭祝文式維某年歲次某甲某月某朔某日某甲孝曾孫某(以下省略)
●朱子生沒年(1130~1200)
●栗谷生沒年(1536~1584)
●仁祖卽位年癸亥(1623)

▶1359◀◆問; 유식의 예에 대하여.
문의 1: 묘지에서 지내므로 합문, 계문을 안하는 것은 이해되나, 첨작을 안하고 초
헌 시 계반개와 동시에 삽시정저를 하는 것은 이해가 되지 않습니다. 알기 쉬운 풀
이는 없는지요?

◆答; 진찬(進饌) 유식(侑食) 양 절목(節目)을 약(略)하는 까닭.
묘제는 들의 제사라 가묘(家廟)의 예에서 줄여 행하게 됩니다.

●問解問墓祭無進饌侑食兩節何也答豈原野之禮殺於家廟故耶

▶1360◀◆問; 윤달에 돌아가신 분 기제사 일.
저희 아버님의 정확한 제사 일이 알고 싶어서요. 아버님께서 2004 년 4 월 19 일(양
력), 음력(윤달 3 월 1 일)에 임종 하셨습니다. 문제는 임종하신 날이 마침 윤달이라.
제사를 언제 지내야 정확한지요. 기제사는 보통 임종하신 전날 지내는 것으로 알고
있고요. 저희 집에서는 현재 2 월 그믐날 저녁에 지내고 있습니다. 그런데 제 생각
에는 3 월 그믐날이 맞는 것 같아서요.
임종 전날 살아 계셨던 날 제사를 모시는 것이 맞는다면 그날이 2 월 그믐이 아니
라, 3 월 그믐이 맞을 것 같아서요 그 해 윤달만 들지 않았다면 돌아가신 날이 음력
4 월 1 일이 되거든요 그렇다고 윤 3 월이 들대까지 제사를 모시지 않을 수 없고요.

참고(參考)로 돌아가신 날은 봄 꽃이 지천(至賤)으로 곱게 핀 따뜻한 봄날이었는데,
저희 집에서는 추운 2 월에 제사를 모시니까 추운 날 아버지께서 오실까 싶기도 하
구요. 제 생각입니다 정확한 날짜를 알고 싶어요.

◆答; 윤달에 돌아가신 분 기제일.
아래와 같이 살펴보건대 사일(死日)이 윤월(閏月)이었다 하여도 다음에 윤월(閏月)
의 해를 만나면 윤월(閏月)이 아니라 정월(正月=本月) 사일(死日)이 기제일(忌祭日)

이 되고 윤월(閏月) 그날에는 설위(設位) 평상시의 밥상을 올리고 부모이면 곡을 해야 하고 마치는 것 같습니다.

정월(正月=本月) 3월 1일이 기제일(忌祭日)이 됩니다. 제사(祭祀)는 음력(陰曆) 2월 그믐날 저녁 자시(子時=三月一日初時)가 기제시(忌祭時)가 되는데 이 시는 3월 1일 첫 시가 됩니다. 정례(正禮)는 음력 3월 1일 질명(質明=날이 밝아지려 할 때)입니다.

상사선원일운운(喪事先遠日云云)은 아래 곡례(曲禮)의 가르침과 같이 길상사(吉喪事)의 날을 받을 때의 예법(禮法)입니다. 윤월(閏月) 망자(亡者) 기일(忌日)은 집람상례소상불계윤조말(輯覽喪禮小祥不計閏條末)의 아래 말씀을 살펴보시기 바랍니다. 정월(正月; 本月)이 기일(忌日)이 된다 라 정의(定義) 하신 것 같습니다.

●通典范甯曰閏月者以餘分之日閏益月耳非正月也吉凶大事皆不可用故天子不以告朔而喪者不數
●開元禮閏月亡者祥及忌日皆以閏所附之月爲正
●庚蔚之曰今年末三十日亡明年末月小若以去年二十九日親尙存用後年正朝爲忌此必不然若其不然則閏亡者亦可知也
●退溪答金惇敍曰忌日旣行之於當朔當日矣其於閏朔遇是一何有再行之義乎此意厚而不達於禮不可爲訓典也
●問祖考之終在閏月者復遇亡歲之閏月則行祭於閏乎退溪曰閏非正月人之行祭常以正月而獨於是歲依亡歲之月而祭似未穩祭則依常月行之於閏月亡日則齋素而不祭似當也
●問先考卒逝之日閏四月三十日也今又值四月之閏欲於閏月晦日行祭如何寒岡曰知禮之人皆以爲不可用閏月當於本月其日行祭閏月其日則行素而已可也
●沙溪曰或謂當用本月爲忌而閏月死日亦當行素云
●同春問人或死於閏正月則忌祭當用本正月否若値閏正月則當用何月云云沙溪曰通典諸說可考也或謂閏月死者後値閏月當用本月爲忌而閏月死日亦當行素云
●問閏月死者之子復値閏月則如之何明齋曰其日似當變服設位哭食素
●曲禮凡卜筮日旬之外曰遠某日旬之內曰近某日喪事先遠日吉事先近日疏曰祭則於旬初卽筮旬內之日喪事謂葬與二祥是奪哀之義非孝子所欲但不獲已故先從遠日而起示不宜急吉事謂祭祀冠昏之屬
●輯覽喪禮小祥不計閏條宋博士丘邁之議閏月亡者應以本正之月爲忌(中略)今年末三十日亡明年末月小若以去年二十九日親尙存則應用後年正朝爲忌此必不然若其不然則閏亡者亦可知也

윤월(閏月) 망자(亡者) 忌日은 윤월(閏月)이 든 해를 만나면 본월(本月)에 행함이 정례(正禮)임이 그 전거가 위와 같이 고증(考證)됨이 있으니 오해 없기를 바랍니다.

음력(陰曆)의 윤월(閏月)은 첨월(添月)의 이치(理致)는 아래와 같음.

●詩經堯典帝曰咨汝羲曁和朞三百有六旬有六日以閏月定四時成歲允釐百工庶績咸熙註咨嗟也嗟歎而告之也曁及也朞猶周也允信釐治工官庶衆績功咸皆熙廣也天體至圓周圍三百六十五度四分度之一繞地左旋常一日一周而過一度日麗天而少遲故日行一日亦繞地一周而在天爲不及一度績三百六十五日九百四十分日之二百三十五而與天會是一歲日行之數也月麗天而尤遲一日常不及天十三度十九分度之七積二十九日九百四十分日之四百九十九而與日會十二會得全日三百四十八餘分之積又五千九百八十八如日法九百四十而一得六不盡三百四十八通計得日三百五十四九百四十分日之三百四十八是一歲月行之數也歲有十二月月有三十日三百六十者一歲之常數也故日與天會而多五日九百四十分

日之二百三十五者爲氣盈月與日會而少五日九百四十分日之五百九十二者爲朔虛合氣盈
朔虛而閏生焉故一歲閏率則十日九百四十分日之八百二十七三歲一閏則三十二日九百四
十分日之六百單一五歲再閏則五十四日九百四十分日之三百七十五十有九歲七閏則氣朔
分齊是爲一章也故三年而不置閏則春之一月入于夏而時漸不定矣子之一月入于丑而歲漸
不成矣積之之久至於三失閏則春皆入夏而時全不定矣十二失閏子皆入丑歲全不成矣其名
實乖戾寒暑反易農桑庶務皆失其時故必以此餘日置閏月於其閒然後四時不差而歲功得成
以此信治百官而衆功皆廣也

▶1361◀◆問; 윤달에 드는 제사에 대하여.

아버님께서 1998 년 윤 5 월초 8 일에 세상을 뜨셨습니다. 2009 년 올해 윤 5 월이
있습니다. 올해 기일은 5 월 초 8 일 입니까? 윤 5 월 초 8 일 입니까? 빠른 부탁 올
립니다.

◆答; 윤달 제사.

윤달에 작고하였다 하여도 매년 정월(正月; 바른 달) 그날이 기일이 되고, 설령 작
고하였던 윤달 그날이 닥쳤다 하여도 그 달의 정월 그날에 제사를 지내고 윤달 그
날에는 간단하게 주찬(주과포)을 베풀 뿐입니다.

●開元禮王公以下居喪雜制居常節條凡三年及周喪不數以閏月亡者祥及忌日皆以閏所附
之月爲正
●沙溪曰通典諸說可考也或謂閏月死者後値閏月當用本月爲忌而閏月死日亦當行素云云

▶1362◀◆問; 윤달제사는 어느 날짜에 지내는 것이 맞는지요?

아버님이 작년 윤달 3 월 1 일에 돌아가셨는데 제사를 음력으로 3 월 1 일이 지내는
것이 맞는지 아니면 음력 3 월 30 일에 지내는 것이 맞는지 아니면 윤 3 월 1 일에
지내는 것이 맞는지 궁금해서 여쭈어 봅니다. 답변 부탁 드립니다.

◆答; 윤달제사는 어느 날짜에 지내나.

아래와 같이 살펴보건대 사일(死日)이 윤월(閏月)이었다 하여도 다음에 윤월(閏月)
의 해를 만나면 윤월(閏月)이 아니라 정월(正月=本月) 사일(死日)이 기제일(忌祭日)
이 되고 윤월(閏月) 그날에는 설위(設位) 평상시의 밥상을 올리고 부모이면 곡을 해
야 하고 마치는 것 같습니다. 따라서 윤(閏) 3 월 1일에 작고 하셨다면 매년 윤달이
든 해 포함 정월(正月; 본달) 3월 1일이 기일이 됩니다.

●通典范甯曰閏月者以餘分之日閏益月耳非正月也吉凶大事皆不可用故天子不以告朔喪
者不數
●開元禮閏月亡者祥及忌日皆以閏所附之月爲正
●庚蔚之曰今年末三十日亡明年末月小若以去年二十九日親尙存用後年正朝爲忌此必不
然若其不然則閏亡者亦可知也
●退溪答金惇敍曰忌日旣行之於當朔當日矣其於閏朔遇是一何有再行之義乎此意厚而不
達於禮不可爲訓典也
●問祖考之終在閏月者復遇亡歲之閏月則行祭於閏乎退溪曰閏非正月人之行祭常以正月
而獨於是歲依亡歲之月而祭似未穩祭則依常月行之於閏月亡日則齋素而不祭似當也
●問先考卒逝之日閏四月三十日也今又値四月之閏欲於閏月晦日行祭如何寒岡曰知禮之
人皆以爲不可用閏當於本月其日行祭閏月其日則行素而已可也
●沙溪曰或謂當用本月爲忌而閏月死日亦當行素云
●同春問人或死於閏正月則忌祭當用本正月否若値閏正月則當用何月云云沙溪曰通典諸

說可考也或謂閏月死者後値閏月當用本月爲忌而閏月死日亦當行素云
●問閏月死者之子復値閏月則如之何明齋曰其日似當變服設位哭食素

▶1363◀◆問; 윤달 첫날 운명을 달리한 기일은 어느 날로 해야 하는지요?

안녕하세요? 어찌해야 과연 옳은지 생각 생각하다 이렇게 성균관에 문의 드리게 되어 너무 반갑습니다. 다름이 아니 오라 작년 양력: 2009 년 6 월 23 일 21 시 58 분에 애들 아빠가 교통사고로 사망하였습니다,

음력은 2009 년 본달 5 월 한 달을 다 살고 윤달 5 월 초하룻날 사망이고요. 작년 꼭 윤달이 있는 5 월 첫날 세상을 하직하여 애매합니다. 큰댁에선 사망 전날이 기일 이라고 하지만 전날이란 음력 4 월 말이 옳다는 건지 음력 5 월 말이 옳다는 건지 4 월 말은 더더욱 이상해서요 5 월 한 달을 다 살았는데 5 월 말은 또 윤달 5 월 초 하룻날 운명을 달리 하였고요. 갑작스런 사고로 운명을 달리 한 것도 기가 막혀 가 슴이 아픈데요 자칫 잘못해서 고인이 배 고파하는 일이 있어서는 절대 안되겠기에 간절한 심정으로 간곡히 몇 자 올려봅니다.

옛 어르신들께서는 이런 경우 어찌 하셨는지 와 지금 성균관 어르신들께서는 이런 경우라면 어찌 생각하실지 궁금합니다. 성균관 어르신들의 고견에 따르고자 이렇게 간곡히 문의 드리오니 무지한 제가 알 수 있도록 상세한 설명도 함께 해주셨으면 감사하겠습니다. 얼마지 않으면 기일이 다가오는데 저에 애끊는 마음을 헤아려 도 와 주십시오 답변을 기다리겠습니다. 안녕히 계십시오.

◆答; 윤달 첫날 운명을 달리한 기일은.

아래와 같이 살펴보건대 해마다 본 5 월 1 일이 기제(忌祭) 일이 됩니다. 만약 다음 에 윤 5 월을 만나면 정 5 월 1 일 날 기제를 지내고 윤 5 월 1 일에는 제사를 지내 지 않습니다.

망일(亡日)이 초하룻날일 때는 당일 자시(子時)에 기제를 지내는 가문이면 4 월 그 믐날 밤 11 시 이후부터 자정을 지나 5 월 1 일 01 시까지가 자시(子時)이니 그 시 에 지내면 5 월 1 일 날이 되고 법도와 같이 행하는 가문이면 당일 질명(質明'먼동 틀 무렵)에 지내면 될 것입니다.

●通典范甯曰閏月者以餘分之日閏益月耳非正月也吉凶大事皆不可用也天子不以告朔而喪者不數
●開元禮閏月亡者祥及忌日皆以閏所附之月爲正
●問祖考之終在閏月者復遇亡歲之閏月則行祭於閏乎退溪曰閏非正月人之行祭常以正月而獨於是歲依亡歲之月而祭似未穩祭則依常月行之於閏月亡日則齊素而不祭似當也
●梅山曰閏月亡者更値閏月則當行忌祭於閏朔所祔之原月以不可行祭於餘分之月故也退翁有云忌日旣行之於當朔當日矣其於閏朔遇是日何有再行之義又曰於閏月齊素而不祭斯言得禮之正遵用無疑而忌日若在閏月朔日則因朔參稍加饌品如殷奠不害爲伸情而亦當並設群位不可異同也然終涉情勝恐未若仍舊設酒果之爲正耳
●同春問人或死於閏正月則忌祭當用本正月否若値閏正月則當用何月云云沙溪曰通典諸說可考也或謂閏月死者後値閏月當用本月爲忌而閏月死日亦當行素云云
●竹菴曰沙溪說大月晦死者後値小月當以二十九日爲忌後又値大月則當以三十日爲忌據此則閏月死者後値閏月則不用本月而以閏月爲忌恐無可疑

▶1364◀◆問; 윤월 사자의 기일과 기제 시간?

윤달에 기일이 드는데 윤년의 해에는 어느 날 제사를 지내야 하나요.

◆答; 윤월 사자의 기일.

관혼상제의 예법은 제왕의 예와 일반백성의 예로 대분 됩니다. 궁실의 예는 국조오례의(國朝五禮儀)가 주가 되고 일반백성의 예는 주자가례가 주가 됩니다.

가가례라 하는 변례가 있다면 주자가례를 어떠한 이유에서인지 알 수 없으나 변형시킨 예로 정례(正禮)는 아닙니다.

기제 일자야 작고한 날임을 누구나 모를 사람 없을 것이며 다만 윤달 사자의 기일인데 이는 윤년 평년을 불구하고 정월(본월)에 지냄이 옳은 것 같으며. 기제(忌祭) 시간대는 질명(質明)일 뿐입니다. 다만 당일 자시(子時)행사는 질명까지 기다리지 못하는 효자의 효심에 의한 것일 뿐 어느 선유(先儒)도 공식적으로 게시하는 시간이 아닙니다.

●開元禮閏月以餘分之日閏益月耳非正月也吉凶大事皆不用故閏月亡者祥及忌日皆以閏所附之月爲正

●問祖考之終在閏月者復遇亡歲之閏月則行祭於閏乎退溪曰閏非正月人之行祭常以正月而獨於是歲依亡歲之月而祭似未穩祭則依常月行之於閏月亡日則齊素而不祭似當

●同春問人或死於閏正月則忌祭當用本正月否若値閏正月則當用何月云云沙溪曰通典諸說可考也或謂閏月死者後値閏月當用本月爲忌而閏月死日亦當行素云云

●竹庵曰閏月死者後値閏月則不用本月而以閏月爲忌恐無可疑

●尤庵曰行祭早晩太早不可太晩亦不可惟當以質明爲正

●南溪曰質明卽大昕指日未出時也

●國朝五禮儀社稷儀祭日丑前五刻註丑前五刻卽三更三點行事用丑時一刻

▶1365◀◆問; 음력9월9일 제사.

우선 3843번 답변 고개 숙여 인사 드립니다. 이번 문의는 돌아 가신 날을 모를 때 지내는 제사문제입니다. (어른들이 9월 중기 제사라고 하더군요) 사연인즉 저희 아버지(돌아가셨습니다) 첫 번째 부인이 첫 애기 낳다가 돌아가셨다고 하더군요. 그 후 저희 어머니(돌아가셨습니다)와 결혼했고 5남을 두었습니다.

처음에는 첫 번째 부인 제사를 지내지 않았습니다. 저희 어머니 돌아가시고 9월9일에 제사를 지내게 되었습니다. (큰형님이 지내고 있습니다)

문제는 아버지 살아생전에 첫 번째 부인 제사얘기가 없다가 아버지, 어머니 돌아가시고 누군가의 조언에(아마도 점쟁이, 무당)의해서 제사를 지내게 됐다는 점입니다. 아버지 첫 번째 부인 제사를 큰형님이 모시는 게 답인지요? 아니면 다른 옛 법이 있는지요?

◆答; 음력9월9일 제사.

9월 9일 제사라 하심의 본의가 무엇인지는 알 수 없으나, 만약 망일(亡日)을 몰라 잡은 날이라면 아래와 같이 매산(梅山) 선유의 말씀에 의하면 망일(亡日)을 모를 때는 그 달 정일(丁日)이나 해일(亥日)로 날을 받아 지내고 망월(亡月)도 모를 때는 상(喪) 당한 때를 상기하여 어림하여 달을 정하여 그 정한 달 중 정일(丁日)이나 해일(亥日)에 제사하게 됩니다.

특히 첫 번째 부인(婦人)이 아무리 아들 없이 일찍 작고하였다 하여도 원비(元妃)의 지위를 잃는 것이 아닙니다. 까닭에 후비(後妃)의 장자(長子)가 중히 여겨 원비(元妃)를 현비모봉모씨신위(顯妣某封某氏神位) 생모(生母) 현비모봉모씨신위(顯妣某封某氏神位)라 같게 써 부친 기일(忌日)이나 원생모(原生母) 기일(忌日)이 되면 부친

지방우측으로 원비(元妃) 다음으로 생모(生母) 지방을 세우고 제사를 지내게 됩니다.

●梅山曰若不知亡日則是月也當用或丁或亥日行忌祭幷不知亡月則廢喪餘之薦而擧時節之享已矣

▶1366◀◆問; 음력 9월9일 중양절 제사의 유례.

가까운 분께서 음력 9 월 9 일 날 집안의 기일을 모르는 어른이나 4 대조 이상 조상 중 바로 위 2 대(증고조, 고고조)분 내외의 제사를 모신다는데, 이것이 실제로 예에 근거한 제사가 맞습니까? 검색해보니 종양절이라는 중국명절의 하나로 나오던데요. 만약 예에 근거한 것이라면 그 대상과 형식 등은 어떻게 모셔야 하는지요.

마지막으로 당연한 것이겠지만 각각의 모든 분 마다 지방을 써드려야 하겠지요? 고견을 부탁 드립니다.

◆答; 중양절 제사의 유례.

중양절(重陽節)이란 월과 일자의 9 가 양(陽)으로 두 양이 겹치어　다만 중국 뿐만 아니라 지난 날에는 우리 나라에서도 정단이나 추석(秋夕)과 같이 속절 예로서 사당에서 소제(小祭)의 예법에 따라 일헌지례(一獻之禮)의 예를 행하였으나 지금은 거의 행하고 있지 않을 뿐입니다.

그 예를 행한다면 물론 정단(正旦)이나 추석과 같은 예법으로 위마다 지방을　써 모셔야 합니다.

●魏文帝以菊賜鍾繇與書曰九爲陽數而日月幷應故曰重九亦名重陽
●風土記九月九日律中無射而數九故俗尚此日故以之宴享高會此最爲近理我國元月元日之後有三三五五七七九九名節而無二二四四六六十十則乃尊陽卑陰之義也民間依禮文奠先祠而登高飮菊酒則如故事
●翰墨全書魏文帝重九以菊賜種繇與書曰九爲陽數而日月並應俗宜其名宜於長久故以燕享高會
●朱子曰大祭時每位用四味請出木主俗節小祭只就家廟止二味朔旦俗節酒止一上斟一杯
●東萊呂氏曰節物重陽薦萸菊餻
●家禮祠堂篇俗節則獻以時食條節如清明寒食重午中元重陽之類凡鄕俗所尚者食如角黍凡其節之所尚者薦以大盤間以蔬果禮如正至朔日之儀
●歲時雜記重陽尚食糕以棗爲之或加以栗

요결에서 이미 속절(俗節)에 중양절을 포함 삭참지의(朔參之儀) 예법과 같이　행사(行祀)한 것 같아요.

●擊蒙要訣祭儀抄篇薦獻儀條俗節(謂正月十五日三月三日五月五日六月十五日七月七日八月十五日九月九日及臘日)獻以時食(時食如藥飯艾餅水團之類若無俗尚之食則當具餅果數品)如朔參之儀

▶1367◀◆問; 음력 2월 1일 돌아가셨을 경우 제사일은?

수고 많으십니다. 다름이 아니 오라 저희 어머니께서 음력 2.1 에 돌아가셨습니다. (참고로 그 해 음력 1 월은 29 일이 그믐임) 그러므로 제사는 음력 2,1 이전날인 그믐날 기제사를 지내오고 있습니다, 다시 말씀 드려 그 해 돌아가신 날이 음력 2,1 인지라 제사는 음력 1 월 그믐날 29 일인 경우는 29 일 날, 30 일인 경우는 30 일 날 제사를 지내고 있습니다.

문의사항.

어머니가 돌아가신 해의 1 월 그믐이 29 일이니까 기제사 일을 음력 29 일로 해야 한다는 주장과 그믐이 29 일 경우에는 29 일, 30 일인경우에는 30 일 날 지내야 한다는 주장이 팽배합니다. 어떻게 해야 할까요.

◆答; 음력 2월 1일 돌아가셨을 경우 기일은.

2 월 1 일 날 작고하셨으니 기일은 매년 2 월 1 일이 기제 날이 됩니다. 다만 속례 (俗禮)로 2 월 1 일 첫 시(時)인 자시(子時)에 지내려니 전날 밤이 될 뿐입니다. 전 날 밤중 자시(子時)라 함은 2 월 1 일 첫 시(時)인고로 정월 그믐날이 아닙니다.

아래와 같이 그믐날 죽은 이의 기일 날이 만약 큰 달(30)에 죽은 이가 다음에 적은 달이 닿으면 그믐날인 29 일에 기제를 지내고 다음에 큰달이 닿으면 30 일 날이 기 일이 되는 것이며 작은달 그믐(29)에 죽은 이의 다음해에 큰달이면 그 그믐(30)에 기제를 지내는 것이 아니라 29 일 날 지낸다는 것입니다.

●祭義君子有終身之喪忌日之謂也註忌日親之死日也
●問解大月三十日死者後値小月固當以二十九日爲忌値大月則自當以三十日爲忌小月晦日死者後値大月當仍以二十九日爲忌不可延待三十日也

▶1368◀◆問; 음복례를 올리는 제례와 그렇지 않는 제례가 있는지요?

석전제 때는 초헌관의 음복례가 있는데, 산신제(음력 4월15일에 지내는 강릉단오제) 때는 초헌관의 음복례가 없습니다. 그 이유가 있는지요? 알고 싶습니다.

◆答; 음복례를 올리는 제례와 그렇지 않는 제례.

천지신제는 제왕제 입니다. 석전제 역시 궁중제로서 사직이나 석전제에서는 음복례 가 있으나 다만 사서인의 토지제는 정제로서가 아닌 사시제나 묘제, 상례 등에서 사유를 고하는 고제(告祭)라 음복의 예가 없으며 강릉 단오제의 성격과 주체가 일 반 백성으로 단오의 행사를 고하는 제(祭)라 음복의 예가 없는 것 아닌가 합니다.

사시제, 초조제, 선조제, 니제에서는 음복의 예가 있고 기제와 절사 역시 음복예가 없습니다. 아래 소산 선생의 말씀은 사서인의 수조(음복)에 관한 말씀입니다.

●國朝五禮儀吉禮社稷儀升自西陛詣飮福位東向立大祝各詣國社國稷尊所以爵酌上尊福酒合置一爵又大祝持俎進減國社國稷神位前胙肉合置一俎云云殿下升自北陛詣飮福位南向立云云
●素山曰要訣所謂但不受胙云者是據朱子所謂正祭三獻受胙非居喪所可行而俗節則普同一獻不讀祝不受胙之說而言也然朱子之意盖謂喪中祭不得三獻故亦不得受胙而不可行時祭惟俗節則一獻而亦不受胙故可行也云耳據此則三獻則受胙一獻則不受胙之意可知也非謂喪服中行祭雖行三獻而獨不得受胙也栗谷恐失照商
●奉先雜儀是日(註忌日)思慕如居喪此所以不受胙

參考;
社; 토지신(土地神).
稷; 곡신(穀神).

▶1369◀◆問; 음복에 대하여.

제례에서 음복이 있는 경우와 없는 경우가 어떤 제사들이며 그 이유가 무엇인지요. 음복을 수조라고도 한 것 같은데요?

◆答; 기제에는 음복이 없음.

상중(喪中)의 자손자(子孫者)는 불음주(不飮酒) 불식육(不食肉)의 예법에 따라 상제

(喪祭)와 기제(忌祭)는 종신지상(終身之喪)의 법도(法度)에 따라 수조(受胙; 음복)의 예가 없는 것입니다.

●或問禮君子有終身之喪忌日之謂也爲子孫者固皆不飮酒食肉矣
●奉先雜儀是日(忌日)思慕如居喪此所以不受胙

▶1370◀◆問; 음복 예에 대하여.

언젠가 여기서 읽어본 기억(記憶)이나 그 때 의혹(疑惑)을 품고 있다 이제 다시 직접 여쭙게 되었습니다. 다름이 아니옵고 부모님 기일(忌日)에는 음복(飮福)의 예가 없다 하신 것으로 기억됩니다.

그런데 가례책을 보면 유식(侑食)이 음복이라 하는데 보통 제사(祭祀)를 마치고 철상(撤床) 후(後) 가솔(家率)들이 모여 앉아 어른들은 술 몇 잔을 하고 아이들은 젯밥도 먹고 헤어지는 것을 음복이라고 합니다. 왜 이와 같이 예서 예법 따로 실제 제사를 지내는 예가 다른지를 알고 싶습니다.

◆答; 음복(飮福).

희빈님의 질문 중에 유식(侑食)이란, 문맥으로 보아 수조(受胙)의 착각으로 하신 말씀인 듯하여 수조(受胙)의 오류라 치고 말씀 드립니다.

음복(飮福)의 예가 제례에서 하나의 예법으로 정착하게 된 동기는 송조(宋朝) 건덕(乾德) 원년(元年; 癸亥, 963) 십이월 남교례(南郊禮)를 마치고 광덕전(廣德殿)에서 크게 연회를 베푼 후 대례를 마치면 모두 연회를 베풀었었는데 이와 같은 예를 일러 음복연(飮福宴)이라 하였고 음복의 예는 모두 이로부터 시작 되었다 합니다.

이와 같은 수조(受胙) 예법이 사서인 예에 적용되기는 온공저술(溫恭著述)인 서의(書儀)에서 채택되었는데, 주부자(朱夫子)께서 서의(書儀)를 중심 하여 주자가례(朱子家禮)를 편찬 이 예의 일체를 따르셨으며, 忌墓祭에서는 제사의 특수성에 비추어 수조(受胙; 飮福)와 준(餕: 제사 음식 나눔)의 예를 두지 않고 대제(大祭)인 사시제(四時祭)에서 계문(啓門)과 사신(辭神)의 사이에 수조(受胙)의 예를 두고, 철상 뒤에 준(餕)의 제도를 두어 이로 말미암아서 수조(受胙)와 준(餕)의 예법이 와전되어 마지막 예인 준(餕)의 예가 음복(飮福)이라는 예로 변하지 않았나도 여겨집니다.

이상과 같은 제도(制度)를 초조제(初祖祭; 始祖), 선조제(先祖祭), 니제(禰祭)에 공히 두고 있으나, 혹 기제(忌祭)나 묘제(墓祭)에서 음복(飮福)이라는 절차(節次)를 행한다 함은 비공식(非公式)이다. 로 이해하심이 옳을 것입니다.

●事物紀原集類禮祭郊祀部飮福; 宋朝會要曰乾德元年十二月以南郊禮畢大宴于廣德殿自後凡大禮畢皆設宴如此例曰飮福宴蓋自此其始也
●書儀司馬氏書儀喪禮六祭;凡祭用仲月主人及弟子孫皆盛服親臨筮日於影堂外(云云)啓門執事者席於玄酒之北主人入就席西向立祝升自西階就曾祖位前搢笏擧酒徐行詣主人之右南向授主人搢笏跪受祭酒䣬酒執事者授祝以器祝受器取匕抄諸位之黍各少許置器中祝執黍行詣主人之左北向嘏于主人曰祖考命工祝承致多福于汝孝孫來汝孝孫使汝受祿于天宜稼于田眉壽永年勿替引之主人置酒于席前執笏俛伏興再拜搢笏跪(云云)○執事者設餕席男女異座(云云)

▶1371◀◆問; 이런 경우 누가 제사를 지내야 하나요?

안녕하세요. 제사 관련 문의가 있어 글을 남깁니다. 저희 집 같은 경우는 어느 집에서 제사를 지내야 하는지 궁금합니다. 할아버지가 2002 년에 돌아가시고 그 동안은 할머니 댁에서 제사를 지내왔습니다만, 이제 자손들이 제사를 지내라 하시는데 누가 지내야 하는 건지 헷갈리네요.

장남: 95년 작고 - 자손 없음.

차남: 생존 - 딸만 2명.

삼남: 08년 작고 - 아들 (기혼), 딸.

저는 삼남의 아들인데 유일한 손자인 관계로 제가 장손입니다. 제가 장손이고 결혼도 했으니 제가 할아버지 제사를 모시는 게 맞는지요? 이런 경우 제사를 차남이 지내는 것이 맞는지, 장손이 지내는 것이 맞는지 궁금합니다.

가르침 부탁 드립니다. 감사합니다.

◆**答**; 이런 경우 누가 제사를 지내나.

아래와 같이 살펴보건대 장자가 무후로 죽었을 때 차자는 자식이 있으나 죽었고 계자는 생존하여 있다 하여도 차자(次子)의 아들이 그 제사를 맡아 지내게 됩니다.

이 말씀은 질문자님에게 대입하여 보면 백부가 후자 없이 사망하였을 때 중부는 살아 있으나 후자가 없고 계자의 후자인 질문자님이 있을 때는 중부가 제사를 지내는 것이 아니라. 질문자님이 그 제사를 맡아 지내야 한다는 말씀입니다.

●或問長子無后而死不立后次子死而有子又季子生存則誰當奉祀耶沙溪曰次子之子當奉祀也

▶1372◀◆**問**; 이런 경우에는 어떻게 하나요.

작년에 엄친께서 작고하셔서 이제 양부모님 모두 계시지 않습니다. 작년까지 생전의 노모께서 할아버지와 할머니의 제사를 지냈는데 금년에는 저를 기준으로 조부와 조모의 제사를 지내야 하는 것인지 아니면 간편의례로 큰제사로 모셔야 하는지 알고 싶습니다. 또한 설과 추석의 차례에는 어떻게 해야 하는지 궁금 합니다.

◆**答**; 이런 경우에는 어떻게.

적장자(嫡長子)가 되면 자신(自身) 속칭으로 기제(忌祭) 등은 조고비(祖考妣)와 고비(고비) 4위를 각각 작고하신 날 지내고, 명절에는 정침에 조고비 고비 4위를 서쪽을 상석으로 삼아 설위하고 단헌(單獻)의 예로 마칩니다.

●左傳文公十二年六月歸生佐寡君之嫡夷杜註歸生子家名夷太子名

●詩經大雅懷德維寧宗子維城無俾城懷註大宗强族也宗子同姓也惟宗子合族以聯親則分猷共念而有夾輔之功斯維城矣

●世說新語文學林道人往就語將夕乃退有人道上見者問云公何處來答云今日與謝孝劇談一出來

●問喪孝子喪親哭泣無數○雜記祭稱孝子孝孫

▶1373◀◆**問**; 이런 경우 제주는 누가 되는지요?

초암님 안녕하세요? 가례와 제례를 잘 몰라서 이렇게 질문을 드립니다.

제 아버님은 현재 생존해 계시고 아버님은 총 4형제이십니다. (백부님-아버님-중숙부님-막내숙부님 순서입니다)

백부님은 미혼이라 무자식 상황이시고 저의 아버님 밑으로는 저를 포함 3형제가 있으며 두분 숙부님께도 슬하에 아들이 한 명씩 있습니다. 저의 조부모님은 오래전 작고하시고 그간 미혼이셨던 백부님 댁에서 기제사를 지내오셨는데 얼마 전 백부님이 별세를 하셨습니다.

말씀 드린 대로 백부님은 미혼에 당연히 무자 상황이어서 이제 제주가 누가 되는가에 이견이 생기게 되었습니다.

미천한 제 생각으로는, 집안의 장남으로서 그간 제주역할을 하셨던 백부님께서 유고하셨으니 할아버지 할머니를 포함한 선조들의 기제사를 이제 차남인 저의 아버님께서 승계를 함이 당연한 것으로 사료되었습니다만 이와 더불어 아래처럼 다른 의견을 내시는 삼촌이 계십니다.

즉, 백부님이 특별하게도 무자 상황이었으니 비록 사후라도 백부님의 아들 역할을 제가 대신해야 하므로 금번 별세한 백부님의 기제사는 물론 (백부님이 생전에 올리셨던) 모든 제사의 초헌관이 되어야 한다 는 주장을 하고 계십니다.

(참고로 미혼이셨던 백부님께서는 생전에 입양(入養)을 하시거나 양자(養子)를 들이신 적은 없고, 또한 법적으로 백부님의 자식이 되기 위한 사후입양도 가족법이 이미 개정되어 현재는 불가한 것으로 알고 있습니다)

제사를 이제 백부님으로부터 차남인 제 아버님이 승계하는 부분에서는 차이가 없다지만 제주가 누군가 하는 것은 매우 중요한 문제라고 저도 그 동안 듣고 보아왔기에 올바른 예법으로는 누가 제주가 되어야 하는지 참으로 궁금합니다.

질의를 다시 정리하면 아래와 같습니다 위와 같은 상황에서,
1) (별세한 백부님과 조부모님 포함) 조상님들의 기제사를 앞으로 모두 제가 모셔야 할지,
2) 위 제사를 (별세하신 백부님의 친동생이자 가문의 차남인) 제 아버님이 셔야 할지,
3) 백부님 제사는 제가 모시고, 조부모님 이상의 기제사는 제 아버님께서 모셔야 할지 결정을 내리는 것이 쉽지 않아서 질의를 드립니다.
이렇게 제주 선정에 관한 다른 의견이 생기게 된 것은, 비록 사후지만 돌아가신 백부님의 아들의 역할을 상징적으로 하며 즉 집안의 장손역할을 앞으로 네가 잘해라라는 삼촌들의 뜻과 말씀도 일리가 충분히 있지만 그전에 우리 제례에서는 어떻게 규정하고 있는지 또 이것을 아버님과 삼촌들께 정확히 설명 드리고자 함이오니 귀한 자문을 주시면 감사하겠습니다. 항상 건강하십시오.

◆答; 이런 경우 제주는.

問; 1) 2) 3) 答: 아래와 같이 살펴보건대 장자(長子)가 미취(未娶)로 사망하였을 때는 차자(次子)의 장자가 입후(立后)할 수가 없고 차자의 子가 대(代)를 이어갑니다.

입후는 부부가 적자(嫡子) 생산(生産)이 불가능 하였을 때에 입후하여 뒤를 이을 수가 있으나 미취(未娶)이면 무모(無母)의 자식은 애초에 있을 수가 없어 입후 역시할 수가 없는 것입니다. 따라서 선생이 백부에게 입후될 수가 없고 차자(次子)의 아들이라야 내가 맞게 되는 것입니다.

●問解問長子無後而死不立後次子死而有子又季子生存則誰當奉祀耶答次子之子當奉祀
●尤庵曰前後妻皆歿後始爲之子者當爲前母之子
●或問父母生時長子無后而死則奈何或傳長婦或傳次子何以則得宜耶退溪曰父母生存長子無后而死爲長子立后而傳之長婦此正當道理也
●或問長子無后而死不立后次子死而有子又季子生存則誰當奉祀耶沙溪曰次子之子當奉祀也
●遂菴曰過長殤之年則雖未冠笄何可以殤例論也
●近齋曰世豈有無母之子不當立後當以次子爲嗣古禮旣冠不爲殤則只謂治喪與服制一用

成人之禮非謂立後家禮旣娶方不爲殤冠而未娶者不立后何疑

▶1374◀◆問; 이럴 때 기제사의 초아종헌은 어떤 순서대로 해야 하나요?

안녕하세요? 백부가 결혼도 못하고 15 세 때 돌아가셨기 때문에 삼형제 중 맏아들이 백부에게로 양자를 했으나 둘째 아들이 결혼하기 전까지는 삼형제가 한집에서 살았습니다. 그 후 부모님께서 모두 돌아가시기 전까지는 맏아들 집에서 아버지 제사를 모셨는데 부모님께서 모두 돌아가시자 둘째 아들 집에서 부모님 제사를 모시게 되었습니다.

둘째 아들이 부모님의 제사를 차리는데, 둘째 아들이 병중에 있습니다. 둘째 아들은 결혼한 자식이 둘이 있습니다. 그러나 의좋은 삼형제는 모두 제사에 참석을 합니다. 둘째 아들이 병중에 있을 때 부모님 제사의 초헌, 아헌, 종헌은 누가 되어야 하는지요?

◆答; 이럴 때 기제사의 초 아 종헌은.

아래 말씀을 살피건대 그와 같은 사례에서는 초아종헌관(初亞終獻官)은 아래와 같음이 옳을 것 같습니다.

○初獻; 섭친제(攝親弟).
○亞獻; 섭주처(攝主妻).
○終獻; 입후(入後)간 형(兄; 親賓).

●曾子問孔子曰若宗子有罪居於他國庶子爲大夫其祭也祝曰孝子某使介子某執其常事
●朱子曰主祭合以甲之長孫爲之若其不能則以目今尊長攝行可也如又疾病則以次攝
●退溪曰父不與祭而使子弟攝行則當依宗子在他國而命介子代祭之例曰孝子某使子某
●尤庵曰家禮附註引古禮使介子云云所謂介子旣主祭者之弟也
●退溪答寒岡弟爲攝主嫂叔行禮極礙若避嫌於主婦則出繼仲兄爲亞獻賤婦爲終獻何如之問曰恐當如此
●家禮終獻條兄弟之長或長男或親賓爲之

▶1375◀◆問; 이민으로 떠나신 기제사 명절 차례에 대한 문의.

저는 7 남매 중에 2 남입니다. 양친 부모님은 작고하시고 형님도 작고 하셨습니다. 부모님의 기제사와 명절차례를 장손인 형님의 장남인 조카가 제주가 되어 지내왔는데 장조카가 미국으로 이민을 갔습니다.

금년추석 명절부터 그 이후에는 모두를 미국에서 모신다고 합니다. 한국에 있는 형제들은 어떻게 해야 되는지 가르쳐 주시면 감사하겠습니다.

◆答; 망배 예법이 있습니다.

장손(長孫)이 미국으로 이민 가서 지내는 제사 날에 참례를 못하면 허위를 차려놓고 망배(望拜)로 예를 갖춰야 할 것입니다.

●朱子曰出妻入廟決然不可爲子孫者只合歲時就其家之廟拜之若相去遠則設位望拜可也

▶1376◀◆問; 이복형제의 제사 지내는 법.

작년에 아버님이 돌아가시고 내일 저녁이 아버님 첫 제사 입니다. 돌아가신 아버님께서는 부인이 두 분이 셨습니다. 저희는 작은 집입니다.

큰 집과의 사이가 안 좋아서 저희 집 형제들은 이복 형 집 제사에 참석을 꺼려합니다. 그래서 큰집 따로 저희 집 따로 제사를 두 군데서 지내면 안 된다는데 정말 안

되는지 궁금합니다. 답변 부탁 드립니다.

◆答; 이복형제의 제사 지내는 법.

그러한 예법은 없는 것 같습니다. 아래와 같이 살펴보건대 이거자(異居者)인 형제(兄弟)가 각각 별제(別祭)함은 예(禮)에 어긋나는 것 같습니다.

●曲禮支子不祭祭必告于宗子註不敢自專宗子有故支子當攝而祭

●小記庶子不祭祖註下正猶爲庶也疏宗子得立祖廟祭之已是祖庶得自立禰廟而不得立祖廟祭之故云庶子不祭祖○又庶子不祭禰疏宗子庶子俱爲下士禰適得立禰廟故祭禰禰庶不得立禰廟故不得祭其禰是宗子自祭之庶子不得祭也

●書儀曲禮支子不祭曾子問宗子爲士庶子爲大夫以上牲祭於宗子之家古者諸侯卿大夫宗族聚於一國可以如是今兄弟仕宦散之四方雖支子亦四時念親安得不祭也

●問解問今人支子爲守宰奉神主以往行何如答此非禮

●尤庵曰支子作官者不敢奉神主以往只備送祭需於宗家以致獻賢之誠可也

▶1377◀◆問; 2월 말일 사망 시 제사일 확인.

2월의 경우 29일도 있기도 하고 30일이 있기도 한데 돌아가신 분이 30일 경우 제사 일이 29일인데, 29일밖에 없는 경우에는 제사 일이 28일이 됩니까? 아니면 29일이 됩니까? 답변을 부탁 드립니다.

◆答; 2월 말일 사망 시 제사일.

아래와 같이 살펴보건대 사일(死日)이 2월 30일 회일(晦日=그믐)인 경우 다음 기일이 소월(小月)인 29(그믐)일에 닿으면 29(그믐)일이 기일이 되고 대월(大月)을 만나면 30(그믐)일이 마땅히 그날이 기일이 됩니다.

●問解大月三十日死者後值小月固當以二十九日爲忌值大月則自當以三十日爲忌小月晦日死者後值大月當仍以二十九日爲忌不可延待三十日也

▶1378◀◆問; 이혼한 할아버지 전부인의 제사.

먼저 저희 가족 구성에 대해서 말씀 드리는 것이 질문 의도를 파악하는 것이 빠를 것 같네요. 돌아 가신 할아버지는 두 번 결혼 하셨습니다. 첫 번째 할머니는 저희 큰아버지만 두시고 이혼 하셨고 그 할머니께서는 재혼을 하셨고, 그 집안에서 다시 자제분들을 두셨습니다. 할아버지께서는 친할머니와 다시 재혼을 하셨고 슬하에 3남 5녀를 두셨습니다.

지금 친할머니는 생존해 계시고, 할아버지와 첫 번째 의부 할머니께서는 돌아가셨습니다. 전에는 큰아버지께서 제사를 지내셨을 때는 아마도 제사상에 돌아가신 할아버지, 그 의부할머니(큰아버지 기준으로는 친어머니) 두분 제삿밥을 준비하시었던 것 같은데요. 무슨 일인지 모르지만, 몇 년 전에 큰아버지와 아버지 두 분이 상의 후 아버지께서 할아버지 제사를 지내게 되었습니다. 여기서 궁금한 점이 있습니다.

저희 친할머니가 생존해 계시는데 저희가 지내는 제사상(기제사, 명절제사 포함)에 돌아가신 의부 할머니(아버지 기준으로 하면 의부 어머니)의 제삿밥을 같이 올리는게 맞는지 궁금하고요. 나중에 친할머니 돌아가시면 밥을 3그릇을 준비해야 되는지요. 물론 의부할머니 기제사를 따로 지내지는 않지만, 아버지께서는 할아버지 기제사(忌祭祀)나 명절(名節) 제사에 같이 올리더라고요. 지금까지는요. 고수님의 고견 부탁 드립니다.

◆答; 이혼한 할아버지 전부인의 제사.

지자(支子)는 부모제사의 주인이 되어 초헌하지 않음은 이하 여러 곳 에서 이미 수 없이 논하였으니 왜인가는 생략하고 다만 출처(出妻)와 가모(嫁母) 제사는 지내지 않습니다. 다만 그 자손들은 가모(嫁母)를 위하여는 세시(歲時)에 재가(再嫁)한 그 집 사당으로 찾아가 절만 한다는 것입니다.

●朱子曰嫁母者生不可以入于廟死不可以祔于廟○又曰出妻入廟決然不可爲子孫者只合歲時就其家之廟拜之

▶1379◀◆問; 一食九飯之頃 근거와 의미는?

기제사 시에 합문(闔門)을 한 후에 계문(啓門)을 하기까지 기다려야 하는 시간은 대략 조상님께서 밥을 아홉 숟가락 드시는 시간이라고 예서에 제시되어 있는 것으로 알고 있습니다. 그런데 이러한 시간은 어떠한 근거나 맥락에서 제시된 것인지를 알고 싶습니다.

◆答; 일식구반지경(一食九飯之頃).

곡례(曲禮)를 비롯 사우기(士虞記) 특생궤식례(特牲饋食禮)에 근거한 예로서 사(士; 일반백성)는 합문 후(闔門後) 계문(啓門)까지의 시간을 일식구반지경(一食九飯之頃)이라는 것인데 일식구반지경(一食九飯之頃)이란 1 회 식사(食事) 시간을 의미하게 됩니다.

●曲禮三飯疏三飯謂三飯而告飽勸乃更食故三飯竟主人乃道客食戠也此乃賓主之禮○天子十五飯諸侯十三飯九飯士禮也三飯又三飯又三飯
●士虞記如食間註一食九飯之頃
●特牲饋食禮註三飯禮一成也又三飯又三飯禮三成也。

▶1380◀◆問; 입제와 입재.

전일 입제(前日入祭) 쓴 글 보았는데요. 제가 알기로는 전일 입제는 전일 입재(前日入齋) 라고 해야 된다고 보는데요. 어느 맞는 것인지 답변 부탁 드립니다.

오늘 입제(入祭)가 있어서 내일 향사가 있는데 전일 입재(前日入齋) 해야 한다. 沐浴齋戒 (목욕재계) 하고 기다려라 올바른 표현인지.

◆答; 입제와 입재.

入齋; 제사 전날에 음식과 행동을 조심하며 재계(齋戒)하는 일.
入祭; 제사가 드는 날.
沐浴齋戒; 부정(不淨)을 타지 않도록 깨끗이 목욕하고 몸가짐을 가다듬는 일이란 의미로 "목욕재계(沐浴齋戒)하고 기다려라"라 한다면 안될 말은 아니나 우스개 소리가 아니고는 쉽게 할 말은 아닙니다.

●同春堂先生別集年譜愚伏鄭先生年譜;四月丁丑初二日入祭班除禫服甲申差永寧殿告遷祭獻官受香詣宗廟齊宿
●葛庵集行狀奉列大夫禮曹佐郎錦翁金君行狀;君以爲入齊醉飽旣非所宜干覓酒食亦涉苟且竟辭而出
●松巖集附錄遺事;其祭祀沐浴齋戒一一如禮而率衆子女躬自具饌不任僕隷之手祭之夜終宵不寐以盡如在之誠

▶1381◀◆問; 입청재(入淸齋)에 대해 자세히 알고 싶습니다.

어느 책에서 보니까. 입청재(入淸齋)란 석채(釋菜) 거행 사흘 전에 성균관 전체를 대청소하고, 친구들을 초청하여 잔치를 하던 행사라고 나와 있던데 정말로 시행되던 행사라면 더 자세한 설명을 해주셨으면 감사하겠고, 지금 대학의 기숙사 오픈하우스 행사처럼 여자 친구(정인)도 데려올 수 있었는지 궁금 합니다. 답변 부탁 드립니다.

◆答; 입청재(入淸齋).

입청재(入淸齋)란 잔치를 베푸는 것이 아니라 제사를 지내기 전에 몸과 마음을 깨끗이 하는 재계에 들어간다는 말입니다.

●舊唐書禮儀志四；其太尉行事前一日於致齋所具羽儀鹵簿公服引入親授祝版乃赴淸齋所

●武王伐紂平話卷下；文王淸齋三日沐浴聖體第三日文王宣文武排鑾駕再去求賢

▶1382◀◆問; 자질의 제사에 대하여.

전통예법에 관심이 있어 여러 책에서 배우고 있습니다. 그런데 자식이나 조카 제사에 절은 하지 않는다 하는데 그러면 서 있어야 하는지 어떠하고 있어야 하는지 궁금합니다. 감사합니다.

◆答; 자질의 제사에는.

아래와 같이 살펴보건대 자녀제질(子女弟侄)의 제사를 당하여 제청(祭廳)에 들어가면 존장(尊長)은 절을 하지 않고 앉아 있을 뿐이며, 비유자(卑幼者)들은 서 있게 됩니다.

●退溪曰妻當拜弟不當拜

●問從弟及妹之祭可不拜否尤庵曰似不當拜也○問祭子女弟侄立也坐耶尤庵曰喪禮旣曰尊長坐哭祭禮亦豈異同耶

●家禮喪禮初終還遷尸狀于堂中條哭者復位尊長坐卑幼立

▶1383◀◆問; 작은 아버님의 제사 관련입니다.

저는 현재 저희 집의 장손(長孫)으로 할아버지, 할머니, 아버님의 제사(祭祀)를 지내고 있습니다. 그간 작고하신 작은아버지 B 의 제사를 그 동생이신 작은 아버지 C 가 지내고 있었습니다. 듣기로 동생제사를 형이 지내지 않는다는 집안 의견으로 그렇게 하고 있었다 들었습니다. 작은아버지 B 는 혼인 후 후사는 보지 못하고 바로 작고하셨답니다. 이번에 C 작은아버지가 제게 B 작은아버지의 제사(祭祀)를 가져가라 하십니다. 다름 아니라 저희 어머니의 강한 반대(反對)로 고려(考慮) 중에 있습니다. 어떻게 조정하는 것이 제례(祭禮)에 맞을지 여쭤보고 싶습니다.

또 다른 한가지 질문은 차후(此後) 할아버지, 할머니, 아버지의 제사를 합할 경우 일년 중 가장 빠른 날에 행하나요? 아니면 높은 항렬 분께 합쳐져야 하나요? 저희 아버지 제사가 일년 중 가장 앞에 있고요. 할아버님 제사가 가장 늦은 가을입니다.

◆答; 작은 아버님의 제사는. 채우는 것?

일전(日前)에 글을 보던 중 잔을 3번에 걸쳐 채우는 것이 예라 한다 말씀하신 것을 보았습니다. 일을 하던 중(장례 쪽 일을 하고 있습니다.) 유가족으로부터 문의가 들어와 이렇게 글을 올립니다. 감사합니다.

1. 무후(無後)인 숙부모(叔父母) 제사는 종손(宗孫)인 꾸러기네님이 지내심이 옳습니다.

2. 기제사는 죽은 날 지내는 제사로서, 조부모(祖父母) 기제(忌祭)와 부모(父母) 기제는 그 사망한 날이 달라 어느 한날로 합쳐 지낼 수가 없습니다.

귀찮다고 설과 추석 참사를 설이나 추석 어느 한날에 합쳐 지내거나 바쁘다는 이유로 미리 또는 미뤄 지낼 수가 없듯이 기제사(忌祭祀) 역시 같습니다.

●性理大全旁親之無後者以其班祔;叔父母祔于曾祖妻若兄弟若兄弟之妻祔于祖子姪祔于父姪之父自立祠堂則遷而從之
●祭義君子有終身之喪忌日之謂也註忌日親之死日也

▶1384◀◆問; 잔을 3 번에 걸쳐.

1. 강신(降神)과 초헌(初獻)과 아헌(亞獻)과 종헌(終獻)의 3 번에 나누어 채우는 예는 어떤 예서(禮書)에 적시되어 있는 것인지 궁금합니다? (유가족 분이 어떤 예서 어떤 부분이지 구체적으로 물으셔서 이전에 답변해주신 사항을 말씀 드렸으나. 구체적인 문헌의 근거를 집요히 물으시네요)

2. 또한 첨작(유식례)에서 3 번에 나누어 채우는 것이 아니라 한번에 채우는 것 또한 어떤 예서의 어느 부분인지 이야기 해주실수 없으신지요? 부탁 드리겠습니다.

◆答; 잔을 3 번에 걸쳐 채우는 것.

問 1; 答; 아래는 편람(便覽) 시제편(時祭篇) 강신조(降神條)와 초헌조(初獻條)에서 잔에 술을 따라 붓는 예입니다.

주인이 받들고 있는 잔에 집사자가 술을 따른다 함인데 이에서 잔에 술을 따른다 함을 짐주우잔(斟酒于盞)이라 하였습니다.

여기서 짐주(斟酒)란 부선(賦選)의 포조시(鮑照詩)에 보면 술을 따른다 함일 뿐 세번에 나누어 따른다 함이 아닙니다.

●便覽四時祭降神條進盞盤主人受之執注者亦跪斟酒于殘○又初獻條主人奉高祖考盞盤位前東向立執事者西向斟酒于盞(亞終獻同)
●賦選鮑照詩歡至獨斟酒

問 2; 答; 아래는 편람 사시제 유식조입니다 여기서도 짐(斟)일 뿐입니다.

●便覽四時祭侑食條主人升執注就斟諸位之酒皆滿

⊙짐주(斟酒)란 주(註)를 달아 풀어 놓은 만한 의미가 깊은 어려운 말이 아닙니다. 술을 따른다는 의미 일뿐입니다.

※강신례(降神禮)에서는 삼제의식이 없고 다만 초아종헌 시(時) 매헌(每獻) 마다 잔은 올렸다 다시 내려 모사에 三祭 의식은 있습니다.

그 의식에 관하여 들 밥에서 먼저 고수레 또는 고시네 하고 밥한 술 멀리던지 듯 삼제의식 역시 천지인삼황(天地人三皇) 등 여러 설이 있으나 예서적으로 확인되기는 다음과 같습니다.

●史記孟子荀卿列傳第十四荀卿三爲祭酒焉註索隱曰禮食必祭先飲酒亦然必以席中之尊者一人當祭耳後因以爲官名故吳王濞爲劉氏祭酒是也而卿三爲祭酒者謂荀卿出入前後三度處列大夫康莊之位而皆爲其所尊故云三爲祭酒
●爾雅釋宮第五篇宮中衖謂之壼註交道四出五達謂之康史記所謂康莊之衢六達謂之莊

▶1385◀◆問; 장손이 후사가 없을 때 차손이 승계할 수 있나?

장손이 후사가 없습니다. 장손 아래로는 차손(次孫)이 있습니다. 이럴 때 장손이 죽으면 차손이 제사를 이어 받아야 하나요.

◆答; 장손(長孫)이 후사가 없을 때.

장손(長孫)이 무후사(無後死)하였다면 계대(繼代)에 맞게 그 장손(長孫)의 자항(子行; 姪)에서 입후(立后) 승중(承重)하여야 합니다.

차자손(次子孫)은 제사(祭祀)를 섭행(攝行) 할 수는 있으나 직접(直接) 주인(主人)이 될 수 없을 뿐만 아니라 이 경우 계대(繼代)에 어그러져 승계(承繼)할 수 없는 것입니다.

●通典漢石渠議大宗無後族無庶子己有一嫡子當絶父祀以後大宗否戴聖云大宗不可絶言嫡子不爲候者不得先庶耳族無庶子則當絶父以後大宗
●退溪曰長子無子次子之子承重應指嫡子孫而言雖有妾産恐未可遽代承也○又長子死無子雖有長婦與叔父季子當攝主云未立後不得已權以季爲攝主又曰其攝主之意當告於攝行之初祭其後則年月日下只云攝祀子某
●問解問長子無後而死不立後次子死而有子又季子生存則誰當奉祀耶答次子之子當奉祀
●問長孫盲廢命次孫承重其後盲廢者娶妻生子其家宗祀當歸何處南溪曰祖父以權宜命次孫承重非其本意也今長孫生子則理當還使主宗兄弟相議以此意告祖父祠堂而行之恐當
●小記庶子不祭祖下祭禰者明其宗也註庶子雖貴止得供具牲物而宗子主其禮

▶1386◀◆問; 장인어른 기제사 참석 문의.

장남으로 저희 집 제사는 제가 모시고 있습니다. 할아버님 기제사 2 일전에 장인어른 기제사 입니다 참석해서 잔 올리고 절을 해도 될까요?

하도 집안어른들께서 안 좋은 소리들 하셔서 질문 드립니다, 답변으로 이 문제 종결 했으면 합니다. 만약 가면 안 된다면 안사람은 어떠하나요. 아버지 제산데 평생 못 갈수도 있는데, 이 부분 생각하셔서 답변 부탁합니다. 수고하세요.

◆答; 장인어른 기제사 참석.

모든 제사는 재계라는 예법이 있습니다. 재계란 집에 머물면서 목욕 후 새 옷으로 갈아입고 흉한 일이나 조문을 가지 않으며 풍악을 울리거나 하지 않으며 술을 마시지 않고 심신을 정결하게 하는 일로 그 기간은 제사에 따라 다릅니다.

아래와 같이 살펴보건대 기제사라면 전 일일(前一日)이니 제사 지내는 전날 하루일 뿐으로 하루 전날만 출타하지 않으면 재계 법도에 어그러지지 않으니 2 일 전이라면 마치고 곧 돌아와 다음날 재계하고 조부님 제사를 지내면 문제가 없으니 장인 제사에 참석하여도 문제가 없습니다.

●家禮忌祭前期一日齋戒
●備要忌祭前期一日齋戒
●退溪曰家禮忌日言前期一日齋戒而已
●曲禮齋者不樂不吊
●莊子曰不飲酒不茹葷是祭祀之齋也
●唐制散齋之日理事如故惟不得吊喪問疾不判署刑殺文書不決罰罪人不作樂不親穢惡之事致齋惟祀事得行其餘悉禁
●孟子離婁下篇齋戒沐浴則可以祀上帝

▶1387◀◆問; 장자가 미혼이고 모친이 계시면 초아종헌은 누가?

남편의 기제사에 아들은 연령은 성년이지만 아직 미혼일 경우 제주는 아내가 하여야 맞는지 아니면 아들이 제주가 맞는지 궁금합니다. 만약 아들이 주제일 경우 초헌은 장자가, 아헌은 차자(次子)가, 종헌은 부인하여도 무방한지요 아님 아내가 초헌을 하고, 장자가 아헌을 차자가 종헌을 하는 것이 맞는지, 축과 지휘(방)의 예문을 보면 아내가 주제의 축문이 있기에 묻습니다. 또 결혼한 아들이 사망한 경우 아버지가 주제를 하고 아헌은 친근자중에 드리고 종헌을 며느리가 하면 되는 것인지도 같이 물어봅니다.

◆答; 장자가 미혼이고 모친이 계시면 초아종헌은.

아래와 같이 살펴보건대 부친(父親) 상을 당하여 주인(主人; 亡者의 長子)이 미혼(未婚)이라 하여도 장자(長子)가 되어 상(喪)을 주관(主管) 초헌(初獻)을 하고 모친(母親)이 생존(生存)하여 계시면 우부제(虞祔祭) 까지는 모친(母親)이 주부(主婦)가 되나 그 이후(以後)는 주인(主人)의 처(妻)가 주부(主婦)가 되어 아헌(亞獻)을 하고 종헌(終獻)은 형편(刑鞭)에 따라 주인(主人)의 형제(兄弟) 중(中) 장자(長者) 또는 주인(主人)의 장자(長子) 혹(或)은 친빈(親賓) 중(中)에서 하게 됩니다.

●家禮喪禮初終立喪主條主人謂長子無則長孫承重以奉饋奠○又主婦條謂亡者妻無則主喪者之妻
●問解初喪則亡者之妻當爲主婦時未傳家於冢婦也虞祔以後則主喪者之妻爲主婦凡祭祀之禮必夫婦親之
●家禮終獻條兄弟之長或長男或親賓爲之

1). 후사(後嗣)가 아무리 강보(襁褓)에 쌓여 있다 하여도 그가 주인(主人)이 되나 직접(直接) 행사할 수 없으니 친속(親屬) 중 근친자(近親者)가 섭주(攝主)가 되어 그 사유(事由)를 축(祝)에 고(告)하고 초헌을 하게 됩니다.

2). 아래와 같이 살펴보건대 부인이 남편 제사에 주인이 될 수 있는가에 관하여 당부 양론이 있으나 남편이나 시부모의 제주(題主)나 축식(祝式) 등의 호칭식이 있는 것으로 보아 남편의 제사에 그 부인이 초헌관이 된다 하여도 예에 크게 어그러졌다 할 수는 없을 것 같습니다.

3). 장자무사선망(長子無嗣先亡)으로 부(父)가 주인(主人)일 경우 아종헌관(亞終獻官)에 관하여 명문화(明文化)된 전거는 알지 못하나 선생의 안도 예에 어그러지지는 않을 것 같습니다.

●李繼善問兄亡其襁褓之子主喪而孝述爲攝否朱子曰攝主但主其事名則宗子主之
●曲禮夫曰皇辟註辟法也妻所法式也
●周元陽祭錄妻祭夫曰婦某氏祭顯辟某官封諡○又無男主而婦祭舅姑者云新婦某氏祭顯舅某官封諡顯姑某氏
●退溪曰妻存無子而夫亡未詳當何書都下有一家書曰顯辟蓋依禮記夫曰皇辟之語也
●問夫亡無子神主稱顯辟耶旁題何以爲之沙溪曰祭夫稱辟出於禮記周元陽祭錄亦云似有據旁題禮無明文
●問主婦奉祀則其神主旁題以孝子某之婦某氏書之耶答婦人無奉祀之義周元陽祭錄婦祭舅姑者祝辭云顯舅某官封諡云云若不得已或依此題主耶
●問解續以婦人題主非古禮不能立後則當班祔而以宗子題主爲當
●問妻主夫喪旁題何以書之寒岡曰婦人不得主喪旁題不可書

▶1388◀◆問; 재계(齋戒)에 대한 질의.

율곡 이이(李珥)는 격몽요격(擊蒙要訣)의 제례장에서 기제(忌祭)에는 산재(散齋)2 일간 치재(致齋)1 일간으로 하며 "참례(參禮)에는 재계(齋戒)하기를 1 일간 한다" 라고 되어 있다는데 이에 대하여 의문사항이 있어 다음과 같이 질의하오니 하고하여 주시기 바랍니다.

문. 1. 참례(參禮)에는 재계(齋戒)하기를 1일간 한다. 에 대한 설명?

문. 2. 산재(散齋)2일 및 치재(致齋)1일에 기제일(忌祭日)이 포함 되는지?

◆答; 재계(齋戒).

문. 1. 答; 아래와 같이 살펴보건대 참례는 소사(小祀)로 전일일쇄소재숙(前一日灑掃齋宿)이라 하루 전 에 사당을 깨끗이 물 뿌려 닦고 청소를 하고 재계하며 자는 것입니다.

문. 2. 答; 기제(忌祭)의 재계는 비요 등 대부분의 예서에서는 전일일(前一日)이나 요결에서 산재(散齋)2일 및 치재(致齋)1일이라 하였으며 기제(忌祭)일(日)은 재계(齋戒)일(日)에 포함되지 않으나 그날에는 술을 마셔서는 아니 되고 고기도 먹어서는 아니 되며 노래를 들어서도 아니 되며 저녁에 잘 때는 바깥채에서 자야 하는 것입니다.

●疑禮流說或問時祭忌祭俱是祭先而齊戒時有三日一日之異者何也沙溪曰開元禮齊戒條註云凡大祀散齋四日中祀三日小祀二日致齊大祀三日中祀二日小祀一日以此觀之祭有大小而齋戒之日亦隨而有異也

●要結時祭則散齋四日致齋三日忌祭及墓祭則散齋二日致齋一日參禮則齋宿一日

●備要時祭則前期三日齋戒忌祭及墓祭則前一日齋戒參禮則前一日齋宿

●備要是日不飮酒不食肉不聽樂以居夕寢于外

아래와 같이 살펴보건대 제주뿐만 아니라 남녀를 불문하고 제원은 모두 다같이 같은 기간 재계(齊戒)를 합입니다.

●書儀時祭齊戒條前期三日主人帥諸丈夫致齊於外主婦帥諸婦女致齊於內

▶1389◀◆問; 재계(齋戒)에 대하여 여쭙습니다.

제관(祭官)에 임(臨)하게 되면 산재(散齋) 2일 치재(致齋) 1일 재계(齋戒)하여야 한다고 하는데.

(1)제관이란 헌관 축관만을 말하는지요? 집례 집사 일반 + 참례자도 재계하여야 하지 않은가 하는 생각에 여쭙습니다.

(2)산재는 기일 전일과 전 전일에 하는 것인가요? 3일전과 2일전은 산재, 1일전은 치재인가? 하는 생각에 여쭙습니다.

◆答; 재계(齋戒)란.

(1). 答; 대부사(大夫士) 예법에는 제관(祭官) 제도가 없습니다. 오례의(五禮儀)의 그 제도에 재관(齋官)에 포함됩니다. 재계(齋戒)는 제원(祭員) 모두가 해당됩니다.

●國朝五禮儀序例齋官條宗廟亞獻官終獻官進幣瓚爵官薦俎官奠幣瓚爵官典祀官執禮廟司宮闡令大祝祝史齊郎執尊捧俎官掌牲令恊律郎爵洗位盥洗位贊者謁者贊引監察通禮奉禮

●性理大全齋戒;主人帥衆丈夫致齊于外主婦帥衆婦女致齊于內

(2). 答; 散齊; 치재(致齋)하기에 앞서 며칠 동안 몸이나 행동(行動)을 삼가던 일. 대개 집 밖에 나가서 평일(平日)처럼 일을 보되, 술을 먹지 않고, 파·부추·마늘 따위를 먹지 않고, 조상(弔喪)이나 문병(問病)을 하지 않고, 음악(音樂)을 듣지 않고, 형벌(刑罰)을 행(行)하지 않고 형살문서(刑殺文書)에 서명(署名)하지 않고 더럽거나 악(惡)한 일에는 참예하지 아니함.

●祭義致齊於內散齊於外鄭玄注散齊七日不御不樂不弔耳

(2). 答; 致齊; 제관(祭官)이 제사(祭祀)를 시작하는 날부터 제사를 마친 다음 날까지 사흘 동안 몸을 깨끗이 하고 삼감.

●祭統;致齊三日以齊之定之之謂齊齊者精明之至也然後可以交于神明也

▶1390◀◆問; 齊戒/齋戒의 차이점.

어떤 책에서는 제계(齊戒) 어떤 데서는 재계(齋戒)라 쓰고 있습니다. 같은 의미가 되는지요.

◆答; 재계(齊戒)/재계(齋戒).

제(齊)가 재계(齋戒)한다는 의미로 쓰일 때는 제(齊)의 음(音)이 "재"로 변음(變音)되어 재계한다는 재(齋)와 동의로 변하여 재계(齋戒) 또는 재계(齊戒) 어느 글자를 택하여도 같은 의미가 됩니다.

●廣韻[齋(zhāi)]一本作齊
●祭統齋之爲言齊也
●繫辭傳聖人以此齋戒(註)洗心曰齋
●集韻[齊(zhāi)]通作齋
●康熙字典[齊]與齋同
●祭統齊之爲言齊也齊不齊以致其齊也

▶1391◀◆問; 재차 질문 드립니다.

答辯: 제사 시간을 6 월 13 일 당일 질명(質明; 먼동 틀 무렵)에 지냄이 정례(正禮)이나 속례(俗禮)로 당일 첫 시인 자시에 지내고 있습니다. 라고 하셨는데요. 혹시 6 월 13 일 저녁 9 시 이후에 제사(祭祀) 드리면 안 되는지요? 크게 결례가 안 된다면 여러 가지 이유로 인하여 13 일 저녁 9 시 이후로 드렸으면 해서요.

◆答; 아니 될 일은 아닙니다.

아래와 같이 살펴보건대 "행제태조불가태만역불가(行祭太早不可太晚亦不可)"라. 제사를 지냄에 너무 일찍 지내도 안되며 너무 늦게 지내도 역시 아니 된다. 라 하였으니 속례로 자시(子時)에 지내도 너무 일찍 지내는 제사이나 이는 자손 된 도리로 질명(質明)까지 기다리지 못하고 지내는 제사라는 명분이 있으며, 진시(辰時) 행제(行祭)는 너무 늦은 제사로서 한편으로는 게으른 자손이라는 지적도 받을 수 있으나, 진시(辰時)는 자손들의 생활 패턴으로 퇴근 이후 시간대로서 그 시간이라야 후손들이 모두 모여 작고(作故)하신 날의 슬픔을 느끼며 제사를 지낼 수 있다면 누구라도 법도보다 우선일 수 있다, 라 답변될 것입니다.

●尤菴曰行祭太早不可太晚亦不可惟當以質明

▶1392◀◆問; 저녁 8 시에 지내는 기제사 날짜 문의 합니다.

안녕하세요 문의 드립니다. 음력 10 월 2 일에 돌아가신 시아버님 제사를 음력 10 월 2 일 저녁 8 시에 지냈습니다. 2 년 동안은요. 그런데 집안식구들과 장례 업을 하는 주위 분들은 음력 10 월 1 일 저녁에 지내야 한다고 합니다. 돌아가신 날은 제사(祭祀)를 지내는 게 아니라고 하면서 살아계시던 날에 지내야 한다고 합니다.

밤 12 시에 지내는 경우는 음력(陰曆) 10 월 1 일 제사음식을 준비해서 10 월 2 일 00 시(자시)에 지내는 게 맞겠지만 제 생각엔 저녁 8 시에 지내는 경우는 돌아가신 날 10 월 2 일 에 지내는 게 맞을 것 같아서요. 꼭 답변 부탁 드립니다. 주위에서 의견이 분분합니다.

◆答; 저녁 8시에 지내는 기제사.

기일(忌日)이란 부모가 작고한 날이란 뜻이고, 기제(忌祭)란 기일(忌日)에 지내는 제사(祭祀)란 의미이니 작고한날 지내는 제사라는 뜻입니다.

따라서 기제는 사망한날 질명(質明: 먼동 틀 무렵)에 지냄이 옳으나 어느 때에 지내든 작고한날 지내야 기제(忌祭)가 되는 것입니다. 혹 속설에서 기제(忌祭)는 산 날 지낸다. 라 한다면 혹 궐례(闕禮)로 자시(子時)에 제사(祭祀)하니 이 자시(子時)란 실은 죽은 날 첫 시(時)가 되나, 날로는 죽은 전날 저녁이 되어 오해로 인한 와전이 아닌가 합니다.

●祭義君子有終身之喪忌日之謂也鄭玄注忌日親亡之日
●周禮春官小史若有事則詔王之忌諱鄭玄注引鄭司農曰先王死日爲忌名爲諱
●家禮忌祭編○厥明夙興設蔬果酒饌○質明主人以下變服詣祠堂封神主出就正寢
●尤庵曰行祭早晚太早不可太晚亦不可惟當以質明爲正
●日省錄正祖十九年乙卯四月二十二日壬寅條(云云)獻官之命十七日進詣本宮十八日子時行祭天氣淸和享事利成獻官以下(云云)

▶1393◀◆問; 煎과 肝納 肝炙에 대하여?

전(煎), 간납(肝納), 간적(肝炙), 이 어떻게 다른지요. 어데선가 전과 간납은 같은 것이라고 본 듯도 합니다.

◆答; 전(煎)과 간납(肝納) 간적(肝炙).

전(煎); 번철(燔鐵)에 기름을 두르고 지질 재료(材料)를 얇게 썰어 밀가루나 그 반죽을 묻혀 눋도록 지져낸 부침개.

○간납(肝納); 우리 표현(表現)으로는 저냐라 하며 어류(魚類)나 육류(肉類)의 살점은 저미거나 다져 밀가루를 묻혀 그 위에 계란(鷄卵)을 씌워 번철(燔鐵)에서 기름을 두르고 지져낸 음식(飮食)으로 이도 전(煎)이라 이름.

○간적(肝炙); 소의 간(肝)은 넓고 길쭉하게 썰어 불에 구운 적(炙).

●既夕禮遣奠條凡糗不煎註以膏煎之則褻非敬
●南溪集酌定祭饌圖說或曰以古則鮓醢菜佐飯淸醬雜炙似違於禮饌以今則湯色之不五炙串之只一切肉肝納餅蜜餅菜之美切而不用深歎於人情吾恐其參差矛盾徒爲半上落下之歸也曰不然所謂禮制之不可變者正指果六品蔬菜脯醢各三品肉魚饅頭糕各一盤之類是也
●詩經正解小雅楚茨章執爨踖踖爲俎孔碩或燔或炙註爨竈也踖踖敬也俎所以載牲體也碩大也燔燒肉也炙炙肝也皆所以從獻也燔者火燒之名炙者遠火之名難熟者近火易熟者遠之故肝炙而肉燔也

▶1394◀◆問; 煎炙은 奠炙의 誤謬.

제사 절차 중 초헌 다음에 전적(煎炙)이라 쓰고 제주는 서집사와 협력하여 육적과 적 소금을 정한 자리에 올린다 라고 설명되었는데 여기서 전적(煎炙)은 전적(奠炙)이 아닌지요.

◆答; 전적(煎炙).

그 예법(禮法)에 의하면 전적(煎炙)은 전적(奠炙)의 오류(誤謬)입니다.

제사(祭祀) 절차(節次) 중 초헌(初獻) 다음에 전적(煎炙)이라 쓰고 제주(祭主)는 서집사(西執事)와 협력(協力)하여 육적(肉炙)과 적 소금을 정한 자리에 올린다 라고 설명(說明)되었는데 여기서 전적(煎炙)은 전적(奠炙)이 아닌지요.

●家禮時祭初獻奠炙條執事者炙肝于爐以楪盛之兄弟之長一人奉之奠于高祖考妣前匙筯之南

▶1395◀◆問; 전주(奠酒)와 祭酒(좨주)의 선후(先後).

주자가례(朱子家禮)나 사례편람(四禮便覽)에 의(依)하면 상례(喪禮; 虞祭)의 경우(境遇)에는 <제주(祭酒) 후(後) 전주(奠酒)>이고 제례(祭禮; 四時祭)의 경우(境遇)에는 <전주(奠酒) 후(後) 제주(祭酒)>로 되어 있으며 저의 집안에서는 이와 같이 행하고 있습니다.

상례(喪禮)의 경우(境遇)에는 <제주(祭酒) 후(後) 전주(奠酒)>이어야 한다는 가르침은 없군요. 혹 상례(喪禮; 虞祭)의 초헌절차(初獻節次)가 <전주(奠酒) 후(後) 제주(祭酒)>이라는 예서(禮書)도 있는 지요?

◆答; 전주(奠酒)와 祭酒(좨주)의 선후(先後).

아래와 같이 살펴보건대 사마씨(司馬氏) 서의(書儀) 우제(虞祭) 초헌 조(初獻條)에서 그와 같이 전주(奠酒) 후(後) 제주(祭酒)의 예(禮)를 채택(採擇)하고 있습니다.

●書儀虞祭初獻條(前略)主人進詣酒注所北向執事者一人取靈座前酒盞立于主人之左主人左執盞右執注斟酒授執事者置靈座前主人進詣靈座前執事者取酒盞授主人主人跪酹執事者受盞俛伏興少退立(後略)

▶1396◀◆問; 전후모(前後母)의 지방을 각각 써야 하나?

할아버지께서 결혼(結婚)을 하셨다가 큰아버지께서 태어나시고 할머니와 사별(死別)하셨습니다. 그리고 재혼을 하셨고 아버지께서 태어나셨습니다 그리고 자녀를 몇 명 더 두셨습니다. 할아버지와 작은할머니 모두 돌아가셨는데, 할아버지 제사에 할머니 두 분을 모두 지방에 올려야 하는지 첫 번째 할머님만 올려야 하는지 두 번째 할머님만 올려야 하는지 궁금합니다.

◆答; 전후모(前後母)의 지방을 각각 쓴다.

아래와 같이 살펴보건대 병제(竝祭)의 가문(家門)이라면 조부(祖父)께서 전후실(前後室)이 계시면 조부 기일이거나 전비, 또는 후비 기일(忌日)에 3 위를 별지에 따로따로 써 모시고 제사합니다.

●問有前後妻者死而後妻奉祀則忌祭時可只祭厥辟歟欲並祭則祝文稱謂無據且以後妻而祭前妻非非族之祀耶南溪曰繼室之於元妃與夫一體奉祀恐甚得禮所謂非族之祀豈指此類而言耶祝文稱謂禮無明文不敢爲說
●問解續問父若有前後室則前後母神主同出耶只出考與所祭之主耶答並祭爲當前母忌日同祭後母後母忌日同祭前母
●陶庵紙牓式云祖妣二人以上別具紙各書

▶1397◀◆問; 전후실의 제사는 누가?

저희 시댁은 큰집이고 할아버지와 할머니 두 분이 계셨습니다. 시아버지만 큰할머니 자손이고 나머지 삼촌과 고모는 작은할머니 자손입니다. 작은 할머니는 정식 부인이십니다.

이때까지 시댁(媤宅)에서 할아버지와 할머니 두분 제사(祭祀)를 지내왔고 제사 때마다 지방(紙牓)에 세분을 다 올렸습니다. 올해부터는 첫 째 삼촌(三寸), 작은할머니 큰아들이 작은할머니 제사를 지냅니다. 그러면 그때도 지방을 세분 올려도 될까요?

명절제사 때는 시댁에서만 지낸다고 하네요. 맞는지 정말 궁금합니다. 사실 지방 문제로 아버님과 삼촌들이 다툼을 하셔서요. 저희 아버님은 작은할머니 제사 때 지방을 작은할머니만 올리라고 하셨거든요. 명쾌한 답변 부탁 드려요.

◆答; 전후실의 제사.

선대(先代) 봉사(奉祀)는 효자손(孝子孫)이 감당(堪當)합니다. 만약 부모에게 전후실(前後室; 서모 제외)이 있다면 전후실 제사를 전실(前室)의 아들 중 적자(嫡子)가, 전실에게는 아들이 없고 후실(後室)에게서 아들이 있다면 전후실 모두 그가 지내며 만약 전실(前室)과 후실(後室)에 모두 아들이 있다면 전실의 아들이 후실(後室)의 아들 보다 나이가 어리다 하여도 그가 주인(主人)이 되어 전후실(前後室)의 제사(祭祀)를 주관(主管)하며 초헌(初獻)을 하게 됩니다. 만약 병제(竝祭)의 가문(家門)이라면 부친(父親) 및 전후실(前後室)의 기일(忌日)을 당하면 3 위를 함께 설위(設位)하고 제사(祭祀)하게 됩니다.

●問解續問父若前後室則前後母神主同出耶只出考與所祭之主耶答竝祭爲當前母忌日同祭後母後母忌日同祭前母

▶1398◀◆問; 전. 후처 제사 때 양위를 합사하여 지내도 되는지.

전후비(前後妣)와 고(考)를 1 년에 3 번 제사를 지내던 것을 어느 하루에 합사하려 하는데 가능하겠습니까?

◆答; 전. 후처 합사 법도상으로는 불가.

아래와 같이 살펴보건대 병제(竝祭)함은 정례(正禮)는 아니나 인정(人情)에서 병제로 지내게 되는 데, 남계(南溪) 선유(先儒) 말씀을 참고하여 보면 원계실(元繼室)를 병제(竝祭)한다. 하여 예에 크게 어그러진다. 할 수는 없을 것도 같습니다.

그러나 1 년에 각각 3 번 지내는 제사를 어느 하루를 택하여 1 번 지낸다 함이라면 대단히 잘못된 발상입니다.

●晦齋曰按文公家禮忌日止設一位程氏家禮忌日配祭考妣二家之禮不同盖止設一位禮之正也配祭考妣禮之本於人情者也
●問解續問父若有前後室則前後母神主同出耶只出考與所祭之主耶答竝祭爲當前母忌日同祭後母後母忌日同祭前母
●問人有前後妻者死而三年後與前妻合櫝(云云)忌祭時(云云)竝祭則祝文稱謂無
據且以後妻而祭前妻非非族之祀耶南溪曰繼室之於元妃與夫一體奉祀恐甚得禮所謂非族之祀豈指此類而言耶祝文稱謂禮無明文不敢爲說

▶1399◀◆問; 재취, 삼취 관련 제례 질문.

저희들이 혹시 잘못하고 있는 것은 아닌지 질문(質問) 드립니다. 저희 어머님은 처음에 정씨 집안으로 출가하여 딸을 하나 낳고 혼자되셨습니다. 한편 저희 선친께서는 두 번이나 상처를 하시었고(生 2 남), 저희 어머님은 삼취(三娶)로 들어오셔서 저희 남매들을 낳고 일생을 보내 셨습니다.

그런데 저희 고향 민간풍속으로는 제사상에 3 분까지는 모실 수 있어도, 셋째 부인까지는 4 분을 함께 모시지 않습니다. 이런 사실을 아시는 어머님은 저의 이복 큰형님의 제사봉양 보다는, 생전에 당신이 처음 출가했던 정씨 집안으로 제사를 옮겨 가기를 원했고, 그쪽 집안에서도 묘 자리도 잡아 놓고 맨 큰누나를 통하여 오기를 원했으며, 저희들은 논의 끝에 그렇게 모셨습니다.

한편 세상 문물(文物)이 변하다 보니, 정씨 집안에서는 처음 그때만 그랬을 뿐 모두

20 년 전 당시 어른들 의견(意見)이고 하나 둘씩 그 어른들도 돌아가시고, 점차 어머님에 대한 관심도 없고 특히 양자(養子)를 삼은 젊은이는 그런 의식도 없습니다. 오직 큰 누나만 어머님 제사(祭祀)에 애정을 갖고 있습니다.

한편 제사(祭祀)는 우리 형제가 남의 성씨 집안으로 제사를 지내러 가기도 그렇고 해서, 앞서 말씀 드린 큰 누나 집에서 모시고 있습니다. 예전에는 정씨 집안 양자가 기제사를 지내러 오더니 근래에는 오지도 않습니다. 도회지(都會地) 생활하는 젊은 이로서 그 입장 저도 이해(理解)합니다. 이제는 그 쪽 집안에서도 제가보기에는 야무지게 문중사를 챙기고 웃어른 역할을 하는 분이 없는 것 같습니다.

지방은 처음에는 어머님만 썼다가, 누나의 의견에 따라 다음해부터는 두 분을 모셨습니다(저희들은 예법보다는 남매간의 화목을 더 중시하여 그냥 좋은 대로 하자는 뜻이었습니다). 현재 초헌은 누나가 하고, 아헌은 저의 바로 바로 위 형이 합니다. 저희 집안은 꼭꼭 독축을 하며 제사를 지내는데, 어머니의 경우는 독축을 하지 않고 있습니다.

이런 식으로 해도 괜찮은지요? 잘못된 점은 없는지요? 3 취(娶)인 경우의 제례(祭禮)는 어떻게 되는지요? 나중에는 어떻게 해야 될런지요. 고견을 바랍니다.

◆答; 재취, 삼취 관련 제례.
전가(前家)에 친자(親子)가 있다 하여도 출모(出母)는 제사(祭祀)치 않고, 또 서모(庶母)는 적자(嫡子)가 제사치 않으니 그의 개가(改嫁)하여 얻은 아들이 그의 집에서 제사를 지내야 예법상 옳습니다.

●程子曰庶母不可入廟子當祀於私室
●朱子曰出妻入廟決然不可

▶1400◀◆問; 제담양별실문(祭潭陽別室文)에서 담양(潭陽)은 택호인지 관향인지?
제담양별실문(祭潭陽別室文)에서 담양(潭陽)은 택호(宅號)인지요.

◆答; 제담양(祭潭陽) 별실문(別室文)에서 담양(潭陽)은.
소실(小室)의 제문(祭文)으로 별실(別室)의 택호(宅號; 친정 마을 명)가 아닌가 합니다.

●北史朱氏傳彭城太妃尒朱氏榮之女魏孝莊后也神武納爲別室敬重踰於妻妃
●月洲集祭潭陽別室文死生在天脩短由命人所不免理所固然十年從我緣非不重有子有女命非太薄生而無憾死亦何傷爾若有知亦宜順受惟是一別奄忽幽明病未相問葬末相見悠悠此恨存沒何間遙將一杯慰爾孤魂

▶1401◀◆問; 제례 관한 자료.
전통제례에 대하여 알고 싶은데 홈피 여기저기 봐도 없군요 제례에 관한 자료나 책자 같은 거를 구하려면 어떻게 해야 되는지 알려주시면 고맙겠습니다.

◆答; 제례 예법.
번역서라면 시중에 여러 종류가 나와 있습니다.

▶1402◀◆問; 제례 관련 문의.
안녕하십니까? 저희 집은 4 대 봉사하고 있습니다만, 제 경우 조부모님 제사에는 요일에 상관없이 참석하고 그 윗대 제사는 주말(금, 토, 일요일)에 닿을 때만 참석하고 있습니다. 공교롭게도 음력 11 월에는 4 위의 제사가 있는데 이중 3 위는 이틀 간격이어서 3 위의 제사를 같은 날 모시면 좋겠다는 생각이 들기도 합니다.

지금 제수는 연로하신 모친께서 손수 준비하고 계시고 제 처는 직장일과 어린 아이 때문에 제사 때마다 휴가를 낼 수도 없는 처지입니다. 저는 남자라서 업무 끝나고 다녀오면 되지만 폭설이 내리면 운전해서 다녀오기도 어렵기 때문에 한 날 지내는 방안이 합리적일 것 같다는 생각도 드는데 전례가 있는지요? (3 위의 제수를 각 각 준비해서 한 날 지내는 방안임)

제 생각은 음력 11 월에 있는 4 위의 제사를 제가 모셔오는 방안(부친께서 오셔 서 주관)이 나을 것 같은데 제사를 한 곳에서 지내지 않고 두 곳으로 분산해서 지 내도 무방한 지 궁금합니다. 고견을 주시면 감사하겠습니다.

◆答; 제례 관련 문의.

問; 1). 答; 기제(忌祭)란 사람이 죽은 날에 지내는 제사를 이름이고, 명절(名節) 차 사(茶祀)는 명절에 지내드리는 예(禮)인데. 그날 바쁘다 하여 다음 날이나 미리 지 낼지 않듯 기제(忌祭) 역시 그 날이 아니면 어느 날 지낸다 하여도 기제가 되지 않 습니다.

問; 2). 答; 선대 봉사의 근본이 되는 것은 사당(祠堂)이 됩니다. 사당은 종자손 집 에 세워지게 되는데, 명절의 예는 사당에서 행하게 되고 사시제(四時祭)와 기제는 정침(正寢)에서 지내게 되니 신주를 사당에서 모셔내어 그 집 정침(正寢) 이외로는 모시고 다니지 않게 됩니다. 다만 주인(제주)가 70 세가 되면 노이전중(老而傳重)이 라 하여 가사(家事)를 자손에게 넘겨 주는 예에 따라 제사도 자손에게 넘겨 주게 됩니다.

따라서 제사 전체를 오권영님께서 지내시되 섭주(대행)예법에 따라 축문에 그 사유 를 고하고 모두 지내실 수가 있습니다. 여기서 답변할 수 있는 한계가 여기까지가 됩니다. 이해하여 주시기 바랍니다.

●曲禮七十曰老而傳註傳家事任子孫是謂宗子之父○士昏記註子代其父爲宗子
●明齋曰朱子傳重告廟之文只言傳重而已又於與趙尙書書言不可遞遷之義甚嚴則已雖不 與祭其祝告依曾子問孝子某使介子某執其常事之例恐得
●退溪曰父不與祭而使子弟攝行則當依宗子命介子代祭之例曰孝子某使子某敢昭告于云 云
●梅山曰主人有疾病則攝行告曰孝子某因病不能將事使某親某(或有疾病介子某代行)敢 昭告于云云
●祭義君子有終身之喪忌日之謂也註忌日親之死日也
●周禮春官宗伯禮官之職小史條掌邦國之志奠繫世辨昭穆若有事則詔王之忌諱註鄭司農 云先王死日爲忌名謂諱
●曾子問祭過時不祭禮也

▶1403◀◆問; 제례 문의.

안녕하십니까? 제례에 관해 궁금하여 문의 드립니다. 기제사는 아들이 사는 서울에 서 지내고, 명절 차례는 부인이 사는 시골에서 지내도 되는지요? 즉, 기제사 때 는 부인이 아들 집으로 가서 지내고, 명절 차례 때는 아들이 어머니 한 테 가서 지 내는 것입니다.

◆答; 제례.

제사란 법도상 이리저리 옮겨 다니며 지내지 않습니다. 지금은 거의 가문(家門)에서 사당(祠堂)이 없으니 편리한 대로 그와 같이 지내나, 만약 신주(神主)봉사를 한다면 신주(神主)가 계신 곳에서만이 그 제사를 지낼 수 밖에 없을 것입니다.

●性理大全祠堂;君子將營宮室先立祠堂於正寢之東凡祠堂所在之宅宗子世守之
●尤庵曰今世出次之人例置家廟而獨身脫出想以所次之處無奉安之所而然然非事亡如事存之道矣
●南溪曰所謂謫者重則窮海絶塞輕則限年徒配要之皆難以木主並行

▶1404◀◆問; 제례 문의.

문 1) 흔히들 사자이서위상(死者以西位上)이라 해서 지방에 고서비동(考西妣東)으로 쓰고 있는데 이에 대한 전거는?
문 2) 진설에 있어서 산자와 죽은 자는 반대이기 때문에 메는 서쪽에 갱은 우측에 놓는다 하는데 이에 대한 전거는?
문 3) 명절에는 제사라 하지 않고 차례라고 하는 전거와 설은 어느 때부터 차례를 지냈는지요?
문 4) 명절(설)에는 단잔무축이라 하였으니 한 제사 상에 기제사를 모시는 4 대 봉사 8 분의 떡국을 한 상에 놓고 지내야 하는지요?
문 5) 진설에 수연례는 4 열이고, 제례는 5 열이라 하는데 이에 대한 전거는 있는지요?

◆答; 제례 문의.

問 1. 答; 아래의 말씀에 오른쪽을 숭상하여 남향이었을 때 서쪽을 상석으로 삼는 것 같습니다.

●或問廟制皆當以西爲上朱子曰自漢明帝乃有尙右之說唐宋以來皆爲同堂異室以西爲上南向之位

問 2. 答; 아래와 같이 살펴보건대 퇴계선생께서 하신 말씀에 생시의 좌반우갱(左飯右羹)은 왼쪽을 숭상함에서 이고 제사 때의 우반좌갱(右飯左羹)은 이른바 신도(神道)는 오른쪽을 숭상(崇尙)함에서 그러하다. 라 하신 것 같습니다.

●疑禮流說退溪曰祭饌尙左之說恐未然盖食以飯爲主故飯之所在卽爲所尙如平時左飯右羹是爲尙左而祭時右飯左羹是乃尙右所謂神道尙右者然也

問 3. 答; 아래와 같이 살펴보건대 편람 정지삭망칙참조(正至朔望則參條)에 보름에는 술은 진설하지 않고 신주도 내모시지 않는다 하였으니 보름날에는 술은 올리지 않고 차만 따라 올렸으므로 차례(茶禮) 또는 다례라 하는 것이며 율곡(栗谷)선생 말씀과 같이 설 명절 등은 참례(參禮)라 함이 옳지 않을까 합니다. 시간은 전일일쇄소재숙궐명숙흥(前一日灑掃齊宿厥明夙興)이라 하였으니 아친 일찍 지내야 하는 것 같습니다.

●便覽正至朔望則參條前一日灑掃齊宿厥明夙興開門軸簾每龕設新果盤於卓上每位盞盤於神主櫝前○望日不設酒不出主餘如上儀
●栗谷曰若正朝冬至則別設饌數品冬至則加以豆粥正朝湯餠若冬至行時祭則不行參禮

問 4. 答; 아래와 같이 살펴보건대 세대(世代)마다 일탁(一卓)에 합설하되 잔반(盞盤)과 수저 반갱(飯羹) 등은 각설(各設)합니다.

●便覽正至朔望則參條每龕設新果盤於卓上每位盞盤於神主櫝前

問 5. 答; 진설의 행수는 가례를 비롯하여 대개의 예서에서 4 행을 택하고 있으나 요결에서 오행을 택하고 있는데 그 택한 이유를 밝힌 예서는 없으며 수연례 및 제례 진설도 열에 대한 주석문을 찾을 수가 없습니다.

▶1405◀◆問; 제례 문제.

본인은 전. 후처가 모두 사망하여 제사 때 양위를 합사하여 지내는데 관계가 없는 것인지요. 안이면 따로따로 지내야 하는지요. 자세히 하고 바랍니다. 2012/10/18 정○정 씀.

◆答; 제례 문제.

아래와 같이 살펴보건대 병제(並祭)함은 정례(正禮)는 아니나 인정(人情)에서 병제로 지내게 되는데, 남계(南溪) 선유(先儒) 말씀을 참고하여 보면 원계실(元繼室)를 병제(並祭)한다. 하여 예에 크게 어그러진다. 할 수는 없을 것도 같습니다.

●晦齋曰按文公家禮忌日止設一位程氏家禮忌日配祭考妣二家之禮不同盖止設一位禮之正也配祭考妣禮之本於人情者也
●問解續問父若有前後室則前後母神主同出耶只出考與所祭之主耶答並祭爲當前母忌日同祭後母後母忌日同祭前母
●問人有前後妻者死而三年後與前妻合櫝(云云)忌祭時(云云)並祭則祝文稱謂無據且以後妻而祭前妻非非族之祀耶南溪曰繼室之於元妃與夫一體奉祀恐甚得禮所謂非族之祀豈指此類而言耶祝文稱謂禮無明文不敢爲說

▶1406◀◆問; 제례 시 강신 절차 중에서.

여러 가지로 조사해봤으나 공통된 의견을 찾기가 힘들어서 삼가 여쭙니다. 제사 시 강신 절차에서 여러 주장이 나와 성균관에서 추천하는 예법을 알고 싶습니다. 조사한 바 강신 절차는 우집사가 잔을 들어 제주에게 건네주면 제주는 왼손으로 잔대를 오른손으로 잔을 잡고 향불 위로 세 번 돌린 다음 모사기에 세 번으로 나누어 완전히 따라내는 것 까지는 공통되었습니다.

문제는 그 다음입니다.
1) 어떤 이들은 좌집사가 잔을 받아 다시 우집사에게 주어 "제자리에 놓게 한다"고 하며,
2) 어떤 이들은 우집사가 다시 잔을 받아 "제자리에 놓게 한다"고 하며,
3) 또 어떤 이들은 좌집사가 잔을 받아 제사 상 위의 잔 위치에 놓는다고 합니다.

여기서부터 질문입니다.
1. 여기서 "제자리에 놓는다"는 의미가 제사 상 위 잔 위치가 맞습니까? 아니면 향탁 오른쪽 옆 잔 위치가 맞습니까?
2. 위의 1)~3) 중 어느 것이 맞습니까? 성균관에서 추천하는 예법을 알고 싶습니다. 선비님들의 고언을 부탁 드립니다.

◆答; 제례 시 강신 절차.

問 1. 答; 아래와 같이 살펴보건대 뇌주 잔반은 제사상이나 향탁 위가 아니라 동계 위(정침 기제에서는 향탁 동편)에 당초(진기 때)에 놓았던 탁자 위에 다시 집사자가 받아다 올려 놓습니다.

●家禮四時祭陳器條本註設酒架於東階上別置卓子於其東設酒注一醋酒盞一盤一(云云)於其上

●便覽四時祭降神條本註云云主人左手執盤右手執盞灌(朱子曰盡傾)于茅上以盞盤授執事者(陶庵註執事者反注及盞盤於故處先降復位)俛伏興再拜降復位

問 2. 答; 아래와 같이 살펴보건대 당초에 뇌주 잔반을 잡았던 좌집사자가 주인이 뇌주 의식을 마치고 다시 그에게 주면 그는 잔반을 받아 다시 원 있던 자리(향탁 동편 탁자 위)에 올려 놓고 물러납니다.

●便覽四時祭降神條本註云云執事者一人開酒取巾拭瓶口實酒于注一人取東階卓上盞盤立于主人之左一人執注立于主人之右主人跪奉盞盤者亦跪進盞盤主人受之執注者亦跪斟酒于盞云云盞盤授執事者

▶1407◀◆問; 제례시의 촛불은?

낮에 지내는 차례나 시제 같은 경우와 밤에 지내는 기제 시 요즘같이 전깃불이 있는데도 촛불을 켜야 하는지요?

◆答; 제례시의 촛불.

백성제는 모두 질명제(質明祭)라 촛대 세우는 예법은 없습니다. 다만 대부분 축시행제(丑時行祭)인 왕실 예법에서는 촛대 둘을 제상 동서 변에 세웁니다.

따라서 백성들도 자시(子時) 행제(行祭)가 거의 일반화 되어 궁실 예를 본받아 촛불을 켜고 있습니다.

조상제사 예법은 왕실은 오례의, 백성은 주자가례에 근거하였으니 전기 불이 있다 하여도 예법에 따라 촛불을 켜게 되는 것입니다.

●輯覽圖式祭器圖條右祭器圖昔年侍先君赴京時得於中國諸畵中者燭及檠幷見上三代器用圖中
●五禮儀吉禮饌實尊罍圖說條按燭及檠處南端爵行上香爐東西兩邊置

▶1408◀◆問; 제례시 절의 순서 외.

수고하십니다. 몇 가지 문의를 하고자 합니다.
1. 제례(차례, 제사)시 절의 순서를 문의합니다. 장자(제주)가 절을 올리고, 그 다음 순서에 차자(둘째 아들)가 올리는 것이 맞는지 아니면, 장손(長孫)이 올리고, 장자의 차손(次孫)이 절을 올린 다음 차자(둘째 아들)가 올리는 것이 맞는지 알고 싶습니다. 장손이 차자 보다 먼저 올린 절 때문에 차자가 상당히 기분을 나쁘게 생각합니다. 법도에 맞는 순서를 알려 주시기 바랍니다.
2. 제례 시 상의 방향 때문에 움직임이 좋지 않은 곳에다 상을 놓고 지내고 있습니다. 법도에 의거 하여 위치를 알려 주시기 바랍니다. 법도에 맞는다면, 불편해도 현재의 위치에서 하려고 합니다. 조언을 부탁 드리며 줄입니다. 감사합니다.

◆答; 제례시 절의 순서.

問1. 答;
⊙속절 참례(차례)는 무축단헌(無祝單獻)이라 하여 헌배(獻拜)의 예법은 아래와 같이 단배(單拜)로 마칩니다.

주인은 주전자를 들고 위전으로 올라가 먼저 정위 다음 부위의 잔에 술을 따르되 먼저 고위(考位) 잔에 다음 비위(妣位) 잔에 가득 따르고 낮은 부위는 장자가 손을 씻고 올라가 그와 같게 하고 매 위 개반(開飯)을 하고 삽시정저(扱匙正筯) 후 먼저 물러나 제자리에 선다. 주부와 장자부가 손을 씻고 숙수(熟水)를 올리고 장자 부(婦)는 먼저 제자리로 물러나 서고 주인은 향안 앞 동쪽에 서고 주부(主婦)는 그 서쪽에 서서 재배를 하고 제자리에 선다.

⊙기제에는 삼헌(三獻)의 예로 순위는 아래와 같습니다.

초헌; 주인(제주).

아헌; 주부(제주의 처) 유고(有故)이면 주인의 형제 중 맏이 또는 장손(長孫).

종헌; 차순자(次順者)로서 주인형제 중 맏이나 주인의 장남 또는 빈객(賓客) 중에서 장자(長者).

問 2. 答; 아래와 같이 살펴보건대 설위(設位)의 향방(向方)은 가옥의 실 향배(向背)가 북향 집이라 하여도 정침의 뒤 벽(실은 남쪽 벽)을 북이라 합니다. 따라서 가옥의 향배가 어느 향(向)이라 하여도 집 뒷벽 아래에 설위(設位)합니다.

●家禮本註凡屋之制不問何向背但以前爲南後爲北左爲東右位西後皆放此○又四時祭前一日設位陳器條主人帥衆丈夫深衣及執事洒掃正寢洗拭倚卓務令蠲潔設高祖考妣位於堂西北壁下南向考西妣東各用一倚一卓

●問家禮時祭于正寢今欲祭于祠堂不知可否退溪曰祭于正寢患祠堂之狹隘也祠堂可容行禮則安有不可顧恐難得如許代祠屋耳

▶1409◀◆問; 제례 시에 제주와 집사 중에서 누가 술잔을 잡아야 하나요?

안녕하세요? 제례 시에 술잔을 올릴 경우에 제주가 술잔을 잡고 집사가 술을 따라서 올리는 경우와, 집사가 술잔을 잡고 제주가 술을 따라서 올리는 경우를 보았습니다.

이 두 가지 경우의 차이점은 무엇이며 그 이유는 무엇인지요? 여러분들의 고견을 기다리겠습니다.

◆答; 제례 시에 제주와 집사 중에서 누가 술잔을 잡아야 하나.

흉제의 헌작 예법은 집사가 위전의 잔을 들어 잡고 있으면 주인(상주)이 주전자를 들고 술을 따르면 집사자가 위전에 올리고, 길제(吉祭)에서는 주인이 위전의 잔을 들어 잡고 집사자가 주전자를 들고 잔에 술을 따르면 주인이 위전에 잔을 올리게 되는데 이와 같이 다른 이유는 상제는 슬픔으로 인하여 그 예를 간소하게 함이고 길제는 엄중히 공경하는 예이니 그렇습니다.

다만 요즘 대개의 가문에서는 시제는 폐하고 기제와 묘제를 지내고 있음이 대부분이니 시제와 같이 여러 위일 적에는 주인이 직접 각위의 잔반을 손수 내려 잡고 동향하여 집사로부터 짐주(斟酒)되면 위전에 올리기를 마지막 위까지 반복하나, 기제나 묘제는 1 위 또는 합설이면 2 위뿐이니 주인이 향안 전에 무릎을 꿇고 앉으면 좌우집시로 나뉘어 좌집사가 위전의 잔을 내려 주인에게 주면 우집사가 주전자로 잔 가득하게 술을 따르면 다시 좌집사에게 잔반을 주고 좌집사는 잔반을 받아 위전에 올렸다 다시 내려 주인에게 주어 주인은 잔반을 받아 삼제를 하게 됩니다.

●或問虞祭獻酌三祭于茅上後置于故處時祭及忌祭則執事者斟酒于盞主人奉奠于故處而執事卽出奉奠盞授主人主人跪受祭于茅上後授執事還奠故處其節目不同何也吉凶異禮而然耶抑別有他義耶

●寒岡曰虞祭與時祭獻祭之禮不同者豈不以虞祭哀遽其禮當簡時祭嚴敬其禮

▶1410◀◆問; 제례에 관하여 문의 드립니다.

제례에 관하여 두 가지 질문을 드리고자 하오니 자세한 설명 부탁 드리겠습니다.

첫째, 제사를 모시는 날짜에 대하여 항간에 제사는 살아계셨던 날에 지내는 것이 맞는다는 설과 돌아가신 날에 지내는 것이 맞는다는 설이 팽팽하게 맞서고 있습니다. 저의 경우엔 돌아가신 날 저녁 8 시에 모시고 있는데, 큰집의 형수님 논리에 의하면 제사는 돌아가신 전날에 제수를 준비하여 돌아가신 날 첫 시인 밤 12 시가 넘어서 지내 야 한다고 말씀하십니다.

그러다 보면 실제로 시간상으로 고인이 돌아가시기 전에 지낼 수도 있을 수 있다고 생각하는데 정확한 제례의 날짜와 시간이 어떤 것이 맞는지 고견을 주시면 감사하겠습니다. 둘째, 지방을 쓸 때 공직에 계셨던 직급(이사관, 부이사관, 경무관, 총경 등)과 직위(예, 시장, 군수, 경찰서장 등등)를 함께 써야 맞는지 아니면 직위나 직급 중 한가지를 쓰는 건지요. 아무쪼록 소상한 안내로 제례를 바로 모실 수 있도록 가르쳐 주시면 감사하겠습니다. 참고로 현재는 직급과 직위를 함께 쓰고 있습니다.

◆答; 제례에 관하여.

기제란 작고한날에 지내는 제사란 의미로 생전과 사후를 따지지 않고 당일 질명(質明; 먼동 틀 무렵)에 지냄이 예서적인데 대개의 가문에서는 당일 초시인 전날 저녁 23 시부터 당일 01 시 사이인 자시(子時)에 지내고 있을 뿐입니다.

모관에는 아래와 같이 모델도 예시한 바가 있으나 오늘 날에는 품계(급)와 직명만 있으니 급으로 씀이 간단할 것 같은데 이는 강요될 사안은 아니며 직명을 쓴다 하여 잘못되었다 할 까닭이 없습니다.

●祭義君子有終身之喪忌日之謂也註忌日親死之日也
●周禮春官宗伯禮官之職小史條掌邦國之志奠繫世辨昭穆若有事則詔王之忌諱註鄭司農云先王死日爲忌名謂諱
●家禮忌祭編○厥明夙興設蔬果酒饌○質明主人以下變服詣祠堂封神主出就正寢○參神降神進饌初獻
●禮器質明而始行事疏質正也謂正明之時少牢禮朝明行事註朝明質明也此乃周禮也
●日省錄正祖十九年乙卯四月二十二日壬寅條(云云)獻官之命十七日進詣本宮十八日子時行祭天氣清和享事利成獻官以下(云云)
●弘齋全書訓語氣猝發大臣閣臣求對承候敎曰逢是年是日予懷無以自抑子時行祭非不知無於禮而不得已爲此天明以後將行祝慶之禮予氣予亦自知故欲稍早時刻庶少鎭安而專意於慶今之節也仍嗚咽良久
●尤庵曰行祭早晩太早不可太晩亦不可惟當以質明爲正

◆지방(紙榜)이나 축문(祝文)의 모관(某官)과 모봉(某封)에 아래와 같이 통일 칭호(稱號) 관봉(官封) 예시(例示).

●직급칭호(職級稱號) ●부인봉호(婦人封號) (各職級)夫人
○總理級=國務總理, 國會議長, 大法院長, 憲法裁判所長.
○副總理級=副總理, 財經部長官, 監査院長, 國會副議長.
○長官級=長官, 國政院長, 各委員長. 서울市長, 國會議員, 大法官, 憲法裁判官, 檢察總長.
○次官級=次官. 各廳長, 道知事, 廣域市長, 서울副市長, 高等法院 長, 司法硏修院長, 高檢長, 治安總監, 大將.
○次官補級=次官補, 地方法院長, 地檢長(檢事長), 中將.
○管理官級(一級)=室長, 道副知事, 廣域副市長, 部長判事(高法首 席), 次長檢事, 治安正監(警察廳次長), 准將, 小將.
○理事官級(二級)=局長. 道室長, 市長, 部長判事(高等法院), 部長檢事, 治安監, 大領.
○副理事官級(三級)=課長, 稅務署長, 道局長, 部長判事(地方法院), 副部長檢事, 警務官, 中領.
○書記官級(四級)=古參係長, 道課長, 市課長, 區廳長, 判事(地方法 院), 檢事, 總警 (警察署長), 少領.
○事務官級(五級)=係長, 道係長, 市課長, 洞面長. 司法硏修院生, 警正(警察署課長), 大尉.
○主事級(六級)=主務官, 道次官, 市係長, 警監, 中尉.
○主事補級(七級)=實務者, 警衛, 警査, 少尉, 准尉.
○書記級(八級)=實務者, 警長, 上土, 中士.
○書記補級(九級)=業務補助. 巡警, 下土.

●例文;
顯考總理府君神位
顯妣總理夫人某氏神位
顯考理事官府君神位
顯妣理事官夫人某氏神位
顯考局長府君神位
顯妣局長夫人某氏神位

▶1411◀◆問; 제례에 관하여 질문 드립니다.

제례에 관하여 몇 가지 질문 드립니다.

첫째, 저의 집안에서는 조상님들의 제사를 돌아가신 날짜에 모셔왔고 작 년 선친이 돌아가신 후에 저도 선친의 제사를 돌아가신 날에 모셨습니다. 그런데 어저께 몇 분께서 한결같이 제사는 고인이 돌아가신 전날에 모셔야 맞는다고 하기에 혼란스러워 고견을 듣고자 문의 드리게 되었습니다.

큰아버지 생전엔 반드시 돌아가신 날 12 시가 넘어야 제사를 모셨고 형님이 제사를 모신 후에도 자정이 넘어서 모시다가 장손이 서울에 살면서 제사를 지내고 이튿날 직장에 출근해야 하는 점을 감안하여 부득이 4-5 년 전부터는 초저녁에 제사를 지내고 있습니다.

그런데 전통 제례에는 맞지 않겠습니다만 초저녁에 제사를 모시는 경우 돌아가신 날 저녁(8 시쯤)에 지내는 것이 맞는지요. 그렇게 되면 고인께선 거의 하루 정도 (20 시간 가량) 늦게 제수를 드시게 되겠지요.

둘째, 지방, 축문 작성 예에 대한 질문입니다. 저의 경우 선친께서 공직에 계셨기 때문에 지방과 축문에 직급인 계급만 올리고 있습니다만 ("현고총경부군 신위") 다른 분들의 질문에 답변하신 중에 지방에는 직급만 축문에서는 직위까지 기재하는 것이 좋겠다는 요지의 답변이 있었던 것으로 알고 있습니다. 만약 직위를 쓴다면 퇴직 전 최종 직위를 쓰는 것이 맞는지요? (선 순위 직위와 무관하게)

셋째, 오늘날의 경우 관직이 있는 조상님의 배우자가 돌아가셨을 때 지방이나 축문에는 어떻게 기록을 해야 맞는지요? 옛날처럼 남편이 관직에 나가면 부인도 첩지를 받았기 때문에 문제의 여지가 없었지만 요즘은 혼란스럽습니다. 현비나 현조비 등은 벼슬길에 나가지 못한 분들의 부인을 지칭했던 것으로 알고 있습니다.

모름지기 전통예절은 바로 지키고 이어가는 것이 옳다고 생각합니다. 물론 시대가 바뀌면 시대에 맞는 예절을 따르는 것이 맞겠지요. 부디 바른 길을 안내해 주시기 바랍니다.

◆答; 제례에 관하여.

問 1; 答; 기제란 작고한날 질명(質明=먼동 틀 무렵)에 지냄이 유가적 정례입니다. 그러나 기제를 변례(속례)로 작고한 당일 첫 시인 자시(子時)에 지냄이 대부분이라 할 수 있을 것입니다.

우암 선유 말씀에 너무 일러도 너무 늦어도 아니 된다 말씀 하셨으니 자시(子時) 행제(行祭)도 태조(太早)에 해당될 것입니다. 따라서 선생 말씀과 같이 당일 초저녁 8 시 역시 태만(太晩)에 해당 될 것입니다. 따라서 모두 정례는 아닌 것입니다.

정례(正禮)는 아니나 형편상 그 시간대가 아니고는 제사를 지낼 수가 없다면 당일 초저녁 행제(行祭)라도 궐사(闕祀)에 비길 바가 아니겠지요.

●祭義註忌日親死之日也
●語類先生遇四仲時祭隔日滌倚卓嚴辦次日侵晨已行事畢
●張子曰五更而祭非禮也据此則與其晚也寧早當以語類爲正
●尤庵曰行祭早晚太早不可太晚亦不可惟當以質明爲正

問 2; 答; 아래와 같이 살펴보건대 품계(品階)와 직책(職責)을 함께 기록(記錄) 되여야 할 것 같습니다.

●問職銜字數多則陷中書以兩行牛溪已有說而前面兩行則未見有可據之文明齋曰粉面陷中何以異也

⊙祝文式(葛庵)
維年月日曾孫嘉善大夫司憲府大司憲玄逸敢昭告于云云

⊙祝文式(葛庵)
(云云)顯高祖考通訓大夫行宜寧縣監晉州鎮管兵馬節制都尉府君(云云)

⊙祝文式(葛庵)
(云云)顯考贈資憲大夫吏曹判書兼知義禁府事五衛都摠府都摠管行宣敎郎康陵參奉府君(云云)

⊙紙位圖說(皇壇增修儀)
○太祖開天行道肇紀立極大聖至神仁文義武俊德成功高皇帝神位
○神宗範天合道哲肅敦簡光文章武安仁止孝顯皇帝神位
○毅宗紹天繹道剛明恪儉揆文奮武敦仁懋孝烈皇帝神位

問 3; 答; 요즘 혹은 사회직(社會職)도 모관(某官)에 넣기도 하는 것 같습니다. 사회적(社會的) 변화(變化)에 순응(順應)됨의 한 단면이 되겠지요.

그러나 그 부인(婦人)의 모봉(某封)은 어찌할 것인가는 논란의 대상이 되기에 충분(充分)할 것입니다. 까닭은 지난날에는 교지(敎旨) 등(等) 어명(御命)의 근거(根據)가 확실(確實)하였으나 오늘날에는 그와 같은 제도가 없으니 문제가 되는 것입니다.

지난날에는 남자에게 관직(官職)이 있었으면 관직(官職)을 붙이고 여자에게는 그와 상응(相應)한 봉(封)을 붙여 호칭함으로써 칭호(稱號)에 평형(平衡)을 이루었으나 요즘은 남자에게는 관직(官職; 사회직 포함)을 붙여 호칭하고 여자에게는 무봉(無封)의 호칭인 유인(孺人)으로 호칭함은 비대칭(非對稱)의 호칭으로서 남녀평등(男女平等)의 원칙(原則)에도 어그러진다 할 것입니다.

고로 기왕(旣往)에 남자는 현재(現在)의 관직(官職; 社會職) 포함(包含))을 기록(記錄)하여 호칭하고 있으니 궁여지책(窮餘之策)으로 여자에게는 혹 현비모관(顯妣某

官;　　校長) 혹(或) 면장(面長))부인모씨(夫人某氏) 등(等)으로 호칭하여 부부(夫婦)의 격(格)을 동열로 올려 줄 상당(相當)한 이유(理由)는 있다. 할 것입니다. 이는 하나의 예일 뿐입니다. 많은 연구(研究)가 필요(必要)할 것입니다.

▶1412◀◆問; 제례에 관하여 몇 가지 질문 드리겠습니다.

제례에 관하여 몇 가지 질문 드리겠습니다.

1. 성균관(成均館)이나 향교(鄕校), 서원(書院)의 향사(享祀) 진설도(陳設圖)에는 시접(匙楪)이 없으나, 능제(陵祭)나 사가(私家)의 제사(祭祀)에는 시접(匙楪)이 있습니다. 서로 다른 까닭은 무엇인지요?
2. 향교(鄕校)나 서원(書院)의 제사(祭祀)에서는 헌관(獻官)이 분향(焚香)과 헌작(獻爵)을 하고 절(拜)을 하지 않는데 사가(私家) 제사(祭祀)에서는 분향(焚香)하고도 절하고, 헌작(獻爵)하고도 절을 합니다. 그 다른 이유(理由)는 무엇입니까?
3. 사당(祠堂; 廟) 안에서도 절(拜)을 하는 것인지? 문외(門外) 배(拜)를 하는 것이 옳은 것인지 알고 싶습니다.

◆答; 제례에 관하여.

대단히 큰 의문(疑問)이십니다. 이상 3 條의 의문(疑問)을 이해(理解)하시려면 국조오례의(國朝五禮儀)와 주자가례(朱子家禮)를 완독(玩讀)하셔야 다소(多少)나마 그 의미(意味)를 이해(理解)하시게 되리라 믿습니다.

까닭은 국조오례의(國朝五禮儀)는 왕실(王室)의 예법(禮法)으로 성균관(成均館)과 향교(鄕校), 서원(書院) 등 석전(釋奠)은 이 예법(禮法)을 따르고 일반(一般) 백성(百姓)은 주자가례(朱子家禮)의 예법(禮法)을 따르기 때문에 그 예법(禮法)이 다릅니다. 국조오례의(國朝五禮儀)의 석전(釋奠)은 생제(生祭)로서 그기(氣)를 흠향(歆饗)함에서 시저(匙箸)가 없는 것이며 주자가례(朱子家禮)는 숙제(熟祭)로서 생인(生人)과 동일시(同一視)함으로서 시저(匙箸)가 놓이게 됩니다.

또 국조오례의(國朝五禮儀)는 생제(生祭; 神)의 예법(禮法)이라 삼상향(三上香)뿐으로 뢰주(酹酒)의 예(禮)가 없고 주자가례(朱子家禮)에서는 숙제(熟祭)(귀(鬼))의 예법(禮法)으로 분향(焚香)과 아울러 뢰주(酹酒)의 예법(禮法)이 있으며 참신재배(參神再拜)에 해당(該當)하는 예(禮)는 입정(立庭) 취위(就位) 헌관 이하 급(獻官以下及) 학생(學生) 개(皆) 사배(四拜)가 되며 초아종헌관(初亞終獻官)의 헌배(獻拜)는 즉행(卽行)치 않으며 다만 음복례(飮福禮)에서 재위자급(在位者及) 학생(學生) (皆) 사배(四拜)뿐이고 사신(辭神)에 해당하는 예는 철변두(徹籩豆) 후(後) 헌관이하급(獻官以下及) 학생(學生) 개(皆) 사배(四拜)로서 마쳐집니다. 그 외 축관(祝官)을 비롯하여서 행하고 사신(辭神)은 헌관(獻官) 뒤에 행하고 물러납니다.

배위(拜位) 역시 국조오례의(國朝五禮儀)에서는 계하(階下)에 배위(拜位)가 설치(設置)되어 있으며 헌관(獻官) 들은 서립위(序立位)가 배위(拜位)가 되고 사가(私家)의 사당(祠堂) 역시 양 계간(階間) 향안(香案)이 설치(設置)되어 있고 그 앞이 서립위(序立位)로서 배위(拜位)가 됩니다. 다만 니기제(禰忌祭)시 복일고사시(卜日告辭時)는 본감(本龕) 향안전(香案前)에서 절을 합니다.

다만 상향(上香)과 헌작시(獻爵時) 직향배(直向拜; 北向拜))치 않는 연유에 관하여는 친향석전(親享釋奠)의 초헌관(初獻官)은 전하(殿下)가 되며 유사석전(有司釋奠)의 초헌관(初獻官)은 정이품(正二品)이 되고 주현석전(州縣釋奠)의 초헌관(初獻官)은 수령(守令)이 행함이니 이를 연관 지어 보면 그 까닭은 어림하여 짐작이 될 듯도 합니다.

▶1413◀◈問; 제례에 관한 문의.

부모님께서 양친 모두 살아 계시고 차례 및 제사를 모시고 계십니다. 슬하에 남매(오빠와 여동생)가 있는데 모두 출가 하였고 장남은 부모님과 떨어져서 살고 있었습니다. 그런데 얼마 전 사고로 장남이 운명을 달리하게 되었습니다.

49 재(齋)까지 마친 상태에서 이번 차례(茶禮; 설, 추석)때 장남의 처(미망인)되는 사람이 어떻게 해야 하는지 즉, 자기가 살고 있던 곳에서 차례를 지내고(물론 자신의 남편에 대한 것으로 한정되겠지요?) 시댁(媤宅) 어른 들이 계시는 곳으로 가는 것이 올바른 것인지 아니면, 기왕에 차례를 모시고 있던 부모님 댁에서 같이 지내는 것이 바람직한 것인지 올바른 처신에 대하여 알려 주십시오. 물론 죽은 장남의 기제사(忌祭祀)는 당연히 살고 있던 곳에서 미망인(未亡人)이 준비하는 것이 타당하겠지요?

◈答; 부위(祔位)의 법도(法度).

아버지가 생존하였는데 아들과 조카가 죽으면 아버지(사자는 祖父)께 곁들이어 부위(祔位)로 제사하다 아버지가 작고하게 되면 그의 장남이 승중(承重)하여 사당(祠堂)의 질서(秩序)를 감실(龕室)의 계대(系代)에 맡게 모시고 제사하게 됩니다. 따라서 부군(夫君)을 기제(忌祭)나 명절(名節)에 미망인(未亡人) 댁(宅)에서 지낼 수가 없게 됩니다.

●旁親之無後者以其班祔

伯叔祖父母祔于高祖(增解問祔於高祖者或於其宗孫爲再從孫則如何尤菴曰孫祔於祖自是正禮奉祀者之踈戚不須論也)伯叔父母祔于曾祖妻若兄弟若兄弟之妻(尤菴曰其夫不得爲妻立廟故姑附宗家)祔于祖(尤菴曰其祖生存則中一而祔于高祖祖也○集說妻死夫之祖母在則祔於高祖妣)子姪(子婦姪婦同)祔于父(孫若孫婦中一而祔于祖)皆西向(卓上東端正位東南)主櫝並如正位姪之父自立祠堂則遷而從之○程子曰無服之殤(韻會殤痛也或作傷○備要七歲以下)不祭下殤(備要十一歲至八歲)之祭終父母之身中殤(備要十五歲至十二歲)之祭終兄弟之身長殤(備要十九歲至十六歲)之祭終兄弟之子之身成人(備要丈夫冠婦人許嫁)而無後者其祭終兄弟之孫之身此皆以義起者也(禮運禮也者義之實也恊諸義而恊則禮雖先王未之有可以義起也註實者宅制也禮者義之宅制義者禮之權度禮一宅不易義隨時制宜故恊合於義而合當爲者則雖先王未有此禮可酌之於義而創爲之禮焉此所以三代損益不相襲也○小記庶子不祭殤與無後者殤與無後者從祖祔食)

▶1414◀◈問; 제례에 관한 여러 가지 사항 문의.

問; 1. 1.1) 원래 향로에는 '재'를 담아서 '향'을 피운다고 들었습니다. 그런데 도시에서는 '재'를 어떤 것을 태워서 '재'를 만들어야 하는지요?
1.2) 이번 추석 때는 ' 재 '를 구하지 못하여 ' 흰 쌀 '로 대체를 하였습니다. 그런데 '향'을 피운 찌꺼기가 '흰 쌀'이다 보니 쉽게 눈에 보입니다. 이 경우 향 찌꺼기가 있는 상태에서 다음 '기제사'에 사용을 해도 되는지요? 아니면 향 찌꺼기가 있는 것을 살짝 걷어내고 사용을 해야 하는지요?
1.3) 혹시 향로에 '재'또는 '흰 쌀'이 아닌 '고운 모래'를 이용해도 되는지요 국립묘지의 향로에는 '모래'를 깔아놓고 사용하는 것으로 알고 있습니다.
問; 2. '기제사'지내는 날짜.
2.1) 축문에 보면 ' 휘일부림 '이라고 되어 있는 데 제사일자는 돌아가신 날짜가 예를 들어 2013 년 9 월 23 일 오전 1 시라고 하면 내년에 제사를 모셔야 하는 날짜와 시간대를 알고 싶습니다.
2.2) 옛날에는 거의 씨족사회(氏族社會)이다 보니 거의 한 동네에 많이 모여 살았으며 또한 대부분 농업(農業)에 종사(從事)를 하다 보니 저녁 11 시에서 1 시 사이에 제사(祭祀)를 모시더라도 그 다음 날 각자 일하는 데 무리가 없었습니다. 그런

데 이제는 거의 직장생활을 하다 보니 저녁 11 시에서 1 시 사이에 모시면 그 다음 날 출근(出勤)하는 데 지장이 많습니다. 그렇다고 그 다음 날 지각이나 휴가(休暇)를 낼 수도 없는 실정입니다. 따라서 만약 그 전에 9 월 23 일(음력) 저녁 11 시에 제사를 모셨다 면 추후에 제사를 오후 8 시에 모셔야 한다고 하면 그 날짜는 9 월 22 일(음력)으로 해야 하는지요 아니면 9 월 24 일(음력)으로 해야 맞는지요?

問; 3. 합제(合祭): 조상님의 제사를 부득이 부부(夫婦) 합제(合祭)로 모시고자 할 경우 예를 들면 고조부님의 제사를 고조모님 제사 날짜에 맞춰서 합제를 내년부터 하고자 하면, 고조부님 제사를 모실 적에 내년부터는 고조모님과 합제(合祭)를 한다고 고(告)하여야 한다. 고 주위에서 이야기를 합니다. 이 경우 어떤 형식으로 고(告)하여야 하는 지요? 혹시 예문이 있다면 부탁 드립니다. 만약 고(告)하지 않고 제사를 모시면 어떻게 되는지요.

問; 4. 떡 4.1) 주위에서 제사를 모실 적에 떡은 꼭 있어야 한다고 하여, 이번 추석 때 송편을 진설 하였습니다. 그럼 설날 제사 및 기제사를 모실 적에는 각 각 어떤 떡을 진설 하여야 하는 지요.

問; 4.2) 제사를 모실 적에 꼭 떡을 진설 하여야 하는 사유에 대하여 알고 싶습니다.

問; 5. 제사 순서에 대한 오류 지적 및 조언 요청 등. 5.1) 제사상에 진설을 할 적에 홀수로 진설 하는 데 그 이유에 대하여 알고 싶습니다.

問; 5.2) 제사를 모실 적에 참석자들이 여러 명 있어서 종헌이 끝나고 나서 다른 사람 이 '잔'을 올리고 싶다면 '밥 뚜껑'을 덮어두고 '잔'을 올리고 있습니다. 이 경우는 왜 그런지 알고 싶습니다.

問; 5.3) 혹시 제사 때 문어, 토종 닭, 고등어를 진설해도 되는 지 궁금합니다. 문어의 경우에는 삶아 썰어서 올려도 되는지요 아니면 문어 통째로 올려야 하는지요. 또는 큰 문어 다리 한 개를 구입하여 삶아서 크게 몇 등분하여 진설하여 되는지요.

◆答; 제례에 관한 여러 가지 답변.

問; 1. 答; 향로(香爐)에는 원래가 숯불을 피워 놓는 것입니다. 요즘 월남에서 들어 왔다는 길쭉한 향은 지금 불가와 함께 사용되고 있으니 향로(香爐)에 불을 피워 놓는 것이 아니라 그 향(香)이 바르게 서도록 하는 방법으로 모래 등을 담아 놓기도 하는 것 같습니다.

●瓊山曰古無今世之香漢以前只是焚蘭芝蕭艾之類後百越入中國始有之雖非古禮然通用已久鬼神亦安之矣
●語類禮七祭溫公書儀以香代熱蕭楊子直不用以爲香只是佛家用之
●家禮虞祭陳器條炷火於香爐

問; 2. 答; "9 월 23 일 오전 1 시"에 사망한 이의 기일은 매년 9 월 23 일 질명(質明; 먼동 틀 무렵)이 기일과 제사 지내는 때입니다. 자시행제(子時行祭)는 변례(變禮)입니다.

●祭義君子有終身之喪忌日之謂也註忌日親之死日也
●檀弓夏后氏尙黑大事用昏殷人尙白大事用日中周人尙赤大事用日出
●陳氏曰少牢大夫之祭宗人請期曰早明行事子路祭於季氏質明而始行事晏朝而退孔子取之此周禮也然禮與其失於晏也寧早則雖未明之時祭之可也
●南溪曰質明卽大昕指日未出時也
●尤庵曰行祭早晚太早不可太晩亦不可惟當以質明爲正

問; 3. 答; 병제(並祭)는 정례(正禮)는 아니나 인정으로 행하게 되는데 축에는 반드시 "모친휘일복임(某親諱日復臨)"이라 고하여야 누구의 기제임을 구분하게 되며, 고기(考忌)에 비(妣)를 비기(妣忌)에 고(考)를 붙여 제사하는 것입니다.

만약 고기(考忌)에 비(妣)를 붙여 합제를 하였다 하여 비기(妣忌)를 생략한다면 기제(忌祭)는 선대(先代)의 작고한 날에 지내는 제사이니 비기(妣忌)는 지내지 않은 것이 됩니다.

●晦齋曰按文公家禮忌日只設一位程氏祭禮忌日配考妣二家之禮不同盖只設一位禮之正也配祭考妣禮之本於人情者也
●退溪曰忌日合祭古無此禮但吾家自前合祭之今不敢輕議
●同春問並祭考妣則告辭與祝辭似當添一兩語沙溪曰告辭遠諱之辰敢請下當添顯考顯妣神主出就云云祝辭歲序遷易下當添某親諱日復臨云云

問; 4. 答; 설에는 떡국, 추석에는 송편을 만들어 먹는 절기이니 추석에는 송편, 설에는 떡국, 기제사에는 떡의 종류 불문 떡 중 한 가지를 올립니다.

●性理大全俗節條凡其節所尙者薦
●禮疑類輯饌品條米食皆餅而所謂今俗所用餅之類

問; 4.2) 答; 설에는 떡국, 추석에는 송편을 만들어 먹는 절기이니 추석에는 송편, 설에는 떡국, 기제사(忌祭祀)에는 떡의 종류 불문 떡 중 한 가지를 올립니다.

떡을 진설하는 사유에 대한 명문이 없어 밝혀 드릴 수가 없습니다. 다만 밥을 올리는 사유와 맥이 같으리라 생각 됩니다.

●性理大全俗節條凡其節所尙者薦
●禮疑類輯饌品條米食皆餅而所謂今俗所用餅之類

問; 5. 答; 천산(天産)은 양(陽)으로 기수(奇數; 홀수)로 진설한다는 것입니다,

●郊特牲鼎俎奇而籩豆偶陰陽之義也籩豆之實水土之品也註籩豆偶者據周禮細註長樂陳氏曰鼎俎之實天産陽故其數奇籩豆之實地産陰故其數偶

問; 5.2) 答; 제례에서 헌작 예법은 단헌(單獻)과 삼헌(三獻)의 예뿐입니다. 예법이 이와 같다 하나   혹 삼헌관(三獻官)에 분정(分定) 되지 않은 자손 중 신주(神主)와 특별한 정이 있어 헌작을 원한다면 법도에 어그러진다.   하여도 성내어 제지할 수는 없을 것입니다. 그러나 법도를 따름이 바른 가문(家門)일 것입니다.

問; 5.3) 答; 어육(魚肉) 모두 세절(細切) 대절(大切) 불가(不可)하지 않다 하였으니 너무 커 한 접시에 올리기에 적합하지 않으면 썬다 하여도 어그러짐은 아니나 어류(魚類)는 생김 대로 조리하여 올림이 옳은 것입니다.

●便覽具饌[魚]凡水族之可食者無不用○黃氏曰鯉魚不用於祭祀云○栗谷曰魚肉當用新鮮生物○按魚肉或殽或膾或軒或乾或炒凡羞之以魚肉爲之者俱無不可肉帶骨曰殽腥細切爲膾大切爲軒

▶1415◀◆問; 제례에 관한 일반 내용 문의.
안녕하십니까. 제가 곧 제사를 모셔야 될 거 같아서 일반적인 내용 등에 대하여 아래와 같이 문의 드리오니 각 항목별로 최대한 자세한 상담을 부탁 드립니다.
-- 아 래 --
1. 우리는 제사를 모실 적에 유교(儒敎)와 유교사상(儒敎思想)의 영향을 많이 받았다고 들었습니다. 유교와 유교사상은 무엇인 지 알고 싶습니다. 종교와는 또 어떻게

다른지요?

2. 기제사 때 보니 명절제사와는 달이 촛불을 켜 놓고 제사를 모시던 데 그 이유는 무엇인지요?

3. 제사는 보통 살아계신 날 저녁에 모신다고 하시던 데, 만약 10 월 2 일 오후 4 시에 임종을 하셨다면 10 월 2 일 오후 4 시에 살아계셨으며 또한 임종을 하게 된 날입니다. 그럼 언제 모셔야 하는지요?

4. 보통 어르신 들은 제사를 음력 기준으로 지내고 계시는 데, 만약 윤달이 있는 해가 있으면 언제 모셔야 되는지요?

5. 제사를 모실 적에 두건을 사용하고 있는 데 요사이 젊은 친구들은 머리스타일이 구겨진다고 사용을 거부하는 경향이 많습니다. 양복을 입고 두건을 쓴 모양새도 그렇고, 제사를 모실 적에 두건을 사용하는 이유가 무엇인지요?

6. 솔직히 외람된 말씀이지만 요사이는 핵 가족시대이고 또한 농경생활(農耕生活)과 달리 먹고 살기도 빡빡한 일정입니다. 그래서 생일도 평일이면 토요일 등 당겨서 하는 것이 많고 또한 어르신 들도 이것은 이해를 해 주십니다. 당연히 예법에 어긋나겠지만 제사 또한 평일(平日)이면 토요일 등 당겨서 모시면 되지 않는지요? 방정맞지만 조상님이라면 당연히 당긴 날에 맞추어 찾아오실 거 같은데요?

7. 제가 제주된 입장에서 조부님의 제사를 모시는 날에 갑작스런 출장으로 참석을 하지 못할 경우에 참석한 분이 숙부님 그리고 제 동생 또 제 아들이 있다면 제주는 누가 되어야 하는지요? 만약 참석한 분이 숙부님 그리고 제 동생이라면 제주는 누가 되어야 하는지요?

8. 제사(祭祀)를 모시는 방향에 대하여 몇 가지 궁금한 점이 있습니다. 보통 병풍(屏風)이 놓인 곳이 북쪽이라고 가정(假定)을 하여 제주(祭主)를 중심으로 하여 제수(祭需) 음식을 진설하고 있습니다. 그런데 수저 등을 놓는 것은 조상님께서 제주와 반대방향으로 계신 것으로 생각하고 진실을 하고 있습니다. 즉 조상님은 제주를 마주보고 식사를 하신다고 생각을 하는 거죠. 이것이 맞는 것인지 상담(相談)을 부탁드립니다.

9. 제수음식 중에 북어와 문어 다리 그리고 홍합(껍질 제외)을 삶아서 말린 다음에 제상에 올리는 데 그 이유를 알고 싶습니다.

10. 또 저의 집에서는 구운 청어와 전으로 된 가자미를 제상에 올리는 데, 제사가 끝나고 난 다음에 그거 먹는 사람은 솔직히 옛날 어르신 들 밖에 안 계시고 젊은 사람들은 젓가락도 가지 않습니다. 개인적인 생각으로는 옛날에는 청어와 가자미가 귀한 음식이라서 그런 거 같은데. 요사이 젊은 사람이 먹지 않는 음식은 제외하면 되지 않을까요. 어르신들께서 다 돌아가신 다음에는 잘못하면 제사상에 오른 음식이라도 아무도 먹지 않게 되면 나중에 쓰레기 통으로 들어갈 수도 있을 거 같습니다.

11. 그리고 옛날에는 기제사(忌祭祀) 때 어르신 들이 축문(祝文)을 읽으셨는데, 그 당시 제가 듣더라도 참 축문을 잘 하였습니다. 그런데 지금에 만약 제가 축문을 읽으라면 꼭 국어 교과서(教科書) 읽듯이 될 거 같습니다. 축문은 스님께서 염불(念佛)하는 정도는 아니더라고 어느 정도는 되어야 그래야 경건한 마음이 들 거 같은데, 요즈음에 젊은 사람들이 기제사 모실 적에 축문은 어떻게 하는 지 궁금합니다.

12. 또 4 대 봉사가 끝나면 묘사 (아마 묘제 인 거 같은 데, 어르신들이 묘사 라고 발음합니다)같은 거는 실제 조상님 묘소에 가서 모셔야 하는지요? 만약 그렇다면 집에서 제사를 모시는 것 보다 더 번거롭게 그 의미가 이상한 거 같은데요? 또 지리적 여건도 있고, 묘사 (또는 묘제)는 현실적인 것을 감안하여 언제 어떻게 지내는

것이 가장 보편 타당한지요? 저의 부친께서는 음력 10 월 달에 지내면 된다고 하시던데요?

13. 또한 제사를 모실 적에 보통 절을 하고 부복한 상태로 약 몇 초 정도 있는 것이 좋은지요? 고사를 모실 적에는 '배, 흘'로 이야기를 해 주는 이도 있었고 옛날 생각을 되새겨 보면 부복한 상태에서 조부님께서 약한 기침을 하시면 일어나고 했던 기억도 있는 데 남의 집 제사에 감 놔라 밤 놔라 고 하지 말라고 한 것이 요사이처럼 인터넷 등의 자료가 잘 없고 또한 모든 것이 눈으로 보고 말로 전하다 보니 보편 타당한 제례문화가 없다 보니 이러한 말이 나온 거 같습니다.

또 그저 어른이 시키면 시키는 데로 했는데, 요사이 아이들은 꼬치꼬치 하나 하나 물어보니 옛날처럼 어른이 시키면 시키는 데로 하라고 할 수도 없는 입장이라서 하나 하나 정리를 하려고 위와 같이 다소 경망한 내용도 있음에 대하여 양해하여 주시기 바랍니다. 감사합니다.

◆答; 제례에 관한 일반 내용.

問 1. 答; 유교; 유교란 춘추(770~403) 말기 공부자(孔夫子)께서 체계화시킨 사상인 유학(儒學)을 종교적 관점에서 이르는 말입니다.

사상; 유교(儒敎)의 핵심(核心) 사상(思想)은 인의예지신(仁義禮智信)으로 수신(修身)하여 제가(齊家)하고 치국(治國)하여 평천하(平天下)입니다.

問 2. 答; 기제(忌祭)는 질명(質明)이니 어두워서 입니다.

問 3. 答; 기제(忌祭)는 살아 계신 날이 아니라 작고(作故) 하신 날로 후자(後者)손 된 자는 해마다 그날을 당하면 그날의 슬픔을 이길 수 없어 생전에 아침 문안(問安) 드리던 때인 질명(質明)에 서수(庶羞)를 진설(陳設) 헌작하며 애절(哀切)함을 고하고 승중(承重) 조부모(祖父母) 기제(忌祭)까지 슬피 곡(哭)을 하게 되는 것입니다.

問 4. 答; 만약(萬若) 기제(忌祭)(기제(忌祭)) 날이 윤달이 드는 해거나 혹은 윤달에 작고(作故) 하였더라도 정월(正月) 그날에 기제(忌祭)를 지냅니다.

問 5. 答; 정복(正服)을 갖춤의 일환(一環)입니다.

問 6. 答: 기제(忌祭)란 작고하신 날에 지내는 제사(祭祀)를 의미(意味)합니다. 4 대 봉사(奉祀)하는 종가(宗家)에서는 선대(先代)에 계실(繼室)이라도 계시게 되면 매달 기제(忌祭)를 지낼 수도 있습니다. 지난 세월(歲月)의 상속제도(制度)와 달리 현 제도는 서양식(西洋式)인지는 알 수 없으나 적서(嫡庶) 차등이 없으니 적자(嫡子)에 대한 배려 없이 이를 따르는 집안에서는 문제(問題)는 더할 것입니다. 그렇다고 유교(儒敎)의 법도(法度)도 법(法)이니 승려(僧侶)가 지금(只今)까지도 가삼을 벗지 않듯이 유교(儒敎)의 본당(本堂)이 성균관(成均館)에서 줏대 없이 부화뇌동(附和雷同)할 수 야 없겠지요.

問 7. 答; 그럴 때는 제주(祭主)라 하지 않고 섭주(攝主)라 합니다. 섭주(攝主)란 종자(宗子)가 유고(有故)일 때 내 대신(代身) 제사(祭祀)를 지내라고 위임(委任) 받은 이를 말하게 되는데 존자(尊者)에게 시키지 않고 수하(手下)인 동생(同生)이나 아들에게 시켜 초헌(初獻)을 대행(代行)하게 하며 그 연유를 축(祝)으로 고하게 됩니다.

問 8. 答; 가옥(家屋)이란 실(實) 방위(方位)가 어떻든 간(間)에 뒤를 북(北)이라 합니다. 까닭에 당초(當初)에 가옥(家屋) 방위(方位)의 북쪽에 설위(設位)하게 됩니다. 물론(勿論) 설위(設位) 당시(當時) 교의(交椅)를 남쪽으로 향하게 놓았으니 북향(北向)한 제주(祭主)와 마주 보게 되어 있으나 조상(祖上)의 식사(食事) 때는 모든 제원들을 문밖으로 나와 합문(闔門)후 일식구반지경(一食九飯之頃)을 읍하고 서 있다 계문(啓門)하고 들어가 입가심의 숙수(熟水)를 올리게 되지요.

問 9. 答; 일반 백성은 숙제(熟祭)라 그렇습니다. 왕가(王家)의 예법으로 제사되는 제위는 생제(生祭)라 모든 것을 생으로 올리게 됩니다.

問 10. 答; 진설품(陳設品)에 오르는 어류(魚類)로 반드시 청어(靑魚)와 가자미는 진설 하지 않고 면(麵) 육(肉) 적(炙) 어(魚) 병(餠)이니 어(魚)의 선택(選擇)은 생자(生者)들의 몫이 됩니다.

問 11. 答; 글쎄요. 그 사실을 직접 경험한 바가 없어 여부를 이를 수는 없으나 그 가문의 독축법이 자연히 후세로 전수되지요. 선대의 독법으로 이어가면 문제될 것이 없을 것입니다. 만약 선세들의 축성을 들어보지도 못하였다면 혹간 매스컴에서 축 읽는 소리를 듣게 될 때 유념하여 듣고 그를 따라 하거나 또는 존경하는 분이 계시면 가르침을 받을 수도 있을 것입니다.

問 12. 答; 친미진(親未盡) 묘제(墓祭)는 초목(草木) 초생(初生)의 시기인 음력(陰曆) 3 월(月) 상순(上旬)에 날을 받아 지내고. 친진(親盡) 묘제(墓祭)는 음력(陰曆) 10 월(月) 1 일(日)에 상묘(上墓)하여 지내게 됩니다.

問 13. 答; 백성(百姓)의 제사(祭祀)에서 부복(俯伏)의 예는 없습니다. 다만 절을 너무 길어도 안되며 너무 빨라도 아니 된다는 것입니다. 이는 예를 정중히 갖춤에 방정맞거나 지루함을 느껴서는 아니 된다는 것입니다.

▶1416◀◆問; 제례에 대하여 다시 묻겠습니다.

안녕하십니까? 위에서 문의 하였는데 이해가 안 된다 하셨기에 다시 한번 더 문의 드립니다. 남자가 장가를 가는 날 (예식장) 보통은 집에서 조상님에게 고하고 즉 제사를 모시고 가는 줄로 알고 있습니다 그런데 형제들 중 보통 막내는 평상시에 1년 내내 우리 집에서는 제사를 모시지 않습니다 그러면은 어떻게 제사를 모시지 않고 그냥 장가를 가도 되는지요 어떻게 해야 합니까?

◆答; 제례에 대하여.

신랑(新郞)이 신부(新婦) 댁(宅)으로 가는 것을 유가(儒家)의 용어(用語)로는 친영(親迎)이라 합니다. 이때 신랑이 떠나기 전에 지자는 불제(不祭)이니 선생 댁에서는 선조께 고할 수 없고 종자이신 큰댁의 종자이신 종손이 주인이 되어 사당이 없으면 큰 집 정침에 지방으로 선조를 모시고 아래와 같이 예를 갖춥니다. 예법과 축식은 아래와 같습니다.

●便覽昏禮親迎告祠堂條如告冠儀又冠禮告于祠堂條若非宗子則必繼高祖之宗子主之

⊙壻家告于祠堂儀節

主人以下盛服○序立(男左女右世爲一行詳見通禮)○盥洗○啓櫝○出主(主人出考主主婦出妣主)○復位(主婦以下先降復位)○降神(執事者洗手上階開瓶實酒于注一人奉注詣主人右一人執盞盤詣主人左)○主人詣香案前跪○焚香(旣焚香畢右執事者跪進酒注左執事者亦跪以盞盤向主人主人受注斟酒于盞反注于右執事者取盤盞自捧之二執事者皆起)○酹酒(主人左手執盤右手執盞盡酹茅沙上畢置盞香案上)○俯伏興(少退)○鞠躬拜興拜興平身○復位○參神(主人以下凡在位者皆拜)○鞠躬拜興拜興平身○主人斟酒(主人升自執酒注斟酒于逐位神主前空盞中先正位次祔位次命長子斟諸祔位之卑者畢主人稍後立)○主婦點茶(主婦執瓶斟茶于各正祔位前空盞中命長婦長女斟諸祔位之卑者畢主婦退與主人並立拜)○鞠躬拜興拜興平身○復位(主人不動)○跪(主人跪)○讀祝(畢)○俯伏興平身○復位○子將親迎見(壻立兩階間拜)○鞠躬拜興拜興平身○復位○辭神(衆拜)○鞠躬拜興拜興平身○焚祝文○禮畢

위 예법을 약술하면 주인이 분향강신, 참신, 주인이 직접 헌주 후 재배, 주인이 무릎을 꿇고 앉으면 독축(讀祝) 필(畢) 복위. 신랑 재배, 사신.

⊙祠堂告辭式

維　歲次干支幾月干支朔幾日干支孝玄孫(屬稱隨改見上納采告式)某官某敢昭告于　顯高祖考某官府君　顯高祖妣某封某氏(曾祖考妣至考妣列書○非宗子之子則只告昏者祖先之位)某之子某(非宗子之子則此下當添某親某之四字)將以今日親迎于某官某郡某氏不勝感愴謹以酒果用伸虔告謹告

▶1417◀◆問; 제례에 대해서 문의 드립니다.

제례에 대하여 몇 가지 알고자 합니다 잘 좀 가르쳐 주십시오.

(1). 자식의 혼례 치르는 날(남자) 보통 차례를 모시고 혼례식을 치르려고 예식장을 갑니다 보통 때 차례 모실 때와 똑 같이 모시는지요?

(2). 그리고 평상 시(平常時)에 차례가 없어서 저의 집에서는 모시지 않고 큰 집에 가서는 아버지 할아버지 등 차례는 모시는데 이때 저의 집에서는 어떻게 해야 합니까? 좀 알려주세요.

◆答; 제례에 대해서.

問 1 答; 아래와 같이 살펴보건대 혼인(昏姻) 당사자(當事者)나 주혼자(主昏者)가 기복(朞服) 이상(以上)의 상(喪)이 없어야 하며 대공(大功) 9 월(月) 상(喪)에 아직 장사(葬事)치 않았을 때는 혼(昏)인(姻)을 못한다는 외에는 다른 꺼리는 사항(事項)은 없으니 속절(俗節)(차례(茶禮))날이 대길일(大吉日)이거나 피치 못할 사유(事由)가 있어 혼일(婚日)이 작정되었다면 혼인(昏姻)으로 인하여 조상(祖上)께 드리는 참례(參禮)를 폐할 수는 없을 것으로 평상시(平常時)와 같이 지냄이 옳을 것 같습니다.

●便覽昏禮身及主昏者無朞以上喪乃可成昏條大功未葬亦不可主昏

※혹 신랑(新郞)이 신부(新婦) 집으로 떠나기에 앞서 주인(主人; 祭主))이 사당(祠堂)(정침에 지방으로 설위) 에 단헌지례(單獻之禮(單獻之禮=有事則告條))로 아래와 같이 고하고 신랑(新郞)은 재배(再拜) 후 떠납니다.

⊙祠堂告辭式(同上祠堂有事則告生子條)

維　歲次干支幾月干支朔幾日干支孝玄孫(屬稱隨改見上納采告式)某官某敢昭告于　顯高祖考某官府君　顯高祖妣某封某氏(列書諸位)某之子某(改措語見上納采告式)將以今日親迎于某官某郡某氏不勝感愴謹以酒果用伸虔告謹告

問 2. 答; 위 말씀으로 미루어 보아 선생 댁이 지자가인 듯 한데 평상시는 차례가 없다 큰 집에 가서 아버지 할아버지 등 차례를 모신다 하였으니 형편이 가능(可能)하면 물조(物助)를 하고 제수 마련을 도와야 하겠지요.

▶1418◀◆問; 제례에 대해 여쭙니다.

1. 남편이 작년 4 월 21 일(음력 3 월 26 일 오후 7 시 18 분에 별세(別世)하였는데 제사(祭祀)를 전날 지내야 한다느니, 돌아간 날 지내야 한다느니 의견이 달라 어느 날 몇 시에 지내야 하는지 답답합니다. 고견 부탁 드립니다.

2. 제사를 양력으로 지내도 되는지요?

3. 명절 차례 때 남편 상을 따로 차려야 하는지, 아님 시부모님께 차례를 지낸 뒤 메와 국을 물리고 남편 메와 국 올려 지내면 되는지요?

4. 돌아가신 시아버님께서 상처하셔서 맞아들인 계모도 돌아가셔서 세분을 함께(예를 들어 시아버님 제삿날 두분 어머님까지 두분 어머님 제삿날도 세분 같이) 지내 왔는데 그렇게 하는 게 아니라 하니 답답한 마음에 글 올립니다.

◆答; 제례에 대하여.

問 1. 答; 기일은 아래와 같이 살펴보건대 작고한날이라 하였으니 기제사는 작고한 날인 음력 3월 26일 지내야 합니다.

●祭義註忌日親之死日也

問 2. 答; 유가(儒家)에서의 모든 행사는 음력으로 설정되어 있습니다. 따라서 유가적 답변은 음력(陰曆)으로 지내야 한다. 라고 답변이 될 수 밖에 없습니다.

問 3. 답(答); 말씀으로 미루어 보건대 조기 탈상을 하신 것 같습니다. 이미 탈상을 하였다면 절사(節祀)는 합제이니 시부모님과 같이 서쪽을 상석으로 설위하고 함께 지내면 됩니다.

問 4. 答; 다음과 같이 살펴보건대 기제를 병제로 지내는 가문이라면 전비(前妣) 기일을 당하면 고(考)와 전비(前妣), 후비(後妣) 삼위를 진설하고 후비(後妣) 기일이 되면 또 그와 같이 설위하고 지내는데 다만 축에 휘일부림(諱日復臨) 앞에 현모비(顯某妣)를 넣어 현모비(顯某妣) 휘일부림(諱日復臨)이라 써 고합니다.

●問解續問父若有前後室則前後母神主同出耶只出考與所祭之主耶答並祭爲當前母忌日同祭後母後母忌日同祭前母

▶1419◀◆問; 제례와 상식에서 방향이나 놓는 방법을 다르게 하는 제수 종류.

"문해(問解)에 우제 이후의 제사는 좌설(左設)하고, 3년 동안의 상식(上食)은 생시를 본떠 우설(右設)한다."라 하면 '우제 이후'와 '3년 동안의 상식처럼 제수의 방향이 다른 세수는 무엇이 있습니까?

◆答; 방향이나 놓는 방법을 다르게 하는 제수 종류.

제수(祭需)와 상식진찬품(上食進饌品)의 좌우설(左右設)의 다른 찬품(饌品)은 반갱(飯羹)과 포해(脯醢) 등인 것 같습니다.

○제례(祭禮); 반우갱좌(飯右羹左). 포우해좌(脯右醢左).
○상식(上食); 반좌갱우(飯左羹右). 포좌해우(脯左醢右).

●疑禮問解卒哭條問時祭陳饌飯右羹左而喪內陳饌未見明文或以爲三年內象生時飯左羹右爲是(云云)答陳饌飯右羹左未知其意參年內上食則象生時左飯右羹爲是(云云)
●檀弓始死之奠其餘閣也歟(註)脯醢爲奠也
●士喪禮奠脯醢醴酒升自阼階奠于尸東(註)鬼神無象設奠以憑依之疏小斂一豆一籩大斂兩豆兩籩此始死亦無過一豆一籩而已醴酒雖俱言用其一不並用以其小斂酒醴俱有此則未具是其差
●書儀古人常畜脯醢故始死未暇別具饌但用脯醢而已今人或無脯醢但見有食物一兩種並酒可也
●士喪記燕養饋羞湯沐之饌註燕養平常所用供養也饋朝夕食也羞四時之珍異湯沐所以洗去汚垢孝子不忍一日廢其事親之禮於下室日設之如生存也
●備要襲奠及靈幄奠饌圖西(右)醢東(左)脯
●退溪曰上食所以象平時也死喪大變之初死者魂氣飄越不定生者被括哭擗無數此時只設奠以依神則可矣上食以象平時非所以處大變也
●沙溪曰三年內上食象生時左飯右羹爲是
●賈氏曰生人陽故尙左鬼神陰故尙右

●便覽食時上食條如朝奠儀但徹酒不徹奠設上食饌品

▶1420◀◆問; 제례 진설에 대하여.

1. 기제사(忌祭祀), 산신제(山神祭) 때 조율이시(棗栗梨柿) 다음 다른 과일은 어느 위치에 진설 하는지요?
2. 배 사과 등은 꼭지가 위로 향하게 놓는지요, 껍질은 아래 위 두 군데 깎아 놓는지 아님 위만 깎는지 안 깎는지 여쭙니다.

◆答; 제례 진설.

아래와 같이 살펴보건대 조율리시(棗栗梨柿) 이행(李杏)으로 진설 됨이 가례(家禮) 과육품(果六 品)의 법도에 옳을 것 같습니다.

다만 사우례(士虞禮)에서 조율(棗栗)을 제외하고 가례(家禮) 등 예서(禮書)에서는 果實의 종류(種類)를 분명하게 정하여 놓은 바가 없습니다. 과실(果實)의 껍질 등은 생인(生人)이 먹는 대로라 하였으니 그를 따르면 될 것입니다. 괴일 때는 높이와 평평하게 갖추기 위하여 위아래를 자르고 밤은 깎아 흰 속만 진설합니다.

●士虞禮棗栗棗在西註尙棗棗美據此棗當設果行之首而栗次之
●性齋曰我東則百果無不産焉如棗栗梨柿李杏之類
●家禮本註果六品○要訣果用五品○沙溪曰今人六品之果若難備四品或兩品庶合禮意
●特牲饋食禮(註)祭祀自熟始曰饋食饋食者食道也(疏)食道者生人飮食之道士大夫祭禮自熟始也

▶1421◀◆問; 제사의례에서 고조부모까지 기준이 되는 이유.

우리나라의 고대(古代) 제사(祭祀)를 기록(記錄)에 의해 살펴보면, 사가(私家)의 제례(祭禮)는 고려시대(高麗時代)에는 대부(大夫) 이상은 증조(曾祖)까지 3 대, 6 품 이상의 벼슬아치는 조부까지 2 대(代), 7 품(品) 이하의 벼슬아치와 평민(平民)은 부모만을 가묘(家廟)를 세워 제사 지내게 했으나, 조선시대에는 주자가례에 근거를 두어 신분을 가리지 않고 고조까지 4 대를 봉사하게 한 것으로 되어 있는 것으로 알고 있습니다.

부모님 기일(忌日)을 비롯한 선조(先祖) 기일에 제사를 올리는 것은 효성의 하나로 생각이 되어 후손(後孫)으로서 마땅히 행해야 할 도리라고 생각합니다. 그런데 여기에서 성균관(成均館) 관계자 분께 궁금한 점 몇 가지를 문의하고자 합니다.

1. 첫째로 문의하고 싶은 것은 왜 하필이면 고조가 기준이 되어 고조까지 제사를 올리게 했는지에 대하여 알고 싶습니다.
2. 둘째로 조부모, 증조부모는 합제를 안 하는데, 부모님 합제는 가능한지요?
3. 제사(祭祀)를 합병(合併)할 때에는 부모 어느 기일(忌日) 쪽으로 합제(合祭)를 해야 하는지요. 알고 싶은 점 몇 가지를 올렸습니다. 바쁘시더라도 답해주시면 고맙겠습니다. 2013 년 1 월 15 일.

◆答; 제사의례에서 고조부모까지 기준이 되는 이유.

問; 1. 答; 고조부모는 유복친(有服親)인 까닭이며, 혹 무복친(無服親)인 오대조가 생존하였다, 상을 당하게 되면 종손은 승중(承重) 복(服)을 입어야 한다는 것입니다.

●周禮司服疏祖爲適來孫爲後者服齊衰期
●遂庵曰五代祖喪宗孫當承重
●程子曰自天子至於庶人五服未嘗有異皆至高祖服旣如是祭祀亦須如是

●朱子曰考諸程子之言則以爲高祖有服不可不祭

問; 2. 問; 3. 答; 병제(幷祭)는 정례(正禮)는 아니나,

인정(人情)으로 병제(幷祭)를 행하는 가문(家門)이라면 고조고비(高祖考妣)를 비롯 고비(考妣)까지 차이 없이 행할 뿐입니다.

합병(合倂)이라는 의미(意味)가 무엇인지는 모르겠으나 부모(父母) 제사를 합쳐 일년에 한번 지낸다는 말씀이라면 정례(正禮)가 아니니 어느 쪽으로 합제(合祭)함이 옳다 일러 줄 수가 없습니다.

●朱子曰忌日只祭一位
●晦齋曰按文公家禮忌日止設一位程氏家禮忌日配祭考妣二家之禮不同盖止設一位禮之 正也配祭考妣禮之本於人情者也
●退溪(言行錄)曰忌日幷祭考妣甚非禮也考祭祭妣猶之可也妣祭祭考豈有不敢援尊之義 乎吾門亦嘗如此而非宗子故不敢擅改只令吾身後勿用俗耳

▶1422◀◆問; 제례절차에 대해서?

유학의 전당인 성균관의 발전을 기원합니다. 성실하게 답변을 주시는 선생님께 항 상 감사한 마음을 간직하면서, 시간이 나는 대로 방문하여 많은 것을 배우고 있습 니다. 본 난의 1521번 질문과 관련, 좀더 상세하게 알고 싶어서 문의 드립니다.

1. **구례**와 **육례**가 무엇인지 궁금합니다. 일전에 댓 글로 어느 분께서 질문을 올렸는데 답변이 없어서 저가 다시 한번 올립니다.

2. 제례절차 중 **고리성(告利成)**이 있는데 예서의 근거와 함께 아래 적색 글씨의 요 령에 대해 우리말로 해석을 부탁 드립니다. (저 짧은 지식으로 풀이 하였습니다. 틀 린 부분 있으면 함께 지도를 부탁(付託) 드립니다.)

* 主人立於 O 階上西向; 주인은 동쪽계단 위에서 서향으로 서고, O: 한자와 함께 음운 부탁 드립니다.
* 祝立于西階上東向: 축관은 서쪽계단 위에서 동향으로 서고,
* 告利成: 어떻게 하는지 절차를 잘 모르겠습니다.
* 祝降復位: 축관은 제자리로 돌아오고,
* 與在位者 O 再拜(主人不拜): 재위자는 함께 재배한다(주인은 절하지 않는다) 여재 위자의 의미: 주인을 제외한 축관과 좌우집사자를 의미하는지요? O: 한자와 함께 음 운 부탁 드립니다.

◆答; 제례절차.

⊙丘儀; 구씨(丘氏)의 가례의절(家禮儀節)을 약하여 구의(丘儀)라 이르고,
⊙六禮; 여기서는 관혼상제례(冠婚喪祭禮; 四禮)에 향음주의(鄕飮酒儀) 사상견례(士 相見禮)를 포함하여 육례(六禮)라 이릅니다.
⊙告利成; 主人立於阼階上西向○祝立于西階上東向告利成○祝降復位○與在位者皆再 拜(主人不拜)

주인은 동쪽 층계 위에서 서쪽으로 향하여 서고 축관(祝官)은 서쪽 층계 위에서 동 쪽으로 향하여 서서 이성(利成)이라 고한다. 축관은 내려와 제자리에 서서 재위자 (在位者)와 같이 모두 재배한다. (주인은 절을 하지 안는다)

●曾子問註利猶養也謂供養之禮已成也饋食禮疏祝告尸利成不言禮畢若言禮畢有發遣尸 之嫌故直言利成而已

●沙溪曰後世既不用尸則恐不須行然家禮既有之行之恐當
●尤庵曰利養終成也謂祭畢也告利成後衆主人再拜也

옛날에는 신위의 자리에 어린 남자 아이를 앉히고 제사를 지냈습니다 그 아이를 일러 시동(尸童)이라 이르며, 축관은 이성(利成)이라 고할 뿐입니다. 위 고리성례의 예법 이외에 세부 행동절차란 어느 예를 이름인지 감이 잡히지 않습니다. 미안합니다.

0 에 해당하는 한자(漢字) 개(皆; 모두) 특히 음운(音韻)이란 말할 때 고저(高低)와 억양(抑揚)을 이르고 또 한자(漢字)의 운모(韻母), 성모(聲母), 성조(聲調)의 총칭(總稱)이니 이를 지면(紙面)을 통하여는 의사(意思)전달이 거의 불가능합니다.

▶1423◀◆問; 제례 절차 예설에 대한 문의입니다.

우리들이 현재 쓰고 있는 제례의식은 언제부터 이고 어떠한 예설(禮說)에서부터 시작입니까 (예) 주자가례 이면 주자탄신(朱子誕辰) 그 이전 전거를 알고자 합니다.

◆答; 제례 절차 예설에 대하여.

예법(禮法)에는 예기(禮記) 주례(周禮) 의례(儀禮; 今文儀禮)를 일컬어 삼례(三禮)라 하는데, 그 중에서 절차 등 예를 행할 수 있는 경서(經書)는 의례(儀禮)로 전하여지는 의예(儀禮)의 십칠편중(十七篇中) 제례(祭禮)에 관함은 없으나 사관례(士冠禮) 사혼례(士昏禮) 사상례(士喪禮) 사우례(士虞禮) 가 있으며, 그 후에도 당개원례(唐開元禮) 등(等) 여러 서(書)가 등장하였고 주자가례(朱子家禮)의 모체(母體) 역할(役割)을 한 서의(書儀)가 있습니다.

●儀禮鄭玄注儀禮序從三位行右大辨菅原朝臣在家撰云云寶曆十二年(785)三月三日
●儀禮經傳通解序(云云)嘉靖十五年丙申(1536)夏六月壬辰國子監祭酒呂柟序
●書儀(司馬光;1019~1086)序(云云)癸卯(癸卯年;生前 1063. 死後 1123)冬十月朔日
●問祭儀更有修改否曰大槩只是溫公儀無修改處
●南溪曰今世公私祭禮公則近於吉私則近於俗盖以公有唐開元禮大槩斟酌儀禮以成之私有朱子家禮雖亦祖述儀禮以整之然其本多出溫公書儀

▶1424◀◆問; 제사와 차례에 대한 원칙이 있는지?

저는 장남임에도 불구하고 어릴 때부터 가족들과 떨어져 혼자 생활하게 되었으며, 사회생활을 하면서도 지방에서 근무할 때마다 혼자서 생활해 왔습니다.

기제사나 명절 때마다 부모님 곁에서 살고 있는 동생이 오히려 예절을 더 많이 알고 있었습니다. 그런데 지난해 아버지가 돌아가신 후 제가 제사를 모시게 되었는데 제례 법에 대해 여러 곳에서 자료를 찾아 보았지만, 각기 법도가 달랐습니다.

물론 지방별, 가문 별로 차이는 있다고 하지만, 오늘 아침 신문에도 보면 어포는 등이 위로 올라와야 하며, 촛대도 제 1 열에 배열하도록 되어 있는 것을 보고 정말 제례에 대한 정도는 무엇일까? 궁금해서 이곳을 찾게 되었습니다.

그리고 이곳의 답변자료를 보면 한문으로 된 원문을 올려주셨는데 부끄러운 얘기 같지만 요즘 풀이가 없는 원문을 이해하는 사람이 얼마나 되겠습니까?

진설과 강신 때 촛불 켜는 시기와 술잔을 모사 위에 세 번 돌린다고 하는데 어느 방향으로 돌리는 것이 맞는지? 그리고 제주가 절을 올릴 때 문안에서 올리는지? 문 밖에서 올리는지? 물론 주장하는 학자는 선비 및 유생들에 따라 다를 수는 있겠지만, 그래도 우리 민족고유의 전통 제례 법에도 원칙이 있지 않을는지 정말 헷갈리는 내용이 많군요.

◆答; 제사와 차례에 대한 원칙.

촉대의 위치는 아래와 같으며, 켜는 시기는 행사하기 전이 되겠지요.

⊙儀式圖說; 燭==香爐==香盒==燭

⊙國朝喪禮補編; 燭==香爐==香盒==燭

술잔을 모사(茅沙) 위에서 돌리는 유가(儒家)의 예법(禮法)은 없는 것 같습니다.

배위(拜位)는 향안(香案) 전 모사(茅沙) 앞이 됩니다.

⊙備要拜位   ⊙便覽拜位

====香案====   ====香案====

====茅沙====   ====茅沙====

====拜位====   ===拜位====

▶1425◀◆問; 제례의 순서에 대하여.

1. 선조들의 제사 순서를 공시하여 주셨으면 합니다.

2. 명절(설날, 추석 등)때에의 차례 순서를 공시하여 주셨으면 합니다. 끝.

◆答; 제례 순서.

問1. 答;

⊙지방 기제(紙牓忌祭) 지내는 법

○하루 전에 재계한다.○제수 품을 갖춘다.○제수품목과 량은 가세에 따른다. ○전날 어두워지면 신위의 자리를 갖춘다. ○주인은 남자들에게 당부하여 제청을 쓸고 닦아 깨끗이 청소케 한다. ○(속례)망일(亡日) 자시(子時)가 가까우면 소채와 과실과 수저 잔반을 진설한다. (정례는 厥明)○만약 고비 병제 일 때는 수저 잔반 초접을 상 북단을 이등분 하여 서쪽과 동쪽으로 나눠 놓고 적과 적 사이로 떡과 국수를 더 놓으면 면(麵), 육(肉), 적(炙), 병(餠), 면(麵), 적(炙), 어(魚), 병(餠)으로 진설이 된다. ○향로에 불을 피운다.○주인 이하 성복을 하되 희거나 푸른 제복으로 고쳐 입는다.(정례 質明)○차서 대로 늘어선다.○자시(속례)가 되면 지방을 교의에 세운다.○강신(若神主則先參後降)○참신○부녀자는 사배를 한다. ○참신 후 병 약자는 다른 곳에서 쉬게 한다.○진찬○초헌례○아헌례○종헌례○유식○만약 주부의 유고 시는 주인이 삽시정저를 한다.○합문○존장은 잠깐 다른 곳에서 쉬게 한다. 이때 문 열기 까지는 일식 구반이라 하여 보통 밥 한 그릇 비우는 사이를 조용히 서 있는다.○계문○사신○분지방 축문○철상○기제에는 수조(受胙) 즉 음복과 준(餕) 즉 음식 나눔의 예가 없다. 기제는 상(喪)의 연속인 까닭이다.

問2. 答; ⊙지방(紙榜) 설 참사예법(節祀同).

○元旦

○하루 전날부터 재계(齋戒)를 하고 잔다.○이날 아침 일찍 일어나 제청(祭廳)을 청소한 뒤 신위의 자리를 설위(設位)하고 제사 기구를 진열한다.○진설(陳設)○주인 이하 성복(成服)○서립(序立)○지방(紙榜)을 교의(交倚)에 세운다.○강신례(降神禮)○참신례(參神禮)○헌주례(獻酒禮)○사신례(辭神禮)○지방을 거둔다. (지방을 불 사른다)○철상(徹床)

▶1426◀◆問; 제례 의문점 질의.

질의 1: 지방을 쓰지 않고 사진을 놓고 제사를 지내는 것은 어떤지요.

질의 2: 잔을 올리고 젓가락을 옮겨가며 음식 위에다 놓는 집안도 있고 시접에 만 놓고 정저 하는 집안도 있는데 어떤 방식이 옳은지요.

질의 3: 헌작 시(時) 헌관이 잔을 들고 집사가 술을 따르는 경우와 집사가 잔을 들고 있으며 헌관이 술을 따르는 경우가 있는데 어떤 방법이 옳은지요.

◆答; 제례(祭禮)에서.
○질의 1. 答; 사서(士庶)인(人)은 영당(影堂)을 모실 수가 없고 왕가(王家)에서만 영정(影幀)을 모실 수가 있습니다.

●春官通考吉禮眞殿永禧殿殿制永禧殿在京城南部薰陶坊(竹箭洞契酉坐卯向):正殿五室(退幷二十八間)移安廳三室(退幷八間行閣三間在正殿西)神門三間(在正殿前庭之東)香門一門(夾門一間在正殿南庭之南)(以下省略)○奉安位次 第一室 太祖大王影幀 第二室 世祖大王影幀 (中略)安香廳(退幷六間在正殿外墻之內)祭器庫(退幷三間在安香廳之北)(中略)典祀廳(前後退翼廊合二十二間半砧造所二間在安香廳之東)殿司齋舍(幷廚庫七間在外香門之南)執事齋房八間(在外香門之南)外大門三門(北向)(以下省略)

○질의 2. 答; 젓가락은 가지런히 골라 시저접(匙箸楪)에 놓습니다.

●沙溪曰正之於楪中

○질의 3. 答; 주인이 잔을 들고 집사자가 술을 따릅니다.

●性理大全巳時祭初獻條;主人奉高祖考盞盤執事者西向斟酒于盞

▶1427◀◆問; 제례(祭禮)의 길사(吉事). 흉사(凶事)로 분류(分類).
기제(忌祭)와 시제(時祭) 다례(茶禮) 묘제(墓祭)를 상예(喪禮) 각각(各各) 흉사(凶事)와 길사(吉事)로 구분 구체적(具體的)으로 설명(說明) 하시면 어떤지요?

◆答; 제례(祭禮)의 길사(吉事). 흉사(凶事)로 분류(分類).
흉사(凶事); 상례(喪禮) 중(中) 졸곡(卒哭)까지 이르고,
길사(吉事); 부제(祔祭) 이후(以後)의 상례(喪禮) 중 제례(祭禮) 포함(包含)
제례(祭禮)를 길제(吉祭)라 함.

●雜記上祭稱孝子孝孫喪稱哀子哀孫(註)祭吉祭也卒哭以後爲吉祭故祝辭稱孝子或孝孫自虞以前爲凶祭故稱哀端正也
●開元禮凶六三品以上喪中(四品以下至庶人附)虞卒小大禫祭祝文曰維歲次云云朔日子哀子(父喪稱孤子)敢昭告于(云云)
●士虞禮記死三日而殯三月而葬遂卒哭卒辭曰哀子某(云云)饗辭曰哀子某(云云)○祔祭(云云)曰孝子某註稱孝者吉祭○小祥記碁而小祥註小祥祭名祥吉也祝辭之異者言常者碁而祭禮也
●老子夫佳兵章吉事尙左凶事尙右註人身左陽右陰吉事爲陽故平居貴左兵事爲陰故貴右

▶1428◀◆問; 제례의 순서에 관하여 질문 드립니다.
제(祭)를 모실 때 어떤 책은 분향(焚香), 강신(降神)부터 이고 어떤 책에서는 참신(參神)부터 인 경우를 보았습니다. 어떤 것이 맞는지요?

◆答; 제례의 순서.
신주(神主)를 정침(正寢) 기제(忌祭)에서는 선참후강(先參後降). 지방(紙榜)기제사(忌祭祀)에서는 선강후참(先降後參)이 됩니다. 사당제(祠堂祭)에서는 선강후참(先降後參)입니다.

●退溪曰祭則降神後薦獻等禮所以先祭而後降
●陶庵曰朔參則無遷動之節故先降後參時祭之先參後降其義可推而知也

●尤庵曰若時祭行于祠堂則無奉主就位節次只就祠堂各位前陳器設饌先降神而後參神
●備要紙牓則先降神後參神

▶1429◀◆問; 제례(祭禮)의 요반(澆飯)에 대하여.

요즘 시중에 나돌고 있는 예법이라는 간혹의 책을 보면 제례 시 계문(啓門)후 진다(進茶)의 예에서 숙수(熟水)로 대신 올리고 삼초반(三抄飯)이라 하여 메에서 밥을 세 숟가락을 떠 숙수에 마는 예가 있습니다. 정통예서에는 없는 예인데 근거됨이 있는지 편입되어도 되는지 알고 싶습니다.

◆答; 삼초반(三抄飯)은 비례(非禮).

아래와 같이 살펴보건대 우암(尤庵)선생 말씀이 물에 밥을 마는 것은 동속(同俗)인데 초반일절(抄飯一節)은 가례(家禮)에 없는 예이니 가례대로 행하는 것이 맞다 하셨고 도암(陶庵)선생께서도 철갱(徹羹) 후숙수(熟水)만 올릴 뿐이다 하셨으며 더욱 삼초반(三抄飯)에 대한 예(禮)의 근거를 찾을 수가 없으니 행하지 않음이 맞는 예법입니다.

●尤庵曰澆飯於熟水似是象生時也然中朝之人則常時飯畢飲茶少許云然則澆飯亦東俗耶○又曰抄飯一節家禮無之恐當以家禮爲正○陶庵曰徹羹進熟水而已

▶1430◀◆問; 제례절차.

보통 제주가 분향을 하고 제배를 하고 강신을 하고 또 제배를 한 뒤 모두 참신을 하고 다시 초헌자가 잔를 올리고 제배하고 다음 아헌자가 잔을 올리고 주부는 사배하고 다시 종헌자가 잔를 올리고 제배를 하는 모든 제사를 마친 뒤 음복례는 초혼자만 하는 걸로 알고 있습니다만 어떤 집에서 제사를 지내는데 제주가 신위 앞에 나가 제배를 하고 분향하고 또 제배하고 모두 참신한 뒤 초현자 가 신위 앞에 나가 제배를 하고 잔을 올린 뒤 또 제배를 하고 아헌자도 신위 앞에 나가 제배를 하고 잔을 올린 뒤 다시 제배를 하고 삼헌자도 신위 앞에 나가 제배를 하고 잔을 올린 뒤 다시 재배를 하고 제사를 마치 전 초헌자 아헌자 종헌 모두 같이 신위 앞에 나가 같이 음복을 하고 모두참신을 한 후 제사를 마치는 것을 보았습니다 특별한 방법 같아서 질문을 드립니다 예서에 있는 경우입니까?

◆答; 제례절차.

지방기제(紙牓忌祭) 배예(拜禮)는 아래와 같습니다.

降神= 분향(焚香; 備要; 再拜) 뇌주재배(酹酒再拜).
參神= 주인 이하 재배(主人以下再拜)(婦女子四拜).
初獻= 주인(主人; 讀祝後)재배(再拜).
亞獻= 주부사배(主婦四拜)(或弟子姪則再拜).
終獻= 재배(再拜).
侑食= 주인재배(主人再拜) 주부사배(主婦四拜).
辭神= 주인 이하 재배(主人以下再拜)(婦女子四拜).

아래와 같이 살펴보건대 기제(忌祭)는 상(喪)을 당한 날과 같아 불음주(不飲酒) 불식육(不食肉)이라 하였으니 수조(受胙; 飲福)의 예는 물론(勿論) 그 날은 온 종일(終日) 술이나 고기를 먹어서는 아니 되는 것입니다.

●檀弓忌日不樂註忌日不用擧吉事
●祭義君子有終身之喪忌日之謂也疏孝子終身念親不忘忌日非謂此日不善別有禁忌謂孝

子志意有所至極思念親不敢盡其私情而營求他事故不擧也

●家禮本註是日不飮酒不食肉不聽樂黲巾素服素帶以居夕寢于外

●退溪與尹安東書忌日受賓饋肉留爲後日之食非所當故例不敢受胙當拜受單時不及致察至暮乃知其中有獐鰒等物如以旣受仍留則非徒前者成虛後難復辭遣人奉還二物於下人伏想俯諒

●沙溪曰禮父母之喪人遺之雖酒肉受之云雖喪中人饋魚肉可受之以奉祭奠以供老親也忌日辭肉於常情拘束然用意細密人不可及

모든 제사(祭祀)의 근본(根本) 예법(禮法)인 사시제(四時祭) 순서(順序)에 계문(啓門) 다음에 수조(受胙; 飮福)의 예가 있고 수조(受胙)의 예 다음이 사신(辭神), 다음이 납주(納主), 철상(撤床), 그 다음에 준(餕)으로 마쳐집니다.

수조(受胙)의 예에서 오복(五福)을 비는 축사(祝辭)가 있어 음복(飮福)이라 하고 제사(祭祀) 음식(飮食) 나눔의 예는 철상(撤床) 후(後) 준(餕)의 예에서 행하는 예로서 음복(飮福)의 예가 아닙니다.

위와 같은 예는 사시제(四時祭)에서 니제(禰祭)에 이르기까지 에서 행하고 기제(忌祭)에서는 수조(受胙)와 준(餕)의 예를 행하지 않음. 까닭은 위의 전거와 같이 상(喪)을 당한 날이기 때문에 행하지 않는 것임. 혹 모르고 행하였다 하여도 숨길 일입니다.

●家禮受胙條祝曰祀事旣成祖考嘉饗伏願某親備膺五福保族宜家

●舊唐書志第八皇帝祭享酌酒讀祝文及飮福受胙奏壽和五郊迎氣云云

●士昏禮媵餕主人之餘御餕婦餘贊酌外尊酳之

유자(儒者)가 종주(宗主)를 부정하는 우(愚)를 범함은 대단한 극불경(極不敬)으로 유자(儒者)가 아니기를 자처(自處)함이며 사계(沙溪)선생(先生)이나 도암(陶庵) 선생(先生)께서도 근본에서 어그러짐 없이 고쳤을 뿐 근본(根本)을 뒤엎지는 않았습니다.

기일은 대강 아래와 같이 살펴보아도 기일을 맞아 정성을 다하여 진설하고 축으로 자신의 사모함을 고하고 목놓아 슬픔을 다하여 곡하여 자손 된 바를 다함이 부족할까 노심초사함이 도리일진대 좋은 고기에 술을 마시고 정신이 산만하여 져서야 도리가 아님.

아무리 시대가 바뀌어 모든 것이 변하였다 하여도 기왕(旣往)에 유가(儒家)의 예법(禮法)에 따라 기제사(忌祭祀)를 지낸다면 자손(子孫)도리(道理)까지 버려서야 가함이 못됨.

예란 금시초문(今時初聞)이라 기일을 기념일이나 경삿날로 알고 상판을 벌려놓고 젓가락 장단(長短)에 희희낙락(嬉嬉樂樂) 함이야 애초 근본(根本)을 모르니 탓할 바는 못되나 만약 식자(識者)라면 그런 광경을 목격하였으면 훈도(訓導)하여 바르게 잡아줌이 가히 옳다 할 것임.

●祭義文王之祭也事死者如事生思死者如不欲生忌日必哀稱諱如見親祀之忠也細註嚴陵方氏曰事死如事生所謂祭如在也思死如不欲生所謂至痛極也忌日必哀所謂有終身之喪也

●家禮本註若考妣則祝與主人以下哭盡哀

●儀節祖考近死則讀祝後擧哀遠死則否

●遂菴曰忌祭祀之禮以誠爲貴悲痛之心深則自不得不哭

●寒岡曰主人以下哭盡哀云則主婦固所當哭而子孫宜不得不哭

●沙溪答宋敬甫曰逮事祖考妣當擧哀

●南溪曰寒岡以主人以下哭盡哀之文爲在位者當哭之證愚謂以下者卽指衆主人及婦人應哭之徒而言要訣改以下曰兄弟意益分明蓋孫行不必哭已在考妣則三字之中矣

●密菴曰雖旁親旣與祭則忌是喪之餘無論遠近爲主人助哀何傷然難以一槩論惟在臨時處變耳

●問解逮事祖考妣當擧哀

▶1431◀◆問; 제례절차에 관한 질문입니다.

제례에 대하여 문의 드리겠습니다. 향교(鄕校)나 서원(書院) 등(等)에서는 헌작을 할 때 작이 셋이 있으니 퇴주를 하지 않아도 되지만 일반 식음제의(食飮祭儀)에서는 술잔을 하나로 쓰기 때문에 초헌관(初獻官)이 헌작 하고 나면 다음 아헌관(亞獻官)이 신위(神位) 앞에 부복(俯伏) 하였을 때 술잔에 술이 있음으로 술잔을 비워야 하는데 이때에 [집사자퇴작(執事者退爵)]으로 되어 있거나 [집사이타기철주치잔(執事以他器撤酒置盞) 고처(故處)] 또는 아헌관(亞獻官)이 신위(神位) 앞에 꿇어앉은 후(後)에 [집사일인취잔반(執事一人取盞盤) 찬자인헌관예작세위(贊者引獻官詣爵洗位) 세작식작이잔수집사자(洗爵拭爵以盞授執事者) 진예위전궤(進詣位前跪)]등(等)으로 되어 있기도 하고, 또 어떤 문중(門中)에서는 초헌관(初獻官)이 독축(讀祝) 후(後) 재배(再拜)하고 다시 부복(俯伏)하여 퇴주(退酒)를 하고 돌아가도록 홀기(笏記)가 다음과 같이 되어 있는 것을 보았습니다.

[0. 헌관면복흥재배소퇴궤(獻官俛伏興再拜少退跪) 0, 집사취양위전잔반퇴주(執事取兩位前盞盤退酒) 0, 헌관면복흥평신(獻官俛伏興平身) 0, 알자인예초헌관강부위(謁者引詣初獻官降復位)] 과연(果然) 어느 것이 올바른 제사(祭祀) 절차(節次)인지 고견(高見) 부탁(付託) 드립니다. 대구에서 이 0 환 드림.

◆答; 제례절차

일반 가정의 제례에서는 아래가 철주하적(撤酒下炙)의 예법입니다. 이를 근거(根據)로 홀기(笏記)를 작성(作成)하면 별 무리는 없을 것 같습니다.

●便覽時祭初獻條云云讀畢(置板於卓上)興(降復位)主人再拜降復位執事者以他器徹酒及肝置盞故處(降復位)

▶1432◀◆問; 제례 절차에 따라 곡하는 것이 어떻게 다른지?

1. 고례(古禮)에서 곡(哭)은 상례(喪禮)와 제례의 중요한 예절로 제사시간 내내 곡을 하여야 할 때도 있고 독축(讀祝) 후 잠시만 곡을 하여야 하는 경우도 있는 것으로 알고 있습니다.

⑴ 상중제례(喪中祭禮)의 초헌 아헌 종헌은 각각 헌주 때 곡재배(哭再拜; 또는 사배(四拜)한 책을 보았는데,

①참신(參神)부터 사신(辭神)까지 계속(독축 시(讀祝時)만 지곡(止哭)을 하였는지?

②초헌 후 멈추고 아헌 후 멈추고 종헌 후 멈췄는지요?

⑵ 상중제례(喪中祭禮; 脫喪祭까지)는 탈상까지 계속 곡을 하여야 한다면 탈상전의 다례나 묘제나 산신제 때에도 계속 곡을 하였는지요?

⑶ 기제(忌祭)에는 독축 후(讀祝後) 잠시(暫時) 곡(哭)을 하였다는데 4 대 봉사(奉祀) 중인 모든 기제(忌祭)에 그랬는지 아니면 부모기제(父母忌祭)에만 그랬는지요?

◆答; 상(喪) 길제(吉祭)에 딸아 곡을 하기도 한다.

상제(喪祭)에서는 곡하며 제청(祭廳)으로 들어가 강신(降神)할 때는 곡(哭)을 멈추고 초 아 종헌관(初亞終獻官)은 곡(哭) 재배(再拜)하고 계문(啓門) 때 곡하며 들어가 사

신재배하며 슬픔을 다하여 곡을 하게 됩니다.

길제(吉祭)에는 단지(但只) 부모(父母) 기일(忌日)에는 초헌(初獻) 독축(讀祝) 후(後) 주인(主人) 이하(以下) 모두 슬픔을 다하여 곡(哭)을 합니다. 또 승중(承重)인 조부모(祖父母) 기일(忌日) 역시 그와 같이 곡을 합니다.

●性理大全喪祭;祝出神主于座主人以下皆入哭○降神;本註祝止哭者○初獻;祝興主人哭再拜復位哭止○亞獻終獻;遂菴曰亞終獻如初獻當哭拜○祝啓門主人以下入哭辭神;主人以下哭再拜盡哀止○忌祭 初獻;祝興主人以下哭盡哀(備要逮事祖考妣同)

▶1433◀◆問; 제례 절차 중 정저에 대하여.

제례에서 초헌 아헌 종헌 유식 후에 삽시정저를 하는 것으로 아는데 초헌 후 정저 아헌 후 정저 종헌 후 정저를 하는 경우를 보았는데 유식이 없을 경우 초헌 아헌 종헌 후에 정저를 한번 하는 것과 매헌작 때마다 정저를 하는 것 중 어느 것이 옳은지요.

◆答; 제례 절차 중 정저.

삽시정저(揷匙正著)는 종헌(終獻)을 마치고 주인(主人)은 주전자를 들고 위전으로 올라가 삼제로 조금 비어 있는 잔에 술을 채우고 주부(主婦)는 올라가 삽시(揷匙)정저[유고(有故)시 주인(主人)]를 하고 주인(主人) 재배(再拜) 주부(主婦) 사배(四拜)하고 제자리로 물러나는 예를 통틀어 유식(侑食; 添酌)의 예라 합니다.

●性理大全時祭侑食; 主人(云云)主婦升扱匙飯中西柄正筯立于香案之西南皆北向再拜

▶1434◀◆問; 제례 축에 대하여.

안녕하세요! 부끄럽습니다만 조부모님과 부모님을 한 상에 모시는 합동 제례 시 축문은 초헌관의 조부모님과 부모님을 각각 독축해야 하는지? 상을 따로 모셔야 하는지? 가르침을 주시면 감사하겠습니다.

◆答; 제례 축.

합동(合同) 제례 시(祭禮時)라 함이 어떤 의미 인지는 알 수 없으나 만약 서로 다른 기일을 어느 날 날을 잡아 함께 기제로 지낸다는 뜻이라면 그러한 예법은 없으며, 만약 기일이 같은 날일 때는 그 예법이 아래와 같이 명재(明齋) 선생께서는 같이 행하되 각축이라 하셨고 우암(尤菴)과 도암(陶菴) 선생께서는 같은 날이라 하여도 선존(先尊) 후비(後卑)라 하셨으니 두 예(禮) 중에서 가문이 택한 법도를 따름이 옳을 듯합니다.

●問子孫忌日與先忌同則一時同行無悖於禮意否明齋答曰祖孫同忌則一時同行恐無妨盖主人一也一時行之而各祝以告鄙一家亦如此行之矣
●尤菴曰祖曾忌祭同日則當先後行之盖偕喪三年中有異殯各祭之文忌日喪之餘也
●陶庵曰兩忌日不可並設只當先尊後卑而各行之

▶1435◀◆問; 제물의 어육 조리법?

어육을 여러 가지로 조리하여 제수로 올려도 무방한지요.

◆答; 제물로 어육.

아래와 같이 살펴보건대 편람의 말씀을 빌리면 어육(魚肉)을 어떻게 조리(調理)하느냐에 따라서 효(殽), 회(膾), 헌(軒), 초(炒)로 요리되어 진설되는 것 같습니다.

●溫公書儀四時祭具饌條膾(註今紅生)炙(註今炙肉)羹(今炒肉)殽(註今骨頭)軒(註今白

肉)

●便覽四時祭具饌條肉(註家畜及山澤之族可食者無不用)○魚(註凡水族之可食者無不用○黃氏曰鯉魚不用於祭祀云○栗谷曰魚肉當用新鮮生物○按魚肉或殽或膾或軒或炒凡羞之以魚肉爲之者俱無不可肉帶骨曰殽腥細切爲膾大切爲軒)

▶1436◀◆問; 제물진설 중 소의 처녑(비석-脾析)에 대하여?

여러 선생님들께 인사 올립니다. 석전 예찬 중 오성위 진설도의 우 12 두 제 3 행 첫째 줄에 소의 처녑(비석-脾析)을 놓습니다.

<<유교와 석전-권오흥著>>의 진설도에는 비석(脾析-소의 처녑)이라 역문(譯文) 되어 있으므로, 이제껏 그렇게 알고 공부하여 실무에 사용하고 있습니다만, <<성호사설>>의 경사문 제물편에는 아래의 예문과 같이 비탁(脾柝-소의 처녑)으로 풀이를 하고 있습니다.

[비탁(脾柝)이란 것은 주에 '우백엽(牛百葉)이다.' 하였으니 지금 소위 소의 처녑[千葉]이란 것인데 그 살결에 따라 고기가 터지는 까닭에 이름을 비탁이라 하였다.]

비석(脾析)과 비탁(脾柝)은 같은 의미의 뜻인지? 아니면 오역(誤譯)인지? 혹은 같은 의미로 사용하여도 되는지를 여쭙고 싶습니다.

◆答; 析와 柝에 관하여.

아래와 같이 살펴보건대 비석(脾析)에서 析는 음(音)을 사로 발음함이 옳습니다.

⊙析=처녑 사.
●旣夕禮東方之饌四豆脾析蜱醢葵菹蠃醢
●康熙字典木部四書析音斯[周禮天官醢人]饋食之豆脾析

아래와 같이 살펴보건대 비사(脾析)와 비탁(脾柝)은 다 같이 소의 처녑으로 이해됨이 옳을 것 같습니다.

●星湖僿說經史門祭物條脾柝註云牛百葉今謂之千葉從其理而柝開故曰脾柝也

아래와 같이 강희자전(康熙字典)을 살펴보건대 柝은 "탁"음 뿐인데, [한국고전종합DB] 이체자 정보검색 창에서 [柝]을 이형자에서 [析]의 이형자라 하였다면 어떤 근거에 의하여 "석"음이 부여되었는지는 알 수 없으나 만약 柝이 析의 이형자로서 처녑을 의미한다면 음을 "사"로 표기 되었어야 마땅할 것입니다.

까닭은　析을 [석]이라 발음한다면 [석음]에는 처녑이라는 의미가 없고 [사]로 발음 되어야 상호간(相互間) 의미전달(意味傳達)에서 처녑으로 이해되기 때문입니다.

특히 성호사설 경사문 제물조(星湖僿說經史門祭物條)의 柝은 주문(註文)에서의 설명된 이상도 이하도 아닙니다. 따라서 여기서의 柝을 "사"로 발음할만한 까닭도 없습니다.

또 柝을 "처녑 사"로 의미(意味)를 부여하고 발음(發音)할만한 전거(典據)가 없다는 것입니다. 따라서 柝은 ○딱다기 탁. ○열 탁(열리다). ○쪼갤 탁(가르다. 갈라지다. 벌어지다. 터지다) 등 [탁]음 이외의 음(音)은 없습니다.

●康熙字典木部五書柝音託[說文]作㭯(柝의本字)㰍(柝과同字)判也[易下繫]重門擊柝以待暴客[左傳哀七年]魯擊柝聞于邾[徐鉉曰]謂判兩木夾于門爲機相擊以警夜也今荒城多叩鼓以持更蓋其遺制

한자(漢字)는 우리 글자가 아니라 중국(中國)의 글자로서 우리가 글자가 없었을 때 수 백 년 차용(借用)하여 사용(使用)되던 글자로서 그 근원(根源)은 강희자전(康熙字典)으로 그에 기초(基礎)하여 음(音)과 뜻을 익혀 문자생활을 하다 1909 년 자전석요(字典釋要)가 간행(刊行) 되면서부터 근대(近代) 옥편(玉篇)의 틀이 잡히기 시작 현재에 이르게 되었습니다.

따라서 우리가 쉽게 익히도록 구성된 현대(現代) 옥편(玉篇)은 강희자전(康熙字典) 중에서 필요(必要)에 따라 발췌(拔萃) 수록 소형에서부터 대형 자전(字典)이 등장(登場)하게 된 것입니다.

까닭에 아국(我國) 옥편(玉篇)은 강희자전(康熙字典)의 범주(帆柱)를 벗어 날수가 없는 것이며 혹 강희자전(康熙字典)에는 수록되지 않았다 하더라도 서경(書經) 등(等) 고서(古書)에 새로운 의미(意味)가 발견(發見)되면 그를 전거(典據)로 삼아 새로운 의미를 부여 추록(追錄)할 수는 있으나 음(音)은 하인을 막론하고 임의로 변경 또는 추가할 수가 없는 것입니다.

혹 네이버한자(漢字)사전(辭典)에 柝에 탁. 서. 사음을 붙임이 어느 전거에 의하여서 인지는 알 수 없으나강희자전(康熙字典) 또는 중국어사전(中國語辭典)에도 없는 음(音)이니 유학적(儒學的) 입장에서는 전거(典據) 제시(提示)가 없는 한 인정할 수 없는 음(音)이라 할 수 있습니다. 고로 柝의 音은 탁일 뿐입니다.

⊙柝에 대한 玉篇의 考察
●康熙字典木部五書柝[唐韻][正韻]他各切[集韻][韻會]音託[說文]作𣝔(柝의本字)樣(柝과 同字)判也夜行所擊者[易下繫]重門擊柝以待暴客[左傳哀七年]魯擊柝聞于邾[徐鉉曰]謂判兩木夾于門爲機相擊以警夜也今荒城多叩鼓以持更蓋其遺制
●字典釋要(1909)木部五書[柝]탁 判也 쪼갤 탁 樣見
●校訂全韻玉篇(1913)木部五書[柝]탁 判也警夜刁斗 樣同
●新字典(1915)木部五書[柝]탁 判也쪼길○夜警刁斗죠두○목탁[易繫辭]重門擊一以待暴客[藥] 樣同
●全韻玉篇(1917)木部五書[柝]탁 判也警夜刁斗 樣同
●中國語辭典柝 1. [명사][문어] (야경(夜警)을 돌 때 치는) 딱따기. 击柝 (야경을 알리는) 딱따기를 치다.

⊙析에 대한 玉篇的 考察
●康熙字典木部四書[正韻]音錫[說文]破木也[詩齊風]析薪如之何非斧不克一曰析也 又分也[書堯典]厥民析[孔安國傳]丁壯就功老弱分析也 又國名[書禹貢]析支渠搜西戎 又地名析城屬冀州 又邑名[左傳僖二十五年]秦取析矣 又[尸子]虹蜺爲析翳 析音斯[周禮天冠醢人]饋食之豆脾析 又[類篇]音斯[周禮天冠醢人]饋食之豆脾析 又草名張揖曰析似燕麥 又平聲[唐韻]息黎切[史記五帝紀]析支渠廋[索隱]作鮮支渠搜鮮析音相近古讀鮮爲斯 又息例切音近賜[後漢西羌傳]濱于賜支[註]賜支者禹貢所謂析支者也
●字典釋要(1909)木部四書[析] 셕分也 나놀석 ○破木 나무쪼갤석
●校訂全韻玉篇(1913)木部四書[析] 셕破木分也剖一星次一木虹蜺
●新字典(1915)木部四書[析] 셕 剖一破木쪼길○뻐길○괠[詩]一薪如之何非斧不克○分也나놀[書]厥民一○星次寅曰一木(錫)
●全韻玉篇(1917)木部四書[析] 셕 破木分也 剖一星次一木虹蜺

▶1437◀◆問; 제법에 대하여?
1. 일식구반을 한자로 일식구반(一食九飯) 입니까?
2. 숙수 올리고 숟가락을 숙수그릇에 담그기만 하고 메(밥)를 숙수에 말지 않는지요.

3. 진 숙수하고 읍을 하고 기다리는 것이 국궁(묵념)인지요.

4. 진 숙수 시 갱 그릇을 철적(초헌, 아헌)처럼 안 내려도 되는 지요.

◆答; 제법(祭法).

問; 1. 答; 맞습니다.

問; 2. 答; 상 3 년 내는 생년의 예로 밥을 조금 떠 물에 마나 그 이후는 물에 밥을 말지 않습니다.

問; 3. 答; 아래와 같이 살펴보건대 부복(俯伏)은 근거(根據)가 없으니 서서 잠깐 기다린다 라 하였으니 서있는 자세는 손을 맞잡고 다소곳이 허리를 굽혀 서 있어야 되겠지요.

問; 3. 答; 아래와 같이 살펴보건대 요결에서는 철갱(徹羹)이라 하였으나 가례를 살펴보면 철갱이란 예는 없으며 특히 비요를 살펴보면 메의 개(盖)도 내리지 않고 메의 남쪽에 두고 후재 선유의 말씀으로는 진다(進茶)와 진갱(進羹)은 별개의 예라 하셨으니 갱을 빈 곳으로 밀치고 수저그릇 좌측으로 놓고 율곡 선유의 예를 따르는 가문이라면 철갱(徹羹)이라 하였으니 국그릇을 내려야 하겠지요.

●楊氏曰士虞禮無尸者祝闔牖戶如食頃註如尸一食九飯之頃也
●輯要今俗徹羹進茶又以匙取飯少許澆於湯水盖徹羹進水是生時常例象生時固當玉藻飯飱註飱以飮澆飯也食竟更作三飱以助飽此亦生時常例
●尤庵曰進茶後抄飯一節東俗也家禮則無之恐當以家禮爲正
●明齋曰抄飯一節禮所不言只移匙於茶器似宜云然三年內象生之義澆飯恐似無妨
●問進茶後旋卽辭神太遽或立或伏如何沙溪曰立而少遲可也伏則無據
●備要四時祭進炙條云云乃啓飯盖置其南各位同
●家禮四時祭啓門條主人主婦奉茶分進于考妣之前
●厚齋曰進茶進羹是兩項事不相關則茶非徹羹而進之物也
●書儀按時祭茶盞居匕筯之左
●要訣四時祭啓門條徹羹而退

▶1438◀◆問; 제사.

금년도에 형편상 사정이 여의치 않아서 아내 제사를 문의 드린 바에 의하면 전년도까지 날짜를 틀리게 음력 2 일이나 앞당겨 잘못 지냈고요, 아울러 올해에는 음력 4 월 10 일에 지내주질 않아서 마음 한 구석이 마냥 섭섭해서요. 드린 질문 인데요 7 월 백중 때나 아님 어떤 좋은 방안이 없겠습니까? 그리고 저의 여동생 또한 어려서 고향에서 바닷가 물놀이 하던 중 익사하였던 때도 7 월 백중 시기 때쯤 알고 있습니다.

현명하신 조언 부탁 드립니다. 그리고 제사나물에 3 가지를 올릴 경우 어떤 나물이 3 가지 나물에 해당 하는지요? 콩나물 이나 시금치는 제사상에 올리면 안 되는지 함께 고견 부탁 말씀 삼가 올리오니 제사상 차림 법 격식 함께 부탁 드립니다. 여러 가지 질문으로 죄송합니다. 귀찮으시더라도 꼭 좀 부탁 드리겠습니다. 손 모읍니다. 행복 하십시오!

◆答; 제사.

아래에서 아마도 충분히 안내되지 않아 재 질문의 수고를 끼친 것 같아 미안합니다.

이미 잘못 제사(祭祀)를 지내 서운함을 풀기 위하여 사과를 겸한 제사를 7 월 백중(百中) 등 날을 택하여 지내주고 싶은 듯 하신데 생자간(生者間)에 생긴 잘못은 추후 사과할 수 있는 기회를 만들어 양해를 구할 수 있으나 생사자간(生死者間)에 잘 못 지낸 기제를 추후 또 날을 받아 기제(사과제?)를 지내는 법은 없는 것 같습니다.

3 가지 나물이란 예서(禮書) 명(名)은 대개 침채 숙채 초채라 하였으니 이와 같이 조리할 수 있는 소채를 의미합니다.

⊙三禮儀 陳設圖
飯===盞===匙===醋===羹
麵===肉===炙===魚===餅
脯=熟菜=醯=醋菜=鮓=沉菜
果==果==果==果==果==果

●沙溪曰所謂蔬菜三件沉菜熟菜醋菜

▶1439◀◆問; 제사.
큰 아주버님께서 많이 편찮으신데요 곳 있으면 아버님 제사인데요 제사를 드려야 하나요 집안에 아픈 사람이 있으면 지내면 안 된다고 하시던데.

◆答; 제사.
아래와 같이 살펴보건대 주인(주제자)이 질병으로 인하여 제사의 집행이 불 가능할 때는 다른 자손이 주인을 대신하여 제사를 지내는 섭행(攝行) 예법이 있습니다.

까닭에 집안에 우환(憂患)이 있다 하여 제사를 폐하여서는 아니 됩니다. 축문(祝文) 에 아래와 같이 고하고 다른 사람이 대신(代身) 지내면 됩니다.

●逐菴曰孝子某有疾介子某代行薦禮敢昭告于
⊙病時: 維歲次云云孝子某因病不能將事使子某敢昭告于

▶1440◀◆問; 제사가 겹칠 때.
초암 선생님 안녕하십니까? 저는 30 대 중반의 남자입니다. (부득이하게 이름을 밝 히지 못하는 점 양해 부탁 드립니다.) 다름이 아니오라 급하게 집안에 제사와 7 촌 아주머니 제사가 겹쳐서 이렇게 문의 드립니다. 이런 부분에 대해서 무지하 다 보니 이렇게 초암 선생님의 말씀을 듣고자 합니다.

<문의내용>
아버지 제사 일자: 음 8.12 (새벽 1 시경)(몇 해전에 돌아가셨습니다.) 명절제사: 음 8.15 7 촌 아주머니(본인 입장에서 7 촌 아주머니) 돌아가신 날: 음 8 .12(2014 년 09 월 05 일 새벽 2 시 10 분경).

첫째: 저희(어머니, 본인, 동생)는 아버지 제사를 어떻게 해야 하는지요? (아버지의 제사를 우선으로 해야 하는지요?) 명절 제사는 어떻게 해야 하는지요? 7 촌 아주머 니 장례에 관련 참여의 범위를 어느 정도로 정해야 하는지요? (장례식 참석 및 제 사 동참 여 기타)

둘째: 저의 작은아버지는 아버지 제사를 어떻게 해야 해야 하는지요? (아버지의 제 사를 우선으로 해야 하는지요?) 명절제사는 어떻게 해야 하는지요? 7 촌 아주머 니 장례에 관련 참여의 범위를 어느 정도로 정해야 하는지요? (장례식 참석 및 제 사 동참 여부 기타) 이렇게 문의 드립니다. 초암 선생님의 말씀을 기다리겠습니다. 감사합니다.

◆答; 생여래일 사여왕일(生與來日死與往日).

유명을 달리한 7촌 숙부는 재당숙부로 복은 시마(緦麻) 3월 복인이 되고, 숙부(叔父)는 재종형제지간(再從兄弟之間)으로 소공(小功) 5월 복인이 됩니다.

따라서 소공(숙부)이나 시마(본인)복인은 그 상중(喪中)에 기제(忌祭)나 묘제(墓祭) 절사(추석, 설) 등이 닥치면 성복(成服) 전(사후 4일 째)에는 모두 폐제(廢祭)하고, 성복(사후 4일)한 이후에 돌아온 기제(忌祭)나 추석(秋夕) 절사(節祀)등 제(祭)는 평시(平時)와 같이 그 제사를 지내게 됩니다. 다만 음복을 하지 않습니다.

이와 같아서 7촌 숙부(叔父)의 작고하신 날이 음력 8월 12(금일)일인데 기제(忌祭)일이 8월 12일 같은 날이라 위와 같은 법도에 따라 폐제(廢祭)를 하여야 하고, 추석(秋夕)은 초상(初喪)으로부터 5일(死與往日)정도 되는 날로 성복(成服) 이후가 되는 날이 되니 추석 전에 장사(葬事)하였다 하여도 추석날 아침에 아버지 제사를 집에서 지내시고 상가(喪家)로 가 상사(喪事)를 돌볼 일이 있으면 도와 주심이 옳다 할 것입니다.

●要訣祭儀抄喪服中行祭儀;緦小功則成服前廢祭(五服未成服前雖忌祭亦不可行也)成服後則當祭如平時(但不受胙)服中時祀當以玄冠素服黑帶行之
●曲禮生與來日死與往日(集說註)與猶數也成服杖生者之事也數死之明日爲三日斂殯死者之事也從死日數之爲三日是三日成服者乃死之第四日也(細註)永嘉戴氏曰死者日遠生者日忘聖人念之故三日而殯死者事也以往日數三日而食生者事也以來日數其情哀矣聖人察於人情之故而致意於一日二日之間以此敎民而猶有朝祥暮歌者悲夫(鄭注)與猶數也生數來日謂成服杖以死明日數也死數往日謂殯斂以死日數也此士禮貶於大夫者大夫以上皆以來日數士喪禮曰死日而襲厥明而小斂又厥明大斂而殯則死三日而更言三日成服杖似異日矣喪大記曰士之喪二日而殯三日之朝主人杖二者相推其然明矣與或爲予(孔疏)生與至往日○正義曰生與來日者此謂士禮與數也謂生人成服杖數來日爲三日死與往日者謂死者殯斂數死日爲三日○(注)與數至爲予○正義曰貶猶屈也士卑屈故降不如大夫所以厭其殯日然士惟屈殯日不屈成服杖日者成服必在殯後故也云大夫以上皆以來日數者大夫尊則成服及殯皆不數死日也大夫云三日殯不數死日則天子諸侯亦悉不數死日也故鄭云大夫以上云士喪禮曰死日而襲者注引士喪禮者證殯與成服不同日以其未審故云似異日又引喪大記者更證明士殯與成服不同日故云二者相推其然明矣謂以士喪禮喪大記二者相推校然猶是也殯與成服是異日明矣無所復疑言與或爲予者謂諸本禮記有作予字者故云與或爲予

▶1441◀◆問; 제사 각 조목의 의미가 궁금합니다.
제사를 지내면서 각각의 행동들이 의미하는 바를 알고 지낸다면 더 정성이 들어 가겠다는 생각에 글을 올리게 되었습니다.
1. 강신 때 세 개의 향을 피우고 바로 향로에 꽂는 게 맞는지 아니면 하늘로 올리고 내리기를 세 번 반복한 뒤 향로에 꽂는 게 맞는지 궁금합니다.
2. 초헌, 아헌, 종헌 때도 강신 때처럼 다시 향을 피워야 하는지, 아니면 강신 때만 향을 피워도 되는지 알고 싶구요.
3. 술을 잔에 따른 다음에는 역시 강신 때처럼 모사에 세 번 나누어 부은 다음 올려야 되는지 아니면 그냥 올리면 되는지 궁금합니다.
3. 술을 올릴 때는 강신 때만 세 번 향로 위에서 돌리고 올리면 되는지, 아니면 술 올릴 때 마다 세 번 돌리고 올려야 되는지 알려 주세요.
4. 저를 고른다는 말은 상에 대고 세 번 두드리는 걸 의미하는 건가요?
5. 축문 낭독하는 방법을 알고 싶습니다. 동영상 같은 것은 없는지요?

일찍 부모를 여의다 보니 제가 저희 집의 전통을 잡아가야 할 것 같아서, 이래 저래 궁금한 것들을 올렸습니다. 답변 부탁 드립니다.

◆答; 제사 각 조목의 의미.

1, 答; 지금 사용하는 가늘고 길쭉한 향은 사찰에서 사용하는 향이며 유가(儒家)에서 사용하는 향은 향목(香木)을 가늘게 깎아 이를 향합에 담아놓고 분향(焚香) 때 향로(香爐)에 집어 넣어 태우는데 국례(國禮)에서 삼상향(三上香)이란 3 개가 아니라 향을 향합(香盒)에서 세 번 집어(떠) 넣는 것을 의미합니다.

2, 答; 분향은 강신례 때만 분향과 뇌주례를 동시에 행합니다.

3, 答; 초아종헌 때 헌관이 잔을 위전에 올린 뒤 다시 내려 모사에 3 번 조금씩 기우려 제사하고 다시 위전에 올립니다.

4, 答; 술을 올릴 때 향불 위에서 세 번 돌리는 예법은 없습니다.

5, 答; 축문(祝文) 낭독(朗讀)은 지난날 서당(書堂)에서 글 읽는 독성(讀聲)과 비슷하게 독축(讀祝)하게 됩니다.

●隋書禮志禮儀一; 梁天監四年何佟之議云南郊明堂用沉香北郊用上和香
●文獻通考宋詔聖元年; 曾旼言周人以氣臭事神近世易之以香宋時朝享景靈宮儀始稱三上香而
●郊特牲魂氣歸于天形魄歸于地故祭求諸陰陽之義也
●書儀古之祭者不知神之所在故灌用鬱鬯臭陰達于淵泉蕭合黍稷臭陽達于牆屋(郊特牲註牆屋之間)所以廣求其神也今此禮既難行於士民之家故但焚香酹酒以代之
●補疑上香求神於陽也酹酒求神於陰也后土地神故只求諸陰
●丘氏曰灌鬯爇蕭雖是諸侯之禮後世焚香祭神實取此義又曰古無香漢以前只是焚蘭芷蕭艾之類後百越入中國始有之雖非古禮然通用已久鬼神亦安之矣
●楊氏曰案亞獻如初儀潮州所刊家禮云少牢饋食禮主人初獻尸尸祭酒而後啐酒卒爵主婦亞獻尸尸祭之而後卒爵賓長三獻尸尸祭酒而後卒爵士虞特牲禮亦然以此觀之三獻皆當祭主于茅
●問祭酒以家禮亞獻條但不讀祝云者觀之則三獻似皆祭之以擊蒙要訣亞獻條但不祭酒云者觀則亞終獻不祭無疑當何適從南溪曰楊氏附註三獻皆祭酒當從此說
●尤庵曰降神時傾酒于茅沙者求諸陰之義也三獻時少傾于茅沙者代神祭之義也

▶1442◀◆問; 제사 관련 궁금합니다.

고생 많으십니다. 3 형제 중 막내입니다. 큰형님(딸 2)이 10 여 년간 아버님 제사를 모시다가, 개인사정으로 못 모시고 차남(딸 1)에게 옮겨져서 5 년 전부터 아버님 제사를 지내시다가 어머님 돌아가시면 저희(아들 1)보고 옮겨가라고 하시는데, 맞는 것인지 알고 싶습니다.

참고로 형님이 돌아가시거나, 노환으로 힘드실 경우 제사는 당연히 저희가 모시는 거라 생각 합니다만, 형님 말씀으로는 원래 부모님 제사는 장남이나, 장손이 모시는 게 맞는다고 합니다.

◆答; 제사 관련.

본인은 유학(儒學)이 전공이니 유학적(儒學的) 측면(側面)에서 답이 이뤄짐을 참작 이해하여 주시기 바랍니다.

아래와 같이 살펴보건대 지자는 그가 누구라 하여도 지자 댁에서 선대 제사를 주관하여 지내지 못합니다.

유가(儒家)에는 장자(長子) 승계(承繼) 원칙(原則)이라는 법도(法度)가 있어 그렇습니다. 다만 주인의 유고일 때 섭행(攝行)하여 초헌을 하는 경우는 있습니다.

아시는 바와 같이 부친이 생존하여 계시면 부친이 연로(年老)하시더라도 주인이 되며 작고하시게 되면 적장자가 이어 주인이 되고 적장자가 먼저 죽어 없으면 적손(嫡孫)이 승중(承重)하여 상주(喪主)가 되고 모든 제사의 주인이 됩니다.

●曲禮支子不祭祭必告于宗子(註)不敢自專宗子有故支子當攝而祭五宗皆然疏廟在適子之家庶子不敢輒祭若濫祭亦是淫祀若宗子有疾不堪當祭則庶子代攝可也猶宜告宗子然後祭
●公羊傳何休曰適子有孫而死質家親親先立弟文家尊尊先立孫
●溫公曰凡主人當以長子爲之無長子則長孫承重
●喪服小記庶子不祭禰者明其宗也(註)庶子不得立禰廟故不得祭禰所以然者明主祭在宗子廟必在宗子之家也
●小記庶子不祭祖下祭禰者明其宗也註庶子雖貴止得供具牲物而宗子主其禮
●家禮初終立喪主條凡主人謂長子無則長孫承重奉饋奠
●內則庶子若富則具二牲獻其賢者於宗子夫婦皆齊而宗敬焉終事而后敢私祭
●奔喪凡喪父在父爲主(註)父在而子有妻子之喪則父主之統於尊也
●尤庵曰祭主人有故則所攝之中如有尊行則子弟以不敢爲攝主矣然代者是尊行則使字未安故俗禮改云孝子某有故代叔父或兄

▶1443◀◆問; 제사 관련 너무 혼란스러워 정확한 답변을 해주시리라 믿고 질문 드립니다.
조부(祖父) 기일(忌日)을 모르는 제사가 있는데 지금이라도 지내려 하는데 어찌 날을 잡아야 하며 조모 기일 날 합제(合祭)를 하면 어떠하겠습니까. 또 생신일(生辰日)이 다가옵니다. 그 날 아침에 제사하려 합니다 괜찮겠지요.

◆答; 제사 관련.
승가(僧家)의 예법은 알지를 못하며 또 사일(死日)을 모르는 제사의 예법도 예서나 선유들께서 하신 말씀이 찾아지지 않으니 감히 말씀을 들일 수가 없고 다만 조모(祖母) 기제를 절이 아닌 댁에서 모실 경우 조모(祖母) 기일(忌日) 날 합설(合設)을 하면 조부(祖父)께서도 한번은 섬김을 받을 것 아닐 것인가는 생각되며, 생신제(生辰祭)는 아래와 같이 살펴보건대 퇴계선생께서는 비례라 하셨으나 다른 선유(先儒)들께서 하신 말씀도 계시니 지낸다 하여도 예에 크게 어그러진다고 단언하여 말할 수는 없을 것 같습니다.

●湯氏鐸曰按家禮親生辰牙祭鄭氏曰祭死不祭生伏覩國朝頒降胡秉中祀先圖凡例有生日之祭當以此爲據竊惟親在生辰旣有慶禮歿遇此日能不感慕如死忌之祭可也
●問家禮集說有所謂生忌於先考妣生日設酒食以祭象平生也其祭文曰生旣有慶歿寧敢忘云退溪曰恐孟子所謂非禮之禮此類之謂也
●沙溪曰生忌之祭馮善創開退溪非之是矣
●尤菴曰生辰之祭退溪非禮之答似不可易矣若知其非禮而以先世所行爲難停廢則是非禮之禮無時可改也世人喜說喪祭從先祖之文此殊未安然先世所行之禮昧然遽廢亦似未安須告以廢之之意恐爲婉轉

▶1444◀◆問; 제사 관련 질문.
제례에서 분명히 알고 싶어 질의합니다.

問; 1. 헌작 시 술잔을 향불에 세 번 돌려서 올리는 것이 옳은지요? 가 부와 그 이유는요?

리는 것은 굄을 위한 것으로 아는데 맞는지요? "굄을 기수로 한다"는 표현은 맞는지요? 과일의 꼭지가 위로 간다, 아래로 간다, 양론이 있는데 어떤가요?

◆答; 제사 관련.

問; 1. 答; 유가의 예법 어디에도 헌작 시 술잔을 향불 위에다 3 번 돌리는 예법은 없습니다.

問; 2. 答; 과일 접시 수는 짝수인 육기(六器)를 올리는데 접시에 담는 수는 정함이 없습니다.

과일 양쪽을 도려내는 것은 많이 괴기 위하여서일 뿐, 예법(禮法)에는 괴이는 법도(法度)는 없습니다. 과일의 굄에 기수 우수 그런 제한은 없습니다. 과일 꼭지가 위 또는 밑으로 가게 진설하는 법도는 정함이 없습니다.

과일의 수, 상하의 위치를 전함이 없는 것은 잣 등 나무에 열리는 과일 중 먹을 수 있는 것은 쓰지 않는 것이 없다는 것이니 수량이나 상하위치를 정할 수가 없는 입니다.

●家禮初獻;主人搢笏奉高祖考盞盤位前東向立執事者西向斟酒于盞主人奉之奠于故處①
具饌設果;果六品果楪逐位卓子南端
●陶庵曰凡木實之可食者無不用

▶1445◀◆問; 제사 기일에 대하여 여쭤 봅니다.

예 안녕하세요. 제목과 같이 제사 기일에 대하여 여쭤 보고자 합니다. 가령 12 월 16 일 낮 정오 무렵에 돌아가신 경우 제사 기일이 어떻게 되는지요?

(1)예전처럼 자정에 지내는 경우에는 돌아가신 날인 12 월 16 일 0 시에 모시면 별 문제가 없을 것 같은데,
(2)자정에 지내지 않고(요즘은 오히려 이런 경우가 더 많지요) 밤 10 시쯤 지내거나, 사정으로 낮에 산소에 직접 가서 제를 모시는 경우 하루 전인 15 일에 해야 맞는지, 당일인 16 일에 해야 옳은지 알고 싶습니다.

전통적인 의례에 따른 조언을 부탁 드립니다. 감사합니다.

◆答; 제사 기일.

기제(忌祭)는 작고(作故)한 날 질명(質明: 날샐 무렵)에 지내기 시작(始作)함이 바른 예법(禮法)입니다. 따라서 12 월 16 일 낮 정오(正午)에 작고하였다면 매년(每年) 12 월 16 일 질명(質明)에 지냄이 정도입니다.

다만 속례(俗禮)로 당일 첫 시인 자시(子時)에 지내고도 있으며, 묘제(墓祭)를 집에서 지내지 않듯이 기제를 묘(墓)에서 지내는 것은 묘제일 뿐이지 기제가 아닙니다.

●祭義君子有終身之喪忌日之謂也註忌日親之死日也
●周禮春官宗伯禮官之職小史條掌邦國之志奠繫世辨昭穆若有事則詔王之忌諱註鄭司農云先王死日爲忌名謂諱
●禮器質明而始行事疏質正也謂正明之時少牢禮朝明行事註朝明質明也此乃周禮也
●士冠禮擯者請期宰告曰質明行事
●南溪曰質明卽大昕指日未出時也

●尤菴曰行祭太早不可太晚亦不可惟當以質明

▶1446◀◆問; 제사날 궁금.

안녕하세요. 제사 날이 궁금해 문의 드립니다. 돌아 가신 날이 음력 7 월 10 일인데 제사 지내는 날이 언제인가요? 꼭 7 월 9 일 자정 이후로 지내면 되는지 아니면 7 월 10 일 저녁시간에 지내도 되는지 궁금합니다.

◆答; 제사 날.

아래와 같이 살펴 보건대 제사(祭祀) 지내는 시간은 사일(死日) 동이 틀 무렵(質明)에 지냄이 바른 예법입니다. 요즘 당일 자시(子時)에 지냄은 속례(俗禮)로서 대부분의 가문(家門)에서 이와 같이 행하고 있지요.

다만 이는 농경(農耕) 집성(集姓) 사회구조(社會構造) 하에서 이뤄진 예법(禮法)으로 요즘과 같은 산업(産業) 사회구조(社會構造) 하에서는 조금은 지키기 어려움이 있음도 부인(否認)할 수 없을 것입니다.

그러나 예를 논(論)하면서 변례(變禮)을 마치 정례(正禮)인양 논할 수는 없을 것입니다 자시 행제(子時行祭) 역시 변례(變禮)로서 아무 거부감을 느끼지 않는 것처럼 피치 못할 연유로 당일 해시(亥時)에라도 지냄이 옳겠지요.

●儀節忌祭厥明夙興設蔬果酒饌質明主人以下變服詣祠堂奉神主出就正寢參神降神(以下省略)
●士冠禮厥明夕爲期于廟門之外註厥其也宿服朝服疏曰厥明夕謂宿賓贊之明日向莫時也又質明行事註旦日正明行冠事
●穀梁傳宣公繹者祭之旦日之享賓也萬入去籥以其爲之變譏之也

▶1447◀◆問; 제사 날 문의.

안녕하세요. 제사 날이 맞는지 확인(確認) 부탁 드립니다. 돌아 가신 날이 2008 년 5 월 14 일(음 4 월 10 일)입니다. 곧 첫 제사 날이 다가옵니다. 제사(祭祀)는 살아 계시는 날이므로 음력 4 월 10 일로 알고 있습니다.

몰론 자정을 지나 지내게 되면 음력 4 월 9 일 날 준비해서 자정을 지나 음력 4 월 10 일에 지내는 것이 되겠으나 우리 집은 몇 해전부터 직장관계로 인해 파제 날 지내고 있습니다. 그러니 이번 첫 제사는 음력 4 월 10 일(양력 5 월 4 일) 저녁 8 시경에 지내려고 합니다. 제사 날이 맞는지 확인 부탁 드립니다. 또 첫 제사인데 특별한 절차가 있는지 더불어 문의 드립니다.

◆答; 제사 날.

음력 4 월 10 일에 지내면 작고하신 날 지내게 되니 바로 기제(忌祭) 일에 지내는 것이 됩니다.

●國朝五禮儀吉禮四時及臘享宗廟儀享日丑前五刻(註)丑前五刻卽三更三點行事用丑時一刻○又大夫士庶人四仲月時享儀二品以上上旬六品以上中旬七品以下下旬並卜日忌日俗節告祭附厥明夙興設香爐案於廟內當中茅沙於其前奠祝版各一於神位之右設饌具如式主人以下盛服盥手帨手訖俱就位
●家禮四時祭篇厥明夙興設蔬果酒饌質明奉神主就位

●添言; 본인이 이에 어줍잖으나 답 글이라고 다는 이유는 그 의문이 유학적(儒學的)이라면 유학적으로 해답을 알려 주워 그 답 글로 하여금 의문을 푸는데 도움이 되기를 바랄 뿐이며, 또 유학(儒學)을 사랑하여 찾으신 유학(儒學)의 초년생(初年生;

아닐 수도 있음)에게 유학(儒學)의 진수(眞髓)를 접하게 하여 호감(好感)을 발양(發揚) 꺼져가는 유학(儒學)의 기(氣)를 다소라도 세워보고 싶을 따름임.

▶1448◀◆問; 제사 날짜에 대하여.

저희 할아버지께서 양력 12 월 1 일, 음력으로는 10 월 11 일에 돌아 가셨습니다. 보통 제삿날은 살아계신 날로 계산 한다고 하는데 우리 할아버지의 경우에 제사 날짜가 어떻게 되는지 궁금합니다. 축문을 쓸 때도 돌아가신 날 그대로 쓰는지요?

또한 지금까지 밤 12 시에 제사를 지냈었는데 가족 구성원들의 사정 상 밤 9 시 10 시쯤으로 제사 시간을 옮기려고 합니다. 그러면 날짜의 변동은 없는지요?

◆答; 제사 날짜.

10 월 11 일에 작고하셨으면 해마다 작고한 그날이 제사 날짜가 됩니다. 물론 축의 날짜 역시 10 월 11 일이 됩니다.

자시(子時)에 기제를 지내는 가문이라면 10 월 10 일 밤 12 시에 지내고 있었는데 초저녁에 시간을 옮기고 싶다면 정식의 시간은 10 월 11 일 아침에 지내야 하는 데 이 시간 대에 제사 지내기가 어렵다면 당일(11 일) 초저녁에 지내야 합니다.

●祭義君子有終身之喪忌日之謂也(註)忌日親死之日也
●家禮忌祭篇質明主人以下變服詣祠堂奉神主出就正寢

▶1449◀◆問; 제사는 반듯이 부친 거소에서 지내야 하나?

집안 제사 등등이 거의 유교식인 집안 입니다. 돌아가신 분의 차례는 장남 집에서 해야 하는지요? 아버님이 살아 계신다면 아버님 집에서 지내도 괜찮은지요?

◆答; 제사는 반듯이 부친 거소에서.

아래와 같이 살펴보건대 부친이 생존(生存)하여계시면 부친(父親)이 주인(主人)으로서 마땅히 부친(父親) 댁에서 제사를 지내야 옳을 것 같습니다.

●奔喪親同長者主之疏親同者謂同父母喪則推長者爲主若昆弟喪亦推長者爲主○父在父爲主註父在而子有妻子之喪則父主之統於尊
●喪大記若子孫有喪而祖父主之子孫執喪祖父拜賓

▶1450◀◆問; 제사 때에 과실종류를 몇 개를 올리시나요?

제사상(祭祀床)에 과실(果實)을 진설(陳設)하기를 몇 가지를 하여야 하나요.

◆答; 제사 때에 과실종류를 몇 개를.

각 가정에서 과실(果實)의 접시 수야 그 집의 의식수준과 관계됨이니 법도를 아예 선대(先代)로부터 이수되지 않았거나 자신도 알지 못하여 되는대로 기수(奇數)든 우수(偶數)로든 올리는 것이야 원래가 알지 못하니 탓할 바는 못되나 나까지도 그와 같은 수준에 머물러 있으려면 몰라도 지식을 넓혀 자손에게는 본을 보여줘 어른으로서 위신을 세우고 타로부터는 본받음의 대상이 되려면 그와 같은 기초적인 예법은 상식으로 알고 있어야 수치는 면할 수 있을 것입니다.

토산품(土産品)인 과실(果實)은 음(陰)에 속하여 형편에 따라 음수(陰數)인 육기(六器) 혹 사기(四器) 혹이기(二器)로 진설하여야 법도에 옳은 것입니다.

●家禮祭禮四時祭具饌條果六品

▶1451◀◆問; 제사 승계 문의.

현대사회에 여러 사유로 제사문제가 각 집안마다 문제되고 있는 것이 현실입니다. 저희 집안도 예외가 아닌 관계로 고견을 듣고자 문의 드립니다. 현재까지 5 형제 중 큰형님과 큰형수님이 제주, 주부가 되어 제사를 모셔오시다가 2 년 전부터 두 분다 많이 편찮으십니다. (연세는 60 세, 59 세) 딸 하나에 아들이 없고요 형제를 에게는 아들이 있습니다.

지차들은 제사를 모실 수 없다고 보았는데요 그럼 양자 입후 밖에 방법이 없는 것 인지? 다른 방법이 있는 건지 예를 들면 장남 집에서 제수음식을 각각 형제들이 준 비해서 제시를 모시는 것 등등 고견 부탁 드립니다.

◆答; 제사 승계.

유가의 법도로는 종자가 무자(無子)일 때 입후로 종가의 대를 이어가는 방법 이외 는 없습니다.

주인이 생존하여 있으면 입후를 하여도 입후자가 주인이 되지 못합니다.

만약 주인이 유고(有故; 출타. 질병, 노쇠 등)이게 되면 근친자(近親者)가 섭행(攝 行)을 하게 되는데 장제(長弟)가 주인(主; (종자) 집에서 섭주(攝主)가 되어 대행하 는 연유를 축(祝)에 첨기하여 고하고 초헌을 하게 됩니다.

제수(祭需)는 장자가 준비하기가 불가능하면 내칙(內則)의 소종 조제(小宗助祭) 가 르침이 있으니 지자들이 준비하여 장자(長子) 집으로 가 진설 제사하게 됩니다.

●問未立後之前不得改題則時祭何以爲之陶菴曰時祭似不可行忌祭則單獻不讀祝 而使一家人攝行
●南溪曰主人有故使親屬代忌祭稱則使長子行之有弟則使弟祭祖先則使親於祖先 者行之鄙家如是
●遂庵曰孝子某有疾介子某代行薦禮敢昭告于
●內則庶子若富則具二牲獻其賢者於宗子(註)賢猶善也

▶1452◀◆問; 제사 지내는 날짜와 시간.

저의 아내 제사를 지금까지 지내오면서 궁금하여 문의 드립니다. 사망 년도는 1997 년 양력 5 월 15 일(음력 4 월 9 일)밤 24 시 45 분에 사망을 하였습니다. 밤 12 시 45 분에 사망을 한 경우에는 제사 준비와 제사를 몇 일, 몇 시에 지내주어야 올 바르고 또한 아내 경우에는 '지방'을 어떻게 써서 표기해야 법도에 맞는지요? '제주' 는 누가 되는지요? 혹시 축문이 있으면 함께 부탁 드립니다. 올바른 날짜와 제사 모시는 시간과 제수 준비 시간을 상세히 부탁 드리겠습니다. 항상 행복하십시오. 손 모음.

◆答; 제사 지내는 날짜와 시간.

기일은 음력 4 월 10 일입니다. 사망 시간 불문 바른 제사 시(時)는 당일(當日) 먼 동 틀 무렵입니다. 다만 속례로 당일 자시(子時)에 지내고 있을 뿐입니다. 속례(俗 禮)를 따른다면 음력 4 월 9 일에 제수준비 등을 하여 그날(음 4 월 9 일) 밤 11 시 부터(子初) 다음날이 4 월 10 일 01 시내(子後)에 지내면 당일 자시(子時)에 지내 는 것이 됩니다.

⊙妻紙牓式
亡室某封(某貫)某氏神位

⊙妻忌祝文

維 歲次干支幾月干支朔幾日干支夫某昭告于 亡室某封(某貫)某氏歲序遷易亡日復至追舊
感今不勝悲悼(愼齋曰妻忌祝無古據亡日復至下只著不勝感愴而已)玆以淸酌庶羞伸此奠儀尙饗

●問周夜半爲朔商鷄鳴爲朔陰陽家皆以子時爲明日然則鷄鳴前子時死者當從何日尤庵曰
日分必終於亥而始於子初二日之子自不干於初一日也
●問人屬纊在此日戌亥而招魂在翌日曉後則當以何日爲忌歟明齋曰凡喪復後始發喪其前
則雖已氣絶猶有復生之望不可便以爲已死也以此意推之則似當以招魂日爲忌日矣

▶1453◀◆問; 제사는 언제부터 지내기 시작하였나요?

1. 제사의 유래에 대하여 질문을 드립니다. 제사는 언제부터 무엇 때문에 조상의
제사를 모시게 되었습니까?
2. 그리고 4대 봉제사의 유래도 알고자 합니다.
3. 그리고 부조모는 또 무엇입니까?

◆答; 제사는 언제부터 지내기 시작하였나.

問 1. 答; 동동산 선생의 질문은 단답형이 아니라 한마디의 답으로 충족 될 수가 없
습니다. 까닭에 여건상 그 일부에 지나지 않을 것입니다. 본 의문은 예학에 어느 정
도 깊지 않으면 나타날 수 없는 질문 같아 한자에 토를 달지 않습니다.

단군조선(魏書唐高: 堯. 東西古記唐高卽位五十年.東國通鑑唐高戊辰: B.C.2333年) 개
국(開國) 초(初)를 살펴 보면 환인(桓因)의 서자(庶子) 환웅(桓雄)이 태백산(太白
山) 꼭대기 신단수(神壇樹) 아래로 내려와 세상(世上)을 다스리는데 이때 곰과 범
각 한 마리가 같은 굴 속에서 살며 환웅(桓雄)에게 빌기를"원컨대 사람이 되어 지
이다"라 빌어 그 중 곰이 여자로 변하여 또 빌기를 "아기를 배어 지이다" 라 비
니 이때 환웅이 잠시(暫時) 사람으로 변하여 결혼 아들을 낳으니 그가 곧 단군(檀
君)왕검(王儉)이다. 란 설에서도 이미 제사의 기초인 기도(祈禱)가 있었으니 제사(祭
祀)란 어쩌면 인간이 태어나면서부터 어떤 형태이던 행하여 졌을 것입니다.

근대 제사(祭祀)의 형태(形態)는 한(漢)나라 대덕(戴德)선생이 제가예서(諸家禮書)
이백여편(二百餘篇)을 팔십오편(八十五篇; 三十九篇現存)으로 편집(編輯)한 대대례
(大戴禮)가 있으며 또 한(漢)의 대성(戴聖)(소대(少戴))가 선진(先秦)의 예서(禮書)
등(等)에서 뽑아 사십구편(四十九篇)으로 편찬(編纂)된 예기(禮記)를 비롯하여 주례
(周禮), 의례(儀禮) 등(等) 삼례(三禮)가 그 근본(根本)이 되며 북송(北宋)의 사마온
공(司馬溫公) 서의(書儀)에서 어느 정도(定度) 기초(基礎)가 잡혔고 남송(南宋)의 주
부자(朱夫子)께서 이를 토대로 일반백성(一般百姓) 관혼상제(冠婚喪祭) 예법(禮法)
인 가례(家禮)를 편찬(編纂)하심에서 비롯됩니다.

우리나라에서는 주자학(朱子學)이 수입되면서부터 사당(祠堂)제도(制度)가 성한 것
으로 보이며 공민왕(恭愍王)2년(年)(1390)에 령(令)으로 가묘(家廟)를 세우라. 하
여 이때부터 각 가정(家庭)에 신주(神主)를 제작(題作) 가묘(家廟)를 세웠다 하며 그
러나 고려(高麗)말(末) 학자(學者) 조준(趙浚)선생(先生)께서는 옛날에도 가묘제(家廟
制)도가 있었으나 중간에 없어졌다며 상고시대(上古時代)에도 각 가정(家庭)에 사당
(祠堂)이 있었음을 주장 하였습니다. 그리고 조선(朝鮮) 중종(中宗)에 이르러 조광조
(趙光祖) 선생 등이 가묘(家廟)(祠堂) 제도(制度)를 장려 士人들이 모두 사당(祠堂)
을 짓게 되고 그 후 이가 일반화되어 서인들까지 사당을 지었다 합니다.

조상의 제사(祭祀)를 모시는 까닭은 효(孝)에서 비롯됨이며 그를 제통(祭統)의 가르
침인 "제자소이추양계효야(祭者所以追養繼孝也)"에 잘 표현(表現)되어 있습니다.

●尙書大傳祭之爲言察也察者至也人事至然後祭
●祭統禮有五經莫重於祭註五經吉凶軍賓嘉也以吉爲首大宗伯職以吉禮事鬼神祇又曰祭
者所以追養繼孝也註追其不及之養而繼其未盡之孝也
●語類曰古人祭禮次喪禮蓋謂從那始作重時便做那祭底道理來
●栗谷曰子孫之氣父母之遺體也故以至誠祭之ㅐ則祖考之靈感而享之也

問 2. 答; 석명(釋名)을 살펴보면 조취(早娶)에 만사(晚死)하게 되면 현손(玄孫) 이하
까지도 볼 수 있다 하며 까닭에 고조는 유복친간(有服親間)으로 정침(正寢) 봉제사
를 하게 되는 것입니다.

●釋名云云皆爲早娶晚死壽考者言也
●程子曰高祖自有服不祭甚非其家都祭高祖又曰自天子至庶人五服未嘗有異皆至高祖服
旣如是祭祀亦須如是
●朱子曰古者諸侯五廟所謂二昭二穆者高祖以下四世有服之親也
●退溪曰程子謂高祖有服不可不祭朱子家禮因程子說而立爲祭四代之禮蓋古者代各異廟
其制甚鉅故代數之等不可不嚴後世只爲一廟分龕以祭制殊簡率猶可通行故變古如此此所
謂禮雖古未有可以義起者也
●晦齋曰今人祭三代者時王之制也祭四代者程朱之制也力可及則通行恐無妨也
●竹菴曰祭及高祖出於大賢(程子)義起自朱子以下諸賢皆遵行無異議則誠可謂萬世定法
也

問 3, 答; 혹 부조모(祔祖母)의 의문(疑問)이라면 상례(喪禮) 부제(祔祭)에서 모친상
(母親喪)이면 조모(祖母) 곁에 부(祔)함이니 이를 이름이 아닌가 생각 됩니다.

●沙溪曰長子無後而死次子承重則長子雖嘗承重當班祔無疑
●愼獨齋曰次子有庶陞嫡則長子之主當班祔矣
●性理大全祠堂班祔條伯叔祖父祔于高祖

▶1454◀◆問; 제사를 나누어서 지낼 수는 없는 건가요?
제사라는 것이 전통적으로 나눌 수 는 없다고 하는데요. 그 동안 시댁에서 제사를
지냈는데 다른 제사 때는 아들인 저희만 갔는데. 금년에 시아버님의 첫 제사 때는
딸 가족들이 오다 보니 공간(空間)이 너무 협소해서 시어머님께서는 아들 집에서
지냈으면 하시는데요.

직장 일을 하는 저로써는 늦은 밤에 오는 일들도 많고, 제사(祭祀)를 지낸다는 것이
여간 책임이 큰 것이 아닌데요. 상황상 시아버님의 제사는 부모님이시니 할 수 있
는 일인데. 조부모제사와 명절(名節)까지 다 지내라 하니 여간 부담스러운 일이 아
닙니다. 그래서 제사를 시어머님과 나누어서 지낼 수 는 없는 건가요?

명절(名節)과 시아버님의 제사(올해 첫 제사입니다.)는 제가 지내고, 조부모(祖父母)
의 제사(祭祀)는 시(媤)어머님이 그간 지내오신 것이니 (그간 아들인 저희만 갔었던
것이고) 그렇게 나누어서 지낼 수는 없는 건가요?

◆答; 제사를 나누어서 지낼 수는 없습니다.
아래와 같이 살펴보건대 유학적(儒學的)인 예법(禮法)으로는 지자(支子)는 제사(祭
祀)를 주관(主管)하여 지내거나 윤행(輪行=돌려가며 행함) 당부(當否)에 관한 말씀
은 퍽이 많은 선유(先儒)들께서 논(論)함이 계시나 제사(祭祀)를 나누어 지낸다는
말씀은 찾을 수가 없으니 아마도 나눠 지냄은 예에 어그러짐 같습니다.

●曾子問宗子爲士庶子爲大夫其祭也如之何孔子曰以上牲祭於宗子之家(註貴祿重宗也上

牲大夫少牢)祝曰孝子某爲介子某薦其常事(註介副也不言庶使若可以祭然)

●內則庶子若富則具二牲獻其賢者於宗子(註賢猶善也)夫婦皆齊而宗敬焉(註當助祭於宗子之家)終事而后敢私祭(註祭其祖禰)

●程子曰古所謂支子不祭者惟宗子立廟主之而已支子雖不得祭至於齊戒致其誠意則與主祭者不異可與則以身執事不可與則以物助但不別立廟爲位行事而已後世如欲立宗子則當從此義雖不祭情亦可安

若不立宗子徒欲廢祭適足長惰慢之心不若使之祭猶愈於已也

●尤庵曰支子作官者不敢奉神主以往只備送祭需於宗家以致獻賢之誠可也

●退溪曰朱子亦有支子所得自主之祭之言支子所得祭之祭卽今忌日墓祭之類此等祭輪行恐亦無大害義也

●問忌祭欲定行於主人之家支子女子則只以物助之而已何如曰此意甚好然亦有一說朱子有支子所得自主之祭之說想是忌祭節祀之類也今若一切皆歸於宗子則因循偸惰之間助物不如式以致衆子孫全忘享先之禮甚爲未安又或宗子貧窶不能獨當而並廢不祭則反不如循俗行之之爲愈也

●要訣墓祭忌祭世俗輪行非禮也墓祭則雖輪行皆祭於墓止猶之可也忌祭不祭於神主而仍祭于紙榜此甚未安雖不免輪行行于家廟庶乎可矣

●南溪曰雖支子家具饌祝辭必以宗子名○又曰朱子雖言兄家設主弟不立主祭時旋設位以紙榜標記逐位然於其末以更詳之爲結後來亦無通行者恐終不得行也惟父母忌日是終天之痛有難每年只行望哭而已若非往參宗家之時則雖以紙榜行不至大悖

●問衆子稱以加供別具饌酒侑食之後雜陳於牀前於禮無所據尤菴曰古禮有獻賢之文蓋支子有二牲則獻其尤者於宗子以供祭用正程子所謂以物助之之意也獻其賢而助之則可致其誠意何必瀆褻也

●明齋曰忌祭加供無其文今俗又於大小祥行之皆非禮也

●書儀曲禮支子不祭曾子問宗子爲士庶子爲大夫以上牲祭於宗子之家古者諸侯卿大夫宗族聚於一國可以如是今兄弟仕宦散之四方雖支子亦四時念親安得不祭也

●朱子曰兄弟異居廟初不異只合兄祭而弟與執事或以物助之爲宜相去遠者則兄家設主弟不立主至於祭時旋設位以紙榜標記逐位祭畢焚之如此似亦得禮之變也更祥之

●言行錄先生或行忌祭於齋舍問曰禮乎先生曰宗家或有故齋舍乃墓所非佛宇之比也子孫會于此亦無妨

●曲禮支子不祭祭必告于宗子(註不敢自專宗子有故支子當攝而祭五宗皆然疏廟在適子之家庶子不敢輒祭若濫祭亦是淫祀若宗子有疾不堪當祭則庶子代攝可也猶宜告宗子然後祭)

●小記庶子不祭祖(註下正猶爲庶也疏宗子庶子俱爲適士宗子得立祖廟祭之已是祖庶得自立禰廟而不得立祖廟祭之故云庶子不祭祖禰適於祖猶爲庶五宗悉然○庶子不祭禰疏宗子庶子俱爲下士禰適得立禰廟故祭禰禰庶不得立禰廟故不得祭其禰是宗子自祭之庶子不得祭也

▶1455◀◆問; 제사를 아랫대가 주관하는 경우 참석자가 궁금합니다.

안녕하세요. 아버지께서 장손(長孫)으로써 제사(祭祀)를 주관(主管)하시다가 저에게 넘겨주시는 경우, 참석자(參席者)가 궁금합니다.

아버지께서는 아래대로 제사가 내려갔으니, 아버지 대 분들은 참석을 하지 않으시는 게 맞지 않겠느냐 고 생각 하시더라구요. 아무래도 참석(參席)하는 사람이 너무 많으니까 저희가 고생(苦生)할까 봐 그렇게 생각하시는 듯 합니다. 혹시 이에 대한 사례(事例) 등이 있으면 가르쳐 주시면 감사(感謝)하겠습니다. 감사합니다.

◆答; 제사를 아랫대가 주관하는 경우 참석자는.

부친께서 70 여세가 넘으셨으면 장자에게 가사를 넘겨주는 노이전중(老而傳重)이라는 법도(法度)가 있습니다. 이 법도에 의하여 물려받은 장자(長子)는 부친(父親) 생전(生前)에는 섭제(攝祭) 예법에 의하여 제사를 지내게 되는데 먼저 지방(紙牓) 모두와 축문(祝文) 역시 부친 속칭(屬稱)으로 써 부친께서 전중고사(傳重告辭)를 지낸 뒤에 돌아오는 제사는 이상우 선생이 지방축문 모두 부친 명으로 작성하고 축식에 維歲次云云 孝子某使某 或 孝子某使介子某執其常事敢昭告于. 등등으로 고하고 초헌(初獻)을 대행하게 됩니다. 섭제를 지낼 때도 제원은 변동이 없이 후손 모두 참석하게 됩니다.

◆傳重告辭

維 歲次干支幾月干支朔幾日干支孝孫某敢昭告于 顯高祖考某官府君 顯高祖妣某封某氏(諸位列書)某行年七十筋骸益痼不能跪奠將依古禮老傳之文所有家事付于子(或孫)某至於廟室遞遷改題自朱先生以爲難行今欲令某因攝祀事所祭之位亦稱其屬如是行事庶無所礙玆當歲首敢告厥由

(或)⊙老傳重告辭

維 歲次某甲正月某甲朔朝孝玄孫某敢因歲祀昭告于 顯高祖考妣(以下列書)某至愚不肖蒙被先世遺德獲奉祀事幾餘年歲時戰兢罔敢怠忽至于今玆行年七十有幾歲衰病侵凌筋骸弛廢宗事家政當傳子孫而嗣子某年已幾歲恐當承緒玆以傳重伏惟祖考擁佑顧歆永永無斁某不勝大願顧今某衰病勢難支久如以恩靈尙延喘息之間則猶當黽勉提摠大網不使荒頹以辱先訓伏惟尊靈實鑑臨之謹告

●曲禮七十曰老而傳註傳家事任子孫是謂宗子之父
●王制七十不與賓客之事八十齊喪之事弗及也註八十不齊則不祭也子代之祭是謂宗子不孤
●問老而傳適子適孫主祭則廟中神主都用改換作適子適孫名奉祀然父母猶在於心安乎朱子曰然此等也難行且得躬親耳
●南唐曰老而傳子代父行事也改題遆遷是存亡易世事也代父行事則可而父在易世則不可本不可作一事行之也父有癈疾子代之執喪儀亦同此
●四未軒曰老而傳重不與祭其祝告依曾子問孝子某使介子某執其常事之例恐得
●明齋曰朱子傳重告廟之文只言傳重而已又於與趙尙書書言不可遆遷之義甚嚴
●南溪曰七十老而傳重則子不可以攝主論尤庵曰雖云攝行何可無告辭而昧然出主乎或疑顯考顯妣之稱非攝者所敢援而祝云孝子某使某則主人主之而攝者替告也何嫌之有此皆近世先儒說之可據者而雖攝主告辭一節亦不可闕也

▶1456◀◆問; 제사 삼헌할 때 예법을 알고 싶습니다.

제사 삼헌할 때 잔을 향로 위에서 3 번 돌리는 이유는 무엇인지요? 잔을 돌리는 방향도 어떤 이는 生氣방향 인 좌측(반 시계 방향)으로 돌려야 한다고 하고, 어떤 이는 자연 이치대로 동(봄)-남(여름)-서(가을)-북(겨울)방향을 따라 우측(시계방향)으로 돌려야 한다고 해서 어느 쪽이 옳은지 하교하여 주시면 감사하겠습니다.

◆答; 제사 삼헌할 때 예법.

유가(儒家)에서는 그와 같은 예법이 어느 예서나 가르침에도 없는 것 같습니다. 왜 향로 위에서 술잔은 돌려야 하는지 그 유래(由來)는 알 수 없으나 사시제(四時祭) 등의 시제 올릴 날을 점을 쳐 받을 때 향(香) 연기(煙氣) 위에서 배교(점치는 기구)를 쬐는데 이와 같음이 삼헌(三獻) 때에도 같은 맥락에서 행하는지도 모르겠으나 정례(正禮)는 아닌 듯합니다.

그와 같이 행함이 있다면 세속인듯한데 기왕에 돌린다면 아래와 같이 살펴보건대 시계방향으로 돌림이 옳지 않을까 합니다.

●旣夕禮右旋疏右者取便故也

▶1457◀◆問; 제사상 차리기.

제사상(祭祀床)에 진설(陳設)할 과일 수(數)나 숙채(熟菜) 접시 등의 개수는 홀수로 하라 한 이유는 무스 까닭인가요?

◆答; 진설법.

어느 예서(禮書)에 "제사상(祭祀床)에 진설(陳設)할 과일 수나 숙채(熟菜) 접시 등의 개수(個數)는 홀수로 하라" 하였는지 는 알 수 없으나, 예기(禮記) 교특생편(郊特牲篇)의 말씀을 정조(鼎俎)와 변두(籩豆)로 정리하여 보면 아래와 같이 요약이 됩니다. 이 표(表)에서 나타난 바와 같이 과일이나 채소(菜蔬)는 지산(地産)으로 음(陰)에 속(屬)하며 우수(偶數)입니다.

또 가례(家禮) 시제(時祭) 구찬조(具饌條)를 살펴보면 과실(果實)이 여섯 가지 소채(蔬菜)와 포해(脯醢)가 각각(各各) 세가지라 하였는데 소채(蔬菜)와 포해(脯醢)의 가지 수에 관하여 선유(先儒)들께서 많은 논란이 있었던 것으로 요결(要訣), 집람(輯覽), 비요(備要) 등(等) 서(書)는 오품(五品)이고 가례(家禮) 편람(便覽) 등(等) 서(書)는 육품(六品)이니 소채(蔬菜)의 기수(奇數)로 진설(陳設)한다 함은 별 의미가 없는 듯하고 특히 과실(果實)의 기수(奇數) 진설(陳設)은 잣 등(等)을 고려(考慮)하여 보거나 더욱 아래 변두(籩豆)는 음(陰)으로 우수(偶數)라 하였으니 기수(奇數)로 하라 할 근거가 없을 듯도 합니다.

다만 가례(家禮) 진설도(陳設圖)를 살펴보면 우연(偶然)인지 의도적인지는 설명(說明)이 없어 알 길은 없으나 반행(飯行) 양(陽), 면행(麵行) 양(陽), 포행(脯行) 음(陰), 과행(果行) 음(陰)으로 조화를 이루고 있음을 볼 수 있습니다.

<정조(鼎俎)>; 기수(奇數) 양(陽) 실이천산(實以天産).
<변두(籩豆)>; 우수(偶數) 음(陰) 실이지산(實以地産) 籩之實若菱芡之類豆之實若芹蒲之類所謂水之品也籩之實若棗栗之類豆之實若菁韭之類所謂土之品也

●郊特牲鼎俎奇而籩豆偶陰陽之義也籩豆之實水土之品也不敢用褻味而貴多品所以交於旦(神)明之義也註自一鼎至九鼎皆奇數其十鼎者陪鼎三則正鼎亦七也十二鼎者陪鼎三則正鼎亦九也正鼎鼎別一俎故云鼎俎奇也籩豆偶者據周禮掌客及前篇所舉皆是偶數細註長樂陳氏曰鼎俎之實以天産爲主而天産陽屬故其數奇籩豆之實以地産爲主而地産陰屬故其數偶不敢用褻味所以盡志貴多品所以盡物盡志所以交於神盡物所以交於明先儒以旦爲神其說是也嚴陵方氏曰籩之實若菱芡之類豆之實若芹蒲之類所謂水之品也籩之實若棗栗之類豆之實若菁 韭之類所謂土之品也水土之品非人常所食故曰不敢用褻味或水或土所取不一故曰而貴多品
●家禮時祭具饌條果六品蔬菜及脯醢各三品

※참고로 정조(鼎俎)에는 천산지품(天産之品)(魚類, 鳥類, 牲類). 변두(籩豆)에는 수토지품(水土之品)을 담음.

▶1458◀◆問; 제사 예법입니다.

8 남매의 막내아들입니다. 부모님은 다 돌아가셨고 큰형님이 조부모님을 비롯해 모든 제사를 지내고 있습니다. 그런데 6.25 전쟁 때 큰 형님위로 실제 큰형님이 계셨

는데 군에서 미혼(未婚)으로 전사(戰死)하셨습니다.

그러니까 지금의 큰형님이 어쩌면 둘째 형님이 되는 셈이지요 그런데 전사(戰死)한 형님의 제사를 막내 동생인 제가 모시고 있습니다. 그러다 작년에 전사한 형님의 묘지(墓地)를 시골에서 국립묘지로 이장을 하였습니다.

1. 이 경우 나라에서 제사를 지내 준다는데 개별제사를 별도로 지내야 하는지요.

2. 그리고 설, 추석 등에 차례를 지내야 하는지요. 참고로 전사한 형님을 위해 유명 절에서 천도도 하고 또 올려 놓았습니다.

◆答; 미혼에 죽은 이의 제사는 죽을 때의 나이에 딸아 달라집니다.

8~11 세에 죽으면 그의 제사는 부모의 대로 마치게 되고 12~15 세에 죽으면 형제의 대까지 지내고, 16~19 세에 죽으면 형제의 아들 대까지 지내게 되는데 전사를 하였다면 19 세는 넘었으나 미혼 미관이니 장상의 예를 따름이 옳을 것입니다.

성인(成人)의 나이에 죽은 이의 제사(祭祀)는 그의 형제(兄弟)의 손(孫) 대(代)까지 지냅니다.

●程子曰無服之殤不祭下殤之祭終父母之身中殤之祭終兄弟之身長殤之祭終兄弟之子之身

●備要殤服條凡年十九至十六爲長殤十五至十二爲中殤十一至八歲爲下殤

●近齋曰世豈有無母之子不當立後當以次子爲嗣古禮旣冠不爲殤則只謂治喪與服制一用成人之禮非謂立後家禮旣娶方不爲殤冠而未娶者不立后何疑

●或問長子無后而死不立后次子死而有子又季子生存則誰當奉祀耶沙溪曰次子之子當奉祀也

●程子曰成人而無後者其祭終兄弟之孫之身

▶1459◀◆問; 제사나 차례 시에 대하여.

안녕하세요. 저희 집이 작년에 새로 이사를 했습니다. 지금까지는 제사나 차례를 지낼 때 북쪽을 향하여 상차림을 했었습니다. 그런데 집이 협소한 관계로 북쪽을 향하여 상차림 하기가 어렵게 되었습니다. 제사나 차례를 지낼 때 반드시 방위가 북쪽을 향해야 하나요?

◆答; 가옥의 방위는.

실 방위와는 관계없이 집의 앞을 남(南)이라 하고, 뒤를 북(北)이라 하며, 오른쪽을 서(西)라 하고, 왼쪽은 동(東)이라 합니다.

설위(設位) 하기를 북쪽 벽 아래에서 병풍을 두르고 제사상을 놓음으로 신위는 내가 보아 북쪽이니 신위의 뒤가 북이 되고 앞이 남쪽이 되고 신위의 오른쪽이 서쪽이 되며 왼쪽이 동쪽이 됩니다. 이는 내가 지방을 바라보고는 내 앞이 북쪽이 되고 내 뒤가 남쪽이 되고 내 오른 쪽이 동쪽이 되고 내 왼쪽이 서쪽이 되겠지요.

●性理大全凡屋之制不問何向背但以前爲南後爲北左爲東右爲西

●家禮四時祭設位條北壁下南向

▶1460◀◆問; 제사나 차례를 지내는데.

우리나라 전통예절이 집안마다 지방마다 좀 다른데 아래사항에 대하여 질문 드립니다.

(1)추석이나 명절에 지내는 제사를 차례라고 하는데 그 내력이 어떻게 되는지요?

(2) 아버님 제삿날과 어머님 제삿날에 지방을 두분 같이 모셔 제사 올리고 있는데

요 어떤지요? 그렇지 않으면 아버님 제삿날에는 아버님 만, 어머님제삿날에는 어머님 만 따로따로 모시는지요?

(3) 명절에 차례 모실 때 지방을 선조 순서 대로 모시고 지냅니다, 물론 지방은 내외분 같이 모십니다.

그런데 조상님 전부 한번에 진설하여 모시고 지내도 되는지요? 이때에도 지방은 내외분 같이 모시는지 따로 모시는지요? 그렇지 않으면 다른 지방이 있는지요? 차례 음식(포, 떡국이나 송편, 수저, 잔등)은 따로따로 진설 하는지요? 잔은 몇 번 올리는지요?

◆答; 제사와 차례.

(1) 答; 매월 보름에는 술을 올리지 않고 차만 올려 이를 차례라 하였는데 이 말이 8월 추석인 보름날 절사라 차례라 와전되어 지금에 이른 것입니다. 정단(正旦)의 바른 명칭은 참례(參禮)이며 추석은 절사(節祀)라 칭함이 바른 명칭입니다.

(2) 答; 지방은 각각 써서 그와 같이 지내는 제사를 합설(合設), 병설(竝設), 병제(幷祭) 등이라 합니다. 다만 단설 가문이면 어머니 기일에는 어머니만 아버지 기일에는 아버지만 지냅니다.

(3) 答; 위(位) 마다 고비(考妣) 일탁(一卓)에 지방은 각각 써 세우고 지냅니다.

●望日儀禮節次
序立○盥洗○啓櫝○主人詣香案前○跪○焚香○俯伏興拜興拜興平身○主人點茶(長子助之)○복위(復位)○참(參)신(神)(중배(衆拜))○국궁배흥배흥배흥배(鞠躬拜興拜興拜興拜)(주재배(註再拜))興平身○禮畢

●陶菴曰用厚白紙長廣隨宜以眞楷細書於紙中央臨祭貼於椅上隨位各書又曰祖妣二人以上別具紙各書
●寒岡曰共一卓而盞盤羹飯炙肝之類各設恐妨
●陶庵曰祭饌一一各設卽是家禮之制然士大夫家蔬果則合設獨各設餠麵飯羹者
●備要俗節陳設條每龕設新果一大盤於卓上每位茶盞托酒盞盤各一於神主櫝前

▶1461◀◆問; 제사 날짜.
외할머니 제사 일을 정확하게 알아보려고 합니다. 09월 09일 오후6시에 돌아가셨습니다. 제사를 자시에 지내라고 하는데요. 09월 08일 23시에 지내야 하는 것인지 아니면 09월 09일 23시에 지내야 하는 것인지 알려주세요.

◆答; 제사 날짜.
(음력) 09월 09일 오후6시에 작고하셨다면 기일은 매년 9월 9일 질명(質明: 밝아질 때)에 지내심이 바른 예법입니다.

다만 백성들도 언제부터인지는 알 수 없으나 일성록(日省錄)의 예와 같이 당일 자시(子時)에 지냄이 대세를 이루고 있으나 이는 변례로서 정례는 아닙니다. 당일 자시(子時)라 하면 현대 24시로는 9월 8일 23시부터 9월 9일 01시 사이가 되며, 구시(舊時)로는 9월 9일 초시(初時)가 됩니다.

●祭義君子有終身之喪忌日之謂也註忌日親之死日也
●尤庵曰行祭早晩太早不可太晩亦不可惟當以質明爲正然孔子曰與其晏也寧早聖人之微意可知也
●南溪曰質明卽大昕指日未出時也

●日省錄正祖十九年乙卯四月二十二日壬寅條(云云)獻官之命十七日進詣本宮十八日子時行祭天氣淸和享事利成獻官以下(云云)

▶1462◀◆問; 제사날짜 문의합니다.

저희 외할머니께서 2008 년 음력 6 월 1 일 오후 1 시쯤 돌아가셨습니다. 올해가 첫 제사인데 작년의 경우 음력으로 5 월 마지막 날이 5 월 29 일이었는데 올해는 30 일까지 있는데다가 윤 5 월까지 있어서 제사를 정확히 언제 지내야 하는지 궁금합니다.

또, 사정상 초저녁 제사를 지내려고 하는데 정확히 언제 지내야 하는지도 궁금합니다. 빠른 답변 부탁 드립니다.

◆答; 제사날짜.

아래와 같이 살펴보건대 윤월(閏月)은 비정월(非正月)이라 윤월(閏月) 망자(亡者)의 기일(忌日)은 다음 또 윤월(閏月)이 닫는다 하여도 그 달의 정월(正月; 본달)이 기일(忌日)이 되고 윤월(閏月) 그 날에는 제소(齊素)할 뿐 제사(祭祀)는 지내지 않음이 바른 법도입니다.

따라서 5 월 29 일 작고하셨으면 다음해 큰달 30 일 그믐이라 하여도 29 일이 기일(忌日)이 됩니다.

●祭義君子有終身之喪忌日之謂也註忌日親死之日也
●問解大月三十日死者後值小月固當以二十九日爲忌値大月則自當以三十日爲忌小月晦日死者後値大月當仍以二十九日爲忌不可延待三十日也
●通典范甯曰閏月以餘分之日閏益月耳非正月也吉凶大事皆不可用故天子不以告朔而喪者不數
●開元禮王公以下居喪雜制居常節條凡三年及周喪不數以閏月亡者祥及忌日皆以閏所附之月爲正
●退溪曰閏非正月人之行祭常以正月而獨於是歲依亡歲之月而祭似未穩祭則依常月行之於閏月亡日則齊素而不祭似當也
●沙溪曰通典諸說可考也或謂閏月死者後値閏月當用本月爲忌而閏月死日亦當行素云云

▶1463◀◆問; 제사를 어떻게 해야 하는지 알려 주십시오.

미풍양속 보존을 위한 노력에 깊이 감사 드립니다. 저희 부친께서 정월 초하룻날 작고 하셨습니다. 설날 차례와 제사를 2 회 지내야 하는지 아니면 설 차례로 가름이 되는지 지도하여주시기 바랍니다.

◆答; 제사를 어떻게 해야 하는지.

아래와 같이 살펴보건대 동일(同日) 대소사(大小祀) 예에 관하여 많은 논의(論議)가 있으며 주부자설(朱夫子說)인 동일불가중첩제(同日不可重疊祭)의 예법(禮法)이 있습니다.

따라서 여러 설(說)과 더불어 상고컨대 만약(萬若) 부친(父親) 위의(威儀) 조고비(祖考妣) 이상(以上)의 선대(先代)를 모시고 계시다면 여러 설(說)을 상고컨대 주부자(朱夫子)의 대소사(大少祀)라 함에서 대사(大祀)란 사시제(四時祭)를 의미하고 소사(少祀)란 기제(忌祭) 이하(以下) 참례(參禮)까지를 의미(意味)함이라 가정(假定) 하고 또 기제(忌祭)를 중사(中祀) 참례(參禮)를 소사(小祀)라 한다면 사대봉사(四代奉祀)일 때는 기제(忌祭)를 먼저 지내고 뒤에 재제불가(再祭不可)라 하였으니 기제(忌祭)의 위(位)는 제하고 참례(參禮)를 행(行)함이 옳을 것입니다.

만약 한 위(位)라면 당연(當然)히 참례(參禮)(설)는 폐함이 옳을 것입니다. 그러나 이의 예법(禮法)은 소홀이 다룰 문제(問題)가 아닙니다.

본인(本人) 역시(亦是) 오류(誤謬)를 범할 수 있으니 제현(諸賢)께서 혹(或) 아래 전거(典據)나 다른 전거(典據)가 있다면 다시 따져 정확(正確)히 정의(定義)하여야 할 것 같습니다.

●國朝五禮儀朔望若值別祭只行別祭
●尤庵曰忌祭重而參禮輕無論尊卑似當先忌後參
●明齋曰忌祭與參禮自是兩項事而行事之早晚亦異先祭後參恐或無妨然雖先行忌祭如節日時食則不當先薦於祭俟祭後設參而薦方無未安如何
●龜峯曰若值高祖忌則祭畢仍行參禮曾祖以下忌則參禮畢行忌祭乃先祭始祖之義云然參與忌行祭之早晚不同則雖曾祖以下之忌恐難用先祭始祖之文且一廟之內諸位皆設而獨不設一位則雖曰纔祭衣而果無未安耶若廟內只奉一位則恐當從明齋說
●問解宋龜峯云若值高祖忌則忌祭畢仍行參禮曾祖以下忌則參禮畢行忌祭乃先祭始祖之義也云云未知如何也
●沙溪答姜碩期曰宋龜峯云若值高祖忌則祭畢仍行參禮曾祖以下忌則參禮畢行忌祭乃先祭始祖之義也云未知如何
●葛菴曰忌祭是喪之餘當是日爲子孫者感慕罔極惟當專意致享恐不可以朔望茶薦參互其間也
●問尤菴大少祀兩存之義旣有朱子之訓則不可一日重疊而有忌廢也陶菴曰此指參禮與忌祭而言若時祭則參禮恐不必疊行也

▶1464◀◆問; 제사 모실 주부가 병석에 있을 때 부모님 제사를 모시지 않을 수 있나요.
" 제사를 모실 주부(큰며느리)가 병석에 있을 때 부모님 또는 선조님 제사를 모시지 않아도 된다는 말이 있는데 근거가 있는지 알려 주십시오."

◆答; 주부가 병석에 있을 때.
아래와 같이 살펴 보건대 예기(禮記) 내칙(內則)에 부인이 산월(産月)이 되면 그 달 초하루부터 측실(側室)에 거처(居處)하다 해산(解産)을 하여야 하며, 남계(南溪)선생 말씀에 남편은 재계(齋戒)하는 동안 측실(側室)에 들어가지 않으며 제자(祭者)는 산실(産室)에 들어가지 않을 뿐이며 집안에 대행(代行)할 수 있는 부녀자가 없는 부인이 해산(解産)을 하고 세(勢)가 회복(回復)되기 전은 폐할 뿐이다 라 말씀하셨고, 도암(陶庵)선생께서는 집안에 두역(痘疫)이나 해산(解産)이 있으면 정결(精潔)하지 않으니 제구(祭具)를 차리기를 산실(産室)나 병자(病者)가 거처(居處)하지 않는 타사(他舍)에서 행한다 하셨으니, 이와 같은 말씀으로 미루어 보건대 만약 혼자인 부인(婦人)이 해산(解産)이나 질병(疾病) 등으로 거동(擧動)이 불가능(不可能)할 경우 그 제사 준비를 대행(代行)할 수 있는 부녀자가 없을 때는 다만 그가 기(氣)를 회복하기 전이면 일시 폐(廢)할 수 있을 뿐이고 그 외에는 제사(祭祀)를 폐하여서는 아니 되는 것 같습니다.

●禮記內則妻將生子及月辰居側室
●南溪曰子生夫齊則不入側室之門是當祭者不入産室而已只一婦有産他無代行者則其勢只得故廢已
●陶庵曰家內痘疫或解娩恐不精潔治祭具於他舍而行之

▶1465◀◆問; 제사를 숙부 댁으로 옮기려 하는데요.

제사(조부모님)를 장손이 지내다가 작은 아버지가 지내시겠다고 합니다.. 그래서 협의가 되었는데 이럴 경우의 절차를 알고 싶네요.

◆答; 옮길 수가 없습니다.

예법으로는 지자는 스스로 주인이 되어 부모 제사를 지낼 수가 없습니다.

●曲禮支子不祭祭必告于宗子(註)不敢自專宗子有故支子當攝而祭五宗皆然疏廟在適子之家庶子不敢輒祭若濫祭亦是淫祀若宗子有疾不堪當祭則庶子代攝可也猶宜告宗子然後祭

●喪服小記庶子不祭禰者明其宗也(註)庶子不得立禰廟故不得祭禰所以然者明主祭在宗子廟必在宗子之家也

▶1466◀◆問; 제사 예법에 대하여.

1. 우선 첨작 시 주전자로 해야 하나요? 아니면 술잔에 술을 따라서 하나요?

2. 모사기에 술을 세 번 붓고, 첨작 시에도 상 위에 있는 술잔에 술을 세 번 붓는데 세 번 붓는 이유가 뭔가요?

3. 헌다 후 국궁을 하는 걸로 알고 있는데 국궁이란 단지 고개만 숙이는 것을 의미하는지, 아니면 엎드리는 걸 의미하는지 알고 싶습니다.

4. 보통은 제사 시 젓가락은 음식 위에 올리는 걸로 알고 있는데, 바른 예법이 아니라고 말씀하셨습니다. 그러면 제사 내내 빈 접시를 하나 마련해 그 접시 위에 올려두고서 제사를 지내나요?

5. 기일이나 차례 때 초는 켜야 하나요? 아니면 초 없이 해도 되나요?

6. 향을 끌 때는 어떻게 끄는 게 가장 좋은가요?

◆答; 제사 예법.

1. 答; 주인이 직접 주전자를 들고 위전(位前)으로 올라가 삼제(三祭)로 조금 빈 잔에 가득 따르고 내려 옵니다.

2. 答; 신이 직접 3제 할 수 없으니 대행하는 것인데 3번 하는 이유는 생자가 들에서 밥을 먹을 때 한 술 떠 공중으로 던지며 고수레라 하는 것과 유사한 의미로 이해하면 될 것입니다.

3. 答; 헌다(獻茶) 후 국궁(鞠躬)이나 부복의 예는 없으며 잠시 서있을 뿐입니다.

4. 答; 수저 대접 위에 가지런히 골라 젓가락 끝이 동쪽으로 향하게 올려 놓습니다.

5. 答; 진기 예법에 촛대나 초는 없습니다. 다만 비요 우제지구(虞祭之具)에는 초와 초대가 있으나 실지 진설한 제사상에는 없음.

6. 答; 향(香)을 끌 때는 어찌 꺼야 한다는 예법은 없습니다. 까닭은 향나무를 깎은 조각을 향불에 넣었으니 이미 다 타 없어졌을 것이니 끌 까닭이 없는 것인데 지금 절에서 사용하는 길쭉한 향이니 제사를 마쳐도 타고 있을 것입니다. 그 때는 쉬운 방법을 택한다 하여 예에 어그러졌다 할 수는 없을 것입니다.

●書儀四時祭本註主人升執注子徧就斟酒盞皆滿

●梅山曰侑食主人之禮也禮無使執事代行之文老病罔克躬將使執事添酌再拜則自爲之己矣己不與祭而使人替行則攝事者自行侑食之拜固也

●朱子曰祭酒盖古者飮食必祭以鬼神自不能祭故代之祭也

●尤庵曰降神時傾酒于茅沙者求諸陰之義也三獻時少傾于茅沙者代神祭之義也

●儀禮鄕射禮俎與荐皆三祭鄭玄注皆三祭竝其將祭侯也祭侯三處也賈公彦疏三處者下文右與左中是也

●問凡祭進茶後旋卽辭神似爲太遽沙溪曰立而少遲可也伏則無據
●南溪曰正置於楪上首西尾東
●備要虞祭之具; [燭]一雙具臺○虞虞祭陳器設饌之圖;陳設圖燭臺陳器無

▶1467◀◈問; 제사는 몇 대조까지 지내야 하는가?

제사(기제사) 지내는 댓 수는 아래와 같이 옛 禮書에 따라 다르게 나와 있고 현대의 가정의례준칙에는 父, 祖 즉 2 대의 기제사를 지낸다고 되어 있는데 어떻게 해야 좋겠는지요?

- 아 래 -

주자가례, 조선시대(?): 계층(벼슬높이) 관계없이 4 대.
고려 말 정몽주의 제례 규정: 계층에 따라 1~3 대.
조선의 경국대전: 계층에 따라 1~4 대.
조선의 국조오례의: 계층에 따라 1~3 대.
1894 년 갑오경장 이후: 계층 관계 없이 4 대.
현대의 가정의례준칙: 계층 관계 없이 2 대.
(계층은 제사 지내는 후손(산 사람)의 신분을 말함)

◈答; 제사대(祭四代).

사대부서인(士大夫庶人)은 사대봉사(四代奉祀)를 합니다.

●退溪曰祭四大程子謂高祖有服之親不可不祭朱子家禮因程子說而立爲祭四代之禮今人祭三代者時王之制也祭四代者程朱之制也
●沙溪曰要訣亦從國制只祭三代然家禮旣以祭四代定爲中制故好禮之家多從家禮

▶1468◀◈問; 제사를 모시는 장소는?

빈집에서 조부모 제사를 지냈는데 빈집에서 지내는 것이 조금 어색하게 느껴 집니다. 누구는 빈집에서 제사 지내는 것이 아니라고도 하고요. 어떻게 하는 것이 제대로 하는 것인지.

◈答; 제사는 종가에서 모십니다.

선대(先代) 조상(祖上)을 모심은 그 근본(根本)이 사당(祠堂)이니 사당(祠堂)을 전제하지 않고는 그 예법(禮法)이 설명(說明)되지 않는 것입니다.

아래와 같이 살펴보건대 사당(祠堂)을 건사하면 매일(每日) 새벽 분향재배(焚香再拜)함은 물론(勿論) 집을 나고 들 때 마다 고해야 하는데 이는 생전(生前)과 같이 문안(問安)을 올리고 출행(出行) 시에는 그 연유(緣由)를 고하고 돌아와서도 뵙고 인사(人事) 드리는 것과 같이 행하는 것입니다.

이러함일진대 이미 유생(儒生)님의 부친(父親) 작고(作故)로 인하여 그 장자(長子)가 그 사당(祠堂)의 주인(主人)이 되어 그가 생활하는 거소(居所)로 사당(祠堂)이 옮겨진 것입니다. 시골 빈집이란 사당(祠堂)과 함께 폐가(廢家)가 되어 그 곳의 사당(祠堂)에는 조상의 신주(神主)가 있지 않은 것입니다.

다만 여러 여건상 사당(祠堂)을 건사하고 있지 못할 뿐입니다. 까닭에 시골 빈집에서 조상 제사(祭祀)를 지낼 수 없음은 두 말할 나위가 없으며 종자(宗子)의 거택에서 조상(祖上) 제사(祭祀)를 지내야 함은 당연(當然)한 것입니다.

●家禮按祠堂篇主人謂宗子主此堂之祭者晨謁深衣焚香再拜又主人主婦近出則入大門瞻禮而行歸亦如之經宿而歸則焚香再拜遠出經旬以上則再拜焚香告云云又再拜而行歸亦如

之經月而歸則開中門立於階下再拜升自阼階焚香告畢再拜降復位再拜餘人亦然但不開中
門

●尤庵曰參謁是象平日晨昏之禮也

▶1469◀◆問; 제사 때 삼헌에 관한 문의.

안녕하세요~증조할아버지, 증조할머니 제사에 궁금한 점이 있어서 문의 드립니다.
저희 아버지께서 6 형제 중 장남이시고 할머니 한 분만 살아계시는데, 다리가 많이
불편하십니다. 증조부모님 기제사를 지낼 때 아버지(장손)께서 초헌을 하시고 뒤에
아헌을 할 때 주부가 술을 올리는 것으로 알고 있습니다.

그러면 증조할아버지의 며느리이신 할머니께서 현재 살아계시니까 아헌을 하셔야
한다고 생각하는데, 지금 연세도 많으시고 몸도 불편하신 관계로 맏며느리인
어머니가 아헌을 하셔도 되는 건지 궁금합니다. 빠른 답변 부탁 드립니다.

◆答; 제사는 삼헌(三獻).

아래와 같이 살펴보건대 상을 당하여 우부제(虞祔祭) 까지는 평소 남편 수발 들던
것과 같이 망자(亡者)의 처(妻)가 주부(主婦)로서 아헌(亞獻)을 하나 그 이후에는 주
인(主人)의 처(妻)가 주부(主婦)로서 아헌(亞獻)을 합니다 까닭은 제사(祭祀)(祠堂)의
섬김은 적자손(嫡子孫) 부부가 맡아 받들기 때문입니다.

●沙溪曰初喪則亡者之妻當爲主婦時未傳家於冢婦故也虞祔以後則主喪者之妻當爲主婦
祭祀之禮必夫婦親之故也
●渼湖曰雖父祖主賓而主婦則當以亡者之妻長孫承重則其妻雖姑在亦當爲主婦
●屛溪曰初喪亡者之妻爲主婦而主治亡者衣衾初虞以後喪人之妻爲主婦而共承祠事矣

▶1470◀◆問; 제사 때 지방대신 영정사진을 대신해도 되는지요?

친구가 지방대신 영정사진을 지방 붙이는 곳에 올려두고 해도 괜찮다 기에 지난 기
제사 때 그렇게 모셨지만 정말 괜찮은지 궁금하며 기제사 마다 축문을 읽어야 하는
지요? 지방을 컴퓨터로 출력해도 괜찮으며 꼭 붓글씨로 쓰지 않고 사인펜으로 한글
로 써도 무방한지. 여러 가지가 모르는 점이 많아 질의 드리오니 고견으로 지도 바
라옵니다.

◆答; 제사 때 지방대신 영정사진?

아래와 같이 살펴보건대 우암(尤庵)과 수암(遂庵) 설(說)을 따르려면 혼백(魂帛)은
상(上)을 서(西)쪽으로 하여 눕혀 놓고 비요(備要))는 세웠으나 이는 장전(葬前)의
예로써 신주(神主)의 예를 따르는 지방(紙榜)과 는 무관(無關)하며, [지방행제일여신
주지의(紙榜行祭一如神主之儀)]라 하였으니 신주(神主)는 입치(立置)라 지방(紙榜)
역시(亦是) 입치(立置)가 당연(當然)하며 지방(紙榜) 좁고 기다란 부드러운 종이
라 교의(交椅) 뒤 등받이에 붙이지 않고 기대어 세워 놓으면 부주의(不注意)로 바람
을 일으킨다거나 후지(厚紙)가 아니고 박지(薄紙)이거나 또 어렵게 세워 놓는다 하
여도 잘못하여 교의(交椅)라도 움직이게 한다면 쓸어질 것이니 그런 불효(不孝)는
없을 것입니다.

도암(陶庵)선생(先生)의 가르침은 논외(論外)로 접어둔다 하여도 선생(先生)들 주장
처럼 교의에 뉘어 놓으면 더욱 예가 아닌 것이 중환자(重患者)가 아닌 이상 누워
술을 마시고 식사(食事)는 할 수야 없지 않습니까?

특히 선생(先生)들처럼 교의(交椅)를 갖추고 있는 집안이면 붙이지 않고 와치(臥置)
든 입치(立置)든 가능(可能)하리라 할 수 있겠으나 만약 교의(交椅)나 그 대용(代用)

으로 사용(使用)할 마땅한 탁자(卓子)도 없을 때는 어찌하여야 하겠습니까. 밥상에 올려 놓을 수는 없는 노릇이고. 도암(陶庵)선생(先生)의 사례편람(四禮便覽)은 주례(周禮)나 의례(儀禮) 등과 같이 수사적 수법(修法)이 가미(加味)되어 주서(注書) 없이는 유학(儒學)에 능하지 않고는 이해(理解)할 수 없는 문장이 없는 한자(漢字)에 초보자(初步者)라 하여도 쉽게 해득(解得)되도록 문장 전체(全體)를 평서법(平敍法)을 택(擇)하여 엮어놓았으니 "[첩어의상(貼於椅上)]"에서 [첩(貼)]은 붙인다. 의의미로 풀이함이 옳을 것입니다.

우리들의 관혼상제(冠婚喪祭) 예법(禮法)은 비요(備要)와 사례편람(四禮便覽) 등(等) 주요(主要) 기본(基本)서(書)와 조정(朝廷)의 예는 국조오례의(國朝五禮儀)에 대체적(大體的)인 법도(法度)는 모두 규정(規定)되어 있어 이를 이해하고 나면 이와 같은 초보적(初步的)인 예(禮)는 논난(論難)의 대상에는 오르지 않을 것입니다.

특히 아래 전재(全齋) 선생의 말씀을 살펴보건대 지방은 강신(降神) 전과 사신(辭神) 이후(以後)는 종이에 불과(不過)한 것입니다. 그러기에 예를 마치면 태울 수가 있는 것이지요. 그 지방 자체가 신(神)이라면 태울 수는 없고 신주(神主)와 같이 매번 매안(埋安) 하여야 하지요.

그와 같아서 지방(紙榜) 행제(行祭)에는 강신(降神) 시 강신(降神) 고사(告辭)식이 있어 그 고사(告辭)를 마쳐야 비로소 신이 그에 의지 하시는 것인데 지금 거대 분의 가문(家門)에서 강신(降神)고사(告辭)를 생략(省略)하고 있을 뿐입니다.

●問魂帛臥置立置之節尤菴曰臥置似是禮意
●遂庵曰帛箱以西爲上似宜
●備要一冊五板前圖式下魂帛立置倚上
●備要虞祭篇初虞祝埋魂帛條祝取魂帛帥執事者埋於屛處潔地○丘氏曰若路遠於所館行禮必須三虞後至家埋之
●尤庵曰紙榜行祭一如神主之儀但於祝辭不可不以祭紙榜之故幷告也
●鏡湖曰若以紙榜行祭則恐當於此設蔬果後出主之時書紙榜奉安於神座以倣奉主之儀
●全齋曰紙榜行祀者先降後參而虛行拜禮降神不可無告辭當援家禮初祖祭禮而行之恐宜

⊙紙榜行祭降神告辭式
孝子某(隨屬稱)今以 顯考某官府君(隨屬稱)遠諱之日敢請 先考(或先祖考隨屬稱) 先妣(或先祖妣隨屬稱)降居神位恭伸追慕

▶1471◀◆問; 제사를 모셔야 하는 사람.
저는 6 남 1 녀 집의 세 째 며느리입니다. 위로 큰 시숙 두 분이 계시고요. 두 분은 슬하에 아들 없이 딸만 하나씩 있습니다. 물론 두분 다 생존해 계시고요. 저는 아들이 둘 있습니다.

저희 집안에는 큰 제사는 없고 아버님 기제사만 어머님이 모시고 있었는데, 이번에 어머님이 돌아가시면서 제사를 누가 모셔야 하는가에 대해 이견이 많아서 여쭈어 봅니다.

일단 저는 큰 시숙이 계시므로 큰아버님 생전에는 큰 시숙이 제사를 모시고, 큰 시숙이 돌아가신 후에는 제가 모시는 것이 옳다고 생각을 했습니다. 그런데 큰동서 말씀이 예로부터 큰아들이 아들이 없으면 장손(?)인 저의 아들이 제사를 모시는 것이 맞는다고 하셔서요. 어차피 나중에 제가 모셔야 할 제사이고, 협의 하에 제가 모시기로 한 제사(祭祀)이기는 하지만 그래도 무엇이 옳고 그른 것인지는 알아야겠기에 여쭈어봅니다.

그리고 만약 저의 집에서 제사를 지낸다면 제주는 누가 해야 옳은 것인지요. 큰 시숙이 제주인지, 저의 신랑이 제주인지, 저의 아들 때문에 넘겨온다니 저의 아들이 제주가 되어야 하는 것인지 법도에 맞는 답을 주시면 감사하겠습니다. 제 아들은 고 2 입니다.

그리고 기제사는 제가 모신다고 해도 사정상 차례상을 모실 형편이 안됩니다. 물론 저의 식구 애들과 신랑만으로는 가능하지만 다른 사람들이 와서 함께 할 수가 없습니다. 이런 경우는 어찌해야 하는지요.

어머님 3 년 상을 지내고 나면 아버님 기제사를 함께 지내려 합니다. 고인도 예전부터 그리해라 말씀하셨고. 근데 같은 3 월인데 시어머님 제사는 11 일이고 아버님 제사는 22 일입니다. 이럴 경우 날짜가 빠른 분을 기준으로 제사를 지내야 한다고 기도 하고, 아버님이 위시니까 아버님 제삿날 함께 모셔야 한다고 하시기도 하고, 제사를 모시기로 해놓고도 생각지도 않던 여러 가지 문제들이 튀어나와 혼란스럽습니다. 아무쪼록 하나라도 가르친다는 생각으로 자세히 알려주시면 감사하겠습니다. 안녕히 계십시오.

◆答; 제사를 모셔야 하는 사람은.

그러한 경우 지자(支子)는 장자(長子)와 동항(同行)이라 대가 맞지 않아 제사(祭祀)를 모시지 못합니다.

지자(支子)의 장자(長子)가 대가 맞아 그가 도든 제사(祭祀)나 상(喪)을 당하면 주인(主人)으로서 초헌(初獻)을 하고 예(禮)를 주관(主管)합니다.

●家禮喪禮立喪主條凡主人謂長子無則長孫承重以奉饋
●奔喪凡喪父在父爲主
●牛溪曰初喪立喪主所以重宗統絶慴竊也家廟阼階惟主人當之雖諸父位於前而皆不敢當阼階之前矣然則孝孫承重必以主喪受弔而當主人之位無可疑
●白虎通義宗子何謂也宗尊也爲先祖主也宗人之所尊也古者所以必有宗何也所以長和睦也
●大傳長子死則主父喪用次子不用姪若宗子法立則用長子之子
●曲禮支子不祭祭必告于宗子疏曰若宗子有疾不堪當祭則庶子代攝可也猶必告宗子然後祭
●程子曰凡言宗者以祭祀爲主言人宗於此而祭祀也
●通典漢石渠議大宗無後族無庶子已有一嫡子當絶父祀以後大宗否戴聖云大宗不可絶言嫡子不爲後者不得先庶耳族無庶子則當絶父以後大宗魏田瓊曰長子後大宗則成宗子禮諸父無後祭於宗家後以其庶子還承其父
●程叔子曰禮長子雖不得爲人後若無兄弟又繼祖之宗絶亦當繼祖爲後禮雖不言可以義起
●問解曰出後者本生親無後則兩家父相議歸宗古有其例兩家父死則子不可擅自罷繼當以本生親爲班祔也
●沙溪曰長子無後則儀禮及國典皆以同宗支子爲後故自前必以支子爲後曾有一宰臣引通典說陳訴以其弟獨子爲後因成䂓例焉

▶1472◀◆問; 제사 장소와 차례장소가 달라도 되는지요?

저는 큰집의 장손입니다. 고조부내외부터 돌아가신 아버님까지 직계 제사를 모시고 있습니다. 예기치 못한 일이 발생되어 부끄러움을 무릅쓰고 한 말씀 듣고 싶어 문의를 드립니다.

1년 전 둘째 숙부님 내외가 모두 돌아가시면서 숙부님 아래 형제 분들이 집안 제사를 주관하는 저와는 사전 상의 없이 금번 구정(舊正) 차례(茶禮)에 둘째 숙부님 내외의 차례도 큰집에서 지내도록 차례를 지내드릴 자식(사촌동생 3형제)들한테 지시를 했다 합니다.

돌아가신 둘째 숙부의 장남은 제사는 자기집에서 모시고, 구정과 추석은 큰집에서 모실 생각을 가지고 있다 하기에 제사장소를 임의대로 왔다갔다하는 것이 아니라는 말과 함께 사촌동생이 주관해서 치르는 것이 예법에 맞는 일이라고 타이르듯 일렀는데도 제가 반대하는 듯이 받아 들이는지 같이 차례를 지내게 해달라고 합니다.

하루가 명절인데, 이런 발상을 한 숙부와 논쟁이 될 것 같고, 행여나 반대하는 뜻으로 받아 들이는 것은 물론 제가 속 좁은 놈으로 비치어 질까 걱정입니다. 부끄럽습니다. 고견 부탁 드립니다. 끝.

◆答; 제사 장소와 차례장소가 달라도 되는지.

아래와 같이 살펴보건대 지자가 혼인하여 자손을 둘 때까지 적 장자와 같이 살다 죽으면 그의 자손들은 사실(기거하는 방)에 감실을 만들고 새살림을 나갈 때까지 기다리다 살림을 나가게 되면 곧 법도대로 사당을 갖추고, 만약 살아 살림을 나게 되면 그 땅에 사당을 갖추고 살다 죽게 되면 사당의 법도대로 따른다는 것이며, 속절의 예는 정침 예가 아니라 사당의 예라 지자가 적 장자와 같이 살 때 죽었으면 그가 거처하는 사실의 감실에서 예를 갖추고, 살아서 살림을 나 그 땅에 사당을 짓고 살다 죽게 되면 그 사당에 모시고 명절을 맞게 되면 그 사당에서 예를 갖추게 되는 것입니다. 법도가 이와 같아서 종손이 명절에 자손이 있는 숙부를 합하여 예를 행하지 않습니다.

●性理大全祠堂;非嫡長子則不敢祭其父若與嫡長同居則死而後其子孫爲立祠堂於私室且隨所繼世數爲龕俟其其出而異居乃備其制若生而異居則預於其地立齋以居如祠堂之制死則因以爲祠堂
●家禮俗節;每龕設新果一大盤於卓上每位茶盞托酒盞盤各一於新主櫝前(云云)主人以下成服入門就位主人北面於阼階下(云云)

▶1473◀◆問; 제사 지방에 관한 질문 입니다.

1) 지방문(紙榜文). 축문 프로그램을 보니 관직명을 넣게 되어 있는데 관직은 어디부터 넣을 수 있는지요? 참고로 저의 할아버님은 50년대 1차 지방자치 때 면의원을 하신 일이 있는데 이를 넣어야 하는 문제로 토론이 벌어진 적이 있기에 문의 드립니다.

2)저의 선친(先親)께서는 九 자, 석(錫) 자를 쓰시는 분이었는데 저의 작은 아버님께서 이제는 어른들 성함(姓銜)을 자손들에게 알려 주어야 하는 의미에서라도 "顯考學生府君 神位" 대신 "顯考學生徐公九錫신위(神位)" 라고 바꿀 것을 주장하셨습니다. 이것에 대한 올바른 기준은 무엇인지도 답변 부탁 드립니다. 감사합니다.

◆答; 제사 지방에 관하여.

問; 1) 答; 지난날 관원(官員)에는 임명(任命) 직일(直日) 뿐 선출직(選出職)이란 아예 없었으니 관직(官職)의 기준(基準)에 의하여 논할 수가 없으나, 같은 선출직인 국회(國會)의원(議員)직(職)을 모관(某官)에 올린다면 면의원(面議員) 직(職)은 올릴 수 없다. 할 수는 없을 것입니다.

問; 2) 答; 신주식(神主式)에서 죽은 이의 휘(諱)와 자(字)는 함중식에 써 죽은 이를 표시하나, 지방식(紙牓式)은 단지 현모고모관부군신위(顯某考某官府君神位)라 쓰게 됩니다. 선친의 명(名)은 시서문(詩書文) 사당(祠堂) 모두에서 불휘(不諱)입니다.

●四禮便覽神主(陷中式)故某官某公諱某字某神主(粉面式)顯考某官封諡府君神主(紙牓式)顯某考某官府君神位

●曲禮詩書不諱臨文不諱廟中不諱

▶1474◀◆問; 제상과 차례상 차림 위치에 대하여.

진설 위치 등을 성균관에서 정리하여 정하여 놓은 것으로 알고 있는데요. 제상과 차례상의 차림에 다른 점은 무엇인지요?

제상, 차림 상을 도표로 이해하기 쉽도록 부탁 드려도 될까요?

◆答; 제상과 차례상 차림 위치.

기제(忌祭) 등(等)의 진설(陳設)에 관하여는 예서(禮書)에 따라 약간(若干)씩 다르기는 하나 주자가례(朱子家禮)를 비롯하여 여러 예서(禮書)에 그 진설도(陳設圖)는 명기(明記)되어 있으나 명절(名節) 참사(參祀)진설도(陳設圖)는 왕가(王家)의 예법(禮法)에는 있으나 사서인(士庶人)의 진설도(陳設圖)는 어디에도 없는 것 같습니다.

까닭은 속절(俗節)을 소제(小祭)로서 그 시절(時節)마다 생산품(生産品)이 달라 고정된 진설(陳設) 법식을 예시할 수 없는 연유에서인 것 같습니다. 만약 제수(祭需)에 메, 두죽(豆粥), 갱(羹), 등이 진설(陳設) 되면 수저를 놓아야 하고 예법(禮法)과 같이 과실(果實) 뿐이면 위전에 잔반(盞盤)과 그 앞으로 과일 대반(大盤)이 진설(陳設)될 것입니다.

그러나 요즈음 속절(俗節) 역시(亦是) 기제(忌祭) 찬품(饌品)에 그 진설법(陳設法)에 따라 진설(陳設)하는 것 같습니다.

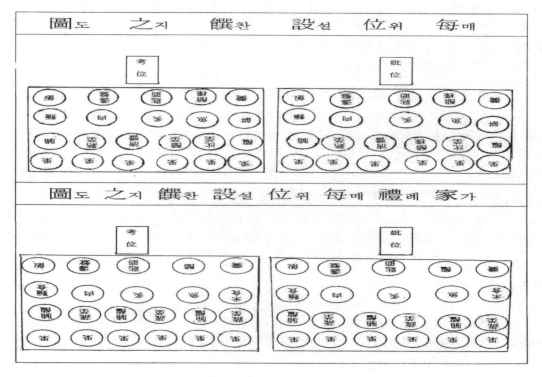

●家禮俗節陳設條凡鄉俗所尙者食如角黍凡其節之所尙者薦以大盤間以蔬果禮如正至朔日之儀○又正至朔望則參陳設條設新果一大盤於卓上盞盤各一於神主櫝前

●朱子曰俗節小祭只就家廟止二味朔旦俗節酒止一上斟一杯
●栗谷曰胞果隨宜或設餠亦可若正朝冬至則別設饌品冬至則加以豆粥
●尤庵曰所謂大盤實今俗名之大貼也若是則雖祭及高祖之家並朔望不過八貼果而已所薦之酒
●南溪曰大盤卽是樑子之類以其夫婦同是一樑故用其大者稱以大盤
●陶庵曰若別有饌品則各設筯樑於盞盤之間
●金仲謙曰祭則正位考妣各設參則茶酒各設而果合設蓋禮有隆殺
●本庵曰今俗正朝湯餠冬至赤小豆粥爲時食其蔬果與陳設之儀自宜依俗節也
●張子曰朔望用一獻之禮取時之物因薦
●王朝吉禮設饌圖歲時及朔望左二籩右二豆

▶1475◀◆問; 제사상에 과일은 전부 깎아요? 윗부분만 깎아요? 조상이 드시기 좋게 하려면 전부 깎는 게 아닌가요?

1]제사상에 과일은 전부 깎아요? 위 부분만 깎아요? 조상이 드시기 좋게 하려면 전부 깎는 게 아닌가요?

2]조율시이요? 이시요?

3]엉뚱한 사람들이 정말 되도 않은 소리를 인터넷에서 수없이 올려놨네요. 성균관(成均館)은 유교(儒敎)의 본산지가 아닌가요? 정확한 걸 가르쳐 주세요. 그래야 바로 잡힙니다.

4]시간 없으니 빨리 답해 주세요. 아시는 대로요.

◆答; 제사상에 과일은 전부 깎는가.

問 1 答; 일반백성의 제물(祭物)은 아래와 같이 살펴보건대 생자(生者)의 음식(飮食)과 같이 직접(直接) 먹도록 조리(調理)하여 진설(陳設)한다는 말씀이니 밤은 외피(外皮)를 벗겨내고 내피도 쳐내어 진설(陳設)하고 기타 과일 역시 외피(外皮)를 벗겨내고 먹는 것은 그와 같이 깎아내야 옳을 것입니다.

그런데 대개의 가문(家門)에서 밤은 껍데기를 깎아내나 배나 사과 등은 위아래만 반듯하게 깎아내고 괴이는 것 같습니다.

問 2 答; 아래와 같이 살펴보건대 과행(果行) 진설(陳設)의 언급(言及)은 사우례(士虞禮)에서 조서율차지(棗西栗次之)라함 이외는 그 순(順)을 밝힌 바가 없는 것 같으며 다만 그 품수(品數)만 언급되어 있을 뿐입니다.

다만 모(某) 학파(學派)에서는 홍동백서(紅東白西) 또 모(某) 학파(學派)에서는 사우례(士虞禮)를 근거(根據)로 삼아 조율이시(棗栗梨柿)로 진설(陳設)하고 있습니다.

●特牲饋食禮註祭祀自熟始曰饋食饋食者食道也疏食道者生人飮食之道士大夫祭禮自熟始也

●家禮本註果六品○要訣果用五品○沙溪曰今人六品之果若難備四品或兩品庶合禮意
●士虞禮兩邊棗栗棗在西註尙棗棗爲美據此棗當設果行之首而栗次之

▶1476◀◆問; 제사 승계 시 축문.

아버님이 돌아가시고 장남(長男)이 제사(祭祀)를 지내게 되는데요 선조(先祖)님들 제사 지낼 때 제가 제사를 지낸다고 하는 축문(祝文)이 있는지요. 축문이 있으면 알려 주십시요.

◆答; 제사 승계.

아래 축식은 종손(宗孫) 대상(비요 길제) 때 신주를 한대씩 올려 쓰고 지내는 제사의 축식입니다. 지방일 때도 이와 같이 예를 행한다는 기록은 없으나 지방(紙牓)이라 하여도 개제(改題)의 예는 없다 하여도 봉사의 대가 바뀌었음을 고함이 옳으리라 생각됩니다.

○**親盡祖考妣位祝文式**(承重則六代祖考妣位祝同但改屬稱祝亦異板)

維 歲次干支幾月干支朔幾日干支五代孫某敢昭告于 顯五代祖考某官府君 顯五代祖妣某封某氏玆以先考(屬稱隨改見上改題告式)某官府君喪期已盡禮當遷主入廟(承重則改措語見上改題告式)先王制禮祀止四代心雖無窮分則有限 神主當祧埋于墓所(不遷之位則改埋爲遷族人有親未盡者將徙于其房則改埋于墓所爲遷于某親某之房)不勝感愴謹以淸酌庶羞百拜告辭(本龕有祔位則此下云某親某官府君某親某封某氏神主亦當並埋若正位祧遷于長房而不埋去亦當並埋四字某氏神主下云埋于本墓)尙 饗

▶1477◀◆問; 제사에 오리고기를 쓰지 않는 이유를 알고 싶습니다.

제수 중에 육류를 모우인으로 진설하라 하였는데, 닭을 올려 놓으면 먹지 않고 버리기 일수입니다. 오리고기가 몸에 좋다는 것은 익히 알고 있는 상식인데요, 닭 대신 오리고기를 올리면 안 되는지요? 제사에 오리고기를 쓰지 않는 이유를 알고 싶습니다. 고견을 부탁 드립니다.

◆答; 제사에 오리고기를 올림.

제수로 오리는 올리지 않는 속설이 있는지의 여부는 알지 못하나 아래와 같이 살펴보건대 그와 같은 설은 오류인 것 같습니다. 생(고기)으로 소를 잡아 올릴 수가 없으면 닭이나 오리를 그 대신으로 올리되 사시제의 제수에서는 그도 통째로 올릴 것이 아니라 여러 조각으로 나누어 올린다는 것입니다.

●陶庵曰家畜及山澤之族可食者無不用
●蘇軾詩竹外桃花三兩枝春江水暖鴨先知
●問若家貧則寧以雞鴨代牲何如退溪曰殺牛以祭非士之禮
●頤庵曰家禮設饌圖所謂魚肉者正指血腥也雖不能專殺牛猪等而雞鴨可代生肉不必全體支割分盛可也

▶1478◀◆問; 제사 옮기기 질문 드립니다.

안녕하십니까 한가지 궁금한게 있어 여쭤봅니다. 얼마 전에 아버지(장님)가 돌아가셨습니다. 그래서 할아버지 할머니 제사를 작은 아버지(차남)가 모시게 됐습니다 그게 틀린 건가요??

제사를 아버지가 모셨었는데 돌아가시면 장손인 제가 모시는 건가요? 궁금합니다. 참고로 저는(장손) 미혼이며 나이는 36 세 입니다.

◆答; 서자불제조니(庶子不祭祖禰).

종자(宗子)가 죽게 되면 그의 적자(嫡子; 장자)가 주인(主人)이 되어 제사(祭祀)를 물려받아 봉사(奉祀)를 하게 됩니다.

●小記庶子不祭祖不祭禰者明其宗也註庶子雖貴止得供具牲物而宗子主其禮
●性理大全喪禮立喪主條;凡主人謂長子無則長孫承重以奉饋奠
●奔喪凡喪父在父爲主註此言父在而子有妻子之喪則父主之統於尊也

▶1479◀◆問; 제사와 결혼 날짜와의 관계.

선친(先親)의 기일(忌日)은 (양)2 월 2 일인데, 딸의 혼인날자가 2 월 15 일로 결정되었습니다. 그런데 어떤 사람들이 혼인날자가 정해지면 제사를 지내는 것이 좋지 않다고 한다는데 우리나라에 이런 풍속이 있는지 궁금하여 문의 드립니다. 저는 조상의 기일과 후손(後孫)의 결혼일과는 아무 상관이 없는 것으로 생각 합니다. 참고로 자식의 혼인날자가 정해진 뒤 부모로서 조심하고 삼가야 될 일들을 알려주시면 고맙겠습니다.

◆答; 제사와 결혼.

제사(祭祀)를 지내지 않을 아무런 근거(根據)도 없으며 혼주(昏主)로서 심체(心體)를 다칠만한 언행(言行)은 절대(絶對) 금하여야 되겠지요.

●性理大全昏禮議昏; 身及主昏者無朞以上喪乃可成昏(註)大功未葬前亦不可主昏
●昏義昏禮者將合二姓之好上以事宗廟而下以繼後世也故君子重之是以昏禮納采問名納吉納徵請期皆主人筵几於廟而拜迎於門外入揖讓而升聽命於廟所以敬愼重正昏禮也

▶1480◀◆問; 제사음식.

제사에 올리는 음식은 무엇 무엇인가요.

◆答; 제수품.

아래와 같이 살펴보건대 하늘이 낳지 않고 땅이 기르지 않은 산물(産物)은 귀신이 흠향(歆饗)치 않는다 하였고 선조가 평일 즐기고 좋아하던 음식을 올려드리고 만약 생전(生前)에 술을 드시지 않았으면 예주(醴酒)를 올려도 무방(無妨)하다 하였으니 복숭아잉어, 돼지의 내장 등을 제외하면 올림에 꺼려야 할 음식은 별로 없는 듯 합니다.

●禮器禮也者合於天時設於地財順於鬼神合於人心理萬物者也故天不生地不養君子不以爲禮鬼神不饗也註合於天時天時有生也謂四時各有所生之物取之當合其時設於地財地理有宜也謂設施行禮之物皆地之所産財利也然土地各有所宜之産不可强其地之所無如此自然順鬼神合人心而萬物各得其理也天不生謂非時之物地不養如山之魚鼈澤之鹿家之類
●郊特牲鼎俎奇而籩豆偶陰陽之義也籩豆之實水土之品也不敢用褻味而貴多品所以交於旦(神)明之義也長樂陳氏曰鼎俎之實以天産爲主而天産陽屬故其數奇籩豆之實以地産爲主而地産陰屬故其數偶方氏曰籩之實若菱芡之類豆之實若芹蒲之類所謂水之品也籩之實若棗栗之類豆之實若菁韭之類所謂土之品也水土之品非人常食故曰不敢用褻味或水或土所取不一故曰貴多品
●尤菴曰俗尙及祖先平日之所嗜好不可全然擺脫要在酌中而處之
●遂菴曰生前不飮酒則以醴代酒無妨
●家語孔子曰果屬有六而桃爲下祭祀不用不登郊廟
●黃氏曰抄鯉魚不用於祭祀云
●旣夕禮豚解無腸胃註無腸胃者君子不食溷腴疏君子不食溷腴者少儀文彼註謂犬豕之屬食米穀腴有似於人穢

▶1481◀◆問; 제사음식으로 올리지 않는 것에 대하여(치자刀 포함).

우리가 먹는 음식 중에 제수품(祭需品)으로 올리지 않는 음식이 있나요.

◆答; 제수로 올리지 않는 음식류.

아래와 같이 살펴보건대 하늘이 낳고 땅이 기르지 않은 것은 예에 쓰지 않는다 하였고, 또 크면 큰 대로 작으면 작은 대로이지 큰 것을 작게 만들거나 작을 것을 보태어 크게 만들어도 안 된다 하였으며, 감히 맛을 더럽히지(인공으로 조미료 등을 사용 제 맛을 변화 시키지) 못한다. 하였는데 제물로 사용할 수 없는 것은 확인된 기록으로는,

○복숭아(과실 중 하품).

○잉어(李와 음이 같아서).

○개 돼지의 내장(사람과 같은 곡식을 먹기 때문)일 뿐입니다.

그 외 치자가 포함된 어류(갈치 등)와 刀자기 포함된 식류는 제수로 올리지 못한다는 전거는 알지를 못합니다. 혹 그와 같은 법도를 지키는 가문(家門)이나 지방(地方)이 있다면, 그 가문, 그 지방의의 습속이 아닐런지요.

●家語孔子曰果屬有六桃爲下祭祀不用

●黃氏紹曰鯉魚不用於祭祀

●性齋曰或不用鯉魚則可異也李唐以鯉李音同禁食號爲赤鱓公黃說謬矣我國則無禁用之可也

●既夕禮豚解無腸胃註無腸胃者君子不食溷腴疏君子不食溷腴者少儀文彼註謂犬豕之屬食米穀腴有似於人穢

●禮器禮也者合於天時設於地財順於鬼神合於人心理萬物者也故天不生地不養君子不以爲禮鬼神不饗也註合於天時天時有生也謂四時各有所生之物取之當合其時設於地財地理有宜也謂設施行禮 之物皆地之所産財利也然土地各有所宜之産不可强其地之所無如此自然順鬼神合人心而萬物各得其理也天不生謂非時之物地不養如山之魚鼈澤之鹿豕之類○禮也自猶體也體不備君子謂之不成人設之不當猶不備也禮有大有小有賢有微大者不可損小者不可益顯者不可揜微者不可大也

●郊特牲鼎俎奇而籩豆偶陰陽之義也籩豆之實水土之品也不敢用褻味而貴多品所以交於旦(神)明之義也長樂陳氏曰鼎俎之實以天産爲主而天産陽屬故其數奇籩豆之實以地産爲主而地産陰屬故其數偶方氏曰籩之實若菱芡之類豆之實若芹蒲之類所謂水之品也籩之實若棗栗之類豆之實若菁韭之類所謂土之品也水土之品非人常食故曰不敢用褻味或水或土所取不一故曰貴多品

●說文解字木部[果]木實也從木象果形在木之上○又瓜部[瓜]蓏也(註艸部曰在木曰果在地曰蓏瓜者縢生布於地者也)象形(註徐鍇曰外象其蔓中象其實)凡瓜之屬皆从瓜

●漢書食貨志瓜瓠果蓏註應氏曰木實曰果草實曰蓏張晏曰有核曰果無核曰蓏臣瓚曰按木上曰果地上曰蓏也

▶1482◀◆問; 제사음식 준비.

제사상에 놓을 음식준비에 대하여 고견을 듣고자 글을 올립니다. 제사 음식은 형제들이 같이 모여서 정성껏 준비하는 것으로 알고 있습니다.

그러나 형제들이 멀리 떨어져 있어 함께할 시간도 부족하고 또 아내의 몸도 불편하고 하여 형제들이 각자 제사음식을 나누어 준비해서 차례상을 차리기로 하였는데 차례상에 놓을 음식을 나누어 준비하여 차례를 지내는 것이 예의에 벗어나는지요?

◆答; 제사음식.

차례상에 놓을 음식을 형제들이 나누어 준비하여 차례를 지내는 것이 예의에 벗어나는지요? 아래와 같이 살펴보건대 형제간에 제물을 나누어 부담하는 것은 예법에 벗어나지 않습니다.

●內則(庶子)若富則具二牲獻其賢者於宗子夫婦皆齊而宗敬焉終事而后敢私祭註賢猶善也齊而宗敬謂齊戒而徃助祭事以致宗廟之敬也私祭祖禰則用二牲之下者

▶1483◀◆問; 제사일자 문의.

올해 음력으로 2013 년 3 월 1 일 아버님께서 돌아가셨습니다. 올해는 음력 2 월이

29 일까지 있었고 내년에는 음력 2 월이 30 일까지 있더라구요. 그럼 내년 제사를 음력으로 몇 일에 지내야 할지 문의 드립니다.

◆答; 제사일자.

기제란 작고한 날에 지내드리는 제사란 의미입니다. 다만 기일의 제사를 그 날 첫 시에 지내는 가문이시면 기일 전날 저녁 23 시가 되면 제사를 시작하면 되는데 전날이 어느 날이든 기일과는 상관되지 않습니다. 따라서 3 월 1 일 기제를 지냄에 있어서 전달의 대소월(大小月)에 영향 받지 않고 기일 전날 밤 11 시가 되면 제사를 지내면 됩니다.

●祭義君子有終身之喪忌日之謂也註忌日親死之日也

▶1484◀◆問; 제사 지내는 날을 음력으로 하는지? 아니면 양력으로 해야 하는지?

한가지 질문을 드립니다. 저의 아버님이 돌아가신 것을 가족(家族)들이 안 날이 양력으로: 7 월 16 일(음력으로는 6 월 14 일) 오전 11:00 경입니다. 추측하건대 혼자 밤에 주무시다 돌아가신 것 같은데요, 그래서 정확한 사망시간을 모릅니다. 이럴 경우 기일을 양력으로 보는지? 아니면 음력으로 보는지요? 그리고 제사 또한 양, 음력 중 어느 날로 지내야 하는지요?

그리고 제사를 지낼 때는 원래는 자시에 지내야 하는데. 요즘 현대인의 생활상을 고려하여 일몰 후 저녁 9 시 이후 아무 시간 때나 해도 된다 하던데요. 이런 때는 어느 날 몇 시경에 제사를 지내야 하는지 알려주시면 감사 하겠습니다.

또 한가지는: 제사를 지낼 때 제사상을 북쪽으로 향하라 했는데, 정확한 방위를 알려면 나침반을 활용하여 방위를 정해야 하는지요? 그러다 보면 북쪽방향이 공교롭게도 집이 앉은 틀과 어느 정도 삐딱하여 상차림이 이상해 보여질 수도 있지 않을까 해서요 즉, 거실 사각모서리가 북쪽보다는 북, 동쪽에 사이에 위치해있다면 재사상을 어떻게 놔야 하는지요?

◆答; 제사 지내는 날은 음력으로.

유가(儒家)의 일자계산은 음력이며 사망한 날을 모를 때는 집을 나간 날을 기일로 삼으니 전날인 6 월 13 일을 기일로 삼아야 옳을 것이며, 제사 시간을 당일 질명(質明; 먼동 틀 무렵)에 지냄이 정례이나 속례로 당일 첫 시인 자시(子時)에 지내고 있습니다.

설위 방위는 남향으로 하는데 그 남향이란 실 방위가 아니라 집의 앞을 남이라 하고 뒤 안을 북이라 하고 오를 쪽을 서쪽이라 하고 왼쪽을 동이라 합니다. 따라서 북쪽 벽 아래에 설위하게 되면 남향으로 설위한 것이 됩니다.

●疑禮輯錄失親者忌日處變;以離家之日爲忌日
●日省錄正祖十九年乙卯四月二十二日壬寅條(云云)獻官之命十七日進詣本宮十八日子時行祭
●性理大全忌日厥明夙興設蔬果酒饌質明主人以下變服
●朱子家禮時祭設位考妣位於堂西北壁下南向考西妣東各用一倚一卓而合之
●朱子家禮祠堂章凡屋之制不問何向背但以前爲南後爲北左爲東右爲西後皆放此

▶1485◀◆問; 제사 지내는 날이 궁금합니다.

안녕하세요? 궁금한 사항을 여쭤보고자 합니다. 저희 아버지께서 지난 2009 년 7

월 11 일(양력) 오전 3 시 50 분경에 돌아가셔서, 이번에 첫 제사를 모시려고 합니다.

제사 지내는 날을 언제로 해야 할 지 궁금합니다. 혹자(或者)는 "생전에 밥 숟가락을 드셔야 한다"는 취지(趣旨)에서 돌아가시기 하루 전인 7 월 10 일에 지내야 한다고 하고, 많은 인터넷 사이트에서도 하루 전날 제사를 지내는 것으로 나와있습니다.

아버지께서 돌아가시기 전에 조상 분들의 제사를 모실 때에는 "돌아가신 날" 지내는 것을 가례로 삼아왔었는데 다소 정리가 안됩니다. 돌아가신 날 지내야 할지, 아니면 돌아가시기 전 날 지내야 할지 현명한 지침을 주시면 감사하겠습니다.

◆答; 제사 지내는 날.

작년(昨年) 7 월 11 일(양력)을 음력(陰曆)으로 환산(換算)하니 5 월 19 일이 됩니다. 아래와 같이 살펴보건대 부친의 기일은 양력으로 지내는 가문이면 매년 7 월 11 일이 되고 음력으로는 매년 5 월 19 일이 됩니다. 다만 대개의 가문에서 19 일이 기일이 되면 하루 전날인 18 일 제찬 등을 준비 19 일의 첫 시인 18 일 밤 23 시부터 19 일 01 시 즉 19 일 자시(子時)에 제사를 모시고 있습니다.

참고로 금년 음력 기일(忌日)의 축식 입니다. 소용되시면 소용되는 대로 택하시기 바랍니다.

⊙忌祭祝文式(부모 모두 작고 시)

維 歲次庚寅五月癸巳朔十九日辛亥孝子 OO 敢昭告于 顯考學生府君 顯妣孺人某氏歲序遷易 顯考諱日復臨追遠感時昊天罔極謹以淸酌庶羞恭伸奠獻尙 饗

⊙忌祭祝文式(모친 생존 시)

維 歲次庚寅五月癸巳朔十九日辛亥孝子 OO 敢昭告于 顯考學生府君歲序遷易 諱日復臨追遠感時昊天罔極謹以淸酌庶羞恭伸奠獻尙 饗

※위 축식 중 생전 벼슬이 있었으면 모관(某官)에 그 벼슬 품계로 고쳐 쓰고 비(모)의 모씨에는 비의 성을 씁니다.

●祭義註忌日親死之日也

▶1486◀◆問; 제사 진설에 여쭈어 봅니다.

안녕하십니까. 일전에 명절제사 진설에 대하여 여쭈어 본 사람입니다. 먼저 답변을 해주신 분들께 감사를 드립니다. 답변을 본 후 여전히 궁금증이 있어 다시 여쭈어 봅니다.

1. 고례에 따르면 고비각설(考妣各設)이라고 말씀을 하셨는데 고비(考妣) 합설(考妣合設)이라 함은 각 신위마다 제수를 전부 준비하는 것인지요? 즉, 부모님 두 분이라면 밥 2 접시, 배 2 접시 등등 이렇게 하는 것이 고비합설(考妣合設)의 뜻이 맞는지요?

2. 현대에는 고비 합설(考妣合設)도 많이 하신다고 하셨는데 고비합설(考妣合設)이라 함은 각 대 마다 합설인지 아니면 저처럼 3 대(증조부모, 조부모, 부모) 전부 합설(合設)하고 밥, 국 등 일부만 각설하는 것인지요?

3. 저는 3 대(증조부모, 조부모, 부모) 제사를 모시고 있습니다. 기제사시는 문제가 없습니다만, 명절제사 시 각 대 마다, 상을 차리고 있어, 즉 3 상을 차리고 있습니다. 혹시나 3 대 모두 합설(合設)하고, 개인별로 드시는 밥, 국 등을 별도 차리는 것은 현대에 어떠한지 여쭈어 봅니다.

◆答; 진설(陳設).

問 1. 答; 위 고비합설(考妣合設)은 문맥으로 보아 고비각설(考妣各設)의 오류인 듯 합니다. 각설이 라 함은 1위 1탁으로 진설(陳設)함을 이릅니다.

問 2. 答; 합설(合設)이라 함은 고비(考妣) 1 탁으로 각대 각탁이라 함입니다. 고비 합설(考妣合設)을 아래의 말씀들을 종합하여 진설하게 되면 소과(蔬果)는 일분 찬 에 면육적어병   행(麵肉炙魚餅行)에 면육적병면적어병(麵肉炙餅麵炙魚餅)으로 진설 이 되고 반잔시초갱반잔시초갱(飯盞匙醋羹飯盞匙醋羹)으로 진설(陳設)이 됩니다.

問 3. 答; 아래와 같이 살펴보건대 일위(一位) 일탁(一卓)이 바른 예법이나 지금까 지 각대(各代) 각탁(各卓)으로 설위(設位) 함이 어그러진 예법이라 할 수는 없으며 3 대 1탁으로 진설하는 예법(禮法)은 없는 것 같습니다.

●家禮時祭設位條設高祖考妣位於堂西北壁下南向考西妣東各用一椅一卓而合之曾祖考 妣祖考妣考妣以次而東皆如高祖之位世各爲位不屬
●退溪曰並祭考妣甚非禮也考祭祭妣猶之可也妣祭祭考豈有敢援尊之義吾門亦嘗如此而 非宗子故不敢擅改只令吾身後勿用俗耳
●問考妣各卓禮也而有再娶或三娶則正寢雖廣亦難容十餘卓如何尤菴曰考妣各卓禮有明 文何可違也不若小其牀卓使可容排也
●五禮儀考妣合設一卓
●祭統鋪筵設同几爲依神也註筵席也几所憑以爲安者人生則形體異故夫婦之倫在於有別 死則精氣無間共設一几故祝辭云以某妣配也依神使神憑依乎此也
●家禮補疑時祭設蔬果酒饌條考妣合祭饌品寒岡曰有三室而不得四位各卓則寧四位共一 卓而盞盤飯羹炙肝之類各設恐無妨
●陶庵曰祭饌一一各設卽是家禮之制然士大夫家蔬果則合設獨各設餅麵飯羹者
●家禮酌通忌祭設位陳器條但止於正寢合設兩位於堂中西上
●楊通老問生時男女異席祭祀亦合異席今夫婦同席如何朱子曰夫婦同牢而食

▶1487◀◆問; 제사 날을 기일이 아닌 날도 가능한지.

조상님 제사가 평일 밤에 지내다 보니 젊은이들이 모이기가 어려워서 맨날 나이 드 신 자손 분들만 모이게 됩니다 제사의 여러 가지 뜻 중에서 식구끼리 자주모이고 화목하게 지내라는 뜻이 제일인 것 같은데 토요일로 당기거나 늦추어도 관계가 없 는 것인지? 좋으신 말씀 부탁합니다.

◆答; 제사 날을 기일이 아닌 날로.

기일(忌日)은 사망(死亡)한 날 지내는 제사(祭祀)인데 다른 날 지낸들 기제(忌祭)가 못되니 지낼 까닭이 없습니다.

다만 사시제(四時祭)는 춘하추동(春夏秋冬) 사계(四季)에 날을 받아 지내는 제사(祭 祀)이니 사시제(四時祭)를 연구하여 보시기 바랍니다.

●祭義君子有終身之喪忌日之謂也註忌日親之死日也
●性理大全祭禮四時祭時祭用仲月前旬卜日;孟春(便覽夏秋冬同)下旬之首擇仲月三旬各 一日或丁或亥主人盛服立於祠堂中門外西向兄弟立於主人之南少退北上子孫立於主人之 後重行西向北上置卓子於主人之前設香爐香合环珓及盤於其上主人搢笏焚香熏珓(儀節香 煙上薰)而命以上旬之日曰云云卽以珓擲于盤以一俯一仰爲吉不吉更卜中旬之日又不吉則 不復卜而直用下旬之日旣得日祝開中門主人以下北向立如朔望之位皆再拜主人升焚香再 拜(便覽跪)祝執詞(便覽東向)跪于主人之左(三禮儀凡讀祝主人皆跪)讀曰(云云興復位)主

人再拜降復位與在位者皆再拜祝闔門主人以下復西向位執事者立于門西皆東面北上祝立
于主人之右命執事者曰云云執事者應曰諾乃退

▶1488◀◆問; 제사날짜에 대해서 궁금합니다.

저희 집이 자시에 모시던 제사를 시간을 앞당겨서 저녁제사로 모시면서 날짜를 하
루씩 미루어 그 다음날 저녁에 모시게 되었습니다. 음력 4 월 2 일에 돌아가셨는데
시간을 앞당기면서 4 월 3 일 저녁에 모시게 되었습니다. 이렇게 제사날짜를 정하는
것이 맞는지 궁금합니다.

◆答; 제사날짜에 대해서.

아래와 같이 살펴보건대 기제(忌祭) 행사는 작고한날 질명(質明)에 변복(變服)하고
사당으로 가 신주(神主)를 정침(正寢)으로 내모신다. 하였으니 질명(質明)이라 함은
새벽이란 뜻이라 참신(參神)할 때는 이미 날이 밝을 때가 될 것입니다.

이때가 유가(儒家)의 바른 기제(忌祭) 지내는 때입니다. 이 때가 대체적으로 생전에
문안(問安) 후 조반(朝飯) 상(床)을 받는 시간대인 것입니다. 그러나 요즘 사일(死
日) 자시(子時) 행사는 변례(變禮)로서 관행화되었을 뿐 정례(正禮)가 아닙니다.

까닭에 당일 저녁 행제(行祭) 역시 정례(正禮)가 아니니 권할 수는 없겠으나 제반
형편상 그럴 수밖에 없다면 타인이 왈가왈부할 까닭은 없으리라 생각 됩니다.

●周禮春官宗伯禮官之職小史若有事則詔王之忌諱註先王死日爲忌名爲諱杜子春云帝當
爲奠
●祭義君子有終身之喪忌日之謂也註忌日親之死日也
●朱子家禮忌日篇○前一日齊戒○厥明夙興設蔬果酒饌○質明主人以下變服○詣祠堂奉
神主出就正寢
●士冠禮擯者請期宰告曰質明行事註擯者有司佐禮者在主人曰擯在客曰介質正也宰告曰
旦日正明行冠事
●陳氏曰子路祭於季氏質明而始行事寧早則雖未明之時祭之可也
●張子曰五更而祭非禮也
●尤庵曰行祭早晚太早不可太晚亦不可惟當以質明爲正然孔子曰與其晏也寧早聖人之微
意可知也
●南溪曰質明即大昕指日未出時也

▶1489◀◆問; 제사는 장남이 모셔야 하는지? 아버님 집에서 모셔야 하는
지요?

집안 제사 등등이 거의 유교식인 집안 입니다. 돌아가신 분의 차례는 장남 집에서
해야 하는지요? 아버님이 살아 계신다면 아버님 집에서 지내도 괜찮은지요?

◆答; 제사는 장남이 모셔야 하는지.

아래와 같이 살펴보건대 부친이 생존하여계시면 부친이 주인으로서 마땅히 부친 댁
에서 제사를 지내야 옳을 것 같습니다.

●奔喪親同長者主之疏親同者謂同父母喪則推長者爲主若昆弟喪亦推長者爲主○父在父
爲主註父在而子有妻子之喪則父主之統於尊
●喪大記若子孫有喪而祖父主之子孫執喪祖父拜賓

▶1490◀◆問; 제사는 음력으로 지내야만 하나?

보통 기제사(忌祭祀)는 음력으로 지내는 것으로 알고 있지만 요즘 젊은 사람들은

음력 날을 잘 기억(記憶) 못하는 관계로 돌아가실 때 양력(陽曆) 일을 기준으로 기제사를 지내면 제례에 결례가 되는지 알고 싶습니다.

◆答; 제사는 음력으로 지내야만.

아래와 같이 살펴보건대 유가(儒家)의 모든 행사(行事) 일자 계산(計算)은 달의 운행을 기준(基準)하여 제작된 달력에 의하여 기록되고 행사하고 있습니다. 고로 유가의 일자 계산(計算)은 음력(陰曆)이 바탕이 됩니다.

음력에 관하여 더 자세히 이해하시고자 하시는 분이 계시면 한서(漢書) 율력(律歷) 상하편(上下篇)과 서경(書經) 요전(堯典)을 살펴 보시면 음력(陰曆) 이해에 조금은 도움이 될 것입니다.

● 玉臺新詠詩條視曆復開書便利此月內
● 漢書律歷上篇皇帝調律歷○又外戚孝成許皇后傳其孝東宮毋闕朔望
● 開元禮閏月亡者祥及忌日皆以閏所附之月爲正
● 書經堯典帝曰三百有六旬有六日以閏月定四時成歲註天體至圓周圍三百六十五度四分度之一繞地左旋常一日一周(云云)歲有十二月月有三十日三百六十者一歲之常數也(云云)朔虛而閏生焉故一歲閏率則十日九百四十分日之八百二十七三歲一閏則三十二日九百四十分日之六百單十五歲再閏則五十四日(云云)
● 退溪曰閏非正月人之行祭常以正月而獨於是歲依亡歲之月而祭似未穩祭則依常月行之於閏月亡日則齊素而不祭似當也
● 問解大月三十日死者後值小月固當以二十九日爲忌值大月則自當以三十日爲忌小月晦日死者後值大月當仍以二十九日爲忌不可延待三十日也

아래와 같은 기록도 있으며 성리대전(性理大全) 권지이십육(卷之二十六) 천도조(天度條)에서 역법(曆法)이 자세하게 설명되어 있으니 참고하시기 바랍니다.

● 天文類抄日月條日爲大陽之精主生養恩德人君之象也(云云)月爲大陰之精以之配日女主之象以朝廷諸侯大臣之類註凡月之行歷二十有九日五十三分而與日相會是謂合朔當朔日之交月行黃道而日爲月所掩則日食是爲陰勝陽其變重自古聖人畏之若日月同度于朔月行不入黃道則雖會而不食月之行在望與日(云云)

▶1491◀◆問; 제사를 날을 받아 지내고자 할 때 관련 질문입니다.

수고 많으십니다. 친정아버지께서 올해 봄에 돌아가셨는데, 저희 집은 딸밖에 없고 시댁에 제사가 있어 친정아버지의 제사를 모실 수 없는 관계로 49 재를 마치면서 절에 올렸습니다.

장례(葬禮)를 치른 뒤 가정의례(家庭儀禮)에 관련된 책을 대출하여 읽어보니 첫 제사의 경우 옛날에는 날을 받아서 지냈는데, 돌아가신 날 하루 전에 지내는 것이 보편화(普遍化)되는 쪽으로 풍습이 정착(定着)되었다고 나와있었습니다.

첫 제사가 날을 받아 지냈을 만큼 의미가 깊은 특별한 제사라고 생각되나 첫 제사를 지내기 전에 명절차례가 있고, 추석 역시 시댁의 차례에 가야 하니 절에서 모시는 아버지 차례에도 참석은 못하고 시댁 차례 모신 다음날에나 가서 인사를 드릴 수 있을 것 같습니다.

그래서 아버지를 모셔놓은(유골을 모시거나 한 것은 아닙니다. 위패를 만들어 모셨습니다) 절에서 첫 명절 차례(茶禮)를 올리기 전에 저희 집에서 날짜를 정하여 정성껏 제사를 모시고 추석차례(秋夕茶禮)부터 절에서 모셨으면 합니다.

그런데 그 날짜를 정함에 있어서 이사(移徙)하는 날에 보통 말하는 손 없는 날 중 어느 날을 정하여 올려도 될까요? 손 없는 날은 악귀가 다 하늘로 올라가는 날이라고 인터넷을 검색해보니 나와있던데 그래서 그런 날에 제사 날을 정하여도 되는 것인지, 아니면 택일하는 곳에 가서 날을 따로 받아야 하는 것인지 궁금합니다. 질문 끝까지 읽어주셔서 감사하고 꼭 답변 해주시기를 부탁 드립니다.

◆答; 제사를 날을 받아 지내고자 할 때.

기제는 작고한 날 지내드리는 제사를 의미합니다. 다만 전날 밤에 지내는 것은 당일 첫 시인 자시(子時)에 지냄인데 당일 자시란 전날 저녁 23 시부터 당일 01 시 까지를 이릅니다.

전날 23 시를 자전 시(子前時)라 하고 0 시(24 시)를 자정이라 하고 당일 01 시까지를 자 후 시(子後時)라 이릅니다. 까닭에 자시라 함을 전날 밤중이 되나 실을 당일 첫 시가 되는 것입니다.

명절 제사이든 기제사이든 당일에 지내는 제사로 형편에 따라 미루거나 당겨 지낼 수가 없는 것입니다. 친가(친정)가 무사(無嗣)로 봉사(奉祀)할 후손(後孫)이 없다면 외손(外孫)이 봉사(奉祀)를 하여야 하는데 그 역시 본가의 봉사제도(奉祀制度)와 같습니다. 다만 본가의 봉사(奉祀)를 마친 후 외가(外家)의 제사를 지내게 됩니다.

지난날 원대(元代)에는 명절 제사를 당겨 지낸 예가 있었던 것 같으나 이는 관직(官職)에 있는 자로서 광대한 대륙인 중국(中國)의 예이었고 남계(南溪) 선유(先儒)께서는 비정론(非定論)이라 하셨으니 일반 백성을 따라 행할 수 없는 예입니다.

특히 점을 쳐 날을 받아 지내는 제사(祭祀)는 사시제(四時祭)(년 4 회)와 3 월 묘제(墓祭) 일 뿐입니다. 아래의 전거(典據)의 원문(原文)은 참고용(參考用)으로 게시(揭示)하여 둡니다.

●朱子曰元朝則在官者有朝謁之禮恐不得專精於祭祀某鄕里却止於除夕前三四日行事此亦夏在斟酌也
●儀節除夕自有除夕之禮履端之祭隔年行之恐亦未安今朝廷於元朝行大朝賀禮而孟春時享亦於別日行之今擬有官者以次日行事
●退溪曰名日之祭前期而行雖非在官者當日不免禮俗往來之煩恐未專精祭祀循俗行之耳
●南溪曰以理言之追行於新元後二三日方始爲得朱子此段亦仍鄕里舊俗而言猶曰夏在斟酌則非定論也
●祭義君子有終身之喪忌日之謂也註忌日親死之日也
●唐開元勅若拜掃非寒食則先期卜日
●程子曰拜墳十月一日拜之感霜露也寒食又從常禮祭之
●張子曰寒食與十月朔日展墓亦可爲草木初生初死
●陶庵曰親盡祖墓祭見上遞遷條依韓魏公禮十月一日祭之恐得宜

▶1492◀◆問; 제사를 어느 시간에 지내야 하는지.

지금까지 조상님들의 제사를 밤 12:00 에 지냈습니다. 돌아가신 날이 10 월 21 일 (음력)인데 전날 (20 일) 자정에 지냈습니다. 가족들이 멀리 떨어져 있어 제사 참여가 어려워 지는 현실을 감안 하여 초저녁 시간대에 (21:30 ~ 10:00 어건)에 지내려고 합니다. 이때 제사를 20 일 저녁에 해야 하는지, 21 일 저녁에 해야 하는지 궁금하여 문의 드립니다. 답을 주시면 고맙겠습니다.

◆答; 제사 지내는 시간.

기일(忌日)이란 친사지일야(親死之日也)라 하였으니 당일 자시(子時)로부터 해시(亥時)까지로 그 지간의 질명(質明)에 변복(變服)을 하고 사당(祠堂)으로 가 신주(神主)을 모셔내어 정침(正寢) 신(神)의 자리인 의자(倚子)에 모시고 참신(參神)을 하게 되는데 질명(質明)이란 날이 샐 무렵으로 그 때에 시작되니 참신재배(參神再拜)할 때 쯤은 먼동이 훤하게 튼 때가 될 것입니다.

다만 요즘 당일(當日) 자시행사(子時行祀)는 효자(孝子)가 질명(質明)까지 기다리지 못하는 조바심에서 첫 시(時)에 행하는 변례(變禮)일 뿐으로 정례(正禮)는 아닙니다. 따라서 여러 가지 형편상 질명행제(質明行祭)가 어렵게 되면 바른 법도(法度)는 아니나 당일(當日) 내 적합(適合)한 시간을 택(擇)하여 지내야 되겠지요.

●祭義君子有終身之喪忌日之謂也註忌日親死之日也
●家禮忌祭編○厥明夙興設疏果酒饌○質明主人以下變服詣祠堂封神主出就正寢○參神降神進饌初獻
●士冠禮擯者請期宰告曰質明行事註擯者有司佐禮者在主人曰擯在客曰介質正也宰告曰旦日正明行冠事

▶1493◀◆問; 제사를 지내는 방법을 알려 주세요.

제례문제가 제겐 너무 힘들어 여쭤 봅니다 번거로우시더라도 꼭 도움 주시기 바랍니다. 저는 올해 57 세 된 여자로 30 여 년 전에 하나뿐이던 남동생을 먼저 사고로 보내고 여동생 둘과 부모님을 모시고 살다가 두 여동생을 결혼시키고, 또 십여 년 전 아버님이 돌아가신 후 2003 년까지 어머님을 홀로 모시고 살았습니다.

이때까지는 아버님제사는 제가 집에서 모시고 남동생은 절에 가서 지내주었습니다. 2003 년에 늦은 결혼을 하여 친정어머니를 모시고 살게 되었습니다. 제 결혼과 함께 제 친정제사문제가 힘이 듭니다.

첫째 질문.

설날이나 추석명절 때 차례를 어떻게 모셔야 하는지요? 저는 지금 모든 제수를 두 벌을 준비합니다. 그래서 먼저 시댁어른(2 대) 차례를 지내드리고, 그 상을 다 치운 후 새로 상을 보아 제 친정아버님 차례를 지내드립니다.

이렇게 하는 게 너무 힘이 듭니다. 그리고 성혼도 못하고 죽은 친정 남동생도 어떻게 해야 할지 두벌 장만하는 제수가 너무 벅차서요 먼저가신 시댁어른이나 제 아버님께 도리에 벗어나지 않는 한도 내에서 제힘이 좀 덜어질 방법이 있을 가요??

둘째 질문.

기제사로 제 시 할아버님 기일과 제 친정아버님 기일이 같은 날 입니다. 그래서 이 날도 두분 제사를 같이 모시는데 역시 모든 제수를 두벌 작만하여 먼저 시 할아버님 제사를 올리고 그 상을 다 치운 후 다시 제 친정아버님 제사를 지냅니다.

◆答; 친정과 시집의 제사를 지내는 법도.

첫째 질문의 答; 먼저 시가(媤家) 제사(祭祀)를 마치고 친모(親母)가 거처하는 방에서 친정 제사(명절 포함)를 지내되 그 주인은 친정 어머니가 됩니다.

둘째 질문 答; 먼저 본가 제사를 마친 뒤에 외가 제사를 지내야 합니다.

●寒岡曰外家神主奉祀本非禮經今者不得已奉祀則當時祀茶禮時先祭祖外祖次祭
●陶庵曰朱子非族之祀一句語實爲正論愚意爲外孫者設或不得已而權奉其祀已身歿後卽當埋安

●喪服小記大功者主人之喪有三年者則必爲之再祭朋友虞祔而已(註)三年者謂死者之妻與子也妻旣不可爲主之

●退溪曰外孫奉祀一廟而二姓同祭夫天之生物使之一本而此則爲二本焉甚不可也今人或不幸其外家祖先無後而未有所處者不忍其主之無歸則權宜奉置別所而往來奠省未爲不可若公然與其本親同享一廟則悖理莫甚所謂神不歆非禮者此類之謂也故今於外孫奉祀之問不敢苟徇而以爲可行也

●寒岡曰外家神主奉祀本非禮經今者不得已奉祀則當時祀茶禮時先祭祖外祖次祭

▶1494◀◆問; 제사 지내는 시간.

제사 지내는 바른 시간을 알려 주세요.

答; 제사 지내는 시간.

대부사서인(大夫士庶人)의 제사(祭祀) 시간은 질명(質明)에 지내는 것이 정례(正禮)이나 거의 가문(家門)에서 궁례(宮禮)인 자시(子時) 행제(行祭)를 택하고 있어 본인의 지방행제(紙榜行祭)의 시간대를 그에 맞추었을 뿐입니다. 이와 같이 백성의 자시행제(子時行祭)는 변례(變禮)로서 정례(正禮)는 아닙니다.

●祭義君子有終身之喪忌日之謂也註忌日親死之日也

●周禮春官宗伯禮官之職小史條掌邦國之志奠繫世辨昭穆若有事則詔王之忌諱註鄭司農云先王死日爲忌名謂諱

●家禮忌祭編○厥明夙興設蔬果酒饌○質明主人以下變服詣祠堂封神主出就正寢

●禮器質明而始行事疏質正也謂正明之時少牢禮朝明行事註朝明質明也此乃周禮也

●尤庵曰行祭早晚太早不可太晚亦不可惟當以質明爲正

●南溪曰質明卽大昕指日未出時也

●日省錄正祖十九年乙卯四月二十二日壬寅條(云云)獻官之命十七日進詣本宮十八日子時行祭天氣淸和享事利成獻官以下(云云)

●咸興本宮儀式禮曹判書徐浩修狀啓臣於前月二十五日伏奉咸興本宮永興本宮濬源殿攝行酌獻禮南關各陵寢奉審之命當日陪香祝辭陛本月初一日到永興府進詣本宮奉安香祝初三日到咸興府進詣本宮淸齋爲白遣初六日子時)行祭是白如乎

●弘齋全書訓語氣猝發大臣閣臣求對承候教曰逢是年是日予懷無以自抑子時行祭非不知無於禮而不得已爲此天明以後將行祝慶之禮予氣予亦自知故欲稍早時刻庶少鎭安而專意於慶今之節也仍嗚咽良久

●國朝五禮儀吉禮春秋及臘祭社稷儀奠幣祭日條丑前五刻

▶1495◀◆問; 제사를 함께 모시어도 되나요?

저는 시집 온지 15 년 된 맏며느리입니다. 저의시댁에서는 제사를 많이 모시는데 그 중 제사 3 번이 9 일 간격으로 있답니다.

음력 6 월 21 일과 6 월 23 일, 7 월 1 일입니다. 시아버님께선 이 3 번의 제사를 함께 모시기를 원하십니다. 이런 경우 예법상 어긋남이 없는지요? 알고 싶습니다. 또 함께 모신다면 날짜는 어떻게 정하여야 하나요?

◆答; 작고한날 지내는 제사가 기제(忌祭)이다.

기제란 작고한날 지내는 제사를 일러 기제라 합니다. 자손으로서 조상의 작고하신 날의 슬픔을 잊지 못하고 매년 그날을 당하면 자손들이 모여 식사 한끼와 술 석 잔을 올려드리며 작고하신 날을 되새기게 되는 것입니다.

●祭義君子有終身之喪忌日之謂也註忌日親死之日也疏孝子終身念親不忘忌日非謂此日

不善別有禁忌謂孝子志意有所至極思念親不敢盡其私情而營求他事故不擧也

▶1496◀◆問; 제사를 한번에 지내는 것에 대하여.

1. 유교사상에 기반을 둔 미풍양속의 계승과 전통예절보급에 감사 드립니다.
2. 제례에 대하여 다음과 같은 고민이 있어 문의 하오니 조속히 답변하여 주시면 감사 하겠습니다. 부 1명 모 2명의 제사를 한번에 지내는 것에 대하여 현황은 아버지는 어머님을 두 분을 두었습니다.

아버지와 큰어머님 사이에는 아들은 없고 딸만 5명을 두었습니다. 그리고 아버지와 생모님 사이에서 1남(본인) 2녀를 두었습니다. 아버지는 1985년 9월 23일(음) 어머니(큰어머니)는 2004. 10월 6일(음) 어머니(생모)는 1967년 8월 27일(음) 돌아 가셨습니다.

따라서 누님이 7인데 누님들께서 제사를 8월, 9월, 10월 다달이 지내는 것보다 한번에 지내는 것이 어떠하냐는 의견이 있으나 본인으로써는 결단을 내리기 어려워 어떻게 지내야 할 것인지 한번에 지내는 방법이 있는지 알고 싶습니다. 좋은 의견을 메일로 알려 주시면 감사하겠습니다.

◆答; 합제(合祭)에 대하여.

합제(合祭)라 하심이 제위(諸位)를 어느 한날을 택하여 1년에 한번 제사 하고 만다. 하심이라면 유가(儒家)의 예법으로는 없고 다만 고비(考妣) 합설을 주자설(朱子說)이 아닌 정씨설(程氏說)의 병제설(幷祭說)에 의하여 일탁(一卓)에 교의(交椅) 는 위(位)마다 하나에 각각 모시고 지냅니다.

●朱子曰忌日只祭一位
●程氏祀先凡例祖考忌日則只祭祖考及祖妣祖妣忌日則只祭祖妣及祖考
●性理大全四時祭設位條設高祖考妣位於堂西北壁下南向考西妣東各用一倚一卓而合之
●愧郯錄金版今郊祀天地祖宗正配位皆有金版書神位以金飾木爲之如匣之制稍高博且表以字

▶1497◀◆問; 제사 때 술잔을 올리는 순서에 대해 문의합니다.

안녕하세요? 제사 때 술잔을 올리는 순서에 대해서 문의를 드리고자 합니다. 추석이 다가오니 그 전에 답변 부탁 드립니다, 감사합니다.

저희 가족은 삼형제가 모두 부부로 살고 있고, 손주도 많이 있습니다. 장자가 처음에 '고' ('조상께 제를 올립니다' 라는 뜻으로 잔을 올립니다.)를 하고 다음에 초헌(初獻)으로 장자 부부부터 제를 지내고 둘째 부부 셋째 부부 차례로 제를 지냈는데 동생이 '큰 형수가 아들보다 먼저 제를 지내니, 내가 어떻게 제를 지내냐'고 절을 하지 않고 문제를 삼아서, 장자 및 형제, 며느리, 손주들이 제사 때 어떤 순서로 술잔을 올리는 것이 옳은지 고견을 듣고 싶습니다.

◆答; 제사 때 술잔을 올리는 순서.

속절(俗節)은 단헌(單獻)의 예(禮)이며, 기제(忌祭)는 삼헌(三獻)의 예(禮)로 초헌(初獻) 주인(主人; 嫡長子), 아헌(亞獻) 주부(主婦; 主人之妻), 종헌(終獻) 형제지장자(兄弟之長者)없으면 장남(長男)혹은 친빈(親賓; 諸親及僚友)의 순이 됩니다.

아무리 친속(親屬)이 많다 하여도 예법(禮法)에는 삼헌(三獻)으로 정하여져 있어 그 이상 사헌(四獻) 오헌(五獻)으로 이여 헌작하지 않습니다. 다만 예법(禮法)은 이러하나 나도 후손(後孫)인데 술 한잔 올려드린다고 한다면 제지(制止)할 수는 없겠지요.

●朱子曰大祭時每位用四味請出木主俗節小祭只就家廟止二味朔旦俗節酒止一上斟一盃
●祭統夫祭也者必夫婦親之細註嚴陵方氏曰夫婦之際以夫婦而行祭祀之道則足以盡陰陽
之義以夫婦而共祭祀之事則足以備外內之官故國君取夫人之辭以事宗廟社稷爲言也
●家禮時祭初獻主人亞獻主婦爲之終獻兄弟之長或長男或親賓爲之
●本庵曰按親賓開元禮卜日註謂諸親及僚友

▶1498◀◆問; 제사 때 절을 두 번 반 하는 이유.
안녕하세요! 저는 제사를 모시고 있는 가정의 차남으로 산소도 모시고 있습니다. 의식에 있어서 궁금한 점을 여쭙습니다.

제사를 모실 때 절을 두 번 반을 하고, 생존해 계신 분께는 절을 한 번 하는데 그 이유와 언제부터 절이 시작되었고, 일반인에게 보편화 되었는지 궁금합니다. 또한, 성묘를 가서 산신께 드리는 인사법과 하늘에 드리는 인사 법이 궁금합니다. 자세한 설명을 해주시면 감사하겠습니다.

◆答; 제사 때 절을 두 번 반 하는 이유.
1. 절의 횟수는 예(禮)나 대상의 경중(輕重)에 따라 횟수가 다른 것 같으며, 절(拜)이란 고대에는 배(拜)가 없고 읍(揖)이었다 주대(周代)에 이르러 지금의 배법(拜法)이 생겨 보편화(普遍化)된 것 같으며 [두 번 반 절]이란 알지를 못합니다.

●周禮春官宗伯禮官之職大祝條辨九拜一曰稽首二曰頓首三曰空首四曰振動五曰吉拜六曰凶拜七曰奇拜八曰褒拜九曰肅拜以享右祭祀
●辭源手部五畫拜古之拜惟拱手彎腰而已如今之揖後來指屈膝頓首兩手着地或叩頭及地爲拜如周禮春官大祝通稱稽首肅拜等爲九拜
●司馬氏居家雜儀不見尊長經再宿以上則再拜五宿以上則四拜賀冬至正旦六拜朔望四拜凡拜數或尊長臨時減而止之則從尊長之命
●纂義曰六拜者以又有獻賀一節故也
●國朝五禮儀春秋及臘祭社稷儀執禮曰四拜贊者傳唱監察以下皆四拜
●儀節祠堂正至朔望則參降神條鞠躬拜興拜興平身參神條鞠躬拜興拜興拜興拜興平身
●程子曰今人事生以四拜爲再拜之禮者蓋中間有問安之事故也
●丘氏居鄕雜儀拜揖之禮見尊長禮見則四拜燕見則揖之見敵者禮見則再拜燕見則揖之
●日省錄英祖三十八年九月二十五日敎曰(云云)古無單拜之禮此後會講儀節世孫與師傅再拜好矣
●論語鄕黨問人於他邦再拜而送之註拜送使者如親見之敬也
●家禮祠堂晨謁條焚香再拜
●開元禮皇帝春分朝日於東郊進熟條讀祝文曰(云云)訖興皇帝再拜
●高麗圖經宣和奉使宮殿延英殿閣條左右再拜告旨而卒爵或獻或訓
●退溪曰今人相見只單拜爲得
●鶴峯曰治家有法正至朔望及家長上壽之日令子弟聚會堂上丈夫處左婦人處右序立參謁丈夫再拜婦人四拜

2. 성묘(省墓)에는 산신제가 없습니다. 아래는 하느님에게 지내는 기우제(祈雨祭)입니다.

▶1499◀◆問 1; 제사를 지내는 제주의 기준.
남편이 돌아가신 가정에 아내와 아들 중에 기제사(忌祭祀)를 지낼 때 누가 제주(祭主; 봉사자)가 되는지요? 즉 아헌(亞獻)은 아내가 올리는지 아니면 아들이 올리는지? 반대로 아내가 없는 가정에 남편과 아들 중에 누가 제주가 되어야 하는지?

◆答; 장자가 주인 아헌 주부.

위 질문 중 아내라 하심은 아들의 어머니로 간주 아래와 같이 살펴 보건대 제주는 아들이 되고 아헌은 어머니가 행함이 옳을 것 같으며 또 처의 기제에 부자 중 누가 제주가 되는가로 이해 아래 회성(會成)의 예와 같이 남편이 제주가 되어야 할 것 같습니다.

●備要按家禮主婦條主婦謂亡者之妻三年之內凡言主婦者似皆指亡者之妻而但橫渠云東酌犧尊西酌罍樽須夫婦共事豈可母子共事以此觀之初喪則亡者之妻當爲主婦虞祔以後凡祭祀之禮必夫婦親之更詳之
●會成父在而子有母之喪父主饋奠而行揖禮其子隨之哭拜
●朱子曰妻之喪夫自爲主以子爲喪主未安又曰未有主婦則弟得爲亞獻
●會成凡主人謂死者長子無則長孫承重者尊奉饋奠衆子雖多不主
●要訣若主婦有故則諸父若兄弟中最尊者爲之
●南溪曰家禮不許諸父爲亞終獻蓋爲叔父於主人爲尊行也然尊家只有叔姪兩人行祀何可拘於常禮而不爲之變通乎鄙意迭行諸獻無不可者

▶1500◀◆問 2; 제사를 지내는 제주의 기준.

고인이 된 남편 장례에 아내와 아들 중에 누가 주상(상주)가 돼야 하는지?

◆答; 상주는 장자.

아래와 같은 말씀이 게시니 그의 장자(長子)가 되어야 할 것입니다.

●會成凡主人謂死者長子無則長孫承重者尊奉饋奠衆子雖多不主

▶1501◀◆問 4; 남편과 아들 중에 누가 상주가 되어야 하는지?

반대로 아내 장례에는 남편과 아들 중에 누가 상주가 되어야 하는지? 만일 남편이 상주가 되면은 남편과 장가간 아들들은 상복을 어떻게 입고 조문을 받아야 하는지?

◆答; 상주는 남편이.

아래의 말씀과 같이 아내의 상에는 그의 남편이 상주(喪主)가 되며 상복(喪服)은 자최(齊衰) 장기복(杖朞服)이며 아들은 자최 부장기복인(不杖朞服人) 것 같습니다.

●會成父在而子有母之喪父主饋奠而行揖禮其子隨之哭拜
●朱子曰妻之喪夫自爲主以子爲喪主未安
●輯覽杖朞條按夫爲妻喪服傳爲妻何以期也妻至親也註適子父在則爲妻不杖以父爲之主也父在子爲妻以杖卽位謂庶子疏言妻至親者妻旣移天齊體與己同奉宗廟爲萬世之主故云至親也以杖卽位者天子以下至士庶人父皆不爲庶子之妻爲喪主故夫皆爲妻杖得伸也

▶1502◀◆問; 제사를 지낼 때 복장은?

제사를 지낼 때 별세하신 분이 여자일 경우. 완장은 오른팔에 .행전은 묶는 쪽 즉 매듭이 발 바깥을 향해야 한다는데 맞는 이야기 인지요?

부부(夫婦)를 묘지에 안치(安置)할 경우 묘지정면을 기준으로 남자는 왼쪽 여자는 오른쪽 이라고 알고 있는데 상기(上記) 사항은 정 반대인 것 같기도 합니다. 단어사용이 부적절 했다면 양해(諒解)를 부탁 드립니다.

◆答; 제복.

부모 상에 완장(상장)을 팔뚝에 께이는 예법은 유가(儒家)의 상복식(喪服式)에는 없으니 그 가부(可否)를 논할 수가 없을 것 같습니다. 다만 아래의 전거에 의하여 유추(類推)하여 보면 남자는 양(陽)으로서 좌측이 되고 여자는 음(陰)으로서 우측이 옳지 않을 까는 생각됩니다.

●檀弓註吉事尙左陽也凶事尙右陰也

행전(行纏)은 행등(行縢), 륵백(勒帛), 박고(縛袴) 등등으로 불리는데 이는 생자(生者)의 복식에 따름이고 편람(便覽)의 말씀으로는 옛날의 상복(喪服)의 예법에는 없으나 지금 모두 사용하고 있다는 말씀으로 미루어 보건대 옛 문헌에는 상복 시 행전(行纏)의 맺음법 역시 명문화(明文化) 되어 있지 않을 것입니다.

따라서 요해나 통고(通告)의 상복(喪服)에 관한 말씀에서 외향(外向) 외출(外出)이란 표현(表現)으로 미루어 보건대 상복(喪服) 시 행전(行纏)의 맺음을 구태여 따진다면 내향(內向) 보다 외향(外向)이 더 긍정적이지 아닐까 하는 생각은 됩니다.

●便覽成服諸具行纏條卽家禮所謂勒帛小學所謂縛袴禮雖不見於喪服今人皆用布爲之固不可廢布升當如中衣
●要解喪服向外編之條註其餘末向外
●通考喪冠製條外畢註外畢者皆在武下向外出

▶1503◀◆問; 제사 모실 때의 제상 방향 문의.

안녕하십니까. 현재까지 위 어른들로부터 배운 바에 의하면 제상을 차릴 때 신위를 북쪽으로 하여 상을 차려 왔습니다. 경상도에서 서울로 이사를 온바 구로구에서는 경복궁 방향으로 차려야 하는지 의문이 생겨 문의 하오니 고견을 주시면 감사 하겠습니다.

제사는 임금이 계신 북쪽으로 차려야 한다는 것이었습니다. 서울을 기점으로 볼 때 가령 철원 화천 양구 일산 고양 에서는 남쪽으로 차리는지요? 감사합니다.

◆答; 제사 모실 때의 제상의 방향.

아래와 같이 살펴보건대 가옥(家屋)의 실 방위(方位; 磁方) 불문(不問) 뒤를 북(北)이라 하고 앞을 남(南)이라 하고 좌측(左側)이 동(東)이며 우측을 남(南)이라 합니다. 또 北은 음방(陰方)으로 음(陰)은 북(北)을 의미하고 또 저승을 의미하게 되지요. 또 북망산(北邙山)이란 묘(墓)를 의미하기도 합니다.

따라서 경복궁(景福宮)을 바라보고 설위(設位)함이 아니라 가옥(家屋)의 실방위와는 관계 없이 정침(正寢)의 출입문(남) 맞은편 벽(북) 아래에 설위 하는데 이 방위는 실방위와는 관계 없이 북이라 하고, 北은 음방(陰方)으로 신(神)의 방위(方位)가 되기도 합니다.

●家禮通禮祠堂先立祠堂於正寢之東條凡屋之制不問何向背但以前爲南後爲北左爲東右爲西○又四時祭前一日設位陳器條設高祖考妣位於堂西北壁下南向考西妣東
●尤庵曰所謂室者如國俗溫堗而寢處者也所謂房者如國俗之虛廳也房室之南三間三架所謂堂也

▶1504◀◆問; 제사문의요 꼭 좀 부탁 드립니다.

전 1 남 1 녀 장녀고요 아직 미혼입니다. 작년 2012 년 3 월 14 일에 남동생이 하늘나라로 갔어요 음력 2 월 22 일입니다. 동생도 미혼입니다.

부모님은 다 살아 계시고요 누나인 제가 가여운 제 동생 제사를 지내고 싶은데요 제가 죽을 때까지 지내고 싶은데요. 되는지 언제 지내야 하는지 아무것도 모르겠어요. 제사는 죽은 당일 날이 제사날짜인가요?

음력으로 지내야 하는지 양력으로 지내야 하는지도 모르겠고 음력이 나은 건지 양력으로 지내는 게 나은 건지 답답해서 이렇게 글을 올립니다. 음력(陰曆)으로 지낼 경우 2월 21일 밤 12시 지나서 지내면 되는 건지?

지방은 안 써도 되는 건지 제사상은 동생이 좋아했던 음식을 올려도 되는 건지도 궁금합니다. 부탁 좀 드릴께요 자세하게 좀 답변부탁드릴께요.

◆答; 제사문의요.

아버지 앞에 먼저 죽은 아들의 제사는 아버지가 주인이 되어 제사를 주관하고 초헌을 하게 됩니다. 법도가 이러하니 담비님의 남동생 제사는 아버지가 지내게 됩니다.

지방식; 망자학생신위(亡子學生神位)
기일; 음력 2월 21일 밤 12시 전후.

●奔喪凡喪父在父爲主(註)父在而子有妻子之喪則父主之統於尊也

▶1505◀◆問; 제사병풍.

초암(草庵) 선생님께 여러모로 문외한 소생이 글을 올리게 되어 번거롭게 해드리지는 않는지 삼가 죄송합니다.

질문의 요지는 다름이 아니 오라 제사병풍을 구입을 하려고 하는데요 제사에 어울리는 글과 함께 몇 폭의 병풍이 좋을는지 사뭇 결정이 어려워 초암(草庵) 선생님께 조언(助言)을 구하고자 글을 올리오니 훌륭하신 고견을 고대합니다.

시중에는 천으로 된 병풍과 종이로 된 병풍들이 있어서 결정이 쉽지를 않습니다. 산수화 그림도 함께 있는 경우도 있고 해서 더욱 구입하는데 어렵습니다. 우문현답(愚問賢答)을 기다리겠습니다. 행복하신 시간이 되시길 두 손 모읍니다.

◆答; 제사병풍.

제사용 병풍에 대하여 특별히 취급하여 세밀하게 언급됨이 없으니, 유사한 다른 법도를 병풍에 대입하여 결정할 수밖에는 없을 것 같습니다.

기일(忌日)의 예는 상(喪)의 예와 같다는 것이라 상(喪)에는 화려함을 피하여야 하고, 제사상은 흑칠(黑漆)이 가장 바르다는 것입니다. 따라서 병풍 역시 화려한 화폭(畵幅)은 피하고 묵서폭(墨書幅)을 택함은 상식에 해당되리라 생각됩니다.

묵서(墨書) 폭의 내용이란 몇 마디로 국한(局限)되어 있지 않고 좋은 글이 수 없으니 지적(知的)이란 주관적(主觀的)일 수 밖에 없을 것입니다. 따라서 병풍(屛風)에 붙인 글은 버릴 글로는 표구(表具)하지 않으니 반드시 특정 시문으로 정함이 아니라면 그로 취득 여부를 경정할 수 있도록 큰 문제가 되지 않으리라 생각됩니다.

●南溪曰祭是吉禮用色牀無妨黑漆爲正而朱者次之
●祭義君子有終身之喪忌日之謂也忌日不用非不祥也言夫日志有所至而不敢盡其私也
●家禮初終乃易服不食條有服者皆去華飾
●性理大全初祖設位條設屛風於其後食牀於其前

▶1506◀◆問; 제사상에 올리는 음식 질문입니다.

송편과 떡국을 올릴 때 나물음식을 올리는지, 올리지 않는지 궁금 합니다. 위 분들이 일찍 돌아가셔서 잘 알지 못해, 지금까지 나물음식을 올리고 있는데 이것이 궁금합니다.

◆答; 제사상에 올리는 음식.

아래와 같이 살펴보건대 속절(俗節) 제수(祭需) 진설에 관하여는 분명한 출처(出處)가 없는 것 같습니다. 다만 선유(先儒)들께서 하신 말씀을 미루어 보건대 소채(蔬菜)도 올리는 것 같습니다.

●酌通俗節饌品禮無見處盖是祀也只出於綠情而因俗則品數之多寡只宜從便行之
●南溪曰大盤卽是楪子之類以其夫婦同是一楪故用其大者稱以大盤
●三禮儀俗節饌品每位匙筯一楪果一盤酒一盞蔬一器肉湯一器
●或問祭物若不能俱備則只設魚肉各一湯耶如節薦時雖無果脯若得新物則以新物獨薦何如寒岡曰魚肉各一則各一固無妨不必皆用湯膾肴獻之類古人皆用之節薦新物亦無妨但酒醴則不可闕
●金仲謙曰祭則正位考妣及祔位皆各設參則茶酒各設而果合設
●要訣正朝冬至別設饌數品愚按今俗正朝湯餠冬至赤小豆粥爲時食其蔬果與陳設之儀自宜依俗節也
●按五禮儀定著穀如稻麥黍稷之類並作飯以薦菽則熟之與果同薦果如櫻桃杏李林檎甜果西瓜梨棗栗柹之類菜如蕨瓜茄子之類魚如石魚葦魚銀魚白魚靑魚之類有飯羹則用匙筯魚菜熟者用筯楪

▶1507◀◆問; 제사에 관하여.

3 형제 모두 외국에 함께 살면서 제사를 지내고 있습니다 장남인 제가 어머님 기일에 사정상 외아들과 아내와 함께 묘지가 있는 한국에 체류해야 하는데 제사는 어디서 어찌해야 하나요?

◆答; 제사에 관하여.

먼저 고국을 떠나서도 우리 것을 잊지 않으시고 유가의 법도로 조상을 섬기고 계시다니 고맙다는 인사를 드립니다.

제사는 특별한 사유(이사. 친진 등)가 아니고는 이리 저리 옮겨 제사하지 않습니다. 지금은 옛날과 달리 사당(祠堂)을 짓고 신주(神主)를 모시기가 시대적 현실이 쉽지 않아, 거의 대부분의 가문에서 사당 없이 기일(忌日)이나 명절을 맞으면 지방을 써 붙이고 봉사(奉祀)하고 있을 따름입니다. 따라서 주인이 유고일 때 제사 지내는 예법으로 섭제(攝祭) 제도가 있습니다.

그 예법에 의거하면 아우가 미국에 계시다니 첫 아우에게 아래와 같이 주인(맏형) 댁으로 제물을 마련하여 가지고 가 제사를 지내되 축으로 아래와 같이 고하면 예에 어그러지지 않을 것입니다.

○아우 섭주축문식(攝主祝文式)

維 歲次干支 幾月干支朔 幾日干支 孝子某身在他國 不能將事 使介子某 執其常事 敢昭告于 顯考學生府君 顯妣孺人某氏 歲序遷易 顯妣諱日復臨 追遠感時 昊天罔極 謹以淸酌庶羞 恭伸奠獻 尙 饗

●曾子問孔子曰宗子居於他國庶子爲大夫其祭也祝曰孝子某使介子某執其常事

※ [아버지의 학생(學生)에는 생전(生前) 벼슬이 있었으면 그 품계(品階) 명(名)으로 바꾸시고, 어머니 유인(孺人) 역시 생전(生前) 봉함이 계시면 봉호(封號)로 고치고 모씨(某氏)에는 성씨로 고치면 됩니다. 지방식은 같습니다]

▶1508◀◆問; 제사에 관한 질문입니다.

안녕하세요? 제사에 관해 질문이 있어 글을 올립니다. 저희 아버지께서 6 형제 중 장남이시고, 현재 건강이 좀 안 좋으십니다. 뇌졸중 우측 편 마비가 있어 겨우 움직이시는 정도인데 지금까지 증조할아버지, 증조할머니, 할아버지의 제사를 아버지께서 지내오셨습니다.

그런데 몸이 너무 불편하시니까 절을 하는데도 시간이 굉장히 오래 걸리고 앉았다 일어났다 하는 등의 여러모로 불편하신 점이 많습니다. 그래서 제가 묻고 질문은 장남(長男)인 아버지 대신 작은 아버지와 다른 삼촌들께서 제사를 지낼 수 있는지가 궁금합니다. 좋은 답변 부탁 드립니다.

◆答; 제사에 관하여.

유가(儒家)의 예법(禮法)에는 제주(祭主)가 유고(有故) 시는 섭행(攝行)의 예법(禮法)에 의하여 제사(祭祀)를 받듭니다. 동일한 사례로 본 난 여러 곳에서 논의(論議) 된 적이 있습니다.

선생(先生)의 경우에는 선생의 댁에서 숙부(叔父)께서 선생의 부친(父親)을 대신하여 그 사유를 아래 예문(例文)은 참조하여 축(祝)으로 고(告)하고 초헌(初獻)을 대신 하면 되겠습니다.

●遂菴曰孝子某有疾介子某代行薦禮敢昭告于
●葛菴曰父不與祭而使子弟攝行則曰孝子某使子某敢昭告云病中則云病不能將事或身在遠地不能將事
●病時: 孝子某因病不能將事使某親某(或有疾病介子某代行)敢昭告于(云云)

▶1509◀◆問; 제사일자.

저희 아버님께서. 음력 2 월 21 일. 오후 4 시경에 돌아 가셨습니다. 기제사를 언제 지내는 것이 가장 정확한가요. 전날 인지 돌아가신 날인지 의견이 분분해서요. 정확한 답변 부탁 드립니다. 감사합니다.

◆答; 제사일자.

음력 2 월 21 일. 에 작고하셨으면 매년 그날 질명(質明; 먼동 트기 시작할 때)에 지냄이 가장 법도에 옳으나, 대개의 가문에서 그날 첫 시인 자시(子時) 즉 2 월 20 일 밤 11 시부터 0 시를 지나 01 시 사이에 기제를 지내고 있으니 이와 같이 지내도 예에 어그러졌다 하지 않습니다.

●祭義君子有終身之喪忌日之謂也註忌日親死之日也

▶1510◀◆問; 제사 일자에 대해 문의합니다.

지방별 풍습이 다른 지는 모르겠으나 제사 일을 작고한 일자 이전 날에 시행한다 해서 윗분께 의문을 표시했더니 관례라고 하십니다.

그래서 왜 그럴까 나름대로 추론해 본 결과는 유교의식이 완고한 당시에는 제사의 례를 이전 날 밤에 시작해서 다음 날(작고일) 새벽까지 이어지니 그러지 않았나 생각해 봅니다.

요즘은 제사에 참석한 친지들 다수가 바쁜 생활에 멀리 떨어져 살다 보니 아침 출근 문제라 할지 또는 제례의식이 희박해진 점 등으로 00 시 이전에 끝내버리는 경우가 많은데 그렇게 하려면 작고한 날짜에 지내는 게 맞지 않을까요? 경우의 수가 있을 듯합니다. 고생이 되시겠지만 답변 부탁합니다.

◆答; 제사 일자는.

아래와 같이 살펴보건대 기일(忌日)은 망일(亡日)이며 행시(行時)는 하루 전날 제수(祭需)를 마련하고 설위한 뒤 다음날 일찍 일어나 설소과(設蔬果) 주찬 후 먼동이 틀 무렵 제복(祭服)으로 바꿔 입고 사당(祠堂)으로 가 신주(神主)를 내 모시거나 지방(紙牓)을 붙이고 참강신(參降神)을 하게 되니 그 때의 시간은 이른 조반 시간이 되는 것입니다.

이와 같음이 정례(正禮)이나 언제부터인가 당일 자시(子時)에 행함이 통예(通禮)로 되어 있습니다. 이 자체가 변례(變禮)이나 이는 자식 된 도리(道理)로서 질명(質明)까지 기다리지 못하는 애절(哀切)한 마음에서 기인 됨이라 생각 됩니다.

다만 이와 같음은 농경집성(農耕集姓) 생활 제도하의 예법이니 요즘과 같은 산업 다 직종(職種) 사회에서는 각자의 처한 위치에 따라 더러는 불합리할 수도 있을 것입니다.

⊙예법상(禮法上) 기제(忌祭) 행시(行時)

前一日齋戒設位陳器具饌⇒ 厥明夙興設蔬果酒饌⇒ 質明主人以下變服⇒詣祠堂奉神主出就正寢(紙牓奉安)⇒ 參神降神進饌初獻(紙牓祭則降神參神)⇒ 亞獻終獻侑食闔門啓門 ⇒ 辭神納主徹(紙牓祭則辭神焚紙徹)

●祭義君子有終身之喪忌日之謂也註忌日親死之日也疏孝子終身念親不忘忌日非謂此日不善別有禁忌謂孝子志意有所至極思念親不敢盡其私情而營求他事故不擧也

▶1511◀◆問; 제사 지내는 범위.

가정에서 제사 지낼 때 남자들만 절을 합니까? 여자(딸, 며느리)들도 같이 하는지요? 같이 하면 그 근거는?

◆答; 서의(書儀)와 가례(家禮).

아래와 같이 사마씨(司馬氏) 서의(書儀)와 가례를 비롯하여 각 예서(禮書)를 살펴보건대 부녀자들도 제사 지낼 때 모두 참석하여야 하는 것 같습니다.

●書儀祭禮(序立條)主人帥衆丈夫共爲一列長幼以叙立於東階下北向西上主婦帥衆婦女如衆丈夫之叙立於西階下北向東上執事者立於其後共爲一列亦西上位定俱再拜(此參神也)

●正至朔望則參(序立條)

主人以下盛服入門就位主人北面於阼階下主婦北面於西階下主人有母則特位於主婦之前(栗谷曰奉祀妾子之母固不當立於主婦之前矣亦豈可立於主婦之後乎當立於主婦之西稍前)主人有諸父諸兄則特位於主人之右少前重行(增解輯覽按重行者主人前伯叔父爲一行主人兄弟爲次行主人子姪又爲次下主人之孫又爲次下是爲重行○沙溪曰諸父異行兄弟則有少前少退之異非重行也)西上有諸母姑嫂姊則特位主婦之左少前重行東上諸弟在主人之右少退子孫外執事者在主人之後重行西上主人弟之妻及諸妹在主婦之左少退子孫婦女內執事者在主婦之後重行東上立定主人盥帨(帨一作洗)升搢笏啓櫝(便覽櫝蓋置於櫝坐東近北)奉諸考神主置於櫝前主婦盥帨升奉諸妣神主置于考東

▶1512◀◆問 5; 제사를 지내는 제주의 기준.

반대로 남편 장례에 아내가 상주가 되면 남편과 아들, 며느리, 시집간 딸들은 상복을 어떻게 입고 조문을 받아야 하는지?

◆答; 상주는 장자.

아래와 같이 살펴보건대 남편의 상(喪)에 그의 처(妻)가 상주(喪主)가 될 수 없고 장자(長子)가 상주(喪主)가 되며 "남편과 아들"이란 말씀 중 남편은 아내의 착오인 듯하여 아내로 가정한다면 남편 복은 참최 3 년복이 되며 아들 역시 참최 3 년복이고 며느리 역시 참최 3 년복이며 출가한 여식들은 1 등 감한 복으로 자최부장기복을 입어야 하는 것 같습니다.

●小記疏妻不可爲主
●雜記姑姊妹其夫死而夫黨無兄弟使夫之族人主喪妻之黨雖親不主
●遂菴曰無後之喪只有妻與兄弟則治喪兄弟爲之練祥禪妻主之
●輯覽喪服傳夫至尊也疏言夫至尊者雖是體敵齊等夫者猶是妻之尊敬以其在家天父出則天夫又婦人有三從之義在家從父出嫁從夫夫死從子是其男尊女卑之義故云夫至尊同之於君父也
●儀節斬衰三年正服子爲父義服婦爲舅妻爲夫
●家禮不杖碁條細註按爲人後者爲其父母報(報一作服)女子子適人者爲其父母此是不杖期大節目何以不書也盖此條在後凡男爲人後者與女適人者爲其私親皆降一等中故不見於此

▶1513◀◆問; 제사 모시는 순서.
각 가정마다 기제사(忌祭祀)를 모시는 순서(順序)가 제각각 입니다. 정확(正確)한 제사(祭祀)의 순서(順序)를 알고 싶습니다 그리고 제물(祭物)을 차리는 법도 제각각인데 홍동백서(紅東白西)니 조율시이(棗栗柿梨)니 하는 것은 근거가 어디에 있는지도 궁금합니다.

◆答; 제사 순서.
●神主忌祭祀(朱子家禮式)
○하루 전에 재계한다. ○신위의 자리를 설치한다. ○제사용 기구를 진열한다. ○제수품을 갖춘다. ○다음날 일찍 일어나 소채와 과실과 주찬을 진설 한다. ○날이 밝으면 주인 이하 제복으로 바꿔 입는다. ○사당으로 가서 신주를 받들고 정침으로 나간다.

●出主告辭式
今以 顯某親某官府君(或某封某氏並祭則姓列書妻云亡室卑幼改顯爲亡去府君二字)遠諱之辰(備要妻弟以下云亡日)敢(備要妻弟以下不用敢字)請 神主出就正寢(備要或廳事)恭伸追慕(備要妻弟以下云追伸禮)

○참신 강신 초헌.
●忌祭祝文式
維 歲次干支幾月干支朔幾日干支孝子(祖考妣云孝孫曾祖考妣云孝曾孫高祖考妣云孝玄孫旁親兄弟妻子當云隨屬稱)某官某(弟以下不名)敢昭告于(妻去敢字弟以下但云告于) 顯考某官府君(或母云顯妣某封某氏或高曾祖考妣倣此妻云亡室某封某氏卑幼改顯爲亡去府君二字○備要若考妣並祭則列書)歲序遷易 諱日復臨(備要若考妣並祭則曰某親諱日復臨○妻以下云亡日復至)追遠感時昊天罔極(高曾祖考妣改昊天罔極爲不勝永慕旁親去追遠以下八字云不勝感愴妻弟以下當改感愴以他語)謹以(妻弟以下云玆以)淸酌庶羞恭伸奠獻(備要妻弟以下云伸此奠儀)尙 饗

○아헌례 종헌례 첨작 문닫고 문염○사신례 신주 사당들임 철상.

▶1514◀◆問 1; 제사상에 빨간 김치를 안 올리는 정확한 유래가 있나요?
백 김치만 올리고 빨간 김치는 일반적으로 안올리는데 빨간색을 꺼려서 하는 건지요 한국사람들이 김치 없으면 밥을 못 먹는데 진수성찬이라도 빨간 김치가 오르는게 좋겠다고 하시는데 어떤가요?

◆答; 인공으로 가미한 소채는 제수로 쓰지 않음.
아래와 같이 살펴 보건대 변두(籩豆)에 담는 제수(祭需)는 수산품(水産品)과 토산품

(土産品)을 담는데 감히 (본래의 맛에 인공으로) 가미(加味)하여 쓰지 않는다. 라 하였으니 고추 가루나 마늘 등 조미료(調味料)를 첨가하지 않는 것이며 또 교특생 세주(細註)에 대추를 올린다는 말씀이 있으니 붉은 색과는 관련이 없는 것 같음.

●禮記郊特牲籩豆偶陰陽之義也籩豆之實水土之品也不敢用褻味而貴多品
●又鼎俎奇而籩豆偶陰陽之義也細註嚴陵方氏曰若棗栗之類豆之實所謂土之品也

▶1515◀◆問; 제사상 차림에서.

1 문; 제사상에 돼지머리를 올려도 되는지요.

2. 문; 생선(生鮮)에서는 등 푸른 생선 그리고 비늘 없는 생선이라고 들었는데 저희는 낙지도 매번 올리는데 그건 어떤지.

3. 문; 과일 중에 복숭아는 올리지 않는다고 알고 있는데 이건 또 어떠한 기록과 유례가 있는지 궁금합니다.

◆答; 제물 진설 하지 않는 물품.

1. 答; 아래와 같이 살펴보건대 돼지머리는 고사(告辭)에도 쓰일 뿐만 아니라 제물(祭物)로 올리기도 하는 것 같습니다.

2. 答; 아래와 같이 살펴보건대 잉어는 제사에 쓰지 않는다 라 되었고 다른 어물에 관하여는 제사에 올리지 않는 어물을 찾을 수가 없음.

3. 答; 아래와 같은 말씀 있을 뿐만 아니라 복숭아는 귀신(鬼神)을 쫓아낸다는 속설(俗說)에서 인듯함.

●輯覽六冊圖說七十六板前豕牲右胖圖下少牢饋食禮升豕右胖髀
●儀節祭初祖具饌條晡時殺牲主人親割毛血爲一盤首心肝肺爲一盤又祭先祖具饌條晡時殺牲主人先詣省牲所省牲殺訖親割毛血爲一盤首心爲一盤
●郊特牲首也者直也相饗之也註牲體首在前升首而祭取其與神坐相直也又血祭盛氣也祭肺肝心貴氣主也祭黍稷加肺祭齊加明水報陰也取膟膋燔燎升首報陽也註有血有氣乃爲生物血由氣以滋死則氣盡而血亦枯矣故血祭者所以表其氣之盛也肺肝心皆氣之所舍故云氣主周祭肺殷祭肝夏祭心也祭黍稷加肺者謂尸隋祭之時以黍稷兼肺而祭也祭齊加明水謂尸正祭之時陳列五齊之尊又加明水之尊也祖考形魄歸地屬陰而肺於五行屬金金水陰也故加肺加明水是以陰物而報陰靈也膟膋腸間脂也先燔燎于爐至薦孰則合蕭與黍稷燒之黍稷陽也牲首亦陽體魂氣歸天爲陽此以陽物報陽靈也
●(按)增解黃氏曰抄鯉魚不用於祭祀
●家語桃爲下祭祀不用不登郊廟

이 가르침에서는 거산이어별위례(居山以魚鱉爲禮) 물고기와 자라(물고기의 총칭)라 언급되었으니 이 말씀의 의미는 산촌에 살면서 (생을 진설 하지 않고)물고기와 자라(물에 사는 모든 물고기의 총칭)를 예에 진설(陳設) 한다는 의미의 말씀 같습니다. 이 말씀이 기록(記錄)되던 시대에는 먹을 수 있는 모든 생선을 제물로 진설 되었던 것 같습니다.

●禮器禮也者合於天時設於地財順於鬼神合於人心理萬物者也故天不生地不養君子不以爲禮鬼神弗饗也居山以魚鱉爲禮居澤以鹿豕爲禮君子謂之不知禮註天不生謂非時之物地不養如山之魚鱉澤之鹿豕之類

아래와 같은 말씀으로 보건대 제주로 소주도 사용한 것 같습니다.

●沙溪曰燒酒出於元時祭夏月則用燒酒栗谷亦謂喪中朝夕祭夏月淸酒味變用燒酒甚好云
아래는 삼례의(三禮儀)의 천신(薦新)하는 어류(魚類)입니다.

●三禮儀果菜魚薦新每龕條魚各一器石魚(조기)葦魚(웅어)銀魚白魚(뱅어)靑魚

▶1516◀◆問; 제사 상에 촛불을 켜야 하나?

제사를 지내면서 상위에는 초를 켜야 하는지요.

◆答; 제사 상에 촛불.

아래와 같이 살펴보건대 궁실(宮室)의 제사는 국조오례의(國朝五禮儀)의 법도에 규정된 축시(丑時)인 까닭에 촛불을 켜고, 백성은 가례(家禮)의 법도(法度)에 규정된 질명(質明) 제사(祭祀)이기 때문에 촛불을 켜지 않는다는 것입니다. 다만 변례로 기제를 당일 자시(子時)에 행사하는 관계로 촛불을 켜나 명절제사는 질명(質明) 행사인 까닭에 촛불을 켜지 않습니다. 촛불을 켜는 의미(意味)는 어둠을 밝히는 의미 외에 다른 의미는 없는 것 같습니다.

●國朝五禮儀按陳設圖左右設燭○祭日丑前五刻註丑前五刻卽三更三點行事用丑時一刻
●旣夕禮朝于禰廟燭先入者升堂東楹之南西面後入者西階東北面在下○又曰質明滅燭(疏)自啓殯至此時在殯宮在道及祖廟皆有二燭爲明以尙早故也今至正明故滅燭也
●星湖曰觀旣夕禮質明滅燭之文則疏家所云質明朝日正明之說是也家禮祭祀之節必以厥明夙興質明行祀厥明謂雞鳴以後皆是也質則必是平明時也朝家行祀無論大小祀必始於四更一點是雞未鳴時也今俗早祭之規或出於此耶張子曰五更而祭非禮也
●朽淺曰儀禮云質明滅燭家禮則未見有用燭處惟弔奠禮有用茶燭之文
●備要虞祭陳器具饌條若日昏則設燭具臺
●問解問今俗自初喪至葬前皆懸燈於殯宮以徹宵禮意然否答據禮自襲至大殮自啓至發引爲燎以照厥明滅之殯宮長燈恐非禮
●同春堂曰燃燭爲日暗取其明也朝祖卽於朝奠後行之日暗則燭以明之日明則滅之可考於儀禮耳
●龜川曰禮記曰季氏祭逮暗而祭日不足繼之以燭旣夕禮曰質明滅燭由是見之喪祭日暗則用燭日明則滅燭卽古禮也家禮則自再虞以下至忌祭皆以質明行事正當滅燭之時故更無用燭之文

▶1517◀◆問; 제사 지낼 때 축관의 구령?

축관의 구령에 따라 절하고 일어나고 하던데 축관의 구령이 정확히 뭐라고 말씀하시는 건가요? 절할 땐 '배~~~~~"하시는 거 같고 일어날 땐~ 정확히 잘 모르겠던데 알려주시면 감사하겠습니다.

◆答; 제사 지낼 때 축관의 구령.

대단히 답하기 어려운 질문(質問)을 하셨네요. 질문(質問)된 요점파악(要點把握)이 어려워 대강 아래와 같이 답하여 보겠습니다.

관혼제(冠婚祭) 등의 예순(禮順)을 간단명료하게 적은 글을 홀기(笏記)라 하고 홀기를 창(唱)하는 자는 축관(祝官)이 아니라 봉례(奉禮) 또는 찬자(贊者)라 합니다.

홀기(笏記)란 그 형태가 중국의 의절(儀節)과 비슷한데 이와 같은 용어의 사용은 특별히 우리나라에서만 사용하는 것 같습니다.

배흥배흥(拜興拜興) 흥(興)이라 합니다.

●儀禮士冠禮;賓如主人服贊者玄端從之立于外門之外
●金史禮志七;奉禮曰再拜贊者承傳

▶1518◀◆問; 제사 질문 좀 하겠습니다(급해요).

1. 처음 상 차릴 때(초헌전)에는 술잔을 놓는지 궁금합니다.
2. 초헌 다음 아헌을 여러번 거친자가 해도 되는지 궁금합니다.
3. 참신자 모두가 절을 몇 번 하는지 궁금합니다.
4. 첨작 시 한번에 잔을 채우는지 아니면 세 번 나누어 채우는지 궁금합니다.
갑자기 큰아버지가 돌아가셔서 저희 아버지가 상(牀)을 차리셔야 해서 질문(質問) 올립니다. 수고하십시오.

◆答; 제사 질문.

問1. 答; 아래와 같이 살펴보건대 설소과주찬(設蔬果酒饌) 때 잔반을 미리 갖춰놓습니다.

問2. 答; 아래와 같이 살펴보건대 아헌은(주부 또는 아우 등) 1 회뿐입니다.

問3. 答; 참신(參神)과 사신(辭神)의 2 회로 남자는 재배 여자는 사배(四拜)입니다.

問 4. 答; 侑食(첨작)의 예 때 주인이 직접 주전자를 들고 위전으로 올라가 잔 가득 한번에 따라 채웁니다.

●備要設蔬果酒饌條設盞盤醋楪于卓子北端盞西楪東匙筯居中
●便覽亞獻條主婦爲之(朱子曰未有主婦則弟得爲亞獻)

▶1519◀◆問; 제사에 참석하는 범위.

가정(家庭)에서 제사 지낼 때 남자들만 절을 합니까? 여자(딸, 며느리)들도 같이 하는지요? 같이 하면 그 근거(根據)는?

◆答; 친족 모두 참예함.

아래와 같이 사마씨(司馬氏) 서의(書儀)와 가례(家禮)를 비롯하여 각 예서(禮書)를 살펴보건대 부녀자들도 제사(祭祀) 지낼 때 모두 참석하여야 하는 것 같습니다.

●書儀祭禮(序立條)主人帥衆丈夫共爲一列長幼以敍立於東階下北向西上主婦帥衆婦女如衆丈夫之敍立於西階下北向東上執事者立於其後共爲一列亦西上位定俱再拜(此參神也)
●家禮俗節序立條;主人以下盛服入門就位主人北面於阼階下主婦北面於西階下主人有母則特位於主婦之前(栗谷曰奉祀妾子之母固不當立於主婦之前矣亦豈可立於主婦之後乎當立於主婦之西稍前)主人有諸父諸兄則特位於主人之右少前重行(增解輯覽按重行者主人前伯叔父爲一行主人兄弟爲次行主人子姪又爲次下主人之孫又爲次下是爲重行○沙溪曰諸父異行兄弟則有少前少退之異非重行也)西上有諸母姑嫂姊則特位主婦之左少前重行東上諸弟在主人之右少退子孫外執事者在主人之後重行西上主人弟之妻及諸妹在主婦之左少退子孫婦女內執事者在主婦之後重行東上立定

▶1520◀◆問; 제사일 문의.

안녕하세요 다가오는 5 월 23 일이 선친(先親)의 두 번째 기일입니다. 파제 날 지내기에 저녁 9 시경에 지냅니다. 그러나 5 월 23 일이 제가 해외로 출장을 가는 날이라. 부득이 올해만 5 월 22 일 밤 12 시를 지나서 지낼 수 있는지 문의 드립니다. 물리적인 시간으로는 돌아가신 날 이 맞지만 그리 해도 될는지 모르겠습니다.

◆答; 제사 일시.

다만 당일(當日; 사망일) 자시(子時)는 전거로서 고증(考證)됨은 없으나 속례(俗例)로서 행함이 대부분 이와 같이 첫 시(時)인 자시(子時)에 행례(行禮)하고 있는 것 같습니다. 제사(祭祀) 지내는 시간은 사일(死日) 동이 틀 무렵(質明)에 지냄이 바른 예법입니다. 요즘 당일(當日) 자시(子時)에 지냄은 속례(俗禮)로서 대부분의 가문(家門)에서 이와 같이 행하고 있지요.

●祭義君子有終身之喪忌日之謂也註忌日親死之日也疏孝子終身念親不忘忌日非謂此日不善別有禁忌謂孝子志意有所至極思念親不敢盡其私情而營求他事故不擧也
●儀節忌祭厥明夙興設蔬果酒饌質明主人以下變服詣祠堂奉神主出就正寢參神降神(以下省略)
●士冠禮厥明夕爲期于廟門之外註厥其也宿服朝服疏曰厥明夕謂宿賓贊之明日向莫時也又質明行事註旦日正明行冠事
●穀梁傳宣公繹者祭之旦日之享賓也萬入去篇以其爲之變譏之也

▶1521◀◆問; 제사 장소에 대하여 궁금합니다.

제사에 관해서는 문외한이라 질문 드립니다. 제사를 지낼 때에, 제주의 집에서 모시는 것이 가장 좋은 것이라고 알고 있습니다. 그런데 만약, 집이 아닌 일정한 장소(예를 들면, 장례식장과 같은 일종의 제사를 지낼 수 있는 장소)를 두어 제사를 지낼 경우 문제가 되는지 알고 싶습니다.

◆答; 제사 장소.

아래와 같이 대강 살펴보건대 곡절이 있지 않고서는 종손의 정침(내실)을 떠나 다른 곳에서는 시내지 않는 것 같습니다.

세상만물 만사에는 일정한 질서(법)가 있어 별 충돌 없이 운영되어 가는 것입니다. 마찬가지로 예법에도 그에 따른 질서가 있는 것입니다. 사회 국가 질서를 어기면 불법이 되지요. 예법 역시 그렇습니다. 다만 지금은 제재는 따르지 않으나 무식의 소치로 따가운 눈총을 받게 되지요.

동양 특히 우리나라는 인의예지신에 기초한 예법이 있어 사회가 그런대로 순하게 지속되어 가는 것 아니겠습니까. 만약 이중에서 하나라도 어그러지면 덩달아 모두가 어그러짐이니 흡사 서양화 되어 혹자는 흉기(凶器)를 소지하지 않고서는 불안하여 하루를 고이 넘길 수 없는 지경이 되겠지요.

●忌祭出主告辭式
孝子某今以顯考某官府君遠諱之辰敢請神主出就正寢(備要或廳事)恭伸追慕

●齋舍行忌祭
問忌祭若家間有故借僧舍以祭猶愈於廢祭否若於墓側立齋舍使僧守之如何退溪曰墓所齋舍爲祭而設行於此豈害於事若借他僧舍則不可

●旅中遇忌日

●問人在旅中遇私忌於所舍設卓炷香否朱子曰這般細微處古人也不曾說若無大礙於義理行之亦無害
●程子曰忌日必遷主出祭於正寢
●李叔發問先忌已迫痘疾大熾非但俗忌又似不潔與其廢祭也從俗權行於山寺潔處如何寒岡曰不潔與俗忌果不可不計行祭似未安如墓下有齋宮則善矣

▶1522◀◆問; 제사관련 작은 질문.

앞에 질의 답변 중 강신 초, 아, 종헌 잔에 술을 세 번 나누어 잔을 채운다는 것은 처음 듣기에 확실히 알고자 여쭈며 유식(첨작)은 주인이 직접 주전자로 한번에 잔을 채운다 하셨는데 저의 집에서는 잔에 술을 따라가지고 집사를 주면 집사가 고위

잔에 세 번 나누어 잔을 채우는데 어떤가요.

◆答; 제사관련.

다만 원론적(原論的) 입장에서 말씀 드린다면 제례(祭禮)에서 첨작(添酌)이라는 용어(用語)는 우리나라에서 통용(通用)되는 속언(俗言)인듯한데 첨작(添酌)의 예는 주자가례(朱子家禮)에서는 유식(侑食)의 예에서 행하여 지는 예이지요. 소위 첨작(添酌)이라 함은 제례(祭禮)에서 종헌(終獻) 때 삼제로 약간(若干)덜 찬 잔에 술을 가득 채우는 예입니다. 아래 말씀들은 유식(侑食) 때의 첨작(添酌)하는 예법입니다.

●書儀四時祭主人升自東階脫笏執注子徧就斟酒盞皆滿
●士儀四時祭侑食條主人升執注就斟諸位之酒皆滿(按三獻皆代神祭故盞未滿所以添之也)

▶1523◀◆問; 제사 지내는 날은 정확하게 언제 인가요?

2005 년 11 월 30 일(음력 10 월 29 일 오후 10 시경) 어머니께서 돌아가셨는데요 그럼 제사(祭祀)는 살아 계셨던 11 월 29 일(음력 10 월 28 일)이 되는지 돌아가신 11 월 30 일(음력 10 월 29 일) 이 되는지요? 궁금합니다?

1. 돌아가시기 전날(살아계신 날).
2. 돌아가시던 당일 날.
3. 돌아가신 다음 날.
1.2.3. 번 중 어느 날 어느 시에 지내는 게 맞는지 상세히 설명 좀 부탁 드립니다. 궁금합니다. 수고 하십시오.

◆答; 제사 지내는 날은.

기일(忌日)이란 작고(作故)한 날을 의미(意味)합니다. 제사(祭祀)는 그날 질명(質明; 먼동 틀 무렵)에 지냅니다. 다만 속례(俗禮)로 그날 첫 시인 자시(子時) 즉(卽) 전날 23 시(時)부터 당일(當日) 01 시(時) 사이에 지내고 있습니다.

●祭義註忌日親之死日也
●日省錄正祖十九年乙卯四月二十二日壬寅條(云云)獻官之命十七日進詣本宮十八日子時行祭天氣淸和享事利成獻官以下(云云)
●咸興本宮儀式禮曹判書徐浩修狀啓臣於前月二十五日伏奉咸興本宮永興本宮濬源殿攝行酌獻禮南關各陵寢奉審之命當日陪香祝辭陛本月初一日到永興府進詣本宮奉安香祝初三日到咸興府進詣本宮淸齋爲白遣初六日子時)行祭是白如乎

▶1524◀◆問; "제사상 차리기"에 궁금한 점이 있어 질문합니다.

제사상 차리기에,
1) 조기와 약과 또는 산자가 빠졌는데 개인적인 소견은 "포"와 같이 공통적으로 진설 해야 되는 것으로 알고 있는데 지역 특산물처럼 지방에 따라 다르게 진설 하는지? (해안가는 상어, 문어를 진설 하는 걸 방송에서 본적이 있습니다)
2) 5 열 "과일" 다음에 "과"라고 쓰인 것은 과일 인지 과자인지 정확한 언급이 없네요.

◆答; 제사상 차리기.

問 1, 2, 答; 조기는 좌반. 약과니 산자, 등 과자는 없습니다.

⊙수저의 위치는 一行中置.

아래와 같이 살펴보건대 佐飯(조기)은 요결(要訣)에서 포(脯)의 대용(代用)으로 진설

하였고 약과(藥果)나 산자(糤子) 등은 진설하는 행(行)이 없는 것 같습니다.

과행(果行)에는 생과(生果)만 진설함이 옳으나 속례로 조과(造菓)를 이 행에 올리고 있는 듯하나 정례(正禮)는 아닙니다.

●輯覽設饌圖三行脯熟菜淸醬醢沉菜四行果果果果果果
●要訣果用五品蓋本司馬公及程氏儀恐非是今人六品之果若難備則四品或兩品庶合禮意
○設饌圖三行佐飯熟菜淸醬醢沉菜
●王制祭豐年不奢凶年不儉註常用數之仂
●退溪曰今人骨董雜進只務多品此不知禮者之事何用議爲
●旅軒曰若用俗設常品雜物則恐非事神之儀也
●禮器天不生地不養君子不以爲禮鬼神不饗也居山以魚鼈爲禮居澤以鹿豕爲禮君子謂之不知禮
●巍巖曰脯與佐飯元是一物必要別設則先脯次佐飯
●梅山曰若油蜜果卽是糗煎而東俗所以供佛者也用諸私祭亦有邦禁以禮以律俱不可用盖不用者得禮也用之者從俗也
●沙溪曰膏煎之物不用出於儀禮今俗必用蜜果油餠以祭恐不合於古禮
●家語孔子曰果屬有六桃爲下祭祀不用
●三禮儀蔬菜脯醢各三品今依問解所論用熟菜沉菜醋菜各一器及脯醢鮓各一器以當之
●櫟泉家儀實果取生其氣而不用栗卵棗卵之類凡出手分者

▶1525◀◆問; 제삿날을 지나 제사하였는데요.

정말 부끄러운 질문 인데요. 사람이 살다 보면 정말 착각이 올해 처음 제사를 맡았는데 다름이 아니라 할아버지 제사 일자를 완전히 착각 해서 原 제사 일 이틀이 지난 후에 일자가 지난 것을 알았습니다. (결국 제사를 지내지 못하고) 이럴 경우 어떻게 해야 하는지 익월 할머니 제사 때 같이 해야 하는지 그렇지 않으면 정말 부끄럽고 명목 없지만 알려 주시면 감사 하겠습니다.

◆答; 과시불제(過時不祭).

제사 날에 지내지 못하고 지나쳤다면 다시 그 제사를 지내지 않고 내년 제삿날 지내게 됩니다.

물론 병제(並祭)의 가문(家門)이면 부친(父親) 기일(忌日)에 모친도 함께 모친 기일에 부친도 함께 병설하고 지내게 됩니다.

●曾子問過時不祭禮也註四時之祭當春祭時或以事故阻廢至夏則惟行夏時之祭不復追補春祭矣
●退溪曰過時不祭禮經之文也

▶1526◀◆問; 제수?

제수 준비는 기일 전 날에 준비 하여야 한다 하심은 제수 용품을 뜻하시는지? 아니면은 제사 음식의 조리를 기일 전 날에 미리 준비 하여야 두어야 된다는 뜻 인지? 궁금하여 문의 드리오니 상세하신 말씀 고대 합니다. 무더위에 건강 유념 하시고 행복 하세요!

◆答; 제수.

제수(祭需)에 쓰이는 재료야 품목에 따라 수일 전 또는 수개월 전에 준비되어 있을 수 있으며 다만 제상에 올려 흠향(歆饗)할 수 있도록 조리하고 비조리 품은 확인하여 갖춰 놓음을 하루 전이란 뜻이며 식전(食前)에 조리되는 음식인 반갱(飯羹) 등은 예외로 질명(質明)전에, 자시행사시(子時行祀時)는 자시전(子時前)이 되겠지요.

●要結前一日主婦帥衆婦女滌濯祭器潔釜鼎具祭饌

▶1527◀◆問; 제수 음식 재사용.

선영(先塋)에 증조부의 산소(山所)가 있고 조부모(祖父母)와 할아버지 형제 분 그리고 아버님과 형제 분의 산소(山所)가 있습니다.

선영(先塋)을 찾아 뵐 때 술과 포(脯)를 준비하는 데 위 선조(先祖)께 쓰던 술(따라서 쓰고 병에 남은 술)과 음식(과일, 포 등)을 그 형제 분이나 아래 분께 다시 쓰는 것에 대하여 절대 아니 되는지 아니면 경우에 따라서는 허용이 되는 지 알고 싶습니다.

◆答; 먹다 남긴 음식을 제상에 올리지 않습니다.

선산(가족묘지)에 누대가 계실 때 인사(성묘)차 상묘(上墓) 시 주과포(酒果脯)가 준비 되었다면 과포(果脯)는 위마다 각각으로 새로이 올리고 술은 퇴주가 아닌 같은 병의 술로 헌주(獻酒)하여도 예에 어그러지지 않으며 먹다 남긴 음식을 제상에 올리지 않습니다.

●三禮儀祭禮後說栗谷減量墓祭之論;一獻之饌當用果四色肉魚米麪食炙酒各一器盖只去饋食一邊

▶1528◀◆問; 제(祭)에는 제음 뿐.

번역가들이 성균제주(成均祭酒)를 토를 달면서 성균좨주(成均祭酒)라 하는데.

◆答; 제(祭)에는 제음 뿐.

제(祭)에 억지로 좨음을 붙이는 경우가 있는데 성균제주(成均祭酒)입니다. 삼헌(三獻)이나 뇌주(酹酒)의 제주(祭酒)를 제주라 합니다.

●史記荀卿傳齊孃王時而荀卿最爲老師齊尙脩列大夫之缺而荀卿三爲祭酒焉註索隱曰禮食必祭先飮酒亦然必以席中之尊者一人當祭耳後因以爲官名故吳王濞爲劉氏祭酒是也而卿三爲祭酒者謂荀卿出入前後三度處列大夫康莊之位而皆爲其所尊故云三爲祭酒
●新書時變條家富而出官耳驕恥偏而爲祭尊註猶祭酒也
●辭源示部六畫祭酒(一)酹酒祭神
●鄕飮酒禮古時饗宴酹酒祭神泌由尊者或老者一人擧酒祭地逐謂位尊者或年長者爲祭酒

▶1529◀◆問; 제(祭)와 사(祀).

제(祭) 는 땅에 제사 드리는 거라 했는데 기우제는 왜 제(祭)를 쓰는지 궁금합니다. 기우사 라고 해야 되는 것 아닌지요? 또-풍어제(風魚祭). 도 그런 것 같은데요 제(祭) 쓰는 제사(祭祀)를 몇 가지 들어주시면 고맙겠습니다.

추신- 사(祀)를 쓰는 몇 가지 예도 부탁합니다.

◆答; 祭祀.

혹 사(祀)를 이해함에 도움이 될까 하여 아래와 같이 고찰하여 봅니다.

사(祀)에는 사명(司命), 중류(中霤), 국문(國門), 국행(國行), 태려(泰厲), 호(戶), 조(竈), 구망(句芒), 욕수(蓐收), 현명(玄冥), 축융(祝融), 후토(后土), 등등이 있었던 것 같습니다.

●月令先祖五祀鄭玄註五祀門戶中霤竈行也
●祭法王爲群姓立七祀曰司命曰中霤曰國門曰國行曰泰厲曰戶曰竈王自爲立七祀

●周禮春官宗伯禮官之職以血祭祭社稷五祀註少昊氏之子曰重爲句芒食於木該爲蓐收玄冥顓頊氏之子曰祝融后土

●春秋左傳昭公十祀爲貴神社稷五祀是尊是奉木正曰句芒火正曰祝融金正曰蓐收水正曰玄冥土正曰后土

▶1530◀◆問; 제복에 관하여 알고 싶습니다.

안녕하십니까. 어느덧 2008 년 무자년도 다 지나가고 있습니다. 다름이 아니 오라 시향제 때 착용하는 제관복과 집례분들이 입는 제복에 관하여 알고 싶어 이렇게 글을 올립니다.

각 성씨의 시향제 때 보면 금관조복들을 입는 경우와 일반 유생들이 입는 선비복장 (맞는 표현인지 잘 모르겠습니다) 이 있는데 어느 복장이 올바른 제복인지요. 또 일반적으로 착용하는 복장이 무엇인지요. 새해에 모두들 건강 하십시오.

◆答; 제복(祭服)에 관하여.

금관조복(金冠朝服)에 관한 고서(古書)의 언급은 아래의 서책(書冊)에서 찾아지는데 우리나라에서는 문무관(文武官)이 조회(朝會)나 나라에 중요한 행사(行事)가 있을 때 차려 입던 관복(官服)으로 그 복식을 살펴보면 일품관(一品官)의 관(冠)은 오량(五梁)의 금관(金冠)에 금빛의 비녀를 꽂고 조복(朝服)은 적초의(赤綃衣)와 구리빛의 옷을 입고 무릎에는 폐슬(蔽膝)을 달며 백초중단(白綃中段)과 운학금환수(雲鶴金環綬)를 입고 서각대(犀角帶)를 띠고는 상아홀(象牙笏)에 푸를 패옥(佩玉)을 달며 검은 가죽신을 싣는 차림임.

요즘 국가적(國家的) 제향(祭享)이나 문묘제(文廟祭) 때 제관(祭官)의 예복(禮服)으로 입는 경우가 있는데 실은 그도 그 직위(職位)의 관리가 아니면 입을 수가 없는 것이나 옛적의 격식(格式)을 따르기 위함인 것임.

특히 사가(私家)의 시향(時享)에 금관조복(金冠朝服) 차림이란 격에 어울리지 않는 복식이 아닐까 하며 옛 복식을 택한다면 한복 바지 저고리에 두루마기 또는 심의(深衣) 또는 도포(道袍) 차림이 옳지 않을까 함.

●宋史衣黃衣戴金冠以七寶爲飾

●士冠禮筮于廟門主人玄冠朝服緇帶素韠卽位于門東西面有司如主人服卽位于西方東面北上

▶1531◀◆問; 제사.

큰집에서 형편상 차례(茶禮) 나 제사를 모시지 못하면 작은집 에서 도 제사 모시지 못하나요 저는 어머니 한 분만 모시는데 아버님 은 모시라고 하시고 큰 집에서는 모시는 것 아니라고 하시는데 어떻게 맞는 건지요.

◆答; 제사.

아래와 같이 살펴보건대 만약 종자(宗子)가 유고(有故)로 제사(祭祀)를 지낼 수 없으면 지자(支子)는 종자(宗子)를 대신(代身)하여 섭행(攝行)이 가능(可能)할 뿐, 지자(支子) 명으로 제사(祭祀)할 수 없다는 말씀입니다.

●奔喪凡喪父在父爲主(註)父在而子有妻子之喪則父主之統於尊也

●溫公曰凡主人當以長子爲之無長子則長孫承重又曰父沒兄弟同居各主其喪(注)各爲妻子之喪爲主也

●曲禮支子不祭祭必告于宗子(註)不敢自專宗子有故支子當攝而祭五宗皆然疏廟在適子

之家庶子不敢輒祭若濫祭亦是淫祀若宗子有疾不堪當祭則庶子代攝可也猶宜告宗子然後
祭

▶1532◀◆問; 제사.
금년도 제사를 매운 하였습니다. 올 처음 추석 제사라 물어 봅니다. 제사 을 매운
한 뒤 명절 차례를 지방 쓰고 차례를 올려야 하는지 궁금합니다 바쁜 시간 이지
만 답변 좀 부탁 드립니다. 늘 건강과 행운이 가득하시기 빌겠어요.

◆答; 제사.
[매운]이라 하심은 친진(親盡; 기제사(忌祭祀)를 지내다 그의 후손(後孫)으로는 현
손(玄孫) 대가 아무도 없게 된 조상) 이 되어 그 신주(神主)나 혹 지방(紙榜))을 묘
소(墓所)에 묻었다는 표현(表現)인 매안[埋安; 친진(親盡) 된 조상(祖上)의 신주를
그의 묘에 묻음]으로 이해(理解)하고 답을 구성(構成)하여 보겠습니다.

위와 같이 친진(親盡)된 조상(祖上)은 매안(埋安)을 하게 되면 기제(忌祭)나 명절(名
節) 차사(茶祀)를 다시는 지내지 않고 일년(一年)에 한번씩 후손(後孫)들이 모여 묘
(墓)에서 묘제(墓祭)를 지내게 됩니다.

●家禮祠堂易世則改題主而遞遷之條大宗之家始祖親盡則藏其主於墓所而大宗猶主其墓
田以奉其墓祭歲率宗人一祭之百世不改其第二世以下祖親盡及小宗之家高祖親盡則遷其
主而埋之其墓田則諸位迭掌而歲率其子孫一祭之亦百世不改也

▶1533◀◆問; 제사 관련 질문.
제사에 식혜나 수정과 대신 오미자차를 올려도 되는지요? 알려 주세요.

◆答; 제사 관련.
속왈(俗曰) 좌포우해(左脯右醢)에서 해(醢)는 육장(肉醬)을 의미하게 됩니다. 또 식
해(食醢)는 젓을 의미하게 되는데 혹 왈 식혜(食醢)운운하나 식혜(食醢)는 우리는
단술로 이해되나 본의는 멸몽(蠛蠓: 눈에노리)이라는 곤충입니다.

제서(題書)를 살피건대 제사상(祭祀床)에 식혜(食醢: 단술)는 제수품(祭需品)으로 올
리지 않습니다. 옛날옛적 술이 나오기 이전은 단술로 헌작(獻酌)하였으나 술이 나온
뒤부터는 헌작(獻酌)은 물론 진설(陳設)도 되지 않습니다.

아래와 같이 살펴보건대 수암 선생께서는 생전에 술은 못하셨으면 단술을 올려도
무방하다 하셨으나 남계 선생 말씀에는 상 3 년 동안은 무방하나 상을 마치고 사당
으로 모시면 신도(神道)는 산사람과 달라진다는 말씀이십니다.

다만 법도를 이렇다 하여도 기왕(旣往)에 장만되었다면 진설(陳設) 행(行)은 제 1 행
의 반(飯) 잔(盞) 시(匙) 초(醋) 갱(羹) 혜(醢: 단술)로 진설 됨이 옳을 것이며, 만약
단술 준비가 되지 않았다면 대용품 운운하지 않아도 법도에 어그러지지 않습니다.

●遂菴曰生前不飮酒則以醴代酒無妨
●南溪曰祭以平生所嗜人情之所必然若在三年之內則固無妨矣入廟以後則神道異於生人
也
●莊子外篇至樂傳斯彌爲食醢(註)食醢蠛蠓也
●辭源[食醢]昆蟲名. 蠛蠓
●漢語大詞典食部[食醢]昆蟲名指酒瓮里的蠛蠓

▶1534◀◆問; 제사관련 질문입니다.

아버지가 장남이시고, 제가 장남입니다. 저희가 큰집이지요. 제사도 모셨구요. 그런
데 아버지가 돌아가시자, 작은아버지가 이런 말씀을 하시네요.

할아버지, 할머니 제사는 당신이 잔을 올리는 거라고, 아버지 제사 때만 제가 잔을
올리는 것이고, 그런데 제가 생각하기엔 아닌 것 같아서 제가 장남이고 종손인데.
답변 주시면 감사하겠습니다.

◆答; 제사관련 질문에.

종자(宗子)가 죽으면 아래와 같이 살펴보건대 적손(適孫)이 승중(承重)하여 종자(宗
子)가 받들던 사당(祠堂; 祖上)을 이어받아 주인(主人)이 되어 받듦이 유가적(儒家
的) 전통예법(傳統禮法) 입니다.

지자(支子)는 스스로 주인(主人)이 되어 제사를 지낼 수 없습니다.

●家禮本註主人謂長子無則長孫承重以奉饋奠
●士儀節要嫡孫嫡子死立適孫爲後(周禮檀弓註)○有適子無適孫
●士儀公儀仲子之喪舍孫而立子孔子曰否立孫
●公羊傳何休曰適子有孫而死質家親親先立弟文家尊尊先立孫
●曲禮支子不祭

▶1535◀◆問; 제사 기일.

조모님 사망 일이 음력 5 월 9 일 새벽 3 시 입니다. 자시에 제사를 모시려면 5 월
8 일 자시에 지내야 하나요. 아니면 5 월 9 일 자시에 모셔야 하나요. 조언 부탁 드
립니다.

◆答; 제사 기일.

"[조모님 사망 일이 음력 5 월 9 일 새벽 3 시]"라는 때의 지적에 새벽이란 하루의
때를 강조 지적하셨으니 새벽이란 하루의 때 중에서 아침의 때를 의미합니다.

위의 지적은 음력 5 월 9 일 아침 3 시에 작고하셨다는 지적과 같아 기일은 음력 5
월 9 일 자시(正禮는 質明이나)에 지내심이 옳습니다. 만약 이 질문에서 때의 지적
이 새벽이 아니고, 밤이라 지적되었다면 기일은 음력 5 월 10 일 자시(子時)란 답이
됩니다.

●左傳莊公七年辛卯夜恒星不見孔穎達疏夜者自昏至旦之總名
●國語辭典[밤]해가 져서 어두워진 때부터 다음 날 해가 떠서 밝아지기 전까지의
동안.
●詩經小雅庭燎夜如何其夜鄉晨鄭玄戔晨明也今夜鄉明我見旂是朝之時也
●國語辭典[새벽] 먼동이 트려 할 무렵. 늑효단·효신.

▶1536◀◆問; 제사나 차례 때 쓸 수 없는 것을 알려주세요.

다음 음식 중에서 제사나 차례 때 쓸 수 없는 것을 알려주세요.

검정깨로 만든 강정, 흑미로 만든 떡국 혹은 떡, 그리고 이건 저의 개인적인 생각인
데, 성균관에서 추진해주셨으면 하는 바램이 있어서 말입니다. 고령화 사회로 접어
드는 시점에서 경로 우대석이란 개념이 사라질 것입니다.

그리고 임산부들도 앉아야 하고 또 몸이 불편한 장애우 들도 앉아야 하는 현대사회
에 맞게 예절교육 자료를 만들어주시고, 또한 바람직한 자녀 교육 및 올바른 훈계
방법과 가정 폭력 근절 캠페인에 유림도 많이 참여해주셨으면 하는 바램입니다.

남녀평등이라고 해서 남성들은 무조건 여성 위에 군림해야 한다는 잘못된 인식, 여

성들도 남자들처럼 잘못된 행동을 하는 평등(平等)이 아니라, 지금처럼 맞벌이 부부 (夫婦)들이 많은 사회에선 남자들도 설거지나 밥짓기 등, 남자들도 할 수 있는 일에 대해서는 유림(儒林)들이 직접 나서서 교재(敎材)를 만들어주셨으면 합니다.

◆答; 제사나 차례 때 쓸 수 없는 것.

아래와 같이 오례의(五禮儀)를 살펴보건대 흑병(黑餅)이 진설 되니 사제(士祭) 진설 품목에서는 살펴지지는 않으나 흑미(黑米) 떡국이나 떡을 올린다 하여 예법에 어그 러진다 할 수는 없을 것 같습니다.

강정은 기름에 튀긴 과자라면 고전(膏煎), 유밀과(油蜜)는 불용(不用)이라 하였으니 제물로 올리기에는 부적절할 것 같습니다.

예절 교육 자료나 남녀평등문제(男女平等問題)는 여기서 본인이 논할 문제를 넘는 것 같습니다.

●五禮儀宗廟四時及臘陳設圖說條第二行白餅黑餅
●言行錄先生遺戒勿用油蜜果
●問解膏煎之物不用出於儀禮今用蜜果油餅恐不合禮

▶1537◀◆問; 제삿날을 알아 그날 지내려 하는데.

집을 나간 지 이미 오래되어 지금쯤은 집에 있었어도 죽을 나이가 되었음직한데 어떻게 날을 받아 제사 날로 정하여야 하겠습니까?

◆答; 제삿날을 알아 그날 지내려 하는데.

아래와 같이 살펴보건대 선대가 출가(出家)하여 이미 죽을 나이가 되었을 때 제삿날을 정하는 문제를 이 외에도 많은 논의는 있으나 이와 같이 정하고, 제사(祭祀)를 행함에는 별다른 예법(禮法)의 논함이 없습니다.

다만 아래와 같이 살펴보건대 100 세 되는 때나 집을 나간 날을 기일로 정하거나 그 달의 정일(丁日)이나 해일(亥日)로 정하기도 하는데 특별히 고하는 법식은 없습니다.

또 상복중행제의(喪服中行祭儀) 예법에서 복중(服中) 제사를 폐하였다 복을 벗고 다시 제사를 지내게 될 때 역시 별달리 고하거나 행하는 예법 없이 평시와 같이 제사를 지내게 됩니다.

따라서 작고하신 날짜가 바르게 확인되셨다면 그 날을 당하면 평시와 같이 제사한다 하여 예법에 어그러졌다 할 수 없을 것입니다.

●尤庵曰比有失其父不得者愚嘗據通典使計其父年百歲而發喪制服矣
●梅山曰不知亡日則是月也當用或丁或亥日行忌祭
●淵齋曰失父而不知其生死則尋求發喪之節縱多先賢諸說而陶菴所言詳且盡矣遭此變者 當遵而行之而以日代月若如來諭則反不如不服之爲宜祭日當用出家日

▶1538◀◆問; 제사 때 병풍은 그림인가요 글씨인가요?

명절 때마다 오고 가는 애기 중에 하나가 제사 때 세우는 병풍입니다.

제사 때는 특정 조상에 의한 것이니 글씨로 한다 차례는 기쁜 행사이니 그림으로 한다는데 홍동백서 조율이시 이런 것이나 알려주지 정작 사소한 건 찾기가 힘들어 문의 드립니다.

아니면 각자 어떤 병풍이 있는데 이건 되겠냐고 자기 애기만 하고 말이죠. 쉽게 말해 병풍. 글은 언제 쓰고 글씨 쪽은 언제 씁니까? 아니면 펴지는 대로 세우나요? 명절제사와 그 외 제사 때 세우는 병풍의 표시가 무엇인지 궁금합니다. 환상적인 명절 되시기 바랍니다.

*병풍의 유래는 모르나 양쪽에 글과 그림을 하여 다용도가 되게 한 건 상당한 응용력 같습니다.

◆答; 제사 때 병풍은 자판.

제시(祭時) 병풍(屛風)에 대한 언급은 가례(家禮) 초조제(初祖祭) 설위조(設位條)에서 신위(神位) 뒤에 둘러친다. 라 하였을 뿐, 자면(字面)인지 화면(畵面)인지의 여부는 밝혀 놓지 않았으나, 제사(祭祀) 때 상(牀)의 색깔에서 흑색(黑色)이 제일 좋고 다음이 붉은색이라 하였으니 가장 적합하다는 흑색(黑色)인 자면(字面)을 피하고 화면(畵面)을 택할 까닭은 없겠지요.

●家禮初祖設位條神位於堂中間北壁下設屛風於其後食牀於其前
●便覽四時祭設位諸具條[屛]用以設於椅後者
●南溪曰祭是吉禮用色牀無妨黑漆爲正而朱者次之

▶1539◀◆問; 제사 때 술 올리는 순서.

장남, 큰며느리, 차남, 작은며느리. 딸이 있을 시 어떤 순서로 술을 올려야 하는지 알고 싶습니다.

◆答; 제사 때 술 올리는 순서.

초헌(初獻) 장남(長男; 主人). 아헌(亞獻) 주부(主婦; 큰며느리). 종헌(終獻) 차남(次男)이 올리게 됩니다.

▶1540◀◆問; 제사를 누가 지내야 하는지에 관하여 문의 드립니다.

조상을 모시는 제사에 대하여 몇 가지 궁금한 사항이 있어 문의 합니다

1. 아버지께서 (2008 년 90 세로 작고) 장손이라 부모님의 제사를 50 여 년 모셔오다가 연로 하시여 장자에게 제사를 물려주셨으나 장자(현 68 세)가 뇌졸중을 앓아 제사를 모실 수 없고 또한 그 아들(장자 39 세)도 결혼하지 않아 제사를 모실 수 없는 처지에 있습니다.

아버지는 3 형제(兄弟)로 셋째 작은 아버지는 2007 년에 작고 하시고 아버지는 2008 년에 작고하셔서 현재는 둘째 작은 아버지(83 세)께서 생존해 계십니다.

아버지는 뇌졸중을 앓고 있는 장남 등 3 남을 두셨고, 둘째 작은아버지는 5 남, 셋째 작은아버지는 2 남을 두셨습니다. 이 경우 저의 조부님의 제사는 누가 모셔야 예도에 적합한가요?

2. 만일 모든 것이 여의치 않아 아버지의 차남(나)이 모실 경우 감소고우 주체는 누가 되어야 하는지요?

또한 이 경우 병고 등으로 장손이 참석하지 못하기 때문에 지방은 차남을 기준으로 '조고(祖考)'로 해야 하는지 아니면 결혼하지 않은 장손을 기준으로 '증조고(曾祖考)'로 표기해야 하는지 또 축문에는 어떻게 포기해야 하는지 궁금합니다.

◆答; 제사를 누가 지내야 하는지.

問 1. 答; 아래와 같이 살펴보건대 숙부는 8 십 여세에 이르러 전중(傳重=조상의 제사를 후손에게 물려줘 받들게 함)하는 예법에 따라 다음 자손에게 물려줘야 할 연세이십니다.

제사(祭祀)를 지낼 때 주인(主人)인 적자손(嫡子孫)이 병중(病中)에 있으면 섭행(攝行)하는 예법(禮法)이 있습니다.

이 사례(事例)에서 섭행자(攝行者)는 혼인(婚姻) 여부(與否)와는 관계(關係)가 없으니 그 아들(39세)이 섭행(攝行)을 하여야 옳을 것 같습니다.

問2. 答; 주인(主人) 속칭으로 지방(紙牓)을 쓰고 축식 역시 주인(主人) 속칭으로 고해야 옳지 않을까 합니다.

●曲禮七十曰老而傳註傳家事任子孫是謂宗子之父○士昏記註子代其父爲宗子
●王制七十不與賓客之事八十齊喪之事不及也
●問老而傳適子適孫主祭則廟中神主都用改換作適子適孫名奉祀然父母猶存於心安乎朱子曰然此等也難行且得躬親耳
●明齋曰朱子傳重告廟之文只言傳重而已又於與趙尙書書言不可遞遷之義甚嚴則已雖不與祭其祝告依曾子問孝子某使介子某執其常事之例恐得
●朱子曰主祭合以甲之長孫爲之若疾病則以次攝異時甲之長孫
●黎湖曰代行者是尊行則以屬字替使字有近來諸先生定說世皆通行矣若顯某親府君當從主祀者所稱
●問祝文中顯考及夙興夜處等語以兒名書之則當依此書否寒岡曰旣以兒名書則當用家禮本文無所改
●通攷代告出主亦當用主人屬稱則告者與屬稱不相稱協且如故室亡子等處尤極嫌礙當措辭云孝子某今以顯考某官府君遠諱之辰使男某敢請神主云云隨位措辭
●南溪曰攝主是尊行則用使字未安當曰孤子某幼不能將事屬某親某敢昭告云云
●退溪曰父不與祭而使子弟攝行則當依宗子命介子代祭之例曰孝子某使子某敢昭告于云云
●梅山曰主人有疾病則攝行告曰孝子某因病不能將事使某親某(或有疾病介子某代行)敢昭告于云云

▶1541◀◆問; 제사 때 서는 위치와 잔 올리는 순서.

이렇게 좋은 말씀 들을 수 있는 곳을 그간 모르고 지냈습니다. 제가 예법(禮法)에 어둡고 이제 막 배우려 하니 쉽게 알려 주십시오. 이곳을 검색(檢索)하여 살펴봤으나 제가 부족(不足)하여 너무 어렵게만 느껴집니다.

시댁에서 제사나 차례를 지낼 때 서는 위치와 잔 올리는 순서 알려주세요. 시댁은 여자들은 절하지 않으십니다.

시댁의 장소가 협소 하여 현재 다음과 같이 섭니다.

```
                    차례상
시숙부 시아버지사촌 시아버지(제주)
      시숙부              시숙부
 남편 사촌형          남편(장남)
 남편의 먼 친척동생    남편친동생(차남)
```

혼인 후 보니 남편의 사촌 형이 (작은아버지 아들) 장남인 남편보다 본인이 나이가 많다고 남의 위치에 서 있더라고요.

그 후 제가 틀린다고 하여 현재는 남편이 시아버지 뒤에 서고 있고요. 현재 바르게 서고 있는 것인지 봐주세요. 또한 여기에 남편(男便)의 자형(姉兄)이 참석 한다면 서는 위치(位置)가 어떻게 되는지요?

제례(祭禮) 시 세 번의 잔을 올리는 순서도 쉽게 알려주세요. 현재 시아버님- 시아버지 사촌- 시아버지 동생 의 순서(順序)로 올리는 것 같았습니다. 또는 자형(姉兄)이 남편보다 나이가 많다고 자형이 올리기도 하구요. 아무튼 장남인 남편이 올리는 것을 수년간 보지 못했습니다.

사촌 형이든 자형이든 자꾸만 본인들이 장자인 남편보다 나이가 많다고 먼저라고 하니 속 시원한 가르침 부탁 드립니다.

◆答; 제사 때 서는 위치와 잔 올리는 순서.

아래는 절일 사당례에서 제원의 서는 위치입니다. 이 서는 위치가 모든 제례에서의 기본 위가 됩니다. 이를 도표로 그려보면 그 위치가 헤아려질 것입니다.

●주인은 동쪽층계 아래에서 북쪽으로 향하여 서고 주부는 서쪽 층계 아래에서 북쪽으로 향하여 선다. 주인의 모친이 계시면 특별한 자리로 하여 주부 앞이며 주인의 백숙부(伯叔父)나 여러 형들은 특별히 주인의 오른편에서 조금 앞으로 나와 항렬대로 겹쳐 서되 북쪽이 상석이며 서쪽이 상석이다. 주인의 백숙모, 형수, 누이가 있으면 특별한 자리로 주부의 왼편에서 조금 앞으로 나와 항렬대로 겹쳐 서되 북쪽이 상석이며 동쪽이 상석이다. 주인의 여러 동생은 주인 오른편에서 조금 물러나 서되 서쪽이 상석이며 주인의 장자와 장손은 주인의 뒤에 항렬대로 북쪽을 상석으로 겹으로 서고 주인의 여러 아들과 여러 손자들은 주인의 동생 뒤에 항렬대로 겹으로 서되 서쪽이 상석이며 외집사(外執事)는 주인의 장손 뒤에 선다. 주인의 장자부(長子婦)와 장손부는 주부의 뒤에 항렬대로 겹으로 서며 주인의 동생 처들과 여러 여동생은 주부의 왼편에서 항렬대로 겹으로 서되 동쪽이 상석이며 주인의 여러 자부와 여러 손부들은 주부의 왼편에서 주인의 여동생들의 뒤에 항렬대로 겹으로 서되 동쪽이 상석이며 북쪽이 상석이다. 내집사(內執事)는 장손부(長孫婦) 뒤에 선다.

●제례에서 자형 등의 서는 위치는 분명히 표기됨은 없습니다. 다만 상례 천구조나 구행조를 살펴보면 중복인이 앞이 되고 경복인은 그 뒤이며 무복인은 또 그 뒤이니 이를 헤아려보면 그 위치가 가늠될 것입니다.

⊙헌관의 순서.
○초헌관=주인(시아버지).
○아헌관=주부(시어머니. 유고 시 차순자인 시숙부).
○종헌관=주인(시아버지)형제 중 맏이나 주인(시아버지)의 장남 또는 빈객(賓客) 중에서 장자(長者).

●家禮正至朔望則參序立位;正至(考證卽正朝冬至也)朔望前一日灑掃齋宿厥明夙興開門軸簾主人以下盛服入門就位主人北面於阼階下主婦北面於西階下主人有母則特位於主婦之前(栗谷曰奉祀妾子之母固不當立於主婦之前矣亦豈可立於主婦之後乎當立於主婦之西稍前)主人有諸父諸兄則特位於主人之右少前重行(增解輯覽按重行者主人前伯叔父爲一行主人兄弟爲次行主人子姪又爲次下主人之孫又爲次下是爲重行○沙溪曰諸父異行兄弟則有少前少退之異非重行也)西上有諸母姑嫂**姉**則特位主婦之左少前重行東上諸弟在主人之右少退子孫外執事者在主人之後重行西上主人弟之妻及諸妹在主婦之左少退子孫婦女內執事者在主婦之後重行東上立定

▶1542◆問; 제사는 양력으로 가능한지.

안녕하세요. 제 아버님이 작년 10 월 16 일에 돌아가셨습니다. 음력으로는 9. 20. 입니다. 기일이 다가와서 제사를 모셔야 하는데, 꼭 음력으로만 지내야 하는지, 양력으로 지내면 안 되는지 궁금합니다. 성균관의 공식적인 입장을 확인하였으면 합니다. 조속한 답변을 기다리겠습니다.

◆答; 제사는 양력으로.

유가(儒家)의 모든 예법(禮法)의 행사일자(行事日字)는 근본(根本)부터가 음력(陰曆)으로 설정되어 있습니다. 물론 지난날 예법이 형성(形成)될 시기(始期)에는 양력(陽曆)이란 없고 음력(陰曆)의 시대였으니 선택의 여지가 없었을 것입니다.

따라서 모든 예법이 그 일력에 맞춰졌으니 유가적(성균관) 입장에서 유교(儒敎)의 제도와 법도(法度)를 서양(西洋)의 의식으로 혁신 근본전환을 꾀하면 몰라도 근본인 음력체제(陰曆體制)를 양력체제로 바꿔질 수가 없습니다.

불가에서도 4월 초파일을 더 없이 기리고 있는데 하물며 장구한 역사를 지닌 유교에서 이단이 아니고서야 근본을 바꾸자 할 수는 없을 것입니다. 따라서 유교의 법도가 존속하는 한 음력을 양력으로 바꾸자는 문제에 대하여 공식적으로 표명될 사안이 아닙니다.

●書儀喪禮成服朝夕奠條月朔則設饌平日朝晡之食加酒果
●朱子家禮通禮祠堂正至朔望則參

▶1543◀◆問; 제사 때 여자들의 절.

제사를 지내는데 여자들이 남자들이나 마찬가지로 절을 하는 것이 괜찮은 것인지 궁금합니다.

요즘 바지를 입은 여자가 남자와 같은 방법으로 절을 하는 것 뒤에서 보면 민망하기도 하고 저게 과연 바른 예도인가 궁금해 지기도 합니다. 성균관의 입장에서는 어떻게 보시는지 알고 싶습니다.

◆答; 제사 때 여자들의 절.

아래와 같이 유가(儒家)의 배법(拜法)을 살펴보건대 부인(婦人)들의 길제(吉祭)에서의 절은 숙배(肅拜)로 사배(四拜)를 하게 됩니다.

절하는 법은 두 무릎을 가지런히 꿇고 앉아 양손으로 땅을 짚고 허리와 머리를 손등에 닿지 않도록 약간 숙이는데 까닭은 부인네들은 머리장식품이 많아 부복(俯伏)하여 머리를 땅에 댈 수가 없는 까닭에서라는 것입니다.

●朱子家禮祠堂出入必告條凡拜男子再拜則婦人四拜謂之俠拜其男女相答拜亦然
●周禮春官宗伯禮官之職大祝辨九拜條一曰稽首二曰頓首三曰空首四曰振動五曰吉拜六曰凶拜七曰奇拜八曰褒拜九曰肅拜以享右祭祀(註)肅拜但俯下手今時揖是也(疏)肅拜婦人之正拜也
●少儀婦人吉事雖君賜肅拜爲尸坐則不手拜肅拜爲喪主則不手拜(鄭註)肅拜拜低頭也手拜手至地也婦人以肅拜爲正凶事乃手拜爲喪主不手拜者爲夫與長子當稽顙也其餘亦手拜而已(疏)手拜周禮空首也肅拜是婦人之常而昏禮拜扱地以新來爲婦盡禮舅姑故也
●陳氏曰肅拜如今婦人拜也手拜手至地而頭在手上如今男子拜也
●語錄問古者婦人以肅拜爲正何謂肅拜朱子曰兩膝齊跪手至地頭不下爲肅拜手拜亦然爲喪主則頭亦至地不肅拜考之告禮及儒先之說蓋婦人當以肅拜爲正
●朱子曰兩膝齊跪手至地而頭不下爲肅拜手拜亦然婦人首飾盛多自難俯伏地上

▶1544◀◆問; 제사를 어떻게 지내야 할지 답답해서, 질문 올립니다. 꼭 답변 부탁 드려요.

안녕하세요, 인터넷 검색으로 이런 곳이 있는 줄 처음 알았네요. 너무너무 반갑습니다.

우선은 저는 딸이고요, 저희 아버지는 1 남 5 녀에 장손이셨는데, 제가 중학교 2 학년 때 어머님과 이혼 하셨습니다. 제가 고 3 때 아버지께서 돌아가시고 남동생과 저와 할머니 이렇게 셋이서 명절제사 할아버지제사 아버지제사를 모셨습니다. 그러다 할머니 마저 돌아가시고 4 년 전엔 남동생마저 사고로 잃었습니다. 어머니와 상관없이 명절제사 기제사 이제까지 저 혼자 지냈는데요, 제가 올해 4 월 결혼을 하게 되었습니다. 시부모님께서 너무나 감사하게도 저를 어여삐 봐주셔서 시댁제사는 본가에서 지내고 저희 집 제사는 신혼 집에서 지내도록 허락해주셨어요.

올 돌아오는 추석에는 본가에서 음식 같이해서 추석날아침에 본가제사 모시고 음식 따로 싸두었다가 집에 가서 제사 모시라고 하셨습니다.

질문 1. 음식을 본가에서 해서 추석날 아침에 본가제사 지내고 오후에 저희 집에서 제사를 또 모셔도 되는가요?
질문 2. 할아버지 할머니 제사랑 아버지 제사(기제사)랑 동생제사 합쳐서 지낼 순 없나요? 지금 저희 집 제사가 3 개인데 시댁제사가 여섯 개여서요. 또 고모들도 계신데 할아버지 할머니 제사를 제가 모시려니 사실은 신랑 눈치도 조금 보입니다.
질문 3. 동생 기제사도 계속 해도 되나요?
질문 4. 추석이나 기제사를 그전 주말에 산소에 가서 지내도 되나요? 시부모님께서 허락하셨다고는 하 지만 제가 아이를 낳고 10 년 20 년 이후에도 계속 이렇게 지낼 수 있을지 걱정스럽기도 합니다. 제발 답변 부탁 드립니다.

◆答; 제사를 어떻게 지내야 할지.
질문 1. 答 1. 제찬은 제사 지내는 집에서 장만하게 되는데, 아래와 같이 지자가 잘 살면 생을 두 마리 길러 제일 좋은 것으로 골라 큰집으로 가져가 제사 지내고 제집으로 돌아와 제 제사를 지낸다는 말씀도 계시니, 기왕에 본가에서 음식 만들 때 못 몫을 달리하여 내 집으로 옮겨 제사하여도 예에 크게 어그러지지는 않을 듯 싶으나, 가능하면 내 집에서 조리하심이 옳을 것입니다.

●內則庶子若富則具二牲獻其賢者於宗子(註賢猶善也)夫婦皆齊而宗敬焉(註當助祭於宗子之家)終事而后敢私祭(註祭其祖禰)

질문 2. 答 2. 본가(本家) 제사(祭祀)와 예법상 합제(合祭) 할 수가 없습니다. 먼저 본가 제사를 마치고 내 집으로 돌아와 외가 제사를 지내야 합니다. 이와 같이 지내는 것은 여러 이유가 있습니다만 제사에는 초헌(初獻)을 하는 주인이 있습니다. 그 주인이 다르기 때문입니다.

●退溪曰今人以外孫奉祀一廟而異姓同祭夫天之生物使之一本而此則爲二本彥甚不可也今或不幸外家祖先無後不忍其主之無歸則權宜奉置別所往來展省未爲不可

질문 3. 答 3. 외가봉사는 외조일대로 외손대로 끝나게 됩니다. 특히 외숙봉사(外叔奉祀) 여부(與否)는 명문화(明文化)되어 있지 않아 가부(可否)를 말씀 드릴 수가 없습니다.

●南溪曰不得已爲外家奉祀而當止外孫之身
●明齋曰本宗祭四代外孫奉祀只止其身

질문 4. 答 4. 명절과 기제사는 집 제사로 지난날에는 종가에는 사당이 있어 명절을 사당에서, 기제는 안방에서 지냈으나 요즘은 거의 가문에서 사당을 건사치 못하여 명절도 안방에서 지내고 있습니다. 묘에서 지내면 묘제 일 뿐입니다.

●祭義君子有終身之喪忌日之謂也註忌日親死之日也
●周禮春官宗伯禮官之職小史條掌邦國之志奠繫世辨昭穆若有事則詔王之忌諱註鄭司農云先王死日爲忌名謂諱
●性理大全俗節禮如正至朔日之儀○正至朔日前一日灑掃齋宿厥明夙興開門軸簾每龕設新果一大盤於卓上每位

▶1545◀◆問; 제사를 지내야 하는지?

9 월 10 일 숙모가 작고하여 3 일장을 치르고 오늘이 삼우제인데 내일(15 일)이 아버지 기제가 드는데 지내야 하는가?

◆答; 제사.

아래와 같이 살펴보건대 숙모(叔母)의 복은 부장기(不杖朞)복으로 기복인(朞服人;1년복)은 성복 전(죽은 날 포함 4 일)은 모든 제사를 폐하고 성복 후 장사 전 까지는 기제와 묘제는 약행(略行)하고 장사를 마치면 평시의 의례대로 지냅니다.

○갈장(渴葬); (사정상 3 개월을 기다리지 않고 장사함)을 하였다 하여도 복인들이 다른 제사 지내는 예법은 정식으로 3 개월 후에 장사의 예법을 좇아 행하게 됩니다.

따라서 9 워 10 일이 사망 일이라며 아버님 기일인 9 월 15 일은 5 일 이후가 되어 정식 성복일(사후 4 일)이 지난 날짜로서 독축(讀祝) 삼헌(三獻)이 아닌 약행(略行)으로 지내고 사후 3 개월 이후에 닿는 제사부터는 평시와 같이 지내게 됩니다.

●家禮成服厥明條大斂之明日死之第四日也○又不杖朞條其義服則爲伯叔母也
●要訣喪服中行祭儀期大功服條期大功則葬後當祭如平時(但不受胙)未葬前時祭可廢忌祭墓祭略行如上儀(五服未成服前雖忌祭亦不可行也)
●小記報葬者報虞三月而後卒哭註報讀爲赴急疾之義謂家貧或以他故不得待三月死而卽葬者旣疾葬亦疾虞虞以安神不可後也惟卒哭則必俟三月耳

▶1546◀◆問; 제사를 차남이 모셔도 되나요.

저는 차남으로서 현재 해외에 살고 있습니다. 위로 형님이 계신데 몸도 편치 않고 형수가 제사를 모시기를 원치 않아 몇 년 전부터는 아예 제사를 모시지 않는다고 합니다. 부모님의 제사를 해외로 모셔 와도 되는지요? 또 저는 딸 만 둘이고 형에게는 아들이 있는데 그래도 제가 모셔도 되는 건지. 그리고 3 년 전에는 부모님 산소를 개장해서 화장 후 뿌려 드렸습니다. 그때 천도재를 주관하신 분께서는 제가 제사 문제로 걱정을 하자 이제부터는 천도재를 지냈으므로 제사를 따로 모시지 않아도 된다고 하는데 그게 맞는 건지요? 그저 답답한 마음에 질문 올립니다.

◆答; 제사를 차남이 모시지 못함.

아래 문해속(問解續)에서는 장자(長子)가 병폐자(病廢者)라 하여도 차자(次子)에게 사당(祠堂)이 물려짐이 아니라 그의 장자(長子)가 있으면 그에게 물려짐이란 말씀이고, 증자문(曾子問)의 가르침도 형제가 한집에 거주(居住)할 때 장자가 무사(無嗣)로 죽었을 때 차자(次子)가 그 제사(祭祀)를 물려 받는다는 가르침입니다.

여기는 유학(儒學)은 논하는 장입니다. 까닭에 유학(儒學)을 비껴 논할 수는 없습니다. 지성(至誠)이면 감천(感天)이라 합니다.

●曲禮支子不祭祭必告于宗子(註)不敢自專宗子有故支子當攝而祭五宗皆然疏廟在適子之家庶子不敢輒祭若濫祭亦是淫祀若宗子有疾不堪當祭則庶子代攝可也猶宜告宗子然後

祭

●喪服小記庶子不祭禰者明其宗也(註)庶子不得立禰廟故不得祭禰所以然者明主祭在宗子廟必在宗子之家也○(又)喪服小記庶子不祭祖者明其宗也(註)此據適士立二廟祭禰及祖今兄弟二人一適一庶而俱爲適士其適子之爲適士者固祭祖及禰矣其庶子雖適士止得立禰廟不得立祖廟而祭祖者明其宗有所在也

●問解續長子雖病廢似不可傳重於次子況長子有子則豈可以次子奉祀也

●曾子問庶子若宗子死告於墓而祭於家稱名不言孝身沒而已註孝宗子之稱不敢與之同但言子某至子可以稱孝

▶1547◀◆問; 제사문의.

저는 둘째입니다. 형님께서 올해 음력 3 월에 돌아가시고 조카(결혼함)들이 2 명 있지요. 그런데 조카들이 제사 참석을 잘하지 않네요 타일러도 보았습니다 만은 잘 안되네요.

그러나 제사는 형님본가(형수님 혼자 있음)에서 지내는데 장손(즉 조카)이 참석을 안하니 지방이며 축문을 어떻게 써야 할까요 초헌관을 제가하고 있습니다. 고견 부탁 드립니다.

◆答; 제사.

친 장자 및 차자도 제사에 불참하여 동생이신 홍준표님이 섭주(攝主)로 섭행(攝行)할 수 밖에 없다면 지방과 축문식은 아래와 같이 써 고하며 초헌을 한다면 예에 크게 어그러지지는 않을 것입니다.

○지방식; 顯考某官府君神位
○축문식; (云云)孝子某適在遠地不能將事弟某代行薦禮敢昭告于 顯兄某官府君(云云)

●家禮本註凡主人謂長子無則長孫承重以奉饋奠

●奔喪凡喪父在父爲主父沒親同長者主之註親同長者主之謂父母之喪長子爲主也

●問爲長子斬衰爲妻期者當官在遠或老病則其子主之乎尤庵曰凡喪父在父爲主則無論父之在遠與老病亦當以父爲主而攝行之

●鏡湖曰今於高祖之祭叔父攝告曰代叔父敢昭告于曾祖云則其曰叔父者主於宗子也其曰曾祖者主於代者也一祝之間稱號斑駁半上落下恐或未安似當曰介曾孫某敢攝告于曾祖云云而都不用代字使字可也

●遂庵曰孝子遠居不參則孝子某適在遠地不能將事介子某代行薦禮敢昭告于

▶1548◀◆問; 제사 문의 드립니다.

본인의 선친께서는 처가 두 분이십니다. 첫째 부인께서는 후사가 없으셨고, 둘째 부인인 본인의 모친 사이에서만 후사가 있습니다. 본인의 모친 사이에 서도 내리 딸 넷을 보시고 다섯째에 아들인 본인을 낳으셨습니다.

이 때까지 법적으로 선친의 처는 첫째 부인이셨고, 본인을 낳으신 직후 첫째 부인과는 협의이혼을 하시고 본인의 모친과 혼인신고를 하셨습니다.

현재 본인의 모친께서는 살아계시지만 선친의 첫째 부인은 본인의 출생 직후 떠나시어 생사는 알지 못합니다. 다만 1923 년생이시라 고령이시고, 20 여 년 전 조부님 생전에 조부님 고향 마을 사람으로부터 어렴풋이 들은 이야기로는 홀로 지내셨다 하여 작고하셨을 것으로 추측됩니다.

몇몇 지역에 삼짓날이나 중양절에 후사 없이 돌아가신 마을 사람들에 대해 제를 올려 드리는 풍습이 있다 하는바, 혈통적으로 전혀 관계없는 남의 제를 올리기도 하는데 하물며 선친의 첫째 부인이면 오죽하겠습니까. 본인도 나이를 먹고 결혼하고 철이 들고 보니 후사 없이 떠나신 분에 대해 마음이 좀 쓰입니다. 실은 본인의 모친께서 먼저 선친의 기일에 같이 제를 올리는 게 어떠냐고 말씀을 하셨는데 그땐 배위가 모호해지는 것 같아 반대한 바 있습니다.

기일(忌日)을 모를 경우 중양절에 이 분만 따로 제를 올리는 것이 좋다는 주변의 얘기가 있어 이 경우 제(祭)를 지내는 절차는 어떠한지 궁금하여 질문을 드립니다.

질문 1. 생사가 불명확하더라도 중양절에 이 분만 따로 제를 올려도 괜찮은지요? 괜찮다면 다른 선조 분들의 기제와 동일하게 지내는지요?

질문 2. 제를 지낸다면 선친의 첫째 부인(호칭을 뭐라 해야 할지 모르겠습니다. 혹 결례는 아닐 런지요)의 지방은 어찌 써야 되는지요? 모친께서 작고 후 배위가 상충되지 않아야 되겠습니다.

질문 3. 축문을 작성할 때 축을 고하는 제주를 뭐라 지칭해야 되는지요? "효자 ○○"라 해야 될런지요. 이런 경우의 지방과 축문 작성 예를 알고 싶습니다.

◆答; 제사 문의.

아래와 같이 살펴보건대 집을 나간 후 오래도록 생사를 모를 때는 백세를 한으로 하여 죽은 것으로 간주하고 상복을 지어 입고 발상 사당에 고한다. 하였으니 백세 되는 날이라 하면 생신일을 이름이니, 생신 날을 기일로 삼거나 매산 선생 말씀을 따른다면 그 달의 丁日이나 亥日로 기일을 삼아도 예에 어그러지지는 않는 것 같습니다.

출모(出母; 離婚母)든 가모(嫁母; 改嫁母)든 유가(儒家)의 예법(禮法)상 제사(祭祀)를 지내지 않습니다. 다만 출모(出母)나 가모(嫁母)가 아닌 경우 지방식(紙牓式)은 정실(正室) 계실(繼室) 같으며 축식 역시 병제의 경우,

維(云云) 顯考某官府君 顯妣某封某氏 顯妣某封某氏 顯妣某氏諱日復臨(云云)으로 고하면 예에 어그러지지는 않을 것입니다.

●朱子曰出妻入廟決然不可爲子孫者只合歲時就其家之廟拜之若相去遠則設位望拜可也○又曰嫁母者生不可入廟死不可以祔于廟
●家禮圖式八母服制之圖出母子爲父後者則不服

[여기서의 답문은 본 난에 게시 같은 의문을 가진 분들에게 공람토록 하여 더불어 풀어지는 효과를 기하여야 합니다. 까닭에 1 대 1 로 정보를 주고받을 수는 없습니다. 양해 있으시기 바랍니다]

●通典魏劉德問田瓊曰失君父終身不得者其臣子當得婚否答曰昔許叔重已設此疑鄭玄駁云若終身不除是絶嗣也除而成婚違禮適權也
●晉徐宣瑜云鄭玄君父亡令臣子心喪終身深所甚惑心喪是也終身非也苟組云至父年及壽限(註中壽百歲)行喪制服立宗廟於事爲長禮無終身之制
●尤庵曰比有失其父不得者愚嘗據通典使計其父年百歲而發喪制服矣
●梅山曰不知亡日則是月也當用或丁或亥日行忌祭
●祠堂告辭式(例)
干支云云某弟某之子某某年某月某日亡去不知其處自是月至庚申臘月遍求之四方終不能得其生其死不可得而測也謹稽杜氏通典有曰古之死者必告于廟今亡其親者必告其先廟使咸知之求之三年若不得也則又告之告之者欲令其生也則隨而佑之也今此姪子亡去係是莫大之變故所當卽爲告廟而違遽未暇以至八年之久竊念今日是渠亡去之日情理痛毒無異始失之時爰據禮書追擧告儀從今以往復欲訪求以三年爲期伏惟尊靈同此傷惻特垂陰騭使父

子得以相見於未死之前不勝泣血禱祝之至謹以酒果用伸虔告謹告

▶1549◀◆問; 제사 방향.

평소 여러 가지 도움 말씀 감사하게 생각 합니다. 제사를 모심에 있어 오른쪽을 동쪽으로 보고 제사상을 차린다고 알고 있습니다. 그런데 그 오른쪽의 기준이 신위(산소) 인가요? 아니면 제주인가요?

◆答; 제사 방향.

진설을 포함 제사에서 향방의 기준은 신위(神位)입니다. 신위의 뒤가 북이라 하고 앞을 남이라 하고 왼쪽을 동이라 하고 오른쪽을 서쪽이라 합니다.

●性理大全祠堂;凡屋之制不問何向背但以前爲南後爲北左爲東右爲西皆放此

▶1550◀◆問; 제사 봉행 시 合設의 경우 祭需陳設 數에 대하여 문의.

자주 질문을 드려 송구합니다. 무식한 탓이오니 양해를 바랍니다.

기제사를 단설로 모실 때에는 제수의 종류마다 각(各)1 기(器)씩 진설을 합니다. 즉 1 인분의 음식을 올립니다. 합설로 모시는 경우에 제상(祭床)의 크기가 있어서 위수별(位數別)로 제수를 진설하기 어려울 것 같은데,

1. 위수별(位數別)로 진설(陳設)할 제수는 어떤 것이며, 그 연유는 무엇이고, 어떤 예서에 근거하는지요.

2. 신위(神位)의 신분(身分) 또는 계급(階級)에 따라 진설 수(탕의 경우 5 탕과 3 탕)가 차이가 있는 제수(祭需)는 어떤 것이며, 신분별(身分別) 진설 수와 그 연유(連由)는 무엇이고, 어떤 예서(禮書)에 근거(根據)하는지요.

◆答; 제사 봉행 시 합설(合設)의 경우 제수진설(祭需陳設) 수(數).

제사에 진설되는 모든 음식을 일러 제수(祭需)라 함이 바른 표현입니다. 제물(祭物) 역시 제수(祭需)를 의미하는데 물(物)이라는 글자에는 음식이라는 의미 자체가 없습니다. 그러나 다른 의미도 포함되어 있으나 제물(祭物)하면 제사에 진설(陳設)되는 음식물을 의미하게 되며 제수(祭需)와 동의로 통용(通用)되고 있지요.

따라서 수(需)에는 주다. 제공하다. 바친다는 의미가 있어 제수(祭需)하면 제사에 소용되는 여러 가지 재료를 의미하기도 하나 제사에 진설되는 음식물을 의미하게 될 뿐만 아니라 이 단어는 한자사전은 물론 국어사전에도 올라 있는 제물을 의미하는 대표적 글자이기도 하며 국어적(國語的)으로는 표준어(標準語)라는 것입니다.

제(祭)와 수(羞)를 조합하여 제수(祭羞)라 하여도 글자 하나하나의 의미로는 제사(祭祀) 음식물을 뜻하게 되는데 이는 널리 통용되지 않는 단어로 한자사전은 물론 국어사전에도 오르지 못하였으니 사투리와 비슷한 비 표준어라는 것입니다. 이와 같아서 제사 음식을 한자식으로는 제수(祭需)라 이름이 바른 표현이 됩니다.

제수(祭羞)라는 용어는 일부 선유와 실록에서도 그 쓰임이 발견되나 한자사전은 물론 아직 국어사전에도 오르지 못하였으니 표준어가 아니며 다만 제수(祭需)가 사전 모두에 올랐으니 제사 음식의 한자식 표준어가 되겠지요.

물론 제수(祭需)하면 제사 음식은 물론 그 외 제사에 소용되는 물품도 이르나 주로 제사 음식을 표현하는데 쓰이고 있으며 이를 부정하는 자는 유학자는 물론 국어학자도 못 된다. 하여도 과언은 아닐 것 같습니다.

제물(祭物)을 제수(祭羞)라 하여도 틀린 표현은 아닙니다. 그 표현은 널리 대중화된 용어가 아니라는 것입니다. 제수(祭需)라 함이 널리 대중화 되어 통용되고 있으니

각 사전에도 등재가 되었을 것이고 등재가 된 표준어이니 제수(祭需)라 함이 옳은 표현이라는 것입니다.

問; 1. 答; 본 질문의 요지는 양위(兩位) 일탁(一卓) 합설 시(合設時)의 진설(陳設)에 대한 말씀으로 간주하고 그 연유와 어떤 예서에 근거하였는지에 관하여 살펴보겠습니다.

살피건대 기제(忌祭)에서 고비(考妣) 병제(並祭) 자체가 정례(正禮)가 아닙니다. 까닭에 양위(兩位) 일탁(一卓) 진설(陳設) 역시 예법(禮法)에 없습니다. 다만 사시제(四時祭) 진설(陳設)에서 팔위(八位) 진설(陳設)함에 제청(祭廳)이 비좁으면 의절(儀節)에서 양위병설찬도(兩位並設饌圖)는 있으나 이 역시 제청(祭廳)이 넓으면 예법(禮法)과 같이 일위(一位) 일탁(一卓)으로 진설하여야 한다는 것입니다. 또 도암(陶庵) 선생(先生) 말씀도 일일각설(一一各設)이 가례(家禮)의 법도(法度)이나 사대부가(士大夫家)에서 소채행(蔬菜行)과 과행(果行)은 합설(合設)하고 병면반갱(餠麵飯羹)은 각설(各設)한다 하셨고,

한강(寒岡) 선생(先生)께서는 일탁(一卓)에 잔반(盞盤) 갱반(羹飯) 적간(炙肝)을 각설(各設)한다. 하셨는데 이를 기제(忌祭) 진설(陳設)에 적용(適用)한다면 시저(匙箸) 반갱(飯羹) 적간(炙肝) 병(餠) 면(麵)만 각설(各設)한다. 라 정리가 됩니다.

問; 2. 答; 사서인(士庶人)(百姓)의 선대(先代) 제사(祭祀)에 있어서 제수(祭需)의 진설품(陳設品)은 신분(身分)과 계급(階級)에 따라 차등을 두고 있지 않습니다.

●家禮四時祭設位條考西妣東各用一倚一卓而合之○又忌祭設位條如祭禰之儀但止設一位
●寒岡曰共一卓而盞盤羹飯炙肝之類各設恐妨
●陶庵曰祭饌一一各設卽是家禮之制然士大夫家蔬果則合設獨各設餠麵飯羹者
●家禮儀節兩位並設饌圖(丘按)舊圖考妣每位各設饌則四代該八卓矣今人家廳事多狹隘恐不能容今擬考妣兩位共一卓設饌如世俗所謂卓面者庶幾可行若夫地寬可容者自當如禮

▶1551◀◆問; 제사상 방향에 대한 문의 드립니다.
제사상 방향에 대한 문의 드립니다.

◆答; 제사상 방향.
아래와 같이 살펴보건대 가옥(家屋)의 실 방위(方位) 불문 뒤를 北이라 하고 앞을 남(南)이라 하고 좌측이 동(東)이며 우측을 남(南)이라 합니다. 또 북(北)은 저승을 의미하게 되고 또 북망산(北邙山)이란 묘지(墓地)를 의미하기도합니다.

따라서 기제(忌祭)는 거실(居室)에서 지내는 것이 아니라, 가옥(家屋)의 실 방위와는 관계 없이 정침(正寢; 안방)의 출입문(한옥. 양옥이나 아파트 등은 건물의 주 출입문) 맞은편 벽(북쪽) 아래에 설위하고 지내게 됩니다.

●性理大全家禮祠堂於正寢之東條凡屋之制不問何向背但以前爲南後爲北左爲東右爲東
●書儀時祭設位條設倚卓考妣並位皆南向西上(註古者祭於室中故神坐東向自後漢以來公私廟皆同堂異室南向西上所以西上者神道尙右故也)
●家禮喪禮初終疾病遷居正寢條凡疾病遷居正寢內外安靜以俟氣絶○又祭禮四時祭前一日設位陳器條主人帥衆丈夫深衣及執事洒掃正寢洗拭倚卓務令蠲潔設高祖考妣位於堂西北壁下南向考西妣東
●尤庵曰所謂室者如國俗溫堗而寢處者也
●程子曰忌日必遷主出祭於正寢

▶1552◀◆問; 제사시간 등 문의.

안녕하십니까. 내년부터 집안 제사를 모셔야 할 형편의 수도권 거주자 입니다. 아래와 같이 몇 가지 아주 기초적인 내용에 대하여 문의를 드립니다.

1. 제가 회사 고사에 참석을 한 적이 있는 데 그 때 집사께서 '홀(? 정확한 발음은 기억을 하지 못하겠습니다만 이와 비슷했습니다.), 배 라고 하시면서 고사에 참석한 사람들에게 절하는 때와 일어나야 할 때를 알려 주었습니다.

이와 관련된 정확한 발음(發音) 및 한자(漢字)를 알고 싶습니다. 왜냐하면 저의 경우에는 어린 조카들까지 참석한 자리에서 제주께서 '절 하자'라고 일러 주시고 또한 일어날 적에는 헛기침으로 알려 주셨기 때문에 제가 제사를 모시면 도입을 하고자 합니다.

2. 기제사 모시는 시간: 일반 명절제사는 큰 문제가 되지 않지만 기제사는 정말 현대를 살아가는 사람들에게는 많이 불편합니다. 옛날에는 거의 농경사회 및 집성 촌이라서 저녁 11 시에서 새벽 1 시까지에 제사를 모시고 하더라도 제사에 참석하신 분들이 거의 근거리에 살고 계셨기 때문에 크게 생활에 문제가 되지 않았습니다.

그런데 요사이는 산업의 다양화로 인하여 제사에 참석하시는 사람들이 원거리이다 보니 또한 경제도 IMF 를 거치면서 제사로 인하여 휴가를 내라고 하기에도 부담이 됩니다. 따라서 다른 지역에서 오신 분들이 제사를 모시고 바로 귀가를 하여 다음 날 출근을 위해서 부득이 제사를 오후 8 시에서 9 시경으로 모시고 싶은데 이와 관련된 조언을 부탁 드립니다.

3. 아울러 제사를 오후 9 시에 모셔야 한다면 현재 모시고 있는 날짜가 3 월 7 일이라면 하루를 당겨야 하는지요? 아니면 날짜 조정은 필요가 없는지요? 감사합니다.

◆答; 제사시간 등 문의.

혹 사가(私家)에서는 시조(始祖)나 불천지위(不遷之位), 묘제(墓祭) 등 제(祭)에 참례(參禮) 제원이 다수(多數)일 때 통제하여 일목요연한 예를 갖추기 위하여 창홀자를 세워 예순과 법도를 큰 소리로 창(唱)하게 하기도 하는데, 그 때 그 적은 문서를 홀기(笏記)라 하고 재배할 때의 창은 배(拜), 흥(興). 배(拜), 흥(興). 이라 크게 외쳐 모두 듣고 따라 절을 하게 됩니다.

제사 시간에 대하여는 이전에 이미 많은 질의응답에서 답변되었습니다.

우암 선유께서 제사는 너무 일러도 너무 늦어도 안된다 하시며 질명(質明; 새벽)에 지냄이 옳다 하심과 같이 기제는 작고한날 아침 새벽에 지냄이 바른 예법인데, 당일 첫 시인 자시에 제사하는 것은 변례로 정례가 아닙니다.

질명에 제사하는 연유는 부모님 생전에 아침 인사할 즈음으로 조반(朝飯) 때의 예인데 자시(子時) 행제(行祭)는 생자의 입장에서는 야식도 늦은 시간 대로 혼신도 곤히 잠든 때가 될 것입니다.

따라서 혹 어느 제원이 길이 늦어 질명(質明)에 늦는다 하여 기다리지 않고 참석자들만이 예법을 지키기 위하여 지낸다면 고지식한 축에 들겠지요.

●玉藻凡有指畫於君前用忽造受命於君前則書於笏(鄭注)造受命謂造詣君前而受命則書記於笏○笏畢用也者畢盡也謂事事盡用笏記之

●儒林外史第十四回馬二先生在靴桶內拿出一把扇子來當了笏板

●尤庵曰行祭早晚太早不可太晚亦不可惟當以質明爲正

▶1553◀◆問; 제사 시(時)절 대신 통용될 수 있는 예법이 있을까요?

안녕하세요? 유교 예법 관련 문의 드리고자 성균관 문을 두드려 봅니다. 제가 한 집안의 장손이며 제사를 모셔야 되는 입장입니다. 곧 며칠 내 아버지 제사를 모셔야 합니다만, 본인이 현재 무릎 부상으로 절로 예의를 표하기가 어려운 상황입니다.

이와 같은 상황에서 절이 아닌 다른 예를 표함으로써 유교 예법상 용인될 수 있는 방법이 있을까요? 예법에 어긋나지 않는 범위에서 활용할 수 있는 예를 표할 수 있는 방법에 대해서 답변 부탁 드리겠습니다. 아울러 근거도 말씀 주시면 감사하겠습니다. 감사합니다.

◆答; 제사 시(時) 절 대신 통용될 수 있는 예법.

제사(祭祀)에서 절이란 그 예의 전부가 됩니다. 따라서 생자간의 인사가 아닌 제사에서는 절이 아닌 다른 방법으로 그 예를 대신 할 수 있는 예법은 없습니다. 까닭에 김형준님과 같이 제주(祭主)가 절을 할 수 없다면 유고(有故) 중 중병자(重病者)에 해당됩니다.

그러한 경우 섭제(攝祭)의 예에 따라 제원 중에서 주인 대신 그 사유를 아래와 같이 축(祝)으로 고하고 초헌을 대행하게 됩니다.

●梅山曰宗子有疾病時則祝辭曰孝子某因病不能將事使某親某(或孝子某有疾病介子某代行)敢昭告于
●遂菴曰宗子有疾病不得參祭則祝辭改曰孝孫某有疾介子某代行薦禮敢昭告于(云云)
●周禮春官宗伯禮官之職大祝辨九拜條一曰稽首二曰頓首三曰空首四曰振動五曰吉拜六曰凶拜七曰奇拜八曰褒拜九曰肅拜以享右祭祀(註)稽首拜頭至地也頓首拜頭叩地也

▶1554◀◆問; 제사에 관하여 질문 드립니다.

조부(祖父)께서 일제 때 독립운동을 하시다 옥살이를 하시고 중국으로 망명(亡命) 후 아버님만 한국에서 홀로 지내시며 살았습니다. 지금은 작고하셔서 제가 아버님의 제사만 모시고 있습니다. 그러다 제가 오래 전 뿌리를 찾겠다는 심정으로 중국을 다니며 알아본 바 조부의 흔적을 발견하고 돌아가신 기일까지 알아 그 후로 약 3년간 제사를 모셨는데 가정사정으로 인하여 조부의 제사를 모시지 못하였습니다. 이제라도 다시 모시고 싶은데 절차도 모를 뿐 더러 함부로 모시면 아니 된다는 얘기가 있어 혼란스럽습니다. 이제라도 기일에 평소처럼 모시면 되는 것 인지 또 다른 예법이 있는 것 인지 조언 받고자 글을 올립니다. 좋은 말씀 주시면 감사하겠습니다,

◆答; 제사에 관하여.

아래와 같이 살펴보건대 선대가 출가(出家)하여 이미 죽을 나이가 되었을 때 제삿날을 정하는 문제를 이 외에도 많은 논의는 있으나 이와 같이 정하고, 제사(祭祀)를 행함에는 별다른 예법의 논함이 없습니다.

또 상복중행제의(喪服中行祭儀) 예법에서 복중(服中) 제사를 폐하였다 복을 벗고 다시 제사를 지내게 될 때 역시 별달리 고하거나 행하는 예법 없이 평시와 같이 제사를 지내게 됩니다. 따라서 작고하신 날짜가 바르게 확인되었다면 그 날을 당하면 평시와 같이 제사한다 하여 예법에 어그러졌다 할 수 없을 것입니다.

●尤庵曰比有失其父不得者愚嘗據通典使計其父年百歲 而發喪制服矣

●梅山曰不知亡日則是月也當用或丁或亥日行忌祭
●淵齋曰失父而不知其生死則尋求發喪之節縱多先賢諸說而陶菴所言詳且盡矣遭此變者
當遵而行之而以日代月若如來諭則反不如不服之爲宜祭日當用出家日

▶1555◀◆問; 제사에 대해서.

문의 드립니다. 숙부님 제사에 종제가 참석을 하지 못할 때가 있습니다. 사위 2 사
람과 조카인 제가 제사를 모십니다 이때 초혼관은 누가 해야 하며 지방과 축문은
어떻게 써야 합니까.

◆答; 제사에 대해서.

숙부(叔父)의 제사(祭祀)에 효자(孝子)가 불참(不參)이고 질(姪)과 그 사위만 참석(參
席)되었다면 질(姪)이 섭주(攝主)가 됨이 마땅하겠지요.

주인(主人)의 불참(不參) 사유(事由)를 밝히지 않아 연유(緣由)를 알 수는 없으나 아
래와 같이 살펴보건대 숙부(叔父)의 제사(祭祀)를 주인(主人; 祭主)을 대신(代身)하
여 지낸다면 섭제자(攝祭者)는 그 속칭관계(關係)가 다르니 지방(紙榜)은 신주(神主)
대용(代用)이라 주인(主人) 속칭으로 쓰고 축문(祝文)에는 대행(代行)하는 사유(事
由)를 고하고 대자(代字)나 사자(使字)를 쓰지 않고 모두 섭제자(攝祭者) 속칭(屬稱)
으로 고(告)함이 올을 듯 합니다.

●尤庵曰凡祭主人有故則使子弟代之者詳於家禮附註矣然代者是尊行則使字未安故俗禮
改云孝子某有故代叔父或兄云云而祖先之稱當從代者之屬云
●鏡湖曰今於高祖之祭叔父攝告曰代叔父敢昭告于曾祖云則其曰叔父者主於宗子也其曰
曾祖者主於代者也一祝之間稱號斑駁半上落下恐或未安似當曰介曾孫某敢攝告于曾祖云
云而都不用代字使字可也

▶1556◀◆問; 제사에 대하여.

아버님이 8 월 1 일에 돌아가셨습니다. 삼우재에 탈상을 하셨구요. 근데 어머님 기제
사가 8 월 18 일 입니다. 이럴 때에는 어머님 제사를 모셔야 하는지 궁금하여 여쭙
겠습니다.

◆答; 제사(祭祀).

상(喪)을 당하시어 얼마나 罔極하십니까? 먼저 인터넷 상이나마 애도(哀悼)를 표합
니다. 기왕(旣往)에 상후(喪後) 지내는 제사(祭祀)의 법도(法度)가 궁금하시다 말씀
하시니 정도로 살펴보아 드리겠습니다.

8 월 1 일 상(喪)을 당하시고 이미 장사(葬事)를 지낸 뒤 탈상(脫喪)을 하고 8 월 18
일에 어머니 기제가 드신다면 상(喪)을 당한 날로부터 19 여일 정도가 지났습니다.

아래와 같이 살펴보건대 유가의 예법으로는 상주는 상을 당하면 3 개월 후에 장사
(葬事)를 지내고 삼우제를 지낸 다음 졸곡제(卒哭祭)를 마치면(졸곡제 전은 모든 제
사를 폐함) 복인(服人) 중에 복이 가장 가벼운 이를 시켜 기제를 지내되 약설(略設;
간단하게 진설)) 무축(無祝; 축을 읽지 않고) 단헌(單獻; 한잔만 올림)으로 지낸다.
라 가르치고 있습니다.

석 달 이내에 장사(葬事)하는 것을 보장(報葬=疾葬; 빨리 장사 지냄)이라 하는데 불
가피(不可避)하게 석 달 이전에 장사(葬事)하였다 하여도 우제(虞祭)는 장사(葬事)
후(後) 바로 지내지만 졸곡제(卒哭祭)는 석 달 후에 법도(法度)대로 지내는 것이 바
른 예법(禮法)입니다. 따라서 초상(初喪)을 당한 후 20 여일 이내에 기제(忌祭)가 드

시니 졸곡제(卒哭祭) 이전이 되어 폐제(廢祭; 제사를 지내지 않음)하심이 바른 예법이 됩니다.

●雜記士三月而葬○士虞記三月而葬○書儀喪儀三卜宅兆葬日條王公已下皆三月而葬
●小記報葬者報虞三月而後卒哭註報讀爲赴急疾之義謂家貧或以他故不得待三月死而卽葬者旣疾葬亦疾虞虞以安神不可後也惟卒哭則必俟三月耳
●朱子曰葬前雖小祭禮當一切皆廢也
●要訣喪服中行祭儀篇凡三年之喪古禮則廢祠堂之祭而朱子曰古人居喪衰麻之衣不釋於身哭泣之聲不絕於口其出入居處言語飮食皆與平日絕異故宗廟之祭雖廢而幽明之間兩無憾焉今人居喪與古人異而廢此一事恐有所未安朱子之言如此故未葬前則準禮廢祭而卒哭後則於四時節祀及忌祭(註墓祭亦同)使服輕者行薦而饌品減於常時只一獻不讀祝不受胙可也

▶1557◀◆問; 제사에 대한 여러 가지 질문.

안녕하십니까. 아래와 같이 문의하오니 자세한 상담을 부탁 드립니다.

< 문의 사항 >

問 1. 제수 음식 방향. 그 동안 시골에서 부친께서 제사를 모시다가 내년부터 제가 제사를 모시게 되어서 이것 저것 살펴보니 제수 음식의 방향이 잘못되었다는 것을 알게 되었습니다.

옛날에는 그저 그런 가 보다 하고 크게 관심을 가지고 있지 않다가 요즘 아이들은 많이 조목조목 따지고 묻고 해서 관련자료를 찾아보니 방향이 잘못되었던 거 같습니다.

이런 경우 제가 직접 제사를 모시게 되면 시골 부친께서 참석하실 텐데 틀린 방향대로 하기에도 그렇고 또 제가 모신다고 확 바꾸기도 그렇고 또한 부친의 성격이 워낙 그러해서 그리고 또 조상님께는 어떻게 고(告)해야 하는 지요.

問 2. 고(告)하는 방법 보통 제사를 새로 모셔오게 되면 처음에는 조상님께 고(告)해야 한다고 하는 데 어떤 방식으로 어떻게 해야 하는지요?

問 3. 묘제 등 현재. 묘제와 시제는 어떻게 틀리는 건지요? 아니면 같은 건지요? 시골에서는 묘제나 시제라는 용어대신에 묘사 또는 모사라고 부르는 데 제가 유추를 해 보니 묘(墓)에서 제사를 지내다 보니 일(事)을 한다고 해서 묘사라고 하는 거 아닌가 본 데. 이에 대해서도 설명을 좀 부탁 드립니다. 그리고 엄밀히 묘제는 몇 대부터 몇 대 조상님까지 모셔야 하는지요?

問 4. 묘제 지내는 장소. 저는 엄밀히 말해 종손이 아니지만 부친께서는 묘제 지내시기를 원하십니다. 그런데 집안 종손께서 매년 묘제를 모시고 있고 또한 형편상 고향까지 내려가서 특정된 날에 묘제를 모시기는 현재로썬 불가능한 실정입니다. 따라서 아마 부친께서는 종손이 모시지 않는 직계 몇 대 조상님께 대해서 묘제(墓祭)를 모시기를 원하시는 거 같습니다. 이 경우 어디에서 몇 시에 어떤 방식으로 모시면 되는지요?

問 5. 종손과 장손의 차이. 종손은 그야 말로 집안의 장남이 계속 대(代)를 이은 것인 데요. 그럼 장손의 의미는 어디까지인지요? 감사합니다.

◆答; 제사에 대한 여러 가지.

問; 1. 答;

비요진설도(備要陳設圖)

```
===============신(神)===============
===============위(位)===============
반(飯)===잔(盞)===시(匙)===초(醋)===갱(羹)==
면(麵)===육(肉)===적(炙)===어(魚)===병(餠)==
포(脯)=숙채(熟菜)==장(醬===)해(醢)=침채(沈)菜
과(果)=과(果)=과(果)=과(果)=과(果)=과(果)=
```

●과행(果行)
○조(棗) 율(栗) 리(梨) 시(柿).
○혹은 홍동백서(紅東白西).

問; 2. 答; 제사(祭祀)를 옮김에는 옮겨야 할 사유(事由)가 있습니다. 사유(事由)에는 이사(移徙)뿐입니다.

지금은 대개의 가문(家門)에서 사당(祠堂)을 세우지 않고 신주(神主) 대신 지방(地方)으로 제사를 지내고 있는 까닭에서 옮김을 쉽게 생각하고 있어 그렇습니다. 이안(移安) 봉안(奉安) 시의 예법은 단헌(單獻)의 예입니다.

아래는 이사(移徙)를 하게 되어 신주(神主)를 옮겨 가거나 옮겨 온 후의 고사식(告辭式)입니다.

◆買家移居告辭
本菴曰要訣曰凡神主移安還安或遷奉他所則其告之祭用朔參之儀若廟中改排器物鋪陳或暫修雨漏處而不動神主之事則告祭用望參之儀告祠則臨時製述三禮儀曰如一日內移奉者似當一告一薦家宅不利移買某處今以吉辰奉陪移寓敢告或今以吉辰移安新家敢告

◆買家移安後慰安祝辭
維 歲次干支幾月干支朔幾日干支某孫某敢昭告于 顯某代祖考某官府君 顯某代祖妣某封某氏諸位列書屋宇維新廟儀如舊伏惟 神主是居是靈告几筵曰改廟儀爲几筵改神位爲尊靈

◆買家奉安于宗家告辭
維 歲次干支幾月干支朔幾日干支某孫某敢昭告于 顯某代祖考某官府君 顯某代祖妣某封某氏諸位列書家舍有變異之事今月某日永賣于他人而祠堂無姑安之所將姑祔於某祖之傍謹以酒果用伸虔告謹告

◆移舍奉主告辭
維 歲次干支幾月干支朔幾日干支孝玄孫最尊位屬稱某敢昭告于 顯高祖考某官府君 顯高祖妣某封某氏諸位列書今因移舍將奉祠版或紙牓則改祠版爲諸位移安于某洞或某道某郡某洞新第敢告官次移奉措語○今按守令官次奉往廟主則改云今奉祠版將向某郡官次云云

◆奉安新宅祝辭
維 歲次干支幾月干支朔幾日干支孝玄孫最尊位屬稱某敢昭告于今按若新舊第相距不遠同日奉安不書年月無妨 顯高祖考某官府君 顯高祖妣某封某氏諸位列書屋宇惟新廟儀或紙牓則改廟儀爲奉儀如舊伏惟 神主或紙牓則改神主爲尊靈是安是依官次奉安措語今按奉主官所則當云今赴官所權立祠堂伏惟云云

◆移徙者奉行神主告辭
維 歲次干支幾月干支朔幾日干支孝玄孫最尊位屬稱某敢昭告于 顯高祖考某官府君 顯高祖妣某封某氏諸位列書運有消長宅基將替玆圖移徙以永先祿今已卜定家宅于某鄕某里敢請神主恭奉以行伏惟歆領謹告

◆移徙者奉行神主旣奉安告辭

維　歲次干支幾月干支朔幾日干支孝玄孫最尊位屬稱某敢昭告于　顯高祖考某官府君　顯高
祖妣某封某氏諸位列書買㢰家居舊有祠堂或新建祠堂因是灑掃旣潔旣完新建無此兩句伏
惟先靈是寧永垂蔭庥謹以淸酌庶羞恭伸奠告

◆移居時遷廟祝文

云云伏以世業漸剋祀事將絶自耕自鑿安分得計在野旣苦入山宜老蓼阿聖洞爰巢爰歸今遷
龕卓不勝感慕敬奉之至事由敢告自高祖考妣以下列書

◆移居時告先考墓文

恭惟府君其德如天生我敎我期以荷薪小子不肖獲罪神明遽失所怙已數十齡玄堂之卜迺在
家後有時拜省如奉咺詔生丁不辰薦禍孔酷將驅斯人禽獸之易小子狷滯恐禍迫膚萬不獲已
挈家遵海古有徐公避地全髮竊附斯義他不遑恤違離先壠惟有痛隕誓死守義不辱遺訓以是
報親厥罪庶有伏惟慈靈庶幾冥佑

問; 3. 答; 요즘의 사가의 선대 제사에는 사시제(四時祭) 선조제(先祖祭) 니제(禰祭)
등은 거의 들의 가문에서 지내지 않고 있으며 다만 기제(忌祭)와 묘제(墓祭) 명절
(名節) 참례(參禮) 정도가 됩니다.

묘(墓)에서의 제사의 정식 명칭은 묘제(墓祭)로서 묘제(墓祭)에는 시조(始祖), 불천
지위(不遷之位), 친진(親盡) 묘제(墓祭; 오대조 이상), 친미진(親未盡; 고조 이하)묘
제가 있습니다.

묘제(墓祭)는 시조(始祖)와 불천지위(不遷之位), 고조(高祖)이하는 기제(忌祭)와 아울
러 지내게 되고 [지금은 거의 들의 가문(家門)에서 고조(高祖) 이하의 묘제(墓祭)는
폐한 듯함] 오대조(五代祖)를 포함 그 이상의 묘제는 세일제(歲一祭)라 하여 묘(墓)
에서만 제사하게 되니 묘제(墓祭)는 전(全) 조상(祖上)을 지내게 됩니다. 묘제(墓祭)
의 이칭(異稱)으로 시제(時祭) 시향(時享) 시사(時祀) 등등으로 이르게 됩니다.

問; 4. 答; 묘제(墓祭)를 지내는 시기는 고조(高祖) 이하 친미진(親未盡) 묘제(墓祭)
는 음력 3 월 상순(上旬)에서 택일(擇日)하여 지내고 친진조(親盡祖)는 음력 10 월 1
일에 지내게 되는데 옛날에는 지금과 같이 쇄소(灑掃; 벌초)를 가을에 접어 들면 날
을 잡아 행하지 않고 당일 묘역(墓域)을 다듬은 뒤 지내게 되었으니 원근(遠近)에
따라 제사를 지내는 시간 역시 다를 수 밖에 없었습니다. 따라서 묘제 지내는 때를
기제와 같이 명기되어 있지 않습니다.

問; 5. 答; 종손(宗孫)이란 일문(一門) 또는 동족(同族)의 최고 조상(祖上)의 직계손
(直系孫)의 이름인데, 대종(大宗)의 적장자손(嫡長子孫)이나 소종(小宗)의 적장자손
(嫡長子孫)을 종손이라 하며, 장자(長子)라 하면 여러 아들 중 맏이란 의미가 되어
장자(長子)가 부(父)의 상(喪)을 당(當)하거나 승중(承重)이 되면 그 뒤를 이어 사당
(祠堂)의 주인이 되는 종손(宗孫)이 됩니다.

▶1558◀◆問; 제사에 대해 알고 싶어 적어봅니다.

더운데 수고가 많으십니다. 얼마 전에 큰 오라버니가 돌아가셨어요. 절에 모시고 오
늘 2 제를 지냈습니다. 사십구 일에 탈상할 예정입니다. 제가 궁금한 것은 제사를
혹은 차례를 모시는 일 때문입니다. 혹자는 장손이 돌아가신 거라 일년 후 기제사전
에는 어르신들 제사와 차례도 안 지내는 거라는 주장이 있어 문의 드립니다. 다가
오는 추석도 있고 구정, 제사를 지내야 하는 건지 안 지내는 건지 알고 싶습니다 부
디 소중한 고견을 기대합니다.

◆答; 제사에 대해 알고 싶어.

삼년상(三年喪) 복중(服中)인 상주(喪主)는 졸곡(卒哭) 전에는 모든 제사(祭祀)를 폐하고, 졸곡(卒哭) 후(後) 삼 년 탈상(脫喪) 이전(以前)은 복(服)이 가장 경한 복인(服人)이 명절(名節)과 기제(忌祭), 묘제(墓祭)를 지내도록 시키되 축(祝)이 없고 단헌(單獻)의 예로 마치게 됩니다.

졸곡(卒哭) 전(前)이란 3 개월(장사)+ 4 또는 5 일(졸곡)로 사후(死後) 음력 달로 3 개월 4, 5 일 후가 됩니다.

●家禮喪禮治葬三月而葬條司馬溫公曰勅王公以下皆三月而葬
●要訣喪服中行祭儀凡三年之喪未葬前則準禮廢祭而卒哭後則於四時節祀及忌祭(墓祭亦同)使服輕者行薦而饌品減於常時只一獻不讀祝不受胙可也

▶1559◀◆問; 제사예절.

祭祀에 술잔 올릴 때 술잔에 술을 따른 후 왜 왼쪽으로 세 번 돌려야 하는지, 이러한 방법이 禮法에 맞는지요. 좀 이상해서 문의 드립니다. 2014/04/26 鄭崴 드림.

◆答; 술잔 향불 위에서 돌리는 예절 없음.

유가(儒家)의 예법으로는 그와 같이 돌리는 예법은 없습니다 다만 받들 뿐입니다.

●性理大全祭禮四時祭初獻; 主人搢笏奉高祖考盤盞位前東向立執事者西向斟酒于盞主人奉之奠于故處

▶1560◀◆問; 제사와 안경.

저는 근시데 제사를 지내기 전에 어느 어른께서 안경을 벗어 놓고 지내라 합니다.

◆答; 제사와 안경.

지난 세월(歲月)에는 안경(眼鏡)이라 하면 요즘과 같이 난시용(亂視用) 근시용(近視用) 등 일상(日常) 생활(生活)에서 항시(恒時) 착용(着用) 용이 아니라 노안(老眼)으로 인한 가까운 것을 보기 위한 돋보기 안경(眼鏡)이었을 뿐으로 서화와 책을 읽을 때 착용(着用)하였다 기타(其他) 생활(生活)에서는 벗어야 하는 용품(用品)이라, 책을 읽다가도 어른이 오시게 되면 벗게 되었고 물론 제사(祭祀)를 지낼 때도 벗어 놓고 지냈었으니 오랜 세월(歲月) 동안 그와 같이 실천 되어 그 외의 생활에서는 벗음이 예로 은연 중 고정관념화된 결과로 이해되어야 할 것입니다.

그러나 난시(亂視)나 근시용(近時用) 안경(眼鏡)은 육체(肉體)의 결함(缺陷)을 보완(補完)하는 도구(道具)로서 항시(恒時) 신체(身體)의 일부(一部)로 기능(技能)하고 있으니 어느 특정행사(特定行事)에서는 벗어야 한다. 라 할 수 없을 것입니다.

●物名考文武類眼鏡註三穴鏡
●星湖僿說萬物門靉靆條靉靆者俗所謂眼鏡也老人目昏不辨細字張此物于雙目字明居家必備云
●問二公以妙年皆戴眼鏡何也蘭公曰皆有眼病不戴此則如看霧中花云

▶1561◀◆問; 제사음식.

안녕하세요. 제사음식을 만들 때 향신채(마늘, 파, 고춧가루, 생강)와 치로 끝나는 생선과 복숭아만 피하면 모든 요리가 가능 한 건가요?

시어머님 첫 제사를 준비하면서 고민이 많습니다. 평소에 좋아하시던 음식 위주로 금기되는 사항이 아니라면 준비해도 되는지 검토 부탁 드립니다.

1. 나물류: 도라지, 고사리, 두릅 (?)

2. 과일류: 배, 사과, 딸기, 참외, 수박 밤과 대추 곶감을 꼭 해야 하는 건가요?

3. 전복찜, 갈비찜 고기산적 대신 갈비찜으로 올려도 되나요?

4. 새우전, 버섯전을 올려도 되나요?

5. 잡채랑 해파리 냉채(冷菜)를 올려도 되나요? 평소 다른 집 제사(祭祀)에서 보던 음식(飮食)들이 아니고 평소에 좋아하시던 음식이라서 질문(質問) 올려 봅니다 감사 합니다.

◆答; 제사음식.

제사에 어류(魚類)에서 잉어는 올리지 않고, 과실에서는 복숭아를 쓰지 않으며, 마늘, 생강, 파 등과 같이 냄새가 나는 훈채(葷菜는 그대로 또는 가미용(加味用)으로 쓰지 않으며, 천산(天産)과 지산(地産)에서 생자(生者)가 먹는 것은 못 올릴 것이 없 다 하신 말씀도 있으니 그 외는 가릴 것은 없습니다.

○불용(不用); 천산(天産)= 잉어(鯉魚). 지산(地産)=복숭아.

○훈채(葷菜); 파늘, 파, 생강 등과 같이 냄새가 나는 주로 양념류 채소.

○천산(天産)= 동물류(動物類).

○지산(地山)= 식물류(植物類).

●增解黃氏曰抄鯉魚不用於祭祀

●家語桃爲下祭祀不用不登郊廟

●禮器禮也者合於天時設於地財順於鬼神合於人心理萬物者也故天不生地不養君子不以 爲禮鬼神弗饗也居山以魚鼈爲禮居澤以鹿豕爲禮君子謂之不知禮註天不生謂非時之物地 不養如山之魚鼈澤之鹿豕之類

●三禮儀果菜魚薦新每龕條魚各一器石魚葦魚銀魚白魚靑魚

●陶庵曰凡木實之可食者無不用

●士虞禮兩邊棗栗棗在西註尙棗棗爲美據此棗當設果行之首而栗次之

●性齋曰我東則百果無不産焉如棗栗梨柿

●同春問家禮時祭果用六品要訣用五品何義沙溪曰要訣蓋本司馬公及程氏儀或者常以爲 非讀禮記知或說近之今人六品之果若難備四品或兩品庶合禮意

●本草綱目五葷蔥有胡蔥紫蔥甘蔥山蔥野蔥之別苀茖蒜有大蒜小蒜胡蒜葫小蒜野蒜卵蒜 宅蒜山蒜蕎巖莳𦬊今呼韭菜薤葉似韭而闊多白實辛不葷道家亦餌一作籤薑或訓胡荽一作 芫荽訓芸薹一名油菜譯語同文兩類解韭菜訓薤菜訓道釋則常不茹葷*儒家則祭祀齋戒雖有 不茹葷之文其實不忘也

▶1562◀◆問; 제사 음식 중 탕의 종류와 의미를 알고 싶습니다.

제사 음식을 보면 과일이나 포, 삼채 등에 관한 의미와 정보 등은 쉽게 찾아 볼 수 있던데요. 탕에 관한 거는 알 수가 없어서 문의 드립니다. 저희 집에서는 늘 똑같은 탕국과 3 탕을 올리는데 꼭 그렇게 한가지의 탕을 올려야 되는지 그렇지 않다면 일 반 국을 올려도 되는지 알고 싶어요.

마지막으로 기제사에만 탕을 올리라 되어있던데 탕에 관련한 의미와 유례가 궁금합 니다.

◆答; 제사 음식 중 탕의 종류와 의미.

탕국이라 하심은 갱(羹; 즉 국)을 의미하시는 것 같습니다. 갱(羹)은 육갱(肉羹)이나 채갱(菜羹) 중에 하나를 택하여 반(飯)과 동열에 진설이 됩니다.

탕(湯)은 가례(家禮)에는 진설(陳設)됨이 없으나 요결(要訣)의 시제의(時祭儀) 구찬조(具饌條)를 살펴보면 오색(五色; 다섯 가지)이라 하시고 주(註)에서 말씀하시기를 혹어(或魚) 혹육(或肉) 혹채(或菜)라 하셨으니 이 예법을 따르는 가문(家門)에서 삼탕(三湯)이라 하면 어탕(魚湯) 육탕(肉湯) 채탕(菜湯)을 의미하게 됩니다.

탕(湯)을 진설(陳設)하는 가문(家門)에서는 기제사(忌祭祀)뿐만 아니라 조상 제사에는 모두 진설되며 탕(湯)에 관련된 의미는 요결(要訣) 어디에서도 설명됨이 보이지 않을 뿐만 아니라 特牲饋食禮에서는 魚東肉西로 진설하는 이치도 그럴 필요가 없다라 하였으니 어류(魚類)는 동에서 생산(生産)되어 어동(魚東)으로 진설 되고 육(肉)은 서쪽(중국의 지형지세임)에서 생산되어 육서(肉西)의 의미도 그와는 관련이 없는 듯하여 의문의 요지와는 무관(無關)한 말씀이 될 것 같고, 탕(湯)의 유래(由來)는 고례(古禮)는 없었으나 오탕(五湯)의 예는 요결(要訣)에서 처음 채용 된 예가 아닌가 합니다.

마지막 의문(疑問)이신 유래(由來)와 의미에 대하여 그 기록(記錄)을 찾아 올라가 보았으나 분명하게 적중시킬 전거(典據)는 찾아지지가 않습니다.

●便覽具饌羹條肉羹或菜羹按古者大羹卽肉羹不致五味者鉶羹卽肉和菜調五味者菜羹卽純用菜者今湯用魚肉則羹當用菜湯不用魚肉則羹當用肉

●沙溪曰家禮所謂魚肉乃魚湯肉湯也

●擊蒙要訣時祭儀具祭饌條每位湯五色註或魚或肉或菜隨所備若貧不能辦則只三色亦可

●特牲饋食禮魚肉未必分東西也世有魚東肉西之說未知何據而至以爲東南多水魚生之西北多山獸居之故也

●士儀丘氏設饌圖魚亦居東居西肉亦居東居西則又無定也然今成俗禮世皆行之從俗無害矣

●尤庵曰家禮所謂魚肉未有必是湯之明文然禮有三獻爓之說說者謂爓沉肉於湯也然則今世所謂湯者或意其本於此也溫公祭儀有肉羹炒肉之文此其爲湯明矣如不欲用湯則依禮記用殽蒸之說亦何妨歟

●愼獨齋曰古無以肉羹喚做湯者郊特牲所謂三獻爓疏家以爲爓沉肉於湯次腥未熟云則尤翁之援此湯字以爲魚湯肉湯之證者恐未然惟儀節昏禮有湯飯之文則謂羹爲湯而與飯對稱亦後世之俗語也古禮則只以泰羹鉶羹配黍稷本無用魚肉羹之文家禮亦旣以羹配飯則此魚肉之非羹明矣且據古禮牲俎魚俎皆烹熟所薦則家禮之意恐亦只如此三禮儀之說恐爲定論然尤庵據書儀兼用膾則從之亦宜矣

▶1563◀◆問; 제사의 용어 문의.

수고가 많으십니다. 비가 많이 오는 관계로 모인 자리에서 의견을 주고 받는 중에 [제수(祭需)는 장만하지 않는 제물이고, 제수(祭羞)는 장만된 제물이며, 진설(陳設)은 제사상에 차린 것이고, 진설(進設)은 제사상에 차리지 않고 준비한 것이다]라는 말을 들었습니다, 맞는 말인가요?

◆答; 제사의 용어.

祭需; 제물(祭物)과 동의(同意)로 제사(祭祀)에 올리는 음식을 이르며,

祭羞; 제물(祭物)을 진설(陳設)하다. 란 의미입니다.

陳設; 잔치나 제사 등에 음식을 법식에 따라 차려 놓음을 의미합니다.

進設; 아마도 표준어는 아닌 상 싶으나 예법에서 설찬(設饌)의 용어로 쓰일 때는 진(進)은 올리다. 라는 의미이니 제물을 진설한다. 라 풀이 할 수 있을 것입니다. 따라서 이 역시 진설(陳設)과 큰 의미의 차이는 없을 것 같습니다.

需; 드리다. 받치다. 올리다.

羞; 올리다. 진헌하다. 음식물을 받치다.
陳; 진설하다.
進; 올리다. 봉상하다.

●元史成宗記與民均納供需
●燕行日記陳祭物飯五器蒸餠五器菜五器烹猪一
●左傳隱公三年可薦於鬼神[(林)薦享也鬼神天神人鬼也言雖微物可薦享於鬼神也]可羞
於王公[(杜)羞進也(林)亦言微物可進於王公之貴也]
●皮日休詩賤貢士云西獨進羅綺
●詩傳大全小雅陳饋八?註粲然其鮮明陳饋八?而肥?之旣具備此??于以速我諸舅(云云)

進饌; 제례(祭禮)에서의 진찬(進饌)이라 함에서의 진(進) 역시(亦是) 올린다는 의미
(意味)일 뿐이며, 아래에서와 같이 진설(進設)에서의 진(進) 역시(亦是) 올린다. 로서
제물(祭物)을 탁자(卓子) 위에 올려 베풀어 놓다(陳設하다).

●孝陵誌祭物陪進之規祭物設于卓子上[細書祭物進設祭酒封表解脫時凡事皆告知于兩參
奉]

▶1564◀◆問; 제사의 호칭.

질문 1) 일반 가정에서 기제사를 지내는데 고조할아버지까지 지낸다면 이를 4 대
봉사라고 합니까? 아니면 5 대 봉사라고 합니까?
질문 2) 족보상 공식호칭에서 나(저)를 기준으로 말 할 때 아버지는 저의 1 세조(世
祖)라고 하고? 저는 아버지의 1 세손(世孫)이라고 말해도 되는지요? 저는 주자를 시
조로 하는 신안 주씨 족보에는 33 세 칸(단)에 있습니다. 그러면 주자는 저의 32 세
조이고, 저는 주자의 32 세손이며, 저는 신안주가의 33 세 라고 말하면 맞는지요?
질문 3) 일상용어에서, 결혼해서 2 세 봤다는 말과 한집에 3 대(할아버지 아버지 나)
가 산다고 할 때도 너도 이제는 2 세도 보았고 1 世孫을 가진 조상이다 라고 말하
고, 3 세(世)가 한집에 산다고 해도 무방한지요?

◆答; 제사의 호칭.

위 질문의 내용이 거의 호칭에 관함이라 호칭을 바르게 세우기 위하여 노심초사하
시는 학자 분들이 있어 이에 선뜻 답하시리라 믿고 미루고 있었으나 이 시각까지
답이 없어 아래와 같이 살핀바 소견을 붙여 놓습니다.

질문 1). 答; 사대봉사(四代奉祀)라 합니다. 까닭은 계대로 고조(高祖)까지는 자기를
포함하여 5 대가 되나 자기(自己)를 자기(自己)가 봉사(奉祀)하지 않으니 그 외 4 대
만 제사(祭祀)하고 있어 사대봉사(四代奉祀)라 하는 것입니다.

질문 2). 答; 족보상(族譜上)에서는 조손(祖孫)의 호칭은 없고 다만 하세(下世)로 시
조(始祖)는 1 세라 하지 않고 시조(始祖)라 하며 이하(以下)에서 이세(二世) 삼세(三
世) 사세(四世) 등(等)으로 헤아려지는데 위로의 호칭은 부(父) 조(祖) 증조(曾祖) 고
조(高祖) 오대조(五代祖) 육대조(六代祖)시조(始祖) 아래로는 자(子) 손(孫) 증손(曾
孫) 현손(玄孫) 래손(來孫; 五世孫) 곤손(昆孫; 六世孫) 잉손(仍孫; 七世孫) 운손(雲
孫; 八世孫) 구세손(九世孫) 등으로 호칭되지요.

물론 유학(儒學)의 사전(辭典) 격인 옥편(玉篇)에서 대세(代世)는 동의(同意)라 하였
으니 대조세조(代祖世祖) 대손세손(代孫世孫) 중(中) 어느 칭호(稱號)를 사용(使用)
한다 하여도 오류(誤謬)는 아닙니다.

부(父)를 1 세조(世祖) 자(子)를 1 세손(世孫)에 관하여는 질문(質問) 3 을 참고(參考)

하십시오.

33 세(世) 칸에 있다 함은 시조(始祖)를 포함(包含)하여 모두 33 세라 함이니 신안주가(新安朱哥)의 33 세라 함이 옳겠지요.

질문 3). 答; 父를 1 세조(世祖)라 칭하지 않는데 다만 수로 세조(世祖)를 따질 때 따져 올라가는 경과의 수로 이를 뿐 정식 칭호(稱號)가 아니니 일상(日常)에서는 아버지(부(父))일 따름입니다. 마찬가지로 손(孫)을 헤아림에서도 동일하게 따짐이니 아들(子)일 뿐입니다.

다만 부자(父子) 관계(關係)를 [1 세손(世孫)을 가진 조상(祖上)이다]라 표현(表現)한다고 하여 단순(單純)히 조손(祖孫)의 헤아림에서 잘못되었다 할 수는 없겠으나 통상(通常) 용어(用語)로 쓰이기에는 부적절(不適切)하지 않을까 합니다. 까닭은 1 세손(世孫)은 자(子)의 정식 호칭이 아니기 때문입니다.

대세(代世)는 동의(同意)이니 조부손(祖父孫)이 한집에 기거(起居)하면 3 세(世; 代)가 한 집에 산다. 하여도 잘못된 표현(表現)이 아니겠지요.

●南溪曰今若以此合於家禮四代奉祀之法則正是諸侯之制此所以有備要高祖當出之說不可以帝王家世室定論也
●國朝喪禮補編服制條士庶雖爲四代奉祀猶服三年之服況承統主?之胄子乎
●宦鄕要則本族前後輩稱號篇父母稱父母自稱曰子父之父母生稱祖父母自稱曰孫祖之父母生稱曾祖父母自稱曰曾孫曾祖之父母生稱高祖父母自稱曰元孫(玄孫)高祖之父母稱某世祖考?自稱曰來孫或稱某世孫又上一世自稱曰?孫又上一世自稱曰仍孫又上一世自稱曰雲孫始祖稱始祖自稱曰某世孫太始祖稱太始祖自稱曰裔孫或稱世孫
●釋名釋親屬篇父甫也始生己也祖祚也祚物先也曾祖從下推上祖位轉增益也高祖高?也最在上?鞱諸下也子?也相生蕃?也孫遜也遜在後生也曾孫義如曾祖也玄孫玄懸也上懸於高祖最在下也玄孫之子曰來孫此在無服之外其意?遠呼之乃來也來孫之子曰昆孫昆貫也恩精轉遠以禮貫連之耳昆孫之子曰仍孫以禮仍有之耳恩意實遠也仍孫之子曰雲孫言去已遠如浮雲也皆爲早娶晚死壽考者言也
●釋親考子之子爲孫孫之子爲曾孫曾孫之子爲玄孫玄孫之子爲來孫來孫之子爲?孫?孫之子爲仍孫仍孫之子爲雲孫

▶1565◀◆問; 제사 지내는 날짜가 궁금합니다.

제사 지내는 날짜와 제사 지내는 시간이 궁금합니다.

일반적으로 제가 알고 있는 사항은,
1. 제사 지내는 날짜: 돌아가신 날(예, 8 월 22 일)을 기준하여 8 월 21 일.
2. 제사 지내는 시간: 자시(21 일 23 시~ 22 일 01 시) 에 지내는 것으로 알고 있습니다.

의례문답(疑禮問答)을 찾아보니 위의 사항과 차이가 있습니다. 궁금함이 있고, 제사(祭祀) 지내는 것에 대하여 정확한 개념(槪念)을 알아야겠다고 생각이 들었습니다. 도와 주세요.

1. 돌아가신 날: 8 월 22 일, 15 시경,
2. 전통 예법으로,
    - 제사 지내는 날짜:
    - 제사 지내는 시간:
3. 현대의 바쁜 사회에서 돌아가신 분에게 최소한의 예를 표현하는,

- 제사 지내는 날짜:
- 제사 지내는 시간:

등 상기의 2와 3에 대하여 고언을 주시면 감사하겠습니다.

◆答; 제사 지내는 날짜.

問; 돌아가신 날: 8월 22일, 15시경 전통 예법으로,

제사 지내는 날짜: 答; 매년 8월 22일.

제사 지내는 시간: 答; 질명(質明; 먼동 틀 무렵. 해 뜨기 전).

●祭義君子有終身之喪忌日之謂也註忌日親死之日也
●周禮春官宗伯禮官之職小史條掌邦國之志奠繫世辨昭穆若有事則詔王之忌諱註鄭司農云先王死日爲忌名謂諱
●禮器質明而始行事疏質正也謂正明之時少牢禮朝明行事註朝明質明也此乃周禮也
●家禮忌祭篇○厥明夙興設蔬果酒饌○質明主人以下變服○詣祠堂奉神主出就正寢○參神降神進饌初獻
●士冠禮擯者請期宰告曰質明行事
●南溪曰質明卽大昕指日未出時也
●尤菴曰行祭太早不可太晚亦不可惟當以質明

問; 현대의 바쁜 사회에서 돌아가신 분에게 최소한의 예를 표현하는,

제사 지내는 날짜: 答; 당일(當日).

제사 지내는 시간: 答; 자시(子時).

위 질문은 성균관에서 이 이상 공식적으로 답변될 사안이 아닌 상 싶습니다.

▶1566◀◆問; 제사 지내는 날짜 및 고(告)하는 방법.

안녕하십니까. 성균관(成均館)의 가르침에 많은 것을 배우고 있습니다. 상기와 관련하여 일전에도 상담(相談)을 요청하고 답변(答辯)을 보았으나 명확하지 않아서 재문의를 드립니다.

問; 1. 제사 지내는 날짜: 기존 답변에서는 돌아가신 날 지내시는 게 맞는다고 하였습니다. 그런데 어떻게 보면 돌아가신 날이나 살아 계신 날이 같다. 고 생각을 합니다.

예를 들어 2013년 10월 17일 오전 10시에 돌아가셨다고 하면 2013년 10월 17일 오전 11시 59분까지는 살아계신 것 입니다. 따라서 2013년 10월 17일 오전 10시에 임종을 하셨다면 2014년 때 모시는 제사는 정확히 10월 몇일 몇시에 제사를 모셔야 하는지요?

問; 2. 고(告)하는 방법.

問; 2. 1) 기존 답변에서는 이사를 하였을 때 고(告)하여야 한다고 하셨는데 저의 경우에는 고향에 계시는 부친께서 연로하시어 제가(거주지: 인천) 대신 제사를 모시기로 하였습니다. 이를 경우 어떻게 제사 때 고(告)하여야 하는지요? 간략하게 고(告)하는 방법이 있다면 알려 주시기 바랍니다.

問; 2. 2) 만약 2.1)항을 모르고 한 번 제사를 모셨다면 다음 제사 때 고(告)를 하여야 하는지요. 아니면 지나간 일이니 고(告)하는 절차 없이 그냥 제사를 모셔도 되는 것인지요. 이를 경우에도 늦었지만 고(告)를 하여야 한다면 간략하게 고(告)하는 방법이 있다면 알려주시기 바랍니다.

問; 2. 3) 그리고 만약 제주가 이사를 하였을 경우에도 고(告)해야 한다면 이 또한

간략하게 고(告)하는 방법이 있다면 알려주시기 바랍니다.

問; 2. 4) 저의 집안에서 여러 가지 사유 등으로 인하여 증조부모님의 제사를 내년부터 한 날 같이 모시기로 하였습니다. 즉 증조모님의 기일이 10월이고 증조부님의 기일이 12월이라서 빠른 날짜인 증조모님의 기일인 3월에 증조부모님의 제사를 합제(合祭)로 하기로 하였습니다.

이 경우 증조부님의 기일에 내년부터는 같이 모신다는 내용으로 고(告)해야 한다고 주위에서 그러는데 이 또한 간략하게 고하는 방법이 있다면 알려주시기 바랍니다.

問; 2. 5) 특기 사항: 상기에 고(告)할 적에 한글세대도 많으니 혹시 한글로 고하는 방법이 있다면 좋겠습니다.

問; 3. 기타 제사.

問; 3. 1) 돌아가신 다음 해의 생신: 일부에서는 정확하게 기억이 나지 않지만 돌아가신 다음 해에는 생전과 똑 같이 생신을 해드려야 한다고 합니다. 이것은 어디에서 연유가 된 것인지요? 아니면 그냥 일부에서 돌아가신 분을 위로하는 차원에서 그러한 것인지요?

問; 3. 2) 돌아가신 분의 환갑 등: 일부에서는 또 돌아가신 분이 사고·등으로 일찍 환갑 전에 돌아가신 경우에는 묘소에서 환갑과 비슷한 행사를 한다고 예전에 들은 기억이 있습니다. 이 또한 근거가 있는 것인지 궁금합니다. 감사합니다.

◆答; 제사 지내는 날짜.

問; 1. 答; 기일(忌日)은 오후에 죽었던 오전에 죽었던 그날 아침 해뜨려 할 때(質明) 지내기.

問; 2. 問; 2. 1) 答; 극히 연로(年老)하여 제사를 지낼 수 없다면 전중(傳重)의 예법에 의하여 그의 장자(長子)가 그 제사를 지내게 되는데 섭주(攝主) 예에 따라 지내게 됩니다.

전중(傳重)의 예는 물려 받는 모든 조상(祖上)을 설위(設位)하고 단헌(單獻)의 예로 전중(傳重) 고사(告辭)문으로 사유(事由)를 고하고 또 시골에서 서울로 제사(祭祀)를 옮기려면 신주(神主)를 옮겨야 하니 옮기는 시골에서 옮기는 사유(事由)를 고하고 옮겨와 옮겨 놓은 집에서 봉안(奉安)고사(告辭)를 지내야 합니다. 다만 지방(紙榜)예 역시 신주(神主) 예(禮)를 따라야 마땅할 것입니다.

問; 2. 2) 答; 이미 그와 같은 절차 없이 행하였다면 제사란 그 때를 놓치면 다시 그 제사를 지내지 않습니다. 예를 들어 기일(忌日)이 9월 1일인데 그날을 잊고 넘겼다면 다음날 생각이 났다 하여도 그 제사를 지내지 않는 것과 마찬가지입니다.

問; 2. 3) 答; 위 2.1)참고하십시오.

問; 2. 4) 答; 유가(儒家)의 예법(禮法)에는 그와 같이 기일(忌日)을 하루에 합쳐 지내고 마는 법도(法度)는 없습니다. 법도(法度)가 없으니 고하는 축식도 없습니다.

問; 2. 5 答; 축(祝)은 산사람을 위하여 고하는 글이 아니라 제사(祭祀)하는 신(神)께 고하는 글입니다. 사람이 죽으면 전지전능(全知全能)한 신(神)으로 화한 까닭에 한문(漢文) 투의 글도 다 이해(理解)하게 되어 한글 축으로 고하지 않아도 됩니다.

問; 3. 問; 3. 1) 答; 죽어 삼년(三年) 내는 생신제(生辰祭)를 지내드린다는 것입니다. 따라서 탈상(脫喪) 전(前; 3년 내)은 생전(生前)의 예로 대하게 되는 것입니다.

問; 3. 2) 答; 환갑(還甲) 역시 생신과 같이 자식 된 도리로서 생기유경몰녕감망(生既有慶歿寧敢忘)이라 살아계셨더라면 경축(慶祝)의 잔치가 있을 것인데 작고(作故)하셨다고 감히 잊을 수가 없다는 것입니다.

▶1567◀◆問; 제사날짜.

시제(時祭)의 날을 정하며 집안에 약간의 분란(紛亂)이 일어 조상님 뵙기가 민망하고 죄송하기 그지없습니다. 주의의 다른 어르신에게 상의를 드릴까 하다가 분란이 더 커지고 속된 말고 집안망신을 초래(招來)할까. 그러지 못하고 다시 이곳에 글을 올립니다.

후손들의 편한 날을 택해 시제를 모시자는 쪽과 지금과 같이 계속 모시던 날에 모시자는 쪽으로 나뉘어 있는데, 혹시나 이런 경우 어떤 해결책이 있는지 조언(助言)을 구해봅니다. 아직까지 집안에 큰 분란 없이 잘 지내왔는데 작은 불씨가 큰불이 되지 않을까 걱정입니다.

◆答; 제사날짜.

아래 말씀을 정리하여 보면 친미진조상(親未盡祖上)의 묘제(墓祭)는 초목이 처음 살아나기 시작하는 한식 때(3 월 상순)에 지내고 친진조상(親盡祖上)의 묘제는 초목이 시들기 시작하는 10 월 초하룻날 지낸다. 라 이해되어야 할 것입니다.

따라서 기제(忌祭)나 묘제(墓祭)나 모두 그 날 지내게 되는 의미와 이유가 있게 되는 것입니다. 다만 후손들의 편의만 도모(圖謀)하고자 한다면 기제(忌祭)든 묘제(墓祭)든 지내지 않는 것이 최상책이 되겠지요. 그러나 고단의 괴로움을 물리치고 해마다 그 날을 잊지 않고 모여들어 제사하는 것은 조상과 내가 연결되어 있다는 사실을 일깨워 효친사상의 함양과 아울러 동족이라는 연대감을 새롭게 다지는 계기가 되는 것 아니겠습니까.

●張子曰寒食與十月朔日展墓亦可爲草木初生初死

▶1568◀◆問; 제사모시는 날짜 문의.

안녕하십니까. 성균관(成均館)의 가르침에 따라 하나하나 법도(法度)를 배우고 있는 중 입니다. 제사(祭祀)를 모시는 시간을 옮기고자 합니다. 예를 들어 음력(陰曆) 10 월 15 일 저녁 12 시에 모시던 제사를 저녁 9 시로 옮기고자 가족회의(家族會議)에서 결정이 되었습니다. 제사 시간을 옮기는 것에 대한 책망은 너무 하지 말아 주었으면 합니다.

현재 생업(生業)에 종사한 사람들이 생존을 하여야 만 조상님도 모실 수 있다는 의견에 따른 것이니 이를 경우 정확히 제사를 모시는 날짜가 10 월 14 일 저녁 9 시인 지, 아니면 10 월 16 일 저녁 9 시 인지 또 10 월 15 일 저녁 9 시인 지 궁금합니다. 감사합니다.

◆答; 제사모시는 날짜.

지금까지 10 월 15 일 저녁 12 시에 제사(祭祀)를 지냈다는 것은 작고(作故)한 날이 10 월 16 일일 적에 10 월 15 일 저녁 12 시, 곧 10 월 16 일 첫 시인 자시(子時)에 해당되어 그와 같이 많은 가문에서 행하고 있습니다.

9 시에 지내려면 10 월 16 일에 지내야 대단히 늦었으나 기일에 지내는 제사가 됩니다. 물론 자시(子時) 역시 대단히 빠른 시간이다 할 것입니다.

●祭義君子有終身之喪忌日之謂也註忌日親死之日也
●周禮春官宗伯禮官之職小史條掌邦國之志奠繫世辨昭穆若有事則詔王之忌諱註鄭司農云先王死日爲忌名謂諱
●家禮忌祭編○厥明夙興設蔬果酒饌○質明主人以下變服詣祠堂封神主出就正寢
●禮器質明而始行事疏質正也謂正明之時少牢禮朝明行事註朝明質明也此乃周禮也

●尤庵曰行祭早晚太早不可太晚亦不可惟當以質明爲正
●南溪曰質明卽大昕指日未出時也
●日省錄正祖十九年乙卯四月二十二日壬寅條(云云)獻官之命十七日進詣本宮十八日子
時行祭天氣淸和享事利成獻官以下(云云)
●咸興本宮儀式禮曹判書徐浩修狀啓臣於前月二十五日伏奉咸興本宮永興本宮濬源殿攝
行酌獻禮南關各陵寢奉審之命當日陪香祝辭陛本月初一日到永興府進詣本宮奉安香祝初
三日到咸興府進詣本宮淸齋爲白遣初六日子時)行祭是白如乎
●弘齋全書訓語氣猝發大臣閣臣求對承候敎曰逢是年是日予懷無以自抑子時行祭非不知
無於禮而不得已爲此天明以後將行祝慶之禮予氣予亦自知故欲稍早時刻庶少鎭安而專意
於慶今之節也仍嗚咽良久
●國朝五禮儀吉禮春秋及臘祭社稷儀奠幣祭日條丑前五刻

▶1569◀◆問; 제사 순서에 대한 문의.

저의 집에서는 제사를 음력날짜로 모시고 있습니다. 그런데 30 년 전 아버님이 음
력 윤 10 월에 돌아 가셨습니다. 양력으로 는 12 월 5 일입니다. 윤(閏) 10 월은 60
년이 지나서야 다시 올 터이니까 가족(家族)들이 상의한 끝에 아버님만 양력으로 제
사를 모시기로 정했습니다.

음력으로 11 월 3 일은 고조할아버지 기일입니다. 공교롭게 금년 음력 11 월 3 일은
양력으로 12 월 5 일입니다. 이런 경우 어느 분의 제사를 먼저 지내야 하나요? 가족
(家族)들 중에는 부모님이 먼저라고 하기도 하고 손위 분이 먼저라고도 합니다.

◆答; 제사 순서.

윤월(閏月)에 죽은 이의 기일(忌日)은 윤년(閏年)의 해를 다시 만난다 하여도 본 월
(本月)에 지내고 윤일(閏日) 그날에는 소복(素服) 소식(素食)하고, 일일(一日) 양기
(兩忌)가 들 때는 선중후경(先重後輕)으로 지내게 됩니다.

●通典范審曰閏月者以餘分之日閏益月耳非正月也吉凶大事皆不可用故天子不以告朔而
喪者不數
●問祖考之終在閏月者復遇亡歲之閏月則行祭於閏乎退溪曰閏非正月人之行祭常以正月
而獨於是歲依亡歲之月而祭似未穩祭則依常月行之於閏月亡日則齋素而不祭似當也
●沙溪曰或謂當用本月爲忌而閏月死日亦當行素云
●同春問人或死於閏正月則忌祭當用本正月否若値閏正月則當用何月云云沙溪曰通典諸
說可考也或謂閏月死者後値閏月當用本月爲忌而閏月死日亦當行素云
●問閏月死者之子復値閏月則如之何明齋曰其日似當變服設位哭食素
●尤庵曰祖曾忌祭同日則當先後行之盖偕喪三年中有異殯各祭之文忌日喪之餘也
●陶庵曰兩忌日不可並設只當先尊後卑而各行之

▶1570◀◆問; 제사음식에 오신 채 금기?

우리가 먹는 음식에 주된 양념으로 쓰이는 파, 마늘, 생강(生薑) 등을 제사음식에
는 써서는 안 된다고 알고 있는데 예서에 금기(禁忌)하라는 연유가 있는지를 알려
주십시오.

◆答; 제사음식에 오신채 금기.

훈채(葷菜: 생강. 파. 마늘 등과 같이 특이한 냄새와 맛이 나는 채소)를 제수(祭需)
에 혼합(混合) 첨가(添加)하거나 올리지 안는 연유(緣由)는 교특생의 불감용설미이
귀다품(不敢用蓺味而貴多品)이라는 이 가르침에 의하여서 입니다. 따라서 재계중(齋
戒中)인 자들 역시 먹지 않습니다.

●郊特牲鼎俎奇而籩豆偶陰陽之義也籩豆之實水土之品也不敢用褻味而貴多品所以交於
旦明之義也

●問祭進菫菜不用何也梅山曰菫蔡豈不用於薦也齋戒者不食

▶1571◀◆問; 제사 지내는 날짜와 축문에 들어가는 날짜에 대해 의문이
생겼습니다.

안녕하세요. 할아버지 제사는 올해가 열 번째, 아버지 제사는 올해가 세 번째, 이렇
게 지낼 예정인 사람입니다. "제사(祭祀)의 날짜는 돌아가신 날 전 날에 지내는 것
이다."라고 알고 있습니다. 그래서 아무런 의심 없이 제사를 그렇게 지내왔습니다.
그런데 아버지 제사를 목전(目前)에 두고 의문(疑問)이 생겨 여쭙습니다. 예를 들어
돌아가신 날짜가 9 월 8 일이라고 가정합니다.

그렇다면 제사는 내년 9 월 7 일에 모여 제사준비를 한 다음 8 일로 넘어가는 밤에
제사를 지냅니다. 이 경우, 현재 저는 제사 날짜는 9 월 7 일이라고 얘기합니다.

첫번째,

축문(祝文)에 날짜는 9 월 7 일이라고 쓰는 게 맞나요? 아니면 9 월 8 일이라고 쓰는
게 맞나요? 또한 제사 날짜는 9 월 7 일이라고 말하는 게 맞나요? 아니면 9 월 8 일
이라고 말하는 게 맞나요? '축문 쓰는 법'에 대해 검색을 해보니 "축문은 돌아가신
날짜를 기입하는 게 맞다."고 적혀있는 글을 봤습니다. 또한 성균관(成均館)의 축문
프로그램에는 제사(祭祀) 날짜를 기입(記入)하라고 되어 있습니다. (이 경우 며칠이
라고 입력해야 하나요?) 따라서 어리석어 보이지만 위와 같은 근원적(根源的)인 질
문(質問)을 하게 되었습니다.

(현재 내린 결론은 "축문에는 9 월 8 일이라고 적는 게 맞다. 제사는 9 월 8 일이라
고 말하는 게 맞지만 서로 헷갈리지 않게 9 월 7 일이라고 해야 모이는 날짜를 혼
동(混同)하지 않을 것이다. 따라서, 성균관 축문 프로그램에는 9 월 8 일이라고 입력
해야 한다." 입니다)

두번째,

요즘은 제사를 꼭 12 시에 지내지 않고 9 시쯤 지내는 경우가 발생합니다. 위 가정
일 경우, 9 월 7 일 저녁 9 시에 지내는 게 맞나요? 아니면 9 월 8 일 저녁 9 시에
지내는 게 맞나요?

첫번째 질문(質問)에서 내린 결론에 따르면, 축문에 9 월 8 일이라고 적으므로 9 월
8 일에 지내는 것이 맞을 것 같습니다. 하지만 보통 제사 전 날에 모이므로 일찍 지
내는 경우 9 월 7 일에 모였다가 그냥 일찍 제사를 지낼 것으로 보입니다. 저는 평
소 제사라는 것도 사람이 만든 법이니까 사실 정답은 없다고 생각합니다. 하지만
이왕 제사를 지낼 것이라면 최대한 제대로 지내는 것이 맞는다고 생각이 들어 성균
관에 문의를 하게 되었습니다.

이미 제사를 몇 번 지냈기에 어쩌면 늦었다고 생각들 수도 있지만 더 늦기 전에 제
대로 제사를 지내고 싶다는 생각이 듭니다. 바쁘신 와중에 긴 글 읽어주셔서 감사
합니다.

◆答; 제사 지내는 날짜와 축문에 들어가는 날짜.

問; 1. 答; 기제(忌祭)란 작고(作故)한 날의 제사(祭祀)이니 축문(祝文)의 날자는 당
연히 작고한 날짜를 써야 합니다.

問; 2. 答; 아래와 같이 살펴보건대 제사 시간은 당일 침신(侵晨; 동틀 무렵) 질명

(質明; 동틀 무렵)이 바른 시간입니다.

당일 질명(質明)에 제사하지 않고 자시(子時)에 제사하는 것은 아마도 공부자(孔夫子) 말씀에 기인된듯하나 극히 태조(太早)이니 법도에 옳다 할 수는 없는 예입니다. 따라서 전날 초저녁에 행사함은 태만태조(太晚太早)도 아닌 그 기제(忌祭)가 되지 않습니다. 까닭에 늦던 이르던 그날 지냄이 옳습니다.

●祭義君子有終身之喪忌日之謂也(註)忌日親死之日也
●語類禮祭篇先生遇四仲時祭隔日漱倚卓嚴辦次日侵晨已行事畢
●家禮忌祭篇質明主人以下變服詣祠堂奉神主出就正寢
●尤庵曰行祭早晚太早不可太晚亦不可惟當以質明爲正然孔子曰與其晏也寧早聖人之微意可知也

▶1572◀◆問; 제사지방과 홍동백서의 의미.

1. 제사(祭祀) 때 지방(紙牓)을 쓰는데 부 현고처사(학생)부군신위, 모 현비유인 000 씨신위 한문의 글자 해석과 뜻을 풀리 해주세요.

2. 제사상 차릴 때에 조율이시(棗栗梨柿)는 신위(神位) 기준으로 우측인데 홍동백서(紅東白西) 두동미서(頭東尾西) 좌포우해(左脯右醢) 등은 신위기준입니까 제주기준입니까.

◆答; 제사지방과 홍동백서.

○顯; 작고한 직계존속(直系尊屬)에 대한 존칭(尊稱). ○학생(學生) 처사(處士) 수재(秀才); 생전(生前) 무관(無官)으로 죽은 이를 높이어 이르는 말. ○유인(孺人); 부군(夫君)이 생전(生前)에 무관(無官)자의 아내를 높이어 이르는 말.

○府君; 망부(亡夫)를 포함 조상(祖上)에 대한 경칭(敬稱). ○신위(神位); 신령(神靈)이 의지(依支)할 자리. ○홍동백서(紅東白西) 두동미서(豆東尾西) 좌포우해(左脯右醢): 홍동백서(紅東白西) 두동미서(豆東尾西)는 신위(神位) 기준(基準)이고 좌포우해(左脯右醢)는 전례(奠禮)인지 제례(祭禮)인지는 알 수 없으나 전례(奠禮)의 진설(陳設)은 신위(神位) 기준(基準)으로 좌포우해(左脯右醢)라 이르고 제례(祭禮)에서의 포해(脯醢) 진설(陳設)은 우포좌해(右脯左醢)라 이릅니다.

●書經集傳康誥傳惟乃丕顯考文王克明德愼罰
●沙溪曰無官而死者書學生處士秀才各隨其宜可也
●問解無官而死者無他稱號勢不得已當書學生處士秀才各隨宜可也
●曲禮天子之妃曰后諸侯曰夫人大夫曰孺人士曰婦人庶人曰妻
●三國志魏華歆傳注引吳歷孫策稱太守華歆皆曰府君自唐以後不論爵秩碑版通稱死者爲府君
●周禮春官宗伯禮官之職小宗伯之職條掌建國之神位右社職左宗廟
●家禮四時祭設位條設高祖考妣位於堂西北壁下南向考西妣東各用一倚一卓而合之
●梅山曰左脯右醢生人之禮也葬前饋奠當象生而備要襲圖之右脯左醢恐失照檢遷襲圖則左右得正也虞而神之則自從虞祭當右脯左醢也盖脯屬陽醢屬陰故生死之饌左右乃爾也
●南溪曰備要襲奠圖則左醢右脯乃象生時之意恐此爲是其右脯左醢者似是寫誤

○備要襲奠圖(誤謬)	○備要小斂奠圖	○備要靈幄圖	○備要虞祭陳設圖	○備要時祭陳設圖
尸足.	遷襲奠.	倚卓.	神位.	神位.
酒.	酒.	酒.	脯　醢 沈菜.	脯　醢 沈菜
脯 醢.	醢 脯.	醢 脯.		
		果 果 果..		

▶1573◀◆問; 제사 지낼 때 종헌을 자녀 여러 명이 해도 되는지?

자녀들이 여러 명이라 술을 올리고 싶어하는데 종헌 시 자녀들이 각각 술을 올려도 예법에 어긋나지 않은지 궁금합니다. 그리고 모사그릇을 만들 때 쓰는 나무는 무엇인지요?

◆答; 헌관은 한 사람.

헌관(獻官)은 초아종헌 각 1 인입니다. 각 1 헌씩 삼헌(三獻)이 유가(儒家)의 법도상(法度上) 바른 예법(禮法)입니다. 법도(法度)는 이러하나 나도 같은 자식이니 부모님께 술 한잔 올려 드려야 되겠다는데 그를 누가 막겠습니까.

띠를 약 16 여 cm 씩 잘라 반 주먹 정도를 가지런하게 하여 중간을 붉은 끈으로 동여매 모반에 꽂아 세웁니다.

●家禮附註截茅八寸(약 16cm)餘(周尺)作束以紅立于盤內

▶1574◀◆問; 제사에 관하여.

의문사항이 있어 질문 드립니다. 저희 집안 제사는 보통 초저녁에 진설한 후 밤 12시를 기준으로 지내고 있는 형편 입니다. 그런데 친척인 참사자들은 보통 8~10 시 사이에 오는데 오자마자 먼저 진설(陳設)한 상(床)에 절을 드립니다.

1. 선강후참(先降後參)을 적용하면 분향강신(焚香降神)도 하기 전 참신(參神)을 하게 꼴이니 나중 제사 시작 시 분향강신을 한 후 참신을 하게 되면 참신을 두 번 하는 되는 꼴이라 이치에 맞지 않다고 생각 됩니다. 참사자들이 제사 시작 전에 진설한 상에 절을 하는 것이 합당한지요?

2. 초저녁에 진설한 후 제주가 분향강신을 먼저 하였으니 나중 오는 사람들은 참신 해도 괜찮다고 하는데 그렇다면 제사는 돌아가신 날 지낸다는 말과 이치에 맞지 않 다고 생각 되는데 자정 전에 분향강신을 하여도 이치에 맞는지요?

◆答; 제사.

1. 번 答; 아마도 墓祭에서 상묘(上墓)하게 되면 묘소(墓所)의 주위(周圍)를 살피고 재배(再拜)를 한 뒤 진설(陳設) 후 묘제(墓祭)를 지내게 되는데 아마 그와 같은 예로 제에 참석(參席)차 오시는 친척(親戚)분들께서 재배(再拜)를 하는 것 같으나 기제(忌祭)에서는 그와 같은 예가 없습니다. 따라서 그와 같은 예는 참신(參神)이 아니고 친척(親戚)이 방문(訪問)하였으니 먼저 인사하는 예와 같은 것이라 이해(理解) 될 수 있으나 예는 아닙니다.

2. 번 答; 역시 지방의 예에서는 선강후참(先降後參)이니 강신(降神)이 곧 제사(祭祀)를 지내기 시작(始作)하는 시간이 됩니다. 따라서 기제사(忌祭祀)를 자시(子時)에 행하는 가문(家門)이면 자시(子時)가 되면 강신(降神)을 하여야 합니다. 초저녁이라 면 기일(忌日) 전날이 되는데 자시(子時) 전(前)에 분향(焚香) 뇌주(酹酒)를 하였다 면 유가의 예법으로는 어그러진 예입니다. 따라서 어그러진 예에 관련하여 이루어 지는 예는 그 예 자체도 어그러질 뿐이지 옳다 할 수는 없을 것입니다.

▶1575◀◆問; 제사에 관하여?

안녕하세요? 두서없이 여러 가지를 물어야 할 거 같아 죄송합니다. 저희 아버지는 장손이고요. 저희 막내 아버지께서 할아버지, 할머니를 모시고 사셔서 제사를 지내 셨습니다. 그래서 저희가 막내아버지 댁에 방문을 해서 주로 제사를 지냈습니다.

그런데, 저희 어머니께서 돌아가시면서 저희가 따로 저희 어머니 추석, 설 제사상을 차리면서 장손인 저의 아버지가 아내 차례상을 먼저 지낸 다고 아버지 형제간에 불란이 나기 시작했습니다. 그래서 이번에는 저희가 막내아버지께 저희 어머니 차례상을 부탁 드리고 막내아버지 댁을 방문하게 되었습니다. 그런데, 상이 너무 초라하고 예법에 어긋나게 지내시더라고요. 자식 된 마음이 앞서서 맘을 많이 상하고 왔습니다.

첫째, 저희 자식이 저희 어머니 추석(秋夕), 설 제사상을 아침 일찍 지내고(7 시쯤) 막내아버지 댁에 들려서(식구들이 늦게 모여서 9 시쯤 지냅니다.) 증조할아버지할머니, 할아버지할머니 차례(茶禮)나, 설 상을 모셔도 예법에 어긋나지 않는지 궁금합니다.

둘째, 할아버지 할머니께서 한달 사이로 즉 할머니는 음 9.17 일 할아버지는 음 9.30 일 경우 한날에 제사를 한꺼번에 모실 수 있는지도 궁금합니다. 만약 가능하다면 날짜를 어찌 해야 할지도요. 답변 기다리겠습니다.

◆答; 제사에 관하여.

첫째,　答; 아래와 같이 살펴보건대 귀댁에서는 지금까지 지자(막내 아버지)댁에서 선대 제사를 지내고 있음이 예법에 벗어났습니다.

선대 제사는 장자손이 지내야 법도에 마땅합니다. 까닭에 지금까지의 잘못을 바로잡아 귀댁에서 모든 선대 제사와 모친 제사를 부친(父親; 長子)이 주관하여 초헌을 하여야 합니다.

둘째,　答; 기제(忌祭)는 작고(作故)한 날에 지내드리는 제사(祭祀)입니다. 고로 조부모(祖父母)를 1 년에 한날로 받아 지낼 수는 없습니다.

●家禮本註主人謂長子無則長孫承重以奉饋奠
●問長子先亡有次子而長孫承重姪位反在叔父之上不其未安歟牛溪曰初喪立喪主所以重宗統也家廟阼階惟主人當之雖諸父位於前而皆不敢當阼階然則長孫承重主喪雖諸父在後何未安之有
●奔喪凡喪父在父爲主父沒兄弟同居各主其喪親同長者主之不同親者主之註父在而子有妻子之喪則父主之統於尊也父沒之後兄弟雖同居各主妻子之喪矣同宮猶然則異宮從可知也親同長者主之謂父母之喪長子爲主其同父母之兄弟死亦推長者爲主也不同親者主之謂從父兄弟之喪則彼親者爲之主也
●服問君所主夫人妻大子適婦註夫人者君之適妻故云夫人妻大子適子也其妻爲適婦三者皆正故君主其喪
●陳氏集說父在而子有妻子之喪則父主之統於尊也父歿之後兄弟雖同居各主妻子之喪
●栗谷曰母喪父在則父爲喪主凡祝辭皆當用夫告妻之例也
●寒岡曰父在父爲主者取統於尊之義也所謂子主饋奠云者非謂祭奠諸事皆屬於子也
●陶庵曰主喪之節家國體異異宮之義古今制殊只當以父在父爲主爲經也
●遂庵曰祖在祖爲主
●祭義註忌日親之死日也
●問解續問父若有前後室則前後母神主同出耶只出考與所祭之主耶答並祭爲當前母忌日同祭後母後母忌日同祭前母
●小記庶子不祭祖不祭禰者明其宗也註庶子雖貴止得供具牲物而宗子主其禮

▶1576◀◆問; 제사에 관하여 문의 드립니다.
그 동안 저의 집안은 정성을 다해 집안제사(증조할아버지, 증조할머니, 할아버지, 할머니, 아버지, 어머니, 그리고 형님 한 분)를 모셔왔습니다.

그러나 4 년 전 장형이 돌아가신 후 제사를 모시던 큰형수가 집안제사를 절에서 올리게 하고 방안제사는 지내지 않으려 하고 있습니다. 이에 가족회의를 열기로 하였는바, 그 회의의 합리적 결정을 위하여 궁금한 점 몇 가지를 문의 드리겠습니다.

첫째, 방안제사를 절에서 대신 지내도 예법에 어긋나지 않는지요?

둘째, 예법에는 어긋나지만 1 년에 한번 기일을 정하여 합동으로 방안제사를 지내는 방법은 어떤지요?

위 방법을 시행하게 되면 그 기일은 가장 윗대인 증조할아버지 기일을 기준으로 하여야 하는지, 아니면 아버지 기일이나 어머니 기일로 하여야 하는지 궁금합니다.

셋째, 돌아가신 기간이 30 년이 안되신 아버지(29 년), 어머니(5 년), 형님(25 년)은 각자 방안제사로 모시고 나머지 분들은 아버지 기일에 함께 합동으로 모시는 방안은 어떤가요?

넷째, 전체 제사(祭祀)를 절에 올리고 둘째나 셋째 방법으로 하는 방법은 어떤지요?

끝으로 위에 방법 모두가 예법에는 어긋난 줄 알면서 질문을 드린 점 가슴 아프고 죄송스럽게 생각합니다만 우리 집안을 위하여 이제 현실에 맞추어 가고 싶습니다. 장문(長文)을 읽어 주셔서 감사 드리며 빠른 답변 바랍니다.

추신: 참고로 제 개인적 의견은 세 번째를 선호합니다.

◆答; 제사에 관하여 문의에 대하여.

여기는 유교(儒敎)의 법도(法度)를 신봉(信奉)하는 성균관(成均館)으로 그 법도에 비추어 선생(先生)의 질문(質問) 중 어느 것이 옳겠다. 라 답할 수가 없습니다.

교마다 그 교가 신봉(信奉)하는 경(經)이 있습니다. 그 경에 의하여 불교(佛敎)에서는 시주(施主)와 불공(佛供)이 있고 기독교(基督敎)에서는 십일조(十一租)와 매주(每週)마다 회당(會堂)에 모여 기도(祈禱)를 합니다. 다만 유교(儒敎)에서는 성균관(成均館)이나 각(各) 지방(地方) 향교(鄕校)에서 교인(敎人)들의 규정(規程)된 집회(集會)나 타교에서 행하는 시주(施主)나 십일조(十一租)와 같은 성금(誠金)을 납부(納付)하는 부담(負擔)이 없는 대신(代身) 나를 낳아준 조상(祖上)에게 효의 표현(表現)으로 기제(忌祭)와 묘제(墓祭)라는 의식(儀式)이 있을 뿐입니다.

물론 경쟁이 심화된 산업사회에서 살아남으려면 자기에게 주어진 생활에서 타에 우월하여야 승자가 되니 자시(子時) 제사로 인한 피로가 패자가 될 수 있다. 라 한다면 시간을 자신의 처지에 적당하게 선택하면 될 것입니다.

원래 기제는 질명(質明; 해 뜨기 전)이니 저녁에 일찍 취침하고 상시보다 일찍 기상하여 제사를 지내고 맡아진 직장이나 사업을 경영하면 생활에 크게 지장을 받지 않을 수도 있을 것입니다. 각자의 처한 입장에 따라 시간을 조정하면 되겠지요.

기일(忌日)이 아닌 때에 기제(忌祭)를 지냈다. 하여도 기제(忌祭)로서의 의미가 없으니 모아 지낸 제사(祭祀)는 그 후손(後孫)들은 마음에 부담(負擔)을 덜어 질지는 몰라도 지내지 않음과 같습니다. 유학(儒學; 儒敎)의 예법에 따른 말씀을 드리다 보니 기대에 부응(副應)하지 못하여 대단히 죄송합니다.

▶1577◀◆問; 제사와 차례를 따로 모셔도 되는지요.

지금까지는 부모님 댁에서 제사와 차례(茶禮)를 모셔왔습니다마는 이제는 부모님이 너무 연로하셔서 제사를 장손인 저희 집에서 모시려고 합니다. 그러나 명절 때 집안에 오실 친척분들의 편의를 위하여 차례(茶禮)는 지금까지와 같이 부모님 댁에서 모실까 생각 중인데 예법에 어긋나지 않는지 알려주셨으면 합니다.

◆答; 제사와 차례를 따로 모셔

주인이 노쇠하거나 유고 시는 전중(傳重)과 섭주(攝主)의 예법이 있어 그 제사를 대행하는 예법이 있습니다.

그러나 그 예법에 의한다 하여도 아래와 같이 살펴보건대 개제 체천이 불가하고 다만 섭행이며 섭행이란 주인의 유고 시 그 제사를 대행할 따름이니 명절과 기제사를 분리하여 각기 모실 수는 없습니다.

●南唐曰老而傳者其子代父行事也改題遞遷是存亡易世事也代父行事則可而父在易世則不可本不可作一事行之也父有廢疾子代之執喪義亦同
●櫟泉曰廢疾老傳之禮當如攝主之禮不改之不遞遷也
●祭統夫祭也者必夫婦親之所以備外內之官也官備則具備註具謂供具衆物細註方氏曰夫婦親之若君制祭夫人薦盎君割牲夫人薦酒
●特牲註主婦主人之妻雖姑存猶使之主祭祀內則曰舅沒則姑老冢婦所祭祀賓客每事必請於姑
●退溪曰父旣死則子當主祭子旣主祭子之妻爲主婦行奠獻母則傳重而不奠獻

▶1578◀◆問; 제사 장소와 차례장소가 달라도 되는지요?

저는 큰집의 장손입니다.   고조부내외부터 돌아가신 아버님까지 직계 제사를 모시고 있습니다. 얘기치 못한 일이 발생되어 부끄러움을 무릅 쓰고 한 말씀 듣고 싶어 문의를 드립니다.

문(問); 1 년 전 둘째 숙부(叔父)님 내외가 모두 돌아가시면서 숙부님 아래 형제 분들이 집안 제사를 주관하는 저와는 사전 상의 없이 금번 구정(舊正) 차례(茶禮)에 둘째 숙부님 내외의 차례도 큰집에서 지내도록 차례를 지내드릴 자식(사촌동생 3 형제)들한테 지시를 했다 합니다.

돌아가신 둘째 숙부의 장남은 제사는 자기집에서 모시고, 구정(舊正)과 추석은 큰집에서 모실 생각을 가지고 있다 하기에 제사장소를 임의대로 왔다갔다하는 것이 아니라는 말과 함께 사촌동생이 주관해서 치르는 것이 예법에 맞는 일이라고 타이르듯 일렀는데도 제가 반대하는 듯이 받아 들이는지 같이 차례(茶禮)를 지내게 해달라고 합니다.

하루가 명절인데, 이런 발상을 한 숙부와 논쟁이 될 것 같고, 행여나 반대하는 뜻으로 받아 들이는 것은 물론 제가 속 좁은 놈으로 비치어 질까 걱정입니다.

◆答; 제사 장소와 차례장소가 달라도 되는지.

아래와 같이 살펴보건대 지자가 혼인하여 자손을 둘 때까지 적장자(嫡長子)와 같이 살다 죽으면 그의 자손들은 사실(기거하는 방)에 감실(龕室)을 만들고 새살림을 나갈 때까지 기다리다 살림을 나가게 되면 곧 법도대로 사당을 갖추고, 만약 살아 살림을 나게 되면 그 땅에 사당을 갖추고 살다 죽게 되면 사당의 법도대로 따른다는 것이며, 속절의 예는 정침 예가 아니라 사당의 예라 지자가 적장자와 같이 살 때 죽었으면 그가 거처하는 사실의 감실에서 예를 갖추고, 살아서 살림을 나 그 땅에 사당을 짓고 살다 죽게 되면 그 사당에 모시고 명절을 맞게 되면 그 사당에서 예를 갖추게 되는 것입니다.

법도가 이와 같아서 종손이 명절에 자손이 있는 숙부를 합하여 명절 예를 행하지 않습니다.

●性理大全祠堂;非嫡長子則不敢祭其父若與嫡長同居則死而後其子孫爲立祠堂於私室且隨所繼世數爲龕俟其其出而異居乃備其制若生而異居則預於其地立齋以居如祠堂之制死則因以爲祠堂

●家禮俗節;每龕設新果一大盤於卓上每位茶盞托酒盞盤各一於新主櫝前(云云)主人以下成服入門就位主人北面於阼階下(云云)

▶1579◀◆問; 제사 지내는 날이 궁금합니다.

수고 많으십니다. 우리집안에 제사 지내는 날을 어떻게 해야 하는지 궁금해하여 물어봅니다. 먼저, 돌아가신 날이 음력 6 월 2 일입니다. 그 동안 음력 6 월 1 일에 음식 준비하여 밤 12 시가 되면 제사를 모시었습니다. 제사 지내는 시간을 저녁 9 시로 바꾸려고 하는데, 음력 6 월 2 일 저녁 9 시에 제사를 모시면 되는지요? (저는 돌아가신 날에 제사를 모시는 걸로 알고 있습니다)

둘째, 작은아버지 제사 관련입니다. 저희 집이 아닌 작은집에서 제사를 모십니다. 돌아가신 날이 음력 11 월 1 일입니다. 이번이 첫 제사입니다. 밤 12 시 되면 제사를 모시려고 합니다. 작년에는 음력이 10 월 29 일까지였고, 올해는 10 월 30 일까지입니다. 돌아가시기 전날에 제사를 준비하여 밤 12 시 되면 모시려고 하니, 제사 날이 매년 바뀌게 됩니다.

1. 집안에서 제사 날을 앞으로 당겨 음력 10 월 28 일에 준비하여 밤 12 시 지나서 제사를 모시면 된다는 주장(제사 준비하는 날 및 지내는 날 안 바뀜)과,

2. 작년 기준으로 산 날이 음력 10 월 29 일이므로, 음력 10 월 29 일에 준비하여 밤 12 시 지나서 지내면 된다는 주장(제사 준비하는 날은 안 바뀌지만 지내는 날은 바뀜)과,

3. 음력 11 월 1 일이 기일이므로, 매년 기일 전날에 음식을 준비하여 기일 새벽 0 시에 모시면 된다는 주장(제사 준비하는 날은 바뀌지만 지내는 날은 안 바뀜)이 있습니다.

밤 12 시에 제사를 지낸다면 어떤 날에 지내야 할까요? 답변 주시면 감사하겠습니다. 수고 하십시오.

◆答; 제사 지내는 날.

1 答; 기일(忌日)이란 부모 또는 친족이 죽은 날이란 뜻이고, 기제(忌祭)란 사람이 죽은 날 지내는 제사(祭祀)란 의미인데, 바른 시간을 질명(質明)입니다.

2 答; 기일(忌日) 전달의 대 소월(大小月)이 초일일(初一日)의 기제일(忌祭日)에 하등의 영향을 미치지 못합니다.

3. 答; 자시(子時)에 제사를 모시는 가문(家門)이면 전달의 대 소월(大小月) 불문(不問) 11 월 1 일 자시(子時)에 지내면 아무런 문제가 없습니다.

●祭義君子有終身之喪忌日之謂也註忌日親死之日也
●周禮春官宗伯禮官之職小史條掌邦國之志奠繫世辨昭穆若有事則詔王之忌諱註鄭司農云先王死日爲忌名謂諱
●家禮忌祭編○厥明夙興設蔬果酒饌○質明主人以下變服詣祠堂封神主出就正寢
●禮器質明而始行事疏質正也謂正明之時少牢禮朝明行事註朝明質明也此乃周禮也
●尤庵曰行祭早晚太早不可太晚亦不可惟當以質明爲正
●南溪曰質明卽大昕指日未出時也

▶1580◀◆問; 제사 지내는 양식에 대해 질문 드립니다.

아버지를 여읜지 2 년이 다 되어 갑니다. 조금 있으면 아버님 기일이라 제사를 지내야 하는데 문제가 있습니다 제가 제주인데 부득이하게 아내사정으로 외국에 거주하고 있습니다 제 어머님과 누이는 한국에 지내고 계신데, 저를 대신해서 아버지 기일에 제사를 지내고자 합니다. 저 또한 자식 된 도리로 타지에 나와 있다고 기일을 그냥 지나가기가 불효하는 것 같은 무거운 심정이라 저 역시 타국에서 제사를 지내고자 합니다.

저의 어머니께서는 제사를 두 군데에서 지내는 것이 아니라고 하시면서 어머니께서 제사를 한국에서 지낸다고 하십니다. 이런 상황에서 몇 가지 질문이 있습니다. 1. 저의 가족 중에 남자가 없습니다. 그래서 제사를 지내려면(한국), 어머니와 누이 둘이서만 제사를 지내야 합니다.

이런 경우 문제가 되는지 여쭙고 싶습니다. 2. 제가 타국에서 제사를 중복으로 지내는 것에 큰 문제가 있는지 여쭙고 싶습니다. 3. 타국에서 제사를 지내게 된다면 시차가 생기는 연유로 제사시간이 달라지게 되는데, 제사 시간 기준을 한국으로 잡아야 하는지, 타국기준으로 잡아야 하는지 여쭙고 싶습니다.

상황이 복잡 한지라 어떻게 해결해야 할지 고민입니다. 불효자인 제가 아버님께 다시 한번 불효를 드리고 싶지 않아 고견을 듣고자 질문 드립니다.

◆答; 제사 지내는 양식.

모친 말씀이 옳습니다. 아래와 같이 살펴보건대 남주(男主)가 유고(有故)이고 집안에 대신 지내 줄 남자가 없으면 어머니가 아들 대신 남편 제사를 지내며 축으로 사연을 고하고 지낸다는 말씀이나 다행으로 여 동생이 있으니 여동생이 대신하여 집에서 지내고, 청재님은 미국에서 고국을 바라보고 곡으로 대신한다 하여 예에 크게 어그러지지는 않을 것입니다.

●南唐曰或曰無主而謂之攝未可曰此有婦人姑謂之攝耳
●明齋曰主人越境在他國時祝告曰孝子某身在他國不能將事使某親某敢昭告于
●南溪曰考妣忌日異居不參則父母忌日是終天之通有難每年只行望哭而已

▶1581◀◆問; 제사 지내는 시간.

안녕하세요? 제사 지내는 시간에 대하여 궁금한 게 있어서 문의 드립니다 다름이 아니 오라 제 할머니와 아버지가 돌아가신 날이 공교롭게도 음력으로 3 월 8 일(할머니), 3 월 9 일(아버지) 입니다.

아버지가 올해 돌아가셔서 내년에 첫 제사를 맞이합니다. 그런데 제사 날이 하루 차이라서 전통에 의한 제사날인 돌아가신 날 자시에 각각 지내려고 하니 요즘 직장생활을 하는 자손들로서는 연 이틀을 지방을 내려 가거나 하는 것이 무척 부담이 되는 게 사실인데 요즘 신식으로 제사를 지내는 것을 보면 음력 돌아가신 날 저녁 7 시쯤에 가족들이 모여서 지내고 돌아들 가서 아침에 출근하고들 하시는데 그 방법과 옛날 전통방법을 혼용하여 제사(祭祀)를 지내볼까 하는데 가능한지를 여쭙고 싶습니다.

그러니까 방법상으로는 할머니 제사는 음력 3 월 8 일 저녁 7 시에 지내고 아버지 제사는 같은 날 저녁 자시에(12 시 이후) 지내도 되는지가 궁금합니다. 물론 음식은 같이 만들지만 상차림은 할머니 상을 물리고 나서 아버지 상은 다시 차려서 지내려고 합니다.

그리고 주위어른들 말씀을 들으니 첫 제사만 따로 지내고 다음해부터는 같이 지내도 된다고 하는데 그것도 가능한지요. 아울러 명절 때에는 지방과 제사 밥은 각각 모시고 올려 같이 지내는 것이 예법에 어긋나지 않는지 궁금합니다? 고견을 부탁드리겠습니다. 수고 하십시오! 감사합니다.

◆答; 제사 지내는 시간.

1) 아래와 같이 살펴보건대 제사는 너무 일러도 너무 늦어도 안되며 당일 새벽 먼동이 틀 때(質明) 행사한다는 것입니다. 그러나 요즘 당일 子時에 지내고 있음도 대단히 일찍 지내는 제사로 예법에 합당하지 않은 시간이 됩니다.

따라서 귀댁의 예와 같이 양일 제사일 때 전일 제사는 그날 초저녁에 지내고 다음날 드는 제사는 당일 자시에 지내게 되면 두 분 모두 작고하신 날에 지내드리게 되나 모두 태조태만(太早太晩)의 시간 대가 됩니다.

다만 전통예법은 집성(集姓) 농경사회(農耕社會)일 때 그 형편에 적합하도록 정하여진 예라 현재의 핵가족(核家族) 산업사회(産業社會)의 생활에서는 그대로 행하기에는 약간의 어려움이 있음도 사실입니다. 따라서 자손(子孫)들이 예법을 알면서도 형편상 어쩔 수 없이 모두 모여 제사(祭祀)할 수 있는 시간이 그 시간대라면 이 역시 선조를 섬기는 효심에서   태조태만(太早太晩)이니 오히려 조상님들께서도 칭찬하실 것입니다.

2) 기제는 작고한 날이 다르면 하루 차이라 하여도 한날 지낼 수 없습니다.
3) 명절 제사는 정위나 부위 모두 일소합제(一所合祭)입니다.

●家禮四時祭厥明夙興設蔬果酒饌質明奉主就位
●語類先生遇四仲時祭隔日滌椅卓嚴辦次日侵晨已行事畢
●張子曰五更而祭非禮也
●尤庵曰行祭早晩太早不可太晩亦不可惟當以質明爲正
●南溪曰質明卽大昕指日未出時也朱子亦未免侵晨已行事畢

▶1582◀◆問; 제사 지내는 일자 및 시간 문의.

안녕하십니까. 만약 2013 년 11 월 22 일 오후 9 시에 별세를 하였다면 제사는 며칠 몇 시에 모셔야 하는지요. 감사합니다.

◆答; 제사 지내는 일자 및 시간.

사망시간(死亡時間)과 관계없이 11 월 22 일에 사망(死亡)하였다면 매년(每年) 그날 질명(質明)에 지냄이 법도에 옳습니다. 다만 그날 초시(初時)인 자시(子時)에 지냄은 변 예일뿐입니다.

●祭義君子有終身之喪忌日之謂也註忌日親死之日也
●尤庵曰行祭早晩太早不可太晩亦不可惟當以質明爲正

▶1583◀◆問; 제사 지방에 관한 질문 입니다.

問; 1) 지방문. 축문 프로그램을 보니 관직명을 넣게 되어 있는데 관직은 어디부터 넣을 수 있는지요?

참고로 저의 할아버님은 50 년대 1 차 지방자치 때 면의원을 하신 일이 있는데 이를 넣어야 하는 문제로 토론이 벌어진 적이 있기에 문의 드립니다.

問; 2)저의 선친께서는 九 자, 석(錫) 자(字)를 쓰시는 분이었는데 저의 작은 아버님께서 이제는 어른들 성함을 자손들에게 알려 주어야 하는 의미에서라도 "현고학생부군(顯考學生府君) 신위(神位)" 대신"현고학생서공구석(顯考學生徐公九錫) 신위(神位)" 라고 바꿀 것을 주장하셨습니다. 이것에 대한 바른 기준은 무엇인지도 답변 부탁 드립니다.

◈答; 지방(紙牓)

問; 1) 答; 지난날 관원(官員)에는 임명직(任命職)일뿐 선출직(選出職)이란 아예 없었으니 관직(官職)의 기준(基準)에 의하여 논할 수가 없으나, 같은 선출직(選出職)인 국회의원직(國會議員職)을 모관(某官)에 올린다면 면의원직(面議員職)은 올린 수 없다. 할 수는 없을 것입니다.

問; 2) 答; 신주식(神主式)에서 죽은 이의 휘(諱)와 자(字)는 함중식(陷中式)에 써 죽은 이를 표시하나, 지방식은 단지 현모고모관부군신위(顯某考某官府君神位)라 쓰게 됩니다. 선친(先親)의 명(名)은 시서문(詩書文) 사당 모두에서 불휘(不諱)입니다.

●四禮便覽神主(陷中式)故某官某公諱某字某神主(粉面式)顯考某官封諡府君神主(紙牓式)顯某考某官府君神位
●曲禮詩書不諱臨文不諱廟中不諱

▶1584◀◈問; 제사 참석 여부 문의.

다름이 아니옵고 부친 제사일보다 삼촌(三寸)(아버지 동생)제사 일이 2 일 빠를 경우 삼촌(三寸) 제사(祭祀)에 참석(參席)이 가능(可能)한지요?

왜냐하면 일부 친척 어른들이 부친(父親) 제사(祭祀)일 전이라서 삼촌(三寸) 제사(祭祀)에 참석(參席)하지 않는 것이 맞는다고 말씀하시는데 어떤 것이 맞는지 궁금합니다. (제사 날이 이번 주라서 빠른 답변 부탁 드립니다)

◈答; 제사 참석 여부.

친속(親屬)의 제사(祭祀)가 만약(萬若) 하루에 이기(二忌)가 들면 선존후비(先尊後卑)로 각각(各各) 지냅니다. 숙부(叔父) 제사(祭祀)가 2 일 먼저 들었으면 숙부(叔父) 제사(祭祀) 지내고 기제(忌祭)는 재계(齋戒)가 전(前) 일일(一日)이니 하루 재계(齋戒)하고 부친(父親) 제사(祭祀) 지내면 모두 섬기게 될 것입니다.

●遂庵曰高禰兩祭相值則先祭高祖後祭禰位
●陶庵曰兩忌日不可並設只當先尊後卑而各行之
●性理大全忌祭齋戒; 前一日齋戒

▶1585◀◈問; 제사축문.

수고가 많으십니다. 할아버지 이상의 축문에 "불승영모(不勝永慕)"가 있습니다. 한글로 읽을 때 "불승영모" 또는 "부승영모" 2 가지를 보았습니다. 그런데 성균관 지방. 축문프로그램에는 "부승영모"로 되어 있습니다. 성균관 대로 읽어야 맞는지 궁금하여 여쭈어 봅니다. 죄송합니다.

◈答; 제사축문.

아래와 같이 살펴보건대 불승(不勝)을 [다하지 못함] 또는 [감당하지 못함] 혹은 [이기지 못함] 등으로 번역(飜譯)할 때 모두 불승(不勝)으로 발음됨이 옳을 것 같은데 성균관(成均館) 축문(祝文) 프로그램에서 부승(不勝)이라 토가 달렸다면 혹 특별한 연유가 있는지의 여부(與否)를 모르겠으나 없다면 오타가 아닐런지요.

●史記項羽傳秦王有虎狼之心殺人如不能擧刑人如恐不勝天下
●管子正世編人君不廉而變則暴人不勝邪亂不止暴人不勝邪亂不止則君人者

▶1586◀◆問; 제(祭), 사(祀), 향(享)의 정확한 개념을 알고자 합니다.

유학(儒學) 진흥(振興)에 매진(邁進)하시는 선생(先生)님들께 감사의 인사를 드리는 바입니다. 우리가 흔히 쓰는 말이지만 막상 구분을 하자면 곤경에 처하게 됩니다.

보통(普通) 시제(時祭), 시사(時祀), 시향(時享)을 같은 장소에서도 두루 쓰이고 있습니다. 올 바른 말은 찾는다면 어떻게 구분되어야 하는지요. 변사(辨祀)에는 어느 편을 찾아보아야 하는지 정확한 전거를 원합니다. 우문을 올려서 죄송합니다 하교를 기다리겠습니다.

◆答; 제(祭), 사(祀), 향(享)의 정확(正確)한 개념(槪念).

시제(時祭)는 사당(祠堂)에서 계절 마다 지내는 사시제(四時祭)를 의미하나 우리나라에서는 오대조(五代祖) 이상에게 세일제(歲一祭)로 10 월에 묘(墓)에서 지내는 제사(祭祀)를 이르는 명사로 굳어진 국어로 표준어화(標準語化)되어 있으며 시향(時享)시사(時祀) 모두 시제(時祭)를 이르는 동의로 명사(名詞)로 굳어진 국어(國語)의 표준어(標準語)입니다.

시제(時祭), 시향(時享), 시사(時祀)가 묘제(墓祭)를 의미(意味)한다는 유학(儒學)적(的) 전거(典據)는 시향(時享)에 관하여는 실록(實錄) 등(等) 조정(朝廷)의 문서(文書)나 몇몇 분의 선유(先儒)께서 언급(言及)함은 보이나 시제(時祭)와 시사(時祀)가 묘제(墓祭)를 의미(意味)한다는 전거(典據)는 찾아지지 않습니다. 이 말들의 가례적(家禮的) 올바른 표현은 묘제(墓祭)일 뿐입니다.

변사(辨祀)에 관한 말씀은 오례의(五禮儀) 예법(禮法)의 분류로 령성의(靈星儀; 天)는 사(祀)로, 사직의(社稷儀; 地)은 제(祭)로, 종묘의(宗廟儀; 人)는 향(享)으로 구분(區分)하여 모두 이와 같이 칭(稱)하였습니다.

그러나 위의 시제(時祭), 시향(時享), 시사(時祀)는 오례의(五禮儀) 분류(分類)와는 무관(無關)하게 우리의 국어(國語)로 묘제(墓祭)를 의미하는 명사(名詞)일 뿐입니다.

祭; 조상(祖上)이나 신(神)에게 지내는 모든 제사를 일러 제(祭)라하고,
祀; 신귀(神鬼)나 조상 사당이나 표식이 있는 곳에서 지내는 제사를 지내는 의례.
享; 인귀(人鬼)에 지내는 제사를 향(享)이라 한답니다.

●祭統; 祭者所以追養繼孝也
●辭源; [祭]祀祖祀神無牲而祭曰薦薦而加牲曰祭通言皆稱祭
●書經洪範;八政一曰食二曰貨三曰祀孔傳敬鬼神以成敎漢典註古代對神鬼先祖所擧行的祭禮
●周禮大宗伯祭祀之名;天神曰祀地神曰祭人鬼曰享此大享於先王謂天子祭宗廟也
●周禮地官牧人;凡時祀之牲必用牷物鄭玄注時祀四時所常祀
●周禮天官大宗伯;以祠春享先王以禴夏享先王以嘗秋享先王以烝冬享先王(註)太廟四時的祭祀
●曾子問;望墓而爲壇以時祭
●漢書書玄成傳;日祭於寢月祭於廟時祭於便殿
●五禮儀辨祀註凡祭祀之禮天神曰祀地祇曰祭人鬼曰享文宣王曰釋奠
●朱子曰天子祭天地諸侯祭山川大夫祭五祀
●孤舟錄上曰儀注中祀享祭三字用處不同何也堂上回顧光紹對曰天神曰祀地祇曰祭人鬼曰享所以用處之不同也 上曰果然矣

▶1587◀◆問; 제사상에 생선 머리 방향.

제사상(祭祀床)의 동서남북 방향과 생선(生鮮)의 머리와 꼬리가 어느 방향(方向)으로 향해야 맞는지 말씀해 주시면 고맙겠습니다.

◆答; 제사상에 생선 머리 방향.

두서미동(頭西尾東)으로 진설(陳設)이 됩니다.

●少牢禮魚右首進腴疏凡載魚生人死人皆右首地道尊右故也鬼神進腴(腹也)是氣之所聚故也生人進鰭者鰭是脊生人尙味故也
●退溪曰祭饌尙左之說恐未然盖食以飯爲主故飯之所在即爲所尙如平時陳食左飯右羹是爲尙左而祭則右飯左羹是乃尙右所謂神道尙右者然也而今云尙左非也
●與猶堂曰案少牢右首進腴(註鄭云右首變於生)公食禮右首進鰭此兩文皆在枊載之時不在陳設之時則載與設無二法也左右者神位之左右也

▶1588◀◆問; 제사상에 생선 머리 방향.

초암께서 앞에서 서두동미로 답하신 내용을 보았는데 과거에 퇴계선생은 음양설로 양은 동쪽을 상으로 하여 머리를 동쪽으로 진설하고 율곡선생은 이서위상 개념으로 서를 상으로 하여 서두동미로 진설하여 즉 위와 같이 양설이 있는 것으로 파악하고 있었는데요? 다시 한번 정리를 하여 주시지요.

◆答; 제사상에 생선 머리 방향.

동두서미(東頭西尾)는 음서양동(陰西陽東)이라는 음양(陰陽) 법도(法度)에 따른 진설(陳設)법이고, 유가(儒家)의 경서(經書)인 의례(儀禮)의 한편인 특생소뢰례(特牲少牢禮), 특생궤식례(特牲饋食禮) 지도(地道), 신도(神道) 상우(尙右)의 법도(法度)에 따라 두서미동(頭西尾東)이다. 라 하였으니 유자(儒者)는 서두동미(西頭東尾)의 진설법(陳設法)을 따라야 할 것입니다.

●少牢禮魚右首進腴疏凡載魚生人死人皆右首地道尊右故也鬼神進腴(腹也)是氣之所聚故也生人進鰭者鰭是脊生人尙味故也
●特牲饋食禮陳鼎拜賓視牲告期條枊在其南順實獸于其上東首牲在其西北首東足 (鄭玄注)枊之制如今大木轝矣上有四周下無足 (朱子註)無足獸腊也東足者常右也○疏曰下文牲在西北首東足此實獸枊上東首不與牲相統東足者尙右也周人尙右將祭故也
●退溪曰祭饌尙左之說恐未然盖食以飯爲主故飯之所在即爲所尙如平時陳食左飯右羹是爲尙左而祭則右飯左羹是乃尙右所謂神道尙右者然也而今云尙左非也
●與猶堂曰案少牢右首進腴(註鄭云右首變於生)公食禮右首進鰭此兩文皆在枊載之時不在陳設之時則載與設無二法也左右者神位之左右也
●俛宇集書答李子剛別紙喪祭疑義; 祭需陳設東頭西尾取其陰陽左右耶

▶1589◀◆問; 제사상 진설.

問; 1. 제사상에서 신위를 기준으로 할 때 신위 쪽이 어느 방향이며, 제사상에서 동서남북 방향을 확실하게 말씀해 주시기 바랍니다.
問; 2. 생선을 진설 할 때 선생님께선 두서미동이라 말씀 하셨는데, 시중의 여러 자료에 의하면 두동미서로 되어있는 것도 많습니다. 어느 것이 정확한 진설 방법인지 말씀해 주시면 고맙겠습니다.

◆答; 제사상 진설.

問; 1. 答; 가옥(家屋)의 방위(方位)는 실(實) 방위(方位)와는 관계(關係)없이 집의 앞을 남(南)이라 하고 뒤를 북(北)이라 하며 오른쪽을 서(西)라하고 왼쪽은 동(東)이라 합니다.

설위(設位) 하기를 북쪽 벽 아래에서 병풍을 두르고 제사상을 놓음으로 신위는 내가 보아 북쪽이니 신위의 뒤가 북이 되고 앞이 남쪽이 되고 신위의 오른쪽이 서쪽이 되며 왼쪽이 동쪽이 됩니다. 이는 내가 지방을 바라보고는 내 앞이 북쪽이 되고 내 뒤가 남쪽이 되고 내 오른 쪽이 동쪽이 되고 내 왼쪽이 서쪽이 되겠지요.

●性理大全凡屋之制不問何向背但以前爲南後爲北左爲東右爲西
●家禮四時祭設位條北壁下南向

問; 2. 答; 혹은 음양가(陰陽家)가 동양(東陽) 두양(頭陽) 서음(西陰) 미음(尾陰)이라는 법도에 따라 그와 같이 두동미서(頭東尾西)라 하는지의 여부는 본인을 알지를 못합니다.

혹 시중의 여러 자료에 두동미서(頭東尾西)라 올릴 수 있는 전거(典據)가 첨부 되었다면 그 전거(典據)를 다시 한번 이리로 수고스럽더라도 올려 주시기 바랍니다. 모든 유학(儒學)의 논지(論之)는 전거(典據)로서 입증(立證)이 되어야 정론(正論)이 됩니다.

▶1590◀◆問; 제사상진설.

안녕하세요? 제사상 진설 시 과일 즉 배 사과 등 꼭지가 위로가게 진설 하나요 꼭지가 아래로 가도록 진설 하나요?

◆答; 제사상진설.

가례(家禮)에서는 과실(果實)을 단지 6 가지라 품(品) 수(數)만 지정하였을 뿐이나, 사우례(士虞禮)에서 조율(棗栗)을 언급하면서 그 중에 대추가 제일이라 서쪽이다. 라 하였고 다음이 밤이라 한지라. 성재께서 이에 배와 감을 더하여 조율(棗栗)이시라 하셨습니다.

여기서 대추와 밤은 모두 상하를 구별하여 진설 하기란 특수한 방법을 쓰지 않고는 어려워 어느 예서에서도 과실의 상하 구별 진설에 대한 언급이 없지 않나 생각 듭니다.

●家禮四時祭省牲滌器具饌條具祭饌每位果六品
●沙溪曰今人六品之果若難備四品或兩品庶合禮意
●陶庵曰凡木實之可食者無不用
●孔子曰果屬桃爲下祭祀不用
●士虞禮棗栗棗在西註尙棗棗美據此棗當設果行之首而栗次之
●性齋曰我東則百果無不産焉如棗栗梨柿李杏之類

▶1591◀◆問; 祭床에 대하여.

床은 모서리 난간이 평면인 상(床)도 있고 모서리에 약간 도톰한 귀가 붙어 있는 상도 있는데 제상으로는 평면인 상(床)을 쓰고 귀가 붙어 있는 상은 제사상으로는 쓰지 않는다는 말을 들었는데 맞는 것인지요 맞는다면 그 이유는 무엇인지요.

◆答; 제상(祭床).

아래와 같이 살펴보건대 초조제(初祖祭) 선조제(先祖祭)에서의 식상(食牀; 饌卓)은 상(牀) 바닥보다 사방의 상(牀)가(邊)가 二寸(두치)이 높은 상으로 진설(陳設)하게 되고 그 외 왕가(王家) 서인제(庶人祭)에서 찬탁(饌卓)으로는 평탁(平卓; 大卓)으로 진설하게 됩니다.

이로 미뤄 보건대 특정제(特定祭)에 한할 뿐이지 제사(祭祀)에 사변(四邊)이 올라간 상(牀)에 진설(陳設)하고 있으니 모든 제사(祭祀)에는 평탁(平卓)에만 진설(陳設) 한다고 할 수는 없을 것 같습니다.

실제(實際) 상(牀)의 용도(用度)에서 평상(平常) 생자(生者)의 상(牀)은 대체적(大體的)으로 상 사변(四邊)의 가장자리가 조금 도톰하게 올라간 牀(小盤)으로 식사(食事)를 하고, 제사(祭祀)에 사용(使用)되는 상(牀)은 대탁(大卓)으로 평탁(平卓)인데, 생인(生人)이 사용(使用)하는 대탁(大卓) 역시(亦是) 평탁(平卓)뿐이니 소탁(小卓; 小盤)과 대탁(大卓)의 차이일 뿐이 아닌가 합니다.

●家禮祭禮初祖陳器條食牀以板爲面長五尺闊三尺餘四圍亦以版高一尺二寸二寸之下乃施版面皆黑漆
●春官通考祭器圖說卓圖條朱漆饌卓俗祭用之註今儀景慕宮永祐園饌卓用黑漆其餘宮廟園墓皆倣此(平卓)

▶1592◀◆問; 제상의 생선 진설 방법.

안녕하세요? 제상의 생선 진설 방법과 관련하여 문의를 드립니다. 제상에 생선을 진설 할 경우에 생선의 배 부분을 신위 쪽으로 향하도록 진설해야 한다는 입장도 있고, 이와는 달리 생선의 등 부분을 신위 쪽으로 향하도록 진설 해야 한다는 입장도 있는 것 같습니다.

가가례라는 차원을 넘어서서 각각의 입장에 대한 근거를 알고 싶습니다. 고견을 기다리겠습니다.

◆答; 제상에 생선 진설 방법.

어류(魚類)의 진설(陳設)에 있어서 음양(陰陽)의 원리(原理)에 의하여 두동미서(頭東尾西)로 진설(陳設)한다는 설(說)도 있으나, 여기는 유학(儒學)(유교(儒敎))을 논(論)하는 성균관(成均館)이니 두서미동(頭西尾東)으로 진설(陳設) 함이 옳습니다.

●少牢禮魚右首進疏凡載魚生人死人皆右首地道尊右故也鬼神進?(腹也)是氣之所聚故也生人進?者?是脊生人尙味故也
●與猶堂曰案少牢右首進?(註鄭云右首變於生)公食禮右首進?此兩文皆在?載之時不在陳設之時則載與設無二法也左右者神位之左右也

▶1593◀◆問; 제상의 수저는 음양이 없는지요?

제상을 차리는 데는 서반동갱(西飯東羹; 飯西羹東)으로 제상 앞에서 보면 왼쪽에 메(밥)를 오른쪽에 갱(국)을 진설한다고 합니다. 즉 산 사람과 죽은 사람은 세계가 다르기 때문에 반대로 밥과 국을 제상에 올려놓는 것으로 압니다.

그렇다면 숟가락과 젓가락은 음양이 없는지요? 모양도 틀리고 각각 그 하는 일도 틀리기 때문에 구분이 있을 것이라는 생각이 들기 때문입니다. 제상에 메와 갱을 바꾸어 놓듯이 숟가락과 젓가락의 위치도 바꾸어 놓는 것이 이치에 맞을 것 같은데 수저는 바꾸지 않는지요?

◆答; 제상의 수저는 음양이 없는지요.

사서인(士庶人)의 진설(陳設)에서 시(匙)와 저(筯)의 위치에 관하여 음양(陰陽) 운운(云云)함은 없는 것 같고 상식(上食) 때나 상제(喪祭), 길제[吉祭(祭禮)] 공(共)히 시저[匙筯(匕筯)]라 일렀으니 시선저후칭(匙先筯後稱)인지라 비접(匕楪)에 시서저동(匙西筯東)으로 가지런히 놓음이 옳을 것 같습니다.

아래의 말씀은 시저(匙筯)를 반갱행(飯羹行)에서 중간에 놓는 까닭입니다.

●南溪曰中置匙筯蓋以匙筯爲諸饌之主故也

▶1594◀◆問; 제수 관련하여 문의 드립니다.

제수품(祭需品) 특히 과실(果實)에 대하여는 각 과실마다 특별히 의미(意味)를 부여하여 품목(品目)과 진설(陳設) 순위(順位)를 정하였다는 말을 들은 적이 있습니다. 사실인지요.

◆答; 제수 진설에는 특별한 의미가 부여되어 있지 않습니다.

다만 조율이시(棗栗梨柿)에 그 각자의 씨를 가지고 운운(云云)한 예는 속설일 뿐으로 그와 같아서 진설의 위치기 정하여 지지 않았습니다.

●士虞禮棗栗棗在西註尙棗棗美據此棗當設果行之首而栗次之
●沙溪曰今人六品之果若難備四品或兩品庶合禮意
●性齋曰我東則百果無不産焉如棗栗梨柿李杏之類
●尤庵曰脯則西北陸故設脯於右東南海故設魚於左
●周禮春官大宗伯以天産作陰德以中禮防之以地産作陽德以和藥防之鄭玄注玄謂天産者動物謂六牲之屬地産者植物謂九穀之屬
●郊特牲鼎俎奇而籩豆偶陰陽之義也籩豆之實水土之品也細註長樂陳氏曰鼎俎之實以天産爲主而天産陽屬故其數奇籩豆之實以地産爲主而地産陰屬故其數偶疏鼎俎奇者以其盛牲體牲體動物動物屬陽故其數奇籩豆偶者其實兼有植物植物屬陰故其數偶故云陰陽之氣也
●禮器大饗其王事與三牲魚臘四海九州之美味也籩豆之薦四時之和氣也註大饗祫祭也三牲牛羊豕也臘獸也細註嚴陵方氏曰三牲魚臘天山也天産所以作陰德故以味爲主而曰四海九州之美味蓋味爲陰故也籩豆之薦地産也

▶1595◀◆問; 제수 관련 문의 드립니다.

안녕하세요. 제가 부모(父母)님, 조부모(祖父母)님, 증조부모(曾祖父母)님까지 제사를 지내고 고조부모(高祖父母)님 제사는 큰 집에서 모시고 있습니다. 다름이 아니라 현재 차례를 지낼 때 각 대별로 음식을 별도로 마련하여 차례를 지냅니다. 같은 것이 3 접시가 되는 것이지요.

최근 와이프가 명절 때 음식이 너무 많이 남기도 하고 낭비일 수 있다고 하여 이곳에 어떤 방법이 맞는지 문의 드립니다.

◆答; 제수 관련 문의.

유가(儒家)의 속절(俗節)은 사당(祠堂) 예(禮)라 진설(陳設) 법도(法度)는 매(每) 고비일탁(考妣一卓)에 합설(合設)이라, 사당(祠堂)이 없어 정침(正寢)에다 설위(設位)할 때 역시(亦是) 매(每) 고비일탁(考妣一卓)에 합설(合設)이 바른 진설(陳設) 법도(法度)입니다. 따라서 3 대 봉사(奉祀)이시면 같은 것이 3 접시가 됩니다.

●性理大全俗節陳設條每龕設凡鄕俗所尙者食如角黍凡其節之所尙者薦以大盤間以蔬果

▶1596◀◆問; 제수(祭需) 제수(祭羞)와 진설(陳設) 진설(進設)의 의미에 대하여?

제수(祭需) 제수(祭羞)와 진설(陳設) 진설(進設)이 각각(各各) 풍기는 의미(意味)에 대하여 묻습니다.

◆答; 제수(祭需) 제수(祭羞)와 진설(陳設) 진설(進設)의미.

祭需는 제물(祭物)과 동의(同意)로 제사(祭祀)에 올리는 음식(飮食)을 이르며,
祭羞는 제물(祭物)을 진설(陳設)하다. 란 의미입니다.

陳設; 잔치나 제사(祭祀) 등에 음식을 법식(法式)에 따라 차려 놓음을 의미합니다.

進設; 아마도 표준어(標準語)는 아닌 상 싶으나 예법(禮法)에서 설찬(設饌)의 용어(用語)로 쓰일 때는 진(進)은 올리다. 라는 의미(意味)이니 제물(祭物)을 진설(陳設)한다. 라 풀이 할 수 있을 것입니다. 따라서 이 역시(亦是) 진설(陳設)과 큰 의미의 차이(差異)는 없을 것 같습니다.

需; 드리다. 받치다. 올리다.

羞; 올리다. 진헌(進獻)하다. 음식물을 받치다.

陳; 진설(陳設)하다.

進; 올리다. 봉상하다.

●元史成宗記與民均納供需
●燕行日記陳祭物飯五器蒸餅五器菜五器烹猪一
●左傳隱公三年可薦於鬼神[(林)薦享也鬼神天神人鬼也言雖微物可薦享於鬼神也]可羞於王公[(杜)羞進也(林)亦言微物可進於王公之貴也]
●皮日休詩賤貢士云西獨進羅綺
●詩傳大全小雅陳饋八簋註粲然其鮮明陳饋八簋而肥羜之旣具備此簋簋于以速我諸舅(云云)

添言;

進饌; 제례(祭禮)에서의 진찬(進饌)이라 함에서의 진(進) 역시 올린다는 의미(意味)일 뿐이며, 아래에서와 같이 진설(進設)에서의 진(進) 역시 올린다. 로서 제물(祭物)을 탁자(卓子) 위에 올려 베풀어 놓다(陳設하다).

●孝陵誌祭物陪進之規祭物設于卓子上[細書祭物進設祭酒封表解脫時凡事皆告知于兩參奉]

▶1597◀◆問; 제수 진설에 대하여?

기제사(忌祭祀) 때 제수(祭需) 진설(陳設)을 어떻게 해야 하나요? 신위(神位)를 향해서 어떤 문중(門中)에서는 좌반(左飯) 우갱(右羹)을 어떤 문중에서는 우반(右飯) 좌갱(左羹)을 하는데 궁금합니다. 어떻게 하는 것이 진정 맞은 것인지요, 정확한 답을 기다립니다.

◆答; 제수 진설.

아래와 같이 살펴보건대 기제의 진설(陳設)은 서반동갱(西飯東羹)으로 진설 됩니다.

●家禮四時祭進饌條主人奉羹奠于醋楪之東主婦奉飯奠于盤盞之西
●家禮圖式設饌圖飯盞匙醋羹(西飯東羹

▶1598◀◆問; 제수 진설에 대한 학설 의문질의.

안녕 하십니까? 양산향교에 입문하여 열심히 수학하고 있는 유생입니다 우리의생활예절에 대한 글을 읽다가,

1) 성균관에서 발행한 우리의생활예절 331 페지 2)두미의 방향(頭尾方向) 제수 중 머리와 꼬리가 있는 제찬은 머리는 서쪽을 향하고 꼬리는 동쪽을 향하게 놓는다. 신도(神道)는 서쪽을 숭상하기 대문이다, 기록하고 있습니다 예컨대 頭西尾東으로 생각됩니다.

2)사단법인 율곡학회 발행 우리의생활예절 112 페지 7)제수 진설의 일반원칙에 두동미서(頭東尾西)로 기록하고 있습니다. 두 학설에 대한 의문점이 있어 질의하오니 하교하여 주시기 바랍니다.

◆答; 제수 진설에 대한 학설.

의례(儀禮)는 주례(周禮), 예기(禮記)와 더불어 이를 삼례(三禮)라하며 십삼경(十三經)의 하나로 17편으로 구성(構成)되어 있는 예법(禮法)의 근본서(根本書)입니다.

그 근본서(根本書)의 소뢰궤식례편(少牢饋食禮篇)에 이미 [어조축재우수진유(魚俎縮載右首進腴)](두서미동(頭西尾東))라 고정되어 있는 예입니다.

다만 예서(禮書)(경서(經書))에서의 근거(根據)도 없이 음양(陰陽)의 이치라며 속례(俗禮)로 두동미서(頭東尾西)로 진설(陳設) 되어 지고 있을 뿐입니다.

혹시(或是) 두동미서(頭東尾西)의 전거(典據)가 있다손 치더라도 의례(儀禮)의 상위서(上位書)로 칠 수도 없으며 혹 어느 선유(先儒)의 문집(文集)에 기록(記錄)되었다 하더라도 그가 전거(典據)가 될 수 없으며 지금(只今) 여기서 전거(典據) 없이 주장(主張)하는 것과 다를 바 없습니다.

●少牢禮魚右首進腴疏凡載魚生人死人皆右首地道尊右故也鬼神進腴(腹也)是氣之所聚故也

▶1599◀◆問; 제수물.

제사상, 차례상에 포도, 레몬. 파이네풀 등 예전에 올라오지 않던 제수 품들이 오르는데. 맞는지요?

◆答; 제수(祭需)로 올리는 과실(果實).

지산(地産)으로 사람이 먹을 수 있는 열매는 제물로 올리지 않는 것이 없습니다.

●禮器禮也者合於天時設於地財順於鬼神合於人心理萬物者也故天不生地不養君子不以爲禮鬼神弗饗也居山以魚鼈爲禮居澤以鹿豕爲禮君子謂之不知禮註天不生謂非時之物地不養如山之魚鼈澤之鹿豕之類
●陶庵曰凡木實之可食者無不用

▶1600◀◆問; 祭需床 굄 세의 높이는.

제수품(祭需品) 굄새의 높이는. 한자(一尺), 또는 한자(一尺) 두치(二寸) 등등 정(定)한 수치(數値)가 있는지요.

◆答; 제수상(祭需床) 굄세의 높이.

제수(祭需) 중에서 괸다 함은 주로 과속(果屬)이리라 생각되는데 사대부(士大夫) 이하 사서인(士庶人)의 과실(果實)은 그 종류(種類; 數)의 언급(言及)이 있을 뿐 굄새(량)에 관하여는 정함이 없는 것 같습니다.

●家語曰果屬有六
●問解曰果六品難備則或四或二庶合禮意
●五禮儀二品以上果五六品以上果二九品以上及庶人果菜各一
●王制祭豊年不奢凶年不儉注常用數之仂

▶1601◀◆問; 제수용품에 대하여.

1. 안녕하세요. 청주에 사는 이 D 규입니다.
2. 제수용품(祭需用品)은 지역마다, 각 가문마다 다를 수 있는데,
3. 주과포해(酒果脯醢)에서 해(醢)는 옥편에 (젓갈 해)라고 하는데 실제로 무엇을 뜻하는 것인지요?
4. 진설도에 나오는 어해(魚醢), 어회(魚膾), 육회(肉膾)와는 어떻게 다른 것인가요?

5. 실제로 제수를 장만하여 보지 않아서 아리송합니다.

6. 성균관 홈피의 고견을 듣고 싶습니다. 부탁 드립니다.

7. 그럼 안녕히 계세요.

◈答; 제수용품.

問; 3. 答; 해(醢)는 육장(肉醬)을 의미(意味)합니다. 고기를 잘게 썰어 장(醬)에 넣고 끓여 익혀 조림한 반찬(飯饌; 按酒)이며 사례편람(四禮便覽) 사시제(四時祭) 구찬(具饌) 제구조(諸具條)에 이를 어해(魚醢)와 식해(食醢)라 하였는데 이에서 어해(魚醢)란 젓갈 류 등을 의미(意味)하고 식해(食醢)란 생선(生鮮)을 토막 내어 소금과 쌀밥과 버무려 재어놓은 젓류로 어초(魚酢) 또는 생선(生鮮)젓이라 칭하기도 함. 주의(注意)할 점은 사례편람(四禮便覽)의 식해(食醢)를 식혜(食醯) (례주(醴酒)=단술)로 오인하여서는 아니 됨.

問; 4. 答; 해(醢)는 위에서 살펴본 바와 같이 고기로 담근 조림이며 어해(魚醢)는 젓갈 류를 의미하고 어회(魚膾)와 육회(肉膾)는 생선(生鮮)과 고기를 날로 얇게 썰어 놓은 음식(飮食)으로 해(醢)와 어해(魚醢) 어회(魚膾) 육회(肉膾)와는 전연(全然) 다른 음식(飮食)임.

아래 정다산(丁茶山) 선생(先生)의 아언각비(雅言覺非)에서 [혜(醯)]에 관하여 하신 말씀을 살펴보건대 주과포혜(酒果脯醯)에서 혜(醯)는 젓국이지 식혜(食醯; 단술)로 오해(誤解)하여서는 큰 오류(誤謬)를 범하게 됨. 따라서 주과포혜(酒果脯醯)나 주과포해(酒果脯醢)를 동의(同意)로 이해하지 않으면 포행(脯行)에 단술(食醯)을 진설하는 웃지 못할 결례를 범하게 되는 것임.

아래는 제예서(諸禮書) 설찬도(設饌圖) 포행(脯行)의 진설품(陳設品)입니다. 모든 설찬도(設饌圖)에 식혜(食醯)는 설찬(設饌)치 않습니다.

식혜(食醯)(단술)는 위에서도 언급된 바와 같이 망참의(望參儀; 茶禮)에서 다(茶)를 례주(醴酒; 食醯)=단술)로 우리나라에서만 대신하였으나 그 망참(望參) 역시 옛날에 사당(祠堂)에서 매월 보름에 올리던 예(禮)인데 지금은 모두 사라졌으며 술도 없이 다만 다(茶)만 올렸으므로 이름하여 다례(茶禮)라 칭하기도 하였음.

그러나 팔월(八月) 추석(秋夕)(보름)은 망참(望參)이 아니라 속절(俗節)의 예(禮)로서 다례(茶禮)가 아님. 망참(望參)에 설령 다(茶) 대용(代用)으로 식혜(食醯; 醴酒)=단술)를 올렸다 하여도 다례(茶禮)는 이미 살아져 식혜(食醯)를 진설(陳設)? 하는 설찬(設饌)의 예(禮)는 없는 것임.

●雲坪曰古禮酒並設醴重於酒家禮因書儀朔參用茶酒並者乃唐宋時俗尙之故耳我國旣無茶俗尙醴由是則茶代以醴合於古而不忘本且望日旣不用酒茶之降神甚不便矣

●詩經行葦 ㅇ醢以薦或燔或炙註 ㅇ醢已薦哭而又或燔或炙焉佳殽旣備矣

●魏書賜御膳珍羞自酒米至於鹽醢百有餘品

●雅言覺非醢者酢漿也又醢之多汁者謂之醯醯者瀋也(丁註吾東方言云젓국)蒙學不辨醢醯故脯醢讀之如脯醯

●溫公書儀; 시소(時蔬) 포(脯; 今乾脯) 해(醢)(今肉醬).

●家禮設饌圖; 포해(脯醢) 소채(蔬菜) 포해(脯醢) 소채(蔬菜) 포해(脯醢) 소채(蔬菜).

●儀節設饌圖; 포해(脯醢) 소채(蔬菜) 포해(脯醢) 소채(蔬菜) 포해(脯醢) 소채(蔬菜).

●國朝五禮儀設饌圖; 채(菜) 해(醢) 채(菜) 포(脯) 채(菜).

●要訣設饌圖; 포(脯) 숙채(熟菜) 청장(淸醬) 해(醢) 침채(沉菜).

●輯覽設饌圖; 포(脯) 숙채(熟菜) 청장(淸醬) 해(醢) 침채(沉菜).

●備要設饌圖; 포(脯) 숙채(熟菜) 청장(淸醬) 해(醢) 침채(沉菜).
●三禮儀設饌圖; 포(脯) 숙채(熟菜) 해(醢) 초채(醋菜) 초(酢) 침채(沈菜).
●便覽設饌圖; 포(脯) 소(蔬) 장(醬) 침채(沈菜) 해(醢) 식해(食醢).
●家禮源流設饌圖; 포해(脯醢) 혜채(醯菜) 포해(脯醢) 혜채(醯菜) 포해(脯醢) 혜채(醯菜).
●增解設饌圖; 포(脯) 숙채(熟菜) 해(醢) 초채(醋菜) 자(鮓) 침채(沈菜).

작명(作名)에 쓰이는 글자 중 오행의 금(金)에 속하는 글자는 아래와 같습니다.

賈珂歌訶刻珏殼諫玕碉碣竭敢鑑鑒監裁鉀講强剛鋼疆改鎧釀鉅鋸乾鍵劍釢譴訣兼謙鐮鉗敬竟硬璟勁庚瓊璈警競鏡計戒誠磭誥賈故敲敊辜錮琨錕骨共公貢珙鞏攻串課鍋戈誇款珺串貫瓘舘刮鑛珖教矯皎轎救具球玖矩銶購謳鈞勾毆鞠鞫詭貴珪硅鈞勺劇剠戟棘瑾謹斤金錦琴矜碁玘琪記其堪琦錡畿欺鎮璣磯金諾珞酪環琅瑯乃瑙開錄論弄賴訥鈕端鍛短段斷談譚覃鐷鐺戴貸到鍍賭韜刀盜讀敦豆童銅讀鈍膽珞酪環辣剌琅瑯諒礪戻礫鍊璉列斂玲鈴齡醴錄礪論瓏弄賴磊賂賚了竜鏤琉劉硫謬戮勒利理璃璘琳立砬 ~以下 等等~

▶1602◀◆問; 제수준비에 대하여 궁금합니다.

조부모 제수(祭需)는 저희 집(둘째)에서 제수를 준비하여, 큰댁으로 가서 차례(茶禮) 행사를 해야 합니다. 또한 큰댁도 백부(伯父)의 제수를 준비해야 하는 상황입니다. 이럴 경우 차례 행사 시 제수 준비는 어떠한 방법으로 해야 할지? 아님은 조부모 제수를 준비하고(지방포함), 그 옆에 별도로 백부의 제수를 차려 행사를 해야 하는지 궁금합니다.

현재 조부모(祖父母) 제수(祭需)를 저희 집에서 준비하라고 하였으며, 또한 큰댁에서는 이왕 준비하는 것 같이 준비하면 어떠냐고 하시는데 두상을 준비해야 할지, 한 상에 제수를 준비하고 신위(神位)만 모두 모셔 행사를 해야 할지 궁금합니다. 바쁘시더라도 가르쳐 주시고 또한 설 명절 잘 보내시길 바랍니다.

◆答; 제수준비.

제수는 각위각설이니 고비(考妣; 夫婦)양위 한 상씩 입니다.

●家禮四時祭設位條考西妣東各用一倚一卓而合之○又忌祭設位條如祭禰之儀但止設一位
●寒岡曰共一卓而盞盤羹飯炙肝之類各設恐妨
●陶庵曰祭饌一一各設卽是家禮之制然士大夫家蔬果則合設獨各設餅麵飯羹者
●家禮儀節兩位竝設饌圖(丘按)舊圖考妣每位各設饌則四代該八卓矣今人家廳事多狹隘恐不能容今擬考妣兩位共一卓設饌如世俗所謂卓面者庶幾可行若夫地寬可容者自當如禮

▶1603◀◆問; 제수 진설 문의.

4열 진설에서 포(脯), 숙채(熟菜), 청장(淸醬), 해(醢), 침채 와 포(脯), 숙채(熟菜), 청장(淸醬), 침채, 해(醢), 로 침채와 해(醢)의 위치가 다르게 되어있어서 어느 것이 맞으며 그 이유는요.

◆答; 제수 진설은.

아래와 같이 예서마다 진설(陳設) 위치(圍置)가 거의 다릅니다. 까닭에 어느 진설법(陳設法)이 옳다 일러 말할 수는 없을 것 같습니다. 다만 쉽사리 좌포우해(左脯右醢)라 하지요.

●가례(家禮); 포해(脯醢) 소채(蔬菜) 포해(脯醢) 소채(蔬菜) 포해(脯醢) 소채(蔬菜).
●의절(儀節); 채식(菜食) 채식(菜食) 채식(菜食) 채식(菜食) 채식(菜食).

●국조오례의이품이상(國朝五禮儀二品以上);채(菜) 해(醢) 채(菜) 포(脯) 채(菜).
●요결(要訣); 좌반(佐飯) 숙채(熟菜) 청장(淸醬) 해(醢) 침채(沈菜).
●집람(輯覽); 포(脯) 숙채(熟菜) 청장(淸醬) 해(醢) 침채(沈菜).
●비요(備要); 포(脯) 숙채(熟菜) 청장(淸醬) 해(醢) 침채(沈菜).
●삼례의(三禮儀); 포(脯) 숙채(熟菜) 해(醢) 초채(醋菜) 자(鮓) 침채(沈菜).
●편람(便覽); 포(脯) 소(蔬) 장(醬) 침채(沈菜) 해(醢) 식해(食醢).
●증해(增解); 포(脯) 숙채(熟菜) 해(醢) 초채(醋菜) 자(鮓) 침채(沈菜).

▶1604◀◆問; 제수진설(祭羞陳設)시에 밥과 국을 평상시와 다르게 진설하는 이유는?

우리는 평상시에 일반적으로 밥을 왼쪽에 그리고 국을 오른쪽에 놓고서 식사를 합니다. 이에 대한 이유들에는 여러 가지가 있을 수 있겠지만 제가 알고 있는 바에 따르면, 식사를 하면서 오른쪽 소매에 밥이 걸리지 않도록 하기 위함이라고 합니다. 아마도 이 이야기는 옛날에 식기(食器)에 밥을 높이 담았던 것에서 비롯되었을 것이란 생각이 듭니다.

그런데 우리가 조상의 제사를 모실 경우에는 평상시와는 달리 밥(메)을 오른쪽에 그리고 국(갱)을 왼쪽에 진설하는 것(조상이 위치한 상석에서 볼 때)이 원칙처럼 되어 있습니다. 이러한 진설 방식은 위에서 언급된 바를 고려한다면 돌아가신 조상들이 제수를 드실 때 불편을 끼쳐드릴 수도 있을 것이라는 생각이 듭니다. 그럼에도 불구하고 제수(祭需) 진설(陳設) 시에 밥과 국을 평상시와는 다르게 진설(陳設)하는 이유가 무엇인지에 대하여 저는 평소에 궁금하게 생각을 해 왔습니다.

◆答; 반(飯)과 갱(羹)의 위치.

생자(生者)는 상좌(尙左)라 밥이 좌측(左側)으로 가고, 사자(死者)는 상우(尙右)라 메가 우측(右側)으로 진설 됩니다.

●有司徹疏生人陽故尙左鬼神陰故尙右
●沙溪曰三年內上食象生時左飯右羹爲是
●賈氏曰生人陽故尙左鬼神陰故尙右
●司馬溫公曰所以西上者神道尙右故也

▶1605◀◆問; 제수 품에 관하여.

제사를 지낼 때 나물 3 가지의 종류 중에 '시금치'나물도 제사상에 올릴 수 있는 나물에 해당 하는지요? 제사 기일 전날에 미리 제사 음식을 미리 준비 해야 되는지요? 답신 기다리고요 수고 하십시오.

◆答; 제수품.

예서 어디에도 채소(菜蔬)의 품명(品名)을 정하여 놓지 않았습니다. 시금치는 주로 데쳐 먹는 나물이니 숙채(熟菜)로 올린다 하여 안될 것은 없을 것 같으며, 가례(家禮) 제례순(祭禮順)에 ○재계(齋戒) ○전일일설위진기(前一日設位陳器) ○성생척기구찬(省牲滌器具饌) ○궐명숙흥설소과주찬(厥明夙興設蔬果酒饌) ○질명봉주취위(質明奉主就位)라 하였으니 자시(子時) 행사(行事)이든 질명(質明) 행사(行事)이든 제수준비(祭需準備)는 전날이며 생(牲)을 올린다면 더욱 전날이라야 되겠지요.

●特牲饋食禮註祭祀自熟始曰饋食饋食者食道也疏食道是生人飮食之道孝子於親事之若生故用生人食道饋之也天子諸侯饋食以前有朝事迎尸後進黍稷士大夫祭祀自熟
●禮器天不生地不養君子不以爲禮鬼神弗饗也細註嚴陵方氏曰以天所不生者爲禮則逆天

之時矣以地所不養者爲禮則逆之之理矣天時地理之不可逆
●家禮本註具祭饌每位蔬菜及脯醢各三品

▶1606◀◆問; 제수품에서.

제사(祭祀) 음식(飮食)을 어떻게 마련하여야 하나요.

◆答; 제사음식은.

아래와 같이 살펴보건대 하늘이 낳지 않고 땅이 기르지 않은 산물(産物) 귀신(鬼神)이 흠향(歆饗)하지 않는다 하였고 선조(先祖)가 평일(平日) 즐기 좋아하던 음식(飮食)을 올려드리고 만약 생전(生前)에 술을 드시지 않았으면 예주(醴酒)를 올려도 무방(無妨)하다 하였으니 복숭아, 잉어, 돼지의 내장 등을 제외하면 올림에 꺼려야 할 음식은 별로 없는 듯 합니다.

●禮器禮也者合於天時設於地財順於鬼神合於人心理萬物者也故天不生地不養君子不以爲禮鬼神不饗也註合於天時天時有生也謂四時各有所生之物取之當合其時設於地財地理有宜也謂設施行禮之物皆地之所産財利也然土地各有所宜之産不可强其地之所無如此自然順鬼神合人心而萬物各得其理也天不生謂非時之物地不養如山之魚鼈澤之鹿豕之類
●郊特牲鼎俎奇而籩豆偶陰陽之義也籩豆之實水土之品也不敢用褻味而貴多品所以交於旦(神)明之義也長樂陳氏曰鼎俎之實以天産爲主而天産陽屬故其數奇籩豆之實以地産爲主而地産陰屬故其數偶方氏曰籩之實若菱芡之類豆之實若芹蒲之類所謂水之品也籩之實若棗栗之類豆之實若菁韭之類所謂土之品也水土之品非人常食故曰不敢用褻味或水或土所取不一故曰貴多品
●尤菴曰俗尙及祖先平日之所嗜好不可全然擺脫要在酌中而處之
●遂菴曰生前不飲酒則以醴代酒無妨
●家語孔子曰果屬有六而桃爲下祭祀不用不登郊廟
●黃氏曰抄鯉魚不用於祭祀云
●旣夕禮豚解無腸胃註無腸胃者君子不食溷腴疏君子不食溷腴者少儀文彼註謂犬豕之屬食米穀腴有似於人穢

▶1607◀◆問; 祭와 享이 같은지 아니면 차이가 있는지 궁금합니다.

선생님들께 배움을 청합니다. 제가 워낙 부족한 점이 많아 여쭈어보고자 합니다. 소학집주를 보고 있는데요.

처음 입교편에 삼왈(三曰) 육예(六藝) 예악사어서수(禮樂射御書數)의 본문 장에 따른 (집해(集解))용입니다. (집해(集解)) 이사헌관(以肆獻祼) 향선왕(享先王) 이궤식(以饋食) 향선왕(享先王)이라는 구절이 있습니다. 이와 관련하여 어떤 분은 앞의 "향선왕(享先王)을 선왕(先王)에 제사(祭祀)하고, 뒤 향선왕(享先王)을 선왕에 제향하고"로 해석하였으나 학식이 짧아 여전히 의문이 남습니다.

1. 제(祭)와 향(享)이 어떻게 다른지 궁금합니다. 하여튼 엄연히 다른 길례(吉禮; 肆獻祼와 饋食)가 똑같은 한자로 되어 있어서요. 학식이 짧다 보니 물음 아닌 물음을 던진 것 같기도 하여 몸 둘 바가 없습니다. 선생님의 지도를 부탁 드립니다.

◆答; 제(祭)와 향(享).

祭祀; 조상(祖上)이나 신령(神靈)에게 제수(祭需)를 진설(陳設)하고 정성을 표하는 예절(禮節). 또는 지내는 일.
祭享; 제향동(祭饗同). 제수(祭需)를 진설(陳設)하고 제사 지내다.

●尙書大傳祭之言察也察者至也言人事至於神也

●孝經士章疏祭者際也人神相接故曰際也
●韓詩外傳上不知順孝則民不知返本君不知敬長則民不知貴親禘祭不敬山川失時則民無
畏矣
●論語八佾第三祭如在祭神如神在註程子曰祭祭先祖也祭神祭外神也祭先主於孝祭神主
於敬愚謂此門人記孔子祭祀之誠意
●康熙字典享條祭也歆也
●書經盤庚上篇兹予大享于先王爾祖其從與享之註兹我大享于先王爾祖亦以功而配食於
廟先王與爾祖父臨之在上
●國語魯上篇嘗禘烝享註秋祭曰嘗夏祭曰禘冬祭曰烝春祭曰享享獻物也
●書經說命中篇黷于祭祀時謂弗欽註祭不欲黷黷則不敬禮不欲煩煩則擾亂皆非所以交鬼
神之道也
●漢魏叢書逸周書周月篇至於敬授民時巡狩祭享猶自夏焉
●晉書載記前燕慕容儁條祭饗朝慶宜正服袞衣九文冠冕九旒

▶1608◀◆問; 제 의례.
1. 제례(祭禮) 때 초헌(初獻). 아헌(亞獻). 종헌관(終獻官)에 대하여 질문(質問)하겠
습니다. 먼저 초헌(初獻). 아헌(亞獻). 종헌(終獻)을 할 때에 제주(祭主)가 신위(神位)
앞에 나가 꿇어앉은 뒤 술잔을 올리고 난 뒤에 재배하는 것으로 알고 있습니다.

그런데 다른 곳에서는 초헌(初獻). 아헌(亞獻). 종헌(終獻) 모두 신위(神位) 앞에 나
가 재배(再拜)하고 다시 꿇어 앉아 잔을 올리고 다시 재배를 하는 것을 보았는데
어느 것이 바른 예절 입니까? 예서에 근거 하여 답해주세요.

2. 성복례(成服禮). 발인제(發靷祭). 반혼제(返魂祭). 초하루. 보름. 삭망(朔望)에 대
하여 질문 하겠습니다. 우리가문에서는 성복례. 발인제. 반혼제. 초하루. 보름. 삭망
(朔望)에는 제사로 간주하지 않고 모두 제물을 진설 할 때 신위기준으로 왼쪽부터
대추. 밤. 감. 순서대로 진설하고 메와 갱도 생시와 같이 좌메우갱으로 차립니다.
그리고 일반 제사 때와 묘제에는 신위로부터 오른쪽부터 대추. 밤. 감. 순서대로 차
리고 메와 갱은 우메좌갱으로 차립니다.

요즘 일반 장례식장이나 다른 곳에서는 성복, 발인, 반혼상을 차릴 때에는 모두 신
위기준으로 오른쪽에서부터 대추, 밤, 감 순으로 진설하고 성복과 발인에는 신위기
준으로 좌측에 메, 우측에 갱을 진설하고 제사에는 우메좌갱식으로 차리는데 어떤
진설 방법이 예서에 근거한 바른 예법입니까? 예서의 기준으로 답해주면 감사하겠
습니다.

◆答; 제의례(祭儀禮).
문1 答; 헌관(獻官)은 선후(先後) 양(兩) 재배(再拜)는 없고 후 재배(再拜)뿐입니다.
문2 答; 奠; 진설품(陳設品)=주포해과소지류(酒脯醢果蔬之類).
上食;생인양고상좌삼년내상생시반좌갱우(生人陽故尚左三年內象生時飯左羹右).

●性理大全時祭初獻;主人升詣高祖位前執事者一人執酒注(云云)祝取版(云云)尚饗畢興
主人再拜
●檀弓下; 奠以素器以生者有哀素之心也(孔穎達疏)奠謂始死至葬之時祭名以其時無尸奠
置於地故謂之奠也○又 始死未容改異故以生時庋上所餘脯醢爲奠也
●便覽小斂奠諸具饌條; 脯醢果蔬之類
●問葬前使祝奠禮也而當祝之人不在則喪人洗手而親奠乎或使兄弟中一人梳洗而奠之乎
或使行者奴婢爲之是果合禮乎寒岡曰族屬鮮少之家例有此患喪主洗手親奠決不可也兄弟

中一人亦難梳洗無族人執事則令行者可以代奠內喪則令婢子可以代之

●士喪禮奠脯醢醴酒升自阼階奠于尸東(註)鬼神無象設奠以憑依之疏小斂一豆一籩大斂
兩豆兩籩此始死亦無過一豆一籩而已醴酒雖俱言用其一不並用以其小斂酒醴俱有此則未
具是其差

●書儀古人常畜脯醢故始死未暇別具饌但用脯醢而已今人或無脯醢但見有食物一兩種並
酒可也

●士喪記燕養饋羞湯沐之饌註燕養平常所用供養也饋朝夕食也羞四時之珍異湯沐所以洗
去汚垢孝子不忍一日廢其事親之禮於下室日設之如生存也

●備要襲奠及靈幄奠饌圖西(右)醢東(左)脯

●沙溪曰三年內上食象生時左飯右羹爲是

●賈氏曰生人陽故尙左鬼神陰故尙右

●便覽食時上食條如朝奠儀但徹酒不徹奠設上食饌品

▶1609◀◆問; 제의례.

[두 번 질문 했습니다만 한번 더 질문합니다] 졸곡(卒哭)까지는 살아계실 때와 같
다고 했으니 보통 환갑(還甲) 상이나 칠순상 차리는 것과 같이하고 졸곡 후부터는
제상 차리는 방식과 같이 하면 된다고 생각 하면 됩니까? 또 제사 후 태작과 음복
(飮福)의 의미와 태작은 구가 언제하며 음복은 언제 어떤 방법으로 하는 것이 올바
를 까요?

◆答; 제의례(祭儀禮).

아래와 같이 살펴보건대 반갱지설(飯羹之設)에 관하여 가례(家禮)에서 명확히 명시
(明示)되지 않았으나 구의(丘儀)에서 반서갱동(飯西羹東)이라 명시되어 있으며 이
를 대부분의 선유(先儒)들께서도 채택한 것 같습니다. 다만 삼년내(三年內) 상식(上
食)에서는 반동갱서(飯東羹西)라 하신 것 같습니다. 반서갱동(飯西羹東)이란 의미
는 제례(祭禮) 진설(陳設)과 모두 같다는 뜻입니다.

태작이라는 예는 그 전거(典據)를 찾지 못하여 이를 수가 없습니다.

음복(飮福; 受胙)의 예는 사시제(四時祭), 초조제(初祖祭), 선조제(先祖祭), 니제(禰
祭)에서 행하는 예로서 기제(忌祭)나 묘제(墓祭)에서는 행하지 않는 예입니다.

아래의 의절(儀節)에 명시(明示)된 바와 같이 수조(受胙; 飮福) 시기(時期)는 계문
(啓門)과 사신(辭神) 사이에서 행하는 예이며 그 이래는 가례(家禮) 수조(受胙; 飮
福)의 예입니다.

의미(意味)는 축사(祝辭)가 의미하는 바와 같이 복(福)을 받게 한다는 것입니다. 음
복(飮福) 예법(禮法)은 아래 구의(丘儀)나 가례(家禮) 원문(原文)을 살펴보시기 바랍
니다.

⊙虞卒哭飯羹之序

●家禮虞祭祝進饌條執事者佐之其設之敍如朝(河西曰朝朔字之誤)奠○成服朝奠條朝奠
執事者設疏果脯醢祝盥手云云

●丘儀虞祭具饌條於靈座前卓子上近靈前一行設匙筯當中近內設酒盞在匙筯西醋楪在東
羹在醋楪東飯在酒盞西

●通攷時祭進饌之序用於虞祭恐爲未安抑朱子以虞祭讀祝於右卒哭讀祝於左謂得禮意蓋
以卒哭以後爲吉祭故也今若以時祭設饌之序移祔卒哭之後則雖與家禮不同而未爲失朱子
之旨耶

●牛溪曰祭禮設飯於西非獨丘儀如此家禮時祭進饌之儀已如此然初喪象生故凡設奠皆如平時至於虞以後用祭禮然則自虞而西飯恐不無悖乎禮也

●竹菴問虞祭進饌如朔奠云而考朔奠無其序之可據當依時祭進饌之序否黎湖曰依時似有可抽

●鹿門曰虞以後生事畢鬼事始故其設饌用祭禮飯右羹左上食則當常生從曲禮飯左羹右之設

●沙溪曰自虞以後之祭則左設三年朝夕上食則象生時右設

●退溪答人曰祭饌尙左之說恐未然盖食以飯爲主故飯之所在卽謂所尙如平時左飯右羹是謂尙左而祭則右飯左羹是乃尙右所謂神道尙右者然也

●備要虞祭陳器設饌圖之圖條西飯東羹便覽虞卒哭陳器設饌之圖條亦西飯東羹

●老洲曰備要要設之設饌不同備要依家禮而多出於古禮要設依五禮儀而多出於俗禮其不同處當以備要折衝然若是先世所行雖或小違於禮無大害於理者只當姑以喪祭從先祖之義處之况有三年無改之道乎

⊙丘儀受胙禮法
○啓門○主人以下各復位○獻茶(主人主婦進茶於四代考妣前子弟婦女分祔位)○飮福受胙○(引)詣飮福位(執事者設席於香案前主人就席北面立)○跪(祝取酒盞于高祖前詣主人之右跪主人亦跪)○受酒(祝以盞授主人)○祭酒(傾少許于地)○啐酒(略嘗少許祝取匙抄諸位之飯各少許以盤子盛詣主人左)○(通)嘏辭曰祖考命工祝承致多福無疆于汝孝孫來汝孝孫使汝受祿于天宜稼于田眉壽永年勿替引之(主人置酒席前地上)○(引)俯伏興拜興拜興平身○跪○受胙(祝以胙授主人主人受飯嘗之實于左袂掛袂于季指)○卒飮(取所置酒卒飮之以盞及飯受執事者)○俯伏興拜興拜興平身(若欲從簡止詣飮福位食跪○嘏辭○飮福酒○受胙○俯伏興拜興拜興平身○主人退位于東階上西向祝於西階上東向)○(通)告利成(祝曰)○利成(在位者皆拜)○鞠躬拜興拜興平身(主人不拜)○(引)復位○(通)辭神

⊙家禮受胙禮法
執事者設席于香案前主人就席北面(儀節詣飮福位)祝詣高祖考前擧酒盤盞詣主人之右主人跪祝亦跪主人搢笏受盤盞祭酒(便覽于席前○要訣少傾於地)啐酒(增解啐七內反○儀節略嘗少許)祝取匙幷盤(增解按即東階卓上所設受胙盤與匙)抄取諸位之飯各少許奉以詣主人之左嘏于主人(郊特牲嘏長也大也○特牲禮註嘏古雅反受福曰嘏嘏長也大也尸授之以長大之福也)曰(云云)主人置酒于席前出笏俛伏興再拜搢笏跪受飯嘗之實于左袂掛袂于季指(少牢禮註實於左袂便右手也季猶少也)取酒卒飮執事者(便覽跪)受盞自右置注旁受飯自左(少牢禮宰夫以籩受嗇黍註收斂曰嗇明豊年乃有黍稷)亦如之主人執笏俛伏興立於東階上西向祝立於西階上東向告利成(特牲禮註利猶養也供養之禮成不言禮畢於尸間之嫌疏不言禮畢於尸間之嫌者禮畢尸間暇無事有發遣尸之嫌故直言利成而已)降復位與在位者皆再拜(書儀此受胙拜)主人不拜降復位(栗谷曰執事者升詣諸位合飯盖降復位○合飯盖時先下匕筯于楪中)劉氏璋曰韓魏公家祭云凡祭飮福受胙之禮久已不行今但以祭餘酒饌命親屬長幼分飮食之可也

▶1610◀◆問; 제 의례.
제의례에 관해 질문한 것입니다. 경상도지방에서는 수조례를 잔을 물린다. 라는 뜻으로 퇴작이라 합니다. 의례적인 용어를 몰라서 한 질문 인 것 같습니다 가르침 감사합니다. 수고스럽지만 수조라는 뜻에 대해서 한번 더 가르침 부탁합니다.

◆答; 제의례.
수조(受胙)의 뜻은 수(受)에 조자(胙字)를 춘추좌전(春秋左傳)에서의 의미인 제사(祭祀)에 올렸던 제육(祭肉; 福肉)을 붙여 해석(解釋)하면 "제사(祭祀)지낸 복육(福肉)

을 받다 ” 라 해석(解釋)될 수가 있고, 국어(國語)에서의(書儀)의미(意味)인 복(福)을 내려주다. 라 붙여 해석(解釋)하면 “내려주는 복을 받다”등으로 대략 해석(解釋) 될 수가 있습니다.

다만 제례(祭禮)에서 수조(受胙)의 예(禮)에서는 (祭)주(酒)와 (祭)반(飯)뿐으로 (祭)육(肉)이 없으니 춘추좌전(春秋左傳)에서의 의미보다는 국어(國語)에서의 의미(意味)로 해석(解釋)됨이 타당(妥當)할 것 같습니다.

● 春秋左傳僖公篇王使宰孔賜齊侯胙杜註胙祭肉
● 國語周語篇能文則得天地天地所胙小而後國註胙福也天之所福小則得國大則得天下
● 舊唐書音樂志篇祭享酌酒讀祝文及飮福受胙奏壽和五郊迎氣

▶1611◀◆問; 제 의례 때 3 헌관의 위치를 알고자 합니다.

제 의례 때 3 헌관의 위치를 말씀해 주십시오. 요즈음 예절에 대해서 아시는 분들께서는 생자는 우측에서야 맞는다고들 합니다.

지금까지 우리 제주에서는 좌측에서부터 초헌 아헌 종헌의 순으로 섰는데, 아시는 분들은 우측에서부터 초헌 아헌 종헌의 순으로 서서 제사를 모시고 있다는데 어느 쪽이 맞는지 확실하게 말씀을 해주시면 그분하고 토론을 해 보겠습니다.

◆答; 삼헌관의 서는 순서.

아래가 모든 제사(祭祀)에 근본이 되는 남녀(男女) 제원(祭員)들의 서립위(序立位)입니다. (陰陽의 이치) 이를 살펴보면 초헌관(初獻官)은 주인(主人)이니 동편이 되고 아헌관(亞獻官)은 주부(主婦)가 되니 주인(主人)의 서편(西便)이 되고 종헌관(終獻官)은 주인의 자제(子弟)가 되니 주인의 동편(東便)이거나 뒤가 됩니다.

● 家禮祠堂正至朔參條;主人以下盛服入門就位主人北面於阼階下主婦北面於西階下主人有母則特位於主婦之前(栗谷曰奉祀妾子之母固不當立於主婦之前矣亦豈可立於主婦之後乎當立於主婦之西稍前)主人有諸父諸兄則特位於主人之右少前重行(增解輯覽按重行者主人前伯叔父爲一行主人兄弟爲次行主人子姪又爲次下主人之孫又爲次下是爲重行○沙溪曰諸父異行兄弟則有少前少退之異非重行也)西上有諸母姑嫂姉則特位主婦之左少前重行東上諸弟在主人之右少退子孫外執事者在主人之後重行西上主人弟之妻及諸妹在主婦之左少退子孫婦女內執事者在主婦之後重行東上

▶1612◀◆問; 제일(祭日) 택일(擇日).

안녕하십니까. 항상 좋은 가르침 감사합니다. 다름이 아니라 택일을 하여 제를 지낼 때.

1. 재우제(再虞祭)는 초우(初虞) 후(後) 첫 유일(柔日)에 행(行)하고 삼우제(三虞祭)는 다음날(剛日)에,
2. 졸곡제(卒哭祭)나 담제(禫祭)는 정일(丁日)이나 해일(亥日)에,
3. 석전대제(釋奠大祭)는 정일(丁日)에,
4. 기타 다른 여러 가지 유교식(전통?) 제례를 보면 모월(某月) 상정일(上丁日)(中丁日) 하여,

※ 우제(虞祭)를 제외하고는 대부분 丁日(亥日)에 행하도록 되어 있는데 유교적 예법이나 다른 택일법 등 어떤 특별한 연유가 있는지 궁금하여 여쭙습니다.

※ 정자(丁字)의 글자 모양이 하늘을 떠받히고 있는 모양이라서 길한 날이다라는 말을 들은 적도 있고, 언제인가 인터넷에서 본 기억(記憶)이 있는데 옛날에는 정일

(丁日)과 해일(亥日)이 휴일 이라서 그날을 택하여 제를 지냈다라고 되어 있어서 정확히 알고자 하와 좋은 말씀 부탁 드립니다.

◆**答; 제일(祭日) 택일(擇日).**

복일제(卜日祭)에서 정일(丁日)과 해일(亥日)을 택하는 까닭은 정(丁)은 정녕(丁寧)이라는 의미가 있어서이고 해(亥)는 복(福)을 구(求)함에서 입니다.

●朱子曰庚之言更也辛之言新也丁有丁寧意
●少牢疏亥爲天倉祭祀所以求福宜稼于田故取亥

▶1613◀◆**問; 제질(弟姪)의 제사에 절을 하는가?**

예절에 관하여 현재는 유교와 불교식이 혼재하고 있어 어떻게 하여야 하는지 갈피를 잡을 수 없어 질문 올립니다. 장례를 치를 경우 불교(佛敎)는 무조건 자신보다 먼저 죽으면 조상이라 하여 절을 하랍니다. 그래서 자식이 먼저 죽었는데도 절을 했습니다. 아버지가 아들에게 절을 한 것입니다. 그러니 숙부(叔父) 되는 자동적으로 같이 절을 했습니다. 동생이 먼저 죽었을 때도 동생에게 절을 해야 하는지요?

제사 때도 마찬가지 입니다. 형의 제사에 참여한 동생이 형에게 절을 할 수 있는데 동생의 제사나 조카의 제사에 참여한 숙부나 백부가 조카에게 절을 하는 것이 과연 옳은 것인지 기본도 모르고 살아왔기에 질문 드리니 나무라지 마시기 바랍니다.

◆**答; 제질(弟姪)에게는 절을 하지 않습니다.**

적(敵)이하 소자(少者)라 함은 동행(同行)의 제(弟)이하 모두가 이에 속하니 친동생(親同生)이나 사촌(四寸)동생(同生)이나 모두 제(弟)벌이라 절을 하지 않는다는 것입니다.

적(敵) 이상(以上) 즉 처(妻) 이상은 절을 하나 적(敵) 이하(以下) 즉(卽) 제자질(弟子姪)에게는 절을 하지 않습니다.

●太平廣記凡死者是敵以上則拜少者則不拜
●退溪曰妻則當拜子不當拜叔父於姪亦不當拜

▶1614◀◆**問; 제주는 누가 해야 합니까?**

안녕하세요? 복잡한 문제가 있어 여쭈어 봅니다. 시아버님께 결혼 전 동거 녀가 있었습니다. 집안의 반대로 정식으로 결혼을 하지 못했고 그 후 양가의 허락을 받고 제 시어머니와 정식으로 결혼하여 3 남 1 녀를 두었습니다.

결혼생활을 하면서 동거 녀와의 사이에서 먼저 1 남 1 녀가 태여 났고 동거 녀 사이에서 태어난 자식들은 제 시아버지의 뜻에 따라 호적에 장남, 장녀로 입적되었고 정식 결혼한 사이에 태어난 자식들은 차남, 차녀로 등재되었습니다.

생전에 부모님은 저희가 모셨고 3 년 넘게 병수발도 하였고 돌아가시자 20 년 동안 제사 준비도 저희의 몫이었습니다. 예우차원에서 법적으로 장남을 지금까지 제주로 모셨는데 제수준비가 끝나면 장남은 와서 제주 노릇만 하는 형식이었습니다.

그렇게 해오던 중, 결혼식을 올리지 않은 동거 녀 사이에서 난 자식은 제주를 할 수 없다는 어른들의 말씀을 듣고 정식으로 결혼하신 제 어머님이 아직 생존해계시는데 제사준비는 손수 하면서 제주만 형님이 하시는 것이 마땅치 못한 일인 것 같기에 문의를 드립니다.

참고로 동거 녀는 돌아가셨고 그 분에 대한 제사는 장남이 따로 지내고 있습니다.

정식으로 결혼한 제 어머님의 장남인 남편이 제주를 하게 된다면 그 동안 제주를 맡으신 형님과 각각 따로 제사를 모셔도 무방한지 궁금합니다. 답변 부탁 드립니다.

◆答; 제주는 적장자(嫡長子).

적장자(嫡長子)는 적처의 장자를 이름으로 적장자만이 부모가 작고하면 상주가 되고 상을 마치면 봉사의 주인이 되며 사당의 주인이 됩니다.

●性理大全祠堂;非嫡長子則不敢祭其父若與嫡長同居則死而後其子孫爲立祠堂於私室且隨所繼世數爲龕俟其其出而異居乃備其制若生而異居則預於其地立齋以居如祠堂之制死則因以爲祠堂
●溫公曰凡主人當以長子爲之無長子則長孫承重
●新書立後儀;疾死置後以嫡長子如此則親戚相愛而兄弟不爭此天下之至義也
●儀禮喪服;父爲長子淸胡培翬正義言長言嫡者亦以見父所爲三年者止嫡長子一人其餘嫡子不爲三年也

▶1615◀◆問; 제주는 누가 되나요.

저에게는 처남이 셋이 있습니다. 물론 처부모님은 벌써 세상을 떠나셨고요. 헌데 이번에 큰 처남댁이 세상을 떠났습니다. 처남들은 다 생존해 있고요. 큰처남에게는 아들이 둘이 있습니다.
1) 명절제사 때 제주는 누가 되나요.
2) 큰 처남댁 기제사 때 제주는 누가 되나요.
3) 초헌 아헌 종헌은 명절 때와 기제사 때 각각 누가 되나요.
항상 명쾌한 답변주심에 감사 드리고 있습니다.

◆答; 제주는 누가.

問; 1) 問; 2) 答; 처(妻)의 상(喪)을 당하거나 기제(忌祭)나 절사(節祀)의 주인(主人)은 남편이 됩니다.

問 3) 答; 절사(節祀)는 단헌지례(單獻之禮)이니 아종헌(亞終獻)의 예(禮)가 없으며 다만 기제사(忌祭祀) 때의 예는 주부자(朱夫子)말씀을 따른다면 초헌(初獻) 남편, 아헌(亞獻) 장자(長子), 종헌(終獻) 차자(次子)나 아우 호 적손 중에서 입니다.

●奔喪凡喪父在父爲主注各爲其妻子之喪爲主也祔則宗子主之
●朱子曰祭只是三獻主人初獻適子或主婦亞獻庶子弟或適孫終獻

▶1616◀◆問; 제주는 누가 되는지요?

저희 집안 제사에 대해서 문의를 드리겠습니다. 제 아버님은 6 남 2 녀 중 세 째 이십니다.

첫째 큰아버님은 돌아가시고 슬하에 6 남매 중 아들이 한 명 있고 형님은 결혼해서 외동 딸만 하나 두었습니다.

현재 형수와 이혼 수속 중이며 별거 상태로 조카는 형수가 키우고 있습니다. 지금은 형님이 제사를 모시지만 형님이 돌아가신 후에는 누가 모시게 되나요? 딸이 물려 받게 되나요? 만약 딸이 물려 받게 된다면 그 딸이 결혼한 후에는 어떻게 되나요? 아니면.

◆答; 제주는 장자손.

장자가 무자로 죽게 되면 그로는 절손이 되었으니 차자의 子가 승중하여 그 제사를 자내야 합니다.

차자의 자가 없으면 부친이 6형제이니 그 중에서 손대 중 장자(長者)가 입후되어 제사를 물려 받고, 손대가 없으면 원친 중에서 그 대에 맞는 항렬에서 입후하여 대를 이어야 합니다.

●退溪曰長子無子次子之子承重應指嫡子孫而言雖有妾産恐未可遽代承也
●問解問長子無後而死不立後次子死而有子又季子生存則誰當奉祀耶答次子之子當奉祀
●或問長子無后而死不立后次子死而有子又季子生存則誰當奉祀耶沙溪曰次子之子當奉祀也

▶1617◀◆問; 제주 및 제사 일에 대해 문의 드립니다.

겨울이 다가옵니다. 건강 조심하시고요. 남동생(성인)이 이번 년도 운명을 달리했습니다.

병원 공식 시간은 01.03 02:00 (음력 11.22) - 얼핏 생각나기로는 01.02 24:00 이후인 것 같습니다. 이런 경우.

問1. 제사일 - 일자를 말씀주실 때 `음력 ○월 ○일로 ○시~시까지`로 알려주시면 감사하겠습니다. 운명(運命)을 달리한 하루 전일(음력 11.21)로 알고 있으나 글을 읽어보니 잘못 알고 있는 듯 해서요.

問 2. 제주는 어느 사람이 되는지요? (형이 가능한가요? 부모님께서 충격이 크셔서 제가 상주를 하였습니다.) 부모님께서 생존하시고 계시나 각별하기에 형인 제가 제주가 되어 앞으로도 진행하려 하는데 맞는지요? (부모 생존 시는 부모가 제주가 된다고 하는 글을 다른 곳에서 읽었습니다)

위 경우 지방 쓰는 법도 여러 분들의 말씀이 조금씩 다르셔서 제주(祭酒) 위치에 맞게 쓰려고 문의(問議) 드립니다. (부모가 제주일 경우 망자수재 ○○○ 지령, 형이 제주일 경우 망제 학생 ○○○ 신위 이렇게 알고 있습니다)

問 3. 몇 곳에서는 양력 제사를 지내신다는 글을 본적이 있습니다. 예법으로 가능한가요? # 답변 주시는 글을 읽어보았으나 예법은 어렵네요. 좋을 글 잘 읽겠습니다. 감사합니다.

◆答; 제주 및 제사 일에 대하여.

병원(病院) 공식(公式) 시간(時間)은 01.03 02:00 (음력 11.22) - 얼핏 생각나기로는 01.02 24:00 이후인 것 같습니다. 이런 경우,

問1. 答; 기일(忌日)은 사망(死亡)한날이란 뜻이니 그 날의 사망(死亡) 시간(時間)에 따라 달라지지 않습니다. 따라서 음력 11월 22일 어느 시에 사망하였든 기제는 매년 음력 11월 22일 질명(質明; 먼동 틀 무렵)에 지내기 시작하면 어그러짐이 없습니다. 다만 그날 초시(初時)인 자시행제(子時行祭)는 변례(變禮)일 뿐입니다.

問2. 答; 아버지가 생존(生存)하여 계시면 그 집의 모든 상(喪)과 제사(祭祀)의 주인(主人)은 아버지가 됩니다. 다만 아버지가 다른 유고(有故)이면 다른 사람이 그를 대신(代身)하여 예를 주관(主管)하고 초헌(初獻)을 대신하게 됩니다. 이와 같은 예를 섭행(攝行)이라 합니다.

問3. 答; 유가(儒家)의 모든 예법(禮法)은 시대적(時代的) 배경(背景)이 음력(陰曆)에 기준(基準)하여 정하여 져 있습니다.

양력(陽曆)으로 기제(忌祭)를 지낸다 하여 절대 아니 된다. 라 잘라 말 할 수는 없을 것이나 삭망(朔望) 등 여러 가지 고려되어야 할 문제가 있습니다. 까닭에 유가

(儒家)의 예법에 의하여 조상(祖上)을 섬긴다 하면 음력(陰曆)에 의한 날짜에 의하여 봉행(奉行)함이 옳을 것입니다.

●祭義君子有終身之喪忌日之謂也註忌日親死之日也

●尤庵曰行祭早晚太早不可太晚亦不可惟當以質明爲正

●奔喪凡喪父在父爲主註此言父在而子有妻子之喪則父主之統於尊也

●問其父主喪神主何以書之寒岡曰當曰亡子秀才神主

●尤庵曰凡祭事主人有故則使人攝行例也所攝之中如有尊行則子弟似不敢爲攝主矣

●天文類抄日月條日爲大陽之精主生養恩德人君之象也(云云)月爲大陰之精以之配日女主之象以朝廷諸侯大臣之類註凡月之行歷二十有九日五十三分而與日相會是謂合朔當朔日之交月行黃道而日爲月所掩則日食是爲陰勝陽其變重自古聖人畏之若日月同度于朔月行不入黃道則雖會而不食月之行在望與日(云云)

●玉臺新詠詩條視曆復開書便利此月內

●漢書律歷上篇皇帝調律歷○又外戚孝成許皇后傳其孝東宮毋闕朔望

●開元禮閏月亡者祥及忌日皆以閏所附之月爲正

●書經堯典帝曰三百有六旬有六日以閏月定四時成歲註天體至圓周圍三百六十五度四分度之一繞地左旋常一日一周(云云)歲有十二月月有三十日三百六十者一歲之常數也(云云)朔虛而閏生焉故一歲閏率則十日九百四十分日之八百二十七三歲一閏則三十二日九百四十分日之六百單十五歲再閏則五十四日(云云)

●退溪曰閏非正月人之行祭常以正月而獨於是歲依亡歲之月而祭似未穩祭則依常月行之於閏月亡日則齊素而不祭似當也

●問解大月三十日死 者後值小月固當以二十九日爲忌值大月則自當以三十日爲忌小月晦日死者後值大月當仍以二十九日爲忌不可延待三十日也

▶1618◀◆問; 제주 변경에 관해 정확한 답변 급히 바랍니다.

저희 아버님은 둘째시고요. 위로 큰아버지 한 분 계십니다. 큰아버지 자손으로 3남 1여가 있고요 손자도 큰 사촌 형 밑으로 두 명 있습니다 며칠 전 큰아버지께서 저희 집에 전화를 하시어 건강과 경기가 어렵다는 사정으로 할머니 제사를 저희 집으로 모셔가라고 하십니다.

전부터 큰아버지가 억지를 쓰신다는 건 좀 알았지만 이런 말씀을 들으시는 제 아버지는 맘이 몹시 상하신 듯 합니다. 저 또한 할머니 제사를 모시는 건 괜찮다 치 만 저의 짧은 상식으론 제주가 함부로 변경 될 수 없다고 생각 하기 때문에 여쭤 보는 것입니다.

아울러 한번 제주가 변경되면 두 번 다시 변경이 불가능한지와 또한 제사를 모셔올 때 어떤 형식이 있어야 하는지의 방법도 알려 주세요. 기타 다른 분(할아버지, 증조 할아버지, 증조 할머니, 그 위 조상님들) 제사는 지낸다고 하는 되요 할머니만 모시고 올 수 있는 것인지 와, 제사를 모시고 온 이후의 저희 아버지의 제주로서의 권리 등등과 법적으로 조치 하실 수 있는 것 까지 아시는 대로 알려 주세요.

◆答; 제주(祭主) 변경(變更).

아래와 같이 유학(儒學; 유교)에서 전하여지는 말씀들을 살펴보건대 부모의 상(喪)을 당하면 장자(長子)가 상주가 되고, 장자(長子)가 이미 죽어 없으면 장손(長孫)이 승중(承重)의 예에 따라 조부모(祖父母)의 상주(喪主)가 되어 상(喪)을 치르고 제사를 받듭니다. 특히 지자(支子; 서자)는 부모나 그 위 선대조상(先代祖上)의 제사(祭祀)를 주인(主人)이 되어 제사(祭祀)를 지낼 수가 없습니다.

●家禮喪禮立喪主條凡主人謂長子無則長孫承重以奉饋奠
●奔喪凡喪父在父爲主父沒親同長者主之註親同長者主之謂父母之喪長子爲主也
●問爲長子斬衰爲妻期者當官在遠或老病則其子主之乎尤庵曰凡喪父在父爲主則無論父之在遠與老病亦當以父爲主而攝行之
●小記庶子不祭祖不祭禰者明其宗也註庶子雖貴止得供具牲物而宗子主其禮

▶1619◀◆問; 제주와 지방 쓰기.

안녕하십니까. 부모님께서 연로하시어 제가 제사를 모시게 되었으며 부모님께서는 거리 관계상 제사에 참석을 하시지 못합니다. 이 경우 제사를 제가 주관하므로 제가 제주이라고 생각을 합니다. 그리고 근거리에 계신 숙부께서는 제사에 참석을 하십니다. 그런데 일전 상담에서 2대 봉사라고 할 경우 제주인 저를 중심으로 2대 봉사가 아니고 부모님을 기준으로 2대 봉사라는 말씀을 들었습니다.

< 문의 사항 >
問; 1. 제주로써 제사를 모실 적에 만약 저의 조부님 제사의 경우에 지방은 현고 라고 하여야 합니까. '현조고' 라고 하여야 합니까?
問; 2. 또한 만약 부친께서 추후 지병으로 혼수상태에 있을 경우에도 제사는 부친을 기준으로 몇 대 봉사라고 하는 것인지요. 감사합니다.

◆答; 제주와 지방.

問; 1. 問; 2. 答; 주인이 연로하여 선대 봉사가 불가능하게 되면 전중(傳重)의 예에 따라 자손이 그 봉사를 대행하게 되는데 예법은 섭행의 예를 따르게 됩니다. 따라서 신주이면 개제를 하지 않고 지방이면 부친 속칭으로 현고(顯考)라 표기하게 됩니다. 혼수상태(昏睡狀態)라 하여도 부친 명으로 쓰고 섭행(攝行)의 예를 따릅니다.
●曲禮七十曰老而傳註傳家事任子孫是謂宗子之父
●王制七十不與賓客之事八十齊喪之事弗及也註八十不齊則不祭也子代之祭是謂宗子不孤
●問老而傳適子適孫主祭則廟中神主都用改換作適子適孫名奉祀然父母猶在於心安乎朱子曰然此等也難行且得躬親耳
●南唐曰老而傳子代父行事也改題遞遷是存亡易世事也代父行事則可而父在易世則不可本不可作一事行之也父有廢疾子代之執喪儀亦同此
●四未軒曰老而傳重不與祭其祝告依曾子問孝子某使介子某執其常事之例恐得
●明齋曰朱子傳重告廟之文只言傳重而已又於與趙尙書書言不可遞遷之義甚嚴則已雖不與祭其祝告依曾子問孝子某使介子某執其常事之例恐得

▶1620◀◆問; 제주의 순서.

1 부모님의 제사를 아들이 없는 장남이 모시다가 장남의 사후 손녀가 조부모의 제사를 지내는 것이 맞는지 아니면 차남이 모시는 것이 맞는지요? 제사를 위해 하나뿐인 차남의 아들을 양자로 맞을 수도 없습니다.
2 구정과 추석 때 집에서 제사를 지내지 않고 성묘로 대신할 수 있는지?

◆答; 차자의 독자가 종자에게 입후.

1. 答; 차남의 독자가 적손이 되어 선대 제사의 주인이 되어 봉사하여야 함.
2. 答; 성묘로 속절의 참사(參祀)를 대신할 수가 없습니다.

●通典大宗無後族無庶子己有一嫡子當絶父祀以後大宗
●尤庵曰兄亡弟及禮之大節目也長子旣死無後則宗移次子而次子之子爲宗子

●問解問長子無後而死不立後次子死而有子又季子生存則誰當奉祀耶答次子之子當奉祀

▶1621◀◆問; 제축문 기입에 관한 문의.

1. 제례 축문에 대해 문의 합니다.

2. 시제 축을 쓰는데 월건. 간지 일간지 다음에 효현손 모관 또는 몇 대손 명중 어느 것을 쓰는지 둘 다 맞는 것인지요. 알려주세요.

3. 산신제 축에서도 일간지 다음 유학 모명을 누구를 쓰는 것인지. 토지지신 다음 모명 공수세사우에 누구를 쓰는지 알려 주세요. 축문을 써서 알려 주세요.

4. 일반 축문을 쓰는데 월건을 쓰는데. 초하루 삭자로 쓰는 것과 월건 산출법에 의거 갑. 을. 지년 병인두 을. 경. 지년 무인두를 쓰는 방식에 의해 사용해야 되는지,

5. 한국족보신문과 대한민력에는 초하루 월건이 기록 되여 있어 문의합니다. 좀 배워서 사용하고자 하오니 관찰해서 알려주세요.

◆答; 제축문 기입.

○問 2. 答; 묘제에는 고조부모이하인 친미진(親未盡=고조부모 이하) 묘제(墓祭)가 있고 친진(親盡=오대조 이상) 묘제(墓祭)가 있습니다.

친미진(親未盡) 묘제(墓祭)의 축문에서는 효(孝=적장자=맏이)를 부쳐 고비(考妣) 묘제 축문에서는 효자(孝子) 모(某), 조고비(祖考妣)는 효손(孝孫) 모, 증조고비는 효증손(孝曾孫) 모(某), 고조고비는 효현손(孝玄孫) 모(某), 라 쓰고, 오대조 이상인 친진조(親盡祖) 묘제에서는 기대손(幾代孫) 모라 씁니다.

○問 3. 答; 묘제(墓祭) 시 산신제(山神祭)의 주인은 그 묘제 주인이 그 주인이 됩니다. 아래 축식(祝式)은 김씨(金氏) 가문의 김갑동(金甲童)이 고조고(高祖考)의 양력 8월 24일자의 묘제(墓祭) 시 산신제(山神祭) 축식 예문입니다.

◆祭后土祝文式

維 歲次乙丑七月丁酉朔初五日辛丑幼學金甲童敢昭告于 土地之神甲童恭修歲事于高祖考學生府君之墓維時保佑實賴 神休敢以酒饌敬伸奠獻尙 饗

○問 4. 答; 그 달 초하루 일진(日辰=干支)을 씁니다.

▶1622◀◆問; 조률시이(棗栗柿梨)와 홍동백서(紅東白西).

제수 진설에서 '紅東白西'는 음양설에 근거한 것으로 이해가 가는데 '棗栗柿梨'는 어떤 근거에 의한 것인지 궁금하여 문의 드립니다.

◆答; 사우례(士虞禮)입니다.

조율이시(棗栗梨柿)는 사우례(士虞禮)와 성재(性齋) 선유(先儒) 설(說)에 의함이 아닌가 합니다.

●士虞禮棗栗棗在西註尙棗棗美據此棗當設果行之首而栗次之
●性齋曰我東則百果無不産焉如棗栗梨柿李杏之類

▶1623◀◆問; 조부모 기일 시 지방 쓰는 방법.

저는 차남으로 태어나 부모님은 세상을 뜬지 오래 되었습니다. 제사를 주관하신 형님은 딸만 두신 관계로 차남(次男)인 제 아들에게 제사를 이관해 주셨습니다.

제 부모님, 조부모님 제사 시 지방은 누구 입장에서 써야 하는지 궁금합니다. 형님 아니면 제 아들.

◆答; 조부모 기일 시 지방식.

귀하의 부모는 귀하의 아들로는 조부모가 되고 귀하의 조부모는 아들로는 증조부모가 됩니다.

부; 顯祖考某官府君神位
모; 顯祖妣某封某氏神位

조부; 顯曾祖考某官府君神位
조모; 顯曾祖妣某封某氏神位

▶1624◀◆問; 조부모 합제하려 합니다.

안녕하십니까? 늦었지만 계사년 새해 복 많이 받으십시오. 다름이 아니 오라 조부모님 합제를 하려고 하는데 절차를 몰라서 급하게 질문 드립니다. 저의는 3남3녀의 형제를 두고 있으며, 위로 아들3남 밑으로 딸3녀입니다. 저는 두 번째 이고요. 그리고, 어머님은 살아 계시고요.

저의 조부모님은 할아버지 말고 할머님이 두분 계셨습니다. 그래서 제사를 할아버지는 제사는 큰아들이 큰 할머님 제사는 둘째가 작은 할머님은 셋째가 제사를 지내오다가 세분은 합제 하기로 의논이 모아졌습니다.

할아버지 제사(祭祀) 일은 음(陰) 3월6일이고 큰 할머님은 12월2일 작은 할머님은 2월25일입니다. 제가 1월13일(양력) 큰 할머님의 마지막 제사를 해야 하는데 축을 고해야 하는지요? 하게 되면 문구는 어떻게 써야 하는지요? 합제(合祭)는 할아버지 제사인 음3월6일에 하기로 했습니다. 그리고, 작은 할머님제사도 하고 합제를 해야 하나요?

큰 할머님은 김해 김씨고요, 작은 할머님은 제주 고씨입니다. 우리형제들이 갑자기 진행하다 보니 모르는 게 너무 많아서 도움 요청 합니다. 답변 주시면 너무 감사하겠습니다. 송 정 식 드림.

◆答; 조부모 합제는 유학적으로는 불가.

아래와 같이 살펴보건대 조부께서 생전에 전후실(모두 정식 혼인)이 계셨으면 병제(합제)가문에서는 각각의 기일을 당하면 조고(祖考) 전실(前室) 후실(後室)을 함께 병제를 하게 됩니다. 기제란 작고한 날 지내는 정일제(定日祭)라 만약 조부(祖父)의 기일에 삼 병제를 한다 하여도 조부의 기제일 뿐입니다. 제사를 옮길 때에 신위에 고하게 되는 경우는 집을 옮겨 이사(移徙)하는 경우가 아니고는 고하는 예법이 없습니다.

●問解續問父若有前後室則前後母神主同出耶只出考與所祭之主耶答並祭爲當前母忌日同祭後母後母忌日同祭前母

▶1625◀◆問; 조부모/모친의 제사.

선생님께 문의 합니다. 어머님의 돌아가신 일년상 당일이 할아버지 제사일과 같을 경우 할아버지 제사를 먼저 모시고 다음으로 어머님의 제사를 모시는지 순서가 궁금합니다.

◆答; 조부모/모친의 제사.

같은 날 양기제(兩忌祭)가 들 때의 예법을 아래와 같이 살펴보건대 명재(明齋) 선생(先生)께서는 각축(各祝)으로 동행(同行)하여도 무방하다 하셨으나 우암(尤菴), 도암(陶庵) 두 선생(先生)께서 주장하신 선중후경(先重後輕)으로 각행(各行)이 타당하지 않을까 생각됩니다.

●尤庵曰祖曾忌祭同日則當先後行之盖偕喪三年中有異殯各祭之文忌日喪之餘也
●陶庵曰兩忌日不可並設只當先尊後卑而各行之
●明齋曰祖孫同忌則一時同行恐無妨主人一也一時行之而各祝以告

▶1626◀◆問; 조부와 부친의 기일이 같을 때.

아버지가 최근에 돌아가셨는데 돌아가신 날짜가 할아버지의 제사 날과 동일합니다. 조부모와 부모의 제사를 같이 모시면 안 된다는 소리를 들었는데 이럴 때는 어떻게 지내야 되나요?

◆答; 조부와 부친의 기일이 같을 때.

아래와 같이 살펴보건대 하루에 양기(兩忌)가 들 때 선존후비(先尊後卑) 또는 공설(共設)도 무방하다는 설(說)도 있으니 어느 설을 따른다 하여도 크게 예에서 어그러지지는 않을 듯싶으나. 위계질서(位階秩序) 상 선존후비(先尊後卑)의 말씀에 따라 먼저 조부의 기제를 지내고 이어 부친 기제를 지냄이 옳지 않을까 합니다.

●尤庵曰祖曾忌祭同日則當先後行之蓋偕喪三年中有異殯各祭之文忌日喪之餘也
●陶庵曰兩忌日不可並設只當先尊後卑而各行之○又曰一日兩忌只可先尊後卑次第行之時祭之例不當據用
●遂庵曰高禰兩祭相值則先祭高祖後祭禰位
●明齋曰祖孫同忌則一時同行恐無妨主人一也一時行之而各祝以告
●大山曰祖禰同忌恐不必逐位各行也
●顧齋曰忌日異於練祥妻子之祭與親忌共設無妨

▶1627◀◆問; 조부 조모 기제사 같은 날 모시는 것 상관 없나요?

안녕 하세요? 4남 1녀 형제인데 큰 형님의 이혼관계로 사정이 있어서 큰형님이 기제사를 직접 모시지 못하고 장조카가 모시는데 형제들이 참석하고 있습니다.

조부(祖父) 조모(祖母) 부모(父母) 네 분 중에서 어머니 한 분만 제외하고 세분은 기제사가 동짓달과 섣달에 집중되어 있습니다.

장조카 집에서 제사를 모시는 관계로 형제들이 같이 제사 음식을 만들고 제사비용을 각출해서 장조카에게 지불(支拂)하고 있습니다. 그런데 큰형수님과 형제들이 조부 조모님 기제사가 번거롭다는 이유로 한날에 같이 모시자고 하는데 저는 반대하는 입장입니다.

12.4(음) 내일이 조모님 기제이고 12.16(음)은 조부님 기제사인데 상관이 없는지 답변을 듣고 싶습니다. 감사 합니다.

◆答; 조부 조모 기제사 합제 불가.

기제(忌祭)란 작고한 날 지내는 제사란 의미인데 집에서 다른 날 지내는 제사로는 사시제(四時祭)와 각 명절에 지내는 참례(參禮)뿐입니다.

본인은 유가(儒家)의 법도를 형편에 맞도록 변화시킴이 주(主)가 아니라, 무슨 질문이라 하더라도 그 질문에 가장 합당한 정답으로 일러줘 바르게 알게 하기 위하여 답변자로 활동하고 있습니다.

따라서 임진강님과 유사한 질문이 더러 있으나 그 어려움을 몰라서가 아니라 본인이 행하여야 할 범주 밖이라 시원한 답을 드리지 못합니다.

●祭義君子有終身之喪忌日之謂也註忌日親之死日也
●周禮春官宗伯禮官之職小史條掌邦國之志奠繫世辨昭穆若有事則詔王之忌諱註鄭司農

云先王死日爲忌名謂諱

●忌祭祝曰云云孝子某敢昭告于顯考某官府君歲序遷易諱日復臨昊天罔極云云

▶1628◀◆問; 조생종(원앙배) 배로 제수 용품에 어떤지!

어떤 사람들은 원앙배는 제수로 쓸 수 없다고 하는데

◆答; 과실은 품종을 가지지 않는다.

아래와 같이 살펴보건대 과실을 여러 예서에서 몇 가지로 기록되었을 뿐 품종에 관하여 언급한 예서는 찾아지지 않습니다.

다만 도암 선유 말씀에 나무에 열린 과실에서 식용할 수 있는 것은 제수로 쓰이지 않는 과실이 없다 하셨고, 공부자(孔夫子)께서 하신 말씀에 복숭아는 과실에 속하기는 하나 하등품이니 제사에는 제수로 쓰지 않는다. 라 하셨고, 사우례에서만 생과로 대추와 밤이 거명 된 이외는 더 찾지를 못하였습니다.

●家禮時祭省牲滌器具饌條果六品
●要訣祭儀抄時祭儀果五品又設饌圖忌祭墓祭則具果三色
●士虞禮兩邊棗栗棗在西註尙棗棗美
●陶庵曰凡木實之可食者無不用
●孔子曰果屬桃爲下祭祀不用

이상으로 미루어 보건대 과실 품종에 따라 쓰이지 않는 과실은 없는 것 같습니다.

▶1629◀◆問; 좌포우해와 좌포우혜에 관해 문의 합니다.

진설하는 순서에 관한 용어 중에 좌포우해(左脯右醢)와 좌포우혜(左脯右醯)에 관해 문의 합니다. 네이버 국어사전에는 좌포우혜만 검색 되는데 좌포우해도 맞는 표현인지요?

◆答; 좌포우해(左脯右醢).

좌포우해(左脯右醢) 논(論)에 관하여 살펴보건대 이는 상생시(常生時) 상차림으로 우제(虞祭) 전까지의 예이고 우제부터는 우포좌해(右脯左醢)가 됩니다.

●梅山集書(答任憲晦癸卯五月)左脯右醢生人之禮也葬前饋奠當象生而備要襲圖之右脯左醢恐失照檢遷襲圖則左右得正也虞而神之則自從虞祭當右脯左醢也盖脯屬陽醢屬陰故生死之饌左右乃爾也

▶1630◀◆問; 좌포우혜 및 우반좌갱 의 위치 모순.

1. 항상 답변해주시느라 수고가 많습니다.
2. 의례문답에서 많은 도움 됩니다.

본론

제주가 제사상을 바라보고 좌포우혜 는 좌측에 "포" 우측에 "식혜" 가 맞는데 우반좌갱은 우측에 "밥" 좌측에 "국" 은 순서가 맞지 않아서 이 부분이 이해가 안 갑니다 사진도감을 봐도 우측에 "국" 좌측에 "밥" 순으로 돼 있는데 어느 것이 맞는지요?

좌포우혜는 제주가 신위를 바라보는 방향에서 보는 거고 우반좌갱은 신위가 제주(제사를 지내는 상주) 방향으로 보고 하는지요?

다른 명칭(예: 생동숙서, 좌포우혜, 홍동백서) 등과 일관성 있게 제사를 지낼 때 어느 방향에서든 신위 쪽이 북쪽으로 방향을 잡아 진설 하는데 위 경우는 일관성이 없어 보입니다.

◆答; 좌포우해(左脯右醢).

좌포우해(左脯右醢) 론에 관하여 살펴보건대 이는 상생시(常生時) 상차림으로 우제 (虞祭) 전까지의 예이고 우제부터는 우포좌해(右脯左醢)가 됩니다.

진설 위치는 위(位)를 중심하여 말하게 되는데, 회자된 좌포우해(左脯右醢)는 장전 (葬前)의 진설 위치를 더러 길제(吉祭; 虞祭 포함)의 진설에까지 왜곡 이해하게 되 었을 뿐이라 생각됩니다.

●南溪集續集問答講學論答申列卿問(禮十月十二日)問備要襲奠圖則左醢右脯靈幄奠圖 則左脯右醢彼此陳設之不同何歟答脯醢左右果不同大抵左脯右醢乃象生時之意恐此爲是 其右脯左醢者似是寫誤致
●梅山集書(答任憲晦癸卯五月)左脯右醢生人之禮也葬前饋奠當象生而備要襲圖之右脯 左醢恐失照檢遷襲圖則左右得正也虞而神之則自從虞祭當右脯左醢也盖脯屬陽醢屬陰故 生死之饌左右乃爾也

▶1631◀◆問; 좌포우혜(左脯右醢).

問; 1. 좌포우혜는 '가례 설찬도'의 3열 입니까?
問; 2. 3열은 <①포혜, ②숙채, ③포혜, ④숙채, ⑤포혜, ⑥숙채>인데 어느 것이 포이 고, 어느 것이 혜입니까? 위의 번호로 설명 부탁 드립니다.
問; 3. '육고기와 물고기(어동육서)'도 우제 이후 제사와 3년 조석상식에서 다르게 합니까?

◆答; 좌포우혜(左脯右醢).

問; 1. 答; 주자가례(朱子家禮) 매위설찬지도(每位設饌之圖) 삼행(三行)에는 그와 같 은 도식은 없고 포해(脯醢)입니다.

問; 2. 答; 포해(脯醢)일 뿐입니다.

問; 3. 答; 만약 상식 때도 어육(魚肉)을 진설(陳設) 한다면 사자(死者)는 상우(尙右) 이고 생자(生者)는 상좌(尙左)의 법도에 따라 진설 됩니다.

●周禮天官膳夫;凡王之稍事設薦脯醢賈公彥疏脯醢者是飮酒肴饍非是食饌
●隋書禮儀志三;駕將至委奠幣薦脯醢加羊於軷西首
●白居易長慶集齋畢開素詩;佐以脯醢味間之椒薤香
●朱子家禮具饌;蔬菜及脯醢各三品
●問解脯醢三品以二脯一醢當之者亦未見寒岡之以脯醢幷爲一器者固本於家禮卷首圖然 卷首圖本非出於朱子而或有與朱子本文相戾者恐不足爲據也且脯醢是燥濕相猜之物而同 盛於一器亦未知其如何

▶1632◀◆問; 좨주에 대하여.

기제사 중 초헌 시 - 중략 "국조오례의" 및 "가례의절"에 따라 침주 전작으로서 첫 번째 잔을 올리는데, 이때 좨주는 안 한다. (한국인의 제사 172 페이지)고 되어 있고, 다음페이지에는 좨주에 대해서 서술되어 있음. 여러 문헌에 보면 고위 잔을 내려 모사기에 3 번에 나누어 지운다고 돼있는 데 초헌 한 술잔을 내려 좨주를 하 는 것이 맞는지, 또한 독축 한 후 퇴주 한다고 하는데 좨주한 고위 비위의 빈잔을 내려 퇴주를 하는 것인지가 궁금합니다. 고견을 부탁 드립니다.

◆答; 祭酒에 對한 考察.

아래는 제주(祭酒)에 관하여 고찰(考察)한 결과 입니다. 물론 선사(先師)의 강론으로 익힘이야 시각적으로 증명될 수 없고 다만 현세에 고명하신 학자들께서 찬집한 옥편 류에서 그 해답을 찾을 수 밖에 도리가 없으니 이에 아래와 같이 제주(祭酒)와 좨주(祭酒)에 관하여 이를 논한 옥편을 양분 비교 그에서 정답을 찾고자 함.

이에 인용된 옥편은 우리 나라에서 간행되는 옥편 중 이 문제를 다룬 대형 근대 옥편으로 전체는 아니나 대표적인 옥편으로 혹 누락 되었다 하여도 한 두 편에 지나지 않을 것임.

본인 역시 옥편 4 종을 소장하고 있는데 그 중 옥편 두 종이 이를 언급하고 있는데 한종을 제주(祭酒)와 좨주(祭酒)를 다른 개념으로 취급하고 있고 한종은 동의의 개념으로 취급하고 있음.

본 난에 이기 중 형식은 약간 다를 수 있으나 내용은 당해 옥편과 거의 동일함.

아   래

1) 제주(祭酒)와 좨주(祭酒)를 별개의 음과 별개의 뜻으로 본 옥편 중 샘플 6 종.

玉篇名: 敎學 大漢韓辭典
著者: 大漢韓辭典編纂室編
出版社: (株)敎學社
發行年度: 1998
[祭酒](①제주 ②좨주)

玉篇名: 東亞 漢韓大辭典
펴낸곳: 두산
出版社: 東亞出版社
發行年度: 1999
[祭酒 ①제주 ②좨주]

玉篇名: 東亞百年玉篇
著者: 두산동아
出版社: 두산동아
發行年度: 2002
[祭酒](①제주 ②좨주)

玉篇名: 漢韓大辭典
著者: 동화사 펴냄
出版社: 동화사
發行年度: 1998
[祭酒](①제주 ②좨주)

②玉篇及辭典類考察

●廣韻(景德四年;1007)去聲[祭]享也祀也薦也至也察也
●大廣益會玉篇(1455)示部[祭]薦也祭祀周大夫邑名

玉篇名: 中韓大辭典
編輯: 고려대학교민족문화 연구소.
중국어대사전편찬실
出版社: 을지외국어
發行年度: 1995

玉篇名: 새漢韓辭典
著者: 두산동아
出版社: 두산출판사
發行年度: 1990
[祭酒](①제주 ②좨주)

[祭]ji 동 ①제사 지내다. [~天; 하늘에 제사 지내다] [~祖宗; 조상에게 제사를 지내다] ②(죽은 자를) 추도(추모(하다. [公~死难烈士; 순국 열사를 추모하다] ②루白(신통력이 있는 것 따위를) 사용하다. [~起一件法宝来; 신통력 있는 보물을 사용하다] ⇒Zhāi

▶1633◀◆問; 주과포란?

수고가 많으십니다. 간단히 제수(祭需)를 마련할 때 <주과포>정도라는 말을 많이 합니다. 그래서 대화 중에"주과포(酒果脯)란 글자 그대로 술, 과일(대추, 밤, 감, 사과)4 가지, 포를 준비"하는 것이다. 아니다. 주과포란 "술, 과일 3~4 가지, 포, 전 1 가지"는 되어야 한다고 두 분이 서로 내 말이 맞는다고 고집을 부리는 모습을 보았습니다.

어느 말이 옳은 말인지요? 다른 이야기도 포함 되는지 알고 싶습니다. 최소한의 준비물임으로 그런 것 같기도 합니다. 죄송합니다.

◆答; 주과포.

주과포(酒果脯)는 글자 그대로 술과 과실 포일 뿐입니다. 제수진설(祭需陳設)에서 과(果)는 육품(六品) 혹 사품(四品) 혹 이품(二品) 등이라 가지 수의 정함이 있으나 수(數)의 정함이 없다는 것은 일품이란 의미로 가진 수로 왈가왈부할 근거가 없습니다. 원래가 고사례(告事禮)나 전찬(奠饌)으로 주과포해(酒果脯醢)인데 해(醢)가 어느 집에나 상비된 찬이 아닌 까닭으로 이에서 제하고 주과포라 이르는 것 같습니다.

●問開塋域及葬時后土祠只用告事禮設酒果脯醢而已乎南溪曰葬時祠土地奠也墓'祭祠土地祭也
●檀弓註脯醢爲奠
●士喪禮奠脯醢醴酒

▶1634◀◆問; 주부가 병석에 있을 때 부모님 제사를 모시지 않을 수 있나요.

"제사를 모실 주부(큰며느리)가 병석에 있을 때 부모님 또는 선조님 제사를 모시지 않아도 된다는 말이 있는데 근거가 있는지 알려 주십시오."

◆答; 주부가 병석에 누웠디 하여도 제사는 지냅니다.

○아래와 같이 살펴 보건대 예기(禮記) 내칙(內則)에 부인이 산월(産月)이 면 그 달 초하루부터 측실(側室)에 거처(居處)하다 해산(解産)을 하여야 하며,
○남계(南溪)선생 말씀에 남편은 재계(齋戒)하는 동안 측실(側室)에 들어가지 않으며 제자(祭者)는 산실(産室)에 들어가지 않을 뿐이며 집안에 대행할 수 있는 부녀자가 없는 부인이 해산을 하고 세(勢)가 회복되기 전은 폐할 뿐이다. 라 말씀하셨고,
○도암(陶庵)선생께서는 집안에 두역(痘疫)이나 해산(解産)이 있으면 정결(精潔)하지 않으니 제구(祭具)를 차리기를 산실(産室))나 병자(病者)가 거처(居處)하지 않는 타사(他舍)에서 행한다 하셨으니.
○이와 같은 말씀으로 미루어 보건대 만약 혼자인 부인이 해산(解産)이나 질병(疾病) 등으로 거동(擧動)이 불가능할 경우 그 제사 준비를 대행할 수 있는 부녀자가 없을 때는 다만 그가 기(氣)를 회복하기 전이면 일시 폐(廢)할 수 있을 뿐이고 그 외에는 제사(祭祀)를 폐하여서는 아니 될 것 같습니다.

●禮記內則妻將生子及月辰居側室
●南溪曰子生夫齊則不入側室之門是當祭者不入産室而已只一婦有産他無代行者則其勢只得故廢而已
●陶庵曰家內痘疫或解娩恐不精潔治祭具於他舍而行之

▶1635◀◆問; 주인은 장자.

05 년에 결혼하여 슬하에 1 살 된 아들이 있습니다. 부모님 중 어머님이 지방에 계시고, 저희 부부와 동생이 한집 에서 살고 있습니다.

부모님은 결혼도 했으니 제사 및 차례를 저희 쪽에서 지내라고 하십니다. 이 경우 예법에 맞는지 알고 싶습니다.

◆答; 주인은 적자.

제사는 장자 집에서 지내야 바른 법도입니다. 왜인기하면 사당을 장자 집에 세우고

봉사하는 것입니다.

●奔喪凡喪父在父爲主(註)父在而子有妻子之喪則父主之統於尊也
●溫公曰凡主人當以長子爲之無長子則長孫承重又曰父沒兄弟同居各主其喪(注)各爲妻
子之喪爲主也

▶1636◀◆問; 죽은 어린아이의 제사에 대하여 문의 드립니다.

안녕하십니까? 저는 예(禮)에 대하여 아는 것이 많이 부족한 사람이오니, 혹시나 용어 등에 잘못이 있더라도 이 점을 감안하시어 양해(諒解)하여 주시옵기 바라오며, 또한 자세한 답변을 쉽게 하여 주시기 바라옵니다.

문의드릴 내용은,
저는 6·25 를 겪는 동안 아버님을 일찍 잃고, 여동생(여동생은 유복자)이 있었으나, 얼굴도 모르는 등 아무것도 모르고 있다가 최근에 제적등본을 통하여 확인한 결과 동생이 5 세(1955 년)에 운명을 달리함을 알게 되었습니다.

제가 이제 여동생을 위하여 어떻게 하여야 도리(예: 기제사 등)인지 궁금하여 이렇게 문의를 드리게 되었습니다. 여동생의 묘지(墓地)도 확인 할 길이 없습니다.

현실에 적합하고 합리적이며 쉽게 이해를 할 수 있도록 선생님의 고견을 부탁 드리옵니다. 감사합니다.

◆答; 죽은 어린아이의 제사에 대하여.

상례비요를 살펴보면 8 살 미만에 죽으면 복을 입지 않는 상(殤; 어려서 죽음)이다. 라 하였고, 정자 말씀에 8 세 미만에 죽으면 제사도 지내지 않는다. 라 하였으니, 유가적 예법으로는 죽은 날을 안다 하여도 예법상 제사를 지낼 수가 없는 것 같습니다.

●備要成服殤服條不滿八歲爲無服之殤
●程子曰無服之殤不祭

▶1637◀◆問; 증조부 기제사에 대한 고견.

저는 수원에 거주하는 평양조씨26세손입니다. 저희 고조부 의 제사는 장조카가 시향으로 모십니다 다음은 증조부내외의 제사를 기제사로 집에서 모시고 있습니다.

며칠 전 (9/15)백부님이 100세로 돌아가 셨습니다. 증조부가 돌아가신 년도가 1914년4월입니다 증조모의 돌아가신 날은 1908년6월입니다. 백년(百年)을 기제사로 모셨기에 증조부 제사 날 증조모의제사도 합사가 가능한지 여쭈어봅니다.

◆答; 증조부 기제사.

여기는 유가(儒家)의 의례문답(疑禮問答) 난으로 유가의 법도에 없는 변예는 논의될 수가 없음을 양해하여 주시기 바랍니다.

다만 사서인(士庶人)의 예법인 가례(家禮)에서는 사대봉사(四代奉祀)이고, 조선(朝鮮)의 묘제(廟制)에서 사대부(士大夫)는 삼대봉사(三代奉祀)로 되어 있으나 백성은 주자가례가 정법입니다.

또 고(考) 기일(忌日)에 비(妣)를, 비(妣) 기일에 고(考)를 합제(合祭) 역시 정례는 아니나 인정으로 많은 가문에서 이와 같이 병제로 지내고 있습니다.

●程氏祀先凡例祖考忌日則只祭祖考及祖妣祖妣忌日則只祭祖妣及祖考
●晦齋曰按文公家禮忌日止設一位程氏家禮忌日配祭考妣二家之禮不同盖止設一位禮之

正也配祭考妣禮之本於人情者也
●朱子家禮祠堂爲四龕以奉先世神主條爲四龕高祖居西曾祖次之祖次之父次之
●疑禮輯錄附不遷之位條本朝之廟制矣寧有是理乎國制使大士夫士大夫只祭三代

▶1638◀◆問; 증조부모 제사 축문.

현증조부처사부군, 현증조비처사부분 세서천역 이렇게 쓰면 맞는 건지요?

◆答; 증조부모 제사 축문.

처사(處士)의 의미는 학문은 충분하나 벼슬길에 나가지 않고 집에 있는 학자를 말하고, 학생(學生)은 배움 중에 있는 사람을 뜻하니 조상의 지방이나 축문에 쓰는 모관(某官)에 처사(處士), 또는 학생(學生)으로 쓸 것인가는 그 조상이 생전의 학문이 어떠하였는가에 따라 택하여야 욕되지 않습니다.

학문을 이미 갖추고 있었으나 벼슬길에 나아가지 않고 사시다 작고하였다면 모관(某官)에 처사(處士)로, 그러하지 못하였다면 학생(學生)으로 쓰게 되고, 증조모(曾祖母)는 모봉(某封)에 유인(孺人), 불서관(不書貫)이니 모씨(某氏)에 이씨(李氏) 즉,

顯曾祖考處士(또는 學生)府君
顯曾祖妣孺人李氏 歲序遷易
顯曾祖考(또는 顯曾祖妣) 諱日復臨(云云)이라 쓰면 예법상 어그러지지 않을 것입니다.

●漢書異姓諸侯王表一;秦旣稱帝患周之敗以爲起於處士橫議注處士謂不官於朝而居家者也
●韓愈淸复國子監生徒狀;國子館學生三百人
●後漢書靈帝紀;光和元年始置鴻都門學生注鴻都門名也於內置學時其中諸生(云云)至千人焉
●沙溪曰無官者婦人孺人之稱書亦可不書亦可丘氏謂無官婦人冝如俗稱孺人盖禮窮則從下之義也
●尤庵曰孺人是九品官之妻稱而士妻同稱之者是禮窮則同之義也
●尤庵曰妣位只書某氏而不書鄉貫自銘旌神主誌石石碑而皆然
●南溪曰題主家禮本文無書姓鄉之文俗論雖非之恐不可從

▶1639◀◆問; 지금 시간으로 몇 시 입니까.

질명(質明)이란 지금의 시간으로는 몇 시에 해당되나요.

◆答; 지금 시간으로 몇 시.

問 1. 答; 궐명(厥明)과 질명(質明)을 시간(時間)의 이칭(異稱)이 아닙니다. 일몰(日沒)과 일출 시는 춘하추동 일정하지 않기 때문에 시간으로 일러주지 않은 것입니다.

厥明: 다음날 날이 밝을 무렵 또는 그 이튿날.
質明: 날이 샐 무렵.

●家禮忌祭編○厥明夙興設蔬果酒饌○質明主人以下變服。詣祠堂封神主出就正寢
●周禮地官司徒敎官之職鄉大夫厥明鄉老及鄉大夫(註)厥其也明日也
●儀禮士冠禮擯者請期宰告曰質明行事(註)質正也旦日正明行冠事

問 2. 答; 23~01 시 까지.

問 3. 答; 축전오각(丑前五刻);0 시 15 분. 삼경삼점(三更三點); 0 시 12 분. 축시일각(丑時一刻) 2 시 15 분.

●日省錄正祖十九年乙卯四月二十二日壬寅條(云云)獻官之命十七日進詣本宮十八日子時行祭天氣淸和享事利成獻官以下(云云)
●漢語大辭典[子時] 旧时计时法指夜里十一点鐘到一点鐘的时间
●國朝五禮儀吉禮春秋及臘祭社稷儀奠幣祭日條丑前五刻
●弘齋全書雜著九星壇享儀五禮儀行祀日丑前五刻(丑前五刻卽三更三點行事用丑時一刻)

▶1640◀◆問; 지방 각서설에 대하여.
<1>. 초암님의 지론(持論)은 지방식(紙榜式)의 고비각서설(考妣各書說)로 알고 있습니다. 그러나 위의 "고비(考妣) 지방은 절대로 합서(合書)는 안 된다. 고비 합서는 예에 크게 어긋난 짓으로 (두 분을 한 의자에 앉히는 꼴이니) 조상을 바르게 모시는 예가 아니다." 라고 하셨습니다.

<2>. 합서부가(合書不可)는 그렇더라도, "두 분을 한 의자에 앉히는 꼴이니 조상을 바르게 모시는 예가 아니다." 라는 말씀은 만약 장소가 협소해서 부득이 일의양위(一椅兩位)<각서(各書)>의 경우도 바른 예가 아니라는 의미도 포함하신 말씀인지요?

<3>. 敷衍의 말씀은, 貴見과 輯覽의 [設位; <集說>地寬則各用一椅一卓而幷合之 地狹則用一橙一卓而考妣二位共之 <語類>問生時男女異席祭祀亦合異席 今夫婦同席如何 曰夫婦同牢而食]의 관계를 여쭙는 것입니다.

◆答; 지방은 고비 각각 쓴다.
고비설위(考妣設位)에 관하여 집람론(輯覽論)도 잘 알고 있습니다. 그러나 아래와 같이 고서비동각용일의일탁이합지(考西妣東各用一倚一卓而合之)이 부분을 살펴보건대 생자사자(生者死者) 불문하고 이치에 합당함이 있어 본인은 본론(本論)을 주장하는 것입니다.

●集說地寬則各用一倚一卓而幷合之 地狹則用一橙一卓而考妣二位共之

위 문장을 대강 번역하면 땅(제청)이 넓으면 고비 각각 일의(一倚)(의(椅)와 통용(通用))일탁(一卓)으로 각각 써 붙여 놓고 땅이 협소하면 일등일탁(一橙一卓)에 고비이위(考妣二位)를 함께 쓴다 함인데,

여기서
●의(倚; 椅)는 등받이와 양편에 손 걸이가 있는 단독의자(單獨倚子; 椅子)를 의미하고,
●橙은 등받이나 손 걸이가 없는 좁고 긴 밋밋한 걸상을 의미합니다.

집설의 본 뜻은 제청(祭廳)이 협소(狹小)하면 의자(椅子) 둘을 놓을 것이 아니라 좁고 긴 등자(橙子)를 놓고 그 위에 고비(考妣) 신주(神主)를 한 등자(橙子)에 올려 놓으라 함이지 등받이와 손 걸이가 있는 의자(椅子)를 놓고 한 의자(倚子)에 고비(考妣) 신주(神主) 둘을 함께 올려 놓으라는 뜻이 아닌 것입니다.

등(凳)을 이해 하는 데는 포장마차의 여러 명이 앉도록 만든 긴 걸상을 연상하면 등(凳)의 생김을 이해하시는데 도움이 될 것입니다.

등(凳)은 몇인 용이냐에 따라 길이를 조절할 수 있으니 만약 재취 삼취라 하여도 일등(一橙)에 앉혔다 하여 크게 결례 되는 것이 아니나, 집설(集說)의 고비(考妣) 일등일탁설(一凳一卓說)에도 불구하고 많은 선유 들께서 이를 따르지 않고 일주일의(一主一倚)를 고집하신 까닭이 무엇인가는 격에서 임이 자명한 것입니다.

특히 상례비요(喪禮備要; 西坡申義慶元纂)는 가례집람(家禮輯覽)의 찬자(纂者)이신 사계(沙溪)선생께서 첨보(添補) 서문(序文)을 쓰셨고 대를 이어 신재(愼齋)께서 증보 (增補) 서(序)하여 펴내셨는데 이 예서(禮書) 동조(同條)에 고서비동각용일의일탁이 합지(考西妣東各用一倚一卓而合之)라 하셨으니 이를 미루어 보건대 사계(沙溪)선생 의 찬(纂)인 집람(輯覽)의 본의(本意)는 시제(時祭)에서 가세(家勢)가 궁(窮)하여 제 소(祭所)가 팔위(八位)의 위(位)를 각의각탁(各倚各卓)으로 설위(設位)하기에 협소(狹 小)하면 집설(集說)에 "지관칙각용일의일탁이병합지지협칙용일등일탁이고비이위공지 (地寬則各用一椅一卓而幷合之地狹則用一橙一卓而考妣二位共之)"설(說)이 있으니 제 소(祭所)가 넉넉하면 고비각용일의일탁(考妣各用一椅一卓)으로 설위(設位)할 것이로 되 만약(萬若) 궁(窮)하여 제소(祭所)가 협소(狹小)하면 고비일등일탁(考妣一橙一卓) 으로 설위(設位) 하여도 예에 어그러짐이 아니다 라 하심이지 지관(地寬)인데도 고 비일등일탁(考妣一橙一卓)으로 설위(設位)하라 하심이 아닌 것입니다. 이 설(說)에서 지관(地寬)과 지협(地狹)을 분명히 구분하여 이해하여야 할 것입니다.

●朱子家禮按四時祭設位條主人帥衆丈夫深衣及執事洒掃正寢洗拭倚卓務令蠲潔設高祖 考妣位於堂西北壁下南向考西妣東各用一倚一卓而合之曾祖考妣祖考妣考妣以次而東皆 如高祖之位世各爲位不屬祔位皆於東序西向北上或兩序相向其尊者居西妻以下則於階下 設香案於堂中置香爐香合於其上(便覽設燭臺於每位卓上)束茅聚沙於香案前及逐位(便覽 卓)前(便覽祔位)不設地上設酒架於東階上別置卓子於其東設酒注一酹酒盞一盤一(便覽下 有以他器徹酒之文此時亦當設空器)受胙盤一匙一巾一茶合茶筅茶盞托塩楪醋瓶於其上火 爐湯瓶香匙火筯於西階上別置卓子於其西設祝版於其上設盥盆(盆一作盤)帨巾各二於阼 階下之東其西者有臺架又設陳饌大牀于其東
●儀節按四時祭設位條主人帥衆丈夫及執事者灑掃正寢洗拭倚卓設高祖考妣位一於堂之 西考西妣東次曾祖考妣次祖考妣次考妣以次而東世各爲位不相連屬每位用二倚一卓而合 之卓下置茅沙祔位兩序相向尊者居西
●會成按四時祭設位條每位用二倚一卓而合之
●備要按四時祭設位條考妣位於堂西北壁下南向考西妣東各用一倚一卓而合之
●便覽按四時祭設位條考妣位於堂西北壁下南向考西妣東各用一倚一卓而合之
●又便覽同條細註問考妃各卓禮也而有再娶或三娶則正寢雖廣亦難容十餘卓如何尤庵曰 考妣各卓禮有明文何可違也不若小其牀卓使可容排也

▶1641◀◆問; 지방쓰기.

새해 복 많이 받으세요. 수고들 많으십니다. 저는 아들형제 중 둘째인데 어릴 때 숙 부님의 양자로 되어 숙부모님 두분 돌아가시고 제사를 제가 모시던 중 친부모님 제 사를 모시던 형님이 슬하에 딸 하나 남기고 돌아가서 제가 친부모님 제사를 모셔야 되는데 지방을 어떻게 써야 되는지요?

친부모님 양부모님으로 해야 되는지 친부모님 숙부모님으로 해야 하는지요. 그 동 안은 양부모님(숙부모님)을 부모님으로 지방을 쓰고 지냈는데 잘못한 것인지 궁금 합니다. 우매한 저를 깨우쳐 주시길 부탁합니다.

◆答; 지방쓰기.

본생친(本生親)이 대종(大宗)인지 소종(小宗)인지는 모르겠으나 소종(小宗)이라 하더 라도 절문(絶門)할 수는 없으니 입후(入后)로 대(代)를 이음이 바른 예법 같습니다.

다만 입후 전 동안은 형수가 생존하여 계시면 그 분 속칭으로 봉사를 하고 만약 이 미 사망하였다면 예법상 립후가(立后家)와 본생친부(本生親父)가 다 몰(沒)하여 환종(還宗)도 할 수 없으니 불가피하게 지방(紙榜)은 평시 칭호대로 립후가친(立后家親)은 현고운운(顯考云云) 본생친은 현백부운운(顯伯父云云)이라 하여 봉사하다 입후하여 대를 이음이 옳지 않을까 합니다.

●大明律若有親生子及本生父母無子欲還者聽
●問解出後者本生親無後則兩家父相議歸宗古有其例兩家父死則子不可擅自罷繼當以本生親爲班祔也
●梅山曰過房後當爲本生父立后而旣莫繼絶則出後者當攝祀稱則宜云顯叔父及從子
●屛溪曰出繼子於生父母其屬稱旣有程朱定論而沙溪據此爲證其曰伯叔父母者當隨其行而稱祝辭自稱以從子則當用旁親之禮
●按國朝故事大臣議爲人後者遇本生父母絶祀則依法歸宗許立后之家改立其後然若兩家父母已死則子安敢擅自罷繼耶

▶1642◀◆問; 지방 쓰는 법.

안녕하십니까/ 지방 쓰는 법에 있어 궁금한 점이 있어 문의 드립니다.

지방 쓰는 방법에 있어 顯자를 쓰는 경우와 쓰지 않는 경우의 예가 무엇입니까? 아 우나, 아내의 제사에 있어 지방에 顯자를 쓰지 않는다고 하는데 이유가 있습니까? 나타날 현자를 쓰는 이유는 고인을 부른다는 의가 아닌지요? 사자가 아랫사람이라고 해서 쓰지 않는다는 것이 쉽게 이해가 되지를 않습니다.

◆答; 지방 쓰는 법.

현(顯)자에는 "나타난다"는 의미 외에 십사오(十四五) 가지의 의미가 포함되어 있습니다. 그 중에서 지방의 첫 자에 쓰인 의미는 죽은 존속에 대한 존칭으로 "존경"한다는 의미가 됩니다. 까닭에 비자(卑者)인 처제(妻弟)이하의 지방에는 현(顯)자를 쓰지 않는 것입니다.

●辭源[顯]舊時子孫尊先人之稱
●書經康誥;惟乃丕顯考文王克明德愼罰孔傳惟汝大明父文王能顯用俊德愼去刑罰以爲敎育
●讀禮通考神主;古人于祖考及妣之上皆加一皇字建元大德朝始詔改皇爲顯以士庶不得稱皇也不知皇之取義美也大也初非取君字之義

▶1643◀◆問; 지방 쓰는 법.

부모님 지방은 현고학생부군신위 는 알겠는데 돌아가신 아버님이 성균관중앙위원이라는 임명장이 있는데 현고성균관중앙위원부군신위(顯考成均館中央委員府君神位)라 써도 되는지요?

◆答; 지방 쓰는 법.

신주(神主: 紙榜包含)식의 모관(某官)의 의미는 모직(某職)이 아닌 무슨 관직(官職)에 봉직(奉職)하였는가를 기록하는 곳입니다.

다만 현 성균관 체제하에서의 [성균관중앙위원]직을 관직(官職)으로 대우할 것인가는 현 체제의 성격이 국설(國設)인가 사설(私設)인가 구분하고 보면 모관(某官)에 기록될 것인가가 분간될 것입니다. 다만 사적으로 생적(生蹟)을 기리는 의미에서 기록하였다 하여 오류라 시비거리는 아니 될 것입니다.

●書經集傳虞書皐陶謨俊乂在官百僚師師(註)俊小而百人之乂皆在官使以天下之才任天下之治唐虞之朝下無遺才而上無廢事者良以此也
●周禮冢宰治官之職大宰條以八灋治官府一曰官屬以擧邦治二曰官職以辨邦治(云云)(註)

官職謂六官之職(云云)六職辨邦治一曰治職二曰敎職三曰禮職四曰政職五曰刑職六曰事職(云云)

▶1644◀◆問; 지방 쓰는 법에 대하여 여쭈어 봅니다.

지방을 쓸 때 보통 "학생(學生)"이라고 쓰고 있으나 일부에서는 "처사(處士)"라고도 쓰고 있다고 합니다. 처사는 어떤 경우에 쓰는지가 궁금하여 여쭈어 봅니다. 또 망인이 제주보다 윗사람인 경우에도 지방에 망인의 이름을 사용할 수가 있는지를 문의 드립니다. (예: 顯考學生府君 00洪公吉童神位)

◆答; 지방식(紙牓式).

지방에는 이름자를 쓰지 않으며 무관자(無官者)를 아래와 같이 분간하여 그에 맞도록 가려 씁니다.

○學生; 배우는 중인 자.
○秀才; 농자로 학교에서 배우지는 않았으나 학문을 이룬 자.
○處士; 배웠으나 과거시험에 응시하지 않은 자.
○居士; 집에서 수도한 거가도사(居家道師).

顯考學生府君神位 일뿐입니다.

●後漢書靈帝紀光和元年; 始置鴻都門學生注鴻都門名也
●管子小匡; 農之者常爲農樸野不慝其秀才之能爲士者則足賴也(尹知章注)農人之子有秀異之材可爲士者則所謂生而知之不習而成者也
●朱子曰處士所爲未應擧者
●玉藻; 居士錦帶(鄭玄注)居士道藝處士也

▶1645◀◆問; 지방 쓰는 올바른 법.

1) 할아버지는 독립하여 생활하시고 제사는 아버지 집에서 모십니다. 제주는 할아버지니까 할아버지를 기준으로 부모님(저의 증조부모님), 처(할머니), 손자(저의 형, 형수님) 이렇게 다섯 분의 제사를 모시는데 명절 때 저의 형, 형수의 지방은 어떻게 씁니까?

2) 저의 조카가 아직 출가 전이라 저의 아버지 집에서 기일 날 형, 형수 제사를 모십니다. 이때 지방은 어떻게 씁니까?

◆答; 지방식.

질문 1)번과 2)번 모두 형님과 형수인데 조부(祖父)가 제주(祭主)가 되어 지낼 때하고 조카가 지낼 때의 지방식의 질문 인듯합니다. 그러나 서로 달리 산다 하여도 제사(祭祀)란 제주가 둘이 되어 달리 지낼 수 없는 것입니다.

1)번을 위주로 하여 아래와 같은 말씀을 근거로 삼아 지방을 써보겠습니다.

●孫지방
亡孫某官某神位

●孫婦지방
亡孫婦某封某氏神位

※혹 인을 위(位)를 지령(之靈)으로 쓴다 하나 지방은 신주의 분면식(겉신주)의 신주(新主)에서 주(主)를 위(位)로 고쳐 쓰니 이에서 손 신주 역시 달리함 없이 주(主)라 하였으니 지방식 역시 달리 쓸 까닭이 없다 생각함.

●尤庵曰凡喪父在父爲主故子姪與子姪婦皆以尊者爲主

●又曰孫及孫婦喪據禮則其祖當爲主
●又曰昔年伯兄亡先親問於沙溪先生書以亡子某神主矣其後同春喪子書以亡子某官神主
問之則鄭愚伏如此云矣
●遂菴曰子與子婦喪題主亡子某子婦某氏云則似無相混之嫌

▶1646◀◆問; 지방 쓰는 법.
저의 할아버지, 할머니, 아버지, 어머니, (장조카의 증조부모, 조부모님) 제사를 여쭈
는 것이었는데 조카들이 자기아버지 제사를 안 지내려고 한다면 가르침주신대로 시
행하겠습니다 아직 형님(조카의 아버지)제사는 당도하지를 않았습니다.

그러니까 장조카가 윗대 어른들 제사를 참석(길이 멀어서 못하는 게 아니고 할 의
사가 없음)을 안 하니 속도상하고해서 저의 조부모님 부모님 제사를 차자인 제가
초헌을 하고 축문을 제 앞으로 써서 봉행해도 되는지요.

그런데 이번 추석에는 아마도 조카들이 자기어머님 뵈러 올 것이거든요 그때는 조
카 앞으로 지방을 썼다가 기제사에는 참석을 안 하면 제 앞으로 축문이며 지방을
쓰는지요 정말 부끄러운 일입니다.

◆答; 지방 쓰는 법.
지자는 예법상 부모와 함께 선대 제사의 주인이 되어 초헌을 하지 못합니다. 따라
서 그 위대도 마찬가지로 섭주로서 아래의 식에서 속칭만 바꾸면 됩니다. 예를 들
어 홍중표님의 조부는 장조카의 증조부가 될 것이니 지방은 장조카 명의로 현증조
고(顯曾祖考)라 쓰고 축 역시 장조카 속칭으로 써야 합니다.

장조카가 성의 부족이든 효심이 부족하여서든 내 집에 살면서야 안 지내지는 않을
것입니다. 외처에 있는 원인이 제일 큰 사유가 될 것입니다.

○지방식; 顯考(主人屬稱)某官府君神位

○축문식; (云云)孝子某適在遠地不能將事叔父某代行薦禮敢昭告于
顯考某(告者屬稱)官府君(云云)

●曲禮支子不祭必告于宗子[註]不敢自專謂宗子有故支子當攝而祭者也五宗皆然[疏]正
義曰支子庶子也祖禰廟在適子之家而庶子賤不敢輒祭之也若宗子有疾不堪當祭則庶子代
攝可也猶必告于宗子然後祭
●家禮本註凡主人謂長子無則長孫承重以奉饋奠
●奔喪凡喪父在父爲主父沒親同長者主之註親同長者主之謂父母之喪長子爲主也
●問爲長子斬衰爲妻期者當官在遠或老病則其子主之乎尤庵曰凡喪父在父爲主則無論父
之在遠與老病亦當以父爲主而攝行之
●鏡湖曰今於高祖之祭叔父攝告曰代叔父敢昭告于曾祖云則其曰叔父者主於宗子也其曰
曾祖者主於代者也一祝之間稱號斑駁半上落下恐或未安似當曰介曾孫某敢攝告于曾祖云
云而都不用代字使字可也
●遂庵曰孝子遠居不參則孝子某適在遠地不能將事介子某代行薦禮敢昭告于

▶1647◀◆問; 지방 쓰는 법.
부모님과 남동생이 있고 딸(미혼)이 망자인 상중(喪中)에 위패는 어떻게 써야 하는
지요? 그리고 축문은 어떻게 써야 하는지도 가르쳐 주시면 감사하겠습니다.

◆答; 지방식과 축문식.
어느 예서에도 여식에 대하여 명확하게 언급되어 있지 않으니 아들에 대한 예를 준

용한다면 아래와 같이 씀이 옳지 않을까 합니다.

지방식; 亡女某封某神位

축문식

維 歲次干支幾月干支朔幾日干支父告于 亡女某封某歲序遷易 亡日復至不勝哀戚玆以淸
酌庶羞伸此奠儀尙 饗

●尤庵曰沙溪先生書以亡子某神主矣其後同春喪子書以亡子某官神主鄭愚伏如此云
●又今將祔子於父龕而反不名耶恐無是理
●喪服小記除殤之喪者其祭也必玄註玄謂玄冠玄端也

▶1648◀◆問; 지방에 대하여.

아버지가 돌아가시고 어머니가 제수(祭需)를 마련하여 설날 명절차례(名節茶禮)에
장성한 자식들과 온 가족이 모여 제사를 지내는데 현벽학생부군(顯辟學生府君) 신
위(神位), 현고학생부군 신위 중 어는 내용이 맞는지 알고 싶습니다.

◆答; 지방식(紙牓式).

망자(亡者)의 아들이 있다면 아무리 강보에 쌓여있다 하더라도 그가 상주가 되고
제사에 주인이 되는데 어려 스스로 집행할 수 없으니 섭행(攝行)을 하게 됩니다.

따라서 장성한 아들이 있으니 그의 속칭으로 "현고학생부군신위(顯考學生府君神
位)"라 씁니다.

●李繼善問兄亡其襁褓之子主喪而孝述爲攝否朱子曰攝主但主其事名則宗子主之
●退溪曰繼後子雖在襁褓亦書其名而季也爲攝主以奠獻
●溫公曰凡主人當以長子爲之無長子則長孫承重

▶1649◀◆問; 지방을 어떻게 써야 하나.

저는 2 남 6 녀 중 둘째 아들입니다. 아버지는 돌아가시고 어머니는 제가 모시고 있
습니다.

질문 1) 제주인 형님(장남)이 몸이 불편해서 조카(형님의 아들, 미혼)가 제주를 했
으면 하는데 괜찮은지요,

질문 2) 아니면 형님이 제주를 못하시면 둘째 아들인 제가 제주를 해야 하는지요,

질문 3) 지방은 현재 제주인 형님을 기준으로 쓰고 있는데, 조카가 제주가 되면 조
카를 기준으로 지방을 써야 하는지요. (지방 쓸 때 '현고(顯考)'를 '현조고(顯祖考)'라
해야 하는지요)

◆答; 주인이 병중일 때는 자제를 시켜 대신 제사를 지낸다.

○질문 1) 答; 섭주를 할 수 있습니다.

○질문 3) 答; 지방이나 축문의 중 주인과의 속칭은 누가 섭주를 하여도 변경될 수
가 없습니다.

⊙病時: 維歲次云云孝子某因病不能將事使子某敢昭告于

●退溪曰父不與祭而使子弟攝行則當依宗子命介子代祭之例曰孝子某使子某敢昭告于云
云
●梅山曰主人有疾病則攝行告曰孝子某因病不能將事使某親某(或有疾病介子某代行)敢
昭告于云云

▶1650◀◆問; 지방을 쓸 때 기준은 누구인가요?

아버지가 돌아가시고 장남이 제사를 모시는데 작은아버지들이 살아계셔서 제사에 참석하시는 경우 지방을 쓸 때 장남기준으로는 증조부고 작은아버지 기준으로는 할아버지인데 지방에 조부, 혹은 증조부 어떻게 쓰는 것이 맞는지요?

◆答; 지방은 주인(宗子孫) 기준.

제사의 주인은 숙부가 있다 하여도 장손이 주인이 됩니다.

●會成凡主人謂死者長子無則長孫承重者尊奉饋奠衆子雖多不主

▶1651◀◆問; 지방을 어떻게 쓰나요?

처가에 후손이 없는 관계로 딸이 제사를 모시려 합니다. 처 오빠의 지방을 쓰는 서식을 알려 주십시오.

◆答; 친정 오빠 지방 쓰는 법.

오빠 지방식(紙牓式).

顯男兄某官府君神位

●全齋曰妻父母妻主祭此爲正禮外舅無後當使妻主祭而祝以顯考顯妣書之此無二統之嫌故也

●頤齋遺藁雜著華音方言字義解;東俗女弟呼男兄曰올아바此本外亞父三音之合而轉也男弟呼女兄曰누의此本內亞母三音之合而轉也葢男兄居外而自女弟視之其尊亞於父也

●便覽治葬題主粉面式;顯考某官封諡府君(卑幼去府君二字)神主

▶1652◀◆問; 지방에 관직 쓰는 법.

저희 부친이 80년대에 지방의 인구 20만 규모의 중소도시에서 동장(洞長)을 지내신 적이 있었습니다. 이럴 경우에 지방에 <현고학생>이 아닌 <동장>이나 <사무관>으로 직명을 넣어도 되는 지요. 쓰자니 약간은 무리인 것 같고 안 쓰자니 소홀히 하는 것 같아 문의 드립니다.

◆答; 모관(某官)에는.

아래와 같이 살펴보건대 지방은 이[※] 표시의 예문을 참조하여 쓰시면 어떨까 합니다.

※顯考[嘉靖大夫=品階][禮曹參判兼集賢殿提學=職銜]府君神位

●問職銜字數多則陷中書以兩行牛溪已有說而前面兩行則未見有可據之文明齋曰粉面陷中何以異也

▶1653◀◆問; 지방을 쓰는 방법.

안녕하세요? 고조부모의 지방을 제일 중앙에 모시고 양쪽으로 증조부모와 조부모의 지방을 모실 경우에 지방에서 남녀 조상들의 위치가 아래의 (1)과 (2)중에서 어떤 것이 맞는지요?

살아있는 사람의 경우에 중앙과 양끝으로 자리배치를 할 경우에는 동쪽으로 향 할수록 그리고 중앙으로 향할수록 상석이 되기 때문에 만약에 조상들이 모두 살아 계신다고 가정한다면 (종조모 / 종조부)(고조모 / 고조부)(조부 / 조모) 등과 같이 자리배치를 해야 될 것 같습니다.

그런데 돌아가신 분들의 좌석배치를 할 경우에 서쪽으로 향할 수록 상석이 되는 것은 분명합니다. 그런데 그러한 원칙과 더불어 그 분들의 지방을 중앙과 양끝으로 모실 경우에 중앙으로 향할수록 상석이 된다는 원칙을 적용하여 아래의 (2)번과 같이 모셔야 되는지요? 아니면 아래의 (1)번과 같이 지방을 모셔야 되는지요? 잘 몰라서 여쭈어 봅니다. 아시는 분들의 말씀을 기다립니다.

(1)----- (조부 / 조모) (고조부 / 고조모)(증조부 / 증조모)
(2)------(조모 / 조부) (고조부 / 고조모)(종조부 / 종조모)

◆答; 지방 쓰는 법.
(2)번은 이서위상(以西爲上)의 법도(法度)에 어긋나니 논외(論外)로 치고 (1)번 역시 소목(昭穆)의 법도(法度)에도 어긋납니다.

소목제도(昭穆制度)에서 오묘(五廟)란 아래와 같습니다.
=====太祖(始祖)======
=曾祖========高祖==
==禰=========祖===

현재 통용되는 가례(家禮)의 일묘사감(一廟四龕) 사당제도(祠堂制度)는 (고조부 / 고조모)...(증조부 / 증조모) ... (조부 / 조모) ...(부/모)이니 제사에서 지방 역시 이 법도를 따라 설위 합니다.

●王制天子七廟三昭三穆與太祖之廟而七諸侯五廟二昭二穆與太祖之廟而五大夫三廟一昭一穆與太祖之廟而三士一廟庶人祭於寢
●朱子曰古者諸侯五廟所謂二昭二穆者高祖以下四世有服之親也所謂太祖者始封之君百世不毁之廟也今世全用諸侯之禮也

▶1654◀◆問; 지방 쓰는 법.
초암 선생님, 모든 질문에 정확한 답변을 해주셔서 늘 고맙게 생각합니다. 저의 백부님 지방에 직함을 학생으로 써왔는데, 집안 종손께서 학식이 풍부했었으니까 처사로 써라 해서 3년 전부터 직함을 처사로 쓰고 있습니다. 이런 경우 별 문제는 없는 건지요. 그리고 거사, 처사, 학생은 어떻게 다르며, 어떤 경우에 쓰는 건지 설명해 주시면 감사하겠습니다.

◆答; 지방 쓰는 법.
○學生; 배우는 중인 자.
○秀才; 농자로 학교에서 배우지는 않았으나 학문을 이룬 자.
○處士; 배웠으나 과거시험에 응시하지 않은 자.
○居士; 집에서 수도한 거가도사.

학문이 풍부(豊富)하였다면 모관(某官)에 처사(處士)로 써 드려도 욕되지 않을 것입니다.

●問解無官而死者無他稱號勢不得已當書學生處士秀才各隨宐可也
●後漢書靈帝紀光和元年; 始置鴻都門學生注鴻都門名也
●辭源[學生]; 在校學習的人
●管子小匡; 農之者常爲農樸野不曆其秀才之能爲士者則足賴也(尹知章注)農人之子有秀異之材可爲士者則所謂生而知之習而成者也
●朱子曰處士所爲未應擧者
●玉藻; 居士錦帶(鄭玄注)居士道藝處士也
●慧遠義記在家修道居家道士名爲居士(註)居士梵語 grhapati 意譯

▶1655◀◆問; 지방 쓰는 법 문의.

안녕하세요? 시제(時祭)나 기제사(忌祭祀) 때 쓰는 지방을 보통 벼슬하지 않은 조상(祖上)님은 예를 들어 보통(普通) 현(顯) 조고(祖考) 학생(學生) 부군(府君) 신위(神位) 라 쓰는데. 현(顯) 조고(祖考) 휘(諱) 명호(明鎬)(이름삽입)학생(學生) 부군(府君) 신위(神位) 라 써도 되는지요? 안 된다면 그 이유는? 아시는 분 답 좀 주세요.

◆答; 지방 쓰는 법.

지방은 신주의 분면식의 주(主)를 위(位)로 고쳐 쓴 제주와의 관계를 표시한 그 신이 앉을 자리란 표시입니다. 다른 면에서도 휘(諱)하는 법인데 하물며 속칭인 지방에다 선대의 이름을 쓸 수가 없습니다. 姓名과 字는 亡者의 표시인 함중식에 모두 포함되어 있습니다.

⊙陷中式

故某官(無官則隨常時所稱如學生處士秀士別號之類粉面同)某公諱某字某(本有第幾二字而東俗不同○退溪曰今人生時無第幾之稱神主不用恐無不可)神主

⊙粉面式

顯(家禮圖用顯字而備要從之後倣此考承重云顯祖考旁親卑幼隨屬稱卑幼改顯爲亡)某官府君(卑幼去府君二字)神主

⊙紙牓式

顯某考某官府君神位

▶1656◀◆問; 지방과 축문의 작성.

세상이 변하여 핵가족화(核家族化)의 길이 깊어감과 아울러 자녀의 수도 무자녀(無子女)에서 많아야 둘인 경우가 너무도 일반화 되어 있습니다. 그러다 보면 사위가 처가(妻家) 부모를 봉제사하는 경우가 많아질 것입니다.

옛이야기로는 상황이 상정된 것은 들어보지만 실제 축문과 지방의 표기로는 보지 못했습니다. 하여 배우고자 하오니 양해바랍니다.

1. 사위가 제주인 경우의 지방쓰기.
2. 사위가 제주인 경우의 축문쓰기.

모든 제도 또한 예상되는 변화에 대비하고, 적응함이 순리라 여겨 이 글을 드립니다. 가르치심을 기다립니다.

◆答; 지방과 축문식.

외가봉사(外家奉祀)는 이 시대에서 대단히 심사숙고(深思熟考)한 예임에는 틀림 없습니다. 슬하에 일남(一男) 혹 일남이녀(一男二女)로 불가항력적(不可抗力的)으로 실패(失敗)하게 되면 무후(無後)로 생(生)을 마치기 십상(十常)이니 만약 친가(親家)에 상주(喪主)와 제주(祭主)의 족친(族親)이 동서남북(東西南北) 어디에도 없다면 불가피하게 외손(外孫)이 있다면 다행으로 그가 섬기게 한다면 마지막 길에 조금은 마음이 노일 것이다.

외손봉사(外孫奉祀)는 예에 근거(根據)가 없어 외손(外孫)이 외조(外祖)보모 봉사(奉祀)는 결례(缺禮)라 하나 아래와 같이 살펴 보아 그 자료(資料)를 골간(骨幹)으로 삼아 놓으면 지방(地方)식과 축식을 도모(圖謀)할 수가 있다.

이에 근거(根據)되어 외손(外孫) 봉사(奉祀)가 꺼림 없이 행하되 다만 외손(外孫) 대(代)로 끝나게 한다.

◆紙牓式

顯外祖考某官府君神位
顯外祖妣某封某氏神位

◆外祖父母忌祭祝式

維 歲次干支幾月干支朔幾日干支外孫姓名敢昭告于 顯外祖考某官府君 顯外祖妣某封某氏歲月流易 顯外祖考(或外祖妣)諱日復遇不勝感愴謹以淸酌庶羞敬伸奠獻尙 饗

●朱子曰上谷郡君謂伊川曰今日爲我祀父母明年不復祀矣是亦祭其外家也然無禮經
●梅山禮只許出嫁者於其父母無后者忌日則單獻無祝紙榜則亦書顯考妣是爲可從而至於四時節日則亦當略設伸情矣
●問外祖無人祭初獻則祝文當何書退溪曰當闕
●全齋曰妻父母妻主祭此爲正禮外舅無後當使妻主祭而祝以顯考顯妣書之此無二統之嫌故也
●陶菴曰朱子非族之祀一句語實爲正論愚意爲外孫者設或不得已而權奉其祀已身歿後卽當埋安
●問有人窮獨無依托於女婿則其沒而葬題主及祝辭以婿名爲之耶婿有子則以外祖考題主耶洞山曰有外孫則外孫可主矣題主及祝辭皆外孫事也祭亦當止於外孫之孫以其子孫也
●問世俗或有以外孫主祀者神主當以顯外祖考妣書之旁註亦書之耶外祖神主或傳於外孫女則亦將何以書之沙溪曰外孫奉祀猶爲不可況外孫女耶何必書奉祀闕之可也金士憲問妻母無後而死神主粉面以外孫之名書之乎寒岡曰此乃變禮不知當如何而爲得宜也如不得已則當書曰顯外祖妣某封某氏神主

▶1657◀◆問; 지방문. 축문프로그램 보완.

세일사(歲一祀) 축문.

維 檀君紀元 ○○○○年歲次干支 ○月干支朔 ○日干支(1) ○代孫(2) 全義鄕校(3) 典校(4) 甲童(5) 敢昭告于 顯○(6) 代祖考 ○○○○(7) 府君 顯○ (8) 代祖妣○○(9) ○○○氏(10)之墓(11) 代序雖遠 遺澤尙新 謹以 歲擧一祭 式陳薦明 尙 饗

이상 축문이 가끔 눈에 뜨이는 축식입니다. 바르다 할 수 있는지요.

◆答; 지방문. 축문프로그램 보완.

위 세일사(歲一祀) 축문식(祝文式)을 어느 근거(根據)에 의하여 인터넷에 게시(揭示)하였는지는 알 수 없으나 유가적(儒家的) 법도(法度)로는 최소한(最小限) 2 군데가 더 심찰(審察)할 까닭이 있지 않을까 합니다.

첫째가 연호(年號)는 백성이 임금에 대한 예로서 먼저 당시 제왕(帝王)의 재임 연수(年數)를 표시하는   곳인데, 현재 왕정(王政)이 폐지(廢止)되어 연호(年號)가 없는데 단군기원(檀君紀元)으로 대체(代替)할 수 있는가의 여부(與否)로서 단군기원(檀君紀元)은 연호(年號)가 아니라 우리나라 역사(歷史)가 계속된 현재 해수의 표시 일뿐으로, 오히려 현 세대(世代)들에게는 서기(西紀)에 더 적응(適應)되어있으니 서기(西紀) 표시(表示)가 더 설득력(說得力)이 있을   것입니다. 따라서 지금의 축문(祝文)의 연도표시(年度表示)는 태세(太歲)로서 충분(充分)한 것입니다.

둘째는 고자(告者)의 모관(某官)에 全義鄕校典校라는 관직이 아닌 사직(私職)을 공식적(公式的)으로 게시(揭示)함이 옳은 것인가 입니다.

관직(官職)이 아닌 사직(私職)을 모관(某官)이란 의미를 무시(無視)하고 붙여 넣기로 작정(作定)한다면 사직(社稷)이란 경중(輕重)의 차이(差異)는 있겠으나 무직(武職)일 망정 고해야 한다 한다면 비약(飛躍)이라 나무랄 수가 있겠습니까. 이는 공식(公

式)이 아닌 비공식(非公式)으로 필히 고하고 싶으면 상호(相互) 이해되는 독축(讀祝) 장소에서나 묵인(默認)될 문제(問題)가 아닌가 합니다.

▶1658◀◆問; 지방에 관하여.

제사(祭祀) 시 지방(紙牓)을 쓸 때 부모님의 경우 현고(顯考) 학생(學生) 부군(府君) 신위(神位)라 쓰고 현비(顯妣) 유인(孺人) 김해(金海) 김씨(金氏) 신위(神位) 이렇게 씁니다. 그런데 학생은 옛날 관직을 못했던 조상을 사후에라도 성균관 학생이 되시라는 추존의 의미가 있다 하고, 유인 역시 관직이 없었던 남편이지만 사후 추존의 의미로 종 9 품 관리 부인의 직첩을 적은 것이라 하는 이야길 들었습니다. 사실이 맞는지요?

그리고 그런 의미가 사실이라면 옛날에야 국가의 관직뿐이니 그렇지만 요즈음은 일반 기업의 과장, 부장, 이사, 공장장 등 다양한 직급이 있고 그들의 직급이 현재 공무원 9급 직급보다 낮지 않은데 굳이 학생이란 칭호를 써야 하며, 유인이란 칭호를 쓴다는 것이 좀 적당하지 않다고 사료됩니다. 또 부모가 기능직으로 일했는데 굳이 선비의 칭호를 쓰는 것도 사리에 맞지 않은 것 같습니다. 선생님들의 고견을 듣고 싶습니다.

◆答; 지방(紙牓).

①대개 통용(通用)되는 의미(意味)는 아래와 같은 것 같습니다.

學生; 생전에 벼슬치 않고 죽은 사람을 신주(神主)(지방)나 명정(銘旌) 등(等)의 모관(某官)에 높이어 수학(修學) 중이었던 학생(學生)임을 이르는 존칭.

處士; 재덕(才德)은 충분히 겸비하고서도 벼슬치 않고 은거(隱居) 중인 선비.

秀才; 학문(學文)과 재능(才能)이 뛰어나 과거(科擧)에 응시(應試)할 자격(資格)을 갖춘 사람.

孺人; 벼슬치 않은 남편의 아내가 죽으면 명정(銘旌)이나 신주(지방) 등에 높이어 일컫는 존칭.

②지방식(紙牓式)은 유가(儒家)의 법식(法式)입니다. 유교(儒敎)란 유가(儒家)의 학설(學說)(경전)로 사람들을 가르침을 의미(意味)합니다. 관혼상제(冠婚喪祭) 예법(禮法) 중 신주(神主)(지방(紙榜))식(式) 역시 유학(儒學)의 학문(學文) 중 일부입니다. 가르치는 궁극목표(窮極目標)는 수신제가치국평천하(修身齊家治國平天下)입니다. 학생(學生)이란 이 목표(目標)를 이루기 위한 과정 중에 있는 사람을 의미(意味)합니다. 따라서 벼슬치 않고 죽었으면 유가(儒家)의 시각으로는 그 과정(過程)에 있었던 학생(學生), 처사(處士), 또는 수재(秀才)로 보는 것입니다.

유학(儒學)을 배제(排除)하고 생각한다면 현대(現代)에만 사직(私職)이 있는 것이 아니고 옛날에도 수없이 많았습니다. 만약 사직(私職)을 표기(標記)하려면 모관(某官)은 모직(某職)이라 변개(變改)시켜야 함은 물론(勿論) 그 직명(職名)은 회장(會長)으로부터 최하(最下)위 직(職)은 물론(勿論) 생전(生前) 호의호식(好衣好食)하다 무직(無職)으로 죽었으면 그도 아니 쓸 수는 없을 터이니 무직(無職)이라 기록(記錄)됨이 옳을 것입니다.

그렇다고 수 없는 직종(職種) 중(中) 어느 직(職) 이상(以上)으로 한정(限定) 지운다 함도 형평성(衡平性)에 어긋나니 제한(制限)할 수도 없을 것입니다. 혹 일부(一部) 논자(論者)들은 사직(私職)도 표기(標記)함이 옳다 주장(主張)하는 사람도 있으나 이는 유학(儒學)을 이해(理解)하지 못한 까닭에서 빚어지는 엉뚱한 논리(論理)입니다.

●史記游俠傳魯朱家者與高祖同時魯人皆以儒敎而朱家用俠聞
●宋敬甫問無官而非學生者題主稱學生似未隱沙溪曰無官而死者不稱學生則無他稱號勢
不得已當書學生處士秀才各隨其宜可也又曰丘氏謂無官婦人宜如俗稱孺人蓋禮窮則從上
之義也

▶1659◀◆問; 지방에 학생 대신에 아호를 쓸 수 있는지요?

여러 예학자님께 문의합니다. 기제사 지방에 학생 대신에 아호를 쓸 수 있는지요?
예) 현고 00(아호)부군 신위.

◆答; 지방에 학생 대신에 아호를 쓸 수 있는지요?

아래는 신주(神主) 분면식(粉面式)의 무관자(無官者)에 관한 말씀들입니다. 우계(牛
溪) 선생(先生)께서 하신 지적이 이 논제(論題)에 적중(適中)한 말씀 같습니다.

지방식(紙牓式)은 신주(神主)의 분면식에서 신주(神主)의 주(主)를 위(位)로 고쳐 사
용(使用)하니 신주식(神主式) 분면(粉面)의 모관(某官)에는 사적(私的)으로 부르던
별호(別號)는 쓰지 않는다는 것입니다.

용예(用例)는 혹(或) 오류(誤謬)의 가능성(可能性)이 존재(存在)함으로 그를 전거(典
據)로서 확실(確實)히 하려면 타당성(妥當性)이 입증(立證)되어야 논거(論據)의 뒷받
침에 무리(無理)가 없을 것 같습니다.

●牛溪答鄭宗溟曰別號平時所自稱不可書
●問解無官而死者無他稱號勢不得已當書學生處士秀才各隨宜可也
●陶庵曰神主稱別號雖無例恐不害於義況有程子之言乎但處士之稱不答於已仕之人雖曰
處鄕不仕謂之處士則未也題主以府君爲之壙中銘旌亦去處士字爲得
●竹菴曰書銘題主及表石先實職而後贈職無妨耶黎湖曰先贈是俗失
●老洲曰行職生時所踐歷也贈職死後所追贈也先行而後贈以前後爲序也先贈而後行以君
恩爲重也兩說俱可據而愚見則如銘旌題主似當先贈職耳
●梅山曰行職贈爵俱是公朝之賜則先贈後行實無意義退溪所謂先後倒置者以此也宋朝則
先行後贈故朱先生於吾先文字亦然沙溪尤菴之所爲遵也然先贈後行已成通行之禮戶籍試
封則不容不從俗不爾則易歸於違格告祝及題主則先行後贈仰述朱子恐宜

▶1660◀◆問; 지방을 쓸 때 관직을 쓰고 부군이라는 글도 씁니까?

아버지가 벼슬을 하였을 경우 현고 관직(官職) 다음에 부군(府君)을 씁니까?

◆答; 지방을 쓸 때 관직을 쓰고 부군.

모관(某官) 다음에 부군(府君) 신위(神位)의 순입니다.

●便覽祔祭紙牓式條(新補)顯某考某官府君神位

▶1661◀◆問; 지방의 관직명 표기.

안녕하십니까.. 지방의 표기에 대한 자세한 정보를 알고자 공부하던 중 성균관 사이
트를 알고서 회원가입을 하였습니다. 여러 가지로 많이 배우겠습니다.

옛날과 오늘날에서의 관직명에 큰 차이가 있습니다. 일부에서는 기업에서의 직명
또한 관직명으로 보아야 한다고 들었는데, 바람직한지의 여부를 알고 싶습니다. 그
리고, 현재 현대중공업(주) 조선외작지원부 기원(감독관)으로 정년퇴직을 하셨습니
다.

훗날 아버지의 관직명은 어떻게 쓰는 것이 옳은지도 알고 싶습니다. 관직선택 남자
의 지방에는 제사 대상자의 관직명이 표시됩니다. 아래에서 선택한 관직명이 좌측

기본양식에 적용되어 출력됩니다.

學生 - 일반적으로 가장 널리 쓰이는 명칭임.
處士 - 전문직종사자의 경우 사용가능(회계사, 변리사 등 전문직).
議員 - 정치인일 경우 사용가능(국회의원, 자치단체의원 등).
會長 - 법인/단체의 장을 지낸 경우 사용가능(00 협회장, 00 회장 등).
法官 - 법조인의 경우 사용가능(판, 검사, 변호사 등).
學者 - 학계에 계셨던 분의 경우 사용가능(교수, 박사, 학자 등).
軍官 - 군인의 경우 사용가능(장군, 고위장교 등).
任員 - 대기업고위직의 경우 사용가능(대기업 회장, 사장, 간부 등).

◆答; 지방의 관직명 표기.
전통예법(傳統禮法)에서 현모고모관부군신위(顯某考某官府君神位)라 쓰이는 지방(紙榜)에서의 모관(某官)이란 문무관(文武官)의 품계직함(品階職銜)을 의미(意味)하는데 이를 현금(現今)에 적용(適用)한다면 국가(國家)(지방(地方)포함)공무원(公務員)에 한 할 것으로 그 품계(品階)직함(職銜)은 최종(最終) 직(職)으로 간단명료(簡單明瞭)하게 서기관(書記官), 사무관(事務官) 등등의 류(類)형(形)으로 표기(標記)됨이 옳지 않을까 합니다.

만약(萬若) 현세(現世)에 맞게(?) 이를 모직(某職)으로 확대(擴大) 적용(適用)한다면 회장(會長)은 물론(勿論) 말단(末端) 직(職)까지 포함(包含)되어야 하고 또 평등(平等)의 원칙(原則)에 따라 어느 한정(限定)된 직업(職業)의 종사자(從事者)에 한할 수는 없을 것입니다.

따라서 무직(無職)으로 일생(一生)을 마친 자(者)를 제외(除外)한 모두의 지방(紙榜)에는 그 직(職)을 표기(標記)하여야 할 것으로 이는 신중(愼重)히 고려(考慮)되어야 할 문제(問題)라 생각됩니다.

▶1662◀◆問; 지방 관직명에 대한 문의입니다.
늦게나마 좋은 사이트를 알게 되어, 궁금했던 전통육례(傳統六禮)를 자세히 배워 많은 도움이 되었습니다. 감사 드립니다. 다름이 아니 오라, 부친이 6.25 동란(動亂) 때 무진부대에 입대 참전하여 전투 중 부상당해 수년간 마산통합병원에 입원 치료 하였습니다.

장교입원실에서 치료 중 어느 날 특무상사가 무진부대원이 전멸하여 몇 명 생존자만 남아 육군 7 사단에 편입되었다며, 오늘 부로 장교에서(소위로 추정됨) 사병으로 강등되었다며 새로 사병군번을 부여하고 사병입원실로 옮겨 치료받게 했답니다.

지금에야 있을 수 없는 일이지만, 당시는 전시(戰時)라 가능했겠지요. 자식이 불민하여 복권 준비 중이나 아직 회복하지 못했습니다. 육군중사(상이 3 급)으로 의가사(依家事) 제대 후 평생을 대문 앞에 걸린 국가유공자의 집이란 칭호를 자랑스러워 하셨습니다.

을지무공훈장, 금성화랑무공훈장, 화랑무공훈장, 국가유공자기장, 대한민국수훈자장, 대통령포상수장 등 13 가지의 훈포장이 있습니다. 이 경우,

1)학생칭호를 써야 하는지?
2)계급을 써야 할 경우 어떤 것으로?
3)기타 다른 칭호는? (혹, 좋아하시던 국가유공자란 칭호는 쓸 수 없는지?)궁금하오니 좋은 해답 부탁 드립니다.

◆答; 지방 관직명.

모관(某官)의 관(官)은 국가 지방(地方) 공무원(公務員)에 근무(勤務)한 적이 있으면 그 직(職)의 품계(品階)를 쓰게 되는데 군인(軍人) 중에서도 육군(陸軍) 중사(中士)의 직급(職級)이니 중사(中士)를 모관(某官)에 쓰게 됩니다.

지방식; 顯考中士府君神位

▶1663◀◆問; 지방 문구.

각 지방식과 축문식을 가르쳐 주세요.

◆答; 지방 문구.

축문(祝文)의 제주(祭主)와의 속칭은 신주(神主)의 분면식(粉面式) 속칭(屬稱)과 같습니다. 따라서 지방식(紙牓式) 역시 같습니다. 이 답(答)으로 이해(理解)에 불충분(不充分)하시면 미진(未盡)한 지방식(紙牓式)만 다시 올려 주시기 바랍니다.

○지방식
고조고==顯高祖考某官府君神位
고조비==顯高祖妣某封某氏神位
증조고==顯曾祖考某官府君神位
증조비==顯曾祖妣封封某氏神位
조고====顯祖考某官府君神位
조비====顯祖妣某封某氏神位
부======顯考某官府君神位
모======顯妣某封某氏神位
처======亡室某封某氏神位
장자====亡子某官神位

어머니 기제(忌祭)에는 현비모봉모씨(顯妣某封某氏)라 쓰고 고조고(高祖考)는 현고조고모관부군(顯高祖考某官府君) 고조비(高祖妣)는 현고조비모봉모씨(顯高祖妣某封某氏) 증조고(曾祖考)는 현증조고모관부군(顯曾祖考某官府君) 증조비(曾祖妣)는 현증조비모봉모씨(顯曾祖妣某封某氏) 조고(祖考)는 현조고모관부군(顯祖考某官府君) 조비(祖妣)는 현조비모봉모씨(顯祖妣某封某氏)라 쓰고 처(妻)는 망실모봉모씨(亡室某封某氏) 장자(長子)는 망자모관(亡子某官)이라 쓰고 항렬(行列)이 낮거나 수하자(手下者)에게는 현지(顯字)를 고쳐 망자(亡字)로 하고 부군(府君) 두 자를 빼며 방친(傍親)은 속(屬)한대로 쓴다.

○忌祭祝文式

維 歲次干支幾月干支朔幾日干支孝子조고비에게는 孝孫 증조고비에게는 孝曾孫 고조고비에게는 孝玄孫 ○방친과 형제와 처와 자식에게는 그가 부르던 칭호대로 쓴다. 某官某 동생 이하 자에게는 이름을 쓰지 않는다.敢昭告于 처에게는 敢字를 쓰지 않고 동생 이하에게는 告于만 쓴다. 顯考某官 관직이 없었으면 學生이라쓴다. 府君 어머니 기제에는 顯妣某封某氏라 쓰고 고조고는 顯高祖考某官府君 고조비는 顯高祖妣某封某氏 증조고는 顯曾祖考某官府君 증조비는 顯曾祖妣某封某氏 조고는 顯祖考某官府君 조비는 顯祖妣某封某氏라 쓰고 처는 亡室某封某氏 장자는 亡子某官이라 쓰고 항렬이 낮거나 수하자에게는 顯字를 고쳐 亡字로 하고 府君 두 자를 빼며 방친은 속한대로 쓴다. ○고비 병제를 할 때는 顯妣某封某氏를 열서(列書)한다. 歲序遷易 諱日復臨 병제(並祭)에는 諱日復臨 앞에 아버지 기일에는 顯考 어머니 기일(忌日)에는 顯妣라 쓰고 조고비(祖妣) 이상 기일 역시 이와 같다. ○처나 동생의 기일이면 諱日復臨을 亡日復至로 고친다. 追遠感時昊天罔極 고조 증조 조고비 기일이면 昊天罔極을 不勝永慕라 고쳐 쓰고 방친(傍親)의 기일이면 追遠 이하 여덟 자를 고쳐 不勝感愴이라 쓰고 처나 동생 이하의 기일이면 感愴을 다른 말로 고친다. 謹以 처나 동생 이하의 기일이면 謹以를 玆以로 고쳐 쓴다. 淸酌庶羞恭伸奠獻 처나 동생 이하에게는 恭伸奠獻을 伸此奠儀라 고쳐 쓴다. 尙 饗

▶1664◀◆問; 지방 쓰는 법 문의합니다.

회사 임원을 하시다 작고하셨는데 지방에 임원직을 써도 무방한가요.

◆答; 지방쓰는법.

지방에서 모관(某官)이라 함은 생전(生前)에 무슨 관직(官職)에 봉직(奉職)하였는가 인데, 만약 생전(生前)에 관직(官職)에 봉직(奉職)하지 않았다면 별호(別號), 별호(別號)도 없었다면 학생(學生), 처사(處士), 수재(秀才) 중에서 알맞게 택하여 쓰게 됩니다. 따라서 사설(私設) 회사(會社) 직책(職責)은 관직(官職)이 아니니 법도상 쓸수가 없고, 다만 생전에 본명(本名) 외로 달리 불린 호(號)와 유사한 별호(別號)가 있었다 면 그 역시 호(號)의 범주(範疇)에 포함(包含)될 것입니다.

●家禮治葬題主條無官封則以生時所稱爲號
●沙溪曰無官者不稱學生則無他稱號勢不得已當書學生處士秀才各隨其宜可也
●士儀治葬題主陷中條無官則隨常時所稱如學生處士秀才或別號之類

▶1665◀◆問; 지방이나 축문에 이름을 안 쓰는 이유.

안녕하세요? 보통 관직이 없는 분의 지방을 쓸 때 "현고 학생부군신위"라고 쓰는 것으로 알고 있는데 이화회관 교수님께서 "현고 학생(누구)부군 신위"라고 쓰는 것이 올바르다고 하여 문의 드립니다. 이름을 쓰는 경우와 안 쓰는 경우에 대하여 설명해주시기 바랍니다.

◆答; 지방이나 축문에 이름을 안 쓰는 이유.

기제사에서 신주(神主)를 갖추지 못하였으면 지방(紙榜)으로 대신 제사하게 되는데 지방식(紙榜式)은 신주(神主)의 분면식(粉面式)에서 신주(神主)를 신위(神位)로 고쳐 쓸 뿐입니다.

군부(君父)의 함자(銜字)는 함부로 입에 올리지 못하는 법인데 하물며 지방(紙榜)에다 함자(銜字)를 쓸 수는 없습니다.

●曲禮詩書不諱臨文不諱廟中不諱
●星湖僿說諱名條禮二名不偏諱嫌名不諱韓退之諱辨據此爲證然李世勣避太宗諱去世字則唐世已偏諱二名矣退之謂雉爲野鷄而不避治天下之治(中略)按庚賦陰作南潯作潭任作堪潭與談音同故易之也然則唐世已諱嫌名矣
●朱子家禮喪禮治葬題主條先題陷中父則曰故某官某公諱某字某第幾神主粉面曰考某官封謚府君神主
●四禮便覽題主陷中式條故某官(無官則隨常時所稱如學生處士秀士別號之類粉面同)某公諱某字某(本有第幾二字而東俗不用○退溪曰今人生時無第幾之稱神主不用恐無不可)神主○又粉面式條顯(家禮圖用顯字而備要從之後倣此)考(承重云顯祖考旁親卑幼隨俗稱卑幼改顯爲亡)某官封謚府君(卑幼去府君二字)神主

▶1666◀◆問; 지방에 벼슬 나타내기.

수고가 많으십니다. 마을에 사시는 두 분이 지방과 축에 나타내는 벼슬에 대하여 아래의 1과 2로 나타내는 이견이 있어 여쭈어 봅니다.

1. 顯曾祖考通政大夫工曹參議府君, 顯高祖考嘉善大夫同中樞府事府君
2. 顯曾祖考通政大夫府君, 顯高祖考嘉善大夫府君

어느 것이 좋은 방법인지요? 죄송합니다.

◆答; 지방에 벼슬 나타내기.

지방식이나 축문식은 법도가 있어 관직을 여럿 겸하였을 때 써도 되고 안 써도 되고가 아닙니다. 모관에는 최후의 관직으로 병직이나 겸직을 여럿 하였으면 그 직명의 전부와 시호를 봉함 받았으면 시호도 씁니다. 물론 효자도 관직에 겸직까지 써야 합니다.

●便覽神主粉面式顯考某官封諡府君神主○又祝文式曰顯考某官封諡府君

▶1667◀◆問; 지방의 뜻과 영좌의 혼백과 위패에 대하여?

현대에 장례식장에서 위패와 혼백을 함께 빈소에 차려지는데요. 여기서 위패와 혼백에 문구 저도 현고학생부군신위 라 알고 있는데요. 그 뜻이 궁금하며 기초적인 유래와 위패와 혼백을 쓰는 시기 또한 알고 싶습니다.

◆答; 지방의 뜻과 영좌의 혼백과 위패에 대하여.

顯=존속(尊屬)에 대한 존칭(尊稱).
考=작고(作故)한 아버지.
學生=생전(生前)에 관직(官職)에 나아가지 못하고 죽은 남자(男子)를 높이어   이르는 호칭.
府君=남자 조상의 존칭.
神位=신령(神靈)이 의지(依支)하여 좌정할 자리.

장사(葬事)를 지내며 평토(平土)가 되면 신주(神主)를 쓰는데 그 이전에는 습(襲)을 마치면 영좌(靈座)를 설치(設置)하고 혼(魂)이 의지(依支)할 혼백(魂帛)을 접어 혼백함(魂帛函)에 담아 교의(交椅)에 모시는데 이때 옛날에도 세속(世俗)에서 망인(亡人)의 화상(畵像)을 혼백(魂帛) 뒤에 놓았다는 설이 있으니 혹 영정(影幀) 사진(寫眞)을 혼백(魂帛)과 함께 영좌(靈座)에 모심은 있을 수 있다 하겠으나, 위패(位牌)는 법도(法度)에 없으니 바른 예가 아닌 상 싶습니다.

혼백(魂帛)은 언제부터 시작되었는가는 그 전거를 알지 못하며 다만 예기에 중(重=고대 혼백)에 관한 말씀이 있고 동심결(同心結), 혼의(魂衣) 백견혼백(白絹魂帛) 등의 예가 있으며 지금은 한지로 혼백(魂帛)을 접어 혼백상(魂帛箱)에 담아 교의(交椅)에 모십니다.

●曲禮重旣虞而埋之疏正義曰案旣夕禮初喪朝禰廟重止于門外之西不入重不入者謂將嚮祖廟
●周禮司服註奠衣服今座上魂衣也
●儀禮重木刊鑿之旬人置重于中庭疏曰士重木長三尺
●尤庵曰重鑿木爲之其形如鼎盖鼎飮食之具而鬼神憑依飮食故用之
●楊氏復曰古人遺衣裳必置於靈座旣而藏於廟中恐當以遺衣裳置靈座而加魂帛於其上可也
●儀節設魂帛條魂帛以白絹爲之如世俗所謂同心結者垂其兩足
●南溪曰古者束帛依神家禮改用結絹之制當以此爲正第未詳其制則束之何妨

▶1668◀◆問; 지방의 서식.

1. 기제사(忌祭祀)나 설과 추석 명절에 지방을 쓸 때 고인이 고(考)라면 생전(生前)에 관직(官職)이 있을 땐 '顯考(관직)府君神位' 관직이 없을 땐 '현고학생부군신위(顯考學生府君神位)' 라고 적습니다만,
2. 저의 집에선 고인의 생전(生前) 아호를 대신 기재합니다. 이 경우 만약 아호가 양헌(養軒)이라면 '현고양헌거사부군신위(顯考養軒居士府君神位), 가 맞는지, 아니면

현고양헌(顯考養軒) 거사신위(居士神位)'가 맞는지 모르겠습니다. 참고로 저의 집에선 '거사(居士)' 대신(代身) '부군(府君)'을 뺍니다.

◆答; 지방식.

아래와 같이 살펴보건대 요즘 신주(神主) 대용으로 쓰고 있는 지방(紙榜)은 신주식(神主式)에서 분면식(粉面式)에 해당하는 식으로 이는 방제식(旁題式)에 표시(標示)된 자(者)와의 관계(關係)를 경어(敬語)로 나타내는 호칭 식(呼稱式)이라 이에는 휘(諱)는 물론 자(字), 호(號; 別號包含) 등 명호(名號)는 쓸 수가 없는 것입니다.

양헌거사(養軒居士)가 관직명(官職名)이라면 가당(可當)하나 호(號) 또는 별호(別號)라면 분면식(粉面式; 紙榜式)에는 쓸 수가 없는 것입니다.

●便覽神主式
○陷中式; 故某官某公諱某字某神主
○粉面式; 顯考某官封諡府君神主
○旁題式; 孝子某奉祀
○紙榜式; 顯某考某官府君神位

●問無官而非學生者題主稱學生似未穩而且如子孫書四祖亦皆無合當稱號如何如何沙溪宋俊吉答無官而死者不稱學生則無他稱號勢不得已當書學生處士秀才各隨其宜可也

▶1669◀◆問; 지방서식관련 궁금한 게 있습니다.

현대사회에 들어 상례를 치를 때 위패에 지방을 작성하는 게 보편화 되어있는데 아버지나 어머니가 돌아 가셨을 경우나 할아버지 또는 할머니가 돌아가셨을 경우 서식은 알겠습니다.

그런데 간혹 현대사회에서는 큰아버지나 큰어머니 또는 작은아버지나 작은어머니의 상일 경우 지방 서식을 어떻게 작성해야 하는지 궁금합니다. 이모의 경우에도 궁금하구요.

또한 사위는 상주가 될 수 없다지만 혹시라도 사위가 상주가 되어 지방을 작성하여야 된다면 어떤 서식으로 해야 하는지 궁금합니다.

◆答; 지방서식.

아래와 같이 살펴보건대 백숙부모(伯叔父母) 지방(紙榜)에 한강 선생께서는 고비(考妣)를 쓴다. 라 하셨고 남당(南唐) 선생(先生)께서는 고비(考妣)를 쓸 수 없다 하셨으며 여헌 선생께서는 존위(尊位)에게는 현(顯)자와 부군(府君)을 쓴다 라 하셨으니 이에서 합당(合當)함을 택하면 될 것입니다. 다만 이모 봉사(奉祀)에 대한 예법(禮法)은 없습니다.

사위가 처부모(妻父母) 봉사(奉祀)에 관하여서도 그 예법(禮法)이 없습니다.

●問伯叔父母當以伯叔考妣叔考妣書之註其旁曰姪子某奉祀耶寒岡曰恐當曰顯伯考旁註則恐當曰從子某
●南唐曰妣者配父之稱苟非配父者不可以混稱也伯叔母旣不可稱妣則伯叔父又不可獨稱考矣此則考妣之稱不可以復加於旁尊矣
●旅軒曰雖旁親若尊位則皆用顯字府君字
●遂菴曰幼女雖是血屬出嫁後則不可仍主其祀從子主之似宜
●問世俗或有以外孫主祀者神主當以顯外祖考妣書之旁註亦書之耶外祖神主或傳於外孫女則亦將何以書之也沙溪曰外孫奉祀猶爲不可況外孫女耶何必書奉祀闕之可也

▶1670◀◆問; 지방 쓰는 법?

지방을 쓸 때 이서위상(以西爲上) 또는 서고동비(西考東妣)를 토대로 쓴다고 들었습니다. (참사자 위치에서) 그런데 신위(神位) 본위와 참사자 본위에 따라 서로의 위치가 달라질 수 있나요? 율곡(栗谷)과 퇴계(退溪)의 주장이 다르다고 하는데? 집안에 따라서 달리 쓸 수도 있는지요? 답변 부탁 드립니다.

◆答; 지방 쓰는 법.

참사자 위치에서가 아니라 신위의 방위입니다. 제사를 지낼 때 그 집의 방위가 어떻든 간에 뒤 안을 북쪽이라 하고 정면을 남이리라 하고 오른편을 서방이라 하고 왼편은 동방이라 합니다.

신도상우(神道尙右)로 신(神)은 이서위상(以西爲上)이라 하여 서쪽(오른 쪽)을 중히 여기기 때문에 위(位)를 차림에서 고서비동(考西妣東)으로 설위(設位)가 됩니다. 따라서 신위이든 참사자 이든 위치가 달라 지지 않습니다. 다만 참사자 입장에서 이를 남좌여우(男左女右)라 합니다.

율퇴(栗退) 양 선생께서 어떤 주장이 다르다 하시는지는 모르겠으되 혹 지방을 쓸 때 고비(考妣)를 한 장에 쓸 때 한 분은 고서비동(考西妣東) 또 한 분은 고동비서(考東妣西)로 쓰셨다 함이라면 이는 어불성설입니다.

그 시절에는 지방은 사당(祠堂)을 건사하지 못한 계층에서 혹 썼던 시절이라 양 선생께서는 사당(祠堂)을 모시고 계셨으니 유학(儒學)의 대가(大家)이신데 고서비동(考西妣東)의 법도를 모르셨다 라 추측하기도 민망스러운 이야기입니다.

지방(紙牓)을 후자(後者) 누구에 의하여 고비(考妣) 양위(兩位)를 종이 한 장에 쓰는 예를 퍼뜨려 놓았는지는 알 수 없으나 예를 깊이 알지 못한 소치에서 발단되었으리라 판단되는데 아무리 예에 어둡다 하여도 신주(神主)를 모시지 못함도 자손(子孫)으로써 민망스러운 일인데 거기에다 지방(紙牓)이라도 각 장에 모시지 않는다 함은 예법(禮法) 운운은 차치하고 정상의 사고의 소유자(所有者)라면 감히 엄두도 못 낼 짓에 해당됩니다.

지방 역시 신주와 같이 고비(考妣)를 각 장에 써서 제사에 임하여 진설 상 뒤에 교의 둘을 놓고 고서비동(考西妣東)으로 교의 뒤 등판에 세웁니다.

●便覽紙牓
○紙; 用厚白紙長廣隨宜以眞楷細書於紙中央臨祭貼於椅上隨位各書
○紙牓式
顯某考某官府君神位
顯某妣某封某氏神位(祖妣二人以上別具紙各書)

●溫公曰古者祭於室中故神坐東向自後漢以來公私廟皆同堂異室南向西上所以西上者神道尙右故也
●家禮本註凡屋之制不問何向背但以前爲南後爲北左爲東右爲西

▶1671◀◆問; 지방 쓰는 법.

아버님이 생전에 어머님이 두 분입니다. 지방을 쓸 때 좌측에서부터 아버님, 큰어머님, 작은 어머님 순서로 쓰는지 궁금합니다.

◆答; 지방 쓰는 법.

인터넷상이나 혹 서점에 진열된 제사(祭祀)에 관한 책의 지방식(紙牓式)을 보면 거의가 종이 한 장에 왼편으로 考 오른편에 비(妣)를 아무 거리낌 없이 써 놓았는데 이는 예 운운(云云)하이전에 도리상 대단히 크게 어그러진 예시(例示)입니다.

어떠한 근거(根據)에 의하여 그와 같이 작성(作成)하여 놓았는지는 알 길은 없으나 상식(常識)으로도 이해(理解)할 수 없는 오류(誤謬)로서 이와 같이 한 장에 같이 쓰는 것은 불효(不孝)를 저지르는 행위(行爲)입니다.

도암 선생께서 지방(紙牓)은 쓸 때 수위각서(隨位各書) 별구지각서(別具紙各書) 하라는 특별한 가르침이 아니라 하더라도 신주(神主)가 고비(考妣) 각각이니 지방(紙牓) 역시 고비(考妣)를 각각 써야 함은 보편적 상식입니다.

●陶菴曰用厚白紙長廣隨宜以眞楷細書於紙中央臨祭貼於椅上隨位各書又曰祖妣二人以上別具紙各書

▶1672◀◆問; 지방(紙牓)은 언제부터 쓰기 시작하였나?
顯考某某神位 顯妣某某神位

위의 지방(紙牓)을 어느 때부터 사용(使用)하였는지 알고자 합니다. 예로 약 2.500 년 전부터, 2.000 년 전부터, 1.500 년 전부터, 1.000 년 전부터. 500 년 전부터, 몇 100 년 전부터 정확한 년도면 더욱 좋겠습니다.

◆答; 지방(紙牓)은 언제부터 쓰기 시작하였나?
가례(家禮) 사시제(四時祭) 어디에도 지방(紙牓)에 관한 언급(言及)은 없으며 가례(家禮)의절(儀節)의 지패(紙牌)는 지금 우리가 지방(紙牓)에 쓰는 모신위식(某神位式)이 아닌 신주(神主)와 동일(同一)하게 모신주(某神主)라 씁니다.

의절(儀節; 丘儀) 혹은 문공가례(文公家禮; 明代)식은 신주(神主)의 분면식(粉面式)과 같이 모신주(某神主)라 쓰며 이는 지패(紙牌)라 하지 지방(紙牓)이라 하지 않으며 그 식(式)은 아래와 같습니다.

儀節式; 紙牌式=紙爲牌如神主面上書 顯幾代祖考某官府君神主

지방식(紙牓式)은 신주(神主) 주(主)를 위(位)로 고쳐 모신위(某神位)라 쓰는데 중국(中國)의 의절식(儀節式)과는 전연(全然) 다른 우리의 식입니다.

지방(紙牓)이란 용어(用語)가 처음 쓰여진 것은 1621 년 간행본(刊行本)인 신의경(申義慶) 선생(先生)의 초저본(初著本) 상례비요(喪禮備要) 1 책인데 이에 사계(沙溪) 선생(先生)을 거쳐 신독재(愼獨齋) 선생께서 마무리 출간(出刊)한 2 책 상례비요(喪禮備要)가 있지요. 례서상(禮書上)으로 지방(紙牓)이란 용어(用語)가 나타나기는 상례비요(喪禮要)(162-21)가 아닌가 합니다.

●性理大全(家禮同)四時祭質明奉主就位條(云云)諸考神主出就位(云云)諸妣神主亦如之○又祔祭詣祠堂奉神主出置于座條若喪主非宗子而與繼祖之宗異居則宗子爲告于祖而設虛位以祭祭訖除之
●家禮儀節(一名文公家禮儀節)先祖祭前一日設位陳器條(云云)其中用紙爲牌如神主(云云)無神主者作紙牌(云云)○又喪禮祔祭篇異居則宗子爲告于祖爲牌位而祭畢則焚之
●喪禮備要(申義慶; 1621)喪禮祔祭詣祠堂奉神主出置于座條若喪主非宗子而與繼祖之宗異居則宗子爲告于祖而設虛位(用紙牓)以祭祭訖除之

관혼상제(冠婚喪祭)에 관한 모든 예법(禮法)은 예기(禮記)와 상충(相衝)되면 예기(禮記)가 우선(于先) 되지요.

주부자(朱夫子)(1130~1200)께서 지방(紙牓)이라 칭(稱)함은 후학(後學)인 경산(瓊山)(구준(丘濬); 1419~1495) 선생(先生)의 지패(紙牌)(신주(神主))식(式)으로 이해(理解)되어야 마땅할 것입니다.

주부자(朱夫子) 역시(亦是) 가례(家禮)에서 하신 말씀이 아니시며 요결(要訣) 역시(亦是) 기묘제(忌墓祭)에서 하신 말씀이 아니라는 점으로 관혼상제(冠婚喪祭) 예서(禮書)로는 비요(備要)라 할 수 있다는 것입니다.

●曲禮支子不祭祭必告于宗子疏曰支子庶子也祖禰廟在適子之家庶子賤不敢輒祭若宗子有疾不堪當祭則庶子代攝可也猶必告于宗子然後祭細註程子曰古所謂支子不祭者唯使宗子立廟主之而已主祭者不異可與則以身執事不可與則以物助

●書儀曾子問宗子爲士庶子爲大夫以上牲祭於宗子之家古者諸侯卿大夫宗族聚於一國可以如是今兄弟仕宦散之四方雖支子亦四時念親安得不祭也

●朱子(1130~1200)曰兄弟異居廟初不異只合兄祭而弟與執事或以物助之爲宜相去遠者則兄家設主弟不立主至於祭時旋設位以紙牓標記逐位祭畢焚之如此似亦得禮之變也更祥之

●要訣(1577)祭禮章墓祭忌祭世俗輪行非禮也墓祭則雖輪行皆祭于墓上猶之可也忌祭不祭于神主而乃祭于紙榜此甚未安雖不免輪行須具祭饌行于家廟庶乎可矣

▶1673◀◆問; 지방은 위마다 각각 쓴다.

여기에다 질문을 해도 되는지 모르겠네요. 할머니가 세 분이신데 합제(合祭)를 하고 있습니다. 지방(紙牓)에 할아버지와 할머니 세 분을 함께 쓰고 있는데, 친척(親戚)분이 한 지방에 4 명을 쓰는 것은 잘못되었다고 하네요.

할아버지와 서열 상위인 할머니 두 분을 함께 쓰고, 나머지 한 분은 따로 지방을 써야 한다는데 맞는지요. 지금까지 한 지방에 네 분을 모두 써서 합제(合祭)를 지내고 있습니다.

추가 질문입니다.

제사상에 올리는 산적을 만들 때, 저의 집에서는 대나무를 깎은 꽂이를 사용합니다. 이 경우 뾰쪽하게 깎은 쪽이 머리인지, 안 깎은 쪽이 머리인지요. 동서 방향을 정할 때 항상 궁금한 부분입니다. 궁금증을 해결해 주시면 고맙겠습니다.

◆答; 지방은 위마다 각각 쓴다.

아래와 같이 살펴보건대 세 조모(祖母)가 정실(正室)과 계실(繼室)이 두 분이라면 병제(並祭) 가문(家門)에서는 4 위 합제(合祭)를 지내나 혹 첩실(妾室)이 계시면 첩실(妾室)은 합제(合祭)하지 않습니다. 첩실(妾室)은 그 후사(後嗣)가 있다면 그가 제사(祭祀)합니다.

지방(紙榜)은 위마다 각각(各各) 써야 합니다.

제수(祭需)에서 두미(頭尾)를 분별(分別)할 수 있을 때에 두서미동(頭西尾東)로 진설(陳設)한다는 것입니다. 특히 꽂이에 꿰인 고기는 그 고기의 두미(頭尾)를 구별(區別)할 수 있으면 법도(法度)를 따르나 구분(區分)이 불가능하면 두서미동(頭西尾東)의 법도(法度)를 분별(分別)하여 따를 수가 없으며 그 고기를 꿰인 꽂이의 두미(頭尾)를 가려 진설(陳設)하지는 않습니다.

●問解續問父若有前後室則前後母神主同出耶只出考與所祭之主耶答並祭爲當前母忌日同祭後母後母忌日同祭前母

●問庶母死其長子承重則次子當祀於私室歟遂菴曰似合情禮

●少牢禮魚右首進腴疏凡載魚生人死人皆右首地道尊右故也鬼神進腴(腹也)是氣之所聚故也生人進鰭者鰭是脊生人尙味故也

●特牲饋食禮陳鼎拜賓視牲告期條枕在其南順實獸于其上東首牲在其西北首東足 (鄭玄注)枕之制如今大木轝矣上有四周下無足 (朱子註)無足獸腊也東足者常右也 ○疏曰下文牲在西北首東足此實獸枕上東首不與牲相統東足者尙右也周人尙右將祭故也

●退溪曰祭饌尙左之說恐未然盖食以飯爲主故飯之所在卽爲所尙如平時陳食左飯右羹是爲尙左而祭則右飯左羹是乃尙右所謂神道尙右者然也而今云尙左非也

●與猶堂曰案少牢右首進腴(註鄭云右首變於生)公食禮右首進鰭此兩文皆在枕載之時不在陳設之時則載與設無二法也左右者神位之左右也

●俛宇集書答李子剛別紙喪祭疑義; 祭需陳設東頭西尾取其陰陽左右耶

⊙紙牓式
陶菴曰用厚白紙長廣隨宜以眞楷細書於紙中央臨祭貼於椅上隨位各書又曰祖妣二人以上別具紙各書(喪禮祔祭條互見)

고종황제(高宗皇帝) 명(命)으로 광무(光武)7년(年)(1903)에 시작(始作) 4년(年)여에 걸쳐 홍문관(弘文館)에 찬집소(纂輯所)를 설치(設置) 편찬(編纂)한 증보문헌비고(增補文獻備考) 총(總) 50책(冊)이 있다.

이 책의 오자(誤字) 오류(誤謬)를 기록(記錄)한 [증보문헌비고정오(增補文獻備考正誤)]가 있는데 이 책의 총(總) 페이지가 무려(無慮) 330이다.

1책(冊)당 무려(無慮) 6.6페이지에 해당(該當)하는 오자(誤字) 오류(誤謬)가 있다는 계산(計算)이다. 이 책은 조정(朝廷) 간행(刊行) 서(書)로 웬만한 학자(學者)는 만져보지도 못한 귀중본(貴重本)이다.

▶1674◀◈問; 지방 쓰는 법 형님 두 분을 모시는 경우에.
안녕하세요! 지방을 어떻게 쓰는 것이 올바른 방법인지 궁금하여 글을 올립니다. 다름 아니고 그 동안은 형님 한 분만 모시다 보니 현형학생부군(顯兄學生府君) 신위(神位) 하여 모셨으나 형님 한 분을 더 모셔야 하는 상황이 되었습니다.

동생일 경우에는 지방에 이름을 표기하여 구분을 하는 것으로 알고 있으나 형님을 두분 모셔야 하는 경우에 지방을 한 분씩 모셔야 하는데 어떻게 써야 하는지요? 큰형님은 총각 때 작고하신 경우이고 둘째 형님은 자손은 있으나 아직은 본가에서 모셔야 하는 실정입니다.

◈答; 지방 쓰는 법.
아래의 전거에 의하면,

○殤兄紙牓式; 顯兄某官神位
○兄紙牓式; 顯兄某官府君神位
○차형(次兄)은 그 후손(後孫)이 있으니 그 장자(長子) 속칭으로 지방을 쓰고 만약 그가 헌작재배(獻酌再拜) 할 수 없도록 나이가 어리면 그 집에서 그를 대신 섭제(攝祭)의 법도에 따라 제사(祭祀)를 지낼 수 있습니다.

●問父母偕喪中喪妻無子身又歿第二弟先歿無子有孀婦第三弟未長成前誰爲主祀遂庵曰兄亡弟及禮也次子婦雖存非如適婦之比第三弟當承重

●問殤兄主屬稱書府君如何顧齋曰未娶無爲人父之道府君之稱未妥

●問人死而有子年纔一二歲神主旁題以兒名書否寒岡曰當以兒名書之

●奔喪父歿兄弟同居各主其喪(疏)服問父子異宮則庶子各主其私喪今此言是同宮者也

●便覽神主粉面式條顯考(旁親卑幼改顯爲亡)某官封諡府君(卑幼去府君二字)神主

▶1675◀◆問; 지방을 쓸 때 지방의 모양이 몇 종류나 되는지요?

지방축문의 경우 모양과 종류가 몇 개나 되는지요. 형태를 볼 수는 있는지요.

◆答; 지방을 쓸 때 지방의 모양이 몇 종류.

지방(紙榜)의 형태(形態)는 학자(學者)에 따라 그 모양(模樣)이 약간(若干)씩 다릅니다. 이유(理由)는 지방(地方)에 관하여 예서(禮書)상 분명(分明)한 지적 없이 신주(神主)의 분면식(粉面式)에서 말미(末尾)의 신주(神主)의 주(主)를 위(位)로 고친다. 라 하였을 뿐이라. 그러한 것 같습니다.

어느 학자(學者)는 신주(神主)식이 천원(天元) 하방(下方)이니 지방(紙榜)도 같이 모양(模樣)을 내기도 하고 또 흰 칠한 분면식(粉面式)은 각형(角形)이니 직사각형(直四角形)으로 하고 또 이 직사각형(直四角形)에서 위 두 귀를 사선(斜線)으로 소두치기도 합니다.

지방(紙榜)의 가지 수는 정위(正位)로 4대 봉사(奉祀) 8위(位)에 부위(祔位)로 주인(主人)의 수하자(手下者)들과 무손(無孫) 방친(傍親)이니 부위(祔位)의(외척 포함) 다소에 따라 달라질 수 있습니다.

축판(祝板)은 아래와 같이 살펴 보건대 가례(家禮)에서는 장(長) 1척(尺) 광(廣) 5촌(寸)이라 하였고, 오례의(五禮儀)에서는 장(長) 1척(尺)2촌(寸) 광(廣) 8촌(寸)의 판에 종이에 쓴 축문 지를 붙인다 하였으니 그와 같거나 그 보다 적을 수도 있겠지요.

축문(祝文)의 가지 수는 정축(正祝), 변축(變祝), 고사식(告辭式), 축원문(祝願文), 제문(祭文) 등등(等等) 대상에 따라 다르니 그 가지 수(數)를 헤아린다면 사가(私家), 궁실(宮室) 등등을 합쳐 헤아릴 수가 없도록 많을 것입니다. 병설(併設)인 경우 고(考) 비(妣) 각각 써야 합니다.

●陶庵曰用厚白紙長廣隨宜以眞楷細書於紙中央臨祭貼於椅上隨位各書
●家禮本註凡言祝版者用版長一尺高五寸(講錄高疑廣之)以紙書文黏於其上畢則揭而焚之
●會成祝版非有法象稍高大亦不妨太小則字多之文書不盡矣
●國朝五禮儀版以松木爲之長一尺二寸廣八寸(造禮器尺)

▶1676◀◆問; 지방을 어떻게 써야 하는지요?

안녕하세요? 저희 할아버지께서 할머니 돌아가시고 작은 할머니를 얻어서 타지에서 수? 년을 사셨습니다. 본가에서는 알고는 있었지만 성도 이름도 모르게 살다가 아이도 없으시고요 언제 돌아 가신지도 모르게 돌아가셨습니다 할아버지는 나중에 본가로 오셔서 돌아가시고요.

그런데 나중에 그 분은(작은할머니)처녀였고 정식 결혼은 안 했습니다 만 후사도 없이 돌아가신 할머니 제사를 지내 드리려고 하니 기일도 모르고 성도 몰라서 답답하네요.

몇 년 전부터 중양절(重陽節)에 지내긴 합니다만 지방을 어떻게 써야 할지 궁금합니다. 현조비유인 000 씨 신위(神位) 성을 모르니 작은 할머니신위 라고 지냅니다만, 우스운 일이고 부끄럽습니다. 선배(先輩) 제현님께 여쭙니다.

이와 같은 경우에 어떻게 해야 하나요?

1. 기일을 모르니 중양절에 지낸다?

2. 성도 이름도 모르니 어떻게 할까요? 부탁 드립니다.

◆答; 적손에게 서조모의 지방식은 없다.

아래와 같이 살펴보건대 서조모(庶祖母=妾祖母)는 적손(嫡孫)이 제사치 않습니다. 설령 그의 친자(親子)가 있다 하여도 그의 대(代)에 한하여 제사하고 그의 친손(親孫)이 있다 하여도 제사(祭祀)치 않음이 유가(儒家)의 바른 예법 입니다.

●程子曰庶母不可入廟子當祀於別室
●小記士妾有子而爲之緦無子則已註喪服云大夫爲貴妾緦士卑故妾之有子者爲之緦無子則不服也○又慈母與妾母不世祭也註不世祭者謂子祭之而孫不祭也
●典錄通考凡妾子承重者祭其母於私室止其身
●退溪曰班祔註妾祔于祖妣所喩者是而有子之妾則旣祔而主還几筵及喪畢別置他室或子室可也

▶1677◀◆問; 지방의 올바른 표시는?

안녕하십니까? 제가 지금까지 알고 있기로는 제사를 모실 때 지방으로 모실 경우 옛적에는 남편의 벼슬에 따라 그의 부인은 정경부인(貞敬夫人), 정부인(貞夫人), 숙부인(淑夫人), 숙인(淑人), 영인(令人) 등으로 모신 것으로 알고 있으나, 현재의 관직 체계에서는 남자는 관직명을 쓰면 되겠으나(어디까지나 저의 상식입니다), 그의 부인의 경우는 어떻게 써야 옳은지 궁금하여 문의 드리옵니다.

[예시]
조 선 시 대: 현고(顯考) 영의정(領議政) 부군(府君) 신위(神位)
　　　　　　　현비(顯妣) 정경부인(貞敬夫人) ○○○씨(氏) 신위(神位)
현관직체계: 현고(顯考) 국무총리(國務總理) 부군(府君) 신위(神位)
　　　　　　　현비(顯妣) (?) ○○○씨(氏) 신위(神位)

※ 답변을 주실 경우에는 현 행정직 관직체계(1 급 ~ 9 급)를 기준으로 답을 주시면 대단히 고맙겠습니다.
※ 혹시 표현 등에 잘 못이 있더라도 저의 부족함이니 너그럽게 받아 주시옵기 바랍니다.

◆答; 지방의 올바른 표시.

경국대전(經國大典)을 살펴보면 외명부(外命婦)[부군(夫君)의 직품(職品)에 따라 봉작(封爵)을 받은 부인들의 총칭]조에 봉작(封爵)은 남편의 직품(職品)에 따른다 라 하였으니 남자(男子)의 지방(紙榜)에 모관(某官)을 기록(記錄)하는 한 그 부인(婦人)도 어느 형태(形態)이든지 그 에 걸 맞는 작호(爵號)가 기록(記錄)되어야 유인(孺人)으로 기록(記錄)되는 모순(矛盾)을 바르게 잡을 수 있을 것입니다.

그러나 현재(現在)의 정치체제(政治體制)가 유교(儒敎)이념(理念)을 바탕으로 한 국가(國家) 체제(體制)가 아니니 정치적(政治的)으로 해소(解消)될 수는 없을 것입니다.

까닭에 이 문제(問題)는 유교인(儒敎人) 스스로 현실(現實)에 알맞고 누구나 거부감 없이 공감(共感)하며 유교이념(儒敎理念)에서 벗어나지 않는 시안(試案)을 마련 축(祝)이나 지방(紙榜)에서 모관(某官)과 모봉(某封)에서 모순(矛盾)이 생기지 않도록 바르게 잡아 놓아야 할 것입니다.

혹은 옛 봉호(封號)를 현실(現實)의 직급(職級)에 부합(附合)시켜 보자는 의론(議論)도 있는 듯하나 예와는 현실의 직급(職級) 체제(體制)가 너무 복잡(複雜)하고 차이

(差異)가 날 뿐만 아니라 직급 명(職級名)도 다르니 부자연(不自然)스럽고 또 이치 (理致)에도 맞지 않아 가능(可能)한 발상(發想)은 아닌 상 싶습니다.

따라서 대단히 조심스러우나 정무직(政務職)이나 선출직(選出職) 등(等)은 직명(職名)을 쓰고 국가(國家) 또는 지방(地方) 공무원(公務員)은 모관(某官)에 이사관(理事官), 부이사관(副理事官), 서기관(書記官), 사무관(事務官), 주사(主事), 주사보(主事補), 서기(書記), 서기보(書記補), 등(等)의 직급(職級) 명(名)을 쓰고 그 부인(婦人)에게는 장관부인(長官夫人), 이사관부인(理事官夫人), 사무관부인(事務官夫人), 서기부인(書記夫人), 등등(等等)으로 그 부인(婦人)의 모봉(某封)에 기록(記錄)함이 유인(孺人)의 모순(矛盾)은 물론 부인(婦人)은 남편의 직(職)에 따른다는 대전(大典)의 취지(趣旨)에도 부합(附合)하지 않을까 합니다. 중지를 모아 보시기 바랍니다.

그리고 대통령(大統領)의 부인(婦人)은 어찌 쓰며 장관(長官)의 부인(婦人)도 부인(夫人) 서기(書記)의 부인(婦人)도 부인(夫人) 이는 경국대전(經國大典)의 법도(法度)에도 어그러짐은 물론(勿論) 국어학적(國語學的)으로도 그저 남의 아내를 높이어 이르는 칭호(稱號)일 뿐이니 무관자(無官者)의 처(妻)에게도 붙여 호칭한다 하여 욕될 것은 없을 것입니다.

물론 지난날 중국(中國)에선 제후(諸侯)의 처(妻)를 부인(夫人)이라 하였으니 단독(單獨) 부인(夫人)이라 써놓으면 우리의 의미(意味)로는 남의 부인(婦人)을 높여 이르는 말이 되니 내 어머니 내 할머니에게 붙여 호칭하기에는 대단히 송구할 것이며 중국의 의미로는 제후(諸侯)의 부인(婦人)을 이름이니 이 역시 두루 붙여 놓기에는 격에 맞지 않는 호칭이라는 것입니다.

부인(夫人)이라는 호칭이 이러한 의미일진대 축(祝)이나 지방(紙牓)의 모봉(某封)은 부인(婦人)은 남편의 직(職)에 따른다는 법도(法度)에 어그러지는데 어찌 분별 없이 함부로 써 호칭하겠습니까?

남편의 관직(官職)도 차등(次等)이 있었으니 그 부인(婦人)의 봉호(封號)도 차등(差等)이 이어야 하겠지요.

●曲禮天子之妃曰后(注后之言後也)諸侯曰夫人(注夫之言扶)大夫曰孺人(注孺之言屬)士曰婦人(注婦之言服)庶人曰妻(注妻之言齊)疏正義曰諸侯曰夫人者夫人之名唯諸侯得稱論語云邦君之妻邦人稱之曰君夫人是也
●經國大典吏典外命婦條封爵從夫職

▶1678◀◆問; 지방의 위치와 혼례 시 신랑 신부의 위치?
몇 가지 궁금하여 질의합니다.
1. 부모님이 생전에 계실 때에는 고조부모, 증조부모, 조부모님의 차례상(별도의 제물)을 구분하여 모셔왔는데 부모님께서도 연초에 돌아가시어 향후 부모님을 포함하여 조상님 모두 함께 모시고자 합니다.
○ 함께 모시고자 할 경우 지방의 순서(위치)를 알려 주십시오.
2. 결혼식에 참석하다 보면 예식장(禮式場)마다 신랑(新郞) 신부(新婦)의 위차(位次)가 서로 달라 혼란을 느끼고 있는데 정확한 신랑 신부의 위치를 알려 주십시오.

◆答; 지방의 위치와 혼례 시 신랑 신부의 위치.
問1. 答; 유가의 법도로는 그와 같이 기제를 모두 합하여 하루에 지낼 수가 없습니다. 다만 기제를 지내기 시작한 것 보다 앞서서 사시제가 있었으니 사시제를 생각하여보시기 바랍니다.

問2. 答; 지금의 신식 예식장의 예법은 알 수가 없으며 다만 유가의 남녀 서는 예법은 북향일 때 남동여서로 내가 마주보아 남좌녀우입니다. 만약 남향이라면 남서여동이 되며 이도 내가 마주보아 남좌여우가 됩니다.

●祭義君子有終身之喪忌日之謂也註忌日親之死日也
●昏禮親迎壻婦交拜;婦從者布壻席(增解按卽拜席)於東方壻從者(便覽溫公曰各以其家女僕爲之)布婦席於西方

▶1679◀◆問; 지방작성법에 관하여 여쭙습니다.

얼마 전에 부친상을 당한 불효자식입니다. 부친상을 당한 후 보름 뒤에 할아버지 제사가 있습니다. 아버지가 맏이고 밑으로 숙부님이 계십니다. 이번 할아버지 제사에도 아마 숙부님이 참석하실 것 같습니다. 이 경우 제가 결혼도 하고 이미 자식도 둔 상태에서 제사를 준비해야 하는데 지방은 어떻게 작성하는 게 맞는지요? 저에게는 할아버지 제사지만 숙부에게는 아버지 제사가 됩니다. 지방작성법이 다른데 어떻게 하는 게 맞는지요? 그리고 제사는 누가 제주가 되는 게 맞는지요?

◆答; 지방작성법.

장자가 없으면(사망)장손이 승중하여 조부모의 상을 치르고 장손의 집에서 장손이 그 제사를 주관하여 지내는데 축을 그의(장손) 속칭으로 고하고 초헌을 하며 장손의 부인이 아헌을 하게 됩니다.

지방식
할아버지; 顯祖考某官府君神位
할머니; 顯祖妣某封某氏神位

※모관에는 생전 관직이 있었으면 품계를 쓰고 없었으면 學生이라 고쳐 쓰고 할머니는 모봉에 孺人이라 고쳐 씁니다.

●朱子家禮喪禮立喪主條凡主人謂長子無則長孫承重以奉饋奠

▶1680◀◆問; 지방작성에 자문을 구합니다.

재실에서 합사하여 세일사를 지내려고 하는데 9 세조가 3 형제 분이라서 그 후손이 모두 참석하는 경우입니다. 지방을 "현 9 세조고 학생부군 신위"라고 세분의 지방을 똑같이 쓸 수 밖에 없는데 만약 조비도 세분모두 같은 성씨라면 전연 구분이 안되지요? 가령 "현 9 세조고 휘 갑동부군 신위""현 9 세조고 휘 을동부군 신위"등 휘자를 쓸 경우 구분이 확실하지요 "현 김해김씨 9 세조고 휘 갑동부군 신위"로 더 확실하게 쓰면요? 자문을 얻고자 함은 예서에 따른 가부가 아니라 현실적인 판단으로 무슨 문제가 있으며 왜 잘못인지를 자문을 구하고자 합니다.

◆答; 지방작성.

옛말에 길갓집 짓기란 말이 있듯이 현실적인 판단이란 각인의 판단 능력에 따라 천인천색 만인 만색일 수 밖에 없는 것입니다.

예서(禮書)에 따르지 않는다 하더라도 ["현9세조고 휘 갑동부군 신위"]는 선조(先祖)를 공경하는 의미에서 묘제(墓祭)를 지낸다면서 제 부모(父母) 제 선조(先祖)의 휘(諱)를 감히 부르는 우(愚)를 범하는 짓이 될 것입니다.

만약 그 후손(後孫)이 재사(齋舍)에서 합제(合祭)에 참여치 아니하였다면 부위(祔位)에 붙여 설위(設位) 백중숙계(伯仲叔季)의 차서(次序)를 붙여 顯仲九代祖考某官府君神位, 顯叔九代祖考某官府君神位 등이라 함이 예서(禮書)에 준함은 차치(且置)하고 현실적(現實的) 호칭(呼稱)으로도 합당(合當)할 것이며, 만약 그 후손(後孫)이 모두 참여하였다면 각설(各設)하고 그 손(孫)의 최 존항(最尊行) 최 연장자(最年長者) 속칭(俗稱)으로 지방(紙榜)을 쓰고 그가 초헌(初獻)을 하여야 현실적으로도 합당할 것입니다.

까닭은 모든 제사(祭祀)에서 초헌(初獻)을 할 수 있는 자격은 친미진(親未盡)에서는 효자손(孝子孫)이 되며 친진조(親盡祖)는 당시 참여자 중 최 존항 최 연장자가 그 자격자인 까닭에서입니다.

그러나 까다롭지 않고 편리하며 거추장스럽지 않고 간단하며 복잡하지 않고 쉬움을 택하려면 그때 그 때 주관자의 판단에 따르면 아무런 문제가 없을 것입니다.

●曲禮詩書不諱臨文不諱廟中不諱
●星湖僿說諱名條禮二名不偏諱嫌名不諱韓退之諱辨據此爲證然李世勣避太宗諱去世字則唐世已偏諱二名矣退之謂雉爲野鷄而不避治天下之治(中略)按庚賦陰作南潯作潭任作堪潭與談音同故易之也然則唐世已諱嫌名矣
●朱子家禮喪禮治葬題主條先題陷中父則曰故某官某公諱某字某第幾神主粉面曰考某官封諡府君神主
●四禮便覽題主陷中式條故某官(無官則隨常時所稱如學生處士秀士別號之類粉面同)某公諱某字某(本有第幾二字而東俗不用
●退溪曰今人生時無第幾之稱神主不用恐無不可)神主○又粉面式條顯(家禮圖用顯字而備要從之後倣此)考(承重云顯祖考旁親卑幼隨俗稱卑幼改顯爲亡)某官封諡府君(卑幼去府君二字)神主

▶1681◀◆問; 지방, 축문에 諱字를 쓴다면.
지방이나 축문에 조상의 諱字를 쓴다면 어떨지 여러분의 고견과 가르침을 바랍니다. 자기 조상의 휘 자를 알아두는 것은 후손으로서의 당연한 일일 터인데 이를 접할 기회가 없다 보면 한집에 살면서도 시어머니 성 모른다는 말처럼 조상의 휘 자도 잊고 지낼 수가 있을 같습니다. 특별히 시간을 내어 족보 등을 찾아 볼 수도 있겠지만 이것도 말처럼 쉬운 일은 아닐 것 같고요. 그래서 지방이나 축문 등에 휘 자를 넣어 쓴다면 1 년에 한두 번은 자연스럽게 조상의 휘자를 접하게 될 것 같은데요. 그러나 다음과 같이 휘 자를 지방이나 축문에 쓰는 것이 妄發되지는 않는 것인지요?
다 음
지방의 예
顯祖考 學生 ○○ 金公 □□ 府君   神位
顯祖비 孺人 ○○ 朴氏 □□   神位

축문의 예
維
歲次 △△ △月 △△朔 △△日 △△ 孝孫 △△ 敢昭告于
顯祖考 學生 ○○ 金公 □□ 府君
顯祖비 孺人 ○○ 朴氏 □□
....尙
饗
○○...본관   □□ ....휘자
◆答; 지방, 축문에 휘자(諱字)는 불경.

아래와 같이 살펴보건대 자손자(子孫者)는 피휘(避諱)(불휘(不諱))이니 지방(紙榜)이나 축사(祝辭)에 선대(先代)의 휘(諱)를 쓸 수가 없으며 관향(貫鄕) 역시 쓸 까닭이 없겠으나 비(妣)의 지방(紙榜)이나 축사(祝辭)에서 재취(再娶), 삼취(三娶) 등 다취(多娶)일 때 비(妣)를 가리기 위하여 혹 관(貫)을 붙일 수는 있을 것임.

● 神主式
陷中式
故某官(無官則隨常時所稱如學士處士秀士別號之類粉面同)某公諱某字某(本有第幾二字而東俗不同○退溪曰今人生時無第幾之稱神主不用恐無不可)神主

粉面式
顯(家禮圖用顯字而備要從之後倣此)考(承重云顯祖考旁親卑幼隨屬稱卑幼改顯爲亡)某官府君(卑幼去府君二字)神主

旁題式
孝子(承重稱孝孫)某奉祀(書于原行下旁寫者之左○朱子曰旁註施於所尊以下則不必書○備要旁親雖尊不書)

● 婦人陷中式
故某封(無封亦稱孺人此下或添某貫粉面同)某氏諱某(本有字某第幾四字而東俗不用)神主

婦人粉面式
顯妣(承重云顯祖妣妻云亡室旁親卑幼隨屬稱卑幼改顯爲亡○大全庶子之所生母稱亡母)某封某氏神主

婦人旁題式(同前式)

● 曲禮廟中不諱註廟中之諱以卑避尊如有事於高祖則不諱曾祖以下也
● 檀弓卒哭而諱生事畢而鬼事始已註卒哭而諱其名蓋事生之禮已畢事鬼之事始矣
● 尤菴曰婦人神主家禮無書貫之文不書爲當矣第家禮第幾之規我國不能行旣不書第幾則書貫或不至甚悖耶且念國俗金與金李與李爲夫妻者甚衆不書其貫則尤爲無別書之無乃爲宜乎

▶1682◀◆問; 지자가 부모님 제사 모실 수 있나요!

조부모님 돌아가셨고 큰 백부님도 돌아가셨고 둘째 백부님 양자 가셨고, 막내인 아버지 살아 계십니다. 큰 백모님은 조부모님 제사 못 모신다 하시고, 둘째 백부모님은 아예 관심 없으시고, 큰 백모님은 남편 제사도 안모시고 큰 백모님 아들인 큰 사촌 형은 큰 백부님 성묘는 하지만 조부모님 성묘는 핑계 대고 안합니다.

조부모님 막내인 아버지는 막내라서 큰집 조카가 있으니 법도상 못 모신다고 눈물 흘리십니다. 2년 묵은 조부모님 산소(山所) 벌초(伐草)하고 와서 질문 드립니다. 아들이 살아 있는데 부모님 제사를 못 모신다는 법은 없겠지요. 부모님은 제사모시길 바랍니다. 방법이 있겠지요? 좋은 방법 알려 주시면 고맙겠습니다.

◆答; 지자가 부모님 제사 모실 수 있나.

본인의 소신을 유가(儒家)의 법도에서 경서(經書)를 제일로 중히 여기는 사람 중 한 사람으로써 이와 유사한 사례를 수없이 예기(禮記)의 지자불제(支子不祭)의 말씀을 전거로 삼아 그에 비중을 실어 정례로 일관합니다. 그러나 요즘의 시대는 서구 기독교 문화의 무분별한 대량 유입으로 유교문화와 충돌 많은 문제점을 발생시키고 있습니다.

지금 한류가 세계를 뒤흔들고 있는 사례와 같이 가장 한국적인 것이 가장 세계적이라는 이 평범한 진리가 모든 부분에서 일깨워 지기를 바랄 따름입니다.

속간(俗間)의 예(例) 역시 그와 같은 연유에서 발생된 사례(事例) 중에 일부에 속할 것입니다. 그와 같이 기독교 문화에 매몰되어 제 조상을 버리는 자들을 우암(尤庵) 선유(先儒)의 아래와 같은 말씀과 같이 폐질자, 흉패자와 다를 바 없다. 라 취급되어도 지나치지 않을 것입니다. 따라서 정답이 아닌 속례나 변례를 공식화하여 일러 드릴 수가 없으니, 이 말씀을 근거 삼아 궐사(闕祀)만은 면하시기 바랍니다.

●問解續長子雖病廢似不可傳重於次子況長子有子則豈可以次子奉祀耶
●尤庵曰禮嫡子廢疾不得承重凶悖之人得罪倫常則其重於廢疾也側出男不得已承重矣

▶1683◀◆問; 지자 가에서 부모 제사 예법에 관하여?

큰 형님이 살아계시나 형편상 부모님 제사를 모실 수 없어서 세 째 동생 집에서 모시기로 했습니다. 물론 큰 형님도 같이 제사에 참여 할 거구요. 이때 축문에 제주 이름을 누구로 해야 하나요. 장자 이름을 그대로 써야 하는지 아니면 동생 이름으로 해야 하는지요. 또한 제사를 모셔온다는 내용을 축문에 적으려고 하는데 한문으로 어떻게 써야 하는지 알고 싶습니다. 장자 00 가운불행(家運不幸) 부득(不得) 삼자(三子)00 감소고우(敢昭告于)이렇게 적어도 되는지요.

◆答; 지자 가에서 부모 제사 예법.

지극한 효도에는 법도가 문제될 수는 없겠으나 가능한 한 예도를 따르려 하신다면 예법에 지자 집으로 제사를 옮겨 모시는 예법은 없고 다만 아래와 같이 살펴보건대 축문은 장자 명으로 써 장자가 주관을 하고 강신 때 [지자이거자고비기일설위고사(支子異居者考妣忌日設位告辭)]를 선생이 고하면 예법에 크게 어그러지지는 않을 것 같습니다.

⊙支子異居者考妣忌日設位告辭

維 歲次干支幾月干支朔幾日干支介子某今以 顯考某官府君 顯妣某封某氏遠諱之辰敢請 顯考 顯妣降居神位恭伸追慕

●問忌祭定行於主人之家支子女子則只以物助之何如退溪曰朱子書有支子所得自主之祭之說恐是忌祭節祀之類也今若一切皆歸宗子而支子不祭則因循偸惰之間助祭不如式以致衆子孫全忌享先之禮甚爲未安又或宗子貧窶不能獨當而並廢不祭則反不如循俗行之之爲愈
●問人家忌祀若家間不淨以紙牓設行於支子家其儀如何芝村曰嘗見先人說以爲禮家別無紙牓無祝之語只云先後參當告事由於家廟後以宗孫名書塡於祝文云若紙牓所題則一依神版而府君下當書神位二字旁題不當書其他節目無異於家廟矣
●南溪曰雖支子家具饌祝辭必用宗子名

▶1684◀◆問; 진설 시 대추(棗)의 정 위치는 어디인지요.

우매함을 깨우쳐 주시기에 너무나 고생이 많으십니다. 제례 진설 시 가가례라 인정되면서도 어떠한 기준과 이유를 정확히 설명할 수가 없어 난감합니다. 다름이 아니오라 果行 진설에서 甲說은 西位上(집사자로 보아 왼쪽)으로 보아 棗栗柿梨로 주장하고 乙說은 紅東白西 및 東棗西栗을 주장하고 있어 天果(조율시이), 地果(수박, 오이 등), 造果(집에서 만든 것)의 순서가 없이 대추를 맨 동쪽(오른쪽)에 진설을 하고 있는바,

1. 조율시이와 홍동백서및 동조서율이란 예서의 출처와,
2. 을설을 따른다면 푸른 색깔의 햇 대추를 진설할 시는 어느 쪽에 놓아야 하며,
3. 血, 腥, 熟 이나 각양각색의 제물에 있어 色깔로 구분(홍동백서)규정함은 애매모호한 혼선의 소지가 있는바 정확한 정의를 바랍니다.

◆答; 진설시 대추(棗)의 정위치.

問 1. 答; 대표적 예서나 그 근원서인 예기를 비롯하여 의례 등 書 어디에도 그와 같은 과실의 종류나 색깔로 순이나 위치를 정함은 없고 다만 아래와 같이 대추는 서쪽이란 사우례(士虞禮)의 기록이 고작인 듯 합니다. 특히 홍동백서란 진설법은 어느 예서에서도 그 근거를 찾을 수가 없습니다.

●士虞禮兩邊棗栗棗在西註尙棗棗美

問 2. 答; 을설이란 속설이거나 특정한 어느 가문의 예일 것입니다. 햇대추든 건조한 대추는 棗인 것 만은 틀림 없으니 전거에 의한다면 사우례의 가르침과 같이 서쪽으로 진설 됨이 예서 적일 것입니다.

問 3. 答; 혈성(血腥)은 사서인의 제로서 초조제나 선조제에 진설이 되었었으나 이 제사는 이미 사라진지 오래 되었으며 다만 요즘의 사가(私家)의 기제나 묘제 등은 숙제일 뿐입니다.

생숙 진설에 있어서 요즘 석전(釋奠) 등 문묘 제향의 진설은 좌변우두(左邊右豆) 진설법에 그 위치가 정하여 져 있어 그를 따르고 사서인(백성)의 진설법은 주자가례를 근본으로 삼아 학파 학자에 따라 조금씩 변형되어 행하고 있습니다.

●가례진설도(輯覽餠)

제 1 행은 飯====盞====匙====醋====羹
제 2 행은 麵====肉====炙====魚====米
제 3 행은 脯醢=蔬菜=脯醢=蔬菜=脯醢=蔬菜
제 4 행은 果==果===果===果===果===果

●비요진설도

제 1 행은 飯==盞==匙==醋==羹
제 2 행은 麵==肉==炙==魚==餅
제 3 행은 脯=熟菜=淸醬=醢=沈菜
제 4 행은 果=果=果=果=果=果

이와 같이 색깔로 구분하여 진설치 않았으나 후세에 이르러 위의 사우례의 가르침을 따라 대추를 제상의 서쪽으로 두고 그에서 동으로 율시이 등으로 진설하거나 혹은 음양의 구분에 따라 홍동백서 등으로 가문에 따라 진설이 되고 있습니다.

특히 삼탕이니 오탕이니 함은 율곡선생의 제의초에서 위의 2 행과 3 행 사이에 지목 없이 5 탕을 진설하였는데 이 역시 그 이후에 속례로서 상례가 되어 삼색탕이니 어소육탕 등등으로 변화되어 가문에 따라 다르게 행하고 있습니다.

따라서 홍동백서 진설법(과실행 진설법) 역시 대추와 같이 붉은 것은 동쪽으로 밤과 같이 흰 것은 서쪽으로 놓고 그 사이에 그와 같은 기준에 의하여 진설자 스스로 판단 순을 정하게 될 것입니다.

더욱이 위의 진설법에서 각행의 품목과 종류가 다양할 것이니 이를 헤아려 이를 수는 없을 것이며 기존 제의초 진설법과 비요 진설법, 편람 진설법 등이 대표적인 진설법이라 할 수 있을 것입니다. 이에서 조화를 찾음이 옳을 것 같습니다.

▶1685◀◆問; 陳設의 奇數와 偶數 진실.

제사 음식 진설에서 홀수와 짝수로 진설 되는 품목이 있다는데 무엇이 그에 해당 되는지요.

◆答; 진설(陳設)의 기수(奇數)와 우수(偶數) 진실.

제사상(祭祀床)의 진설(陳設)에서 천산(天産; 動物)은 양(陽)으로 기수(奇數)요, 지산(地産; 海草 包含)은 음(陰)으로 우수(偶數)로 진설(陳設) 될 뿐입니다. 제례진설(祭禮陳設)에서 속예(俗例)란 참고사항이 못되니 그에 대한 댓 글은 거절합니다.

●家禮祭禮四時祭具饌條果六品

●要訣每位果五品

●同春問家禮時祭果用六品要訣用五品何義沙溪曰要訣盖本司馬公及程氏儀或者常以爲非讀禮記知或說近之今人六品之果若難備四品或兩品庶合禮意

●郊特牲鼎俎奇而籩豆偶陰陽之義也細註嚴陵方氏曰籩之實若菱茨之類豆之實若芹蒲之類所謂水之品也籩之實若棗栗之類豆之實若菁韭之類所謂土之品也

●問要訣設饌圖不以奇偶數尤庵曰從俗也

●備要據郊特牲鼎俎奇之義魚肉當用奇數

●星湖曰蔬菜旣止三品脯醢未必各三品者似未詳問目之意愚所謂一脯二醢欲從三品之意此亦止三品非謂各三品也且來書謂籩豆偶者只果實而未曾擧蔬菜故家禮但云三品可以見矣未知三品故謂之非偶耶若只以三品則可謂之非偶而蔬菜三品與脯醢三品相間而設則合成六品

●朱子家禮一分饌設饌圖

飯盞匙醋羹=====四(偶)○(五)奇(天; 陽)
麵肉炙魚餠=====五(地偶天奇)○奇(天; 陽)
脯蔬脯蔬脯蔬===六(偶)○偶(地; 陰)
果果果果果果===六(偶)○偶(地; 陰)

▶1686◀◆問; 진설의 방향에 대하여.

기제사의 경우 진설함에 있어 신위의 방향에 대하여 질문하고자 합니다. 요즈음은 많은 세대가 아파트에 거주하는 관계로 대다수 주택의 방향이 남향을 향하고 있는 것이 대부분으로 알고 있습니다.

하여 거실의 경우 큰 창문이 있는 곳이 남향이고 북향은 주방이 되는 경우가 많다는 것입니다. 하여 병풍을 두르더라도 북향으로 신위를 모시기에 부적합(不適合)한 경우가 허다한 관계입니다. 한 예로서 북향을 고집 하다 보니 거실에서 봉사하는 경우 주방 쪽이 북향이 되어 신위를 모시게 됩니다. 이러한 경우 실제 방향에 불구하고 장소의 형편성을 고려하여 큰 창문 쪽(남쪽)에 병풍을 두르고 이곳에 신위를 모시고 진설하는 것과 실제 방향에 맞도록 설사 북향이 주방 쪽을 향하더라도 북향을 고집하여야 하는 것인가? 하는 점입니다. 우문(愚問)인 듯 하나 현답(賢答)을 바랍니다.

◆答; 진설의 방향.

아래와 같이 살펴보건대 정침(正寢=제청)의 방위(후북 전남 우서 좌동)에 따라 설위(設位) 하여야 하는 것 같습니다.

남동여서 고서비동이라 함은 사당에서나 합폄시에서나 병설 출취정침 시 고비의 위치의 표현 방법으로 이는 생자편에서 본 고비의 위치의 표현 방법일 뿐 사자는 세상사 무엇도 표현이 불가능하며, 반좌우갱의 표현은 생자가 상을 받고 앉아 본 방위이고 제상 진설에서는 진설자 편에서나 신위 편에서나 방위는 불변이며, X 동 X 서 라는 방위는 상의 방위로 어느 예서에서도 신위에서 본 방위다 라 단정 지움도 없고 또 그러할 까닭이 없는 것은 진설자가 보거나 위패에서 보거나 같은 방위이니 굳이 명목 지울 필요가 없는 것임.

다만 예서에서는 아래와 같은 정도로 언급이 되어 있을 뿐이며 홍동백서니 좌포우해니 어동육서니 생동숙서니 등등의 용어는 전통예서에서는 직접 사용함은 발견하지 못하였고 위에서 밝힌 바와 같으며 혹 현재 시중에 예법이라고 나도는 번역 및 해설서에 덧붙여 놓았을 뿐임. 그리고 제사의 방위는 병풍을 친 쪽이 북쪽이 아니라 정침 북벽(北壁) 밑으로 병풍을 치는 것이지 가옥의 방위와 상관 없이 아무 방위에나 병풍을 친 쪽이 북쪽이 아닙니다.

●士虞禮兩邊棗栗棗在西註尙棗棗美
●書儀人家堂室房戶(不能一如)圖前爲南後爲北左爲東右爲西
●家禮本註凡屋之制不問何向背但以前爲南後爲北左爲東右爲西後皆放此
●書儀時祭設位條設倚卓考妣並位皆南向西上(註古者祭於室中故神坐東向自後漢以來公私廟皆同堂異室南向西上所以西上者神道尙右故也)
●家禮時祭設位條灑掃正寢洗拭椅卓務令蠲潔設高祖考妣位於堂西北壁下南向考西妣東各用一椅一卓合之曾祖考妣祖考妣考妣以次而東皆如高祖之位世各爲位不屬
●或問我國人家正廳南北長而東西短凡四時大祭於北壁下自西設位狹窄難行不得已高祖在北曾祖祖禰分東西相對　若昭穆之列者祠堂旣爲同堂異室之制而至此乃變其位無乃未安如何退溪曰正寢設祭位有大屋可依禮設者自當如古其不然者不得不隨地形排設雖若未安亦無如之何矣

▶1687◀◆問; 진설에 관하여 여쭈어 봅니다.
워낙 제례 법이 무지하여 재차 질문을 드리오니 번거로우시겠지만 지도를 부탁 드립니다.
1. 제례, 명절차례 등을 지낼 때 촛불을 켜는 것과 관련하여, 혹자의 의견은 예전에 전기 불이 없던 시절에는 촛불을 켰으나, 현재는 밝은 전기 불이 있기 때문에 초를 켤 필요가 없다고 하여 켜야 된다, 아니다. 라 갑론을박을 하다가 질문을 올립니다.
2. 진설 시 생선은 두동미서(頭東尾西) 하고 배는 지방(紙榜) 쪽을 향하게 한다 라고 하는데 배를 지방 쪽으로 향하게 하여야 하는 이유(근거)가 있는지요?
3. 사과, 배등 과일을 진설 시 꼭지가 있는 부분이 위로 오도록 하여야 한다는 다수의견과, 아니다 꼭지가 밑으로 향하게 하여야 한다는 소수의견이 대립이 되었습니다.

◆答; 진설법도(陳設法度).

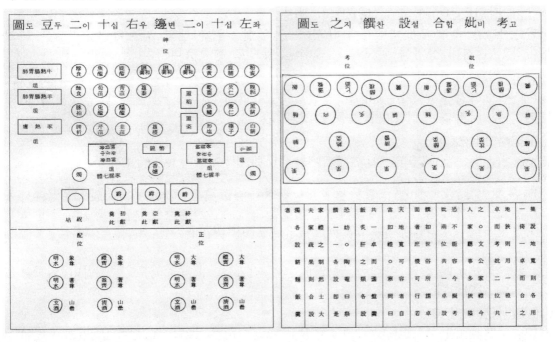

1. 答; 오례의 예법에는 축시행사(丑時行事)라 초가 있으나 백성 예는 질명제(質明祭)라 초가 없습니다.

2. 答; 두서미동(頭西尾東)으로 복부(腹部)가 위전으로 향하게 하는 이유는 기가 모여 있는 곳인 까닭입니다.

3. 答; 그와 같이 꼭지 부분의 향방(向方)을 정하여 운운(云云)한 전거(典據)는 없습니다.

●丑前五刻卽三更三點行事用丑時一刻(진설도)
●忌祭質明奉主就位 (진설도)
●少牢禮魚右首進腴疏凡載魚生人死人皆右首地道尊右故也鬼神進腴(腹也)是氣之所聚故也生人進鰭者鰭是脊生人尙味故也

▶1688◀◆問; 진설에 대하여.
음식 진설을 어떻게 하여야 하는지요.

◆答; 진설도.　　　　　　　　　○要訣設饌圖
○備要設饌圖
제4행 飯 盞 匙 醋 羹	제5행 匙 飯 盞 羹 醋 菜
제3행 麵 肉 炙 魚 餠	제4행 麵 肉 炙 魚 餠
제2행 脯 熟菜 淸醬 醢 沈菜	제3행 湯 湯 湯 湯 湯
제1행 果 果 果 果 果 果	제2행 脯 熟菜 淸醬 醢 沈菜
	제1행 果 果 果 果 果 果

▶1689◀◆問; 진설에 대하여.
차례상(설; 추석 구분해서)에 꼭 올릴 음식과 제사상에 올릴 음식에 차이가 있는데 좀 구체적으로 알고 싶습니다.

예를 들면 어떤 집안은 차례상에는 채와 김 그리고 조기를 안 올린다고도 하는데요, 꼭 올릴 음식과 집안 사정 따라 올릴 수 있는 음식을 구분해 주셨으면 합니다.

◆答; 정단(正旦)과 속절(俗節)의 진설품.
정단(正旦)과 속절(俗節)의 가례적(家禮的) 진설품은 아래와 같으나 이 진설은 과거 부족하였던 시대 상황에 맞도록 정례화된 것으로 생각됩니다.

작금과 같이 식재료가 너그러우니 이 시대에 맞도록 진설하여 드린다 하여 예도(禮度)에 어그러진다 할 수는 없을 것입니다. 따라서 진설되는 제수가 일률적이지 않는다 하여 시비를 가릴 수는 없을 것입니다.

○正至朔望則參
正至(考證卽正朝冬至也)朔望前一日灑掃齋宿厥明夙興開門軸簾每龕設新果(增解程子曰月朔必薦新又日嘗新必薦享後方可薦數則瀆必告朔而薦○張子曰朔望用一獻之禮取時之新物曰薦○家禮會通朱子宗法朔望薦新俗節時祭以時物○東萊宗法薦新以朔望)一大盤於卓上每位茶盞托酒盞盤各一於神主櫝前設束茅聚沙於香卓前別設一卓於阼階上置酒注盞盤一於其上酒一瓶於其西盥盆帨巾各二於阼階下東南有臺架者在西爲主人親屬所盥無者在東爲執事者所盥巾皆在北(又設主婦內執事盥盆帨巾於西階下西南凡祭同)

손 씻는 곳은 서쪽층계 아래서 남쪽에 그와 같게 하여 주부용은 동쪽이며 집사용은 서쪽으로 놓아둔다.

○俗節則獻以時食
節如淸明寒食重午中元重陽之類凡鄕俗所尙者食如角黍(增解周處風土記端午烹鶩以菰葉裹糯米爲粽

以象陰陽相包裹未分散謂之角黍五越五日祭沮羅之遺俗也)凡其節之所尙者薦以大盤間以蔬果(尤庵曰蔬果即
蔬菜之蔬也山殽野蔬自是酒席之所設何必問古禮之有無)禮如正至朔日之儀(晦齋曰世俗正朝寒食端午秋夕皆詣墓拜
掃今不可偏廢是日晨詣祠堂薦食仍詣墓奠拜)

▶1690◀◆問; 진설의 방위는 누구를 기준하나?

안녕하십니까.

흔히 제사에서 진설을 하는 법에 홍동백서, 조율이시 등은 제주를 기준으로 하는
것입니까? 아니면 지방을 기준으로 하는 것 인지요. 감사합니다.

◆答; 진설 방위.

신위를 기준한 방위입니다.

●曲禮生人尙左之食也特牲神道尙右之設也
●士虞禮生人尙左而羹在薦右神道尙右而羹在薦左
●有司徹疏生人陽故尙左鬼神陰故尙右
●溫公曰古者除於室中故神坐東向自後漢以來公私廟皆同堂異室南向西上所以西上者神
道尙右故也
●退溪曰祭饌尙左之說恐未然盖食以飯爲主故飯之所在即爲所尙如平時陳食左飯右羹是
爲尙左而祭則右飯左羹是乃尙右所謂神道尙右者然也而今云尙左非也
●家禮本註凡屋之制不問何向背但以前爲南後爲北左爲東右爲西後皆放此

▶1691◀◆問; 진설의 법도.

차례나 제사를 올릴 때 생선과 닭을 올릴 경우 두동미서(頭東尾西)의 방향으로 올
리는데 여기서 궁금한 점이 있어서 여쭙습니다. 제주의 위치에서 신위를 보았을 때.

질문 1)생선의 경우 배가 보이게 진설 해야 하는지 아니면 생선의 등이 보이게 진
설 해야 하는지요?
질문 2)닭의 경우에는 닭의 배 부분이 하늘 쪽으로 향해야 하는지 등이 하늘 쪽을
향해야 하는지요?
질문 3)마지막으로 특별히 그렇게 하는 이유가 따로 있는지요?

◆答; 두서미동(頭西尾東).

신도(神道)는 상우(尙右)라 두서미동(頭西尾東)으로 진설 하되 배 부분이 위전으로
향하게 진설 합니다. 닭의 진설은 두서미동으로 진설 되며 배를 위전으로 진설하는
까닭은 배에 기가 집합하여 있는 이유에서 입니다.

●少牢禮魚右首進腴疏凡載魚生人死人皆右首地道尊右故也鬼神進腴(腹也)是氣之所聚
故也生人進鰭者鰭是脊生人尙味故也
●退溪曰祭饌尙左之說恐未然盖食以飯爲主故飯之所在即爲所尙如平時陳食左飯右羹是
爲尙左而祭則右飯左羹是乃尙右所謂神道尙右者然也而今云尙左非也

▶1692◀◆問; 질문 드립니다.

자세한 답변내용 잘 보았습니다. 이해가 안 되는 부분에 대하여 재차 문의 드리니
알기 쉽게 가르쳐주시면 감사하겠습니다.

문 2)에 대한 설명 중에서 (1)번은 축문의 첫머리인 것으로 이해합니다. 저의 집에
서 년월일 다음 효자 ○○ 라고 만 쓰고 있는데 선생님의 설명대로라면 제주의 이
름은 기재하지 않고 직명(계급)과 직위(보직)만 쓰는 것으로 이해합니다. 아니면 제
주의 이름과 관직의 계급과 직위까지 써야 하는지요. 어느 것이 맞는 것인지요?

(2), (3)번의 답은 축문의 본문에서 선고(조고, 증조고 등)의 직명(계급)과 생전의 직위(보직)을 여러 개 기재하신 걸로 이해해도 되는지요?

끝으로 지방을 쓸 때도 축문처럼 관직과 직위를 같이 써야 하는지요? 바쁘신데 번거롭게 해 드려서 죄송합니다. 이런 어려움을 겪는 것은 어려서부터 예의범절에 대한 체계적인 가르침이 없고 오직 입시만을 위한 우리나라의 교육제도 탓이 아닌가 합니다. 어설픈 따라 하기 보다는 한가지라도 확실하게 익혀서 바른 전통이 이어져야 한다고 생각합니다. 현명한 가르침을 주시기 바랍니다.

◆答; 이해가 부족한 부분.
⊙祝文式(葛庵)
維年月日曾孫嘉善大夫司憲府大司憲玄逸敢昭告于云云 현일(玄逸)은 갈암(葛庵)선생의 名입니다.

아래와 같이 편람(便覽)에서도 모관(某官)을 쓰고 있습니다. 그러나 자기 조상에게는 관이 생략됩니다.

⊙便覽親盡墓祭祝文式云云幾代孫某官某敢昭告于 보직도 함께 쓰는 것 같습니다. 지방이나 축문의 호칭은 신주의 분면식(粉面式)의 제주(祭主)와의 속칭(屬稱)대로 씁니다.

▶1693◀◆問; 질문 드립니다.
기제사 절차 절차 중 발췌 포는 건어포 혹은 육포(혹 자반)를 갖추며 소채는 숙채와 침채와 초채이며 청장과 육장 혹은 젓장이며 고기와 생선 그리고 면식 류로 국수 등이며 미식 류로 떡 등을 갖추며 적으로는 초헌에 구워 올릴 간(肝) 한 꽂이 아헌과 종헌에 구워 올릴 고기 두 꽂이를 준비한다. ○만약 고비 병제를 하면 간 적 육적 떡 국수를 한 위분 더 갖춘다."

問; 1)어릴 때 제사 지낼 때 두 사람이 하는 것을 보았습니다만 기제사에 고리성이 없다면 어느 제사 어디 단계에 있습니까?
問; 2)시제라면 어느 제사를 말합니까?
問; 3)그럼 기제에서는 '飮福'을 철기구 한 다음에 합니까?
問; 4)'수조(受胙)'와 '준(餕)'은 다르다면 어떻게 다른지요.

◆答; 기제사 절차 중 발췌 질문의 건.
問; 1) 答; 고리성의 예는 우제로부터 상제 전부와 길사인 사시제를 비롯하여 기제에 이르기까지이며 묘제는 없습니다. 사신 전의 예입니다.

●家禮初虞祭啓門辭神條祝立于主人之右西向告利成○又四時祭受胙條主人執笏俯伏興立於東階上西向祝立於西階上東向告利成○又禰祭受胙辭神條並如時祭之儀○又忌祭啓門條並如禰祭之儀

問; 2) 答; 시제(時祭)라 이르면 사시제(四時祭)를 이름인데 우리나라에서는 음력(陰曆) 10월 1일 친진(親盡) 묘제(세일제)를 시제(時祭) 또는 시향(時享), 시사(時祀) 등으로 일러지고 있지요.

問; 3) 答; 기제에서는 음복(受胙)의 예가 없습니다. 까닭은 기제란 상의 연속이기 때문입니다.

問; 4)' 答; 수조(受胙)는 음복(飮福)의 예이고, 준(餕)은 제사음식을 나눠 식음하는 예입니다.

●家禮啓門條禰祭之儀但不受胙

▶1694◀◆問; 질문 있습니다.

안녕하십니까 전국유림사회의 올바른 인도정신함양에 고생이 많으십니다. 저는 아래 2 가지 사항이 궁금하며 올바른 이해를 구하고자 질의하오니 회시하여 주시면 대단히 감사하겠습니다.

문 1. 처사와 학생에 대하여 지방마다 문중마다 이해가 달라 상충되고, 축 지방에도 관직을 불문하고 어느 분야가 적절한지요?

문 2. 초등학교 교장으로 퇴직 후 사망하였을 때는 축 지방에 현고. 처사. 학생. 교장. 또는 관직에 따라 사무관 또는 서기관 등에 비위도 따라야 함인데 알려주시면 감사하겠습니다.

◆答; 질문에 대하여.

문1. 答; 의문(疑問)의 요지가 무엇인지를 정확하게 인식하지 못하였으나 혹 관직 (官職)을 쓰지 않고 다른 방법이 없을까. 라 한다면 유가(儒家)의 축문식은 반드시 생전 최종관직(最終官職)을 기록함이 선택사항이 아니라 법식이니 다른 방법은 없을 것 같습니다.

(혹자들은 세월이 바뀌었으니 그 추세(趨勢)에 맞춰야 되지 않는가라는 측도 있는 것 같으나 그와 같은 논의는 여기(성균관)서 논의될 사항은 아니라 생각됩니다)

문2. 答; 모관(某官)에는 직명(職名)이 아니라 품계(品階)이니 현재 역시 그를 따라야 할 것입니다. 다만 선출(選出) 직이나 임명(任命) 직 등 혹 품계가 없는 직에서는 직명을 써야 되겠지요. 그 부인의 모봉(某封)에는 사무관부인. 서기관부인 등으로 표기함이 옳을 것입니다.

▶1695◀◆問; 질문이 있습니다.

질문이 있습니다. 본 홈 피를 보면 기제사에서 누구는 음복이 있다고 하고, 누구는 종신의 상이므로 음복(受胙)이 非禮라고 합니다.

아래는 최근 홈 피에 게시된 여러 물음(용어에 대한 질문) 중, 기일의 일부입니다. "忌日 = 기일은 부모나 조상의 작고한 날을 의미한다. 까닭에 기일을 終身之喪의 날이라 이른다." 하였으나, 아래 고증문의 舊唐書音樂志는 '음복수조가 있는 것'으로 보입니다.

●舊唐書音樂志讀祝文及飲福受胙

* 기제사 때, 음복의 유무에 대한 賢答을 주시기 바랍니다.

◆答; 질문에 대하여.

본 1352번 질문 "[5, 기제는 수조(受달월변에작)즉 음복과 준(밥식변에준)즉 음식 나눔의 예가 없다 기제는 喪의 연속인 까닭이다 에서 수조 와 준의 의미와 기제는 길사로 보는데 상의 연속이란 말이 이상해서요?]"의 수조(受胙)에 대한 답변의 전거로 구당서(舊唐書)의 인용문으로서 忌日과는 무관합니다.

기일(忌日)은 종신(終身)의 상(喪)이라 그 자손(子孫)들은 불음주식육(不飮酒食肉)인 까닭에 수조(受胙)의 예(禮)가 없는 것입니다.

이 시각까지 답을 주시지 않아 답변하실 의향이 없는 것으로 간주 본인의 소견을 아래와 같이 붙여 놓습니다.

三祭를 줴주라 이른다 함이 선생의 지론이라 하여도 그렇고 타인의 주장을 거론하였다 하여도 선생의 논리는 이치에 합당하지 않습니다.

더욱이 자유게시판 4199번의 제목 "[누군가 확실한 답변이 있어야 합니다. (2010. 10. 22. 19.04. 33)]"의 게시 글 중 2005. 9. 5일자 명0골 선비의 지난날 게시문 중 좨주에 관한 일부 글을 발췌(拔萃)하여 같은 내용을 상하에 두 번씩이나 게시한 것은 그 의도한 바가 무엇인지는 모르겠으되 이미 본란 1464번 (2010. 10. 20. 10.10.01)에서 (좨주가 아니라 제주다) "[앞으로 저도 고쳐서 이름할 생각입니다]"라 밝혀 선생께서도 명륜골 선비의 제례의 祭酒를 좨주라 발음 함이 오류(誤謬)라 인정(認定)하였음을 인지하셨음에도 불구하고 위와 같이 이틀이나 지난 뒤 자유게시판에 그와 같은 과거 게시 글을 발췌 게재(揭載)하였다 함은 상식(常識) 밖이 아닌가 합니다.

성현(聖賢)의 말씀 중 초년설(初年說)과 말년설(末年說)이 상이(相異)할 때는 시시비비(是是非非) 가림 없이 후학(後學)들은 말년설(末年說)을 정론(正論)으로 따름이 정도(正道)입니다.

이상과 같이 선생의 게시판 글은 정상을 벗어나 그에 응하지 않고 이에 본인의 소견을 밝혀둡니다.

아래 강희자전(康熙字典)과 1913년도에 발행된 옥편(玉篇)을 살펴보건대 유학(儒學) 특히 제례(祭禮)에서의 제자(祭字)가 어디에 쓰여졌던 제음(音) 뿐이지 좨로 발음하지 않습니다. 까닭은 예로부터 한자(漢字)의 음(音)과 뜻을 옥편(玉篇)에 의하여 익혀져 오고 있을 뿐입니다. 까닭에 문집류(文集類)나 실록(實錄) 등(等) 역시 제(祭)자에 특별히 이음(異音)인 자(字)를 덧붙여 놓지 않은 이상 그 역시 제로 발음되어야 하지 좨로 읽어서는 안됩니다. 까닭에 삼제(三祭)나 뇌주(酹酒) 등 제례(祭禮)에 쓰인 제(祭)자는 제 발음 이외는 없습니다.

국어사전류(國語辭典類)에서 관직명(官職名)인 제주(祭酒)를 "좨주"로 기록된 까닭은 국어사전류(國語辭典類)에 아래 옥편(玉篇)과 같이 그 전거(典據)기록(記錄)이 없으니 그 편저자(編著者) 이외는 왜 좨주라 발음되어야 하는지를 알 수가 없는 것입니다.

이외의 전거기록은 자유게시판 4193번 제목 "[三祭를 좨주(祭酒)라 하지 않는다]"에 게시하고 그 부당성을 논하였으니 재언치 않겠습니다.

▶1696◀◆問; 집안에 환자가 있으면 제사를 안 지낸다는 데.

맏며느리가 많이 아픕니다. 집안에 환자가 있으면 우리네 습관으로는 제사를 안 지낸다고 듣고 있습니다. 그렇다고 제사도 안 지내고 기일을 보내자니 마음이 아픕니다. 내일모레가 할머니 (맏며느리에게는 증조모)제사인데 그만 두자는 게 여자들의 이야기입니다.

정말 집안에 환자가 있으면 제사를 안 지내는 것이 우리들의 일반화된 습관인지? 더욱이 그대로 지나면 환자가 더 나빠진다는 이야기는 근거가 있는 이야기인지. 급히 좀 알려주시면 그대로 따를 생각입니다.

◆答; 집안에 환자가 있으면 제사를 안 지낸다.

아래와 같이 살펴보건대 전염병이 유행하여 환자가 있다 하여도 명재 선생께서는 제사(祭祀)를 지내지 않는다. 라 함은 근거가 없다. 라 하셨습니다.

이로 미루어 보건대 그 외의 질병이라면 폐제(廢祭)는 더욱 근거가 없을 것 같습니다. 다만 무속적인 속설은 속설일 뿐으로 유가의 설(說)이나 법도는 아닙니다.

●問癘疫廢祭葛菴曰旣是俗忌從俗無妨然亦在家尊處分之如何
●南溪曰闔家染瘟疫者勢不得行祀或以隣里近村而不祭者惑矣大疫則小兒染痛恐無不可
行祭之理小疫自前國俗無忌不必論也
●問癘疫廢祭明齋曰無據

▶1697◀◆問; 차자가 제사를 지내고 싶은데요.

안녕하십니까? 제사에 대하여 궁금한 점을 문의 드리겠습니다. 한집안의 맏이가(장남) 부모님의 신위를 절에다 모시고 기제사를 지내지 않습니다. 만약 이럴 경우 둘째인 차남이 장남을 대신하여 차남 집에서 부모님의 제사를 지내도 법도에 어긋나지 않는지요? 만약 차남이 제사를 모실 경우 장남 집에서 부모님의 신위를 모셔오는 별도의 절차가 있는지요? 둘째로서 제사를 모시고 싶은 마음에 문의를 드립니다. 고견을 바랍니다.

◆答; 차자가 제사 지내는 법.

장자(長子)가 선대(先代)의 제사(祭祀)를 지내기 싫어 절에 맡겼다면 유가의 입장에서는 폐질자로 간주하여야 할 것입니다.

장자(長子)에게 적자(嫡子)가 없다면 귀하의 장자가 전중(傳重)하여 지낼 수 있으나 장자에 적자가 있다면 귀하가 섭행(攝行)하여야 합니다. 섭행(攝行) 축식(祝式)은 아래와 같이 고하되 여타(餘他)는 모두 장자(長子) 축식(祝式)을 준용(準用)합니다.

⊙病時: 維歲次云云孝子某因病不能將事介子某敢昭告于

●家禮喪禮立喪主條凡主人謂長子無則長孫承重以奉饋奠
●奔喪凡喪父在父爲主父沒親同長者主之註親同長者主之謂父母之喪長子爲主也
●小記庶子不祭祖不祭禰者明其宗也註庶子雖貴止得供具牲物而宗子主其禮
●尤庵曰凡祭主人有故則使子弟代之者詳於家禮祔註矣家禮附註引古禮使介子云云所謂介子旣主祭者之弟也○又曰凡祭事主人有故則使人攝行例也所攝之中如有尊行則子弟似不敢爲攝主矣所祭於攝主爲子姪則當用祭子姪之祝而不拜矣
●禮輯長子病廢次子傳重條厚齋曰凡廢疾與先死而無子者同次子之子當主之
●南溪曰非老而傳則只使其子爲攝主稱以亡室而行祭可也旣擧攝主之意於祝端則餘辭無所變

▶1698◀◆問; 차자가 부모 기제를 지낼 수가 있나?

12 년차(年次) 장남(長男)이 엄연히 계시는데 차남(次男)인 저희가 시아버님 제사(祭祀)를 지내고 있습니다.

남편(男便)이 워낙 효자(孝子)라 맞벌이 부부인데 돌아가시기 5 년 전부터 모시다가 저희 집에서 돌아가셨습니다. 그런데 돌아가시자 우리 집에서 모셨으니 우리 집에서 제사를 지낸다고 하니 형님도 별다른 말씀이 없어서 근 12 년 동안 제사를 지내오고 있습니다.

또 시어머님은 형님 집에서 모시고 있다가 거기서 돌아가셔서 형님이 제사를 지내고 있는데 언제인가 주변사람들에게 차남인 우리가 제사를 지낸다고 하니 이치에 맞지 않는다고 합니다. 형님이 못 모신다고 하지도 않았는데 아버님 제사를 우리가 챙겨서 하는 것이 맞는지 궁금합니다.

형수님이 좀 몸이 불편하지만 거기서 제사를 지낸다면 모두가 가서 협력하여서 제사를 잘 지낼 수도 있는데 계속 차남이 저희가 제사를 지내는 것이 맞는지~~ 그리고 남편은 이 제사를 우리 아들에게 물려 줄 생각을 갖고 있더라고요. 물론 형님 집에도 아들이 둘이 있지만 큰 아들은 베트남으로 떠나서 거기서 계속 살 생각인 것 같아요.

장손(長孫)이 외국으로 가 있으면 제사(祭祀) 승계(承繼)를 큰집 차남한테 가야 하나요? 아님 작은집 아들에게 와야 하나요? 제사를 지내니 당연히 추석(秋夕)과 설 때도 차례(茶禮)를 꼬박꼬박 지냅니다. 명쾌한 답변 부탁 드립니다.

◆答; 차자는 부모 기제를 지낼 수가 없음.

아래와 같이 유학(유교)에서 전하여지는 말씀들을 살펴보건대 부모의 상(喪)을 당하면 장자(長子)가 상주가 되고, 장자(長子)가 이미 죽어 없으면 장손이 승중(承重)의 예에 따라 조부모(祖父母)의 상주(喪主)가 되어 상을 치르고 제사를 받듭니다. 특히 지자(서자)는 부모나 그 위 선대조상(先代祖上)의 제사를 주인이 되어 제사를 지낼 수가 없습니다.

따라서 차자(次子)인 귀댁(貴宅)에서 부친(父親)의 제사(祭祀)를 지내고 있음은 예법에 어그러집니다. 이제라도 부친(父親)의 제사(祭祀)를 장자(長子) 댁으로 모셔 장자(長子)가 부모의 제사(祭祀)를 함께 모시도록 하여야 합니다.

그리고 적장자손(嫡長子孫)이 타국(他國)에 나가 있으면 제사(祭祀)를 받들 수가 없으니 그런 경우는 섭주 예법(禮法)에 따라 장자(長子) 댁(宅)에서 다른 사람이 대행(代行)하여 제사(祭祀)를 지내는 예법(禮法)이 있습니다.

●家禮喪禮立喪主條凡主人謂長子無則長孫承重以奉饋奠
●奔喪凡喪父在父爲主父沒親同長者主之註親同長者主之謂父母之喪長子爲主也
●問爲長子斬衰爲妻期者當官在遠或老病則其子主之乎尤庵曰凡喪父在父爲主則無論父之在遠與老病亦當以父爲主而攝行之
●小記庶子不祭祖不祭禰者明其宗也註庶子雖貴止得供具牲物而宗子主其禮
●尤庵曰禮宗子越在他國而支子在本國者猶不敢入廟行祭只於望墓處爲壇行之而亦以宗子爲主曰孝子某使介子云云宗法之嚴如此何敢奉神主於支子官次乎

※添入; 종자(宗子) 유고(有故) 시(時) 섭행제(攝行祭)라 함은 종자(宗子) 집에서 제사(祭祀)를 지내되 주인(主人)이 유고(有故)라 제사를 직접 지내지 못하니 그를 대신하여 다른 사람이 주인을 대신 제사를 주관(主觀)하고 초헌(初獻)을 하게 됩니다.

따라서 만약 귀댁의 예와 같이 종자(宗子)의 적자가 외국에 나가 있어 종자가 죽은 뒤의 제사지내는 법으로, 외국에 나가있는 적손(嫡孫)이 제사를 지내러 귀국하지 않고 누구더러 내 대신 제사를 지내달라 요청이 있다든지 없다 하여도 그의 숙부인 차자(次子) 되시는 부인의 부군이 큰 댁으로가 섭주(攝主)가 되어 그 제사를 주관하고 초헌을 하여야 합니다.

이때 이런 예를 행함에는 누구와 협의하여 정하여지는 것이 아니라 법도에 이미 그러한 경우에 행하는 예법이 있어 그를 따라 행하는 것입니다.

●退溪曰父不與祭而使子弟攝行則當依宗子在他國而命介子代祭之例曰孝子某使子某
●尤庵曰凡祭主人有故則使子弟代之者詳於家禮祔註矣家禮附註引古禮使介子云云所謂介子旣主者之弟也○又曰凡祭事主人有故則使人攝行例也所攝之中如有尊行則子弟似不敢爲攝主矣所祭於攝主爲子姪則當用祭子姪之祝而不拜矣

▶1699◀◆問; 처가 제사를 지내려 하는데?

장인어른은 돌아가셨습니다. 작년 까지는 손아래 처남(妻男)이 본인의 할머니 제사

(祭祀)와 아버지 제사(祭祀)를 모셨습니다. 그런데 올해부터는 처남(妻男)의 댁의 종교문제(宗敎問題)로 제사(祭祀)를 모실 수 없는 상황이 되었습니다.

이 상황에서 저(맏사위)가 장인 어른의 제사만을 모셔도 무방한지요? 제사를 옮길 경우 아래 가르침처럼 말로서 이야기만 하면 되는지요?

◆答; 외손봉사(外孫奉祀).

한 가문(家門)에 두 성씨 사당을 지을 수 없으니 사당이 없다 하여도 본가(本家)와 외가(外家)의 제사를 한 방에서 지내지 않습니다.

형편이 외손(外孫) 봉사(奉祀)할 수 밖에 없다 하여도 이환안(移還安) 예법(禮法)이 없습니다. 따라서 본가(本家) 제사(祭祀)를 정침에서 지내고 외가 제사(祭祀)는 외가(外家)에 가서 여의치 못하다면 딴 방에서 지내게 됩니다.

●大全外祖父母及妻父母無主祭者當於正朝端午中秋及各忌日用俗儀祭之
●退溪曰外孫奉祀一廟而二姓同祭夫天之生物使之一本而此則爲二本甚不可也今人或不幸其外家祖先無後而未有所處者不忍其主之無歸則權宜奉置別所而往來奠省未爲不可

▶1700◀◆問; 처가(妻家).

장인어른께서 작고 하셨습니다. 그래서 처 조부모님 곁에 모셨습니다. 49제가 되었습니다. 처가 가족이 모여 산소에 가서 49제를 지냄에 있어서 장인어른께 먼저 예를 올리고 나서 그 후에 처 조부모님께 예를 올립니다. 이것이 충청도 식이라고 하네요.

49제라 함도 불교식이라고 생각되는데 천주교 신자들도 49제를 지낸답니다. 어쨌던 조상을 섬긴다는데 반대할 길이 없어 따라갔습니다. 제 생각엔 장인어른의 기일에 선영에 갔을 때 장인어른께 예를 표하고자 갔지만 먼저 처조부모님께 예를 올리고 나서 장인어른께 예를 갖추는 게 순서가 아닌가 하는 생각에 우매한 질문을 드립니다.

선영에 고조부모, 증조부모, 조부모, 부모가 함께 있을 때 돌아가신 부모님이 그리워 선영에 갔을 때, 포와 소주 한잔을 올리더라도 어떤 순서와 절차를 따라야 하는가요?

◆答; 처가(妻家) 선산(先山)의 예.

본인이 살핀 바로는, 처가의 조상이라 하여도 이산(異山)이라면 역부로 찾아가기는 어려울 것이나, 일산내(一山內)라면 성묘(省墓)거나 장인(丈人) 묘제(墓祭) 이거나 처족과 동행 또는 혼자라 하여도, 먼저 최존위(最尊位)로부터 선존후비(先尊後卑)의 차서 대로 예를 베푼 뒤에 장인(丈人)의 예를 행함이 바른 예가 아닌가 함.

지금의 신세대들은 본가나 처가나 거의 동일시하는 경향인 듯 한데, 과거 유교시절에도 처가에 대한 예도를 과히 홀대하지 않았음.

●尤庵曰家禮則毋論親盡未盡只於三月一祭之而已○又曰吾家言之則先人墓與先祖墓相接四名日不可獨祭先人故亦以一獻之薦先設於先祖及一祭先祖之時則祭自吾家設故亦以一獻行之然先祖祭
●問先祖與祖考墓同在一山則只祭祖考未安欲略設酒果於先祖墓以伸情禮如何愚伏曰饌品不可有豐略之別歲一祭可也
●近齋曰同入一麓省拜時累代則先尊後卑
●問父母墳與外祖同托一山則祭則當何先退溪曰先外祖
●陶庵曰兩忌日不可並設只當先尊後卑而各行之

●儀禮經傳通解親屬記;妻族二妻之父妻之母其所以分別言之者以外姑之親不係於外舅故也

●宮廷錄事法律第三號 刑法 第一編 法例 第一章 第六十二條 親屬이라 稱훔은 本宗과 異姓의 有服과 袒免親을 謂홈이니 左開와 如홈이라 (中略) 六 無服親이니 本宗同五世祖袒免親과 異姓의 外曾祖父母 와 外再從兄弟姉妹 와 從姨母의 子 와 外從姪 과 姨從姪 과 內從姪 과 妻祖父母 와 妻外祖父母 와 妻伯叔父母 와 妻姑 와 妻兄弟 와 妻兄弟妻 와 妻姪 과 妻姉妹 와 外曾孫 과 姑夫 와 姉妹夫를 謂홈이라 [光武九年二月二十九日御押 御璽 奉 勅 議政府參政大臣 閔泳煥 法部大臣 李址鎔]

▶1701◀◆問; 처가의 제사를 옮겨오려 합니다.

아내의 집안이 자손이 없어 대가 끊깁니다. 하여 장모님이 모시던 장인어른과 장모님의 제사를 사위가 지내고 싶은데.

◆答; 사위는 처가의 제사를 지낼 수 없습니다.

외손(外孫)이 있으면 그 외손(外孫)이 주인(主人)이 되어 제사(祭祀)하고 명절(名節)에는 본가(本家) 차사(茶祀)를 먼저 지내고 외가(外家) 차사(茶祀)를 지냅니다. 만약 외손(外孫)이 없다면 처가(妻家) 주인이 되어 봉사(奉祀)하게 됩니다.

●退溪曰外孫奉祀一廟而二姓同祭夫天之生物使之一本而此則爲二本焉甚不可也今人或不幸其外家祖先無後而未有所處者不忍其主之無歸則權宜奉置別所而往來奠省未爲不可若公然與其本親同享一廟則悖理莫甚所謂神不歆非禮者此類之謂也故今於外孫奉祀之問不敢苟徇而以爲可行也

●寒岡曰外家神主奉祀本非禮經今者不得已奉祀則當時祀茶禮時先祭祖外祖次祭

●陶庵曰朱子非族之祀一句語實爲正論愚意爲外孫者設或不得已而權奉其祀已身歿後卽當埋安

●南溪曰不得已爲外家奉祀而當止外孫之身

●明齋曰外孫奉祀只止其身

●問世俗或有以外孫主祀者神主當以顯外祖考妣書之旁註亦書之耶外祖神主或傳於外孫女則亦將何以書之也沙溪曰外孫奉祀猶爲不可況外孫女耶何必書奉祀闕之可也

●艮齋曰外舅無後當使妻主祭而祝以顯考顯妣書之此無二統之嫌故也

▶1702◀◆問; 처가 집 제사와 절차 문의.

안녕하세요. 조상을 모시고 사는 50 대 장남으로서 3 가지 질문을 드리는데 답변 부탁 드립니다.

1. 저는 2 째 사위로서 처가 집에는 딸만 세 명입니다. 장인장모의 기제사와 명절차례를 첫째 사위가 지냈는데 사정이 있어 이제는 2 째 사위인 제가 지냈으면 하는데 저 역시 장남으로서 아버님 기제사를 지내는데 문제는 없는지요. 문제가 없다고 가정하면.

2. 명절(설날, 추석)에 차례를 지낸다면 남자 집 조상을 먼저 모시고 처가 집 조상을 모시는 것인지 절차를 모르겠습니다. 예를 들면 절하는 순서나 음식의 교체(상을 물리고 다시 음식을 교체)는 어떻게 차려야 하는지 답을 알고 싶습니다.

3. 마지막으로 지금까지 첫째 사위 집에서 제사를 모셨는데 저희 집에서 제사를 지내려면 제사의 이동 에 어떤 절차를 거쳐야 하는지요? 예를 들면 첫째 사위 집에서 이번에 제사를 지낼 때 조상에게 고해야 하는지요.

이상의 3 가지가 문제에 대한 답을 가르쳐 주시면 조상을 모시는데 많은 도움이 되겠습니다. 소중한 답변 부탁 드리겠습니다.

외조부모(外祖父母)나 처부모(妻父母)가 무후(無後)인 경우 그 제사를 봉사하는 예법이 예경(禮經)에 없으나 속의(俗儀)로서 무축단헌(無祝單獻)으로 제사하게 되는 것 같습니다.

◆答; 처가 집 제사와 절차.

예법상 일가(一家)에서 이성(二姓)의 제사를 지낼 수가 없으니 별소(別所)에 그 신주(神主)를 모시고 오가며 제사(祭祀)함이 바른 예법으로, 신주(神主)가 있다면 봉사자(奉祀者)가 장외손(長外孫)이거나 없다면 장녀(長女)로 기록 되어 있으니 그가 죽게 되면 차외손이 차장방(次長房)으로 이어 받아 제사(祭祀)하다 외손 대(外孫代)가 다하면 그로써 그 제사(祭祀)도 폐(廢)하게 되니 개제(改題)의 법도(法度)가 없게 됩니다. 대강의 법도(法度)가 이러하니 작은 사위 집으로 제사(祭祀)를 옮겨 올 수가 없습니다.

큰 사위 집에서 어떻게 제사하고 있는지의 여부는 알 수가 없으나 큰 사위 집으로 가 별소(別所)에 설위(設位)하고 축(祝)이 없어 섭행(攝行)의 사유를 고할 근거(根據)가 없으니 무축단헌(無祝單獻)의 예로 행하심이 옳지 않을까 합니다.

이상 이외로는 유가(儒家)의 예법으로 그와 같은 예법(禮法)의 전거(典據)가 없으니 바르게 일러드릴 수가 없습니다.

●朱子曰上谷郡君謂伊川曰今日爲我祀父母明年不復祀矣是亦祭其外家也然無禮經
●大典外祖父母及妻父母無主祭者當於正朝端午中秋及各忌日用俗儀祭之
●退溪曰外孫奉祀一廟而二姓同祭夫天之生物使之一本而此則爲二本焉甚不可也今人或不幸其外家祖先無後而未有所處者不忍其主之無歸則權宜奉置別所而往來奠省未爲不可若公然與其本親同享一廟則悖理莫甚所謂神不歆非禮者此類之謂也故今於外孫奉祀之問不敢苟徇而以爲可行也
●寒岡曰外家神主奉祀本非禮經今者不得已奉祀則當時祀茶禮時先祭祖外祖次祭
●陶庵曰朱子非族之祀一句語實爲正論愚意爲外孫者設或不得已而權奉其祀已身歿後卽當埋安
●問外祖無人祭初獻則祝文當何書退溪曰當闕
●曲禮支子不祭祭必告于宗子(註)不敢自專宗子有故支子當攝而祭五宗皆然疏廟在適子之家庶子不敢輒祭若濫祭亦是淫祀若宗子有疾不堪當祭則庶子代攝可也猶宜告宗子然後祭

▶1703◀◆問; 처남이 없는 장인의 제사에 대해 가르침을 받고 싶습니다.

장인은 돌아가시고 장모님은 살아계시며, 슬하에 아들은 없고 딸만 둘인데 둘째 딸이 저의 처입니다. 장모님이 제사를 지내고 있으며, 장인(丈人)어른의 형제분과 조카는 있으나 제사를 지낼 형편이 되질 못합니다. 올바른 예법이 무엇인지 아래와 같이 궁금합니다.

1. 이때 제주는 장모님, 첫째 사위, 첫째 딸 중에서 누가 되어야 하는지 궁금합니다.
2. 이에 맞는 축문내용에 대해 가르침을 받고자 합니다.
3. 장모님 사후에는 장인/장모님 제사를 누가 어느 대까지 지내야 하는지 궁금합니다.

◆答; 처남이 없는 장인의 제사.

問 1. 答; 유가적(儒家的) 법도(法度)의 최선(最先)은 입후(入后)하여 대(代)를 이어가는 것입니다. 입후(入后) 성사(成事) 전(前) 또는 입후(入后)가 불가능(不可能)하면 아래와 같이 살펴보건대 장모(丈母)님이 제주(祭主)가 되어 초헌(初獻)을 하여야 법도(法道)에 맞을 것 같습니다.

●曲禮夫曰皇辟註辟法也妻所法式也
●周元陽祭錄妻祭夫曰婦某氏祭顯辟某官封諡
●退溪答李平叔曰妻存無子而夫亡未詳當何書都下有一家書曰顯辟蓋依禮記夫曰皇辟之語也未知是否
●問妻主夫喪旁題何以書之寒岡曰婦人不得主喪旁題不可書
●問夫亡無子神主稱顯辟耶旁題何以爲之沙溪曰祭夫稱辟出於禮記周元陽祭錄亦云似有據旁題禮無明文
●類編主式本於宗法宗法非與於婦人婦人夫死易世故先祖遞遷若使使婦人得以題主奉祀曰顯辟顯舅一如男子則世疑於不易先祖疑於不遷豈其然乎周氏所云無男主者非但指無子也幷指無他兄弟然則雖凡祭祝辭必無兄弟可主者然後方許婦人之自主此周氏之意也

問 2. 答;
⊙夫忌出主告辭式(神主奉祀時)
今以　顯辟某官府君遠諱之辰敢請　神主出就正寢恭伸追慕

⊙夫忌祝文式
維　歲次干支幾月干支朔幾日干支主婦某氏敢昭告于　顯辟某官府君歲序遷易　諱日復臨不勝感愴謹以淸酌庶羞恭伸奠獻尙　饗

問 3. 答; 외손(外孫)이 봉사자(奉仕者)가 되며 그의 대(代)로 마치게 됩니다.

●南溪曰不得已爲外家奉祀而當止外孫之身
●明齋曰外孫奉祀只止其身

▶1704◀◆問; 妻의 제사에 아헌은 누가?
부인의 기제사엔 당연히 제주는 남편이기 때문에 초헌을 남편이 하는 것이 맞다고 생각되며 이때 대부분의 가정에서는 아헌은 주부가 하고 있는데 며느리가 아헌을 하여도 되는지 제주의 입장에서는 며느리는 주부가 아니기 때문에 아들이 아헌을 하는 것이 맞는지 몰라 물어 봅니다. 아헌을 주부가 하지 않는 성씨도 있는 것으로 알고 있습니다.

◆答; 妻의 제사에 아헌은.
처(妻)의 제사(祭祀)에 대하여 일목요연하게 밝혀놓은 예법(禮法)은 살펴지지가 않습니다. 다만 아래와 같이 살펴보건대 모친상에 父가 생존하였으면 마땅히 남편이 주인이 되어 상(喪)과 제사(祭祀)를 주관하며 주부(主婦)가 있지 않으니 아들이 아헌(亞獻)을 하고 자부(子婦)가 종헌(終獻)을 함이 옳을 것입니다.

●朱子曰祭禮主人作初獻未有主婦則弟得爲亞獻弟婦爲終獻
●新齋曰父在母喪則子不得主喪子之婦亦不得爲主婦矣不肖遭內艱時家親初獻不肖兄弟以次獻酌耳

▶1705◀◆問; 천산(天産) 양수(陽數) 지산(地産) 음수(陰數)에 대하여.
천산(天産)은 양(陽)이라 기수(奇數)요 지산(地産)은 음(陰)으로 우수(偶數)라는 점과 과일개수가 아니고 과일접시(종류)가 우수라는 점까지는 잘 이해를 합니다.

질문 1 과일을 천산으로 보는가요 지산(地産)으로 보는가요. 제사음식에서 천산은 무슨 무슨 음식이며 지산은 무엇 무엇인지요.

질문 2 본인은 天果(감 배등)와 조과(造果)(다식 등)로 표기 해왔는데 천과를 자연과(自然果)와 조과(造果)라 하면 어떨지요.

질문 3 과실꼭지부위는 나무에 매달린 형태로 놓는다고 하셨는데 이해가 안되어서 과일가게에서 진열하는 대로 감은 꼭지부위를 아래로 하고 사과 배 등은 꼭지부위를 위로하면 무난하리라고 보는데 어떻겠습니까?

◆答; 천산(天産) 양수(陽數) 지산(地産) 음수(陰數).

질문 1 答; 천산(天産)이란 動物을 뜻함이요 지산(地産)이란 식물(植物)을 뜻합니다. 과실(果實)은 지산(地産)에 속하며 제수(祭需)로서 지산(地産)은 과실류(果實類), 소채류(蔬菜類), 수초류(水草類)가 이에 속할 것입니다.

질문 2 答; 천과(天果)란 무슨 의미인지는 이해(理解)되지 않으나 아마도 천산(天産)이란 의미(意味)인 듯도 합니다. 그러나 과실(果實)은 지산(地産)으로 과실(果實) 조과(造菓) 등으로 분류됨이 옳을 것입니다.

질문 3 答; 과실(果實) 진설(陳設)에서 상하(上下)를 언급(言及)한 예서(禮書)나 선유(先儒)의 말씀 등이 찾아지지 않으니 그 전거(典據)가 찾아지지 않는 한 가부(可否)를 단언(斷言)할 수는 없고 각인(各人)의 상식(常識) 선(線)에서 진설(陳設)하게 될 것이며 어떻게 괴었던지 예법에 어그러졌다고 말할 수는 없을 것입니다.

●禮器大饗其王事與三牲魚腊四海九州之美味也籩豆之薦四時之和氣也註大饗袷祭也三牲牛羊豕也腊獸也細註嚴陵方氏曰三牲魚腊天山也天産所以作陰德故以味爲主而曰四海九州之美味蓋味爲陰故也籩豆之薦地産也

●郊特牲鼎俎奇而籩豆偶陰陽之義也籩豆之實水土之品也細註長樂陳氏曰鼎俎之實以天産爲主而天産陽屬故其數奇籩豆之實以地産爲主而地産陰屬故其數偶疏鼎俎奇者以其盛牲體牲體動物動物屬陽故其數奇籩豆偶者其實兼有植物植物屬陰故其數偶故云陰陽之氣也

▶1706◀◆問; 첨작 밥그릇 뚜껑으로 하는 이유? 잔을 돌리는 이유?

전통예절에 힘쓰시는 성균관에게 감사 말씀을 드립니다.

問; 1) 종헌할 경우 잔에 술을 70% 정도 올리고, 첨작 시 저의 집에서는 전통적으로 첨작 시 메(밥) 밥그릇 뚜껑으로 술잔(30%)을 올립니다. 밥그릇 뚜껑으로 하는 이유가 무엇입니까? 혹시 가문에 따라 다른지요?

問; 2) 강신, 초헌, 아헌, 종헌, 첨작 때 술잔을 향로에서 3번 돌리는 이유는 무엇일까요? 일제 잔재라는 말도 있고? 혹시 가문에 따라 다른지요?

◆答; 첨작을 밥 뚜껑으로, 잔을 빙빙 돌리는 이유.

問; 1) 答; 종헌(終獻) 때 잔 가득 부어 올렸다 다시 내려 모사에 제주(祭酒)를 하여 조금 준 잔에 유식 때 초헌관(初獻官)이 직접 주전자를 들고 위전(位前)으로 올라가 잔에 가득 채우는 것입니다.

問; 2) 答; 제례(祭禮)의 헌주(獻酒) 예법(禮法)은 주인(主人)이 위전(위전)으로 올라가 잔반(盞盤)을 내려 쥐고 동향(東向)하여 서면 집사자(執事者) 한 사람이 주전자를 들고 위전으로 올라가 주인(主人) 앞에서 서쪽으로 향하여 서서 주인(主人)이 들고 있는 盞에 술을 다르면 主人은 받들어 먼저 있던 자리에 놓는 것입니다.

요즘 사시제(四時祭)를 비롯 다른 제사(祭祀)는 다 폐하고 기제(忌祭)와 묘제(墓祭) 그리고 절사(節祀) 뿐이니 예를 정중하게 갖추기 위하여 헌관(獻官)이 향안(香案) 앞에 무릎을 꿇고 앉으면 좌우(左右) 집사(執事)가 각각(各各) 주전자와 위전의 술잔을 내려 헌관(獻官)에게 주고 술을 따르면 집사(執事)자가 잔반(盞盤)을 받아 위전에 올렸다 곧 다시 내려 삼제(三祭)의 예를 행하고 마치면 헌관(獻官)은 재배(再拜)하고 제자리로 내려 오고 있기도 합니다.

더러 동영상(動映像)을 보면 헌관(獻官)이 술잔을 향로(香爐) 위에다 세번 빙빙 돌리는 광경(光景)을 목격(目擊)하게 되는데 정예(正禮)는 아닙니다. 예법(禮法)은 하나인데 가문(家門)마다 다를 수가 없는 것입니다.

●性理大全初獻條主人升詣高祖位前執事者一人執酒注立于其右主人搢笏奉高祖考盤盞位前東向立執事者西向斟酒于盞主人奉之奠于故處(云云)執事者二人奉高祖考妣盤盞立于主人之左右主人搢笏跪執事者亦跪主人受高祖考盤盞右手取盞祭之茅上以盤盞授執事者反之故處受高祖妣盤盞亦如之○又侑食條主人升搢笏執注就斟諸位之酒皆滿

▶1707◀◆問; 첨작에 관하여?

첨작은 언제 누가 하나요.

◆答; 첨작.

첨잔(添盞), 첨배(添杯), 첨작(添酌)은 같은 의미로, 종헌(終獻) 때 삼제(三祭)하여 약간 빈 잔에 유식(侑食)의 예에서 주인(主人)은 그 잔에 첨작(添酌)하여 가득 채우고 주부(主婦)는 삽시정저(揷匙正筯) 후 합문(闔門)하게 됩니다.

●家禮虞祭侑食條執事者執注就添盞中酒
●書儀四時祭本註主人升執注子徧就斟酒盞皆滿
●梅山曰侑食主人之禮也禮無使執事代行之文老病罔克躬將使執事添酌再拜則自爲之己矣己不與祭而使人替行則攝事者自行侑食之拜固也

▶1708◀◆問; 첨작의 의미가 궁금합니다.

안녕하세요. 수고가 많으십니다. 다름이 아니라 다가오는 추석을 맞아 제사에 관해 알아보다 첨작의 의미가 궁금하여 글을 남깁니다. 어떤 이는 삼헌(三獻)의 술 대접을 끝내고 미쳐 술을 올리지 못한 참석자를 대신하여 올린다는 이야기와 이제 식사를 하시라고 아쉬움에 조금 더 드리는 것이라고 하는데, 뭐가 맞는지 알려주시면 감사하겠습니다. 또 한가지는 신위(神位)를 그냥 상위에 둬도 괜찮은지요. 요즘은 거의 지방을 담은 함을 그냥 상(牀)위에 올리는 경우가 많은 것 같아서요, 다가오는 한가위 평안 하시길 바랍니다.

◆答; 첨작의 의미.

1. 첨작(添酌)의 예(禮)를 유식(侑食)이라 하는데 우제에서는 축관(祝官)이 행하나, 기제(忌祭)에서는 주인(主人)이 첨작(添酌)을 하고 주부(主婦)는 삽시정저(揷匙正筯)를 하게 됩니다. 제례(祭禮)에서 유식(侑食)의 의미(意味)는 생자(生者)와 마찬가지로 더 권하여 드리는 예입니다.

2. 설위(設位)는 북쪽 벽 아래 남향(南向)하여 먼저 의자(倚子)를 놓고 그 앞에 상(牀)을 놓고 진설(陳設)을 하는 것입니다. 의자(倚子)에 신주(神主) 또는 지방(紙榜)을 등받이에 붙이고 제사(祭祀)를 지내게 됩니다.

●性理大全虞祭侑食執事者執注就添盞中酒主人以下皆出祝闔門○又祭禮侑食主人升搢笏執注就斟諸位之酒皆滿立於香案之東南主婦升扱匙飯中西柄正筯立于香案之西南皆北向再拜降復位闔門
●周禮天官膳夫;以樂侑食膳夫授祭品嘗食王乃食(鄭玄注)侑猶勸也
●玉藻凡侑食不盡食孔穎達疏此明勸食於尊者之法亦指祭祀中爲先人助歆享酒食之興

●性理大全設位執事者洗拭倚卓考妣位於堂北壁下南向考西妣東各用一倚一卓而合之
●陶庵曰紙牓臨祭貼於椅上

▶1709◀◆問; 첩모가 죽으면 누가 제사 지내야 하나.

안녕하십니까. 다름이 아니 오라, 저희 부친께서 종손(宗孫)이라 조상님의 제사를 모시고 있습니다. 부친(父親)의 조모님이 시집오셔서 아들 셋 낳으시고 일찍 돌아가셨습니다. 그 후, 새로운 조모님이 들어오셨습니다. (들어오시기 전에 자녀를 두고 오셨으며 새로운 조모님은 저희 집안에 정식으로 호적으로 편입됨) 그리고 새로운 조모님은 아들 두 분을 낳으시고 오래 사시다가 돌아 가신지 27년 정도 됩니다.

돌아가신 후, 저희 부친(집안 전체)께서는 새로운 조모님을 저희 집안에서 지낼 수 없으며 저희 집안에 들어오시기 전의 자녀가 모셔야 한다고 해서 그 자녀께서 모시다(약 10년) 새로운 조모님이 저희 집안에 오셔서 낳은 아드님부친의 삼촌)이 모시고 오다, 최근에 큰집인 저희 부친께서 모셔달라고 하십니다. 평소 관계도 그렇게 원만한 사이도 아니지만 최근에는 제사 모시는 관계로 사이가 아주 안 좋습니다.

제가 여쭙고자 하는 것은, 저희 부친의 조부와 조모님에 대하여는 제사를 모시지만 새로운 조모 님을 같이 모시는 것이 전통 유교예법과 현재의 유교예법적인 측면에서 어떠한가요.

◆答; 첩모(妾母)는 적자가 제사하지 않습니다.

출처(出妻)는 본가(本家)의 누구도 제사(祭祀)하지 않습니다. 특히 개가(改嫁)한 집에 후자(後者)가 있다면 그가 상주(喪主)가 되고 제사의 주인이 되어야 합니다.

출모(出母)의 제사(祭祀)를 지내고 싶다면 그 집으로 가서 지내고 그 집이 멀다면 허위(虛僞)를 차려 놓고 망배(望拜)는 할 수 있습니다.

●朱子曰出妻入廟決然不可爲子孫者只合歲時就其家之廟拜之若相去遠則設位望拜可也
○又曰嫁母者生不可入廟死不可以祔于廟
●程子曰庶母不可入廟子當祀於私室
●大典妾子承重者祭其母於私室止其身

▶1710◀◆問; 첫 기일 격식.

곧 어머님 첫 기일이 다가 옵니다. 첫 기일은 보통 기일 때와는 격식이 다르다고 하는데 알려 주시면 감사 하겠습니다. 아침에 지낸다는 말이 있는데 맞습니까?

◆答; 기제사 지내는 때.

첫 기제(忌祭)뿐 아니라 전 기제(忌祭)의 지내는 때는 아침 날이 밝으려 할 무렵에 시작합니다.

●尤菴曰行祭太早不可太晩亦不可惟當以質明

▶1711◀◆問; 첫 기제사는.

저희 아버님 첫 기제사(忌祭祀)가 다음주인데 시간을 낮 12 시에 지낸다는 말도 있고, 보통 기제사와 같이 지낸다는 말도 있던데 첫 기제사 시간은 언제 지내는 것이 맞는지요?

◆答; 첫 기제.

경서(經書)나 어느 선유(先儒)께서도 언급(言及)하심이 없으니 답변자(答辯者)의 상식(常識) 수준(水準)에 의할 수 밖에는 없을 듯싶습니다.

따라서 그에 해당(該當)하는 여러 예(禮)를 종합(綜合)하건대 첫 기제사(忌祭祀)가 조기(早期) 탈상(脫喪)한 소상(小祥)에 해당(該當)한다거나 소대상(小大祥)을 지난 첫 기제사(忌祭祀)라 하여도 평상(平常) 귀댁의 법도(法度)를 따르면 될 것입니다.

다만 기제사(忌祭祀)는 질명(質明)(날이 밝을 무렵)에 지내나 변례로 대부분(大部分)의 가문(家門)에서 그날 첫 시인 자시(子時)에 지내고 있으니 그를 따른다 하여도 대단히 어그러진 예라 할 수는 없을 것입니다.

●日省錄正祖十九年乙卯四月二十二日壬寅條(云云)獻官之命十七日進詣本宮十八日子時行祭

●性理大全忌日厥明夙興設蔬果酒饌質明主人以下變服

▶1712◀◆問; 초아종헌은 어떤 순서대로 해야 하나요?

안녕하세요? 백부가 결혼도 못하고 15세 때 돌아가셨기 때문에 삼형제 중 맏아들이 백부에게로 양자를 했으나 둘째 아들이 결혼하기 전까지는 삼형제가 한집에서 살았습니다. 그 후 부모님께서 모두 돌아가시기 전까지는 맏아들 집에서 아버지 제사를 모셨는데 부모님께서 모두 돌아가시자 둘째 아들 집에서 부모님 제사를 모시게 되었습니다.

둘째 아들이 부모님의 제사를 차리는데, 둘째 아들이 병중에 있습니다. 둘째 아들은 결혼한 자식이 둘이 있습니다. 그러나 의좋은 삼형제는 모두 제사에 참석을 합니다. 둘째 아들이 병중에 있을 때 부모님 제사의 초헌, 아헌, 종헌은 누가 하는지요?

◆答; 초아종헌은.

아래 말씀을 살피건대 그와 같은 사례에서는 초아종헌관(初亞終獻官)은 아래와 같음이 옳을 것 같습니다.

○初獻; 섭친제(攝親弟).
○亞獻; 섭주처(攝主妻).
○終獻; 입후(入後)간 형(兄)(親賓).

●曾子問孔子曰若宗子有罪居於他國庶子爲大夫其祭也祝曰孝子某使介子某執其常事
●朱子曰主祭合以甲之長孫爲之若其不能則以目今尊長攝行可也如又疾病則以次攝
●退溪曰父不與祭而使子弟攝行則當依宗子在他國而命介子代祭之例曰孝子某使子某
●尤庵曰家禮附註引古禮使介子云云所謂介子旣主祭者之弟也
●退溪答寒岡弟爲攝主嫂叔行禮極礙若避嫌於主婦則出繼仲兄爲亞獻賤婦爲終獻何如之問曰恐當如此
●家禮終獻條兄弟之長或長男或親賓爲之

▶1713◀◆問; 초암 선생님.

추석은 잘 보내셨는지요? 명쾌한 답변에 항상 감사 드립니다. 제례에 대해 몇 가지 더 여쭙고자 합니다.

1. 어물을 씀에 "어"자나 "치"자가 든 생선은 쓰지 않는다는 분들도 있는데 저는 근거를 찾지 못했습니다. 근거가 있는지요?
2. 어물과 과일은 음수와 양수로 진설해야 한다고 하는데 이에 대한 근거도 알고 싶습니다.
3. 제사가 있는 달은 흉사에 가지 않는 것은 정확한지요?
4. 요즈음은 예식장을 잡기 위해 자녀들 결혼식 날을 6 개월 이전에 예약하는 경우가 있는데 이것을 날 잡았다고 흉사나, 길사를 못 간다 하는데, 이도 근거가 있는지요?

◆答; 제례 중.

問1. 答; 아래 말씀으로 미루어 보건대 어류 중 잉어는 제사에 쓰지 않는다는 전거는 있으나 그 외는 전거가 찾아지지 안네요.

問2. 答; 그의 근거는 아래와 같이 예기 교특생편 입니다.

問3. 答; 사서인 재계에는 사시제가 가장 중요히 여겨 3일전부터 시작하는데 그 기간은 조문이나 흉사에 참여치 않을 뿐입니다.

問4. 答; 그러한 전거는 찾아지지 않으며 아래와 같이 살펴보건대 대공상(9월복; 종형제 상 등)에 졸곡이 지나면 혼인을 한다. 하였으니 그러한 설은 무속적이거나 속설에 불과할 듯도 합니다.

▶1714◀◆問; 초암 선생님께 드립니다.

저는 풍명전입니다. 저의 의문에 대한 전거를 말씀해주셔서 감사 드립니다. 이와 관련하여 초암선생님께 한가지만 더 여쭈어 보겠습니다. 고례와 주자가례에서 혼례시에 신랑과 신부의 위치를 다르게 설명한 구체적인 이유를 알고 싶습니다. 말씀을 기다리겠습니다.

◆答; 초암 선생님께 드립니다.

상우(尙右)설(說)과 상좌(尙左)설(說)입니다.

●溫公書儀昏禮壻揖婦就坐壻東婦西條古者同牢之禮壻在西東面婦在東西面蓋古人尙右故壻在西尊之也今人既尙左且須從俗

▶1715◀◆問; 초암 선생님께 드립니다.

저는 풍명전입니다. 저의 의문에 대한 전거를 말씀해주셔서 감사 드립니다. 이와 관련하여 초암선생님께 한가지만 더 여쭈어 보겠습니다. 고례와 주자가례에서 혼례시에 신랑과 신부의 위치를 다르게 설명한 구체적인 이유를 알고 싶습니다. 말씀을 기다리겠습니다.

◆答; 초암 선생님께 드립니다.

상우(尙右)설(說)과 상좌(尙左)설(說)입니다.

●溫公書儀昏禮壻揖婦就坐壻東婦西條古者同牢之禮壻在西東面婦在東西面蓋古人尙右故壻在西尊之也今人既尙左且須從俗

▶1716◀◆問; 초하루 기일을 1일 밤 子時에 지내고 있으리라.

1일 밤 0시 15분은 1일이다. 라 10여명 이상이 초암선생 설을 오류화 시키기 위하여 갖은 술수를 다 동원하고 있는데 믿습니다 마는 마지막에 쓰일 전거를 숨겨 놓고 있으리라고 믿고 싶습니다. 이제 그만 평정을 하심이 어떠하시겠는지요. 대단히 죄송합니다.

◆答; 초하루 기일을 1일 밤 子時에 지내고 있으리라.

지방을 붙이고 子時에 忌祭를 지내는 家門이라면 2 일이 祭日일 때 1 일 날 제수를 준비하여 그날 밤 子時에 忌祭를 지내고 있을 것이다.

이와 같이 제사함을 일러 1 일 밤 子時는 2 일이다. 가 또 명확하게 입증된다. 여기서 이제까지 조롱과, 욱박과, 폄훼, 명예를 여지없이 훼손시키기를 제밥 먹덧 하던,

館外人; 김 X 곤, 대 X 자, 이 x 설, 3 인 이상 등.

館內人; 8 명 등도 기제가 있어 질명제(質明祭) 가문(家門)이 아니라면 당일(當日) 자시행제(子時行祭) 가문이리라.

그 패들이 그토록 부르짖던 대로라면 초하루 기일을 1 일 밤 子時에 지내고 있으리라.

●日省錄正祖十九年乙卯四月二十二日壬寅;(云云)獻官之命十七日進詣本宮十八日子時行祭

●永興本宮儀式奏啓;命當日陪香祝辭陛十七日進詣本宮十八日子時行祭天氣淸和享事利成臣不勝欣忭之忱緣由馳啓

●愚伏曰丁丑十七日亥時終于墨谷寓舍子時卒襲是日大風雨戊寅小斂己卯大斂

●日省錄哲宗十年己未七月十六日甲申;自前夜亥時至子時食十八分七秒初虧正東復圓正西

▶1717◀◆問; 초헌관은 누구?

1, 종 중 주관으로 시제를 지낼 때 초헌관은 종회 회장이 하는가 종손이 하는가에 대하여 자문을 구합니다.

2, 한 분이 아니고 여로 위를 지낼 때 회장이 또는 종손이 초헌을 모두 하는 것 보다 골고루 참여 시키는 것은 어떻습니까?

◆答; 초헌관은.

아래와 같이 살펴보건대 친진조(親盡祖) 묘제(墓祭)(세일제(歲一祭))에서의 초헌자(初獻者)는 모인 종인중(宗人中) 항렬(行列) 최존자(最尊者)가 초헌관이 됩니다.

사시제(四時祭)및 친미진조(親未盡祖)의 묘제(墓祭) 초헌(初獻)은 종자(宗子)(주인(主人)) 이외는 초헌(初獻)을 할 수 없듯이 친진(親盡) 묘제(墓祭)에서도 묘(墓)가 아무리 많다 하여도 모인 종인중(宗人中) 항렬(行列) 최존자(最尊者) 이외는 예법(禮法) 상 초헌관(初獻官)이 될 수 없습니다.

제(祭)의 주인(主人)은 친미진(親未盡)에서는 적자(嫡子)손(종자(宗子))이 되고 친진(親盡) 세일제(歲一祭) 묘제(墓祭)에서는 항렬(行列) 최존자(最尊者)이니 만약(萬若) 일산내(一山內) 방계(旁系) 묘(墓)가 혼재하여 있다면 그 역시 그 자손(子孫) 중 항렬(行列) 최존자(最尊者)가 초헌(初獻)자가 됨은 당연(當然)한 것입니다.

아래와 같이 재차(再次) 상고컨대 이미 효현손(孝玄孫)이 죽어 대종 적손(嫡孫)으로서는 친진(親盡)(오대조(五代祖))이 된 조상(祖上)이 친미진 자손(子孫)이 있으면 그 중 최장방(最長房) 사당(祠堂)으로 그 신주(神主)를 대에 맞게 개제(改題) 이안(移安) 봉사(奉祀)하다 그도 죽으면 또 차장방으로 그와 같이 옮겨 봉사(奉祀)하다 그의 손(孫)으로서는 완전(完全) 친진(親盡)이 되면 비로소 신주(神主)를 매안(埋安) 그 후손(後孫)들이 모여 세일제로 봉사(奉祀)하는데 신주(神主) 때에도 장방(長房)이 봉사(奉祀)하였으니 묘제에서도 아래 축식에서도 나타나 있음과 같이 회중(會中) 최존위(最尊位)가 초헌(初獻)함이 당연함 같고. 친진(親盡) 묘제(墓祭)일 역시 10월 1일이 아래와 같이 선유(先儒)의 논함을 참작컨대 가장 타당하지 않을까 생각됩니다.

▶1718◀◆問; 초헌관을 누구를?

우리 종중(宗中)은 시제(時祭)행사(行祀)에 합설(合設)로 제(祭)를 올리는데 종손(宗孫)이 무후(無後)하여 초헌관(初獻官) 문제(問題)로 종종 언쟁(言爭)이 있습니다. 항렬(行列) 순(順) 연장자(年長者)가 해야 한다, 연장자(年長者)가 아니라도 종중(宗中)의 대표(代表)자인 도유사(都有司)가 초헌관(初獻官)을 해야 한다는 등(等) 확실(確實)한 해답(解答)을 정하지 못한 상태(狀態)인데 이에 대한 정확(正確)한 답을 기대합니다.

본인은 당연히 종중(宗中)의 대표자(代表者)인 도유사(都有司)가 초헌관(初獻官)이 되어야 한다고 생각하는데 어떤 것이 옳은 해답(解答)이 되는지요?

◆答; 친진 묘제의 초헌관.

오대조(五代祖) 이상 묘제(墓祭)의 초헌관(初獻官)은 모인 후손(後孫) 중 최존항(最尊行) 장자(長者)가 초헌관이 됩니다.

●屛溪曰禮五世則宗毀不復相宗故遠代歲一祭行高者主祝大宗云者如別子
●三山齋曰遞遷之祖長房已盡者其墓歲一祭諸孫中屬尊者行主人之事而其祝辭自稱或曰後孫或曰幾代孫

▶1719◀◆問; 초헌관의 조건.

저의 12 대조 묘사인데, 과거엔 종손(정확히 말하면 冑孫)이 초헌관인 경우가 많았습니다.

그러나 4 대가 지나면 종(宗)이 없어지고, 주손(主孫)이 굳이 하지 않고, 항고, 년고, 또 위가 있는(파종회 회장)분이 초헌관(初獻官)이 되어도 된다. 고생각되어, 60 대 후반의 파종회 회장님을 초헌관으로 이사회에서 결정하였는데 10 월 10 일(음)이 묘사(墓祀)날인 데, 설왕설래 말이 많습니다. 현명한 대답 바랍니다. 감사 합니다.

◆答; 초헌관.

아래와 같이 살펴보건대 편람(便覽)의 친진조(親盡祖) 묘제(墓祭) 축식(祝式)은 효자(孝字)가 없으나 가례(家禮) 시조(始祖)나 선조제(先祖祭) 축식(祝式)에는 효자(孝字)가 있어 그 가부(可否)를 가름하기가 심히 어려우나 아래 선유(先儒)의 말씀이 조금은 설득력(說得力)이 있지 않을까 하는 생각을 조심스럽게 하여 봅니다.

●便覽親盡祖祝式維年號幾年歲次干支十月朔日干支幾代孫某官某敢昭告于云云
●家禮初祖及先祖祝式維年歲月朔日子孝孫姓名敢昭告于云云
●遂菴曰親盡墓祭三獻可也祝文臨時製用以行列最尊者爲之可矣又問墓歲一祭之時祝用宗子之名耶用最長者之名耶曰以是長名書之可矣宗子則旣已代盡無主祭之義矣
●鏡湖曰遠祖墓則宗子支子勻是親盡而必令尊行主祭則行第尊卑較之宗法孰爲輕重程子之言曰五世爲親盡則族散若高祖之子尙存欲祭其父則見爲宗子者雖是六世七世亦須計會今日之宗子然後祭其父且家禮始祖先祖之祭必令宗子主之此可爲旁證矣然朱子以支孫猶祭制置之墓則支孫亦可主墓祭矣當更詳之

▶1720◀◆問; 초헌관이 재배하는 경우.

자주 여쭈어 보아 죄송합니다. 기제사 때에 초헌관이 1) 분향재배, 강신재배, 참신재배, 초헌 독축후 재배를 하는 집안도 있고, 2) 다른 재배는 하는데 분향재배만 하지 않는 가정도 있습니다. 분향재배를 하는 경우와 하지 않는 경우가 있는지요? 다른 재배도 초헌관이 하는 경우와 하지 않는 경우를 알고 싶습니다.

◆答; 초헌관이 재배하는 경우.

아래와 같이 살펴보건대 분향재배(焚香再拜)는 하나 뇌주재배(酹酒再拜)를 하지 않는 경우가 있습니다. 가례(家禮)에서는 기제(忌祭) 강신(降神)에서는 분향재배(焚香再拜)입니다. 초헌관(初獻官)은 강신(降神)과 초헌(初獻), 유식(侑食)재배 등(等)은 독행(獨行)재배(再拜)가 되고 참사신(參辭神) 등은 개재배(皆再拜)이니 당연(當然)히 초헌(初獻)관도 포함(包含)되겠지요.

●朱子家禮正至朔望則參降神條主人詣香卓前降神搢笏焚香再拜(云云)酹于茅上俛伏興少退再拜〇虞祭降神條主人焚香再拜(云云)酹之茅上俛伏興少退再拜復位〇四時祭降神條主人焚香少退立灌于茅上俛伏興再拜降復位〇初祖祭主人燎脂于爐炭上俛伏興少退再拜酹酒于茅上如時祭之儀〇先祖祭降神條如初祖之儀〇禰祭降神條如時祭之儀〇忌祭降

神條如祭禰之儀○墓祭降神條如家祭之儀○治葬祠后土降神條告者取盞酹于神位前俛伏興少退立○墓祭祭后土降神條同上(墓祭)

▶1721◀◆問; 추석 직전 돌아가신 분의 제사는 2번 해야 하나요?

추석 직전에 어머니가 별세 하셨습니다. 같은 달에 어머니 제사 .추석 차례가 겹치는데 2 번 다 해야 하는지요?

◆答; 기제와 명절이 겹쳐 들 때의 예법.

아래와 같이 살펴보건대 기제가 참례와 겹쳐 들 때 명문화 된 기록이·없어 선유들께서 논의의 대상이 된 예입니다.

그 논의를 대강 집약하여 보면 사대봉사 할 때는 먼저 참례를 행하고 기제를 지내며 그 이하 봉사 할 때는 먼저 기제를 행하고 참례를 지내며 일위 봉사할 때는 동암 선생 말씀에 의하면 하루 두 번 제사하지 않는다 하니 기제를 행하고 참례는 폐한다 하여도 예에 크게 어그러지지는 않을 것 같습니다.

모든 예는 사당 건사를 전제로 되어 있습니다. 따라서 참례를 불출주(不出主)인 사당례이며 기제는 출주정침례 입니다.

●明齋曰忌祭與參禮自是兩項事而行事之早晚亦異先祭後參恐或無妨然雖先行忌祭如節日時食則不當先薦於祭俟祭後設參而薦方無未安如何

●國朝五禮儀朔望若値別祭只行別祭

●沙溪答姜碩期曰宋龜峯云若値高祖忌則祭畢仍行參禮曾祖以下忌則參禮畢行忌祭乃先祭始祖之義也云未知如何

●尤庵曰忌祭重而參禮輕無論尊卑似當先忌後參

●東巖曰一日之間旣行祭又行參實爲煩瀆旣祭之位則不復設之諸位皆設而獨不設雖似不安旣纔祭矣似無所嫌

●葛菴曰忌祭是喪之餘當是日爲子孫者感慕罔極惟當專意致享恐不可以朔望茶薦參互其間也

●四未軒曰龜峯云若値高祖忌則祭畢仍行參禮曾祖以下忌則參禮畢行忌祭乃先祭始祖之義云然參與忌行祭之早晚不同則雖曾祖以下之忌恐難用先祭始祖之文且一廟之內諸位皆設而獨不設一位則雖曰纔祭矣而果無未安耶若廟內只奉一位則恐當從明齋說

▶1722◀◆問; 축관의 위치와 공수에 대해?

축관의 위치와 공수에 대해? 문의 드립니다.

질문 1; 묘지조성 전에 지내는 산신제(山神祭)는 축관이 제주(祭主)의 좌측으로 이해하고 있는데, 고선영(告先塋)과 고선장 및 묘지조성 후에 지내는 산신제와 제주제를 지낼 때 축관의 위치는 어떻게 되는지 궁금합니다.

질문 2; 고선영(告先塋)과 고선장(告先葬) 및 묘지조성(墓地造成) 후 지내는 산신제와 제주제를 지낼 때 복인(服人)들의 공수가 흉사(凶事) 시의 공수인지 궁금합니다. 혹여 저가 잘못 이해하고 있으면 그 부분도 같이 가르침을 주시길 부탁 드립니다.

◆答; 축관의 위치와 공수.

질문 1 答; 고선영(告先塋)과 고선장(告先葬)의 예(禮)는 가례(家禮)에서는 채택(採擇)하지 않았으나 비요(備要)에서 언급(言及)이 되었고 편람(便覽)에서이를 구체화(具體化)시킨 예입니다.

그러나 편람(便覽)에서도 초장(初葬)에서는 축관의 독축 위치에 관하여는 언급이없고 개장(改葬)에서 구산(舊山) 사토지(祀土地)와 같다. 라하였을 뿐입니다.

따라서 초상(初喪)의 예(禮)에서 언급(言及)이 없다는 것은 상례(喪禮)와 같다는 의미(意味)라 생각되며 개장(改葬)시의 예(禮)에서는 길예(吉禮)의 예법(禮法)을 따랐으니 이에서도 사토지(祀土地) 예법(禮法)을 따름이 옳지 않을까 생각됩니다.

●家禮治葬祠后土條本註祝執版立於告者之左東向跪讀之
●家禮治葬祠后土於墓左條如前儀
●便覽改葬告先塋條如並同上舊山祠土地條
●便覽改葬告先葬條同上告先塋條
●家禮治葬題主條題畢祝奉置(云云)炷香斟酒執版出於主人之右跪讀之

질문 2 答; 산신제(山神祭)와 고선영(告先塋) 고선장(告先葬)은 이미 축관(祝官)의 자리가 길예(吉禮)의 예법(禮法)을 따랐으니 공수(拱手) 역시(亦是) 길예(吉禮)의 예법(禮法)을 따름이 옳을 것 같으며. 다만 제주전(題主奠)에서는 축관이 흉례(凶禮)의 예법을 따랐으니 공수(拱手) 역시 흉례(凶禮)의 예법을 따름이 옳을 것 같습니다.

▶1723◀◆問; 축관의 흉길제 때 좌우설에 대하여.

축관이 서는 자리에 대하여 좌측이냐? 우측이냐? 를 두고 위 문항은 [축관이 주인의 오른쪽에 서다]로 해석됩니다.

김륭선생(金隆先生)의 문집(文集)인 [물암집(勿巖集)]에서 졸곡(卒哭)에 대하여 기록된 내용을 인용하자면, 주인지좌(主人之左)(우음지(右陰地) 좌양지(左陽地) 자초상지삼우제(自初喪至三虞祭) 흉례야(凶禮也) 독축개어주인지우(讀祝皆於主人之右) 지졸곡(至卒哭) 점용길례(漸用吉禮) 고자차이후(故自此以後) 독축개어주인지좌야(讀祝皆於主人之左也))주인(主人)의 왼쪽이다(右는 陰이고, 左는 陽이다. 초상부터 삼우제까지는 흉례이다. 독축은 주인의 오른편에서 하고, 졸곡에 이르면 차츰 길례에 준용하기 때문에 이후부터 독축을 모두 주인의 왼쪽에서 한다.)라고 하였습니다.

즉, 초상에서 삼우제까지를 흉례라 하니, 공수한 손의 방향도 흉례에 준하여야 되고, 축관의 위치도 주인의 오른쪽에서 독축하며, 졸곡제부터 서는 길례로 돌아서므로 축관의 위치는 주인의 왼쪽에서 독축하여야 한다는 것입니다. 혹 이 내용이 맞는다고 보아야 합니까?

◆答; 축관의 흉길제 좌우설.

졸곡(卒哭)은 흉례(凶禮)라 축관(祝官)은 헌관(獻官)의 오른쪽에서 서향(西向)하여 궤(跪)하고 독축(讀祝), 부제(祔祭)부터 길사(吉事)라 축관(祝官)은 헌관(獻官)의 좌측(左側)에서 동향(東向)하여 궤(跪)하고 축을 읽습니다.

●檀弓註吉事尙左陽也凶事尙右陰也
●退溪曰右陰也左陽也虞祭凶禮故讀祝于右至卒哭漸用吉禮故自此以後皆於主人之左
●問虞祭則在右西向卒哭則在左東向何義寒岡曰西向者尙用凶禮也東向者漸以之吉也
●書儀卒哭篇主人旣初獻祝出主人之左東向跪讀祝詞改虞祭祝詞云奄及卒哭又云哀薦成事云云

▶1724◀◆問; 축문.

안녕하세요 결예가 되는 줄 알면서도 알고자 하니 부탁 드립니다. 선고 선비 기제를 선고 기일에 같이 모실까 합니다. 축문을 어떻게 쓰면 좋은지 알려 주시면 고맙겠습니다. (선고. 선비의 기제를 합사(合祀)로 일년에 한번으로 모실 생각입니다)

◆答; 병제 축식.

그와 같이 지내는 제사(祭祀)를 일러 고비병제(考妣竝祭)라 합니다.

병제(幷祭)란 고제일(考祭日)에는 비(妣)를 비제일(妣祭日)에는 고(考)를 합설하는데, 다만 기제(忌祭) 단설(單設) 축식(祝式)에서 고칠 곳은 휘일복림(諱日復臨) 앞에 단지(但只) 고기(考忌)에는 현고(顯考) 비기(妣忌)이면 현비(顯妣)를 붙여 누구의 기일(忌日)이라 함을 고하게 됩니다.

●備要忌祭祝文式條若考妣幷祭則曰某親諱日

▶1725◀◆問; 축문간지.

축문을 쓰려고 합니다. 음력 2월 27일을 간지로 어떻게 써야 하는지요.

◆答; 축문간지(祝文干支).

維歲次庚寅二月乙丑朔二十七日辛卯云云

▶1726◀◆問; 축문 글자 위치에 대하여.

전(奠)에 대한 답을 주신 초암님 명륜골선비님 그리고 평소 답을 주시는 모든 분들께 항상 감사 드립니다. 어느 서원 제향에서 유림들끼리 축문의 유(維), 세차(歲次), 현(顯), 향(饗)자의 글자위치로 이견이 있었는데 유(維)는 한자로 한 줄이며 위치는,

1 열. 歲.
2 열. 饗顯顯次.
3 열. 維.

전에 이렇게 본듯한데 맞는지요. 또 축문은 7 줄이라고도 하는데 그런가요. 글자위치 줄 수 등 실례를 들어 주시면 더욱 명확할 것 같습니다.

◆答; 축문 글자위치.

아래와 같이 의미(意味)하는 바에 따라 국(國)을 최상(最上)으로 두고 조상(祖上)과 존대어(尊待語)를 한단 낮추고 평서(平書)는 또 한단 낮춰 상하(上下) 질서(秩序)에 의하여 적어 독축(讀祝) 합니다.

필식(筆式) 법도(法度)는 여러 형태(形態)가 있으나 아래 필식은 사계(沙溪) 선생(先生)께서 집람(輯覽)과 상비(喪備)에서 분명(分明)히 밝혀 놓으셨으며 편람(便覽)은 이를 따랐습니다.

다만 독축(讀祝)용이 아니고 제책(製冊)용으로 기록 될 때는 대개 이 법도를 따르지 않았으며 축(祝)의 행은 특별히 몇 행이라 규정 되어 있지 않은 것 같습니다.

維(平語) (書經講義註凡策書年月日必以維字發之)年號幾年歲次云云(國) (近齋曰以春秋尊王之義洪範書祀之例言之當用崇禎年號但今已久遠難用書以維歲次亦無妨) 顯云云(親) 饗(尊語) (士虞禮註勸强之辭)

▶1727◀◆問; 축문식의 연호(年號)에 대하여.

1. 산신제나 토신제를 지내면서 그 신의 표시고 지방을 모시지 않는지.
2. 기원이나 연호(年號)는 그 의미가 같은 것인가요.

축문을 쓰려면 제일 먼저 식에 연호가 있습니다. 연호를 사용한 시초는 언제이며 지금은 연호가 없어졌는데 연호에는 어떤 연대를 서야 하는지요.

◆答; 축문식의 연호(年號).

1). 산신제(山神祭)나 토신제(土神祭)에서는 지방이나 다른 신(神)의 표식을 모시지 않습니다. 까닭은 그 대상이 묘(墓)와 같이 실체인 까닭입니다.
2). 기원(紀元)과 년호(年號)는 아래와 같이 다른 의미입니다.

년호(年號)의 시작은 한무제(漢武帝)의 건원(建元) 년호(年號)가 시초(始初)로 그 이전은 기년용(紀年用)으로 갑자(甲子)였을 뿐입니다.

축문의 년호(年號)에 어찌하여 더러의 시중축문식(市中祝文式)에 단군기원(檀君紀元)이 삽입되었는지에 대하여는 그 내력을 알지 못하여 당부를 논할 수 없습니다.

다만 연호(年號)가 없어진 작금에는 연호(年號)가 없던 그 이전의 기년용(紀年用)으로 사용되던 갑자(甲子)로 축문(祝文)의 년도를 표시함이 유가적(儒家的) 법도(法度)로는 옳지 않을까 합니다.

○紀元; 歷史上紀年的起算年代.
○年號; 封建帝王爲紀在位之年而立的名號.

●辭源[紀元];歷史上紀年的起算年代○又[年號];封建帝王爲紀在位之年而立的名號在漢武帝以前紀年用甲子帝王均無年號自武帝卽位稱建元元年始有年號
●漢書武帝紀;建元元年(唐顔師古注)自古帝王未有年號始起于此
●朱子大全白鹿洞成告先聖文;維淳熙七年歲次庚子三月癸丑朔十八日庚午具位敢昭告于先聖至聖文宣王(云云)
●備要虞祭祝文式;維年號幾年歲次干支幾月干支朔其日干支孤子某敢昭告于(云云)
●弘齋全書祭文;維歲次辛卯六月亡弟禛之柩還自耽羅謫中將以某月干支葬于(云云)

▶1728◀◆問; 축문.

오늘 음력(초하루)으로 월 간지(신축)와 일 간지(신축)가 같을 경우 축문을 쓸 때월, 일 간지를 어떻게 해야 합니까?

◆答; 축문.

제삿날이 초하루일 때 간지삭 후 일진을 써야 하는지의 여부를 고증하기 위하여 여러 예서 특히 문답형 예서를 두루 뒤적이었으나 명확히 기록되어 있음을 찾지 못하였습니다. 다만 본인이 밝혀본 바로는 아래와 같은 말씀뿐으로 이를 미루어 보건대 초하루가 제삿날이라 하여도 "모월신축삭일일신축(某月辛丑朔一日辛丑)"이라 씀이 당연함이라 거론됨이 없지 않나 생각됩니다.

●家禮集考年歲月朔日註某月干支朔某日干支則此所云月朔日是也
●疑禮通考祝云朔日條退溪答金伯榮曰稱某朔似當以月建然嘗考之古文實皆指朔日之支干蓋古人重朔朔差則日皆差故必表出而言之耳

▶1729◀◆問; 축문에 대한 문의입니다.

축문에,
不勝永慕(불승영모)
不勝感慕(불승감모)
彌增感慕(미증감모)
라는 문구가 있는데 이들 문구가 제(祭)에 따라 각기 사용하는 하는 문구가 다르다고 하는데 위의 문구들은 각기 어느 제(祭)에 사용되는 문구들인지요.

參考;
우리 문중의 시향제는 15~20 대조 이상 올라가는 문중 시향제로 현재 축문에 不勝永慕(불승영모) 라고 쓰고 있는데 이 문구를 써도 무방한지요.

◆答; 묘제 축문에서.

축문(祝文)에서 정분(情分)을 나타내는 문구(文句)의 쓰임새. (參考文獻 家禮 要訣 備要 便覽 等 書)

●家祭
高曾祖-----不勝永慕

考妣-------昊天罔極
旁親--------(追遠感時削)不勝感愴
妻弟以下----不勝哀戚(改造語)
親盡祖
追惟報本禮不敢忘

●墓祭
高曾祖---不勝感慕
考妣-----昊天罔極
旁親-----(追遠感時削)不勝感愴
妻弟以下--不勝哀戚(改造語)

親盡祖
追惟報本禮不敢忘(便覽)

아마도 미증감모(彌增感慕)는 혹(或) 가문(家門)에서 개작(改作)으로 보이며 예서(禮書)의 묘제축식(墓祭祝式)에는 고비(考妣) 호천망극(昊天罔極) 조(祖) 이상에는 불승감모(不勝感慕)입니다.

▶1730◀◆問; 축문에 삭자는 쓰지 않는다.

초하루 간지를 써야 하는지? 월건(月建)을 써야 하는지? 삭자(朔字)를 쓰지 말아야 하는지? 단기 연호를 쓰면 년 월 일 간지를 쓰지 않아도 되는지요?

◆答; 삭(朔)이란.

퇴계(退溪) 선유(先儒)께서 하신 말씀이 옛날 사람들은 초하루 일진(日辰)을 중(重)히 여긴 것은 초하루 일진(日辰)이 틀리면 다음날 일진이 모두 어그러지는 까닭에 반드시 써야 한다 라 말씀하셨을 뿐만 아니라, 그 달 초하루 일진(日辰)이란 이와 같이 중요할 뿐만 아니라 초하루 일진은 그 달을 맞게 쓰여졌나도 검증(檢證)할 수 있게 됩니다.

●退溪曰古人重朔朔差則日皆差故必表出而書之耳

▶1731◀◆問; 축문에서 그 해의 연자를 안 읽는 이유.

1. 수고 많으십니다
2. 축문(祝文)에서 모년(某年) 모월(某月) 모일(某日) 에서 예: 올해가 계사년(癸巳年)이면 축문 쓸 때 계사 오월 21 일 이라 쓰는데 왜 계사년이라 안 쓰고 계사라고만 쓰고 읽는지요?

◆答; 축문에서 그 해의 연자를 안 읽는 이유.

전제된 세차(歲次)란 "해의 차례"란 뜻과 동시에 연차(年次)란 의미인데, 그 차례란 육십갑자(六十甲子)에서 그 해에 닿는 간지(干支)의 차례를 의미합니다. 따라서 간지(干支)만 써도 간지년(干支年)을 의미하게 됩니다.

●辭源[歲次]每年歲星所值的星次與其干支叫歲次古以歲星紀年也叫年次
●白居易長慶集二三祭廬山文維歲次丁酉二月二十日乙酉
●康熙字典[年]歲也
●周禮春官正歲年以序事(註)中數曰歲朔數曰年

▶1732◀◆問; 축문에서 삭이란?

축문(祝文) 예문을 보면 몇 년 몇 월 삭(朔)을 쓰게 되어있는데 어떤 의미인지 궁금합니다? 삭을 표시 안하고 날짜 간지만 쓰면 안되나요?

◆答; 축문에서 삭이란?

1) 아래와 같이 살펴보건대 옛날에는 간지(干支)로 초하루 일진(日辰)을 먼저 쓰고 초이튿날(旁死魄) 일진(日辰)을 써나갔음. 이와 같이 일자(日字)를 간지(干支)로 따져나가다가 후일(後日)에 일자(日字)를 쓰게 되어 먼저 반드시 초하루 일진(日辰)을 써야 하며,

2) 퇴계(退溪) 선유(先儒)께서 하신 말씀이 옛날 사람들은 초하루 일진(日辰)을 중(重)히 여긴 것은 초하루 일진(日辰)이 틀리면 다음날 일진(日辰)이 모두 어그러지는 까닭에 반드시 써야 한다 라 말씀하셨을 만 아니라,

3) 간지삭(干支朔)을 기입(記入)하는 것은 축문(祝文)의 법식(法式)인 까닭에 필(必)히 써야 격식(格式)에 당(當)한 것입니다.

●書·武成維十月壬辰旁死魄越翌日癸巳註先記壬辰旁死魄然後言癸巳猶後世言某日必先言某朔

●退溪曰古人重朔朔差則日皆差故必表出而書之耳

▶1733◀◆問; 축문에 관한 질문입니다.

다음과 같은,

"~ ○○○○年歲次干支 ○月干支朔 ○日干支 ~" 축문 서식 중에서 예를 들면 2005 년 3 월 21 일 즉, 음력 2 월 12 일의 경우 "~乙酉二月癸巳朔十二日甲辰~"이 됩니다만, 저의 생각으로는 "~乙酉二月己卯十二日甲辰~" 이와 같이 월간지를 사용하면 안 될까요?

2 월 초하루 간지가 아닌 2 월 월간지를 말합니다. 왜 초하루 간지를 사용해야 할까요?

◆答; 축문 중 간지삭(干支朔)에 대하여.

아래와 같이 살펴보건대 옛날에는 간지(干支)로 초하루 일진(日辰)을 먼저 쓰고 초이튿날(旁死魄)일진을 써나갔습니다. 이와 같이 일자를 간지(干支)로 따져 나가다가 후일(後日)에 일자(日字)를 쓰게 되어 먼저 반드시 초하루 일진을 써야 합니다.

퇴계(退溪) 선유(先儒)께서 하신 말씀이 옛날 사람들은 초하루 일진(日辰)을 중히 여긴 것은 초하루 일진(日辰)(日辰)이 틀리면 다음날 일진이 모두 어그러지는 까닭에 반드시 써야 한다. 라 말씀하셨습니다.

●書·武成維十月壬辰旁死魄越翌日癸巳註先記壬辰旁死魄然後言癸巳猶後世言某日必先言某朔

●退溪曰古人重朔朔差則日皆差故必表出而書之耳

▶1734◀◆問; 축문에서의 단군기원 연호에 대하여.

저는 우리의 전통유교를 중시하기에 간혹 성균관의 홈페이지에서 참고자료를 얻고 있습니다. 2005 년 5 월 7 일자 모 일간지 신문에서 조선의 21 대 임금인 영조가 1726 년 11 월 6 일 '무수리' 출신 어머니 기일에 친필로 쓴 '숙빈최씨치제문초(淑嬪崔氏致祭文草)' 에서 維歲次 丙午十一月乙丑朔 로 쓰여진 祭文이 공개가 된 것을 보았습니다.

그런데 성균관에서는 이런 형식은 일제강점기에 일본연호를 쓰지 않으려는 우리조상들의 지혜로 사용되었기 때문에 이제는 우리의 연호를 사용하여 維檀君紀元 000 年歲次 000 月(간지)朔 로 쓰기를 권장하고 있는 것을 보았습니다.

여기서 하나의 의문점이 있기에 글을 올리게 되었습니다.

"維歲次 丙午十一月乙丑朔" 이것은 일제강점기(1905-1945)부터 쓰기 시작 한 것이 아니라 이번에 공개된 祭文에서 본 바와 같이 아주 오래 전 이미 조선시대에서도

쓰여졌다는 사실이 밝혀졌습니다. 따라서 성균관에서 祝文 作成時 권장하고 있는 연호의 檀君紀元 000 年歲次 대신 維歲次 丙午十一月乙丑朔의 형식으로 변경을 하여 권장을 해야 된다고 사료됩니다.

◆答; 유년호세차(維年號歲次)에서 연호에 단군기원은 쓰지 않습니다.

아래와 같이 살펴보건대 이미 500여 년 전에도 연호(年號) 없이 유세차(維歲次)라 하였으니 지금에도 유세차간지(維歲次干支)라 써도 년도(年度)를 나타냄에 아무 문제가 없습니다.

연호(年號)에 단기(檀紀)를 쓸 까닭도 없을뿐더러 지금은 서기(西紀)를 사용하고 있으니 단기를 서기와 맞추려면 2333을 제하여야 서기 몇 년인지를 알게 되는 불편도 있습니다.

●世宗實錄十七年乙卯(1435)二月二十九日辛未自一品至庶人昏禮儀納采告祠堂曰;維歲次某年某日某朔孝曾孫某敢昭告于
●扶桑錄扶桑日錄乙未(1655)四月二十一日祭海神祝;維歲次乙未五月甲申朔二十七日庚戌通信正使副使從事官某等謹以淸酌庶羞
●荷齋日記乙未(1895)年七月二十五日晴;祭天祝曰維歲次乙未七月己亥朔二十六日甲子朝鮮國京畿左道楊根南終面分院第三里居池圭植率居民三十餘戶謹齋沐再拜 敢昭告于

▶1735◀◆問; 축문 쓰는 법.

보통 축문에 아버지상(어머니 생존)에는 고자. 어머니상(아버지 생존)에는 애자, 두 분 다 돌아가시면 고애자라고 알고 있습니다. 그러면 형님이 돌아가셔서 친동생 분이 상주가 되었을 경우는 어떻게 해야 합니까? <00 동길(동생이름) 감소고우 > 돌아가신 분은 자식도 없고 부인도 없는데 동생분이 상주로 알고 있는데 맞는지 모르겠습니다. (조카는 있음)

◆答; 애자(哀子) 고자(孤子) 고애자(孤哀子) 효자(孝子) 효손(孝孫).

凶祭; 애자(哀子), 고자(孤子), 고애자(孤哀子).
吉祭; 효자(孝子), 효손(孝孫).
嫡長子; 애자(哀子), 고자(孤子), 고애자(孤哀子), 효자(孝子), 효손(孝孫).
支子; 子.

●雜記上祭稱孝子孝孫喪稱哀子哀孫(註)祭吉祭也卒哭以後爲吉祭故祝辭稱孝子或孝孫自虞以前爲凶祭故稱哀端正也
●性理大全喪禮立喪主;凡主人謂長子無則長孫承重以奉饋奠
●郊特牲祭稱孝孫孝子以其義稱也註祭主於孝是以祭之義爲稱也
●要解孝子祭主於孝稱孝孫子以其義稱也

▶1736◀◆問; 축문 쓰는 법.

1. 평토제 축문 중에 부모님 다 돌아가셨을 경우 고애자, 탈상축문에는 효자라고 하는데 형님이 돌아가시고 남동생이 상주인 경우에는 어떻게 써야 하는지?
2. 딸이 상주인 경우도 고애자, 애자(평토축문) 효자(탈상축문)로 써야 하는지?

◆答; 축문 쓰는 법.

問 1. 答; 아래와 같이 살펴보건대 방친비유수속칭(旁親卑幼隨屬稱)이라 하였으니 형(兄)의 상(喪)에 동생이 상주(喪主)가 되었을 때의 축문에는 단지 제모(弟某)라 고함이 옳을 것 같습니다.

問 2. 答; 아래와 같이 살펴보건대 여식(女息)은 예법상(禮法上) 상주(喪主)가 될 수 없으니(부녀자는 부녀자는 상주가 되지 못함) 그와 같은 예법도 없는 것 같습니다.

●便覽虞祭祝式維年號云云孤子(母喪稱哀子俱亡稱孤哀子承重稱孤孫哀孫孤哀孫妻喪稱夫旁親卑幼隨屬稱)云云

●沙溪曰孤子哀子皆各稱之不混似合於溫公朱子之意依疏狀所稱俱亡稱孤哀亦似不妨退溪之敎亦然

●雜記姑姊妹其夫死而夫黨無兄弟使夫之族人主喪妻之黨雖親不主

●家禮考證立喪主條按立字義至司貨上喪主有二親者主饋奠主人是也尊者主賓客同居之親是也

●喪服小記男主必使同姓婦主必使異姓註喪必有男主以接男賓必有女主以接女賓若父母之喪則適子爲男主適婦爲女主今無男主而使人攝主則必使喪家同姓之男無女主而使人攝主則必使喪家異姓之女謂同宗之婦也

▶1737◀◆問; 축문(예시)에서 四月己卯朔 二十三日辛丑에서.

그 중에서.. 그 기묘삭(己卯朔)을 왜 넣어야 하는지요? 그것이 없어도 몇 월 며칠이라는 글이 다 있지 않습니까요? 여기 혹은 저의 메일 감사합니다. 수고하세요. 그럼 또. lljj33@Khanmail.net 으로 회신 부탁 드립니다.

◆答; 축문 에서.

유세차간지기월간지삭기일간지(維歲次干支幾月干支朔幾日干支)는 전통예법 제례에서 그 날짜를 고하는 법식입니다. 이에서 간지삭(干支朔)은 아래 퇴계(退溪)선생께서 말씀하신 바와 같이 그 날짜를 명확하게 하기 위한 수단입니다.

물론 지금의 시각(時刻)에서는 조금은 거추장스러울 수도 있겠으나 그 시대(時代)에는 육십갑자(六十甲子)가 일자 계산(計算)에서도 중시(重視)되었던 시절(時節)이라 초하루 일진이 정확(正確)하게 기록되면 다음의 날짜는 의심(疑心)의 여지가 없게 되어 초하루일진을 중(重)하게 여겼던 것입니다.

●退溪答金伯榮曰稱某朔似當以月建然嘗考之古文實皆指朔日之支干蓋古人重朔朔差則日皆差故必表出而言之耳

▶1738◀◆問; 축문의 연호에 공기와 단기 중?

계사년 새해에 건강과 행운을 빕니다,

향교행사(鄕校行事)에 연호(年號)를 단기(檀紀)로 써도 되는지요? 아니면 공기(孔紀)로만 해야 하는지 궁금하네요, 현명한 답을 바랍니다.

◆答; 축문의 연호에 공기와 단기.

연호(年號)란 한 제왕(帝王)의 재위(在位)기간(其間)을 기록(記錄)하기 위하여 정한 명호(名號)로 한무제(漢武帝)의 건원연호(建元年號)가 시초(始初)인데, 그 이전(以前)은 축문(祝文)에서 년도(年度) 표시(標示)를 단지(但只) 갑자(甲子)로 표시(標示)하다 그 이후(以後) 상서(祥瑞)와 대사(大事)의 연도(年度) 표시(標示)를 연호(年號)와 갑자(甲子)를 병기(倂記)하게 된 것입니다.

작금(昨今)의 축식(祝式)에 혹(或) 단기(檀紀) 또는 공기(孔紀)를 갑자(甲子)와 병기(倂記)하는 경우(境遇)도 있는 듯하나 유학(儒學)의 법도(法度)로는 양자(兩者) 모두 연호(年號)로 볼 수 없으니 축문(祝文)의 법식(法式)에 옳다 할 수는 없을 것입니다.

다만 유학계(儒學界)의 축식(祝式)이 아니라면 논(論)할 까닭이 없을 것이나 만약(萬若) 유계(儒界)의 축식(祝式)이라면 우리의 마지막 년호(年號)였던 융희(隆熙)가 마감 된 후(後)에 쓰인 국한혼용(國漢混用) "대성단실록(大成壇實錄)" 정단축문식(正壇祝文式)을 살펴보면 "유단군기원사천이백구십사년세차신축사월무신삭초삼일경술후학(維檀君紀元四千二百九十四年歲次辛丑四月戊申朔初三日庚戌後學 云云)"이란 기록(記錄)이 있으나, 지금(只今) 단기(檀紀)는 폐기(廢棄)가 되고 서기(西紀)이니 단기(檀紀)는 거론(擧論)되기에는 명분(名分)이 약하고 혹(或) 기어코 기록(記錄)하고 싶다면 유교(儒敎)의 연기(年紀)인 공기(孔紀)를 사용함이 명분이 선다 할 것입니다.

●辭源干部三畫[年]年號條封建帝王爲紀在位之年而立的名號在漢武帝以前紀年用甲子帝王均無年號自武帝卽位稱建元元年始有年號

●漢書武帝紀建元元年條唐顏師古(注)自古帝王未有年號始起于此(漢詞典)其后每因祥瑞或重大事故而立号

▶1739◀◆問; 축문이나 지방 쓸데 둘째, 셋째 부인도 남편의 관직을 따라 가는가요?

1. 남자의 관직이 있어도 둘째, 셋째 부인은 족보에 올릴 수 있으며 지방이나 축문에 남자의 관직에 따라 즉 품계에 따른 관직을 사용할 수 있는지요? 옛날 법도에는 둘째 부인부터는 족보에 올리지 못하는 걸로 알고 있는데 이것이 맞는지요.

◆答; 축문이나 지방 쓸데 둘째, 셋째 부인도 남편의 관직을 따라감.

후실(後室)의 축(祝)이나 지방(紙榜)에 부군(夫君)의 품계(品階)에 따른 봉호(封號)를 전실(前室)이나 후실(後室; 정식혼)의 모봉(某封)에 모두 같게 쓰고, 족보(族譜) 역시(亦是) 후실(後室) 모두 기록(記錄)하게 됩니다.

●寒岡曰雖前室之子繼母若在則當只稱孤子而不可稱孤哀云蓋繼母在則是母在也若遽稱孤哀則是不母繼母也於禮爲未安故也

●南溪曰繼室之於元妃與夫一體奉祀恐甚得禮所謂非族之祀豈指此類而言耶祝文稱謂禮無明文不敢爲說

●問解續問父若有前後室則前後母神主同出耶只出考與所祭之主耶答並祭爲當前母忌日同祭後母後母忌日同祭前母

●梅山曰前後妣死在同日當先元妣後繼妣若並祭則一擧合設兩祭出主告當曰今以顯妣某封某氏顯妣某封某氏遠諱之辰敢請顯考某官府君顯妣某氏顯妣某氏神主云云忌祭祝遷易下云顯妣某封某氏顯妣某封某氏諱日并臨云云

●砥山曰考妣合祭而有前繼妣祝文則列書下曰歲序遷易下又當云前後妣共顯某親某封某氏諱日復臨云云

●問庶子之所生母題主當何稱朱子曰若避適母則只稱亡母而不稱妣以別之可也

●尤庵曰妣位只書某氏而不書鄕貫自銘旌神主誌石石碑而皆然

●南溪曰題主家禮本文無書姓鄕之文俗論雖非之恐不可從

●某氏族譜

二十六世	二十七世
公雨 字	溶浩 字
生卒	生卒
墓	墓
配長興魏氏 忌	配靈光金氏 忌
墓	墓
配慶州李氏 忌	室晉州鄭氏 00生
墓	

▶1740◀◆問; 축문 중에 근이 주과포 또는 근이 청작과포라는 문절에 대하여.

안녕하세요. 청주에 사는 이덕규입니다. 바쁘신 성균관의 석학님께 또 어려운 부탁을 드려서 죄송합니다.

산신제나 묘제에서 간단한 제수로서 제를 올릴 때 축문 중에서, 근이 주과포(謹以

酒果脯) 또는 근이 청작 과포(謹以 淸酌果脯)라는 문절에 대하여, 이는 잘못이다. 즉 근이 주포과(謹以 酒脯果) 또는 근이 청작 포과 (謹以 淸酌脯果)라고 쓰는 것이 옳다고 강력하게 주장하는데, 어느 것이 모범답안인지 판단하여 주세요. 부탁 드립니다. 그럼 내내 건강하시고 평안하세요.

◆答; 축문 중에 근이 주과포 또는 근이 청작과포라는 문절.

고식(告式)에는 삼헌(三獻) 축문식(祝文式)과 단헌(單獻) 고사식(告辭式)이 있는데 대개 축문식(祝文式)은 상향(尙饗)으로 끝나고 고사식은 건고근고(虔告謹告)로 맺음.

그 고식(告式)에서 근이(謹以) 이하(以下)는 진설(陳設) 제수(祭需)를 고(告)함인데 삼헌(三獻) 상향식(尙饗式)에서는 개개의 품목(品目)을 고(告)함이 아니고 근이청작서수(謹以淸酌庶羞) 등(等)으로 고(告)하고 약설(略設) 단헌(單獻)인 경우(境遇)는 상향식(尙饗式)에서는 진설(陳設)은 주과포해(酒果脯醢) 등이나 고(告)하기는 근이청작포해(謹以淸酌脯醢)로 고(告)하고 건고근고(虔告謹告)의 단헌(單獻) 고사식(告辭式)에서는 그와 같이 찬품(饌品)을 진설(陳設)하였다 하여도 근이주과(謹以酒果)로 고(告)함이 전통(傳統) 축식(祝式)의 일반적(一般的)인 형식(形式)임.

또 우당(愚堂) 축식(祝式)의 단헌지례(單獻之禮) 상향식(尙饗式)에 근이주과포해(謹以酒果脯醢)라 고(告)함의 형식(形式)을 취함을 살펴보건대 일반적(一般的)으로 주과포(酒果脯)라 이르듯이 과(果)는 지산(地産)으로 음속(陰屬)이니 소위(所謂) 음양(陰陽)이라 선창됨에서 고식(告式)에서도 이를 그대로 순서(順序)를 바꾸지 않고 과(果)가 포(脯)의 앞에 놓이게 됨이 아닌가 생각됨.

●忌祭祝式===云云謹以淸酌庶羞云云
●土神祭祝式=①云云謹以淸酌脯醢云云 ②(三獻)云云敢以酒饌云云 ③云云謹以酒果脯醢云云
●告辭式====云云謹以酒果云云

따라서 근이(謹以) 청작과포(淸酌果脯)의 고식(告式)은 전통(傳統) 축식(祝式)에서 찾아지지 않으나 위에서 살펴보았듯이 이미 근이주과포해(謹以酒果脯醢)라 칭(稱)함도 있으니 청작과포(淸酌果脯)라 고(告)함이 예법(禮法)에 합치(合致) 한가는 차치(且置)하고 만약(萬若) 과포(果脯)로 고(告)한다면 포과(脯果)로 고(告)하기 보다는 ①근이(謹以) 주과포(酒果脯), 근이(謹以) 청작과포(淸酌果脯)라 고함이 옳습니다.

▶1741◀◆問; 축식.

부인이 돌아가신 경우 (자녀는 없음) 탈상축문과 납골당에서 납골제를 올리는데 납골축문을 부탁 드립니다. (한문과 한글을 같이 올려주시면 감사하겠습니다)

◆答; 축식.

시대(時代)에 역행(逆行)하는 듯하나 유학(儒學)에서는 아래와 같은 말씀이 계시니 그러한 납골제(納骨祭)에 대한 예법(禮法)이나 축문식(祝文式)은 없는 것 같습니다.

●會成火葬不孝條溫公曰世人沒於遠鄕子孫焚其柩收燼歸葬夫孝子愛親之肌體故斂而藏之殘毁他人之尸在律猶嚴況爲子孫者乃悖謬如此其始出於羌胡之俗浸染中華行之旣久習而爲常見者恬然曾莫之怪豈不哀哉延陵季子適齊其子死葬於嬴博之間孔子以爲合禮必也不能歸葬葬於其地可也豈不猶愈於焚之也
●會成死者之子幼不能主喪妻又不可爲主則兄弟主之至於終喪其子則以衰抱之人爲之拜
●遂菴曰無後之喪只有妻與兄弟則治喪兄弟爲之練祥禫妻主之

▶1742◀◆問; 축문에 대하여.

질문　1. 5　대조 이하 납골당(納骨堂)에서 제사(祭祀)할 경우의 축문 작성은 어떻게 하는지요?

질문 2. 4 대조 까지 기제사를 봉행하다가 집안 사정으로, 한식 날에 3 대 (고조. 증조, 조부모님)의 제사를 모시려 합니다.

◈答; 축문.

질문 1. 答; 위 질문(質問)은 유가(儒家)의 법도(法度)가 아니고 아마도 아래와 같이 살펴보건대 불가(佛家)(절)의 법도(法度) 같습니다.

이미 [불작불사(不作佛事)]라 배웠으니 유자(儒者)라면 감히 불가(佛家)의 법도(法度)를 운운(云云)할 수가 없을 것입니다. 죄송합니다.

●朱子家禮初終不作佛事條司馬溫公曰世俗信浮屠誑誘於始死及七七日百日期年再期除喪飯僧設道塲或作水陸大會寫經造像修建塔廟云爲死者滅彌天罪惡必生(云云)不學者固不足與言讀書知古者亦可以少悟矣

●釋門家禮抄葬法篇天竺葬法有四焉

一. 水葬謂投之江河飼諸魚鼈

二. 火葬謂積薪焚之

三. 土葬謂埋岸傍逮朽之

四. 林葬謂露置寒林以飼鳥獸也

寒林即西域棄屍處律謂多死屍凡入其林者可謂毛寒故名寒林夜

●同葬法立塔條梵語塔婆此云高現又云墳或云浮屠此云聚相傳云作俱羅皆疊塼石爲之形如小塔上無輪盖且立塔有三義一表人勝二令他生信三爲報恩而有築級若初果一級二果二級三果三級四果四級表超三界辟支佛十一級表未超無明一級故佛塔十三級表超十二因綠故若比丘有德望者亦須立塔則無級又持律比丘法事營事有德望者皆應立塔

질문　2. 答; 기제(忌祭)란 그 조상(祖上)이 죽은 날에 지내 제사를 이릅니다. 명절은 차례가 되고 묘는 묘제가 됩니다.

한식(寒食)날 3 대를 모아 제사(祭祀)한다면 그 제사(祭祀) 명(名)을 무엇이라 하겠습니까. 그러하니 날을 잡아 한데 모아 지낼 수는 없습니다.

●祭義君子有終身之喪忌日之謂也註忌日親死之日也

▶1743◀◈問; 축문에 대한 재 질문.

남편상(喪)이 아닌 처상(妻喪)에 대한 탈상축문을 부탁 드린 것입니다. 그리고 지금은 정부에서도 화장을 권장하는 추세고 집안 선산(선영)이라도 매장은 불법인걸로 알고 있습니다. 그러니 예서에는 없지만 처상(妻喪)에 대한 화장 납골축문을 부탁해도 되겠습니까?

◈答; 축문에 대한 재 질문은.

기축년(己丑年) 새해를 맞이하여 참사랑님과 아울러 우리 모두의 가정(家庭)에 만복(萬福)이 깃들기를 기원합니다.

아래 "장사(葬事) 등(等)에 관한 법률(法律)"을 살펴보건대 매장(埋葬)이 불법(不法)은 아닌 상 싶으며 다만 화장(火葬)과 납골(納骨)에 대한 예법(禮法)은 이 법(法)에서는 규정(規定)이 없으니 이에 따른 시행령(施行令) 또는 이를 업(業)으로 하는 단체(團體)에 문의(問議)하심이 원하시는 바른 정보(情報)를 얻으실 것 같습니다.

◈장사 등에 관한 법률.

[일부개정 2008.03.28 법률 제9030호]

제1장 총칙

제1조(목적) 이 법은 장사(葬事)의 방법과 장사시설의 설치•조성 및 관리 등에 관한 사항을 정하여 보건위생상의 위해(危害)를 방지하고, 국토의 효율적 이용과 공공복리 증진에 이바지하는 것을 목적으로 한다.

제2조(정의) 이 법에서 사용하는 용어의 뜻은 다음과 같다.

1. "매장"이란 시체(임신 4개월 이후에 죽은 태아를 포함한다. 이하 같다)나 유골을 땅에 묻어 장사(葬事)하는 것을 말한다.

2. "화장"이란 시체나 유골을 불에 태워 장사하는 것을 말한다.

3. "자연장(自然葬)"이란 화장한 유골의 골분(骨粉)을 수목•화초•잔디 등의 밑이나 주변에 묻어 장사하는 것을 말한다.

4. "개장"이란 매장한 시체나 유골을 다른 분묘 또는 봉안시설에 옮기거나 화장 또는 자연장(自然葬)하는 것을 말한다.

5. "봉안"이란 유골을 봉안시설에 안치하는 것을 말한다.

6. "분묘"란 시체나 유골을 매장하는 시설을 말한다.

7. "묘지"란 분묘를 설치하는 구역을 말한다.

8. "화장시설"이란 시체나 유골을 화장하기 위한 시설을 말한다.

9. "봉안시설"이란 봉안묘• 봉안당• 봉안탑 등 유골을 안치(매장은 제외한다)하는 시설을 말한다.

10. "봉안묘"란 분묘의 형태로 된 봉안시설을 말한다.

11. "봉안당"이란 「건축법」 제2조제1항제2호에 따른 건축물인 봉안시설을 말한다.

12. "봉안탑"이란 탑의 형태로 된 봉안시설을 말한다.

13. "자연장지(自然葬地)"란 자연장으로 장사할 수 있는 구역을 말한다.

14. "수목장림"이란 「산림자원의 조성 및 관리에 관한 법률」 제2조제1호에 따른 산림에 조성하는 자연장지를 말한다.

15. "장사시설"이란 묘지•화장시설•봉안시설•자연장지 및 제29조에 따른 장례식장을 말한다.

16. "연고자"란 사망한 자와 다음 각 목의 관계에 있던 자를 말하며, 연고자의 권리•의무는 다음 각 목의 순서로 행사한다. 다만, 순위가 같은 자녀 또는 직계비속이 2명 이상이면 최근친(最近親)의 연장자가 우선 순위를 갖는다.

가. 배우자.

나. 자녀.

다. 부모.

라. 자녀 외의 직계비속.

마. 부모 외의 직계존속.

바. 형제•자매.

사. 사망하기 전에 치료•보호 또는 관리하고 있었던 행정기관 또는 치료•보호기관의 장.

아. 가목부터 사목까지에 해당하지 아니하는 자로서 시체나 유골을 사실상 관리하는 자.

▶1744◀◆問; 축문에서 제주의 호칭에 관하여 질문 드립니다.

6 대조부모의 세일사를 위하여 축문을 쓰는데 있어서 유세차 모년 모월 모일 다음에 1. 7 세손 아무개 2. 6 대손 아무개 중 무엇이 맞는 것입니까?

여러 가지 책과 인터넷 사이트를 찾아 보았는데, 서로 다른 주장을 하고 있어서 무엇이 맞는 지 모르겠습니다. 아마도 가문마다 학자마다 다른 주장을 하고 있는 것 같습니다. 우리나라 유학을 대표하는 성균관의 공식적인 해석을 기대합니다.

◆答; 축문에서 제주의 호칭.

아래와 같이 살펴보건대 속칭(屬稱)을 세손(世孫)으로 표기한 고축식(告祝式)은 이제까지 찾아보지를 못하였습니다.

혹 세손(世孫)으로 표기하는 가문이 있다 하여도 각 예서(禮書)나 여러 선유(先儒)들께서 대손(代孫)으로 표기하고 있으니 이가 옳다 하여야 하지 않을까 합니다.

●栗谷說埋於潔地臨埋時告辭式

維 年號幾年歲次干支幾月干支朔幾日干支五代孫某敢昭告于 顯五代祖考某官府君 顯五代祖妣某封某氏今就潔地奉安云云

●尤菴說祧墓歲一祭祝辭式

維 年號幾年歲次干支幾月干支朔幾日干支幾代孫某官某(遂菴曰先墓歲一祭祝辭以最長房名書之可也)敢昭告于 顯某親某官府君(合葬則列書)之墓云云

●綱目承重喪畢改題主告辭式

維 年號幾年歲次干支幾月干支朔幾日干支六代孫某敢昭告于 顯六代祖考某官府君 顯六代祖妣某封某氏(列書至曾祖妣不書祔位)玆以先祖考某官府君云云

●備要大祥篇祔廟告辭式

維 年號幾年歲次干支幾月干支朔幾日干支五代孫某敢昭告于 顯五代祖考某官府君 顯五代祖妣某封某氏云云

●陶菴集喪中先廟火改造主告辭式

維 年號幾年歲次干支十月朔日干支五代孫某敢昭告于 顯五代祖考某官府君 顯五代祖妣某封某氏(諸位列書)家禍孔酷祠屋云云

●屛溪集還宗後改題主告辭式

維 年號幾年歲次干支幾月干支朔幾日干支五代孫某官某敢昭告于 顯五代祖考某官府君 顯五代祖妣某封某氏(列至考妣)玆以某立後於云云

●老洲集長房死後合祭親盡祖位祝辭式

維 年號幾年歲次干支幾月干支朔幾日干支五代孫(承重云六代孫)某敢昭告于 顯五代祖考某官府君 顯五代祖妣某封某氏(承重云六代考妣)某先考云云

●梅山集追行吉祭改題主告辭式

維 年號幾年歲次干支幾月干支朔幾日干支五代孫(承重云六代孫)某敢昭告于 顯五代祖考某官府君 顯五代祖妣某封某氏(列書至祖考妣承重云六代祖考妣)玆以某先考某官府君云云

●黎湖集父喪中退行祖大祥祔廟告辭式

維 年號幾年歲次干支幾月干支朔幾日干支六代孫某敢昭告于 顯六代祖考某官府君 顯六代祖妣某封某氏(列書至曾祖考妣)玆以先祖考某官(或先祖妣某封某氏)云云

▶1745◀◆問; 축문 좀.

제가 요즘 축문에 관심이 많아서요. "탈상축" 과" 철연축", 알고 계신 분은 좀 가르쳐 주십시오. 부탁 드립니다.

◆答; 축문.

철연축이란 아마도 한자(漢字)로 철연축(徹筵祝)이라 쓴다. 라 하겠으나 전통(傳統) 상례(喪禮) 용어에는 이런 용어는 없고 삼년상(三年喪)을 마칠 때 궤연(几筵)을 철거(撤去)하는 것을 철영좌(徹靈座)라 합니다.

영좌(靈座)란 연(筵)의 앞에 궤(几)가 붙어 궤연(几筵)이 될 때 비로소 령좌(靈座)와 동의(同義)가 됩니다. 궤연(几筵)에서의 연(筵)자는 자리라는 뜻일 뿐 궤연(几筵)을 의미(意味)하지 않습니다. 따라서 철연축(徹筵祝)이란 아무리 능하게 의역(意譯)한다 하여도 궤연(几筵)을 철거(撤去)하는 축문(祝文)이라 풀 수가 없을 것입니다. 고로 유가(儒家)의 전통예절(傳統禮節) 관혼상제(冠婚喪祭) 예법에서 그러한 용어는 혹 어느 지방의 방언(方言)으로 쓰이는지는 알 수 없으나 사용되지 않는 용어입니다.

탈상(脫喪)축 역시(亦是) 가례적(家禮的) 용어는 아니나 삼년상(三年喪)을 마치고 상복(喪服)을 벗는다는 의미로 상호간(相互間)에 이해되기 때문에 큰 거부감 없이 사용되고 있는 것 아니겠습니까.

●劉賓客詩(劉禹錫. 唐人)前日過蕭寺看師上講筵

▶1746◀◆問; 祝式 문의.

안녕하십니까? 여러 가지 질문에 소상하게 답을 주시는 명륜골 선비님과 그 외 여러 분께 감사 드립니다. 가끔 이 '성균관' 홈피에 들리면서 우리의 전통예절을 접하게 됩니다 만 凡人으로서는 이해도 어렵고 실행하기도 쉽지 않은 부분이 많습니다.

祝式에 대하여 아래와 문의하오니 자세히 알려 주시면 고맙겠습니다. 어떤 자료에 보니(세로쓰기를 원칙으로) 아래와 같은 내용이 있던데 무난한 내용인지요.

① "維" 字는 첫줄에 위에서 세번째 字 위치에,
② 연호는 檀君紀元을 사용하고 "檀" 字는 "維" 字의 다음 줄 맨 위에서부터 시작,
③ 제사대상을 나타내는 "顯" 字는 "維" 字 보다 한 글자 높여서 시작,
④ "饗" 字는 "顯" 字와 같은 위치에 쓴다.
⑤ 그외는 "維" 字와 같은 위치(位置)에서 시작 아니면 성균관(成均館)에서 제정한 표준서식이 있으면 글자의 위치를 정확히 하여 하교(下敎)하여 주시면 매우 감사하겠습니다.

◆答; 축식(祝式).

축식(祝式) 각(各) 행의 올림과 내림의 형태(形態)는 대개(大槪) 아래와 같습니다. 다만 필축자(筆祝者)의 취향(趣向)에 따라 그 높낮이가 결정(決定)되며 그 높낮이는 존경(尊敬)과 위차(位次)의 정도에 따라 주관적(主觀的) 결정에 의한 듯합니다.

●성균관(成均館) 기제사(忌祭祀) 축문(祝文) 한문서식(漢文書式)(출처 본 홈 유교의례에서. 註 본 난의 입력 체계상 각 행 첫 자는 일률적으로 최상에 가지런히 정렬토록 되어 있어 고저의 차서가 나타나지 않은 듯함)

維 檀君紀元四千三百三十年歲次丁丑 四月己卯朔 二十三日辛丑 孝子 全義鄕校典校 甲童 敢昭告于 顯考 書記官 禮山郡守 府君 顯妣 淑人 全州李氏 歲序遷易 顯考 諱日 復臨 追遠感時 昊天罔極 謹以 淸酌庶羞 恭伸奠獻 尙 饗

●國朝五禮儀
維成化某年歲次某甲某月某朔某日某甲云云敢昭告于

●釋奠行禮祝式
維歲次干支月干支朔日干支通訓大夫行砥平縣監某敢昭告于 先聖大成至聖文宣王伏以道冠百王萬世之師玆値上丁精禋是宜謹以潔牲醴齊粢盛庶品式陳明薦以 先師兗國復聖公顔氏郕國宗聖公曾氏沂國述聖公孔氏鄒國亞聖公孟氏配尙 饗

●隨聞要抄釋奠大祭鄕校祝式
維歲次干支月干支朔日干支通訓大夫行砥平縣監某敢昭告于 先聖大成至聖文宣王伏以道冠百王萬世之師玆値上丁精禋是宜謹以牲幣醴齊粢盛庶品式陳明薦以先師 兗國復聖公顔

氏 郕國宗聖公曾氏 沂國述聖公孔氏 鄒國亞聖公孟氏＝＝配尙　饗

●備要祝式

維　年號幾年歲次干支幾月干支朔幾日干支孝子某敢昭告于　顯考某官府君歲序遷易　諱日
復臨(若考妣並祭則曰某親諱日)追遠感時昊天罔極謹以淸酌庶羞恭伸奠獻尙　饗

●祝輯(考妣幷祭祝式)

維　年號幾年歲次干支幾月干支朔幾日干支孝子某敢昭告于　顯考某官府君　顯妣某封某氏
歲序遷易　顯某親諱日復臨追遠感時昊天罔極謹以淸酌庶羞恭伸奠獻尙　饗

●禮祝輯(考妣幷祭)

維歲次干支幾月干支朔幾日干支孝子某敢昭告于　顯考某官府君　顯妣某封某氏　歲序遷易
顯某位諱日復臨追遠感時昊天罔極謹以淸酌庶羞恭伸奠獻尙　饗

●朱子家禮時祭祝文式

維年歲月朔日子孝玄孫某官某敢齊告于高祖考某官府君高祖妣某封某氏氣序流易時維仲
春追感歲時不勝永慕敢以潔牲柔毛粢盛醴祗薦歲事以某親某官府君某親某封某氏祔食尙

饗(忌祭則云歲序遷易諱日復臨追遠感時不勝永慕考妣改不勝永慕爲昊天罔極旁親云諱日復臨不勝感愴餘並同)

●儀節及會成忌祭祝文式

維年歲次月朔日辰孝子某敢昭告于　某親某官府君歲序流易諱日復臨追遠感時昊天罔極謹
以牲醴用伸奠獻尙　饗

▶1747◀◆問; 축식 중 유, 현, 향, 자를 한자 높이는 까닭이 알고 싶습니다.

안녕하세요 질문이 있어서 글을 올립니다.

축문을 쓸 때 유(維), 현(顯), 향(饗) 자(字)는 다른 글자 보다 한 칸 위에 쓰는 것으로 알고 있는데요 그 이유가 궁금합니다.

◆答; 존어(尊語)인 까닭입니다.

維; 발어사(發語詞)라 2자 아래로 최하위(最下位)에 둠.

年號歲次; 연호(年號)는 황제(皇帝)의 집권(執權) 기간이라 최상위(最上位)에 둠.

顯考; 현고(顯考)는 내 조상(祖上)이니 황제(皇帝) 아래에 둠.

饗; 조상(祖上)의 신(神)이 흠향(歆饗) 하심이니 한자 높임. 顯과 同位.

▶1748◀◆問; 축문식(祝文式)의 년호(年號)에 대하여.

연호(年號)에 단군기원(檀君紀元)을 쓰는 경우도 있는 것 같습니다. 연호란 그런 의미가 아닌 것으로 알고 있습니다. 써도 괜찮은지요.

◆答; 축문식(祝文式)의 연호(年號).

축문식(祝文式)에서 연호(年號)는 고축(告祝) 당일(當日)의 제왕(帝王)의 재위(在位)한 연수(年數)를 의미(意味)하는데 지금은 연호(年號)가 없습니다.

지난날 연호(年號)를 사용(使用)하던 때에도 [유세차간지(維歲次干支)]의 축식(祝式)이 있었고 매산(梅山)선생(先生) 말씀에 가례(家禮)와 같이 연호(年號)를 쓰지 않음이 옳다. 라 라고 까지 하신 말씀이 계시니 연호(年號)가 없는 현재(現在)에는 다른 기원(紀元)을 붙여 넣는 것은 축식(祝式)의 법도상(法度上)옳지 않은 것입니다.

혹(或) 기원(紀元)을 넣는다는 주장(主張)이 있는 듯한데 이는 축식의 法度를　理解하지 못한 結果가 아닌가 합니다.

다만 어떠한 理由에서인지는 몰라도 연호(年號)에 기원(紀元; 기원은 연호가 아님)을 써야 한다면 서기(西紀)는 기독교(基督敎)의 연표(年標)이고, 불기(佛紀)는 불가

(佛家)의 연표(年標)이고, 단기(檀紀)는 대종교(大倧敎; 檀君敎)의 연표(年標)이면서 과거 우리나라의 연표(年標)였으나 벌써 이를 폐기(廢棄)하였고, 현재(現在)는 나라에서도 서기(西紀)를 쓰고 있으니 신세대(新世代)에게 쉽게 이해(理解)되도록 알리기 위하여 연표(年標)를 쓴다면 서기(西紀)라야 이치에 합당할 것입니다.

그러나 서기(西紀)는 기독교(基督敎)의 연표(年標)이니 유가(儒家)에서 채용(債用)하여 사용(使用)하기에는 부적절(不適切)하다 할 것입니다.

따라서 만약 연표(年標)를 반듯이 써야 한다면 유가(儒家)에도 공기(孔紀)라는 연표(年標)가 있으니 이를 써야 주체적(主體的)이고 명분(名分)이 설 것입니다.

그러나 지금의 축식(祝式)에서는 이미 연호(年號)란 없어졌으니 당일을 [유세차간지운운(維歲次干支云云)]으로 고함이 축식(祝式)의 법도(法度)에 옳다 할 것입니다.

●辭源干部三畫[年號]封建帝王爲紀在位之年而立的名號在漢武帝以前紀年用甲子帝王均無年號自武帝卽位稱建元元年始有年號
●魯陵志祝文式維年號歲次干支某月朔干支某日干支具衙姓名敢昭告于 魯山君之靈(云云)
●退溪集焚黃文云維嘉靖三十八年歲次己未三月癸酉朔二十五日丁酉男澄敢昭告于(云云)
●備要喪禮虞祭初虞祝文式維年號幾年歲次干支幾月干支朔幾日干支孤子敢昭告于(云云)
●陶庵(1680~1746)曰凡告祝以家禮爲主而如年月干支改皇爲顯等句語多從備要書之餘倣此
●要訣時祭儀祝條維某年歲次某甲某月某朔某日某甲孝曾孫某官某敢昭告于(云云)
●書大傳迎日之辭祝云維某年某月上日明光于上下勤施(云云)
●家禮四時祭初獻條祝取版立於主人之左跪讀曰維年歲月朔日子孝玄孫某官某敢昭告于(云云)
●開元禮吉三皇帝春分朝日於東郊進熟祝文曰維某年歲次月朔日子嗣天子臣某敢昭告於(云云)
●弘齋全書(正祖大王著)祭禛文維歲次辛卯六月亡弟禛之柩(云云)
●崇善殿誌當宁致祭文維歲次庚申十一月乙丑朔二十一日乙酉 朝鮮國王李(云云)
●世宗實錄庶人婚禮儀祠堂納采告辭式維歲次某年某月某朔某日(云云)敢昭告于(云云)
●近齋(1734~1799)禮說祠堂有事告祝式維歲月日干支孝孫某敢昭告于(云云)
●梅山(1776~1852)曰家禮諸說祇云維某年歲次不書年號備要之特書年號襲丘儀也律以春秋尊王之義洪範書祀之例則當書崇禎年號於祝文而今已久遠難用且與碑誌有異從家禮不書恐宐
●梅山禮說遞遷祝文條云維歲次云云五代孫某敢昭告于(云云)

▶1749◀◆問; 祝文에서 孝子란 의미는?
축문에 효자 000 또는 효손 000 로 쓰는데 이것은 본인이 스스로 효자라 함은 가당치 않으므로 불초자 000 로 써야 한다는 사람이 있는데 일을 옳다는 생각이 듭니다. 어떻게 생각하시는 지요. 효자 효손으로 쓰는 이유에 대하여 알려 주십시오.

◆答; 축문(祝文)에서 효자(孝子)란.
축문(祝文)에서 효자운운(孝子云云)의 효자(孝子)는 일반적(一般的) 의미(意味)인 부모(父母)를 잘 섬기는 자식(子息)이란 뜻이 아니고 길제(吉祭)의 축문(祝文)에서 고자(告者)를 일컫는 말로 지자불제(支子不祭)이니 모든 주인(主人)은 장자(長子)인데 장자(長子)가 이미 죽었으면 장손(長孫)이 주인(主人)이 된다 하였으니 이 때의 효자(孝字)는 맏이라는 의미가 있는 것입니다. 따라서 효자(孝子) 효손(孝孫)이라 함은 제사(祭祀)의 주인인 장자 또는 장손, 맏아들 또는 맏손자(孫子)란 의미입니다.

●雜記祭稱孝子孝孫註祭吉祭也卒哭以後爲吉祭故祝辭稱孝子或孝孫疏正義曰吉則申孝子心故祝辭云孝也或子或孫隨其人也細註嚴陵方氏曰祭所以追養而盡於一身之終喪所以哭亡而止於三年孝則爲人子孫終身之行也故子孫之於祭必稱孝
●郊特牲祭稱孝孫孝子以其義稱也註祭主於孝是以祭之義爲稱也
●要解孝子祭主於孝稱孝孫子以其義稱也`
●小記尊祖故敬宗敬宗所以尊祖禰也疏宗是先祖正體尊崇其祖故敬宗子所以敬宗子者尊崇祖稱之義也
●家禮喪禮立喪主條凡主人謂長子無則長孫承重以奉饋奠
●曲禮支子不祭祭必告于宗子註曰支子庶子也

▶1750◀◆問; 축문작성시 세와 대.

안녕하십니까? 세와 대에 대해서 사용방법이 다른데 의견이 제각각 같습니다. 저는 시조로부터 25 세 손입니다. 제가 알기로는 세는 위에서 아래로 내려올 때 세를 쓰고 아래에서 위대로 올라갈 때는 대를 쓰는 것으로 알고 있습니다. 또한 축문에는 세를 쓰지 않고 대를 쓰는 것으로 알고 있습니다.

질의.

1) 축문에는 세를 안 쓰고 대를 쓰는 것이 맞는지요? 맞는다면 특별한 이유가 있는지요?

2) 제가 헌관일 경우 시조님의 제사를 초헌으로 봉행 시 저를 25 대손 000 라고 축문에 쓰나요?

24 대 손이라고 축문에 쓰나요? 25 세 손이라고 쓰나요? 제 생각으로는 본인은 빼고 24 대 손 000 라고 축문을 써야 맞는다고 생각합니다. 답변 주시면 고맙겠습니다.

◆答; 축문작성시 세와 대.

問; 1) 2) 答; 기대손(幾代(孫) 기대조(幾代祖)로 고하는 축문은 대체적으로 친진(親盡) 묘제(墓祭) 등에서 쓰여지는데, 아래와 같이 살펴보건대 혹은 기세손(幾世孫)이라 고한 축문의 사례도 더러 있기는 하나 이는 예외적이고, 퇴계선생께서 축문에는 마땅히 幾代孫 幾代祖라 써야 한다. 란 가르침은 계시나 왜 대(代)로 써야 하신다는 주문(註文)은 붙이시지를 않으셨고, 그 외에서도 왜 축문에 대(代)로 고하는지에 대한 주문(註文)을 살핀 바가 없어 왜인지는 알지를 못합니다. 대수 계산은 대조와 대손은 기준 포함 없이 직계로 헤아려 오르고 내려 계산한 대수가 됩니다.

예를 들어 고조의 조부는 부(父) 1, 조(祖) 2, 증조(曾祖) 3, 고조(高祖) 4, 고조지부(高祖之父) 5, 고조지조(高祖之祖) 6. 이와 같이 헤아려 고조의 할아버지는 나에게는 6대조가 되며 그로부터 같은 계산 방식으로 따져 내려오면 나는 그의 6대손이 됩니다.

●澗松(全鎣弼; 1906~1962. 字 天賚. 號 澗松)集先祖新廟移安時告文維年月日幾世孫某等謹具淸酌脯醢敢昭告于先祖考某官府君先祖妣某封某氏(云云)
●退溪曰祝文當書幾代孫某官某敢昭告于幾代祖某官府君(云云)

▶1751◀◆問; 祝을 읽는 사람을 무엇이라고 하는지요?

수고가 많으십니다. 자주 질문(質問)을 드려 죄송합니다. 성균관(成均館), 향교(鄕校),

서원(書院), 가정 제사 등에서 축(祝)을 읽는 사람을 대축(大祝), 축관(祝官), 축(祝) 등(等)으로 분정을 쓰기도 하고, 부르기도 합니다. 분정에는 어떻게 쓰는 것이 좋으며, 분정이 된 후에는 어떻게 부르는 것이 맞는지요? 고맙기도 하고 죄송합니다.

◆答; 祝을 읽는 사람.

국례(國禮)에서는 대축(大祝), 대부사서인(大夫士庶人)의 예(禮)에서는 축(祝)이라 하는데 기록(記錄)이나 호칭(呼稱)에서 역시 다를 리는 없으나 혹 국례(國禮)에서 이미 제관(祭官)이라 前提되었으니 대축관(大祝官), 서인(庶人)의 예(禮)에서 축관(祝官)이라 기록(記錄) 또는 호칭한다 하여 어그러진다 할 수는 없을 것입니다.

●五禮儀序例上吉禮齊官宗廟四時及攝事條大祝二(六品)
●家禮祭禮四時祭初獻條祝取版立於主人之左

▶1752◀◆問; 축, 지방 문의.

안녕하십니까, 오늘 돌아가신 장모님의 기일입니다. 지방과 축문을 아래와 같이 쓰면 되는지 문의 드립니다. 제주는 장인이십니다.

維　歲次 己丑 五月 庚午朔 十日 戊寅 夫 영환昭告于　亡室 孺人碧珍李氏 歲序遷易 亡日復至 追遠感時 玆以 淸酌庶羞　伸此 奠獻 尙 饗

亡室孺人碧珍李氏神位

◆答; 축, 지방식.

아래 기제 축문식(祝文式)은 거의 모든 기제사(忌祭祀)에 변통(變通)(응용)하여 사용(使用)할 수 있는 예문(例文)입니다.

●忌祭祝文式

維 歲次干支幾月干支朔幾日干支孝子(祖考妣云孝孫曾祖考妣云孝曾孫高祖考妣云孝玄孫旁親兄弟妻子當云隨屬稱)某官某(弟以下不名)敢昭告于(妻去敢字弟以下但云告于) 顯考某官府君(或母云顯妣某封某氏或高曾祖考妣倣此妻云亡室某封某氏卑幼改顯爲亡去府君二字○備要若考妣並祭則列書)歲序遷易 諱日復臨(備要若考妣並祭則曰某親諱日復臨○妻弟以下云亡日復至)追遠感時昊天罔極(高曾祖考妣改昊天罔極爲不勝永慕旁親去追遠以下八字云不勝感愴妻弟以下當改感愴以他語○愼獨齋曰妻忌無古辭只不勝感愴○近齋曰不勝感愴旣爲旁親以下通用子弟忌祭亦可用之○全齋曰妻子云不勝感念弟以下不勝感愴) 謹以(妻弟以下云玆以)淸酌庶羞恭伸奠獻(備要妻弟以下云伸此奠儀)尙 饗

이 예문(例文)에서 처(妻) 기제축(忌祭祝)으로 변통(變通)하여 보면 아래와 같은 축문식(祝文式)이 되는 것 같습니다.

●妻忌祭祝文式

維　歲次干支幾月干支朔幾日干支夫昭告于　亡室某封某氏歲序遷易　亡日復至不勝感愴(或不勝感念)玆以淸酌庶羞伸此奠儀尙 饗

비도산고불자승감(悲悼酸苦不自勝堪)은 아래의 고비(考妣)이상(以上)의 상제(喪祭) 축식(祝式)에서 숙흥야처애모불녕(夙興夜處哀慕不寧)을 처(妻)의 상제(喪祭)에 고쳐 쓰이는 용어(用語)로 기제(忌祭)에 쓰이는 용어(用語)가 아님. 처상(妻喪)을 당한 상제(喪祭)에서도 "비도산고불자승감(悲悼酸苦不自勝堪)"으로써야 바른 축식(祝式)인 것 같습니다. 그 전거(典據)는 상례비요(喪禮備要) 우제(虞祭) 축문식(祝文式)임.

●虞祭祝文式(凡告祝以家禮爲主而如年月干支改皇爲顯等句語多從備要書之○備要便覽年號幾年今不用去此四字)

維 歲次干支幾月干支朔幾日干支孤子(母喪稱哀子俱亡稱孤哀子承重稱孤孫哀孫哀孫妻喪稱夫旁親卑幼隨屬稱)某(弟以下不名)敢昭告于(妻去敢字弟以下但云告于) 顯考(母云顯妣承重云顯祖考或顯祖妣妻云亡室旁親卑幼隨屬稱卑幼改顯爲亡)某官(此下當有封諡二字下同)府君(內喪云某封某氏卑幼去府君二字)日月不居奄及初虞(備

要再虞云再虞三虞云三虞)夙興夜處哀慕不寧(備要告子云悲念相屬心焉如燬告弟云悲痛猥至情何可處告兄云悲痛無已至情何如告妻云悲悼酸苦不自勝堪)謹以(妻弟以下云玆以)淸酌庶羞(家禮潔牲柔毛粢盛醴齊牲用家則曰剛鬣不用牲則曰淸酌庶羞祫合也欲其合於先祖也○儀節潔牲柔毛粢盛庶品)哀薦(旁親云薦此妻弟以下云陳此)祫事(備要再虞云虞事三虞云成事)尙　饗

▶1753◀◆問; 출가 여동생 제사 추석 차례 전날 지내고 다음날 차례를 지내도 비례가 아닌지 궁금합니다.

출가한 여동생이 5 년 전 사망하여, 제사를 조카들이 지내고 있는데 추석 茶禮(차례) 전날이라 오빠인 제가 그 제사에 參與(참여)하고 다음날 추석 차례를 지내도 조상께 불경스러운 일이 되는 것이 아닌지 궁금합니다.

주변에서는 손아랫사람이고 출가외인이라 조상께 차례를 드리는 바로 전날 제사를 지내는 것에 대해 우려를 표시하고 있어 질의를 드리게 되었습니다. 감사합니다.

◆答; 출가 여동생 제사.

추석 전날이라 함이 추석이 15일이니 14일 밤 자시(子時)라면 명절은 전일일쇄소재숙(前一日灑掃齋宿)이니 재계의 때라 참여할 수가 없고 13일 밤 자시(子時)라면 재숙(齋宿) 이전 날이니 쇄소재숙(灑掃齋宿)에 아무런 문제가 없으니 참여하여도 꺼릴 것은 없을 것 같습니다.

●家禮本註俗節前一日灑掃齋宿闕明夙興開門軸簾每龕設云云

▶1754◀◆問; 출가하지 못하고 돌아가신 고모 제사.

안녕하세요. 궁금한 것이 있네요. 저희 고모가 막내인데, 시집을 못 가고 돌아 가신 지가 이제 1 년이 되어가요. 그래서 올해 제사를 지내려고 하는데. 들리는 말에 의하면 결혼도 안 했고, 챙겨줄 사람이 없다는 등 하면서 제사를 안 해야 하는 것이 맞는다는 소리가 있어서 궁금해서 질문을 드립니다.

당연히 고모고 챙겨 드리려는 건데, 혹시 챙기지 말아야 하는 것인지 답변을 해주시면 감사하겠습니다.

◆答; 성혼하지 않고 사망하였을 때의 제사 법도입니다.

○남녀(男女) 이십(二十)이 넘었거나 남자는 취처(娶妻)를 하고 여자는 혼약(婚約)을 하고 죽었으면 그의 형제(兄弟)의 손대(孫代) 까지 제사(祭祀)하고,
○16 세~19 세에 죽었으면 형제의 子 대까지 제사하고,
○15 세~12 세에 죽었으면 그의 형제의대 까지 제사하고,
○11 세~8 세에 죽었으면 그의 부모 대 까지 제사하며,
○8 세 안에 죽었으면 제사를 지내지 않습니다.

●家禮成服篇凡爲殤服以次降一等條凡年十九至十六爲長殤十五至十二爲中殤十一至八爲下殤不滿八歲爲無服之殤男子已娶女子許嫁皆不爲殤○又通禮旁親之無後者以其班祔條程子曰無服之殤不祭下殤之祭終父母之身中殤之祭終兄弟之身長殤之祭終兄弟之子之身成人而無後者其祭終兄弟之孫之身
●通典年過二十而死者禮不降殺不得同殤例也

▶1755◀◆問; 출처와 재취의 제사를 어떻게 하여야 하니.

부친이 첫째 부인과 큰 아들 하나 두고 이혼하고(첫째 부인은 재가하여 아들 등 자식들을 두고 있음) 재취하여 작은 아들 하나와 딸 셋을 두었음(호적은 이혼과 재혼 절차를 거치지 않고 첫째 부인이 호적에 그대로 있음) 현재는 재취부인이 먼저 돌아가시고 다음에 첫째 부인이 개가한 집안에서 돌아가시고(묘소도 개가한 집안에서

모셨음) 그 다음에 부친이 돌아가셨는데 현재 제사는 부친과 첫째 부인은 큰 아들이 모시고 있고(개가한 집안에서도 모시고 있음) 재취부인은 작은 아들이(작은 아들은 양자 갔고, 양자 집안으로는 큰아들과 6촌간임) 모시고 있음.

질의

1. 현재 제사 모시는 방법이 맞는지? 아니면 맞는 방법은?

2. 현재 작은 아들이 생모(재취부인) 제사를 모시는 것을 불변으로 할 때가. 작은 아들이 생모(재취부인) 제사를 모실 때 지방에 부친과 함께 첫째 부인도 함께 모셔야 하는지?

나. 제사를 지내는 집과 명절 차례를 지내는 집안이 달라도 되는지, 즉 부친이 돌아가신 후 이번 추석에 첫 명절 차례를 지내게 되는데 작은 아들이 생모(재취부인) 차례를 지내지 말고 큰 아들이 모시는 부친 차례상에 첫째 부인과 같이 지내야 하는지?

◆答; 출처 제사는 지내지 않고 재취제사만 지냅니다.

재가한 어머니는 재가(再嫁)하여 얻은 자손(子孫)이 그 제사(祭祀)를 받들고 계모(繼母)는 사당(祠堂)에 부친(父親) 감실(龕室)에 비(妣)로 그 신주를 합감(合龕) 전실 아들이 계모(繼母)가 죽으면 그 상(喪)의 상주(喪主)가 되고 그 제사(祭祀)의 주인(主人)이 되어 초헌(初獻)을 합니다.

●朱子曰出妻入廟決然不可爲子孫者只合歲時就其家之廟拜之若相去遠則設位望拜可也
○又曰嫁母者生不可入廟死不可以祔于廟

●寒岡曰雖前室之子繼母若在則當只稱孤子而不可稱孤哀云蓋繼母在則是母在也若遽稱孤哀則是不母繼母也於禮爲未安故也

▶1756◀◆問; 치자가 붙은 어류는 제사에 쓰지 않는다 하는데.

선생님의 말씀 감사히 잘 받았습니다. 그런데 다름 아니오라' 삼례의(三禮儀) 진설도(陳設圖)'의 내용을 한글 표기로 알기 쉽게 다시 한번 요청 말씀을 올리면 아니 되겠는지요? 그리고 '삼색 나물'의 종류는 무엇이고 또한, '시금치'나물 또한 고사, 제사상에 올릴 수 있는 나물인지요? '치'자가 들어간 생선은 안 된다고 해서요. 질문 드려 봅니다. 자주 번거롭게 해서 죄송합니다. 그럼 수고 하십시요.

◆答; 치자가 붙은 어류는 제사에 쓰지 않는다 하는데.

아래와 같이 살펴 보건대 어류 중 리어(鯉魚; 잉어)는 제사(祭祀)에 쓰지 않는다 하였는데 실학파(實學派)이신 성재(性齋) 선생께서는 우리나라에서는 이도 금하지 않는 것이 옳다 하셨습니다.

그 외 치자가 쓰인 어류(魚類)를 제사에 올리지 않는다는 전거는 보이지 않습니다.

●黃氏紹曰鯉魚不用於祭祀
●沙溪曰桃及鯉魚不用於祭見家禮及黃氏說
●性齋曰或不用鯉魚則可異也李唐以鯉李音同禁食號爲赤鯶公黃說謬矣我國則無禁用之可也

▶1757◀◆問; 친구제사문의.

친구가 사고로 십여 연전(年前)에 죽었습니다. 부인과 1남 1녀를 두었죠. 부인이 시어머니와 같이 살고 있습니다. (시아버지는 작고 하심) 지금은 장남이 대학에 입학하고 둘째가 여고 1년 입니다.

궁금한 것은 지금까지 친구 기일에 여러 친구들이 참석해 제사를 식구들과 같이 지냈는데, 이제는 아들이 장성했으니 그만 가는 것이 맞는 것인지, 계속 제사에 친구들이 참석해야 하는지 의견이 분분합니다. 어떻게 해야 하는 것인지를 가르쳐 주시기 바랍니다.

◆答; 빈(賓)으로 참석한 친구.

빈(賓)은 종헌(終獻)도 할 수 있습니다. 따라서 망인(亡人)과 절친(切親)한 친구(親舊)로서 언제부터는 참여(參與)하지 않는다는 전거(典據)는 없습니다.

●家禮時祭初獻主人亞獻主婦爲之終獻兄弟之長或長男或親賓爲之

▶1758◀◆問; 친정부모 제사를 지내는데요.

이럴 때는 정말로 궁금하여 이곳에까지 왔네요. 다름이 아니옵고 시집을 간 딸자식이 친정부모님의 제사를 모실까 하는데. 음식이나 모든 것은 다할 수 데 지방 쓰는 방법과 그리고 제사를 지내면 절을 해야 하는데. 남자들과 같은 방법으로 하면 되는 것인지 궁금 합니다.

그리고 사위가 제사를 지난다면 (장인. 장모.) 지방을 어떻게 써야 되는지도 알고 싶습니다. 이곳이라면 자세히 알려 줄 것 같아서 올립니다.

◆答; 외손이 있으면 외조부모 제사를 그가 지냅니다.

아직 외손(外孫)이 없다면 출가(出嫁)한 장녀(長女)가 지냅니다.

●大典外祖父母及妻父母無主祭者當於各忌日用俗儀祭之
●艮齋曰妻父母妻主祭此爲正禮外舅無後當使妻主祭而祝以顯考顯妣書之此無二統之嫌故也

▶1759◀◆問; 친정부모축문.

요즘 아들이 없고 해서 친정부모를 딸자식이 제사를 모실 때의 축문이 있습니까. 출가한 딸과 출가하지 아니한 딸의 축문이 구별 되면 구별해서 부탁합니다.

◆答; 친정 부모 축문.

친정부모(親庭父母)는 무축단헌(無祝單獻)의 예로서 지방(紙牓)은 현고비(顯考妣)로써 붙이게 됩니다.

●梅山禮只許出嫁者於其父母無后者忌日則單獻無祝紙榜則亦書顯考妣是爲可從而至於四時節日則亦當略設伸情矣

▶1760◀◆問; 친정 어머니 제사 및 시댁 외할아버지 제사 문의.

1. 친정(親庭) 어머니 제사나 차례 때에 가서 참여했었는데 시어머니가 시집에 좋지 않다고 그러는데 사실인지.
2. 장남이 외할아버지 제사를 지내는 건 옳은 건지 해도 된다면 시댁 말고 장남 집에서 지내야 하는 건지. 답변 부탁 드립니다.

◆答; 친정 어머니 제사 및 시댁 외할아버지 제사.

문; 1. 答; 무속적(巫俗的)인 생각이거나 속설(俗說)에 불과할 것 같습니다. 다만 기제사(忌祭祀)란 시댁과 겹칠 일은 거의 없을 것이나 명절 참례(參禮)는 시댁에서도 지낼 것인데 이에 참여치 않고 먼저 친정으로 가 참여 할 수는 없을 것입니다.

문; 2. 答; 외손봉사(外孫奉祀)에 관하여 지난날에 논난(論難)이 분분(紛紛)하였던 예입니다. 그러나 아래와 같이 살펴보건대 외손(外孫)이 부득이(不得已) 외조부모(外祖父母) 봉사(奉祀)를 하게 되면 시제(時祭)나 다례(茶禮)에는 제 조상(祖上)이 먼저이며 그 봉사(奉祀)는 외손(外孫) 죽음으로 마친다 라 하심이 있으니 외손(外孫) 봉사(奉祀)가 예(禮)에 크게 어그러진다 할 수는 없으며 시댁 말고 장남 집이란 말은 이해가 잘 되지 않으나 그 외손(外孫) 집에서 지내면 될 것입니다. [불가설(不可說)을 인용(認容)하지 않았음)]

●退溪曰外孫奉祀一廟而二姓同祭夫天之生物使之一本而此則爲二本焉甚不可也今人或不幸其外家祖先無後而未有所處者不忍其主之無歸則權宜奉置別所而往來奠省未爲不可若公然與其本親同享一廟則悖理莫甚所謂神不歆非禮者此類之謂也故今於外孫奉祀之問不敢苟徇而以爲可行也

●寒岡曰外家神主奉祀本非禮經今者不得已奉祀則當時祀茶禮時先祭祖外祖次祭

●陶庵曰朱子非族之祀一句語實爲正論愚意爲外孫者設或不得已而權奉其祀已身歿後卽當埋安

▶1761◀◆問; 컴퓨터 지방쓰기에 대하여.

요즘 지방 또는 축을 쓸 때 컴퓨터로 작성하여 출력하는 경우가 있는데 예법에 어긋나는지요?

◆答; 컴퓨터 지방쓰기.

그와 같음을 여러모로 두루 헤아려보건대 합당하다 동의(同意)할 수는 없으나 아래와 같이 살펴보건대 우암 선생 말씀이 집안에 글씨 잘 쓰는 사람이 없으면 부인(婦人)의 신주(神主)도 외객(外客)이 써도 된다 하셨으니 본인이 쓸 수 없다면 다른 사람의 손을 빌리는 것은 당연하다 할 것이고 특히 요즘은 지필묵(紙筆墨)을 갖추고 있지 않은 집도 있을 것이니 더욱 그러 할 것입니다.

다만 내 손으로 능히 쓸 수 있다면 정좌하여 공경하는 마음으로 써야 되겠지요.

●問內喪題主使外客尤菴曰一家如無善書者何可不用外客死生異也

▶1762◀◆問; 큰 고조 지방은.

큰 고조할아버님의 지방은 어떻게 써야 합니까.

◆答; 큰 고조 지방은.

아래와 같이 살펴보건대 백고조부(伯高祖父)는 종가(宗家)의 종손(宗孫)으로 만약(萬若) 상상(殤喪)이었다면 종가(宗家)에서 부위(祔位)로 제사(祭祀)하다 부(祔)하였던 조상(祖上)인 본위(本位)가 친진(親盡)이 되어 장방(長房)으로 체천(遞遷) 출묘(出廟) 시 그 위(位)에 부(祔)하였던 부위(祔位)는 비요(備要)에 의하면 이미 매안(埋安) 되었을 것이고, 무후(無後)였다면 종손(宗孫)이니 입후(入後)로 대(代)가 계승(繼承)되었을 것이라 방친(傍親)이 제주(祭主)가 될 수 없음으로 백고조(伯高祖)의 지방(紙榜)을 선생(先生)의 속칭(屬稱)으로 쓸 수가 없는 것입니다.

다만 그 종손(宗孫)이 유고(有故)로 제사(祭祀)를 지낼 수 없을 때 선생이 최 근친자(近親者)라면 지방(紙榜)은 종손(宗孫) 속칭으로 쓰고 섭행(攝行)은 가능하겠지요.

어떻게 할 수가 없이 섭행(攝行)도 할 수 없어 스스로 제사(祭祀)를 지낼 수 밖에 없다면 아래와 같이 쓰면 될 것입니다.

顯伯高祖考某官府君神位

▶1763◀◆問; 큰달 30일 제사 다음해 작은달 29일일 때 제사는?

거두절미, 궁금한 사항을 문의합니다. 아버님의 기제사 일자가 음력 30일인데 금년에는 그 달이 29일까지로 30일이 없습니다. 이 경우, 제사일을 그 달 마지막 날인 29일로 해야 하나요, 아니면 다음 달 초하루로 해야 하나요? 고견을 기다립니다.

◆答; 큰달 30일 제사 다음해 작은달 29일일 때 제사.

아래와 같이 살펴보건대 음력 대월인 30 일 날 작고하였으면 다음해에 같은 밖에 없으면 같은 그믐인 29 일이 기제 날이 된다는 것입니다.

●通典庚蔚之曰今年末三十日亡明年末月小若以去年二十九日親尙存用後年正朝爲忌此必不然
●問解大月三十日死者後値小月固當以二十九日爲忌値大月則自當以三十日爲忌小月晦日死者候値大月當仍以二十九日爲忌不可延待三十日也

▶1764◀◆問; 큰아버지 혹은 작은아버지의 지방.

안녕하세요? 지방(紙牓) 쓰는 것과 관련(關聯)하여 말씀을 올립니다. 큰아버지나 작은 아버지의 지방을 쓸 경우에 현백숙부라고 써야 하는지 아니면 현백숙고. 라고 써야 하는지요? 문헌이나 사람들에 따라서 그에 대한 입장이 다른 것 같아서요. 말씀을 기다립니다.

◆答; 큰아버지 혹은 작은아버지의 지방식.

아래와 같이 살펴보건대 한강(寒岡) 선유(先儒)께서 백숙부모(伯叔父母)도 고비(考妣)를 붙인다. 라 하셨으나 여러 말씀을 참고(參考)하건대 고비(考妣)는 친부모(親父母)에게 불이고 방친(傍親)은 수속칭(隨屬稱)이라 하였고 주부자(朱夫子)께서 하신 말씀에 서얼(庶孼)이 자기(自己) 생모(生母)도 비(妣)를 붙이지 못하고 생전(生前) 속칭이 모(母)를 붙인다 하셨으니,

방친(傍親)의 지방(紙榜)에는 생전(生前)의 칭호(稱號)대로 현백부(顯伯父), 현백모(顯伯母), 현중부(顯仲父), 현중모(顯仲母), 현숙부(顯叔父), 현숙모(顯叔母) 등(等)의 속칭(屬稱)으로 씀이 현재(現在)의 전거(典據) 상(上)으로는 옳을 것입니다.

다만 한강설을 존중(尊重)하는 가문(家門)에서는 백숙부모(伯叔父母)에게도 고비(考妣)를 붙인다 하여 오류(誤謬)라 할 까닭은 없을 것입니다. 이유(理由)는 그와 같이 주장(主張)하신 전거(典據)를 명확(明確)히 밝히신 바를 찾지를 못하였을 뿐입니다.

●旅軒曰雖旁親若尊位則皆用顯字府君字
●南唐曰母者生我之稱雖非生我者苟有父母之道者皆可稱之妣者配父之稱苟非配父者不可以混稱也伯叔母旣不可稱妣則伯叔父又不可獨稱考矣此則考妣之稱不可以復加於旁尊矣
●問仲父無后而伯父主宗故題以亡弟矣今有仲母喪而伯父且卒從兄移在遠地家親今則主喪題主何以爲之陶菴曰在重宗之義恐當以令從兄爲主題主以顯仲母矣今從兄方在遠哀姑攝祭畢竟班祔爲得
●問伯叔父母當以伯考妣叔考妣書之註其旁曰姪子某奉祀耶寒岡曰恐當曰顯伯考旁註則恐當曰從子某
●大全問庶子之所生母死題主當何稱朱子曰若避嫡母則止稱亡母而不稱妣
●便覽題主粉面式條顯考(註)承重云顯祖考傍親卑幼隨屬稱○又婦人粉面式條顯妣(註)承重云顯祖妣旁親卑幼隨屬稱
●備要題主祝文式條顯考某官封諡府君(云云)敢昭告于顯伯父某官府君顯伯母某封某氏叔父母同

▶1765◀◆問; 타인 제사를 내가 대신 지낼 때 지방 서식.

저는 본의 아니게 내가 아는 다른 집 조상의 차례를 올려야 하는 경우를 갖게 되었는데 그때 남의 조상을 어떻게 표시하고 제가 대신 차례를 올린다는 것을 지방에 표시하고 싶은데 방법을 모르겠습니다,

다시 말씀 드려 저는 남의 시제 차례를 준비하고 음식을 마련해 주는 위치에 있는

사람인데 매년 시제에 한 분이 참석 하시다가 금년에는 그분의 피지 못할 사정으로 시제에 참석할 수 없으니 저에게 시제 절차를 대행하여 달라는 부탁을 해와서 차례 음식은 이미 준비되었고 제주의 청을 들어 드리기로 하고 시제를 올리려 하니 최소한 지방이라도(일기 관계로 집에서 제를 올림) 모시고 제를 올리는 것이 예의 아닌가 생각하고 문의 드립니다.

= 예문을 표시하여 주시면 감사하겠습니다, 저는 경주 김가 이고 실제 제사를 올려야 하는 사람은 밀양 박씨라면 지방을 어떻게 쓰면 될까요?

◆答; 타인 제사를 내가 대신 지낼 때 지방 서식.

타성(他姓)의 제사(祭祀)는 외조부(外祖父)와 집에서 부리는 사내종이 주인(主人)이 묘제를 지내러 묘소로 갈 수가 없을 때에 섭행(攝行) 할 수가 있는 것 같습니다.

그러나 사내종이 아닌 타인(他人)이 남의 묘제(墓祭)를 대신(代身) 지낸다는 전거(典據)가 없으니 그 예법(禮法)을 일러 드릴 수가 없습니다.

●寒岡曰世俗之行墓祀於神主者亦似未安是神主祭也非墳墓祭也
●韓魏公家祭式寒食上墓祭又十月一日如上墓儀若身不能往竝遣親者代祭
●朱子曰上谷郡君謂伊川曰今日爲我祀父母明年不復祀矣是亦祭其外家也然無禮經
●大典外祖父母及妻父母無主祭者當於正朝端午中秋及各忌日用俗儀祭之
●頤庵曰墓祭奴子代行時豈可無參辭之拜乎 亦有陪祭行拜之禮矣

▶1766◀◆問; 타인의 경조사 참석과 관련하여.

아래 일상사에 대하여 과연 어떻게 하여야 하는지 궁금합니다. 많은 가르침을 부탁드립니다. 근거가 있으면 그 근거를 예시해주시고 근거가 없으면 각 집안에서 행하는 예의 가르침을 받겠습니다.

1. 집안에 조부모나 부모 등의 상을 당하였을 때 언제까지 타인의 경조사에 참석을 하지 못하는지?
2. 사례편람에는 일일 전 재계라 하였는데, 주변에서는 집안에 기일이 있을 때 기일이 든 달에는 기제를 올릴 때까지 타인의 상에 조문하지 않고 있는데 어떻게 하여야 옳은지?
3. 결혼 날을 잡으면 결혼 때까지는 타인의 결혼식장이나 조문을 가지 않고 있는데 이것이 맞는지?

◆答; 타인의 경조사 참석과 관련하여.

問 1. 答; 부모(父母)의 상중(喪中)에는 삼년상(三年喪)을 마칠 때 까지(탈복(脫服))는 타인(他人)의 상(喪)에 조문(弔問)치 않고 조부모(祖父母) 상중(喪中)에는 소상(小祥)을 마치면 조문(弔問)을 할 수 있는 것 같습니다.

問 2. 答; 아래와 같이 살펴보건대 제자(齊者)는 불조(不弔)라 하였으니 재계중(齊戒中)에는 조문치 않는다. 함이니 기제(忌祭)는 일일전 제계(齊戒)라 그날에만 조문치 않는 것이 옳을 것 같습니다.

問 3. 答; 그러한 전거(典據)는 보이지 않으니 그 당부(當否)는 알 수가 없으나 다만 속설(俗說)이 아닐까 합니다.

●檀弓有殯聞遠兄弟之喪雖緦必往非兄弟雖鄰不往註三年之喪在殯不得出弔然於兄弟則恩義存焉故雖緦服兄祭之異居而遠者亦當往哭其喪若非兄弟則雖近不往
●雜記三年之喪雖功衰不弔自諸侯達諸士如有服而將往哭之則服其服而往註疏曰小祥後衰與大功同故曰功衰如有五服之親喪而往哭
●又期之喪練則弔註鄭氏曰凡齊衰十一月皆可以出弔又曰此爲父在爲母

●又既葬大功吊哭而退不聽事焉註既葬大功者言有大功之喪已葬也吊哭而退謂往吊他人之喪則吊哭既畢即退去不待

● 期之喪未葬吊於鄕人哭而退不聽事焉註儀禮喪服傳姑**姊**妹適人無主者姪與兄弟爲之齊衰不杖期此言期之喪正謂此也雖未葬亦可出吊但哭而退不聽事也

●曲禮齊者不樂不吊

▶1767◀◆問; 탕국에 대하여.

問 1. 국(갱)은 육갱이나 채갱 중 하나를 택하라 하셨는데 구체적으로 어떤 국이 가능한지 몇 가지 예를 들어주세요. (혹시 어떠한 재료가 들어간 국은 절대 안 된다 하는 것도 있나요?)

問 2. 탕은 유래도 의미도 찾기 힘드시다고 하셨는데 그럼 탕을 빼고 제사를 모셔도 상관이 없는 것인가요? 빼고 모시면 안 된다면 어떤 점이 안되는 것인지 문의 드립니다.

問 3. 티비에서나 다른 가문들 제사하는 것을 보면 국(갱)대신 냉수로 모시는 경우도 보이던데 그것도 가능한 건가요?

問 4. 어머님께서 연세가 많으셔서 제사를 지내실 때마다 너무 힘들어하십니다. 최소한의 제수음식만 차리고 모시고 싶은데 제사를 모실 때 필수적으로 포함되어야 하는 제수음식을 가르쳐 주세요.

◆答; 탕국에 대하여.

問 1. 答; 채갱(菜羹)이라 함은 채소류만 넣고 끓인 국을 말하고 육갱(肉羹)이라 함은 육류를 넣고 끓인 국으로 형편에 따라 하나를 택하되 고추 가루 등으로 조미하지 않습니다.

問; 2. 答; 사서인 관혼상제 예법의 근본인 주자가례의 찬품(饌品)에는 탕(湯)이 없습니다. 제사에 탕을 올리지 않아도 예법에 어그러지지 않습니다.

問; 3. 答; 제례 예법에서 문을 닫고(闔門) 나왔다 문을 열고(啓門) 위전으로 들어가 국을 옆으로 밀어 놓고 숙수(奉茶)를 올리게 됩니다. 처음부터 냉수를 올리고 제사 지내는 예법은 없습니다.

問; 4. 答; 아래는 편람의 진설도입니다.

==========신위(지방)====
제 1 열 밥 술잔 수저 식초 국
제 2 열 국수 고기 적 생선 떡
제 3 열 포 소채 간장 물김치 젓장 새우젓
제 4 열 과 과 과 과 과 과

진설도에는 이와 같으나 빈한하면 가능한대로 몸이 불편하면 근력대로 행하면 족한 것입니다.

●家禮本註凡祭主於盡愛敬之誠而已貧則稱家之有無疾則量筋力而行之財力可及者自當如儀

▶1768◀◆問; 8세 미만에 죽은 자의 제사는?

안녕하십니까? 저는 예(禮)에 대하여 아는 것이 많이 부족한 사람이오니, 혹시나 용어 등에 잘못이 있더라도 이 점을 감안(勘案)하시어 양해하여 주시옵기 바라오며, 또한 자세한 답변을 쉽게하여 주시기 바라옵니다.

문의드릴 내용.

저는 6·25 를 겪는 동안 아버님을 일찍 잃고, 여동생(여동생은 유복자)이 있었으나, 얼굴도 모르는 등 아무것도 모르고 있다가 최근에 제적등본을 통하여 확인한 결과 동생이 5 세(1955 년)에 운명을 달리함을 알게 되었습니다. 제가 이제 여동생을 위하여 어떻게 하여야 도리(예: 기제사 등)인지 궁금하여 이렇게 문의를 드리게 되었습니다. 여동생의 묘지도 확인 할 길이 없습니다. 현실에 적합하고 합리적이며 쉽게 이해를 할 수 있도록 선생님의 고견을 부탁 드리옵니다. 감사합니다.

◆答; 8세 미만에 죽은 자의 제사.

예(禮)에는 법도(法度)가 분명(分明)하여 달리 도움을 드릴 말씀이 되레 궁함을 안타깝게 생각합니다.

상례비요(喪禮備要)를 살펴보면 8살 미만(未滿)에 죽으면 복(服)을 입지 않는 상(殤; 어려서 죽음)이다. 라 하였고, 정자(程子) 말씀에 8세 미만(未滿)에 죽으면 제사(祭祀)도 지내지 않는다. 라 하였으니, 유가적(儒家的) 예법(禮法)으로는 죽은 날을 안다 하여도 예법상 제사(祭祀)를 지낼 수가 없는 것 같습니다.

●備要成服殤服條不滿八歲爲無服之殤
●程子曰無服之殤不祭

▶1769◀◆問; 八月十五夜 12시 45분은 16일이다.

8月15일 밤 12시 45분이면 15일 또는 16일입니까.

◆答; 팔월십오야(八月十五夜) 12시 45분은 16일.

밤이란 해가 져 어두워 진 뒤부터 해가 떠 밝아지기 전까지의 동안이니 일자로는 이틀이 포함된 밤이다. 예를 들어 십오야(十五夜)라 이르면 15 일의 첫 시인 0 시~일출전과, 일몰 후~24 시까지가 아니라 15 일 일몰 후 다음날 일출 전까지 지속된 밤을 이른다. 까닭에 일야(一夜)는 이틀에 걸쳐 이뤄지는 자연현상이다. 따라서 십오야(十五夜)란 15 일 초저녁에서 16 일 해가 뜨기 전까지의 동안이다.

●左傳莊公七年辛卯夜恒星不見孔穎達疏夜者自昏至旦之總名
●東編唐中八月十五夜諸學士玩月備文酒宴時長天無雲月色如畫
●國語辭典[밤]해가 져서 어두워진 때부터 다음 날 해가 떠서 밝아지기 전까지의 동안.

▶1770◀◆問; 편(떡)에 대하여.

감사합니다. 잘 알았습니다. 배우는 자세에서 한가지만 더 여쭙고자 합니다. 제가 말씀 드린 제례는 왕을 모신 전에서의 제례였습니다. 한가지 익힌 것은 편(떡)이 있었습니다. 제 좁은 소견으로는 편은 익지 않으면 만들 수가 없어서 올린 것으로 사료됩니다.

◆答; 편(떡).

왕가(王家)의 제사(祭祀) 중 사직(社稷), 종묘(宗廟), 칠사(七祀), 풍운(風雲) 뇌우(雷雨) 산천(山川) 성황(城隍), 북교(北郊), 선농(先農), 악해독산천(樂海瀆山川), 석전(釋奠), 영성(靈星), 영제(榮祭), 독제(纛祭), 성황(城隍), 려제(厲祭), 등등을 제외(除外)한 문소전(文昭殿), 진전(眞殿), 산릉(山陵) 등 제(祭)는 숙제(熟祭)가 됩니다.

따라서 이 숙제(熟祭)에는 떡을 6그릇을 올리게 됩니다.

●五禮儀俗祭陳設圖條文昭殿懿廟眞殿四時俗節餅六器湯六器(忌晨及眞殿俗節先告事由移還安湯三器)

▶**1771**◀◆問; 편의상 3대를 합동제사로 모시려 하는데?

1년에 8번 제사를 지내기에는 여건이 여의치 않아 예가 아니지만 합동제사로 지내려 합니다.

1) 합동제사 시 제사상은 각각 차려야 하는지 아니면 차례 지내는 것과 같이 해도 좋은지 여부.

2) 축문은 각각 써야 하는지 한꺼번에 쓸 수 있는 방법이 있는지?

◆答; 3대 합동제사는 예법상 불가능함.

조상님들의 기제사를 일년에 한번 합동제로 지내드림은 "[예가 아니지만]" 이라 스스로 말씀 하셨으니 예를 중히 여기는 성균관에서 예가 아닌 예를 운운할 수가 없겠지요.

물론 4대 봉사하는 종가에서는 1년에 거의 매달 한번씩 돌아오는 기제사가 부담스러울 수도 있겠으나 아래와 같은 가르침이 아니라 하더라도 기제는 선대가 작고한날 지내드리는 제사이니 작고한 날이 아닌 날 지내드리는 제사를 기제라 할 수는 없을 것입니다. 물론 설날이나 추석날 아침에는 모신 선대의 제사를 합동으로 지내 드리고 있기는 하나 그는 명절 인사에 해당되겠지요.

●周禮春官宗伯禮官之職小史條掌邦國之志奠繫世辨昭穆若有事則詔王之忌諱註鄭司農云先王死日爲忌名爲諱故書奠爲帝杜子春云帝當爲奠奠讀爲定書帝亦或爲奠

▶**1772**◀◆問; 포수치자좌구우말(脯脩置者左朐右末).

안녕하십니까. 다름이 아니오옵고, 요 몇 일 전에 자유게시판에서 잘못 여부를 가리시던 "포수치자구우좌말(脯脩置者朐右左末)"의 의미를 다시 여기서 풀어 주십시오. 죄송합니다.

◆答; 포수치자좌구우말(脯脩置者左朐右末).

아래 곡례(曲禮)에서 밝혀 놓은, 모든 음식을 올리는 예는 제찬이 아니고, 생인의 예로 밥은 사람(먹는 사람)의 왼쪽에 놓고 국은 사람의 오른쪽에 놓는다. (중략) 포수(脯脩)를 놓는 자는 굽은 포는 왼쪽에 놓는데 끝(꼬리)이 오른쪽이다.

굽은 포는 왼쪽에 놓는데 끝(꼬리)이 오른쪽이다. 란 이 말은 식갱(食羹)은 받는 사람의 위치로 놓는다 하였고, 포수(脯脩)는 받는 자의 위치가 아니라 놓는 자의 위치라야 우수좌미(右首左尾) 동미서두(東尾西頭)의 법도에 옳게 놓는 것입니다.

●少牢禮魚右首進腴疏凡載魚生人死人皆右首地道尊右故也鬼神進腴(腹也)是氣之所聚故也生人進鰭者鰭是脊生人尙味故也

●曲禮凡進食之禮左殽右胾食居人之左羹居人之右(云云)以脯脩置者左朐右末

포(脯)에는 곧은 포인 정(脡)과 굽힌 포인 구(朐)가 있는데 좌구우말(左朐右末)의 구(朐)는 이미 굽힘 포로서 직역하면, 포수(脯脩)를 놓는 자는 "구(朐)는 왼쪽이며 끝이 오른쪽이다." 여기서 포수(脯脩)의 방위를 특별히 지적하지 않으면 좌구우말(左朐右末)이 앉은 사람 방위로 일러져, 동구서말(東朐西末)로 차림이 되어,

소뢰례(少牢禮) 소(疏)에서 일렀듯이 범재어생인사인개우수지도존우고야(凡載魚生人死人皆右首地道尊右故也)의 법도에 어그러지고, 또 서포동해(西脯東醢)의 위치에도 어그러지게 됩니다. 따라서 포수치자좌구우말(脯脩置者左朐右末)의 치자(置者)를 놓는 곳으로 번역되면 좌구우말(左朐右末)의 좌우(左右)는 상을 받는 사람의 좌우(左右)가 되어 동쪽에 놓이게 되고 꼬리가 서쪽으로 향하게 되어포(脯) 진설 법도에 어그러지게 됩니다. 이와 같아서 치자(置者)의 자(者)를 사람으로 번역(飜譯)하여

야 이에서 두서동미(頭西東尾), 지도상우(地道尙右). 서포동해(西脯東醢) 등 모든 법도가 옳게 됩니다.

"[포를 진설하는 자는 상의 왼쪽으로 굽힌 포를 놓되 끝이 오른 쪽으로 향하게 놓는다]"

●公羊傳昭公二十五年與四脡脯註伸曰脡
●曲禮凡進食之禮左殽右胾食居人之左羹居人之右(云云)以脯脩置者左朐右末註屈中曰朐
●士虞禮薦脯醢設俎于薦東朐在南鄭玄注朐脯及乾肉之屈也
●少牢禮魚右首進腴疏凡載魚生人死人皆右首地道尊右故也鬼神進腴(腹也)是氣之所聚故也生人進鰭者鰭是脊生人尙味故也

▶1773◀◈問; 포와 초접.
제수로 포와 초접에 대하여 자세한 가르침 주시기 원하옵니다.

◈答; 포와 초접.
포(脯)라 이르면 육포(肉脯)와 어포(魚脯)로 구분 되는데, 육포는 두미(頭尾)의 구분이 불가능하나, 어포(魚脯)가 두미(頭尾) 식별(識別)이 가능하면 어(魚)와 마찬가지로 두서미동(頭西尾東)의 법도를 따름이 당연지사이고, 초접(醋楪)이란 식초(食醋)접시인데 실은 대개 식초는 종지에 담아 올립니다.

●漢書東方朔傳生肉爲膾乾肉爲脯
●尤庵曰要訣脯卽佐飯二者恐是一物○又曰凡魚肉皆謂之脯
●齊民要術八作酢法酢今醋也引申爲酸味
●辭源[醋]用酒或酒糟發酵製成的一種酸味之調料古字作酢
●性理大全陳設條設盞盤醋楪于北端盞西楪東匕筯居中卽第一行

▶1774◀◈問; 포해(脯醢).
제수 진설 방법이 궁금하여 책을 보니 三行에 포해(脯醢)가 3 개가 있는데 각각 무엇입니까?

◈答; 포해(脯醢).
구찬조(具饌條) 소채(蔬菜) 급(及) 포해(脯醢) 각(各) 삼품(三品)이라 하였으나, 포해(脯醢) 삼기(三器)에 대한 설(說)이 분분할 뿐, 어떤 것이다. 라 명확히 품목을 지적함이 없습니다.

●性理大全陳設條設果楪於卓子南端蔬菜脯醢相間次之
●家禮具饌條果六品蔬菜及脯醢各三品
●問脯三品醢三品尤庵曰或脯或脩或魚脯可備三品之數耶醢則魚醢食醢肉醢亦可備三品之數耶○又曰脯醢未知脯三品醢亦三品耶抑脯醢合爲三品耶若如前說則脯以乾脩乾魚及腊等爲三品醢以魚醢食醢肉臡等爲三品矣而若如候說則未知脯用二品而醢用一品耶此便難處也
●尤庵曰所謂脯醢者凡乾魚肉皆謂之脯醢魚肉皆謂之醢○又曰且脯醢幷爲一器者固本於家禮卷首圖然卷首圖本非出於朱子而或有與朱子本文相戾者恐不足爲據也且脯醢是燥濕相猜之物而同盛於一器亦未知其如何
●南溪曰脯醢三器之說殊可疑脯醢是二物與上文蔬菜有異故見者又或以脯三醢三爲說竊更詳之惟台今日之敎義益的當然若論其所受用則人家饌物必無全濕者勢復猥設則自成脯二醢一或醢二脯一之規矣

●遂庵曰脯醢三品云者恐是脯二而醢一或醢二而脯一合三品也而所謂脯醢者乾魚肉皆謂之脯鹽魚肉皆謂之醢今當勿論乾者鹽者只用三品似可矣且今俗設饌之品或不無與中華古禮有異者從俗只設各一品亦無妨

▶1775◀◆問; 포해(脯醢)가 무엇인지요.

포해(脯醢)라는 식품이 반찬인지요.

◆答; 포해(脯醢).

포해(脯醢)는 식사 찬(饌)이 아니라 옛날에 있었던 술 안주입니다.

●周禮天官膳夫;凡王之稍事設薦脯醢賈公彦疏脯醢者是飲酒肴饈非是食饌
●隋書禮儀志三;駕將至委奠幣薦脯醢加羊於輅西首
●白居易長慶集齋畢開素詩;佐以脯醢味間之椒薤香
●朱子家禮具饌;蔬菜及脯醢各三品
●問解脯醢三品以二脯一醢當之者亦未見寒岡之以脯醢并爲一器者固本於家禮卷首圖然卷首圖本非出於朱子而或有與朱子本文相戾者恐不足爲據也且脯醢是燥濕相猜之物而同盛於一器亦未知其如何

▶1776◀◆問; 學生과 處士에 대하여?

안녕하십니까 아래 1,2 항이 궁금하고 몰라서 올바를 이해를 구하고자 질의하오니 회시하여 주시면 감사하겠습니다.
문 1. 축지방에 관직 또는 품계가 없었던 분들에게 학생 또는 처사로 많이 쓰고 있는데 어느 쪽이 맞는지요?
문 2. 과거 처사와 학생은 어느 쪽이 더 높은 관작(官爵) 및 품계(品階) 쪽으로 인정을 받았는지요? 알고 싶습니다.

◆答; 학생(學生)과 처사(處士)에 대하여.

문 1. 答; 무관(無官) 망자(亡者)의 모관(某官)에 학생(學生)이란 칭호는 우리나라에서 많이 쓰는 것 같습니다. 까닭은 학생(學生)은 글 한 줄을 읽지 않았다 하여도 그를 대우하여 학업(學業) 중 죽었다는 의미로 높여 이르고, 처사(處士)는 학식과 재덕은 겸비하였으나 벼슬길에 나아가지 않고 은거(隱居)중인 선비를 이릅니다.

●孟子集註大全滕文公篇聖王不作諸侯放恣處士橫議楊朱墨翟之言

문 2. 答; 학생(學生)과 처사(處士)는 관작(官爵)이나 품계(品階)명이 아니니 우열(愚劣)은 가릴 수가 없겠으나 만약 단순(單純) 비교한다면 학생(學生)은 배우는 도중(途中)이고 처사(處士)는 학식(學識)과 재덕(才德)은 갖춘 은거(隱居)중인 선비를 이르니 선비는 이미 학문(學文)을 닦은 학자(學者)라 처사(處士)가 학문적(學問的)으로는 더 인정을 받았겠지요.

●問解無官而死者無他稱號勢不得已當書學生處士秀才各隨宐可也
●後漢書靈帝紀光和元年; 始置鴻都門學生注鴻都門名也
●辭源[學生]; 在校學習的人
●管子小匡; 農之者常爲農樸野不匽其秀才之能爲士者則足賴也(尹知章注)農人之子有秀異之材可爲士者則所謂生而知之不習而成者也

▶1777◀◆問; 할아버지와 아버지의 제사 월이 같은 경우.

안녕하세요. 며칠 전 이곳 의례문답을 통해 큰 도움을 받았습니다. 추가로 하나 더 여쭙습니다. 저의 할아버지와 아버지의 제사 날짜가 같은 달에 있습니다. 아버지는 1 일, 할아버지는 5 일 입니다. 그런데 같은 달인 경우 아랫사람의 제가 윗사람의 제사를 앞 설 수 없다는 얘기를 들었습니다. 제 입장에서는 아버지 제사를 건너뛴다는 것이 좀 그렇습니다.

하지만 다른 어르신들은 아랫사람의 제사가 앞 설 수 없다고 하시는데 두 분의 제사를 제 날짜에 다 지내게 되면 법도에 어긋난 부분이 있습니까? 이 경우 어떻게 해야 하는지 여쭙습니다. 태풍이 와서 많은 비바람을 남기고 가버렸습니다. 부디 큰 피해(被害) 없이 이번 태풍(颱風)을 보냈으면 합니다. 수고하십시오.

◆答; 할아버지와 아버지의 제사 월이 같은 경우.

기제(忌祭)란 선대의 작고하신 날을 당하면 그날의 슬픔을 잊지 못하여 서수(庶羞)를 올리고 헌작(獻酌)하여 후 자손으로써 위로와 효를 표함인데 어찌 년 중에서 항렬이 얕은 자가 먼저 죽었다 하여 제사를 폐하겠습니까. 아래와 같이 살펴보건대 존비(尊卑)의 사망 일시(日時)와는 관계없이 같은 날 기일이 들 때 양설이 있으나 병설(竝設)이든 선존후비(先尊後卑) 각제(各祭)든 모두 지내야 되겠지요.

●祭義君子有終身之喪忌日之謂也註忌日親死之日也
●尤庵曰祖曾忌祭同日則當先後行之蓋偕喪三年中有異殯各祭之文忌日喪之餘也
●明齋曰祖孫同忌則一時同行恐無妨主人一也一時行之而各祝以告
●顧齋曰忌日異於練祥妻子之祭與親忌共設無妨
●遂庵曰高禰兩祭同日則先祭高祖後祭禰位事勢正當
●陶庵曰兩忌雖同日決不可并設只當先尊後卑而各行之

▶1778◀◆問; 합동 제사에 대하여.

현재 증조할아버지 할머니기제사를 제 날 Wk 에 지내고 있습니다. 현 시루에 따라 처음으로 할아버지 기제시에 할머니기제와 합동으로 하고 싶은데 따로 절차가 있으면 알려 주십시오.

(예: 올해 할머니 기제를 지내면서 내년에는 할아버지 기제시에 같이 지내고 싶은데 올해 할머니 기제 시 해야 할 절차나 행동) 즉 내년에는 할아버지 제사에 오셔서 같이 드십시오 하는 등의 절차.

◆答; 합동 제사.

아무리 시류를 따른다 하여도 유가의 예법에는 그와 같이 제사하는 법이 없으니 그러한 예에 고하는 축식도 없는 것 같습니다.

기제란 그 조상이 작고한 날을 당하면 그 때의 슬픔을 되새기며 세서천역(歲序遷易) 휘일부림(諱日復臨) 추원감시(追遠感時) 호천망극(昊天罔極) 혹(或) 불승영모(不勝永慕) 라 고하며 공경(恭敬)을 다하여 헌작(獻酌) 후손(後孫)된 도리(道理)를 행함이며 이를 두고 종신(終身)의 상(喪)이라 합니다.

●祭義君子有終身之喪忌日之謂也註忌日親之死日也

▶1779◀◆問; 합문 후 문 양 옆에 부복 또는 서있는가?

기제사시 합문 후 공수 시립하여야 하는지 아니면 부복하여야 하는지에 대한 질의입니다. 기제사시에 유식 합문 후에 밖으로 나와서 남자는 동쪽에서 서쪽을 향해 서고, 여자는 서쪽에서 동쪽을 향해 서있는 것(공수시립)으로 알고 있습니다. 그런데 종가의 기제사 홀기와 동영상에서 유식 합문 후에 제관 일동이 부복하는 것을 보았습니다. 합문 후에 부복 여부에 대하여 질의 하오니 여러 선생님의 고견을 알기 쉽게 부탁 드립니다.

◆答; 합문 후 문 양 옆에 서있다.

제례(祭禮)의 예법(禮法)은 사시제(四時祭)가 근본(根本) 예법(禮法)이 되는데 가옥(家屋) 구조(構造)가 지금과 같이 정침(正寢) 앞에 대청(大廳)이나 마루가 있는 것이 아니라 정침(正寢)문(門) 밖은 뜰이며 동서(東西)로 층계(層階)가 있고 제원 들은 동계(東階) 앞에는 장부(丈夫)들이 서고 서계(西階) 앞에는 부녀자(婦女子)의 자리가 되는데 정침(正寢)의 문(門)은 세 곳으로 나 있으며 합문(闔門) 후 세 문중 중문(中門) 앞 양 옆으로 서게 되는데 그 때 남녀 모두 서있음이 바른 예법입니다.

또 일식구반지경(一食九飯之頃)이란 중국(中國)에서는 작은 그릇(공기 같은 少器)으로 세 번 먹는 것을 일성(一成)이라 하는데 그렇게 세 번 먹는 동안이란 의미(意味)인 것 같습니다. 아래는 일식구반지경에 대한 의미(意味)의 전거(典據) 문(文)입니다. 필요(必要)하신 분은 공부 겸 살펴 확인(確認)하여 보시기 바랍니다.

●退溪曰一食而九擧匙然否
●少牢饋食禮疏天子十五飯諸侯十三飯九飯士禮也三飯又三飯又三飯
●特牲饋食禮註三飯禮一成也又三飯又三飯禮三成也
●曲禮三飯疏三飯謂三飯而告飽勸乃更食故三飯竟主人乃導客食胾也
●愚伏曰中原人飲食以少器盛飯既食又進之又食又進之據此則一食卽統言九飯

합문(闔門) 후(後) 부복(俯伏)한다는 예법(禮法)은 찾을 수가 없습니다. 아래에서와 같이 서 있는 것이 정례(正禮)인 것 같습니다.

●家禮時祭闔門條主人立於門東西向主婦立於門西東向

한 예로 진다(進茶) 후(後) 부복(俯伏)하는 가문(家門)도 혹 있으나 이도 정례(正禮)는 아닙니다.

●問凡祭進茶後旋卽辭神似爲太遽或立或伏如何沙溪曰立而少遲可也伏則無據

▶1780◀◆問; 합사. 위패. 사시제에 대하여.

문의 드립니다. 저는 고조 3 위. 증조 2 위. 백조부 3 위. 조부 2 위. 부 1 위. 합 11 위 개별 4 대 봉사 거실에서 제사를 모십니다.

問; 1) 고조 3 위를 합사하려고 하는데 예법에 어긋나지 않는지요. 합사(合祀)가 가능하다면 위패 3 위를 한 교의에 모셔도 되는지요 현제 교의가 1 개인데 2 개를 더 준비해야 되는지요. 또한 차례 때는 고조 3 위. 증조 2 위. 백조부(伯祖父)3 위. 조부. 2 위. 부 1 위 해서 위패 5 개로 모십니다. 이 또한 예법에 어긋나지 않는지요.

問; 2) 사시제에 대하여 문의 드립니다. 고조 3 위. 백조부 3 위를 사시제로 모셔도 되는지요. (사시제로 모시는 것도 순서대로 가야 하는지요) 사시제로 모시다가 친진이 되면 세일제로 모시는 별도의 예가 있는지요. 끝으로 사시제로 모시면 세일제와 동일하게 차례을 모시지 않는지요. 답답한 마음으로 문의 드리오니 양해 하시고 고견 부탁 드립니다.

◆答; 합사. 위패.

問; 1) 答; 합사(合祀)라 하심이 高祖(고조) 삼위(三位)를 어느 한날을 擇(택)하여 1 년에 한번 제사(祭祀)하고 만다. 하심이 아니라 주자설(朱子說)이 아닌 정씨설(程氏說)의 병제(幷祭)를 意味(의미)한다면 可能(가능)하나 교의(交椅) 하나에 삼위(三位)를 모실 수는 없고 위(位)마다 교의(交椅) 하나에 각각 모셔야 합니다.

●朱子曰忌日只祭一位
●程氏祀先凡例祖考忌日則只祭祖考及祖妣祖妣忌日則只祭祖妣及祖考
●性理大全四時祭設位條設高祖考妣位於堂西北壁下南向考西妣東各用一倚一卓而合之
●愧郯錄金版今郊祀天地祖宗正配位皆有金版書神位以金飾木爲之如匣之制稍高博且表

以字

問; 2) 答; 사시제(四時祭)에는 부위(祔位)도 같이 모시고 지냅니다.현손대(玄孫代)가 끈겨 친진(親盡)이 되면 신주(神主)를 묘소(墓所)에 매안(埋安)하게 되는데 신주(神主)를 묘소(墓所)로 옮길 때와 묘소(墓所)에 매안(埋安)할 때 모두 예(禮)를 갖추어 고하게 됩니다.

첫 묘제(墓祭)라 하여 별도(別途)의 예(禮)는 없으며 "[사시제(四時祭)로 모시면 세일제와 同一하게 茶禮을 모시지 않는지요.]"란 의문(疑問)은 세일제(歲一祭)의 선조(先祖)가 되면 세일제(歲一祭)일뿐 기제(忌祭)나 절사(節祀)의 예(禮)를 폐하게 되는데 이 질문(質問)은 착오(錯誤)인 듯합니다.

●沙溪曰長子無後而死次子承重則長子雖嘗承重當班祔無疑
●愼獨齋曰次子有庶陞嫡則長子之主當班祔矣
●性理大全祠堂班祔條伯叔祖父祔于高祖
●問埋主時似當有告墓之節尤庵曰以酒果告之似𠀋

▶1781◀◆問; 합사절차.

안녕 하십니까? 저희 할아버지, 할머니의 제사를 합사 하자는 의견이 집안에서 나왔습니다. 합사가 가능한 예의인지요? 가능 하다면 합사를 위한 사전 절차나 합사의 방법을 구체적으로 알려 주시면 감사 하겠습니다. 부탁 드립니다.

◆答; 합제 방법.

고비(考妣) 병제(倂祭)는 정례(正禮)는 아니나 인정상(人情上) 속례(俗禮)로 행하고 있는 예(禮)입니다. 방법(方法)은 부친(父親) 기일(忌日)에 모친(母親)을 함께 제사(祭祀)하는 예(禮)인데 부친(父親) 기일(忌日)에는 휘일부림(諱日復臨) 앞에 현고(顯考)를 모친(母親) 기일(忌日)에는 현비(顯妣)로 고하고 모친(母親) 기일(忌日)에도 그와 같이 고하게 되면 기일(忌日)의 구분이 됩니다.

다만 합사(合祀)라 하심이 어떤 의미(意味)인지는 알 수 없으나 모든 조상(祖上)을 하루 날을 잡아 지내고 만다는 의미(意味)라면 그러한 법도(法度)는 없습니다. 기제(忌祭)란 작고(作故) 한날 지내는 제사(祭祀)랑 의미(意味)이기 때문에 그렇습니다.

생사(生死) 양일(兩日)에서 생일(生日)을 변경(變更)할 수 없듯이 사일(死日)도 변경(變更)되지 않기 때문입니다.

●朱子曰忌日只祭一位
●退溪曰忌日幷祭考妣甚非禮也
●程氏祀先凡例祖考忌日則只祭祖考及祖妣祖妣忌日則只祭祖妣及祖考
●沙溪曰忌日幷祭考妣雖非朱子意我朝先賢嘗行之栗谷亦曰祭兩位於心爲安云
●晦齋曰按文公家禮忌日止設一位程氏家禮忌日配祭考妣二家之禮不同盖止設一位禮之正也配祭考妣禮之本於人情者也若以事死如事生鋪筵設同几之意推之禮之本於情者亦有所不能已也
●祭義君子有終身之喪忌日之謂也註忌日親死之日也

▶1782◀◆問; 合設 과 合祀.

1. 합설과 합사에 대하여 알고 자 합니다.
2. 선고 선비의 기제를 선고 기제일에 한번 (연중)으로 뫼실까 합니다. (여러 가지 가정 사정에 의하여)축문을 어떻게 쓰면 좋을지요?

◆答; 합설(合設) 과 합사(合祀).

合設; 제례에서의 합설(合設)이라 함은 이위(二位)의 신위(神位)를 二倚 일탁(一卓)에 설위(設位)함.

合祀; 이위(二位) 이상(以上)의 신위(神位)를 한 곳[사당(祠堂) 또는 정침(正寢)]에 설위(設位)하고 제사(祭祀)함. 여기는 유학(儒學; 儒敎)을 신봉(信奉)하는 유자(儒者)들의 결사체(結社體)인 성균관(成均館)입니다. 이 창의 타이틀이 [무엇이든 물어보세요]이나 그 바탕 됨이 유교(儒敎)이니 유학(儒學)의 범위(範圍) 이내(以內)란 전제(前提)가 되어 있는 곳입니다.

부모(父母)의 기제(忌祭)란 무모가 작고(作故)한날 지내드리는 제사(祭祀)인데 어찌 1 년(年)에 한번 모아서 지내고 만다는데 어느 학자(學者)가 응대(應對)를 하겠습니까. 물론(勿論) 그러한 축식도 있을 리 만무(萬無)하고요. 물론(勿論) 바삐 돌아가는 산업(産業)사회(社會)와 구시대(舊時代) 농업(農業)사회(社會)에서의 생활(生活) 방식(方式)이 다를 수 밖에 없겠으나 그러나 하늘과 같은 부모(父母)님 은공(恩功)을 생각하면 핑계일 수도 있을 것입니다.

법도(法度)의 제사(祭祀) 시간(時間)은 질명(質明)(먼동 틀 무렵)이나 당일(當日) 자시(子時)에도 지내 듯 가장 적당(適當)한 시간대(時間帶)를 택(擇)함도 하나의 수단(手段)일 수 있을 것입니다. 유자(儒者)는 예법(禮法)을 안다 하여도 청(請)하지도 않은 타인(他人)의 제사(祭祀)에 참견(參見)하여 당부(當否)를 논(論)하지 말아야 하고 만약(萬若) 질의(質疑)를 받았다면 정례(正禮)를 일러줘야 되겠지요.

●公羊傳文公二年;大祫者何合祭也其合祭奈何毁廟之主陳于大祖未毁廟之主皆升合食于大祖何休注毁廟謂親過高祖毁其廟藏其主于大祖廟中

▶1783◀◆問; 합제사(合祭祀)에 대하여.

저는 장손으로 부친께서는 30 여전에 사망 하여 그때부터 장손인 제가 조부모님 제사를 현재까지 지내고 있습니다. 삼촌 두 분도 사망 하였고 막내 삼촌만 현재 계시는고 사촌들은 직장 관계로 멀리서 거주하고 있기에 제사 때에는 참석을 하지 못하고 있습니다.

제관이라고는 저와 모친 셋째 숙모님 그리고 막내 삼촌 내외분 과 저의 둘째 아들이 같이 거주하고 있는 관계로 제사에 참여 합니다 그래서 겨우 삼헌을 할 수 있습니다 할아버지 할머니 두 분입니다 앞으로는 더욱 제관이 없을 것 같아 자손으로서 도리는 아닌 줄 아오나 합제를 하려고 합니다 어떤 방법으로 하는지 또 축문은 어떻게 쓰는지 축문 등 제사 날은 언제로 하는지를 자세히 알려 주십시오.

◆答; 합제사.

유가적(儒家的) 법도(法度)로는 그와 같이 지내는 예법 운운(云云)할 수가 없습니다. 까닭은 기제는 복일제(卜日祭)가 아닌 작고한날에만 지내는 정일제인 까닭에서 그렇습니다.

복일제(卜日祭)란 사시제(四時祭)를 의미(意味)합니다. 사시제(四時祭)는 같은 날에 고조(高祖) 이하(以下) 조상(祖上) 모두를 날을 가려 같은 장소(場所)에서 합제(合祭)를 합니다. 물론(勿論) 축(祝)은 각판(各板)입니다.

●祭義君子有終身之喪忌日之謂也註忌日親死之日也
●周禮春官宗伯禮官之職小史條掌邦國之志奠繫世辨昭穆若有事則詔王之忌諱註鄭司農云先王死日爲忌名謂諱
●家禮忌祭編○厥明夙興設蔬果酒饌○質明主人以下變服詣祠堂封神主出就正寢
●禮器質明而始行事疏質正也謂正明之時少牢禮朝明行事註朝明質明也此乃周禮也

●尤庵曰行祭早晚太早不可太晚亦不可惟當以質明爲正
●南溪曰質明卽大昕指日未出時也

▶1784◀◆問; 합제사의 근거 및 범위.

안녕하세요. 강릉에 살고 있는 사람입니다. 집에서 올해부터 합제사를 지낸다고 하는데 부모님부터 고조부모까지 한꺼번에 하루에 지내겠답니다. 제 생각으론 지내기 힘들면 어머니 아버지 정도는 지내고 나머지 어른들은 함께 한다든지, 아니면 조부모 제사 따로, 부모님 제사 따로 합친다든지 무언가 원칙이 있어야 할 것 같은데 무원칙으로 합쳐서 어느 하루 지낸다 하니 답답하기도 하고, 천박하기도 하고, 어머니 제사도 안 지내게 될 것 같아 슬프기도 합니다. 어디 샤먼 같은 사람들 말 말고, 제대로 된 가례의 근거를 알고 싶군요.

◆答; 기제란 작고한날 지내는 제사.

아래와 같이 살펴보건대 모든 조상(祖上)의 기제(忌祭)를 어느 하루 날을 잡아 지내는 예법이 있을 수가 없습니다. 기제(忌祭)라 함은 그 조상(祖上)이 작고한날 지내는 제사인데 그 날 이외는 기제라 할 수 없는 것입니다.

●祭義君子有終身之喪忌日之謂也註忌日親之死日也
●又文王之祭也事死者如事生思死者如不欲生忌日心哀稱諱如見親祀之忠也細註嚴陵方氏曰事死如事生所謂祭如在也思死如不欲生所謂至痛極也忌日必哀所謂有終身之喪也

▶1785◀◆問; 합제 시 축문 쓰는 방법.

시제 때 합제(合祭) 시 축문(祝文)은 어떻게 써야 하나요? 12-13 세 합제?

◆答; 합제 시 축문.

12-13 세(世) 묘제(墓祭)를 재사(齋舍) 또는 설단(設壇) 합설(合設) 제시(祭時) 축문(祝文)은 위(位) 마다 각각 써야 합니다.

●開元禮孔子許向墓遙爲壇以時祭卽今之上墓義或有憑然神道尙幽不可逼瀆塋域宜設於塋南山門之外設淨席爲位遙祭以時饌如平生所嗜若一塋數墓每墓各設位昭穆異列以西爲上主人盥手奠爵三獻而止泣辭
●問云云一屋於墓側而若遇如此之時則依時祭儀合祭一所如之何退溪曰豈不善哉
●性理大全時祭儀初獻讀祝條維(云云)孝玄孫某官某敢昭告于顯高祖考某官府君(云云)畢興主人再拜退詣諸位獻祝如初每逐位讀祝畢(云云)

▶1786◀◆問; 합제 축문.

시대의 변천, 제사의 간소화, 묘제의 번거로움과 경제적인 여건을 고려하여, 묘제를 재실에서 3 위(3 조상님)분을 합제(合祭) 합설(合設)하여 향사(享祀)키로 종중 결의에 의하여 결정하였습니다. 조상님으로부터 12 대宗孫의 12, 11, 10 대 顯 祖考와 祖비에 대한 祝文 작성에 대한 질의 입니다.

維歲次壬辰 乙卯朔 一日壬午 12 代孫 ○○ 敢紹告于 顯十二代祖考 學生府君 神位 顯十二代祖妣 儒人 朔寧崔氏 神位

현 11 대조고.......현 11 대조비.......

현 10 대조고.......현 10 대조비....... 경우 축관이 조상님들에 대한 호명을,

㉠ 12 대손 ○○감소고우 후 현 12 대조비 호명하고 다시 11 대손 ○○ 감소고우 후 현 11 대조고 비와 마지막으로 10 대손 ○○ 감소고우후 현 10 대조고 비를 호명하는지?

다른 방법으로,

ⓛ 후손(?) ○○ 감소고우 현 12 대조고, 비 신위로부터 한번에 계속해서 현 10 대조고, 비까지 호명하는 방법?

ⓒ 합리적인고 예법에 어긋남이 없는 방법은? 지도와 선처 부탁 드립니다.

◆答; 합제 축문.

아래와 같이 살펴보건대 일롱(一壟)에 수많은 묘(墓)가 있거나 묘제(墓祭) 날 아침부터 하루 종일(終日) 비가 내리면 묘(墓) 근처(近處)의 재사(齋舍)에서 합제(合祭)를 하되 시제지의(時祭之儀)라 하였으니 수대(數代) 공일판(共一版)이 아니라 사시제(四時祭)와 같이 각설(各設) 각판(各板)이라야 합니다. 다만 상례(喪禮) 대상(大祥) 때나 사시제(四時祭) 출주고식(出主告式)에서는 합공일판(合共一版)에 고자(告者)는 최존위(最尊位) 속칭(屬稱)으로 쓰게 됩니다.

●問墓祭或墓非一二多至八九東西埋葬邱壟峻險南往北來神倦身疲恐有怠慢之氣(云云)或厥日有終朝之雨則亦將何以爲之欲預搆一屋於墓側而若遇如此之時依時祭之儀合祭一所如何退溪曰豈不善㦲

●梅山曰四代共一版則自稱以最尊位爲主

▶1787◀◆問; 合祭 축문사례.

실제로 시조이하 10 세까지 소목지서로 설단을 하고 춘향제를 지내는데 시조 앞에만 제물을 진설하고 시조에게 제주가 헌작할 때 이하 10 세조까지도 제관이 모두 배치되어서(매 위 마다 술, 잔, 시저를 갖춰놓고 삼헌) 똑같이 초헌을 하고 독축시 제주는 35 세손 00 로, 시조이하 10 세까지 조상은 시조고 00000 부군 2 세조고 000 부군 10 세조고 0000 부군 10 세조비 00 씨로 독축을 하는데 이는 매위 마다 할 수 없어 합제 형식을 취한 것으로 큰 잘못은 아니라고 보는데 어떻게 판단하시는지요.

◆答; 합제(合祭) 축문.

시조(始祖)에 선조(先祖)를 배향(配享) 합사하는 예법(禮法)이 있는지의 여부(與否)도 알지 못하고 특히 기왕(旣往)에 어느 가문(家門)에서 행하고 있다니 더욱 본인(本人)이 그 가부(可否)를 이에서 논하여서는 아니 될 상 싶습니다. 다만 계대(繼代)칭이 아니라 제주(祭主)와의 속칭(屬稱)으로 고(告)하게 됩니다.

예; 현시조고(顯始祖考), 현기대조고(顯幾代祖考).

▶1788◀◆問; 해산(解産)이 있을 때 제사는 어찌하나?

추석이 다가오고 또 차례도 모셔야 하는데 한가지 문제가 있어 질문 올립니다. 저희 집안에 종부(맡 며느리)의 출산예정일이 추석 전날인 열 나흘 날이기 때문입니다. 어떤 이는 종부가 출산을 하면 차례를 안 모셔야 된다고 하는 분도 있고 하여 혹시 그런 관례가 있는가 하여 질문 올립니다.

차례를 준비 할 사람은 종부가 아니라도 다른 며느리도 있고 숙모님들도 계시니까 준비에는 별로 차질이 없습니다 만, 만에 하나라도 태어날 새 생명이나 조상들에게 누가 될까 봐 정확하게 알고 싶어 문의하니 좋은 답변을 주시기 바랍니다. 건강하시고 발전 하십시오.

◆答; 해산(解産)이 있을 때 제사는.

아래와 같이 살펴보건대 남계선생 말씀을 따름이 옳을 듯 싶습니다. 제일과 산일(産日)이 겹칠 가능성이 있다면 미리 측실(側室)이나 타처에서 해산을 하고 주인이나 제원들은 재계하고 제사 동안 그 곳을 방문하지 않으면 제사를 지내는데 꺼릴 것은 없을 것입니다.

●問將祭而有産婦則奈何愚伏曰當有産婦則不潔不可祭也
●南溪曰解産廢祭禮無其文惟通解內則妻將生子居側室至于子生夫齊則不入側室之門是當祭者不入産室而已祭則自如可知況牛馬耶

▶1789◀◆問; 향로의 위치에 대하여.

유교적 관점에서 볼 때 銅像은 제단으로 봐야 하는지 알고 싶습니다. 남산에 있는 김구 선생 동상 앞엔 향로가 비치 되어 있습니다. 향로가 있다면 제단으로 봐야 할 것으로 사료되기에 질문합니다.

그렇다면 향로의 위치는 좌우 어느 쪽에 비치해야 맞는 것인지요? 금년 2 월엔 분명히 왼 쪽이 있었는데 며칠 전 다시 가서 보니 오른 쪽으로 옮겨 있더군요. (바라보는 위치에서 입니다)

◆答; 향로의 위치.

향로(香爐)는 위전(位前) 향안상(香案上) 중앙(中央)에서 향합(香盒)의 서(西)쪽에 있어야 합니다.

●性理大全陳器;設香案於堂中置香爐香合於其上束茅聚沙於香案前

▶1790◀◆問; 향불을 태우는 것.

상례와 제례에서 고인께 잔을 올릴 때 향을 태워 잔을 올린다는 말을 합니다. 즉, 잔에 술을 따른 뒤 향로 위에 몇 번 돌린 뒤 잔을 신위에 올리는데,장례 지도사로 근무하면서 여러 분들이 향 위로 몇 번을 돌려야 하는지 어떤 방향으로 돌려야 하는지 물어보실 때가 많습니다.

저의 좁은 지식으로나마 알아본 결과, 실제 고인께 잔을 올릴 때 향로 위에 어떤 방향으로 몇 번을 돌려서 잔을 올려야 하는지 나온 예서를 보지 못했습니다. 또 어느 분께서 실제 향로 위에 술잔을 돌리는 행위는 유가에서는 없는 행위이고 그러한 행위는 세속에서 불가의 방식이 굳어져 행하여 온 것이라 보았습니다. (실제 어떤 가문에서는 향로 위에서 잔을 돌리지 않고 위에 잠시 머물렀다가 바로 고인께 올린다는 것을 보았습니다.) 불사를 행하지 말라는 예서의 말씀대로 행하자면 모든 상가에게 그러한 행위가 잘못된 것이라 고쳐야 한다고 말해드리고 싶지만 현재 그러한 것이 너무나 굳어져버려 바꾸기 어려워져서 저는 그냥 그러한 행위를 묵인하고 있습니다.

또 향로 위의 잔을 돌리는 방향은 불가에서 어떤 의식(다비 의식 같은) 을 행할 때에는 항상 오른쪽으로 (시계 방향) 돈다고 하여 향불도 이에 근거하여 잔을 만약 향로 위에 돌린다면 오른쪽으로 행하는 것이 맞는다고 안내하여 드리고 있습니다.

위와 같이 전 안내하며 사람들께 전하고 있는데, 실제 저의 이러한 생각이 맞는 것인지. 실제 예서에 정말 그러한 법도는 없는 것인지 가르침을 주십시오.

◆答; 향불을 태우는 이유.

분향(焚香)이란 있는 곳을 모르는 혼기(魂氣)를 향(香)을 피워 그 향기(香氣)를 따라 강림(降臨)케 하는 의미(意味) 외에 다른 목적(目的)은 없는것임.

다만 구씨(丘氏)의 말씀과 같이 한이전(漢以前) 까지는 향(香)이란 없었고 다만 란지소애(蘭芷蕭艾) 등을 피우다 한이후(漢以後)에 백월(百越)(지금의 광동(廣東), 절강(節腔), 강서(江西), 복건성(福建省) 등(等) 남방(南方) 지역(地域))에서 향(香)이 들어온 것이 처음이라 하였으나 그 형태(形態)는 알 길이 없고 또 만약 불가(佛家)에서 사용(使用)하는 국수가닥과 같이 길쭉한 향(香)이 들어왔다 하여도 아래와 같이 살펴보건대 유가(儒家)에서는 그 형태(形態)대로 사용(使用)하지 않았음이 분명(分明)하며 다만 그와 같은 향내가 나는 향목(香木)이거나 그를 사용(使用)하였다 하여도 잘게 부수어 사용하였음이 분명합니다.

그러한 예법(禮法)의 전거(典據)도 찾을 수가 없을뿐더러 더욱이 국조오례의(國朝五禮儀)의 강신조(降神條) 분향(焚香)은 향로(香爐)에 삼상향(三上香)하여 위전(位前)으로 올려 놓고 편람(便覽)의 제구조(諸具條)에 향비(香匕)라 함은 향합(香盒)에서 향(香)을 떠 향로(香爐)에 넣는 숟가락이니 분향(焚香) 때 한 향(香)을 향로(香爐)에 넣고 강신례(降神禮)를 마치고 나면 그 이후에 또다시 분향(焚香)의 예(禮) 없으니 향로(香爐)의 역할(役割)은 그로 끝난 것입니다. 까닭에 유가(儒家)의 예법(禮法)으로는 초아종헌시(初亞終獻時)에 맨 향로(香爐) 위에서 술잔을 돌릴 아무런 까닭이 없으며 요즘 或 가문(家門)에서 불가(佛家)에서 사용하는 길쭉한 향(香)을 그대로 불을 붙여 향로(香爐)에 꽂아 놓아 오래도록 타고 있을 뿐으로 이는 유가(儒家)의 예법(禮法)이 아닙니다.

●郊特牲註蕭香蒿也取此蒿及牲之脂膋合黍稷而燒之使其氣旁達於墻屋之間是以臭而求諸陽也
●溫公曰古之祭者不知神之所在故灌用鬱鬯臭陰達于淵泉蕭合黍稷臭陽達于墻屋所以廣求神也
●國朝五禮儀焚香條執事者一人捧香合一人捧香爐跪進謁者贊三上香執事者奠爐于神位前
●四禮便覽祠堂篇爲四龕以奉先世神主諸具條香案二香爐二香合二香匕二
●丘氏曰灌鬯爇蕭雖是諸侯之禮後世焚香祭神實取此義又曰古無香漢以前只是焚蘭芷蕭艾之類後百越入中國始有之雖非古禮然通用已久鬼神亦安之矣

▶1791◀◆問; 향사나 제사 때 지방을 쓰고 향을 피우고 술을 붓는 것은?

향사나 제사 때에 보면 술을 붓고 향(香)을 피우고 지방(紙牓)을 씁니다. 술은 왜 붓는지? 이것은 제(祭)에 해당되는지 아니면 사(祀)에 해당 되는지? 향(香)을 피우는 이유와 사(祀)와 제(祭) 중 어느 것에 해당 되는지요?

◆答; 강신(降神; 焚香, 酹酒).

분향(焚香)은 향(香)을 피워 그 향기(香氣)가 하늘 어디엔가에 있을 구혼(求魂)의 예이며 뇌주(酹酒)는 주기(酒氣)가 땅속으로 깊이 수며 들게 하여 백(魄)을 찾는 구백(求魄)의 예로서 혼백(魂魄)을 합치(合致)시기는 제사(祭祀)의 한 의식(儀式)임.

●祭義宰我曰吾聞鬼神之名不知其所謂子曰氣也者神之盛也魄也者鬼之盛也合鬼與神敎之至也註程子曰鬼神天地之功用而造化之迹也○張子曰鬼神者二氣之良能也○朱子曰以二氣言則鬼者陰之靈也神者陽之靈也以一氣言則至而伸者爲神反而歸者爲鬼其實一物而已○方氏曰魂氣歸于天形魄歸于地故必合鬼與神然後足以爲敎之至
●郊特牲蕭合黍稷臭陽達於墻屋故旣奠然後焫蕭合羶薌凡祭愼諸此魂氣歸于天形魄歸于地故祭求諸陰陽之義也殷人先求諸陽周人先求諸陰註蕭香蒿也取此蒿及牲之脂膋合黍稷而燒之使其氣旁達於墻屋之間是以臭而求諸陽也此是周人後求諸陽之禮
●又周人尙臭灌用鬯臭鬱合鬯臭陰達於淵泉灌以圭璋用玉氣也旣灌然後迎牲致陰氣也註周人尙氣臭而祭必先求諸陰故牲之未殺先酌鬯酒灌地以求神以鬯之有芳氣也故曰灌用鬯臭又搗鬱金香草之汁和合鬯酒使香氣滋甚故云鬱合鬯也以臭而求諸陰其臭下達於淵泉矣灌之禮以圭璋爲瓚之柄用玉之氣亦是尙臭也灌後乃迎牲是欲先致氣於陰以求神故云致陰氣也

▶1792◀◆問; 享祭와 享祀에 대하여 질문합니다.

1. 향제가 맞는지? 향사가 맞는지? 아니면 둘다 아닌지.
2. 享의 의미는 무엇 인지요?

◆答; 향제(享祭)와 향사(享祀).

問 1. 答; 향제(享祭), 향사(享祀) 둘 다 제사(祭祀)를 의미함에는 같으나 보통 향제(享祭) 보다는 향사(享祀)라 함이 보편적이며 대중적입니다.

問2. 答; 향사(享祀)로 쓰일 때는 제사를 지내다.

제향(祭享)으로 쓰일 때나 제사 지내다. 로 그 의미가 다른 것 같습니다. 그 외에도 ○드리다 헌(獻). ○잔치 연(宴). ○누리다 수(受). ○마땅하다 당(當) 등등의 뜻도 있습니다.

●管子侈靡;安享樂宅享祭而謳吟稱號者皆誅所以留民俗也註享祭祭祀也
●三國演義第九十六回;却說孔明斬了馬謖將首級遍示各營已畢用綫縫在尸上具棺葬之自修祭文享祀註享祀祭祀也

▶1793◀◆問; 헌관 위치에 대하여.

제사 때 초헌관 아헌관 종헌관이 서는 위치에 대하여 다음 각 안 중 어느 안이 옳으며 그 이유는 무엇인지요.

1안	2안	3안신주
(제사상)	신주(제사상)	신주
아헌관 초헌관 종헌관	초헌관 아헌관 종헌관	종헌관 아헌관 초헌관

◆答; 헌관 위치.

아래가 모든 제사(祭祀)에 근본이 되는 남녀(男女) 제원(祭員)들의 서립위(序立位)입니다. (陰陽의 이치) 이를 살펴보면 초헌관(初獻官)은 주인(主人)이니 동편이 되고 아헌관(亞獻官)은 주부(主婦)가 되니 주인의서편이 되고 종헌관(終獻官)은 주인(主人)의 자제(子弟)가 되니 주인(主人)의 동편이거나 뒤가 됩니다. 까닭에 위 3안중 1안이 주인의 아우가 종헌관(終獻官)이 될 때의 서는 위치가 되고 아들이면 주인의 뒤가 되겠지요.

●祭員序立位(正至朔參)
主人以下盛服入門就位主人北面於阼階下主婦北面於西階下主人有母則特位於主婦之前(栗谷曰奉祀妾子之母固不當立於主婦之前矣亦豈可立於主婦之後乎當立於主婦之西稍前)主人有諸父諸兄則特位於主人之右少前重行(增解輯覽按重行者主人前伯叔父爲一行主人兄弟爲次行主人子姪又爲次下主人之孫又爲次下是爲重行○沙溪曰諸父異行兄弟則有少前少退之異非重行也)西上有諸母姑嫂姊則特位主婦之左少前重行東上諸弟在主人之右少退子孫外執事者在主人之後重行西上主人弟之妻及諸妹在主婦之左少退子孫婦女內執事者在主婦之後重行東上

국조오례의(國朝五禮儀) 팔책(八冊) 중(中) 일반백성(一般百姓)의 예법(禮法)은 길례(吉禮) 사책(四冊) 말(末) 사서인사중월시향의(士庶人四仲月時享儀)(기일속절고제부(忌日俗節告祭附))와 흉례(凶禮) 팔책(八冊) 말(末) 대부사서인상(大夫士庶人喪)의 예법(禮法)뿐으로 그 외의 예법(禮法)을 왕가(王家)의 예법(禮法)으로 일반백성(一般百姓)의 예(禮)가 아니며, 사서인(士庶人) 예법(禮法) 중에 서립위(序立位)에 관하여 흉례(凶禮) 대부사서인상(大夫士庶人喪)에서는 우제(虞祭) 등(等)에는 서립위(序立位)의 언급(言及)도 없으며 소상(小祥)에 이르러 비로소 설차조(設次條)에 남녀별소

(男女別所)라 하였습니다.

길례(吉禮) 사서인사중월시향의(士庶人四仲月時享儀; 忌日俗節告祭附))에서 아래와 같이 서립위(序立位)를 소상(昭詳)히 기술하였으니 大夫士庶人(百姓)들은 이 禮法에 의할 뿐입니다.

●主人拜位於東階東南伯叔諸兄於其東諸親男子於其後俱北向西上主婦拜位於西階西南諸母姑嫂於其西諸親婦女於其後俱北向東上

▶1794◀◆問; 獻酌時 祭酒(좨주)의 先後차이는?

獻酌時 祭酒(좨주)의 先後차이는? 상중 우제, 소대상, 담제까지. 에서는 헌작 시 술잔을 신위 전에 올리기 전 祭酒(三祭于)하여 신위 전에 올리고 사시제와 기제 에서는 헌작 시 술잔을 신위 전에 올렸다 내려서 祭酒(三祭于)하여 신위 전에 올리는 차이가 사례편람에 나와있는데 그 차이는 무엇인가요?

※졸곡(卒哭) 시 축관의 위치가 헌관의 좌우로 바뀌는 흉례와 길례의 차이인가요?

◆答; 헌작시(獻酌時) 제주(祭酒)의 선후(先後).

아래와 같이 살펴보건대 한강선유(寒岡先儒)께서는 우제(虞祭)에는 그 예가 슬픔에 황급(遑急)하여 간편하게 하는 것이고 시제(時祭)는 엄경(嚴敬)하여 예법(禮法)대로 행 하는 것이라 하였는데, 본인은 우제(虞祭)(초우(初虞)~담제)는 생시의 예로 먼저 삼제(三祭) 후 잔을 올리고 길제(吉祭)로부터는 신(神)의 생각하게 됩니다 예로 먼저 위전(位前)으로 잔(盞)을 올렸다 신(神)을 대신하여 헌자(獻者)가 잔(盞)을 내려 삼제(三祭) 후 위전(位前)으로 다시 올려드리는 것이 아닌가도 생각됨.

●問虞祭祭而獻時祭獻而祭不同何也寒岡曰豈不以虞祭哀遽其禮當簡時祭嚴敬其禮不得不備也

▶1795◀◆問; 현고학생부군 유감.

현고 학생부군 신위(顯考學生府君 神位)벼슬을 하지 않은 사람이 죽으면 그 후손들이 위와 같은 신주를 부르는 글을 써 붙이고 제사를 지내는 지방 내용이다.

현고(돌아가신 고인) 학생부군(벼슬을 하지 않은 죽은 사람의 높임말)신위(신의 자리 또는 위치)/지방을 제사상 머리에 붙이고 신을 불러들이는 강신의 의식을 갖춘 뒤 술을 세잔 받치고 메를 드리고 절을하는 것이 기제사의 방법으로 알고 있습니다.

조상님의 신주를 앞에 모셔놓고 제사를 지내는 것인데 조상의 신주가 내 생각에는 잘못된 것 같다는 말이다. 유교의 극치를 이룬 조선시대를 거쳐 지금까지 우리들은 조상에 대한 제사를 모시는 자리에 꼭 지방을 붙이고 제례의식을 갖추어 왔는데 제사에 써 붙인 지방의 내용을 유심히 살펴보자. 우리나라의 조상은 남자인 경우 우리 집이나 남의 집이나 모두 벼슬을 하지 않은 조상에 대하여는 일률적으로 顯考學生府君 神位 라고 써놓고 사를 모신다.

지방의 문구를 보면 세상 모든 벼슬하지 않은 남자들은 하나같이 똑같다, 죽은 신이 귀신이니 귀신같이 자기가 죽은 날 후손들의 집을 찾아와 제사음식을 먹고 가실지는 모르겠으나 형식상으로라도 뭔가 잘못된 것 아닌가 하는 생각을 하며 의문을 제기하지 않을 수 없다.

귀신이 찾아오는지 그 지간은 알 수 없으나 살아서 제사를 모시는 후손이라도 제사를 모시는 분이 누구란 것은 분명하게 써 붙이고나 지내야 하는 것 아닐까요? 현고 학생부군 아무개 신위 라고 써 붙이는 것이 합리성이 있는 지방 문이 아닐까 해서 하는 말이다. 예를 들어 홀길동 이라면 "현고학생부군 홍길동 신위" 라 고는 써야 할 것이 아닌가 .벼슬을 한 남자라도 그렇다. 예를 들어 한성판윤을 지냈던 분 이라면 지금의 지방 형식은 "현고 한성판윤 부군 신위" 라고 써 붙여야 하는데 한성판윤을 지낸 사람이 어디 한 둘 입니까?

한성판윤을 지내고 죽은 사람 모두에게 지내는 제사가 되는 형식이다. 물론 배위가 있으니 알아야 보겠지만 합리성으로 따져보자면 정확하게 누구의 제사 날이니 그분에 대한 위패를 누가 봐도 알 수 있도록 써 붙이고 제사를 지내는 것이 백 번 천 번 합당한 일이 아닐까요?

당일 제사 날이 돌아온 분의 벼슬 이름과 이름을 함께 써 붙인다면 얼마나 명쾌한 일인가? 조선시대 예의범절을 그렇게 따지면서 목숨까지 걸고 옛 법을 논해온 분들도 이에 대한 거론은 없었던 것이 유감이다. 그럴만한 이유가 또 있는지, 내가 무식해서 모르는 사안인지는 알 수가 없으나 현재 우리들이 써 붙이고 지내는 지방은 그런 불합리성이 있는 것만은 틀림이 없다.

귀신 이름도 정확하게 써 붙여놔야 하는 것 아니겠습니까? 조상들이 해오던 일은 무조건 전통을 따라야 하는 것인지 한번 깊이 생각해 볼 일이며 성균관에서 이에 대한 답변을 해 주실 것으로 믿고 기다리겠습니다. 감사합니다. 안녕히 계십시오.

◆答; 현고학생부군.

먼저 지방(紙榜)을 이해하려면 아래 신주식을 이해하여야 합니다.

속신주는 사자(死者)를 의미하고 겉신주는 제주(祭主)와의 관계를 의미합니다. 다만 요즘은 여러 가지 형편상 신주를 받들지 않고 편리한 대로 기일을 당하면 쉬울손 지방(겉신주 顯考某官府君神主에서 主를 位로 고침)을 써 세우고 제사를 지내고 있는 것입니다.

지방(紙榜)이란 이와 같이 제주와 기일 당해 조상과의 관계를 표시함이라 현 지방식이 제주와의 관계를 이해함에 혼돈될 까닭이 없는 것입니다. 특히 아래 단궁의 가르침 같이 부모나 선대의 성함은 감히 부르지 않는 것입니다.

예를 들어 아버지 하면 사전적으로는 광의의 父를 의미하지만 가족간에서　아버지 하면 그 집 아들이 자신의 아버지를 칭함에 한정되는 것입니다. 고로 지방에 "현고학생부군신위(顯考學生府君神位)"라 표기하여도 하등의 어그러짐이 없는 것입니다.

◆陷中式(속신주)
故某官(無官則隨常時所稱如學生處士秀士別號之類粉面同)某公諱某字某(本有第幾二字而東俗不同○退溪曰今人生時無第幾之稱神主不用恐無不可)神主

◆粉面式(겉신주)
顯(家禮圖用顯字而備要從之後倣此)考(承重云顯祖考旁親卑幼隨屬稱卑幼改顯爲亡)某官府君(卑幼去府君二字)神主

◆旁題式(옆면식)
孝子(承重稱孝孫)某奉祀(書于原行下旁寫者之左○朱子曰旁註施於所尊以下則不必書○備要旁親雖尊不書)

◆婦人陷中式(부인 속신주)
故某封(無封亦稱孺人此下或添某貫粉面同)某氏諱某(本有字某第幾四字而東俗不用)神主

◆婦人粉面式(부인 겉신주)
顯妣(承重云顯祖妣妻云亡室旁親卑幼隨屬稱卑幼改顯爲亡○大全庶子之所生母稱亡母)某封某氏神主

◆婦人旁題式同前式(부인옆면식)

●檀弓卒哭而諱生事畢而鬼事始已鄭註諱辟其名(辟音避)集說註卒哭而諱其名蓋事生之

禮又二名不偏諱夫子之母名徵在言在不稱徵言徵不稱在註二名二字爲名也此記避諱之禮

▶1796◀◆問; 현대의 "某封某氏" 에 대하여.

현대의 "모봉모씨(某封某氏)"에 대하여.

<1>. 며칠 사이 "某官과 某封의 쓰임새에 관하여" 질의와 답변이 있었습니다. 과거와 현재의 제도가 같지 않으니 각자의 견해가 다를 수 있습니다.

<2>. 이런 경우, 어떻게 할 것인가를 두고 '葛藤(?)'을 할 때가 있습니다. 정부가 정한 것이 없으니 (정부에) 물어볼 수도 없고, 또 알만한 이에게 물어도 이 말 다르고, 저 말 다릅니다.

<3>. 이런 경우에 어떻게 하겠습니까? (어떻든지 간에 그래도) 성균관이 있으니 성균관의 견해를 援用할 수밖에 없습니다.

◆ 성균관은 이렇게 말하고 있습니다. [전국의 儒林들이 결의한 것(약속)입니다.]
※ 모봉모씨는 (전국 儒林의 결의에 따라 현대의 벼슬이 있는 분의 職位는 품계의 구분 없이) "夫人으로 쓰기"로 하였습니다.

※고례(古例)에도 학생부군(學生府君)의 배위(配位)를 '유인(孺人)'이라 하였으니, 현대에도 사회적 직함이 없던 부군의 배위를 '夫人'이라 하면 될 것입니다. [例; 顯考府君神位. 顯妣夫人某氏神位]

◆ 아래는 성균관의 견해로, 본인이 가지고 있는 참고용 자료(답변)입니다.
[문]; 사람의 死後에 지방, 비문 등에 관직명을 표기하는데 있어 옛날 같으면 영의정, 판서 등을 역임한 분은 그대로 표기하였고, 現今에 있어서는 국회의원, 군수, 박사 등도 그 나름대로 쓰고 있는데 고급공무원의 범주에 들 수 있다고 보아 지는 중앙부서의 과장직 등에 대해서는 어떻게 해야 하는지요?

[답]; 현대에도 관직(官職)이 있는 경우 지방이나 비문에 품계와 직위를 쓸 수 있습니다. 즉 귀하의 질문에 정부부서의 과장직이라면 과장의 품계는 서기관이므로 "顯考 書記官○○部 ○○課長 府君 神位"라고 쓰면 됩니다. 그리고 부인의 경우에는 옛날에는 부인들도 남편의 직급에 따라 봉작(封爵)을 하였으므로 지방에 봉작된 명칭을 썼지만, 현대는 일체의 봉작 제도가 없습니다. 그래서 성균관(成均館)에서는 전국 유림(儒林)들의 결의에 따라 현대의 벼슬이 있는 분의 직위(職位)는 품계의 구분 없이 "夫人"으로 쓰기로 하였습니다. 그래서 이런 경우에는 "顯妣夫人 ○○○氏 神位"로 쓰면 됩니다.

◆答; 현대의 "모봉모씨(某封某氏)"에 대하여.

성균관(유가)에도 보수와 진보가 존재할 필요가 요구된다면 어느 면에서인지는 알 수 없으나 화두가 무엇이든 물어보세요. 질의 응답 난에서이니 답에는 보수 답이 있고 진보 답이 있을 수 없을 것 같습니다.

답이란 오직 하나일 뿐입니다. 둘이 될 수 없지요. 혹자는 본인의 답 글을 쉽게 풀어 운운하나 어찌 푸는 것이 쉽게 푸는 것입니까. 답 문이란 간단명료하게 핵심을 단 답 형식으로 나타내어 질문의 요지에 접근시키는 것으로 족하지요.

혹 원문(原文)의 전거(典據) 문 게시로 인함이 아닌가요. 이에 대하여는 수 없이 해명(解明)하였으며 이는 본인의 필요에 의함은 물론 답의 정확도를 높이기 위한 수단입니다.

이 난(유가의 예법)에서의 답은 특성상 주관적 판단은 그 자의 역량의 정도에 따라 귀착 될 수 밖에 없는 것, 그에 대한 정답은 이미 오래 전에 유가의 제서(諸書) 내에 명시되어 있는데 그를 정확히 찾아 낼 수가 없다는 것이지요.

더욱이 이 난의 개설 이유는 의문을 풀어주는 질의 응답 난이지 유가의 예법을 작금의 시속에 합당하게 개선함이 목적이 아니라는 것입니다. 대단한 착각에서 벗어나기를 바랍니다.

특히 예법의 제정, 또는 개선은 감히 이 난에서 논할만한 사랑방 논제 정도로 취급될 수 있는 경한 것이 아니며 또 과연 이 난에서 질의에 응답의 수준에서 시도한다 함을 더욱 모든 여건에도 합당치 않을 뿐만 아니라 분수를 넘어선 발상이 아닐 수 없는 것입니다.

이 논쟁의 시발은 본인의 전거에 의하여 답을 게시함에서 시작되었다 하여도 과연이 아닌 상 싶은데 타인의 글에 신경 쓸 것이 아니라, 본인들의 답을 상대의 답 글보다 더 분명하고 확실한 답 문으로 질의 내용에서 벗어나지 않도록 충실하게 임하면 그것으로 족한 것입니다.

그 이 후의 선택(選擇)은 각자의 자유 의사(意思)에 의하여 선택(選擇) 될 수 있는 기회를 제공 함으로서 끝난 것이지 답 자끼리 서로 우왈좌왈 할 까닭이 없는 것입니다.

만약 그 질의 내용이 현 시속에 따라 개선할 여지가 혹 있다면 유가의 체통을 해치지 않는 범위 내에서 필요하다면 자기의 의견을 첨기하여 답 문을 게시하여 놓음으로써 만족한 것입니다.

아래는 국가(國家)에서 작금(昨今)의 시속(時俗)에 적합하도록 제정(制定) 공표(公表)한 예법입니다. 제 스스로 뼈를 깎아내는 어리석은 발상을 이 난에서 행할 것이 아니라 이 법에서 부족하거나 개선의 여지가 있다면 담당부서에 건의 수정되도록 활동함이 자기 의사를 표현하여 반영시키는 바른 자세가 될 것입니다.

▶1797◀◆問; 현벽과 신위.

1. 신위를 쓸 때 남편 분이 돌아가셨을 경우 현벽학생부군이라 쓰는 걸로 알고 있습니다. 현벽이란 단어가 무슨 뜻인지 알고 싶습니다.

2. 상중에 고인이 남자일 경우 부인과 미성년자인 아들이 있을 경우 누구를 상주로 내세워야 하는지?

3. 고인(故人)이 남자고 부인과 결혼한 딸이 있을 경우 누가 상주가 되는지? (형제나 사촌형제도 안 계십니다)

◆答; 현벽과 신위.

顯辟; 존경하는 낭군님.

喪主; 2 번 미성년이 아들. 3 번 동성인 남자.

●曲禮夫曰皇辟
●喪服小記男主必使同姓主婦必使異姓註喪必有男主以接男賓必有女主以接女賓無男主而使人攝主則必使喪家同姓之男無女主而使人攝主則必使喪家異姓之女謂同宗之婦也

▶1798◀◆問; 형님 기제사에 관해서 몇 가지 궁금한내용 입니다.

큰형님 기제사(忌祭祀)를 매년 지내고 있습니다. 궁금 한건 동생들 부인 즉 제수씨(弟嫂氏)는 절을 해도 괜찮은가요.

◆答; 형님 기제사.

아래와 같이 살펴보건대 남편의 형제 복(服)은 의복(義服) 시마(緦麻) 오월복인(五月服人)으로 전(奠)에 참여하여 비유자(卑幼者)이니 절을 하여야 할 것입니다. 따라서 기제(忌祭) 역시 상(喪)의 연속의 예(禮)이니 참여하였다면 절을 하여야 마땅할 것입니다.

●家禮喪禮篇成服四曰小功五月條義服爲夫之兄弟也

●小斂奠條卑幼者皆再拜

가례(家禮)를 비롯하여 의절(儀節) 오례의(五禮儀) 집람(輯覽) 비요(備要) 편람(便覽) 등등의 예서에 나타난 기제(忌祭) 망자(亡者) 제처(弟妻)의 서립위(序立位)는 대개 아래와 같으니 제사(祭祀)에 참석하였다면 시숙(媤叔)은 손위이니 절을 하지 않고 앉아 있거나 서있을 수는 없을 것입니다.

●主人有母則特位於主婦之前有諸母姑嫂姊則特位主婦之左少前重行東上

아래와 같이 살펴보건대 물론 예기(禮記) 시절(時節)에는 수숙복(嫂叔服)은 없었으나 정자(程子) 대(代)이전(以前)에 이미 있었고 그를 주부자(朱夫子)께서 예(禮)로 확립(確立) 그 예법(禮法)이 우리나라에 영향을 끼쳐 수숙복(嫂叔服)은 소공(小功) 오월복(五月服)으로 대부분(大部分)의 예서(禮書)에서 채택(採擇) 우리의 복제도(服制度)로 정착(定着)되어 있는 실정임.

●檀弓上嫂叔之無服也蓋推而遠之也註方氏曰嫂叔之分雖同居也然在義爲可嫌故堆而遠之不相爲服

●問嫂叔舊無服今有之何也程子曰禮記曰堆而遠之也此說不是古之所以無服只爲無屬今上有父有母下有子有婦叔父伯父父之屬也故叔母伯母之服與叔伯父同兄弟之子子之屬也故兄弟之子之婦服與兄弟之子同若兄弟則已之屬也難以妻道屬其妻此古者所以無服以義理堆不行也今之有服亦是豈有同居之親無服者

●皇朝通典小功五月條夫之兄弟及夫之兄弟之妻

●朱子曰嫂叔先儒固謂制服亦可則徵議未爲失也

●備要小功五月條爲夫之兄弟爲夫之兄弟之妻

아래는 대부분 각 예서(禮書)에서 채택하고 있는 제례 시(祭禮時) 제원(祭員) 남녀(男女)의 서는 위치(位置)에 관한 전문으로 이에 나타나 있듯이 시숙(媤叔)의 제사(祭祀)에 제수(弟嫂)가 참여(參與)하였다면 절을 하여야 함은 불문가지(不問可知)입니다. 그 전거(典據)를 위에서도 이미 밝혀두었으나 초학자(初學者)님들의 혼동(混同)이 있을까 하여 다시 알려 드립니다.

●祭員序立位

主人以下盛服入門就位主人北面於阼階下主婦北面於西階下主人有母則特位於主婦之前主人有諸父諸兄則特位於主人之右少前重行)西上有諸母姑嫂姊則特位主婦之左少前重行東上諸弟在主人之右少退子孫外執事者在主人之後重行西上主人弟之妻及諸妹在主婦之左少退子孫婦女內執事者在主婦之後重行東上

아래와 같이 살펴보건대 媤叔에게 弟婦는 절을 하여야 하는 것 같습니다.

●司馬氏居家雜儀共拜家長丘氏註先設主人主婦坐席於廳事正中男女各就位男左西上女右東上主人之弟弟婦並妹爲一行子姪及其婦並女子爲一行孫男孫婦孫女爲一行俟主人主婦坐定皆拜

○아래는 산 시숙(媤叔)에게 제부(弟婦)가 절을 한다는 근거(根據)이며,

●司馬氏居家雜儀共拜家長丘氏註先設主人主婦坐席於廳事正中男女各就位男左西上女右東上主人之弟弟婦並妹爲一行子姪及其婦並女子爲一行孫男孫婦孫女爲一行俟主人主婦坐定皆拜

○아래는 시숙(媤叔)의 상(喪)을 당하여 제부(弟婦)가 절을 한다는 근거(根據)이며,

●家禮喪禮篇成服四曰小功五月條義服爲夫之兄弟也

●家禮喪禮篇成服四曰小功五月條義服爲夫之兄弟也
●小斂奠條卑幼者皆再拜

가례(家禮)를 비롯하여 의절(儀節) 오례의(五禮儀) 집람(輯覽) 비요(備要) 편람(便覽) 등등의 예서에 나타난 기제(忌祭) 망자(亡者) 제처(弟妻)의 서립위(序立位)는 대개 아래와 같으니 제사(祭祀)에 참석하였다면 시숙(媤叔)은 손위이니 절을 하지 않고 앉아 있거나 서있을 수는 없을 것입니다.

●主人有母則特位於主婦之前有諸母姑嫂姊則特位主婦之左少前重行東上

아래와 같이 살펴보건대 물론 예기(禮記) 시절(時節)에는 수숙복(嫂叔服)은 정자(程子) 대(代)이전(以前)에 이미 있었고 그를 주부자(朱夫子)께서 예(禮)로 확립(確立) 그 예법(禮法)이 우리나라에 영향을 끼쳐 수숙복(嫂叔服)은 소공(小功) 오월복(五月服)으로 대부분의 예서에서 채택 우리의 복제도(服制度)로 정착되어 있는 실정임.

●檀弓上嫂叔之無服也蓋推而遠之也註方氏曰嫂叔之分雖同居也然在義爲可嫌故推而遠之不相爲服
●問嫂叔舊無服今有之何也程子曰禮記曰推而遠之也此說不是古之所以無服只爲無屬今上有父有母下有子有婦叔父伯父父之屬也故叔母伯母之服與叔伯父同兄弟之子子之屬也故兄弟之子之婦服與兄弟之子同若兄弟則己之屬也難以妻道屬其妻此古者所以無服以義理推不行也今之有服亦是豈有同居之親無服者
●皇朝通典小功五月條夫之兄弟及夫之兄弟之妻
●朱子曰嫂叔先儒固謂制服亦可則徵議未爲失也
●備要小功五月條爲夫之兄弟爲夫之兄弟之妻

아래는 대부분 각 예서에서 채택하고 있는 제례 시 제원 남녀의 서는 위치에 관한 전문으로 이에 나타나 있듯이 시숙(媤叔)의 제사(祭祀)에 제수(弟嫂)가 참여(參與)하였다면 절을 하여야 함은 불문가지입니다. 그 전거(典據)를 위에서도 이미 밝혀두었으나 초학자(初學者)님들의 혼동(混同)이 있을까 하여 다시 알려 드립니다.

●祭員序立位
主人以下盛服入門就位主人北面於阼階下主婦北面於西階下主人有母則特位於主婦之前主人有諸父諸兄則特位於主人之右少前重行)西上有諸母姑嫂姊則特位主婦之左少前重行東上諸弟在主人之右少退子孫外執事者在主人之後重行西上主人弟之妻及諸妹在主婦之左少退子孫婦女內執事者在主婦之後重行東上

아래와 같이 살펴보건대 媤叔에게 弟婦는 절을 하여야 하는 것 같습니다.
●司馬氏居家雜儀共拜家長丘氏註先設主人主婦坐席於廳事正中男女各就位男左西上女右東上主人之弟弟婦並妹爲一行子姪及其婦並女子爲一行孫男孫婦孫女爲一行俟主人主婦坐定皆拜

○아래는 산 시숙(媤叔)에게 제부(弟婦)가 절을 한다는 근거(根據)이며,
●司馬氏居家雜儀共拜家長丘氏註先設主人主婦坐席於廳事正中男女各就位男左西上女右東上主人之弟弟婦並妹爲一行子姪及其婦並女子爲一行孫男孫婦孫女爲一行俟主人主婦坐定皆拜

○아래는 시숙(媤叔)의 상(喪)을 당하여 제부(弟婦)가 절을 한다는 근거(根據)이며,
●家禮喪禮篇成服四曰小功五月條義服爲夫之兄弟也

●小斂奠條卑幼者皆再拜

○아래는 시숙(媤叔) 제사(祭祀)에 제부(弟婦)가 절을 한다는 근거(根據)입니다.

●祭員序立位
主人以下盛服入門就位主人北面於阼階下主婦北面於西階下主人有母則特位於主婦之前主人有諸父諸兄則特位於主人之右少前重行)西上有諸母姑嫂姊則特位主婦之左少前重行東上諸弟在主人之右少退子孫外執事者在主人之後重行西上主人弟之妻及諸妹在主婦之左少退子孫婦女內執事者在主婦之後重行東上

▶1799◀◆問; 형이 아우 제사 지내면서 절을 해야 하는지요.
명절 때 또는 아버지 기제사에 항상 큰아버님들이 참석하십니다. 물론 제주는 우리 집 장남인 제가 주관하고 있습니다.

큰아버님이 오셔서 다같이 절하는 순서 강신 제나 종헌 시 참석자 전원이 다같이 절을 할 때, 큰아버님도 절을 하시는 것이 맞는지 알고 싶습니다.

◆答; 동생에게는 어느 경우이든 절을 하지 않습니다.
제질(弟姪)에게는 절을 하지 않습니다.

●太平廣記凡死者是敵以上則拜少者則不拜
●沙溪曰卑幼喪不拜
●艮齋曰兄揖弟墓
●問祭子女弟侄立也坐耶尤庵曰喪禮旣曰尊長坐哭祭禮亦豈異同耶

▶1800◀◆問; 형제간 불화로 부모님 기제를 각각 지내는데.
형제간에 의가 나서 형님이 부친 제사를 모시고 동생이 모친 모사를 지내고 있습니다. 이와 같이 지내도 예에 크게 어그러진 것을 아닌지요.

◆答; 부모님 기제를 각각 지내 못함.
아래와 같이 살펴보건대 율곡(栗谷) 선생께서는 기제(忌祭)를 형제간에 돌려가며 지내는 것도 예(禮)가 아니다. 라 하셨으니 기제(忌祭)를 형제간에 각각 자기집에서 지내서는 더욱 예(禮)가 아니겠지요.

●栗谷曰忌祭世俗輪行非禮也忌祭不祭於神主而仍祭于紙牓此甚未安雖不免輪行行于家廟庶乎可矣

▶1801◀◆問; 홀기에 대하여.
홀기(笏記) 마지막에 예필(禮畢)을 고한 뒤에 제집사(諸執事)들이 사신(辭神)을 하는데 집사들이 사신을 하고 예필을 고해야 한다는 주장이 있는데 어떤지요,

◆答; 홀기에 대하여..
예필(禮畢) 후(後) 제집사(諸執事) 후배(後拜)는 국례(國禮)의 예법(禮法)입니다.

아래는 국조오례의(國祀) 춘추사직의(春秋社稷儀) 예법(禮法)과 구의(丘儀) 기제(忌祭) 예법(禮法) 중(中) 예필(禮畢) 부분입니다.

국례(國禮; 親享及攝事儀同)에서 예필 후 집사자들이 후배(後拜)하는 까닭은 사신배 때 절을 하지 않은 관계로 예필을 고한 뒤 절을하는 것이며, 사서인은 구의(丘

儀) 예법과 같이 철찬 후 례필(禮畢)로 모든 예를 마치게 됩니다. 집사자들 역시 사신배(辭神拜) 때 다같이 재배하여 예필 후 별도로 후배(後拜)치 않는 것입니다.

●國朝五禮儀春秋及臘祭社稷儀(前略)殿下四拜在位者皆四拜樂一成止禮儀使跪啓禮畢(省略)監察及諸執事俱復懸南拜位立定執禮曰四拜監察以下皆四拜訖執禮帥贊者謁者贊引就懸南拜位四拜而出
●丘儀(前略)辭神焚祝文送主徹饌禮畢

▶1802◀◈問; 홀기 제문에 관하여.
제사를 모실 때, 그 절차를 인도하는 것이 홀기제문(축문)이라고 알고 있습니다. 그 기본이 되는 서식을 알고 싶습니다. 가급적이면 한문뿐 아니라 한글로 풀어 쓴 것도 함께 안내 바랍니다. 감사합니다.

◈答; 홀기 제문.
⊙忌祭儀禮節次(丘儀)
序立(主人主婦及弟婦子姪凡當所出者皆在)○參神○鞠躬拜興拜興拜興拜興平身○降神○盥洗○詣香案前○跪○上香○酹酒(以下旁注皆與時祭同)○俯伏興拜興拜興平身○進饌○初獻禮○詣考妣神位前○跪○祭酒○奠酒○祭酒○奠酒○俯伏興平身○詣讀祝位○跪(主人以下皆跪)○讀祝(若考妣及祖考妣近死則讀祝後加)○擧哀○哀止(非考妣及祖考妣遠死則否)○俯伏興○鞠躬拜興拜興平身○復位○奉饌○亞獻禮○盥洗○詣考妣神位前○跪祭酒○奠酒○祭酒○奠酒○俯伏興平身○復位○奉饌○終獻禮○盥洗○詣考妣神位前○跪○祭酒○奠酒○祭酒○奠酒○俯伏興平身○奉饌○侑食○鞠躬拜興拜興平身○復位○闔門○祝噫歆○啓門○主人以下復位○獻茶(主人立于東階上西向)○告利成(祝立于西階上東向)○曰利成○復位○鞠躬拜興拜興平身○辭神○鞠躬拜興拜興拜興拜興平身○焚祝文○送主○徹饌○禮畢

⊙기제 의례절차.
차서 대로 선다. (주인과 주부 및 아우, 며느리, 아들, 조카 등 그 소생들은 모두 나와 선다) ○행참신례. ○국궁 사배 평신한다. ○행강신례. ○손을 씻는다. ○향안 앞으로 간다. ○무릎을 꿇고 앉는다. ○분향한다. ○강신한다. (주전자를 들고 옆에서 시중드는 이하 모두 시제와 같다) ○부복하였다 일어나 재배 평신한다. ○진찬한다. ○행초헌례. ○고비신위 앞으로 간다. ○무릎을 꿇고 앉는다. ○제주한다. ○헌주한다. ○제주한다. ○헌주한다. ○부복하였다 일어나 평신한다. ○독축위로 간다. ○무릎을 꿇고 앉는다. (주인 이하 모두 무릎을 꿇고 앉는다) ○독축한다. (만약 고비 및 조고비가 사망한지가 얼마 안되면 독축 후 뒤의 예를 첨가한다) ○모두 곡한다. ○곡을 그친다. (고비가 아니거나 조고비가 사망한지가 오래되면 곡을 하지 않는다) ○부복하였다 일어선다. ○국궁 재배 평신한다. ○제자리로 물러나 선다. ○간적을 올린다. ○행아헌례. ○손을 씻는다. ○고비신위 앞으로 간다. ○무릎을 꿇고 앉는다. ○제주한다. ○헌주한다. ○제주한다. ○헌주한다. ○부복하였다 일어나 평신한다. ○제자리로 물러나 선다. ○육적을 올린다. ○행종헌례. ○손을 씻는다. ○고비 신위 앞으로 간다. ○무릎을 꿇고 앉는다. ○제주한다. ○헌주한다. ○제주한다. ○헌주한다. ○부복하였다 일어나 평신한다. ○육적을 올린다. ○첨작한다. ○국궁 재배 평신한다. ○제자리로 물러나 선다. ○문을 닫고 나간다. ○축관이 희흠을 한다. ○문을 연다. ○주인 이하 모두 제자리에 선다. ○차를 올린다. (주인은 동쪽층계 위에서 서쪽으로 향하여 선다) ○고리성(告利成). (축관은 서쪽층계 위에서 동쪽으로 향하여 선다) ○리성(利成)이라 한다. ○제자리로 물러나 선다. ○국궁 재배 평신한다. ○행사신. ○국궁 사배평신한다. ○축문을 불사른다. ○신주를 사당으로 들인다. ○철상

한다. ○예를 마친다.

▶1803◀◆問; 홀로 사시는 셋째가 환갑이 넘어 돌아가시면.

수고가 언제나 많으십니다. 4 형제 중에서 맏이와 둘째는 아들 하나를 각각 두어 아버지의 제사(祭祀)를 각각 모시고 있습니다. 그런데 셋째와 막내는 혼인(婚姻)도 하지 않고 각각 홀로 환갑이 넘도록 살다가 셋째가 돌아가셨습니다.

[질문 1] 셋째의 주상은 누가 하여야 하는지요?
[질문 2] 셋째의 기제사 등은 누가 계속 지내야 하는지요?
[질문 3] 막내가 돌아가시면 주상은 누가 하여야 하는지요?
[질문 4] 막내의 기제사 등은 누가 계속 지내야 하는지요?
[질문 5] 만약 다섯째가 있어 막내라면 결혼을 한 후에 자식이 없이 돌아가 시면 기제사 등은 누가 계속하여야 하는지요?

앞으로 결혼은 하였지만 자식이 없는 가정이 늘어날 것 같아 여러 가지로 어려움이 발생할 것 같은 생각이 듭니다. 죄송합니다.

◆答; 홀로 사시는 셋째가 환갑이 넘어 돌아가시면.

[질문 1] 答; 첫째.
[질문 2] 答; 첫째.
[질문 3] 答; 첫째.
[질문 4] 答; 첫째.
[질문 5] 答; 첫째.

●尤庵曰凡喪父在父爲主故子孫神主皆以祖父爲主
●屛溪曰年過二十而死則雖未冠筓當以本服服之矣
●小記殤與無後者從祖祔食(疏)殤與無後者皆當從死者之祖而祔食殤者之親供其牲物而宗子直掌其禮
●尤庵曰夫亡無後之妻祔夫於祖廟云者未安當爲夫立後而別立宗矣
●朱子家禮通禮傍親之無後者以其班祔條若兄弟若兄弟之妻祔于祖

▶1804◀◆問; 홍동백서가 신위기준인지 제관기준인지하고 조율시이인지 조율이시인지요?

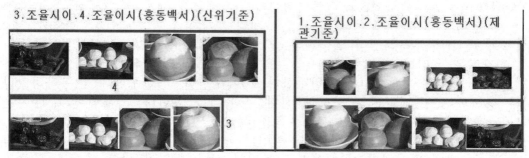

3.조율시이 .4.조율이시(홍동백서)(신위기준)   1.조율시이 .2.조율이시(홍동백서)(제관기준)

천부사진에 답 좀 해 주세요 매년 설날에 질문을 하지만 확정이 안되네요. 언론과 인터넷에서 3.4 초 진설하는 경우가 많이 나와요. 확실이 가르쳐 주세요. "온 가족 한 마음 되어 즐거운 설 쇠세요."

◆答; 홍동백서와 조율이시.

방위(方位)를 정함에는 실지 향배(向背)와는 관계(關係)없이 뒤를 북(北)이라 하고 앞을 남(南)이라 하고좌측(左側)을 동(東)이라 하며 우측(右側)을 서(西)라 합니다. 여기서 홍동백서(紅東白西)라 함은 신위 기준으로 좌측(左側)인 동이 됩니다.

진설(陳設)에서 다음과 같이 조율(棗栗)에 관하여만 명확(明確)하게 지적(指摘)됨이 있을 뿐인데 이에 이시(梨枾)를 더하여 조율이시(棗栗梨枾)라 하는것 같습니다.

●家禮本註凡屋之制不問何向背但以前爲南後爲北左爲東右爲西

●士虞禮棗栗棗在西註尙棗棗美據此棗當設果行之首而栗次之

▶1805◀◆問; 홍동백서 신위제관 어느 기준?

問 1. 조율이시 는 퇴계선생 이론은 조율시이 동두서미 이고 율곡선생 이론은 조율이시 서두동미 인줄로 알고 있는데 그 이유가 각각 무엇인가요.

問 2. 성재(性齋) 의 본명은 누구이며 어떤 분인가요.

◆答; 홍동백서 신위제관 어느 기준.

問1. 答; 어류(魚類)는 두동미서(頭東尾西)로 진설(陳設)한다는 근거(根據)는 소뢰궤식례(少牢饋食禮)의 말씀이고 만약 율곡(栗谷) 설(說)이나 퇴계(退溪) 설(說)이 이 설(說)에서 어긋난다면 소뢰례설(少牢禮說)이 정론(正論)입니다. 조율리시(棗栗梨枾)로 진설(陳設) 되는 근거(根據)는 아직 확인(確認)이 안되었으나 속설(俗說)로 그 씨앗이 1, 3, 6, 8개로 1왕(王) 3政丞 6判書 8道 觀察使에 비유하였다는 설입니다.

問 2. 答; 許傳; 자(字) 이로(而老). 호(號) 성재(性齋). 본관(本貫) 양천(陽川). 성리학자(性理學者). 이조판서(吏曹判書).

●少牢饋食禮魚腊膚魚用鮒十有五而俎縮載右首進腴疏凡載魚生人死人皆右首地道尊右故也鬼神進臾者是氣之所聚故祭祀進腴也

▶1806◀◆問; 홍동백서 신위. 제관 어느 기준인가요?

1]제상은 주된 방 북쪽으로 차린다.
2]그러면 동쪽이 우측인가요? 좌측 인가요? 즉 신위기준인가요? 제관기준인가요?
3]조율시이 인가요? 조율이시 인가요? 추석에 사용하게 빨리 답변주세요.

◆答; 홍동백서 신위. 제관 어느 기준인가.

1). 答; 그렇습니다.
2). 答; 신위(神位) 쪽에서는 좌측(左側)이 되고 생자(生者) 쪽에서는 우측(右側)이 됩니다.
3). 答; 성재선생께서 조(棗) 율(栗) 이(梨) 시(枾)라 말씀하신 것 같습니다.

●士虞禮兩籩棗栗棗在西註尙棗
●性齋曰我東則百果無不産焉如棗栗梨枾
●性理大全凡屋之制不問何向背但以前爲南後爲北左爲東右爲西
●曲禮生人尙左之食也特牲神道尙右之設也
●士虞禮生人尙左而羹在薦右神道尙右而羹在薦左
●有司徹疏生人陽故尙左鬼神陰故尙右
●溫公曰古者除於室中故神坐東向自後漢以來公私廟皆同堂異室南向西上所以西上者神道尙右故也
●退溪曰祭饌尙左之說恐未然盖食以飯爲主故飯之所在卽爲所尙如平時陳食左飯右羹是

爲尙左而祭則右飯左羹是乃尙右所謂神道尙右者然也而今云尙左非也

▶1807◀◆問; (효자○○사손○○감소고우)에 대하여.

1 안녕하세요. 청주의 이덕규입니다.
2 지난 동안 4 회에 걸쳐 본란에 제례에 관한 문의를 한바 여러 석학님들의 빠르고 정확한 답변을 들어 반갑고 고맙고 또 많은 공부가 되어 좋았습니다.
3 봉사손이 제주(祭主)가 되어 기제사를 올릴 때에,
4 축식(祝式)중 [효자(효손, 효증손, 효현손)○○감소고우]라고 쓰고 있는데,
5 제주(祭主)가 갑작스러운 질병 또는 문상 등으로 참사(參祀)를 할 수 없을 때에는,
6 제주(祭主)의 동생이 [자(손, 증손, 현손)○○감소고우]라고 개서하여 초헌을 하고 있다.
7 [문의] 이 때 제주(祭主)의 아들이 초헌을 하고자 할 때는 [孝子○○使孫○○敢昭告于]라고 쓰고 이하 문절은 개서함이 없이 독축한다는 것이라고 합니다. 이에 대한 여러 석학님들의 고견을 듣고 싶습니다. 부탁 드립니다.
8 그럼 내내 건강하세요.

◆答; 효자○○사손○○감소고우.

다음의 경우 등에 제주(祭主)를 대신하여 제사(祭祀)를 주관(主管)하고 초헌(初獻)을 하는 섭주(攝主)의 예(禮)로 행함.
1) 주인이 어려서 제사를 주관할 수 없을 때,

尊行攝祀祝式
孝子某幼不將事屬某親某敢昭告于云云(南溪)
孝子某幼未奉事弟某攝事敢昭告于顯兄云云(鏡湖)
2) 주인이 죄를 범하였거나 타국에 있을 때,
孝子某使介子某執其常事敢昭告于云云(曾子問)
3) 주인이 극히 노쇠하여 기동이 불가능할 때,
孝子某衰耗不堪事使子某敢昭告于云云(同春)
4) 주인이 병이 심하여 기동이 불가능할 때,
孝孫某有疾病介子某代行薦禮敢昭告于云云(遂菴)

▶1808◀◆問; 홍동백서.

대추의 위치에 관해서 질문이 있습니다. 홍동백서에 의하면 대추가 동쪽에 위치해 있어야 하는데 대부분은 조율이시에 의해 서쪽에 놓는데 왜 그런지 알고 싶습니다.

◆答; 조율이시(棗栗梨柿). 홍동백서(紅東白西).

홍동백서(紅東白西)라는 진설법(陳設法)은 공식적(公式的)으로 논의(論議)된 바가 발견(發見)되지 않습니다.

조율이시(棗栗梨柿)는 아래와 같이 살펴보건대 율서시동(栗西柿東)으로 진설 되는데 홍동백서(紅東白西)는 어느 학파(學派)의 단독 진설 법이 아닌가 하며 따라서 홍동백서(紅東白西)의 진설 법도가 조율이시 (棗栗梨柿)에 그 영향이 미치지 않습니다.

●士虞禮棗栗棗在西註尙棗棗美據此棗當設果行之首而栗次之
●性齋曰我東則百果無不産焉如棗栗梨柿李杏之類

▶1809◀◆問; 조상님의 호를 축문 지방에 쓰는 경우.

저희 문중에 조상님의 호(號)를 지방이나 축문에 사용하려고 하는데 어떻게 써야 하는지 문의 드립니다.

"현고조고'敬軒처사부군"으로 쓰면 어떠하신지요? 고견을 듣고 싶습니다.

◆答; 조상님의 호를 축문 지방에 쓰는 경우.

아래와 같이 살펴보건대 생전 타의 스승 되시기에 손색이 없을 때 별호에 선생을 붙인다 하여도 욕될 것은 없을 것입니다.

例示; 顯某考別號先生府君神位

●尤庵曰神主稱號載於二程全書有曰属謂高曾祖考謂官或号行号是別号行如元二劉九之類伊川之子端中稱伊川爲先生亦載二程全書矣

▶1810◀◆問; 독축시 주인과 참예자의 자세.

기제사, 묘사 때 독축 시 주인과 참례자들이 취하는 자세는 어떻게 하는 것이 맞는지요? 서서 허리를 약간 굽힌다든지, 엎드려 머리를 숙인다든지 하는 등의 여러 가지 설이 있는 것으로 알고 있습니다만……

◆答; 독축시 주인과 참예자의 자세.

아래와 같이 살펴보건대 가례에서는 축관 만 무릎을 꿇고 독축하고 일어나면 주인은 재배를 하는데 구의에서 모두 무릎을 꿇는다 하였고 편람에서 이를 인용하여 부기하였으니 두 예 중 하나를 택한다 하여도 예에 어그러졌다 할 수는 없을 것입니다. 물론 서있을 때에는 읍의 자세로 머리를 다소곳이 숙이고 있어야 되겠지요.

●書儀四時祭初獻條;主人摺笏跪取曾祖考酒酌之授執事者盞反故處主人出笏俛伏興少退立祝懷辭出主人之左東向摺笏出辭跪讀之曰(云云)祝卷辭懷之執笏興主人再拜
●家禮四時祭初獻條祝取版立於主人之左跪讀曰(云云)畢興主人再拜
●開元禮吉五皇帝仲春仲秋上戊祭大社進熟條皇帝進太社神座前南面跪奠爵俛伏興太常卿引皇帝少退南向立樂止太祝持版進於神座之右西面跪讀祝文曰(云云)興皇帝再拜
●備要時祭初獻條;祝取版立於主人之左跪讀曰(祝文見上)畢興主人再拜
●便覽四時祭初獻條祝取版立於主人之左(東向)跪(儀節主人以下皆跪)讀(云云)畢(置板於卓上)興(降復位)主人再拜
●丘儀禰祭初獻條詣考妣神位前跪祭酒奠酒祭酒奠酒俯伏興平身詣讀祝位跪主人以下皆跪讀祝俯伏興鞠躬拜興拜興平身

24 섭주(攝主)

▶1811◀◆問; 기제사에서 제주가 생존하고 있으나 제사에 참여 할 수 없을 경우를 질문합니다.

현재 83 세 되신 부친께서 건강이 좋은 편은 아니나 당신이 기제사를 지낼 수 없을지라도 큰아들인 제가 제사를 지내기를 바라고 계십니다.

예를 들어 할머님 제사(祭祀) 축문의 경우 [유세차 ㅇ년 ㅇ월 ㅇ일 효자 ㅇㅇ]로 읽고 있으나 부친이 살아있지만 안계시고 내가 제사를 지낼 때 축문은 [유세차 ㅇ년 ㅇ월 ㅇ일 효자 ㅇㅇ 유고 효자 ㅇㅇ]이거나 [유세차 ㅇ년 ㅇ월 ㅇ일 효자 ㅇㅇ 유고 대리 효자 ㅇㅇ]등으로 축문을 읽어야 하지 않느냐는 것이 부친(父親)의 의견입니다.

그러나 나의 주장은 제주인 부친이 제사를 지낼 수 없는 사정이 있다면 그 제사는 지내지 않고 지나간다. 고 들은 적이 있어서 질문합니다. 좋은 답을 기대하면서 답장을 기다리겠습니다.

◆答; 기제사에서 제주가 생존하고 있으나 제사에 참여 할 수 없을 경우.

부친(父親)께서 극히 노쇠(老衰)하시어 제사(祭祀)를 주관(主管)할 수 없 때는 노이전적자적손(老而傳適子適孫) 의 예법에 딸아 아래와 같이 그 연유(緣由)를 고하고 대행(代行)할 수 있습니다. 축식이 2 개니 실정(實情)에 적합한 축으로 정하십시오.

지방(紙牓)은 부친(父親) 명(名)으로 쓰고 축문(祝文)은 아래와 같이 씁니다.

⊙傳重告辭

維 歲次干支幾月干支朔幾日干支孝孫某敢昭告于 顯高祖考某官府君 顯高祖妣某封某氏(諸位列書)某行年七十筋骸益痼不能跪奠將依古禮老傳之文所有家事付于子(或孫)某至於廟室遞遷改題自朱先生以爲難行今欲令某因攝祀事所祭之位亦稱其屬如是行事庶無所礙玆當歲首敢告厥由

⊙老傳重告辭

維 歲次某甲正月某甲朔朝孝玄孫某敢因歲祀昭告于 顯高祖考妣(以下列書)某至愚不肖蒙被先世遺德獲奉祀事幾餘年歲時戰兢罔敢怠忽至于今玆行年七十有幾歲衰病侵凌筋骸弛廢宗事家政當傳子孫而嗣子某年已幾歲恐當承緒玆以傳重伏惟祖考擁佑顧歆永永無斁某不勝大願顧今某衰病勢難支久如以恩靈尙延喘息之間則猶當黽勉提摠大網不使荒頹以辱先訓伏惟尊靈實鑑臨之謹告

섭주 축문식

維歲次干支某月干支朔某日干支孝子某衰耗不堪事使子某敢昭告于(以下同)
유세차간지모월간지삭모일간지효자모쇠모불감사사자모감소고우(이하동)

●王制七十不與賓客之事八十齊喪之事弗及也註八十不齊則不祭也子代之祭是謂宗子不孤
●曲禮七十曰老而傳註傳家事任子孫是謂宗子之父
●四未軒曰老而傳重不與祭其祝告依曾子問孝子某使介子某執其常事之例恐得
●問主人有故使其子行祭則祝文當何書退溪曰恐當曰孝子某使子某敢昭告云云
●問宗子老傳其子代祭祝辭同春曰當曰孝子某衰耗不堪事使子某云云可也
●鏡湖曰今於高祖之祭叔父攝告曰代叔父敢昭告于曾祖云則其曰叔父者主於宗子也其曰曾祖者主於代者也一祝之間稱號斑駁半上落下恐或未安似當曰介曾孫某敢攝告于曾祖云云而都不用代字使字可也

▶1812◀◆問; 노이전중(老而傳重)에 대하여?

본인이 노병(老病)으로 기제(忌祭)를 모시기에는 힘 겨워 장자(長子)에게 기제(忌祭)를 지내도록 이양(移讓) 하는데 이양(移讓) 시기(時期)와 의식(儀式) 절차(節次), 그리고 축문(祝文)을 가르쳐 주시기 바랍니다.

◆答; 노이전중(老而傳重).

주인(祭主)이 나이가 많아 제사(祭祀)를 주관(主管)할 수 없으면 노이전중(老而傳重)이라는 법도(法度)에 의하여 적장자손(嫡長子孫)에게 가사와 제사를 물려 주는데 곡례(曲禮)에는 70 세라 하였고 왕제(王制)에서는 80 세가 되어 몸을 가누지 못하게 되었을 때라 하였으니 거동(擧動)이 불편하여 제사(祭祀)를 주관할 수 없게 되면 노이전중(老而傳重)을 하게 되는데 그 시기는 그와 같이 되었을 때로 정한 시기는 없습니다.

아래와 같이 축문식을 살펴보건대 그 예법은 확인된 바는 없으나 사당(祠堂)에 유사칙고(有事則告) 예법에 따라 단헌지례(單獻之禮)로 적당한 시기에 길일(吉日)을 택하여 봉사(奉祀) 조상(祖上)을 지방(紙牓) 설위(設位)하고 아래 축식에서 전중고사(傳重告辭)나 노전중고사(老傳重告辭) 중에서 택일(擇日)하여 고하시거나, 또는 다음 기제일(忌祭日)에 대행축(遞遷前 까지)으로 고(告)하여도 예에 어그러지지는 않을 것입니다.

⊙老而傳重告辭

熹至愚不肖蒙被 先祖遺德獲祇祀事五十餘年歲時戰棘罔敢怠忍至于今玆行年七十衰病侵凌筋骸弛廢已蒙 聖恩許令致仕所有家政當傳于孫而嗣子旣亡藐孤孫鑑次當承緒又以年幼未堪跪奠今已定議屬之奉祀而使二子塾在相與佐之俟其成童加冠于首乃躬厥事伏惟 祖考擁佑顧歆承承無斁熹之衰病勢難支久加以恩靈尙延喘息之間猶當黽勉提摠大網不使荒頹以辱先訓伏惟 祖考實鑑臨之

⊙傳重告辭

維 歲次干支幾月干支朔幾日干支孝孫某敢昭告于 顯高祖考某官府君 顯高祖妣某封某氏(諸位列書)某行年七十筋骸益痼不能跪奠將依古禮老傳之文所有家事付于子(或孫)某至於廟室遞遷改題自朱先生以爲難行今欲令某因攝祀事所祭之位亦稱其屬如是行事庶無所礙玆當歲首敢告厥由

⊙老傳重告辭

維歲次某甲正月某甲朔朝孝玄孫某敢因歲祀昭告于 顯高祖考妣(以下列書)某至愚不肖蒙被先世遺德獲奉祀事幾餘年歲時戰兢罔敢怠忍至于今玆行年七十有幾歲衰病侵凌筋骸弛廢宗事家政當傳子孫而嗣子某年已幾歲恐當承緒玆以傳重伏惟祖考擁佑顧歆永永無斁某不勝大願顧今某衰病勢難支久如以恩靈尙延喘息之間則猶當黽勉提摠大網不使荒頹以辱先訓伏惟尊靈實鑑臨之謹告

●曲禮七十曰老而傳註傳家事任子孫是謂宗子之父
●王制七十不與賓客之事八十齊喪之事弗及也註八十不齊則不祭也子代之祭是謂宗子不孤
●問老而傳適子適孫主祭則廟中神主都用改換作適子適孫名奉祀然父母猶在於心安乎朱子曰然此等也難行且得躬親耳
●南唐曰老而傳子代父行事也改題遞遷是存亡易世事也代父行事則可而父在易世則不可本不可作一事行之也父有癈疾子代之執喪儀亦同此
●四未軒曰老而傳重不與祭其祝告依曾子問孝子某使介子某執其常事之例恐得

▶1813◀◆問; 부친이 연로하여 장자가 그 제사를 지내려 하는데?
종가 집인데요. 아버님이 시골에서 시제와 기제사 및 차례를 모두 지내고 계신대 연로하셔서 제사를 힘들어 하십니다. 장남인 저희가 도시에 살다 보니 시제를 같이 가져올 수 없는 형편이라 기제사와 차례만 가져오고 싶은데 가능할까요. 아버님은 절차상 안 되는 거라고 하시는데요.

◆答; 부친이 연로하여 장자가 그 제사를 지내려 하는데.
부친(父親)께서 70 세가 넘으셨으면 장자(長子)에게 가사(家事)를 넘겨주는 노이전중(老而傳重)이라는 법도가 있습니다. 그렇다면 기제 등 정침제는 장자의 집에서 지내고 묘제는 6 대조 이상이면 그 묘제에 참여한 후손 중에 최존자가 초헌관이 되니 제사를 물려 받은 장자와는 무관합니다. 다만 부친 생전에는 축문에 섭주식으로 고하여야 합니다.

●曲禮七十曰老而傳註傳家事任子孫是謂宗子之父
●明齋曰朱子傳重告廟之文只言傳重而已又於與趙尙書書言不可遞遷之義甚嚴

▶1814◀◆問; 어머니 제사 때 상주는?

어머니께서 돌아가셨을 때 아버지께서 상주가 되신다고 답변한 것을 보았습니다. 이 때 '자식이 상주가 되면 안 되느냐?'는 질문에(성균관 홈페이지 무엇이 궁금하세요)

[상주인 남편이 60 이 넘은 노인의 경우에는 차상주인 아들이 주상을 대신합니다.]라는 답변이 있는 반면 [남편의 나이 70 이 넘으면 아버지 대신 아들이 상주가 된다고 하는데 맞는 말인지요?]라고 문의를 하니 '나이가 들어도 남편이 상주가 되어야 한다.'는 취지의 답변이 있었습니다.

아버지께서 생존해 계시는 동안은 아버지께서 항상 어머니 제사의 상주가 되어야 하는지요? 그런데 대부분의 집안에서는 장남이던 장손이던 조부모 제사와 아버지 제사를 모시고 아버지께서 어머니 제사를 모시지 않는 것으로 보이는데(참제는 하지만) 왜 어머니 제사를 아들이 아닌 아버지가 상주가 되어 모셔야 한다고 하는지요?

어머니 제사에 남편이 상주가 되는 경우와 아들이 상주가 되는 경우는 어떤 경우입니까?

◆答; 어머니 제사 때 상주.

종법(宗法)에 노이전중(老而傳重)이란 예법과 섭주(攝主)의 예법이 있습니다. 곡례(曲禮)나 왕제(王制)에서 70 세가 되면 늙어 전가사임자손(傳家事任子孫)이라 하였으니 만약 70 여세가 되어 가사나 제사를 주관할 수 없으면 적자손에게 제사를 위임하되 지방(시주)의 대수는 개제치 않는 것 같습니다.

주인(主人)이 노쇠(老衰)한 경우가 아니고는 적자손(嫡子孫)이 상주나 제사의 주인을 대신하여 섭행(攝行)할 수가 없는 것 같습니다.

●曲禮七十曰老而傳註傳家事任子孫是謂宗子之父
●王制七十不與賓客之事八十齊喪之事弗及也註八十不齊則不祭也子代之祭是謂宗子不孤
●問老而傳適子適孫主祭則廟中神主都用改換作適子適孫名奉祀然父母猶在於心安乎朱子曰然此等也難行且得躬親耳

▶1815◀◆問; 장남 유고 시 축문 쓰는 방법.

답변 난에 기제사(忌祭祀)는 장남이 꼭 제주(祭主)가 되어야 한다고 되어있으나 "장남이 유고(有故) 시에는 축문에 효자 아무개가 이러이러한 사유(事由)로 제사에 참여하지 못하여 아무개가 대신 합니다 라고 작성하여 모실 수는 있습니다" 라고 답변을 보았습니다.

장남이 가족들과 독일로 이민을 가서 차남이 제가 어머니 기제사를 모셔야 합니다. 축문에 어떻게 적어 차남인 제가 대신 한다고 작성 하면 될까요.

◆答; 장남 유고 시 축문 쓰는 방법.

형님께서 떠나면서 제사에 관하여 자신이 지낸다 하지 않고 "운조" 선생께 대신 지내라 또는 그 이후라도 그와 같은 부탁이 있었다면 다음과 같이 축문으로 고하고 초헌을 합니다. 그 곳에서 지낸다면 여기서는 지내지 말아야 하겠지요.

云云孝子某身在他國不能將事使介子某敢昭告于云云
遠在時: 維歲次(云云) 孝子某身在遠地不能將事使從姪某敢昭告于 顯考(云云)

●公羊傳昭公十五年大夫聞君之喪攝主而往注主謂已主祭者故使兄弟若宗人攝行主事而往不廢祭者古禮也
●曾子問孔子曰宗子居於他國庶子爲大夫其祭也祝曰孝子某使介子某執其常事
●退溪曰宗子粤在他國而命介子代祭之例曰孝子某使子某敢昭告于云云

▶1816◀◆問; 장자가 종교가 달라 제사를 지내지 않는데?

부모님께서 시차(時差)를 두지 않고 비슷한 시기(時期)에 모두 작고하셨습니다. 저희는 3 형제인데 큰 형님은 종교문제로 전통적(傳統的)인 제사(祭祀)는 치르지 않고 기일에 납골묘(納骨墓)에 가서 기도(祈禱)를 드리겠다고 하여 동생들은 장남이 주도하는 기도방식의 제사에 참석을 하던가, 아니면 동생들 방식대로 제사를 지내라는 의견입니다. 당연히 장손(長孫)인 큰 형님의 아들 또한 큰 형님 입장과 같은 의견(意見)입니다.

부모님은 교회(敎會)에 다니시지도 않았고 장남(長男)이 주도(主導)하는 기도회(祈禱會)는 조상님들에 강림(降臨)하시지 않을 것으로 생각되며 3 남인 저로서는 참석할 마음이 없습니다.

차남(次男)과 3 남이 전통적(傳統的)인 제사(祭祀)를 모시기로 하였는데 차남도 맞벌이 등, 수 차례(次例)의 제사(祭祀)를 지내기 어려운 상태로서 상의(相議) 결과(結果), 3 남이 전통적인 제사를 모시기로 했습니다. 이 경우처럼 3 남 집에서 제사(祭祀)를 모시는 경우, 차남이 제사에 참석(參席)하는 경우, 제주(祭主)는 누가되어야 하는지요?

제사를 직접모시지는 않지만 제사에 참석하는 차남이 제주가 되어야 하는지? 실질적인 제사를 모시는 3 남이 제주가 되어야 하는 것은 아닌지요?

시대가 다변화되고 편협한 종교적 절차에서 벗어나지 못하여 저희 형제에게 이런 일이 있으리라고는 생각도 못했는데 너무도 마음이 아프고 안타깝습니다. 명쾌한 답변 부탁 드립니다.

◆答; 장자가 종교가 달라 제사를 지내지 않으면.

우선은 아래와 같이 차자(次子)가 참례하게 되면 주인이 되어 ①식으로 고하고, 차자 불참 시는 ②식으로 고하다 장자가 회심하던가 또는 장손이 회심하여 조상 제사를 감당하게 되면 본래의 정축으로 고하면 될 것 같습니다.

①次子가 참석할 경우의 祝式; 云云孝子某異敎不祭介子某代行薦禮敢昭告于云云
②三子인 경우의 祝式; 云云孝子某異敎不祭三子某代行薦禮敢昭告于云云

양제(兩祭) 동일(同日)인 경우 우암(尤庵) 선생(先生)이나 도암(陶庵) 선생(先生)께서는 선존후비(先尊後卑)로 각제(各祭)를 주장하시나 아래와 같이 합설(合設)도 무방하다 하심이 계기니 병설(竝設)하고 아래와 같이 축으로 고하면 예에 크게 어그러지지는 않을 상 싶습니다.

그러한 경우에는 제주라 하지 않고 섭주(攝主)라 하는데 섭행자(攝行者)는 차남(次

男)입니다. 만약 차남이 참석을 못할 때는 3남이 초헌(初獻)을 하게 되겠지요.

섭행제(攝行祭)에서는 섭행(攝行)하는 까닭을 고하여야 하니 그 고하는 법은 위 축문과 같이 고하여야 한다는 것입니다.

⊙考妣同日忌祭祝文式

維 歲次干支幾月干支朔幾日干支孝子某異教不祭介(三子云三)子某代行薦禮敢昭告于 顯考某官府君 顯妣某封某氏歲序遷易 諱日並臨追遠感時昊天罔極謹以淸酌庶羞恭伸奠獻尙饗

●明齋曰祖孫同忌則一時同行恐無妨主人一也一時行之而各祝以告
●大山曰爲祖禰同忌恐不必逐位各行也
●顧齋曰忌日異於練祥妻子之祭與親忌共設無妨
●近齋曰考妣忌同日而其家本不合祭則當先祭考後祭妣何可一時並祭乎○考妣忌若同日而並祭則出主告當日今以顯考某官府君顯妣某封某氏遠諱之辰敢請神主云云忌祭祝某氏下云歲序遷易諱日並臨云云

▶1817◀◆問; 제문 관칭에 대하여 궁금.

수고 많으십니다. 머지 않아 저희 조모(祖母)님 기일(忌日)이 다가 오는데 기존(旣存)에는 아버님께서 제사를 주관하시다 보니 제문(祭文) 관칭(官稱)을 아버님으로 기재(記載)를 했었습니다.

그런데 요즘 아버님 거동(擧動)이 불편(不便)하셔서 제사에 참여는 하시더라도 주관(主管)은 형님께서 하시고자 하는데 이럴 경우 제문(祭文)에 관칭(官稱)을 어떻게 써야 할지 궁금합니다. 물론 제사를 형님이 가져가신 것은 아직 아니고요. 빠른 답 부탁 드립니다.

◆答; 제문 관칭.

위 독수리님의 제문(祭文)에 관칭(官稱)이라 하심이 조상(祖上)의 모관(某官)의 칭호(稱號)인지 아니면 고자(告者)의 관칭인지는 알 수는 없으나 문맥(文脈) 상(上)으로 보아 혹 섭제(攝祭) 때의 축문식으로 이해 아래와 같이 살펴보겠습니다.

부친께서 거동(擧動)이 불편하시다 함이 어느 정도인지는 알 수 없으나 제사(祭祀)에 참여하신다면 절은 하실 터인데 아래의 예법은 지극히 노쇠(老衰)해 기동을 못하여 제사를 주관할 수 없을 때의 섭제(攝祭) 축식입니다.

(前略)孝子某衰耗不堪事使子某敢昭告于云云

●問主人有故使其子行祭則祝文當何書退溪曰恐當曰孝子某使子某敢昭告云云
●問宗子老傳其子代祭祝辭同春曰當曰孝子某衰耗不堪事使子某云云可也
●鏡湖曰今於高祖之祭叔父攝告曰代叔父敢昭告于曾祖云則其曰叔父者主於宗子也其曰曾祖者主於代者也一祝之間稱號斑駁半上落下恐或未安似當曰介曾孫某敢攝告于曾祖云云而都不用代字使字可也

▶1818◀◆問; 제주가 없는 제사 순서 꼭 답변 부탁 들립니다.

저희 집은 큰집으로써 늘 제사를 지내왔습니다. 어제가 할머니 제사였는데 불행히도 제주이신 우리 아버지가 해외출장 때문에 이번 제사에 참여를 못하셨습니다. 그런데 제사의 순서에 의문이 생겨서요. 여기서 저는 종손이라서 제사를 지낼 때 제가 먼저 시작을 해야 하나요? 아님 아버지의 동생분이신 작은 아버지가 먼저 시작을 해야 하나요?

어제 작은아버지가 먼저 초헌(初獻)을 올리셨는데 어머니는 그걸 보시고 종손(宗孫)

이 먼저 해야 한다며 저에게 눈치를 주시고 저는 작은 아버지가 먼저 해야 하는 게 맞는 것 같고 뭐가 맞는 건가요? 소중한 답변(答辯) 부탁 드립니다.

◆答; 제주가 없는 제사 순서.

아래와 같이 살펴보건대 제주(祭主)의 유고(有故)로 섭행(攝行) 제시(祭時) 섭행자(攝行者)는 다만 제주(祭主)의 시킴으로 그를 대신(代身)하여 초헌(初獻)에 잔을 올릴뿐으로 섭행자(攝行者)가 초헌관(初獻官)이란 의미(意味)가 아닌 고로 주인(主人)이 심부름 시키기에 신위자(神位者)와 친소(親疏) 원근(遠近)과 관계없이 꺼림이 없는 자에게 시키는 것입니다.

만약 주인(主人)의 숙부(叔父)와 아우가 있을 때는 아우에게 시키고 형제(兄弟)와 자식(子息)이 있을 때는 그의 적자(嫡子)를 시킴이 마땅할 것입니다.

축사(祝辭)는 어느 대(代)에서 섭행(攝行)을 하여도 연월일하(年月日下)에서 섭행(攝行)의 사유(事由)를 고(告)하고 칭호(稱號) 등(等) 그 이하(以下)의 축사(祝辭)는 일자개자(一字改字) 없이 그대로 고(告)하는 것입니다.

제사(祭祀)에서의 주인(主人) 주부(主父)는 제수(祭需)를 스스로 갖추어 진설(陳設)한 자가 되는 것이며 증자문(曾子問)의 섭주(攝主) 말씀은 종자(宗子)가 죄(罪)를 지어 타국(他國)에 있을 때 개자(介子)가 제수(祭需)를 갖추어 올린 경우의 말씀이고 수암선생 말씀에 자제(子弟)라 하심은 자(子)가 없을 때는 제(弟)이고 제(弟)가 없을 때는 자(子)가 섭주(攝主)가 된다라는 말씀이 아니고 두 사람 중 택일이란 말씀으로 이해되며 여기서 간과하여서는 아니 될 것은 동거여부로서 개자(介子)가 동거하고 있다면 제수를 같이 마련하였을 터이니 개자가 섭주(攝主)가 되면 출계(出系)한 중형이 아헌을 하고 천부(賤婦)가 종헌함이 퇴계(退溪)선생 논이 아닌가 합니다.

따라서 위의 예(例)에서는 동거(同居)여부(與否)는 명기(明記)하지 않았으니 별거(別居)로 간주(看做)하고 그와 같음이 옳지 않을까 함입니다.

아래 우암(尤庵) 선생(先生)님 말씀에 존항(尊行)이 있으면 자제(子弟)는 섭주(攝主)가 될 수 없다. 라 하셨으니 그 말씀에 의하면 위의 건에서는 숙부(叔父)가 섭주(攝主)가 됨이 당연(當然)할 것입니다.

다만 위에서 자(子)가 섭행(攝行)함이 옳을 것이다. 라 함은 아래 우암(尤庵) 선생(先生)의 말씀을 전거(典據)로 택하여 그를 참고(參考)하지 않은 답변(答辯)이었습니다. 이와 같이 다시 고찰(考察)게 됨은 재차(再次) 살펴 무심(無心)히 지나쳤던 그 말씀을 확인(確認)하게 된 것입니다.

●葛庵曰長孫奉祀則父子易世推而上之使叔父攝祀未安
●問妻喪父或老病不能主喪則當如何可使其子主之而其神主亦可以顯妣書之耶書以亡室而祭祀使其子攝行否若攝行則其祝辭措語如何南溪曰只使其子爲攝主稱以亡室而行祭可也旣擧攝主之意於祝頭則餘辭無所變
●明齋曰主人有故時有叔父又有一弟則其弟當奉祀
●曾子問曰宗子爲士庶子爲大夫其祭也如之何孔子曰以上牲祭於宗子之家祝曰孝子某爲介子某薦其常事註廟在宗子家也孝子宗子也介子庶子也〇又若宗子有罪居於他國庶子爲大夫其祭也祝曰孝子某使介子某執其常事攝主註介子非當主祭者細註嚴陵方氏曰四時之祭禮之常也故曰常事用介子之牲而祭則言爲介子某薦言薦之於彼以介子攝爲祭主故言使介子某執言執之於此
●明齋曰攝主之設發源於曾子問

●遂庵曰家廟大小薦宗子有故則使子弟代行可也
●退溪答寒岡弟爲攝主嫂叔行禮極礙若避嫌於主婦則出繼仲兄爲亞獻賤婦爲終獻何如之
問曰恐當如此
●問初獻主人有故兄弟代行則主婦亞獻似未安尤菴曰主人兄弟與兄嫂行禮似有難便朱子
於昏禮有禮相妨之言今此祭禮似亦當相準也
●南溪曰旣曰使子某告云云則便是攝行也攝主妻姑爲主婦
●沙溪曰虞祔以後主喪者之妻當爲主婦祭祀之禮必夫婦親之故也
●南溪曰祖先忌辰父兄在外其祝辭若父兄有命則用使介子告例爲當
●退溪曰父不與祭而使子弟攝行則當依宗子在他國而命介子代祭之例曰孝子某使子某
●尤庵曰家禮附註引古禮使介子云云所謂介子旣主祭者之弟也〇又曰俗禮改云孝子某有
故代叔父或兄云云而祖先之稱當從代者之屬云未知必合於禮否也〇又曰凡祭事主人有故
則使人攝行例也所攝之中如有尊行則子弟似不敢爲攝主矣

▶1819◀◆問; 제주대행 축문.

늘 좋은 가르침을 주시는 여러 선생님들께 감사 드리며, 무지한 소생이 한가지 여
쭙고자 합니다. 장손이나 장자(長子)가 병이나 기타 외국 출장(出張) 등으로 다른
사람이 제주를 대행할 때 효자(孝子) 효손(孝孫) 의 축문 내용을 어떻게 바꾸어야
하는지 가르침을 주시면 감사하겠습니다.

◆答; 제주대행 축문.

아래와 같이 살펴보건대 제주(祭主)가 병(病)이 났을 때의 축식(祝式)는　연월일 아
레(孝子某)에 효손모유질병개자모대행천례감소고우운운(孝孫某有疾病介子某代行薦禮
敢昭告于云云)라 고하고, 외국(外國) 출장(出張) 중에는 효자모사개자모집기상사(孝
子某使介子某執其常事)라 고하면 옳지 않을까 합니다.

●朱子曰主祭合以甲之長孫爲之若其不能則以目今尊長攝行可也如又疾病則以次攝異時
甲之長孫長成却改正
●退溪曰宗子死繼后子雖在襁褓亦當書其名而季也攝主可也〇又曰宗子粤在他國而命介
子代祭之例曰孝子某使子某敢昭告于云云
●葛菴曰長孫奉祀則父子易世今推而上之使叔父攝祀未安安且令次孫權攝以待長孫立後
●問攝主祝文攝之之意當書何處退溪曰當告於攝行之初祭其後則年月日下只當云攝祀事
子某敢昭告于云云
●曾子問孔子曰宗子居於他國庶子爲大夫其祭也祝曰孝子某使介子某執其常事
●遂菴曰宗子有疾病不得參祭則祝辭改曰孝孫某有疾病介子某代行薦禮敢昭告于云云
●問宗子旣老傳重於其子則與有故而不與祭者有間若以受重而遽稱孝則於心決有所不能
安同春曰只當曰孝子某衰耗不堪當事使子某云云可也
●尤庵曰所祭於攝主爲子姪則當用祭子弟之祝而不拜矣

▶1820◀◆問; 主人이 중풍으로 누웠는데 제사는?

제주가 중풍이 들어 활동을 하지 못하고 누워 있습니다. 이럴 경우 아래와 같이 하
여서는 어찌 되겠습니까.

問; 1. 5 세손이 아버지를 대신해서 초헌관이 될 수 있는지?
問; 2. 모실 수 있다면 축문에 玄孫 ○ ○ 로 써야 하는지요?
問; 3. 모실 수 없다면 작은집에서 기제사를 지내야 하는지?

◆答; 主人이 중풍으로 누웠으면.

問; 1. 答; 주인이 불치의 병폐자라면 전중의 예로 그의 적자가 섭주가 되어 초헌관이 됩니다.

問; 2. 答; (云云)孝玄孫某身犯惡疾使子某代行薦禮敢昭告于(云云)

問; 3. 答; 지자불제(支子不祭)라 하였으니 종가(宗家)가 아니고 작은집에서는 선대 제사를 지내지 않습니다.

●禮輯長子病廢次子傳重條厚齋曰凡廢疾與先死而無子者同次子之子當主之
●南溪曰非老而傳則只使其子爲攝主稱以亡室而行祭可也旣擧攝主之意於祝端則餘辭無所變
●梅山曰孝子某身犯惡疾使子某代行薦禮敢昭告于
●曲禮支子不祭祭必告于宗子

▶1821◀◆問; 질문드립니다.

답변 진심으로 감사 드립니다.

그런데 만일 장손(39 세)가 직업적인 사정상 제사를 모실 수 없는 처지라면 누가 제사를 모셔야 하는지 다시 한번 답변 부탁 드립니다.

◆答; 제주가 사정상 제사를 지낼 수 없을 때.

제사(祭祀)란 적자손(嫡子孫)이 아니면 유가(儒家)의 예법상 지손(支孫)은 그가 주인이 되어 제사할 수 없는 것입니다. 따라서 제주(祭主)가 유고(有故)일 때는 섭주(攝主)의 예법에 따라 제사하는데 섭주를 정함에는 우선 순위가 정하여진 예법은 없는 것 같습니다.

아래와 같이 살펴보건대 제주(祭主)의 유고(有故)로 섭행(攝行) 제시(祭時) 섭행자(攝行者)는 다만 제주(祭主)의 시킴으로 그를 대신(代身)하여 초헌(初獻)에 잔을 올릴 뿐으로 섭행자(攝行者)가 초헌관(初獻官)이란 의미가 아닌고로 주인(主人)이 심부름 시키기에 신위자(神位者)와 친소(親疏) 원근(遠近)과 관계없이 꺼림이 없는 자에게 시키는 것입니다.

만약 주인의 숙부(叔父)와 아우가 있을 때는 아우에게 시키고 형제와 자식이 있을 때는 그의 적자(嫡子)를 시킴이 마땅할 것입니다. 축사(祝辭)는 어느 대(代)에서 섭행(攝行)을 하여도 년월일하(年月日下)에서 섭행(攝行)의 사유(事由)를 고(告)하고 칭호(稱號) 등 그 이하의 축사(祝辭)는 일자개자(一字改字) 없이 그대로 고(告)하는 것입니다.

●葛庵曰長孫奉祀則父子易世推而上之使叔父攝祀未安
●問妻喪父或老病不能主喪則當如何可使其子主之而其神主亦可以顯妣書之耶書以亡室而祭祀使其子攝行否若攝行則其祝辭措語如何南溪曰只使其子爲攝主稱以亡室而行祭可也旣擧攝主之意於祝頭則餘辭無所變
●明齋曰主人有故時有叔父又有一弟則其弟當奉祀
●曾子問曰宗子爲士庶子爲大夫其祭也如之何孔子曰以上牲祭於宗子之家祝曰孝子某爲介子某薦其常事註廟在宗子家也孝子宗子也介子庶子也○又若宗子有罪居於他國庶子爲大夫其祭也祝曰孝子某使介子某執其常事攝主註介子非當主祭者細註嚴陵方氏曰四時之祭禮之常也故曰常事用介子之牲而祭則言爲介子某薦言薦之於彼以介子攝爲祭主故言使介子某執言執之於此
●明齋曰攝主之設發源於曾子問
●遂庵曰家廟大小薦宗子有故則使子弟代行可也

●退溪答寒岡弟爲攝主嫂叔行禮極礙若避嫌於主婦則出繼仲兄爲亞獻賤婦爲終獻何如之問曰恐當如此
●問初獻主人有故兄弟代行則主婦亞獻似未安尤菴曰主人兄弟與兄嫂行禮似有難便朱子於昏禮有禮相妨之言今此祭禮似亦當相準也
●南溪曰旣曰使子某告于云云則便是攝行也攝主妻姑爲主婦
●沙溪曰虞祔以後主喪者之妻當爲主婦祭祀之禮必夫婦親之故也
●南溪曰祖先忌辰父兄在外其祝辭若父兄有命則用使介子告例爲當
●退溪曰父不與祭而使子弟攝行則當依宗子在他國而命介子代祭之例曰孝子某使子某
●尤庵曰家禮附註引古禮使介子云云所謂介子旣主祭者之弟也○又曰俗禮改云孝子某有故代叔父或兄云云而祖先之稱當從代者之屬云未知必合於禮否也○又曰凡祭事主人有故則使人攝行例也所攝之中如有尊行則子弟似不敢爲攝主矣

▶1822◀◆問; 처남이 교육 중일 때 장모님 제사는 어찌하죠?

처남이 교육 중이라 부득이 제사를 지내야 하는 형편인데(참고로 저도 당직입니다) 와이프가 모셔도 되는지요.

◆答; 처남이 교육 중일 때 장모님 제사.

처가(妻家)에 처남(妻男)의 형제(兄弟), 처남(妻男)의 댁(宅), 처사촌(妻四寸), 처조카, 외손(外孫) 등등(等等) 처가(妻家)의 친외족 유무(有無)가 자세(姿勢)히 설명(說明)되어야 하겠습니다.

장모께서는 일남일녀(一男一女)의 무부(無夫) 무족친(無族親)으로 며느리는 물론 외손(外孫) 역시 없는 것으로 간주하고, 아래와 같이 살펴보건대 처남이 수상하(手上下) 여부 역시 알지 못하겠으나 그를 대신하여 섭행(攝行)의 예법에 따라 부인께서 친정(親庭)으로 가 어머니 제사를 모시되 주인이 있으니 삼헌(三獻)의 예로 행함이 옳을 것입니다.

●尤庵曰東西家里尹尙且主人之喪況外孫乎然若有本家之親有所不敢焉耳
●梅山曰有主人而攝祀則當三獻有祝無主人而攝祀則當單獻無祝
●韓魏公祭式亞終獻皆不足則主祭者自行三獻

▶1823◀◆問; 큰형님이 연로하여 제사를 장조카가.

늘 수고하심에 깊은 감사를 드립니다. 부모님 제사를 시골 큰 형님 댁에서 지내다 형님이 연로(80세)하여 서울에 사는 장조카가 지내게 되었습니다. 이럴 때 축문은 어떻게 해야 하는지 궁금하여 문의 드립니다.

1) 축문은 장조카 기준으로 한다. (즉, 孝孫 000라고 하여야 하는지요?)
2) 큰형님이 참석할 경우에는 축문을 孝子 000로 바꾼다.
 (관절염 등으로 절을 할 수 없을 경우와 할 경우의 축문 기준이 다른지요?)

◆答; 큰형님이 연로하여.

나이가 70이 되면 가사를 자손(子孫)에게 맡기게 되는데, 따라서 제사(祭祀) 역시(亦是) 자손(子孫)이 주관(主管)하도록 넘겨주되 다만 축사(祝辭)에 이르기를, "효자모운운(孝子某云云)"을 "효자모쇠모불감사사자모운운(孝子某衰耗不堪事使子某云云)"으로 고쳐 고하고 초헌(初獻)을 대행(代行) 한다는 것입니다. 이와 같이 행하는 제사(祭祀)를 섭행제(攝行祭)라 합니다.

●曲禮人生七十曰老而傳(鄭注)傳家事任子孫

●問宗子老傳其子代祭祝辭同春曰孝子某衰耗不堪事使子某云云可也

25 묘제(墓祭)(族葬地)

▶1824◀◆問; 망제축(望祭祝).

18 대조의 묘사(세일사)를 모시고자 제물 등 모든 준비를 갖추었으나, 공교롭게도 당일 아침부터 비바람이 몰아쳐 부득이 유사의 집에서 망제를 올릴 경우, 합당한 축문 (祝文) 쓰는 방법을 몰라 부끄러움을 무릅쓰고 글을 올리오니 지도해 주시기 바랍니다.

◆答; 망제축(望祭祝).

아래 말씀을 살피건대 묘사(墓事)를 신주(神主; 紙牓)로 지내는 것은 신주제(神主祭)이지 분묘제(墳墓祭)가 아니라 하셨을 뿐만 아니라, 더 살피건대 지난날에도 사절일(四節日)이나 정조단오(正朝端午) 때에 상묘(上墓) 분제(墳祭)를 사당(祠堂)에서 정침제(正寢祭)와 같이 많은 사람들이 행한 듯하나 우암(尤庵) 선유 말씀이 상묘(上墓)치 않았다면 참례(參禮) 예법인 단헌(單獻)이 옳다 하셨으니 참례예법(參禮禮法)은 강참헌주사(降參獻酒辭)일 뿐입니다.

다만 같은 산 내에 묘(墓)가 허다하거나 우천시(雨天時)는 묘역(墓域)을 볼아 본 후 하산 재사(齋舍)나 산하(山下) 정처(淨處)에 자리를 펴고 사시제(四時祭) 예법으로 행하게 되니 축(祝)이 있게 됩니다. 이도 금하지 않는 것이 옳다 하셨습니다. 그 외 치자가 쓰인 어류(魚類)를 제사에 올리지 않는다는 전거는 보이지 않습니다.

●寒岡曰世俗之行墓事於神主者似未安是神主祭也非墳墓祭也
●問四節日正朝端午人多行之廟中三獻侑食闔門一如時祭如何尤菴曰旣不上墓
●黃氏紹曰鯉魚不用於祭祀
●沙溪曰桃及鯉魚不用於祭見家禮及黃氏說
●性齋曰或不用鯉魚則可異也李唐以鯉李音同禁食號爲赤鱓公黃說謬矣我國則無禁用之可也依參禮單獻可矣
●問節日當上墓而或有故不得上墓則設行於家廟其祝辭何以爲之遂菴曰家廟本有節日茶禮墓祀何必更設於家廟祝不須言
●通典古者宗子去他國庶子無廟孔子許向墓遙爲壇以時祭卽今之上墓儀或有憑然神道尙幽不可逼瀆塋域宜設於塋南山門之外設淨席爲位遙祭以時饌若一塋數墓每墓各設位昭穆異列以西爲上奠爵三獻而止
●退溪曰同原許多墓各行祭之弊世多有此愚意不如掃視墓域後以紙牓合祭於齋舍無舍則設壇以行之可免瀆弊而神庶享也
●問退溪墓祭祭紙牓之言如何尤菴曰退溪之意欲於墓下齋室以紙牓行之云爾非謂還家而行之如此也
●葛庵曰墓祭有雨水之礙則就齋舍設紙牓行事亦何害若就祠堂行祭則恐無意也
●陶庵曰歲一祭或遇雨則差退日字待晴上墓爲當至於紙牓行事恐違灑掃之意

▶1825◀◆問; 묘사 순서(笏記) 부탁 드립니다.

묘사 집례자로 선택되어 걱정입니다. 집안마다 홀기가 다른 걸로 아는데, 귀문의 홀기(한자로 된 것)를 가르쳐 주시면 고맙겠습니다.

◆答; 묘제 의례절차.

●丘儀合用之人禮生(按)書儀架禮註引開元禮有設贊唱者位西南西(一作東)面之文况今禮廢之後儀文曲折行者不無參差今疑架引贊二人通贊一人擇子弟或親朋子弟爲之先期演習庶

禮行之際不至差跌
●國朝五禮儀贊者在東西向

◇墓祭笏記
祭官分定
○初獻官 ○亞獻官 ○終獻官 ○祝官 ○執禮 ○左執事 ○右執事

一. 序立(如家祭之儀○執禮立於墓西階砌石下東向)

二. 行參神
○鞠躬拜興拜興平身(婦女子四拜)○尊長老疾者休於他所

三. 行降神
◎焚香再拜○主人盥洗○詣香案前跪○上香○俯伏興拜興拜興平身
　◎酹酒再拜○主人跪○左右執事者盥洗○左執事取盞盤跪于主人之左東向(東設卓子上酹酒盞盤)○右執事執酒注跪于主人之右西向(東設卓子上酒注)○左執事進盞盤(主人受盞盤)○右執事斟酒于盞○左手執盤右手執盞盡傾于地(主人)○畢盞盤授左執事○執事俱起盞盤酒注置于故處降復位○俯伏興拜興拜興平身(主人)

●退溪曰墓祭無進饌侑食

四. 行初獻禮
○主人跪○左執事詣考位前執盞盤跪于主人之右東向○右執事執酒注跪于主人之右西向(東設卓子上酒注)○進盞盤(主人受盞盤)○斟酒于盞(右執事)○盤盞授左執事○奉之奠于故處(左執事)○左執事詣妣位前執盞盤跪于主人之右東向○進盞盤(主人受盞盤)○斟酒于盞(右執事)○盤盞授左執事○奉之奠于故處(左執事)○右執事反酒注故處○左右執事考妣前執盞盤跪于主人左右(左執事考前盞盤右執事妣前盞盤)○進盞盤(左執事)○受考盞盤(主人)○右手取盞三祭傾少許于地○盤盞授執事者○反之故處(左執事)○受妣盞盤(主人)○右手取盞三祭傾少許于地○盤盞授執事者○反之故處(右執事)○奉饌○奉饌者盥洗(兄弟之長一人)○進肝炙盤(左右執事者各一器)(東設卓子上)○奉之奠于考妣前(先考肉餅之間後妣麵魚之間)(奉饌者)○啓飯蓋插匙飯中正筯(奉饌者)○皆降復位(奉饌者及左右執事)○俯伏興平身(主人)(如墓列葬非一則逐位詣某親墓前)○祝取版立於主人之左東向○主人以下皆跪俯伏○讀祝○皆興(讀畢)○祝官祝版置于故處降復位○俯伏興拜興拜興平身(主人)○降復位(主人)○徹酒下炙(左右執事升他器徹酒及炙盤置于故處)○(畢)降復位(左右執事)

●要訣初獻時卽插匙飯中正筯
●沙溪曰家祭儀則三獻進炙似當

五. 行亞獻禮(主婦獻則諸婦女奉炙肉)
○亞獻官盥洗○詣香案前跪○左執事詣考位前執盞盤跪于獻官之右東向○右執事執酒注跪于獻官之右西向(東設卓子上酒注)○進盞盤(獻官受盞盤)○斟酒于盞(右執事)○盤盞授左執事○奉之奠于故處(左執事)○左執事詣妣位前執盞盤跪于獻官之右東向○進盞盤(獻官受盞盤)○斟酒于盞(右執事)○授之左執事(獻官)○奉之奠于故處(左執事)○右執事反酒注故處○左右執事考妣前執盞盤跪于獻官左右(左執事考前盞盤右執事妣前盞盤)○進盞盤(左執事)○受考盞盤(獻官)○右手取盞三祭傾少許于地○盤盞授執事者○反之故處(左執事)○受妣盞盤(獻官)○右手取盞三祭傾少許于地○盤盞授執事者○反之故處(右執事)○奉饌○奉饌者盥洗(兄弟之次長一人)○進肉炙盤(左右執事者各一器)(東設卓子上)○奉之奠于考妣前(先考肉餅之間後妣麵魚之間)(奉饌者)○畢皆降復位(奉饌者及執事者)○俯伏興拜興拜興平身(獻官)○降復位(獻官)○徹酒下炙(左右執事升他器徹酒及炙盤置于故處)○(畢)降復位(左右執事)

●朱子曰未有主婦則弟得爲亞獻
六. 行終獻禮

○終獻官盥洗○詣香案前跪○左執事詣考位前奉盞盤跪于獻官之右東向○右執事執酒注跪于獻官之右西向(東設卓子上酒注)○進盞盤(左執事)○獻官受盞盤○斟酒于盞(右執事)○授之左執事○奉之奠于故處(左執事)○左執事詣妣位前奉盞盤跪于獻官之右東向○進盞盤(獻官受盞盤)○斟酒于盞(右執事)○盤盞授左執事○奉之奠于故處(左執事)○右執事反酒注故處○左右執事考妣前奉盞盤跪于獻官左右(左執事考前盞盤右執事妣前盞盤)○進盞盤○受考盞盤(獻官)○右手取盞三祭傾少許于地○盤盞授執事者○反之故處(左執事)○受妣盞盤(獻官)○右手取盞三祭傾少許于地○盤盞授執事者○反之故處(右執事)○奉饌○奉饌者盥洗(衆子弟一人)○進肉炙盤(左右執事者各一器)(東設卓子上)○奉之奠于考妣前(先考肉餅之間後妣麵魚之間)(奉饌者)○(畢)皆降復位(奉饌者及執事者)○俯伏興拜興拜興平身(獻官)○降復位(獻官)○休於他所者皆入

●要訣終獻後徹羹進熟水

七. 徹羹進熟水(主婦有故則主人諸行)
○主人詣考位前○主婦盥洗○妣位前(主婦)○執事詣取熟水盤香案前(執事一人)○主人考位奠于徹羹處○主婦妣位奠于徹羹處○畢皆降復位○鞠躬(少頃)○興

八. 合飯蓋
○執事者升詣考妣位前○下匙筯于楪中○合飯蓋○降復位

九. 告利成
○主人立於香案東西向○祝立於香案西東向○祝告利成(祝曰利成)○鞠躬拜興拜興平身(主人不拜)○皆降復位

●鏡湖曰利成者古禮墓祭有家禮家祭據古旣告利成則墓祭雖是原野之禮恐不當闕之

十. 行辭神
○鞠躬拜興拜興平身(皆拜)

十一. 焚祝文
○祝取版詣香案前跪○焚之祝○降復位

十二. 撤饌
○執事諸撤饌而退

十三. 禮畢
○主人以下皆降而退

※이상(以上)은 사서인(士庶人)의 묘제(墓祭) 홀기(笏記)로 가례(家禮), 구의(丘儀), 선유(先儒)의 설(說)에 근거(根據)하여 편집(編輯) 구성(構成)된 예법(禮法)임.

※왕실(王室) 및 성현(聖賢)의 예법(禮法; 用語)과 일반(一般) 사서인(士庶人)의 예법(禮法; 用語)은 별개(別個)임은 물론 사서인(士庶人)은 그를 따라 행(行)하여서는 아니 됨.

▶1826◀◆問; 묘사에 관하여!
저는 9대 종손으로 어릴 적엔 매년 10월초에 많은 제관들이 모여, 큰 산소부터 시작해서 각각 제물을 준비하여 산소를 옮겨 다니며 묘사를 지내 오다.

가 모두 서울 등 대도시로 나가 바쁘게 생활하다 보니 점차 묘사 참여 인원이 줄어들더니 이젠 각자 공휴일 등 편한 날을 택하여 직계 조부, 부모 산소에서만 간단한 제물을 차리고 묘사를 마치고 돌아가는 실정이라 옛날처럼 많은 제관들이 모일 수가 없어 종손인 저의 집 식구(동생, 아들)들만 큰산소 이하 조상님들의 묘사를 모시고 있습니다.

그런데 그 동안 여러 산소 묘사를 모시는 제물을 준비하였으니 음복을 함께할 제관이 적어 몇 년 전부터는 수육, 전, 과일 등을 넣은 도시락에 포, 술을 준비해서 각 산소의 묘사를 지내 왔고 작년부터는 이마저도 준비한 음식이 남고 참여인원이 작아, 묘사 날 집 뒤편에 있는 선산의 각 산소를 다니며 참배만하고(선산과 멀리 떨어져 있는 묘소는 제물 준비해서 지냄) 제례는 고향집에서 큰산소 조상님부터 각기 지방을 모시고 묘사를 행하였는데 이러한 묘사가 예법에 어긋나지는 아는지요?

또한 이러한 묘사가 예법에 어긋나지 않다면 모시는 조상님 지방은 각 신위마다 모셔야 하는지, 아니면 참배만 했던 집 뒤편 선산에 계신 제(諸)조상님을 합쳐 "조상님 신위" 이렇게 써서 지방 1개만 모시고 제례를 행해도 될지 궁금 합니다.

◆答; 묘사(墓祀).

선대의 제사에는 신제(神祭; 기제, 절사 등)와 체백제(體魄祭;묘제)가 있습니다. 묘제를 집에서 지방을 써 붙이고 지내면 묘제(墓祭)가 아니라 신제일 뿐입니다. 따라서 선산(先山)에 선대(先代)의 묘가 다수라 하루에 지낼 수가 없거나, 모두 행하려면 피로를 감당할 수가 없을 때는 선산(先山) 아래 재사(齋舍)가 있으면 재사(齋舍)에서 없으면 깨끗한 자리를 택하여 자리를 펴고 서쪽을 상석(床石)으로 대(代)마다 탁자(卓子) 하나씩 붙이지 않고 설위(設位)하고 축문(祝文)은 각각(各各) 써 존위(尊位)부터 초헌(初獻) 독축(讀祝) 이하로 이와 같이 마치고 아헌 등 예를 진행합니다.

●退溪曰同原許多墓各行祭之弊世多有此愚意不如掃視墓域後以紙牓合祭於齋舍無舍卽設壇以行之可免瀆弊而神庶享也
●問族葬列位若欲次第行祭則登降累原恐筋力疲而誠敬弛又恐祭物新餕或雜冷煖有異先詣墓所奠杯引靈而以紙牓合祭於齋宮何如曰無妨設壇於淨地而合祭何如曰尤是
●問墓祭或墓非一二多至八九東西埋葬邱瓏峻險南往北來神倦身疲恐有怠慢之氣(云云)或厥日有終朝之雨則亦將何以爲之欲預搆一屋於墓側而若遇如此之時依時祭之儀合祭一所如何退溪曰豈不善哉
●寒岡曰世俗之行墓祀於神主者亦似未安是神主祭也非墳墓祭也

▶1827◀◆問; 묘사일자.

전통 제례에 의하면 5대조 이상은 10월 달에 묘소에 가서 묘사를 지내게 됩니다. 파종 중에서 윗대 선조의 묘사를 몇 차례 날짜를 정하여 지내고 있고 또 소문 중에서 아래 대 조상의 묘사를 별도로 지내고 있습니다(장소도 같은 날 지내지 못하는 원거리임).

문제는 소문중의 묘사가 항상 음력 10월 하순에 지내게 되는데 올해 같은 경우는 양력으로 12월에 묘사를 지내야 합니다. 날씨가 겨울로 접어들다 보니 추위 등으로 준비도 문제이거니와 묘사 참석 율이 떨어지게 됩니다.

문의.
파종중의 묘사(윗대 선조)를 지내고 소문중의 묘사를 지내는 것이 전통 제례에 합당한 것인지 아니면 선조의 대수와 상관없이 아래 대 (소문 중)의 묘사를 먼저 지내도 제례에 어긋나는 것이 아닌지 알고 싶습니다.

◆答; 묘사일자.

묘제(墓祭)는 소종(小宗)이든 대종(大宗)이든 행하는 예법이 다른 바가 없습니다. 아래와 같이 살펴보건대 묘제 역시 사시제(四時祭)나 기제(忌祭)와 같이 그 시기가 정하여 져 있습니다.

고조(高祖) 이하(以下) 친미진(親未盡) 묘제(墓祭)는 초목(草木) 초생(初生)의 시기(時期)인 3월 상순에 날을 받아 지내고 제이세(第二世) 이하(以下)의 친진(親盡) 세일제(歲一祭) 묘제(墓祭)는 초목(草木) 초사(初死)의 시기인 10월 1일에 그 후손(後孫)들이 묘소(墓所)에 모여 지내게 됩니다. 다만 친미진(親未盡) 묘제(墓祭) 때 같은 산(山)에 친진(親盡) 묘(墓)가 곁에 있으면 약설(略設) 단헌(單獻)의 예로 먼저 예를 갖추고, 또 세일제 묘제 때는 먼저 세일제를 지내고 親未盡 묘에 그와 같이 예를 갖춤이 옳습니다. 물론 같은 산에 선대 묘가 여러 대가 있다면 소대종(小大宗) 가릴 것 없이 먼전 최존위부터 지내 내려와야 되겠지요.

●家禮墓祭篇三月上旬擇日又祠堂篇遞遷條第二世以下親盡則諸位迭掌而歲率其子孫一祭之百世不改也
●韓魏公祭式寒食上墓祭又十月一日如上墓儀若身不能往遣親者代祭
●陶庵曰親盡墓祭韓魏公禮十月一日祭之恐得宜
●竹菴墓奠儀曰墓奠用寒食祧位之墓則祭以十月朔
●張子曰寒食與十月朔日展墓亦可爲草木初生初死
●問親盡之墓與未祧之位同岡則節祀時有所難處尤菴曰先以酒果略薦于親盡之墓鄙家所行如是矣又曰以吾家言之則先人墓與先祖墓相接四名日不可獨祭先人故亦以一獻之薦先設於先祖及一祭先祖之時則祭自吾家設故亦以一獻行之

▶1828◀◆問; 묘사 지낼 때 헌관에 대하여.
묘사를 지낼 때 헌관은 어떠한 사람 이하는 지 궁금 합니다 제가 알기로는 옛날에는 벼슬 하는 사람이 헌관을 하는 것으로 알고 있는데 요즘도 그런지요? 벼슬에 급제 한 사람이라면 요즈음은 어떻게 구분하는지요. 지방의 기초의원도 해당되는지요.

◆答; 묘제의 헌관은.
묘제(墓祭)의 헌관(獻官)은 관직(官職)의 높고 낮음으로 정하여짐이 아니라 친미진(親未盡)인 고조(高祖)까지는 종손(宗孫)이 초헌관(初獻官)이 되고 차순자(次順者)가 아헌관(亞獻官)이 되고 종헌관(終獻官)은 도 차순자 혹은 친빈(親賓) 중에서 헌관(獻官)이 되고, 친진조(親盡祖) 묘제는 그날 모인 후손 중에서 항렬이 가장 높으면서 장자가 초헌관이 되고 아종헌관 역시 위의 예와 같이 정하여 집니다.

●屛溪曰禮五世則宗毀不復相宗故遠代歲一祭行高者主祝大宗云者如別子
●葛庵曰若非百世不遷大宗之家則當以會中長幼爲主辦祭者不可越尊長爲主初獻之後使之一獻亦合人情

▶1829◀◆問; 묘사 행사 때 삼제주의 뜻과 방법.
묘사나 세일사 때 헌관이 직접 삼제주 하는 것이 옳은 것으로 알고 있습니다. 그러나 혹자는 집사가 삼제주 해도 무방 하다는 주장을 하고 있어요.

첫째: 어느 방법이 옳은 것인지 알고 싶고,
둘째: 삼제주의 올바른 뜻을 알고자 합니다.

◆答; 묘제 때 삼제주.
첫째 답; 아래와 같이 가례(家禮) 사시제(四時祭) 초헌조(初獻條)를 살펴보면 "주인은 고조고의 잔반(盞盤)은 받아 왼손으로 반은 잡고 오른손으로 잔을 취하여 모속(茅束) 위에다 조금씩 기울여 삼제(三除)한다" 하였으니 헌관(獻官)이 헌주(獻酒)함이 옳은 것 같습니다.

둘째 답; 제주(祭酒)에 관하여 주부자 말씀이 제주란 옛 사람들은 음식을 먹을 때는 반드시 신에게 먼저 제사하였는데 귀신은 스스로 능히 신에 제사할 수 없으니 대신 신에게 제사하는 것이다. 라 하셨을 뿐 왜 삼제를 하느냐에 대해서는 언급이 없으며, 가례고증(家禮考證) 삼책(三冊)에 삼제(三祭)에 관한 주(註)는 있으나 그에서도 삼제에 관하여는 주(註)를 달지 않았으며 그 외 관련 예서 어디에서도(본인이 소장하고 있는 예서) 명확하게 그에 관하여는 설명됨이 찾아지지 않습니다.

다만 본인은 삼황(三皇; 伏羲氏 神農氏. 黃帝. 또는 伏羲氏 神農氏 女媧氏. 또는 伏羲氏 神農氏 燧人氏. 또는 天皇氏 地皇氏 人皇氏)에게 제사함이 아닌가 하나 고증할 수가 없어 [정답이다]라 할 수는 없음으로 그 까닭은 전거를 대어 명확하게 확인하여 드릴 수가 없습니다.

●家禮四時祭初獻條執事者二人奉高祖考妣盤盞立于主人之左右主人搢笏跪執事者亦跪主人受高祖考盤盞(便覽左手執盤)右手取盞祭(便覽三祭之○要訣少傾之)茅上
●朱子曰祭酒盖古者飮食必祭以鬼神自不能祭故代之祭也
●家禮考證喪禮篇三祭於茅束上郊特牲縮酌用茅明酌也註縮沛也云云

▶1830◀◆問; 묘소(墓所)와 묘역(墓域)의 경중에 대하여?
수고가 많으십니다. 항상 많은 자문을 받고 있는 사람입니다.
질의: 산소와 묘소의 차이 국어사전마다 차이가 나서 질의 드립니다. 종약소(종회)에서 정관상의 표현 시 선조에 대한 경어(존경어)를 사용하는 것이 좋을 것 같아 아래와 같이 질의 드립니다. 보통 글이 아닌 말에서는 흔히 산소를 많이 사용하는 것으로 알고 있습니다. 제가 사전상 알아 본 것은 뫼/산소/묘소 순으로 경어로 파악되었으나 다른 의견도 있어서요.

보통 산소를 많이 사용하는 것은 흔히 많이 사용하여와서 관습화된 것이고 시조 / 선조님의 산소를 어떤 정관상의 목적 등이나 글로 표시 할 때는 본인은 산소보다 묘소가 존경어로 써야 한다고 봅니다. (동아 국어사전에는 뫼/산소/묘소 순으로 높인 말로 되어있음)

예: 00 종중은 시조묘소관리를 목적으로 하며(종중 정관 에 표기 시)시조묘소를 다녀와서(뿌리 여행기 작성 글에서 표현).

질의취지: 선조님에 대한 존경어를 사용하고 싶어서이고 흔히 산소를 많이 사용한다 해도 상기와 같은 경우(시조님) 묘소가 존칭어가 옳다면 바꾸어서 사용하려 합니다. 자세히 설명 주시면 감사하겠습니다.

◆答; 묘소(墓所)와 묘역(墓域)의 경중.
아래와 같이 살펴보건대 山의 의미에는 능침(陵寢), 분묘(墳墓)라는 의미가 있어 묘(墓)와 동의로 사용되고 있으며 묘(墓)나 산(山)에 소(所)가 붙으면 묘를 의미하기도 하나 묘(墓)가 있는 곳이란 의미도 있어 단순이 무덤을 칭할 때는 묘(墓)라 하며 제왕(帝王)은 능(陵), 백성(百姓)은 묘(墓), 오래 된 무연고묘(無緣故墓)는 총(塚)이라 이르는데 어느 조상(祖上)의 무덤이라 하여도 축문(祝文)에 묘(墓)라 칭하였을 뿐입니다.

더욱이 묘소(墓所)란 묘(墓)가 있는 곳. 묘역(墓域)이란 묘(墓)가 소재한 구역(區域)을 의미하게 되니 용자(用者)의 선택에 의할 뿐이지 존비(尊卑)의 차이를 구분할 수는 없을 것입니다.

●選文精粹立太宰碑表條瞻彼景山徒然望慕
●周禮春官宗伯禮官之職冢人條正墓位踵墓域守墓禁註位謂丘封所居前後也禁所爲塋限

▶1831◀◆問; 묘소 위치 등 문의.

안녕하십니까.

問; 1. 일반적으로 쌍 묘의 경우 재배를 할 적에 살아 있는 사람을 기준으로 왼쪽이 남자, 오른 쪽이 여자 인지요?

問; 2. 대부분 항렬이 있는 데 이 항렬은 대체적으로 언제쯤 누가 만들었는지 궁금합니다.

問; 3. 만약에 항렬의 순서가 15개이고 내가 15번째 항렬이라면 태어나는 자식은 맨 처음 항렬을 사용하는지요. 감사합니다.

◆答; 묘소 위치 등.

問; 1. 答; 묘제에 부녀자는 참석하지 않으니 서립의(序立儀)가 없는 것 같습니다.

問; 2. 答; 항렬에 쓰이는 자순(字順)을 언제 누가 왜 만들었지 에 관한 명문으로 전하는 전거를 알지 못하여 근거가 없으니 상식론의 범주를 벗어날 수가 없을 것입니다.

問; 3. 答; 항렬자는 가문에 따라 오행, 간지. 십 수, 오상 등에서 택하여 그 자(字)들을 나타내는 글자로 정하여 회전하게 되는데 전회에 쓰인 글자는 다음 회에서는 배제 새로운 글자를 택하게 되는 것 같습니다.

●性理大全墓祭亞獻終獻條並以子弟親朋薦之

▶1832◀◆問; 묘소의 위치.

안녕하십니까. 덕분에 굉장히 많은 것을 알게 되었습니다. 그런데 며칠 전에 묘소의 위치를 문의 하였는데 제가 질문을 잘못한 거 같습니다.

다름이 아니 오라 조부모님의 묘소가 양 옆에 나란히 같이 있는 데 그 동안 별로 관심이 없었고 워낙 오래된 일이라서 어느 묘소가 조부님, 조모님 묘소인 지 정확하게 알지 못합니다. 일반적으로 제가 묘소를 바라본 위치에서 왼 쪽이 조부님 묘소, 오른 쪽이 조모님 묘소가 맞는지요. 감사합니다.

◆答; 묘소의 위치.

장묘(葬墓)에서 쌍분(雙墳)이든 합분(合墳)이든 고서비동(考西妣東;男西女東;)의 위치로 장사(葬事)함이 바른 장법(葬法)입니다. 남좌여우(男左女右)란 생자(生者)가 보아서의 위치 입니다.

●退溪曰兩親墓東西定位想中國俗葬皆男左女右故朱先生葬劉夫人時只循俗爲之其後丘文莊亦不欲異俗而云云也然朱子答陳安卿之問分明謂祭而以西爲上葬時亦當如此方是則此乃爲晚年定論而後世之所當法也
●明齋曰合墓分左右之說先儒論之詳矣面南而分左右則考西妣東

▶1833◀◆問; 묘제(墓祭) 때 아종헌은 누구?

시제(時祭)를 모실 적에 종손을 초헌관으로 하고, 아헌과 종헌의 헌관을, 직계손 중에서 연령순으로 정하는 것과 직계(直系) 손(孫) 중에서 항렬 순에 따라야 하는지 아니면, 또 적손(직계손)이 다수 참사하여, 충분히 헌관의 역할을 할 수 있음에도, 지손을 헌관(獻官)으로 지정하여 잔을 드려도 되는 것인지 궁금하여 물어봅니다.

◆答; 묘제(墓祭) 때 아종헌은.

묘제는 친미진(親未盡=고조부모 이하) 묘제와 친진(親盡=시조를 제외한 오대조 이상) 묘제가 있습니다. 친미진 묘제는 적자손이 초헌관이 되고 다음 차순자가 아헌관이 되면 종헌관은 다음 차순자나 빈객중에서 행하고, 친진 묘제는 직손 제원 중 최존항렬의 최존자가 초헌관이 되고 아종헌관은 위와 같은 서열에 의하여 헌관이 됩니다. 묘제에서 지손은 종헌은 할 수 있습니다.

●朱子曰祭禮主人作初獻弟得爲亞獻
●家禮終獻條兄弟之長或長男或親賓爲之
●葛庵曰非百世不遷之大宗則當以會中長幼爲主辦祭者不可越尊長爲主初獻之後使之一獻亦合人情

▶1834◀◆問; 묘제를 집에서 지내려 하는데?

우선 어리석은 질문을 하는 소생을 양해하여 주시기 바라옵니다. 짧은 식견을 가지고 여러 생활예절을 찾다 보니 아무리 현대화하여 변명하려 하나 앞뒤가 맞지 않아 수하들을 설득하기에 난감합니다.

그간 몇 차례 '성균관' 홈피에 들어와 눈 여겨 보았으나 마땅한 답을 얻지 못하여 비예(非禮)인줄 아오나 그래도 우리의 전통을 살리는 생활예절을 조금이나마 지켜보고자 다음의 몇 가지 질문을 하오니 고견을 바라옵니다.

상황: 객지생활을 하다 보니 시제(時祭)를 先山에서 하지 못하고 종손(宗孫)의 가정 집에서 지내야 하는 형편에 이르렀습니다. 시제(時祭)의 대상은 저희 선산(先山)의 최존위(最尊位; 10 代祖) 어른부터 사대봉사(四代封祀)의 윗대어른까지 입니다. 이러한 경우에도 시제(時祭)라는 예(禮)를 하고자 함은 祖上의 개념을 잊고 사는 현대인들에게 알리기 위함이고 이를 계기로 흩어져 사는 일가문중(一家門中)을 한자리에 모이게 하고자 하는 계기를 만들어 혹여 길거리에서 일가친척들끼리 얼굴을 붉히는 불미스러운 일이 일어나지 않도록 하고자 합니다.

우선 제예(祭禮)이온바 지방(紙榜)과 진설(陳設)은 합설(合設)의 예(禮)에 따라 하면 어떠하올런지요?

다음 축문(祝文)이온바 축문의 내용을 어찌 작문(作文) 하여야 할지 난감합니다.

끝으로 제예(祭禮)의 순서를 위에서 밝힌 바와 같이 지방(紙榜)과 진설(陳設)을 합설(合設)의 예(禮)에 의함은 순서도 당대의 제예(祭禮)와 같이 하되 헌작(獻爵) 또한 각(各) 대위(代位)별로 함이라 하겠는데 여기에서 막히는 문제가 또다시 축문의 내용입니다.

제주(祭主)의 기준으로 보아 축문을 별도로 작문(作文), 독축(讀祝) 하여야 할지 궁금합니다. 질문의 내용이 난잡하여 어른께서 황당해 하시리라 짐작되오나 쟁점은 이러합니다. 선산이 아닌 종가 집에서 시제의 형식을 빌어 윗대 어른의 시제를 올리고자 합니다. 이에 합당(적당)한 지방문과 축문 및 제례의 진설 및 순서를 가르쳐 주시면 가히 예에 크게 어긋나지 않는 범위에서 전통예절을 지킨다는 데에 더 큰 의미를 두고 하고자 합니다. 어른께서 가르쳐 주시기 바랍니다. 서울에서 우치(又痴) 올림.

◆答; 묘제를 집에서.

기제(忌祭)는 부모(父母)의 작고한 날을 현손(玄孫) 대(代)에게까지 전(傳)하여 주고 친진(親盡) 세일제(歲一祭) 묘제墓祭)는 자자손손(子子孫孫) 실전(失傳)치 않기 위함이 그 제사(祭祀)가 지닌 참뜻입니다.

묘제(墓祭)는 시조(始祖)나 불천지위(不遷之位)의 조상이 아니고는 대진(代盡)하여 세일제(歲一祭)기 되면 종손(宗孫) 봉사(奉祀)를 면(免)하게 되는 것입니다.

아래와 같이 대강 살펴보건대 집에서의 제사(祭祀)는 가제(家祭)일 뿐이지 묘제(墓祭)가 될 수 없으며, 만약 묘(墓)가 허다하여 묘소(墓所)가 아니고 재사(齋舍)나 단제(壇祭)로 행한다 하여도 매 상묘(上墓)하여 재배 쇄소(灑掃) 후 재사(齋舍)나 단(壇)으로 내려와 지방(紙榜)을 세우고 사시제(四時祭) 의식(儀式)과 같이 묘제(墓祭) 원축(原祝) 각판(各板)으로 지내야 할 것 같습니다.

●愚伏曰今但致隆於四仲之祭而三月十月上旬卜日上墓似爲得宜十月上墓家禮雖無此文而東萊宗法有之今中原人皆用之故寒岡諸丈遵行之
●寒岡曰世俗之行墓祀於神主者亦似未安是神主祭也非墳墓祭也
●開元禮孔子許向墓遙爲壇以時祭卽今之上墓義或有憑然神道尚幽不可逼瀆塋域宜設於塋南山門之外設淨席爲位遙祭以時饌如平生所嗜若一塋數墓每墓各設位昭穆異列以西爲上主人盥手奠爵三獻而止泣辭
●退溪曰同原許多墓各行祭之弊世多有此愚意不如掃視墓域後以紙榜合祭於齋舍無舍則設壇以行之可免瀆弊而神庶享也
●問族葬列位若欲次第行祭則登降累原恐筋力疲而誠敬弛又恐祭物新餕或雜冷煖有異先詣墓所奠杯引靈而以紙榜合祭於齋宮何如曰無妨設壇於淨地而合祭何如曰尤是
●謙菴曰先祖墳塋散在各處年代久遠香火或絶名爲子孫而不識墓門者有之情理極爲哀痛今後每於八月二十日有司以各墓附近子孫分定祭員回文知委子孫等稍備蔬果齊進所定之墓奠掃歲以爲常

▶1835◀◆問; 묘제를 재사에서 지내려 하는데 예법은?

금년 가을 묘사(墓祀)를 제각(祭閣)에서 합사하여 모시고자 하는데 그 절차 및 그 절차에 따른 지정 서식을 묻고 싶습니다.

◆答; 재사에서 묘제 지내는 법.

같은 산에 많은 묘가 있어 산 아래 재사(齋舍)가 있을 경우 먼저 각 묘(墓)마다 분향 뇌주 영신하여 재사로 하강하여 사시제 예법으로 서위상(西爲上)으로 각 대(代) 일탁(一卓) 이의(二倚)로 설위 각 축으로 고하고 묘제 의례와 같이 지내면 예에 어그러지지 않습니다. 다만 먼 곳에 있는 묘까지 합제할 수는 없습니다.

●通典神道尚幽不可逼顯宜於塋南山門之外設淨席爲位遙祭若一塋數墓每墓各設位昭穆異列以西爲上
●問墓祭或墓非一二多至八九東西埋葬邱壠峻險南往北來神倦身疲恐有怠慢之氣(云云)或厥日有終朝之雨則亦將何以爲之欲預搆一屋於墓側而若遇如此之時依時祭之儀合祭一所如何退溪曰豈不善哉
●四未軒曰考妣墓合祭時主祭者當於妣墓焚香酹酒以迎神來于考墓而行拜禮而合祭之爲禮家所通行也
●問族葬列位若欲次第行祭則登降累原恐筋力疲而誠敬弛又恐祭物新餕或雜冷煖有異先詣墓所奠杯引靈而以紙榜合祭於齋宮何如退溪曰無妨設壇於淨地而合祭何如曰尤是
●愚按合祀齋舍則先周上墓再拜灑掃下齋舍紙榜設位行祭祝辭原祝祭如時祭之儀祭畢而待晴省拜可也

▶1836◀◆問; 묘제를 집에서 지내면 안되나?

안녕하십니까? 우리 예법에 관해 잘 알지 못하여 이렇게 질문 드립니다. 현재 집안이 넉넉하지 못하여 재실이 없는 상태이고 시제를 지내야 할 분들의 묘 역시 여기저기 분산되어 있으며 현재 생업지와 너무 멀어 그 마저도 애로가 있습니다.

궁금한 것은,

問 1. 재실이 없는 경우 시제를 집안에서 지내도 되는 것인지,

問　2. 시제를 집안에서 지낼 경우 장소를 해 마다 바꾸어가며 지내도 되는　것인지 궁금합니다.

問　3. 만약 집안에서 지낼 수 없는 경우 해 마다 묘만 바꾸어서 지내도 되는　것인지 궁금합니다.

◆答; 묘제를 집에서 지내면 안되나?

問 1. 答; 갈암(葛庵)선생 말씀에 사당(집)에서 묘제를 지냄은 묘제의 의미가 없다하셨으니 유가의 예법으로는 집에서 지낼 수는 없는 것 같습니다.

問 2. 答; 1 번 답 참조.

問 3. 答; 기제는 忌日에 지내는 제사를 의미하듯 묘제는 묘에서 지내는 제사를 뜻하게 되지요. 다만 선산이 넓고 여러 묘(墓)가 여기저기 산재하여 하루에 지내기에 벅차거나 우천시 등 묘에서 정상적으로 지내기가 어려울 때 매 묘 쇄소(灑掃) 분향 강신 후 산하(山下) 깨끗한 곳이나 재사(齋舍)가 있으면 그 곳에서 이서위상(以西爲上)으로 설위 각설 후 사시제(四時祭) 예법과 같이 지낼 수는 있는 것 같습니다.

●開元禮孔子許向墓遙爲壇以時祭卽今之上墓義或有憑然神道尙幽不可逼瀆塋域宜設於塋南山門之外設淨席爲位遙祭以時饌如平生所嗜若一塋數墓每墓各設位昭穆異列以西爲上主人盥手奠爵三獻而止泣辭

●退溪曰同原許多墓各行祭之弊世多有此愚意不如掃視墓域後以紙牓合祭於齋舍無舍卽設壇以行之可免瀆弊而神庶享也

●尤庵曰退溪之意欲於墓下齋室以紙牓行之云耳非謂還家而行之如此也

●問族葬列位若欲次第行祭則登降累原恐筋力疲而誠敬弛又恐祭物新餕或雜冷煖有異先詣墓所奠杯引靈而以紙牓合祭於齋宮何如退溪曰無妨設壇於淨地而合祭何如曰尤是

●葛庵曰墓祭有雨水之礙則就齋舍設紙牓行事亦何害若就祠堂行祭則恐無意也

●顧齋曰古人臨祭而雨沾服失容則止若有齋舍及墓下潔淨之家就彼行事似無不可會見通典以設祭墓前爲瀆以此觀之則雖不雨行祀於山下亦可

●按陶庵曰歲一祭或遇雨差退日字待晴上墓爲當至於紙牓行事恐違灑掃之意云然焚香降神於各墓則灑掃之意亦在其中矣以紙牓合祭齋舍祭畢待晴省拜則恐無不可

▶1837◀◆問; 묘제 순서.

시제(時祭)의 묘하(墓下)에서 지낸다 하였습니다. 저희는 신도시(新都市) 개발(開發)로 인하여 묘를 한곳으로 이전하여 매장 하였습니다. 묘지에는 14세부터 모셔져 있는데 시제 때 종손 쪽 14세부터 19세까지 지내고 저희는 작은집인데 15세인 저희 선조를 마지막으로 지내고 있습니다, 어떻게 지내는 것이 옳은지요. 답변 부탁 드립니다.

◆答; 묘제 순서.

고조(高祖)가 친진(親盡)이 되면 종훼(宗毁)라 하여 그 때 이후부터는 종손이 없게 됩니다. 친진(親盡)이 되면 세일제(歲一祭)로 묘에서 1년에 한번 묘제(墓祭)로 지내게 되는데, 그 묘제의 주인(초헌관)은 모인 제원 중에서 최존자(最尊者)가 됩니다.

다만 질문(質問)과 유사(類似)한 사례(事例)의 전거(典據)가 없어 분명히 이를 수는 없으나, 아래와 같이 살펴보건대 일산내(一山內)의 방조(傍祖)의 후손(後孫)과 함께 묘제(墓祭)를 묘하(墓下)에서 합제(合祭)를 지내게 되면, 먼저 직계의 14, 15세를 합제(合祭)하고, 이어 방계(傍系)인 15세 묘제(墓祭)를 마친 뒤, 직계 16~19세 묘제를 지냄이 법도상(法度上) 옳을 것이며, 만약 방계(傍系)의 후손이 참여(參與)하지

않았다면 먼저 직계 14~19세 묘제를 지낸 뒤 방계 15세 묘에서 약설(주과포) 무축단헌의 예로 마치고, 직계의 후손이 참여(參與)하지 않은 방계(傍系) 15세 후손의 묘제에서는 먼저 직계 14세와 방계15세의 묘에서 위와 같이 예를 갖춘 뒤 직계15세 묘제(墓祭)를 지낸 후 그 외 방계 묘에는 모두 재배로 예를 갖춤이 바르다 할 것입니다.

●尤庵曰神主祧遷則宗毀而族人不復相宗矣
●梅山曰五世親盡祧遷于長房則宗已毀矣無宗子之可名祧位忌墓祭長房皆主之而及長房盡而埋主則子孫中行尊年高者當墓祀祝用其名宗孫無與焉斯爲通行之禮也
●屛溪曰禮五世則宗毀不復相宗故遠代歲一祭行高者主祝大宗云者如別子或如今不遷之位奉祀孫雖屢代猶爲宗〇又曰宗派親盡則禮所謂宗毀也不可以宗波爲重而主親盡之祀長房若不得參於墓祭則以當日行事之人塡祝而祝云孫某有故不得將事使幾代孫某敢昭告云云亦有一統之意矣
●葛庵曰若非百世不遷大宗之家則當以會中長幼爲主辦祭者不可越尊長爲主初獻之後使之一獻亦合人情
●問旁親墓同在一山則雖不參祭時或虛拜可乎栗谷曰雖四時不必皆拜一年一度不可廢也
●問先祖與祖考墓同在一山則只祭祖考未安欲略設酒果於先祖墓以伸情禮如何愚伏曰饌品不可有豐略之別歲一祭可也

▶1838◀◆問; 묘제, 시제 지내는 법.
수고하십니다. 선산에 9 대 조부모까지 모시고 있습니다. 현재까지 시제(묘제)를 안 모시고 명절(구정, 추석)때만 선산에 가서 간단하게 인사를 드립니다.

현재 3 대까지 집에서 제사를 모시는데 앞으로 가능하면 예법에 크게 벗어나지 않는 범위에서 시제(묘제)를 한식 날 지내려고 합니다.
궁금한 것은,
問 1, 한식 날 집에서 1 대에서 9 대까지 제사를 지내고 산에 가서 똑같은 방식 의 제사를 모시는지요.
問 2, 잔은 각분마다 단잔 인지요 아니면 삼잔 인지요.
問 3, 기 제사를 모시는 3 대의 조부모도 시제 때 제사를 지내는 건지요.
問 4, 먼저 산신제를 지내야 하나요, 삼가 고견을 바랍니다.

◆答; 묘제, 시제 지내는 법.
問 1, 答; 묘제(墓祭)를 집에서 지낼 수는 없습니다. 묘소에서만 지내는데 다만 선산하(先山下)에 재실(齋室)일 있다면 재실에서는 지방을 붙이고 묘제를 지낼 수는 있습니다.
1~9 대라면 친진조(親盡祖)이니 옛날에는 묘제를 한식 날 지내기도 하였으나 근래는 음력 10 월 1 일이 묘제 일이 됩니다.

●家禮墓祭主人深衣帥執事者詣墓所再拜奉行塋域內外環繞哀省三周

問 2, 答; 각분마다 무축(無祝)이면 단헌(單獻)이며 독축(讀祝)이면 삼헌(三獻)의 예 입니다.

●柯下散筆柳氏家典;無祝單獻獻訖卽扱匙正筯不添酒不闔門少頃進茶遂辭神

問 3, 答; 친미진조(親未盡祖)는 기제사와 더불어 묘제도 지내는데 음력 3 월 상순에 택일하여 지냅니다. 그러나 요즘 많은 가문에서 생략 지내지 않기도 합니다.

●家禮墓祭三月上旬擇日前一日齋戒

問4, 答; 묘제를 지낸 뒤 산신제를 지냅니다.

●家禮墓祭厥明灑掃灑掃訖又除地於墓左以祭后土

▶1839◀◆問; 墓祭에 관하여?

問; 1. 추석 때도 하지만 시월이 되면 조상님의 산소를 찾아 뵙고 성묘를 하고 시사를 지내는 데요, 이때 시사를 지낼 때도 분향을 하는 게 옳은지요? 아니면 분향은 하지 않는 것이 옳은지요?

問; 2. 웃대 조상님께 바친 제물을 그대로 아래 대의 제물로 또 써도 되는지요?

問; 3. 조카가 나이를 먹어 약 50 줄에 가까운데 조카라고 이름을 부르기 보다는 길동이 애비야 .길동아 등으로 부릅니다. 그런데 마주 대화를 할 때 자내라고 해야 좋은지요? 아니면 너라고 해야 좋을지요? 동항인 동생을 부르거나 호칭할 때도 같은 질문을 드립니다.

問; 4. 시사라고 쓸 때 한자로는 어떻게 쓰는지요? 시사(時祀)라고 쓰는지요? 그런데 시사(時祀) 라는 단어가 국어 사전에 없어요. 저의 사전이 용량 부족인지요?

◆答; 묘제(墓祭).

問; 1. 答; 아래와 같이 살펴보건대 강신에서 분향(焚香)과 뇌주(酹酒)의 예를 집 제사와 같이 행하여야 옳은 것 같습니다.

●丘儀墓祭降神條詣香席前跪上香酹酒

問; 2. 答; 이는 상식에 가까워서인지 분명하게 명문화된 전거가 없으나 윗대의 퇴주를 모아 다시 다음 아래 대에 다시 헌작할 수는 없을 것입니다.

問; 3. 答; 본인이 가까이한 광산 김씨 가문의 예를 듭니다. 질항(姪行)에서 연상이면 조카님 연하이면 조카, 동항(同行)에서는 동생 또는 아우.

問; 4. 答; 우리나라에서 묘제(墓祭)를 일명 시사(時祀)라 칭하기도 합니다.

▶1840◀◆問; 墓祭에 관하여?

여러 사람의 많은 질문에도 성실한 답변을 해주시는 노고에 우선 감사 드리면서 몇 가지 의문점이 있어 질문하오니 시원한 답변을 부탁 드립니다.

1. 질문자의 아버지 형제는 4 형제(편의상 1,2,3,4 로 함) 로 모두 다 별세하였습니다. 가계가 좀 복잡합니다. 1,2 번을 낳은 할머니가 일찍 사망하여 할아버지는 재혼을 하여 3,4 번을 낳으셨고 질문자는 4 번의 아들입니다.

2, 1 번 큰아버지가 종손이 되는데 일찍 별세하여 3 번 큰아버지 아들을 양자로 맞이하여 손자 하나를 두었으나 그도 사망하여 후사가 없어 사실상 종손 가는 절손상태입니다. (*2 번은 출계)

3, 따라서 조상의 제사는 3 번의 둘째 아들(질문자의 사촌)이 종손 대행을 하면서 쭉 집행하여 왔으나 그 형님도 사망하여 현재는 그 아들(질문자의 5 촌 조카)이 종손 역할을 하는데 자신의 할아버지를 묘사에 올려(3 번의 아들 한 명이 아직 생존) 시제를 지내고 있는데,

(질문 1) 아무리 생각해도 질문자의 아버지는 제사를 지내고 그 형님은 묘사를 지내는데 이래도 되는지? 예법은 어떻게 되어있는지? 궁금합니다.

(질문 2) 종손으로 출계한 질문자의 사촌형님의 제사를 종손역할을 하는 조카가 지내다가 이 제사를 친딸이 가져갔다 안 지내고 있으니 이젠 묘사에 올리겠다고 고집을 부리는데 이래도 되는지? 궁금합니다.

(질문 3) 종손가가 절손이 되어 제사 등을 집행 할 수 없을 때는 차종손이 대신 하는데, 묘사를 지낼 때도 수헌을 먼저 하는 것이 맞는지? 아니면 묘사를 지낼 때 참사자 중 제일 연장자가 수헌을 하는지 이해되지 않는 갑설, 을설 등의 의견 개진이 중구난방 식으로 발생되어 고견을 듣고 싶습니다.

종손이 있네, 없다 등 종손가가 절손되어 집안행사 때 마다 전통예법에 대한 주관적인 해석이 난무하는 의견개진이 있어 바로 잡고자 질문 드렸습니다.

◆答; 墓祭.
(질문 1) 答; 기제(忌祭)는 고조부모(高祖父母)까지 지내며 그 효현손(孝玄孫; 宗孫)이 죽으면 바로 묘제(墓祭)로 옮기는 것이 아니라 그 아우나 숙항(叔行) 이상이 생존(生存)하여 있으면 그가 그 제사(祭祀)를 그 집으로 옮겨 지내다 그 손으로 현손(玄孫) 대가 끊기면 비로소 세일제(歲一祭) 묘제(墓祭)로 지내게 되는 것입니다.

●問今人不祭高祖如何程子曰高祖自有服不祭甚非其家都祭高祖又曰自天子至庶人五服未嘗有異皆至高祖服旣如是祭祀亦須如是
●朱子曰考諸程子之言則以爲高祖有服不可不祭

(질문 2) 答; 유가(儒家)의 종법(宗法)에 의하면 종가(宗家)의 적장자손(嫡長子孫)이 후자(後者)를 생산(生産)치 못하였으면 입후(入后)의 예법(禮法)이 있어 절손(絶孫)이 되지 않도록 세세(細細)히 규정되어 있습니다. 따라서 이 예법에 따라 입후(入后) 대를 이어야 하며 二子가 섭행(攝行)함은 입후(入后)되어 대(代)를 잇기 이전에 한할 수 있는 것입니다.

위 (질문 1)을 참조하시기 바랍니다.

(질문 3) 答; 묘제(墓祭)는 고조부모(高祖父母) 이하(以下)인 미친진(未親盡)묘제(墓祭)가 있고 오대조(五代祖) 이상 친진(親盡) 묘제(墓祭)가 있습니다. 미친진(未親盡) 묘제는 적장자손(孝子孫)이 초헌관(初獻官)이 되고 친진(親盡) 묘제는 그 묘제 날에 모인 족인 중 최존항(最尊行)의 장자가 초헌관(初獻官)이 됩니다. 그 까닭은 종가(宗家)에서 친진(親盡)이 되면 이를 종훼(宗毁) 라 하여 그 이후는 종손(宗孫)이 없어지는 것입니다.

●尤庵曰神主祧遷則宗毁而族人不復相宗矣
●東巖曰第二祖以下親盡則埋主於墓所而諸位迭掌歲率子孫一祭之據此則除大宗墓外皆當以昭穆最尊者爲主獻

▶1841◀◆問; 묘제와 단제의 차이점.
의례문답(疑禮問答) 게시판(揭示板)에 올려진 질문(質問)과 답변(答辯)을 잘 보고 있으며 초암님께 궁금한 점이 있기에 한가지 여쭈어 봅니다. 시제 때에는 묘제를 드리는데 묘소를 실전하여 설단한 경우에는 일반적인 묘제와 어떠한 차이가 있는지 궁금합니다.

◆答; 묘제와 단제는 예법이 같음.
아래 설단제(設壇祭) 홀기(笏記)를 살펴보면 묘제(墓祭) 정례(正禮)와 다르지 않음을 발견(發見)하게 됩니다.

●望祀錄設壇祭笏記
禮儀淸肅○衆昭衆穆○致敬盡誠○獻官祝及諸執事詣盥洗位○盥洗○入就神壇前拜位○敘立○陳設進饌○贊引引引首獻入就神壇前拜位○跪○焚香○俯伏○興○再拜○跪○酹酒

降神○俯伏○興○再拜○退復位○獻官以下皆參神再拜○行首獻禮○各執事奉神位前盞
盤斟酒進首獻官○首獻受而祭酒○以盞授執事○執事受而奠于神位前○挿匙正箸○祝跪
于首獻之左讀祝(首獻官以下皆跪)○首獻以下皆興○祝官退復位○首獻俯伏○興○再拜○執事
退酒○行亞獻禮○贊人引亞獻入就神壇前○跪○執事奉神位前盞盤斟酒進亞獻○亞獻受
而授執事○執事受而奠于神位前○亞獻俯伏○興○再拜○退復位○執事退酒○行終獻禮
○贊人引終獻入就神壇前○跪○執事奉神位前盞盤斟酒進終獻○終獻受而授執事○執事
受而奠于神位前○終獻俯伏○興○再拜○退復位○獻官以下望壇揖拱侑食小頃○祝徹羹
進熟水○祝詣首獻前揖告成事○首獻答揖○執事徹匙箸合飯盖○退復位○獻官以下皆再
拜辭神○執事撤床

▶1842◀◆問; 묘제와 성묘에 대하여?

종산에 여러 대가 계십니다 개별로 묘제를 지내려면 며칠씩 지냅니다 어떻게 하루
에 지내는 방법과 성묘 방법도 함께 일러 주세요.

◆答; 묘제와 성묘.

묘소에는 묘제와 성묘의 예가 있습니다. 성묘(省墓)의 예는 처음 재배 후 소제(掃
除) 후 다시 재배하고 돌아오는데 이같이 성묘는 묘마다 행함이 바른 예법일 것입
니다. 다만 개원례(開元禮) 성묘례(省墓禮)에서는 영역(塋域) 백보(百步) 전 길의 동
쪽에 설위(設位) 재배(再拜)하고 분영(墳塋)으로 가 소제 후 돌아와 재배하고 물러
난다 하였으나 이는 묘가 허다할 경우의 예입니다.

삼대(三代) 사위(四位)인데 이를 묘(墓)가 허다하여 하루 안에 성묘하기에는 기력이
곤태(困怠)하여저 행할 수 없다 하기에는 명분이 서지 않을 것도 같습니다. 또 묘제
역시 동원내(同原內)에 묘가 허다하면 그 산 아래에 단을 설치 합제(合祭) 할 수 있
다는 말씀은 계시나 이 역시 성묘 시와 같이 명분이 서지 않을 것 같습니다.

●開元禮王公以下拜掃先期卜日如常前一日設次於塋南百步道東西向北上設主人以下位
塋門外之東西面以北爲上成服主人以下俱再拜奉行墳塋(註精靈感慕有泣無哭)至於封樹
內外環繞哀省三周掃除訖主人以下復門外位皆再拜遂還
●禮輯墓爲先人體魄所藏當拜掃以時俾無荒圮禮也
●尤庵曰省墓時初到再拜復再拜而退則禮意尤爲懇惻而周詳矣
●問自曾祖及亡母幷旁親十二位葬皆同原一日之內各就墓前而祭之氣力困怠專精不至奠
祭饌品因怠而或不潔雖祭而猶不祭也退溪曰同原許多墓各行祭之弊世多有此愚意不如掃
墓域後以紙牓合祭於齋舍無舍即設壇以行之可免瀆弊而神庶享也

▶1843◀◆問; 묘제의 주인은 누가?

5대조 묘제 주인은 종손이어야 하는 것 아닌지요.

◆答; 묘제의 주인.

묘제(墓祭)에는 친미진(親未盡; 高祖以下) 묘제와 친진(親盡; 二世以下五代祖以上)묘
제가 있습니다. 친미진 묘제(始祖及不遷之位包含)는 종손(宗孫)이 주인이 되어 초헌
(初獻)을 하고, 친진 묘제(墓祭)는 회중(會中) 최존항(最尊行)의 최존자(最尊者)가 주
인이 되어 초헌(初獻)을 합니다.

●尤庵曰神主祧遷則宗毀而族人不復相宗矣○親盡墓祭祝文云云幾代孫某官某敢昭告于
某親某官府君之墓歲薦一祭禮有中制履玆霜露彌增感慕謹用淸酌時羞祗奉常事尙饗
●葛庵曰若非百世不遷大宗之家則當以會中長幼爲主辦祭者不可越尊長爲主初獻之後使
之一獻亦合人情

●九思堂曰家禮大宗親盡則藏主於墓所而宗子主之歲率宗人一祭之第二祖以下親盡則埋主於墓所而諸位迭掌歲率子孫一祭之據此則除大宗墓外皆當以昭穆最尊者爲主獻恐或得宜

▶1844◀◆問; 묘제 축문에 대하여.

6개월여 만에 다시 찾아 뵙는 것 같습니다, 그 동안 안녕 하셨습니까, 여쭈고자 하는 내용은 선대조 묘제를 재실에서 지내고 있습니다,

축문 내용 중에 瞻掃丙舍 혹은 丙舍瞻塋이 맞는지 歲薦一祭로 쓰는 것이 맞는지 궁금합니다, 그리고 재실에 위패가 모셔져 있는데 일족 중에 위패가 있는 것은 모순이니 제사 지낼 때 마다 지방을 써서 예를 드리라고 하는데 여기에 대해서 고견을 듣고자 합니다, 그럼 안녕 하시기를 바라면서 고견을 기다리겠습니다, --반산--

◆答; 묘제 축문.

아래와 같이 살펴보건대 사시제(四時祭)에서 정침(正寢)을 청소하였다 하여 축문에서 그 사실을 고하지 않으니 재실(齋室) 묘제 역시 고하지 않아도 예에 어그러지지 않을 것 같습니다.

특히 가례에는 친진묘제(세일제) 축문식은 없습니다. 다만 편람에 그 축식이 보이나 대개의 가문(家門)에서 친미진(親未盡) 축식을 원용하고 있는 것 같습니다. 더구나 재사나 단(壇) 묘제(墓祭) 축식은 아직 어느 선유(先儒)의 문집에서도 발견되지 않습니다. 다만 세일제(친진묘제) 축식은 기본(가례)이 없으니 다양합니다. 까닭에 재사묘제 지방식이나 축식 역시 명문화되어 전하여짐이 없으니 기존 묘제 축식을 각자의 상황에 따라 개변 작축하여 독축할 수 밖에 없습니다. 그리고 위패가 재사(齋舍)에 항상 봉안되어 있으면 지방 행제가 아니라 위패로 설위하고 행제함이 옳을 것 같습니다.

●朱子曰墓祭無明文雖親盡而祭恐亦無妨○又書曰墓以藏體魄體魄之藏而祭也○又曰齋舍墓祭合祀則設紙榜行祭藏位牌則不然
●通典三代以前無墓祭至秦始起唐開元勅寒食上墓禮經無文近代相傳寢以成俗士庶有不合墓享何以用展孝思宜許上墓同拜掃禮
●家禮四時祭本註主人帥衆丈夫深衣及執事者洒掃正寢
●備要四時祭祝式(云云)氣序流易時維仲春(隨時)追感歲時不勝永慕敢以淸酌庶羞祗薦歲事(云云)
●葛庵曰墓祭有雨水之礙則就齋舍設紙牓行事亦何害若就祠堂行祭則恐無意也
●顧齋曰古人臨祭而雨沾服失容則止若有齋舍及墓下潔淨之家就彼行事似無不可會見通典以設祭墓前爲瀆以此觀之則雖不雨行祀於山下亦可
●寒岡曰世俗之行墓事於神主者似未安是神主祭也非墳墓祭也
●沙溪曰按設位而行祭則必先降後參祭始祖先祖是也據此則祭紙榜及墓祭疑亦皆然
●荷堂曰先祖諱日有故設祭于齋舍

[아래 축식에서 ()내의 [設祭于齋舍]는 본인이 삽입한 문구임]

⊙十月行禮墓祭祝
維 歲次干支幾月干支朔幾日干支幾代孫某敢昭告于 顯幾代祖考某官府君(或幾代祖妣某封某氏合窆位則列書)之墓歲序流易時維高秋瞻掃封塋履玆霜露 (齋舍則去履玆霜露爲設祭于齋舍)不勝感慕謹以淸酌庶羞祗薦歲事尙 饗

⊙遠代墓歲一薦祝文

維 歲次干支幾月干支朔幾日干支某代孫某敢昭告于 顯某代祖考某官府君 顯某代祖妣某封某氏之墓惟歲一薦禮有中制履玆霜露(齋舍則去履玆霜露爲設祭于齋舍)深增感慕敢以淸酌時羞祇奉歲事尙 饗

▶1845◀◆問; 묘제 합동 제사.

수고 많으십니다. 순흥 안씨 28대손 안O해 라고 합니다. 매년 4월 2째 주일요일에 도선산에서 시제(時祭)를 지내고 있는데 조상님 묘 6곳과 2~3일 간격(間隔)으로 7곳에서 똑같은 상차림을 하며 시제(時祭)를 지내고 있습니다.

조상님의 은덕을 기리고 숭조(崇祖)하는 마음에서 13분 한 분 한 분에게 시제(時祭)를 지내는 것이 이해되나 현재의 농촌 현실을 감안할 때 노령화 되어가고 있고 종손들도 서울, 부산 등 원거리에서 거주하고 있어 제각에서 합동으로 세사를 지내고 묘소에서 성묘로 가름하면 예법에 어긋나는 일일까요.

100년 이상 지내온 터라 통합하기에는 여러 어려움이 예상됩니다만 한 분으로 통합하여 지내고 친족이 모여 잊혀져 가는 홀기, 축문 등 시제 관련 예법이나 조상의 내력을 다시 한번 상기 할 수 있는 시간을 가져 친족간 화목을 다질 수 있는 계기를 만들고자 하는데 예법에 어긋나지 않는 방법에서 고견을 듣고자 합니다.

◆答; 묘제 합동 제사.

아래와 같이 살펴보건대 우천시(雨天時)나 선산(先山)의 선묘(先墓)가 허다(許多)하면 재사(齋舍)나 제단(祭壇)을 모으고 사시제(四時祭) 의식(儀式)과 같이 묘제(墓祭)를 지낼 수가 있습니다. 그러나 재사(齋舍)나 제단(祭壇)은 선산하(先山下)라야 하며 재사(齋舍)나 단제(壇祭)로 묘제(墓祭)를 대신한다 하여도 먼저 상묘(上墓)하여 매묘(每墓) 첨소봉영(瞻掃封塋) 분향재배(焚香再拜)의 예를 마친 후 하산(下山)하여 설위(設位) 진설(陳設)하고 예를 행하여야 합니다.

묘제(墓祭)는 체백(體魄)에 대한 예(禮)이고 기제(忌祭)나 속절예(俗節禮)는 혼백(魂魄)에 대한 예입니다. 따라서 선산하(先山下)에 허가(虛家)가 깨끗하면 재사(齋舍)로 사용(使用) 못할 까닭은 없겠으나 선산(先山)과는 관계(關係)없이 외처(外處)이거나 본가(本家)에서 지낸다면 묘제(墓祭)로서의 의미가 없습니다.

●通典三代以前無墓祭至秦始起寢於墓側漢因秦上陵皆有原寢
●開元禮寒食上墓如拜掃儀惟不占日○孔子許向墓遙爲壇以時祭卽今之上墓義或有憑然神道尙幽不可逼瀆塋域宜設於塋南山門之外設淨席爲位遙祭以時饌如平生所嗜若一塋數墓每墓各設位昭穆異列以西爲上主人盥手奠爵三獻而止泣辭
●或問今拜掃之禮何據曰此禮古無但緣習俗然不害義理葬只是葬體魄而神則必歸於廟旣葬則設木主旣除几筵則木主安於廟故古人惟專精祀於廟今亦用拜掃之禮但簡於四時之祭也
●寒岡曰世俗之行墓祀於神主者亦似未安是神主祭也非墳墓祭也
●退溪曰同原許多墓各行祭之弊世多有此愚意不如掃視墓域後以紙牓合祭於齋舍無舍卽設壇以行之可免瀆弊而神庶享也
●顧齋曰古人臨祭而雨沾服失容則止若有齋舍及墓下潔淨之家就彼行事似無不可會見通典以設祭墓前爲瀆以此觀之則雖不雨行祀於山下亦可

▶1846◀◆問; 묘제 합제(合祭)때 축문 문의.

9 대조까지 한 묘역(墓域)에 모시고 세일사(歲一祀)를 지내는데 지금은 매위(每位)마다 따로 지내니까 축문(祝文)에 9 대손 00, 9 대조고 00. 로 다음은 8 대손 00 8 대

조고 OO 로 아무 문제가 없으나 앞으로 합제로 할 경우 제주(祭主)는 맨 윗대를 기준으로 9 대손(代孫)OO 로 하고 조상은 현 9 대조고, 현 8 대조고, 현 7 대조고 순으로 쓰자니 9 대 이하는 맞지 않으므로 아예 제주(祭主)는 후손(後孫)OO 로 하고 조상(祖上)은 각 시조(始祖)부터 27 세면 현 27 세 조고 OO 그 다음은 현 28 세 조고 OO 로 하면 어떤지요. 아니면 합제(合祭) 축문(祝文)의 제주와 조상 각위를 어떻게 써야 하는지요. 논거(論據)가 없으면 사견(私見)이라도 좋으니 하고 바랍니다.

◆答; 묘제 합제(合祭) 때 축문은 없음.

원장선생 말씀을 살펴보건대 묘제(墓祭)를 재사(齋舍)에서 시제의 예법과 같이 지내는 것이 아니라 선조제(先祖祭) 지내 듯 여러 위를 통합(統合)하여 한번의 예로서 마치는 의식으로 지낼 수 있는가 인 것 같습니다.

묘제(墓祭)는 선조제(先祖祭)와는 달리 개별제(個別祭)입니다. 선조제 예법은 선조(先祖)가 수 여러 위(位)가 되어도 단지 선조고 선조비로 통칭히고 제주의 속칭(俗稱)은 자효손성명(子孝孫姓名)으로 칭하게 됩니다. 유가적(儒家的) 예법을 도외시(度外視)하고 사견일지언정 그와 같은 예를 감히 운운할 수가 없을 것 같습니다.

●問先祖之祭分設考妣兩位者何意耶沙溪曰先祖之祭不止一位故分設考妣兩位以兼享之
●語類問立春祭先祖則何祖曰自始祖下之第二世及己身以上第六世之祖曰何以只設二位曰此只是以意享之而已

⊙先祖祭祝詞(家禮)
維年歲月朔日子孝孫姓名敢昭告于 先祖考 先祖妣今以立春生物之始追惟報本禮不敢忘謹以潔牲柔毛粢盛醴齊祗薦歲事尙 饗

▶1847◀◆問; 묘제 홀기 중 삼관우지의 뜻을 설명 부탁 드립니다.

저의 집안에 묘제(墓祭) 홀기(笏記) 중에 삼관우지(三灌于地)라는 말이 있는데 이에 대한 해석(解釋)을 부탁 드립니다.

◆答; 묘제홀기 중 삼관우지의 뜻.

아래와 같이 살펴보건대 관(灌)은 강신(降神)할 관자로 강신(降神)의 예에서 분향(焚香) 후 뢰주(酹酒)의 의미(意味)로 쓰이는데 어느 제례(祭禮) 예법(禮法)이든 강신예(降神禮)에서는 삼제(三祭) 의식이 없습니다.

다만 강신예(降神禮)에서는 천천히 잔을 기우려 집 제사에서는 모사에, 묘제 등 산야의 제사에서는 땅에 따를 뿐으로 삼제(三祭)치 않습니다. 굳이 해석한다면 땅에 세 번 강신(붓는다. 또는 지운다)한다 정도로 풀 수 있을 것이나 이러한 예는 유가(儒家)의 묘제 강신 예법 어디에도 삼관우지(三灌于地)라는 예법은 없습니다.

사서인(士庶人)의 제례예법(주자가례) 강신조 어느 예에도 삼상향의 예는 없고 다만 문묘이상 국례에서 행하는 예이고, 다만 사서인 강신조 분향예에서 삼상향(三上香)이라 주장하는 실학파(實學派)도 있는 듯 하나 이는 주자가례의 예가 아니니 정례(正禮)가 아니며, 관(灌) 역시 아래와 같이 살펴보건대 초아종헌(初亞終獻) 시(時)는 삼제(三祭)를 하나 뢰주(酹酒) 시(時)는 삼관(三灌)이 아니라 진경(盡傾) 관어지(灌於地)일 뿐입니다.

●論語八佾子曰禘自既灌而往者吾不欲觀之矣註趙伯循曰灌者方祭之始用鬱鬯之酒灌地以降神也
●後漢書橋玄傳徂歿之後路有經由不以斗酒隻雞過相沃酹車過三步腹痛勿怨
●郊特牲註周人尙氣臭而祭必先求諸陰故牲之未殺先酌鬯酒灌地以求神以鬯之有芳氣也

●國朝五禮儀大夫士庶人四仲月時享儀降神條主人執盞灌于茅上
●性理大全降神條主人升搢笏焚香(云云)主人左手執盤右手執盞灌于茅上註程子曰古者
灌以降神故以茅縮酌謂求神於陰陽有無之間故酒必灌於地
●朱子曰酹酒有兩說一用鬱鬯灌地以降神則惟天子諸侯有之一是祭酒蓋古者飮食必祭今
以鬼神自不能祭故代之祭也今人雖存其禮而失其義不可不知
●問酹酒是少傾是盡傾曰降神是盡傾

▶1848◀◆問; 墓祭의 先參後降에 대하여.
안녕하세요. 저는 예학(禮學)에 취미가 있어 고예서(古禮書)를 탐독 중입니다. 그런
데 묘제(墓祭)에 대한 예법(禮法)을 보면 가례(家禮) 등 대부분의 예서(禮書)에는 선
참후강(先參後降)인데 비해 격몽요결(擊蒙要訣) 묘제의(墓祭儀)에는 선강후참(先降後
參)으로 되어 있습니다.
1) 어느 것이 맞는지.
2) [선참후강(先參後降) 또는 선강후참(先降後參)이라면] 그 까닭은 무엇인지 상세
하게 설명하여 주시면 예법(禮法) 공부에 많은 도움 되겠습니다.

◆答; 묘제는 선참후강. 선강후참(先降後參)의 고찰(考察).
1) 본인은 묘제(墓祭)에서 선참후강(先參後降) 선강후참(先降後參)에 관하여는 온라
인 상에서 심히 기피하고 싶은 논제(論題)입니다. 만약 선참후강(先參後降)이 옳다
한다면 율곡(栗谷)선생께 반(反)하는 격(格)이 되고 그르다 하면 가례(家禮)를 부정
하는 격이 되니 말입니다.

그러나 어차피 묘제(墓祭)를 지내는 각각의 모두는 두 예법(禮法) 중 하나를 택할
수 밖에 없으니 그 택한 예(禮)가 소신 없이 남이 하니까 또는 그 예를 제창한 선
유(先儒)가 훌륭하니까 등등의 이유로 맹종함이 아니라면 택한 까닭이 있을 것이며
택한 까닭에는 예법상 논리적(論理的)으로 합당함이 있기에 택하였을 것입니다.

2) 그리고 배움을 청함에 극구 거절함도 예(禮)가 아닐 것입니다. 다만 본인이 선참
후강(先參後降)을 택하였다 하여 선강후참(先降後參)이 어그러진 예라는 뜻은 아닙
니다. 오해 없기를 바랍니다.

3) 특히 아래는 남계(南溪)선생께서 사람은 배워야 하고 가문(家門)은 예를 바르게
익혀야 무식함을 벗어나고 사(私)됨과 속(俗)됨에 얽매어 있지 않는다는 말씀입니다.

죽매(竹梅)선생께서도 기왕에 배울 바에야 정통으로 익혀 예학(禮學)의 맥(脈)을 간
추리시고 사(私)되거나 속(俗)됨에 기울지 않기를 바랍니다.

●南溪曰人不爲學故識見茫昧家不習禮故私俗纏繞殊不知奉先之道極於時享實乃孝養之
本誠敬之至而只欲歸重於忌墓生辰之類吁可憫歎也

◎주제(主題)에 관하여 다음과 같이 고찰(考察)하여 보겠습니다.
1) 죽음이란 무엇인가.
죽음에 관하여는 의학적(醫學的) 죽음의 정의가 있을 것이나 본인은 예법상 죽음을
간단히 살펴보기로 하겠습니다. 사람의 체(體; 身)에는 혼백(魂魄)이 어울려 혼(魂)
은 정신(精神)을 관장하고 백(魄)은 체(體)를 관장 상호작용(相互作用)에 의하여 희
고애락(喜苦哀樂)을 느끼며, 生을 유지하고 사는 것인데, 만약 혼(魂; 氣)이 어떤 까
닭에 의하여 체(體)와 분리되어 떠나면, 혼(魂)과 정신(精神)이 나간 혼수상태(昏睡
狀態)가 되고 혼수상태에서 백(魄)마저 체(體)에서 떠나 체(體; 肉)만 남으면, 이를
주검 즉 시체(屍體)라 하는 것임.

따라서 혼백정(魂魄精)은 사람의 눈으로는 볼 수 없는 허(虛)이며, 체(體)는 시각적으로 분별할 수 있는 실(實)임. 혼백(魂魄)이 체(體)를 떠나 공중으로 날아가고 사방으로 흐트러짐을 소위 이를 일컬어 혼비백산(魂飛魄散)이라 함.

●士喪禮復者一人疏出入之氣謂之魂耳目聰明謂之魄死者魂氣去離於魄○朱子曰人死雖是魂魄各自飛散要之魄又較定須是招魂來復這魄要他相合復不獨是要他活是要聚他魂魄不教便散了聖人教人子孫常常祭祀也

2) 강신(降神)이란 무엇인가.

위 죽음에서 약술(略述)한 바와 같이 혼비백산(魂飛魄散)된 혼백(魂魄)의 기(氣)를 아래와 같이 살펴보건대 제사에 임하여 주인이 분향(焚香) 뇌주(酹酒)하여 혼백을 일체화 시키는 예(禮)임.

●祭義宰我曰吾聞鬼神之名不知其所謂子曰氣也者神之盛也魄也者鬼之盛也合鬼與神敎之至也衆生必死死必歸土此之謂鬼骨肉斃于下陰爲野土其氣發揚于上爲昭明焄蒿悽愴此百物之精也神之著也二端旣立報以二禮建設朝事燔燎羶薌見以蕭光以報氣也薦黍稷羞肝肺首心見間以俠甒加以鬱鬯以報魄也註陰讀爲蔭言骨肉蔭於地中爲土壤陳氏曰如口鼻呼吸是氣那靈處便屬魂視聽是體那聰明處便屬魄陳註二端謂氣者神之盛魄者鬼之盛也二禮謂朝踐之禮與饋熟之禮也朝事謂祭日早朝所行之事也見讀爲覵雜也至饋熟之時以黍稷薦而羞肝肺首心之饌見間卽覵字誤分也俠甒兩甒也雜以兩甒醴酒也加以鬱鬯本在祭初言非獨薦羞爲報魄初加鬱鬯亦是報魄也○溫公曰古之祭者不知神之所在故灌用鬱鬯臭陰達於淵泉蕭合黍稷臭陽達於墻屋所以廣求神也今此禮旣難行于士民之家故但焚香酹酒以代之○郊特牲註周人尙氣臭而祭必先求諸陰故牲之未殺先酌鬯酒灌地以求神以鬯之有芳氣也故曰灌用鬯臭又擣鬱金香草之汁和合鬯酒使香氣滋甚故云鬱合鬯也以臭而求諸陰其臭下達於淵泉矣蕭香蒿也取此蒿及牲之脂膋合黍稷而燒之使其氣旁達於墻屋之間是以臭而求諸陽也此是天子諸侯之禮非大夫士禮也王氏曰鬯灌之地此臭之陰者也蕭焫上遶此臭之陽者也○程子曰古者灌以降神故以茅縮酌謂求神於陰陽有無之間故酒必灌於地○丘儀鬯用秬黍爲酒也此雖是諸侯之禮後世焚香祭神實取此義○沙溪曰焚香再拜求神於陽也灌酒再拜求神於陰也

3) 참신(參神)이란 무엇인가.

제사(祭祀)에 참석한 이들이 죽은 조상(祖上)이나 神을 맞고 드리는 인사의 예임.

●鏡湖曰參神者參謁之禮也

4) 사시제(四時祭)나 신주기제(神主忌祭) 등에서 선참후강(先參後降)으로 행하는 까닭

앞에서도 언급되었다시피 혼(魂)이란 시각적으로 볼 수도 없고 감각적으로 느낄 수가 없으니, 신주(神主)에 안주하여 있는지 아니면, 잠깐 비우고 볼일을 보러 나갔는지, 그 상태를 분명히 확인할 방법이 없으니, 사당(祠堂)에서 분향(焚香)(재배치 않음)하여 신(神)을 신주(神主)에 안주시켜 거두어 받들고 나와 정침(正寢)의 교의(交椅)에 안치하였으니, 먼저 참신(參神)을 하게 되는 것이며 이어 강신(降神)을 하는 연유는 혼기(魂氣)와 지하의 백(魄)을 찾아 혼백을 일체화 시키기 위한 예임.

5) 사당(祠堂)과 지방(紙榜), 사서인(士庶人) 후토제(后土祭)를 비롯한 신제(神祭)에서 선강후참(先降後參)으로 행하는 까닭.

직접 사당(祠堂)이나 지방(紙榜), 신제(神祭) 등의 제사(祭祀)는 정침제(正寢祭)에서 신주(神主)와 같이 이미 사당(祠堂)에서 행한 분향(焚香) 구신(求神)의 예(禮)가 없었고, 지방(紙榜)을 붙인 교의(交椅)에는 그 조상(祖上)이 없는 허위(虛位)이며, 후토제(后土祭) 등 신제(神祭)는 그 대상인 신(神)은 본래가 체(體)가 없이 신(神)만 존재 대상체(對象體)를 관장하는 신(神)으로서 체(體)가 없는 고로 선강(先降)의 예로서 신을 먼저 불러 앉힌 뒤 참신(參神)을 하게 되는 것임.

●沙溪曰凡神主不出仍在故處勅善降後參如朔望參之類是也○要訣若時祭行于祠堂則無奉主就位節次餘如上儀先降神而後參神

6) 신주(神主)란 무엇인가.

신주(神主)란 그 조상(祖上) 신(神)의 표상(表象)임.

●五經異義主者神象也孝子旣葬心無所依以虞而立主以事之

7) 묘(墓)란 무엇인가.

장후(葬後) 후토제(后土祭) 축문(祝文)에 폄자유택(窆玆幽宅)이라 하였으니 망자(亡者)의 집이며, 주례(周禮) 춘관(春官) 소종백(小宗伯)에 장례(葬禮)를 마치면 묘(墓)는 제사(祭祀)를 지내는 위(位)라 하였으니 신주(神主)와 더불어 제사(祭祀)를 지낼 수 있는 망자(亡者)의 체(體)가 묻힌 위(位)임.

●周禮春官小宗伯成葬而祭墓爲位註成葬丘已封也位壇位也先祖形體托於此地祀其神以安之○沙溪曰旣葬先之墓爲體魄也

6) 이상(以上)에서 대강 살핀 바와 같이 사람이 죽으면 제사(祭祀) 지낼 수 있는 곳이 두 곳뿐인데 허체(虛體)인 신주(神主)와 실체(實體)인 묘소(墓所)뿐임.

ㄱ. 사당(祠堂) 신주제(神主祭)에서 강신(降神)을 먼저 행하는 까닭은 신주(神主)는 허체(虛體)이니 분향(焚香)으로 혼(魂)을 신주(神主)에 합치 시킴으로써 비로소 신주(神主)가 그 조상(祖上)의 혼(魂)으로 완성 후속 예(禮)를 이어 행하는 것임. 특히 아래와 같이 살펴보건대 신주(神主)는 그 자체가 허체(虛體)로서 간단한 예(禮)는 행함에도 반드시 강신(降神)의 예(禮)를 행함. 사당(祠堂) 출입필고(出入必告)의 예법(禮法) 중 잠깐 문밖을 다녀 올 일로 사당(祠堂)에 告할 때 瞻禮로 행하는 예(禮) 이외에 매일 신알(晨謁) 및 하루 이상 걸릴 출입 시 모두 분향(焚香)하여 강신(降神) 후 재배하고 그 사유를 고하는 까닭은 신주(神主)는 허체(虛體)인 연유에서 임.

●祠堂主人晨謁於大門之內條(按)主人謂宗子主此堂之祭者晨謁深衣焚香再拜○出入必告條(按)主人主婦近出則入大門瞻禮而行歸亦如之經宿而歸則焚香再拜遠出經旬以上則再拜焚香告(云云)又再拜而行歸亦如之但告(云云)經月而歸則開中門立於階下再拜升自阼階焚香(跪)告畢再拜降復位再拜餘人亦然但不開中門

ㄴ. 묘소(墓所)에는 정식 묘제(墓祭)가 아니고 아래와 같이 살펴보건대 성묘(省墓) 등 찾아 뵙는 예(禮)에서 강신(降神) 없이 재배(再拜)로서 인사(人事)의 예(禮)를 마치는데 이는 묘(墓)는 실체(實體)인 까닭에서 임.

●奔喪若旣葬則先之墓哭拜條(按)之墓者望墓哭至墓哭拜如在家之儀未成服者變服於墓○墓祭灑掃條(按)主人深衣帥執事者詣墓所再拜奉行塋域內外環繞哀省三周其有草棘卽用刀斧鉏斬芟夷灑掃訖復位再拜○尤菴曰省墓時初度再拜復再拜而退

다만 다음과 같이 선강후참(先降後參)에 대한 선유(先儒)들의 말씀도 계시니, 어느 예를 따른다 하여도 비례(非禮)라 할 수는 없으나 어느 예법(禮法)이든 행자(行者)는 그 예(禮)를 따름에는 당위성과 까닭은 분명히 이해하고 따라야 할 것임.

●要訣先降神後參神○沙溪曰設位而無主則先降後參墓祭亦然家禮本文先參後降未知其義要訣墓祭先降後參恐爲得也備要墓祭欲依要訣先降後參而改家禮本安故仍之耳○鏡湖曰祭后土先降後參而註曰同上則墓祭亦先降後參據此可知此條之先參後降恐是板本之訛

특히 아래와 같이 살펴 보건대 무봉주(無奉主)일 때의 예(禮)는 선강후참(先降後參)

이라 하였으니 아마도 묘제(墓祭) 역시 무봉주(無奉主; 就位節次)와 같은 맥락에서 선강후참(先降後參)의 예(禮)를 택하지 않았나 하는 생각은 드나 그 깊은 진의는 알 수가 없음.

●要訣參神條(按)若時祭行于祠堂則無奉主就位節次只就祠堂各位前陳器設饌如上儀先降神而後參神

◆ 結論.

이상에서 살펴본 바와 같이 묘(墓)는 제사를 지낼 수 있는 두 대상 중 하나로 허체(虛體)인 사당(祠堂) 신주(神主)에게는 선강후참(先降後參)이 되고, 묘(墓)는 실체(實體)인 고로 선참후강(先參後降)의 예(禮)가 마땅하지 않은가 생각됨.

더욱 율곡론(栗谷論) 이후 본 묘제(墓祭) 예법(禮法)이 선강후참(先降後參)으로 통일됨이 없이 많은 예서(禮書)에서 소위 가례설(家禮說)인 선참후강(先參後降)의 예법(禮法)을 따르고 있다는데도 주목할 필요가 있을 것임.

▶1849◀◆問; 묘제에 대하여 몇 가지 의문.

問; 1. 묘제(墓祭; 時享)시는 지방(紙榜) 없이 지내고 축문(祝文)에는 지묘(之墓)로 하니 선참후강(先參後降)하면 되는지요?

問; 2. 삼초반(三抄飯)은 일반적으로 기제사(忌祭祀)시에 행(行)하고 있는데, 상삼년(喪三年) 상식외(上食外)에 묘제 시향(時享) 예법(禮法)에는 맞질 않으니 행(行)하지 말아야 되는지요?

問; 3. 관수(盥水)에 대한 추가 질의 드립니다. 행례(行禮)전에 헌관(獻官). 대축(大祝). 집사(執事)가 모두 관수(盥水) 후에 행례(行禮)를 시작해야 되는지요? 초헌례(初獻禮)시 초헌관(初獻官) 집례(執禮) 대축(大祝) 관수(盥水). 아헌례(亞獻禮)시 아헌관(亞獻官) 관수(盥水). 종헌례(終獻禮)시 종헌관(終獻官) 관수(盥水)가 맞는지요? 이 또한 예법(禮法)에 있는지요? 대단히 송구합니다. 하교하여 주시면 예법에 따라 성심을 다하여 제례에 임하겠습니다. 선참후강(先參後降)과 삼초반(三抄飯)에 대하여 상세히 친절한 답변을 들어 영광이었습니다. 고맙습니다.

◆答; 묘제에 대하여.

問; 1. 答; 묘제(墓祭)는 더러 선유(先儒)들께서 선강후참(先降後參)을 주장 하셨기도 하나 주자가례(朱子家禮)에서 선참후강(先參後降)을 택하고 있을 뿐만 아니라 위에서와 같이 선참후강(先參後降)이 옳습니다.

問; 2. 答; 제례(祭禮)에서는 삼초반(三抄飯)을 하지 않습니다.

問; 3. 答; 제사를 지내기 하루 전에 제사에 필요한 기구를 벌려놓으면서, 동쪽 층계 아래 동쪽으로 세수대야 4개를 놓되 받침대가 있는 세수대야 2개를 그 서쪽으로 놓고, 수건을 4개를 놓되 수건거리 2개에 걸어 받침대가 있는 세수대야와 같이 놓고, 수건거리가 없이 맨 수건 2개를 받침대 없는 세수 대야와 같이 놓아 둡니다.

받침대에 고여 놓은 세수대야 2개 중 1개는 주인과 친속 남자들이 손을 씻고, 1개는 주부와 친속 부녀자들이 손을 씻고, 받침대가 없는 세수대야에 1게에서는 축관과 남자 집사자들이 손을 씻고, 1개에서는 여자 집사자들이 손을 씻게 됩니다.

관수(盥手)는 제관 및 집사자자들이 각 예마다 그 예를 행하는 이들은 예를 행하기 전에 모두 손은 씻고 임하게 됩니다. 이상은 주자가례에 모두 있습니다.

●朱子家禮四時祭陳器;設盥盆帨巾各二於阼階下之東其西者有臺架
●四禮便覽四時祭諸具陳器;[盥盆]四 二有臺主人主婦及內外親屬所盥 二無臺祝及內外

執事者所盥 [勻]四 [帨巾]四 二有架 二無架

▶1850◀◆問; 묘제에 최소한 필요한 제수 음식이 어떤 것이 있는지요.

안녕(安寧)하십니까. 부끄럽지만 가세(家勢)가 갑자기 기울어져서 묘제(墓祭)를 지내지 못하고 있습니다. 그런데 묘제(墓祭)를 지내려고 하면 최소한 필요한 제수(祭需) 음식(飮食)이 어떤 것이 있는지 궁금합니다. 감사합니다.

◆答; 묘제에 최소한 필요한 제수품.

아래와 같이 살펴보건대 묘제(墓祭)에 형편이 은제(殷祭)로 차릴 수가 없으면 주과포해(酒果脯醢)로 약설(略設)한다는 말씀도 계십니다.

●家禮祠堂篇易世則改題主而遞遷之條其第二世以下祖親盡及小宗之家高祖親盡則遷其主而埋之其墓田則諸位迭掌而歲率其子孫一祭之亦百世不改也
●三禮儀祭禮後說栗谷減量墓祭之論;一獻之饌當用果四色肉魚米麪食炙酒各一器盖只去饋食一邊
●問四時墓祭不能設殷祭故寧四時皆畧設耶度不能永行則自初已之似宜如何近齋曰墓祭四時皆單獻而山神無可祭之時則此甚不可非望佑之意也墓祭雖只設酒果脯醢山神祭則自當行之蓋先賢只論墓祭畧設則不祭山神以他節日有殷祭之時故也今不必以此爲拘矣
●墓祭祝式(厚齋)(云云)敢昭告于 顯曾祖妣贈淑夫人驪興閔氏之墓(云云)謹以酒果脯醢恭伸奠獻尙 饗

▶1851◀◆問; 묘제에서 제관의 위치.

동계 서계가 있는 서원에선 동편에 남자 서편에 여자가 위치하는데 묘제에서 종으로 설경우 초헌관 뒤에 아헌관 그 뒤에 종헌관이 서면 되지만 횡으로 설 때 다음 1, 2 안중 맞는 안은 무엇이며 2 안이 맞는다면 이유는요?

1 안(생자 이동위상)	2 안(이유?)
묘	묘
종헌관 아헌관 초헌관	아헌관 초헌관 종헌관

◆答; 묘제에서 제관의 위치.

가례(家禮)를 비롯하여 편람(便覽)에 이르기 까지 묘제(墓祭)에서 제원(祭員)의 취위(就位)나 서립(序立)의 조목(條目)이 없습니다. 다만 명확히 제원(祭員) 서립(序立) 조목(條目)을 둔 예서(禮書)는 구의(丘儀)로 본주(本註)에 여가제지의(如家祭之儀)라 하였으니 이 예(禮)를 따른다면 사시제(四時祭) 질명봉주취위조(質明奉主就位條)의 서립위(序立位)를 따라야 할 것입니다.

그 조(條)에 따르면 남동여서(男東女西)로 서되 남자(男子)는 이서위상(以西爲上)이며 여자(女子)는 이동위상(以東爲上)으로 공히 북상(北上)으로 서야 합니다. 다만 가례(家禮) 묘제(墓祭) 아헌종헌조(亞獻終獻條)에 병이자제친붕천지(並以子弟親朋薦之)라 하였으니 부녀자(婦女子)는 참예(參禮)치 않는다 하여도 예(禮)에는 어그러지지 않는 것 같습니다.

▶1852◀◆問; 묘제의 주체에 관한 질문입니다.

저희 집안에 어른이 돌아가신 이후로 후손 들이 결론 없는 논쟁을 벌이는 일이 자주 있습니다. 정확한 예법을 알려 주시면 고맙겠습니다.

시제(時祭) 시(時) 축문(祝文)은 누구 이름을 사용합니까? 이제까지는 제일 위 항렬(行列) 연장자(年長者) 이름으로 시제(時祭)를 지냈는데 종손(宗孫)이름으로 지내야 한다는 의견이 분분합니다. 더불어 산신제 축은 누구 이름으로 하는지요?

방안 제사로 모시는 4 대 봉사는 누구를 기준으로 4 대입니까?

◆答; 묘제의 주인은.

친미진묘제(親未盡墓祭); 종손(宗孫).

친진묘제(親盡墓祭); 회중(會中) 최존자(最尊者).

●遂菴曰親盡墓祭三獻可也祝文臨時製用以行列最尊者爲之可矣

●葛菴曰若非百世不遷之大宗則當以會中長幼爲主辦祭者不可越尊長爲主初獻之後使之一獻亦合人情

●大山曰家禮大宗親盡則藏主於墓所而宗子主之歲率宗人一祭之第二祖以下親盡則埋主於墓所而諸位迭掌歲率子孫一祭之據此則除大宗墓外皆當以昭穆最尊者爲主恐或得宜

●鹿門曰始祖之祭宗子主之第二世以下尊者主之

▶1853◀◆問; 묘제 지내는 법.

영일정씨 포은공파의 분파인 첨추공파 후손입니다. 원래 세거지는 황해도 해주이며 저의 고조부 형제분께서 구한말에 단양으로 옮기셨고 증조부께서 경북 영천 등지로 할아버지께서 충북 영동 황간으로 이주하셔서 황간 근방에 모여 사셨습니다.

이에 우리 황간 인근(隣近) 친족(親族)들의 모임명칭을 생각해보았는데 영일정씨 포은공파 첨추공계 황간종친회"라 칭하면 맞는지요? 그리고 세월이 흘러 전국 각지(各地)에 흩어져 사는 후손들이 많아 장손들만이 의무적으로 지내는 기제사를 종친 간의 단합을 위하여 2007 년부터는 종친들이 모두 모여 남한에 계신 제일 어른이 되시는 고조부 형제분과 증조부까지는 선영에서 시제를 지내려고 합니다.

조부와 부친께서 일찍 돌아가셔서 이에 대하여는 배운 바가 전무한지라 도움을 청하오니 시제의 처음부터 끝까지 자세히 알려주시면 정말 감사하겠습니다.

◆答; 묘제(墓祭) 지내는 법.

○제수품을 갖춘다.○그 다음날 날이 밝으면 깨끗이 청소를 한다.○자리를 펴고 제수를 진설한다.○참신 강신 초헌례

◆親盡墓祭祝文式

維 歲次干支幾月干支朔幾日干支幾代孫某官某敢昭告于 始祖考(或先祖考或幾代祖考或始祖妣或先祖妣或幾代祖妣)某官府君(或某封某氏合窆位則列書)之墓今以草木歸根之時追惟報本禮不敢忘瞻掃封塋不勝感慕謹以淸酌庶羞祗薦歲事尙 饗

◆墓祭祝文式

維 歲次干支幾月干支朔幾日干支某親(考妣云孝子祖考妣云孝孫曾祖考妣云孝曾孫高祖考妣云孝玄孫親盡祖考妣云幾代孫妻云夫旁親卑幼則隨屬稱)某官某(弟以下不名)敢昭告于(妻去敢字弟以下但云告于) 顯某親某官府君(或顯某親某封某氏合窆位則列書妻云亡室卑幼改顯爲亡去府君二字)之墓氣序流易雨露旣濡(寒食云云 歲時改此句爲歲律旣更端午云時物暢茂秋夕云白露旣降十月朔云霜露旣降)瞻掃 封塋不勝感慕(考妣改不勝感慕爲昊天罔極旁親云不勝感愴妻弟以下云不勝哀戚)謹以(妻弟以下玆以)淸酌庶羞祗(旁親云薦此妻弟以下云陳此)歲事尙 饗

○아헌례 종헌례○사신 후 곧 철상 한다.

○墓祭笏記(笏唱席墓西東向)

序立(西上北上)○行參神○鞠躬拜興拜興平身○行降神(行主人及執事者)○盥洗(主人)○詣香案前○上香再拜○酹酒(執事者盥洗俱助)○俯伏興拜興拜興平身○行初獻禮○主人詣香案前跪○奠

酒○三祭○啓飯蓋揷匙正筯○詣讀祝位○跪(皆跪)○讀祝○俯伏興(皆興)○復位(主人不動)○鞠躬拜興拜興平身(主人拜)○復位○徹酒○行亞獻禮○盥洗○詣香案前跪○奠酒○三祭○俯伏興拜興拜興平身○復位○徹酒○行終獻禮○盥洗○詣香案前跪○奠酒○三祭○俯伏興拜興拜興平身○復位○行侑食(主人執注添酌)○進熟水○下匙筯合飯○行辭神○鞠躬拜興拜興平身○焚祝文○禮畢

제후토(祭后土).

○마쳤으면 자리를 펴고 찬(饌)을 진설 하고 산신제를 지낸다.

자리 남단으로 어류, 육류, 미식 류, 면식 류, 각 한 대반씩을 진설하고 잔반과 수저는 그 북단이며 그 외는 모두 위 묘제와 같다.

○강신 참신 초헌례 아헌례 삼헌례.

위 묘제 의식과 같다. 다만 축사는 다음과 같이 이른다.

○사신 재배 후 곧 철상하고 물러난다.

▶1854◀◆問; 묘제 축문에 관하여.

안녕하십니까. 묘제 축문에 대하여 알고자 이렇게 글을 올립니다. 묘제 축문이 때에 따라 (예: 비가 오거나 계절. 등) 그 내용이 달라진다고 하는데 알려주시면 감사하겠습니다. 질문이 올바르게 했는지 모르겠군요.

◆答; 묘제 축문.

묘제(墓祭) 축(祝)에서는 당일의 일기 변화나 기타 여건에 따라 축식이 바뀌지 않습니다. 다만 절사(節祀)나 계절(季節)에 따라 세시(歲時)의 변화를 맞도록 개변시킬 뿐입니다.

●墓祭祝文中;之墓氣序流易雨露既濡(寒食云云歲時改此句爲歲律既更端午云時物暢茂秋夕云白露既降十月朔云霜露既降)

▶1855◀◆問; 문의 드립니다.

시부모님과 친정부모님이 같은 공원묘지에 모셔져 있기에 명절과 기제사 때 시부모님 산소에 오게 되면 친정부모님 산소도 찾아보곤 합니다. 외아들인 친정오빠가 제사를 지내지만 부모님 산소로 가는 대중교통이 불편하여 시부모님 제사 때 외는 제가 따로 가기가 어렵습니다. 그래서 시부모님 산소에서 제사상을 차려 제사를 한 후 별도로 준비한 과일3가지와 소주만을 가지고 친정부모님 산소로 가서 간단히 인사만 올리고 옵니다. 이때 사위는 술과 절을 올리는 게 아니라고 하는데 맞는 건지요? 과일의 윗부분을 깎아 올리는 것도 안 된다고 하는데 맞는 건지요? 또한 외손녀 외손자가 술과 절을 올리는 건 괜찮은 건지요? 모르는 게 많고 궁금하여 문의 드립니다.

◆答; 삼헌뿐임.

질문을 대강 요약하여 아래와 같이 말씀 드립니다.

대제(大祭)인 사시제를 지낼 때 친빈(親賓; 친척이나 빈객)이 종헌을 할 수 있는데 처부모 제사에 사위도 참석 헌작과 재배함은 당연하고,

제물인 과실은 어떻게 하여 진설한다. 라는 명확한 전거가 없는 것으로 보아 밤과 같은 견과(堅果)는 껍데기를 벗기나 그 외는 정결히 닦아 진설한다. 라 이해될 수 있습니다. 그러나 혹 괴이기 위하여 상하를 다듬기도 합니다.

제례는 제원(祭員)이 아무리 많아도 삼헌(三獻; 初亞終獻으로 석잔을 올림)의 예일

뿐입니다. 그러나 헌관(獻官)에 들지 못한 후손(後孫) 아무라도 효심으로 술 한잔 올린다 청(請)하는데 법 때문에 거절(拒絶)할 수야 없겠지요.

●朱子家禮四時祭終獻條兄弟之長或長男或親賓爲之
●問父母墳與外祖同託一山則祭之當何先退溪曰先外祖
●尤庵曰省墓時初度再拜復再拜而退
●大全外祖父母及妻父母無主祭者當於正朝端午中秋及各忌日用俗儀祭之
●栗谷曰寒食秋夕二節具盛饌讀祝文祭土神一依家禮墓祭之儀正朝端午二節則略備饌物只一獻無祝且不祭土神
●郊特牲鼎俎奇而籩豆偶陰陽之義也籩豆之實水土之品也不敢用褻味而貴多品所以交於旦明之義也

▶1856◀◆問; 문중 묘소에서의 시향을 지내는 법에 대해 궁금합니다.
안녕하세요. 늘 성균관 어른들의 도움을 요청하게 됩니다. 문중 묘를 만들 때 많은 도움을 받아 정말 감사한 마음 가지고 있습니다. 덕분에 저를 중심으로 윗대로 7 대조 및 그 배우자, 아래로 조카까지 모두 42 기의 산소를 옮겨 국립묘지식 평장(표석)으로 추부원이라는 가족 묘를 개원하여 모셨습니다.

배우자는 합장으로 하고 보니 실제 표석은 24 기가 되었습니다. 그 동안은 시향을 문중 재실에서 매년 모셨는데 문중 일원들이 이번부터는 산소가 모두 모셔져 있으니 문중 산소인 추부원에서 시향을 모시자는 의견들이 있습니다. 이럴 때 어떻게 해야 하는지 궁금한 점이 있어서 문의 드립니다.

1. 7 대조 시향까지를 산소에서 직접 해도 되는지요?
2. 현재 문중 묘는 42 분이 모셔져 있으며 선조와 먼저 간 아래 후손까지 함께 모셔져 있는데 함께 시향을 지내도 되는 것인지요?

3. 만약 함께 시향을 지내도 된다면 위패나 식사(제밥)등은 어떻게 준비해야 하나요? 42 기를 다 준비해야 하는 것인지 선조와 그 배우자만 하면 되는지(집에서 제사를 모시는 선조도 준비해야 하는지), 아니면 다른 일부 문중에서 실시하고 있다고 들었는데 밥그릇은 큰 것으로 한 개를 준비하고 수저만 여러 개 준비하면 되는 것인지가 궁금합니다.
4. 산소에서의 시향을 지낼 때 순서는 어떻게 되는지요? 축문의 쓰는 것도 한자리에 7 대조까지 모셔져 있으니 문제인 듯싶습니다.

너무 여러 가지를 문의 드려서 죄송합니다. 그래도 의지할 곳이 성균관 어른들뿐이어서 이렇게 여쭈어 봅니다. 고맙습니다.

◆答; 문중 묘소에서의 시향을 지내는 법.
다만 유가적(儒家的) 시각에서 문제를 풀기로 합니다.

問 1. 答; 묘제(墓祭)는 백(魄)에 대한 제(祭)인 까닭에 개별 묘에서 제사(祭祀)함이 옳은 것 같습니다.

問 2. 答; 친미진(親未盡)인 고조(高祖) 이하 묘제(墓祭)는 초목초생(草木初生; 生物之始)인 삼월상순(三月上旬) 중에, 친진(親盡) 묘제(墓祭)는 초목초사(草木初死; 草木歸根)의 때인 십월(十月) 삭일에 제사함이라 선인(先人; 高祖以下)과 선조(先祖; 二世 以下 五代祖 以上)제(祭)는 때가 달라 선인묘제(先人墓祭) 때는 선조묘(先祖墓)에 먼저 일헌례(一獻禮) 후 행하고 선조묘제(先祖墓祭) 때는 선조묘제 후 선인묘(先人墓)에서 그와 같이 예를 갖춤이 옳은 것 같습니다.

問 3. 答; 재사(齋舍) 합제(合祭) 시(時)는 시제의(時祭儀)와 같다 하였으니 개별(個別) 설찬(設饌)이라야 옳을 것 같습니다.

問 4. 答; 선중후경(先重後輕)으로 개별 설찬(設饌)이니 축문(祝文) 역시 각각이어야 옳을 것 같습니다.

● 南軒答朱子書曰古者不墓祭非有所畧也盖知鬼神之情狀不可以墓祭也神主在廟而墓以藏體魄體魄之藏而祭也(云云)某謂時節展省當府伏興跪號哭灑掃省視而設席陳饌以祭后土於墓左可也朱子答曰二先生皆有隨俗墓祭不害義理之說故不敢輕廢

● 健庵(淸人姓徐名乾學字原一)曰禮輕無祭墓之文而傳記間有其事如武王將東觀兵上祭于畢則周初有行之者

● 曾子曰死魂依於主魄藏於壙故聖人祭魂於廟不祭魄於墓非察於鬼神之情狀者熟能與於此然祭墓之禮經有明文

● 顔淵曰反國展墓而入展墓卽後世所謂拜掃也薦以時物亦禮之緣情而生由義而起者也

● 張子曰寒食與十月朔日展墓亦可爲草木初生初死

● 陶庵曰親盡祖墓祭依韓魏公禮十月一日祭之恐得宜

● 程子曰拜墳十月一日拜之感霜露也寒食又從常禮祭之

● 朱子曰族葬若只一處合爲一分而遙祭之亦似未便此等不若隨俗各祭之爲便也

● 問族葬列位若欲次第行祭則登降累原恐筋力疲而誠敬弛又恐祭物新餕或雜冷暖有異當先詣墓所奠盃引靈而以紙牓合祭於齋宮或設壇於淨地而合祭何如退溪曰無妨

● 問墓祭或墓非一二多至八九東西埋葬丘壟峻險南往北來神倦身疲或厥日有終朝之雨則亦將何以爲之欲預搆一屋於墓側而若遇如此之時則依時祭儀合祭一所如之何退溪曰豈不善哉

● 問父母墳與外祖同托一山則祭則當何先堆溪曰先外祖

● 同春問先祖與祖考墓同在一山則只祭祖考未安欲略設酒果於先祖墓以伸情禮如何愚伏曰饌品不可有豊約之別歲一祭可也

● 陶庵曰五代以上先塋與高祖同岡一祭一不祭似若未安而情雖無窮禮則有節不必嫌於獨行每歲十月一祭五代祖以上恐合於禮意四節中春秋酒果亦好擇於斯二者可也

● 尤庵曰家禮則毋論親盡未盡只於三月一祭之而已○又曰吾家言之則先人墓與先祖墓相接四名日不可獨祭先人故亦以一獻之薦先設於先祖及一祭先祖之時則祭自吾家設故亦以一獻行之然先祖祭

▶1857◀◆問; <配事>의 글자 위치.

언제나 수고가 많으십니다. 묘사에서 외손봉사를 하는 축문을 보았습니다. 아래의 2 개 중에 어느 것이 더 맞는 말인지요. 왜 그렇게 하면 더 좋은지요? 뜻이 어떻게 다른지요?

000000 顯 外祖妣 0000 0 氏 之墓 顯 外祖考 0000 0 氏 府君 配事 氣序流易 霜露旣降 瞻掃封塋 不勝感慕 謹以淸酌庶羞 祗薦歲事 尙 饗

000000 顯 外祖妣 0000 0 氏 之墓 氣序流易 霜露旣降 瞻掃封塋 不勝感慕 謹以淸酌庶羞 祗薦歲事 顯 外祖考 0000 0氏 府君 配事 尙 饗

<들은 사연>

외조부는 성만 알고 아무 것도 아는 것이 없으며, 외조모 혼자 모시기가 저어하여 묘사나 제사만은 모시고 싶어서 한다고 합니다. 죄송합니다.

◆答; <配事>의 글자 위치.

아래는 외조부모 묘제 제문(祭文)및 축식입니다. 특히 묘제에서는 배향(配享)의 예가 없어 배사(配祀)니 배향이 축문에 들어가지 않습니다.

⊙告外祖父母墓文
維 歲次干支幾月干支朔幾日干支外孫姓名謹具肴果敢昭告于 顯外祖考某官府君 顯外祖
妣某封某氏之墓曰王考之卒我未生世王母之喪我纔某歲未生何論蒙無記取猶聞一二以有
我母母嘗謂兒爾其自出吾將語爾無忘後日曰我先考士望攸萃文學才行宜無不施晚而海藩
竟以柩歸亦粵先妣婦德無違壽考康寧將多茀祿逮矣嶺邑而又皐復孰無失怙孰無失恃痛莫
如吾吾故語爾語未及卒涕下漣漣我瞻涕下意或適朕歲歲忌日每隨母往當其號擗哀動在傍
孝哉吾吾已嫁不衰我則有母不知母悲猶慣外氏夙仰先美自我失母日疎外氏終天之痛追思
母言今不復聞增我崩寃幸忝科第官聯海兄餘慶攸暨孫與有榮匍匐省掃無母之兒憐我無母
庶歆玆匜尙 饗

⊙外先祖墓歲一薦祝文
維 歲次干支幾月干支朔幾日干支外裔孫姓名敢昭告于 顯外祖考某官府君 顯外祖妣某封
某氏之墓(姓孫)雖絶外裔猶蕃均是子孫外內何關感時追慕歲惟一薦瞻掃邱封不勝感愴伏惟
尙 饗

⊙外先旁先墓歲一薦祝文
維 歲次干支幾月干支朔幾日干支外後孫旁先云旁外後孫姓名敢昭告于 顯外祖考某官某
公 顯外祖妣某封某氏之墓履玆霜露彌增感愴謹以淸酌庶羞敬伸歲一之薦尙 饗

▶1858◀◆問; 부모 묘제를 지낼 때 선조묘의 예는 어찌하나?
선산에 위대 묘가 계십니다. 먼저 이사를 들이나요 뒤에 묘제를 지내 들이나요?

◆答; 부모 묘제를 지낼 때 선조 묘의 예는.
묘제(墓祭)에는 10 월 1 일 제인 친진조(親盡祖) 묘제(墓祭)와 3 월 상순제(上旬祭)
인 친미진(親未盡) 묘제가 있습니다.

3 월 상순제(上旬祭)를 지낼 대는 먼저 친진조(親盡祖) 묘에 약설(略設) 무축단헌(無
祝單獻)으로 예를 마치고 친미진 묘제(墓祭)를 지내고, 10 월 1 일제에서는 그 제
를 마치고 친미진(親未盡)의 묘(墓)에 약설(略設) 무축단헌(無祝單獻)의 예를 갖춤이
옳을 것 같습니다. 이를 선중후경(先重後輕)의 예라 합니다.

●尤庵曰先人墓與先祖墓相接四名曰不可獨祭先人故亦以一獻之薦先設於先祖
●問父母墳與外祖同托一山則祭則當何先退溪曰先外祖

▶1859◀◆問; 부조묘와 춘향제에 대해 문의 드립니다.
부조묘는 나라의 공헌자로서 4 대 이후에도 기제사를 지내는 신주를 모신 사당이라
고 알고 있습니다.

저희 종문의 선조님 중 한 분이 부조 묘에 모셔진 분이 계시고 별도의 사당에서 기
제사를 지내고 있습니다. 이분은 저희 종문의 종회가 구성된 대표선조님의 첫째 아
드님이십니다. 사당 가까이 대표선조님의 묘소가 있고 그 아래 이분의 묘소가 있습
니다.

저희 종회는 음력 10 월 에는 시향을 묘소 앞에서 지내고 음력 3 월에는 춘향제라
고 하며 사당에서 제사를 지냅니다.

이번에 사당을 새로 개축 하였습니다. 시향과 부조묘의 기제사는 별문제가 없는데
춘향제를 지내는 문제에서 현종들 간에 다른 의견이 있습니다.

의견 1. 춘향제는 지금까지 사당에서 지냈고 부조묘에는 다른 신주를 모시어서는 안

되므로 불천위의 신주만을 모시고 제사를 지내야 합니다.

의견 2. 춘향제는 종회 회칙에도 임시총회라고 명시되어 있으므로 대표선조님은 꼭 모시어야 한다.

그렇지 않으면 대표선조님 이하 모든 현종들의 제사와 모임이라고 할 수 없습니다. 는 등 주로 두 의견을 제시하였습니다. 이런 다른 의견을 하나로 결집하여야 하는 현황이므로 질의 드리고자 합니다.

질의 1 - 부조 묘의 법도는 사당에서 4 대조까지의 선조님 신주를 모시다가 부조 묘에 해당되는 분이 발생되면 필히 사당을 별도로 지어 부조 묘의 사당이 되도록 하여야 하는 법도입니까?

즉 불천위를 모신 사당을 부조 묘라고 하는 의미는 그 사당에는 다른 분의 신주를 모셔서는 안 되는 법도입니까? 아니면 후손들이 그분의 공적을 기리기 위해 별도의 사당을 만드는 것입니까?

질의 2 - 부조 묘에 해당되는 분은 신주를 항상 모시고 춘향제 등과 같이 모든 현종들에게 해당되는 제사가 있을 경우는 부조 묘 이외의 분들은 지방를 써서 붙이는 경우는 법도에 어긋납니까?

질의 3 - 춘향제의 일반적인 의미는,

1. 부조 묘에 해당되는 분의 봄 제사입니까?
2. 그 장소의 묘소에 해당되는 선조님의 봄 제사입니까?
3. 묘소가 그 장소에 없어도 대표선조님과 그 이하 분들의 봄 제사입니까?

수고스럽겠지만 위의 질의에 응답해주시면 저희 종문의 전례에 원활함을 기할 것 같아 문의 드립니다. 부탁 들입니다. 감사합니다.

◆答; 부조묘와 춘향제.

질의 1. 答; 불조묘(不祧廟)[체천(遞遷)치 않는 사당(祠堂)=불천지위(不遷之位) 사당(祠堂)]는 시조(始祖)와 나라에서 공신(功臣)에게 내린 불천지위(不遷之位)의 선조(先祖)가 친진(親盡)되게 되면 체천(遞遷)치 않고 특별히 일실묘(一室廟)를 세우고 그 종손(宗孫)이 친미진조(親未盡祖)의 예법과 같이 대대로 봉사하게 됩니다.

질의 2. 答; 불천지위(不遷之位) 묘(廟)의 예법(禮法)에는 부(祔)나 배향(配享)의 예가 없는 것 같습니다.

질의 3-1. 答; 춘하추동향대제(春夏秋冬享大祭)는 궁실(宮室)의 종묘사직(宗廟社稷) 대제(大祭)로 사서인(士庶人)의 제사(祭祀) 名은 아닌 상 싶습니다. 다만 사서인은 춘하추동향제(春夏秋冬享祭)라 이르지 않고 사시제(四時祭)라 하는 것 같습니다.

불천지위(不遷之位) 춘제(春祭)는 맹춘(孟春)의 달에 택일하여 지내게 됩니다.

질의 3- 2. 答; 친미진(親未盡; 고조이하) 묘소(墓所)에는 3 월 상순(春)에서 택일하여 행하는 묘제가 있으며 친진조(親盡祖; 5 대조이상 선조)는 10 월 1 일(秋)에 묘제를 지내게 됩니다.

질의 3- 3. 答; 재실에서 변례로 묘제를 지낸다 하여도 재실이란 山下에 건립하게 되어 그 산에 없는 묘제는 같이 행할 수가 없는 것 같습니다.

불천지위(不遷之位) 사당(祠堂)에 본위(本位; 主壁) 좌우로 다른 조상을 부위(祔位)로 설위(設位) 배향(配享)하지 않는 다는 것입니다. 배향(配享)이란 주벽(主壁)에 덧붙여 부제(祔祭)함을 이르는데 고비(考妣)의 제(祭)는 병제(並祭) 합제(合祭) 등이라 하며 고비(考妣)는 주벽의 자리에 동열이지 비(妣)를 고(考)의 좌 또는 우로 덧붙여 부위(祔位)로 설위(設位)하지 않습니다.

배위(配位)란 원래의 의미는 배향(配享)하는 지위를 이르는데 우리나라에서는 부부(夫婦)가 모두 작고하였을 때 비(妣)에 대한경칭으로 쓰이고 있지요.

●大典始爲功臣者代雖盡不遷別立一室
●國朝五禮儀若有親盡之祖始爲功臣而百世不遷者則代數(三代)外別立一龕祭之
●通典二品以下祠四廟三品以上須兼爵四廟外有始封祖通祠五廟
●沙溪曰四龕外又特設則乃五龕也僭不可爲云然先祖曰不遷之主豈可幷數於四代之當祭乎當量宜行之
●退溪曰不遷之主當書幾代祖某官府君幾代孫某
●同春曰旁題當書以孝幾代孫
●宮園殿省錄春享大祭三月十五日夏享大祭六月初三日秋享大祭九月初八日冬享大祭十二月初一日
●家禮墓祭篇三月上旬擇日前一日齋戒
●新唐書常袞傳贈尙書左僕射其後閩人春秋配享袞于學宮云
●晉書樂志天地郊明堂降神歌條我皇受命奄有萬方郊祀配享禮樂孔章神祇嘉享祖考是皇克昌厥後保祚無疆

▶1860◀◆問; 산소에서 제지내는 방법.

수고하십니다. 금번 얼마 후면은 회장님의 1 주기가 다가와서 물론 집에서 기제를 지내기는 하나, 회사의 임직원 들과 함께 산소를 차자 제를 지내고 싶어 문의를 드립니다.

질의(質議) 내용은 제물 준비를(상차림) 어느 정도까지 해야 하며 1 주기 제를 지내는 절차. 제주(祭主) 외에 형제들, 손자들, 망인의 부인(婦人) 등 회사 임직원들의 제례순서를 어찌 정하여야 하는지 알고 싶어서 문의 합니다.

◆答; 산소에서 제지내는 방법.
⊙친미진(親未盡) 묘제(墓祭).
⊙祭需; 기제와 같음.
⊙分定(제관을 정함).
초헌관(初獻官); 제주. ○아헌관(亞獻官); 차자 또는 장손. ○종헌관(終獻官); 회사 대표. ○축관(祝官); 1인.○홀창자(笏唱者); 1인.○집사(執事); 2인(左右).

⊙홀기(笏記)(1825 참조)
⊙제후토(祭后土).
○마쳤으면 자리를 펴고 찬(饌)을 진설 하고 산신제를 지낸다.
자리 남단(南端)으로 어류(魚類), 육류(肉類), 미식(米食類), 면식류(麵食類), 각 한 대반씩을 진설하고 잔반과 수저는 그 북단(北端)이며 그 외는 모두 위 묘제와 같다.
○강신 참신 초헌례 아헌례 삼헌례 사신 재배 후 곧 철상하고 물러난다.

⊙祭后土祝文式
維　歲次干支幾月干支朔幾日干支某官姓名敢昭告于　土地之神某恭修歲事于某親某官府君之墓維時保佑實賴　神休敢以酒饌敬伸奠獻尙　饗

▶1861◀◆問; 산소에서 제사 지내는 방법에 대한 문의.

위인이 우매하여 또 질문 올립니다. 선산에는 증조부님과 할머님이 부좌(祔左; 합봉)묘 앞　상석(床石) 1 개 할아버지 묘 앞 상석 1 개 할머니 묘 앞 상석 1 개 종조

할아버지, 종조할머니 묘 앞 상석 1 개 아버지, 어머니 묘 앞 상석 1 개 이러하여 산에 갈 때(성묘나, 벌초, 또는 그냥 산소에 들를 때) 마다 상석 위에 과일을 진설하고 술을 따르고, 순서대로 5 번 자리를 옮기며 절을 하고 있어 자못 뭔가 잘못되었다. 는 생각이 듭니다.

어떤 방법으로 조상님 전에 절을 올려야 하는지요? 산소가 한곳에 있지만 5 번 자리를 옮기며 절을 하는 것도 문제가 있는 것 같은데 어떤 방법을 취해야 하는지요? 물론 기제사와 같은 방법으로 초헌, 아헌 종헌 등의 절차는 생략하고 이리저리 다니며 절만 하고 있는데 바른 방법을 가르쳐 주시기 바랍니다.

◆答; 산소에서 제사 지내는 방법.

묘소에는 묘제와 성묘의 예가 있습니다.

성묘(省墓)의 예는 처음 재배(再拜) 후 소제(掃除) 후(後) 다시 재배하고 돌아오는데 이같이 성묘는 묘마다 행함이 바른 예법일 것입니다. 다만 개원례 성묘례에서는 영역 백보(百步) 전 길의 동쪽에 설위(設位) 재배하고 분영(墳塋)으로 가 소제 후 돌아와 재배하고 물러난다 하였으나 이는 묘가 허다할 경우의 예입니다.

삼대(三代) 사위(四位)인데 이를 묘가 허다하여 하루 안에 성묘하기에는 기력이 곤태(困怠)하여저 행할 수 없다 하기에는 명분이 서지 않을 것도 같습니다. 또 묘제 역시 동원내(同原內)에 묘가 허다하면 그 산 아래에 단을 설치 합제(合祭) 할 수 있다는 말씀은 계시나 이 역시 성묘 시와 같이 명분이 서지 않을 것 같습니다.

●開元禮王公以下拜掃先期卜日如常前一日設次於塋南百步道東西向北上設主人以下位塋門外之東西面以北爲上成服主人以下俱再拜奉行墳塋(註精靈感慕有泣無哭)至於封樹內外環繞哀省三周掃除訖主人以下復門外位皆再拜遂還
●禮輯墓爲先人體魄所藏當拜掃以時?無荒?禮也
●尤庵曰省墓時初到再拜復再拜而退則禮意尤爲懇惻而周詳矣
●問自曾祖及亡母幷旁親十二位葬皆同原一日之內各就墓前而祭之氣力困怠專精不至奠祭饌品因怠而或不潔雖祭而猶不祭也退溪曰同原許多墓各行祭之?世多有此愚意不如掃墓域後以紙?合祭於齋舍無舍?設壇以行之可免瀆?而神庶享也

▶1862◀◆問; 기일에 묘소에서 제를 올리려 하는데.

기일에 간단한 제수를 준비하여 산소를 찾아서 제사처럼 (기독교인인 형이 제사를 지내지 않아서) 잔이라도 드리려면 어떤 순서에 따라야 하는지도 알려 주시면 고맙겠습니다.

◆答; 묘소에서는 묘제 예법으로.

기제사 역시 묘에서 지내는 예법은 없으며 묘에서 지내는 제사를 묘제라 칭하는데 다만 고조 이하의 묘제는 음력 3 월 상순이 되고 그 외 조상(친진조) 묘제는 음력 10 월 1 일이라 예서에서 언급하고 있습니다. 물론 묘제(墓祭) 지내는 예법이 따로 있습니다.

▶1863◀◆問; 선대 묘를 묘소 또는 산소 중 어느 표현이 높인 말인가?

산소와 묘소 는 어느 것이 더 존칭어가 되는지요? 사전에는 뫼의 존칭어가 산소이고 묘소는 山所의 높임말로 되어있는데 종중 정관에 시조님의 산소 수호규정에 좀 더 조상님의 산소를 존칭어로 표현하고자 하는 맘에서 문의 드립니다.

정관에나 또는 조상님의 산소를 칭할 때(明記 때) 조상님(선조님) 산소관리 조상님(선조님) 묘소관리 어느 쪽이 높임말로 사용하는 것이 좋을까요? 바쁘신 중 답변 주시면 감사하겠습니다.

◆答; 선대 묘를 묘소 또는 산소 중 어느 표현이 높인 말인가.

선대(先代) 상하(上下)를 막론하고 장사(葬事)한 곳을 묘(墓)라 하는데 산(山;墓也) 역시 무덤을 의미할 때는 묘(墓)와 동의(同意)가 됩니다.

그러나 예서(禮書) 거의가 장사(葬事)한 곳을 묘(墓)라 하지 산(山)이라 칭하지 않았습니다. 물론 소(所)란 그 무덤이 있는 곳을 의미하게 되는데 묘소(墓所) 또는 산소(山所)라 이르게 되면 무덤으로 이해하게 되지요.

따라서 묘소나 산소 중 어느 표현이 더 높임말인지는 가늠하기가 어려우나 선대의 무덤을 표시할 때는 묘소라 표함이 대개의 예서에서 墓로 표시되어 있고 도암(陶庵) 선생(先生)께도 시조(始祖) 축(祝)에서 무덤의 표시를 묘(墓)라 하였으니 묘소(墓所) 또는 주례(周禮) 총인조(冢人條)의 이름과 같이 시조(始祖) 묘역(墓域)관리 운운이라 표시함이 어떠할런지요.

●檀弓孔子曰吾聞之古也墓而不墳註墓謂兆域今之封塋也古謂殷時也土之高者曰墳
●便覽親盡祖墓祭祝文式云云始祖考某官府君之墓今以云云
●周禮春官宗伯禮官之職冢人條正墓位躔墓域守墓禁註位謂丘封所居前後也禁所爲塋限

▶1864◀◆問; 선(先)산신제 인지 후(後)산신제 인지요?

음력 10월에 묘제(墓祭)를 행사할 때 산신제(山神祭)를 먼저(先) 지냅니까? 아니면 조상(祖上)의 제사를 먼저(先) 행사하는지요?

◆答; 선(先)산신제 인지 후(後)산신제 인지.

아래와 같이 살펴보건대 장시 사토지는 토지가 주라 먼저이고 묘제(墓祭) 시 사토지(祀土地)를 뒤에 지내는 것은 묘제가 중하기 때문입니다. 까닭에 주자가례(朱子家禮)를 비롯하여 각 예서(禮書)가 후토제(后土祭)를 묘제 뒤에 둔 것입니다.

●問初葬時祠土地先於題主奠葬時祠土地亦先於虞而四時墓祭則祠土地在後何也今俗或先祭土地而後墓祭未知如何老洲曰葬時先有土地我却來葬是土地爲主墓祭爲我先墓後土地是先墓爲重一先一後各有其義

▶1865◀◆問; 선생님 다시 여쭤요.

그럼 묘제를 올리고 귀경하여 다시 제사를 모셔야 하나요?

◆答; 선생님 다시 여쭤요.

본 질문을 기제(忌祭)와 묘제(墓祭)가 한 날 들 때의 예법에 관한 의문이라 간주하고 아래와 같이 답을 달아 드립니다. 기제와 묘제가 같은 날에 들 때는 아침에 기제를 지내고 다음날로 미루어 묘제를 지내면 될 것입니다.

만약 변례(變禮)로 기제를 자시(子時)에 지내는 가문(家門)이면 당일 자시에 기제를 지내고 날이 밝으면 상묘(上墓)하여 묘제를 지내면 될 것이며 궐명(厥明) 가문이면 아침 일찍 기제를 지내고 다음날로 미루어 상묘하여 묘제를 지내면 될 것입니다.

●寒岡曰若從俗墓祀行於名日而先諱偶然相値則世人墓祭不必行於正日或有先於數日者此亦依彼而稍先期行墓事似不妨若曉行忌祀晚行墓事不惟事涉窘束亦頗未安
●問先忌適當寒食秋夕則俱當三獻耶陶菴曰廟與墓各異俱當三獻不必拘於一日不再祭之文矣
●朽淺曰嘗見退陶先生之論則四名日或與忌日相値則必異日而祭之盖爲兩祭並行一日有所不便故也

▶1866◀◆問; 세일사를 반드시 제일 윗대할아버지 산소에서 모셔야 하는지요.

면(面)단위에서 집안이 모여 시제(세일사)를 직접 산소에서 모셔야 하는데 묘소가 인근 여러 마을에 흩어져 있고 제일 윗대 할아버지 묘소가 교통이나 여건이 좋지 않은 경우,

1. 아무리 교통이 불편하고 여건이 좋지 않더라도 제일 윗대할아버지 묘소에서 제를 지내는 것이 도리이다.

2. 아래 할아버지라도 후손들이 가장 모이기 쉬운 곳에 있는 묘소에서 제를 지내도 무방하다. 도리를 생각한다면 1 번이 당연하다고 생각합니다만.

◆答; 제일 윗대할아버지 산소에서.

도리로서 1. 번이 당연하리라고 생각 드신다면 1. 번이 옳을 것입니다.

●問父母墳與外祖同托一山則祭之當何先退溪曰先外祖

▶1867◀◆問; 세일사 산신제 축문을 고쳐주세요.

예학에 무지한 저에게 다음의 세일산신제 축문을 올바르게 수정해 주시기를 간청합니다.

歲一山神祭 祝文

維歲次 己丑 十月 丙寅朔 六日辛未幼學 孫英福 敢昭告于土地之神 孫逸煥 恭修歲事 于先高祖考 學生府君先高祖妣 孺人 密陽朴氏之壇維時保佑實賴神休敢以酒饌 敬伸奠獻 尙饗

질문 1) 손일환(孫逸煥)은 맏현손이 아닌 막내 현손(玄孫)이고, 이번 세일사의 제주입니다."토지지신(土地之神) 손일환 공수세사우" 와 "토지지신 今爲 손일환 공수세사우" 중에서 어느 표현이 올바른 것입니까?

질문 2) 토지신에 대한 겸손의 표시로 쓴다고 하는 "先고조고 학생부군" 과 일반적인 "顯고조고 학생부군" 중에서 어느 표현이 올바른 것입니까?

질문 3) 그 외 잘못된 부분을 지적하여 가르침을 주시기를 간청합니다.

◆答; 세일사 산신제 축문.

아래의 산신 축식이 일반적으로 통용되는 묘제 시 지내는 제후토 축식입니다. 이와 비교하여 보시기 바랍니다.

○祭后土祝文式

維 歲次干支幾月干支朔幾日干支某官姓名敢昭告于 土地之神(家禮后土氏之神)某恭(妻弟以下去恭字)修歲事于 某親某官府君(或某親某封某氏卑幼去府君二字同岡最尊者云)之墓維時保佑實賴 神休敢以酒饌敬伸奠獻尙 饗

▶1868◀◆問; 세일사에 대한 질의.

수고가 많으십니다. 궁금한 점이 있어서 질의를 드립니다. 세일사 때에 조삼님 신위수가 40 여분 되십니다. 메와 갱 수저 등을 신위수대로 차려야 하는지 알려주시기 바랍니다.

"아주 아주 많은" 이라는 뜻이 담긴 9 그릇만 차리면 되는 것이다. 아무리 많아도 9 그릇씩 이상은 차리지 않는다. 라고도 하던데 그렇게 해도 예절에 어긋나지 않는지 알려주시기 바랍니다. 감사합니다.

◆答; 세일사에 대에 대하여.

아래와 같이 살펴보건대 같은 산역(山役)에 조상 여러 위가 계시면 재사(齋舍)나 제단(祭壇)가 없다. 면 묘(墓)를 바라보고 단(壇)을 모으거나 깨끗한 곳에 서쪽을 상석(上席)으로 삼아 위(位)마다 고비합설(수저. 메, 갱, 잔반 등각설) 설위함이 바른 예법 같습니다.

●開元禮孔子許向墓遙爲壇以時祭卽今之上墓義或有憑然神道尙幽不可逼黷宜於塋南山門之外設淨席爲位遙祭若一塋數墓每墓各設位以西爲上

●退溪曰掃墓域後以紙牓合祭於齋舍無舍卽設壇以行之可

●國朝五禮儀考妣合設一卓

▶1869◀◆問; 歲一祀 有司 指定에 대하여.

세일사(歲一祀) 유사(有司) 지정에 대하여 질문입니다. 10 월은 종중을 비롯하여 사족중(私族中)에 이르기까지 조상 세일사(歲一祀; 歲一祠) 행사에 참여(參與)하지요.

행사(行事) 후(後)에는 반드시 경과보고(經過報告) 토의사항(討議事項)이 이어지는데 예외(例外) 없이 저의 사족중(私族中)에도 토의사항(討議事項) 예제(例題)가 사전(事前) 접수(接受)되어 질문(質問)을 드립니다.

비족(鄙族)은 부모가 삼형제로서 삼대소가(三大小家)로 형성되어 있습니다. 따라서 세일사(歲一祠) 시제(時祭) 유사역시(有司亦是) 매년 상위(上位) 항렬 대상자(行列對象者) 4 명이 (大小家와는 無關하게) 윤번제(輪番制)로 세일사(歲一祠) 행사에 임하고 있습니다. 자손(子孫)으로서 의당 아낌없는 의무이자 권리이지요.

질문(質問): 현재(現在) 시행중(施行中)인 상위(上位) 항렬자(行列者)는 이제 그만 쉬시고 새해부터는 아래 항렬자(行列者) 신세대(新世代) 하위(下位) 자손(子孫)이 시제(時祭) 유사(有司)로 전환(轉換)토록 하여 달라는 건의사항(建議事項) 입니다.

위 질문에 대하여 타당성 여부와 설득력 있는 명분과 해결방안을 기대합니다.

◆答; 歲一祀 有司 指定

유사(有司)란 관리를 의미하며 또 어느 단체의 사무를 맡아보는 직무 또는 그 사람을 의미하니 主가 아닌 從의 개념이 강한 말인듯하며 더욱이 아래와 같이 제례의 예법을 살펴보면 제사에서의 유사(有司)는 사당(祠堂) 청소(淸掃)로부터 제찬 준비 등 그 제사에 관한 모든 일을 담당하는 사람이라 할 수 있으니 상위 항렬자(行列者) 보다는 하위 항렬자 중에서 맡아 행함이 오히려 마땅하지 않을까 합니다.

사관례(士冠禮; 儀禮篇名) 서일조(筮日條)에 아래와 같은 말씀이 있습니다.

●四時祭卜日條祝立于主人之右命執事者曰孝孫某將以來月某日祇薦歲事于祖考有司具修

●少牢禮宗人命滌宰命爲酒退註祭祀事者使之具其物且齊也滌漑濯祭器掃除宗廟

●士冠禮筮日條受命於主人宰自右少退贊命註自由屯贊佐也命告也佐主人告所以筮也少儀曰贊幣自左詔辭自右疏曰士無臣以屬吏爲宰地道尊右故贊命皆在右引少儀者取贊命在右之義依參禮單獻可矣

●問節日當上墓而或有故不得上墓則設行於家廟其祝辭何以爲之遂菴曰家廟本有節日茶禮墓祀何必更設於家廟祝不須言

●通典古者宗子去他國庶子無廟孔子許向墓遙爲壇以時祭卽今之上墓儀或有憑然神道尙幽不可逼瀆塋域宜設於塋南山門之外設淨席爲位遙祭以時饌若一塋數墓每墓各設位昭穆異列以西爲上奠爵三獻而止

●退溪曰同原許多墓各行祭之弊世多有此愚意不如掃視墓域後以紙榜合祭於齋舍無舍則設壇以行之可免瀆弊而神庶享也

●問退溪墓祭祭紙榜之言如何尤菴曰退溪之意欲於墓下齋室以紙榜行之云爾非謂還家而行之如此也

●葛庵曰墓祭有雨水之礙則就齋舍設紙牓行事亦何害若就祠堂行祭則恐無意也

●陶庵曰歲一祭或遇雨則差退日字待晴上墓爲當至於紙榜行事恐違灑掃之意

▶1870◀◆問; 歲一祀와 陳設.

묘제(歲一祀)를 지내고 있는 문중의 宗孫으로써 묘제에 대하여 잘 몰라 다음사항을 문의 드립니다.

問 1. 6 대조는 歲一祀를 지내고 있었으며 5 대조를 6 대조 山所에서 동시에 歲一祀를 지내도 되는지요?

問 2. 歲一祀는 같은 항렬의 조상을 함께 모셔야 한다는데 10 촌간인 祀孫의 고조는 기제중인데 함께 모셔야 하는지요?

問 3.제상 진설에서 『左飯右羹』, 『右飯左羹』어느 것이 맞는지?

祭床의 좌측에서부터 棗栗枾梨로 陳設하면 紅東白西와는 맞지 않는 데 어떻게 진설하면 좋은지요? 禮度에 밝으신 선생님들의 高見을 듣고자 합니다.

◆答; 歲一祀와 陳設.

問1. 答; 묘제(墓祭)는 체백(體魄)에 드리는 예로써 체백(體魄)을 표하는 예법(禮法)이 없어(지방(紙榜)) 다른 묘(墓)에서는 합제(合祭) 할 수가 없습니다. 다만 재사(齋舍)에서의 묘제(墓祭) 합제(合祭)는 우천(雨天)시(時)이거나 선대(先代) 묘(墓)가 많아 그 날 마치지 못 할 경우(境遇)이고 제단(祭壇) 합제(合祭) 역시(亦是) 하루에 행하기 어려울 때에 각위(各位)마다 지방(紙榜)으로 옮겨 합제(合祭)로 지냅니다.

問2. 答; 친진조(親盡祖)의 묘제(墓祭)는 음력(陰曆) 10월(月) 1일(日)이고 친미진조(親未盡祖)의 묘제(墓祭)는 음력(陰曆) 3월(月) 상순(上旬)에 날을 받아 지내니 예법(禮法)상 같이 지낼 수가 없는 것입니다.

問3. 答; 반갱(飯羹)은 생자(生者)가 보아 『좌반우갱(左飯右羹)』이며 과행(果行)은 본래(本來) 과순(果順)이 없습니다 어느 가문(家門)에서는 홍동백서(紅東白西) 또 어느 가문(家門)에서는 조율시이(棗栗枾梨)로 진설하고 있습니다. 귀 가문(家門)에서 따르고 있는 진설법(陳設法)을 따르면 될 것입니다.

▶1871◀◆問; 세일사 축문에 대하여.

여러 위의 세일제를 지내는데 현장에서 참석자중 초헌관을 지정하게 되고 보니 초헌관이 누구냐에 따라서 몇 대조 몇 대손이 결정되고 축문에 빈칸으로 두었다가 써넣고 있는데 혼돈될 우려도 있고 이러한 불편을 줄이기 위해서 조상은 시조부터 31 세면 " 현 31 세(띠움) 조고 00 " 로 초헌관은 세 관계없이"후손 00 " 로 고정함으로서 혼돈이나 당일번잡을 피할 수 있어서 질의하오니 가부와 불가하면 그 이유가 무엇인지요.

◆答; 세일사 축문.

아래와 같이 살펴보건대 주인(主人)과 묘위(墓位) 모두 속(屬)한 관계칭호(關係稱號)대로 호칭(呼稱)되어야 옳을 것 같습니다. 다만 편람(便覽) 친진 묘제 축식(親盡墓祭祝式)에서 혹 선조고(或先祖考) 혹 선조비(或先祖妣)라 하심은 선조제(先祖祭) 축식(祝式) 호칭(呼稱)을 묘제(墓祭)에도 적용하심인 것 같으나 선조제(先祖祭)에서는 합동제(合同祭)라 주인(主人)의 속칭(屬稱)은 자효손 성명(子孝孫姓名) 선조(先祖)의 호칭(呼稱)은 모관 부군(某官府君) 모봉 모씨(某封某氏)를 붙이지 않고 선조고(先祖考) 선조비(先祖妣) 금이 운운(先祖妣今以云云)이라 고(告)하게 되는데 묘제(墓祭)는 각 묘 개별제(各墓個別祭)라 선조고 선조비(先祖考先祖妣)라 호칭(呼稱)될 수가 없지 않나 생각 됩니다. 따라서 유가(儒家)의 묘제(墓祭) 축문식(祝文式) 어디에도 그와 같이 관계(關係) 칭호(稱號)를 쓸 수 있는 전거(典據)는 없는 것 같습니다.

●郊特牲祭稱孝孫孝子以其義稱也稱曾孫某謂國家也祭祀之相主人自致其敬盡其嘉而無與讓也註祭主於孝士之祭稱孝孫孝子是以祭之義爲稱也細註嚴陵方氏曰稱曾孫某者名之也於曾孫曰某則孝孫孝子從可知矣然其序先孫而後子者對祖禰稱之故也

●國朝五禮儀大夫士庶人時享儀祝詞曰維某年月日孝曾孫(孝孫孝子隨位改稱)某官某敢昭告于曾祖考某官府君曾祖妣某封某氏(祖考祖妣及考妣隨位改稱)伏以云云

●便覽親盡墓祭祝文式維云云幾代孫某官某敢昭告于始祖考(或先祖考或幾代祖考或始祖妣或先祖妣或幾代祖妣)某官府君(或某封某氏合窆位則列書)之墓云云

▶1872◀◆問; 세일사 축문을 고쳐 주세요.

한글세대이고 유학에 무지한 저에게 선생님의 가르침을 바랍니다. 저의 문중의 결정으로, 일부 선조의 묘는 화장하고 일부 선조의 묘는 없어서 대신하여 선산에 단비를 고조부모, 증조부모, 종증조부모, 조부모 별로 4 개의 비석을 옆으로 나란히 세우고 그 아래 상석을 설치하여 세일사를 거행하고 있습니다. 다음의 세일사 축문을 올바르게 고쳐주시기를 간청합니다.

歲一祀壇祭 祝文

維 歲次 己丑年 十月 丙寅 朔 初六日 辛未玄孫 逸煥 敢昭告于 顯高祖考 學生 府君 顯高祖妣 孺人 密陽朴氏 之壇 歲序流易 霜露旣降 不勝感慕 瞻掃封壇 謹以 淸酌庶羞 恭伸奠獻以 顯曾祖考 學生 府君 顯曾祖妣 孺人 金海金氏 之壇 顯從曾祖考 學生 府君 顯從曾祖妣 孺人 月城李氏 之壇 顯祖考 學生 府君 顯祖妣 孺人 陵洲具氏 之壇 尙 饗

◆答; 세일사 축문.

아래와 같이 살펴보건대 단제(壇祭)에서 축문(祝文)에는 지단(之壇)이라 씀이 없고 또 만약 단(壇)에서 합제(合祭)한다 하여도 그 예법(禮法)은 사시제(四時祭) 예법(禮法)과 같이 위(位)마다 각설(各設)하고 축판(祝板) 역시 각판(各版)이여야 합니다.

⊙皇壇儀大報壇祭紙牓式
神宗範天合道哲肅敦簡光文章武安仁止孝顯皇帝神位

⊙皇壇儀大報壇祭祝版
維崇禎幾年歲次某甲某月某朔某日某甲 朝鮮國王臣姓諱(若攝行則稱謹遣臣某官某)敢昭告于 神宗範天合道哲肅敦簡光文章武安仁止孝顯皇帝伏以云云尙 饗

⊙奉事幾代祖築壇後慰安祝文式
維歲次干支幾月干支朔幾日干支幾代孫某敢昭告于 顯幾代祖考某官府君今以往在某甲立憧露梁不墓以享幾世履霜云云

▶1873◀◆問; 세일제축문이 따로 있다고 하는데.

묘제축으로 모든 묘제에 고하지 못하고 5대조 이상의 묘제축이 별도로 있습니까.

◆答; 세일제축문.

"之墓氣序流易雨露旣濡(歲時改易此句爲歲律旣更端午云時物暢茂秋夕云白露旣降十月朔云霜露旣降)瞻掃封塋不勝感慕(考妣改不勝感慕爲昊天罔極旁親爲不勝感愴妻弟以下云不勝哀戚)謹以(妻弟以下兹以)淸酌庶羞祇薦

(旁親云薦此妻弟以下云陳此)歲事尙 饗"

이상의 축문식은 고조 이하 친미진조(親未盡祖)의 묘제 축식으로 주자가례에는 친진조 축식이 없습니다. 다만 이 축식을 친진조 묘제축으로도 이용하고 있으나 아래와 같이 살펴보건대 5대조 묘제 이상은 달리 작축하여 고하고 있기도 합니다.

⊙十月行禮墓祭祝

維 歲次干支幾月干支朔幾日干支幾代孫某敢昭告于 顯幾代祖考某官府君(或幾代祖妣某封某氏合窆位則列書)之墓歲序流易時維高秋瞻掃封塋履玆霜露 (齋舍則去履玆霜露爲設祭于齋舍)不勝感慕謹以淸酌庶羞祗薦歲事尙 饗

⊙遠代墓歲一薦祝文

維 歲次干支幾月干支朔幾日干支某代孫某敢昭告于 顯某代祖考某官府君 顯某代祖妣某封某氏之墓惟歲一薦禮有中制履玆霜露(齋舍則去履玆霜露爲設祭于齋舍)深增感慕敢以淸酌時羞祗奉歲事尙 饗

⊙親盡祖墓祭祝文式

維 歲次干支幾月干支朔幾日干支幾代孫某敢昭告于 始祖考(或先祖考或幾代祖考或始祖妣或先祖妣或幾代祖妣)某官府君(或某封某氏合窆位則列書)之墓今以草木歸根之時追惟報本禮不敢忘瞻掃封塋不勝感慕謹以淸酌庶羞祗薦歲事尙 饗

▶1874◀◆問; 세일사(歲一祀) 홀기(忽記)에 대하여.

세일사(歲一祀) 봉행(奉行)시(時),

問; 1. 묘제향사(墓祭享祀)에는 선참후강(先參後降), 신위(神位)를 모신 재실(齋室) 향사(享祀)에는 선강후참설(先降後參說)로 분분합니다. 정설과 바른 행례 예법은 무었인지요? (忌祭祀는 물론 先降後參하고 있습니다)

問; 2. 유식(侑食; 進茶)봉행(奉行) 시 삼초반(三抄飯)을 기제(忌祭) 시에는 행(行)하는데, 세일사(歲一祀) 봉행(奉行) 시에는 각 문중(門中)마다 삼초반(三抄飯)을 하거나, 안하는 문중(門中)으로 각기 달라 혼동스럽습니다. 바른 행례(行禮) 예법(禮法)은 어떠한지요? 위 질의사항은 같은 문중이면서 지역에 따라 행례법이 서로 달라 비록 가가례(家家禮)라고는 하지만 저의 문중(門中)만이라도 통일된 예법으로 행례하고자 세일사(歲一祀) 홀기(笏記)를 수정 통합(統合)코저 함이니 바쁘시더라도 송구하나 하교하여 주시기 바랍니다.

◆答; 세일사(歲一祀) 홀기(忽記).

問; 1. 答; 가제(家祭)는 신제(神祭)이고 묘제(墓祭)는 체백제(體魄祭)인 까닭에 선참후강(先參後降)의 예를 택함인데, 재사(齋舍) 합제(合祭) 시 만약 지방(紙牓)을 신위(神位)라 쓰면 신제(神祭; 家祭)일뿐이지 체백제(體魄祭; 墓祭)가 되지 않습니다.

지난날 재사(齋舍) 합제(合祭)에 관하여 많은 선유들께서 논(論)함은 있으나 지방식(紙牓式)에 대한 명확히 지적함이 없습니다. 상고(詳考)컨대 묘제 재사(齋舍) 합제 지방식(紙牓式)은 '신위(神位)'가 아니라 '지묘(之墓)'라 표기(表記)함이 축문의 '지묘(之墓)'와 일치하고 더욱 체백제(體魄祭)임을 표함에 적절하다. 할 것입니다.

따라서 재사(齋舍) 합제 시(合祭時) 지방(紙牓)을 '지묘(之墓)'라 표기(表記)하였다면 선참후강(先參後降)의 예를 따름이 마땅하다 할 것이며, 지방(紙牓)에'신위(神位)'라 표기(表記)하였다면 선강후참(先降後參)이어야 할 것입니다.

問; 2. 答; 삼초반(三抄飯)의 예는 상삼년(喪三年) 상식(上食) 때 행할 수는 있으나, 제례 철갱진다(徹羹進茶; 熟水) 후 삼초반은 예법에 없습니다.

●退溪曰祭則降神後薦獻等禮所以先祭而後降
●沙溪曰凡神主不出仍在故處則先降後參如朔望參禮之類是也設位而無主則亦先降後參如祭始祖先祖紙及榜之類是也
●尤庵曰若時祭行于祠堂則無奉主就位節次只就祠堂各位前陳器設饌先降神而後參神
●陶庵曰朔參則無遷動之節故先降後參時祭之先參後降其義可推而知也
●朱子家禮墓祭參神降神初獻
●國朝五禮儀拜陵儀行禮(云云)贊禮啓請四拜殿下四拜在位者皆四拜(云云)近侍一人捧香合一人捧香爐跪進贊禮啓請三上香(云云)
●張南軒答朱子書古者不墓祭非有所略也盖知鬼神情狀不可以墓祭也神主在廟而墓以**蔵**體魄體魄之**蔵**而祭也
●通典神道尚幽不可逼黷宜於塋南山門之外設淨席爲位遙祭若一塋數墓每墓各設位昭穆異列以西爲上
●退溪曰同原許多墓各行祭之弊世多有此愚意不如掃墓域後以紙牓合祭於齋舍
●問墓祭或墓非一二多至八九東西埋葬邱壠峻險南往北來神倦身疲恐有怠慢之氣(云云)或厥日有終朝之雨則亦將何以爲之欲預搆一屋於墓側而若遇如此之時依時祭之儀合祭一所如何退溪曰豈不善哉
●寒岡曰世俗之行墓祀於神主者亦似未安是神主祭也非墳墓祭也
●備要紙牓則先降神後參神
●輯要今俗徹羹進茶又以匕取飯少許澆於湯水盖徹羹進水是生時常例
●尤庵曰澆飯於熟水似是象生時也然中朝之人則常時飯畢飲茶少許云然則澆飯亦東俗耶○又曰抄飯一節家禮無之恐當以家禮爲正
●南溪曰抄飯三年內象生時則可時忌祭則不可
●陶庵曰徹羹進熟水而已

1. 答; 묘제는 더러 선유(先儒)들께서 선강후참(先降後參)을 주장하셨기도 하나 주자가례(朱子家禮)에서 선참후강(先參後降)을 택하고 있을 뿐만 아니라 위에서와 같이 선참후강이 옳습니다.

2. 答; 제례(祭禮)에서는 삼초반(三抄飯)을 하지 않습니다.

3. 答; 제사를 지내기 하루 전에 제사에 필요한 기구를 벌려놓으면서, 동쪽 층계아래 동쪽으로 세수대야 4 개를 놓되 받침대가 있는 세수대야 2 개를 그 서쪽으로 놓고 수건(手巾) 4 개를 놓되 수건거리 2 개에 걸어 받침대가 있는 세수대야와 같이 놓고, 수건거리가 없이 맨 수건 2 개를 받침대 없는 세수 대야와 같이 놓아 둡니다. 받침대에 고여 놓은 세수대야 2 개 중 1 개는 주인과 친속 남자들이 손을 씻고, 1 개는 주부와 친속 부녀자들이 손을 씻고, 받침대가 없는 세수대야에 1 게에서는 축관과 남자 집사자들이 손을 씻고, 1 개에서는 여자 집사자들이 손을 씻게 됩니다.

관수(盥手)는 제관(祭官) 및 집사자자들이 각 예마다 그 예를 행하는 이들은 예를 행하기 전에 모두 손은 씻고 임하게 됩니다. 이상은 주자가례에 모두 있습니다.

●朱子家禮四時祭陳器;設盥盆帨巾各二於阼階下之東其西者有臺架
●四禮便覽四時祭諸具陳器;[盥盆]四 二有臺主人主婦及內外親屬所盥 二無臺祝及內外執事者所盥[勺]四 [帨巾]四 二有架 二無架

▶1875◀◆問; 세일제 축문.
4 시제가 아니고 일년에 한번 지내는 세일제를 통상적으로 시제라고 통용되는데 그 축문은 기서유역 상로기강 첨소봉영 불승감모 근이 청작서수 지천세사 상향으로 쓰

는데 세일제축문이 따로 있다고 하는바 그것이 사실인지요? 사실이면 그 축문을 알려주시지요.

◆答; 세일제 축문.

之墓氣序流易雨露旣濡(歲時改此句爲歲律旣更端午云時物暢茂秋夕云白露旣降十月朔云霜露旣降)瞻掃 封塋 不勝感慕(考妣改不勝感慕爲昊天罔極旁親爲不勝感愴妻弟以下云不勝哀戚)謹以(妻弟以下玆以)淸酌庶羞祗薦 (旁親云薦此妻弟以下云陳此)歲事尙 饗

이상의 축문식은 고조이하 친미진조(親未盡祖)의 묘제 축식으로 주자가례에는 친진조 축식이 없습니다. 다만 이 축식을 친진조 묘제축으로도 이용하고 있으나 아래와 같이 살펴보건대 5대조 묘제 이상은 달리 작축하여 고하고 있기도 합니다.

⊙十月行禮墓祭祝

維　歲次干支幾月干支朔幾日干支幾代孫某敢昭告于　顯幾代祖考某官府君(或幾代祖妣某封某氏合窆位則列書)之墓歲序流易時維高秋瞻掃封塋履玆霜露 (齋舍則去履玆霜露爲設祭于齋舍)不勝感慕謹以淸酌庶羞祗薦歲事尙 饗

⊙遠代墓歲一薦祝文

維　歲次干支幾月干支朔幾日干支某代孫某敢昭告于　顯某代祖考某官府君　顯某代祖妣某封某氏之墓惟歲一薦禮有中制履玆霜露(齋舍則去履玆霜露爲設祭于齋舍)深增感慕敢以淸酌時羞祗奉歲事尙 饗

⊙親盡祖墓祭祝文式

維　歲次干支幾月干支朔幾日干支幾代孫某敢昭告于　始祖考(或先祖考或幾代祖考或始祖妣或先祖妣或幾代祖妣)某官府君(或某封某氏合窆位則列書)之墓今以草木歸根之時追惟報本禮不敢忘瞻掃封塋不勝感慕謹以淸酌庶羞祗薦歲事尙 饗

▶1876◀◆問; 崇祖院에 대하여?

가족묘지 입구에 "崇祖院"이란 이름을 새겨 안내석(標石)을 세워놓았는데 거기에 쓴 글자(院)가 잘못된 것인지 아니면 옳은 것인가.

◆答; 숭조원(崇祖院).

아마도 작명자가 숭조원(崇祖院)이라 명명한 까닭은 동산이라는 의미를 부여, 조상을 숭배하는 동산이라는 뜻으로 원(院)자를 붙이지 않았나 생각됩니다. 그러나 원(院)은 동산이라기 보다는 집, 관아, 절, 등의 의미로 인식 동산이라는 의미를 생각해 내기란 한자에 능하지 않은 많은 이들에게는 생소할 수 밖에 없습니다.

특히 [숭조묘원(崇祖墓園)]이라 하면 동산이라는 의미를 부여할 수도 있겠다 하겠으나, 여기서 숭조원이라 함의 원은 동산이라기 보다는 [조상을 숭배하는 (장소; 곳)]의 의미의 원(園)의 의미가 더 격에 맞을 것입니다.

따라서 기왕에 [숭조원]이라 이름 붙인다면 아래와 같이 살펴보건대 원(園)에는 동산이란는 의미는 물론 능(陵)의 뜻으로 묘(墓)라는 의미가 포함되어 있어 묘(墓)가 전제된 장소(場所)라는 의미의 원(園)을 붙여 숭조원(崇祖園)이라 함이 합당하지 않을까 합니다.

●漢語大詞典[墓園]有墳墓的园地
●日省錄正祖一年丁酉(1777)十一月 10 日壬申(云云)諸陵寢各墓園中懿昭墓之香炭最多前所除減者爲幾結乎(云云)〇正祖二十四年庚申(1800)四月十二日甲午(云云)其墳墓院宇旣有自朝家封植修建之節則若無待於其子孫之崇奉永享者(云云)
●後漢書祭祀志下宗廟條古不墓祭漢諸陵皆有園寢承秦所爲也

●晉書郗超(字景興一字嘉賓)傳欲共獎王室修復墓園
●大典通編京官職各園條英宗癸酉始行封園之禮置守奉官
●司馬文園集修容乎禮園
●唐錢起果园詩竹陰疏奈院山翠傍蕪城(院一本作苑)

▶1877◀◆問; 시제 홀기 좀 알려 주세요.

저는 경기도에 살고 있습니다. 다름이 아니오라 시제 홀기 양식을 잘 모르고 있기
에 알고 싶어 여기 몇 자 적어봅니다. 석전제 홀기도 있고 서원 홀기도 있는 것으
로 알고 있으나 사당에는 홀기가 없는지요 만약 있다면은 가르쳐주시기 바랍니다.

◆答; 시제(時祭) 홀기(笏記).

墓祭笏記(1825 참조)

●丘儀合用之人禮生(按)書儀架禮註引開元禮有設贊唱者位西南西(一作東)面之文況今禮
廢之後儀文曲折行者不無參差今疑架引贊二人通贊一人擇子弟或親朋子弟爲之先期演習
庶禮行之際不至差跌
●國朝五禮儀贊者在東西向

▶1878◀◆問; 시사 때도 분향을 하는가?

1. 추석 때도 하지만 시월이 되면 조상님의 산소를 찾아 뵙고 성묘를 하고 시사를
지내는 데요, 이때 시사를 지낼 때도 분향을 하는 게 옳은지요? 아니면 분향은 하
지 않는 것이 옳은지요?
2. 윗대 조상님께 바친 제물을 그대로 아래대의 제물로 또 써도 되는지요?
3. 조카가 나이를 먹어 약 50 줄에 가까운데 조카라고 이름을 부르기 보다는
길동이 애비야. 길동아 등으로 부릅니다. 그런데 마주 대화를 할 때 자내라고 해야
좋은지요? 아니면 너 라고 해야 좋을지요? 동항인 동생을 부르거나 호칭할 때도
같은 질문을 드립니다.
4. 시사라고 쓸 때 한자로는 어떻게 쓰는지요? 時祀라고 쓰는지요? 그런데 時祀
라는 단어가 국어 사전에 없어요. 저의 사전이 용량부족인지요?

◆答; 시사 때도 분향.

問; 1. 答; 아래와 같이 살펴보건대 강신에서 분향과 뇌주(酹酒)의 예를 집 제사와
같이 행하여야 옳은 것 같습니다.

●丘儀墓祭降神條詣香席前跪上香酹酒

問; 2. 答; 이는 상식에 가까워서인지 분명하게 명문화된 전거가 없으나 윗대의 퇴
주를 모아 다시 다음 아래 대에 다시 헌작할 수는 없을 것입니다.

問; 3. 答; 본인이 가까이한 광산 김씨 가문의 예를 듭니다. 질항(姪行)에서 연상이
면 조카님 연하이면 조카, 동항에서는 동생 또는 아우.

問; 4. 答; 우리나라에서 묘제(墓祭)를 일명 시사(時祀)라 칭하기도 합니다.

▶1879◀◆問; 시제 때의 제복에 대하여.

시제 때의 제복에 대하여. 안녕 하십니까. 이제는 제법 날씨가 아침 저녁에는 선선
합니다. 건강에 조심들 하십시오. 다름이 아니 오라 저희 시제 때의 제복으로 도포
와 유건(儒巾)을 사용합니다. 제관(초, 아, 종헌)과 집례는 갓을 써도 예법에 어긋나
지는 않는지요. 부탁 드립니다.

◆答; 시제 때의 제복에 대하여.

시제(時祭)라 하심이 묘제(墓祭)를 의미하심이라면 묘제(墓祭)는 삼대이전(三代以前)
에는 없었던 예(禮)라서 그 이전의 전거(典據)는 없고 다만 진(秦)을 거처 한(漢)
과 당대(唐代)에 이르러 지금과 같은 묘제(墓祭)가 상행화(常行化) 된 듯 합니다. 까
닭에 그 복식 역시 비요(備要)에서 주자가례(朱子家禮)의 복식은 인용 심의(深衣)정
도로 언급이 되었을 뿐입니다.

묘제(墓祭) 성복(盛服)에 관하여 이와 같이 세밀하게 명문화(明文化) 되어 있지 않
아 선유들께서 많은 논의가 있었으나 도포(道袍)에 갓을 쓴다는 대목은 없습니다.
그러나 그 논의를 종합하여 보면 길복(吉服) 또는 갖출 수 없다면 평상복(平常服)이
라 하였으니 평상복에 도포에 갓을 슬 수도 있지 않을 까 유추하게는 됩니다. 다만
가례(家禮)에서 심의(深衣)라 하였으니 심의에는 대대(大帶)와 채조(采條)를 둘러 매
고 머리에는 치관(緇冠)에 폭건(幅巾)을 쓰게 됩니다.
(가례 심의편 참조)

●通典三代以前無墓祭至秦始起寢於墓側漢因秦上陵皆有原寢後漢都洛陽關西諸陵久遠
四時特牲祀大唐貞觀十三年太宗朝于獻陵進太牢之饌加珍羞上至神座前拜哭奠饌閱先帝
先后衣服拜辭行哭開元二十年制曰寒食上墓禮經無文近代相傳寢以成俗士庶有不合墓享
何以用展孝思宜許上墓同拜掃禮於塋南門外奠祭饌訖泣辭食餘饌於他處不得作樂仍編入
五禮永爲恆式
●唐侍御史鄭正則祠享儀漢光武初纘大業諸將出征鄉里者詔有司給少牢令拜掃以爲享曹
公過喬玄墓致祭其文悽愴寒食墓祭蓋出於此
●家禮本註凡言盛服者無官者通用帽子衫帶又不能具則或深衣或涼衫有官者亦通服帽子
以下但不爲盛服
●備要墓祭厥明灑掃條主人深衣帥執事者詣墓所再拜奉行塋域云云
●問墓祭素帶其義何也寒岡曰體魄所安古有哭臨之禮所以有不忍於吉服
●問解問要訣墓祭儀主人以下玄冠素服黑帶云云有官者必著白團領而品帶不可著邪答儀
禮大祥祭用向吉之服喪祭尙然況墓祭乎僕有職時以紅衣品帶行祭而未知得禮與否
●問墓祭服色寒岡則云不忍於吉服要訣則云用素服黑帶問解則用紅衣品帶三先生所論各
異當何準行歟明齋曰素服黑帶非吉服也當遵用要訣紅衣品帶則恐似未安
●問要結用素服沙溪以爲當用盛服云云遂庵曰問解所載雖如此備要引家禮用深衣當從之
●四未軒曰要訣墓祭儀主人以下玄冠素服黑帶然黑帶有嫌於吉服改以素帶恐當

▶1880◀◆問; 시제 때 초헌자나 아헌자에 관하여 질문.
바로 본론으로 들어가겠습니다. 이광선씨와 이광후씨는 쌍둥이 형제입니다. 적장자
는 광선후손 12 대손입니다. 하지만, 적장자(광선 12 대손)가 미국으로 이민을 갔습
니다. 살아있는 적장자(광선 12 대손)의 후손이 없습니다. 질문하는 저는 광선할아버
지 동생인 광후 후손의 13 대손입니다. 이럴 경우, 제가 시제 때 초헌자나 또는 아
헌자가 될 수 있습니까?

◆答; 시제 때 초헌자나 아헌자.
이미 12 대조이시니 친진조라 종손(宗孫)의 틀은 벗어나 계신 조상(祖上)입니다. 까
닭에 시조나 불천지위(不遷之位)의 조상을 제외한 친진 조상은 종손이란 제도가 없
습니다. 까닭에 묘제 날 모인 종원 중 최존자가 주인으로서 초헌관이 됩니다. 물
론 선생께서 아헌관이나 종헌관은 그 때의 상황에 따라 행할 수는 있을 것입니다.

●尤庵曰神主祧遷則宗毁
●葛菴曰若非百世不遷大宗支家則當以會中長幼爲主

▶1881◀◆問; 시제를 산소에서 지낼 시 지방을 모시는지요.

조상님 산소가 실묘 및 여러 곳으로 흩어져 있었으며 집안에 정각에서 합동으로 모셨는데 저가 산소를 이장하여 한곳에 가족 묘원으로 만들었습니다 이제부터 산소에서 시제를 지내려고 하는데 지방을 모시고 지내야 하는지요.

그리고 부친이 별세 하셨는데 제사를 모시는 시점은 돌아 가시기 전날 입니까, 별세하신 날인지요. 묘지에 모실 때 축문과 산신제 축문 쓰는 예문도 부탁 드립니다.

◆答; 시제를 산소에서 지낼 시.

묘는 실체이기 때문에 지방으로 제사하지 않습니다.

방에서 지내는 기제사(忌祭祀)를 지내면서 지방(紙牓)을 세우는 까닭은 신주(神主) 대신으로 그 혼신(魂神)이 어디에 계신지를 모르니 지방을 써 붙여놓고 강신(降神)하여 지방 세운 곳으로 강림하시어 좌정하시라는 표식입니다.

작고하신 날 아침 일찍 지냄이 바른 예법입니다. 다만 전날 저녁 밤중 0시 전후(현재 시각으로 전일23시 이후 다음날 02시)가 당일 초시인 자시(子時)라 이 시각에 거의 가문에서 제사를 지내고 있습니다. 이와 같이 지낸다 하여도 작고한 날 제사함이 옳습니다.

●祭義註忌日親死之日也

○墓祭祝文式(問親盡之墓與未祧主同岡則節祀時有難處尤菴曰以吾家言之則先人墓與先祖墓相接四名日不可獨祭先人故亦以一獻之薦先設於先祖矣又問若以天雨行祀於齋舍則亦可並祭耶曰似不可以行祀於齋舍而有所異同也)

維 歲次干支幾月干支朔幾日干支某親(考妣云孝子祖考妣云孝孫曾祖考妣云孝曾孫高祖考妣云孝玄孫親盡祖考妣云幾世孫妻云夫旁親卑幼則隨屬稱○攝祀措辭退溪曰主人有故使子攝行則孝子某使子某敢昭告于○尤菴曰代者尊行則代以叔父或兄○南溪曰代者尊行則改使用囑○遂菴曰孝子某有疾介子某代行薦禮敢昭告于○祖先之稱用宗子之屬代○有故措辭曰孝子某病不能將事○孝子某適在某地遠不能將事○孝子某幼未將事○孝子某身有犯染○並用使或囑某親某)某(弟以下不名)敢昭告于(妻去敢字弟以下但云告于) 顯某親某官府君(或顯某親某封某氏合窆位則列書妻云亡室卑幼改顯爲亡去府君二字)之墓氣序流易雨露既濡(寒食云云歲時改此句爲歲情既更端午云時物暢茂秋夕云白露既降十月朔云霜露既降○大全告卑幼云念爾音容永隔泉壤一觴之酹病不能親諒爾有知尙識予意)瞻掃(近齋曰妻弟云展掃) 封塋不勝感慕(考妣改不勝感慕爲昊天罔極旁親爲不勝感愴妻弟以下云不勝哀戚)謹以(妻弟以下玆以)淸酌庶羞祗薦(旁親云薦此妻弟以下云陳此)歲事尙 饗(問先祖墓同岡節祀尤菴曰以吾家言之先人墓與先祖墓相接四名日不可獨祭先人故亦以一獻之薦先設於先祖)

○祭后土祝文式(家禮祭后土布席陳饌四盤于席南端設盞盤匙筯于其北餘同墓祭○朱子曰 墓祭土神之禮全然滅裂吾甚懼焉可與墓前一樣勿令其有隆殺○集說吾爲吾親來薦歲事專誠在墓土神自宜後祭盖有吾親方有是神○問解설位祭畢行於最尊位之墓左○問初葬時祠土地先於題主奠葬時祠土地亦先於虞而四時墓祭則祠土地在後何也今俗或先祭土地而後墓祭未知如何老洲曰葬時先有土地我却來葬是土地爲主墓祭爲我先墓後土地是先墓爲重一先一後各有其義)

維 歲次干支幾月干支朔幾日干支某官姓名敢昭告于 土地之神(家禮后土氏之神)某恭(妻弟以下去恭字)修歲事于某親某官府君(或某親某封某氏卑幼去府君二字同岡最尊者云)之墓維時保佑實賴 神休敢以酒饌敬伸奠獻尙 饗(若榮掃先墓則土地神亦當有告遵用此祝而某恭修歲事六字改云玆以某或某親某官某以某事(如及第生進登官之類)爲榮掃有事于云云○大全云玆以暮春修祀先壟惟神休保佑樵牧不驚敢虔馨香式昭報事尙祈鑑享永賴無窮謹告○玆以春餘有事先壟惟神休保佑實賴神休式薦醪庶尙祈據享延于永久無有後艱謹告○遂菴曰先世墓無論單獻三獻既行祀禮則土神祝恭修歲事於先墓之云何不可之有)

▶1882◀◆問; 시제상 차림 장소.

음력 시월 보름이 되면 시제(時祭)를 모시게 되는데 선산(先山)에 같은 방향으로 9. 8. 7. 6. 5. 대조의 순으로 조상의 묘소(墓所)가 있습니다.

시제 상차림을 각 묘소의 상석에 차리고 (5 상) 각 묘소 앞에서 예를 올리고 있습니다. 여러 모로 점점 어려워지므로, 선산 하단부에 시제상 차림을 한 상에 5 분의 메와 술잔을 놓고 예를 올리려고 합니다. 이렇게 해도 되는지요?

◆答; 시제상 차림 장소.

단제(壇祭)에 관하여는 여러 번 논의 된 예인 것 같습니다. 재언하자면 선산의 묘소가 허다하여 일일 묘사를 행하기가 어려우면 재사(齋舍)나 설단(設壇) 합제가 아래와 같이 살펴보건대 예법상 어그러짐은 아닌 것 같습니다.

다만 단제라 하여도 먼저 첨소봉영후(瞻掃封塋後) 사시제 예법과 같이 매 고비 일 탁이의(一卓二椅)로 이서위상(以西爲上) 설위 각판 고축으로 행함이 옳습니다.

●通典神道尙幽不可逼黷宜於塋南山門之外設淨席爲位遙祭若一塋數墓每墓各設位昭穆異列以西爲上

●退溪曰同原許多墓行祭之弊世多有此愚意不如掃視墓域後以紙牓合祭齋舍無舍則設壇以行之可也

⊙壇享時墓所告辭式
今以吉辰祗伸藻薦伏惟尊靈降就壇所

▶1883◀◆問; 시제시 몇대조 표기법.

매년 시제 때마다 의문점이 있어 문의 드립니다. 시제 시 지위에 표기하는 몇 대조를 표기하는 방식에서 시조로부터 1 대조, 2 대조, 24 대조로 표기하는 것인지?

그렇지 않으면 제주로부터 4 대조, 5 대조. 14 대조로 표기 하는 것이 옳은지 궁금하여 여쭤 봅니다.

◆答; 시제시 몇대조 표기법.

하세(下世)로 이세(二世), 삼세(三世), 사세(四世)…三十世는 시조(始祖)와의 관계이며, 上代로 오대조(五代祖), 육대조(六代祖) 칠대조(七代祖)…삼십대조(三十代祖)는 자기(自己)와의 속칭(屬稱)이 되니 친진조(親盡祖) 묘제(墓祭)의 속칭(屬稱)은 자기(自己; 主人)의 속칭으로 써야 함은 당연지사입니다.

●晉書武帝紀論通上代之不通服前王之未服
●文心五張家原是个世家上代有好几代是讀書的大文的父親子淵也是讀書人
●晉明寺長生穀記事方就緒而黃軍與靖相繼下世
●湖涂世界卷四不多幾日賤內又下世了餘下三男一女
●淮南子漢涿郡高誘注泰族訓上世養本而下世事末

▶1884◀◆問; 시제 시 시제입적 조상님의 기준은?

시제 시 시제 입적 조상님들의 기준은 누구를 기준으로 하는 것인지요. 5 대부터 모신다면 장손이 제사를 지낼 수 있는 나이에 도달했을 때를 기준으로 하는 것인지, 아니면 장손의 손자가 태어났을 때를 기준으로 하는 것인지요. 궁금해서 문의 드립니다.

◆答; 시제 시 시제입적 조상.

종가(宗家)의 종손(宗孫)인 적현손(嫡玄孫)이 죽어 그의 고조부모(高祖父母)가 후사(後嗣)로는 오대조(五代祖)가 되어, 사당(祠堂) 봉사(奉祀)를 할 수 없는 친진조(親盡祖)가 되어 신주(神主)를 묘소에 매안(埋安)하게 되는데, 만약 그때 지현손(支玄孫)이 있으면 그의 집으로 신주(神主)를 옮겨 제사(祭祀)하다 그도 죽으면 후손 중 최장방(最長房; 후손 중 현손 이내의 가장 가까운 자손)으로 옮겨 그와 같이 봉사(奉祀)하다가 후손(後孫)으로서는 친진(親盡; 玄孫代가 끊어 짐)이 되면 그때서야 신주(神主)를 묘소에 매안(埋安)하고 세일제(歲一祭; 親盡祖 墓祭)를 지내게 됩니다.

●家禮喪禮大祥告遷于祠堂條若有親盡之祖而其別子也則祝版云云告畢而遷于墓所不埋
其支子也而族人有親未盡者則祝版云云告畢遷于最長之房使主其祭若親皆已盡則祝版云
云告畢埋于兩階之間

●寒岡曰惟宗子稱孝則祭遷主之人恐不得輒書孝字

●問最長者死其子雖親未盡而當遷於次長房耶沙溪曰然

●問長房奉遷主後身死其子若孫若親未盡則仍爲奉祀乎若有門中諸父諸兄親未盡處則當
遷奉於其家乎寒岡曰身後子孫親苟未盡連世奉祀以待親盡然後遷于親未盡之家埋恐當然

●退溪曰禮只云代未盡最長之房不分嫡支也

●沙溪曰據程子說庶孽無不可奉祀之義但嫡兄弟盡沒然後奉祀似不妨

●問解續問親盡當遷而有庶曾孫若嫡玄孫則誰當奉祀答庶曾孫當奉祀若貧賤不可奉祀者
則嫡玄孫奉祀無妨

▶1885◀◆問; 시제에 대하여.

안녕하세요? 시제에 관해 몇 가지 질문을 하려 합니다. 시월 중순경에 시제를 모셔
왔는데 집안에 사정이 있어서 달과 날을 바꾸려 하는데, 조언을 부탁 드립니다.

또 한가지, 후손들이 시제를 따로따로 날을 잡아 모시는 건 예에서 벗어나는 건지
도 궁금합니다.

◆答; 시제에 대하여.

친진조(親盡祖: 5대조 이상) 세일제일(歲一祭日; 묘제일)은 음(陰) 10월 1일이 아래
와 같이 살펴보건대 정론으로 인정되어야 할 것입니다. 다만 우복(愚伏) 죽암(竹庵)
설(說)에 음(陰) 10월 상순(上旬) 복일(卜日) 및 상정일(上丁日) 등의 말씀도 계시니
만약 음(陰) 10월 1일에 유고(有故)이면 상순(上旬)의 날에서 택일한다 하여도 예에
어그러졌다 할 수는 없을 것 같습니다.

또 후손(後孫)들이 따로따로 날을 잡아 모신다 하심의 진의가 어떤 경우인지는 알
수 없으나 제이세이하친진즉제위질장이세솔기자손일제지(第二世以下親盡則諸位迭掌
而歲率其子孫一祭之)라, 친진(親盡) 묘제(墓祭)는 해마다 그 자손을 거느리고 한번
제사한다 하였으니 옳다 할 수는 없을 것 같습니다.

●程子曰拜墳十月一日拜之感霜露也寒食又從常禮祭之

●張子曰寒食與十月朔日展墓亦可爲草木初生初死

●韓魏公祭式寒食上墓祭又十月一日如上墓儀若身不能往遣親者代祭

●陶庵曰親盡墓祭韓魏公禮十月一日祭之恐得宜

●栗谷曰按家禮墓祭只於三月擇日行之一年一祭之而已今俗於四名日皆行墓祭從俗從厚
亦無妨但當於寒食秋夕二節具盛饌讀祝文祭土神一依家禮墓祭之儀正朝端午二節則略備
饌物只一獻無祝且不祭土神

●愚伏曰三月十月上旬卜日上墓似爲得宜十月上墓家禮雖無此文而東萊宗法有之今中原
人皆用之

●竹庵曰祧位用十月上丁前期一日齋戒具饌(云云)

●家禮本註始祖親盡則大宗奉其墓祭歲率宗人一祭之第二世以下親盡則諸位迭掌而歲率
其子孫一祭之

▶1886◀◆問; 시제에 대한 질문.

이이(栗谷 李珥)는 격몽요결(擊蒙要訣)의 제례장에서 시제(時祭)에는 산재를 4 일간
하고 치재(致齋)를 3 일간 한다 라고 하는데 시제는 어떠한 제사를 지칭하는지? 요

즈음 묘사(墓祀,墓祭)도 시제로 보는지? 귀견 주시기 바랍니다.

◆答; 시제(時祭).

매(每) 계절(季節)의 중월(仲月) 또는 분지(分至)에 정기적으로 정침(正寢)에서 지내는 고조(高祖) 이하 사당(祠堂)에 모신 조상(祖上)에 대한 제사(祭祀)입니다.

묘제(墓祭)를 시향(時享) 혹은 시제(時祭)라 칭하기도 하는 듯 합니다.

●周禮地官牧人;凡時祀之牲必用牷物鄭玄注時祀四時所常祀謂山川以下至四方百物
●周禮春官大宗伯;以祠春享先王;以禴夏享先王;以嘗秋享先王;以烝冬享先王
●國語周語上;日祭月祀時享歲貢終王先王之訓也
●左傳昭公四年;夏諸侯如楚魯衛曹邾不會曹邾辭以難公辭以時祭衛侯辭以疾
●漢書漢玄成傳;日祭於寢月祭於廟時祭於便殿

▶1887◀◆問; 시제에서 강신술을 따르는 방법?

저희는 시제(時祭) 시에 6 대조, 5 대조, 고조(高祖)의 신위(지방)를 모시고 한꺼번에 지냅니다. 분향(焚香)은 향로를 하나만 준비하고 삼상향(三上香) 하는데, 강신술은 잔 여섯(3 대 양위)을 다 따르고 있습니다. 강신술 따르는 잔(뢰상)을 별도로 준비하여 한 번만 따르는 게 맞지 않나? 궁금합니다. 하교하여 주시면 고맙겠습니다.

◆答; 시제에서 강신술을 따르는 방법.

정침제(正寢祭)인 사시제는 사대(四代; 父祖曾高)설위제(設位祭)로 강신례(降神禮)는 사대공일회(四代共一回)로 마치게 됩니다. 따라서 뇌주잔(酹酒盞) 역시 위(位) 마다가 아니라 뇌주잔반(酹酒盞盤) 하나로서 행하게 됩니다.

●朱子家禮四時祭陳器條(前略)酒架於東階上別置卓子於其東設酒注一酹酒盞一盤一受胙盤一匙一巾一茶合茶筅茶盞托鹽楪醋瓶於其上(以下省略)○又降神條(前略)主人左手執盤右手執盞灌于茅上以盤盞授執事者(以下省略)

▶1888◀◆問; 시제의 주인은 누가 되나.

지방으로 재사(齋舍)에서 지내는데 지방을 종손 위주로 대수를 씁니까? 아니면 초헌자 위주로 합니까? 어떤 경우는 초헌관이 미리 정해져 있지 않아 혼란스럽습니다.

◆答; 시제의 주인은.

묘제에는 고조 이하 조상인 친미진조(親未盡祖) 묘제가 있고 오대조 이상 친진조(親盡祖) 묘제가 있습니다. 시조(始祖) 및 불천지위(不遷之位)와 고조(高祖) 이하의 봉사는 그 선조의 적장자손(嫡長子孫)이 종손의 지위를 승계하여 봉사(奉祀)를 하게 되고, 시조 이하 이세(二世)부터 불천지위(不遷之位)를 제한 오대조(五代祖)이상의 친진조(親盡祖)는 세일제(歲一祭)로 묘(墓)에서 제사하게 되는데, 고조가 친진(親盡)이 되면 묘훼(廟毀)라 하여 종손이 없어져, 그 후손으로 묘제에 참석한 제원 중 최존자(最尊者; 行列이 가장 높고 高齡)가 초헌관이 되어 축(祝)의 주 인으로써 초헌을 하게 됩니다. 따라서 지방과 축의 속칭에는 초헌관의 속칭으로 써야 합니다.

●尤庵曰神主祧遷則宗毀而族人不復相宗矣
●東巖曰第二祖以下親盡則埋主於墓所而諸位迭掌歲率子孫一祭之據此則除大宗墓外皆當以昭穆最尊者爲主獻
●朱子曰五世則遷者上從高祖下至玄孫之子高祖廟毀不復相宗

▶1889◀◆問; 시제축문.

시제축문을 알고 싶습니다. 시제에 참예하면 축관이 읽는 축문은 어려운 한문으로 되어있어 극히 일부를 제모하고는 모두 뜻도 모르고 그저 제사 때 읽는 것이구나 하는 정도입니다. 축문을 쉽게 풀어서 누구나 들으면 이해할 수 있도록 현대식으로 바꾸어 사용하는 것이 있으면 함께 알려주시면 감사하겠습니다.

◈答; 시제축문.

축문은 고자(告者)가 신(神)에게 고(告)하는 글로서 생자가 아닌 신에게 아룀으로서 그 역할을 다하는 것입니다 따라서 축문은 쓰여지는 바대로 유가(儒家)의 법식으로 지어져 있어 그대로 고하게 되는 것입니다.

불가(佛家)에서 천수경(千手經)에 "修利修利摩訶修利修修利娑婆訶(슈리슈리 마하슈리 슈슈리 사바하)"로 시작 되는데 독송하면서 또 우리 의미로 번역하여 이르지 않 듯이 유가에서 역시 참석한 생자를 위하여 번역하여 일러 주지 않습니다. 까닭은 생자에게 고하는 글발이 아니기 때문입니다. 다만 생자 중에 축의 의미를 이해하지 못하는 이를 위하여 제사를 마친 뒤 교육의 의미로 축문을 해석하여 일러 줄 수는 있을 것입니다.

●文章學史序以人告神則爲祝文
●文心雕龍祝盟陳辭乎方明之下祝告於神明者也
●寒岡問讀祝當高聲讀抑低聲讀退溪曰太高旣不可太低亦不可要使在位者得聞其聲可也

▶1890◀◈問; 시제축문과 관련하여?

제가 어려서 어른들 뒤를 따라다니며 시제를 모실 때는 저의 10 대조로부터 차례대로 상을 따로 차리고(옮겨 다니며) 하였던 것으로 기억하고 있는데 객지에서의 삶으로 인하여 한동안 참석하지 못하다 이제 좀 철이 들어 금번에 참석하여보니 산에서 지내는 것이 아니라 종가(상이나 포장 등을 운반할 사람이 없다는 이유 등) 집안에서 10 대조로부터 차례대로 상만 다시 차리며 제사(축문 포함)를 올리고 있는 것을 보고 조금은 의아하고 또한 잘못인 듯 하여 차후로는 종손과 상의하여 격식에 맞는 옳은 방식으로 하고자 합니다.

첫째 5 대조 이상 위 분부터 10 대조까지의 시제봉양에 있어 합동제례로 할 수 있는지요? 지금 저의 고향에는 70 대 중반의 아저씨가 벌초를 해야 하는 실정입니다. 둘째 사정이 여의치 않아 합동제례를 하여야 한다면 축문은 어찌 써야 할지요? 지금도 선친의 기제사에 독축을 하면서 어린 조카들에게 그 내용을 설명하고는 있으나 언제나 이해하게 될지는 모르나 언제인가는 알게 되는 날이 있으리라 생각합니다. (저도 이제야 이해를 하니까요) 가능한 한 격식에서 크게 어긋나지 않고 우리 조상님들이 해오시던 전통방식대로 하고자 합니다. (이유는 그것이 전통이니까요) 어른들의 가르침을 받고자 합니다.

◈答; 시제축문과 관련하여.

問 첫째. 둘째. 答; 아래와 같이 살펴보건대 선산(先山)에 선대(先代) 묘(墓)가 많아 하루 각행(各行)이 어려우면 산하(山下)에 재사(齋舍)가 있거나 없으면 정처(淨處)에 제단(祭壇)을 마련사시제(四時祭)의 예법과 같이 합제(合祭)하여도 예에 어그러지지는 않는 것 같습니다.

다만 축문(祝文)에 첨소봉영(瞻掃封塋; 墓祭를 뜻함)이라 하였으니 각묘(各墓)에 올라 재배(再拜) 쇄소(灑掃) 재배(再拜; 陶庵曰焚香降神於各墓則灑掃之意) 하산 재사(齋舍) 또는 제단(祭壇)에 이서위상(以西爲上) 고서비동(考西妣東)으로 설위(設位) 지방을 세우고 각이판(各異版)으로 선강후참(先降後參)으로 행하면 될 것입니다.

그러나 지방식(紙牓式)과 축문식에 관하여는 어느 선유께서도 일러 주심이 없습니다. 만약 지방식(紙牓式)과 축문식(祝文式)이 상이(相異)하면 비요(備要) 기제(忌祭) 병제축식(並祭祝式)에서 "약고비병제칙왈모친휘일(若考妣並祭則曰某親諱日)"이라 주서(註書)를 붙였듯이 주서(註書)를 붙여 지방식이나 축문식을 남겨 주셨을 것이나 여러 변례축식(變禮祝式)은 물론 어느 선유(先儒)의 문집(文集)에서도 발견되지 않으니 이를 선현(先賢)들께서 잊으시고 논(論)함이 없었다고 할 수는 없을 것입니다.

[이로 미루어 보건대 축식(祝式)은 본난에서 이미 논의된 적이 있으나 원축(原祝)으로 고하고 원축(原祝)에 운운지묘(云云之墓)라 하였으니 신(神)이라 함은 지상(地上)에 떠 있을 혼령(魂靈)을 의미함이 되고 묘(墓)란 지하(地下)의 체백(體魄)을 의미하여 가제(家祭)는 그 주(主)가 신(神)이며 묘제(墓祭)는 그 主가 체백(體魄)이니 지방식(紙牓式) 역시 현운운지묘(顯云云之墓)라 함이 이치상 옳지 않을까 하나 이는 그 전거가 확인(確認)됨이 없으니 단정하여 이를 수는 없으며, 례법(禮法)이라 함은 예서(禮書)나 선유(先儒)의 설(說)로 명문화 되어 있어 전거(典據)가 분명하여야 함은 물론 또 관련 예법과 이치에 부합하여야 함이라 전거가 불분명하면 예로서 신뢰할 수 없는 것입니다. 본 단원은 참고로 하시기 바랍니다]

●退溪曰同原許多墓各行祭之弊世多有此愚意不如掃視墓域後以紙牓合祭於齋舍無舍卽設壇以行之可免瀆弊而神庶享也
●問族葬列位若欲次第行祭則登降累原恐筋力疲而誠敬弛又恐祭物新餕或雜冷煖有異先詣墓所奠杯引靈而以紙牓合祭於齋宮何如曰無妨設壇於淨地而合祭何如曰尤是
●顧齋曰古人臨祭而雨沾服失容則止若有齋舍及墓下潔淨之家就彼行事似無不可曾見通典以設祭墓前爲瀆以此觀之則雖不雨行祀於山下亦可
●葛菴曰墓祭有雨水之礙則就齋舍設紙牓行事亦何害若就祠堂行祭則恐無意
●陶庵曰歲一祭或遇雨差退日字待晴上墓爲當至於紙牓行事恐違灑掃之意云然焚香降神於各墓則灑掃之意亦在其中矣以紙牓合祭齋舍祭畢待晴省拜則恐無不可
●或問墓祭或東西埋葬丘壠峻險往來倦疲恐有怠慢之氣而日亦不繼或厥日終雨則將何以爲之預搆一屋於墓側若遇如此時依時祭儀合祭一所如何退溪曰善

▶1891◀◈問; 시제축문 몇 대손 표기방법문의.

축문에서 몇 대손 누가 시제를 올리는 것으로 작성되는데 족보상에서는 이번에 시제를 모시는 조상님은 12대부터이고 제가 26대라 선조님으로부터는 14대손입니다. 이럴 때 조상님을 1대로하고14대손으로 해야 될지 아니면 원래대로 조상님을 12대로 하고 저를 26대로 해야 하는지요? 또는 조상님을 12대로 하고 저만 14대손으로 해야 할지 궁금합니다.

◈答; 시제축문 몇 대손 표기방법.

축문의 속칭은 하세(下世)의 세수(世數)가 아니라 제주(초헌관)와의 관계 속칭입니다. 예를 들어 고조는 현손, 고조의 아버지는 오대조 오세손, 오대조의 아버지는 육대조, 육대손, 이와 같이 제주와의 관계속칭입니다. 친진조 세일사 묘제 주인은 그 날 모인 제원 중에서 최장자가 주인이 됩니다.

●尤庵曰神主祧遷則宗毀而族人不復相宗矣○親盡墓祭祝文云云幾代孫某官某敢昭告于某親某官府君之墓歲薦一祭禮有中制履玆霜露彌增感慕謹用淸酌時羞祇奉常事尙饗
●九思堂曰家禮大宗親盡則藏主於墓所而宗子主之歲率宗人一祭之第二祖以下親盡則埋主於墓所而諸位迭掌歲率子孫一祭之據此則除大宗墓外皆當以昭穆最尊者爲主獻恐或得宜

●遂菴曰親盡墓祭三獻可也祝文臨時製用以行列最尊者爲之可矣
●葛菴曰若非百世不遷之大宗則當以會中長幼爲主辦祭者不可越尊長爲主初獻之後使之
一獻亦合人情
●大山曰家禮大宗親盡則藏主於墓所而宗子主之歲率宗人一祭之第二祖以下親盡則埋主
於墓所而諸位迭掌歲率子孫一祭之據此則除大宗墓外皆當以昭穆最尊者爲主恐或得宜
●孟子離婁下夫章子豈不欲有夫妻子母之屬哉
●後漢書靈帝紀死者百餘人妻子徒邊諸附從者錮及五屬李賢注五屬謂五服內親也
●禮記大傳六世親屬竭矣
●新唐書薛苹傳居三鎭聲樂不聞于家所得祿即分散親屬故人而無餘藏
●宮廷錄事祝文中措語干支下隨屬稱太皇帝臣御諱倦勤傳禪屬皇帝臣御諱敢昭告于

▶1892◀◆問1; 시제축문 의 서식.

시제축문을 쓸 때 같은 벌 안에 할아버지와 할머니 산소가 봉분이 각각 되어 있을 때 부군하고 지묘 유인 전주 최씨 하고 지묘 이렇게 두 번 지묘라고 써야 하나요 아니면 부군지묘는 빼고 나중에 유인 전주 최씨하고 지묘 한번만 써야 하나요 그리고 이거는 쌍봉의 경우이고 할아버지 할머니가 합봉으로 모셔졌을 시는 어떻게 써야 하는지요. 이 부분이 궁금하네요.

◆答; 시제축문

일반적 상식으로는 합폄위(合窆位)의 축식(祝式)에 비(妣)의 말미(末尾)에 한번 지묘(之墓)를 붙이는 것으로 이해(理解)되고 있으나 아래의 고산(孤山) 선생의 축식에 지묘(之墓)를 각각 붙인 예도 있으니 위(位)마다 지묘(之墓)를 붙인다 하여 예법에 어그러졌다 할 수는 없을 것 같습니다. [단제(壇祭)인지 재사합제(齋舍合祭)인지는 밝혀 놓은 바는 없으나 일고(一考) 이비(二妣)인 점으로 보아 합폄위(合窆位) 이거나 쌍분 위의 축식으로 이해됨]

●贈職者墓祭祝文式

維 某年某月朔某月某日孫某官某敢昭告于 顯某代祖考 贈某官府君之墓 顯某代祖妣 贈某封某氏之墓 顯某代祖妣 贈某封某氏之墓今以霜露之節追惟報本瞻掃 封塋不勝感慕謹以清酌庶羞祗薦歲事尙 饗

▶1893◀◆問; 시제의 형식과 절차.

항상 도움을 주셔서 감사합니다.
1. 대종중 주관으로 600 년 이상 된 조상의 시제를 지낼 때 날씨가 불순하지 않은데도 항상 묘제를 지내지 않고 재실에서 시제를 모시는 것이 후손으로서 예법에 어긋나는 것은 아닌지요?
2. 고려시대에 실묘한 선조를 위해서 제단비를 세워 조상에 대한 숭조의 뜻을 표하고자 시제를 지내고져 합니다. 절차에 관하여 자세히 설명하여 주시면 감사하겠습니다.
3. 종손, 주손, 봉사손(奉祀孫)에 관한 명확한 정의를 내려주시면 고맙겠습니다.

◆答; 시제의 형식과 절차.

問 1. 答; 묘제(墓祭)란 첨소봉영(瞻掃封塋) 후 묘전(墓前)에 진설하고 지냄이 정례(正禮)인데 아래와 같이 살펴보건대 혹 선산(先山)에 묘(墓)가 다수이거나 우천시(雨天時) 재사(齋舍)에서 묘제를 지냄이 가한 것 같습니다.

問 2. 答; 선조묘를 실전하였을 때의 예법은 정례로 전함은 없는 것 같고 다만 아래와 같이 살펴보건대 단(壇)을 축조하고 비석에 모공신위라 각자하여 세우고 단제를 지냄이 가할 듯싶습니다. 다만 그 예법은 전함이 없으나 아래 축식을 살펴보건대 설단전(設壇前) 고유(개기)하고 설단 후 위안고사를 마치고 산신제를 지내면 예에 크게 어그러지지는 않을 상 싶습니다.

예법은 단헌지례(單獻之禮)입니다. 축식은 변축으로 그 상황에 옳도록 작축하여 고합니다. 아래의 축식은 모두 예문으로서 참고하시기 바랍니다.

⊙在妣墓失考墓築神壇告辭(例文)

維 歲次干支幾月干支朔幾日干支幾代孫某敢昭告于 顯幾代祖妣某封某氏之墓 顯幾代祖考某官府君時丁否運矢復不墓每修歲事紙榜以祭不勝皇恐玆築神壇謹以酒果用伸虔告謹告

⊙考祭築壇後慰安祝文(例文)

維 歲次干支幾月干支朔幾日干支幾代孫某敢昭告于 顯幾代祖考某官府君之靈云云此心終焉死綏哀玆矢復無處尋屍遵禮不墓幾世于玆每修歲事紙榜木碑忠魂義魄於何攸宜感慕不寧愈久愈 某山之陽世葬斯爲夫人孤墳窆玆幾時築壇其右靈或有知禮有此禮質之無疑伏惟 尊靈憑斯依斯

⊙考祭築壇後土地祭祝文(例文)

維 歲次干支幾月干支朔幾日干支某官姓名敢昭告于 土地之神某官姓名幾代祖考某官府君昔在亂離立懂帶方招魂非禮不敢以墓玆築神壇于幾代祖妣某封某氏之墓右 神其保佑俾無後艱謹以淸酌脯醢祗薦于神尙 饗

⊙奉事幾代祖築壇後慰安祝文(例文)

維 歲次干支幾月干支朔幾日干支幾代孫某敢昭告于 顯幾代祖考某官府君今以往在某甲立懂露梁不墓以享幾世履霜夫人墓右始封壇塲伏惟尊靈依斯洋洋

⊙築壇後慰安祝文(例文)

維 歲次干支幾月干支朔幾日干支幾代孫某敢昭告于 顯幾代祖考某官府君今以昔在亂離適遭否運封豕長蛇荐食某所數墓之怨百世難忘八路之禍一網打張時惟我祖般于某山忽遇賊艘彌滿海灣恭惟某氏鐵石心腸與其受辱寧投中洋爰及七烈爭先捐軀熊魚斯判如赴坦途滄海浮天萬古綱常炳如皎日凛若秋霜國有褒典一闉八旌命錄三綱竹帛垂名暨余後孫至恨常慕塲未襲殮祭無墳墓招魂非禮某封齋否歲時一薦紙以榜之烈烈尊靈何處依泊設壇致祭據禮裁度某山之南夫子攸藏易位三列築于左傍烈魂義魄不昧有知伏惟從令依憑于玆

問 3. 答; 사전적 풀이를 아시고자 함을 아닐 것입니다. 그러나 그에 대한 합당한 주석문은 찾아지지 않습니다.

○宗孫; 한 가문을 이룬 시조의 직계적손. 대종의 적장자손이나 소종의 적장자손.
○冑孫; 적자(嫡子)의 적자(嫡子). 적장손(嫡長孫). 맏손자.
○奉祀孫; 약칭 사손(祀孫). 사당을 받드는 자손. 조상을 맡아서 받드는 자손.

●通典三代以前未有墓祭至秦始起寢於墓側又曰神道尙幽不可逼黷宜於塋南山門之外設淨席爲位遙祭若一塋數墓每墓各設位昭穆異列以西爲上
●張南軒答朱子書曰古者不墓祭非有所畧也蓋知鬼神之情狀不可以墓祭也神主在廟而墓以藏體魄體魄之藏而祭於義何居若知其理之不可行而循私情以强爲之是以僞事其先也人主饗陵之禮始於漢明帝蔡邕蓋稱之以爲盛事某以爲與原廟何異情非不篤而不知禮徒循乎情非孝子之所以事其先也某謂時節展省當俯伏興跪號哭洒掃省視而設席陳饌以祭
●退溪曰同原許多墓各行祭之煩世多有此愚意不如掃視墓域後以紙榜合祭於齋舍無舍即設壇以行之

可免瀆褻而神庶享也〇又退溪答鄭道可曰朱子於婺源先塋亦令僧守齋舍行祭恐無妨

●樹谷菴記曰始吾先祖葬於樹谷歲庚戌議立齋舍以供祀事其制則當中南面闊五架三間爲堂若序以奉祭也東偏淨室以齋宿也其西四間南三間以爲僧寮廚竈庫藏之屬使僧守之夫旣祭於野則齋戒滌濯宜有其所釜鼎牀席宜有其藏典守之人又不可無所於寓此齋舍之所以不得不作也惟世之爲是者或出於佞佛求福之意則大不可今是菴也未免守之以其徒故置僧寮然堂爲主而寮爲附一嚴於奉先之體而供薦之事未嘗及焉則亦何嫌之有哉

●寒岡曰世俗之行墓事於神主者似未安是神主祭也非墳墓祭也

●陶菴曰歲一祭或遇雨差退日字待晴上墓爲當至於紙牓行事恐違灑掃之意云然焚香降神於各墓則灑掃之意亦在其中矣以紙牓合祭齋舍祭畢待晴省拜則恐無不可

●葛菴曰墓祭有雨水之礙則就齋舍設紙牓行事亦何害若就祠堂行祭則恐無意

●愚按合祀齋舍則先周上墓再拜灑掃下齋舍紙牓設位行祭祝辭原祝祭如時祭之儀祭畢而待晴省拜可也

●朱子曰有失先墓者雖知其墓在某山未能的知不得已望墓爲壇而祭之

●故進士宋某之墓不知其處其後孫尤菴卽其祖妣墓傍設壇而祭之其文曰禮經有去祧爲壇標牓之之文

●此不可謂無於禮者謹設右享之禮以爲幷薦之所其於禮義何幸無罪焉

●近齋答人問曰墳墓雖失傳禹祭酒之祀壇以故宅之遺墟尙存也金太師之墓壇以舊山前名之可徵也如守道公則設壇實無處所欲於宗家築壇則旣非不祧之位其宗子爲已毀之宗築壇其家恐掃無義

●鏡湖曰世或有失先墓者雖略知其墓之在某山某洞而猶未能的知爲先墓則不得已設壇於其傍而望祭者有之矣

●梅山曰遠祖考妣墓之或傳或不傳者卽其所傳之地當遷望墓爲壇之禮如金太師墓壇之例並祭考妣而以右爲上恐爲處變而不失其正也

●剛齋答人問曰子孫之於祖先神位之壇不當書姓字云爾則凡人家墓表其有不曰某公之墓者耶且此立石爲識神位祖壇石面刻李公下宜有神位二字而闕之此爲未盡耳

●失墓而築壇者壇石面刻皆曰某公之壇當依剛翁說書神位二字於之壇之上似爲宛轉

●書經舜典帝曰夔命汝典樂敎胄子註胄長也自天子至卿大夫之適子也

▶1884◀◆問; 신위 모시는 방법을 알려주세요.

저희 집에서 매년(每年) 음력(陰曆) 9월3일에 제사를 모시는데 예법(禮法)에 맞는지 모르겠습니다. 틀렸다면 어떻게 틀렸는지 많은 가르침을 부탁 드리겠습니다. 현재 오른쪽(부친) 현고학생부군신위(顯考學生府君神位) 왼쪽에 모친(母親) 현비유인밀양 박씨신위(顯妣孺人密陽朴氏神位) 신위(神位)를 모시고 제사를 올립니다, 또한 자녀 가 시(市), 군(郡) 단위 기관장(機關長)으로 근무(勤務)하고 있기에 부친 신위(神位) 를 현고처사부군신위(顯考處士府君神位) 모시려고 합니다.

◆答; 신위 모시는 방법.

지방식

顯考某官府君神位
顯妣某封某氏神位

지방은 부부라 하여도 한 장에 같이 쓰지 않고 각각의 장에 써 각각의 교의에 생자 가 보아 남좌여우(男左女右)로 설위합니다.

모관(某官)은 후손의 벼슬 여부에 관계 없이 당사자의 생전 마지막(추증 포함)벼슬 의 관품(官品) 명(名)을 쓰게 됩니다.

처사(處士)란 재덕은 겸비하고도 벼슬길에는 나가지 않고 은거중인 선비. 또는 아직 벼슬에 오르지 않은 선비란 의미이니 부친께서 관(官)에 나갈 재덕은 갖췄으나 벼슬치 않았다면 처사(處士)의 호칭을 붙임이 당연할 것입니다.

●陶庵曰紙牓用厚白紙長廣隨宜以眞楷細書於紙中央臨祭貼於椅上隨位各書
●問解無官而死者無他稱號勢不得已當書學生處士秀才各隨宜可也
●孟子滕文公下聖王不作諸侯放恣處士橫議楊朱墨翟之言

▶1895◀◆問; 신위(神位) 방위.

제주도(濟州道) 삼성혈(三姓穴) 제사(祭祀)를 보면 신위(神位)를 모신 방향이 서쪽에 있습니다 삼헌(초헌, 아헌, 종헌)을 신위 앞으로 모실 때 서향입(홀기)이라 하는데 맞습니까? (자연의 방위) 신위(神位)를 모신 곳은 어느 방위에 있던지 무조건 북향(신의 방위)이라 홀기에 북향입이라 해야 하는 것이 아닌지요? 알고 싶습니다.

◆答; 신위(神位) 방위.

위(位)나 분묘(墳墓)의 방위(方位)는 실방위(實方位)와 관계없이 뒤가 북(北), 앞이 남(南), 좌가 동(東)이며, 우가 서(西)쪽이라 합니다. 따라서 실 방위로 창하지 않고 위(位)나 분묘(墳墓)의 방위(方位)로 창(唱) 하여야 합니다.

●性理大全凡屋之制不問何向背但以前爲南後爲北左爲東右爲西

▶1896◀◆問; 신위(神位) 방향?

제사를 모실 때에 신위 방향을 반드시 북쪽을 향하게 하고 병풍 또한 정북향에 놓이게 해야 하는지요. 북쪽이라 함은 실제 현실 속에서의 방위상 정북쪽을 의미하는 것인지 아니면 어느 방향이든 병풍을 치고서 신위를 모시게 되는 방향이 정북쪽이 되는지요. 그리고 병풍을 치는 연유는 무엇인지요. 우문현답을 기대합니다.

◆答; 신위(神位) 방향.

실방위와 무관하게 집의 방위는 뒤를 북이라 하고 앞을 남이라 합니다. 병풍(屛風)을 치는 까닭은 지난날 지체 있는 가문(家門)에서는 등 뒤에 병풍(屛風)을 치고 앉아 식사(食事)를 하고 독서(讀書) 등을 함이 일상(日常)의 방안 생활(生活)이었으니 설령 생전(生前)에 그와 같은 생활을 못하였다 하여도 후손(後孫)된 도리(道理)로 제사 날을 당하면 그와 같은 분위기(雰圍氣)를 만들어 드리는 것입니다.

●朱子家禮祠堂章凡屋之制不問何向背但以前爲南後爲北左爲東右爲西後皆放此

▶1897◀◆問; 신위 방향.

기제사(忌祭祀)를 모실 때 신위(神位)는 동서남북의 북(北)이 아니라 신위(神位) 있는 곳을 북쪽으로 정해서 동 서 남이 결정(決定)된다고 하는데 그러면 집안 어느 쪽에 신위(神位)를 놓아도 상관(相關) 없는 건가요? 그리고 제사(祭祀)는 돌아가신 당일 낮에 지내도 괜찮은 건가요? 꼭 어두워진 저녁이나 새벽에 지내야 되나요?

◆答; 제사 설위의 방향.

가옥은 실 방위와는 관계 없이 뒤를 북(北)이라 하고 앞을 남(南)이라 하며 우측을 서(西)라 하고 좌측을 동(東)이라 합니다. 따라서 제사 지낼 방의 주 출입문의 반대편(가옥의 북) 벽 아래에 설위하면 북쪽에 설위의 법도에 맞고 자시(子時)는 태조(太早)입니다. 바른 제사 시간은 당일 질명(날이 새려 할 때)에 지내심이 옳습니다.

●性理大全家禮祠堂於正寢之東條凡屋之制不問何向背但以前爲南後爲北左爲東右爲東
●書儀時祭設位條設倚卓考妣並位皆南向西上(註古者祭於室中故神坐東向自後漢以來公

私廟皆同堂異室南向西上所以西上者神道尙右故也)
●程子曰忌日必遷主出祭於正寢
●尤菴曰行祭太早不可太晩亦不可惟當以質明

▶1898◀◆問; 신위 모신 위치를 북쪽으로 하는 이유를 알고 싶습니다.

안녕하세요. 그전에 얼핏 들어진 거 같은데 확실(確實)하지를 않아 질문(質問)을 올립니다. 방향(方向)에 관계없이 신위 모신 곳을 북쪽으로 하는지요. 그 이유와 어디서 근거를 두고 있는지 가르쳐 주시면 감사 하겠습니다.

◆答; 시위의 위치는 북방.

북이 음방(陰方)이라 신위(神位)의 자리가 되고 남은 양방(陽方)이라 제원(祭員)이 서는 자리가 됩니다.

●禮運死者北首生者南向疏死者北首歸陰之義生者南向歸陽也
●書儀人家堂室房戶(不能一如)圖前爲南後爲北左爲東右爲西

▶1899◀◆問; 10월의 묘사(시사)축.

10 월의 묘사축에 보면 "청작서수(淸酌庶羞)"와 "청작포해(淸酌脯醢)"을 읽는 것을 보았습니다. 어떤 때 다르게 쓰는지요? (밥을 차리면 "서수"로, 차리지 않으면 "포해"로 한다고 하는데) 죄송합니다.

◆答; 10월의 묘사(시사)축.

상향(尙饗)의 축문례(祝文禮)에서 무반찬(無飯饌) 약설(略設) 단헌지례(單獻之禮)인 사토지축(祠土地祝;山神祭)에서 청작포해(淸酌脯醢)라 고하게 되고 반찬진설(飯饌陳設)인 삼헌지례(三獻之禮)의 축식(祝式)에서는 청작서수(靑酌庶羞)라 고하게 되는데 이는 모두 진설 된 음식물(飮食物; 祭需))의 표현으로 산신제(山神祭)에서 해(醢)를 지설하지 않고 포(脯)와 과일 등이라면 청작(淸酌)포과라 고하여야 옳을 것입니다.

다만 묘제(墓祭) 후토(后土)제에서는 찬품(饌品)이 진설(陳設)되는 삼헌지례(三獻之禮)로 감이주찬(敢以酒饌)이라 고하게 됩니다.

●杜甫後出寒詩斑白居上列酒酣進庶羞

▶1900◀◆問; 5 대조의 기준.

시제(時祭)의 대상은 5 대조 이상이라고 알고 있습니다, 이때 5 대손은 제주와 제주(祭主)의 자(아들) 중 누구를 기준으로 하는지를 문의 드립니다. 감사 합니다.

◆答; 5 대조의 기준.

아래와 같이 살펴보건대 효현손이 죽어 그의 아들로는 오대조로 친진(親盡)이 되어 신주를 묘소에 매안(埋安)하고 세일제(歲一祭)로 묘제를 지내야 하나, 효현손의 제(弟)가 있으면 그가 지내다 그도 죽어 그의 동생이 없으면 그 후손 중에 친미진손(親未盡孫)이 있으면 최장방(最長房; 그 중에 가장 어른)으로 그 신주(神主)를 옮겨 제사하다 그 댁에서도 친진(親盡)이 되면 다음 차장방(次長房), 또 친진이 되면 차장방(次長房) 이와 같이 제사하다 그의 후손으로 현손대(玄孫代)가 모두 끈기게 되면 비로소 그 신주를 묘소(墓所)에 매안(埋安)하고 그 후손들이 1 년에 한번 묘소로 모여 묘제를 지내게 되는데 적현손(嫡玄孫)이 죽으면 종훼(宗毁)라 하여 종손이 없게 되는 연고로 초헌관(初獻官)은 회중(會中) 최장자(最長者)가 됩니다.

●喪禮備要喪禮吉祭納主條; 若族人有親未盡者遷于最長之房使主其祭神主當以主祭者所稱改題而旁題不稱孝

●問家凡三年後高曾二世神主當遷于弟家而家悝以爲曾祖則渠亦親未盡因請奉祀愚意此於禮意決不可從旣遷耳早晩復還其於卽遠無退之義有何所害同春曰恐當

●四未軒曰按寒岡曰長房身後子孫親未盡連世奉祀以待親盡後遷于親未盡之家理恐當然據此則長房之子其行序年齒尊於諸族親未盡者當從寒岡說如有他年尊行高者當從同春說

●沙溪曰庶孽雖卑其於祖先均是子孫據程子說則初無不可奉祀之義但適凡弟盡歿然後奉祀似不妨

●同春曰妾子以最長房奉祧主則其母不可同入一祠

▶1901◀◆問; 5 대조부터 묘사 (墓祀)를 올리는 이유는?

오늘 처음 회원으로 강입 했습니다 위 제목의 이유 설명 부탁 합니다.

◆答; 5 대조부터 묘사 (墓祀)를 올리는 이유.

고비이상 고조고비까지(국조오례의 등에서는 증조고까지)를 친(親)이라 하고 그 이상의 조상은 친진(親盡)이라 하여 기제사(忌祭祀) 등은 면하고 일년에 한번 묘제(墓祭)를 지내는데 묘제(墓祭)는 친진(親盡) 묘제뿐만 아니라 부모로부터 고조부모 묘소에도 묘제를 지내는 것이나 대개의 가문(家門)에서 지내지 않고 있을 뿐입니다.

다만 오대(五代)부터 세일제로 올리는 이유는 아래와 같이 살펴 보건대 현대 국법 같이 확실하게 일목요연함은 없는 것 같으며 물론 역사적 배경도 크게 작용되었겠으나 고조는 유복간으로 기제를 지냄이 옳다는 정자설을 주부자께서 채택 주자가례를 펴 내심이 고조 이하는 묘제와 아울러 기제도 지내고 오대조 이상은 묘제만 지내게 된 원인 중 가장 크게 영양을 끼친 것이 아닌가 생각됩니다.

●程子曰高祖有服不祭甚非某家却祭高祖又曰自天子至於庶人五服未嘗有異皆至高祖服旣如是祭祀亦須如是

●朱子曰攷諸程子之言則以爲高祖有服不可不祭雖七廟五廟亦止於高祖雖三廟一廟以至祭寢亦必及於高祖但有疎數之不同耳擬此最得祭祀之本意今以祭法考之雖未見祭必及高祖之文然有月祭享嘗之別則古者祭祀以遠近疎數亦可見矣禮家又言大夫有事省於其君干祫及其高祖此則可爲立三廟而祭及高祖之驗

●退溪曰祭四代古禮亦非盡然後來程子曰高祖有服之親不可不祭朱子家禮因程子說而立爲祭四代之禮今人祭三代時王之制也力可及則通行恐無妨〇又曰時王之制固當遵守而其祭四代亦大賢義起之禮國家之所不禁也但其疎數不同之說古者廟各爲一故可如此今同奉一堂之內而獨疎擧於高祖一位事多礙理〇又答問曰今祭三代高祖已遷之後欲行合祭高祖禮則此於禮未有顯據恐當以紙榜設位祭之祭畢焚之時用春仲以倣立春祭先祖之禮如何

●經國大典文武官六品以上祭三代七品以下祭二代庶人則只祭考妣註宗子秩卑支子秩高則代數從支子

●晦齋曰按程子言高祖有服不祭甚非文公家禮祭及高祖盖亦本於程氏之禮然禮大夫三廟士二廟無祭及高祖之文故朱子亦以祭高祖爲僭且今國朝六品以上祭三代不可違也竊意高祖雖無廟亦不可專廢其祭春秋俗節率其子孫詣墓祭之庶無違禮意而亦不至忘本也

●頤菴曰時祭拘於國法止於曾祖墓祭忌祭並及高祖可也五世祖墓寒食秋夕祭之六世祖以上只寒食祭之

〇添言; 나를 태어나게 하신 선대 조상을 영원히 잊지 않고 공경하며 선대의 체백(體魄)이 잠들어 계신 묘소를 백세토록 실전의 불효를 범하지 않기 위함에서 그 자손들이 적어도 일년에 한번 선대의 봉역(封域)을 찾아 뵙고 잔디를 깎고 쓸어내고 (요즘은 벌초라 하여 별도로 행하고 있지만) 제수(祭需)를 차려 올리고 축(祝)으로 자손 된 도리를 고하고 절하며 효(孝)를 표하고 뿌리를 잊지 않기 위함인데 이에 제일 큰 이유는 선대의 묘소를 자손 만대까지 실전(失傳)치 않기 위함에서 입니다.

▶1902◀◆問; 5 대조 이상의 헌관 분정.

수고가 많으십니다. 5 대조 이상 조상의 묘사(불천위 등)를 지내기 위해 5 대손 이하의 후손이 모였을 경우, 대수가 적으면 항렬은 높으나 연령이 적고, 대수가 많으면 항렬은 낮으나 연령은 높은 경우가 많습니다. 예에 어긋남이 없이 헌관을 분정 하려면,

[문 1] 같은 리동(산소가 가까운 곳)에 사는 후손만 있으면 초헌관, 아헌관, 종헌관은 누가 하면 좋은지요? (참고로 여자 분은 참석하지 않고, 항렬과 연령이 문제입니다)

[문 2] 원거리에 사는 후손만 있으면 초헌관, 아헌관, 종헌관은 누가 하면 좋은지요? (참고로 여자 분은 참석하지 않고, 항렬과 연령이 문제입니다)

[문 3] 같은 동리에 사는 후손과 원거리에 사는 후손이 함께 있으면 초헌관, 아헌관, 종헌관은 누가 하면 좋은지요? (참고로 여자 분은 참석하지 않고, 항렬과 연령이 문제입니다) 모르는 것은 죄(罪)가 아니지요?

◆答; 5 대조 이상의 헌관 분정.

[문 1] [문 2] [문 3] 答; 아래와 같이 살펴보건대 위 문 3 항 어느 경우든 친진묘제(親盡墓祭)의 헌관(獻官)은 회중(會中) 최존항(最尊行) 장자(長者) 순으로 정하여 짐이 옳은 것 같습니다.

●屛溪曰禮五世則宗毁不復相宗故遠代歲一祭行高者主祝大宗云者如別子
●葛庵曰若非百世不遷大宗之家則當以會中長幼爲主辦祭者不可越尊長爲主初獻之後使之一獻亦合人情
●鹿門曰始祖之祭宗子主之第二世以下尊者主之
●梅山曰五世親盡祧遷于長房則宗已毁矣無宗子之可名祧位忌墓祭長房皆主之而及長房盡而埋主則子孫中行尊年高者當墓祀祝用其名宗孫無與焉斯爲道行之禮也
●三山齋曰遞遷之祖長房已盡者其墓歲一祭諸孫中屬尊者行主人之事而其祝辭自稱或曰後孫或曰幾代孫

▶1903◀◆問; 우천 시 한식 차례 방법.

조상님들께 한식을 맞아 차례를 올립니다. 올해는 부득이 4, 7(일)에 한식차례를 지내는데 비가 온답니다. 비가오면 묘소에서 못 지내는데 집(방안)에서 지내야 하는지 궁금합니다.

◆答; 우천 시 한식 차례.

주원양 제록에 한식(寒食) 묘제(墓祭)는 사당(祠堂)에서 지내도 가하다 하였으나, 한위공을 비롯하여 여러 선유들께서는 집에서의 신주제는 묘제가 아니다. 라 하셨을 뿐만 아니라, 도암께서는 혹 묘제 날 비가 오면 날을 미뤄 날이 맑기를 기다려 상묘(上墓)함이 마땅하다 하셨으니 묘제를 집에서 지냄은 옳지 않을 것 같습니다.

●周元陽祭錄墓祭或覊宦他邦不及拜掃松檟則寒食在家亦可祠祭
●韓魏公家祭式寒食上墓祭又十月一日如上墓儀若身不能往竝遣親者代祭
●寒岡曰世俗之行墓祀於神主者亦似未安是神主祭也非墳墓祭也
●陶庵曰歲一祭或遇雨差退日字待晴上墓爲當

▶1904◀◆問; 우천시 한식차례방법에 대하여 재 질문 드립니다.

우천시(雨天時) 한식차례방법(寒食茶禮方法)에 대하여 다시 질문 드리고자 합니다. 한식차례를 지내는 날 부득이 비가 오면 맑은 날을 기다려 다시 차례(茶禮)를 올려야 마땅하다고 하셨고, 묘제(墓祭)를 집에서 지내는 것은 옳지 않을 것 같다고 하셨습니다.

1. 이 경우 음식(제례상)을 사전에 준비 하였을 터이고,
2. 또한 요즘은 서로 바쁜 일정에 새로운 날을 정하여 다시 지낸다는 것을 많은 불편이 따를 것 같습니다.
3. 다른 문중에서는 어떻게 하고 있는지 궁금하고, 또한 저희 문중에서는 재실은 없고 시내(市內)에 회 관을 갖고 있습니다.
4. 이 경우 회관의 회의실에서 지낼 경우 집(방안)에서 지내는 것과 동일하게 되는지요?
5. 저희 문중(門中)에서는 10월 시제(時祭)를 4월 한식 때로 옮겨서 춘향제(春香祭)로 지내고 있습니다. 이 경우 10월 시향제(時享祭)와 4월 한식제를 지낼 경우 서로 차이점이 있는지요? 항상 좋은 정보 주셔서 감사 드립니다.

◆答; 우천시 한식차례방법에 대하여.

사람이 죽는다는 것은 체백(體魄)에서 혼신이 분리됨을 의미하게 되는데, 체백을 떠난 혼신은 초혼하여 신주에 합하여 사당으로 모시고, 체백은 장사하여 묘로 모시게 됩니다. 따라서 사당이나 정침에서 지내는 제사는 신제가 되고, 묘에서 지내는 제사는 체백제(體魄祭)가 됩니다.

사당이나 정침에서 지내는 제사에 신주나 지방 없이 지낼 수가 없듯이, 묘제 역시 체백이 묻힌 묘가 아닌 다른 곳에서 지내서는 묘제가 될 수가 없는 것입니다. 다만 묘제를 지내는 날에, 비가 오든가 같은 산에 묘가 많아 하루에 다 지낼 수가 없을 때, 그 산 아래 이미 지어 놓은 재사나 단을 만들고 합제로 지낼 수는 있다는 것입니다.

오대조이상의 묘제가 10월 1일에 지내는 까닭은 초목의 초사(初死; 草木歸根之時) 때인 이유이고, 고조이하 묘제가 3월인 까닭은 초목 초생의 때인 이유에서 입니다. 덧붙여 도암선유 말씀의 뜻은 만약 묘제 날 비가 내려 지낼 수가 없으면 다음 날로 미뤄 지내야지, 집에서 지내면 아니 된다는 말씀으로 이해되어야 할 것입니다.

지난날 자자일촌 농경사회가 아닌 현대 다 직업 사회 하더라도 유가의 전통 예법은 문답하면서 정도가 아닌 현실에 맞춰 변례로 논할 수 없음을 양해하여 주시기 바랍니다.

●開元禮寒食上墓如拜掃儀惟不占日○孔子許向墓遙爲壇以時祭卽今之上墓義或有憑然神道尙幽不可逼凟塋域宜設於塋南山門之外設淨席爲位遙祭以時饌如平生所嗜若一塋數墓每墓各設位昭穆異列以西爲上主人盥手奠爵三獻而止泣辭
●通典神道尙幽不可逼凟宜於塋南山門之外設淨席爲位遙祭若一塋數墓每墓各設位昭穆異列以西爲上
●張南軒答朱子書古者不墓祭非有所略也盖知鬼神情狀不可以墓祭也神主在廟而墓以**蔵**體魄體魄之**蔵**而祭也
●退溪曰同原許多墓各行祭之弊世多有此愚意不如掃視墓域後以紙牓合祭於齋舍無舍卽設壇以行之可免凟弊而神庶享也
●葛菴曰墓祭有雨水之礙則就齋舍設紙牓行事亦何害若就祠堂行祭則恐無意也
●張子曰寒食與十月朔日展墓亦可爲草木初生初死

●便覽親盡祝文式今以草木歸根之時
●問退溪墓祭祭紙榜之言如何尤菴曰退溪之意欲於墓下齋室以紙榜行之云爾非謂還家而行之如此也
●問墓祭一屋於墓側而若遇如此之時依時祭之儀合祭一所如何退溪曰豈不善哉

▶1905◀◆問; 적절한 표현(사용)문의.

항상 유익한 자료를 많이 얻고 있는 데에 감사 드립니다. 아래사항에 대해 문의하오니 부탁 드립니다. 종회에서 시조할아버지께 시향 시 초헌이나 아헌관이 잔을 올리는 (술을 올리는) 장면을 사진 촬영하여 문중 종보(宗報) 에 게재할 때 본인은 사진장면을 초헌관 OOO 종회장께서 헌잔(獻盞) 이라고 제목을 붙였으나 적절한 표현인지요. 일부에선 헌작이나 헌주 등등의 의견도 있어서요.

◆答; 적절한 표현.

헌주(獻酒) 헌잔(獻盞) 헌작(獻酌) 헌작(獻爵) 모두 실록(實錄)이나 문집(文集) 등에서 신위(神位) 전에 술을 올린다는 표현으로 쓰이고 있으니 어느 표현이 가장 옳다. 라 할 수는 없을 것 같습니다. 아래 묘제 홀기도 참고하여 보시기 바랍니다.

●上壽酒歌三朝獻酒萬壽是膺
●士昏禮饗婦姑薦焉鄭玄注舅姑共饗婦舅獻爵姑薦脯醢
●龜峯先生集家禮註說三祭禮初獻(補)虞祭獻盞執事爲之時祭則主人爲之
●高麗史節要睿宗文孝大王戊戌十三年幸順德王后魂堂諫官上疏曰前日初喪悲哀過度及葬祖祭親拜獻酌臣民瞻望竊謂過禮

▶1906◀◆問; 조부를 묘사에 올려도 되는지요?

(질문 1) 질문자 한 테는 백부님이 되는데, 그 백부님의 기제사를 5 촌 조카(백부님의 손자)가 지내다. 묘사에 올렸는데, 그 조카의 삼촌(질문자의 사촌형님)은 아직도 살아있습니다. 이런 경우 묘사에 올린 것은 예법에 어긋난 것으로 생각하는데 답변 부탁 드립니다.

(질문 2) 고조부 및 5 대조를 구분 할 때 기준점을 누구로 하여 계산하는지 궁금합니다. 예를 들면 제주를 기준으로 한다. 아니면 망인과 가까운 사람을 기준으로 하여 계산한다. 제주인 조카를 기준으로 하면 5 대조가 되지만 질문자를 기준으로 하면 고조부가 됩니다. 기준점을 어디로 두고 계산 하느냐에 따라 달라질 수 있어 질문 드립니다.

*편리한 것도 좋지만 좋은 전통을 계승하는 것도 후손의 덕목이라 생각되어 염치불구하고 여쭈어 바로 잡으려 합니다.

◆答; 조부를 묘사.

(질문1) 答; 아래와 같이 살펴보건대 그 손 중에 현손(玄孫)이 생존하여 있으면 그 집으로 제사를 옮겨 봉사하다 그의 후손 중 현손 대가 끊기면 그 때 신주를 묘소에 매안하고 세일제로 묘제를 지내게 됩니다.

(질문2) 答; 세수(世數)를 계산함에서야 본인을 기준하나 봉제사에서는 그(망인)의 후손 중 최근친자를 기준으로 하여 친진(親盡) 또는 친미진(親未盡)을 가립니다.

예를 들어 그의 후손 중 현손(玄孫)이 생존하여 있으면 그로는 고조부모가 되니 친미진으로 기제사를 그가 지내야 하고 그의 후손 중 현손 대가 끊기면 그의 자(子)로는 오대조가 되어 이를 친진(親盡) 되었다 하고 신주를 묘소에 매안 세일제로 묘제를 지내게 됩니다.

(親盡=五代祖)이 되면 그의 자손(子孫) 중 친미진(親未盡) 자손 중 최장방(最長房)으로 체천(遞遷)되어 봉사하다 대진(代盡)이 되면 세일제(歲一祭)인 묘제(墓祭)로 봉사(奉祀)함은 유가(儒家)의 예법으로는 봉제사(奉祭祀) 예법의 기본(基本)입니다.

●章箚彙編領議政洪鳳漢彙子三月初三日條伏以臣昨日(云云)一家諸人相議上言使必壽奉祀一如他家親盡後最長房移奉之例云云

▶1907◀◆問; 축문의 용어에 관하여?

성균관(成均館)의 가르침 항상 감사하게 생각하고 있으며, 시간 나는 대로 방문하여 많이 배우고 있습니다. 성균관의 무한(無限)한 발전을 기원(祈願)하면서, 축문서식 중에서 다음과 같이 궁금하여 가르침을 받고자 합니다.

1. 忌祭祀(기제사)에는 諱日復臨(휘일부림)이나 亡日復至(망일부지)로, 설날은 歲律既更(세율기경), 한식에는 雨露既濡(우로기유), 단오에는 時物暢茂(시물창무), 추석에는 白露既降(백로기강), 음력 10 월에는 '霜露既降(상로기강)'을 쓰는 것으로 알고 있는데,

문의사항: 상기에 대해 좀더 구체적으로 알고 있습니다. 예를 들면 월별로 사용하는지 아니면 계절별로 사용하는지, 만일 계절별로 사용한다면 어떻게 구분하는지 궁금합니다.

2. 淸酌庶羞(청작서수), 淸酌脯醢(청작포해), 酒果用伸(주과용신), 敢以酒饌(감이주찬) 등의 用語(용어)가 있는데.

문의사항.
① 기제사나 묘제 산신제 등 지내는 장소를 기준하는지? 아니면 제수에 따라 달리 사용하는지? 궁금합니다.
② 묘제에 있어서, 집안 별로 다소 차이가 있겠지만 요즈음은 밥과 국은 물론 젓갈을 안올리는 경우가 많은데 이 경우에 적절한 용어가 무엇인지? 궁금합니다.
③ 산신제에 있어서는 어떠한 용어를 사용해야 하는지 궁금합니다.

◆答; 축문의 용어.

問; 1 答; 諱日復臨(휘일부림)와 亡日復至(망일부지)는 位의 존비(尊卑)에 따름이고 이하는 묘제(墓祭)를 지내는 때에 따라 다릅니다.

○諱日復臨; 선대(先代) 기제축식(忌祭祝式)(家禮)
○亡日復至; 처제이하(妻弟以下) 기제축식(忌祭祝式)(備要)
○歲律既更; 세시(歲時)(備要)
○雨露既濡; 삼월상순(三月上旬)(家禮) 한식(寒食)(要結. 備要)
○時物暢茂; 단오(端午)(備要)
○草木既長; 단오(端午)(要訣)
○白露既降; 추석(秋夕)(要結. 備要)
○霜露既降; 십월삭(十月朔)(三禮儀)

●家禮忌祭祝辭云歲序遷易諱日復臨追遠感時云云○又墓祭三月上旬祝式云云氣序流易雨露既濡瞻掃封塋云云
●擊蒙要訣墓祭祝式祝詞曰氣序流易靑陽載回(此正朝祝也寒食則曰雨露既濡端午則曰草木既長秋夕則曰白露既降)瞻掃封塋云云
●備要忌祭祝式云云歲序遷易諱日復臨(妻弟以下云亡日復至)追遠感時云云○又墓祭祝文式云云氣序流易雨露既濡(寒食云云歲時改此句爲歲律既更端午云時物暢茂秋夕云白露

旣降)瞻掃封塋云云

●三禮儀墓祭祝式云云氣序流易雨露旣濡(按十月朔當日霜露旣降)瞻掃封塋云云

問2. ① 答; 고(告)하는 제사(祭祀)에 따라 다릅니다.

○淸酌庶羞; 四時祭及忌祭(要訣)

○淸酌脯醢; 喪禮祠后土(家禮)

○酒果用伸; 祠堂有事則告(家禮)

○敢以酒饌; 墓祭祭后土(家禮)

問 2. ② 答; 묘전(墓田) 등이 없을 때 약설묘제(略設墓祭)를 일러 주과포례(酒果脯禮) 혹(或) 주과포제(酒果脯祭).

問 2. ③ 答;

○墓祭祭后土; 감이주찬(敢以酒饌).

○喪禮祠后土; 청작포해(淸酌脯醢).

●要結四時祭(忌祭同)祝式云云不勝永慕敢以淸酌庶羞祗薦云云

●家禮喪禮治葬祠后土祝式云云謹以淸酌脯醢祗薦于神云云○又墓祭時祭后土祝式云云實賴神休敢以酒饌敬伸奠獻尙饗○又祠堂有事則告條祝版云云不勝感慕謹以酒果用伸虔告謹告

⊙尤菴遠代墓歲一薦祝文(宗子與父兄尊行同行遠祖之祭則神主已祧遷而其宗毀矣又按有宗子之名乎其裸獻之禮尊行當主之○按長房奉祀宗子雖親盡亦當會計旣有程子之訓則遠墓墓祭宗孫主之可也若宗子親盡而長房方奉祀則奉祀者主之固也)

維 歲次干支幾月干支朔幾日干支某代孫某敢昭告于 顯某代祖考某官府君 顯某代祖妣某封某氏之墓惟歲一薦禮有中制履玆霜露深增感慕敢以淸酌時羞祗奉歲事尙 饗(一云感物追慕無間遠近禮節有限惟歲一薦時維仲秋瞻掃封塋不勝感慕云云○一云禮制有限烝嘗已替瞻掃封塋不勝感慕謹以淸酌庶羞敬伸歲一之薦尙饗○時係孟冬禮惟一祭瞻掃封塋不勝感慕○問親盡之墓與未祧同岡則節祀時有難處尤菴曰以吾家言之則先人墓與先祖墓相接四名日不可獨祭先人故亦以一獻之薦先設於先祖矣又問若以天雨行祀於齋則亦可並祭耶曰似不可以行祀於齋舍而有所異同也)

⊙便覽親盡墓祭祝文式(依韓魏公禮十月一日祭之○家禮歲率其孫一祭之○鹿門始祖之祭宗子主之第二世以下尊者主之)

維 歲次干支幾月干支朔幾日干支幾代孫某敢昭告于 始祖考(或先祖考或幾代祖考或始祖妣或幾代祖妣)某官府君(或某封某氏合窆位則列書)之墓今以草木歸根之時追惟報本禮不敢忘瞻掃 封塋不勝感慕謹以淸酌庶羞祗薦歲事尙 饗(親盡祖墓歲一祭祝好禮之家多用尤菴所製而亦有用便覽所載者故並錄以備參用○洞山曰歲一墓祭祝逡菴有所製曰禮制有限烝嘗已替瞻掃封塋不勝感慕謹以淸酌庶羞敬伸歲一之薦云云此似好而吾家則用人家秋夕墓祭祝氣序流易霜露旣降瞻掃封塋不勝感愴云云祗薦歲事云云矣)

아래는 친미진(親未盡) 친진조(親盡祖) 세일제(歲一祭) 축식에 청작서수(淸酌庶羞)를 표기한 사례입니다.

⊙翰墨全書墓祭祝文

維 歲次干支幾月干支朔幾日干支孝子某官某敢昭告于 皇考某官 皇妣某封某氏(無封則稱某親)書曰邁種德易曰食舊德惟我祖種于前而某等小子食德於後春雨旣降霜露旣濡帥拜松楸以享以祀孰非祖之遺也靈德在天或克相之子子孫孫勿替引之(松楸墳上松樹植之以獲神氣使魂有所依)謹以淸酌庶羞祗薦歲事尙 饗

⊙退溪墓祭變改祝文

維 歲次干支幾月干支朔幾日干支孝仍孫某敢昭告于 七代祖某官府君世次迭遷於廟雖祧存者昭穆猶未至遙祧廟之禮禮云歲一因循俗例尙用四節散居子孫多未如儀惶恐改圖商的厥宜自今而後春秋兩次仍就齋菴謹行設位玆因秋奠敢告其故禮從減殺益愴霜露謹以淸酌庶羞祗薦歲事尙 饗

⊙尤菴祧墓歲一祭祝文

維 歲次干支幾月干支朔幾日干支幾代孫某(逖菴曰先薦歲一祭祝辭以最長房名書之可也)敢昭告于 顯
某親某官府君(考妣含空則雙書)之墓歲薦一祭禮有中制履玆霜露彌增感慕謹用清酌庶羞祗奉常
事尙 饗

▶1908◀◆問; 합동 묘역의 세일사 축문 서식을 여쭈어 봅니다.

안녕하십니까. 저는 밀양 손씨 한 문중의 종손입니다. 저의 선조들의 묘가 없어서,
5 대조 할아버지부터 할아버지까지의 단비를 한곳에 모시고 세일사를 자내려고 합
니다. 5 대조 고조부 증조부 조부의 합동의 세일사 축문의 내용을 몰라서 여쭈어 보
니 알려주시면 고맙겠습니다. 또한, 다음의 세일사 축문이 옳은지도 여쭈어 봅니다.

歲一祀壇祭 祝文

維歲次己丑十月丙寅朔初六日辛未 四代孫逸煥敢昭告于 顯高祖考學生府君 顯高祖妣孺
人密陽朴氏之壇 顯從曾祖考學生府君 顯從曾祖妣孺人金海金氏之壇 顯曾祖考學生府君
顯曾祖妣孺人月城李氏之壇 顯祖考學生府君 顯祖妣孺人陵洲具氏之壇 歲序流易霜露旣
降不勝感慕 瞻掃封壇謹以清酌庶羞祗薦歲事尙 饗

◆答; 합동 묘역의 세일사 축문 서식.

단제(壇祭)에 관하여 많은 선유(先儒)들께서 논(論)하심이 계시나 아래와 같이 살펴
보건대 의시제의(依時祭儀)라 하셨으니 위(位)마다 각설(各設)하고 축(祝)은 원축(原
祝)으로 각판(各版)이어야 하며 지단(之壇)이 아니라 지묘(之墓)라 써야 합니다. 재
사(齋舍)에서 묘제(墓祭)를 합제(合祭) 할 때 역시 지재사(之齋舍)라 하지 않고 지묘
(之墓)라 하여야 할 것입니다. 그 까닭은 어느 선유(先儒)께서도 거지묘(去之墓) 또
는 거지묘위지단혹지재사(去之墓爲之壇或之齋舍)라 말씀하심이 없습니다.

●開元禮孔子許向墓遙爲壇以時祭卽今之上墓義或有憑然神道尙幽不可逼瀆塋域宜設於
塋南山門之外設淨席爲位遙祭以時饌如平生所嗜若一塋數墓每墓各設位昭穆異列以西爲
上主人盥手奠爵三獻而止泣辭
●問云云一屋於墓側而若遇如此之時則依時祭儀合祭一所如之何退溪曰豈不善哉

▶1909◀◆問; 合祀.

예법을 잘 몰라서 글을 올립니다. 여러 곳에 있던 산소를 한자리에 모셔서 올해 처
음으로 묘사를 올리려고 합니다. 묘역 제일 앞에 큰 제단을 마련 하였습니다.

1. 제단에 제수 진설 방법.
2. 헌작 방법.
3. 축문 내용.
위의 1.2.3 외에도 궁금한 점이 많습니다 바른 예법을 알려주시면 고맙겠습니다.

◆答; 합사(合祀).

問 1. 答; 통전의 말씀은 매묘각설위(每墓各設位)라 하였으니 제수 역시 각 설(設)이
라야 옳을 것입니다.

問 3. 答; 재사(齋舍)에서 묘제(墓祭)를 합제(合祭)할 때 묘제(墓祭) 본축에서 어느
부분(部分)은 수정(修正)한다는 수정(修正) 축식(祝式)이 명문화(明文化)되어 있지
않은 것 같습니다. 따라서 이를 미루어보건대 묘제(墓祭) 본축(本祝)으로 고함이 옳
을 것 같습니다.

問 2. 答; 아래의 말씀으로 미루어 보건대 사시제(四時祭) 의식과 같이 매위(每位)

삼헌(三獻)의 예로 행하여야 옳을 것 같습니다.

●通典神道尚幽不可逼黷亽於塋南山門之外設淨席爲位遙祭若一塋數墓每墓各說位昭穆
異列以西爲上

●問或厥日有終朝之雨則亦將何以爲之欲豫搆一屋於墓側而若遇如此之時依時祭之儀合
祭一所如何退溪曰豈不善乀

▶1910◀◆問; 합사(合祀)에 대한 문의.

안녕하십니까 항상 성의 있는 신속한 답변 주시는데 대하여 감사 드립니다 저는 종
약원에서 문화업무를 담당하면서 선대조에 대한 종인 들의 효심을 보면서 많은 것
을 배우고 있는 사람입니다 최근 선대조 시향시 합사(合祀) 문제로 여러 가지로 검
토 중에 있습니다 현재 문제(논의)의 대상은 이러합니다.

1)700 여 년이 지난 선대 조 묘소가 상하(上. 下)로 모셔져 있으나 할아버지와 할머
니 묘소가 구별(구분)이 안되고 있는 상태에서 현재는 상하묘소 각각 제물을 준비
하고 아래 묘소 앞에 참배 종원과 헌관이 도열하고 헌관(초헌/아헌/종헌)이 아래묘
소에서 순서대로 먼저 초헌관이 잔을 올린 후 초헌관이 위 묘소로 이동하여 헌잔을
한 후 다시 아래 묘소로 되돌아오면 다음은 아헌관과 종헌관이 같은 순서로 시향을
올리고 있습니다.

2)최근 논의가 되고 있는 것은 합사로 하면 간편하고 제물비도 덜 드니 시대에 맞
게 예는 지키되 간소화 하자는 방안이 제기되었습니다 논의되고 있는 안 1) 700 여
년간 지켜온 것을 간편하고 편하게 또한 절약하자는 뜻에서 아래묘소에서 두 분을
함께 지내자는 것(합사)은 조상님께 대한 불경(不敬) 스러운 일이니 현행대로 해야
한다는 묘하 종인들의 견해.

3)종약원(대종회)에서는 모든 것은 시대에 맞게 변하는 것이니 너무 형식이나
절차에 치우치지 말고 후손들이 조상님께 정성을 갖고 제를 올린다면 불경스럽다고
볼 수 없으니 아래묘소에서 합사하는 방법으로 하자는 의견. (우천시 재실에서는
합사)

4)두 분 묘소가 구별이 안되고 있는 상태니 춘향시는 아래묘소에 합사 추향 시는
위에 묘소에 서 합사 하는 방안 4) 아래 묘소나 위에 묘소에서 합사 하더라도 제물
은 각각 진설하는 방안 이상과 같이 현행방법을 고수하는 묘하 종인과 방법을 개선
하자는 종약원(대종회) 2, 3, 4 (3 가지 안)의 의견과 일치가 어려워 성균관의 객관적
인 현명한 안 (저희의 검토안 이외 좋은 방법 포함)을 제시 받고자 하오니 답변 주
시면 감사하겠습니다.

◆答; 합사(合祀).

아래와 같이 살펴보건대 고비(考妣)의 묘가 도장(倒葬)이 아님을 전제(前提)하고 위
의 고묘(考墓)에서 병설제(竝設祭)로 행하시되 비묘(妣墓)에서 분향뢰주영신(焚香酹
酒迎神)하여 합제(合祭)하심이 바른 불원고비묘제(不遠考妣墓祭)지내는 법도입니다.

●同春問有人父墳在後母墳在前石物則立於父墳而祭祀時欲幷行於尊位前則背母墳而行
禮實甚未安各設爲當否沙溪曰行祭與立石當於父墳而合設之不可兩處各設也

●陶庵曰三配從夫同葬一岡先後易次者先行男位祭罷次一配次二配次三配然夫婦同岡雖
有先後之易次依沙溪說幷設父墳恐得亽

●問解考妣兩墓相去不遠雖坐向稍異祭祀及拜禮似當兼行

●四未軒曰相去不遠考妣墓合祭時主祭者當於妣墓焚香酹酒以迎神來于考墓而行拜禮而

合祭之爲禮家所通行也

●松沙曰曾祖妣墓移葬于伯父墓下此甚未安倒葬人家先山或有之而極爲未安然而尊家所處自別子葬在先父葬在後

▶1911◀◆問; 홀기 중에서.

묘제홀기(墓祭笏記)에서,

질의 1 (三祭于地)냐? (三祭于地上)냐?

질의 2 삼제우지(三祭于地)는 강신례(降神禮)에서만 하고 초헌례(初獻禮)와 아헌례(亞獻禮)와 종헌례(終獻禮)에는 안하는 것이 맞는지요? 초헌례(初獻禮)와 아헌례(亞獻禮)와 종헌례(終獻禮)에서도 하는 것이 맞는지요?

질의 3 홀기(笏記)문에 행(行) 초헌례(初獻禮)(삼제가(三祭可)) 행(行) 아헌례(亞獻禮)(삼제가(三祭可))로 쓰여 있는데 (삼제가(三祭可))는+ 무슨 뜻인가요?

질의 4 묘제홀기(廟祭笏記)(기제(忌祭))에 삼제우모사상(三祭于茅沙上)을 강신례(降神禮)에서만 하고 초헌례(初獻禮)와 아헌례(亞獻禮)와 종헌례(終獻禮)에서는 안 하는 것이 맞는가요? 초헌례(初獻禮)와 아헌례(亞獻禮)와 종헌례(終獻禮)에서도 하는 것이 맞는가요? 이상 4 가지 질의를 하교바랍니다.

◆答; 홀기 중에서.

질의 1. 答; ○주인좌집반우집잔뢰지지상(主人左執盤右執盞酹之地上),

질의 2. 答; 강신례(降神禮)에서는 뇌지지상(酹之地上). 초헌례(初獻禮)와 아헌례(亞獻禮)와 종헌례(終獻禮)에서 삼제우지상(三祭于地上).

질의 3. 答; (三祭可)란 아종헌(亞終獻) 때 초헌(初獻) 때의 ○주인좌집반우집잔삼제우지상(主人左執盤右執盞三祭于地上)의 기록(記錄)을 생략(省略)하고 그와 같다. 라 표시(標示)가 아닌가 합니다.

질의 4. 答; 삼제우모사상(三祭于茅沙上)을 강신례(降神禮)에서도 하고 초헌례(初獻禮)와 아헌례(亞獻禮)와 종헌례(終獻禮)에서도 합니다.

○墓祭笏記(1825 참조)

▶1912◀◆問; 합동 묘역에서 축문쓰는 법.

문중 조상님 여러분을 한 곳에 합동묘역으로 조성하고, 이 묘역 하단부에 제단을 설치하였습니다. 이런 경우에 있어서의 축문서식이 어떻게 되는지 궁금합니다.

◆答; 합동 묘역에서 축문.

1). 아래와 같이 살펴보건대 우천시(雨天時)나 선산(先山)의 선묘(先墓)가 허다(許多)하면 재사(齋舍)나 제단(祭壇)을 모으고 사시제(四時祭) 의식과 같이 묘제(墓祭)를 지낼 수가 있습니다.

그러나 재사(齋舍)나 제단(祭壇)은 선산하(先山下)라야 하며 재사(齋舍)나 단제(壇祭)로 묘제(墓祭)를 대신한다 하여도 먼저 상묘(上墓)하여 매묘(每墓) 첨소봉영(瞻掃封塋) 분향재배(焚香再拜)의 예를 마친 후 하산(下山)하여 설위(設位) 진설(陳設)하고 예를 행하여야 합니다.

묘제는 체백(體魄)에 대한 예이고 기제(忌祭)나 속절예(俗節禮)는 혼백(魂魄)에 대한 예입니다. 따라서 선산하(先山下)에 허가(虛家)가 깨끗하면 재사(齋舍)로 사용 못할 까닭은 없겠으나 선산과는 관계없이 외처이거나 본가에서 지낸다면 묘제(墓祭)로서의 의미가 없습니다.

예법은 사시제(四時祭) 예법과 같이 각위(各位) 각설 각축(各祝) 삼헌지례(三獻之禮)입니다.

●通典三代以前無墓祭至秦始起寢於墓側漢因秦上陵皆有原寢

●開元禮寒食上墓如拜掃儀惟不占日○孔子許向墓遙爲壇以時祭卽今之上墓義或有憑然神道尙幽不可逼瀆塋域宜設於塋南山門之外設淨席爲位遙祭以時饌如平生所嗜若一塋數墓每墓各設位昭穆異列以西爲上主人盥手奠爵三獻而止泣辭

●或問今拜掃之禮何據曰此禮古無但緣習俗然不害義理葬只是葬體魄而神則必歸於廟旣葬則設木主旣除几筵則木主安於廟故古人惟專精祀於廟今亦用拜掃之禮但簡於四時之祭也

●尤庵曰退溪之意欲於墓下齋室以紙榜行之云耳非謂還家而行之如此也

●寒岡曰世俗之行墓祀於神主者亦似未安是神主祭也非墳墓祭也

●退溪曰同原許多墓各行祭之弊世多有此愚意不如掃視墓域後以紙牓合祭於齋舍無舍卽設壇以行之可免瀆弊而神庶享也

●葛庵曰墓祭有雨水之礙則就齋舍設紙牓行事亦何害若就祠堂行祭則恐無意也

●顧齋曰古人臨祭而雨沾服失容則止若有齋舍及墓下潔淨之家就彼行事似無不可會見通典以設祭墓前爲瀆以此觀之則雖不雨行祀於山下亦可

●問或值天雨或別有他故則何以爲之欲從權設行於神主則別出主爲未安用紙榜望墓設位而行之如何葛庵曰墓祭未畢而有雨水之礙則就齋舍設紙榜行事亦何害若就祠堂行祭則恐無意也

●問族葬列位若欲次第行祭則登降累原恐筋力疲而誠敬弛又恐祭物新餕或雜冷煖有異先詣墓所奠杯引靈而以紙牓合祭於齋宮何如退溪曰無妨設壇於淨地而合祭何如曰尤是

●或問墓祭或東西埋葬丘壠峻險往來倦疲恐有怠慢之氣而日亦不繼或厥日終雨則將何以爲之預搆一屋於墓側若遇如此時依時祭儀合祭一所如何退溪曰善

●陶庵曰歲一祭或遇雨差退日字待晴上墓爲當至於紙牓行事恐違灑掃之意云然焚香降神於各墓則灑掃之意亦在其中矣以紙牓合祭齋舍祭畢待晴省拜則恐無不可

2).아래와 같이 살펴보건대 四時祭 축식에서 丘濬이 儀節에서 倂祝式을 택하였고 그의 학파인 魏堂이 會成에서도 倂祝式을 따랐으나 이는 家禮의 축식에서 어긋나 후학들이 그 설을 따르지 않았을 뿐만 아니라, 실학파인 星湖선생 계열이었던 性齋선생도 구준설은 정례가 아니라 따르지 않았습니다.

혹 요즘도 墓祭를 齋舍나 壇에서의 합제 祝式에서 구준설을 주장하는 경향이 있으나 이는 바른 예법이 아닙니다.

●丘儀四時祭四代合祝文條註按家禮四代各一祝文今倂省之以從簡便

●會成四代合祝文條丘文莊曰按家禮四代各一祝文今倂省之以從簡便

26 재사(齋舍)

▶1913◀◆問; 명칭을 어떻게 하는 것이 옳은지요?

대구에 살고 있는 이국성이라고 합니다. 저희 문중에서 조상님을 위해 건립되었던 재실을 중수하고 있습니다. 기존에 재실 본 건물만 있던 것에서 추가하여 뒤편에 영정을 모신 사당을 추가하여 짓고 있습니다. 구조로 보면 서원과 동일합니다.

외삼문 동서재 재실 본당 내삼문 사당의 순입니다. 이렇게 되면 기존 '00 재'라고 불리던 명칭을 바꾸어야 하는지요? 바꾼다면 어떤 식으로 바꾸어야 하는지요?

여러 가지 이야기들이 오고 가는데 정확한 것을 알고 싶어서 이렇게 문의를 드립니다. 전체 명칭을 'OO 사'라고 해야 하는지? 그냥 기존대로 'OO 재'로 두어도 괜찮은 지? 아니면 더 격상을 해야 옳은지? 힘드시겠지만 답변을 부탁 드립니다.

◆答; OO齋.

묘하(墓下)에 묘제를 지내기 위하여 후손들이 모여 재계하는 집을 일러 재사(齋舍) 재실(齋室) 등으로 불리어 지는데 건물의 용도가 다르다면 그 용도에 맞도록 이름을 지을 것이나 재계 또는 우천시 등이면 묘제를 지내기 위한 건물이라면 크든 작든 재실(齋室)일 뿐입니다.

●顧齋曰古人臨祭而雨沾服失容則止若有齋舍及墓下潔淨之家就彼行事似無不可會見通典以設祭墓前爲瀆以此觀之則雖不雨行祀於山下亦可

●樹谷菴記曰立齋舍以供祀事其制則當中南面闢五架三間爲堂若序以奉祭也東偏淨室以齋宿也其西四間南三間以爲僧寮廚竈庫藏之屬使僧守之夫旣祭於野則齋戒滌濯宜有其所釜鼎牀席宜有其藏典守之人又不可無所於寓此齋舍之所以不得不作也

▶1914◀◆問; 재각 이름에 선대함자인 正憲齋라 되었는데.

저의 재각(齋閣)은 30 년 전에 건립하여 현재 시향(時享)을 행하고 있습니다. 대문 위에는 숭정문으로 되어 있고 재각 이름은 '정헌재(正憲齋)'라 되어 있습니다. 정헌은 8 대조 휘자(諱字)인데 계속 사용하여도 무방한지 아니면 어떤 이치에서 다시 수정해야 될런지요. 고견 부탁 드립니다.

◆答; 정헌재(正憲齋).

아래와 같이 살펴보건대 재실(齋室) 현판에 8 대조의 휘자(諱字)로 되어 있다 하여도 법도상 잘못되지 않았으며, 별달리 좋은 문구가 있다면 따를 일이나, 휘(諱)로 인함이라면 교체(交替)할 까닭은 없습니다.

●曲禮上;詩書不諱臨文不諱(鄭玄注)詩書不諱何胤云詩書謂敎學時也臨文謂禮執文行事時也

●辭源[不諱]不避尊長的名字

▶1915◀◆問; 齋舍나 壇祭에서의 倂祝式은 비례임.

묘제를 재사(齋舍)에서 합동으로 지내면서 한 판에 모두 이어 쓰면 안되는가요.

◆答; 재사(齋舍)나 단제(壇祭)에서의 병축식(倂祝式)

아래와 같이 살펴보건대 사시제(四時祭) 축(祝)식(式)에서 구준(丘濬)이 의절(儀節)에서 병축식(倂祝式)을 택하였고 그의 학파(學派)인 위당(魏堂)이 회성(會成)에서도 병축식(倂祝式)을 따랐으나 이는 가례(家禮)의 축식(祝式)에서 어긋나 후학(後學)들이 그 설을 따르지 않았을 뿐만 아니라, 실학파(實學派)인 성호(星湖) 선생 계열(系列)이었던 성재(性齋)선생도 구준 설은 정례(正禮)가 아니라 따르지 않았습니다.

혹 요즘도 묘제(墓祭)를 재사(齋舍)나 단(壇)에서의 합제(合祭) 축식(祝式)에서 구준 설을 주장하는 경향이 있으나 이는 바른 축식(祝式)이 아닙니다.

●丘儀四時祭四代合祝文條註按家禮四代各一祝文今倂省之以從簡便

●會成四代合祝文條丘文莊曰按家禮四代各一祝文今倂省之以從簡便

▶1916◀◆問; 재사 묘제 시 여러 위의 강신은 어떻게 하나.

신위에 올리는 술잔과 강신 때 쓰는 술잔은 별도로 쓴다고 합니다. 묘제(墓祭)의 경우 신위를 8 분을 모실 경우 강신(降神) 잔(盞)은 한 번만 해도 되는 것인지, 그리고 강신 잔을 제사상 신위 앞에 놓은 지 아니면 향안(香案; 향상)에 놓아도 되는 지 궁금합니다. 강신 잔을 별도로 놓을 경우에 진행절차를 상세히 알려주십시오.

◆答; 사시제(四時祭) 강신(降神)과 같음.

재사(齋舍)에서 여러 위의 묘제(墓祭)를 합설하였을 때의 강신(降神)은 향로(香爐)와 모사(茅砂)를 여러 위(位)의 중간에 놓고 1회의 강신으로 마칩니다.

●家禮四時祭降神;主人升搢笏焚香(焚香下疑脫再拜二字)出笏少退立執事者一人開酒取巾拭瓶口實酒于注一人取東階卓子上盤盞立于主人之左一人執注立于主人之右主人搢笏跪奉盤盞者亦跪進盤盞主人受之執注者亦跪斟酒于盞主人左手執盤右手執盞灌(朱子曰盡傾)于茅上以盤盞授執事者(便覽執事者反注及盞反於故處先降復位)出笏俛伏興再拜降復位

▶1917◀◆問; 齋舍의 준비 물건.

수고가 많으십니다. 또 여쭈어 봅니다. 여러 재사(齋舍)에 가보면 건축 모양도 여러 가지이며, 내부에는 여러 가지 물건(병풍, 제기 등)이 준비되어 있습니다. 그런데 재사(齋舍)의 내부에 꼭 갖추어야 할 물건이 정해져 있는지요? 또한 신주(神主)는 반드시 있어야 하는지 없어도 되는지요? 죄송합니다.

◆答; 재사(齋舍).

재사(齋舍)라 하면 원 의미는 서재(書齋)나 학사(學舍)를 이르게 되고, 재계(齋戒)를 위하여 지은 집은 백성은 재실(齋室), 왕가(王家)에서는 재궁(齋宮)으로 일러 짐이 바른 듯도 싶습니다. 재실(齋室)의 주 용도가 재계(齋戒)이니 재계(齋戒)에 필요(必要)한 상비 소용품과 만약 재실(齋室)에서 합동(合同) 묘제(墓祭)를 상시로 행하게 되면 제사용품 등이 편의상 갖추어 저장되겠으나 명문화(明文化)된 비품(備品) 목록(目錄)은 없는 것 같습니다.

특히 재실(齋室)은 사당(祠堂)이 아니라 신주(神主)가 있을 리 없고, 다만 묘제(墓祭)를 편의상 행할 시는 지방(紙榜)으로 제사(祭祀)하게 됩니다.

●漢書九十田延傳卽閉閣獨居齊舍偏袒持刀東西步注齊讀曰齋
●唐書應物郡中西齋詩似與塵境絶蕭條齋舍秋
●宋史徽宗紀一壬辰詔諸路州學別置齋舍以養材武之士
●沈德符野獲編禮部二五岳神廟衡山嶽廟坍損瀯欲盡毀其后妃像設寢殿廟堂僅立壇壝齋室以供祀事
●國語周語上王卽齋宮百官御事各卽其齋三日(注)所齋之官也
●退溪曰同原許多墓各行祭之弊世多有此愚意不如掃墓域後以紙榜合祭於齋舍

▶1918◀◆問; 재실 건립에 대하여.

현재 사람이 바라 보이는 우측에 납골묘 건립하고 좌측에 제실(祭室)을 배치해 동선으로 제실을 건립 해도 되는지요?

◆答; 재실 건립.

아래와 같이 살펴보건대 묘하(墓下), 묘측(墓側) 등으로 표현(表現)되어 있으니 좌우(左右) 상석(上席)에 대한 의미는 두지 않은 것 같습니다.

재사(齋舍)의 좌우 위치를 명시하지 않은 것은 예를 들어 선산(先山)의 묘(墓)가 여기저기 흩어져 있을 때 입지(立地) 선정에 제한을 받을 뿐만 아니라 접근(接近)이 용이(容易)한 곳에 재사(齋舍)를 세워야 편리한 까닭이라 생각됩니다.

●問退溪墓祭祭紙榜之言如何尤菴曰退溪之意欲於墓下齋室以紙榜行之云爾非謂還家而行之如此也
●問墓祭一屋於墓側而若遇如此之時依時祭之儀合祭一所如何退溪曰豈不善扰

아래와 같이 살펴보건대 재사(齋舍)(재각(齋閣). 재실(齋室))의 위치는 음양(陰陽)의 이치나 이서위상(以西爲上)에 구애(拘碍)되지 않고 지을 수 있는 것 같습니다.

●樹谷菴記曰始吾先祖葬於樹谷歲庚戌議立齋舍以供祀事其制則當中南面關五架三間爲堂若序以奉祭也又不可無所於寅此齋舍之所以不得不作也

▶1919◀◆問; 재실묘사에 참여 할 경우에 제사 비(費)를 부담하는 명칭은?
선조 묘제를 재실에서 종중 예산(답수)으로 지내고 있는 경우에 4 대 봉사가 끝나고 재실묘사에 참여 할 경우에 제사 비를 부담하는 명칭을 알고자 합니다.

◆答; 재실묘사에 참여 할 경우.
시조(始祖)의 묘제(墓祭)는 대종손(大宗孫)이 지내고, 이세(二世) 및 소종가(小宗家)의 고조(高祖)가 친진(親盡)이 되면, 그 신주(神主)를 묘소(墓所)에 매안(埋安)하고, 그 후손들이 돈을 내어 위토(位土)를 마련 그 소출(所出)로 묘제(墓祭)를 지내게 됩니다. 따라서 세일제(歲一祭) 제수비용(祭需費用)을 후손 각자가 부담하지 않습니다.

혹 이세(二世) 및 소종(小宗)의 친진조(親盡祖)는 종훼(宗毀)가 되어, 봉사(奉祀)할 종손(宗孫)이 없어지는 관계로 묘전(墓田)이 없으면 묘제(墓祭)를 지낼 근거가 없게 되어, 더러 후손 중 효심(孝心)이 대단하여 스스로 제수(祭需) 비용(費用) 부담을 자진(自進)하여 주관하지 않는 한 궐사(闕祀)하게 됩니다.

다만 대종가에서 모시는 시조(始祖) 묘제에 참석하면서, 혹 부조(扶助)로 내는 돈의 명칭의 전거를 알지 못하여 이를 수가 없습니다.

●性理大全第二世以下祖親盡及小宗之家高祖親盡則遷其主而埋之其墓田則諸位迭掌而歲率其子孫一祭之亦百世不改也
●尤庵曰神主祧遷則宗毀而族人不復相宗矣
●葛庵曰若非百世不遷大宗之家則當以會中長幼爲主辦祭者不可越尊長爲主初獻之後使之一獻亦合人情

▶1920◀◆問; 재실에 모실 위패.
위패를 년 중 재실에 모시고 싶은데 어떻게 써야 하며 또 보관방법에 대하여 알고 싶습니다.

◆答; 위패 서식.
위패의 규격; 아래와 같이 살펴보건대 본신(本身); 고이척이촌(高二尺二寸). 활사촌오분(闊四寸五分). 후구분(厚九分). 좌대(座臺); 좌고사촌오분(座高四寸五分). 활팔촌오분(闊八寸五分). 후사촌오분(厚四寸五分).

양식;
考; 顯幾世考某官某公諱某字某神位(神坐)
妣; 顯幾世妣某封(此下或添某貫)某氏諱某字某神位(神坐)

●太宗(恭定大王實錄)九年己丑七月七日丁丑○禮曹啓文宣王四配位十哲位板規式啓曰位板之式古無其文按洪武禮制社稷壇神牌身高二尺二寸闊四寸五分厚九分座高四寸五分闊八寸五分厚四寸五分帝王陵墓其祭物器皿儀註竝與社稷同文宣王位板乞依社稷壇神位

板規式製造四配位板身高二尺闊四寸三分厚八分十哲位板身高一尺八寸闊四寸一分厚七分座高闊厚皆同依此差等製造
●周禮春官宗伯禮官之職小宗伯建國之神位右社稷左宗廟註鄭司農云立讀爲位古者立位同字古文春秋經公卽位爲公卽位
●朱子曰江都集禮晉荀勗祠制云祭板皆正側長一尺二分博四寸厚五分以八分大書某人神坐
●事物紀位版條宋朝會要曰上封者言郊立天地神位版位成貯以漆匣昇床覆以黃謙帕壇上四位

▶1921◀◆問; 재실에서 묘사를 지낼 때.
정말 어려운 일에 대하여 좋은 방향으로 이끌어 주시는 선생님들 너무나 고생 많으십니다. 저의 집안은 여의치 못하여 재실이 없다가 이번에 재실을 지었습니다. 그래서 가을 묘사(墓祀)를 재실(齋室)에서 지내려고 하는데,

1. 종이에 지방을 써서 붙여야 하는지? 나무에 써서 신주를 만들어 두고 사용해야 하는지?
3. 신주를 쓴다면 어떻게 써야 하는지 가르쳐 주십시오. (예문을 하나 서 주시면 고맙겠습니다.)
4. 조상내외를 합위(合位)로 쓰는지, 한 분 한 분 따로 쓰는지? 모두 궁금합니다. 잘 가르쳐 주십시오.

草庵님 너무 감사합니다.
어렵게만 생각되는 일을 이렇게 자세하게 가르쳐 주시다니 너무나 감사합니다. 우리의 전통예절을 지켜가기 위해서는 선생님 같은 분이 많아야 할 터인데 안타깝기도 합니다. 좋은 가르침 감사합니다.

1. 재실에서 시사를 모시는데 그 많은 조상을 지방으로 하기에 해마다 힘들어서 질문을 드렸던 것입니다. 다른 문중에서도 지방으로 모시는지요? (4 대봉제사 후 매안(埋安)하고 나서 再題主치 않는 것은 모든 집안에서 매년 지방을 써서 모신다는 말씀인가요?)
2. 잘 몰라서 추가 질문인데요. 저는 밤나무 대신에 향나무로 만든 신주목판과 받침대 등을 사 두었습니다. 향나무는 안 되는가요? 그리고 사당에는 돌아가신 어른의 벼슬을 나열하는 형식으로 신주를 모셔두었던데 재실에서의 신주와는 다른가요?

◆答; 재실에서의 묘제.
問 1. 答; 아래와 같이 살펴보건대 지방을 써 붙이고 행함이 옳을 것입니다.
問 3. 答; 顯某代祖某官府君之位
신주(神主)는 친진(親盡)이 되어 매안하게 되면 다시 제주(題主)하지 않습니다. 안 하는 것이 아니라 못하는 것입니다.
問 4. 答; 아래 많은 난에서 논의 되었습니다. 고비는 각각 써야 합니다.
問 1. 答; 다음과 같이 살펴보건대 같은 지역(同原) 여러 선대 묘가 산재하여 있어 하루에 각행이 어려우면 먼저 각 묘소(墓所)로 올라가 첨소봉영(瞻掃封塋)후 하산 재사(齋舍)에서 이서위상(以西爲上)으로 설위(設位) 위마다 지방(紙牓)을 각각 써 붙이고 각각의 축판으로 사시제(四時祭) 의식(儀式)과 같이 행하고 지방을 거두어 불사르고 다음 해에 다시 그와 같이 행합니다.
친진조(親盡祖)의 신주(神主)는 일단 매안(埋安)을 하면 추증(追贈) 등으로 불천지위

(不遷之位)로 오르기　이전에는 재제주(再題主)치 않음이니 모든 가문(家門)이 혹 재사(齋舍)에서 묘제(墓祭)를 지낼 때는 그와 같습니다.

問 2. 答; 아래와 같이 살펴보건대 신주는 정자(程子) 선유 말씀과 같이 밤나무로 택하는 까닭은 견고함인데 만약 구할 수가 없다면 목질이 단단한 나무면 가하다 하였으니 무른 나무가 아니면 꺼릴 까닭은 없습니다. 다만 자굴 선생께서 향나무 신주 목판과 받침대 등이라 하심이 어떤 것인지는 이해가 좀 어려우나. 그 목질이 단단하다면 꺼릴 것은 없으리라 생각됩니다.

재사(齋舍)와 사당(祠堂)은 그 의미가 전연 다릅니다. 재사(齋舍)에서는 위와 같은 경우에 한하여 묘제(墓祭)를 지낼 수 있는 곳이지 신주(神主)를 항상 봉안(奉安)하여 모시는 곳이 아닙니다.

●葛庵曰墓祭有雨水之礙則就齋舍設紙牓行事亦何害若就祠堂行祭則恐無意也
●通典神道尙幽不可逼瀆宜於塋南山門之外設淨席爲位遙祭若一塋數墓每墓各設位昭穆異列以西爲上
●退溪曰同原許多墓各行祭之弊世多有此愚意不如掃墓域後以紙牓合祭於齋舍
●左傳祔而作主註新死者之神祔於祖尸柩已遠孝子思慕故造木主
●公羊傳虞主用桑(註虞用桑者取其名與其麤所以副孝子之心)練主用栗(註謂朞年練祭埋虞主於兩階之間易用栗也栗敬謹貌)
●程子曰周用栗土所産之木取其堅也今用栗從周制也若四方無栗亦不必用但取其木之堅者可也

▶1922◀◆問; 재실에서 여러 선조를 한꺼번에 시제를 모실 때 제례방법.
선조의 묘지가 산재하여 부득이 재실에서 여러분의 선조를 한번에 시제를 모실 때 시제 축문 및 제례방법에 관하여 자세히 알려주시기 바랍니다.

◆答; 재실에서 여러 선조의 제사.
재사　행　묘제(齋舍行墓祭)에 관하여 특수한 경우 가(可)함은 여러 선유께서 논한 바 있으나 그　축식(祝式)에 관하여는 기존 묘제 축식에서 수정(修整) 또는 개정(改訂)에 관한 말씀은 없습니다.　따라서 可함을 논하면서 축식의 언급이 없다 함은 기존 축식에서 개정이나 수정함 없이 통용된다는 의미이기도 한 것입니다.

예법은 매 묘(每墓) 분향 뢰주(酹酒) 영신 재사 하여 이서위상으로 설위 고비 합설로 진설 사시제 예법을 준용, 만약 방계의 묘가 있다면 별설 그 손이　주인이 되어 그와 같이 행하면 예에서 어그러지지는 않을 것 같습니다.

●問解考妣兩墓相去不遠雖坐向稍異祭祀及拜禮似當兼行
●四未軒曰考妣墓合祭時主祭者當於妣墓焚香酹酒以迎神來于考墓而行拜禮而合祭之爲禮家所通行也
●問族葬列位若欲次第行祭則登降累原恐筋力疲而誠敬弛又恐祭物新餕或雜冷煖有異先詣墓所奠杯引靈而以紙牓合祭於齋宮何如退溪曰無妨設壇於淨地而合祭何如曰尤是
●張南軒答朱子書古者不墓祭非有所略也盖知鬼神情狀不可以墓祭也神主在廟而墓以藏體魄體魄之藏而祭也

▶1923◀◆問; 재실을 이전 하려는데.
저의 27 대조 재실과 영정각이 아파트지구로 수용됨에 따라서 이축을 하여야 하는데 마땅한 부지를 구입하지 못하여 궁리하다가 15 대조 산소가 모셔져 있는 700 평 정도의 작은 동산이 있는데 15 대조 산소가 제일 아래쪽에 모셔져 있어 20~30m

위쪽으로 27 대조 재실을 옮기면 어떠한지 궁금합니다 15 대조산소의 위조상(27 대조)의 재실이니까 산소 위쪽으로 이전을 해도 되는지? 아니면 조상산소 위에 재실을 짓는 것은 안 되는지가 도저히 모르겠습니다 현명한 답을 기다리겠습니다.

◆答; 재실을 지으려면.

이전 전은 27 대조(代祖)를 위한 재실이었으나 15 대조와 같은 산으로 27 대조(代祖)를 이장하였다면 2 대가 같이 사용할 수 있습니다. 따라서 재사(齋舍)는 묘 아래로 산으로 들어가는 초입에 세우게 됩니다.

●問退溪墓祭祭紙榜之言如何尤菴曰退溪之意欲於墓下齋室以紙榜行之云爾非謂還家而行之如此也

▶1924◀◆問; 재실이나 서원건물의 규격에 관하여.

안녕하십니까 세상사 모르는 것이 많아 또 글을 올립니다.

저희 소 문중(門中)에서 옛날 재실(齋室)이 낡아서 헐고 새로 중수(重修)를 할여고 합니다. 재실(齋室)의 앞이 좁아서 동재(東齋)와 서재(西齋)를 건립(建立) 할 수가 없어 재실(齋室) 본채를 7 칸으로 지으려고 하는데 재실(齋室)이나 서원(書院)을 7 칸으로 지어도 옛 법(法)에 저촉(抵觸)되지는 않는지 궁금하여 글을 올렸습니다.

우리나라 고건축을 살펴보면 서원(書院)이나 재실(齋室)이 5 칸을 넘는 것이 없는 것으로 알고 있는데 그를 규제하는 내용이 국조오례의(國祖五禮儀)나 대전(大典) 같은데 기록이 있는지 알고자 합니다. 대구에서 이용환 올림.

◆答; 재실이나 서원건물의 규격.

아래와 같이 살펴보건대 백성(百姓)의 재사(齋舍) 규모(規模)는 堂이 3 칸 그 서쪽으로 4 칸 그 남쪽으로 3 칸 도합(都合) 10 칸쯤으로 왕조시대(王朝時代)라 하여도 국법(國法)에 어그러지지는 않을 것 같습니다. 다만 국조오례의(國朝五禮儀)나 경국대전(經國大典), 대전회통(大典會通)등 서에서는 백성(百姓)의 재사(齋舍)에 관한 기록은 없는 것 같습니다.

●樹谷菴記曰立齋舍以供祀事其制則當中南面闢五架三間爲堂若序以奉祭也東偏淨室以齋宿也其西四間南三間以爲僧寮廚竈庫藏之屬使僧守之夫旣祭於野則齋戒滌濯宜有其所釜鼎牀席宜有其藏典守之人又不可無所於寓此齋舍之所以不得不作也

●참고로 재실 개기 및 중수 사토지 축문식을 첨기합니다.

◆齋室開基祠土地祝式

維 歲次干支幾月干支朔幾日干支幼學姓名敢昭告于 土地之神今爲先墓守護塋建齋室 神其保佑俾無後艱謹以酒果祇薦于 神尚 饗

◆齋室重修祠土地祝式

維 歲次干支幾月干支朔幾日干支幼學姓名敢昭告于 土地之神今爲齋室年久傾頹今將修葺 神其保佑俾無後艱謹以酒果祇薦于 神尚 饗

27 수묘(修墓)(附石物)

▶1925◀◆問; 개사초에 대하여.

다름이 아니라 올 6 월에 돌아가신 아버지 산소가 집중호우로 인해 붕괴되어, 이번 윤달에 산소를 손보려고 합니다. 그런데 작은아버님께서 손보기 전에 알아 보고 하시자 하셔서 이렇게 문의 드립니다. 조언해 주시면 감사 하겠습니다.

◆答; 개사초(改莎草) 예법입니다.

예법은 모두 약설(略設) 단헌(單獻)입니다.

○修改墳墓附立石物祝辭式
○개사초 및 입석 물 축사식.

○修改墳墓附立石物

問先墓加土役日早朝先告由役畢具三獻備庶羞別祭如何先一日告由亦如何寒岡曰何必先一日告只於加土之日具酒果用祭文告一酌而畢加土畢役後亦備庶羞行祭恐無妨○按或曰若當節日則役畢後仍行祭祀而用祝文無妨○問修改墳墓或石物堅立時當告有事之墓而若一麓有累代先墓則可並告耶旣告墓則不告祠堂耶告時只用酒果無已忽略耶尤菴曰有事於一墓而並告諸墓未之前聞祠堂告追贈只告所贈之龕此爲可據告於祠堂恐難杜撰據家禮則追贈改題何等大禮而只設酒果今於告墓何獨爲太忽略耶○石物立時若値節祀則因其祭添入于祝詞中以告爲可尙饗下添以某來承祀事百年于玆而家貧力薄墓前石物無計卽成今始拮据僅成石人石牀今將排設而惟是表石垂成礱缺不可苟用勢須遲待來秋謹將事由並此虔告云云以此修潤用之

개사초를 하게 되면 대개 다음과 같이 먼저 윗대 조상과 같은 산이면 최존위에 고하고 후토제를 지내고 당해 묘에 고하고 마쳤으면 당해 묘에 고하고 물러납니다.

◎改莎草時告局內最尊位告辭

維　歲次干支幾月干支朔幾日干支某親某官某敢昭告于　顯某親某官府君(或某封某氏合窆位則列書)今爲某孫某官某塚宅崩頹卜以某日將加修治謹以酒果用伸虔告謹告

◎祭后土祝文

維　歲次干支幾月干支朔幾日干支某官姓名敢昭告于　土地之神今爲某官某公(或某親某封某氏合窆位則列書)之墓塚宅崩頹(地凍未完封則云塚宅未完墳墓遇賊則云賊發塚宅墓庭水災則云水齧塚宅墓焚則云火燎塚宅還得失傳墓則云還尋先墓其他隨事改措)將加修治　神其保佑俾無後艱謹以酒果祗薦于　神尙　饗(冬葬春莎則曰封築未完今將改莎云云)

◎改莎草告辭(寒岡曰只於加土日具酒告一酌而加土畢役後備庶羞行祭無妨○梅山曰旣告當位並及土神完役後只慰安當位而已○問先墓加土先一日告由如何寒岡曰何必先一日告只於加土之日具酒果用祭文告一酌而畢加土畢役後亦備庶羞行祭恐無妨○竹菴曰改莎告辭今以莎草傷損妓將修改卽事之始謹告事由)

維　歲次干支幾月干支朔幾日干支某親某官某敢昭告于　顯某親某官府君(或某封某氏合窆位則列書卑幼曰顯爲亡去府君)之墓歲月滋久草衰土圮今以吉辰益封改莎伏惟　尊靈卑幼云惟靈不震不驚謹以酒果用伸虔告謹告(又式云云久遠塚宅風雨維歲次云云顯某親某官府君之墓封築不謹歲久頹圮今以吉辰將加修葺伏惟尊靈不震不驚敢用酒果謹告○云云日月滋久墓殽毀傷今將擇吉改被莎草云云○梅山云歲代邈遠堂封圮傾高風曠感賢僾慕丁玆涓吉辰將以改修敬陳脯醴先告事由○樊岩云墓崩土遷得不雨滲夙夜懍惕罔弛于心爰始改爲時惟淸明糜官替告願勿震驚頹落今擇吉辰改莎復土築長五尺比前厚久伏惟尊靈永世是寧○若主人在遠地當日孝子某在遠地某親某替行修墓之事敢昭告于用代者之屬稱或用監役者○冬葬春築祝伏以襄奉之初凍未完築今將修葺伏惟尊靈勿震勿驚謹以云云○常通云云之墓封築歲久莎土頹圮今以吉辰敢請修改伏惟尊靈不震不驚)

◎(或)修葺先墓告辭

維　歲次干支幾月干支朔幾日干支某親某官某敢昭告于　顯某親某官府君(或某封某氏合窆位則列書)之墓伏以封築歲久墓道不正後壓山脫前退石隙左傍殘薄友坂傾下今將修葺伏惟　尊靈勿震勿驚謹以酒果用伸虔告謹告

◎改莎草畢告辭

維　歲次干支幾月干支朔幾日干支某親某官某敢昭告于　顯某親某官府君(或某封某氏合窆位則列書)之墓旣封旣莎舊宅惟新伏惟　尊靈永世是寧(梅山曰改莎雖不在墳墓旣在兆域之內則恐當告由維歲云云孝子某敢昭告于顯考云云顯妣云云伏以兆域修治不謹歲久頹頹今將改葺伏惟尊靈永世是寧謹告事由右告當位維歲云云某官姓名敢昭告于土地之神今爲某官某封某氏兆域莎頹將加修治神其保佑俾無後艱謹告右告土神○常通云云莎土旣修塋域重新倍增瞻慕昊天罔極謹以酒果恭伸慰事云云祖以上去昊天罔極一句役畢後慰安勢窮者闕之可也○冬月葬開春封築成祝改封改莎

永宅既完)

▶1926◀◆問; 개사초(改莎草)와 석물추개(石物追改) 시(時) 고사식은?
석물을 갖추면서 개사초를 하려는데 소요되는 고사식을 가르쳐 주세요.

◆答; 개사초(改莎草)와 석물추개(石物追改) 시(時) 고사식.
축문식을 아래와 같습니다. 이 때의 예법은 단헌지례(單獻之禮)입니다.

◆改莎草告辭(1925 참조)
◆改莎草時告局內最尊位告辭 (1925 참조)
◆祭后土祝文(1925 참조)
◆改莎後慰安告辭(1925 改莎草畢告辭 참조)
◆石物追改告辭
維 歲次干支幾月干支朔幾日干支幾代孫某敢昭告于 顯幾代祖考某官府君(或某封某氏合窆位則列書)之墓伏以石物傾頹將加修治(或改刻則玆以舊碣剝落字劃刻滅將加磨治爰圖新刻○舊碣刑刻而新之今將改立○或舊碣或床石短薄爰圖新備今將改立)謹以酒果用伸虔告謹告

▶1927◀◆問; 금초와 벌초에 대하여.
무덤의 잡풀을 베어서. 깨끗이 하는 것을 우리는 벌초(伐草)라고 합니다. 그러나 많은 사람들이 금초(또는 검초)라는 용어(用語)를 사용 하는데. 사전을 보니 검초(檢草)나 금초(錦草)는 풀 벤다는 뜻은 찾을 수가 없네요.

일반에서 사용하는 금초나 검초는 어떤 뜻으로 사용되나요? *일부에서는 검초나 금초는 벌초의 양반(?)술어라 하는데, 그런 의미가 있는지요?

◆答; 금화벌초(禁火伐草).
금화벌초(禁火伐草)의 화벌(火伐)을 탈락 시키고 금초(禁草)로 줄인 말로, "불을 조심하고 풀을 깎는다" 는 뜻으로 벌초보다 더 경어(敬語)인지는 알 수가 없습니다.

●守護節目守護軍條凡墓所祭享禁火伐草植木等事全數舉行事

▶1928◀◆問; 망주석(望柱石).
저는 두 가지를 알고 싶어 글을 올립니다.

첫째, 산에 가서 조상님의 산소에 절을 할 때 꼭 신발을 벗고 해야 한다는 예법이 있는지요?
둘째, 이번에 시 중부님의 장례가 있었는데 묘소를 만든 후 양쪽에 망부석을 세웠습니다. 그런데 망부석에 그림이 있었는데 한쪽은 다람쥐가 내려오는 그림이고 다른 한쪽은 다람쥐가 올라가는 그림이었습니다.

그것의 특별한 의미가 있는지, 그리고 산소를 기준으로 올라가는 다람쥐의 그림이 있는 것과 내려가는 다람쥐의 그림이 있는 것의 바른 위치를 알고 싶습니다. 여러 가지 예에 관한 유익한 정보가 정말 귀한 보물을 얻은 느낌입니다. 감사합니다.

◆答; 세호(細虎)에 대하여.
세호(細虎)는 좌주승(左柱陞) 우주강(右柱降)인데 동승(東升) 서강(西降) 동(東)은 양(陽)으로 오르고 서(西)는 음(陰)이라 강하(降下)를 함인데 속설(俗說)에 의하면 이와 같이 그려진 까닭은 동에서 해가 뜨면 신(神)이 묘(墓)에서 나와 양(陽)인 동쪽 망주석(望柱石)의 호랑이 등을 타고 세상을 주유(周遊)하다 해가 질 때쯤이며 음(陰)인 서쪽 망주석으로 내려와 묘로 들어간다는 것입니다.

●弘齋全書雜著五遷園事實象設第三;望柱石臺上高七尺五寸上峀作圓首次雕連柱次

作八面雲頭自雲頭至臺皆八面次一尺一寸作廉隅次四尺五寸作柱各面內面雕細虎左柱陞右柱降下耑五寸植於臺石臺石高二尺上層高一尺雕荷花次五寸作細腰各面雕連環同心結下層高一尺雕牡丹次爲臺一尺三寸入地一尺

▶1929◀◆問; 망주석의 동물은?

능(陵). 원(園). 묘지(墓地) 석물 중에 망주석(望柱石)에 양각된 동물은 무슨 동물이며, 한쪽은 올라가고 또 다른 쪽 내려오는 형상인데 무엇을 의미하는지요?

◆答; 망주석의 동물.

망주석(望柱石)은 일명 망두석(望頭石) 또는 화표주(華表柱)라 하기도 하는데 좌동양(左東陽) 우서음(右西陰)과 천양지음(天陽地陰)의 음양법도(陰陽法度)에 따라 좌측은 올라가고 우측을 내려오는 형상으로 조각하지 않았나 합니다.

●正祖健陵山陵都監儀軌石望柱圖條柱臺上高七尺五寸五分以上端九寸爲圓首次以一寸刻連環次以四寸五分作八面雲角(註每面六寸自雲角至臺石皆作八面)次以一尺一寸作廉隅(註每面五寸)次以四尺五寸作柱身(註每面四寸五分)內面刻細虎(註左柱陞形右柱降形)下端五寸圓蹄植於臺石鑿中臺石高二尺八寸(註每面一尺一寸)上層高一尺分上下上刻蓮花下刻牧丹次以五寸作腰(註每面八寸)上下刻連環每面刻同心結下層一尺三寸一尺入地中

▶1930◀◆問; 묘소 뒤의 나무를 베려 하는데?

묘소 주위에 나무가 너무 우거져 때가 살지를 못하여 해마다 애를 먹어 올해는 나무를 대강 베어내기로 하였습니다. 그냥 베어낸다는 사람도 있고 고하고 베는 것이라는 사람도 있습니다. 어떻게 하여야 하나요.

◆答; 묘소 뒤의 나무를 벨 때.

식수(植樹)나 벌목 시(伐木時)에는 묘소(墓所)에 고유(告由) 후 행합니다.

⊙植松山役告辭
維 歲次干支幾月干支朔幾日干支孝子(隨屬稱)某敢昭告于 顯考某官府君(合窆位則列書祖曾高考妣之隨屬稱)之墓伏以隨道空陷疆域淺露今以吉辰將加修葺封植松木木名塡塞莎土伏惟 尊靈不震不驚

⊙伐木告墓告辭
維 歲次干支幾月干支朔幾日干支孝子(隨屬稱)某敢昭告于 顯考某官府君(合窆位則列書祖曾高考妣之隨屬稱)之墓伏以松楸茂盛恐有禍患今以吉辰斫伐枝葉謹以酒果敢告厥由(懶隱集○碑閣至近樹木幽蔚肆趁節享敢告斬伐)

⊙伐木祭土神祝文
維 歲次干支幾月干支朔幾日干支某官姓名敢昭告于 土地之神伏以先兆禁養實賴冥護松楸暢茂禍患可畏今以吉辰斫伐枝葉伏惟 尊神左右保佑俾無後艱謹以酒果敢告厥由尙 饗

▶1931◀◆問; 묘역에 나무를 심는데?

묘소 주위에 나무를 심는데도 신분에 따라 나무의 종류가 정하여져 있다는데요?

◆答; 묘역에 나무를 심는데.

아래와 같이 살펴보건대 무덤 주위에 심는 나무는 신분에 따라 그 종이 정하여 저 있는 것 같습니다. 다만 법도(法度)는 이러하나 묘역(墓域) 치장(治粧)으로 꽃나무를 기왕(旣往)에 심는다면 실좌에 관계없이 후(後)가 북(北)이 되니 음양(陰陽)의 조화(造化)를 가려 심는 것이 그 이치를 안다면 더욱 의미가 돋보이겠지요.

●周禮以爵等爲丘封之度與其樹數註王公曰丘諸臣曰封漢律列侯墳高四丈關內侯以下至

庶人各有差疏尊者丘高而樹多卑者封下而樹少
●王制庶人不封不樹註不封不爲丘壟也少封謂聚土爲墳不封之不樹之又爲至卑無飾也
●白虎通大夫墳高八尺樹以棐士四尺樹以槐庶人無墳樹以楊柳
●雕龍曰碑者上古帝王封禪樹石碑岳故曰碑也

▶1932◀◆問; 묘에 상석을 설치하려고 하는데요, 가능한지 궁금합니다.

아버님이 돌아 가신지 10 년이 지났습니다. 묘(墓)에 둘레석(직사각형)이 설치(設置)되어 있는데, 둘레석의 모서리 부분이 많이 벌어지고 자꾸 마음이 쓰여서 둘레석을 제거(除去)하고 봉분(封墳)만 다시 올리려고 합니다.

아울러, 묘에 상석이 없어서 이번에 묘 앞에 상석을 설치하려고 하는데요, 상석은 부모 두 분이 모두 돌아가셨을 때에 설치한다고도 하는데, 맞는 말인지요, 답변을 주시면 감사하겠습니다.

◆答; 묘에 상석 설치.

상석(牀石)은 부모가 모두 작고한 후에 설치한다는 전거는 없는 것 같습니다. 다만 장래 합장을 염두에 두었을 때 먼저 상석은 설치하나 각자(刻字)는 미뤄두는 예(例)는 있습니다.

●檀弓古不修墓註敬謹之至無事於修也
●程子曰古不修墓者欲初爲墓時必使堅固雨而墓崩修之何害聖人言不修者所以溹責弟子也
●士儀墓崩則修之遇灾則修之遇變則修之`
●退溪曰雙墓牀石今人率用一件恐不違禮
●明齋曰上下墳同一牀石而合祭之世多如此

▶1933◀◆問; 묘지봉분 보수 시 제의절차에 대해?

묘지봉분 보수 시 제의절차에 대해 궁금합니다. 10 대 방계조부님의 묘소봉분이 훼손되어 내년 한식 일에 보수를 하려고 합니다. 동강에 12 대조모님 11 대 조부님 10 대조부님 형제 분의 묘소가 같이 위치하고 있습니다.

무지하다 보니 이와 관련된 제의절차를 찾지 못하여, 이장에 관한 절차를 준용하여, 산신제 10 대조모님에게 고선영 10 대 방계조부님에게 고하고 봉분보수 봉분 보수 후 10 대 조부님에게 고하고 산신제의 절차로 지내려고 하는데 선영에 대한 일을 하면서 혹시나 예의에 어긋날까 두려워 여쭙습니다.

질문 1: 내년 한식에 하여도 무방한지 아니면 다른 정해진 날이 있는지?
질문 2: 이와 관련된 제의절차와 고사문(축문)에 대한 가르침을 부탁 드립니다. 감사합니다.

◆答; 묘지봉분 보수.

질문 1: 答; 아래 촬요에 택일이라 하였으니 형편과 길일을 택하나 정하여진 날을 없는 것 같습니다.

질문 2: 答; 개사초(改莎草)는 고례에는 없는 예법으로 다만 세속으로 행하여지는 예법 같습니다.

따라서 전하여진 예법은 없고 촬요와 가례편람의 예를 참작컨대 사전사후(事前事後) 묘(墓) 앞에 주과포를 진설 참강 헌주 독축 사신 철상하고 산신제는 고묘(告墓) 후 묘의 좌측에서 설찬 모두 재배 뢰주 재배 헌주 독축 재배 모두재배 철찬의 예로 마치면 예에 크게 어그러지지는 않을 것 같습니다. 축식을 아래와 같습니다.

⊙改莎草告辭式(1926 참조)
⊙祭后土祝文式(1926 참조)
⊙改莎草畢告辭式(1926 참조)

●撮要修墓編擇日將改莎草復封築執事設酒果脯醢於墓前(將改莎草墓)主人盥手進跪焚香酹酒(灌地)再拜奠酒置前俯伏興跪祝噫嘻三聲跪讀訖主人再拜執事設饌(上同)於墓左祠土地告者進跪焚香酹酒再拜奠酒俯伏興跪祝跪讀(祝文)訖告者與祝執事皆再拜役畢後慰安於其墓

●家禮便覽改莎草時以酒果脯醢設奠於墓前祠土地祝(云云)告墓祝(云云)畢役後慰安祝(云云)各有參降神獻酌再拜

●寒岡曰於加土之日具酒果用祭文告一酌而畢加土畢役後亦備庶羞行祭恐無妨

●輯要葬禮祠土地時只酹酒無焚香當如此儀

●問解問家禮后土祀無焚香一節而備要祠后土俱有香爐香盒何歟答家禮不言上香只酹酒無乃有意耶儀節及正衡皆有上香之禮故備要因之未知是否

●四未軒曰上香求神於陽也酹酒求神於陰也后土地神故只求諸陰

●梅山曰塋封樹莎自是俗例而古禮無考蓋與莎嶭不同謂之金莎者也風射則死尤忌苔生不盛於陰翳之處修墓者不可不察也又聞東萊鄭某家每於時節必先準備隨缺輒補無奠告云此亦可法

▶1934◀◆問; 묘지 상석을 구멍을 뚫으려고 하는데요?

묘지(墓地) 상석(床石) 옆 모서리 부분에 작은 구멍을 뚫어서 수기 태극기(太極旗) 깃대를 세우려고 합니다. 땅에 깃대를 세우니 쓰러지고 고정되지 않아서 보기에도 좋지 않아 확실히 세우려고 합니다. 그런데, 일부에서는 상석(床石)을 제단으로 인식하고 있으므로 하면 안될 거라는 의견(意見)도 있습니다. 상석에 구멍을 천공(穿孔)하여도 되는지요? 꼭 필요한 일이니 잘 답변(答辯)해 주세요. 감사합니다.

◆答; 묘지 상석을 구멍을 뚫으려 하는데.

비석(碑石)은 세운 목적이 있는 것입니다. 비석(碑石)에 구멍을 뚫어 기를 꽂아 세운다 함은 목적(目的) 외인 것 같습니다.

●初學記宮室廟室墓隨之碣鑴文於石皆曰碑

●呂氏春秋故功績銘乎金石

▶1935◀◆問; 묘지 상석에 글 쓰는 법.

견문이 짧아서 궁금한 점 많아서 문의 하오니 하교 바랍니다.

질문 1. 묘지에 상석을 늦게나마 설치하려 합니다. 고위와 비위를 합장을 했을 경우 묘 봉우리를 본위로 표현할 때 통상적으로 오른편 (서편)에 고위를 모시고 왼편(동편)에 비위를 모시지만 때로는 그렇지 않는 경우도 있고 해서 확실하게 표시하기 위하여 비위를 표기한 다음 "합폄" 이라 쓴 다음 좌, 우를 표시 하기 위하여 "부좌" 라고 쓰는 방법과 "합폄" 을 생략하고 " 부좌" 라고 만 쓰는 방법과 어느 것이 올 바른 표기 법인지요?

질문 2, 상석 우편(서편)에 후손들을 명기하는데 망인의 자는 장자 차자 순으로 기제하나 망인의 손자 기제 순서에 대해 제각기 주장이 따라서 입니다.

주장 1, 손자도 장자의 아들이 차자(次子)의 아들 보다 연령은 적어도 순서를 먼저 쓰는 것이 옳다는 주장과,

주장 2, 손자는 장자 차자의 아들 구분 없이 연령순으로 기제 하여야 옳다는 주장입니다. 두 주장이 있아온데 어느 주장이 올바른 것인지 가리켜주시기 바랍니다.

◆答; 상석표기에 대하여.

○질문 1; 答; 고서비동(考西妣東)으로 씁니다. "예" (西)某官某公之墓 (東)某封某氏 祔左(縱書)

○질문 2; 答; 적손(嫡孫)은 나이가 어려도 우대의 대상이 됩니다.

●或問合葬碣面何以書之旅軒曰若雙封一碣則正面當中題曰某國某官某公之墓其左旁低 其題曰某夫人某氏祔

●陶庵曰合葬則別行書某封某氏祔左

●內則嫡子庶子祇事宗子宗婦雖貴富不敢以貴富入宗子之家雖衆車徒舍於外以寡約入 (註)疏曰適子謂父及祖之適子是小宗也庶子謂適子之弟宗子謂大宗子宗婦謂大宗子之婦

●國朝實鑑景宗朝肅宗元子德性仁厚孝友尤篤(云云)乃卽位(云云)辛丑秋八月冊延礽君 (註英宗大王)爲王世弟(云云)

▶1936◀◆問; 벌초(伐草).

안녕하십니까? 벌초 시기에 대해서 여쭤보고 싶습니다. 올해는 윤 7 월이라서요. 윤달에 벌초를 해도되는지요. 언제나 8 월 말경에 했었는데 올해는 윤달이 들어서 어떻게 해야 할지요. 답변 주시면 감사하겠습니다. 안녕히 계십시오.

◆答; 금초(禁草).

법도로는 묘제(墓祭)를 지내려 상묘(上墓)하여 먼저 묘역을 청소하며 자란 풀잎은 잘라내고 가시나무나 잡목 등은 캐어낸 뒤 묘제를 지냈으나 요즘은 묘제를 지내기 전에 금초를 함이 속례로 되어 있으나 그 시기는 정하여진 법도는 없습니다.

●家禮墓祭厥明灑掃條其有草棘卽用刀斧鉏斬芟夷灑掃

●王朝實錄燕山十年甲子八月庚午日傳曰來十五日騎步兵一千持伐草具入通惠門每五十 各差部將一員領之

●守護節目守護軍條凡墓所祭享禁火伐草植木等事全數擧行事

▶1937◀◆問; 伐草와 禁草 중 경어는?

안녕하십니까? 경칭단어에 대해 문의 드립니다. 산소보다 묘소가 더 경칭단어로 사용하듯이 흔히 조상님의 묘역 관리 시 시조묘소(始祖墓所) 벌초하러 간다 또는 시조묘소 금초 하러 간다 라고 말하는 경우가 있습니다.

문의: 조상의 묘소나 주위의 잡초를 깨끗하게 깎는 일을 말할 때 벌초와 금초 표현 중 어느 것이 경칭어 또는 품격 높은 단어(표현) 인지요?

◆答; 벌초(伐草)와 금초(禁草).

명(名)인 쇄소(灑掃)를 일반적으로 벌초(伐草)라 하는데 근거가 없어 확인할 수가 없어 이를 높여 이른다 함인지는 알 수 없으나 아마도 아래 금화벌초(禁火伐草)의 준말이 아닌가 합니다.

그런데 통상 세속으로 벌초(伐草) 보다는 금초(禁草)라 함이 벌초(伐草)를 높여 이르는 말로 이해되고 있는 듯 합니다.

●家禮墓祭厥明灑掃條其有草棘卽用刀斧鉏斬芟夷灑掃

●王朝實錄燕山十年甲子八月庚午日傳曰來十五日騎步兵一千持伐草具入通惠門每五十 各差部將一員領之

●守護節目守護軍條凡墓所祭享禁火伐草植木等事全數擧行事

▶1938◀◆問; 벌초의 범위는 어떻게 되나요?

안녕하세요. 질문이 있습니다. 서울에 사는 40 세 홍인기 입니다. 고향은 경남이라 명절마다 귀향을 해야 합니다. 저는 집안의 장손이 아니고, 막내 할아버지의 장남이신 아버지의 아들입니다. 현재 제사는 저희 아버지께서 부모님 두 분만 지내고 계시고요. 저의 친할아버지, 할머니의 제사 입니다.

증조부모의 제사는 큰 할아버지의 장남의 아들인 사촌형이 지내고 있습니다. 저의 조부모께서 살아계실 때는 사촌형 집에서 증조부와 여러 조상님들의 차례를 지냈는데, 조부모께서 돌아가신 이후로는 저의 아버지 댁에서 두 분의 제사만 지내고 있습니다.

저의 조부모님은 모두 화장을 하여 묘가 없습니다. 매번 명절에 제 아버지와 삼촌들의 조부모, 저한테는 증조부의 석묘를 하고 있는데, 증조부 뿐만 아니라 증조부의 형제 까지 석묘를 하고 있는데요.

명절마다 방문은 계속 할거지만, 저희와 같은 3 대 자손들의 역할이 어디까지 인지 알고 싶습니다. 저의 얕은 지식으로는 제 위치로는 증조부님까지 묘를 방문하여, 벌초 및 석묘에 대한 책임이 있다고 생각 드는데요. 매 명절마다 벌초에 대한 잡음이 3 대손에서 끊이질 않고 있습니다.

모두들 바쁜데 정작 직계손들이 책임감이 없어 주변 친척(親戚)들이 피해를 보고 있습니다. 저와 같이 차남이신 할아버지의 장남의 아버지의 아들인 사람은 어디까지 책임이 있는 건가요? 이런 질문이 다소 불경스러운 거 같아 몇 년 동안 궁금해만 하다가 도저히 정리가 안되어 이렇게 질문 드립니다. 답변 부탁 드립니다.

◆答; 벌초의 범위.

벌초는 아래와 같이 살펴보건대 옛날에는 작금과 같이 먼저 벌초를 하고 난 뒤에 묘제를 지내지 않고 묘제 날 주인(嫡子孫)의 주도하에 그 후손들이 모여 묘소로 올라가 벌초를 하여 깨끗하게 청소한 뒤 제사를 지냈으니 꼭 누구의 책임이라 할 수가 없었겠으나,

작금과 같이 먼저 벌초를 하고 난 뒤에 다른 날에 묘제를 지내고 있으니 벌초가 형제간에 형편에 따라 부담스러울 수도 있을 것입니다. 구태여 그 책임의 경중을 따지자면 적자손이 더 중하다 할 것입니다.

●家禮墓祭初獻祝詞條云某親某官府君之墓歲序流易雨露既濡瞻掃封塋(云云)

▶1939◀◆問; 봉분에 올라가 밟았는데.

묘지 의 봉분의 잔디가 말라 죽고 잡풀(고사리 이끼 등 잡불)들이 자라서 잔디를 다 죽여놓은 것이지요. 그래서 갈 때 마다 산소가 훼손(잔디가 없는 부분의 흙이 무너짐) 돼서 흙을 발로 밟아서 다짐을 했습니다. 이것이 잘못된 것인 것을 오늘에서야 알았습니다.

이 잘못된 방법을 아버님께 사죄 드리고 싶은데 어떤 방법으로 해야 할까요. 고인이 되신 아버님도 저의 철없는 행동에 하늘에서도 화가 많이 나셨을 것 같은데. 그리고 훼손된 산소를 어떻게 어떤 방법으로 복구를 언제쯤 해야 할까요. 알려 주시면 성심껏 따르겠습니다.

사초의 예법을 좇아 행하시면 예에 어그러지지 않을 것입니다.

◆答; 봉분에는 올라가지 않습니다.

어느 경우에도 상묘(上墓)하여 봉분(封墳) 위로는 올라가지 않습니다. 개사초 예법을 좇아 행하시면 예에 어그러지지는 dksg 을 것입니다.

⊙改莎草告辭式(1926 참조)
⊙祭后土祝文式(1926 참조)
⊙改莎草畢告辭式(1926 참조)

●撮要修墓編擇日將改莎草復封築執事設酒果脯醢於墓前(將改莎草墓)主人盥手進跪焚香酹酒(灌地)再拜奠酒置前俯伏興跪祝噫嘻三聲跪讀訖主人再拜執事設饌(上同)於墓左祠土地告者進跪焚香酹酒再拜奠酒俯伏興跪祝跪讀(祝文)訖告者與祝執事皆再拜役畢後慰安於其墓

●問解問家禮后土祀無焚香一節而備要祠后土俱有香爐香盒何歟答家禮不言上香只酹酒無乃有意耶儀節及正衡皆有上香之禮故備要因之未知是否

▶1940◀◆問; 분수(墳樹)에는 정함이 있나요.

항상 유익한 정보에 감사의 인사 올립니다. 다름이 아니 오라 2008 년 청명 한식 즈음에 조상님의 묘소를 보수, 단장하려고 합니다. 산소에 심을 수 있는 수종은 어떤 것이 있으며, 금기시하는 수종도 있는지 궁금합니다 한식 날 부분보수를 하고 차후 시간이 허락하는 대로 마무리를 지어도 되는지요?

산소를 보수 단장하는 데에 꼭 해야 할 일과 하지 말아야 하는 일이 있는지요? 토지신에게도 고하고 산신제도 지내야 하는지요? 여러 가지 궁금한 것이 많아 글을 올리오니 가르침을 주시면 대단히 감사하겠습니다.

◆答; 분수(墳樹)는.

○大夫; 棐=비자나무.
○士; 槐=홰나무(회화나무).
○庶人; 楊柳=버들(버드나무).

●白虎通大夫墳高八尺樹以棐士四尺樹以槐庶人無墳樹以楊柳

▶1941◀◆問; 사초후 사토제 축문식 검토 요청.

수고하십니다. 저의 13 대조 묘가 오래되어 봉분을 둘레석으로 하고 외기, 내기 등등 여러 가지 신축 및 보수를 하여 마감을 하였습니다. 조상님께 제사를 드리려고 하는데 사토축문을 다음과 같이 쓸려고 하는데 이의가 없는지 검토바랍니다.

維 歲次辛묘 三月戊子朔 二十七日甲寅 十一代孫 00 敢昭告于 顯十一代祖考 贈戶曹佐郎壬亂功臣府君 顯十一代祖妣 淑人草溪卞氏 顯十一代祖妣 淑人坡平尹氏 之墓 日月愈久 墓地崩壞 慈以吉辰 改封莎土 謹以 淸酌庶羞 用伸奠獻 尙 饗

이상입니다.

◆答; 사초후 사토제 축문식.

개사초(改莎草)를 하게 되면 대개 다음과 같이 먼저 윗대 조상과 같은 산이면 최존위(最尊位)에 고하고 후토제를 지내고 당해 묘에 고하고 마쳤으면 당해 묘에 고하고 물러납니다.

◎改莎草時告局內最尊位告辭(1926 참조)
◎祭后土祝文(1926 참조)
◎改莎草告辭(1926 참조)
◎改莎草畢告辭(1926 참조)
◎(或)修葺先墓告辭

維 歲次干支幾月干支朔幾日干支某親某官某敢昭告于 顯某親某官府君(或某封某氏合窆位則列書)之墓伏以封築歲久墓道不正後壓山脫前退石隙左傍殘薄友坂傾下今將修葺伏惟 尊靈勿

震勿驚謹以酒果用伸虔告謹告

▶1942◀◆問; 사초후(莎草后) 축문(祝文) 작성(作成)에 대하여?

祖考 묘소의 봉분이 오랜 풍상으로 훼손되어 들레석 축조와 사초를 할 계획입니다. 사초 후 조졸한 묘제 봉행에 필요한 축문 작성법을 하교해 주시면 감사하겠습니다, 별도 산신축문의 예제가 있다면 산신축도 부탁 드립니다.

◆答; 사초겸 묘제 축식.

아래 제시 축식에서 가감의 사유가 있으면 개작하여 사용하십시오.

◆改莎草時告局內最尊位告辭(1926 참조)
◆祭后土祝文(1926 참조)
◆墓祭兼莎草告由祝文

維 歲次干支幾月干支朔幾日干支幾代孫某敢昭告于 顯幾代祖考某官府君(或顯幾代祖妣某封某氏合窆位則列書)之墓 日月愈久墓址崩頹玆以吉辰改封莎土 伏惟 尊靈是憑是安春享(隨時)墓事兼設行之瞻掃 封塋不勝感慕(考妣則昊天罔極)謹以淸酌庶羞祗薦奠獻尙 饗

◆墓祭兼莎草時山神祭祝文

維 歲次干支幾月干支朔幾日干支某官姓名敢昭告于 土地之神某今爲幾代祖考某官府君 幾代祖妣某封某氏之墓 日月愈久墓址崩頹玆以吉辰改封莎土 神其保佑俾無後艱敢以酒饌兼設春享(隨時)敬伸奠獻尙 饗

▶1943◀◆問; 산소 바로 뒤 수목처리.

다음 지식코너에 한번 질문 한내용입니다만 저희 할머님 산소 가, 산중턱부근이고, 그래서 면적도 아주 협소합니다.

활개부분이 따로 없을 만큼 협소 합니다. 그냥 봉분 뒷부분에 해당하는 거기에 저희 아버님이 표목으로, 40 여년 전에 소나무를 심으셨는데, 오래되다 보니까, 너무 크게 자라서, 장마철에 비가 많이 오면, 그 소나무에서 떨어지는 빗물로 인해, 묘지가 많이 파이고 훼손 됩니다.

그래서, 그 나무를 없애려고, 생각 중인데, 주변 어른들 말씀이, 산소주변 수목은 함부로 건드리면, 않된다는 말씀을 하십니다. 후손들이, 어떤 해를 입을 수도 있다고, 어찌해야 할지 난감 합니다. 고견을 기다리겠습니다.

◆答; 산소 바로 뒤 수목처리.

식수(植樹)나 벌목시(伐木時)에는 묘소(墓所)에 고유(告由) 후(後) 행합니다.

⊙植松山役告辭

維 歲次干支幾月干支朔幾日干支孝子(隨屬稱)某敢昭告于 顯考某官府君(合?位則列書祖曾高考?之隨屬稱)之墓伏以隨道空陷疆域淺露今以吉辰將加修葺封植松木木名塡塞莎土伏惟 尊靈不震不驚

⊙伐木告墓告辭

維 歲次干支幾月干支朔幾日干支孝子(隨屬稱)某敢昭告于 顯考某官府君(合?位則列書祖曾高考?之隨屬稱)之墓伏以松楸茂盛恐有禍患今以吉辰斫伐枝葉謹以酒果敢告厥由(懶隱集○碑閣至近樹木幽蔚肆?節享敢告斬伐)

⊙伐木祭土神祝文

維 歲次干支幾月干支朔幾日干支某官姓名敢昭告于 土地之神伏以先兆禁養實賴冥護松楸暢茂禍患可畏今以吉辰斫伐枝葉伏惟 尊神左右保佑俾無後艱謹以酒果敢告厥由尙 饗

▶1944◀◆問; 床石 문안 문의합니다.

삼가 문의 드립니다. 선고의 묘소를 향하여 오른쪽 비껴 아래에 저희 삼형제의 묘지를 조성하고자 합니다. 묘지 면적이 협소하여 봉분을 만들지 않으려고 합니다.

화장 후 분골을 (1)그릇에 담거나 (2)아니면 한지에 싸거나 (3)흙과 골고루 섞거나 하여 묻고 그 위에 신문지 반 장 크기(54cm×39cm)의 크기의 위쪽을 약간 높게 한 피아노 형 석재 표지석에 다음과 같이 적고자 합니다.

< 호=국만, 관직=교장, 휘=경식, 세례명=베드로 >의 경우에 < †국만교장금녕금공휘경식(菊滿校長金寧金公諱慶植)베드로 >일 것 같은데,

<물음1> 순서가 바른지, 망발은 아닌지요?
<물음 2> 크기가 작아 한 줄로 쓰면 글자 크기가 작을 것 같아 다음과 같이 두 줄로도 쓸 수 있는지요?

< †국만교장금녕금공휘경식(菊滿校長金寧金公諱慶植)베드로 >
<물음 3> 통상 묘지의 표석에 < 아무개 지묘(之墓) > 라고 하지만 봉분을 만들지 않으므로 <-지묘(之墓) >를 뺄까 하는데 어떤지요?

선고(先考)의 묘소를 향하여 오른쪽 비껴 아래에 저희 삼형제의 묘지를 조성하고자 합니다. 묘지 면적이 협소하여 봉분을 만들지 않으려고 합니다.

화장 후 분골을 (1)그릇에 담거나 (2)아니면 한지에 싸거나 (3)흙과 골고루 섞거나 하여 묻고 그 위에 신문지 반 장 크기(54cm×39cm)의 크기의 위쪽을 약간 높게 한 피아노 형 석재 표지석에 다음과 같이 적고자 합니다.

< 호=국만, 관직=교장, 휘=경식, 세례명=베드로 >의 경우에 < †국만교장금녕금공휘경식(菊滿校長金寧金公諱慶植)베드로 >일 것 같은데 표지석에 다음과 같이 적고자 합니다.

< 호=국만, 관직=교장, 휘=경식, 세례명=베드로 >의 경우에,< †국만교장금녕금공휘경식(菊滿校長金寧金公諱慶植)베드로 >일 것 같은데.

◆答; 상석(床石) 문안.
<물음1> 答; 유가(儒家)의 예법(禮法)으로는 부부(夫婦)만이 합장(合葬)이 되고, 만약 계실(繼室)이 있으면 삼합장(三合葬)은 불가하여 별소(別所)에 장사하게 됩니다.

법도(法度)가 이러하니 유학(儒學)을 하는 자로서 가부(可否)를 가릴 수가 없음을 양해하여 주시기 바랍니다. 첨언하건대 아무리 장소가 협소하다 하여도 반쪽 짜리 신문 석장도 깔지 못하겠습니까.

또 선고(先考) 묘(墓) 아래에 특별히 남겨둘 사연이 있는지는 몰라도 아래로 삼형제가 이서위상(以西爲上)의 법도에 따라 장서(長西) 중중(仲中) 소동(小東)으로 각 부부합장(夫婦合葬) 삼묘(三墓)로 하심이 옳을 것 같습니다. 계획과 같이 형제들을 합봉(合封)을 하신다면 부인들까지 육합봉(六合封)을 불가하니 이묘(二墓)가 될 것입니다.

<물음2> 答; 유가(儒家)의 예법으로는 논할 수가 없습니다. 다만 유가의 법도에 부부합장이면 쌍행서(雙行書)합니다.

<물음3> 答; 광상(壙上)에 흙을 쌓아 봉긋이 하였으면 분(墳)이라 하고, 평평히 하였으면 묘(墓)라 합니다. 또 묘역, 묏자리 등을 이르기도 합니다. 따라서 지묘(之墓)라 하여도 오류가 아닙니다.

●程子曰合葬須以元妣

●朱子曰今人夫婦未必皆合葬繼室別營兆域宜亦可耳
●黃勉齋曰今按喪服小記云婦祔於祖姑祖姑有三人則祔於親者再娶之妻自可祔廟程子張子考之不詳朱先生所辨正合禮經也
●尤庵曰神主以字數之多不免於雙行者出於不得已也
●便覽治葬立小石碑條; 墓表式合葬則別行書某封某氏祔左;
●辭源[墓] 古時封土隆起的叫墳平的叫墓
●檀弓上;吾聞之古也墓而不墳方言十三凡葬而無墳謂之墓所以墓謂之墲

▶1945◀◆問; 상석 글귀?

삼가 문의 드립니다.

남자: 호=국만(菊滿), 관직=校長, 휘=경식(慶植), 세례명=베드로.

배우자: 호=송심, 본관=밀양, 휘=인순(仁純), 세례명=요안나.

<물음 1> 부부 합폄의 경우에 상석(묘지 표지석=와비)에 다음과 같이 적을 수 있는지요?

<물음 2> 순서가 맞는지요?

<물음 3> 혹 망발은 아닌지요?

<물음 4> <휘(諱)>자를 넣어야 하는지, 없어도 되는지요?

<물음 5> <너희는 지상이 천국인 것처럼 살아라>처럼 후손에게 남기고 싶은 말을 쓰는지, 아니면 죽은 이 자신의 삶에 대한 말을 남기는지요?

국만교장금녕금공휘경식(菊滿校長金寧金公諱慶植)베드로지묘(之墓) 1949.1.2-2000.00.00.

◆答; 상석 글귀.

유가(儒家)의 부부 표석식(表石式)은 아래와 같습니다. 마는 기독교식(基督敎式)은 알지를 못합니다.

고(考)=모관모공지묘(某官某公之墓)

비(妣)=모봉모씨부좌(某封某氏祔左)

●家禮立小石碑條立面如誌蓋之刻云又刻誌石條某官某公之墓
●輯覽墳圖表石某官某公之墓
●陶庵曰合葬則別行書某封某氏祔左
●南溪禮說答問曰表石立於墓前禮也不然則當立於左旁盖右是神道之尊位也兩位表石右書府君左書夫人當如神主之制而世人或多用順書之法未知孰是夫人位之墓二字不必書只書祔以別正位似可
●或問合葬碣面何以書之旅軒曰若雙封一碣則正面當中題曰某國某官某公之墓其左旁低其題曰某夫人某氏祔

▶1946◀◆問; 상석(床石)에 각자하는 법?

상돌을 준비하려 합니다. 상돌에 각자하는 법식을 알려 합니다.

◆答; 상석(床石) 각자식.

상석(床石)에 각자(刻字)하는 법식은 유가의 법도에는 없으며 다만 표석(表石)에 아래와 같이각자 묘(墓) 앞이나 좌방에 남향으로 세우는데 표석 대신 상석 전면에 그와 같이 각자함은 속례이니 그에 대한 전거가 없으며 만약 속례라 하여도 표석식에 의하여야 할 것이며 특히 자손을 표석에 각자하는 법도는 알지를 못합니다.

●家禮本註婦人則俟夫葬乃立面如夫亡誌蓋之刻云

●輯要云合葬墓表石書以兩行而右面則云某官某公諱某之墓或錄其名字鄕貫於碑陰左面則云某封某氏祔若或順書則某氏下云祔左
●旅軒曰夫婦若同封一碣則正面當中題曰某國某官某公之墓其左旁低其題曰某夫人某氏祔

▶1947◀◆問; 석물글씨.

안녕하세요 궁금하여 여쭈어봅니다 남편의 묘는 다른 곳에 있고, 부인은 현재 살아 있는데 가묘를 하고 석물을 하려 합니다 그런데 묘 앞에 놓는 상에 무어라 써야 하나요 전면에는 "유인(孺人) 00(본관) 0(성씨)氏 00(이름)지묘(之墓)" 이렇게 쓰고(여자의 이름을 써도 되나요).

왼편 면에는 "부군(夫君) 00(본관) 0(성씨)公 00(이름)" 이라고 쓰고요 그리고 자손들 이름을 새기려고 하는데요 여기서 죽은 사람의 남편을 무어라 해야 좋을지 몰라 여쭈어 봅니다 또 남편의 산소 주소도 써야 하는지 예를 들면 "00(동네이름) 뒤편 양지쪽 00(좌향)" 정확한 자문을 부탁 드립니다.

◆答; 생자는 상석에 써 넣지 않습니다.

考; 某官某公諱某之墓
妣; 某封某氏祔左

부친(父親)이 먼저 작고한 산소를 후일(後日)을 모친 작고 시 합분(合墳)할 것을 염두(念頭)에 두고 설치한 상석(床石)에는 생자(生者) 각자(刻字)는 하지 않고 고(考)만 각자하고 비(妣)는 사후(死後)까지 미뤄 두는 것입니다.

●輯要云合葬墓表石書以兩行而右面則云某官某公諱某之墓或錄其名字鄕貫於碑陰左面則云某封某氏祔若或順書則某氏下云祔左
●家禮本註婦人則俟夫葬乃立面如夫亡誌蓋之刻云

▶1948◀◆問; 석물에 관하여.

선대묘소가 산업단지조성으로 인하여 개장과 동시 화장을 하여 산에 뿌리고 분묘가 없는 상황입니다. 묘지에 있던 석물(石物; 비석 상석 망두석 등)을 어떤 방법으로 처리하면 좋을지 몰라서 고견을 듣고자 합니다. 저의 문중에서 한곳으로 모으자는 의견과 개장한 묘지 터에 묻어버리자는 의견이 분분합니다.

◆答; 석물(石物).

석물(石物)을 지상에 설치할만한 장소가 있다면 이장이 되었을 것입니다. 따라서 단을 모을 만한 마땅한 장소도 없는 것으로 사료됩니다. 비석이라 하심이 표석(表石)이라면 상석(床石)이나 망주석(望柱石)과 같이 지상에 둘 근거가 없는 것 같습니다.

따라서 정결한 곳에 묻음이 옳을 것 같으며 그 비가 신도비 등과 같으면 오래도록 기릴 가치가 있으니 적당한 장소에 재건하심이 옳지 않을까 합니다.

신도비란 묘로 통하는 길에 세우되 표석과는 달리 망자의 생전 사적을 자세히 기록한 비를 이름이라 묻는 것 보다는 의미 있는 곳에 세워 보존함이 옳겠다는 것입니다.

●讀禮通考王行曰神道碑有碑額碑文碑額之題簡碑文之題詳

▶1949◀◆問; 석물을 할 때의 축문.

묘에 석물을 할 때 산신제 축과 묘에 고하는 축문을 가르쳐 주시면 합니다.

◆答; 석물을 할 때의 축문.

입석 시 고유문은 그 유형이 많습니다. 어느 입석인지는 모르겠으나 아래에서 택하시여 혹 취지와 상이한 부분이 있다면 적합하도록 개변 하시여 사용 하십시오.

⊙具石物祝辭(後漢書註方者謂之碑圓者謂之碣李斯所造○儀節墓表則有官無官皆可用表立墓左誌銘埋地○尤菴曰石物立時若値節祀則因其祭添入于祝辭中以告爲可尙饗下添以來承祀事百年于玆而家貧力薄墓前石物無計卽成今始桔倨僅成石人石床今將排設而惟是表石垂成罅缺不可苟用勢須遲待來秋謹將事由並此虔告云云當據此用之而旣有喪禮抄所載定式故亦補入于左○問碣面或有直書姓名者旅軒曰我國古人之墓有直書姓名者而涉於未安故今人只書公字錄其名字於碑陰○南溪曰表石只是大書其官職姓名以表其墓○表石立於墓前禮也不然則當立於左旁蓋是神道之尊位○竹菴曰立石物時只告當位而土地則不必有祭告告辭則維年月日孝子某敢昭告于顯考某官府君之墓家力不逮石物未具石床望柱今始營豎謹以酒果用伸虔告謹告○梅山答人問曰石儀爲修墓道之大者不可以不告立石在於祀祭前後則當別具祝辭若以一日再祭爲拘則前期以告恐是維歲云云某昭告于亡室某封某氏之墓旣葬而石儀闕具墓道未成今始營立惟靈是寧玆以酒果用伸告儀玆告維歲云云某官姓名敢昭告于土地之神葬妻是地內具石儀今始營立謹以酒果祇薦于神神其佑之尙饗)

維　歲次干支幾月干支朔幾日干支某親某官某敢昭告于　顯某親某官府君(或某封某氏合窆位則列書)之墓伏以財力不逮儀物多闕今具(當下添或碑石或石床或望柱石或石人或石墻或石階等)用衛墓道伏惟　尊靈是憑是安(又尤菴云云之墓今以吉辰謹具石物排設如儀用衛墓道謹以酒果用伸虔告謹告○一云碑石旣具用表墓導伏惟尊靈百世是安)

⊙立石時告先塋告辭(行局內最尊位)

維　歲次干支幾月干支朔幾日干支某孫某敢昭告于　顯某親某官府君(或某封某氏合窆位則列書)子某官某(或孫某官某婦某封某氏)墓前石物未具僅成某物今將排設謹以事由敢此虔告

⊙立石時告墓告辭

維　歲次干支幾月干支朔幾日干支孝子隨屬稱某敢昭告于　顯某親某官府君(或某封某氏合窆位則列書)封塋之初石物未具將以今日排置碑(床石望柱隨改)謹以酒果用伸虔告謹告(贈職追刻則曰今將追刻恩贈餘上同○莎改立石兼告曰歲月滋久墓址崩頹玆以吉辰改莎土仍整石物以表靈域謹以上同節祀兼告石物則祝尙饗下曰家貧力薄未俱石物僅成某物今將排設謹將事由幷此虔告○節祀兼告立石則尙饗下曰家貧力薄未具石物僅成某物今將排設謹具事由幷此虔告)

⊙具石物祭后土祝文

維　歲次干支幾月干支朔幾日干支某官姓名敢昭告于　土地之神今爲某親某官(或某封某氏合窆位則列書)之墓(曲墻石儀修補則今爲某親某官府君之墓曲墻石儀修舊起弊神其云云)今具石物用衛墓道　神其保佑俾無後艱謹以酒果祇薦于神尙　饗(贈職追刻則曰追刻恩贈神其佑之餘上同○或舊短薄今將改立○或舊碣漫滅今將改刻○或舊碣刑刻而新之今將改立○石物追改曰石物傾頹今將修治或舊碣短薄今將改立或舊碣漫漶今將新刻或石床短薄今將新備)

⊙立表石告辭

維　歲次干支幾月干支朔幾日干支某親某官某敢昭告于　顯某親某官府君(或某封某氏合窆位則列書)之墓久闕竪表夙夜惕念(或累世經念)今始請文于某人以某人書入鑴敬擇吉辰奉竪墓前(或墓左右)用表幽堂伏惟　尊靈維時歆鑑謹以酒果用伸虔告謹告

⊙立表石先事告辭

維　歲次干支幾月干支朔幾日干支某親某官某敢昭告于　顯某親某官府君(或某封某氏合窆位則列書)之墓謹具表石今已刊說玆將奉竪墓前(或墓左右)用表幽堂伏惟　　尊靈維時歆鑑謹以酒果用伸虔告謹告

⊙因節祀立表石告辭

維　歲次干支幾月干支朔幾日干支某親某官某敢昭告于　顯某親某官府君(或某封某氏合窆位則列書)某來承祀事年于玆而家貧力薄墓前石物無計卽成今始拮据僅成石人石床奉已排設而惟是表石垂成罅缺不可苟用勢須遲待來秋謹將事由幷此虔告謹

⊙墓祭兼立石儀告由祝文

維　歲次干支幾月干支朔幾日干支幾代孫某敢昭告于　顯幾代祖考某官府君(或顯幾代祖姚某封某氏合窆位則列書)之墓事力不逮石儀未成今具床石望柱石用衛墓道伏惟　尊靈是憑是安春享隨時墓事兼設行之瞻掃　封塋不勝感慕(考姚則昊天罔極)謹以清酌庶羞祇薦奠獻尙　饗

⊙墓祭兼立石時山神祭祝文

維　歲次干支幾月干支朔幾日干支某官姓名敢昭告于　土地之神某今爲幾代祖考某官府君幾代祖妣某封某氏之墓封塋當時墓儀未成今玆床石望柱用衛墓道　神其保佑俾無後艱敢以酒饌兼設春享(隨時)敬伸奠獻尙　饗

⊙頌德碑開基告辭

維 歲次干支幾月干支朔幾日干支某官姓名敢昭告于 土地之神今爲仁山鳳鳴某(名)攸宅涉險經艱倉廩有積奬迪羣英巨金乃擲澤被氓庶名馳鄕國鼎江淳潘紫皐崱亐一坊寅慕載豎一石揀其良辰厥基乃拓神其保佑增玆百祿謹以酒果敬伸虔告謹告

⊙立石畢慰安告辭

維 歲次干支幾月干支朔幾日干支幾代孫某敢昭告于　顯幾代祖考某官府君(或某封某氏合窆位則列書)之墓碑石旣具用表墓道伏惟　尊靈百世是安謹以酒果用伸虔告謹告(立石非破封塋則慰安告辭當闕)

⊙立神道碑祝文

維 歲次干支幾月干支朔幾日干支某親某官某敢昭告于　顯某親某官府君(或某封某氏合窆位則列書)之墓神道無刻未章休烈今始請銘于某人以某人書某人篆入鐫顯豎墓道光垂後則伏惟歆佑俾永無替謹以淸酌庶羞恭伸奠告尙　饗

⊙立碣石祝文

維 歲次干支幾月干支朔幾日干支某親某官某敢昭告于　顯某親某官府君(或某封某氏合窆位則列書)之墓墓道無刻潛光久欝今謹請銘于某人以某人書某人篆入石奉豎兆南昭示先德後人永式伏惟歆格益遠貽則謹以淸酌庶羞恭伸奠告尙　饗

▶1950◀◆問; 선조의 묘비 제막식 때 제례 절차 및 축문.

248년 전 돌아가신 저의 9대조 선조의 묘비 제막식 때 제례절차 및 축문을 문의하오니 자세히 답변하여 주시기 바랍니다.

◆答; 선조의 묘비 제막식 때 제례 절차.

선산(先山)에 선대조묘(先代祖墓)가 계시면 최존위묘(最尊位墓)에 고하고 입석위묘(立石位墓)와 산신제(山神祭)를 지내고 입석필후(立石畢後) 당해묘(當該墓)에 위안제(慰安祭)를 지내는데 모두 무반갱주과포(無飯羹酒果脯) 단헌지례(單獻之禮)입니다. 다만 상향(尙饗) 축식일 경우는 삼헌지례(三獻之禮)로 기제(忌祭) 진설과 같습니다.

축식(祝式)은 아래에서 택(擇)하여 고하거나 입석취지(立石趣旨)에 적합(適合)한 축식(祝式)이 없으면 변개(變改)하여 고(告)하시면 될 것입니다.

⊙立石時告先塋告辭(行局內最尊位)(1949 참조)
⊙立石時告墓告辭)(1949 참조)
⊙具石物祝辭)(1949 참조)
⊙具石物祭后土祝文)(1949 참조)
⊙立表石告辭)(1949 참조)
⊙立表石先事告辭)(1949 참조)
⊙因節祀立表石告辭)(1949 참조)
⊙墓祭兼立石儀告由祝文)(1949 참조)
⊙墓祭兼立石時山神祭祝文)(1949 참조)

⊙墓石床新備告由文

維 歲次干支幾月干支朔幾日干支幾代孫某敢昭告于　顯某親某官府君(或某封某氏合窆位則列書)之墓伏以塋前儀物閱世未遑藐劣裔仍不勝惶憫今用石床略備墓儀謹以酒果臨事先由

⊙只立碑石告墓告辭

維 歲次干支幾月干支朔幾日干支某代孫某敢昭告于 顯某親某官府君(或某封某氏合窆位則列書)
之墓年代久遠墓表無徵今始營碣剞謹告成肆涓吉日樹諸隨路敢告厥由(或改今始營碣以下十六字
爲今具碑石用表墓道云)不勝永慕謹以酒果用伸虔告謹告

⊙立碣石祝文(1949 참조)

⊙立神道碑祝文(1949 참조)

⊙神道碑重建告由文

維 歲次干支幾月干支朔幾日干支某親某官某敢昭告于 顯某親某官府君(或某封某氏合窆位則列
書)羨道有石酷燹被傷力紬誠菲倏忽卅霜今始改新竪于砌傍劘舊爲表有柱有床忍賭堙塹輪
蹄奔忙思古悲今感涕盈眶履玆霜露歲薦告詳彷彿精靈如臨洋洋懲前慮後益盡恐惶庶母熈
髑地久天長謹以淸酌庶羞恭伸奠告尙 饗

⊙改石物後慰安祝文

維 歲次干支幾月干支朔幾日干支孝子某敢昭告于 顯考某官府君之墓恭惟 府君脈襲家庭
不違寸尺晚踵高門多掖後覺鄉侯禮待延恩纏沐七十行義孰不感激嗚呼觀化四旬五曆罪深
力淺未遑賈琢今晚掇幽君子顯刻敢曰表誠靈或鑑格玆涓吉日敬薦泂酌尙 饗

⊙立石畢慰安告辭(1949 참조)

⊙莎草兼立石告辭

維 歲次干支幾月干支朔幾日干支某親某官某敢昭告于 顯某親某官府君(或某封某氏合窆位則列
書)之墓日月愈久墓址崩頹玆以吉辰改封莎土仍立石物以表塋域伏惟 尊靈是憑是安

▶1951◀◆問; 수묘로 사초할 때 의례.

수고 많으십니다. 다음 달에 저의 증조부/증조모 산소의 사초를 하기로 하였습니다.
사초 전후로 시행해야 할 의례가 있는지요? 그리고 제수는 어느 수준으로 하는 것
이 예법에 맞는지요? 전해 듣기로는, 삼실과에 제주를 준비하여 사초 후에 인사를
드리면 된다고들 하는데. 감사합니다.

◆答;산소를 사초할 때 의례.

◆수묘(修墓) 예법(禮法).

수묘 예법이 정예화 되어 전함은 없으나 아래와 같이 개별로 전함이 있어 일러드립
니다. 차질 없으시기 바랍니다.

●사초를 하려면 먼저 선산이면 그 산에서 최존위 묘에 "◆改莎草時告局內最尊位告
辭"로 고하고 고사 진설품은 주과포 정도로 약설이면 독축단잔의 예법으로 행하는
데 이하 모두 같습니다.

●改莎草時告局內最尊位告辭

維 歲次干支幾月干支朔幾日干支某親某官某敢昭告于 顯某親某官府君或某封某氏合窆
位則列書今爲某孫某官某塚宅崩頹卜以某日將加修治謹以酒果用伸虔告謹告

●다음으로 개사초할 본묘에 약설단잔의 예법으로 아래와 같이 고하고 시작하고,

●改莎草告辭 梅山曰改莎雖不在墳墓旣在兆域之內則恐當由維歲云云孝子某敢昭告于顯考云云顯妣云云伏以兆域
修治不謹歲久莎頹今將改葺伏惟尊靈永世是寧謹告事由右告當位維歲云云某官姓名敢昭告于土地之神今爲某官某封某氏兆
域莎頹將加修治神其保佑俾無後艱謹告右告土神○又式云云久遠塚宅風雨維歲次云云顯某親某官府君之墓封築不謹歲久頹
圮今以吉辰將加修葺伏惟尊靈不震不驚敢用酒果謹告

維 歲次干支幾月干支朔幾日干支某親某官某敢昭告于 顯某親某官府君(或某封某氏合窆位則列
書卑幼改顯爲亡去府君)之墓歲月滋久草衰土圮今以吉辰益封改莎伏惟 尊靈(卑幼云惟靈)不震不驚
謹以酒果用伸虔告謹告○云云日月滋久墓貌毀傷今將擇吉改被莎草云云○梅山云歲代邈遠堂封圮傾高風曠感賢侯

賜丁玆涓吉辰將以改修敬陳脯醴先告事由○樊岩云莎崩土遷得不雨滲凤夜懷惕罔弛于心爰始改爲時惟清明麖官替告願勿震
驚頹落今擇吉辰改莎復土築長五尺比前厚久伏以尊靈永世是寧○若主人在遠地當曰孝子某在遠地某親某替行修墓之事敢昭
告于用代者之屬稱或用監役者○冬葬春築祝伏以襄奉之初凍未完築今將修葺伏惟尊靈勿震勿驚謹以云云○常通云云之墓封
築歲久莎土頹圮今以吉辰敢請修改伏惟尊靈不震不驚)

●마쳤으면 寒岡 선생께서 "加土畢後備庶羞行祭無妨"하다 하셨으니 약설에 더 진설
하여도 무방할 것 같으며, 역시 단잔의 예이며.

●改莎後慰安告辭

維 歲次干支幾月干支朔幾日干支某孫某敢昭告于 顯某親某官府君(或某封某氏合窆位則)列書
隨屬稱)之墓旣封旣莎舊宅惟新伏惟 尊靈永世是寧

●마치고 산신제를 약설 단잔으로 고하고 마치게 됩니다.

●祭后土祝文

維 歲次干支幾月干支朔幾日干支某官姓名敢昭告于 土地之神今爲某官某公(或某親某封某氏
合窆位則列書)之墓塚宅崩頹(地凍未完封則云塚宅未完墳墓遇賊則云賊發塚宅墓庭水災則云水齧塚宅墓焚則云火燎塚
宅還得失傳葬則云遷尋先墓其他隨事改措)將加修治 神其保佑俾無後艱謹以酒果祇薦于神尙 饗(冬葬
春莎則曰封築未完今將改莎云云)

●檀弓古不修墓註敬謹之至無事於修也
●尤菴曰有事於一墓而幷告諸位未之前聞
●寒岡曰只於加土日具酒告一酌而加土畢後備庶羞行祭無妨
●梅山曰旣告當位並及土神完役後只慰安當位而已
●問先墓加土先一日告由如何寒岡曰何必先一日告只於加土之日具酒果用祭文告一酌而
畢加土畢役後亦備庶羞行祭恐無妨
●竹菴曰改莎告辭今以莎草傷損玆將修改卽事之始謹告事由
●常通云云莎土旣修塋域重新倍增瞻慕昊天罔極謹以酒果恭伸慰事云云(祖以上去昊天罔
極一句役畢後慰安勢窮者闕之可也)

▶1952◀◆問; 崇祖院에 대하여?

가족묘지 입구에 "崇祖院"의란 이름을 새겨 안내석(標石)을 세워놓았는데 거기에 쓴
글자(院)가 잘못된 것인지 아니면 옳은 것인가.

◆答; 숭조원(崇祖院).

아마도 작명자가 숭조원(崇祖院)이라 명명한 까닭은 동산이라는 의미를 부여, 조상
을 숭배하는 동산이라는 뜻으로 원(院)자를 붙이지 않았나 생각됩니다. 그러나 원
(院)은 동산이라기 보다는 집, 관아, 절, 등의 의미로 인식 동산이라는 의미를 생각
해 내기란 한자에 능하지 않은 많은 이들에게는 생소할 수 밖에 없습니다.

특히 [숭조묘원(崇祖墓園)]이라 하면 동산이라는 의미를 부여할 수도 있겠다 하겠
으나, 여기서 숭조원이라 함의 원은 동산이라기 보다는 [조상을 숭배하는 (장소)
(곳)]의 의미의 원(園)의 의미가 더 격에 맞을 것입니다.

따라서 기왕에 [숭조원]이라 이름 붙인다면 아래와 같이 살펴보건대 원(園)에는 동
산이란는 의미는 물론 능(陵)의 뜻으로 묘(墓)라는 의미가 포함되어 있어 묘(墓)가
전제된 장소(場所)라는 의미의 원(園)을 붙여 숭조원(崇祖園)이라 함이 합당하지 않
을까 합니다.

●漢語大詞典[墓園]有墳墓的园地
●日省錄正祖一年丁酉(1777)十一月10日壬申(云云)諸陵寢各墓園中懿昭墓之香炭最多
前所除減者爲幾結乎(云云)○正祖二十四年庚申(1800)四月十二日甲午(云云)其墳墓院宇
旣有自朝家封植修建之節則若無待於其子孫之崇奉永享者(云云)

●後漢書祭祀志下宗廟條古不墓祭漢諸陵皆有園寢承秦所爲也
●晉書郗超(字景興一字嘉賓)傳欲共獎王室修復墓園
●大典通編京官職各園條英宗癸酉始行封園之禮置守奉官
●司馬文園集修容乎禮園
●唐錢起果园詩竹陰疏奈院山翠傍蕪城(院一本作苑)

▶1953◀◈問; 입석 고유제에 대한 문의.

아버님의 묘비를 세우고 입석제를 올리려 하는데 그 헌작을 어떻게 해야 되는지 궁금합니다. 저는 독신으로 아들 3 형제(모두결혼) 출가한 여동생이 두 사람 삼촌이 한분 계시고요 당일에 친구들 과 친인척도 약간 초청할 예정입니다 3 헌을 하려 하는데 헌작을 어떻게 하면 좋겠습니까?

◈答; 입석(立石) 고유제(告由祭).

신도비(神道碑)인지 표석(表石)인지를 밝히지 않아 두 식을 알려드리니 소용대로 취하시기 바랍니다. 입석 고유제와 토지제는 모두 약설 단헌입니다.

⊙立石時告先塋告辭(行局內最尊位) (1949 참조)
⊙立石時告墓告辭)(1949 참조)
⊙具石物祭后土祝文)(1949 참조)
⊙立碣石祝文)(1949 참조)
⊙立神道碑祝文)(1949 참조)
⊙立石畢慰安告辭)(1949 참조)
⊙立表石告辭)(1949 참조)
⊙立表石先事告辭)(1949 참조)

◆立碣石祝文

維 歲次干支幾月干支朔幾日干支某親某官某敢昭告于 顯某親某官府君(或某封某氏合窆位則列書)之墓墓道無刻潛光久欝今謹請銘于某人以某人書某人篆入石奉竪兆南昭示先德後人永式伏惟歆格益遠貽則謹以淸酌庶羞恭伸奠告尙 饗

◆立神道碑祝文

維 歲次干支幾月干支朔幾日干支某親某官某敢昭告于 顯某親某官府君(或某封某氏合窆位則列書)之墓神道無刻未章休烈今始請銘于某人以某人書某人篆入鐫顯竪墓道光垂後則伏惟歆佑俾永無替謹以淸酌庶羞恭伸奠告尙 饗

◆神道碑重建告由文

維 歲次干支幾月干支朔幾日干支某親某官某敢昭告于 顯某親某官府君(或某封某氏合窆位則列書)羨道有石酷燹被傷力絀誠非倏忽廾霜今始改新竪于砌傍劚舊爲表有柱有床忍睹堙塹輪蹄奔忙思古悲今感涕盈眶履玆霜露歲薦告詳彷彿精靈臨洋洋徼前慮後益盡恐惶庶毋燬髑地久天長謹以淸酌庶羞恭伸奠告尙 饗

◆頌德碑開基告辭

維 歲次干支幾月干支朔幾日干支某官姓名敢昭告于 土地之神今爲仁山鳳鳴某(名)攸宅涉險經艱倉廩有積奬迪羣英巨金乃擲澤被氓庶名馳鄕國鼎江渟滀紫皐崱屴一坊寓慕載竪一石揀其良辰厥基乃拓神其保佑增玆百祿謹以酒果敬伸虔告謹告

◆頌德碑建畢告由文

猗歟某(名)天賦孔篤誠深先塋散金伐石餘恩所曁坊里涵沐育英特志銘在胷臆衆口成碑聲播鄕國赫赫紀德天山不泐垂範來世過者必式酒果虔告警勵頹俗

▶1954◀◈問; 입석 겸 사초예법을 알라고 합니다.

사초겸 입석물을 하려고 하는데 예법과 축문식 좀 가르쳐 주십시오.

◆答; 입석(立石) 겸 사초(莎草) 예법(禮法).

예법은 모두 단잔 독축입니다. 먼저 산신제를 지내고 작업할 묘에 고하고 작업을 마치고 또 구합니다.

◆祭后土祝文式

維 歲次干支幾月干支朔幾日干支某官姓名敢昭告于 土地之神今爲某官某公塚宅崩頹將加修治 神其保佑俾無後艱謹以酒果祇薦于 神尙 饗

◆改莎草告辭式

維 歲次干支幾月干支朔幾日干支某親某官某敢昭告于 顯某親某官府君或某封某氏合窆位則列書之墓歲月滋久草衰土圮今以吉辰益封改莎伏惟 尊靈不震不驚謹以酒果用伸虔告謹告

◆改莎草畢告辭式

維 歲次干支幾月干支朔幾日干支某親某官某敢昭告于 顯某親某官府君或某封某氏合窆位則列書之墓旣封旣莎舊宅惟新伏惟 尊靈永世是寧

◆具石物告辭式

維 歲次干支幾月干支朔幾日干支某親某官某敢昭告于 顯某親某官府君或某封某氏(合窆位則列書)之墓伏以事力不逮儀物多闕今具(當下添或碑誌或石床或望柱石或石人或石墻或石階等)用衛墓道是憑是安

◆具石物祭后土祝文式

維 歲次干支幾月干支朔幾日干支某官姓名敢昭告于 土地之神今爲某親某官之墓今具石物用衛墓道 神其保佑俾無後艱謹以酒果祇薦于 神尙 饗

◆莎草兼立石告辭式

維 歲次干支幾月干支朔幾日干支某親某官某敢昭告于 顯某親某官府君或某封某氏合窆位則列書之墓日月愈久墓址崩頹玆以吉辰改封莎土仍立石物以表塋域伏惟 尊靈是憑是安

●問先墓加土役日早朝先告由役畢具三獻備庶羞別祭如何先一日告由亦如何寒岡曰何必先一日告只於加土之日具酒果用祭文告一酌而畢加土畢役後亦備庶羞行祭恐無妨
●按或曰若當節日則役畢後仍行祭祀而用祝文無妨
●問修改墳墓或石物竪立時當告有事之墓而若一麓有累代先墓則可並告耶旣告墓則不告祠堂耶告時只用酒果無已忽略耶尤菴曰有事於一墓而並告諸墓未之前聞祠堂告追贈只告所贈之龕此爲可據告於祠堂恐難杜撰據家禮則追贈改題何等大禮而只設酒果今於告墓何獨爲太忽略耶
●明齋曰石物立時若値節祀則因其祭添入于祝詞中以告爲可尙饗下添以某來承祀事百年于玆而家貧力薄墓前石物無計卽成今始拮据僅成石人石牀今將排設而惟是表石垂成磚缺不可苟用勢須遲待來秋謹將事由並此虔告云云以此修潤用之

▶1955◀◆問; 장명등(長明燈).

산소 앞에 세워져 있는 장명등(?)인 석등의 위치가 어디에 세워야 하는지요?
또한 석등의 개수는 하나만 세워야 하는지요? 아니면 여러 개를 세워도 되는지요? 여러 개를 세울 때의 위치도 알고 싶습니다. 참고로 산소마다 석등의 위치가 다른 것이 보이고, 개수도 다른 것이 보여서 문의 드립니다.

◆答; 장명등(長明燈).

아래와 같이 살펴보건대 장명등(長明燈)은 중계(中階) 한 가운데에서 북쪽으로 가까이 설치합니다.

●國朝五禮儀凶禮治葬中階正中近北設長明燈

▶1956◀◆問; 조부님 조모님 상석을 하려는데.

상석을 하려고 하는데 어떻게 하면 되는지 고견을 듣고자 합니다. 조부님과 조모님의 묘소가 약 2km 떨어져 다른 곳에 위치하고 있습니다.

조부님의 묘소: 경북 김천시 아포읍 예리 산 48 번지 조모님의 묘소: 경북 김천시 아포읍 예리 산 55 번지 일 경우.

조부님의 묘소에는,
學生坡平尹公諱在熙字聖瓚之墓
配孺人密陽朴氏心伊 墓金泉市牙浦邑禮里 山 55 番地所在

조모님의 묘소에는,
孺人密陽朴氏心伊之墓
夫學生坡平尹公諱在熙字聖瓚 墓金泉市牙浦邑禮里 山 48 番地所在
위 예시가 맞는지요?

◆答; 조부님 조모님 상석에 각자는.

아래와 같이 살펴보건대 표석(表石)을 세우지 아니하였으면 그 대신 상석 전면에 표석의 예법과 같이 각자(刻字)하되 모관성명지묘(某官姓名之墓)는 필서(必書)인 것 같습니다.

다만 자(字)는 쓰지 않는 것 같으며 주부자(朱夫子) 말씀에 장즉(長卽) 십자(十字) 양행(兩行) 단칙(短則) 구자(九字) 삼행(三行)이란 말씀과 선세(先世)나 조비유인(祖妣孺人) 이하가 별장(別葬)일 때 비(碑) 음면(陰面)에 각자(刻字)한다는 말씀이 계시니 고(考)의 석상(石床) 음면(陰面)에 비(妣)의 묘소(墓所)를 비(妣)의 석상(石床) 음면(陰面)에 고(考)의 묘소(墓所) 소재를 각자(刻字)함이 바른 예법(禮法) 같습니다.

●朱子答郭希呂曰墓銘之額更著宋字爲佳大抵石長卽以十字爲兩行石短則以九字爲三行隨事之宜可也
●又朱子跋大父承事府君行狀曰府君始葬於此不可使後孫不知敬立石表刻狀下方立于墓左先世墳廬在婺源者及祖妣孺人以下別葬所在亦具刻于碑陰使來者有攷焉
●鏡湖曰今俗貧不能具設碑及石物者或有設石床而稍高其制橫刻碑額之文於其前面者矣
●南溪曰表石只是大書其官職姓名以表其墓

▶1957◀◆問; 초상 후 입 석물 시 고사요령.

안녕하세요? 초상을 치른 몇 연후에 산소에 석물을 설치 하려 합니다. 그때에 조상님에게 들이는 고사와 산신제을 몇 번을 치르는지 다시 말씀 들여서 일을 시작 하기 전에 치러야 하는지 일을 다 마친 후에 치러야 하는지요? 아니면 전과 후 모두 치러야 하는지요?

그 방법은 어떠한지요? 상식이 너무 빈약하여 답답하기 그지 없습니다. 유능하신 선비님의 고견을 듣고 싶습니다 가능 하시면 축문도 (선고 선비경우) 같이 하교하여 주시면 더 없이 고맙겠습니다.

◆答; 입석물.

아래 축식에서 소용대로 취하여 사용하시기 바랍니다,
●問先墓加土役日早朝先告由役畢具三獻備庶羞別祭如何先一日告由亦如何寒岡曰何必

先一日告只於加土之日具酒果用祭文告一酌而畢加土畢役後亦備庶羞行祭恐無妨

●按或曰若當節日則役畢後仍行祭祀而用祝文無妨

●問修改墳墓或石物堅立時當告有事之墓而若一麓有累代先墓則可並告耶旣告墓則不告祠堂耶告時只用酒果無已忽略耶尤菴曰有事於一墓而並告諸墓未之前聞祠堂告追贈只告所贈之龕此爲可據告於祠堂恐難杜撰據家禮則追贈改題何等大禮而只設酒果今於告墓何獨爲太忽略耶

●石物立時若值節祀則因其祭添入于祝詞中以告爲可尙饗下添以某來承祀事百年于玆而家貧力薄墓前石物無計卽成今始拮据僅成石人石牀今將排設而惟是表石垂成罅缺不可苟用勢須遲待來秋謹將事由並此虔告云云以此修潤用之

◆具石物告辭式(1954 참조)

◆具石物祭后土祝文式(1954 참조)

◆莎草兼立石告辭式(1954 참조)

◆修葺塋域祭后土祝文式

維 歲次干支幾月干支朔幾日干支某官姓名敢昭告于 土地之神今爲(主人自告則當添某之二字)某親某官(主人自告則此下當添府君二字卑幼則否)塚宅未完將加修治 神其保佑俾無後艱謹以酒果祗薦于 神尙 饗

◆修葺事畢告辭式

維 歲次干支幾月干支朔幾日干支孝子某敢昭告于 顯考某官府君(隨屬稱)之墓旣封旣莎修葺事畢伏惟 尊靈永世是寧

◆修石儀告辭式

維 歲次干支幾月干支朔幾日干支某親某官某敢昭告于 顯某親某官府君之墓守護不謹石儀斜傾歲月滋久今以吉辰正立修舊伏惟 尊靈永世是寧

▶1958◀◆問; 축문.

반갑습니다. 언제나 수고하시는 관계자님께 경의(敬意)를 표합니다. 닦아 오는 청명(淸明) 한식(寒食)날 １０대조 선조(先祖)님의 묘소(墓所)에서 예를 올리고 사초(莎草)를 할 예정입니다. 예를 올릴 때의 축문과. 비석이 넘어져있어 바로 세우려고 합니다. 비석(碑石)을 세울 때의 축문도 가르쳐주시면 감사하겠습니다.

사정이 여의치 않으면 인사만하고 올해 안에 길일을 택해서 할 예정입니다. 이럴 때 작업하시는 분들의 말씀이 봉분의 흙을 한 삽 떠서 엎어놓고 난 뒤 차후 길일을 택해 작업을 하면 된다고 하는데 맞는 말씀인지요.

숭조(崇祖) 하는 순수한마음인데 마음 가는 대로하면 되지 안을까 하다가도 행여 선조님에게 누가 되지 않을까 하는 미음에 문의 드립니다. 항상 수고하시는 초암님과 관계자님께 다시 한번 머리 숙여 감사 드리며 내내 건강하시길 기원 드립니다.

◆答; 축문.

이상의 속설(俗說)에 대하여는 아는 바가 없습니다. 다만 무속적(巫俗的) 속설(俗說)이 아닌가 합니다. 축문식을 아래와 같습니다. 이 때의 예법은 단헌지례(單獻之禮)입니다.

◆改莎草告辭(1954 참조)

◆改莎草時告局內最尊位告辭(1954 참조)

◆祭后土祝文(1954 참조)

◆改莎後慰安告辭(1954 참조)

◆石物追改告辭

維 歲次干支幾月干支朔幾日干支幾代孫某敢昭告于 顯幾代祖考某官府君(或某封某氏合窆位
則列書)之墓伏以石物傾頹將加修治(或改刻則玆以舊碣剝落字劃刻滅將加磨治爰圖新刻○舊碣刑刻而新之今將
改立○舊碣或床石短薄爰圖新備今將改立)謹以酒果用伸虔告謹告

▶1959◀◆問; 축문(祝文) 서식(書式)에 관하여 質問 올립니다.

안녕하십니까? 先祖님 들께서 계신 先山을 새로 整備를 해 드리고 石物 도 해 드리려고 합니다. 처음 시작 (破墓) 할 때부터 끝 마무리할 때까지 어떻게 祭를 모시며 또 祝文을 어떻게 써야 하는지요? 답변 주시면 감사 하겠습니다.

◆答; 축문(祝文) 서식(書式).

수묘(修墓)나 석물(石物)을 할 때 어느 때 어떤 축(祝)이라 지적한 바가 없어 대강(大綱) 소용(小用)되는 축문(祝文)을 열거(列擧)하여 드렸으니 소용(小用)되는 대로 선택(選擇)하여 사용(使用)하시고, 예법(禮法)은 약설(略設)(주과포 등) 단헌(單獻) 독축(讀祝)입니다.

◆修墓

檀弓古不修墓註敬謹之至無事於修也○尤菴曰有事於一墓而幷告諸位未之前聞

◆改莎草時告局內最尊位告辭(1954 참조)
◆改莎草告辭(1954 참조)

◆修墓告辭

維 歲次干支幾月干支朔幾日干支某親某官某敢昭告于 顯某親某官府君(或某封某氏合窆位則列
書)之墓封築不謹歲久頹圮今以吉辰將加修葺伏惟 尊靈不震不驚敢用酒果謹告(云云日月滋久
墓貌毀傷今將擇吉改被莎草○梅山曰歲代邈遠堂封圮傾高風曠感賢俟賜丁玆涓吉辰將以改修敬陳脯醴先告事由○樊菴曰莎
崩土遷得不雨滲夙夜懷惕罔弛于心爰始改爲時惟淸明糜官替告願勿震驚)

◆改莎時暫時移安告辭

維 歲次干支幾月干支朔幾日干支某孫某敢昭告于 顯某親某官府君(或某封某氏合窆位則
列書隨屬稱)之墓封築不謹幽宅頹圮(或云歲久頹圮)今加修治(若立碑石則修治下添且立表
石四字)伏惟尊靈暫移幄次勿震勿驚謹以酒果用伸虔告謹告

◆改莎後還安告辭

旣封旣莎舊宅惟新伏惟 尊靈還復羨臺是安是寧謹以酒果用伸虔告謹告

◆改莎後慰安告辭(1954 참조)

◆外先祖墓加土後祭文

伏以奉先之誠實出天彛民彛所同罔間外內世代浸踈情亦隨移推原本始曷遠不追恭惟我祖
隱德在躬不食于報而殂厥宗古墓荒頹埽灑多缺諸孫在此能不愴惻爰玆合謀敬修封域仍薦
菲薄各殫惘惘日月孔良樽爵淨潔仰惟尊靈尙鑑我 歆我一觴佑我無窮

◆祭后土祝文(1954 참조)
◆改莎草畢祝辭(1954 참조)

◆修葺先墓告辭

維 歲次干支幾月干支朔幾日干支某親某官某敢昭告于 顯某親某官府君(或某封某氏合窆位則列
書)之墓伏以封築歲久墓道不正後壓山脫前退石隙左傍殘薄友坂傾下今將修葺伏惟 尊靈勿
震勿驚謹以酒果用伸虔告謹告

◆封墓慰安祝辭

維 歲次干支幾月干支朔幾日干支某親某敢昭告于 顯某親某官府君(或某封某氏合窆位則列書)之
墓墓道四正羨門一平旣修旣莎舊宅維新伏惟 尊靈永世是安

◆封畢慰安告辭

今以吉辰改封幽宅伏惟尊靈永世是寧謹以淸酌脯醢恭伸奠獻(輯覽旣封旣莎舊宅維新伏惟尊靈仍舊是憑○樊岩云堂有儼莎以新之萬億千年安宅於斯小孫縻職不克以躬酒香果潔俯察微悰○奠掃時修墓慰安梅山云壹坏纔加四尺其崇精靈在上愴感交中時惟孟冬
霜露已垂祇薦歲歲事並伸慰儀○先墓見毁四未曰墳墓之被禁見毁者或有之而慰安之文不見於禮恐當曰伏以不肖不能安厝禍及泉壤而有震驚曷勝痛殞遭變之地勢難權安玆擇向陽不日移奉誰怨誰咎天地茫茫舍爵薦誠可能奉慰○朱子云某等以酒果告于遠祖二十一公制置府君之墓惟昔顯祖作鎭玆邦開我後人載祀久遠封塋所寄奉守不虔他人有之莫克伸理玆用震怛籲于有司鄕評亦公遂復其舊伐石崇土俾後不迷卽事之初敢辭其譴)

◆立石時告先塋告辭○行局內最尊位)(1949 참조)

◆立石時告墓告辭)(1949 참조)

◆具石物祝辭(後漢書註方者謂之碑圓者謂之碣李斯所造○儀節墓表則有官無官皆可用表立墓左誌銘埋地○尤菴曰石物立時若値節祀則因其祭添入于祝辭中以告爲可尙饗下添以某來承祀事百年于玆而家貧力薄墓前石物無計卽成今始桔倨僅成石人石床今將排設而惟是表石垂成罅缺不可苟用勢須遲待來秋謹將事由並此虔告云云當據此用之而旣有喪禮抄所載定式故亦補入于左○問碣面或有直書姓名者旅軒曰我國古人之墓有直書姓名者而涉於未安故今人只書公字錄其名字於碑陰○南溪曰表石只是大書其官職姓名以表其墓○表石立於墓前禮也不然則當立於左旁蓋右是神道之尊位○竹菴曰立石物時只告當位而土地則不必有祭告告辭則維年月日孝子某敢昭告于顯考某官府君之墓家力不逮石物未具石床望柱今始營竪謹以酒果用伸虔告謹告○梅山答人問曰石儀爲修墓道之大者不可以不告立石在於節祀前後則當別具祝辭若以一日再祭爲拘則前期以告恐是維歲云云某昭告于亡室某封某氏之墓旣葬而石儀闕具墓道未成今始營立惟靈是寧玆以酒果用伸告儀玆告維歲云云某官姓名敢昭告于土地之神某葬妻是地內具石儀今始營立謹以酒果祇薦于神神其佑之尙饗)

維 歲次干支幾月干支朔幾日干支某親某官某敢昭告于 顯某親某官府君(或某封某氏合窆位則列書)之墓伏以財力不逮儀物多闕今具(當下添或碑石或石床或望柱石或石人或石墻或石階等)用衛墓道伏惟尊靈是憑是安又尤菴云云之墓今以吉辰謹具石物排設如儀用衛墓道謹以酒果用伸虔告謹告(一云碑石旣具用表墓導伏惟尊靈百世是安)

◆具石物祭后土祝文)(1949 참조)

◆墓祭兼立石儀告由祝文

維 歲次干支幾月干支朔幾日干支幾代孫某敢昭告于 顯幾代祖考某官府君(或顯幾代祖妣某封某氏合窆位則列書)之墓事力不逮石儀未成今具床石望柱石用衛墓道伏惟 尊靈是憑是安春享(隨時)墓事兼設行之瞻掃 封塋不勝感慕(考妣則昊天罔極)謹以淸酌庶羞祇薦奠獻尙 饗

◆墓祭兼立石時山神祭祝文

維 歲次干支幾月干支朔幾日干支某官姓名敢昭告于 土地之神某今爲幾代祖考某官府君幾代祖妣某封某氏之墓封塋當時墓儀未成今玆床石望柱用衛墓道 神其保佑俾無後艱敢以酒饌兼設春享(隨時)敬伸奠獻尙 饗

◆墓石床新備告由文

維 歲次干支幾月干支朔幾日干支幾代孫某敢昭告于 顯某親某官府君(或某封某氏合窆位則列書)之墓伏以塋前儀物閱世未遑藐劣裔仍不勝惶憫今用石床略備墓儀謹以酒果臨事先由

◆只立碑石告墓告辭

維 歲次干支幾月干支朔幾日干支某代孫某敢昭告于 顯某親某官府君(或某封某氏合窆位則列書)之墓年代久遠墓表無徵今始營碣剞謹告成肆涓吉日樹諸隨路敢告厥由(或改今始營碣以下十六字爲今具碑石用表墓道云)不勝永慕謹以酒果用伸虔告謹告

◆立石畢慰安告辭

維 歲次干支幾月干支朔幾日干支幾代孫某敢昭告于 顯幾代祖考某官府君(或某封某氏合窆位則列書)之墓碑石旣具用表墓道(床石旣具用衛墓道○望柱石人隨改)伏惟 尊靈百世是安謹以酒果用伸虔告謹告(立石非破封塋則慰安告辭當闕以無妨)

◆莎草兼立石告辭

維 歲次干支幾月干支朔幾日干支某親某官某敢昭告于 顯某親某官府君(或某封某氏合窆位則列書)之墓日月愈久墓址崩頹玆以吉辰改封莎土仍立石物以表塋域伏惟 尊靈是憑是安

28 제단(祭壇)

▶1960◀◆問; 단비(壇碑)에 대하여.

저희 아버님께서 궁금해 하시는 내용을 자유게시판에 잘못 올려 재차 올립니다. 조상의 묘를 실전하여 단(壇)을 설치하고 단비를 근수(謹竪)코자 하는데 각자를 ㅇㅇㅇ 之壇이라 써도 무방한지, 아니면 다른 방안(方案)을 하교(下敎)하여 주시기 바랍니다. 혹시 ㅇㅇㅇ 神壇이라 써도 되는 것인지 하교해주시기 바랍니다.

◆答; 단비식(壇碑式).

단비식은 아래와 같음이 옳을 것입니다.

○단비문식(壇碑文式); 모관모호모성모시공제단(某官某號某姓某諡公祭壇)

●大成壇實錄設壇位次正壇神位碑文條○集羣聖大成至聖先師孔夫子文宣王祭壇

●又別壇神位碑文條○集羣賢大成先師晦庵朱子徽國文公祭壇○集羣儒大成先師贈領議政栗谷李子文成公祭壇○倡明禮學大成先師贈領議政沙溪金文元公祭壇○立紀明倫大成先師延平府院君贈領議政默齋李忠定公祭壇

▶1961◀◆問; 단비 제사 지내는 법.

우리나라 대부분의 족보가 1400년대부터 만들어지기 시작하였는데 모든 가문의 시조는 신라 말 또는 고려 중엽으로 알고 있습니다. 그러므로 오래된 시조님의 묘는 찾지 못하는 가문이 많음으로 단비를 세워 제사를 모시는 것으로 알고 있습니다.

제사(祭祀) 지내는 방법을 묘소(墓所)가 없어 제단(祭壇)에 제사(祭祀)를 지내게 되니 영혼(靈魂)만을 모시는 흠향제(歆饗祭)로 지내야 하는지 혹은 직선조(直先祖)이기 때문에 영혼(靈魂)과 육신(肉身)을 모시는 식음제(食飮祭)로 지내야 하는지 몰라서 질문(質問) 드리오니 바른길을 인도 해 주시기 바랍니다. 대구에서 태백산 올림.

◆答; 단비(壇碑) 제사.

실묘위(失墓位)를 설단(設壇)후 단제(壇祭)에 대하여 아래와 같이 여러 전거(典據; 세부 예법의 규정 에서는 없음)와 특히 망사록(望祀錄)의 설단제(設壇祭) 홀기(笏記)를 살펴보건대 가례(家禮)의 묘제(墓祭) 예법과 다르지 않음을 발견하게 됩니다.

●性潭曰尊門始祖未有不祧之典且失墳墓所在而乃於累十世屢百年之後營建一祠於貫鄕將爲歲薦一祭云者雖出於後裔追慕之誠禮無所據況是涉僭耶

●開元禮孔子許向墓遙爲壇以時祭卽今之上墓義或有憑然神道尙幽不可逼瀆塋域宜設於塋南山門之外設淨席爲位遙祭以時饌如平生所嗜若一塋數墓每墓各設位昭穆異列以西爲上主人盥手奠爵三獻而止泣辭

●問云云一屋於墓側而若遇如此之時則依時祭儀合祭一所如之何退溪曰豈不善哉

●退溪曰同原許多墓各行祭之弊世多有此愚意不如掃視墓域後以紙牓合祭於齋舍無舍卽設壇以行之可免瀆弊而神庶享也

●問族葬列位若欲次第行祭則登降累原恐筋力疲而誠敬弛又恐祭物新餕或雜冷煖有異先詣墓所奠杯引靈而以紙牓合祭於齋宮何如曰無妨設壇於淨地而合祭何如曰尤是

●近齋曰聞守道公非大君云非大君則不得稱別子不成爲百世不遷之位儀禮家禮及國典皆如此不知貴宗諸人欲用別子不遷例者有何據耶至壇墻赤或以一道而而又有難行者墳墓雖失傳而禹祭酒之祀壇猶以故宅遺墟之尙存也金太師之墓壇以舊山洞名之可徵也如守道公則設壇實無處所欲於宗子家築壇則旣非不祧之位其宗子爲已毁之宗築壇其家恐涉無義

●梅山曰古者無墓祭祭墓者爲壇盖神道尙幽不可逼瀆塋域故通典亦云宜設於塋南山門之

外然今已成俗有難從古若至遠祖考妣墓之或傳或不傳者卽其所傳之地當遵望墓爲壇之禮
如金太師墓坍之例並祭考妣而以右爲上恐爲處變而不失其正也

●剛齋曰子孫之於祖先神位之壇不當書姓字云爾則凡人家墓表其有不曰某公之墓者耶且
此立石爲識神位則何以並書夫人墓況夫人墓則自當別有表石耶壇石面刻李公下宜有神位
二字而厥之此爲未盡耳祭之各設豈壇與墓先後祭之之謂耶若然則非設壇於夫人墓右之意
恐爲失於思量也

●望祀錄設壇祭笏記

禮儀淸肅○衆昭衆穆○致敬盡誠○獻官祝及諸執事詣盥洗位○盥洗○入就神壇前拜位○
叙立○陳設進饌○贊引引首獻入就神壇前拜位○跪○焚香○俯伏○興○再拜○跪○酹酒
降神○俯伏○興○再拜○退復位○獻官以下皆參神再拜○行首獻禮○各執事奉神位前盞
盤斟酒進首獻官○首獻受而祭酒○以盞授執事○執事受而奠于神位前○揷匙正著○祝跪
于首獻之左讀祝(首獻官以下皆跪)○首獻以下皆興○祝官退復位○首獻俯伏○興○再拜○執事
退酒○行亞獻禮○贊人引亞獻入就神壇前○跪○執事奉神位前盞盤斟酒進亞獻○亞獻受
而授執事○執事受而奠于神位前○亞獻俯伏○興○再拜○退復位○執事退酒○行終獻禮
○贊人引終獻入就神壇前○跪○執事奉神位前盞盤斟酒進終獻○終獻受而授執事○執事
受而奠于神位前○終獻俯伏○興○再拜○退復位○獻官以下望壇揖拱侑食小頃○祝徹羹
進熟水○祝詣首獻前揖告成事○首獻答揖○執事徹匙著合飯盖○退復位○獻官以下皆再
拜辭神○執事撤床

▶1962◀◆問; 壇에서 불승감모?

날씨는 차가운데 안녕하신지요? 조상(祖上)의 산소(山所)가 이북(以北)에 있어 단
(壇)을 만들어 놓은 곳에서 지방을 붙이고 묘사를 지낼 때의 축문에 "부승감모(不勝感慕)"를 다른 단어(실제의 산소가 아니기 때문)로 고쳐 써야 한다고 합니다. 단
(壇)에 지방(紙榜)을 붙이고 묘제(墓祭)를 지낼 때의 축문(祝文)을 알고 싶습니다.
죄송합니다.

◆答; 단(壇)에서 첨소봉단(瞻掃封壇) 불승감모(不勝感慕).

선유들께서 남겨주신 단제축식에 그와 같은 사례가 있습니다. 단사록(壇祀錄) 단제
축식(壇祭祝式)에 의하면 첨소봉영(瞻掃封塋)을 첨소봉단(瞻掃封壝) 불승감모(不勝感慕) 근이(謹以)(云云)하였습니다.

▶1963◀◆問; 壇祭에 관하여?

실묘(失墓)된 선조(先祖)의 묘(墓)를 대신하여 제단(祭壇)을 세우는 데 있어 비석에
나타내는 다음 글 중 예법에 맞는 것은?

    ○○○○○○○○ 之 壇
    ○○○○○○○○ 之 位
    ○○○○○○○○ 之 壇 碑
    ○○○○○○○○ 之 世 祀 壇

◆答; 단제(壇祭).

백성(百姓)의 제단(祭壇)에 관하여 분명(分明)히 일례(一禮)로 명문화(明文化)된 설
(說)을 살펴지지가 않습니다. 다만 아래와 같이 살펴보건대 ○○ 지단(之壇) 등(等)이
라 색여 세운 비석(碑石)의 의미(意味)는 장자(莊子) 산목편설(山木篇說)에 의하면
○○ 의 제사(祭祀) 지내는 곳이란 뜻일 뿐으로 그 신(神)을 직접(直接) 의미(意味)하
지 않는 것 같으며 오례의(五禮儀) 단도(壇圖) 석주(石主) 표시(標示)는 "[○○ 지신
(之神)]"이라 하였으니 그 표시(標示)는 비석(碑石)이 아니라 신주(神主)의 개념(槪

念)으로 이해됨이 옳을 것입니다.

그러나 사람의 신주(神主)는 친진전(親盡前) 목주(木主)일뿐 석주(石主)란 제도(制度)가 없으며 특히 아래 황단의(皇壇儀)의 대보단(大報壇) 지방식(紙牓式)을 살펴보면 [00 신위(神位)]라 하였으니 일반 백성 역시 묘제(墓祭) 재사(齋舍) 합제(合祭)와 같이 지방(紙牓)을 써 세우고 행함이 옳지 않을까 합니다. 다만 그 단(壇)의 주인공(主人公)이 누구다. 라는 의미로 [00 지단(之壇)]이라는 비석(碑石)을 세워 표시할 수는 있겠지요.

●莊子山木篇爲衛靈公賦斂以爲鐘爲壇乎郭門外疏鐘樂器名也言爲鐘先須設祭所以爲壇也釋文爲壇但丹反李云祭也禱之故爲壇也
●國朝五禮儀社稷壇圖說條社稷(社土神稷穀神)壇在都城內西社在東稷在西兩壇各方二丈五尺高三尺四出陛各三級壇飾隨方色燾以黃土社有石主長二尺五寸方一尺國社國稷神座並在南北向后土氏配國社后稷氏配國稷各在正位之左近北東向○按壇上石主刻文國社之神配后土之神國稷之神配后稷之神
●皇壇儀大報壇祝式云云敢昭告于神宗範天合道哲肅敦簡光文章武安仁止孝顯皇帝伏以云云○大報壇紙牓式神宗範天合道哲肅敦簡光文章武安仁止孝顯皇帝神位

▶1964◀◆問; 壇祭에 대하여?

안녕하세요? 저는 충북 옥천에 사는 선산 곽가입니다. 저희 선산 곽씨는 고려왕조 때 개성에서 사셨는데, 이씨 조선 개국 때 시조부터 9 세조까지는 개성에 실전상태고, 10 세조께서 이곳 옥천에 낙향하셔서 선산 곽씨가 번성하였습니다.

후손들이 조상님을 기리기 위하여 이곳에 시조부터 9 세조까지 설단을 조성하였는데 상징적이지 유골은 없는 것입니다. 후손인 10 세조 이하 몇 조상님들이라도 설단에 모실 수 있는 것인지 알고 싶습니다. 답변 부탁 드립니다.

◆答; 단제(壇祭).

아래와 같이 살펴보건대 동영(同塋)에 다수의 묘가 산재(散在)해 있거나 멀리 있을 때 산하(山下)에 단을 모으고 여러 묘를 소목이열 서위상으로 매묘(每墓) 각설(各設)이라 하였으니 묘의 수에 제한은 없는 것 같습니다. 다만 시조(始祖)는 불천지위(不遷之位)이니 대종손(大宗孫)이 기제(忌祭)와 더불어 묘제(墓祭)를 지내게 되고 그외 친진묘제(親盡墓祭)는 10 월 1 일이 되니 시조(始祖) 단(壇)은 따로 윗자리로 마련하심이 옳지 않을까 합니다.

●開元禮孔子許向墓遙爲壇以時祭即今之上墓義設於塋南山門之外設淨席爲位遙祭以時饌若一塋數墓每墓各設位昭穆異列以西爲上

▶1965◀◆問; 壇祭에서 잔은?

선조님의 묘소를 잃어버려 단을 만들었습니다. 묘분(墓墳)은 하나입니다. 묘사를 지낼 시 잔은 하나로 합니까 둘로 합니까?

◆答; 단제(壇祭)에서.

묘제(墓祭)는 부부(夫婦) 합장(合葬)이 아니라 하더라도 동강(同岡)에 장사(葬事)하였으면 고분(考墳)에서 합제를 합니다. 만약 실전(失傳)이 고분(考墳)이라 하여도 단(壇)은 비분(妣墳) 곁에 축단(築壇)합니다. 따라서 고비제(考妣祭)가 되니 잔 역시 각각이라야 되겠지요.

●問解考妣兩墓相去不遠雖坐向稍異祭祀及拜禮似當兼行

●四未軒曰考妣墓合祭時主祭者當於妣墓焚香酹酒以迎神來于考墓而行拜禮而合祭之爲
禮家所通行也
●陶庵曰三配從夫同葬一岡先後易次者先行男位祭罷次一配次二配次三配然夫婦同岡雖
有先後之易次依
●沙溪曰並設父墳恐得宜

▶1966◀◆問; 망배단(望拜壇) 제(祭)는 어떻게 합니까.

망배단(望拜壇) 제(祭) 는 어떻게 합니까? 우선 저희의 가계(家系)를 설명 드리면
"득관시조(得貫始祖)"로부터는 누대로 남한에 살아서 문제가 없습니다.

10 세조(世祖)부터 황해도 신개에 사셨는데 한국 동란으로 후손들이 월남하여 300
여 호가 각처에 흩어져 사는데 그 동안은 경제적 어려움과 상호 연락의 불비로 엄
두를 못 내다가 요즈음에야 10 월 시제 철이 돌아오면 조상에 대한 그리움을 이기
지 못하여 『단제(壇祭)』라도 올리고자 하는데 방법을 몰라서 질문 드립니다.

1, 설단의 방법과 명칭.

현재 남한에 살고 있는 후손은 "파조(派祖)"로부터 15 - 6 세 내려왔는데 이북에 계
신 선세(先世)를 모두 설단(設壇) 하는 것도 불가능하고 파조(派祖)만 설단(設壇)하
기는 그 후계(後系)에 죄송하고 하여,

◎합동으로 한다면,
1); 단비(壇碑)에 기록할 명칭은 ?
2); 신위(神位)의 표시는 어떻게 ?

◎10 世부터 ~ 13 세(世) 까지를 "각위(各位)"별로 설단(設壇)을 한다면,
1); 단비(壇碑)에 기록할 명칭은 ?
2); 신위(神位)의 표시는 어떻게 ?

◎제례절차(祭禮節次) 는 현재 남한에서 하고 있는 "세일사(歲一祀)"의 절차로 하면,
어떤지요 ?,
◎축문(祝文)은 어떻게 써야 하는지요 ? [예시문(例示文)을 부탁 드립니다]
2,성균관 여러 선생님의 고견을 기다립니다,

◆答; 망배단(望拜壇) 제(祭).

합동제단이면 "○○○씨선세지단(氏先世之壇)" 각위마다 설단이면 와비(臥碑)에 이
서위상(以西爲上)으로 내려쓰기로 새깁니다.
○○○씨
十 世 諱 ○ ○
配 ○○○氏 之壇
十一世 諱 ○○
配 ○○○氏 之壇
十二世 諱 ○○
配 ○○○氏 之壇
十三世 諱 ○○
配 ○○○氏 之壇

전면에 위와 같이 새기시고 후면에 세운기록을 새깁니다. 지단(之壇) 대신에 신위
(神位)로 새기시면 제사 지낼 때는 열여 놓고 평시에는 닫아 두어야 합니다, 덮는
돌 전면에는 "○○○氏先世之壇" 이라고 새깁니다.

◆在妣墓失考墓築神壇告辭

維 歲次干支幾月干支朔幾日干支幾代孫某敢昭告于 顯幾代祖妣某封某氏之墓 顯幾代祖考某官府君時丁否運矢復不墓每修歲事紙榜以祭不勝皇恐玆築神壇謹以酒果用伸虔告謹告

◆考祭築壇後慰安祝文

維 歲次干支幾月干支朔幾日干支幾代孫某敢昭告于 顯幾代祖考某官府君之靈云云此心終焉死綏哀玆矢復無處尋屍遵禮不墓幾世于玆每修歲事紙榜木碑忠魂義魄於何攸宜感慕不寧愈久愈深某山之陽世葬斯爲夫人孤墳空玆幾時築壇其右靈或有知禮有此禮質之無疑伏惟 尊靈憑斯依斯

◆奉事幾代祖築壇後慰安祝文

維 歲次干支幾月干支朔幾日干支幾代孫某敢昭告于 顯幾代祖考某官府君今以往在某甲立懂露梁不墓以享幾世履霜夫人墓右始封壇塲伏惟尊靈依斯洋洋

◆築壇後慰安祝文

維 歲次干支幾月干支朔幾日干支幾代孫某敢昭告于 顯幾代祖考某官府君今以昔在亂離適遭否運封豕長蛇荐食某所數墓之怨百世難忘八路之禍一網打張時惟我祖般於某山忽遇賊艘彌滿海灣恭惟某氏鐵石心腸與其受辱寧投中洋爰及七烈爭先捐軀熊魚斯判如赴坦途滄海浮天萬古綱常炳如皎日凛若秋霜國有褒典一閭八旌命錄三綱竹帛垂名暨余後孫至恨常慕物未襲殮祭無墳墓招魂非禮某封齋否歲時一薦紙以榜之烈烈尊靈何處依泊設壇致祭據禮裁度某山之南夫子攸藏易位三列築于左傍烈魂義魄不昧有知伏惟從令依憑于玆

◆先祖壇享祝文

維 歲次干支幾月干支朔幾日干支幾代孫某敢昭告于 顯幾代祖考某官府君 顯幾代祖妣某封某氏伏以尙節西山淪迹某貫後裔迷藐堂未守護追惟報本禮不敢忘因用古禮望墓壇成謹以淸酌脯果恭伸奠獻尙 饗

◆九烈婦設壇祝文(望祀錄)

維 歲次干支幾月干支朔幾日干支後孫姓名敢昭告于 烈婦某封某貫某氏 烈婦某封某貫某氏 烈婦某封某貫某氏 烈婦某封某貫某氏 烈婦某封某貫某氏 烈婦某封某貫某氏 烈婦某封某貫某氏 烈婦某封某貫某氏 烈婦某封某貫某氏之靈伏以幾周望祀奄臨將行祀事謹涓吉日先封烈位之壇伏惟尊靈庶幾降臨謹以酒果用伸虔告謹告

▶1967◀◆問; 무묘선조(無墓先祖) 설단제례문의.

성균관의 무궁한 발전을 기원 드리며 유교에 특별히 관심이 있어 문의 드립니다.

문의 1: 묘가 없는 상대선조님들에 대해 설단하여 제례를 올리고 있는 데 혹시 이것은 유교문화가 아닌지 문의 드립니다.

문의 2: 선조님의 묘가 없으면 어떻게 제례를 올려야 하는지? 묘 대신 다른 방법은 없는지요? 이제야 족보를 보니 묘가 분실되었음을 알고 통탄하고 있습니다. 후손들에게 누가 되지 않도록 좋은 방안을 안내해 주시옵기 앙청하옵니다.

◆答; 무묘선조(無墓先祖) 설단제례.

특히 이 곳은 성균관이니 허장(虛葬; 招魂葬)은 속례로서 일찍이 주부자께서도 비례라 하셨으니 이를 권장할 수는 없을 것입니다. 그러나 예로부터 허장(虛葬)은 비례(非禮)이나 속례로서 계속되어 온 듯싶습니다.

망사록 등을 살펴보면 단을 모으고 황단의 예법과 같이 지방을 써 세우고 단제를 지내심이 예에는 어느 정도 합당하다 할 것 입니다.

●問解續招魂虛葬先儒非之題主則俟三月葬期擇日而題之於几筵似當
●網目范氏曰人之死也魂氣歸于天形魄歸于地葬所以藏體魄也若魂氣則無不之也苟無體魄則立廟以祀之而已魂氣不得而葬也必爲之墓不亦虛乎
●庾蔚之論葬以藏形廟以享神季子所云魂氣無不之寧可得招而葬呼
●元虞集程夫人墓誌曰史台孫喪其曾大母不知處刻木爲像神具衣裳葬湖之新塋或曰不可然則立石先大人之墓具載夫人事以傳后可也
●類編曰招魂葬之非不須更言
●備要今人有死而失其尸者或葬以衣冠殊非禮意
●問人有其父從軍而死其母藏其遺衣及落髮而遺令並入其棺中矣其子不忍同藏一棺欲別具一小棺用合葬之禮而追服斬衰未知如何尤菴曰此是無於禮之禮也不敢有所論說然其不以父之遺衣及落髮同入母棺則得矣
●性潭曰尊門始祖未有不祧之典且失墳墓所在而乃於累十世屢百年之後營建一祠於貫鄉將爲歲薦一祭云者雖出於後裔追慕之誠禮無所據況是涉僭耶
●開元禮孔子許向墓遙爲壇以時祭卽今之上墓義或有憑然神道尙幽不可逼瀆塋域宜設於塋南山門之外設淨席爲位遙祭以時饌如平生所嗜若一塋數墓每墓各設位昭穆異列以西爲上主人盥手奠爵三獻而止泣辭
●問云云一屋於墓側而若遇如此之時則依時祭儀合祭一所如之何退溪曰豈不善哉
●退溪曰同原許多墓各行祭之弊世多有此愚意不如掃視墓域後以紙牓合祭於齋舍無舍卽設壇以行之可免瀆弊而神庶享也
●問族葬列位若欲次第行祭則登降累原恐筋力疲而誠敬弛又恐祭物新餕或雜冷煖有異先詣墓所奠杯引靈而以紙牓合祭於齋宮何如曰無妨設壇於淨地而合祭何如曰尤是
●近齋曰聞守道公非大君云非大君則不得稱別子不成爲百世不遷之位儀禮家禮及國典皆如此不知貴宗諸人欲用別子不遷例者有何據耶至壇壝赤或以一道而而又有難行者墳墓雖失傳而禹祭酒之祀壇猶以故宅遺墟之尙存也金太師之墓壇以舊山洞名之可徵也如守道公則設壇實無處所欲於宗子家築壇則旣非不祧之位其宗子爲已毁之宗築壇其家恐涉無義
●梅山曰古者無墓祭祭墓者爲壇盖神道尙幽不可逼瀆塋域故通典亦云宜設於塋南山門之外然今已成俗有難從古若至遠祖考妣墓之或傳或不傳者卽其所傳之地當遵望墓爲壇之禮如金太師墓坍之例並祭考妣而以右爲上恐爲處變而不失其正也
●剛齋曰子孫之於祖先神位之壇不當書姓字云爾則凡人家墓表其有不曰某公之墓者耶且此立石爲識神位則何以並書夫人墓況夫人墓則自當別有表石耶壇石面刻李公下宜有神位二字而厥之此爲未盡耳祭之各設豈壇與墓先後祭之之謂耶若然則非設壇於夫人墓右之意恐爲失於思量也

◎皇壇儀 紙牓式(各書)
太祖開天行道肇紀立極大聖至神仁文義武俊德成功高皇帝神位
神宗範天合道哲肅敦簡光文章武安仁止孝顯皇帝神位
毅宗紹天繹道剛明恪儉揆文奮武敦仁懋孝烈皇帝神位

●望祀錄設壇祭笏記(1961 참조)

▶1968◀◆問 1; 시조 단제 때 헌관 서는 위치가 궁금합니다.
시조 단제(壇祭)에 대하여 문의 드립니다. 단소(壇所)에 동계(東階), 서계(西階), 신로(神路)가 있고 외 삼문은 있으나 내 삼문은 없습니다. 이 같은 경우 헌관(獻官)의 위치는 서상(西上) 북향(北向) 또는 동상(東上) 북향 어느 쪽으로 서야 하는지요.
국조오례의(國朝五禮儀)에는 시조 제향에 서향 곡배로 4 배를 하는 것으로 되어있으나 시조가 왕이 아니고는 소생은 아직껏 시조 제향에 곡배로 4 배한다는 말을 들어

보지 못했습니다.

問 2; 군민산신제; 군민(郡民) 행사 때 산신각(山神閣)에 산신제(山神祭)를 지내는데 서향 곡배로 4 배를 해야 하는지요 아니면 직배로 재배를 하는지요. 직배로 한다 하면 헌관(獻官) 서는 위치는 서상(西上) 북향인지 아니면 동상 북향인지요.

◆答 1; 시조 단제 때 헌관 서는 위치.

왕실(王室)이 아니고 사서인(士庶人) 초조제(初祖祭)라면 주자가례(朱子家禮) 시조제(始祖祭) 예법(禮法)을 따름이 어떨까 생각 됩니다. 서상북향(西上北向)으로 서며 재배(再拜)입니다.

▶1969◀◆問; 실전 묘 설단의 경우 위패 쓰는 법 알고자 합니다.

1. 삼척김가(三陟金哥) 재준입니다. 저의 18 대조이시고 14 세이신 선대 묘소가 실전되셨습니다.
2. 실전 묘 설단을 하려고 합니다. 이때에 설단위패 쓰는 방법을 알고자 합니다.
3. 어느 성씨의 예를 들면 보아서 좌측에 OO 李氏十五世祖失傳墓設壇 다음 열에 실조비(失祖妣)OO 朴氏之位 그 다음에 失祖考 OO 府君 그리고는 "지위(之位)" 밑에"숭조제단(崇祖祭壇)"이라고 쓰신 것을 보았습니다.
4. 어떻게 쓰는 것이 바른지를 하교하여 주시면 고맙겠습니다. 감사합니다.

◆答; 단제(壇祭)에 대하여.

조정(朝廷)의 예법(禮法)에는 오례의(五禮儀)에서 사직단(社稷壇) 성황단(城隍壇) 령성단(靈星壇) 등(等)의 예법이 명확하게 규정이 되어 있고 인신(人神)은 황단의(皇壇儀)에서 분명하게 밝혀 놓았으나, 사서인(士庶人)의 단제(壇制)는 독립(獨立)된 예법은 없고 다만 묘제편(墓祭篇)에서 선유(先儒)의 설(說)로 설단제(設壇祭)가 언급(言及)되고 있으나 그 언급 역시 아래와 같이 상세한 예법 제시는 없고 다만 지낼 수 있다. 일 뿐입니다.

따라서 오례의(五禮儀)에서는 신위(神位)의 표시를 OO 지신(之神)이라 표시한 신위판(神位版)을 제향 때 단상(壇上) 북쪽에서 남향하여 세워 놓으며, 황단의(皇壇儀)에서는 제향일(祭享日)에 지방(紙牓)을 아래와 같이 써 세울 뿐 단상에는 다른 아무런 표식(標式)이 없습니다.

혹 작금에 세간(世間)에서 단상(壇上)에 어떻게 표시(標示)하고 있든 그 식을 속례일 뿐이지 정례는 아닙니다.

특히 아래 예문(例文)과 같이 표석(標石)에 남좌여우(男左女右) 각자는 일판(一板)의 서(書)에서는 동(東)이 상(上)이니 예에 어그러지며 단(壇)의 표식(標式)으로 단(壇)의 동쪽에서 남향(南向)하여 남동여서(南東女西)로 각자(刻字)하되 여자는 남자보다 한 글자 낮춰 각자(刻字)하고 양 글자 밑 중간으로 지단(之壇)이라 표시하여 세우시고 제향(祭享) 때는 황단의(皇壇儀) 예법과 같이 지방(紙牓)으로 행하심이 어떠하실런지요.

◎例文

失祖妣 OO 朴氏

　　　　　　之位

失祖考 OO 府君

◎皇壇儀 紙牓式(1967 참조)

●開元禮孔子許向墓遙爲壇以時祭卽今之上墓義或有憑然神道尙幽不可逼瀆塋域宐設於

塋南山門之外設淨席爲位遙祭以時饌如平生所嗜若一塋數墓每墓各設位昭穆異列以西爲
上主人盥手奠爵三獻而止泣辭

●退溪曰同原許多墓各行祭之弊世多有此愚意不如掃視墓域後以紙牓合祭於齋舍無舍卽
設壇以行之可免瀆弊而神庶享也

●問族葬列位若欲次第行祭則登降累原恐筋力疲而誠敬弛又恐祭物新餕或雜冷煖有異先
詣墓所奠杯引靈而以紙牓合祭於齋宮何如曰無妨設壇於淨地而合祭何如曰尤是

●近齋曰聞守道公非大君云非大君則不得稱別子不成爲百世不遷之位儀禮家禮及國典皆
如此不知貴宗諸人欲用別子不遷例者有何據耶至壇壝赤或以一道而而又有難行者墳墓雖
失傳而禹祭酒之祀壇猶以故宅遺墟之尙存也金太師之墓壇以舊山洞名之可徵也如守道公
則設壇實無處所欲於宗子家築壇則旣非不祧之位其宗子爲已毀之宗築壇其家恐涉無義

●梅山曰古者無墓祭祭墓者爲壇盖神道尙幽不可逼瀆塋域故通典亦云宜設於塋南山門之
外然今已成俗有難從古若至遠祖考妣墓之或傳或不傳者卽其所傳之地當遵望墓爲壇之禮
如金太師墓坍之例並祭考妣而以右爲上恐爲處變而不失其正也

●剛齋曰子孫之於祖先神位之壇不當書姓字云爾則凡人家墓表其有不曰某公之墓者耶且
此立石爲識神位則何以並書夫人墓况夫人墓則自當別有表石耶壇石面刻李公下宜有神位
二字而厥之此爲未盡耳祭之各設豈壇與墓先後祭之之謂耶若然則非設壇於夫人墓右之意
恐爲失於思量也

●性潭曰尊門始祖未有不祧之典且失墳墓所在而乃於累十世屢百年之後營建一祠於貫鄕
將爲歲薦一祭云者雖出於後裔追慕之誠禮無所據况是涉僣耶

▶1970◀◆問; 위(位)와 단(壇).
자주 여쭈어 봅니다. 과거 <무엇이 궁금하세요>에 문의한 내용이 아래와 같습니다.
그런데 실전한 조상의 단에 <지단(之壇)>라고 쓴 것도 보았습니다.

[문 1] <之位>나 <之壇>의 어느 것이나 써도 되는지요?
[문 2] 그리고 <之壇>이라고 쓴 곳에는 묘제 때에 지방을 써 붙이는지요?
[문 3] 또한 <之壇>도 <之位>와 같이 고서비동(考西妣東)인지요? (과거의 답에 의
하면 같은 것 같음)죄송합니다.
　---------과거 문의한 내용과 답--------
수고가 많으십니다.

아래의 표와 같이 지방(紙牓)과 단위가 고서비동(考西妣東)으로 써야 하는지요? 아
니면 단위는 지방(紙牓)의 반대인 비서고동(妣西考東)으로 써야 하는지요? 그렇게
써야 하는 이유(理由)도 알고 싶습니다. 죄송합니다.

○紙牓　　　　　　　　　○壇位
현고 00000 부군 신위　　000000 諱 00　　之位
현비 00000 씨　　신위　　配 00000000 氏　之位

◆答; 위(位)와 단(壇).
설단 예법에 관하여 소상히 밝혀 놓은 설은 접하지 못하여 능한 답이 아님을 전제
(前提) 합니다. 다만 단제(壇祭)는 선조묘를 실전하였거나 실신(失身)하여 그 묘가
없을 때 또는 묘제를 일행(日行)으로 마치기가 어려울 때 축단 후 그 곳에서 묘 대
신 묘제를 지내는 것 같습니다. 물론 각각 설위는 고서비동이 되겠으나 표석식(表
石式)으로 일석(一石)에 각자(刻字)할 때는 일반 합폄묘식을 따름이 이치상 옳지 않
을까 합니다.

●事物紀原集類禮祭郊社部壇壝條左氏注曰除地爲墠築土爲壇書金縢武王有疾周公爲三

壇同墠黃帝內傳乃有築壇墠事是爲其制起自黃帝

●近齋曰墳墓雖失傳而禹祭酒之祀壇猶以故宅遺墟之尙存也金太師之墓壇以舊山洞名之可徵也宗子家築壇則旣非不祧之位其宗子爲已毀之宗築壇其家恐涉無義

●梅山曰古者無墓祭祭墓者爲壇盖神道尙幽不可逼瀆塋域故通典亦云宜設於塋南山門之外然今已成俗有難從古若至遠祖考妣墓之或傳或不傳者卽其所傳之地當遵望墓爲壇之禮如金太師墓坍之例並祭考妣而以右爲上恐爲處變而不失其正也

●剛齋曰子孫之於祖先神位之壇不當書姓字云爾則凡人家墓表其有不曰某公之墓者耶且此立石爲識神位則何以並書夫人墓况夫人墓則自當別有表石耶壇石面刻李公下宜有神位二字而闕之此爲未盡耳祭之各設豈壇與墓先後祭之之謂耶若然則非設壇於夫人墓右之意恐爲失於思量也

●國朝五禮儀一冊圖式三十板社稷壇三十一板風雲雷雨山川城隍壇三十二板靈星壇各位皆稱某之神

▶1971◀◆問; 제단에 대하여.

현재까지 저희 종중에 실묘한 중시조에 대하여 제단(묘의 앞 부분을 반으로 자른 상태로 앞쪽 면은 석물로 쌓고 뒤쪽은 잔디로 식재 하고 좌판이 있는 상태)을 모아 묘사를 모셔 왔습니다. 이번에 이 제단이 너무 작고 초라하여 이를 개축하고자 하는데 "개축하여 지금보다 보기 좋게 하자" 는 데는 의견이 집약 되었는데 종원들 간에 의견이 달라 그 방법을 결정하지 못하고 있습니다.

의견 1:　현재 모양대로 규모만 크게 하여 개축하자는 주장이며,

의견 2: 봉분 형식으로 돌로 도래 석을 하고 좌판과 상석을 놓는 분묘형식으로 하되 속에 밤나무로 형상을 제작하여 매장하는 형식 주장하여 의견의 일치를 보기가 쉽지 않는 경우입니다.

이런 경우,

질의 1: 실묘한 중시조의 제단의 형식(모양)이 정하여진 통일된 형식이 있는지요? 있다면 어떠한 모양이 우리나라에서 보편적으로 하는 모양인지에 대하여 답을 주십시오.

질의 2: 제단과 묘의 차이는 어떠한 것인지요.

질의 3: 제단을 의견 2 (봉분형식)으로 만드는 것은 안 되는지요, 안 된다면 그 이유가 있는지요?

◆答; 제단(祭壇)과 봉분(封墳)의 차이점.

질의 1. 答; 실묘(失墓)한 중시조의 제단 형식이나 모양의 법식은 없습니다.

질의2. 答; 제단(祭壇); 묘(墓)가 많거나 할 때 여러 위를 한 곳에서 지내기 위하여 평지(平地) 보다 조금 쌓은 단(壇)으로 백성(百姓)의 제단(祭壇)에 관하여 분명히 일례(一禮)로 명문화(明文化)된 설을 살펴지지가 않습니다.

다만 아래와 같이 살펴보건대 00　지단(之壇) 등이라 색여 세운 비석(碑石)의 의미(意味)는 장자(莊子) 산목편설(山木篇說)에 의하면 00　의 제사(祭祀) 지내는 곳이란 뜻일 뿐으로 그 신(神)을 직접(直接) 의미(意味)하지 않는 것 같으며 오례의(五禮儀) 단도(壇圖) 석주(石主) 표시(表示)는 "[00 지신(之神)]"이라 하였으니 그 표시는 비석(碑石)이 아니라 신주(神主)의 개념(槪念)으로 이해됨이 옳을 것입니다.

그러나 사람의 신주(神主)는 친진전(親盡前) 목주(木主)일뿐 석주(石主)란 제도(制度)가 없으며 특히 아래 황단의(皇壇儀)의 대보단(大報壇) 지방식을 살펴보면 [00 신위(神位)]라 하였으니 일반 백성 역시 묘제(墓祭) 재사(齋舍) 합제(合祭)와 같이 지방(紙牓)을 써 세우고 행함이 옳지 않을까 합니다.

다만 그 단(壇)의 주인공(主人公)이 누구다. 라는 의미로 [00 지단(之壇)]라는 비석을 세워 표시(標示)할 수는 있겠지요.

墓; 사람이 죽으면 그 시체를 묻고 그 위에 흙을 쌓아 표시를 한 것을 의미하며 묘역이라 하면 봉분을 중심으로 주위를 장식한 범위를 이르게 됩니다.

질의 3. 答; 단의 모양은 높이 4 척 사방 길이 25 척 정방(正方)으로 평평하게 만들고 사방으로 층계를 7 계단씩 만듭니다.

●莊子山木篇爲衛靈公賦斂以爲鐘爲壇乎郭門外疏鐘樂器名也言爲鐘先須設祭所以爲壇也釋文爲壇但丹反李云祭也禱之故爲壇也
●國朝五禮儀社稷壇圖說條社稷(社土神稷穀神)壇在都城內西社在東稷在西兩壇各方二丈五尺高三尺四出陛各三級壇飾隨方色纛以黃土社有石主長二尺五寸方一尺國社國稷神座並在南北向后土氏配國社后稷氏配國稷各在正位之左近北東向○按壇上石主刻文國社之神配后土之神國稷之神配后稷之神
●退溪曰同原許多墓各行祭之弊世多有此愚意不如掃視墓域後以紙牓合祭於齋舍無舍卽設壇以行之可免瀆弊而神庶享也
●周使指節大將軍廣化郡開國公丘乃崇敦傳;魏受其終周新其命式墓封墳追旌盛德(倪璠注)史記命閎夭封干之墓注云封謂益其土
●書經武成;釋箕子囚封比干墓式商容閭
●辭源[封墓]增土於墳表示加禮於死者
●皇壇儀序例壇墻圖說(齋殿圖附)大報壇;制壇高四尺比社壇加高一尺方廣二十五尺甃以方甎四出陛各九級四面有墻繚以周垣壇內四面又各三十七尺垣外又設三層橫陛以還之壇北設燎所爲石函

▶1972◀◆問; 제단에 꽃을 놓을 때.
다름이 아니옵고 제단을 기준으로 꽃을 놓을 때 높은 분의 꽃은 어느 쪽입니까?

◆答; 제단에 꽃을 놓을 때.
예서나 선유(先儒)의 말씀에서 그와 유사(類似)한 헌화(獻花)의 예법이 찾아지지 않습니다.

다만 국조오례의(國朝五禮儀) 사직정위(社稷正位) 찬실준뢰도식(饌實尊罍圖式)에 초헌관(初獻官)의 잔반(盞盤)을 서쪽으로 전작(奠爵), 그 동쪽으로 아헌(亞獻) 전작(奠爵), 그 동쪽으로 종헌주(終獻酒) 전작(奠爵) 서쪽을 상석으로 올리며, 제단(祭壇) 역시 서쪽을 상석으로 삼으니 존자 헌화의 위치는 서쪽이 옳지 않을까 합니다.

▶1973◀◆問; 제당에 대하여.
선생님 안녕하세요. 발전하는 생활양식에 우리나라 고유 풍습도 바꾸어진 듯 합니다. 조상의 세일사(시월시제)를 모일을 택일하여 여러 조상님들을 한자리에 모시고서 자손 모두가 다 같이 한자리에 모여 참배를 하는 제례가 지방에 따라 같지 않습니다.

따라서 우리 사족 중에서도 위 제례 방식대로 실행하고자 하는 의견이 분분한데 그에 앞서 제사를 모실 장소 선택이 문제입니다. 족중이 가난하여 제당을 신축 할 수가 없어서,

1. 마을 변두리에 있는 고가를 제당으로 개조하여 사용코자 하는 방안과,
2. 살든 주택을 제당으로 개조함은 액운이 있다는 양설이 팽배합니다.
(위 주택은 족중 족원의 소유로 현재 비어있는 상태임)

3. 장단점을 지적하여 현명한 가르침을 기대합니다.

◆答; 제당(祭堂).

아래와 같이 살펴보건대 우천시(雨天時)나 선산(先山)의 선묘(先墓)가 허다(許多)하면 재사(齋舍)나 제단(祭壇)을 모으고 사시제(四時祭) 의식(儀式)과 같이 묘제(墓祭)를 지낼 수가 있는 듯 합니다. 그러나 재사(齋舍)나 제단(祭壇)은 선산하(先山下)라야 하며 재사(齋舍)나 단제(壇祭)로 묘제(墓祭)를 대신(代身)한다 하여도 상묘(上墓)하여 매묘(每墓) 첨소봉영(瞻掃封塋)의 예(禮)를 마친 후 하산(下山)하여 설위(設位) 진설(陳設) 예를 행하여야 하는 것 같습니다.

말씀하신 허가(虛家)가 깨끗하면 재사로 사용 못할 까닭은 없겠으나 다만 선산하(先山下)라야 할 것이며 만약 선산(先山)과는 관계없이 외처(外處)이거나 본가(本家) 인근(隣近)이라면 재사(齋舍)로서의 의미가 없는 것 같습니다.

기제(忌祭)나 묘제는 고대(古代)에는 없다가 생겨난 깊이 숨은 뜻은 기제는 친(親)인 고조부모까지는 그 조상이 작고한 날을 현손(玄孫) 대까지라도 잊지 않게 하기 위함도 포함(包含)되어 있고, 묘제(墓祭)는 조상의 체백(體魄)이 묻힌 묘(墓)를 백세(百世)토록 실전치 않게 함에서 입니다. 까닭에 묘제를 묘소로 올라가 지내지 않고 편할 도리대로 행한다면 몇 대 지나지 않아 불효지죄(不孝之罪)를 범하고 말게 될 것입니다.

●通典三代以前無墓祭至秦始起寢於墓側漢因秦上陵皆有原寢
●開元禮寒食上墓如拜掃儀惟不占日○孔子許向墓遙爲壇以時祭卽今之上墓義或有憑然神道尙幽不可逼瀆塋域宜設於塋南山門之外設淨席爲位遙祭以時饌如平生所嗜若一塋數墓每墓各設位昭穆異列以西爲上主人盥手奠爵三獻而止泣辭
●或問今拜掃之禮何據曰此禮古無但緣習俗然不害義理葬只是葬體魄而神則必歸於廟旣葬則設木主旣除几筵則木主安於廟故古人惟專精祀於廟今亦用拜掃之禮但簡於四時之祭也
●寒岡曰世俗之行墓祀於神主者亦似未安是神主祭也非墳墓祭也
●退溪曰同原許多墓各行祭之弊世多有此愚意不如掃視墓域後以紙牓合祭於齋舍無舍卽設壇以行之可免瀆弊而神庶享也
●顧齋曰古人臨祭而雨沾服失容則止若有齋舍及墓下潔淨之家就彼行事似無不可會見通典以設祭墓前爲瀆以此觀之則雖不雨行祀於山下亦可
●葛菴曰墓祭有雨水之礙則就齋舍設紙牓行事亦何害若就祠堂行祭則恐無意也

▶1974◀◆問; 築壇後 준공식에 진열할 화환에 쓰는 문구는?

두 가지 여쭙겠습니다. 몇 개월에 걸쳐 문중에 위 선조님들의 제단(진성단)을 건립하여서 준공식을 이번 주 토요일에 시제 날에 겸하여 치르고자 하는데 준공 축하 화환을 차리려는데 시제와 겸해서 화환을 해야 할지 조화를 해야 할지 궁금합니다. 그리고 화환(?), 조화에 글씨는 ["축" 진성단 건립 및 2010 년 시제]해야 할지 궁금합니다? 이번 11 월 6 일이라 급합니다! 많은 조언 부탁드립니다. 꾸벅.

◆答; 축단후(築壇後) 준공식에 진열할 화환에 쓰는 문구.

제단(祭壇) 완공(完工) 후(後) 화환(花環)을 늘어놓고 준공식(竣工式)을 행하는지의 여부(與否)는 알지를 못하고 다만 축단(築壇)을 하게 되면 단(壇)을 쌓을 곳에서 먼저 축단개기고사(築壇開基告辭)를 하게 되고 마쳤으면 위안제(慰安祭)를 지내고 축단필토지제(築壇畢土地祭)를 지내게 됩니다.

그 축식(祝式)은 정형식(正形式)은 없고 축단(築壇) 사유(事由)에 적합(適合)하게 작축(作祝)하여 고(告)하게 됩니다.

●設壇祭笏記

禮儀淸肅○衆昭衆穆○致敬盡誠○獻官祝及諸執事詣盥洗位○盥洗○入就神壇前拜位○叙立○陳設進饌○贊引引首獻入就神壇前拜位○跪○焚香○俯伏○興○再拜○跪○酹酒降神○俯伏○興○再拜○退復位○獻官以下皆參神再拜○行首獻禮○各執事奉神位前盞盤斟酒進首獻官○首獻受而祭酒○以盞授執事○執事受而奠于神位前○揷匙正著○祝跪于首獻之左讀祝(首獻官以下皆跪)○首獻以下皆興○祝官退復位○首獻俯伏○興○再拜○執事退酒○行亞獻禮○贊人引亞獻入就神壇前○跪○執事奉神位前盞盤斟酒進亞獻○亞獻受而授執事○執事受而奠于神位前○亞獻俯伏○興○再拜○退復位○執事退酒○行終獻禮○贊人引終獻入就神壇前○跪○執事奉神位前盞盤斟酒進終獻○終獻受而授執事○執事受而奠于神位前○終獻俯伏○興○再拜○退復位○獻官以下望壇揖拱侑食小頃○祝徹羹進熟水○祝詣首獻前揖告成事○首獻答揖○執事徹匙著合飯盖○退復位○獻官以下皆再拜辭神○執事撤床

●壇所開基祝文

云云飛鳳之陽竹溪之上曰有某里某氏幾代祖肇基於此克昌克熾分爲三房顯于麗代疊璵重璠于後雲仍分柝流離自阻鄕園累世塋域馴致失奠慟在遺孫某水某邱諏訪備盡溹目未遇惟徵古禮設壇報祀順原君始三房繼修乃築乃堵四賢舊閭顧惟二房雖甚零殘敢忘厥初乃占吉地築土爲時大壇孔邇茲屬始役式陳菲薦永垂陰佑云云

●設壇祝文

維 歲次某甲某月某甲朔某日某甲後孫(或幾代孫)某敢昭告于 孝子某官(烈婦則烈夫某封某貫某氏合壇則列書)之靈今爲望祀奄臨將行祀事謹涓吉日先封孝位(烈婦則烈位)之壇伏惟尊靈庶幾降臨謹以酒果用伸虔告謹告

●考祭築壇後慰安祝文

維 歲次干支幾月干支朔幾日干支幾代孫某敢昭告于 顯幾代祖考某官府君之靈云云此心終焉死綏哀茲矢復無處尋屍遵禮不墓幾世于茲每修歲事紙榜木碑忠魂義魄於何攸宜感慕不寧愈久愈深某山之陽世葬斯爲夫人孤墳厺茲幾時築壇其右靈或有知禮有此禮質之無疑伏惟 尊靈憑斯依斯

●考祭築壇後土地祭祝文

維 歲次干支幾月干支朔幾日干支某官姓名敢昭告于 土地之神某官姓名幾代祖考某官府君昔在亂離立懂帶方招魂非禮不敢以墓茲築神壇于幾代祖妣某封某氏之墓右 神其保佑俾無後艱謹以淸酌脯醢祗薦于神尙 饗

▶1975◀◆問; 축문 작성관련 질의.

묘가 실전되어 설단을 하고 세일사를 지낼 때 축문에 첨소봉영(瞻掃封塋)을 첨소봉단(封壇)으로 써왔는데,

1, 첨소 봉단(封壇)과 첨소 지단(之壇)은 어느 표기가 맞을까요?
2, 첨소지영(瞻掃之靈)으로 쓴다는 분도 있는데 어떤가요?
3, 봉단(封壇), 지단(之壇), 지령(之靈), 모두 가능하다면 그 중 어느 표현이 가장 좋은지요. 아울러 제사에 삼통(三統; 祭羞, 格式, 時期)이 있고 지켜야 할 11 가지 덕목이 있다면서 1 불기(不祈), 2 불휘조(不麾蚤) 3 과시불제(過時不祭) 운운 하였는데 처음 듣는지라 11 가지 덕목이 무엇이며 근거는 어데 있는지요?

◆答; 축문 작성.

아래와 같이 살펴보건 단제(壇祭) 축식(祝式)은 기존(旣存) 묘제(墓祭) 원축(原祝)과 는 다른 것 같습니다.

●朱子曰有失先墓者雖知其墓在某山未能的知不得已望墓爲壇而祭之

●故進士宋某之墓不知其處其後孫尤菴卽其祖妣墓傍設壇而祭之其文曰禮經有去祧爲壇標榜之之文此不可謂無於禮者謹設右享之禮以爲幷薦之所其於禮義何幸無罪焉

●近齋答人問曰墳墓雖失傳禹祭酒之祀壇以故宅之遺墟尙存也金太師之墓壇以舊山前名之可徵也如守道公則設壇實無處所欲於宗家築壇則旣非不祧之位其宗子爲已毀之宗築壿其家恐掃無義

●鏡湖曰世或有失先墓者雖略知其墓之在某山某洞而猶未能的知爲先墓則不得已設壇於其傍而望祭者有之矣

●梅山曰遠祖考妣墓之或傳或不傳者卽其所傳之地當遷望墓爲壇之禮如金太師墓壇之例並祭考妣而以右爲上恐爲處變而不失其正也

●剛齋答人問曰子孫之於祖先神位之壇不當書姓字云爾則凡人家墓表其有不曰某公之墓者耶且此立石爲識神位祖壇石面刻李公下宜有神位二字而闕之此爲未盡耳

●失墓而築壇者壇石面刻皆曰某公之壇當依剛翁說書神位二字於之壇之上似爲宛轉

◉先祖壇享祝文
維 歲次干支幾月干支朔幾日干支幾代孫某敢昭告于 顯幾代祖考某官府君 顯幾代祖妣某封某氏伏以尙節西山淪迹某貫後裔迷薞壄未守護追惟報本禮不敢忘因用古禮望墓壇成謹以淸酌脯果恭伸奠獻尙 饗

◉先祖祭壇祝文
云云篤承前烈位躋上卿昭代耆獻世家精英陵谷易遷斧堂無徵禮重瞻掃愴切昆仍爰築祭壇汝南北岨上有先壟下是孫圄立石表位於彼於此履霜慨如歲虔以祀籩豆靜嘉粗伸慕仰英靈如水尙賜顧饗

첨소봉영(瞻掃封塋)의 첨(瞻)자는 아래와 같이 살펴보건대 그냥 바라본다는 의미(意味)가 아니고 우러러본다. 의 뜻으로 해석(解釋)됨이 옳을 것입니다. 그렇다면 단(壇)에 붙이기에는 격(格)에 어울리지 않을 것 같습니다.

봉영(封塋)이란 무덤 곧 체백(體魄)을 의미(意味)하나 단(壇)이란 제단(祭壇) 곧 제사(祭祀)를 지내는 터에 불과함으로 첨(瞻)자를 붙이기에는 조금은 어색한 표현이 아닐까 합니다.

까닭에 원축(原祝)을 약간 개조(改造)하여 단제축(壇祭祝)으로 변통(變通)하려면 운운(云云) 기서유역(氣序流易) 우로기유(雨露旣濡) 정소제단(淨掃祭壇) 불승감모(不勝感慕) 운운(云云)이 사견(私見)입니다마는 어떠할까 합니다.

●詩經桑柔章維此惠君民人所瞻註言彼順理之君所以爲民所尊仰者

아래와 같이 살펴보건대 성문화(成文化)된 친진(親盡) 묘제축(墓祭祝)(十月朔日)은 사례편람(四禮便覽) 이전(以前)의 예서(禮書)에서는 발견(發見)되지 않으며 요즈음 대개(大槪)의 가문(家門)에서 편람(便覽)의 친진(親盡) 묘제(墓祭)축식 보다는 가례(家禮) 축문(祝文)식을 두루 시절에 맞게 응용 변개(變改)하여 사용하고 있지요.

◉墓祭祝文式
云云某親某官府君之墓氣序流易雨露旣濡(備要寒食云云歲時改此句爲歲律旣更端午云時物暢茂秋夕云白露旣降三禮儀十月朔云霜露旣降)瞻掃 封塋云云

◉親盡墓祭祝文式(便覽)

維 歲次干支幾月干支朔幾日干支幾代孫某官某敢昭告于 始祖考(或先祖考或幾代祖考或始祖妣或
先祖妣或幾代祖妣)某官府君(或某封某氏合窆位則列書)之墓今以草木歸根之時追惟報本禮不敢忘瞻
掃 封塋不勝感慕謹以淸酌庶羞祗薦歲事尙 饗

●便覽親盡祖墓祭韓魏公禮十月一日祭之恐得宜

아래와 같이 살펴보건대 원조묘(遠祖墓; 친진조) 묘제(墓祭) 축문(祝文)은 친미진조
(親未盡祖;고조 이하)와 같이 원축(原祝)이 없어 그 축(祝) 형식이 다양(多樣)합니다.

◉墓祭祝文

維 歲次干支幾月干支朔幾日干支幾代祖考某官府君 顯幾代祖妣某
封某氏之墓儀形旣遠風韻猶昨斯文淂力于後永錫霜露交成春秋代易撫舊追遠感慕曷極謹
以淸酌脯醢式陳明薦尙 饗

◉十月行禮墓祭祝

維 歲次干支幾月干支朔幾日干支幾代祖考某官府君(或幾代祖妣某封某
氏合窆位則列書)之墓歲序流易時維高秋瞻掃 封塋不勝感慕謹以淸酌庶羞祗薦歲事尙 饗

◉墓祭變改祝文

維 歲次干支幾月干支朔幾日干支孝仍孫某敢昭告于 七代祖某官府君世次迭遷於廟雖祧
存者昭穆猶未至遙祧廟之禮禮云歲一因循俗例尙用四節散居子孫多未如儀惶恐改圖商的
厥宜自今而後春秋兩次仍就齋菴謹行設位玆因秋奠敢告其故禮從減殺益愴霜露謹以淸酌
庶羞祗薦歲事尙 饗

◉祧墓歲一祭祝文(親盡祖墓歲一祝好禮之家多用尤翁所製而亦有用便覽所載者故並參用〇洞山曰歲一祭祝遂菴
有所製曰禮制有限丞嘗已替瞻掃封塋不勝感慕謹以淸酌庶羞敬伸歲一之薦云云此似好而吾家則用人家秋夕墓祭祝氣序流易
霜露旣降瞻掃封塋不勝感愴云云祗薦歲事云矣)

維 歲次干支幾月干支朔幾日干支幾代孫某(遂菴曰先薦歲一祭祝辭以最長房名書之可也)敢昭告于 顯
某親某官府君(考妣含窆則雙書)之墓歲薦一祭禮有中制履玆霜露彌增感慕謹用淸酌庶羞祗奉常
事尙 饗

◉遠代墓歲一薦祝文(尤菴曰宗子與父兄尊行同行遠祖之祭則神主已祧遷而其宗毁矣又按有宗子之名乎其祼獻之禮
尊行當主之〇按長房奉祀宗子雖親盡亦當會計旣有程子之訓則遠墓墓祭宗孫主之可也若宗子親盡而長房方奉祀則奉祀者主
之固也)

維 歲次干支幾月干支朔幾日干支某代孫某敢昭告于 顯某代祖考某官府君 顯某代祖妣某
封某氏之墓惟歲一薦禮有中制履玆霜露深增感慕敢以淸酌時羞祗奉歲事尙 饗(一云感物追慕
無間遠近禮節有限惟歲一薦時維仲秋瞻掃封塋不勝感慕云云〇一云禮制有限丞嘗已替瞻掃封塋不勝感慕謹以淸酌庶羞敬伸
歲一之薦尙饗〇時係孟冬禮惟一祭瞻掃封塋不勝感慕〇問親盡之墓與未祧同岡則墓祀時有難處尤菴曰以吾家言之則先人
墓與先祖墓相接四名日不可獨祭先人故亦以一獻之薦先設於先祖矣又問若以天雨行祀於齋舍則亦可並祭耶曰似不可以行祀
於齋舍而有所異同也)

◉墓祭祝文

維 歲次某年十月朔日干支某代孫某官某敢昭告于 顯某代祖考某官府君 顯某代祖妣某封
某氏之墓歲序遷易時又孟冬瞻掃 封塋不勝感慕代序雖遠遺澤尙新瀛洲先進首陽淸風歲擧
一祭式薦明禋尙 饗(宗子三年內祭墓祝辭用常時措語)(或云單獻無祝同春曰若舊墓同岡則使族人行之)〇一說云禮
有中制歲薦一祭履玆霜露彌增感慕〇墓祭疏數變改告辭退溪云世次迭遷於廟雖祧存者昭穆有未至遙祧廟之禮云歲一因循
俗例當用四節散居子孫多未如儀惶恐改圖商的厥宜自今而後春秋兩次仍就齊庵謹行設位玆因秋奠敢告其故禮從減殺益愴霜
露〇按朱子答李堯卿墓祭雖親盡而祭亦無害云而別無祝辭措語之別則以家禮所載祝辭推行於親盡之墓亦無妨故也吾家亦如
是行之〇愚伏祠堂告廢節日墓祭辭逐節上墓行之雖久禮實無据今人致隆於此而四時正祭或廢不行尤失豐人制禮之意今考朱
子家禮東萊宗法止於寒食及十月上丁展掃封塋其餘節日則並就祠堂薦以時食擧廢之際不敢昧然行之玆因朔參用伸虔告)

봉단(封壇)의 뜻은 아래와 같습니다.

◉封壇=봉선(封禪)=봉사(封祀)=봉사(封事).

●史記封禪書第六註正義曰此泰山上築土爲壇以祭天報天之功故曰封此泰山下小山上除

地報地之功故曰禪言禪者神之也

⊙封壇; 우리나라 언어(言語)에는 없는 단어(單語)로 본 뜻은 흙을 모아 단(壇)을 쌓고 하늘에 제사(祭祀)함. 을 의미(意味)함.

⊙封; 태산(泰山) 위에 제단(祭壇)을 쌓고 제사(祭祀) 지내어 하늘의 공(功)에 보답(報答)함.

⊙禪; 태산(泰山) 아래의 소산(小山)(梁父山=양보산) 위에 터를 닦고 제사(祭祀) 지내어 땅의 은혜(恩惠)에 보답(報答)함을 뜻함. 따라서 봉단(封壇)이 백성(百姓)의 단제(壇祭) 축문(祝文)의 첨소(瞻掃)에 붙여 놓을 수가 없으며 더욱이 의미(意味)가 상통(相通)하지 않습니다.

▶1976◀◆問; 탈북 인의 묘제 지내는 방법 문의.

안녕하십니까.

1. 탈북한 사람의 경우에 만약 고조부모님의 묘제를 지내고 싶어한다면 묘소에 갈 수가 없기 때문에 혹 시 달리 묘제를 지낼 수 있는 방법과 적절한 시기에 대하여 알고 싶습니다.

2. 그리고 만약 묘제를 지낼 수 있는 방법이 있다면 '지방'을 작성하여야 하는지요.
감사합니다.

◆答; 탈북 인의 묘제.

1. 答; 고조(高祖)이하 미친진 묘제(未親盡墓祭)는 삼월(三月) 상순(上旬)이며 이북(以北)이 가까운 곳에 단(壇)을 모으고 매년(每年) 음력(陰曆) 3 월 초순(初旬)에 단제(壇祭)로 지낼 수는 있을 것입니다.

2. 答; 퇴계(退溪) 선유(先儒)의 말씀에 지방(紙榜)이라 하셨을 뿐 그 서식(書式)에 대하여는 퇴계(退溪) 선유(先儒) 뿐 아니라 누구도 남긴 말씀이 없는 것 같습니다. 따라서 황단의(皇壇儀) 지방식(紙榜式)의 예를 참고하시기 바랍니다.

◎皇壇儀 紙榜式(各書)
○太祖開天行道肇紀立極大聖至神仁文義武俊德成功高皇帝神位
○神宗範天合道哲肅敦簡光文章武安仁止孝顯皇帝神位
○毅宗紹天繹道剛明恪儉揆文奮武敦仁懋孝烈皇帝神位

●開元禮孔子許向墓遙爲壇以時祭卽今之上墓義或有憑然神道尙幽不可逼瀆塋域左設於塋南山門之外設淨席爲位遙祭以時饌如平生所嗜若一塋數墓每墓各設位昭穆異列以西爲上主人盥手奠爵三獻而止泣辭
●退溪曰同原許多墓各行祭之弊世多有此愚意不如掃視墓域後以紙榜合祭於齋舍無舍卽設壇以行之可免瀆弊而神庶享也
●性理大全墓祭儀三月上旬擇日

29 위패(位牌)(附影幀)

▶1977◀◆問; 불천위(不遷位) 위패(位牌).

수고가 많으십니다. 불천위(不遷位) 제사를 모시기 위하여 만들어 놓은 위패(位牌)가 궁금하여 여쭈어 봅니다. 위패 글자의 끝에 "신주(神主)"라고 쓰는지, "신위(神位)"라고 쓰는지, 아니면 안 쓰는지요?

향교에는 "문정공송준길(文正公宋濬吉)"이라고 쓰여진 것을 본 기억이 납니다. 휘(諱) 아래에는 아무 글자도 안본 것 같습니다. 죄송합니다.

◆答; 불천위 위패(位牌).

[불천위(不遷位); 시조급공신(始祖及功臣)]란 신주(神主)를 옮기지 않는다는 의미로 봉사자가 바뀌면 속칭(屬稱)만 개제(改題)하게 됩니다. 따라서 조상(祖上)은 신주(神主)가 되고 단제(壇祭)에서 신제는 지방(紙榜)에 신위(神位)라고 씁니다.

●喪禮備要喪禮吉祭納主; (按)(云云)若有親盡之祖始爲功臣者則當依家禮別子親盡遷于墓所不埋(云云)不遷其主

●皇壇儀大報壇祝式云云敢昭告于神宗範天合道哲肅敦簡光文章武安仁止孝顯皇帝伏以云云○大報壇紙榜式神宗範天合道哲肅敦簡光文章武安仁止孝顯皇帝神位

▶1978◀◆問; 선성선현 위패 명칭에 대하여.

공자님의 손자인 자사는 자사자(子思子)로 되어야 할 것 같은데, 각 향교의 위차도를 살펴보면 모두 '기국술성공 자사'로 되어있고, 성균관에서 발행한 서적의 위차도에도 마찬가지이고, 성균관 홈페이지 성균관 〉 문묘배향인물 〉 성균관대성전(成均館大聖殿) 선성선현(先聖先賢) 위패(位牌) 보안 위차도(位次圖)에도 똑같이 나와있어 확인을 위해 자료실 〉 석전팜플렛을 살펴봤더니 거의가 '기국술성공자사자'로 되어있는 데 어느 것이 맞는 것인지요?

◆答; 선성선현 위패 명칭.

○문묘배위(文廟配位).

동배(東配); 안자(顔子) 자사(子思).

서배(西配); 증자(曾子) 맹자(孟子).

문묘 동서배향은 위와 같습니다. "[기국술성공자사자(沂國述聖公子思子)]"라 함이 옳은 것입니다. 자사(子思; 姓, 孔, 名, 伋)에 子를 붙이는 까닭은 선성(先聖)께는 존칭으로 성(姓)에 자(子)를 붙이게 되는데, 공성(孔姓)에는 이미 공부자(孔夫子)께 붙여져 있어 혼동을 피하기 위하여 급(伋; 子思)께는 자(字)에 붙여 자사자(子思子)라 하게 됩니다.

●太學志享祀篇位次條(東配)沂國述聖公子思子(第二位)

▶1979◀◆問; 영정과 위패에 대한 질문입니다.

안녕하세요? 다음 사항들이 궁금합니다.

첫째 질문입니다.

사당에 수백 년 된 영정을 모셔두고 시제를 올리고 있습니다. 영정은 位牌 대신 쓰는 그림이라고 알고 있습니다만, 영정 앞에 놓인 제단에 위패를 함께 모셔두고 사용하면 祭禮에 결례가 되시는지요? 儀禮를 알고 싶습니다.

둘째 질문입니다.

효자각의 碑文내용입니다. 철종 2 년에 효행으로 旌閭를 받고 효자문 편액을 旌閣 안에 걸었으나 贈職 받은 종 5 품의 품계인 禁府都事 직을 놓아두고, 1930 년대 사림들과 문중에서 비석을 세우면서 종 9 품의 품계인 "孝子將仕郎晉州 000 之碑" 라고 새긴 연유가 궁금합니다.

셋째 질문입니다.

"동몽교관조봉대부" 라는 종사품의 품계는 조선시대 어린이를 교육하기 위하여 각 군현에 둔 벼슬이라고 들었습니다. 현재 직위로 어느 위치에 해당하는지요?

◆答; 영정과 위패.

첫째 질문; 答; 고대에는 영정(影幀)으로 제사도 지낸 것 같으나 사당제도가 생긴 후로는 신주(위패)로 제사를 지내고 영정으로는 제사하지 않습니다. 혹 문묘(文廟)에서 위패(位牌) 뒤 위로 영정 함을 짜 벽에 붙여 놓고 평시는 쌍문(雙門)을 닫아 놓았다 제사를 지낼 때 쌍문을 활짝 열어 놓기도 하는 것 같기도 합니다.

둘째 질문; 答; 이 문제는 해당 문중에 질의하여 보시기 바랍니다. 본인은 아는 바가 없습니다.

셋째 질문; 答; 경국대전에 의하면 그 때 군수(郡守)직이었는데 지금의 군수와 동급인지의 여부는 확인할 수가 없습니다.

●家禮祠堂細註; 伊川先生謂祭時不可用影故改影堂曰祠堂云
●經國大典外官職京畿道; 從四品郡守七員

▶1980◀◆問; 영정을 모시는 곳.

선현의 영정을 모시고자 하는데 영정각을 세워 영정을 모셔야 하지만 혹시 동제에 영정을 모실 수 있도록 장소를 마련해서 모셔도 되는지요?

◆答; 영정을 모시는 곳.

사대부(士大夫)들의 묘제(廟制) 법도에는 영정(影幀)을 모시는 예법은 없고, 왕예(王禮)에 영당(影堂) 예법이 있을 뿐이니, 개인이 그 예법을 따라 행하는지의 여부는 전거가 없어 알지를 못합니다. 다만 왕예를 따르는 향교(鄕校)나 서원(書院) 이상에서 행할 수 있는 예법이 아닌가 합니다.

"주체"가 누구이며 "동제"가 무엇을 의미하는지는 모르겠으나, 영당(影堂)은 아래 춘관통고(春官通考)에 그 구조물의 규모가 자못 상세하게 기술되어 있으니 적어도 봉안위(奉安位)에 알맞도록 흉내는 내야 되지 않을까 합니다.

●司馬光涑水記聞卷十六:安國哭於影堂曰吾家滅門矣
●辭源[影堂]家廟的別稱○又僧寺中安放佛祖眞影之室
●燕京歲時記除夕:世胄之家致祭宗祠懸掛影像
●書儀影堂雜儀;(云云)男女俱再拜次酹祖妣以下皆徧納祠版出徹月望不設食不出祠版餘如朔儀影堂門無事常閉(云云)
●高麗史節要忠烈王四壬寅二十八年(元大德六年)冬十月作安平公主影堂于妙蓮寺
●春官通考吉禮眞殿永禧殿殿制永禧殿在京城南部薰陶坊(竹箭洞契酉坐卯向):正殿五室(退幷二十八間)移安廳三室(退並八間行閣三間在正殿西)神門三間(在正殿前庭之東)香門一門(夾門一間在正殿南庭之南)(以下省略)○奉安位次 第一室 太祖大王影幀 第二室 世祖大王影幀 (中略)安香廳(退幷六間在正殿外墻之內)祭器庫((退幷三間在安香廳之北)(中略)典祀廳(前後退翼廊合二十二間半砒造所二間在安香廳之東)殿司齋舍(幷廚庫七間在外香門之南)執事齋房八間(在外香門之南)外大門三門(北向)(以下省略)

▶1981◀◆問; 영정으로 제사할 수 있나?

49 제후 장례 때 모셨던 영정사진을 모시고 집으로 왔습니다. 제사 때 사용하기 위함입니다.

그러나, 집안 어르신이 말씀하시길, 장례 때 사용했던 영정사진은 묘소에서 태우고, 제사에 사용하는 영정사진은 다른 사진으로 모시라고 하시는 데, 이 말씀이 맞는지요?

◆答; 영정으로 제사할 수 있나.

아래와 같이 살펴보건대 문묘에서는 화상을 모시고 춘추로 후학이 모여 석채(釋菜)의 제를 지내나 사서인은 그러한 제도나 예법이 없습니다.

온공 설을 따른다 하여도 속례로 화상(지금의 사진)은 혼백 뒤에 둔다 하였으니 혼신은 혼백에 의지할 뿐이고 사진은 단지 망자가 생시 누구임을 알려주는 역할을 할 따름이라 생각됩니다. 현재 속례로 장례행렬 선두에 망자의 사진은 앞세우는데 맨 앞에는 영거(靈車; 혼백) 다음에 사진이 따라야 옳은 것입니다.

따라서 우제나 기제사 등의 신좌에 사진을 세워 놓고 제사함은 유가적 견해로는 예법에 어그러집니다. 다만 옛적에도 속례(俗例)로 행한바 있으니 혹 사진은 신주(지방) 뒤에 같이 모시고 제사할 수는 있을 것입니다.

작금에 혹 사진을 신주(지방) 대용으로 신좌(神座)에 모시고 제사하고 있다면 이는 유가(儒家)의 법도에 맞지 않는 속례일 뿐입니다.

●鳳山影堂誌序文祠院有誌古也鳳山影堂惟我先師弦窩高先生俎豆之所而先生歿後三年門人弟子不勝安傲之痛春秋釋菜韓文公所謂歿而祭社之義
●溫公曰束帛依神謂之魂帛亦亦古禮之遺意也世俗皆畵影置於魂帛之後男子生時有畵像用之猶無所謂至於婦人生時沈居閨門出則乘輜軿擁蔽其面旣死豈可使畵工直入深室揭掩面之帛執筆昝相畵其容貌此殊爲非禮

▶1982◀◆問; 영정사진은 누가 들며, 손자 사위는 문상 후에 상주와 절을 하는가?
어제 외할머니 장례식이 있었습니다. 그런데 궁금 한 것이 있어서 문의 드립니다.

1. 친손자가 수두룩한데 외손자가 상주(喪主)가 될 수 있는지, 그리고 상주로서 두건(頭巾)을 쓸 수 있는지 궁금합니다.
2. 외할머니에겐 아들 4 명 중에서 3 명은 별세했고 막내 아들인 외숙부 1 명이 생존해 계시고, 손자가 5 명이 있습니다. 그런데 발인 할 때 영정사진을 친손자가 아닌 외손자인 동생이 들기에 만류했습니다. 영정사진은 친 손자가 드는 게 맞는다고 생각해서 친손자가 들도록 했습니다. 이런 저의 행동이 예법에 맞는지 궁금합니다.
3. 손녀 사위는 상주가 될 수 있는지 궁금하고, 손녀사위가 외할머니께 절을 하고 빈소를 지키는 상주인 외숙부, 그리고 장손 (맏손자)에게 절을 해야 하는지도 궁금합니다. 왜냐하면 손녀 사위가 상주가 된다면 서로 상주가 되니까 절을 해야 하는지 아니해도 되는지 나이든 제게 물어보기에 답을 제대로 못했습니다. 손녀사위는 자신도 상주가 된다는 것을 전제로 제게 질문을 했는데, 손녀 사위가 상주가 될 수 있는지 이것도 궁금합니다.

*참고로 저의 어머니는 생존해 계시고 아버지는 별세 하셨습니다. 좋은 하루 되세요.

◆答; 영정사진은 누가 드나.
問 1. 答; 모든 상제례(喪祭禮)의 주인(상주)은 장자(長子)가 되며 이미 몰(歿)하였으며 장손(長孫)이 상주(주인)가 됩니다.

외손은 이미 상주가 있으니 상주가 되지 않습니다. 다만 자최 5 월 복인으로서 그에 합당한 상복과 두건을 지어 입고 머리에 씁니다.

問 2. 答; 유가의 장례예법에는 혼백뿐이지 영정사진을 사용함이 없으니 그 예법도 없습니다. 다만 견전을 마치고 축관이 혼백을 받들고 영거에 올라 분향, 발인 시 위치는 명정이 앞에서고 다음에 혼백을 모신 축관, 만장, 공포, 상여, 상주 등의 순서로 묘지를 향하여 가게 됩니다.

만약 영정을 혼백 대용, 또는 동일시 된다면 축관이 듦이 옳을 것입니다.

問 3. 答; [1]. 번 참조.

아래와 같이 살펴보건대 외손은 소공복인이니 외조부모의 부음을 받고 분상(奔喪)하였으면 그문에 이르면 곡을 하며 구전(柩前; 영좌전)으로 들어가 곡 재배하고 물러나 성복(成服) 후 위전으로 들어가 곡하며 상주 등 조부 및 제(諸) 부전(父前)에 무릎을 꿇고 곡하며 서로 손을 잡고 슬픔을 다하여 곡하고 조모 전으로 가 그와 같이 합니다.

●便覽立喪主條凡主人謂長子無則長孫承重以奉饋奠

●讀禮通考喪服小功五月條[喪服]爲外祖父母[爾雅]母之考爲外王父母之妣爲外王母[喪服傳]何以小功也以尊加也疏外親之服不過緦麻今乃小功故發問以尊加也者以言祖者祖是尊名故加至小功言爲者以其母之所生情重故言爲也○馬融曰母之父母也本服緦以母所至尊加服小功故曰以尊加

●喪備遣奠祝奉魂魄升車焚香條別以箱盛主置帛後

●便覽發靷之圖方相女僕侍者銘旌靈車(祝官;魂帛,神主)輓章功布大轝喪主.

●家禮問喪奔喪篇齊衰以下若奔喪則至家成服條奔喪者釋去華盛之服裝辦卽行旣至齊衰望鄕而哭大功望門而哭小功以下至門而哭入門詣柩前哭再拜成服就位哭吊如儀

●開元禮相吊如儀條諸子孫就祖父及諸父前跪哭皆撫哭盡哀就祖母前亦如之女子子對祖母及諸母哭遂就祖父前哭如男子之儀惟諸父不撫之訖各復位伯叔母以下就主婦哭亦如之諸尊者降出還次主人以下降立於阼階下外姻在南少退俱西向北上哭盡哀各還次

別添; 손녀사위의 외가란 자기 외가의 할머니를 의미하는지 아니면 자기 부인의 친정 할머니를 의미하는 지 아롱다롱합니다. 만약 부인의 친정 할머니를 의미한다.면 복이 없습니다.

▶1983◀◆問; 영정(影幀)으로 제사를 지내도 되는지요.

아버지께서 돌아 가신지 25 년 정도 되었고, 매년 기제사와 명절 때면 차례를 지내왔습니다. 처음에는 지방을 써서 차례 및 제사를 지내왔는데, 오빠가 어디서 들었는지 몇 해전부터 지방대신 영정을 앞에 두고 제사와 차례를 지내오고 있습니다. 이것이 옳은 것인지 확인하고 싶습니다.

◆答; 영정으로 제사를 지내지 않습니다.

유가(儒家)에서는 신위는 상제(喪祭)는 신주(神主)가 없으면 혼백(魂魄)이고, 길제(吉祭)는 신주가 없으면 지방(紙榜)일 뿐이며, 影幀(영정; 지금의 사진)은 혹 영당(影堂)이라 하여 영정을 모시는 사당은 있으나 신주(지방) 대신 영정으로는 제사를 지내는 예법은 없습니다.

●要訣喪服中行祭儀條未葬前則準禮廢祭而卒哭後則於四時節祀及忌祭使服輕者行薦

●程子曰今人以影祭一髭髮不相似則所祭已是別人大不便

●劉氏垓孫曰文公先生以伊川謂祭時不可用影故改影堂曰祠堂

●朱子曰古禮廟無二主今有祠版又有影是有二主矣必欲適古今之宜宗子所在奉二主盖不失萃聚祖考精神之義

▶1984◀◆問; 영정(影幀)의 방향.

영정사진(影幀寫眞)을 모신 방향이 북쪽으로 보고 좌측이 동쪽, 우측이 서쪽이 되는 것으로 알고 있습니다(고인의 기준으로 볼 때) 그러면 아침에 장지(葬地)에 도착하여 제(祭)를 지낼 때 해는 동쪽에서 뜨는데 위와 같이 해가 뜨는 방향이 우측(고인의; 기준에서 볼 때 서쪽)이면 신위로 북으로 하는 예절방위와 반대로 되는지 알고 싶습니다 즉 영정사진을 모신 방향이 북쪽이면 좌측이 서쪽, 우측이 동쪽(해 뜨는 방향)이 됩니까?

◆答; 영정(影幀)의 방향.

영정(影幀)은 北을 등졌으니 좌동우서(左東右西)가 될 것이고 생인(生人)이 영정(影幀)을 바라보고 서 있다면 南을 등지고 있으니 우동좌서(右東左西)가 되겠지요. 실 방위와는 관계가 없습니다.

●性理大全凡屋之制不問何向背但以前爲南後爲北左爲東右爲西

▶1985◀◆問; 영좌 설치.

가정에서 입관 전에 영좌를 설치하는 법을 가르쳐 주세요 명정은 병풍의 어느 쪽에 설치해야 하는지요? (상주가 고인을 보는 관점에서) 명정은 입관 전부터 세워야 하는지요? 입관 전에는 병풍을 꺼꾸로 세워다가 입관 후에 병풍을 바로 세워야 옳은지요?

◆答; 영좌 설치와 병풍.

두 예(禮) 모두 입관(入棺) 전의 예(禮)로서 습(襲)을 마치고 영좌(靈座)를 설치하는데 아래와 같이 살펴 보건대 시신(尸身)의 남쪽으로 홰를 걸고 휘장을 쳐 가리고 교의(交椅)와 탁자(卓子)를 놓고 교의(交椅)에는 혼백(魂帛)상을 잔과 주전자와 과실을 탁자 위에 놓고 탁자 앞에는 향로(香爐)를 놓고 그 동쪽으로 향합(香盒)을 놓는다. 라 하였고 명정(銘旌)은 대나무 대에 달아 영좌(靈座) 오른쪽에 기대어 놓는다. 라 한 것 같습니다.

아래와 같이 살펴보건대 휘장(揮帳) 또는 병풍(屏風)이라 함은 보이나 병풍으로 시신을 가리는 방법에 대한 말씀은 대개의 예서에서 보이지 않습니다.

●便覽設梡於尸南(幃外)覆以帕置椅卓其前結白絹爲魂帛置椅上(源流以紙裹復衣納諸箱中○儀節衣上置魂帛○尤菴曰蓋則未有考以帕代之或覆或開)設盞注酒果於卓上巾之(設香案於卓前置爐盒爐西盒東○備要若日昏先設燭以照饌設巾後還滅之凡奠同)侍者朝夕設櫛頮奉養之具皆如平生
●便覽以降帛爲銘旌以竹爲杠倚於靈座之右
●便覽初終執事者設幃及牀遷尸條幃或屏

▶1986◀◆問; 영좌에 위패와 혼백을 같이 모시나.

1. 영좌를 설치를 할 때 위패와 혼백을 같이 모셔도 무방합니까? 위와 같이 모셔도 된다면 고인기준으로 볼 때 위패와 혼백을 어느 쪽에 모셔야 될런지?
2. 여자 상복에 있어서 고인 분의 따님과 며느리 중에 복조끼(등지게)는 누가 입어야 맞는지?

◆答; 영좌에는 위패와 혼백을 모심.

문 1. 답; 혼백은 반곡 후 영좌에 신주를 모시고 그 뒤에 두고 우제를 지낸 뒤에 곧 깨끗한 곳에 묻는 것입니다.

문 2. 答; 부녀자의 상복으로 복조끼(등지게)란 없습니다.

●家禮反哭奉神主入置于靈座;執事者先設靈座於故處祝奉神主入就位櫝之並出魂帛箱置主後

●便覽初虞祭祝埋魂帛條祝取魂帛帥執事者埋於屛處潔地

▶1987◀◆問; 위패에 대하여 알려주세요.

집안 어른께서 목각으로.

<祖父 >

二十二世

贈 左贊成行大司成 諱○○ 神位

<祖母>

증(贈) 정경부인(貞敬夫人) 창령성씨(昌寧成氏) 신위(神位)로 위패를 각각 제작하려 하시는데 저의 소견으로는,

1). 제 22 세는 시조로부터 기산할 때 이므로 굳이 표기할 필요가 없고,

2). 증 좌찬성 뒤에 굳이 2 급이나 낮은 관직을 쓸 필요가 없으며,

3). 조모에 대한 "정경부인"도 조부와 함께 같은 면에 각자할 때 표기해야 하고 각각 독립해서 제작한다면 표기가 어색하다는 생각인데 옳으신 가르침 부탁 드립니다.

◆答; 위패(位牌).

조선시대(朝鮮時代) 좌찬성(左贊成)은 종일품(從一品)으로 숭록대부(崇祿大夫) 그 부인은 정경부인(貞敬夫人)으로 봉(封)되었을 것으로 추측됩니다. 추증(追贈)의 교지(敎旨)가 보관되어 있을 것입니다. 그에 기록된 관(官)과 봉(封)을 그대로 모관(某官)과 모봉(某封)에 쓰면 됩니다.

그리고 위패(位牌; 지방)에는 휘(諱)를 쓰지 않습니다.

추증교지(追贈敎旨) 양식은 대개 아래와 비슷합니다.

　　　敎旨
正憲大夫姓某贈崇祿大夫云
年號某年某月 日
　云云追贈
婦人
　　　敎旨
貞夫人某氏贈貞敬夫人者
年號某年某月 日
云云某官姓某妻依法典從夫職

●事物紀位版條宋朝會要曰上封者言郊立天地神位版位成貯以漆匣昇床覆以黃謙帕壇上四位

●要解牌子條形如木主不判前後不爲陷中及兩竅不爲櫝也

●曲禮措之廟立之主曰帝註措置也立之主者始死則鑿木爲重以依神旣虞而埋之乃作主以依神也○呂氏曰夏殷之王皆以帝名疑殷人祔廟稱帝

▶1988◀◆問; 위패(位牌)에 대한 질의.

조상의 위패를 이서위상(以西爲上)의 방법으로 사당(제당)에 모시고자 합니다. 이경우 배위(配位)의 위패는 어떻게 하는지(부부병서 또는 별도), 예서(禮書)상 또는 선례(先例)에 대하여 하교하여 주시기 바랍니다.

◆答; 위패.

아래와 같이 살펴보건대 백숙조부모(伯叔祖父母)는 고조감실(高祖龕室), 백숙부모(伯叔父母)는 증조감실(曾祖龕室), 처(妻)나 형제(兄弟) 또는 형제(兄弟)의 처(妻)는

조감실(祖龕室), 자질(子姪)은 부감실(父龕室)에 부(祔)하되 모두 정위(正位) 탁자(卓子) 동남(東南)쪽에서 서향(西向)으로 고비(考妣) 각각 제주(題主)하여 고북비남(考北妣南)으로 반부(班祔)함이 옳은 것 같습니다. 만약 부위(祔位)는 많은데 사당(祠堂)이 좁아 감실(龕室)이 협소하면 집요(輯要)의 예(禮)를 따른다 하여도 예법에 어그러지지는 않는 것 같습니다.

●家禮本註伯叔祖父母祔于高祖(筆者註集說妻死夫之祖母在則祔于高祖妣)伯叔父母祔于曾祖妻若兄弟若兄弟之妻祔于祖(筆者註尤菴曰其祖生存則中一而祔于高祖禮也)子姪(筆者註便覽子姪婦同)祔于父皆西向(筆者註便覽卓上東端正位東南)

●退溪曰祔位祖考妣室西向奉安古禮也今同堂異室而龕小難設嘗反覆籌度未得其宜朱先生非不知其然尙以愛禮存羊之義不敢變其所祔位置之他處今亦何敢輕議欲從古禮者不如寬作龕室令其可容西向之設

●輯要今廟狹龕小難以容祔時祭設位條祔位皆於東序西向北上或兩序相向尊者居西盖祔位若只一二則祔東壁下若至四五位則分祔東西壁而尊者居西似不失朱子意盖祠堂之位

▶1989◀◆問; 위패(位牌)와 신주에 대하여 알려 주시면 고맙겠습니다.
향교나 서원에는 위패를 모셨고, 가묘에는 신주를 모셨다고 하기도 하고, 어떤 때는 신주와 위패를 구분 없이 부르기도 하고, 어떤 이는 위패와 신주는 분명히 다르다고 도 합니다. 그래서 궁금해서 여기에 묻습니다. 위패와 신주를 구분하여 자세하게 알려주세요/

1. 언제부터 무슨 연유로 모시게 되었는지요.
2. 어떤 때 왜, 어디에 모시는지요.
3. 소재는 무엇이며 그 소재를 사용하는 이유는 요.
4. 규격과 구조, 쓰는 문구와 그 문구에 대한 설명도 요.
5. 각각 어떤 행사를 거행하게 되는지요.
6. 그리고 현대사회는 위패와 신주가 어떻게 변하고 있으며 바람직한 변화의 방향은요.

◆答; 위패(位牌)와 신주(神主).
⊙위패(位牌)란 더러는 신주(神主)와 혼용하기도 하나 이는 사자(死者)나 신(神)을 표기하여 단(壇)이나 원(院), 사(寺), 묘(廟) 등에 모셔두는 목패(木牌)로서 목주(木主). 위판(位版), 령판(靈版), 령위(靈位)등으로도 불리는데 신주와는 그 형태가 다름.
⊙신주(神主)란 죽은 사람을 표기하여 묘(廟)에 모셔두는 위패(位牌)를 이름.
問1. 答; 아래와 같이 살펴보건대 하후씨(夏后氏) 이전부터 어떤 형태이던지 신주제도(神主制度)가 있었던 같으며 까닭은 효자가 이미 장사를 지내고 나면 마음을 의지할 곳이 없어 신(神)의 형상과 같이 신주를 만들어 모시고 섬기는 것 같습니다.
問 2. 答; 하관(下棺) 후 흙을 채우기 시작하면 신주(神主)를 쓰는데 까닭은 육체는 광중 흙 속에 묻혔으니 혼신(魂神)은 공중에 떠 의지할 곳이 없으니 곧 신주를 써 그 신(神)이 의지할 곳이 있게 함에서이며 삼년(三年) 간은 궤연(几筵)에 모시다 상(喪)을 마치면 사당(祠堂)으로 묘셔 현손(玄孫) 대(代) 까지 봉사하는 것입니다.
問 3. 答; 신주의 소재는 아래와 같이 살펴보건대 대개 밤나무이며 이유는 견고하기 때문입니다.
問 5. 答; 질문의 요지를 이해하지 못하였습니다.
問 6. 答; 이곳은 유학(儒學)의 본거지인 성균관(成均館)입니다. 유자는 유학(儒學)에 근거되지 않는 표현은 할 수 없습니다. 다만 신주(神主) 대용으로 지방(紙榜)제도가 있습니다. 여건상 신주(神主) 봉사(奉祀)가 어려우면 그 대신 지방(紙榜)으로 기제사(忌祭祀) 등을 지내면 예(禮)에 크게 어그러지지는 않을 것입니다.

●朱子曰牌子形如木主而不判前後不爲陷中及兩竅不爲櫝以從降殺之義也
●五經異義曰主者神象也孝子旣葬心無所依所以虞而立主以事之旣練易之遂藏於廟以爲祭主凡虞主用桑練主夏后氏以松殷人以栢周人以栗
●陶庵曰題主在實土之後文勢使然非謂必待實土而後題之形歸窀穸則神魂飄忽無所湊泊固當卽速題主俾有所憑依
●程子曰周用栗土所産之木取其堅也今用栗從周制也若四方無栗亦不必用但取其木之堅者可也

問 4. 答;
●家禮程子曰作主用栗趺方四寸厚寸二分鑿之洞底以受主身身高尺二寸博三寸厚寸二分剡上五分爲圓首寸之下勒前爲頷而判之四分居前八分居後頷下陷中長六寸廣一寸深四分合之植於趺下齊竅其旁以通中圓徑四分居三寸六分之下下距趺面七寸二分以粉塗其前面
●輯覽五禮儀虞主用桑木爲之長一尺方五寸上頂徑一寸八分四廂各剡一寸一分四隅各剡一寸上下四方通孔徑九分○倚凡長二尺三寸廣七寸厚二寸足高五寸○內櫃頂虛四面高一尺一寸八分廣各一尺九分底長廣各一尺三寸厚四分○外櫃蓋平四面直下長各一尺四寸五分廣各二尺二寸厚四分○臺長廣各一尺三寸厚三寸用栢子板○匱內外皆有紫綾座子外則裹白絹主有白苧覆巾王后則靑苧巾位板同唯無覆巾○位板用栗木爲之長一尺二寸厚八分廣四寸圭首趺長八寸廣四寸厚二寸○座制面頂俱虛底板長一尺四寸廣九寸厚二寸三面板高各一尺三寸一分厚各三分後面廣一尺五分左右面廣各五寸○蓋制平頂四向直下正闊旁狹蓋板長一尺一寸七分廣六寸三分有奇厚三分前後板長一尺三寸五分廣一尺一寸七分厚三分左右板長一尺三寸五分廣六寸三分有奇○臺長一尺四寸廣九寸厚三寸用栢子板

⊙陷中式
故某官(無官則隨常時所稱如學生處士秀士別號之類粉面同)某公諱某字某(本有第幾二字而東俗不同○退溪曰今人生時無第幾之稱神主不用恐無不可)神主

⊙粉面式
顯(家禮圖用顯字而備要從之後倣此考承重云顯祖考旁親卑幼隨屬稱卑幼改顯爲亡)某官府君(卑幼去府君二字)神主

⊙旁題式
孝子(承重稱孝孫)某奉祀(書于原行下旁寫者之左○朱子曰旁註施於所尊以下則不必書○備要旁親雖尊不書)

⊙婦人陷中式
故某封(無封亦稱孺人此下或添某貫粉面同)某氏諱某(本有字某第幾四字而東俗不用)神主

⊙婦人粉面式
顯妣(承重云顯祖妣妻云亡室旁親卑幼隨屬稱卑幼改顯爲亡○大全庶子之所生母稱亡母)某封某氏神主

⊙婦人旁題式(同前式)

▶1990◀◆問; 위패 봉안 요령.
안녕하세요 옥구 향교에서는 고운 최치원 선생님과 임병찬 장군 등 다섯 분의 선현을 오래 전부터 현충단 형태에서 모시고 배향을 하여왔는데 금번 행정의 배려로 건물을 신축 위패를 모시고저 추진하고 있습니다. 건물이 완공되면 다섯 분의 위패를 제작하여 신축건물에 모셔야 하는데 모시는 절차를 어떻게 하면 올바르게 하는 것인지 잘 몰라서 질문 드립니다. 위패봉안 절차를 자세하게 알려주셨으면 감사하겠습니다. 봉안에 관한 홀기도 알려 주셨으면 감사하겠습니다. 잘 부탁 드립니다. 감사합니다.

◆答; 위패봉안.

⊙新題版奉安時儀節(配享時儀節依此而各位異祝先告正位以次告配享位)

前一日執禮率執事者掃除廟內外設神位倚子於北壁下設卓子於倚子前陳設如式○謁者引獻官升自東階點視訖還出○執事者設卓子于某所(講堂則講堂北壁下)置新版其上○又設別卓子其東置硯筆墨於其上○執禮率諸執事及學生序立如門外位重行北向西上○謁者贊引引獻官入就位如門外位○善書者盥手就卓子前西向立題位版訖祝奉位版入置廟中北壁下倚子上南向○執禮謁者贊引贊者先入階間拜位再拜就位(執禮位於東序西向贊者二人分立於兩階下)○贊引引學生入就位○贊引引祝及諸執事入就位再拜(祝就東階上西向司尊立於尊南北向爵位在於盥洗之東西向)○贊引引祝及諸執事詣盥洗位之南北向盥洗○奉爵奠爵詣爵洗位洗爵拭爵訖還置於箱奉詣尊所置坫上降復位○祝升詣某先生神位前開櫝出位版於座仍啓籩豆簠簋降復位(次位同)○謁者引獻官入就位○獻官及諸生皆再拜(鞠躬拜興拜興平身)○謁者引獻官詣某先生神位前○奉享奉爐升○獻官跪○奉香奉香盒詣獻官之右奉爐奉香爐詣獻官之左○獻官三上香○奉香奉爐還置香盒香爐於故處○謁者引獻官降復位再拜(鞠躬拜興拜興平身)○謁者引獻官詣尊所西向立○奉爵奠爵升司尊擧冪酌酒○奉爵以爵受酒○謁者引獻官詣某先生神位前○奉爵奠爵隨○獻官跪○奉爵詣獻官之右以爵授獻官獻官執爵獻爵以爵授奠爵奠爵自左受之奠于神位前坫上○奉爵奠爵降復位○獻官俯伏興少退○獻官北向跪○祝進神位之右執祝版東向跪讀○訖還置祝版於故處降復位○獻官俯伏興平身○謁者引獻官降復位(謁者引獻官詣某先生神位前以下次位同)○獻官及第生皆再拜(鞠躬拜興拜興平身)○祝奉位版納于櫝閉櫝○謁者引獻官詣望瘞位北向立○祝取祝版降自西階瘞坎○謁者引獻官出○祝及諸執事俱復階前拜位再拜以次出○諸生出○執禮謁者贊引贊者就階間拜位再拜以出○執事復入撤饌闔戶而退○禮畢

●國朝五禮儀陳設圖式移還安告由左一籩右一豆

이상의 예법은 제판(題版)에서 봉안까지의 의례절차로 귀 행사와는 과 부족한 예가 있을 수도 있을 것입니다. 이를 응용 귀 행사에 적합하도록 첨입감살(添入減殺) 재구성하여야 할 것입니다.

▶1991◀◆問; 위패제작.

수고가 많으십니다. 물어보고 싶은 것은 제실을 짓고 위패를 제작하여 영구히 사용하고픈데 부인 위패와 남편 위패를 지방 쓰는 것처럼 같이 써도 되는 건지. 제작한 위패를 모시고 자자손손이 지내려면 문구를 어찌 써야 하는지요. 현고나 현조고를 사용할 경우 아래 대에 내려 가면 다시 만들어야 하기 때문입니다.

홈페이지의 위패 글을 보았으나 그런 건 나와있지 않습니다. 인터넷에 돌아다녀보니 25 세 김해 김공 일수 영위. 25 세 유인 밀양 박씨 영위 이런 위패가 있는데 이리 써서 사용해도 무방 한지요. 그리고 영위니 신위니 하는 것이 어느 것이 규범에 맞는지요. 답변 주시기 바랍니다.

◆答; 위패(位牌).

제실이라 하심이 집안에 사당(祠堂)처럼 지어 선조(先祖)를 모셔놓고 제(祭)를 올리는 室이란 뜻인지 아니면 선영하(先塋下)에 재계(齋戒) 또는 봉묘사(奉墓祀)할 묘(墓)가 다수이거나 우천시 묘제(墓祭)를 지내기 위한 재실(齋室)인지는 언뜻 가릴 수는 없으나 이에서는 재실(齋室; 齋舍)로 간주하고 대단히 조심스러우나 아래와 같이 살펴보겠습니다.

재사(齋舍)란 원래가 선대(先代)의 묘제(墓祭)를 지내기 위하여 후손(後孫)들이 모여 재계(齋戒)를 목적으로 지어놓고, 묘제(墓祭)는 전일일 재계(齋戒)이니 원거리이거나 흩어져 사는 후손(後孫)들이 하루 전에 이에 모여 유숙(留宿) 재계(齋戒)하는 집인데 혹 우천시나 묘(墓)가 여러 맥(脉)의 산에 흩어져 있거나 하루에 행할 수 없도록 다묘(多墓)일 때 변례(變禮)로서 이 곳에 제위(諸位) 설위(設位)하고 묘제(墓祭)를 지낸다고 퇴계(退溪)선생을 비롯하여 여러 선유(先儒)께서 하신 말씀이 계시니 재사(齋舍)에서 묘제(墓祭)를 지낼 때 예(禮)를 갖추고 행한다면 위례(違禮)라 할 수는 없을 것입니다.

그러나 이 제도(制度)는 정례(正禮)가 아니니 일목요연한 그 예법은 유가(儒家)의 법도(法度)에는 없는 것 같습니다. 따라서 재실에 위패(位牌)를 제작하여 두고 재실(齋室)에서 자자손손(子子孫孫) 묘(墓)를 대신하여 그 위패(位牌)를 모시고 묘제를 지낸다 함도 대단한 변례(變禮)인데 변례라 하여도 기존 예법(전거)에 근거하여 어그러지지 않아야 됨은 두말할 까닭이 없습니다.

만약 기존 예법(재사 행 묘제 등)에서 크게 어그러지지 않는다는 전제하에 위패를 재작한다면 신주식(神主式) 중 분면식(粉面式)이 아닌 함중식(陷中式)의 법도를 따라 목적한 바에 적합하도록 제패(題牌)하심이 옳지 않을까 합니다.

특히 제례(祭禮)의 예에서 조상(祖上)을 호칭(呼稱)할 때는 존선인칭(尊先人稱)인 현자(顯字) 붙임이 후손(後孫)이 갖춰야 할 예(禮)이며, 위패(位牌)는 신주(神主)와 그 격이 다르니 神主라는 의미인 主字는 붙일 수 없을 것 같으며, 다만 위패(位牌)란 위판(位版), 영판(靈版), 영위(靈位)라는 뜻도 포함되어 있으니 신위(神位) 보다는 령위(靈位)라 함이 격에 맞을 것 같습니다.

이상과 같이 논하여 보건대 부득이 복잡한 현실 하에서 묘제(墓祭)를 지내려는 수단(手段)이라면 아래와 같은 문구로 제패(題牌)하심이 여러 예를 참작(參酌) 하건대 어떠할까 합니다. 다만 축문(祝文)의 관계칭호와 위패(位牌)의 표시가 상위한 모순(矛盾)도 있는 듯하나 실은 제주(祭主)가 어느 대(代)라 하여도 표현된 문구가 다를 뿐 대조(代祖)와 대손(代孫)의 차이는 어느 대(代)에서도 나타나지 않습니다.

考; 顯幾世考某官某公諱某字某靈位
妣; 顯幾世妣某封(此下或添某貫)某氏諱某字某靈位

●書傳康誥王若曰孟侯朕其弟小子封惟乃丕顯考文王
●穀梁傳文公丁丑作僖公主作爲也爲僖公主也註爲僖公廟作主也主蓋神之所馮依其狀
●樂記祀天祭地明則有禮樂幽則有鬼神如此則四海之內合敬同愛矣禮者殊事合敬者也慶源輔氏曰與天地同節則節而不失其和故曰節故祀天祭地祀天祭地則其和至矣禮樂形而下者鬼神形而上者上下無異形幽明無二理非沈於道者不能知也
●爾雅父爲考母爲妣註禮記曰生曰父母妻死曰考妣嬪
●東坡神女廟云雲興靈怪聚雲散鬼神還
●周禮春官宗伯禮官之職小宗伯建國之神位右社稷左宗廟註鄭司農云立讀爲位古者立位同字古文春秋經公卽位爲公卽位

▶1992◀◆問; 위패제작.

5 대조부터 기제를 하지 않고 묘사제를 재실에서 지방 또는 위패를 제작하여 봉사를 하다가 아래대의 봉사자가 할 경우에는 현(玄)대조고가 바뀌어야 되는 것으로 사료되는바. 위패를 제작하여 계속적으로 사용할 수 있는 내용으로 할 수 없는지 궁금하여 질의합니다.

◆答; 위패(位牌).

유가에서 신좌, 신위에서 유래된 격식인데 중국에서 고대로부터 행하여 진 제도로 가세가 어려우면 이를 그때 그 때 종이에 써 쓰기도 하는데 이를 지방이라 한다 합니다.

그런데 아래와 같이 살펴보건대 위패는 주로 천지신에게 쓰이는 것 같으며 다만 재사(齋舍)에서 묘제를 행할 때 해마다 지방을 쓰기가 번잡하고 또 위품도 없는 것 같으니 위마다 위패를 제작하여 모셔 두었다 묘제 때 모시면 어떻겠는가 인 것 같습니다.

그러나 재사(齋舍)란 원래 건립 목적이 말 그대로 묘제는 전 일일 재계라 묘하(墓下) 종원이 하루 전에 모여 재계하고 묵는 처소입니다. 이를 우천시나 묘소가 많다거나 인근에 여기 저기 흩어져 있어 하루에 행하기가 어려울 때 재사(齋舍)에서 합설하여 행할 수도 있다는 것입니다.

특히 친지조의 신주(神主)는 이미 매안(埋安)된 이후로서 추증(追贈)으로 불천지위(不遷之位)에 오르기 전에는 재 조주(造主) 할 수 없으며 더욱이 친진(親盡) 묘제는 종손의 제도에서 벗어나 해마다 참례하는 후손 중 최존자가 주인으로서 초헌을 하게 되니 친미진조(親未盡祖)와 같이 봉사자가 고정되어 있지 못한 것입니다. 까닭에 위패(位牌)를 제작하여 봉안할 수가 없는 것 같습니다.

●事物紀原集類禮祭郊祀部篇板位條宋朝會要曰景德二年九月二日上封者言郊立天地神位不嚴望令重造詔王欽若詳閱修製十一月一日版位成貯以漆匣昇床覆以黃謙帕壇上四位以朱漆金字第二神位黑漆金字第二黑漆黃字第三已降黑漆朱字天地組宗爲一匣餘十二陛爲一匣

▶1993◀◆問; 위패는 누가 모시고 가야 하나.

1. 부모상의 경우, 발인 시 고인의 관 앞에 들고 가는 위패(영정사진)는 누가 들고 가는 것이 맞는지요?
2. 일설에 의하면 상제(상주)는 고인의 관 앞에 갈수 없으므로 먼 친척이나, 조카 혹은 손자가 들고 가야 한다고 하며, 어떤 이는 맏사위가 들고 가야 한다고 하는데 어느 것이 맞는지 알려 주시면 감사 하겠습니다.

◆答; 위패(혼백)는 축관이 모십니다.

전통상례에서는 축관(祝官)이 혼백을 모시고 수레에 오른 후 분향하고 장지로 가게 됩니다. 축관은 친족 중에 무 복인이거나, 없으면 복이 가벼운 이로 정하게 됩니다. 축관에는 누구라는 지목이 없으니 사위도 될 수 있고 장손도 될 수 있겠습니다.

●性理大全喪禮發引;祝奉魂帛升車焚香

▶1994◀◆問; 위패를 만들 때 서식에 대해 문의 드립니다.

재실(齋室)에서 여러 선조(先祖)들의 묘사(墓祀)를 모실 때 미리 만들어 보관하고 있는 위패(位牌)를 모시고 있는데 위패의 서식(書式)을 봉사자(奉祀者)로부터" 현 몇 대조고(代祖考) 000 또는 현 몇 대조비(代祖妣) 000"라고 적어 만들었더니 봉사자의 항렬(行列)에 따라 대수가 차이가 있어 혼선이 빚어지고 있는 바, 그래서 종중(宗中)에서 위패를 새로 제작(制作)하려고 하고, 이제는 시조로부터 "현 몇 세 000"라고 적는 식으로 만들려고 하는데 그것이 전통 제례에 맞는 것인지, 그런 식으로 위패(位牌)를 만들어도 되는 것인지, 또 그런 방식으로 위패를 만드는 사례(事例)가 있는지 등에 대한 명확한 답변을 부탁 드립니다.

◆答; 위패 서식.

考; 顯幾世考某官某公諱某字某神座(靈位)

妣; 顯幾世妣某封(此下或添某貫)某氏諱某字某神座(靈位)

●朱子曰牌子形如木主而不判前後不爲陷中及兩旁不爲櫝以從降殺之義也

●通典晉蔡謨云祠版制神版正長尺一寸博四寸五分厚五寸八分大書某祖考某封夫人某氏神座

●韓魏公祭式位版以栗木爲之長尺二寸廣四寸厚八分圭首素版墨書題云顯某考某官顯某妣某夫人神座

▶1995◀◆問; 위패를 모실 수 있는지요?

문중(門中) 선산(先山)이 산업단지에 편입 되어 분묘(墳墓)가 50 여기를 개장(改葬) 해야 할 형편입니다. 증조(曾祖)이상 20 여기는 문중에서 관리하고 나머지 30 여기는 직계손(直系孫)들이 관리(개장)하도록 의견을 모았습니다. 사당(祠堂) 및 재실(齋室)은 건립하지 못하고 우선 급한 대로 묘제를 모실 수 있도록 조립식 재실을 건립하여 한편에 위패(位牌)를 모시려고 하니 몇 가지 의문점이 있어 문의하오니 고견을 바랍니다.

1. 현재까지 묘제를 지내는 산소의 위패만 모셔야 하는지 아니면 직계손이 원하면 모두 모셔 놓고 묘제를 올려도 가능 하는지?
2. 기제사를 올리는 재주는 위패를 모셔가서 제사를 올린 후 다시 모셔와야 하는지?

◆答; 위패를 모실 수 있는지.

問; 1. 答; 예법상 묘제(墓祭)에는 두 가지가 있는데 친미진(親未盡) 묘제는 3월 상순 중에서 택일하여 지내고, 친진(親盡) 묘제는 10월 1일에 지내게 됩니다. 따라서 재사의 묘제에서는 3월 묘제는 친미진, 10월 묘제에서는 친진 묘제를 지내게 됩니다. 재사(齋舍) 행 묘제(墓祭) 때는 위패(신주)가 아니라 각위 지방(紙榜) 행제(行祭)인 것 같습니다.

●退溪曰同原許多墓各行祭云云

問; 2. 答; 기제사 역시 기왕에 사당에 신주를 모시지 않고 지방 행제 하였었다면 지방제입니다.

다만 친미진(親未盡) 신주(神主)는 추제(追題)의 예법이 있으니 제주(題主)하여 사당을 여건이나 형편상 갖출 수가 없으면 집안 조용하고 한적한 곳을 택하여 모시고 있다 여건이 허락하면 사당을 법도대로 건립 후 내모실 수도 있으나 울밖에 신주 모시는 예법은 없습니다.

▶1996◀◆問; 위패에 대한 질문.

우리 문중의 입향조의 위패(位牌)를 재실에 봉안코자 합니다. 지방(紙榜)의 경우 배(配)의 품계와 본관(姓氏)을 병기(倂記) 하는데 위패의 경우도 지방의 예에 준하여도 되는지 고견을 하교하여 주시기 바랍니다.

◆答; 위패.

부인의 신주나 지방에 관향(貫鄕)은 쓰지 않음이 바른 신주(지방) 작법입니다. 병기라 하심의 의미가 고(考) 비(妣)를 한 장에 같이 쓴다는 의미시라면 큰 결례가 됩니다. 위마다 각각 써야 합니다.

●家禮輯覽虞卒哭及小祥大祥禫祭祝文式條云云顯妣某封某氏日月不居云云
●國朝五禮儀大夫士庶人喪篇題主條母則粉面曰顯妣某封某氏神主又大夫士庶人四仲月
時享儀讀祝條云云曾祖妣某封某氏伏以云云
●擊蒙要訣時祭儀篇讀祝條云云顯曾祖妣某封某氏氣序流易云云
●尤庵曰妣位只書某氏而不書鄕貫自銘旌神主誌石石碑而皆然本朝則李姓娶李氏金姓娶
金姓故不得已書鄕貫別之矣又曰家禮第幾之規我國不能行旣不書第幾則書貫或不至甚悖
乎
●渼湖曰婦人題主不書貫尤翁有定論遵而行之有何不可
●明齋曰書婦人姓貫恐以國俗雖姓同而貫異則不嫌於通昏故書姓貫以別其非同姓也從俗
書之無妨
●梅山曰古者不娶同姓故婦人不書姓貫東俗娶異貫之同姓故書貫以別之旣是異姓則當不
書貫用遵古禮且置妾不知其姓則卜之豈有知其爲同姓而爲妾者推此義也妾喪尤不宜書貫
雖無封爵只書姓氏恐是
●問婦人只書姓氏不書姓鄕而擧世皆書抑有據歟南溪曰家禮本無書姓鄕之文不可從俗
●陶菴曰用厚白紙長廣隨宜以眞楷細書於紙中央臨祭貼於椅上隨位各書

▶1997◀◆問; 위패와 지방의 차이와 쓰는 법.
1. 어느 상가(喪家)에 갔더니 영정(影幀) 앞 에 놓인 위패(位牌)를 제사(祭祀) 때의
지방 과 같이 현고(顯考) 학생(學生) 부군(府君) 경주(慶州) ○ 씨(氏)○○ 신위(神位)
라고 쓰여져 있는걸 보았는데 올바른 위패 쓰는 법과 지방(紙榜) 과의 차이점,
2. 남편 제사(祭祀)의 지방(紙榜)에 현(顯) 벽(辟) 이라고 쓴다던데 벽(辟)의 뜻은 무
엇이며 어떤 때에 현(顯) 벽(辟) 부군 신위 라 써야 하며 자식이 있으면 현(顯) 이
라 쓰면 안 되는지 알려 주십시오.

◆答; 위패와 지방의 차이점과 쓰는 법.
차이점.
위패; 율목판(栗木板)으로 신주식과 비슷하며,
지방; 종이로 장 1척 2촌 폭 4촌,
쓰는 법. (위패나 지방 쓰는 법은 아래와 같음)
顯辟某官府君神位
亡室某封某氏神位

●愧郯錄金版;今郊祀天地祖宗定配位皆有金版書神位以金飾木爲之如匣之制稍高博且表
以字珂按典故政和六年六月甲戌宣和殿學士禮制局詳議官蔡攸言臣昨受睿言討論位版之
制退攷太史局所掌見用位版皆無所稽據(漢典註)位版帝王郊祀天地祖宗時用以書神位之
版
●周禮春官小宗伯;小宗伯之職掌廟或祠堂中右社稷左宗廟(孫詒註正義)凡天神地示祀於
兆人鬼祀於廟經唯云神位者散文通也
●淮南子時則訓;是月命太祝禱祀神位点龜策審卦兆以察吉凶
●朱子語類卷九十;每一神位是一尸
●哈同外傳十二;正日那天上午夫人由烏目山僧伴同先去瑜珈精舍向女+也亡母神位致祭
●疑禮問解凡神主不出仍在故處則先降後參如朔望參禮之類是也設位而無主則亦先
降後參如祭始祖先祖及紙榜之類是也
●皇壇儀紙牓圖說;神宗範天合道哲肅敦簡光文章武安仁止孝顯皇帝神位○又牓用咨文紙
長一尺二寸廣四寸祀後燎之(倣五禮儀位版式用造禮器尺)

▶1998◀◆問; 牌子式에 대하여?

패자서식을 알려고 합니다.

◆答; 패자식(牌子式).

牌子式;

顯某祖考某封神座

顯某祖妣某氏神座

●文獻通考牌子條晉人問蔡謨曰時人祠有版版之爲用當主云云答今代有祠版木乃始禮之奉廟主也主亦有題今版書名號亦是題主之意安昌公荀氏祠制神版皆正長尺一寸博四寸五分厚五寸八分大書某祖考某封之神座夫人某氏之神座

30 유학(儒學)(附漢字)

▶1999◀◆問; 結草報恩說.

결초보은(結草報恩) 설(說)에 대한 자문을 구합니다.

◆答; 결초보은설(結草報恩說).

아래가 결초보은(結草報恩說)의 根據 입니다. 평상시(平常時) 일상(日常)의 부친(父親) 선호 장법이 어떠하였는가가 중요합니다.

아래 고사(古事)에 의하면 생전(生前) 일상(日常) 매장(埋葬)을 선호(選好)하였는가 화장(火葬)을 장법(葬法)으로 선호(選好)하였는가 입니다.

만약 생전(生前) 일상(日常)으로 매장(埋葬)을 선호(選好)하였으나 유언(遺言)으로는 화장(火葬)을 명(命)하였다면 매장(埋葬)을 따르시고, 생전(生前)에 매장법(埋葬法)을 배척(排斥)하고 늘 화장(火葬)을 선호(選好)하다 마지막 유언(遺言)에도 내가 죽으면 화장(火葬) 하라 명하였다면 화장(火葬)을 따르심이 솔로몬의 지혜(智慧)라기 보다는, 춘추시대(春秋時代) 진(晉)나라 위과(魏顆)의 지혜(智慧)가 아닐까 합니다.

●種德新編卷中; 晉大夫魏犨有嬖妾無子犨疾命其子顆曰必嫁是疾革則曰必以爲殉及卒顆嫁之曰疾病則亂吾從其治也後顆與秦戰于輔氏獲杜回秦之力人也顆見老人結草以亢杜回回躓而顚故獲之夜夢老人曰余而所嫁娘人之父也爾用先人之治命余是以報

▶2000◀◆問; 계(誡)와 계(戒)는 어떻게 다른가요?

너무 하찮은 질문이라 묻기도 망설여집니다. 자세한 설명 주시면 감사하겠습니다. 일반적으로 십계명(十誡命)에서는 계(誡)자를 세속오계(世俗五戒)에서는 계(戒)자를 쓰는 것 같은데 계(誡)와 계(戒)는 어떻게 다른가요? 십계명(十戒命), 세속오계(世俗五誡)라 하여도 되는 것인가요?

◆答; 계(誡)와 계(戒).

[誡]자는 아래와 같이 살펴보건대 주로 임금 등 최고 지배자의 명령에 쓰이고, 계(戒)와 계(誡)는 경계의 의미에서는 동의로 쓰임.

[戒]자는 아래와 같이 살펴보건대 왕보다 낮은 급의 명(命)에 쓰이는 듯 합니다.

●荀子發誡布令而敵退是主威也徒擧相攻而敵退是將威也合戰用力而敵退是衆威也註誡敎也凡發誡布令而敵退則是畏其主徒擧相攻而敵退則是畏其將合戰用力而敵退則是畏其衆也

●後漢書二十四馬援傳;援前在交趾還書誡之

●儀禮既圖事戒上介亦如之註既已也戒猶命也○宰命司馬戒衆介衆介皆逆命不辭註宰上卿貳君事者也諸侯謂司徒爲宰衆介者士也士屬司馬周禮司馬之屬司士掌作士適四方使爲

介逆猶受也
●荀子富國;嚴刑罰以戒其心

▶2001◀◆問; 계(契)와 계(禊)의 차이.
수고가 많으십니다. 100 년 전부터 내려오는 祖上의 계책을 보니 [000 수계기(修禊記)]라고 적혀 있습니다. 그런데 계(禊)의 글자가 계(契)의 오기가 아닌가 하고 서로 의견이 달랐습니다.

1. 계(禊)는 벼를 거둘 때의 조상을 섬기기 위한 계이기 때문이며, 요사이는 금전을 모아서 만든 계이기 때문에 친목계(親睦契) 등 모든 계는 계(契)라고 써야 한다.
2. 계(契)의 오기임으로 지금부터는 계(禊)를 계(契)로 고쳐 써야 한다. 라는 2 가지 의견이 있었습니다.

◆答; 契와 禊의 차이.
계자(禊字)의 의미에는 중국의 의미에 없는 국의(國義)로 계(契)와 동의로 취급되어 혼용되고 있습니다.

●王羲之蘭亭帖修禊事也
●集韻禊借作契
●雅言覺非禊者(云云)蘭亭帖坊本禊訛作禊(云云)禊當名曰契契者約也合也

▶2002◀◆問; 공(公)의 의미.
유교에서 公자의 쓰는 뜻은 돌아가신 분에 대한 존칭어(尊稱語)로 쓰는 것으로 평소(平素) 알고 있었습니다 그런데 돌아가신 분의 시호(諡號) 사시(私諡) 아호(雅號) 관직(官職) 다음에 쓰는 가하면 비석(碑石)에는 성씨(姓氏) 다음에도 쓰고 있는데 다 맞는 것인지 이해(理解)가 가도록 설명 해주시면 감사하겠습니다.

◆答; 유가에서 두루 쓰이고 있는 공자(公字)의 의미.
부(父) 이상(以上)의 선대(先代)의 각종(各種) 호(號)나 성(姓)에 붙인 공자(公字)는 존칭(尊稱)의 의미(意味)입니다.

●春秋異用; 孔子之弟子從遠方來者孔子荷杖而問之曰子之公不有恙乎;
●戰國策魏一; 張儀欲窮陳軫令魏王召而相之來將悟之將行其子陳應止其公之行
●淮南子氾論;宋人嫁子若公知其盜也逐而去之

▶2003◀◆問; 銛 무슨 자 인지요.
괄(銛) 쇠금 변에 활(活)자가 무슨 음에 의미가 어떻게 되는지요.

◆答; 괄(銛) 무지한 모양 괄.
괄(銛) 은 섬(銛)자와는 아무 관계 없는 독자적 글자로서, "銛" ○음(音); ①괄. ②곽. ○자해(字解); 무지(無知)한 모양. 아는 것이 없는 모양. 학문을 하지 않은 모양. 지혜가 없는 모양.

●龍龕手鑑(韻書) 金部 入聲 [銛]或作(銛) 正古活無知貌 又音闊. 康熙字典 [闊]音适(괄).
●字彙金部[銛]古活切音郭無知貌
●海篇珍寶門金部[銛]音郭無知貌
●三音四聲字貫金部[銛]銛之譌
●康熙字典 [銛] 銛字之譌

▶2004◀◆問; 글의 뜻을 알려주세요.

동구 입석에 쓰여진 글자인데 그 뜻이 궁금합니다. 좋은 가르침을 부탁 드립니다. 감사합니다. 신야춘추(莘野春秋) 도원일월(桃源日月).

◆答; 글의 뜻.

먼저 본인은 글귀의 해석은 하지 않으니 양해있으시기 바랍니다. 두 문장 모두 그 동리를 그와 같음을 표현 또는 그와 같이 이뤄지기를 바람에서 석각(石刻) 동리 어구에 세워 놓은 비(碑) 같은데 의문에 답하려면 그 폭이 대단히 넓어 깊게 알지 않으면 내포되어있는 의미대로 풀 수가 없는 대단히 뜻이 깊은 글귀입니다. 까닭에 아래와 같이 권하고 싶습니다.

答; 신야춘추(莘野春秋)

신야(莘野)의 뜻을 풀려면 이윤(伊尹)의 일대기(一代記)를 이해(理解)하지 않으면 풀 수가 없습니다. 그는 은(殷)의 재상(宰相)으로서 탕왕(湯王)을 보좌(補佐) 걸(桀)을 쳐 천하통일(天下統一)을 시키고 또 유신(有莘)이란 들에 은거(隱居) 농사를 짓던 일 등을 이해하여야 합니다. 그에 관하여는 삼소문범(三蘇文範) 사책(四冊)에 이윤론(伊尹論)과 삼재도회(三才圖會) 이윤(伊尹) 등등 여러 고서(古書)를 살펴보아야 할 것입니다.

答; 도원일월(桃源日月).

도원(桃源) 역시 무릉(武陵)의 한 어부(漁夫)가 도화원(桃花源)의 산동(山洞)으로 들어가 진(秦)나라 때 피해 온 그 후손(後孫)들의 사는 모습 일명(一名) 무릉도원(武陵桃源)의 신선(神仙) 같은 세상(世上)의 이야기인데 도연명집(陶淵明集) 도화원기(桃花源記)를 살펴보지 않고서는 바르게 이해(理解)할 수가 없습니다.

이미 이 안에 답이 어느 정도 내포되어 있습니다.

▶2005◀◆問; 及의 의미는?

동헌처사(東軒處士) 휘(諱) 승민묘소급비(承敏墓所及碑) 남주처사(南洲處士) 휘(諱) 언의급묘소(彦儀及墓所) 휘(諱) 찬구묘소급묘비(燦求墓所及墓碑) 병조좌랑(兵曹佐郎) 휘(諱) 종묘소급비(琮墓所及碑) 이 글에서 급(及)을 어찌 번역하여야 매끄럽게 번역이 되겠습니까.

◆答; 급(及)의 의미는.

위의 문장들의 급(及)을 번역함에 있어서 및의 직역(直譯)보다는 의역(意譯)으로 [의]의 의미로 번역되어야 문장의 구성상 옳지 않을까 생각합니다.

●詩衛風氓章及爾偕老註及與也
●孟子離婁章句下孟子不與右師言右師不悅曰諸君子皆與驩言孟子獨不與驩言是簡驩也
●淮南子墜形訓篇蛤蟹珠龜與月盛衰註與猶隨也
●書立政篇文王罔攸兼于庶言庶獄庶愼惟有司之牧夫是訓用違

▶2006◀◆問; '기념'에 대한 한자 표기가 궁금해요?

일반적으로 기념식 이라고 할 때 기념(記念), 기념(紀念)으로 사전상으로는 동일 의미로 나와 있더군요. 어떤 의미로 구분이 되는지가 너무너무 궁금해요. 기념식, 기념대회, 기념사, 기념패, 기념품 한자로 표기가 궁금합니다.

위의 두 가지 한자를 어떤 의미로 구분하는지요?

◆答; 기념'에 대한 한자 표기.

○기념(紀念); 1. 잊지 않고 생각함. 2. 어떤 뜻 깊은 사실이나 물품을 간직하여 잊

지 않고 회상함. 3. 기념일. 기념일(紀念日). 기념책(紀念冊). 기념품(紀念品). 기념당(紀念堂). 기념장(紀念章). 기념비(紀念碑). 기념호(紀念號). 기념관(紀念館).

○기념(記念); 2. 어떤 뜻 깊은 사실이나 물품을 간직하여 잊지 않고 회상함.

이상과 같이 기념(紀念)은 기념(記念)과는 2 번의 의미로는 동의(同意)로 병용(竝用)되고, 그 외에서는 기념(紀念)으로 표시(標示)하고 있습니다. 다만 우리나라 언어에서의 기록(記錄)은 기념(紀念), 기념(記念) 그 외 영역에서도 동의로 병용되고 있습니다.

●紀念孫中山先生;紀念偉大的革命先行者孫中山先生
●朝花夕拾藤野先生;他所改正的講義我曾經訂成三厚本收藏着的將作爲永久的紀念
●而已集黃花節的雜感;我還沒有親自遇見過黃花節的紀念因爲久在北方
●三國演義第二十七回;更以路費征袍贈之使之爲後日記念
●遊仙窟;遂喚奴曲琴取相思枕留與十娘以爲記念

▶2007◀◆問; 늘릴 연자와 비슷한데?
正을 㐄으로 받친 글자의 음과 뜻?

◆答; 음은 정. 의미는 행야(行也).
진행초대자전(眞行草大字典)에는 운회체(韻會體)를 비롯 희지(羲之) 사장(謝莊) 세남체(世南體) 등 유명 서체(書體)(草書)를 집대성(集大成)한 자전(字典)인데 위의 서체(書體)는 당서(當書)의 연자(延字)를 살펴보면 세남체(世南體)인 듯 한데 그 체(體)에서는 내려그음이 삐침 위로 올라 가지 않았으나 혹 필자가 늘릴[延]자를 세남체(世南體)로 씀이 아닌가 합니다.

●진행초대자전인부(眞行草大字典㐄部)[延] 세남체(世南體)연(자판에 없는 글씨체는 기술 부족으로 그려내지 못함) 늘린[延]자와 비슷한 자(字)가 정[㐄(민책받임) 위에 4 획인 正]자 입니다.

이 글자의 음은 정이고 의미는 간다(行也)로 정(辶 위 正)과 정(征)과는 음의(音義)가 같습니다.

●康熙字典㐄部四畫정{㐄(민책받임) 위에 5 획인 正}音征[說文]行也○按師古曰정{㐄(민책받임) 위에 4 획인 正}亦征字也
●說文解字註정{㐄(민책받임) 위에 4 획인 正}行也此如辶部정(辶 위 正)征字音義同

▶2008◀◆問; 도양(倒壤)이란?
도양(倒壤)이란 단어가 있습니다 무어라 이해되어야 하겠습니까.

◆答; 도양(倒壤).
도양(倒壤)이란; 용어(用語)는 조말(朝末) 조정서류(朝廷書類)인 존안서류(存案書類; 隆熙二年. 1908.1905; 을사협약)에서 사용(使用)된 흔적(痕迹)이 보이는데 이 시기(時期)가 어느 때인지는 잘 알 것입니다.

이 서류(書類)에서 표기(標記)한 창고도양처분(倉庫倒壤處分)을 번역(飜譯)하여 보기 바랍니다. 도(倒)의 풀이는 아마도 저절로 발생한 [무너지다]로 번역(飜譯)한다면 문맥상 상하가 통하지 않을 것입니다. 외부의 힘에 의하여 [넘어뜨리다]라 풀어 "어디 창고는 낡아 헐도록 처분하다"라 번역하면 어떠하겠습니까. 여기서의 도양(倒壤)이란 낡아 헐다. 라는 의미가 되겠지요.

유학에서는 옥편이요 국어에서는 국어사전에 말 들이 전부 수록되어 있어 그 외의 말들은 벽자, 이체, 방언(사투리), 외래어 등등에 속할 것입니다. 특히 현재의 국어는 순 우리의 고유어에 한자어와 외래어를 혼합하여 사용되는데 그 중 한자어와 외래어는 널리 통용되어 국어화되었으면 그 중 표준으로 통용되는 말을 정하여 국어사전에 오르게 되는 것이 아닐까요.

따라서 도양(倒壤)이란 말이 국어사전(國語辭典)에 오르지 못하고 있다는 것은 표준어(標準語)로 정하여 사전(辭典)에 수록(收錄)될 만큼 대중화(大衆化)되지 못하고 단지 일부 계층(방언)에서만 사용하거나 또는 왜곡 되였거나 외래어로써 국어로 순화되지 못한 말이란 의미일 것입니다. 그렇다면 중수(重修)할 건물이 [도괴지경(倒壞地境)]에 이르러, 라고 표현됨이 바른 표현이 되지 않을까요. 물론 용어야 용자의 선택에 따를 뿐이겠지만요.

●康熙字典土部十七書[壤] 音穰 又傷也(穀梁傳隱三年)日有食之吐者外壤食者內壤
●書經商書說命上若藥弗瞑眩厥疾弗瘳若跣弗視地厥足用傷
●存案書類(隆熙二年帝室財産整理局農林課篇)玄湖倉庫倒壞處分
●漢韓辭典 [倒] 엎드러뜨릴도(使倒下). 넘어뜨리다. (聞見記)魏武登山使人排倒之

▶2009◀◆問; 두인(頭印).

수고가 많으십니다. 서예에 대하여 여쭈어 보아도 되는지 모르겠습니다. 서예 글씨를 보니 두인이 음각도 보이고 양각도 보입니다. 서예에 두인, 성명인, 아호인 등은 음각과 양각의 어느 것으로 새기는 것이 바람직한지요? 죄송합니다.

◆答; 두인(頭印).

본인은 서화가(書畵家)가 아닙니다. 따라서 그에 대한 지식은 풍부하지 못합니다. 다만 여러 서첩(書帖)과 화첩(畵帖) 및 아래와 같이 살펴보건대, 성명인(姓名印)은 백문인(白文印; 陰刻), 호(號) 등 별호인(別號印)은 주문인(朱文印; 陽刻), 두인(頭印)은 배경색(背景色)에 따라 음양각(陰陽刻)을 혼용한 것 같습니다.

●日省錄正祖庚戌戊午條只有私藏之白文印署一款
●印香閣印譜按諸序文名白文刻印號朱文刻印

▶2010◀◆問; 이정(釐正)이란?

이정(釐正)이란 무슨 뜻입니까?

◆答; 이정(釐正).

이정(釐正)이란 의미는 오류(誤謬)를 고증(考證)하여 원래대로 바르게 고친다. 또는 글을 다시 정리하여 바로 잡아 고친다. 라는 의미이지 시대의 변천(變遷)에 따라 시류에 맞도록 개정(改訂)한다는 의미가 아닙니다. 확대 해석은 금물(禁物)입니다.

●後漢書梁統列傳施行日久豈一朝所釐統今所定不宜開可註釐猶改也

▶2011◀◆問; [마이동풍(馬耳東風)]과 [우이송경(牛耳誦經)]

[마이동풍(馬耳東風)]과 [우이송경(牛耳誦經)]에 대하여 무슨 말인가 설명 부탁 드립니다.

◆答; [마이동풍(馬耳東風)]과 [우이송경(牛耳誦經)]

[마이동풍(馬耳東風)]이나 [우이송경(牛耳誦經)]은 같은 의미일 것이다.

○마이동풍(馬耳東風); 동풍(東風)이 말의 귀를 스쳐 지나간다는 의미로 타인의 말을 알아듣지 못하고 흘려 보내 옳은 말을 일러줘도 소용없는 그런 행위의 이름이요.

○우이송경(牛耳誦經); 우이독경(牛耳讀經)과 같은 의미로 쇠귀에 경읽기란 말로 어리석은 자에게는 아무리 가르치고 일러줘도 알아듣지 못하여 소용없다는 뜻이리라. 아마도 누구나 세상을 살다 보면 [우이송경(牛耳誦經)]의 경우를 적어도 여러 번 경험(經驗)한 적이 있을 것이다.

●蘇軾和何長官六言詩云說向市朝公子何殊馬耳東風
●凝淸錄雨晴條其餘窮達是非不翅如太虛浮雲馬耳東風何足掛方寸間耶
●五洲衍文長箋散稿人事篇余亦口辨其物而反爲囁嚅兩人俱鶻突如何也余則難免牛耳誦經耕者則殆若盲人射的還可一哂也

▶2012◀◆問; 무무야(戊茂也).
안녕들 하시니까 감(敢)자 훌륭한 풀이로 답을 받아 진실로 고마운 인사를 여기서 들입니다. 감사하였습니다. 이번에 또 아버님이 보시는 지봉유설이라는 고서를 펴 놓으시고 볼일을 보시러 잠깐 나가신 틈을 타 엿보다 다음과 같은 글자를 보았습니다. 혹 앞 뒤에 붙은 자인가 아니면 한 단어에 포함된 글자인지요. 한 단어에 포함된 글자이면 무슨 뜻인지요.

◆答; '무무야(戊茂也)'
무무야(戊茂也); 만물이 모두 무성하다.

●釋名八卷釋天第一;戊茂也物皆茂盛也

▶2013◀◆問; 문방사우(文房四友)에서.
문방사우(文房四友), 왜 물은 안 들어 갔는지요 물이 꼭 있어야 먹 갈아 글씨를 쓸 수 있는데. 문방사우가 아니라. 문방오우(文房五友)이어야 되지 않나요?

◆答; 문방사우(文房四友)란.
문방사우(文房四友)는 지필묵연(紙筆墨硯)으로 이는 종이, 붓, 먹, 벼루로 이동 시에도 함께 항상 있는 4가지로 이중에서 하나만 없어도 글자를 쓸 수가 없으나 물이란 어디에서도 얻을 수 있어 문방사우(文房四友)에 포함 문방오우(文房五友)라 하지 않습니다.

●無名子集策題文房四友;問紙硯筆墨謂之文房四友其爲友之義可得聞歟友所以輔仁則四友亦能輔仁歟友所以責善則四友亦能責善歟文王四友孔子四友其與文房四友同歟異歟

▶2014◀◆問; 문벌(文閥)과 문벌(門閥)의 차이.
대단히 수고가 많으십니다. 문중의 책을 보다가 어르신들이 [文閥錄]이라고 쓰인 글자를 보고, [門閥錄]의 오타라고 하신 분과 [文閥錄]은 임금의 명으로 벼슬을 한 분들을 말한다고 서로 의견이 있어 차이점을 알고 싶어 문의합니다. 대단히 죄송합니다.

◆答; 문벌(文閥)과 문벌(門閥).
벌(閥)이란 벌열(閥閱)을 의미하는데 벌열(閥閱)이란 나라에 공적(功績)이 많은 조상이 있는 세가(世家)를 뜻하여,

문벌(文閥); 그와 같은 학파(學派)가 되고,
문벌(門閥); 그와 같은 가문(家門)을 의미하게 됩니다.

●且介亭雜文二集六論文人相輕文閥文僚的排擠自掏腰包忍痛印出來的所以又與衆不
●五洲衍文長箋散稿迂書官制雜論條我國家多兼前代之弊政而有之試以最甚者言之外戚

典兵兩漢之弊也顓尙文閥六朝之弊也好尙浮藻唐末之弊也議論煩多宋朝之弊也
●後漢書宦者傳篇論曰聲榮無暉於門閥肌膚莫傳於來體
●蘇軾下財啓條顧門閥之雖微恃臭味之不遠
●辭源門部六畫[閥]見下閥閱
●論衡程材條儒生無閥閱所能不能任劇故陋於選擧佚於朝庭
●晉書張衡傳今士循常習故規行矩步積階級累閥閱碌碌然以取世資

▶2015◀◆問; 문자 선택의 건.

안녕하십니까. 항상 유익한 자료를 많이 받고 있는 사람으로 항상 감사하게 생각하고 있습니다. 다음사항에 대하여 자문 주시면 감사하겠습니다.

종회 회장께서 학식이 높은 종인 (교수/ 재단 이사장/사장/ 박사 등)들에게 편집 위원을 위촉하려 합니다 이 경우에 위촉하는 사람에게 좀더 정중한 표현을 사용하고자 합니다. 아래 표현 중 어느 표현이 제일 적절하며 또한 경어가 될까요.

첫번째;
1) 귀(貴) 종인(宗人)을 편집위원으로.
2) 귀(貴) 종인(宗人)님을 편집위원으로.
3)귀(貴) 현종(賢宗)을 편집위원으로.
4)귀(貴) 현종(賢宗)님을 편집위원으로.
5)귀(貴) 종현을 편집위원으로.
6)귀(貴) 종현님을 편집위원으로.

위 6가지 표현 중 어느 것이 적절한지요?

두번째; 현종과 종현 중 어느 표현이 맞는지요? 건강 하십시오.

◆答; 문자 선택.

그 중에서의 선택(選擇)은 아무래도 [貴賢宗님을 편집위원(編輯委員)으로 위촉(委囑)하려 합니다.]가 좋을 듯 합니다.

종노(宗老); 문중의 존장자.
종곤(宗袞); 높은 관직에 재직중인 동족을 이르는 말.
종영(宗英); 동족 중에서 출중하게 뛰어난 사람.
현종(賢宗); 원친 중 수하자의 이름 뒤에 붙여 호칭하기도 하며 촌수를 가릴 수 없는 원친에게 두루 쓰이기도 하는 호칭.
족장(族丈); 무복친 중 위 항렬이 되는 동성의 어른.

▶2016◀◆問; 문하생과 문인이란 칭호.

問; 1). 사제 칭호인 문하생과 문인이란 칭호가 있는데 같은 말인지요.
問; 2). 또 부인들이 제사를 지내며 4 배를 하면서 힘들어 하는데 반드시 4 배를 하여야 하나요.

◆答; 문하생과 문인.

問; 1). 答; 아래와 같이 살펴보건대,
門人; 문하생으로 배우다 수업을 마치고 출문한 학자.
門下生; 책을 옆에 끼고 문하로 들어가 아직 배우고 있는 학생.

問; 2). 答; 아래 남당(南塘) 선유의 말씀을 보면 부녀자는 4 배를 하여야 하나, 재배를 하여도 된다. 라 하십니다.

●南溪曰從學之人或稱門人或稱文下生余初不分別近以古人事攷出門人者挾冊受業之人
門下生者平日出入門下者也其稱自不同

●南塘曰禮拜成於再婦人四拜以當再拜故此云再拜據禮成數而言實則包四拜之禮在其中
矣他凡言婦人再拜者皆倣此

▶2017◀◆問; 물제인원(物際人原) 분방 후에 원(原) 에 대한 질문입니다.
초암 선생님 여러 가지 자주 질문하여 죄송합니다. 무식하게 살다 보니 하도 의문
이 많아서요. 질문사항은 향교(鄕校)나 유소(儒所) 에서 개좌 이후 분방을 마치고 직
일(直日)이 제 집사(執事)를 기록하고 마지막에 원(原)을 쓰는데 그 의미를 알고자
하여 많이 출입하는 분들에게 물으니 대 다수의 사람들이[물제인원物際人原] 물건
은 제(際) 하고 사람은 원(原)으로 한다고 하여 자전옥편을 찾아 본바 이해가 안됩
니다 알려 주십시오.

◆答; 물제인원(物際人原).
조선(朝鮮)시대에는 문서(文書)상 사람의 명단(名單)이 끝나는 위치에 '원자(原字)'를,
물건(物件)의 목록(目錄)이 끝나는 위치(位置)에는 '제자(際字)'를 쓰는 원칙(原則)이
있었다 합니다. 이것이 "인원물제(人原物際)"의 원칙이라 합니다.

제례분방(祭禮分房)을 마치고 직일(直日)이 제집사(諸執事)를 기록하고 마지막에
"原"이라 쓴다. 즉 사람은 원(原)으로, 물건은 제(際)로 표시하는데 "以上"이라는 뜻
이다. 어떤 경우는 사람 명단이라도 동의(同義)로서 '原' 혹은 '際'로 쓰기도 합니다.

"제(際)"는 끝이라는 의미가 있지만 "원(原)"의 유래(由來)에 대해서는 다르게 설명
되기도 한다. 즉 명나라 시조(始祖) 주원장(朱元璋)을 기휘(忌諱)하기 위해 원래는
元이었다가 原으로 바꾸어 쓰게 되었다는 설도 있다. 원종공신(元從功臣)이 원종공
신(原從功臣)으로 바뀐 것도 이런 유래로 본다. 그러나 原이 끝이라거나 이상이라
는 뜻은 없지만 아무튼 집사(執事) 분정 끝에는 "原"을 쓰는 것이 관습이었습니다.

●莊子知北游物物者與物無際而物有際者所謂物際者也(成玄英疏)物情分別取舍萬端故
有物我之交際也

●孔子閒居必達於禮樂之原(鄭注)原猶本也

▶2018◀◆問; 민중유교연합은 어떻게 되었나요? 어떤 상태에 있습니까?
유교단체(儒教團體)는 전국 각지에 많이 존재(存在)하던데(영남에 집중되어 있는 것
같긴 합니다만) 민중유교연합은 찾아보아도 사이트도 없고 검색(檢索)해도 나오질
않네요? 민중유교연합(民衆儒教聯合)은 현재 어떤 상태(狀態)에 있습니까? 그리고
많은 유교단체들 중 성균관(成均館)을 제외한 몇몇 가지를 소개해주신다면 감사하
겠습니다.

추신. 몇 가지 궁금한 것이 있는데, 유림(儒林)분들은 필요이상으로 한자를 쓰시는
데 그 이유가 궁금합니다. 물론 동아시아에서 한자는 빼놓을 수 없는 문자이지만,
몇 년 몇 월 몇 일까지 모조리 한자로 쓰는 것은 다소 불편하게 느껴집니다. (특히
저 같은 청소년에겐 말이죠)

◆答; 민중유교연합이란 단체.
민중유교연합이라는 단체는 성균관의 소속단체는 아니었을 뿐만 아니라 지금 존속
여부도 알지를 못합니다.

"추신." 에 대한 변.
여기는 유교(儒敎)의 종주(宗主) 격인 성균관(成均館)입니다. 유교(儒敎)란 한자(漢

字)를 벗어나서는 생각할 수도 없고 성립되지도 않는 것입니다. 특히 이 난은 특성 상 의문(疑問)의 대부분이 유학(儒學)과 연관(聯關)되어 있으니 그 답(答) 역시 유학 (儒學)으로 답변 될 수 밖에 없는 것입니다.

수학(數學)의 질문에는 수학(數學)으로 답변되어야 하고 영어(英語)의 질의에는 영어에서 정답을 찾아 제시하여야 정답인 것과 마찬가지로 유학(儒學)의 질문에는 유학으로 답변되어야 정답에 근접시켜지게 되겠지요. 유학(儒學)이란 표현이 한자(漢字)로 이뤄져 있으니 유학을 논(論)하면서 한자(漢字)의 표기는 자연스러운 것입니다.

▶2019◀◆問; 밤(야; 夜)이란?
밤이란 언제 서부터 언제까지를 이르는 것입니까.

◆答; 밤(야; 夜).
아래는 유가(儒家)에서 밤을 정의한 말씀입니다. 유가의 밤(야(夜))이란 일몰 후 어두워지기 시작한 때부터 다음날 날이 새기 시작하는 아침까지의 동안을 이릅니다.

●詩經小雅白駒章皎皎白駒食我場藿縶之維之以永今夕所謂伊人於焉嘉客
●詩經鄭風綢繆章綢繆束薪三星在天今夕何夕見此良人
●靑莊館書淸脾錄詩妓條相思今夜夢月白小樓西
●左傳莊公七年辛卯夜恒星不見(孔穎達疏)夜者自昏至旦之總名

▶2020◀◆問; 번역(飜譯) 기법(技法).
과시(瓜時)와 급과(及瓜) 번역 요청.

◆答; 번역(飜譯) 기법(技法).
아래의 문장(文章)에서 과시(瓜時)와 급과(及瓜)를 직역(直譯)하여서는 무슨 의미인지 뚜렷하게 감을 잡을 수가 없을 것이다.

과시(瓜時)와 급과(及瓜)는 직역(直譯)하면 [오이가 무르익을(은) 때]와 [오이가 무르익기에 이르다] 정도가 될 것이다. 그러나 아래 좌전(左傳)에서 과시(瓜時)와 급과(及瓜)를 이렇게 직역(直譯)하면 문맥상(文脈上) 의미가 통(通)하지 않는다. 따라서 의역(意譯)이라는 번역(飜譯) 기법(技法)을 통하여 푸는 방법을 생각 할 수 밖에는 없다.

그렇다면 [오이가 무르익을(은) 때]는 "벼슬아치의 임기가 차다"와 [오이가 무르익기에 이르다]는 "만기" 또는 "교대할 시기가 됨" 또는 "임기가 참" 등으로 번역되어야 상하의미가 매끄럽게 통하게 될 것이다. 고로 번역(飜譯)에서는 번역자(飜譯者)의 당해(當該) 학문(學問) 수준(水準)에 따라 다를 수밖에는 없는 것이다.

●左傳莊公八年瓜時而往曰及瓜而代註蓋以瓜熟之時而使之徃戍與之約曰明年及瓜熟之時則遣代

▶2021◀◆問; 兵상국.
비문을 보니 兵相國 ○○○ 거사비라고 쓰여져 있습니다. 상국은 이해가 되는데 (상국(相國)정승을 말함) 앞에 兵字가 오니 뜻풀이가 안되네요. 아시는 분 가르쳐 주세요

◆答; 병상국(兵相國).
병상국(兵相國). 군사기지 등을 순찰하는 정승 급 관직이며,

순상국(巡相國). 지방 관서를 순찰하는 정승 급 암행어사이며,

통상국(統相國). 삼군 통제사를 감찰 암행하는 정승 급 조사단으로 삼상국은 정승 급으로 임시직임.

●曲禮死寇曰兵註兵者死於寇難之稱也鄭註異於凡人當饗祿其後疏曰死寇曰兵者謂父祖死君之寇而子孫爲名也言人能爲國家捍難禦侮爲寇所殺者謂爲兵兵器仗之名言其爲器仗之用也故君恆祿恤其子孫異於凡人也故鄭云當饗祿其後春饗孤子是也

●荀子今相國上則得專主下則得專國相國之於勝人之勢豈有之矣賢士願相國之朝能士願相國之官好利之民莫不願以齊爲歸是一天下也

●灌圃曰更賴巡相國尹公暄兵相國南公以興都事安公璹濟以財力不逾月而工訖

▶2022◀◆問; 本자에서 내려 긋는 ㅣ을 ㅣ와 같이 쓰기도 하는데?

대단히 죄송합니다. 첨부파일과 같이 본(本)자의 쓴 모양이 끝이 올라간 경우와 올라가지 않게 쓴 경우가 인쇄체가 아닌 서예로 쓴 글씨에 보입니다. 참고로 첨부에 올렸습니다.

혹이나 끝을 올려서 木자를 쓰고, 어떨 때는 올리지 않는다는 규칙이나 쓰는 방법이 있는지요? (참고로 木자가 위에 있는 글자(李)는 올리지 않고, 아래에 쓸 경우 (本)는 올린다고 하는 분의 이야기도 들었습니다.)

<농자천하지대본>이라고 쓴 것도 끝이 올라가게 쓴 글씨(本)와 올라가지 않게 쓴 글씨가 자주 눈에 보입니다. 자세한 설명을 알고 싶습니다.

◆答; 본(本)자에서 내려 긋는 ㅣ을 ㅣ와 같이 쓰기도 하는데?

서예(書藝)는 서도(書道)로써 동양(東洋) 예술(藝術)의 한 분야(分野)를 점하고 있는데 용필(用筆), 용구(用具), 집필(執筆), 완법(腕法), 점획(點劃), 결구법(結構法)에 따라 많은 유파로 갈라져 있으며, 서예(書藝)는 예술(藝術)로서 예술(藝術)이라 함은 미(美)의 창작(創作) 및 표현(表現)의 기술(技術)이니 서예(書藝) 역시 글씨를 아름답게 표현(表現)하기 위하여는 갖은 기교(技巧)를 부려야 하겠지요.

다만 정자(正字)에서 내려 긋는 필법(筆法)에는 수법(豎法)과 구법(鉤法)이 있으며 또 수법(豎法)에는 또 직수(直豎)와 하첨수(下尖豎)로 나뉘는데 본(本)의 정자(正字)에서 내려 긋는 획은 직수(直豎)이나 서예가(書藝家)들이 기교(技巧)를 부리고 멋을 내기 위하여 구역체(鉤逆體)로 쓰기도 합니다.

다만 본인은 악필이라 서도(書道)를 논할 자격은 없습니다.

●說文ㅣ上下通也引而上行讀若囟引而下行讀若退
●說文ㅣ鉤逆者謂之ㅣ象形讀若橜

▶2023◀◆問; 봉심의 바른 한자 표기와 그 뜻.

봉심(奉審)의 바른 한자표기와 그 어원을 알고 싶습니다.

◆答; 봉심의 바른 한자 표기.

본인은 국어(國語)나 언어학자(言語學者)가 아니니 어원 云云함은 분수에 가당치 않고, 다만 아래와 같이 살펴보건대 봉(奉)에는 군왕(君王)이나 신불(神佛)에 관한 일에 붙여 이르는 경어(敬語)의 의미도 있어 봉심(奉審)이란 그런 일을 받들어 살핀다는 뜻인데, 사전적(辭典的) 의미로는 왕명(王命)을 받들어 능(陵)이나 묘(廟)를 삼가 살핌. 또는 그런 일로 번역되어 있으나 절대권력체제하의 법도는 곧 슈이니 같은 맥락이라 할 수 있습니다.

●攷事新書奉審條各陵陵上莎草石物有傷處則政府(註議政或原任)及禮曹堂郞觀象繕工監提調繕工監官員相地官畵員進去奉審註觀象提調有故則禮曹堂上兼進繕工提調有故則工曹堂上代進〇北道各陵及寧越莊陵五年一次禮曹堂上進去奉審〇每年正朝祭獻官奉審諸陵上雜木雜草有無以啓〇宗廟永寧殿每年春秋本署提調禮曹堂郞進去奉審修改時本署提調及禮戶工曹堂郞繕工監官進叅〇宗廟玉竹冊及誥命本署提調每年一度奉審〇永禧殿每年春秋禮曹堂郞進去奉審修改時戶曹郞繕工監官並進叅〇先王實錄每三年春秋館堂上開審曝曬外則遣史官〇社稷文廟每年春秋禮戶工曹郞進去奉審〇山陵壇墓每歲觀察使巡審以啓

▶2024◀◆問; 부자유친(父子有親)에 관하여?

부자유친을 신구의 역문을?

◆答; 부자유친(父子有親).

●童蒙先習父子有親

〇아비와자식이친함이잇슴이라

父子(隱)天性之親(是羅)生而育之(爲古)愛而敎之(爲旀)奉而承之(爲古)孝而養之(爲飛尼)是故(奴)敎之以義方(爲也)弗納於邪(爲旀)柔聲以諫(爲也)不使得罪於鄕黨州閭(爲飛尼)苟或父而不子其子(爲旀)子而不父其父(爲面)其何以立於世乎(里五)雖然(是那)天下(厓無)不是底父母(羅)父雖不慈(那)子不可以不孝(尼)昔者厓大舜(伊)父頑母囂(爲也)嘗欲殺舜(是於乙)舜(伊)克諧以孝(爲舍)烝烝乂(爲也)不格姦(爲時尼)孝子之道(伊)於斯(厓)至矣(奴多)孔子(伊)曰五刑之屬(伊)三千(是奴代)而罪(伊)莫大於不孝(羅爲是尼羅)

〇아비와자식은하날성의친하니라나기르고사랑하야가라치며밧들어닛고효도하야봉양하나니이런고로올한방소로써가라쳐간샤한드드리디아니하며소래를부드러이하야써간하야하야금향과당과쥬와러에죄를엇지아니케허하나니진실로혹아비오그자식을자식으로아니하며자식이오그아비를아비로아니하면엇지써세상에셔리오비록그디하나턴하에올티아닌부뫼업슨니라아비비록사랑아니하나자식이가히써효도아니치못할따니녜에대순이아비완하고어며은호대슌이능히효도로써화케하사졈졈디사간간한데이르지않게하시니효자의되이에지극하도다공재갈아사대다닷가지형벌의뤼삼쳔이르대죄불효애큰이업다하시니라

〇(현대어)아버지와 자식에는 친함이 있느니라.

〇아버지와 자식은 천성으로 친한지라 낳아서 기르고 사랑하여 가르치며 받들어서 잇고 효도하여 봉양하나니, 이런 까닭으로 옳은 방법으로써 가르쳐서 간사한데 들지 않게 하며 부드러운 소리로써 간하여 향(鄕)과 당(黨)과 주(州)와 여(閭)에서 죄를 얻지 않게 하나니, 진실로 혹 아버지가 그 자식을 자식으로 아니하며 자식이 그 아버지를 아버지로 아니하면 그 어찌 세상에 서리오 비록 그러하나 천하에 옳지 아니한 부모가 없는지라 아버지는 비록 사랑을 아니하나 자식은 가히 써 효도를 아니치 못할지니라. 옛적에 대순이 아버지는 완악하고 어머니는 어리석되 순이 능히 효도로 화하게 하시와 점점 다스리어 간악한데 이르지 않게 하시니 효자의 도가 이에 지극하도다.

공부자께서 말씀하시기를 다섯 가지 형벌에 딸린 죄가 삼천이나 되나 죄가 불효보다 큰 것이 없다 하시시니라. ()내는 토임.

▶2025◀◆問; 부(父), 조(祖), 증조(曾祖), 고조(高祖)가 갖는 의미.

안녕하세요. 칭호에 대하여 의문이 있어 여쭙습니다. 다름이 아니옵고 아버지를 부(父)라 하고 할아버지를 조(祖)라 하고 이와 같이 증조(曾祖) 고조(高祖)라 하는데 부(父), 조(祖), 증조(曾祖), 고조(高祖)라 붙여진 어떤 의미가 있을 것 같습니다. 의

미가 있다면 가르쳐 주시기 바랍니다. 고맙습니다.

◆答; 부(父), 조(祖), 증조(曾祖), 고조(高祖)가 갖는 의미.

○부(父)는 육서(六書) 중 상형문자(象形文字)로서 남자란 뜻으로 내가 태어난 근본 이며,

○조(祖)는 육서(六書) 중 회의문자(會意文字)로 부(父)를 하늘로 하여 또 다른 하늘 이란 의미로 父와 같이 섬겨야 할 어른이란 뜻이며,

○증조(曾祖)는 조(祖)의 지위에서 더 높다는 의미이며,

○고조(高祖)는 생존(生存) 친속(親屬) 중 최고위(最高位)의 할아버지로 모두 그 아래 후손이라는 의미인데,

○혹 가끔 현손(玄孫)을 고손(高孫)이라 칭하는 오류(誤謬)를 범하게 되는데 현손(玄孫)은 고조(高祖)를 이은 후손(後孫) 중 가장 아래이니 그 후손에 고(高)를 붙여 칭함은 조손(祖孫) 속칭(屬稱)에서 오칭(誤稱)이 됩니다.

●釋名疏證釋親屬條;○親襯也言相隱襯也○屬續也恩相連續也○父甫也始生己也(註)甫有始誼○祖祚也祚物先也(註)太平御覽引無物字○曾祖從下推上祖位轉增益也○高祖高皐也最在上皐韜諸下也○玄孫玄縣也上縣於高祖最在下也

▶2026◀◆問; 사극 정도전을 보다 궁금하여 질문 드립니다.

정도전(鄭道傳) 37 화를 보다 보니 이성계(李成桂)가 이방원(李芳遠)에게 사직을 하고 3 년상을 치르라고 합니다. 주자가례는 명나라 때 구준 이 남송시대 때의 주희의 저서 중 일상 생활의 예절에 관한 내용을 모은 책이며 정몽주가 우리나라에 처음 들인 것으로 알고 있습니다. 3 년상(年喪)이 주자가례가 들어 오기 전에 이미 있어왔던 전통인가요?

◆答; 주자가례(朱子家禮).

주자가례(朱子家禮)는 아래와 같이 살펴보건대 려말(麗末) 조준(趙浚)선생께서 채용(採用)할 것을 상소(上疏)로 [家禮]를 취용(取用), 이미 고려(高麗) 말기에 유행하였다 합니다.

●高麗史三十二冊禮吉禮大祀太廟三十三冊吉禮中祀文宣王廟三十四冊吉禮小祀大夫士庶人祭禮雜祀凶禮上國喪諸臣喪五服制度

●高麗史大夫士庶人祭禮;文宗二年七月壬寅制大小官吏四仲月時祭給暇二日恭讓王二年二月判大夫以上祭三世六品以上祭二世七品以下至於庶人止祭父母並立家廟朔望必奠出入必告四仲之月必享食新必薦忌日必祭俗節上墳嫡長子孫主祭

●靑丘學叢(第二十三號)麗末鮮初家禮傳來初家禮傳來;(云云)夢周の政敵趙浚ごも [家禮]のことば述べてるるし. こしに趙浚は. 逸早く [朱子家禮]の採用を上疏力說し 大夫以上は三世. 六品以上は二世を祭り. 七品以下は止た父母を祭り(云云)[家禮]取用といふことは麗末の流行

▶2027◀◆問; 사시(私諡)에 관한 절차와 격식.

[질문] 사시(私諡)에 관한 절차와 격식 여러 선비님께 삼가 문의 드리오니 상세하고 친절한 가르침 부탁 드립니다.

덕이 후하신 문중(門中) 옛 어르신에게 사시(私諡)를 올리고자 하나 사시(私諡)라는 단어만 알뿐 그에 따른 절차, 격식(格式), 문구(文句) 등을 전혀 알 수 없어 문의 드리오니 번거로우시더라도 친절을 베풀어 주시길 바랍니다.

사시(私諡)는 수화(守和)로 정했습니다. 守는 그 어른께서 문중이 극히 어려울 때

문중을 온 몸으로 지켜냈기 때문이요. 和는 그 분의 가르침이 항상 종원 간에 화합 양보 배려를 가르쳤기 때문에 그 어르신을 기리기 위해서 이 두 자를 선택했습니다.

요약

(1) 私諡 절차와 격식 문구 또는 예문.
(2) 수(守)와 화(和)에 대해서 위와 같은 의미를 내포하는 각각 대표적인 구절을 알기를 원합니다.

◆答; 사시(私諡)에 관한 절차와 격식.

問; (1) 答; 사시(私諡)는 품계가 낮은 관리나 학자가 죽으면 친족이나 문인 등이 지어주는 시호(諡號)의 이름인데, 사기평림(史記評林)에 사시(賜諡) 등에 쓰이는 글자와 의미가 일목요연하게 기록되어 있으며, 이미 문중의 의결로 시호를 정하였으면 그에 따른 격식이나 문구 등의 절차는 마치셨고 다만 고유의 예법과 고유 문 서식일 것 같습니다.

통용되는 사시고유문식(私諡告由文式)은 알지를 못하고 다만 사시(賜諡) 고유문(告由文)은 사당(祠堂)과 묘소문(墓所文)은 전래(傳來)되는 축식이 있습니다.

고유문(告由文)은 아래를 참고 작축(作祝)하여 친미진(親未盡)(고조 이하)이면정침(正寢)에서 친진조(親盡祖)(오대조이상)이면 묘소(墓所)에서 단헌지례(單獻之禮)로 고하시면 예에 크게 어그러지지는 않을 것입니다.

⊙諡號教旨奉安祭祝文
維 歲次干支幾月干支朔幾日干支幾代孫某敢昭告于 顯某代祖考某官 贈某官 世孫貳師伏以節惠崇終曠世 恩光殘裔寒儉禮幣未將蠹彼海民冒屬潛攘神人齊恫雲仍共傷三年叫怨一朝伸白式擎原誥乃還嶺宅爰稽 諡典禮無重宣不敢更請仍舊揭處天日徹泉深增感慕敬告事由庶幾歆顧尚 饗

⊙贈諡祠堂告辭
維 歲次干支幾月干支朔幾日干支某代孫某敢昭告于 顯某代祖考某官府君 顯某代祖妣某封某氏節惠之典久未擧行乃於某月受得請諡行狀于某官某公某太常諡議以某諡備望今月某日以副擬受 點啓下事祗奉 恩命益增哀隕將俟公私無故奉行延諡之儀玆因朔參或望參先告事由謹告

⊙延諡時出主告辭
維 歲次干支幾月干支朔幾日干支某代孫某敢昭告于 顯某代祖考某官府君 顯某代祖妣某封某氏易名之典曾於某月以某諡命下而公私多故今日始行延諡之禮將奉神主出詣外庭祗宣恩誥不勝感愴謹以酒果用伸虔告謹告

⊙延諡告辭
維 歲次干支幾月干支朔幾日干支某官頃在某年某月某日祗承 聖批贈府君某公謹接 命書有爲某之文獲被恩慶荷此 褒典逮至今禮官奉 旨臨宣榮寵無涯喜感交至謹以酒果用伸虔告謹告

⊙延諡墓所告由文
維 歲次干支幾月干支朔幾日干支幾代孫某敢昭告于 顯幾代祖考某官 贈諡某公府君 顯幾代祖妣某封某氏之墓駱村先祖載膺令典採議太常嘉諡孔顯爰及 府君相繼易名百年未遑有待以成曰文曰莊厥義維何敏而好學履正志和父子同文有光于前力有莫逮未卽奉延玆竭菲誠涓吉行事堂封相連聯翩 恩旨同日宣揚盛儀罕覯雲仍齊敬霜露增慕成禮之餘裸軆是將用伸昭告如在洋洋謹告

아래는 諡號의 이해에 도움이 될까 하여 붙여 놓습니다.

●史記評林諡法解云諡者行之迹號者功之表(註古者有大功則賜之善號以爲稱也)車服者
位之章也是以大行受大名細行受細名行出於己名生於人(註名謂號諡)

●承政院日記諡法曰諡者行之迹也

●白虎通死者有諡何別尊卑彰有德也諡之爲言引也引列行之跡所以進勸成德使上務節也
天子崩臣下至南郊諡之人臣之義莫不欲襃大其君掩惡揚善也故之南郊明不得欺天也又諡
或一言或兩言何文者以一言爲諡質者以兩言爲諡高宗殷宗也湯死後世稱成湯以兩言爲諡
也按如此說諡號之制自商以前已有之歟

●檀弓幼名冠字五十以伯仲死諡周道也疏云凡此之事皆周道殷以上有生號仍爲死後之稱
更無別諡堯舜禹湯之例是也周則死後別立諡

●五洲曰按我東則新羅法興王諱原宗梁武帝天監十三年甲午立卽元年而始制諡法百濟則
聖王諱明襛梁武帝普通四年癸卯立卽新羅法興王十年卽元年而始制卽元年而始制諡法百
濟則聖王諱明襛梁武帝普通四年癸卯立卽新羅法興王十年卽元年而始制百濟則聖王諱明
襛梁武帝普通四年癸卯立卽新羅法興王十年卽元年而始制諡法幸州奇氏淸州韓氏譜牒於
箕子稱太祖文聖王以至四十一代哀王準竝有諡號則其時已有上諡之制而然歟諡法中國則
周公始作諡法則箕子後王或得於周而效上諡之禮制而世世有諡歟此或爲後人所亂者也皇
明孫能傳

問; (2) 答; 의미를 내포(內包)한 각각의 구절이란 무엇을 의미함인지는 알 수 없으
나 사전적(辭典的) 단어(單語)는 아닌 상 싶어 주역(周易)에서 수호(守護)한다는 의
미로 쓰임과 한시외전(韓詩外傳)에서 화합(和合)한다는 의미로 쓰인 문장입니다.

●周易震卦出可以守宗廟社稷以爲祭主也傳曰君出而可以守宗廟社稷爲祭主也長子如是
而後可以守世祀承國家也

●韓詩外傳卷之三日月昭明列宿有常天施地化陰陽和合動以雷電潤以風雨節以山川均以
寒暑萬民育生各得其所

▶2028◀◆問; 사의(四儀)가 알고 싶습니다.

안녕하셨습니까. 금방 또 들렀습니다. 이번에는 이것 좀 알려주십시오. 인터넷의 여
러 사이트를 돌아 다녀보면 사의(四儀)는 행(行), 주(住), 좌(坐), 와(臥)라 되어 있습
니다. 그곳 기록에 의하면 이 사의(四儀)는 선가(禪家)의 예법이라고 합니다. 맞는지
요. 그러면 공교(孔敎)에는 사의의 예법이 없는지요. 좋은 가르침 주시기 바랍니다.

◆答; 四儀.

아래와 같이 살펴보건대 사의(四儀) 행주좌와(行住坐臥)는 불가(佛家)의 법도가 맞
으며, 유가(儒家)의 사의(四儀)는 "[仁義忠信]"입니다.

●孟子告子章句上孟子曰仁義忠信樂善不倦

●尸子四儀條行有四儀一曰志動不忘仁二曰智用不忘義三曰力事不忘忠四曰口言不忘信
愼守四儀以終其身名功之從之也

●古德禪師眞心直說(高麗中期高僧知訥編纂心法書)眞心四儀行住坐臥

▶2029◀◆問; 사자성어.

안녕하세요. 정월 대보름에 액운을 쫓기 위한 의미로 부럼을 깨무는 풍습이 있는
데요. 이처럼 '액운을 쫓고 향후 모든 일이 잘 풀린다는 의미'의 사자성어가 어떤
것이 있는 지 알려주세요. 건양다경, 원화소복, 송액영복. 까지는 알겠는데 좀 더
다양한 사자성어가 없을까 싶어서요.

◆答; 사자성어.

성어고집주(成語考集註; 丘濬 明人)는 사자성어(四字成語)뿐만 아니라 각종 성어를 역사적 전거(典據)를 밝히고 주를 달아 쉽게 풀어 놓았고 또 잠불수석(暫不手釋; 저자 미상)에는 이자성어(二字成語)를 비롯 사자성어(四字成語)가 1.200 여수가 수록(受祿)되어 있으나 이 책은 희귀서(稀貴書)라 취하기가 용이(容易)하지는 않을 것입니다.

혹 시중에 이들의 성어를 현대적 감각으로 편집된 사자성어에 관한 책이 출간 되어 있을 것입니다. 여기서 원하시는 정보를 취하심이 옳을 것 같습니다.

●阮堂曰如井底之蛙坐井窺天之凡愚
●古今士範上卷; 欲正朋字 七月傳書 請面試文 八歲屬文 賦牧童詩 畵荻學書 一目十行 四歲大書 引錐刺股 (云云) 下卷 五色雲現 儲水防火 枯竹再生 陰德天授 儲水防火 唾面自乾 朝服侍立 西湖隱者

▶2030◀◆問; 삼강록에 대하여.

안녕하십니까? 저의 증조부 김홍조(1871-1932)의 효행에 대하여 "당시 전국 유림이 천거하여 경오년(1930 년) 경학원에서 표창하고 삼강록에 그 효행이 올라 있다."라는 구절이 저희 족보 및 여타 충의효열전 등 책자에 나와 있습니다. 이에 후손인 저는 그 당시 발행했다는 삼강록에 쓰여진 저의 증조부님의 효행사실을 원본 그대로 좀 확인하고 싶은데 어떻게 해야만 그 기록을 볼 수 있을까요? 도움을 주시면 더없이 고맙겠습니다.

◆答; 삼강록.

삼강록(三綱錄) 효자편(孝子篇)에 김홍조(金洪祚) 선생의 기록(記錄)이 다음과 같이 있습니다. 그러나 성명(姓名)이 같다 하여도 이인(異人)일 수가 있습니다. 자(字)가 맞으면 월초 선생의 증조부(曾祖父)일 것입니다.

●三綱錄孝子篇;金洪祚字必順光州人瓏齋鯤燮后自齠齡孝悌根天母在希年奄得胸痛呻吟半朔醫藥無效引刀割股先注其血又進炙肉曰是神需其母食之厥疾遂止

▶2031◀◆問; 생지사효(生支死爻).

'학(學)'자의 속 부분은 '생지사효(生支死爻)'라 해서 생존해 있는 사람을 지칭 할 때는 '학(   )'자를 쓰고, 돌아가신 분을 지칭할 때는 '학(學)'자를 쓴다. 라고 들었습니다. 어디에 근거한 것인지 궁금합니다.

◆答; 생지사효(生支死爻).

"생지사효(生支死爻)"란 말이 누가 어느 서(書)에서 언급하였는지의 전거는 알지 못하나, 도산서원 망기서식(望記書式; 通報書)을 작성 할 때 지침으로 학자(學字)를 쓰게 될 때 생자(生者)에게는 학자(學字) 내(內)의 효(爻)를 지(支)로 바꾸고, 사자(死者)에게 쓸 때는 효(爻)인 학자(學字)로 쓴다. 라는 것인데, 지(支)는 가지나 지손(支孫)은 퍼져 나가 생(生)이라 양(陽)이 되어 생자(生者)에게 쓰고, 효(爻)는 음(陰)이라 사자(死者)에게 쓴다. 라 임의(任意) 해석(解釋)하여 봅니다.

●五无論露生支而行者則人人學以爲羞
●辭源爻是陰爻含有交錯和變化之意

▶2032◀◆問; 壻(서)와 婿(서)의 차이점.

안녕하세요. 비문에 사위를 표시할 때 壻(서)와 婿(서)의 차이점 그리고 상석에 다음과 같이 적으면 올바른지요. 예문이 있다면 부탁 드립니다.

매장 시,
남)학생 김해김공 길동 지묘
여)유인 김해김씨 지묘
여)유인 김해김씨 말숙 지묘
화장 후 납골
남)학생 김해김공 길동 유골
여)유인 김해김씨 유골
여)유인 김해김씨 말숙 유골

◆答; 壻(서)와 婿(서).

1). ⊙壻=士+胥
士=사내. 남자.
胥=같이 살다. 동거하다. 자기 딸과 같이 사는 사내 즉 사위.

⊙婿=女+胥
女=녀식 딸.
胥=같이 살다. 동거하다. 자기 딸과 같이 사는 사람 즉 사위.
壻=婿 동자(同字)로 속(俗)에서는 주로 서(婿)를 씀.

●詩經女曰鷄鳴章女曰鷄鳴士曰昧旦註昧晦旦明也○夫婦相警戒之詞言女曰鷄鳴以警其夫而士曰昧旦則不止于鷄鳴矣

●管子樞言章人進亦進人退亦退人勞亦勞人佚亦佚進退勞佚與人相胥註胥視也常視人與之俱進退勞佚也

2). 상석(床石)의 각자식(刻字式)은 명문화된 식(式)이 없습니다. 따라서 일률적이지 않을 수도 있습니다. 다만 표석(表石)이 생략되고 상석만 갖출 때에 상석(床石) 전면(全面)에 표석식을 원용하여 쓰는 사례는 있습니다.

某官某公之墓 配 某封(某貫)某氏祔左

▶2033◀◆問; 先兆에 대하여?
선생님 한가위는 잘 보냈습니까. 묘소의 위치를 표현할 적에, 先兆의 의미가 무엇인지 궁금하여 문의 드립니다.

◆答; 선조(先兆).
선조(先兆)에서 조(兆)는 무덤이라는 의미는 있으나 선(先)에 붙으면 조짐(兆朕)의 의미(意味)일 뿐인데 혹 선유(先儒) 중 선조(先兆)를 선영(先塋)의의미로 쓰기도 하였으나 이는 선조(先兆)의 참뜻이 아님은 국어적(國語的)으로나 옥편적(玉篇的)으로나 중국어적(中國語的)으로나 확인(確認)이 됩니다.

예를 들어 산지(山地)에서 地의 의미에는 살다. 의 뜻이 있으나 [산에서 산다]의 의미(意味)로는 쓰이지 않지요. 선조(先兆)를 혹 조(兆)에는 무덤이라는 뜻도 포함(包含)되어 있으니 선대(先代)의 묘(墓)라 표시 하였다면 약속된 이끼리 통할 터이나 그 외는 조짐. 징조. 예견 등으로 번역하게 될 것입니다.

●文選陸机漢高祖功臣頌; 伐謀先兆擠響于音李善注言將伐其謀先其未兆
●方干送王霖赴擧詩; 須憑吉夢爲先兆必恐長才偶盛時漢典註兆爲預兆
●西遊記第八十五回;我師父也有些兒先兆他說不是天風果然此風又是個妖精在這裏弄喧

兒哩
●韓愈祭十二郞文; 終葬汝於先人之兆
●辭源儿部四畫[先兆]事物出現前的迹象
●漢高祖功臣頌伐謀先兆擠響于音注言將伐其謀先其未兆
●韓文抄祭十二郞文終葬汝於先人之兆

▶2034◀◆問; 소뢰궤식례(少牢饋食禮)란?

소뢰궤식례란 무엇입니까?

◆答; 의례(儀禮) 권제십륙(卷第十六)에 실린 의례(儀禮)의 편명(篇名).

소뢰궤식례(少牢饋食禮)는 례(禮)의 기본(基本)이라 할 수 있는 三禮(예기 주례 의례) 중의 한예서(禮書)인 의례(儀禮) 권제십륙(卷第十六)에 실린 의례(儀禮)의 편명(篇名)으로 소뢰궤식례제십륙(少牢饋食禮第十六)의 제하(題下)에 그 예법(禮法)이 나열되어 있습니다.

●儀禮卷第十六少牢饋食禮第十六少牢饋食之禮日用云云

▶2035◀◆問; 崇 높을 숭자에 관한 질문입니다.

문중에서 새로 재실을 짖게 되었는데 제실 이름을 숭모제(崇慕祭)로 한다고 합니다. 그런데 한학(漢學) 하시는 분께서(아버지 친구분) 높을 숭자는 왕실(王室)에서만 쓴다고 안 된다고 하십니다. 혹 그게 사실인지, 사실이라면 어느 문헌에 나와 있는지 답변 부탁 드립니다. (지금 아버지께선 조선왕조실록을 1 편부터 찾고 계신 중입니다. 연로하신 나이시라 빨리 찾아 쓰면 좋겠습니다)

◆答; 숭(崇).

숭자(崇字)를 일반 백성들에게 사용을 금하는 국령(國令)이나 어명(御命)은 확인(確認)되지 않으며 다만 아래와 같은 전거(典據)에 의하여 그러한 전언이 있었지 않았나 생각됩니다. 숭(崇)은 고대(古代) 당우시대(唐虞時代)에 있던 국명(國名)이었으니 선대(先代)의 휘(諱)에 쓰인 글자는 함부로 후손(後孫)의 명자(名字)에 붙이지 않듯이 국명(國名) 역시 백성은 그러한 까닭에서가 아닐까 합니다.

또 아래와 같은 가르침도 있습니다. 금령(禁令)은 확인(確認)되지 않을 뿐만 아니라 용례가 허다하니 귀문의 재사 현판 명자에 숭자(崇字)를 붙였다 하여 현재론 크게 결예 되었다 지적할 수는 없을 것 같습니다.

●國語周下其在有虞有崇伯鯀註有虞舜也鯀禹父崇鯀國伯爵也堯時在位而言有虞者鯀之誅舜之爲也
●國語周下夫宮室不崇(註崇高也)器無彤鏤儉也(註彤丹也鏤刻金飾也)

▶2036◀◆問; 申時와 辛時의 차이가 무엇입니까?

지지의 신(申)과 천간의 신(辛)의 차이점을 분간하여 주시기 바랍니다.

◆答; 신시(申時)와 신시(辛時)의 차이.

하루를 12 시로 나눌 때는 12 지(支)로 자시(子時)를 밤 11 시부터 오전 1 시까지 2 시간씩 배정이 되고, 하루를 24 시간으로 나눌 때는 12 지에 계간갑을손병정곤경신건임(癸艮甲乙巽丙丁坤庚辛乾壬)를 더하여 임시(壬時)를 밤 10 시 30 분부터 11 시 30 분까지 1 시간씩으로 임자계축간인갑묘을진손사병오정미곤신경유신술건해(壬子癸丑艮寅甲卯乙辰巽巳丙午丁未坤申庚酉辛戌乾亥)의 차례(次例)로 시간(時間)을 정하게 됩니다.

24 시로 신시(申時)는 15/30~16/30. 신시(辛時)는 하오 6/30~7/30 분 됩니다. 신시(申時); 12 시, 24 시 모두 해당. 신시(辛時); 24 시뿐.

●十駕齊養新錄二十四時; 一日分十二時每時又分爲二日初日正是爲二十四小時而選擇家以子初爲壬時丑初爲癸時寅初爲艮時卯初爲甲時辰初爲乙時巳初爲巽時午初爲丙時未初爲丁時申初爲坤時酉初爲庚時戌初爲辛時亥初爲乾時

▶2037◀◆問; 예문(禮文)과 예문(藝文)에 대하여?

예문(禮文)과 예문(藝文)의 의미에 대하여.

◆答; 예문(禮文)과 예문(藝文).

①(禮文)(예문); 예경(禮經)(예기(禮記) 주례(周禮) 의례(儀禮; 等書)의 글. 일국(一國)의 예법(禮法)과 문물제도(文物制度).

② 藝文(예문); 육예(六藝; 易 詩 書 春秋 禮 樂)의 서적, 또는 기술과 학술. 또는 예술과 문학의 총칭.

예문(禮文)과 예문(藝文)이 상징하는 의미가 대략 위와 같으니 예법(禮法)을 논할 때는 예문운운(禮文云云)이라 하여야 옳겠지요.

●漢書禮樂志至太平而大備周監於二代禮文尤具註師古曰監觀也二代夏殷也言周觀夏殷之禮而增損之也○又藝文志有輯略(註師古曰輯與集同謂諸書之總要)有六藝(註師古曰六藝六經也)

▶2038◀◆問; 오령(五靈).

기린(麒麟) 봉황(鳳凰) 거북 용(龍) 백호(白虎)를 오령이라 하지요.

◆答; 오령(五靈).

오령은 아래와 같이 유학자라면 자연스럽게 익혀지는 상서로운 일부 가공(架空)의 조수(鳥獸)입니다.

◆麒麟;

●史記百十七司馬相如傳上林賦;獸則麒麟角觿索隱引張揖雄曰麒雌曰麟其狀麋身牛尾狼蹄一角
●晉書顧和傳;和二歲喪父總角便有淸操族叔榮雅重之曰此吾家麒麟與吾宗者必此子也
●管子封禪;今鳳凰麒麟不來嘉穀不生

○. *Giraffa camelopardalis* 기린과에 속하는 포유류. 키는 6미터 정도로 포유류 가운데 가장 크며, 누런 흰색에 갈색의 얼룩점이 있다. 목과 다리가 특히 길고 이마 양쪽에 짧은 뿔이 있으며, 3~4월에 한 마리의 새끼를 낳는다. 초원에 떼 지어 사는데 아프리카 특산이다.

◆鳳凰;

●大戴禮易本命;有羽之蟲三百六十而鳳凰爲之長;
●詩經大雅卷阿;鳳皇于飛翽翽其羽
●與崔群書;鳳凰芝草賢愚皆以爲美瑞靑天白日奴隷亦知其淸明
●三輔黃图未央宮;武帝時後宮八區有昭陽飛翔增城合歡蘭林彼香鳳皇鴛鴦等殿

○. 예로부터 중국의 전설에 나오는, 상서로움을 상징하는 상상의 새. 기린, 거북, 용과 함께 사령(四靈) 또는 사서(四瑞)로 불린다. 수컷은 '봉', 암컷은 '황'이라고 하는데, 성천자(聖天子) 하강의 징조로 나타난다고 한다. 전반신은 기린, 후 반신은

사슴, 목은 뱀, 꼬리는 물고기, 등은 거북, 턱은 제비, 부리는 닭을 닮았다고 한다. 깃털에는 오색 무늬가 있고 소리는 오음(五音)에 맞고 우렁차며, 오동나무에 깃들이어 대나무 열매를 먹고 영천(靈泉)의 물을 마시며 산다고 함. 단조(丹鳥) 봉(鳳) 봉조(鳳鳥))·봉황(鳳凰)새 인조(仁鳥).

◆龜;

●左傳僖公四年;筮短龜長不如從長○宣公十二年;欒興於前射麋麗龜杜預注引服虔曰麗著也龜背之隆高當心孔穎達疏龜之形背高而前後下此射麋麗龜謂著其高處

●禮運;麟鳳龜龍謂之四靈

●履齋示儿編雜記因物得名;僂句之地出龜則名龜曰僂句蔡地出龜則名龜曰蔡

○. 파충강 거북목의 동물을 통틀어 이르는 말. 몸은 타원형으로 납작하며 입은 각질이고 이가 없다. 등과 배에 단단한 딱지가 있어 머리와 꼬리, 지느러미 모양의 네 발을 그 안으로 움츠릴 수 있다. 물가의 모래땅에 구멍을 파고 알을 낳는데 전 세계에 300여 종이 분포한다.

◆龍;

●周易乾卦;雲從龍風從虎聖人作而萬物覩

●陸渾山火和皇甫湜用其韵;水龍鼉龜魚與黿鴉鷗雕鷹雉鵠鷓

●折桂令三茅山行;曲飛膏雨龍歸洞口弄晴雲鶴舞山頭

○. 상상의 동물 가운데 하나. 몸은 거대한 뱀과 비슷한데 비늘과 네 개의 발을 가지며 뿔은 사슴에, 귀는 소에 가깝다고 한다. 깊은 못이나 늪, 호수, 바다 등 물속에서 사는데 때로는 하늘로 올라가 풍운을 일으킨다고 한다. 중국에서는 상서로운 동물로 기린·봉황·거북과 함께 사령(四靈)의 하나로서 천자(天子)에 견주며, 인도(印度)에서는 불법을 수호하는 사천왕(四天王)의 하나로 생각하고 있다.

◆白虎;

●曲禮上;行前朱鳥而後玄武左靑龍而右白虎疏前南後北左東右西朱鳥玄武靑龍白虎四方宿名也

●警世通言三現身包龍图斷寃;白虎臨身日臨身必有災嚴敦易校注白虎星命迷信裏面的凶神

●協紀辨方書引人元秘樞經;白虎者歲中凶神也常居歲後四辰

●魏書樂志;六年冬詔太樂總章鼓吹增修雜伎造五兵角觝麒麟鳳皇仙人長蛇白象白虎及諸畏獸魚龍辟邪鹿馬仙車高絙百尺長趫緣橦跳丸五案以備百戲

○. 1). 민속; 사신(四神)의 하나. 서쪽 방위를 지키는 신령을 상징하는 짐승을 이른다. 범으로 형상화 하였다.

○. 2). 민속; 풍수지리에서, 주산(主山)에서 오른쪽으로 뻗어 나간 산줄기. 여럿일 때는 내백호와 외백호로 나눈다.

○. 3). 천문; 28 수(宿) 가운데 서쪽에 있는 일곱 별인 규(奎), 누(婁), 위(胃), 묘(昴), 필(畢), 자(觜), 삼(參)을 통틀어 이르는 말.

◆四靈;

●禮運;又指蒼龍白虎朱雀玄武見三輔黃圖未央宮○何謂四靈麟鳳龜龍謂之四靈孔穎達疏以此四獸皆有神靈異於他物故謂之靈

●晉書摯虞傳思游賦;四靈儼而爲衛兮六氣紛以成羣

●文選漢張平子(衡)東京賦;尊赤氏之朱光四靈懋而允懷薛綜注河圖曰四靈蒼帝神名靈威仰赤帝神名赤熛怒黃帝神名含樞紐白帝神名白招拒黑帝神名協光紀今五云四靈謂除赤餘有四

●舊唐書文苑傳上楊炯;麟鳳有四靈之名玄龜有負圖之應

○. 전설상의 네 가지 신령한 동물. 기린, 봉황, 거북, 용을 이른다.

◆五靈;

●史記龜策列傳;靈龜卜祝曰假之靈龜五巫五靈不如神龜之靈知人死知人生杜預春秋經傳集解序麟鳳五靈王者之嘉瑞也孔穎達疏麟鳳與龜龍白虎五者神靈之鳥獸王者之嘉瑞也

●舊唐書杜正倫王珪等傳贊;五靈嘉瑞出繫汙隆人中麟鳳王戴諸公

●春秋左傳註疏;麟鳳五靈王者之嘉瑞也今麟出非其時虛其應而失歸此聖人所以爲感也絶筆於獲麟之一句者所感而起固所以爲終也(疏)麟鳳至終也○麟鳳與龜龍白虎五者神靈之鳥獸王者之嘉瑞也今麟出於衰亂之世是非其時也上無明王是虛其應也爲人所獲是失其歸也夫此聖人而生非其時道無所行功無所濟與麟相類故所以爲感也先有制作之意復爲外物所感旣知道屈當時欲使功被來世由是所以作春秋絶筆於獲麟之一句者麟是仲尼所感而書爲感麟而作旣以所感而起固所以爲終也答上春秋之作左傳無明文之問又言己所以爲獲麟乃作之意獲擧麟鳳而云五靈知二獸以外爲龜龍白虎者以鳥獸而爲瑞不出五者經傳讖緯莫不盡然禮記禮器曰升中于天而鳳凰降龜龍假詩序曰麟趾之應騶虞鵲巢之應騶虞卽白虎也是龜龍白虎並爲瑞應只言麟鳳便言五靈者擧鳳配麟足以成句略其三者故曰五靈其五靈之文出尙書緯也禮記禮運曰麟鳳龜龍謂之四靈不言五者彼稱四靈以爲畜則飮食有由也其意言四靈與羞物爲羣四靈旣擾則羞物皆備龍是魚鮪之長鳳是飛鳥之長麟是走獸之長龜是甲蟲之長飮食所須唯此四物四物之內各擧一長虎麟皆是走獸故略云四靈杜欲徧擧諸瑞故備言五靈也直云絶筆獲麟則文勢已足而言之一句者以春秋編年之書必應盡年乃止入年唯此一句故顯言之以明一句是其所感也

○. 다섯 가지의 신령스러운 동물. 기린, 봉황, 거북, 용, 백호(白虎)를 이른다.

○現存動物(현존동물); 기린(麒麟) 구(龜; 거북) 백호(白虎).

○想像鳥獸(상상조수); 봉황(鳳凰) 용(龍).

▶2039◀◆問; 오령교 무엇인가요.

지금 성균관 홈피에서 오령교가 화제로 떠올라 이슈화 되어 있는데 무슨 말인가요.

◆答; 오령교(五靈敎).

○五靈; 인(麟; 기린) 봉(鳳; 봉황) 구(龜; 거북) 룡(龍; 룡) 백호(白虎; 백호).

위 오령(五靈)을 신앙(信仰)의 대상으로 삼은 종교(宗敎).

●史記龜策列傳;靈龜卜祝曰假之靈龜五巫五靈不如神龜之靈知人死知人生

●春秋經傳集解序;麟鳳五靈王者之嘉瑞也孔穎達疏麟鳳與龜龍白虎五者神靈之鳥獸王者之嘉瑞也

●舊唐書杜正論王珪等傳贊;五靈嘉瑞出繫汙隆人中麟鳳王戴諸公

▶2040◀◆問; 오령(五靈)의 허실(虛實).

오령 중 백호는 동물을 잡아 먹고 사는 동물인데 신령으로 섬기기에는 부적합한 것 같은데?

◆答; 오령(五靈)의 허실(虛實).

린봉룡구가백호위오령(麟鳳龍龜加白虎爲五靈)이라 함에 있어서 백호(白虎)는 육식지수(肉食之獸)로서 령(靈)으로 우러를만한 짐승이 못 된다.

까닭에 아래에서 살핀 바와 같이 란조(鸞鳥)의 신비함은 사령(四靈)에 더하여 오령(五靈)을 구성함에 더욱 신령스러울 것이다.

●漢書息夫傳息夫躬;鷹隼橫厲鸞俳佪兮(注)顏師古曰厲疾飛也鸞神鳥也謂不得其所也
●山海經西山經;[女牀之山]有鳥焉其狀如翟而五采文名曰鸞鳥見則天下安寧
●楚辭九章涉江;亂曰鸞鳥鳳皇日以遠兮(王逸注)鸞鳳俊鳥也有聖君則來無德則去以興賢臣難進易退也)
●舊唐書文苑楊炯上;龍武山火者麟鳳有四靈之名玄龜有負圖之應雲有紀官之號水有盛德之祥又鸞冕八章三公服之者鸞者太平之瑞也非三公之德也
●說文[鸞]亦神靈之精也赤色五采鷄形鳴中五音
●正韻[鸞]神鳥也赤神之精鳳凰之佐鷄身赤毛色備五采鳴中五音出女牀山
●洽聞記;蔡衡曰多赤色者鳳多靑色者鸞李賀詩銅鏡立靑鸞
●春秋左傳(疏)龍是魚鮪之長鳳是飛鳥之長麟是走獸之長龜是甲蟲之長(云云)唯此四物四物之內各舉一長虎麟皆是走獸故略云四靈

◆靈으로 선택된 까닭.
龍是魚鮪之長
鳳是飛鳥之長
麟是走獸之長
龜是甲蟲之長
白虎是走獸之長
鸞是神鳥之長

이상과 같이 령(靈)을 분류하게 되는데 사령(四靈)에 백호(白虎)를 더하게 되면 린(麟)과 주수지장(走獸之長) 자리를 공유하여 충돌을 일으키게 된다.

따라서 그 외 다른 연유를 논외로 친다면 본인의 소견으로는 지장(之長)의 견지에서 선발된 사령(四靈)에 백호(白虎)를 더 하여 오령(五靈)이라 한다면, 린(麟)과 백호(白虎)는 시주수지장(是走獸之長)을 공유하게 되어 린(麟)을 탈락시키지 않으면 사령(四靈)을 넘어 오령(五靈)이라 하기에는 공허(空虛)함을 느끼게 된다.

그렇다면 사령(四靈)에 더하여 오령(五靈)을 취하려 한다면 충돌되는 백호(白虎)보다 차라리 란(鸞)이 명분상 옳지 않겠는가.

▶2041◀◆問; 五常에 대하여

안녕하세요? 오상이 인의예지신 이라고 쉽게 얘기는 하지만 그 내용을 막상 설명하려면 말문이 막힙니다 그러므로 이에 대한 내용을 가장 구체적이고 자상하게 설명해주시는 영광을 베풀어 주시기 바랍니다. 감사합니다.

◆答; 오상(五常).

인의예지신(仁義禮智信)에 대하여 그와 같이 설명하려면 몇 일을 가지고도 모자랄 것입니다.

공부하실 책을 소개하여 드릴 터이니 구하시어 시간을 가지고 열심히 공부하시기 바랍니다. 여기는 간단한 의문을 취급할 뿐 전문 교육은 여건상 허락되지 않습니다.

○性理大全 十五冊 卷之三十五~三十七까지입니다. 이 외에도 ○漢書 禮樂志劉向議 ○白虎通情性 等書.

●性理大全卷之三十五性理七仁○又卷之三十六性理八仁義仁義禮智○又卷之三十七性理九仁義禮智信

▶2042◀◆問; 오유(傲遊)의 뜻.

고전에 '傲遊(오유)란 단어가 나온다는데 어느 고전에 실려있으며 그 정확한 듯은 무엇인지요? '매사에 자신 있고 당당하며 타인에게는 거만하게 보이지만 밉지 않다'고 알고 있는데 더 자세한 뜻과 어원을 알고 싶습니다.

◆答; 오유(傲遊).

아래와 같이 살펴보건대,

傲遊; 거만(倨慢)하게 놀다. 소란(騷亂)스럽게 놀다. 밖으로 떠돌아다니다. 외처(外處)로 나가 놀다. 외국(外國)으로 나가 벼슬살이하다. 외처로 나가 성인문하(聖人門下)에서 공부하다. 등등 이 외에도 많은 의미가 포함(包含)되어 있으며, 어원(語源)은 언어학자(言語學者)가 아니니 분수(分數) 밖이라 왈가왈부 함은 부적절(不適切)하다 생각됩니다.

●海游錄上七月二十四日;　文淘鰐海翻風波千里楫煙樹一岐村安帖眞天幸傲遊亦聖恩六經隨藥裏孤枕卽蓬門
●書經集傳益稷篇無若丹朱傲惟慢遊是好傲虐是作註漢志堯處子朱於丹淵爲諸侯丹朱之國名也程子曰舜而禹之戒舜至曰無若丹朱好慢遊作傲虐且舜之不爲慢遊傲虐雖愚者亦當知之豈以禹而不知乎蓋處崇高之位所以徹戒者當如是也創懲也禹自言懲丹朱惡而不敢以慢遊也
●靑泉海遊錄傲遊亦聖恩
●史記蘇秦傳蘇秦者東周雒陽人也東事師於齊而習之於鬼谷先生出游數歲大困而歸
●書傳堯典岳曰瞽子父頑母嚚象傲註傲驕慢也
●荀子全書勸學編故不問而告謂之傲註傲喧噪也言與戲傲無異或曰讀爲嗷聲曰嗷嗷然也嗷與傲通
●栗谷全書大笑破棄之多與挑達市童傲遊醉倒街上
●孟子集註大全盡心章上孟子曰遊於聖人之門者難爲言細註慶源輔氏曰吾之視遊於聖人之門則天下之言皆不足

▶2043◀◆問; 우국지사(憂國之士), 우국지사(憂國志士)의 차이.

우국지사의 한글사전에는 "憂國之士"로 표현되어 있으나 지식백과에서는 "우국지사(憂國志士)"로 표현되어 있어 정확한 한문표현이 맞는지 몰라 문의를 드립니다 지식백과의 "우국지사(憂國志士)"검색 결과에는 최익현초상, 유대치. 한국문학 시중"백설이 잦아진골"에서 매화는 우국지사(憂國志士)를 비유하고 있다는 표현이 있습니다.

◆答; 우국지사(憂國之士), 우국지사(憂國志士).

우국(憂國)이란 나랏일을 근심하고 염려 한다. 라는 의미로서 이 단어에 지사(之士)를 붙이면 "나랏일을 근심하고 염려하는 사람"이란 뜻이 되고, 지사(之事)를 붙이면 그런 일이란 뜻이 되고, 지사(之思)를 붙이면 그런 생각이란 뜻이 되고, 지사(之辭)를 붙이면 그런 말이란 뜻이 되고, 지신(之臣)을 붙이면 그런 신하(臣下)란 뜻이 되고 지사(志士)를 붙이면 그런 일에 자기의 몸과 마음을 다 바쳐 이바지하는 사람이란 뜻이 되고, 등등으로 쓰이는 것입니다.

우국지사(憂國之士), 우국지사(憂國之事), 우국지사(憂國之思), 우국지사(憂國之辭), 우국지신(憂國之臣), 우국지사(憂國志士) 등등(等等).

●戰國策齊策四寡人憂國愛民固願得士以治之
●韓愈論淮西事宜狀朝廷無至忠憂國之臣不惜傷損威重
●日省錄正祖十八年甲寅九月一日乙酉玉堂聯箚賜例批國無諍臣國可以爲國乎莫重者聲討莫嚴者隄防而雖願忠憂國之士

▶2944◀◆問; 운서(韻書)가 무슨 말인지요.

새해 복 많이 받으십시오.

운서(韻書)란 용어를 가끔 접할 기회가 있으나 무슨 말인지 이해가 되지 않아 여쭙습니다. 무슨 말인지요. 혹 옥편의 다른 이름인지요. 감사합니다.

◆答; 운서(韻書).

운서(韻書)란 한자(漢字)를 사성(四聲; 平聲. 上聲. 去聲. 入聲)에 따라 나누고 동일성이나 유사성에 따라 분류하여 그 운(韻)에 따라 분류 엮은 자전(字典)입니다.

운서(韻書)에는 당운(唐韻) 광운(廣韻) 집운(集韻) 정운(正韻) 운회(韻會) 고금운회(古今韻會). 고금운회거요(古今韻會擧要). 오거운서(五車韻書). 운회소보(韻會小補). 어제홍무정운(御製洪武正韻). 등등 서(書)가 운서자전(韻書字典)에 속합니다.

●南史四十八列傳三十八陸厥傳南周顒善識聲韻約等文皆用宮商將平上去入四聲以此制韻
●晉書律曆志凡音聲之體務在和韻益則加倍損則減半
●陸機文賦收百世之闕文采千載之遺韻○按文人言韻始見於此漢魏以上之書皆言音不言韻自晉以後音降而爲韻矣至韻書之最古者四聲切韻法言有切韻至唐孫愐唐韻出而諸書皆廢宋陳彭年等重修廣韻丁度有集韻元黃公紹有韻會明洪武中宋濂等修正韻此韻書大略也

▶2045◀◆問; 유가(儒家) 유학(儒學) 유자(儒者) 유림(儒林)이란?

유가(儒家) 유학(儒學) 유자(儒者) 유림(儒林)의 의미를 풀어 주세요.

◆答; 유가(儒家) 유학(儒學) 유자(儒者) 유림(儒林).

○儒家란; 공부자(孔夫子)의 학설(學說)을 신봉하는 학파(學派)의 이름이요.
○儒學이란; 유가(儒家)의 학문(學問)의 이름이요.
○儒者란; 유사(儒士) 또는 유생(儒生)과 같은 의미로서 유도(儒道; 儒學)를 닦는 사람의 이름이요.
○儒林이란; 유가(儒家)의 학자(學者)들의 이름이다.

●漢書藝文志儒家(諸子略稱)者流(云云)游文於六經之中留意於仁義之際祖述堯舜憲章文武宗師仲尼以重其言於道最爲高
●辭源人部十四畫[儒家]秦漢以孔子爲宗師的學波
●史記五宗世家河間獻王德條以孝景帝前二年用皇子爲河間王好儒學被服造次必於儒者
●辭源辭源人部十四畫[儒學]儒家之學
●荀子全書儒效篇孫卿子曰儒者法先王隆禮義謹乎臣子而致貴其上者也○又儒者在本朝則美政在下位則美俗儒之爲人下如是矣王曰然則其爲人上何如孫卿曰其爲人上也
●史記儒林列傳正義曰姚承云儒謂博士爲儒雅之林
●辭源人部十四畫[儒林]儒者之群

▶2046◀◆問; 유교는 종교가 아닌지요?

유교라고는 하나 예수교나 불교와 같지 않아 교가 아닌 것 같습니다. 그런지요.

◆答; 유교(儒敎)는 종교(宗敎)다.

유교(儒敎)는 불교(佛敎)나 기독교(基督敎)와 같이 내세(來世)를 중히 여김이 아니라 현세(現世)를 중히 여기는 차이가 있을 뿐입니다.

유교(儒敎)는 공부자(孔夫子)의 가르침을 따르고, 불교(佛敎)는 석가모니(釋迦牟尼)의 가르침을 따르고, 기독교(基督敎)는 예수의 가르침을 따름에 무엇이 차이가 있겠습니까.

혹 타(他) 학문(學問)의 전공자가 유교(儒敎)는 내세관(來世觀)이 없어 교(敎)가 아니라는 맹랑한 글을 남기기도 하였는데 타 학문의 전공자가 유교(儒敎)를 깊이 깨닫지 못한 견해일 뿐입니다. 다만 세법에 관하여는 아는 바가 없습니다.

●史記游俠傳魯朱家條魯朱家者與高祖同時魯人皆以儒敎而朱家用俠聞
●氣測體義推師道測君道條凡天下之敎有四自中南東三印度而緬甸暹羅而西藏而靑海漠南北蒙古皆佛敎自西印度之包社阿丹而西之利未亞洲而東之蔥嶺左右哈薩克布魯特諸游牧而天山南路諸城郭皆天方敎自大西洋之歐邏巴各國外大西洋之彌利堅各國皆天主敎與中國安南朝鮮日本之儒敎
●晉書院籍傳老篇爰植孔敎提衡○又宣帝紀伏膺儒敎漢末大亂常慨然有憂天下心
●甌北詩(趙翼;1727~1814)五言古三書孔敎所到處無不有佛敎佛敎所到處孔敎或不到
●辭源孔敎孔子的敎導後來把孔子的學說作爲敎派與道佛並稱
●朝鮮儒敎淵源吾東與齊魯來往頻繁則孔氏之徒爲傳道而來至新羅高句麗百濟之代始尙神敎自佛敎傳人釋敎盛行孔子之敎(下略)註按薛聰乃高僧元曉之子也元曉以佛敎之祖師稱其所著金剛論等書皆傳之至今薛聰以儒敎爲世師宗(云云)
●高麗史節要成宗文懿大王壬午元年(982)六月條行釋敎者修身之本行儒敎者理國之源修身是來生之資理國乃今日之務今日至近來生至遠舍近求遠不亦謬乎

▶2047◀◆問; 유교(儒敎)는 종교인가?

혹자들은 유교는 종교가 아니고 학문일 뿐이다. 라 하는데 여기서는 종교라 하는 것 같던데요.

◆答; 유교(儒敎)는 종교(宗敎).

아래와 같이 살펴보건대 유교(儒敎)는 불교(佛敎) 기독교(基督敎) 회교(回敎)와 더불어 세계 4 대 종교에 속합니다. 어떤 학자는 유교(儒敎)는 진정한 의미에서 종교가 아니다. 라 하기도 하나 엄연히 지난날은 물론 현재 사회적으로도 종교로 대우되고 있습니다.

●史記游俠傳魯朱家條魯朱家者與高祖同時魯人皆以儒敎而朱家用俠聞
●晉書宣帝紀伏膺儒敎漢末大亂常慨然有憂天下心
●辭源儒敎後稱孔孟之道爲儒敎也叫孔敎
●氣測體義推師道測君道條凡天下之敎有四自中南東三印度而緬甸暹羅而西藏而靑海漠南北蒙古皆佛敎自西印度之包社阿丹而西之利未亞洲而東之蔥嶺左右哈薩克布魯特諸游牧而天山南路諸城郭皆天方敎自大西洋之歐邏巴各國外大西洋之彌利堅各國皆天主敎與中國安南朝鮮日本之儒敎
●朝鮮儒敎淵源吾東與齊魯來往頻繁則孔氏之徒爲傳道而來至新羅高句麗百濟之代始尙神敎自佛敎傳人釋敎盛行孔子之敎(下略)註按薛聰乃高僧元曉之子也元曉以佛敎之祖師稱其所著金剛論等書皆傳之至今薛聰以儒敎爲世師宗(云云)
●高麗史節要成宗文懿大王壬午元年(982)六月條行釋敎者修身之本行儒敎者理國之源修身是來生之資理國乃今日之務今日至近來生至遠舍近求遠不亦謬乎
●家禮四時祭受胙條嘏辭式祖考命工祝承致多福于汝孝孫來汝孝孫使汝受祿于天宜稼于田眉壽永年勿替引之

종교(宗敎).

신이나 초자연적인 절대자 또는 힘에 대한 믿음을 통하여 인간 생활의 고뇌를 해결하고 삶의 궁극적인 의미를 추구하는 문화 체계. 그 대상·교리·행사의 차이에 따라 여러 가지가 있는데, 애니미즘·토테미즘·물신 숭배 따위의 초기적 신앙 형태를 비롯하여 샤머니즘이나 다신교·불교·기독교·이슬람교 따위의 세계 종교에 이르기까지 비제도적인 것과 제도적인 것이 있다.

유교(儒敎).
'유학 06'을 종교적인 관점에서 이르는 말. 삼강오륜을 덕목으로 하며 사서삼경을 경전으로 한다. 공교(孔敎).

※添說; 이미 15, 6 백여년전에 당태종조 방현령 선유가 진서에서 공교(孔敎) 유교(儒敎)의 언급이 있었고 특히 600 여년전 절재(節齋) 김종서(金宗瑞) 선생께서 진작에 불교와 유교의 차이점에 관하여도 언급하신 바가 있으니 유교가 종교로 인식되기에 부족함이 없습니다.

만약 유학이 종교로서의 유교라 칭함이 어불성설이라면 후자들이 감히 헛소리라도 종교(유교) 운운할 수가 없습니다.

●晉書(唐太宗命房玄齡撰;578~648)阮籍傳老篇爰植孔敎提衡○又宣帝紀伏膺儒敎漢末大亂常慨然有憂天下心
●高麗史節要(金宗瑞撰;1452)成宗文懿大王壬午元年(982)六月條行釋敎者修身之本行儒敎者理國之源修身是來生之資理國乃今日之務今日至近來生至遠舍近求遠不亦謬乎
●甌北詩(趙翼;1727~1814)五言古三書孔敎所到處無不有佛敎佛敎所到處孔敎或不到
●辭源孔敎孔子的敎導後來把孔子的學說作爲敎派與道佛並稱

※添說; 고려사절요(高麗史節要)에서 언급한 유교(儒敎) 불교(佛敎)에 쓰인 교(敎)의 의미는 공히 종교(宗敎)의 의미로 종교[교]로 이해되어야 할 것입니다. 물론 공교(孔敎)의 교(敎) 역시같이 해석되어야 할 것입니다.

만약 여기서 고려사절요(高麗史節要)의 교(敎)를 모두 가르칠[교]로 이해된다면 불교(佛敎)는 불법을 가르친다 가 되고 유교는 유학을 가르친다 라 번역될 것이며, 달리 불교(佛敎)만 종교로 의미를 부여하고 유교(儒敎)는 가르친다. 라 번역한다면 문장 전개 의도에 반하게 됩니다.
물론 불법이나 유학을 가르치고 배워 그 법도를 믿고 따름 그 자체가 종교생활이 되겠지요.

●雲笈七籤上古無敎敎自三皇五帝以來有矣
●易觀卦象辭聖人以神道設敎而天下服矣

▶2048◀◆問; 유교는 혼백과 귀신이 없다?

[유교에서 조상은 귀신(phantom)이나 혼령(ghost)의 형태로 살아 계신 것이 아니라 기억(memory)의 형태로 남아 있다. 유교의 사유(思惟)속에는 원칙적으로는 유령이나 조상의 영혼이 없다고 한다.] 라는 글귀가 있습니다. 그런데 제사에 흔히 혼백과 귀신을 말하고 있는데 위의 글 내용과는 사뭇 다른데 어떻게 이해를 해야 하는지요?

◆答; 유교는 혼백과 귀신이 없다.

아래와 같이 대강 살펴보건대 유가(儒家)의 법도로는 사람이 죽는다는 것은 혼과 백이 분리됨을 의미합니다. 까닭에 유가(儒家)에서는 혼신(魂神)을 인정하고 있습니다. 유자(儒者)라면 혼신(魂神)은 부정하는 글을 쓸 수가 없을 것입니다. 만약 부정한다면 선조(先祖)의 제사(祭祀)를 지내지 말아야 할 것이고 선조의 제사를 지내지 않는다면 유자(儒者)가 아닙니다.

●士喪禮註復招魂復魄也疏出入之氣謂之魂耳目聰明謂之魄死者魂神去離於魄今欲招取魂來復歸于魄
●檀弓復盡愛之道也有禱祀之心焉望返諸幽求諸鬼神之道也北面求諸幽之義也
●陳氏曰行禱五祀而不能回其生望返諸幽望其自幽而返也鬼神處幽暗北乃幽陰之方故求諸鬼神之幽者必向北也
●雜記註謂旣葬也棺柩已去鬼神
●郊特牲尸神象也註尸所以象所祭者故曰神象
●問喪祭之宗廟以鬼享之徼幸復反也
●朱子曰人死雖是魂魄各自飛散
●鄭氏曰骨肉歸于土魂氣則無所不之孝子爲其彷徨三祭以安之
●溫公曰古之祭者不知神之所在故灌用鬱鬯臭陰達於淵泉蕭合黍稷臭陽達於墻屋所以廣求神也
●退溪曰死者神魂飄忽無依
●頤庵曰靈魂乍依神主不能安定而遽以火焚祝或致驚散故姑不焚而懷之
●明齋曰題主後卽返魂叟無辭墓之文恐是急於反虞未遑於他節也

▶2049◀◆問; 유교(儒教)도 종교다.

뉴스에 무슨 일이 있으면 심심치 않게 등장하는 게 '7 대 종교단체 지도자 청와대 초청' 이런 것입니다. 그리고 그 중에 갓을 쓴 유림도 포함되어 있습니다. 도대체, 왜 유학이나 유림이 종교로 간주되어 저런 초청이나 모임에 기꺼이 참석하는 것인지요?

유학이 종교입니까? 제 생각에 유학이 종교가 된 것은, 유학 스스로가 자초한 면이 크다고 생각합니다. 조선시대에는 불교나 서학에 반대되는 개념을 취하고 그것을 억압하다 보니, 불교나 서교가 분명한 종교인 것에 대비되어 종교적 지위를 가지게 되었고, 구한말을 거쳐 근대에 들어 서면서 그렇게 된 것 같습니다.

그러나, 유교가 '종교'의 하나가 될 때.. 장차 유교의 앞날은 불을 보듯 뻔하지 않습니까? 일단 종교가 되면 상대 종교를 가진 사람들은 전혀 포용할 수 없고, 우리 전통의 인의예지나 차례, 예절 같은 것들도 '유교가 종교'라는 인식하에 점차 사람들의 생활 양식에서 멀어지게 될 것이기 때문입니다.

성균관에서는 유교의 종교적 지위에 대해 어떤 입장을 가지고 계신지요? 또 저렇게 청와대 만찬에 참여하는 것 자체에 대해서는 어떻게 생각하시는지요? 아마 모르긴 몰라도, 특히 10 대나 20 대 사람들의 눈에 비춰지는 '갓을 쓴 종교지도자'의 모습은 유학이나 유교가 사람들의 마음 속에서 멀어지게 하는 데 일조하리라 봅니다. 그래서 저는 명칭 자체도 종교를 연상하는 '유교'보다는 '유학'이라 씁니다. 당당한 학문이라는 것이죠.
답답한 현실입니다. 호주제 폐지는 시대적 대세라서 막을 수 없었더라도, 자식의 성씨(본관)'을 부모가 마음대로 선택할 수 있도록 한 부분만큼은 막았어야 했는데 말입니다. 이제 가문이나 문중, 족보 같은 것들이 다 무엇이 되겠습니까?

◆答; 유교는 종교이면서도 학문입니다.

아래와 같이 살펴보건대 유교(儒教)는 불교(佛教) 기독교(基督教) 회교(回教)와 더불어 세계 4 대 종교에 속합니다. 어떤 학자는 유교(儒教)는 진정한 의미에서 종교가 아니다. 라 하기도 하나 엄연히 지난날은 물론 현재 사회적으로도 종교로 대우되고 있습니다.

고려사절요(高麗史節要)에서 언급한 유교(儒敎) 불교(佛敎)에 쓰인 敎의 의미는 공히 종교(宗敎)의 의미로 종교[교]로 이해되어야 할 것입니다. 물론 공교(孔敎)의 교(敎) 역시 같이 해석되어야 할 것입니다.

만약 여기서 고려사절요(高麗史節要)의 교(敎)를 모두 가르칠[교]로 이해된다면 불교(佛敎)는 불법을 가르친다 가 되고 유교는 유학을 가르친다 로 번역될 것이며, 달리 불교(佛敎)만 종교로 의미를 부여하고 유교는 가르친다. 라 번역한다면 문장 전개 의도에 반하게 됩니다.

이미 15, 6 백여년 전에 당태종조 방현령 선유가 진서에서 공교(孔敎) 유교(儒敎)의 언급이 있었고 특히 600 여년전 절재(節齋) 김종서(金宗瑞) 선생께서 진작에 불교와 유교의 차이점에 관하여도 언급하신 바가 있으니 유교가 종교로 인식되기에 부족함이 없습니다. 물론 불법이나 유학을 가르치고 배워 그 법도를 믿고 따름 그 자체가 종교생활이 되겠지요.

●史記游俠傳魯朱家條魯朱家者與高祖同時魯人皆以儒敎而朱家用俠聞
●晉書宣帝紀伏膺儒敎漢末大亂常慨然有憂天下心
●辭源儒敎後稱孔孟之道爲儒敎也叫孔敎
●氣測體義推師道測君道條凡天下之敎有四自中南東三印度而緬甸暹羅而西藏而靑海漠南北蒙古皆佛敎自西印度之包社阿丹而西之利未亞洲而東之蔥嶺左右哈薩克布魯特諸游牧而天山南路諸城郭皆天方敎自大西洋之歐邏巴各國外大西洋之彌利堅各國皆天主敎與中國安南朝鮮日本之儒敎
●朝鮮儒敎淵源吾東與齊魯來往頻繁則孔氏之徒爲傳道而來至新羅高句麗百濟之代始尙神敎自佛敎傳人釋敎盛行孔子之敎(下略)註按薛聰乃高僧元曉之子也元曉以佛敎之祖師稱其所著金剛論等書皆傳之至今薛聰以儒敎爲世師宗(云云)
●高麗史節要成宗文懿大王壬午元年(982)六月條行釋敎者修身之本行儒敎者理國之源修身是來生之資理國乃今日之務今日至近來生至遠舍近求遠不亦謬乎
●家禮四時祭受胙條嘏辭式祖考命工祝承致多福于汝孝孫來汝孝孫使汝受祿于天宐稼于田眉壽永年勿替引之
●晉書(唐太宗命房玄齡撰;578~648)院籍傳老篇爰植孔敎提衡○又宣帝紀伏膺儒敎漢末大亂常慨然有憂天下心
●高麗史節要(金宗瑞撰;1452)成宗文懿大王壬午元年(982)六月條行釋敎者修身之本行儒敎者理國之源修身是來生之資理國乃今日之務今日至近來生至遠舍近求遠不亦謬乎
●甌北詩(趙翼;1727~1814)五言古三書孔敎所到處無不有佛敎佛敎所到處孔敎或不到
●辭源孔敎孔子之敎導後來把孔子之學說作爲敎派與道佛並稱
●雲笈七籤上古無敎敎自三皇五帝以來有矣
●易觀卦象辭聖人以神道設敎而天下服矣

종교(宗敎); 신이나 초자연적인 절대자 또는 힘에 대한 믿음을 통하여 인간생활의 고뇌를 해결하고 삶의 궁극적인 의미를 추구하는 문화 체계. 그 대상·교리·행사의 차이에 따라 여러 가지가 있는데, 애니미즘·토테미즘·물신 숭배 따위의 초기적신앙 형태를 비롯하여 샤머니즘이나 다신교·불교·기독교·이슬람교 따위의 세계 종교에 이르기까지 비제도적인 것과 제도적인 것이 있다.

유교(儒敎); 유학06'을 종교적인 관점에서 이르는 말. 삼강오륜을 덕목으로 하며 사서삼경을 경전으로 한다. 공교(孔敎).

▶2050◀◆問; 유교사상이란?

흔히 '유교 사상(思想)'이라고들 하는 데, 함축적으로 유교 사상이 무엇인지요? 그리고 '유교'는 종교가 아닌 것으로 아는 데, 불교, 기독교, 천주교 등과 같이 유교'라고 부르는 지요? 자식이 묻는 데 잘 대답을 해 주지 못했습니다.

◆答; 유교사상.

유교(儒敎)도 도교(道敎) 불교(佛敎)와 더불어 종교라 합니다.

●辭源[儒敎]孔敎孔子的敎導後來把孔子的學說作爲敎派與道佛並稱
●氣測體義推師道測君道條凡天下之敎有四自中南東三印度而緬甸暹羅而西藏而靑海漠南北蒙古皆佛敎自西印度之包社阿丹而西之利未亞洲而東之蔥嶺左右哈薩克布魯特諸游牧而天山南路諸城郭皆天方敎自大西洋之歐邏巴各國外大西洋之彌利堅各國皆天主敎與中國安南朝鮮日本之儒敎

▶2051◀◆問; 유교 식 효 사상 사자성어에 대하여.

공자님 가르치심 중 효에 관련된 사자성어를 알고 싶습니다. 부탁 드리겠습니다.

◆答; 유교 식 효 사상 사자성어.

사자성어(四字成語) 등(等)은 잠불수석(暫不手釋) 고금사범(古今士範) 고사성어고(故事成語考) 등 서(書)에 수천수(數千首)가 수록되어 있어 이를 살펴 보았으나 특별히 공부자(孔夫子)로 지목된 사자성어는 발견을 못하였습니다.

아래는 공부자 말씀 중 일부입니다.

생사애경(生事愛敬) 사사애척(死事哀慽) 종묘치경(宗廟致敬) 불망친야(不忘親也) 수신신행(脩身愼行) 공욕선야(恐辱先也) 종묘치경(宗廟致敬) 귀신저의(鬼神著矣) 효제지지(孝悌之至) 통어신명(通於神明) 광어사해(光於四海) 망소불기(亡所不曁) 신체발부(身體髮膚) 수지부모(受之父母) 불감훼상(不敢毀傷) 효지시야(孝之始也)

▶2052◀◆問; 유교와 유교 사상 등.

안녕하십니까. 어릴 적부터 어르신 들이 우리나라는 유교사상 등에 자주 언급을 하셔서 일찍이 의문을 가지고 있는 부분에 대하여 구체적인 이론을 알고 싶어서 아주 기초적에 대하여 알고 싶습니다.
1. '유교'가 무엇인지 궁금합니다.
2. 유교와 유교 사상은 어떻게 다른지요.
3. 유교도 불교, 기독교, 천주교 등과 같이 종교적 개념인지요. 감사합니다.

◆答; 유교와 유교 사상.

問; 1. 答; 공맹학을 신봉하는 교.

問; 2. 答; 유교(儒敎)의 경전(經典)에는 그 실천 사상이 이미 포함되어 있으니 유교와 유교사상을 불리하여 거론될 까닭은 없겠으나 굳이 이른다면 유교 사상은 몇 단어의 나열로 모두 전달 되도록 간단하지 않습니다.

다만 그 핵심사상(核心思想)을 함축(含蓄)하여 이르자면 인의예지신(仁義禮智信) 등(等) 오륜(五倫)과 오상(五常) 등(等)으로 수신(修身)하여 제가(齊家)하고 치국평천하(治國平天下)를 이룸을 궁극 목표라 할 수 있습니다.

시중에는 유교나 유교 사상에 관하여 많은 논문이 나와 있습니다. 세세한 지식을 그에서 채우시기 바랍니다.

問; 3. 答; 어떤 논자(論者)는 유교(儒敎)는 유학(儒學) 또는 유학사상과 대차 없는 것으로 종교가 아니라 하고, 또 어떤 논자는 내세관(來世觀)이 없으니 진정한 종교가 아니라 하나 이미 여러 문헌에서 진작에 종교로 정의되어 있을 분만 아니라 종교란 敎主의 말씀을 맹종하여 적극적으로 생전 실현코자 함이라면 기독교나 불교 등은 내세(來世)를 중히 여기고 유교는 내세(來世; 天堂 地獄 等)를 부인 현세(現世)를 중히 여기는 차이일 뿐입니다.

●史記一二四朱家傳魯人皆以儒敎而朱家用俠聞後稱孔孟之道爲儒敎也叫孔敎
●晉書宣帝紀博學洽聞伏膺儒敎
●漢語大詞典[儒敎]又稱孔敎中國歷史上把孔子創立的儒家學波視同宗敎與佛敎道敎并稱三敎○又[儒敎徒]信奉儒家學說的人
●漢書藝文志諸子略稱儒家者流(中略)游文於六經之中留意於仁義之際祖述堯舜憲章文武宗師仲尼以重其言於道最爲高

▶2053◀◆問; 유교의 수행법에 대해 궁금합니다.
유교를 깊이 이해하려면 그 수행 법을 알아야 할터인데 그 방법을?

◆答; 유교의 수행 법.
아래는 사마씨의 거가잡의의 한 대목입니다. 이 원문의 뜻을 헤아리실 수 있다면 그 말씀대로하시면 어느 정도는 이뤄질 것입니다. 이해하실 수 없다면 한자의 기초서부터 익혀 나가야 할것입니다. 물론 고명하신 스승을 모시게 되면 더 바랄 나위가 없겠지요.

●司馬氏居家雜儀
凡子始生若爲之求乳母必擇良家婦人(增解按良家古民庶家也古詩云聞道選良家又唐史募兵行賞有奴與良人無貴賤之議盖古者選宮女選兵必擇於良家而擇乳母亦必於此也今人亦以民庶爲良人)秒溫謹者(乳母不良非惟敗亂家法兼令所飼之子性行亦類之)子能食飼之敎以右手子能言敎之自名及唱喏萬福安置稍有知則敎之以恭敬尊長有不識尊卑長幼者則嚴訶禁之(古有胎敎況於已生子始生未有知固擧以禮況於已有知孔子曰幼成若天性習慣如自然顏氏家訓曰敎婦初來敎子嬰孩故於其始有知不可不使之知尊卑長幼之禮若侮詈父母歐擊兄姊父母不加訶禁反笑而獎之彼旣未辨好惡謂禮當然及其旣長習以成性乃怒而禁之不可復制於是父疾其子子恕其父殘忍悖逆無所不至蓋父母無深識遠慮不能防微杜漸溺於小慈養成其惡故也)六歲敎之數(謂一十百千萬)與方名(謂東西南北)南子始習書字女子始習女工之小者七歲男女不同席不共食始誦孝經論語雖女子亦宜誦之自七歲以下謂之孺子早寢晏起食無時八歲出入門戶及即席飮食必後長者始敎之(敎之下一有必)謙讓男子誦尙書女子不出中門九歲男子誦春秋及諸史始爲之講解使曉義理女子亦爲之講解論語孝經及列女傳女戒之類略曉大意(古之賢女無不觀圖史以自鑒如曹大家之徒皆精通經術議論明正今人或敎女子以作歌詩執俗樂殊非所宜也)十歲男子出就外傳居宿於外讀詩禮傳爲之講解使知仁義禮智信自是以往可以讀孟荀楊子博觀群書凡所讀書必擇其精要者而讀之(如禮記學記大學中庸樂記之類他書放此)其異端非聖賢之書傳宜禁之勿使妄觀以惑亂其志觀書皆通始可學文辭女子則敎以婉娩(娩音晩婉娩柔順貌)聽從及女工之大者(女工謂蠶桑織績裁縫及爲飮膳不惟正是婦人之職兼欲使之知衣食所來之艱難不敢恣爲奢麗至於纂組華巧之物亦不必習也)未冠笄者質明而起總角靧(靧音悔洗面也)面以見尊長佐長者供養祭祀則佐執酒食若旣冠笄則皆責以成人之禮不得復言童幼矣

▶2054◀◆問; 儒敎의 現實을 진단한다.
현재 유교의 교세가 어느 정도인지 진단을 부탁 드립니다.

◆答; 유교(儒敎)의 현실(現實).
유교(儒敎)는 공부자(孔夫子)를 시조(始祖)로 정교일치(政敎一致)의 학문을숭상(崇尙)하는 교(敎)로서 공교(孔敎) 또는 공자교(孔子敎)로 일러지고 있다. 유교(儒敎)는 유학(儒學) 또는 유학사상(儒學思想)이라 함과 다를 바 없는 교(敎)로서 불교나 기독교, 도교 등과는 목표하는 바가 달라 그 성격이 완전히 다르다.
유교(儒敎)의 목표는 인(仁)으로서 모든 도덕(道德)을 일관 이를 최고 이념으로 삼아 수신(修身)하여 치가(治家)하고 치국(治國)하여 평천하(平天下)를 이룩함을 목표로 삼은 일종의 윤리학(倫理學), 정치학(政治學)이라 할 수 있다.

이 유교(儒敎)가 지난 수 천년 동안 동양(東洋)의 민족사상(民族思想)을 지배(支配)하여 왔다.

우리나라에 유교(儒敎)가 전래(傳來)된 시기(時期)는 분명치않으나 고구려(高句麗)는 소수림왕(小獸林王) 2(372)년에 태학(太學)이 세워졌고 백제(百濟)는 고이왕(古爾王) 5(285)년에 이미 왕인(王仁)이 일본에 천자문(千字文)과 논어(論語)를 전한 기록(記錄)이 있으며 신라(新羅)는 신문왕 (神文王) 2(682)년에 국학(國學)을 세웠다. 이를 미루어 보건대 삼국시대(三國時代)에 이미 유교(儒敎)가 일반화(一般化)되었음을 알 수 있다.

타교의 유입은 살펴보면 도교(道敎)는 고구려(高句麗) 영류왕(榮留王)7(624)년에 당나라에 사신을 보내어 도교(道敎) 전래하여 줄 것 청하니 이에 응하여 도사(道士)가 천존상(天尊像)과 도법(道法)을 가지고 와 노자(老子)를 강(講)하여 그 계기(契機)가 되었고, 불교(佛敎)는 고구려(高句麗) 소수림왕(小獸林王)2(372)년에 진(秦)의 순도(順道)와 아도(阿道)가 불상(佛像)과 불경(佛經)을 가지고 와 성문사(省門寺)와 이불란사(伊不蘭寺)를 창건하고 목탁을 울림이 그 시초인데 도교(道敎)나 불교(佛敎)가 우리의 유교(儒敎)에 미친 영향은 그리 대단치 않았다.

그와 같이 삼교(三敎)가 공존(共存)하다가 천주교(Catholic)는 임진왜란(선조 27=1594) 때 왜군을 따라 종군신부로 세스페데스(G. Cespedes)의 입국이 처음이었으나 영향을 주지 못하였으며 그러나 선조 (宣祖)와 광해군(光海君) 때 학자들이 연경사신(燕京仕臣)을 통하여 천주교사상(天主敎思想)이 소개되기 시작 지봉(芝峯)(이수광(李晬光). 자(字) 윤경(潤卿))이라는 학자가 선조조(宣祖朝) 때 주청사(奏請使)로 연경(燕京)을 왕래하면서 당시 명(明)나라에 와 있던 이탈리아 중국 선교사 마테오릿치(MatteoRicci)의 저서 천주실의(天主實義) 2 권과 교우론(敎友論) 1 권과 명인(明人) 유판(劉汴)과 심린기(沈遴奇) 등의 저서(著書)인 속이담(續耳譚) 6 권을 취하여 돌아 옴으로서 우리나라 최초로 서학(西學)을 도입 지봉유설(芝峯類說)이란 책을 짓고 천주실의(天主實義)를 요약(要約) 서양 시정과 천주교(天主敎)를 소개하였다.

그 후 교산(蛟山; 許筠 字 端甫)은 유교와 불교에 능(能)하였는데 광해군(光海君) 2년에 사신을 따라 북경에 같다 천주교 12 단을 얻어가지고 돌아와 천주교를 신봉하게 되고 병자호란(丙子胡亂) 때 인질이 되었던 소현세자(昭顯世子)는 북경에서 아담샬(AdamSchaii)과 친교를 맺고 귀국(인조 23.1641)할 때 서양 학문과 함께 천주교 서적 천주상 등을 얻어 가지고돌아 왔으나 귀국 석 달 만에 세상을 떴음.

초기에는 종교(宗敎)보다는 일종의 학문으로 연구되다 점차 신앙으로 옮겨지게 되었는데 우리나라에서는 최초 영세 교인인 이승훈(李承薰; 교명 베드로)은 동지사겸사은정사(冬至使兼謝恩正使) 황인점(黃仁點)의 서장관(書狀官)의 자격으로 北京에 가는 그의 아버지를 따라 가게 되는데 이는 열열한 천주교 신자였던 이벽(李蘗), 정약종(丁若鍾), 정약용(丁若鏞) 등의 주선에의한 것으로 떠나기 전에 이벽(李蘗)이 이승훈(李承薰)을 찾아와 간곡히 부탁하기를"북경(北京)에 가거든 곧 천주당에 가서 구라파 교사(敎師) 만나 모든 것을 그들에게 물어서 교의(敎義)를 깊고 참된 뜻을 밝히며 천주교리(天主敎理)의 실천방법을 자세히 살피고 또 필요하고 중요한 교리에 관한 책을 모두 가지고 돌아오게. 인간이 죽느냐 사느냐, 그리고 영원토록 행복하느냐 불행하느냐가 달린 큰 문제가 자네에게 매어있네. 라 당부하였고 이해 10

월 14 일 자진 귀의의 특사(特使)로서 떠나 12 월 21 일 북경 도착 이로부터 40 여일 동안 주교좌(主敎座)이던 남천주당(南天主堂)에서 필답형식(筆答形式)으로 교리(敎理)를 익힌 후 다음 해 1 월에 그라몽(Louis de Grammont) 신부로부터 영세를 받고 조선 교회의 주춧돌이 되라는 의미에서 베드로(Peter; 盤石)라는 세례명을 받고 정조 8 년 3 월 24 일 수십 종의 교리서와 십자고상(十字苦像), 묵주(默珠) 그 외 여러 가지 물건을 가지고 돌아와 정조 9 년에 명례동(明禮洞; 明洞)에 김범우(金範禹)의 집에 우리나라 최초의 교회를 세웠다.

이 교회에서 이벽(李蘗) 이가환(李家煥) 및 정약종(丁若鍾), 정약전(丁若銓), 정약용(丁若鏞) 3 형제와 더불어 주일 미사와 설법하며 교리서를 번역하여 널리 알리었다. 이승훈(李承薰)은 관직에 나가기도 하였으나 정조 15 년 천주교의 전파를 막으려는 조정의 시책으로 신해사옥(辛亥邪獄)이 일어나 관직을 박탈 당하고 20 년 신부 입국 사건으로 예산(禮山)으로 귀양 갔다 신유대사옥(辛酉大邪獄) 때 서대문 네거리에서 참수를 당하였다. 이와 같이 우리나라에서는 선교사의 전도 없이 학자들의 자발적인 연구와 포교로 세가 커져 갔다.

이는 그 당시 당쟁으로 남인들이 세가 꺾이어 젊은 유생들은 염세적 관념에 깊이 빠져들게 되고 침체 상태인 주자학(朱子學)에 싫증을 느끼게 되어 이로 천주교(天主敎) 부흥(復興)의 온상(溫床)이 되었으며 서구 사상에 빠진이들은 봉건사회의 폐단을 통감하고 혁신을 외치자 中人계층도 이에 적극호응 세가 점점 커가게 되었다.

이렇게 되자 신하들이 천주교는 충효의 사상에 반하고 군신의 도를 어지럽게 하여 사회윤리를 문란케 한다고 주장 신해사옥(辛亥邪獄)과 신유사옥(辛酉邪獄)을 일으키게 되고 천주교인 색출 방법으로 오가작통법(五家作統法)이 시행되고 이때 이승훈(李承薰) 이가환(李家煥) 권철신(權哲身) 신자와 주문모(周文謨) 신부(神父) 정약종(丁若鍾) 회장 등이 죽임을 당하였다. 이와 같이 곤경에 빠지자 황사영(黃嗣永)이 북경 주재 주교에게 구원을 요청하는 백서(帛書)를 전하려다 군문효수(軍門梟首)를 당하였다.

이와 같은 탄압에도 불구하고 순조 31 년 우리나라가 종래 북경교구에서 조선교구로 독립 현종 2(1836)년 불란서 모방(P. Maubant) 신부가 입국하게 되고 다음해는 앙베르(Imbert) 신부기 입국 다시 세가 승하게 되자 현종 5(1839)년에 기해사옥(己亥邪獄)을 일으켜 세 명의 선교사와 많은 신도들이 죽임을 당하였다.

이와 같이 억제를 받으며 지나면서 병인(丙寅), 신미(辛未) 양요를 겪게 되며 척화비(斥和碑)까지 세우게 되다 고종 19(1882)년에 미국과 수호조약(修好條約)을 맺음을 계기로 척화비(斥和碑)를 없애게 되고 천주교 활동이 자유롭게 되었다.

또 기독교는 순조(純祖)16(1816)년 영국 함장(艦長) 홀(Basil Hall)이 백령도(白翎島)와 청도(靑島)에 한문성경(漢文聖經)이 전하여 졌고 고종 3(1866)년 토마스(Robert Jemain)가 미국 상선을 타고 평양에 들어와 성경을 전하고 순교하였으며 고 22(1885)년 언더우드(H. G. Underwood)와 아펜젤러(H. D. Appenzeller) 목사에 의하여 선교 활동이 정식으로 시작되었다.

고종(高宗)24(1887)년 만주(滿洲)에 있던 스코틀랜드 선교사(宣敎師) 로스(John Ross)목사와 매킨타이어(John Macintyre)목사가 권하여 백홍준(白鴻俊), 이응찬(李應贊), 이성하(李成夏), 김진기(金鎭基)가 성경을 한글로 번역 출판하여 국내로 들여왔고 일본 유학생 이수정(李樹廷)의 한역본도 국내(國內)로 유입(流入)되었다. 선교(宣敎) 활동이 이와 같이 정식으로 행하게 되자 언더우드(장로교) 목사(牧師)는 서울에 새문안교회를, 아펜젤러(감리교) 목사(牧師)는 정동교회를 처음으로 세우게 되면서 이어 전국에 교회가 차차로 들어서기 시작 하였다.

이러다 일제를 지나 해방이 되자 서구파(西歐派)가 대체로 정치를 장악하게 되었고 6/25 사변을 통하여 온 백성들이 서구의 개방과 자유(일면으로는 퇴폐)스러운 문명을 직접 체험하게 되었으니 유교의 도덕을 중히 여기는 꽉 짜여진 틀을 벗어 나려는 욕구에 기름을 부은 격이 되어 급작스럽게 많은 부분에서 충돌하게 된 것이다.

유교(儒敎)란 그 근본(根本)이 한자(漢字)의 해독(解讀) 능력을 갖춤이 필수(必修)이다. 그러나 이는 소수만이 갖춰져 있을 뿐 많은 이들은 하늘천 따지 수준도 갖춰지지 않았으니 유학의 깊은 의미는 이해할 수가 없고 또 유교란 인간으로 더불어 평온하게 살아가기 위하여는 많은 부분에서 통제를 받을 수 밖에 없는데 동물적 본능에서는 대단히 불쾌하고 이를 벗어나고자 하는 욕구가 은연중에 생기게 마련이다.

더욱이 유교는 불교나 기독교처럼 미래에 유학이나 현대 과학적으로는 황당하나 그 교를 믿으면 복을 받는다거나 죽어 천당이나 하늘 나라로 선택되어 간다는 비전(vision) 제시가 없다는 것이다.

과거 유교(儒敎)가 성하였던 시절에도 정치(政治) 그 자체가 유교였으니 유교국가로서 운용(運用)되었을 뿐 양반과 특수한 계층을 제외한 많은 백성이 그 제도하에서 그가 전부이니 선택(選擇)의 여지가 없어 그를 따랐을 따름이지 그에 심취되었다고 볼 수는 없는 것이다.

따라서 우리나라도 세계화가 되어 다원화되었으니 신앙의 선택도 자유가 되어 많은 이들이 유교 틀 속에서 벗어나 흩어져감도 어쩌면 자연스러운 현상이다. 다만 지금도 부모의 제사를 지방을 써 붙이고 재배하고 있다면 그도 유교인의 일원으로서 함께 하기에 부족함이 없으리라.

혹자들은 유교가 지금 쇠퇴한 원인을 내부에서 찾으려 하는 경향이 있는 듯하나 이는 내부 영향보다는 외부 영향에서 비롯됨이 이상에서 대강 논한 바와 같이 더 크다는 사실이다.

●史記一二四朱家傳魯人皆以儒敎而朱家用俠聞後稱孔孟之道爲儒敎也叫孔敎○又史記游俠傳魯朱家條魯朱家者與高祖同時魯人皆以儒敎而朱家用俠聞

●漢詞典[儒敎]又稱孔敎中國歷史上把孔子創立的儒家學波視同宗敎與佛敎道敎幷稱三敎○又[儒敎徒]信奉儒家學說的人

●漢書藝文志諸子略稱儒家者流(中略)游文於六經之中留意於仁義之際祖述堯舜憲章文武宗師仲尼以重其言於道最爲高

●晉書(唐太宗命房玄齡撰;578~648)院籍傳老篇爰植孔敎提衡○又宣帝紀伏膺儒敎漢末大亂常慨然有憂天下心

●甌北詩(趙翼;1727~1814)五言古三書孔敎所到處無不有佛敎佛敎所到處孔敎或不到

●氣測體義推師道測君道條凡天下之敎有四自中南東三印度而緬甸暹羅而西藏而靑海漠南北蒙古皆佛敎自西印度之包社阿丹而西之利未亞洲而東之蔥嶺左右哈薩克布魯特諸游牧而天山南路諸城郭皆天方敎自大西洋之歐邏巴各國外大西洋之彌利堅各國皆天主敎與中國安南朝鮮日本之儒敎

●家禮四時祭受胙條嘏辭式祖考命工祝承致多福于汝孝孫來汝孝孫使汝受祿于天宜稼于田眉壽永年勿替引之

●辭源孔敎孔子的敎導後來把孔子的學說作爲敎派與道佛並稱○又辭源儒敎後稱孔孟之道爲儒敎也叫孔敎

●高麗史節要成宗文懿大王壬午元年(982)六月條行釋敎者修身之本行儒敎者理國之源修身是來生之資理國乃今日之務今日至近來生至遠舍近求遠不亦謬乎

●朝鮮儒敎淵源吾東與齊魯來往頻繁則孔氏之徒爲傳道而來至新羅高句麗百濟之代始尙神敎自佛敎傳人釋敎盛行孔子之敎(下略)註按薛聰乃高僧元曉之子也元曉以佛敎之祖師稱其所著金剛論等書皆傳之至今薛聰以儒敎爲世師宗(云云)

▶2055◀◈問; 유교 책에 있는 가정예절질문.

안녕하세요. 저는 본 사이트에서 가정예절을 보았습니다. 그런데 형제간에 예절은 없더군요.

한글로 형제간에 예절 알려주시고 유교 책에 형제간에 어떻게 하라! 형제간에 싸우지 말라 형은 동생에게 이렇게 어떻게 하라.

동생은 형에게 이렇게 어떻게 하라 라는 구절이 유교 책에 있다는 것을 누구에게 들은 기억이 있습니다.

형제간에 예절법과 유교 책에 있는 형은 동생에게 어떻게 하고 동생은 형에게 어떻게 하라는 구절을 한글로 풀이, 해석해서 알려주시면 감사하겠습니다.

◈答; 유교 책에 있는 가정예절.

아래는 경민편(警民編) 형제자매조(兄弟姉妹條)의 가르침입니다. 구어체인 원문의 해설입니다.

●警民編兄弟姉妹條兄弟姉妹與我同出於父母同氣而異體骨肉至親無如兄弟無知之人爭小利害鬪爭不和遂爲仇讎與禽獸奚擇兄須愛弟弟心敬兄無相疾怨數口奴婢有時而逃亡病死數畝田地有時而川反浦落終歸無益兄弟姉妹相殘不和鄉里皆斥國有常法[法]據執合執則杖一百徒役不和則杖八十弟妹詈兄姉罵詈則杖一百毆打則杖九十徒役重傷則杖一百全家入居篤疾則絞告訴則杖一百

해설;형과아아과맛누의과아아누의난날로더브러한가지로父부母모꾀셔나시니긔운이한가지오얼굴만다라니骨골肉육의지극히親친한이兄형弟뎨가타니업거늘無무知디한사람이죠고만利利니며害해랄다토와싸홈하며不불和화하야드듸여仇구讎슈ㅣ되나니즘생으로더브러어이다라리오兄형은모로미아알사랑하며아아난반다시兄형을공경하야서라믜워하며원티말올띠니두어귀奴노婢비난잇다감逃도亡망하거나病병드러주그미이시며두어이렁田뎐地디난잇다감川쳔反반(낻믈의무티단말이라)하거나개낙(갯믈의떠러디단말이라)함이이셔마참내無무益익한대도라가거니와兄형弟뎨姉자妹매서라잔해하야和화티못하면마알히다배척하며나라해도응당한法법이잇나니라[法]법에재믈을거탈하야가지거나모도가지거나하면杖댱一일百백도년귀향가고不불和화하면杖댱八팔十십하고아아과아아누의라셔형과맛누의랄꾸지즈면杖댱一일百백하고티면杖댱九구十십도년귀향가고重듕傷샹케하면杖댱一일百백全젼家가入입居거가고듕한병이되면絞교하고구의예하쇼꺼리면杖댱一일百백하나니라

▶2056◀◈問; 유교의 교리.

유교(儒敎)의 교리(敎理)에 관해 정리하여 두신 자료(資料)가 있으면 알려 주시면 감사하겠습니다.

◈答; 유교의 교리.

유교의 교리를 간단히 정리하여 보면 아래와 같습니다.

유교(儒敎)는 공부자(孔夫子)의 도의사상(道義思想)을 모체로 하여 삼강오륜(三綱五倫)을 기본 이상으로 삼고 구재(九齋; 大學, 中庸, 論語, 孟子, 詩經, 書經, 周易, 禮

記, 春秋)로 인의예지신(仁義禮智信)을 다스려 수신제가치국평천하(修身齊家治國平天下)의 이상(理想)의 완수를 목표로 삼은 종교이다.

●氣測體義推師道測君道條凡天下之敎有四自中南東三印度而緬甸暹羅而西藏而靑海漠南北蒙古皆佛敎自西印度之包社阿丹而西之利未亞洲而東之蔥嶺左右哈薩克布魯特諸游牧而天山南路諸城郭皆天方敎自大西洋之歐邏巴各國外大西洋之彌利堅各國皆天主敎與中國安南朝鮮日本之儒敎
●且介亭雜文末編我的第一个師父;他不大看經想來未必深通什幺大乘敎理
●究竟慈悲論;釋氏之敎義本慈悲

▶2057◀◆問; 유자의 풍채.
유자의 풍채에 대하여.

◆答; 유자의 풍채.

유학(儒學)은 한글 깨우치듯 단순한 글이 아니다. 한문(漢文)의 글자를 어지간히 깨우쳤다 하여도 한글의 ㄱ ㄴ ㄷ ㄹ…, ㅏ ㅑ ㅓ ㅕ… 등 자모음 깨우친 정도에 불과하고 이 자모음을 완전히 이해한 뒤라야 이를 조합 글자를 형성 그 의미를 이해되고 글자가 이해된 후라야 단어를 읽게 되고 단어의 뜻을 사전(辭典)에서 찾아 이해되어야 비로소 문장이 이해되어 각종 서적을 읽고 그 의미를 파악하게 되는데 이와 같이 표음문자(表音文字)인 한글도 이러할진대, 표의문자(表意文字)인 한문(漢文)에 이르러서야 더 무슨 설명이 필요하겠는가?

유학(儒學)이라는 학문이 국어학(國語學)의 수준이라면 무엇 때문에 지난날 제도교육에서 한문과목(漢文科目)을 배제 문맹(文盲)을 다수로 양산시켜 놓았겠는가. 그 결과로 내나라 말인 한자단어(漢字單語)를 비롯 역사는 물론 자기 가문(家門)의 족보(族譜)까지 이해하지 못하는 등등 한자로 이뤄진 글은 제도교육의 최 학부를 마쳤다 하여도 일부 학과를 제외하고는 유능한 유자(儒者)의 번역이 아니고는 한 행도 완벽하게 이해될 수 없는 지경에 이른 것 아니겠는가?

유학(儒學)의 익힘은 경전(經傳) 즉 육경(六經; 詩 書 禮 樂 易 春秋)과 그에 따른 전(傳; 註疏書)으로 완벽히 익힘이 학문을 하는 법도로서 먼저 원서(原書)를 독파후 주소서(註疏書)로 마무리 되어야 흠결(欠缺) 없는 학문이 되어 오류(誤謬)를 최소화하여 학문을 논하게 되는데 더러 傳(註疏)이 무엇인지도 미쳐 깨우치지도 못한 이들이 유학(儒學)을 논하다 보니 오류(誤謬)인지도 알지 못하고 마구 운운하고 있어 안타까운 노릇이다.

이곳이 지금은 우리나라 유학(儒學; 儒敎)의 최(最) 정점(頂點)에 해당하는 성균관(成均館)이다. 국내(國內)는 물론 주변 유교국가(儒敎國家)들이 한국(韓國) 유학(儒學)의 실체(實體)를 가늠하는 바로미터 역할을 하는 곳이다.

까닭에 글을 올리기 전에 다시 한번 살펴 유교 경전(經傳)에 비추어 부끄러움이 없겠다 자신이 섰다 하더라도 자신과 한국유학(韓國儒學)의 체면(體面)을 지키기 위하여라도 거듭 심사숙고(深思熟考)한 연후(然後)에 게시여부(揭示與否)를 결정하여야 할 것이다.

●晉書宣帝紀;少有奇節聰朗多大略博學洽聞伏膺儒敎
●梁書儒林傳序;魏晉浮蕩儒敎淪歇風節罔樹抑此之由
●文心雕龍奏启;必使理有典刑辭有風軌總法家之式秉儒家之文
●荀子子道若夫志以禮安言以類使則儒道畢矣雖舜不能加毫末于是矣

●三國志魏志鍾會傳;弼好論儒道辭才逸辯注易及老子爲尙書郎年二十餘卒
●黃石公三略上略;故主察異言乃覩其萌主聘儒賢姦雄乃遯
●史記老子韓非列傳;世之學老子者絀儒學儒學亦絀老子
●旌儒廟碑;昔秦滅羲軒之制廢唐虞之則大搜學徒竭索儒黨
●公羊傳定公元年正月主人習其讀而問其傳註讀謂經謂訓詁主人謂定公言疏曰解云傳者謂問其夫子口授之傳解詁之義矣
●史記太史公自序篇夫儒者以六藝爲法六藝經傳以千萬數累世不能通其學當年不能究其禮
●淪文章源流;於一一音有一一說不達註釋可以達用
●辭源八部二畫[六][六藝]漢以後指儒家的六經
●莊子天運篇丘治詩書禮樂易春秋六經
●居家雜儀十歲男子出就外傳居宿於外讀詩禮傳爲之講解使知仁義禮智信
●文藝論集王陽明禮贊;儒家的精神孔子的精神透過后代注疏的凸凹鏡后是已經歪變了的
●古文尙書林同郡賈逵爲之作訓馬融作傳鄭玄注解由是古文尙書遂顯於世
●晉書禮志摯虞表;喪服一卷卷不盈握喪服本文省略必待注解事義乃彰
●後漢書卷之七十九楊倫傳；扶風杜林傳古文尙書林同郡賈逵爲之作訓馬融作傳鄭玄注解由是古文尙書遂顯于世
●宋史列傳八十六王安石傳先儒傳註一切廢不用黜春秋之書
●世說新語文學中初注莊子者數十家莫能究其旨要向秀
●後漢書律曆下班示文章重黎記註
●鏡花綠第九十三回；不是博雅方言的別名就是山海經拾遺記的冷名先要註解豈能雅俗共賞
●後山談叢卷一蓋擧子專誦王氏章句而不解義正如學究誦註疏爾
●辭源氵部五畫[注]解釋性文辭稱注古之作注者曰注傳章句述箋略解解詁集解集注後通稱爲注如儀禮首題稱鄭氏注
●嘯亭雜錄純廟博雅;每一詩出令儒臣註釋不得原委者許歸家涉獵
●明史顧鼎臣傳;進講范浚心箴敷陳剴切帝說乃自爲註釋而鼎臣特受眷
●字彙疋部七畫[疏]音梳記注也
●柳冕(字敬叔 唐 河東人)曰不能誦疏與注一切棄之
●朱四子抄釋卷一讀書須是將本文熟讀且咀嚼有味若有理會不得處然後將註解看方是有益

▶2058◀◈問; 음작(飮酌)이 무슨 뜻입니까?

수고가 많으십니다. 다름이 아니라 음작(飮酌)이 무슨 뜻인지 몰라 찾아 왔습니다. 어떻게 해석하는 것이 옳게 되겠습니까. 옥편이나 국어사전에도 없습니다.

한글 세대라 모르는 것이 많습니다. 모름이 있어 배우려 하는 것 흉 됨은 아닐 것입니다. 수고하십시오.

◈答; 음작(飮酌).

모르는 것을 배우려 한다는 것은 매우 신선하여 더 가르쳐 주고 싶을 뿐입니다. 모르면서도 아는 척 하면 타인의 학문 망치기 십상입니다. 배우는데 상하가 없습니다.

음작(飮酌)의 의미는 “짐주이음(斟酒而飮)”이라. 술을 딸아 마신다. 라 이해하고 있으면 어느 경우든 난처함은 면할 것입니다.

●弘齋全書洪奉朝賀鳳漢致祭文; 不穀公子公孫予愍予恤緎辭寅懷由眞匪飾期不負公公其歆酌

●梁蕭統陶淵明傳; [陶淵明] 既至欣然便共歃酌 (註)斟酒而飮爲飮酌
●白居易早春同刘朗中寄宣武令狐相公詩; 梁園不到一年强遙想淸吟對綠觴更有何人能
飮酌新添幾卷好篇章

▶2059◀◆問; 이상(以上)의 의미는?
以上이 의미하는 바를 설명 부탁 드립니다.

◆答; 이상(以上)의 의미.
●程子曰初祖以下高祖以上之祖也의 이하(以下)의 의미는? 여기에 쓰인 이(以)의 뜻
은 [또]라는 의미로 거기에다 또. 또는. 또한 등의 의미입니다.

국어사전에도 이상(以上)이란(수량. 정도 등을 나타내는 명사 밑에 붙여)그것보다
위임. 이라 하였으니 以下는 그것 보나 아래란 뜻일 테지요.

●左傳成公舊不必良以犯天忌我必克之楚子登巢車以望晉杜註巢車車上爲櫓○巢說文作
轈云兵車高如巢以望敵也

▶2060◀◆問; 亻변에 夯자를 몰라서 문의드립니다.
저는 사회생활은 진작에 접고 손자를 돌보는 노년층에 드는 부녀자입니다. 저도 아
래 어느 분과 같이 심심도하고 아이들도 가르칠 겸 묵은 족보를 보다 아래와 같은
글자에서 막히게 되었어요. 알만한 주위 분들 역시 아는 사람이 없어 이 곳을 살피
니 아래와 같이 같은 사례에서 참으로 자세하게 안내가 되어서 용기를 같고 힘을
빌리려 합니다. 그 지간 의문스러웠던 몇 가지 더 포함하여 아래와 같이 문의 드리
오니 자세히 좀 가르쳐 주세요.

1. 인(亻)변에 항(夯)자가 무슨 음이며 무슨 뜻인가와 야묘비(野廟碑)란 어떤 뜻인지
를 모르겠고요.
2. 렴계선생(濂溪先生) 글 중에 도상천재(道喪千載) 성원언(聖遠言)~인(湮)~불유선
각(不有先覺)의 글 중 인(湮)으로는 뜻이 잘 통하지 않아서요 이자가 혹 오자라면
어느 뜻의 글자가 알맞게 뜻이 통할 수 있을까 입니다. 구두점이 잘못 되었으면 바
르게 잡아주시고요. 추위에 안녕들 하기고요.

◆答; 仿자를.
問1. 答; 개(价)와 동자로 음(音)은 개이고 의미는 개(价)와 동일합니다. 신편고금사
문류취(新編古今事文類聚)에도 등장되었는데 야묘비(野廟碑)란 산야에 세워놓은 돌
신주란 뜻입니다.

●新編古今事文類聚野廟碑云云

問2. 答; 도(道)도 오랜 세월[천년]이 지나면 없어지고, 성인이<돌아가신 지가> 오
래되면 <성인의> 말씀도 인멸[없어진다. 퇴색한다]된다. 선각자가 있지 않으면 정
도이니 무리는 없어 보입니다.

▶2061◀◆問; 자치춘정(茲値春丁).
언제나 수고가 많으십니다. 축(祝)에 [천재혈식(千載血食) 자치춘정(茲値春丁)]이라
는 글이 있습니다. 그런데 "値"의 글자를 <치>라고 읽느냐 <칙>이라고 읽느냐 문제
로 의견이 오고 갔습니다. 성균관의 [의례문답]에 여쭈어 보기로 하였습니다. 현명
하신 답을 기대합니다. 죄송합니다.

◆答; 자치춘정(茲値春丁).
아래와 같이 살펴보건대 [値]음에는 칙음은 없고, 다만 물건값을 이를 때는 [直]이

라 하는데 이 [直]음에도 직음과 물건값을 이를 때는 치음으로 발음 하여야 합니다.

●康熙字典人部八畫[値](唐韻)(集韻)(韻會)竝直吏切音治(說文)措也遇也又持也(詩陳風)値其鷺羽(註)値植也以鷺羽爲翳舞者所執以指麾也 又與直通(史記甯成傳)無直甯成怒 又物價曰値或作直

●中國語音 zhì zhí

▶2062◀◆問; 주역 利見에서 見의 발음에 대하여?

주역 利見에서 見의 발음을 견 또는 현으로 하여야 하는지? 주역의 구이(92)괘 와 구오(95)괘에 나오는 한문의 이견(利見)은 이현으로 읽는 것이 맞는지 아님 이견으로 읽는 것이 맞는지 몰라 물어 봅니다 주역언해본엔 구이(九二)이 난 (見)현 한 용(龍)이 대인(大人)을 견(見) 견홈이 利라 하니라 고 되어 있어 어떻게 읽은 것이 맞는지 몰라 질의 합니다. 물론 본문 중 난.한.하 라는 단어는 고어의 아래 점으로 표시되어있습니다.

◆答; 이견(利見)에서 見의 발음.

見=音견.

利見(이견)=임금을 만나볼 괘.

●周易上經乾下乾上九二見龍在田利見大人(細註見龍之見賢遍反卦內見龍並同)[傳]田地上也出見於地上其德已著以聖人言之舜之田漁時也利見大德之君以行其道君亦利見大德之臣以共成其功天下利見大德之人以被其澤大德之君九五也

●周易上經乾下乾上九五飛龍在天利見大人[傳]進位乎天位也聖人旣得天位則利見在下大德之人與共成天下之事天下固利見夫大德之君也

●周易乾卦飛龍在天利見大人孔穎達疏若聖人有龍德飛騰而居天位德備天下爲萬物所瞻覩故天下利見此居王位之大人后因稱得見君主爲利見

▶2063◀◆問; 주자가례(朱子家禮)을 만든 사람.

새해 복 많이 받으십시오. 다름이 아니라 게시판에 아애와 같은 질문이 되었습니다. 궁금하여 답이 올라오기를 기다렸으나 이 때까지 답이 없어 이리로 왔습니다. 가르쳐 주실 수 있겠습니까. 가르쳐 주신다면 매우 감사하겠습니다.

"주자가례(朱子家禮)을 만든 사람이 누구이고, 만든 년도는 언제입니까? 최초 예서 (禮書)는 무엇입니까?"

◆答; 주자가례(朱子家禮)을 만든 사람.

1). 사고전서(四庫全書)를 살펴보면 가례오권부록일권(家禮五卷附錄一卷) 조(條)에서 구본(舊本)은 주자찬(朱子撰)이라 전제하고 청(淸)의 왕무횡(王懋竑)이 백전잡저(白田雜著)에서 주부자의 저서임을 부정한 까닭과 가례의 발견과 사용된 사례를 세세히 기술하여 놓았으나, 성리대전(性理大全)에 가례(家禮) 전문(全文)이 실려 있는데도 그 후 누구도 그를 오류라 지적된 사례가 전무한 점으로 미루어 보건대 주부자(朱夫子) 찬(撰)임을 부정할 이유는 없습니다.

다만 가례(家禮) 서문(序文)에 년대(年代)와 필자(筆者)를 밝힘이 없어 비주자작(非朱子作) 또는 위작(僞作)의 시비의 빌미가 아니었나 합니다.

따라서 가례(家禮)는 주부자(朱夫子) 찬(撰)임을 의심할 여지가 없으며 다만 만든 연도는 서문(序文)에 그 기록이 없으니 주부자(朱夫子) 생몰년대(生沒年代(1130~1200)내로 이해 될 뿐입니다.

2). 최초의 예서(禮書)란 그 기준을 어떻게 설정하느냐에 따라 달라 질 것입니다.

예라는 차원으로 따진다면 고대 황제였던 이기씨(伊耆氏) 시대에 이미 제사를 지냄 인 기록으로 확인이 되고, 대부사서인(大夫士庶人)의 예법인 사례(四禮) 관혼상제 (冠婚喪祭) 예법으로 골격을 갖춘 예서로는 온공(溫公) 작(作)이 주자가례(朱子家禮) 의 모체가 되었던 서의(書儀)가 됩니다.

● 郊特牲伊耆氏爲蜡(鄭玄注伊耆氏古天子號也)蜡之祭也主先嗇而祭司嗇也○古今帝王 創制原始伊耆氏條此祭祀之始

● 漢語大詞典[伊] (伊耆氏) 古帝號 一說帝堯

● 書儀(司馬光;1019~1086)序(云云)癸卯(癸卯年;生前1063. 死後1123)冬十月朔日

● 四庫全書經部禮類家禮五卷附錄一卷條舊本題宋朱子撰案王懋竑白田雜著有家禮考曰 家禮非朱子之書也(云云)

● 性理大全[(朱子;1130~1200)序(云云)永樂十三年(1415)十月初一日]七十卷三十冊中 十冊在家禮全文(卷之十八家禮一卷十九家禮二卷二十家禮三卷二十一家禮四)

▶2064◀◆問; 주자가례의 가장 정확한 판본은?

안녕하세요. 주자가례 관련 해서 논문을 쓰는 학생입니다. 현재 우리나라 <국립중 앙도서관, 규장각 등등>에 소장된 주자가례가 있는데, 이것들이 <가례도>에 차이가 있더라고요.

어떤 그림은 후대의 그림들이 그려져 있고(이런 것은 조선에 유입되어 조선학자가 그린 걸로 보이는데) 어떤 곳이 가장 정확한 판본인지 알고 계시다면 답변 부탁 드 립니다. 감사합니다.

◆答; 주자가례(朱子家禮)의 가장 정확한 판본은.

통칭 주자가례(朱子家禮)라 이름은 표제명(標題名) 가례(家禮)를 말합니다. 여러 판 본 중 어느 판본이 가장 정확한지는 알지를 못하고 본인은 기묘사월일운각교인본 (己卯四月日芸閣校印本) 입니다.

운각(芸閣)이란 관서명(官署名)으로 운향각(芸香閣)의 약칭(略稱)이며 또 비서성(祕 書省)의 이칭(異稱)이기도 합니다. 이 관서(官署)에서는 도서(圖書)와 저작(著作)을 관장하던 기관으로 당대(唐代)에는 이를 인대(麟臺), 난대(蘭臺) 등으로 개칭되기도 하였습니다.

또 운각(雲閣)은 조선시대(朝鮮時代)의 교서관(校書館)의 이칭 이기도 한데 이 가례 (家禮)가 어느 나라의 판본인지는 분명히 가려보지는 않았습니다.

▶2065◀◆問; 中國이라는 국명은 언제부터 사용되었나?

중국(中國)이 중국이라는 국명을 사용하기 시작한 시초.

◆答; 中國이라는 국명은.

아래와 같이 살펴보건대 상고시대 夏나라 개국 초부터 中國이라 칭한 것 같습니다.

● 辭源[中國]上古時代夏族建國於黃河流域一帶以爲居天下之中故稱中國

지인용(知仁勇)과 지인용(智仁勇) 어느 것이 맞나요.

◆答; 지인용(知仁勇)과 지인용(智仁勇)은 동의입니다.

선생께서 의문되는 점을 소상히 밝히시지 않아 대개 그 자의 쓰임과 뜻을 살펴 보 겠습니다.

[知]와 [智]는 "총명" "지혜(智慧)" "슬기" 등의 뜻을 나타냄에는 통용(通用)되 는 글자임으로 지인용(知仁勇) 지인용(智仁勇) 모두 같은 의미(意味)를 나타냄으로

어느 것이 틀렸다 잘라 말할 수는 없을 것 같습니다. 다만 아래와 같이 살펴보건 대 중용(中庸)에는 지인용(知仁勇)으로 쓰여 있습니다.

●中庸天下之達道五所以行之者三曰君臣也父子也夫婦也昆弟也朋友之交也五者天下之 達道也知仁勇三者天下之達德也所以行之者一也

▶2066◀◆問; 主祀之人, 主祀人, 奉祀孫 , 宗孫 . 嗣孫의 차이.

主祀人(= 主祀之人) = 奉祀孫 = 宗孫 =嗣孫 입니까? 아니면 각 각 어떤 경우 사용 하는 용어 입니까?

◆答; 主祀之人, 主祀人, 奉祀孫 , 宗孫 . 嗣孫 의 차이.

○主祀人,主祀孫,(祭祀承繼人) 종통(宗統)을 계승하고 조상 제사를 주재하는 사람.

●弘齋全書褒錄戊申功臣忠臣綸音(戊申)豐原府院君趙顯命家不幸無主祀人大非世宥之 義

○主祀之人; 종통을 계승하고 조상제사를 맡길 사람.

●戰國策齊之其所短

○奉祀孫; 조상 제사를 받드는 자손.

●春秋左傳成公十三年夏四月獻公即世(林註卽世卒也)穆公不忘舊德俾我惠公用能奉祀 于晉

○宗孫; 대소종(大小宗)의 적장손(嫡長孫).

●詩經大雅板懷德維寧宗子維城箋宗子謂王之適子(辭源註)嫡長子.

○嗣孫;대를 이을 자손.

●書經集傳呂刑王曰嗚呼嗣孫今往何監非德于民之中尙明聽之哉(細註)嗣孫嗣世子孫也 (孔傳)嗣孫諸侯嗣世子孫

▶2067◀◆問; 智仁勇 知仁勇.

지난 8 월 19 일 등록번호 2346 번으로 문의한 내용인데요. 답을 보면: 둘 다 비슷 한 뜻이라는 것으로 이해되는데요.

인터넷 등에서 찾아보니까. 지인용은 논어 헌문편 "지자불혹 인자불우 용자불구"에 서 나왔다고 하는데요. 원래 논어 헌문편에도 "지"자를 "알지" 또는" 지혜지"로 되 어 있었다고 하는 논란이 있는데요. 어느 것이 맞는지요?

질문 1) 논어 헌문편에 있는 글자는 어느 글자가 맞는지요?

질문 2) 헌문편에서 나온 말이면 헌문편에 있는 글자로 사용해야 옳지 않은지요? 아니면 바꿔 써도 관계가 없는지?

질문 3) 육사 교정에 있는 智仁勇은 논어 헌문편과 직접적인 관련이 없는말인가요.

질문 4) 그럼 가훈을 쓸 때는 어느 것으로 사용해야 하나요.

◆答; 지인용(智仁勇) 지인용(知仁勇).

질문 1) 答; 논어대전(論語大全)이나 아래와 같이 주부자(朱夫子)의 주서(註書)나 대 씨(戴氏) 주서(註書) 등을 살펴보건대 知가 맞는 것 같습니다.

질문 2) 答; 논어 헌문편에 쓰인 글자로 씀이 옳을 것 같습니다.

질문 3) 答; 智와 知는 슬기를 뜻함에는 同字이니 그 필자가 택함의 진의를 알지 못 하여 가부를 논할 수는 없을 것 같습니다.

질문 4) 答; 헌문편(憲問篇)의 뜻을 택함이라면은 지인용(知仁勇)으로 씀이 타당할 것 같습니다.

●論語憲問篇子曰君子道者三我無能焉仁者不憂知(朱註知去聲自責以勉人也)者不惑勇
者不懼子貢曰夫子自道也朱註道言也自道猶言謙辭○尹氏曰成德以仁爲先
進學以知爲先故夫子之言其序有不同者以此○戴氏註子貢謂君子之道皆夫子身備有之道
特自謙無能爾頰谷之會齊侯作侏儒之樂欲以執定公孔子曰匹夫而熒惑於諸侯者誅於是誅
侏儒齊侯大懼曲節從敎此仁者必兼知勇也

아래와 같이 살펴보건대 지인용(知仁勇)의 지(知)자의 뜻은 슬기롭다 보다는 알다.
에 더 가까운 것이 아닐까 생각됩니다. 특히(二)항의 말씀에서 두드러지게 나타나
있는듯합니다.

●中庸第二十章(朱夫子著中庸或問)
(一), 天下之達道五所以行之者三曰君臣也父子也夫婦也昆弟也朋友之交也五者天下之達
道也知仁勇三者天下之達德也所以行之者一也註達道者天下古今所共由之路卽書所謂五
典孟子所謂父子有親君臣有義夫婦有別長幼有序朋友有信是也知所以知此也仁所以體此
也勇所以强此也謂之達德者天下古今所同得之理也一則誠而已矣達道雖人所共由然無是
三德則無以行之達德雖人所同得然一有不誠則人欲間之而德非其德矣程子曰所謂誠者止
是誠實此三者三者之外更別無誠
(二), 或生而知之或學而知之或困而知之及其知之一也或安而行之或利而行之或勉强而行
之及其成功一也註知之者之所知行之者之所行謂達道也以其分而言則所以知者知也所以
行者仁也所以至於知之成功而一者勇也以其等而言則生知安行者知也學知利行者仁也困
知勉行者勇也蓋人性雖無不善而氣稟有不同者故聞道有蚤莫行道有難易然能自强不息則
其至一也呂氏曰所入之塗雖異而所至之域則同此所以爲中庸若乃企生知安行之資爲不可
幾及輕困知勉行謂不能有成此道之所以不明不行也
(三), 子曰好學近乎知力行近乎仁知恥近乎勇註子曰二字衍文○此言未及乎達德而求以入
德之事通上文三知爲知三行爲仁則此三近者勇之次也呂氏曰愚者自是而不求自私者徇人
欲而忘返懦者甘爲人下而不辭故好學非知然足以破愚力行非仁然足以忘私知恥非勇然足
以起懦
(四), 知斯三者則知所以修身知所以修身則知所以治人知所以治人則知所以治天下國家矣
註斯三者指三近而言人者對已之稱天下國家則盡乎人矣言此以結上文脩身之意起下文九
經之端也

지인용(知仁勇)에서의 [知]는 지이후유용(知而後有勇)이라 하였으니 익혀 명확하
게 "알다"인것 같고. 인의예지신(仁義禮智信)에서의 [智]는 슬기. 슬기로운. 지혜.
지혜로움 등을 뜻함 같으니 두 글의 지혜(知智)자는 그 뜻하는 바가 다르지 않을까
생각 됨.

[知]와 [智]는 ①안다는 뜻에서는 通用. ②슬기라는 뜻에서는 동자(同字)이니 어
느 자(字)를 택하여 써도 크게 왜곡되지는 않으나 논어(論語)에 지자(字)가 총 121
자인데 이에서 지(智)자의 쓰임은 없고 다만 지(知)자로 설명(說明)되어 있으니 지
인용(智仁勇)보다는 지인용(知仁勇)으로 씀이 선유(先儒)의 뜻에 순종(順從)됨이 아
닌가 생각됨.

論語集註大全
●子曰知者不惑仁者不憂勇者不懼(知去聲)明足以燭理故不惑理足以勝私故不憂註程子
曰仁者不憂樂天者也○朱子曰仁者天下之公私欲不萌而天下之公在我何憂之有○胡氏曰
公理不能勝私欲則憂患多端仁者至公無私與理爲一理所當然則貧賤夷狄患難皆素其位而

行無往而不自得所以不憂也

●氣足以配道義故不懼註朱子曰孟子說配義與道無是餒也今有見得道理分曉而反懾怯者氣不足也○慶源輔氏曰勇而謂氣足以配道義者配則合而有助之義如陰配陽也育義理之勇有血氣之勇氣本纛厲惟配乎道義則爲道義之助而可以言勇所謂不懼者非悍然不顧也主乎義理而言故以配乎道義明之

●此學之序也註朱子曰成德以仁爲先進學以知爲先此誠而明明而誠也中庸三者之序亦爲學者言問何以勇皆序在後曰末後末後做工夫不退轉此方是勇○問知者不惑明理便能無私否曰也有人明理而不能去私欲者然去私欲必先明理無私欲則不屈於物故勇惟聖人自誠而明可以先言仁後言知至於敎人當以知爲先○有仁知而後有勇然而仁知又少勇不得雖曰仁能守之只有這勇方能守得到頭方能接得去若無這勇則雖有仁知少間亦恐會放倒了所以中庸說仁知勇三者勇本是箇沒緊要底物事然仁知不是勇則做不到頭半塗而廢○問人之所以憂惑懼者只是窮理不盡故如此若窮盡天下之理則何憂何懼之有因其無所憂故名之曰仁因其無所惑故名之曰知因其無所懼故名之曰勇不知二說孰是曰仁者隨所遇而安自是不憂知者所見明自是不惑勇者所守定自是不懼夫不憂不惑不懼自有次第○問知之明非仁以守之則不可仁以守之非勇而行之亦不可三者不可闕一而知爲先曰此說甚善正吾人所當自力也○慶源輔氏曰仁者知之體統故論德則以仁爲先知者仁之根抵故論學則以知爲首勇則仁知之發也未能仁知而勇則血氣之爲耳蓋學之序不惑而後不憂不憂而後不懼德之序不憂則自然不惑不惑則自然不懼

▶2068◀◆問; 최초의 자전은?

최초의 자전이 어떤 것이었는지 알 수가 있을 까요.

◆答; 최초의 자전.

상고시대(上古時代) 복희씨(伏羲氏)가 주양씨(朱襄氏; 炎帝)에게 명하여 지은 서계(書契; 造六書)가 자서(字書; 字典)의 시초(始初)라 합니다. 원본(元本)의 실존(實存) 여부(與否)는 알지 못합니다.

*六書: 지사(指事), 상형(象形), 형성(形聲), 회의(會意), 전주(轉注), 가차(假借).

●古今帝王創制原始大昊伏羲氏造書契(註命朱襄氏造六書以代結繩累瓦之政)此字書之始

▶2069◀◆問; <특사흠감>의 내용은?

여쭈어 봅니다. 어느 날 동제사의 축을 보다가 尙饗 앞에 <特使欽鑑>라고 적혀 있는 것과 <特賜欽享>라 적혀 있는 것과 <特使欽感>이라고 적혀 있는 것을 보았습니다. 어느 것이 적합한 것이며, 그 뜻은 무엇인지요? 본 사람들이 서로 맞는다고 의견이 분분하여 여쭈어 봅니다. 죄송합니다.

<特賜欽鑑　特賜欽享　特賜欽感>

◆答; 특사흠감(特賜歆感).

<특사흠감(特賜欽鑑) 특사흠향(特賜欽享) 특사흠감(特賜欽感)>중(中) 흠(欽)은 흠(歆)의 오타(誤打)인 것 같습니다.

◎신령급특사흠감고찰(神靈及特賜歆感考察).

○신(神).

●書經商書今殷民乃攘竊神祇之犠牷牲用以容將食無災註色純曰犠體完曰牷牛羊豕曰牲犠牷牲祭祀天地之物體之最重者猶爲商民攘竊而去有可用相容隱將而食之且無災禍豈特

草竊姦宄而已哉此答微子草竊姦宄之語

○령(靈).
●春秋左傳召公曰平公之靈尙輔相余杜註平公公子城之父
●諸葛亮告先帝治臣之罪以告先帝之靈

○특사(特賜)는 특별상사(特別賞賜)의 준말.
●周禮春官掌衣服車旗宮室之賞賜鄭註王以賞賜有功者書曰車服以庸

○흠감(歆感)은 신명이 제물을 받고 감응함.
●與猶堂全書第二集經集第十九卷詩經講義大雅○生民之什生民;若以爲鬼神之跡則是姜嫄旣爲帝嚳之妃而又與鬼神歆感弗淑也鬼神亦本無形寧能有跡深印野中乎臣謂玄鳥紀其時也

▶2070◀◆問; 표현과 기록이 다를 수 있는가?
표현과 기록이 다를 수가 있는지요.

◆答; 표현과 기록.
아래와 같이 살펴보건대 記錄이란 사실을 사실대로 적어 놓음을 의미하게 되는데 그 記錄은 생각과 현실(대상)을 가감 없이 表現(言語)하고 그 생각과 현실을 제삼자에게 傳하거나 남기기 위하여 적어 놓음을 記錄이라 할진대 한 주제(개체나 대상물)에 대하여 표현(말)과 記錄이 어찌 다를 수 있겠습니까.

유가의 법도에는 그와 같은 법은 없는 것 같습니다.

●文體明辯記一按金石例云記者紀事之文也禹貢顧命乃記之祖而記云云

▶2071◀◆問; 한문 해석 부탁 드립니다.
족보(族譜)에 있는 내용으로 오남구등과(五男俱登科) 부인재당관치(夫人在堂官致) 월늠以榮之 (늠 字는 돌집엄 아래에 품할품稟 자가 들어간 "쌀 곳간 늠" 字입니다) 위 文章(문장)의 正確(정확)한 解釋(해석)을 부탁 드립니다.

◆答; 한문 해석.
본인은 이 곳에서 번역을 절대 하지 않습니다 까닭은 본인이 이 곳에 출입하는 이유가 유가(儒家)의 여러 가지 의문(疑問)이 있어 물어오시는 분이 계시다면 그를 본인이 아는 바에서 최선을 다하여 피차 나누려 할뿐으로 번역(飜譯)은 본인이 의도(意圖)한 바가 아니라 응하지 않고 있으며 또 앞으로도 그러할 것입니다.

더욱이 시중에는 번역(飜譯)을 전문(專門)으로 하는 업이 있으며 지난날 "번역은 잘해야 본전이다" 라는 표현을 썼듯이 원문(原文) 번역이란 잘해야 필자의 의중에 최근접시킬 뿐으로 완벽하기란 어려운 것입니다. 그러나 이제까지 누구도 호응치 않아 예외적으로 본인이 직역(直譯) 보다는 의역(意譯)을 가미 아래와 같이 풀어보겠으니 어눌하다 탓하시지는 말기 바랍니다.

[五男俱登科 夫人在堂 官致月廩 以榮之]

[다섯 아들이 다 함께 과거에 등극하여 정침(안채)에 홀로 계신 어머님께 관(官)에서 매월 받는 녹봉을 모두 보내드려 이로써 어머니를 기쁘게 하여 드렸다]

▶2072◀◆問; 한자의 의미는 전거에 의하여 생겨난다.
같은 글자의 뜻은 사용된 전거로 여러 의미로 분류가 되는 것 같은데?

◆答; 배(輩)자의 의미는 전거에 의하여 생겨남.

배(輩)자를 예오 들어 살펴보기로 합니다. 輩가 품고 있는 뜻 중 ①과 ⑫는 별개의 의미로 합쳐서 하나의 뜻으로 화할 수 없으며. "(典據) [古今小說;蔣興哥重會珍珠衫] 想着他祖父三輩交情 如今又是第四輩了."는 차례라는 의미로 대(代). 세대(世代)의 의미가 부여된 전거로서 이 말씀으로 인하여 그와 같은 의미가 생겨난 것입니다.

예를들어 하늘 천(天)자가 천자(天子)에 쓰인 天字의 의미는 "임금 천"자라 하고. "(典據) [周易; 需卦] 위호천위(位乎天位)." 성품을 이를 때 천성(天性)에 쓰인 천(天)은 성품천이라 " (典據) [呂氏春秋; 本生] 성인지제만물야(聖人之制萬物也) 이전기천야(以全其天也)" 하듯 모든 한자(漢字)에는 이와 같이 전거에 의하여 여러 뜻으로 분류 그 각각의 뜻에 의하여 쓰여지고 있음.

따라서 한자(漢字)의 각 글자에 부여된 여러 의미는 각각의 독특한 영역에 적용될 뿐이지 서로 협력 또는 둘, 그 이상의 의미가 합쳐서 하나의 새로운 의미를 만들어 내지 못한다. 이는 한학(漢學)하는 자라면 기초로 이해될 자해(字解)로서 여기서(성균관) 이런 문제가 논의되는 그 자체가 창피할 뿐만 아니라, 어찌하다 한국 유학이 이런 지경에까지 처하게 되었는지 한심스럽기 짝이 없다.

(例)[輩]常 名 배.

①무리배(類也). (同一類群的人 事 物). 동류. 제배(儕輩). 동아리. 패. 벗. 상대. 같은 또래집단. 제배(儕輩). 또는 짝. 벗. 상대. 또는 같은 류의 동물이나 사물. 류(類)와 뜻이 같음. [晉書; 陶侃傳] 將出府門 顧謂慾期曰 老子婆娑 正坐諸君輩. [後漢書; 周榮傳] 隨輩栖遲. [史記; 孫子吳起傳] 孫子見其馬足不甚相遠馬有 上 中 下輩. [大唐新語; 著述 御覽] 之輩 部帙旣大 尋討稍難. [夢溪筆談; 葯議] 設若欲功堅積 如巴豆輩豈得不爲君哉. [桃花扇; 修札] 自幼無藉流落江湖 難則爲談詞之輩 却不是飮食之人. ②견줄배(比也). 비교함. 비(比)와 뜻이 같음. [後漢書; 循吏傳序] 時人以輩前世趙張. ③떼배(隊也). 무리를 세는 수사. 대(隊)와 뜻이 같음. [北史; 崔逞傳] 分爲二輩. ④마리배(頭也). 짐승을 세는 수사. [太平廣記卷四四一] 羣象五六百輩. ⑤번배(次也). 횟수를 이르는 말. [史記; 秦始皇紀] 高使人請子嬰數輩. ⑥사람배(个也). 사람 수를 세는 수사. 개(个)와 뜻이 같음. [新唐書; 薛元賞傳] 杖死三十餘輩. ⑦수레백량행렬배(車百輛之行列) [說文] 軍發車百輛爲一輩. ⑧순서배. 존비(尊卑)의 차례. 등급. 항(行)과 뜻이 같음. [史記; 白起王翦列傳] 使使還請善田者五輩. ⑨전후배배. [論語; 註] 前進後進猶言前輩後輩. ⑩줄배. 수레의 행렬. [六書故] 車以列分爲輩. ⑪짝배. 상대자. 암수. 한 쌍. 배(配)와 뜻이 같음. [吳志] 當今無輩. ⑫차례배(行也). 순서. 회차. 서차. 서순. 대(代). 세대(世代). 존비장유(尊卑長幼)의 차례. 차(次)와 뜻이 같음. [史記; 魏其武安侯傳] 稱人廣衆薦寵下輩. [古今小說; 蔣興哥重會珍珠衫] 想着他 祖父三輩交情 如今又是第四輩了. ⑬척배(艘也). 배를 세는 수사. [陸龜蒙; 詩] 戰艦百萬輩.

▶2073◀◆問; 한자 峙(산 우뚝할 치)의 발음에 대한 문의?

1 한자 峙(산 우뚝할 치)의 발음은 <치>뿐인가요?

2. 소생의 고향 마을 이름을 한자로는 <松峙>라고 사용되어 왔으나, 보통 <송티>라고 부르고 있어서 문의 드립니다.

3. <松峙(송치)>를 <송티>라고 부르는 것은 잘못인가요? 아니면 <峙→산 우뚝할 치>를 <티>로 발음하는 경우도 있는지요?

◆答; 한자(漢字) 峙(산 우뚝할 치)의 발음.

충북 증평에서 서북쪽으로 두타산 앞 얕으막한 산자락을 끼고 미륵댕이라는 한적한 동리가 자리잡고 있다. 두타산맥 앞에는 독립된 대봉산이 우뚝 서있는데 풍수학에서 길형으로 이르는 문필봉의 대표적 형상이다.

그 대봉산정에 장사하면 그 자손은 영화를 누리는 복을 받는데 그 지역에는 가뭄이 들어 고통을 받는다는 속설이 있어 한발이 들면 동리 사람들이 농기구를 들고 정상으로 올라가 파헤쳐 송장을 찾아 냈다는 소문도 전해진다.

미륵댕이에서 대지랭이 앞을 지나 얕으막한 산고개(대지랭이 고개?)를 넘어서면 아늑하게 자리한 뱀티라는 동리가 나오고 지나면 둥구머리가 나오며 둥구머리에서 서북쪽으로 아주 가파른 벼루재가 버티고 서있고 재를 넘으면 연촌리(硯村里)의 안말과 바깥말이 자리잡고 있었는데 지금은 저수지가 생겨 수몰 되었다.

여기서 뱀티의 동리 곁에 뱀티재라는 고개가 있는지의 여부는 알지 못한다. 따라서 국어학자가 아니니 근거도 없이 티는 재와 동의어로 규정함은 위험한 발상일 듯도 싶다. 다만 국어원의 풀이로는 아래와 같은 풀이가 동명에 붙은 티자의 풀이에 해당하지 않을까 한다. 태도나 기색이란 모양이나 형상 등도 의미할 터이니 말이다.

⊙티의 의미 「1」 어떤 태도나 기색. 「2」((일부 명사 뒤에 붙어)) '어떤 태도나 기색'의 뜻을 나타내는 말. 티자 돌림의 동명으로는 뱀티 밤티 굴티 송티 등등 본 논은 국어학자의 영역이니 유학에서 왈가왈부 함은 분수를 넘은 참견이라 대단히 조심스러우며 동문서답의 가능성이 높을 뿐만 아니라 왜곡일 수도 충분하니 비중을 두지 않기를 바랍니다.

"턱"이라는 명사가 "고개"라는 명사와 결합하여 복합명사화 되면 [산이나 언덕의 고개 마루터기]라는 의미를 띠게 되고, "티"라는 명사가 "고개"라는 명사와 결합 복합명사화 되면 [고개를 넘는 가파른 비탈길]이라는 의미가 되나 "티" 홀로는 "고개를 넘는 가파른 비탈길"이라는 의미가 아니라 고유한 자기 의미뿐입니다. 따라서 "티"가 어디에 붙느냐에 따라 의미가 달라집니다.

부티= 부유하게 보이는 모습이나 태도.
옥(의)티=나무랄 데 없이 훌륭하거나 좋은 것에 있는 사소한 흠을 이르는 말. 등으로 변하는데.'

밤티=밤나무골이거나 상징적인 거목의 밤나무가 있는 마을.
뱀티=앞을 흐르는 냇물 등이 뱀이 기어가는 형상처럼 흐르는 골 안의 마을.
굴티=골짜기가 구불구불 굴곡진 골짝 안의 마을.
송티=특징적으로 주위에 울창한 소나무가 들어차 있거나 상징적인 소나무가 있는 마을. 등 혹 이런 의미는 아닐는지.

▶2074◀◆問; 한학자(漢學者)와 유학자(儒學者)의 차이점.

한학자(漢學者)나 유학자(儒學者) 모두 한문에 관계된 학자들인데 무엇에 차이가 있나요.

◆答; 한학자(漢學者)와 유학자(儒學者)의 차이.
○한학자(漢學者); 한학(漢學)에 조예가 깊은 사람.
○한학(漢學)이란; 한문(漢文) 및 중국어에 관한 학문. 한자학(漢字學).
○한문학(漢文學)이란; 한문(漢文)을 연구하는 학문. 漢學. 한문으로 된 문학.
○유학자(儒學者); 유학(儒學)을 깊이 연구하여 높은 경지에 오른 사람.

○유학(儒學)이란;중국의 공자(孔子)를 시조(始祖)로 하는 전통적인 학문. 요(堯), 순(舜)으로부터 주공(周公)에 이르는 성인(聖人)을 이상으로 하고 인(仁)과 예(禮)를 근본 개념으로 하여, 수신(修身)에서 비롯하여 치국평천하(治國平天下)에 이르는 실천을 그 중심 과제로 한다.

경전(經典)으로는 논어(論語) 맹자(孟子) 대학(大學) 중용(中庸) 서경(書經), 시경(詩經), 역경(易經), 예기(禮記), 춘추(春秋) 등의 서경(書經; 經典)이 있다.

●辭源人部十四畫[儒]孔子學派○又[儒人]猶言儒生○又[儒士]信奉孔子學說的人○又[儒生]同儒士○又[儒林]儒者之群○又[儒風]儒家的傳統○又[儒家]秦漢以孔子爲宗師的學派○又[儒學]儒家之學○又[儒門]儒家○又[儒敎]指以儒家學說敎人

▶2075◀◆問; 行狀記에 대하여.

행장기 란 죽은 사람의 업적을 기록한 것으로 아는데 산사람의 업적(業績)을 기록한 것도 행장기라 해도 무방한지요. 또는 다른 좋은 표현(表現)이 있는지요? 그리고 행장기(行狀記)를 행장록 이라 해도 무방할 런지요?

◆答; 행장기(行狀記).

행장(行狀)이란 문체(文體)의 하나로 사자(死者)의 세계(世系), 거적(居籍), 생몰년월일(生沒年月日)을 기록(記錄)하고 생전(生前)의 행적(行跡)을 기록(記錄)한 글이란 의미(意味)인데 그에 기(記)를 더 붙여 행장기(行狀記)라 세간(世間)에서 통칭(通稱)되고 있는 듯 합니다.

행장(行狀)은 행술(行述)과 동의(同義)이며 생자(生者)의 전적(前績)을 기록(記錄)한 글은 행장(行狀)이라 할 수가 없으며 행장록(行狀錄) 역시 문집(文集)류에서 사용(使用)된 흔적(痕跡)이 있으니 병용(併用)할 수 있다 할 것입니다.

●陔餘叢考行狀條吳曾能改齋漫錄云自唐以來未爲墓誌必先有行狀蓋六朝以來已有之按梁書江淹爲宋建太妃周氏行狀任昉裴子野皆有行狀南史袁昂臨歿勅諸子不得上行狀

▶2076◀◆問; 행적의 한자는?

어느 사람의 과거사를 사진과 글로 역어서 후손에게 전하려고 할 때 "OOO 의 행적"이란 제목을 붙이려고 하는데 사전에는 행적(行績), 행적(行蹟), 행적(行跡), 세가지가 있는데 어느 적자가 합당한지요. 또 행적이란 말 대신에 다른 표현을 추천해 주시면 더욱 감사 하겠습니다.

◆答; 행적(行跡)과 행적(行迹)은 동의어.

행적(行跡)과 행적(行迹)은 동의어(同義語)로 넓은 의미(意味)를 포함(包含)하고 있으며 행적(行蹟)은 행적(行跡)과는 발차취 등은 동의(同義)이나 행적(行跡)보다는 좁은 의미를 나타내며, 보통 선세(先世)나 선인(先人)의 지난 행적을 기록한 글은 행장기(行狀記)라 합니다.

●陔餘叢考行狀條自唐以來未爲墓誌必先有行狀(中略)宋建太妃周氏行狀(中略)諸子不得上行狀徐孝嗣(中略)三國志註引用先賢行狀最多然古人行狀本以上太常司徒議諡法魏書云舊制凡薨亡者大鴻臚本州大中正條其行蹟(中略)太妃周氏行狀已見南史則又不得謂婦人行狀之無本也

▶2077◀◆問; 향(享)과 수(壽). 에 대하여?

세보(世譜)를 하기 위하여 수단을 받고 있는데 70 세 이하는 [향(享)], 70 이상은

[수(壽)]로 기록하는 이유는 무엇인가.

◆答; 향(享)과 수(壽).

○수(壽)란 70 의 노인이란 의미로 이 나이가 되면 家事(가사)(제사포함) 자손에게 넘겨 주(傳重)고 제사도 지내지 않으며 자손들로부터 長壽(장수)를 바라는 나이라는 뜻이 있어 70 이상 노인에게는 [壽몇세]라 이르고,

○향(享)은 전중(傳重)의 나이에 미치지 않아 제사를 지내는 70 세 이전이란 의미에서 [享몇세]라 이르지 않는가 생각됩니다.

●選賦抄評註解刪補東京賦降至尊以訓恭送迎拜乎三壽註三壽三老言天子降至尊之位以禮三老者所以敎人以敬也

●史記高祖記高祖奉玉厄起爲太上皇壽日始大人常以臣無賴

●曲禮七十曰老而傳注傳家事任子孫

●書經盤庚篇玆予大享于先王爾祖其從與享之註大享于先王爾祖亦以功而配食於廟

▶2078◀◆問; 헌판과 유화절 용어에 대하여?

선생님 후학(後學)지도(指導)를 위해 고생(苦生)이 많으십니다. 늘 감사한 마음으로 본란(本欄)을 통해 많이 배우고 있습니다.

1. 현판과 관련 아주 기본적이지만 그 용어가 궁금합니다. 재실의 제목을 쓴 것 즉 '첨복재(瞻馥齋)'를 통상 '현판'이라고 하는데 맞는지 궁금합니다. 재실을 건립한 경위를 기록한 것 즉 '첨복재기(瞻馥齋記)'를 무엇이라고 부르는지 궁금합니다. 통상 '현판' 또는 '서판'이라고 하는데 어느 용어가 맞는지 이 역시 궁금합니다.

2. 歲 甲午 流火節 00 000 근기에서 '유화절'이 언제를 의미하는지 궁금합니다. 상기 2 가지에 대해 가르침을 받고자 합니다.

◆答; 헌판과 유화절.

問; 1. 答; 서판(書板)이란 글씨 쓸 때 밑에 받치는 판(板)을 의미(意味)하고, 일성록(日省錄)에서 재실현판(齋室懸板)이라 하였으니 재실현판(齋室懸板)이라 함이 옳을 것 같으며, 재기(齋記)역시 문체명변(文體明辯)에서 기체(記體)에는 정기(亭記), 대기(臺記), 누기(樓記), 화기(畫記), 재기(齋記), 문견기(聞見記), 기행문(紀行文), 일기문(日記文) 등(等)이 이에 속(屬)한다. 는 것이며, 동서(同書) 기체일(記體一) 서두(書頭)에서 기제혹왈모기(其題或曰某記)라 하였으니 모모재기(某某齋記)라 명함(名銜)에 하자(瑕疵)는 없을 듯합니다.

問; 2. 答; 7 월의 이칭(異稱)으로 유화절(流火節)이라 합니다.

●日省錄哲宗十二年辛酉一月二十八日丁巳黃壇排設破傷物件命令該司改備條禮曹啓(云云)齋室懸板紗籠黃幕一

●蘇軾乞賜州學書板狀盡以市易書板賜與州學註以雕板印刷術印書的底板

●文體明辯記一篇按金石例云記者紀事之文也禹貢顧命乃記之祖而記之名則昉於戴記學記諸篇厥後揚雄作蜀記而文選不列其類(云云)其題或曰某記或曰記某則惟作者之所命焉此外又有墓磚記墳記塔記則皆附于墓誌之條玆不復列

●詩經豳風七月七月流火九月授衣孔穎達疏於七月之中有西流者是火之星也

▶2079◀◆問; 현귀(顯貴)란.

조상(祖上) 행적(行跡)을 보다가" 현귀로 이조판서(吏曹判書)에" 운운 에서 현귀의 뜻이 궁금합니다.

◆答; 현귀(顯貴).

아래와 같이 살펴보건대 현귀(顯貴)란 지위가 높고 귀함. 또는 그런 사람을 의미하며 귀현(貴顯)과 동의로 쓰이기도 하는데 귀현(貴顯), 이란 신분이 높고 세상에 명성이 높게 알려짐. 또는 그런 사람. 이란 의미 이기도 합니다.

●陳書哀敬傳字子恭陳郡陽夏人也(云云)兄子樞字踐言梁吳郡太守君正之子也美容儀性沈靜好讀書手不釋卷家世顯貴皆産充積而樞獨云云
●管子形勢篇古者三王五伯皆人主之利天下者也故身貴顯而子孫被其澤

31 성균관(成均館)(附鄕校)

▶2080◀◆問; 각 기관의 [성균좨주(成均祭酒)'에 대한 답변]을 보고.

성균좨주(成均祭酒)란 어디에서 근거하여 祭의 음이 좨라 하는가?

◆答; 성균관(成均館)은 성균인(成均人) 만이.

의학자(醫學者)가 아니면 해부(解剖)를 할 수 없고 천문학자(天文學者)가 아니면 해와 달은 하나씩이라는 것은 알 수 있으나 우주(宇宙)는 알 턱이 없음과 마찬가지로 유학자(儒學者)가 아니고는 유학(儒學)의 깊은 곳까지 아는 자가 없겠지요.

제주(祭酒)의 우리 발음(發音)에 관하여 위와 같이 각 기관(機關)들의 해명(解明)이 그를 입증(立證)하고도 남을 것입니다. 특히 사(寺), 솔(率), 사(射)에 관하여 논(論)함에 이르러서는 유학(儒學)에의 근본(根本) 글자도 이해(理解)를 못하고 있으니 거기서 무엇을 바라겠습니까.

제주(祭酒)는 제주로 읽어야지 좨주라 발음하지 않습니다. 유학(儒學)은 유학인(儒學人)이 다듬고, 유학의 법도대로 이해할 뿐입니다.

①아래와 같이 살펴보건대 [寺]의 음에는 [사]뿐만 아니라 강희자전(康熙字典)을 비롯하여 이미 내국(內國)의 옥편(玉篇)에도 본음으로 [시음]이 이미 있습니다.

⊙康熙字典 寸部三書 [寺]音嗣 又宦寺音時[周禮天官]註寺之言侍也
⊙校訂全韻玉篇(1913) 寸部三書 [寺] (새)官舍僧居 (시)宦寺(實)侍門내寺(환관시)同
⊙新字典(1915) 寸部三書 [寺] (사, 새)僧居절 (시)宦寺 내관(實)侍門내寺(환관시)同
⊙全韻玉篇(1917) 寸部三書 [寺] (새)官舍僧居 (시)宦寺(實)侍門내寺(환관시)同

●[寺](내관 시)內則深宮固門閣寺守之男不入女不出註閣掌守中門之禁也寺掌內人之禁令也
●[寺](관아 시)漢書元帝記道縣城郭官寺及民室屋壓殺人衆註師古曰獂道屬天水凡府庭所在皆謂之寺獂音完

② 아래와 같이 살펴보건대 [率]의 음에는 [솔]뿐이 아니라 강희자전(康熙字典)을 비롯하여 이미 내국(內國)의 옥편(玉篇)에도 본음(本音)으로 [수]음이 이미 있음.
⊙康熙字典 玄部六書 [率] 音帥 [正韻]同帥 [史記]率註與帥同
⊙校訂全韻玉篇(1913) 玄部六書 [率] (슈) (實)帥同
⊙新字典(1915) 玄部六書 [率] (슈) 장슈
⊙全韻玉篇(1917) 玄部六書 [率] (슈) (實)帥同

●[率](장수 수)荀子富國篇將率不能則兵弱註率與帥同

③아래와 같이 살펴보건대 [射]의 음에는 [사]뿐만 아니라 강희자전(康熙字典)을 비롯하여 이미 내국(內國)의 옥편(玉篇)에도 본음(本音)으로 [야]음이 이미 있음.

⊙康熙字典 寸部七書 [尉] 音夜 [正韻]僕射秦官名
⊙校訂全韻玉篇(1913) 寸部七書 [尉] (야)秦官名僕射
⊙新字典(1915) 寸部七書 [尉] (야)秦官名僕射
⊙全韻玉篇(1917) 寸部七書 [尉] (야)秦官名僕射

●[尉](벼슬이름 야) 史記秦始皇本紀壽僕射周靑臣進頌曰註正義曰射音夜漢書百官表曰僕射秦官古者重武官王射以督課曰僕主也

●[酒](술 주) 이제까지 본인이 살핀 유서(儒書)에서는 [酒]을 쵀로 발음된다 하는 書는 가져 보지를 못하여 쵀음을 현재로서는 인정할 수가 없습니다.

다만 교정전운 옥편에서 상단 외곽선 상에 아무런 전거(典據) 없이 {祭官名[쵀]}라 표시하였을 뿐이라 전거가 없어 인정할 수가 없다.

{校訂全韻玉篇(1913;新舊書林刊)[示]部六畫[祭]音[제]○外廓線上附記祭官名[쵀]}
●史記荀卿傳齊孃王時而荀卿最爲老師齊尙脩列大夫之缺而荀卿三爲祭酒焉註索隱曰禮食必祭先飮酒亦然必以席中之尊者一人當祭耳後因以爲官名故吳王濞爲劉氏祭酒是也而卿三爲祭酒者謂荀卿出入前後三度處列大夫康莊之位而皆爲其所尊故云三爲祭酒
●新書時變條家富而出官耳驕恥偏而爲祭尊註猶祭酒也
●辭源示部六畫祭酒(一)醮酒祭神
●鄕飮酒禮古時饗宴醮酒祭神泌由尊者或老者一人擧酒祭地遂謂位尊者或年長者爲祭酒
●太祖實錄辛禑六年(1380)庚申八月成均祭酒權近
●世宗實錄辛丑(1421)十二月九日戊戌(云云)成均祭酒(云云)
●高麗史節要(1455~68)睿宗文孝大王癸巳八年以朴景綽爲國子祭酒
●中宗實錄壬午(1522)六月五日庚辰(云云)國子祭酒(云云)
●典錄通考(1707) 吏典成均館條祭酒(補)堂上學行有士望者授以他官兼
●大典通編(1785)吏典成均館條祭酒一員正三品[續]增置[增]一二品亦兼
●太學志(1785)職官差除成均館條祭酒二員(註自正三品至從一品)以他官兼之
●典律通補(1787)吏典成均館條祭酒正三以學行有士望者擬差或單付司隮同兼
●薊山記程(1804)復路朝發薊州是皇明名臣大司成國子監祭酒成憲牌樓
●憲宗實錄乙巳(1845)六月二十五日乙卯(云云)洪直弼爲成均館祭酒(云云)
●大典會通(1865)吏典成均館條祭酒一員正三品[續]增置[增]一二品亦兼
●六典條例(1866)禮典成均館條祭酒一員正三品儒賢一二品亦兼
●東典考(19 世紀末)官職成均館條有大司成祭酒(云云)後改定祭酒二員(云云)太宗改祭酒爲司成(云云)孝宗朝別置祭酒(云云)

▶2081◀◆問; 갑오경장과 성균관의 관계.
답을 주신 두 분 선생님께 감사 드립니다. 성균관의 세가 약화되기 시작은 갑오경장 때문이라 들었습니다. 맞는지요. 피서 가느라 야단들인데 죄송합니다.

◆答; 갑오경장과 성균관의 관계.
아래와 같이 살펴보건대 고종 31 년(1894) 7 월 12 일 군국기무처(軍國機務處; 갑오경장을 추진하였던 최고 정책 결정 기관)가 제안한 성균관(成均館)의 교육목표인 과거제도(科擧制度)를 폐하고 전고국조례(銓考局條例)와 같이 벼슬아치 뽑는 방법을 바꾼 데서 성균관(成均館)이 쇠퇴한 단초(端初)인 것만은 분명한 것 같습니다.

●高宗實錄甲午(高宗 31; 1894)七月十一日軍國機務處進議案及新式貨幣發行章程議案一改正度量衡本(以下省略)

◆新式貨幣發行章程

(省略)

●高宗實錄甲午(高宗 31; 1894)七月十二日軍國機務處進議案及銓考局條例命令頒布式選擧條例議案一總理大臣(以下省略)

◆銓考局條例

一 銓考局掌考試各府衙所送選擧人其試驗有二法

一 普通試驗

一 特別試驗

一 普通試驗

國文漢文寫字算術內國政外國事情內情外事俱發策

一 特別試驗

准該人所帶選狀內所註明適用才器單擧發題

一 普通試驗後許赴特別試驗不中選者銓考局具文通知于該人選擧之府或衙中選者成給銓試狀以爲該大臣憑考

一 凡特有銓試狀者該局課內陞差則不必更要試驗又退任者復仕同局則不要試驗

◆命令頒布式

(省略)

◆選擧條例

一 各府各衙門大臣選取其所管奏任判任等官

一 無論朝野紳士京鄉貴賤有品行才諝藝術兼識時務者認眞選取詳錄其人職姓名年貫居住發給選狀委送銓考局請隨材銓考

一 豫選人選狀內注明其才器適用何局何課由銓考局待中選于普通試驗再行特別

試分局各府衙門徵用

一 廣設學校作成人材之前由議政府關飭五都八道依鄉貢法薦升京畿十人忠淸道十五人全羅道十五人慶尙道二十人平安道十三人江原道十人黃海道十人咸鏡南北道各五人五都及濟州各一人送詣京師各以其才願赴何衙門聽各衙門大臣選取

▶2082◀◆問; 계단을 오르는 법도에 대하여.

대성전에 다가가기 전에 있는 계단을 오를 때 오른발로 먼저 오르고 왼발을 모으는 것을 반복한다고 하는데 이를 한자용어로 뭐라고 하나요?

◆答; 대성전(大聖殿) 동서계(東西階) 오르는 법도.

동쪽층계(層階)에 오를 때는 오른쪽 발을 먼저 올려 디디고 다음 왼쪽 발을 올려 모으고 또 그와 같이 오르고 서쪽층계에 오를 때는 왼쪽 발을 먼저. 올려 디디고 다음 오른쪽 발을 올려 모으고 또 그와 같이 올라, 하강(下降)할 때는 그 반대로 내려 옵니다.

●曲禮主人入門而右客入門而左主人就東階客就西階主人先登客從之拾級聚足連步以上上於東階則先右足上於西階則先左足註主人先而客繼之拾級涉階之級也聚足後足與前足相合也連步步相繼也先右先左各順入門之左右也

●愚伏文集雜著金沙溪經書疑問辨論上於東階先右足上於西階先左足主人與客相對而升以近階之足先升也先左先右陳註以爲各順入門之左右此說甚無意義蓋分庭竝行相與揖讓升階時必主人先右足客先左足然後面相向而不相背涉級之際可以相觀爲節禮之敎人纖悉曲盡如此今謂以近階之足先升恐未然此時賓主俱北面未嘗相對立豈有近階之足耶

▶2083◀◆問; 관복의 홀 처리 문제.

서원(書院)이나 향교(鄕校)에서 향사(享祀) 때에 관복(冠服)을 입습니다. 그런데 관복(冠服)에 보니 홀(笏)을 넣는 곳이 없습니다. 주로 왼쪽 가슴 쪽에 있는 것을 보았습니다. 성균관(成均館)에도 왼쪽에 꽂는 것을 보았습니다.

이와 같이 홀을 넣는 곳이 있는 관복을 입는 직위와 없는 관복을 입는 직위가 구별 되어 있는지요? 아니면 관복을 잘 못 만들었는지요? 없으면 동작(관수 세수) 등을 하기 전에 홀을 어떻게 하는지요? 요대(腰帶)에도 꽂을 곳이 없습니다. 요대는 너무 커서 늘어져 있군요.

◆答; 홀은 관복 띠에 꽂는다.

예(禮)를 행할 때 홀(笏)을 주머니에 넣는 법도는 없으며, 제왕을 비록 집홀자는 진홀(搢笏; 요대(紳)에 꽂음)의 법도뿐이니 요대를 헐렁하게 매었다면 조여 매야 할 것입니다.

●國朝五禮儀吉禮春秋及臘祭社稷儀奠幣禮; 殿下詣盥洗位南向立啓請搢圭(註)如搢不便近侍承奉
●穀梁傳僖公三年;陽穀之會桓公委端搢笏而朝諸侯范宁注搢**插**也笏所以記事也
●宋書禮志五;古者貴賤皆執笏其有事則搢之於腰帶所謂搢紳之士者搢笏而垂紳帶也紳垂三尺笏者有事則書之

▶2084◀◆問; 교육사를 공부중인 학생인데요.

안녕하세요? 저는 지금 교육사를 공부중인 학생인데요. 성균관에 대해 공부하던 중에 잘 모르는 게 있어서요. 이렇게 질문을 드립니다.

책에 "성균관은 묘학제에 따라 문묘와 학당으로 구성된다" 라는 내용이 있는데요 묘학제가 먼지 몰라서 아무리 찾아봐도 묘학제에 대해 나오지 않아서요 좀 빨리 알려주시면 감사하겠습니다.

◆答; 묘학제란.

묘학제(廟學制)란 사당(祠堂)제도와 학교제도를 일컫는 말로 성균관(成均館)은 그 제도에 의하여 병립되어 학생을 가르치던 지난날 우리나라 최고학부입니다.

성균관(成均館)에 관하여는 태학지(太學志)에 자세히 기록되어 있으며 당서 건치(建置)의 변(辨)에 잘 나타나 있습니다.

성균관(成均館)의 제도(制度)는 태조 7(1398)년 숭교방(崇敎坊; 明倫洞)에 공부자(孔夫子)를 모신 문묘(文廟)와 학교인 명륜당(明倫堂)과 학생의 거처인 재(齋)를 세우고 성종조에 이르러 향관청(享官廳)과 존경각(尊經閣; 圖書館)을 갖추게 되고 현종조에 이르러 비천당(丕闡堂; 科擧場). 숙종조에 이르러 계성당(啓聖堂)이 세워졌다 합니다.

●太學志建置古者有國未嘗不建學(云云)周禮大司樂掌成均之法以治建國之學(云云)諸侯王卿相至郡先廟謁而後從政所以垂統致治而基宏大之業也(云云)建都之初先相學址以立先聖之廟(云云)國初建學始作建置第一

▶2085◀◆問; 구재(九齋)의 정확한 순서?

안녕하세요. 교육학을 공부하는 학생입니다. 이론서마다 성균관에서 공부하는 순서가 달라서 정확한 순서를 알고 싶습니다.

대학- 논어-맹자-중용의 순서는 맞는데 시-서-역-예기-춘추의 순서는 3 개의 책

을 찾아본 결과 다 다르게 나옵니다. 정확하게 알려주세요~

◆答; 구재(九齋).

성균관(成均館)에서 교육 시키는 구재(九齋)의 순을 다음과 같습니다. 대학(大學) 론어(論語) 맹자(孟子) 중용(中庸) 시경(詩經) 서경(書經) 춘추(春秋) 예기(禮記) 주역(周易).

●疏箚輯要大司成閔鍾顯上疏;世祖大王嘗置九齋於成均館大學論語孟子中庸詩書春秋禮記周易各爲一齋

▶2086◀◆問; 기록장부 용도 문의.

안녕하세요 기록 장부(帳簿) 중 청금록(靑衿錄)이 있고 청금안(靑衿案)이 있는데 각각 어떠한 내용을 무슨 용도로 기록(記錄)하는 장부(帳簿)인지 자세하게 설명하여 주시면 대단히 감사하겠습니다. 잘 부탁 합니다.

◆答; 청금록(靑衿錄) 청금안(靑衿案).

청금록(靑衿錄)이란 청금안(靑衿案; 靑襟案) 유안(儒案)과 동의로 성균관(成均館) · 서원(書院) · 향교(鄕校) 등에 비치한 유생(儒生)들의 명부(名簿)를 말합니다.

●詩經正解鄭風子衿章靑靑子衿悠悠我心註靑靑純綠之色子男子也衿領也
●迂書論救門閥之弊條我國雖曰設學不知入學之制儒生刱出所謂靑衿錄云云
●公車文判校孫碩周上疏文咸興文會書院靑衿案入錄者始許薦望之意啓聞定奪文會書院卽孔夫子影幀奉安之所而靑衿案乃一道內地閥文識俱備鄕
●靑襟案新案序校宮之有靑襟案所以存本任之體貌鄭重而示濟濟於來許也余觀本校之案有新舊二冊焉舊案則(云云)
●明齋曰當初靑衿之修錄也(云云)儒案耶

▶2087◀◆問; 단체장 고유 시 헌관은 누구.

안녕하세요? 향교에서 외부 인사 고유제에 문의 합니다. 단체장(군수, 도의원 등)의 향교 대성전 고유 시에 헌관은 누가 되는지요?

옛 전래에 전교가 향, 로, 제주와 축까지 행하고 단체장은 밖에 섰다가 4 배만 한다는데 맞는지요. 제 생각은 고유할 당사자(단체장)가 제주와 독축까지 행하는 것이 맞을 것 같은데 (단체장의 축도 병기 요망) 여러 선생께서 고견을 부탁 드립니다.

◆答; 단체장 고유 시 헌관?

질문자께서 본인의 답문을 원치 않는 듯하여 자제하였으나 응대자 여러분께서 본인의 글이 게시되어야 뒤이어 게시하려 보류하고 있는지의 여부는 알 수 없으나 이 시각이 되어도 올라오는 답이 없어 방문객을 위하여 아래와 같이 본인의 소견을 게시합니다.

문선왕묘(文宣王廟)는 사서인(士庶人)의 사묘(私廟)가 아니고 국묘(國廟)로서 국조오례의(國朝五禮儀)의 예법으로는 석전(釋奠)인데 아래와 같이 태학지(太學志)를 살펴보면 고유제(告由祭)의 예법(禮法)도 있으나 이 예(禮) 역시 단체장(團體長)이나 도의원(道議員) 급(級)의 당선(授官) 고유(告由) 예법(禮法)은 없는 것 같습니다. 다만 사서인(士庶人)은 관직(官職)을 받으면 사당(祠堂) 유사칙고조(有事則告條)에 명시(明示)된 수관고유(授官告由) 예법(禮法)에 따라 자기(自己) 선조(先祖)에게 고(告)할 따름인 것 같습니다.

그러나 향교(鄕校)에서 그러한 예법(禮法)이 행하여져 오고 있는지의 여부(與否)는 알지 못하나 만약 행하고 있다면 어느 근거(根據)에 의하여 행하고 있는지를 먼저 확인(確認)하여 봄이 우선(于先)일 듯도 싶습니다.

●太學志告由祭(附移還安祭)條仁祖二十年壬午禮曹啓成均館牒呈聖殿祭器庫四廡北邊簷牙盖瓦及東廡祭器庫墻垣西廡祭器庫椽木等處因風雨頹落神位至近之地不可無告由之擧告由祭推擇何如依允〇顯宗二年辛丑禮曹啓來八月十九日謁聖事啓下而十哲交倚座席床卓油芚及地衣東西廡一百十八位交倚座席床卓油芚地衣全數殿內神位交倚十五改漆大成殿東西廡內外丹靑各門典祀廳丹靑殿內西南北墻垣典祀廳西南北墻垣祭器庫三處盖瓦大成殿東西兩漏等處及木豆七十五介東西廡木豆各一百十八介全數改漆先行告由祭後行移安祭還安祭臨時設行何如依允(謁聖視學幷行告由)

●大學衍義補治國平天下之要秩祭祀篇釋奠先師之禮上條周禮大司樂掌成均(五帝學名)之法以治建國之學政而合國之子弟焉云云下條宋太祖建隆三年詔廟門立戟十六云云

●白虎通五祀條五祀者何謂也謂門戶井竈中霤也禮曰天子祭天地諸侯祭山川卿大夫祭五祀士祭其祖

●家禮祠堂篇有事則告條告授官祝版云云

▶2088◀◆問; 대성전 출입통로 문의.

안녕하세요. 대성전을 출입하는 통로(계단포함)가 각 향교마다 같지않아 어느 경우가 정확한지 잘 몰라서 문의 드립니다. 하나는 대성전을 들어가는 통로 또 다른 하나는 대성전에서 나오는 통로 또 다른 중앙의 통로가 있는가 하면 중앙에 한곳만 있는 경우가 있습니다. 통로(계단)의 용도와 올바른 통로 설치를 자세하게 알려주시면 대단히 감사하겠습니다. 잘 부탁 드립니다. 감사합니다.

◆答; 대성전 출입통로.

묘(廟)의 출입문(出入門)에서 사당(祠堂) 층계(層階)까지 다니도록 만들어 놓은 길을 당도(堂塗)라 하는데 궐리지(闕里誌) 사당(祠堂) 제도(制度)를 살펴보면 송대(宋代)까지는 별도로 당도(堂塗)를 두지 않았다가, 명조(明朝)에 이르러 비로소 일당도(一堂塗)를 두었고, 그 뒤 양당도(兩堂塗)를 두게 되었다. 하는데 궐리지(闕里誌) 서문(序文)에 세알봉곤돈(歲闕逢困敦) 월성최현필근서(月城崔鉉弼謹書) 라 하였으니 세알봉곤돈(歲闕逢困敦)란 갑자년(甲子年)이라 함이고 월성최현필(月城崔鉉弼) 선생시대 갑자년(甲子年)은 고종(高宗) 원년(元年)(甲子; 1864)으로 근대(近代) 문묘제도(文廟制度)가 아닌가 합니다. 다만 국조오례의(國朝五禮儀) 문선왕묘(文宣王廟) 도식(圖式)을 살피건대 직접 출입문(出入門)에서 묘(廟)로 이어지는 당도(堂塗)는 없습니다. 따라서 일당도(一堂塗)를 둔 향교(鄕校)는 명조(明朝)의 제도(制度)를 택하였고 양당도(兩堂塗)는 근대(近代) 제도(制度)를 택하였다. 라 이해 되는데 그 용도의 전거(典據)는 알지를 못하여 논(論)하기를 피합니다.

●家輯堂塗謂之陳(細註)郭氏曰堂下至門徑也其北属階其南接門內主人將東賓將西賓主各至堂塗北行向堂時也賓主各至堂塗北行向堂時也又按聘禮堂塗也則堂塗在階廡之內矣

●闕里誌廟制按宋闕里廟制無堂塗明朝闕里廟制一堂塗新廟圖一圖二圖三圖皆兩堂塗

●國朝五禮儀序例壇廟圖說文宣王廟按無堂塗

▶2089◀◆問; 대축(大祝)만이 홀로 서계(西階)를 이용하는 까닭.

오례의(五禮儀) 예법에서 향관(享官)은 모두 조계(阼階)로 승강(乘降)을 하는데 망예위(望瘞位) 때 대축(大祝)만이 홀로 서계(西階)를 이용하는데 무슨 연유에서 인지요.

◆答; 대축(大祝)만이 홀로 서계(西階)를 이용하는 까닭.

아래와 같이 살펴보건대 망예예(望瘞禮) 때 대축(大祝)은 축(祝)과 폐백(幣帛)을 받들어 망예위로 내려오는 축(祝)에 붙여진 시호(諡號)인 까닭에서 조계(阼階)를 승강(昇降)하지 못하고 서계(西階)로 승강(昇降)하게 된다는 것입니다.

●周禮春官序官; 大祝下大夫二人上士四人鄭玄注大祝祝官之長
●曲禮;天子建天官先六大曰大宰大宗大史大祝大士大卜典司六典(註)此六大者天官之屬也(鄭玄注)典法也此蓋殷時制也周則大宰爲天官大宗曰宗伯宗伯爲春官大史以下屬焉大士以神仕者

▶2090◀◆問; 도기는 어떻게 생겼어요?

그림을 공부하는 학생입니다. 성균관 유생들의 생활을 살펴보니 재미있으면서도 참으로 엄격한 생활을 하였던 거 같아요. 그런데 유생들이 식사하는 점수를 매긴 도기(到記)는 어떻게 생겼나요? 요즘처럼 출석부처럼 생겼는지도 궁금해요. 원점을 받았다고 하는데, 그럼 이름을 쓰고 아래에 서명하는 식이었나요? 잘 아시는 분들께 답변 부탁 드려요.

◆答; 도기(到記).

⊙도기(到記)란 부책(簿冊)으로 제각(祭閣) 등에 비치하여 놓고 참배객(參拜客)의 성명(姓名)을 기록하는 기록부(記錄簿)인데 조선시대(朝鮮時代) 성균관(成均館) 식소(食所; 食堂)에 출입 여부를 확인할 목적으로 비치하여 놓고 기록, 유생(儒生)들의 학업(學業) 태도를 평점(評點)하기 위하여 식사 한 회수를 기록하던 장부(帳簿). 조석(朝夕) 두 끼 식사를 하면 일도(一到)를 주어오십도(五十到) 이상에 이른 유생(儒生)에게만 과거시험(科擧試驗) 볼 자격을 주었음. 지금의 학교 등지의 출석부(出席簿)와 형태는 다르나 기능(技能)하는바 목적은 유사함.

⊙원점(圓點)이란 조선시대(朝鮮時代) 성균관(成均館)을 비롯하여 사부학당(四部學堂) 등의 교육기관(敎育機關)에서 유생(儒生)들의 출석여부(出席與否)를 확인하기 위하여 식소(食所)에 출입할 때마다 도기(到記)에 점(點)을 찍고 서명을 하도록 하여 매기던 점수 제도로 위와 같이 오십 점에 이르면 과거시험(科擧試驗) 자격을 줌.

●太學志選擧徒記;凡館學儒生食堂到記有特旨收聚以入分製講試收入格人或賜第或給分施賞

▶2091◀◆問; 망요란 무엇인가요?

성균관의 건축물을 살펴보다가 대성전 옆에 망요라는 단어가 나오더라고요. 다른 곳에서 검색을 해 보니 축문을 태웠다고 나오던데 망요는 어떤 기능을 하고, 어떻게 생겼나요? 어디에 위치해 있는 것인가요? 궁금해요. 알려주시면 감사하겠습니다.

◆答; 망예(望瘞)에 대하여.

問; 答; 문맥으로 보아 망요는 망예(望瘞)로 인식 아래 국조오례의(國朝五禮儀)를 살펴보면 예법 마지막의 예로 축문과 폐백 등을 묻는 구덩이입니다.

問; 答; 감(坎; 구덩이)의 위치(位置)는 국조오례의(國朝五禮儀) 일책(一冊) 삼십판후(三十板後) 사직단도(社稷壇圖)를 살펴보면 북향(北向)으로 국사지신(國社之神)과 후토지신(后土之神) 단(壇) 앞 좌측(서쪽) 문(門)곁 담 밑이며 국직지신(國稷之神)과 후직지신(后稷之神) 단(壇) 앞 좌측(서쪽) 구석 담 밑에 있음. 문묘(文廟) 망예위(望瘞位)는 묘(廟)의 남문(南門) 내 서쪽 담 아래 구석 쪽으로 위치합니다.

●贊者曰望瘞謁者引獻官詣望瘞位北向立贊者詣望瘞位西向立祝以篚取祝版及幣降自西

陛置於坎贊者曰可瘞置土半坎(海瀆則沈之)謁者進獻官之左白禮畢遂引獻官出贊者還本
位謁者引祝及諸執事俱復壇南拜位立定贊者曰四拜祝以下皆四拜謁者引出贊者謁者就壇
南拜位四拜而出掌饌者帥其屬藏神位版徹禮饌以降乃退

●社稷壇圖說祭畢使人持幣及祝版之屬從踏道下送入坎土然後下土築實

▶2092◀◆問; 망지(望紙)와 천지(薦紙)에 대하여 문의합니다.

충신님들의 춘향대제를 모실 때 헌관 이하 어느 분까지가 망지를 전하고 천지를 전
해야 하는지 알고 싶습니다.

◆答; 망지(望紙)와 천지(薦紙).

망지(望紙)나 천지(薦紙) 같은 의미입니다. 망지(望紙)를 보내는 대상자는 제관(祭
官)으로 삼헌관(三獻官)을 비롯하여 축관(祝官) 알자(謁者) 찬자(贊者) 찬인(贊引) 등
분정을 받은 제관(諸官) 제집사(諸執事)들에게 보내는 통지서(通知書)라 생각됩니다.

●祈雨祭謄錄祈雨日子退行; 吏曹獻官望單子傳曰二十四日行祭

▶2093◀◆問; 면천향교 건립 시기.

충남 당진군 면천면 성상리에 위치한 면천향교의 정확한 건립연대를 알고 싶습니다.
면천향교 건립시기와 관련 다음과 같은 여러 설이 있는 것 같습니다.

1997.12.30 당진군에서 발행한 당진군지(중권) 272 쪽 면천향교 건립시기를 보면
조선 태조 1 년(1392 년)에 건립하였으나 고려 31 대 공민왕 16 년(1367 년)에 건립
하였다 라는 설도 있다 라고 하였고, 1991.12.10 면천면에서 발행한 유서 깊은 면
천 122 쪽에는 면천향교에 대해 확실한 기록은 없으나 조선 태조 1 년 (1392 년)
이라 하였으며 1937 년 당진군에서 발행한 당진군사 10 쪽에서는 면천향교는 조선
성종 11 년 (1480 년)에 건립되었다고 하였으며 현재 당진군 홈페이지 및 충청남도
홈페이지 도 지정기념물 현황에서는 면천향교는 조선 태조 1 년(1392 년)에 건립이
라고 설명 하였고 문화재청 홈페이지 문화재 검색 우리지역 문화재 현황에서는 면
천향교는 건립시기를 정확히 알 수 없으나 태조 1 년(1392 년)이라 하였으며
2000.10.30 면천향교에서 발행한 면천향교지(상권) 451 쪽에서 면천향교 연혁을 보
면 성균관의 향교현황 자료에 근거하여 고려 31 대 공민왕 15 년(1366 년)건립되었
다고 하였는데 성균관 홈페이지에 들어가 향교를 검색하면 전국 향교 리스트만 있
고 건립연대는 기록되지 않았습니다.

위 면천향교지 향교연혁에는 성균관의 향교 현황 자료에 근거하여 고려 공민왕 15
년에 건립하였다고 하였는데 이에 대한 역사적 근거가 있는 지와 없으면 면천향교
건립연대를 어떻게 정립해야 좋을지 하교하여 주시면 감사하겠습니다.

끝으로 훌륭한 유교사상과 미풍양속을 현대사회에 접목시켜 윤리와 도덕이 살아 숨
쉬는 바른 사회 건설을 위해 훌륭한 일을 하고 계시는 여러 선생님들께 감사 드립
니다.

◆答; 면천향교 건립 시기.

학교등록(學校謄錄) 8 책을 모두 꼼꼼히 살펴보았으나 면천향교(沔川鄕校)의 건립
년대에 관하여는 언급됨이 없고 다만 다음과 같은 기록 이상은 이 서(書)에는 없는
것 같습니다. 이와 같이 숙종대(肅宗代)에도 향교(鄕校)로서 활동되고 있었으니 면
천향교지(沔川鄕校誌)가 보존되었을 것 같습니다.

●肅宗四十二(1716)丙申閏三月初七日 香祝及趺方所造栗木下送曺 啓目粘連啓下是白

有亦向前沔川郡鄉校 大聖殿西壁頹破處與西廡神門修改時先告事由移還安祭(中略)香祝
令該司照例磨鍊下送隨時卜日設行爲白乎弥跗版所造栗木亦令奉常寺磨鍊下送之意分付
何如啓依允

▶2094◀◆問; 廟司의 임무.

오늘도 수고가 많으십니다. 향교석전대제 때에 분정에서 [묘사(廟司)]를 맡으신 두
어른이 대성전(大成殿)의 동문(東門)과 서문(西門)의 문(門) 밖에 북향(北向;
대성전의 안쪽을 보며)하여 서서 석전대제 시작부터 마칠 때까지 서 계시는 모습을
보았습니다. [묘사(廟司)]는 향교석전대제 때에 하는 임무가 무엇인지 궁금합니다.
죄송합니다.

◆答; 묘사(廟司)의 임무.

오례의(五禮儀)를 아래와 같이 살펴보건대 [묘사(廟司)]는 묘제(廟祭) 시, 사당 내외
청소와 제기 및 실찬(實饌), 진설(陳設), 철찬(撤饌)의 일을 맡아 행하게 됩니다.

●五禮儀有司釋奠文宣王儀○陳設條廟司帥其屬掃除廟之內外○又廟司各帥其屬入奠祝
版陳幣篚設香爐香合燭設祭器設福酒爵胙肉俎○行禮條典祀官廟司入實饌具畢○又廟司
各帥其屬徹禮饌闔戶以降乃退

▶2095◀◆問; 묘학제란?

성균관(成均館)은 묘학제(廟學制)에 따라 문묘(文廟)와 학당(學堂)으로 구성된다. 하
는데 묘학제란?

◆答; 묘학제란?

묘학제(廟學制)란 사당(祠堂)제도와 학교제도(學校制度)를 일컫는 말로 성균관(成均
館)은 그 제도에 의하여 병립(竝立)되어 학생을 가르치던 지난날 우리나라 최고학부
(最高學府)입니다.

성균관(成均館)에 관하여는 태학지(太學志)에 자세히 기록(記錄)되어 있으며 당시
건치(建置)의 변(辯)에 잘 나타나 있습니다. 성균관(成均館)의 제도(制度)는 태조
7(1398)년 숭교방(崇敎坊; 明倫洞)에 공부자(孔夫子)를 모신 문묘(文廟)와 학교인
명륜당(明倫堂)과 학생(學生)의 거처(居處)인 재(齋)를 세우고 성종조(成宗朝)에 이
르러 향관청(享官廳)과 존경각(尊經閣; 圖書館)을 갖추게 되고 현종조(顯宗朝)에 이
르러 비천당(丕闡堂; 科擧場). 숙종조(肅宗朝)에 이르러 계성당(啓聖堂)이 세워졌다
합니다.

●太學志建置古者有國未嘗不建學(云云)周禮大司樂掌成均之法以治建國之學(云云)諸侯
王卿相至郡先廟謁而後從政所以垂統致治而基宏大之業也(云云)建都之初先相學址以立
先聖之廟(云云)國初建學始作建置第一

▶2096◀◆問; 문묘(文廟) 고유제(告由祭) 예법(禮法)은 분향례(焚香禮)가
아니다.

문묘 고유제는 분향례와 같이 지내는지요.

◆答; 문묘(文廟) 고유제(告由祭).

문묘(文廟) 고유제(告由祭) 예법(禮法)은 무찬무작(無饌無爵)의 분향(焚香)의 예(禮)
가 아니라 유찬 유작(有饌有爵)의 예(禮)로 그 .예법(禮法)은 아래와 같습니다.

●文宣王廟告由祭(附移還安祭)○太學志

[齋戒]

前祀三日諸祀官并散齋二日宿於正寢致齋一日於祀所(朔望及先告事由移還安祭同若迫切則只淸齋一宿)

[陳設]

前享一日廟司率其屬掃除廟之內外贊者設獻官位於東階東南西向分獻官執事者位於其後稍南西向北上監察位於執事之南西向書吏陪其後贊者謁者贊引位於東階之西西向北上設諸享官以下門外位於東門外道南每等異位重行北向西上設望瘞位於瘞坎之南獻官在南北向贊者大祝在東西向北上享日未行事前典祀官廟司各帥其屬入奠祝版於文宣王神位之右(有坫)陳幣篚各一於尊所設香爐香合并燭於神位前次設祭器如式(見圖說)設洗於東階東南北向執尊罍篚冪者位於尊罍篚冪之後

[奠幣]

享日丑前五刻(丑前五刻即三更三點行事用丑時一刻)典祀官廟司入實饌具畢前三刻諸享官及執事者各服其服贊者謁者贊引入自東門先就階間拜位北向西上四拜訖就位謁者贊引各引獻官以下就門外位前一刻贊引引監察典祀官大祝諸執事者入就階間拜位重行北向西上立定贊者曰四拜監察以下皆四拜訖贊引引監察就位引諸執事詣盥洗位盥帨訖各就位執事者詣爵洗位洗爵拭爵訖置於篚捧詣尊所置於坫上謁者引獻官贊引引分獻官入就位謁者進獻官之左白有司謹具請行事退復位贊者曰四拜獻官皆四拜贊者曰行奠幣禮謁者引獻官詣盥洗位北向立贊跪搢笏執事者一人捧香合一人捧香爐跪進謁者贊三上香執事者奠爐於神位前大祝以幣篚授獻官獻官執幣獻幣以幣授大祝奠于神位前(捧香授幣皆在獻官之右奠爐奠幣皆在獻官之左授爵奠爵准此)謁者贊執笏俯伏興平身次詣兗國復聖公郕國宗聖公沂國述聖公鄒國亞聖公神位前東向上香奠幣并如上儀(惟宗聖公亞聖公獻官西向行禮後倣此)訖引降復位

[酌獻]

贊者曰行酌獻禮謁者引獻官詣文宣王尊所西向立執尊者舉冪酌酒執事者以爵受酒謁者引獻官詣文宣王神位前北向立贊跪搢笏執事者以爵授獻官獻官執爵獻爵以爵授執事者奠于神位前贊執笏俯伏興少退北向跪大祝進神位之右東向跪讀祝文訖謁者贊俯伏興平身引詣配位尊所西向立執尊者舉冪酌酒執事者四人以爵受酒謁者引詣神位前東向酌獻并如上儀訖引降復位○初獻官將獻配位贊引各引分獻官詣盥洗位盥帨訖分詣殿內從享尊所酌獻并如配位訖引降復位

[徹籩豆]

大祝入徹籩豆(徹者籩豆各一少移於故處)贊者曰四拜獻官皆四拜

[望瘞]

贊者曰望瘞謁者引獻官詣望瘞位北向立贊者詣望瘞位西向立大祝以篚取祝版及幣降自西階置於坎贊者曰可瘞置土半坎謁者進獻官之左白禮畢遂引獻官出贊者還本位贊引引監察及詣執事俱復階間拜位立定贊者曰四拜監察以下皆四拜訖贊引引出贊者謁者贊引就階間拜位四拜而出典祀官廟司各帥其屬徹禮饌闔戶以降乃退

●州縣凡有廟處先告事由(移還安同)陳設圖五禮儀抄

左一籩右一豆

●文宣王廟焚香(附修掃)○太學志

每月朔望大司成具常服率館官(四學訓導亦祭)及齋任生進四學齋生詣文廟焚香前期一日廟司受香安于享官廳當日質明詣生具巾服出東三門外序立捧學案守僕引齋任就次齋任差出奉香奉爐執禮各一人贊引以生進中曹司次出(兩齋任入祭則上齋任差奉香下齋任差奉爐

無齋任則班首差出)又引館官序立贊引引獻官就位香至皆鞠躬祗迎贊引引獻官詣東末門外
執禮先入獻官隨之仍入殿內焚香降復位皆四拜(大司成有故則以直講以上代行)

▶2097◀◆問; 문묘(文廟) 배향(配享)기준은?

우리나라 18현 순서는 어떤 기준으로 정해진 것인지 알고 싶습니다.

◆答; 문묘(文廟) 배향(配享) 기준.

문묘배향(文廟配享)은 소(疏)등에 의하여 교서(敎書)로 결정되어 배향(配享)하게 되
는데 좌소우목(左昭右穆) 북위상지서(北爲上之序)로 배향(配享)됩니다.

지난날 지초(芝村) 선생께서는 각도각읍봉안위차지부일(各道各邑奉安位次之不一)하
다. 하셨으나 요즘이야 그러하지 않을 것입니다.

●文苑黼黻敎書二(光海庚戌; 1610)文獻公鄭汝昌從祀文廟敎書(柳夢寅製官吏曹叅判)○
光海庚戌文正公趙光祖從祀文廟敎書(柳夢寅製官吏曹叅判)○文元公李彦迪從祀文廟敎
書(柳夢寅製官吏曹叅判)○文純公李滉從祀文廟敎書(柳夢寅製官吏曹叅判)○(肅宗壬午;
1702)文成公李珥從祀文廟敎書(大提學李敏叙製)○(肅宗壬午)文簡公成渾從祀文廟敎書
(大提學金萬重製)○(肅宗丁酉; 1717)○文元公金長生從祀文廟敎書(大提學宋相琦製)○
(英祖丙子;1756)文正公宋時烈從祀文廟敎書(大提學南有容製)○(英祖丙子; 1756)文正
公宋浚吉從祀文廟敎書(大提學南有容製)○(英祖甲申:1764)文純公朴世采從祀文廟敎書
(藝文提學尹汲製)

●銀臺條例禮攷文廟配享條從祀前一日告由於大成殿(外道鄕校一體告由從祀)○造成位
版後賜祭與敎書同廟庭配享例○陞配時儒生叅班○翌日頒敎

●芝村曰欒謂伯程子在周子之上薛弘儒安文成在叔程子朱子之上其爲未安大矣各道各邑
奉安位次之不一實由於當初奉安時不善擧行之致此不必一時釐改云方伯至以此上聞而又
不能見施夫各道各邑奉安位次之不一此已未安

●中庸第十九章宗廟之禮所以序昭穆也註宗廟之次左爲昭右爲穆細註新安陳氏曰王制所
謂三昭三穆昭在左左爲陽昭者陽明之義穆在右右爲陰穆者陰幽之義以周言之書於武王曰
父穆則子昭父昭則子穆也

▶2098◀◆問; 문묘의 배향과 종향의 기준에 대하여.

수고가 많으십니다. 향교에서 배향과 종향이 있는데.

1) 기준이 있는지요?
2) 만약에 불천위를 형편이 여의치 못하여 29 대조와 12 대조를 한 사당에 모시면
배향과 종향을 어떻게 모셔야 예에 맞는지요?

◆答; 문묘(文廟)의 배향과 종향의 기준.

아래와 같이 살펴 보건대 공부자(孔夫子)께서는 문선왕(文宣王)이시고, 안자위연국
복성공(顔子爲兗國復聖公) 증자성국종성공(曾子郕國宗聖公) 자사기국술성공(子思沂
國述聖公) 맹자추국아성공(孟子鄒國亞聖公)의 사성(四聖)은 왕 다음으로 오등작 중
제일작위로서 배위(配位)에 오르시게 되고, 그 외의 제자(弟子)와 더불어 선현(先賢)
과 동국(東國) 선현은 종향(從享)하게 됩니다.

●新元史文宗本紀下至順元年七月戊申加封宣聖父叔梁紇爲啓聖王母顔氏爲啓聖王夫人
顔子爲兗國復聖公曾子郕國宗聖公子思沂國述聖公孟子鄒國亞聖公

●論語雍也必也聖乎註聖以地言則造其極之名也

●周禮宗伯禮官之職大宗伯王執鎭圭*公執桓圭侯執信圭*伯執躬圭*

▶2099◀◆問; 문묘배향 위치 기준?

문묘배향 18 현(18 賢)중 동 배향, 서 배향의 차이점은 무엇 인가요? 양반(兩班)의 동 서반 의 경우처럼 문(文)과 무(武)를 뜻하는 것은 아닐 것이고, 동인, 서인 등 붕당도 아닐 것이며, 기호학파. 영남학파의 구분도 아닌 것 같고 시대구분도 아니며, 편의상 구분한 것 입니까?

◆答; 문묘 배향과 소목제도.

문묘(文廟)에는 문선왕(文宣王)을 주벽(主壁)으로 안자(顔子), 증자(曾子), 자사(子思), 맹자(孟子) 사성(四聖)이 배향(配享)되고. 동서서(東西序)로 공문십철(孔門十哲) 송조륙현(宋朝六賢)이 종향(從享)되고. 동서무(東西廡)로는 공문제자(孔門諸子)와 아국(我國) 제유(諸儒)가 종향 되었는데 위차(位次)는 좌소우목(左昭右穆)의 서차(序次)로 배종향(配從享)됩니다.

●周禮春官小宗伯; 辨廟祧之昭穆(鄭玄注)父曰昭子曰穆
●周禮春官冢人; 先王之葬居中以昭穆爲左右鄭玄注)先王造塋者昭居左穆居右夾處東西
●經世遺表田制十一; 伏惟書院(云云)一姓必建一院一祖主壁父子兄弟羅列左右謂之配享
●弘齋全書綸音平陰侯有若陞配聖殿綸音; 王若曰文廟者禮義之所從出而祀典之所由楷範也臨以夫子第以儒先象德報功之在玆高山景之在玆正學術明道法之亦在玆雖於登降揖遜儀物度數之微文瑣節猶不當循舊襲謬姑息以爲禮况於位序之上下享祀之先後其可一毫苟然已乎予以平陰侯有子若之祀于廡也心積疑異博考而常有慨焉者蓋文廟腏食凡有三等正殿配享一也顔曾思孟四聖是也東西序從享一也孔門十哲宋朝六賢是也東西廡從祀一也孔門諸子以下至本朝諸儒先是也

▶2100◀◆問; 문묘배향인물 우리나라 18현의 의미는 무엇입니까?

많은 위인들 가운데 문묘배향인물 우리나라 18현의 의미는 무엇입니까?

◆答; 문묘배향인물.

18현의 의미라 하심의 진의를 헤아릴 수가 없어, 아국 선현으로 문문에는 누가 배향 되어 계신가에 대하여 아래와 같이 선조실록(宣祖實錄)의 성균관(成均館) 유생(儒生)들이 문묘(文廟) 배향(配享) 탄원(歎願) 상소문(上疏文)을 살펴보면 [학극성인지정미행전군자지순수성희세지진유백대지종사(學極聖人之精微行全君子之純粹誠希世之眞儒百代之宗師)]라, 학문은 성인(聖人)의 정미(精微)한 경지에 까지 이르셨고, 행실은 군자(君子)의 순수(純粹)함을 갖추셨으니 진실로 세상에 드문 진유(眞儒)로서 백세(百世)의 종사(宗師)라 할 것입니다. 라는 글에서 잘 나타나 있지 않나 생각 됩니다.

●宣祖實錄三十七年甲辰三月十九日己巳[成均館生員曹明勗等疏]條伏以明道垂範眞儒之事功也崇德象賢帝王之盛擧也故世有眞儒而生不得見用於時沒不見追崇於後則無以明士子之趨向養國家之元氣而斯道之不至於淪喪者幾希矣此所以尊尙前賢之不可不先務者也臣等竊惟天眷我朝列聖相承培養之厚歷年之久人才之出夐絶古昔時則有若文敬公臣金宏弼文獻公臣鄭汝昌文正公臣趙光祖文元公臣李彦迪文純公臣李滉俱以出群之資蔚然相繼而作學極聖人之精微行全君子之純粹誠希世之眞儒百代之宗師尙闕尊崇之典未享芬芬之祀則豈非聖朝之一大欠也臣等伏念五賢之言行事迹上有國乘下有野史聖明固已洞燭而信其爲人矣(以下省略)

▶2101◀◆問; 문묘(文廟) 분향례(焚香禮).

저는 성균관에 대해 레포트를 준비하는 대학생 입니다. 다름이 아니 오라, 저번에 성균관을 다녀오니 분향 예라는 의식을 하고 있더라 구요. 대성전에서는 매월 음력 초하루와 보름 오전 10 시에 한다는 정보 외에, 분향 예는 무엇이며, 분향 예의 절

차에는 무엇이 있는지요,

◆答; 문묘(文廟) 분향례(焚香禮).

문묘(文廟) 분향례(焚香禮)는 매월(每月) 삭망일(朔望日) 질명(質明)에 대사성(大司成)이 관관(館官)과 생도(生徒)가 상복(常服) 차림으로 문묘(文廟)로 들어가 분향(焚香)하고 내려와 모두 사배(四拜)를 하고 물러납니다.

●春官通考文宣王廟朔望焚香;大司成率諸生入文廟焚香四拜
●太學志焚香(附修掃)每月朔望大司成具常服率館官及齋任生進四學齋生詣文廟焚香(中略)當日質明(中略)獻官隨之仍入殿內焚香降伏位皆四拜

▶2102◀◆問; 문묘(文廟) 분향례(焚香禮) 때 헌주례(獻酒禮)는 없는가?

문묘(文廟) 삭망분향례(朔望焚香禮)에 관한 질문 입니다.

1. 매월 초 하루날과 보름날에 문묘(文廟)에 분향(焚香)만 하여야 옳은지?
2. 분향(焚香)과 헌주(獻酒)를 해도 좋은지?
(사족(蛇足)이 되지 않는지? 예법에 어긋나는 일이 아닌지?) 분주하신 줄 사료되오나 자상하신 회신 기대합니다.

◆答; 문묘(文廟) 분향례(焚香禮) 때 헌주례(獻酒禮).

아래는 태학지(太學志) 문묘(文廟) 분향편(焚香篇)의 전문입니다. 문묘(文廟) 분향례(焚香禮)는 매월(每月) 삭망일(朔望日)에 행하는데 헌주(獻酒) 없이 분향(焚香)일 뿐이라 그대로 분향례라 합니다.

●太學志焚香(附修掃)篇每月朔望大司成具常服舉館官(註省略)及齋任生進四學齋生詣文廟焚香前一日廟司受香安于享官廳當日質明諸生具巾服出東三門外序立捧舉案守僕引齋任就次齋任差出奉香奉爐執禮各一人贊引以生進中曹司次出(註省略)又引館官序立贊引引獻官就位香至皆鞠躬祗迎贊引引獻官詣東末門外執禮先入獻官隨之仍入殿內焚香降復位皆四拜(註省略)

▶2103◀◆問; 頒降祝式이 알고 싶습니다.

이번 찾아 뵙는 까닭은 성전(문묘?)례 축문식 중 반강축(頒降祝)이 있다고 합니다. 어른 친구분과 담소에서 친구분의 말씀에 포함된 축문인데 저의 부친께서도 축식은 완전히 아시지를 못하신답니다. 완전문을 일러 주셨으면 감사하겠습니다.

◆答; 반강축식(頒降祝式)

●素王事紀頒祝; 頒降祝文 宋徽宗崇寧四年頒降祝文云先聖祝文

維年月日具官姓名敢昭告于 至聖文宣王惟王固天攸縱誕降生知經緯禮樂闡揚文敎餘烈遺風千載是仰俾玆宋學依仁游藝謹以制幣牲齊粢盛庶品祇奉舊章式陳明薦以兗國公鄒國公配尙饗

●兗國公祝文

爰以仲春仲秋率遵故賓謹脩釋奠于 至聖文宣王惟公好學之樂簞瓢不改絶塵之縱步趨可望德行扶世心同禹稷具體而微 素王是配謹以制幣牲齊粢盛庶品式神常典秋云明獻從祀配神尙饗

●鄒國公祝文

惟公後生孔子百有餘歲其如聖人如親見之辭闢楊墨三聖是承扶世道民以登配祀首同兗公
(釋奠禮說謂此祝文始於唐今襲用之後五年再頒則時中書所)

●先聖祝文

王金聲玉振集厥大成有道立敎垂憲萬世

●兗國公祝

云惟公有學術業未達一問賢冠四科實惟聖

●鄒國公祝

暈惟公知言知德亦克允蹈攘剔異端以承聖首尾並如前

●文昌雜錄卷五;因頒降擬擧陛陟人數式遂得見天下具員他處則無也(註)頒降猶頒布
●宋史禮志十一;欽宗舊諱二字其一從廩從旦其一從火從亘皆合回避乞倂下禮寺討論頒降
施行
●四友齋叢說經二;九峰謂予曰陳說朝廷已頒降天下不可以劉言改易語人也 ·

▶2104◀◆問; 배향과 종향의 순서.

안녕하세요. 향교에서 공부하고 있는 학생입니다.
1. 고조할아버지를 중앙(中央)에 신위를 모시면 증조할아버지와 할아버지의 신위자리는 어떻게 모셔야 하나요?
2. 아국 18 현 신위자리를 정할 때 어떤 원칙에 의해서 자리가 정해지는지 궁금합니다?

◆答; 배향과 종향.

問; 1. 答; 주자가례(朱子家禮)로 사당제도(祠堂制度)가 정립(定立)된 이후는 소목지서(昭穆之序)의 법도로 사당(祠堂)을 짓거나 제사하지 않습니다. 다만 소목지서(昭穆之序)의 법도란 주벽 좌측이 상좌로 시조(始祖) 좌측에 이세사세육세위(二世四世六世位) 우측이 삼세오세칠세위(三世五世七世位)가 된다는 것입니다.

問; 2. 答; 아래와 같이 살펴보건대 동위상(東爲上)으로 동무(東廡)가 상석(上席)이 되는데 아래와 같이 결정하게 된 근거(根據)를 진작에 살핀 바가 없어 심증(心證)이 가는 서책(書冊)은 거의 뒤졌으나 실패(失敗)를 하고 전하여지는 소문에 의존한다면 학덕(學德)과 끼친 영향 등을 기준하였다는 설은 있으나 입증할 수가 없습니다.

다만 아래에서 광해조(光海朝) 때 배향 결정된 오현(五賢)을 자세하게 살펴보게 되면 어느 정도 설득력은 있는 설 같습니다. 이후 더 살펴 확인되면 즉시 이 난을 통하여 보충 하겠습니다.

소목(昭穆) 종향 기준에 대하여는 광해군(光海君) 2년에 결정된 5위의 선정에서 그 기준이 분명히 언급되었을 것으로 보이는 광해군일기(光海君日記)인데 불행하게도 본인에게는 없으니, 혹 가능하시면 취하여 확인하시기 바랍니다.

다만 류선(類選)의 기록에 의하면 문묘(文廟) 소목종향(昭穆從享)의 기준은 정(貞)의 정도로 결정지어지는 것으로 보입니다.

●辭源宗廟輩次排列以始祖居中二世四世六世位於始祖左方稱昭三世五世七世位於始祖
右方稱穆
●開元禮孔子許向墓遙爲壇以時祭卽今之上墓義設於壋南山門之外設淨席爲位遙祭以時
饌若一壋數墓每墓各設位昭穆異列以西爲上
○我國十八賢 兩廡從享(一東廡一西廡北上)錄(參考文獻;文廟享祀錄)

西廡	東廡
崔致遠(857. 高麗顯宗庚申享)	薛聰(650~740.高麗顯宗壬戌從享)
鄭夢周(1337~1392. 太宗丁丑從享)	安珦 (1243~1306.忠肅王己未從享)
鄭汝昌(1450~1504. 庚戌光海時從享)	金宏弼(1454~1504.庚戌光海時從享)
李彦迪 (1491~1553. 庚戌光海時從享)	趙光祖(1482~1519.庚戌光海時從享)

金麟厚(1510~1560. 正祖丙辰從享)　　李滉(1501~1570.庚戌光海時從享)
成渾(1535~1598. 仁祖辛酉從享)　　李珥(1536~1584.仁祖辛酉從享)
趙憲(1544~1592. 英祖甲戌從享)　　金長生(1548~1631.丁酉從享)
宋時烈 1607~1689. 當宁丙子從享)　　金集(1574~1656.高宗癸未從享)
朴世采(1631~1695. 當宁甲申從享)　　宋浚吉(1606~1672.當宁丙子從享)

●類選經史篇聖賢門文廟從享條(云云)或者林放之先貞後黷伯僚之改過向善都未可知(云云)

▶2105◀◆問; 봉작(奉爵)과 전작(奠爵)의 의미는?

시제홀기(時祭笏記)를 보면
봉작출갱(奉爵出羹)
전작진다(奠爵進茶)
고리성례(告利成禮)
등의 문구가 있습니다. 위 세 문구의 뜻을 자세히 설명해 주시면 감사하겠습니다.

◆答; 봉작(奉爵)과 전작(奠爵).

봉작(封爵)과 전작(奠爵)의 의미(意味). 문묘제(文廟祭) 등(等)에서 분정(分定)한 일종의 집사(執事) 명칭(名稱).

○봉작(封爵); 존소(尊所)에서 잔(盞)에 술을 채워 건네주면 이를 받아 헌관(獻官)에게 건네주는 집사자(執事者)의 명칭(名稱).

○전작(奠爵); 헌관(獻官)이 이 잔(盞)을 받아 받들어 주면 이를 받아 신위전(神位前)에 올리는 집사자(執事者)의 명칭(名稱).

○참고; 문묘제(文廟祭) 등(等)의 진설(陳設)을 사서인제(士庶人祭) 진설(陳設)과 달리 초아종헌(初亞終獻)의 술잔을 퇴주치 않고 신위 앞 첫 줄이 아니라 맨 마지막 끝 줄에 초헌관의 헌주잔을 서쪽에 올리고 다음으로 그 동편에 아헌잔 종헌잔을 올리는 것입니다.

까닭에 사서인(士庶人)의 제사(祭祀)에는 봉작(封爵) 전작(奠爵) 등(等)의 제도(制度)가 없으며 다만 좌집사자(左執事者) 우집사자(右執事者)가 있을 뿐이며 철갱(徹羹) 진다(進茶) 역시 사서인(士庶人)의 예법(禮法)에는 집사(執事)가 아닌 주인주부(主人主婦)가 철갱(徹羹)을 하고 진숙수(進熟水)의 예(禮)를 하는 것입니다.

또 고리성(告利成)에 관하여 아래와 같이 살펴보건대 리성(利成)의 리(利)는 양(養)과 같은 의미로 공양(供養)의 예(禮)를 의미하고 성(成)은 예필(禮畢)이라는 말 대신으로 공양(供養)의 예(禮)가 모두 잘 이뤄졌다는 뜻입니다.

●特牲饋食禮(儀禮四十五冊)祝東面告利成註利猶養也供養之禮成不言禮畢於尸間之嫌
●文廟享事
○分定記
初獻官○亞獻官○終獻官○禮祝○都執事○唱執禮○贊者○贊引○陳設○奉香○奉爐○司尊○奉爵○尊爵

○新建奉安儀禮節次
前一日執禮率諸執事者掃除廟之內外設神位椅子於北壁下設卓子於椅子前○陳設○謁者引獻官升自東階點視○訖還出○執事者設卓子于廟堂北壁下設新版於其上○又別設一卓子于其東置硯筆墨於其上○又別設一卓子於其西○執禮率執事及學生序立門外位○謁者引獻官入就門外位○題牌者盥手帨手就卓子前西向立題某先生位版訖○祝奉位版入置廟

中北壁下椅子上南向○祝奉某先生(配享位)位版入置廟中東壁一位椅子上西向○次奉某先
生位版入置廟中西壁一位椅子上東向○次奉配享位數如前式訖○執禮謁者贊引先入階間
拜位再拜○贊引引祝及諸執事詣盥洗位盥洗各就位○奉爵奠爵詣爵洗位洗爵拭爵○訖還
置於箱奉詣尊所置於坫上降復位○祝升詣某先生神位前開櫝仍啓簠簋籩豆○次詣諸賢神
位前開櫝仍啓簠簋籩豆○祝降復位○贊引引獻官入就位○獻官及學生皆再拜○贊引引獻
官詣盥洗位之南北向立盥洗帨手○贊引引獻官詣某先生神位前跪○奉香奉爐升○奉香奉
香盒詣獻官之右跪○奉爐奉香爐詣獻官之左跪○獻官三上香○奉香奉爐還置香盒香爐於
故處○獻官俯伏興平身○贊引引獻官降復位再拜○贊引引獻官某先生尊所西向立○司尊
奉爵奠爵升○司尊學冪酌酒○奉爵以酌受酒○贊引引獻官詣某先生神位前跪○奉爵詣獻
官之右跪○以爵授獻官○獻官執爵獻爵以爵授奠爵○奠爵自左受之奠于神位前坫上○獻
官俯伏興平神○司尊奉爵奠爵降復位○贊引引獻官詣某先生神位前北向跪○祝升詣獻官
之左執祝板東向跪讀祝文○訖還置祝板於故處降復位○獻官俯伏興平身○贊引引獻官降
復位○獻官及學生皆再拜○祝詣神位前闔櫝○贊引引獻官詣望瘞位北向立○祝取祝版降
自西階瘞坎○贊引引獻官出○祝及諸執事俱復階前位再拜○以次出○執禮謁者贊引贊者
俱就階間拜位再拜而出○執事復入撤饌闔門而退○禮畢

○享祭儀禮節次

前期一日獻官以下入祭○執禮率諸執事掃除廟之內外○設獻官位於堂下北面諸執事位於
其後諸學生又位於其後皆北向西上○設飮福位於堂上前楹外近東西向○設獻官以下門外
位重行北向西上○設望瘞位於瘞坎之南○設祝版於正位前卓上之右(有坫)○設香爐香盒(爐
東盒西)於各位前(有卓)○設燭各二於神位前卓上○設犧尊(隨位)於堂上東南隅(有卓)加勺冪○設
幣篚(各位一)福酒爵一(有坫)俎肉俎一(有刀)於尊所○設洗器二於東階之下東(盥洗在西爵洗在東)設
卓一於洗東置箱二(巾東爵西)○厥明執禮率諸執事陳設如式卓上北端

笏記
○行享事禮

春季(隨時)行事獻官執事學生俱就門外位○獻官以下各服其服○謁者引獻官入就位○贊者
引祝及諸執事入就拜位無聲再拜○謁者引諸執事盥洗位帨手各就位○贊者引學生入就位
○謁者引初獻官升自東階點視陳設訖降復位○祝率諸執事開櫝仍啓簠簋籩豆明燭○祝引
降復位○獻官及學生皆再拜鞠躬拜興拜興平身○謁者進初獻官之左○白有司謹具請行事

○行奠幣禮

祝及奉香奉爐升○謁者引初獻官詣盥洗位帨手○引詣○某先生神位前跪○奉香奉香盒進
獻官之右○奉爐奉香爐進獻官之左跪○獻官三上香○祝奉幣篚詣獻官之右以授獻官○獻
官執幣獻幣○築自左受之奠于神位前○獻官俯伏興○次詣○某先生神位前跪○奉香奉爐
詣獻官之左右跪○獻官三上香○祝奉幣篚詣獻官之右以授獻官○獻官執幣獻幣○祝自左
受之奠于神位前○獻官俯伏興○次詣(隨配享位)獻官俯伏興平身仍皆降復位

○行初獻禮

謁者引初獻官詣○某先生罇所西向立○奉爵奠爵升○司樽擧冪酌酒○奉爵以酌受酒○謁
者引獻官詣○某先生神位前跪○奉爵以酌授獻官○獻官執酌獻酌○奠爵受之奠于神位前
西端第一坫○獻官俯伏興少退跪○祝進獻官之左東向跪讀祝文○祝版還置故處降復位○
獻官俯伏興○次詣○某先生神位前跪○奉爵以爵授獻官○獻官執爵獻爵○奠爵受之奠于
神位前西端第一坫○獻官俯伏興○次詣(隨配享位)獻官俯伏興平身○仍皆降復位

○行亞獻禮

謁者引亞獻官詣盥洗位帨手仍詣○某先生罇所西向立○奉爵奠爵升○司樽擧冪酌酒○奉
爵以酌受酒○謁者引獻官詣○某先生神位前跪○奉爵以酌授獻官○獻官執酌獻酌○奠爵

受之奠于神位前第二坫○獻官俯伏興○次詣○某先生神位前跪○奉爵以酳授獻官○獻官執酳獻酳○奠爵受之奠于神位前第二坫○獻官俯伏興○次詣○(隨配享位)獻官俯伏興平身○仍皆降復位

○行終獻禮

謁者引終獻官詣盥洗位帨手仍詣○某先生罇所西向立○奉爵奠爵升○司樽擧冪酳酒○奉爵以酳受酒○謁者引獻官詣○某先生神位前跪○奉爵以酳授獻官○獻官執酳獻酳○奠爵受之奠于神位前第三坫○獻官俯伏興○次詣○某先生神位前跪○奉爵以酳授獻官○獻官執酳獻酳○奠爵受之奠于神位前第三坫○獻官俯伏興○次詣○(隨配享位)獻官俯伏興平身○仍皆降復位

○行飮福禮

祝詣○某先生罇所以爵酌福酒置坫上持俎及刀進減正位前脯肉盛于俎上○謁者引獻官詣飮福位西向跪○祝詣尊所執酳獻官之左北向跪以授獻官○獻官受之飮晬酳○祝受虛酳反于坫上○取胙肉授獻官○獻官受胙以授祝○祝受之降自東階出○獻官俯伏興平身仍降復位○獻官皆再拜

○撤籩豆

祝入就正位前闔簠簋籩豆小移故處還出○獻官及學生皆再拜○祝率執事詣神位前闔櫝○畢仍降復位

○行望瘞禮

祝入奉祝板及幣篚降自西階先導○謁者引初獻官詣望瘞位○祝燒祝文○瘞幣仍降復位○謁者進獻官之左○白禮畢○謁者引獻官出

○撤饌

祝及諸執事入就位西上北向鞠躬再拜以次出執禮謁者贊者贊引再拜以出執事撤饌闔以退出

●告利成

特牲饋食禮祝東面告利成註利猶養也供養之禮成不言禮畢於尸間之嫌養養羊亮反下同供九用反疏曰少牢云主人出立于阼階上南面祝出立于西階上東面祝告曰利成此戶外告利成彼階上告利成以尊者稍遠於尸若天子諸侯禮畢於堂下告利成故詩楚茨云禮儀旣備鍾鼓旣戒孝孫徂位工祝致告鄭注云鍾鼓旣戒戒諸在廟中者以祭禮畢孝孫往位堂下西面位也祝於是致孝孫之意告尸以利成也云不言禮畢於尸間之嫌者禮畢於尸間暇無事有發遣尸之嫌故直言利成而已也

아래의 예법(禮法)은 국조오례의(國朝五禮儀) 배릉의(拜陵儀; 혹 사서인의 묘제 격)와 구의(丘儀)의 묘제(墓祭) 예법(禮法)입니다. 혹 예법(禮法) 이해(理解)에 도움이 될 수도 있을 것 같아 참고(參考)로 게시합니다.

●國朝五禮儀拜陵儀(齊戒陳設等省略)

行禮行事前五刻典祀官陵司入實饌具畢贊引引監察點視陳設前三刻諸享官及陪享官俱以淡服就於陵室之南左通禮進當大次前跪啓請中嚴執禮帥贊者謁者贊引入就階間拜位重行北向西上四拜訖就位引儀分引陪享官入就位前一刻諸享官盥帨訖贊引引監察典祀官大祝祝史齊郎入就階間拜位重行北向西上立定執禮曰四拜贊者傳唱(凡執禮有辭贊者皆傳唱)監察以下皆四拜訖贊引引監察就位諸執事各就位謁者引亞獻官終憲官入就位左通禮跪啓請出次殿下具黲袍乘輿以出(繖扇仗衛停於大次前)左右通禮前導至神門外降輿(侍衛不應入者止於門外)導殿下入小次典祀官陵司進膳訖左通禮跪啓請行禮殿下盥帨以出贊禮導殿下升自東階詣版位西向立執禮曰四拜贊禮啓請四拜殿下四拜在位者皆四拜(贊者亦唱先拜者不拜)執禮曰贊禮導殿

下行初獻禮贊禮導殿下詣尊所西向立執尊者擧冪近侍一人酌酒一人以爵受酒贊禮導殿下詣神位前北向立啓請跪殿下跪在位者皆跪(贊者亦唱)近侍一人捧香合一人捧香爐跪進贊禮啓請三上香近侍奠爐于案近侍以爵跪進贊禮啓請執爵獻爵以爵授近侍奠于神位前(進香進爵在東西向奠爐奠爵在西東向○王后同堂則獻副爵如常)啓請俯伏興少退北向跪大祝進神位之右東向跪讀祭文訖贊禮啓請俯伏興平身殿下俯伏興平身在位者皆俯伏興平身(撰者亦唱)贊禮導殿下降復位執禮曰行亞獻禮謁者引亞獻官升詣尊所西向立執尊者擧冪酌酒執事者以爵受酒謁者引亞獻官詣神位前北向立贊跪執事者以爵授亞憲官亞獻官執爵獻爵以爵授執事者奠于神位前謁者贊俯伏興平身引降復位執禮曰行終獻禮謁者引終獻官行禮並如亞獻儀訖引降復位執禮曰四拜贊禮啓請四拜殿下四拜在位者皆四拜(贊者亦唱)贊禮導殿下還小次謁者引亞終獻官出引儀分引陪享官出贊引引監察及諸執事俱復拜位立定執禮曰四拜監察以下皆四拜訖贊引引出執禮帥贊者謁者贊引就拜位四拜而出左通禮跪啓請出次左右通禮導殿下還大次釋服典祀官陵司各帥其屬徹禮饌大祝取祭文瘞於坎殿下還宮如來儀

●丘儀墓祭儀

序立(如家祭之儀)○參神○鞠躬拜興拜興拜興拜興平身○降神○盥洗○詣香案前○跪○上香○酹酒○俯伏興拜興拜興平身○進饌○初獻禮○詣某親墓前○跪○祭酒○奠酒○俯伏興平身(如墓列葬非一則逐位詣某親墓前)○詣讀祝位○跪○俯伏興○鞠躬拜興拜興平身○奉饌○亞獻禮○詣某親墓前○跪○祭酒○奠酒○俯伏興平身○復位○奉饌○終獻禮○詣某親墓前○跪○祭酒○奠酒○俯伏興平身○復位○奉饌○侑食○主婦點茶○辭神○鞠躬拜興拜興拜興拜興平身○焚祝文○禮畢

▶2106◀◆問; 분향례 때.

분향례에 대한 다른 질문; 향교 서원의 분향은, '제(祭)가 아닌 예(禮)라 술이 없는 것입니다.' 라고 하였습니다. 그러면 종묘나 문묘의 대제 말고, '사직대제'에는 강신 분향은 없고 뇌주 만 있다고 들었습니다. 이것도 예인데 술이 있는 이유가 궁금합니다.

◆答; 분향례.

위 질문에서['사직대제']의 "제"자를 사직제[社稷"(祭)"]라 한자(漢字)로 쓰지 않고 다른 글자를 쓰는지요.

원 제명(祭名)은 사직의(社稷儀)인데 의(儀)란 곧 제사(祭祀)를 뜻하니 사직의(社稷儀)를 사직제(社稷祭)라 이르게 됩니다. 사직제의 제자를 "祭"라 쓰니 술이 있게 되지요. 사직제에도 강신분향례가 있으니, 없다고 일러준 그 분에게 바르게 일러주기 바랍니다.

●五禮儀春秋及臘祭社稷儀焚香條;近侍一人捧香合一人捧香爐跪進禮儀使啓請三上香近侍奠爐于神位前(云云)

●左傳昭公五年;是儀也不可謂禮

●周禮地官保氏;敎國子以六儀一祭祀二賓客三朝廷四喪紀五軍旅六車馬之容

▶2107◀◆問; 분향례 때 복식은?

궁금한 사항은 사당(祠堂)의 삭망(朔望) 분향례 참사 시에 복장이 통일되지 아니하여 참사자(參祀者)는 물론 보는 사람도 존엄성이 없어 보이고, 불경스러운 것 같아서 어디(문헌 등)에의 기록 등이 없는가 하여 질의합니다.

혹시, 참사자가 양복의 정장을 하였으나 백구두를 신은 경우는 어떻게 생각하시는지요? 상식적으로도 맞지 않는 것 같은데 일부 참사자 중에서는 그러지 말라는 규정이나 근거가 어디 에 있느냐? 며 고집하는데요! 좋은 말씀 당부 드립니다.

◆答; 분향례 복식.

巾服; 조선 시대 성균관 유생이나 선비들의 의관(衣冠).

●太學志王世子酌獻入學焚香禮;前期一日廟司受香安于享官廳當日質明詣生具巾服出東三門外序立

▶2108◀◆問; 분헌관.

서원(書院)의 향사(享祀) 시(時) 5집사(執事) 또는 6집사의 역할(役割) 중 분헌관(官)의 역할은 무엇인지 궁금하여 물어봅니다.

◆答; 분헌관.

문묘례(文廟禮)에서 분헌관(分獻官)이라 함은 전내(殿內) 동서종향위(東西從享位)와 동서무종향위(東西廡從享位)의 헌관(獻官)을 분헌관(分獻官)이라 합니다. 그러나 서원(書院)에서는 거의 분헌(分獻)의 예가 없으나 만약 분헌의 예를 행한다면 종(從配)향위(享位)에는 주벽의 헌관이 행하지 않고 분헌관이 행하는 것 같습니다.

문묘례(文廟禮)에서 분헌관(分獻官)이라 함은 전내(殿內) 동서종향위(東西從享位)와 동서무종향위(東西廡從享位)의 헌관(獻官)을 분헌관(分獻官)이라 합니다. 그러나 서원(書院)에서는 거의 분헌(分獻)의 예가 없으나 만약 분헌의 예를 행한다면 종(從)배향위(配享位)에는 주벽의 헌관이 행하지 않고 분헌관이 행하는 것 같습니다.

●五禮儀序例齊官文聖王條亞獻官王世子終獻官領議政配位初獻官領議政亞終獻正位亞終獻殿內東西從享分獻官各一正二品東西廡從享分獻官各十三四品○又州縣釋奠條初獻官守令亞獻官終獻官東西從享分獻官各一東西廡分獻官各一(縣則無)
●書院祭官條初獻官亞獻官終獻官陳設執禮祝奉香奉爐司尊奉爵奠爵

▶2109◀◆問; 사계(沙溪)선생의 문묘(文廟) 배향(配享) 연도.

성균관(成均館)의 출판물(出版物) 중 문원공(文元公) 사계(沙溪) 김장생(金長生)의 문묘배향연대(文廟配享年代)가 상이(相異)한데 어느 것이 정확(正確)한 자료인지요.
(1). 1717년<肅宗 43/丁酉>: 유교(儒敎)와 석전대제(釋奠大祭). 유림교양전서(儒林敎養全書). 유림수첩(儒林手帖) 등.
(2). 1688년<肅宗 14/戊辰>: 가례집람(家禮輯覽)(國譯本/2005. 8. 25 판)
* 參考: 국사대사전(國史大辭典) / 1717년 肅宗 43>
(1)이 바른 자료라면 최신(最新)의 국역(國譯) 가례집람이 오류(誤謬)이고,
(2)가 바른 자료라면 그 동안의 성균관(成均館) 자료가 오류(誤謬)인데 선현(先賢)에 대한 예의(禮儀)와, 유림(儒林)에 대한 세심한 배려가 아쉽습니다.

◆答; 사계(沙溪)선생 문묘(文廟) 종향(從享) 년대.

숙종 43년 정유년(1717년)에 문묘에 종향(從享) 되셨음이 바른 년대(年代)입니다.

●文廟從享錄文元公金長生; 字希元號沙溪光山人黃岡繼輝之子嘉靖戊申生贈領議政諡文元肅宗丁酉從祀文廟

▶2110◀◆問; 사부학당(四部學堂)이 무엇인지요.

성균관의 역사를 찾다 보니 사학당 또는 사부학당이란 말이 있는데 무엇인지요?

◆答; 사부학당이란.

사부학당(四部學堂)은 당초에는 오부학당(五部學堂)이었으나 북부학당(北部學堂)은 없어지고 동부학당(東部學堂; 東學), 서부학당(西部學堂; 西學), 남부학당(南部學堂;

南學), 중부학당(中部學堂; 中學) 등 사부학당(四部學堂)으로 사학(四學)이라기도 하며 성균관(成均館) 다음 교육기관(敎育機關)이었습니다.

●經國大典禮典; 四學各一百
●大典會通仁政殿編輯禮典; 四學合製續額數製述十六人考講八人○製述同陞補○講書四書(背誦)童蒙則小學(四處背誦○每年四等四學試製各取四十人合一百六十人大司成合製試取又四學考講各取每學四書十人小學十人合八十人亦合講試取並赴式年生進覆試)
●林下筆記文獻指掌編四學; 太宗十一年始置學堂從儀禮詳定所提學許稠之言也後又改置四部學謹按四學之說始此而獨北部之學其刱廢年代無以詳焉按國朝寶鑑世宗九年以魚腊賜五部學則其時尙有北學而文宗行狀曰賜奴婢于四部學則五學已變而爲四矣是以大典及輿地勝覽只錄四學而北學不載焉及顯朝兩尼院之毁撤也贊善宋浚吉白上曰聞尼院是北學舊基云宜以其材復建北學上從之以南九萬爲北學敎授董其役歲歉不克成

▶2111◀◆問; 석다례와 석채례.

안녕하십니까?

問)1. 석다례(釋茶禮)와 석채례(釋菜禮)가 어떻게 다른지 알고 싶습니다.
問2). 그리고 서원 사당에 참배하는 예절을 무엇이라 표현하는 지요?
問3). 고유례와 봉심례에 대해서도 알고 싶습니다. 감사합니다.

◆答; 석다례와 석채례.

問; 1). 答;《釋茶禮》란 문묘(文廟)의 예로 간단히 茶만 올리는 예임은 살펴지나 사가(私家)에서는 매월 망일(望日)의 예로 다례(茶禮)가 있으나 문묘(文廟)에서는 삭망(朔望) 공히 다례(茶禮)가 아닌 일변일두(一籩一豆)의 예이니 누가 언제 왜 올리는 예인지는 전거(典據)로 확인이 되지 않습니다.

《釋菜禮》란 성균관(成均館)에 입학(入學)할 때 고하며 드리는 예로서 간단한 채소만 올린다 하여 붙여진 제명(祭名)입니다.

問; 2) 答; 배알(拜謁). 참배(參拜). 참알(參謁). 중 어느 용어로 통일되어 사용되고 있는지는 알지 못합니다.

問; 3) 答;《告由禮》란 말 그대로 고할 연유가 생기면 사당에 고하는 예라 함이 되고,《奉審禮》란 봉심(奉審)하면 원 뜻은 왕명을 받고 능묘(陵廟)를 보살핌을 이르나 찾아 뵙는 예란 의미기도 합니다.

●長城邑誌序文(云云)翌年二月又參文廟釋茶禮與濟濟章甫(云云)
●國朝五禮儀饌實尊罍圖說文宣王朔望條左一籩右一豆
●月令命習舞釋菜(註)樂習舞釋菜謂將敎習舞者則先以釋菜之禮告先師也
●荷齋曰早朝行茶禮罷祀後往內谷關聖廟拜謁
●西厓曰祠堂但行參拜
●己丑錄居家平日參謁家廟
●左傳桓公二年凡公行告於宗廟反行飮至舍爵策勳焉禮也
●經國大典抄解奉審(註)受命看審
●春官通考景慕宮奉審條每五日入直官以黑團領入正堂內奉審不開櫝○每歲春秋(仲朔)提調戶禮曹堂上奉審○告由條正宗七年癸卯八月經宿陵幸前二日告宗廟事禮曹單子傳曰景慕宮一體告由此後以此定式

▶2112◀◆問; 석전제(釋奠祭)가 변질되어 가고 있습니다.

안녕하십니까. 저는 대학 재학생입니다. 성균관(成均館)에 관심이 있어 관련 서적

(書籍)을 두루 살펴 읽고 있습니다. 특히 성균관(成均館) 홈을 자주 들락 입니다. 들락이며 얻은 충격은 석전제의 원형이 변질되어 가는 느낌입니다. 바르게 잡아지는 방법은 없겠습니까. 죄송합니다.

◆答; 석전대제(釋奠大祭)의 원형(原形).

석전제(釋奠祭)를 누가 주관(主管)한다 하여도 국조오례의(國朝五禮儀)의 틀을 벗어나서는 아니 되는 것입니다. 석전제(釋奠祭)는 국조오례의(國朝五禮儀)에 의하여 탄생(誕生)된 의식(儀式)이기 때문입니다. 그 틀을 벗어나면 법도(法度)를 벗어난 유사(類似) 석전제(釋奠祭)(?)라 하여야 옳을 것입니다.

만약 약간이라도 국조오례의(國朝五禮儀)의 틀을 변화(變化)시키려면 그 본 뜻을 벗어나지 않는 범위(範圍) 내(內)에서 관심을 둔 모두에게 공감될 수 있는 주서(註書)나 속국조오례의(續國朝五禮儀)를 집대성(集大成)한 연후에 그에 의하여 행하여야 옳을 것입니다.

사가(私家)에서의 법도야 노출되지도 않을뿐더러 그 가문(家門)의 정도이니 논할 까닭이 없다 하겠으나 석전대제(釋奠大祭)는 예의 근본이라 할 수 있는 성인성현들께 후학들이 베푸는 예로서 만인의 귀감이 되여야 하기 때문에 법도를 벗어나서는 아니 되는 것입니다.

조선왕릉(朝鮮王陵) 유네스코 세계인류문화유산(世界人類文化遺産) 등재!!! 참으로 자랑스러움이 아닐 수 없다. 물론 이에 오르게 된 원인 중에는 그 자체가 한국적인 것으로 세계에 자랑할 만한 충분한 가치가 있음은 더 말 할 나위가 없겠으나 그 후예들의 철저한 효 정신과 왕가의 예를 버리지 않았음이 더 크게 작용하였으리라.

만약 일반 사가(私家)에서와 같이 광대한 묘역 관리가 부담스러워 소홀히 관리하였다거나 전통의 예를 버리고 현실에 맞게 편리한대로 행하였다거나 (좀 불경스러운 표현이니 양해 있기 바람) 생각할 수도 없는 가상이나 그 후예들께서 편한 유지관리를 좇아 납골당을 택하였다면 세속일 수는 있어도 가장 우리 것도 아니며 가장 세계적일 수도 없었을 것이다. 까닭에 가장 우리 것이 가장 세계적이란 표현은 헛구호가 아니다.

만약 석전대제(釋奠大祭)를 국조오례의(國朝五禮儀)의 법도에 따라 丑前五刻에 횃불을 높이 치켜들고 근엄하게 법식에 따라 일찍부터 거행하였다면 세계적 명물로 관광자원으로 각광을 받을 대상과 세계문화유산에 등재도 어렵지 않았을 것이다.

아래는 석전대제의 뿌리인 국조오례의에서 규정지어 놓은 원례입니다. 이 법도를 어기게 되면 부모 기제사를 어긴 것과 같습니다.

●國朝五禮儀序例上吉禮

◆辨祀(凡祭祀之禮天神曰祀地祇曰祭人鬼曰享文宣王曰釋奠〇如禳謝等雜祀自有常例今不幷載)

大祀; 社稷宗廟永寧殿〇中祀; 風雲雷雨嶽海瀆先農先蠶雩祀文宣王歷代始祖〇小祀; 靈星老人星馬祖名山大川司寒先牧馬社馬步禡祭榮祭酺祭七祀纛祭厲祭〇祈告; 社稷宗廟風雲雷雨嶽海瀆名山大川雩祀〇俗祭文昭殿眞殿懿廟山陵〇州縣社稷文宣王酺祭厲祭靈祭

◆日時(觀象監前期三朔報禮曹禮曹啓聞散告中外攸司隨職供辦)

凡祀有常日者仲春仲秋上戊及臘祭社稷(州縣不用臘)朔望俗節(正朝寒食端午秋夕冬至臘)享宗廟(臘偏祭七祀親享則幷祭配享功臣)文昭殿懿廟山陵(去廟則只享寒食敬陵則不在例此〇朔望若値別祭只行別祭)忌晨享文昭殿懿廟俗節享眞殿季夏土旺日祭中霤立秋後辰日祀靈星秋分日祀老人星驚蟄後吉亥

享先農季春吉巳享先蠶仲春仲秋上丁釋奠文宣王朔望奠文宣王(朔値釋奠只行釋奠)仲春中氣後
剛日祀馬祖仲夏中氣後剛日祀先牧仲秋仲氣後剛日祭馬社仲冬中氣後剛日祭馬步講武前
一日禡祭驚蟄霜降日祭纛春淸明秋七月十五日冬十月初一日厲祭(幷前期三日發告城隍)○凡祀
無常日者並卜日行四孟月上旬享宗廟(七祀春司命及戶夏竈秋門及厲冬行各因時享祭之○配享功臣四時皆祭
攝事則只祭冬享)文昭殿懿廟山陵春秋孟月上旬享永寧殿仲春仲秋祀風雲雷雨(山川城隍附)祭嶽海
瀆及名山大川享歷代始祖孟夏雩祀季冬藏氷春分開氷享司寒蝗螟酺祭久雨禜祭(二日每日一
禜)凡祈告(如水旱疾疫虫蝗戰伐則祈所祈所迫切不如封冊冠婚凡國有大事則告)凡卜日廟有修補則有先告事由移還安祭山
陵同)報祀(凡祈有應則報如祈水旱則待立秋後報)○凡祀不卜日者宗廟薦新薦禽(若値朔望則兼薦)

◆祝版(祝版以松木爲之長一尺二寸廣八寸厚六分禮用造器尺典校署預備○凡祝版親行則前一日(拜陵祭文則前一日)典
校署官捧進近侍傳捧以進殿下署訖近侍捧祝版及香付有司(如壇司廟司殿司之類先農則典祀官)攝事及中祀以下則傳香祝如
儀○山陵親享祭文懿廟文宣王親享祝及凡祈告報祀先告事由移還安祝詞則臨時撰)

維成化某年歲次某甲某月某朔某日某甲云云(宗廟永寧殿文昭殿眞殿山陵稱孝曾孫(孝孫
孝子隨位改稱)嗣王臣諱○懿廟國行稱孝姪國王臣諱○風雲雷雨靈星老人星稱朝鮮國王臣
姓諱○社稷先農先蠶雩祀文宣王歷代始祖稱朝鮮國王姓諱○嶽海瀆及山川稱國王姓諱○
馬祖司寒先牧禡祭纛祭稱朝鮮國王○名山大川城隍七祀馬社馬步酺祭禜祭稱國王○遣官
行祭則又有謹遣臣其官某之詞○州縣社稷釋奠禜祭酺祭城隍發告厲祭並稱某州官姓名(府
郡縣同)敢昭告于(名山大川城隍七祀則稱致告于州縣城隍則稱敢昭告于)云云(社稷正位稱
國社之神國稷之神配位稱后土氏之神后稷氏之神州縣稱社稷之神○宗廟永寧殿文昭殿眞
殿山陵稱某祖考某大王某祖妣某王后某氏○懿廟國行稱皇伯考某王○風雲雷雨稱風雲雷
雨之神國內山川之神城隍之神○嶽海瀆稱某嶽之神某海之神某瀆之神○先農正位稱帝神
農氏之神配位稱后稷氏之神○先蠶稱西陵氏之神○雩祀稱句芒氏之神祝融氏之神后土氏
之神蓐牧氏之神玄冥氏之神后稷氏之神○釋奠正位稱先聖大成至聖文宣王配位稱先師某
國某公○歷代始祖稱檀君箕子高句麗始祖新羅始祖百濟始祖高麗始祖大王顯宗大王文宗
大王元宗大王○靈星稱靈星之神○老人星稱南極老人星之神○馬祖稱天駟之神○名山大
川稱某山之神某川之神○望祈稱某方嶽海瀆之神某方山川之神○司寒稱玄冥之神○先牧
稱先牧之神○七祀稱司命司戶司竈中霤國門公厲國行之神○馬社稱馬社之神○馬步稱馬
步之神○禡祭稱尤之神○禜祭稱某方山川之神○酺祭稱酺神○纛祭稱纛神城隍發告稱城
隍之神)伏以(城隍發告則否)云云(社稷國社稱德載物切崇立民冀右享之茀祿來申后土氏稱
職專司土載育萬物是虔享祀介以景福國稷稱食爲民天百穀用成神其降監黍稷惟馨后稷稱
誕播嘉穀羣黎徧毓顧予吉蠲申錫戩穀○州縣社稷稱厚德載物立我蒸民永言佑之庶歆精禋
○宗廟永寧殿文昭殿山陵眞殿稱節序易流當玆令辰深增感慕聊蕆明禋○文昭殿忌晨稱光
陰易逝諱晨載臨聊蕆菲儀式表微忱○風雲雷雨稱默斡玄機品物流形神切斯博我祀孔明國
內山川稱列峙作鎭善下潤物切利在人祀事不忒城隍稱高深莫測衛我邦家人民其依切利斯
多○嶽稱峻極于天鎭我邦基歆我禋祀介以純禧○海稱百谷之正德著廣利享祀是宜永介多
祉○瀆稱爲國之記澤潤萬物克禋克祀錫我百福○先農稱肇興稼穡厚我民天是享是宜迄用
康年后稷(與國稷配位詞同)○先蠶稱肇玆蠶桑駿惠我民歆我祀事福祿是申○雩祀句芒稱
東作之切莫非爾極是用享祀永言率育祝融稱長養萬物德著享嘉以享以祀受福不那后土稱
持載簡能德合無疆時祀不忒神其降康蓐收稱萬寶告成旣受厥明以報以祀福祿來成玄冥稱
貞固幹事德全終始我祀孔明介以繁祉后稷(與國稷配位詞同))○釋奠文宣王稱道冠百王萬
世之師玆値上丁精禋是宜復聖公稱材蘊爲邦仁全克已萬世景仰是禋是祀宗聖公稱三省功
加一貫道傳時祀無斁彌億萬年述聖公稱克永先聖允得其宗其從與享百代是崇亞聖公稱敎
明七篇道永三聖廟食于配享祀益永(州縣無配位祝)○歷代始祖檀君稱實天生德肇基東土
是用享祀載錫純祐箕子稱九疇叙倫入條成俗至德難名祀事無斁新羅始祖稱建邦啓土傳祚
千齡芯芬修祀庶享于誠高句麗始祖稱自天降靈建邦啓土時祀無斁有秩斯祐百濟始祖稱克

創厥業克傳厥祚享祀不忒庶其歆顧高麗太祖稱肇三韓功高萬世享祀是宜福攸介顯宗稱功加一時垂範後嗣歆我明禋錫我繁祉(文宗元宗同)○靈星稱默管玄造功利三農感通精禋百祿來崇○老人星稱載居南極載昭壽徵申錫扶佑胡考是膺○馬祖稱種精毓秀神旣孔多吉日旣禱降福不那○名山稱磅礡嵬崒崷鎭于一方是用禋祀惠我無疆○大川稱性本潤下功利斯溥吉蠲以祀有秩斯祜○司寒稱闔闢陰機燮調愆伏至誠斯感錫玆祉福○先牧稱肇制牧養永世之利爰值仲夏是饗是肆○七祀稱節屆孟春(隨時改稱)宜舉精禋祇薦閟宮乃逮明神○別祭中霤稱保養畛庶寔荷神功玆率常禮用昭予衷○馬社稱肇敎乘御萬世永賴祀事孔明維福維介○馬步稱畜馬蕃庶軍國是資我祀克明永錫純禧○禡祭稱始制干戈用訓戎事是蔵嚴禋綏我嘉祉○禜祭稱霪雨不止傷我稼穡畀垂扶佑應時開豁報祀稱霪雨旣霽維神之賜何以報之敢稽祀事○酺祭稱蝗螽荐生害我嘉穀神其佑之俾殄無育○纛祭稱維神之靈載揚武威庸蔵明禋其右享之○城隍發告稱將以某月某日設壇北郊祭闔境無祀鬼神庶資神力召集赴壇州縣同惟北郊改稱城北)謹以牲幣醴齊粢盛庶品(宗廟俗節朔望七祀禜祭司寒則稱牲醴庶品文宣王朔望及俗祭城隍發告則稱淸酌庶羞)式陳明薦(社稷國社則維稱以后土句龍氏配神作主國稷則稱以后稷氏配神作主社稷及先農配位則並稱作主侑神文宣王則稱以先師兗國復聖公顔氏郕國宗聖公曾氏沂國述聖公孔氏鄒國亞聖公孟氏配)尙饗(厲祭敎書敎闔境無祀鬼神王若曰聖帝明王之御天下也發政施仁使無一夫不被其澤以至念人鬼之理一悼魂魄之無衣則又爲三厲國殤之祭焉寡人叨承鴻業景仰前猷治民事神期於盡心惟是封內山川與夫祀典所載上下神祇靡不秩祀尙慮四境之內從古迄今不得良死者其類不一或以水火盜賊或罹飢寒疾疫爲墻屋之頹壓遇虫獸之螫噬或因工而亡軀或在戰陣而死國遭鬪歐而橫傷陷刑辟而非罪或因人掠取財物而逼死被强奪妻妾而隕命或危急自縊或沒而無後或産難而死震死墜死若此之類不知其幾孤魂無托祭祀不及悲呼星月之下寃哭風雨之時陰魂未散結而爲妖興言及此良用惻然爰命有司爲壇於城北遍祭闔境無祀鬼神仍使當處城隍之神召集群靈以主此祭惟爾衆神尙其不昧携朋挈儔來享飮食無爲厲災以干和氣庶幽明之感通底邦國之寧謐故玆敎示尙宜知悉○州縣厲祭祭文云云致祭于無祀鬼神人之死生有萬不齊從古迄今不得良死者其類不一或在戰陣而死國或遭鬪歐而亡軀或以水火盜賊或罹飢寒疾疫或爲墻屋之類壓或遇虫獸之螫噬或陷刑辟而非罪或因財物而逼死或因妻妾而隕命或危急自縊或沒而無後或産難而死或震死或墜死若此之類不知其幾孤魂無托祭祀不及陰魂未散結而爲妖是用告于城隍召集群靈侑以淸酌庶羞惟爾衆神來享飮食無爲厲災以干和氣)

◆雅部樂章(軒架無詞登歌有詞)

黃鐘宮	皇南林姑太姑南林應南蕤姑南林黃太黃南太黃應南黃姑太黃南林南姑太黃
太呂宮	大無夷仲夾仲無夷潢無林仲無夷大夾大無夾大潢無大仲夾大無夷無仲夾大
太簇宮	太應南蕤姑蕤應南汰應夷蕤應南太姑太應姑太汰應太蕤姑太應南應蕤姑太
太鍾宮	夾潢無林仲林潢無汰潢南林潢無夾仲夾潢仲夾汰潢夾林仲夾潢無潢林仲夾
姑洗宮	姑汰應夷蕤夷汰應浹汰無夷汰應姑蕤姑汰蕤姑浹汰姑夷蕤姑汰應汰夷蕤姑
中呂宮	仲汰潢南林南汰潢姑汰應南汰潢仲林仲汰林仲姑汰仲南林仲汰潢汰南林仲
蕤賓宮	蕤浹太無夷無俠汰仲浹潢無浹汰蕤夷蕤浹夷蕤仲浹蕤無夷蕤浹汰浹無夷蕤
林鍾宮	林姑汰應南應姑汰蕤姑汰應姑汰林南林姑南林蕤姑林應南林姑汰姑應南林
夷則宮	夷仲浹潢無潢仲浹林仲汰潢仲浹夷無夷仲無夷林仲夷潢無夷仲浹仲潢無夷
南宮宮	南蕤姑汰應汰蕤姑夷蕤浹汰蕤姑南應南蕤應南夷蕤南汰應南蕤姑蕤汰應南
無射宮	無林仲汰潢汰林仲南林姑汰林仲無潢無林潢無南林無汰黃無林仲林汰潢無
應鐘宮	應夷蕤浹汰浹夷蕤無夷仲浹夷蕤應汰應夷汰應無夷應浹汰應夷蕤夷浹汰應
送夾鐘宮	夾南無仲仲林潢無夾潢仲林夾潢仲夾汰潢南林潢夾林仲南林潢無潢林仲夾
送林鍾宮	林汰汰南南應姑汰林姑南應林姑南林蕤姑汰應姑林應南汰應姑汰姑應南林
送黃鍾宮	黃蕤林太太姑南林黃南太姑黃南太黃應南蕤姑南黃姑太蕤姑南林南姑太黃

文宣王迎神疑安黃鐘宮仲呂宮南呂宮夷則宮奠幣明安南呂宮○自生民來誰底其盛惟王神
明度越前聖粢幣俱成禮容斯稱黍稷荙馨惟神之聽進饌豊安姑洗宮初獻成安南呂宮○正位
大哉聖王實天生德作樂以崇時祀無斁淸酤惟馨嘉牲孔碩薦羞神明庶幾昭格○兗國公庶幾
屢空淵源深矣亞聖宣獻百世宣祀吉蠲斯辰昭陳樽篡旨酒欣欣神其來止○郕國公心傳忠恕
一以貫之爰述大學萬世訓彝惠我光明尊聞行知繼聖迪後是享是宜○沂國公公傳自曾孟傳
自公有嫡緒承允得其宗提鋼開蘊乃作中庸侑于元聖億載是崇○鄒國公道之由興於皇宣聖
惟公之傳人知趍正與享在堂情文實稱萬年承休假哉天命文舞退武舞進舒安姑洗宮亞獻終
獻成安姑洗宮徹籩豆娱安南呂宮○犧象在前籩豆在列以享以薦旣芬旣潔禮成樂備人和神
悅祭則受福率遵無越送神凝安送黃鍾宮

◆齋戒

○中祀先農文宣王有親行前享六日禮曹啓聞請齊戒殿下散齊三日於別殿致齊二日一日於
正殿一日於齊宮世子侍講院前期請齊戒並如式凡散齊不弔喪問疾不聽樂有司不啓刑殺文
書致齊惟啓享事凡諸享官及近侍之官應從㐫者並散齊三日宿於正寢致齊二日一日於本司
一日於享所陪享官文宣王則有學生○攝事無殿下齊儀及陪享官及諸衛之屬守衛壝門者每
門護軍二人每隅隊長一人攝事則並隊長文宣王廟門及凡壝門同各於本司淸齊一宿工人二
舞淸齊一宿於禮曹前享一日質明並集享所肄儀王世子釋奠同陪享宮官館官學官並淸齊一
宿

◆齋官

凡以本官行事執事者有故則以他官充獻官進幣爵酒官奠幣爵酒官進幣瓚爵官奠幣
瓚爵官薦俎官禮儀使贊禮執禮官闔令皆有預差○執禮大祝並文官

● 文宣王亞獻官王世子終獻官領議政有故則次官進幣爵酒官吏曹判書有故則參判薦俎官
戶曹判書有故則參判奠幣爵酒官吏曹參議配位初獻官議政有故則次官○亞終獻正位亞終
獻官行殿內東西從享分獻官各一正二品東西廡從享分獻官各十三四品典祀官奉常寺正有
故則副正執禮二堂上三品堂上官堂下四品廟司成均館官大祝知製敎四品以上正位祝史四
品齊郎五品執尊六品配位祝史四六品齊郎參外捧俎官各三參外殿內東西從享祝史各五參
外齊郎參外東西廡從享祝史各十五參外齊郎各二參外掌牲令典牲署主簿有故則直長協律
郎掌樂院官爵洗位六品盥洗位二六品亞獻官盥洗位參外終獻官盥洗位參外○領議政爲亞
獻官則不別設贊者二通禮院官謁者二六品贊引四二六品二參外監察二禮儀使禮曹判書有
故則參判近侍四承旨左右通禮禮儀使以下應奉官奉禮王世子侍從官侍講官正二品以上講
書官正三品以下近侍侍臣館官學官侍講官以下視學侍從官

◆傳香祝

大祀社稷宗廟永寧殿中祀風雲雷雨先農先蠶雩祀文宣王則親傳其餘中祀以下則
前一日(外則前期)典校署官具香祝以進承旨於外庭代傳前祭一日未明五刻掖庭署設殿下
褥位於思政殿月廊南階下當中南向設香祝案於其前近西東向兵曹陳鹵簿細仗及香亭於勤
政門外中祀則無細仗及香亭三刻諸齊官以時服俱集朝堂殿下具翼善冠袞龍袍即座典校署
官以祝版捧進近侍傳捧以進若並傳則以次捧進殿下署訖近侍捧祝版及香權置於案一刻引
儀引初獻官詣思政殿閤外時至左通禮入於褥位之左俯伏殿下出就褥位南向立初獻官入並
傳則諸初獻官以次入左通禮跪啓請跪殿下跪近侍以香祝東向跪進殿下受香祝以授初獻官
初獻官西向跪受興並傳則先受者立於門外西向以次而比左通禮啓請興鞠躬殿下興鞠躬香
祝由中門出左通禮啓請平身殿下平身還內初獻官出勤政門外置香祝於香亭中細仗前導香
亭次之亞獻官以下隨初獻官出闕門外上馬至齊坊門外下馬入就齊所香祝安於卓上

◆省牲器

○中祀前祭一日掌牲令外則有司牽牲詣祭所未後三刻典祀官釋奠則廟司外則有司帥其屬
掃除壇廟同之內外謁者引獻官贊引引監察外則無監察俱以常服視牲充腯詣廚視滌漑省饌
具訖各還齊所晡後典祀官外則掌饌者帥宰人以鸞刀割牲親享先農文宣王則祝史以槃取毛

血置於饌所

◆有司釋奠文宣王儀

時日見序例○齊戒見序例○陳設釋奠二日廟司帥其屬掃除廟之內外典設司設饌幔於東門外前一日典樂帥其屬設登歌之樂於堂上前楹間軒架於廟庭俱北向執禮設初獻官位於東階東南西向飲福位於堂上前楹外近東西向亞獻官終獻官分獻官位於初獻官之後稍南西向執事者位於其後每等異位重行西向北上監察位於執事之南西向書吏陪其後執禮位二一於堂上前楹外一於堂下俱近東西向贊者謁者贊引在堂下執禮之後稍南西向北上協律郎位於堂上前楹外近西東向典樂位於軒懸之北北向館官學官位於西階西南東向北上學生位於庭中北向西上設門外位諸釋奠官於東門外道南館官學官於釋奠官之東少南學生於其後俱每等異位重行北向西上設望瘞位於瘞坎之南初獻官在南北向執禮贊者大祝在東西向北上贊者大祝稍却釋奠日未行事前典祀官廟司各帥其屬入奠祝版各一於大成至聖文宣王兗國復聖公郕國宗聖公沂國述聖公鄒國亞聖公神位之右各有坫陳幣篚各一於尊所設香爐香合幷燭於神位前次設祭器如式見序例設福酒爵有坫胙肉俎各一於文宣王尊所設洗於東階東南北向盥洗在東爵洗在西罍在洗東加勺篚在洗西南肆實以巾若爵洗之篚則又實以爵有坫諸執事盥洗於獻官洗東南北向執尊罍篚羃者位於尊罍篚羃之後○傳香祝見序例○省牲器見序例○行禮釋奠日丑前五刻丑前五刻卽三更三點行事用丑時一刻典祀官廟司入實饌具畢贊引引監察升自東階諸釋奠官陞降皆自東階按視堂之上下斜察不如儀者還出前三刻諸釋奠官及館官學官學生各服其服釋奠官祭服館官學官公服學生青衿服贊引引館官學官學生俱就門外位執禮帥贊者謁者贊引入自東門先就階間懸北拜位重行北向西上四拜訖各就位典樂帥工人二舞入就位文舞入陳於懸北武舞立於懸南道西贊引引學生入就位引館官學官入就位謁者贊引各引諸釋奠官俱就門外位前一刻贊引引監察典祀官大祝祝史齊郎協律郎入就懸北拜位重行北向西上立定執禮曰四拜贊者傳唱凡執禮有辭贊者皆傳唱監察以下皆四拜訖贊引引監察就位引諸執事詣盥洗位盥帨訖各就位齊郎詣爵洗位洗爵拭爵訖置於篚捧詣尊所置於坫上謁者引初獻官贊引引亞獻官終獻官分獻官入就位謁者進初獻官之左白有司謹具請行事退復位協律郎俯伏舉麾興工鼓祝軒架作凝安之樂烈文之舞作樂二成執禮曰四拜獻官以下及學生皆四拜先拜者不拜樂三成協律郎偃麾戛敔樂止執禮曰行奠幣禮謁者引初獻官詣盥洗位北向立贊搢笏初獻官盥手帨手訖贊執笏引詣大成至聖文宣王神位前北向立登歌作明安之樂烈文之舞作謁者贊跪搢笏執事者一人捧香合一人捧香爐跪進謁者贊三上香執事者奠爐于神位前大祝以幣篚授初獻官初獻官執幣獻幣以幣授大祝奠于神位前捧香授幣皆在獻官之右奠爐奠幣皆在獻官之左授爵奠爵唯此謁者贊執笏俯伏興平身次詣兗國復聖公郕國宗聖公沂國述聖公鄒國亞聖公神位前東向上香奠幣並如上儀唯宗聖公亞聖公獻官西向行禮後倣此訖樂止引降復位執禮曰行初獻禮謁者引初獻官詣大成至聖文宣王尊所西向立登歌作成安之樂烈文之舞作執尊者舉羃酌醴齊執事者以爵受酒謁者引初獻官詣神位前北向立贊跪搢笏執事者以爵授初獻官初獻官執爵獻爵以爵授執事者奠于神位前贊執笏俯伏興少退北向跪樂止大祝進神位之右東向跪讀祝文訖樂作謁者贊俯伏興平身樂止謁者引初獻官出戶詣配位尊所西向立樂作執尊者舉羃酌醴齊執事者四人以爵受酒謁者引詣復聖公宗聖公述聖公亞聖公神位前東向行禮並如上儀訖唯大祝南向讀祝若宗聖公亞聖公在西則大祝北向讀祝引降復位文舞退武舞進軒架作舒安之樂舞者立定樂止初初獻官既復位執禮曰行亞獻禮謁者引亞獻官詣盥洗位北向立贊搢笏盥手帨手訖贊執笏引詣文宣王尊所西向立軒架作成安之樂執尊者舉羃酌盎齊執事者以爵受酒謁者引亞獻官詣神位前北向立贊跪搢笏執事者以爵授亞獻官亞獻官執爵獻爵以爵授執事者奠于神位前謁者贊執笏俯伏興平身引詣配位尊所西向立執尊者舉羃酌盎齊執事者四人以爵受酒謁者引亞獻官詣復聖公宗聖公述聖公亞聖公神位前行禮並如上儀訖樂止引降復位執禮曰行終獻禮謁者引終獻官行禮並如亞獻儀訖引降復位初終獻官將升殿贊引各引分獻官以次詣盥洗位搢

笏盥帨訖執笏分詣殿內及兩廡從享尊所執尊者擧冪酌酒執事者以爵受酒引分獻官詣神位
前跪搢笏執事者授爵分獻官執爵獻爵奠爵執笏俯伏興平身以次分獻訖俱復位執禮曰飮福
受胙大祝詣文宣王尊所以爵酌罍福酒又大祝持俎進減神位前胙肉謁者引初獻官升詣飮福
位西向立謁者贊跪搢笏大祝進初獻官之左北向以爵授初獻官初獻官受爵飮卒爵大祝受虛
爵復於坫大祝以俎授初獻官初獻官受俎以授執事者執事者受俎降自東階出門謁者贊執笏
俯伏興平身引降復位執禮曰四拜在位者及學生皆四拜執禮曰徹籩豆諸大祝入徹籩豆徹者
籩豆各一少移於故處登歌作娛安之樂徹訖樂止軒架作凝安之樂執禮曰四拜獻官以下及學
生皆四拜樂一成止執禮曰望瘞謁者引初獻官詣望瘞位北向立執禮帥贊者詣望瘞位西向立
大祝以篚取祝版及幣降自西階置於坎執禮曰可瘞置土半坎謁者進初獻官之左白禮畢謁者
贊引各引初獻官以下以次出執禮帥贊者還本位贊引引監察及諸執事俱復懸北拜位立定執
禮曰四拜監察以下皆四拜訖贊引引出贊引引館官學官出學生以次出典樂帥工人二舞出執
禮帥贊者謁者贊引就懸北拜位四拜而出典祀官廟司各帥其屬徹禮饌闔戶以降乃退

▶2113◀◆問; 석전대제라 함은 오류라 한다.

어떤 이가 석전대제운운(釋奠大祭云云) 하니 석전(釋奠)을 대제(大祭)라 함은 예를
알지 못하는 자들의 오류라 하며 참혹하게 힐난을 당하였다. 물론 오례의(五禮儀)
서례(序例)에 석전(釋奠)은 중사(中祀)로 분류가 되었으니 그 선비의 질타도 무리는
아니었으리라 생각된다.

◆答; 석전대제는 오류인가.

그러나 석전제(釋奠祭)는 궁실(宮室)의 예로 석전대제(釋奠大祭)라 이름이 아래
의 전거(典據)이외에도 그 기록(記錄)이 수없이 언급되었다 함은 오례의(五禮儀)에
서는 중사(中祀)로 분류되었으나 석전의(釋奠儀) 중에서 가장 큰 제사(祭祀)란 의미
(意味)로 오례의(五禮儀)와는 무관하게 궁실(宮室)에서는 대제(大祭)로 취급되고 있
음을 증명(證明)하게 되며 그로 인하여 석전(釋奠) 은 대제(大祭)로 통용(通用)되는
것이 아닌가 생각된다.

석전대제(釋奠大祭)라는 용어는 1703(계미(癸未))년도 예조(禮曹)에서 이미 사용되
었음을 문헌적(文獻的)으로 입증이 되니 왜 석전(釋奠)에 대제(大祭)라는 용어가 붙
게 되었나를 후자들이 명확히 전거(典據)를 밝혀 알지 못할 뿐이지 석전대제(釋奠大
祭)라는 명칭을 두고 왈가왈부함은 후학으로서 바람직하지 않다 할 것입니다.

●文廟修改謄錄甲申八月十九日條平安監司書狀內本道年例春秋釋奠大祭及各項祭奠時
該用之香各官無路繼用是如江界等數十官一樣牒報爲白乎等以云云
●憲宗實錄五年己亥正月二十九日條上詣仁政殿月臺文廟釋奠大祭親傳香時李公翼鄭㝡
朝金英根陞殿金左根(以承旨進參)
●宗廟修改謄錄禮曹編[孝宗 9 年-英祖 11 年(自戊戌至乙卯. 1658-1735)]癸未年六月
二十日條(傳香稟)一行禮曹判書臣金 等謹 啓爲祭享事來八月初四日行文宣王釋奠大祭
及同月初五日行 社稷祭同月十二日行風雲雷雨祭 香祝 親傳例使內白良如敎喩乃謹具
啓聞 伏候 敎旨謹 啓康熙四十二年六月二十日右承臣李德成次知奉 敎攝行爲良如敎
●英祖實錄四十六年庚寅二月九日丙辰;上詣延和門祇迎文廟釋奠大祭香祝
●與猶堂全書牧民心書戶典六條;米四石春秋釋奠大祭羊腥豕腥添價條春秋各二石

▶2114◀◆問; 석전대제봉행(釋奠大祭奉行)을 봉향(奉享)이라 함은?

표기(標記)에 관해 문의 드립니다. 유교신문(儒敎新聞) 제 798 호(2011 년 5 월 15 일
자) 1 면의 제목입니다. '춘기석전(春期釋奠) 엄숙(嚴肅)하게 봉행(奉行)'이라는 제목
중 '봉행'이라는 단어를 국어사전에서 찾아봤습니다.

봉행(奉行)봉행(奉行)-웃어른이 시키는 대로 받들어 행함. 봉행(奉行)이라는 표기(表記) 대신 봉향(奉享)이 바른 말 표기(表記)가 아닐까요? 국어사전(國語辭典)에도 다음과 같이 풀이하고 있습니다. 봉향(奉享)-받들어 배향(配享)함.

각 종친회에서 만들고 있는 종보 역시 대부분 봉행으로 표기하고 있는데 성균관의 표기를 따르고 있는 것 같습니다. 성균관부터 바로 잡아주셔야 되지 않을까요?

◆答; 석전대제봉행(釋奠大祭奉行)을 봉향(奉享).

봉행(奉行)의 의미가 그와 같으니 그 뜻을 "받들어 행하다" 또는 봉(奉)에는 "시행(施行)하다"라는 의미도 포함되어 있는데 시행(施行)을 높여 이를 때봉행(奉行)이라 이르게 되며, 봉향(奉享)의 향(享)의 의미(意味)에는 "제사(祭祀)를 지내다"란 의미가 있는가 하면 "배향(配享)하다"란 의미가 있어 봉향(奉享)이라 이르게 되면 묘(廟)사원(廟祠院) 등에 신주(神主)를 배향(配享)하여 모심을 이를 때 쓰이는 용어가 되어, 석전대제봉행(釋奠大祭奉行)이라 이름은 오류(誤謬)가 아닌 상 싶습니다.

●國語晉語是之不果奉註果克也奉行也
●孔子家語六本子夏曰商請志之而終身奉行焉
●薊山紀程風俗條或累土爲龕列奉神像又並享關帝像
●書經集傳盤庚上玆予大享于先王爾祖其從與享之註玆我大享于先王爾祖亦以功而配食於廟

▶2115◀◆問; 석전대제에 대하여.

안녕하십니까 초암 선생님? 제가 알고자 하는 것은 홀기가 아닙니다. 성균관 석전대제 진행에 종헌례와 동서무 행례를 같이(동시에)행한다고 하니 그 까닭을 궁금 해하는 것입니다.

종헌례를 하고 차례로 분헌례를 하는 것이 맞는지 아니면 동시에 하는 것이 맞는지 분명 종전하고는 다른데 예하 향교에서는 도미노 현상을 일으키고 있으니 말입니다. 이상의 두 번의 질문을 참고 고견을 듣고 싶습니다.

◆答; 석전대제.

석전대제(釋奠大祭)는 국조오례의(國朝五禮儀)에 명시(明示)된 예법에 의하여 예(禮)를 갖춤이 마땅할 것입니다. 까닭에 석전대제(釋奠大祭)는 국조오례의(國朝五禮儀) 길례편(吉禮篇) 왕세자석전문선왕의급유사석전문선왕의(王世子釋奠文宣王儀及有司釋奠文宣王儀)에 의함이 옳겠지요.

이미 본인이 게시한 류근태(柳根泰) 선생(先生)의 석전홀기(釋奠笏記)나 수문요초석전제식편(隨聞要抄釋奠祭式篇) 역시 국조오례의(國朝五禮儀) 석전의(釋奠儀)를 근거로 쓰여졌으리라 생각합니다. 석전대제(釋奠大祭) 분헌례(分獻禮)는 종헌례(終獻禮)를 마치고 행함이 국조오례의(國朝五禮儀)에서의 예순(禮順)인 것입니다. 따라서 성균관(成均館) 석전대제 홀기(釋奠大祭笏記)는 국조오례의(國朝五禮儀) 석전의(釋奠儀)에 근거(根據)하여 ⑦종헌례(終獻禮) ⑧분헌례(分獻禮) 이와 같이 별개(別個)의 예로 행함이 분명(分明)한데 탁암 선생께서 [성균관(成均館) 석전대제(釋奠大祭) 진행(進行)에 종헌례(終獻禮)와 동서(東西) 무(廡) 행례(行禮)를 같이(동시에)행한다고 하니]라 하심은 성균관(成均館) 홀기(笏記)와는 동떨어진 인식이 아닐까 합니다.

그 상이점(相異點)을 국조오례의(國朝五禮儀) 석전의(釋奠儀)와 현재 성균관(成均館) 석전홀기(釋奠笏記)를 견주어 [종헌례(終獻禮)와 동서 무(廡) 행례(行禮)를 같이(동시에) 행한다]의 근거를 지적하여야 옳지 않을까 하며 또 그 개선점을 일러 줌으로서 어그러짐 없이 바르게 행하여지리라 생각합니다. 국조오례의(國朝五禮儀) 의식 중(儀式中) 문선왕(文宣王)에 대하여 행하는 禮는 아래와 같음.

●吉禮

1).享文宣王視學儀 2).酌獻文宣王視學儀 3).王世子酌獻文宣王視學儀 4).王世子釋奠文宣王儀 5).有司釋奠文宣王儀 6).文宣王朔望奠儀 7).文宣王先告事由及移還安祭儀 8).州縣釋奠文宣王儀 9).州縣文宣王告事由及移還安祭儀

※위의 예중 釋奠祭는 아래와 같음.

4).王世子釋奠文宣王儀 5).有司釋奠文宣王儀 8).州縣釋奠文宣王儀

※위의 석전제(釋奠祭)에서 종향헌(從享獻)은 종헌 후(終獻後) 분헌예(分獻禮) 때 행함.

아래는 성균관(成均館) 석전대제(釋奠大祭) 석전 순(釋奠順)으로 게시되 홀기(笏記)는 예법대로 분리되어 있습니다. 그 아래는 예사랑 선생께서 게시한 석전대제(釋奠大祭) 홀기(笏記)는 종헌례(終獻禮) 겸 분헌례(分獻禮)입니다.

⑦ 종헌례(終獻禮).

알자가 종헌관을 인도하여 관세 위에 나아가 세수하고 공부자대성위 앞에 나아감. 당하악과 무무를 시작함. 공부자대성위 앞에 나아가 술잔을 올리고 다음 사성위 순으로 각각 술잔을 올리고 소정의 위치로 돌아감.

⑧ 분헌례(分獻禮).

찬인이 동종향 분헌관과 서종향 분헌관을 인도하여 관세위에 나아가 세수하고 동종향분헌관은 동종향 십칠위(十七位)에 분향하고 술잔을 올리고 서종향분헌관은 서종향 십칠위(十七位)에 분향하고 술잔을 올리고 소정의 위치로 돌아감.

行終獻禮 兼 分獻禮

○謁者引終獻官詣盥洗位盥手 [搢笏盥手帨手 執笏] ○贊引各引分獻官詣盥洗位盥手 [搢笏盥手帨手 執笏] ○引詣大成至聖文宣王尊所 西向立 ○引詣各引分獻官從享位尊所 西向立 ○各從享位 奉爵奠爵司尊升詣定就位 ○軒架作成安之樂昭武之舞作 擧麾 ○各司尊擧冪酌酒奉爵以爵受酒 ○引詣大成至聖文宣王神位前 北向立 [獻官跪而搢笏] ○引詣各引分獻官從享位神位前 北向立 [獻官跪而搢笏] ○各奉爵以爵授亞獻官 ○獻官執爵獻爵以爵授奠爵 ○奠爵奠于神位前 [俯伏興平身 獻官執笏] 分獻官酌獻從享如上儀 ○謁者引終獻官詣配位尊所 西向立 ○司尊擧冪酌酒奉爵以爵受酒 ○引詣復聖公神位前 [獻官跪而搢笏] ○奉爵以爵授終獻官 ○終獻官執爵獻爵以爵受奠爵 ○奠爵奠于神位前 [俯伏興平身 獻官執笏] ○次詣宗聖公神位前 [獻官跪而搢笏] ○司尊擧冪酌酒奉爵以爵受酒 ○奉爵以爵授終獻官 ○終獻官執爵獻爵以爵授奠爵 ○奠爵奠于神位前 [俯伏興平身 獻官執笏] ○次詣述聖公神位前 [獻官跪而搢笏] ○司尊擧冪酌酒奉爵以爵受酒 ○奉爵以爵授終獻官 ○終獻官執爵獻爵以爵授奠爵 ○奠爵奠于神位前 [俯伏興平身 獻官執笏] ○次詣亞聖公神位前 [獻官跪而搢笏] ○司尊擧冪酌酒奉爵以爵受酒 ○奉爵以爵授終獻官 ○終獻官執爵獻爵以爵授奠爵 ○奠爵奠于神位前 [俯伏興平身 獻官執笏] ○謁者贊引各引終獻官分獻官奉爵奠爵司尊降復位 ○樂止偃麾

어느 예법이 결함이 있는가는 국조오례의 석전례와 비교 그에 맞도록 수정하면 크게 문제될 것은 없으리라 생각됩니다.

▶2116◀◆問; 석전대제의 의미와 춘, 추계석전대제 일 선정에 대하여.

한결같은 마음으로 성균관 유림들의 궁금증에 대하여 잘 설명해 주심에 감사 드립니다. 향교에서 춘, 추기 석전대제 의식 행사를 하면서 궁금한 점이 있어 질의 하오니 충분히 이해 될 수 있는 답을 부탁 드립니다.

첫째, 석전대제의 의미에 대하여 입니다.

춘, 추기 석전대제의식 행사는 공부자 탄강(誕降)과 기일(忌日)을 기념하기 위하여 제의식(祭儀式)을 하는 것이라고 처음 향교 입문해서 배웠습니다. 또한 다른 선인들 께서 는 성균관 유생들의 봄 학기 개학과 가을 학기 개학을 기념하기 위하여 의식 행사를 하게 된 연유라고 합니다.

둘째, 석전대제는 왜? 봄(양력 5 월 11 일) 가을(양력 9 월 28 일)에 의식행사를 하는 지요? 전국향교에서 같은 날 행사하기로 성균관에서 지침을 내렸는데도 여전히 봄 에는 음력 2 월 상정(上丁)일, 가을에는 음력 8 월 상정(上丁)일에 의식을 치르는 데 성균관의 년 중 제일 성대하고 큰 행사를 통일되게 맞추지 않는 향교는 무슨 연 유 인지요? 물론 시대의 흐름에 따라 변화되는 것이 옳겠습니다 만 분명하게 알고 싶습니다.

◆答; 석전대제의 의미와 춘, 추계석전대제 일 선정.

問; 첫째, 答; 개학(開學) 기념이라기 보다 춘추(春秋) 입학 때 먼전 문묘에 반드시 수학(修學)에 들어가기 전에 지내는 제(祭)를 대체적으로 석전제라 하며 선성(先 聖) 선사(先師)의 가르침대로 따라 배워 유자(儒者)로서 수신제가(修身齊家)하여 치 국평천하(治國平天下)라는 이상을 실현하겠다는 다짐의 제(祭)라 할 수 있습니다.

問; 둘째, 答; 석전대제(釋奠大祭)의 일시(日時)에 관하여는 오례의(五禮儀)를 비롯하 여 여러 서(書)에서 많은 설(說)이 있습니다. 말씀으로 미루어 보아 모 향교(鄕校) 에 적을 두시고 활동하시고 계신 듯 합니다. 그와 같이 성균관(成均館)과 지방 각 향교(鄕校)의 제일이 일치하지 않는다면 그 연유는 내부의 문제이니 내부에 서 문 제의 해결을 도모하심이 옳으실 것 같습니다.

●文王世子凡始立學者必釋奠于先聖先師註先聖國無先聖先師則所釋奠者當與隣國合也 周公若孔子周禮曰凡有道者有德者使敎焉
●關王廟儀式(松京)光武三年己亥三月初二日條誕辰忌辰享費各二百兩
●大學衍義補釋奠先師之禮條隋制國子學每歲四仲月上丁釋奠于先聖先師州縣學則以春 秋仲月釋奠

▶2117◀◆問; 석전대제(釋奠大祭) 축문(祝文)의 배(配)와 종(從).

석전대제 축문에서,

[질문 1] 배(配)와 종(從)의 의미를 알고 싶으며, 배와 종을 바꾸어 쓰면 안 되는지 요? 이유도 알고 싶습니다.

[질문 2] 부천위(不遷位)의 사당(祠堂)에 5 세(世)와 22 세(世)를 같이 모신다면 5 세 의 축문(祝文)에 22 세(世)를 배(配)나 종(從)의 어느 것을 사용(使用)하면 되는지 요? 사용할 수 없다면 어떻게 쓰는 것이 좋은지요?

◆答; 석전대제 축문에서.

[질문 1]答;

○석전대제 축문.

維 孔夫子誕降 0000 年歲次干支 0 月干支朔 0 日干支 00 姓名敢昭告于 大成至聖文宣 王伏以維 道冠百代萬世宗師玆値忌辰精禋是宜謹以牲幣醴齊粢盛庶品式陳明薦 配先 師兗國復聖公郕國宗聖公沂國述聖公鄒國亞聖公 從孔門十哲宋朝六賢我國十八賢尙 饗 위 축문(祝文)은 살펴 보시거나 공묘(孔廟)의 신주(神主) 배열을 보시면 축문의 배

(配)와 종(從)의 뜻을 이해하시기에 어려움이 없으리라 생각합니다.

공부자묘(孔夫子廟)에서 배향(配享)의 의미는 역대(歷代) 명유(名儒)를 의미함 같고 종향(從享)의 의미는 종사(從祀)와 같은 뜻으로 후세의 선비를 의미하는 것 같습니다. 다만 일반적 의미는 배향(配享)과 종향(從享)의 의미는 같은 뜻으로도 쓰입니다.

[질문 2]答; 아래와 같이 살펴보건대 한 가문의 불천지위(不遷之位) 위패(位牌)는 동묘동실(同廟同室)이 아닌 각실 각묘로 모시셔야 하는 것 같습니다.

한 가문(家門)의 불천지위(不遷之位) 위패(位牌)의 동묘동실(同廟同室) 배향(配享) 예법(禮法)의 기록은 찾아지지 않습니다.

●大典會通三冊致祭條王后考妣奉祀者代盡則別立一室祭之
●芝村曰百世不遷位奉祀者代盡則別立一室以祭之別立一室則作爲一間祠堂亦可

▶2118◀◆問; 석전(釋奠)에 대하여.

안녕하십니까. 어른들한테서 이상한 말씀을 듣고 의문이 풀리지 않아 선생님을 찾아 왔습니다. 다름이 아니옵고 지난날 중국에서는 석전(釋奠)을 중춘(中春) 상정일(上丁日)에 한번만 지내며 제주(祭酒)가 초헌을 하였다 합니다. 사실인가요. 선생님.

◆答; 석(釋)예 중에서.

아래와 같이 사림광기(事林廣記)를 살펴보건대 당(唐)나라 대 중춘 상정일(中春上丁日)에 제주(祭酒), 사업(司業), 박사(博士)가 삼헌(三獻)을 하였다 하니 품계(品階)가 가장 높은 제주(祭酒)가 초헌관(初獻官)으로 초헌을 하였을 것입니다.

●事林廣記節令門釋奠; 釋奠无定日唐禮樂志云中春中和釋奠于文宣王以上丁日國學以祭酒司業博士三獻樂以行禮

▶2119◀◆問; 석전(釋奠)에 대하여.

아래 1,2번을 자세히 설명을 부탁 드립니다.
問; 1. 봄, 가을 두 차례 지내는 祭日을 어떻게 정하고,
問; 2. 석전대제(釋奠大祭) 명칭을 쓸 때 "춘계(春季) 석전대제(釋奠大祭)" 또는 "춘기(春期) 석전대제(釋奠大祭)" 어느 것으로 써야 옳은 표기일까요?

◆答; 석전(釋奠).

問; 1. 答; 아래와 같이 살펴보건대 국조오례의의 중춘중추상정석전문선왕(仲春仲秋上丁釋奠文宣王)의 규정에 의하여 상일제(常日祭)로 행하게 됩니다.

問; 2. 答; 춘추중월상정(春秋仲月上丁) 두 석전제(釋奠祭)에 대하여 유학적으로 [석전대제(釋奠大祭)] [춘계석전대제(春季釋奠大祭)] [춘기(春期) 석전대제(釋奠大祭)] 란 분명하게 명문화되어 있지 않은 세속 명과 같습니다. 따라서 [석전대제(釋奠大祭)]라 함은 아마도 대제인 사직종묘영녕전(社稷宗廟永寧殿)과는 분리 유림에서 행하게 되어 유림의 입장에서 그 이상의 제사(祭祀)가 없으니 석전(釋奠)을 대제(大祭)라 칭하는 듯하나 이는 예법상 오류가 되며, 석전(釋奠)에 대한 제명(祭名) 역시 [춘계석전대제(春季釋奠大祭)]는 중국(中國)에서는[춘계제공행석전례(春季祭孔行釋奠禮)]라 칭(稱)하고, 우리나라에서는 [춘기(春期) 석전대제(釋奠大祭)]라 칭하고 있는 듯 하나 전거(典據)로 입증(立證)할 수가 없으니 어느 것이 옳고 그르다 할 수 없을 것 같습니다. 다만 관련된 법도(法度)를 가늠하여 이른다면 "중춘석전례(仲春釋奠禮)" "중추석전례(仲秋釋奠禮)"라 함이 옳지 않을까 합니다.

●月令; 上丁命樂正習舞釋菜天子乃帥三公九卿諸侯大夫親往視之仲丁又命樂正入學習

樂註樂正樂官之長也習舞釋菜謂將敎習舞者則先以釋菜之禮告先師也(細註)馬氏曰親往視之爲道之存故也釋菜用丁爲文明故也

●大學衍義補釋奠先師之禮;隋制國子學每歲四仲月上丁釋奠于先聖先師州縣學則以春秋仲月釋奠

●五禮儀吉禮辨祀;凡祭祀之禮文宣王曰釋奠○又中祀; 文宣王○時日;凡祀有常日者(中略)仲春仲秋上丁釋奠文宣王(以下略)

●太學志時日釋奠仲春秋上旬丁日

▶2120◀◆問; 석전(釋奠)에서 생제(牲祭)를 올리는 이유는요.

일반제사에는 숙제(熟祭; 산사람으로 간주)를 하는데 석전(釋奠)에서는 무슨 이유로 생제(牲祭; 소 등의 생고기)를 올리는지요?

◆答; 석전에서 생제를 올리는 이유.

본인은 사서인(士庶人)의 예(禮)인 숙제(熟祭; 朱子家禮)에 관심을 두었고 성제(性祭)는 부수적으로 다루어 심도(深度) 있게 이해를 하고 있지 않습니다. 까닭에 원장 선생께서 의도하신 바에 충족될지 의심스러우나 대강 아래와 같이 살펴본 결과를 정리하여 보겠습니다.

천자(天子) 이하 성인(聖人)이 죽거나 천지(天地)의 오사(五祀)는 양(陽)의 신으로서 조리(調理)하여 설미(藝味)치 않은 제수(祭需)를 시저(匙箸) 없이 그기(氣)를 흠향(歆饗)하심이라 조리하여 익히거나 가미치 않는 것입니다.

●郊特牲有虞氏之祭也尙用氣血腥爓祭用氣也註尙用氣以用氣爲尙也初以血詔神於室次薦腥肉於堂爓次腥亦薦於堂皆未熟故云用氣細註嚴陵方氏曰血腥爓三者皆氣而已○血祭盛氣也祭肺肝心貴氣也祭黍稷加肺祭齊加明水報陰也取膟膋燔燎升首報陽也○鼎俎奇而籩豆偶陰陽之義也籩豆之實水土之品也不敢用藝味

●禮器註大饗祫祭宗廟也腥生肉也大饗則迎尸時血與腥同時薦獻酌酒以薦獻也祭社稷及五祀其禮皆三獻故因名其祭爲三獻也

●曲禮天子死曰崩諸侯曰薨大夫曰卒士曰不祿庶人曰死

●書經攘竊神祇之犧牷牲用以容將食無災註色純曰犧體完曰牷牛羊豕曰牲犧牷牲祭祀天地之物禮之最重者

●文王世子凡始立學者必釋奠于先聖先師及行事必以幣註諸侯初受封天子命之敎於是立學所謂始立學也立學事重故釋奠于先聖先師四時之敎常事耳故惟釋奠于先師而不及先聖也行事謂行釋奠之事必以幣必奠幣爲禮也始立學而行釋奠之禮則用幣四時常奠不用幣也

●漢書不德上帝神明未歆饗也天下人民未有愿志今縱不能博求天下賢聖有德之人嬗天下焉

●祭義衆生必死死必歸土此之謂鬼

●星湖曰鬼也者陰之靈神也者陽之靈

●筆苑雜記不惟天下之人皆思顯戮抑亦地中之鬼已議陰

●海東雜錄人如死有鬼

▶2121◀◆問; 석전 서립 순서.

1. 석전 때 헌관 외 성균관 관장, 제관들 중 고령자 연소자 등 서립 순서 알려주세요.

2. 제례 때 "西上重行" 이라는 말의 뜻을 알려주세요.

1) 제관들을 중심으로 맨 서쪽(왼쪽)이 상석이라는 말도 있고 중앙을 기준으로 우측에서 서쪽(중앙 쪽) 이라는 말이 있습니다.

◆答; 석전 서립 순서.
問; 1. 答; 본인은 작금의 석전대제 서립 순서(順序)는 자세히 알지를 못합니다.

이는 혹 그 담당관의 언급이 있을 것으로 간주하고 오례의 서립도를 게시합니다.

五禮儀壇廟圖說文宣王廟條

```
=================大聖殿=========================
==郎律恊→==↑登==↑登=======←飮福位==============
=========歌====歌===================←版位==
=====西階=====================阼階======
=======================←執禮=============
=======================←贊者=============
西=====================←謁者===========東
廡=====================←贊引===========廡
=======================←亞獻官==========
=======================←終獻官===←執====
=======================←配位初獻官==事===
=======================←進幣爵酒官==者===
=======================←爵酒官=====位===
=======================←奠幣爵酒官======
=======================←分獻官=========
=====↑位官武親宗享陪=========↑配享文官位======
================↑監=======↑監============
===============察==========察==========
==============↑軒========↑軒==========
==============架========架==========
```

問; 2. 答; 항렬(行列)마다 일행(一行)으로 서기를 북쪽을 상석(上席)으로 하여 겹쳐 서되 서쪽이 상석이라는 의미입니다.

▶2122◀◆問; 석전의례에 대하여 질의 드립니다.

유교 의례 중 묘전(廟殿)出入에 있어서 계단을 오를 때 와 나릴 때 에 대하여 취족 연보(聚足連步)에 대하여 질의 드립니다.

질의내용

내용 1) 동계(東階)를 오를 때 우족(右足)을 먼저 내 딛고 우족(右足)을 모으며 연보(連步)하고 서강(西降) 할 때는 좌족(左足)을 먼저 내 딛고 우족(右足)을 모으며 연보(連步)한다.

내용 2) 동계(東階)를 오를 때 위와 같으나 서계로 나려 올 때에는 우족을 먼저 내 딛고 좌족을 모으며 연보한다.

내용 3) 그 이유는 문묘(文廟)의 대성위(大成位)를 중심(中央)으로 모시는 자세로서 배면(背面)궁둥이를 노출시키지 않도록 하는 뜻에서 라고 합니다. 이 사항에 대하여 질의하오니 회신하여 주시면 감사하겠습니다. 강화향교 사무국장 이 정 운 드림.

◆答; 석전의례.

우복(愚伏) 선생께서는 주객(主客)이 서로 읍(揖) 후 층계를 오를 때 주인은 동계로 먼저 우족(右足)이고 객은 서계로 먼저 좌족(左足)이라야 계상에 오를 때나 올라서 도 상배(相背)가 되지 않고 상향(相向)이 된다는 것입니다. 그와 같이 층계를 오르 는 또 하나는 음양(陰陽)의 이치로 방위는 동이 양방(陽方)이고 서가 음방(陰方)이 며 인체는 우측이 양(陽)이고 좌측이 음(陰)인 까닭에 동계(東階)는 먼저 우족(右足) 서계(西階)는 먼저 좌족(左足)이지 않은가도 싶습니다. 다만 문묘(文廟) 예법 어디에 서도 동서계(東西階) 승강(乘降) 예법을 밝혀놓는 예서가 있는지의 여부는 알지를 못합니다.

모든 층계의 승강 법도는 아래의 곡례의 가르침에서 기인됨으로 모든 동서층계의 법도는 서인의 당의 층계나 사당의 층계나 동일하며 어느 층계도 예외는 있을 수가 없어요. 따라서 문묘의 동서층계 법도 역시 같아야 합니다. 만약 다르다면 바르게 잡아야 합니다.

●愚伏文集雜著金沙溪經書疑問辨論上於東階先右足上於西階先左足主人與客相對而升以近階之足先升也先左先右陳註以爲各順入門之左右此說甚無意義蓋分庭竝行相與揖讓升階時必主人先右足客先左足然後面相向而不相背涉級之際可以相觀爲節禮之敎人纖悉曲盡如此今謂以近階之足先升恐未然此時賓主俱北面未嘗相對立豈有近階之足耶

●曲禮主人入門而右客入門而左主人就東階客就西階主人先登客從之拾級聚足連步以上上於東階則先右足上於西階則先左足註主人先而客繼之拾級涉階之級也聚足後足與前足相合也連步步相繼也先右先左各順入門之左右也

▶2123◀◆問; 석전 제관복식과 기복사상에 관한 질문 드립니다.

수고가 많으십니다. 나이가 들어감에 따라 옛 것에 마음이 끌려 초기부터 정석으로 교육을 받지를 못하여 이 책 저 책 뒤적이며 토막지식으로 체계적이지 못합니다. 어렵게 궐리지를 볼 기회가 있어 살펴보던 중 여러 의문이 생겨 여쭙습니다.

1. 석전례에서의 제관복식에 대한 규정이 있는지요.
2. 유교도 종교라 하는데 기복사상이 스며 있는가 입니다. 많은 것을 얻어가고 있습니다. 감사합니다.

◆答; 석전 제관복식과 기복사상(祈福思想).

석전 법복에 관한 설이나 현재 어떤 법복을 입는지에 관하여는 그 실직에 있어서 취급한바 없어 논외로 치고, 아래와 같이 살펴보건대 석전 법복에 대하여 당태종(唐太宗) 때 그 복식이 조칙으로 정하여짐이 있으며, 기복사상의 유무에 대하여는 동위(東魏) 효문제(孝文帝)가 조칙(詔勅)을 내려 금음사(禁淫祀)하였으니 사서인 역시 선대 제사를 지내면서 구복(求福)하지 않습니다. 따라서 유교에는 구복사상이 없습니다.

●素王事紀獻官法服;唐太宗貞觀二十一年詔釋奠先聖獻官如社祭給明衣宋大觀元年臣寮言太學祭先聖服法腹郡邑則常服請頒祭服式于州郡詔以服式頒郡邑自製(註)云云初獻五旒其服三章畫粉米於衣綉黼與黻於裳亞終獻三旒其服無文惟裳綉黼而已(以下省略)○又禁淫祀東魏孝文帝延興二年詔曰尼父稟達聖賢之資體生知之德窮理盡性道光四海頃者祠典浸廢禮章殄滅逐致女巫妖覡淫進非禮(以下省略)

●福惠全書敎養部禁淫祀條禮士庶人祀其先所以報本返始也非是弗祀後世惑于鬼神之說因祀以祈福于是瀆亂不經人乃棄其王敎之正而崇信巫祝此風俗所以日僞而人心漸入于邪也(以下省略)

▶2124◀◆問; 석전 제례에 관해서 궁금합니다.

안녕하세요. 여러 지역의 제례에 대해서 조사하고 있는 학생입니다. 조사하는 과정에서 날음식을 쓰는 제례와, 익힌 음식을 쓰는 제례를 조사하고 있습니다. 여러 제례를 비교하는 과정에서, 어느 기준점을 가지고 조사를 하면 좋을 것 같아서, 날음식제례는 성균관(成均館)에서 지내는 제례를 기준으로 하면 좋을 것 같고요. 익힌 음식제례는 종묘(宗廟)를 기준으로 하면 좋을 것 같아서, 지금 자료(資料)를 수집하고 있습니다.

성균관(成均館)에서 지내는 제례는 언제 언제 있으시고, 제례 때 올리는 음식 (식

품)은 어떤 것인지, 또한 제례에 대한 홀기(笏記)를 구하고 싶은데 성균관 홈페이지
는 일반 기제사(忌祭祀)에 관한 내용밖에 없어서, 전통적이고 지금 행해지고 있는
제례 기준을 알고 싶습니다.

◆答; 석전 제례.

이하를 참고하시기 바랍니다.

●釋奠祭(2096 참조)

●酌獻文宣王

廟司成均館官典祀官奉常寺正有故則副正正位執尊六品配位奠爵官二品祝史四五品齊郎
六品殿內東西從享奠爵官各一三品東西廡從享奠爵官各十六品以上○奠爵官以下以成均
館官先差從享諸執事皆以學生充視學侍從官與上同

●王世子酌獻

弼善從官四侍講院官執事者學生臨時酌定博士成均館知事將命者學生執事者九學生○博
士以下入學執事

●王世子釋奠

亞獻官正二品終獻官三品堂上官殿內東西從享分獻官各一四品東西廡從享分獻官各十五
六品典祀官奉常寺副正有故則次官執禮二堂上四品堂下五品廟司成均館大祝二六品正位
祝史一四品齊郎五品配位祝史四五品齊郎六品掌牲令典牲署官協律郎掌樂院官贊者通禮
院官謁者參外贊引四參外監察亞獻官以下成均館官先差從享諸執事皆以學生充奉禮王世
子侍從官

●有司釋奠

初獻官正二品亞獻官三品堂上官終獻官正三品殿內東西從享分獻官各一四品東西廡從享
分獻官各十五六品典祀官奉常寺副正有故則次官執禮二堂上四品堂下五品廟司成均館官
大祝二六品掌牲令典牲署官協律郎掌樂院官贊者參外謁者參外贊引四參外監察其餘諸執
事並以學生充

●文宣王朔望及先告事由移還安祭

獻官三品分獻官二四品大祝參外已上以成均館官差典祀官奉常寺官監察諸執事皆以學生
充

●州縣釋奠

初獻官守令亞獻官　終獻官　東西從享分獻官各一　東西廡分獻官各一縣則無祝　掌饌者　執
尊者每尊所各一執事者隨位酌定贊者　謁者　贊引四縣二○亞終獻官分獻官以佐貳官敎授
訓導及本邑閑散文官差祝以下諸執事皆以學生充

◆釋奠大祭笏記

掌饌入實具畢三更三點獻官及諸執事諸生皆出就外位○謁者引初獻官陞自東階點視○引
降復位○贊者謁者贊引入自東門先先就階間拜位北向四拜○訖各就位○贊引引祝及諸執
事入就拜位四拜東西唱呼唱○諸執事各就盥洗位洗手就位○祝升開櫝○降復位○謁者詣
初獻官左白謹請行事○謁者引三獻官贊引引分獻官及諸生入就拜位皆四拜東西唱呼唱○
行奠幣禮○謁者引初獻官詣盥洗位北向立○搢笏洗手○執笏引詣文宣王神位前北向搢笏
跪○奉香奉爐升奉香跪右奉爐跪左○獻官三上香○奉香奉爐降復位○祝升以幣筐從右授
獻官○獻官執幣獻幣○祝自左受幣奠于神位前○引降復位○獻官執笏俯伏興平身○獻官
詣

兗國復聖公神位前○搢笏跪○奉香奉爐升奉香跪右奉爐跪左○獻官三上香○奉香奉爐降
復位○祝升以幣筐從右授獻官○獻官執幣獻幣○祝自左受幣奠于神位前○引降復位○獻

官執笏俯伏興平身○獻官詣

郕國宗聖公神位前○搢笏跪○奉香奉爐升奉香跪右奉爐跪左○獻官三上香○奉香奉爐降復位○祝升以幣篚從右授獻官○獻官執幣獻幣○祝自左受幣奠于神位前○引降復位○獻官執笏俯伏興平身○獻官詣

沂國述聖公神位前○搢笏跪○奉香奉爐升奉香跪右奉爐跪左○獻官三上香○奉香奉爐降復位○祝升以幣篚從右授獻官○獻官執幣獻幣○祝自左受幣奠于神位前○引降復位○獻官執笏俯伏興平身○獻官詣

鄒國亞聖公神位前○搢笏跪○奉香奉爐升奉香跪右奉爐跪左○獻官三上香○奉香奉爐降復位○祝升以幣篚從右授獻官○獻官執幣獻幣○祝自左受幣奠于神位前○引降復位○獻官執笏俯伏興平身

● 行初獻禮

謁者引初獻官詣　文宣王尊所西向立○引詣　文宣王神位前北向○搢笏跪○奉爵奠爵升○奉爵詣尊所受爵從右進爵○獻官執爵獻爵○奠爵自左受爵奠于神位前○奉爵奠爵降復位○獻官執笏俯伏興○少退跪○祝升進神位之右東向跪○讀祝○引降復位○獻官執笏俯伏興平身○引詣配位尊所西向立○引詣

兗國復聖公神位前○搢笏跪○奉爵奠爵升○奉爵詣尊所受爵從右進爵○獻官執爵獻爵○奠爵自左受爵奠于神位前○奉爵奠爵降復位○獻官執笏俯伏興平身○引詣

郕國宗聖公神位前○搢笏跪○奉爵奠爵升○奉爵詣尊所受爵從右進爵○獻官執爵獻爵○奠爵自左受爵奠于神位前○奉爵奠爵降復位○獻官執笏俯伏興平身○引詣

沂國述聖公神位前○搢笏跪○奉爵奠爵升○奉爵詣尊所受爵從右進爵○獻官執爵獻爵○奠爵自左受爵奠于神位前○奉爵奠爵降復位○獻官執笏俯伏興平身○引詣

鄒國亞聖公神位前○搢笏跪○奉爵奠爵升○奉爵詣尊所受爵從右進爵○獻官執爵獻爵○奠爵自左受爵奠于神位前○奉爵奠爵降復位○獻官執笏俯伏興平身

● 行亞獻禮

謁者引亞獻官詣盥洗位北向立○搢笏洗手執笏○引詣○文宣王尊所西向立○引詣文宣王神位前北向○搢笏跪○奉爵奠爵升○奉爵詣尊所受爵從右進爵○獻官執爵獻爵○奠爵自左受爵奠于神位前○奉爵奠爵降復位○獻官執笏俯伏興平身○引詣配位尊所西向立○引詣

兗國復聖公神位前○搢笏跪○奉爵奠爵升○奉爵詣尊所受爵從右進爵○獻官執爵獻爵○奠爵自左受爵奠于神位前○奉爵奠爵降復位○獻官執笏俯伏興平身○引詣

郕國宗聖公神位前○搢笏跪○奉爵奠爵升○奉爵詣尊所受爵從右進爵○獻官執爵獻爵○奠爵自左受爵奠于神位前○奉爵奠爵降復位○獻官執笏俯伏興平身○引詣

沂國述聖公神位前○搢笏跪○奉爵奠爵升○奉爵詣尊所受爵從右進爵○獻官執爵獻爵○奠爵自左受爵奠于神位前○奉爵奠爵降復位○獻官執笏俯伏興平身○引詣

鄒國亞聖公神位前○搢笏跪○奉爵奠爵升○奉爵詣尊所受爵從右進爵○獻官執爵獻爵○奠爵自左受爵奠于神位前○奉爵奠爵降復位○獻官執笏俯伏興平身

● 行終獻禮

謁者引亞獻官詣盥洗位北向立○搢笏洗手執笏○引詣○文宣王尊所西向立○引詣文宣王神位前北向○搢笏跪○奉爵奠爵升○奉爵詣尊所受爵從右進爵○獻官執爵獻爵○奠爵自左受爵奠于神位前○奉爵奠爵降復位○獻官執笏俯伏興平身○引詣配位尊所西向立○引詣

兗國復聖公神位前○搢笏跪○奉爵奠爵升○奉爵詣尊所受爵從右進爵○獻官執爵獻爵○奠爵自左受爵奠于神位前○奉爵奠爵降復位○獻官執笏俯伏興平身○引詣

郕國宗聖公神位前○搢笏跪○奉爵奠爵升○奉爵詣尊所受爵從右進爵○獻官執爵獻爵○

奠爵自左受爵奠于神位前○奉爵奠爵降復位○獻官執笏俯伏興平身○引詣
沂國述聖公神位前○摺笏跪○奉爵奠爵升○奉爵詣尊所受爵從右進爵○獻官執爵獻爵○
奠爵自左受爵奠于神位前○奉爵奠爵降復位○獻官執笏俯伏興平身○引詣
鄒國亞聖公神位前○摺笏跪○奉爵奠爵升○奉爵詣尊所受爵從右進爵○獻官執爵獻爵○
奠爵自左受爵奠于神位前○奉爵奠爵降復位○獻官執笏俯伏興平身

●東西廡行禮

贊者贊引各引東西分獻官詣盥洗位○摺笏盥洗○洗手執笏○東獻官詣周濂溪神位前○跪
摺笏○西獻官詣程明道神位前○跪摺笏○東西奉香奉爐升○三上香○東西奉爵奠爵升○
執爵○獻爵○執笏俯伏興平身東獻官詣程伊川神位前○跪摺笏○西獻官詣朱晦菴神位前
○跪摺笏○東西奉香奉爐升○三上香○東西奉爵奠爵升○執爵○獻爵○執笏俯伏興平身
○東獻官詣弘儒侯神位前○跪摺笏○西獻官詣文昌公神位前○跪摺笏○東西奉香奉爐升
○三上香○東西奉爵奠爵升○執爵○獻爵○執笏俯伏興平身○東獻官詣文成公神位前○
跪摺笏○西獻官詣文忠公神位前○跪摺笏○東西奉香奉爐升○三上香○東西奉爵奠爵升
○執爵○獻爵○執笏俯伏興平身○東獻官詣文敬公神位前○跪摺笏○西獻官文獻公神位
前○跪摺笏○東西奉香奉爐升○三上香○東西奉爵奠爵升○執爵○獻爵○執笏俯伏興平
身○東獻官詣文正公神位前○跪摺笏○西獻官詣文元公神位前○跪摺笏○東西奉香奉爐
升○三上香○東西奉爵奠爵升○執爵○獻爵○執笏俯伏興平身○東獻官詣文純公神位前
○跪摺笏○西獻官詣文正公神位前○跪摺笏○東西奉香奉爐升○三上香○東西奉爵奠爵
升○執爵○獻爵○執笏俯伏興平身○東獻官詣文成公神位前○跪摺笏○西獻官詣文簡公
神位前○跪摺笏○東西奉香奉爐升○三上香○東西奉爵奠爵升○執爵○獻爵○執笏俯伏
興平身○東獻官詣文元公神位前○跪摺笏○西獻官詣文烈公神位前○跪摺笏○東西奉香
奉爐升○三上香○東西奉爵奠爵升○執爵○獻爵○執笏俯伏興平身○東獻官詣文敬公神
位前○跪摺笏○西獻官詣文正公神位前○跪摺笏○東西奉香奉爐升○三上香○東西奉爵
奠爵升○執爵○獻爵○執笏俯伏興平身○東獻官詣文正公神位前○跪摺笏○西獻官詣文
純公神位前○跪摺笏○東西奉香奉爐升○三上香○東西奉爵奠爵升○執爵○獻爵○執笏
俯伏興平身○贊引各引東西分獻官降復位

●行飲福禮

大祝詣正位尊所以爵酌福酒實坫上○大祝持俎及刀進減神位前俎肉盛俎上出實尊所○謁
者引初獻官詣飲福位○西向立○跪摺笏○大祝詣尊所執爵就初獻官之左北向跪授初獻官
○初獻官飲卒爵○大祝以爵反于坫○大祝取胙肉北向跪授初獻官○初獻官受胙○大祝以
胙俎降自東階出○初獻官執笏俯伏興平身○謁者引初獻官降復位○四拜○獻官皆四拜
○東西唱呼唱○鞠躬拜興拜興拜興拜興平身

●行望燎禮

謁者引初獻官詣望燎位○北向立大祝以筐取祝及幣降自西階置于坎○可燎○禮畢○謁者
進初獻官之左白禮畢○祝升閉櫝仍降復位○謁者贊引各引獻官出○大祝及諸執事俱復階
間拜位四拜出○東西唱呼唱○學生出○執禮降復階間拜位四拜出○謁者贊引俱復階間拜
位四拜出○廟司入徹饌闔戶退

◆釋奠大祭祝式左十籩右十豆

維　或添孔記歲次干支幾月干支朔幾日干支某官姓名敢昭告于　先聖大成至聖文宣王伏以
道冠百王萬世之師玆値上丁精禋是宜　謹以潔牲醴齊粢盛庶品式陳明薦以先師　兖國復聖
公顏氏　郕國宗聖公曾氏　沂國述聖公孔氏　鄒國亞聖公孟氏配尙　饗

◆鄕校釋奠大祭笏記

丑前三刻贊者謁者先就拜位○四拜○各就位○謁者引獻官以下俱就門外位○謁者引祝及
諸執事入就拜位○祝以下皆四拜○盥訖○各就位○謁者贊引引初獻官以下入就拜位○謁

者進初獻官之左白有司謹具請行事○四拜○獻官及學生皆四拜○行奠幣禮○謁者引初獻官詣盥洗位○盥訖○引詣大聖至聖文宣王神位前○跪搢笏○三上香○獻幣○執笏○俯伏興平身○次詣○兗國復聖公神位前○跪搢笏○三上香○獻幣○執笏○俯伏興平身○次詣○郕國宗聖公神位前○跪搢笏○三上香○獻幣○執笏○俯伏興平身○次詣○沂國述聖公神位前○跪搢笏○三上香○獻幣○執笏○俯伏興平身○次詣○鄒國亞聖公神位前○跪搢笏○三上香○獻幣○執笏○俯伏興平身○次詣○引降復位

●行初獻禮

謁者引初獻官詣文宣王罇前○酌訖○引詣神位前○跪搢笏○獻爵○執笏○俯伏興少退北向跪○祝進神位之左東向跪○讀祝文○讀訖○俯伏興平身○引詣配位罇所○酌訖引詣復聖公神位前○跪搢笏○獻爵○執笏○俯伏興平身○次詣宗聖公神位前○跪搢笏○獻爵○執笏○俯伏興平身○次詣述聖公神位前○跪搢笏○獻爵○執笏○俯伏興平身○次詣亞聖公神位前○跪搢笏○獻爵○執笏○俯伏興平身○引降復位

●行亞獻禮

謁者引亞獻官詣盥洗位○盥訖○引詣文宣王罇所○酌訖○引詣神位前○跪搢笏○獻爵○執笏○俯伏興平身○引詣配位罇所○酌訖引詣復聖公神位前○跪搢笏○獻爵○執笏○俯伏興平身○次詣宗聖公神位前○跪搢笏○獻爵○執笏○俯伏興平身○次詣述聖公神位前○跪搢笏○獻爵○執笏○俯伏興平身○次詣亞聖公神位前○跪搢笏○獻爵○執笏○俯伏興平身○引降復位

●行終獻禮

謁者引終獻官引各引分獻官詣盥洗位○盥訖○引終獻官詣文宣王罇所○各引分獻官詣東西從享兩廡罇所○酌訖○各引詣神位前○跪搢笏○內外從享執事皆三上香○獻爵○執笏○俯伏興平身○引詣配位罇所○酌訖引詣復聖公神位前○跪搢笏○獻爵○執笏○俯伏興平身○次詣宗聖公神位前○跪搢笏○獻爵○執笏○俯伏興平身○次詣述聖公神位前○跪搢笏○獻爵○執笏○俯伏興平身○次詣亞聖公神位前○跪搢笏○獻爵○內外從享皆獻○執笏○俯伏興平身○引降復位○贊引各引分獻官降復位

行飲福禮

謁者引初獻官詣飲福位○北向跪○搢笏○以爵授獻官○獻官受爵飲卒爵○執事受虛爵復於坫○祝進減胙肉授獻官○獻官受胙以授執事○執事出門○俯伏興○引降復位○四拜○獻官以下皆四拜○祝入撤籩豆○四拜○獻官及學生皆四拜

●行望瘞禮

謁者引初獻官詣望瘞位北向立○祝取祝板及幣降自西階置於坎○置土半坎○引降復位○謁者進獻官之左白禮畢○引初獻官以下以次出○祝及諸執事俱復拜位○祝以下皆四拜○以降出○贊者謁者贊引俱就位○四拜○以降出

◆釋奠大祭鄉校祝式左八籩右八豆

維 或添孔記歲次干支幾月干支朔幾日干支某官姓名敢昭告于 先聖大成至聖文宣王伏以道冠百王萬世之師玆值上丁精禋是宜謹以牲幣醴齊粢盛庶品式陳明薦以先師 兗國復聖公顏氏 郕國宗聖公曾氏 沂國述聖公孔氏 鄒國亞聖公孟氏配尙 饗

◆鄉校聖殿慰安祝文藏谷

維 間在秋杪蛇豕荐近蒼黃 遽奉避崇仍虔儀多闕吾黨不敏塵沙草露陟降靡安幸賴靈佑沮壓艱頑金鼓退息庭宇如故馨罏瀝觴冀惟歆顧自今無斁以至永久

◆謁聖禮笏記

謁者引外舘入就位○開殿門○詣盥洗位○盥手拭手○引詣文宣王神位前○跪○三上香○俯伏興因降復位○四拜○鞠躬拜興拜興拜興拜興平身○禮畢○闔門○謁者引出

陳　設　圖

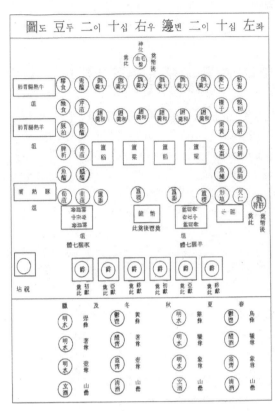

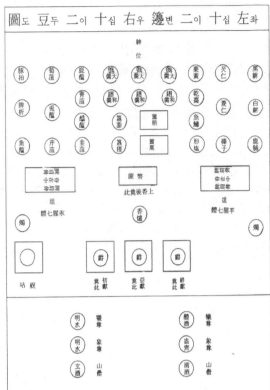

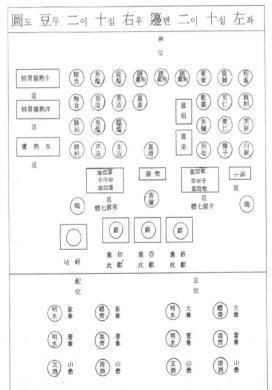

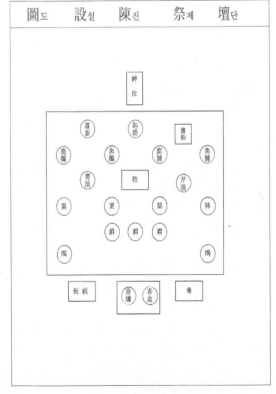

▶2125◀◆問; 釋奠祭의 祭服에 대하여?

석전대제(釋奠大祭)의 제관복(祭官服)에 대하여 자세하게 기술하여 놓은 책명 좀 가르쳐 주시오.

◆答; 석전제(釋奠祭)의 제복(祭服).

제복(祭服)은 오례의(五禮儀)와 태학지(太學志)에 제관(祭官)들의 복식(服式)이 그림과 아울러 품계(品階)에 따른 차등이 세세하게 설명되어 있습니다.

●五禮儀序例祭服圖說條殿下冕服王世子冕服文武官冠服(文武官○笏四品以上用象牙五品以下用木爲之○冠一品五梁二品四梁三品三梁四品至六品二梁七品以下一梁並角簪○綬二品以上以黃綠赤紫四色三品同四品至六品黃綠赤三色七品以下黃綠二色絲織成雲鶴三品盤鵰四品至六品練鵲七品以下鷄鶵花錦下結靑絲網施以雙金環二品至四品用銀環五品以下用銅環○革帶二品以上用金三品至四品用銀五品以下用銅)

●太學志禮服圖說條殿下冕服王世子冕服文武官冠服(文武官○笏四品以上用象牙五品以下用木爲之冠一品五梁二品四梁三品三梁四品至六品二梁七品以下一梁並角簪○革帶二品以上用金三品至四品用銀五品以下用銅○綬二品以上以黃綠赤紫四色三品同四品至六品黃綠赤三色七品以下黃綠二色絲織成雲鶴三品盤鵰四品至六品練鵲七品以下鷄鶵花錦下結靑絲網施以雙金環二品至四品用銀環五品以下用銅環

▶2126◀◆問; 석전축문에 대하여 묻습니다.

석전대제 일이 양력으로 환산하여 책정되어 시행하고 있습니다. (물론 일부 향교는 상정일을 고수하고 있습니다만 그렇다면 축문에 날짜를 어떻게 쓰는 것이 정확한 것인지 알고 싶습니다.

1. 양력 9 월 28 일을 음력으로 바꾸어 "공기 세차기축팔월정묘삭십일병자"
2. 탄신일이 양력이니 朔, 간지(干支)를 빼고 양력 그대로 "공기 2560 년 9 월 28 일"(1)을 선택하면 양력 9 월 28 일이라 정해 놓고는, 매년 공부자의 탄신일이 바뀌는 오류가 생기는 것이 아닌지요?

◆答; 석전축문.

문묘(文廟) 석전제(釋奠祭) 일시(日時)는 국조오례의(國朝五禮儀) 일책(一冊) 일시조(日時條)에 중춘 중추(仲春仲秋) 상정일(上丁日)로 규정되어 있으며 석전제(釋奠祭) 행사(行事)의 모든 예(禮)는 국조오례의(國朝五禮儀) 규정에 의하여 시행되고 있는 것입니다.

년호(年號)가 없는 요즘은 축식(祝式)에서 그 대신으로 공기(孔紀)는 혹 피차 양해될 수 있겠으나 유학의 근본 되는 문묘(文廟) 석전제(釋奠祭)에서 일시 표시를 양력기입 축식은 예가 아닙니다.

⊙文廟釋奠祭祝文式(二八上丁行○大成殿雖非釋奠祭而告祭亦以牲幣醴齊書送外方非釋奠祭而告祭則謹以牲==幣醴庶品書送)

維光緖(淸光緖帝年號)某年歲次某甲某月某甲朔某日某甲朝鮮國王(姓)謹遣(臣)敢昭告于 先聖大成至聖文宣王伏以道冠百王萬世之師玆値上丁精禋是宜謹以牲幣醴齊粢盛庶品式陳明薦以先師兗國復聖公顏氏郕國宗聖公曾氏沂國述聖公孔氏鄒國亞聖公孟氏配尙 饗

아래 증자문(曾子問)에서 공부자(孔夫子)께서 하신 말씀이 아니라 하여도 기제(忌祭)를 미루어 다른 날 행할 수 없듯이 석전제(釋奠祭) 역시 중춘 중추(仲春仲秋) 상정일(上丁日)을 미루어 제사할 수 없는 것입니다. 특히 비유학적 발상이기는 하나 일자를 양력으로 환산 기재는 시류에 따르기 위함이라 하더라도 사시제(四時祭)와 같이 점을 쳐 날을 받아 행 함에서도 과시불제(過時不祭)라 하였는데 석전제(釋奠祭)는 기(忌)일과 같이 이미 정일(定日)이니 중춘 중추(仲春仲秋) 상정일(上丁日)을 벗어나서는 아니 될 상 싶습니다.

●曾子問曰父母之喪弗除可乎孔子曰先王制禮過時弗擧禮也非弗能勿除也患其過於制也故君子過時不祭也註孔子言先王制禮各有時節過時不復追擧禮也今不追除服者不是不能除也患其踰越聖人之禮制也且如四時之祭當春祭時或以事故阻廢至夏則惟行夏時之祭不復追補春祭矣故過時不祭禮之常也

위 글에서 살펴본 바에 따라 유학적(儒學的) 축식(祝式)에서의 일자(日字)는 다음과 같이 기록됨이 타당할 것임.

1). (발어사인) 유(維) 다음에 연호(年號)가 존재하지 않아 기록될 근거가 없으니 억지로 끌어 쓸 까닭이 없고.

2). 세차(歲次)에는 그 해의 년도를 나타내는 干支로서 충분하며

3). 월(月)에는 그 달의 숫자를 쓴 다음 일자를 정확히 계산하기 위하여 초하루(朔)의 간지(干支)를 쓰고,

4). 일(日)에는 그 날의 숫자를 쓰고 그 날을 확인하는 간지(干支)를 씀이 정확한 일자 기록방법임.

○이를 조합하여 기록하면 아래와 같음.

●유세차간지(維歲次干支) 기월간지삭(幾月干支朔) 기일간지(幾日干支) 운운(云云)

이상과 같이 그 날의 날짜를 재 확인하여 정확히 기록하는 방법은 없을 것임. 물론 비유학적(非儒學的) 일자(日字) 기록을 고집하여 간지(干支)를 배제하고 단기(檀紀)를 쓴다거나 서기(西紀)를 쓴다 하여도 이미 유학적 견지에서 상고(詳考)컨대 간지(干支)가 기록되는 취지에 이미 어그러졌으니 그에 대한 당부(當否)는 여기서 논할 까닭이 없을 것임.

⊙단기(檀紀)란.

신화(神話)의 단군왕검(檀君王儉)께서 즉위(卽位)(추산)년을 기원으로 정한 연기(年紀)로서 고려 말엽 백문보(白文寶)가 처음으로 사용하였다 하며 조선말기 대종교(大倧敎)에서 사용하던 것을 해방 후 정부 수립과 동시에 법령으로 공포 나라 전체가 사용하다 1962년 1월 1일자로 혁명정부에 의해 폐기 서기(西紀)를 사용케 되어 현재는 연기(年紀)로서도 효력이 소멸된 상태로 혹 대종교(大倧敎)에서는 사용하고 있는지의 여부는 알지 못하나 현재 우리나라에서는 공식적으로 폐기된 연기임.

⊙예학(禮學)에서의 연호(年號)란.

군주국가(君主國家)에서 제왕(帝王)의 재위(在位) 연수(年數)를 기록하기 위해 자기 치세년차(治世年次)에 붙이는 칭호로 일명 대년호(大年號) 혹은 원호(元號)라 이르며 한무제(漢武帝)가 즉위(卽位)(B.C 140)하면서 건원(建元)이란 연호(年號)를 붙여 사용함이 시초로써 왕조시대(王朝時代)가 종료되어 지금은 연호(年號)란 없음.

이상과 같이 살펴보건대 연호(年號)를 굳이 고집(이치상 합당하지 않지만)한다면 서기(西紀)라 할 수 있겠으나 이는 그 근원 자체가 유학(儒學)과는 생소하여 가당치 않고 석전제(釋奠祭)이니 공부자 탄신 시를 기점으로 정한 공기(孔紀)라야 그래도 억지로 끌어댄다 하여도 이치상 합당하다 할 것임.

석전제(釋奠祭)를 누가 주관한다 하여도 국조오례의(國朝五禮儀)의 틀을 벗어나서는 아니 되는 것입니다. 석전제(釋奠祭)는 국조오례의(國朝五禮儀)에 의하여 탄생(誕生)된 의식(儀式)이기 때문입니다. 그 틀을 벗어나면 법도(法度)를 벗어난 유사 석전제

(釋奠祭)(?)라 하여야 옳을 것입니다.

만약 약간이라도 국조오례의(國朝五禮儀)의 틀을 변화(變化)시키려면 그 본 뜻을 벗어나지 않는 범위(範圍) 내(內)에서 관심을 둔 모두에게 공감될 수 있는 주서(註書)나 속국조오례의(續國朝五禮儀)를 집대성(集大成)한 연후에 그에 의하여 행하여야 옳을 것입니다.

사가(私家)에서의 법도야 노출되지도 않을뿐더러 그 가문(家門)의 정도이니 논할 까닭이 없다 하겠으나 석전대제(釋奠大祭)는 예의 근본이라 할 수 있는 성인성현들께 후학들이 베푸는 예로서 만인의 귀감이 되여야 하기 때문에 법도를 벗어나서는 아니 되는 것입니다.

조선왕릉(朝鮮王陵) 유네스코 세계인류문화유산(世界人類文化遺産) 등재!!! 참으로 자랑스러움이 아닐 수 없다. 물론 이에 오르게 된 원인 중에는 그 자체가 한국적인 것으로 세계에 자랑할 만한 충분한 가치가 있음은 더 말 할 나위가 없겠으나 그 후예 분들의 철저한 효 정신과 왕가의 예를 버리지 않음이 더 크게 작용하였으리라.

만약 일반 사가(私家)에서와 같이 광대한 묘역 관리가 부담스러워 소홀히 관리하였다거나 전통의 예를 버리고 현실에 맞게 편리한대로 행하였다거나 (좀 불경스러운 표현이니 양해 있기 바람) 생각할 수도 없는 가상이나 그 후예들께서 편한 유지관리를 좇아 납골당을 택하였다면 세속일 수는 있어도 가장 우리 것도 아니며 가장 세계적일 수도 없었을 것이다. 까닭에 가장 우리 것이 가장 세계적이란 표현은 헛구호가 아니다.

만약 석전대제(釋奠大祭)를 국조오례의(國朝五禮儀)의 법도에 따라 丑前五刻에 횃불을 높이 치켜들고 근엄하게 법식에 따라 일찍부터 거행하였다면 세계적 명물로 관광자원으로 각광을 받을 대상과 세계문화유산에 등재도 어렵지 않았을 것이다.

▶2127◀◆問; 알고 싶습니다.
성균관의 대성전에서 공자를 비롯한 先聖과 先賢들에게 제사를 지내는 의식이 석전대제(釋奠大祭)라하고, 봄, 가을 두 차례 지내는 것으로 알고 있습니다.

그러면,
1. 봄, 가을 두 차례 지내는 제일(祭日)을 어떻게 정하고,
2. 석전대제(釋奠大祭) 명칭을 쓸때 "춘계(春季) 석전대제" 또는 "춘기(春期) 석전대제" 어느 것으로 써야 옳은 표기일까요? 고견을 부탁 드립니다.

◆答; 석전대제(釋奠大祭) 명칭.
問; 1. 答; 아래와 같이 살펴보건대 국조오례의(國朝五禮儀)의 중춘중추상정석전문선왕(仲春仲秋上丁釋 奠文宣王)의 규정에 의하여 상일제(常日祭)로 행하게 됩니다.

問; 2. 答; 춘추중월상정(春秋仲月上丁) 두 석전제(釋奠祭)에 대하여 유학적(儒學的)으로 [석전대제(釋奠大祭)] [춘계석전대제(春季釋奠大祭)] [춘기(春期) 석전대제] 란 분명하게 명문화 되어 있지 않은 세속 명 같습니다.

따라서 [석전대제(釋奠大祭)]라 함은 아마도 대제(大祭)인 사직종묘영녕전(社稷宗廟永寧殿)과는 분리 유림(儒林)에서 행하게 되어 유림의 입장에서 그 이상의 제사가 없으니 석전을 대제(大祭)라 칭하는 듯 하나 이는 예법상 오류가 되며, 석전에 대한 제명(祭名) 역시 [춘계석전대제]는 중국에서는 [춘계제공행석전례(春季祭孔行釋奠

禮)]라 칭하고, 우리나라에서는 [춘기 석전대제]라 칭하고 있는 듯 하나 전거로 입증할 수거 없으니 어느 것이 옳고 그르다 할 수 없을 것 같습니다. 다만 관련된 법도를 가늠하여 이른다면 "중춘석전례(仲春釋奠禮)" "중추석전례(仲秋釋奠禮)"라 함이 옳지 않을까 합니다.

●月令; 上丁命樂正習舞釋菜天子乃帥三公九卿諸侯大夫親往視之仲丁又命樂正入學習樂註樂正樂官之長也習舞釋菜謂將敎習舞者則先以釋菜之禮告先師也(細註)馬氏曰親往視之爲道之存故也釋菜用丁爲文明故也

●大學衍義補釋奠先師之禮;隋制國子學每歲四仲月上丁釋奠于先聖先師州縣學則以春秋仲月釋奠

●五禮儀吉禮辨祀;凡祭祀之禮文宣王曰釋奠○又中祀;文宣王○時日;凡祀有常日者(中略)仲春仲秋上丁釋奠文宣王(以下略)

●太學志時日釋奠仲春秋上旬丁日

●孔廟釋奠禮影音記錄釋奠禮變遷:漢以來以四時祀孔於曲阜唐以後確立爲春秋仲月(二•八月)上丁日舉行釋奠禮唐貞觀以後州縣皆設孔廟開元二十七年(739)追諡孔子爲文宣王樂用宮懸(天子之樂)舞用六佾孔子廟夫子像由坐西朝東改爲坐南朝北的王者之制1952年在臺灣由政府規定於孔子陽曆生日九月二十八日舉行釋奠典禮

▶2128◀◆問; 양사재(養士齋)와 전사재(典祀齋)에 관하여.
안녕하세요 향교 내에 위치한 양사제, 전사제의 건물이 있는데 이들 건물의 당초 건립 목적 및 용도를 자세하게 알고 싶습니다. 자세한 설명 부탁 드립니다. 감사합니다.

◆答; 양사재(養士齋)와 전사재(典祀齋).
전사재(典祀齋)에 관한 전거는 찾을 수가 없고 전사청(典祀廳)을 그와 같이도 칭하는 것 같습니다.

典祀= 제사를 관장하는 관명.
典祀廳= 나라의 제사를 관장하는 관아. (주로 제일 전에 미리 牲肉 등과 같은 제수품을 옮겨놓음)
養士齋= 유학(幼學)들에게 강습하는 곳.
司馬齋= 생원(生員) 진사(進仕)들이 모여 시(詩)를 짓거나 학문을 토론하는곳.

●通典卷第四十八禮八沿革八吉禮七諸侯大夫士宗廟庶人祭寢附天子皇后　廟東門道南置齋坊道北置二坊西爲典祀廨並廚宰處東爲廟長廨并置車輅

●風俗司馬齋生進文會處也養士齋幼學講習處也

●周禮春官宗伯禮官之職典祀條掌外祀之兆守皆有域掌其政令(註外祀謂所祀於四郊者域兆表之塋域)若以時祭祀則帥其屬而修除徵役于司隷而役之(註屬其屬胥徒也修除芟掃之徵召也役之作使之)及祭帥其屬而守其厲禁而蹕之(註鄭司農云遮列禁人不得令人○蹕音畢令力呈反)

●書經高宗肜日嗚呼王司敬民罔非天胤典祀無豐于昵註司主胤嗣也王之職主於敬民而已徼福於神非王之事也況祖宗莫非天之嗣主祀其可獨豐於昵廟乎

●公車文正言鄭㪅行上疏云云祭物之移奉久只以事勢便近故也今若嫌其紛聒盡移他所則奔走撤邊之際其勢示且末由若其粢盛酒果之品雖或如前入藏而至如牲肉則移置於典祀廳

▶2129◀◆問; '예제'(醴齊)란?
향교 석전 홀기 중 "예제"란 구체적으로 설명해 주었으면 합니다.

◆答; 예제(醴齊).

醴齊= 첨주(恬酒) 감주(甘酒) 담술.

●周禮天官酒正;辨五齊之名一曰泛齊二曰醴齊三曰盎齊四曰緹齊五曰沈齊鄭玄注醴猶體也成而汁滓相將如今恬酒卽恬酒

▶2130◀◆問; 윤리선언문.

현행 윤리선언문을 알려주십시오. 성균관 윤리선언문과 유도회 윤리선언문이 다른 가요.

◆答; 윤리선언문.

윤리선언문(倫理宣言文)

우리 한민족(韓民族)은 인의예지(仁義禮智)를 근간(根幹)으로 오천년(五千年)의 유구(悠久)한 문화(文化)를 창조(創造) 계승(繼承)한 문화민족(文化民族)임을 자긍(自矜)한다. 세계화(世界化)의 거대(巨大)한 물결 속에서도 꿋꿋하게 민족(民族) 정통성(正統性)을 지켜올 수 있었던 것이 어찌 사문(斯文)의(義) 힘입은 바 아니겠는가?

세계(世界)는 바야흐로 광속(光速)으로 변화(變化)하고 있으며, 그 속에서 인류(人類)는 갈 길을 잃고 표류(漂流)하고 있다. 이에 우리는 세계화(世界化)의 새로운 진운(進運)을 느끼며 우리 민족(民族)의 자랑스러운 전통(傳統) 위에서 인의예지(仁義禮智)로써 우리의 나아갈 바를 밝혀 윤리(倫理)의 근본(根本)으로 삼고자 한다.

우리 민족(民族)은 예의(禮義)를 숭상(崇尙)하는 동방예의지국(東方禮義之國)이다. 예의(禮義)의 근본(根本)은 인(仁)에 있으며, 인(仁)은 명덕(明德)과 인민(仁民)으로부터 애물(愛物)에 이르는 지선(至善)임에 틀림없다.

이에 우리는 인류(人類) 사회(社會)에 효제(孝悌)를 실천(實踐)하여 인(仁)의 도(道)를 완성(完成)하며, 수기안인(修己安人)의 학문(學問)을 통해 대동(大同)의 이념(理念)을 구현(具顯)하고자 한다. 그러나 우리는 무조건(無條件) 전통(傳統)만을 고수하지 않으며 서구문물(西歐文物)이라 하여 전면(全面) 배격(排擊)하지 않는다. 인간(人間)의 정신문화(精神文化)를 말살(抹殺)하는 물질중시(物質重視) 풍조(風潮)와 인간(人間)의 도덕성(道德性)을 타락(墮落)시키는 퇴폐풍조(頹廢風潮)를 배격(排擊)할 뿐이다. 이에 우리는 온고지신(溫故知新)의 정신(精神)과 민족적(民族的) 주체성(主體性)을 바탕으로 수시처중(隨時處中)의 이념(理念)을 이 땅에 실현하고자 한다.

작금(昨今)의 우리는 무너진 윤리관(倫理觀)을 정립(定立)하고 새로운 윤리이념(倫理理念)을 창조(創造)해야 할 사명(使命)을 띠고 있다. 가까이는 내 자신부터 멀리는 온 인류(人類)에 이르기까지 모두가 도덕적(道德的) 풍화(風化)에 젖어 들기를 바라며, 지선(至善)의, 세계(世界)에 도달(到達)할 때지 우리의 선구적(先驅的) 임무(任務)는 멈출 수 없기에 새 시대(時代)의 윤리관(倫理觀)을 선언(宣言) 한다.

實踐綱領

一. 우리는 인의예지(仁義禮智)에 근거한 유구(悠久)한 문화민족(文化民族)임을 자긍(自矜)하고 효제(孝悌) 윤리(倫理)의 실천(實踐)에 앞장선다.

一. 우리는 인간(人間)의 도덕적(道德的) 본성(本性) 회부(恢復)에 주력하며 전통적(傳統的) 미풍량속(美風良俗) 계승(繼承) 발전(發展)에 앞장선다.

一. 우리는 유교(儒敎) 윤리(倫理)에 위배(違背)되는 풍조(風潮)를 배격(排擊)하며 새로운 윤리이념(倫理理念) 창조(創造)에 앞장선다.

200 年 月 日 成 均 館.

▶2131◀◆問; 임원의 임무를 알고 싶습니다.

성균관 임원에는 전인(典仁), 전의(典儀), 전학(典學)이 있다는데 임무는 무엇인지 알고 싶습니다. 하교를 바랍니다.

◆答; 임원의 임무.

성균관(成均館) 임원(任員)이라 하신 전인(典仁), 전의(典儀), 전학(典學)에 관한 전거를 확인키 위하여 아래와 같이 살펴보건대 전적(典籍), 전사관(典祀官), 전설사(典設司), 전의(典儀) 등은 살펴지나 그 외의 전인(典仁)과 전학(典學)의 직은 보이지가 않습니다.

본인은 현재 성균관 보직에 관하여는 "조직 및 주요업무"에 표시된 이상은 알지를 못하고 다만 이를 미루어 보건대 이외의 서(書)에 규정되어 있거나 특히 근세에 생긴 보직이라면 성균관 담당관께서 답하게 될 것입니다.

⊙경국대전(經國大典)이나 대전회통(大典會通)의 성균관(成均館) 직제(職制)에 전자(典字) 돌림직은 전적(典籍; 正六品)으로 학생(學生)지도 십삼원(十三員)뿐이며,

⊙국조오례의(國朝五禮儀) 제계편(齊戒篇) 문선왕조(文宣王條) 역시 전자(典字) 돌림직은 전사관(典祀官)(제향에 쓰이는 물건을 관장하는 [궁내부(宮內部)의 임시 관직)]뿐이며,

⊙동향문선왕시학의편(同享文宣王視學儀篇) 역시 전설사(典設司)(궁중의 제향이나 의식 시 장막 등을 치는 일을 맡아보던 관청) 전사관(典祀官), 전의(典儀)(전의사(典儀寺)=봉상사(奉常寺): 제사와 증시를 맡아보던 관청 또는 그 직원)가 나타나 있습니다. 현재 전인 전의 전학 사의 사례는 모두 성균관 임원의 명칭입니다.

전인은 성균관 자문위원을 가리키고, 전의는 성균관의 양대 기능의 하나인 선성에 대한 석전을 비롯한 유교의례에서 성균관 장을 보좌하는 역할을 하고, 전학은 또 다른 기능인 학문으로 성균관 장을 보좌하는 역할을 합니다. 사의 또한 유교의례를 돕는 역할로 대개 젊은 유림들이 여기에 임명됩니다.

이 중에 조선시대부터 있던 명칭은 '사예'로 정사품의 관리입니다. 전의 전학 사의 란 명칭을 쓰기 시작한 시기는 명확하지 않지만 성균관에 60년대 초의 임원명부에 그 이름이 보이는 것으로 보아 60년대 이전부터 이미 존재하였던 것으로 추측됩니다. 전인이란 명칭을 사용한 것은 10여 년에 불과합니다.

▶2132◀◆問; 작(爵)을 놓는 위치에 대하여.

종묘대제, 사직대제, 석전대제의 진설에는 작(爵)의 위치가 제 1 행의 위치인 헌관 쪽(젯상의 가장 남쪽)에 둡니다. 그러나 왕릉 제향 등 일반적인 제사의 경우에 작(爵) 또는 잔(盞)을 신위 쪽(젯상의 북쪽)에 놓습니다.

제수(祭需)의 종류(種類)에 따라 희생(犧牲-즉, 혈식(血食))인 경우에는 남쪽인 헌관(獻官) 쪽에 두고, 화식(火食-불에 익힌 음식)인 경우에는 북쪽인 신위 쪽에 둔다라는 말들이 있는데, 그 전례(典禮)에 관한 근거(根據)는 어디에 있으며? 조선시대 국가전례에 기록된 진설법(작을 놓는 위치)이 다른 이유는 무엇이겠습니까?

◆答; 작(爵)을 놓는 위치.

위 건(件)에 관하여 기석례(旣夕禮) 사우례(士虞禮) 특생궤식례(特牲饋食禮) 소뢰궤식례(少牢饋食禮) 등(等) 의례(儀禮)의 각종(各種) 도식(圖式) 등(等)을 살펴보아도 용어(用語)의 비슷함은 있으나 작(爵)의 위치(位置) 도식(圖式)은 없는 것 같으며 주석(註釋) 역시(亦是) 없는 것 같음.

그와 같은 진설법식(陳設法式)은 국조오례의(國朝五禮儀) 길례(吉禮) 설찬도(設饌圖)에는 향로(香爐) 앞 제일행(第一行)에 작(爵)을 좌초우종(左初右終)으로 올리고 흉례(凶禮) 설찬도(設饌圖)에는 신위 앞으로 삼헌작(三獻爵)으로 되어 있으나 그 이유에 대한 주석(註釋)을 붙인 해문서(解問書)가 없으니 진의를 헤아릴 수가 없으며 다만 길례(吉禮)와 흉례(凶禮)의 차이라는 것뿐임.

흉례(凶禮)에서의 신위(神位) 앞 진설(陳設)은 상례이니 사망(死亡)을 부인(否認) 생자(生者)의 법도(法度)를 따름이 아닐까 하는 생각에 이르게 되기도 함. 헤아려볼 가치가 있는 논제(論題)이기는 하나 그 까닭을 고증(考證)하기란 많은 연구(研究)와 시간을 요할 것 같습니다.

국조오례의(國朝五禮儀)의 대제(大祭) 헌주시(獻酒時) 점상작(坫上爵)의 예법(禮法)은 아래 예기(禮記)와 논어(論語) 등의 예에서 취함이 아닌가 생각됨.

●明堂位反坫出尊註兩君好會反爵之坫築土爲之在兩楹間而近南盖獻酬畢則反爵于其上也凡物在內爲入在外爲出以坫在尊之外故云反坫出尊言坫出在尊之外也
●明堂位反坫出尊崇坫康圭鄭註反坫反爵之坫也出尊當尊南也唯兩君爲好旣獻反爵於其上禮君尊于兩楹之間崇高也
●論語八佾邦君爲兩君之好有反坫註坫在兩楹之間獻酬飮畢則反爵於其上此皆諸侯之禮

▶2133◀◆問; 정일(丁日)의 의미.

봄 사당제를 모실 때 대개 3월 3일이나 한식 날을 전후해서 모시는데, 어느 경우 모월 첫 번째 정일을 택해서 제사를 모시기도 합니다.

問. 정일의 의미는 무엇인지요?

◆答; 정일(丁日)의 의미.

問; 答; 천간(天干) 정(丁)에는 정녕(丁寧)이란 의미(意味)가 있어 복일(卜日)하는 종묘제(宗廟祭)에서 정일(丁日)을 택하게 되고, 또 석전(釋奠)에 춘추(春秋) 이중(二仲) 상정일(上丁日)이 택하여 지게 되는 것입니다.

●劉氏敞曰丁巳丁亥皆取於丁所以取丁者以先康三日後甲三日故也大抵郊祭卜辛社祭卜甲宗廟祭卜丁
●少牢饋食禮(疏)按陰陽式法亥爲天倉祭祀所以求福宜稼于田故取亥
●朱子曰庚之言更也辛之言新也丁有丁寧意
●或問祭必用丁亥其義如何沙溪曰小牢饋食禮來日丁亥用薦歲事于皇祖註丁未必亥也直擧一日以言之耳禘于太廟禮曰日用丁亥不得丁亥則己亥辛亥亦用之無則苟有亥焉可也必須亥者按陰陽式法亥爲天倉祭祀所以求福宜稼于田故先取亥上旬無亥乃用餘辰也朱子曰丁有丁寧意
●輟耕錄丁祭條內翰王文康公國初自保定應聘北行時故人馬雲漢以宣聖畫像爲贈旣達北庭値秋丁公奏行釋奠禮春秋二仲歲以爲常盖上之所以尊師重道者實公有以啓之也

▶2134◀◆問; 정제(丁祭)에 대하여 문의 드립니다.

유학진흥에 수고하시는 선생님들의 가르침에 많이 배우고 있습니다. 금년 공기 2561년 추기 석전제가 2010. 9. 28(화)로 된 공시물이 인터넷에 올라있습니다. 다름이 아니오라 양력 9.28일은 음력 8월 21 신사일(辛巳日)이 옵기에 사전을 찾아보니 "정제(丁祭)란 공자(孔子)님의 제일(祭日)로 음력 2월과 8월의 첫 丁日에 지낸다" 라고 되어있습니다. 금년의 음력 8월 첫 丁日은 음력 8월 7일 丁卯日(양력 9월 14(화))이 됩니다. 알고자 함은,

첫째: 우리나라 성균관(成均館)에서 거행하는 춘추(春秋) 석전제(釋奠祭)의 지정일은 언제인지요?

둘째: 각 지방 향교에서 거행하는 지정 날자는 언제인지요?

셋째: 지정된 날짜가 없이 그때 그 때 적의하게 해마다 정하여 거행하는 것인지요?

우매한 蒼生들은 사전을 찾아 지식의 기준을 삼고 살아가는 것이 오늘의 현실입니다. 우문을 들여 죄송하오나 운영 규정을 적시하여 하교하여 주시면 감사하겠습니다. 愚生 박 주 하 드림.

◆答; 석전(釋奠) 정제(丁祭).

첫째. 答; 성균관(成均館) 문선왕석전의(文宣王釋奠儀); 중춘중추상정일(仲春仲秋上丁日).

●國朝五禮儀序例時日; 仲春仲秋上丁釋奠文宣王

둘째: 答; 향교(鄕校) 문선왕석전의(文宣王釋奠儀); 중춘중추상순정일(仲春仲秋上旬丁日).

●太學志日時; 釋奠仲春仲秋上旬丁日

셋째: 答; 위 첫째 둘째 참조.

▶2135◀◆問; 정알례 홀기.

정알례(선현의 묘소) 홀기 알려 주세요. 향교나 서원에서는 정알례 때 분향례는 있고 강신례가 없는 것 같은데 묘소 홀기에서는 강신례가 있어야 되지 않는지도 궁금합니다.

◆答; 정알례 홀기.

정알례(正謁禮)는 정조(正朝)에 사당(祠堂) 세배(歲拜)를 의미(意味)하는데, 대부사례(大夫士禮)인 가례(家禮)에서는 사당(祠堂) 정지삭망(正至朔望) 참례(參禮)에 강신례(降神禮)에서 분향(焚香) 뢰주(酹酒)와 헌주례(獻酒禮)가 있으나, 향교(鄕校)나 서원(書院)의 정알례(正謁禮)의 예법(禮法)은 태학지(太學志) 분향례(焚香禮)와 같이 분향례(焚香禮)가 의미(意味)하듯 뢰주(酹酒) 헌주(獻酒) 없이 분향(焚香)뿐으로 마치게 되는 것 같습니다.

물론(勿論) 묘소(墓所)에서 행하는 묘제(墓祭)는 강신(降神)에 분향뢰주(焚香酹酒)를 하게 되고, 성묘(省墓)에서는 강신(降神)의 예가 없게 되지요.

●陶山書院正謁笏記

○諸執事入就拜位○再拜○盥洗○各就位○謁者引獻官入就拜位○引詣盥洗位○盥洗○引詣神位前○跪○三上香○俯伏興○引降復位○獻官以下皆再拜○鞠躬○拜○興○拜○興○平身○謁者引初獻官以下以次出

▶2136◀◆問; 조선후기 향교의 직제.

안녕하십니까? 조선조 후기의 향교에는 어떤 분이 가르치고 운영을 하셨습니까. 학교라고 한다면 요즘으로 선생님 사무직원이 있을 건데 알고자 합니다 향교 구성 직제에 대해 알려주시면 고맙겠습니다. 저의 선인이 전교 지방의 재단이사도 하셔서 궁금합니다. 알려주시면 대단히 감시하겠습니다.

◆答; 조선후기 향교의 직제.

훌륭하신 선인을 모시었습니다. 근대(近代) 모향교(某鄕校) 임원록(任員錄)입니다.

전교(典校), 계장(契長), 부계장(副契長), 총무(總務), 재무(財務), 간사(幹事), 감사(監事).

▶2137◀◆問; 조언을 부탁 드리고자 글을 올립니다.

유교문화에 대해 향교를 중심으로 공부를 해보고자 해서 자료들을 찾아보고 있는 학생입니다. 다름이 아니라, 직접 답사를 해보고 싶어서 글을 올립니다. 향교 중 몇 군데를 다니려고 하는데, 아직은 잘 알지도 못하고 지식이 없어 어느 향교를 정해야 할지 잘 모르겠습니다.

각 향교마다 다른 점들이 있는지, 그런 향교들은 어디 지역 향교들인지 조언을 부탁 드립니다. 또한 제 나름대로 찾아보고는 있지만 향교에 관한 책자나, 참고할만한 자료들을 구할 수 있는 방법이 있을까요? 지역은 상관없이 배울 수만 있다면 꼭 가보고 싶습니다.

◆答; 조언을 부탁 드립니다.

젊은 학도(學徒)로서 대단히 대견스럽습니다. 향교(鄕校)란 성균관(成均館)의 문묘(文廟)와 비슷합니다. 따라서 서울 문묘(文廟) 답사(踏查)한 연후에 향교를 다음으로 탐방(探訪)하여야 정도를 익히게 될 것 같습니다.

그러나 사전에 학문적으로 이해됨이 있어야 시야가 넓어질 것입니다. 그러기 위하여는 만약 한문을 어느 정도 익혔다면 아래 도서를 소개합니다. 다만 번역본의 유무는 알지를 못하며 이 책에 관하여는 성균관에 문의하시면 연람이 가능할지도 모르겠어요. 동국궐리지(東國闕里誌), 궐리지(闕里誌), 문묘향사록(文廟享祀錄) 등 외 다수.

▶2138◀◆問; "좨주"에 대한 질문입니다.

안녕하십니까. 각 포털사이트에 좨주를 쳐보면 성균관 좨주 제사를 지내며 삼헌을 할 때 제주(祭酒; 三祭)도 좨주라들 합니다.

그런데 옥편에 제(祭)자에는 좨라는 음이 없고 어느 한한사전을 보니 거기에는 국(國)이라 해놓고 좨라 하였더군요. 혼동스럽습니다. 맞는 말입니까. 성균관의 견해를 듣고 싶습니다.

◆答; 좨주.

이 문제에 관하여는 2, 3년 전에 이미 크게 이슈화되어 수없이 논의가 이루어 졌습니다. 다만 언어 문제는 여기서 확정 지을 수 있는 간단하지 않아 그와 같은 음이 붙여지게 된 동기를 확인할 뿐입니다.

그 전거를 아래와 같이 살펴보건대 역사기록물(歷史記錄物;實錄 등 포함)에서는 성균제주(成均祭酒)를 좨주로 발음할만한 전거(어원)가 발견되지 않습니다.

특히 제제례(諸祭禮)에 쓰이는 제주(祭酒)와 삼헌시(三獻時) 삼제(三祭)의 제주(祭酒)를 좨주라 할 아무런 전거가 없으니 이는 성균제주(成均祭酒)를 연상 결부시킨 오류라 할 것입니다.

다만 옥편류(玉篇類)에서 제(祭)의 원음(原音)은 [제]인데 [최씨(崔氏)]음과 [체씨]음이 거의 유사하듯 [제쥬(祭酒)] 음과 [좨쥬] 음이 전문가의 발음이라 하더라도 구분하기란 쉽지 않으리라 생각됩니다. (지난날의 祭의 音은 졔였음)

특히 1798년 간행된 [대동운옥(大同韻玉)]을 살펴보면 이 옥편(玉篇)에서 이미 외곽선상(外廓線上)에 속간에서 원음으로부터 변음 된 音을 발굴 속음(俗音)이라 분류

기표가 되었는데 그에 의하면 {[祭]제사제 성쵀}라 하였으나, 1913년 총독부시절 신구서림(新舊書林;池松旭) 출간본인 [교정전운옥편(校訂全韻玉篇)]에서 외곽선상(外廓線上)에 부기(附記)하기를 [祭]관명(官名)[쵀]라 간단하게 기록이 되어 있는데 속음(俗音)이라거나 출처(出處) 등 전거(典據)의 밝힘이 없어 그와 같이 발음되는 까닭은 알 길이 없습니다. 그 후 1920년 그를 바탕 하였는지의 여부는 모르겠으나 총독부(總督府) 발간 [조선어사전(朝鮮語辭典)] [쵀]음에 [祭][名]成均館の一職이라 기술하였고, 광복 후 발행된 [한한사전(漢韓辭典)]류에 [祭]에서 국음(國音)이란 표시인듯한 [國]이라 전제하고 [쵀주쵀]라 음을 달고 [국어사전(國語辭典)]류에서는 쵀주(祭酒)에서 [성균관 쵀주]로 설명하고 있어 그를 학습한 학자들이 실록 등에 기록된 성균관제주(成均館祭酒)를 번역하면서 하나 같이 쵀주라 번역하여 놓았을 뿐입니다.

⊙成均館의 一職인 [祭酒]에 대한 歷史的 音源的 考察.

①史及典法類考察.

●太祖實錄辛禑六年(1380)庚申八月成均祭酒權近

●世宗實錄辛丑(1421)十二月九日戊戌(云云)成均祭酒(云云)

●高麗史節要(1455~68)睿宗文孝大王癸巳八年以朴景綽爲國子祭酒

●中宗實錄壬午(1522)六月五日庚辰(云云)國子祭酒(云云)

●典錄通考(1707) 吏典成均館條祭酒(補)堂上學行有士望者授以他官兼

●大典通編(1785)吏典成均館條祭酒一員正三品[續]增置[增]一二品亦兼

●太學志(1785)職官差除成均館條祭酒二員(註自正三品至從一品)以他官兼之

●典律通補(1787)吏典成均館條祭酒正三以學行有士望者擬差或單付司隷同兼

●薊山記程(1804)復路朝發薊州是皇明名臣大司成國子監祭酒成憲牌樓

●憲宗實錄乙巳(1845)六月二十五日乙卯(云云)洪直弼爲成均館祭酒(云云)

●大典會通(1865)吏典成均館條祭酒一員正三品[續]增置[增]一二品亦兼

●六典條例(1866)禮典成均館條祭酒一員正三品儒賢一二品亦兼

●東典考(19世紀末)官職成均館條有大司成祭酒(云云)後改定祭酒二員(云云)太宗改祭酒爲司成(云云)孝宗朝別置祭酒(云云)

●韻會小補(1596)[祭]音與霽同說文祭祀也

●字彙(1615)[示]部六畫[祭]音霽祭祀

●古今韻會擧要(1659)去聲霽部[祭]音與霽同說文祭祭祀也又右手也廣韻享也薦也至也察也

●排字禮部韻略(1678)去聲霽部○[祭]享也

●華東正音通釋韻考(英祖23;1747)去聲霽部[祭]享也[지][제]○外廓線上附記俗音[祭]俗音無

●三韻聲彙(1751)去聲霽文[제][祭]祭祀又察也至也

●大東韻玉(1798)霽部[祭]享也薦也○外廓線上附記[祭]제사제 성쵀

●康熙字典(1863)[示]部六畫[祭]韻會音霽說文祭祀也

●字典釋要(1909)[示]部六畫[祭]音[제]제사제

●校訂全韻玉篇(1913;新舊書林刊)[示]部六畫[祭]音[제]○外廓線上附記祭官名[쵀]

●御定奎章全韻(1913)去聲霽部[祭]祀也至也

●新字典(1915)[示]部六畫[祭]音[제]祀也제사○고고

●全韻玉篇(1917)[示]部六畫[祭]音[제]

●朝鮮語辭典(1920;總督府)[祭](제)[名]『祭祀』○쵀[祭][名]成均館の一職

●字林補註(1922)[示]部六畫[祭]제사[제]

●漢韓辭典 示部 六畫[祭][一]제 [二]좨 [三]채 [一]①제사지낼제(祭祀). ㉠신명에 게 제사지냄. ([論語·八佾] 祭神如神在. ㉡조상에게 제사함. [禮記·祭統] 祭者 所 以追養繼孝也. ㉢고수레함. [論語·鄉黨] 侍食於君 君祭先飯. ②제사제(祭祀). [漢詩 外傳·卷五] 禘祭不敬 山川失時 則民無畏矣. ③주문욀제(念呪).[封神演義·第四十 回] 今晚初更 各將異寶祭於空中. ④죽일제(殺也). [禮記·月令] 鷹乃祭鳥. [二][國] 좨주[좨](祭酒) 벼슬이름. ㉠고려 때 국자감의 종3품 벼슬. ㉡조선 때 성균관의 정3 품 벼슬. 학덕이 높은 사람으로 충당하여 주로 석전(釋奠)의 제향을 맡아 보았음.

●國語大辭典 좨주(祭酒) [名] (고제) ①고려(高麗) 때 국자감(國子監)의 종3품 벼슬. ②조선(朝鮮) 때 성균관(成均館)의 정삼품(正三品) 벼슬. 학덕(學德)이 높은 사람으 로 충당(充當)하여, 주로 석전의 제향을 맡아 보았음.

③語源考察.

●康熙字典示部六畫 [祭] [唐韻][集韻][韻會]垃子例切音霽[說文]祭祀也从示右手持 肉 又[尚書大傳]祭之言察也察者至也言人事至於神也 又[孝經士章疏]祭者際也人神相 接故曰際也詳見[禮記祭法祭統祭義]諸篇 又[廣韻][集韻]側界切[韻會][正韻]側賣切垃 音債周大夫邑名 又姓周ㅅ公子祭伯其後爲氏

●辭源示部六畫[祭酒](一)酹酒祭神儀禮鄉飲酒禮:坐挼手遂祭酒古時饗宴酹酒祭神必由 尊者或老者一人擧酒祭地遂謂位尊者或年長者爲祭酒史記七十四荀卿傳齊襄王時而荀卿 最爲老師齊尙脩列大夫之缺而荀卿三爲祭酒焉(二)官名漢平帝時置六經祭酒秩上卿後置 博氏祭酒爲五經博士之首晉初改爲國子祭酒隋唐以後稱國子監祭酒爲國子監之主管官至 淸末廢參閱歷代職官表三四國子監(三)漢末五斗米道中的一種稱號三國志魏張魯傳以鬼 道教民自號師君其來學道者初皆名鬼卒受本道已信號祭酒各領部衆多者爲治頭大祭酒不 置長吏皆以祭酒爲治民夷便樂之又見後漢書七四下劉焉傳

▶2139◀◆問; 지방 향교 직책에 관한 문의.

우선 성명을 밝히지 않는 불손을 대단히 죄송하게 생각합니다. 이런 문화에 관심을 갖고 공부를 하다 보니 궁금한 점이 있어서 질문 드립니다. 다름이 아니옵고 현재 지방 각 郡단 위에 있는 향교 운영에 관한 사항인데 우선 전교와 장의라는 직책에 대하여 궁금합니다. 주로 어떤 과정으로 임명되는지, (사전 조율을 통한 추대인지, 혹은 선출인지)

그리고 임기가 있는지, 또한 하는 역할은 무엇인지 궁금하네요. 또 장의는 그 숫자 는 얼마나 되는지요? 장의를 받게 되면 그 지역사회에서 위상이랄까.

그런 점은 어느 정도인지 잘 모르겠습니다. 그리고 향교를 운영하는데 위의 두 직 책 말고 또 다른 직책들이 있는지도 궁금합니다. 그러니까 향교의 운영이랄까, 재원 과 주요 사업도(춘추 향사 외에 강학관련) 궁금합니다. 부탁 드립니다.

◆答; 지방 향교 직책.

향교법(鄉校法)에는 향교직제법(鄉校職制法) 외에 향교재산법(鄉校財産法) 향교재산 법시행령(鄉校財産法施行令) 향교재산관리규칙(鄉校財産管理規則) 등등(等等)이 규 정(規程)되어 있습니다.

여기서 의문(疑問)되심에 가장 핵심(核心) 되는 법이 향교직제법(鄉校職制法)이라 다른 법은 양이 너무 많아 제하고 이 법만 전문을 게시하여 드립니다. 이법을 살펴 보시면 의문이 거의 풀리리라 생각합니다.

다른 법도도 필요하시다면 어느 법인가 지적하여 주시면 덧붙여 드리겠습니다. 이 법 이후에 또 개정되었는지의 여부는 알지를 못합니다.

●향교직제(鄕校職制)(改正一九六九年三月一日)

第 一 條 鄕校는 儒敎精神에 基하여 道義의 闡明倫理의 扶殖文化의 發展 및 公德의 作興을 目的으로 한다

第 二 條 鄕校에 左의 任員을 둔다

一, 典校一人

二, 掌議各邑面別三人以內 但一個邑面의 區域이 二個以上의 鄕校區域으로 된 地域의 掌議數는 三人以內에範圍에서 該鄕校儒林總會가 이를 定하며 市의 掌議數는 該鄕校儒林總會가 이를 定한다

第 三 條 典校는 鄕校를 代表하며 鄕校內事務를 統轄한다

第 四 條 掌議는 典校의 指揮를 받아 鄕校의 事務를 掌理한다

第 五 條 第一條의 目的을 達成하기 위하여 鄕校에 儀典 敎化 總務 組織 財政 및 宣傳의 各部署를 두고 典校는 掌議로 하여금 一個部署의 事務를 管理하도록 指定한다

第 六 條 典校는 前條의 部署別로 各一人式의 首席掌議를 任命한다

第 七 條 儀典掌議는 文廟虔奉 및 儀式一切에 關한 事務를 管掌한다 敎化掌議는 道義의 闡明倫理의 扶殖文化의 啓發 및 其他敎化에 關한 事務를 管掌한다 總務掌議는 庶務人事 企劃會議 職印管守 文書受發 및 他部署에 屬하지 않은 事務를 管掌한다 財務掌議는 財産管理 金錢物品의 保管出納 豫決算 및 其他財政에 關한 事務를 管掌한다 宣傳掌議는 宣傳 및 報導에 關한 事務를 管掌한다

第 八 條 典校有故時에는 第五條의 部署序列에 따라 首席掌議가 典校의 事務를 代理한다

第 九 條 鄕校에 顧問을 둔다 顧問은 各邑面別二人式으로 하고 市의 顧問數는 掌議會의 同意을 얻어 典校가 이를 定한다

第一0條 鄕校의 會議는 儒林總會 및 掌議會의 二種으로 한다

第一一條 儒林總會는 各邑面別 五人式의 儒林代表 掌議會가 定하는 數의 市儒林代表 및 掌議全員으로서 構成한다 儒林代表의 選出方法은 成均館長이 이를 定한다 儒林總會는 每年 이를 開催한다 但 必要에 依하여 臨時儒林總會를 開催할 수 있다 典校는 儒林總會를 召集하고 同會議의 議長이 된다 掌議會의 要求가 있을 때에는 典校는 儒林總會를 召集하여야 한다

第一二條 掌議會는 掌議全員으로서 構成한다 掌議會는 年二回 이를 開催한다 但 必要에 依하여 臨時掌議會를 開催할 수 있다 典校는 掌議會를 召集하고 同會議의 議長이 된다 在籍掌議 三分之一以上의 要求가 있을 때에는 典校는 掌議會를 召集하여야 한다

第一三條 會議는 過半數의 出席으로서 成立하며 議事는 出席員過半數의 贊成으로서 議決한다

第一四條 典校가正當한理由없이會議를召集하지 아니할 때에는 在籍掌議 三分之二以上의 連署로서 成均館長의 承認을 얻어 掌議가 儒林總會 또는 掌議會를 召集할 수 있다

第一五條 鄕校內儒林의 紛糾가 있을 때에는 成均館長은 收拾委員으로 하여금 該鄕校의 儒林總會 又는 掌議會를 召集하도록 할 수 있다

第一六條 成均館 職制 第十八條에 依하여 典校 又는 掌議의 任命을 成均館長에게 推薦할 때에는 儒林總會의 會議錄 當薦者의 履歷書 및 就任承諾書를 添付하여 儒林總會의 召集者가 이를 內申하여야 한다

第一七條 儒林總會의 召集者가 前條의 內申을 하지 아니할 때에는 典校當薦者는 該

儒林總會의 參席者三分之一以上이 署名捺印한 確認書를 添付하여 典校의 內申을 할 수 있다

第一八條 任員의 任期는 二年으로 한다 但 補欠就任한 任員은 前任者의 殘任期間으로 한다 新任任員이 就任할 時까지는 前任任員이 그 職務를 執行한다

第一九條 典校가 故意로 그 職務를 怠慢하였을 때에는 成均館長은 當該儒林總會에 對하여 典校의 信任을 물을 수 있다 前項의 儒林總會의 召集者는 成均館長이 이를 指名한다

第一項의 儒林總會에서 典校가 不信任決議되면 成均館長은 이를 解任하여야 한다

第二0條 鄕校典校 및 掌議가 成均館事業遂行에 違背되는 儒林團体나 異敎團体에 加入하였음이 確認될 時는 成均館長이 이를 解任할 수 있다

附則; 本職制는 西紀一九六四年十月十二日부터 施行한다 本職制改定當時의 任員은 本職制에 依한 任員으로 看做하고 그 任期는 通算하되 臨命當時의 任期에 依한다

▶2140◀◆問; 질문 드립니다.

성균관에 대한 간단한 질문입니다.

1. 교육 기관인 성균관에 유교 성현의 사당인 문묘를 둔 이유는 무엇이었나요? 간단한 핵심만 알려주시면 감사하겠습니다.

2. 유교중심지로서 성균관이 가진 3가지 기능은 무엇이었나요?

◆答; 성균관 기능.

問1. 答; "가르침을 잊지 않고 항상 따르기 위하여."

問2. 答; "학(學), 정(政), 사(祀)"

이상의 2번 "성균관(成均館)이 가진 3가지 기능"의 질문에 대한 답으로 "학(學), 정(政). 사(祀)"의 정(政)은 태학지(太學志) 권십일(卷十一)과 권지십이(卷之十二)의 사실편(事實編) 역대학정사전총서조(歷代學政祀典總敍條)에서 힌트를 얻어 학정교육(學政敎育)에 관한 행정(行政))에서 정자(政字)를 분리(分離) 아래의 급총주서(汲冢周書)의 쓰임과 같이 현재의 기능(機能)에 맞춰 "잘못을 바르게 잡다" 로 해석(解釋) 성균관(成均館)의 현재(現在) 삼대(三代) 기능(機能)으로 제시(提示)하였으나 명륜(明倫)골선비께서 "정(政)"이 아니라 "양노(養老)" 기능이 옳지 않겠는가. 라고 귀뜸이 있어 이 참에 솔직이 태학지는 전체를 살피지 않고 큰 제목만 기억하다 다시 살펴보는 동기가 되어 대단히 감사합니다.

질문의 취지가 지난날의 3가지 기능이라면 "학(學), 사(祀), 양노(養老)"라야 옳을 것 같습니다.

양노(養老) 삼로오경(三老五更)이란 임금이 父兄의 예우로 대하던 三公 등 연로하여 벼슬자리에서 물러난 경험이 풍부한 노인에게 주던 벼슬자리로 임금이 몸소 이들을 부형으로 받들어 백성에게 효제(孝悌)의 모범을 보여 주던 제도로서 현재는 이런 기능은 없습니다.

▶2141◀◆問; 책례에 대하여 알고 싶습니다.

예전 일반 서당(書堂)에선 책을 1 권 다 공부하면 책례라는 것을 한다던데 이것도 하나의 통과의례에 속하는지? 책례를 할 때 어떤 음식이나 행사가 이루어 지는지? 알려 주세요!

◆答; 세책례(洗冊禮).

세책례(洗冊禮)라 함은 읽기나 쓰기를 마쳤으면 주찬과 음식(飮食)을 마련 스승님과

학부형(學父兄), 서당(書堂) 재학생(在學生) 모두가 나누어 먹는 예를 일러 세책례 (洗冊禮)라 합니다.

●豊山洪奭周成伯著家言下;丙子九月兒子祐謙讀史畧盡卷請爲洗冊禮以勸之

●山木軒詩與諸賓客赴春坊賜饌之席有賦;宿昔露恩饌先王畢講辰令孫今胄子賓客舊文臣睿學通三古湛榮曁八珍歸來懷有橘將以供吾親(細註)往在己未冬正廟課訖一經之誦惠慶宮設饌名以洗冊賜及近臣余以抄啓文臣亦與是席今於春闈講史畧首卷旣訖行洗冊禮顧以賓客與焉故及之

▶2142◀◆問; 치산서원에 관하여.

울산시 울주군 두동면 만화리에 있었던 치산서원에 관하여 알고 싶습니다. 지역에는 사료나 건물이 없어지고 옛날 서원 터에는 박재상 공을 모시는 충열사가 세워져 있습니다. 본 서원에 대한 사료나 참고가 될만한 자료가 있으시면 연락바랍니다.

◆答; 치산서원.

서원록(書院錄)의 경상도(慶尙道) 울산(蔚山) 지역(地域)에는 아래와 같이 1 개소(個所) 뿐으로 기록(記錄) 되어 있습니다.

●書院叢錄慶尙道篇蔚山條蔚山八百五十里 別名 河曲 蔚州 鶴城 火城 恭花興麗○鷗江書院(戊午建甲戌賜額)鄭夢周(見上龍仁)李彦迪(見上驪州)

▶2143◀◆問; 폐백례 때 왜 비단을 올리는 이유는?

석전제나 다른 제례를 보면 초헌관의 폐백례 때 초헌관이 신위 앞에 나가 폐백을 드리는 데 이 때 보면 비단과 같은 옷감을 드리던데 무슨 이유가 있습니까?

◆答; 폐백례 때.

현대에는 선물로 쓰일만한 귀한 물품이 허다하지만 옛날에는 아래와 같이 살펴보건대 옥백(玉帛)이 제일이라 하였으며, 좌전(左傳) 두주(杜註)에 공후(公侯), 백자(伯子)는 옥(玉)이라 하였고 제후(諸侯), 세자(世子)와 더불어 평민의 상주와 경(卿)은 백(帛)이라 하였으니 따라서 석전대제의 폐백을 비단으로 올리는 것 아닌가 합니다.

●論語陽貨篇子曰禮云禮運玉帛云乎哉註敬而將之以玉帛則爲禮

●孟子梁惠王篇事之以皮幣不得免焉事之以犬馬不得免焉事之以珠玉註皮謂虎豹麋鹿之皮也幣帛也

●左傳衛文公大布之衣大帛之冠(杜註)大布麤布大帛厚繒

●左傳魯莊公孫曰男贄大者玉帛(杜註公侯伯子男執玉諸侯世子附庸孤卿執帛)小者禽鳥(杜註卿執羔大夫執鴈士執雉)女贄不過榛栗棗脩以告虔也(杜註榛小栗脩脯虔敬也○林註栗取其戰栗也棗取其早起也脩取其自脩也)

▶2144◀◆問; 향(享)과 수(壽)에 대하여?

세보(世譜)를 하기 위하여 수단을 받고 있는데 70 세 이하는 [향(享)], 70 이상은 [수(壽)]로 기록하는 이유는 무엇인가.

◆答; 향(享)과 수(壽).

○수(壽)란 70 의 노인이란 의미로 이 나이가 되면 家事(가사)(제사포함)를 자손에게 넘겨 주(傳重)고 제사도 지내지 않으며 자손들로부터 長壽(장수)를 바라는 나이라는 뜻이 있어 70 이상 노인에게는 [壽 몇 세]라 이르고,
○향(享)은 전중(傳重)의 나이에 미치지 않아 제사를 지내는 70 세 이전이란 의미에서 [享몇세]라 이르지 않는가 생각됩니다.

●選賦抄評註解刪補東京賦降至尊以訓恭送迎拜乎三壽註三壽三老言天子降至尊之位以禮三老者所以敎人以敬也
●史記高祖記高祖奉玉厄起爲太上皇壽曰始大人常以臣無賴
●曲禮七十曰老而傳注傳家事任子孫
●書經盤庚篇玆予大享于先王爾祖其從與享之註大享于先王爾祖亦以功而配食於廟

▶2145◀◆問; 향교지에 대하여.

이들 장부들의 제목과 서식 기록 요령 등을 자세하게 설명하여 주시면 고맙겠습니다. 잘 부탁 드립니다. 감사합니다.

◆答; 향교 기록장부.

향교지(鄕校誌)는 향교(鄕校)마다 그 양식(樣式)(서식(書式))이 약간(若干)씩 다릅니다. 아래는 그 중 두 예(例)입니다.

○題目; 00 鄕校誌
○任員名單題目; ①00 鄕校執綱案 或 ②00 鄕校任錄 職員及典校案
○書式; ①姓名 某鄕人 任年月日 職名(掌議等) 居住地名 ②姓名 字某號某某甲生某鄕人 任命某年職(典校等) 子名 居住地名

▶2146◀◆問; 향교나 종묘 의 신위 밤나무 위패 질문입니다.

수고하십니다. 궁금한 것은 향교나 불천위 종묘 등의 위패를 밤나무로 옛부터 사용하는 원서는 어디에 있습니까. 논어 팔일제 3-21 편에 보면 애공문사어(哀公問社於)재아(宰我) 재아대왈(宰我對曰) 하후씨이송(夏厚氏以松) 은인이백(殷人以柏) 주인이율(周人以栗) 왈(曰) 사민전율(使民戰栗) 자(子) 문지(問之) 왈(曰) 성사불설(成事不設)수사불간(遂事不諫) 기왕불구(旣往不咎) 이런 내용은 있는데 고대에 사용하게된 원서를 좀 알고자 합니다.

◆答; 향교나 종묘 의 신위.

問; 신주를 밤나무로 만들었다는 원서는?
答; 아래는 논어(論語) 팔일삼(八佾三) 애공문(哀公問) 사어재아장(社於宰我章)의 애공(哀公)과 재아(宰我)간의 문답문(問答文)으로 의미는 하후씨(夏后氏)는 소나무를 심었고 은(殷)나라 사람은 잣나무를 심었고 주(周)나라 사람은 밤나무를 심었다는 말씀으로 신주(神主)와는 연관성(聯關性)이 없는 것 같습니다.

율주(栗主)에 대하여 본인이 제시(提示)할 수 있는 전거(典據) 원서(原書)로는 춘추공양전(春秋公羊傳)에서 율주(栗主)의 언급(言及)이 이미 있었습니다. 이 이전(以前)의 전거(典據)는 알지를 못합니다.

●哀公問社於宰我 宰我對曰夏厚氏以松殷人以柏周人以栗 曰使民戰栗 子聞(問)之 曰成事不說(設)遂事不諫旣往不咎
●春秋公羊傳(公羊高: 生沒年代未詳. 齊人)文公(BC. 697~?)二年二月丁丑作僖公主條(傳)作僖公主者何爲僖公作主也主者曷用虞主用桑練主用栗

▶2147◀◆問; 향교 석전대제 복식(금관)에 관한 문의.

안녕하세요? 향교 석전대제 복식에 대하여 문의 드립니다. 현재 양주향교에서의 석전대제 시, 초헌관이 7 량의 금관을 사용하고 있는데요, 관의 품계에 따라 금관이 달라지는 걸로 알고 있습니다.

양주향교에서의 석전대제의 경우 초헌관, 아헌관, 종헌관의 금관은 몇 량으로 하는 것이 올바른 것인지 알려주세요. 성균관의 무궁한 발전을 기원합니다.

◆答; 향교 석전대제 복식(금관).

아래와 같이 살펴보건대 석전대제(釋奠大祭) 시(時) 관복(官服)을 착용(着用)한다면 품계(品階)에 따라 관량(冠梁)이 달라집니다. 따라서 그 향교(鄕校)가 소속(所屬)된 관청(官廳)의 수장(首長)이 어느 품계(品階)에 해당(該當)되는 가에 따라 관량(冠梁)이 달라져야 하고, 아종헌관(亞終獻官) 역시 그러하여야 되겠지요.

●大典通編禮典儀章冠條一品五梁二品四梁三品三梁四品至六品二梁七品至九品一梁

▶2148◀◆問; 향교 석전대제 시 헌관 지정에 관한 질의.

향교의 석전대제 진행과 관련하여 문의 드립니다. 초헌관, 아헌관, 종헌관의 삼헌관이 제를 진행합니다만, 헌관 지정에 대한 명확한 자료가 없어 문의 드립니다. 초헌관은 시장, 아헌관은 교육장, 종헌관은 전교로 지정하여 제를 진행하는 것이 보편적인 것으로 보이지만, 근래 민선자치가 되면서 국회의원 및 의장은 의전관계로 보아 헌관 지정에 포함하여야 하는지, 포함한다면 시장, 국회의원, 의장의 헌관은 어떻게 지정하여 하는지 궁금합니다. 성균관의 무궁한 발전을 기원합니다.

◆答; 향교 석전대제.

아래와 같이 살펴보건대 초헌관(初獻官)은 그 향교(鄕校)를 관할(管轄)하는 장이라야 옳을 것이며 아헌관(亞獻官)과 종헌관(終獻官)은 본 예법에서도 지정되어 있지 않았음은 그 향교(鄕校)에서 임의로 정할 수 있음을 의미합니다.

아무리 국회의원(國會議員) 및 의장(議長)이 그 시군읍(市郡邑)의 장(長) 보다 직급(職級)이 높다 하여도빈(賓)에 불과(不過)하다 할 것입니다. 따라서 그 관할(管轄) 관청(官廳)이 시(市)라면 시장(市長)이 초헌관(初獻官)이 되고 국회의원(國會議員)이나 (시의회(市議會) 의장(議長) 및 전교(典校) 중에서 현실을 감안하여 아종헌관(亞終獻官)을 지정함이 옳지 않을까 합니다.

●五禮儀序例齊官州縣釋奠條 初獻官守令亞獻官 終獻官 東西從享分獻官各一 東西廡分獻官各一(縣則無)祝掌饌者 執尊者(每尊所各一)執事者(隨位酌定)贊者 謁者 贊引四(縣二○亞終獻官分獻官以佐貳官敎授訓導及本邑閑散文官差祝以下諸執事皆以學生充)
●春官通考鄕敎原儀齊官州縣文廟釋奠條 初獻官(守令)亞獻官 終獻官 東西從享分獻官各一 東西廡分獻官各一(縣則無)祝 掌饌者 執尊者(每尊所各一)執事者(隨位酌定)贊者 謁者贊引四(縣二○亞終獻官分獻官以佐貳官敎授訓導及本邑閑散文官差祝以下諸執事皆以學生充)

▶2149◀◆問; 향교와 서원 門의 太極그림에 대한 질문.

1. 가묘의 출입문에 태극이 그려진 것을 발견하기는 쉽지 않으나, 향교와 서원의 묘정 문에 그려진 태극 은 쉽게 볼 수 있습니다. 향교와 서원의 문에 태극을 그린 이유는 무엇인지요.
2. 兩太極을 상하 또는 좌우로 다르게 그려진 것도 발견됩니다. 특별한 의미가 있는지요.
3. 서원의 정문과 묘정 출입문의 회전방향이 서로 반대로 그려진 곳도 있습니다. 어떤 뜻이 있는지요.
例 도산서원 상덕사: 시계방향, 도산서원 진도문: 시계반대방향.
4. 대부분 양 태극이 그려져 있으나, 극히 일부의 서원에 삼 태극이 그려져 있습니다. 이는 어떻게 설명이 할 수 있습니까?

◆答; 향교와 서원 門의 태극(太極).

태극(太極)은 음양이원(陰陽二元)에 앞서는 우주(宇宙) 만물구성의 최고(最高) 원리(原理), 즉(卽) 계사전(繫辭傳)에서 이르듯이 태극(太極)에서 양의(兩義; 陰陽가 생기고 양의(兩義)에서 사상(四象)이 생겨나 사상(四象)에서 팔괘(八卦)가 생겨 만물(萬物)의 차례(次例)로 우주(宇宙) 궁극(窮極) 구성개념(構成概念)이 설명되어져 있는데 태극(太極)은 북송인(北宋人) 렴계주돈이(濂溪周敦頤)선생의 태극도설(太極圖說)이 그에 대한 대표적인 설입니다.

따라서 아래와 같이 살펴보건대 태극도(太極圖)에 대하여서는 태극도설(太極圖說)과 주자도설(朱子圖說)인 태극도술(太極圖述)에 자세하게 설명(說明)되어 있는데 그 태극도(太極圖)에는 우변흑중지백(右邊黑中之白) 좌변백중지흑(左邊白中之黑) 흑백분좌우(黑白分左右)로 나뉘어 있을 뿐입니다.

다만 현재(現在) 태극기(太極旗)의 탄생(誕生)을 대강 서술(敍述)하여 보자면 태극(太極)의 문양에 대하여는 현현거사(玄玄居士) 박영효(朴泳孝)선생이 1882년 사신으로 일본(日本)으로 가면서 배위에서 그렸다는 최초(最初)의 태극(太極)은 좌홍(左紅) 우청(右青) 우회(右回)이며, 1900년대(年代)에 와서는 좌청(左青) 우홍(右紅) 좌회(左回)로 바뀌었다가 1948년(年) 지금의 태극(太極)문양(紋樣)인 상홍(上紅) 하청(下青) 좌회(左回)로 되어 사용(使用)되고 있으니 이와 같이 상고(詳考)컨대 문양(紋樣)의 좌회나 우회는 화자(畵者)의 의미 부여에 따라 달라지고 그와 같이 출입문(出入門)에 그려진 연유(緣由)는 분명하게 전거 수집(收集)이 되지 않아 확언(確言)은 할 수 없으나 이상에서 대강 설명(說明) 되어져 있으며 양 태극(太極)과 삼태극이란 아마도 음양의 표현인 듯한데 태극은 음양(陰陽)만 있을 뿐입니다.

●太極圖說此所謂無極而太極也所以動而陽靜而陰之本體也然非有以離乎陰陽也
●太極圖說資講圖說太極圖右邊黑中之白白盡卽爲陽非自右而左也左邊白中之黑黑盡卽爲陰非自左而右也但假象以顯義姑以黑白分左右耳

▶2150◀◆問; 향교, 서원의 분향례에 술이 없는 까닭.

향교(鄉校), 서원(書院)의 분향(焚香)례 재질문 답변에 '향교(鄉校)나 서원(書院)의 정알례(正謁禮)의 예법(禮法)은 태학지(太學志) 분향례(焚香禮)와 같이 분향례(焚香禮)가 의미하듯 뇌주(酹酒) 헌주(獻酒) 없이 분향(焚香)뿐으로 마치게 되는 것 같습니다.'고 하였습니다. 그 이유(理由)를 가르쳐 줄 수 있겠습니까.

◆答; 향교, 서원의 분향례에 술이 없는 까닭.

분향(焚香)은 제(祭)가 아니라 례(禮)로서 공부자(孔夫子)의 공덕(功德)을 기리기 위하여 관원(館員)과 학생(學生)들이 매월(每月) 초하루 보름으로 질명(質明)에 묘(廟)를 찾아 뵙는 예일 뿐으로 사가(私家)의 효자효부(孝子孝婦)가 부모(父母)와 시부모(媤父母)께 매일(每日) 신알(晨謁)의 예(禮)와 같이 다만 절만할 뿐입니다. 따라서 제(祭)가 아닌 례(禮)라 술이 없는 것입니다.

●太學志焚香(附修掃)每月朔望大司成具常服率館官及齋任生進四學齋生詣文廟焚香(中略)當日質明(中略)獻官隨之仍入殿內焚香降伏位皆四拜
●三國演義第六十回百姓扶老携幼滿路瞻觀焚香禮拜

▶2151◀◆問; 향교와 서원의 차이점.

향교와 서원이 있고 서당이 있습니다. 다른 것 중에 성균관이 있는데요. 성균관은 뜻은 찾아보니 있습니다만 향교와 서원의 의미를. 즉 왜 향교는 교(校)쓰고 서원은 원(院)을 쓰는지 향원이라 할 수 있고 서교라 할 수 있는 것 같기도 한데요. 원래 교와 원의 내력이 다른지 아니면 각 글자마다 격이 있는지요? 교와 원의 차이는 무엇인지요?

◆答; 향교와 서원의 차이.

◆成均館;

고려(高麗) 충건왕이 국학(國學)을 성균관(成均館)으로 개칭(改稱)함이 시초(始初)로 공민왕(恭愍王) 때는 국자감(國子監)으로 개칭(改稱)하였다 다시 성균관(成均館)으로 환원(還元) 태조대왕(太祖大王)이 조선(朝鮮)을 개국(開國)하면서 고려(高麗) 제도(制度)를 계승(繼承) 7 년(年)에 명륜동(明倫洞)에 성균관(成均館)을 지어 명륜당(明倫堂)(유생(儒生)들에게 유학(儒學)을 가르치는 강당(講堂)과 문묘(文廟; 孔夫子)와 성현(聖賢)의 신주(神主)를 모신 묘(廟))와 재(齋; 儒生)들의 기숙사(寄宿舍)를 두고 학전(學田)과 노비(奴婢)를 붙이고 문묘친향(文廟親享)과 왕세자(王世子)에게 명(命)하여 입학(入學)케 하였습니다.

전국(全國)에서 생원(生員)과 진사(進士)의 자격자(資格者)로 200 명을 선발(選拔)하였는데 만약 자격자(資格者)가 정원(定員)에 미달(未達)하면 사학(私學)의 유생(儒生) 중에서 선발(選拔)하여 교육(教育)시키다 조선(朝鮮) 말기에 이르러 100 명으로 축소(縮小)되었다 다시 일제(日帝) 때에는 경학원(經學院)으로 개칭(改稱)되고 그 부속(附屬) 건물(建物)에 명륜(明倫)전문학교(專門學校)를 개설 이가 해방 되면서 성균관(成均館) 대학교(大學校)로 개명(改名)되었습니다.

●國語周上;宣王欲得國子之能導訓諸侯者
●漢書禮樂志上;國子者卿大夫之子弟也
●周禮地官師氏;以三德教國子鄭玄注國子公卿大夫之子弟
●周禮春官樂師;掌國學之政以教國子小舞
●晉書職官志;及咸寧四年武帝初立國子學定置國子祭酒博士各一人助教十五人以教生徒
●周禮春官宗伯;大司樂掌成均之法以治建國之學政而合國之子弟焉注鄭玄謂薰仲舒云成均五帝之學
●禮記文王世子;三而一有焉乃進其等以其序謂之郊人遠之於成均以及取爵於上尊也鄭玄注薰仲舒曰五帝名大學曰成均
●新唐書百官志三;垂拱元年改國子監曰成均監○[國子監]掌儒學訓導之政總國子太學廣文四門律書算凡七學
●東典考官職成均館;新羅國學大學監(備考)高麗國子監改國學成均館尋改監爲館(上仝) 太祖仍置成均館掌儒生教誨之任用文官其屬正錄廳附焉(上仝)
●春官通考吉禮成均館;太祖六年丁丑建成均館于文廟傍○世祖二年丁丑教曰成均館養育人才予承大亂之後庶務紛糾未暇興學育才今後每月季錄書生所讀書以聞予將親講焉又以諸生難得書籍命梁誠之錄藝文館所藏書籍以次刊行

◆鄕校;

고려(高麗)의 학제(學制)로서 도성(都城)에는 국자감(國子監), 동서학당(東西學堂)을 두고 지방에는 도성(都城)의 제도(制度)를 모방(模倣)하여 규모(規模)를 작게 향교(鄕校)를 두었다 조선 태조조(朝鮮太祖朝)에 이르러 부(府), 목(牧), 군(郡), 현(縣)에 1 개소씩 설치하여 운영(運營) 점점(漸漸) 전국으로 확대되었습니다.

儒生의 정원(定員)은 부(府)와 목(牧); 90 인(人), 도호부(都護府); 70 인(人), 군(郡); 50 인(人), 현(縣); 30 인(人)이었으며 향교(鄕校)마다 학전(學田)을 지급(支給)하였습니다.

◆書院;

사학(私學)기관(機關)의 하나로 서원(書院)이란 당(唐) 현종(玄宗) 때 여정전서원(麗正殿書院) 집현전서원(集賢殿書院) 등(等)을 두었었는데 이에서 유래(由來) 됨직하며 원래(原來)는 명현(名賢)들에게 제사(祭祀)하고 젊을 청소년(靑少年)을 입학(入學)시켜 인재(人材)를 양성(養成)하던 사설기관(私設機關)이었으며 고려(高麗)에서는 사원(寺院)이란 제도가 있었으며 조선(朝鮮)에 이르러 개국(開國) 초부터 이를 대신 서당(書堂), 서재(書齋), 정사(精舍), 향현사(鄕賢祠), 선현사(先賢祠) 등(等)을 장려(獎勵)하였으며 중종(中宗)37~38 년(年) 풍기(豊基) 신재(愼齋; 文敏公) 주세붕(周世鵬).)선생(先生)이 백운동서원(白雲洞書院)을 세움이 우리나라 최초의 서원(書院)이며 이에 명종(明宗)5 년(年) 소수서원(紹修書院)이란 액(額)과 전결(田結), 노비(奴婢), 책 등을 하사(下賜) 이가 사액서원(賜額書院)의 시초가 되었습니다.

이후(以後) 나라의 보조(補助)를 받는 서원(書員)이 각처(各處)에 설치(設置) 되기 시작(始作)불과(不過) 29 개소(個所)에 불과(不過)하였던 서원(書院)이 선조 조에 이르러 124 개소(個所), 숙종(肅宗) 조(朝)에 이르러는 1 개 도에 8~90 개소(個所)에 이르게 되었습니다. 이후(以後) 서원(書院)의 폐해(弊害)가 발생(發生) 인조(仁祖)22 년(年)에 이르러는 나라에서 허가(許可)를 하게 되었고 그 후 계속 정비(整備) 정조(正祖) 조(朝)에 이르러는 전국(全國)에 650 여 개소가 남게 되었습니다.

고종(高宗)1 년(年) 대원군(大院君)(섭정(攝政))이 폐해(弊害)를 덜기 위하여 서원(書院)이 누리던 모든 특권(特權)을 폐지(廢止) 서원(書院)의 누설(漏泄)을 엄금(嚴禁)이 같은 강경책(强硬策)으로 전국(全國)에 우수(優秀)한 서원(書院) 47 개소(個所)만 남아 있게 되었습니다.

◆書堂;

일종(一種)의 사설(私設) 교육기관(敎育機關)으로 훈장(訓長), 접장(接長), 생도(生徒)로 조식 천자문(千字文)에서 시작(始作)하여 교육(敎育)시키는 글방으로 고려(高麗) 때부터 발생(發生) 조선(朝鮮)에 이르러 대단(大緞)히 발달(發達)하였으며 유생(儒生)들은 대부분 서당(書堂)을 거처 향교(鄕校)로 진학(進學) 이어서 성균관(成均館)으로 진학(進學) 학문(學文)을 넓혔습니다.

▶2152◀◆問; 향교 석전대제 관련 질의.

안녕하세요. 춘기 석전대제 행사를 진행하다가 관련 문의가 있어 질의 드립니다.
1. 향교 석전대제 봉행 시 제례악 사용 가능 여부 및 사용이 가능하다면 예산부족의 대안으로 제례악 CD 로 갈음 가능 여부와 제례악의 종류 중 무슨 제례악을 사용해야 하는지 질의 드립니다.
2. 청소년 및 시민들에게 다소 어려운 석전대제의 준비과정 및 절차를 쉽게 알 수 있도록 하는 방법이 있는지 질의 드립니다. 답변하여 주시면 업무에 많은 도움이 될 것 같습니다. 감사합니다.

◆答; 향교 석전대제.

問; 1. 答; 어느 향교(鄕校)이신지 모르겠으나 역사(歷史) 있는 향교(鄕校)에서는 향교지를 기록(記錄) 보존하고 있을 터이니 귀 향교(鄕校)지를 자세히 살펴보시기 바랍니다. 악장(樂章)은 아래와 같습니다.

○영신주함화지곡(迎神奏咸和之曲)○전폐주녕화지곡(奠幣奏寧和之曲)○초헌주안화지곡(初獻奏安和之曲)○아헌종헌주경화지곡(亞獻終獻奏景和之曲)○철찬주함화지곡(撤饌奏咸和之曲)○망예동주함화지곡(望瘞同奏咸和之曲) CD 대용 여부는 알지 못하나

향교에서 전속악관 유지는 여러 문제로 쉽지 않을 것이며, 초청 역시 쉽지 않을 것입니다. 까닭에 그 대안으로 앰프 출력이 현장음과 유사하다면 CD 로 대용한다 하여도 법도에 크게 어그러진다 할 수는 없을 것입니다.

問; 2. 答; 석전(釋奠)의 제법도(諸法度)나 의식(儀式)에 대한 해설문(解說文)은 있지 않으나 필요(必要)하다면 본문을 관객(觀客) 수준(水準)에 적합(適合)하도록 풀어 사용(使用)할 수 밖에 없을 것입니다.

●釋奠樂章○迎神奏咸和之曲○奠幣奏寧和之曲○初獻奏安和之曲○亞獻終獻奏景和之曲○撤饌奏咸和之曲○望瘞同奏咸和之曲

●釋奠樂章○迎神奏咸和之曲○奠幣奏寧和之曲○初獻奏安和之曲○亞獻終獻奏景和之曲○撤饌奏咸和之曲○望瘞同奏咸和之曲은 향교실기(鄕校實記) 제의(祭儀) 중 악장(樂章) 조(條)에 실려 있는 내용입니다.

▶2153◀◆問; 향교 석전대제 홀기 해설 자료 올려 주세요.
향교(鄕校) 홀기(笏記)를 보니 너무 난해하고 이해가 어려워 해설 자료를 올려 주시면 감사하겠습니다.

◆答; 홀기입니다.
⊙향교석전(鄕校釋奠) 홀기(笏記).
掌饌者廟司入實饌具畢○贊引引監察升自東階按視堂之上下糾察復位○贊者及廟司先就階間拜位北向西上立四拜訖盥洗位盥手就位○謁者贊引俱就階間拜位 四拜訖 盥洗位盥手就位

⊙唱笏(홀기를 부른다).
贊引引祝官及諸執事入就階間拜位北向西上立○四拜祝官以下皆四拜(鞠躬跪拜興拜興拜興平身執笏)○贊引引祝官及諸執事詣盥洗位盥手各就位○廟司帥奉香奉爐升點燈燭開櫝啓蓋開扉訖復位○謁者贊引各引獻官及分獻官奉祝板香櫃詣傳香門外位立定○贊引引祝官詣傳香門前奉祝板香櫃○引詣香所(獻官以下在位者鞠躬,平身)置於各坫上復位○司尊詣爵洗位洗爵拭爵訖置於篚奉詣尊所置於坫上立定○時報擊鼓○謁者贊引各引獻官及分獻官入就位○謁者請行事(謁者進初獻官之左白有司謹具請行事)○國民儀禮(國旗敬禮平身)○四拜獻官以下在位者皆四拜(一般人鞠躬)(鞠躬跪拜興拜興拜興拜興平身)○謁者引初獻官詣盥洗位盥手帨手(搢笏盥手帨手執笏)○引詣大成至聖文宣王神位前北向立(獻官搢笏跪)○贊引引祝官及奉香奉爐升獻官之左右北向立(搢笏跪)○三上香 奉爐奠爐于香卓○祝官以幣篚授初獻官○初獻官執幣獻幣以幣授祝官○祝官奠于神位前(獻官俯伏興平身執笏)○次詣復聖公神位前(獻官搢笏跪)三上香○祝官以幣篚授初獻官○初獻官執幣獻幣以幣授祝官○祝官奠于神位前(獻官俯伏興平身執笏)○次詣宗聖公神位前(獻官搢笏跪)三上香○祝官以幣篚授初獻官○初獻官執幣獻幣以幣授祝官○祝官奠于神位前(獻官俯伏興平身執笏)○次詣述聖公神位前(獻官搢笏跪)三上香○祝官以幣篚授初獻官○初獻官執幣獻幣以幣授祝官○祝官奠于神位前(獻官俯伏興平身執笏)○次詣亞聖公神位前(獻官搢笏跪)三上香○祝官以幣篚授初獻官○初獻官執幣獻幣以幣授祝官○祝官奠于神位前(獻官俯伏興平身 執笏)○謁者贊引各引初獻官及祝官降復位

⊙行初獻禮(초헌례를 행하시오)
謁者引初獻官詣大成至聖文宣王尊所西向立○司尊擧冪酌醴齊奉爵以爵受酒○引詣大成至聖文宣王神位前北向立(獻官搢笏跪)○奉爵以爵授初獻官○初獻官執爵獻爵 以爵授奠爵○奠爵奠于神位前(獻官興平身少退跪)○贊引引祝官詣獻官之左東向跪○獻官以下諸執事俯伏在位者鞠躬○讀祝文讀祝畢(獻官以下興平身執笏)○贊引引祝官降復位○謁者引初獻官詣配位尊所西向立○司尊擧冪酌醴齊奉爵以爵受酒○引詣復聖公神位前(獻官搢笏跪)○奉爵以爵授

初獻官○初獻官執爵獻爵以爵授奠爵○奠爵奠于神位前(獻官俯伏興平身執笏)○次詣宗聖公神位前(獻官搢笏跪)○奉爵以爵授初獻官○初獻官執爵獻爵以爵授奠爵○奠爵奠于神位前(獻官俯伏興平身執笏)○次詣述聖公神位前(獻官搢笏跪)○奉爵以爵授初獻官○初獻官執爵獻爵以爵授奠爵○奠爵奠于神位前(獻官俯伏興平身執笏)○次詣亞聖公神位前(獻官搢笏跪)○奉爵以爵授初獻官○初獻官執爵獻爵以爵授奠爵○奠爵奠于神位前(獻官俯伏興平身執笏)○謁者引初獻官　降復位

⊙行亞獻禮(아헌례를 행하시오.)

謁者引亞獻官詣盥洗位盥手帨手(搢笏盥手帨手執笏)○謁者引亞獻官詣大成至聖文宣王尊所西向立○司尊擧羃酌盎齊奉爵以爵受酒○引詣大成至聖文宣王神位前北向立(獻官搢笏跪)○奉爵以爵授亞獻官○亞獻官執爵獻爵以爵授奠爵○奠爵奠于神位前(獻官俯伏興平身執笏)○謁者引亞獻官詣配位尊所西向立○司尊擧羃酌盎齊奉爵以爵受酒○引詣復聖公神位前(獻官搢笏跪)○奉爵以爵授亞獻官○亞獻官執爵獻爵以爵授奠爵○奠爵奠于神位前(獻官俯伏興平身執笏)○次詣宗聖公神位前(獻官搢笏跪)○奉爵以爵授亞獻官○亞獻官執爵獻爵以爵授奠爵○奠爵奠于神位前(獻官俯伏興平身執笏)○次詣述聖公神位前(獻官搢笏跪)○奉爵以爵授亞獻官○亞獻官執爵獻爵以爵授奠爵○奠爵奠于神位前(獻官俯伏興平身執笏)○次詣亞聖公神位前(獻官搢笏跪)○奉爵以爵授亞獻官○亞獻官執爵獻爵以爵授奠爵○奠爵奠于神位前(獻官俯伏興平身執笏)○謁者引亞獻官　降復位

⊙行終獻禮兼　分獻禮(종헌례 겸 분헌례를 행하시오)

謁者贊引各引終獻官及分獻官詣盥洗位盥手(搢笏盥手帨手執笏)○引詣大成至聖文宣王及從享位尊所西向立○各司尊擧羃酌清酒奉爵以爵受酒○引詣大成至聖文宣王及從享位神位前各北向立(獻官搢笏跪)○各奉爵以爵授獻官○各獻官執爵獻爵以爵授奠爵○各奠爵奠于神位前(獻官俯伏興平身執笏)分獻官獻爵如上儀○謁者引終獻官詣配位尊所西向立○司尊擧羃酌清酒奉爵以爵受酒○引詣復聖公神位前(獻官搢笏跪)○奉爵以爵授終獻官○終獻官執爵獻爵以爵授奠爵○奠爵奠于神位前(獻官俯伏興平身執笏)○次詣宗聖公神位前(獻官搢笏跪)○奉爵以爵授終獻官○終獻官執爵獻爵以爵授奠爵○奠爵奠于神位前(獻官俯伏興平身執笏)○次詣述聖公神位前(獻官搢笏跪)○奉爵以爵授終獻官○終獻官執爵獻爵以爵授奠爵○奠爵奠于神位前(獻官俯伏興平身執笏)○次詣亞聖公神位前(獻官搢笏跪)○奉爵以爵授終獻官○終獻官執爵獻爵以爵授奠爵○奠爵奠于神位前(獻官俯伏興平身執笏)○謁者贊引各引終獻官及分獻官　奉爵奠爵復位

⊙行飲福受胙禮(음복수조례를 행하시오)

贊引引祝官詣文宣王尊所以爵酌罍福酒○又引祝官持俎進減神位前胙肉○謁者引初獻官詣飲福位西向立(獻官搢笏跪)○贊引引祝官進初獻官之左北向跪以爵授初獻官○初獻官受爵飲卒爵祝官受虛爵復於坫○祝官以俎授初獻官初獻官受俎以授執事○執事受俎降自東階出門(獻官俯伏興平身執笏)○謁者贊引各引初獻官及祝官降復位○四拜獻官皆四拜

⊙徹籩豆(변과 두를 거두시오)

贊引引祝官升徹籩豆(各一少移)降復位○四拜　獻官以下在位者　皆四拜○(鞠躬跪拜　興拜興拜興拜興平身)

⊙行望瘞禮(망예례를 행하시오)

謁者引初獻官詣望瘞位北向立(贊者帥贊引詣望瘞位西向立)○贊引引祝官以篚取祝及幣降自西階○可燎置土半坎○謁者引初獻官復位○贊引引祝官復位○謁者告禮畢引獻官出(謁者進初獻官之左白告禮畢)○謁者贊引各引獻官及在位者出　○贊引引祝官及諸執事俱復階間拜位四拜(鞠躬跪拜興拜興拜興拜興平身)○贊引引祝官及諸執事以次出○贊者帥諸執事俱復階間拜位四拜訖以次出○掌饌者廟司各帥其屬徹禮饌閉櫝消燈閉扉以降訖出

▶2154◀◆問; 향교 석전 시 제수와 일반제수가 다른 이유?

지방향교 장의로 봉사하고 있습니다. 석전이나 서원 향사 봉행 시 제수는 모두 생물을 사용하는데 일반 제사 시에는 가공한 음식을 쓰는 이유가 궁금합니다. 그리고 향교석전 시 제수단자는 29 가지인데 일반서원이나 사우의 석채 봉행 시에는 품목이 15~18 가지 등으로 줄여서 사용하는데 서원 등에서 쓰는 제수단자품목을 정하는 기준이 있는지 궁금합니다. *서원 향사 시(時) 표준 진설도를 알려 주십시오. 수고하세요.

◆答; 향교 석전 시 제수와 일반제수가 다른 이유.

사대부(士大夫) 제사(祭祀)가 숙제(熟祭)인 까닭은 주례(周禮)의 언급(言及)과 같이 국조오례의(國朝五禮儀)에 의한 종묘사직(宗廟社稷)을 비롯 석전(釋奠; 書院包含)은 생제(生祭)가 되고 대부사(大夫士)는 특생궤식례(特牲饋食禮)와 그 주소(註疏)에서 밝혔다시피 궤식(饋食)의 예를 따라 쓰인 주자가례(朱子家禮)의 예법(禮法)을 따라 행하기 때문으로 제왕은 신으로 기를 흠향함에서 생제(生祭)가 되고 백성은 인귀(人鬼)로서 생전과 같이 숙제가 됩니다.

서원(書院)에 대하여 비중 있게 취급(取扱)한 서(書)는 춘관통고(春官通考;60 책)중 27 책 전부(全部)에서 다루고 있으나 진설(陳設)도는 없으며, 증보문헌비고(增補文獻備考; 60 冊) 41~42 책에서 다루고 있으나 그 역시 진절법은 없으며, 태학지(太學志)(7 책) 7 책 부편(附編)에서 서원(書院)이 취급(取扱)되었으나 상세한 예법(禮法)은 다루지 않았으며, 오례의(五禮儀) 진설(陳設)도에서 국학(國學)의 진설(陳設) 도는 있으나 사학(私學)인 서원(書院)의 진설(陳設)도는 취급(取扱)되지 않았으며. 국학(國學)의 예(禮) 역시 오례의(五禮儀) 주현석전정배위(州縣釋奠正配位) 팔변팔두(八籩八豆) 진설도(陳設圖)에 부기(附記)로 종향여국학동(從享與國學同)이란 국립학교(國立學校)에 대한 예인데, 만약 서원향사(書院享祀)에 관한 근거례서(根據禮書)(각서원지제외(各書院誌除外)가 존재하지 않는다면 사학(私學) 역시 국학(國學)의 예와 같이 행한다 가정하고 팔변팔두(八籩八豆) 진설이지 않을까 합니다.

현재 몇 서원지(書院誌)를 살펴보아도 예법(禮法)이 일치(一致)하지 않으니 논외(論外)로 치고, 본인(本人)은 서원예(書院禮)에 대하여는 이상 외는 그에 대한 명확(明確)한 근거(根據) 예법(禮法)을 알지를 못합니다.

●周禮宗伯禮官之職大宗伯血祭祭社稷五祀五嶽山林川澤註陰祀自血起貴氣臭也
●特牲饋食禮註祭祀自熟始曰饋食饋食者食道也疏食道者生人飲食之道士大夫祭禮自熟始也天子諸侯饋熟已前仍有灌鬯朝踐饋獻之事
●南溪曰禮曰饋食之道自熟始然則腥熟幷用古之義也至家禮以常饌代俎肉故無用生之法
●國朝五禮儀陳設圖州縣釋奠正配位(從享與國學同)左八籩右八豆
●續五禮儀饌實尊罍圖說啓聖祠春秋左二籩右二豆○關王廟春秋左八籩右八豆

▶2155◀◆問; 향교 석전제에 관하여?

問 1. 향교에서 대성전의 역할은 정확히 어떤 일을 하는 것인지?

問 2. 그리고 제사를 지낸다고 하셨는데 어떻게 제사를 지내는지?

問 3. 그리고 대구향교 대성전만의 독특한 특징이 있는지?

問 4. 그리고 상정 일에 하는 석전대제는 무엇이고 혹시 이에 관련된 동영상이라던가 사진을 구할 수 있는지?

問 5. 삭망? 분향례가 무엇이고 이 또한 자료를 구할 수 있는지 궁금합니다. 자세히 설명해 주셨으면 좋겠습니다. 언제나 좋은 답변 해주시느라 고생해 주셔서 감사합니다.

◆答; 향교 석전제.

問; 1. 答; 후학(後學)들이 선성(先聖)과 배위(配位)로 모셔진 선현들께 가르침을 따라 수신제가(修身齊家) 치국평천하(治國平天下)하겠다는 다짐을 하고 제사(祭祀)를 지내면서 유교(儒敎)의 바른 이념(理念)과 가치관(價値觀)을 정립시켜주는 역할(役割)을 하게 된다고도 할 수 있을 것입니다.

問 2. 答; 제사(祭祀) 방법(方法)에 관하여는 단 몇 행(行)으로 설명(說明)되어지지 않습니다. 따라서 "무엇이 궁금하세요" 문답(問答) 난에 여러 문항(問項)에서 논의(論議) 되어 있을 것입니다. 또 본 홈 바탕화면 문묘(文廟)에서 유교(儒敎)의 의례(儀禮)로 들어가시면 대략(大略) 이해(理解) 될 수 있을 것입니다.

問3. 答; 대구향교 대성선의 규모를 알지 못함.

問 4. 答; 국사(國祀)의 중사(中祀)는 성균관(成均館)에서 소사(小祀)는 주현(州縣)의 문선왕묘(文宣王廟; 文廟)에서 매년(每年) 중춘(仲春) 중추(仲秋) 상정일(上丁日)에 올리는 대제(大祭)를 이릅니다. 동영상(動映像)에 과하여는 아는 바가 없습니다.

問 5. 答; 석전(釋奠)의 말씀 중 "삭망(朔望)? 분향례(焚香禮)"라 하셨으니 문묘례(文廟禮)로 이해하고 말씀 드리자면 이 역시 태학지(太學志)에 의하면 삭망전제(朔望奠祭) 석전제(釋奠祭)의 하나의 예(禮)로 초하루 보름 마다 일헌지례(一獻之禮)의 예(禮)이며 분향례(焚香禮)는 매월(每月) 삭망일(朔望日)에 대사성(大司成)이 작헌(酌獻) 없이 분향재배(焚香再拜)로 마치는 예를 이릅니다. 이에 대한 자료(資料)를 구하시려면 태학지(太學志)를 구하시게 되면 모든 석전지(釋奠禮)에 관하여 자세히 기술(記述)되어 있습니다.

● 太學志辨祀條朔望奠壬辰亂後廢而不行只行焚香

▶2156◀◆問; 향교에서 있었던 의문점.

오늘 춘계 석전이 있어 향교에 다녀왔습니다. 제가 알고 있는 지식과 상이한 것이 있어 문의합니다.

問; 1. 대성전(大聖殿)에 오를 때 어느 발을 먼저 올려야 하는 것과 내려올 때는 어느 발을 먼저 디뎌야 하는지요? 저는 동계(東階)로 오를 때나 서계로 내려올 때나 오른발이 우선이다라고 했는데 모든 분들이 오를 때 오른발이고 내려올 때는 왼발이라고 합니다.

問; 2. 공수할 때 남자는 평상시에 왼손이 오른손을 감싸 위로 가고 흉사 시에는 반대로 알고 있습니다. 여자는 남자의 반대인 평상시 오른손이 위 흉사 시 왼손이 위로 가는 것은 모든 예절단체의 교육으로 이제는 상식이 될 만큼 많이 알려져 있습니다. 의문이 가는 것은 흉사 시 조문객과 상주가 똑같이 오른손이 위로 가는지(남자의 경우) 아니면 상주 쪽만 오른손이 올라가고 조문객은 왼손이 위로 가는지의 여부입니다. 여기에 대한 문헌적 전거는?

問; 3. 향교(鄕校)에서 석전(釋奠)을 진행할 때 집례(執禮)를 보는 분께서 "석전대제"라고 말씀하는데, 향교의 석전도 "대제"라는 용어를 쓸 수 있는지요? 또한 명륜관(明倫館) 앞에 있는 동재(東齋), 서재(西齋)를 분정판에 동무, 서무라고 칠판에 적어 놓았는데 혼용해도 되는지의 여부입니다. 가르침 있으시기 바랍니다.

◆答; 향교에서 있었던 의문.

問; 1. 答; 아래 곡례(曲禮)의 승계법도(升階法度)는 빈례(賓禮)에서 주빈(主賓)이 동계(東階)와 서계(西階)로 나란히 오를 때의 보법(步法)으로, 음양(陰陽)의 이치에 따라 주인(主人)은 동계(東階)로 오르되 오른발을 먼저 딛고 왼발을 오른발에 합쳐 딛고, 빈객(賓客)은 서계(西階)로 오르되 왼발을 먼저 오르고 오른발을 올려 왼발에 합쳐 딛고, 그와 같이 오르면 등짐이 없이 층계 위까지 올라 주빈(主賓)이 마주보게 되는데, 이와 같이 이 승계보법(升階步法)은 주빈(主賓)의 승계법도(升階法度)인데 하강(下降)의 보법(步法)은 어디에서도 언급한 바가 없는 것 같습니다. 다만 하강(下降)에서는 명문화(明文化) 된 법도(法度)의 언급은 없다 하여도 자연히 서계(西階)는 상우(尙右) 동계(東階)는 상좌(尙左)의 법도(法度)이니 오를 때의 반대가 될 것입니다.

특히 아래와 같이 오례의(五禮儀)나 가례(家禮) 어디에서도 곡례(曲禮)와 같은 승계(升階) 보법(步法) 운운함이 없으니, 빈례(賓禮)의 법도를 제례에서도 따라야 한다. 라 하기에는 전거가 없으니 분명하게 가름할 수가 없습니다.

問; 2. 答; 조문객(弔問客)도 상복(喪服) 차림이니 독축위(讀祝位) 포함 공수(拱手) 등 모두가 흉사(凶事) 때의 예에 따라 상우(尙右)의 법도를 따릅니다.

問; 3. 答; 석전(釋奠)은 중사(中祀)에 속하여 대제(大祭)는 아니나, 지난날 조정(朝廷)에서도 석전대제(釋奠大祭)라 칭(稱)하였으니 석전(釋奠)을 높여 대제(大祭)라 하여도 크게 어그러짐은 아닐 것 같습니다.

○동재서재(東齋西齋)는 유생(儒生)의 기거하며 학문(學文)을 닦는 집이며,
○동무서무(東廡西廡)는 본당(本堂) 앞 동서(東西)로 선현(先賢)의 위패(位牌)를 모신 사당(祠堂)이 됩니다. 따라서 용도가 다르니 혼용할 수가 없습니다.

●曲禮主人入門而右客入門而左主人就東階客就西階主人先登客從之拾級聚足連步以上上於東階則先右足上於西階則先左足註主人先而客繼之拾級涉階之級也聚足後足與前足相合也連步步相繼也先右先左各順入門之左右也

●朱子語類主人升東階客上西階(云云)上東階則先右足上西階則先左足蓋上西階而先右足則背卻主人上東階而先左足則背卻客自是理合如此

●五禮儀四時臘享宗廟儀初獻條(云云)殿下升自阼階詣第一室

●家禮正至朔望則參獻酒條主人升搢笏執注斟酒先正位

●家禮吊奠賻入哭奠訖乃吊而退條(云云)賓入至靈座前哭盡哀再拜焚香跪酹茶酒俛伏興訖護喪止哭者祝跪讀祭文奠賻狀於賓之右畢興

●檀弓註吉事尙左也凶事尙右陰也此蓋拱立而右手在上也

●內則註尙左尙右陰陽之別細註嚴陵方氏曰尙右手尊陰也

●賈誼容經拜以磬折之容吉事尙左凶事尙右

●雜記凡弁絰其衰侈袂註侈猶大也弁絰服者吊服也袂之小者二尺二寸大者半而益之則侈袂三尺三寸疏首著弁絰身著錫衰緦衰疑衰士則其衰不侈也周禮素端註變素服言素端者大夫以上侈之士不侈故稱端

●周禮司服凡吊事弁絰服註弁絰者如爵弁而素加環絰絰大如緦之絰其服錫衰緦衰疑衰諸侯及卿大夫以錫衰爲吊服士有朋友之緦亦弁絰錫麻

●喪大記弁絰帶疏雖吊服而有要絰異凡吊也

●退溪曰古人以首腰絰往弔今人雜服以弔俗之弊也素冠雖不可爲白衣白帶可也

●五禮儀吉禮辨祀○大祀社稷宗廟永寧殿○中祀風雲雷雨嶽海瀆先農先蠶雩祀文宣王歷代始祖○小祀靈星老人星馬祖名山大川司寒先牧馬社馬步禡祭祃祭酺祭七祀纛祭厲祭○祈告○俗祭○州縣社稷文宣王酺祭厲祭祃祭

●內閣日曆憲宗五年己亥一月二十九日上詣仁政殿月臺文廟釋奠大祭

●宋史選擧志太學置八十齋齋各五楹容三十人

●楚辭九歌湘夫人合百草兮實庭建芳馨兮廡門朱熹集注廡堂下周屋也

●後漢書靈帝紀公府駐駕廡自壞李賢注廡廊屋也

▶2157◀◆問; 향교의 세금.

언제나 수고가 많으십니다. 앞으로는 모르지만, 현재 종교재단(?)은 세금을 납부하지 않은 것으로 알고 있습니다. 유교가 종교라 하기도 하고, 아니라고 하기도 합니다. 그런데 향교에서 세금을 납부하고 있다는 이야기를 들었습니다. 그러면 유교는 종교가 아니라는 말이 성립됩니다. 정말 유교는 종교가 아닌지요? 왜 종교가 아닌지요? 알고 싶습니다.

◆答; 향교의 세금.

유교(儒敎)는 불교(佛敎)나 기독교(基督敎)와 같이 내세(來世)를 중히 여김이 아니라 현세(現世)를 중히 여기는 차이가 있을 뿐입니다.

유교(儒敎)는 공부자(孔夫子)의 가르침을 따르고, 불교(佛敎)는 석가모니(釋迦牟尼)의 가르침을 따르고, 기독교(基督敎)는 예수의 가르침을 따름에 무엇이 차이(差異)가 있겠습니까. 혹(或) 타 학문(學文)의 전공(專攻)자가 유교(儒敎)는 내세관(來世觀)이 없어 교가 아니라는 맹랑(孟浪)한 글을 남기기도 하였는데 타 학문(他學文)의 전공(專攻)자가 유교(儒敎)를 깊이 깨닫지 못한 견해(見解)일 뿐입니다. 다만 세법(稅法)에 관하여는 아는 바가 없습니다.

●史記游俠傳魯朱家條魯朱家者與高祖同時魯人皆以儒敎而朱家用俠聞
●氣測體義推師道測君道條凡天下之敎有四自中南東三印度而緬甸暹羅而西藏而靑海漠南北蒙古皆佛敎自西印度之包社阿丹而西之利未亞洲而東之蔥嶺左右哈薩克布魯特諸游牧而天山南路諸城郭皆天方敎自大西洋之歐邏巴各國外大西洋之彌利堅各國皆天主敎與中國安南朝鮮日本之儒敎
●晉書阮籍傳老篇爰植孔敎提衡○又宣帝紀伏膺儒敎漢末大亂常慨然有憂天下心
●甌北詩(趙翼; 1727~1814)五言古三書孔敎所到處無不有佛敎佛敎所到處孔敎或不到
●辭源孔敎孔子的敎導後來把孔子的學說作爲敎派與道佛並稱
●朝鮮儒敎淵源吾東與齊魯來往頻繁則孔氏之徒爲傳道而來至新羅高句麗百濟之代始尙神敎自佛敎傳人釋敎盛行孔子之敎(下略)註按薛聰乃高僧元曉之子也元曉以佛敎之祖師稱其所著金剛論等書皆傳之至今薛聰以儒敎爲世師宗(云云)
●高麗史節要成宗文懿大王壬午元年(982)六月條行釋敎者修身之本行儒敎者理國之源修身是來生之資理國乃今日之務今日至近來生至遠舍近求遠不亦謬乎

▶2158◀◆問; 향교의 예에서 사배하는 이유.

제목처럼 분향 시 하필 4배를 하는 이유를 알고 싶습니다.

◆答; 국례(國禮)의 사배(四拜).

사배(四拜)가 다른 특별한 뜻이 있는 것이 아니라 중배(重拜)인 까닭에 왕실(王室)의 예에 적용(適用)될 분 사가(私家)에서는 음양(陰陽) 원리에 의한 재배뿐입니다.

●星湖僿說人事門四拜;凡拜再而止婦人之於男子必俠拜俠拜者先再拜待答再拜又再拜則合四拜也坤文言曰地道也臣道也妻道也臣之於君猶妻之於夫也皆主於坤道坤陰也陽一而陰二其義卽然古者臣見於君臣拜而君辭臣又拜所謂陛成拜是也按公食大夫禮凡先言拜又言再拜似是合成再拜也至卒食云賓北面再拜稽首公辭升再拜稽首中間有公辭一節便是俠拜也非見於君則不四拜故于思於繆公之饋北面稽首再拜孟子亦曰以君命將之再拜稽首而受可以見矣至明太祖五拜九叩頭何據乎
●明齋遺稿書答李泰壽士亨(己丑四月九日);有旨承受時先後四拜者只是平日見先人如

是行之故遵行之耳非有他所據也未知果如何年號一款自先人時不書於章疏故亦遵行而不書矣

▶2159◀◆問; 향교 장의 지원자격 관련하여.

향교 장의 자격에 관하여 알고자 합니다.

◆答; 향교 장의 지원자격.

아래와 같이 살펴보건대 과거 유교국가(儒敎國家)였던 조선시대(朝鮮時代)에 천주교(天主敎), 불교(佛敎), 도교(道敎) 등(等)을 배척(排斥)하였으니 지금 역시 타 교인(敎人)이 유교(儒敎)로 개종(改宗)하여 경전(經典)에 능(能)하지 않고 유교(儒敎) 직을 담임(擔任) 수행(修行)할 수가 없음은 상식(常識)에 해당(該當)될 것입니다.

●綸音諭中外大小民人等斥邪論音;正宗大王挺天縱之聖紹百王之統聲明文物粲然具備而不幸有凶賊承薰者購來西洋之書號爲天主之學非先王之法言而潛相誑誘非聖人之正道而馴致耽惑駸駸然入於夷狄禽獸之域於是乎
●英宗紀事天主敎嚴禁;云云
●景陵誌狀行狀;傳官以寵之有象譯劉進吉者淫溺邪敎與其醜類肆其誑惑敢引西洋人東來稱爲敎主糾結詭秘宄猾愈甚王卽命捕獲鞫之竝置之法誕敷綸音于中外後有金大建者逃入西洋傳習其術十年而乃返國
●朱子封事奏箚癸未垂拱奏箚一;大學之道自天子以至於庶人壹是皆以修身爲本而家之(云云)又不過轉而求之老子釋氏之門內外異觀本末殊歸道術隱晦悠悠千載雖明君良臣間或一値而卒無以復於三代之盛由不知此故也

▶2160◀◆問; 향교의 전교를 지내신 분의 비석과 축문 쓰는 법을 알려주세요.

안녕하세요? 저의 작은아버님께서 양주향교의 전교를 지내셨는데 작년에 돌아가셨습니다. 올해 기고 일에 비석(碑石)을 세워 드리려고 하는데 어떻게 써야 하는지 궁금합니다.

1. 양주향교 전교 전주이공 황노 지묘.
2. 전교 전주이공 황노 지묘.

또한 작은어머니는 유인으로 해야 하는지? 부인으로 해야 하는지? 아님 별도의 호칭이 있는지? 궁금합니다. 고견을 바랍니다. 지방과 축문도 함께 알려 주시면 고맙겠습니다.

◆答; 향교의 전교를 지내신 분의 비석과 축문 쓰는 법.

표석식(表石式)과 축식(祝式)은 대강 아래와 같습니다. 다만 표석식(表石式)에서 모관(某官)이라 함은 관직명(官職名)을 쓰는데 현재(現在)의 관직(官職)이 아닌 향교(鄕校) 전교직(典校職)을 관직(官職)으로 표기(標記)할 것인가의 여부(與否)는 법도(法度)상 옳은가에 대하여는 아는 바가 없습니다. 따라서 후손(後孫)이 옳다면 기록(記錄)하시되 모관(某官)에 쓰면 됩니다.

●表石式
某官某公之墓(世系名字刻於其左)
●立石時先塋告辭式(입석하기 전 선영의 묘가 있을 때 먼저 고함)
維 歲次干支幾月干支朔幾日干支幾代孫(隨屬稱)某敢昭告于 顯某親某官府君(合窆位則列書)某孫(隨屬稱)某官某墓前石物未具僅成表石今將排設謹以事由敢此虔告
●立石時告墓告辭(작업하기 전 본 묘 고유식)

維 歲次干支幾月干支朔幾日干支孝子(隨屬稱)某敢昭告于 顯考某官府君(合窆位則列書)封塋之
初石物未具將以今日排置表石謹以酒果用伸虔告謹告

●立石畢慰安告辭式(작업을 마치고 본 묘 위안 축)

維 歲次干支幾月干支朔幾日干支孝子(隨屬稱)某敢昭告于 顯考某官府君(合窆位則列書)之墓表
石旣具用表墓道伏惟 尊靈百世是安謹以酒果用伸虔告謹告

●山神祭祝(산신축)

維 歲次干支幾月干支朔幾日干支某官姓名敢昭告于 土地之神今爲某親某官之墓今具表
石用衛墓道 神其保佑俾無後艱謹以酒果脂薦于神尙 饗

▶2161◀◆問; 鄕校 掌議의 역활과 임무.

향교의 조직 중에 掌議가 있는데 掌議의 의미와 역활 그리고 소임에 관하여 새로이
선임임명 된 掌議들에게 교육하고자 하오나니 자료가 있으시면
kdk5353Y@hYYBadnmail.net 로 보내주시기를 부탁 드립니다.

◆答; 향교(鄕校) 장의(掌議)의 역활과 임무.

장의(掌議)란 원래(原來) 성균관(成均館) 동서재(東西齋) 유생(儒生)들의 자치활동(自
治活動)이 허용(許容)되었는데 그 대표자(代表者)로 각재(各齋)에서 1 명씩을 선출
(選出) 재회(齋會)를 주재(主宰)하던 직(職)으로 지금의 학생회장(學生會長)에 비견
(比肩)되지 않을까 합니다. 다만 요즘 향교(鄕校)의 장의(掌議)에 관하여는 아는 바
가 없습니다.

●迂書 卷二 論門閥之弊;日夜所望贖身爲良民也良民則求爲哨官營軍官營軍官又求爲
座首別監別監又求爲鄕校有司掌議掌議又求爲初入仕初入仕又求爲素門平族素門平
族又求爲高門大族大族又求其長保富貴

▶2162◀◆問; 향교 축을 프린트하여 사용.

언제나 수고가 많으십니다. 모인 자리에서 의견이 달라 여쭈어 봅니다. [의견 1] 우
리의 전통문화이고 전통예절이므로 祝은 손으로 직접 써서 읽어야 한다. 특히 향교
에서는 꼭 써서 읽어야 한다. [의견 2] 세계화, 현대화 하기 위해 祝도 컴퓨터로 韓
紙에 프린트하여 읽어도 된다.

특히 향교에서 앞장서서 현대화하기 위해 홀기와 축을 컴퓨터로 프린트하여 사용하
여도 된다. {의문} 향교, 서원, 일반 가정의 기제사에 읽는 축을 꼭 한지에 써서 읽
어야 하는지, 아니면 시대에 맞게 컴퓨터로 한지에 프린트(A4 용지)하여 읽어도 되
는지요?

◆答; 향교 축을 프린트하여 사용.

아래와 같이 살펴보건대 축을 쓸 때의 갖춰야 할 것은 축문지(祝文紙) 연필묵(硯筆
墨)이었으니 이와 같이 예법을 따라야 할 위치에 있다면 따라야 할 것입니다. 다만
그 시대에는 필구(筆具)로는 연필묵(硯筆墨)이 전부였으니 선택의 여지가 없었던 시
절이고, 오늘날에는 유가의 법도(法度)를 따르는 집안이라 하여도 많은 사례에서 연
필묵(硯筆墨)을 갖추고 있지 못하거나 혹 갖추고 있다 하여도 붓의 필법을 익히지
못하여 쓸 수가 없어 무용지물(無用之物)일 것입니다. 따라서 하는 수 없이 다른 대
체 수단으로 작성하지 않을 수 없을 것입니다.

●朱子家禮祠堂有事則告;凡言祝版者用版長一尺高五寸(備要周尺)以紙書文黏於其上畢
則揭而焚之
●四禮便覽祠堂具祭器諸具;[祝文紙]長廣與板同[硯][筆][墨]

▶2163◀◈問; 향례와 채례의 차이점에 대한문의 입니다.

항상 친절한 답변(答辯)에 많이 배우고 있습니다 여쭙고자 하는 바는 향례(享禮)와 채례(菜禮)의 차이점과 서당(書堂)과 서원(書院)의 차이점 또 소종중(小宗中) 종중 문중 대종중에 구분에 대한문의를 드립니다 시간되는 대로 배워 주십시오.

◈答; 향례와 채례의 차이점.

○향례(享禮); 대향(大享). 대제(大祭). 대제사(大祭祀) 등으로 병칭되는데, 여기서는 문묘제(文廟祭)로 큰 제사인 춘추석전제(春秋釋奠禮)로 가정합니다.

○채례(菜禮); 학생이 학교(成均館)에 입학할 때 생뢰작폐백(牲牢酌幣帛)이 없는 선성선사(先聖先師)께 드리는 석채례(釋菜禮)로 경례(輕禮)가 됩니다.

●文王世子凡學春官釋奠于其先師秋冬亦如之凡始立學者必釋奠于先聖先師鄭注釋奠設薦饌酌奠而已參見釋菜○又始立學者旣興[釁]器用幣然後釋菜鄭注釋菜禮輕也

●辭源[釋菜]謂以芹藻之屬禮先師古始入學行釋菜禮春秋二祭皆用釋奠禮釋菜不用牲牢幣帛禮之輕者

○서당(書堂); 글방. 학당(學堂). 사숙(私塾)으로 성현(聖賢)의 묘(廟)가 없으며,

○서원(書院); 성현(聖賢)의 묘(廟)를 모신 사학(私學).

○종중(宗中); 한 족속내(族屬內).

○문중(門中); 가족내(家族內). 혹 가까운 집안.

○소종중(小宗中); 대종(大宗)에서 갈려나간 방계내(傍系內).

○대종중(大宗中); 시조(始祖)로부터 적장자로 이어진 종가의 계통내(系統內).

●辭源[書院]宋至淸私人或官府所立講學肄業之所

●漢語大詞典[書堂] 學堂

●水經注江水一;始文翁爲獨守立講堂作石室於南城永初後學堂遇火後守更增二石室

●日省錄正祖元年丙午四月十一日甲申禮曹啓;香火者五世從其宗中僉議以其傍孫

●南齊書王僧虔傳;于時王家門中優者則龍鳳劣者猶虎豹

●詩經大雅; 大邦維屛大宗維翰

●辭源[大宗]周代宗法以始祖的嫡長子爲大宗其他爲小宗

32 국의(國儀)

▶2164◀◈問; 경안 택주란?

인터넷에서 "모(母) 경안택주(慶安宅主 나씨(羅氏)"라는 글을 보았습니다. 여기서"경안택주"란 무엇인지 자세한 설명을 알고 싶습니다. 죄송합니다.

◈答; 경안택주.

아래와 같이 살펴보건대 택주(宅主)라 함은 조선(朝鮮) 태조조(太祖朝)와 고려조(高麗朝)에서 내외명부(內外命婦)의 봉호(封號)로 쓰인 듯하여 고려사(高麗史)중 백관지(百官志) 등을 살펴보았으나 그 전거를 확인치 못하였고, 다만 태조실록(太祖實錄)을 참고컨대 경안(慶安)은 개국공신(開國功臣) 등의 모처(母妻)에게 내린 사시(賜諡), 택주(宅主)는 봉(封)의 등급이 아닌가 생각되나 전거 제시를 할 수 없으니 분명치가 않습니다.

본인은 택주(宅主)란 공주(公主) 궁주(宮主) 옹주(翁主)와 더불어 왕실(王室)의 아낙(녀식)의 최하 등(等)과 공신(功臣) 등의 아낙에게 내려지는 봉호(封號)로 이해하고 있었을 뿐 공주(公主)이하 택주(宅主)에 붙은 경안(慶安)이니 은천(銀川), 연경(延

慶), 장녕(長寧), 복령(福寧), 보령(保寧), 수안(遂安), 연흥(延興), 현덕(玄德), 연덕(延德), 수녕(壽寧), 명복(明福), 장신(長信) 등등이 택호(宅號; 출가한 여자의 생가 동명)인지의 여부는 애초에 알지를 못하고 다만 사호(賜號) 정도로 이해를 하고 있었으나 모인(某人)의 지적에 택호(출가한 여자의 생가 지명)라 함이 있어 여러모로 재확인하여 보았으나 그 확실한 전거는 찾을 수가 없었다.

다만 아래의 말씀들에서 유추(類推)컨대 왕실(王室)이야 주(主)는 왕녀(王女; 왕의여식)의 호(號)에 붙여진 글자임은 의심(疑心)의 여지가 없으나 공신(功臣)의 처(妻) 등에게 주어지는 봉호(封號)인 경안택주(慶安宅主)에 붙여진 명호(名號;?)가 택호(宅號; 여자의 생가 지명) 인지의 여부는 깊이 이해하고 있지 않았었다. 까닭은 궁중의 주(主)와 동일시하고 있었을 뿐이었다.

살펴보건대 공신록(功臣錄)에 의하면 공신(功臣)에 봉(封)하게 되면 일반 품계(品階)와는 달리군(君)에 봉(封)하게 되어 그에 따른 처(妻) 등의 봉호(封號) 역시 주(主)의 하급인 택주(宅主)에 봉(封)함이니 그 역시 왕실의 주(主)를 봉할 때 작호(爵號)의 예와 동일하게 붙여진다. 라고 이해하고 있었다.

그러나 군(君)으로 봉함 받은 공신(功臣)에게 고려(高麗) 때는 식읍(食邑)이 하사되는데 그 식읍명(食邑名)을 혹 사호(賜號)로 정하여 경안 택주(慶安宅主) 등이라 봉하지 않았나 하는 유추도 되나 전거(典據)를 제시할 수가 없으니 유추(類推)에 불과할 뿐이다.

물론 조선(朝鮮) 초기(初期)에는 제도(制度)의 대부분(大部分)을 고려(高麗)의 법도(法度)를 따르다 정치(政治)의 기준(基準)이 되는 법전(法典)인 경국대전(經國大典)은 세조 6(世祖; 1460, 1461)년에 이르러 최항(崔恒)과 노사신(盧思愼)등에게 명하여 찬(纂)하기 시작 예종 1(1469)년에 완성 그에 따라 자연히 택주(宅主) 제도(制度)도 사라지게 된 것 같은데 아마도 본 법전(法典)의 제도(制度)가 시행(施行)하기 이전에는 고려(高麗)의 제도를 따랐을 것이니 택주(宅主) 역시 그 의미가 그에서 크게 벗어나지는 않았을 것이다.

●太祖實錄賜開國功臣等教書及諸翁主宅主印信功臣等享
●又以尹方慶爲商議中樞院事沈孝生爲中樞院學士罷六曹主事○以沈孝生妻柳氏爲貞慶翁主
●又陞使崔永沚爲西北面都巡問察理使平壤尹朴葳爲參贊門下府事嬪柳氏封貞慶翁主金氏爲和義翁主
●又上令彰(姓尹)等視事曰益勤乃職○令廣興倉復 賜開國功臣母妻翁主宅主祿俸
●又賜賻米豆百石于義政府事金漢老 漢老妻善慶宅主全氏卒全氏淑嬪之母也
●百官志內職有貴妃等號或稱宮主(註外命婦公主大長公主正一品國太夫人)忠宣王改宮主爲翁主忠惠以後後宮女職尊卑無等私婢官妓亦封翁主宅主
●高麗史百官志內職有貴妃等號或稱宮主(註外命婦公主大長公主正一品國太夫人)忠宣王改宮主爲翁主忠惠以後後宮女職尊卑無等私婢官妓亦封翁主宅主
●高麗史忠惠王篇二月冊評理洪鐸之女爲和妃將納之林氏妬之乃封爲銀川翁主以慰其意
●高麗史恭愍王篇乙亥正宴百官于延慶宮長寧翁主
●高麗史恭愍王篇丙戌封宦者金師幸尹可刺發妻爲宅主
●高麗史恭讓王篇開國功臣裵玄慶例稱中興功臣父母妻封爵子孫蔭職直子超三等無直子甥姪女壻超二等
●高麗史恭讓王篇丙午尊母福寧宮主王氏爲慈睿貞明翼聖
●高麗史恭讓王篇己卯封長女爲肅寧宮主二女爲貞信宮主三女爲敬和宮主

●高麗史宗室篇己卯命藝文詞伯吳詗等改諸宮及內僚官名又改宮主爲翁主
●高麗史宗室篇平章王懋崇長寧宮主李氏遂安宅主李氏與其謀乃放懋崇及其子理于安東
長寧宮主遂安宅主于谷州擢善爲將軍子孫各賜職一級
●高麗史宗室篇封平陽公慶安宮主出也
●高麗史公主篇文宗七女保寧宮主亦仁睿太后所生
●高麗史公主篇宣宗三女遂安宅主亦思肅太后所生
●高麗史后妃篇文和王后金氏善州人贈侍中元崇之女初稱延興宮主或稱玄德宮主
●高麗史后妃篇開國侯食邑一千五百戶十八年九月賜后舊宅號爲長慶
●高麗史后妃篇容節德妃金氏慶州人門下侍中元冲之女號延興宮主
●高麗史后妃篇仁睿順德太后李氏仁州人中書令子淵之長女號延德宮主
●高麗史后妃篇仁敬賢妃李氏亦子淵之女號壽寧宮主
●高麗史后妃篇延和宮妃初宣宗爲國原公納之生獻宗及遂安宅主宣宗即位冊爲王妃
●高麗史后妃篇肅宗明懿太后柳氏貞州人門下侍中洪之女號明福宮主後改號延德宮主
●高麗史后妃篇淑妃崔氏參政湧之女選入宮號長信宮主
●國朝功臣錄太祖大王即位二等功臣九員坡平君尹虎細書崇祿謚靖厚公南在妻父世襲嫡
長孫璣○今智○今可運
●太祖實錄賜開國功臣等敎書及諸翁主宅主印信功臣等享

添言; 공주(公主)나 궁주(宮主), 옹주(翁主), 택주(宅主) 앞에 붙이는 경안(慶安), 정
경(貞慶), 선경(善慶), 화의(和義), 대장(大長; 大長公主=皇帝의 姑母) 등등을 택호
(宅號; 출가한 부인의 생가 소재 지명)라 함은 선뜻 동의키 어렵고 선화공주(善花公
主)나 덕혜옹주(德惠翁主)와 같이 봉호(封號) 앞에 붙이는 칭호(賜謚)로 봄이 옳을
것임.

▶2165◀◆問; 계유정난 당시 아래 충신들의 직위 질의.
계유정난(癸酉靖難)은 기록에 의하면 조선, 단종원년, 계유년, 음력 1453년 10월 10일 시
점으로 발생한 난으로 아래 명단 충신들의 직위를 알려 주시면 교육자료로 활용하겠습니다.

성명	호	음력 1453년 10월 10일 직위	비고
황보인(皇甫仁)	지봉(芝峯)		
김종서(金宗瑞)	절제(節齊)		
정분(鄭苯)	애일당(愛日堂)		
민신(閔伸)	돈암(遯菴)		
조극관(趙克寬)	양주(楊州)		
김문기(金文起)	백촌(白村)		

◆答; 계유정난(癸酉靖難) 당시 아래 충신들의 직책.
황보인; 영의정(領議政).
김종서; 좌의정(左議政).

정 분; 도체찰사(都體察使).

민 신; 이조판서(吏曹判書).

조극관; 동지중추부사(同知中樞府事).

김문기; 공조판서(工曹判書).

▶2166◀◆問; 고려 과거제의 의문.

조상(祖上) 행적(行蹟)을 보다 보면 명종 1176 년 문과(文科)[진간공방(秦幹公榜) 을과(乙科) 제 4 인]에 급제(及第) 고종(高宗)1219 년 문과[김중용방(金仲龍榜) 제오인(第五人)]에 급제하였다 여기서 진간공방 김중용방이란 무엇이며 4 인 5 인은 무슨 뜻인가요.

◆答; 고려의 과거 제도.

아래는 고려(高麗) 인종(14=1136)이 명(命)하여 책정된 과거제도(科擧制度)에서 문과(文科) 과별(科別) 시험과목(試驗科目)입니다.

과 별 (科別)=====시험과목(試驗科目)

● 제술업(製述業)==경의(經義). 시(詩). 부(賦). 송(頌). 책(策). 론(論).

● 명경업(明經業)==서(書). 역(易). 시(詩). 춘추(春秋). 예기(禮記).

● 명법업(明法業)==률(律). 령(令).

● 명산업(明算業)==구장(九章; 算術). 철술(綴術). 삼문(三聞). 사가(謝家).

● 명서업(明書業)==설문(說文). 오경자양(五經字樣). 진서(眞書). 행서(行書). 전서(篆書). 인문(印文).

● 의 업(醫 業)===소문경(素問經). 본초경(本草經). 명당경(明堂經). 맥경(脈經). 침경(針經). 난경(難經). 구경(灸經).

● 주금업(呪噤業)==맥경(脈經). 유연자방(劉涓子方). 창달론(瘡疸論). 명당경(明堂經). 침경(針經). 본초경(本草經).

● 지리업(地理業)==신집지리경(新集地理經). 유씨서(劉氏書). 지리결경(地理決經). 경위령(經緯令). 지경경(地鏡經). 구시결(口示決). 태장경(胎藏經). 가결(謌決). 장씨서(藏氏書).

● 사론업(伺論業)==진서진장(眞書秦章). 사론(伺論). 효경(孝經). 곡례(曲禮). 률(律).

(1) 명법업(明法業) 이하(以下) 잡과(雜科).

(2)제술업(製述業)의 시(詩) 부(賦) 송(頌) 책(策) 론(論)의 5 과목은 때에 따라 시(詩) 부(賦), 또는 시(詩) 부(賦) 송(頌), 또는 시부책(詩賦策).

제술과(製述科)는 동당시(東堂試)라 하기도 하였으며 중앙시(中央試) 1 차 합격자는 상공(上貢), 지방 합격자는 향공(鄕貢)이라 하였으며, 중국인 합격자는 빈공(賓貢)이라 하고 이 삼공(三貢)을 다시 국자감(國子監)에 들어갈 시험(試驗)을 보았는데 이에 합격하면 국자감(國子監)에서 3 년간 수학(修學)하게 하고, 이들과 같이 벼슬에 오른 자는 300 일 이상 된 자 모두가 소정 과목에 따라 제술과(製述科)는 갑(甲) 을(乙) 두 과(科), 명경과(明經科)는 갑(甲) 乙 병(丙) 정(丁) 네 과(科)로 감시(監試)를 보게 하여 합격 시켰는데 정원은 없었으나 중엽에 이르러 33 명으로 제한 되었으며 초기(初期)에는 매년 실시하다 성종(成宗) 때는 식년시(式年試), 현종 때는 격년(隔年), 그 이후는 필요에 따라 매년(每年) 또는 격년(隔年)으로 실시 하였음.

제술과(製述科)의 합격자(合格者) 중 1 등은 장원(壯元), 2 등 아원(亞元) 또는 방안(榜眼), 3 등 탐화(探花)라 하였으며 빈공(賓貢; 중국인 합격자)에 합격된 자는 별두(別頭)라 하였음. 어전(御前)에서 합격자(合格者)들에게 다시 시험(試驗)을 보였는데 이를 복시(覆試) 또는 렴전중시(簾前重試)라 일렀으며 상례적(常例的)인 시(試)는 아니며 이를 전담(專擔)하는 관리(管理)를 독권관(讀券官)이라 하였음.

소과(小科)에는 국자시(國子試; 성종)와 승보시(陞補試)가 있고 이에 합격하면 국자감(國子監)에 입학하거나 하급관리에 등용될 자격이 주어졌으며 국자시(國子試)는 성균시(成均試) 또는 남성시(南省試)라 이르기도 하였음.

승보시(陞補試)는 의종조(毅宗朝) 때 신설되어 시(詩) 부(賦) 경의(經義)를 과목으로 하여 이에 합격한 자를 생원(生員)이라 하였음.

그 후 공민왕(恭愍王; 18=1369)조(朝)에 이르러 元의 제도를 본 따 향시(鄕試) 회시(會試; 監試) 전시(殿試) 등 3 단계로 확정 실시하게 되였으며 무과(武科)는 공민왕 2(恭愍王 2; 1390)년에 정식 과거(科擧) 과목(科目)으로 채택되었음.

이상과 같이 살펴보건대 진간공(秦幹公)과 김중용(金仲龍) 등의 용어(用語)는 이에 그와 비슷한 용어도 찾을 수가 없습니다. 이는 족보(族譜) 내에서 규명(糾明)하심이 바를 것도 같습니다. 다만 혹 "방을과제사인(榜乙科第四人)"이란 을과(乙科) 합격자(合格者) 중 네 번째, "방제오인(榜第五人)"이란 다섯 번째 합격이란 이러한 의미(意味)가 아닐런지요.

▶2167◀◆問; 고려 여자품계.

고려시대(高麗時代) 여자품계로 국대부인(國大夫人) 군대부인(郡大夫人) 군부인(郡夫人) 현부인(縣夫人) 등이 있는 것으로 알고 있는데 9 개 품계 별로 문화시중 호조전서 지제고 지제교 주부 등 부인의 품계를 하교하여주시기 바랍니다.

◆答; 고려 여자품계.

본인은 고려(高麗)의 역사(歷史)에 관한 서적(書籍)으로는 [고려사(高麗史)] [고려사절요(高麗史節要)] [고려고도징(高麗古都徵)] [고려인물지(高麗人物志)] [고려도경(高麗圖經)]정도뿐으로 이에서 내명부(內命婦)에 관한 기록으로는 고려사(高麗史) 직관이(職官二) 내직조(內職條)가 본인의 유일(唯一)한 정보(情報)입니다. 이에 의하면,

●외명부(外命婦).
○공주대장공주(公主大長公主) 정일품(正一品). ○국태부인(國太夫人) 정삼품(正三品). ○군대부인군군(郡大夫人郡君) 정사품(正四品). ○현군(縣君) 정육품(正六品).

●高麗史百官二內職條內職國初未有定制后妃而下以某院某宮夫人爲號顯宗(8 대; 1010)時有尙宮尙寢尙食尙針之職又有貴妃淑妃等號靖宗(10 대; 1035)以後或稱院主院妃或稱宮主文宗(11 대; 1047)文宗定官制貴妃淑妃德妃賢妃並正一品(外命婦公主大長公主正一品國太夫人正三品郡大夫人郡君正四品縣君正六品)忠宣王(26 대; 1309)改宮主爲翁主忠惠(28 대; 1331)以後後宮女職尊卑無等私婢官妓亦封翁主宅主

▶2168◀◆問; 고려시대 관직 및 품계.

안녕하십니까. 저의 19 대조 조상님이 고려시대[공민왕]에 "소부윤"이라는 관직에 함안군수를 하셨다는데 그 당시 지방에 군수라는 직함이 있었는지? 아니면 조선시대 군수가 고려시대는 무엇이라 호칭을 하였는지 알고 싶으며 또한 관직 및 품계를 말씀해 주시면 고맙겠습니다,

그 당시 소부윤은 어떠한 직함이며 품계는 어떠하였는지 꼭 부탁 드립니다, 그럼 수고 하십시오.

◆答; 소부윤(少府尹)에 대하여.

소부윤(少府尹)의 벼슬은 고려(高麗) 공민왕조(공민왕조(恭愍王朝)) 품계(品階)로는 종삼품(從三品)으로 초기 중현대부(中顯大夫)였다 중정대부(中正大夫)로 고침. 조선시대(朝鮮時代) 군수(郡守)는 종사품(從四品) 벼슬이었는데 고려시대(高麗時代)의 군수직(郡守職)에 관하여는 아는 바가 없습니다.

●高麗綾州邑誌具緯條中顯大夫少府尹三重大匡門下左政丞云云
●大典會通外官職京畿郡守條從四品

▶2169◀◆問; 고려조의 과거제도에 대하여.

조상의 기록을 보다 보니 고려 충렬왕 29 년 박리(朴理)의 방(榜) 병과(丙科) 제 1 인으로 급제하였다 라는 내용에 의문이 있어서 여쭙니다. 박리의 방 병과, 또는 진간 공 방 을과 4 인 또는 백유 방 병과, 등의 과거제도가 어떤 것인지요?

◆答; 고려조의 과거제도.

●과거제도(科擧制度)의 예(例).

고려(高麗) 이후 과거제도(科擧制度)의 최종(最終) 시험(試驗)인 전시(殿試)에서 성적순(成績順)으로 갑(甲)·을(乙)·병(丙)으로 나누어 선발(選拔)하는데 갑과(甲科)에는 3 명을 선발 1 등은 종육품(從六品), 2 등과 3 등은 정칠품(正七品)으로 등용(登庸)되고 다음으로 을과(乙科)에는 7 명을 선발(選拔) 정팔품(正八品)으로 등용(登庸)하고 다음 성적순(成績順)으로 병과(丙科)로 23 명을 선발(選拔) 정구품(正九品)의 품계(品階)를 주어 등용(登庸)하였음.

거두절미(去頭截尾)한 문구(文句) 같아 어리둥절하게 되니 귀 선대 기록물서 그 답을 찾음이 옳을 듯 싶습니다. 다만 방(榜)이란 과거(科擧)에 급제(及第)한 자(者)의 성명(姓名)을 적은 명단(名單)을 일컬으며 또 내붙인 공고문을 뜻하기도 합니다.

●大典會通諸科(原)文科甲科第一人授從六品餘正七品乙科正八品階丙科正九品階註元有階者甲科第一人加四階餘三階階窮者陞堂上官乙科加二階丙科加一階階窮者授準職其所加與應授階相等者不及者於應授階又加一階授階者分差成均館承文院校書館權知
●百官誌를 살펴본 正九品 高麗 朝廷 部署 配置 現況

翰林院 四·國子監 學正二 學錄二·秘書省 校書郎二·大常府四·太史局 司辰二·良醞署 丞二·尙食局 食醫二·尙藥局 醫佐二·都校署 丞四·典牲署丞二·都梁署 丞二·雜織署 丞二·司儀署 丞二·守宮署 丞二·典獄署 丞二·南班職 殿前承旨 八.

●後漢書寔從兄烈有重名於北州歷位郡守九卿靈帝時開鴻都門榜
●杜牧及第後寄長安故人註唐宋時話大和二年崔鄲侍郎東都放榜西都過堂杜紫微第五人及第有詩云云曰東都放榜未花開

▶2170◀◆問; 고려조(高麗朝)의 세자사(世子師), 세자이사(世子貳師), 태자사의랑(太子司議郎), 직사관(直史館)에 대하여?

고려관직 중 세자사(世子師), 세자이사(世子貳師), 태자사의랑(太子司議郎). 직사관(直史官)의 역할과 품계는 어떤지요.

◆答; 고려조(高麗朝)의 세자사(世子師), 세자이사(世子貳師), 태자사의랑(太子司議郎), 직사관(直史館)이란.

아래와 같이 살펴보건대,

1). 세자사(世子師); 고려사(高麗史) 지편목(志篇目)인 백관지(百官志) 동궁조(東宮條)를 살펴보면 정확한 품계(品階)의 기록이 없는 것 같습니다. 다만 조선조(朝鮮朝)의 경국대전(經國大典)에는 정일품(正一品)이었으며 세자(世子)의 스승이고,

2). 세자이사(世子貳師); 역시 백관지(百官志)에는 정확한 품계(品階)의 기록이 없으며 경국대전(經國大典)에 의하면 종일품(從一品)으로 역시 세자(世子)의 스승이고,

3). 태자사의랑(太子司議郞); 동궁(東宮)에 속하였던 벼슬로 정육품관(正六品官)이며 동궁(東宮)에서 무슨 업무를 관장하였는지는 알지를 못하나, 사의(司議) 직(職)이란 노예(奴隷)나 소송(訴訟) 등을 관장하는 직입니다.

4). 직사관(直史館); 고려조(高麗朝) 춘추관(春秋館)의 벼슬 명(名)으로 (正)八品 이었는데 이 명칭(名稱)이 조선조(朝鮮朝)에서는 기사관(記事官)으로 변경(變更)되었고 기록관이 아니었나 합니다.

●百官志東宮官篇顯宗十三年立太子置師保及官屬司議郞一人正六品〇又忠烈王三年置世子師傅保貳師忠宣置世子府諮議一人正三品兼官翊善一人正五品伴讀一人從五品直講一人正六品丞一人從六品司直一人從六品〇春秋館條直史館四人爲八品
●經國大典世子侍講院條師一員正一品貳師一員從一品
●大典會通春秋館條記事官正六品至正九品

▶2171◀◆問; 관직명의 올바른 표기법을 알고자 합니다.

유학진흥(儒學振興)에 힘쓰시는 선생님들께 먼저 문후(問侯) 드리는 바입니다. 다름이 아니라, 조선왕조 품계표(탐구당의 李鉉淙편저)에 의하면 병조관아(兵曹官衙) 세자익위사(世子翊衛司) 정구품(正九品)에 좌(左). 우세마(右洗馬)가 있는바 "세마(洗馬)"를 "세마"로 발음(發音)을 해야 하는지 아니면 "선마"(先馬, 銑馬)로 발음해야 하는지 하교하여주시면 감사하겠습니다,

한비자(韓非子), 회남자(淮南子), 순자(筍子), 한서백관표(漢書百官表) 등에서는 세자(洗字)의 음(音)은 선(銑)으로, 또 세마(洗馬)는 선마(先馬)인고로 표기는 세마(洗馬)이지만 발음은 선마로 하여야 한다고 아언각비(雅言覺非)에도 밝힌바 있어 우리의 올바른 발음(發音)을 확실히 알고자 하는 바입니다,

바쁘신데 우문(愚問)을 드려 송구스럽게 생각하는 바입니다. 박 준 하 올림. (019-212-8791)

◆答; 관직명.

선마(洗馬)란 아래와 같이 살펴보건대 세자익위사(世子翊衛司)의 正九品으로 잡직을 담당하였던 벼슬인데 音은 선마라 읽습니다.

참고로 고려(高麗) 문종 때는 동궁(東宮)에 속하였던 잡직인 종오품(從五品)관 이었으며 공민왕 때는 춘방원(春坊院)에 속하였던 정칠품관(正七品官)이었다 합니다,

●筍子正論;諸侯指輪挾輿先馬
●經國大典兵曹世子翊衛司(掌陪衛東宮)正九品左右洗馬各一員

▶2172◀◆問; 관직에 대하여.

문 1. 고려조에 지의금부사(知議禁府事)라고 써있는데 지(知)자가 의문이며 사(事)는 사(使)의 오자가 아닌지요.
문 2. 조선조에 동지돈영부사(同知敦寧府使)에 대한 설명 좀 해주세요.

◆答; 관직.

問 1. 答; 지방관아(地方官衙)의 장관(長官)이란 의미인데, 송대(宋代)에 조정(朝廷)의 관리(官吏)를 각부(各府)로 보내어 권지부사(權知府事)의 명칭으로 일컬었던 데서 유래(由來)되었다 하며 사(事)가 바른 표현입니다.

問 2. 答; 동지돈영부사(同知敦寧府事)는 왕친외척지부(王親外戚之府)였던 돈녕부(敦寧府)에 속한 네 번째인 종이품(從二品) 벼슬.

●宋史蔡挺傳諸郡守以挺知博州申飭屬縣
●大典會通吏典敦寧府條領事一員正一品判事一員從一品知事一員正二品同知事一員從二品

▶2173◀◆問; 관직에 대한 자문을 구합니다.

1, 고려 관직에 삼공(三公) 중 태위(太衛)와 태위(太尉) 중 어느 글자가 맞는지 또는 각각 다른 관직인지요 다르다면 태위(太尉)의 품계와 업무는요?
2, 고려 때 지제고(知製誥)의 품계와 맡은 업무는 무엇인지요?

◆答; 관직에 대한 자문.

問 1, 答; 고려(高麗) 문종대(文宗代)의 직제(職制)와 품계(品階)를 살펴보면 동반(東班)으로 삼사(三師)에 대사(大師) 대전(大傳) 대보(大保) 각일원(各一員), 삼공(三公)에 대위(大衛; 一名司馬) 사도(司徒) 사공(司空) 각일원(各一員)으로 품계(品階)는 정일품(正一品)으로 삼사(三師)와 더불어 왕(王)의 치정(治定)에 고문(顧問) 역할을 하였고 만약 그에 적격자가 없으면 임명치 않고 결원으로 두었던 것 같습니다.

問 2, 答; 고려(高麗) 때 지제고(知制誥)는 겸직(兼職)의 직제(職制)로 한림원(翰林院)이나 보문각(寶文閣) 직원(職員)의 겸자(兼者)는 내지제고(內知制誥)라 이르고 타부서(他部署)의 겸직자(兼職者)는 외지제고(外知制誥)라 칭(稱)하였으며 지제고(知制誥)의 품계(品階)는 겸직자(兼職者)들의 품계(品階)로 이뤄지며 임무는 주로 왕(王)에게 교서(敎書)와 조서(詔書) 등의 글을 지어 올리는 업무를 맡아본 것 같습니다.

●高麗史百官一篇三師三公大師大傳大保爲三師大衛司徒司空爲三公無其人則闕其始置歲月不可考文宗定三師三公各一人皆正一品○又藝文館顯宗改爲翰林院文宗定判院事宰臣兼之學士承旨一人正三品學士二人正四品侍讀學士一人侍講學士一人諸知制誥亦立本品行頭註翰林院寶文閣兼者謂之內知制誥他官兼者謂之外知制誥後改知製敎

▶2174◀◆問; 관칭에 대하여.

조선(朝鮮) 태조조(太祖朝) "오위부 대호군"과 조선 태종조 "별시위 사정" 벼슬은 어떤 직책과 직위이온지 여쭈어 봅니다.

◆答; 조선 때 관칭.

○오위(五衛); 중(中). 좌(左). 우(右). 전(前). 후(後) 전국을 지키는 군사조직.
○대호군(大護軍); 종삼품(從三品) 14 명. 상호군(上護軍) 아래 무장(武將).
○별시위(別侍衛); 좌위(左衛)인 용양위(龍驤衛)에 속한 군대 조직.
○사정(司正); 정칠품(正七品) 5 명. 오위(五衛)에 속한 무관직(無官職)으로 원록체아(原祿遞兒; 녹봉 지급 업무)를 겸함.

●經國大典兵典從二品衛門五衛從三品大護軍十四員○又龍驤衛左衛○別侍衛隊卒屬焉正七品司正五員
●大典會通兵典正二品衙門五衛都摠部[原]掌治五衛軍務;都摠管副摠管共十員以他官兼周年相遞諸將同○又正三品衛門(五衛[原]從二品衛門)五衛[原]◆義興衛(中衛○甲士補充隊屬焉)◆龍驤衛(左衛○別侍衛隊卒屬焉)◆虎賁衛(右衛○族親衛親軍衛彭排屬焉)◆忠佐衛(前衛○忠義衛忠贊衛破敵衛屬彦)◆忠武衛(後衛○忠順衛正兵將勇衛屬焉)

▶2175◀◆問; 교지의 발급에 관하여.

국민 정서 함양을 위해 수고하시는 귀하께 감사의 인사를 드립니다. 문의 사항은 다름이 아니옵고, 선조들에 대하여 벼슬을 지내신 분들의 족보나 묘갈(墓碣) 명이나 신도비, 선정비 등에 관직이 기록되어 있아온데, 당시 조정에서 받은 교지가 분실되었거나 훼손(毁損)되어 없을 경우, 이를 정부로부터 권한을 위임 받아 성균관(成均館)에서 대행하여 발행해 준다는 말을 들었습니다. 이에 대하여 사실인지 알고 싶으며, 재발급이 가능하다면 받을 수 있는 절차는 어떠한지 꼭 알려주시기 바랍니다.

◆答; 교지 발급.

본인은 현재 성균관(成均館)에서 정부(政府)의 위임(委任)을 받아 과거(過去) 조선조(朝鮮朝)의 교지(敎旨)를 분실하여 재발급(분실 분 등)의뢰가 있을 시 그 업무(業務)를 행하고 있는지의 여부는 알지를 못합니다.

아래와 같이 대명률(大明律)의 기훼제서인신조(棄毁制書印信條)를 살펴보면 그 시대에서는 재발급이 어렵지 않았을 가는 생각됩니다.

●大明律吏律篇棄毁制書印信條凡棄毁制書及起馬御寶聖旨起船符驗若各衙門印信及夜巡銅牌者斬若棄毁官文書者杖一百有所規避者從重論講曰制書有違律云違親王令旨者杖九十何獨本條無棄毁親王令旨之罪假有犯者若爲處斷解曰本條雖無棄毁親王令旨之罪據制書有違條內減等科坐比之亦當減等杖一百流三千里

▶2176◀◆問; 교지(敎旨)의 자(者)자에 대하여?

인터넷 상에서도 본 것이고 조상님들 자료에도 있으나 아래 교지(敎旨) 중에서 관직명 끝에 있는 놈 자(者) 字에서 점이 하나 빠진 글씨는 무슨 글자 인지요?

또 그 글씨는 무엇을 뜻하는지요? 교지 마다 있는 글자입니다. 가르침을 받고자 합니다. 사진이 나오지 않아 글씨로 다시 올립니다.

```
乾          教
隆 節 羅 善 金  旨
三 度 右 大 永
十 使 道 夫 綏
六 者 水 行 爲
年    軍 全 嘉
四
月
```

◆答; 교지(敎旨)의 자자(者字).

⊙교지(敎旨)
姓名爲通訓(성명위통훈)
大夫行司憲府(대부행사헌부)
掌令者(장령자)
年號幾年幾月幾日(년호기년기월기일)

⊙교지(敎旨)
淑夫人姓(숙부인성)
封貞夫人(봉정부인)
者(자)
年號幾年幾月幾日(년호기년기월기일)
嘉善大夫同知敦寧府事姓名妻依法典從夫職(가선대부동지돈녕부사성명처의법전종부직)

⊙칙명(勅命)

正三品資憲大夫宮內府(정삼품자헌대부궁내부)

特進官姓名命掌(특진관성명명장)

禮院卿敍勅任官三等者(례원경서칙임관삼등자)

年號幾年幾月幾日(년호기년기월기일)

실 서의 자(者)는 속자(俗字)이며, 그 뜻은 허락하다. 응낙하다. 등등의 의미입니다.

●古穰雜錄摘鈔也先曰者者

▶2177◀◆問; 국궁 사배는 어떻게 하나요.

안녕하세요. 국궁 사배하는 방법을 그림을 그려가면서 자세히 설명해 주시면 감사하겠습니다.

◆答; 국궁 사배.

위의 궁중예법(宮中禮法)에 자못 사진과 함께 자세한 설명을 겸하였으니 더 논할 까닭은 없겠으나 아래 원사(元史)의 말씀을 토대로 구상하여본 국궁사배(鞠躬四拜)에 대한 본인의 소견이니 참고로 보아주시기 바랍니다.

국궁 사배(鞠躬四拜)는 궁중예(宮中禮; 의절의 예에서도 채택)로서 최중배(最重拜)로 기(旣) 예법(禮法)을 홀기화(笏記化) 하였을 때의 배법(拜法)으로 이에서 국궁(鞠躬)이라 함은 아래와 같이 살펴보건대 존경하는 뜻으로 몸을 앞으로 다소곳이 굽힘이라는 의미이나 국궁 사배(鞠躬四拜)의 홀기(笏記)에서의 국궁(鞠躬)은 궤(跪; 鞠躬跪)로 이해되어야 할 것 같음.

그렇다면 국궁(鞠躬; 무릎을 꿇고 앉음), 배(拜; 허리를 굽혀 계수(稽首) 또는 돈수(頓首), 흥(興; 무릎은 꿇은 채로 허리만 펴 상체를 바르게 세움), 배(拜), 흥(興), 배(拜), 흥(興), 배(拜), 흥(興), 평신(平身; 절을 마치고 몸을 일으켜 바르게 섬).

●選文掇英辯亡論篇不患權之我傸執鞭鞠躬以重陸公之威悉委武衛

●元史禮樂誌曰拜曰興曰平身

●王建男兒跪拜謝君王

●周禮春官宗伯第三宗伯禮官之職註稽首拜頭至地也頓首拜頭叩地也空首拜頭至手所謂拜手也

▶2178◀◆問; 군사(郡事)와 군수(郡守)에 대하여.

고려시대 관직 군사(郡事)는 군수와 어떠한 차이가 있는가요? 군사 산하에 통판이 있는가 궁금합니다.

◆答; 고려(高麗)는 군사(郡事)와 조선(朝鮮)은 군수(郡守).

고려에서 한 고을을 다스리는 장을 군사(郡事)라 하였는데 조선으로 넘어와 순조(1808)대왕의 실록에서도 군사(郡事)로 표기 한 것으로 보아 실록 필자들이 예 정취를 되살려 그와 같이 군수(郡守)를 표기한 것으로 보입니다.

●高麗史節要顯宗元文大王戊午九年;罷諸道安撫使置四都護八牧五十六知州郡事二十八鎮將二十縣令

●經國大典外官職京畿;從四品郡守七員(楊根豐德安山朔寧安城麻田高陽

●朝鮮王朝實錄世宗大王一(1419)年己亥三月五日己酉又以各道所報守令三十年政績最下者濟用監正李自直知天安郡事金租恭安府判官秦云壽皆罷職

●朝鮮王朝實錄純祖八(1808)年二月十三日;川郡 宣祖大王駐蹕所竪碑紀績置之事本曹覆啓判付內本郡事蹟不可泯沒多士呼訴有難防遏依願施行事 判下故

▶2179◀◆問; 낙육재(樂育齋).

조선시대 도의 교육기관이었던 낙육재의 배치방식과 낙육재가 성균관과 지방향교의 중간성격의 도의 교육기관이라고 하는데 이 말이 맞는지도 궁금합니다. 전반적으로 낙육재에 대해서 알려주세요. 상세하게 부탁합니다.

◆答; 도(道) 관립학교.

군현단위(郡縣單位)에는 양사재(養士齋)가 세워져 있고, 도 단위 교육기관(敎育機關)으로 영남 대구에서 시작되어 근학절목에 의하면 면학(面學)-읍학(邑學, 향교)-영학(낙육재)의 단계로 진학 되도록 단계가 되어 있다.

특징은 향교나 성균관과 같이 문묘가 없는 순 교육기관으로서 선발되면 숙식과 도서를 제공한 교육기관으로 당재(當齋)에서는 강독과 제술, 특강, 백일장, 예절행사 등이 이루어졌고, 강독은 소학과 사서오경, 근사록, 가례, 심경, 이정전서(二程全書), 주자대전(朱子大全), 주자어류(朱子語類), 자자서절요 등을 주대상으로 삼았다.

특히 제술은 경서의 뜻에 근거한 문체(文體)를 강조, 보름마다 제술한 내용에 대해 평가 받고, 특강은 이름난 학자들을 초빙하여 교육을 시켰다.

●李海鶴遺書文錄六○記樂育齋重修記; 大邱之有樂育齋猶古州學也歲選郡縣生十五人居之其茶飯日費必自官供給嶺南知名之士出其中者亦多今上三十一年甲午廟議刪定制度學校科目悉經更改人皆疑畏不安莫有適從三十三年丙申今觀察使嚴公視事三日輒至齋招諸生而飮之酒旣已曰吾與諸生辨夫法無新故學無今古惟因時趨宜以歸於大中至正之道而已故先王之設學也

▶2180◀◆問; 다례제에서 생식을 쓰는 이유.

다례제에 참석하여 보면 돼지머리와 채소 등을 생식으로 진설하는 것을 보았습니다. 무슨 연유로 생식을 쓰는지 궁금합니다. 안녕히 계십시오.

◆答; 다례제에서 생식을 쓰는 이유.

다례제(茶禮祭)라 이르심이 어느 예(禮)인지는 알 수 없으나, 다례(茶禮)란 백성(百姓)의 예에서 간단히 차(茶)만 올리는 예(禮)로 매월(每月) 보름 사당(祠堂) 예를 이르게 데는데, 그 예에는 돼지 머리를 올리지 않습니다.

다만 숙제(熟祭)가 아닌 생제(生祭)는 궁예(宮禮)인 종묘(宗廟), 사직(社稷), 천지(天地), 산천(山川) 등 제(祭)가 됩니다. 아마도 오례의(五禮儀) 법도(法道)를 따르는 제사(祭祀)인 것 같으며 백성(百姓)의 제(祭)는 생자(生者)와 같이 시저(匙箸)로 흠향(歆饗)하고 궁예(宮禮)는 그 기(氣)를 흠향(歆饗)할 뿐입니다.

●桃花扇媚座;花花綵轎門前擠不少欠分毫茶禮
●香稻米第一幕;今年這个冬要尋一介可以端茶禮結婚姻的好日子竟是這样難
●郊特牲有虞氏之祭也尙用氣血腥爓祭用氣也註尙用氣以用氣爲尙也初以血詔神於室次薦腥肉於堂爓次腥亦薦於堂皆未熟故云用氣細註嚴陵方氏曰血腥爓三者皆氣而已○血祭盛氣也祭肺肝心貴氣也祭黍稷加肺祭齊加明水報陰也取膟膋燔燎升首報陽也○鼎俎奇而籩豆偶陰陽之義也籩豆之實水土之品也不敢用褻味
●禮器註大饗祫祭宗廟也腥生肉也大饗則迎尸時血與腥同時薦獻酌酒以薦獻也祭社稷及五祀其禮皆三獻故因名其祭爲三獻也
●書經擾竊神祇之犧牷牲用以容將食無災註色純曰犧體完曰牷牛羊豕曰牲犧牷牲祭祀天地之物禮之最重者
●周禮宗伯禮官之職大宗伯血祭祭社稷五祀五嶽山林川澤註陰祀自血起貴氣臭也

●曲禮天子死曰崩諸侯曰薨大夫曰卒士曰不祿庶人曰死
●祭義衆生必死死必歸土此之謂鬼
●海東雜錄人如死有鬼
●星湖曰鬼也者陰之靈神也者陽之靈

▶2181◀◆問; 동국십팔현 諡號가 侯 와公 과의 차이.

성균관(成均館)의 무궁 한 발전(發展)을 기원(祈願)합니다, 동국(東國) 십팔현인중(十八賢人中) 시호(諡號)가 최치원(崔致遠; 文昌侯), 설총(薛聰; 弘儒侯), 그 외는 안유(安裕; 文成公) 공자(公字)를 부쳤는데, 후자(侯字) 와 공자(公字) 차이나, 의미가 있는지 알고 싶습니다 하교(下敎) 하여 주시 바랍니다, (저는 천안시(天安市) 직산향교(稷山鄉校) 유림(儒林)입니다,

◆答; 侯 와 公 과의 차이.

공(公)은 오등작(五等爵) 중 첫째이며 후(侯)는 두 번째입니다.

●周禮春官大宗伯公執桓圭註公二王之後及王之上公
●周書文帝編公等勿疑庚戌太祖率騎六千云云
●王制王者之制祿爵公侯伯子男凡五等註孟子言天子一位子男同一位
●孟子萬章章天子一位公一位侯一位伯一位子男同一位凡五等也君一位卿一位大夫一位上士一位中士一位下士一位凡六等註此班爵之制也五等通於天下六等施於國中

▶2182◀◆問; 망기의 서식.

수고가 많으십니다. 요사이 춘향재를 많이 하는 계절입니다. 그런데 망기(요사이 임명장과 비슷?)를 보니 양식이 여러 가지가 보입니다. 성균관에서는 망기를 어떻게 쓰는지 알고 싶습니다.

누가 쓰느냐가 아니고, 양식(성균관장 000 이 초헌관일 경우)을 한자로 어떻게 쓰는지 알고 싶습니다. 또한 쓰는 종이는 한지(?)로 어떤 크기에 쓰는지도 알고 싶습니다. 죄송합니다.

◆答; 망기의 서식.

아래와 같이 살펴보건대 망기(望記)란 경서에서는 언급(言及)함이 없는 것 같으며 다만 춘추(春秋)에서 삼망(三望)이 보이는데 이는 제사의 명칭이었을 뿐입니다. 다만 우리나라에서 이가 다른 의미(意味)로 사용되었는데 망기(望記)란 삼망(三望), 망단자(望單子)라 이르기도 하며 이는 조정(朝廷)에 인재를 천거할 때 3 명을 연명(聯名)으로 적어 올리는 단자(單子)를 일렀으며 혹은 시호(諡號)를 정할 때 역시 3 가지 안을 적어 올리는 단자를 삼망(三望)이라 일렀던 것 같습니다.

그 크기는 대강 가로 일척칠촌오분(一尺七寸五分) 세로 일척(一尺) 정도됩니다. 그러나 석전대제(釋奠大祭)의 분정 기록판(分定記錄板)을 망기(望記)라 이르는지의 여부(與否)는 알지를 못합니다. 다만 항간(巷間)에서 이르는 망기(忘記)라 함은 비망기(備忘記)의 준말이 아닐런지요.

○[망기(望記)]는 품의서(稟議書)를 의미하고.
○[비망기(備忘記)]란 하달문(下達文)을 의미하게 되는데 혹시 비망기(備忘記)에서 備자를 탈루시켜 약하고 忘記라 이르고 있지는 아닐는지요.

●春秋喜公猶三望(註三望分野之星國中山川皆因郊祀望而祭之魯廢郊天而修其小祀故曰猶猶者可止之辭)亦非禮也(註左氏亦以廢郊而望爲非)

▶2183◀◆問; 망료와 망예.

언제나 수고가 많으십니다. 서원이나 각 제사에 참여하여 보면 축문을 불 사르는 곳(망료)도 있고, 불 사르지 않고 묻는 곳(망예)도 있습니다. 어떤 祭에 따라서 망료와 망예를 하는지요? 성균관의 동영상에는 불사르고 있군요. 배우고 싶습니다.

◆答; 망료와 망예.

망료(望燎); 종묘의(宗廟儀).
망예(望瘞); 사직의(社稷儀).

종묘의(宗廟儀)는 망료(望燎)이나 어떤 때는 망예(望瘞), 어떤 때는 망료(望燎)로 행(行)하고 있다는 것입니다.

●孔尙任桃花扇拜坛; 讀祝官捧祝進帛官捧帛各詣瘞位[各官立介[贊]望瘞[雜焚祝帛介][贊]禮畢王季思等注明代祭宗廟及孔廟的禮儀當最後唱望瘞時捧祝官與進帛官捧祝

●周密武林旧事大礼; 上詣飮福位受爵飮福酒禮直官喝賜胙次送神次望燎訖禮儀使奏禮畢上還大次更衣乘輦還齋宮百僚追班賀禮成于端誠殿

●大明集禮太廟時享儀注; 時日(云云)望燎贊禮唱望燎(云云)皇帝至望燎位贊禮唱可燎東西面各二人以炬燎火(云云)○又仁祖廟時享(云云)望燎(云云)

●大明集禮社稷篇; 瘞坎條爾雅云祭地曰瘞埋又鄭玄謂陰祀自血起貴氣臭也故凡祭地祇則爲瘞埋於神壇之壬地(云云)

●弘齋全書享祀引; 大明集禮宗廟則望燎社壇則望瘞蓋郊祀之禮以陽爲主故歷代有燎社壇則望瘞蓋郊祀之禮以陰爲主故歷代有瘞而無瘞惟宗廟之禮或瘞或燎不相沿襲而自古瘞燎

▶2184◀◆問; 모관(某官)과 모봉(某封)의 쓰임새에 관하여.

1. 안녕하세요. 청주의 이덕규입니다.
2. 지방이나 축문 작성시에 某官과 某封의 쓰임새에 관하여 문의 드립니다.
3. 남편의 관직에 따라 외명부에 규정된 이름을 쓰면 되겠지만, 현시대에서는 옛 관직과 현 관직에 다름도 있고 또 관직이 아닌 사회적인 직분도 있습니다.
4. 예법의 석학님들께 문의 드리오니 전진적인 회답을 부탁 드립니다.
<1> 某官란에 주사, 사무관, 면장, 군수 등등 현관직명을 사실대로 기재하면 되겠으나, 관직이 아닌 다양한 사회적인 직분(직업)에 대하여는 어떻게 기재함이 무난할까요?
<2> 某封에 대하여도 현시대에서 무난한 호칭은 무엇일 까요?

◆答; 某官과 某封의 쓰임새에 관하여.

신주나 지방식에서 모관(某官)은 관직을 의미함으로 이에 사직(私職)을 기록할 수가 없는 것입니다. 다만 남녀 불문 모관(某官)과 모봉(某封)을 모직(某職)으로 고쳐 쓴다 하여도 관직과 사직(사무직. 노무직)을 포함 그 수가 수백(혹 수천)은 족히 넘을 터인데 그 기준을 어찌할 것인가 역시 난제로서 쉽게 말할 수 있는 문제는 아니라 생각됩니다.

예를 들어 회장 이사야 번듯하니 뚜렷이 밝혀 쓰고 싶겠으나 노무직의 최 하위직도 직업은 직업인데 구태여 그를 지방에 기록 후대까지 넘겨줄 필요가 있을까 하는 문제도 있을 수 있을 것입니다.

까닭에 국가에서 대통령령으로 공포 시행되는 가정의례준칙(령16543호. 1999. 8. 23. 제정. 령21083호 2008. 10. 14 개정 2008. 10. 14 시행) 제 5 장 재23조 제례

절차조 지방식에, 父 아버님신위, 母 어머님 모관(貫)모씨신위, 라 명시되어 있으니 이를 따르면 무난할 것입니다. 다만 이(가정의례준칙의 지방식)도 모든 직을 기록하도록 개정할 필요를 느낀다 하면 정부 해당부서 담당관에게 건의 가정의례준칙의 해당 조항이 수정되도록 발의하면 되지 않겠나 생각됩니다.

가정의례준칙만 법이 아니고 유가의 관혼상제 예법 역시 법입니다. 유가의 예법은 철처한 효사상에 기초하여 선대로부터 받은 애덕에 대한 자손 된 도리로서 그 조목들이 규정되어 있다고 볼 수 있을 것입니다.

부모(父母)가 나를 쉽게 기르지 않았듯이 나 역시 부모 생전(生前)의 봉양(奉養)과 사후(死後) 봉제(封祭)가 그리 쉬운 것이 아닙니다. 물론 산사람은 살아야 하는 현실적(現實的) 과제 하에서 많은 제약 조건이 엄존한다 하여도 그러나 예학(禮學)에 조금이라도 관심이 있다면 작금의 불효스러운 행태를 보노라면 상을 찌푸리지 않을 수 없을 것입니다.

가정의례준칙(家庭儀禮準則)에 명시되어 있는 예법 조항들은 요즘 부담스럽지 않고 간편(簡便)함을 추구하는 세태(世態)를 그대로 반영되어 있다 하여도 과언(過言)이 아닐 것입니다.

예를 들어 상복 입는 기간은 장일까지로 한다. 기제는 제주로부터 2대조까지로 한다. 진설은 평상시의 간소한 반상음식으로 자연스럽게 차린다. 등등 이보다 더 간편하고 쉬운 예법은 제례(諸禮)폐지 주장이 아닌 이상 더 이상 간소한 예법은 없을 것입니다.

가정의례준칙은 나라에서 정하였다 뿐이지 유가의 예법과 그 성격이 다르지 않습니다. 혹 살피시지 못하신 분이 계시다면 구독하여 보시기 바랍니다.

가정의례준칙(家庭儀禮準則)은 관혼상제(冠婚喪祭)에 대한 단순한 행위규범(行爲規範)일 뿐이지 학문(學文)이 아니며 유가(儒家)의 관혼상제(冠婚喪祭) 예법(禮法)은 행위규범(行爲規範)일 뿐만 아니라 한 갈래의 거대한 학문입니다.

▶2185◀◆問; 문의 드립니다.

족보에 보면 군기 감정 또는 군자 감정 이란 벼슬이 있습니다. 이 벼슬은 지금의 어느 계급에 속하는지 알고 싶습니다.

◆答; 군기 감정 또는 군자 감정 현재의 직급으로는.

그 벼슬들은 아래와 같이(經國大典) 堂下官正三品이니 벼슬의 서차로는 6번째 지위가 됩니다. 이를 현재의 관직과 대비함 자체가 무리하다 생각 됩니다. 다만 어느 직쯤에 해당 되리라는 것은 아래로서 대강 짐작이 되시리라 생각합니다.

軍資監正=正三品(堂下官)
軍器監正=正三品(堂下官)

▶2186◀◆問; 벼슬명인지요.

저희 선조 묘사 때 축문에 아래와 같이 독축을 하였습니다.
10 대조: 충의위(忠義衛) 부군.
11 대조: 통정대부 용양위 부호군(通貞大夫 龍讓委 副護軍) 부군
12 대조: 어모장군 용양위 부사과 (御侮長軍 龍讓委 副事果) 부군

어떤 벼슬인지 아시는 분은 자세히 알려주시면 감사하겠습니다.

◆答; 군의 직책입니다.

10 代祖. 答; 충좌위(忠佐衞; 前衞)에 속한 충의위(忠義衞).

11 代祖. 答; (통정대부(通貞大夫) 용양위(龍讓委) 부호군(副護軍). 종사품(從四品) (서반관계(西班官階)) 정략장군(定略將軍). 선략장군(宣略將軍).

12 代祖. 答; (御侮長軍) 용양위(龍讓委) 부사과(副事果). 종육품(從六品) (西班官階) 려절교위(勵節校尉) 병절교위(秉節校尉).

●大典會通正三品衙門五衞; [義興衞]中衞○甲士補充隊屬焉,
[龍驤衞]左衞○別侍衞隊卒屬焉
[虎賁衞]右衞○族親衞親軍衞彭排屬焉,
[忠佐衞]前衞○**忠義衞忠贊衞破敵衞屬焉**,
[忠武衞]後衞○**忠順衞正兵壯勇衞屬焉**.

▶2187◀◆問; 분향을 세 번 하는 이유?

각종 추모행사 시 헌화(獻花) 분향(焚香)을 함에 있어 분향을 세 번 하는 이유가 궁금합니다.

◆答; 분향을 세 번 하는 이유.

성어삼(成於三)이요 삼사지여일(三事之如一)이라 세 번으로서 완전히 이뤄짐이요 세 번은 하나와 같으니 삼상향(三上香)이라야 완전한 상향이요 삼상향이라야 한번과 같으니 인간사에서 삼(三)을 하나로 마침이 하나 둘이 아닙니다.

●史記律書;數始於一終於十成於三
●晉語;民生於三事之如一

▶2188◀◆問; 삼정승의 봉급은 어떻게?

여기 들어와 지금까지 거의 훑어 보았습니다. 많은 것을 배웠습니다. 성균관 여러분께 감사하다는 말씀을 드리고 싶습니다. 제가 아는 게 있어야 질문할 거리도 많은 법인데 그렇지 못하여 궁색합니다.

또 질문하나 드리겠습니다. 조선시대 삼정승들의 봉급은 어떻게 받았으며 엽전으로 받았는지요. 조선시대가 수 백 년이니 그 전부는 아니구요, 어느 일부이면 그 시대에 봉급체계를 알 수 있을 것입니다. 선생님 감사합니다.

◆答; 삼정승의 봉급.

삼정승(三政丞)의 품계(品階)는 정일품(正一品)으로 반록(頒祿; 祿俸)은 고사촬요(攷事撮要; 英祖朝刊行)와 철종조(哲宗朝)의 예를 들어 드립니다.

(合)○중미(中米); 품질이 중간 정도인 쌀 십사석(十四石). ○조미(糙米); 현미(玄米) 사십팔석(四十八石). ○전미(田米); 좁쌀 이석(二石). ○맥(麥); 보리 오석(五石). ○황두(黃豆); 누런 콩 이십사석(二十四石). ○주(紬); 명주 팔필(八匹). ○정포(正布); 오승포(五升布) 십칠필(十七匹). ○저화(楮貨); 닥나무 껍질로 만든 종이돈 十張.

●大典會通吏典正一品衙門議政府領議政左右議政各一員正一品
●攷事撮要頒祿(舊制)第一科(正一品)

[春]中米(四石)糙米(十二石大君加三石)田米(一石)黃豆(十二石)紬(二匹)正布(四匹)楮貨(十張)
[夏]中(三石)糙米(十二石)麥(五石)紬(一匹)正布(四匹)
[秋]中米(四石)糙米(十二石)田米(一石)麥(五石)紬(一匹)正布(四匹)
[冬]中米(三石)糙米(十二石)黃豆(十一石)黃豆(十二石)紬(二匹)正布(三匹)

●百官頒祿簿哲宗庚戌正月祿俸○正一品正月朔祿米二石八斗 太一石五斗(領議政 左議政 右議政)

▶2189◀◆問; 서원(書院)과 재(齋)의 차이점?

폭염에 노고가 많으십니다.

書院과 齋의 차이점이 궁금하여 편지 올리니 바쁘시더라도 빠른 답변을 부탁 드립니다.

問)1923 년 홍유후 설총을 추모하기 위하여 유림에서 ○○재(齋)를 창건하여 매년 3 월에 봉향하고 있습니다.

하지만 금년부터 ○○재를 관리 운영하던 유림에서 아무런 이유도 없이 ○○서원(書院)으로 명칭을 변경하여 부르고 있어 궁금합니다.
1)유림에서 함부로 명칭을 변경할 수 있는지요?
2)만약 변경하려면 어떠한 절차를　거쳐야 하는지요?
3)또한 서원(書院)과 재(齋)의 차이점은 무엇인지 궁금합니다.

◆答; 서원(書院)과 재(齋)의 차이.

1)과 2)는 일반적이라 3)번에 관하여만 살펴보기로 합니다.
○書院; 시초(始初)는 당(唐)나라이며 기능은 명현의 위패를 봉안 제사하고 젊은이들을 모아 교육하는 사설기관입니다.

우리나라에서 도입되기는 중종37(1542)년 풍기군수(豊基郡守) 신재(愼齋)(주세붕(周世鵬) 시호(諡號) 문민(文敏) 선생이 순흥(順興) 땅에 고려(高麗)의 학자 회헌(晦軒)(안향(安珦) 시호(諡號) 문성(文成) 선생의 위패(位牌)를 봉안(奉安)할 사당(祠堂)을 세우고 백운동서원(白雲洞書院)이라 이름함이 시초라 하며 명종5(1550)년 퇴계(退溪)선생의 건의로 백운동서원(白雲洞書院)에 소수서원(紹修書院)이라는 액(額; 懸板)을 하사하고 전결(田結)과 노비, 많은 책을 내리셨는데 이가 우리나라 사액서원(賜額書院)의 시초가 되었습니다.

○齋; 자제(子弟)들을 교육하던 사설기관(私設機關)으로 고려(高麗)의 사원(寺院)을 조선(朝鮮)으로 와서 그를 대신하여 서재(書齋), 서당(書堂) 등이라 이르게 되고, 또는 향현사(鄕賢祠), 또는 선현사(先賢祠) 등도 그에 속합니다.

이와 같이 정의 되건대 성현의 위패를 봉안 제(祭)를 올린다면 그 명칭은 서원(書院)이라 일컬어짐이 옳겠지요.

○동재서재(東齋西齋)는 유생(儒生)의 기거(寄居)하며 학문(學文)을 닦는 집이　됩니다.

●增補文獻備考附書院篇東國初無書院中廟壬寅故參判周世鵬爲**豊**基守豊基屬縣順興有高麗文成公安裕舊居世鵬遂卽其基創立紹修書院以爲士子藏修之地文純公李滉繼世鵬而爲邑守轉聞于朝請依宋朝故事賜額頒書且給土田臧獲
●春官志書院(祠宇付)篇我國中古以前本無書院明廟朝參周世鵬爲順興守以順興卽高麗名臣安文成公裕所居故創設白雲洞書院
●宋史選擧志太學置八十齋齋各五楹容三十人

▶2190◀◆問; 서원의 동, 서재에 대하여.

매번 여러 가지 여쭈어 보아서 죄송스럽습니다, 다름이 아니옵고 서원(書院)에 들어서면 앞에 는 서원(書院)본채 그리고 좌(左), 우(右)에 건물이 있는데 좌측(左側) 건물의 이름은 동재(東齋)이고 우측(右側) 건물의 이름은 서재(西齋)라고 현판(懸板)

문이 붙여져 있습니다,

방향상(方向上)으로 들어오면 우(右)가 북측이고 좌(左)가 서측이 되는데 여기에 대해서 여러 종인(宗人)들의 이야기인즉 우측(右側)이 동(東)이고 좌측(左側)이 서(西)가 아니냐고 반문을 하고 다른 한 측에서는 과거선대님이 한 것이고 하니 그대로 두자고 하기에 선생님의 조언을 듣고자 무엇이든 물어보세요" 방을 두드려 봅니다,

◆答; 서원의 동, 서재.

모든 건물의 실 방위와는 관계없이 앞은 남이라 하고 뒤를 북이라 하며 좌를 동이라 하고 우를 서라 합니다.

●性理大全家禮祠堂於正寢之東條凡屋之制不問何向背但以前爲南後爲北左爲東右爲西

▶2191◀◆問; 서원(書院)의 춘향제 와 부원장.

서원(書院)의 춘향제 와 부원장, 지난 4 월 11 일 예산의 도산서원(원장 전○○)에서는 개원 340 주년을 맞이하여 문효공 포저 조익 선생과 문목공 야곡 조극선 선생의 춘향제가 초헌관에는 예산군수가, 아헌관은 도산서원 원장 전○○, 종헌관은 ○○향교 전교 이○○가 헌관이 되어 봉행 하였다는 언론보도를 보았습니다.

아곳 도산서원에서는 매년 서원이 주최하고 군내에 있는 3 개소의 향교에서 매년 돌아가면서 해당향교의 전교가 주관하여 제향을 올린다고 합니다.

문 1: 서원 원장 ○○○. 부원장 ○○향교 전교 ○○○. 부원장 ○○향교 전교○○○의 직위로 있음이 전통 예에 합당 한 것인지?(원장 밑에 공자님을 모시고 있는 전교의 직함으로 부원장?)

문 2: 서원의 춘향제 행사를 서원 원장이 주최하고 향교의 전교가 주관하여 봉행하는 것이 전통예에 합당 한 것인지?

◆答; 서원(書院)의 춘향제 제관 분정.

서원(書院)은 국설(國設)이 아니고 사설(私設)로서 사설 단체의 행례(行禮)에 국설 단체의 관계인들이 간섭함은 국가기관의 직함이 아니라 개인 자격으로 공휴일에 참여함이야 전통예(傳統禮) 운운할 까닭이 없겠으나 향교(鄕校)의 전교가 근무 시간에 사설 단체의 행사에 참여 주관 봉행할 수는 없을 것입니다.

아래는 국조오례의(國朝五禮儀) 주현(州縣) 석전제(釋奠祭)의 제관(祭官)입니다.

⊙齋官
●州縣釋奠

初獻官(守令) ○亞獻官 終獻官 東西從享分獻官各一○東西廡分獻官各一(縣則無)○祝 掌饌者 執尊者(每尊所各一)○執事者(隨位酌定)○贊者謁者贊引四(縣二○亞終獻官分獻官以佐貳官敎授訓導及本邑閑散文官差祝以下諸執事皆以學生充)

▶2192◀◆問; 서원(書院)의 향사(享祀)에 후손이 주인이 될 수 있나?

수고가 많으십니다. 여쭙고자 하는 내용은 저의 선대님이 서원에서 향사제례(享祀祭禮)를 올릴 때 지금까지는 유림에서 집행을 하고 본 손은 그에 따라가며 예를 갖추어 습니다.

그런데 금년은 원님의 유고로 갑자기 본 손이 향사를 지내게 되었습니다. 축문관계 내용 중 유림에서는 시호, 00 선생이라고 하셨는데 본 손이 축문에 00 선생이라고 해야 하는지/아니면 선생을 빼고 해야 하는지? 예시 축문을 부탁 드리겠습니다, 그럼 수고 하시길 바랍니다.

◆答; 서원(書院)의 향사(享祀)에 후손이 주인이 될 수 없다.

서원(書院)은 지난날 사학기관(私學機關)으로 선현을 제사하는 사(祠)와 자제들을 교육하는 재(齋)가 합한 사설 교육기관으로 사(祠)에는 선유의 학덕을 기리기 위하여 특정 선유를 주벽으로 모시고 제사하는 곳으로 그 초헌관은 그 서원에 관계된 사인(私人)이 됩니다. 후손(後孫)은 사시제(四時祭)를 비롯한 가제와 묘제(墓祭) 등의 주인이 될 뿐 서원의 주인(초헌관)이 될 수 없는 것입니다. 아래 예문인 축문식을 살펴보건대 후손으로서 그 향사(享祀)의 축문을 쓸 수가 없을 것입니다. 따라서 주인이 유고일 때는 그 서원에 관계된 후학(유림)으로 주인을 삼아 섭행의 예로 행함이 옳을 듯싶습니다.

●增補文獻備考附書院篇東國初無書院中廟壬寅故參判周世鵬爲**豊**基守豊基屬縣順興有高麗文成公安裕舊居世鵬遂卽其基創立紹修書院以爲士子藏修之地文純公李滉繼世鵬而爲邑守轉聞于朝請依宋朝故事賜額頒書且給土田臧獲

●春官志書院(祠宇付)篇我國中古以前本無書院明廟朝參周世鵬爲順興守以順興卽高麗名臣安文成公裕所居故創設白雲洞書院

●孟子集註告子章句先生將何之註趙氏曰學士年長者故謂之先生

⊙書院祝文式例

維　歲次某年某月某朔某日干支後學姓名敢昭告于　文忠公某號某姓先生伏以道德隆炳文章餘事功崇業廣學邃澤普百世宗師千載景慕謹以牲幣明薦丁祀尙　饗

⊙書院祝文式例

維　歲次某年某月某朔某日干支後學姓名敢昭告于　文忠公某號某姓先生伏以協贊中興扶植彝倫有光前烈嘉惠後人玆値(春秋)丁牲幣敬伸尙　饗

▶2193◀◆問; 서원향사의 진설도.

서원향사(書院享祀)의 진설도(陳設圖) 성균관의 여러 선생님께 수고를 끼쳐서 죄송합니다. 다름이 아니라 지난달 2 월 中丁日을 기하여 전국의 많은 서원에서 춘향제(春享祭)를 올렸습니다.

그런데 대부분 서원의 진설도(陳設圖)가 사변(四籩) 사두(四豆)이고 또 6 변 6 두로 하는 곳도 있습니다. 진설에 대한 예서(禮書)에 기록(記錄)이나 정례(正禮)로 규정(規定)된 문헌(文獻)이 있으면 원문과 번역문으로 함께 알려주시면 고맙겠습니다.

조그만 기록도 좋습니다. 공부 하고자 하는 일념으로 부탁 드립니다 죄송합니다. 연천향교 도평 올림.

◆答; 서원(書院)의 진설도.

춘관통고(春官通考) 사(祠;　院)의 진설도(陳設圖)나 오례의(五禮儀)의 종향진설도(從享陳設圖)를 살펴보면 좌이변우이두(左二籩右二豆)로 진설(陳設)되고 있습니다.

▶2194◀◆問; 서원 향사시 배례법에 대하여.

초암 선비님 안녕 하십니까? 다름 아니옵고 서원 향사 시 배례법에 대하여" 무엇이 궁금 하세요" 에 제 1794 호 글과 같이 1 차 문의에 대한 의견을 듣고 의문이 있어 2 차로 문의 하였으나 회답이 없어 명쾌한 답을 듣고자 하오니 바쁘시더라도 좋은 의견 주시기 바랍니다.

◆答; 서원 향사시 배례법.

문묘나 서원이나 예법은 석전대제가 모법이 됩니다. 각각의 예법은 약간의 차이는 있으나 대동소이 합니다. 아래 석전대제의 홀기와 문묘홀기를 참조하여 보시면 의문은 어느 정도 해소되리라 생각합니다.

≪笏記≫

⊙釋奠大祭(2108 2153 참조)

⊙文聖王儀祭官

●享文宣王視學儀

①初獻官 殿下 ②亞獻官 王世子 ③終獻官 領議政有故則次官 ④配位初獻官議政有故則次官○亞終獻正位亞終獻官 ⑤殿內東西從享分獻官各一 正二品 ⑥東西廡從享分獻官各十 三四品

●酌獻文宣王視學儀

①獻官 殿下 ②配位奠爵官 二品 ③殿內東西從享奠爵官各一 三品 ④東西廡從享奠爵官各十 六品以上○奠爵官以下以成均館官先差從享諸執事皆以學生充

●王世子酌獻文宣王視學儀

①獻官 王世子 ②從官四 侍講院官 ③執事者 學生臨時酌定

●王世子釋奠文宣王儀

①初獻官 王世子 ②亞獻官 正二品 ③終獻官 三品堂上官 ④殿內東西從享分獻官各一 四品 ⑤東西廡從享分獻官各十 五六品

●有司釋奠文宣王儀

①初獻官 正二品 ②亞獻官 三品堂上官 ③終獻官 正三品 ④殿內東西從享分獻官各一 四品 ⑤東西廡從享分獻官各十 五六品

●州縣釋奠文宣王儀

①初獻官 守令 ②亞獻官 終獻官 東西從享分獻官各一 ③東西廡分獻官各一 縣則無

이상과 같이 살펴보건대 문선왕의(文宣王儀)에서 친향(親享; 殿下)과 왕세자의(王世子儀)는 왕정(王政)이 폐(廢)하여 행할 수 없는 예(禮)이며 다만 행(行)할 수 있는 석전의(釋奠儀)는 품계(品階) 등은 상위(相違)하나 유사석전의(有司釋奠儀)와 주현석전의(州縣釋奠儀) 뿐으로 생각됨.

●隨聞要抄釋奠大祭鄕校祭享式條鄕校釋奠大祭笏記

丑前三刻贊者謁者先就拜位○四拜○各就位○謁者引獻官以下俱就門外位○謁者引祝及諸執事入就拜位○祝以下皆四拜○盥訖○各就位○謁者贊引引初獻官以下入就拜位○謁者進初獻官之左白有司謹具請行事○四拜獻官及學生皆四拜○行奠幣禮○謁者引初獻官詣盥洗位○盥訖○引詣大成至聖文宣王神位前○跪○搢笏○三上香○獻幣○執笏○俯伏○興平身○次詣兗國復聖公神位前○跪○搢笏○三上香○獻幣○執笏○俯伏○興平身○次詣郕國宗聖公神位前○跪○搢笏○三上香○獻幣○執笏○俯伏○興平身○次詣○沂國述聖公神位前○跪○搢笏○三上香○獻幣○執笏○俯伏○興平身○次詣○鄒國亞聖公神位前○跪○搢笏○三上香○獻幣○執笏○俯伏○興平身○引降復位○行初獻禮○謁者引初獻官詣文宣王罇前○酌訖○引詣神位前○跪○搢笏○獻酌○執笏○俯伏○興少退北向跪○祝進神位之左東向跪○讀祝文○俯伏○興平身○引詣配位罇所○酌訖○引詣復聖公神位前○跪○搢笏○獻爵○執笏○俯伏○興平身○次詣宗聖公神位前○跪○搢笏○獻爵○執笏○俯伏○興平身○次詣述聖公神位前○跪○搢笏○獻爵○執笏○俯伏○興平身○次詣亞聖公神位前○跪○搢笏○獻爵○執笏○俯伏○興平身○引降復位○行亞獻禮○謁者引亞獻官詣盥洗位○盥訖○引詣文宣王罇所○酌訖○引詣神位前○跪○搢笏○獻酌○執笏○俯伏○興少退北向跪○引詣配位罇所○酌訖○引詣復聖公神位前○跪○搢笏○

獻爵○執笏○俯伏○興平身○次詣宗聖公神位前○跪○搢笏○獻爵○執笏○俯伏○興平身○次詣述聖公神位前○跪○搢笏○獻爵○執笏○俯伏○興平身○次詣亞聖公神位前○跪○搢笏○獻爵○執笏○俯伏○興平身○引降復位○行終獻禮○謁者引終獻官引各引分獻官詣盥洗位○盥訖○引終獻官詣文宣王罇所各引分獻官詣東西從享兩廡罇所○酌訖○各引詣神位前○跪○搢笏○內外從享執事皆三上香○獻酌○執笏○俯伏○興平身○引詣配位罇所○酌訖引詣復聖公神位前○跪○搢笏○獻爵○執笏○俯伏○興平身○次詣宗聖公神位前○跪○搢笏○獻爵○執笏○俯伏○興平身○次詣述聖公神位前○跪○搢笏○獻爵○執笏○俯伏○興平身○次詣亞聖公神位前○跪○搢笏○獻爵○內外從享皆獻○執笏○俯伏○興平身○引降復位○贊引各引分獻官降復位○謁者引初獻官飲福位○北向跪○搢笏○以爵授獻官○獻官受爵飲卒爵○執事受虛爵復於坫○祝進減胙肉授獻官○獻官受胙以授執事○執事出門○俯伏○興○引降復位○四拜獻官以下皆四拜○祝入撤籩豆○四拜獻官及學生皆四拜○謁者引初獻官詣望瘞位北向立○祝取祝板及幣降自西墻置於坎○置土半坎○引降復位○謁者進獻官之左白禮畢○引初獻官以下以次出○祝及諸執事俱復拜位○祝以下皆四拜○以降出○贊者謁者贊引俱就位○四拜○以降出

◆祝文式

維 歲次干支幾月干支朔幾日干支行郡守姓名敢昭告于 先聖大成至聖文宣王伏以道冠百王萬世之師玆值上丁精禋是宜謹以牲幣醴齊粢盛庶品式陳明薦以 先師 兗國復聖公顏氏 郕國宗聖公曾氏 沂國述聖公孔氏 鄒國亞聖公孟氏 配尙 饗

▶2195◀◆問; 宣武 原從" 이란 무슨 뜻이지요?

안녕하십니까? 궁금한 것이 있어 문의 합니다 하고 바랍니다. 임진 외란 때에 공을 세운 사람에게 특권을 하사 한 것을 보니 선무 원종 2 등 공신 이라 기록이 되어 있었는데."宣武 原從" 이란 무슨 뜻이지요?

◆答; "宣武 原從"

○宣武功臣;

선조 37년(1604)에, 임진왜란에서 공을 세운 무신들에게 3등으로 나뉘어 준 훈호(勳號)로 1등은 효충복의적의협력(效忠伏義迪毅協力) 선무공신(宣武功臣) 이순신(李舜臣), 권율(權慄) 원균(元均). 2등은 효충복협력(效忠伏協力) 선무공신(宣武功臣) 신점(申點) 권응수(權應銖) 김시민(金時敏) 이정암(李廷馣) 이억기(李億祺). 3등은 효충복의(效忠伏義) 선무공신(宣武功臣)이라 하여 정기원(鄭期遠) 권협(權悏) 유사원(柳思瑗) 고언백(高彦伯) 이광악(李光岳) 조경(趙儆) 권준(權俊) 이순신(李純信) 기효근(奇孝謹) 이운용(李雲龍) 등에 주었음.

○原從功臣;

조선시대 정공신 이외의 작은 공을 세운 사람에게 내린 공신의 칭호로 이는 공신의 자제나 사위 또는 그의 수종자(隨從者)에게 내린 시상으로 원래는 원종공신(元從功臣)이라 하였으나 명(明) 태조의 휘(諱)인 원(元)자를 피하여 원(原)으로 고쳤음.

▶2196◀◆問; 선조 벼슬을 몇 대까지 사용가능한지요?

저희 3 대조 할아버님께서 조선조시대에 통덕랑(通德郞)이라는 벼슬을 하셨는데 이는 제가 아는 상식으로는 3 대까지는 통덕랑이라는 호칭을 사용할 수 있으며 또한 통덕랑공의 직계후손으로 알고 있습니다. 저의 상식이 맞는지 궁금합니다. 빠른 답신 부탁 드립니다.

◆答; 선조 벼슬을 몇 대까지 사용.

선조(先祖) 벼슬을 몇 대까지 사용 가능한가라는 질문의 요지를 이해하지 못하여 추증삼대(追贈三代)를 간단하게 논하려 합니다.

대전회통(大典會通) 이전편(吏典篇) 추증조(追贈條)의 종친급문무관실직이품이상추증삼대(宗親及文武官實職二品以上追贈三代)에 관함이라 이에 덧붙여 놓습니다.

이는 이품(二品) 이상 실직에 봉임 하던 문무관이 죽은 뒤 나라님이 그의 공을 높이 치하하여 품계를 높여 그 부부를 포함하여 조부모와 증조부모 삼대에게 하사하는 추증(追贈) 제도로서 이 제도에는 그의 후손은 포함되지 않습니다.

●經國大典追贈; 宗親及文武官實職二品以上追贈三代(父母已品祖父母曾祖父母各遞降一等)○二等純忠積德補祚功臣三等純忠補祚功臣並封君○亡妻從夫職

▶2197◀◆問; 수동추(壽同樞).

족보(族譜)를 찾던 중 수동추(壽同樞) 라는 글이 있는데 그 뜻을 몰라서 이 글을 올립니다. 답변 좀 부탁 드립니다.

◆答; 수동추(壽同樞).

증(贈)이란 증직(贈職)으로 종이품(從二品) 이상의 관원(官員)이 죽은 뒤에 관직(官職)과 품계(品階)를 높여 추증(追贈)함을 이르고, 수(壽)란 수직(壽職)으로 매년 정월에 80세 이상의 관원이나 90세 이상의 일반백성에 나라님이 은전으로 내리던 직품(職品)을 의미하는데, 수동추(壽同樞)란 동추(同樞) 즉 조선시대 중추부(中樞府)에 속한 종이품(從二品) 벼슬인 동지중추부사(同知中樞府事)의 약칭으로 위의 연령에 달한 노인에게 내리던 벼슬 명입니다.

●經國大典輯注追贈; 生曰封死曰贈
●經國大典追贈; 宗親及文武官實職二品以上追贈三代(父母已品祖父母曾祖父母各遞降一等)○二等純忠積德補祚功臣三等純忠補祚功臣並封君○亡妻從夫職
●弘齋全書翼靖公奏藁典禮類叙旌贈引; 我朝旌閭贈職之典始於獻陵朝注書吉再之旌閭侍中鄭夢周之贈職而宗親文武官實職二品以上追贈三代大典之法也

▶2198◀◆問; 守令의 의미가 궁금합니다.

여기에서도 질문을 받으시네요. 여기가 의례문답 코너이니 질문은 여기다 하여야 옳을 것 같아 또 하나 여쭙겠습니다.

옛날 지방직인 군수나 현령의 통칭으로 守令이라는 호칭이 있습니다. 옥편을 놓고 아무리 따져봐도 무슨 의미인지 해답이 나오지 않습니다. 무슨 의미인가요.

◆答; 수령(守令)의 의미.

수령(守令)의 의미는 관할지역 내의 백성들이 편안히 잘 살도록 보살펴 다스림의 명을 받들어 행하는 관리라는 뜻입니다.

●經國大典抄解(經國大典輯註同)吏典京官職守令條守土養民曰守奉而行之曰令
●辭源宀部三畫[守土]書舜典歲二月東巡守(傳)諸侯爲天子守土故稱守後也泛指地方長官掌管治理一地區的政事

▶2199◀◆問; 숙부인(淑夫人)과 유인(孺人)의 차이점은?

숙부인(淑夫人)과 유인(孺人)의 차이점을 가르쳐 주세요.

◆答; 淑夫人과 孺人의 차이점.

아래와 같이 살펴보건대 숙부인(淑夫人)은 정삼품당상관(正三品堂上官)의 처(妻)가 되고 또 유인(孺人)은 정종구품처(正從九品妻)가 됩니다. 다만 관직(官職)에 나가지 않은 자의 처가 죽으면 그도 대우하여 유인(孺人)이라 합니다.

●經國大典外命婦文武官妻條淑婦人(正三品堂上官)又孺人(正從九品)

▶2200◀◆問; 숙제(熟祭)와 생제(生祭)에 관한 질문.

안녕하십니까? 숙제(熟祭)와 생제(牲祭)는 우리나라의 전통(傳統)인지 아니면 중국에서의 제례(祭禮)를 우리가 도입한 것인지 궁금합니다. 항상 수고 하심에 깊은 감사의 말씀 드립니다.

◆答; 숙제와 생제.

유학의 발상지는 중국으로, 우리나라에서는 그 법도를 받아 들였으니, 아래와 같이 살펴보건대 숙제(熟祭)나 생제(生祭) 역시 모두 중국에서 도입된 예입니다.

●郊特牲有虞氏之祭也尙用氣血腥爓祭用氣也註尙用氣以用氣爲尙也初以血詔神於室次薦腥肉於堂爓次腥亦薦於堂皆未熟故云用氣細註嚴陵方氏曰血腥爓三者皆氣而已○血祭盛氣也祭肺肝心貴氣也祭黍稷加肺祭齊加明水報陰也取膟膋燔燎升首報陽也○鼎俎奇而籩豆偶陰陽之義也籩豆之實水土之品也不敢用褻味

●周禮宗伯禮官之職大宗伯血祭祭社稷五祀五嶽山林川澤註陰祀自血起貴氣臭也

●開元禮皇帝仲春仲秋上戊祭大社編進熟條(云云)祝史各進徹毛血之豆降自西陛(云云)

●特牲饋食禮註祭祀自熟始曰饋食饋食者食道也疏食道者生人飲食之道士大夫祭禮自熟始也天子諸侯饋熟已前仍有灌鬯朝踐饋獻之事

●家禮四時祭省牲滌器具饌條潔釜鼎具祭饌○初獻條執事者炙肝于爐以楪盛之

▶2201◀◆問; 시호에 관한 질문.

문묘(文廟) 18현의 시호(諡號) 중에 문정공이 4분이나 되십니다. 각각의 시호 풀이 좀 부탁합니다.

◆答; 시호.

먼저 양해의 말씀을 드립니다. 정답을 밝히고자 기억을 더듬어 올라갔으나 북송(北宋)의 학자 소순(蘇洵)의 저서인 시법(諡法)과 정초(鄭樵)의 통지(通誌)와 시략(諡略)에 기술되어 있음까지 밝혀 보았으나 그 서책을 소장하고 있지 않아 그 진정한 의미를 적을 수가 없습니다. 혹 조선시대 시호법, 또는 이와 같은 서책을 소장한 학자님이 계시면 공개하여 주셨으면 감사하겠습니다.

다만 그 연원을 살펴보면 주(周)나라가 시초(始初)라 하며 조선(朝鮮)시대에 왕(王), 종친(宗親). 문무관(文武官) 실직(實職) 정이품(正二品) 이상에 주어지던 사후(死後)의 이름으로 그의 행장(行狀)을 예조(禮曹)에 제출 봉상시(奉常寺)를 거쳐 홍문관(弘文館)으로 이첩 그의 시호(諡號)를 정하였다 함.

시호(諡號)로 사용하던 글자로는 문(文), 무(武), 정(正), 공(恭), 양(良), 간(簡), 직(稷), 헌(獻), 순(純), 민(敏). 충(忠), 성(成), 원(元), 정(靖), 양(襄), 경(敬), 청(淸), 강(康), 장(莊) 등 120여 자(字)이었다 함.

문정(文正)에 대하여 사기(史記) 시법해(諡法解)를 살펴보면 아래와 같습니다.

●史記諡法解
經緯天地曰文註成其道
道德博聞曰文註無不知
學勤好問曰文註不恥下問
慈惠愛民曰文註惠以成政
愍民惠禮曰文註惠而有禮

內外賓服曰正註言以正服之
●白虎通諡;諡者何也諡之爲言引也引烈行之跡也所以進勤成德使上務節也生有爵死當有
諡也死乃諡之何言人行終始不能若一故據其終始從可知也士冠經曰死而諡之今也所以臨
葬而諡之何因衆會欲顯揚之也慈惠愛民諡曰文强理勁直諡曰武

▶2202◀◆問; 시호 뒤에 공(公)자 붙이는 기준.
충무공이라고 하는 충무시호 뒤에 公자 붙이는 기준이 궁금합니다. 조선 초에는
정 2 품 문무관에게 붙였다가 나중에 확대되었다라고 하던데 公자를 붙이는 계급의
기준을 가르쳐 주세요

◆答; 시호 뒤에 公자 붙이는 기준.
시호(諡號)는 주(周)나라 때 정립 한(漢)을 이어 청(淸)에 이름. 우리나라 조선조(朝
鮮朝)에서는 처음에는 임금, 종친(宗親), 문무관(文武官) 중 정이품(正二品) 이상
의 실직(實職)에 있던 사람이 죽으면 그의 행장(行狀)을 예조(禮曹)에 품신(稟申) 예
조(禮曹)에서는 봉상시(奉常寺)를 거쳐 홍문관(弘文館)으로 송부(送付) 시호(諡號)
를 정하였음. 또 현신(賢臣) 절신(節臣) 명유(名儒)들의 生前의 功績을 살펴 임금이
시호(諡號)를 내렸음.
●經國大典贈諡條宗親及文武官實職正二品以上贈諡註親功臣則雖職卑亦贈○奉常寺正
以下議定並行狀報本曹
●大典會通贈諡條[原]宗親及文武官實職正二品以上贈諡註親功臣則雖職卑亦贈○奉常
寺正以下議定幷行狀報本曹[增]通政以上文望顯職館閣及曾經九卿之人撰行狀禮曹照訖
付奉常寺奉常寺移送弘文館東壁以下三員會議三望東壁一員又與奉常寺正以下諸員更爲
議定政府舍檢中一員署經幷行狀報本曹入啓受點[續]大提學秩視正二品雖從二品大提學
亦許賜諡○儒賢及死節人表著者雖非正二品特許賜諡註儒賢節義外毋得格外陳請[補]爵
諡請贈非廟堂覆奏者則凡贈職本曹贈諡禮曹稟處○諡狀呈禮曹時撰進人員旣是無故者則
其後雖身故或被罪依例啓下
●通志諡略古無諡諡起於周人義皇之前名是氏亦是號亦是至神農氏則有炎帝之號軒轅氏
則有黃帝之號二帝之號雖殊名氏則一焉堯曰陶唐舜曰有虞禹曰夏后湯曰殷商則氏以諱事
神者周道也周人卒哭而諱將葬而諡有諱則有諡無諱則諡不立生有名死有諡名乃生者之辨
諡乃死者之辨初不爲善惡也
○上諡法
神聖賢亥武成康獻懿元章釐景宣明昭正敬恭莊肅穆戴翼襄烈桓威勇毅克壯圉魏安定簡貞
節白匡質靖眞順思考暠顯和玄高光大英睿博憲堅孝忠惠德仁智愼熙洽紹世果 等等右百三
十一諡用之君親焉用之君子焉

○中諡法
懷悼愍哀隱幽沖夷懼息攜 等等右十四諡用之閔傷焉用之無後者焉

○下諡法
野夸躁伐荒千輕悖凶 等等右六十五諡用之殘夷焉用之小人焉凡上中下諡共二百十言以備
典禮之用

▶2203◀◆問; 시호(諡號)에 대하여.
안녕하십니까. 시호(諡號)에 대하여 아래가 궁금합니다. 시호(諡號)에 쓰이는 글자가
따로 정하여진 자(字)가 있는지 와 사시(私諡)란 무엇입니까. 자세하게 좀 알려 주
십시오. 감사합니다.

◆答; 시호(諡號).

시호(諡號)는 문무(文武) 실직(實職) 정이품(正二品) 이상과 친공신(親功臣) 대제학 (大提學) 종이품(從二品) 유현(儒賢) 및 사절인(死節人) 등(等)에게는 그가 죽으면 계빈(啓殯) 후(後) 나라에서 증시(贈諡)되고, 사시(私諡)는 나라의 증시(贈諡)가 없는 학자가 죽으면 그 문인(門人)들이 지어주게 되는데 아래 시법용자(諡法用字) 중에서 그의 생전 행실과 업적에 합당한 글자를 택하여 짓게 됩니다. (아래 시법용자(諡法 用字)에는 주문(註文)이 상세하나 지면 관계로 생략되었으며 동자(同字)는 그 주문 이 상이함)

●通典啓殯後贈諡
●周禮太史小喪贈諡(註)小喪卿大夫也(疏將作諡之時其子請於君君親爲之制諡使大夫將 往賜之小史至遣之日往讀之
●大典文武官實職正二品以上贈諡親功臣職卑亦諡大提學雖從二品亦諡儒賢及死節人表 著者雖非正二品特諡

●諡號用字
○周諡法; 神 皇 弟 王 公 侯 君 聖 文 武 德 忠 孝 敬 欽 恭 正 貞 節 烈 簡 元 成 懿 靖 獻 肅 長 明 良 直 憲 召 穆 定 襄 康 順 質 威 思 僖 釐 度 愍 慧 莊 壯 平 桓 宣 惠 翼 景 白 戴 安 剛 供 克 靈 知 原 勤 堅 莫 類 譽 商 齊 魏 頃 胡 匡 愍 隱 悼 哀 殤 傷 懷 靜 趕 紹 丁 聲 圉 夸 易 繆 使 愛 惑 祈 躁 醜 荒 糠 攜 抗 夷 刺 幽 厲 煬 戾 比 湯 隱 景 文 武 襄 桓 發 懿 莊 僖 和 勤 尊 爽 肇 怙 享 胡 秉 就 錫 典 肆 康 叡 惠 綏 堅 耆 考 周 懷 式 布 敏 平 (載事彌久以前周書諡法周 代君王幷取作諡)

○蔡邕獨斷諡法; 黃 堯 舜 桀 紂 昭 神 敬 貞 靖 康 順 莊 謬 厲 景 殤
○會篇續載諡法; 勝 勇 捍 赧 糠
○後代諡法; 武 闇 專 墨
○蘇洵諡法釋義; 文 武 成 康 獻 懿 元 章 宣 明 昭 恭 莊 壯 憲 敏 端 介 通 賢 孝 忠 和 惠 安 質 威 勇 義 剛 節 襄 勤 溫 良 脩 恪 敦 思 容 肅 定 簡 毅 友 禮 達 懷 理 裕 素 翼 密 榮 順 純 潔 隱 確 顯 果 悼 懋 信 虛 愿 縱 煬
○皇明通用諡法; 忠 勇 順 僖 果 毅 寧 愼 冲 淑 善 崇

●周公諡法歷代因襲而其有增益者幷採附之
○私諡
●性齋曰列女傳柳下惠門人將諡之妻誄之曰夫子之諡宜爲惠乎門人從以爲諡此恐私諡之 始也
●張橫渠卒門人欲諡爲明誠溫公答明道書曰張子厚平生用心欲率今世之人復三代之禮者 也

▶2204◀◆問; 심x선생의 유림장 상례절차.
정승판서의 직위에 있었던 분이 작고하게 되면 국조 상례보편의 예를 따르는지 아 니면 백성의 상법을 따르는지요.

◆答; 심x선생의 유림장.
"조선(朝鮮)후기(後期)의 정승(正承) 유림장(儒林葬)으로 시행하고자 합니다."라 하 심의 의미가 이제까지는 가장(假葬)이었었는지 아니면 개장(改葬)인지의 여부를 밝 히지 않아 알 수는 없으나 가장(假葬)이었든 개장(改葬)이든, 오례의(五禮儀) 상례 (喪禮)에 의한 예법을 적용한다 하여도 조선관직제도(朝鮮官職制度)에 의한 성균관 장(成均館長)은 정이품(正二品)으로 판서급(判書級)인데 정승(政丞)이라 하여도, 국왕(國王)의 상법(喪法)이 아니라 "대부사서인(大夫士庶人)" 상례(喪禮)를 따라야 하는데, 그 법도가 가례(家禮) 상례(喪禮)와 크게 다르지 않습니다.

●大典會通成均館 知事一員正二品(判書品等)

●五禮儀凶禮大夫士庶人喪■初終○疾病遷居正寢○復○立喪主○易服不食○治棺○訃告于親戚僚友○沐浴○襲○奠○爲位哭○舍○靈座○銘旌○小歛○奠○大歛○奠■成服○朔望奠○奔喪○弔■治葬○擇日開塋域○刻誌石○造明器○服玩○大輿○翣○作主○啓殯○陳器○朝奠○遣奠○發引○臨壙奠○題主○返哭○掩壙奠■虞祭○卒哭○小祥○大祥○禫

▶2205◀◆問; 12변 12두에 대하여 궁금합니다.

이른바 천자 제사에 12변 12두를 진설 한다고 하는데 그 무엇을 12변 12두라고 하는지 알고자 하오니 상세히 좀 가리켜 주십시오.

◆答; 좌십이변(左十二籩) 우십이두(右十二豆) 진설도(陳設圖).

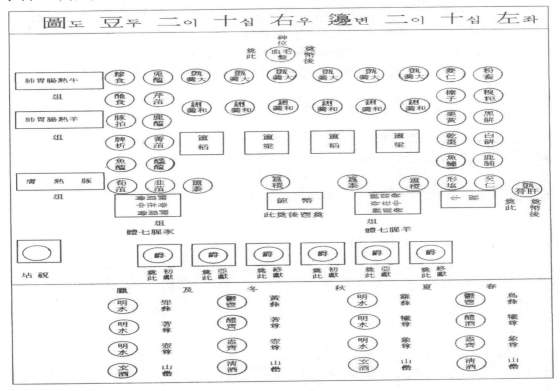

▶2206◀◆問; 어원해석.

온 갖 질문에 답하시느라 수고를 많이들 하십니다. 저 역시 궁금사항이 있어 글을 올렸습니다. 조선조에서 발행한 녹권을 보면 "선무원종 공신록권" 에 일등 혹은 이등 공신이라 기록된 것을 볼 수 있습니다. 그 중 "선무원종(宣武原從)" 의 뜻을 알지 못하여 문의하오니 좋은 회답 기다립니다.

◆答; 어원해석.

책(冊)의 원제(原題)는 선무호성청난원종공신록(宣武扈聖淸難原從功臣錄)이며 선무원종공신록권(宣武原從功臣錄卷)이라 함은 선무공신(宣武功臣)과 원종공신(原從功臣)에게 녹권(錄券)을 준 사적을 기록 선조(宣祖) 28 년에 간행(刊行)된 책으로 약 6 천여명의 공신(功臣)을 삼등급(三等級)으로 분류(分類) 각 수상자(受賞者)의 관

직(官職) 성명(姓名)을 상세히 기록(記錄) 호성원종공신록(扈聖原從功臣錄), 청난원
종공신록(淸難原從功臣錄)과 함께 수록된 한 편목(偏目).

●宣武功臣이라 함은 임진왜란(壬辰倭亂) 때 무공(武功)을 세웠거나 사신(使臣)으
로 명(明)나라에 가 목적한 바를 이룬 문무관원(文武官員)에게 내린 훈호(勳號).

●原從功臣이라 함은 주(主)된 각 등급(等級)의 공신(功臣) 이외에 작은 공(功)은 세
운 관원(官員)에게 내리는 칭호(稱號).

▶2207◀◆問; 여자 헌관도 홀을 잡을 수 있나요?

석전시에 여자가 서종향위(西從享位) 헌관(獻官)으로 분정되었습니다. 여자 헌관도
홀(笏)을 잡을 수 있나요? 사극(史劇) 드라마를 보면 왕비(王妃)가 홀을 잡고 가는
것을 보았습니다.

◆答; 여자는 홀을 잡을 수 없다.

홀(忽)은 초기에는 천자(天子)로부터 사(士)에 이르기까지 조회(朝會) 때 손에 쥐는
수판(手板)이었다 후세에는 모든 품관(品官)들의 수판(手板)이었으니 혹 현세에서
궁례(宮禮)의 의식을 행함에 당시의 각 제관(祭官)의 품계(品階)에 따라 홀을 잡게
됩니다. 그러나 현 사서인(士庶人)의 제(祭)에서는 헌관(獻官)들이 관복(官服)에 홀
(笏)을 잡는다면 이는 기만(欺瞞)이며, 여자는 관리로서 등용이 없으니 아예 홀을
잡지 못합니다.

※ 여기서 士라 함은 선비라는 의미가 아니라 벼슬명입니다.

●玉藻笏天子以珠玉諸侯以象大夫以漁須文竹士竹本象可也
●晉書輿服志手版卽古笏矣尙書令僕射尙書手版頭復有白筆以紫皮裏之名曰笏
●王制諸侯之上大夫卿下大夫上士中士下士
●辭源[笏]古朝會時所執的手板有事則書於上以備遺忘古代自天子至士皆執笏後世惟品
官執之淸始廢

▶2208◀◆問; 연호에 대하여.

족보나. 제적등본에 보면 조상님의 연대를 연호로 기록 하는데 만연원년 과 문구원
년 이 어느 왕 서기 몇 년인지요 계속 되는 가르침을 바라면서 건강하세요.

◆答; 만연(萬延)과 문구(文久)는 일본(日本) 연호(年號)입니다.

만연원년(萬延元年)은 서기 1860 년
문구원년(文久元年)은 서기 1861 년

◆日本

●강호시대(江戶時代) ○가영(嘉永)1848-1855 ○안정(安政)1855-1860 ▶만연(万
延)1860-1861 ▶문구(文久)1861-1864 ○元治 1864-1865 ○경응(慶応)1865-
1868 ●명치이강(明治以降) ○明治 1868-1912 ○대정(大正)1912-1926.

▶2209◀◆問; 옛날 관직에 대해 알고 싶습니다.

자헌대부. 통정대부. 철산부사. 맹산현감. 주부. 가선대부. 돈지돈영부사. 동지중추부
사. 사마이. 참의와 참판은 어떤 차이가 있으며 위의 관직은 현재의 어느 직급에 해
당되는지 소상하게 하교하여 주시되 원문을 제시하실 때에는 그 내용의 해석도 겸
해주시면 더욱 감사하겠습니다.

◆答; 지난날 아래 품계가 현재의 어느 직급인지.

조선시대의 관직(官職)이 현재의 어느 직급(職級)에 해당(該當)되는지는 아래와 같

이 그 소속(所屬) 이 대개 드러났으니 가늠할 수는 있을 것이나 어느 직과 같다라 분명히 지적할 수는 없을 것 같습니다.

○자헌대부(資憲大夫); 조선시대(朝鮮時代) 정이품(正二品) 동서반관계(東西班官階)로 정헌대부(正憲大夫) 종친칙숭헌대부(宗親則崇憲大夫) 승헌대부(承憲大夫) 의빈칙봉헌대부(儀賓則奉憲大夫) 통헌대부(通憲大夫).

○통정대부(通政大夫); 조선시대(朝鮮時代) 정삼품(正三品) 동반(東班) 당상관(堂上官)의 품계(品階)階종친칙명선대부(宗親則明善大夫) 의빈칙봉순대부(儀賓則奉順大夫) 서반칙절충장군(西班則折衝將軍).

○(철산)부사(府使); 부사(府使)는 지방직(地方職) 대도호부사(大都護府使) 정삼품(正三品) 도호부사(都護府使) 종삼품직(從三品職)이며 종이품관(從二品官)의 부(府)는 부사(府使)라 하지 않고 부윤(府尹)이라 하였음.

○(맹산)현감(縣監); 현감(縣監)은 지방직(地方職)인 종육품(從六品)으로 조정에서 임명하는 지방직으로는 최하의 관직임.

○주부(主簿); 조선시대(朝鮮時代) 종육품(從六品) 관계(官階)로 이조(吏曹) 소속관서(所屬官署),돈령부(敦寧府) 봉상사(奉常寺) 종부사(宗簿寺) 사옹원(司饔院) 내의원(內醫院) 상의원(尙衣院)사복사(司僕寺) 군기사(軍器寺) 내자사(內資寺) 내섬사(內贍寺) 사도사(司䆃寺) 례빈사(禮賓寺)사섬사(司贍寺)군자감(軍資監) 제용감(濟用監) 선공감(繕工監) 사재감(司宰監) 장락원(掌樂院)관상감(觀象監) 전의감(典醫監) 사역원(司譯院) 광흥창(廣興倉) 의영고(義盈庫) 장흥고(長興庫)양현고(養賢庫) 전생서(典牲署) 혜민서(惠民署) 전옥서(典獄署) 오부(五部) 각일원(各一員).

○가선대부(嘉善大夫); 조선시대(朝鮮時代) 동서반(東西班) 종이품(從二品) 품계(品階)로 가의(嘉義;原嘉靖)대부(大夫) 종친칙중의대부(宗親則中義大夫) 소의(昭義;原正義)대부(大夫) 의빈칙자의대부(儀賓則資義大夫)순의대부(順義大夫).

○동지돈녕부사(同知敦寧府事); 조선시대(朝鮮時代) 돈녕부(敦寧府)에 속한 종이품(從二品)벼슬.

○동지중추부사(同知中樞府事); 조선시대(朝鮮時代) 중추부(中樞府)에 속한 종이품(從二品) 벼슬.

○사마이; [사마이]란 벼슬은 찾아지지 않으며, 만약 사마(司馬)라면 병조판서(兵曹判書)를 이르는데 正二品관임.

○참의(參議); 조선시대(朝鮮時代) 육조각일원(六曹各一員) 정삼품관(正三品官).

○참판(參判); 조선시대(朝鮮時代) 육조(六曹) 각일원(各一員)의 판서(判書)다음 벼슬로 종이품관(從二品官).

위의 사구사(司口寺)의 구(口)자는 도(道)밑 화(禾)자로 택(擇)과 뜻이 같은 가릴도자 입니다. 시(寺)는 절이란 의미가 아니고 관아를 뜻하는 시음(音)입니다. 위는 경국대전(經國大典)과 대전통편(大典通編)의 규정이고 아래는 대전회통(大典會通)의 규정입니다.

⊙東班官階

●正二品正憲大夫資憲大夫[補]宗親儀賓同○[原]宗親則崇憲大夫承憲大夫儀賓則奉憲大夫通憲大夫

●從二品嘉義(原嘉靖)大夫嘉善大夫[補]宗親儀賓同○[原]宗親則中義大夫[原]正義[續]昭義大夫儀賓則資義大夫順義大夫(堂上官)

●正三品通訓大夫[補]宗親儀賓同○[原]宗親則彰善大夫儀賓則正順大夫(堂下官)

●從三品中直大夫中訓大夫[補]宗親儀賓同○[原]宗親則保信大夫資信大夫儀賓則明信大夫敦信大夫

⊙西班官階
- 正一品從一品正二品從二品已上階同東班
- 正三品折衝將軍(堂上官)
- 正三品禦侮將軍(堂下官)
- 從三品建功將軍保功將軍.

▶2210◀◆問; 옛날에는 안동이 대구보다 더 번화하고 컸다는데요.

저의 고향(故鄕)은 안동이옵고 지금은 대구(大邱)에서 대학(大學)을 다니고 있는 학생입니다. 우연한 기회에 어른들로부터 한말(韓末) 이전 까지는 안동이 대구보다 더 번화(繁華)하고 컸다고 합니다. 그와 같은 기록(記錄)은 시청(市廳)에 들어가 시사를 열람하면 확인(確認)할 수가 있을 것이라 사료됩니다. 그런데 오늘이 토요일(土曜日)이라 여유가 있어 이 곳에 들어 왔던 차에 여쭙게 되었습니다. 그와 같은 시기가 있었는지요.

◆答; 옛날에는 안동이 대구보다 더 번화하고 컸다.

건양 원년(建陽元年; 高宗三十三年; 1896)의 아래 칙령(勅令) 외는 알지 못하며, 이 때까지도 대구(大邱)와 안동(安東)은 동급이니 어디가 더 크고 번화하였다 할 수는 없을 것 같습니다.

●地方制度;

朕이開國五百四年勅令中廢止에關하난件을裁可하야頒布케하노라建陽元年八月四日勅令第三十五號第五條十三道에所管各郡은五等으로定하야郡守를仍舊하고管轄區域은第一票와如하고官吏와經費는第二票와如함

第一票 慶尙北道四十一郡
一等 尙州郡慶州郡
二等 大邱郡 星州郡 義城郡 永川郡 安東郡
三等 醴泉郡 金山郡 善山郡 淸道郡
四等 靑松郡 仁同郡 寧海郡 順興郡 漆谷郡 豊基郡
盈德郡 龍宮郡 河陽郡 榮川郡 奉化郡 淸河郡 眞寶郡 軍威郡 義興郡 新寧郡 延日郡 禮安郡 開寧郡 聞慶郡 知禮郡 咸昌郡 英陽郡 興海郡慶山郡 慈仁郡 比安郡 玄風郡 高靈郡 長鬐郡

▶2211◀◆問; 왕가의 혼례.

조선조 에서는 반 상의 구별이 심했다는데 임금과 노비가 사돈간이 될 수 있겠는지요. 정확한 답변 부탁 드립니다.

선생님 죄송합니다 자세히 알려 드렸어야 되는데 저의 실수가 컸습니다 옹주와 노비의 아들을 여쭙는 다는 것이 무식의 소치로 그리 되었으니 다시 한번 답변을 기다리겠습니다.

◆答; 왕가의 혼례.

국왕이나 왕세자의 혼인에서는 어전회의에서 삼간택(初揀擇 再揀擇 三揀擇)을 하게 되니 왕후나 세자빈은 원천적으로 노비에서 택할 수 없도록 되어 있으니 왕과 노비 사이에서는 사돈지간(査頓之間)이 이뤄질 수가 없습니다.

●承政院日記仁祖三年七月二十八日凡諸婚姻雖在閭閻間尋常人尙且擇內外無故之人而爲之故王子之婚亦必極擇矣況此莫大國婚是何等事而敢以義立之女抄入於處子單子之中乎

●日省錄英祖三十七年十二月七日三揀擇前世孫嬪
●日省錄英祖三十七年十二月十六日仍敎曰三揀擇今聞禮曹草擇日其亦異事以二十二日
定行處所當行於興政堂以此分付時刻午正二刻爲之鳳漢曰明聖王后嘉禮在於辛年而日子
又與今番三揀之日相符誠不偶然矣上曰貴矣又敎曰三揀擇日世子與嬪當詣此闕時刻以辰
時擧行三揀擇入參人食後詣闕又敎曰三揀擇日元良與嬪詣此闕時刻隆冬太早以巳時擧行
●宮廷錄事開國五百四年本月七日에宮內府大臣이揀擇ᄒᆞᄂᆞᆫ節次ᄅᆞᆯ取稟ᄒᆞ야十五歲로二
十歲에至ᄒᆞᄂᆞᆫ處女ᄅᆞᆯ捧單ᄒᆞ라ᄒᆞ시ᄂᆞᆫ聖旨ᄅᆞᆯ奉홈

▶2212◀◆問; 왕과 비의 명칭.

초암선생님 안녕하십니까. 올해 가야문화제는 "김수로 왕과 허황후의 영원한 사랑
의 길"을 주제로 성대하게 열리고 있습니다. 여기에서 '허황후'라고 했는데, '황후'는
'황제'의 정실로 알고 있습니다. 그렇다면 '김수로 왕'을 '김수로 황제'로 존칭해도
옳은지요. 이런 존칭의 직함은 어떤 절차에 의하여 결정되는지 설명 부탁 드립니다.

◆答; 왕과 비의 명칭.

책비의(冊妃儀) 예법에 의하여 왕후(王后)를 책봉(冊封)하고, 일반적으로 천자국(天
子國)이 아닌 왕국(王國)의 비(妃)는 통칭 왕후(王后)라 칭하나 아래 한서고제기(漢
書高帝紀)에서 존왕후왈황후(尊王后曰皇后)와 같이 혹 존경을 받을만한 왕후(王后)
라면 황후(皇后)라 칭할 수 있는 것 같습니다. 다만 가야국(伽倻國) 또는 후일(後日)
황후(皇后)로 책비(冊妃)의 까닭은 알지 못합니다.

●裴駰集解引蔡邕曰上古天子稱皇其次稱帝其次稱王
●辭源[皇后] 皇帝的正妻古但稱后秦以後天子稱皇帝后遂稱皇后
●蔡邕獨斷卷下; 帝嫡妃曰皇后
●辭源[王后]漢以後帝后稱皇后諸王之后稱王后
●漢書高帝紀下; 漢王卽皇帝位于氾水之陽尊王后曰皇后
●周書皇后傳宣帝元皇后; 后與陳后同時被選入宮俱拜爲妃及升后位又同日受冊

▶2213◀◆問; 유사(有司)가 하는 일이 무엇입니까.

문중(門中)에서 유사로 정해진 사람이 해야 할 일이 무엇이며, 유사가 된 사람의 책
임은 어디까지입니까?

◆答; 유사의 직책.

유사(有司)는 지난날 관의 한 직책이었으며 또 사설 단체의 사무를 맡아보는 직책
으로 규모가 큰 단체에서는 도유사(都有司; 유사의 長) 전명유사(傳命有司; 연락
책), 사화유사(司貨有司; 회계 책), 사서유사(司書有司; 문서작성 책)로 세분하여 여
러 명을 두었으나, 규모가 작은 단체에서는 한 사람이 모든 일을 처리하였습니다.

●書經大禹謨;好生之德洽于民心玆用不犯于有司
●孟子梁惠王下;凶年饑歲(云云)有司莫以告是慢而殘下也
●辭源[有司]古代設官分職事各有專司古稱有司
●弘齋全書敎贈左議政忠武公李舜臣加贈領議政敎;昔武寧王徐達之碑皇帝臨書之有司
治其功謹敢遵倣曾令該道㪛石以竢篆首之書下銘詩之撰示昨年以民事未遑爲焉

▶2214◀◆問; 의관(議官) 벼슬에 대하여.

한말 관직 표에서 의정부 중추원 에 (1894~1895) 칙임(勅任) 의관(議官)과 주임(奏
任) 議官이 있는데 중추원은 오늘날 어느 부서에 가까우며 의관은 어느 직위 어느
직급에 해당한다고 보아야 할런지요. 또 칙임, 주임, 판임, 이 어떻게 다른가요.

◆答; 의관(議官) 벼슬.

중추원(中樞院); 고려(高麗)와 조선초기(朝鮮初期)에는 왕명의 출납(出納)·병기(兵機)·군정(軍政)·숙위(宿衛)·경비(警備)·차섭(差攝; 사무담당(事務擔當) 등등의 업무(業務)를 담당하던 관서(官署)로 판사(判事) 1 정이품(正二品), 사(使) 1 종이품(從二品), 지사(知事) 1 종이품(從二品), 동지사(同知事) 4 종이품(從二品), 첨사(僉事) 1 종이품(從二品), 부사(副使) 6 종이품(從二品), 학사(學士) 1 종이품(從二品), 상의원사(商議院事) 3 종이품(從二品), 도승지(都承旨) 1 정삼품(正三品), 좌우부승지(左右副承旨) 각 1 정삼품(正三品), 좌우부승지(左右副承旨) 각 1 정삼품(正三品), 당후관(堂後官) 2 정칠품(正七品), 연리(椽吏) 6 정칠품(正七品) 등으로 조직 되었음.

조선(朝鮮) 정종(正宗)2년 삼군부(三軍府)라 개칭(改稱)하였다 태종(太宗)9년(年)에 중추원(中樞院)으로 환원(還元) 세조(世祖)12년(年)에 중추부(中樞府)로 개칭(改稱) 임직(任職)이 없는 문무(文武) 당상관(堂上官)을 우대하는 의미에서 설치하였으며 조선 말기에는 의정부(議政府)에 속한 부서로 내각의 자문 역할을 하였다 함.

의관(議官); 고종(高宗)32년(年)에 중추원(中樞院)에 두었던 벼슬로 광무(光武)9년(年) 찬의(贊議)로 개칭(改稱)됨. 찬의(贊議); 정오품(正五品). 현재 정부 조직 어느 부서와 어느 직급에 해당하는가는 그 체제가 상이하니 견주기가 어려울 듯함.

칙임(勅任); 칙명(勅命)으로 벼슬을 줌. 또는 그렇게 내려주는 벼슬.
주임(奏任); 임금에게 상주(上奏)하여 임명함. 또는 그렇게 채용된 관리.
판임(判任); 판임관(判任官)의 준말로 일제말기 주임관(奏任官)의 아래 벼슬로 장관(長官)이 임의로 임면(任免)하던 벼슬자리.

▶2215◀◆問; 의인과 상하 분의 뜻을 묻고자 합니다.

선생님 그간 안녕하십니까? 오늘 묘사에 참석하고 왔습니다. 그런데 상석에 위와 같이 쓰여있었습니다. 배의인월성이씨묘상하분(配宜人月城李氏墓上下墳) 이란 무슨 뜻을 의미하는지요? (宜人 그리고 上下墳).

그리고 위대 할아버님(충우)은 14 세(시조 1 세로부터)이시고 종손(실경)은 27 세(시조 1 세로부터)인데 상석 좌편에 14 세손 실경으로 쓰여있어 내가 13 세손으로 써야 된다고 하니 어른들께서는 14 세손이 맞다고 합니다. 몇 세손으로 써야 맞습니까?

◆答; 의인과 상하 분의 뜻.

의인(宜人); 종육품 외명부(從六品外命婦).
상하분(上下墳); 위아래 묘(墓).

충우선조의 13세손.
朝鮮時代 外命婦
종육품(從六品); 일명(一名)--선무랑(宣務郞) 외명부(外命婦)----의인(宜人).

▶2216◀◆問; 전폐례(奠幣禮).

무더운 날씨에 수고가 많으십니다. 향교의 향사에 [전폐례]가 있습니다. 향교, 서원, 불천위 제사 등 어떠한 제사에 전폐례를 하는지요? 하지 않는 제사에는 왜 [전폐례]가 없는지요? 무척 궁금합니다.

◆答; 전폐례(奠幣禮).

전폐례(奠幣禮)는 국조오례의(私祭除外)의 예법에 의하여 행하는 제(祭)에서 행하여지는 예로서 주자가례(朱子家禮)에 의하여 행하는 예에서는 행하지 않습니다.

가례에서 하관 때에 폐백의 예를 택하고 제례에서는 택함이 없는 까닭을 살핀 바는 없으나 생제와 숙제의 차이와 동시에 빈자 배려 차원도 크게 작용하지 않았을까 합니다.

●墨子尙同中; 天子之所以治天下者以祭祀天鬼其事鬼神也酒醴粢盛不敢不蠲潔犧牲不敢不腯肥珪璧幣帛不敢不中度量春秋祭祀不敢失時

●封氏聞見記紙錢; 按古者享祀鬼神有珪璧幣帛事畢則埋之

●開元禮吉三皇帝春分朝日於東郊奠玉帛; 祀日未明三刻(云云)黃帝升壇北向立樂止太祝加玉於幣以授侍中侍中奉玉帛東向進皇帝搢鎭珪受玉帛登歌作肅和之樂乃以大呂之均太常卿引皇帝進北面跪奠於大明(夕月云夜明)神座俛伏興太常卿引皇帝少退北面再拜

●國朝五禮儀吉禮春秋及臘祭社稷儀奠幣; 殿下詣國社壇升自北陛國社神位前殿下跪搢圭在位者皆跪近侍一人捧香合一人捧香爐跪進禮儀使啓請三上香近侍奠爐于神位前近侍以幣篚授進幣爵酒官進幣爵酒官捧幣跪進禮儀使啓請執幣獻幣以幣授奠幣爵酒官奠于神位前

●書經召誥;我非敢勤惟恭奉幣用供王能祈天永命 孔傳; 惟恭敬奉其幣帛用供待王能求天長命

●周禮天官大宰; 及祀之日贊玉幣爵之事後來稱其他聘享的禮物如車馬玉帛等亦曰幣

▶2217◀◆問; 전하(殿下)란 호칭은 언제부터 쓰이기 시작하였나요?

전하(殿下)라는 호칭은 어느 때부터 사용하기 시작 하였나요.

◆答; 전하(殿下)란 호칭은 언제부터.

아래와 같이 사물기(事物記) 전하(殿下)조를 살펴보면 한(漢)나라 때부터 시작 된 것 같습니다.

●事物記朝廷注措部陛下條周以前天子無陛下之呼史記秦李斯議事始呼之○又公式姓諱部殿下條漢以來皇太子諸王稱殿下漢之前未聞唐初百官天皇太后亦稱之百官氵+自(미칠게)東宮官對皇太子亦呼之今雖親王亦避也○又閤(閣)下條沈約宋書三公黃閤其事前史無文按禮士轝與天子同公侯大夫卽異注謂三公與天子禮數相亞故黃其閤示謙不敢斥尊疑是漢制疑閤下之呼出自此矣故今呼三公曰閤下

●辭源殳部九畫[殿下]秦制皇帝稱陛下漢以來通稱諸侯王爲殿下

▶2218◀◆問; 정록청에 대하여 여러 가지 설이 있는데.

정록청의 용도에 대하여 알고 싶습니다.

◆答; 정록청.

1). 정록청(正錄廳)은 임진왜란(壬辰倭亂) 이전(以前)은 입직자가 시정(時政)을 기록(記錄)하여 보관(保管)하다, 임진왜란(壬辰倭亂) 때 불탄 뒤 인조조(仁祖朝) 때 재건(再建) 후(後)는 구규(舊規)는 폐하고 단지(但只) 입직자(入直者)의 처소(處所)로 이용(利用)되었다 함.

다만 일성록(日省錄) 등(等) 몇몇 곳에서 시(試)나 회합(會合)등(等)의 기록(記錄)으로 보아 목적(目的) 외(外) 공간이용(空間利用)으로 이해(理解)됨이 옳을 것입니다.

2). 거상(居喪) 중인 자는 상복(喪服)을 벗지 않고 곡성(哭聲)을 그치지 않으니 거상(居喪) 중(中)에는 과거(科擧)뿐 아니라 상(喪)에 관한 일 외는 하여서는 아니 되는 것 같습니다.

●春官通考吉禮正錄廳;○太祖七年戊寅正錄廳成(註)國初參下官入直記時政之大者故因以名其廳壬辰倭亂後舊規廢○宣祖二十五年壬辰正錄廳火於倭亂○仁祖四年丙寅正錄廳

成

●日省錄正祖十八年甲寅成均館啓言今此監試初試照訖講以明倫堂正錄廳分設一二所
●朱子曰古人居喪衰麻之衣不釋於身哭泣之聲不絶於口

▶2219◀◆問; 정자(亭子)란 무엇을 하는 곳인지요?

제궁, 제사, 제실 등으로 불리는 곳은 보통 문중 위토를 경작해서 나오는 수확으로 조상의 제사를 모시는데, 문중 사원들이 모여서 조상을 모시고 또한 여러 논의도 합니다. 그리고 이러한 제궁에는 보통 문중산이나 위토를 경작하는 소작인이 상주하게 되지요. 그런데 시골에 보면 정자라는 곳이 있습니다.

이곳에는 빈 정자만 있고 사람이 살지 안드는군요. 그리고 몇 년이 가도 그곳에서 어떤 행사를 하는 것도 잘 보지 못했습니다. 언젠가 한번 그곳에서 제사? 를 올리는 것을 본적이 있는듯합니다만 기억이 희미 합니다. 이러한 정자(亭子)에는 왜 사람이 살지 않으며 무엇을 하는 곳인지요? 동민(洞民)이 모두 모여서 쉬는 곳으로 지은 정자가 아닌 김씨 이씨, 박씨 등의 성씨 대문중(大門中)이나 소종회(小宗會) 등에서 지은 정자? 입니다.

◆答; 정자란.

1. 현(縣) 소속의 낮은 벼슬 이름.
2 산수(山水)가 아름다운 곳의 풍경을 감상하기 위하여 지어 놓은 작은 정각(亭閣).

●漢書劉卞傳;劉卞少爲縣小吏功曹夜醉如廁使卞執燭不從功曹銜之以他事補亭子
●杜甫題鄭縣亭子詩;鄭縣亭子澗之濱戶牖憑高發興新
●初刻拍案惊奇卷二十四;就在這燕子頂上造着一个亭子鎭住他
●二十年目睹之怪現狀第八十六回;南京那塊血跡碑當年愼而重之的說是方孝孺的血廥成的特爲造一座亭子嵌起來

▶2220◀◆問; 정조대왕의 붕(崩).

정조 대왕에 대해 관심이 많은 한 소녀입니다. 제 친구가 정조대왕이 수은중독으로 돌아가셨다고 100% 맞다고 주장을 하더라구요. 그래서 제가 그건 하나의 추측이고 확실하진 않다고 했더니, 계속 맞다는 거예요. 그래서 제가 증거가 어디 있느냐고 했더니 정조대왕의 몸에서 고체 상태의 수은이 발견 됐다고 하더라구요. 저도 들어본 말이긴 한데 이게 확실한 말인가요?

◆答; 정조대왕의 사인(死因).

아래와 같이 살펴보건대 정조대왕{처음의 시호는 정종(正宗)이었으나 광무 3 년(1899) 정조(正祖)로 고침}은 영조대왕의 뒤를 이어(1777) 재위 24 년으로경신년(1800) 6 월 28 일 승하하셨는데 정사(正史)에서는 그와 같은 기록을 찾을 수가 없고, 아잉양이 친구와의 대담(對談) 내용은 야사(野史) 또는 야담(野談)으로 전하여 내려온 속설이 아닌가 합니다.

●國朝寶鑑正祖篇庚申二十四年六月上疾大漸二十八日酉時上昇遐上諡曰文成武烈聖仁莊孝廟號曰正宗是年十一月一日葬于健陵亥坐之原卽顯隆園之東第二岡也後二十一年辛巳九月十三日遷奉于園之右岡子坐之原

▶2221◀◆問; 제명(題名)을 알 수 있을까요.

성군(聖君)이신 세종대왕(世宗大王)께서 흉년에 굶주리는 백성(百姓)들의 허기(虛飢)를 채우기 위한 묘방(妙方)을 적어 가르쳤던 어제(御製)가 있었다 하는데 제명(題名)을 알 수 있을까요.

◆答; 제명(題名)은.

구황피곡방(救荒辟穀方; 世宗大王 御製)이라 합니다. 이 책 중에서 명종대왕(明宗大王)의 명(命; 1554)으로 구황(救荒)에 중요(重要) 부분(部分)만 추려 언해(諺解)한 제명(題名) 구황촬요(救荒撮要; 二十二板)란 책이 있습니다.

구황촬요(救荒撮要)란 책은 당시 큰 기근이 들어 굶주린 백성들을 구제하기 위하여 누구나 쉽게 보도록 우리말로 번역하여 놓은 책입니다. 그 첫 대목을 살펴보면 이렇습니다. (原文 省略)

○굶믄 사람이 문득 밥을 먹거나 더운 것을 먹으면 필경 죽나니 몬져 쟝을 찬물에 풀어 먹이고 다음에 식은 죽을 먹여 소생되거든 덤덤죽을 조금식 조금식 먹이라. ○굶머 부황난 사람을 구완하야 긔운이 충실하되 부황이 풀리지 않거든 붉나무 겁질을 달여 쌀을 알맞게 너허 죽을 쑤어 한잔씩 제 긔운 보아가며 먹이면 낫나니라. ○구황에 송엽이 웃듬이 어니와 느릅 겁질 물을 섯거 쪄야 밋맛히 난환이 업나니라. ○송엽이 오장을 편안케 하고 배고프지 아니하니 솔방울에 잣과 송지와 뿔리 겁질이 다 됴커니와 닙은 절곡하기 조흐니라. 등등 이 시대에서는 기근(飢饉)이란 상상도 할 수 없으나 옛 왕정시대(王政時代)에서도 성군(聖君)들의 애민(愛民)의 정이 이렇게 구구절절(句句節節) 하였습니다.

▶2222◀◆問; 제야에 종을 33번 치는 수가[天干; 12, 地支; 10, 人; 11]더한 수라 하는데?

보신각(普信閣)의 종(鐘)을 33번 울리는 이유(理由)를 알고 싶습니다, 언뜻 듣기에는, 천(天), 지(地). 인(人), 삼재중(三材中), 천간(天干)은 12, 지지(地支)는 10, 인(人)은11, 합(合)해서 33번을 울린다는 이야기를 들었는데, 천간(天干), 지지(地支)는 이해(理解) 하겠는데, 인(人), 이 11 임은 잘 모르겠습니다, 이해(理解)가 안됩니다, 하교(下敎) 하여주시면 고맙겠습니다, 성균관(成均館)의 무궁한 발전을 기원 합니다. 천안(天安) 직산(稷山)향교 유림(儒林) 남0수입니다,

◆答; 제야에 종을 33번 치는 수.

제야(除夜)에 종(鍾)을 33 번 치는 수가 [천간(天干)은 12, 지지(地支)는 10, 인(人)은 11] 더한 수에 관하여는 아는 바가 없습니다.

다만 매일(每日) 새벽 오경삼점(五更三點)이 되면 종(鍾)을 33 번 울려 도성(都城)문을 열게 하는데 이를 파루(罷漏)라 하며 33 번 치는 것은 범어(梵語)인 도리천(忉利天)의 역어(譯語)로서 욕계육천(欲界六天)의 제이천(第二天)을 말하는데 수미산정(須彌山頂)에서 사방(四方)에 각각 팔천(八天)(32 천(天)과 중앙(中央)의 제석천(帝釋天)을 합하여 삼십삼천(三十三天)의 의미(意味)로서 33 번 치는 까닭은 성문(城門)을 열면서 그날 하루의 국태민안(國泰民安)을 기원(祈願)하는 뜻이 담겨 있다는 것이며, 그 제도(33)가 지금까지 이어져 제야(除夜)에 종(鍾)을 33 번 울리는 것 아닌가 합니다.

●世宗實錄兵曹啓都城各門以人定罷漏鍾聲隨卽開閉

▶2223◀◆問; 조경단(肇慶壇) 대하여.

조경단은 전주이씨 시조에 관한 내용이던데 제가 무지해서요 정확히 조경단과 설단은 무엇인지요?

◆答; 조경단(肇慶壇)이란.

고종 광무 3(1899)년 5월에 지금의 전라북도 전주시 덕진구 덕진동 덕진산에 단을

쌓고 비를 세워 전주 이씨 시조 사공 묘로 정하고 조경단(肇慶壇)이라 명하여 당상관을 배치 수호하도록 하였음.

●肇慶壇濬慶墓·永慶墓營建廳儀軌詔勅戊戌九月十二日議政府贊政李種健等上疏;始祖司空公卽周之后稷則其所崇奉之節無古今之殊是以我太祖大王特命置守護軍於全州乾止山墓所嚴禁樵牧以票崇奉至于○又移照己亥三月十一日照會掌禮院;肇慶壇營建時各樣擇日令掌禮院擧行事自本廳已經事目○又來照己亥三月十八日掌禮院來照;肇慶壇始役吉日於四月初八日未時先始北方祠后土同日曉頭先行肇慶廟告由祭始役前一日設行事己亥五月初二日掌禮院來照肇慶壇墓上加土吉日以五月二十五日卯時(云云)

▶2224◀◆問; 조선시대 공신이 1품에 해당되는 것이 맞는 것인지요?

안녕하십니까? 인터넷 상의 자료를 보면 조선시대 정 1 품관으로 다음과 같은 분들이 나열되어 있습니다.

대군, 공신, 부원군, 군, 영의정, 좌의정, 우의정, 도제조 위(상의 사위), 감사. 조선시대 공신이 1 품 품계에 해당되는 것이 맞는 것인지요?

◆答; 정일품관(正一品官)의 품계(品階) 오를 수 있습니다.

아래와 같이 살펴보건대 친공자(親功者)로 군(君)의 칭호를 받은 공신(功臣) 중 정일품관(正一品官)의 품계(品階) 오를 수 있습니다.

●大典會通(經國大典同)正一品衙門忠勳府條諸功臣之府堂上官無正數君正一品親功臣

▶2225◀◆問; 조선시대 과거시험 응시 자격.

인터넷으로 많이 찾아보았으나 궁금한 점이 해소되지 않아 염치 불구하고 질의 합니다.

1453 년에 계유정난을 일으켜 조선 7 대 세조의 무리들이 정권을 잡으면서 충신들에게 없는 죄를 뒤집어 씌워 참화 되었던 사람 중 민신(閔伸) 이조판서는 329 년이 지난 1781 년 정조 5 년에 관직이 복관되고 충정공으로 시호를 받았으며 1789 년에는 벼슬이 영의정으로 추증 되었습니다.

민신의 손자 한 분이 홀로 생존하여 그의 후손들이 오랜 세월이 흐르는 동안 번성하면서 어느 시기부터 과거시험에 응시할 수 있었는지 궁금하여 질의를 드립니다.

◆答; 조선시대 과거시험 응시 자격.

계유정난(癸酉靖難) 때 민신(閔伸)은 삼군진무(三軍鎭撫) 서조(徐遭)에게 참살 당한 후 일족멸살지화(一族滅殺之禍)를 당하고 그 처첩(妻妾)이나 후손(後孫)이 노비(奴婢)의 신분이 되었는지의 여부를 알지 못하나.

다만 경국대전(經國大典)에 천인(賤人) 신분(身分)이라 하여도 노비(奴婢)나 천직(賤職)에 종사하지 않는 양자(良者)라면 정칠품(正七品)까지는 벼슬사리를 한다는 법도 명문화 되어 있으니 이를 참고하여 유추하고, 민신의 후손들이 대대로 노비의 신분으로 살았었다면 복관 즉시 그 가문의 신분상승이 함께 이뤄졌을 터이니 그 때부터 양반으로서 권리행사가 가능하였다. 로 이해됨이 옳을 것입니다.

●經國大典吏典限品敍用; 賤人爲良者限正七品
●列聖誌狀通紀肅宗大王惠順王妃諺敎行狀; 謀叛反逆外子孫妻妾奴婢告父母家長者處絞之文而近觀外方刑獄文案事不至重大而或使子孫證其父母祖父母妻妾證其家長殊甚無謂不可不申飭但父子俱犯妻妾同惡者不可不一體推治
●燃藜室記述端宗朝故事本末世祖靖難(癸酉四月); (云云)斬閔伸於顯陵碑石所(云云)

▶2226◀◆問; 조선시대 유배의 종류에 관하여?

問; 1. 조선조 유배의 종류가 다양한 것 같습니다.

위리안치 되어 꼼짝도 못하는 것에서부터, 위수지역 안에서만 기거하라든지, 어떤 책을 보면 유배지에서 결혼도 하는가 하면, 종, 하인도 데려가 생활하는 것도 있으니 유배의 종류에 대한 종합적인 사료가 있는지 궁금합니다.

問; 2. 증직(贈職) 문제 인데요. 본인보다 높은 품계를 아버지에게 줄 수 있는지? 저희 선조 중에 곤찰사, 참의를 지냈지만 계는 통정대부로 되어 있지 아버지는 현령밖에 못하셨는데, 호조참판으로 증직을 받아서 신도비가 있습니다.

◆答; 조선시대 유배의 종류.

問; 1. 答; 그와 같은 제도가 있는지의 여부는 아직 살피지를 못하고 다만 아래와 같이 살펴보건대 류형(流刑)에는 이천리(二千里), 이천오백리(二千五百里), 삼천리(三千里), 등 죄(罪)의 경중에 따라 세 종류가 있는데 유형(類型)은 사형(死刑)의 다음 형(刑)으로 살리기는 하나 사면(赦免)의 왕명(王命)이 없는 한 종신형(終身刑)이 됩니다.

問; 2. 答; 추증(追贈) 법(法)에 실직(實職)인 이품(二品) 이상인 문무관(文武官)에게 내리게 되는데 그의 부모는 당사자(當事者)와 같은 등급(等級)의 품계를 받고 조부모와 증조보모는 각각 일등씩 감하여 받게 됩니다.

●典律通補(大明律, 大明律集解, 大明律集禮, 大明律附例, 大明律講解, 同)刑典五刑之圖流刑

三; 二千里杖一百 二千五百里杖一百 三千里杖一百 流去遠方終身不得回鄕自二千里至三千里爲三等每五百里爲一等加 二死三流各同爲一減

●大典會通吏典追贈;宗親及文武官實職二品以上追贈三代(註)父母準己品祖父母曾祖父母各遞降一等

▶2227◀◆問; 조선시대의 장례행렬의 순위.

상례에 관해서 묻고 싶습니다. 상례 절차는 관혼상제 글에서 확인하였습니다. 전통적인 상례 시에 행렬은 어떤 순위로 이루어서 행열 하는가 궁금합니다. 감사합니다.

◆答; 장례행렬.

장례행렬 순서는 아래와 같습니다.

●便覽發引之圖(편람발인지도)

    ↑方相　　　방상
    ↑女僕　　　여복
    ↑侍者　　　시자
    ↑銘旌　　　명정
    ↑靈車　　　영거
    ↑輓章　　　만장
    ↑功布　　　공포
翣　↑大轝 翣　대여
    ↑主人以下哭步從; 주인 이하 곡 보종
    ↑尊長　　　존장
    ↑無服之親　무복지친
    ↑賓客　　　빈객

▶2228◀◆問; 조선시대 직책의 기록에 대한 문의.

안녕하셔요. 조선시대 직책의 앞에 '守' 또는 '行'이라는 기록이 있는데(例, 守成均館司成, 行成均館司成) 어떤 의미가 있는지 직채 앞에 아무 글자도 없는 경우와 다른 점은 무엇인지 묻습니다. 자세히 알려 주시면 감사하겠습니다.

◆答; 조선시대 직책의 기록.

행수(行守)란 품계(品階)와 관직(官職)이 서로 상응(相應)하지 않는 관원(官員)의 직 앞에 붙여주던 칭호로 당송대(唐宋代)의 관제(官制)에 품계(品階)가 높은 관원(官員)을 낮은 관직(官職)에 등용하거나 대관(大官)이 소관(小官)을 겸임(兼任)하게 되면 행(行)이라 하였고 소관(小官)으로서 대관(大官)을 겸임(兼任)하게 되면 수(守)라 하였는데 고려조(高麗朝)에서 이미 이 제도(制度)를 받아드렸고 조선시대(朝鮮時代) 세종(世宗)24(1442)년(年)에 이 제도에 따라 행수법(行守法)을 행키로 결정 아래와 같이 경국대전(經國大典)에 수록 법제화(法制化)하게 되었습니다.

이러한 제도(制度)가 생기게 된 원인은 어떤 관직(官職)에 상응(相應)하는 품계(品階)를 가진 관원(官員)이 없거나 혹은 품계(品階)가 등용하려는 관직(官職)보다 높거나 낮은 관원(官員)을 꼭 그 직(職)에 등용하고 싶을 때 적용키 위한 제도입니다. 그러나 이 제도에도 한계가 있어 7품 이하는 2품계를, 6품 이상은 3품계를 넘어 등용될 수가 없었습니다.

예를 들어 종일품 숭정대부(崇政大夫)가 정이품(正二品)의 관직인 이조판서에 등용되면 숭정대부행이조판서(崇政大夫行吏曹判書), 종이품(從二品)인 가선대부(嘉善大夫)가 정이품(正二品)인 홍문관대제학(弘文館大提學)에 등용되면 가선대부수홍문관대제학(嘉善大夫守弘文館大提學) 등이라 일컫게 됩니다.

●經國大典京官職條階高職卑則稱行階卑職高則稱守(註七品以下不得越二階六品以上不得越三階而守)行守字在司上

▶2229◀◆問; 조선조의 관직을 알고 싶습니다.

저의 6대조께서 조선조 가선대부(嘉善大夫) 행(行) 용양위부호군(龍驤衛副護軍) 수승(壽陞) 동(同)지중추부사(知中樞府事)에 오르시었는바, 용양위부호군의 군제(軍制)가 무엇이며, 그 임무가 무엇인지요? 현재 군직(軍職)이라면 어느 지위(地位)에 해당되는지요? 품계(品階)는 어느 계층(階層)인지요? (종2품이라 알고 있는데) 하교하여 주시면 숭조(崇祖)정신 함양에 많은 도움이 되겠습니다. 송구합니다. 조상의 관직을 몰라서. 감사합니다.

◆答; 조선조의 관직.

●용양위(龍驤衛) 부호군(副護軍)이란

용양위(龍驤衛)란 조선시대(朝鮮時代) 오위(五衛) 중 좌위(左衛)로 문종 1 년에 설치하였던 군대 조직으로 용양위(龍驤衛)를 이해하려면 먼저 오위(五衛)가 무엇인가를 알아야 할 것입니다.

오위(五衛)란 조선시대(朝鮮時代) 군대(軍隊) 조직(組織)으로 고려(高麗) 병제(兵制)인 삼군도총부(三軍都摠府)를 계승 후에 의흥삼군부(義興三軍府)로 개칭(改稱) 예하에 의흥친군십위(義興親軍十衛)를 두었다. 세조(世祖)3 년에 삼군(三軍) 오위(五衛)로 개편 오위진무소(五衛鎭撫所)가 총괄하다 세조(世祖)12 년(年)에 오위도총부(五衛都摠府)로 개칭함.

오위(五衛)는 중위(中衛)=의흥위(義興衛)·좌위(左衛)=용양위(龍驤衛)·우위(右衛)=

호분위(虎賁衛)·전위(前衛)=충좌위(忠佐衛)·후위(後衛)=충무위(忠武衛)를 이르는데 그 군사의 구성은 중위(中衛)=의흥위(義興衛)는 한양(漢陽)의 중부(中部)와 경기·황해·강원·충청도 출신. 좌위(左衛)=용양위(龍驤衛)는 한양(漢陽)의 동부(東部)와 경상도 출신. 우위(右衛)=호분위(虎賁衛)는 한양(漢陽)의 서부(西部)와 평안도 출신. 전위(前衛)=충좌위(忠佐衛)는 한양(漢陽)의 남부와 전라도 출신. 후위(後衛)=충무위(忠武衛)는 한양(漢陽)의 북부와 함경도 출신 군사로 조직되었음.

오위(五衛) 관원(官員)은 위장(衛長) 종이품(從二品)·상호군(上護軍) 당하정삼품(堂下正三品)·대호군(大護軍) 정삼품(正三品)·호군(護軍) 정사품(正四品)·부호군(副護軍) 종사품(從四品)·사직(司直) 정오품(正五品)·부사직(副司直) 종오품(從五品)·사과(司果) 정육품(正六品)·부장(部將) 종육품(從六品)·부사과(副司果) 종육품(從六品)·사정(司正) 정칠품(正七品)·부사정(副司正) 종칠품(從七品)·사맹(司猛) 정팔품(正八品)·부사맹(副司猛) 종팔품(從八品)·사용(司勇) 정구품(正九品)·부사용(副司勇) 종구품(從九品) 등으로 조직되었음.

오위(五衛)의 제도가 임진왜란(壬辰倭亂)을 겪으면서 그 본래의 기능이 쇠퇴 도성(都城)의 경비만 담당하는 한직(閑職)으로 변하였다 차차 그 기능이 유명무실하여져 법전상의 관제로 존재하다 고종 19년의 군제개혁 때 완전 폐지되었음.

▶2230◀◆問; 조선왕조 祖와 宗과 벼슬(품계) 정과 종과의 차이점?
어떤 임금은 조(祖)를 어던 임금은 종(宗)자를 붙이고 또 벼슬에서 같은 품계에서 정(正) 또는 종이 붙는데 다 무슨 의미가 있습니까.

◆答; 조선왕조 祖와 宗과 벼슬(품계) 정과 종.
○祖=건국왕(建國王)과 나라경영에 공(功)이 있는 王의 사후 묘호(廟號)에 붙임.
○宗=德으로 나라를 경영한 왕의 사후 묘호(廟號)에 붙임.
○正= 둘이 하나의 품등(品等) 중 장(長).
○從= 둘이 하나의 품등(品等) 중 차(次; 副).

●史記孝文本紀;高帝親率士大夫始平天下建諸侯爲帝者太祖諸侯王及列侯始受國者皆亦爲其國祖
●孔子家語廟制;古者祖有功而宗有德謂之祖宗者其廟皆不毀王肅注有德者謂之宗
●隋書經籍志於秘書內補續殘缺爲正副二本
●經國大典抄解正長也實也一數之首也
●魏書官氏志;前世職次皆無從品魏氏始置之亦一代之別制也

▶2231◀◆問; 증(贈)과 행(行), 수(守)에 대하여?
제사의 지방에 "현고 증(贈)0000 행(行)000 부군 신위"와 "현고 行 0000 증(贈)0000 부군 신위"중에서 어느 것이 맞게 쓴 것인가요? 두 가지 모두 맞는지요? 守도 있으면 "증(贈), 행(行), 수(守)"를 지방에 어떻게 써야 하는지요?

◆答; 증(贈), 행(行), 수(守).
紙牓式'; 顯某考贈某行某府君神位

○贈(追贈); 사후(死後) 관직을 추증(追贈)함.
●後漢書鄧騭傳;悝閶相繼並卒皆遺言薄葬不受爵贈
●朝野類要入仕;生曰封死曰贈
○行(階高職卑); 품계는 높으면서 낮은 직에 종사.
●歐陽脩文忠集二十五瀧岡阡表;題名觀文殿學士特進行兵部尙書觀文殿學士爲從二品兵

部尙書爲正三品官高職低故稱行

○守(階卑職高); 품계는 낮으면서 높은 직에 종사.
●韓愈序;今愈以都官郞守東都省

▶2232◀◆問; [증직]에 대하여.

조선 선조조에 부군(府君)께서 서거(逝去) 하시고 몇 연후에 [이조참판(吏曹參判)에 증직(贈職)]을 받으시고 할머님은 [증(贈) 정부인(貞夫人)]를 받으시고 그 후 할머님은 28년을 더 사시다가 돌아 가시어 현재까지 세일제(歲一祭) 축문(祝文)에 [증(贈) 정부인(貞夫人)]으로 제사를 뫼시었는데 지금와서 반론이 제기 되어 선생님의 지도를 바랍니다,

○-1-부군의 증직을 따라 "증(贈)"자를 써야 한다,
○-2-할머님은 생전에 28년간 [정부인(貞夫人)]으로 사셨기 때문에 " 증(贈)"를 쓰면 안된다 입니다.

◆答; [증직].

박(朴)선생 안녕하신가요. 반갑습니다.

아래와 같이 살펴보건대 추증(追贈)은 종이품(從二品) 이상 관리(官吏)의 부모(父母), 조부모(祖父母), 증조부모(曾祖父母)에게 사후(死後)에 벼슬을 내리거나 공신(功臣)이 죽은 뒤에 품계(品階)를 높여 주던 일이라, 선생의 조모(祖母) 역시 사후(死後) 신주(神主)나 축문(祝文)에 증(贈)정부인(貞夫人)으로 뫼시어야 할 것입니다.

●經國大典輯注追贈; 生曰封死曰贈
●經國大典追贈; 宗親及文武官實職二品以上追贈三代(父母已品祖父母曾祖父母各遞降一等)○二等純忠積德補祚功臣三等純忠補祚功臣並封君○亡妻從夫職
●弘齋全書翼靖公奏藁典禮類敘旌贈引; 我朝旌閭贈職之典始於獻陵朝注書吉再之旌閭侍中鄭夢周之贈職而宗親文武官實職二品以上追贈三代大典之法也

▶2233◀◆問; 知門下省事에 대하여.

지문하성사(知門下省事)가 어느 시대 무슨 벼슬인가요.

◆答; 知門下省事.

고려조(高麗朝)의 관직(官職)으로 직명은 [지문하성사(知門下省事)]이고 종이품직(從二品職)이었습니다.

고려사(高麗史) 백관지(百官志)에 개국초(開國初) 설관분직(設官分職)을 신라(新羅)의 제도(制度)를 참용(叅用)하였다 하였으나 삼국사기(三國史記) 직관편(職官篇)에도 기록이 없는 것 같고 삼국유사(三國遺事)에서도 역시 보이지 않으며, 다만 아래와 같이 살펴보건대 신라(新羅) 김씨(金氏)의 분파록(分派錄)에 [문하성사(門下省事)]의 기록으로 추측(推測)컨대 혹 신라(新羅)의 관직(官職)이 아닌가는 생각되나 그 전거가 찾아지지 않는 다는 것임. 특히 고전적 전거로입증된 논문이나 학술서가 아닌 어떠한 설도 그가 전거로서 역할을 할 수 없음.

●百官誌知門下府事文宗定知門下省事一人秩從二品
●高麗史節要仁宗恭孝大王甲辰二年十二月條檢校司空吏部尙書知門下省事李資德爲工部尙書知樞密院事
●東典考高麗設都兵馬使以侍中平章事參知政事政堂文學知門下省事爲判事判樞密以下爲使大事則會議有合坐之名一歲或一會累歲或不會後改都評議使或稱式目都監使

●高麗史百官誌百官一高麗太祖開國之初叅用新羅泰封之制設官分職以諧庶務然其官號或雜方言盖草創未暇革也

●崇惠殿誌新羅金氏分派錄篇金海金氏一金海君濂后○一門下省事裕簡后●又義城金氏一義城君錫后○一門下省事龍庇后●又光州金氏一光山府院君興光后○一門下省事光存后

▶2234◀◆問; 진사(進賜)와 나아리(羅阿里)에 대하여?

조선시대의 권력구조는 하부조직의 아래로부터 위로 올라가면서 점 점 높아져 사또(使道)·나리(進賜)·영감(令監)·대감(大監)·상감(上監) 등으로 관리들의 권력 서열이 정해집니다.

오주연문장전산고(五洲衍文長箋散稿)를 살펴보니 대감(大監)·영감(令監)·나아리(羅阿里)라는 호칭에 대하여 설명하고 있습니다. <<영감(令監)이란 비옥원(緋玉員 비단 옷에 옥관자(玉貫子) 차림의 당상관을 말함), 즉 당상관(堂上官)의 통칭이고, 진사(進賜)란 당하관(堂下官)의 칭호로, 속음(俗音)에 나아리(羅阿里)인데, 무엇을 뜻한 것인지 알 수 없다. 하였습니다.

또 <<관직전고(官職典故)의 품계(品階)편에 " 東俗稱堂上官曰令監堂下官曰進賜 "라 하였으니, 우리나라의 풍속이 당상관은 영감이라 하고, 당하관은 나으리라 한다.>> 하였고, 또 <<서경순(徐慶淳)이 쓴 몽경당일사(夢經堂日史)에는 나리[進賜]의 풀이를, 이두(吏頭)문자로 주석을 달았다. 즉, 나리인데 비천한 사람이 당하관(堂下官)을 부르는 존칭이다. 하였습니다.

여기에서 궁금한 점은 [나리] 또는 [나아리], [나으리]인데, 한자어 원문은 [진사(進賜)] [나아리(羅阿里)]입니다. 시생의 우견으로는 나으리 또는 나아리를 소리 나는 대로(이두문자) 쓰다 보니 羅阿里로 표기하였지 않았나 봅니다.

그렇다면 진사(進賜)는 이두문자로 의미부여를 두어 **나아(進-나아가다의 뜻)+리(賜-?)**로 보아야 할 것 같은데, 사(賜)의 뜻을 [나아]에 붙일 수 없습니다. 사(賜)의 뜻을 어떻게 풀어야 할지 혜량하여 주시기 바랍니다.

◆答; 진사(進賜)와 나아리(羅阿里).

이두(吏讀)란 한자(漢字)의 음(音)이나 새김을 빌려 우리 말을 표기하는 방법을 칭함인데 창안자(創案者)는 학역재(學易齋) 설(說)에 의하면 신라인(新羅人)인 설총(薛聰)의 창안(創案)이라 하나 혹은 오랜 세월(歲月)을 지나며 사회(社會) 각층(各層)에 의하여 행하여 졌던 우리말 표기법(表記法)이 자연(自然)스럽게 고정되었다는 설도 있습니다.

예를 들어 이두문자(吏讀文字)의 위호의(爲乎矣)는 하오되. 위량지(爲良只)는 하얏기. 증지(曾只)는 일즉이. 사음정(私音丁)은 사사로이. 위량치(爲良置)는 하야두. 위거사(爲去沙)는 하거사. 라 발음됩니다.

따라서 이두(吏讀)에 관하여는 그를 해독하는 전문가가 아니고는 풀어낼 수가 없습니다.

▶2235◀◆問; 진사(進士)에 대한 질문 드립니다.

진사(進仕)를 지방이나 축문의 관직에 써도 되나요.

◆答; 진사(進士).

아래와 같이 살펴 보건대 진사(進士)란 중국에서는 조정에 추천하는 인재를 의미하고 우리나라에서는 소과(小科)의 하나인 진사시(進士試)에 합격한 사람을 의미할 뿐으로 그가 관직(官職)을 뜻하지는 않습니다. 학사(學士) 역시 학위(學位)로서 관직이 아닙니다. 까닭에 지방(紙榜)이나 축문(祝文)의 모관(某官)에 진사(進士)를 쓸 수 없는 것 같습니다.

●王制大樂正論造士之秀者以告于王而升諸司馬曰進士鄭註移名於司馬司馬夏官卿掌邦政者進士可進受爵祿也
●墨子歸國寶(註歸讀如齊人歸女樂之歸)不若獻賢而進士
●家禮本註無官封則以生時所稱爲號
●問解無官而死者無他稱號勢不得已當書學生處士秀才各隨宜可也
●國語辭典小科의 첫 시험에 及第한 사람

▶2236◀◆問; 집례의 홀기를 밖에서 들리게 말하는 사람.

안녕하십니까? 오늘도 궁금한 점이 있어 여쭈어 봅니다.

問 1. 서원이나 향교에서 집례가 홀기를 읽으면, 안에서 집사나 헌관이 한 행동을 볼 수가 없어서, 행동의 마침을 알려주기 위하여 홀기의 마지막 2~3 글자씩 밖의 집례자가 들리게 응성(?)하는 소리를 들었습니다. 이러한 일을 맡아 하는 사람을 무엇이라고 칭하는지요?

問; 2. 두 번째로 여쭈어 볼 것은 음복 수조례에서 초헌관이 드시는 술은 어디의 것을 어떻게 하여, 조육은 어디의 것을 어떻게 하여 드리는지요? (예) 제상의 초헌잔을, 제상의 생돼지 고기를 잘라서 등. 죄송합니다.

◆答; 집례의 홀기를 밖에서 들리게 말하는 사람.

問; 1 答; 국조오례의(國朝五禮儀)에 의하면 집례(執禮)가 창(唱)하면 찬자(贊者)가 전창(傳唱)할 뿐인 것 같습니다.

問; 2. 答; 문선왕께 드리는 술 항아리의 술을 잔에 담고 위전의 고기를 잘라 드린다는 것입니다.

●國朝五禮儀吉禮有司釋奠文宣王儀; 執禮曰四拜贊者傳唱(註)凡執禮有辭贊者皆傳唱
●國朝五禮儀吉禮有司釋奠文宣王儀;執禮曰飲福受胙大祝詣文宣王尊所以爵酌罍福酒又大祝持俎進減神位前胙肉

▶2237◀◆問; 輯五瑞가 무슨 뜻인지요.

집오서(輯五瑞)란 말이 있는데 무슨 뜻인가요.

◆答; 홀을 두 손으로 잡던 의식.

※오서(五瑞); 환규(桓圭), 신규(信圭), 궁규(躬圭), 곡벽(穀璧), 포벽(蒲璧).

아래와 같이 살펴보건대 제후들이 천자(天子)를 알현(謁見)할 때 공작(公爵)은 환규(桓圭), 후작(侯爵)은 신규(信奎), 백작(伯爵)은 궁규(躬圭), 등과 같이 삼작(三爵)은 위는 뾰족하고 아래는 네모난 규(圭)를 잡고, 자작(子爵)은 곡벽(穀璧), 남작(男爵)은 포벽(蒲璧) 등 二爵은 둥근 璧을 반드시 두 손으로 잡던 의식으로 요(堯)임금 때 처음으로 잡(執)혔다. 합니다.

●古今帝王創制原始帝堯陶唐氏編; 輯五瑞公桓圭候信圭伯躬圭子穀璧男蒲璧
●周禮宗伯禮官之職典瑞; 公執桓圭候執信圭伯執躬圭繅皆三采三就子執穀璧男執蒲璧繅皆二采再就以朝覲宗遇會同于王

▶2238◀◆問; 창홀자의 위치.

수고가 많으십니까. 향교나 서원에 참배하여 보면 창홀자의 위치가 서쪽에서 동향하는 곳과, 동쪽에서 서향하는 곳이 있습니다. 어떻게 하는 것이 바른지 알고 싶습니다. 또한 성균관에서는 어떻게 하고 있으며, 묘사(墓祀)에서는 창홀자가 어떻게 서서 창홀을 하여야 하는지요? 죄송합니다.

◆答; 창홀자의 위치.

홀창석에 대하여 아래와 같이 살펴보건대 왕실의 길례(吉禮,) 가례(嘉禮), 상례(喪禮), 그 외 향음주례(鄕飮酒禮) 등 모두가 동쪽에서 서쪽을 향하고 있습니다. 왕실 길례(吉禮)에는 문선왕의(文宣王儀)도 포합됩니다.

● 五禮儀序例上吉禮壇廟圖說篇宗廟及文宣王儀執禮序立位東立西向○又嘉禮典儀位於東階上近東西向
● 國朝喪禮補編虞祭章執禮位於東階下近西西向
● 鄕飮酒禮坐席配置圖贊禮主唱席東階上近東西向

▶2239◀◆問; 척도(尺度)에 관하여?

초암 선생님께 많은 질의에 답해주시는데 감사 드리며 척(尺)에 대해서 여쭙니다 주척(周尺), 예기척(禮器尺), 황종척(黃鐘尺), 여. 영조척(營造尺), 포백척(布帛尺) 의 한자(漢字)와 뜻은요?

◆答; 척도(尺度).

중간 크기의 나서(糯黍; 기장) 1 알 길이를 一分으로 정하여 10 알을 一寸 황종의 길이는 9寸인데 이에 1寸을 더하여 황종척(黃鐘尺)이라 합니다.

황종척의 1 척은, 주척(周尺) 6 촌 6 리, 영조척(營造尺) 8 촌 9 푼 9 리, 조례기척(造禮器尺) 8 촌 2 푼 3 리, 포백척(布帛尺) 1 척 3 촌 4 푼 8 리가 된다는 것입니다.

● 大典會通(經國大典同)工典度量衡條註度之制十釐爲分十分爲寸十寸爲尺十尺爲丈以周尺準黃鐘尺則周尺長六寸六釐以營造尺準黃鐘尺則長八寸九分九釐以造禮器尺準黃鐘尺則長八寸二分三釐以布帛尺準黃鐘尺則長一尺三寸四分八釐

▶2240◀◆問; 추증에 관하여.

많은 상식을 얻게 되어 이 장에 참여하시는 모든 분께 감사 드립니다. 다름이 아니옵고, 저의 방계 선조 중에 종 2 품 동지중추부사를 역임하신 분이 계시는데 삼대를 추증 받아 동지중추부사의 아버지는 같은 종 2 품에 할아버지는 한등 아래인 정 3 품 당상관에 증조할아버지는 정 3 품 당하관인 통훈대부에 오르셨습니다. 제가 알고 있는 상식으로는 각 한등씩 차이를 두면 증조할아버지는 종 3 품 이라야 되는 걸로 아는데 혹시 정 3 품 당상관(堂上官)과 당하관(堂下官)의 차이가 한 등(等)의 차이로 이해되어야 하는 걸까요? 이상 하교 바랍니다.

◆答; 추증(追贈).

조선(朝鮮) 관직(官職) 품계(品階)에는 크게 3 단계로 나눕니다.

1. 堂上官=正一品 從一品 正二品 從二品 正三品
2. 堂下官(參上官)=正三品 從三品 正四品 從四品 正五品 從五品 正六品 從六品
3. 參下官=正七品 從七品 正八品 從八品 正九品 從九品

● 당상관(堂上官)은 조회(朝會)시(時) 당상(堂上)의 교의(交椅)에 앉을 수 있는 관원(官員)을 이르며,

● 당하관(堂下官; 參上官)은 조회(朝會) 시(時) 당하(堂下)에 참석(參席)할 수 있는 관원(官員) 을 이르고,

●참하관(參下官)은 조회(朝會)에 참석(參席)할 수 없는 하급(下級) 관원(官員)을 이르는데 참하(參下)에서 참상(參上)으로 승진(升進)됨을 출륙(出六) 또는 승륙(陞六)이라 합니다.

이와 같이 관등(官等)의 차이(差異)가 엄격(嚴格)하여 같은 정삼품(正三品)이라 하여도 당상관(堂上官)과당하관(堂下官)의 차이(差異)는 대단(大緞)히 크며 호칭(呼稱)역시(亦是) 정삼품(正三品) 당상관(堂上官)은 통정대부(通政夫)그 부인(夫人)은 숙부인(淑夫人), 동품(同品) 당하관(堂下官)은 통훈대부(通訓大夫) 그 부인(夫人)은 종삼품(從三品)의 부인(婦人)과 같은 숙인(淑人)입니다.

●大典會通追贈條宗親及文武官實職二品以上追贈三代註父母準己品祖父母曾祖父母各遞降一等

▶2241◀◆問; 추증 된 관직에 대하여.

사후에 추증된 관직은 어떤 의미(효과)가 있었는지요 또 그 후손에게 어떤 도움이 있었는지요.

◆答; 추증 된 관직.

조선시대(朝鮮時代) 포상(褒賞)과 폄강(貶降) 추증(追贈) 증시(贈諡) 등(等)은 경국대전(經國大典), 대전통편(大典通編), 대전회통(大典會通) 등(等)에 규정(規定)되어 있고 각종(各種) 범죄(犯罪)를 다스리는 형벌(刑罰)은 대명률(大明律)에 규정(規定)되어 있는데 추증조(追贈條)에는 그에 대한 포상(褒賞)이나 후손(後孫)에 대한 배려(配慮)에 관한 규정(規定)이 없습니다.

다만 아래와 같이 살펴보건대 어명(御命)에 따라 그에 대한 포상(褒賞) 형태(形態)가 정하여진 것 같습니다. 추증(追贈)을 받는다 함은 포상(褒賞)보다는 가문(家門)의 명예(名譽)를 더 중(重)히 여기지 않았나 합니다.

●太祖實錄金元桂願令攸司追贈官職又於宣州立祠奉祀敍用子孫以慰忠魂以勸後來 上從之

●日省錄正祖二年二月三日理無窮博詢於山林諸儒賢處亦似得宜矣予曰章甫近以尹志述配享事累爲疏請而予則以爲追贈尙可配享則過矣卿意何如鍾秀曰尹志述事蓋出於士氣之乖激而至於死則雖可謂冤配享則亦似過矣

⊙追贈教旨全文

教旨。

贈通政大夫。承政院都承旨兼

經筵參贊官。春秋館修撰官。藝

文館直提學。尙瑞院正李時稷。

贈。資憲大夫。吏曹判書兼知經

筵•義禁府事。弘文館大提學。藝

文館大提學。知春秋館•成均館

事。五衛都摠府都摠管者。

壬戌。五月。十三日。

江都死節表著。正二品職加 贈事。承

傳

▶2242◀◆問; 忠臣.

선생님께 문의합니다.

1)忠臣의 정의가 궁금합니다.

2)임진왜란과 정유재란 시 의병으로 참여한 기록이 정사에는 없지만 일반문헌에는 여러 번 있는데 충신의 반열에 올릴 수 있는지 궁금합니다.

◆答; 충신(忠臣).

問; 1) 答; 이미 국어사전(國語辭典)에서 충신(忠臣)에 대한 정의(定義)는 내려져 있으니 더 언급(言及)할 까닭은 없을 것 같고 다만 충신(忠臣)이란 육정신(六正臣)(성신(聖臣)·량신(良臣)·지신(智臣)·정신(貞臣)·충신(忠臣)·직신(直臣)) 중의 한 부류(部類)의 신하(臣下)이며 그 반대(反對)의 신하(臣下)를 류사신(六邪臣)(구신(具臣)·유신(諛臣)·간신(姦臣)·참신(讒臣)·적신(賊臣)·망국신(亡國臣))이라 하지요.

問 2) 答; 역사(歷史)에는 정사(正史)와 야사(野史)가 있는데 야사(野史)란 야승(野乘)이라고도 하며 민간(民間)에서 사사(私私)로이 적어놓은 기록물(記錄物)로 정사(正史)에 오르지 못한 역사상(歷史上)의 이야기에 불과(不過)하니 여기서 논(論)할 문제(問題)는 아니고 국가(國家) 기관(機關)이나 사가(史家)들의 논의(論議)에 의하여 정사(正史)로 편입(編入)된 연후(然後)에 가늠하여볼 문제(問題)인 것 같습니다.

▶2243◀◆問; 致祭와 諭祭에 대하여 묻습니다.

조선조(朝鮮朝)에 임금이 신하(臣下)를 파견(派遣)하여 퇴계선생(退溪先生) 가묘(家廟)에 제사를 지낸 제문(祭文) 첫 머리에 국왕(國王) 견신(遣臣) 관직(官職) 성명(姓名) 유제우증영의정문순공이황지령(諭祭于贈領議政文純公李滉之靈) -이하생략- 과 치제우증영의정문순공이황지령(致祭于贈領議政文純公李滉之靈)-이하생략- 라고 각각 쓰여져 있습니다.

유제(諭祭)와 치제(致祭)의 뜻은 무엇이며 같은 점과 다른 점을 알려 주시면 감사하겠습니다.

◆答; 치제(致祭)와 유제(諭祭)의 뜻.

致祭; 천자(天子)가 사신(使臣)을 보내어 신하(臣下)의 제사(祭祀)를 지냄.

諭祭; 임금이 공신(功臣)에게 내리는 제사(祭祀).

●袁中道東游日記;文莊知之上聞于朝遣使諭祭(註)謂天子下旨祭臣下

●梓郷誌順興誌忠節;又不書時行年號丙子特遣禮官致祭家廟所居杜谷舊有九峯書堂

▶2244◀◆問; 親行釋奠은 언제부터 지내기 시작하였나요.

임금님이 친히 지내는 친행석전(親行釋奠)은 우리나라에서는 언제부터 지내기 지작하였는지요.

◆答; 친행석전(親行釋奠)은 언제부터.

아래와 같이 살펴보건대 고려(高麗) 인종(仁宗) 구년(九年)인 듯하며 국왕(國王) 친제(親祭)인 경우(境遇) 친행석전(親行釋奠)이라 하지 않고 친행석전(親幸釋奠)이라야 옳은 것 같습니다.

●東事日知帝王之親幸釋奠東國則始見于高麗仁宗九年王幸國學釋奠于先聖

▶2245◀◆問; 칠사(七祀)를 자세히 설명하여 주세요.

칠사라 하면 일곱 제사를 의미하겠는데 지금도 지내고 있으며 사대부들이 지내는 제사인가요.

◆答; 칠사(七祀).

사명(司命) 중류(中霤) 국문(國門) 국행(國行) 태려(泰厲) 호(戶) 조(竈)의 칠신(七神)으로 주(周)나라 때 나라에 섬기던 칠신(七神).

司命; 궁중(宮中)의 소신(小神).

中霤; 후토신(后土神).

國門; 성문(城門)의 주신(主神).

國行; 국문(國門) 밖 서쪽에 있는 행신(行神).

泰厲; 옛날 제왕(帝王)의 무후자가 의지할 곳이 없어 민폐를 끼치는 고로 제사를 지냄.

戶; 봄에 출입 문에 비장(脾臟)으로 제사함.

竈; 여름에 부엌에서 폐장으로 제사한다.

●辭源[七祀];周代的七種祭祀七祀是司命中霤國門國行泰厲戶竈

●祭法王爲羣姓立七祀曰司命孔穎達疏司命者宮中小神熊氏云非天之司命故祭於宮中

●管子國蓄五穀食米民之司命也

●風俗通義八祀典稱民間所所祀小神有司命轉爲和生命有關的事物

●郊特牲;家主中霤而國主社孔穎達中霤謂土神

●白虎通五祀;六月祭中霤中霤者象土在中央也

●新齊諧獅子大王;某爲渠家中霤每一人始生卽准東岳文書知會其人熊是何等人熊是何年月日死共計在陽世幾歲

●月令季夏之月其祀中霤祭先心

●祭法王爲羣姓立七祀曰國門諸侯爲國立五祀註漢典主城門之神

●祭法王爲羣姓立七祀(云云)國行諸侯自爲立五祀孔穎達疏國行者謂行神在國門外之西

●祭法王爲羣姓立七祀(云云)曰泰厲孔穎達疏曰泰厲者謂古帝王無後者也此鬼無所依歸好爲民作禍故祀之也

●祭法王爲羣姓立七祀(云云)曰戶鄭玄注門戶主出入春曰其祀戶祭先脾

●祭法王爲羣姓立七祀(云云)曰竈鄭玄注竈主飮食之事夏曰其祀竈祭先肺

▶2246◀◆問; 통덕(通德)벼슬은 요.

조선조 顯宗~英祖때 通德벼슬에 대하여 가르침을 주시기 바랍니다. 어느 부서에 어느 품계 이였는지요.

◆答; 통덕랑(通德郞)이란.

혹시 통덕랑(通德郞)이 아니신지요 통덕랑(通德郞)이시라면 동반(東班) 정오품(正五品)으로 병조(兵曹)를 제외(除外)한 조정(朝廷) 여러 부서(部署)에 배치(配置)되어 있었습니다.

●大典會通吏典東班官階;正五品通德郞(補)宗親同○(原)宗親則通直郞秉直郞

▶2247◀◆問; 품계에 관하여 질문 드립니다.

안녕하세요. 선조들의 사적을 보면 허다하게 문관 품계와 무관 품계를 함께 받으신 것으로 기록되어 있습니다. 예를 들면 3품인 통정대부와 절충장군 품계를 함께 받은 것으로 기록된 것이 많이 발견되는데 그럴 수 있는 것인지요?

혹시 무관 품계를 받은 사람이 수직(壽職)으로 통정대부를 함께 품계를 받는 경우는 있는 것인지요? 확인할 바가 없어 이곳을 통하여 질문 드립니다. 바쁘신 와중이시라도 답변해 주시면 대단히 감사하겠습니다. 안녕히 계십시오.

◆答; 품계.

실록을 살펴보건대 문무관이 교차 근무하였다는 기록이 있으며, 삼품(三品)뿐이 아니고 다른 품계에서도 겸직이 있었던 것으로 보입니다.

●太祖康獻大王實錄太祖七年戊寅十月二十九日辛未;文武班次一本行一文官通政卽武官折衝古制一古者文武交差所以杜彼此之嫌故上大將軍或兼中丞直門下房主將軍兼吏曹議郎掌務將軍兼兵曹議郎乞復舊制 上命都評議使司擬議使司議得先是折衝將軍亞於大司成保義將軍亞於諫議請倣此三軍將軍行首亞於吏曹議郎各領將軍行首亞於兵曹議郎其餘條件並依義興三軍府所申 上從之

▶2248◀◆問; 품계에 대하여.

오랜만이네요. 안녕하세요. 아이들과 토론 중 아래에서 막혀 곤혹스러웠습니다. 다름이 아니옵고 조선시대 관등에 정 x 품 종 x 품 이와 같이하여 정구품(正九品) 종구품(從九品) 이런 식으로 이중으로 같은 수를 사용하였습니다.

왜 18 까지 사용하면 될 것을 이중으로 썼는지 와 여기가 성균관(成均館)이니 개인의 이름도 의미를 부여하여 짓고 있는데 무슨 깊은 뜻이라도 먹음고 있는지요. 부끄럽습니다마는 교수하여 주셨으면 감사하겠습니다. 현답을 기다리겠습니다.

◆答; 품계(品階).

1). 수학에서 1을 수의 으뜸이 되고 9는 가장 낮은 수라는 개념하에서 18등급은 9등급화 시킨 결과입니다. 따라서 동수에서 장부(長副)로 차등하여 정(正)과 종(從)으로 구분 18등급을 9등으로 분류시킨 것입니다.

2). 성균(成均)에 포함된 의미는 예악(禮樂)을 고루 갖춘다는 의미가 포함되어 있다 함인 것 같습니다. 그러한 즉 자타칭 성균인이라 자부한다면 언행을 함부로 하여서는 아니 되겠지요.

●經國大典抄解吏典正長也從副也一數之首也一爲首九爲尾首爲高尾爲卑一爲高品九爲下品秩次也
●周禮春官宗伯大司樂掌成均之法以治建國之學政而合國之子弟焉
●經國大典輯注吏典成均五帝太學之名又曰成其禮均其樂

▶2249◀◆問; 품계에 대한 질문입니다.

인터넷 여기저기에 조선시대 품계에 관한 내용들을 많이 봤습니다. 공신력 있는 문헌은 조회가 되지 않아 문의 드립니다. 조선시대 품계에 관한 질문이구요.

품계 중에서도 숭정대부와 가선대부에 초점을 맞추어 답변 주시면 감사하겠습니다. 저의 6 대조 할아버지께서는 숭정대부라 나와 있고 7 대조 할아버지는 가선대부라 나와 있습니다. 어느 정도 관직인지요?

◆答; 조선시대 품계에 대하여.

從一品; 숭정대부(崇政大夫) 판사(判事), 이사(貳師), 사전(師傳).
從二品; 가선대부(嘉善大夫) 동지사(同知事), 참판(參判), 좌우윤(左右尹), 제학(提學) 유수(留守), 대사헌(大司憲).

●大典會通吏典東班官階; 從一品 崇祿大夫 숭정대부(崇政大夫) 從二品 嘉義大夫 가선대부(嘉善大夫)

▶2250◀◆問; 한복에 대해서 잘 아시는 분.

안녕하세요. 영화 "방자전"을 보다가 배우들이 입은 한복을 우연히 보게 되었습니다. 그런데 좀 이상한 부분이 있어서 질문을 드립니다. 한복(韓服) 저고리를 보니까. 매듭이 왼쪽에 매어져 있던데 요즘 한복들은 오른쪽에 매는데 옷이(저고리) 다르더라구요 이유가 있나요. 한복 잘 아시는 분 있으면 답변 부탁 드립니다.

◆答; 한복에 대해서.

한복을 잘 아시는 분이라면 궁중복식 등을 다루는 홈피를 찾아가심이 옳을 상 싶습니다. 다만 유학적인 답변은 생자(生者)는 양(陽)에 해당되어 상좌(尚左)이니 좌측 옷섶으로 우측 옷섶을 싸 덮어 여미고 사자(死者)는 음(陰)에 해당(該當)되어 상우(尚右)이니 우측 옷섶으로 좌측 옷섶을 싸 덮어 여며 염을 하게 됩니다.

● 有司徹疏生人陽故尚左鬼神陰故尚右

▶2251◀◆問; 행수(行守)란?

행수(行守)라는 제도가 조선시대 있었다는데 무슨 제도인가요.

◆答; 행수(行守)란.

행수(行守)란 품계(品階)와 관직(官職)이 서로 상응(相應)하지 않는 관원(官員)의 직 앞에 붙여주던 칭호로 당송대(唐宋代)의 관제(官制)에 품계(品階)가 높은 관원(官員)을 낮은 관직(官職)에 등용하거나 대관(大官)이 소관(小官)을 겸임(兼任)하게 되면 행(行)이라 하였고 소관(小官)으로서 대관(大官)을 겸임(兼任)하게 되면 수(守)라 하였는데 고려조(高麗朝)에서 이미 이 제도(制度)를 받아드렸고 조선시대(朝鮮時代) 세종(世宗)24(1442)년에 이 제도에 따라 행수법(行守法)을 행키로 결정 아래와 같이 경국대전(經國大典)에 수록 법제화(法制化)하게 되었습니다.

이러한 제도(制度)가 생기게 된 원인(原因)은 어떤 관직(官職)에 상응(相應)하는 품계(品階)를 가진 관원(官員)이 없거나 혹은 품계(品階)가 등용(登庸)하려는 관직(官職)보다 높거나 낮은 관원(官員)을 꼭 그 직(職)에 등용(燈用)하고 싶을 때 적용(適用)키 위한 제도(制度)입니다. 그러나 이 제도(制度)에도 한계(限界)가 있어 7품(品) 이하는 2품계(品階)를, 6품(品) 이상은 3품계(品階)를 넘어 등용(登庸)될 수가 없었습니다.

예를 들어 종일품(從一品) 숭정대부(崇政大夫)가 정이품(正二品)의 관직(官職)인 이조판서(吏曹判書)에 등용(登庸)되면 숭정대부행이조판서(崇政大夫行吏曹判書), 종이품(從二品)인 가선대부(嘉善大夫)가 정이품(正二品)인 홍문관대제학(弘文館大提學)에 등용되면 가선대부수홍문관대제학(嘉善大夫守弘文館大提學) 등이라 일컫게 됩니다.

● 經國大典京官職條階高職卑則稱行階卑職高則稱守(註七品以下不得越二階六品以上不得越三階而守)行守字在司上

▶2252◀◆問; 행전폐례(行奠幣禮)와 행망료례(行望燎禮).

언제나 수고가 많으십니다. 성균관 '석전대제홀기(釋奠大祭笏記)'에 보니,

[문 1] 행전폐례(行奠幣禮)에 헌관집폐헌폐(獻官執幣獻幣)가 보이는데 초헌관(初獻官)이 전폐(奠幣)를 할 때 무엇을, 어떻게 만들어서 전폐(奠幣)하는지요? 또한 축자좌수폐전우신위전(祝自左受幣奠于神位前)을 할 때 어느 자리(제사상(祭祀床)의)에 전폐(奠幣)하는지요? 향교(鄉校)에서도 전폐(奠幣)가 성균관과 같이 행하는지요?

[문 2] 행망료례(行望燎禮)때 북향립대축이비취축급폐강자서계치우감(北向立大祝以篚取祝及幣降自西階置于坎)○가료(可燎)로 되어 있는데 축문과 전폐(奠幣)한 것을 전부 가료(可燎)하는지요? 가료를 하지 않는 것이 있다면 어떻게 처리하는지요?

[문 3] 성균관, 향교가 아닌 다른 제례에도 보니 행전폐례(行奠幣禮)라 보이는데, 그

때도 성균관과 같은 내용과 방법으로 전폐(奠幣)와 가료(可燎)를 하는지요? 궁금한 내용이 많아 죄송합니다.

◆答; 행전폐례(行奠幣禮)와 행망료례(行望燎禮).

[문 1] 答; 폐백(幣帛)은 저포(苧布) 일장팔척(一丈八尺)을 비(篚)(네모진 광주리)에 담아 올립니다. 다 만 지금 일반 백성의 상례 폐백에서도 이를 약(略)하여 패에 실을 감아 그 대용으로 사용되고 있는데, 석전이나 궁례에서 이와 같이 약(略)하여 행하는지의 여부는 실행례에 참여한 바가 없어 알지를 못합니다. 전폐(奠幣)의 예법(禮法)은 모두 초헌관(初獻官)의 좌측입니다.

[문 2] 答; 오례의(五禮儀)에서는 망예(望瘞; 묻음)인데 망예(望瘞)란 제사(祭祀)를 마치고 초헌관(初獻官)이 축문(祝文)과 폐백(幣帛)을 묻는 것은 지켜보는 예(禮)인데, 혹 홀기(笏記)에서 가료(可燎; 불사름)라 함은 어떤 근거(根據)로 축문(祝文)과 폐백(幣帛)을 불사르는지는 알지 못합니다.

[문 3] 答; 석전례(釋奠禮)는 백성(百姓)의 예법(禮法)이 아닌 국조오례의(國朝五禮儀) 예법(禮法)에 의함이라 종묘(宗廟)의도 같습니다. 물론 가료(可燎)가 아니라 묻습니다.

●國朝五禮儀凡幣帛社稷以黑宗廟以白(云云)餘禮神之幣皆以白(註)凡幣之制皆長一丈八尺(尺用造禮器尺)竝用苧布
●國朝五禮儀有司釋奠文宣王儀及州縣釋奠文宣王儀大祝以幣篚授初獻官初獻官執幣獻幣以幣授大祝奠于神位前(註)奉香授幣皆在獻官之右奠爐奠幣皆在獻官之左
●國朝五禮儀有司釋奠文宣王儀及州縣釋奠文宣王儀執幣(州縣贊者)曰望瘞
●國朝五禮儀四時及臘享宗廟儀執幣獻幣以幣授奠幣瓚爵官奠于案註凡進香進瓚進幣皆在東西向奠爐受瓚奠幣皆在西東向(云云)執禮曰望瘞(운운)祝板及幣降自西階置於坎執禮曰可瘞置土半坎

홍재전서(弘齋全書)(순조원년간행(純祖元年刊行);1801)의 기록(記錄)에 의하면 정조(正祖)께서 정조오년(正祖五年)(1781)에 망예(望瘞)를 망료(望燎)로 개정하였는데, 그로부터 7년 후에 발간된 춘관통고(春官通考)(정조십이년간행(正祖十二年刊行);1788) 본문(本文)은 오례의(五禮儀)의 망예(望瘞)를 따르고 세서주(細書註)에 망료(望燎)의 예(禮)를 부기(附記)로 올라 있습니다. 만약 정조대왕론(正祖大王論)을 따른다면 폐백(幣帛)은 태우고 축판(祝版)은 묻습니다.

●弘齋(正祖之號)全書翼靖公奏藁典禮類叙享祀引條故歷代有瘞而無燎惟宗廟之禮或瘞或燎不相沿襲而自古瘞燎只擧玉帛不及於祝似以玉帛爲重而然我朝五禮儀廟社大享俱曰望瘞而先朝改瘞爲燎故予於辛丑(正祖五年;1781)改定
●春官通考(正祖十二年戊申;1788)吉禮宗廟四時及臘享宗廟儀望燎(引用者注燎瘞之誤)執禮曰望瘞奉禮引亞獻官詣望瘞位北向立(云云)大祝以篚取祝版及幣降自西階置於坎執禮曰可瘞置土半坎(註)今儀自執禮曰望瘞止諸享官出改以執禮曰望燎執禮曰禮儀使導殿下詣望燎位(以下省略)
●春官通考(正祖十二年戊申;1788)吉禮文宣王廟有司釋奠文宣王儀望瘞執禮曰望瘞謁者引初獻官詣望瘞位北向立(云云)大祝以篚取祝版及幣降自西階置於坎執禮曰可瘞置土半坎(註)今儀自置於坎止置土半坎改以贊者曰可燎大祝以幣燎於爐置祝版於坫置土半坎

▶2253◀◆問; 홀에 대하여.

홀은 어전회의 또는 왕가 제례에 참석할 때 제신들이 자신의 신표로 쓰이는 것으로 알고 있습니다. 일종의 출입증 같은 것이 아닌가 하는데 동학사 숙모 전에는 단종

(숙모 전)과 제 충신(동, 서무)을 함께 제사를 지내는데 이 제향에서 역시 제관들이 홀을 들고 제를 지내는 것을 보았습니다.

問 과연 홀은 무엇을 상징하며 어느 때 사용하는 것인지요? 임금이 배향되지 않는 충신들 제향에서도 홀을 사용하는 것이 맞는지요?

◆答; 홀(笏).

問; 答; 아래와 같이 살펴보건대 지난 시대(時代) 관원(官員)은 조복(朝服), 제복(祭服), 공복(公服)에는 홀을 잡도록 되어 있었으며, 옥조(玉藻)를 살펴보면 소공(小功)의 상(喪)을 당하였어도 손에 홀(笏)을 쥐고 있음이 언급(言及)되어 있는 것으로 보아 꼭 어전(御前)에서만 홀(笏)을 잡고 있던 것이 아니고 일상(日常)에서도 홀을 잡고 생활하였던 것 같습니다.

이를 미루어 보건대 지금도 우리 전통(傳統:　문묘제 등)의 예를 갖춤에 옛 의식을 재현코자　그 복식(服飾; 제복 등)을　갖추었으면 홀을 잡음이 이상할 것은 없을 것 같습니다.

●大典會通禮典忽條一品至四品朝服牙祭服公服同○五品至九品朝服木祭服公服同○鄕吏公服木
●玉藻見於天子與射無說(脫)笏入大廟說笏非禮也小功不說忽當事勉(問)則說之註陳氏曰小功則禮可以勝情故亦不說當事而免則事可以勝禮故說之○方氏曰小功之喪悲哀殺矣事不可不記也故不說笏及當事而免之時則不可以不說

▶2254◀◆問; 홀(笏)이 무엇이며 '꽂은 다음"이라 할 때 '어디에 꽂는다'는 말입니까?

笏이 무어하는 것이며 꽂는다. 함은 어찌하는 것입니까.

◆答; 홀(笏)이 무엇인가.

아래와 같이 살펴보건대 홀(笏)이란 손에 들고 다니며 유사시(有事時)에는 기록(記錄)을 하고 다른 일이 있으면 허리 띠에 꽂고 일을 보았다 합니다.

●晉書輿服志手版卽古笏矣尙書令僕射尙書手版頭復有白筆以紫皮裹之名曰笏
●玉藻笏天子以珠玉諸侯以象大夫以魚須文竹士竹本象可也
●韓愈釋言束帶執笏立士大夫之行不見斥以不肖幸矣其何敢放於言乎
●辭源[笏]古朝會時所執的手板有事則書於上以備遺忘古代自天子至士皆執笏後世惟品官執之淸始廢
●宋書禮志五古者貴賤皆執笏其有事則搢之於腰帶所謂搢紳之士者搢笏而垂紳帶也紳垂三尺笏者有事則書之

▶2255◀◆問; 홍살문.

서원 향교 왕능 등 여러 곳에 홍살문이 있습니다. 홍살문의 의미와 홍살의 숫자 규모 중앙에 태극 문양 등의 의미에 대해서 궁금합니다.

◆答; 홍살문.

아래와 같이 홍문(紅門; 홍살문)에 관(關)한 전거(典據)는 중국(中國)이나 우리나라 문헌(文獻)에서 찾아지나 그 주석문(註釋文)은 찾아지지 않으니 제법(祭法)이나 그 하나하나의 의미는 함부로 논할 수 없을 것 같습니다.

형태(形態)는 둥근 기둥(약 30척(尺))을 길 등의 양편(兩便)에 세우고 위에 가로목 둘을 대고 그 가로목에 11개의 각목(角木)은 위를 뾰족하게 만들어 간격(間隔)을 균일(均一)하게 세우고 위 가로목 가운데에 태극(太極) 형상(形象)을 세우고 그 위에 삼지창(三枝槍)을 박아 세워 놓고 모두 붉을 칠을 하였는데 붉은 색은 중국인들이 제일 선호(鮮好)하는 색(色)이며 불가(佛家)에서는 악귀(惡鬼)가 근접(近接)하지 못한다. 라는 설(說)이 있는 것 같습니다.

태극(太極)의 의미(意味)에 관하여는 한두 마디로 압축(壓縮) 약술(略述)하여 이해(理解)되게끔 간단(簡單)하지를 않습니다.

태극(太極)은 음양(陰陽) 이원전(二元前)의 우주(宇宙) 탄생(誕生)의 최고(最高) 원리(原理)로서 계사전(繫辭傳)의 내용(內容)을 간단(簡單)히 요약(要約)하면 양의(兩義)(음양(陰陽))가 생(生)하고 양의(兩義)에서 사상(四象)이 생(生)하고 사상(四象)에서 팔괘(八卦)가 생(生)하야 우주만물(宇宙萬物)의 생(生)함이라 이를 주렴계(周濂溪)가 태극도설(太極圖說)에서 음양오행(陰陽五行)을 조합(組合)하여 만물(萬物)의 생성(生成)과정(過程)을 설명(說明)하고 있습니다. 또 주부자(朱夫子)께서는 이를 성리학(性理學)의 근본(根本)인 이(理)라 해석(解釋)하였으며 우리나라에서는 이 태극도설(太極圖說)을 성리학(性理學)의 근본(根本)서로 널리 읽히게 되었습니다.

태극(太極)을 간단(簡單)히 말하자면 우주(宇宙)의 생성(生成)원리(原理)를 상징(象徵)한다. 라고 할 수 있을 것입니다.

●雁門集(著 薩都剌 字 天錫 號 直齋 元人)和閑閑吳眞人條紅門下馬見天子袖有一卷養生書

●公山誌學校篇墻垣內紅門下馬碑

▶2256◀◆問; 환구대사 란.

사(祀)와 제(祭) 질문에서 "환구대사"라는 말이 나왔는데 한문이 없어서 무슨 말인지 궁금하여 여쭙니다 환구대사 란.

◆答; 원구대사(圜丘大祀).

※원구대사(圜丘大祀)란,

◎원구(圜丘=圓丘=天壇)라 함은 천자(天子)가 동지(冬至)에 하늘에 제사(祭司) 지내는 둥근 제단(祭壇)이란 말입니다.

●周禮春官冬日至於地上之圜丘奏之若樂六變則天神皆降可得而禮矣

◎원구단(圜丘壇=皇壇)은 삼국(三國) 때부터 임금이 하늘에 제사(祭祀) 지내던 흙으로 쌓은 단(壇)으로 세조(世祖) 이후 폐하였다 고종(高宗)이 다시 실시하였음.

◎대사(大祀)란 천지신(天地神)에게 지내는 제사(祭祀)로 종묘(宗廟) 영녕전(永寧殿) 원구단(圜丘壇) 사직단(社稷壇)에 지내는 국사(國祀).

●周禮春官立大祀用玉帛牲牷立次祀用牲幣立小祀用牲註鄭司農云大祀天地次祀日月星辰小祀司命已下玄謂大祀又有宗廟次祀又有社稷五祀五嶽小祀又有司中風師雨師山川百物

※祀는 祭와 뜻이 같습니다.

●國語周語上;夫祀國之大節也

33 고사(告祀)

▶2257◀◆問; 고사 때 절 횟수에 대하여.

고사를 지낼 때,

1. 산 사람에게는 1번,
2. 죽은 사람에게는 2번,
3. 신(神)에게는 3배라고 하는 사람에 있던데 이게 맞는 말인지요?

◆答; 고사 때 절 횟수.

신제(神祭)라 이름을 인신(人神)이 아닌 신(神)이라면 백성은 재배(再拜)를 하고, 궁실(宮室)의 예에서는 사배(四拜)를 하게 되는데 삼배(三拜)를 신에게만 하는 것이 아니라 고대에는 중배(重拜)로 삼배(三拜)를 하다, 이 절이 사배로 변하였다는 전거(典據)로 보아 반드시 신에게는 삼배(三拜)의 예이다. 라 할 수는 없을 것 같습니다.

●性理大全山神祭立於神位前皆再拜
●國朝五禮儀祀風雲雷雨儀(山川城隍附)北拜位重行北向西上四拜
●弘齋全書曰得錄文學淸泰元年其太子大光顯奔高麗有隱繼宗者見麗王於天德殿三拜麗人宋含弘曰失土人三拜古禮也
●周書宣帝紀詔諸應拜者皆以三拜成禮後代變而有四拜

▶2258◀◆問; 고사에 대하여.

고사도 제사에 준하여 하십니까?

◆答; 고사.

기제사(忌祭祀)와 같이 진설(陳設)치 않고 고사(告事)에는 약설(略設) 단헌지례(單獻之禮)입니다.

●告廟行儀禮節次
前一日齋宿其日夙興陳設並如正至朔日之儀
序立(如前)○盥洗○啓櫝○出主○復位○降神○主人詣香案前○跪○焚香○酹酒(盡傾茅沙上)○俯伏興拜興拜興平身○復位○參神(衆拜)○鞠躬拜興拜興拜興拜興平身○主人斟酒(畢少後立)○主婦點茶(畢二人並拜)○鞠躬拜興拜興平身○主婦復位(主人不動)○跪(主人以下皆跪)○讀祝(祝執版立主人之左跪讀之無祝則曰告辭)○俯伏興拜興拜興平身○復位○辭神(衆拜)○鞠躬拜興拜興拜興拜興平身○奉主入櫝(不出主不用此)○焚祝文(揭祝文焚之留版○無祝則不)○禮畢

이에서도 구의(丘儀)로 참사신(參辭神)은 사배(四拜)이나 가례(家禮) 등(等) 서(書)는 재배(再拜)입니다.

▶2259◀◆問; 고애자와 효자.

축문(祝文)에 졸곡(卒哭)이전에는 고자(孤子), 애자(哀子), 고애자(孤哀子)로 쓰는데 그러면 졸곡 이후부터 효자(孝子)로 쓰나요? 확인 부탁 드립니다.

◆答; 고애자와 효자.

아래와 같이 살펴보건대 졸곡제(卒哭祭)까지의 축식에는 고자(孤子), 애자(哀子), 고애자(孤哀子)를 쓰고, 부제(祔祭)부터 효자(孝子)로 바뀝니다.

●雜記祭稱孝子孝孫喪稱哀子哀孫疏祭吉祭謂自卒哭以後之祭也
●勉齋黃氏曰按卒哭之祭是吉祭易喪祭則合稱孝子孝孫今尙稱哀者豈孝子不忍忘其哀至祔而神之乃稱孝歟

다음과 같이 살펴보건대 혹자(或者)의 졸곡제(卒哭祭)부터 효자(孝子)라 고한다 함은 예(禮)의 기초(基礎)도 모르는 망발(妄發)로서 졸곡제(卒哭祭) 까지는 고애자(孤哀子)라 고합니다. 착오(錯誤) 없으시기 바랍니다.

●書儀卒哭篇主人旣初獻祝出主人之左東向跪讀祝詞改虞祭祝詞云奄及卒哭又云哀薦成

事云云

●輯覽圖式(六冊)七十一板後卒哭祝式維年號幾年歲次干支幾月干支朔幾日干支孤子某敢昭告于云云

●便覽三冊九板前卒哭祝文式維年號幾年歲次干支幾月干支朔幾日干支孤子某敢昭告于云云

●性理大全八冊虞祭篇卒哭初獻條並同虞祭惟祝執版出於主人之左東向跪讀爲異詞並同虞祭但改三虞爲卒哭哀薦成事下云來日隮祔于祖考某官府君尙饗

●儀禮經傳通解續三十八冊卷第七喪禮五卒哭條二板後卒辭曰哀子某來日某齊祔爾于爾皇祖某甫尙饗○又同四板後饗辭曰哀子某圭爲而哀薦之饗(註)按卒哭之祭是以吉祭易喪祭則合稱孝子孝孫今尙稱哀者豈孝子不忍忘其哀至祔而神之乃稱孝歟

●國朝五禮儀大夫士庶人喪卒哭初獻條並同虞祭唯祝跪於主人之左東向讀祝改三虞爲卒哭

●讀禮通考卒哭篇云云註疏錯解經云云敖氏亦未嘗明言卒哭與三虞爲一事也恐當仍註疏爲正

●陳澔(禮記集說大全註解)曰吉祭卒哭之祭也喪祭虞祭也卒哭在虞之後故云以吉祭易喪祭也

●開元禮三品以上喪卒哭祭告祝條祝持版入立于靈座之南北面內外止哭祝跪讀祝文曰維年月朔日哀子某敢昭告于考某官封諡妣云妣某夫人氏日月不居奄及卒哭追慕永往攀號無逮謹以潔牲柔毛剛鬣明粢薌合薌其嘉蔬嘉薦醴齊哀薦成事于考某官封諡尙饗

●近齋曰雜記卒哭稱孝子恐是註說之誤當以儀禮家禮爲正

●明齋曰卒哭後稱孝稱哀俱有據故行禮者互用之備要則以古禮著於題主祝式下矣然士虞記卒哭饗辭亦稱哀子家禮只於祔稱孝而他無變文處恐稱哀爲合於喪祭

●雜記祭稱孝子孝孫喪稱哀子哀孫疏祭吉祭謂自卒哭以後之祭也

위 잡기(雜記) 본문에 대한 註(禮記集說大全)文은 이미 오류(誤謬)로 인정되어 제(除)하고 소(疏)만인용하였는데 혹시 그 주(註)에 [잡기주제길제야졸곡이후위길제고축사칭효자혹효손자우이전위흉제고칭애(雜記註祭吉祭也卒哭以後爲吉祭故祝辭稱孝子或孝孫自虞以前爲凶祭故稱哀)]이라 명시되어 있는 것도 알고 있지 못한 것 아닌가. 라고 착각할 수 있으나, 잡기주(雜記註; 禮記集說大全)文은 이미 오류로 인정되어 굳이 혼돈스럽게 게시할 까닭이 없어 인용치 않았음.

▶2260◀◆問; 고유제[告由祭] 봉행의 헌작에 관한 질문.

선조님의 재실을 중수하고 준공식 및 고유제를 봉행하려고 합니다. 우선 준공식과 고유제 진행 의식의 선후가 궁금하고요. 고유제 봉행 시 헌작은 단헌으로 해야 하는지 삼헌으로 해야 하는지 알려주세요. 그리고 축문은 '고유문[告由文]'으로 제목을 하는지 '고유제 축문'으로 해야 하는지 알려주세요. 현답을 알려주시기를 부탁 올립니다.

◆答; 고유제[告由祭] 봉행.

현대식(現代式) 준공식순(竣工式順)이나 고유문(告由文)에 관하여는 아는 바가 없습니다. 다만 전통유가식(傳統儒家式) 기고사토지(祈告祠土地) 의례(儀禮)는 단헌(單獻)으로 재실(齋室) 중수시(重修時)는 선조(先祖)께 고함이 아니라 토지신(土地神)에게 사전(事前)과 사필후(事畢後)에 고(告)하게 됩니다.

●齋室重修祠土地祝文

維 歲次干支幾月干支朔幾日干支某官姓名敢昭告于 土地之神今爲齋室年久傾頹今將修葺 神其保佑俾無後艱謹以酒果祇薦于神尙 饗

●齋室重修畢祠土地祝文

維　歲次干支幾月干支朔幾日干支某官姓名敢昭告于　土地之神今以重修齋舍無事修畢德
是神助　神其保佑俾無後艱謹以酒果祇薦于神尙　饗

▶2261◀◆問; 고유제에 관해 질의 드립니다.

안녕하십니까? 저는 육군(陸軍)에서 근무중인 인사담당 장교입니다. 다름이 아니오
라 부대 내 김유신(金庾信) 장군(將軍) 동상(銅像) 이전과 관련하여 고유제(告由祭)
를 지냄이 마땅하다 판단되어 계획 중에 있습니다. 허나 군부대 특성에 맞는 고유
제 순서 및 방법이 궁금하여 답변을 받고자 글을 올립니다. 정통하신 분들의 고견
부탁 드립니다.

◆答; 고유제에 관하여.

이순신(李舜臣) 동상(銅像)의 이전(移轉)은 사가(私家)의 예법(禮法)이 아니라 국례
(國禮)의 예법(禮法)으로 예를 갖춤이 바른 예일 것입니다.

선생께서 전제(前提)하신 "[군부대 특성에 맞는 고유제(告由祭) 순서 및 방법]"이라
하심을 감안 국례(國禮)의 이환안고유제(移還安告由祭)의 예법에서 군(軍)의 질서(秩
序)와 군(軍)의 복식(服式)과 군(軍)의 예법(禮法)에 어울리도록 변례(變禮; 불필한
예는 덜어냄)할 수 밖에는 없을 듯합니다.

아래는 국조오례의(國朝五禮儀) [문선왕선고사유급이환안제의] 예법에서 그 예에 맞
도록 발췌(拔萃)하여본 예입니다.

⊙진설도(생례; 익히지 않은 날 것).

　　　　　　　　　　銅像
우일두　　　　　　　　　　좌일변
록해 궤(기장)　　　　보(벼) 록포
촛대　　　　　　향로　　　　　촛대
　　　　　　　　작(술잔)

鹿醢; 사슴고기로 조리한 젓장.
鹿脯; 사슴고기로 만든 포.
※록해 기장 벼 록포는 군의 실정에 맞게 대체함.

⊙행례

서립(序立); 군의 의식대로 정렬함.○참신(參神); 일동 경례.○강신(降神); 부대장 분
향(서서) 후 경례(경례 첨입).○헌작(獻酌); 부대장 헌작.○독축(讀祝); 축관 부대장
좌측 동향 고축(축관은 고축을 마치면 제자리로 가섬).○경례(敬禮); 부대장 경례.○
사신(辭神); 일동 경례.○철찬(撤饌); 집사병 진설품 물림.

○축식 예문;

유 년월일 부대장 계급 성명이 감히 고하나이다.
이순신(李舜臣) 장군(將軍)께서는 이제(이전하는 사유와 이전 장소를 간단명료하게
기술)모소(某所)로 이안(移安)코자 하오니 두려워하시거나 놀라지 마시옵기를 삼가
고하고 삼가 고하나이다. (부대 내에서 실정에 맞도록 작축)

▶2262◀◆問; 告由祭와 山神祭의 제례 순서에 대하여 알고 싶습니다.

지난 번 저희 부모님 이장 건에 대한 질의사항에 성실하게 답변 해 주신 초암 선생
님께 감사 드립니다, 막힌 가슴이 뻥 뚫린 듯 합니다.

1. 다름이 아니오라 고유제와 산신제의 제례 순서에 대하여 여쭤 보고자 합니다.

기제사 순서와 동일하게 지내면 되는지요?

2. 또 간단한 祭羞에는 반과 갱이 포함되는지요? 고견을 부탁 드립니다.

◆答; 고유제(告由祭)와 산신제(山神祭)의 제례 순서에 대하여.

問 1. 答; 묘제(墓祭) 시(時) 산신제(山神祭)는 제례(祭禮)의 예법(禮法)과 같고 상례(喪禮) 등의 산신제(山神祭)는 전(奠)의 예법(禮法)과 같음.

●사당유사칙고(祠堂有事則告) 예법(禮法).

○강신(降神)⇒참신(參神)⇒헌주(獻酒)⇒사신(辭神)⇒철(徹).

●고선영(告先塋) 예법(禮法).

참신(參神)⇒강신(降神)⇒헌주(獻酒)⇒사신(辭神)⇒철(徹).

●묘제(墓祭)시 산신제(山神祭).

○강신(降神)⇒참신(參神)⇒초헌(初獻)⇒아헌(亞獻)⇒종헌(終獻)⇒사신(辭神)⇒철(徹).

●상례(喪禮) 등의 산신제(山神祭).

○참신(參神)⇒강신(降神)⇒헌주(獻酒)⇒사신(辭神)⇒철(徹).

問 2. 答; 약설(略設)이라 하면 반갱(飯羹)은 물론 면행(麵行)도 생략되며 주로 주과포해(酒果脯醢) 또는 주과포(酒果脯) 등이 진설(陳設)됨.

▶2263◀◆問; 고유제축/개토제축문을 부탁 드립니다.

10 월 22 일 음력 9 월 15 일 발인입니다. 선조 분들께 고할 고유제(告由祭) 축문과 개토제(開土祭) 축문이 필요 합니다. 빨리 좀 부탁 드립니다.

◆答; 고유제축/개토제축문.

⊙先塋告辭式(최존위 한 분에게만 고합니다)

維 歲次干支幾月干支朔幾日干支某親某敢昭告于 顯某親某官府君(或某封某氏合窆位則列書)之墓今爲孫(隨屬稱)某官(內喪云某封某氏)營建宅兆于某所(若有先葬而合窆則改營建宅兆爲合窆于某親某封某氏或某親某官之墓)謹以酒果用伸虔告謹告(寒岡云今爲幾世孫某官某以某月某日營建幽宅於先兆(塋界也)之左(前後左右隨方)某坐某向將開塋域伏惟尊靈不震不驚如上同)

⊙祠后土祝文式

維 歲次干支幾月干支朔幾日干支某官姓名敢昭告于 土地之神今爲某官姓名(書儀主人也○便覽按若以主人名則文勢欠詳士喪禮哀子某爲其父某甫云云以此推之此下當添爲其父某官某公或爲其母某封某氏○士儀曰開塋域祝稱姓名合窆後祝稱封謚者家禮因通典之文也盖通典啓殯後有贈謚節次則開塋域時未及有謚故也然以春秋傳父不忍名其子之意推之則雖未有謚亦可以稱某公)營建宅兆(合葬則改營建宅兆爲合窆于某封某氏或某官某公之墓) 神其保佑俾無後艱謹以淸酌脯醢祗薦于 神尙 饗

▶2264◀◆問; 고유제 축문.

안녕하십니까?

항상 유익한 정보를 얻고 많은 자문을 구하는 사람입니다. 다음과 같이 요청 드리오니 가능하시면 도움 주시면 고맙겠습니다.

내 용:

금년 대종회(종약소) 에서 40 년 대종회 약사를 발간하게 되어 3 월 시향(時享) 때에 시제직전(時祭直前)에 고유제를 올리려 합니다.

문의:

1) 약사책을 묘전에 놓고 고유제를 드릴 경우 고유제로 대상이 된다고 사료되나 고견을 부탁 드립니다.

2) 고유제를 올릴 경우 적절한 축문을 부탁드릴 수 있는지요? 가능하시다면 견본으

로 축문을 하나 지어주시면 많은 도움이 되겠습니다.

◆答; 고유제 축문.

선사(先師)의 문집(文集)을 출간(出刊)하였을 때에도 고유제(告由祭)를 지내는데, 대종회(大宗會) 약사(略史)를 출간(出刊)하고 그 사실(事實)을 조상(祖上)에게 고(告)한다 하여 예에 지나쳤다 할 수는 없을 것입니다.

고유문식(告由文式)은 그 사실(事實)을 직접(直接) 담당(擔當)하고 내용(內容)을 잘 아는 종인(宗人) 중에서 지으심이 옳을 것입니다.

⊙先師文集告由文

云云繄我夫子斯文嫡傳龜翁家鉢坪門的訣心主誠敬學究天人會其有極業廣道尊車南燭幽膈我後生山頹以來圖象莫憑我求夫子玄草遺箱滋荒歲月大懼失眞與其同志爰暨曹孫迺輯迺纂付之剞 經紀踰年工始告訖整齊編帙吾道攸託丁寧心法竢百不惑吾黨胥慶厥由敢告如在精靈庶幾監只云云

⊙先師文集印出後告廟文

云云恭惟先生膺世而降圭璋之質菽粟之文葛爺高足愚翁私淑出而措時遭際明陵世道嶮巇蘊不盡究化止九郡秩擢亞卿皇華之什辭溢忠憤歸臥林泉望實俱隆溫理舊業矜式吾黨閉戶自靖樂道著書素志謙退蓄稿不多百世精爽惟在於是不惟雲仍繼述無誠只緣家素尙稽剞何幸諸孫至于多士一體齊力同時協謀編分三 云云

⊙先師文集告成文

云云伏以道之顯晦盖亦由天非人曷明非文曷傳尼贊鄒述從古皆然矧伊衰季道喪言湮猗歟先生崛起東方河嶽之精金玉之光遭時屯否抱經孤島繼開自任扶植斯道尊性之旨敦倫之訣喚醒蒙聵昭揭如日發揮道妙充盈巾笥錙銖不差分釋衆疑先生之生道賴以明先生旣歿遺文是程時諱多拘衆議多岐刊行嗟遲事若待時乃撫乃 善始善終謹奉遺像設講告功百世在後吾道不墜先生之文與之俱壽云云

◆先師文集重刊告成文

云云伏以先生之道載在遺集孔曾心法程朱口訣規模嚴密輝光發越爲惠後學羣賢袁梓文在足徵道存目擊龍蛇不燹神鬼攸騰布帛菽粟丹靑星日粤庚初刊暨甲重刻秉彝攸好流布四達華編頭註蠻印要節洪流砥柱正道津筏可大可久與天無極假器以載隨撥易缺廣諏衿紳重募剞 僉訂初藁就質遺墨用是勘整保我淨潔爰玆就事遺躅鳴玉司臬助功知府董役始慮力詘式遄工訖歸藏本院永世尊閣云云

⊙先師續集告成文

云云伏以道在遺文梓行蓋久事有時諱堙而未就於乎偉蹟名山之藏迺撫迺輯愈久愈章續編付 百世不惑云云

▶2265◀◆問; 고유축문 및 고유절차를 알고 싶습니다.

안녕하시니까? 저의 20 대조의 사우에 묘정비를 건립하여 제막을 앞두고 고유제를 모시고자 하는데 그 고유 축문과 절차를 몰라 이렇게 문의 드리오니 소상하게 실제적인 내용을 조속히 하교하여 주시면 대단히 감사하겠습니다. 내내 건강 하십시요.

◆答; 고유축문 및 고유절차.

아래의 [묘정수비고유문(廟庭竪碑告由文)]을 살펴보건대 묘정비(廟庭碑)를 세우는 까닭과 이유(理由)를 고하게 되는데 그 사항(事項)을 가장 잘 아는 분은 후손(後孫)들로서 만약 전통(傳統) 작축(作祝)에 문제(問題)가 있으면 작축 능력(能力)이 있는 종문(宗門)이나 존경(尊敬)하는 스승 지인(知人)을 방문(訪問) 의뢰(依賴) 하심이 옳을 것입니다. 물론 본인은 어떠한 경우에도 작축은 하지 않습니다. 미안합니다. 예법은 사가인듯하니 단헌지례(單獻之禮)가 옳을 것입니다.

●廟庭堅碑告由文例(云云)顯允某諡號爲國幹楨位居宰輔兼銓文衡稱王門生榮莫與倫究厥始終庶幾藎臣有子文孝克趾先德鶚立朝端汲薲魯直歷事四朝斷斷忠誠爵躋平章勳封月城逮于五葉松窩繼起懷才抱學早擢科第入典栢府出補濟牧淸白之名炳于史策猗此三賢萃于一家其蹟雖殊其道同科享之一祠非私伊公旣又治碑樹之于庭橃桶螭龜照耀瞻視雲仍胥歡鄕邦稱美値此良辰薦芬告儀伏惟尊靈尙克鑑玆謹以淸酌潔牲虔告謹告

▶2266◀◆問; 동제(洞祭)를 알리는 현수막에 봉행(奉行)이라 할 수 있나?

안녕하세요. 요즘 시골마을에서 연초가 되면 마을 제를 올리고 있는데 마을 회관입구에 현수막을 설치하였는데 현수막 양쪽에 봉행이라고 쓰고 가운데 마을 제를 알리는 현수막을 보고 마을 제를 지내는데 봉행이 맞는지 향교에서 석전대제에는 봉행 한다고 하는데 마을제도 봉행이 맞는지 알고 싶네요. 봉행이 아니면 어떤 문구가 있는지 알려주시면 고맙겠습니다.

◆答; 동제(洞祭)를 알리는 현수막에 봉행(奉行)이라 할 수 있나?

봉행(奉行)이란 (무엇을) 받들어 행한다. 라는 의미일 것이니, 동제(洞祭) 공고성(公告性) 표현으로 봉행(奉行)이라 함이 적절할 듯싶습니다.

●家語六本子夏曰商請志之而終身奉行焉

▶2267◀◆問; 발원축문.

저의 자식이 처음 사업을(PC 방)개장 하려고 합니다, 미신이지만 고사를 지낼 때 부자 되게 고축을 하려고 하나 경험이 없어 문의하오니 고축할 때 축 쓰는 방식을 알려주시면 감사하겠습니다,

◆答; 창업 개업 일반적인 축식입니다.

원하시는 축문에 맞도록 개조하여 사용하시기 바랍니다.

◆創業祭祝文

維 歲次干支幾月干支朔幾日干支某官姓名敢昭告于 土地之神維此仲春(隨時)神助創業今爲始務伏惟 尊神保佑世盡日興月昌人集滿堂幣積滿庫無故繁盛享受平康萬歲社名第一天下守護恩澤不敢忘德社功始敢有不欽酒牲雖微庶將誠意惟 神監享永奠厥居尙 饗

◆開業告祭祝文

維 歲次干支幾月干支朔幾日干支某(商號)業主(或某代表理事或某社長)姓名敢昭告于 基地之神今以吉辰開業爾來尋訪顧客(隨業改措語)精誠盡力社勢萬里綿綿雲集日益繁昌幣集滿庫無故繁盛享受平康神其保佑謹以牲醴庶品式陳明薦尙 饗

▶2268◀◆問; 안전기원제에 관하여 질문합니다.

저는 공사를 책임질 사람입니다. 공사를 착공하기 전에 고사를 지내야 사고가 나지 않는다고 합니다. 고사를 지내려면 다음 3 가지는 최소한 준비를 하여야 할 터인데요. 저는 아무것도 모릅니다. 가르쳐 주시면 대단히 감사하겠습니다.

問; 1. 지방은 어떻게 쓰는지요?
問; 2. 제사음식은 어떤 것이 올라가는지요?
問; 3. 축문은 어떻게 쓰는지 궁금합니다.

◆答; 안전기원제.

問; 1. 答; 토지신(土地神)은 그 자리가 신(神)이라 묘제(墓祭) 때 산신제(山神祭) 처

럼 신패(神牌)가 없습니다.

問; 2. 答; 가례(家禮) 진찬식(陳饌式)에 의한다면 가제지찬(家祭之饌)이 될 것이며, 오례의(五禮儀) 법도(法度)를 따른다면 풍운뢰우(風雲雷雨山川城隍附) 진설(陳設)이 좌십변우십두(左十籩右十豆)로 되어야 할 것이나, 혹 세속(世俗)인지 무속(巫俗)인지는 알 수 없으나 위 법도와는 다른 진설을 간혹 목격되는데 그 근거는 알지 못하니 일러드릴 수가 없습니다.

●王制天子祭天地諸侯祭社稷大夫祭五祀
●曲禮天子祭天地祭四方祭山川祭五祀歲徧諸侯方祀祭山川祭五祀歲徧大夫祭五祀歲徧士祭其先
●家禮墓祭祭后土布席陳饌條用新潔席陳於墓前設饌如家祭之儀
●五禮儀序例陳設圖風雲雷雨(山川城隍附)條左十籩右十豆

問; 3. 答; 본인은 작축(作祝)은 하지 않습니다. 다만 기존 축식에서 몇 사례를 참고용으로 제시합니다.

◆家宅基址祭祝文
維 歲次干支幾月干支朔幾日干支某官姓名敢昭告于 土地之神卜築甁岩有林有泉福地慳秘尊神臨焉虔誠誠齋沭吉日載涓陰驚我家吉慶延綿基址永華世世相傳灾厄消盡福祿完全子孫承繼室家團圓萬人相訊岡有小怨倉積稻梁榜掛桂蓮雲路通亨玉帛金錢族戚敦睦孫承仁賢奴婢盈門秉彝根天有願必禱有禱必然泉甘土肥遐壽可延神兮歆茲祐我年年敢以酒饌敬伸奠獻尙 饗(滄雲集恭惟此基地久天藏昔我祖宗卜擇名庄垂遺世世肯構肯堂誰爲護矣神臨五方靑赤黑白正色中央陟降左右保佑無疆宅高福星老益壽岡夫婦子孫滿室春光五穀屢豐六畜茁茷上和下睦驅灾迎祥神錫孔嘉於不敢忘欲報至德歲薦豆觴旣受多福又祈永昌建卯之月上吉辰良式陳明禋百拜燻香儀品雖薄其忱則長伏願惟神降鑑洋洋)

◆新築建物開基祠土地祝文式
維 歲次干支幾月干支朔幾日干支某官姓名敢昭告于 土地之神伏以滌邪墟開正基立新築建物(隨改築造物名)上土于玆諏吉辰載設工役神其監顧呵禁不祥敢以酒饌敬伸 奠獻尙 饗

◆新築造物開基祠土地祝文
維 歲次干支幾月干支朔幾日干支某官姓名敢昭告于 土地之神今以吉辰某基築雖工整理人機始就德是神助事中無故不敢淸願謹以酒牲敬伸奠獻尙 饗

◆貯水池開基祝文
維 歲次干支幾月干支朔幾日干支某官姓名敢昭告于 山水之神土地之神理明山下某洞上源水洋洋淑氣攸湊神靈所守允合池湖若成貯水池可救荒陌能逐旱魃數年前功皆歸水泡過者爲惜後未就營因於滄桑天監下土必有時復幸蒙上惠地方民士同聲相應玆涓吉日大池經營工事着手維明神靈尙克保佑長發禎祥其永無彊謹以酒果肴用伸虔告謹告

◆祭山前入山神祝文
維 歲次干支幾月干支朔幾日干支某官某等敢昭告于 某山之神將以某等(或山岳會員一同)心身修養入山登高不辭險峻以安山行無事無故惟時保佑實賴 神休謹以牲醴庶品式陳明薦尙 饗

▶2269◀◆問; 입산 시 산신제에 절의 횟수?
안녕하십니까? 요즈음 여기 저기 산악회에서 시산제를 지내고 있는데 절을 2 배 하여야 한다. 신이기 때문에 3 배 하여야 한다.

의견이 분분하고 산악회 마다 다르더군요. 묘제나 시제시 산신제 지낼 경우 절 하는 횟수와 시 산제시 절하는 횟수가 같은 것인지요 고견을 부탁 드립니다. 감사합니다.

◆答; 입산시 산신제.

대부사서인(大夫士庶人)들은 산천제(山川祭)를 지낼 수가 없고 다만 천자(天子)나 제후(諸侯)가 지내는데 오례의(五禮儀)를 살펴보면 참신(參神)을 비롯하여 모두 사배(四拜)입니다.

대부사서인(大夫士庶人)이 지내는 후토제(后土祭)는 엄밀히 말하여 산신제가 아니고 지신 또는 토신제라 함이 옳습니다.

대부사서인(大夫士庶人)들이 지내는 후토제(后土祭)는 재배(再拜)인데 상례(喪禮)나 묘제시(墓祭時)의 겸제일 뿐이며 특이 백성(百姓)들의 입산제(入山祭)나 등산제(登山祭) 등에 관하여 전래(傳來)되는 예법(禮法)은 없는 것 같습니다.

●王制天子祭天下名山大川五嶽視三公四瀆視諸侯(注視視其牲器之數)諸侯祭名山大川之在其地者注魯人祭泰山晉人祭河是也
●五禮儀祭三角山儀云云先就階間拜位重行北向西上四拜云云

34 이주(移住)

▶2270◀◆問; 갑자기 이사를 하게 되었는데.

집에서 제사(祭祀)를 모시는데요. 갑자기 이사(移徙)를 하게 되었는데 이럴 때 조상(祖上)께 어디로 이사(移徙)를 한다고 어떤 식으로 고해야 하는지 별도(別途)의 절차(節次) 또는 예법이 있는지? 꼭 예법이 아니더라도 마음이 편안하게 될 수 있는 의례가 있습니까? (조상께서 이사를 하는 집을 아시는지) 답변 부탁 드립니다.

◆答; 이사를 하게 되면.

법도를 갖추려면 약설(略設) 단헌지례(單獻之禮)로 구택(舊宅)과 신택(新宅)에서 선대(先代)에게 아래와 같은 축식(祝式)으로 고하시면 마음이 편하여 지실 것입니다.

●移舍奉主告辭式
維 歲次干支幾月干支朔幾日干支孝玄孫(最尊位屬稱)某敢昭告于 顯高祖考某官府君 顯高祖妣某封某氏(諸位列書)今因移舍將奉祠版(或紙榜則諸位)移安于某所(或某道某郡某洞)新第敢告

●奉安新宅告辭式
維 歲次干支幾月干支朔幾日干支孝玄孫(最尊位屬稱)某敢昭告于 顯高祖考某官府君 顯高祖妣某封某氏(諸位列書)屋宇惟新廟儀(或紙榜則奉儀)如舊伏惟神主(或紙榜則尊靈)是安是依

▶2271◀◆問; 동생이 모시고 있는 제사를 장남이 다시 가져오고 싶습니다. 절차를 좀 알려주세요.

안녕하세요. 장남이 형편상 제사를 20 년 가까이 제사를 모시지 못하여 네 번째 동생이 제사를 모시고 있었습니다.

그런데 얼마 전 부모님이 돌아가셔서 제사를 세 번째 동생이 모시게 되어 습니다. 그런데 부모님이 돌아가셨다고 하여 세 번째 동생이 이번 추석 명절 때부터 자기가 제주가 되어야 된다고 합니다.

어떻게 제주가 될 수 있는지 이해할 수가 없습니다. 큰 형님이 안 계신 것도 아니고 제사에 참석 하질 안는 것도 아닌데 정말로 답답합니다. 그래서 제사를 장남이 다시 모시고 오려고 합니다. 정확한 절차가 어떻게 되는지 상세하게 알려주세요.

◆答; 제사 옮기는 방법.

아우와 합의 아우 집에서 선대(先代) 제위(諸位)를 지방(紙榜) 설위(設位)하고 주과포(酒果脯) 진설(陳設) 단헌(單獻)으로 고하고 지방을 거두어 모시고 서울 집으로 와 또 그와 같이 차려 놓고 봉안(奉安) 신택(新宅) 고사(告辭)로 고하고 지방은 불 태운 후 다음 기제일(忌祭日)에 제사(祭祀)하면 예에 어그러지지 않을 것입니다.

◆移舍奉主告辭

維 歲次干支幾月干支朔幾日干支孝玄孫(最尊位屬稱)某敢昭告于 顯高祖考某官府君 顯高祖妣某封某氏(諸位列書)今因移舍將奉祠版(或紙榜則改祠版爲諸位)移安于某洞(或某道某郡某洞)新第敢告(官次移奉措語○今按守令官次奉往廟主則改云今奉祠版將向某郡官次云云)

◆奉安新宅祝辭

維 歲次干支幾月干支朔幾日干支孝玄孫(最尊位屬稱)某敢昭告于(今按若新舊第相距不遠同日奉安不書年月無妨) 顯高祖考某官府君 顯高祖妣某封某氏(諸位列書)屋宇惟新廟儀(或紙榜則改廟儀爲奉儀)如舊伏惟 神主(或紙榜則改神主爲尊靈)是安是依(官次奉安措語今按奉主官所則當云今赴官所權立祠堂伏惟云云)

▶2272◀◆問; 신주를 옮길 때 축문.

조상(祖上)들의 신위(神位)와 위패(位牌)를 모신 사당(祠堂)에서 출(出)하여 신위를 옮기려고 합니다. 이럴 때, 축문(祝文)이 따로 존재하는지요? 축문이 있다면, 알고 싶습니다.

◆答; 사당에서 신주를 옮기는 예법.

옮겨야 하는 까닭을 밝히지 않아 이유를 몰라 아래와 같이 여러 경우의 고사식을 덧붙여 놓으니 필요에 따라 취하여 사용하시기 바랍니다.

◆買家移居告辭(本菴曰要訣曰凡神主移安還安或遷奉他所則其告之祭用朔參之儀若廟中改排器物鋪陳或暫修雨漏處而不動神主之事則告祭用望參之儀告祠則臨時製述三禮儀曰如一日內奉移者似當一告一薦)

家宅不利移買某處今以吉辰奉陪移寓敢告(或今以吉辰移安新家敢告)

◆買家移安後慰安祝辭

維 歲次干支幾月干支朔幾日干支某孫某敢昭告于 顯某代祖考某官府君 顯某代祖妣某封某氏(諸位列書)屋宇維新廟儀如舊伏惟 神主是居是靈(告几筵曰改廟儀爲几筵改神位爲尊靈)

◆買家奉安于宗家告辭

維 歲次干支幾月干支朔幾日干支某孫某敢昭告于 顯某代祖考某官府君 顯某代祖妣某封某氏(諸位列書)家舍有變異之事今月某日永賣于他人而祠堂無姑安之所將姑祔於某祖之傍謹以酒果用伸虔告謹告

◆移舍奉主告辭

維 歲次干支幾月干支朔幾日干支孝玄孫(最尊位屬稱)某敢昭告于 顯高祖考某官府君 顯高祖妣某封某氏(諸位列書)今因移舍將奉祠版(或紙榜則改祠版爲諸位)移安于某洞(或某道某郡某洞)新第敢告(官次移奉措語○今按守令官次奉往廟主則改云今奉祠版將向某郡官次云云)

◆奉安新宅祝辭

維 歲次干支幾月干支朔幾日干支孝玄孫(最尊位屬稱)某敢昭告于(今按若新舊第相距不遠同日奉安不書年月無妨) 顯高祖考某官府君 顯高祖妣某封某氏(諸位列書)屋宇惟新廟儀(或紙榜則改廟儀爲奉儀)如舊伏惟神主(或紙榜則改神主爲尊靈)是安是依(官次奉安措語今按奉主官所則當云今赴官所權立祠堂伏惟云云)

◆移徙者奉行神主告辭

維 歲次干支幾月干支朔幾日干支孝玄孫(最尊位屬稱)某敢昭告于 顯高祖考某官府君 顯高祖妣某封某氏(諸位列書)運有消長宅基將替兹圖移徙以永先祿今已卜定家宅于某鄉某里敢請神主恭奉以行伏惟歆領謹告

◆移徙者奉行神主旣奉安告辭

維 歲次干支幾月干支朔幾日干支孝玄孫(最尊位屬稱)某敢昭告于 顯高祖考某官府君 顯高祖妣某封某氏(諸位列書)買宅家居舊有祠堂或新建祠堂因是灑掃旣潔旣完新建無此兩句伏惟先靈是寧永垂蔭庥謹以淸酌庶羞恭伸奠告

◆移居時遷廟祝文
云云伏以世業漸剋祀事將絶自耕自鑿安分得計在野旣苦入山宜老蓼阿聖洞爰巢爰歸今遷龕卓不勝感慕敬奉之至事由敢告(自高祖考妣以下列書)

◆移居時告先考墓文
恭惟府君其德如天生我敎我期以荷薪小子不肖獲罪神明遽失所怙已數十齡玄堂之卜迺在家後有時拜省如奉呵詔生丁不辰薶禍孔酷將驅斯人禽獸之易小子狷滯恐禍迫膚萬不獲已挈家遵海古有徐公避地全髮竊附斯義他不遑恤違離先壠惟有痛隕誓死守義不辱遺訓以是報親厥罪庶宥伏惟慈靈庶幾冥佑

◆新建宅舍移奉神主告辭
云云所居狹隘新建宅舍于他基今以吉辰始入奠居敢請神主恭奉以行伏惟歆領謹告

◆新建宅舍移奉神主奉安告辭
云云定居于玆祠堂維新伏惟先靈是宜是寧永垂廕庥謹以酒果用伸虔告謹告

◆新居移安告由文
小孫於前年買宅二區於本村下保西爲有幹有年之所東爲奉先肄業之堂未及營造頻遭險艱上失慈庇中懷胖戚先靈棲屑夙夜恐惕今始搆小龕於東室北壁奉宇以遷神人相依永保無斁

◆修廟移安告辭(梅山說雨水做漏廟宇欠淨(隨時措語)謹卽移安外房今將修葺謹以酒果用伸虔告謹告)
今以廟宇不安將加修葺敢請 神主暫移他所謹以酒果用伸虔告謹告

◆還安祝辭
修廟旣畢還奉如舊伏惟 神主是居是寧

◆修廟還安告辭
屋漏旣改廟宇孔安載涓吉日今方還奉謹以酒果用伸虔告謹告

◆支孫以宗家廟移爲私廟因奉其主告辭
云云宗家改宅祠堂移建祖考遺制顯考攸宜旣掃旣潔龕卓孔新伏惟尊靈是格是寧永垂陰庥云云

◆家廟移奉夾室時告辭
伏以祠優歲久日漸荒落棟搖而傾壁老而剝風埃隙雪不敬不肅比益欹歪殆哉岌岌每當瞻省戰懼憂泣日謀父老措手無策事在危急不權不得玆涓吉朝移奉夾室一間五龕無地排卓只用倚子以序曲設歲時祼薦擬就寬潔不肖無狀攝主宗祏祝舊無墜尙懷惶惕矧余百度率忝先烈三架式奉一朝簡狹拜稽瞻仰心若隕谷庶賴默騭煥穆有日謹將事由焚香跪告

◆復建祠堂奉安後慰安祝文
維 歲次干支幾月干支朔幾日干支孝玄孫某敢昭告于 顯高祖考某官府君 顯高祖妣某封某氏(諸位列書)重建祠堂堂室依舊奉安神主禮依孔宜謹以淸酌庶羞祗薦慰事尙 饗(亞獻以後如儀○朱子云憙罪戾不天幼失所怙祗奉遺訓徃依諸劉卜葬卜居亦旣屢歲時移事改存歿未安乃眷玆鄕實亦祖考所嘗愛賞而欲卜居之地今旣定宅敢伸虔告亦安祖考之靈伏惟降監永奠厥居垂之子孫萬世無極○愚伏云孝孫某今以吉辰敢請顯高祖考妣(列書四代)神主移安新祠恭伸敢告)

◆成造時移安他家慰安祝辭
移自舊家奉安置守儀物如舊伏惟 尊靈是居是安

◆新家移安時告辭
新家旣成今以吉辰將奉安于家廟(或龕家)敢告

◆新家入廟後慰安祝辭

屋宇維新儀物如舊伏惟神主是居是安(奉主官所則當云今赴官所權立祠堂伏惟云云)

◆新居告家廟文

新居旣創廟寢斯成春秋祭祀旣其有所將母敎子庶無忝前訓惟我祖考尙克降妥陟降在玆永世臨顧敢用菲薄恭伸昭告

◆立廟奉安時高祖位告辭

維 歲次干支幾月干支朔幾日干支孝玄孫敢昭告于 顯高祖考某官府君 顯高祖妣某封某氏伏以先世寢遠德音莫承家又貧甚陟降無所晝度宵憂惶恐靡逮敢述先志合謀諸孫始立堂宇因成龕室玆奉神主適當重陽合薦精禋不勝感愴謹以酒果用伸告告謹告

◆立廟奉安時曾祖位告辭

維 歲次干支幾月干支朔幾日干支孝曾孫敢昭告于 顯曾祖考某官府君 顯曾祖妣某封某氏伏以不肖賴蒙餘蔭稍尊堂宇立主遷龕四世幷列先靈妥安後孫荷仰因節合祀怵惕無極不勝感愴謹以酒果用伸告告謹告

◆立廟奉安時祖位告辭

維 歲次干支幾月干支朔幾日干支孝曾孫敢昭告于 顯祖考某官府君 顯祖妣某封某氏伏以不肖晚生未承音容時維追慕涕淚沾襟先考克勤肇基門戶敢追未就謹成龕廟因節立主四世一堂不勝感慕庶歆微忱謹以酒果用伸告告謹告

◆立廟奉安時考位告辭

維 歲次干支幾月干支朔幾日干支孝曾孫敢昭告于 顯考某官府君 顯妣某封某氏伏念不孝失怙自專幾年不謹傳業多違至誨只奉禰主罪深豐昵夙夜恐懼今成四龕因節合薦深增摧咽茫茫穹壤俯仰靡及謹以酒果用伸告告謹告

◆旣遷奉安告辭

維 歲次干支幾月干支朔幾日干支某孫某敢昭告于 顯某親某官府君 顯某親某封某氏(諸位列書)惶蹙今旣定宅權安龕室仰冀先靈尙庶安止庇佑屛孫俾無后災謹以酒果用伸虔告謹告

◆先貧後富買宅立廟告遷告辭

維 歲次干支幾月干支朔幾日干支某孫某敢昭告于 顯某親某官府君 顯某親某封某氏(諸位列書)伏以所居仄陋改卜區宅今將移奉新廟不勝感慕謹以酒果用伸虔告謹告

◆奉安告辭

維 歲次干支幾月干支朔幾日干支某孫某敢昭告于 顯某親某官府君 顯某親某封某氏(諸位列書)廟位稍整先靈永妥陟降顧右仰冀冥佑謹以酒果用伸虔告謹告(四未云別無事由則恐當云不奠舊居酒卜新寓簡吉移奉敢伸虔告)

▶2273◀◆問; 이사 후 제사.

이사 후 제사 지내기 전에 먼가 고하는 절차가 있을 것 같은데요. 있으면 가르침을 주시면 감사 하겠습니다.

◆答; 이사 후 고사식.

이사를 마쳤으면 곧 정침(正寢)에 위를 차리되 제수(祭需)는 주과포(酒果脯)이며 의식은 사당(祠堂) 유사칙고(有事則告) 예법인 단헌(單獻)으로 다음과 같이 고합니다.

예법;

서립(序立), 강신(降神), 참신(參神), 헌주(獻酒), 독축(讀祝), 주인(主人) 재배(再拜), 사신(辭神), 분(焚) 지방(紙榜) 축문(祝文), 철찬(撤饌).

⊙移舍奉主告辭式

維 歲次干支幾月干支朔幾日干支孝子(隨屬稱)某敢昭告于 顯考某官府君 顯妣某封某氏(諸

位列書)今因移舍將奉祠版(或紙榜則改祠版爲諸位)移安于某洞(或某道某郡某洞)新第敢告

◆奉安新宅祝辭

維 歲次干支幾月干支朔幾日干支孝玄孫(最尊位屬稱)某敢昭告于(今按若新舊第相距不遠同日奉安不書年月無妨) 顯高祖考某官府君 顯高祖妣某封某氏(諸位列書)屋宇惟新奉儀如舊伏惟 尊靈是安是依

▶2274◀◆問; 제사를 모셔 오려고 하는데 방법을 가르쳐주셨으면.

설날에 고향을 방문을 하였는데 어머니께서 제사를 모셔가서 지낼 수 없느냐고 하셔서 제사를 모셔가는 방법이 어떻게 되는지 궁금하여 문의를 드립니다. 현재 어머니는 부산에서 홀로 계시면서 제사를 지내고 계셨습니다.

위로 누님과 저는 다 객지에 있는 관계로 할아버지/할머니, 아버지 제사를 혼자 지내시고 계십니다. 제사 때마다 내려가는 날보다, 못 내려 가는 날이 더 많고 어머니의 연세가 날로 연로하여 제사를 제가 지내는 것이 더 낳겠다고 판단이 들어서 글을 올립니다. 그리고, 기제사를 집안제사 대신, 산소에 찾아가서 간단한 제사를 지내어도 무방한지 알고 싶습니다.

◆答; 제사를 모셔오는 방법.

제례(祭禮)의 예법은 사당(祠堂)을 전제(前提)로 하였기 때문에 지방(紙榜)의 예법은 신주(神主) 예법을 따를 수밖에는 없을 것입니다. 제사(祭祀)를 옮다 함은 사당을 옮김과 같은 뜻인데 지방의 이안(移安) 환안(還安) 예법을 실물로 존재하는 신의 예법과 동일하게 행하여야 하는 가는 논란의 소지가 있을 듯도 합니다.

그러나 지방의 예법이나 시주의 예법이 같다 라 전제가 된다면 이미 율곡(栗谷) 선생께서 신주 이안(移安)과 환안(還安)의 예(禮)에 관하여 하신 말씀이 계시니 이 예법에 의하여 예를 갖추면 무난하리라 생각됩니다.

●栗谷曰凡神主移安還安或奉遷他處等事則告祭用朔參之儀告詞則臨時製述

기제(忌祭)는 정침제(正寢祭)로 묘(墓)에서 지내는 제사(祭祀)는 묘제(墓祭)가 됩니다. 기제(忌祭)와 묘제(墓祭)는 그 의미(意味)가 전연 다릅니다.

◆移舍奉主告辭(2273 참조)
◆奉安新宅祝辭(2273 참조)

▶2275◀◆問; 제사 장소 이전 시 절차방법.

조상님 제사를 시골에서 지내왔으나 부모님 더 이상 제사를 모실 수 없어 대구로 모셔야 할 것 같은데요 방법을 가르쳐 주세요.

당장 내년 1월초에 증조할머니 제사를 대구에서 모셔야 하는데 일부에서는 명절인 추석을 지내고 제사를 모셔와야 한다고 합니다.

질문 1. 조상님 모두 모신 명절(설 또는 추석)때 다음제사는 어디어디 지낸다고 고한 후 옮겨야 하는지요.
질문 2. 당장 2011년 1월초 증조모제사를 지내면서 부득이 장소를 옮김을 고한 후 계속 지내면 되는지요.

질문에 빠른 시일 내 답변을 해주시면 감사를 드리겠습니다.

◆答; 제사 장소 이전 시 절차방법.

질문 1. 答; 일자 지정 없이 언제라도 옮겨야 할 사유가 발생하였을 때입니다.

질문 2. 答; 부모님께서 생존하여 계시니 부친께서 제주가 됩니다. 모든 제사는 제주의 거소에서 지내는 것입니다.

만약 부친께서 노쇠(老衰)하여 가사(家事)를 자손(子孫)에게 위임(委任)한다 하여도 노이전중(老而傳重) 제사(祭祀)의 주인(主人)은 부친(父親)이 되며 다만 위임(委任)자손(子孫)은 섭행(攝行)할 뿐입니다.

제사(祭祀) 옮기는 예법(禮法)은 제위(諸位) 설위(設位) 후(後) 약설(略設) 단헌(單獻)의 예로 축(祝)으로 옮기는 사유(事由)를 고하고 새 거소(居所)로 옮긴 후(後) 또 그와 같이 설위(設位)하고 축(祝)으로 고하게 됩니다.

참고(參考)로 이안(移安)(옮겨 갈 때)과 환안(還安)(옮긴 후(後))고사(告辭)식의 유(類)型)별 사례(事例)를 게시(揭示)하여 드립니다. 참고(參考)하시기 바랍니다.

⊙買家移居告辭(2272 참조)
⊙買家移安後慰安祝辭(2272 참조)
⊙買家奉安于宗家告辭(2272 참조)
⊙移舍奉主告辭(2272 참조)
⊙奉安新宅祝辭(2272 참조)
⊙移徙者奉行神主告辭(2272 참조)
⊙移徙者奉行神主旣奉安告辭(2272 참조)
⊙移居時遷廟祝文(2272 참조)
⊙移居時告先考墓文(2272 참조)
⊙新建宅舍移奉神主告辭(2272 참조)
⊙新建宅舍移奉神主奉安告辭(2272 참조)
⊙新居移安告由文(2272 참조)
●曲禮七十曰老而傳註傳家事任子孫是謂宗子之父○士昏禮記註子代其父爲宗子

▶2276◀◆問; 제사 장소 이전 시 절차.

제사를 시골에서 모시고 있었는데 사정상 서울로 모시고 올라와야 합니다. 제사는 기제사 때는 옮기는 것이 아니고 명절제사 후 옮기는 것이라는 예기도 있고, 옮길 때 절차가 있을 것이라고 사료되는데 자문을 부탁 드립니다.

제사는 음 6.25 일로(양 8.15 일) 금년 제사는 시골에서 모실 계획으로 있으며 금년 추석명절 때 제사를 지내고 서울로 옮길 예정입니다 제사를 옮길 수 있는 시기는 언제이며, 옮길 때의 절차를 부탁 드리겠습니다.

◆答; 제사 장소 이전 시.

제사를 옮기는 예법은 신주봉사 할 때 이환안(移還安) 예법은 있으나 지방일 때에 관하여는 분명히 밝혀 놓은 바가 없습니다. 그러나 신주봉사를 하지 않는다 하여도 이 예법을 따른다면 과하거나 모자람이 없으리라 생각됩니다.

신주를 옮김에는 특별한 날이 없고 사유가 발생한 날이 됩니다. 다만 매가로 이사할 때와 주인의 이거로 옮길 때의 축식이 다릅니다. 예법은 약설(略設) 단헌지례(單獻之禮)입니다.

⊙買價移居告辭式(2272 참조)
⊙買家移安後慰安祝辭式(2272 참조)
⊙移舍奉主告辭式(2272 참조)
⊙奉安新宅祝辭式(2272 참조)

▶2277◀◆問; 제사 모셔오기(이전) 문의사항입니다.

안녕하세요. 이번에 집안 사정(事情)으로 인하여 제사(祭祀) 모셔오기를 진행해야 할 것 같습니다. 참고로, 저희 집은 부모님 살아계시며, 저는 장남입니다. 워낙 아는바 없어 이곳에 문의 글 올리고자 합니다.

1. 제사 이전 후 제주가 바뀌게 되는 건가요? 아님 현 제주(아버님)이 되는 건가요?
2. 제사 이전 시 기제사와 명절제사를 분리하여 모셔올 수 있는 건가요?
3. 제사 이전 택일은 음력 8 월에만 가능하며, 이전 기제사시 조상님께 옮기게 된 점을 고하고 옮긴다는 얘기를 들었는데 이 방법이 옳은 방법인가요?
너무 무지한관계로 질문(質問) 내용도 두서(頭緒)가 없는 것 같습니다. 답변 주시면 감사 드리겠습니다. 감사합니다.

◆答; 제사 모셔오기.

問; 1. 答; 제사(祭祀)를 옮긴다고 제주(祭主)가 바뀌는 것은 아닙니다.

問; 2. 答; 선대(先代)의 봉사(奉祀)는 주인(主人; 祭主)이 거주하는 집에서 모든 제사를 모시는 것으로 분리하여 모실 수는 없는 것입니다.

問; 3. 答; 제사(祭祀; 祠堂)를 옮기는 시기는 옮겨야 할 사유(事由)가 발생된 그 날이며 아래와 같이 살펴보건대 사당(祠堂) 옮기는 예법(禮法)은 율곡(栗谷)께서 삭참지의(朔參之儀)라 하셨고 축식(祝式)은 아래와 같습니다.

이는 사당(祠堂)을 옮길 때의 예법(禮法)과 축식(祝式)으로 지방(紙榜)의 예법(禮法)도 이를 따라야 하는지는 의심(疑心)스러우나 만약 따른다면 이 예(禮)에 준함이 옳을 것 같습니다.

●栗谷曰凡神主移安還安或奉遷他處等事則告祭用朔參之儀

●愚堂祝式
○買家移安告辭式(2272 참조)
○移家後慰安告辭式(2272 참조)

▶2278◀◆問; 제사 옮기는 법과 명절 예법?

수고 많으십니다. 성균관에 입문하게 된 초보자입니다. 남편이 장남인데 시아버님이 제 결혼 전에 돌아 가셔서 시아버님이 형제 중 둘째이시라 시어머님께서 기제사나 명절 차례를 시아버님 한 분만 모셨었습니다.

시어머님은 대전에 계시고 저희는 대구에 있습니다 어머님은 저희 집에 오시라 해도 형편이 어렵다고 안 오신다 하셔서 기제사도 어머님이 계시는 곳에서 형제들이 모여 지냈는데 지금은 어머님이 편찮으셔서 병원에 입원 중이신데 설 명절 차례는 저희 집에서 지내야 될 것 같은데 저희 집으로 제사를 모셔 오려면 어떤 절차가 필요한가요? 저희는 아버님이 일찍 돌아가셔서 잘 몰라서인지 축문을 안 읽고 기제사나 차례를 지내는데 예법을 정확히 알고 싶습니다.

1. 제사 모셔오는 방법.
2. 차례 지내는 예법을 알려주시면 감사하겠습니다.

◆答; 제사 옮기는 법과 명절 예법.
⊙奉主告辭式(본가고사식) (2272 참조)
⊙新宅告辭式(신가고사식) (2272 참조)

※이안봉안 예법은 약설하고 단헌의 예로서 아래 절사의 예를 준용하시되 헌주 때

헌주하고 모두 무릎을 꿇고 앉으면 축관이 헌주자(주인)의 왼편에서 무릎을 꿇고 앉아 고사문을 독축 후 마쳤으면 모두 일어나고 헌주 자만 절을 합니다.

▶2279◀◆問; 제사이관 시기에 관해서.

장남은 분가해서 나가 살고 있고 둘째인 저희가 시어머님과 함께 살고 있는데요. 그렇다 보니까 시아버님이 돌아가시고 안 계신대도 불구하고 저희가 계속 제사를 지내고 있어요. 제사 때 작은아버님들과 시아주버님이 오시긴 하는데 바쁘다고 안 오는 경우도 많고 음식 준비하려는 더더욱 안 오구요. 장남이 제사를 이관해가는 시기는 어떻게 되나요?

◆答; 제사이관 시기.

아래와 같이 살펴보건대 제사(祭祀)란 주인(적장자) 부부(夫婦)가 지냄이 바른 예법입니다. 만약 모친이 계신 곳이 주거주지이고 주인의 거처(居處)가 임시로 거주하고 있다면 모친이 계신 본거주지에서 제사를 지내야 하나 주인의 거처가 임시 거주하는 곳이 아니라면 주인댁에서 제사를 모셔야 바른 예법입니다.

만약 주인의 거주지가 완전 이주지라면 그 사유가 발생한 시기(이주할 때)가 부모님의 신주(제사)를 이안하는 시기가 되는 것입니다.

●特牲註主婦主人之妻雖姑存猶使之主祭祀內則曰舅沒則姑老冢婦所祭祀賓客每事必請於姑
●祭統夫祭也者必夫婦親之所以備外內之官也官備則具備
●退溪曰父旣死則子當主祭子旣主祭子之妻爲主婦行奠獻母則傳重而不奠獻故曰舅沒則姑老不與於祭與則在主婦之前

▶2280◀◆問; 제사 옮기는 문제.

문 1)아버지는 시골에 계시고 어머니는 돌아가셨습니다. 자식들은 모두 서울에 거주합니다. 그간에는 시골에서 어머님의 제사를 모셨는데 올해부터 서울에서 자식들이 제사를 올리려고 한다면 어떤 예를 갖춰야 하는지요? 즉, 제사를 옮길 때 어떤 절차가 있는지요?

◆答; 제사 옮기는 법.

제사(祭祀)는 종자(宗子)가 이주(移住)를 하게 되면 함께 따라가는 것인데 지금까지 옮겨가지 못하였다면 이제라도 법도(法度)를 갖추고 옮겨 가십시오,

●曲禮支子不祭祭必告于宗子(註)不敢自專宗子有故支子當攝而祭五宗皆然疏廟在適子之家庶子不敢輒祭若濫祭亦是淫祀若宗子有疾不堪當祭則庶子代攝可也猶宜告宗子然後祭
●公羊傳何休曰適子有孫而死質家親親先立弟文家尊尊先立孫
●溫公曰凡主人當以長子爲之無長子則長孫承重
●喪服小記庶子不祭禰者明其宗也(註)庶子不得立禰廟故不得祭禰所以然者明主祭在宗子廟必在宗子之家也

※옮겨 모시는 법도는 양가에서 설위(設位)하고 아래와 같이 축으로 고합니다. 예법은 약설(略設) 단헌지례(單獻之禮)입니다.

⊙移舍奉主告辭式(2272 참조)
⊙奉安新宅祝辭式(2272 참조)

▶2281◀◆問; 제사를 옮기려 합니다.

수고가 많으십니다. 사정상 큰집에서 둘째 집으로 제사를 옮겨오려 합니다. 어떤 절차로 옮겨야 하는지 알지를 못하여 문의 드립니다. 부디 가르침을 주시기 바랍니다.

◆答; 제사를 옮기는 데는.

지자손(支子孫)은 부모나 그 위 선대 제사를 예법상 주장하여 지낼 수가 없습니다. 제사를 옮기려는 사정이 무엇인지는 알 수 없으나 예법이 이러하니 어떤 연유로도 그와 같이 옮겨오는 법도가 있지 않습니다. 다만 까닭은 알 수 없으나 지성이면 감천이라 하였으니 법도가 걸림돌이 되지는 않을 것입니다.

●曲禮支子不祭祭必告于宗子(註)不敢自專宗子有故支子當攝而祭五宗皆然疏廟在適子之家庶子不敢輒祭若濫祭亦是淫祀若宗子有疾不堪當祭則庶子代攝可也猶宜告宗子然後祭

●喪服小記庶子不祭禰者明其宗也(註)庶子不得立禰廟故不得祭禰所以然者明主祭在宗子廟必在宗子之家也庶子雖貴止得供具牲物而宗子主其禮也○(又)喪服小記庶子不祭祖者明其宗也(註)此據適士立二廟祭禰及祖今兄弟二人一適一庶而俱爲適士其適子之爲適士者固祭祖及禰矣其庶子雖適士止得立禰廟不得立祖廟而祭祖者明其宗有所在也

▶2282◀◆問; 제사 지내는 장소 문의 드립니다.

평소 제사를 지낼 때 "장소 1"에서 지냈습니다. 사정이 있어서 현재는 "장소 2"에서 생활하고 있습니다. 금주 토요일에 자혼이 있고 일요일이 제사일인 데 "장소 2"에서 제사를 지내도 무방한지 궁금합니다. 항간에 제사 장소를 변경할 경우에는 설이나 추석에 미리 조상님께 알린 후에 변경한다는 말이 있어서 궁금하여 문의 드립니다.

◆答; 제사 지내는 장소.

아래와 같이 살펴보건대 본가(本家)에 사정(事情)이 있어 타가(他家)에 나와 있으면 우암(尤庵) 선유(先儒) 말씀이 그 집에서 제사(祭祀)하시되 축(祝)에 그 사유(事由)를 병기(倂記)하여 고(告)하면 예에 어그러지지는 않을 것 같습니다.

●曾子問孔子曰祭過時不祭禮也(註)謂四時常祭耳禘祫大祭過時猶追也
●問主祀家有故以紙榜行忌祭於他所尤菴曰紙榜行祭一如神主之儀但於祝辭不可不以祭於紙榜之故幷告也

이하는 이사 할 때 사당(祠堂) 신주(神主)의 예입니다.

이사(移徙)를 하게 되면 먼저 약설(略設) 단헌(單獻)으로 아래와 같이 사당(祠堂)에 이사(移徙)하는 연유(緣由)를 고하고 신주(神主)를 모시고 이사한 집으로가 사당(祠堂)에 신주(神主)를 모셔 앉히고 이 집으로 이사를 왔다고 고합니다.

다만 지방으로 선대(先代)를 모시다 이주(移住)를 하게 되었을 때의 예법(禮法)은 없으나 그렇다고 제사(祭祀)하던 조상(祖上)을 두고 사람만 훌렁 옮겨갈 수는 없을 것입니다. 그러한 경우 정침(正寢)에 명절(名節) 참사(參祀) 지내듯이 지방을 써 붙이고 위와 같은 예법으로 고하고 가서도 그와 같이 정침(正寢)에서 고함이 예도(禮度)를 잃지 않고 조상(祖上)을 섬기는 자세(仔細)일 것입니다.

공부자(孔夫子) 말씀이 제사는 실기를 하면 그 제사 뒷날 다시 지내지 않는다. 라는 말씀이 계셨으나 주소(註疏) 어디에서도 위와 같은 이사에 관한 말씀은 덧붙임이 없습니다.

⊙買價移居告辭式(2272 참조
⊙買家移安後慰安祝辭式(2272 참조)

⊙移舍奉主告辭式(2272 참조)
⊙奉安新宅祝辭式(2272 참조)

35 역사(歷史)

▶2283◀◆問; 기관씨(亓官氏)에 대하여.

기관씨(亓官氏)가 공부자 부인이 맞는가요.

◆答; 기관씨(亓官氏).

기관씨(亓官氏)는 孔夫子(大成至聖文宣王) 부인으로서 대성지성문선왕부인(大成至聖文宣王夫人)으로 봉(封)함을 받은 리(鯉; 字伯魚)의 모친입니다.

●元武宗大德十一年(1307)封孔子爲大成至聖文宣王叔梁紇爲啓聖王顏氏爲啓聖王太夫人亓官氏爲大成至聖文宣王夫人

▶2284◀◆問; 맹자의 선생님이 누구인지 알고 싶습니다?

맹자는 어떤 문을 보면 자사의 제자로서 배웠다, 또는 자사의 제자에게 배웠다는 내용도 있는데, 확실한 내용이 궁금합니다 , 만약에 자사의 제자에게 배웠다면 성명은 누구인지 알려주시면 고맙겠습니다, 성균관의 무궁한 발전을 기원합니다 직산향교 유림입니다.

◆答; 맹자의 스승.

아래와 같이 살펴보건대 맹자(孟子)의 스승은 자사(子思)의 문인(門人)이라 기록 되었을 뿐 그 명(名)이 명확히 밝혀지지는 않은 것 같습니다. 인명사전(人名事典) 등의 기록(記錄) 역시 아마도 아래를 근거(根據)로 편집(編輯) 수록(收錄)된 것으로 보입니다.

●史記孟子筍卿列傳篇孟軻鄒人也受業子思之門人註索隱曰三召+力(소)以人爲衍字則以軻親受業孔伋之門也今言門人者乃受業於子思之弟子也
●孟子集註序說云孟軻騶(註騶亦作鄒本邾國也)人也受業子思之門人(註)子思孔子之孫名伋索隱云王召+力(소)以人爲衍字而趙氏註及孔叢子等書亦皆云孟子親受業於子思未知是否(細註)慶源輔氏曰子思之門人無顯名於後者而孟子眞得子思之傳則疑親受業於子思者爲是而集註兩存其說蓋自古聖賢固有聞而知之者不必待耳傳面命而後得也又以中庸一書觀之所以傳授心法開示蘊奧如此其至則當時門弟子豈無見而知之者孟子從而受之愈益光明亦宜有之也

▶2285◀◆問; 삼국시대(三國時代) 장례문화(葬禮文化)는 어떠하였는지요?

안녕들하세요. 삼국시대(三國時代) 각국(各國)의 장례문화(葬禮文化)는 어떠하였는지요. 조선시대(朝鮮時代)와 같았는지요.

◆答; 삼국시대(三國時代) 장례문화(葬禮文化)는.

고려(高麗)의 장례법(葬禮法) 등은 고려사(高麗史) 례지국휼편(禮志國恤篇)에자못 치장(治葬)뿐만 아니라 성복(成服), 제례(祭禮)에 이르기 까지 조선시대(朝鮮時代)의 예법과 동일(同一)하지는 않으나 대강(大綱)의 틀은 비슷하며 예마다 자세히 기록(記錄)되어 있으니 고려사(高麗史)를 살펴보시기 바라며, 백제(百濟)는 고려(高麗)의 예법(禮法)과 같았다 하며, 신라(新羅)에서는 분릉(墳陵)은 봉분(封墳)을 만들었다 합니다.

●高麗史禮志國恤篇五服制度斬衰三年(云云)
●後周書高麗父母及夫喪其服制同於華夏兄弟則限以三月○又百濟父母及夫死者三年治

服餘親則葬訖除之

●隋書高麗死者殯于屋內経三年擇吉日而葬居父母及夫喪服皆三年兄弟三月初終哭泣葬則鼓儛作樂以送之埋訖悉取死者生時服翫車馬置於墓側會葬者爭取而去○又百濟喪制如高麗○又新羅人死有棺斂葬起墳陵王及父母妻子喪持服一年

▶2286◀◆問; 삼한공신(三韓功臣)은?

또 조상행적에 "고려태조 23 년에 18 명이 三韓功臣으로 책록 되어 신흥사 공신각에 도형되었다" 라고 하는데 삼한공신의 풀이가 궁금한데요.

◆答; 삼한공신(三韓功臣).

"삼한공신(三韓功臣)" 이란 고려 태조 23 년에 후삼국(後三國) 통일에 공을 세운 막료와 전국의 대소 토호세력에게 내린 공신호인 것입니다.

●後三韓新羅併麗濟而盡有三韓之地及其季世弓裔據句麗故地而稱後高句麗甄萱據百濟故地而稱後百濟復爲二國未幾高麗統一之故號其功臣曰統合三韓功臣

▶2287◀◆問; 遜愚는 어떤 분인지요.

어느 자료를 보다가 선산신제 후산신제에 대하여 사계선생은 조상 먼저 지내고 云云-- 遜愚는 말하기를 예부터 五祀의 禮制가 모두 그곳 신에게 먼저 지내는데 어찌 후토제만 다를 수가 있으며 云云 여기서 손우선생이 어떤 분인지와 五祀에 대해서 여쭈어 봅니다.

◆答; 손우(遜愚).

※添記

⊙遜愚

명(名) 홍석(洪錫), 자(字) 공서(公敍). 호(號) 손우(遜愚). 시호(諡號) 정민공(貞敏公). 贈資憲大夫吏曹判書兼知義禁府事五衛都摠府都摠管. 저서(著書) 상제요록(喪祭要錄).

⊙五祀

1. 제(禘), 2. 교(郊), 3. 종(宗), 4. 조(祖), 5. 보제(報祭).
●國語魯篇凡禘郊宗祖報此五者國之典祀也

1. 문(門), 2. 호(戶), 3. 중(中), 4. 류(霤), 5. 조제(竈祭).
●月令先祖五祀註五祀門戶中霤竈行也

1. 구망(句芒), 2. 욕수(蓐收), 3. 현명(玄冥), 4. 축융(祝融), 5. 후토제(后土祭).
●春秋左傳昭公篇獻子曰社稷五祀句芒蓐收玄冥此其三祀也祝融后土此其二祀也

▶2288◀◆問; 송준길 선생이 '강빈'의 '외당숙'이라 하는데 맞습니까?

'JTBC' 방송국에서 방송된 드라마(궁중잔혹사-꽃들의 전쟁)에서 송준길이 '강빈'의 '외당숙'이라 하는데 맞습니까?

◆答; 송준길선생이 강빈의 외당숙.

宋浚吉(1606 ~ 1672); 호(號) 동춘당(同春堂).
姜氏(1611 ~ 1646); 소현세자빈(昭顯世子嬪) 부(父) 강석기(姜碩期).
姜碩期(1580 ~ 1643); 호(號) 월당(月塘) 배(配) 고령신씨(高靈申氏) 녀(女) 세자빈(世子嬪).

본인이 살핀 바로는 강빈(姜嬪)은 소현세자빈(昭顯世子嬪)인데, 강빈(姜嬪)의 부친(父親)은 강석기(姜碩期)로 호(號)는 월당(月塘), 배(配)는 고령 신씨(高靈申氏)로서 송동춘당(宋同春堂)과는 성씨(姓氏)가 다르니 이 이상 외척(外戚) 여부는 알지를 못합니다.

●月塘(姜碩期)集附錄神道碑銘;公娶高靈申氏(云云)女長世子嬪○月塘(姜碩期)集附錄墓表陰記;公諱碩期字復而號月塘(云云)公夫人申氏(云云)揀擇世子嬪公女入選(云云)

▶2289◀◆問; 日月도녜와갓고.

日月도녜와갓고山川도依舊하되大明文物은속절업씨간듸업다두어라天運이循環한이다시볼까하노라 작자가 누구였는지 알 수가 있을까요.

◆答; 日月도녜와갓고.

효종대왕(孝宗大王) 어제(御製)입니다. 효종대왕(孝宗大王); 조선(朝鮮) 십칠대왕(十七代王; 在位; 1649~1659) 휘(諱) 호(淏). 자(字) 정연(靜淵). 호(號) 죽오(竹梧).

●海東歌謠漁釣臺奉和; 孝宗御製

日月도녜와갓고山川도依舊하되大明文物은속절업씨간듸업다두어라天運이循環한이다시볼까하노라.

▶2290◀◆問; 화일(禾日)은 언제를 뜻하는지요.

박세무가 지은 동몽선습(童蒙先習)의 끝에, 세신축중추화일소요자서(歲辛丑仲秋禾日逍遙子書)라 하였는데 여기에서 화일(禾日)은 언제를 뜻하는지요?

◆答; 禾日에 대하여.

본인은 동몽선습(童蒙先習)(박세무(朴世茂). 자(字) 경번(景蕃). 호(號) 소요당(逍遙堂). 함양인(咸陽人) 기묘판(己卯板)(1639)으로 말미(末尾)에는 우암(尤庵) 선생(先生)께서 발문(跋文)을 쓰신 시기(時期)의 기록(記錄)으로 [숭정기원지상횡엄무양월일은진송시렬근발(崇禎紀元之商橫閹茂陽月日恩津宋時烈謹跋)]이라 되어 있는데 이 때는 [상횡엄무양월(商橫閹茂陽月)]이었습니다.

이를 미루어 보건대 민명기 선생(先生)의 소장(所藏) 본(本)에 그와 같이 말미(末尾)에 기록(記錄)되어 있다면 발문(跋文)자의 서명(書名)일 수가 있는데 신축(辛丑)이 어느 년도(年度)인지는 알 수 없으나 소요당(逍遙堂) 선생(先生)의 생전(生前) 초간본(初刊本)이라면 1541년(年)이 되고, 기묘판(己卯板) 전(前)에도 1601이 신축(辛丑)의 해였습니다. 특히 소요자(逍遙子)는 송시(宋時) 제왕(帝王)의 좌교(坐轎)의 명칭(名稱)이기도 하며, 박세무(朴世茂) 선생(先生)의 호(號)인 소요당(逍遙堂)의 앞 두자(字)이기도 합니다.

※화일(禾日)의 기록이 분명하다면 그가 의미하는 바가 무엇인지 확인될 수 있을 터인데 나누어 익힐 수 있는 기회가 되기를 바랍니다.

商橫; 古甲子로 十干의 庚.
閹茂; 古甲子로 十二支의 戌.
陽; 음력 10월.

다만 중추화일(仲秋禾日)은 팔월의 한낮 정도로 이해될 수 있을 것입니다.

36 인사(人事)(附禮法)

▶2291◀◆問; 가부(假父)란?

조상(祖上)의 행적(行跡)에서 "임금이 충의(忠義)에 감동(感動)하여 가부(假父)로 존숭(尊崇)하고" 라는 구절(句節)이 있는데, 가부(假父)란 어떤 뜻인지요. 의부(義父)와 같은 뜻으로 보아야 하는지요.

◆答; 義父와 같은 의미입니다.

가부(假父)란 실제로 낳지 않은 아버지란 의미(意味)로서, 의부(義父) 즉 의(義)로 맺은 아버지와 같은 의미가 됩니다.

의부(義父)의 의미에는 의붓아버지란 의미만 있는 것이 아니라, 수양(收養) 아버지 또는 의(義)로 맺어진 아버지란 의미도 포함되어 있어 여기서는 의로 맺어진 아버지란 의미로 해석(解釋)하여야 옳습니다.

아래와 같이 살펴보건대 가부(假父)는 의부(義父)와 같은 의미인 것 같습니다.

●說苑纂註正諫篇秦始皇帝太后不謹(云云)吾乃皇帝之假父也嫪人子註假父謂義父也嫪人子謂貧陋者

●容齋隨筆人物以義爲名條人物以義爲名者其別最多仗正道曰義義師義戰是也衆所尊戴者曰義義帝是也與衆其之曰義義倉義社義田義學義役義井之類是也至行過人曰義義士義俠義姑義夫義婦之類是也自外入而非正者曰義義父義兒義兄弟義服之類是也

▶2292◀◆問; 가(哥)와 씨(氏)에 대하여.

저는 압해 정가입니다. 고향에 부모님이 계시고 일가 몇 분이 함께 살고 계십니다. 저희 형제모두 고향을 떠나 일가를 이루고 있습니다. 저희 형제와 후손들이 다시 고향에 돌아가 살 것인가 하는 현실적 문제와 부모님만을 남겨두고 타향에서 살아야 하는 아쉬운 마음에서 고향의 부모님이 살고 계시는 집 앞에 "압해 정씨 000 파" 라는 표지문과 부모님 함자 형제부부의 현 직명을 표기하고 저희가 정가이기 때문에 "정가네"라는 제목으로 집터와 가승의 내력을 표현하는 간단한 시를 지어 새겨서 조그마한 비석을 세워두었습니다.

그런데 일가 중 몇몇 분이 "정가네"라 고하는 표현이 점잖지 못한(쌍스러운) 표현이라고 이의를 제기합니다. 저희들 생각은 스스로를 낮추는 표현으로"정가네"라는 자칭 어를 쓴 것인데 그 것이 잘 못된 표현이라는 이의제기가 있어서 고명하신 선생님의 의견을 여쭙고자 합니다.

◆答; 가(哥).

성(姓)에 가(哥)를 붙이게 되면 그 성씨를 얕잡아 이르는 표현(表現)이 되는 까닭에 혹시 자기의 성씨(姓氏)를 상대방에게 겸손(謙遜)하게 알릴 때 쓰는 말일 뿐입니다.

상대방과 대화체(對話體)가 아닌 게시문(揭示文)은 상대방이 내 가문(家門)을 이르는 말이니 그가 타 성 경칭(敬稱) 호칭에 의하여 씨로 표현함이 옳을 것입니다.

●吏讀便覽行用吏文;東人稱人姓必曰某哥如云朴哥李哥

●周易繫辭下;子曰顏氏之子其殆庶幾乎

●文心雕龍原道;爰自風姓暨於孔氏玄聖創典素王述訓莫不原道心以敷章

▶2293◀◆問; 가향(家鄕)?

선생님 제 친구가 가향(家鄕)이 고향(故鄕)과 같은 말이라 증거도 대지 못하면서 제 옆에서 욱이고 있어 즉석에서 질문을 올립니다.

가향(家鄕)이 고향(故鄕)과 같다면 어찌하여 같은 말인지 이 친구와 함께 지식으로 지녀야 할 말씀이 계시면 일러주시기 바랍니다.

◆答; 가향(家鄕). 고향(故鄕).

아래와 같이 살펴보건대 가향(家鄕) 또는 고향(故鄕)이란 자기가 나서 자란 지방(地方)이거나 오래 살고 있는 지방(地方)을 두루 이르는 말이나 가향(家鄕)이라기 보다는 고향(故鄕)을 주로 쓰이고 있을 뿐입니다.

●荀子禮論; 越月踰時則必反鉛過故鄕則必徘徊焉鳴號焉
●史記高祖本紀; 大風起兮雲飛揚威加海內兮歸故鄕
●李白詩靜夜思; 擧頭望明月低頭思故鄕○註故鄕出生或長期居住過的地方
●辭源 [故鄕] 家鄕
●賀知章回鄕偶書詩之二; 離別家鄕歲月多近來人事半銷磨唯有門前鏡湖水春風不改舊時波
●大學衍義補明禮樂; 家鄕之禮(云云)
●東編; 裴氏曰歲抄到家鄕先春又赴任親情半未相見○註家鄕自己家庭世代居住的地方
●九義行祠儀序例祠號; 諸公念國讎之不得以報也家鄕之不得以歸也先王之恩不能忘也
●荷齋日記三甲午年四月十六日; 湖海煙塵千里外家鄕消息一書中

▶2294◀◆問; 각종 인사말.

안녕하십니까? 무더운 날씨에 연일 수고들 많으십니다.

아래에 선생님의 어느 분의 질문에 답하신 말씀도 계십니다만 사계절각종인사와, 여타 한문식 인사말 좀 가르쳐주시면 감사 하겠습니다. 배우는 입장에서 알고 싶습니다.

편하게 계절인사와 안부를 여쭈면 될 것입니다. 한문으로 쓰시면 보시는 분이나 보내는 분이나 서로 편하지 않을 듯 하네요.

◆答; 인사말.

혹 "사계절(四季節) 각종 인사와, 여타 한문식(漢文式) 인사말"을 이해하시는데 약간이라도 도움이 되지 않을까 하여 서한문(書翰文) 작성법(作成法)을 봉투 식으로부터 본문 작성법을 소상히 밝혀 놓은 서책(書冊)이 있어 망설이다 소개하여 드리니 구하여 공부하여 보시기 바랍니다. 이 서(書) 기두류조(起頭類條)에 춘하추동 매월 서두(序頭) 문(文)에 관하여 소상하게 밝혀 놓았습니다.

●書名; 찰한역지(札翰易知)

▶2295◀◆問; 관향(貫鄕) 名인지.

언제나 신속하고 정확하게 의문점을 해결해 주시는 선생님들께 감사 드리며 질의합니다. 월주(月洲)공 소두산(蘇斗山 1627-1693)이 소실(小室)이 죽고 제문(祭文)을 썼습니다.

월주집(月洲集) 3 권에 '제담양별실문(祭潭陽別室文)'이라 하여 제문이 있는데, 이때에 '담양(潭陽)'이 소실의 세거지명(世居地名)을 뜻하는지(담양댁?), 관향명(貫鄕名)을 지칭하는지 (담양某씨?) 궁금하여 문의 드립니다.

◆答; 별실(別室)의 택호(宅號).

소실(小室)의 제문(祭文)으로 별실(別室)은 딴 방이란 의미로 소실(小室)이란 뜻이며 담양(潭陽)은 별실의 친가동명입니다,

●北史朱氏傳彭城太妃尒朱氏榮之女魏孝莊后也神武納爲別室敬重踰於婁妃
●月洲集祭潭陽別室文死生在天脩短由命人所不免理所固然十年從我緣非不重有子有女命非太薄生而無憾死亦何傷爾若有知亦宜順受惟是一別奄忽幽明病未相問葬末相見悠悠此恨存沒何間遙將一杯慰爾孤魂

▶2296◀◆問; 길사(吉事)와 관련된 근신(謹愼).

임산부(姙産婦)나 혼인(婚姻) 등 길사(吉事)의 주인 (또는 그 가족)이 다른 길흉사(吉凶事)에 가지 않고 근신(謹愼)하는 관습이 있는데 이에 대한 귀견 하교하여 주시기 바랍니다.

◆答; 길사(吉事)와 근신(謹愼).

제사(祭祀)의 예법에서 재계(齋戒)하는 법도(法度)는 있으며 또 관례나 혼례에서 상중(喪中)에는 행할 수가 없는 경우가 있는데 그는 상(喪)을 꺼려서가 아니라 슬픔 때문인 것입니다. 따라서 그와 같은 때 근신한다 함은 세속적(世俗的)인 관습(慣習)으로 이해됨이 마땅할 것 같습니다. 유학(儒學)의 예법 또는 법도에서는 그와 같은 법은 없는 것 같습니다.

▶2297◀◆問; 나이가 많은 동서와 의대화.

안녕하세요. 두 형제가 있습니다. 형의 나이는 32 세 결혼 5 년 차이고 배우자는 28 세입니다. 그리고 동생의 나이는 30 세이고 동생의 배우자 나이는 33 세입니다 문제는 두 며느리 에게 있습니다.

나이가 많은 동서와 나이가 적은 손위 동서와의 대화입니다. 두 며느리가 대화할 때 어떠한 말을 써야 할까요? (서로 존대를 써도 되긴 하는데 구체적으로 어떠한 방법으로 말을 해야 할까요?)

예를 들어 밥 먹을 때와 인사할 때 그리고 중요한 것은 서로 대화할 때 높임말과 낮춤말을 기분 안 상하게 할 수 있는 방법은 없을까요.

◆答; 나이가 많은 동서와 의대화.

아래와 같이 살펴보건대 여자는 출가(出嫁)를 하면 그의 나이에 상관(相關) 없이 남편의 연치(年齒)와 동등(同等)한 지위(地位)의 대접(待接)을 받게 되는 것입니다. 까닭에 손위동서가 비록 실 나이로는 연하라 하여도 연상(年上)인 아랫동서는 시가(媤家)의 연치(年齒)를 따라야 할 것입니다. 다만 일상(日常) 생활에서 아래 동서(同壻)에게 하시게 보다는 하오의 경칭(敬稱)으로 대함이 어울리지 않을까 합니다.

●釋名釋親屬篇云親襯也言相隱襯也屬續也恩相連續也夫妻匹敵之義也兩婿相謂曰亞言一人取**姊**一人取妹相亞次也又並來至女氏門**姊**夫在前妹夫在後亦相亞而相倚共成其禮也

▶2298◀◆問; 나이 어린 손위 동서의 반말에 대하여?

제목과 같은 사이일 경우 2 살 차이로 형님 되는 분이 나이가 더 어립니다. 서로간의 호칭은 형님 동서라고 부르며 지내지만 존대는 동서만 하고 형님 되는 분은 반말을, 그것도 이것 좀 갖고 와 저것 좀 갖고 와 하면서 말을 하니 옆에서 듣는 저도 기분이 좋진 않습니다.

서로간의 존대가 상호 기분상하지 않는 방법인 듯 합니다만 꼭 나이랑 상관없이 형님이라고 동서한테 반말을 해야 한다는 게 우리나라 예법에 맞는 건가 궁금합니다.

근거 없는 무조건 형님이니깐 반말하라는 식의 말들은 네이버 지식에 수없이 봐왔습니다. 정확한 우리나라 예법에 묻고 싶습니다.

◆答; 나이 어린 손위 동서의 반말.

여자는 시가에서는 나이 등에 관계 없이 남편의 지위와 동등하고 남자는 처가에 가면 처의 지위와 동등한 위치에 있게 됩니다.

그러나 연하의 손위동서와 연상(年上)의 아래동서 사이에서의 명문화(明文化)되어 전하여지는 대화예법(對話禮法)에 관하여는 아는 바가 없습니다. 다만 아무리 그렇다 하여도 상호간(相互間) 언어생활(言語生活)에서 사회통념상(社會通念上) 장유(長幼)의 관계 역시 무시(無視)하게 되면 피차(彼此) 거부감(拒否感)을 느끼게 되겠지요. 따라서 유학(儒學)은 첫째가 예이니 피차 거부감을 느끼지 않도록 경어(敬語)를 사용함이 가정의 화목을 위하여 바람직하겠지요.

●釋名釋親屬篇夫妻匹敵之義也

▶2299◀◆問; 단상의 좌석배치.

1. 성균관 발행 "우리의 생활예절"이란 책 88 쪽에 행사장의 **단상의 좌석배치**가
   <여, 남>
              단하

으로 되어있는데 남좌여우(男左女右)라면<의례문답 답변 종합결과 좌석의 위치가 바뀌어야 하지 않는지요?

이번 대통령 취임식 의전 때도 모(某) 대통령 내외분 좌석이 위와 달랐습니다. 의례문답 답변과 성균관에서 발행한 책 내용이 달라서야 되겠습니까?

2. 전거는 제시하지 못 합니다. 어디선가 질서를 설명하며 '생자이동위상(生者以東爲上), 사자이서위상(死者以西爲上)'과 '소목지서(昭穆之序)'로 설명하는 글을 읽은 기억이 있습니다.

'살아 있는 사람에겐 동쪽이 상석이며, 죽은 자에겐 서쪽이 상석이 된다'는 것쯤으로 알고 있습니다. 이에 따라 신위가 '고서비동(考西妣東)'으로 자리를 하는 것 아닌지요? 그렇다면 (산)남자가 단상 왼쪽(동쪽)에 자리 하는 것이 당연한 것 아닌가 생각됩니다. 제가 잘못 알고 있는 것인가 해서 자세히 알고자 글을 올립니다.

◆答; 단상의 좌석배치.

1. 答; 무엇이 어떻게 달라져야 하는지는 알 수가 없으나, 대통령(大統領) 취임식(就任式)은 성균관(成均館)에서 주관(主管)하여 행함이 아니니 유교(儒敎)의 법도(法度)와 견줌은 무리(無理)이며, 석남향북향이서방위상(席南向北向以西方爲上) 좌석(坐席)이 남향북향(南向北向)의 상좌(相座)일 때는 서쪽이 상석(上席)이 됩니다.

●朱子曰禮云席南向北向以西方爲上東向西向以南方爲上是東向南向之席皆尙右西向北向之席皆尙左也今祭禮考妣同席南向則考西妣東自合禮意大率古者以右爲尊如周禮云享右祭祀詩云旣右烈考亦右文母漢人亦言無能出其右者是皆以右爲尊也

2. 答; 유교적(儒敎的) 법도(法度)에는 내칙(內則)에 칠년남녀부동석불공식(七年男女不同席不共食)이라 하였으니 남녀(男女)가 일곱 살이 되면 한자리에 같이 앉히지 않는다는 제도하(制度下)에서 개방(開放)된 서구(西歐)의 제도(制度)에 결부(結付) 유교적(儒敎的)으로 해석(解釋)하려 함 자체(自體)가 무리(無理)입니다.

그렇다손 처도 혹 견주어 이른다면 예운(禮云)에서 석남향북향이서방위상(席南向北向以西方爲上)라 함은 빈례(賓禮) 등의 상향(相向) 좌석 배치에서 서방(西方)이 상석(上席)이라 하였으니 혹 행사(行事)에 서구적(西歐的) 법도로 부부(夫婦)가 동반(同伴)하였다면 그 법도에 따라 자리가 정하여 질 것이나, 만약 유교적(儒敎的) 좌석(座席) 배분(配分) 운운(云云)한다면 이 법도(法度)에 따라 서남동녀(西男東女)가 옳다 할 것입니다. 다만 유교적(儒敎的) 부부(夫婦) 동석(同席)의 남동여서(男東女西)는 상향(相向)일 뿐 남면(南面)의 좌석 배치가 아닙니다.

●內則七年男女不同席不共食
●溫公曰男治外事女治內事婦人有故出中門必擁蔽其面

●記言左右陰陽說條天道尙左地道尙右陰陽之義也朝庭之禮以東爲上祠廟之禮以西爲上
●王制男子由右女子由左
●芝村曰初喪爲位皆以男左女右而上朝祖下男女道路之法謂男左女右
●重庵曰男左女右以地道言則右尊左卑道路屬地當男右女左盖右主動而左主靜右有力而
左無爲故男女所由如此
●問冠禮時主人主婦皆南向坐而北側舅姑東西相向何義尤庵曰夫婦相對坐常禮也冠禮受
子拜之時則諸父在東諸母在西若夫婦相對而坐則背東背西故不得不南面也
●大明集禮昏禮見舅姑禮舅姑並南面坐堂中今人家多如此或從俗亦可
●鏡湖曰士昏禮舅席在阼卽主位也姑在房外南面家禮則變姑席在西而舅則不變主位醮饗
諸禮皆然此云並南面云者恐非禮意

▶2300◀◆問; 大學의 말씀을 천주의 도에 접목 교육시켜도 되는가?

학교에서 학생을 지도하는 선생입니다. 교육으로 대학(大學)의 말씀을 천주의 도에
접목 교육시켜도 되겠습니까.

◆答; 大學의 말씀을 천주의 도.

천주(天主)의 도(道)란 무엇을 의미하는지는 모르겠으되 하인의 가르침을 막론하고
대학(大學)뿐만 아니라 유교경전(儒敎經典)에는 인의예지신(仁義禮智信)의 도(道)가
담겨 있으니 어느 대목을 인용(引用)하여 학생을 지도한다 하여도 수신제가(修身齊
家)하고 치국평천하(治國平天下)의 도(道)를 닦는데 부족함이 없다 할 것입니다.

●大學章句序云大學之書古之大學所以敎人之法也
●程子曰大學孔氏之遺書而初學入德之門也

▶2301◀◆問; 도포의 색과 유건.

수고가 많으십니다. 향교에서 보니 삼베색인 황색과 에메랄드 불루색(?)이 주로 보
입니다.

[문1] 그런데 삼베도포와 불루색 도포는 어떨 때에 입는지 모르겠습니다. 말에 의
하면 불루색은 儒生만 입으니 향교 행사 시에만 입는다고 하더군요. 다른 행사에는
불루색 도포는 입지 못하고 삼베도포를 입어야 한다고 합니다.

[문2] 그리고 도포를 입을 때는 유건을 쓰는지 갓을 써야 하는지도 알고 싶습니다.
유건과 갓도 행사의 종류에 따라 쓰는 용도가 다른지요?

[문3] 두루마기는 어떤 행사에 입어도 되며, 유건이나 갓을 써도 되는지요?

[문4] 어떤 행사(향교, 서원, 전통예식 등)에도 도포의 색이 관계없으며, 유건, 갓,
벼슬 관(?)을 써도 되는지요? 복잡하게 여쭈어 죄송합니다.

◆答; 도포의 색과 유건.

◆[문1] 答; 아래와 같이 살펴보건대 청색 도포는 어느 특정인 또 특정한 때에만 입
는다 할 수가 없을 듯싶고, 포도포(布道袍) 상복(喪服)으로 입는 듯싶습니다.

◆[문2] 答; 오례의(五禮儀) 제복도설(祭服圖說) 반계수록(磻溪隨錄) 등을 살펴보아
도 어떤 옷은 어느 때 입는다 명시 됨이 없어 분명히 분간하여 이를 수는 없으며,
다만 도포를 입고 유건, 삿갓, 치포관, 초립 등을 썼다는 기록이 있습니다.

◆[문3] 答; 두루마기란 주의(周衣)라고도 하는데 소매 통이 넓고 폭이 세갈래 진
창의(氅衣)에 대하여 주의(周衣)는 소매통이 좁고 폭이 붙어 일상에서 주의(周衣)를
입고 그 위에 도포(道袍)를 있었는데 상민(常民)은 도포(道袍)를 입을 수가 없었으
며 고종(高宗)21년(1884)년 복제(服制) 개혁(改革) 때 도포 등이 폐지되고 두루마기

만 입게 하였는데 상인은 두루마기에 벙거지; 모립(毛笠)를 썼다 하는데 평민 역시 두루마기 위에 관(갓)을 썼을 것이나 유건(儒巾)은 쓰는지의 여부는 명문화(明文化) 된 전거를 알지 못하여 확인할 수가 없습니다.

◆[문4] 答; 행사나 의식 참여시 도포(道袍)의 색을 규정한 법식이 명문(名文)으로 전함을 알지 못하나 주로 거론됨이 청도포(靑道袍)인 점으로 미루어 보건대 겉 옷으로 도포를 입을 때는 청 도포가 무난하고 머리에는 유건(儒巾)을 씀이 어울릴 것 입니다.

●本朝紀略肅宗朝入宮時士人趙正萬儒巾道袍來拜
●吉禮要覽王孫冠禮王子冠禮當差等初加服笠子道袍紅帶
●世宗實錄世宗十年戊申一月十日甲午上服冠袍乘輦詣宗廟王世子及百官具朝服扈從
●國朝五禮儀祭服圖說衣;衣以靑羅爲之
●與猶堂曰卿大夫顯官之子始加緇布冠靑道袍
●存齋曰於是乎畧具酒饌宗族姻婭鄕黨故舊咸在坐汝着黃草笠衣靑道袍
●梅山曰布道袍當吉服以布直領當禪服已矣
●韜齋曰尤菴先生自山中歸堤上歷臨沃川郡衙遂設座迎拜以俟先君來會先生著麤布道袍中坐肩背竦直鬚髮半白
●厚齋曰朝士則有麻絰麻絞之制儒生則只有生布道袍而無絰與絞玆不得不別言麻帶蓋朝家條制務欲詳明故如此也
●本草綱目服器頭巾釋名古以尺布裹頭爲巾後世以紗羅布葛縫合方者曰巾圓者曰帽加以漆制曰冠
●急就篇卷三冠幘簪簧結髮紐(師古注)冠者冕之總名備首飾也
●燕轅直指一行服色記各房馬頭及放料灣上及上判事馬頭皆挾袖周衣及戰笠而無雀羽雲月其餘下人皆挾袖周衣及氈笠
●燕轅直指留館錄鄂羅斯館記帝像則首不加冠短髮鬅鬆身上只着紋繡周衣

▶2302◀◆問; <모모김씨 모모공파 29세손>라고 하면 되는지요?
<문 1> 貫祖를 기준으로 <김녕김씨 영사공파 29 세손→[김녕김씨 29 세손]>이라고 알고 있으며 남들에게도 그렇게 말해왔습니다. 맞는지요? 아니면,
<문 2> <김녕김씨 29 세손, 영사공파 20 세손입니다. >라고 말해야 하는지요?
<문 3> <김녕김씨 29 세손, 영사공파입니다.>라고 말해야 하는지요?

◆答; 본관(本貫) 성씨(姓氏) 모파(某派) 몇세(世) 누구.
자기의 성씨에서 자기의 위치를 소개할 때 "시조(始祖)를 기준으로 본관(本貫) 성씨 (姓氏) 모파(某派) 몇 世 누구(성명)라고 합니다" 가 옳지 않을까 합니다.

●北史魏諸宗室傳論; 上谷公等分枝若木疏派天潢
●依韵和希深游大字院(宋梅堯臣); 夫君康樂裔顧我子眞派
●文選晉左太沖吳都賦; 百川派別歸海而會
●資治通鑑隋恭帝義寧元年李密; 李淵曰與兄派流雖異根系本同

▶2303◀◆問; 문정공(文正公) 권부(權溥).
문정공 權溥를 한글로 읽을 때 '권부'와 '권보' 두 가지로 쓰고 있는데 보통 펼(베 풀)'부'로 많이 쓰면서 더러는 넓을'보'로 쓰기도 하여 조금 혼란스럽기도 합니다.
지금은 작명자의 본의를 알 수 없으니 둘이 다 맞는다면, 물방울 '박'도 가능한 것 인지? 궁금하여 여쭈어 봅니다.

◈答; 문정공(文正公) 권부(權溥).

아래와 같이 일자(一字) 다음(多音)인 경우 一, 二, 三音 등으로 분류가 됩니다. 따라서 일반 문장(文章)에서는 상하(上下) 자(字)의 의미로 다음(多音)인 글자의 의미를 유추 음(音)을 붙이게 됩니다. 그러나 인명(人名)에서는 작명자(作名者)와 본인을 비롯하여 그 시대에 그와의 관계인이 아닌 타인은 물론 후세인은 그 의도한 바를 알 길이 없습니다. 까닭에 후세에는 그 후손이 아니고서는 짐작(斟酌)할 근거(根據)가 없기 때문에 다음(多音)인 자(字)는 검증(?)된 인명사전(人名辭典) 등에 수록됨이 없는 명자(名字)는 일음(一音)으로 이해하되 의사표시를 할 경우에는 한글 한자 병기함이 정확한 의사 전달방법이 될 것입니다.

●康熙字典水部十書溥[正韻]音普[集韻]音敷[集韻][正韻]音博

▶2304◀◈問; 미수연(米壽宴)에 대하여.

미수연의 유래와 의미 우리나라 나이로 하는지 아님 만 나이로 하는지 궁금합니다.

◈答; 미수연(米壽宴).

일본어에서 米를 파자 하여 八十八이라 米壽는 八十八歲라 하여 이는 長壽를 의미하여 미수연(米壽宴)을 벌려 축수(祝壽)하였다 하나 1747년 이전에 미수(米壽) 운운 하였으니 이 역시 일본풍이 전래 유무는 헤아릴 길이 없습니다. 미수연(米壽宴)은 우리 나이로 팔십팔세(八十八歲) 되는 해에 연(宴)을 베풉니다.

●惺所覆瓿稿閒情錄攝生(1982);陳書林云余司藥市倉部輪差諸君請米受壽鄉人張誠之為司農丞監史同坐時冬嚴寒餘一二刻間兩起便溺
●靈光續修輿地勝覽晚軒亭題詠(高宗8.1871云云)某棲息之所詩云詩軒晚悟已多年忠孝茲違示兩全持固松形今自愛執貞竹節古來傳諫琴不得難成志負米壽呈恨息肩
●弭雲稿弭雲稿冊三獜蹄宅族大母賜米壽席次東圃叔韻(1747);公宴餘波亦及私彩衣爭獻萬年巵極知優老恩偏重庶勉忠君孝可移舊感兒戲棠棣影新榮孫折桂花枝定看福祿如川至況復茲遊際盛時
●禮記曲禮上生與來日死與往日註與猶數也生數來日疏正義曰此謂士禮生與來日者與數也謂生人成服杖數來日為三日死與往日者謂死者殯斂數死日為三日

▶2305◀◈問; 배행지례(輩行之禮).

운전 중에 방송에서 이런 뜻의 말을 하더군요.'상대와 10 년 차이가 나면 친한 벗을 대하듯이 하고, 20 년 차이가 나면 맏형을 대하듯이 하고, 30 년 차이가 나면 부모를 대하듯 하라'. 이런 취지의 이야기를 하면서 출처와 원문을 소개 해 주었는데. 생각이 나질 않는군요.

◈答; 배행지등(輩行之等).

●曲禮;年長以倍則父事之十年以長則兄事之五年以長則肩隨之
●儀節居鄉雜儀
○輩行之等
尊者
謂長於己三十歲以上者父之執友及無服親在父行者及異爵者皆是
長者
謂長於己十歲以下在兄行者
敵者
謂年上下不滿十歲者長於己為稍長少於己為稍少

少者

謂少於己十歲以下者

幼者

謂少於己二十歲以下者

▶2306◀◆問; 봉제(향사에 화환을 보낼 때).

조상을 모시는 향사에 보면 화환을 보내온 것을 보면 봉제(奉祭 0 라고 써서 보냅니다. 봉제 보다는 봉향(奉享)이 맞지 않는지 요? 어디까지나 제 생각이지만 향은 조상에게 드리는 것인데 제(祭)는 주제가 없는 느낌이라서요.

◆答; 봉제.

奉祭라 함이 옳은 예입니다.

奉享; 받들어 배향함.

奉祭; 받들어 제사함.

●芝山集附錄 年譜;仁祖大王十三年乙亥四月初八日關西士林奉享于鶴翎書院

●沒有花的春天第二章;我们村子里的世世代代子孫都會每年春秋兩次奉祭你的呢(祭祀)

▶2307◀◆問; 부자의 성명에 관한 질문입니다.

아버지의 성명은 최원근 입니다. 집안 족보상에 가운데 근원원자가 돌림자입니다. 그런데 최원근의 다음대의 돌림자가 족보상에 공교롭게도 최원근의 마지막 자인 뿌리근자입니다. 그러면 최원근의 자식의 이름을 마지막 자에 뿌리 근을 사용하여 작명하여도 되는지요? 아니면 족보상의 돌림자를 못쓰고 다른 이름으로 작명하여야 되는지요? 가르침을 주시면 대단히 감사하겠습니다.

◆答; 부자의 성명에 관한 질문.

임문불휘(臨文不諱)가 아니더라도 감히 부(父)의 함자(銜字)에 쓰인 글자는 자식의 명자(名字)에 함부로 쓸 수가 없는 것입니다.

●曲禮臨文不諱

▶2308◀◆問; 산수패(傘壽牌).

宗中 인데 종원들 중에서 80 세 이상 된 종원에게 산수패(傘壽牌)를 수여하려고 하는데 패에 들어갈 적당한 문구가 생각이 아니 나서 선생님들의 조언을 받고자 합니다. 부탁 드립니다.

◆答; 산수패(傘壽牌).

옛날에는 70 세까지 사는 것도 드물어 두보(杜甫)의 곡강시(曲江詩)에서 읊은 고래희(古來稀)가 70 세의 별칭(別稱)으로 불려지고 있으나 그 이상은 이러한 별칭 역시 전거(典據)를 찾을 수가 없으며 산수(傘壽)의 산(傘)을 파자(破字)하여 八+十이라 풀어 전거(典據)에도 없이 80 세의 별칭(別稱)으로 이용되고 있을 뿐이며 미수(美壽): 66 세, 희수(喜壽): 77 세, 미수(米壽): 88 세, 백수(白壽): 99 세, 라 이름도 유가적 표현이 아니라 왜풍(倭風)을 그대로 도입 우리가 아무런 거부감 없이 별칭으로 사용되고 있을 따름입니다. 까닭에 산수(傘壽)에 따른 유가적(儒家的)별칭으로 적당한 다른 용어의 전거가 없는 것 같습니다.

●曲江詩(杜甫)人生七十古來稀

●公羊傳宣公十二年條使帥一二耋老而綏焉註六十稱耋七十稱老綏安也

●左傳僖公九年條孔曰以伯舅耋老註七十曰耋級等也

●詩經秦風車鄰條君子並坐鼓瑟今者不樂逝者其耋註八十曰耋又大雅板章天之方虐無然謔謔老夫灌灌小子蹻蹻匪我言耄註耄老而昏也
●曲禮六十曰耆指使七十曰老而傳八十九十曰耄百年曰期頤
●釋名釋長幼條六十曰耆七十曰耄八十曰耋九十曰鮐背百年曰期頤

▶2309◀◆問; 살아 계셨을 때 돈을 여유 있게 못 드려서 돌아가신 후에라도 드렸으면 합니다. 어떻게 하나요?

1]살아 게실 때 내가 가진 돈이 없어서 2]돈을 요구하시는 데도 들어 드리지 못했습니다. 3]돌아가신 지 15년이 지났는데 기일에 제사 지낼 때 마다 죄송스런 생각이 떠나질 않습니다. 4]지금이라도 그 때 못 드린 돈을 드리는 방법이 있나요? 부탁 드립니다.

◆答; 살아 계셨을 때 돈을 여유 있게 못 드려서 돌아가신 후에라도 드리려면.

아래와 같이 살펴보건대 지난날에는 지전(紙錢; 종이에 돈과 같이 금액을 표시)을 장사에는 광중에 함께 묻고, 제사에는 제사를 마치고 혼이 가는 길로 나가 대나무를 꽂아 놓고 지전을 걸어 놓고, 정초에는 상묘(上墓)하여 지전을 불태우고 내려왔다는 말씀은 있으나 지금의 주자가례(朱子家禮) 법도(法度)에서는 이를 채택함이 없습니다.

따라서 법도에 없으니 권할 사안은 아니나 지성이면 감천이라 하였으니 아래의 말씀과 같이 행하신다 하여 크게 욕될 것은 없을 것 같습니다.

●新唐書王璵傳漢以來喪葬者埋錢于墓壙中稱瘞錢魏晉以后則演變並用紙錢
●宋史寇準傳縣人皆設祭哭於路折竹植地挂紙錢
●儒林外史第二十一回新年初一日叫他到墳上燒紙錢去

▶2310◀◆問; 새해인사시의 고민입니다.

바쁘신 중에는 더 궁금증 해소해 주시는 선생님께 진심으로 감사 드립니다. 저희 집안은 설날에 모이면 새해인사 순서 중 각 항렬(行列) 별로 남동여서(男東女西)하여 상대방에게 일제히 평절을 하고 덕담을 한마디씩 한 후 어른들께 세배를 합니다.

문 1) 저는 장손인 관계로 나이 어린 삼촌뿐만 아니라 저 아들보다 어린 사촌, 딸보다 어린 종제수씨도 있습니다. 그러다 보니 종형제간(종동서간 포함) 새해인사를 할 때 아주 난처합니다. 이럴 때 제가 해야 하는 절은 돈수배가 옳은지, 공수배가 옳은지요.

문 2) 위와 같은 가족관계로 저희 집안은 저의 윗대 어른이 6 내외분이십니다. 그러다 보니 6 내외분을 행해 한번에 세배를 하고 각각의 어른께 제가 하고 싶은 인사 말씀을 올립니다. 어쩐지 어른을 무시하는 새해인사 태도 같아서 영 개운치 않습니다. 예법에 어긋나는 것은 아닐런지요.

문 3) 위 문 2)의 절차 중 저의 종형제가 10 쌍의 부부이다 보니 각자 하기는 너무 많고 부부 별로 하더라도 10 번입니다. 하여 저희 남자종형제 일제히, 종동서들 일제히, 그 다음. 다음 이런 식으로 진행을 합니다. 예법에 어긋나는 것은 아닐런지요. 감사합니다.

◆答; 새해인사.

문1) 答; 부항(父行) 이상은 계수배(稽首拜)가 되고, 형제는 상배(相拜)이니 돈수배

(頓首拜)가 됩니다.

●周禮春官宗伯禮官之職大祝辨九拜○一曰稽首(註)稽首拜頭至地也(疏)先以兩手拱至地又引頭至地多時也拜中最重臣拜君之拜○二曰頓首(註)頓首拜頭叩地也(疏)先以兩手拱至地又引頭至地首頓地卽擧若以首叩物然此平敵相拜

문2) 答; 정단(正旦) 세배의 예를 아래를 참고하여 추상하면 적장(嫡長)내외분에게 먼저 4내외분과 자항(子行) 이하가 장유지서로 서서 다같이 절을 하고, 다음으로 4내외분을 일 열로 앉히고 자항(子行) 이하 차서 대로 서서 절함도 예에 어그러졌다 할 수는 없을 것 같습니다.

문3) 答; 아래와 같이 살펴보건대 최장자(最長子)인 장형내외(長兄內外)와 [장매(내외)]에게 세배한 뒤 동항의 장부(丈夫)와 부인들이 아래 항렬의 세배를 받고 나면 뒤 항렬들이 이와 같이 세배하여 마치게 되는 것 같습니다.

●司馬氏居家雜儀冬至朔望聚於堂上丈夫處左西上婦人妻右東上(左右謂家長之左右)皆北向共爲一列各以長幼爲序共拜家長○又尊長三人以上同處者共再拜敍寒暄問起居訖

●司馬氏居家雜儀冬至朔望聚於堂上長兄立於門之左長姊立於門之右皆南向諸弟妹以次拜訖各就列丈夫西上婦人東上共受卑幼拜受拜訖先退後輩立受拜於門東西如前輩之儀

●纂義曰以次拜謂先拜最長者又以次而拜如第二以下先拜第一又第三以下次拜第二丘儀云以次推其長者出就次拜之如前儀拜遍是也

▶2311◀◆問; 수연례(회갑 칠순).

부모님께 술을 올리고 남자는 재배 여자는 4 배를 올린다고 되어 있어요. 이것이 맞는 예법인지요?

◆答; 남녀 절의 회수.

남(男); 재배(再拜).
녀(女); 사배(四拜).

○回甲(二禮演輯).

◆笏記

家長兩位(父母)盛服就位南向坐男女子孫盛服序立如圖(男東女西)先共再拜(婦人四拜)獻者一人(子弟之最長者)以盛饌分獻于家長兩位前(各卓)獻者進立于父位前(獻壽席)奉盞○執事斟酒○獻者跪獻盞○祝曰[伏願父主備膺五福保族宜家]讀訖○家長(父)受盞飲畢○以其盞授執事○獻者次詣母位前(獻壽席)奉盞○執事斟酒○獻者跪獻盞○祝曰[伏願母主備膺五福保族宜家]讀訖○母受盞飲畢○以其盞授執事○獻者興○退復位○獻者以下皆再拜(家禮有醮于諸卑幼之禮而今俗鮮行酢禮故今刪之)家長命易服○男女諸子孫皆服便服○還復就位相向坐(男東女西)各受盃盞盡歡而徹○皆再拜而退

▶2312◀◆問; 수연례 헌수 홀기.

안녕하세요. 전통적으로 회갑이나 칠순연을 할 때 가족의 헌수(獻壽)절차를 홀기로 해왔다고 들었습니다. 그 한문 홀기를 알고 싶습니다.

◆答; 수연례 헌수 홀기.

수연(壽宴)의 뜻이 장수(長壽)를 축하(祝賀)하는 잔치라면, 상수(上壽)란 史記의 말씀을 살펴보건대 장수(長壽)를 비는 뜻으로 술잔은 올려드린다. 라는 의미이니 아래 상수(上壽) 홀기(笏記)를 준용하여도 무리는 없을 것도 같습니다. 다만 유가(儒家)의 예법에 회갑연(回甲宴)이란 항목으로 기록된 예법은 찾아지지 않습니다.

⊙上壽儀禮節次(丘儀)

(是日行拜賀禮訖子弟修具畢請家長夫婦並坐於中堂諸卑幼皆盛服)

序立(世爲一行男左女右)〇鞠躬拜興拜興平身〇長者詣尊座前(長者進立於家長之前如弟則云長弟幼者一人執盞立於其左一人執注立於其右)〇跪(長者及二幼者俱跪)〇斟酒(長者受盞幼者執注斟酒訖二幼起)〇祝壽(長者擧手奉盞祝曰)伏願尊親履玆長至(正旦則改長至爲歲端生旦則改云對玆爲慶)備膺五福保族宜家(祝畢家長受盞飮訖以盞授幼者反其故處長者)〇俯伏興平身〇復位(與卑幼俱拜)〇鞠躬拜興拜興拜興平身〇酢酒(拜訖侍者注酒於盞授家長家長命長者至前親以酒授之)〇受酒(長者受酒置於席端)〇鞠躬拜興拜興平身(取酒)〇跪(飮之畢)〇興(長者命侍者以次酢諸卑幼皆出位跪飮畢執事者擧食卓入擺列男列於外女列於內婦女辭拜入內席)〇命坐(家長命諸卑幼坐惟未冠及冠而未昏者不得坐)〇鞠躬拜興拜興平身(諸卑幼俱拜而後坐)〇各就席(乃以次行酒或三行或五行子弟迭起勸侑隨宜畢)〇各出席〇鞠躬拜興拜興平身〇禮畢

●史記封禪書篇白雲起封中天子從禪還坐明堂群臣更上壽於是制云云

상중하수(上中下壽)에 관함은 아래와 같이 차이가 있음. 다만 예기(禮記) 악기편(樂記篇)의 삼노오경(三老五更)의 삼노(三老)는 상중하수(上中下壽)와는 관련이 없습니다.

●莊子盜跖篇人上壽百歲中壽八十歲下壽六十歲除病瘦死喪憂患其中
●春秋左傳僖公爾何知中壽爾墓之木拱矣註人生上壽百二十年中壽百年下壽八十年
●禮記樂記篇食三老五更注三老五更互言之耳皆老人更知三德五事者也疏五者天下之大敎也者郊射一裨冕二祀乎明堂三朝覲四耕藉五此五者大益於天下竝使諸侯還其本國而爲敎故云大敎也
●禮記文王世子篇適東序釋奠於先老逐設三老五更群老之席位焉註若非始立學則無釋奠先老之禮先老先世之爲三老五更者也三老五更各一人群老無定數蔡邕云更當爲叟三老三人五更五人未知是否然皆年老更事致仕者舊說取象三辰五星

▶2313◀◆問; 신년 인사 봉투서식.

신년인사봉투서식 과 입춘이 되면 써서 부치는 한문구와 각종 한문식 한글 식 단자서식 봉투서식 좀 가르쳐 주시면 감사 하겠습니다. 예를 들어서 입춘대길(立春大吉).

◆答; 봉투서식.

○애경사(哀慶事) 수의서식(修儀書式).
○개업. 이전; 경축개업(慶祝開業). 경축발전(慶祝發展).
○도난과 재난; 근위재난(謹慰災難).
○명절; 세찬(歲饌). 세의(歲儀).
○문병; 기축쾌유(祈祝快癒). 기축회춘(祈祝回春).
○백일과 돌; 경하백일(慶賀百日).
○생일과 생신; 하축생일(賀祝生日). 경하수연(慶賀壽宴)(筵)
○송별; 전별(餞別). 석별(惜別).
○수고의 사례; 폐백(幣帛). 사례(謝禮).
○아기의 돌; 경하수연(慶賀晬宴).
○유덕행사; 헌성(獻誠).
○임신과 출산; 축순산(祝順産). 경하순산(慶賀順産).
○정년과 퇴직; 근위노공(謹慰勞功).
○정혼과 혼인; 경하혼인(慶賀婚姻).
○제사. 추도식; 전의(奠儀).
○조문. 영결식; 부의(賻儀).
○졸업; 경하졸업(慶賀卒業).
○집들이. 이사; 경축설산(慶祝設産). 경축이전(慶祝移轉).

○취직과 승진; 경하취직(慶賀就職). 경하승진(慶賀昇進). 경하영전(慶賀榮轉).
○취학과 진학; 경축취학(慶祝就學). 경축진학(慶祝進學).
○혼인기념일; 경하혼인기념(慶賀婚姻記念). 경하회혼(慶賀回婚).

촌지(寸志), 박례(薄禮), 미의(微意) 등의 용어는 수하자에게 사용됨.

▶2314◀◆問; 아기 100일 잔치는 언제 하나요?

아기 100일 잔치는 아기가 태어난 날부터 계산해서 100일째 되는 날에 하는 것을 대부분의 사람들은 맞는 걸로 알고 있는데, 간혹 어떤 사람은 아기가 태어난 날의 다음 날을 하루로 계산해서 100일되는 날에 하는 것이 맞는다고 합니다. 어느 것이 우리의 예절에 맞는가요?

◆答; 아기 100일 잔치는.
아래와 같이 살펴보건대 생자의 일은 내일부터 따진다 하였으니 탄생일 다음날부터 일수를 계산함 이 맞는 것 같습니다.

●禮記曲禮上生與來日死與往日註與猶數也生數來日疏正義曰此謂士禮生與來日者與數也謂生人成服杖數來日爲三日死與往日者謂死者殯斂數死日爲三日

▶2315◀◆問; 아버지 칠순 선물에 표기 어떻게?

안녕하세요 저는 아버지 칠순 일에 조그마한 선물을 마련하여 몇몇 지인들에게 드리고자 합니다. 아버지는 지고한 명칭이라 하고 또 아버님도 맞는다고 합니다. 선물 물품에 문구를 어떻게? 고민되어 문의하오니 하교 하여주시기 바랍니다.

◆答; 아버지 칠순 선물에 표기.
⊙유가의 법식에는 없으나 아래와 같이 표시하면 어떠할지요.
家親(○字○字) 古稀宴 紀念
=============年 月 日
=============子 姓名
=============婦 姓名 拜呈

⊙고희(古稀)란 고래희(古來稀)의 준말로 자고이래(自古以來)로 드물다는 의미로 사람이 칠십을 살기는 예로부터 지금에 이르기 까지 드물다 란 뜻인데, 이러한 까닭에 사람이 칠십을 살게 되면 경사로 잔치를 벌리게 되는데 그 잔치를 고희연(古稀宴)이라 하지요.

●杜詩人生七十古來稀

古稀宴; 일흔 살이 되는 해에 베푸는 생일잔치. 희연.
⊙古稀란 70세란 뜻인데 이를 다른 의미로 해석하였다면 오류이지요.

紀念品; 기념으로 주거나 사는 물품. 기념물.
⊙아래는 古稀가 인간 70세라는 말씀입니다. 이 외에도 수두룩합니다.

●藥泉集應製錄(云云)過古稀之年仍免王事之煩備極人臣之寵在(云云)
●東文選七十人生自古稀功名要路足危機分陽終始亦萬幸茅屋靑山無是非

古稀; 고래(古來)로 드문 나이란 뜻으로, 일흔 살을 이르는 말. 두보(杜甫)의 <곡강시(曲江詩)>에 나오는 말이다.
※고희(古稀)란 어느 개인의 주장으로 그 의미가 부여(附與)됨이 아니라 이미 사람의 나이 칠십세(七十歲)의 유학적(儒學的) 명칭입니다. 이 명칭은 그가 누구라도 바꿀 수가 없으며 바뀌지도 않으며 영원 불변일 뿐입니다.

만 70이라면 통상나이로는 71세를 이르고, 고희연(古稀宴)을 베푸는 나이는 통상나이인 70세에 행하게 됩니다.

●陳書虞荔傳附虞寄; 前後所居官未嘗至秩滿纔朞年數月便自求解退
●杜甫工部草堂詩箋十二曲江二首; 酒債尋常行處有人生七十古來稀

▶2316◀◆問; 양노연(養老宴)의 예법은?

양노연을 베풀려 하는데 그 예법과 축사식이 있으면 부탁 드립니다.

◆答; 양노연(養老宴).

친족(親族)의 상수연(上壽宴)이 아니고 사회 군노(群老)의 장수연은 백헌총요(百憲摠要)에 아래와 같이 그 예법이 있습니다.

다만 이 예법은 지난 시대의 예법으로 현재와는 용어나 법도가 어색한 부분도 있으나 본 법도를 준용 현실과 부합되게 가감시켜 행하게 되면 예법에 크게 어그러지지는 않을 상 싶습니다. 양노의(養老儀) 예법에는 축사(祝辭) 등은 없습니다.

●百憲摠要養老儀條仲秋禮曹啓聞行移所在官擇吉辰前期布告境內羣老(年八十以上)其日設主人位(主人所在官司)於正廳東壁西向羣老二品以上位於西壁重行東向北上三品以下位於南行(若無二品以上則六品以上西壁叅外南行)庶人位於庭東西又設主人拜位於庭在東羣老拜位在西異位重行東上俱北向庶人位差後設酒卓於前楹間近南不陞者酒卓於前羣老依時刻俱集大門外主人出迎揖讓(主人及羣老行禮行相者指肈)由東門入羣老由西門入(或杖或挾杖)俱就拜位主人四拜羣老拜一坐再至訖主人由東階羣老由西階皆就位工執琴瑟陞坐於酒卓之南東上奏樂如常(本無樂處不必用樂)執事設卓及檻斟酒各於位前俯伏興執盞飮訖俯伏興就位設食行酒至五遍後執事者收盞撤卓主人與羣老俱復拜位主人四拜羣老拜一坐再至興羣老乃出主人送于大門外

▶2317◀◆問; 어르신들을 모시고 양로 연의를 진행하고자 합니다.

안녕하세요 - 연례와 관련하여 문의 드립니다. 노인의 날을 맞아 90세 이상 어르신들을 모시고 장수잔치 라는 행사를 진행할 예정인데요 - 행사 진행 순서나, 축문 같은 것들을 좀 구할 수 있을까 싶어서 문의 드립니다. 상세한 설명 주시면 감사하겠습니다.

◆答; 어르신들을 모시고 양로 연의를.

친족(親族)의 상수연(上壽宴)이 아니고 사회 군노(群老)의 장수(長壽)연은 백헌총요(百憲摠要)에 아래와 같이 그 예법이 있습니다. 다만 이 예법은 지난 시대의 예법으로 현재와는 용어나 법도가 어색한 부분도 있으나 본 법도를 준용 현실과 부합되게 가감시켜 행하게 되면 예법에 크게 어그러지지는 않을 상 싶습니다.

양노의(養老儀) 예법에는 축사(祝辭) 등이 없습니다.

●百憲摠要養老儀條云云

▶2318◀◆問; 어른 앞에서?

어른 앞에서 음주 흡연에 대서 의문이 있어서 질문을 드립니다. 이 글 읽으시고 예절도 모르는 놈이라고 하시겠습니다 마는 그전에도 어떤 문의 글 중 에도 드린 말씀입니다만 어릴 적에는 어른들께서 "그렇게 안 하는 것이다. 그렇게 하는 것이다. 해야 한다 안 해야 한다„ 는 말씀만 듣고 그런 것인지 알았는데 지금에 와서 생각하면 왜 그런지 왜 그래야 하는지는 흡연, 음주라는 자체의 이유는 모르지요. 저는 술, 담배를 하지 않습니다만 제가 술 담배 하지 않는 것은 저의 형이 3.40되도록 술 마시는 것을 보지 못하고 지금까지도 흡연은 않습니다. 그래서였고. 어른 앞에서 담배 꼬나 물고 피우는 꼴 보기 싫었고 술은 취하면 주정 하는 꼴 보기 싫었고 지금도 여전 합니다만 그러면서도 어른 앞에서 왜? 입니다. 흡연 음주에, 술의 경우 취하면 추태를 부리게 되기가 쉬운데 그런 음식이라면 아예 어른 앞에서는 마시지 않아야 할 음식이 아닌가 하는 생각 듭니다.

어른 앞에서 흡연하면 호래자식 버릇없는 놈. 어른 앞에서 몸을 돌려서 술을 마셔야 예의가 바른 사람. 하는 것은 왜 그런지? 생각해보면 일종의 풀 말린 것을 종이에 싸서 불 붙여 입으로 태우는 것에 불과하고. 술은. 마시는 사람들의 말로 하면 음식을 먹는 것과 같은 것이라고 보면 어른 앞이라고 몸을 돌려가며 마셔야 예의인가? 서양이나 외국은 이런 범절을 따지지 않는가 본데요. 그들이 우리나라와 같지 않아서 그렇지 예의범절이 없는 것은 아니지요. 오히려 우리나라에서 행해지고 있는 공중 질서를 보면 오히려 무례하다고 눈살을 보냅니다. 그런데도 그들은 흡연. 음주에 대해 어른 앞이라고 가리는 범절을 따지지 않는가 봐요. 왜 우리는 그래야 하는 근본 이유가 무엇 이길래 그런 범절이 있는지 의문이 듭니다.

◆答; 어른 앞에서의 범절.

향음주례를 배우고 제대로 알아야 어른을 존중하고(尊長), 노인을 봉양하는 것(養老)을 알며, 효제(孝悌)의 행실도 실행할 수 있다고 생각했으며 또한 향음주례(鄕飮酒禮)가 향촌사회에서 지식층에 베푸는 주요한 행례로 시행되기도 했던 것입니다. 흔히 " 술은 어른에게서 배워야 바른 주도를 알 수 있다." 는 말을 음미해보면 왜 주도를 배운 후에 술을 마셔야 되는가에 대해 알 수 있을 것입니다.

담배는 조선 중기 임란을 전후해서 들어왔다는 설이 있습니다. 계곡 장유선생 등등은 엄청난 애연가였지만 당시의 임금인 광해군께서 담배를 안 하셨을 뿐만 아니라 싫어했으므로 임금 앞에서는 담배를 안 피우게 되었다 합니다.

조선은 예의로서 다스려진 나라입니다. 과거 조선의 모든 것은 일거수일투족이 모두 예에 근원 하였던 것입니다.

●儀禮經傳通解鄕飮酒禮; (云云)主人坐取爵于篚降洗賓降主人坐奠爵于階前辭賓對主人坐取爵興適洗南面坐奠爵于篚下盥洗賓進東北面辭洗主人坐奠爵于篚興對賓復位當西序東面主人坐取爵沃洗者西北面卒洗主人壹揖壹讓升賓拜洗主人坐奠爵遂拜降盥賓降主人辭賓對復位當西序卒盥揖讓升賓西階上疑立主人坐取爵實之賓之席前西北面獻賓賓西階上拜主人少退賓進受爵以復位主人阼階上拜送爵賓少退薦脯醢賓升席自西方乃設折俎主人阼階東疑立賓坐左執爵祭脯醢奠爵于薦西興右手取肺卻左手執本(云云)

▶2319◀◆問; 예의지국의 바른표기를 알고자합니다.

유학 진흥(振興)에 매진(邁進)하시는 선생님들의 가르침에 항상 감사 드립니다. 다음 사항이 궁금하여 질의하오니 하교하여주시면 감사하겠습니다. 우리들이 흔히 사용하고 있는 동방예의지국(東方禮儀之國)이라는 한자표기에 있어,

첫째: 동방예의지국(東方禮儀之國)인지 동방예의지국(東方禮義之國)인지요 (禮儀와 禮義).
둘째: 위 두 말은 다 맞은 표기인지요?
셋째: 위 두 말 본래의 뜻과 바른 사용법은?
넷째: 우리 성균관에서 지향하는 동방예의지국은 어떻게 써야 옳은 것인지요?

◆答; 동방예의지국(東方禮儀之國).

問; 첫째: 答; 동방예의지국(東方禮儀之國).

問; 둘째: 答; 아래와 같이 살펴보건대 예의(禮儀)는 예절과 의식으로 사회생활에서 서로 상대방에게 예를 갖추는 행동이나 언사, 몸가짐 등등의 총체를 이르며, 예의(禮義)는 예법과 도의를 의미하는데 예의(禮儀)와 같은 의미로 혼용하기도 합니다.

●詩經小雅獻酬交錯禮儀卒度註卒盡也度法度也禮儀其卒度焉○又衛風禮義消亡淫風大行男女無別주

問; 셋째: 答; [동방예의지국(東方禮儀之國)]이라는 말은 아래 "국립국어원"의 풀이와 같이 우리 스스로 칭함이 아니라 지난날 중국에서 우리 나라를　일러 칭하던 말입니다.

○국립국어원의 풀이입니다. "「명사」동쪽에 있는 예의에 밝은 나라라는 뜻으로, 예전에 중국에서 우리나라를 이르던 말"

問; 넷째: 答; 본인은 성균관을 대표할 위치에 있지는 않으나 [동방예의지국(東方禮儀之國)]이라 씀이 옳지 않을까 합니다.

[東方禮義之國]이란 표현도 틀린 말은 아니나 현재 중국에서 [동방예의지국(東方禮儀之國)]을 [동방례의지국(东方礼仪之国)]이라 표기하고 있습니다.
[仪]=[儀]　[义]=[乂]
[동방예의지국(東方禮儀之國)]이란 지난날 중국에서 생겨났으니 중국식 표현이 바람직하겠지요.

▶2320◀◆問; 예절문의.

초암 선생님께 여쭙니다.

상대방이 '관향'을 물으면 '○○박가(朴哥)'라고 겸칭(謙稱)으로 말합니다. 상대가 친족(親族)일 때에는 ○○입니다. 하며 이때에 성(姓)은 말하지 않음이 예의로 알고 있습니다. 그러나 주변에는 그렇지 못하는 경우도 쉽게 볼 수 있는 것도 현실입니다. 질문 드립니다.

※ 문중의 장(長; 都有司=현대에는 門會長)이 문중 자손들에게 통지문(通知文) 등을 보낼 경우 본문 말미에 "○○문중 문회장 박(朴)○○ 올림". 이라고 성(姓)을 쓰는 것이 예에 어긋나는 것인지를 알고 싶습니다. 아울러 천학(淺學)이 필요한 것은 그에 관한 전거(典據)입니다.

◆答; 예절문의.

본인의 종사일로 인하여 지연되어 대단히 미안합니다. 그와 같은 전거(典據)는 고전(古典)의 원서(原書)에는 없고 다만 각 문중의 화수계(花樹契)에서나 쓰여지는 용어로서 아래와 같이 김해김씨화수계안(金海金氏花樹契案)에서 발췌하여 드리니 연구하여 보시기 바랍니다.

●金海金氏花樹契案通文; 右通告事吾姓自駕洛國十世後(云云)吾宗中如有志於此隨意錄名以成楔事千萬幸甚己亥至月上九日發文 某. 某. 某. 某.
●金海金氏花樹契案宗案座目敍;昔王逸少際東晉尙門戶之世(云云)右因滋短毫而亦寓後感焉辛丑之端陽節宗下某敍
●金海金氏花樹契案宗案題敍後;虞書曰以親九族九族旣睦(云云)旣睦二字爲百世相講之地云爾白牛之靑馬月上澣宗下生某謹書

▶2321◀◆問; 예절에 관하여 몇 가지 여쭙고자 합니다.

안녕하세요 예절에 관하여 몇 가지 여쭙고자 합니다.

1. 명심보감(明心寶鑑) 준례편에 증자왈 조정(朝廷)에 막여(莫如) 작(爵) 이요 향당 (鄕黨)에 막여(莫如) 치(齒) 요 보세장민(輔世長民)에 막여(莫如) 덕(德) 이라 하였는 데 일가간에는 행열(行列)과 나이에서 위차(位次)의 순서를 어떻게 치는지 또 묘제 행사 시 제관(祭官)의 서열 순서 중 항열과 나이 중 누가 상위 석에 서는지요.

2. 한 고을에 사는 유복지친(有服之親)과 면복지친(免服之親)의 일가 중 숙행(叔行: 상위 항열)과 질행(姪行) (아래 항열) 사이 숙항이 질항에게 몇 세까지 낮춘 말이 가능한지요.

3. 동항열의 부인을 종(從: 宗)수(嫂)씨라 부르는데 몇 촌까지 부를 수 있으며 종수 란 한문자를 어떻게 쓰는지요? 이상에 관하여 예서에 기록이 있는지? 상세하게 가 르쳐 주시면 감사하겠습니다.

◆答; 예절에 관하여.

問 1. 答; 아래와 같이 살펴보건대 항렬(行列)이 가장 높으면서 최연장자가 으뜸자리 며 묘제에서는 친진묘제에서는 묘의 최근친으로 최연장자가 초헌관이 되며 친미진 에서는 적장자(효자효손)가 선두의 자리이나 만약 선항(先行)이 계시면 주인의 앞에 서 동쪽으로 비껴 북향 서상으로섭니다.

●儀節正至朔望則參序立條南列于左女列于右每一世爲一行○又居鄕雜儀齒位之序聚會 條凡聚會皆鄕人則坐以齒有親則別敍

●司馬氏居家雜儀冬至朔望拜禮條聚於堂上丈夫處左西上婦人處右東上北向共爲一列各 以長幼爲序共拜家長畢長兄立於門之左長姊立於門之右皆南向諸弟妹以次拜訖各就列丈 夫西上婦人東上共受卑幼拜受拜訖先退後輩立受拜於門東西如前輩之儀

●問宗子與尊行同祭遠祖則其祼獻誰當主之尤菴曰神主祧遷則宗毀而族人不復相宗矣

●葛庵曰非百世不遷大宗之家則當以會中長幼爲主辦祭者不可越尊長爲主初獻之後使之 一獻亦合人情

●大山曰家禮大宗親盡則藏主於墓所而宗子主之歲率宗人一祭之第二祖以下親盡則埋主 於墓所而諸位迭掌歲率子孫一祭之據此則除大宗墓外皆當以昭穆最尊者爲主恐或得宜

●鏡湖曰支子有親未盡而爲長房奉祀者則當主墓祭

問 2. 答; 유가(儒家)의 예서(禮書)상 그와 같은 기준(基準)을 정하여 기록(記錄)되 어 있는 바를 찾지 못하였으나 철이 들면 질항(姪行)이 나보나 연상(年上)은 물 론 동 연배(年輩)라 하여도 해라 보다는 하시게. 또는 하세요 경칭을 붙임이 옳을 듯싶고, 피차 나이가 차면 아무리 질항(姪行)이라 하여도 연상(年上) 연하(年下) 에 관계 없이 하대어(下對語) 보다는 그 처지에 걸맞게 하시게 등 존어(尊語)를 사 용함이 옳지 않을까 합니다.

問 3. 答; 종수(從嫂=從嫂氏)란 호칭(呼稱)은 친형제(親兄弟)가 아닌 같은 항렬(行列) 의 형이나 아우의 아내를 친근하게 일컫는 호칭. 일설에는 종형(從兄)의 아내. 일설 에는 사촌 형이나 아우의 아내. 일설(一說)에는 당내간 아우의 아내에 대한 호 칭. 등등 여러 설이 있습니다.

▶2322◀◆問; 이름을 짓는데요.

안녕하세요. 조카 이름을 지으려고 하는데 이름 짓기도 가리는 것이 많은 것 같습니다. 어 른들 말씀에 아버지 함자를 따서 쓸 수 없고 또 임금님 함자를 따 지어서는 안 된다고 합니 다. 써서는 안될 글자가 더 있나요. 가르침 주시기 바랍니다.

◆答; 작명(作名).

그 외 아래와 같이 살펴보건대 국(國), 일월(日月), 은질(隱疾), 산천(山川) 등에 관계된 이름으로는 자식의 명(名)을 짓지 않는다 합니다.

●曲禮卒哭乃諱禮不諱(註)葬而虞虞而卒哭凡卒哭之前猶用事生之禮故卒哭乃諱其名嫌名音同者

●土儀節要名字;凡名子不以國不以日月不以隱疾不以山川不敢與世子同名

▶2323◀◆問; 인사의 선후에 대하여.

할아버지와 아버지가 한자리에 계실 때는 할아버지 먼저 절(인사)하고 직속상관인 도지사와 아버지가 한자리 계실 때는 아버지 먼저 대통령과 아버지가 한자리 계실 때는 대통령 먼저 인사함이 옳다고 생각하는데 어떤지요.

◆答; 인사의 선후.

예란 가문에 따라 혹 상이할 수도 있을 것입니다.

본인은 아무리 정(情)으로야 부모(父母)가 중(重)하다 하나 의(義)로는 조부모(祖父母)가 중(重)하니 조부모(祖父母)를 먼저 뵈옵고 그 다음 부모(父母)가 됩니다.

조고복(祖考服) 역시 부친이 생존하여 계시면 부친은 참최 삼년 복이고 손은 기복(朞服)이나 조후망(祖後亡)이면 손자가 승중하여 삼년 복은 그 부친 대신 입고 사시제(四時祭)에서 먼저 고조고비(高祖考妣) 신위(神位) 전(前)에 먼저 헌작(獻酌) 재배(再拜) 후(後) 고비(考妣)는 마지 막에 헌작 재배하니 생시(生時)나 사시(死時)나 존비(尊卑)의 질서는 마찬가지라 생각합니다.

●大傳註用恩則父母重而祖輕用義則父母輕而祖重
●通典宋周續之曰於情則祖輕於尊則義重
●紅樓夢雨村便徇情枉法
●史記上下之義明

▶2324◀◆問; 자식 이름을 짓는데요.

조카 이름을 지으려고 하는데 이름 짓기도 가리는 것이 많은 것 같습니다. 어른들 말씀에 아버지 함자(銜字)를 따서 쓸 수 없고 또 임금님 함자를 따지어서는 안된다고 합니다. 써서는 안될 글자가 더 있나요.

◆答; 자식 이름을 짓는데요.

그 외 아래와 같이 살펴보건대 국(國), 일월(日月), 은질(隱疾), 산천(山川) 등에 관계된 이름으로는 자식의 명(名)을 짓지 않는다 합니다.

●曲禮卒哭乃諱禮不諱(註)葬而虞虞而卒哭凡卒哭之前猶用事生之禮故卒哭乃諱其名嫌名音同者

●土儀節要名字;凡名子不以國不以日月不以隱疾不以山川不敢與世子同名

▶2325◀◆問; 전화예절에 대해 궁금한 점이 있어서요.

제가 저희 시아버님께 전화드릴 때 이렇게 전화 드리거든요 틀린 건지 한번 살펴주세요.

따르릉. 아버님: 여보세요? 며느리: 여보세요? 아버님이세요 저 OO 어멈인데요.

이렇게 통화를 시작하거든요? 근데 저희 아버님께서 아버님이세요 라고 묻는 말이 이상하다고 받는 사람이 아버님인 것 목소리 들으면 아는데 뭐 하러 아버님이세요 라고 또 물어보냐고 하시네요. 근데 저기서 아버님이세요의 뜻은 딱 질문의 뜻을 가지고 있다 긴 그런 것 아닌가요? 제 전화예절이 잘못된 건지 알려주세요.

◆答; 전화예절.

본인은 국어학자(國語學者)가 아니라 어학적(語學的)으로 당부(當否)를 가름하여 일러드릴 수는 없습니다. 다만 본인은 통상적(通常的)으로 구부(舅婦) 간 전화 통화에서 상대(相對) 확인(確認) 절차(節次)의 대화(對話)로는 별 문제가 없는 것 같습니다.

특히 전화기 음성이란 기계적으로 전달되는 음성이라 실제 음성과는 차이가 있고 대좌 대화가 아니니"아버님이세요"는 본인이 대화코자 하는 상대인지의 여부를 착 각과 착오를 없이하기 위하여 확인코자 하는 물음인데 아버님 왈"○○○어멈이냐? 그 렇다" 또는 "응 그래" 등등의 대화로 이어질 수도 있을 것입니다. 이상은 본인의 개 인적 소견입니다.

▶2326◀◆問; 정초 세배 돈을 줄 때의 단자를 알고 싶습니다.

계사년 정초에 만사형통을 기원 드립니다. 전례적으로 행하여 오는 세배 돈을 줄 때 봉투에 쓰는 單子(字)를 어찌 쓰는 것이 좋을는지 막연하옵니다. 좋은 단자를 하 교하여 주시면 감사하겠습니다.

◆答; 정초세배 돈을 줄 때의 단자식.

유서필지(儒胥必知)에는 조선시대 사용 되였던 상소문서식을 비롯 고소장, 단자류 (單子類) 각종 문권 서식 등의 모음집으로, 동서(同書)의 단자류 서식 중에 세배 단 자는 없는 것으로 보아 세배를 받으며 자여질에게 세뱃돈을 줄 때 덕담으로 충분하 여 단자서식이 없는 것 같습니다.

혹 단자로 돈을 싸 줘야 할 경우가 있다면 그에 적합하도록 응용될법한 서식 일종 을 아래와 같이 발췌하여 드립니다.

●儒胥必知單子類支孫封宗家祭需單子
皮 大宅
封 祭需單子 謹封
內面隨所送物種列書幾行
年月日幾代孫某邑郡守名某
外孫對外家祭需凡例亦如之而物種多寡則無論眞外孫隨其邑之豊薄

▶2327◀◆問; 조강지처(糟糠之妻)에 대하여.

조강지처(糟糠之妻) 의미를 자세히 설명해주시면 감사하겠습니다.

◆答; 조강지처(糟糠之妻)란.

조강지부(糟糠之婦)라 하기도 하는데 지게미와 쌀겨를 같이 먹고 산 아내란 뜻으로 가난할 때 같이 고생하며 산 아내를 이르는 말입니다.

●後漢書列傳十六宋弘傳;弘曰諺言貴易交富易妻人情乎弘曰臣聞貧賤之知不可忘糟糠之妻不下堂

▶2328◀◆問; 주도(酒道).

향교나 서원에서는 酒道인 향음주례(鄕飮酒禮) 의식이 있다고 하는데 어떻게 하는 지요? 자세히 알고 싶습니다.

◆答; 향음주례(鄕飮酒禮).

아래가 향음주례 예법 홀기입니다.

◆鄕飮酒禮(六禮笏記)
◆定望

主人一〇賓一(有德行學術者)〇介一(德行亞於賓者)〇僎(鄉人之爲公大夫而衆所遵法者無定額)〇賓長三(齒高望重者)〇衆賓以(齒爲序不限多寡)〇贊禮一(通鍊禮儀者)〇相司正一(剛敏公直者)〇樂正一(明曉樂律者)〇贊唱二〇擧觶三〇司尊一〇司俎一〇司籩四〇司豆四〇司筵一〇司帨一〇徹俎三(主人介僎各一)〇沃洗一〇瑟人二〇歌人二(今用儒生)〇笙人四〇鼓人一〇磬人一〇行觶童子四

◆戒賓介

前期主人盛服詣賓門外之西東面立〇賓盛服出門外之東西面立再拜〇主人答再拜〇主人請(某將以某日行鄉飮酒之儀敢請吾子之爲賓)〇賓辭(某固陋不足爲禮敢辭)〇主人申請(謀諸父老咸曰莫若吾子賢敢固以請)〇賓許(吾子申命之某敢不敬須)〇主人再拜〇賓答再拜〇主人揖告退〇賓再拜〇主人不答而退〇至介所亦如之(但命辭改賓爲介)

◆設席

當日夙興贊禮帥司筵設賓席於戶牖之間南面(蒲筵緇緣長丈六尺)〇主人席於阼階上少北西面〇介席於西階上少北東面〇僎席於房戶東南面(公席三重大夫席再重僎多則以次而東又西面北上於主人之北)〇賓長席於賓席之西南面不屬〇衆賓年六十以上席於三賓之西南面(多則又東面北上於介北)〇六十以下席於西階下稍間當序東面北上(多則又北面東上於門外之西)〇卷置工席樂正席於房戶內西南隅〇設賓介以下降立位於西階下當序東面〇主人降立位於阼階下當序西面〇相者以下衆執事位於其南少退西面北上〇贊禮位於阼階下之西〇樂正位於西階下之東〇笙人位於磬南北面東上〇司正位於笙南中庭北面〇賓介以下立位於門外之西東面北上〇主人立位於門外之東西面〇僎次于門外別所

◆陳器

贊禮帥司尊司帨司筵沃洗樂正諸執事監設〇設兩尊于兩戶之間承以斯禁〇玄酒在尊西〇加二勺于尊(南柄)覆以綌冪〇設篚于禁南東肆實爵三觶一帨巾四〇設洗槃于阼階東南(南北以堂深東西當東榮)〇水罍于洗東加以沃枓〇設篚于洗西南肆實觶四帨巾四〇賓介以下坐席于洗南〇主人坐席于洗北〇磬懸于階間縮霤〇鼓懸于阼階西南

◆具饌

殺牲狗烹于堂東北〇贊禮帥司俎取右體監載〇賓俎載正脊代脅肩肺(幷進膝肺則離之下倣此)〇主人俎載脡脊長脅臂肺〇僎俎載脊脅膊肺(脊脅分脡長之次次僎膊用肫〇僎多則加殺牲)〇介俎載橫脊短脅胳肺(無僎則胳用肫)並陳於東壁下南上〇贊禮帥司籩司豆監薦〇實脯于籩各五挺(長尺二寸)〇橫祭脯一挺于其上(長六寸〇籩之多寡稱人)〇盛醢于豆(五十者二豆六十者三豆七十者四豆八十者五豆九十者六豆)幷陳于房中東西壁下南上〇具庶羞陳于房中北壁下(燕時乃用)

◆速賓

賓介衆賓俱盛服至近郊就館〇司俎告羹定于主人〇主人盛服詣賓館門外之西東面立〇賓出門外之東西面立〇主人速賓(有司已具請吾子泣之)〇賓再拜辤(吾子重辱某敢不赴命)〇主人答再拜〇仍揖告退〇賓再拜〇主人不答而退〇詣介館亦如之〇主人還〇賓介衆賓皆從之〇僎就館

◆序立

主人立於阼階下當序西面〇相者以下立於主人之南少退後西面北上〇贊禮立於位西面〇樂正立於位東面

◆迎賓

賓介衆賓序立於門外之西東面北上〇主人出門外之東西面立〇贊禮相者立於主人之左少退〇主人再拜賓〇賓答再拜〇主人側身西南面一拜介〇介答再拜〇主人西南面揖衆賓〇衆賓答揖〇主人西面揖賓〇賓答揖〇主人先入門右至內霤當曲西面立待賓〇贊禮相者從之〇賓厭介介厭衆賓入門左當曲東面北上立〇主人揖〇賓答揖〇乃相背而行至陳相向立

定○主人揖○賓答揖○又各向北而行當碑相向立定○主人揖○賓答揖○又各向北而行至
兩階下相向立定○主人揖賓請升(請吾子之先升)○賓揖辭(某不敢先升敢辭)○主人復揖請(固請吾子
升)○賓又揖辭(某誠不敢敢固辭)○主人復揖請(終請吾子升)○賓又揖辭(某終不敢聞命)○主人由阼階
升先右足涉一等○賓由西階升先左足○並涉級聚足連步以上○主人至阼階上當楣北面立
○賓至西階上當楣北面立○贊禮就位北面立○相者就立於主黨之北西面○樂正北面○介
及衆賓隨至西階下當西序序立東面北上○徹介俎資立于衆賓之末○瑟歌笙人立于徹俎者
之右○主人北面再拜○賓北面答再拜

◆獻賓

司尊升自西階適尊所徹冪奠于禁上降復位○主人詣禁南坐取爵于篚興由阼階降○賓降自
西階當西序東面立○主人阼階前西面坐奠爵興辭(某也行事不敢煩吾子)○賓對(吾子辱有事某不敢在
堂)○主人坐取爵興適洗北南面坐○賓進洗南北面辭洗(某不足以辱吾子請勿洗)○主人坐奠爵于
篚興對(某將為禮不敢不致潔)○賓復西階下位東面立○主人坐盥○沃洗者沃盥○主人取爵沃洗
奠爵挩手○取爵興詣阼階下西面坐○奠爵興向賓揖○賓答揖○主人讓升(請吾子升)○賓答讓
(某不敢先升)○主人取爵先升就阼階上位北面立○賓繼升就西階上北面拜洗○主人坐奠爵遂
答拜興○降階西面立○賓降階當序東面立○主人辭降(辭見上)○賓對(辭見上)○主人適洗北坐
盥○賓進洗南辭盥(辭見上)○主人興對(辭見上)○賓復西階下位立○主人坐卒盥挩手興及階與
賓一揖一讓升○賓西階上疑立○主人坐取爵興詣尊南坐實酒興○詣賓席前西北面奉爵以
立○賓西階上北面一拜主人少退○賓進席前東北面受爵退復西階上位○主人復阼階上北
面一拜賓少退○司邊司豆升自西階適左房以脯醢出北面○薦於賓席前脯西醢東興降復位
○賓執爵進升席自西方中席南面立○司俎以折俎由東壁行升自西戒詣賓席前北面坐設于
薦南興降復位○賓坐左執爵右取脯擩于醢祭之豆間○奠爵于薦西興○右手取肺卻左手執
本坐弗繚右絕末以祭尚左手嚌之興加于俎○司悗升自西階適篚取悗詣賓席前進之○賓受
悗○司悗退復位○賓坐挩手委悗于地○遂取爵三祭酒於地○執爵興就席末坐啐酒興○降
席西坐奠爵興拜告旨坐執爵興○主人阼階上答拜○賓復西階上北面坐卒爵興坐奠爵遂拜
執爵興○主人阼階上答拜

◆賓酢主人

賓以爵降階下位東面立○主人降立阼階東西面○賓坐奠爵興辭(辭見上)○主人對(辭見上)○賓
坐取爵興適洗南北面坐○主人即阼階東南面辭洗(辭見上)○賓奠爵于篚興對(辭見上)○主人
復西面立○賓坐盥○沃洗者沃盥○賓取爵沃洗奠爵挩手取爵興○詣西階下東面坐奠爵興
向主人揖○主人答揖○賓讓升(辭見上)○主人答讓(辭見上)○賓坐取爵先升西階上北面立○主
人繼升阼階上北面拜洗○賓坐奠爵遂答拜興降階東面立○主人降階西面立○賓辭降○主
人對○賓適洗南北面坐盥○主人阼階東南面辭盥○賓興對○主人復西面○賓坐卒盥挩手
興及階與主人一揖一讓升○主人阼階上疑立○賓坐取爵興詣尊南坐實酒興○詣主人席前
東南面奉爵以立○主人阼階上北面拜賓少退○主人進席前北面受爵退復阼階上○賓還西
階上北面拜主人少退○司邊司豆升自西階適房以脯醢出東面坐薦於主人席前脯北醢南興
降復位○主人執爵進由席東升自北方中席西面立○司俎以折俎由東壁行升自西階詣主人
席前東面坐設于薦西興降復位○主人坐左執爵右手取脯擩于醢祭之豆間○奠爵于薦北興
○右手取脯卻左手執本坐弗繚右絕末以祭尚左手嚌之興加于俎○司悗升自西階適篚取悗
詣主人席前授之○主人受悗○司悗退復位○主人坐挩手委悗于地○遂取爵祭酒興○就席
末坐啐酒興○降席自北方適阼階上北面坐卒爵興○坐奠爵遂拜執爵興○賓西階上北面答
拜○主人詣東序端東面坐奠爵興○還詣阼階上北面再拜崇酒○賓西階上答再拜

◆酬賓

主人詣禁南坐取觶于篚降階西面立○賓降階東面立○主人坐奠觶興辭○賓對○主人坐取
觶興適洗北南面坐奠觶于篚下○沃洗者沃盥○主人取觶卒洗挩手興○及階坐奠觶興與賓

一揖一讓坐取觶興升○賓升西階上北面疑立○主人詣尊所坐實觶興○復阼階上北面坐奠觶遂拜執觶興○賓西階上答拜○主人坐祭遂飮卒觶興坐奠觶遂拜執觶興○賓答拜○主人降階西面立○賓降階東面立○主人坐奠觶興辭○賓對○主人坐取觶興適洗北南面坐○賓進洗南北面辭洗○主人奠觶于篚興對○賓復西階下位○主人坐盥沃洗者沃盥○主人取觶沃洗奠觶挩手取觶興○詣阼階下坐奠觶興一揖一讓坐取觶興升○賓升西階上疑立○主人詣尊所坐實觶興進賓席前北面立○賓西階上北面拜主人少退○進坐奠觶于薦西○賓辭○進席前北面坐取觶興復西階上位○主人還阼階上北面拜賓少退○進席前北面坐奠觶于薦東興復西階上位○主人揖○賓答揖○主人降立阼階下西面○賓降立西階下當序東面

◆獻介

主人與介相向揖○介答揖○主人讓升○介答讓○主人先升阼階上北面立○介繼升西階上北面立○主人再拜○介答再拜○主人詣東序端坐取爵興降階西面立○介降階東面立○主人坐奠爵興辭○介對○主人坐取爵興適洗北南面坐○介進洗南北面辭洗○主人坐奠爵于篚興對○介復西階下位○主人坐盥沃洗者沃之○主人取爵沃洗奠爵挩手取爵興詣阼階下西面坐奠爵興揖○介答揖○主人讓升○介答讓○主人坐取爵先升○介繼升西階上疑立○主人詣尊所坐實爵興進介席前西南面奉爵以立○介西階上北面拜主人少退○介進席前北面受爵復西階上○主人就介右北面拜介少退○司籩司豆升自西階適房以脯醢出西面坐薦于介席前脯南醢北興復位○介執爵進升席自北方中席東面立司俎以折俎由東壁行升自西階詣介席前西面坐設于薦東興復位○介坐左執爵右祭脯醢奠爵于薦南興○右手取肺卻左手執本坐右絶末以祭興加于俎○司挩升取挩于篚進介席前授之○介受挩○司挩退復位○介坐挩手委挩于地遂取爵祭酒執爵興○降席自南方復西階上北面坐卒爵興○坐奠爵遂拜執爵興○主人於介右答拜還阼階上位

◆介酢主人

介以爵降階東面立○主人降階西面立○介坐奠爵興辭○主人對○介坐取爵興適洗南北面坐○主人卽阼階下南面辭洗○介奠爵于篚興對○主人復西面○介坐盥沃洗者沃之○介取爵沃洗奠爵挩手取爵興復階下位○主人適洗南北面坐盥挩手興復階下位○介坐奠爵興向主人揖○主人答揖○介讓升○主人答讓○介坐取爵先升○主人繼升○介進兩楹間東面授主人爵○主人進西面受爵○介復西階上北面立○主人詣尊所坐實爵興○就西階上介右北面坐奠爵遂拜執爵興○介答拜○主人坐祭遂飮卒爵興○坐奠爵遂拜執爵興○介答拜○主人就西楹南坐奠爵興○還詣介右再拜崇酒○介答再拜○主人復阼階上揖○介答揖○主人降立階下西面○介降立于賓南

◆獻三賓

主人西南面三拜衆賓○賓長三人各答一拜○主人揖○一賓長答揖○主人升○一賓長繼升○主人詣西楹南坐取爵興復阼階上○降立于階下○一賓長降階東面立○主人坐奠爵興辭○一賓長對○主人坐取爵興適洗北南面坐○一賓長進洗南北面辭洗○主人奠爵于篚興對○賓長復西階下位○主人坐盥沃洗者沃之○主人取爵沃洗奠爵挩手取爵興復阼階下西面坐奠爵興揖○一賓長答揖○主人坐取爵興先升一賓長繼升西階上疑立○主人詣尊所坐實爵興適西階上西南面獻賓長○一賓長北面拜主人少退○一賓長進北面受爵○主人於賓長之右北面拜賓長少退○司籩司豆升適房取脯醢北面坐薦于一賓席前脯西醢東興復位○賓長升席自西方中席南面坐○左執爵右祭脯醢遂祭酒興○降席自西方復西階上北面立卒爵○進授主人爵○主人受爵坐奠于西楹南○興復西階上揖○賓長答揖○主人降階西面立○一賓長降立于介南疊唱主人向二三賓長揖○二三賓長答揖○主人升○二三賓長繼升○主人詣西楹南坐取爵興復位降階西面立○二三賓長降階東面立○主人坐奠爵興辭○賓長對○主人坐取爵興適洗北南面坐盥沃洗挩手取爵興復阼階下坐奠爵興揖○二三賓長答揖○

主人坐取爵興先升○二三賓長繼升西階上疑立○主人詣尊所坐實爵興適西階上西南面獻賓長○賓長北面拜主人少退○賓長進北面受爵○主人於賓長之右北面拜賓長少退○司籩司豆升適房取脯醢坐薦于二三賓席前興復位○賓長升席自西方中席南面坐○左執爵右祭脯醢遂祭酒興○降席自西方復西階上北面立卒爵○進授主人爵○主人受爵坐奠于西楹南興復阼階上揖○賓長答揖○主人降階西面立○二三賓長降立于一二賓長之南

◆獻衆賓(疊唱)

主人向衆賓一人揖○衆賓一人答揖○主人升○衆賓一人升西階上疑立○主人詣西楹南坐取爵興○適尊所坐實爵興○適西階上西南面獻衆賓○衆賓一人北面受爵○司籩司豆適房取脯醢出西面坐(獻樂正時南面坐)○薦于衆賓席前興復位○衆賓一人升席自西方中席東面坐(樂正則北面坐堂下賓則唱執爵降即席東面坐)○左執爵右祭脯醢遂祭酒興降席自西方復(堂下實則唱執爵升)西階上北面立卒爵○進授主人爵○主人受爵坐奠于西楹南興復阼階上降階西面立○衆賓降復位○樂正徹俎皆以衆賓序齒獻畢主人進受爵降奠于洗所之篚○還阼階下西向立

◆一人舉觶

主人向賓揖○賓答揖○主人讓升○賓答讓○主人先升○賓厭介介厭三賓以次升並就席隨向立○贊者一人詣洗南坐盥取觶于篚沃洗興○升自西階詣尊所坐實觶興○適西階上北面坐奠觶隨拜執觶興○賓就席西端南面答拜○一人坐祭遂飲卒觶興○坐奠觶遂拜執觶興○賓答拜○一人降適洗南坐奠觶于篚盥手取觶沃洗興升詣尊所坐實觶興○適西階上北面立○賓拜○一人進賓席前坐奠觶于薦西○賓辭坐受觶興○一人興復西階上北面拜○賓坐奠觶于其所興○一人降復位

◆僎人

先入門內之西東面立○主人降○賓介衆賓皆降立于西階下當序東面(賓介之間容僎多寡)○主人詣門內之東西向揖○上僎答揖○主人及衆僎各相背而行至陳相向立○主人揖○上僎答揖○至碑相向立○主人揖○上僎答揖○主人至阼階下西面立○僎至西階下東面立○衆僎以次進立于賓介之間○主人揖○上僎答揖○主人讓升○上僎答讓○主人先升阼階上北面立○僎繼升西階上北面立○主人再拜○僎答再拜

◆獻僎(我國無公爵今只採大夫禮)

主人詣禁南坐取爵興降立阼階下西面○僎降立西階下東面○主人坐奠爵興辭○僎對○主人坐取爵適洗北南面坐○僎進洗南辭洗○主人坐奠爵于篚興對○僎復西階下東面立○主人坐盥取爵沃洗奠爵帨手取爵興○詣阼階下西面坐奠爵興揖○僎答揖○主人讓升○僎答讓○主人坐取爵先升○僎繼升西階上疑立○主人詣尊所坐實爵興○進僎席前西北面奉爵以立○僎西階上北面拜主人少退○僎進席前北面受爵復西階上○主人就僎右北面拜僎少退○僎辭加席(某不足加禮請去重席)○主人對(某不敢不致敬願吾子無辭)○司籩司豆升適房取脯醢出詣僎席前北面坐薦脯西醢東興復位○僎執爵進升席自東方中席南面立○司俎以折俎由東壁行升自西階詣僎席前北面坐設于薦南興復位○僎坐左執爵右祭脯醢奠爵于薦西興○右手取肺卻左手執本坐右絕末以祭興加于俎○司帨升取帨于篚進僎席前授之○僎受帨○司帨退復位○僎坐帨手委帨于地取爵祭酒執爵興○降席自西方復西階上北面坐卒爵興○坐奠爵遂拜執爵興○主人於僎右答拜還阼階上位(若僎多則主人答拜之下唱曰僎進授主人爵○主人受爵坐奠于西楹南興復阼階上揖○僎答揖○主人降階西面立○僎立于賓南○主人向次僎揖○次僎答揖○主人讓升○僎答讓○主人先升阼階上○僎繼升西階上立○主人再拜○僎答再拜○主人詣西楹南坐取爵興復位○主人降立于阼階下西面○僎降立于西階下東面○此下則依原笏疊至獻畢乃唱曰僎降立于上僎之南○上僎向主人揖○主人答揖○僎讓升○主人答讓○僎先升西階上○主人繼升阼階上○僎就西楹南坐取爵興復位降階東面立○仍唱下僎酢原笏○若僎多則獻僎皆畢惟上僎一人酢主人)

◆僎酢主人

僎以爵降西階下東面○主人降階西面立○僎坐奠爵興辭○主人對○僎坐取爵興適洗南北

面坐○主人卽阼階下南面辭洗○僎奠爵于篚興對○主人復西面○僎坐盥取爵沃帨奠爵挩手取爵興復西階下東面立○主人適洗北南面坐盥挩手興復阼階下位○僎坐奠爵興向主人揖○主人答揖○僎讓升○主人答讓○僎坐取爵先升○主人繼升○僎進兩楹間東面授主人爵○主人進西面受爵○僎復西階上疑立○主人詣尊所坐實爵興○就西階上僎右北面坐奠爵遂拜執爵興○僎答拜○主人坐祭遂飮卒爵興○坐奠爵遂拜執爵興○僎答拜○主人還阼階降就洗所坐奠爵于篚興○還升詣僎右再拜崇酒○僎答再拜○主人復阼階上揖○僎答揖○主人降階西面立○僎降立于賓南○主人揖○賓答揖○主人讓升○賓答讓○主人升○賓厭僎僎厭介介厭衆賓以次俱升○並就席隨向立

◆樂賓

司筵升自西階適房取二席出就西階上當廂少東坐設之樂正席在西工席在東興降復位○樂正升自西階立于席北面○瑟工二人左荷瑟後首右手抃越內絃先入歌二人繼之升自西階就席坐北面東上○並奏鹿鳴(呦呦鹿鳴食野之苹我有嘉賓鼓瑟吹笙吹笙鼓簧承筐是將人之好我示我周行○呦呦鹿鳴食野之蒿我有嘉賓德音孔昭示民不恌君子是則是傚我有旨酒嘉賓式燕以敖○呦呦鹿鳴食野之芩我有嘉賓鼓瑟鼓琴鼓瑟鼓琴和樂且湛我有旨酒以燕樂嘉賓之心)○四牡(四牡騑騑周道逶遲豈不懷歸王事靡盬我心傷悲○四牡騑騑嘽嘽駱馬豈不懷歸王事靡盬不遑啓處○翩翩者雉載飛載止集于苞杞王事靡盬不遑將母○駕彼四駱載驟駸駸豈不懷歸是用作歌將母來諗)○皇皇者華(皇皇者華于彼原隰駪駪征夫每懷靡及○我馬維駒六轡如濡載馳載驅周爰咨諏○我馬維騏六轡如絲載馳載驅周爰咨謀○我馬維駱六轡沃若載馳載驅周爰咨度○我馬維駰六轡旣均載馳載驅周爰咨詢)○主人降席自南方詣尊所坐取爵于篚實酒興○詣工長席前西南面立工皆左置瑟○工長北面遂拜不興受爵○主人還阼階上北面拜○司邊司豆升取脯醢出詣工長席前南面坐○薦脯東醢西興復位○工長左執爵右祭脯醢遂祭酒卒飮○主人詣工長席前西南面受爵疊唱詣尊所坐實爵興○詣次工席前西南面立○次工坐受爵○司邊司豆升薦脯醢降復位○次工祭酒卒飮○主人受爵獻工畢主人坐奠爵于西楹南興○復阼階上北面立○笙四人入階間磬南北面東上立○樂南陔白華華黍○主人就西楹南坐取爵興詣尊所坐實爵興○適西階上南面立○笙長一人北面拜盡階不升堂受爵降復位○主人拜○司邊司豆升取脯醢降就笙長席前南面坐薦脯東醢西興復位○笙長坐祭酒興立卒飮○升授主人爵降復位(疊唱)主人受爵詣尊所坐實酒興○適西階上南面立○次笙盡階不升堂受爵降復位○司邊司豆升取脯醢降薦于次笙席前興復位○次笙坐祭酒興立卒飮○升授主人爵降復位獻笙畢主人受爵還阼階降奠爵于洗所之篚興○還升卽席西面立○乃間歌魚麗(魚麗于罶鱨鯊君子有酒旨且多○魚麗于罶魴鱧君子有酒多且旨○魚麗于罶鰋鯉君子有酒多且有○物其多矣維其嘉矣○物其旨矣維其偕矣○物其有矣維其時矣)○笙由庚○歌南有嘉魚(南有嘉魚烝然罩罩君子有酒嘉賓式燕以樂○南有嘉魚烝然汕汕君子有酒嘉賓式燕以衎○南有樛木甘瓠纍之君子有酒嘉賓式燕綏之○翩翩者鵻烝然來思君子有酒嘉賓式燕又思)○笙崇丘○歌南山有臺(南山有臺北山有萊樂只君子邦家之基樂只君子萬壽無期○南山有桑北山有楊樂只君子邦家之光樂只君子萬壽無疆○南山有杞北山有李樂只君子民之父母樂只君子德音不已○南山有栲北山有杻樂只君子遐不眉壽樂只君子德音是茂○南山有枸北山有楰樂只君子遐不黃耈樂只君子保艾爾後)○笙由儀○乃合樂關雎(關關雎鳩在河之洲窈窕淑女君子好逑○參差荇菜左右流之窈窕淑女寤寐求之○求之不得寤寐思服悠哉悠哉輾轉反側○參差荇菜左右采之窈窕淑女琴瑟友之○參差荇菜左右芼之窈窕淑女鍾鼓樂之○葛覃(葛之覃兮施于中谷維葉萋萋黃鳥于飛集于灌木其鳴喈喈○葛之覃兮施于中谷維葉莫莫是刈是濩爲絺爲綌服之無斁○言告師氏言告言歸薄汙我私薄澣我衣害澣害否歸寧父母)○卷耳(采采卷耳不盈頃筐嗟我懷人寘彼周行○陟彼崔嵬我馬虺隤我姑酌彼金罍維以不永懷○陟彼高岡我馬玄黃我姑酌彼兕觥維以不永傷○陟彼砠矣我馬瘏矣我僕痡矣云何吁矣)○鵲巢(維鵲有巢維鳩居之之子于歸百兩御之○維鵲有巢維鳩方之之子于歸百兩將之○維鵲有巢維鳩盈之之子于歸百兩成之)○采蘩(于以采蘩于沼于沚于以用之公侯之事○于以采蘩于澗之中于以用之公侯之宮○被之僮僮夙夜在公被之祁祁薄言還歸)○采蘋(于以采蘋南澗之濱于以采藻于彼行潦○于以盛之維筐及筥于以湘之維錡及釜○于以奠之宗室牖下誰其尸之有齊季女)○磬人北面鼓之○工長興告于樂正(正歌備)○樂正告于賓(正歌備)○遂降復位○工四人並降復位○笙四人並退復位

◆司正擧觶

主人降席自南方降階下東面向相者請爲司正(請司正)相者禮辭(某不能敢辭)○主人申請(敢固以請)

○相者許(申命之敢不敬從)○主人拜○司正西向答拜○主人升復席○司正適洗南北面坐盥取觶于篚沃洗挩手興升○自西階由楹內適阼階上北面受命于主人○主人曰請安于賓○司正詣西階上北面告于賓○賓禮辭○司正固請○賓許○司正還阼階上告于主人○遂退位兩楹間以相○主人降席自南方就阼階上再拜○賓降席自西方就西階上答再拜○主人揖復席○賓答揖復席○司正詣尊所坐實觶興○降自西階詣中庭北面坐奠觶興少退拱立○司鐉司豆升取脯醢降南面坐薦于觶北退復位○司正進坐取觶飲卒觶興○坐奠觶遂拜執觶興○適洗南坐洗觶興復中庭坐奠觶于其所興少退立○賓主以下皆拱手肅容正立○司正乃揚聲讀訓(維我國家率由舊章崇尚禮教今玆舉行鄉飲非專爲飲食而已凡我長幼各相勸勉孝於家忠於國內睦於閨門外比於鄉黨胥訓誥胥敎誨無或愆墜以忝所生)○賓主以下皆再拜

◆旅酬

賓降席自西方就席前北面坐取薦西之觶興詣阼階上北面立○主人降席自南方立於賓東北面○賓坐奠觶遂拜執觶興○主人答拜○賓立飲卒觶○詣尊所坐實觶興進主人前東南面立○主人北面拜賓少退○主人進受觶○賓就主人之西北面拜仍揖復席○主人以觶詣西階上立○僎降席自東方立於主人之西北面○主人坐奠觶遂拜執觶興○僎答拜○主人立飲卒觶○詣尊所坐實觶興譽僎前西南面立○僎北向拜主人少退○僎進受觶○主人就僎右北面拜仍揖復席(○僎多則此下唱曰次僎降席自東方立於上僎之西北面○上僎坐奠觶遂拜執觶興○次僎答揖○上僎立飲卒觶○詣尊所坐實觶興○詣次僎前西南面立○次僎北面拜○上僎少退○次僎進受觶○上僎就次僎之右北面拜仍揖復席)○介降席自南方立於僎西北面○僎坐奠觶遂拜執觶興○介答拜○僎立飲卒觶○詣尊所坐實觶興○詣介前西南面立○介北面拜僎少退○介進受觶○僎就介右北面拜仍揖復席○司正升立于西階上少西北面相旅○一賓長降席立於介右北面○司正退立于西序端東面○介坐奠觶遂拜執觶興○一賓長答拜○介立飲卒觶○詣尊所坐實觶興進一賓長前東南面立○一賓長拜介少退○一賓長進受觶○介就賓長之西北面拜仍揖復席(疊唱)司正又相旅○二三賓長降席立於一二賓長之左北面○一二賓長坐奠觶遂拜執觶興○二三賓長答拜○一二賓長立飲卒觶○詣尊所坐實觶興進二三賓長前西南面立○二三賓長拜一二賓長少退○二三賓長進受觶○一二賓長進二三賓長之東北面拜仍揖復席司正又相旅○衆賓一人升立於三賓長之左北面○三賓長坐奠觶遂拜執觶興○衆賓一人答拜○三賓長立飲卒觶○詣尊所坐實觶興進一人前西南面立○一人拜三賓長少退○一人進受觶○三賓長就拜于一人之東揖復席(疊唱)司正又相旅○衆賓次一人升立於前一人之左北面○前一人坐奠觶遂拜執觶興○次一人答拜○前一人立飲卒觶○詣尊所坐實觶興進次一人前西南面立○次一人拜前一人少退○次一人進受觶○前一人就拜于次一人之東揖降復位(終於徹俎)卒受者立飲卒觶降奠觶于洗所之篚復位○司正降復中庭

◆二人舉觶

司正命贊者二人舉觶○二人詣洗南坐盥取觶于篚沃洗興升自西階詣尊所坐實觶興○適西階上北面東上坐奠觶遂拜執觶興○賓僎就席末答拜○二人皆坐祭遂飲卒觶興○坐奠觶遂拜執觶興○賓僎就席末答拜○二人遂降適洗南坐盥洗興○升詣尊所坐實觶興○適西階上北面立○賓僎席末拜○二人分詣賓僎席前並坐奠觶于薦右○賓辭(請吾子勿辱)○坐取觶興○僎坐受觶興○二人興退西階上北面拜○賓僎皆坐奠觶于其所興○二人退復位

◆徹俎

司正升自西階由楹內適阼階上北面受命于主人○主人曰請坐于賓○司正詣西階上北面告于賓○賓辭以俎○司正就阼階上北面告于主人○主人曰請徹俎于賓○司正詣西階上告于賓○賓許○司正降階前命弟子並俟徹俎○司正升立西序端東面○賓降席席南北面立○主人降席阼階上北面○僎降席席東南面○介降席西階上北面○弟子皆升西階上北面立於介右○賓取俎還授司正○司正以俎降賓從之降立于階下位東面○主人就席前東面取俎還授

弟子○弟子以俎降自西階○主人降立于阼階下位西面○僎北面向席取俎還授執事○執事
以俎降○僎從降立于賓南○介就席前西面取俎還授弟子○弟子以俎降○介從降立于僎南
○三賓並降立于介南○司正及執事介弟子各以俎授從者于門外○主人弟子以俎藏于東房
○司正及執事弟子皆入就位

◆燕

賓主以下並設屨○主人揖○賓答揖○主人讓升○賓答讓○主人先升○賓厭僎僎厭衆賓俱
升○並就席坐○堂下衆賓及主黨諸執事皆坐其位○瑟人歌人並升就席坐○笙人入就席坐
○司邊司豆升取脯醢降徧設于諸執事席前退復位坐○司俎乃進羞退復位坐○贊者二人升
立西階上○賓僎取二人所奠觶飲卒觶乃舉殽○二人分進坐受觶興詣尊所坐實觶興詣○賓
觶坐獻于主人○僎觶坐獻于介○主人及介皆受觶卒飲○二人受觶興詣尊所坐實觶興詣○
主人觶獻于一賓○介觶獻于次僎○一賓及次僎皆受觶卒飲○二人受觶興詣尊所坐實觶興
詣○一賓觶獻于二賓(若又有僎則當獻于僎)○次僎觶獻于三賓○二三賓皆受觶卒飲○二
人興降復位坐○司正命童子四人行觶○童子二人並詣二三賓席前坐受觶興○二人取觶于
下篚升○並詣尊所坐實觶興詣○二賓觶獻于堂上衆賓之長三賓觶獻于次賓一觶獻于次賓
一觶獻于次賓○獻堂上畢次及階下○先獻贊禮次樂正次司正次衆賓○以次畢獻于主黨諸
執事及衆賓徧及于諸工終于沃洗者又更升獻于賓僎主介如前無筭○獻畢童子受觶降奠于
下篚退復位坐○行無筭樂

◆賓出

賓主及在位者皆興○主人降自阼階○賓僎介降自西階○樂正命鼓人奏陔夏○僎納履留立
于西序東面○主人與賓介衆賓俱納履分庭而出○主人門外之東西面立○賓以下門外之西
東面北上立○主人再拜○賓介不答逡巡而退○主人還入至阼階下立○僎出○主人出○至
門外相向立定○主人再拜○僎不答而退

◆拜禮

明日賓拜賜于主人門外主人不見○賓退主人拜辱于賓之門外賓不見

◆息司正

翌日主人乃請司正爲賓獻酬如昨羞惟所有而不殺牲徵惟所欲而遍請先生長者飲酒無筭鄉
樂惟所欲而惟賓介不與迎于門外無拜無三揖至階一揖一讓升升不拜至獻不拜洗無俎無崇
酒拜獻衆賓無拜至衆賓皆獻然後使一人舉觶而就坐行燕無旅酬奏樂無小雅惟國風凡嚮日
爲主黨諸執事者皆列於賓行之位主人又別命人爲司尊司筵司邊司豆不用行觶童子(此一段戊
午補說)

▶2329◀◆問; 추석 인사장에.

안녕하십니까? 수고들 많습니다. 저는 한문 배우지 못 한지라. 궁금해서 질문 드립
니다. 인사장에 중추가절(仲秋佳節)을 중추가절(仲秋嘉節)로도 쓰면 어떨까요?

◆答; 추석 인사장.

추석 인사장(人事狀)에 중추가절(仲秋嘉節) 또는 중추가절(仲秋佳節)을 혼용하여도
큰 무리는 없겠으나 중추가절(仲秋佳節)이 중추절(仲秋節)을 의미하여 중추가절(仲
秋佳節)로 쓰심이 더 바를 것입니다.

佳節; 좋은 명절. 경사스러운 날.

●王維詩;獨在異鄉爲異客每逢佳節倍思親
●古今小說葛令公生遣弄珠儿;時值清明佳節家家士女踏靑處處游人玩景

嘉節; 좋은 날. 좋은 명절. 좋은 계절.

●曹植冬至獻袜頌表;千載昌期一陽嘉節四方交泰萬物昭蘇
●韓愈荐士詩;霜風破佳菊嘉節迫吹帽

▶2330◀◆問; 출생일?

추석에 모여서 이야기 중에 나온 말입니다. 음력 8 월 15 일 오후 11 시 40 분에 출생한 아이는,

<질문>

1) 생일이 8 월 15 일이다. 오후 12 시 前(전)이기 때문이다.

2) 생일이 8 월 16 일이다. 子時(자시)는 오후 11 시부터 다음날 0 시 59 분까지이기 때문에 子時(자시)에 태어났으니 8 월 16 일이다.

음력으로 출생일을 말할 때에 이 사람의 생일이 1)과 2)중에서 어느 내용이 맞는 것인지요? 또한 그 사유를 알고 싶습니다.

◆答; 출생일.

자시(子時)는 현대(現代)시(時)로 환산(換算)하자면 전날 23 시부터 당일 01 시까지로 23 시부터 24 시(時)까지를 자전(子前)이라 하고 24 시 정각을 자정(子正)이라 하고 자정(子正)으로부터 01 시까지를 자후(子後)라 구분하여 이릅니다.

따라서 십이진(十二辰)을 각(各) 시마다 그와 같이 전정후(前正後)로 나눠 시간 계산(計算)을 하였으니 현재(現在) 시(時)로 [음력(陰曆) 8 월(月) 15 일(日) 오후(午後)11 시(時) 40 분(分)에 출생(出生)한 아이]는 지난날의 음력(陰曆) 계산(計算)으로는 8 월(月) 16 일생이 되었겠지만, 작금(昨今)은 24 시의시절 자정(子正)이 날자 변경(變更) 시(時)로 규정(規定)되어 있으니 시대(時代)의 흐름을 따라 8 월 15 일생이라야 옳겠지요.

●辭源子部[子]爲十二時辰之一夜十一時至次晨一時爲子時
●國朝五禮儀吉禮春秋及臘祭社稷儀奠幣祭日條丑前五刻
●檀弓檀弓曰何居我未之前聞也註此時未

▶2331◀◆問; 就伏白의 올바른 표기.

우리가 일상생활에서 안내장을 쓸 때 나를 낮추고 상대방을 높이는 표현이 예(禮)라고 생각 되오며 표준국어대사전에도 아래와 같이 풀이가 되어 있는데,

就伏白: 나아가 엎드려 여쭙는다는 뜻으로, 웃어른에게 보내는 편지에서, 안부를 물은 뒤에 하고자 하는 말을 적기 시작할 때 쓰는 말. 취백(就白). 한간의 말을 들으면 鄕校 典校가 유림들과 각 기관장에게 안내장을 보낼 때 취복백(就伏白)이라는 문구를 사용하면 안 된다고 하는데 향교 전교 자격으로서 사용해서는 안 되는지 또는 사용해도 무방한 단어인지 확실한 해답을 구합니다.

◆答; 취복백(就伏白).

한문투(漢文套)의 서한(書翰)에서 안부(安否)를 물은 뒤 본문(本文)에 들어가기에 앞서 쓰이는 말로 찰한역지(札翰易知) 취고류조(就告類條)를 살펴 보면 존비(尊卑)의 차이(差異)에 따라 쓰이는 문구(文句)가 세분화(細分化) 되어 있습니다.

취복백(就伏白)은 최경어(最敬語)로 존친(尊親) 사(師) 등(等) 웃어른에게 쓰는 문구(文句)인 까닭에 상대(相對)의 지위(地位)를 고려(考慮)하여 쓰여져야 될 것이라 생각됩니다.

●札翰易知就告類條○就伏白○就達○就告○就白○就悚○就控○仍白○仍煩○且告○

且煩○第中○第煩○第控○第告○就○第

▶2332◀◆問; 칠순, 고희에 대한 질문드립니다.

칠순 잔치, 고희연 만70세에 하는 게 맞는 건가요? 아님 70세에 하는 게 맞는 건가요? 답변 부탁 드려요!

◆答; 고희(古稀).

만 70 이라면 통상(通常) 나이로는 71 세를 이르고, 고희연(古稀宴)을 베푸는 나이는 통상나이인 70 세에 행하게 됩니다.

●陳書虞荔傳附虞寄; 前後所居官未嘗至秩滿纔朞年數月便自求解退
●杜甫工部草堂詩箋十二曲江二首; 酒債尋常行處有人生七十古來稀

▶2333◀◆問; 타인을 호명할 때 길자 동자라 함이 옳은가?

안녕하세요. 읍 단위의 어떤 행사에 참석하여 내빈 고문 등 소개를 하는 데 길字 수字로 소개 하는데요. 조부모님 부모님을 말할 때에만 사용하는 줄 알고 있습니다. 저의생각 은 공식행사이기 때문에 맞지 않다고 생각됩니다. 하교 하여 주십시오.

◆答; 타인을 호명할 때 길자 동자라 부르지 않는다.

예법(禮法)을 아무리 살펴보아도 타인(他人)의 이름 까지 그와 같이 부르는 예는 없는 것 같습니다. 지금은 군왕(君王) 격인 대통령(大統領)의 함자(銜字)도 거리낌없이 부르고 있는 세월인데 어느 누구를 호명(呼名)하기에 꺼릴 사람이 있겠습니까.

만약 어떤 행사에서 그와 같이 호명을 하였다면 스승이었나 봅니다.

●曲禮卒哭乃諱禮不諱嫌名二名不偏諱逮事父母則諱王父母不逮事父母則不諱王父母君所無私諱大夫之所有公諱詩書不諱臨文不諱廟中不諱夫人之諱雖質君之前臣不諱也婦諱不出門大功小功不諱入竟(境)而問禁入國而問俗入門而問諱
●檀弓卒哭而諱生事畢而鬼事始已旣卒哭宰夫執木鐸以命于宮曰舍故而諱新自寢門至于庫門二名不偏諱夫子之母名徵在言在不稱徵言徵不稱在
●孟子盡心諱名不諱姓姓所同也名所獨也

▶2334◀◆問; 팔순 잔치에 관하여.

어머니 팔순 잔치의 상차림에 관하여 질문을 드립니다. 아버지께서는 돌아가셨고 누님과 남동생이 먼저 저세 상으로 떠나 갔습니다. 이럴 경우 어머니 팔순 잔치는 상차림이 있어서도 안되고 자손들이 어머니께 절을 올려도 안 된다고 하는데 배우자와 자손을 먼저 보낸 사람은 잔치 상과 절을 받을 수 없다는 논리입니다. 올바른 절차와 예법을 알려 주십시오. 감사합니다.

◆答; 팔순(八旬) 잔치.

아래와 같이 장수(長壽)한 어른에게 잔치를 베푸는 예법(禮法)은 있으나 남편이나 자손(子孫)은 앞세운 (먼저 죽음)이에 대하여는 상수연(上壽宴)을 베풀지 않는다는 지적(指摘)은 없는 것 같으며 장수(長壽)한 어른에 대한 욕된 표현(表現) 같습니다.

혹 그와 같은 습속(習俗)이나 관행(慣行)이 있다면 장수(長壽)를 질타(叱咤)하고 불효(不孝)를 조장(助長)하는 뜬 소리인 듯 합니다. 자손(子孫) 된 도리(道理)로서 미수연(米壽宴)을 베푸는 것은 자손들이 한자리에 모여 장수(長壽)를 기뻐하고 더욱 장수(長壽)하기를 바라며 그 뜻으로 술을 부어 올리는 잔치일 뿐입니다.

●丘儀上壽宴儀(2296 참조)
●莊子盜跖;人上壽百二十中壽八十下壽六十

▶2335◀◆問; 야반(夜半) 해시(亥時)는 그 날의 마지막 시이고 자시(子時)는 다음날의 첫 시에 대한 송우암과 현이규의 문답.

우암 송시열이 살았던 시절, 현이규의 지인이 '어느 날' 죽었다. 그 시간이 (공교롭게도) 닭이 울기 전(자시)이었다.

현이규는 어느 날을 따라야 할지 궁금했다. 시간에 따라 죽은 날이 다를 수도 있기 때문이다. 당시는 '十二支 時'도 사람마다 설이 달랐다. 五更이 어떻고, 甲夜 · 乙夜가 어떻고, 行祀는 丑前五刻이다, 丑時一刻이다, 質明이다.

日分도 子初로 해야 한다, 子正으로 해야 한다. 또 死與往日이다, 生與來日이다 하면서 百家爭鳴이었다. 그래서 (현이규는) 스승 송시열을 찾아갔다.

현이규가 송시열에게 물었다. "주나라는 야반(子正)을 초하루로 삼고, 상나라는 닭이 울 때(丑時)를 초하루로 삼고, 음양가는 자시(三更)로써 다음날로 삼았습니다. 그런데 닭 울기 전, 자시에 죽은 사람은 어느 날을 따라야 합니까."

송시열이 말했다. "날짜의 구분은 반드시 해시에서 끝나고 자시에서 시작되는 것이니 초이틀의 자시는 자연히 초하루에는 간여하지 않는다네."

[주]; 당시의 문답에서 주목할 것은 주(周)나라의 제도이다. 우암은 "尊周大義 · 復讐雪恥"의 명분을 따른 학자이다. 그러니 상나라(새벽 1 시)도 아니요, 음양가(밤 11 시)도 아닌 주나라의 야반(子正)을 날짜의 분계선으로 본 것이다.

그래서 주나라의 제도(밤 12 시)를 일러준 것이다. (시각의 '初 · 正 · 末'에 대한 설명도 곁들였을 것이다.)

그 상황을 문집(송자대전)은 이렇게 기록하고 있다.

[宋子大全卷一百十八 答玄以規]周夜半爲朔商鷄鳴爲朔陰陽家皆以子時爲明日然則鷄鳴前子時死者當從何日乎日分必終於亥而始於子初二日之子自不干於初一日也

예법이란 책에 쓰인 대로만 읽어선 안 된다. 그러니 '1 일이, 엉뚱한 2 일이 되는 것'이다. 그 시대의 역사 · 배경, 그리고 행간의 뜻을 헤아려야 한다. 또 시대와 제도가 바뀐 오늘날 오로지 고례만을 고집해서도 안 된다.

儒學을 입에 달고 사는 그 사람도 '양복에 넥타이' 매고 살지 않는가. 또 본인도 관행에 따라 "현대의 시속을 따른다."고 고백하지 않았던가.

"기제를 자시에 지냄이 속례로 관행화되어 본인 역시 그 시간에 지내고 있습니다." 이 말이 성균관 유림 앞에 털어놓은 '전계현' 의 (솔직한) 고백이다.

◆答; 00 곤씨 우암 선유를 욕되게 하지 마시오.

問周夜半爲朔商雞鳴爲朔陰陽家皆以子時爲明日然則雞鳴前子時死者當從何日尤庵曰日分必終於亥而始於子初二日之子自不干於初一日也

물었다. 주 나라에서는 밤중이 되면 다음날이 시작한다. 라 하였고, 상 나라에서는 첫닭이 울면 다음날이 시작한다. 라 하였고, 음양가들은 다들 자시가 되면 다음날이라 하였습니다.

그렇다면 첫닭이 울기 전 자시에 죽은 사람은 어느 날에 죽었다 하여야 마땅하겠습니까.

우암께서 답하시기를 날짜가 나뉘기를 반드시 (초하루는)해시에서 마치고 (초이틀은)자시에서 시작하는데 초이틀의 자시는 원래가 초하루와는 아무 상관 없느니라.

위 문장은 1일 밤 子時는 2일이라는 확실한 말씀입니다.

▶2336◀◆問; 환갑 모시는 방법.

3년 전에 돌아가신 아버지의 환갑이 되어서요. 매해 생신에는 간단하게 생신상을 모셨습니다만, 환갑은 좀 더 정식으로 모셔야 한다는 말씀을 들었습니다. 시간, 방법 등 전통 정식 절차를 알려주세요.

◆答; 회갑제.

회갑제(回甲祭)와 축식(祝式)을 아래에서 선별(選別)하여 사용(使用)하십시오.

○回甲祭儀禮節次

儀節並同祭禰

序立(主人主婦及弟婦子姪凡禰所出者皆在)○降神○參神○鞠躬拜興拜興拜興拜興平身○盥洗○詣香案前○跪○上香○酹酒(以下旁注皆與時祭同)○俯伏興拜興拜興平身○進饌○初獻禮○詣考妣神位前○跪○祭酒○奠酒○祭酒○奠酒○俯伏興平身○詣讀祝位○跪○主人以下皆跪○讀祝○俯伏興○鞠躬拜興拜興平身○復位○奉饌○亞獻禮○盥洗○詣考妣神位前○跪○祭酒○奠酒○祭酒○奠酒○俯伏興拜興拜興平身○復位○奉饌○終獻禮○盥洗○詣考妣神位前○跪○祭酒○奠酒○祭酒○奠酒○俯伏興拜興拜興平身○復位○奉饌○侑食○鞠躬拜興拜興平身○復位○闔門○祝噫歆○啓門○主人以下復位○獻茶○飲福受胙○詣飲福位○跪○嘏辭曰(云云四時祭同但去祖字)○飲福酒○受胙○鞠躬拜興拜興平身(主人起立于東階上西向)○告利成(祝立于西階上東向曰)○利成○復位○鞠躬拜興拜興平身○辭神○鞠躬拜興拜興拜興拜興平身○焚祝文○徹饌○禮畢

◆回甲祝文

維 歲次干支幾月干支朔幾日干支孝(卒哭前孤妣哀俱沒則孤哀承重則孝孫卒哭前孤孫哀孫孤哀孫)子(隨屬稱)某敢昭告于 顯考某官府君(妣則顯妣某封某氏承重則倣此)歲時遷易(此下當添俱沒則或顯考或顯妣承重則顯祖考或顯祖妣)生辰復遇生既有慶歿寧敢忘追感歲時昊天罔極(承重則改昊天罔極爲不勝永慕)謹以淸酌庶羞祗薦歲事尙 饗

◆早孤不得服親喪者親喪回甲日告墓擧哀告辭式(梅山答人問曰追喪不見於禮然當親歿周甲有未忍昧然其事禮有心喪旣不得服喪於禮制之外則惟心喪可以自盡故前哲亦開此一段天理人情之斷不容已者也三年則恐過於禮當期年而止耳親喪回甲當告哀擧哀服色或蔽陽子或用白布笠而旣違心喪禮則心喪笠帶皆是黔布追喪當用黑笠帶也心喪服練布直領則追喪亦同笠旣用黑色則縗當從旦屬亦用白皮不害於心喪而未若麻也追喪期服恐難局定當人自量追慕之所至或三年或期年或止親歿之年自安於其心已矣要止親歿之年則當受心制於是歲之元日與歲俱除恐爲得正而旣不能乃爾則受制於親歿周甲之日至翌年忌日而服吉恐宜祖禰以上忌墓祭當遵行之時祭當停止心制中不可擧盛禮故也又曰爲母追服恐其當服而未服也繼母之子爲前母追喪名義無當曷可隨兄而爲之乎○屛溪曰禮不許追喪若於譬日回甲之時起居飮食之節稍變於常時以寓心喪者間間有之金判書有變幼未服父喪其父忌回甲先於墓下構數間草廬忌祭罷卽往其父墓攀發一勤以布衫布帶黑布笠居其草廬素食几床席衾枕器皿皆去華采先世忌祀外不至家一期前朝夕上繫哭期後不哭而拜其間屢年除命皆不仕以終三年其後鄭參判匡濟亦行此禮而一期期而止耳)

維 歲次干支幾月干支朔幾日干支孝子某敢所告于 顯考某官府君 顯妣某封某氏之墓不肖生孩幾月 顯考捐背襁褓不克包襄寃酷痛毒昊天罔極下世甲子一周今用喪餘之辰追行心喪之禮忝稽往禮用寫哀慕謹以酒果用伸虔告謹告

◆先考回甲日告墓文

府君謝世幾有幾年小子冥頑視息尙存劬勞之恩敢忘何日遷當今朝哀痛尤切䫌祝何施容聲靡接薄奠告壙失聲長號伏惟尊靈格斯左右

◆回甲日祭考妣出主告辭

今以孤兒始啓回甲生辰敢請顯考顯妣神主出就正寢恭伸奠獻

◆回甲日祭考妣祝文(永感之下當此日不勝哀戀行此祀)

云云伏以不肖孤兒在世欠寧幸免逆理豈願遐齡偶逢回甲忽當生辰難再此日非久斯身敢忘

劬恩僾常追戀如存如奉宜養宜奠謹以淸酌庶羞哀薦情事尙　饗

▶2337◀◆問; 회갑제(回甲祭)에 대한 문의.

돌아가신 어머님의 회갑(여기선 사갑이라고)이 곧 있습니다. 몇 가지 궁금한 사항이 있어 문의 드립니다. (아버님은 살아 계십니다)

1. 상차림은 회갑상으로 차려야 합니까? 아니면 제사상 같이 차려야 합니까?

2. 회갑상(回甲床)으로 차릴 시 부모님 두 분의 상을 같이 차리고 아버님만 앉으시고 절을 하는 것이 맞는지? 여기에는 사진이나 지방을 놓고 한다고 하던데 어떻게 해야 하는지 자세히 답해 주시면 감사하겠습니다.

◆答; 주갑제(周甲祭) 축식과 예법.

아래와 같이 살펴보건대 삼헌지례(三獻之禮)로 기제와 같이 지내고 축식인 신주(神主)이면 출주(出主) 고사식(告辭式)과 축문식을 참고하시고 지방(紙榜)이면 독축(讀祝)만 하게 됩니다.

◆回甲出主告辭

今以顯考某官府君(或顯妣某封某氏考妣列書)回甲奄至敢請　神主出就正寢(或廳事)

◆出主告辭式

孝子某今以　顯考某官府君　顯妣某封某氏今以　顯考降生之辰(回甲則去生之辰改周甲)敢請神主出就正寢恭伸追慕

◆回甲祝文

維　歲次干支幾月干支朔幾日干支孝(卒哭前考孤妣哀俱沒則孤哀)子(祖孫)某敢昭告于　顯考某官府君(妣則顯妣某封某氏俱沒則列書承重則倣此)歲時遷易(此下當添俱沒則或顯考或顯妣承重則　顯祖考或顯祖妣)奄及回甲生旣有慶歿寧敢忘昊天罔極(承重則改昊天罔極爲不勝永慕)謹以淸酌庶羞式此奠獻尙　饗

●梅山答人問曰追喪不見於禮然當親歿周甲有未忍昧然其事禮有心喪旣不得服喪於禮制之外則惟心喪可以自盡故前哲亦開此一段天理人情之斷不容已者也三年則恐過於禮當期年而止耳親喪回甲當告哀擧哀服色或蔽陽子或用白布笠而旣遵心喪禮則心喪笠帶皆是黲布追喪當用黑笠帶也心喪服練布直領則追喪亦同笠旣用黑色則緌當從笠屨亦用白皮不害於心喪而未若麻也追喪期服恐難局定當人自量追慕之所至或三年或期年或止親歿之年自安於其心已矣要止親歿之年則當受心制於是歲之元日與歲俱除恐爲得正而旣不能乃爾則受制於親歿周甲之日至翌年忌日而服吉恐宜祖禰以上忌墓祭當遵禮行之時祭當停止心中不可擧盛禮故也又曰爲母追服爲其當服而未服也繼母之子爲前母追喪名義無當曷可隨兄而爲之乎

●屛溪曰禮不許追喪若於讐日回甲之時起居飮食之節稍變於常時以寓心喪者間間有之金判書有變幼未服父喪其父忌回甲先於墓下構數間草廬忌祭罷卽往其父墓攀發一勸以布衫布帶黑布笠居其草廬素食凡床席衾枕器皿皆去華采先世忌祀外不至家一期前朝夕上繫哭期後不哭而拜其間屢年除命皆不仕以終三年其後鄭參判匡濟亦行此禮而一期期而止耳

●弘菴曰生辰祭固非禮然考妣回甲情理有非尋常生辰之比用伸情禮恐不大悖用時祭一分之饌出主正寢讀祝三獻如時祭但不受胙今亦不能三月之久亦須第二日見舅姑第三日廟見乃安亦當行

37 기타(其他)

▶2338◀◆問; 구제불능.

구제 불능에 대한 고증.

◆答; 구제불능.

구제불능(救濟不能)에 관한 고증문(考證文)을 수 없으나 아래로서 대강 답하겠습니다.

●三國志魏志張範傳; 救恤窮乏家無所餘中外孤寡皆歸焉○又吳志昊主傳;思平世難救濟黎庶上答神祇下慰民望

●後漢紀明帝紀上; 論古之人明救郵之義開取與之分所以周急拯難通乎人之否泰也

●新唐書南蠻傳中南詔下; 安南之陷將吏遺人多客伏溪洞詔所在招還救郵之免安南賦入二年

●應詔言朝政闕失狀;民窮困已極而無人救恤羸者不轉死溝壑壯者不聚爲盜賊將何之矣

●武王伐紂平話卷中;湯王言罷遂開倉庫救濟貧民

●四世同堂二;困家道衰落而連這陋巷也住不下去的他也无力去救濟

●說苑反質;得珠者不得栗得栗者不得珠子將何擇禽滑釐曰吾取栗耳可以救窮

●太平經六罪十治訣;或積財億萬不肯救窮周急使人饑寒而死罪不餘也

●國語晉語四;晉饑公問於箕鄭曰救饑何以對曰信

●後漢書班超傳;如不蒙救護超後有一旦之變冀幸超家得蒙趙母衛姬先請之貨

●宋史忠義傳七蔣興祖;嘗積雨汎溢埠且潰興祖躬救護露宿其上彌四旬

●水滸傳第十四回;若得如此救護深感厚恩義士提携則個

●漢書元后傳;陽朔三年秋鳳病天子數自臨問親執其手涕泣曰將軍病如有不可言平阿侯譚次將軍矣(顔師古注)不可言謂死也不欲斥言之

●詩經大雅板;多將熇熇不可救藥(孔穎達疏)多行慘酷毒害之惡熇熇然使惡加於民不可救止而藥治之

●燕山夜話學問不可穿鑿;做學問的人如果患了穿鑿的毛病就將不可求药亦作不可救療

●左傳襄公二十六年;今楚多淫刑其大夫逃於四方而爲之謀主以害楚國不可救療

●史記游俠列傳;朱家所藏話豪士以百數其餘庸人不可勝言

●新唐書忠義傳中張巡;至是食盡士日賦米一勺齕木皮煮紙而食才千餘人皆癯劣不能殼

▶2339◀◆問; 근서(謹序)와 근서(謹書).

○ 용비어천가 서(序); 신정인지(臣鄭麟趾) 배수계수(拜手稽首) 근서(謹序).
○ 동국정운 서(序); 신신숙주(臣申叔舟) 배수계수(拜手稽首) 근서(謹序).
○ 훈민정음 서(序); 신정인지(臣鄭麟趾) 배수계수(拜手稽首) 근서(謹書).
전부 序文인데 훈민정음은 근서(謹書)라 의아해서 도움을 청(請)합니다. 근서(謹序)? 근서(謹書)?

◆答; 근서(謹序)와 근서(謹書).

謹序; 삼가 서문(序文)을 짓다.
謹書; 삼가 글을 쓰다.

●與廣川長岑文瑜書;想雅思所未及謹書起予(敬書)

●崇惠殿殿誌序;歲玄黙涒灘長至節通仕郎權知承文院副正字沙梁后人崔鉉弼謹序

▶2340◀◆問; 최장방이 무엇인가요.

최장방이 무슨 제사를 지내는데 있어서는 주인이 되어 초헌을 한다고 합니다. 최장방이 무슨 뜻이 있습니까.

◆答; 최장방이란.

최장방(最長房)이란 원래 가례대상을 마치면서 친진 신주가 족인 중에 친미진자가 있으면 그 중 가장 높은 존장(尊丈)의 사당(祠堂)으로 옮겨간다는 의미로 천우최장지방(遷于最長之房)이 그 어원(語源)인데 이 말의 뜻은 그 신주(神主)의 후손 중 현손 이내의 손중 가장 가까운 집의 사당으로 옮겨 간다는 의미 중 최장지방(最長之房)으로 가장 가까운 존장의 사당이란 의미가 됩니다.

●朱子家禮喪禮虞ㅈ祭大祥告遷于祠堂條;若有親盡之祖而其別子也則祝版云云告畢而遷于墓所不埋其支子也而族人有親未盡者則祝版云云告畢遷于最長之房使主其祭其餘改題遞遷如前

▶2341◀◆問; 기독교에서도 다라니라는 말을 써도 되는지요.

안녕하세요. 명칭에 대해 궁금한 게 있어서 문을 두드립니다. 다름이 아니라 불교나 유교식일 경우 고인 입관 후 맨 위에 놓아 드리는 것을 다라니라 명칭 하는데 기독교에서도 이를 기독교용 다라니라 명칭 해도 되는지요. 혹 바른 명칭이 있다면 조언 부탁 드립니다.

◆答; 기독교에서도 다라니라는 말을 써도 되는지의 여부.

작성자 난의 닉네임을 샬롬이라 하신 것으로 보아 기독교 계열의 신자 같습니다. 반갑습니다.

다라니(陀羅尼)는 총지(總持)라 번역(飜譯)되는데 혹 불설다라니집경(佛說陀羅尼集經)이라면 불교계에서나 사용(使用)함직한데 원본다비문(原本茶毘文) 입감편(入龕篇; 入棺), 또 석문의범(釋門儀範) 다비편(茶毘篇) 재래식(在來式) 입감편(入龕篇) 등을 살펴보아도 사용(使用)함이 없습니다.

혹 다라니라 하면 그 종류가 여럿이니 관 위에 놓는 다라니가 있는지의 여부를 아는 바가 없으며, 물론 유교에서는 다라니를 관위에 놓는 법도가 없습니다. 다만 기독교계(基督敎系)에서 불교(佛敎)의 다라니와 유사(類似)한 것을 관 위에 올려 놓는다 하여 불교(佛敎) 용어(用語)인 다라니라 명하고 안하고는 기독교계(基督敎系)에서 정할 문제(問題)가 아닌가 합니다.

●法華經僧詩更堪誦入陀羅尼唐音梵音相雜時
●正譯第五此言句者不同相宗之覿言不同性宗之辯言不同小乘經之確言不同陀羅尼之密言不同伽陀之文言最易剽竊最易模儗

▶2342◀◆問; 낙관 중 법정(法正)이란?

명사에게 서예작품을 부탁 하였사온데 본문을 "사무사(思無邪)"라 쓰고 홍길동(洪吉童) 법정(法正)이라고 하고, 경인맹동(庚寅孟冬) 죽헌(竹軒) 김일생(金逸生) 서(書)라고 되어 있습니다.

글을 부탁하여 받는 사람은 홍길동(洪吉童)인데 이름 뒤에 "법정(法正)"이란 말의 뜻을 몰라서 알고자 합니다. 각종(各種) 사전(辭典)에도 없는 용어(用語)여서 제대로 알기가 어렵습니다. 풀이해 주시면 감사하겠습니다.

◆答; 낙관(落款) 중 法正이란.

법정(法正)은 쌍관(雙款; 上款) 용어(用語)인 겸어(謙語)로 구정어(求正語; 가르침을 바란다는 뜻)인데 그 용어는 다음과 같습니다.

정(正), 정지(正之), 구정(求正), 질정(叱正), 법정(法正), 청불(淸拂), 아상(雅賞), 아촉(雅囑), 법가청정(法家淸正), 아정(雅正), 교정(敎正), 청정(淸正), 시정(是正), 청촉(淸囑), 법감(法鑑), 아감(雅鑑), 지교(指敎), 법촉(法囑) (等等).

▶2343◀◆問; 난득호도(難得糊塗).

정섭(鄭燮)의 난득호도(難得糊塗) 설명 중, 제일 마지막 비도후래복보야(非圖後來福

報也) 해석 부탁 드립니다. 감사합니다.

◆答; 비도후래복보야(非圖後來福報也).

해설; "도모(圖謀)하지 않는다 하여도 후일(後日)에 복(福)으로 보답이 올 것이다"

▶2344◀◆問; 날일 밑에 마음 심한 자.

대단히 죄송합니다. 글자가 궁금하여 여쭈어 봅니다. 날일(日) 밑에 마음심(心)을 한 글자입니다. 비석의 이름에 있는 글자입니다.

◆答; 날일 밑에 마음 심한 자.

강희자전(康熙字典)에 의하면 음(音)은 [사]라 하였을 뿐 무슨 의미(意味)인지는 밝혀 놓지를 아니하였습니다. 따라서 연결(連結)된 상하(上下)의 글자로 하여금 추정(推定) 임의로 부여(附與)할 수 밖에는 없을 듯 합니다.

●康熙字典備考四畫心部[日下心](五音篇海)音射

▶2345◀◆問; 누각(樓閣)과 정자(亭子) 의미.

예 남원광한루 진주촉석루와 같이 누각과 함양에 노을정 또 혹은 무슨 정 이것은 어떻게 다르며 어떠한 의미를 갖는지요? 시원한 답 좀 주세요.

◆答; 누(樓)와 정(亭)이란.

○누각(樓閣); 사방이 훤히 보이도록 문이나 벽이 없는 이층집.

○정자(亭子); 경치(景致)가 좋은 곳에 놀거나 쉬기 위하여 벽(壁) 없이 기둥과 지붕만 있게 지은 집.

●孟子告子下;不揣其本而齊其末方寸之木可使高於岑樓孫奭疏曰樓者蓋重屋曰樓亦取其重高之意也

●後漢書呂强傳;造起館舍凡有萬數樓閣連接丹靑素堊雕刻之飾不可單言

●杜甫登牛頭山亭子詩;路出雙林外亭窺萬井中

●阮元小淪浪筆談小淪浪雜詩;北渚紅橋小笠亭蕉衫竹扇此消停

▶2346◀◆問; 눈집이란 무엇인가요.

선생님 친구가 그러는데 눈집이 눈꺼풀이라고 합니다. 맞는지요.

◆答; 눈집.

아래와 같이 살펴보건대 아마도 설옥(雪屋)을 한 글자, 한 글자 의미(意味)를 그대로 붙여 눈집이라 이른 것 같습니다. 설옥(雪屋)은 눈이 너무 많이 쌓여 눈으로 덮인 집. 또는 눈 속의 집으로 번역(飜譯)됩니다.

●薊山紀程渡灣癸亥十二月十九日一策西臨飮馬河村日虛明皆雪屋野沙噓動忽風波驛亭槐柳疎陰合三兩啼雞拂偃柯

▶2347◀◆問; 백호랑이 란 이유는?

경인년을 60 년 만에 온 백호랑이 띠라 하는 연유를 알고 싶어서 질문 드립니다

◆答; 백호랑이 란.

올해의 띠가 백호랑이 띠라 이름은 간단히 일러 아래와 같습니다. 천간(天干)의 경(庚)은 색상으로 백(白)에 해당되고, 지지(地支)의 인(寅)은 띠로 호(虎; 호랑이)에 해당되어 역학에서 이를 합성하여 백호랑이의 해라 이르며 주갑(周甲)이 60 이니 60 년 만에 같은 띠가 닿는다는 것입니다.

●薊山紀程卷復路甲子二月初八日戊辰;當碑前下馬忽擡頭流眄則山腰有白虎轉頭貼腹弩

目而視下其全身則太半隱伏於莎土間諸人皆肅然而恐定睛更視之石也

▶2348◀◆問; 사위자식 개자식(皆子息)이란 전거에 대하여.

사위자식 개자식(皆子息)이란 전거가 있는지요 있다면 밝혀주십시오.

◆答; 사위자식 개자식(皆子息)이란 전거.

젊잖은 체면으로는 공개적으로는 발설하기에는 부적절한 듯 합니다. 그와 같은 전거(典據)는 풍자소설(諷刺小說)이나 잡담(雜談)에서나 있을 법하고, 아래 천옥경(天玉經; 易書)에서 한 괘(卦)로 개자식(皆子息)란 표현은 있습니다.

●天玉經各具三般卦他如八千四維中皆子息卦而无父母卦

▶2349◀◆問; 상량문을 쓰려합니다.

저는 지금 중국, 칭다오에서 조그마한 공장을 한창 준비하고 있는 사람입니다. 다음 주일 11 월 30 일, 4 개월여의 고생 끝에 현지 공사업체와 많은 공인들의 노력으로 2,000 여 평의 공장 상량식을 고려하고 있습니다. 평소 가지고 있던 자료들이 모두 한국에 있고, 가족들이 잘 찾지 못하고 있습니다. 상량문의 쓰는 방식은 알고 있으나, 년 월 일 시의 간지를 명확히 모르겠습니다. 확인 부탁 드립니다.

상량식의 시간은 오는 11 월 30 일 오전 11 시 30 분에 거행하고자 합니다.

참고로, 상량문의 내용은 "정해년(丁亥年)xx 月 xx 日 xx 時 수주상량(竪柱上梁)"이라고 세로로 쓴 글의 꼭지에는 "용(龍)"자를 쓰고, 다시 그 반대쪽에는 거꾸로 "구(龜)"자를 쓰려고 합니다. 잘못이 있으면 바로 잡아주시기 바랍니다.

고유(告由)의 풍습(風習)보다는, 이미 중국에서는 사라진 듯이 보이는, 오랜만에 한국적인 고유(告由)의 풍습(風習)도 알리고, 공인들의 노고(勞苦)를 치하하는 겸하여 하루 쉬려고 하는 행사(行事)입니다. 고견 바랍니다.

◆答; 상량문(上樑文).

상량서식은 대개 다음과 같습니다.

龍 干支年某月某日某時立柱上樑 龜

▶2350◀◆問; 상석(上席).

안녕하세요. 처남, 매제, 동서 셋이서 매제의 집에 모였습니다. 모인 이유는 인사차입니다. 매제는 가장 나이가 어립니다. 동서 처남은 동갑입니다만 동서가 처남의 여동생과. 결혼한 상황입니다. 이때 상석은 누가 앉아야 할지요? 집안의 대표로서 매제가 앉아야 할까요? 같은 항렬이지만 손위인 처남이 앉아야 할까요? 제 짧은 생각으로는 집안이 다름으로 매제가 앉아야 할거 같은 데요? 예법으로 보면 어떤지요?

◆答; 상석(上席).

아래와 같이 빈례(賓禮), 사상견례(士相見禮), 향음주례(鄕飮酒禮)를 살펴보건대 예를 따른다면 주인은 동쪽이 되고 빈(賓)은 서쪽이 될 것이라 동(東)이 상석(上席)이라 매제가 나이가 어려도 동쪽이 될 것입니다. 다만 친인척(親姻戚) 관계로 한 방에 모여 앉을 상황이면 장자를 좋은 자리에 앉혀야 장유질서(長幼秩序)상 옳겠지요.

●春官通考賓禮宴朝廷使儀其日分禮賓寺設使者座於太平館正廳東壁西向殿下座於西壁東向

●士相見禮士相見受摯圖主東賓西

●鄕飮酒禮設席陳器具饌條乃席賓主人介註賓席牖前南面主人席阼階上西面介席西階上

東面

▶2351◀◆問; 상석에 대한 문의.

처남 매제 동서가 한자리에 모인 경우 상석은 누가 앉아야 합니까? 이때 매제의 집에 모인 경우로 한정하고, 매제가 가장 어립니다. 일전에도 이런 질문이 올라왔는데, 답변주신 두 분께서 논쟁을 하시는 바람에 결과를 얻지 못했습니다. 추가 글: 위의 질문에 오류가 있어서 다시 수정해서 올립니다. 이미 답변을 주셨는데 죄송하지만 다시 살펴 주십시오.

◆答; 상석(上席).

친인척간에는 항렬(行列)과 치순(齒順)으로 상석이 가려 집니다. 동항간(同行間)에는 취회(聚會)의 성격과 목적에 따라 상석이 달라지겠지요.

위 호칭에서 매제를 필자 처남의 속칭이라면 처남이 나이가 가장 적을 수가 없고, 필자의 매제라면 처남의 처가에 처남을 따라간 손님의 관계가 됩니다. 이를 모두 무시(無視)하고, 아래와 같이 살펴보건대 상석(上席)이 어디이고 무슨 자리가 되는지는 알 수 없으나 예를 행(行)하는 자리가 아니라면 겨울이면 아랫목 가장 따뜻하고 편한 자리가 상석(上席)이 될 터라,

동항간(同行間)에서는 최 연장자(年長者)를 상석(上席)에 앉혀야 할 것이며, 만약 모임의 성격(性格)이 예를 행하는 자리라면 처남(妻男)이 주인이 될 것이라 나이가 가장 어리다 하여도 주관석(상석)이 되겠지요.

●童子禮齒位之序聚會凡聚會皆鄕人則坐以齒若有親則別敍
●東文選致語東宮立府宴禮敎坊致語;(云云)威儀棣棣黿頂會之主人式禮莫愆有文相接(云云)

▶2352◀◆問; 생인(生人)은 상좌(尙左)다.

생인 들은 左右 중 어느 방위가 우선인가요.

◆答; 생인(生人)은 상좌(尙左).

생인(生人)은 상좌(尙左)라 하였으니 좌정승(左政丞)이 영의정(領議政) 왼편이 되고 우의정(右議政)이 오른편이 됩니다.

이 배치가 이동위상(以東爲上)의 법도에 따른 위치인 동시에 소목지서(昭穆之序)의 배치와 일치한 위치입니다. 생인(生人)에 있어서 좌측(左側)이 양(陽)으로 상좌(上座)가 됩니다.

●有司徹疏生人陽故尙左鬼神陰故尙右
●陳氏曰王制所謂昭穆昭在左爲陽昭者陽明之義穆在右右爲陰穆者幽陰之義
●尤庵曰昭穆之制甲爲昭則甲之子乙爲穆乙之子丙爲昭丙之子丁爲穆故祖孫爲一班也爲父子則不可同敍席故自然如是也○又曰古者建國都左祖右社左是東方而主陽右是西方而主陰士大夫家亦遵用此禮耳

▶2353◀◆問; 手巾에 새기는 글?

수고가 많으십니다. 과거부터 행사 때에 수건에 글을 새겨 나누어 주고, 지금도 가끔 하고 있습니다. 다른 물건에 새길 경우도 있습니다. 그런데 기관장이나 성씨 문중의 종회장이 개인이 수건 값을 지불할 때도 있고, 기관이나 문중에서 지불할 때도 있습니다.

[문의1] 개인이 수건 대금을 지불하고 수건을 줄 때는 예를 들면 "○○농업협동조

합 조합장 홍길동”“○○公 종회 종회장 홍길동”으로 또는 “○○농업협동조합 조합장”“○○公 종회장”으로 한다는 의견이었습니다. 즉 개인으로 수건을 할 때는 어떻게 써야 하는 지요?

[문의2] 단체에서 수건 대금을 지불하고 수건을 줄 때는 예를 들면 “○○농업협동조합 조합장 홍길동”“○○公 종회 종회장 홍길동”으로 또는 “○○농업협동조합 조합장”“○○公 종회장”으로 한다는 의견이었습니다. 즉 단체에서 수건을 할 때는 어떻게 써야 하는 지요?

[문의3] 개인(個人)이든 단체이든 글자의 제일 앞에 “증(贈)”을 써야 한다는 의견도 있었습니다. “증(贈)”은 개인이나 단체(團體)에서 써야 하는지요? 안 써도 되는지요? 죄송합니다. 예(禮)에 관한 것이라 여쭈어 봅니다.

◆答; 手巾에 새기는 글.

이와 같은 사례는 명문화됨이 없으니 여기서 그와 같은 사례를 정의함에는 사(私)될 수 밖에 없어 망녕스러운 것 같으나 대강 사견을 적습니다. 다만 증정(贈呈)되는 물품에는 증정자가 표시됨이 옳을 것입니다.

특히 00公의 표시가 무엇을 의미하는지는 알 수 없으나, 성자(姓字) 등에 존칭(尊稱)으로 쓰이는 공(公)은 자칭(自稱)이 아니라 타칭(他稱)입니다.

贈 00농업협동조합. 00기념. 년 월 일.
贈 00농업협동조합. 00기념. 조합장 000. 년 월 일.

贈 00종친회. 00기념. 년 월 일.
贈 00종친회. 00기념. 회장 000. 년 월 일.

단체나 종회의 개인 증정물품 대금 지불자 명의로 나타내려 할 때는, 贈을 祝으로 고치면 어떨까 합니다.

●史記留侯世家;吾(劉邦)求公(指商山四皓)數歲公辟逃我
●呂氏春秋異用;孔子之弟子從遠方來者孔子荷杖而問之曰子之公不有羔乎
●戰國策魏一;張儀欲窮陳軫令魏王召而相之來將悟之將行其子陳應止其公之行
●淮南子氾論;宋人嫁子若公知其盜也逐而去之

▶2354◀◆問; 술잔을 권하고 받을 때의 예절에 대하여.

안녕하세요? 우리가 일상생활을 하면서 위 어른께 술을 권해 드리기도 하고 때로는 술잔을 받기도 합니다. 술잔을 드릴 때에는 반드시 두 손으로 드리고 주실 때에는 반드시 한 손으로 주시는 것으로 알고 있었는데 어느 자리에서 강의를 들을 때 아랫사람에게 술잔을 줄 때에도 두 손으로 주는 것이 예의라고 하는 말을 들었습니다 과연 이 말을 옳게 액면대로 받아 드려야 할 것인지요?

또 하나 말씀 드리고자 하는 것은 요즈음 친구간이나 동료간에 만나 술을 한잔 할 때에 의례히 소위 건배라 하여 술잔을 부딪치며 건배 등의 대사를 하는데 과연 그 풍습은 어디에서 온 것이며 평교간에 술잔을 부딪치는 것은 이해가 갑니다.

그러나 부모와 자식간의 술자리에서는 어느 모로 보나 이해가 잘 안 되는 데 부자간에도 술잔을 부딪치며 건배 등의 대사를 해도 예의에 어긋나는 것은 아닌지요? 자상한 말씀 부탁 드립니다. 감사합니다.

◆答; 술잔을 권하고 받을 때의 예절.

유가(儒家)의 음주법(飮酒法)은 향음주례(鄕飮酒禮)에 자세하게 정하여져 있는데 이는 법도이고 친구를 초청하거나 어떤 경사에 모여 앉아 술을 마시는데 까지 적용되는 것은 아니나 법도가 이러하니 잔을 서로 부라보 라 외치며 잔끼리 서로 부딪치거나 더욱이 부자간에 건배 소리치며 부딪친다. 장려할 수는 없을 것입니다. 과유불급(過猶不及)이라 하였으니 과한즉 오히려 욕이 될 것입니다.

●儀禮經傳通解鄕飮酒禮;(云云)主人坐取爵于篚降洗賓降主人坐奠爵于階前辭賓對主人坐取爵興適洗南面坐奠爵于篚下盥洗賓進東北面辭洗主人坐奠爵于篚興對賓復位當西序東面主人坐取爵沃洗者西北面卒洗主人壹揖壹讓升賓拜洗主人坐奠爵遂拜降盥賓降主人辭賓對復位當西序卒盥揖讓升賓西階上疑立主人坐取爵實之賓之席前西北面獻賓賓西階上拜主人少退賓進受爵以復位主人阼階上拜送爵賓少退薦脯醢賓升席自西方乃設折俎主人阼階東疑立賓坐左執爵祭脯醢奠爵于薦西興右手取肺卻左手執本(云云)

▶2355◀◆問; 申發(신발) 이 신인가요.

어른스럽지 못한 질문 같아서 망설여지기는 하오나 흥미가 있어서 질문 드립니다. 申發(신발) 우리들이 신고 다니는 신발을 한문으로 쓰려면 이와 같이 쓰는지요. 아니면 다른 뜻이 있나요.

신발을 이렇게 쓰는 것은 처음 보았습니다. 혹시 다른 뜻입니까. 친구들한테 이 글자를 내밀었더니 다들 피식피식 웃고만 있더군요. 신발은 영 아닌 것 같아요. 확실히 좀 가르쳐 주십시오.

◆答; 申發(신발).

희한한 글자라 조금을 헷갈렸겠습니다. 아래와 같이 살펴보건대 "보장하여 내보내다" 란 의미 같습니다.

●語錄解二字類申發; 申보장하단말이니 ――은보장하여내어보내다.

▶2356◀◆問; 실생활에서 몇 가지 궁금한 것 여쭈어봅니다.

안녕하세요? 평상시 궁금했던 것에 대해 몇 자 여쭙겠습니다.
1. 근조; 부모, 조부모의 경우에만 사용가능한지 아니면 다른 분들의 사례에도 가능한지 궁금합니다.
2. 공수; 제례 시에만 하는지 아니면 공경의 의미로 어른을 대할 때 하는 건지 궁금합니다.
3. 내자; 자신의 처를 남에게 이를 때에만 사용하는지 아니면 친구의 자녀가 자신의 부인을 윗사람인 저에게 칭할 때, 사용하여도 되는 건지 궁금합니다.

◆答; 실생활에서.

問; 1. 答; 근조(謹弔)란 삼가 조상함이란 의미로 조상이란 타인의 상에 조의를 표한다는 의미이니 부모나 조부모상을 당한 자신이 근조라 할 수는 없겠지요.

●禮運諸侯非問疾弔喪而入諸臣之家是謂君臣爲謔註諸侯於其臣有問疾吊喪之禮非此而往是戲謔也敗禮之禍恒必由之

問; 2. 答; 제례(祭禮) 등은 물론 공경(恭敬)의 의미(意味)로 어른을 대할 때도 공수(拱手)의 예를 갖추게 됩니다.

●曲禮遭先生於道趨而進正立拱手先生與之言則對不與之言則趨而退註呂氏曰先生者父兄之稱有德齒可爲人師者猶父兄也故亦稱先生以師爲父兄則學者猶父兄也

問; 3. 答; 내자(內子)란 자기의 처를 이르는 유가(儒家) 식(式) 칭호이니 누구에게는 이를 수 있고 누구에게는 이를 수 없다 라 단정지어 말할 수는 없을 것입니다.

다만 세속적 관행인지는 알 수 없으나 초년 때보다는 중년이 넘어서게 되면 젊잖은 표현으로 타인에게 이르게 되는 것 같습니다.

까닭에 부친(父親)의 친구에게는 절대 안 된다 라기 보다는 좀 건방진 감이 들어 삼가 하고 있지 안는가 생각됩니다.

●萬譜三黨稱號門妻黨條室人荊妻荊布內子細君拙荊

▶2357◀◆問; 十二月號가 무엇인지요.

월별 별호가 있다는데 가르쳐 주세요.

◆答; 十二月 別號.

12 개월 월별 별호는 다음과 같습니다.

1 월; 단월(端月) 추월(陬月).

2 월; 령월(令月) 여월(如月).

3 월; 가월(嘉月) 병월(病月) 잠월(蠶月).

4 월; 정양월(正陽月) 여월(余月).

5 월; 서월(暑月) 고월(皋月).

6 월; 계월(季月) 조월(朝月).

7 월; 량월(凉月) 상월(相月).

8 월; 계월(桂月) 장월(壯月).

9 월; 국월(菊月) 현월(玄月).

10 월; 량월(良月) 양월(陽月).

11 월; 창월(暢月) 역월(睪月).

12 월; 여월(餘月) 도월(涂月).

●攷事撮要天道門十二月號條端月陬月(正)令月如月(二)嘉月病月蠶月(三)正陽月余月(四)暑月皋月(五)季月朝月(六)凉月相月(七)桂月壯月(八)菊月玄月(九)良月陽月(十)暢月睪月(十一)餘月涂月(十二)

▶2358◀◆問; 12支시간(12시간)과 현재 사용하는 시간(24시간)이 1시간 시차가 발생하는 사유는?

1. 12 支시간의 자시를 0 시~2 시로 자시(子時)를 하면 타당할 것 같은데 23~01 시로 했는지, 1 시간 시차가 발생하는 이유가 궁금하군요?

2. 또한 자시(子時)부터 날짜가 바뀌어 하루의 시작이 되므로, 기제사를 밤 11 시부터 모시면 되리라 생각되는데 0 시에 모셔야 되는지요?

◆答; 12支시간(12시간)과 현재 사용하는 시간(24시간)이 1시간 차가 원인.

지금의 시간을 하루를 24 등분한 시(時)이나 간지시(干支時)는 12 등분한 시간으로 한 시간을 전(前), 정(正), 후(後)로 나누어 칭합니다.

이를테면 지금 시간으로 23시~0시 까지를 자전(子前), 정각 0시를 자정(子正), 0시~01시까지를 자후(子後)라 합니다. 이하 시간 이와 같습니다.

제사의 시간은 그날 먼동 틀 무렵(質明) 입니다. 다만 기제를 자시에 행함은 속례입니다. 시행 시각에 관하여는 어느 예서나 선유의 설에서도 자전 몇 刻 또는 자정, 또는 자후 몇 각이라 지정되어 있지 않습니다. 까닭에 속례를 따른다면 자시 중에 지내면 어그러짐은 없을 것 같습니다.

▶2359◀◆問; "[15일 -밤 -16일]" 여기의 밤을 어느 날 밤이라 하는지요.

"[15일 --밤--16일]" 가운데 끼인 밤을 통상 이르기를 어느 날 밤이라 하는지요.

◆答; "[15일 --밤--16일]" 여기의 밤을 어느 날 밤.

우리나라 언어에서 대부분 유학계(儒學界)나 국어학계(國語學界)나 같은 상황을 표현하는 데에 다를 수가 없다고 봅니다.

본인의 답 글은 주관적(主觀的) 견해를 일절 배제(排除)시키고 객관(客觀)에 전적 의지와 유학적(儒學的) 전거적(典據的) 근거에 의한 결론으로서 그 전거의 채택에 잘못이 있다면 본질과 다른 답이 되어 오류를 범하게 되는데 오류가 있을 때는 누구든 자기 주관적인 결론이 아니라 객관적으로 적중한 전거에 의하여 오류를 바르게 잡아 주게 되면 감사하게 여길 뿐입니다.

그러나 이상의 연관된 문제는 역시 여러 사람이 객관적이 아닌 주관적인 자기 생각으로 반론을 거듭하여 오늘에 이르게 된 것입니다. 누구든 오늘의 이 답 역시 오류라면 자기 주관적이 아닌 학문적 전거에 의한 오류화 시키기 바랍니다.

아래와 같이 살펴보건대 "1. 15 일 밤이라 한다." 가 옳습니다.

●左傳莊公七年辛卯夜恒星不見(孔穎達疏)夜者自昏至旦之總名
●五洲衍文長箋散稿天地篇地理類石鏡石辨證說鏡山有石如鏡相傳八月十五夜子時萬國九州之影悉現石鏡中
●兒童故事八月十五夜月十六夜月中秋後二夜
●宋書律曆志中到十五日四更二唱丑初始蝕到四唱蝕旣
●國朝曆象考昏刻一更二更三更四更五更撤更
●中星記凡例五更日入後日出前時刻○立春初後一更戌二更亥三更亥四更子五更丑撤更寅

▶2360◀◆問; 쌍스러워 질문합니다.

아래 질문자는 [ansxxtus33이 사람입니다. 내가 보기에도 바른 자는 아니니 상관하지 마세요.

내가 수년 전부터 본 홈피에 들락 달락 해 본봐 귀하가 나름 禮書에 밝은 사람이라는 것은 잘 알겠습니다.

그리고 일반인들은 알아보기 어려운 상태로 원문을 덩그러니 실어놓는 경우도 많기는 했으나, 그간 의례문답 답변하느라 수고 많이 하셨습니다. 나도 귀하의 글이 많은 참고가 되었습니다. 그러나 본 논란거리는 예서적 근거가 별 무 소용입니다. 그 시대의 관습이 결정할 문제입니다. 다섯 수레의 禮書를 읽었고 또 애지중지 소장하고 있다 하더라도 아무 소용이 없는 문제입니다. 오직 그 시대의 관습이 무엇인가가 문제인 것입니다.

다시 말씀 드리면, "1 일 밤"을 草庵님의 주장처럼 "1 일 해가 져서 어두워진 때부터 다음날 해뜨기 전까지"로 이해하고 있는 사람들이 상당히 많은 것도 사실입니다. TV 등에서 0 시 이후에 하는 일기예보나 뉴스 등에서 몇 년 전까지만 해도 0 시 이전의 상황을 "오"이라고 방송했습니다. 그러나 지금은 0 시가 지나면 0 시 이전의 상황을 설명할 때 "어제"라고 합니다. 오직, 그 시대의 관례, 관습이 결정할 문제인 것입니다.

◆答; 15 일 밤의 자시는 16 일이다.

지방을 붙이고 자시(子時)에 기제(忌祭)를 지내는 가문(家門)이라면 2 일이 제일(祭日)일 때 1 일 날 제수를 준비하여 그날 밤 자시에 기제를 지내고 있을 것이다. 이와 같이 제사함을 일러 1 일 밤 子時는 2 일이다. 가 또 명확하게 입증 된다.

●日省錄正祖十九年乙卯四月二十二日壬寅;(云云)獻官之命十七日進詣本宮十八日子時行祭

●永興本宮儀式奏啓;命當日陪香祝辭陛十七日進詣本宮十八日子時行祭天氣淸和享事利成臣不勝欣忭之忱緣由馳啓

●愚伏曰丁丑十七日亥時終于墨谷寅舍子時卒襲是日大風雨戊寅小斂己卯大斂

●日省錄哲宗十年己未七月十六日甲申;自前夜亥時至子時食十八分七秒初虧正東復圓正西

초하루에 기일이 들면 1 일 날 음식 만들어 1 일 밤 자시에 제사를 지낸다는 그런 부류들하고는 그 사람들의 의식수준이 유학을 논할 위치에 있지 않아 내가 상종할 수가 없습니다.

그러하니 내 글에는 접근하지 말기 바랍니다. 최소 그와 같은 예는 지키리라 믿습니다.

"네 자신을 알라"

"度德量力, 知過必改"

▶2361◀◆問; 여년(餘年)에 대하여.

안녕하십니까. 비문(碑文)에 새길 문구를 초안(草案)중(中)에 의문이 되는 사항이 있어 여쭈어 보고자 글을 올립니다,

다름이 아니옵고 정확한 연수가 불분명하여 780 년(年) 전후(前後)를 700 여(餘) 년(年)이라고 하는 것인지? 아니면 780 여(餘) 년(年)이라고 하는 것이 옳은지 소견을 듣고자 합니다/ 부탁 드립니다/

◆答; 여년(餘年).

여년(餘年)에는 꼭 그 해가 아니고 다른 해라는 의미가 있어 10 여 년 전이라 하면 꼭 10 년 전이 아니라 그 전후라는 의미입니다. 까닭에 확실하지는 않으나 780 년 전 정도 됨을 표기할 때는 780 여 년 전이라 하면 대충 그 정도 전이라는 의미가 됩니다.

●北史魏孝文六王條無牛者倍庸於餘年

▶2362◀◆問; 禮法이란 '등산로와 같은 것' 입니다.

예법(禮法)이란 '등산로와 같은 것'입니다. [나무(禮)의 뿌리는 흔들 수 없지만, 잎은 사계에 따라 변화(變禮)하듯 변할 수 있는 것입니다.] 산 정상에 (인간으로서 지켜야 할) 도리(예법)가 있습니다. 사람들은 그 도리를 지키기 위하여 열심히 산을 오릅니다. 많은 사람들이 산 아래에서 서로 정상을 향하여 올랐습니다. [아마도 인류의 역사가 시작되면서 이 일이 계속되었을 것입니다.]

많은 이들이 출발은 같거나 비슷하였지만 모두 같은 방향으로 오른 것은 아니었습니다. 그러면서 많은 세월이 흐르고, 많은 사람들이 정상에 올랐습니다. (수백 수천의) 세월이 흐른 지금은 정상으로 오르는 길(등산로)이 사방에 수 없이 많아졌습니다. 그 많은 길들은 어느 곳으로 올라가도 (궁극적으로) 산 정상에는 도달할 수 있습니다.

그 동안 산에 오르는 방법을 일러주기 위하여 많은 지도가 나오고, 수다한 안내서들이 발간되었습니다. 어떤 이는 지도를 보고 오르기도 하고, 어떤 이는 안내서를 보고 오르기도 하였습니다. (이런 지도와 안내서를 우리는 예서(禮書)라고 말합니다)

또 어떤 사람은 여러 책자들을 참고하여 다른 코스(방법)를 개발하기도 하였습니다.

그러나 그 여러 곳의 등산로 중, 유독 많은 사람들이 선호하는 코스가 있습니다. 그 코스는 다른 곳에 비하여 비교적 쉽고 간편하게 정상에 도달할 수 있는 길입니다. 옛 사람들에 의하여 만들어진 안내서들은 많은 세월이 흐른 지금은 오히려 어렵고 비효율적인 안내서가 되고 말았습니다. (옛길로 오르기를 고집하는 이도 있으나) 많은 사람들이 이를 외면하는 것이 현실입니다.

이제는 옛 안내서대로 정상에 오르라고 강요(?)할 수 없게 되었습니다. 그것이 전통이고, 조상들의 방법이었다고 해도 소용이 없습니다. (옛날에도 '禮不泥古因時制宜'라 하였습니다.) 누구든 쉽고 간편한 길을 두고 험하고 힘든 길을 택할 리가 없습니다. 예법도 이와 같은 것입니다. [나무(禮)의 뿌리는 흔들 수 없지만, 잎은 사계에 따라 변화(變禮)하듯 변할 수 있는 것입니다.]

◆答; 예법(禮法)이란 '등산로와 같지 않음.

●신(新)x 례상례편십일제례조제의(禮喪禮篇十一祭禮條祭義)가된바이전상주(以前喪主)라칭(稱)하던명사(名辭)는제주(祭主)로대칭(代稱)하게되여슨즉제시(祭時)엔제주(祭主)를불초자(不肖子)로칭(稱)함이가(可)하니구례(舊禮)와여(如)히효자(孝子)라망칭(妄稱)하지마시오혹(或)이효자(孝子)의의(義)를감당(堪當)할수업셔억지(抑志)로하난말이장자효자(長子孝子)라하니차(此)는대단불가(大段不可)하도다효자(孝子)가장자(長子)의의(義)라는해석(解釋)은창힐(蒼頡)一제자지후(制字之後)로문명철학가(文明哲學家)에도절무(切無)한언사(言辭)로다대개제주(祭主)된자(者)가설령효자(設令孝子)란덜엇지감(敢)히망칭(妄稱)하갯나냐항언(恆言)에도칭노(稱老)를못하거든황제시(況祭時)를이용(利用)하야효자(孝子)라칭(稱)하니여실대송(余實代悚)이로다피효자(彼孝子)는례문(禮文)에셔출(出)하얏난지자심(自心)에셔출(出)하얏난지극민(極悶)하도다석자(昔者)에곽거(郭巨)는매자(埋子)하다가금부(金釜)를득(得)하고손순(孫順)은예아(瘞兒)하다가석종(石鍾)을획(獲)하였으니분명(分明)한효자(孝子)로되추상(推想)컨댄곽씨손씨(郭氏孫氏)一부모(父母)의제시(祭時)에효자(孝子)라고불칭(不稱)하야슬거슨불언가측(不言可測)이로다(원문).

위는 70여 년 전 신(新)x 예(禮) 제례(祭禮)에서 저자(혹 불명예스러울 수도 있어 서명과 저자는 밝히지 않겠음)가 축문(祝文)에 효자(孝子)라 칭함의 부당 성을 지적한 대목입니다.

그러나 저자께서도 상당히 높은 학문에 달한 학자로서 아마도 아래 논어 태백편의 가르침인 제례(祭禮)에서 쓰이는 효자(孝子) 효손(孝孫)에 붙여진 효자(孝字)의 의미와 잡기(雜記)의 가르침을 까마득하게 있고 그와 같이 기술하는 오류를 범하지 않았나 합니다. 이는 선생의 수준으로 보아 착각에서 빚어진 오류이기는 하나 그러나 이가 초학자에게 미치는 영향을 대단한 것입니다.

●論語太白第八菲飮食而致孝乎鬼神註致盡也鬼鬼五廟之鬼神謂天也子産曰天者神王者父天爲天之子故以孝言之夏時先言初歲祭後言囷有見韭先郊而後祖明忠敎也朱集註菲薄也致孝鬼神謂享祀豊潔
●雜記上祭稱孝子孝孫喪稱哀子哀孫註祭吉祭也卒哭以後爲吉祭故祝辭稱孝子或孝孫自虞以前爲凶祭故稱哀疏曰正義曰祭吉祭也謂自卒哭以後之祭也吉則申孝子心故祝辭云孝也或子或孫隨其人也喪稱哀子哀孫者凶祭謂自虞以前祭也喪則痛慕未申故稱哀也
●士虞禮疏曰少牢迎尸祝孝子辭云孝孫某敢用柔毛剛鬣嘉薦歲事于皇祖云云

▶2363◀◆問; 오대동당(五代同堂)에 대한 문의.

오대동당(五代同堂)에 대하여 문의 드립니다. 오래 전 어렸을 때, 할아버지께서 이런 한 겨울 방학 때는, 위 오대동당(五代同堂)에 대하여 말씀하시곤 하셨습니다. 대체로 오대(五代; 고조부터 자신까지 오대)가 한 집에서 같이 사는 것이라 하셨다는 것으로 기억합니다. 이제 설도 돌아오고 있어 다시 생각이 나서 문의 드립니다.

문의 사항.

1. 위 오대동당(五代同堂)의 현대적인 뜻을 어떻게 보아야 될지요.

2. 위 오대동당(五代同堂)의 출전(出典)과 이를 언급하신 분과 그 배경에 대하여 대한 것과 다른 좋은 말씀이 있으면 부탁 드립니다.

◆答; 오대동당(五代同堂).

問; 1. 答; 자손의 번성 화목.

問; 2. 答; 경서(經書)에서는 그 전거를 찾을 수가 없고 아래와 같이 살펴보건대 일성록(日省錄)에 의하면 정조께서 [오대동당(五代同堂)]이란 말씀을 여러 번 하셨는데 후손들이 번성하고 경사가 이어짐은 선왕들의 공적으로 후손들을 위해 계책을 세워 제대로 보살펴주신 덕분으로 많은 복을 받았다는 의미에 서 인 듯합니다.

●日省錄正祖編眹纘紹鴻業六十年間景運龐洪版圖式廓十全紀績五代同堂積慶駢蕃實爲史冊所罕觀此皆仰賴皇祖皇考貽謀燕翼用能啓佑後人綏兹多福

▶2364◀◆問; 오류(誤謬).

오류(誤謬)의 괴롭힘은 아마도 인간은 완전한 신이 아니기 때문인가?

◆答; 오류(誤謬).

아래 논형(論衡)의 답녕편(答佞篇)의 문답이 학문을 하는 이들 모두는 이해되지 않으면 타인의 작은 오류를 자기를 망각하고 질타의 대상으로 삼는 우를 범하게 되는 것이다. 오류는 생자(生者)의 행위에서는 그 형태가 다를 뿐 누구나 자유로울 수가 없는 것이다. 오류가 전무하다 함은 곧 죽은 자게도 된다.

따라서 타인의 오류를 용납하지 못한다 함은 자신도 용납하지 못한다는 등식이 성립된다. 인간은 누구를 막론하고 완벽하지 않다. 완벽하다면 그는 곧 신일 것이다.

●論衡答佞篇問曰聰明有蔽塞推行有謬誤今以是者爲賢非者爲佞殆不得賢之實乎曰聰明蔽塞推行謬誤人之所謙也賢者見之不疑矣

▶2365◀◆問; 爲行如可(위행여가)를 어떻게 풀어야 하나요.

위행여가가 무슨 뜻인가요.

◆答; 위행여가(爲行如可).

아래와 같이 살펴보건대 [위행여가]는 이두문자(吏讀文字)로 *하였다가*의 한자식 표기입니다.

●儒胥必知吏頭彙編四字類; [爲行如可] *하엿다가*

▶2366◀◆問; 유교정신을 반영한 건축물문화재에 대해서 궁금합니다.

안녕하세요. 평소 유교에 대한 관심 많은 대학생 입니다.

이번에 제가 '유교정신을 반영한 한국, 중국 전통건축물문화재비교 ' 라는 주제로 발표를 하게 되었는데 우리나라에서는 유교정신 반영한 전통건축물이 무엇이 있는지 자료를 구하고 있는데 구하기가 참 힘든 것 같습니다.

그래서 이렇게 글을 쓰는데 우리나라에 유교정신을 반영한 어떠한 건축물 문화재가 있는지 좀 알려주세요.

◆答; 유교정신을 반영한 건축물문화재.

유교 정신이 깃든 건축물이라 하면 보물(寶物) 제141호 서울 문묘(文廟; 大成殿 明倫堂 東廡 西廡 三門)와 보물(寶物) 제214호 강릉문묘대성전(江陵文廟大成殿) 등과 또 많은 향교, 서원, 서당 등이 건축물로서 문화재로 등록되어 있습니다.

▶2367◀◆問; 율곡선생(栗谷先生)의 본관 소재지는?

성균관 선비님들 안녕하십니까? 극히 상식적인 일이나 소생은 아직 몰라서 문의 합니다. 이율곡 선생님과 충무공 이순신 장군님의 본관이 서적에 이하면 德水라 기재되었으나 소재지를 알 수 없어 문의 들입니다, 하교바랍니다.

◆答; 율곡선생(栗谷先生)의 본관 소재지.

아래와 같이 살펴보건대 본관(本貫)은 황해도(黃海道) 풍덕군(豊德郡; 開豊) 덕수(德水) 이씨(李氏)입니다.

●栗谷先生年譜先生諱珥字叔獻學者稱爲栗谷先生豊德郡德水縣人德水之李

덕수(德水)가 속(屬)한 도(道)는 아래와 같이 살펴보건대 적어도 삼팔선을 경계로 남북으로 갈라지기 이전(대한 독립이전)은 경기도에 속하였었으나 그 이후에는 북한 칭으로는 황해도에 속하였다. 라 하였으나 덕수 이씨 대종회가 확인한 현재 북한 위치로 개성시(開城市)에 속하였다. 하였다면 그가 정답(正答)일 될 것입니다.

●大東地志開城府條[沿革]本百濟冬比忽新羅景德王十六年改開城郡(領縣二德水臨津)隷漢州孝恭王二年弓裔建都(稱後高句麗)七年移于鐵圓高麗太祖二年自鐵圓徒都于此併松岳(在府北十里月老洞)開城(在府西二十五里石嵩山之東)二郡之地爲開州光宗十一年改皇都成宗十四年改開城府(置尹)顯宗九年罷府置縣令(時契丹来侵宮闕民屋殆盡以十道小縣革屬於大邑改定五道兩界)十三年改開城府管赤縣六(開城貞州德水江陰長湍松林)畿縣七(臨津兎山臨江積城坡平㤠田牛峯)直隷尙書都省稱京畿文宗十六年改知開城府事忠烈三十四年併五部於開城(云云)[古邑]德水(南三十里本百濟德勿一云仁物景德王改德水爲開城郡領縣高麗文宗十年創興王寺于縣址移治于貞州之楊州直隷開城府 本朝太祖七年革屬海豊郡○興王寺古址在德物南山)豊德(南三十里本百濟地高麗太祖改貞州直隷開城府睿宗三年改知昇天府事忠宣王二年降知海豊郡事 本朝太祖七年以德水縣來合 太宗十三年革屬開城府十八年復置世宗二十四年改豊德孝宗己丑以 中宮張氏貫鄉陞都護府)

▶2368◀◆問; 2010년의 한자 표기가 궁금합니다.

어느 문장에서 2010 년의 한자 표기를 다른 글자는 한자로 하면서, 유독 2010 년은 2010 年으로 했습니다. 2010 년'의 한자 표기는 이천십년(二千十年) 이 맞는지요?

◆答; 2010년의 한자 표기.

대단히 답하기 어려운 질문이시네요. 아라비아 숫자를 한자식으로 표시하는 데 특별한 법도가 있는 것은 아니나 이런 경우는 있습니다. 예를 들어 12를 한문 투로 표현시키려면 십유이(十有二)라 표시하기도 합니다. 그러나 현대에 년도 표시에서는 단순히 수를 한자로 표시하면 되겠으나, 다만 년도 표시에 있어서는 기(紀)의 근거(根據)가 되는 명호(名號)를 붙여야 옳을 것 같습니다. 서기모년(西紀某年).

▶2369◀◆問; 이 퇴계의 본관.

이퇴계(李退溪) 의 이름은 (李滉). 호는(退溪). 관향은 청송군 (眞寶)로 알고 있었습니다. 그러나 혹자는 진보 이씨가 (眞城)이씨와 동일하다고 주장 하는 분이 있었습니다, 그것이 사실이라면 어던 연유에서 그런 설이 합당한지요? 구금하오니 고명하신 선배님 의 말씀을 듣고 싶습니다.

◆答; 이퇴계 선생의 본관.

진성이씨(眞城李氏) 가문(家門)에서 그에 대한 정확한 정보를 제공하시리라 기다렸으나 이 시각까지 그에 대한 아무런 정보를 주시지 않아 우선 본인이 진성이씨(眞城李氏) 대종의 설(說)을 대강 아래와 같이 발췌하여 다소나마 의문해소에 도움이 될까 하여 게시합니다.

진성이씨(眞城李氏) 시조(始祖)는 고려(高麗)의 진보(眞寶)인데 적자(嫡子) 송안군(松安君)이 출사(出仕) 보성(甫城)이 되었다, 조선중기(朝鮮中期)에 이르러 행정지명(行政地名) 개편으로 진보(眞寶)로 환원 되었다. 그 후 진성(眞城)으로 변한 이유는 대략 3가지로 요약되는데 다음의 이유가 가장 유력한 설로 이해됩니다.

퇴계선생(退溪先生)의 조부(祖父) 노송정공(老松亭公)이 진성군(眞城君)에 추봉(追封)된 이후 관향(貫鄕)이 진성(眞城)으로 내려오는데 진성(眞城)은 진보(眞寶)의 별호(別號) 또는 별칭(別稱)으로 이해됩니다. 보(眞寶)와 진성(眞城)은 같은 지역의 이칭으로 현재의 행정구역 지명으로는 경북 청송군 진보면 지역이 아닌가 합니다.

▶2370◀◆問; 적합한 표창 패 문구 문의.

안녕하십니까? 저의 문중(門中) 정기총회 시 모범적인 종인(宗人)에 대하여 표창을 수여하는데 세(世)와 대(代) 표현에 있어서 동일하지만 둘 중 어느 표현이 더 많이 사용하는지 (적절한 文語的 표현 等) 문의 드립니다 대상자: 23 세. 23 대. 대상자 표창 시에,

1. 귀하는 000 씨 23 세로서,
2. 귀하는 000 씨 23 대로서,
3. 귀하는 000 씨 22 대손으로서,
4. 귀하는 000 씨 22 세손으로서,

문의(질의) 대와 세는 동일합니다 그러나 표창 시 상기와 같이 1~4 가지 표현 중 어느 항목이 보편적으로 상패 문구에 적합한지 (많이 사용하는지) 하교하여 주시기 바랍니다.

◆答; 적합한 표창 패 문구.

아래와 같이 살펴보건대 세자(世子) 세손(世孫)은 왕가(王家)의 적자손(嫡子孫)을 의미하게 되어 사가(私家)에서는 사용하기를 기피하나 오주연문장전산고(五洲衍文長箋散稿)나 궐리지후서(闕里誌後序) 등에서도 사용되었으니, 대손(代孫)이나 세손(世孫)으로 칭한다 하여 그르다 할 수는 없을 것이나, 대손(代孫)으로 칭하심이 그와 같음을 피할 수 있는 호칭이 될 것 같으며, 다만 귀하(貴下)라는 존칭(尊稱)은 타인(他人)을 높여 이르는 말이 되니, 친속(親屬)에게는 아래 칭호(稱號)에서 합당(合當)한 호칭으로 가려 사용하심이 옳을 것입니다.

●世說新語任誕諸阮皆能飮酒仲容至宗人間共集
●後漢書皇后紀上今車騎將軍騭等雖懷敬順之志而宗門廣大
●後漢書朱浮傳尋博士之官爲天下宗師使孔聖之言傳而不絶
●呂氏春秋大樂故能以一聽政者樂君臣和遠近說黔首合宗親
●宋書孝乂傳昭先父母皆老病家無僮役竭力致養甘旨必從宗黨嘉其孝行
●資治通鑑晉武帝泰康三年;四月庚午充薨世子黎民早卒無嗣妻郭槐欲以充外孫韓謐爲世孫(胡三省注)世孫謂嫡孫承祖父之世者

●淸史稿高宗紀三甲子封朝鮮國王孫李祘爲世孫
●闕里誌後序孔夫子六十三世孫文獻公
●五洲衍文長箋散稿經史篇論史類人物孔氏衍聖公辨證說孔振孔子四十代孫孔元措孔子五十一世孫孔克堅孔子五十五代孫孔調孔子五十七世孫孔弘緖孔子六十一代孫孔聞紹孔子六十二世孫孔憲培孔子七十二代孫
●曲阜孔氏族譜文宣王二代鯉三代伋四代白五代求六代箕七代穿八代謙
●三國志蜀張裔傳貴土風俗何以乃爾乎
●朝鮮語辭典(總督府篇)貴下(代)他人に對する敬稱

▶2371◀◆問; 전통한복의 옷깃을 여미는 방법(상의).
안녕하세요? 잘 모르는 것이 있어서 여쭈어 보려고 합니다. 옷(상의)을 여미는 방법에 있어서 남녀의 차이가 있는지요?

일반적으로 옷을 여밀 경우에 남자의 경우에는 왼쪽 깃이 오른쪽 깃을 덮고, 여자의 경우에는 오른쪽 깃이 왼쪽 깃을 덮는 것으로 알고 있습니다. 그런데 이러한 방법이 우리의 전통한복의 경우에도 적용이 되는지요?

◆答; 남녀 옷깃 여미는 방법.
남자는 옷깃이 오른쪽으로 여미고 여자는 왼쪽으로 여며 옷고름을 맵니다.

●喪大記小斂大斂皆左衽結絞不紐註衽衣襟也生向右左手解抽帶便也死則襟向左示不復解結絞不紐

者生時帶並爲屈紐使易抽解死時無復解義故絞束畢結之不爲紐也

▶2372◀◆問; 정함(丁숌)이라는 떡의 재료는 무슨 곡식입니까?
1763 년(영조 39)에 발간된 태상지(太常志)의 조병식(造餠式)에는 떡의 재료(材料)와 소요량에 대해 기록이 있습니다.

[記錄] 自朴餠 以粘米末和水團成以太末和淸蜜作餠煮油 永禧殿大祭 粘米七升丁숌三合五夕眞油七合淸蜜一合七夕 告祭粘米六升丁숌三合眞油六合淸蜜一合五夕 各陵忌辰祭 親祭攝行仝.

여기에서 자박병이라는 떡을 만들 때 소요되는 떡의 재료와 소요량을 기록하였는데, 점미 7 되와 정함 3 홉 5 작, 진유 7 홉, 청밀 1 홉 7 작 이라고 하였습니다. 즉, 정함이 3 홉 5 작이 소요되는데 정함이 무엇입니까? 정함이라는 곡식이 무엇인지 알 길이 없습니다.

떡 전문가에게 찾아가 물어봐도 도저히 알 길이 없습니다. 무슨 곡식인지 알려 주십시요.

◆答; 정함(丁숌)이란.
경단에 묻히는 고물인 것 같습니다. 죽을 쑤어 먹는 곡물 같으나 분명히 지금의 작물(作物)로 지목할 전거(典據)를 찾지 모하여 분명하게 일러 드릴 수가 없습니다. 정함(丁숌). 무루(蕪蔞). 무루죽(蕪蔞粥).

●心庵遺稿詩松坡舟中;積雪飛霜至日天山梅岸柳共悽然隣家各具丁숌粥獵騎爭鳴劈歷弦伏蟄可能知節候災祥或恐繫雲烟家居免作年年客猶勝詩翁杜曲煎(註)丁숌一作蕪蔞

●後漢書馮异傳;光武自薊東南馳晨夜草舍至饒陽無蔞亭時天寒烈衆皆飢疲異上豆粥明旦光武謂諸將曰昨得公孫豆粥飢寒俱解后因以蕪蔞粥指在困乏中及時的濟助

▶2373◀◆問; 제본 방법.

유교(한문으로 된) 관련 책을 인쇄하여 맬 때, 반드시 위로 엮어서 매야 하는 것인지 궁금합니다? 옛날 향교 책이 그렇게 만들었기 때문에 그것을 고수하기 위해서 꼭 위에서 매야 하는지요?

그리고 성균관에서는 한문으로 된 유교 관련 문서를 엮어서 맬 때, 어떤 방식으로 하시는지 궁금합니다? 일관된 법칙이라도 있습니까? 요즘 책이나 문서는 왼쪽으로 엮어 서 매는 것이 대세이지만요.

◆答; 한서 제본.

한서(漢書)는 끈으로 오매로 꿰매 묶어 매어 제본(製本)함.

●受敎新補公賤;莫重正續案或以紙衣粧冊或以繩索結束上送而旣
●世宗實錄二十七年夏四月五日;所撰歌詩摠一百二十五章謹繕寫裝潢隨箋以聞
●齊禪林寺尼淨秀行狀;又寫集衆經皆令具足裝潢染成悉自然有
●西溪叢語卷下;齊民要術有裝潢紙法云浸蘗汁入潢凡潢紙滅白便是染則年久色暗蓋染黃也

▶2374◀◆問; 봉상문이 무슨뜻인지요.

시향을 지내러 갔다 종계 문서를 봤습니다. 두루마리로 돼 있는 문서를 보다 보니 '捧上文'이라는 말이 자주 나왔습니다. 종계 때 돈을 빌려 주거나 받은 내역인 데 요즘 말로 정리하자면 뭐라고 해야 하는지가 궁금합니다. 감사합니다.

◆答; 봉상문(捧上文)이란.

봉상(捧上)이란 위 분에게 물건을 받들어 드림, 또는 물품을 받침. 이란 의미로서 봉납(捧納), 봉정(捧呈)과 동의로서 봉상문(捧上文)이라 하면 물품을 받친 문서(증서) 정도로 이해됨이 옳지 않을까 합니다.

●六典條例戶典戶曹就江界土送該府蔘代錢中除留奉上
●經濟野言京倉稅穀捧上

▶2375◀◆問; 직전(職前)회장과 전(前)회장.

언제나 수고가 많으십니다. 어떤 모임에 새로운 회장(會長)을 선출(選出)한지가 6 개월이 지났는데, 먼저 하던 회장을 부르는데 "직전회장(職前會長)"이라 고 하는 사람과 "전회장(前會長)"이라고 하는 사람이 있었습니다.

[의견 1] 인수인계(引受引繼)가 끝나기 전에는 "직전회장(職前會長)"이라고 하지만, 인수인계(引受引繼)가 끝난 후는 "전회장(前會長)"이라고 한다는 의견이 있습니다.
[의견 2] 새로운 회장이 선출되면 무조건 "전회장(前會長)"이라고 하여야 한다는 의견도 있습니다.
[의견 3] 현임(現任) 회장(會長)과 인수 인계를 한 회장은 "직전회장"이고, 현임 회장과 인수 인계를 하지 않은 앞의 모든 회장은 "전회장"이라고 한다. [문] 직전회장과 전회장을 어떠할 때 부르는 호칭인지요?

◆答; 직전(職前)회장과 전(前)회장.

직전(職前)회장과 전(前)회장의 차이는 다음과 같습니다.

○職前會長; 현직(現職) 회장(會長)의 직전(直前) 회장(會長).
○前會長; 회장직(會長職)을 수행하다 퇴임(退任)된 제회장(諸會長)들의 칭호(稱號).

▶2376◀◆問; 집의 이름에 대하여.

한옥에 붙이는 이름을 보면 00殿, 00閣, 00薺, 00軒, 00塾, 00堂, 00館등의 이름이 있습니다. 제가 알기로는 00殿은 대궐에 해당되고, 00塾은 학문을 닦는 곳쯤으로 알고 있는데 이런 이름들이 어떻게 분류되는지 정확히 알고 싶습니다.

조만 간에 한옥을 신축하여 입주하게 되는데 이런 경우에는 어떤 이름을 지어야 하는지도 알려 주시면 고맙겠습니다.

◆答; 집의 이름.

아래와 같이 살펴드리니 신축 건물 명은 취향에 합당하도록 택하시기 바랍니다.

殿; 궁전(宮殿)
●史記秦始皇本紀乃營作朝宮渭南上林苑中先作前殿阿房東西五百步南北五十丈

閣; 주로 누각(樓閣)을 이름.
●淮南子主術訓高臺層榭接屋連閣非不麗也

薺(X) 齋; 재사(齋舍). 서재(書齋). 재실(齋室). 재궁(齋宮).
●宋史選擧志太學置八十齋齋各五楹客三十人
●水經注㶖水院外西側有思遠靈圖圖之西有齋堂
●野獲編禮部二遂欲盡毁其后妃像設寢殿朝堂僅立壇齋室以供祀事
●國語周語上王卽齋宮百官御事各卽其齋三日

軒; 방(房).
●後漢書延篤傳夕則消搖內階詠詩南軒

塾 글방. 교실(敎室).
●禮記學記古之敎者家有塾黨有庠術有序國有學

堂; 주로 객실. 사랑채.
●書經顧命`立于西堂(註)西堂路寢東西廂之前堂也

館 客舍. 화려한 집. 관청명(官廳名). 사숙(私塾).
●詩經鄭風適子之館兮(孔疏)館者人所止舍古爲舍也
●司馬相如上林賦離宮別館彌山跨谷
●警世通言旌陽宮銕樹鎭妖有孫子十餘人正欲延師開館

▶2377◀◆問; 추향제 기념 타올.

추향제 기념타올에 경 축 2 자가 들어가 있는데 경축도 괜찮은지요 아니면 어떤 표현이 좋은지요.

◆答; 추향제 기념 타올.

추향제의 제사 대상자가 누구의 무슨 제사(祭祀)인지는 알 수 없으나 아마도 제사(祭祀)에 참석(參席)한 객(客)에게 그 징표(徵標)로 나눠 준 수건에 써준 경축(慶祝)이라면, 경축(慶祝)의 의미(意味)가 경하(慶賀)하고 축송(祝頌)함 이라는 뜻이니 경하(慶賀)란 경사(慶事)스러운 일을 치하(致賀)함이고 축송(祝頌)이란 기리어 하례(賀禮)함일진대 인신(人神)의 무슨 제사(祭祀)이든 경축(慶祝)할 일은 못될 것 같습니다.

다만 성대(盛大)하게 치르는 공동(共同)행사(行事)인 풍어제(豊魚祭) 등이라면 혹(或) 쓰여질 수 도 있겠다. 라 할 것이나 신주에 대한 어떤 제사(祭祀)든 경건(敬虔)히 애도(哀悼)를 표할 뿐이지 경축(慶祝)하여야 할 행사(行事)는 아닌 상 싶습니다.

만약(萬若) 제사(祭祀)의 참석(參席)원들에게 참석(參席)한 표시(標示) 또는 고마움을 표하기 위하여 수건을 나눠 준다면 제사(祭祀)의 성격(性格)에 따라 표시(標示)

하는 방법이 다르겠지요.

●漢語大詞典 [慶祝] 慶賀祝頌. 《明張居正表一》 凡在照臨擧同慶祝 后指對喜事進行
一些活动表示歡慶或紀念

▶2378◀◆問; 축하문.

안녕하십니까? 아이를 갓 낳은 부모에게 축하인사 할 때 ``탄생, 이란 단어를 쓰는
것을 보는 데 그게 맞는지요?

◆答; 출생 축하문 서식.

子; 축농장지희(祝弄璋之喜). 축농장지경(祝弄璋之慶)

女; 축농와지희(祝弄瓦之喜). 축농와지경(祝弄瓦之慶)

●尼溪詩;今子之澤畔咏菀出於不意而幸結月姹之繩獲此弄璋之喜者是天也
●懶窩曰仍想兄白首殘齡弟兄相依姜衾忽冷馬背誰撫以弟之所經歷想兄之心緖重爲之凄咽曾聞兄
晩抱抱弄璋之慶
●樗村曰鄙奴回承見手帖仍想寒暎乖常體履一向康勝而且聞令胤有弄瓦之喜産後無他
撓爲之欣慰男女之生人情豈能無分別而過時無子女者
●中國語辭典[弄]弄瓦之慶; 名詞 弄瓦之喜 旧時指生女之喜

▶2379◀◆問; 춘련(春聯)에 대하여.

새 봄을 맞아 집안에 기원문으로 입춘대길(立春大吉) 과 건양다경(建陽多慶)의 글을
아버님께서 직접 쓰시고 붙이려고 하였습니다만, 요즈음 그 문구를 달아두는 위치
에 대해 물으셔서요.

예전엔 입춘대길이 문 정면에서 보았을 때 오른쪽, 건양다경이 왼쪽에 붙이곤 했는
데(저희 집에서요), 요즈음 돌아다니다 보면 입춘대길이 왼쪽에 붙이는 곳도 있어서
사실 어느 쪽이 맞는지 헷갈리곤 합니다. 이러한 문구를 붙이는데 형식이 있는 것
인지, 그리고 형식이 있다면 어느 쪽에 글을 붙이는 것이 맞는지 답변 주시면 감사
하겠습니다.

◆答; 춘첩(春帖).

입춘방(立春榜) 또는 입춘첩(立春帖)인 입춘대길(立春大吉) 건양다경(建陽多慶)을 문
(門) 위에 팔자형(八字形)으로 붙일 때는 팔(八)의 선획(先畫)이 별(丿)이라, 먼저
(西) 입춘대길(立春大吉)을 별(丿)형에 붙이고 건양다경(建陽多慶)을 동(東)으로 붙
입니다.

▶2380◀◆問; 出必告 反必面.

出必告 反必面을 읽을 때 출필고 반필면으로 읽는데 출필곡 반필면으로 읽어야 하지 않
는지요?

◆答; 출필고(出必告) 반필면(反必面).

출필곡(出必告)(梏)   반필면(反必面)은 곡례(曲禮) 소재문(所在文)으로 이미 곡례(曲
禮)에서 고(告)에 대한 주(注)달기를 곡(梏)이라 하였으니 출필곡(出必告)으로 발음
(發音)하여야 옳겠지요.

●韻會告音梏
●禮記曲禮上夫爲人子者出必告(梏)反必面所遊必有常所習必有業(鄭玄注)告面同耳

▶2381◀◆問; 택호(宅號)에 대하여.

안녕하세요. 많은 것 잘 배우고 있습니다. 벌써부터 의심스러운 것이 있었는데

이제 선생님께 여쭙습니다. 다름이 아니옵고 여자가 시집을 오면 진정 마을 이름을 따서 00댁이라고 하는데 택(宅)의 뜻에서는 그런 분명한 뜻이 없습니다. 어떻게 이해하고 있어야 올바르겠습니까. 안녕히 계십시오.

◆答; 택호(宅號).

택호(宅號)에 쓰이는 택(宅)의 의미는 집이라는 의미로 여자가 시집을 가면 그의 친정 고장의 이름을 붙여서 그의 집을 일컫는 말로서 해당 주부는 00댁. 그의 남편에게는 00양반이라 합니다.

●濟庵集書與族孫養心;家在前後以別宅號後世因之如河上之有上下村本無區別彼此之意
●松沙先生文集遺事守軒金公遺事;贈天官貳卿高祖諱業相曾祖諱麗光祖諱命參號蓼灘考諱顯宅號竹圃著孝行妣文化柳氏後光山金氏父胤聲公金氏自出
●性齋先生文集遺事望楸堂李公遺事;仁川之李本駕洛首露王之後鼻祖曰許謙高麗時賜姓李封邵城伯因舊姓爲李許謙邵城卽仁川也十四世至文和入本朝官左參贊兼大提學贈領議政謚恭度子孝義鎭撫使子克明開城留守子啓耘文都事子召南無子取伯兄生員周南第二子邱子之子元佐以孝贈右尹子宣號晩樂齋子弘皁子暾子仁宅號松林有儒行子罟寔公之考也妣昌寧成氏千齡女公諱萬燁字芳叔
●和菴集詩敬德宮(一號楸宮);龍潛舊宅號楸宮麗氏山河眺望中仙李民謠天命在神嵩王氣水雲空晉陽自化唐宗國沛邑仍歌漢祖風恭憶聖孫來駐蹕煌煌御筆耀無窮

▶2382◀◆問; 표절(剽竊)의 유혹(誘惑).

표절이 무엇이길래 유혹을 뿌리치지 못 하나요.

◆答; 표절(剽竊)은 죄악.

표절(剽竊)은 표적(剽賊)과 동의로 도적과 다를 바 없습니다. 학문하는 자가 이의 유혹을 물리치지 못하면 이미 취한 학문을 완전히 망침은 물론 도적(盜賊)이라는 불명예(不名譽)를 벗어나지 못합니다.

때문에 어느 학문을 따르는 자라 하여도 자기 학문(學文)과 명예(名譽)를 지키기 위하여는 그 유혹에서 완전히 해방(解放)되지 않고는 불가능(不可能)합니다.

●柳宗元辯文子其渾而類者小竊取他書以合之者多凡孟管輩數家皆見剽竊
●司馬光涑水記聞卷十一緣道縱兵士剽竊民家
●韓愈南陽樊紹述墓志銘惟古於詞必己出降而不能乃剽賊

▶2383◀◆問; 화환의 리본 쓰기.

혼인식이나 장례식장에 가보니, 화환을 보내 주신 분의 회사와 성함이 오른쪽(화환을 보는 사람에서)에 써있는 분과 왼쪽에 써있는 분이 있습니다. 또한 청주 모의석전행사에서는 오른쪽에 쓰여진 것을 본 듯합니다. 어느 쪽에 써야 하는지요? 그 이유도 있으면 알고 싶습니다.

◆答; 화환 리본 좌우 선후.

리본의 중간에 보기 좋게 고를 내고 가위 형으로 양 옆 다리는 그 형상이 들입(入)자(字)와 유사(類似)합니다. 들입자(入字)의 선획은 삐칠별(丿)자 이니 선소후명(先所後名)이라 좌방(보아 좌측)에 주소(직장) 우방에 관등성명.

38 제후토(祭后土)

▶2384◀◆問; 묘제 후 산신제 축문에서 공신전헌(恭神奠獻)과 경신전헌(敬

神奠獻)의 사용에 대해?

묘제(墓祭) 후 산신제(山神祭) 축문(祝文)에서 공신전헌(恭神奠獻)과 경신전헌(敬神奠獻)의 사용(私用)에 대해? 문의 드립니다.

문 1) 묘제 후 산신제 축문에서 ~ 실뢰신휴(實賴神休) 감이주찬(敢以酒饌) 공신전헌(恭神奠獻) ~ 에서 공신전헌(恭神奠獻) 대신 경신전헌(敬神奠獻)을 사용하여도 틀리지 않는지 궁금합니다.

문 2) 공신전헌(恭神奠獻)과 경신전헌(敬神奠獻)의 의미가 다른지 궁금합니다. 가르침 부탁 드립니다.

◆答; 공신전헌(恭神奠獻)과 경신전헌(敬神奠獻).

묘제(墓祭) 때 제후토(祭后土) 축식(祝式)은 공(恭)이 아니며 경(敬)으로 경신(敬神)이란 신을 공경(恭敬)한다는 의미로 쓰인 것입니다.

경(敬)과 공(恭)은 공경한다는 의미로는 동의이나 본 축문식(祝文式)은 법도(法度)이니 경(敬)을 공(恭)으로 교체하여 쓰지 않습니다.

●家禮墓祭祭后土祝辭條(云云)惟時保佑實賴神休敢以酒饌敬伸奠獻尙饗

▶2385◀◆問; 묘제 후 후토제의 주인은?

평소 성균관의 가르침 늘 감사하고 있습니다. 지식이 부족하여 세일사 후에 산신제를 지내는데 있어서 아래사항이 궁금합니다.

상황: 세일사 시 제주는 갑(甲)이었으나 갑(甲)의 불가피한 사정(事情)으로, 산신제 제주(祭主)를 乙이 할 경우입니다.

축문 예문.

유세차(維世次) 경인(庚寅) 팔월신유삭(八月辛酉朔) 초오일을축(初五日乙丑) 유학(幼學) (1)감소고우(敢昭告于) 토지지신(土地之神) 금위(今爲)(2) 공수세사우(恭修歲事于) 현(顯)(3) 대조고(代祖考) 이하 생략.

질문 1. 상기 예문에서 (1) 에 들어가는 사람이 甲인지? 아니면 乙인지? 궁금합니다.

질문 2. 상기 예문에서 (2) 에 들어가는 사람이 甲인지? 아니면 乙인지? 궁금합니다.

질문 3. 상기 예문에서 (3) 에 들어가는 세대가 甲을 기준하는 것인지? 아니면 乙을 기준하는 것인지? 궁금합니다. 좋은 가르침 부탁 드립니다.

◆答; 묘제 후 후토제의 주인.

고조(高祖) 이하(불천지위 포함)의 묘제 주인은 적자손이 되고,. 육대조 이상의 묘제(墓祭)는 그 날 참석한 제원 중 최 상위자가 주인이 됩니다. 그리 상례 토신제(土神祭)는 상주(喪主) 외의 타인(他人)이 주인이 되어 고하나, 묘제(墓祭) 후(後) 후토제는 아래와 같이 살펴보건대 묘제 예법과 같다. 하였으니 묘제의 주인이 후토제의 주인으로써 초헌을 하여야 옳을 것입니다.

따라서 묘제 주인의 제필후(祭畢後) 곧 극한상황(토사곽란 등)이 아니고는 묘제 주인과 제후토 주인이 다를 수가 없겠지요. 그러나 그러할 경우의 대행 여부를 논한 전거는 알지를 못합니다.

●家禮祭后土篇降神參神三獻條同上但祝辭云某官姓名敢昭告于云云
●朱子曰五世則遷者上從高祖不至玄孫之子高祖廟毁不復相宗

●尤庵曰土神外祀也喪人行之似未安而無他代行者則當以祭先祖之服主人自行之

▶2386◀◆問; 산수패(傘壽牌).

宗中 인데 종원들 중에서 80 세 이상 된 종원에게 산수패(傘壽牌)를 수여하려고 하는데 패에 들어갈 적당한 문구가 생각이 아니 나서 선생님들의 조언을 받고자 합니다. 부탁 드립니다.

◆答; 산수패(傘壽牌).

옛날에는 70 세까지 사는 것도 드물어 두보(杜甫)의 곡강시(曲江詩)에서 읊은 고래희(古來稀)가 70 세의 별칭(別稱)으로 불려지고 있으나 그 이상은 이러한 별칭 역시 전거(典據)를 찾을 수가 없으며 산수(傘壽)의 산(傘)을 파자(破字)하여 八十十이라 풀어 전거(典據)에도 없이 80 세의 별칭(別稱)으로 이용되고 있을 뿐이며 미수(美壽): 66 세, 희수(喜壽): 77 세, 미수(米壽): 88 세, 백수(白壽): 99 세, 라 이름도 유가적 표현이 아니라 왜풍(倭風)을 그대로 도입 우리가 아무런 거부감 없이 별칭으로 사용되고 있을 따름입니다. 까닭에 산수(傘壽)에 따른 유가적(儒家的) 별칭으로 적당한 다른 용어의 전거가 없는 것 같습니다.

●曲江詩(杜甫)人生七十古來稀
●公羊傳宣公十二年條使帥一二耋老而綏焉註六十稱耋七十稱老綏安也
●左傳僖公九年條孔曰以伯舅耋老註七十曰耋級等也
●詩經秦風車鄰條君子並坐鼓瑟今者不樂逝者其耋註八十曰耋又大雅板章天之方虐無然謔謔老夫灌灌小子蹻蹻匪我言耄註耄老而昏也
●曲禮六十曰耆指使七十曰老而傳八十九十曰耄百年曰期頤
●釋名釋長幼條六十曰耆七十曰耄八十曰耋九十曰鮐背百年曰期頤

▶2387◀◆問; 제례 관련 질문입니다.

안녕하세요? 제례에 관련된 내용들 중에서 잘 모르는 것이 있어서 여러분들께 여쭈어 보려고 합니다.

첫째, 산신제를 지내는 제단은 참례자가 묘지를 바라보고 섰을 경우에 묘지의 어느 쪽에 설치해야 하는지요? 또한 그에 대한 이유가 어디에 있는지요?

둘째, 산신제를 지낼 경우에는 과일의 껍질을 벗기지 않고 그대로 올린다는 이야기가 있습니다. 그에 대한 이유가 무엇인지요?

셋째, 제사를 모시기 위하여 과일을 진설할 경우에 대부분의 과일은 꼭지 부분이 위로 가게 하여 접시에 괴는 것으로 알고 있습니다. 그런데 감의 경우에는 배꼽부분이 위로 가게 괸다는 이야기를 들은 것 같습니다. 그에 대한 근거가 있는 이야기인지요? 여러분들의 가르침을 기다리겠습니다.

◆答; 제례 관련.

問; 첫째, 答; 묘제 시 제후토의 위치는 묘의 좌측이 되며 까닭은 지도신도(地道神道)는 우측이 상(上; 尊尙)이라 그렇습니다.

●家禮墓祭厥明灑掃條除地於墓左以祭后土
●問祀后土時執事以東爲上何意沙溪曰或云儀禮筮家命筮者在主人右註命尊者宜由右出今東上本於此耶
●陳按卿云地道以右爲尊
●溫公曰神道尙右

問; 둘째 答; 주부자 말씀에 손상시키지 말라는 말씀에 의하여 껍질을 벗기지 않는 것 같습니다.

●郊特牲水土之品也不敢用褻味而貴多品所以交於神明之義也
●朱子曰凡祭之屬皆當存之勿令殘穢褻慢

問; 셋째 答; 과실 꼭지의 상하 위치에 관한 전거는 알지를 못합니다.

▶2388◀◆問; 祭后土(제후토) 진설에 대해서 문의합니다.

사례편람(四禮便覽)에 묘제(墓祭)를 지낸 후 제후토(祭后土) 진설 때 자리의 남단(南端)에 육어병면(肉魚餠麵) 각일대반(各一大盤)만 언급하였는데 과일 등은 진설을 하지 않는 것인지요? 한다면 과일의 위치는 어디인지 궁금합니다.

◆答; 祭后土(제후토) 진설.

묘제(墓祭) 후 제후토(祭后土) 진설 찬품에는 아래와 같이 양설이 있습니다.

양설(兩說) 중 계자서설(戒子書說)을 따른다면 묘전일양(墓前一樣)이라 하였으니 묘제 진설 법도에 따라 진설함이 옳은 것 같습니다.

●性理大全家禮墓祭(細註)嘗書戒子云比見墓祭土神之禮全然滅裂吾甚懼焉旣爲先公託體山林而祀其主者豈可如此今後可與墓前一樣菜果鮓脯飯茶湯各一器以盡吾寧親事神之意勿令其有隆殺盤盞之盤
●尤庵曰墓祭土神只用四大盤者家禮正文也與墓祭無有等殺者朱子戒子書也從此從彼兩無所妨○又曰土神之祭當依家禮大註至於墓前一樣云者是朱子戒子書而後人附入者當以本註爲正矣四盤是四器盤如

▶2389◀◆問; 后土祝이나 題主祝에 대하여?

問 1. 산신축(山神祝), 후토축(后土祝), 사후토축(祀后土祝)은 같은 뜻인가요? 다르다면 어떻게 다른지요.
問 2. 평토제축(平土祭祝), 반혼축(返魂祝), 제주축(題主祝), 성분축(成墳祝)도 같은 뜻으로 아는데 혹 다르다면 알려 주십시오.

◆答; 후토축(后土祝)이나 제주축(題主祝).

問 1. 答; 땅을 관장하는 신을 后土라 하며 그 신에 대한 제사(祭祀)로 가례(家禮)에서는 묘제시(墓祭時)는 제후토(祭后土)라 하였고, 상례(喪禮)에서는 사후토(祠后土)라 하였으며, 산신제(山神祭)란 특별(特別)히 우리나라 일본(日本)에서만 통용(通用)되는 용어(用語)인 듯하며 제후토(祭后土), 사후토(祠后土) 포함(包含)하여 산의 신에게 지내는 제사(祭祀)의 통칭(通稱)으로 두루 쓰이는 것 같습니다.

●左傳召公篇土正曰后土杜註土爲群物主故稱后也其祀句龍焉在家則祀中霤在野則爲社
●國語越下篇皇天后土四鄕地主正之註鄕方也天神地祇四方神主當往討之正其封疆也

問 2. 答; 가례(家禮)의 예에는 제주전(題主奠)이란 예(禮)는 별개(別個)로 두지 않고 제주조(題主條)에서 신주(神主)쓰기를 마치면 찬(饌) 별설(別設) 없이 축관(祝官)이 분향(焚香) 짐주(斟酒) 독축(讀祝)을 하게 되는데 이 축문(祝文)은 가례(家禮)나 비요(備要), 편람(便覽) 등(等) 예서(禮書)에는 별도(別途) 축명(祝名)을 붙이지 않고 축문식(祝文式)으로 표기(表記) 되었으나 그 외 축문(祝文)과 구별(區別)하기 위하여 제주(題主)를 마치고 고하는 축(祝)이라 제주축문(題主祝文)이라 이르고 있을 뿐이며, 그 외 평토제축(平土祭祝), 반혼축(返魂祝), 성분축(成墳祝) 은 아마도 신주(神主)를 갖추지 못하였을 때 그 사유(事由)를 묘(墓)에 고(告)하고 반혼(返魂)하게 되니 그러한 축명(祝名)이 생긴 것입니다.

●家禮題主條云云題畢祝奉置靈座而藏魂帛於箱中以置其後炷香斟酒云云讀之云云畢懷
之興復位主人再拜哭盡哀止
●輯覽(成墳祭)此奠於禮無之不必行也
●沙溪曰返魂時不辭於墓者專意於神主故也世皆哭拜恐非禮意
●退溪曰成墳祭是不安神於神主而仍安於墓所甚無謂○又曰返魂時拜辭墓前禮雖未言人
情不得不然

39 추록(追錄)(신흠에서)

▶2390◀◆問; 강신례가 먼저인지 참신례가 먼저인지.

강신례를 먼저 행 하고 참신례를 해야 하는지요. 아니면 참신례가 먼저이고 그 다음 강신
례를 해야 하는지.

◆答; 선참후강(先參後降) 또는 선강후참(先降後參)의 예(禮).

①신주(神主) 무천동(無遷動) 사당(祠堂) 제(祭) 선강후참(先降後參).
②신주(神主) 천동(遷動) 정침(正寢) 사시제(四時祭) 기제(忌祭) 선참후강(先參後降).
③상례비요(喪禮備要) 무신주(無神主) 지방제(紙牓祭) 선강후참(先降後參).
④묘제(墓祭) 주자가례(朱子家禮) 선참후강(先參後降). 요결(要訣) 선강후참(先降後
參).
⑤제후토(祭后土) 선강후참(先降後參).
⑥고사(告祀) 선참후강(先參後降).

●退溪曰祭則降神後薦獻等禮所以先祭而後降
●陶庵曰朔參則無遷動之節故先降後參時祭之先參後降其義可推而知也
●尤庵曰若時祭行于祠堂則無奉主就位節次只就祠堂各位前陳器設饌先降神而後參神
●書儀古之祭者不知神之所在故灌用鬱鬯臭陰達于淵泉蕭合黍稷臭陽達于牆屋所以廣求
其神也今此禮既難行於士民之家故但焚香酹酒以代之
●通典三代以前無墓祭至秦始起寢於墓側漢因秦上陵皆有(云云)
●後漢書明帝紀永平元年註漢官儀曰古不墓祭秦始皇起寢於墓側漢因而不改
●家禮祭名墓祭
●漢王充論衡四諱古禮廟祭今俗墓祀
●朱子家禮墓祭篇陳饌參神降神初獻
●擊蒙要訣墓祭篇陳饌降神參神初獻
●備要紙牓則先參神後降神
●沙溪曰凡神主不出仍在故處則先降後參如朔望參禮之類是也設位而無主則亦先降後參
如祭始祖先祖及紙牓之類是也若神主遷動出位必拜而肅之如時祭忌祭之類是也又曰備要
墓祭欲先降後參而改家禮未安故仍之耳
●性理大全墓祭辭神乃徹遂祭后土布席陳饌降神參神三獻
●國朝五禮儀祭三角山儀按先參後降

▶2391◀◆問; 답변에 대하여.

질문에 현실적으로 또는 경서적으로 어느 답변이 옳은가.

◆答; 답변은 경서로 말한다.

○유교도(儒敎徒)는 유사(儒師)와 유도(儒徒) 즉 기독교(基督敎) 식으로는 평신도(平
信徒)로 구분된다.

○유사(儒師)는 스승으로 가르침을 감당할 수 있는 학자(學者)요.

○유도(儒徒)는 가르침을 받아야 하는 일반 유교인(儒敎人; 平信徒)을 말한다.

○불교(佛敎)는 불경(佛經)을 벗어나 염불(念佛)이나 불자(佛者) 지도에 세속(世俗)으로 가르칠 수 없고,

○기독교(基督敎)는 신구약(新舊約) 성서(聖書)를 벗어나 설교(說敎)할 수 없듯이,

○유교(儒敎) 역시 경서(經書)를 벗어나 가르칠 수 없는 것. 상식 중 상식이며 학문하는 진리다.

○유교(儒敎)의 법도를 여기서 개혁시켜 주지 않아도 스스로 개혁되어 왔고 개혁되어 갈 것이다. 다만 경서적(經書的) 의문(疑問)에는 경서(經書)로 답할 뿐이다.

●北朝魏楊衒之洛陽伽藍記三城南景明寺名僧德衆負錫爲羣信徒法侶持花成藪註信仰宗敎的人

●後漢書三十五鄭玄傳家貧客耕東萊學徒相隨已數百千人○又靈帝紀(光和元年)始置鴻都門學生注鴻都門名也於內置學時其中諸生(中略)至千人焉

●顏之推顏氏家訓勉學元帝在江荊間復所愛習召置學生親爲敎授

●莊子刻意語仁義忠信恭儉推讓爲修而已矣此平世之士敎誨之人遊居學者之所好也

●舊五代史史匡翰傳尤好春秋左氏傳每視政之暇延學者講說躬自執卷受業焉

●史記九七朱建傳沛公曰爲我謝之言我方以天下爲事未暇見儒人也

●續文獻通考學校四凡儒師之命於朝廷者曰敎授路府上州置之命於禮部及行省與宣慰司者曰學正山長學錄敎諭州縣及書院置之

●儒家主張階級制度之害是少正卯之誅儒敎徒亦不敢意以爲是註信奉儒家學說的人

●韓非子詭使私學成群謂之師徒

●百喩經蛇頭尾共爭在前喩師徒弟子亦復如是言師者老每恒在前我諸年少應爲導首

●漢書藝文志左丘明恐弟子各安其意以失其眞故論本事而作傳明夫子不以空言說經也

▶2392◀◆問; 외 5 대조할아버지.

수고가 많으십니다. 2015 년에 하시는 일이 꼭 이루어지시길 바랍니다. 자주 있는 일은 아닙니다마는 첨부와 같이 돌아가신 5 대조의 돌아가신 외할아버지를 무엇이라고 하면 되는지요? (5 代 할아버지가 外孫이 됩니다)

겨울이라 마을회관에 모여있는 사람끼리 대화 중에 [顯 5 代外祖考]라고 한다. [顯 5 代祖外祖考]라고 한다는 의견이 있습니다. 가운데 [祖]字가 들어가야 한다 안 들어 가야 한다 가 문제입니다. 좋으신 의견을 듣고 싶습니다.

◆答; 5 대조의 외할아버지.

외가 제사는 외손으로 마치고 그 신주를 묘소에 매안하게 됩니다. 즉 진외가 제사는 손이 없다 하여도 지내지 않습니다. 따라서 고조의 외조부 제사는 어떤 제사도 지내지 않으니 지방식이나 축식이 존재하지 않습니다.

●朱子曰上谷郡君謂伊川曰今日爲我祀父母明年不復祀矣是亦祭其外家也然無禮經

●陶庵曰朱子非族之祀一句語實爲正論愚意爲外孫者設或不得已而權奉其祀已身歿後卽當埋安

●問外祖無人祭初獻則祝文當何書退溪曰當闕

●南溪曰不得已爲外家奉祀而當止外孫之身

●明齋曰本宗祭四代外孫奉祀只止其身

●遜溪(金瑄)禮無外孫主祀之義盖外祖外親也無後則自當班祔於其本宗之廟不得托祀於外孫者聖人定制之義至嚴且正東俗承祀外祖者俗然也禮則未也若不得已則粉面不書屬稱直書官啣姓氏曰某官府君神主顯字不可加

▶2393◀◆問; 조율이시에 대한 문의.

친절한 답변 정말 감사합니다 저는 경남산청군에 문화 해설사이며 단성향교 청년유
도회장입니다 알고자 하는 부분이 많고 또 관광객이 설명을 요구하는 경우가 있어
서입니다 제사에 棗栗柿梨(조율이시)가 있는데 이는 언제부터이며 어떠한 예설에서
부터 이며 년대는 어떠한지요.

◆答; 조율이시에 대하여.

과행(果行)의 조율이시(棗栗梨柿) 진설법도는 예서(禮書)로는 언급됨이 없는 것 같
으며, 아래와 같이 살펴보건대 삼례(三禮; 禮記, 周禮, 儀禮)의 한 예경(禮經)인 의
례(儀禮)의 사우례편(士虞禮篇)에서 조서율동(棗西栗東)이라 하였을 뿐이며, 다만 조
율이시(棗栗梨柿)에 대하여는 몇몇 선유께서 언급하심이 있습니다.

●士虞禮棗栗棗在西註尙棗棗美據此棗當設果行之首而栗次之
●沙溪曰今人六品之果若難備四品或兩品庶合禮意
●性齋曰我東則百果無不産焉如棗栗梨柿李杏之類

▶2394◀◆問; 군민행사 때 산신각에서의 예법에 대하여.

군민(郡民)행사 때 산신각(山神閣)에서 산신제를 지내는데 서향곡배로 사배를 해야
하는지요. 아니면 직배로 재배를 하는지요. 직배로 한다 하면 헌관 서는 위치는 사
상북향인지 아니면 동상북향인지요.

◆答 2; 군민행사 때 산신각에서의 예법에 대하여.

군민산신제; 군민(郡民) 행사(行事)라 하심이 어느 수준인지는 알 수 없으나 만
약 관청 주도라면 국조오례의(國朝五禮儀) 중 제주현명산대천의(祭州縣名山大川儀)
를 참고하심과 민간 주도라면 삼헌지례(三獻之禮)인 묘제(墓祭) 때 제후토(祭后土)
예법을 참고하심이 어떨까 합니다. 혹 국조오례의(國朝五禮儀) 예서(禮書)를 소장하
고 있지 않은 분을 위하여 그 예법을 참고로 올려 놓습니다. 곡사배로 하기도하며
서상북향(西上北向)입니다.

●祭州縣名山大川儀(國朝五禮儀)○獻官本邑守令
○陳設

前祭一日有司掃除壇之內外(廟同)設諸祭官次又設饌幔皆於東門外隨地之宜設神座於壇上
北方南向席以莞(廟則否)贊者設獻官位於壇下(廟則東階)東南西向飮福位於壇上南陛之西北向
(廟則堂上前楹外近東西向)執事者位於獻官之後稍南西向北上贊者謁者位於壇下近東西向北上設
獻官以下門外位於東門外道南重行北向西上設望瘞位於瘞坎之南獻官在南北向祝及贊者
在東西向北上祭日未行事前掌饌者帥其屬入奠祝版於神位之右(有坫)陳幣篚於尊所設香爐
香合並燭於神位前次設祭器如式設洗於壇下東南北向(盥洗在東爵洗在西)罍在洗東加勺篚在洗
西南肆實以巾爵諸執事盥洗於獻官洗東南北向執尊罍篚羃者位於尊罍篚羃之後

○行禮

祭日丑前五刻(丑前五刻卽三更三點行事用丑時一刻)掌饌者入實饌具畢退就次服其服升設神位版於
座前三刻獻
官及諸執事各服其服贊者謁者入自東門先就壇南(廟則階間後倣此)拜位北向西上四拜訖各就位
謁者引獻官以下俱就門外位前一刻謁者引祝及諸執事入就壇南拜位重行北向西上立定贊
者曰四拜祝以下皆四拜訖詣盥洗位盥帨訖各就位(諸執事陞降皆自東陛廟則皆自東階)執事者詣爵洗
位洗爵拭爵訖置於篚捧詣尊所置於坫上謁者引獻官入就位謁者進獻官之左白有司謹具請
行事退復位贊者曰四拜獻官四拜贊者曰行奠幣禮謁者引獻官詣盥洗位北向立贊搢笏獻官
盥手帨手訖贊執笏引詣壇升自南陛詣神位前北向立贊跪搢笏執事者一人捧香合一人捧香

爐跪進謁者贊三上香執事者奠爐于神位前祝以幣篚授獻官獻官執幣獻幣以幣授祝奠于神位前(捧香授幣皆在獻官之右奠爐奠幣皆在獻官之左授爵奠爵准此)謁者贊執笏俯伏興平身引降復位贊者曰行初獻禮謁者引獻官升自南陛詣尊所西向立執尊者擧冪酌酒執事者以爵受酒謁者引獻官詣神位前北向立贊跪搢笏執事者以爵授獻官獻官執爵獻爵以爵授執事者奠于神位前贊執笏俯伏興少退北向跪祝進神位之右東向跪讀祝文訖謁者贊俯伏興平身引降復位贊者曰行亞獻禮謁者引獻官升詣尊所西向立執尊者擧冪酌酒執事者以爵受酒謁者引獻官詣神位前北向立贊跪笏執事者以爵授獻官獻官執爵獻爵以爵授執事者奠于神位前謁者贊執笏俯伏興平身引降復位贊者曰行終獻禮謁者引獻官行禮並如亞獻儀訖引降復位贊者曰飲福受胙執事者詣尊所以爵酌福酒又執事者持俎進減神位前胙肉謁者引獻官升自南陛詣飲福位北向立(廟則西向)贊跪搢笏執事者進獻官之右西向(廟則獻官之左北向)以爵授獻官獻官受爵飲卒爵執事者受虛爵復於坫執事者西向(廟則北向)以俎授獻官獻官受俎以授執事者執事者受俎降自南陛出門謁者贊執笏俯伏興平身引降復位贊者曰四拜在位者皆四拜贊者曰徹籩豆祝進徹籩豆(徹者籩豆各一少移於故處)贊者曰四拜獻官四拜贊者曰望瘞謁者引獻官詣望瘞位北向立贊者詣望瘞位西向立祝以篚取祝版及幣降自西陛置於坎置土半坎(川則沈之)謁者進獻官之左白禮畢遂引獻官出贊者還本位謁者引祝及諸執事俱復壇南拜位立定贊者曰四拜祝以下皆四拜訖謁者引出贊者謁者就壇南拜位四拜而出掌饌者帥其屬藏神位版(廟則否)徹禮饌以降乃退

아래는 제례의 기본 되는 서립위입니다. 이를 도식으로 보시려면 집람육책도설이십판전(輯覽六冊圖說二十板前)이나 편람사책권지팔제례편사당장권지팔도식일판후(便覽四冊卷之八祭禮篇祠堂章卷之八圖式一板後)를 살펴보시기 바랍니다. 또 관아 예법은 오례의를 소장하고 계신 것 같으니 그에서 확인하여보시기 바랍니다.

삼문이니 외삼문 내삼문 등등은 왕실이나 성현의 문묘에서 언급될 문제이고 사서인의 사당에서는 큰 의미가 없을 것 같습니다.

사서인(士庶人)의 서립위(序立位)는 남자(男子)는 서상북상중행북향(西上北上重行北向)이며 여자(女子)는 동상북상중행북향(東上北上重行北向)이 기본 서립위(序立位)가 되며 이 외 특별히헌관(獻官)의 서는 자리를 지정하여 놓은예서(禮書)는 없는 것 같습니다.

●家禮主人以下盛服入門就位主人北面於阼階下主婦北面於西階下主人有母則特位於主婦之前(栗谷曰奉祀妾子之母固不當立於主婦之前矣亦豈可立於主婦之後乎當立於主婦之西稍前)主人有諸父諸兄則特位於主人之右少前重行(增解輯覽按重行者主人前伯叔父爲一行主人兄弟爲次行主人子姪又爲次下主人之孫又爲次下是爲重行○沙溪曰諸父異行兄弟則有少前少退之異非重行也)西上有諸母姑嫂姊則特位主婦之左少前重行東上諸弟在主人之右少退子孫外執事者在主人之後重行西上主人弟之妻及諸妹在主婦之左少退子孫婦女內執事者在主婦之後重行東上立定

▶2395◀◆問; 새벽(晨)에 오전이란 의미가 있다는데.

새벽은 날이 새려하는 때인데 어떤 국어사전에서는 오전이란 의미가 포함되어 있다고 하였는데 그런 의미가 포함되어 있는지요.

◆答; 새벽(晨)에는 오전이란 의미는 없습니다.

밤(夜)은 혼(昏) ⇒ 반야(半夜; 夜半) ⇒ 새벽(晨)으로 밤의 구분일 뿐이지 낮의 구분이 아닙니다. 아래서 살핀 바와 같이 "[②시간의 단위 앞에 쓰이어 '오전'의 뜻을 나타냄]"이라는 의미도 있다. 라 하였으나 이는 오류일 수 있습니다.

까닭은 새벽(晨)의 의미에 포함된 조(早)는 '이르다'가 아닌 매상(昧爽), 매단(昧旦), 매명(昧明)으로 해석하면 날이 새려고 먼동이 틀 무렵일 뿐으로 달리 이해될 수 없습니다.

따라서 새벽이란 명사에 '오전'의 의미를 사전에 포함시켜야만 하였을 전거가 '이르다'란 조(早)에 의하여서라면 이는 시벽(晨)에 포함된 조(早)의 의미를 도외시한 오류가 아닌가 합니다.

이와 같다면 새벽(晨)의 의미에 포함된 조(早)로서는 '오전'으로 풀어놓을 수가 없습니다. 따라서 이는 유학적 전거(典據)로는 입증(立證)이 불가능하고 담당관서의 해명 역시 요지부동의 전거 제시가 없으니 晨(새벽); 眛爽 (날이 새려고 먼동이 틀 때)일뿐입니다.

●康熙字典[晨] [說文]作晨早眛爽也 [爾雅釋詁]晨早也 [釋名]晨伸也旦而日光復伸見也 [玉篇]明也昬[集韻]同上
●康熙字典[早] [說文]晨也 [釋文]早音早本或作早
●康熙字典[明] [小雅]明發不寐 (疏)言天將明光發動也 [正字通]凡厥明質明皆與眛爽義同
●爾雅釋詁朝旦夙晨晙早也(疏)早者說文云晨也〇又東方未明云不夙則莫晨者說文云晨寐爽也東方未明云不能晨夜晙亦明之早也
●說文解字注[晨]晨或省今之晨字作此
●海篇心鏡日部(七)[昬]音辰旦也
●字彙日部七畫[晨]早朝之辰
●韻會小補十一眞[晨]說文晨早眛爽也辰辰時也釋名晨伸也又論語晨門註閽人也說文晨房星也晨早也早朝之晨又旦也
●三音四聲字貫日部七畫[晨]晨早眛爽也 辰辰時也
●三韻聲彙眞平聲(신)晨眛爽〇皓上聲(조)早晨也
●新字典日部七畫[晨]眛爽 새일녁. 새별. 又早朝之辰
●字典釋要四畫日七[晨]眛爽 샐녁신.
●增補字典釋要日部(七)[晨](신)眛爽샐녁신(眞)
●御製洪武正韻平聲眞部[晨] 說文早眛爽也
●御定奎章全韻平聲眞十一眞部[晨]眛爽
●排字禮部韻略十一眞[晨]早也
●古今韻會擧要十一眞與諄臻通[晨]早眛爽也釋名晨伸也淸旦日光復伸見也說文晨房星也晨早也早朝之晨
●廣韻上平聲十七眞[晨]早也明也
●三韻通考眞第十二上平聲[晨]明也
●全韻玉篇四書日部七[晨](신)眛爽 通作辰早朝之辰
●大東韻玉上平聲十一眞[晨]早也明也
●校訂全韻玉篇四書日部七[晨](신)眛爽 通作辰早朝之辰
●大廣益會玉篇晨部三百六凡七字 [晨]早也明也眛爽也 [晨] 同上
●朝鮮語辭典사부[새벽](名)夜明け方
●漢語大詞典日部[晨]①天亮;日出時 ②謂鷄鳴扱曉 ③通辰 (1)指北极星 (2)時, 日.
●국어사전;(民衆;이희승 1974년 한글날 감수)ㅅ부[새벽](명)날이 밝을 녘. 먼동이 트기 전.
●한국어편찬위원회편 국어대사전 문학박사/이승녕 문학박사/남광우 문학박사/이용백] 국어학자/최학근 국어학자/지춘수 교육도서 간행(1991년.3.15.발행). ㅅ 사샤서셔소쇼수슈스시 새벽. (명) ①밤이 거의 새고 날이 밝을 무렵. ②시간의 단위 앞에 쓰이어 '오전'의 뜻을 나타냄.

●국립국어원 표준국어대사전「명사」「1」먼동이 트려 할 무렵. ≒효단·효신. 「2」((이른 시간을 나타내는 시간 단위 앞에 쓰여)) '오전'의 뜻을 이르는 말.

▶2396◀◆問; 한 조상의 차례를 두 곳에서 지네도 될까요?

지금 차례를 형님이 모시고 있는데 형제간에 사정이 있어서 가지를 못하고 있습니다. 지금 형님은 형수도 손도 없는 상황이고 다른 가족들과도 왕례가 없는 상황입니다. 다른 가족들도 그러고 제 생각도 그렇고 나중에는 조상님 차례는 우리 집으로 모셔야 할 것 같다 라는 생각이 들어 올해부터 우리 집에서도 따로 차례를 모시려 했더니 된다 안 된다 말들이 많아 이렇게 문의 글 올립니다.

너무 불효라고만 생각지 마시고 저는 절실한 마음이니 진심 어린 조언 다시 한번 부탁 드립니다.

◆答; 한 조상의 차례를 두 곳에서 지네도 될까요?

질문하신 박석원님께 그와 같은 환경과 처지시라면 가르침에 따라 다음과 같이 안내하여 드립니다.

장형을 영원히 상면치 못할 사연이 있고 형 가에서 제사치 안는다는 확인이 되신다면 강신 때 아래와 같이 고하고 축문에 지자가 제사를 지내는 섭사(攝祀) 사유를 고하고 장형 속칭으로 기제를 지내 드리시고,

지내는지 아닌지가 확인되지 않을 때는 지방을 설위 진설 후 무축단헌의 예로 마치시면 예법에 어그러지지 않을 것입니다.

⊙支子異居者考妣忌日設位告辭

維 歲次干支幾月干支朔幾日干支介子某今以 顯考某官府君 顯妣某封某氏遠諱之辰敢請 顯考 顯妣降居神位恭伸追慕

●曲禮支子不祭祭必告于宗子(註)不敢自專宗子有故支子當攝而祭五宗皆然疏廟在適子之家庶子不敢輒祭若濫祭亦是淫祀若宗子有疾不堪當祭則庶子代攝可也猶宜告宗子然後祭

●喪服小記庶子不祭禰者明其宗也(註)庶子不得立禰廟故不得祭禰所以然者明主祭在宗子廟必在宗子之家也庶子雖貴止得供具牲物而宗子主其禮也○(又)喪服小記庶子不祭祖者明其宗也(註)此據適士立二廟祭禰及祖今兄弟二人一適一庶而俱爲適士其適子之爲適士者固祭祖及禰矣其庶子雖適士止得立禰廟不得立祖廟而祭祖者明其宗有所在也

●曾子問庶子若宗子死告於墓而祭於家稱名不言孝身沒而已註孝宗子之稱不敢與之同但言子某至子可以稱孝

●奔喪凡喪父在父爲主(註)父在而子有妻子之喪則父主之統於尊也

●溫公曰凡主人當以長子爲之無長子則長孫承重又曰父沒兄弟同居各主其喪(注)各爲妻子之喪爲主也

●問解續長子雖病廢似不可傳重於次子況長子有子則豈可以次子奉祀也

●問忌祭定行於主人之家支子女子則只以物助之何如退溪曰朱子書有支子所得自主之祭之說恐是忌祭節祀之類也今若一切皆歸宗子而支子不祭則因循偸惰之間助祭不如式以致衆子孫全忌享先之禮甚爲未安又或宗子貧窶不能獨當而並廢不祭則反不如循俗行之之爲愈

●問人家忌祀若家間不淨以紙牓設行於支子家其儀如何芝村曰嘗見先人說以爲禮家別無紙牓無祝之語只云先後參當告事由於家廟後以宗孫名書塡於祝文云若紙牓所題則一依神版而府君下當書神位二字旁題不當書其他節目無異於家廟矣

●尤庵曰禮嫡子廢疾不得承重凶悖之人得罪倫常則其重於廢疾也側出男不得已承重矣

●禮輯長子病廢次子傳重條厚齋曰凡廢疾與先死而無子者同次子之子當主之
●鏡湖曰薦新俗節朔望時祭大宗雖有故不行從而並廢似未安依禮力行而使大宗效之尤善其說恐是
●朱子答李晦叔曰向見說前輩兄弟異居相去遠甚則弟於祭時旋設位紙榜標記祭畢焚之如此似亦得禮之變矣○又曰支子之祭先儒雖有是言然竟未安向見范丈兄弟所定支子當祭旋設紙榜於位祭訖而焚之不得已此或可采用然禮文品物亦當小損於長子或但一獻無祝可也
●南溪曰朱子雖言兄家設主弟不立主祭時旋設位以紙榜標記逐位然於其末以更詳之爲結後來更無通行者恐不得行也惟父母忌日是終天之痛有難每年只行望哭而已若非往參宗家之時則雖以紙榜行不至大悖曾見士大夫家多行之又曰雖支子家具饌祝辭必以宗子名

▶2397◀◈問; 부친이 돌아가신 후 첫 명절상 차리는 법 문의.

회사에 계신 지인이 작년 11월에 작고하셨습니다. 화장터에서 탈상을 하셨다고 합니다. 근데 집안에 예법을 아시는 분들이 없어서 첫 차례상을 어떻게 차려야 하는지 의견들이 분분하다고 합니다. 알려 주셨으면 감사합니다.

◈答; 부친이 돌아가신 후 첫 명절상 차리는 법 문의.

설의 참예는 사당 예로서 종자 댁이 아닌 지손 댁에서 지낼 수가 없는 예로서(기제사 포함) 매 감실(每龕室; 各代) 신과(新果) 한 대반(大盤) 씩이나, 우리나라의 설에는 특별한 새로운 음식인 떡 국 한 사발과 잔반 하나씩을 매위 진설하고 단헌의 예로 마침이 예서적 바른 예법입니다.

그러나 이 법도는 우리나라의 실정과 부합하여 기제사 진설에 설에는 떡국 추석에는 송편을 메대신 또는 덧 올리고 있는 실정인 것 같습니다. 기제사 진설 방식은 여러 가지가 있으니 그 가문에서 사용되는 법도를 따름이 옳을 것입니다. 예법은 단헌지례입니다.

●性理大全正至則參每龕設新果一大盤於卓上每位茶盞酒盞盤各一於神主櫝前

▶2398◀◈問; 산신제단의 위치.

산신제단은 묘를 바라보고 서서 좌측상단 또는 우측 상단 중 어디가 정답이며 그 이유는요?
그리고 추가로 석등의 위치는 묘의 어느 위치에 세우는지요?

◈答; 산신제단의 위치.

●묘제 때 후토제를 묘의 좌측(동쪽)에서 지내는 까닭은 지도상우(地道尙右) 신도상우(神道尙右)의 법도에 의하여 묘의 동쪽에서 지내게 되는 것입니다.

●溫公曰神道尙右
●陳按卿云地道以右爲尊

▶2399◀◈問; 가족묘지에 살아계신 분의 묘 자리를 빈터로 남겨 둘 수 있나요?

의례 문의에 좋은 답변을 해 주시는 담당 선생님 수고가 많습니다.
가정의례에 문외한인 제가 성균관 홈페이지를 통하여 많은 의례를 알 수 있어서 항상 고맙게 생각하고 있습니다. 그래서 자주 의례문답 게시판과 자유게시판을 방문하고 있습니다. 이번에 가족묘지를 마련하고자 합니다.
조부모님 4위(할아버지 한 분에 할머니 3분)와 백부님 1위, 중부모님 2위, 부모님 2위, 숙부님 1위를 모시고자 합니다.
그런데 조모님 1위와 아버님 1위는 사정이 있어서 차후 몇년이 흘러야 이장이 가능합니다.

그래서 조모님 1 위 자리, 아버님 1 위 자리, 그리고 살아계신 어머니를 모실 자리 (1 위)를 예정하여 빈터로 남겨 둘 수 있는지요?

주위에 있는 친척이 말하길 가족묘지에 들어오는 순서대로(돌아가시는 순서대로) 가족묘지에 모시는 순서를 정해야 한다고 하시는 분이 계셔서 어떻게 하는 것이 좋은지 몰라 고민이 많습니다.

순서는 아래와 같이 하고자 하는데 괜찮은지 살펴주시기 바랍니다.

1 렬 ; 할아버지 첫째 할머니(빈터로 자리만 확보) 둘째 할머니 셋째 할머니.

2 렬 ; 백부님 1 위 중부님 중모님 본인 아버님(빈터) 본인 어머님(빈터) 숙부님 그리고 가족묘지에 살아 있는 사람도 묻을 자리를 예정하여 제반 시설을 미리 설치할 수 있습니까?

가부를 알려주시면 고맙겠습니다. 장례문화나 의례를 잘 몰라 여쭙니다. 좋은 의견을 말씀해 주시면 대단히 고맙겠습니다. 감사합니다.

◆答; 가족묘지에 살아계신 분의 신후지(身後地)를 표하여 놓음.

자손(子孫)이 연만(年滿)한 부조(父祖)의 사후 장지를 생전에 미리 족장지(族葬地)나 종산(宗山)에 미리 쓸만한 자리에 가묘(假墓)를 써 두는데 이를 치표(置標), 치표(寘標), 신후지(身後地), 라 합니다.

●方輿總志山川; 孝子李致鶴營其慈親身後地干峯西乙坐原形家云玉女彈琴壙有梅花紋黃色大理石建石物筬山在長城珍原兩面界與三聖山連登峯大折山鷹峯中寺山皆其餘麗
●尤庵曰麟母若窆萬儀則其上必先占吾身後地可也此外則汝須節抑自愛以副老父之心至祝至祝
●荷齋日記一辛卯年十月二十九日晴君之置標地旣爲不用特念孤哀貧殘亦看諫洞大監
●弘齋全書顯隆園誌翌日至水原府府治之北有花山卽己亥寧陵置標地也登臨

▶2400◀◆問; 명절 때 못 지낸 제사와 제주의 승계.

궁금한 사항이 있어, 인사도 이렇게 글을 올립니다.

1. 부친이 2014 년 12 월 30 일 유명을 달리 하셨습니다. 이번 설 명절은 돌아 가신지 52 일 밖에 되지 않아 율곡선생님의 말씀을 따르면 차례를 지내지 않는 것이 맞다고 생각됩니다. 같은 맥락으로 그 사이에 3 개월 사이에 기제사가 두 번 있습니다. (음 1 월 2 일, 1 월 12 일)도 지내지 못합니다. 이 경우 지난 제사를 3 개월 후에 지내도 예법에 어긋나지 않는 지요?

2. 부친이 제주로 4 대 봉사를 해 왔습니다. 작은 아버지가 계시고. 그런데 장손인 저의 형도 몇 년 전 유명을 달리 하였습니다. 저도 지차입니다. 그런데 제주의 장손이 35 살로 아이 둘을 둔 성년입니다. 이 경우 4 대 봉사는 제주인 저의 장조카를 기준으로 4 대 봉사를 하는 것이 맞다고 생각되는데. 이 부분에 대해서도 도움을 주시길 부탁 드립니다. 대단히 감사합니다.

◆答; 명절 때 못 지낸 제사와 제주의 승계.

問 1 答; 상을 당하여 100 여일(졸곡)이내에 닿는 기제를 비롯 모든 제사는 폐하고 그 이후에 닿는 모든 제사는 복이 가장 가벼운 이를 시켜 무축단헌의 예로 지내게 됩니다. 물론 상 삼 년 자는 그 제사에 참여하지 않습니다.

問 2 答; 유가(儒家)의 예법은 4 대 봉사로서 이는 제주를 기준이니 님의 장조카의 4 대조인 고조까지 제사하게 됩니다.

●通典晉賀循云禮在喪者不祭祭吉事故也其義不但施於生人亦祖禰之情同其哀戚故云於

死者無服則祭也今人有服祭祀如故吉凶相干非禮意也

●張子曰喪不貳事則祭雖至重亦有所不可行蓋祭而誠至則哀忘祭而誠不至則不如不祭

●王制喪三年不祭疏禮卒哭而祔練而禘於廟此等爲新死者而爲之則非常祭也其常祭法必待三年喪畢也其春秋之時未至三年而爲吉祭者皆非禮也

●要訣凡三年之喪古禮則廢祠堂之祭而朱子曰古人居喪衰麻之衣不釋於身哭泣之聲不絶於口其出入居處言語飮食皆與平日絶異故宗廟之祭雖廢而幽明之間兩無憾焉今人居喪與古人異而廢此一事恐有所未安朱子之言如此故未葬前則準禮廢祭而卒哭後則於四時節祀及忌祭(墓祭亦同)使服輕者行薦而饌品減於常時只一獻不讀祝不受胙可也

●雜記士三月而葬○士虞記三月而葬○書儀喪儀三卜宅兆葬日條王公已下皆三月而葬

●小記報葬者報虞三月而後卒哭註報讀爲赴急疾之義謂家貧或以他故不得待三月死而卽葬者旣疾葬亦疾虞虞以安神不可後也惟卒哭則必俟三月耳

●朱子曰百日卒哭○又曰考諸程子之言則以爲高祖有服不可不祭

●程子曰高祖有服不祭甚非某家却祭高祖又曰自天子至於庶人五服未嘗有異皆至高祖服旣如是祭祀亦須如是

●周禮司服疏祖爲適來孫爲後者服齊衰期

●遂庵曰五代祖喪宗孫當承重

●程子曰自天子至於庶人五服未嘗有異皆至高祖服旣如是祭祀亦須如是

●朱子曰考諸程子之言則以爲高祖有服不可不祭

●詩經大雅懷德維寧宗子維城無俾城懷註大宗强族也宗子同姓也惟宗子合族以聯親則分猷共念而有夾輔之功斯維城矣

●遂庵曰五代祖喪宗孫當承重

●程子曰自天子至於庶人五服未嘗有異皆至高祖服旣如是祭祀亦須如是

●儀禮喪服嫡孫賈疏此謂適子死其適孫承重者祖爲之期

▶2401◀◆問; 예손(裔孫)과 후손(後孫).

예손과 후손이 쓰임새에 따라 다른지 하교하여 주시기 바랍니다.

◆答; 예손(裔孫)과 후손(後孫).

①後裔; 대수가 먼 자손.

②後孫; 여러 대가 지난 자손.

●吹网录吳許公奏議又知此書在國初時曾經裔孫所謂汝州君者付梓註裔孫遠代子孫也

●皇甫枚王知古食畢保母復問知古世嗣宦族及內外姻黨知古具言之註世嗣后代也

●弘齋全書日得錄三文學[三]國初文章渾樸可喜後來作家自不可企及譬之人物爲始祖者外見樸野無所取材然終是眞意多而可有後也爲後孫者文彩絢爛有足觀瞻然終是眞意少而不免有衰世氣象文章亦類是也

▶2402◀◆問; 탈상 전 기제사, 명일제사.

안녕하세요.

여쭤볼 것이 있어 글을 남기게 되었습니다. 모친상을 탈상하기 전에 아버님 기제사와 설이 있는데, 제사를 지내도 될런지요?

지낸다면 제사를 간략히 지내거나, 동생 또는 아들에게 대신 지내게 해야 된다는 분들도 계시던데요. 간략히 지낸다면 진설을 어찌 해야 할런지요? 질문이 많아 죄송합니다. 답변 부탁 드립니다.

◆答; 탈상 전 기제사, 명일제사.

삼년상 중인 복인의 상중 제사 지내는 법도는 사정상 석 달 안에 장사(葬事; 疾葬)

하였다면 우제(虞祭)는 장사를 마치면 곧 따라 지내고 졸곡(사후 약 100 여일)은 법도대로 지내게 되는데, 졸곡전에 닿는 모든 제사는 폐하고 이후(삼년 탈상 내)에 닿는 기제(忌祭) 묘제 절사는 후손 중 가장 복이 경한 이를 시켜 제사하되 제수는 평상보다 감하여 진설하고 무축단헌지례(無祝單獻之禮)로 제사를 마칠 뿐 음복도 하지 않습니다.

●喪服中行祭儀凡三年喪古禮則廢祠堂之祭而朱子曰古人居喪衰麻之衣不釋於身哭泣之聲不絕於口其出入居處言語飲食皆與平日絕異故宗廟之祭雖廢而幽明之間兩無憾焉今人居喪與古人異而廢此一事恐有所未安朱子之言如此故未葬前則準禮廢祭而卒哭後則於四時節祀及忌祭(墓祭亦同)使服輕者(朱子喪中以墨衰薦于廟今人以俗制喪服當墨衰者而出入若無服輕者則亦恐可以俗制喪服行祀)行薦而饌品感於常時只一獻不讀祝不受胙可也
●小記報葬者報虞三月而後卒哭註報讀爲赴急疾之義謂家貧或以他故不得待三月死而卽葬者既疾葬亦疾虞虞以安神不可後也惟卒哭則必俟三月耳

▶2403◀◆問; 축관의 지위.

축의 지위가 궁금합니다. 장례를 치르다 보면 축을 읽어야 하는 순서가 꽤나 됩니다. 지위라는 말이 좀 그렇긴 하지만 보편적으로 축의 지위가 어느 정도 되는지 궁금합니다. 감사합니다.

◆答; 축관의 지위.

사서인(士庶人) 제관(祭官)의 서열(序列)을 어느 예서에도 정한 바가 없습니다. 다만 국조오례의(國朝五禮儀)를 참조컨대 축관(祝官)의 위치는 종헌관(終獻官) 다음으로 미루어 짐작할 수 있을 것입니다.

●國朝五禮儀序例齊官社稷儀
亞獻官王世子○終獻官領議政○進幣爵酒官吏曹判書○薦俎官戶曹判書○奠幣爵酒官吏曹參議典祀官奉常寺正○執禮壇上三品壇下四品○壇司社稷署令○大祝四品○齊郎五品○執尊六品○捧俎官參外○協律郎掌樂院官○爵洗位六品○盥洗位六品○贊者通禮院官○謁者六品○贊人六品○通禮禮儀使○奉禮王世子侍從官

▶2404◀◆問; 첫 기제사 축을 이렇게 쓰면 될까요?

첫 기제사 축을 이렇게 쓰면 될까요? 처가에 조모님께서 돌아가신 후 첫 기일에 임하게 되었습니다. 작년에 처조모님께서 작고하신 후 장인 장모님께서 몸이 불편한 관계로 장의사의 집도에 따라 묘에서 탈상을 했습니다. 이제 첫 기일에 임하매 장인께서 첫 제사를 모시게 되는데 아래와 같이 축을 읽으면 되는지요? 아직은 예에 밝지 않아 문의 드립니다. 제사는 내일 저녁(음.2014.11.23.)에 모실 예정입니다.

○母 祭 祝
維 歲次 甲午 十一月 丁巳朔 二十三日戊寅 孝子 00 敢昭告于 顯妣孺人 東萊鄭氏 歲序遷易 諱日復臨 追遠感時 昊天罔極謹以淸酌庶羞恭伸奠獻尙 饗

◆答; 첫 기제사 축을 이렇게 쓰면 될까요?

[제사는 내일 저녁(음.2014.11.23.)에 모실 예정입니다.]의 음력 甲午 11월 23일은 양력으로 2015. 1월 13일이 됩니다. 음력 11월 23일 저녁에 지낸다면 그 날 밤 자시는 11월 24일로 양력으로는 2015년 1월 14일이 됩니다 그렇다면 사일 자시(子時)에 기제를 지내는 가문(家門)이고 처 조부모(妻祖父母) 모두 작고하였다면 병제(幷祭) 축식으로 아래와 같습니다.

●忌祭祝式
維 歲次甲午十一月丁卯朔二十四日庚寅孝子某敢昭告于 顯考學生府君 顯妣孺人鄭氏歲

序遷易 顯妣諱日復臨追遠感時昊天罔極謹以淸酌庶羞恭伸奠獻尙 饗

▶2405◀◆問; 납골당 납골 안치 전,후 고유축문은?

납골당 납골 안치전, 후 고유축문은? 요즈음 장례문화가 매장에서 화장후 납골당에 안치하는데 안치 전 고유축문 서식이 있나요. 또 납골 안치 후 축문은? 알고 계신 분 알려주세요. 궁금맨 올림.

◆答; 납골당 납골 안치 전, 후 고유축문.

유가의 법도에 화장법이 없으니 유학을 논하는 학자라면 화장을 드러내 장려하는 선두에서 장려하는 발언은 할 수는 없을 것입니다.

다만 현세를 거역할 수 없다면 기왕의 처사에 더 부족함이 없도록 채워 줌 역시 학자가 해야 할 일이 아닌가 합니다.

●釋門家禮抄葬法天竺葬法有四焉一水葬二火葬三土葬四林葬(云云)舍利(云云)立塔(云云)

●茶毘文茶毘作法註茶毘亦云闍維此云焚燒卽火葬也(云云)擧火篇(云云)下火篇(云云)碎骨法(云云)起骨篇(云云)拾骨篇(云云)碎骨篇(云云)散骨(云云)

●讀禮通考葬考五火葬條細註朱董祥曰焚尸之事世俗雖有然皆出於市井僕隷稍有知者必不爲也第此輩不能以理諭則當以法故爲人臣者而不能致君禁此使民爲掩骼之計不可以稱仁人爲士子者而不使鄕黨閭里習聞其慘毒而不化之以漸不可以稱孝子爲之者固市井僕隷而所以使之爲之而無忌憚者豈盡其罪邪

●會成火葬不孝條溫公曰世人沒於遠鄕子孫焚其柩收燼歸葬夫孝子愛親之肌體故斂而藏之殘毁他人之尸在律猶嚴況爲子孫者乃悖謬如此其始出於羌胡之俗浸染中華行之旣久習而爲常見者恬然曾莫之恠豈不哀哉延陵季子適齊其子死葬於嬴博之間孔子以爲合禮必也不能歸葬葬於其地可也豈不猶愈於焚之也

★아래는 본인의 祝辭大全에 실어놓은 화장(火葬) 후 분골(粉骨) 봉안(奉安) 고사식(告辭式)입니다.

◆納骨堂慰奉告辭式

維歲次某甲某月某甲朔某日某甲孤子(母云哀子俱歿則孤哀子孤孫哀孫孤哀孫)某敢昭告于 顯考某官府君(妣云顯妣某封某氏或顯祖考某官府君或顯祖妣某封某氏)葬法變易謹隨風潮今以闍維納骨入堂事畢葬儀 神反室堂禮當立主拘於事勢未能如禮神主未成魂箱猶存仍舊是依謹以酒果用伸虔告謹告

◆樹木葬奉安告辭式

維歲次某甲某月某甲朔某日某甲孤子(母云哀子俱歿則孤哀子孤孫哀孫孤哀孫)某敢昭告于 顯考某官府君(妣云顯妣某封某氏或顯祖考某官府君或顯祖妣某封某氏)葬法變易謹隨風潮今以闍維納骨樹宮事畢葬儀 神反室堂禮當立主拘於事勢未能如禮神主未成魂箱猶存仍舊是依謹以酒果用伸虔告謹告

◆散骨葬奉安告辭式

維歲次某甲某月某甲朔某日某甲孤子(母云哀子俱歿則孤哀子孤孫哀孫孤哀孫)某敢昭告于 顯考某官府君(妣云顯妣某封某氏或顯祖考某官府君或顯祖妣某封某氏)葬法變易謹隨風潮今以闍維散骨水宮(或草宮)事畢葬儀 神反室堂禮當立主拘於事勢未能如禮神主未成魂箱猶存仍舊是依謹以酒果用

▶2406◀◆問; 5대조의 외할아버지.

수고가 많으십니다. 2015년에 하시는 일이 꼭 이루어지시길 바랍니다. 자주 있는 일은 아닙니다마는 첨부와 같이 돌아가신 5대조의 돌아가신 외할아버지를 무엇이라고 하면 되는지요? (5代 할아버지가 外孫이 됩니다) 겨울이라 마을회관에 모여있는 사람끼리 대화 중에 [顯5代外祖考]라고 한다. [顯5代祖外祖考]라고 한다는 의견이 있습니다.　가운데 [祖]字가 들어가야 한다 안 들어가야 한다 가 문제입니다. 좋으신 의견 듣고 싶습니다.

◆答; 5 대조의 외할아버지.

외가 제사는 외손으로 마치고 그 신주를 묘소에 매안하게 됩니다. 즉 진외가 제사는 손이 없다 하여도 지내지 않습니다. 따라서 고조의 외조부 제사는 어떤 제사도 지내지 않으니 지방식이나 축식이 존재하지 않습니다.

●朱子曰上谷郡君謂伊川曰今日爲我祀父母明年不復祀矣是亦祭其外家也然無禮經
●陶庵曰朱子非族之祀一句語實爲正論愚意爲外孫者設或不得已而權奉其祀已身歿後卽當埋安
●問外祖無人祭初獻則祝文當何書退溪曰當闕
●南溪曰不得已爲外家奉祀而當止外孫之身
●明齋曰本宗祭四代外孫奉祀只止其身
●遯溪(金瑄)禮無外孫主祀之義盖外祖外親也無後則自當班祔於其本宗之廟不得托祀於外孫者聖人定制之義至嚴且正東俗承祀外祖者俗然也禮則未也若不得已則粉面不書屬稱直書官啣姓氏曰某官府君神主顯字不可加

▶2407◀◆問; 강신례가 먼저인지 참신례가 먼저인지요.

강신례를 먼저 행 하고 참신례를 해야 하는지요. 아니면 참신례가 먼저이고 그 다음 강신례를 해야 하는지요.

◆答; 강신례가 먼저인지 참신례가 먼저인지요.

①신주(神主) 무천동(無遷動) 사당(祠堂) 제(祭) 선강후참(先降後參).
②신주(神主) 천동(遷動) 정침(正寢) 사시제(四時祭) 기제(忌祭) 선참후강(先參後降).
③상례비요(喪禮備要) 무신주(無神主) 지방제(紙牓祭) 선강후참(先降後參).
④묘제(墓祭) 주자가례(朱子家禮) 선참후강(先參後降).　요결(要訣) 선강후참(先降後參).
⑤제후토(祭后土) 선강후참(先降後參).
⑥고사(告祀) 선참후강(先參後降).

●退溪曰祭則降神後薦獻等禮所以先祭而後降
●陶庵曰朔參則無遷動之節故先降後參時祭之先參後降其義可推而知也
●尤庵曰若時祭行于祠堂則無奉主就位節次只就祠堂各位前陳器設饌先降神而後參神
●書儀古之祭者不知神之所在故灌用鬱鬯臭陰達于淵泉蕭合黍稷臭陽達于牆屋所以廣求其神也今此禮旣難行於士民之家故但焚香酹酒以代之
●通典三代以前無墓祭至秦始起寢於墓側漢因秦上陵皆有(云云)
●後漢書明帝紀永平元年註漢官儀曰古不墓祭秦始皇起寢於墓側漢因而不改
●家禮祭名墓祭
●漢王充論衡四諱古禮廟祭今俗墓祀
●朱子家禮墓祭篇陳饌參神降神初獻
●擊蒙要訣墓祭篇陳饌降神參神初獻
●備要紙牓則先參神後降神
●沙溪曰凡神主不出仍在故處則先降後參如朔望參禮之類是也設位而無主則亦先降後參如祭始祖先祖及紙牓之類是也若神主遷動出位必拜而肅之如時祭忌祭之類是也又曰備要墓祭欲先降後參而改家禮未安故仍之耳

●性理大全墓祭辭神乃徹逐祭后土布席陳饌降神參神三獻
●國朝五禮儀祭三角山儀按先參後降

▶2408◀◆問; 여자 헌관도 홀을 잡을 수 있나요?

여자 헌관도 홀을 잡을 수 있나요? 석전 시에 여자가 서종향위 헌관으로 분정 되었습니다. 여자 헌관도 홀을 잡을 수 있나요? 사극 드라마를 보면 왕비가 홀을 잡고 가는 것을 보았습니다.

◆答; 여자는 홀을 잡을 수 없다.

홀(忽)은 초기에는 천자(天子)로부터 사(士)에 이르기까지 조회(朝會) 때 손에 쥐는 수판(手板)이었다 후세에는 모든 품관(品官)들의 수판(手板)이었으니 혹 현세에서 궁례(宮禮)의 의식을 행함에 당시의 각 제관(祭官)의 품계(品階)에 따라 홀을 잡게 됩니다.

그러나 현 사서인(士庶人)의 제(祭)에서는 헌관(獻官)들이 관복(官服)에 홀(笏)을 잡는다면 이는 기만(欺瞞)이며, 여자는 관리로서 등용이 없으니 아예 홀을 잡지 못합니다.

※ 여기서 士라 함은 선비라는 의미가 아니라 벼슬명입니다.

●玉藻笏天子以珠玉諸侯以象大夫以漁須文竹士竹本象可也
●晉書輿服志手版卽古笏矣尙書令僕射尙書手版頭復有白筆以紫皮裏之名曰笏
●王制諸侯之上大夫卿下大夫上士中士下士
●辭源[笏]古朝會時所執的手板有事則書於上以備遺忘古代自天子至士皆執笏後世惟品官執之淸始廢

▶2409◀◆問; 天子諸侯祭 攝行祝式.

궁의나 사서인의 예에세 주인은 양보할 수 있나요.

◆答; 天子諸侯祭 攝行祝式.

이하 제목 " 《 헌관과 축문의 고유자 이름이 다른 것은 신을 속이는 행위 아닌가요? 》 와 《 고유례 해명과 사과문 내용의 오류 시정과 성균관장의 공식 사과를 재차 촉구함.》"제하의 게시문을 보고.

제왕의 예나 서인들의 예에서 초헌관은 양보의 대상이 절대 아니며, 다만 초헌관이 집전이 불가능 할 때 관이나 민 다같이 섭행의 예법이 있어 그 예법에 의하여 초헌관 차순자가 대행을 하게 되는 것이다.

만약 아래 전거를 몰라 우왕좌왕 초헌관이 동석하고도 표현과 같이 양보를 하였다면 모두에게 문제가 심각한 것이 되고, 초헌관의 불가피한 사정에 의하여 섭행을 시켰는데 그 법도를 몰라 우물쭈물 넘겼다면 그에 관련인들은 책임을 면할 길이 없을 것이다.

특히 이 사건의 공개가 한국 유학의 대외적 평가에 지대한 영향을 끼치게 되었으니 이 문제가 더 심각하다 할 것이다.

◆天子諸侯祭 攝行祝式◆

●大明禮集; 維云云嗣天子謹遣某官某敢昭告于
●國朝五禮儀祝版; 維云云(○遣官行祭則又有謹遣臣具官某之詞)敢昭告于
●春官通考; 維云云朝鮮國王姓諱(見官行祭則又有謹遣臣具官某之詞)敢昭告于
●典祀; 維云云孝曾孫嗣王(臣原儀孝子孝孫隨位改稱○續儀稱孝嗣嗣王臣諱○原儀遣官行祭則又有遣臣具官某某之詞)敢昭告于

●宮園儀; 維云云從子國王諱(攝行則曰謹遣臣具官某)敢昭告于
●文苑; 攝事稱謹遣臣某官姓名敢昭告
●溯源錄; 維云云朝鮮國王姓諱謹遣臣某官某敢昭告于
●祝式; (文廟釋奠祭祝式)維云云朝鮮國王(姓)謹遣(臣)敢昭告于
●藏胎儀軌; 維云云國王謹遣臣某官某敢昭告于
●弘齋; 維云云朝鮮國王謹遣臣某官某敢昭告于
●大提學李徽之撰進; 維云云從子國王諱謹遣(臣)具官某敢昭告于

▶2410◀◆問; 강신례 때 사용하는 잔은?

강신례에 헷갈리는 부분이 있어 여쭙니다. 강신례 때 어떤 잔을 사용하는지가 헷갈립니다.
1. 제상에 놓여있는 잔들을 사용한다. 즉, 할아버지 잔, 할머니 잔 모두로 땅(모사기)에 술을 따른다. 이렇게 하면 술을 따르는 회수가 2번 되는데 이게 맞는지?
2. 강신례용 잔을 별도로 준비해 놓았다 그 잔으로 사용한다. 이런 경우라면 신위를 여럿 모셨을지라도 땅에 술을 따르는 걸 한번만 하면 되는 건지? 이게 궁금합니다. 감사합니다. 잘 배우겠습니다.

◆答; 강신례 때 사용하는 잔은?

향안상(香案牀) 동쪽으로 탁자를 놓고 그 위에 강신잔반을 두었다 강신예 때 질문 2번과 같이 여러 위라 하여도 1회로 마칩니다.

●性理大全四時祭前一日設位陳器條香案於堂中置香爐香合於其上束茅聚沙於香案前別置卓子於其東設酒注一醆酒盞一盤一受胙盤一匕一巾一茶合茶筅茶盞托鹽楪醋瓶於其上○同降神條進盤盞主人受之執注者亦跪斟酒于盞主人左手執盤右手執盞灌于茅上以盤盞授執事者出笏俛伏興再拜降復位

▶2411◀◆問; 제사상에 과일을 놓을 때 꼭지가 위, 아래 어느 쪽인가요?

항상 노고가 많으십니다 어떤 때에는 질의하는 것도 송구스러운 마음이 앞섭니다. 겨울철에 감기 조심하세요.
1. 한번쯤은 질의내용이 나왔을 거라 생각됩니다만 제사 때나 시제에 과일꼭지방향을(꼭지가 위로 향하는가, 아래로 향하는가) 가지고 항상 의견이 분분 합니다 제 생각에는 모든 음식이 먹기 좋고 편하게 상차림을 하는데 이 역시 꼭지가 아래로 향하고 있어야 보기도 좋고 먹기도 좋다고 생각합니다.
2. 조율이시 또는 조율시이 중에서 어느 것이 맞는 것인지 어느 서책을 보아도 명확하지가 않습니다. 씨앗 가지고 순서를 정하는데 대추, 밤은 확실한데 나머지는 씨앗을 세워보아도 같은 과일이라도 씨앗 개수가 다 다릅니다. 제가 장손인데 답변을 주시면 시제 지낼 때 그대로 따를까 합니다.

◆答; 제사상에 과일을 놓을 때 꼭지가 위, 아래 어느 쪽인가에 대하여.

가례에서는 과실을 단지 6 가지라 품 수만 지정하였을 뿐이나, 사우례에서 조율(棗栗)을 언급하면서 그 중에 대추가 제일이라 서쪽이다. 라 하고 다음이 밤이라 하였으며. 성재께서 이에 더하여 배와 감을 포함 棗栗梨柿라 하셨을 뿐입니다.

여기서 대추와 밤은 모두 상하를 구별하여 진설 하기란 특수한 방법을 쓰지 않고는 어려워 어느 예서에서도 과실의 상하 구별 진설에 대한 언급이 없지 않나 생각 듭니다.

●家禮四時祭省牲滌器具饌條具祭饌每位果六品
●沙溪曰今人六品之果若難備四品或兩品庶合禮意

●陶庵曰凡木實之可食者無不用
●土虞禮兩邊棗栗棗在西註尙棗棗爲美據此棗當設果行之首而栗次之
●性齋曰我東則百果無不産焉如棗栗梨柿

▶2412◀◆問; 상례질문.

喪禮 初終 "예론에 운명함에 있어 남자는 여자의 손에 운명을 아니하고(不絶於婦人支手, 여자는 남자의 손에 운명을 아니하는 것이(不絶於男子支手) 예법이라 하였다"라고 되었는데 이해가 되지 않습니다.

그러면 아들이 어머니 임종을 못하고 딸이 아버지 임종을 못한다는 것인데 이해가 않 됩니다. 해석 좀 해주시기 바랍니다.

◆答; 상례질문.

『男子不絶於婦人之手婦人不絶於男子之手』 중 『男』字는 夫君으로 이해되어야 합니다. 부모의 임종은 자녀를 비록 온 가족이 지켜야 한다는 것입니다.

●性理大全初終男子不絶於婦人之手婦人不絶於男子之手
●問將逝者之母或其父欲見之則奈何南溪曰恐非父母之謂
●遂菴曰雖出於不褻男女之義而以此文勢觀之則不但夫婦間而已

▶2413◀◆問; 알자의 초헌관 인도에 대하여 여쭙니다.

석전대제나 분향례를 행사할 때 알자가 초헌관을 인도하는 예식에 대하여 알고자 합니다.
알자가 초헌관의 왼쪽에서 고하고, 오른쪽으로 돌아가 초헌관을 인도하는지요?
알자가 초헌관의 왼쪽에서 고하고, 왼쪽에서 초헌관을 인도하는지요?
알자가 초헌관의 오른쪽에서 고하고, 오른쪽에서 초헌관을 인도하는지요?
좋은 답변 부탁 드립니다.

◆答; 알자의 초헌관 인도에 대하여.

알자가 초헌관을 현실에서는 어찌 인도하는지는 알 수 없으나 전거에 의하면 인도란 앞에서 이끌어 나아간다. 라 이해 되어야 하니 알자는 초헌관 앞으로 가 나아가기를 알리고 앞에 서서 초헌관이 갈 곳까지 인도하여 감.

●國朝五禮儀有司釋奠文宣王儀謁者引初獻官詣盥洗位
●管子法法引而使之民不敢轉其力辭源註[引]引導
●明會要輿服上百官儀從凡京官出外四品以上引導三對(云云)七品以上引導二對註在前傳呼開路的人

▶2414◀◆問; 이런 경우 합설해도 되는지요?

저의 선조 산소는 특이하게 상하 분으로 되어 있습니다. 약 20 여 메타 떨어져있는 위쪽산소가 배위(1 분)이고 아래쪽 산소가 선조와 계배합장(2 분)입니다. 이럴 경우 선조분묘에서 세분을 모두 합설하여 제사 지내도 되는지요? 아니면 아래쪽 선조와 계배 합장 묘에서 제사 지내고 다음 위 쪽 배위산소에서 따로 제사 올려야 하는지요? 어찌해야 규범에 맞는 것입니까?

◆答; 이런 경우 합설해도 되는가.

미안합니다. 선생의 몇 대조(代祖)인지는 알 수 없으나 도장(倒葬)이 되었군요. 혹 본 질의(質疑)가 허제(虛題)가 아니고 실제라면 바람직하지 않으시니 원배(元配)를 내려 부묘(夫墓)에 합폄(合窆)을 하시고 계배(繼配)를 부묘(夫墓) 아래로 이장(移葬)하심이 시급한 문제 같습니다.

질문의 요지를 살피건대 원배합장묘(元配合葬墓)와 계배묘(繼配墓)가 일강(一岡)일 때 묘제(墓祭) 지내는 법은 먼저 원배합폄묘전(元配合窆墓前)에 삼합설(三合設)을 하고 계배묘(繼配墓)로 가 강신(降神)을 하여 원배합장묘(元配合葬墓)로 와 참신(參神) 재배(再拜)를 하고 강신(降神) 등 순으로 묘제(墓祭)를 지내시면 됩니다.

●周禮大司徒以本俗六安萬民二曰族墳墓註族猶類也同宗者生相近死相迫

●王制宗廟有不順者爲不孝不孝者君絀以爵註宗廟不順如紊昭穆之次失祭祀之時皆不孝也爵者祖宗所傳故絀爵焉

●程子曰葬之穴尊者居中左昭右穆而次後則或東或西亦左右相對而啓穴也下穴之位不分昭穆易亂尊卑死者如有知居之其安乎

●族葬圖說曰凡爲葬五世之塋當以祖墓分心南北空四十五步使可容昭穆之位分心空五十四步可容男女之殤位今取墓大夫冢人之義參酌時宜爲之圖蓋祭止高曾祖考親親也葬則以造塋者爲始祖子不別適庶孫不敢卽其父皆以齒別昭穆尊尊也曾玄而下左右祔以其班也昭尚左穆尚右貴近尊也妻繼室合祔其夫崇正體也男子長殤居成人之位爲父之道也中下之殤處祖後示未成人也序不以齒不期夭也祖北不墓避其正也葬後者皆南首惡趾之向尊也妾無子猶陪葬以恩終也

●曲禮振書端書於君前有誅倒筴側龜於君前有誅細註嚴陵方氏曰倒龜有背面故曰側倒筴側龜與振書其過非大然皆有誅疑若已甚蓋以群臣之衆而奉一人之尊不可不禮也

●韓非子難言雖賢聖不能逃死亡避戮辱者何也則愚者難說也且至言忤於耳而倒於心註忤逆也倒反也

●史記平津侯主父傳合從以逆京師今以法割削之則逆節萌起前日晁錯是也

●荀子非十二子言辯而逆古之大禁也註逆者乖於常理

●孟子滕文公當堯之時水逆行氾濫於中國註水逆行下流壅塞故水倒流而旁溢也下下地上高地也營窟穴處也細註慶源輔氏曰此一亂純由乎氣化也○雲峯胡氏曰自開闢至于堯之時不知幾治亂斷自堯起有徵也降水自繫乎氣化而曰警余未嘗不反而求諸人事也所以此一亂卽轉而爲一治也

●國語晉語君問而陳辭未退而逆之何以事君註逆反也

●左傳文公秋八月丁卯大事于大廟躋僖公逆祀也杜走僖是閔兄不得爲父子嘗爲臣位應在下令居閔上故曰逆祀

●後漢書蘇竟楊厚傳八魁上帝開塞之將也主退惡攘逆

●書經太甲有言逆于汝心必求諸道有言遜于汝志必求諸非道註鯁直之言人所難受巽順之言人所易從於其所難受者必求諸道不可遽以逆于心而拒之於其所易從者必求諸非道不可遽以遜于志而聽之以上五事蓋欲太甲矯乎情之偏也

●問考位先葬妣位後葬而壓在先葬則尤極未安陶庵曰壓臨先葬龍尾勿論考妣皆極未安義理所不安處則寧不葬不可行也

●性潭曰程子有族位之制此則四代墓地不出於前後左右其壓倒逼仄有不暇論也前輩之用倒葬者亦何限哉

●程子曰合葬須以元妃

●張子曰二妻以義斷之須祔以首娶繼室別爲一所可也

●朱子曰今人夫婦未必皆合葬繼室別爲一所可也

●尤庵曰品字之形盖考位居上前妣居前右後妣居前左神道以右爲尊故也○又尤庵曰墓地旣曰倒用則可見其違理矣況有程子正論復何疑乎

●陶庵曰今俗品字之制非禮之正也元配祔繼配葬於別崗有先賢定論又祔者所以從葬也其夫生存而前後妻合葬則未知何所從也○又三配從夫同葬一岡先後易次者先行男位祭罷次一配次二配次三配然夫婦同岡雖有先後之易次依沙溪說並設父墳恐得宜

●同春問有人父墳在後母墳在前石物則立於父墳而祭祀時欲幷行於尊位前則背母墳而行禮實甚未安各設爲當否沙溪曰行祭與立石當於父墳而合設之不可兩處各設也
●問解考妣兩墓相去不遠雖坐向稍異祭祀及拜禮似當兼行
●四未軒曰相去不遠考妣墓合祭時主祭者當於妣墓焚香酹酒以迎神來于考墓而行拜禮而合祭之爲禮家所通行也
●松沙曰曾祖妣墓移葬于伯父墓下此甚未安倒葬人家先山或有之而極爲未安然而尊家所處自別子葬在先父葬在後

▶2415◀◆問; 혼인을 하지 않은 성인이 제복을 입을 수 있나요?

안녕하십니까?   의례문답에 관심을 갖고 잘 보고 있습니다. 의례를 연구하는데 많은 도움이 되어 너무너무 감사 드립니다.

한 가지 여쭈고 싶은 것이 있어 올립니다. 제 아이가 서른 세 살인데 아직 婚姻을 하지 않았습니다. 成人이 된 이 아이가 時祭에 參席해서 도포(祭服)를 입고 祭享에 참여할 수 있는지 여쭈어 봅니다.

어떤 이는 혼인을 하지 않았으므로 제복을 입을 수 없다. 고 하고 어떤 이는 성인이 되었으니까 제복을 입어야 한다고 합니다. 좋은 답 부탁 드립니다.

◆答; 혼인을 하지 않은 성인이 제복을 입을 수 있나.

시제(時祭)가 사시제(四時祭)인지 묘제(墓祭)인지 알 수 없으나 묘제(墓祭)로 간주합니다. 이십 이상이 되면 모두 성인(成人)의 예로 대하게 됩니다.

다만 가례(家禮)에서 묘제(墓祭)에서는 성복(盛服)의 예를 두지 않았습니다. 까닭에 여러 선유(先儒)들께서 이것이다 저것이다 많은 말씀이 게십니다.

그러나 기제(忌祭)는 신(神)의 예로 부모(父母)가 작고(作故)하신 날이라 종신(終身)토록 상(喪)의 예로 맞이함이라 하니 묘제(墓祭) 역시 백(魄)의 예이니 기제(忌祭) 복색(服色)으로 갖춤이 예가 아닐까 합니다. 기제(忌祭) 복색(服色)은 주인형제(主人兄弟)는 참사복두(黲紗幞頭), 참포삼(黲布衫), 포과각대(布裹角帶), 조이상(祖以上)은 참사삼(黲紗衫), 방친(旁親)은 조사삼(皁紗衫), 그 외 제원(祭員)은 모두 거화성지복(去華盛之服)이라, 하였으니 울긋불긋한 옷이 아닌 평상복(平常服)이라 하였고, 다만 율곡(栗谷)께서 묘제(墓祭) 복색(服色)은 현관(玄冠), 소복(素服), 흑대(黑帶)라 하셨고 도암(陶庵)께서는 심의(深衣) 치관(緇冠) 폭건(幅巾) 대대(大帶) 조리(條履) 혹(或)은 현관(玄冠) 소복(素服) 흑대(黑帶)라 하셨고, 사미헌(四未軒). 한강(寒岡)께서는 길복(吉服)이라 하셨습니다.

질문(質問)이신 도포(道袍)나 심의(深衣)는 모두 지난날에는 평상복(平常服)이었으니 도포(道袍)에 유건(儒巾)을 쓰든가 심의(深衣)에 폭건(幅巾)을 쓴다. 하여 욕될 것은 없습니다.

●祭義君子有終身之喪忌日之謂也註忌日親之死日也
●屛溪曰年過二十而死則雖未冠筓當以本服服之矣
●遂菴曰過長殤之年則雖未冠筓何可以殤例論也
●通典三代以前無墓祭至秦始起寢於墓側漢因秦上陵皆有原寢後漢都洛陽關西諸陵久遠四時特牲祀大唐貞觀十三年太宗朝于獻陵進太牢之饌加珍羞上至神座前拜哭奠饌閱先帝先后衣服拜辭行哭開元二十年制曰寒食上墓禮經無文近代相傳寢以成俗士庶有不合墓享何以用展孝思宜許上墓同拜掃禮於塋南門外奠祭饌訖泣辭食餘饌於他處不得作樂仍編入五禮永爲恆式○又年過二十而死者禮不降殺不得同殤例也
●問要結用素服沙溪以爲當用盛服云云遂庵曰問解所載雖如此備要引家禮用深衣當從之

●家禮本註凡言盛服者無官者通用帽子衫帶又不能具則或深衣或涼衫有官者亦通服帽子以下但不爲盛服

●性理大全忌日變服禫則主人兄弟黲紗幞頭黲布衫布裹角帶祖以上則黲紗衫旁親則皁紗衫主婦特髻去飾白大衣淡黃帔餘人皆去華盛之服

●家禮酌通祠堂參盛服;按後世衣服只是隨時剙造而非有先王之制也惟深衣是三代之遺規而朱子之所定也可不敬尤愚謂今世之盛服無出於此而可爲有官無官者之通用也

●唐侍御史鄭正則祠享儀漢光武初纘大業諸將出征鄕里者詔有司給少牢令拜掃以爲享曹公過喬玄墓致祭其文悽愴寒食墓祭蓋出於此

●備要墓祭厥明灑掃條主人深衣帥執事者詣墓所再拜奉行塋域云云

●問墓祭素帶其義何也寒岡曰體魄所安古有哭臨之禮所以有不忍於吉服

●問解問要訣墓祭儀主人以下玄冠素服黑帶云云有官者必著白團領而品帶不可著邪答儀禮大祥祭用向吉之服喪祭尙然況墓祭乎僕有職時以紅衣品帶行祭而未知得禮與否

●問墓祭服色寒岡則云不忍於吉服要訣則云用素服黑帶問解則用紅衣品帶三先生所論各異當何準行歟明齋曰素服黑帶非吉服也當遵用要訣紅衣品帶則恐似未安

●四未軒曰要訣墓祭儀主人以下玄冠素服黑帶然黑帶有嫌於吉服改以素帶恐當

●要訣墓祭儀厥明主人以下玄冠素服黑帶

●便覽墓祭灑掃諸具;深衣緇冠幅巾大帶絛履具或玄冠素服黑帶

●鏡湖曰時祭以下諸祭皆於祭日設蔬果酒饌時則著深衣出主行事時則盛服墓祭皆如家祭之儀其灑掃用深衣則其行事時自有盛服可知其盛服卽祠堂章章參禮條所載有官者幞頭公服進士幞頭襴衫以下是也墓祭之不別言服色者恐蒙上文也

▶2416◀◆問; 자시에 죽었다면 어느 날이 기인지요.

1일 자시에 죽었다면 어느 날이 기인지요.

◆答; 자시에 죽었다면 어느 날이 기인가.

1 일 밤 子時에 사망한 이의 기일을 2 일이다.

1). 夜者自昏至旦總名

2). [밤]해가 져서 어두워진 때부터 다음 날 해가 떠서 밝아지기 전까지의 동안.

3). 八月十五夜子時

4). 夜半死者從來日

5). 子時爲明日

6). 今夜子時遂爲明日

7). 夜半子時卽夜十一時至翌晨一時

8). 招魂日爲忌日

9). 夜半爲朔雞鳴爲朔

10). 初九日到咸興府齋宿初十日早朝進詣本宮十一日子時行告由祭

11). 十七日進詣本宮十八日子時行祭

12). 十七日進詣本宮十八日子時行祭

아래의 原典에서 위와 같은 전거에 의하여 [1 일 子時에 사망한 이의 忌日은 2 일다]로 분명하게 입증이 되는데도 儒者가 아닌 몇몇 분들이 끼어들어 그런 경우 [1 일이다]라 여기저기 게시하고 있습니다.

이와 같은 일자 문제는 거의 상식선에서 이해되고 있을 문제가 이와 같이 오랜 동안 왈가왈부하고 있는 원인은 그와 같은 분들이 이상한 논리로 1 일이다. 라 어겨 유교를 곤혹스럽게 하고 있습니다.

물론 유자들이라면 흑백을 가림에 부족함이 없겠으나 혹 염려되어 이와 같이 장황

하게 게시합니다. 잠시라도 착오 없으시기 바랍니다.

1). 左傳莊公七年;辛卯夜恒星不見孔穎達疏夜者自昏至旦總名

2). 국립국어원 [밤]해가 져서 어두워진 때부터 다음 날 해가 떠서 밝아지기 전까지의 동안.

3). 五洲衍文長箋散稿地理篇地理類石鏡石辨證說八月十五夜子時

4). 禮疑類輯喪禮初終夜半死者從來日

5). 宋子大全書子時爲明日

6). 五洲衍文長箋散稿天地篇天文類天文總說天文總說天道自子爲運辨證說今夜子時遂爲明日

7). 辭源[子夜]夜半子時卽夜十一時至翌晨一時

8). 明齋曰凡喪復後始發喪其前則雖已氣絶猶有複生之望不可便以爲已死也以此意推之則似當以招魂日爲忌日矣

9). 問周夜半爲朔商雞鳴爲朔陰陽家皆以子時爲明日然則雞鳴前子時死者當從何日尤庵曰日分必終於亥而始於子初二日之子自不干於初一日也

10). 永興本宮儀式奏啓;命當日陪香祝辭陛初九日到咸興府齋宿初十日早朝進詣本宮十一日子時行告由祭後陪香祝進詣定陵淸齋十三日子時攝行酌獻禮

11). 日省錄正祖十九年乙卯四月二十二日壬寅;(云云)獻官之命十七日進詣本宮十八日子時行祭

12). 永興本宮儀式奏啓;命當日陪香祝辭陛十七日進詣本宮十八日子時行祭天氣淸和享事利成臣不勝欣忭之忱緣由馳啓

▶2417◀◈問; 중부령에 대하여.

중부령에 대하여. 족보를 보다 중부령이란 벼슬이 기록이 되어있어 관직표를 보아도 알 수가 없어 문의 드립니다.

◈答; 중부령(中部令).

中部令의 직제라 하면 고구려는 開城府에 조선은 漢城府에 두었던 직이 아닌가 합니다. 다만 中部令이라는 직이 高麗史百官志나 經國大典, 大典會通, 大典通編, 六典條例, 등서에 漢城府 직제는 있으나 그와 같은 직명으로 나타나 있지 않습니다.

특히 본인은 漢城府의 職制가 수록된 책은 소장하고 있지 못하여 아래와 같이 살펴보건대 高麗의 開城府나 朝鮮의 漢城府의 관리인 것만은 분명한 것 같습니다. 그 직급은 일정하지 않고 從八品까지 다양한 것 같습니다.

●日省錄正祖十六年壬子甲辰告身二等中部令柳謐西部令柳詢南部令韓翼商前都事南鶴玄北部前都事(奎章閣本)

●公車文純祖年間廣興守金永年等上疏;官閔致成濟用判官姜運圭宗廟令黃仁紀韓用鑅社稷令尹慶烈景慕宮令南鼎來沈能定徐有永工曹正郎金昊淳趙雲會廣興令辛景愈平市令金民淳典牲判官趙鎭壽中部令尹五榮東部令李在謙南部令成義浩西部令李百膺北部令李光植長寧殿令尹亨植永禧殿令金炳文

●內閣日曆正祖七年宗廟令鄭東敎社稷令金復淳平市令柳誨永禧殿令朴健陽健元陵令趙明寅貞陵令洪善養獻陵令安鼎福英陵令柳明渭昌陵令李惟稱寧陵令李壽仁永陵令尹煜(奎章閣本)

●日省錄正祖十七年癸丑五月二十三日甲寅京兆以各部癘疫別單啓該府啓言自今月十一日至十五日

中部令金基原所報內涉疑疾一百十八名出幕郊外南部令李義敎所報內涉疑疾一千五百九十六名方痛四百三十向差一千六外三已差還入五十九死亡五出幕五百十八處北部令吳泰

齊所報內涉疑疾六百八十二名方痛二百五十一向差一百八十已差一百九十六已差還入五
十死亡五出幕二百四十九處東活人別提西部令 成肯柱所報內涉疑疾二百九十六名方痛三
十一向差一百十三已差一百二十九已差還八二十三出幕一百九十九處
●漢書地理誌上京兆尹故秦內史高帝元年屬塞國二年更爲渭南郡九年罷復爲內史武帝建
元六年分爲右內史太初元年更爲京兆尹亦省稱京兆漢典註京兆漢代京畿的行政區域后因
以稱京都○又百官公卿表上縣令長皆奏官掌治其縣萬戶以上爲令減萬戶爲長
●大典會通漢城府;判尹一員正二品左右尹各一員從二品庶尹一員從四品判官一員從五品
[原]二員[續]減一員主簿二員從六品[續]一員增置[增]加一員參軍正七品[原]三員一員
通禮院引儀兼[續]減二員[增]並減
●東文選墓誌高麗國大匡完山君謚文眞崔公墓誌銘(幷序);又四年始授中部令階承奉郎
●高麗史百官二;文散階從八品上曰承奉郎
●大典會通各陵健元陵令一員從五品貞陵令一員從五品獻陵令直長一員從七品英陵令一
員從五品昌陵令一員從五品寧陵令一員從五品永陵令一員從五品

▶2418◀◆問; 제사.

저희 어머님 쪽에 아들이 안 계시고 어머님이 장녀라 저의 외가 집 조상 제사를 지
금까지 어머님하고 아버님하고 저하고 지내고 계십니다. 그런데 얼마 전 아버님
이 돌아가셔서 제사를 어떻게 지내야 할지 몰라 문의해봅니다. 설. 추석 차례를 어
머님 집에서 외가 쪽 조상님하고 아버님하고 같이 차례를 지내도 되는 겁니까.

◆答; 제사.

장인장모가 후손 없이 사망하였을 때 그 가문에 근친이 무하면 외손이 봉사를 하고
외 손이 아직 없으면 출가한 딸이 제사를 지낼 뿐 장인제사에 사위가 초헌관이 되
지 않습니다.

외손이 있으면 외손이 그의 대에 한하여 외조부모 제사를 지내고 외손이 몰하면 그
의 아들이 제사를 지내지 않고 그 신주를 묘에 묻습니다.

●朱子曰上谷郡君謂伊川曰今日爲我祀父母明年不復祀矣是亦祭其外家也然無禮經
●大典外祖父母及妻父母無主祭者當於正朝端午仲秋及各忌日用俗儀祭之
●退溪曰天地生物使之一本而此則爲二本焉甚不可也今或不幸外家祖先無後不忍其主之
無歸則權宜奉置別所往來展省未爲不可
●寒岡曰外家神主奉祀本非禮經今者不得已奉祀則當時祀茶禮時先祭祖外祖次祭父外祖
然後當祭祖與考矣
●陶庵曰朱子非族之祀一句語實爲正論愚意爲外孫者設或不得已而權奉其祀已身歿後卽
當埋安
●問外祖無人祭初獻則祝文當何書退溪曰當闕
●南溪曰不得已爲外家奉祀而當止外孫之身
●明齋曰本宗祭四代外孫奉祀只止其身

▶2419◀◆問; 기제는 언제 지내야 하나.

問; 1. 현재 제사는 전날 지내는데, 사람들의 출퇴근이라던가 이런 문제로 늦어
도 밤 9 시~10 시면 끝이 납니다. 옛날에는 하루의 시작이 자시(밤 11 시)부터 이기
때문에 그때 지냈던 것이라고 알고 있습니다, (자시~축시). 그런데 현재의 시간 개
념과. 또 저녁에 끝내버리는 이런 상황은 기일이 아닌 그 전날 제사를 지내버리
는 꼴이 되어버려서 오히려 맞지 않는다고 생각됩니다. 이런 이유로 전날 저녁보다
는 당일 저녁에 지나는 게 오히려 기일 제사가 되는 것이 아닐까 생각되는데 어떻

게 생각하시는지요?

問; 2. 음력은 2~3 년에 윤달이 한번씩 들어가야 날짜를 맞출 수 있을 만큼 오차가 심합니다. 반면, 양력은 4 년에 하루 차이밖에 나지 않습니다. 솔직한 저의 생각은 그저 예전에 음력을 썼었기 때문이지 그게 더 정확한 것은 아니라고 생각합니다만, 여러 유림, 향교의 답변은 양력달력이 변하기 때문이라고 합니다. 그러나 사실은 음력이 변화가 되는 것이지 양력은 거의 변화가 없는 것인데요. 그런 면에서 볼 때, 음력을 고수하는 것이 전통이기는 하겠으나 돌아가신 날 지낸다는 기제사의 본연의 의미로 볼 때는 양력이 오히려 합리적인 것이 아닐까 생각하는데 조언 좀 부탁 드리겠습니다.

(어떤 분은 양력이 왜놈의 달력이라서 안 된다는 정말 이해할 수 없는 답변도 있어서 신뢰가 가지 않습니다)

◆答; 기제는 언제 지내야 하나.

問; 1. 答; 기일 제사는 작고한날 질명(質明; 해뜨기 전)에 지냄이 바른 예법입니다. 다만 당일 자시(子時)에 지내는 것은 그 까닭을 분명히 밝힌 선유들의 말씀은 아직 알지를 못하나 장자(張子)의 오경(五更)에 제사를 지내는 것은 예가 아니라 하였으니 그 날의 첫 시인 삼경(三更)에 지내게 된 것이 혹 하나의 원인이 된 것이 아닌가 하는 유추도 하게 되나 자시행제(子時行祭)가 대세를 이룬 원인은 전거로 입증할 수가 없습니다.

기제의 시간인 질명(質明)은 이른 조반의 시간으로 1 년에 한번 작고하신 날의 슬픔을 상기하면서 아침 조반과 함께 반주로 술 석잔을 올려 드리는 예로서 우암께서 제사는 너무 늦어도 너무 빠르게 지내도 아니 된다 하셨으니 당일 저녁은 너무 늦은 때라 유학을 논하는 자로서 동의하기에는 주저하지 않을 수 없습니다.

問; 2. 答; 유학인의 역서는 음력으로서 양력이 음력보다 정교하다 하여도 유학생활에서는 내 것인 음력을 따르게 되는 것입니다.

●祭義君子有終身之喪忌日之謂也註忌日親死之日也
●周禮春官宗伯禮官之職小史條掌邦國之志奠繫世辨昭穆若有事則詔王之忌諱註鄭司農云先王死日爲忌名謂諱
●家禮忌祭編○厥明夙興設蔬果酒饌○質明主人以下變服詣祠堂封神主出就正寢
●禮器質明而始行事疏質正也謂正明之時少牢禮朝明行事註朝明質明也此乃周禮也
●士冠禮擯者請期宰告曰質明行事註擯者有司佐禮者在主人曰擯在客曰介質正也宰告曰旦日正明行冠事
●國朝五禮儀大夫士庶人忌日俗節告祭儀厥明夙興設饌具如式見序例主人以下盛服盥手帨手訖俱就位主人升自東階啓櫝捧出神主各設於座降復位主人以下再拜
●陳氏曰子路祭於季氏質明而始行事寧早則雖未明之時祭之可也
●尤庵曰行祭早晩太早不可太晩亦不可惟當以質明爲正
●南溪曰質明卽大昕指日未出時也
●弘齋全書訓語氣猝發大臣閣臣求對承候敎曰逢是年是日予懷無以自抑子時行祭非不知無於禮而不得已爲此天明以後將行祝慶之禮予氣予亦自知故欲稍早時刻庶少鎭安而專意於慶今之節也仍嗚咽良久
●張子曰五更而祭非禮也
●書經堯典帝曰三百有六旬有六日以閏月定四時成歲註天體至圓周圍三百六十五度四分度之一繞地左旋常一日一周(云云)歲有十二月月有三十日三百六十者一歲之常數也(云云)朔虛而閏生焉故一歲閏率則十日九百四十分日之八百二十七三歲一閏則三十二日九百四

十分日之六百單十五歲再閏則五十四日

●性理大全理氣一天度曆法附條潛室陳氏曰左傳正義曰周天三百六十五度四分度之一日一日行一度月日日行十三度十九分度之七計二十七日有餘月已行天一周至二十九日過半(卽月法二十九日四百九十九分也)又逐及日而與之會是爲一月十二月而成一歲

●皇朝曆書大明崇禎十年歲次丁丑大統曆正月大辛丑十一日辛亥丑初初刻立春正月節二十六日丙寅卯正一刻雨水正月中(以下省略)

●天文類抄日月條日爲大陽之精主生養恩德人君之象也(云云)月爲大陰之精以之配日女主之象以朝廷諸侯大臣之類註凡月之行歷二十有九日五十三分而與日相會是謂合朔當朔日之交月行黃道而日爲月所掩則日食是爲陰勝陽其變重自古聖人畏之若日月同度于朔月行不入黃道則雖會而不食月之行在望與日(云云)

●漢書古書曰迺命義和欽若昊天歷象日月星辰敬授民時歲三百有六旬有六日以閏月定四時成歲允釐百官衆功皆美註師古曰此皆虞書堯典之辭也欽敬若順也昊川言天氣廣大也星四方之中星也辰日月所會也義氏和氏重黎之後以其繼掌天地故堯命之使敬順昊天歷象星辰之分節敬記天時以授下人也匝四時凡三百六十六日而定一歲十二月三十日正三百六十日則餘六日矣又除小月六日是爲歲有餘十二日未盈三歲便得一月則置閏焉以定四時之氣節成一歲之歷象則能信理百官衆功皆美也○夫律陰陽九六爻象所從出也故黃鍾記元氣之謂律律法也莫不取法焉與鄧平所治同於是皆觀新星度日月行更以算推如閎平法法一月之日二十九日八十一分日之四十三先藉半日名曰陽歷不藉名曰陰歷所謂陽歷者先朔月生陰歷者朔而後月迺生平日陽歷朔皆先旦月生

▶2420◀◆問; 명절 때 못 지낸 제사와 제주의 승계.

궁금한 사항이 있어, 인사도 이렇게 글을 올립니다.

1. 부친이 2014년 12월 30일 유명을 달리 하셨습니다.

이번 설 명절은 돌아 가신지 52일 밖에 되지 않아 율곡선생님의 말씀을 따르면 차례를 지내지 않는 것이 맞다고 생각됩니다. 같은 맥락으로 그 사이에 3개월 사이에 기제사가 두 번 있습니다. (음 1월 2일, 1월 12일)도 지내지 못합니다. 이 경우 지난 제사를 3개월 후에 지내도 예법에 어긋나지 않는 지요?

2. 부친이 제주로 4대 봉사를 해 왔습니다. 작은 아버지가 계시고 그런데 장손인 저의 형도 몇 년 전 유명을 달리 하였습니다. 저도 지차입니다. 그런데 제주의 장손이 35살로 아이 둘을 둔 성년입니다. 이 경우 4대 봉사는 제주인 저의 장조카를 기준으로 4대 봉사를 하는 것이 맞다고 생각되는데 이 부분에 대해서도 도움을 주시길 부탁 드립니다.

◆答; 명절때 못 지낸 제사와 제주의 승계.

問1 答; 상을 당하여 100여일(졸곡)이내에 닿는 기제를 비롯 모든 제사는 폐하고 그 이후에 닿는 모든 제사는 복이 가장 가벼운 이를 시켜 무축단헌의 예로 지내게 됩니다. 물론 상 삼년자는 그 제사에 참여하지 않습니다.

問 2 答; 유가(儒家)의 예법은 4 대 봉사로서 이는 제주를 기준이니 님의 장조카의 4 대조인 고조까지 제사하게 됩니다.

●通典晉賀循云禮在喪者不祭祭吉事故也其義不但施於生人亦祖禰之情同其哀戚故云於死者無服則祭也今人有服祀如故吉凶相干非禮意也

●張子曰喪不貳事則祭雖至重亦有所不可行蓋祭而誠至則哀忘祭而誠不至則不如不祭

●王制喪三年不祭疏禮卒哭而祔練而禘於廟此等爲新死者而爲之則非常祭也其常祭法必待三年喪畢也其春秋之時未至三年而爲吉祭者皆非禮也

●要訣凡三年之喪古禮則廢祠堂之祭而朱子曰古人居喪衰麻之衣不釋於身哭泣之聲不絶

於口其出入居處言語飮食皆與平日絶異故宗廟之祭雖廢而幽明之間兩無憾焉今人居喪與古人異而廢此一事恐有所未安朱子之言如此故未葬前則準禮廢祭而卒哭後則於四時節祀及忌祭(墓祭亦同)使服輕者行薦而饌品減於常時只一獻不讀祝不受胙可也

●雜記士三月而葬○士虞記三月而葬○書儀喪儀三卜宅兆葬日條王公已下皆三月而葬

●小記報葬者報虞三月而後卒哭註報讀爲赴急疾之義謂家貧或以他故不得待三月死而卽葬者旣疾葬亦疾虞虞以安神不可後也惟卒哭則必俟三月耳

●朱子曰百日卒哭○又曰考諸程子之言則以爲高祖有服不可不祭

●程子曰高祖有服不祭甚非某家却祭高祖又曰自天子至於庶人五服未嘗有異皆至高祖服旣如是祭祀亦須如是

●周禮司服疏祖爲適來孫爲後者服齊衰期

●遂庵曰五代祖喪宗孫當承重

●程子曰自天子至於庶人五服未嘗有異皆至高祖服旣如是祭祀亦須如是

●朱子曰考諸程子之言則以爲高祖有服不可不祭

●詩經大雅懷德維寧宗子維城無俾城懷註大宗强族也宗子同姓也惟宗子合族以聯親則分猷共念而有夾輔之功斯維城矣

●遂庵曰五代祖喪宗孫當承重

●儀禮喪服嫡孫賈疏此謂適子死其適孫承重者祖爲之期

▶2421◀◆問; 지방모시는 자리.

안녕하세요? 저희는 소종으로서 제사를 1년에 한번 지냅니다. 증조부모, 조부모 이렇게 네   분을 증조부 기일에 한꺼번에 지내는데.   지방을 윗대부터 모시는 자리가 제사상 자리(상 최고위에서)어디부터 모셔야 할지 궁금합니다.   제주입장에서 윗대를 좌측에 모시고 있는데 맞는지요?

◆答; 지방모시는 자리.

미안합니다. 어제 고향에 긴한 일로 밤에 돌아와 미쳐 답을 드리지 못하고 이제 답을 드립니다.

여기는 전통예절을 논하는 곳입니다. 전통예절에 반하는 예법은 논할 수가 없습니다. 다만 설위 예법은 북 벽(실 방위와는 관계 없이 가옥의 앞을 남이라 하고 뒤를 북이라 합니다).

아래 서쪽 (내가 보아서 왼쪽)을 상석으로 하여 증조부모 동쪽으로 조부모 이와 같이 가장 윗대를 제주 입장에서 왼쪽에 모시게 됩니다.

●祭義君子有終身之喪忌日之謂也註忌日親死之日也

●書儀時祭設位條設倚卓考妣並位皆南向西上註古者祭於室中故神坐東向自後漢以來公私廟皆同堂異室南向西上所以西上者神道尙右故也

▶2422◀◆問; 합동 묘역에서 축문쓰는 법.

問; 문중 조상님 여러분을 한 곳에 합동 묘역으로 조성하고, 이 묘역 하단부에 제단(상석)을 설치하였습니다. 이런 경우에 있어서의 축문서식이 어떻게 되는지 궁금합니다.

◆答; 합동 묘역에서 축문쓰는 법.

1).   아래와 같이 살펴보건대 우천시(雨天時)나 선산(先山)의 선묘(先墓)가 허다(許多)하면 재사(齋舍)나 제단(祭壇)을 모으고 사시제(四時祭) 의식(儀式)과 같이 묘제(墓祭)를 지낼 수가 있습니다.

그러나 재사(齋舍)나 제단(祭壇)은 선산하(先山下)라야 하며 재사(齋舍)나 단제(壇

祭)로 묘제(墓祭)를 대신한다 하여도 먼저 상묘(上墓)하여 매묘(每墓) 첨소봉영(瞻掃封塋) 분향재배(焚香再拜)의 예를 마친 후 하산(下山)하여 설위(設位) 진설(陳設)하고 예를 행하여야 합니다.

묘제(墓祭)는 체백(體魄)에 대한 예이고 기제(忌祭)나 속절예(俗節禮)는 혼백(魂魄)에 대한 예입니다. 따라서 선산하(先山下)에 허가(虛家)가 깨끗하면 재사(齋舍)로 사용 못할 까닭은 없겠으나 선산(先山)과는 관계없이 외처(外處)이거나 본가(本家)에서 지낸다면 묘제(墓祭)로서의 의미가 없습니다. 예법은 사시제 예법과 같이 각위(各位) 각설(各設) 각축(各祝) 삼헌지례(三獻之禮)입니다.

●通典三代以前無墓祭至秦始起寢於墓側漢因秦上陵皆有原寢
●開元禮寒食上墓如拜掃儀惟不占日○孔子許向墓遙爲壇以時祭卽今之上墓義或有憑然神道尚幽不可逼瀆塋域宜設於塋南山門之外設淨席爲位遙祭以時饌如平生所嗜若一塋數墓每墓各設位昭穆異列以西爲上主人盥手奠爵三獻而止泣辭
●或問今拜掃之禮何據曰此禮古無但緣習俗然不害義理葬只是葬體魄而神則必歸於廟旣葬則設木主旣除几筵則木主安於廟故古人惟專精祀於廟今亦用拜掃之禮但簡於四時之祭也
●尤庵曰退溪之意欲於墓下齋室以紙榜行之云耳非謂還家而行之如此也
●寒岡曰世俗之行墓祀於神主者亦似未安是神主祭也非墳墓祭也
●退溪曰同原許多墓各行祭之弊世多有此愚意不如掃視墓域後以紙榜合祭於齋舍無舍卽設壇以行之可免瀆弊而神庶享也
●葛庵曰墓祭有雨水之礙則就齋舍設紙榜行事亦何害若就祠堂行祭則恐無意也
●顧齋曰古人臨祭而雨沾服失容則止若有齋舍及墓下潔淨之家就彼行事似無不可嘗見通典以設祭墓前爲瀆以此觀之則雖不雨行祀於山下亦可
●問或値天雨或別有他故則何以爲之欲從權設行於神主則別出主爲未安用紙榜望墓設位而行之如何葛庵曰墓祭未畢而有雨水之礙則就齋舍設紙榜行事亦何害若就祠堂行祭則恐無意也
●問族葬列位若欲次第行祭則登降累原恐筋力疲而誠敬弛又恐祭物新餕或雜冷煖有異先詣墓所奠杯引靈而以紙榜合祭於齋宮何如退溪曰無妨設壇於淨地而合祭何如曰尤是
●或問墓祭或東西埋葬丘壠峻險往來倦疲恐有怠慢之氣而日亦不繼或厥日終雨則將何以爲之預搆一屋於墓側若遇如此時依時祭儀合祭一所如何退溪曰善
●陶庵曰歲一祭或遇雨差退日字待晴上墓爲當至於紙榜行事恐違灑掃之意云然焚香降神於各墓則灑掃之意亦在其中矣以紙榜合祭齋舍祭畢待晴省拜則恐無不可

2).아래와 같이 살펴보건대 四時祭 축식에서 丘濬이 儀節에서 倂祝式을 택하였고 그의 학파인 魏堂이 會成에서도 倂祝式을 따랐으나 이는 家禮의 축식에서 어긋나 후학들이 그 설을 따르지 않았을 뿐만 아니라, 실학파인 星湖선생 계열이었던 性齋선생도 구준설은 정례가 아니라 따르지 않았습니다.

혹 요즘도 墓祭를 齋舍나 壇에서의 합제 祝式에서 구준설을 주장하는 경향이 있으나 이는 바른 예법이 아닙니다.

●丘儀四時祭四代合祝文條註按家禮四代各一祝文今倂省之以從簡便
●會成四代合祝文條丘文莊曰按家禮四代各一祝文今倂省之以從簡便

▶2423◀◆問; 돌아가시고 첫 제사인데.

작년 10월 9일 음력으로는 9월 5일 외할머니께서 돌아가셨습니다.
올해 첫 제사를 지내려 하는데 보통 제사를 지내는 시간이 정해져 있는지요? 날짜는 음력으로 해야 하는지 아니면 양력으로 지내야 하는 것인지 날짜는 언제 지내야

하는 것이며 납골당에 시간이 정해져 있어서 제사를 지내야 하는 시간에 못 지내
게 되면 언제 지내야 하는지도 궁금합니다.

◆答; 돌아가시고 첫 제사 인데.

유가(儒家)의 일력 계산은 음력으로 행사하게 됩니다. 외조모의 기일은 작고한 날짜
가 음력 9 월 5 일이니 매년 9/5 일이 기일이 됩니다.

기제(忌祭)를 자시(子時) 행제(行祭) 가문이면 매년 9/4 일 밤중 11 시부터 같
은 밤 9/5 일 1 시까지가 9/5 일 첫 시인 자시(子時)가 되니 이 시간 대에 제사
를 지내면 되고, 아침에 지내는 가문이면 9/5 일 질명(質明; 날이 샐 무렵)에 제사
를 지내면 됩니다. 만약 예법상 시간인 이 시간 대에 제사를 지내지 못하였다
면 9/5 일 내에서 지낼 수 있는 시간에 지내야 합니다.

●祭義君子有終身之喪忌日之謂也註忌日親死之日也
●周禮春官宗伯禮官之職小史條掌邦國之志奠繫世辨昭穆若有事則詔王之忌諱註鄭司農
云先王死日爲忌名謂諱
●士冠禮擯者請期宰告曰質明行事
●家禮忌祭編○厥明夙興設蔬果酒饌○質明主人以下變服詣祠堂封神主出就正寢
●禮器質明而始行事疏質正也謂正明之時少牢禮朝明行事註朝明質明也此乃周禮也
●尤庵曰行祭早晩太早不可太晩亦不可惟當以質明爲正
●南溪曰質明卽大昕指日未出時也
●天文類抄日月條日爲大陽之精主生養恩德人君之象也(云云)月爲大陰之精以之配日女主
之象以朝廷諸侯大臣之類註凡月之行歷二十有九日五十三分而與日相會是謂合朔當朔日
之交月行黃道而日爲月所掩則日食是爲陰勝陽其變重自古聖人畏之若日月同度于朔月行
不入黃道則雖會而不食月之行在望與日
●性理大全理氣一天度曆法附條潛室陳氏曰左傳正義曰周天三百六十五度四分度之一日
一日行一度月日日行十三度十九分度之七計二十七日有餘月已行天一周至二十九日過半
(卽月法二十九日四百九十九分也)又逐及日而與之會是爲一月十二月而成一歲
●皇朝曆書大明崇禎十年歲次丁丑大統曆正月大辛丑十一日辛亥丑初初刻立春正月節二
十六日丙寅卯正一刻雨水正月中(以下省略)

▶2424◀◆問; 제사가 겹칠 때.

초암 선생님 안녕하십니까?
저는 30 대 중반의 남자입니다. (부득이하게 이름을 밝히지 못하는 점 양해 부탁 드
립니다.) 다름이 아니 오라 급하게 집안에 제사와 7 촌 아주머니 제사가 겹쳐서 이
렇게 문의 드립니다. 이런 부분에 대해서 무지하다 보니 이렇게 초암 선생님의 말
씀을 듣고자 합니다.
<문의내용>
아버지 제사일자: 음 8.12 (새벽 1 시경)(몇 해전에 돌아가셨습니다.)
명절제사: 음 8.15.
7 촌 아주머니(본인 입장에서 7 촌 아주머니) 돌아가신 날: 음 8 .12(양 2014 년 09
월 05 일 새벽 2 시 10 분경).
첫째: 저희(어머니, 본인, 동생)는 아버지 제사를 어떻게 해야 하는지요? (아버지의
제사를 우선으로 해야 하는지요?) 명절 제사는 어떻게 해야 하는지요?
7 촌 아주머니 장례에 관련 참여의 범위를 어느 정도로 정해야 하는지요? (장례식
참석 및 제사 동참 여부기타)
둘째: 저의 작은아버지는 아버지 제사를 어떻게 해야 하는지요? (아버지의 제사

를 우선으로 해야 하는지요?) 명절제사는 어떻게 해야 하는지요?

7 촌 아주머니 장례에 관련 참여의 범위를 어느 정도로 정해야 하는지요? (장례식 참석 및 제사 동참 여부 기타) 이렇게 문의 드립니다. 초암 선생님의 말씀을 기다리겠습니다. 감사합니다.

◆答; 제사가 겹칠 때.

유명을 달리한 7 촌숙부는 재당숙부로 복은 시마(緦麻) 3 월 복인이 되고, 숙부(叔父)는 재종형제지간(再從兄弟之間)으로 소공(小功) 5 월복인이 됩니다. 따라서 소공 (숙부)이나 시마(본인)복인은 그 상중(喪中)에 기제(忌祭)나 묘제(墓祭) 절사(추석, 설) 등이 닥치면 성복(成服) 전(사후 4 일 째)에는 모두 폐제(廢祭)하고, 성복(사후 4 일)한 이후에 돌아온 기제(忌祭)나 추석(秋夕) 절사(節祀)등 제사는 평시와 같이 그 제사를 지내게 됩니다. 다만 음복을 하지 않습니다.

이와 같아서 7 촌 숙부의 작고하신 날이 음력 8 월 12(금일)일인데 기제 일이 8 월 12 일 같은 날이라 위와 같은 법도에 따라 기제는 폐하여야 하고, 추석은 초상 으로부터 5 일(死與往日)정도 되는 날로 성복 이후가 되는 날이 되니 추석 전에 장 사하였다 하여도 추석날 아침에 아버지 제사를 집에서 지내시고 상가로 가 상사 를 돌볼 일이 있으면 도와주심이 옳다 할 것입니다.

●要訣祭儀抄喪服中行祭儀;緦小功則成服前廢祭(五服未成服前雖忌祭亦不可行也)成服 後則當祭如平時(但不受胙)服中時祀當以玄冠素服黑帶行之

●曲禮生與來日死與往日(集說註)與猶數也成服杖生者之事也數死之明日爲三日斂殯死 者之事也從死日數之爲三日是三日成服者乃死之第四日也(細註)永嘉戴氏曰死者日遠生 者日忘聖人念之故三日而殯死者事也以往日數三日而食生者事也以來日數其情哀矣聖人 察於人情之故而致意於一日二日之間以此教民而猶有朝祥暮歌者悲夫(鄭注)與猶數也生 數來日謂成服杖以死明日數也死數往日謂殯斂以死日數也此士禮貶於大夫者大夫以上皆 以來日數士喪禮曰死日而襲厥明而小斂又厥明大斂而殯則死三日而更言三日成服杖似異 日矣喪大記曰士之喪二日而殯三日之朝主人杖二者相推其然明矣與或爲予(孔疏)生與至 往日○正義曰生與來日者此謂士禮與數也謂生人成服杖數來日爲三日死與往日者謂死者 殯斂數死日爲三日○(注)與數至爲予○正義曰貶猶屈也士卑屈故降不如大夫所以厭其殯 日然士惟屈殯日不屈成服杖日者成服必在殯後故也云大夫以上皆以來日數者大夫尊則成 服及殯皆不數死日也大夫云三日殯不數死日則天子諸侯亦悉不數死日也故鄭云大夫以上 云士喪禮曰死日而襲者注引士喪禮者證殯與成服不同日以其未審故云似異日又引喪大記 者更證明士殯與成服不同日故云二者相推其然明矣謂以士喪禮喪大記二者相推校然猶是 也殯與成服是異日明矣無所復疑言與或爲予者謂諸本禮記有作予字者故云與或爲予

▶2425◀◆問; 가족묘지에 살아계신 분의 묘 자리를 빈터로 남겨 둘 수 있 나요?

의례 문의에 좋은 답변을 해 주시는 담당 선생님 수고가 많습니다. 가정의례에 문 외한인 제가 성균관 홈페이지를 통하여 많은 의례를 알 수 있어서 항상 고맙게 생 각하고 있습니다. 그래서 자주 의례문답 게시판과 자유게시판을 방문하고 있습니다.

이번에 가족묘지를 마련하고자 합니다.

조부모님 4위(할아버지 한 분에 할머니 3분)와 백부님 1위, 중부모님 2위, 부모님 2위, 숙부님1위를 모시고자 합니다. 그런데 조모님 1위와 아버님 1위는 사정이 있 어서 차후 몇 년이 흘러야 이장이 가능합니다.

그래서 조모님 1위 자리, 아버님 1위 자리, 그리고 살아계신 어머니를 모실 자리(1 위)를 예정하여 빈터로 남겨 둘 수 있는지요?

주위에 있는 친척이 말하길 가족묘지에 들어오는 순서대로(돌아가시는 순서대로) 가족묘지에 모시는 순서를 정해야 한다고 하시는 분이 계셔서 어떻게 하는 것이 좋은지 몰라 고민이 많습니다. 순서는 아래와 같이 하고자 하는데 괜찮은지 살펴주시기 바랍니다.

1렬 할아버지 첫째 할머니(빈터로 자리만 확보) 둘째 할머니 셋째할머니 2렬 백부님1위 중부님 중모님 본인 아버님(빈터) 본인 어머님(빈터) 숙부님 그리고 가족묘지에 살아 있는 사람도 묻을 자리를 예정하여 제반 시설을 미리 설치할 수 있습니까? 가부를 알려주시면 고맙겠습니다. 장례문화나 의례를 잘 몰라 여쭙니다. 좋은 의견을 말씀해 주시면 대단히 고맙겠습니다. 감사합니다.

◆答; 가족묘지에 살아계신 분의 묘 자리를 빈터로 남겨 둘 수 있음.

자손(子孫)이 연만(年滿)한 부조(父祖)의 사후 장지를 생전에 미리 족장지(族葬地)나 종산(宗山)에 미리 쓸만한 자리에 가묘(假墓)를 써 두는데 이를 치표(置標), 치표(寘標), 신후지(身後地), 라 합니다.

●方輿總志山川; 孝子李致鶴營其慈親身後地干峯西乙坐原形家云玉女彈琴壙有梅花紋黃色大理石建石物筬山在長城珍原兩面界與三聖山連登峯大折山鷹峯中寺山皆其餘麗
●尤庵曰麟母若窆萬儀則其上必先占吾身後地可也此外則汝須節抑自愛以副老父之心至祝至祝
●荷齋日記一辛卯年十月二十九日晴君之置標地旣爲不用特念孤哀貧殘亦看諫洞大監
●弘齋全書顯隆園誌翌日至水原府府治之北有花山卽己亥寧陵置標地也登臨

▶2426◀◆問; 어느 쪽을 따라야 하는지?

저희 문중에 조상님의 호(號)를 지방이나 축문에 사용하려고 하는데 어떻게 써야 하는지 문의 드립니다. "현고조고'敬軒처사부군"으로 쓰면 어떠하신지요? 고견을 듣고 싶습니다.

◆答; 어느 쪽을 따라야 하는지?

아래와 같이 살펴보건대 생전 타의 스승 되시기에 손색이 없을 때 별호에 선생을 붙인다 하여도 욕될 것은 없을 것입니다.

例示; 顯某考別號先生府君神位

●尤庵曰神主稱號載於二程全書有曰属謂高曾祖考謂官或号行号是別号行如元二劉九之類伊川之子端中稱伊川爲先生亦載二程全書矣

아래는 神主 粉面式의 無官者에 관한 말씀들입니다. 牛溪 선생께서 하신 지적이 이 論題에 적중한 말씀 같습니다.

지방식은 신주의 분면식에서 神主의 主를 位로 고쳐 사용하니 신주식 분면의 모관에는 사적으로 부르던 별호는 쓰지 않는다는 것입니다.

用例는 혹 오류의 가능성이 존재함으로 그를 전거로서 확실히 하려면 타당성이 입증되어야 논거의 뒷받침에 무리가 없을 것 같습니다.

●牛溪答鄭宗溟曰別號平時所自稱不可書
●問解無官而死者無他稱號勢不得已當書學生處士秀才各隨宜可也
●陶庵曰神主稱別號雖無例恐不害於義況有程子之言乎但處士之稱不答於已仕之人雖曰處鄉不仕謂之處士則未也題主以府君爲之壙中銘旌亦去處士字爲得
●竹菴曰書銘題主及表石先實職而後贈職無妨耶黎湖曰先贈是俗失
●老洲曰行職生時所踐歷也贈職死後所追贈也先行而後贈以前後爲序也先贈而後行以君

恩爲重也兩說俱可據而愚見則如銘旌題主似當先贈職耳

●梅山曰行職贈爵俱是公朝之賜則先贈後行實無意義退溪所謂先後倒置者以此也宋朝則先行後贈故朱先生於吾先文字亦然沙溪尤菴之所爲遵也然先贈後行已成通行之禮戶籍試封則不容不從俗不爾則易歸於違格告祝及題主則先行後贈仰述朱子恐宜

▶2427◀◆問; 瞻掃靡及.

瞻掃靡及(첨소미급)은 우리가문의시제축문에 나오는 용어인데 뜻과 어원에 대해 알려 주시면 감사하겠습니다.

◆答; 첨소미급(瞻掃靡及).

瞻掃封塋이란 간단히 말해 벌초하였다는 의미로서 우리나라는 벌초하는 시기가 있고 묘제 지내는 때가 따로 있지만 중국은 다른 연유도 있겠으나 워낙 땅이 넓어 사전 벌초하지 않고 묘제 지내는 날 上墓하여 재배 후 벌초 또 재배하고 진설 묘제를 지내게 됩니다.

따라서 瞻掃封塋이란 살피고 쓸었다. 어디를 봉영을 이라는 의미인데, 瞻掃靡及이란 살피고 쓸었다 어떻게 빠짐없이. 라는 의미로 번역될 수가 있는데 묘제축문에 쓰이는 문구에는 어디 즉 主語인 묘소가 붙어야 구절이 완전하여 질 것입니다

●家禮墓祭厥明灑掃條主人深衣帥執事者詣墓所再拜奉行營域內外環繞哀省三周其有草棘卽用刀斧鉏斬芟夷灑掃訖復位再拜

▶2428◀◆問; 한 조상의 차례를 두 곳에서 지내도 될까요?

지금 차례를 형님이 모시고 있는데 형제간에 사정이 있어서 가지를 못하고 있습니다. 지금 형님은 형수도 손도 없는 상황이고 다른 가족들과도 왕래가 없는 상황입니다.

다른 가족들도 그리고 제 생각과 그렇고 나중에는 조상님 차례는 우리 집으로 모셔야 할 것 같다 라는 생각이 들어 올해부터 우리 집에서도 따로 차례를 모시려 했더니 된다 안 된다 말들이 많아 이렇게 문의 글 올립니다.

고수님들의 명료한 조언을 부탁합니다. 너무 불효라고만 생각지 마시고 저는 절실한 마음이니 진심어린 조언 다시 한번 부탁 드립니다.

◆答; 한 조상의 차례를 두 곳에서 지내도 될까.

질문하신 박석원님께 그와 같은 환경과 처지시라면 가르침에 따라 다음과 같이 안내하여 드립니다.

장형을 영원히 상면치 못할 사연이 계시다면 형가에서 제사치 안는다고 확인이 되신다면 강신 때 아래와 같이 고하고 축문에 지자가 제사를 지내는 섭사(攝祀) 사유를 고하고 장형 속칭으로 기제를 지내드리시고, 지내는지 아닌지가 확인되지 않을 때는 지방을 설위 진설 후 무축단헌의 예로 마치시면 예법에 어그러지지 않을 것입니다.

⊙支子異居者考妣忌日設位告辭

維 歲次干支幾月干支朔幾日干支介子某今以 顯考某官府君 顯妣某封某氏遠諱之辰敢請 顯考 顯妣降居神位恭伸追慕

●曲禮支子不祭祭必告于宗子(註)不敢自專宗子有故支子當攝而祭五宗皆然疏廟在適子之家庶子不敢輒祭若濫祭亦是淫祀若宗子有疾不堪當祭則庶子代攝可也猶宜告宗子然後祭

●喪服小記庶子不祭禰者明其宗也(註)庶子不得立禰廟故不得祭禰所以然者明主祭在宗

子廟必在宗子之家也庶子雖貴止得供具牲物而宗子主其禮也○(又)喪服小記庶子不祭祖者明其宗也(註)此據適士立二廟祭禰及祖今兄弟二人一適一庶而俱爲適士其適子之爲適士者固祭祖及禰矣其庶子雖適士止得立禰廟不得立祖廟而祭祖者明其宗有所在也

●曾子問庶子若宗子死告於墓而祭於家稱名不言孝身沒而已註孝宗子之稱不敢與之同但言子某至子可以稱孝

●奔喪凡喪父在父爲主(註)父在而子有妻子之喪則父主之統於尊也

●溫公曰凡主人當以長子爲之無長子則長孫承重又曰父沒兄弟同居各主其喪(注)各爲妻子之喪爲主也

●問解續長子雖病廢似不可傳重於次子況長子有子則豈可以次子奉祀也

●問忌祭定行於主人之家支子女子則只以物助之何如退溪曰朱子書有支子所得自主之祭之說恐是忌祭節祀之類也今若一切皆歸宗子而支子不祭則因循偸惰之間助祭不如式以致衆子孫全忌享先之禮甚爲未安又或宗子貧窶不能獨當而並廢不祭則反不如循俗行之之爲愈

●問人家忌祀若家間不淨以紙牓設行於支子家其儀如何芝村曰嘗見先人說以爲禮家別無紙牓無祝之語只云先後參當告事由於家廟後以宗孫名書塡於祝文云若紙牓所題則一依神版而府君下當書神位二字旁題不當書其他節目無異於家廟矣

●尤庵曰禮嫡子廢疾不得承重凶悖之人得罪倫常則其重於廢疾也側出男不得已承重矣

●禮輯長子病廢次子傳重條厚齋曰凡廢疾與先死而無子者同次子之子當主之

●鏡湖曰薦新俗節朔望時祭大宗雖有故不行從而並廢似未安依禮力行而使大宗效之尤善其說恐是

●朱子答李晦叔曰向見說前輩兄弟異居相去遠甚則弟於祭時旋設位紙牓標記祭畢焚之如此似亦得禮之變矣○又曰支子之祭先儒雖有是言然竟未安向見范丈兄弟所定支子當祭旋設紙牓於位祭訖而焚之不得已此或可采用然禮文品物亦當小損於長子或但一獻無祝可也

●南溪曰朱子雖言兄家設主弟不立主祭時旋設位以紙牓標記逐位然於其末以更詳之爲結後來更無通行者恐不得行也惟父母忌日是終天之痛有難每年只行望哭而已若非往參宗家之時則雖以紙牓行不至大悖曾見士大夫家多行之又曰雖支子家具饌祝辭必以宗子名

▶2429◀◆問; 부친이 돌아가신 후 첫 명절상 차리는 법 문의.

회사에 계신 지인이 작년 11월에 작고하셨습니다. 화장터에서 탈상을 하셨다고 합니다. 근데 집안에 예법을 아시는 분들이 없어서 첫 차례상을 어떻게 차려야 하는지 의견들이 분분하다고 합니다. 알려 주셨으면 감사합니다.

◆答; 부친이 돌아가신 후 첫 명절상 차리는 법.

설의 참예는 사당 예로서 종자댁이 아닌 지손 댁에서 지낼 수가 없는 예로서(기제사포함) 매감실(每龕室; 各代) 신과(新果) 한 대반(大盤) 씩이나, 우리나라의 설에는 특별한 새로운 음식인 떡국 한 사발과 잔반 하나씩을 매위 진설하고 단헌의 예로 마침이 예서적 바른 예법입니다.

그러나 이 법도는 우리나라의 실정과 부합하여 기제사 진설에 설에는 떡국 추석에는 송편을 메 대신 또는 덧 올리고 있는 실정인 것 같습니다.

기제사 진설 방식은 여러 가지가 있으니 그 가문에서 사용되는 법도를 따름이 옳을 것입니다. 예법은 단헌지례입니다.

●性理大全正至則參每龕設新果一大盤於卓上每位茶盞酒盞盤各一於神主櫝前

▶2430◀◆問; 산신제단의 위치.

산신제단은 묘를 바라보고 서서 좌측상단 또는 우측 상단 중 어데가 정답이며 그 이유는요?

그리고 추가로 석등의 위치는 묘의 어느 위치에 세우는지요?

모인의 답변;

② 묘제의 '선 묘제 · 후 산신제'와, 산제단을 묘의 동쪽에 두는 이유는 모두 (산신 보다) 조상을 더 높이는 의미입니다.

[家禮輯覽 祭禮 墓祭 逡祭后土/集說 問祀后土 如何不在墓祭之前 曰 吾爲吾親來 薦 歲事 專誠在墓 土神自宜後祭 蓋有吾親 方有是神也]

◆答; 산신제단의 위치.

●輯覽墓祭逡祭后土;(集說)問祀后土如何不在墓祭之前曰吾爲吾親來薦歲事專誠在墓土 神自宜後祭蓋有吾親方有是神也

이상의 말씀은 묘제를 먼저 지내고 후토제를 뒤에 지내는 까닭의 말씀이고,

●묘제 때 후토제를 묘의 좌측(동쪽)에서 지내는 까닭은 지도상우(地道尙右) 신도 상우(神道尙右)의 법도에 의하여 묘의 동쪽에서 지내게 되는 것입니다.

●溫公曰神道尙右
●陳按卿云地道以右爲尊

▶2431◀◆問; 4대봉제사를 하루에 제사 지내는 방법?

안녕 하세요? 전통 예절 보존을 위해 노력하시는 여러분께 감사 드립니다. 예의 상 어려운 일이나 시대가 변천 함에 따라 모두가 생업에 바쁜가 하면 후손은 뿔뿔 이 흩어져 사는지라 부모님을 비롯하여 4대 봉제사 받드는 일이 과거 같지 않음 에 요즘 세태가 한날 한시에 선대 제위를 합설하고 한번 제례를 모시는 사례가 증 가하는 추세이온데 이는 관례상 예법을 벗어남에 망극할 수 있으나 시류가 그러함 에 이렇게 제례를 봉행 한다면 이에 적합한 축문은 어찌 써야 되는지요? 그 예문 을 답해주시면 감사하겠습니다. 2015.2.27. 리 승 호 올림.

◆答; 4대봉제사를 하루에 제사 지내는 방법은 없습니다.

옛적에는 기제와 묘제가 당초에는 없었고 제사하면 四時祭 였는데 제사 날짜는 사 시 중월의 혹정 혹해일로 점을 쳐 길한 날로 제삿날를 받아 지냈으나 서의에 의하 면 사환(仕宦)과 같이 직업이 있어 바쁜 이들은 점을 쳐 날을 받지 않고 춘하추 동 이분(二分) 이지(二至)에 시제를 지내면 편할 것이다 라 하였으니 지금도 사대봉 사에서 기제가 직업상 어려움이 있으면 분지(分至)에 시제를 모아 지낸다 하여 예 도에 어그러진다 할 수는 없을 것입니다.

다만 축사는 사대를 모두 한 장에 쓸 수가 없고 대수 대로 시제 축식으로 써야 할 것입니다. 그러나 현재 기제와 묘제 만 남아 있는 것으로 보아 시제보다 더 중하 다는 것을 알 수 있을 것입니다. 불편하고 어려움이 있다 하여도 나를 있게 한 무 엇과도 비교되지 않는 은혜를 입었으니 최악이 아니라면 나를 키워낸 선대의 작고 하신 날을 잊어서는 아니 되겠지요.

●性理大全四時祭設位條設高祖考妣位於堂西北壁下南向考西妣東各用一倚一卓而合之 曾祖考妣祖考妣考妣以次而東皆如高祖之位世各爲位不屬
●孔子閒居:天有四時春秋冬夏細註藍田呂氏曰天有四時春夏秋冬
●性理大全四時祭時祭用仲月前旬卜日條上旬之日或丁或亥主人曰(云云)玟擲于盤以一 俯一仰爲吉不吉
更卜中旬之日又不吉則不復卜而直用下旬之日
●書儀祭條凡祭用仲月(云云)孟詵家祭儀用二至二分然今仕宦者職業殊繁但時至事暇可 以祭則卜筮亦不必亥日及分至也若不暇卜日則

▶2422◀◆問; 해외 여행이나 출장 시 제사.

안녕하세요. 여쭙고 싶은 게 있어서 글을 올립니다. 다름이 아니라 제사 날에 부득이한 사정으로 외국에 있을 시(해외여행이나 출장)출국 전 (제사 10일전쯤)에 미리 제사를 지내는 것이 괜찮을지요? 아니면 해외에서 간단히 차리고 지내는 것이 맞을까요? 답변 부탁 드리겠습니다.

◆答; 해외여행이나 출장 시 제사 지내는 법.

기제는 작고한날 지내는 제사를 의미함으로 그날이 아니고 다른 날 지냄은 그 기제로서의 의미가 없으며, 해외 출장 중 기제가 닿으면 집에 대행할 子弟나 친속이 있으면 한 사람을 지목 대신 제사를 지내라 부탁 하고 출장을 떠나고, 만약 대신 제사 지낼 사람이 없다면 출장지 묵는 여사(旅舍)에서 스스로 제사를 지낸다 합니다.

○해외 출장시 축식; 孝子某 身在他國 不能將事 使子(姪則子去姪)某 敢昭告于

●公羊傳昭公十五年大夫聞君之喪攝主而往注主謂已主祭者故使兄弟若宗人攝行主事而往不廢祭者古禮也

●辭源[攝主]代爲主祭之人

●曾子問孔子曰宗子居於他國庶子爲大夫其祭也祝曰孝子某使介子某執其常事

●退溪曰宗子粤在他國而命介子代祭之例曰孝子某使子某敢昭告于云云

●葛庵曰父不與祭而使子弟攝行則曰孝子某使子某敢昭告云病中則云病不能將事或身在遠地不能將事

●遂菴曰孝子某有疾介子某代行薦禮敢昭告于○先祖之稱用宗子之屬代○有故措辭曰孝子某病不能將事○孝子某適在遠地不能將事○孝子某幼未將事○孝子某身犯惡疾使字嘱某親某

●問主祀家有故以紙榜行忌祭於他所尤菴曰紙榜行祭一如神主之儀但於祝辭不可不以祭於紙榜之故幷告也

●問人在旅中遇私忌於所舍設卓炷香否朱子曰這般細微處古人也不曾說若無大礙於義理行之亦無害

▶2423◀◆問; 새벽(晨)이란?

새벽에 오전이란 의미가 있다는데?

◆答; 새벽(晨)은 새벽일 뿐.

새벽은 아래 그림에서와 같이 천량(天亮), 일출시(日出時)의 고유명칭이다.

밤(夜)
子時

저녁(昏)=====(前日) ======밤중(夜中)=======(後日) =======새벽(晨)
日沒時   夜半   日出時
                          半夜

1更   2更   3更   4更   5更

낮(晝)
午時

새벽(晨)======(午前)======한낮(日中)=======午後)======저녁(昏)
日出時   正午   日沒時

새벽(晨)이란 아침(동틀 무렵)의 지칭인데 이 지칭은 어떤 명분으로도 아침이라는 때를 훼손시키지 못한다 함은 기본 상식에 속한다.

다만 새벽이란 비 활동 시간대에서 활동 시간 대에서는 가장 빠른 시간대인 관계로 빠른 시간임을 표현 할 때 "새벽(에)(같이) 왔다" 정도로 비유적으로 새벽을 사용할 수는 있으나 확대 해석하여 새벽의 명사가 지니고 있는 바탕을 어지럽히지 못한다.

새벽의 시간대가 춘하추동(春夏秋冬)날마다 달라 현대 시로는 어느 시간이 새벽이라고 지정 되어 질 수가 없을 뿐만 아니라 신(晨)에는 때(時也)의 의미가 있다 하여 晨에 하나의 의미로 새벽이 있다 하여 새벽 몇 시라 할 수 없는 것이다.

특히 새벽이 오전 중에 있다 하여 오전을 대변하지 않는다.

●左傳莊公七年;辛卯夜(孔穎達疏)夜者自昏至旦之總名
●康熙字典日部七畫[晨](爾雅釋詁)晨早也(釋名)晨伸也旦而日光復伸見也(玉篇)明也(周禮秋官司寤氏)禦晨行者(說文)早昧爽也
●左傳昭公五年;杜預注有夜半鷄鳴平旦日出食時隅中日中日昳晡時日入黃昏人定等名目雖不立十二支之目但已分十二時
●酉陽雜爼續集禮條婚禮必用昏以其陽往而陰來也
●國語吳語吳王昏乃戒令秣馬食士夜中乃令服兵擐甲係馬舌出火竈韋昭注夜中夜半也
●史記孟嘗君列傳孟嘗君得出卽馳去更封傳變名姓以出關夜半至函谷關
●左傳哀公十四年醉而送之夜半而遣之辭源注夜半半夜
●辭源[更]古夜間計時單位一更約兩小時一夜分爲五更
●祭從弟敬远文死生異方存亡有域候晨永歸指塗載陟
●王撫軍庾西阳集別時爲豫章太守詩來晨無定端別晷有成速

이상의 논조에 오류가 있다면 왜 오류인지 학문적으로 증명하여 주시기 바랍니다.

===

◆參考資料◆

康熙字典[晨][說文]作晨早昧爽也 [爾雅釋詁]晨早也 [釋名]晨伸也旦而日光復伸見也 [玉篇]明也晨[集韻]同上
●康熙字典[早][說文]晨也 [釋文]早音早本或作早
●康熙字典[明][小雅]明發不寐 (疏)言天將明光發動也 [正字通]凡厥明質明皆與昧爽義同
●爾雅釋詁朝旦夙晨晙早也(疏)早者說文云晨也〇又東方未明云不夙則莫晨者說文云晨寐爽也東方未明云不能晨夜晙亦明之早也
●說文解字注[晨]晨或省今之晨字作此
●海篇心鏡日部(七)[晨]音辰旦也
●字彙日部七畫[晨]早朝之辰
●韻會小補十一眞[晨]說文晨早昧爽也辰辰時也釋名晨伸也又論語晨門註閽人也說文晨房星也晨早也早朝之晨又旦也
●三音四聲字貫日部七畫[晨]晨早昧爽也 辰辰時也
●三韻聲彙眞平聲(신)晨昧爽〇晧上聲(조)早晨也
●新字典日部七畫[晨]昧爽 새일녁. 새별. 又早朝之辰
●字典釋要四畫日七[晨]昧爽 샐녁신.
●增補字典釋要日部(七)[晨](신)昧爽샐녁신(眞)
●御製洪武正韻平聲眞部[晨] 說文早昧爽也
●御定奎章全韻平聲眞十一眞部[晨]昧爽
●排字禮部韻略十一眞[晨]早也
●古今韻會擧要十一眞與諄臻通[晨]早昧爽也釋名晨伸也淸旦日光復伸見也說文晨房星也晨早也早朝之晨

●廣韻上平聲十七眞[晨]早也明也
●三韻通考眞第十二上平聲[晨]明也
●全韻玉篇四書日部七[晨](신)昧爽 通作辰早朝之辰
●大東韻玉上平聲十一眞[晨]早也明也
●校訂全韻玉篇四書日部七[晨](신)昧爽 通作辰早朝之辰
●大廣益會玉篇晨部三百六凡七字 [晨]早也明也昧爽也 [晨] 同上
●朝鮮語辭典;사부[새벽](名)夜明け方
●국어사전;(民衆;이희승 1974년 한글날 감수)ㅅ부[새벽](명)날이 밝을 녘. 먼동이 트기 전.

==

●국어대사전;한국어편찬위원회편, 문학박사/이승녕 문학박사/남광우 문학박사/이용백 ㅣ국어학자/최학근 국어학자/지춘수 교육도서 간행(1991년.3.15.발행). ㅅ 사샤서셔소 쇼수슈스시 새벽 (명)①밤이 거의 새고 날이 밝을 무렵. ②시간의 단위 앞에 쓰이어 '오전'의 뜻을 나타냄.

▶2424◀◆問; 고유축문.

우리8대조와7대조의 신주를 모시고 시사를 지내고 있는지 십년이 넘어 정침을 보수하여 신주를 정침으로 모시고, 사랑채는 작은 집에서 사용하도록 종회에서 결의되어 현재 보수 공사 중입니다 공사가 완료되면 신주를 옮겨 모셔야 합니다. 이럴 경우 고유축문의 예가 있는 축문 등을 찾아보았으나, 이를 찾지 못하였습니다.

또 고유제를 지난다면 현 사랑채에서 출주를 위한 고유제와 정침으로 옮겨 모실적 고유제 축문이 있을 것 같기에 문의 들입니다. 처음으로 신주를 모실 적 축문이 있었을 것으로 생각이 됩니다만 보관을 소홀히 하였는지 찾을 길이 없어 문의 드립니다.

1. 출주시의 고유축문의 문안.
2.이설하여 모실적 입주 고유축문 문안 있으면 알려주세요.

◆答; 고유축문.

神主가 아니라 位版(位牌)일 것입니다.
이안환안(봉안) 축식은 아래를 참조하여 귀댁의 사정에 맞도록 개작하여 사용하십시오.

●愧郯錄金版今郊祀天地祖宗正配位皆有金版書神位以金飾木爲之如匣之制稍高博且表以字
●聖殿修理移安祝文云云伏以磚石頹圮今將改修敢請神位權奉于樓房庸薦洞酌謹告厥由謹以尙饗
●還安祝文云云伏以聖廟旣修厥功維新卜吉還安祗薦明禋謹以牲醴庶品式陳明薦以尙饗

▶2425◀◆問; 비문에 대해 여쭙니다.

問; 1. 부모님 묘를 각각 써서 나란히 쌍봉인 경우 비석을 1 기만 세우려는데 앞에서 볼 때 비석위치는중앙인지, 우측인지요?
問; 2. 부모님 두분 성명을 2줄로 아래로 내려 쓸 때 동고서비, 서고동비 어떤 것이 더 일반적인지요?
問; 3. 비석에서, 부친이 초등학교 교장이셨는데 모친의 성명 앞에는 무슨 칭호를 붙이는 지요(유인, 영인 등)? 아무 칭호도 안 붙이는 것은 결례인지요?
問; 4. 보통은 부친 성함 아래에 지묘, 모친 성함 아래에 부좌를 많이 쓰는데, 부친과 모친 성함 아래 가운데에 지묘라고 쓰는 것은 부친에게 결례인지요?

問; 5. 비문 맨 끝에 글 쓴 분을 표기하는데, 비문을 자녀가 쓰고 자녀 이름을 표기해도 괜찮은지요?

問; 6. 비문을 한글로 쓰더라도 자손 이름을 표기할 때 자 녀 자부 손 손녀 등 한문 용어로 표기하는데, 사위를 여서라고 해야 하는지요?

問; 7. 자손 이름 표기 때 손 손녀등으로 표기하는데, 외손 외손녀의 경우에도 손 손녀라고 표기해도 괜찮은지요?

◆答; 쌍분(雙墳) 표석식(表石式)에 대하여.

問;1. 答; 표석은 묘 앞에 세움이 예법상 옳으나 쌍분 사이에 세워도 예법상 어그지지 않을 것입니다.

問;2. 答; 비석 중앙에 考를 쓰고 그 외쪽으로 한자 내려 妣를 쓰고 그 끝에 祔라 刻書합니다.

合刻에서 부인에게는 之墓를 쓰지 않습니다.

問; 3. 答; 考에게 관직이 있었으면 그 관직을 쓰고(초등교장), 부인에게는 配初等校長夫人某氏라 해야 할 것 같습니다.

問; 4. 答; 부친에게 之墓를 붙이고 모친에게는 祔左라 할 뿐입니다.

問; 5. 答; 표석(表石)에는 매장인의 표시만할 뿐 기타 건립자나 후손을 각서(刻書)하지 않습니다.

問; 6. 7. 答; 위 5번 答과 같습니다.

좌방(左旁)의 바른 이해는 退溪先儒께서 이미 "퇴계선생소론신주방제지사분명가거(退溪先生所論神主旁題之事分明可據)"라 하셨으니 신주 분면식의 법도는 "분면왈고모관봉시부군신주기하좌방왈효자모봉사(粉面曰考某官封諡府君神主其下左旁曰孝子某奉祀))라, 합폄 표석식의 좌방이란 考의 좌방으로 비(妣)는 고(考)의 서쪽이란 말씀입니다.

즉 여기서 좌방(左旁)은 서자(書者)의 방위로 곧 표석전면(表石前面)에 고동비서(考東妣西)로 각자함이 바른 예법 같습니다.

●家禮立小石碑條立面如誌蓋之刻云又刻誌石條某官某公之墓
●輯覽墳圖表石某官某公之墓
●陶庵曰合葬則別行書某封某氏祔左
●南溪曰表石立於墓前禮也不然則當立於左旁蓋右是神道之尊也
●南溪禮說答問曰表石立於墓前禮也不然則當立於左旁蓋右是神道之尊位也兩位表石右書府君左書夫人當如神主之制而世人或多用順書之法未知孰是夫人位之墓二字不必書只書祔以別正位似可
●或問合葬碣面何以書之旅軒曰若雙封一碣則正面當中題曰某國某官某公之墓其左旁低其題曰某夫人某氏祔
●陶庵曰合葬則別行書某封某氏祔左
●家禮治葬石碑條刻其面如誌之蓋
●便覽婦人誌蓋式條某官姓名(夫亡則云某官某公(此下當添諱某二字)某封(某封上當添配字夫無官則但云妻)某氏之墓
●或問合葬碣面何以書之旅軒曰若雙封一碣則正面當中題曰某國某官某公之墓其左旁低其題曰某夫人某氏祔
●陶庵曰合葬則別行書某封某氏祔左

●旅軒曰夫婦若同封一碣則正面當中題曰某國某官某公之墓其左旁低其題曰某夫人某氏祔
●尤庵曰夫與元妃合葬于上繼妃祔于下則表石當立于夫墓而書曰前妃某氏祔左繼妃某氏祔下
●便覽墓表式同誌蓋式○合葬則別行書某封某氏祔左○誌蓋式某官(無官則隨所稱)某公(此下當添諱某二字)之墓
●詩話碣者揭示操行而立之墓邃也表石題云某人之墓無文詞也
●輯覽圖式表石式某官某公之墓世系各字刻於其左轉及後右而周焉
●旅軒曰夫婦若雙封各碣則兩碣須當並書之墓又若雙封一碣則正面當中題曰某國某官某公之墓其左旁低其題曰某夫人某氏祔
●問表石左字俗皆從祔左位地夫人封號必書左行今以文理連看而書之如何明齋曰鄙家祖考表石從寫者之左右而書之如示矣退溪先生所論神主旁題之事分明可據
●問合葬之墓碣面當兩書墓字否退溪曰府君書墓而夫人只書祔字似得宜也
●尤菴曰夫與元妃合葬于上繼妃祔于下則表石當主于夫而書曰前妃某氏祔左繼妃某氏祔下
●南溪曰兩位表石右書府君左書夫人夫人位只書祔
●性理大全題主條粉面曰考某官封諡府君神主其下左旁曰孝子某奉祀

○神主粉面式　　○合窆表石式

神主粉面式			合窆表石式	
	顯			某
	考		某	官
	某		夫	某
孝	官		人	公
子	府		某	之
某	君		氏	墓
奉	神		祔	
祀	位			

▶2426◀◈問; 姦通罪 違憲 判決에 대하여.
간통죄(姦通罪) 위헌(違憲)이라니.

◈答; 간통죄(姦通罪) 위헌(違憲).
간통죄가 위헌이라는 기막힌 사건이 이 나라에서 벌어졌다. 이는 모계사회로 이전되는 과정 중의 첫 단계다.

물론 모계사회든 부계사회든 인간이 이 지구상에서 존재하는 데는 천지개벽이 일어나기 전까지는 외면상으로 인간이 종족을 번식하는데 문제는 없으리라.

그렇다면 직립한 인간이 네발로 기거나 아니 그 발도 부실한 파충류와 다를 바가 무엇이 있겠는가.

억지 주장으로 부계사회를 유지하겠다. 라 거드름을 피우는 자 있다면 앞으로는 부부간에 어찌하여 자식이 생산될 시 DNA 검사는 필수 항목에 포함될 것이다.

그러하지 않고는 혹간은 남의 자식 길러내기에 남자들의 등골만 요절나고 말 것이다.

특히 조상 숭배사상이란 자취를 감출 것이오. 조상 숭배사상이 없어진다면 애비와 자식은 견원 사이가 아니면 너나에 불과할 것이고 모계는 부정할 수가 없을 터이니 외족을 따름이라 성 역시 모계 중심으로 이전되어야 할 것.

보시라,,, 중종실록을 철통 같았던 유교국가인 조선시대에도 간통하여 자식이 생산된 것을... 어찌하다 동양사상이 서양사상에 흡수(?)되고 말았단 말가.

현 성균관 임직원들을 이 지경이 되도록 무엇을 어떻게 대처하였는가를 밝야 할 것이고 대처를 하였으나 중과부족으로 인한 패배를 당하였다면 수단 방법을 가리지 말고 유교의 세 확장에 물불을 가리지 말아야 할 것이다.

●康熙字典女部六畫姦[說文]私也詐也淫也
●春秋左傳成公二年傳曰九月貪色爲淫淫爲大罪林注貪慕女色則爲淫亂淫亂爲先王之大罪위
●魏嵇康樂論罷樂之後下移踰肆身不是好而淫亂愈甚者禮不設也
●庄子漁夫人倫不飭百姓淫亂
●北齊書薛琡傳魏東平王元匡妾張氏淫逸放恣琡初與姦通後納以爲婦
●後漢書獨行傳李業信侍婢亦對信姦通
●野獲編台省台省之站御史頡文林又於公廨與囚婦姦通
●左傳莊公二年婦人姜氏會齊侯于禚書姦也
●辟陽城詩傳道漢天子而封審食其姦淫且不戮茅土孰云宜
●東周列國志第六十五回我等但知拿奸淫之人不知有君君旣知罪卽請自裁毋徒取辱
●中宗實錄十四年己卯四月十七日庚辰臺諫請罷女樂,又啓曰郭徹源通奸繼母玉伊産兒禁府推鞫失當只推事干發言者郭亨宗而不推胤源甚不可
●云笈七籤卷九外儒失道不知道爲儒本儒爲道末本末不知致無長壽之人遂爲淫亂之俗也

이상의 내용은 정숙한 여성이 포함되지 않은 부화 방탕한 남녀가 해당 될 것이나 주제 자체가 정상을 벗어나 본 홈의 위상에 적당한 subject 가 아니기에 자진하여 삭제 하였음.

▶2427◀◆問; 상가집에 염하기 전에 고인에게 절을 하면 결례인가요.

問; 안녕하십니까? 언제나 명쾌한 답을 주시어 감사드립니다.
2. 예전에는 장사일이 길어서 염하기 전에는 먼저 고인한테 인사를 하지 않은것으로 알고 있는데 요즘은 시간이 짧고 시간대가 안 맞으면 염을 늦게 하는 경우가 있어 이에 맞춰 예를 다하려면 힘들 거라고 생각합니다.
3. 현대에 맞춰 염하기 전에 절을 하는 것이 무방한지 궁금합니다.
4 영정사진에도 염하기 전에는 검은 리본을 치장을 하지 않는 것이 옳은지요?

◆答; 염하기 전 조문하기.

사람이 초상에 조문은 친한 이가 미리와 기다리는 이가 있으면 염하기 전 습만 마치면 혼백을 갖추고 영좌를 설치하는데 그때가 되면 조객을 시신 앞으로 가 슬피 곡하고 영좌 전으로 나와 분향 후 재배 상주 앞으로가 서로 슬피 곡만할 뿐 상주는 말을 하지 않습니다.

이상이 바른 법도인데 요즘은 사람이 죽어 영안실(靈安室)로 들여 모시면 그 즉시 영좌(靈座)가 설치되고 있으니 영좌가 설치되면 곧 조문(弔問)을 하여도 크게 결례가 되는 것 아닙니다.

조문은 염을 마친 뒤라야 할 수 있는 것이 아닙니다.

●性理大全初終卒襲覆以衾靈座魂帛銘旌執友親厚之人至是入哭可也條主人未成服以來哭者當服深衣臨尸哭盡哀出拜靈座上香再拜遂弔主人相向哭盡哀主人以哭對無辭

▶2428◀◆問; 祠宇 追配에 대한 문의.

왜 여러 조상을 사우(祠宇)에 모시려 하는지의 여부는 논외(論外)로 하고 다만 여러 위를 위패로 모시는 법도를 논합니다.

한분을 모신 祠宇에 기왕에 모신 분(한분)의 父, 祖父와 子. 孫子. 曾孫 등을 추가 배향하여도 되는지요. 않 된다고 다투다 문의 올립니다.

만약 추배가 가능하다면 기왕에 主壁으로 모시든 분의 윗분을 追配하게 되는바 主壁은 어떻게 하여야 하나요. 하교하여주시면 감사하겠습니다.

◆答; 祠宇 追配법(法).

기존이 만약 주벽이 불천지위는 아니나 학문이 출중하였거나 공이 두드러져 모신 사우이라면 그 위대는 배향할 수가 없고 단지 조상 숭배의 차원이라면 기존은 무시하고 가장 높은 선조를 주벽으로 모시고 주벽의 다음인 이세(二世) 사세(四世) 육세(六世)에 해당하는 선조를 주벽의 좌방(左方)으로, 삼세(三世) 오세(五世) 칠세(七世)에 해당하는 선조를 우방(右方)으로 배향합니다.

●漢書卷之五十九安世傳謚曰敬侯賜塋社東將作穿復土起冢祠堂子延壽嗣
●愧郯錄金版今郊祀天地祖宗正配位皆有金版書神位以金飾木爲之如匣之制稍高博且表以字
●經世遺表地官修制井田議三一祖主壁父子兄弟羅列左右謂之配享
●辭源[文廟]孔子廟唐開元二十七年封孔子爲文宣王稱孔廟爲文宣王廟見舊唐書玄宗紀下元明以後通稱文廟
●周禮春官小宗伯辨廟祧之昭穆辭源昭穆註古代宗法制度宗廟或墓地的輩次排列以始祖居中二世四世六世位於始祖的左方稱昭三世五世七世位於右方稱穆用來分別宗族內部的長幼親疏和遠近
●東文選議大夫士廟祭議古者天子祭七廟初受命之王爲太祖其廟居中東三昭西三穆

▶2429◀◆問; 中國語辭典 翌晨의 註 次日早晨에 대하여.

中國語辭典 翌晨의 註 次日早晨에 대하여.

◆答; 中國語辭典 翌晨의 註 次日早晨에 대하여.

●滅亡第七章就昏昏迷迷地一直睡到第二天早晨十点鐘
●中國語辭典羽部五畫[翌]
[翌日]
[翌年]
[翼室]
11[翌晨]次日早晨。苏曼殊≪斷鴻零雁记≫第二十五章: "翌晨,余偶出後苑噓氣, 適逢其妹於亭橋之上, 扶闌凝睇, 如有所思。 "王西彦≪古屋≫第二部三: "因为昨晚睡得太晏, 翌晨起身上业已不早了。"
[翌翌]
[翌載]

중국 사전에 익신(翌晨)을 차일조신(次日早晨)이다. 라 풀어 놓은 것 잘 알고 있습니다. 이 말은 익신(翌晨)이란 우리의 언어로는 익일이란 의미인데 중국사전에 조신(早晨)이라 주(註)를 붙인 것은 오전을 강조하기 위하여 신(晨)을 해석한 것이지 그 해석이 신(晨)이 조신(早晨)과 동의란 의미가 아닙니다.

우리의 정서로 晨은 새벽이고 早晨은 晨 이전의 시간대인 이른 새벽이라 하여야 옳습니다.

만약 새벽이 오전의 의미로 쓰인다면 "1 일 오전 11 시를 1 일 새벽 11 시"라 한다. 라 할 수는 없겠지요.

●中國語辭典日部七畫 [晨] ①天亮; 日出時, (典據省略) ②谓鸡鳴报晓. (典據省略) ③通辰 .⑴指北极星.(典據省略) ⑵时,日.(典據省略)

[晨夕][晨正][晨旦][晨早][晨曲][晨光][晨牝][晨旭][晨衣][晨安][晨戒][晨步][晨妝][晨事][晨明][晨征][晨服][晨昏][晨昏定省][晨夜][晨炊] (單語以下 省略)

晨의 사전에서의 구성형태입니다. 먼저 글자의 의미를 분류하고 분류된 의미의 전거를 붙이고 이하에 그 글자가 형성하는 단어를 나열하고 쓰임이 붙습니다.

한자에서 이상과 같은 本意는 어떠한 경우에도 훼손 변질 시키지 못합니다.

▶2430◀◆問; 註文(注文)이란.

註文(注文)이란 그 의미가 무엇인가요.

◆答; 註文(注文)이란.

註文(注文)이란 註解者가 독자적으로 字句를 解釋한 글로 讀者의 이해를 돕는 글일 뿐이지 그 註文이 本文字句의 本意(玉篇的)에 간섭하지 못한다. 함은 유학하는 자의 기본 상식이다.

고로 中國語辭典의 翌晨의 주해문인 次日早晨은 辭典의 編者 독자적 解釋文일 뿐이지 그 註文이 本字인 晨의 本意(玉篇的)에 절대 간섭하지 않는다.

●詩經周南關雎章關雎序鄭玄箋孔穎達疏記識其事故特稱爲箋餘經無所遵奉故謂之註註者著也言爲之解說使其 義著明也
●辭源 [箋] 注釋古書表明作者之意或斷以己意漢鄭玄注釋諸經皆稱注獨注毛詩稱箋

▶2431◀◆問; 새벽(晨)에 오전의 의미가 없나요.

새벽(晨)에 오전의 의미가 없다는 증거가 있나요,

◆答; 새벽(晨)에 오전의 의미가 없다는 전거 및 증거.

1. 새벽에 "오전'의 뜻을 이르는 말"이 없는 典據.

●康熙字典 日部七畫 [晨]
○[唐韻]植鄰切[集韻][韻會][正韻]丞眞切竝音辰[說文]晶下辰或省作晨房星爲民田時者[周語][註]晨正謂立春之日晨中於午也
又[廣韻]食鄰切[集韻]乘人切竝音神[說文]作晨早昧爽也从臼从辰辰時也[九經字樣]晨隸省作晨[爾雅釋詁]晨早也[釋名]晨伸也旦而日光復伸見也[玉篇]明也[周禮秋官司寤氏]禦晨行者
○又[集韻]慈鄰切音秦關中語也
○又[集韻]鷐通作晨[爾雅釋鳥]晨風鸇[註]鷂屬[詩秦風]鴥彼晨風
○又[韻補]叶時連切[陸機挽歌]側聽陰溝涌臥觀天井懸廣宵何寥廓大暮安可晨
●康熙字典[明] [小雅]明發不寐 (疏)言天將明光發動也 [正字通]凡厥明質明皆與昧爽義同
●爾雅釋詁朝旦夙晨晙早也(疏)早者說文云晨也○又東方未明云不夙則莫晨者說文云晨寐爽也東方未明云不能晨夜晙亦明之早也
●說文解字注[晨]晨或省今之晨字作此
●海篇心鏡日部(七)[唇]音辰旦也
●字彙日部七畫[晨]早朝之辰
●韻會小補十一眞[晨]說文晨早昧爽也辰辰時也釋名晨伸也又論語晨門註閽人也說文晨

房星也晨早也早朝之晨又旦也

●三音四聲字貫日部七畫[晨]晨早昧爽也 辰辰時也

●三韻聲彙眞平聲(신)晨昧爽○皓上聲(조)早晨也

●新字典日部七畫[晨]昧爽 새일녁. 새볔. 又早朝之辰

●字典釋要四畫日七[晨]昧爽 샐녁신.

●增補字典釋要日部(七)[晨](신)昧爽 샐녁신(眞)

●御製洪武正韻平聲眞部[晨] 說文早昧爽也

●御定奎章全韻平聲眞十一眞部[晨]昧爽

●排字禮部韻略十一眞[晨]早也

●古今韻會擧要十一眞與諄臻通[晨]早昧爽也釋名晨伸也淸旦日光復伸見也說文晨房星也晨早也早朝之晨

●廣韻上平聲十七眞[晨]早也明也

●三韻通考眞第十二上平聲[晨]明也

●全韻玉篇四書日部七[晨](신)昧爽 通作辰早朝之辰

●大東韻玉上平聲十一眞[晨]早也明也

●校訂全韻玉篇四書日部七[晨](신)昧爽 通作辰早朝之辰

●大廣益會玉篇晨部三百六凡七字 [晨]早也明也昧爽也 [晨] 同上

2. 새벽에 "오전'의 뜻을 이르는 말"이 없는 辭典類

●朝鮮語辭典;사부[새벽](名)夜明け方

●中國語辭典日部七畫 [晨]

①天亮; 日出時, (典據省略) ②谓鸡鸣 报晓. (典據省略) ③通辰 .⑴指北极星.(典據省略) ⑵时,日.(典據省略)

●漢韓辭典 日部七畫 [晨]

①새벽신(旦也) 이른 아침. 동틀 무렵.[禮 曲禮上] 昏定而晨省. ②새벽닭울신(鷄鳴報曉) 닭이 새벽을 알리다. [書 牧誓] 牝鷄無晨 牝鷄之晨. ③별이름신(星名) 이십팔수의 하나인 방성의 딴 이름. 일설에는 북극성.[經法 論約] 日月星辰有數 天地之紀也. ④때신(時也) 辰과 통용 [張衡 東京賦] 及至農祥晨正土膏脈起.

●百年玉篇 日部七畫 日 7[晨]⑪ 새벽신. ①새벽. [禮記] 昏定而晨省. ②닭이 울다. 새벽을 알리다. [書經] 牝鷄之晨 惟家之索. ③房星의 딴 이름. 이십팔수의 하나. [張衡 賦] 農祥晨正.

●국어사전;(民衆;이희승 1974 년 한글날 감수)ㅅ부

[새벽](명)날이 밝을 녘. 먼동이 트기 전.

●교학사 한국어사전(문학박사 유목상 감수) 2004.1.5. 발행

[새벽] 날이 밝을 녘. 먼동이 틀 무렵. 동트기.

●민중실용국어사전 개정판 2003. 1. 1. 민중서림 편집국.

[새벽] 날이 밝을 녘. 먼동 트기 전.

●민중 제 6 판 엣센스 국어사전 (이희승 감수) 2015 년. 1. 10.

[새벽] 날이 밝을 녘. 먼동 트기전.

●엘리트 국어사전. 2015.1. 10.

[새벽] 먼동이 틀 무렵.

●동아연세초등 국어사전. 두산 동아 2015. 1. 10.

[새벽] 날이 밝을 무렵.

~~~~~~``

3. 새벽에 "오전'의 뜻을 이르는 말"로 오해 됨직한 中國語辭典의 翌晨과 "次日早晨"

註文(注文)이란 註解者가 독자적으로 字句를 解釋한 글로 讀者의 이해를 돕는 글일 뿐이지 그 註文이 本文字句의 本意(玉篇的)에 간섭하지 못한다. 함은 유학하는 자의 기본 상식이다.

고로 中國語辭典의 翌晨의 주해문인 次日早晨은 辭典의 編者 독자적 解釋文 일 뿐이지 그 註文이 本字인 晨의 本意(玉篇的)에 절대 간섭하지 않는다.

●中國語辭典羽部五畫 [翌] [翌晨] 次日早晨 ≪斷鴻零雁記≫ "翌晨 余偶出後苑噓氣 (以下 省略)"
●詩經周南關雎章關雎序鄭玄箋孔穎達疏記識其事故特稱爲箋餘經無所遵奉故謂之註註 者著也言爲之解說使其義著明也
●辭源 [箋] 注釋古書表明作者之意或斷以己意漢鄭玄注釋諸經皆稱注獨注毛詩稱箋
~~~~~~
4. 翌晨이란 단어를 국어사전이나 漢韓辭典이 채택한 사례.
국립국어원 표준국어대사전을 비롯 모든 국어사전과 漢韓辭典에 현재론 채택되어 있음이 발견되지 않음.
~~~~~~
5. 국립국어원의 표준국어대사전의 새벽과 早晨, 중국어사전의 早晨에 대한 검색결과이다..
○새벽 01〔새벽만[-병-]〕「명사」
「1」먼동이 트려 할 무렵. ≒효단·효신.
「2」((이른 시간을 나타내는 시간 단위 앞에 쓰여)) '오전'의 뜻을 이르는 말.
【<새박<원각>/새배<영가>】
○조신 01(早晨)[조:-]「명사」이른 새벽.

●中國語辭典의 早晨에 대한 검색결과.
○[早晨] ①指從天將亮到八.九点鍾的一段時間. ②指上午.

이상의 국어원 표준국어대사전과 중국어사전에서 早晨에 대한 의미를 살펴보건대.

국어원 국어사전편찬팀에서 早晨에 중국에서 ②指上午. 라 함은 위에서 논한 바와 같이 우리의 새벽에 대한 인식과는 혼란되어 채택하지 않은 것으로 인식된다.

까닭에 早晨은 새벽 직전의 "이른 새벽"일 뿐이고, 翌晨 역시 아래를 살펴보건대 "다음날 새벽"일 뿐이다.

●廣孝錄傳敎早起翌晨
●龜巖曰下詢告由祭節次鄙意恐當於十八日厥明題板質明行祭若日中題板而翌晨行祭則 題板後闕然無事至異日
甚恐未安故禮皆題主後卽行祭
~~~~~~
본인이 새벽(晨)에는 오전이란 의미가 없다. 라는 주장은 본인의 개인적 주장이 아니라 전거를 대변하였을 뿐임.

따라서 누구든지 "새벽이 오전의 뜻을 이르는 말"이라는 주장을 작문 짓듯이 자기 소견이나 세속의 쓰임이 아니라 간단히 적절한 전거를 제시하면 주장이 옳음이 입증 될 것이다.

까닭은 字典이나 玉篇, 漢韓辭典.의 낱자에 대한 의미 부여는 전거에 의하지 아니하고는 의미가 생겨나지 않음.

우리 국어에는 翌晨이란 단어가 위 "4."에서와 같이 없다 翌晨이 國語에서는 우리의 새벽 정서와는 어감이 맞지 않게 쓰이고 활용 됨이 국어의 새벽에 대한 인식에 혼란되어 국어화 되지 못하였다. 라 인식하여야 할 것이다.

이러한 원인에서 국립국어원 표준국어대사전을 비롯 각 國語辭典과 모든 漢韓辭典에 翌晨이란 단어는 실려 있지 않다.

국어사전에 翌晨이란 단어가 없다는 것은 우리 말이 아니라는 의미이면 新造語로 채택될 까닭도 없지 않은가.

지난날 선인들이 翌晨을 우리 국어로 도입하지 않은 까닭이 이러할 진대 지금을 사는 우리가 이런 까닭을 무시 국어화 시키려 도모한다면 선인들을 모독하는 愚가 아닐까 하며, 이는 국어학자이든 유학자이든 상식적 이해에 속할 것이 아닐까 한다.

오전 시간대의 거의 중간인 새벽(晨)이 오전 중에 들어 있다 하여 오전을 대용하여 쓰여지지 않는다.

만약 새벽(晨)이 오전의 의미로 쓰여 진다면 오전 11시를 새벽 11시라 한다. 라는 등식이 성립되는데 가당하단 말인가.

▶2432◀◆問; 翌晨一時에 대하여.

翌晨一時를 다음날 새벽 1시로 풀어야 하나요.

◆答; 翌晨一時에 대하여.

◆中國語辭典

●晨

①日出時. 天亮 [典據省略]

②謂鷄鳴報曉. [典據省略]

③通辰 ⑴指北极星. ⑵時. 日. [典據省略]

三更指半夜十一時至****翌晨一时**** 이 문장 중****翌晨一时****의 번역을 다음 날 새벽 1시로 푼다면 번역의 오류이다.

여기서 晨은 日이다. 따라서 翌日로 번역하여야 한다. 우리 말로는 다음날이다.

翌晨이란 單語는 國語에는 없는 中國 言語이다.

▶2433◀◆問; 제수(祭需)에 대하여.

문묘에서나 성현들의 제수는 생폐로 올리는데 이유는 무엇이며 일반인 제사에도 생폐로 올려도 되는지요?

그리고 답을 주실 때에 원문으로 해주시는데 알아 볼 수 없으므로 해석을 해서 답해주시면 대단히 감사하겠습니다

◆答; 제수(祭需)에 대하여.

대부사서인이 죽으면 陰鬼로 수저로 익힌 음식을 먹고 천자 이하 제후 왕이 薧하거나, 오사 오악 산림 천택 의 신은 陽의 신으로 수토산품을 가미 조리하지 않고 정조변두(鼎俎籩豆)에 담아 대상에 따라 좌일변우일두(左一籩右一豆)에서 좌십이변우십이두(左十二籩右十二豆)로 진설하게 도는데 신은 그 기를 흠향함으로 수저가 따르지 않고, 폐백(幣帛)을 올리는 까닭은 존귀하여 생전에 비단으로 옷을 지어 입어 그 신 역시비단옷이라 폐백의 예 때 비단을 드린다는 것입니다.

대부사서인이 죽으면 음귀(陰鬼)로 음귀는 생전과 같이 제수를 수저를 사용하여 제수를 잡수시게 되며 폐백의 예가 없다는 것입니다.

아래 전거는 위를 도출하고 초학들의 학습자료로 이용하게 하기 위하여 이에 덧붙

여 놓는 자료입니다.

●郊特牲有虞氏之祭也尙用氣血腥爓祭用氣也註尙用氣以用氣爲尙也初以血詔神於室次
薦腥肉於堂爓次腥亦薦於堂皆未熟故云用氣細註嚴陵方氏曰血腥爓三者皆氣而已〇血祭
盛氣也祭肺肝心貴氣也祭黍稷加肺祭齊加明水報陰也取膟脊燔燎升首報陽也〇鼎俎奇而
籩豆偶陰陽之義也籩豆之實水土之品也不敢用褻味
●周禮宗伯禮官之職大宗伯血祭祭社稷五祀五嶽山林川澤註陰祀自血起貴氣臭也
●開元禮皇帝仲春仲秋上戊祭大社編進熟條(云云)祝史各進徹毛血之豆降自西陛(云云)
●特牲饋食禮註祭祀自熟始曰饋食饋食者食道也疏食道者生人飮食之道士大夫祭禮自熟
始也天子諸侯饋熟已前仍有灌鬯朝踐饋獻之事
●禮器註大饗祫祭宗廟也腥生肉也大饗則迎尸時血與腥同時薦獻酌酒以薦獻也祭社稷及
五祀其禮皆三獻故因名其祭爲三獻也
●書經攘竊神祇之犧牷牲用以容將食無災註色純曰犧體完曰牷牛羊豕曰牲犧牷牲祭祀天
地之物禮之最重者
●文王世子凡始立學者必釋奠于先聖先師及行事必以幣註諸侯初受封天子命之敎於是立
學所謂始立學也立學事重故釋奠于先聖先師四時之敎常事耳故惟釋奠于先師而不及先聖
也行事謂行釋奠之事必以幣必奠幣爲禮也始立學而行釋奠之禮則用幣四時常奠不用幣也
●漢書不德上帝神明未歆饗也天下人民未有愿志今縱不能博求天下賢聖有德之人嬗天下
焉
●祭義衆生必死死必歸土此之謂鬼
●星湖曰鬼也者陰之靈神也者陽之靈
●筆苑雜記不惟天下之人皆思顯戮抑亦地中之鬼已議陰
●曲禮天子死曰崩諸侯曰薨大夫曰卒士曰不祿庶人曰死
●海東雜錄人如死有鬼
●星湖曰鬼也者陰之靈神也者陽之靈
●論語陽貨篇子曰禮云禮運玉帛云乎哉註敬而將之以玉帛則爲禮
●孟子梁惠王篇事之以皮幣不得免焉事之以犬馬不得免焉事之以珠玉註皮謂虎豹麋鹿之
皮也幣帛也
●左傳衛文公大布之衣大帛之官(杜註)大布麤布大帛厚繒
●左傳魯莊公孫曰男贄大者玉帛(杜註公侯伯子男執玉諸侯世子附庸孤卿執帛)小者禽鳥
(杜註卿執羔大夫執鴈士執雉)女贄不過榛栗棗脩以告虔也(杜註榛小栗脩脯虔敬也〇林註
栗取其戰栗也棗取其早起也脩取其自脩也)

▶2434◀◆問; 강신례에서....

問; ① 좌집사가 잔반을 들고 있으면 우집사에게서 건네받은 주전자로 주인이 그
잔에 술을 따른 후, 주인은 좌집사가 들고 있던 술잔을 건네 받아 모사기에 술을
따른다.

問; ② 주인이(좌집사에게 건네 받아) 잔반을 들고 있고, 우집사가 술을 따르면 잔
반을 들고 있던 주인이 모사기에 따른다. 강신례를 할 때, 위 두 방법 중 어느 방
법이 적합한 것인지 가 궁금합니다.

問; ③ 경우에 따라 ①방법과 ②방법으로 하는 게 맞는다면, 각각의 경우 그 경우
는 어떤 경우이며, 그 이유는 무엇인지 알고 싶습니다.

◆答; 강신례에서

問;① 答; 虞祭 初虞이하 喪中祭 降神 禮法.

●朱子家禮喪禮虞祭[降神]條
祝止哭者主人降自西階盥手帨手詣靈座前焚香再拜執事者皆盥帨一人開酒實于注西面(備
要立於主人之右)跪以注授主人主人跪受一人奉卓上盤盞東面跪(備要作立)於主人之左(備
要主人及執事者皆跪執注者授注)主人斟酒於盞以注授執事者(便覽執事者反注於卓上復
位)左手取盤右手執盞酹之茅上以盤盞授執事者(便覽執事者反盞盤於卓上復位)俛伏興少
退再拜復位

問; ② 答; 四時祭 이하 吉祭 降神 禮法.
●朱子家禮喪禮四時祭[降神]條
主人升搢笏焚香(焚香下疑脫再拜二字)出笏少退立執事者一人開酒取巾拭瓶口實酒于注
一人取東階卓子上盤盞立于主人之左一人執注立于主人之右主人搢笏跪奉盤盞者亦跪進
盤盞主人受之執注者亦跪斟酒于盞主人左手執盤右手執盞灌(朱子曰盡傾)于茅上以盤盞
授執事者(便覽執事者反注及盞反於故處先降復位)出笏俛伏興再拜降復位

問; ③ 答; 1. ①의 방법은 상례중의 제례 강신 예법이며, ②의 방법은 사시제등 길
제의 예법입니다.

2. 강신 예법은 길제의 예법이 정례인데 喪祭에서 吉祭의 예법을 점차 사용하는 법
도에 따라 상제의 강신례와 길제의 강신례가 다른 것입니다.

●檀弓曰卒哭曰成事是日也以吉祭易喪祭故此祭漸用吉禮

▶2435◀◆問; 草庵先生께 여쭙니다.
향교에서 시장께 석전대제 望圈을 보냈는데 시장이 해외출장관계로 사단을 내지 않
고 그냥 부시장이 석전대제에 참석을 하였습니다.

축문에는 시장이 해외출장으로 부시장 이름으로 하였습니다. 집사 분정에는 시장
이름을 올렸습니다.

1. 시장이 참석하지 않았으니 개좌후라도 망기를 드려서 부시장으로 축문을 작성
하고 분정에도 부시장이름을 올려야 한다.
2. 축문에는 시장이 해외출장의 사유를 적고 부시장으로 해야 하며 분정에는 시장
이름을 올려야 한다.
3. 시장과 부시장을 제외하고 전교가 초헌관을 해야 한다. 위의 세가지로 의견이
있습니다.

草庵先生께 배우고자 하오니 바쁘시더라도 지도하여 주시면 고맙겠습니다..

◆答; 향교의 석전대제 섭행 예법.
○제례에서 초헌관(주인)은 불참 등 어느 경우에도 변경할 수 없습니다. 초헌관이
불참의 사유가 있어 섭행자를 보내어 초헌을 한다 하여도 그는 대행자의 지위일 뿐
입니다.

○釋奠大祭時攝行時의 攝祭國儀 祝式은 아래와 같습니다.

云云某日某甲某官姓某謹遣某官某敢昭告于云云

◆攝祭國儀
●國朝五禮儀序例祝版維成化某年歲次某甲某月某朔某日某甲云云○遣官行祭則又有謹
遣臣某官某之詞敢昭告于云云

●祝式(書名. 二八上丁行)維光緒某年歲次某甲某月某甲朔某日某甲朝鮮國王姓謹遣臣敢昭告于云云 ○姓 謹 사이는 諱를 쓰는 空間임.

◆攝祭民儀(參考)
●攝主
○攝者於主人卑行則用使字尊行則用囑字
○退溪曰未立後前權爲攝主而不稱孝告由於攝行之初祭其後則只當以攝祀事子某敢昭告云云又曰宜攝晨謁之禮問攝主亦由阼階否曰當避
○梅山曰遞遷長房者亦用旁題支子某攝祀旁題當書介子某攝祀祝當曰攝祀介子某恐宜
○明齋曰有叔父又有弟則其弟當奉祀待立后改題
○葛菴曰長孫奉祀則父子已易世今推而上之使叔父未安且令次孫權攝以待長孫立后
○父不與祭而使子弟攝行則曰孝子某使子某敢昭告云病中則云病不能將事或身在遠地不能將事
○南溪曰嫡子死無后次子奉祀題主去子宗不稱奉祀而稱攝祀
○曾成死者之子幼不能主喪妻又不可爲主則兄弟主之

●攝主措辭
○退溪曰主人有故使子攝行則孝子某使子某敢昭告于
○尤庵曰代者尊行則代行叔父或兄
○南溪曰代者尊行則改使字用囑字
○遂菴曰孝子某有疾介子某代行薦禮敢昭告于
○先祖之稱用宗子之屬代
○有故措辭曰孝子某病不能將事
○孝子某適在遠地不能將事
○孝子某幼未將事
○孝子某身犯惡疾使字囑某親某

●主人有故使人代行措辭祝式
病時: 　孝子某因病不能將事使某親某(或有疾病介子某代行)敢昭告于
幼時: 　孝子某幼不將事屬某親某敢(或孝子某未幼奉事弟某攝事)昭告于
遠在時: 孝子某身在遠地不能將事使某親某敢昭告于
越境時: 孝子某身在他國不能將事使某親某敢昭告于
老衰時: 孝子某衰耗不堪事使子某敢昭告于

▶2436◀◆問; 세장비 의례와 관련하여 문의드립니다.
저는 먹고 살기 바빠 오랜 기간 집안대소사를 멀리하고 살아오다가 최근 유사라는 직책을 맡았습니다. 그런데 조만간 세장비 제막식이 있을 예정이고 이러한 준비를 유사가 해야 한다는 집안어르신들의 얘기를 듣고 난감해 하고 있습니다. 우선 아래 세 가지를 문의 드리니 혹시 경험이 있으신 분들의 가르침 부탁 드립니다.

1. 아래 세장비 제막식 식순에 대한 조언.

개회식 및 인사말 1(유사)ㅇ인사말 2(집안 연장자)ㅇ환영사 1(손님 중 한 명 지명)ㅇ경과보고(총무)ㅇ묵념ㅇ폐회식 및 오찬 대접.

2. 13대조 선조 묘 근처에 세장비를 세우는데, 세장비 세우기 전 동 선조 묘에 가서 제를 지내야 하는지요? 제를 지낼 경우 시제와 동일하게 지내야 하는지요? 또한 세장비 앞에서도 제를 지내야 하는지요? 요즘 젊은 사람들을 위해서 간소하게 했으면 하는 마음입니다.

3. 그리고 집안어르신 한 분이 세장비 제막식 때에도 축문을 읽어야 한다고 주장
하시는데, 꼭 축문을 읽어야 하는지오?, 만약 그렇다면 이 때 쓰는 축문 내용은 어
떻게 작성해야 하는지요? 가르침 부탁드립니다.

◆答; 세장비 의례와 관련하여.

축이 없으면 될 일이 아니되는 법도 없으니 꼭 읽어야 한다라 할 수야 없겠지만 세
장비 흔히 세우는 비도 아니니 아니 세우면 어떻습니까.

자손된 도리로 법식에 따라 세운다면 법도에 따라 세우는 법식이 있으니 그 법식을
예법대로 따르게 되면 혹 타성이 참석되었다면 본받을만한 가문이란 명이 날것이오
죽은 개 끌어다 묻듯 해치우고 나면 모두 눈살을 찌푸리고 흩어져 가겠지요.

식순은 대개 아래와 같은 골간에서 행사의 여건 목적 등에 의거 주관 단체가 소용
에 따라 달리 구성하여 탄력성 있게 진행되도록 작성하되 실지 현장에서 발생할 가
능성의 다양한 변수를 예상 미리 고려되어야 후회없이 진행되게 될 것입니다.

"개회사, 국기에 대한 경례, 인사말, 축사, 기념사, 포상과 치사, 폐회사"

고사(告辭)는 소사(小祀)로 진행 예법은 단헌지례(單獻之禮)입니다. 고사식은 아래
의 참고식에서 귀문의 사정에 맞도록 부분 개작하여 사용하십시오.

●(例文)立石時告先塋告辭(行局內最尊位)
維 歲次干支幾月干支朔幾日干支某孫某敢昭告于 顯某親某官府君(或某封某氏合窆位則列書)
墓道僅成世葬碑今將排設謹以事由敢此虔告
●(例文)世葬碑建立時告辭式
云云(宗孫名告)惟我砥東(世數)世幽宅諸瓜相繼分葬旉局式遵先戒墓不碑碣百代以遠安知
無失爰竪一石于宗山足略識兆次匪以顯刻仰念遺志臨事增懼茲因節薦敬告厥由
●(例文)碑開基告辭(土地祭)
維 歲次干支幾月干支朔幾日干支某官姓名敢昭告于 土地之神今爲仁山鳳鳴某(名)攸宅涉
險經艱倉廩有積獎迪羣英巨金乃擲澤被氓庶名馳鄕國鼎江渟潘紫皐崗芳一坊寅慕載竪一
石揀其良辰厥基乃拓神其保佑增茲百祿謹以酒果敬伸虔告謹告

▶2437◀◆問; 황고....

책을 보다 보니 어머니가 살아 계실 경우 '顯考' 대신 '皇考'라고 한다는 내용이 있
었습니다.

그렇다면 이런 경우(부모님 중 한 분이 살아계신 경우)기제사 지방과 축 모두에 '顯
考'나 '顯妣' 대신 '皇考''나 '皇妣'로 하는 게 맞는 것인지 가 궁금합니다.

◆答; 황고(皇考)에 대하여.
1. 皇考; 조상(祖上)의 통칭(通稱)
2. 皇考; 증조(曾祖)의 존칭(尊稱)
3. 皇考; 망부(亡父)의 존칭(尊稱)

皇考는 쓰임에 따라 이상과 같이 대략 3 가의 칭호가 됩니다.

다만 지금의 考의 紙牓이나 祝에는 皇考의 皇자는 大德年間에 금지시켜 그 후부터
지금에는 皇자 대신 顯자를 사용 顯考, 顯妣라 합니다.

●詩經正解周頌雝章假哉皇考綏予孝子注皇考文王也孝子武王自稱也辭源注亡祖以上也
稱皇考孔穎達疏考者盛德之名可以通其父祖(中略)此與[閔予小子]非曾祖亦云皇考者以
其散文取尊君之義故父祖皆得稱之

●祭法曰考廟曰王考廟曰皇考廟曰顯考廟曰祖考廟細註考廟父廟也王考祖也皇考曾祖也顯考高祖也祖考始祖也孔穎達疏曰皇考廟者曾祖也

●楚辭离騷帝高陽之苗裔兮朕皇考曰伯庸王逸注皇美也父死稱考

●曲禮下祭王父曰皇祖考王母曰皇祖妣父曰皇考母曰皇妣夫曰皇辟(璧)

●備要家禮圖云禮經及家禮舊本於祖考上皆用皇字大德年間省部禁止回避皇字今用顯可也

●尤菴曰家禮舊本稱皇考皇妣別本則只稱考妣胡元禁皇字而俾稱顯字好禮之家嫌於胡元之制從別本只稱考妣矣然朱子大全告先祖祝文有惟我顯考之文胡元之制亦出於此則仍用顯字亦無所嫌耶家禮祝辭加以故字果與神主之制有異未知所以

●南溪曰顯考之稱見於周元陽祭錄韓魏公亦嘗用之家禮圖雖有大德年間之說當時只禁皇字而其謂用顯者即撰圖之人所爲恐非可拘

●雲坪曰家禮本文皆稱皇至元時禁皇字故元儒作家禮圖代用顯曲禮祭辭曰皇祖考皇考皇辟此周公之禮也故朱子從之彼醜虜不識義理令於其國其國固可從也安有士君子行禮乃不從周公晦翁之言而必從胡元之今也然有欲變今俗而從古禮者如非庶子之子始在親喪之日即以題乎主也其勢亦不可得也

▶2438◀◆問; 칠순은 언제인지요?

제목 그대로, 칠순은 언제인지요?

◆答; 칠순은.

칠순(七旬)이 70 세란 의미라면, 갑자생(甲子生)의 칠순(七旬)은 태아기부터 헤아리는 집에 나이로는 갑자년(甲子年) 환갑(還甲)을 지나 계유년(癸酉年) 생일(生日) 날이 되고, 만(滿)으로는 계유년(癸酉年) 다음 해인 갑술년(甲戌年) 생일(生日) 날이 칠순(七旬)이 됩니다.

●曲禮生與來日死與往日(鄭注)與猶數也生數來日謂成服杖以死明日數也死數往日謂殯斂以死日數也此士禮貶於大夫者大夫以上皆以來日數士喪禮曰死日而襲厥明而小斂又厥明大斂而殯則死三日而更言三日成服杖似異日矣喪大記曰士之喪二日而殯三日之朝主人杖二者相推其然明矣與或爲予(孔疏)生與至往日

●燕行紀六月二十二日辛未今恭查上次四十五年皇上七旬萬壽該國遣來使臣於八月初間始到熱河筵宴本年熱河筵宴

▶2439◀◆問; 溫故而知新?

◆答; 온고이지신(溫故而知新).

1. 溫故而知新? 지금을 사는 사람치고 요즘 세속에서 행하고 있는 예법이나 대개의 세속, 살아가는 상식, 혹 생전 두문불출자가 아니라면 모를 자 없을 것. 나 역시 귀하들만큼은 아닐지라도 버금이야 가지 않겠는가.

2. 성균관(成均館)은 국자감(國子監)이 성균감(成均監)으로, 우리나라가 그 제도를 도입하면서 고려(高麗)에서 감(監)을 관(館)으로 고쳐 성균관(成均館)이 되어, 조선(朝鮮)으로 들어와 한양(漢陽)에 도읍(都邑)하면서 명륜당(明倫堂) 곁에 세워져 유생(儒生)을 교육 인재 양성을 하였던 국립 최고학부였다.

○成均館; 이상과 같이 설립된 학관(學館)으로 유학(儒學)의 전문 인재를 양성하였던 지금은 폐관(閉館)된 국립대학(國立大學)이다.
○儒學; 儒家의 學問
○儒敎; 儒家學派, 孔敎.

○儒者; 儒士. 儒生 儒家의 經傳을 신봉하는 사람.
○儒學者; 儒學을 깊이 배우고 연구하는 學者.

3. 성균관에 들어왔다면 어느 학문 전공자이든 유학에 관하여 논하고 논하여 줌이 기본 상식이다. 이 곳에 어떤 이유에서라도 들어왔다면 이곳의 분위기에 휩쓸릴 자신이 없다면 함구함이 자신을 지키는 길이요. 상대를 배려하는 방법이다.

제 아는 대로 예수가 어떻고 반야심경이 어떻고 장소파악도 못하여서야 어찌 사람 노릇 한다고 할 것인가.

특히 성균관에게 물어온 질문이라면 성균관에서는 어찌 이해되고 있는가 이니 성균관의 위상에 알맞은 답으로 대하여 줌이 옳지 어찌 다 알고 있을 세속 또는 자기 생각을 답이라고 붙여줄 수 있는가. 이는 질문한 이를 무시하는 행위이다.

●論語朱註爲政第二十一章子曰溫故而知新可以爲師矣(朱註)溫尋繹也告者舊所聞新者今所得言學能時習舊聞而每有新得則所學在我而其應不窮故可以爲人師若夫記問之學則無得於心而所知有限故學記譏其不足以爲人師正與此意互相發也
●國語周上;宣王欲得國子之能導訓諸侯者
●漢書禮樂志上;國子者卿大夫之子弟也
●周禮地官師氏;以三德敎國子鄭玄注國子公卿大夫之子弟
●周禮春官樂師;掌國學之政以敎國子小舞
●晉書職官志;及咸寧四年武帝初立國子學定置國子祭酒博士各一人助敎十五人以敎生徒
●周禮春官宗伯;大司樂掌成均之法以治建國之學政而合國之子弟焉注鄭玄謂薰仲舒云成均五帝之學
●禮記文王世子;三而一有焉乃進其等以其序謂之郊人遠之於成均以及取爵於上尊也鄭玄注薰仲舒曰五帝名大學曰成均
●新唐書百官志三;垂拱元年改國子監曰成均監○[國子監]掌儒學訓導之政總國子太學廣文四門律書算凡七學
●東典考官職成均館;新羅國學大學監(備考)高麗國子監改國學成均館尋改監爲館(上仝)太祖仍置成均館掌儒生敎誨之任用文官其屬正錄廳附焉(上仝)
●春官通考吉禮成均館;太祖六年丁丑建成均館于文廟傍○世祖二年丁丑敎曰成均館養育人才予承大亂之後庶務紛料未暇興學育才今後每月季錄書生所讀書以聞予將親講焉又以諸生難得書籍命梁誠之錄藝文館所藏書籍以次刊行
●漢書藝文志儒家(諸子略稱)者流(云云)游文於六經之中留意於仁義之際祖述堯舜憲章文武宗師仲尼以重其言於道最爲高
●辭源人部十四畫[儒家]秦漢以孔子爲宗師的學波
●史記五宗世家河間獻王德條以孝景帝前二年用皇子爲河間王好儒學被服造次必於儒者
●辭源辭源人部十四畫[儒學]儒家之學
●荀子全書儒效篇孫卿子曰儒者法先王隆禮義謹乎臣子而致貴其上者也○又儒者在本朝則美政在下位則美俗儒之爲人下如是矣王曰然則其爲人上何如孫卿曰其爲人上也
●史記儒林列傳正義曰姚承云儒謂博士爲儒雅之林
●辭源人部十四畫[儒林]儒者之群
●墨子非儒下儒者曰親親有術尊賢有等
●晉書宣帝紀少有奇節聰朗多大略博學洽聞伏膺儒敎

▶2440◀◆問; 제사에 대한 문의.
안녕하십니까. 몇 년전에 가족회의를 거쳐 제사를 2 대까지만 모시기로 하였습니다.

그런데 이번에 부친께서 별세를 하였습니다. 모친은 생존해 계십니다. 그러다 보니 제가 제주가 되게 되었는데 이 경우 2 대봉사를 하게 될 경우

1. 모친께서 살아계시니 저(제주)를 기준으로 돌아가신 부친, 조부모님 및 증조부모님까지 모신다.
2. 비록 모친은 살아계시나 주로 제사는 남자 중심이 많으므로 부친과 조부모님까지만 모신다.
3. 기타 의견 등에 대하여 고민이 생겼습니다.

유교적으로 4 대봉사가 원칙이나, 가족회의에서 2 대봉사만 하기로 한 점을 존중하여 어떤 것이 타당한 지 구체적이면서 논리적인 조언을 부탁 드립니다. 감사합니다.

◆答; 제사에 대하여.
1. 대부사서인(大夫士庶人)은 아래와 같이 살펴보건대 사대봉사(四代奉祀)가 옳은 법도이나 귀 가문의 가족회의에서 이대봉사(二代奉祀)로 결정된 사안이니 타인은 누구도 탓할 위치에 있지 않으니 가부는 논외로 치겠습니다.

2. 모친(母親) 생존 시 지난날에도 친진(親盡)된 신주(神主)를 부친의 대상(大祥)을 마치며 매안하는 것이 아니라 별처에 모시고 있다 모친이 작고 뒤 대상을 마치면 조천(祧遷) 때 함께 매안하는 가문이 있었던 것 같습니다.

그러나 이는 인정에서 그런 사례가 있었든 듯 싶으나 장자(長子)가 제사를 주관하게 되면 비록 어머니가 생존하여 계신다 하여도 주부의 역할을 며느리에게 전중(傳重), 며느리가 전헌(奠獻)을 하게 되어 모친이 생존하여 계신다 하여도 제사에 참여는 서립(序立)에서 며느리 앞일뿐이니 미안함을 있다 하여도 친진(親盡) 된 신주(神主)는 매안(埋安)하고 제사를 폐하게 됩니다.

●程子曰自天子至於庶人五服未嘗有異皆至高祖服旣如是祭祀亦須如是
●朱子曰程子以爲高祖有服不可不祭祭寢亦必及於高組
●國朝五禮儀士庶人之祭曾祖以下
●健全家庭儀禮準則忌祭祖以下
●退溪曰祭四大程子謂高祖有服之親不可不祭朱子家禮因程子說而立爲祭四代之禮今人祭三代者時王之制也祭四代者程朱之制也
●沙溪曰祭三代乃時王之制然高祖當祭不但程朱有明訓我東先賢如退溪栗谷諸先生皆祭高祖
●退溪曰今日都中士大夫率用母在不祧遷之說凡母在者父喪畢藏其主於別處以待他日與妣同入廟始行祧遷之禮祖母曾祖母皆然云可知人情於此皆有所不安者意亦甚好然竊恐未爲得禮之正也大祥章改題遞遷新主入廟等事皆爲父喪而言未嘗言若母在則不可遽行遞遷等事聖人非不知母在而遞代爲未安其所以如此者何也父旣死則子當主祭子旣主祭子之妻爲主婦行奠獻母則傳重而不奠獻故曰舅沒則姑老不與於祭與則在主婦之前所謂曾祖之妻尙在埋其曾祖之主奉祀者之祖母尙在埋其祖之主雖皆未安恐不得不限於禮而奪於義

▶2441◀◆問; 평상시 남성 공수법에 관한 질문입니다.
지인분과 흉사나, 길사 시에 공수위치는 서로 일치하는데, 평상시의 공수위치가 서로 틀리더군요. 내가 배우기로는, 장례식 같은 흉사 시에는. 그 장소가 음의 기운이 많으니, 내가 양의 기운을 나타내서 조화를 맞추어야 하고, 그래서 오른손이 위로 가게하고. 기제사, 차례 같은 길사 시에는 양의 기운이 많으니, 내가 음의 기운으로 조화를 맞추어야 하고, 그래서 왼손이 위로 가게 한다고 알고 있었습니다.

그리고, 평상시에는 남성이 양의 기운을 나타내니, 그냥 오른손을 위로 가게하고 있으면 되고, 그럼 자연히 여성은 왼손이 위로 가게 하고 있는 것이니. 물론, 위 분을 만나 뵐 때는 위 분을 양의 기운으로 보고 내가 음의 기운이 되어야 하니, 왼손을 위로 해야 하나. 평상시에는 그냥 오른손을 위로하고 있는 것이 맞다고 알고 있었는데, 내가 틀리게 알고 있는 건가요?

◆答; 평상시 공수법.
◆길흉사(吉凶事).
○길사(吉事); 평상시(平常時). 경사(慶事) 제례(祭禮).
○흉사(凶事); 상례(喪禮). 조문(弔問).

◆공수법(拱手法)
◆남자(男子); 남자는 양(陽)으로 길사(吉事)에는 왼손을 오른손 등 위로 쥐고, 흉사(凶事)에는 오른손을 왼손 등 위로 쥐고 가슴 높이로 하되 가슴에 대지 않고 2, 3치 정도 띄운다.
○길사(吉事); 왼손을 오른손 위로 쥔다.
○흉사(凶事); 오른 손을 왼손 위로 쥔다.

◆여자(女子); 여자는 음(陰)으로 남자의 반대다.
○길사(吉事); 오른손을 왼손 위로 쥔다.
○흉사(凶事); 왼손을 오른손 위로 쥔다.

●檀弓孔子與門人立拱而尙右二三子亦皆尙右孔子曰二三子之嗜學也我則有姊之喪故也二三子皆尙左註吉事尙左陽也凶事尙右陰也此蓋拱立而右手在上也
●內則凡男拜尙左手(鄭注)左陽也凡女拜尙右手(鄭注)右陰也(註)尙左尙右陰陽之別(疏)女拜尙右手者右陰也漢時行之也
●賈誼容經拜以磬折之容吉事尙左凶事尙右
●老子夫佳兵章吉事尙左凶事尙右註人身左陽右陰吉事爲陽故平居貴左兵事爲陰故貴右
●輯覽又手圖說云凡又手之法以左手緊把右手大拇指其左手小指則向右手腕右手四指皆直以左手大指向上如以右手掩其胷手不可大着胷須令稍去胷二三寸許方爲又手法也

▶2442◀◆問; 칠순은 언제인지요?
제목 그대로, 칠순은 언제인지요?

◆答; 칠순은.
七旬이 70 세란 의미라면, 甲子生의 七旬은 태아기부터 헤아리는 집에 나이로는 甲子年 還甲을 지나 癸酉년 생일 날이 되고, 滿으로는 癸酉年 다음 해인 甲戌年 生日 날이 七旬이 됩니다.

●曲禮生與來日死與往日(鄭注)與猶數也生數來日謂成服杖以死明日數也死數往日謂殯斂以死日數也此士禮貶於大夫者大夫以上皆以來日數士喪禮曰死日而襲厥明而小斂又厥明大斂而殯則死三日而更言三日成服杖似異日矣喪大記曰士之喪二日而殯三日之朝主人杖二者相推其然明矣與或爲予(孔疏)生與至往日
●燕行紀六月二十二日辛未今恭査上次四十五年皇上七旬萬壽該國遣來使臣於八月初間始到熱河筵宴本年熱河筵宴
●喪服小記再期之喪三年也期之喪二年也(鄭注)此謂練祭也

▶2443◀◆問; 제사에 대한 문의.
안녕하십니까. 몇 년전에 가족회의를 거쳐 제사를 2 대까지만 모시기로 하였습니다.

그런데 이번에 부친께서 별세를 하였습니다. 모친은 생존해 계십니다.

그러다 보니 제가 제주가 되게 되었는데 이 경우 2 대봉사를 하게 될 경우

1. 모친께서 살아계시니 저(제주)를 기준으로 돌아가신 부친, 조부모님 및 증조부모님까지 모신다.
2. 비록 모친은 살아계시나 주로 제사는 남자 중심이 많으므로 부친과 조부모님까지만 모신다.
3. 기타 의견 등에 대하여 고민이 생겼습니다.

유교적으로 4 대봉사가 원칙이나, 가족회의에서 2 대봉사만 하기로 한 점을 존중하여 어떤 것이 타당한 지 구체적이면서 논리적인 조언을 부탁 드립니다. 감사합니다.

◆答; 기제사.

1. 대부사서인(大夫士庶人)은 아래와 같이 살펴보건대 사대봉사(四代奉祀)가 옳은 법도이나 귀 가문의 가족회의에서 이대봉사(二代奉祀)로 결정된 사안이니 타인은 누구도 탓할 위치에 있지 않으니 가부는 논외로 치겠습니다.

2. 모친(母親) 생존 시 지난날에도 친진(親盡)된 신주(神主)를 부친의 대상(大祥)을 마치며 매안하는 것이 아니라 별처에 모시고 있다 모친이 작고 뒤 대상을 마치면 조천(祧遷) 때 함께 매안하는 가문이 있었던 것 같습니다.

그러나 이는 인정에서 그런 사례가 있었든 듯 싶으나 장자(長子)가 제사를 주관하게 되면 비록 어머니가 생존하여 계신다 하여도 주부의 역할을 며느리에게 전중(傳重), 며느리가 전헌(奠獻)을 하게 되어 모친이 생존하여 계신다 하여도 제사에 참여는 서립(序立)에서 며느리 앞일뿐이니 미안함을 있다 하여도 친진(親盡) 된 신주(神主)는 매안(埋安)하고 제사를 폐하게 됩니다.

●程子曰自天子至於庶人五服未嘗有異皆至高祖服既如是祭祀亦須如是
●朱子曰程子以爲高祖有服不可不祭祭寢亦必及於高組
●國朝五禮儀士庶人之祭曾祖以下
●健全家庭儀禮準則忌祭祖以下
●退溪曰祭四大程子謂高祖有服之親不可不祭朱子家禮因程子說而立爲祭四代之禮今人祭三代者時王之制也祭四代者程朱之制也
●沙溪曰祭三代乃時王之制然高祖當祭不但程朱有明訓我東先賢如退溪栗谷諸先生皆祭高祖
●退溪曰今日都中士大夫率用母在不祧遷之說凡母在者父喪畢藏其主於別處以待他日與妣同入廟始行祧遷之禮祖母曾祖母皆然云可知人情於此皆有所不安者意亦甚好然竊恐未爲得禮之正也大祥章改題遞遷新主入廟等事皆爲父喪而言未嘗言若母在則不可遽行遞遷等事聖人非不知母在而遞代爲未安其所以如此者何也父既死則子當主祭子既主祭子之妻爲主婦行奠獻母則傳重而不奠獻故曰舅沒則姑老不與於祭與則在主婦之前所謂曾祖之妻尚在埋其曾祖之主奉祀者之祖母尚在埋其祖之主雖皆未安恐不得不限於禮而奪於義

跋 文

長長 7 개여 星霜 성균관 홈페이지에서 질문에 답한 2.443 문항을 일책으로 총괄 傳統儀禮問答集 이라 命名하니 각각의 問答이 性心에 有關하지 않음이 없으니 즉 또한 환언하야 儒學事典이다.

儒學이란 心本性學이다 心學性學이다 性은 太極渾然之體이므로 하나이면서 相對가 없고 心은 陰陽二氣의 精英之聚이므로 둘이면서 相對가 있다 性은 純善無惡한 理이고 心은 有善有惡한 氣이다 理帥氣役 交互作用하야 形成萬象中, 性理心氣의 具體事例를 形式 法式을 갖춘 問答儀禮事典이 일상예의 범절에 어긋남이 없게 하려는 의지 집중 集大成 한 四書三經 실천 생활 철학 具體書가 탄생하였다.

황차 일일이 上古 儒學을 考證하여 査證하였으니 性理心氣 동양철학 사상을 一聚確明한 冠婚喪祭兼全 事典이다.

一問一答이 儒家의 경전으로써 鄕黨의 유학예의 법식서로 左右寶庫의 金科玉條의 가치서 어찌 아닌가?

體中에 안고 일상 행위 규범 示範書로 牽用하면 不犯過而未有愆하고 남으리라.

艮齋學 性師心弟 性尊心卑 철학은 천도의 絶對性 인식이므로 우주 생태계 유지를 위해 공헌하게 됨은 틀림 없는 사실이다. 性은 實心誠을 중시하는 實心實學이기 때문이다. 논평 朴洪植교수의 질문에 東京大 小川晴久 명예교수와 문답 이였다. (艮齋學論叢제 15 輯참조)

실심실학을 勘案컨대 成均館 儒學. 儀禮問答 亦大相同而似하며 宇宙生態界 保存에도 貢獻 不少 한 문답이라 思料되는바 많은 의문 더욱 많이 일으켜 방방곡곡 耕經 切磋琢磨 선비정신 義理道德 국가사회 재건 자료로 삼자.

오스트리아 빈대학 의과대학이 50 개국 국민의 평균 IQ 를 비교한 결과 가장 높은 나라는 홍콩 107 이였으며 그 다음으로 한국 106 싱가포르 103 獨. 伊. 102 英 벨기에. 뉴질랜드. 中. 이 100 으로 영국의 선데이타임스가 옛날 보도 하였다.

강호 僉儒林 제현이시여! 우리는 세계에서 두 번째 자존심 긍지 높은 IQ 를 가졌고 의리도덕 동방 예의지국으로 道鑑書를 敬敬藏之하야 自諭 惝望 切切 이오.

乙未(2015) 陽 4 월 23 일

潭陽后人 田栢淇 譜名賢淇 書

전통의례문답해설집
(傳統儀禮問答解說集)

初版 印刷 : 2015년 5월 20일
初版 發行 : 2015년 5월 29일

解　　者 : 田 桂 賢
發 行 者 : 金 東 求

發 行 處 : 明 文 堂(1923. 10. 1 창립)
　　　　　 서울시 종로구 윤보선길 61(안국동)
　　　　　 우체국 010579-01-000682
　　　　　 Tel　(영)733-3039, 734-4798
　　　　　　　　(편)733-4748　Fax 734-9209
　　　　　 Homepage : www.myungmundang.net
　　　　　 E-mail : mmdbook1@hanmail.net
　　　　　 등록 1977. 11. 19. 제1~148호

ISBN 979-11-85704-29-6 (03380)
값 50,000원